本书的出版得到
国家重点文物保护专项补助经费资助
山东大学、美国耶鲁大学出版经费资助

两　城　镇

——1998～2001年发掘报告

（一）

中　美　联　合　考　古　队

栾丰实　文德安　于海广　著

方辉　蔡凤书　王芬　科杰夫

文物出版社

图书在版编目（CIP）数据

两城镇：1998～2001年发掘报告/栾丰实等著.
-北京：文物出版社，2016.10
ISBN 978-7-5010-4788-8

Ⅰ. ①两… Ⅱ. ①栾… Ⅲ. ①龙山文化-文化遗址-发掘报告-日照市 Ⅳ. ①K878.05

中国版本图书馆CIP数据核字(2016)第232661号

两城镇——1998～2001年发掘报告

著：　　中 美 联 合 考 古 队
栾丰实　文德安　于海广
方辉　蔡凤书　王芬　科杰夫

装帧设计：秦　彧
责任编辑：秦　彧
责任印制：张道奇

出版发行：文 物 出 版 社
地　　址：北京市东直门内北小街2号楼
邮　　编：100007
网　　址：http: //www.wenwu.com
邮　　箱：web@wenwu.com
制版印刷：北京荣宝燕泰印务有限公司
经　　销：新华书店
开　　本：889mm×1194mm　1/16
印　　张：127.25　　插页：2
版　　次：2016年10月第1版
印　　次：2016年10月第1次印刷
书　　号：ISBN 978-7-5010-4788-8
定　　价：1800.00元（全四册）

Liangchengzhen:

1998-2001 Excavation Report

(I)

Edited by

Chinese-American Collabborative Team

Luan Fengshi Anne P. Underhill Yu Haiguang

Fang Hui Cai Fengshu Wang Fen Geoffery Cunnar

Cultural Relics Press

目　录

插图目录

（以上第三册）

插表目录

（以上第三册）

第一章　总论

第一节　地理环境与历史沿革

一　地理位置和自然环境

日照市位于中国山东省东南部的黄海之滨，地理坐标是北纬35°04′～36°04′、东经118°25′～119°39′。日照市东临黄海，西连临沂市的莒南、沂南和沂水县，南与江苏省赣榆县接壤，北与青岛胶南市及潍坊诸城市毗邻。日照市下辖东港区、岚山区、莒县和五莲县四个区县，南北约82、东西约90千米，总面积为5310平方千米（图1-1）。

日照地区属鲁东丘陵区中的胶南低山丘陵区，地貌类型有山地、丘陵和平原三类，其中丘陵的面积最大（57.2%），平原次之（25.3%），山地最少（17.5%），丘陵和低山山地面积合计占到全区的四分之三。

区内的总体地貌特征为背山面海，南北方向的山嵴较高而东西两侧较低。山地和丘陵主要属于胶辽台隆区的胶南隆起，俗称五莲山脉（低山丘陵区），呈东北—西南走向，东北经胶莱凹陷与胶北隆起相接，西南与马陵山脉相连，整体上呈北高南低的趋势。境内的山峰相对较为矮小，最高的马耳山位于五莲县境内，海拔也只有706米，其他较高的山脉还有九仙山（697米）、五莲山（515米）、河山（628米）等。

区内的平原地貌较为破碎，多不连接。类型有山前冲积平原、山间河谷冲积平原、沿海海积平原和小型河口平原等。其中以东部沿海的海积平原和西部的莒县沭河上游冲积平原面积略大。

上述地貌特征决定了日照地区的河流走势：五莲山脉东侧，河流多呈西北—东南流向，即源于五莲山脉而直接流入黄海，河流数量众多但均比较短促，较大的有潮白河、傅疃河、竹子河、巨峰河、绣针河等。其中最长的傅疃河也只有71千米。五莲山脉西侧则分为南北两个部分，南部为源于沂山南麓的沭河，汇集两侧的大小河流后，向南经过莒县、莒南、临沭、郯城、新沂等市县后注入淮河，境内长度为76.5千米。北部为潍河上游，源于莒县北部山区，经五莲北部后进入潍坊市境内，后注入渤海南侧的莱州湾，境内长121.4千米。除了这些比较大的河流之外，其余多为季节性小河。由于环境变化导致的地下水位不断下降，这些河流有水的时间越来越短。

区内拥有海岸线99.6千米（含前三岛岸线），浅海水域广阔，-20米等深线以内的浅海面积6万多公顷，滩涂5000公顷，岛礁33个，其中较大的岛屿有平山岛、达山岛、车牛山岛，即“前三岛”。近海沿岸常年表层水温变化范围2.6～27℃。潮流速度1.2米/秒，水流畅通，水体交换充分。

日照地区属暖温带季风性气候，气候温和，雨量集中，四季分明，年平均降水量800～900

图1－1　两城镇遗址地理位置示意图

毫米，明显超过山东省的平均值。冬无严寒，夏无酷暑，年平均气温为12～13℃，平均无霜期为210～220天。

区内的植被系统属于暖温带落叶阔叶林地带，细分属于鲁东山地丘陵植被区中的鲁东南丘陵含南方成分植被小区。主要是以松类、麻栎混交林、矮林和阔叶杂木林为主构成的天然次生林植被，南方的毛竹、北方的落叶松都能在这里生长。由于这一区域濒临黄海，气候温暖湿润，所以植物群落中有较多的亚热带成分，如山茶、淡竹等。在这一地区进行野外考古调查时经常可以见到竹林和成片茶园等。这一地区的野生竹子和水稻生产均可以上溯至4000年以前的龙山文化时期。

区内的矿藏资源不多，有金、铜、铁等，而花岗岩、片麻岩、钾长石、石英岩等分布广泛，也有一定数量的蛇纹岩、角闪岩、水晶石、滑石等有利用价值的石矿资源。

本区的土壤区划属于鲁东棕壤土区内的沭东丘陵白浆土、棕壤亚区，土壤类型丰富多样，其中棕壤土最多，潮土和褐土各占一定比例。区内广大低丘缓岗上分布的大量白浆土不宜农耕，而滨海盐土有一定数量，利于发展水稻。现在这一地区主要种植小麦、玉米、水稻、大豆、花生和苹果等农作物。

由于沿黄海一带有广阔的浅海滩涂，海洋资源十分丰富，具有得天独厚的获取渔业资源的条件，自古以来渔业生产十分发达。这一地区的浅海水质肥美，是多种水生生物洄游和繁衍生息的优良水域，有浮游植物50多种，近海盛产鲅鱼、鲳鱼、鳗鲡、河豚、牙鲆、黄花鱼、长短蛸、乌贼、对虾、梭子蟹、鹰爪虾和各种软体贝类等水产品80多种。

从综合自然区划看，日照地区属于鲁东自然区中的沭东自然小区，境内山地、丘陵与海岸线平行，与东南季风几乎直交，年降雨量高，是山东省水热条件最为优越的地区之一[1]。

位于日照市东港区最北端的两城镇，西依低山丘陵，西去不远的白石山和南侧的驻足岭，海拔高度均在百米以内。北邻潮白河及其支流两城河，潮白河源于五莲山东北，向东南方向注入黄海，河流即使在今天也常年有水，为两城镇居民的生产和生活提供了充足的水源。两城镇遗址东去约5千米就是黄海，兼得渔盐之利。两城镇驻地的海拔高度为7～9米。

两城镇西南接日照、赣榆、连云港，东北连胶南、胶州、胶东半岛，自古以来扼南北交通之咽喉，地理形势十分重要（图1-1）。此地与青岛的胶南市（1949年之前归属胶县）直接相连接。1949年之前，这里分属日照和诸城两县管辖，所以有“两城”之称。两城镇现在包括了九个行政村，人口约万人左右。

二　历史沿革

在古史传说中的五帝时代，日照地区属于东夷人祖先的聚居区，根据为数不多的传世文献记载，包括日照在内的沂沭河流域，很可能是太昊部族的分布区。由考古发现可知，日照地区的历史悠久，自早至晚依次为：北辛文化（距今7000～6000年）、大汶口文化（距今6000～4400年）和龙山文化（距今4400～3800年）。龙山文化的后期，已经进入了文献记载的夏代积年范围之内。之后，便是与中原地区二里头文化（夏代晚期文化）和早商文化相当的岳石文化（约为距今3800～3300年）。晚商时期，商王朝的统治势力并未波及这一地区，其居民仍然是东夷人的后裔，其创造的考古文化很可能与淄、潍河以东的珍珠门文化相同或相似。

两周时期（至少从西周晚期开始），日照地区成为莒地，东周后期又分别属于越、楚。秦始皇统一中国，在全国推行郡县制，山东地区设立五郡[2]，日照隶属于琅琊郡。西汉时期，在徐州琅琊郡下设海曲县，县治在日照老城西南之大古城。新莽时期，海曲称为海亭。东汉时期改海曲县为西海县，属徐州琅琊国。三国时期魏废西海县，将其并入莒县，属青州城阳郡，至晋初。西晋太康十年（公元289年）改属徐州东莞郡。北魏为梁乡县，属南青州东莞郡，后隶属于胶州东武郡。唐属河南

[1]　山东省地方史志编纂委员会编：《山东省志·自然地理志》，山东人民出版社，1996年。

[2]　邵望平、高广仁：《秦置海岱地区五郡的历史依据》，《刘敦愿先生纪念文集》，山东大学出版社，1998年，第398～403页。

道密州高密郡，五代因之，宋初并入莒县。北宋元祐二年（公元1087年），在莒县下置日照镇。金代始设日照县，隶属于山东东路莒州。元代属山东益都路莒州，明代属山东布政使司青州府莒州。清代雍正十二年（公元1734年），日照县改属于沂州府。民国时期日照县属胶州管辖。新中国建立之后，日照县隶属于临沂地区行署。1985年，设立日照市（县级），1989年升格为地级市，下辖东港区（原日照县）、莒县和五莲县。1992年从东港区中分出岚山区，形成二区二县之行政建置。

两城镇古称梁乡，西汉时为梁乡侯国，成帝绥和元年（公元前8年），汉高祖刘邦之孙、赵共王刘恢之子刘交被封为梁乡侯。北魏永安二年（公元529年）置梁乡县于此，东魏孝靖帝兴和二年（公元540年）废梁乡县，并入莒。金代置梁乡镇，自此一镇分属日照、诸城两县，故名两城。明、清至民国时期，两城南北大街分水岭处，有石碑两块，一在街东侧，阳面向西；一在街西侧，阳面向北，碑文都是：诸日之界。抗战胜利后，两城全属日照[1]。

第二节　考古工作历程

现今的两城镇北有潮白河及其支流两城河，南有潮白河支流金银河，镇驻地就坐落在两河之间偏北侧一略微隆起的高地上。镇西有一南北向土岭，坡度较为缓和。两城镇遗址位于镇驻地及其西侧的丘陵之上（图1-2；彩版一，1、2）。

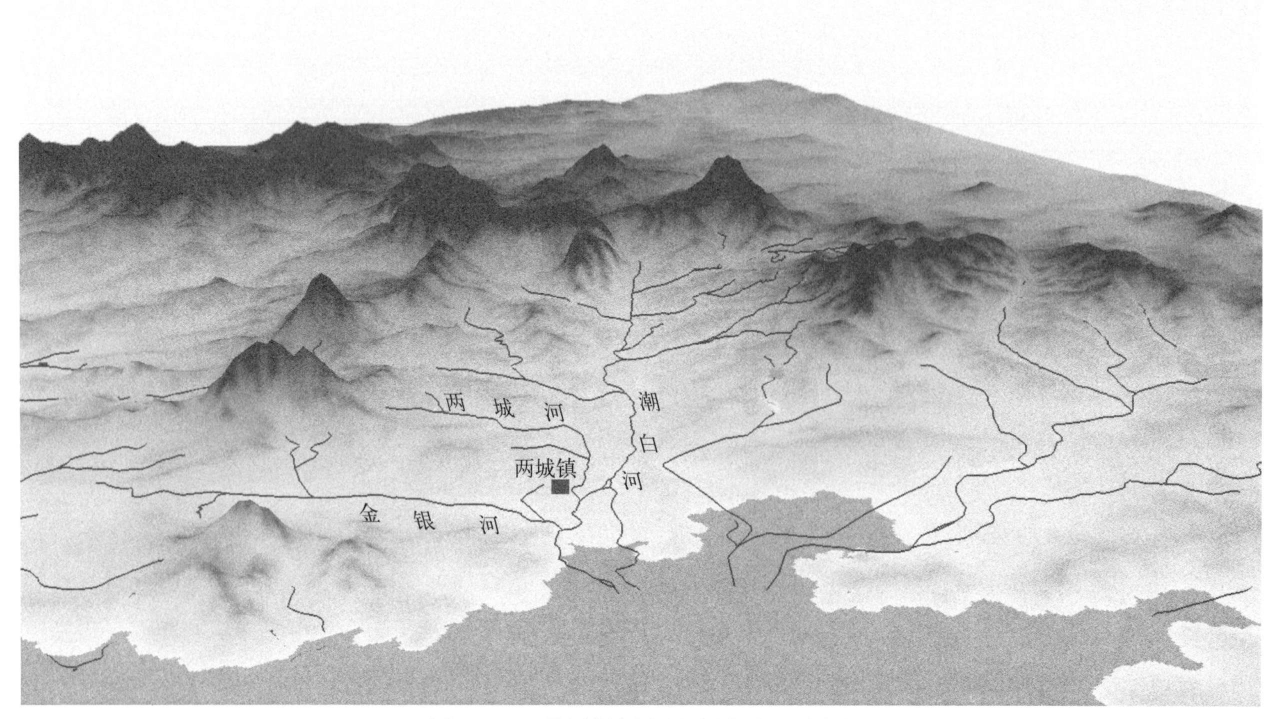

图1-2　两城镇遗址周边地貌示意图

[1]　日照市地方史志编纂委员会编：《日照市志》，齐鲁书社，1994年。

一　1949年之前的考古工作

日照地区的考古工作起步较早。中国考古学产生时期的规划者、中央研究院历史语言研究所所长傅斯年，在城子崖遗址发掘之时就曾设想，“本是想藉此地为发掘临淄、琅琊及其他海滨地带之初步尝试，已而此一发掘所得者，合我们遵循海滨工作之兴致更炽盛”[1]。而这一设想的实施，则是由原籍日照的王献唐提出来的[2]。1934年春，中央研究院历史语言研究所考古组的王湘、祁延霈，在山东省东部沿海地区进行了为期两个多月的田野考古调查，发现了包括两城镇、丹土、琅琊台等在内的十余处史前和历史时期遗址。李永迪根据《山东日照县考古调查记》和《鲁东调查》及当年的有关书信，记述了这次调查情况：

“王湘、祁延霈是在滕县发掘之后，奉李济、董作宾、梁思永的指示，于1934年由济南前往日照、即墨、诸城等县调查。当时的主要目的在寻找彩陶和黑陶的分布范围，另因为日本驹井和爱已经发表了黄县龙口的贝冢，史语所山东沿海调查也把寻找贝冢（蚌介堆）作为一个重点。王湘、祁延霈于当年四月开始，自即墨、日照沿山东沿海展开调查，至五月下旬沿海岸北行，往胶县、诸城县，于五月二十三日由青岛返济南。五月中旬，祁延霈因事赴河南，其后的调查是由王湘一人进行。调查经历的时间共两个月又两天，一共发现十余处遗址，包括即墨城子村、大洼、两城镇、丹土村、台庄、小挪庄、林子头、臭杞园、尧王城、秦官庄、刘家楼、安家岭、琅琊台。除即墨、琅琊台、秦官庄、臭杞园外，其余均发现了龙山文化陶片。”[3]

在上述调查的基础上，1936年5～7月，中央研究院历史语言研究所考古组的梁思永、祁延霈、刘燿（即尹达）着手对两城镇遗址进行正式考古发掘。他们把两城镇遗址分成瓦屋村和大堌堆（当年发掘时称为大孤堆，现统一改为大堌堆，下同）两个部分，作为两个遗址来对待[4]。当时认为遗址的总面积为36万平方米[5]。瓦屋村北的发掘工作由刘燿主持，共开长短不一的探沟52个，历时67天。瓦屋村后的文化堆积较厚，可以分为两个时期，即下层为属于龙山文化的黑陶文化层，上层为与城子崖上层相似的灰陶文化层。发现的遗迹有房址、灰坑和墓葬等，在不同层位里发现和清理的43座墓葬中，有38座属于龙山文化时期。出土了大批陶器、玉器和石器等珍贵标本。

位于镇西北坡地上的大堌堆东侧，发掘工作由祁延霈负责，共开探沟30个，历时32天。发现的遗迹有灰坑和6座墓葬，其中1座龙山文化墓葬（TKTM2）出土一件制作极为精致的玉钺和绿松石珠[6]。

发掘完毕之后，两城镇遗址所获资料全部运送到南京史语所驻地，并立即着手进行整理和报告的编写工作。两城镇发掘结束之后，刘燿感染肺病，考古组决定让他留在所内编写瓦屋村的发掘报告，暂时不进行田野工作。两城镇瓦屋村报告的许多整理工作就是在这一时期进行的，并持续到史语所迁至长沙[7]。至抗战爆发，刘燿执笔的瓦屋村发掘报告初稿“已成十分之九，未完稿存历史语言

[1] 傅斯年、李济、董作宾、梁思永等：《城子崖——山东历城县龙山镇之黑陶文化遗址·序一》，中央研究院历史语言研究所，1934年。

[2] 方辉：《从新发现的几封书信说及两城镇等遗址的发现缘起》，《两城镇遗址研究》，文物出版社，2009年，第360页。

[3] 李永迪：《1930年代中研院史语所山东地区龙山文化的发掘与调查工作》，《东方考古研究通讯》2005年第5期，第13页。

[4] 刘燿：《山东日照两城镇附近史前遗址》，《两城镇遗址研究》，文物出版社，2009年。

[5] 梁思永：《龙山文化——中国文明的史前期之一》，《考古学报》第七册，1954年。

[6] 《来自碧落与黄泉——历史文物陈列馆展品图录》，1998年，第5、15页。

[7] 李永迪：《山东日照两城镇附近史前遗址·整理后记》，《两城镇遗址研究》，文物出版社，2009年，第20页。

研究所中”[1]。刘燿离开史语所之前，在报告手稿的最后写了一段大义凛然的话，反映了他当时投笔从戎、毅然决然走上抗日前线的心情：

“现在敌人的狂暴更加厉害了，国亡家破的悲剧眼看就要在我们的面前排演；同时我们正是一幕悲剧的演员！我们不忍心就这样的让国家亡掉，让故乡的父老化作亡国的奴隶；内在的矛盾一天天的加重，真不能够再埋头写下去了！我爱好考古，醉心考古，如果有半点可能也不愿意舍弃这相伴七年的老友！但是，我更爱国家，更爱世世代代所居住的故乡，我不能够坐视不救！我明知道自己的力量有限，明知道这是一件冒险历危的工作，但是却不能使我有丝毫的恐怖和畏缩！”[2]

祁延霈执笔的大堌堆发掘报告，在他离开史语所奔赴抗战前线时，已经大致完成，据刘燿在其手稿中所记，完成的时间先于瓦屋村。但保存在台湾史语所的大堌堆发掘报告尚不及瓦屋村，所以，祁延霈撰写的原稿很可能已经遗失[3]。

抗日战争全面爆发后，东部地区的形势极为紧张，而作为民国政府首都的南京更是首当其冲。关于两城镇遗址发掘资料在抗日战争中的遭遇，由1948年10月李济写给苏秉琦信中的叙述可见一斑：

“两城镇陶器，抗战期间只携出若干标本件数，大部分蒐集均留首都。敌人占据期间，在北极阁下挖掘防空洞，为运石方便计，曾建一条轻便铁路，横越史语所大楼后院，用未运走之陶片陶器标本箱，填成路基，负荷铁轨。光复后，弟为最早返都之一人，亲自发掘此类陶片，虽救出不少，但损失之钜，尚不能估计也。拙著所引两城镇陶甗，为尚未查出的标本之一。所用解剖图，余根据刘燿君两城镇发掘报告原稿，兹将原文说明另抄附寄，藉供参研。至底部形态之照相，应俟将来将原标本查出后再办，但是否尚在人间，不可知矣。”[4]

目前，除了一部分两城镇遗址的出土陶器留存于南京博物院之外，大部分文物标本和全部发掘记录、绘图、照片及与两城镇遗址发掘相关的资料，于1949年被运往台湾，保存在台湾史语所资料室。因为各种原因，这批资料除了前几年刊布了刘燿执笔的简报之外，正式报告至今未予以公布。1985年，由南京博物院整理出版了留在南京的两城镇遗址出土的龙山文化陶器，提供了当年出土的陶器实物照片[5]。

这里应该记录下来的还有，1937年日本大规模侵华战争爆发后，日照地区很快便沦陷。抗战期间，日本军队为了控制其占领区，在各地的大大小小制高点位置修筑了大量碉堡。在这种形势下，他们在两城镇遗址内的大堌堆上修筑了一座碉堡。据年长村民回忆，当年他们以大堌堆为中心，在周边挖了两道壕沟，壕沟内侧围之以铁丝网，在南侧留有进出的通道，平时有人站岗。当年修筑碉堡和挖壕沟，也破坏了许多两城镇遗址的文化堆积。

二　1949～1995年间的考古工作

新中国成立以后，山东省文物管理处、山东大学历史系、临沂地区文化局和日照市图书馆、博物馆等单位，曾多次对两城镇遗址进行过考古调查、勘探和试掘工作。

[1] 尹达：《新石器时代》，生活·读书·新知三联书店，1955年，第88页。
[2] 李永迪：《山东日照两城镇附近史前遗址·整理后记》，《两城镇遗址研究》，文物出版社，2009年，第20页。
[3] 李永迪：《1930年代中研院史语所山东地区龙山文化的发掘与调查工作》，《东方考古研究通讯》2005年第5期，第13页。
[4] 苏秉琦：《苏秉琦考古学论述选集》，文物出版社，1984年，第58页。
[5] 南京博物院编：《日照两城镇陶器》，文物出版社，1985年。

1954年3月和7月，在分别接到两城完小教师李玉成（时任教导主任）关于两城镇遗址受到破坏的来函后，山东省文物管理处先后两次委派卫志珍、袁明等人前往两城镇遗址调查，确认遗址保护范围为99万平方米。他们采取与地方政府商谈保护办法、召开群众大会宣传保护遗址的重要意义、成立遗址保护委员会等具体措施，切实加强两城镇遗址的保护工作。第二次前往工作时还顺便调查了日照县安尧王城、大洼村、刘家楼（后来改称为苏家村遗址）、大桃园、田家园和五莲县丹土遗址[1]。

1955年以后，山东大学历史系刘敦愿多次前往两城镇遗址进行考古调查，不仅在遗址上实地采集了大量各类文物标本，还从当地群众手中征集了不少珍贵文物，如现收藏于山东省博物馆的刻有兽面纹的龙山文化玉圭，就是其中之一。在这一过程中，他与两城小学的教师和村民结成朋友，经常从他们那里得知遗址的保护以及新出土文物的状况[2]。

1958年，山东省文物管理处在中国科学院考古研究所和中国历史博物馆的协助下，举办全省文物干部训练班。他们利用训练班田野实习的机会，组织人力对两城镇遗址进行了一次勘探和试掘。确定遗址东西650、南北850米，面积约55万平方米。同时，在遗址的东南部开2条探沟试掘，揭露面积40平方米[3]。

20世纪70～80年代，临沂地区文管会和日照市图书馆多次调查市内新石器时代遗址，对两城镇遗址用力尤多。经多次实地调查，确认两城镇遗址的总面积约为90万平方米，文化堆积一般在2米左右，最厚可达5米，并采集和征集了大量龙山文化玉石器、陶器标本[4]。

1981年，山东大学历史系考古专业为了配合考古教学实习，向国家文物局提出申请，拟对两城镇遗址进行考古发掘。但由于该遗址面积甚大，内涵极为丰富，国家文物局建议暂缓发掘两城镇遗址，继续在山东大学曾经发掘过的泗水尹家城遗址进行田野考古实习。

三　1995年以来的中美合作考古

（一）合作考古缘起

1994年夏，美国学者文德安（Anne Underhill）博士在前往贵州做现代制陶的民族考古学研究之前，专程到山东大学与蔡凤书等商谈，希望与山东大学在丁公或其他遗址开展合作考古研究。为此，文德安曾亲赴邹平丁公遗址实地考察。考虑到丁公遗址已经做过六次考古发掘的实际情况，我们建议选择当时所知最大的龙山文化遗址——日照两城镇开展合作研究，这一建议得到文德安的响应。双方的合作意向分为两个部分：一是先期在两城镇及周围地区开展区域系统考古调查；二是在调查工作取得一定成果时，择机申请对两城镇遗址开展合作考古发掘和研究。1995年冬，双方在日照地区合作开展区域系统考古调查和研究的申请得到国家文物局的正式批准。

[1] 山东省文物管理处：《日照县两城镇等七处遗址初步勘查》，《文物参考资料》1955年第12期。

[2] a. 刘敦愿：《读“日照县两城镇等七处遗址初步勘查”后的一些补充意见》，《文物参考资料》1956年第6期。b. 刘敦愿：《日照两城镇龙山文化遗址调查》，《考古学报》1958年第1期。c. 刘敦愿：《记两城镇遗址发现的两件石器》，《考古》1972年第4期。d. 刘敦愿：《有关日照两城镇玉坑玉器的资料》，《考古》1988年第2期。

[3] 山东省文物管理处：《山东日照两城镇遗址勘探纪要》，《考古》1960年第9期。

[4] 日照市图书馆、临沂地区文管会：《山东日照龙山文化遗址调查》，《考古》1986年第8期。

（二）合作考古调查、勘探和发掘

1995年12月，山东大学和耶鲁大学（后改为芝加哥菲尔德博物馆 The Field Museum）合组的中美日照地区联合考古队正式成立。

中方成员有山东大学历史文化学院考古系蔡凤书、于海广、栾丰实、方辉和日照市博物馆馆长孙成甫等，蔡凤书为联合考古队队长。

美方成员有文德安（耶鲁大学人类学系）、加里·费曼（Gary Feinman，威斯康星大学人类学系，后转到芝加哥菲尔德博物馆）、琳达·尼古拉斯（Linda Nicholas，威斯康星大学人类学系，后转到芝加哥菲尔德博物馆）、关玉琳（Gwen Bennett，加利福尼亚大学洛杉矶分校博士研究生）等，文德安为联合考古队的美方队长。

此后，中美日照沿海地区合作考古研究正式启动。调查工作以两城镇遗址为中心，逐渐向外围扩展。

截止2007年，考古调查工作历时13年，调查范围南至日照最南端鲁苏交界处的绣针河，北到胶南市琅琊台以南，西至五莲山脉东缘，调查面积累计1440平方千米，行政区划包括了日照东港区、岚山区、五莲县、潍坊诸城市和青岛胶南市，其中仅龙山文化时期的遗址和陶片分布点就发现了500余处（图1–3）。

前13年的调查成果已于2012年由文物出版社正式出版[1]。

1998年，在经过三次区域系统调查之后，双方向国家文物局正式提交合作发掘两城镇遗址的申请书。这一申请于当年获国务院特别许可，同意山东大学考古学系和美国耶鲁大学合作对两城镇遗址进行为期三年的考古发掘（国家文物局文物保函<1998>832号）。

在正式发掘开始之前的1998年6月，为了了解两城镇遗址的准确分布范围和文化堆积情况，联合考古队对遗址进行了钻探。1998年11月，在遗址西南部原苹果园内和东北部坡下较平整的地段，各选择一块保存相对较好的位置，由遥感考古学家布赖恩（Brian N. Damiata，美国加州大学洛杉矶分校）进行了磁力方法探测，以了解地下文化堆积情况。同时，还聘请土壤专家迈克（Michael McFaul，美国拉若米土壤研究所），在倪刚（Christopher Needs，美国伊利诺伊大学研究生）的帮助下，对遗址及遗址周边地区不同时期土壤堆积状况，进行钻探取样和土壤微形态分析。这些前期的野外工作，都为即将开始的正式发掘奠定了良好的基础。

1998年12月，当获知国家文物局批准中美联合考古队关于发掘两城镇遗址的申请后，当时已进入冬季，天气条件已经不适合进行野外发掘。考古队的多数人员已转入两城周边地区的区域考古调查工作。恰在此时，发现两城六村中部农户时培路要翻修旧房。20世纪70年代以来，位于遗址南部的两城六村东西大街两侧，凡是拆旧房建新房，都要按照村里统一规划的位置安排新房，并统一在原地面的基础上整体向下挖掉1米多。这样一来，除了个别较深的灰坑和墓葬，遗址的一般位置都挖到了生土或基岩，新房之下的遗址堆积遭受到毁灭性破坏。于是，在东西大街北侧，因经济原因一直没有翻修的靠近大路的一座旧房舍，就成为高于周边1米有余的孤岛，有幸保存下来的这100多平方米地段，除了房基等部分受到一些破坏，大体还保存着原生的文化堆积。发现时，时培路房前的院落部分已经整体挖走了一半左右。考虑到事情的紧急，经市文化局同意，考古队立即组织人力对正在遭受破坏的院落，布一个6米×4米（包括6个2米×2米的小方格，当时分别以A、B、C、D、E、F表示）的探方进行抢救发掘（编号为T001）。前期发掘工作由文德安、科杰夫（Geoffrey

[1]　中美日照地区联合考古队：《鲁东南沿海地区系统考古调查报告》，文物出版社，2012年。

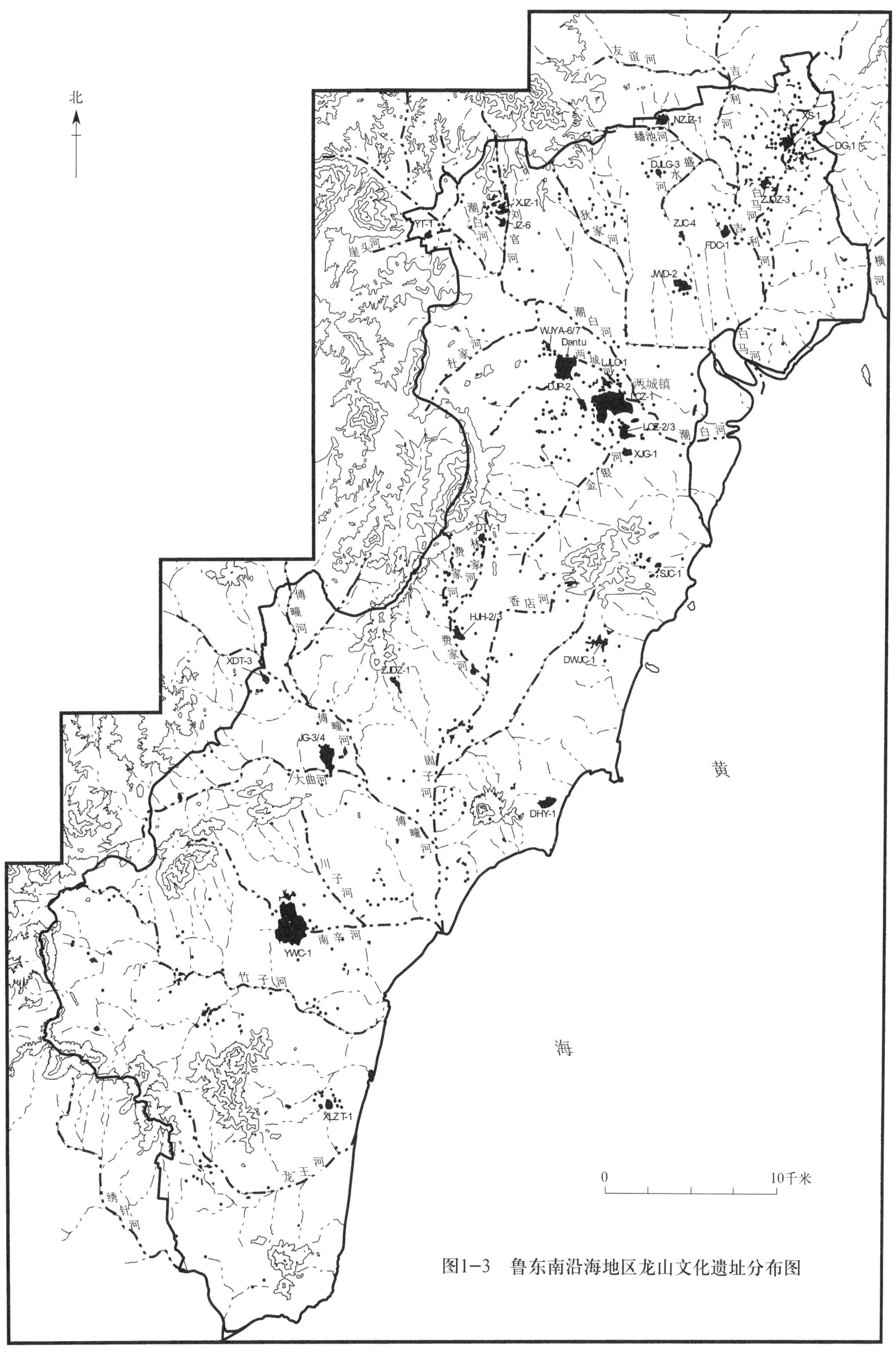

图1-3　鲁东南沿海地区龙山文化遗址分布图

Cunnar，美国耶鲁大学博士研究生）、林恩泽（Linus Enriquez ，美国耶鲁大学博士研究生）和加藤里美（日本国学院大学留学生）等负责，后期由于海广、栾丰实和方辉完成。

1999年9月30日～12月中旬，中美联合考古队第一次正式发掘两城镇遗址，历时三个多月（彩版二，1、三，1）。发掘工作开始之前，联合考古队的科杰夫、林恩泽和加藤里美等，使用全站仪测绘了等高线为50厘米（局部为20厘米）的两城镇遗址地形图（图1—4；彩版七，2），并为确定发掘位置而进行了局部钻探。为了了解1936年第一次发掘以来两城镇遗址面貌的变化，我们与台湾史语所考古组取得联系，在臧振华、颜娟英和黄铭崇等先生的支持下，1936年实测的两城镇遗址地形图复印件很快寄了过来。经过对新旧两张地形图的比对，可以说两城镇除了村庄房舍建筑有了比较大的扩展之外，遗址外围的地形地貌基本没有变化。

参加1999年度发掘工作的中方人员有蔡凤书、栾丰实、方辉、于海广，山东大学历史文化学院考古系研究生王建华、钱益汇，95级考古专业本科生王芬，96级考古专业本科生贺秀祥、傅兴胜、郭俊峰、刘剑、王川、李春华、曹艳芳、禚柏红，日本留学生加藤里美、今村佳子（日本九州大学留学生）、滨名弘二（日本九州大学留学生），山东师范大学历史系邵文臣，济南市考古研究所高继习，日照市博物馆杨深富、刘红军，技工张子晓、刘志标；美方人员有文德安、关玉琳、科杰夫、林恩泽、姚慧云（Alice Yao）。发掘工作由栾丰实和文德安共同主持。于海广主持了遗址的勘探和西北部探沟（T005）的发掘工作。中国社会科学院考古研究所赵志军、美国华盛顿斯密森研究院（Smithsonian Center for Materials Research and Education）古代陶器专家范黛华（Pamela Vandiver）、美国费城大学博物馆（University of Pennsylvania Museum，Philadelphia）化学考古学家麦戈文（Patrick E. McGovern），先后到发掘工地，给全体发掘人员讲授相关领域的专业知识，并采集研究的样品。期间，麦戈文还借用两城高级中学的化学实验室进行了龙山文化陶容器检测样品的提取工作。

2000年10月16日～12月5日，中美联合考古队第二次发掘两城镇遗址，历时50余天（彩版二，2、三，2、四，1、2）。参加发掘工作的中方人员有栾丰实、于海广，山东大学历史文化学院考古系研究生王建华，日本留学生滨名弘二，济南市博物馆李春华，日照市博物馆刘红军，日照东港区文管所相培娜，技工张子晓、刘志标、闫启新、杨光海、陈孔利、陈孔祥、邓文山、张景卫、钱道勋、于贺昌、刘文平、侯广平、孙贵光、解敬磊等。美方人员有文德安、科杰夫、倪刚。发掘工作由栾丰实和文德安主持。于海广主持了解剖壕沟所开探沟的发掘和勘探工作。发掘期间，美国化学考古学家麦戈文再次来到发掘工地，在两城初级中学的化学实验室继续进行提取测试样品等实验室工作。

2011年10月10日～11月30日，中美联合考古队第三次发掘两城镇遗址，历时50天（彩版五、六）。参加发掘的中方人员有栾丰实、于海广，山东大学历史文化学院考古系研究生王芬、禚柏红，日本留学生村野正景（日本九州大学留学生）、佐野和美（日本九州大学留学生）、川上博子（日本滋贺大学留学生），日照市博物馆刘红军、李玉，济南市博物馆蓝秋霞，技工张子晓、刘志标、闫启新、杨光海、陈孔利、邓文山、张景卫、王炳和等。美方人员有文德安、科杰夫。发掘工作由栾丰实和文德安主持，于海广主持了解剖中圈壕沟所开探沟的发掘和勘探工作。发掘期间，山东大学校长展涛、日照市市长李兆前、芝加哥菲尔德博物馆馆长 John McCarter 等先后到工地考察并看望中美联合考古队的全体成员（彩版八、九）。

两城镇遗址发掘期间，为了提高当地群众特别是青少年保护家乡古文化遗址的自觉性，考古发掘工地对当地群众开放，并引导他们参观、学习和了解保存在自己身边的重要文化遗产。同时，在两城镇中小学的支持下，不定期组织广大中小学生到考古发掘现场参观学习，并请经验丰富的蔡凤书先生给他们做耐心讲解（彩版一〇，1）。美方考古学家文德安还受聘为两城一中的名誉校长，发掘期间数次前往该校讲解龙山文化和两城镇遗址的发掘收获，受到师生们的热烈欢迎（彩版一〇，2）。

2004年，美国芝加哥菲尔德博物馆的威廉姆斯（Patrick Ryan Williams）等，采用探地雷达、电阻率和磁力测定等三种物理探测方法，对两城镇遗址的城墙、壕沟和房屋的结构进行了探测，取得一定成果。鉴于两城镇遗址浮选出较多的龙山文化炭化稻米，山东大学和日本的学者还对两城镇遗址周边地区进行过龙山文化稻田的专题调查和勘探，获取了一些有益的线索。

（三）多学科合作研究

在中美双方协商进行合作考古时，双方就拟定和规划了尽可能多地请各个学科的专家介入到发掘和研究中来，以采用各种自然科学技术开展合作研究。除了前面提及的野外工作，如磁力、探地雷达、电阻率等方法探测地下遗迹分布情况以及土壤堆积和微形态分析等之外，还开展了以下相关的研究工作。

1999年两城镇遗址正式开始发掘之时，相关学科的介入和研究工作就已经开始了。这一年，联合考古队聘请中国社科院考古研究所赵志军，在两城镇遗址现场给全体人员讲授植物考古和浮选等土样的采集及记录要求，并对浮选工作进行了示范。后来，浮选出大量轻浮和重浮标本，全部运往北京中国社科院考古研究所植物考古实验室，由赵志军指导学生（山东大学99级本科生宋吉香和杨杰等在北京做此项工作）进行检选。这些挑选出来的标本，由赵志军和克劳福德（Gary W. Crawford，加拿大多伦多大学人类学系）、李炅娥（多伦多大学博士研究生）等进行了鉴定、分析和研究（彩版七，1）。

这期间，范黛华和麦戈文分别从陶器制作工艺和饮料研究的角度，对两城镇遗址出土的陶器标本进行了采样、检测和分析研究。

2000年夏天，在日照市博物馆整理陶器资料期间，范黛华再次来到日照市博物馆，实地观察两城镇遗址出土的各种龙山文化陶器标本。后来，应范黛华的要求，经过山东省文物局报请国家文物局批准，还将一个小灰坑的全部出土陶片运往美国进行检测分析。

麦戈文对两次从两城镇遗址陶器标本中提取的样品，在美国宾夕法尼亚大学的化学考古实验室进行了鉴定分析，发现酒等饮料的信息。

2001年冬，美国伊利诺伊大学芝加哥分校的 William D. Middleton 教授，除了考察遗址发掘现场之外，还对发掘区旁边一座现代民房的居住面进行了采样和检测。进而采用人类学方法，与遗址发现的龙山文化房址土样检测结果进行了比较研究，以探讨房址的功能分区等问题。

两城镇遗址发掘结束之后，中外学者还进行了一系列合作研究，例如：

文德安和范黛华对两城镇遗址出土陶器进行了检测、测量和分析，研究了龙山文化的制陶技术和陶器专业化生产状况；此外，中国社科院考古研究所的王增林和上海博物馆、中科院上海硅酸盐研究所等还对陶片标本进行了中子活化等检测和分析。美国芝加哥菲尔德博物馆的 Lisa Niziolek，对以两城镇为主的鲁东南地区龙山文化泥质黑陶的成分进行了检测、分析和研究。

科杰夫对两城镇遗址出土石器的制作工艺、岩性和产地、功能等，进行了全面、系统的调查、实验、各种方法观察和比较研究，并以此为题完成了他在耶鲁大学人类学系的博士论文。

美国芝加哥菲尔德博物馆白黛娜（Deborah Bekken）对动物骨骼进行了鉴定与研究。

山东大学靳桂云对三次发掘所采集的全部植硅体土壤标本，进行了全面的检测、分析和研究（当时为山东省文物考古研究所研究员，2004年调入山东大学）； 同时，她还与中国林科院的专家等一起，对两城镇遗址出土的龙山文化木材标本进行了鉴定和分析。

美国珍妮弗（Jennifer A. Clark, 伊利诺伊大学芝加哥分校）对墓葬人骨进行了年龄、性别鉴定及病理学分析；同时，珍妮弗还对保存较好的M51墓主的颅骨进行了复原研究，并制作出复原后的两城M51人头像模型。

美国 Rheta E. Lanehart 和 Robert H. Tykot（南佛罗里达大学人类学系）对人骨进行了稳定同位素的检测和分析，据此讨论了两城镇龙山文化时期居民的食物构成。

以上各种科学检测、分析和研究，极大地拓展了两城镇遗址发掘资料的研究领域，提供了大量过去所难以发现的新资料和新信息。这些资料对于研究两城镇龙山文化时期的社会、环境和资源及其相互关系，无疑具有极其重要的价值和意义。

以两城镇遗址为中心的鲁东南沿海地区考古调查和发掘工作，得到了国家文物局、山东省文物局、日照市政府和文化局、日照市博物馆、东港区政府、两城镇政府和两城六村、七村、一村村委会和两城镇驻地群众的大力支持；得到山东大学和美国耶鲁大学、芝加哥菲尔德博物馆的直接帮助和资助；得到美国国家科学基金（National Science Foundation）[1]和鲁斯基金会（Henry Luce Foundation）[2]等的经费资助；报告的最终出版得到国家文物局重点文物保护专项补助经费的资助。

2005年10月和2009年10月，山东大学和日照市人民政府，分别在日照市举办过两次与两城镇遗址相关的国际学术研讨会。来自海内外的专家学者，共同分享了中美合作两城镇遗址考古发掘和鲁东南沿海地区考古调查的丰硕成果，并对中美联合考古队十余年来的工作给予高度评价。同时，也对今后的田野工作和后续研究提出许多宝贵建议。

先后参加两城镇遗址发掘资料整理工作的人员如下：

两城镇遗址浮选工作为张志波负责。拼对陶片和修复陶器的有张子晓、刘志标、闫启新、杨光海、邓文山、张书禄等。整理文字资料和绘图资料的有王芬、李春华、王强、宋吉香、卢建英、王华、聂政、林明昊、张小雷、曹冬蕾、曲新楠、樊榕、武昊、孙启锐、姜仕炜、吴文婉、饶小艳、张圆、许晶晶等。陶器绘图为刘善沂、王芬、王建华、崔英杰、王炳合、张小雷、夏伙根、赵光国、郭明建、聂政、黄苑、林明昊、王永磊、闫凯凯等，第一发掘区遗迹和陶器线图的初排由黄苑完成。石器绘图为丁锋等。两城镇的王世峰协助科杰夫做了发掘测量和后期研究的许多工作。美国伊利诺伊大学芝加哥分校的拉斯·奎克（Russell Quick）、芝加哥菲尔德博物馆的吉尔·西格德（Jill Seagard）、耶鲁大学博士研究生科杰夫和吴浩森（Andrew Womack），帮助制作了两城镇遗迹分期图、柱洞分布图和部分遗迹图的电子版等。

在本报告即将出版之际，谨向以上对两城镇遗址发掘、整理和研究工作提供过支持和帮助的单位和个人，向所有为两城镇遗址发掘、整理和各项研究工作而付出辛勤劳动的女士们和先生们，表示最诚挚的感谢！

[1] National Science Foundation grant to Anne Underhill and Gary Feinman, BCS-9911128, support for survey 2000-2001, and excavations at Liangchengzhen and analysis of materials 2000-2005.

[2] Henry Luce Foundation United States–China Cooperative Research Program grant (Anne Underhill, Gary Feinman, Lothar von Falkenhausen), support for survey and excavation 1997-2000.

第三节　调查与勘探

一　调查工作

在正式发掘开始之前的1995～1998年，中美联合考古队曾多次对两城镇遗址进行过调查。这一工作是以地面踏查方法进行的，每次都随机采集了一些石器、陶片等人工制品。每次的调查目的有所不同。在未到两城镇之前，联合考古队的成员多数只是在书本上了解了两城镇遗址的基本情况。所以，最初的调查只是想初步认识和了解一下遗址的概况，如遗址的范围、文化层堆积、保存状况以及遗址的立地环境和周边地貌等。

1996年1月，随着两城地区区域系统考古调查的开展，对两城镇遗址进行了第一次系统调查。调查方法与其他遗址一样，大体是考古队成员之间以50米的间距排开，对遗址及周围的全部地段进行“拉网式”地面踏查。调查中对遗址进行了分区，并按不同的区采集和存放遗物。这样，就得到后来公布的龙山文化、周代和汉代等各个不同时期的遗址分布范围和面积。

两城镇遗址过去曾被认为是海岱地区最大的一处龙山文化遗址，其面积也有不同说法。据1996年1月调查和2000年12月复查，如果以地面上分布有陶片或者发现文化堆积等指标测算，两城镇遗址不同时期的面积分别为：龙山文化时期272万平方米，周代241万平方米，汉代236万平方米[1]（图1-4）。如果加上邻近由两城镇遗址派生出来的几处“遗址”（如两城镇2、3、4、5、6地点和大界牌南遗址等），遗址总面积超过了300万平方米。这一数据是根据地面陶片的分布计算出来的，至于其下是否都存在文化堆积，则不是依靠地面踏查可以解决的。所以，又采用了一些其他方法继续开展工作。

二　勘探工作

为了进一步了解两城镇遗址的聚落布局和堆积情况，在遗址断断续续进行了若干次考古勘探工作。每次勘探的目的并不完全相同，采用的具体方法有常规的铲探方法、磁力方法、探地雷达方法和电阻率调查方法。

（一）常规方法钻探

常规钻探主要采用目前国内普遍使用的“洛阳铲”和与之类似的美国探铲进行，只是后者的直径只有2厘米。与“洛阳铲”相比，美国式探铲不仅破坏性要小得多，而且在土质松软、干湿适中的地段，效率非常高。但由于美国探铲主要通过用力下压来完成钻探，所以其适用范围有较大局限，土质硬的地段就很难开展钻探工作。

常规钻探进行过多次。

1．第一次钻探

第一次钻探在1998年6月。钻探的目的是确定遗址比较准确的四至和面积。这主要是考虑到，两

[1]　中美日照地区联合考古队：《鲁东南沿海地区系统考古调查报告》，文物出版社，2012年，第78页。

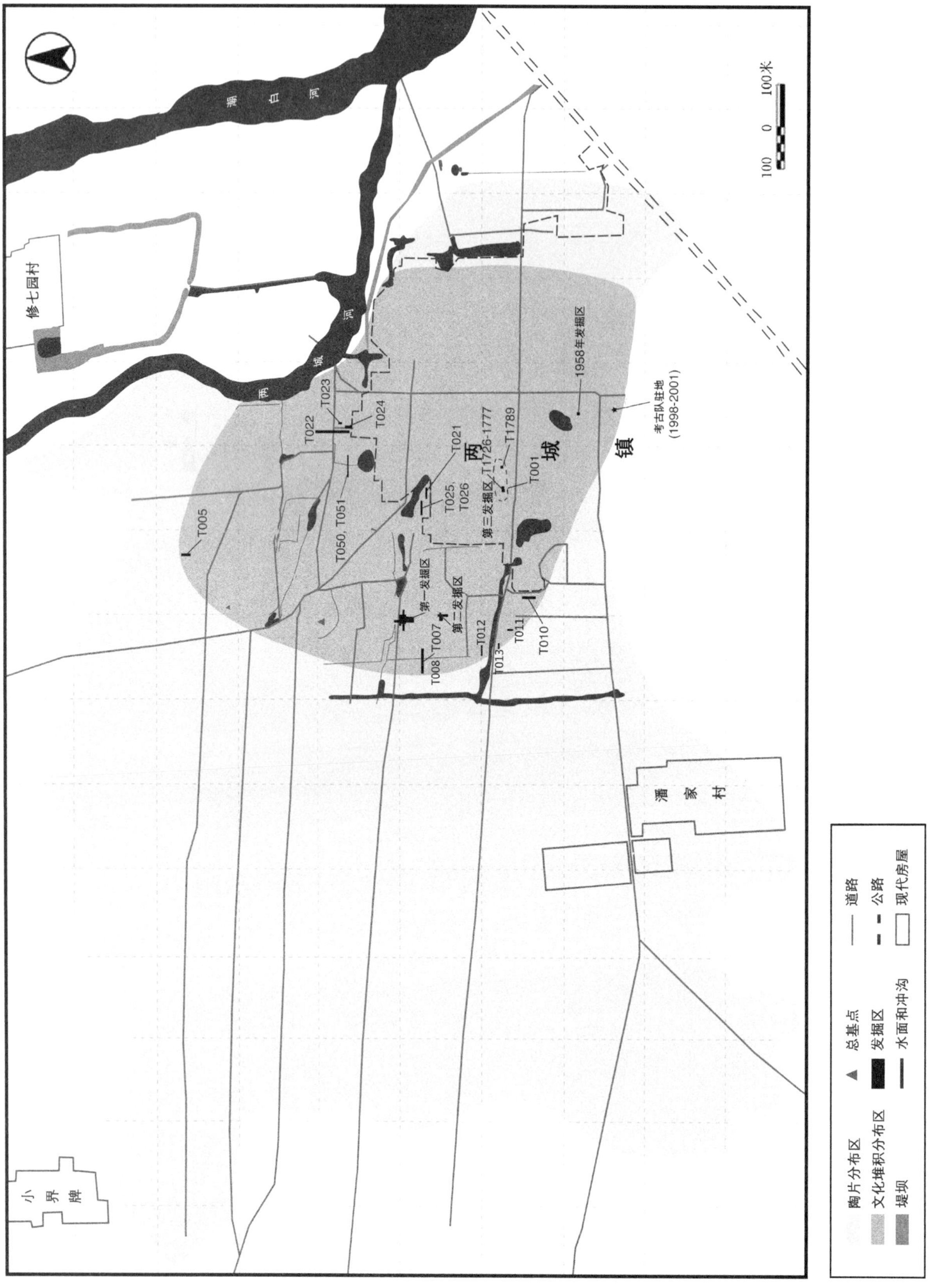

图1-4　两城镇遗址陶片分布区、文化堆积分布区和发掘位置图

城镇遗址从20世纪30年代发现以来，关于它是一个遗址还是两个遗址，遗址的面积到底是多少，一直存在着不同说法。

这次钻探的具体地点选在两城镇村西（大堌堆东侧）和村北（两城七村村后）保存较好且易于开展工作的地段，按南北和东西相交的十字线位置进行，每30米设置一个探孔，遗址的边缘视情况加密探孔。钻探结果显示，遗址南北最长约1000、东西最长约1050米。结合后来寻找城墙和壕沟的勘探工作，知道遗址的东南部分向南侧延伸出一段，而东北部则可能被潮白河支流——两城河冲掉若干，或者原来这里就是河水易于泛滥的地段，遗址并没有分布到这一带。

2．第二次钻探

第二次钻探在1998年11月。主要是配合土壤专家迈克进行两城镇遗址的地貌调查和土壤微形态分析。所以，这一次的钻探地点不太固定，在遗址内部和遗址外围使用美国探铲进行了小规模钻探。

3．第三次钻探

第三次钻探在1999年9月。中美联合考古队合作发掘两城镇遗址的申请于1998年12月获得国务院特别许可，当年已到冬季不可能进行发掘。所以计划在1999年秋季进行正式发掘。为了确定发掘的具体位置，在发掘之前进行了局部钻探。钻探主要集中在两个位置：一是村西原苹果园北侧至大堌堆一带，即南北向土岭最高的位置上，经钻探这一片的南半部（即东西向小路以南位置）十分理想，耕土层之下就是龙山文化堆积，并且发现成片类似于夯土的黄褐色土堆积，应是居住遗存分布的密集区。二是村西北大路沟南侧一带，这一带从地貌上看也不错，并且1936年发掘的三处地点之中两处就在这一片里面。钻探后发现这一片的文化堆积保存不好，近代扰动十分严重。同时，从大沟南壁顶端可以清楚看到，在长达数百米的范围内，耕土层之下的文化堆积较薄，一般在50厘米以下，有的地方只有20厘米左右。

此后，为了了解遗址外围的防御设施（壕沟和城墙）情况，每年都对遗址进行小范围的钻探工作，先后发现了自内向外依次环绕的三道壕沟。这一情况在第五章中有详细介绍。

（二）物探方法勘探

1．第一次勘探

1998年11～12月，为了探索无损勘探了解古遗址地下堆积的性质及其分布情况，联合考古队邀请美国遥感考古学家布赖恩采用磁力方法对两城镇遗址进行了局部勘探。因为是第一次采用物探的方法，选择了两片（分别称为上区和下区）堆积保存相对比较好、地面为空地或者种植着小麦等农作物，可以不受限制的进入其中开展工作的地段进行试验。磁力法勘探的下区在遗址北部，位于村后的丘陵东侧坡脚下，地势较低且平坦，地面为麦田。上区在遗址西南部土岗上的原苹果园北半部，勘探时亦为麦田，后来的第二发掘区就选在这一地段（图1-5）。

2．第二次勘探

2004年10月，出于同样目的，我们邀请美国芝加哥菲尔德博物馆的威廉姆斯（Patrick Ryan

图1－5　两城镇遗址地形图和分区图

Williams），采用了三种物探技术对两城镇遗址进行了局部探测，目的是寻找龙山文化时期的城墙、壕沟和居住房屋等重要遗迹。

第一种是探地雷达方法。勘探工作主要在划定的两个网格内进行（简称为雷网格一和雷网格二）。雷网格一在村后H5T023、T024东邻，为18米×18米。雷网格二在大堌堆的东北，为20米×40米（图1–5）。探测和分析结果为今后的考古工作提供了有益的线索和数据。

第二种是电阻率方法，即地球物理上的电流勘探方法。共在设置的四个网格区域内进行（简称为电网格一至四）。电网格一在村后H5T022西侧，东西20、南北18米；电网格二位于电网格一之东，与其相连，并且北端平齐，东西20、南北12米；电网格三与雷达网格一重合；电网格四在电网格三之东，为20米×20米的方形（图1–5）。这一方法不仅获得城墙的信息，而且还发现在城墙周围存在人为特征的遗存。

第三种是磁力方法。主要用来验证城墙和壕沟的地下分布情况，在两城镇村后的东西路以南划定的数据采集区，南北40、东西250米（图1–5）。结果发现有龙山文化时期城墙的线索。

（三）文化堆积保存状况

经过以上的考古勘探工作，对两城镇遗址的基本情况有了较为清楚的了解。两城镇遗址坐落在沿海的平缓丘陵地带，东北、东和南侧近距离内均有大小不一的河谷。西侧则为丘陵。两城镇遗址自身的立地也包含了平地和丘陵两个部分，即西部为丘陵，东部为河谷平地。仅从开始调查的1995年冬到目前的情况看，两城镇遗址的保护工作和保存现状不容乐观。两城镇遗址东南部较为平坦的部分基本上被叠压在现代村庄之下，而西部高起的丘陵部分则由于长期的自然侵蚀和人为因素，文化堆积受到了严重破坏。具体言之，可以分为以下几个部分认识。

1．现代村庄占压部分

由于20世纪70年代以来的重新规划建房，局部较高的地段被下切1米有余。所以，位于镇驻地西北部的两城六村，相当部分现今地面已被切剥到生土面，只有一些埋藏较深的灰坑、墓葬和壕沟还有一定程度的保存。遗址的东部和南部边缘，由于原来的地势就比较低，所以在村舍之下还有相当程度的保存。但是随着整体生活水平的提高，翻建房屋的规模越来越大，这些行为自然会对遗址造成不同程度的破坏。

2．村西部分

两城镇西侧为一南北走向的小丘陵，南部的东西路以北在20世纪50年代开辟为苹果园。由于这里的龙山文化堆积埋藏极浅，地表之下即是，所以挖掘树坑和长年在果园内重复实施挖深沟施肥，导致原始的文化堆积受到相当严重的破坏。果园之北的遗址中部，也就是三年期间的主要发掘区，保存相对较好。但据村民讲，人民公社成立之后，长期从这一带取土积肥等，所以现在的耕土之下就是龙山文化堆积，有的甚至暴露出龙山文化墓葬的人骨，表明原来的龙山文化堆积已经被破坏掉许多。特别是近年来镇政府规划村民种桑养蚕致富，由于种桑树挖的沟较深较密，也使遗址受到相当程度的破坏。遗址西北角的大堌堆和闫堌堆，从近年来发掘的一些同类遗存看，应是两个小型汉墓群的集合体，修筑时可能就是挖来遗址的土筑垫而成。另外20世纪30～40年代的抗日战争期间，日军在大堌堆顶部修筑炮楼，四周挖有两周环绕大堌堆的壕沟，致使这一带的文化堆积被破坏殆尽。

3．遗址北部偏西坡地

遗址北部偏西坡地水土流失相对比较严重，从路沟的断面上可以清楚地看到，保存较好位置的文化堆积，厚度也不足50厘米，一般只有20～30厘米，有的地方已经完全没有了文化堆积。偏东的岭下部位相对平坦，文化堆积保存得也比较好。这里为内、中两圈壕沟的西北转角一带，沟内堆积占据了所余遗址的大部分。内圈壕沟之内，基本上已经叠压在村舍之下。由于这一带原来的地势较低，所以，现代村舍之下还应该保存着相当一部分文化堆积。

（四）遗址分布范围和面积

两城镇遗址自1934年发现以来，经过多次调查和发掘，对其遗址面积的说法有着比较大的出入。

1936年，中研院历史语言研究所考古组的梁思永、刘燿和祁延霈等第一次正式发掘两城镇遗址，当时认为两城镇遗址东西长500多米，南北宽600多米，面积大约在30多万平方米。随后几年梁思永先生在讨论龙山文化一般性特征时，明确说两城镇遗址的面积是36万平方米[1]，大约就是根据上述数据推算出来的。当时并没有把两城镇作为一个遗址对待，而是分成了两个遗址。即把两城镇村庄下及附近较平坦的部分称为“瓦屋村”遗址（两城镇原来分为不同的自然村，其中偏西部分称为瓦屋村），刘燿于村西北发掘的部分在原始发掘记录中即称为瓦屋村遗址。而离村庄略远的村西北丘陵部分，则称为“大堌堆”遗址，祁延霈所发掘的部分就在这一地区。所以，发掘报告也是按两个遗址写的，瓦屋村的部分由刘燿完成，而大堌堆附近发掘的部分则由祁延霈负责。

1954年，山东省文物管理处对两城镇遗址的调查，划定了保护范围，即南到通往白石村的大路，北至去梁家罗圈村的大道，西为大堌堆西坡的小窑沟（南北向季节小河），东到两城一村之东。这一范围南北约900、东西约1100米，面积99万平方米[2]。

1958年，山东省文物管理处组织对两城镇遗址进行了一次全面的勘探和小面积发掘。勘探后认为，遗址东西为650、南北约850米，以此算来，遗址的面积只有55万平方米左右。同时将遗址的文化堆积分为三种情况：即灰土较密集的村中和村西，面积约25万平方米。灰土堆积较为稀疏的村西台地两侧，面积约20万平方米。没有灰土堆积的区域[3]。本年度的发掘位置，对于我们来说一直存有疑问。正式发掘开始之前的1998年冬季，为了了解遗址的变化情况，我们曾邀请两城六村和七村（两城镇分为九个行政村，遗址主要位于六村、七村、一村等行政村的村庄之下）一部分年过七旬的老人召开座谈会，请他们回忆1936年第一次发掘两城镇遗址的情况和后来遗址的变化。按年龄推算，这些老人在1936年发掘时多数在10～20岁之间，对于当年这样一件持续时间较长且轰动乡里的大事，应该会有一些记忆。一部分老人就把我们带到现在村中偏南位置的一个水塘的东南角，明确告诉我们，这里1936年也发掘过。这一说法和1936年发掘时测绘的两城镇遗址地形图上的布方位置

[1]　梁思永：《龙山文化——中国文明的史前期之一》，《考古学报》第七册，1954年。

[2]　山东省文物管理处：《日照两城镇等七个遗址初步勘查》，《文物参考资料》1955年第12期，第20页。

[3]　山东省文物管理处：《山东日照两城镇遗址勘察纪要》，《考古》1960年第9期，第10、11页。

明显不符。2003年11月，曾主持1958年两城镇遗址发掘的黄景略专程来到现场，找到当年他们发掘的具体位置，才最终弄清楚这一地点原来是1958年开探沟的位置。

20世纪70～80年代，临沂地区文管会和日照县图书馆文物组在多次调查的基础上，于1986年公布的调查报告认为，两城镇遗址的面积约90万平方米[1]。

如上所述，经1998年和发掘期间的钻探，以连续或断续保存文化层堆积的范围计算，两城镇遗址南北最长880、东西最长950米，考虑到遗址西北和西南部均呈圆角状内收，特别是西南角内收明显，遗址东北部两城河（1936年发掘时称为北小河）河床以东位置没有发现文化堆积，这一带或者原有文化堆积，后来被来回摆动的河水冲毁不存，或者这一片区域由于地势低洼而不适合于人类居住，本来就不是两城镇龙山文化居民的居住区域。这样算下来，两城镇遗址的面积约在70～80万平方米之间。

三　发掘方法

两城镇遗址考古发掘中，我们在根据土质土色划分文化层和遗迹、按最小单位收集和存放遗物、客观准确地做好各种记录的基础上，按聚落考古的要求实施田野操作，力求把文化层和遗迹做得更细致、更准确，资料收集得更全面、更丰富、更系统，记录内容更精确、更详细。同时，尽最大可能吸收不同学科的专家参加到两城遗址的考古研究工作之中，力求做到真正意义上的多学科综合研究。关于具体的田野考古操作方法，我们从以下几个方面进行了新的尝试[2]。

（一）田野发掘方法

在以往发掘操作的基础上，主要从以下几个方面进行了调整。

1．布方

布方是发掘前的一个重要环节，在具体操作上包括两个方面的内容。

第一，遗址的整体规划和划分。

由于遗址的面积较大，采用了两重第一象限布方法对整个遗址进行分区和编号，即在整个遗址和探方之间增加了一个中间单位，按中国考古的习惯或可称为区。具体做法是在遗址最显眼的大堌堆顶部设立和制作了一个永久性固定基点，然后由此点向南向西各引出1000米，将其垂直交汇点作为遗址的西南角0基点。从西南角基点开始，向东的横轴以200米为单位，依次用大写的A、B、C、D、E……表示，向北的纵轴同样以200米为单位，依次用阿拉伯数字1、2、3、4、5……表示。这样，就把整个遗址划分成了以200米×200米为单位的若干个方格（区），每一个方格可以用A1、B1、C1、D1、E1等表示。如E4，就是从西南基点向东第5列、向北第4排的200米×200米方格。在此基础上，仍以每一个方格的西南角为分基点，采用纵横坐标的四位数进行探方编号。这样，就形成了整个遗址均不重复的探方编号系统，如E4T2355（图1－5）。

第二，关于探方的设置。

[1]　日照市图书馆、临沂市文管会：《山东日照龙山文化遗址调查》，《考古》1986年第8期，第680页。

[2]　栾丰实：《中美合作两城考古及其意义》，《文史哲》2003年第2期。

由于考古发掘的要求越来越细，探方的面积太大不利于对各个部分的细致把握。而如果探方的面积太小则不利于对遗迹的完整认识和掌控（美方成员曾建议设置2米×2米的探方）。所以，经过反复磋商和认真研究后，把探方由中国传统的5米×5米改为4米×4米，面积由原来的25平方米缩小为16平方米。同时，把隔梁的宽度减至0.5米。探方的编号除了传统的方法之外，还增加了坐标法，即以遗址的西南总基点为基准，每一探方增加西南点的北、东坐标，这个坐标也就是探方位置，填写时加注在传统的探方号之后。如E4T1205（696N，816E），它表示这个探方的西南点坐标是从总基点向北696、向东816米。在实际操作中，为了从平面上把握遗迹之间的共存关系，要求各个探方在进度上尽可能保持一致，隔梁也视需要而随时打掉（或部分打掉）。

2．最小单位的界定

以往一般是把一个小的文化层，或一座房基，或一个灰坑，或一座墓葬，作为一个基本的地层单位，当然，有时也在其内部进一步分层。为了更细致地了解文化层或遗迹内部的细小变化，进而分析和把握人类的行为过程，我们把以往的地层单位分解成更小的单位，并采用顺序号码的编号方法加以表示和记录。例如，发掘一个灰坑，要求先清理一半（大型遗迹先清理四分之一），清理的堆积至少给一个顺序号，完毕后，绘制剖面图，然后按剖面的实际堆积层次发掘余下的一半，每一小层给一个顺序号。房址、墓葬等遗迹也是一样。地层则按最小的层次编号，如果一个层次较厚而土质土色又看不出什么变化，就自上而下每10厘米划为一层，给予编号。如果在两层之间的地面上发现特殊遗物或采集了样品，则既不归上也不归下，而是单独编号，按地面的内容予以记录。

3．实行筛土

筛土的方法在国外运用得较为普遍，而国内使用得不多。筛子的网眼有两种，分别为四分之一英寸和八分之一英寸。两城镇遗址的发掘是采用了全部过筛的方法，由于筛土很影响发掘进度，所以是发掘中争议最大、讨论最多的问题之一。但筛土确实能够发现一些我们以前忽视了的东西，如剥落的小石片（研究石器生产的重要证据）、小的动物骨骼等。如果从挑选肉眼不易发现的细小遗物的角度考虑，采用水洗的方法效果更好，只是需要投入更大的人力和物力。

4．土质土色描述

以往都是按个人的观察和认识来描述文化堆积的土质土色，因此造成了相互间的人为差别，以前国内就有学者呼吁在考古发掘中使用色谱来进行比对，以统一土色标准，但一直没有能够实行。在两城考古发掘中，我们对此进行了尝试。

首先，采用统一的色谱（Munsell Color Company 1994[1]），通过比对来确定土色，并注明干湿程度，同时仍然附上传统方法的描述，本报告对土色的描述，均附有色谱数据。

其次，从三个方面分析土质状况：分选情况，大体分为粗、中、细三类，每类之下又分为好、中、不好三个级别。土质构成，按土壤学中的三大类土壤进行比对描述，即黏土、淤土和沙，并取许多中间类型。包含杂物情况，如砂粒、红烧土颗粒、草木灰和炭屑等。

---

[1] Munsell Color Company 1994. *Munsell Soil Color Charts*. Grand Rapids, Michigan, USA.

（二）记录方法

田野考古记录仍采用传统的文字、绘图和影像三种基本方法，但又根据学科发展的需要，进行了一定的改进、补充和完善。

1．文字记录以表格为主

以往的文字记录也包括表格，但相对较为简单。为此，发掘之前专门设计了各种不同的表格，如地层和其他遗迹登记表、房址登记表、墓葬登记表（表1–1、1–2、1–3）以及各种测试样品登记表等。表格记录法的优势在于既面面俱到又简明扼要，不会有人为原因的遗漏。记录以顺序号为单位，每一地层或遗迹又有总的记录，可以相互参照。表格要求在现场完成，或在现场记录有关内容，晚上回到驻地填表。

2．图纸记录的要求更加细致

主要变动有六个方面。

第一，在发掘之前用全站仪测绘出一张较为精确的地形图，等高线为0.50米，并直接采用海拔高程表示（图1–5）。

第二，记录系统的坐标均以遗址的西南总基点为原点，而不是原来各自探方的西南角，这样做就使得所有遗存在遗址中的位置一目了然，不需要再进行换算。

第三，用全站仪进行定点和测量，所有基线的两个端点和所有在现场发现的遗物的中心点，均采用全站仪定点，即距遗址西南角总基点的纵横坐标和海拔高度，全站仪定点的理论误差在0.01厘米，而实际操作误差要大一些，与操控者对仪器掌握的熟练程度及天气等有关。

第四，为了更好地表现考古遗存的细部特征，把图纸的比例统一规定为1∶20，个别特殊的遗存可视需要进一步扩大比例。

第五，除了手工作图之外，对所有遗迹（包括部分地层）和单独编号的小件遗物，用全站仪再测量一套图纸资料，直接存入电脑，可以变换视角进行观察。

第六，用全站仪测量发掘区的微观地貌，等高线一般为20厘米。

3．影像记录

影像记录仍以传统的拍照和摄像为主，只是增加了数码相机等新的设备，这在国内的考古工地上已经普及，并且照相机的像素越来越高，画质也不断提高。根据照片的保存情况，拍照均采用彩色反转片，不再使用一般的彩色和黑白胶卷拍摄。并且增加拍照的数量，做到所有的遗迹和出土物均有记录，如仅1999年的发掘就拍摄了80多卷反转片。

（三）资料收集

收集各种遗物标本是考古发掘工作的重要一环，在两城镇遗址的考古发掘中，除了上述对全部堆积物过筛以收集所有人工制品和动植物遗存之外，将资料的收集范围加以扩大，并使其具有系统性和科学性。

收集所有人工及自然的石块和石片。在以往的发掘中，一般只是收集属于人工制品的石器。随

表1-1 两城镇遗址地层、遗迹登记表

山东大学与耶鲁大学、芝加哥自然历史博物馆
中美合作考古项目—两城镇遗址（LCZ-1）发掘

地层、遗迹登记表

临时号…………………………开口层位……………………负责人…………………………
发掘区…………………………填土来源……………………记录者…………………………
编号（北，东）……………填土性质……………………发掘日期………………………
位 置…………………………层表形态 ………………… 绘图号…………………………

遗迹形状……………………编号……… 深度（米）表面角 A 底部角 A…………
尺寸（米）长………宽………直径……… A'……… A'………
部位……………………堆积层次…………… B……… B………
堆积来源……………………………………… B'……… B'………
堆积来源……………………………………… 表面中点……… 底部中点………

人工制品	生态遗物	标本	编号	重量（克）	位置（北，东，高）		
陶器………	人骨………	浮选	………	………………	……………	…………	………
石器………	兽骨………	C14	………	………………	……………	…………	………
骨器………	鸟骨………	土壤	………	………………	……………	…………	………
蚌器………	鱼骨………	孢粉	………	………………	……………	…………	………
其它………	贝壳………	硅酸体	………	………………	……………	…………	………
	其它………	其它…	………	………………	……………	…………	……

Munsell土描述 地层描述
干时土色…………………… 结构 ……………………… ………………………………
土质 ……………………………………………………… ………………………………
分选 ……………………………………………………… ………………………………

发掘方法……………………………………………………………………………………

筛选与网目数………………………………………………………………………………

摄影记录		发掘者记录
卷号	照片号	
层位关系图解		
时代：		
实验室登记日期 实验室修改日期		

表1-2　两城镇遗址房址登记表

山东大学与耶鲁大学、芝加哥自然历史博物馆
中美合作考古项目—两城镇遗址（LCZ-1）发掘

房址登记表

临时号……………… 开口层位……………… 负责人………………
发掘区……………… 填土来源……………… 记录者………………
编号（北，东）……………… 填土性质……………… 发掘日期………………
位　置……………… 层表形态……………… 绘图号………………

房址种类……………… 编号………	深度（米）表面角 A	底部角 A………
房址形状……………… 方向………	A'………	A'………
	B………	B………
尺寸（米）长……… ……… 直径………	B'………	B'………
宽……… ………	表面中点………	底部中点………

房址方面（米）　　　　备注
地面　分层………　　材料……… ………
墙体　高………宽………　　材料……… ………
门道　方向………　　形状……… ………
基槽　宽………　深………　　形状……… ………
柱洞　宽………直径………　　形状……… ………
灶址　数量………　　形状……… ………
………　数量………　　形状……… ………

奠基情况
………………………………………………
………………………………………………

摄影记录			发掘者记录
卷号	照片号		
层位关系图解			
时代			
实验室登记日期 实验室修改日期			

表1-3 两城镇遗址墓葬登记表

山东大学与耶鲁大学、芝加哥自然历史博物馆
中美合作考古项目—两城镇遗址（LCZ-1）发掘

墓葬登记表

临时号…………………………　开口层位…………………………负责人…………………………
发掘区…………………………　填土来源…………………………记录者……………………… …
编号（北，东）………………填土性质…………………………发掘日期…………………………
位　置…………………………　层表形态…………………………绘图号…………………………

墓葬种类…………………………编号…… 深度（米）表面角 A　　底部角 A…………
墓葬形状…………………………方向……………　A'…………　A'…………
B…………　B…………
尺寸（米）长……………………直径………　B'…………　B'…………
宽……………………　中点………　底部中点………

Munsell 土描述　　　　地层描述
干时土色…………………………　结构……………………　…………… ……………………
土质……………………………………………………………　……………………………………
分选……………………………………………………………　……………………………………

葬具
数量……　形状……………………质料………………盖板……………………………………
尺寸（米）长……　宽……　高……　厚……　底板……………………………………
保存……………其它…………………………………………………………………

人骨架

性别	年龄	头方向	葬俗	葬式	保存	记录
…………	…………	…………	…………	…………	…………	…………
…………	…………	…………	…………	…………	…………	…………
…………	…………	…………	…………	…………	…………	…………
…………	…………	…………	…………	…………	…………	…………

随葬品	数量		器形
陶器	…………	件	…………………………
石器	…………	件	…………………………
其它	…………	件	…………………………

摄影记录		层位关系图解	发掘者记录
卷号	照片号		
实验室登记日期 实验室修改日期		时代	

着研究的深入，发掘中不仅收集各种成品和半成品的石器，而且特别重视对制作石器时剥落的石片的收集，因为它对石器制作过程的研究具有重要价值。同时，还收集堆积中所有的自然石块，除观察其是否有人工痕迹外，还可鉴定其岩性并称重，分析石器原料的来源及比例关系等。

浮选样品的采集。为了加强对古代环境和经济活动的研究，并使分析和统计结果具有系统性和科学性，我们在所有的编号单位中随机采集10升土样（最初是5升，后来统一增加为10升），个别特殊的单位如房内地面、炉灶等则全部取样，通过浮选仪进行浮选。这一工作的系统开展，使我们获得了大量有价值的新资料，如各种炭化植物、细小的动物骨骼和极小的石片、石渣等。

各种测试土样的采集。除了浮选外，我们还在所有的编号单位中采集一定量的土样，用来做各种检测分析。如植物硅酸体分析、孢粉分析和土壤微形态分析等。孢粉分析已为大家所熟知，而植物硅酸体和土壤微形态分析近年来正在兴起。特别是植物硅酸体分析，对于古代农业的产生和发展、古代环境的复原和变迁等研究有着极为重要的作用。

此外，还要收集各种可以进行测年的标本，如各种炭化植物标本等。对一些可能有特殊用途或特殊意义的器物，采取仔细起取和密封保护的方法予以处理，以备室内进一步分析研究。如对可能是酒器的容器，就要连土一同起取。一些较完整的石质工具，不但起取后要立即密封保存，而且刃部周围的土样也要采集，以便进行植硅体等分析时加以比较，为确定工具的用途和功能提供证据。

（四）多学科综合研究

在考古学中倡导开展多学科综合研究，特别是自然科学技术的介入，可以说是大势所趋，越来越为国内考古学界所重视。在两城考古发掘中，我们在设计研究课题时就制订了详细的多学科研究计划，尽可能多地吸收国内外各学科的专业人员参加研究，以最大限度地提取信息和资料，丰富两城考古研究的内容。我们现在已经和十几个方面的专家进行了愉快的合作，包括磁力、探地雷达和电阻率方法探测地下堆积和重要遗迹分布情况，土壤微形态分析，房内居住面不同位置土壤的化学成分分析，炭化植物种子的鉴定和研究，木材的鉴定和研究，植物硅酸体和孢粉的检测分析，陶器（陶片）的成分分析和陶器制作工艺、技术分析，饮用陶器的化学分析，人骨碳氮同位素分析，石器岩性鉴定和统计分析及模拟实验，碳十四和热释光法测年，等等。

为了使各学科研究的科学化和系统化，我们把绝大多数参加研究的学者都请到了两城镇遗址考古发掘工地。请他们介绍不同学科相关研究的原理、进展和实施，以及在今后考古学研究中的作用、意义和发展前景，并对具体的采样和保存方法等进行讲解和示范。这样做也使他们能够部分地参与发掘工作，对整个考古发掘的状况有实地的感性认识，这对下一步的室内分析和研究有重要参考价值。

四 发掘区分布

由于两城镇遗址的面积很大，而我们的发掘目的又因主观和客观原因有所不同。所以，在两城镇遗址三年的发掘中，我们主要在四个区域进行了发掘（图1-5；彩版三～六）。需要说明的是，这四个区域的编号在实际发掘中并不存在。如前所述，我们在正式发掘开始之前，用全站仪对整个遗址进行了细致的测量，绘制了比较精确的地形图。然后按照前面所说的规划方案，一次性把整个遗址进行规划布方，并给予了互不重复的探方编号。所以，在实际发掘中我们只是使用发掘位置的编号即可。由于发掘的几个区域相距较远，而且发掘的目的也各不相同，为了方便后面的行文，也考虑到读者阅读时便于理解，以下将分为四区进行介绍。

1．第一发掘区

在遗址的西部，位于大堌堆正南200米左右的小丘陵平缓中嵴上。此区是我们三年发掘的主要地区，其目的是从微观角度了解两城镇遗址的聚落结构及其变化、生业和手工业经济状况、环境与遗址的关系等。

2．第二发掘区

在第一区正南80余米处，这一地段曾用磁力方法进行过勘探，结果发现一条沟状的堆积。原计划在这里进行小面积发掘（开始只布了2个探方），主要是想检验一下磁力方法勘探结果的可靠程度。发掘表明，这里确实有一条沟状堆积，而且沟中还发现了一座周代墓葬（M15）。

3．第三发掘区

在两城六村村中东西大路的北侧，1998年冬抢救发掘的情况已如前述。1999年冬，在第一发掘区当年的发掘任务基本完成之后，村中时培路的旧房已经拆除，准备将房基下1米多厚的文化堆积全部搬走。趁此机会，我们在时培路的旧房位置布了4个探方，即G3T1726、T1727、T1776、T1777，由文德安和日照市博物馆副馆长杨深富主持进行了发掘。

4．环壕与城墙

这一部分发掘工作的目的主要是为了搞清楚遗址周边的防御设施。所以，选择的发掘点比较分散，包括了遗址北部的外圈壕沟位置（T005），村北部内、中圈壕沟的位置（T022、T023、T024、T050、T051等），村西北内、中圈壕沟的位置（T021、T025、T026），遗址西侧外圈壕沟的位置（T007、T008），西南侧外圈壕沟拐角的位置（T011、T012、T013），南侧西部外圈壕沟的位置（T010）共六处地点。

此外，为了配合两城镇遗址的环境考古研究，2001年由靳桂云负责，在遗址东北部的两城河西侧位置布了一个2米×2米的探方。此外，为寻找两城镇遗址龙山文化时期的水田，2006年我们还在遗址周围进行了专门钻探取样工作。

第二章　第一发掘区

第一节　发掘过程

第一发掘区位于遗址的西部，在大堌堆正南200米处。选定这里作为两城镇遗址合作考古的主要发掘区，是因为从钻探结果看，这一带的文化遗存保存较好，并且是龙山文化时期的居住区。

正式发掘之前在两城六村时培路院落内进行的抢救性发掘，虽然面积很小，但由于田野工作理念和认识上的差别，双方在记录方法、对各种遗存的处置方面均存在不少分歧。有了这次小规模合作的经验和教训，我们认识到，双方在考古理念、文化传统和具体田野发掘操作上存在着相当大的距离。大家都认为双方需要有一个相互磨合和适应对方的时间和过程。合作双方为了加深对彼此所经历的考古环境、思维方式、操作方法的了解（特别是中方人员对美方的了解）和更好地开展合作考古研究，1999年夏天，美方负责人文德安特意安排中方主要业务人员，赴美国中部伊利诺伊州考察田野考古发掘和实验室考古的学术活动。通过在发掘现场的考察和交流，中方业务人员对美国目前的田野考古工作的操作程序和具体发掘方法有了一定的理解和认识。

20世纪80年代后期以来，在中国考古学研究中采用聚落考古方法的呼声日高，我们也在思考如何从田野考古调查、发掘到后期研究过程中采用聚落考古的方法。所以，经过几年来的中美合作考古，我们对宏观聚落考古研究的重要配套方法——区域系统调查有了感性和理性认识，而在田野考古发掘中如何实施则完全没有经验。凭着已有的认识和思路，我们觉得既然是聚落考古，在田野发掘工作中就要揭露一定的面积，而只有发掘相当大的面积才能看清楚聚落的布局及其变化。[1]

在这种思想的指导下，1999年9～11月，进行了第一次正式发掘。由于我们共同确立了以聚落考古的方法开展田野发掘，所以，一开始就把发掘点确定在南北两片地下堆积以黄褐土为主，推测应该是居住遗存比较丰富的地段。第一批布4米×4米探方14个。探方分布在南北两片，北片2排8个（E4T2297、T2298、T2299、T2300、T2347、T2348、T2349、T2350），南片2排6个（E4T2047、T2048、T2049、T2097、T2098、T2099），中间相隔12米。去掉耕土之后就是一大片偏黄色的龙山文化堆积，暴露出来的位置除了少量灰坑、柱洞等遗迹之外，基本是以经过夯打且较为坚硬的黄褐色堆积为主，间或有些部位还存在大小不一的烧烤面。据此，我们将其推定为大型台基一类的建筑遗存。既然是大型建筑遗存，就有必要先把整体范围搞清楚，然后再决定是不是继续发掘

[1]　2001年10月，严文明先生和北京大学中国考古学研究中心“聚落演变与古代文明”课题组全体成员到两城镇遗址考古发掘现场考察指导，谈话中明确提出做聚落考古，需要揭露比较大的面积。到2005年6月，在北京文物出版社召开的伦福儒等著《考古学理论、方法与实践》一书出版的座谈会上，严先生在讲话中认为，开展聚落考古的田野工作，由于发掘的日益精细化，已经不可能像过去那样进行大面积的揭露。

和如何发掘。于是，在经过仔细钻探的基础上，我们做出了两个决定：一是从北部发掘小区的北排已发掘探方向东西两侧延伸，即向东增开3个探方（F4T2301、T2302、T2303），向西增开5个探方（E4T2342、T2343、T2344、T2345、T2346），旨在了解这一片建筑遗存的东西范围。二是发掘南北两片探方中间间隔带的9个探方（E4T2147、T2148、T2149、T2197、T2198、T2199、T2247、T2248、T2249），寻找南北两片建筑的分界，并且在原先北片探方的北侧再加布4排8个探方（E4T2397、T2398、T2399、T2447、T2448、T2499、E5T0047、E5T0097）。这样，全部打开的探方数量达到39个，布方面积为624平方米（图2-1）。

调整发掘方案之后，由于挖开的面积较大，特别是采用了一系列过去发掘所没有使用的方法，如发掘出来的土要全部过筛，每一个遗迹单位和编号小件都要使用全站仪测绘，采集了数量较多的各种土样等，发掘进度十分缓慢。及至清理完新开探方耕土层下暴露的遗迹之后，时间已经到11月中旬，天气变冷，土地开始结冻，已经不适合继续进行大面积发掘。在这种情况下，为了实现预期目标，我们又决定在揭开的范围内做一条“十”字形探沟，以了解大型夯土建筑遗存的结构和性质。东西向探沟是（西起）E4T2342、T2343、T2344、T2345、T2346、T2347、T2348、T2349、T2350、F4T2301、F42302、F4T2303共12个探方的北侧，东西长48、南北宽1.5米。南北向探沟是（南起）E4T2047、T2097、T2147、T2197、T2247、T2297、T2347、T2397、T2447、（T2497）[1]、E5T0047、E5T0097共12个探方的东侧，南北长48、东西宽1.5米（图2-1）。

两条探沟挖下去之后，发现原来的判断并不正确，从表面看范围较大像台基一样的黄褐色垫土堆积，其实并不是一次性形成的单一遗迹，而是在长期居住过程中不断堆积和铺垫而形成的，主要是不断地翻建、重修房屋等活动的遗存。既然是这样，除了极个别地段，探沟的绝大多数位置就没有继续向下挖到生土，而是将探沟的发掘工作停了下来，以留待来年的发掘来解决。

2000年10～12月，对两城镇遗址进行了第二次发掘。有了第一次发掘的经验和经过一年的磨合之后，双方对于发掘工作的沟通和理解逐渐达到了比较默契的境界。但在具体操作和实施上，不同的意见还是会时常碰到。例如，对遗址中的墓葬填土，我们一般认为是包含了不同堆积层的土，其中存在不同时代的遗物。所以，中方人员认为对墓葬填土过筛意义不大，但美方人员坚持认为只有全部过筛的考古发掘才是科学的，等等。基于上一年度对发掘区内文化堆积性质的认识和具体的操作程序，本年度有意识缩小了发掘面积，在1999年发掘区的北部打开两排10个探方进行了发掘（除了1999年进行了部分发掘的E4T2397、T2398、T2399、T2447、T2448、T2449之外，又加开了E4T2396、T2400、T2446、T2450共4个探方）。发掘过程中，西部和北部均出现一些延伸到探方之外的房址。为了完整揭露这些房址，向西增开了 E4T2395和T2445等2个探方，向北增开了E4T2495、T2496和T2498等3个探方。房址清理完毕后，这些新开探方未再继续向下发掘。本年度的发掘工作，发现了丰富的房屋建筑遗存，间或也发现一些墓葬和其他遗迹。应该提及的是，发掘到最下一层，发现了一座保存较好的龙山文化土坯墙结构的房址（F39），从考古遗产保护和为以后的遗址展示留下资源的角度出发，我们将其结构搞清楚之后，未像以往那样进行全部发掘，而是原地回填予以保护。本次发掘加上扩方，揭露面积共约240平方米（图2-1），而做到生土层面的不足150平方米。

2001年10～12月，对两城镇遗址进行了第三次发掘。本次发掘的10个探方，位于2000年发掘区

[1] E4T2497的位置正好在东西路上，故此探方并未发掘。

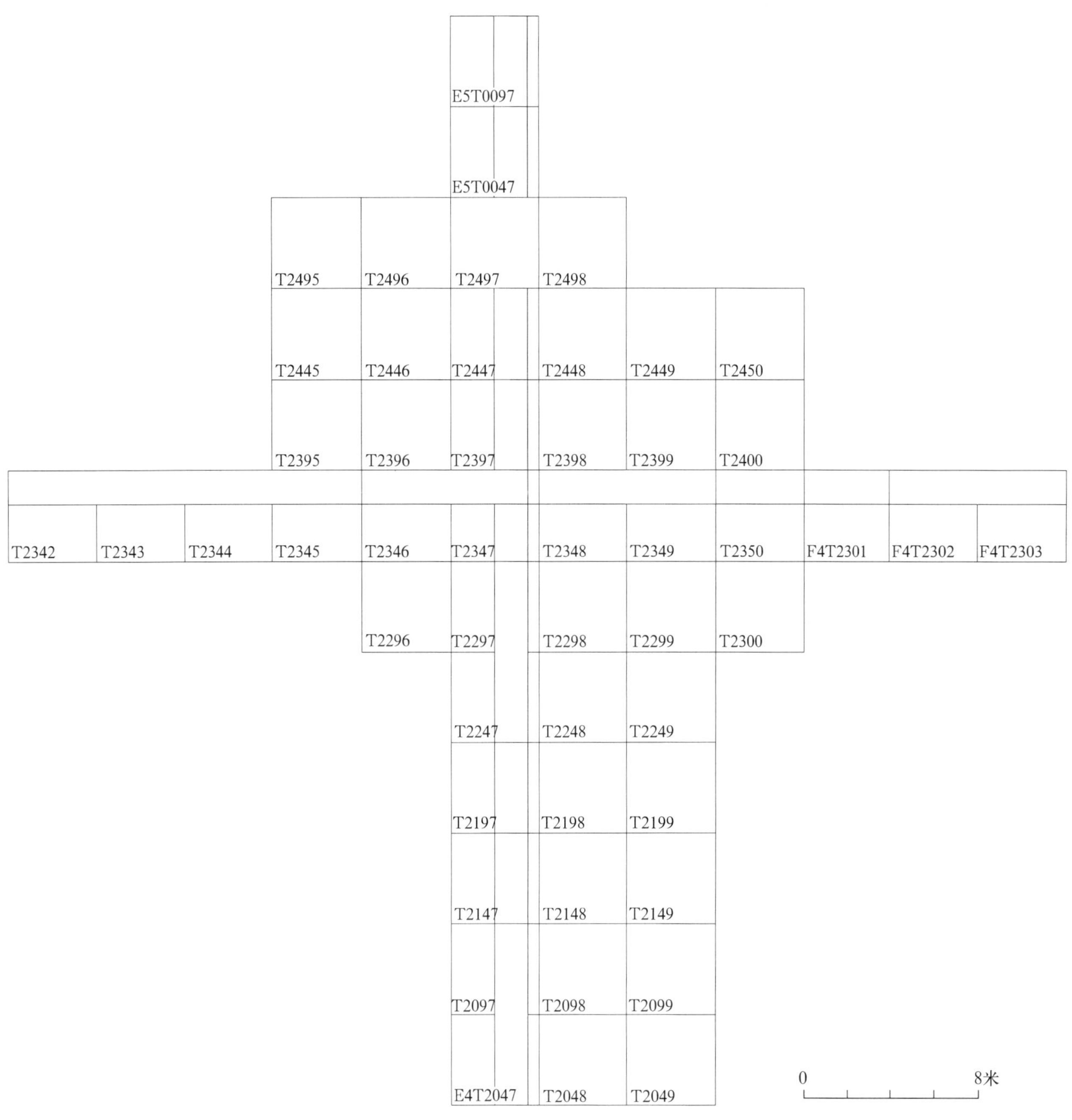

图2-1　第一发掘区布方及十字形探沟位置示意图

的南侧，两次发掘的位置连成一体（E4T2297、T2298、T2299、T2300、T2346、T2347、T2348、T2349、T2350共9个探方为1999年发掘的，新增加了E4T2296）。实际发掘面积160平方米（图2-1）。经过第二次发掘之后，我们对两城镇遗址的文化堆积和各种遗迹的结构情况有了深刻而清楚的认识，加之双方的发掘理念渐趋一致，所以，发掘工作进行得十分顺利。本次发掘发现的F65，与上一年度发现的F39同属一组，且保存较好，所以原地回填加以保护。

三年下来，我们在第一发掘区的发掘情况是，包括只进行了耕土下遗迹清理的范围共有49个探方，总面积达784平方米，而基本做到生土面的面积只有300平方米左右。

第二节　文化堆积

因为两城镇遗址的面积很大，不同地段的文化堆积存在相当大的差别。我们在历次调查和发掘的基础上，对遗址文化堆积的时代和性质已有比较明确的认识。两城镇遗址主要有三个时代的遗存，即龙山文化、周代和汉代，此外也发现零星的商代遗存。以此为基础，我们在两城镇遗址文化堆积的层次划分上做了预先规定，即在正式发掘之前就排出了一个完整的地层序列。因为两城镇遗址面积大，不同时期的堆积范围可能本来就不相同，即一些时期范围大一些，而另外一些时期范围可能小一些。同时，遗址不同区域的保存状况也不尽一致，保存好的地段地层堆积可能会全一些，而破坏严重的区域则只有位置偏下的遗存得以保存下来，偏上的堆积可能因被破坏而不存。所以，整个遗址的完整堆积序列可能不会存在于遗址的每一个地段和位置。于是，不同的发掘区多数只是存在遗址完整堆积序列中的一部分。这样，就会在不同发掘地点的地层编号序列中出现空缺层号的现象。这种做法是基于我们对多处遗址的发掘经验总结出来的，其优点是，不管哪一年开展的工作，或者在遗址不同地段的发掘，都可以在大的层次上进行对照，阅读者一看层次编号就知道不同区域分别存在哪些时代的遗存。当然，这种操作方法需要对遗址有充分的了解的基础上实施，对新发现的遗址或者只进行过初步工作的遗址则需要慎重对待。另外，这种预先设定地层编号的方法是在多年工作基础上确定下来的，与单纯的想像或者假设完全不是一回事。

按照上述原则，我们把整个遗址的堆积层依次编为：

第①层为农耕土（或表土），第②层为近代，第③层为汉代，第④层为周代，第⑤层为商代，第⑥、⑦层为龙山文化。如果不同时期的堆积有差别，则在大层之内进一步区分为不同的小层，用小写的英文字母表示，如⑥a、⑥b、⑥c、⑥d等，以此类推。

第一发掘区的文化堆积比较单一，耕土层之下除了残存部分周代墓葬和个别汉代墓葬之外，早期阶段只有龙山文化一个时期的文化堆积，甚至连近代堆积都没有。龙山文化堆积的厚度差别较大，最厚的位置在2.00米以上，最薄的地方不足1.00米，多数在1.20～1.50米之间。下面选取有代表性并且能够反映整个遗址堆积情况的一条东西向堆积剖面、两条南北向堆积剖面和南部、西部各一条探沟的堆积剖面予以介绍。

一　东西方向堆积剖面

1．E4T2296～T2300北壁剖面

这一区域耕土层下即为龙山文化堆积层（图2-2）。

第①层　耕土层。厚0.15～0.23米。灰褐色土，结构疏松，土质松软。包含龙山文化陶片和近现代瓷片、铁钉、塑料等。开口于此层下遗迹有M17（周代）等。

第⑥层　层表距地表深0.15～0.23、厚0.70～0.80米。依堆积的土质土色和遗迹的分布情况，可再细分为5小层。

第⑥a层　厚0.10～0.20米。分布不普遍，主要位于发掘区的东西两侧，中部由于房基暴露的较早，基本没有分布。灰褐色土，局部有较薄的灰土层，分选粗而不好，结构较为紧密，包含陶片、石块和烧土粒、炭屑等。此层下开口的遗迹有F55、M52、H324等。

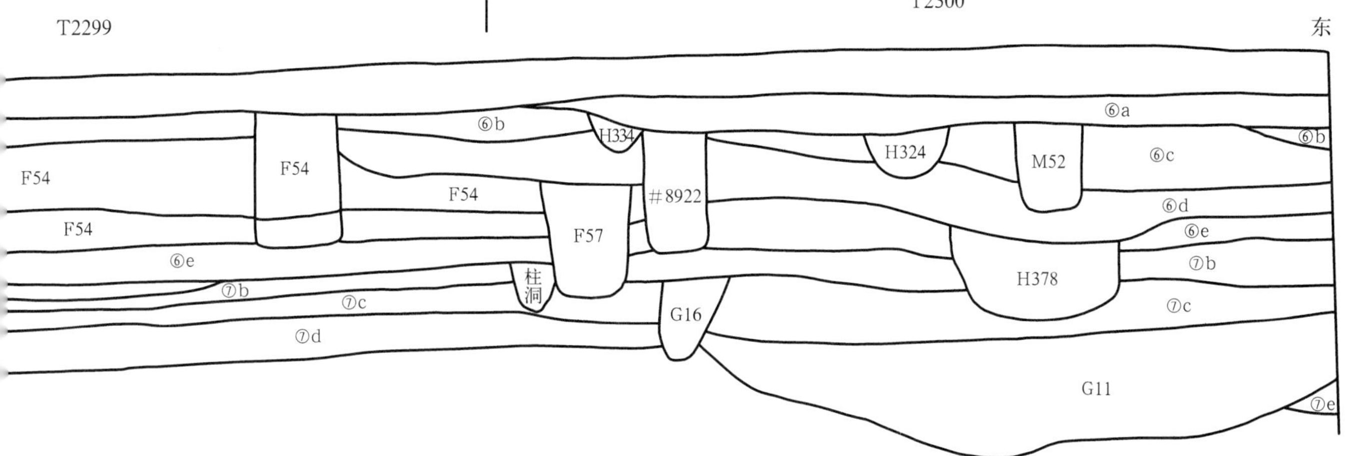

T2299
T2300
东
⑥a
⑥b
H334
F54
F54
F54
F54
#8922
H324
M52
⑥c
⑥b
F57
⑥d
⑥e
⑥e
柱洞
H378
⑦b
⑦b
⑦c
⑦c
G16
⑦d
G11
⑦e

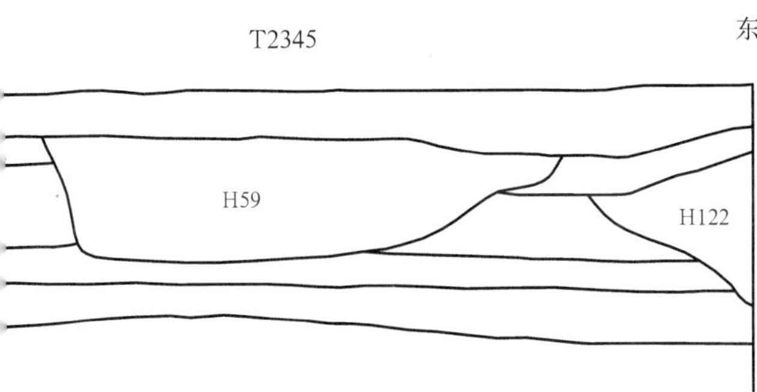

T2345
东
H59
H122

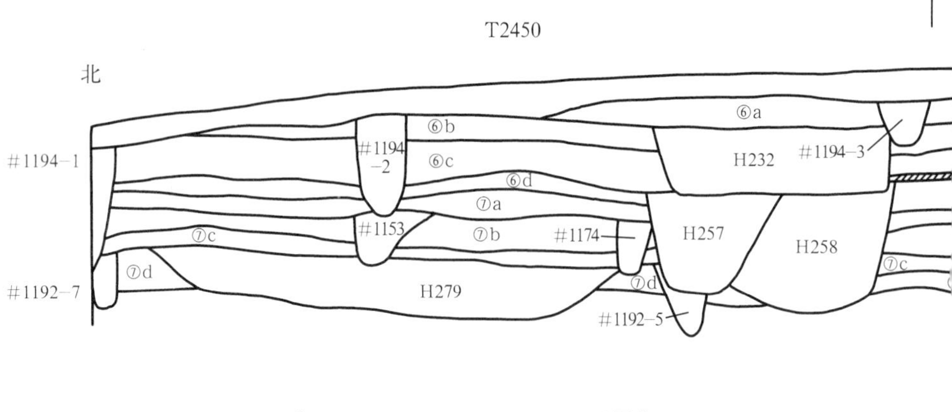
T2450
北
#1194-1
⑥b
#1194
-2
⑥c
⑥d
⑥a
H232
#1194-3
⑦a
#1153
⑦b
#1174
H257
H258
⑦c
⑦d
H279
⑦d
⑦c
#1192-7
#1192-5
0
140厘米

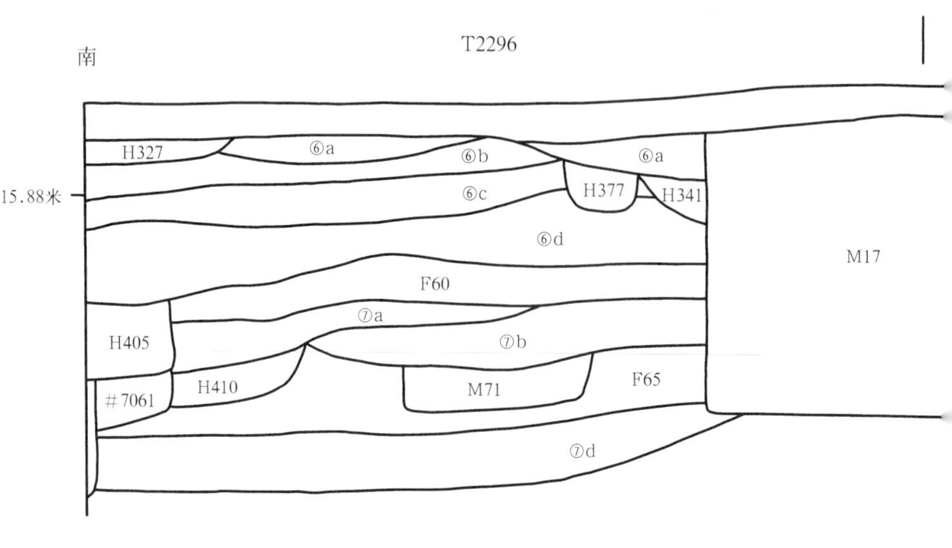
T2296
南
H327
⑥a
⑥b
⑥a
15.88米
⑥c
H377
H341
⑥d
M17
F60
⑦a
H405
⑦b
H410
M71
F65
#7061
⑦d
0
140厘米

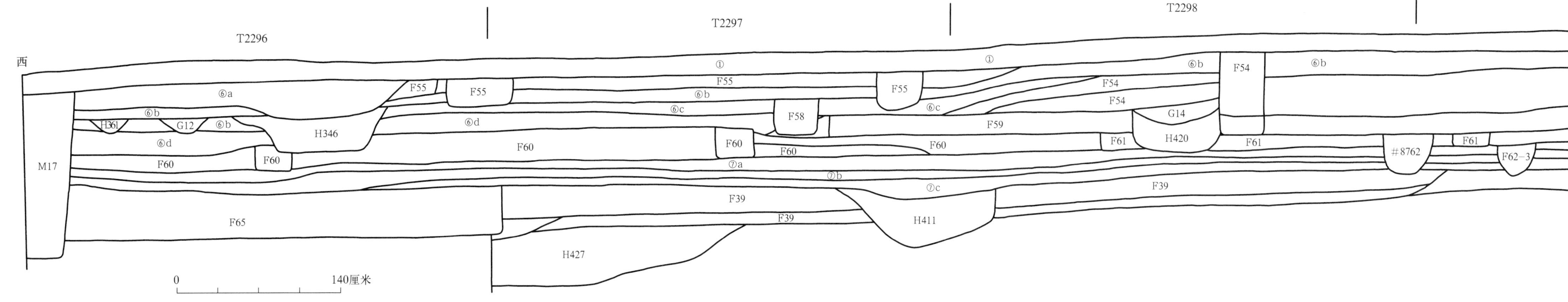

图2-2　一区E4T2296～T2300北壁剖面图

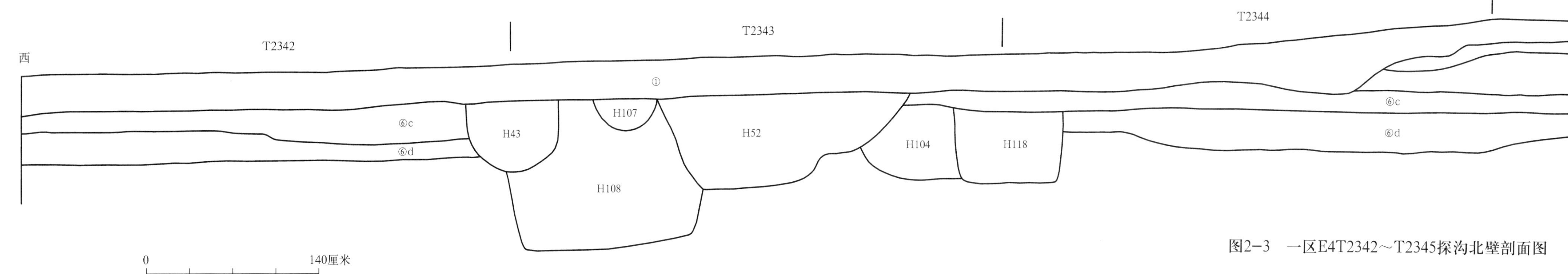

图2-3　一区E4T2342～T2345探沟北壁剖面图

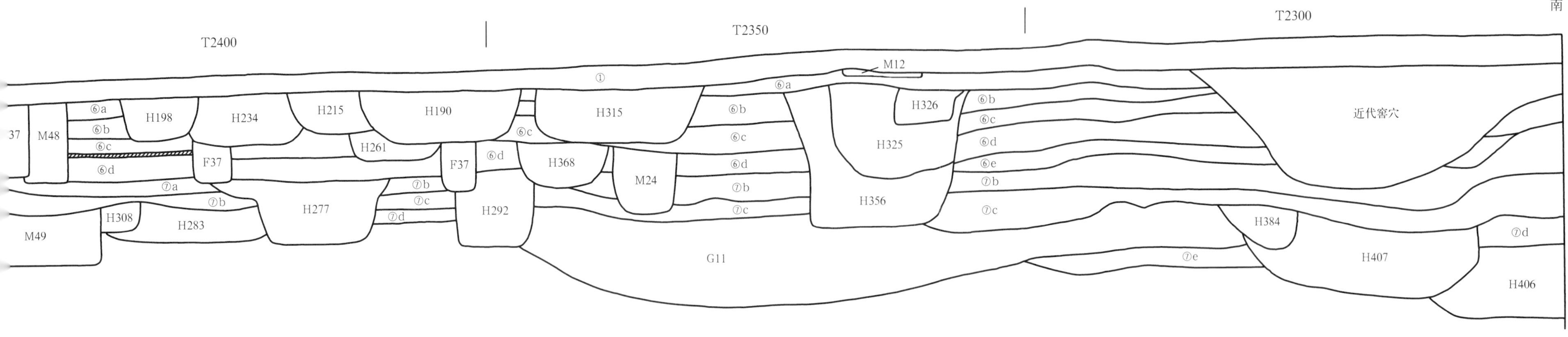

图2-4　一区E4T2300～T2450东壁剖面图

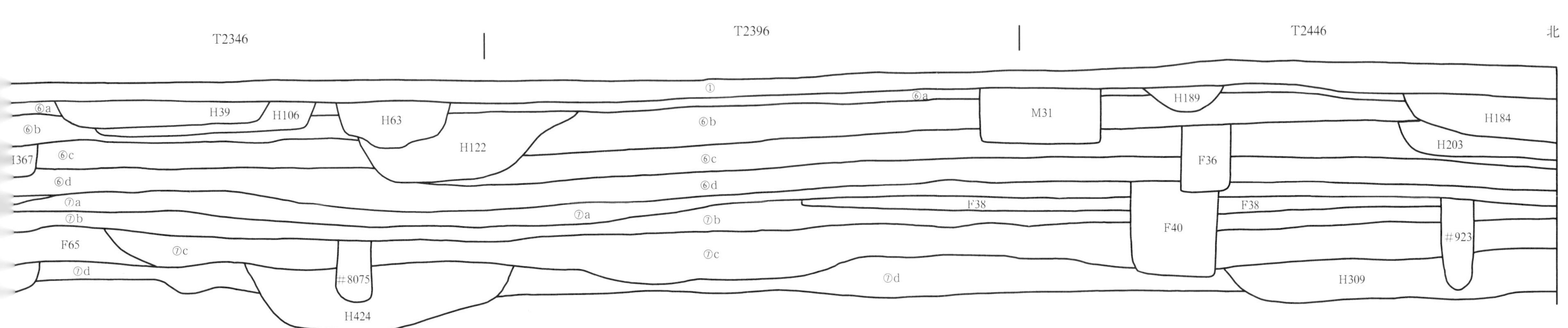

图2-5　一区E4T2296～T2446西壁剖面图

第⑥b层　厚约0.10米。分布较为普遍。黄褐色土，有的地段包含灰、黑、黄相间的小层，可能与活动场地有关。分选粗而中等，结构略紧密，包含陶片、烧土粒和砂粒等。此层下开口的遗迹较多，如F58和G12、H361等。

第⑥c层　一般厚约0.10米，东部最厚处可达0.30米。除了房基及周围所占用位置外均有分布。黄褐色土为主，东部为灰褐色，局部为灰黑色。分选粗而不好，除了东部T2350的土质结构较为疏松外，余者均较为紧密。包含有陶片、石块、炭屑等。此层下开口的遗迹有F59、F54、F57等。

第⑥d层　厚0.10～0.25米。分布较为普遍。灰褐色土，局部呈黄褐色和黑色。分选细而中等，结构较为疏松。包含有陶片、石块、烧土粒和炭屑等。此层下开口的遗迹有F60、F61等。

第⑥e层　厚0.12～0.22米。主要分布于东半部的探方。灰褐色土。分选细而中等，结构较为疏松。包含有陶片、石块、烧土粒等。开口于此层之下的遗迹有F62等。

第⑦层　层表距地表深0.85～0.95、厚0.35～0.40米。依堆积的情况又可以划分为5小层。

第⑦a层　厚约0.08米。主要分布于T2299及以西的各探方。灰褐色土，局部为灰黑色，分选细而不好，结构较为疏松。包含有陶片、砂粒和烧土等。

第⑦b层　厚0.05～0.22米。分布于整个发掘区内，中西部较薄，东部较厚。以灰褐色土为主，间有黑灰色和黄褐色土，分选细而不好，结构较为疏松，局部紧密。包含物有陶片、烧土粒和石块等。开口于此层下的遗迹有G16等。

第⑦c层　厚0.04～0.30米。分布于整个发掘区内，中西部较薄，东部较厚。深灰褐色土，局部包含灰土薄层，分选细而中等，结构较为疏松。包含有陶片、石块和烧土粒等。开口于此层下的遗迹有F39、F65、G11和H411等。

第⑦d层　厚0.10～0.20米。分布于整个发掘区内。灰褐色土，局部为黑色灰土，分选中而不好，结构较为疏松。包含有陶片、石块等。开口于此层下的遗迹有H427等。

第⑦e层　只见于发掘区的东端边缘。灰色土，分选粗而不好，结构较为疏松。包含有陶片、石块、炭屑等。

第⑦e层和大部分⑦d层以下为生土。

2．E4T2342～T2345北壁剖面

第一发掘区西部的T2342、T2343、T2344、T2345四个探方北壁（图2-3），是1999年发掘的东西向探沟的西半部。当时因为时间的关系，这几个探方及北侧的1.5米宽探沟均未清理到生土面。T2346以西的地段，位置处于遗址南北向土陵的西坡，呈东高西低的走势。这一部位耕土层下即为龙山文化堆积。

第①层　耕土层。厚0.16～0.30米。灰褐色土，结构疏松，土质较软。包含较多龙山文化陶片和少量近现代陶瓷片、塑料制品等。此层下开口的遗迹均属于龙山文化，如H59等。

第⑥层　层表距地表深0.16～0.30、厚0.32～0.71米。依土质土色和遗迹的分布情况，又可以分为4小层。

第⑥a层　厚0.08～0.16米。主要分布于T2345之内，向西延伸到T2344东部。深灰褐色，局部有灰土，分选粗而不好，质地略硬，结构较为紧密，包含有陶片、石块、烧土粒等。此层下开口的遗迹有H122等。

第⑥b层　厚0.16～0.34米。分布范围与⑥a层基本一致。灰褐色土，分选细而不好，结构较为紧密。包括含有石器、陶片和腐烂的兽骨等遗物。

第⑥c层　厚0.10～0.32米。遍布4个探方。黄褐色土，分选中而较好，质地较硬，结构紧密，包含陶片、石块、烧土粒等。此层下开口的遗迹有H104、H118等。

第⑥d层　厚0.12～0.32米。遍布4个探方。黄色土，夹带有薄的灰层，分选粗而较好，质地较硬，结构紧密，包含石器、陶片及较多的砂粒。最西部的T2342西半部（H108以西），相当于此层的位置为房基垫土，已清理的部分分为6个黄、灰相间的小层，筑打得较为坚硬，因范围不清楚而没有继续向下发掘。

第⑥d层以下未进行清理。

二　南北方向堆积剖面

1．E4T2300～T2450东壁剖面

这一区域耕土层之下即为龙山文化堆积（图2-4）。

第①层　耕土层。厚0.10～0.22米。呈现北薄南厚的趋势。灰褐色土，结构疏松，土质松软，包含较多的龙山文化陶片和近现代物品等。耕土层下开口的龙山文化遗迹较多，如H190、H198、H215、H234、H315和M37、M38等。

第⑥层　层表距地表深0.10～0.22、厚0.25～0.70米。依土质土色和遗迹的分布情况，又可以分为5小层。

第⑥a层　厚0.10～0.15米。发掘区北部近东西向道路处地势明显变低，故这一段没有此层，东南角被一大型近代坑破坏而不存。灰褐色土，分选粗而不好，结构较为紧密。包含有陶片、石块、烧土粒等。此层下开口的遗迹有H232、H325、H326、H356等。

第⑥b层　厚0.08～0.20米。本层除了北端一小段不见外，遍及其他地段。总体为浅灰褐色土，南部偏黄褐色，局部有红烧土堆积。分选粗而中等，结构较为紧密，包含有陶片、石块、草木灰和烧土等。此层下开口的遗迹有F37、H261等。

第⑥c层　厚0.10～0.20米。遍布整个发掘区内。深灰褐色土，局部有较薄的灰层，中部偏北此层下部有一薄层烧土面。分选中而不好，结构略为疏松。包含有陶片、石块和烧土粒等。此层下开口的遗迹有H257、H258、H368、M24等。

第⑥d层　厚0.05～0.20米。遍布整个发掘区内。以黄褐色土为主，局部呈灰褐色和灰黑色。分选细而中等，结构较为疏松。包含有陶片、石块、烧土等。此层下开口的遗迹有H277、H292等。

第⑥e层　厚0.12米。主要发现于发掘区的东南角一带，其他地段基本没有分布。以灰褐色土为主，局部呈灰黑色。分选细而中等，结构较为疏松。包含有陶片、石块、烧土粒等。

第⑦层　层表距地表深0.35～0.85米。依堆积的差别和遗迹的分布又可细分为5小层。

第⑦a层　厚0.06～0.11米。主要见于北半部探方，南半部探方没有分布。黄色土，较为纯净，分选中而较好，结构紧密。包含陶片、砂粒等。

第⑦b层　厚0.06～0.36米。遍及整个发掘区内。灰褐色土，分选细而中等，结构较为疏松。包含有陶片、石块、草木灰等。此层下开口的遗迹有M49、H283、H308等。

第⑦c层　厚0.08～0.28米。遍及整个发掘区内。黄褐色土，分选粗而中等，结构紧密。包含有陶片、石块等。此层下开口的遗迹有H279、H384、H407、G11等。

第⑦d层　厚0.08～0.20米。除了南部被G11打破的部分皆有分布。灰黑色土，分选中而不好，结构疏松。包含有陶片、石块等。

第⑦e层　厚约0.12米。主要见于发掘区的东南角一带，其他地段基本没有分布。灰色土，分选粗而不好，结构较为疏松。包含有陶片、石块、炭屑等。

第⑦e层和大部分⑦d层以下为生土。

2．E4T2296～T2446西壁剖面

这一区域耕土层之下亦为龙山文化堆积（图2-5）。

第①层　耕土层。厚0.15～0.23米。灰褐色土，结构疏松，土质松软。包含龙山文化陶片和近现代陶瓷片、塑料制品及铁钉等。此层下开口的遗迹除了周代的M17，多数属于龙山文化，如H39、H63、H106、H184、H189、H327和M31等。

第⑥层　层表距地表深0.12～0.22、厚0.64～0.73米。依土质土色和遗迹的出露情况，又可细分为4小层。

第⑥a层　除了南端局部较厚外，一般厚约0.05～0.10米。分布比较普遍，基本遍布发掘区的西部，堆积比较薄，应该与现代耕作的破坏有关。深灰褐色土，分选粗而不好，结构较为紧密。包含有陶片、石块和烧土粒等。此层下开口的遗迹有H122、H341、H371等。

第⑥b层　北半部又划分为2小层，厚0.12～0.30米。遍布整个发掘区内。上层为黄褐色土，下层为浅灰褐色土，分选粗而不好，结构较为紧密。包含有陶片、石块、烧土粒及草木灰等。此层下开口的遗迹有F36、H203、H367等。

第⑥c层　厚0.13～0.26米。分布于整个发掘区内。黄褐色土，分选中而略好，结构较为紧密。包含有陶片、石块等。

第⑥d层　厚0.16～0.36米。分布于整个发掘区内。灰褐色土，分选细而中等，结构较为紧密。包含有陶片、石块、烧土粒等。此层下开口的遗迹有F40、F60、H405等。

第⑦层　层表距地表深0.78～0.90、厚0.63～0.82米。依土质土色和遗迹的出露情况，又可细分为4小层。

第⑦a层　厚0.06～0.20米。遍布于发掘区的西部。灰褐色土，局部有小的黄土层和黑灰土层，分选细而中等，结构略为疏松。包含有陶片、石块、草木灰等。此层下开口的遗迹有F38等。

第⑦b层　厚0.08～0.26米。分布于整个发掘区内。以灰褐色土为主，局部呈黄褐色和黑灰色，分选细而不好，结构较为紧密。包含有陶片、石块、烧土粒和腐烂的兽骨等。此层下开口的遗迹有M71等。

第⑦c层　厚0.16～0.34米。分布于整个发掘区内。深灰褐色土，局部有灰土和红烧土小层，分选粗而不好，结构较为疏松。包含有陶片、草木灰、烧土、石块等。此层下开口的遗迹有F65、H424、H309等。

第⑦d层　厚0.05～0.30米。分布于整个发掘区内。南部三个探方为黑灰色土，包含大量灰烬，分选中而不好，结构疏松，土质松软。北部的T2446为灰褐色土，分选粗而不好，结构较紧密。包含

有陶片、石块、炭屑等。此层下开口的遗迹有H425等。为了保存F65的原貌，南半部叠压在F65以下的堆积基本没有进行发掘。

第⑦d层以下为生土。

3．E4T2047、T2097东壁剖面

为南北向探沟南部的T2047和T2097两个探方的东壁（图2-6）。1999年11月发掘的南北向1.50米宽探沟，后因时间关系，选择了北片黄褐土堆积的北侧和南侧、南片黄褐土堆积的北侧予以重点发掘。这一剖面是位于最南部的两个探方——T2097内的全部和T2047内的大部分（北侧的2.50米，南侧因全系黄褐土堆积，故未发掘）。这一段探沟发掘到距地表1.20米深后，宽度向东缩减为1.00米。探沟南部在发掘到距地表约1.50米时，因为全系黄色夯土堆积，南端1.00米宽的位置未再继续向下清理。这一部分探沟的其他位置均发掘到生土面。

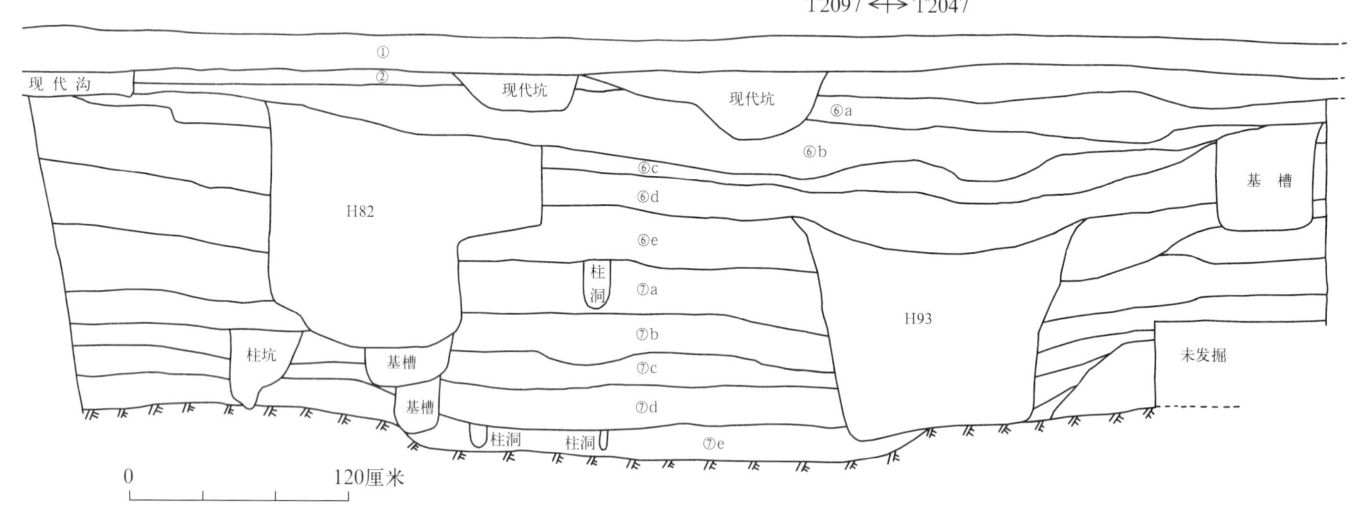

图2-6　一区E4T2047、T2097探沟东壁剖面图

第①层　耕土层。厚0.16～0.24米。灰褐色土，结构疏松，土质松软。包含近现代瓷片和龙山文化陶片等。此层下有现代沟和现代坑等。

第②层　近代层。层表距地表深0.16～0.24、厚0.08～0.20米。黄褐色土，结构紧密，质地较硬。包含近现代瓷片、铁钉及较多龙山文化陶片等。

第⑥层　层表距地表深0.26～0.0.38、厚约1.20米。依土质土色和遗迹的出露情况，又可细分为5小层。

第⑥a层　厚0.09～0.26米。主要分布于探沟的南半部。以灰黑色土为主，兼有灰褐色土等，分选细而不好，结构较为疏松。包含物有陶片、石块、烧土粒等。此层下开口的遗迹有H65等。

第⑥b层　厚0.05～0.32米。分布于探沟南部建筑垫土以北的大部分区域。上部为灰褐色土，下部为黄褐色土，分选细而不好，结构紧密，质地较为坚硬。包含物有陶片、红烧土等。此层下开口的遗迹有H82和南部的一东西向较深基槽等。

第⑥c层　厚0.04～0.14米。只分布于探沟北半部。灰褐色土，分选中而不好，结构较为紧密。包

含有陶片和较多的植物类遗存等。此层下开口的遗迹有H100等。

第⑥d层　厚0.18～0.38米。基本分布于整个探沟之内。灰黑色土，夹杂黄褐色土块，分选细而不好，结构较为紧密。包含有陶片、动物骨骼、石块等。此层下开口的遗迹有H93等。

第⑥e层　厚0.14～0.30米。基本分布于整个探沟之内。浅灰褐色土，分选细而不好，结构较为紧密。包含有陶片、动物骨骼、炭屑、烧土粒等遗物。此层下开口的遗迹有单个柱洞等。

第⑦层　层表距地表深1.40～1.56、厚0.54～0.78米。依土质土色和遗迹的出露情况，又可细分为5小层。

第⑦a层　厚0.23～0.36米。分布于探沟的大部分区域。黄褐色土，分选细而不好，结构较紧密，质地较为坚硬。包含物有陶片、红烧土块等。此层下开口的遗迹有未统一编号的基槽（#1283、#1292）等。

第⑦b层　厚0.14～0.18米。分布于探沟的大部分区域。偏黄的黄褐色土，局部有小片草木灰和细砂相间的薄层，分选细而较好，结构紧密，层表较为坚硬，似经过特殊加工。包含有陶片、烧土粒和草木灰等。此层下开口的遗迹有H121和未统一编号的基槽（#1280）和柱坑（#1285）等。

第⑦c层　厚0.10～0.20米。分布于探沟的大部分区域。以黄褐色土为主，也有草木灰薄层和灰褐色土层，黄褐色土的层表较为坚硬，为经过特殊加工的活动面。分选不甚一致，多不好，结构较为紧密。包含物有陶片、石块、炭屑等。此层下开口的遗迹有H136和零星柱洞（#1289、#1302）等。

第⑦d层　厚0.05～0.24米。分布于探沟的大部分区域。灰黑色土，有较多草木灰，分选细而较好，结构疏松，质地较松软。包含物有较多陶片、炭屑、烧土粒等。此层下开口的遗迹有H137和部分零星柱洞（#1297、#1298）等。

第⑦e层　厚0.10～0.20米。分布于探沟的大部分区域。灰褐色土，下部有一薄层浅灰白色淤泥层，分选细而较好，结构疏松，质地较软。包含物有陶片、动物骨骼、草木灰、烧土粒等。

第⑦e层以下为黄色生土层。

第三节　龙山文化层出土遗物

第一发掘区内除了发现少量周代和汉代墓葬之外，只有龙山文化时期的文化层，晚于龙山文化的文化层或者原来就不存在，或者被后来人的活动破坏而完全不存。因此，该区文化层出土遗物均为龙山文化时期。

由于两城镇一带的碱性土壤对遗物的严重腐蚀，多数陶器表面的磨光层已经被腐蚀掉。更为严重的是，在两城镇历次发掘中，揭露面积超过了1000平方米，出土的陶器成千上万，石器也数以千计。但是，基本上没有发现骨、角、牙器和动物骨骼、贝壳等有机物。历年发掘的百余座墓葬，除了极个别人骨在特殊环境下保存较好（如M51，保存在最下层的沙土层里），绝大多数保存极差，有的甚至连骨骼的痕迹都已不存。这一特殊情况，给相关研究带来了无法逾越的障碍。所以，在各类遗存的遗物介绍和描述中，一般只有石器和陶器两大部分，缺少其他类别。

第一发掘区的位置主要属于龙山文化居民的居住区，在已发掘的不大范围内，不同时期的房屋基址层层相叠，显现了聚落组成单位的变迁过程。整体来看，第一发掘区的文化堆积以建筑类垫土为主，日常生活产生的垃圾土略少，所以文化堆积中出土的陶器和陶片相对少一些，相反石器略多。

一　石器

两城镇遗址出土的龙山文化石制品达3400多件，数量仅次于陶器，其构成不仅有石器的成品，也包括相当多的石器半成品和制作石器的原料，还发现有石器制作过程中遗留下来的废料。石器的制作包括了选择石料、打制毛坯、琢制成型、磨制成器和钻孔等工艺流程。对此，在本报告的第三册中辟有出土石器研究的专章（第一三章）。

据联合考古队的调查和研究，两城镇石器的原料均来自半径25千米范围之内的区域，特别是与遗址邻近的两城河和潮白河河滩砾石，是石料的重要来源。石器的岩性种类较多，主要有绿泥/角闪片岩、砂岩、流纹质熔结凝灰岩、花斑岩、花岗岩、富含石英的海滩卵石、富含白云母的熔结凝灰岩、石英/白云母千枚岩、滑石片岩等。

石器的器形较多，有斧、锛、凿、锤、铲、镰、刀、钺、镞、磨棒、石臼、石杵、磨石、调色板、砍砸器、石牌、装饰品以及石核、石片和钻芯等20余种。

1．石斧

共7件，其中半成品4件。

标本T2303⑥d：1（#4331；S321[1]），一侧剥落，顶端一角残失。角闪/玄武斑岩。平面近长方形，横截面为椭圆形，双面刃，通体磨制。长10.9、宽6.4、厚1.5厘米，重157.5克（图2–7，1；彩版一一，1）。

标本T2099⑥a：9（#1002；S102），上半部和刃部均残。角闪闪长岩。平面近梯形，横截面为椭圆形。残长7.1、宽6.0、厚2.6厘米，重159.1克（图2–7，2）。

标本T2399⑦b：12（#5689；S1752），石斧半成品。带绿帘石斑点的流纹花岗岩。平面和横截面均为长方形。长11.7、宽8.5、厚3.0厘米，重549.4克（图2–7，3）。

标本T2048⑥c：18（#821；S269），石斧半成品。流纹质熔结凝灰岩。不规则形。长11.3、宽7.4、厚3.0厘米，重376.2克（彩版一一，2）。

2．石锤

共17件。

标本T2097⑦e：64（#1296；S1154），花斑岩。平面近椭圆形，横截面为梯形。长10.8、宽6.5、厚5.2厘米，重436.4克（彩版一一，3）。

标本T2448⑥b：7（#5813；S1821），石英粗面斑岩。平面为不规则形。长9.9、宽5.7、厚4.6厘米，重301.7克（彩版一一，4）。

标本T2400⑦b：18（#3385；S1868），流纹花岗岩。平面近椭圆形。长13.5、宽6.3、厚4.5厘米，重546.6克（彩版一一，5）。

标本T2247⑦a：11（#1828；S1160），富含白云母的熔结凝灰岩。平面为椭圆形。长9.7、宽5.8、厚3.8厘米，重260.1克（彩版一一，6）。

[1]　#是指田野发掘期间给予堆积单位的顺序号，为了和后面的石器研究相对应，石器部分保留了堆积单位的顺序号；S指石器的实验室编号，为了便于查对，也保留于此。个别没有这两种编号的，为后来从陶片中挑选出来的。下同。

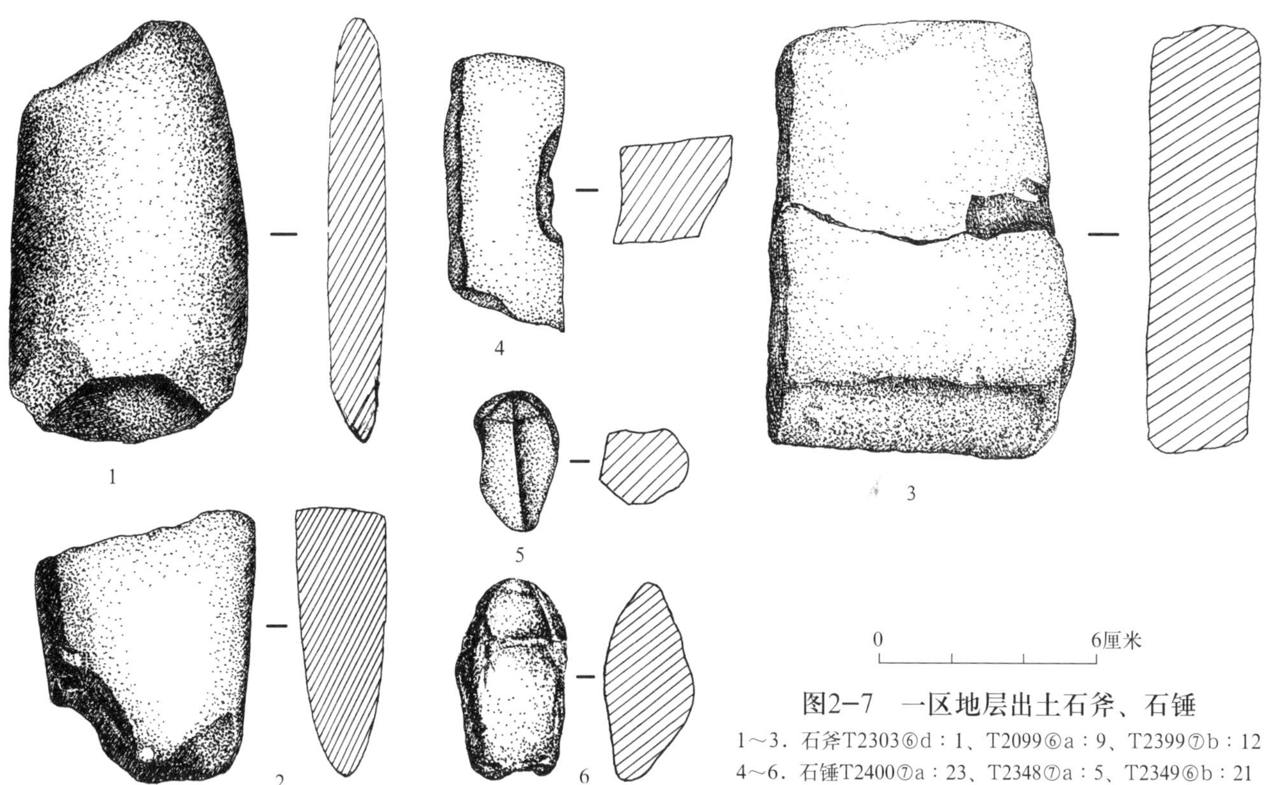

图2–7　一区地层出土石斧、石锤

1～3．石斧T2303⑥d：1、T2099⑥a：9、T2399⑦b：12
4～6．石锤T2400⑦a：23、T2348⑦a：5、T2349⑥b：21

标本T2400⑦a：23（#3352；S1583），石英岩。平面为长方形，横截面近方形。长7.7、宽3.0、厚2.8厘米，重102.5克（图2–7，4）。

标本T2348⑦a：5（#8235；S3216），石英岩。平面为不规则形，横截面为六边形，完整。长3.8、宽2.3、厚2.4厘米，重20.6克（图2–7，5）。

标本T2247⑦a：12（#1828；S1162），花斑岩。平面为不规则形。长11.9、宽8.0、厚5.0厘米，重343.4克（彩版一二，1）。

标本T2350⑥c：37（#8420；S3061），石英粗面斑岩。平面近长方形。长14.1、宽5.6、厚5.1厘米，重474.3克（彩版一二，2）。

标本T2395⑥b：2（#1053；S1666），花岗岩。平面近三角形。长9.5、宽5.6、厚5.0厘米，重279.8克（彩版一二，3）。

标本T2349⑥b：21（#3107；S1741），石英岩。平面近鞋底形。长5.5、宽3.0、厚2.5厘米，重61.3克（图2–7，6；彩版一二，8）。

标本T2299⑥a：13（#2202；S165），富含石英的海滩卵石。平面为椭圆形。长9.3、宽4.3、厚4.0厘米，重223.3克（彩版一二，4）。

标本T2047⑥b：34（#613；S1150），富含白云母的熔结凝灰岩。平面近三角形，横截面为椭圆形。长6.5、宽5.0、厚1.8厘米，重89.0克（彩版一二，5）。

标本T2198⑥a：1（#5104；S1158），富含白云母的熔结凝灰岩。平面为长梯形。长9.0、宽3.6、厚3.4厘米，重197.0克（彩版一二，6）。

标本T2448⑥a：8（#5818；S1834），花岗岩。平面近长方形。长7.8、宽5.3、厚2.6厘米，重167.2克（彩版一二，7）。

3．石锛

共22件，其中半成品3件。

标本T2448⑥a：6（#5801；S1002），流纹质熔结凝灰岩。平面和横截面均为长方形，磨制。长4.8、宽3.0、厚1.4厘米，重39.7克（彩版一三，1）。

标本T2300⑦d：17（#8991；S3421），流纹质熔结凝灰岩。平面和横截面均为长方形，刃部崩损较甚。长8.0、宽4.9、厚2.6厘米，重176.2克（图2–8，1；彩版一四，1）。

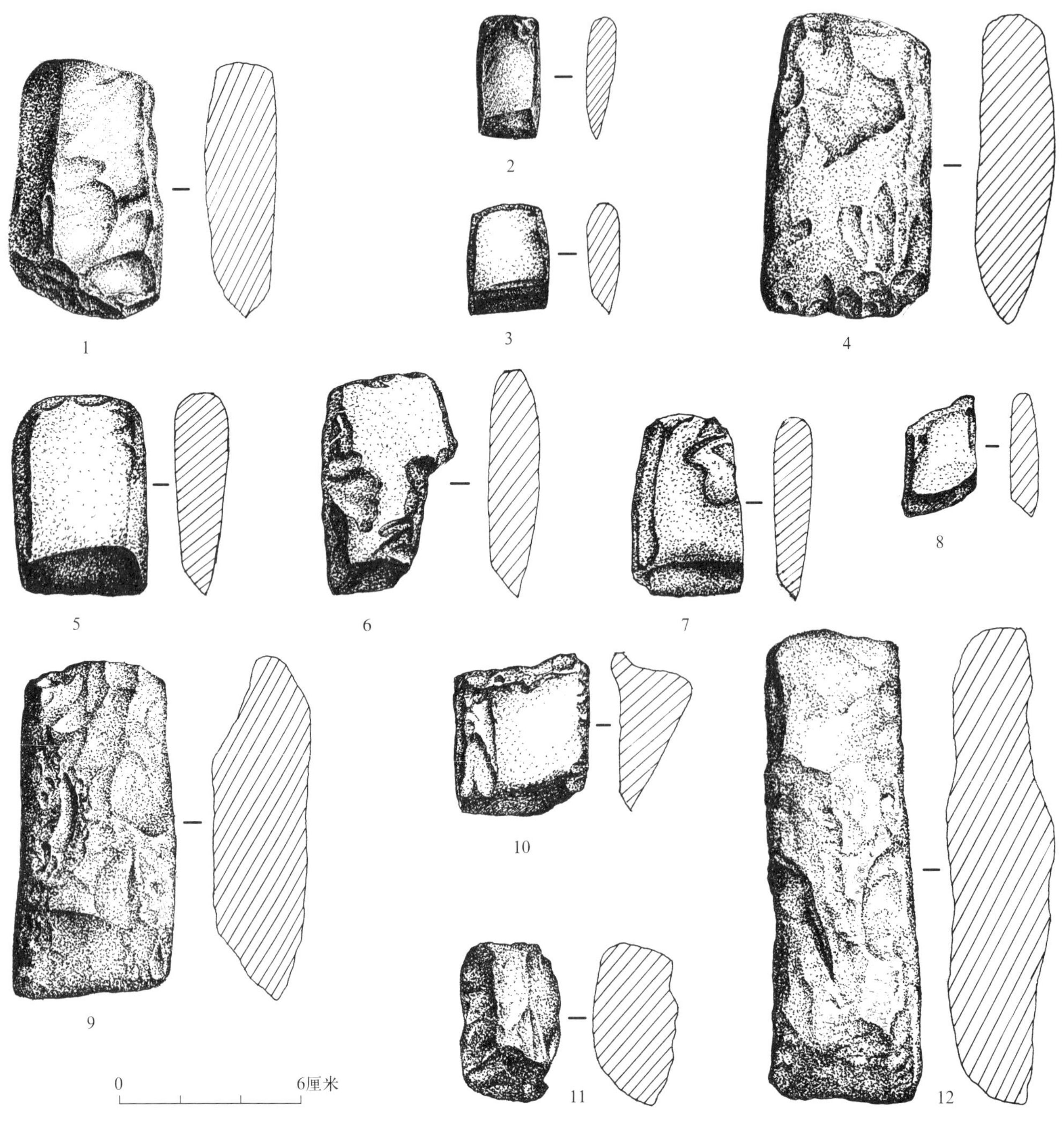

图2–8　一区地层出土石锛

1～12．T2300⑦d：17、T2346⑦a：30、T2400⑥d：5、T2450⑥c：12、T2445⑥b：3、T2445⑥b：5、T2300⑦d：8、T2450⑥d：25、T2400⑦c：12、T2400⑥a：1、T2350⑥b：37、T2347⑥b：11

标本T2346⑦a：30（#8060；S3321），带绿帘石斑点的流纹花岗岩。个体较小，平面和横截面均为长方形。长3.8、宽2.0、厚1.1厘米，重17.5克（图2–8，2）。

标本T2400⑥d：5（#3357；S1912），燧石。个体较小，平面和横截面均为长方形，通体磨制光滑。长3.4、宽2.6、厚1.1厘米，重20.0克（图2–8，3；彩版一三，2）。

标本T2450⑥c：12（#1126；S2260），闪岩。平面为长方形，刃部和背端均有所崩损。长9.5、宽5.5、厚2.8厘米，重270.7克（图2–8，4；彩版一三，3）。

标本T2048⑥b：3（#814；S174），流纹质熔结凝灰岩。平面和横截面均为长方形。长7.3、宽4.0、厚2.0厘米，重112.4克（彩版一三，4）。

标本T2445⑥b：3（#1351；S2083），花斑岩。平面为长方形，磨制，两侧边还保留打制痕迹。长6.3、宽4.2、厚2.0厘米，重100.4克（图2–8，5；彩版一三，5）。

标本T2347⑦b：20（#8139；S3333），一端残。流纹质熔结凝灰岩。平面呈梯形，两侧有打制痕迹。长9.1、宽5.4、厚1.5厘米，重123.2克（彩版一三，6）。

标本T2445⑥b：5（#1351；S2064），刃端一角残损。流纹凝灰岩。平面和横截面均为长方形。长6.8、宽4.2、厚1.9厘米，重88.8克（图2–8，6）。

标本T2300⑦d：8（#8971；S3416），流纹凝灰岩。平面近梯形。长5.7、宽3.5、厚1.4厘米，重49.2克（图2–8，7；彩版一三，7）。

标本T2400⑦c：12（#3386；S1899），流纹质熔结凝灰岩。平面为长方形，背面和顶端崩损较甚。长10.5、宽5.4、厚3.5厘米，重327.9克（图2–8，9；彩版一三，8）。

标本T2450⑥d：25（#1165；S2190），残。流纹质熔结凝灰岩。平面近长方形。残长4.2、残宽2.6、厚0.8厘米，重11.1克（图2–8，8）。

标本T2400⑥a：1（#3317；S1919），上半部残失。流纹质熔结凝灰岩。平面为长方形。残长5.6、宽4.4、厚2.8厘米，重85.0克（图2–8，10）。

标本T2347⑥b：11（#2615；S300），石锛半成品。花斑岩。平面为长条形，打制。长14.9、宽4.9、厚3.7厘米，重441.1克（图2–8，12；彩版一三，9）。

标本T2350⑥b：37（#3234；S1493），石锛半成品。燧石，打制。平面近长方形。长4.7、宽3.3、厚2.7厘米，重64.4克（图2–8，11）。

4．石凿

共7件，其中半成品1件。

标本T2447⑦d：5（#4579；S1933），流纹凝灰岩。平面长条形。长4.2、宽1.5、厚1.2厘米，重12.9克（图2–9，2）。

标本T2097⑦c：63（#1282；S428），背端残。绿泥石或绿泥/角闪片岩。平面为长方形。残长1.8、宽1.1、厚0.4厘米，重1.1克（彩版一四，2）。

标本T2397⑦b：9（#4452；S2023），流纹质熔结凝灰岩。平面为长条形。长4.2、宽1.0、厚1.1厘米，重7.7克（图2–9，3；彩版一四，3）。

标本T2350⑥d：4（#8432；S3390），流纹凝灰岩。平面近长方形。长7.0、宽2.8、厚2.0厘米，重80.8克（图2–9，4）。

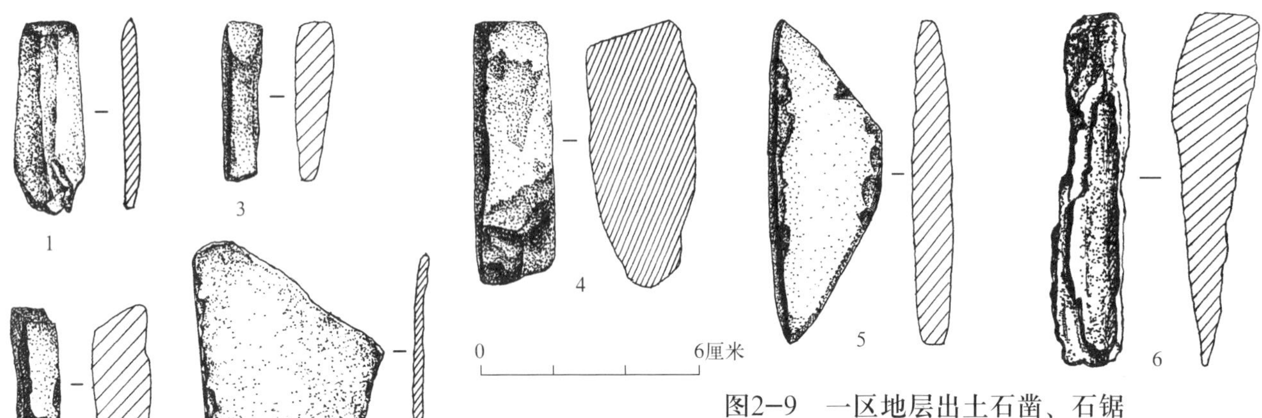

图2-9　一区地层出土石凿、石锯

1～6．石凿T2300⑥c：1、T2447⑦d：5、T2397⑦b：9、T2350⑥d：4、T2097⑥b：32、T2449⑦d：28　7．石锯T2049⑥b：27

标本T2097⑥b：32（#1210；S162），流纹质熔结凝灰岩。利用残破石钺的一角改制，平面近三角形。长8.6、宽3.0、厚1.0厘米，重34.7克（图2-9，5）。

标本T2300⑥c：1（#8904；S3408），白云母板岩。石镞改制，平面近长方形，横截面为六边形。长5.0、宽1.9、厚0.5厘米，重7.3克（图2-9，1；彩版一四，4）。

标本T2449⑦d：28（#5967；S2159），石凿半成品。流纹质熔结凝灰岩。平面为长条形。长9.4、宽2.5、厚1.6厘米，重5.8克（图2-9，6；彩版一四，5）。

5．石锯

1件。

标本T2049⑥b：27（#1656；S1486），流纹质熔结凝灰岩。平面为不规则的五边形，一侧直边有打制的剥落痕迹。长5.4、宽5.0、厚0.2厘米，重10.0克（图2-9，7；彩版一四，6）。

6．石铲

共40件，其中半成品2件。

标本T2296⑥a：1（#8508；S3295），上端残。石英/白云母千枚岩。平面为长方形。残长10.2、宽6.4、厚1.0厘米，重97.2克（图2-10，1；彩版一五，1）。

标本T2346⑥a：39（#8004；S2946），残存刃部一角。流纹质熔结凝灰岩。扁薄体，磨制。残长4.8、残宽3.4、厚0.5厘米，重13.0克（图2-10，2）。

标本T2300⑦d：6（#8971；S3092），残。流纹质熔结凝灰岩。扁薄体。残长5.0、残宽3.5、厚1.1厘米，重18.3克（图2-10，3）。

标本T2396⑦b：4（#746；S1691），残。流纹质熔结凝灰岩。扁薄体，磨制。残长7.0、残宽4.0、厚0.7厘米，重24.8克（图2-10，4）。

标本T2350⑥e：38（#8442；S3032），残存刃部一角。流纹质熔结凝灰岩。扁薄体，单面刃，磨制。残长6.9、残宽3.1、厚1.1厘米，重22.7克（图2-10，5）。

标本T2445⑥c：6（#1385；S2061），残存刃部一角。流纹质熔结凝灰岩。扁薄体，单面刃，磨制。残长5.2、残宽2.8、厚0.6厘米，重14.0克（图2-10，6）。

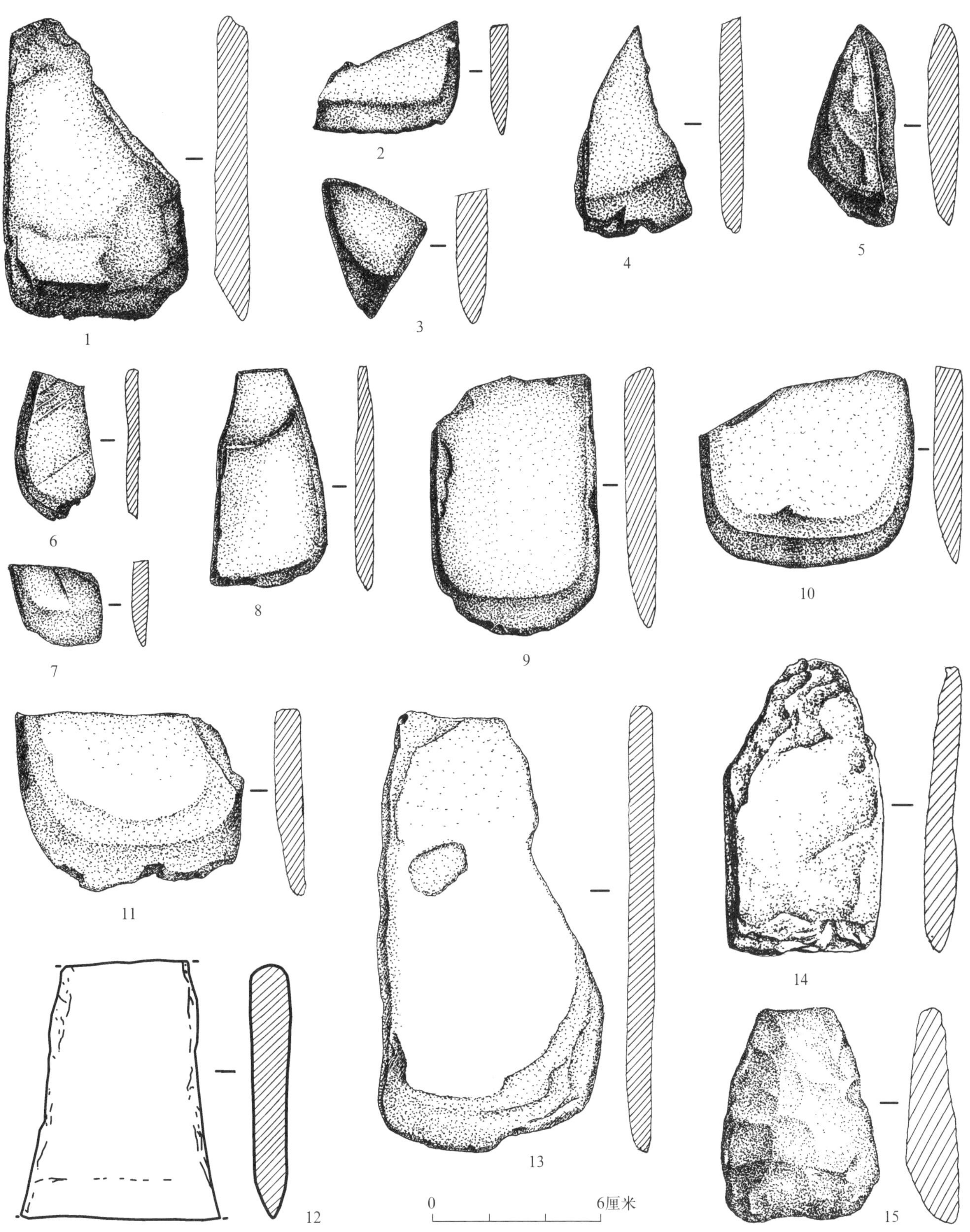

图2-10　一区地层出土石铲

1～15. T2296⑥a：1、T2346⑥a：39、T2300⑦d：6、T2396⑦b：4、T2350⑥e：38、T2445⑥c：6、T2299⑦e：11、T2446⑦c：18、T2346⑦a：28、T2349⑦c：12、T2398⑥d：2、T2048⑥c：18、T2445⑥b：2、T2445⑥b：4、T2395⑥b：3

标本T2299⑦e：11（#9211；S3374），残存刃部一角。流纹质熔结凝灰岩。扁薄体，单面刃。残长3.2、残宽2.9、厚0.6厘米，重9.8克（图2–10，7）。

标本T2446⑦c：18（#940；S2102），一侧残。流纹质熔结凝灰岩。平面近梯形，单面刃。长7.4、残宽4.0、厚0.6厘米，重30.6克（图2–10，8；彩版一五，2）。

标本T2349⑦c：12（#8376；S3083），中上部残。流纹质熔结凝灰岩。平面为长方形，扁薄体，弧形单面刃。残长7.6、宽6.3、厚0.9厘米，重74.1克（图2–10，10；彩版一五，3）。

标本T2346⑦a：28（#8055；S3317），顶端略残。流纹质熔结凝灰岩。平面为长方形，舌形弧刃。残长8.9、宽5.7、厚1.0厘米，重90.7克（图2–10，9；彩版一五，4）。

标本T2398⑥d：2（#5622；S2008），中上部残。流纹质熔结凝灰岩。平面为长方形，单面刃。残长6.5、宽7.8、厚0.9厘米，重60.1克（图2–10，11；彩版一五，5）。

标本T2097⑥b：33（#1211；S176），顶端一侧残。流纹质熔结凝灰岩。平面为长方形。长15.8、宽10.5、厚0.7厘米，重158.3克（彩版一五，6）。

标本T2445⑥b：2（#1351；S2081），顶端一侧残。流纹质熔结凝灰岩。平面应为长方形。长15.3、宽7.6、厚0.9厘米，重172.8克（图2–10，13；彩版一五，7）。

标本T2048⑥c：18，残。扁薄体，双面刃。长9.6、残宽7.1、厚0.1～0.7厘米（图2–10，12）。

标本T2445⑥b：4（#1351；S2082），石铲半成品，顶端残。流纹质熔结凝灰岩。平面近长方形。长10.1、宽5.6、厚1.3厘米，重116.1克（图2–10，14；彩版一五，8）。

标本T2395⑥b：3（#1052；S1663），石铲半成品。砂岩。平面为梯形，单面刃。长7.1、宽5.6、厚1.8厘米，重77.9克（图2–10，15；彩版一五，9）。

7．石镰

共18件。

标本T2346⑦a：32（#8061；S3137），残存一段。流纹质熔结凝灰岩。拱背，单面直刃。残长6.0、宽5.6、厚0.6厘米，重39.8克（图2–11，2）。

标本T2346⑥b：24（#8008；S3318），残存中部一段。流纹质熔结凝灰岩。平面为一端略窄的长方形，单面直刃。残长7.1、宽3.9、厚0.7厘米，重38.5克（图2–11，3；彩版一六，1）。

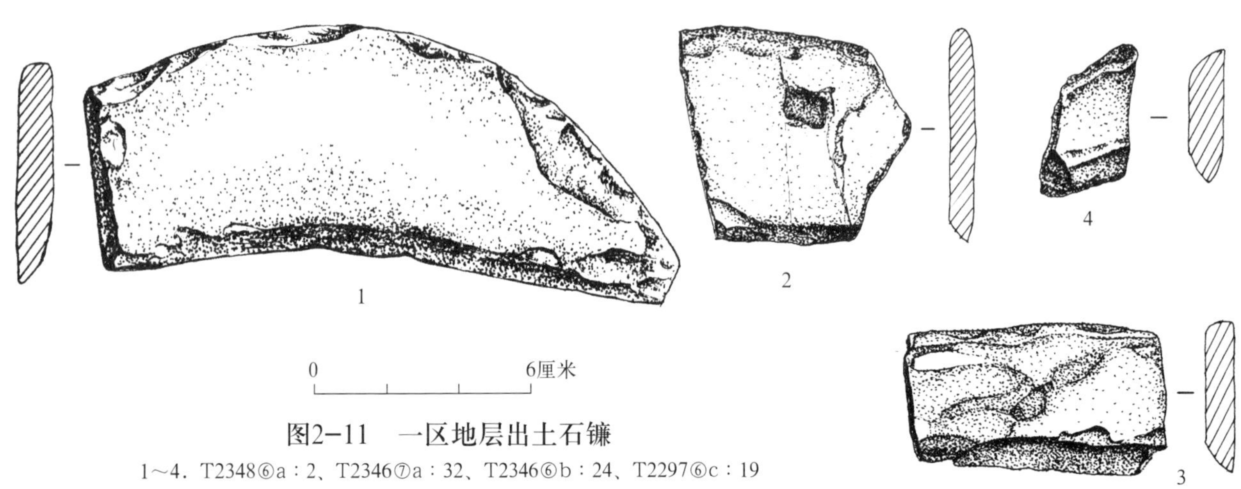

图2–11　一区地层出土石镰

1～4．T2348⑥a：2、T2346⑦a：32、T2346⑥b：24、T2297⑥c：19

标本T2348⑥a：2（#2802；S100），流纹质熔结凝灰岩。平面近月牙形，尖头，平尾，拱背，单面弧刃。长16.4、宽6.0、厚1.1厘米，重164.9克（图2–11，1；彩版一六，2）。

标本T2297⑥c：19（#8632；S2990），残存一段。流纹质熔结凝灰岩。单面刃。残长4.4、残宽2.3、厚0.9厘米，重11.4克（图2–11，4）。

标本T2097⑥b：38（#1216；S235），石镰半成品。流纹质熔结凝灰岩。平面近长三角形，打制。长13.3、宽5.0、厚1.1厘米，重99.1克（彩版一六，3）。

8．石刀

共44件，其中半成品11件。

标本T2350⑥d：3（#8428；S3381），一端残。石英/白云母千枚岩。平面为长方形，单面刃微弧，一端亦有单面刃，近背部有两个对钻的孔。残长8.3、宽3.5、厚0.9厘米，重51.6克（图2–12，1；彩版一六，4）。

标本T2147⑥c：4（#1243；S316），花斑岩。平面为长方形，单面直刃，背微外拱，近背部有两个对钻的孔。长11.8、宽4.0、厚1.2厘米，重86.5克（图2–12，2；彩版一六，5）。

标本T2296⑦b：21（#7017；S3287），残存一端。砂岩。平面应为长方形，直边和一端均为单面刃，近背部有一个对钻的孔。残长5.9、宽5.7、厚1.1厘米，重61.2克（图2–12，3）。

标本T2297⑦c：20（#8672；S3241），砂岩。直刃，拱背，一端较宽，另一端较窄，单面刃，近背部两个对钻的孔。长13.4、宽5.5、厚1.2厘米，重136.6克（图2–12，4；彩版一六，6）。

标本T2395⑥b：4（#1052；S1664），残存一端。富含白云母的熔结凝灰岩。单面刃。残长4.1、宽3.8、厚0.7厘米，重14.5克（图2–12，5）。

标本T2449⑦b：29（#5967；S2145），一端残。砂岩。平面近长方形，单面直刃，近背部有两个对钻的孔。残长9.4、宽4.9、厚1.0厘米，重78.8克（图2–12，6；彩版一六，7）。

标本T2396⑦d：10（#758；S1694），残。绿泥石或绿泥/角闪片岩。平面近梯形，单面直刃，近背部存一个对钻的孔。残长9.2、宽6.5、厚1.0厘米，重84.3克（图2–12，7；彩版一七，1）。

标本T2397⑦d：17（#4461；S1735），残存一端。砂岩。单面刃。残长6.6、宽5.5、厚0.9厘米，重45.5克（图2–12，8）。

标本T2400⑦c：12（#3386；S1871），残。富含白云母的熔结凝灰岩。残长2.0、残宽2.0、厚0.8厘米，重4.1克（图2–12，9）。

标本T2299⑦b：4（#8875；S3110），花岗岩。平面为不规则半圆形。长6.6、宽3.6、厚2.1厘米，重56.8克（图2–12，10；彩版一六，8）。

标本T2298⑦b：4（#8767；S3250），燧石。平面近似长方形，刃部略内弧，打制。长4.9、宽2.6、厚0.6厘米，重9.7克（图2–12，11；彩版一七，2）。

标本T2298⑦b：1（#8767；S3114），残存一端。砂岩。平面应为长方形，单面刃。残长4.4、宽3.6、厚0.9厘米，重13.9克（图2–12，12）。

标本T2298⑦d：5（#8784；S3264），石刀半成品。黑云母片岩。长条形，上下两侧边缘经打制。长12.6、宽4.8、厚1.3厘米，重140.2克（图2–12，13；彩版一七，3）。

标本T2400⑦c：11（#3386；S1911），石刀半成品。绿泥石或绿泥/角闪片岩。平面为长方形，

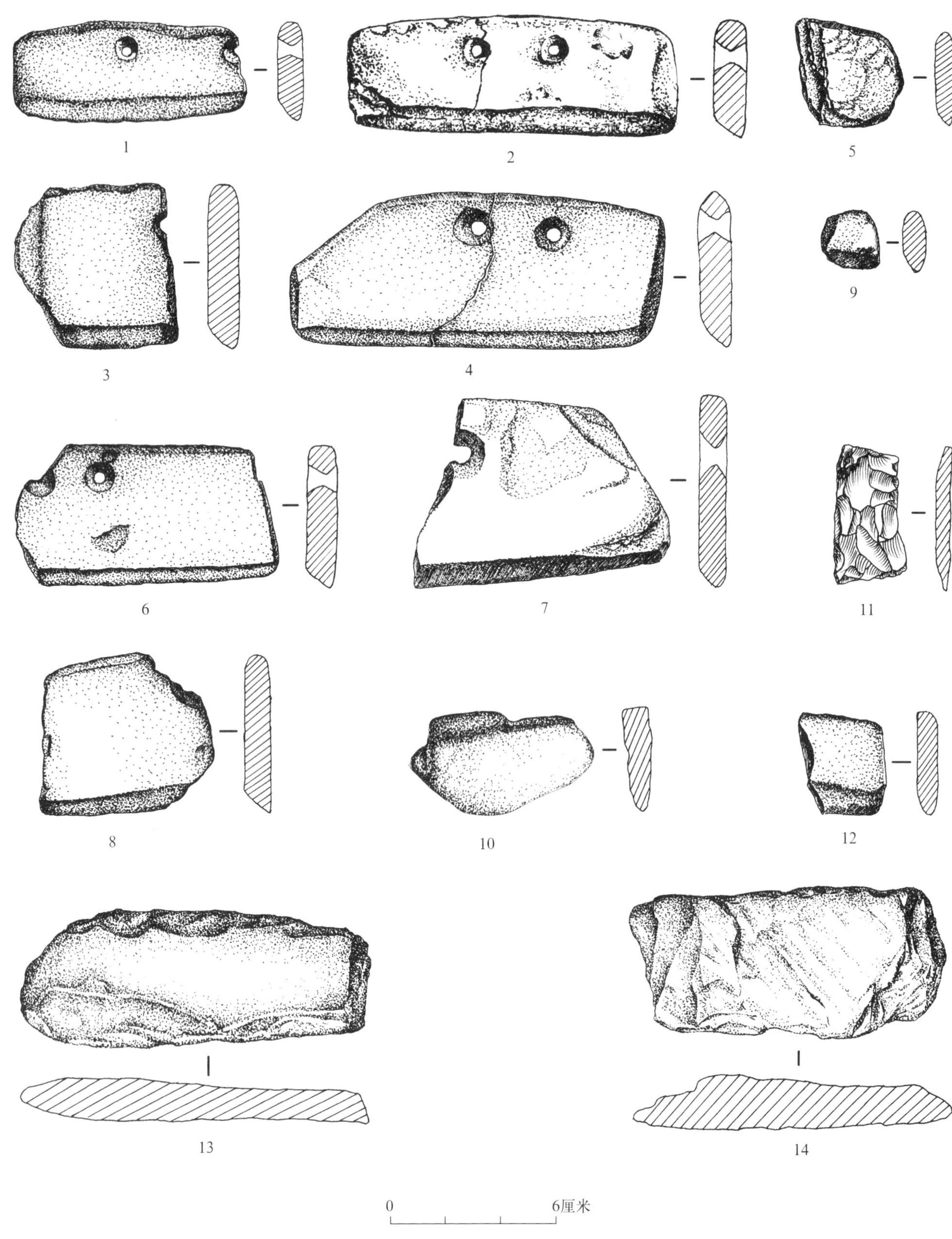

图2-12　一区地层出土石刀

1～14．T2350⑥d：3、T2147⑥c：4、T2296⑦b：21、T2297⑦c：20、T2395⑥b：4、T2449⑦b：29、T2396⑦d：10、T2397⑦d：17、T2400⑦c：12、T2299⑦b：4、T2298⑦b：4、T2298⑦b：1、T2298⑦d：5、T2400⑦c：11

上下两侧和一端边缘打制。长11.2、宽5.4、厚1.9厘米，重168.5克（图2–12，14；彩版一七，4）。

标本T2448⑦a：8（#5858；S1827），石刀半成品。流纹花岗岩。平面为“凸”字形。长5.8、宽5.1、厚1.0厘米，重45.2克（彩版一七，5）。

标本T2348⑥c：4（#2851；S379），石刀半成品，一角残。花斑岩。平面为梯形。长11.2、宽7.4、厚1.9厘米，重214.9克（彩版一七，6）。

标本T2300⑥c：19（#8904；S3409），石刀半成品。石英粗面斑岩。平面为长方形。长12.9、宽5.2、厚2.8厘米，重255.7克（彩版一七，7）。

标本T2347⑥b：10（#2615；S305），石刀半成品。滑石片岩。长条形，刃部边缘打制。长11.6、宽3.4、厚1.1厘米，重65.4克（彩版一七，8）。

9．石钺

共8件。

标本T2299⑥a：14（#2203；S104），上半部残失。玄武岩。平面应为长方形，双面刃，中部有一对钻的孔。残长9.2、宽6.8、厚1.6厘米，重98.3克（图2–13，1）。

标本T2097⑥b：36（#1216；S221），残存上半部。角闪闪长岩。平面为长方形，断裂处有一对钻的孔。残长6.1、宽7.5、厚1.6厘米，重124.8克（图2–13，2；彩版一八，1）。

标本T2049⑥c：20（#1663；S351），花斑岩。下半部残失，断裂处有一对钻的孔。残长4.6、宽6.0、厚1.3厘米，重63.1克（图2–13，3）。

标本T2447⑦c：4（#4569；S1951），残。或为软玉。残存部分为三角形。残长4.9、宽2.4、厚1.4厘米，重17.4克（彩版一八，2）。

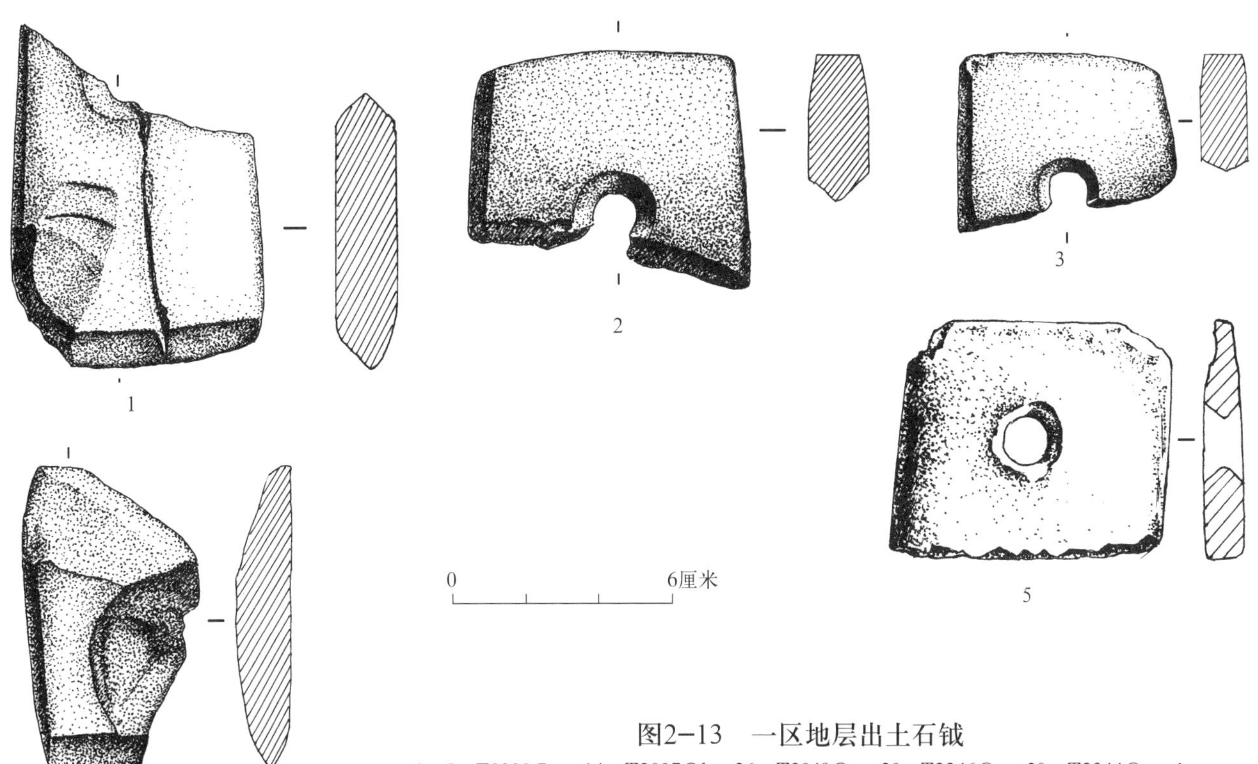

图2–13　一区地层出土石钺

1～5．T2299⑥a：14、T2097⑥b：36、T2049⑥c：20、T2346⑥a：20、T2344⑥a：1

标本T2344⑥a：1（#3902；S118），残。富钾质煌斑岩。下半部残失，平面为长方形，中部偏上部位有一对钻的孔。残长7.8、宽6.2、厚1.0厘米，重154.4克（图2-13，5）。

标本T2346⑥a：20（#8000；S3316），残。玄武安山岩。残存刃部一角，双面刃。残长8.0、残宽4.7、厚1.5厘米，重63.0克（图2-13，4；彩版一八，3）。

10．磨制石镞

105件，其中半成品24件。

标本T2450⑦b：5（#8441；S3388），石英/白云母千枚岩。平面为梭形，横截面为菱形，镞身与铤分界明显。长6.4、宽2.4、厚0.8厘米，重11.3克（彩版一八，4）。

标本T2396⑦a：3（#745；S1689），绿泥石或绿泥/角闪片岩。平面为宽梭形，横截面为菱形，镞身与铤不分界。长6.3、宽3.2、厚0.8厘米，重11.9克（彩版一八，5）。

标本T2449⑦c：20（#5959；S2181），白云母板岩。平面为柳叶形，横截面前部为菱形、后部为六边形，镞身与铤分界明显。长8.7、宽1.7、厚0.6厘米，重9.4克（图2-14，1；彩版一八，6）。

标本T2347⑥c：25（#2629；S1557），绿泥石或绿泥/角闪片岩。平面为柳叶形，横截面为菱形。长3.7、宽1.1、厚0.5厘米，重1.2克（彩版一八，7）。

标本T2097⑥b：43（#1220；S228），绿泥石或绿泥/角闪片岩。平面为梭形，横截面为菱形，镞身和铤分界。长6.0、宽1.9、厚0.8厘米，重9.0克（彩版一八，8）。

标本T2399⑦b：6（#5770；S1753），白云母板岩。平面为柳叶形，横截面为菱形，扁锥形铤尖部略残。残长7.5、宽1.9、厚0.8厘米，重20.8克（图2-14，2；彩版一八，9）。

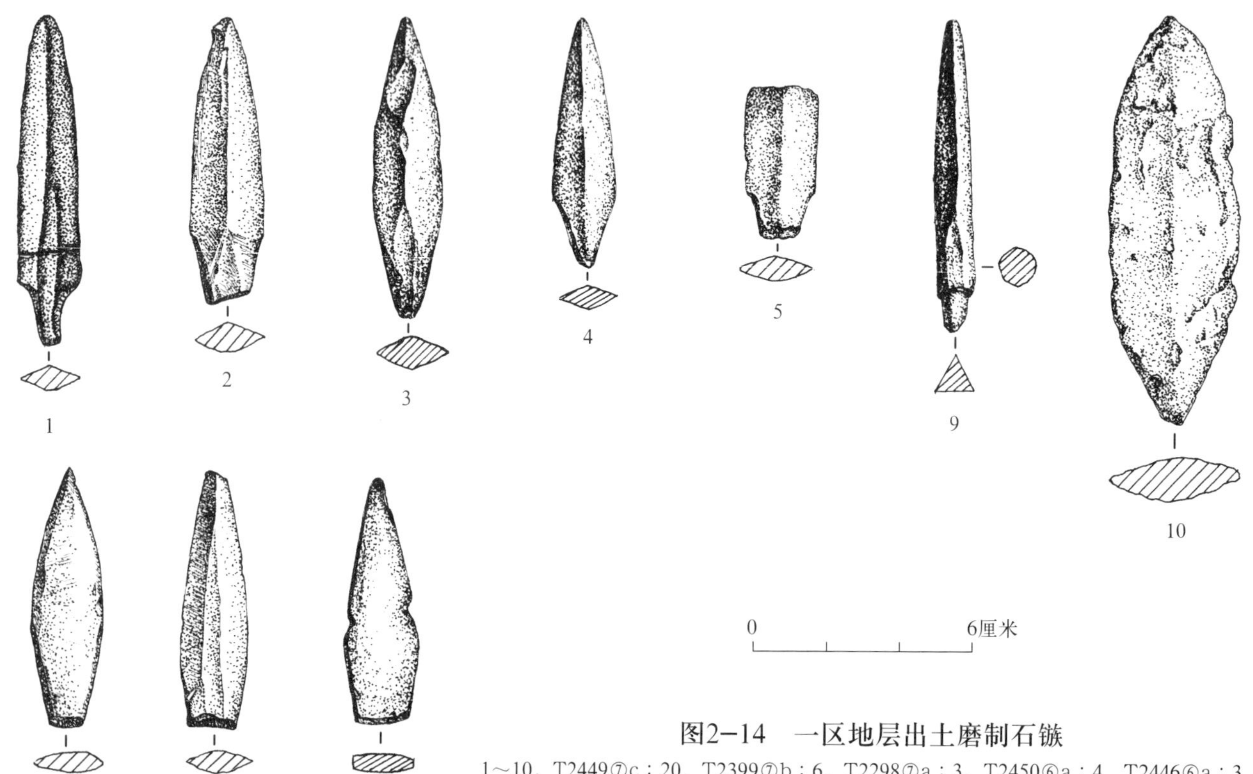

图2-14　一区地层出土磨制石镞

1～10．T2449⑦c：20、T2399⑦b：6、T2298⑦a：3、T2450⑥a：4、T2446⑥a：3、T2448⑦a：2、T2399⑦a ：15、T2342⑥d：7、T2450⑥b：14、T2449⑥c：30

标本T2298⑦a：2（#8764；S3256），石英/白云母千枚岩。平面为梭形，横截面为六边形，完整。长8.2、宽1.6、厚0.7厘米，重10.2克（彩版一八，10）。

标本T2396⑦c：8（#750；S1692），石英/白云母千枚岩。平面为柳叶形，横截面为六边形。长7.5、宽1.6、厚0.6厘米，重8.0克（彩版一八，11）。

标本T2298⑦a：3（#8761；S2736），粉砂岩。平面为柳叶形，横截面为菱形，镞身与铤不分界。器身保留斜向磨擦痕迹。长7.9、宽1.8、厚0.8厘米，重11.5克（图2-14，3；彩版一九，1）。

标本T2300⑦d：16（#8971；S3420），石英/白云母千枚岩。平面为柳叶形，横截面为菱形，铤微残，镞身保留斜向磨擦痕迹。残长6.1、宽1.6、厚0.8厘米，重7.7克（彩版一九，2）。

标本T2049⑥c：15（#1659；S349），滑石片岩。平面为梭形，横截面为六边形，完整。长7.6、宽2.0、厚0.6厘米，重10.0克（彩版一九，3）。

标本T2297⑥c：4（#8626；S3238），绿泥石或绿泥/角闪片岩。平面为梭形，横截面为菱形，完整。长7.1、宽2.1、厚0.9厘米，重11.5克（彩版一九，4）。

标本T2450⑥a：4（#1110；S2258），绿泥石或绿泥/角闪片岩。平面柳叶形，横截面为菱形，镞身保留斜向磨擦痕迹。长6.5、宽1.8、厚0.5厘米，重6.3克（图2-14，4；彩版一九，5）。

标本T2449⑥c：30（#5936；S2180），绿泥石。平面为柳叶形，横截面为菱形，镞身与铤不分界。长10.7、宽3.5、厚1.0厘米，重34.3克（图2-14，10；彩版一九，6）。

标本T2446⑥a：3（#901；S2131），前后端均残。绿泥石或绿泥/角闪片岩。横截面为菱形，扁锥形铤前端残，镞身与铤分界。残长4.0、宽2.0、厚0.6厘米，重7.3克（图2-14，5；彩版二一，1）。

标本T2448⑦a：2（#5844；S1845），白云母板岩。平面为柳叶形，横截面为扁六边形，镞身两侧保留斜向磨擦痕迹。长6.8、宽2.0、厚0.4厘米，重7.8克（图2-14，6；彩版一九，7）。

标本T2399⑦a ：15（#5795；S1785），绿泥石或绿泥/角闪片岩。平面为柳叶形，横截面为扁六边形，前锋和铤略残，镞身有斜向磨擦痕迹。残长6.7、宽1.8、厚0.6厘米，重7.8克（图2-14，7；彩版一九，8）。

标本T2296⑥a：46（#8517；S3293），黑云母片岩。平面为三角形，横截面为菱形。长4.5、宽1.5、厚0.5厘米，重4.2克（彩版一九，9）。

标本T2342⑥d：7（#4021；S339），绿泥石或绿泥/角闪片岩。平面为五边形，横截面为扁六边形，中部两侧边有对称的凹槽，长6.5、宽2.1、厚0.5厘米，重10.0克（图2-14，8；彩版一九，10）。

标本T2298⑦a：6（#8761；S3251），绿泥石或绿泥/角闪片岩。平面为柳叶形，横截面为一端圆一端斜角的长条形。长7.0、宽1.3、厚0.4厘米，重6.3克（彩版一九，11）。

标本T2450⑥b：14（#1141；S2256），白云母板岩。整体由三棱形前锋、圆柱形镞身和圆锥形铤三部分构成，铤尾略残。残长8.3、宽1.0、厚0.9厘米，重8.9克（图2-14，9；彩版一九，12）。

标本T2349⑦c：12（#8376；S3357），石镞半成品。滑石片岩。平面近椭圆形。长13.2、宽6.7、厚2.2厘米，重219.2克（图2-15，1）。

标本T2349⑦c：14（#8376；S3358），石镞半成品。滑石片岩。平面近椭圆形。长10.9、宽5.5、厚1.6厘米，重123.7克（彩版二〇，1）。

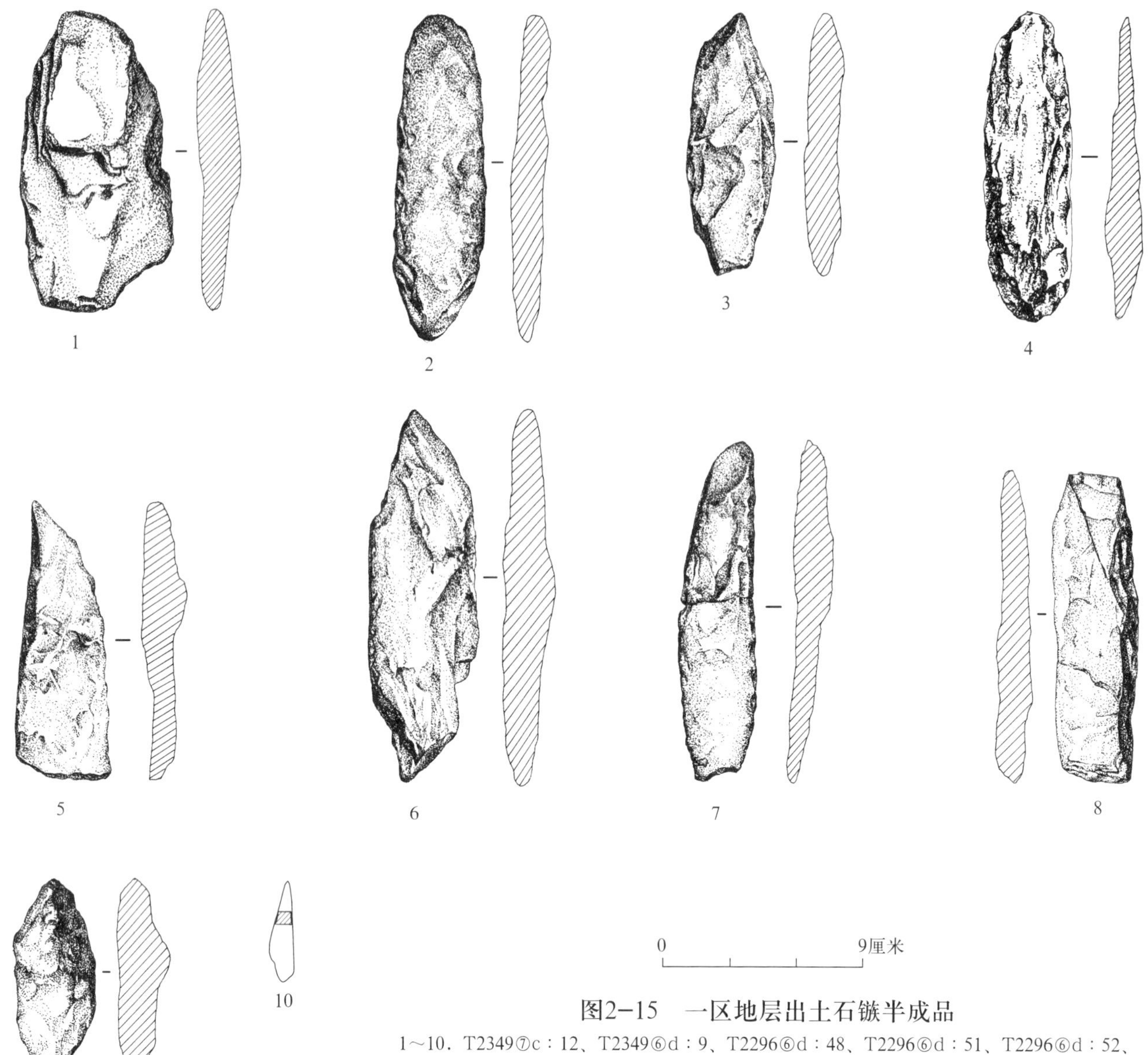

0　9厘米

图2-15　一区地层出土石镞半成品

1～10. T2349⑦c：12、T2349⑥d：9、T2296⑥d：48、T2296⑥d：51、T2296⑥d：52、T2296⑥d：53、T2347⑥b：10、T2347⑥b：13、T2398⑥b：4、T2048⑥b：17

标本T2399⑦a：3（#5751；S1812），石镞半成品。绿泥石或绿泥/角闪片岩。平面为长椭圆形。长11.1、宽4.5、厚2.6厘米，重129.8克（彩版二〇，2）。

标本T2349⑥d：9（#8357；S3361），石镞半成品。滑石片岩。平面近柳叶形。长14.0、宽4.1、厚1.7厘米，重136.3克（图2-15，2；彩版二〇，3）。

标本T2296⑥d：14（#8580；S3303），石镞半成品。滑石片岩。平面近长条形。长12.7、宽4.7、厚1.8厘米，重147.7克（彩版二一，2）。

标本T2296⑥d：48（#8580；S3304），石镞半成品。滑石片岩。平面为柳叶形，横截面为凸镜形。长11.3、宽3.9、厚1.5厘米，重185.5克（图2-15，3；彩版二一，4）。

标本T2296⑥d：49（#8580；S3305），石镞半成品。滑石片岩。平面近长方形。长5.8、宽4.0、厚1.2厘米，重31.4克（彩版二一，5）。

标本T2296⑥d：50（#8580；S3306），石镞半成品。滑石片岩。平面为梭形。长12.8、宽3.8、厚2.2厘米，重111.4克（彩版二〇，4）。

标本T2296⑥d：51（#8580；S3307），石镞半成品。滑石片岩。平面为梭形。长13.4、宽4.0、厚2.0厘米，重98.6克（图2–15，4）。

标本T2296⑥d：52（#8580；S3308），石镞半成品。滑石片岩。平面近长三角形。长11.6、宽4.2、厚2.1厘米，重100.1克（图2–15，5）。

标本T2296⑥d：53（#8580；S3310），石镞半成品。滑石片岩。平面为梭形。长16.1、宽5.1、厚2.2厘米，重158.0克（图2–15，6）。

标本T2348⑥c：6（#2850；S1063），石镞半成品。滑石片岩。长条形。长9.5、宽4.6、厚1.6厘米，重90.1克（彩版二一，3）。

标本T2347⑥b：10（#2615；S301），石镞半成品。滑石片岩。平面为梭形，铤端微残，两侧边有打制痕迹。残长14.7、宽3.5、厚1.9厘米，重92.9克（图2–15，7；彩版二〇，5）。

标本T2347⑥b：12（#2615；S299），石镞半成品。白云母板岩。平面为柳叶形。长13.6、宽4.2、厚1.4厘米，重100.4克（彩版二〇，6）。

标本T2347⑥b：13（#2615；S302），石镞半成品。滑石片岩。平面为长条形。长13.4、宽3.8、厚1.4厘米，重101.1克（图2–15，8；彩版二〇，7）。

标本T2347⑥b：14（#2615；S303），石镞半成品。滑石片岩。平面为长条形。长10.7、宽3.4、厚1.0厘米，重56.0克（彩版二〇，8）。

标本T2398⑥b：4（#5622；S1997），石镞半成品。绿泥石或绿泥/角闪片岩。平面为梭形。长8.7、宽3.8、厚2.3厘米，重78.2克（图2–15，9）。

标本T2048⑥b：17（#817），石镞半成品。平面近柳叶形，横断面为方形。长4.5、宽1.1、厚0.6厘米（图2–15，10）。

11．打制石镞

6件。系采用压剥法打制而成。

标本T2347⑦a：18（#8136；S3330），燧石。平面为凹底三角形，横截面为菱形。长3.1、宽1.8、厚0.3厘米，重1.3克（图2–16，1；彩版二〇，9）。

标本T2450⑦a：15（#1169；S2249），燧石。平面为凹底三角形，横截面为凸透镜形。长2.8、宽1.8、厚0.3厘米，重1.0克（图2–16，2；彩版二〇，10）。

标本T2349⑥d：23（#2852；S1308），残。燧石。平面为凹底三角形，横截面为凸透镜形，前锋残。残长2.6、宽1.9、厚0.4厘米，重1.6克（图2–16，3；彩版二〇，11）。

标本T2247⑥a：10（#1827；S1478），残。燧石。平面为凹底三角形，横截面为菱形，前锋残。残长2.6、宽1.9、厚0.2厘米，重1.2克（图2–16，4；彩版二〇，12）。

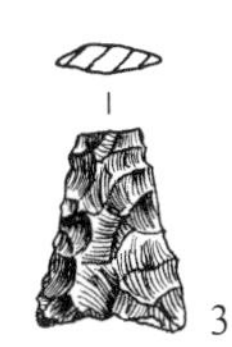

图2–16　一区地层出土打制石镞

1～4．T2347⑦a：18、T2450⑦a：15、T2349⑥d：23、T2247⑥a：10

12．磨石

共376件，其中绝大多数残破较甚。

标本T2449⑦d：27（#5978；S1781），花斑岩。平面近平行四边形，磨面平整。长18.0、宽15.4、厚8.3厘米，重3660.0克（彩版二二，1）。

标本T2097⑦a：58（#1261；S1170），花岗岩。平面为五边形，磨面不平整而内凹。长9.0、宽5.8、厚2.7厘米，重182.5克（彩版二二，2）。

标本T2446⑦a：14（#922；S2141），花岗岩。平面为圆形，磨面较平。长11.6、宽10.7、厚6.6厘米，重615.1克（彩版二二，3）。

标本T2298⑦a：1（#8761；S3126），花斑岩。平面为椭圆形，磨面较粗。长7.3、宽3.0、厚2.0厘米，重51.4克（彩版二一，7）。

标本T2448⑥e：3（#5868；S1838），角闪闪长岩。不规则形，磨面较为平整。长32.2、宽22.0、厚11.0厘米（彩版二二，4）。

标本T2296⑥d：47（#8561；S3071），花斑岩。平面近圆形，磨面微内凹。长9.1、宽8.8、厚6.2厘米，重456.5克（彩版二四，6）。

标本T2398⑥d：1（#5622；S2022），砂岩。平面为长方形，磨面略粗而平整。长9.4、宽4.7、厚3.8厘米，重276.1克（图2-17，1；彩版二二，5）。

标本T2300⑥c：18（#8904；S3426），砂岩。平面近长方形，磨面较平。长12.0、宽6.2、厚3.1厘米，重271.5克（彩版二一，6）。

标本T2048⑥c：22（#826；S314），花岗岩。平面为椭圆形，磨面平整。长10.1、宽4.0、厚2.5厘米，重140.2克（彩版二三，6）。

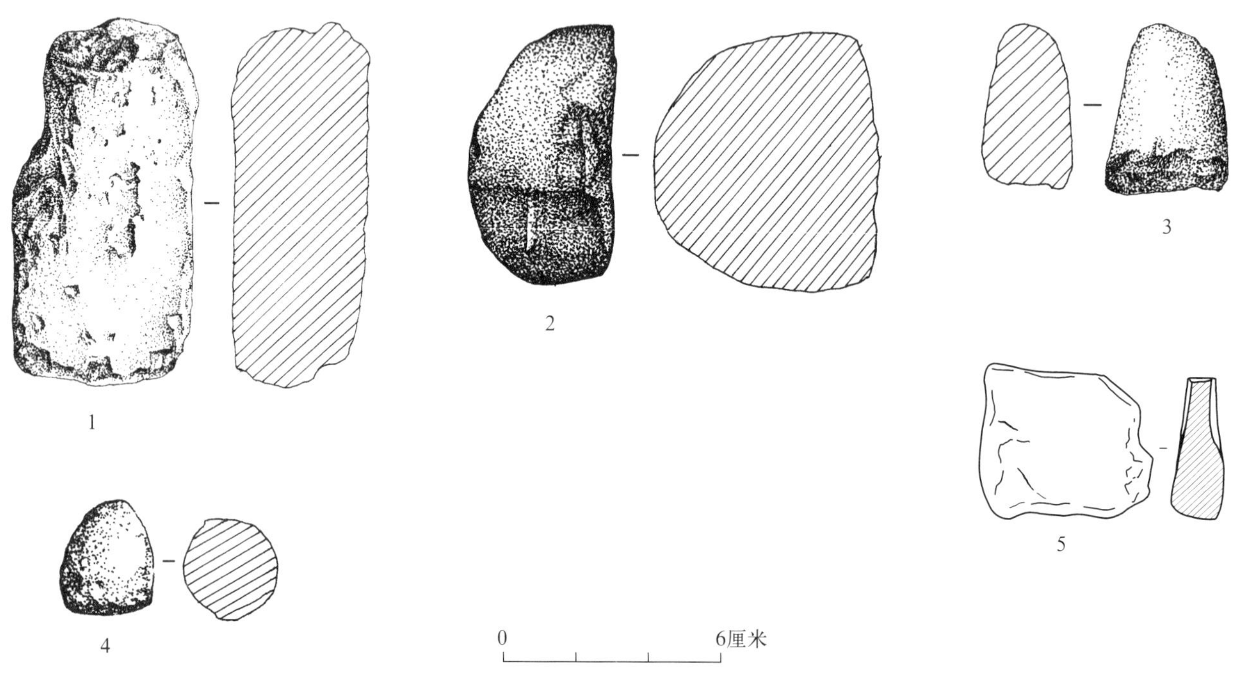

图2-17　一区地层出土石器

1、5．磨石T2398⑥d：1、T2303⑥a：7　2、3．石磨棒T2400⑥e：22、T2097⑦e：64　4．石杵T2448⑥e：3

标本T2048⑥c：27（#835；S1067），砂岩。平面为长方形，磨面较粗而两面均内凹。长5.1、宽4.3、厚2.3厘米，重69.8克（彩版二三，1）。

标本T2097⑥b：28（#1208；S154），砂岩。平面为椭圆形，磨面略粗而平整。长6.1、宽3.4、厚1.4厘米，重41.0克（彩版二三，2）。

标本T2349⑥b：22（#3107；S1742），花斑岩。平面为不规则形，磨面粗而微内凹。长7.0、宽5.0、厚2.0厘米，重65.5克（彩版二三，3）。

标本T2346⑥b：40（#8014；S2985），富含白云母的熔结凝灰岩。平面为长椭圆形，磨面较平。长8.5、宽2.7、厚1.7厘米，重68.7克（彩版二三，4）。

标本T2297⑥b：22（#8617；S2888），砂岩。平面为椭圆形，磨面粗糙。长5.9、宽3.3、厚2.0厘米，重53.4克（彩版二三，5）。

标本T2097⑥a：5（#1205；S134），砂岩。平面为长方形，磨面略细。长4.8、宽3.9、厚1.9厘米，重24.9克（彩版二二，6）。

标本T2400⑦c：13（#3386；S1872），砂岩。平面为不规则形。长6.0、宽5.2、厚3.4厘米，重113.3克（彩版二五，1）。

标本T2296⑦c：36（#7054；S2872），砂岩。平面近长方形，磨面细而有较深凹槽。长8.1、宽7.3、厚4.7厘米，重354.5克（彩版二五，2）。

标本T2296⑦b：37（#7053；S3280），砂岩。平面为不规则形，横截面为不规则形，完整。长6.2、宽4.7、厚1.6厘米，重30.1克（彩版二五，3）。

标本T2400⑦b：21（#3385；S1867），砂岩。平面为不规则四边形，两面磨面略粗而内凹。长5.9、宽3.8、厚1.7厘米，重41.1克（彩版二五，4）。

标本T2350⑦a： 22（#8446；S2986），砂岩。平面为椭圆形，磨面为一面平另一面外凸。长4.8、宽2.7、厚2.4厘米，重48.2克（彩版二五，5）。

标本T2342⑥d：3（#4130；S414），砂岩。平面近椭圆形，中部有一条纵向凹槽。长6.7、宽4.7、厚2.2厘米，重103.0克（彩版二五，6）。

标本T2400⑥d：5（#3357；S1598），砂岩。平面近长方形，两面磨面微外凸。长8.0、宽4.5、厚3.8厘米，重156.2克（彩版二五，7）。

标本T2446⑥c：19（#913；S2109），砂岩。平面近三角形，磨面略细。长8.9、宽4.2、厚3.3厘米，重117.2克（彩版二五，8）。

标本T2048⑥b：4（#814；S1077），砂岩。平面为四边形。长5.2、宽4.6、厚2.5厘米，重63.8克（彩版二三，7）。

标本T2449⑥a：15（#5918；S2174），砂岩。平面近“D”字形，两面磨面均较细。长5.7、宽4.7、厚2.4厘米，重89.8克（彩版二二，7）。

标本T2449⑥a：16（#5918；S2175），砂岩。平面近长方形，磨面略粗。长5.4、宽3.7、厚1.9厘米，重47.7克（彩版二六，1）。

标本T2248⑥a：1（#5303；S1054），砂岩。不规则形。长4.0、宽2.5、厚1.8厘米，重20.0克。

标本T2097⑥a：13（#1205；S143），砂岩。平面为长方形，磨面细腻。长7.4、宽5.1、厚1.3厘米，重84.9克（彩版二六，2）。

标本T2400⑥a：20（#3324；S1601），砂岩。平面为不规则四边形，磨面较粗。长5.2、宽3.1、厚2.2厘米，重55.9克（彩版二六，3）。

标本T2400⑥b：19（#3334；S1599），砂岩。平面为四边形，磨面较细。长5.3、宽5.0、厚2.1厘米，重64.6克（彩版二二，8）。

标本T2303⑥a：7（#4354），砂岩。平面近正方形，两面磨面均下凹。长4.7、宽4.0、厚0.2～0.7厘米（图2–17，5）。

13．石磨棒

共5件。

标本T2400⑥e：22（#3363；S1870），残。角闪斑岩。扁圆形，一端残。残长6.0、宽6.8、厚4.1厘米，重129.8克（图2–17，2）。

标本T2396⑥b：19（#720；S1676），残。角闪英安岩。平面近圆形。长7.2、残宽5.7、厚2.7厘米，重98.8克（彩版二四，1）。

标本T2097⑦e：64（#1230；S1301），残。花斑岩。残存一端，平面近三角形，横截面为椭圆形。残长4.3、宽2.9、厚2.4厘米，重40.1克（图2–17，3；彩版二四，2）。

14．石臼

1件。

标本T2297⑥c：21（#8620；S2913），砂岩。平面为长方形，横截面为长方形，完整。长5.8、宽4.2、厚2.7厘米，重111.6克（彩版二四，5）。

15．石杵

1件。

标本T2448⑥e：3（#5868；S1841），花岗岩。整体近馒头形，平面为圆形。高3.2、直径3.0厘米，重36.1克（图2–17，4；彩版二四，3、4）。

16．调色板

共3件。

标本T2296⑦b：33（#7040；S3283），砂岩。不规则形。长9.1、宽5.0、厚1.3厘米，重62.1克（彩版二六，4）。

标本T2450⑥b：5（#1113；S2253），花斑岩。平面略呈方形，面上有红色颜料。长5.7、宽4.6、厚1.3厘米，重49.5克（彩版二六，5～7）。

标本T2296⑥b：7（#8521；S3282），花斑岩。平面为不规则形，表面为红色。长10.3、宽7.2、厚2.5厘米，重308.0克（彩版二六，8）。

17．砍砸器

12件。

标本T2097⑦e：62（#1310；S1540），花岗岩。不规则形。长17.3、宽9.9、厚11.1厘米，重

1810.0克（彩版二七，1）。

标本T2299⑦b：5（#8871；S3371），花斑岩。平面近长方形。长8.8、宽5.1、厚3.6厘米，重195.3克（图2-18，1）。

标本T2099⑦a：10（#1606；S1316），石英粗面斑岩。不规则形。长8.9、宽7.0、厚5.5厘米，重345.3克（彩版二七，2）。

标本T2400⑦a：18（#3366；S1892），闪长玢岩。平面为四边形。长10.7、宽6.4、厚3.2厘米，重292.8克（图2-18，2）。

标本T2350⑦a：17（#8446；S2755），花斑岩。平面略呈扇形，弧边有崩痕。长9.9、宽5.9、厚4.2厘米，重220.9克（图2-18，3；彩版二七，3）。

标本T2300⑥e：35（#8956；S2941），花岗岩。不规则形。长11.2、宽7.3、厚5.4厘米，重408.8克（图2-18，4；彩版二七，4）。

标本T2450⑥e：27（#1152；S2239），花岗岩。平面近椭圆形。长12.0、宽6.6、厚4.5厘米，重399.7克（图2-18，5）。

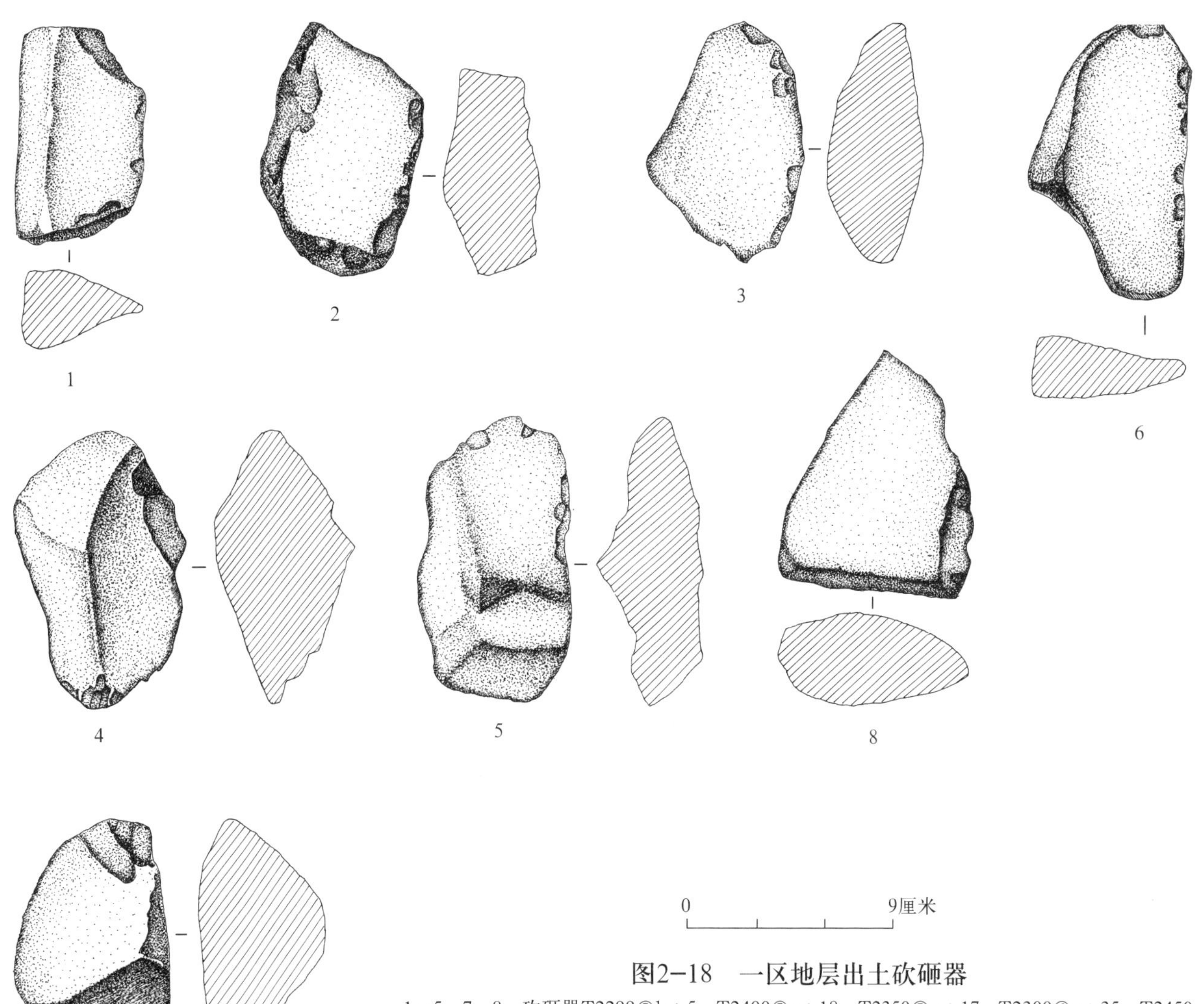

图2-18　一区地层出土砍砸器

1～5、7、8. 砍砸器T2299⑦b：5、T2400⑦a：18、T2350⑦a：17、T2300⑥e：35、T2450⑥e：27、T2450⑥b：23、T2446⑥c：20　6. 双面砾石砍砸器T2347⑦b：20

标本T2446⑥c：20（#913；S2105），花斑岩。平面为三角形。长10.0、宽8.4、厚3.6厘米，重302.0克（图2－18，8）。

标本T2450⑥b：23（#1141；S2242），花岗岩。不规则形。长9.8、宽6.6、厚5.5厘米，重369.2克（图2－18，7）。

标本T2047⑥a：34（#613；S1149），石英。平面近长方形。长7.9、宽4.6、厚2.5厘米，重110.9克（彩版二七，5）。

标本T2247⑥a：2（#1811；S1148），富钾质煌斑岩。平面近椭圆形。长8.7、宽4.0、厚3.7厘米，重161.6克（彩版二七，6）。

18．双面砾石砍砸器

1件。

标本T2347⑦b：20（#8139；S2787），石英粗面斑岩。平面为不规则形，直边刃有打击痕迹。长11.8、宽6.7、厚2.8厘米，重207.4克（图2－18，6）。

19．石拍

2件。

标本T2300⑦b：34（#8967；S2943），流纹质熔结凝灰岩。平面为不规则形。长6.2、宽2.6、厚2.8厘米，重61.6克（图2－19，1）。

标本T2346⑦a：31（#8061；S3066），砂岩。平面为长方形。长4.6、宽3.3、厚1.3厘米，重36.3克（图2－19，2）。

20．装饰品

4件。

标本T2047⑥b：9（#621；S203），绿泥石或绿泥/角闪片岩。平面为规整的八边形，扁薄体。

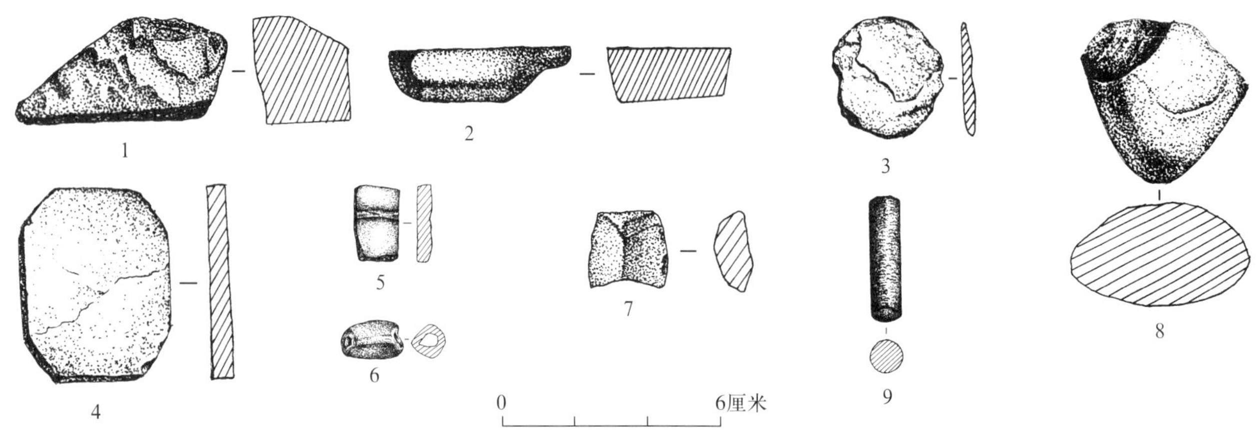

图2－19　一区地层出土石器

1、2．石拍T2300⑦b：34、T2346⑦a：31　3～6．装饰品T2396⑥b：18、T2047⑥b：9、T2450⑥b：26、T2300⑥a：33　7．有使用痕迹的石片T2450⑦a：24　8．石核T2350⑦a：37　9．钻芯T2399⑥a：16

长5.0、宽4.1、厚0.5厘米，重22.6克（图2−19，4；彩版二八，1）。

标本T2396⑥b：18（#720；S1675），流纹质熔结凝灰岩。平面为圆形，扁薄体。长3.3、宽3.0、厚0.33厘米，重4.5克（图2−19，3；彩版二八，2）。

标本T2450⑥b：26（#1111；S2241），石英/白云母千枚岩。平面为长方形，扁薄体，一面近中部有一条横向直凹槽。长2.0、宽1.2、厚0.3厘米，重1.8克（图2−19，5；彩版二八，3、4）

标本T2300⑥a：33（#2203；S146），绿松石。圆柱形管状，磨制极精致。长1.7、直径0.9厘米，重2.0克（图2−19，6；彩版二八，5）。

21．钻芯

1件。

标本T2399⑥a：16（#5703；S2287），白云母板岩。圆柱体。长3.4、直径0.8厘米，重3.0克（图2−19，9；彩版二八，6）。

22．石核

2件。

标本T2299⑦e：11（#9211；S2969），流纹质熔结凝灰岩。不规则形。长6.0、宽2.5、厚2.3厘米，重50.8克（彩版二七，7）。

标本T2350⑦a：37（#8446；S3001），石英。平面为不规则形，横截面为椭圆形。长4.4、宽4.5、厚2.8厘米，重66.3克（图2−19，8）。

23．可用石片

共7件，其中完整 6件，残缺1件。

标本T2450⑦a：24（#1192；S2236），石英。平面近方形。长2.0、宽2.0、厚1.0厘米，重4.8克（图2−19，7）。

标本T2400⑥c：17（#3312；S1078），流纹质熔结凝灰岩。平面为椭圆形，横截面为三角形，完整。长4.3、宽1.8、厚1.3厘米，重7.9克（彩版二七，8）。

24．海滩卵石

32件。原料为采自海滩的卵石，形制小而圆，外表经抛光。

25．不辨器形的残石器

114件。其中磨制的残破石器104件，压剥法制作的磨光残破石器10件。

26．石器毛坯

12件。其中石斧毛坯断块1件，石镰毛坯断块2件，石刀毛坯断块4件，石镞毛坯断块5件。

27．素材

51件。其中包括：石斧素材4件，石锛素材10件，石凿素材2件，石铲素材2件，石镰素材1件，石刀素材18件，砾石刀素材13件，小而圆的磨光石器素材1件。

28．石片石料

84件。其中完整的石片54件，有棱角的碎石片22件，残缺石片8件。

29．微型石片

1345件。其中包括浮选重浮中发现的微型石片。

二 陶器

两城镇遗址地层和各种遗迹内出土的陶器和陶片，从整体上看，陶质有广义的夹砂陶和泥质陶之分。夹砂陶的羼和料以细砂为主，也有少量加云母、滑石末、贝壳及植物类（稻壳等）遗存者。泥质陶多经过淘洗工艺处理，所以多数泥质陶质地细腻，其中尤以各种杯类、盒类器物为甚。也有一些陶器只加有少量极细的砂，质地介于夹砂陶和泥质陶之间，在陶质归类上比较困难。陶器的颜色以黑陶数量最多，灰陶占有一定比例，红褐陶、白陶等较少。黑陶的差别较大，既有内外透黑（内外表及陶胎）的典型黑陶，也有相当多的内外表为黑色、陶胎为灰色或红褐色的“夹心饼干”式黑皮陶。

陶器制作普遍采用了快轮制陶技术，所以两城镇龙山文化陶器的显著特点是：陶胎薄而均匀，器物造型十分规整，特别是一些把、耳等附件极为一致和规格化，呈现出专门化批量生产的特征，器身转折处棱角分明，内表多有棱状旋痕，外表则有细密的同心圆状指纹痕迹。两城镇龙山文化陶器和陶片的数量巨大，在发掘的1000多平方米范围内，出土陶器数量应在数十万件以上，这也从一个侧面反映了当时发达的陶器生产水平。

陶器的装饰风格简约素雅，器表绝大多数经过磨光的工艺处理。由于两城镇地区的碱性土壤对陶器表面的腐蚀极为严重，所以，两城镇遗址的龙山文化陶器表层的光洁面多被腐蚀掉，失去了原来龙山黑陶那种光洁、明亮、温润的本色效果。一些夹砂类陶器，表面已经裸露出凹凸不平的粗细砂粒，给人以十分粗糙的感觉，从而使其精美度大打折扣。其实，这并非两城镇龙山文化陶器的原貌。从器表装饰看，素面磨光占绝大多数，纹饰中以各种轮制时形成的凹凸弦纹、粗细凹槽和凸棱（竹节）最为常见，其他还有镂孔、泥饼、刻划纹、篮纹、附加堆纹、盲鼻，但数量很少，在全部陶片中的比例很低（图2–20、21）。两城镇遗址陶器和陶片中也有少量绳纹和方格纹，前者见于较晚阶段，第一发掘区未见晚期遗存，故极少见到此类装饰。

陶器的烧成温度较高，经测试多数在700～1000℃之间。

陶器的造型复杂，种类繁多，大的器类之下往往还有许多小的器类，如陶杯就可以细分为筒形杯、罐形杯、壶形杯、觯形杯、高柄杯等多种。以下按大的器类予以介绍，主要有陶鼎、甗、鬶、罐、罍、壶、盆、匜、盘、碗、盒、豆、杯、箅子、器盖、纺轮、镞、铃、埙、弹丸、牌形饰、圆陶片等。

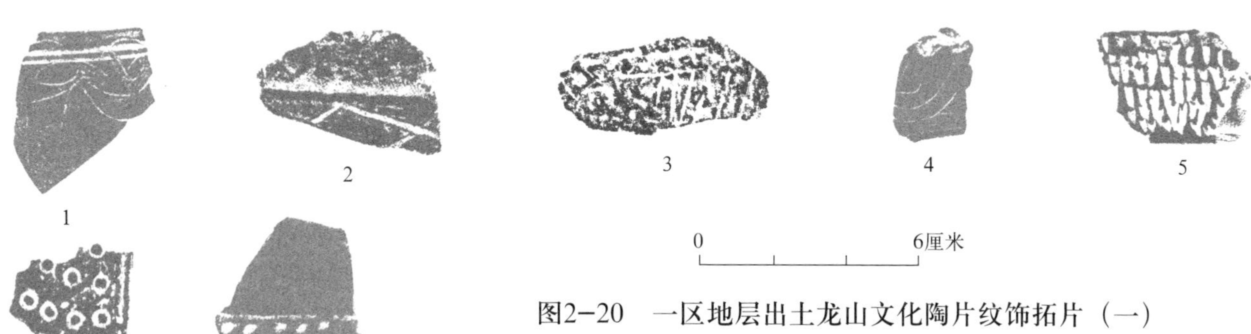

图2-20　一区地层出土龙山文化陶片纹饰拓片（一）

1. 凹弦纹加弧线纹T2350⑥d　2. 水波纹T2099⑥d　3、4. 刻划纹T2345⑥c、T2097⑥c　5. 压印纹T2342⑥d　6. 镂孔和戳印圆圈纹T2347⑥b　7. 刺点纹T2346⑥c

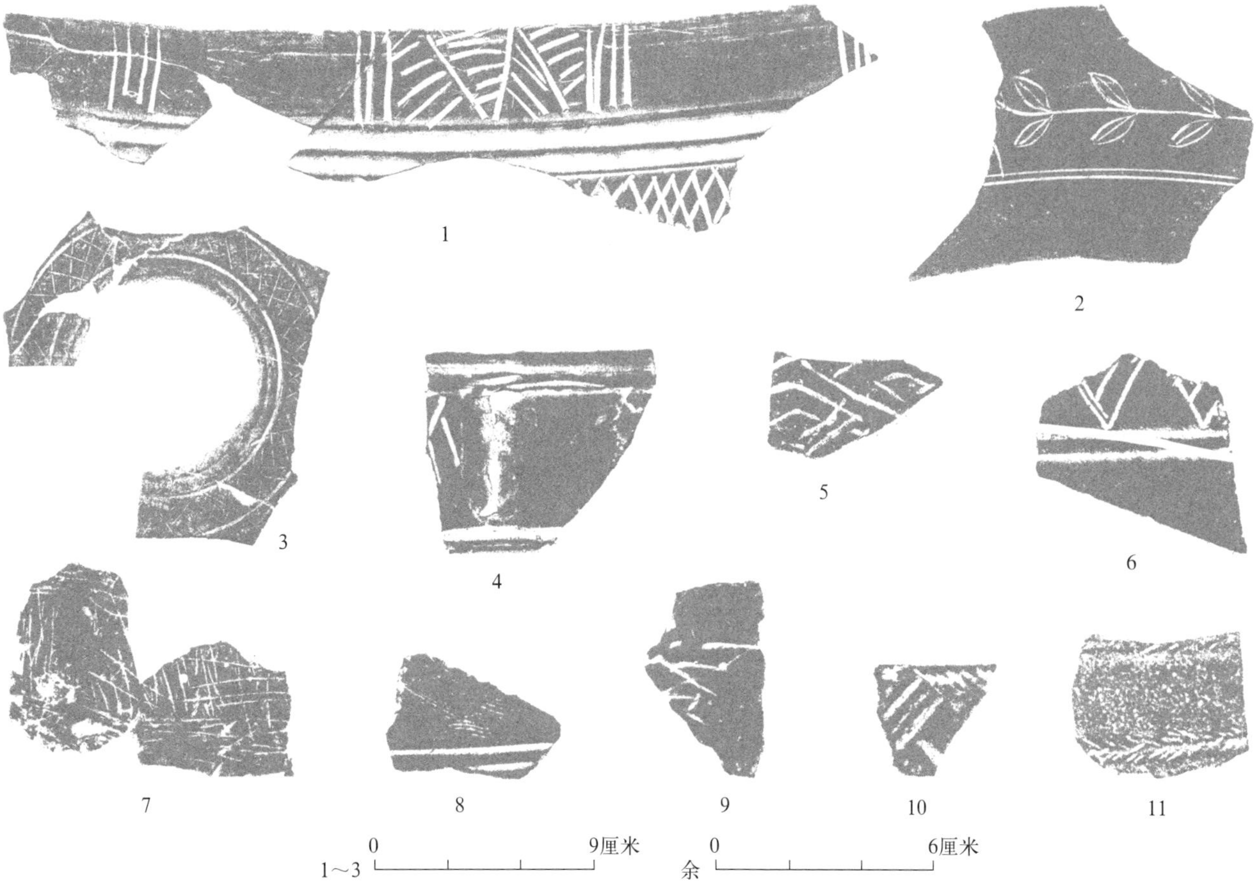

图2-21　一区地层出土龙山文化陶片纹饰拓片（二）

1. 刻划竖线、三角和网纹、凸棱F65：11　2. 蔓叶纹和凹弦纹H31①：49　3. 凹弦纹和刻划网纹H31①：220　4. 凹弦纹和刻划纹H31①　5. 刻划回纹H31⑤：218　6. 凹弦纹和刻划回纹H31①：219　7、9～11. 刻划纹H78：6、Z1：20、H80、H43：16　8. 凹弦纹和刻划波纹Z1：19

鼎数量较多，共31件。有罐形鼎、单耳罐形鼎、盆形鼎和单耳盆形鼎四小类。

1. 罐形鼎

共12件。

标本T2300⑦d：31，泥质黑陶，灰胎。口残，折沿，腹外弧，平底，下接三无眼鸟首形足。器表经磨光处理。腹上部饰一周凹弦纹，其下有两个对称的盲鼻。底径6.9、残高9.7、厚0.22～0.4厘米（图2-22，1）。

标本T2297⑦c：17，夹砂黑陶。侈口，尖圆唇，折沿，沿面有一周凹槽，圆肩，圆鼓腹，平底，下接三无眼鸟首形足，残。器表及口沿内侧经磨光。唇沿残余一鸡冠耳，腹部共饰十一周凹弦纹。底部和三足有火烧痕迹。口径13.2、底径7.5、高14.8、厚0.15～0.35厘米（图2-22，2）。

标本T2350⑦b：8，夹细砂黑陶，黄褐胎，含云母。侈口，尖唇，折沿，沿面下凹，溜肩，圆腹，平底，下接三铲形足，残。腹部饰三周凹弦纹。底部和足有火烧痕迹。口径10.4、残高11.0、厚0.25～0.35厘米（图2-22，3）。

标本T2049⑦a：22，夹砂黑陶，含少量云母。侈口，方唇，折沿，沿面有一周凹槽，溜肩，鼓腹，中部残，大平底，三足残。器表经磨光。肩部饰三周凹弦纹。口径17.6、底径12.8、复原高24.2、厚0.35～0.5厘米（图2-22，4）。

标本T2097⑥a：2，夹砂黑陶。侈口，方唇，平沿，束颈较高，窄肩，圆腹，腹壁斜直，平底，三足残。器表和口沿内侧经磨光。颈下饰两周凸弦纹，其上有对称的盲鼻一对，腹部饰三周凹弦纹。口径18.0、底径13.2、残高14.8、厚0.4～0.5厘米（图2-22，5；彩版二九，1）。

标本T2450⑥d：13，夹砂灰黑陶。侈口，圆唇，折沿，沿面内凹，溜肩，瘦腹较深，平底，三鸟首形足残失。素面。口径13.6、底径9.4、残高17.2、厚0.3～0.5厘米（图2-22，6）。

标本T2099⑥d：8，夹粗砂灰黑陶，陶色斑驳。侈口，方唇，卷沿，束颈，圆腹，平底，三足残。颈下至腹部有五周阶状凸起，颈下贴呈等距分布的四个泥饼。口径14.2、最大腹径15.8、底径10.0、残高10.6、厚0.3～0.75厘米（图2-22，7；彩版二九，2）。

标本T2350⑥c：11，夹砂黑陶，浅灰褐胎，含云母。侈口，圆唇，折沿，沿面有一周凹槽，溜肩，圆腹，平底，三铲形足，残。器表及口沿内侧经磨光。腹部饰八周密集凹弦纹。底部和足有火烧痕迹。口径17.2、底径13.0、残高14.0、厚0.2～0.65厘米（图2-22，8）。

标本T2049⑥b：5，夹砂黑陶，含少量云母，灰胎。侈口，方唇，卷沿，有颈，腹略鼓，平底，三足残。颈部饰一周凸弦纹，颈肩之交有两周阶状凸起，其上有对称的盲鼻和泥饼各一对。足部烧成红褐色。口径17.2、底径12.0、残高14.7、厚0.3～0.7厘米（图2-22，9）。

标本T2346⑥b：25，夹砂黑陶，含少量云母。侈口，圆方唇，折沿，沿面有一周凹槽，溜肩，鼓腹，平底内凹，三铲形足残。器表经磨光。腹部饰两周凹弦纹。足有火烧痕迹。口径10.1、底径6.3、高9.5、厚0.35～0.5厘米（图2-22，10；彩版二九，3）。

标本T2449⑥a：1，夹砂黑陶。侈口，方唇，折沿，溜肩，圆鼓腹，底及足残失。器表及口沿内侧经磨光。肩至腹共饰八周凹弦纹。下部有火烧痕迹。口径15.8、残高14.0、厚0.32～0.52厘米（图2-22，11）。

标本T2449⑥a：6，夹砂黑陶，褐胎。侈口，方唇，卷沿，粗颈，溜肩，弧腹，平底，三足残。器表及口沿内侧经磨光。颈下有两个对称的盲鼻，颈至腹部有八周阶状凸起。底部有火烧痕迹。口径16.4、底径12.4、残高15.2、厚0.35～0.9厘米（图2-22，12）。

2．单耳罐形鼎

3件。

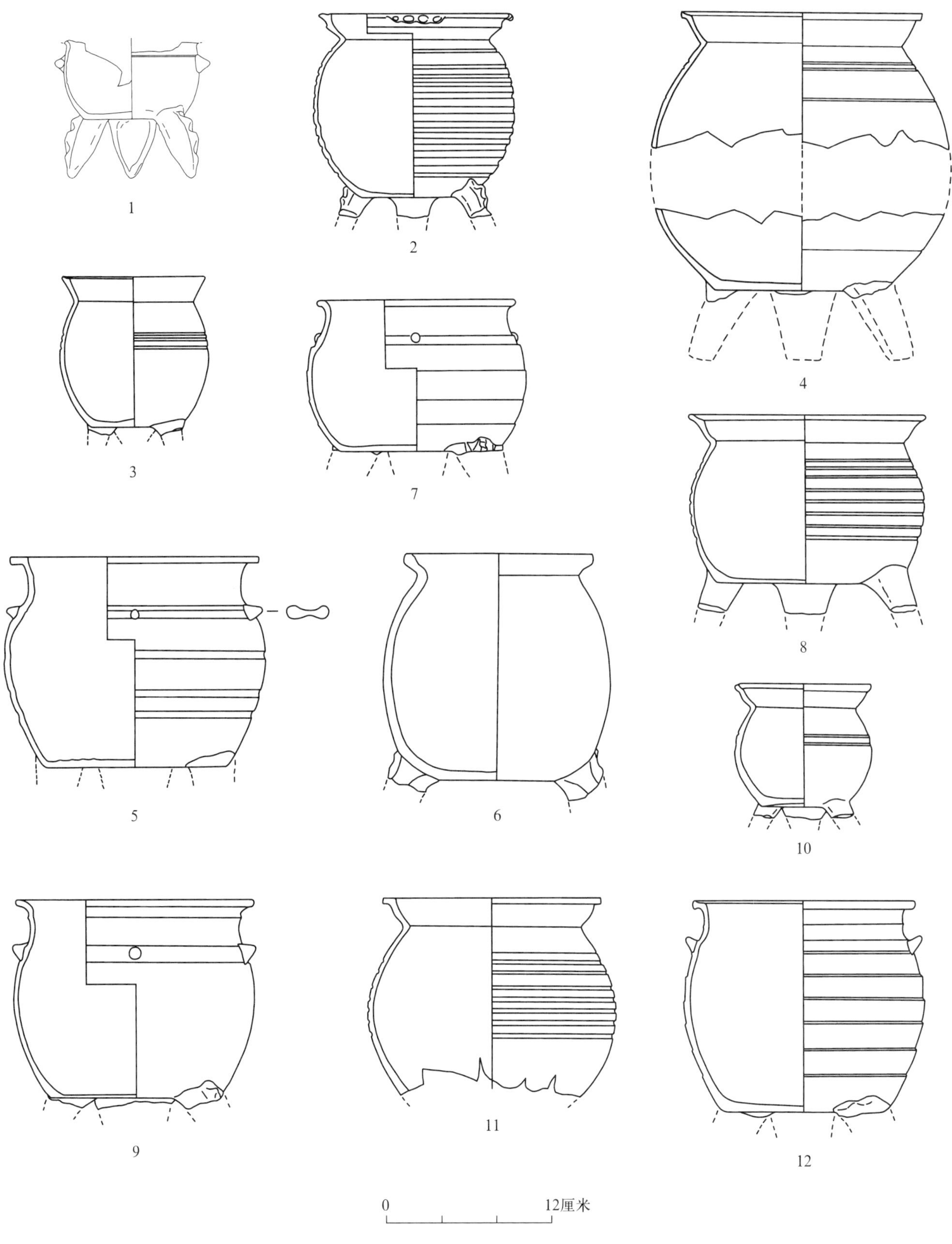

图2-22　一区地层出土罐形鼎

1～12．T2300⑦d：31、T2297⑦c：17、T2350⑦b：8、T2049⑦a：22、T2097⑥a：2、T2450⑥d：13、T2099⑥d：8、T2350⑥c：11、T2049⑥b：5、T2346⑥b：25、T2449⑥a：1、T2449⑥a：6

标本T2048⑥b：11，夹砂黑陶，颜色斑驳。侈口，方唇，卷沿，沿面有一周宽凹槽，溜肩，圆鼓腹，平底，三铲形足残。一侧肩、腹之间有带状把手，残。器表及口沿内侧经磨光处理。肩部饰两周凹弦纹。足部有火烧痕迹。口径10.0、最大腹径12.0、底径6.8、残高12.0、厚0.2～0.45厘米（图2-23，1；彩版二九，4）。

标本T2097⑥b：37，夹砂黑陶，夹少量云母。口部残，流肩，圆鼓腹，平底，三足残，足的正面有齿状堆纹。一侧肩、腹之间有宽带形把手，残。器表经磨光。肩、腹部各饰两周凹弦纹。足部有火烧痕迹。最大腹径20.0、底径11.5、残高20.0、厚0.3～0.5厘米（图2-23，2；彩版二九，5）。

标本T2349⑥a：18，夹砂黑陶。侈口，方唇，折沿，沿面微凹，溜肩，鼓腹，以下残。上腹部有把手残痕。器表经磨光。肩部饰两周凹弦纹。口径12.0、残高5.8、厚0.3～0.6厘米（图2-23，3）。

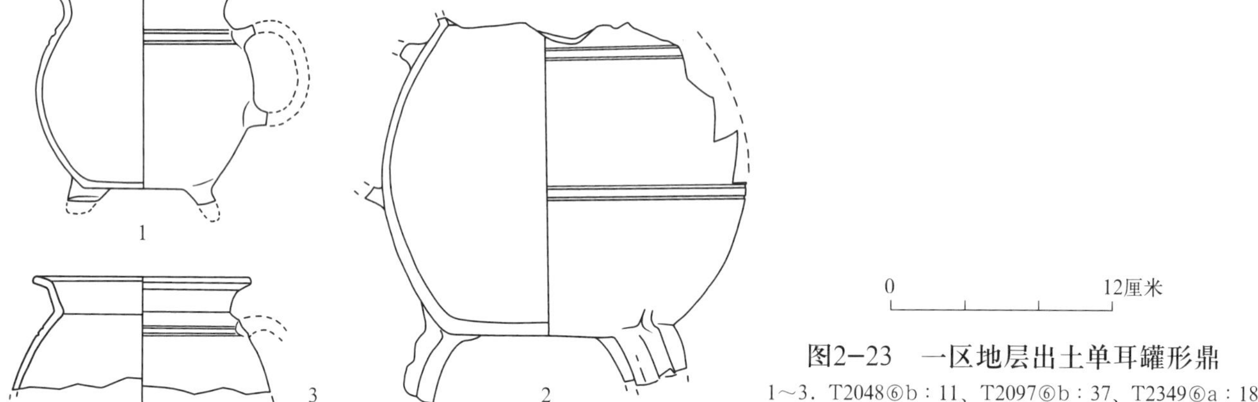

图2-23　一区地层出土单耳罐形鼎
1～3. T2048⑥b：11、T2097⑥b：37、T2349⑥a：18

3．盆形鼎

共15件。分为夹砂和泥质两类。夹砂盆形鼎主要用做炊器，而泥质盆形鼎则应为盛器。后者称为三足盆亦可，因两者形制相同，故置于一起介绍。

标本T2347⑦c：21，夹砂黑陶，内壁为灰色。敛口，斜沿，沿面下凹，深腹略内斜收，平底，下接三鸟首形足，残。器表经磨光。口沿外侧有四个两两相对的小横耳。腹壁饰四周凸棱。底和足部有火烧痕迹。口径14.0～16.5、残高12.0、厚0.2～0.4厘米（图2-24，1）。

标本T2399⑦b：11，夹砂黑陶。敛口，圆唇，平折沿，斜直腹中部微束，平底，下接三鸟首形足，残。器表经磨光。口沿外侧按戳印成花边，腹饰六周凸棱。口径17.4、底径12.0、残高10.2、厚0.6厘米（图2-24，2）。

标本T2047⑥d：26，夹细砂黑陶。敞口，圆唇，折腹，平底，下接三铲形足，残。内外表均经磨光，素面。口径12.0、残高6.9、厚0.35～0.75厘米（图2-24，3）。

标本T2397⑥d：5，夹砂黑灰陶。敛口，尖圆唇，斜平沿，折腹，平底，三鸟首形足残。器表经磨光。沿外侧残余两个小鼻（原应为三个），腹部饰八周凹弦纹。底部和足有火烧痕迹。口径21.2、底径10.8、残高12.0、厚0.3～0.8厘米（图2-24，4）。

标本T2047⑥c：20，夹细砂灰黑陶。宽平沿，沿面有两周凹槽，腹中部微内束，平底内凹，下接三鸟首形足。腹部有五周细凸棱，最上一道存一盲鼻。口径25.0、底径17.2、残高17.8、厚0.2～0.6厘米（图2-24，5）。

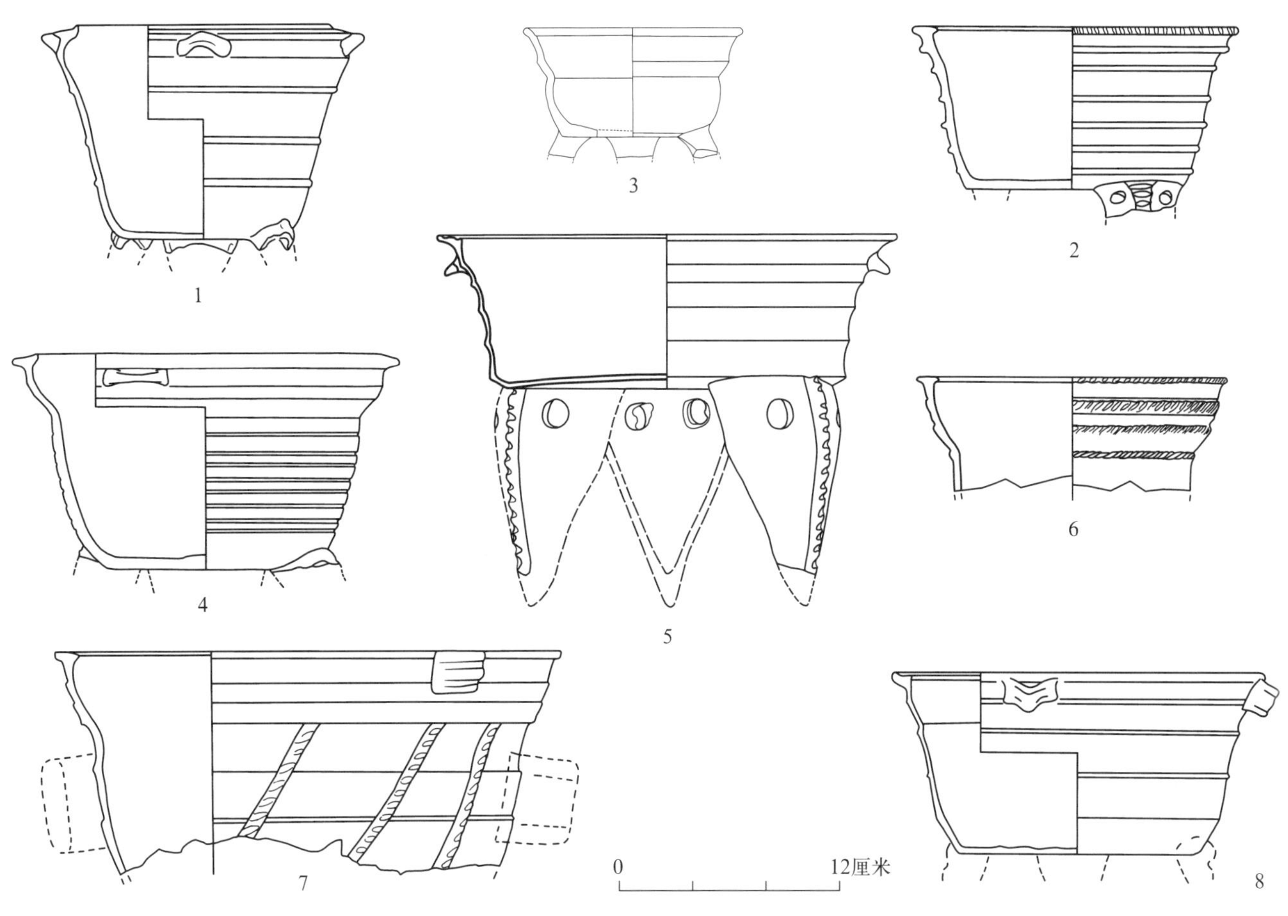

图2-24　一区地层出土夹砂盆形鼎

1～8．T2347⑦c：21、T2399⑦b：11、T2047⑥d：26、T2397⑥d：5、T2047⑥c：20、T2349⑥c：16、T2097⑥b：45、T2342⑥b：1

标本T2349⑥c：16，夹砂黑陶。敛口，尖圆唇，平折沿，折腹，以下残。器表经磨光。唇部捺压成花边，腹壁饰三周附加堆绳索纹。口径17.0、残高6.0、厚0.5～0.7厘米（图2-24，6）。

标本T2097⑥b：45，夹砂黑陶。敛口，方唇，窄平沿内斜，沿面有两周浅凹槽，内束式折腹，以下残失。腹部一对宽大横耳痕迹，唇部残留一小横耳。器表经磨光。腹部有五周阶状凸起，腹中部有斜置的绳索状附加堆纹。口径27.6、残高11.3、厚0.3～1.5厘米（图2-24，7）。

标本T2342⑥b：1，夹少量细砂黑陶，灰胎。敛口，圆唇，平折沿，沿面有一周宽而深的凹槽，折腹位置偏上，腹壁斜直，平底，三鸟首形足残失。器表及口沿内侧经磨光。沿外有等距分布的三个小横耳，腹壁饰四周凸棱。口径20.6、底径13.2、残高9.7、厚0.2～0.3厘米（图2-24，8；彩版三〇，1）。

标本T2449⑦d：24，泥质黑陶。敞口，圆唇，卷沿，中腹微束，平底，三足残失。内外表均经磨光。腹中部饰两周凸棱，其上有对称的小鼻一对。口径17.0、底径9.0、残高7.3、厚0.3～0.5厘米（图2-25，1）。

标本T2300⑦b：32，泥质黑陶。敞口，圆唇，卷沿，直壁微内斜，平底及三足残。沿外侧有四个两两对称的小横耳，腹下部亦有两个对称的小横耳。内外表均经磨光处理。腹壁饰四周凸棱。口径26.0、底径17.5、残高16.0、厚0.3～0.4厘米（图2-25，2；彩版三〇，2）。

标本T2400⑦b：9，泥质黑陶。直口微敛，宽折沿，中腹内束，平底，足残。内外表均经磨光。

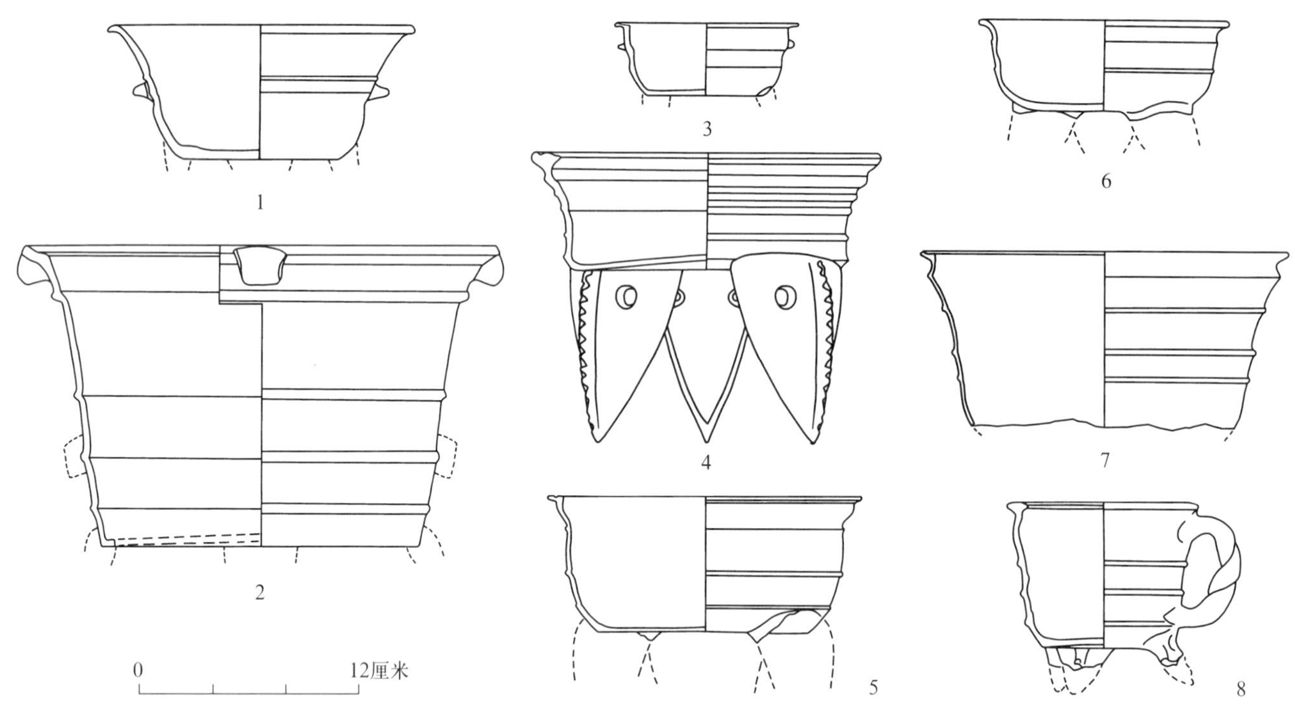

图2-25　一区地层出土泥质盆形鼎、夹砂单耳盆形鼎

1～7. 泥质盆形鼎T2449⑦d：24、T2300⑦b：32、T2400⑦b：9、T2047⑥c：19、T2345⑥b：8、T2247⑥a：6、T2400⑥a：16　8. 夹砂单耳盆形鼎T2346⑦b：33

腹饰两周细弦纹和一对盲鼻。口径10.0、底径6.6、残高3.8、厚0.3厘米（图2-25，3）。

标本T2047⑥c：19，泥质黑陶。圆唇，平沿内斜，沿面有两周凹槽，上腹外凸，下腹微内束，平底内凹，下接三个高大鸟首形足。内外表均经磨光处理。腹壁饰五周凸弦纹。口径19.0、底径15.0、高15.4、厚0.3～0.4厘米（图2-25，4；彩版三〇，3）。

标本T2345⑥b：8，泥质黑陶。敛口，尖唇，平折沿，沿面下凹，折腹偏上，腹壁微弧，平底，鸟首形足残。内外表均经磨光。腹饰三周凸棱。口径17.2、底径11.4、残高7.8、厚0.12～0.4厘米（图2-25，5）。

标本T2247⑥a：6，泥质黑陶，夹极少量云母。敞口，圆唇，卷沿，微弧腹，近底部内收，平底，鸟首形三足残。内外表均经磨光。腹饰两周凸弦纹。口径13.6、底径8.2、残高4.9、厚0.2～0.3厘米（图2-25，6；彩版三〇，4）。

标本T2400⑥a：16，泥质黑陶。敛口，尖圆唇，窄斜沿，沿面下凹，腹中部微束，下部残。内外表均经磨光。腹饰四周凸棱。口径20.1、残高9.3、厚0.2厘米（图2-25，7）。

4. 单耳盆形鼎

1件。

标本T2346⑦b：33，夹砂黑陶，胎和内壁为浅灰褐色。器形较小，敛口，圆唇，窄平沿，深腹，中部微内束，下部折收，平底内凹，下接三无眼鸟首形足，残。一侧索状把手。器表经磨光。中下腹饰三周凸棱。底部和三足有火烧痕迹。口径10.3、底径7.0、残高8.8、厚0.2～0.4厘米（图2-25，8；彩版二九，6）。

5. 甗

数量较少，仅复原1件。

标本T2397⑦b：11，夹砂黑陶。器体较高大，侈口，圆唇，卷沿，沿面有一周凹槽，粗颈，弧腹较斜直，束腰，鬲部腹较深，弧裆，袋足。器表经磨光。甗部颈下饰两周凸棱，之间有对称的盲鼻和泥饼各一对，鬲部偏上位置饰一周波浪状附加堆泥条。足有火烧痕迹。口径21.2、高37.8、厚0.3～0.6厘米（图2-26，1）。

6. 鬶

挑出标本10件。其中白陶（或橙红色）鬶3件，白衣红陶鬶7件。此外，还有少量夹滑石或夹云母红陶鬶。

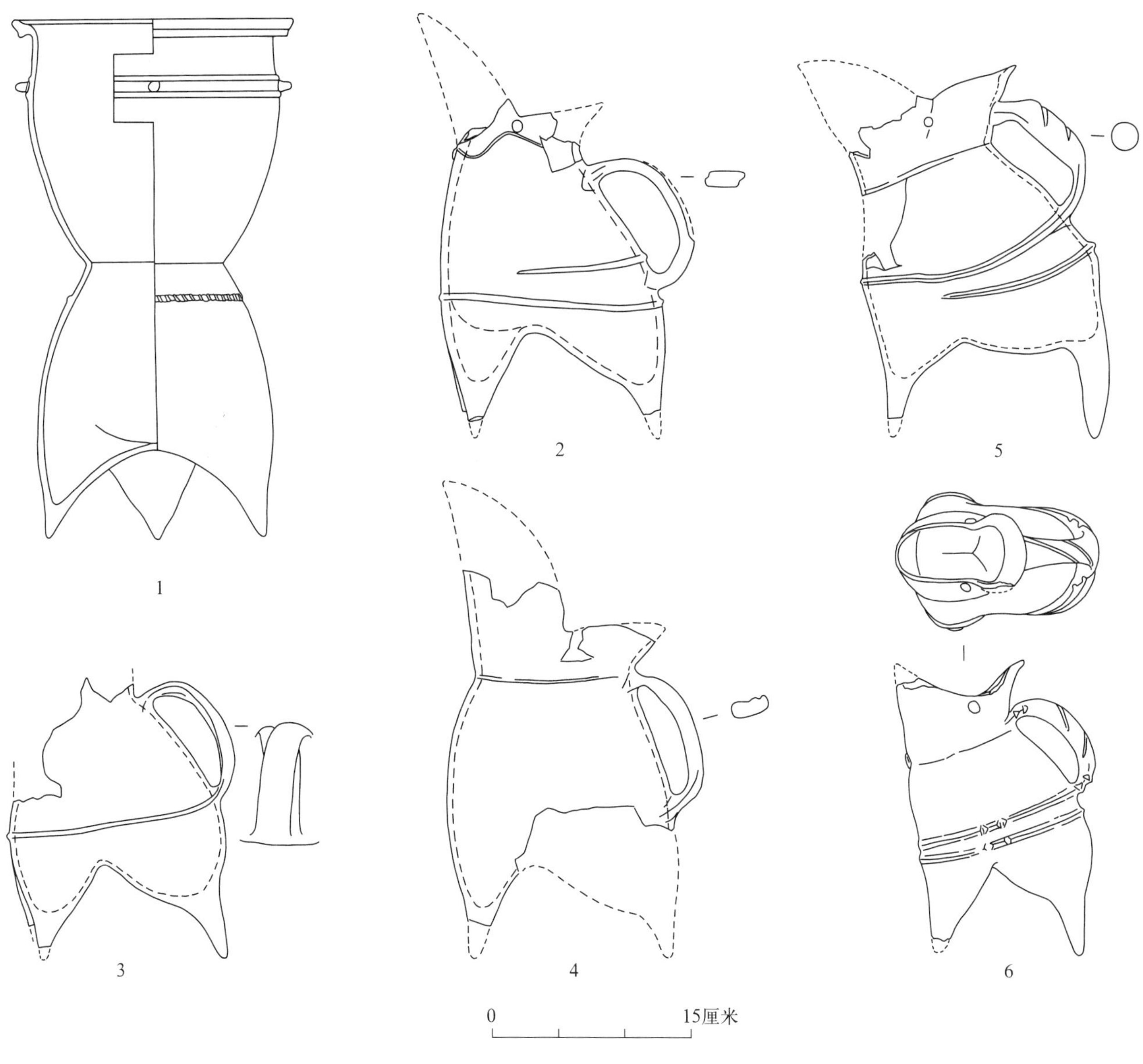

图2-26　一区地层出土陶甗、鬶

1. 甗T2397⑦b：11　2～6. 鬶T2300⑦c：9、T2345⑥d：11、T2346⑥b：10、T2449⑥b：2、T2400⑥a：3

标本T2300⑦c：9，泥质红陶，外有一层红色陶衣。流残，口沿大部残，侈口，束颈，漏斗状粗腹，前两个袋足较小，后袋足较大。一侧有交叠带形把手。流根部有两个对称的泥饼，下腹至袋足饰一周半凸棱。残高22.6、厚0.3～1.0厘米（图2-26，2；彩版三〇，5）。

标本T2345⑥d：11，夹细砂红陶，红褐陶衣。流和口部残，漏斗形粗腹，分裆袋足，后足较粗大，高实足尖。一侧有把手，系用两条宽带交叠而成。下腹部饰一周凸棱。残高20.1、厚0.35～0.55厘米（图2-26，3）。

标本T2346⑥b：10，夹砂黄褐陶。流残，侈口，尖圆唇，束颈，分裆袋足。一侧有象征性绞丝状把手。素面。残高26.0（复原高34.8）、厚0.25～0.6厘米（图2-26，4）。

标本T2449⑥b：2，夹砂浅橙红色，夹少量云母。流残，侈口，尖唇，束颈，深腹，分裆袋足，高细实足尖。一侧有象征性绞丝状把手。器表经磨光，并涂抹一层滑石粉。流根两侧各有一泥饼，袋足上方饰一周半凸棱。残高27.2、厚0.2～0.5厘米（图2-26，5）。

标本T2400⑥a：3，夹砂红褐陶。器体前倾，矮流，马鞍形口，圆唇，束颈，深腹，分裆袋足，前小后大，高实足尖。一侧有象征性绞丝状把手，上下两端各戳印两个不规则窝。器表经磨光。流根两侧和颈前部各饰一泥饼，腹部饰两周凸棱，凸棱上有戳印纹。足有火烧痕迹。高21.6、厚0.2～0.4厘米（图2-26，6；彩版三〇，6）。

标本T2396⑦c：14，夹细砂白陶，橙红胎，其上涂白色陶衣。残存一足，粗颈内束，分裆肥硕袋足。袋足上方有把手痕迹。腹与袋足各饰一周凸棱。残高16.0、厚0.4～0.7厘米（图2-27，1）。

标本T2346⑥d：19，夹细砂红陶，陶衣脱落。高流，直口，粗颈，以下残失。宽带形把手，上有四道斜向凹槽。流根部和把手上端两侧各有对称的泥饼一对，颈部饰两周凸棱。残高21.2、厚0.26～0.4厘米（图2-27，2）。

标本T2450⑥c：3，夹砂红陶。粗长颈内束，分裆袋足，实足尖较高。腹部与袋足交接处饰一周凸棱。残高20.0、厚0.4厘米（图2-27，3）。

标本T2247⑥b：9，夹细砂红陶。只残留后半部，直口，圆唇，沿面有一周凹槽，粗颈。有象征

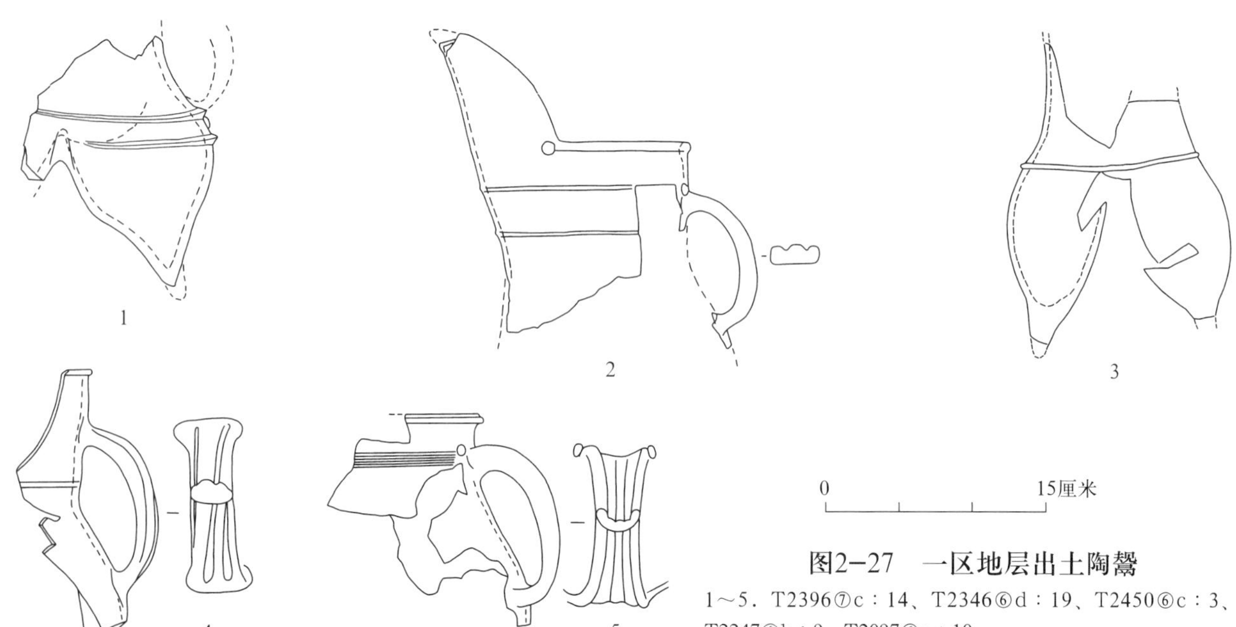

图2-27　一区地层出土陶鬶

1～5．T2396⑦c：14、T2346⑥d：19、T2450⑥c：3、T2247⑥b：9、T2097⑥a：10

性绞丝状把手。外有一层白陶衣，基本脱落。把手上方的沿下有一小孔，颈下部饰一周凹弦纹。残高18.0、厚0.3～0.5厘米（图2–27，4）。

标本T2097⑥a：10，夹砂白陶。流残，直口，方唇，沿面有一周凹槽，粗长颈，一侧有两侧边外卷的桥形把手，腹部以下残失。颈部饰两周凸棱，把手上端两侧各有一个泥饼。残高14.5、厚0.3～0.4厘米（图2–27，5）。

罐数量较多，共22件。有中口罐、有领罐、圈足罐三小类。

7．中口罐

10件。

标本T2300⑦c：10，夹砂黑陶，灰胎。侈口，圆唇，折沿，溜肩，圆鼓腹，下腹急收，小平底微内凹。外表经磨光。肩部饰四周凹弦纹。口径11.2、最大腹径14.8、底径5.8、高13.8、厚0.3～0.4厘米（图2–28，1；彩版三一，1）。

标本T2300⑦c：12，夹砂黑陶。腹以上残失，斜腹，平底。素面。底径9.6、残高7.0、厚0.3～0.6厘米（图2–28，2）。

标本T2097⑥d：47，夹砂黑陶，陶色不纯。侈口，方唇，折沿，沿面有一周深凹槽，溜肩，鼓腹，下腹部斜收较甚，小平底。器表经磨光处理，素面。口径15.3、最大腹径17.8、底径7.2、高17.0、厚0.4～0.6厘米（图2–28，3）。

标本T2049⑥c：12，夹砂黑陶，夹少量云母。侈口，方唇，折沿，沿面有一周凹槽，溜肩，鼓腹，下腹斜收较甚，小平底。肩部饰两周凹弦纹。口径12.8、底径7.0、高14.4、厚0.25～0.5厘米（图2–28，4；彩版三一，2）。

标本T2450⑥c：22，夹砂褐陶。侈口，方唇，折沿，圆肩，鼓腹，中部残，平底残。肩部饰一周凹弦纹。口径16.4、最大腹径20.4、底径10.0、复原高21.4、厚0.55～0.9厘米（图2–28，5）。

标本T2349⑥a：3，夹砂黑陶。侈口，圆唇，折沿，溜肩，鼓腹，小平底。外表经磨光。肩腹部饰七周凹弦纹。口径9.6、最大腹径13.1、底径6.0、高12.4、厚0.3厘米（图2–28，6；彩版三一，3）。

标本T2347⑦c：22，泥质黑陶，灰胎。侈口，方唇，卷沿，窄颈，溜肩，鼓腹，以下残。器表经磨光。颈下饰两周凸弦纹，其上有对称的泥饼和小鼻各一对。口径19.2、残高10.4、厚0.2～0.4厘米（图2–28，7）。

标本T2350⑥d：26，夹砂黑陶，胎和内壁为深灰褐色。颈以上残失，弧肩，鼓腹，深腹斜收，平底内凹。肩和腹部饰三组凹弦纹，每组两周，肩部有对称的盲鼻和泥饼各一对。最大腹径16.0、底径8.4、残高17.8、厚0.25～0.55厘米（图2–28，8）。

标本T2047⑥b：14，夹细砂黑陶，褐胎，器壁较薄。侈口，尖圆唇，折沿，沿面有一周宽凹槽，短颈，圆肩，鼓腹，最大腹径偏上，下腹斜收，平底微内凹。肩、腹部各饰两周凹弦纹，肩部有对称的盲鼻一对。口径10.4、最大腹径14.4、底径6.6、高15.2、厚0.2～0.5厘米（图2–28，9）。

标本T2097⑥b：42，泥质黑陶，陶色不纯，夹少量云母。器体较小，口残，圆肩，圆鼓腹较甚，下腹内收较急，平底较小。器表经磨光。肩部饰一周浅凹弦纹。最大腹径11.0、底径5.1、残高7.2、厚0.15～0.4厘米（图2–28，10）。

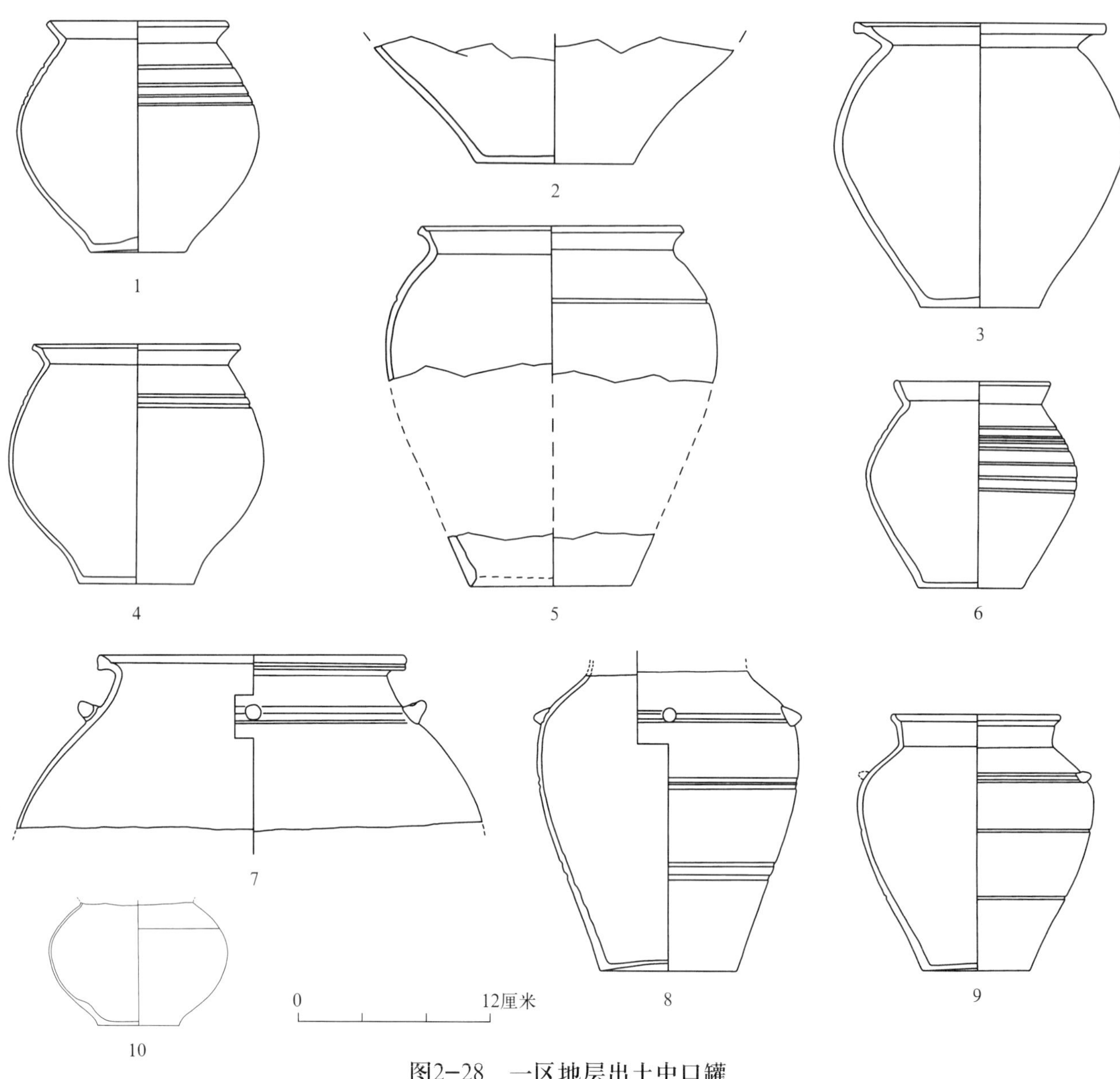

图2-28 一区地层出土中口罐

1～10．T2300⑦c：10、T2300⑦c：12、T2097⑥d：47、T2049⑥c：12、T2450⑥c：22、T2349⑥a：3、T2347⑦c：22、T2350⑥d：26、T2047⑥b：14、T2097⑥b：42

8．有领罐

6件。

标本T2397⑦c：16，夹砂灰陶。侈口，圆唇，颈较高，中部有一周折棱，斜长肩，鼓腹，以下残。素面。口径10.0、残高9.0、厚0.4厘米（图2-29，1）。

标本T2047⑥b：12，泥质黑陶，褐胎，内侧为浅黄褐色。口微侈，圆唇，粗颈较长，鼓腹，下腹斜收，平底残。器表经磨光。沿下和肩部各饰一周凹弦纹。口径14.0、最大腹径18.8、底径11.0、高16.9、厚0.3～0.4厘米（图2-29，2）。

标本T2449⑥a：10，夹砂黑陶，内夹少量云母。口微侈，尖圆唇，粗长颈，鼓腹，平底，底部凹凸不平。器表经磨光，素面。口径9.2、最大腹径13.4、底径6.2、高11.8、厚0.32～0.5厘米（图

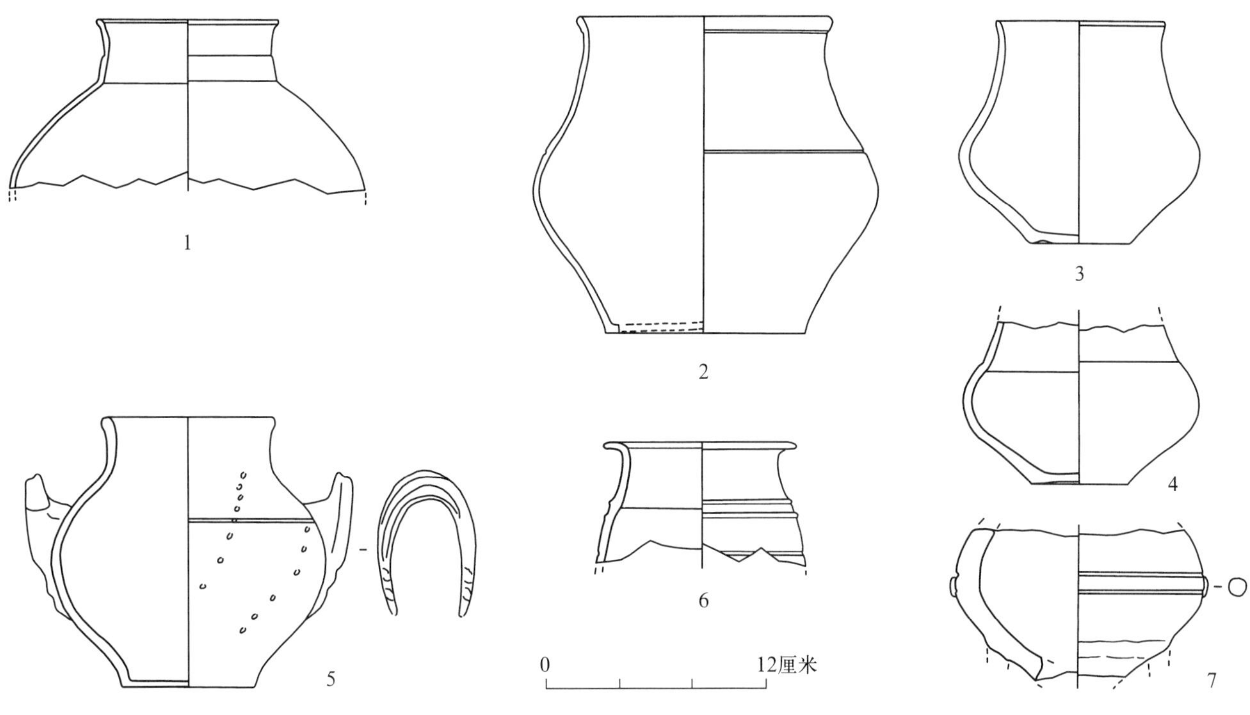

图2-29　一区地层出土陶罐

1～6．有领罐T2397⑦c：16、T2047⑥b：12、T2449⑥a：10、T2349⑥a：15、T2400⑥a：4、T2349⑥a：19　7．圈足罐T2349⑥c：17

2-29，3；彩版三一，4）。

标本T2349⑥a：15，泥质黑陶。口部残，粗长颈，鼓腹，小平底。器表经磨光，素面。腹径13.2、底径5.0、残高8.4、厚0.2～0.3厘米（图2-29，4）。

标本T2400⑥a：4，夹砂红陶。直口微外侈，圆唇，颈微束，溜肩，圆鼓腹，下腹内收明显，平底。腹部有两个大倒"U"字形提手。器表有刮抹痕迹，肩部饰一周凹弦纹，肩至腹部有斜行的六道戳窝痕迹。口径9.2、最大腹径15.0、底径7.5、高14.2、厚0.3～0.5厘米（图2-29，5）。

标本T2349⑥a：19，夹砂黑陶。侈口，圆唇，卷沿，有颈，上腹微弧，下残。器表经磨光。颈下饰两周凸棱，腹部饰一周凹弦纹。口径11.0、残高6.4、厚0.3～0.6厘米（图2-29，6）。

9．圈足罐

1件。

标本T2349⑥c：17，泥质黑陶。口残，圆鼓腹，底部残，近底部有一周残损的圈足痕迹。腹部饰两周浅凹弦纹，其上残存一个泥饼。腹径13.6、残高8.0、厚1.2～1.8厘米（图2-29，7）。

10．罍

3件。

标本T2247⑥b：4，泥质黑陶。侈口，方唇，卷沿，有颈，窄肩，斜直腹，底残。肩部有对称的横耳和泥饼各一对。器表和内侧经磨光处理。腹部饰六周凸弦纹。口径17.3、残高17.6、厚0.2～0.65厘米（图2-30，1）。

标本T2345⑥b：7，夹粗砂黑陶，黄褐胎。侈口，方圆唇，卷沿，斜肩，鼓腹，下腹斜收，底残。器表经磨光。肩和腹部饰三周凹弦纹，肩部有对称的盲鼻和泥饼各一对。口径14.4、最大腹径16.0、残高18.1、厚0.2～0.4厘米（图2-30，2）。

标本T2346⑥b：11，夹砂黑陶。口残，窄折肩，深腹斜内收，平底内凹。器表经磨光。肩部有对称的盲鼻和泥饼各一对，肩、腹部饰一周凸棱和五组凹、凸弦纹组合。肩径15.8、底径7.9、残高14.2、厚0.3～0.5厘米（图2-30，3）。

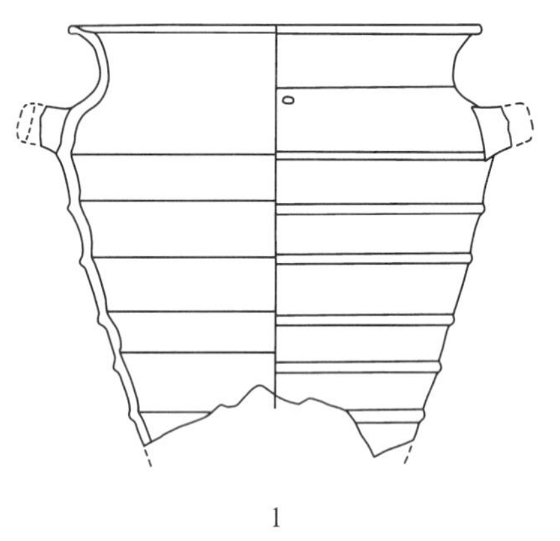

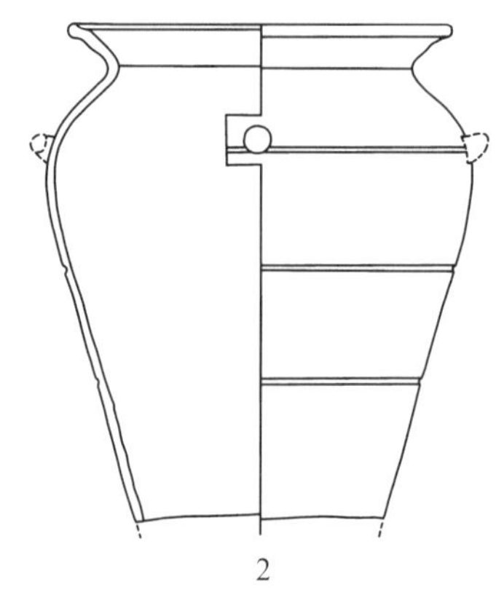

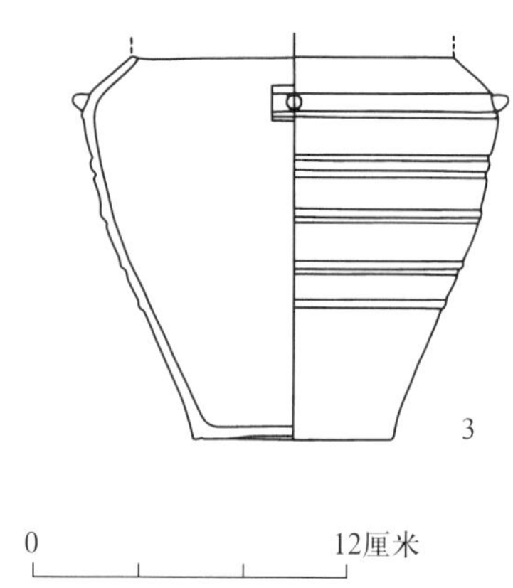

图2-30　一区地层出土陶罍

1～3. T2247⑥b：4、T2345⑥b：7、T2346⑥b：11

11. 壶

7件。

标本T2449⑦c：12，夹砂灰陶。侈口，圆唇，卷沿，粗长颈，弧肩，圆鼓腹，小平底。颈下饰一周凸弦纹，腹饰两周凹弦纹。口径8.8、最大腹径14.9、底径6.4、高16.3、厚0.2～0.4厘米（图2-31，1；彩版三一，5）。

标本T2449⑦c：21，泥质黑陶。口残，圆肩，圆鼓腹呈球形，近底部处内束，小平底微内凹，底部周缘外凸。器表经磨光。肩部饰两周凹弦纹。最大腹径15.4、底径7.2、残高11.2、厚0.4厘米（图2-31，2）。

标本T2300⑦c：11，泥质黑陶。直颈以上残，圆肩，鼓腹，以下残失。器表经磨光。颈、肩部饰两周细凹弦纹，肩部有两个对称的横耳，残。颈径8.6、最大腹径20.0、残高6.8、厚0.4～0.5厘米（图2-31，3）。

标本T2396⑦a：2，泥质黑陶。直口微侈，圆肩，圆鼓腹，下腹内收较甚，平底，底部周缘外凸。器表经磨光处理。肩部有两个对称的小横耳。颈下和腹部饰三周凹弦纹。口径7.4、最大腹径12.8、底径6.2、高11.4、厚0.1～0.3厘米（图2-31，4）。

标本T2447⑦a：9，泥质灰黑陶。颈部以上残缺，圆肩，鼓腹，中部残失，下腹斜收，平底。器表经磨光。腹部各饰两周凹弦纹和凸棱。底径9.0、厚0.3～0.9厘米（图2-31，5）。

标本T2347⑥a：1，泥质黑陶。直口微侈，圆唇，短直颈，圆肩，鼓腹，下腹急收成小平底。外表经磨光，素面。口径8.7、最大腹径15.0、底径6.1、高13.3、厚0.3～0.4厘米（图2-31，6；彩版三一，6）。

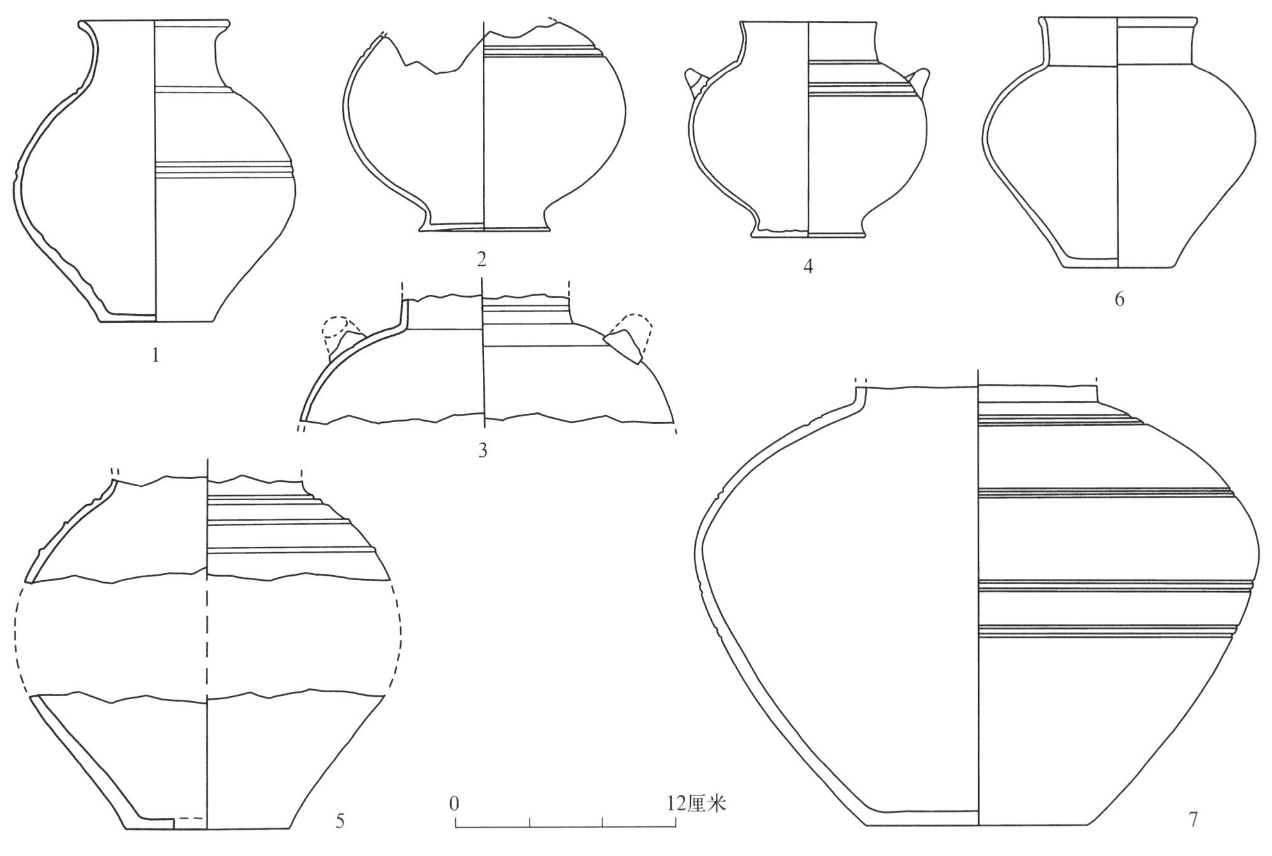

图2-31　一区地层出土陶壶

1～7. T2449⑦c：12、T2449⑦c：21、T2300⑦c：11、T2396⑦a：2、T2447⑦a：9、T2347⑥a：1、T2049⑥a：6

标本T2049⑥a：6，夹砂黑陶。口残，有颈，广圆肩，鼓腹，下腹斜收，平底，器体较大。肩和腹部饰四组凹弦纹，每组两周。最大腹径31.0、底径12.4、残高23.4、厚0.4～0.7厘米（图2-31，7）。

盆数量较多，共20件。有敞口大平底盆、鼓腹小平底盆和圈足盆三小类。

12．大平底盆

14件。

标本T2346⑦a：29，泥质黑陶，灰胎。大敞口，圆唇，卷沿，斜腹，平底。内外表均经磨光处理。内壁上部有一周凹弦纹。口径36.4、底径24.0、高9.2、厚0.5～1.0厘米（图2-32，1；彩版三二，1）。

标本T2296⑦a：20，泥质黑陶，灰胎。大敞口，圆唇，卷沿，腹略浅，斜腹，平底内凹。内外表均经磨光处理，素面。口径41.2、底径29.6、高9.1、厚0.4～0.8厘米（图2-32，2；彩版三二，2）。

标本T2446⑦a：13，夹砂灰陶。敞口，圆唇，卷沿，腹壁斜直内曲，大平底。内外表均经磨光，素面。口径45.8、底径35.6、高10.2、厚0.6～0.8厘米（图2-32，3）。

标本T2397⑥d：3，泥质灰黑陶。大敞口，圆唇，卷沿，斜直腹，平底残。内外表经磨光，素面。口径38.8、底径26.0、高7.9、厚0.4～1.3厘米（图2-32，4）。

标本T2399⑥d：2，泥质黑陶。大敞口，圆唇，卷沿，斜腹，大平底内凹。内外表均经磨光处理。腹饰两周凹弦纹。口径36.4、底径26.4、高9.8、厚0.7厘米（图2-32，5）。

标本T2342⑥d：5，泥质黑陶。大敞口，圆唇，卷沿，腹壁内曲，深腹，平底内凹。内外表均

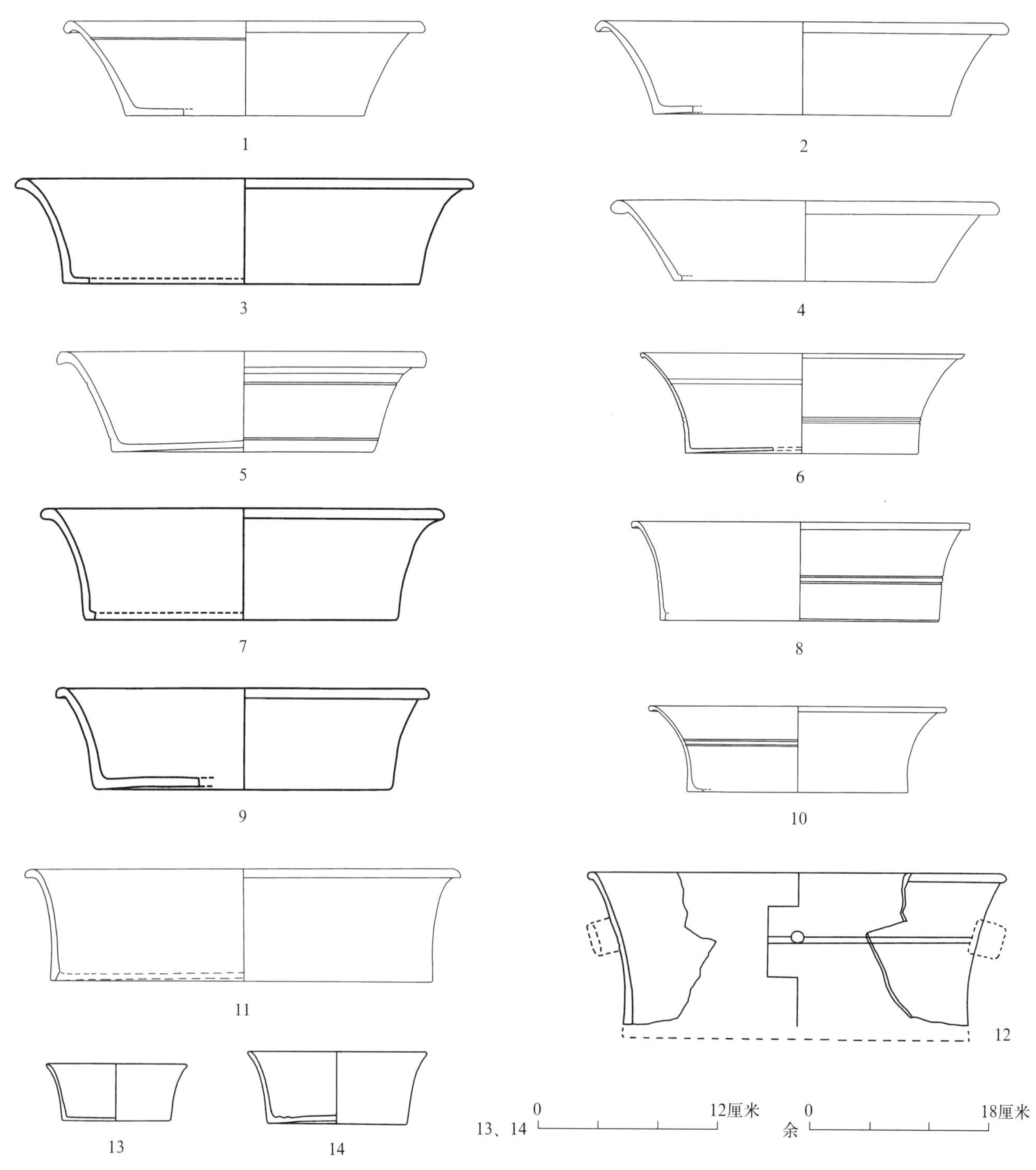

图2-32　一区地层出土大平底盆

1～14. T2346⑦a：29、T2296⑦a：20、T2446⑦a：13、T2397⑥d：3、T2399⑥d：2、T2342⑥d：5、T2446⑥d：9、T2297⑥c：16、T2346⑥b：8、T2296⑥b：5、T2446⑥b：17、T2449⑥a：5、T2449⑦b：26、T2397⑦c：10

经磨光处理。腹部饰两周凹弦纹，上腹部内壁亦有两周细凹弦纹。口径32.0、底径23.0、高9.8、厚0.2～0.6厘米（图2–32，6）。

标本T2446⑥d：9，夹砂灰陶。敞口，圆唇，卷沿，斜直腹壁微内曲，大平底。内外表均经磨光，素面。口径40.4、底径31.2、高10.8、厚0.8厘米（图2–32，7）。

标本T2297⑥c：16，泥质黑陶，灰胎。敞口，圆唇，卷沿，斜弧腹，平底残。内外表均经磨光。腹饰两周浅凹弦纹。口径34.0、底径28.0、高9.6、厚0.3厘米（图2–32，8）。

标本T2346⑥b：8，泥质黑陶，灰胎。敞口，圆唇，卷沿，弧腹，平底。内外表均经磨光处理，素面。口径37.6、底径30.0、高10.0、厚0.7～1.0厘米（图2–32，9；彩版三二，3）。

标本T2296⑥b：5，泥质黑陶，灰褐胎。大敞口，圆唇，卷沿，斜腹内曲，平底残。内外表均经磨光处理。内壁有两周凹弦纹。口径29.8、底径22.0、高8.4、厚0.25～0.4厘米（图2–32，10）。

标本T2446⑥b：17，夹少量细砂灰陶。敞口，圆唇，卷沿，腹壁内曲。素面。口径44.0、底径38.4、高11.0、厚0.5～1.0厘米（图2–32，11）。

标本T2449⑥a：5，泥质黑陶。敞口，圆唇，卷沿，腹壁内曲，底残。内外表均经磨光。腹饰两周凹弦纹，其上残存大横耳痕迹和泥饼各一个。口径42.0、残高15.0、厚0.42～0.75厘米（图2–32，12）。

标本T2449⑦b：26，泥质黑陶。敞口，腹微束，平底。内外表均经磨光，素面。口径9.4、底径7.4、高3.7、厚0.2～0.3厘米（图2–32，13）。

标本T2397⑦c：10，泥质黑陶。敞口，圆唇，卷沿，斜直腹，平底内凹。外表经磨光，素面。口径12.2、底径9.4、高4.7、厚0.3～0.4厘米（图2–32，14）。

13．鼓腹小平底盆

5件。

标本T2300⑦e：28，深腹盆。夹砂黑陶。侈口，方唇，卷沿，沿面有一周凹槽，短颈，弧腹斜内收，平底残。颈下呈阶状凸起，其下残存一个泥饼，器表拍印稀疏的横斜篮纹。口径32.8、底径13.9、高19.3、厚0.45～0.6厘米（图2–33，1）。

标本T2397⑥e：7，夹砂黑陶，褐胎。器体较大，侈口，方唇，卷沿，沿面有一周凹槽，腹微鼓，以下残。器表及口沿内侧经磨光。颈下有对称的小横耳和泥饼各一对，颈下饰两周凸棱，腹部饰两周凹弦纹。口径35.4、残高16.0、厚0.4～0.6厘米（图2–33，2）。

标本T2350⑥c：10，大口盆。夹砂黑陶，胎和内壁为灰色。敞口，圆唇，卷沿，深腹，腹上部外折，下腹斜收，平底下凸。内壁有轮制时形成的瓦棱痕迹。折腹处有两个对称的鸡冠耳。口径26.4、底径11.2、高11.6、厚0.4～1.0厘米（图2–33，3；彩版三二，4）。

标本T2449⑥b：9，鼓腹盆。夹砂黑陶，褐胎，含少量云母。大口，圆唇，卷沿，束颈，上腹微鼓，下腹斜收较甚，小平底微内凹。颈下有两周阶状凸起，其上有两个对称的盲鼻。口径30.0、底径11.0、高11.6、厚0.4～0.5厘米（图2–33，4）。

标本T2449⑥a：3，大口盆。夹砂黑陶，含少量云母。大口，圆唇，卷沿，有颈，折腹，腹部斜向内收，底残。器表及口沿内侧经磨光。颈下有两个对称的泥饼。口径50.0、残高15.8、厚0.4～0.65厘米（图2–33，5）。

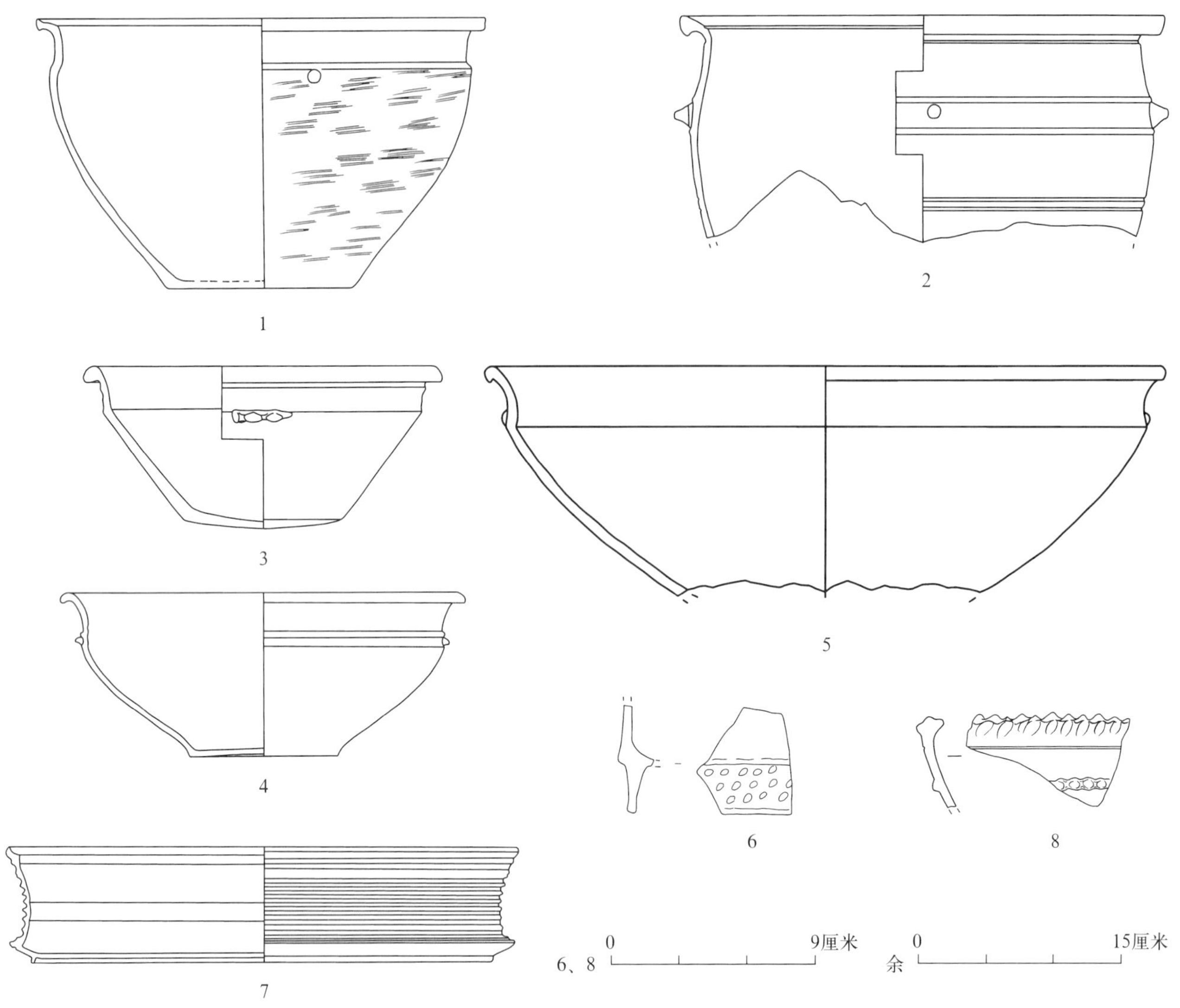

图2-33　一区地层出土陶盆、匜

1～5．鼓腹小平底盆T2300⑦e：28、T2397⑥e：7、T2350⑥c：10、T2449⑥b：9、T2449⑥a：3　6、7．圈足盆T2346⑥c：4、T2048⑥b：7　8．匜T2397⑦d：14

14．圈足盆

2件。

标本T2346⑥c：4，圈足盆足。泥质黑陶。盆腹以下残，矮圈足，圈足外表饰三排近圆形锥刺纹。高4.7、宽4.2、厚0.05～0.4厘米（图2-33，6）。

标本T2048⑥b：7，泥质黑陶，灰胎。敞口，尖圆唇，窄沿，沿面有一周深凹槽，腹部内束，下部外折，平底，下接极矮的圈足。器内外表均经磨光。腹壁饰密集的凸棱，共九周。口径38.0、底径34.0、高8.3、厚0.2～0.6厘米（图2-33，7）。

15．匜

1件。

标本T2397⑦d：14，夹砂黑陶。残存口沿。敛口，圆唇，斜弧腹，下残。唇部有刻压成锯齿状的花边，沿下饰一周凹弦纹，腹饰一周索状附加堆纹。残高3.8、厚0.5厘米（图2-33，8）。

盘共8件。有平底盘、环足盘和圈足盘三小类。

16．平底盘

1件。

标本T2048⑥c：23，泥质浅灰褐陶，黑胎，内壁为浅黄白色。敞口，浅斜腹，平底残。内外表经磨光处理，素面。口径10.0、底径7.2、高1.6、厚0.2～0.4厘米（图2-34，1）。

17．环足盘

4件。

标本T2300⑥c：25，夹砂黑陶，灰胎。口微敛，圆唇，宽斜沿平折，浅腹斜内收，大平底。腹底交界处接三环形足，下部残。素面。口径38.8、底径24.0、残高7.5、厚0.5～0.6厘米（图2-34，2；彩版三二，5）。

标本T2400⑥b：14，夹砂黑陶。口微敛，圆唇，宽折沿，浅腹斜内收，大平底，三环足残失。素面。口径36.0、底径20.0、残高5.8、厚0.4～0.6厘米（图2-34，3）。

标本T2048⑥b：4，夹砂灰黑陶。敞口，方唇，平沿，斜壁，平底，三环足残。素面。口径

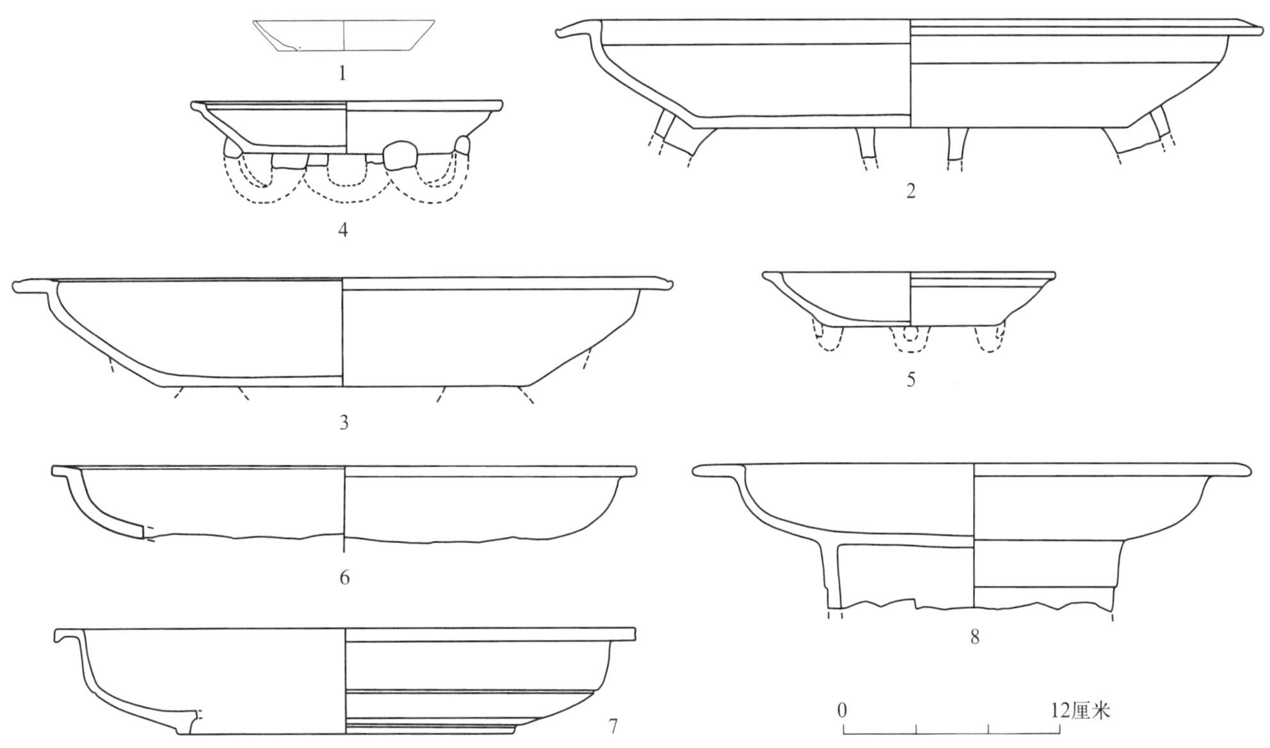

图2-34 一区地层出土陶盘

1．平底盘T2048⑥c：23 2～5．环足盘T2300⑥c：25、T2400⑥b：14、T2048⑥b：4、T2048⑥b：12 6～8．圈足盘T2396⑦c：16、T2049⑥c：14、T2345⑥c：10

17.0、底径11.5、残高3.7、厚0.3～0.4厘米（图2-34，4）。

标本T2048⑥b：12，夹砂灰陶。敞口，尖圆唇，平沿，斜腹，平底，三环足残。口沿下有一周不明显的折棱。口径16.2、底径9.6、残高2.9、厚0.25～0.8厘米（图2-34，5）。

18．圈足盘

3件。

标本T2396⑦c：16，泥质黑陶，灰胎。敞口，平折沿，浅盘，圆折腹，以下残。内外表均经磨光。口径32.0、残高3.8、厚0.5～0.7厘米（图2-34，6）。

标本T2049⑥c：14，泥质黑陶。直口微敞，方唇，宽平沿，折腹，平底残，圈足残，磨平后再利用。内外表均经磨光。折腹位置和与圈足相接处各有一周凹弦纹，器表有轮制形成的线纹痕迹。口径32.0、残高5.6、厚0.3～1.0厘米（图2-34，7）。

标本T2345⑥c：10，泥质黑陶，灰胎。直口，圆唇，宽平沿，浅腹圆折，平底，粗圈足，下残。内外表均经磨光，素面。口径30.8、圈足径16.0、残高7.6、厚0.45～0.75厘米（图2-34，8；彩版三二，6）。

碗共13件，有平底碗和圈足碗两小类。

19．平底碗

12件。

标本T2350⑦d：31，夹砂黑陶，灰胎。敞口，圆唇，窄沿，沿面有一周凹槽，深弧腹，底残。器表经磨光，素面。口径16.0、残高8.0、厚0.2～0.6厘米（图2-35，1）。

标本T2396⑦c：9，夹细砂黑陶，灰胎。敞口，圆唇，斜弧腹内收，平底。碗内壁有刮抹痕迹。素面。口径17.0、底径8.4、高5.7、厚0.4～0.6厘米（图2-35，2）。

标本T2396⑦c：11，泥质黑陶。敞口，圆唇，折腹，平底微内凹。内外表均经磨光。腹部有两个对称的盲鼻。口径12.2、底径5.8、高4.9、厚0.15～0.3厘米（图2-35，3）。

标本T2446⑦b：15，泥质黑陶，灰胎。口残，下腹折收，平底内凹。内外表均磨光，素面。底径6.6、残高3.2、厚0.15～0.3厘米（图2-35，4）。

标本T2296⑦a：18，泥质黑陶。直口微敞，圆唇，弧腹，近底向内折收，假圈足状平底内凹。内外表均经磨光处理。腹壁中部饰两周凹弦纹，其上有对称的盲鼻一对。口径8.4、底径5.2、高4.4、厚0.15～0.2厘米（图2-35，5；彩版三三，1）。

标本T2450⑥c：18，泥质黑陶。敞口，圆唇，卷沿，斜腹微弧。器表经磨光，素面。口径10.0、残高4.4、厚0.2～0.4厘米（图2-35，6）。

标本T2450⑥d：20，泥质黑陶。敞口，圆唇，腹部微斜，下部向内折收，底残。内外表均经磨光。腹饰一周凹弦纹。口径14.0、残高4.0、厚0.2厘米（图2-35，7）。

标本T2296⑦b：34，泥质黑陶。敞口，圆唇，卷沿，斜腹，下腹折收，底残。内外表均经磨光处理。沿下饰一周凹弦纹。口径10.8、高5.2、厚0.1～0.3厘米（图2-35，8）。

标本T2342⑥b：4，泥质黑陶。侈口，圆唇，卷沿，深腹，近底部向内折收，平底。内外表均经

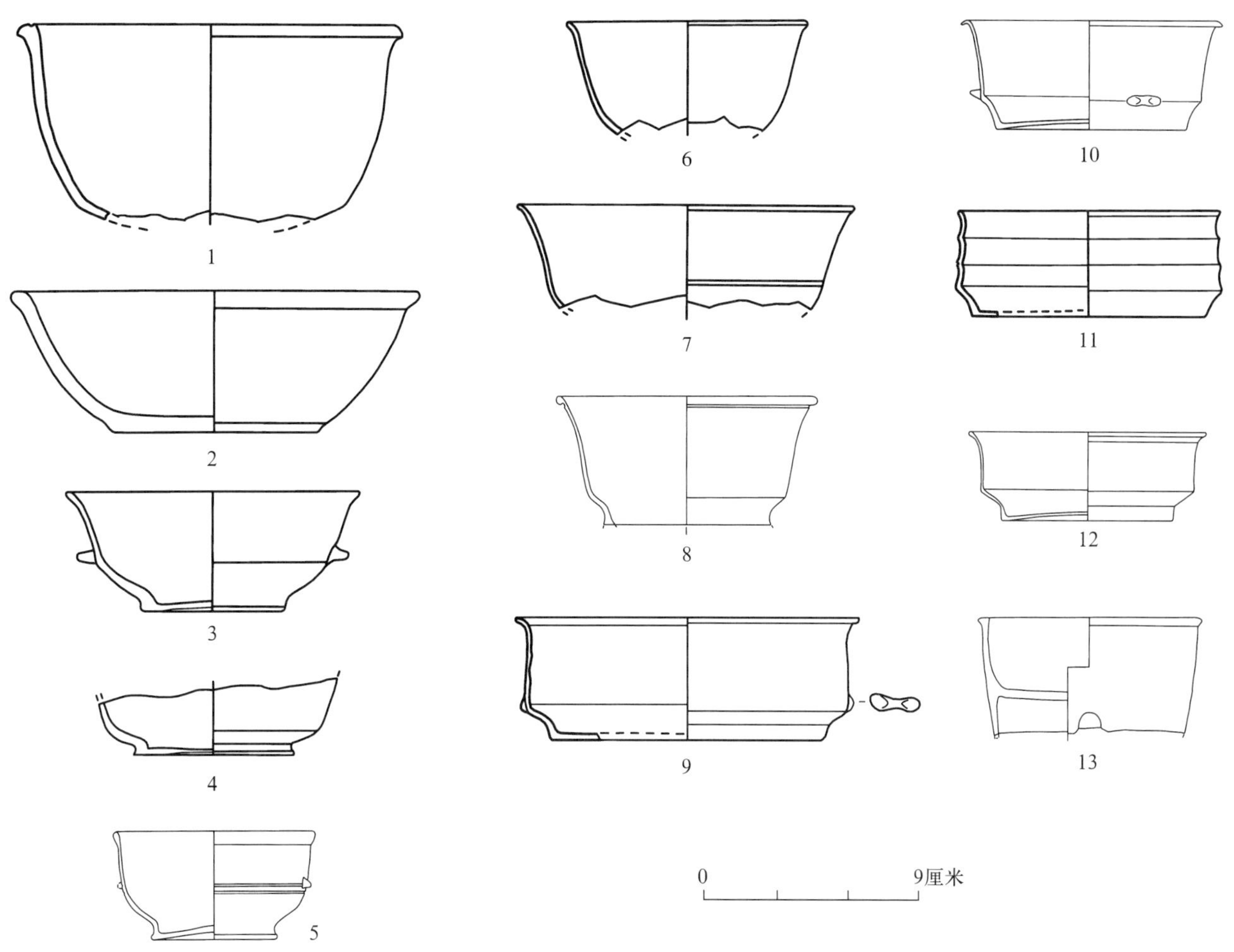

图2-35　一区地层出土陶碗

1～12．平底碗T2350⑦d：31、T2396⑦c：9、T2396⑦c：11、T2446⑦b：15、T2296⑦a：18、T2450⑥c：18、T2450⑥d：20、T2296⑦b：34、T2342⑥b：4、T2450⑥d：10、T2247⑥a：7、T2449⑥a：11　13．圈足碗T2346⑥a：37

磨光处理。折腹处有两个对称的盲鼻。口径14.0、底径11.2、高5.0、厚0.2厘米（图2-35，9）。

标本T2450⑥d：10，泥质黑陶。敞口，尖圆唇，卷沿，斜腹下部内折，平底内凹。内外表均经磨光处理。折腹部位饰三个盲鼻。口径11.2、底径8.0、高4.4、厚0.2～0.5厘米（图2-35，10；彩版三三，2）。

标本T2247⑥a：7，泥质黑陶。侈口，圆唇，折腹，平底残。内外表均经磨光处理。腹壁凹凸呈竹节状。口径11.2、底径10.0、高4.2、厚0.15～0.3厘米（图2-35，11）。

标本T2449⑥a：11，泥质黑陶。敞口，尖圆唇，上腹微束，下腹向内折收，平底内凹较甚。内外表均经磨光，素面。口径10.1、底径7.5、高3.6、厚0.1～0.2厘米（图2-35，12；彩版三三，3）。

20．圈足碗

1件。

标本T2346⑥a：37，泥质红陶。直口，尖圆唇，窄沿，直腹，平底，下接圈足，下部残。圈足上残余一圆形镂孔。口径9.4、残高4.8、厚0.25～0.6厘米（图2-35，13；彩版三三，4）。

盒共5件。有平底盒、三足盒两小类。

21．平底盒

4件。

标本T2047⑥b：5，泥质黑陶。矮子口，上腹斜直较深，微内束，近底部向内折收，平底内凹。内外表均经磨光，素面。口径11.9、底径9.3、高3.5、厚0.1～0.2厘米（图2–36，1）。

标本T2047⑥c：16，泥质黑陶，夹极少量云母。矮子口微内敛，腹较深，微内束，近底部向内折收，平底内凹。内外表均经磨光，素面。口径15.9、底径11.2、高4.8、厚0.2～0.35厘米（图2–36，2）。

标本T2048⑥c：19，泥质黑陶，含极少量云母。矮子口，上腹深而直，近底部向内折收，平底微内凹。内外表均经磨光。折腹位置饰两周凹弦纹，其上有对称的盲鼻一对。口径11.3、底径10.0、高3.2、厚0.2～0.3厘米（图2–36，3）。

标本T2048⑥b：13，泥质黑陶。子口较高，直腹，近底部内折，平底残。内外表均经磨光，素面。口径19.0、底径17.6、高6.4、厚0.2～0.45厘米（图2–36，4）。

22．三足盒

1件。

标本T2097⑥b：27，细泥黑陶。高子口，上腹微内束，下腹折收，以下残失。器内外表均经磨光处理。上腹中部有一周凸棱。残高5.9、厚0.1厘米（图2–36，5）。

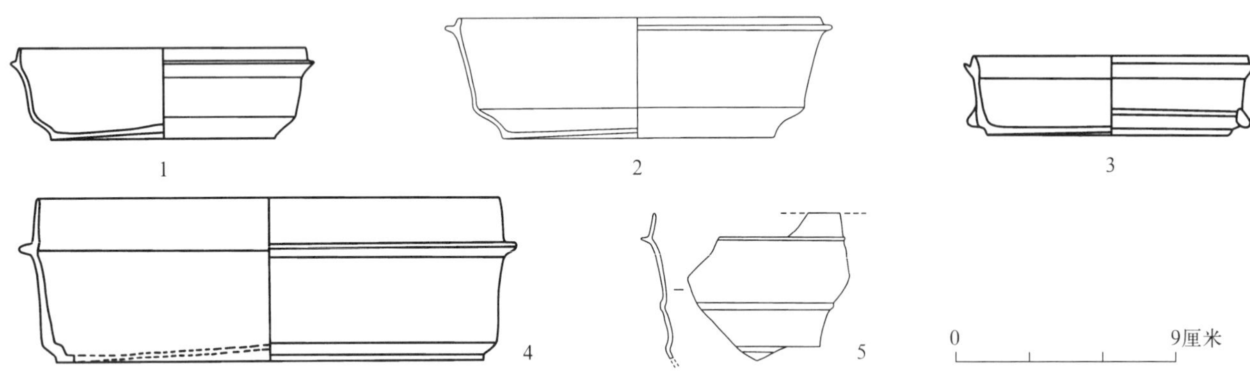

图2–36　一区地层出土陶盒

1～4．平底盒T2047⑥b：5、T2047⑥c：16、T2048⑥c：19、T2048⑥b：13　5．三足盒T2097⑥b：27

23．豆

7件。未见完整器，仅残存有豆盘和豆柄。

标本T2347⑦b：19，豆盘。泥质黑陶。直口，窄沿，折腹，斜壁，底及以下残失。内外表均经磨光。折腹位置之下有两个对称的小横耳。素面。口径16.0、残高4.0、厚0.15～0.4厘米（图2–37，4；彩版三三，5）。

标本T2097⑥b：34，子母口豆盘。矮子口内敛，圆折腹，底及以下残失。器内外表均经磨光，

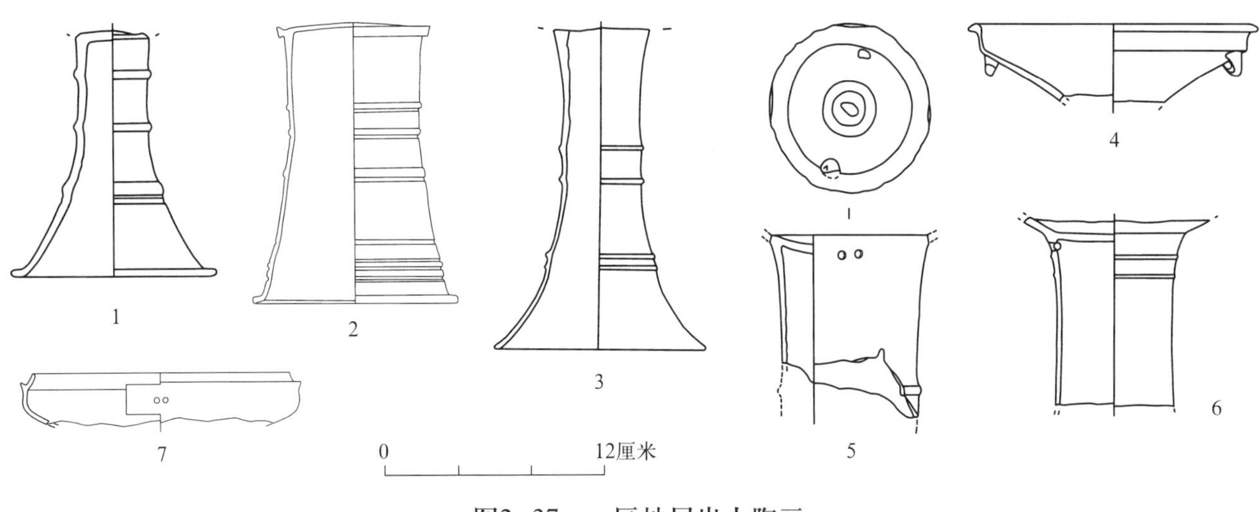

图2-37　一区地层出土陶豆

1～3、5、6．豆柄T2296⑦c：38、T2347⑦c：24、T2396⑦c：13、T2099⑥e：5、T2047⑥c：17　4、7．豆盘T2347⑦b：19、T2097⑥b：34

腹部有对称的双泥饼。口径14.1、残高5.2、厚0.3～0.4厘米（图2-37，7）。

标本T2296⑦c：38，豆柄。泥质黑陶。豆盘残失，喇叭形圈足。器表经磨光。柄部饰三周凸棱和一周凹弦纹。底径11.2、残高13.0、厚0.3～0.4厘米（图2-37，1）。

标本T2347⑦c：24，豆柄。夹少量细砂黑陶。豆盘残失，盘底中部微上凸，粗长喇叭形圈足。器表经磨光。柄部饰六周凸棱和七周凹弦纹。底径11.1、残高14.8、厚0.3～0.5厘米（图2-37，2；彩版三三，6）。

标本T2396⑦c：13，豆柄。泥质黑陶。豆盘残失，细长喇叭形圈足。柄部饰四周凸棱。底径11.6、残高17.2、厚0.1～0.8厘米（图2-37，3）。

标本T2099⑥e：5，豆柄。泥质黑陶。豆盘残，盘底下凹，竹筒形柄，下部残失。器表经磨光。柄中部饰一周凸棱，接近豆盘位置有对称的二组小圆孔，每组两个，孔径0.5厘米。残高9.6、厚0.2～0.4厘米（图2-37，5）。

标本T2047⑥c：17，豆柄。泥质黑陶。盘腹以上残失，平底，直筒形柄，下部残失。盘内外表和柄外表均经磨光处理。柄上部有对称的未穿透圆孔一对，柄部饰两周凸棱。残高10.0、厚0.2～0.4厘米（图2-37，6）。

杯共25件。有筒形单耳杯、鼓腹（罐形）单耳杯、壶形单耳杯、觯形杯和高柄杯五小类。

24．筒形单耳杯

9件。

标本T2349⑦c：13，泥质黑陶，内壁为灰褐色。粗筒形，器体粗矮，束腰，平底内凹。一侧下部有泥条状把手。器表经磨光，素面。口径8.4、底径7.3、高7.1、厚0.15～0.35厘米（图2-38，1；彩版三四，1）。

标本T2297⑥c：7，泥质黑陶。直口微侈，筒形腹微内束，平底内凹。一侧有窄带状把手。器表经磨光，素面。口径9.3、底径8.8、高8.3、厚0.13～0.5厘米（图2-38，2；彩版三四，2）。

标本T2396⑦c：15，夹砂黑陶。上部残，筒形腹筒内束，平底，胎体较厚。下腹部有三周凸棱。底径11.0、残高11.3、厚0.6～0.7厘米（图2-38，3）。

标本T2399⑦b：9，泥质黑陶。口残，直腹中部微内束，平底内凹。一侧有圆泥条状把手。器表经磨光处理，素面。底径7.0、残高12.0、厚0.2～0.6厘米（图2-38，4；彩版三四，3）。

标本T2047⑥c：11，泥质黑陶。口残，筒形腹，束腰，平底内凹。一侧有带状把手，残。器表经磨光。近底部饰两周浅凹弦纹。底径9.0、残高11.0、厚0.1～0.2厘米（图2-38，5）。

标本T2047⑥c：35，泥质黑陶。敞口，腹部残，平底内凹较甚。器表经磨光，素面。口径10.0、底径9.0、厚0.1～0.2厘米（图2-38，6）。

图2-38　一区地层出土筒形单耳杯

1～9．T2349⑦c：13、T2297⑥c：7、T2396⑦c：15、T2399⑦b：9、T2047⑥c：11、T2047⑥c：35、T2400⑥a：15、T2350⑦b：28、T2350⑦a：12

标本T2400⑥a：15，泥质黑陶。口残，直腹微内束，平底内凹。一侧有把手痕迹。器表经磨光。腹饰四组细凹弦纹，每组两周。底径7.0、残高9.4、厚0.1～0.2厘米（图2−38，7）。

标本T2350⑦b：28，夹细砂黑陶，灰胎。口残，腹中部微内束，下部折收，平底内凹。一侧下部有环形窄带把手。内壁有轮制时形成的瓦楞痕迹。器表经磨光。腹饰三周凹弦纹。残口径9.6、底径7.8、高12.4、厚0.2～0.35厘米（图2−38，8）。

标本T2350⑦a：12，夹砂黑陶，灰胎。敞口，窄斜沿，束腰，近底部内收，平底内凹。一侧有半环形把手。器表经磨光。腹饰两周凹弦纹。口径8.8、底径6.0、高12.8、厚0.2～0.4厘米（图2−38，9；彩版三四，4）。

25．鼓腹（罐形）单耳杯

10件。

标本T2399⑦d：14，泥质黑陶。侈口，粗长颈，鼓腹，平底内凹。器表经磨光处理。颈腹交接处有两周凸弦纹。口径6.8、底径4.8、高8.4、厚0.2～0.4厘米（图2−39，1；彩版三五，1）。

标本T2447⑦b：1，泥质灰陶。侈口，圆唇，粗长颈，圆鼓腹，平底，一侧口和腹部之间有把手，残失。器表经磨光处理。颈腹交界处饰两周凸棱。口径10.1、最大腹径13.6、底径6.9、高11.9、厚0.2～0.4厘米（图2−39，2；彩版三五，2）。

标本T2296⑦a：15，泥质黑陶，制作小巧精致。侈口，圆唇，粗长颈，鼓腹，平底内凹。一侧口沿与腹之间有带状把手。器表经磨光。颈腹交界处和腹下部饰三周凹弦纹。口径5.6～5.9、最大腹径7.6、底径4.6、高7.2、厚0.1～0.4厘米（图2−39，3；彩版三五，3）。

标本T2300⑥d：23，夹细砂灰黑陶。直口，粗高颈微内束，颈肩分界明显，斜肩，鼓腹较甚，平底略小。一侧口沿与腹之间有带状把手，残。器表经磨光，素面。口径7.2、最大腹径10.8、底径5.6、高9.8、厚0.2～0.3厘米（图2−39，4；彩版三五，4）。

标本T2350⑥c：32，夹极少量细砂黑陶，灰胎。口微侈，粗长颈，鼓腹，平底。一侧口沿与腹之间有把手，残失。器表及口沿内侧经磨光。颈腹交界饰一周凹弦纹。口径9.6、最大腹径12.4、底径6.8、高12.2、厚0.1～0.3厘米（图2−39，5）。

标本T2097⑥b：20，泥质黑陶。圆唇，口微外侈，粗长颈，鼓腹，下腹斜收较甚，平底内凹。一侧口沿与腹部之间有带状把手，残。颈腹交界处饰两周凹弦纹。复原口径8.2、底径5.6、高13.7、厚0.35～0.4厘米（图2−39，6；彩版三五，5）。

标本T2345⑥b：5，夹砂灰黑陶，陶色斑驳。口残，粗长颈，鼓腹，小平底内凹。颈腹交界处有一周阶状凸起。一侧口沿与腹之间有带状把手，残。素面。底径5.6、最大腹径12.8、残高10.2、厚0.1～0.2厘米（图2−39，7）。

标本T2347⑥b：5，泥质黑陶。口残失，粗长颈，鼓腹，下腹斜收，小平底内凹。一侧口沿和腹之间有把手，残。器表经磨光处理。素面。最大腹径9.2、底径4.8、残高6.3、厚0.2～0.4厘米（图2−39，8）。

标本T2448⑥b：9，泥质灰黑陶。口残，粗长颈，鼓腹较甚，平底内凹。一侧腹部有把手痕迹。外表经磨光。颈肩之交饰一周凹弦纹。最大腹径12.0、底径7.6、残高10.7、厚0.15～0.2厘米（图2−39，9）。

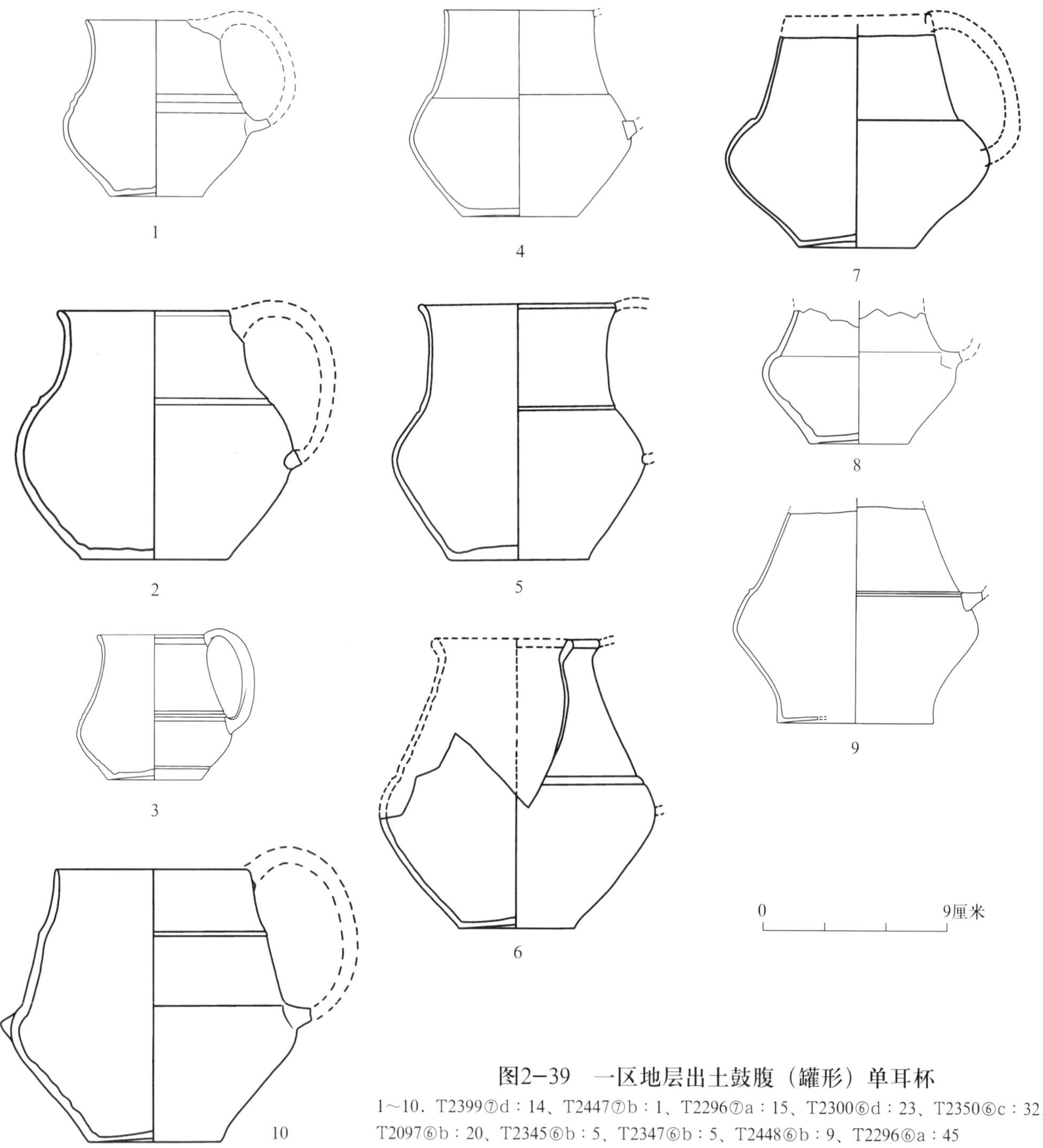

图2-39 一区地层出土鼓腹（罐形）单耳杯

1～10．T2399⑦d：14、T2447⑦b：1、T2296⑦a：15、T2300⑥d：23、T2350⑥c：32、T2097⑥b：20、T2345⑥b：5、T2347⑥b：5、T2448⑥b：9、T2296⑥a：45

标本T2296⑥a：45，泥质黑陶。敛口，粗长颈，鼓腹，平底内凹。一侧口沿和腹之间有宽带形把手，残。器表经磨光。颈部有一周凸棱，把手对面鼓腹位置饰一盲鼻。口径9.6、最大腹径14.1、底径6.5、高13.0、厚0.3～0.35厘米（图2-39，10；彩版三五，6）。

26．壶形单耳杯

3件。

标本T2400⑦b：10，泥质灰陶。敞口，粗长颈，鼓腹，下腹斜收明显，平底内凹。一侧颈与腹之间有宽带形把手。器表经磨光。颈部饰一周凸弦纹。口径10.6、最大腹径10.6、底径5.7、高15.5、厚0.2～0.3厘米（图2–40，1；彩版三四，6）。

标本T2350⑦b：16，泥质黑陶，灰褐胎。侈口，窄斜沿，粗长颈，圆鼓腹，下腹斜收较甚，底部周缘外凸，平底。器表经磨光。颈中和鼓腹部位各饰两周凹弦纹。口径8.1、最大腹径10.2、底径4.4、高12.0、厚0.2～0.7厘米（图2–40，2；彩版三四，5）。

标本T2346⑥b：26，含极少量细砂和云母黑陶。器体甚小，口沿残，粗颈，鼓腹，平底内凹。一侧有窄带形把手，残。器表经磨光。肩部饰一周凹弦纹。腹径5.5、底径3.4、残高3.4、厚0.1～0.2厘米（图2–40，3）。

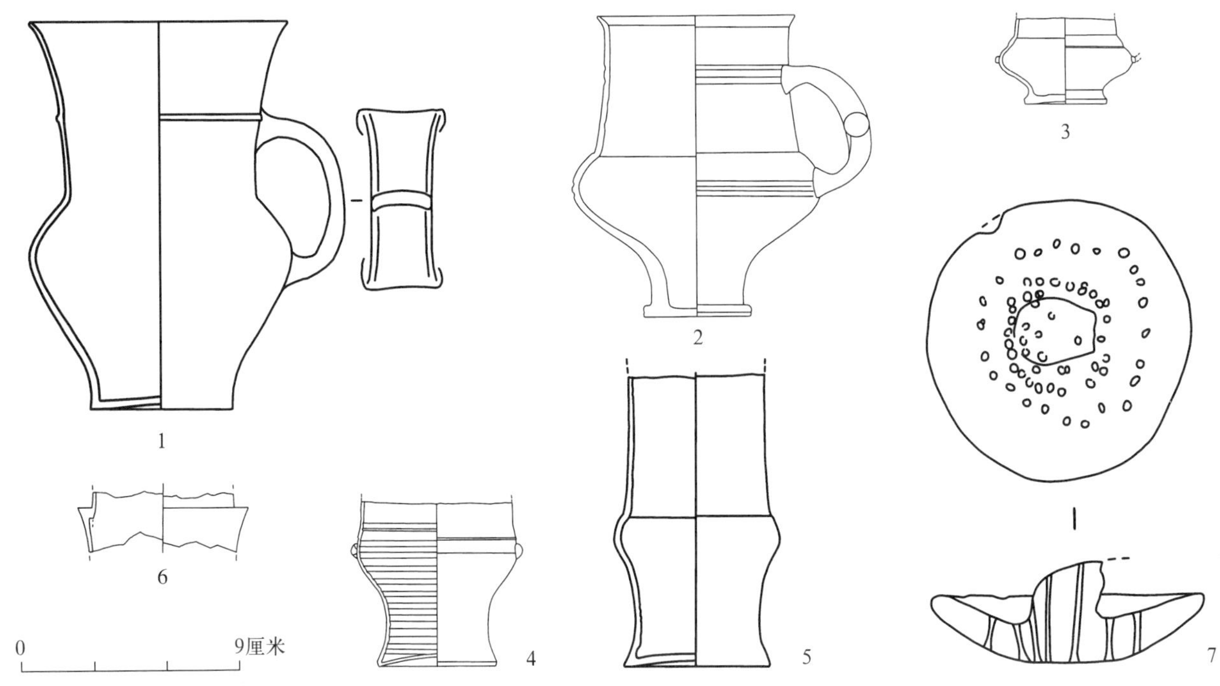

图2–40　一区地层出土陶杯、箅子

1～3．壶形单耳杯T2400⑦b：10、T2350⑦b：16、T2346⑥b：26　4、5．觯形杯T2346⑥d：17、T2344⑥c：8　6．高柄杯T0097⑥b：3　7．箅子T2297⑥c：9

27．觯形杯

2件。

标本T2346⑥d：17，泥质黑陶。直口残，鼓腹，下腹较深内束，平底内凹较甚。内壁有细密的轮旋痕迹，器表经磨光。颈部饰一周凸弦纹，鼓腹位置有两个对称的盲鼻。残高6.6、最大腹径6.6、底径4.8、厚0.15～0.2厘米（图2–40，4）。

标本T2344⑥c：8，泥质黑陶，含极少量云母。直口残，长颈，窄鼓腹，下腹内曲，平底内凹。器表经磨光，素面。最大腹径6.8、底径6.0、残高11.6、厚0.2厘米（图2–40，5）。

28．高柄杯

1件。

标本T0097⑥b：3，高柄杯残片。泥质黑陶。残存高柄杯胆与柄交接处。器表磨光，素面。残高2.4、厚0.2厘米（图2-40，6）。

29．箅子

1件。

标本T2297⑥c：9，夹砂灰陶。平面近圆形，整体呈圆弧形，中部有一鸟首形纽，残。箅面上布满穿透的小圆孔，大致有两周。直径11.0～11.2、高3.4、最厚1.15厘米（图2-40，7）。

器盖共67件。数量和种类均较多。器盖是一种附属器形，其形状因功能而异。其中覆碗形器盖最多，还有覆盘形、覆盆形、覆钵形、筒形、板形（鬶盖）等。

30．覆碗形器盖

43件。又有平顶和平顶加环形纽之分。

标本T2048⑥c：24，夹砂黑陶，含极少量云母。平顶，其上有环形带状纽，盖面较为低平，方唇，沿内侧有一周深凹槽。顶面边缘有一周凹弦纹，盖面饰两周凹弦纹。顶径5.2、口径15.6、高6.8、厚0.2～0.4厘米（图2-41，1）。

标本T2296⑥a：41，泥质黑陶。平顶，其上有环形带状把手，残，盖面斜直，近底部折收，平沿微残。器表经磨光。盖面饰两周凹弦纹，上有两个对称的盲鼻，顶面周缘有一周凹槽。顶径6.4、口径19.0、残高5.4、厚0.2～0.5厘米（图2-41，2）。

标本T2297⑦c：18，夹砂黑陶，深褐胎。平顶下凹，盖面陡直微弧，尖圆唇，窄平沿外伸。器表经磨光。盖面下部有一周凹槽。顶径5.0、口径12.0、高5.6、厚0.2～0.6厘米（图2-41，3）。

标本T2396⑦c：12，泥质黑陶。小平顶下凹，盖面隆起，窄平沿。内外表均经磨光，素面。顶径4.0、口径14.2、高4.2、厚0.2～0.5厘米（图2-41，4）。

标本T2346⑦b：34，夹砂黑陶，灰胎。平顶下凹，盖面微隆，宽平沿外伸。器表经磨光。盖面饰两周凹弦纹，其上有三个泥饼。顶径5.0、口径19.2、高5.2、厚0.3～0.5厘米（图2-41，5；彩版三六，1）。

标本T2300⑦b：26，夹砂黑陶，灰胎。整体矮平，小平顶，颈部内收较甚，盖面较斜，宽平沿外伸。盖面饰两周凹弦纹。顶径4.2、口径13.1、高3.3、厚0.15～0.3厘米（图2-41，6）。

标本T2350⑦b：29，夹砂黑陶，深灰胎。平顶下凹，盖面较陡直，斜平沿外伸，沿面有两周凹槽。内壁有轮制时形成的瓦棱痕迹。器表经磨光，素面。顶径5.6、口径18.0、高6.0、厚0.22～0.5厘米（图2-41，7）。

标本T2346⑦a：38，夹砂黑陶，黄褐胎。平顶下凹，盖面低矮斜直，窄沿，沿面下凹，内壁有轮制时形成的瓦棱痕迹。顶和口的边缘均按捺成花边，盖面中部饰三周凹弦纹，并有对称的盲鼻一对。顶径5.1、口径14.0、高3.6、厚0.3～0.4厘米（图2-41，8；彩版三六，2）。

标本T2350⑦a：30，夹砂黑陶，灰褐胎。顶面下凹，盖面上部内凹，下部微弧，窄平沿。内外表均经磨光。顶和口沿边缘均按捺成花边，盖面饰两周凹弦纹。顶径5.6、口径12.4、高4.1、厚0.45～0.8厘米（图2-41，9）。

标本T2097⑥e：51，泥质灰黑陶，陶色不纯，夹少量云母。平顶，束颈较甚，盖面略弧，尖圆唇，平沿外伸，沿面有一周凹槽。素面。顶径3.5、口径8.4、高2.9、厚0.2～0.3厘米（图2-41，10；彩版三六，3）。

标本T2097⑥e：54，夹砂黑陶，褐胎。平顶微下凹，盖面斜直，近口底折收。外表经磨光处理。盖顶和口部边缘均压成花边。顶径5.6、口径12.0、高4.0、厚0.2～0.6厘米（图2-41，11）。

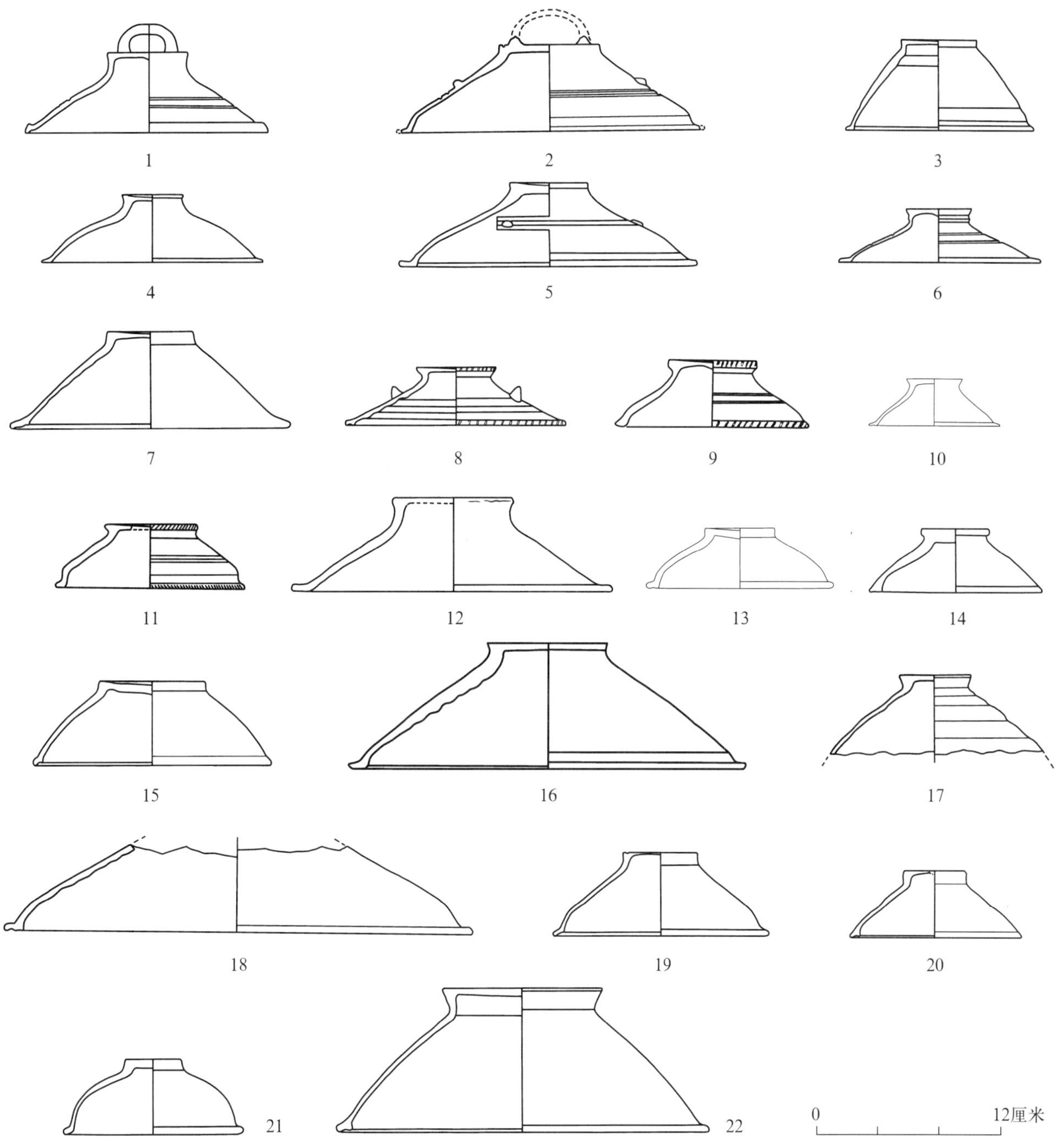

图2-41　一区地层出土覆碗形器盖（一）

1～22. T2048⑥c：24、T2296⑥a：41、T2297⑦c：18、T2396⑦c：12、T2346⑦b：34、T2300⑦b：26、T2350⑦b：29、T2346⑦a：38、T2350⑦a：30、T2097⑥e：51、T2097⑥e：54、T2347⑥d：16、T2099⑥d：3、T2049⑥d：8、T2296⑥d：8、T2300⑥d：24、T2343⑥d：1、T2346⑥d：15、T2346⑥d：16、T2296⑥c：10、T2345⑥c：9、T2346⑥c：5

标本T2347⑥d：16，夹砂黑陶，褐胎。平顶，盖面斜直，圆唇，宽平沿外伸。器表经磨光，素面。顶径7.8、口径20.2、高5.8、厚0.25～0.6厘米（图2-41，12）。

标本T2099⑥d：3，泥质黑陶，夹少量云母。平顶下凹，盖面隆起，圆唇，平沿外伸，沿面有一周凹槽。器表经磨光，素面。顶径4.4、口径12.0、高3.8、厚0.35～0.5厘米（图2-41，13；彩版三六，4）。

标本T2049⑥d：8，夹砂黑陶，夹少量云母。器形较小，平顶，盖面隆起，窄平沿，沿面有两周浅凹弦纹。素面。顶径4.4、口径11.2、高4.0、厚0.3～0.85厘米（图2-41，14；彩版三六，5）。

标本T2296⑥d：8，泥质黑陶，褐胎。平顶下凹，盖面隆起，窄沿，沿面有一周凹槽。内外表均经磨光，素面。顶径6.9、口径15.4、厚0.3～0.5、高5.2厘米（图2-41，15；彩版三六，6）。

标本T2300⑥d：24，夹砂黑陶，褐胎。平顶，盖面斜直微弧，平沿外伸，沿面有一周凹槽。器表经磨光，素面。顶径6.0、口径19.6、高6.0、厚0.3～0.7厘米（图2-41，16）。

标本T2343⑥d：1，夹砂褐陶。小平顶，盖面斜直微弧，口残。素面。顶径4.6、残高5.0、厚0.3～0.6厘米（图2-41，17）。

标本T2346⑥d：15，夹砂黑陶，灰胎。顶残，盖面斜直微弧，平沿外伸，沿面有两周凹槽。器表经磨光，素面。口径30.0、残高5.6、厚0.2～0.5厘米（图2-41，18）。

标本T2346⑥d：16，泥质灰陶。平顶，斜腹，有沿，顶面边缘处有道凹槽。素面。顶径4.8、口径14.0、高5.2、厚0.2～0.4厘米（图2-41，19）。

标本T2296⑥c：10，夹砂浅灰褐陶。平顶，盖面较斜直，窄沿，沿面有一周凹槽。素面。顶径4.0、口径11.0、高4.2、厚0.2～0.3厘米（图2-41，20）。

标本T2345⑥c：9，夹砂黑陶，褐胎，含云母。器形较小，小平顶，盖面高鼓，窄沿，沿面有一周浅凹槽。素面。顶径3.6、口径11.6、高4.7、厚0.2～0.4厘米（图2-41，21）。

标本T2346⑥c：5，夹砂黑陶，胎和内壁为灰褐色。平顶，束颈，盖面隆起，窄平沿，沿面有一周凹槽。器表经磨光，素面。顶径10.0、口径23.7、高9.0、厚0.4～0.6厘米（图2-41，22）。

标本T2450⑥c：19，泥质黑陶。顶残，盖面隆起，窄斜沿，沿面有一周凹槽。素面。口径14.0、残高3.7、厚0.3～0.5厘米（图2-42，1）。

标本T2047⑥c：10，夹砂黑陶。平顶微下凹，盖面斜直微隆，窄沿，沿面有一周凹槽。素面。顶径3.9、口径12.2、高4.4、厚0.2～0.5厘米（图2-42，2；彩版三六，7）。

标本T0097⑥b：1，夹砂灰陶，含少量云母。平顶微下凹，盖面斜直外斜，宽平沿外伸。器表经磨光。唇沿刻压成齿状花边，盖面上有对称的齿状堆纹一对。顶径9.5、口径23.6、高7.0、厚0.2～0.6厘米（图2-42，3；彩版三六，8）。

标本T2048⑥b：8，夹粗砂黑陶。平顶微下凹，盖面下部隆起，平沿外伸，沿面有两周浅凹槽。素面。顶径5.3、口径19.0、高6.5、厚0.3～0.4厘米（图2-42，4）。

标本T2048⑥b：10，夹砂黑陶，颜色斑驳不匀。平顶微下凹，盖面圆隆外鼓，圆宽平沿外伸。器表经磨光，素面。顶径5.6、口径18.0、高5.7、厚0.2～0.4厘米（图2-42，5；彩版三七，1）。

标本T2097⑥b：22，泥质灰黑陶，陶色不纯，夹少量云母。平顶下凹，盖面斜直微弧，平沿，沿面有一周凹槽。素面。顶径4.4、口径12.6、高3.6、厚0.2～0.4厘米（图2-42，6；彩版三七，2）。

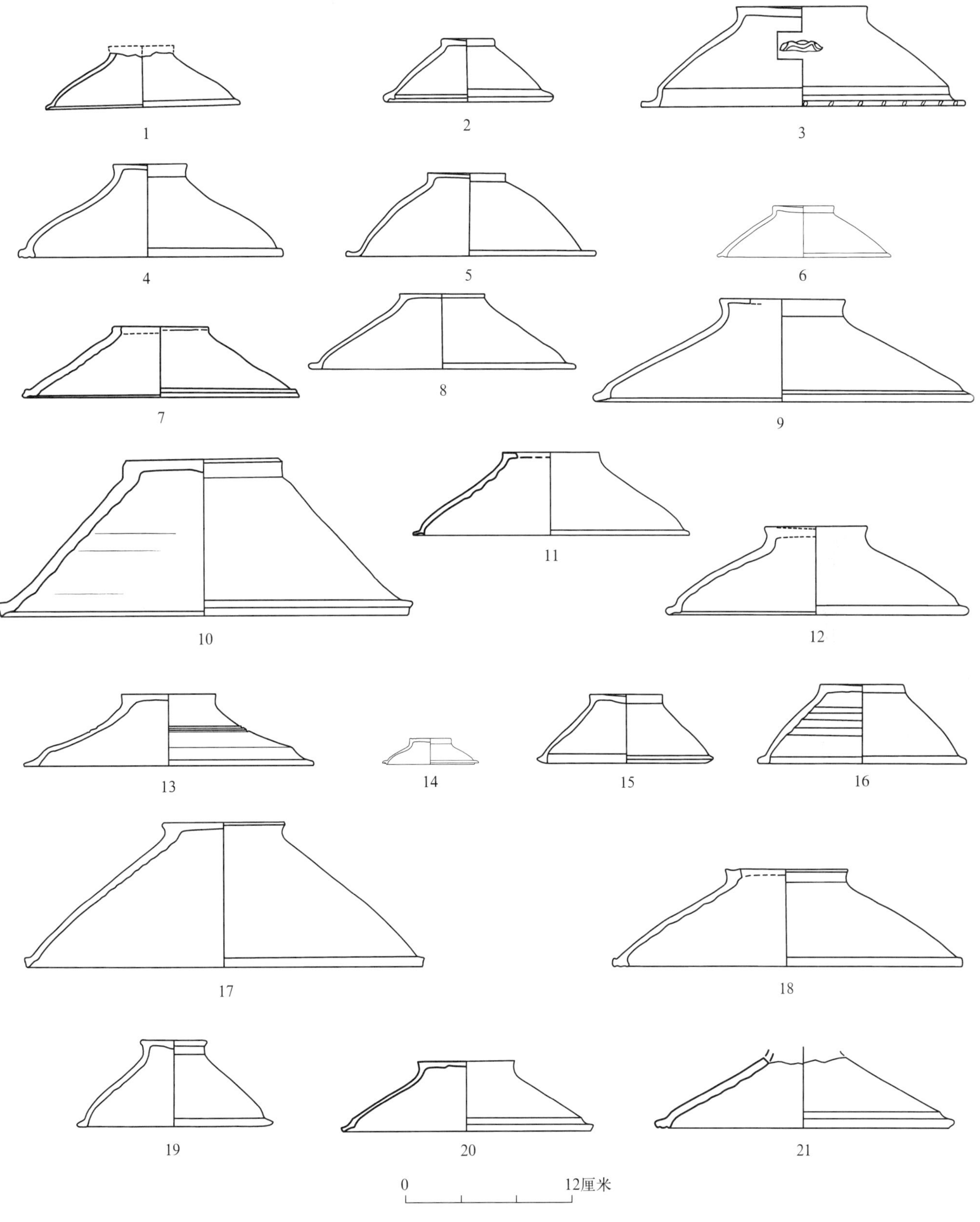

图2-42　一区地层出土覆碗形器盖（二）

1～21．T2450⑥c：19、T2047⑥c：10、T0097⑥b：1、T2048⑥b：8、T2048⑥b：10、T2097⑥b：22、T2097⑥b：26、T2097⑥b：44、T2342⑥b：2、T2398⑥b：3、T2097⑥b：41、T2249⑥a：1、T2296⑥a：2、T2296⑥a：4、T2346⑥a：22、T2346⑥a：35、T2449⑥a：7、T2449⑥a：8、T2450⑥a：17、T2097⑥a：14、T2097⑥a：18

标本T2097⑥b：26，夹砂黑褐陶。平顶残，盖面斜直，平沿外伸，沿面有一周凹槽。素面。顶径6.4、口径20.0、高5.0、厚0.4～0.7厘米（图2-42，7）。

标本T2097⑥b：44，夹砂灰黑陶，陶色不纯。平顶微下凹，盖面斜直微弧，平沿外伸。器表经磨光，素面。顶径6.0、口径19.2、高5.2、高0.2～0.5厘米（图2-42，8；彩版三七，3）。

标本T2342⑥b：2，夹砂黑陶，因埋藏原因大部变为黄褐色。平顶残，盖面低矮斜直，圆唇，斜平沿，沿面有两周极浅的凹槽。素面。顶径9.2、口径27.6、高7.2、厚0.3～0.5厘米（图2-42，9；彩版三七，4）。

标本T2398⑥b：3，夹粗砂灰黑陶，褐胎。器体较大，平顶，盖面斜直，厚斜沿，沿面有一周宽凹槽。器表经磨光处理，素面。顶径11.0、口径29.0、高11.0、厚0.5～0.7厘米（图2-42，10；彩版三七，5）。

标本T2097⑥b：41，泥质褐陶，内壁为黑色。平顶中部残失，盖面斜直，偏下部外弧，窄平沿。素面。顶径7.0、口径20.0、高5.8、厚0.3～0.5厘米（图2-42，11）。

标本T2249⑥a：1，夹砂黑陶。平顶残，斜直盖面微弧，圆唇，平沿外伸，沿面有一周凹槽。素面。顶径7.6、口径22.0、高6.2、厚0.4～0.75厘米（图2-42，12）。

标本T2296⑥a：2，泥质黑陶，含少量云母，灰胎。平顶，盖面中部下凹，近底部折收，平沿外伸。器表经磨光。盖面饰两周凹弦纹。顶径6.6、口径21.0、高5.2、厚0.2～0.45厘米（图2-42，13；彩版三七，6）。

标本T2296⑥a：4，泥质黑陶。器体很小，平顶，盖面隆起，平沿外伸上翘，沿面有一周深凹槽。器表经磨光。顶面边缘饰两周细凹弦纹。顶径3.0、口径7.0、通高1.8、厚0.1～0.25厘米（图2-42，14；彩版三七，7）。

标本T2346⑥a：22，夹砂浅黄褐陶。平顶微下凹，盖面斜直，窄沿。素面。顶径5.3、口径12.8、高4.8、厚0.3～0.4厘米（图2-42，15；彩版三七，8）。

标本T2346⑥a：35，夹砂黑陶，灰褐胎，含云母。平顶微下凹，盖面较为陡直微隆，窄平沿，内壁有轮制时形成的瓦棱痕迹。素面。顶径6.0、口径15.3、高5.5、厚0.4～0.6厘米（图2-42，16）。

标本T2449⑥a：7，夹砂黑陶。平顶中部残，斜直盖面略弧，方唇，平沿，沿面有两周凹槽。内壁有轮制形成的瓦棱纹，器表经磨光。顶面外沿有一周凹槽。顶径8.8、口径28.8、高10.2、厚0.4～0.9厘米（图2-42，17）。

标本T2449⑥a：8，夹砂黑陶，夹有少量云母。平顶，盖面略弧，方唇，沿面内凹。内壁有轮制形成的瓦棱纹，器表经磨光，素面。顶径9.0、口径25.6、高6.8、厚0.3～0.6厘米（图2-42，18）。

标本T2450⑥a：17，夹砂黑灰陶。平项，盖面较为陡直隆起，窄平沿。素面。顶径4.5、口径14.2、高6.0、厚0.3～0.4厘米（图2-42，19）。

标本T2097⑥a：14，夹砂黑陶。平顶，斜壁，沿成有一周凹槽。器表经磨光，素面。顶径6.9、口径17.8、高4.5、厚0.2～0.4厘米（图2-42，20）。

标本T2097⑥a：18，夹砂灰黑陶。顶部残失，斜壁，平沿，沿面有两周凹槽。器表经磨光，素面。口径21.1、残高4.3、厚0.4～0.6厘米（图2-42，21）。

31．覆盘形器盖

8件。

标本T2448⑦c：5，泥质黑陶，灰胎。圆弧形盖面，顶面中部有环形纽，窄平沿。器表经磨光。盖面饰两周细凹弦纹。口径15.4、高4.6、厚0.4～0.5厘米（图2–43，1）。

标本T2350⑦a：27，夹极少量细砂黑陶，含少量云母。小平顶微下凹，圆弧形盖面，近口沿处折收内束，沿面有一周凹槽。口沿外侧经磨光，素面。顶径2.8、口径10.8、高2.4、厚0.15～0.35厘米（图2–43，2）。

标本T2047⑥c：13，泥质黑陶，因埋藏原因一半呈红色。环形带状纽残，弧形盖面，窄沿，沿面有一周凹槽。器表经磨光。盖面上部饰两周凹弦纹，其上有对称的盲鼻一对。口径15.6、残高4.0、厚0.2厘米（图2–43，3；彩版三八，1）。

标本T2450⑥c：21，泥质黑陶。仅存顶面，顶面较平。上有环形纽，残。内外均经磨光。纽两端各有一泥饼。残长5.7、厚0.5～0.7厘米（图2–43，4）。

标本T2344⑥a：4，泥质黑陶，含极少量云母。喇叭形纽残，弧形盖面，窄沿，沿面有一周凹槽。器表经磨光。盖面中部饰一周细凹弦纹，其上有两个对称的盲鼻。口径9.0、残高2.4、厚0.15～0.3厘米（图2–43，5）。

标本T2047⑥c：23，夹细砂红陶，器表残存少量白陶衣。弧形盖面，顶端中部一乳丁形纽，近口沿处内束（应为鬶盖）。盖面边缘位置有两周凹弦纹。口径13.5、高2.6厘米（图2–43，6）。

标本T2047⑥c：18，泥质黄褐陶，器表残存少量白陶衣，内壁及胎为灰褐色。顶残，盖面微鼓，近子母口，口沿外侧内凹，并有一穿孔（应为鬶盖）。盖面饰一组细凹弦纹。口径14.0、残高2.8、厚0.2～0.4厘米（图2–43，7）。

标本T2247⑥a：5，夹细砂红陶，器表施一层白色陶衣。顶略残，盖面微弧，矮直壁内束，内束处残留一圆孔（应为鬶盖）。盖面中部饰一周凹弦纹。口径14.2、残高2.2、厚0.3厘米（图2–43，8）。

32．覆钵形器盖

1件。

标本T2448⑦c：4，泥质黑陶。平顶，上部盖面斜直，折壁以下残。器表经磨光，素面。顶径6.0、残高3.4、厚0.3～0.4厘米（图2–43，9）。

33．斜壁覆盆形器盖

3件。

标本T2300⑦d：30，夹砂灰黑陶，褐胎。器体较大，平顶中部残，壁斜直微隆，宽斜沿，沿面下凹。器表经磨光。盖面饰四周凹弦纹，偏上部有两个对称的大横耳。顶径12.8、口径43.6、高13.2、厚0.4～0.6厘米（图2–43，10）。

标本T2303⑥b：2，夹砂黑陶，灰褐胎。平顶，壁斜直微隆，圆唇，宽平沿外伸，沿面有一周凹槽。器表经磨光处理。盖面上中下各饰一周凸棱，凸棱上捺出规则的圆窝，中部有对称的横耳（残）和鸡冠耳各一对。顶径9.5、口径28.0、高9.4、厚0.3～0.8厘米（图2–43，11）。

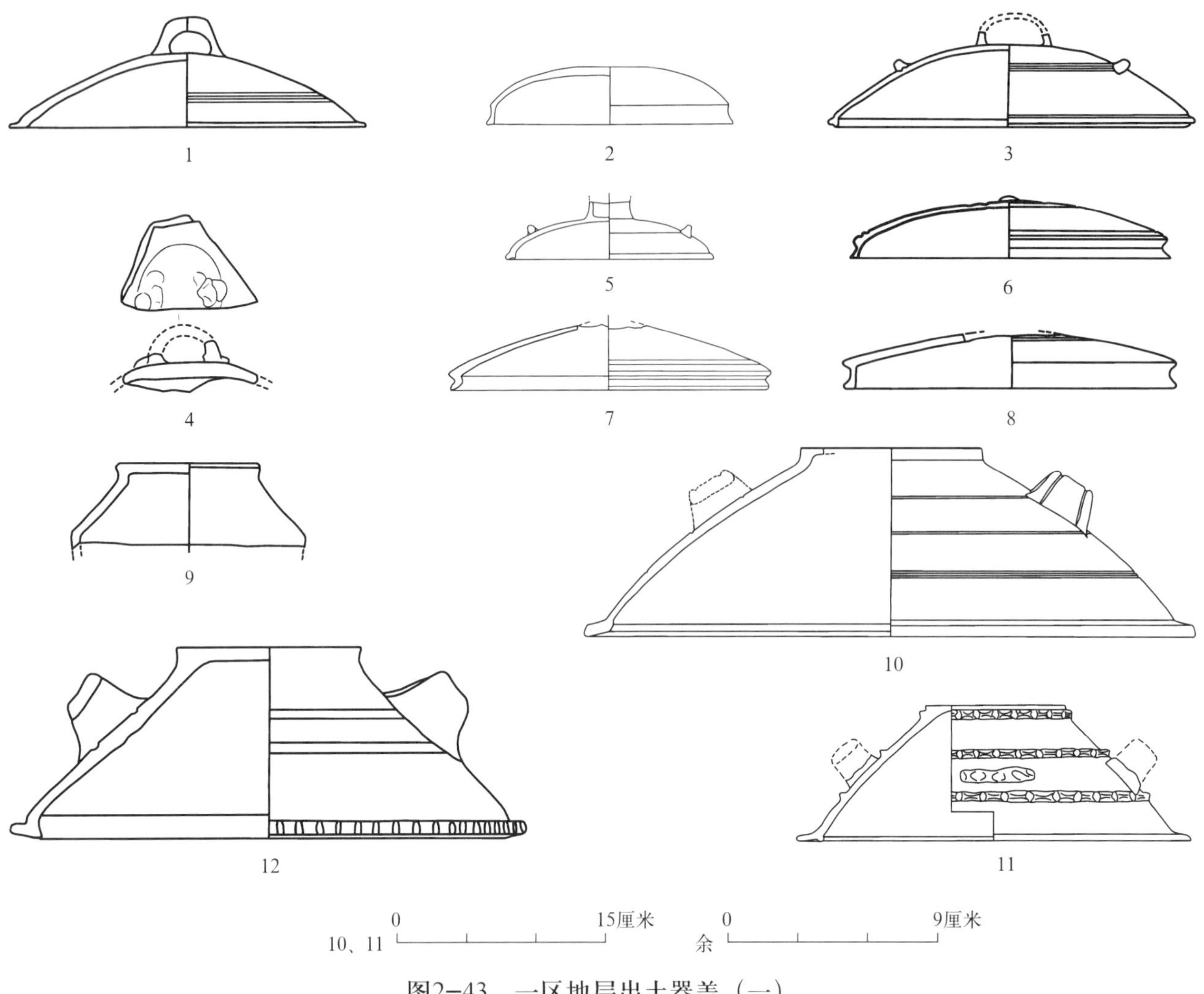

图2-43　一区地层出土器盖（一）

1～8．覆盘形器盖T2448⑦c：5、T2350⑦a：27、T2047⑥c：13、T2450⑥c：21、T2344⑥a：4、T2047⑥c：23、T2047⑥c：18、T2247⑥a：5　9．覆钵形器盖T2448⑦c：4　10～12．斜壁覆盆形器盖T2300⑦d：30、T2303⑥b：2、T2446⑥b：4

标本T2446⑥b：4，夹砂黑灰陶。平顶，盖面斜直，圆唇戳印成花边状，沿面外翘。盖面中部饰两周宽凹弦纹，其上有两个对称的大横耳。顶径8.0、口径22.4、高8.0、厚0.4～0.7厘米（图2-43，12）。

34．直壁覆盆形器盖

10件。

标本T2349⑦b：11，夹细砂黑陶，灰胎。平顶中部残，直壁，口部微外侈。器表经磨光，素面。顶径14.6、口径15.2、残高5.0、厚0.4厘米（图2-44，1；彩版三八，2）。

标本T2296⑦b：44，泥质黑陶，灰胎。平顶，中部残，直壁，圆唇外侈。器表经磨光。顶面边缘有一周凹槽，腹壁中部饰一周凸棱。顶径14.8、口径15.8、高3.1、厚0.2～0.4厘米（图2-44，2）。

标本T2300⑦b：27，泥质黑陶，灰胎。平顶，中部及纽残，直壁微外斜，窄斜沿外侈。器表经磨光。腹壁饰三周细凸棱。顶径12.0、口径17.6、残高6.7、厚0.3～0.5厘米（图2-44，3；彩版三八，3）。

标本T2299⑦a：12，泥质黑陶，灰褐胎。平顶，中部残，直壁微外敞。器表经磨光。器表有两周细线纹。顶径18.0、口径21.2、残高8.0、厚0.2～0.4厘米（图2-44，4）。

标本T2097⑥d：57，泥质黑陶。平顶，中部残，直壁，口部外侈。素面。顶径8.8、口径9.2、残高3.2、厚0.2厘米（图2-44，5）。

标本T2296⑥d：43，泥质黑陶，含少量云母。平顶，中部残，直壁，沿面有一周凹槽。器表经磨光。顶面边缘有一周凹弦纹。顶径14.5、口径15.0、高4.6、厚0.2～0.3厘米（图2-44，6）。

标本T2397⑥d：6，泥质黑陶。平顶下凹，顶中部有小鼻形纽，壁微外张。器表经磨光，素面。顶径7.0、口径8.8、高3.2、厚0.18～0.3厘米（图2-44，7）。

标本T2047⑥c：15，泥质黑陶，夹极少量云母。平顶下凹，宽带状环形把手残，腹壁中部微束。内外表均经磨光。腹壁中部饰一周凸棱。顶径13.3、口径13.1、残高5.6、厚0.3厘米（图2-44，8；彩版三八，4）。

标本T2047⑥c：32，泥质黑陶，夹极少量云母。平顶下凹，中部残，直壁，口微外侈。器表经磨光。腹壁上部饰一周凸棱。顶径13.2、口径13.4、残高5.7、厚0.2～0.38厘米（图2-44，9；彩版三八，5）。

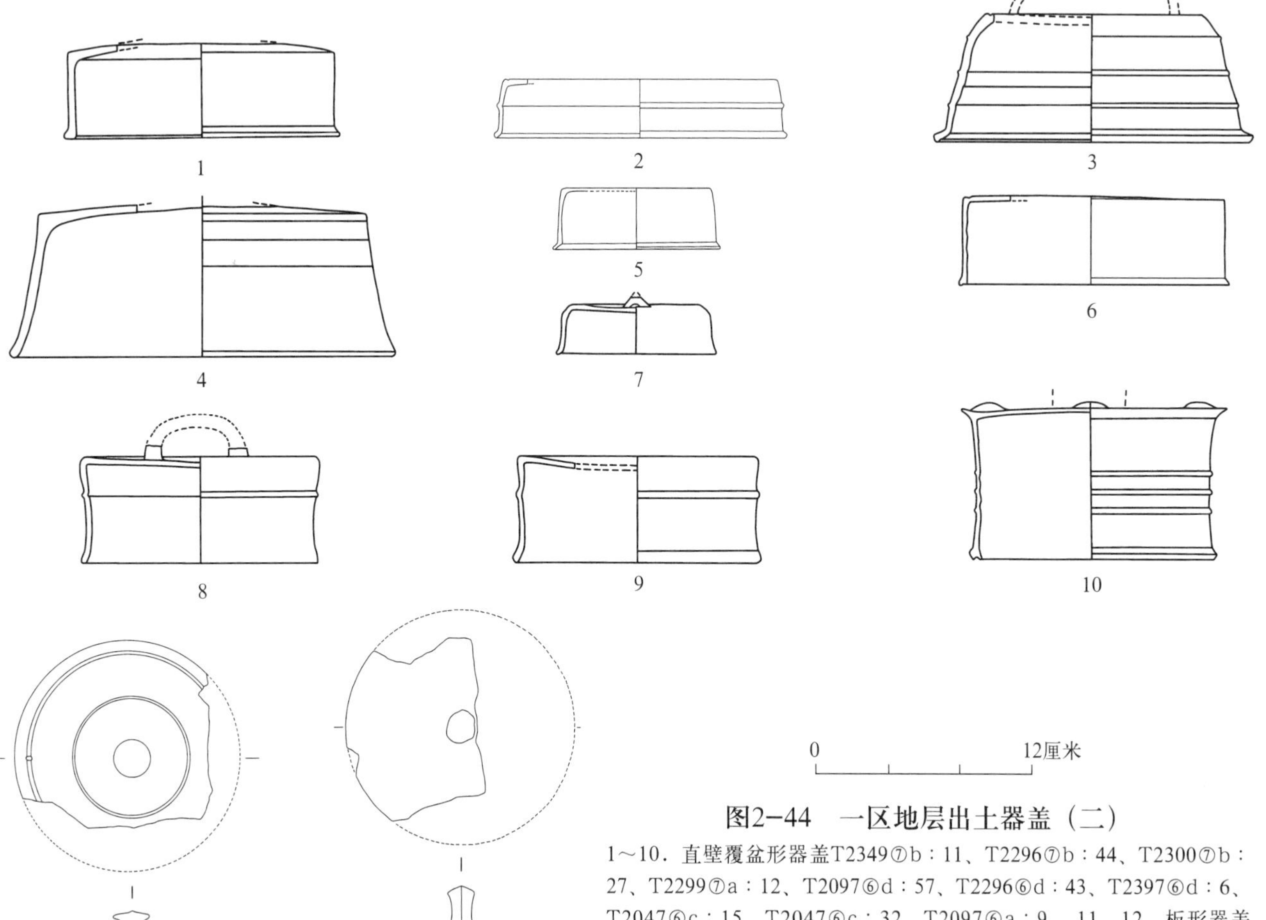

图2-44　一区地层出土器盖（二）

1～10．直壁覆盆形器盖T2349⑦b：11、T2296⑦b：44、T2300⑦b：27、T2299⑦a：12、T2097⑥d：57、T2296⑥d：43、T2397⑥d：6、T2047⑥c：15、T2047⑥c：32、T2097⑥a：9　11、12．板形器盖T2049⑥c：21、T2346⑥a：36

标本T2097⑥a：9，泥质黑陶。平顶微隆，纽残失，腹壁微内束，窄沿，沿面有一周凹槽。器表经磨光处理。顶面边缘残余一对盲鼻，腹壁饰三周凸棱。顶径14.7、口径13.7、残高8.2、厚0.2厘米（图2–44，10；彩版三八，6）。

35．板形器盖

2件。

标本T2049⑥c：21，夹细砂黄褐陶。平板式器盖，一侧残，盖面中部有蘑菇形纽。盖面饰两周凹弦纹，边缘位置有一小圆孔，孔径0.22～0.3厘米。复原最大径12.4、高2.8、厚0.3～0.4厘米（图2–44，11；彩版三八，7）。

标本T2346⑥a：36，夹细砂黄褐陶。一侧残，盖面中部有尖顶柱状纽，盖面整体呈弧形，中部隆起较甚。素面。复原直径12.5、高3.8、厚0.3～0.5厘米（图2–44，12；彩版三八，8）。

36．纺轮

23件。绝大多数为直接制作的纺轮，也有个别利用废旧陶片改制的纺轮。

标本T2300⑦d：29，夹细砂黑陶。正面鼓起，边缘有一周凹槽，磨光。背面较平，素面。直径4.7、最厚处0.55厘米（图2–45，1；彩版三九，3下左2）。

标本T2447⑦a：1，泥质黑陶。正面微隆，近边缘处有一周凹槽，磨光。背面平，素面。直径6.0、厚0.3～0.5厘米（图2–45，2）。

标本T2296⑦a：42，夹砂红褐陶。正面隆起，近边缘处有一周凹槽，磨光。背面较平，有一周

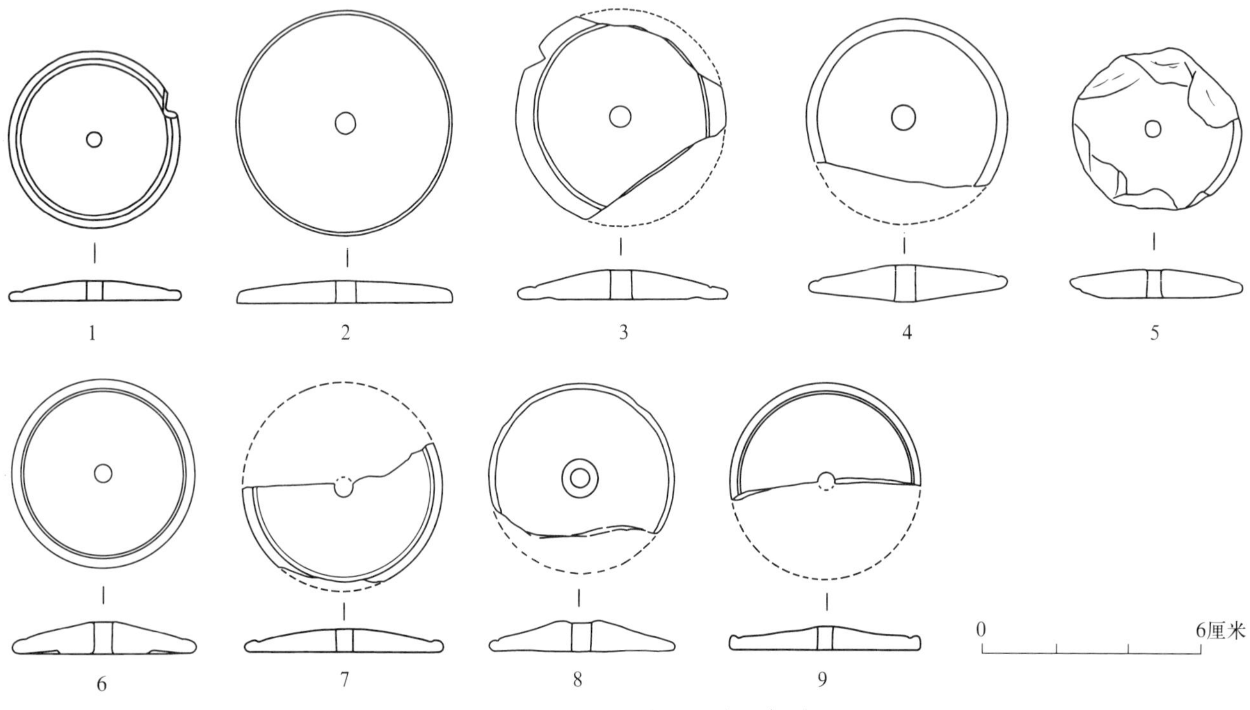

图2–45　一区地层出土纺轮（一）

1～9．T2300⑦d：29、T2447⑦a：1、T2296⑦a：42、T2350⑥d：1、T2445⑥d：7、T2296⑥d：13、T2097⑥d：48、T2346⑥c：3、T2048⑥b：1

宽凹槽，素面。直径5.7、最厚0.8厘米（图2−45，3；彩版三九，2上左4）。

标本T2350⑥d：1，泥质黑陶，灰胎。两面中部均鼓起，剖面呈梭形，一面光滑，边缘有一周凹槽，磨光。另一面粗糙，素面。直径5.5、最厚处1.0厘米（图2−45，4）。

标本T2445⑥d：7，泥质黑陶。边缘略残。中部较厚，边缘较薄。直径4.7、厚0.8厘米（图2−45，5）。

标本T2296⑥d：13，夹细砂黑陶，含少量云母。正面隆起，近边缘处有一周凹槽，磨光。背面中部一阶状凸起，素面。直径5.0、最厚0.9厘米（图2−45，6；彩版三九，3下左3）。

标本T2097⑥d：48，泥质黑陶。正面微鼓，磨光，近边缘处有一周凹槽。背面平整，素面。直径5.6、厚0.2～0.5厘米（图2−45，7）。

标本T2346⑥c：3，泥质黑陶，含少量云母。正面鼓起，近边缘处有一周凹槽，磨光。背面平整，素面。直径5.1、厚0.3～0.8厘米（图2−45，8；彩版三九，1下左5）。

标本T2048⑥b：1，泥质黑陶。正面微鼓，近边缘处有一周凹槽，磨光。背面平整，素面。直径5.2、厚0.3～0.5厘米（图2−45，9）。

标本T2097⑥b：25，泥质黑陶。正面鼓起，近边缘处有一周凹槽，磨光。背面平整，素面。直径5.0、厚0.3～0.6厘米（图2−46，1）。

标本T2097⑥b：31，泥质黑灰陶。正面中部鼓起，近边缘处有一周凹槽，磨光。背面平整，素面。直径5.3、厚0.4～0.7厘米（图2−46，2）。

标本T2346⑥b：23，夹细砂黑陶，含云母。正面鼓起，磨光。背面中部呈台形凸起，周边略低，素面。直径5.0、厚0.3～0.7厘米（图2−46，3；彩版三九，1上左3）。

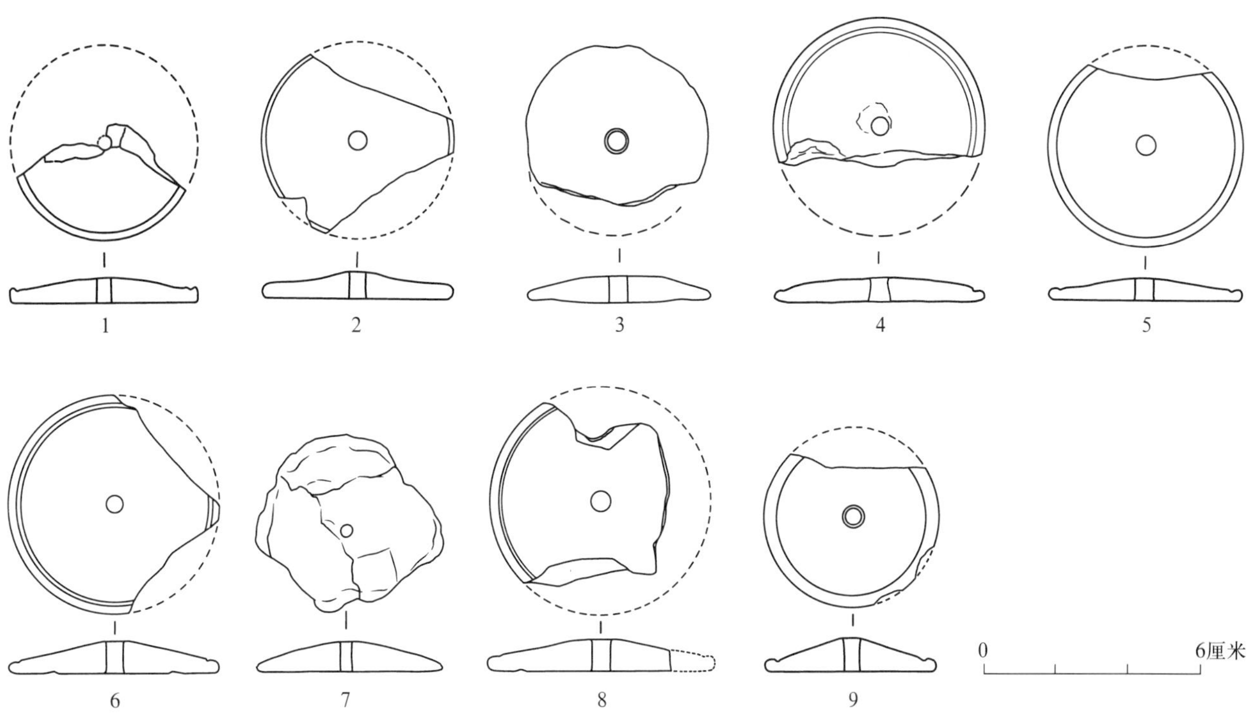

图2−46　一区地层出土纺轮（二）

1～9．T2097⑥b：25、T2097⑥b：31、T2346⑥b：23、T2349⑥b：20、T2097⑥a：15、T2296⑥a：23、T2296⑥a：24、T2296⑥a：40、T2297⑥a：2

标本T2349⑥b：20，泥质黑陶。正面微鼓，边缘有一周凹槽，磨光。背面较平，素面。直径5.9、厚0.3～0.7厘米（图2–46，4）。

标本T2097⑥a：15，泥质黑陶。正面鼓起，近边缘处有一周凹槽，磨光。背面平整，素面。直径5.4、厚0.3～0.6厘米（图2–46，5）。

标本T2296⑥a：23，夹细砂黑陶，含少量云母。正面隆起，近边缘处有一周凹槽，磨光。背面较平，有一周凹槽，素面。直径5.8、厚0.3～0.85厘米（图2–46，6；彩版三九，1上左2）。

标本T2296⑥a：24，泥质黑陶，灰褐胎。周边均残，正面隆起，磨光。背面平，素面。复原直径5.1、厚0.3～0.7厘米（图2–46，7）。

标本T2296⑥a：40，夹细砂黑陶，含少量云母。正面隆起，近边缘处有一周凹槽，磨光。背面中部凸起，素面。直径6.1、厚0.35～0.85厘米（图2–46，8；彩版三九，1上左5）。

标本T2297⑥a：2，泥质黑陶。正面鼓起较甚，近边缘处有一周凹槽，磨光。背面平整，素面。直径4.7、厚0.3～0.8厘米（图2–46，9）。

标本T2300⑥a：22，夹细砂黑陶。正面鼓起，周缘有一周凹槽，磨光。背面平整，素面。直径6.2、厚0.3～0.9厘米（图2–47，1；彩版三九，1上左1）。

标本T2344⑥a：2，夹细砂黑褐陶。正面略鼓，近边缘处有一周凹槽，磨光。背面平整，素面。直径5.4、厚0.3～0.6厘米（图2–47，2）。

标本T2097⑦e：61，泥质褐陶，背面为黑色。利用杯底改制而成，正面鼓起。直径6.4、孔径0.4、厚0.3～0.6厘米（图2–47，3）。

标本T2397⑦d：15，泥质黑陶。近圆形，对钻孔位置稍偏。利用废旧陶片打制而成。直径4.2、厚0.5厘米（图2–47，4）。

标本T2303⑦a：6，泥质黑陶。圆形平板状，利用旧陶片改制而成。直径3.2、厚0.5厘米（图2–47，5）。

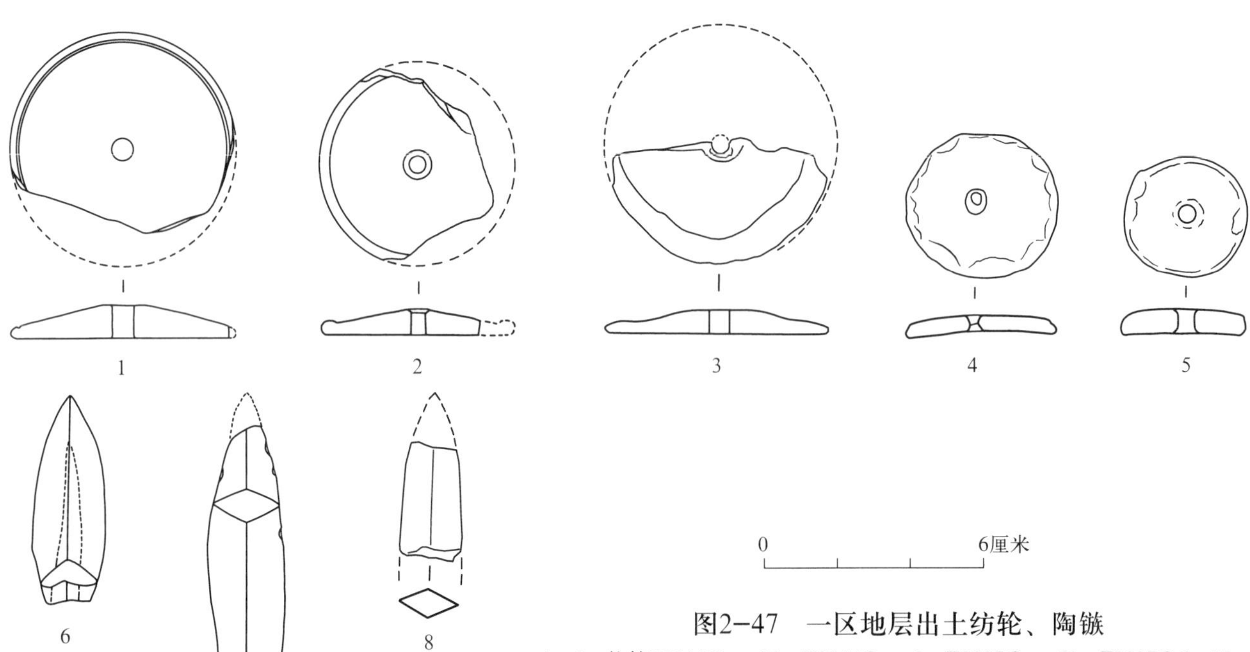

图2–47 一区地层出土纺轮、陶镞

1～5. 纺轮T2300⑥a：22、T2344⑥a：2、T2097⑦e：61、T2397⑦d：15、T2303⑦a：6 6～8. 陶镞T2296⑦b：25、T2048⑥b：14、T2345⑥b：6

37．镞

3件。

标本T2296⑦b：25，夹细砂红陶。平面为柳叶状，正面有三角形脊，背面中间下凹。长5.5、最宽处2.0厘米（图2–47，6）。

标本T2048⑥b:14，夹细砂灰陶。两端略残，平面为柳叶形，横断面呈菱形。残长7.0、最宽2.1、厚0.9厘米（图2–47，7）。

标本T2345⑥b：6，泥质灰陶。前、后均残失，仅存中部一段。平面为柳叶形，横断面为菱形。残长3.0、宽1.2～1.7、厚0.7厘米（图2–47，8）。

38．铃形器

1件。

标本T2349⑥d：8，夹砂黑陶，胎和内壁为灰褐色。口沿残，器壁残余3个镂孔痕迹，孔应为长方形或方形，假圈足器底有两层，两层中间位置都有一圆孔，上层和下层之间有一扁长方体空间，内填有一陶板，陶板残。器表经磨光，素面。残高9.0、纵长10.8、横宽10.6、上孔径3.46～2.94、下孔径2.14～2.0、厚0.2～0.5厘米（图2–48，1）。

39．㙍

1件。

标本T2344⑥b：5，夹细砂灰陶。整体近似圆锥状，经高温烧成蜂窝状，重量较轻。长5.8、宽3.5、厚2.4厘米（图2–48，2）。

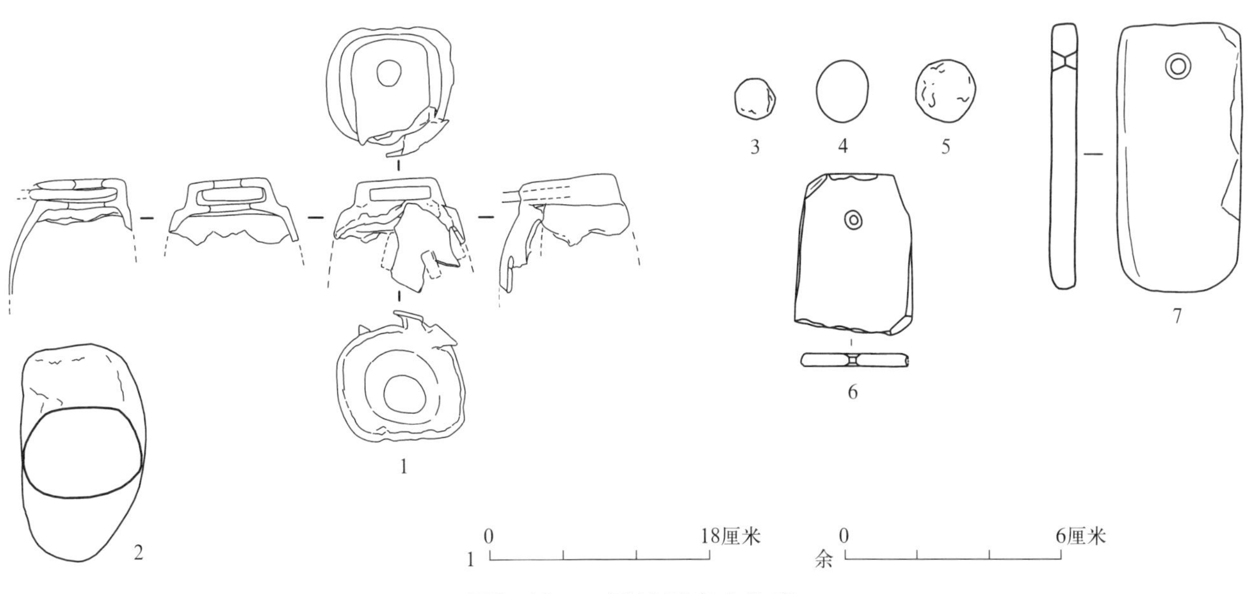

图2–48　一区地层出土陶器

1．铃形器T2349⑥d：8　2．㙍T2344⑥b：5　3～5．弹丸T2047⑥b：2、T2099⑥b：1、T2346⑥b：6　6、7．牌形饰T2247⑥b：8、T2396⑥d：17

40．弹丸

3件。均为规则或比较规则的圆球形，个体较小，故称为弹丸。

标本T2047⑥b：2，泥质灰陶。圆球形。直径1.1厘米（图2–48，3）。

标本T2099⑥b：1，夹砂黄陶。圆球形。素面。竖径1.6、横径1.4厘米（图2–48，4）。

标本T2346⑥b：6，夹细砂褐陶。圆球形。素面。直径1.6厘米（图2–48，5）。

41．牌形饰

2件。

标本T2247⑥b：8，泥质黑陶。平面呈上端略窄的长方形，利用废旧陶片经打、磨制成，上端有一对钻的圆孔，两面均经磨光。长4.2、宽3.3、厚0.3厘米（图2–48，6）。

标本T2396⑥d：17，泥质灰陶。平面呈圆角长方形，一端对钻一圆孔。两面和转角处均经磨光处理。长7.2、宽3.0～3.4、厚0.6～0.7厘米（图2–48，7）。

42．特殊陶片

14件。均经过人为加工，形状以圆形为主，也有少量其他形状者。

标本T2047⑦a：31，圆陶片。泥质黑陶。用旧陶片改制，周边遗有打制的疤痕。最大径5.7、厚0.7厘米（图2–49，1）。

标本T2047⑥a：33，圆陶片。夹砂灰陶。近圆形，周边有打制痕迹。最大径6.6、厚0.65厘米（图2–49，2）。

标本T2048⑥c：20，圆陶片。泥质黑陶。近圆形，周边有打制痕迹。直径3.4～3.9、厚0.2厘米（图2–49，3）。

标本T2048⑥c：21，圆陶片。夹砂黑陶。一面有一道凹弦纹。直径4.4、厚0.4～0.5厘米（图2–49，4）。

标本T2048⑥c：25，圆陶片。夹细砂黑陶。周边有较细的打制痕迹。直径5.0、厚0.2厘米（图2–49，5）。

标本T2097⑥a：17，圆陶片。夹砂黑陶，灰胎。近圆形，一面有一道凹弦纹，边缘有打制痕迹。直径5.2、厚0.3～0.4厘米（图2–49，6）。

标本T2097⑥b：39，圆陶片。夹砂黑陶。近圆形，周边有打制痕迹。直径4.6～4.8、厚0.4厘米（图2–49，7）。

标本T2097⑦a：55，圆陶片。夹砂灰陶。一面中部有一道凹槽，边缘有规则的打制痕迹。直径9.9～10.2、厚0.3～0.7厘米（图2–49，8）。

标本T2099⑦a：4，圆陶片。夹砂黑陶。一面微鼓，其上有两道凹弦纹，边缘有打制痕迹。直径7.5、厚0.4厘米（图2–49，9）。

标本T2147⑥a：1，圆陶片。泥质黑陶，灰胎。近圆形，一面微弧，边缘有较粗的打制痕迹。直径4.0、厚0.4～0.5厘米（图2–50，1）。

标本T2296⑦b：31，圆陶片。夹砂黑陶。不规则的圆形，一面微弧，边缘有较细的打制痕迹。直径4.2～4.5、厚0.4～0.5厘米（图2–50，2）。

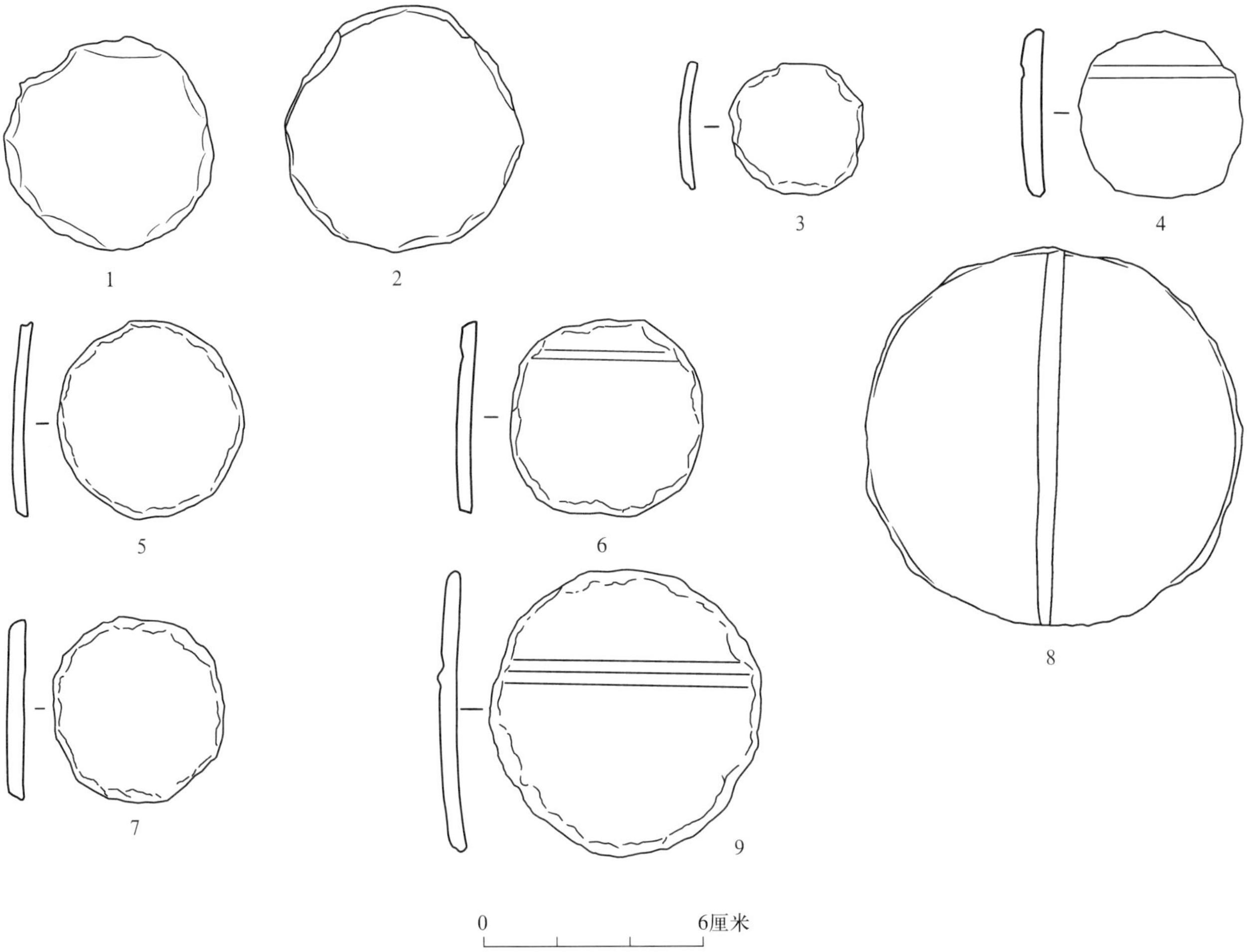

图2-49　一区地层出土特殊陶片（一）

1～9．T2047⑦a：31、T2047⑥a：33、T2048⑥c：20、T2048⑥c：21、T2048⑥c：25、T2097⑥a：17、T2097⑥b：39、T2097⑦a：55、T2099⑦a：4

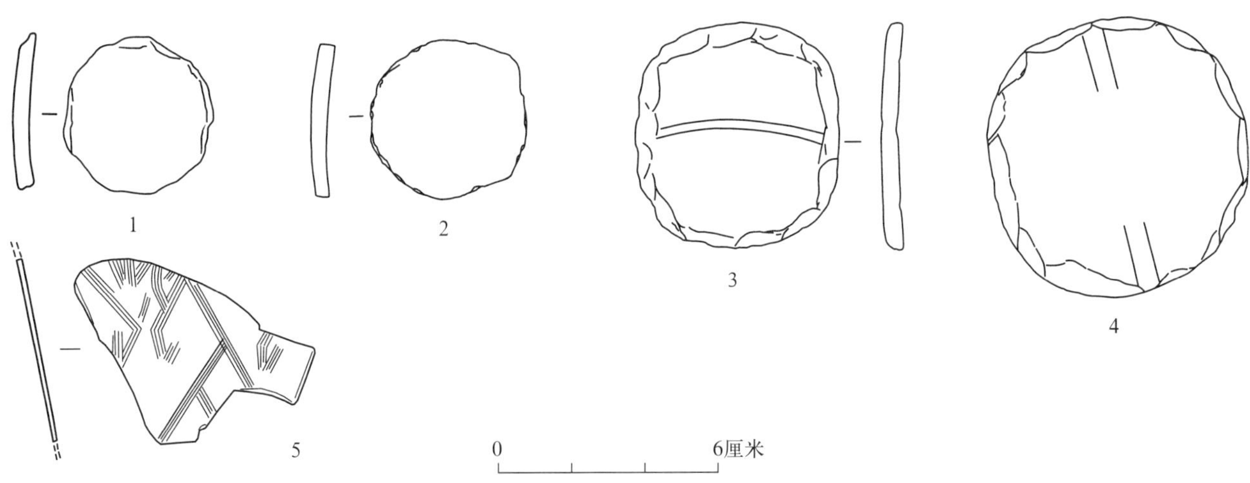

图2-50　一区地层出土特殊陶片（二）

1～5．T2147⑥a：1、T2296⑦b：31、T2350⑦a：13、T2350⑦a：14、T2296⑥a：39

标本T2350⑦a：13，圆角方形陶片。夹砂灰黑陶。一面微弧，中部有一道凹槽，周边有单向打制痕迹。边长5.6～6.0、厚0.35～0.4厘米（图2-50，3）。

标本T2350⑦a：14，圆陶片。夹砂黑陶，内壁为黄褐色。近圆形，一面中部有一道凹槽，边缘有单向打制痕迹。直径7.1～7.5、厚0.35～0.4厘米（图2-50，4）。

标本T2296⑥a：39，刻划纹陶片。泥质黑陶。一面刻划有成组的直线或折线纹饰（图2-50，5）。

第四节　龙山文化遗迹与出土遗物

第一发掘区是中美联合考古队在两城镇遗址合作发掘的主要区域。这一区域文化堆积的保存状况，除了个别地段还有少量周、汉时期的墓葬外，文化层堆积则均为龙山文化时期。从耕土层之下的龙山文化堆积性质和时代并结合当地农民提供的线索分析，可知这一地段的龙山文化堆积本身也曾被挖去了许多，现在保留的已经远远不是当时全部古代遗存的原貌。

一　期别划分

发掘区所在位置为一集中分布的龙山文化时期的居住区，大部分探方以多次废弃和重建的房址堆积为主，文化堆积的主色调为黄色或黄褐色，间或有棕色堆积。灰土主要分布在发掘区的东侧，或在局部以地层的形式出现。所以，发掘中我们在地层学原理指导下，力求能够把握住聚落单位（在一定时期内同时存在的房址、窖穴、灰坑和墓葬等遗迹的集合体）的整体变迁和动态发展过程。而这些不断发展变化的聚落单位，就是以下我们划分不同时间段的主要依据。

结合以上所采用的聚落考古分析方法，我们把发掘区的聚落发展变迁过程自下而上依次区分为八个时期。而这八个时期的主体部分所延续的时间，在整个龙山文化发展过程中，大约相当于“六期说”中的第二期末至第四期前段[1]，第八期的少量遗存延续到了第四期后段和第五期，绝对年代经历了200多年的时间。从出土器物的类型学分析可知，这一地段的龙山文化遗存在时间上是连续发展的。

二　第一时期

发现和清理的遗迹主要有房址、灰坑、灰沟和墓葬（图2-51）。如果从动态发展的角度分析，这一时期房屋基址的变迁过程如下。

首先在发掘区内建造的房屋是F50，其使用时间不长，与其共时的遗存不多，东部的G11是其中之一。另外，从当前文化遗产保护的理念出发，我们决定长久保存时间略晚一些的F39和F65及其附属的部分。所以，这两座房址仅进行了小范围的局部解剖，房址本身及其以下部分没有发掘。这样，我们就不清楚这一范围是否有与F50共时的遗存。

然后建造的是F39，F39存续期间F50应该已经废弃了。所以，在F39使用过程中产生的草木灰等

[1]　栾丰实：《海岱龙山文化的分期和类型》，《海岱地区考古研究》，山东大学出版社，1997年。

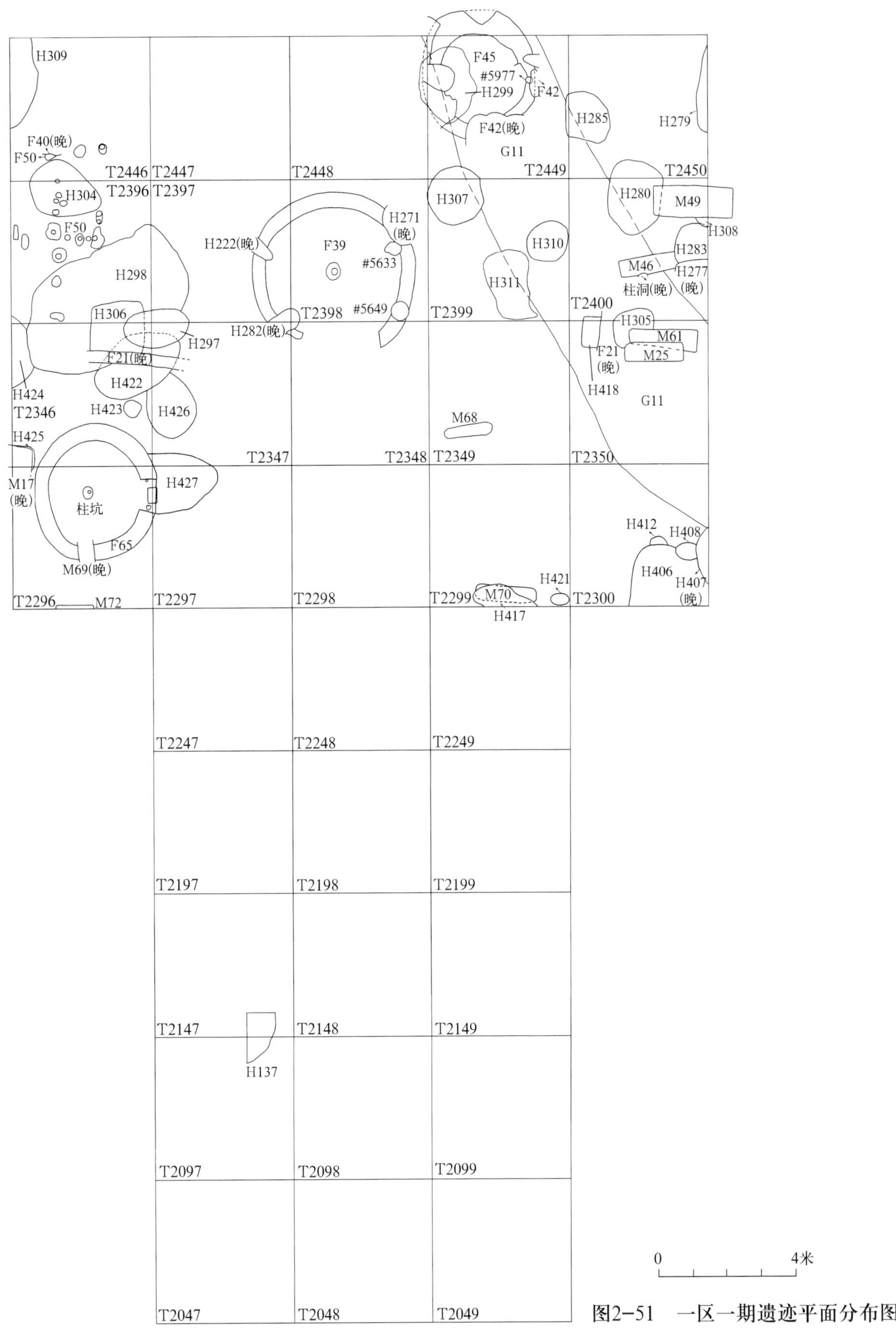

图2-51　一区一期遗迹平面分布图

大量垃圾，均堆积在其西南（叠压F50的南部和被叠压于F65之下）和东北（叠压于F45之下）两侧的地段，最厚处超过半米。F39的使用时间相对较长，在其居住了一段时间之后，分别在西南和东北两侧的灰土垃圾堆积之上建造了F65和F45，与F39一起继续使用，直到最后共同废弃。在F39的使用期间，陆续在房址周围出现一些灰坑和墓葬，构成了一个完整的聚落单位，即我们在分析聚落形态时所界定的聚落内部的聚落组成单位。

从以上叙述可知，这一时期延续的时间相对较长一些，其包括了⑦c、⑦d和局部的⑦e各层及其相应的遗迹。按本发掘报告的划分原则，本应把⑦d层以下以F50为代表的一些遗存单独划分出来，作为这一区域最早阶段的遗存。由于发现的遗迹及出土遗物数量甚少，暂将两者归到了一起。

（一）房址

共发现和清理4座房址，分别编为F50、F39、F65、F45。

1．F50

主要部分位于E4T2396中北部和T2446的南部（图2–52）。开口于⑦d层下，被F40、H304和H298等打破，由于破坏比较严重，只保存一部分柱坑和柱洞，居住面及其他房屋要素已破坏不存。从平面分布情况看，多数柱坑和柱洞在T2396北部和T2446南部，围成一个南北狭长的长方形空间，如以柱洞的中心计算，则南北长2.50、东西宽1.35～1.62米，面积不足4平方米。如以南墙柱洞的中线为基准测量，F50的方向为184°。

另外，在上述长方形空间的南部和西部也各发现3个和2个柱坑，南侧的3个在西壁的延长线上，向南延伸超过2米。而西侧的2个柱坑则与房间的南排柱洞大体在一条直线上，由于西边的探方没有发掘，所以，不排除F50有进一步向西延伸的可能。

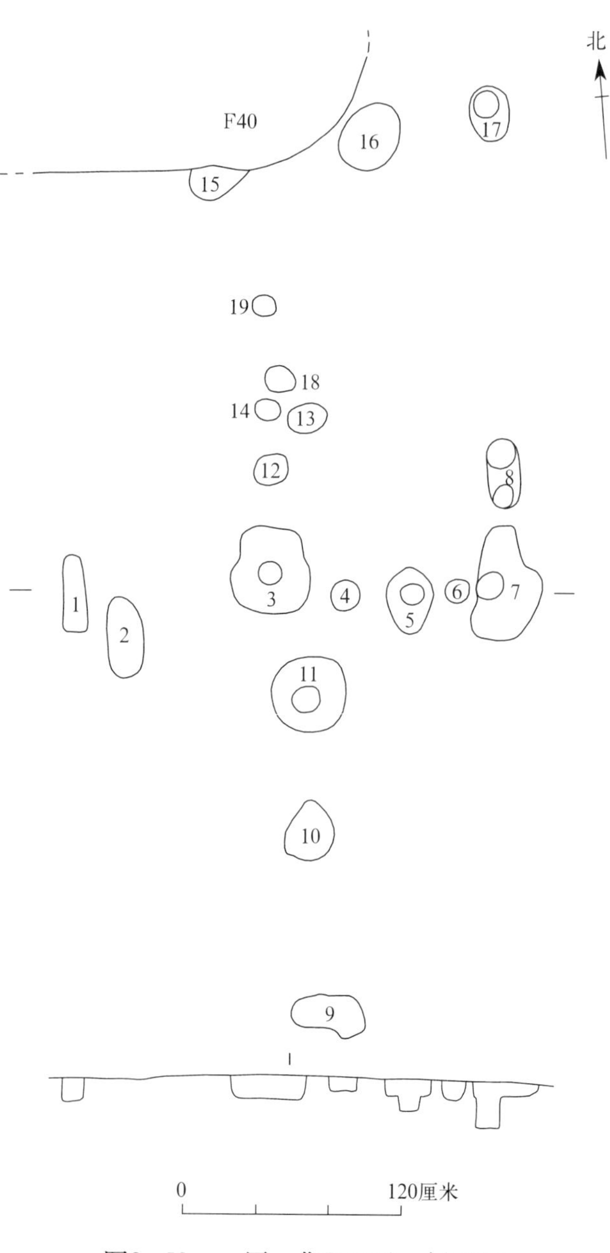

图2–52 一区一期F50平、剖面图

F50的柱坑主要有椭圆形和圆形两种，除了8号柱坑内有2个柱洞之外，其余柱坑内的柱洞，明确者均只有1个柱洞（表2–1）。从柱坑和柱洞比较密集的南半部看，房屋的墙壁结构应为木骨泥墙。东墙大部和西北部的柱洞较少，可能为遭受破坏所致。

F50内没有发现文化遗物。

表2-1　F50柱坑、柱洞登记表　（单位：厘米）

编　号	位　置	形　状	口　径	深	填　土	备　注
1	西部	长条形，直壁，平底	12–40	13	灰褐色（5YR4/4）	柱坑
2	西部	近椭圆形，直壁，平底	20–43	10	灰褐色（5YR4/4）	柱坑
3	西部	近椭圆形，直壁，平底	44–46	13	灰褐色（5YR5/4）	柱坑
	西部	圆形，直壁	11	13	灰褐色（5YR2/4）	3号柱坑柱洞
4	中部	圆形，直壁，平底	16	8	灰褐色（5YR5/4）	柱洞
5	中部	椭圆形，斜壁	15–16	8	灰褐色（5YR5/4）	柱坑
	中部	圆形，斜壁	12	9	灰褐色（5YR2/4）	5号柱坑柱洞
6	东部	圆形，斜壁，平底	14	10	灰褐色（5YR2/4）	柱洞
7	东部	刀把形，斜壁，平底	38–62	13	灰褐色（5YR2/4）	柱坑
	东部	圆形，斜壁，平底	12	19	灰褐色（5YR2/4）	7号柱坑柱洞
8	东部	长条形，斜壁	18–38	8	灰褐色（5YR5/4）	坑内2个柱洞
	东部	圆形，直壁	12	7	灰褐色（5YR2/4）	在南端
	东部	圆形，直壁	16	7	灰褐色（5YR2/4）	在北端
9	南部	椭圆形，斜壁，圜底	18–40	16	灰褐色（5YR2/4）	柱坑
10	南部	椭圆形，斜壁	16–34	16	灰褐色（5YR2/4）	柱坑
11	中部	圆形，直壁	42	16	灰褐色（5YR5/4）	柱坑
	中部	圆形，直壁	17	11	灰褐色（5YR2/4）	11号柱坑柱洞
12	中部	椭圆形，直壁	16–20	18	灰褐色（5YR5/4）	柱洞
13	中部	椭圆形，斜壁，圜底	16–22	3	灰褐色（5YR5/4）	柱洞
14	中部	椭圆形，斜壁，圜底	12–14	3	灰褐色（5YR5/4）	柱洞
15	北部	椭圆形，斜壁	20–34	4	灰褐色（5YR5/4）	残柱坑
16	北部	圆形，斜壁	30–38	15	灰褐色（5YR5/4）	柱坑
17	北部	圆形，斜壁，平底	20–28	19	灰褐色（5YR5/4）	柱坑
	北部	圆形，直壁，平底	14	19	灰褐色（5YR2/4）	17号柱坑柱洞
18	中部	圆形，斜壁，平底	15	40	灰褐色（5YR2/4）	柱洞
19	中部	圆形，斜壁，平底	14	40	灰褐色（5YR2/4）	柱洞

2．F39

主要部分位于E4T2398、T2397两个探方之内，其附属的室外院落向南延伸到T2348、T2298、T2349和T2347等探方（图2–53；彩版四〇，1～4）。开口于第⑦c层下，打破生土。房址的主体部分分别被H281、H276、H282、H222、H271等打破。

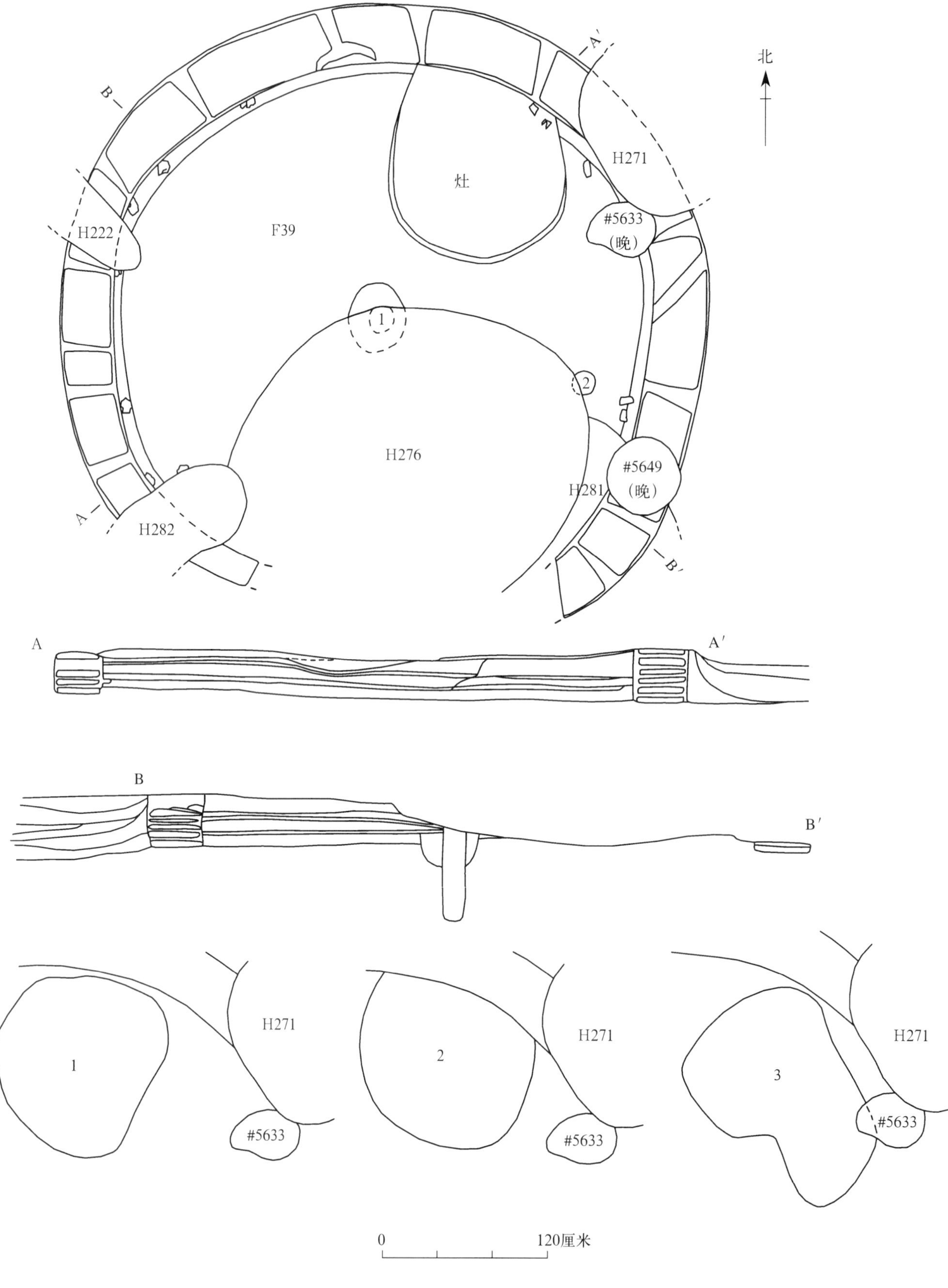

图2-53 一区一期F39平、剖面图及各层灶址平面图

房址平面呈圆形，直径4.70米，包括墙体在内的总面积约为17.37平方米，室内直径3.90米，房内使用面积约为11.96平方米。房址为平地起建的土坯墙建筑，整体由土坯墙体、墙外护坡、室内垫土、居住面（即活动面）、中心立柱和灶台及室外活动场地等部分组成，由于南侧正中遭受严重破坏，门道的准确位置和结构不详。

垒砌墙体的土坯为不甚规整的长方形，规格差别较大，最大者长约50、宽约35厘米，最小者长约20、宽34厘米，平均厚度约为43厘米。土坯采用棕褐色（5YR5/6）黏土制成，结构较为粗糙，内部夹杂着绿色砂粒等，结构紧密，硬度较大。据当地村民讲，这种土加水调和后黏性很大，容易成型，晒干后比较坚硬，不易破碎。发掘区内没有发现这种生土，推测是从别处搬运而来加工成土坯。土坯的大小和厚薄差别较大，制作也比较粗糙，说明当时制作土坯的技术尚比较原始，似乎还没有采用模具来制作土坯。

墙体最高处现存6层土坯，保存高度为0.35～0.40米。底部直接在次生土面上挖一极浅的槽，深度只有2.0厘米左右。然后在浅槽内铺砌土坯，砌法为以土坯的宽度为墙宽，横排平砌。土坯与土坯之间用极细腻的灰黑色（4/10B）黏泥黏合，泥缝厚约2.0～3.0厘米。从平铺面看，土坯与土坯之间的泥缝外部较宽，约为12.0～15.0厘米，内部较窄，约为5.0～7.0厘米，呈楔形，这与圆形房址墙体有一定弧度的结构相关。从内壁剖面看，土坯上下错缝垒砌，上部的土坯叠压在下部两块土坯的中部，这样垒砌的结构可以避免因对缝而产生的不结实，使墙体更加牢固，相同的砌墙方法至今在当地农村还随处可见。

墙体的内外都抹了一薄层灰泥，厚约2.0～2.5厘米。灰泥为浅灰色，比较细腻，这一做法不但起到保护墙体使其免受风雨侵蚀的作用，而且具有保暖（避免透风）和美观的功效。

在F39墙体的外围有5层向外侧倾斜的堆积，即贴近墙体的部位较高，向外渐低，其性质属于房屋外的护坡，在某种程度上还可以起到散水的作用，从堆积的层次看，可能系多次铺垫堆积而成。

室内中心部位有一较大的柱坑，形状近似圆形，直径42～51、现存深度28厘米。坑内偏东有一近圆形柱洞。总体看来，F39房顶的结构应为伞状，室内有中心柱支撑，外围有环绕的土坯墙，墙外还有经过铺垫的护坡，形成一个封闭的完整防雨结构房屋。2号柱洞位于东部偏南的近墙壁处，发现于第3个活动面之下，圆形，直径16.0、深32.0厘米，从其位置与发现层位看应与承重无关，也可能是为在屋内挂放东西而立。

从现存情况看，室内地面经过四次铺垫，从而形成四层居住面（活动面），由于南部约三分之一的位置受到破坏不存，故仅保留了中部及以北部分。

F39的第一层居住面受到较严重破坏，厚度3.0～8.0厘米。表面不甚平整，垫层的土质较硬，内有绿、白砂粒相间，整体呈灰褐色（5YR6/2）。在此层的东北部靠墙处有一片近似圆形的烧土面，直径1.28～1.26米（图2-53）。系经长期烧烤后所形成，烧土面厚约2.0～3.0厘米，表面凹凸不平。从对应下面几层居住面的灶址位置看，这里应该是F39保存最晚的一层灶址。

第二层居住面叠压于第一层垫土之下，保存较好，居住表面平坦，刚揭露出来时有一层光泽，厚约2.0～3.0厘米，内部为夹杂有带锈斑的浅褐色土（7.5YR6/2），分布比较均匀，这种土踏实后非常坚硬、光滑。居住面的东北近墙壁处有一个略高出地面的烧土台（与上层的烧土面大体在同一位置），形状近圆形，直径1.26米，厚约10.0～15.0厘米（图2-53），烧土台表面呈砖红色（10YR6/8）。从解剖情况看，这是一个专门铺垫起来用以炊煮的灶台。

第三层居住面叠压于第二层居住面之下，表面呈浅灰色（2.5YR6/1），层表硬面厚约1.0～1.3厘米，基本平坦，表面刚揭露出来时有光泽，当与人们长期居住践踏有关。居住面的东北近墙壁处，也有一片呈铁红色（5YR4/3）的烧烤面，形状为不甚规则的圆角长方形，长1.50、宽1.06米（图2－53），面积比上一层居住面的烧土台要大，厚约1.0～2.0厘米，应是与第三层居住面配套的灶台。

第三层居住面之下紧连着一个较厚的垫层，厚约8.0～9.0厘米，经过拍打加工，结构紧密，质地坚硬，总体呈红褐色（2.5YR6/6），但内有大量分布均匀的绿色砂粒，似为有意识掺和搅拌而成。本层垫土与第三层居住面应为一次性先后铺垫加工做成。

第四层居住面叠压于第三层居住面下的垫层之下，表面呈灰色（2.5YR4/1），厚约2.0～5.0厘米（图2－53）。活动面有明显的加工痕迹，表面平整光滑，局部遗留有窝状痕迹，系人为打击地面的遗留。此外，还有一个值得注意的现象，即加工的居住面的分布范围未到房子的墙壁，即在居住硬面与墙壁之间有8.0～10.0厘米的范围未经特意加工，而在这一周未经特意加工的范围内，似有规律地散布着许多石块和石器，应是房子的主人有意而为。第四层居住面的东北部有一个近圆形土台，平均直径1.28米，高出周围居住面4.0～6.0厘米，土台系采用浅黄色土（2.5YR4/1）铺垫而成，表面经长期烧烤，呈暗红色，为第四层居住面的灶址。

第四层居住面之下有厚5.0～8.0厘米的灰黄色（10YR6/3）垫土，土质较杂，中间夹杂着红烧土颗粒、花土块等，结构比较紧密。此层是F39建成之后第一次铺垫的垫土，第四层居住即附着于此垫层之上。

从以上情况看，F39至少有四层居住面，每层居住面均有相应的灶址，累计铺垫厚度超过30厘米，反映了房址的连续使用过程。结合周围的其他房址和遗迹分析，F39的存续、使用时间相对较长。

从现存情况分析，进出的门道应该在被破坏的南部。所以，F39的朝向基本为正南。

F39之南发现了一处面积较大、铺垫质量较好的室外活动面（图2－54）。北接F39，南侧被两个特大灰坑H401和H416打破，西接F65，东侧逐渐消失。活动面大体为长方形，东西长约8.50、南北现存宽度约5.00米。铺垫厚度为18.0～30.0厘米，整体上看西部略厚，向东渐薄，活动面在整体上比较平坦，东部的地表较西部地表高出约8.0～20.0厘米，这也可能是西部每次铺垫较厚的原因。

活动面分为10层。每层的厚度在1.0～6.0厘米之间，一般厚2.0厘米左右（图2－54）。每一层表面均有比较好的活动面，特别是靠房屋较近的位置活动面质量更好，向外离房屋较远的位置则渐差。所以，这种经过铺垫的活动面，除了刚刚铺就时进行过加工之外，平时人们进出和其他活动的践踏也是形成较好硬面的重要原因。每层活动面的垫层以黄褐色和灰褐色土为主，土质较为细腻，表面尤甚，结构较为紧密，其中包含有少量红烧土颗粒、草木灰屑、砂粒和小块碎陶片等。

活动面的外围没有发现用于界隔的建筑遗存，如围墙一类设施，也没有发现栅栏一类遗存的遗留。但由于活动面集中地围绕着F39和F65两栋房子分布和展开。所以，我们有充分的理由认为，这一活动面为以上两座房子的室外活动场地，或者说就是这两座房子的庭院。只是由于F39包括门道在内的南半部被后期灰坑破坏，所以无法对其室内居住面和室外活动面进行更细致的对应。这种情况曾在泗水尹家城岳石文化房屋建筑中发现过，这一次在龙山文化中出现，时代又提前了数百年之久。

从层位关系上看，最下面的3层活动面使用时期，F65尚未出现。所以，这一时期的活动面专属于F39。至第4～10层活动面时期，活动面从F39的前面一直待续到F65的门道外，并且层次完全一致。而且，F39的门道应该朝南，而F65的门道则朝向正东，即出房门即进入室外活动面，故这一活

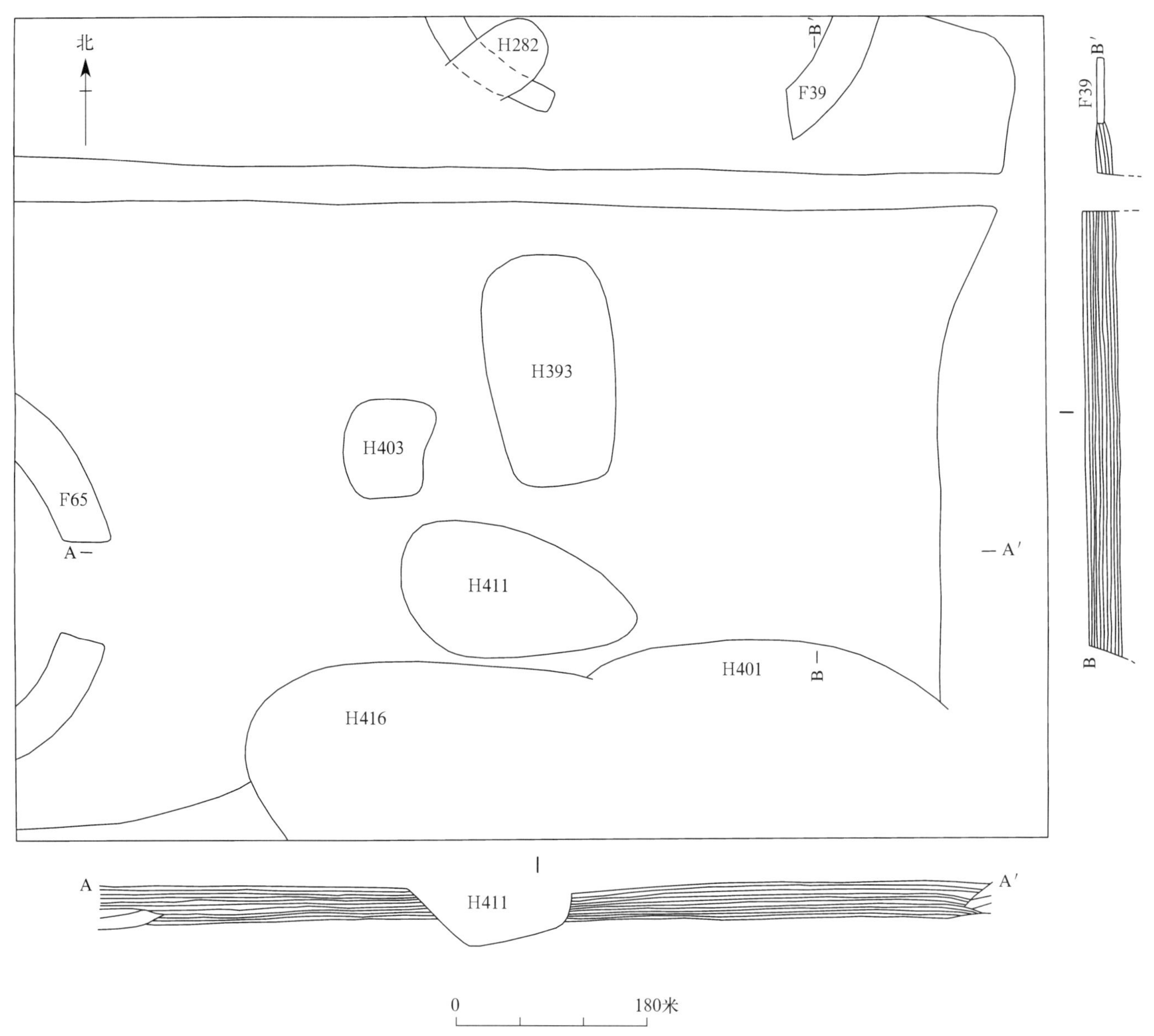

图2−54　一区一期F39、F65户外活动面平、剖面图

动面是两座房子的共用场地。因此，从以上关系中可以明确两个基本事实：一是F65是在F39使用了一段时间之后才被建造出来的，两者不是同时建造但同时废弃，共存了相当长一段时间；二是两者共用一个室外活动面，并且F65的房门朝东，与两城镇发现的众多房屋门向均朝南明显不同，故F65与F39属于同一组房屋，房内居住的人们当为同一个社会基层单位。

F39出土编号小件34件，除了1件陶鼎外，均为石器或略有加工痕迹的石块。可以肯定的是，这些出土小件均非房址使用期间的居民遗留物品。陶鼎个体较小，埋于第二层居住面灶址的偏南部的红烧土中，口部破损，当是废弃物，或许其中蕴含着房主人祭祀灶神的寓意。石器均不完整，并且和多数石块一起均陈放于房内靠近墙根处，有的工具的一半还嵌在墙体中，这是一个饶有趣味的问题，其原因待解。

标本F39：5（#5658；S2011），石锛。流纹质熔结凝灰岩。平面和横截面均为长方形。长11.4、宽5.1、厚3.2厘米，重358.5克（图2-55，1；彩版四一，1）。

标本F39：15（#5659；S2024），石锛。热液蚀变流纹凝灰岩。平面为上窄下宽的长梯形，单面刃。长9.0、宽4.0、厚2.1厘米，重146.9克（图2-55，2；彩版四一，2）。

标本F39：14（#5659；S1999），石凿。流纹质熔结凝灰岩。平面和横截面均为长方形，单面

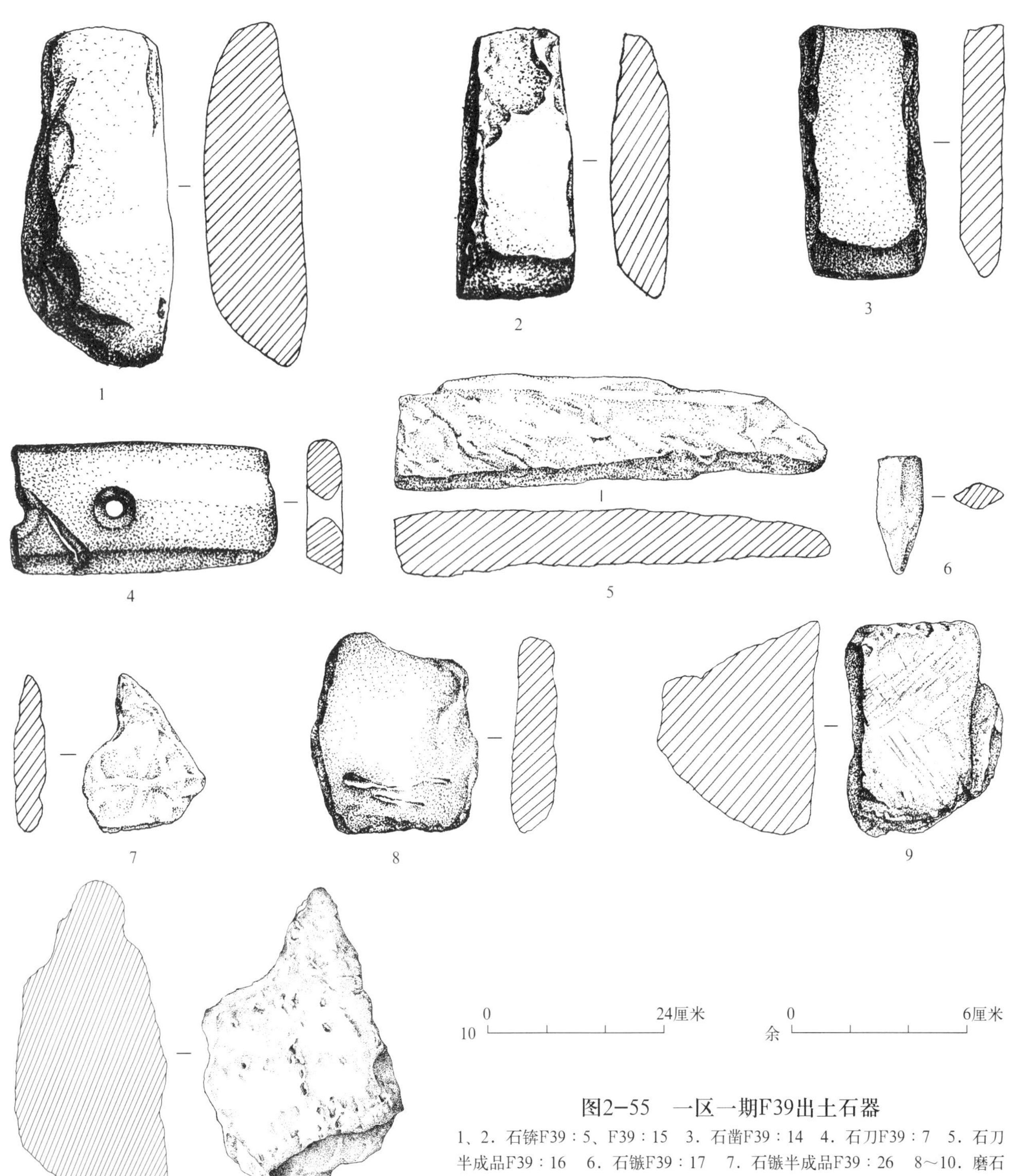

图2-55　一区一期F39出土石器

1、2. 石锛F39：5、F39：15　3. 石凿F39：14　4. 石刀F39：7　5. 石刀半成品F39：16　6. 石镞F39：17　7. 石镞半成品F39：26　8～10. 磨石F39：6、F39：32、F39：8

刃。长8.4、宽4.1、厚2.0厘米，重126.5克（图2–55，3；彩版四一，3）。

标本F39：7（#5664；S2028），石刀，一端残，花斑岩。平面为长方形，短斜单面刃，近背部对钻双孔。残长8.9、宽4.4、厚1.3厘米，重81.6克（图2–55，4；彩版四一，4）。

标本F39：16（#8252；S3347），石刀半成品。黑云母片岩。长条形，略厚。长14.5、宽3.9、厚1.7厘米，重138.8克（图2–55，5）。

标本F39：17（#8263；S3338），石镞，残存后半部。石英/富含白云母的千枚岩。扁锥形铤，镞体横截面为菱形。残长3.9、宽1.7、厚0.8厘米，重5.9克（图2–55，6）。

标本F39：23（#5624；S1984），石镞半成品。滑石片岩。平面为四边形。长3.3、宽3.3、厚1.0厘米，重9.4克。

标本F39：26（#8251；S2956），石镞半成品。滑石片岩。长5.1、宽4.1、厚1.0厘米，重21.9克（图2–55，7）。

标本F39：28（#8624；S1982），石镞半成品。绿泥石或绿泥/角闪片岩。平面为不规则长条形。长8.6、宽2.9、厚2.0厘米，重49.7克。

标本F39：3（#8658；S2020），磨石，残。花斑岩。平面近方形，磨面有打击痕迹。长6.9、宽5.5、厚4.8厘米，重323.2克（彩版四一，5）。

标本F39：4（#5658；S2021），磨石，残。花斑岩。残长8.4、残宽3.7、厚4.1厘米，重154.7克。

标本F39：6（#5658；S2010），磨石。砂岩。平面近方形。长6.6、宽5.6、厚1.6厘米，重74.2克（图2–55，8）。

标本F39：8（#8244；S3351），磨石。花斑岩。不规则形。长44.7、宽23.5、厚20.8厘米，重20000克（图2–55，10）。

标本F39：9（#5658；S2019），磨石。花岗岩。正面为不规则形，背面为长方形。长11.8、宽8.8、厚7.1厘米，重1105克。

标本F39：10（#5658；S2012），磨石，残。花斑岩。平面近长方形。残长10.9、宽8.7、厚4.8厘米，重523克。

标本F39：12（#5658；S2014），磨石，残。花岗岩。不规则形，一角残。长15.8、宽10.0、厚4.7厘米，重1020克。

标本F39：13（#5664；S2009），磨石，残。花岗岩。不规则形。长18.2、宽14.7、厚5.9厘米，重1190克。

标本F39：18（#5659；S1973），磨石，残。砂岩。不规则形。残长3.3、残宽1.8、厚1.6厘米，重8.9克。

标本F39：19（#5664；S1975），磨石，残。砂岩。不规则形，磨面略内凹。残长3.5、残宽2.5、厚1.5厘米，重14.3克。

标本F39：20（#5664；S1977），磨石，残。砂岩。不规则形。残长2.6、残宽2.5、厚1.6厘米，重10.0克。

标本F39：21（#5658；S1978），磨石，残。花斑岩。平面为四边形，磨面平整。残长7.3、宽6.5、厚4.2厘米，重335.0克。

标本F39：22（#5658；S1979），磨石，残。花斑岩。不规则形，磨面平整。长9.6、宽7.9、厚7.1厘米，重770.8克（彩版四一，6）。

标本F39：24（#5624；S2001），磨石，残。富含白云母的熔结凝灰岩。不规则形，磨面平整。残长4.3、残宽2.7、厚1.4厘米，重17.5克。

标本F39：25（#8249；S2951），磨石，残。砂岩。磨面细而微内凹。长7.4厘米，宽5.9厘米，厚2.2厘米，重105.8克（彩版四一，7）。

标本F39：32（#5262；S2971），磨石。花岗岩。平面近长方形。长6.7、宽4.5、厚5.6厘米，重273克（图2-55，9）。

标本F39：33（#5262；S3190），磨石。花岗岩。平面近椭圆形。长19.5、宽13.0、厚9.4厘米，重2595克（图2-56，1）。

标本F39：34（#8776；S3191），磨石。花斑岩。平面近三角形。长15.4、宽9.2、厚4.7厘米，重796.1克（图2-56，2）。

标本F39：2（#5654；S2025），磨石。黑云母片麻岩。平面为椭圆形，用鹅卵石制成。长5.2、宽3.4、厚1.5厘米，重40.5克（彩版四一，8）。

标本F39：30（#5624；S1983），打磨/抛光石器。石英/石英岩。不规则形，一端有使用痕迹。长3.0、宽1.9、厚1.9厘米，重14.3克。

标本F39：11（#5658；S2013），石器半成品。流纹花岗岩。不规则形。长9.6、宽7.3、厚2.1厘米，重207.0克。

标本F39：27（#8664；S1976），石器半成品，残。富含白云母的熔结凝灰岩。平面近长方形。长7.6、宽4.6、厚1.4厘米，重91.6克。

标本F39：29（#8776；S2933），磨制石片。绿泥石或绿泥/角闪片岩。不规则形。长1.6、宽1.6、厚0.4厘米，重1.8克。

标本F39：31（#5658；S1985），石片断块。滑石片岩。不规则形。长1.6、宽1.1、厚0.1厘米，重0.3克。

标本F39：32（#5248；S2749），微型石片。富含白云母的熔结凝灰岩。不规则形。长5.7、宽3.9、厚1.2厘米，重28.3克（彩版四一，9）。

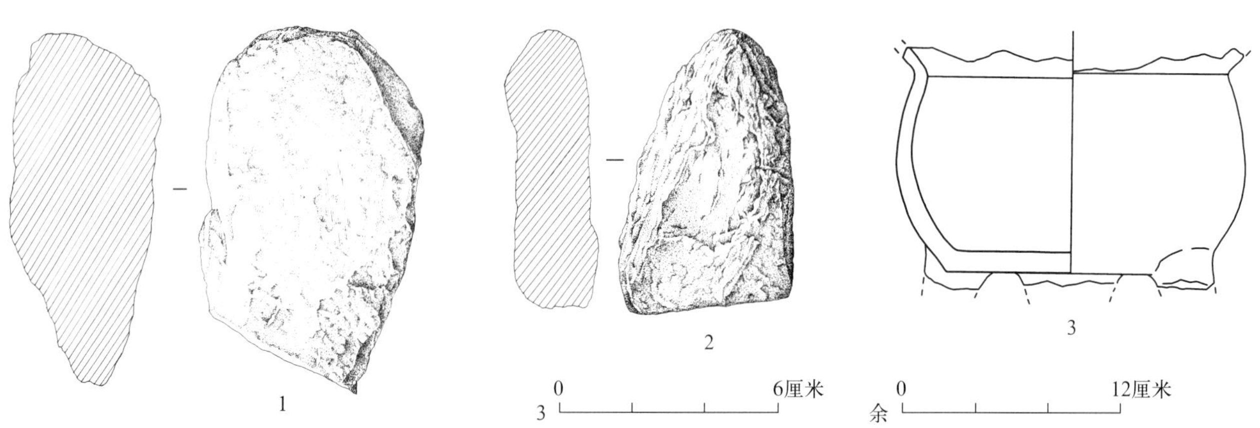

图2-56　一区一期F39出土器物

1、2．磨石F39：33、F39：34　3．罐形鼎F39：1

从浮选重浮（#5657）中还发现26块微型石片，质地为绿泥石或绿泥/角闪片岩。

标本F39∶1，罐形鼎。夹细砂红褐陶。器形较小，口残，折沿，圆腹，平底较大，下接三铲形足，残。素面。腹径9.6、底径6.8、残高6.4、厚0.45厘米（图2−56，3）。

3．F65

房址的主体部分位于E4T2346、T2347、T2296和T2297四个探方（图2−57；彩版四二，1、2），与F39合用的室外附属活动面（庭院部分）则延伸至T2348、T2349和T2298等探方。房址开口于⑦c层下，墙体和室内部分被M69等遗迹打破，室外活动面则被H416等多个遗迹打破。

房址为圆形地面式建筑，包括墙体在内的直径为3.84米，建筑面积11.60平方米，室内直径3.00米，使用面积约7.00平方米。F65整体由土坯墙体、室内地面、灶、中心柱、门道和墙外护坡、室外活动面等部分组成。

F65的墙体保存较好，由基槽、土坯墙、内外墙皮和墙外护坡等部分组成。由于F65所在位置的地面呈南高北低，直接坐落在黑色灰土上，所以建造时南、西、东部挖有浅基槽，北部则直接在地面上垒砌土坯。现存地面以上墙体高度为0.28～0.40米，墙体的宽度为0.40～0.50米。从解剖的情况看，西部保存最高，尚有7层土坯，其他部位有6～4层不等。墙体采用预制好的土坯垒成，土坯原料为棕褐色黏土（5YR5/6），质地略粗，包含小砂粒等，黏性性较大，结构紧密而坚硬。土坯的平面形状为长方形，规格差别较大。长度多数在40.0～50.0厘米，最大的接近60.0厘米，而最小的只有

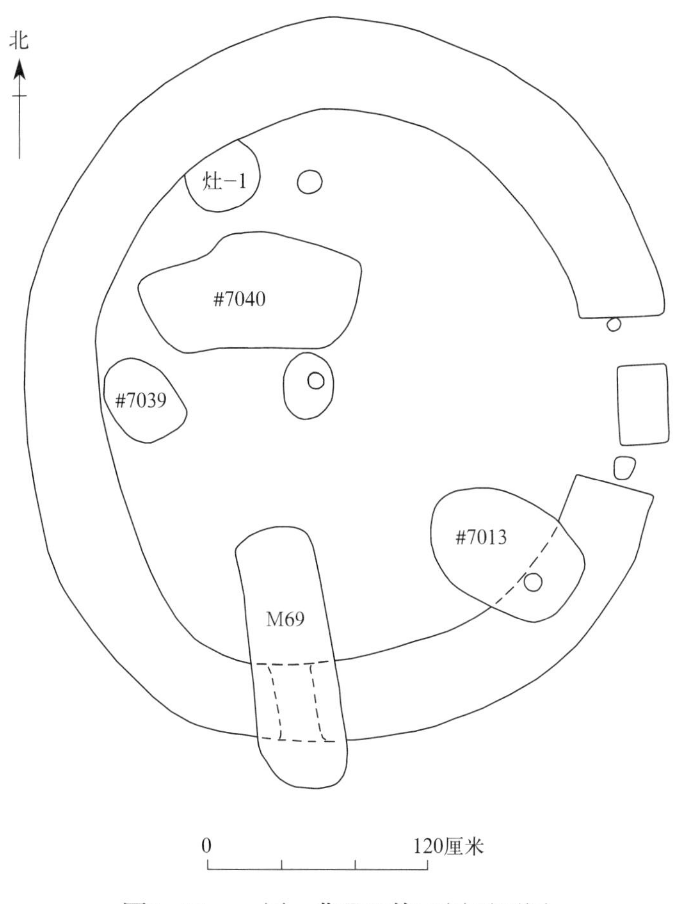

图2−57　一区一期F65第三层平面图

10.0多厘米（可能是不完整者），宽度也很不一致，一般42.0厘米左右，而在门道位置发现的一块完整土坯，长41.0、宽27.0厘米。土坯厚度一般在4.0～8.0厘米。墙体采用了平铺错缝垒砌技术，层与层、同一层的块与块之间用细腻的黏泥黏合。下部3层土坯之间的黏泥为灰黑色（4/10B），黏性较大，厚度在3.0厘米左右。上部几层土坯之间的黏泥为浅灰色（6/10G），厚度略厚，在3.0～5.0厘米之间。平面两块土坯之间的黏合缝隙呈外宽内窄的楔状，最窄处只有3.0厘米，而最宽处则达12.0厘米。

从局部保存的状况看，墙体内外表面涂抹有泥土墙皮。墙皮呈黄褐色，质地细腻，厚度在3.0～5.0厘米之间。墙皮的保存现状是，内侧基本脱落不存，外侧的多数部位保存较好。这里应该说明的是，因为房内填土和墙体不好区分，所以内侧墙皮有可能是在发掘脱边时人为剥掉了。

墙外四周有厚薄不一的垫土，一般近墙体处较厚，向外则渐薄以至消失。垫土以黄褐色土（7.5YR5/6）为主，厚度在3.0～7.0厘米。

F65室内有中心柱坑和柱洞、铺垫层和居住面、灶址等部分遗存。柱坑位于室内中心部位，平面近椭圆形，壁微斜，圜底，长径34.0、短径28.0、深46.0厘米，内填褐色黏土（10YR2/2）。柱洞在柱坑的中部偏东，呈圆形，直壁，直径8.0厘米，深度超过46.0厘米，洞内填黑灰色淤积土。

室内地面经过五次较大规模的铺垫，除了最上面的一层因受到破坏导致活动面不清楚之外，以下四层垫土的表面均有较好的活动面。同时，还有与活动面相匹配的灶址。以下自上而下分而述之。

第一层位于最上部，遍及房内，灰褐色土（7.5YR4/3），结构略松，内杂少量炭屑和红烧土颗粒等。现存厚度约8.0厘米。此层表面应该有居住时的地面，但因为受到破坏而不清楚。

第二层包括垫土和表层的活动面，总厚约8.0厘米，表层的活动硬面厚约2.0厘米。此层遍及室内，铺垫灰褐色土（7.5YR4/3），质地坚硬。垫土表层的活动面大部分保存不好，局部保存较好。可能是活动面保存不好的原因，没有发现灶址。

第三层的总厚度约6.0厘米，表层的活动面厚度1.0～2.0厘米。此层遍及整个室内，以分选不好的黄褐色（7.5YR5/6）细砂土铺垫，质地坚硬。层表的活动面保存较好，平整而坚硬，中部偏东部位还经火烤过，刚揭露出来时表面还带有光泽。室内西北部近墙壁处有一处略高出周围的近圆形烧烤面，直径0.32～0.40米，厚1.0～2.0厘米，呈红褐色，系用草拌泥抹成，其中草叶痕迹明显，应是炊煮的灶台（图2–57）。

第四层亦分布于室内全部，较薄，厚度为2.0～3.0厘米。铺垫黄褐色黏土（7.5YR5/6），其中夹杂较多的细小绿色砂粒，这种绿色砂岩在两城镇地区有比较广泛的分布。层表的活动面加工得十分坚硬，并散布着相当多的灰白色草木灰。室内的西北部上一层灶址之下的位置，也发现有一层灶台，形状近箕形，长45.0、宽32.0厘米。灶面已烧成红色，系用草拌泥筑成，十分坚硬（图2–58）。

第五层是F65内最下面的铺垫层，厚7.0～14.0厘米。此层是房屋建好之后初次使用时期的遗存，情况较上几层略显复杂。实际上这一层经过了三次加工，存在三层活动面，从而代表了三个小的使用阶段，所以其使用的时间较长，这一认识从此层存在着六个对应的灶面也可得到证实。最下一层遍及整个室内，黄褐色（7.5YR5/6）铺垫土层较厚，夹杂少量炭屑和砂粒等杂质。层表的活动面保存较好，平整而坚硬，尤以门道内侧一带为甚。在此层的使用过程中，室内中部直径1.00～1.50米的范围进行过两次铺垫。这样，这一层实际上就存在了前后三个使用时期。从断面反映的堆积情况看，主要是因为F65的基础部分为灰土堆积，长期承重后致使地面下沉，故在房间内进行了局部的铺

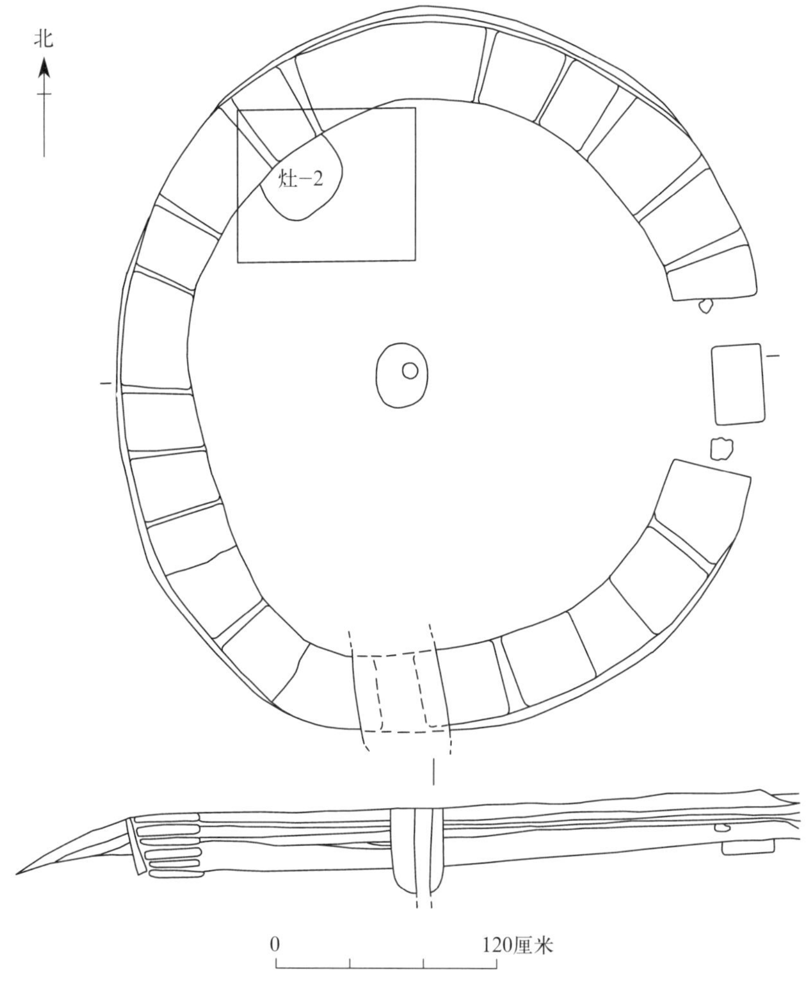

图2-58　一区一期F65第四层平、剖面图

垫和修整。

与第五层的三个时期相对应，在室内西北部发现了6层灶面，或者说在建造和使用过程中对灶台进行了六次小规模加工。灶台的位置比较固定，与上几层灶址在同一地方，六层灶台的形状和大小相若，均近似箕形，前端微弧，后边贴在墙壁上，每层灶台均为红褐色（10YR5/6），厚度在1.0～2.0厘米（图2-59）。

门道位于房子的正东，方向为95°（彩版四二，3）。形状略呈内窄外宽的梯形，内侧宽0.84、外侧宽0.98米。门道正中顺着基槽的方向平铺一块棕红色土坯（应是基槽的一部分），门道左右两侧的近墙壁处，则各在第一层居住面位置上向下埋放一块石块，左侧（北侧）一块为近圆形青色河卵石，直径5.4厘米，右侧（南侧）一块为黄白色石灰岩，形状不甚规则，长9.0厘米。从两块石块放的位置看似与门有关。

F65门前有一较大活动面，向东延伸到T2349和T2299两个探方的西部，长度超过8米。与F65相对应的活动面可以分为7层，并且与F39门前的活动面连成一体，从而可知这一庭院性质的活动面为两座房子所共用。这一现象反映了两座房子的居住者具有密切关系，或者就是一个扩大家庭的共同成员。

F65共发现编号小件器物33件，均不是房子使用时期的遗物，主要出自房址内外的垫土之中：一是室内垫土层内，如1号石镞和2号罐；二是房外的垫土层和活动面内，多数发现于这些堆积之中。

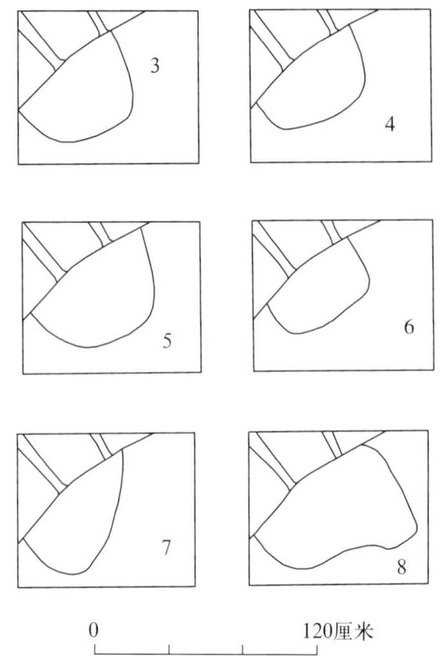

图2-59　一区一期F65第五层居住面上的6层灶址平面图

标本F65：35（#8150；S2962），石锤，残。石英。横截面为六边形。残长3.1、直径1.9、厚1.6厘米，重13.6克（图2-60，1；彩版四三，1）。

标本F65：10（#8098；S3322），石铲，残，磨制。流纹质熔结凝灰岩。扁薄体。残长8.4、残宽6.0、厚0.6厘米，重53.4克。

标本F65：14（#8145；S3335），石刀，残。砂岩。平面呈长方形，近背部对钻有双孔，刃部圆钝。残长9.6、宽4.0、厚1.1厘米，重67.5克（图2-60，2；彩版四三，2）。

标本F65：1（#8084；S3314），石镞。白云母板岩。平面为柳叶形，镞身横截面呈菱形，扁锥形铤。长7.2、宽1.7、厚0.8厘米，重9.8克（图2-60，3；彩版四三，3）。

标本F65：15（#8150；S3334），石镞，前端残。绿泥石或绿泥/角闪片岩。镞身横截面为菱形，前端残损处有一残圆孔，扁锥形铤，铤与镞身分界明显。长5.0、宽3.0、厚0.8厘米，重11.3克（图2-60，4；彩版四三，4）。

标本F65：32（#8084；S2948），石镞半成品，残。绿泥石或绿泥/角闪片岩。长5.4、宽4.5、厚1.5厘米，重40.8克（图2-60，5）。

标本F65：5（#8091；S3327），磨石。砂岩。平面为一端呈圆头的方形，磨面细而微内凹。长13.9、宽11.8、厚3.3厘米，重572.1克（图2-60，6；彩版四三，5）。

标本F65：8（#8098；S3328），磨石，残。砂岩。平面为不规则形，磨面微内凹。残长11.4、残宽10.7、厚3.3厘米，重284.7克（图2-60，7）。

标本F65：22（#7035；S3059），磨石，残。花斑岩。不规则形。长3.3、宽2.7、厚0.7厘米，重6.6克。

标本F65：23（#7045；S2974），磨石，残。砂岩。不规则形，磨面粗糙。长2.7、宽1.6、厚1.3厘米，重6.2克。

标本F65：24（#7045；S3058），磨石，残。砂岩。不规则形，磨面粗糙。长2.9、宽2.4、厚1.3厘米，重8.5克。

标本F65：25（#7045；S3020），磨石。砂岩。平面近长椭圆形。长4.3、宽2.1、厚1.5厘米，重17.2克。

标本F65：26（#7051；S2983），磨石，残。砂岩。平面近长方形，磨面细而平整。长8.3、宽6.0、厚2.0厘米，重138.6克（彩版四三，6）。

标本F65：27（#8069；S2786），磨石，残。花斑岩。不规则形，磨面平整。长8.7、宽6.3、厚4.8厘米，重271.2克。

标本F65：28（#8069），磨石，残。砂岩。平面近方形，磨面略粗而内凹。长4.1、宽3.4、厚1.9厘米，重36.2克。

标本F65：30（#8084；S2954），磨石，残。花斑岩。不规则形，磨面较平。长7.3厘米，宽6.9、厚4.2厘米，重231.5克。

标本F65：33（#8098；S2968），磨石，残。砂岩。平面近长方形，磨面细而微内凹。长9.2、宽5.6、厚3.1厘米，重203.6克（彩版四三，7）。

标本F65：36（#8690；S2737），磨石，残。砂岩。平面为不规则形，磨面微内凹。长9.1、宽6.0、厚1.3厘米，重18.8克。

标本F65：4（#8091；S3325），打磨/抛光石器。石英/石英岩。不规则形。长9.2、宽7.2、厚3.1厘米，重315.7克。

标本F65：13（#7031；S3271），残石器。流纹质熔结凝灰岩。残碎成若干块。重70.7克。

标本F65：29（#8084；S2947），残石器。绿泥石或绿泥/角闪片岩。不规则形。长2.9、宽2.9、厚1.3厘米，重10.4克。

标本F65：20（#7031；S2759），内部石片。绿泥石或绿泥/角闪片岩。不规则形。长1.2、宽2.3、厚0.5厘米，重1.4克。

标本F65：21（#7031；S2774），次级石片。绿泥石或绿泥/角闪片岩。不规则形。长3.2、宽3.0、厚1.0厘米，重8.9克（彩版四三，8）。

标本F65：31（#8084；S2957），次级石片。流纹质熔结凝灰岩。长8.6、宽4.5、厚2.3厘米，重94.6克（彩版四三，9）。

标本F65：34（#8147；S2965），初级石片。绿泥石或绿泥/角闪片岩。长1.1、宽2.5、厚0.5厘米，重1.3克。

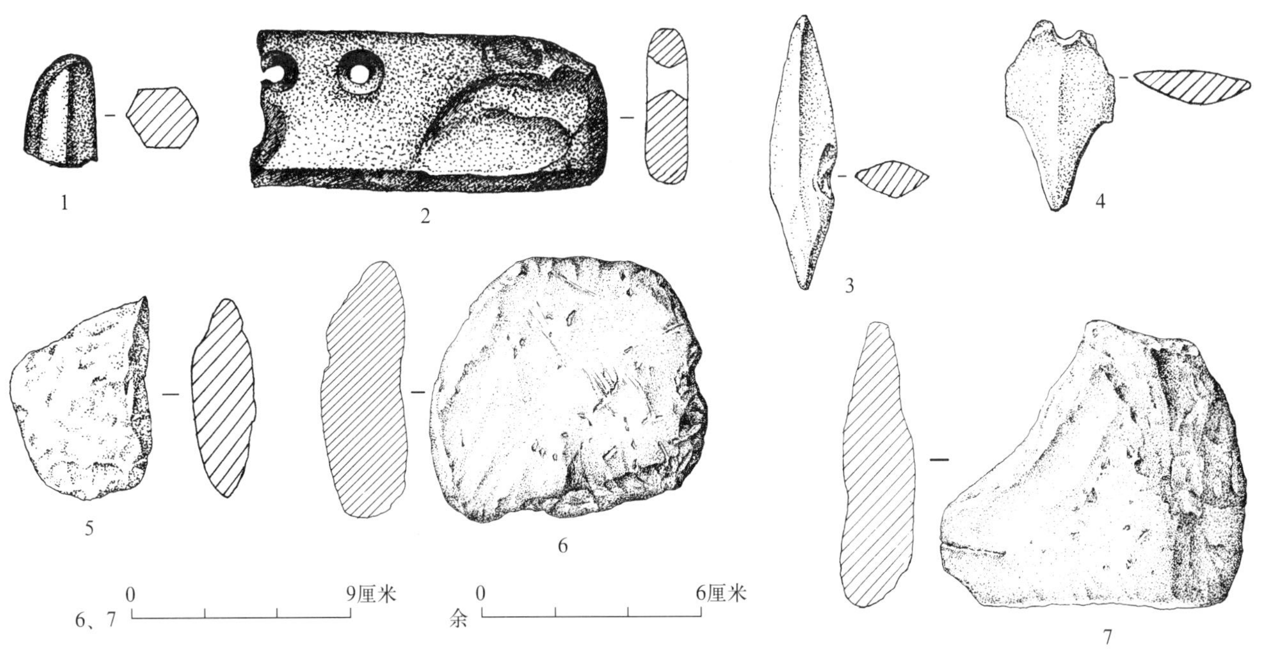

图2-60　一区一期F65出土石器

1. 石锤F65：35　2. 石刀F65：14　3、4. 石镞F65：1、F65：15　5. 石镞半成品F65：32　6、7. 磨石F65：5、F65：8

标本F65：9，鬶，出自F65东南部房外第二层活动面下垫土内。夹砂白陶，外有一层白色陶衣，大部褪去。高流，圆唇，沿微卷，长颈，袋足，把手和实足尖残失。颈下部有两周凹弦纹，袋足上有两周凸棱，流根部有对称的一对小泥饼，鬶侧面中间袋足凸棱上部有一对对称的小泥饼，袋足两凸棱之间残余小泥饼3个。残高36.2、厚0.3～0.5厘米（图2-61，1；彩版四四，1）。

标本F65：2，罐。泥质红陶。残存底部。腹部以上残失，下腹内收较急，小平底内凹。素面。底径6.0、残高6.2、厚0.2～0.4厘米（图2-61，2）。

标本F65：18，罐，出自F65东南部房外第二层活动面下垫土内。泥质黑陶。口部残失，圆肩，鼓腹，下腹急收成小平底，平底内凹。内壁有轮制时留下的瓦棱痕迹，器表经磨光处理。颈肩交界处有一道台阶状凸起和一周凹弦纹，鼓腹处有两周凹弦纹。最大腹径14.5、底径6.8、残高7.8、厚0.1～0.4厘米（图2-61，3）。

标本F65：6，壶，出自F65东南部房外第二层活动面下垫土内。泥质黑皮陶，灰胎。口残、直颈较粗，弧肩，圆鼓腹，下腹急收成小平底，平底内凹。器表经磨光处理，颈部残留两周凸棱，腹

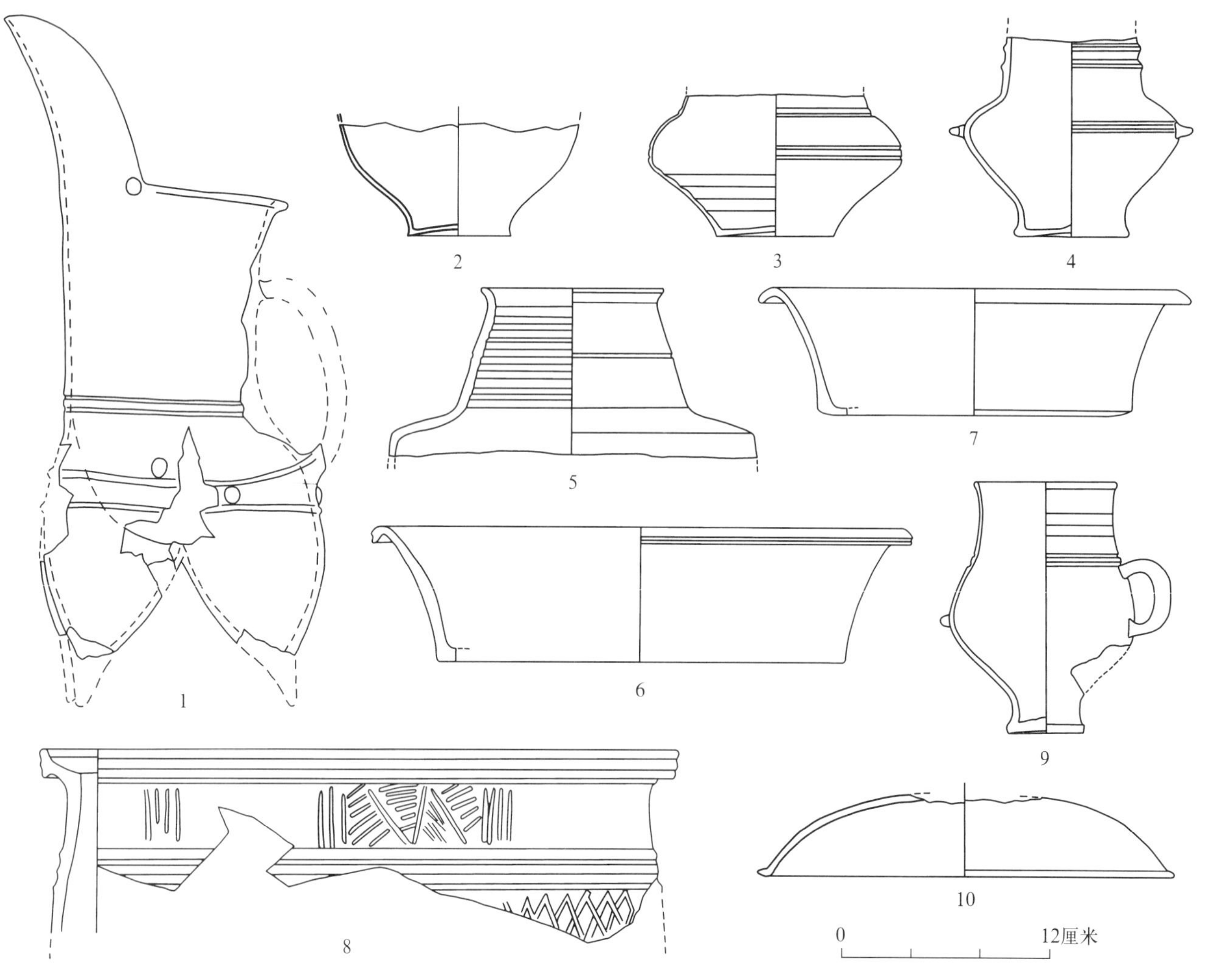

图2-61　一区一期F65出土陶器

1．鬶F65：9　2、3．罐F65：2、F65：18　4、5．壶F65：6、F65：7　6、7．大平底盆F65：12、F65：19　8．鼓腹盆F65：11　9．鼓腹单耳杯F65：16　10．覆盘形器盖F65：17

部有两周凹弦纹和一对对称的小横耳。残口径7.1、最大腹径12.4、底径6.5、高10.8、厚0.2～0.4厘米（图2–61，4；彩版四四，2）。

标本F65：7，壶，出自F65东南部房外第二层活动面下垫土内。泥质浅灰褐陶。圆唇，沿微卷，斜直口，斜折肩，肩以下残失。器表经磨光处理，颈部有一周凹弦纹。口径10.6、肩径21.3、残高9.4、厚0.6～0.7厘米（图2–61，5）。

标本F65：12，大平底盆，出自F65西南部房外第三层活动面下垫土内。夹砂黑皮陶，灰胎，含云母。敞口，圆唇，卷沿，斜腹，平底残失。内外均经磨光处理，唇面有一周凹弦纹。口径31.2、底径23.6、高7.6、厚0.4～0.7厘米（图2–61，6）。

标本F65：19，大平底盆，出自F65西南部房外第五层活动面下垫土内。泥质浅灰褐陶。敞口，圆唇，卷沿，斜腹，平底残失。素面。口径24.8、底径18.0、高7.1、厚0.4～0.8厘米（图2–61，7；彩版四四，3）。

标本F65：11，鼓腹盆，出自F65东南部房外第二层活动面下垫土内。泥质黑皮陶，深灰色胎。方唇，沿内侧有宽凹槽，短颈，腹部及以下残失。器表和口沿内侧经磨光处理。唇部有两周凹槽，颈肩之交有三周凸棱；颈部刻成组的竖条纹，4根一组，之间或刻正倒三角纹；肩部刻划网格纹。口径38.0、残高10.4、厚0.52～0.75厘米（图2–61，8；图2–21，1）。

标本F65：16，鼓腹单耳杯，出自F65东南部房外第二层活动面下垫土内。泥质黑皮陶，胎和内壁为灰色。尖圆唇，直口，粗长颈，溜肩，鼓腹，下腹急收成小平底，平底微内凹。肩腹之交有泥条做成的半环形把手。颈部有三周凹弦纹，颈腹交界处有两周凹弦纹。把手对面一侧有一盲鼻。口径8.2、底径4.4、高14.0、厚0.15～0.3厘米（图2–61，9；彩版四四，4）。

标本F65：17，覆盘形器盖。泥质黑陶，灰胎。纽部残，圆弧形盖面，窄沿。素面。口径24.0、残高4.3、厚0.3～0.4厘米（图2–61，10）。

4．F45

位于E4T2449、T2448和T2499。开口于⑦c层之下，并被F32、F42、F34、F35等打破，房址又打破⑦d层和⑦e层。从总体上看，房址的北半部分保存相对较好，由于部分墙体向房内倒塌，故呈现出比较复杂的面貌，一定程度上阻碍了最初发现时对其性质的认识。房址中部及以南部分则破坏十分严重，地面基本不存，墙体也仅剩下最底部的一层，并且被晚期房子的基槽破坏，在认识了房子的性质之后才复原出其形状和范围（图2–62；彩版四五，1）。

F45为圆形地面式建筑，室内直径2.50米，室内使用面积约5平方米。土坯墙体结构，最高处尚保存有0.31米。墙下挖有2.0厘米左右深的浅槽，将土坯置于槽内，然后向上垒砌土坯墙。土坯采用质地较粗的棕红色黏土做成，绝大多数损坏较甚，大小和尺寸不辨，个别清楚者长约40.0、宽25.0、厚5.0厘米。从保存较好的局部痕迹看，墙体为土坯错缝垒砌，土坯与土坯之间亦用细腻的黄色黏泥黏合，缝宽3.0～6.0厘米。墙体内侧局部保留比较清楚的泥面墙皮，系用细腻的黄色黏泥涂抹而成，厚度2.0～5.0厘米。

室内地面局部保存两层铺垫土。室内居住面整体上不甚平整，并略呈东高西低。可能主要是因为F45建筑在较为松软的灰土层之上，而时间久了，自然会发生地面甚至整个建筑下沉的现象。

上层垫土厚约3.0～4.0厘米，灰褐色土（10YR5/3），结构紧密，质地坚硬。表面经过加工和人

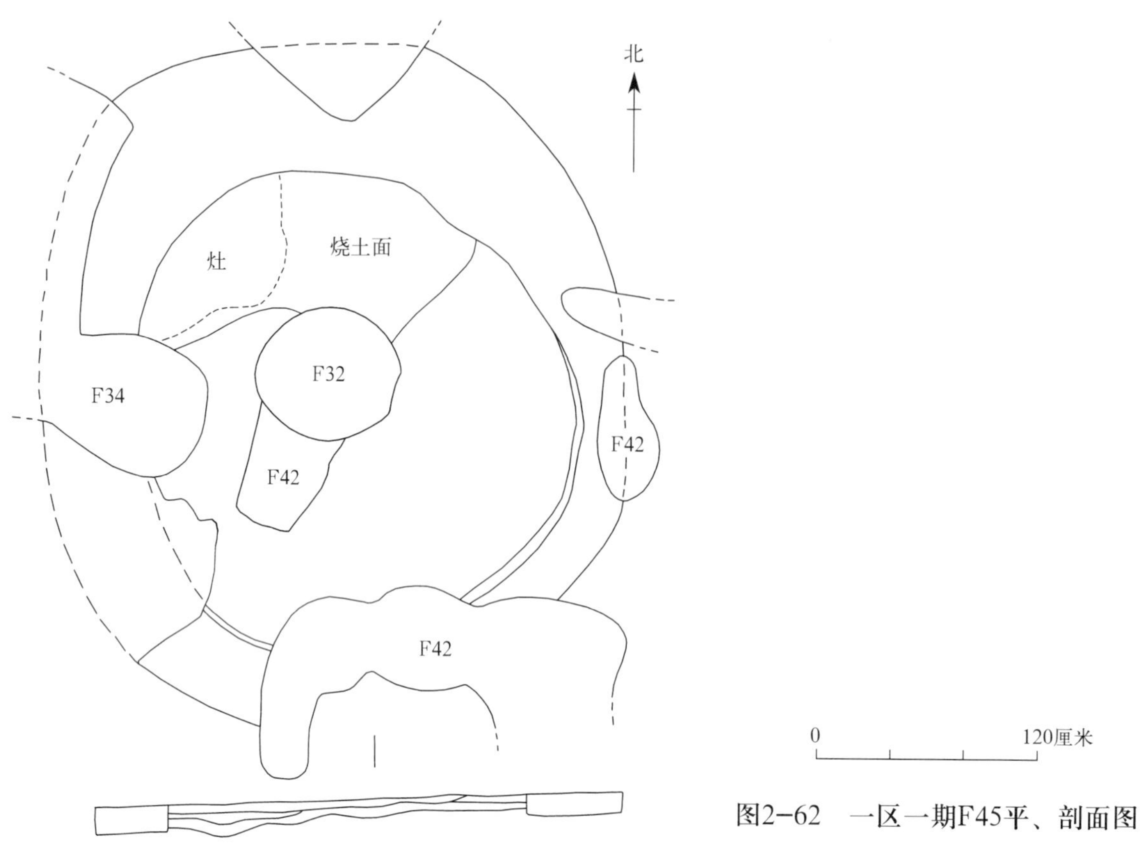

图2-62　一区一期F45平、剖面图

的长期践踏。整个西北及正北部为烧土面，呈砖红色，但烧面极薄。从位置上看，这里极可能有一部分为灶址，但面积过大，用火且不集中，而且与整个地面连成一体，没有单独处理。其他部分多为灰褐色，中部偏西残存一条绿色地面，东西两侧均被破坏，厚0.5厘米左右，系用当地的一种绿色岩石粉末铺成，较为特殊。

下层垫土比较一致，厚4.0～6.0厘米，均用黄褐色土（5YR5/3）铺垫和加工而成，质地坚硬。室内西北角有一近似扇形烧土面叠压于活动面之上，中心下凹，最长1.12、最宽0.58米，厚3.0～6.0厘米。从结构、范围和位置（两城镇此期之后的房内灶址，基本都位于室内西北部）等分析，应该是F45的下层灶址所在。

室内中心部位恰好被F32的基槽打透，所以不能确定是否存在中心柱。不过从其他保存较好的圆形房屋的情况看，应该在室内中部设置中心柱。

由于被破坏的原因，亦未发现门道。F45墙体有两处被完全破坏不存，一是正南位置，一是正西位置。正西紧靠灶址，似不应该是供人进出的门道。正南被F42基槽打掉的位置，则有可能是门道所在。

从层位上看，F45和F65均建筑于灰黑色土堆积之上，形状、结构和大小十分接近，并且均为土坯墙体，灶也都建于室内西北部的墙边。所以，可以认为这两座房子的时间大体同时。至于与F39房屋组的关系，从位置上看，似不属同一组建筑。

除了以上明确的房址之外，在发掘到生土的探方中还发现一些零星的柱洞，共33个，为了节省篇幅，我们统一采用表格的形式予以说明（表2-2；图2-63）。这些柱洞分布的规律性不强，无

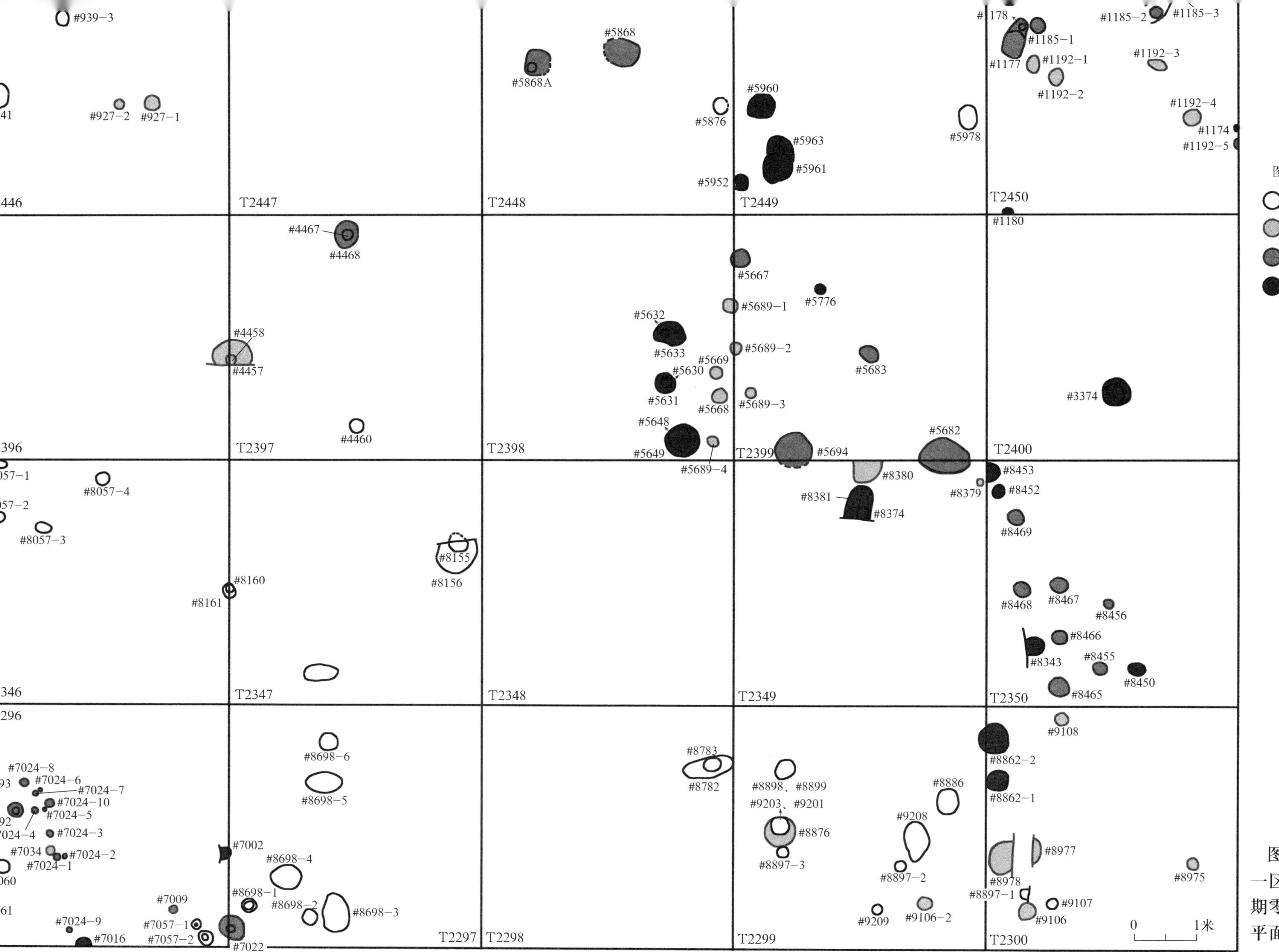

图2-63 一区一～四期零散柱洞平面分布图

表2-2 第一时期零散柱坑、柱洞登记表 （单位：厘米）

编号		位置	层位	开口海拔（米）		形状		尺寸（直径—深）		填土		备注
柱洞	柱坑			柱洞	柱坑	柱洞	柱坑	柱洞	柱坑	柱洞	柱坑	
#7057-1		E4T2296	F65→△→F65	14.88		圆形，平底		26-35		褐色（7.5YR4/2）		F65户垫土
#7057-2		E4T2296	F65→△→F65	14.86		圆形，圜底		14-10		褐色（7.5YR4/3）		F65户垫土
#7060		E4T2296	F65→△→⑦d	14.79		圆形，圜底		20-15		褐色（7.5YR4/2）		
#8698-1	#8698-1	E4T2297	⑦c→△→⑦d	15.15		圆形，圜底	圆形，圜底	16-16	24-16	黑色炭渣	黄褐色	
#8698-2		E4T2297	⑦c→△→⑦d	14.91		圆形，圜底		24-9		灰褐色		
	#8698-3	E4T2297	⑦c→△→⑦d		14.91		椭圆形，圜底		(63-40)-14		灰褐色（7.5YR3/1）	
	#8698-4	E4T2297	⑦c→△→⑦d		15.06		椭圆形，平底		(48-42)-15		黄褐色（10YR6/6）	
	#8698-5	E4T2297	F65→△→⑦d		15.14		椭圆形，圜底		(60-35)-14		黄褐色（10YR6/6）	
#8698-6		E4T2297	F65→△→⑦d	15.06		圆形，圜底		24-13			灰黑色（7.5YR2/1）	
	#8698-7	E4T2347	F65→△→⑦d	15.14			椭圆形，圜底	(52-26)-20			灰黑色（7.5YR2/1）	
#8783	#8782	E4T2298	⑦c→△→F39	15.47		圆形，平底	椭圆形，平底	30-32	(80-34)-12	浅黑色（7.5YR3/1）	灰褐色（10YR4/2）	
	#8886	E4T2299	⑦c→△→M60	15.46			椭圆形，圜底		(40-34)-15		黄褐色（10YR3/2）	
#8897-1		E4T2299	G16、F57→△→⑦d	15.48		圆形，圜底		18-11		黄灰色（10YR4/4）		
#8897-2		E4T2299	⑦c→△→⑦d	15.5		圆形，圜底		20-10		灰褐色（10YR4/1）		
#8897-3		E4T2299	H401→△	15.48		圆形，圜底		20-20		灰色（10YR3/1）		

#8898	#8899	E4T2299	⑦d→△→⑦e	15.23		圆形，圜底	近圆形，圜底	20–20	34–20	黄灰色（10YR7/3）	灰色（10YR4/1）	
#9203	#9201	E4T2299	⑦d→△→⑦e	15.25		圆形，圜底	圆形，圜底	11–20	29–38	黄褐色（10YR6/6）	灰色（10YR4/1）	
	#9208	E4T2299	⑦c→△→⑦d	15.44			椭圆形，圜底		(64–40)–29		灰褐色（10YR3/2）	
#9209		E4T2299	⑦d→△→⑦e	15.33		圆形，圜底		16–26		灰褐色（7.5YR4/3）		
#9107		E4T2300	G11→△→⑦e	15.22		圆形，圜底		18–12		黄褐色（10YR4/3）		
#8075–1		E4T2346	⑦c→△→H298	15.13		椭圆形，平底		(20–15)–4		黄褐色（7.5YR6/5）		
#8075–2		E4T2346	⑦c→△→H298	15.10		圆形，平底		24–9		黄褐色（7.5YR6/5）		
#8075–3		E4T2346	⑦c→△→H298	15.09		椭圆形，圜底		(25–18)–17		黄褐色（7.5YR6/5）		
#8075–4		E4T2346	⑦c→△→H298	15.15		圆形，平底		22–14		黄褐色（7.5YR6/5）		
♯8155	♯8156	E4T2347	⑦c→△→⑦d	15.39		圆形，平底	圆形，圜底	30–35	64–10	黄褐色（5YR4/3）	灰褐色（7.5YR4/3）	
♯8160	♯8161	E4T2347	⑦c→△→⑦d	15.23		圆形，圜底	圆形，圜底	10–23	24–10	灰褐色（7.5YR4/1）	浅灰色（2.5YR4/2）	
#4460		E4T2397	⑦c→△	15.35		圆形，平底		23–28		灰褐色（7.5YR4/1）		
#939–1		E4T2446	⑦c→△→⑦d	15.35		圆形，圜底		22–24		灰褐色（7.5YR4/1）		
#939–2		E4T2446	⑦c→△→⑦d	15.36		圆形，圜底		17–11		灰褐色（7.5YR4/2）		
#939–3		E4T2446	⑦c→△→⑦d	15.36		圆形，圜底		24–18		灰褐色（7.5YR4/2）		
	#941	E4T2446	⑦c→△→H309		15.15		圆形，平底		40–36		黑灰色（7.5YR2.5/1）	
#5876		E4T2448	⑦c→△→⑦d	15.55		圆形，圜底		26–20		灰褐色		
#5978		E4T2449	⑦c→△→⑦d	15.39		椭圆形，圜底		(38–26)–44		黑灰色（10YR5/6）		

法将它们与特定的房址相联系。关于其中所说的柱坑和柱洞，我们是这样理解的：人们在埋设柱子时，预先挖一个比柱子直径粗的坑，将柱子立于坑中，然后在柱子周围填土打实，这个坑就是柱坑；柱子腐烂或被移走，空下来的位置就是柱洞；当然，如果柱子不粗，也有把柱子直接打进土中的情况，或者挖一个与柱子等粗的洞，这样就会留下与柱子等粗的柱洞。于是，在考古发掘中，通常会碰到三种与立柱有关的情况：第一种是只发现柱坑，没有找到其中的柱洞，柱坑一般尺寸较大；第二种是有两圈遗迹，外圈是柱坑，内圈为柱洞；第三种是只发现有柱洞，柱洞的尺寸一般较小，多数在20厘米以内。这些情况在考古发掘中都会碰到，第二、三种情况较好理解，第一种情况要现场具体分析。两城镇发现的龙山文化柱洞，三种情况都存在。此期发现单纯的柱坑7个，单纯的柱洞20个，柱坑和柱洞复合的6个。

（二）灰坑

灰坑数量较多，共清理28座。灰坑比较集中地分布于F39的西侧和东侧两片，其他地段只是零星发现。灰坑的形状有圆形、椭圆形、方形和不规则形等。

1．H279

位于E4T2450东部，向东延伸至探方之外。开口于⑦c层下，打破⑦d层。形状不甚规则（图2−64），坑口出露部分长径2.48、短径0.32、深0.28米。填土分为两层，上层为浅灰色土（干10YR4/1），下层为灰色土（干10YR4/1），结构疏松。出土有陶鬶、圈足盘等陶器残片（表2−3）。

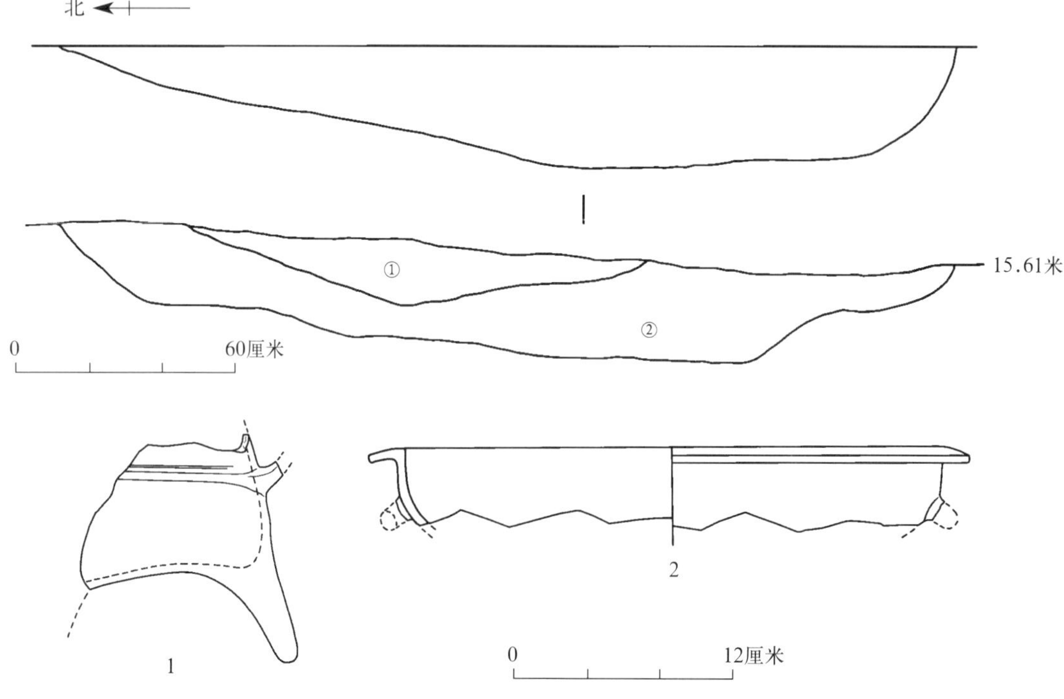

图2−64　一区一期H279平、剖面图及出土陶器

1．鬶H279①：1　2．圈足盘H279①：2

表2-3　H279陶片统计表

陶质/陶色/数量/纹饰	泥质				夹砂					夹云母滑石	总计	百分比（%）
	黑	灰	褐	合计	黑	灰	褐	白	合计			
凸弦纹	9	2		11	14	2			16		27	4.15
凹弦纹	9	2		11	24	3			27		38	5.85
堆　纹					1		5		6		6	0.92
泥　饼	2			2	2				2		4	0.62
盲　鼻		1		1							1	0.15
镂　孔							1		1		1	0.15
素　面	138	22	10	170	285	62	47	4	398	5	573	88.16
累　计	158	27	10	195	326	67	53	4	450	5	650	100
百分比（%）	24.31	4.15	1.54	30	50.15	10.31	8.15	0.62	69.23	0.77	100	
重量（千克）	1.26	0.33	0.05	1.64	2.59	0.62	0.76	0.05	4.02	0.04	5.7	

标本H279②：3（#1186；S2188），打磨/抛光石器。平面近椭圆形。长2.4、宽1.9、厚0.8厘米，重6.0克。

标本H279②：4（#1186；S2202），打磨/抛光石器。平面近三角形。长1.8、宽1.6、厚1.0厘米，重5.4克（彩版四六，1）。

标本H279①：1，鬶。夹砂黄褐陶。只存一足及把手部分，斜腹，裆近平，高实足。足上方有把手痕迹。腹部有一周凸棱。残高11.7、厚0.4～0.6厘米（图2-64，1）。

标本H279①：2，圈足盘。泥质灰陶。直口微敞，圆唇，宽平沿，折腹，以下残。内外表均经磨光处理。沿面有一周浅刻划纹，折腹处有对称的小横耳一对。口径29.4、残高3.6、厚0.5～0.6厘米（图2-64，2）。

2．H280

位于E4T2400、T2450之间。开口于⑦c层下，被M49打破，打破⑦d层。平面近椭圆形，斜壁，圜底（图2-65；彩版四五，2）。坑口长径2.08、短径1.64、深0.52米。填土分为两层：上层为灰色土（10YR3/2），掺杂许多炭粒及红灰褐色土，结构疏松，出土有鼎足、鬶把、陶盆、陶罐、陶鼎等陶器残片（表2-4）。下层较薄，主要为草木灰（10YR2/1），底部有类似于席子的编织物。每层各收集浮选土样1份5升，各采集植硅体样品1份共200克。

标本H280②：3（#3384；S1904），石锛，残。流纹质熔结凝灰岩。平面为长方形，斜刃外弧。残长3.9、宽2.2、厚2.2厘米，重27.6克（图2-66，1）。

标本H280：10（#3383；S1873），磨石，残。砂岩。不规则形，磨面略细而平整。长4.9、宽4.5、厚1.7厘米，重48.5克。

标本H280：11（#3383；S1865），石料。花岗岩。长5.8、宽4.1、厚1.6厘米，重36.3克。

标本H280①：8，罐形鼎。泥质黑陶。肩以上残失，斜肩，鼓腹，平底内凹，三铲形足。鼓腹处有一周凹弦纹，其上有盲鼻一对。底径5.2、残高5.5、厚0.2、底厚0.6厘米（图2–66，2）。

标本H280①：4，鼎足。夹砂灰陶。整体呈铲形，足尖部对捏成薄刃状。长7、最宽4.5、厚1.0厘米（图2–66，3）。

标本H280①：5，鬶把。夹砂红陶。象征性绞丝把手，断面近圆形。长9.0、宽2.5、厚1.2厘米（图2–66，4）。

标本H280①：7，罐。夹砂红褐陶，颜色斑驳不纯。圆唇，折沿，斜肩，以下残失。肩部饰一周凹弦纹。口径16.0、残高4.0、厚0.4厘米（图2–66，5）。

标本H280②：9，大平底盆。泥质黑陶。大敞口，尖圆唇，卷沿，斜壁，下部残失。内外表均经磨光处理。残高6.0、厚0.5厘米（图2–66，6）。

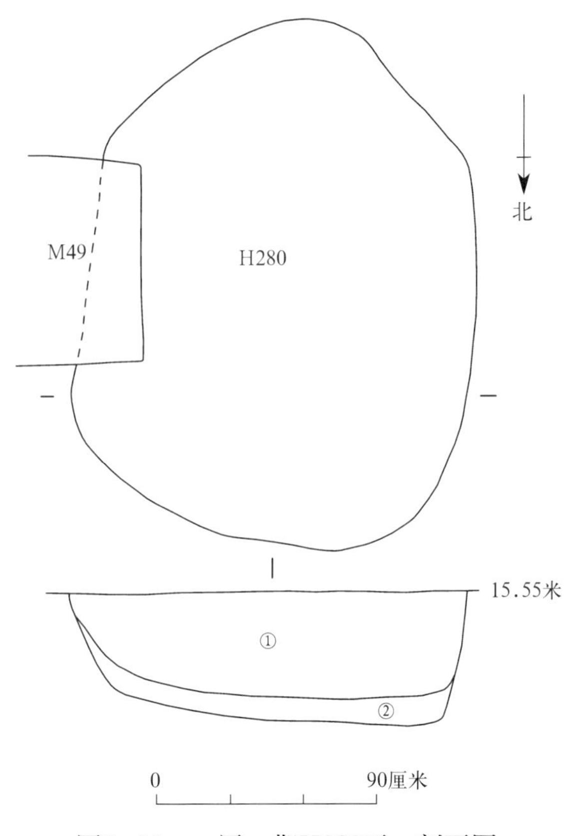

图2–65　一区一期H280平、剖面图

表2–4　H280陶片统计表

数量 陶质/陶色/纹饰	泥质		夹砂					总计	百分比（%）
	黑	合计	黑	灰	褐	白	合计		
凸弦纹	10		11	2	1	1	15	25	5.71
凹弦纹	10		16	2	1		19	29	6.62
篮　纹			13	3			16	16	3.65
堆　纹			2		3		5	5	1.14
泥　饼				1			1	1	0.23
盲　鼻	1							1	0.23
素　面	135		151	26	44	4	225	360	82.19
花　边			1					1	0.23
累　计	156		194	34	49	5	282	438	100
百分比（%）	35.62		44.29	7.76	11.19	1.14	64.38	100	
重量（千克）	1.79		2.07	0.69	0.73	0.05	3.54	5.33	

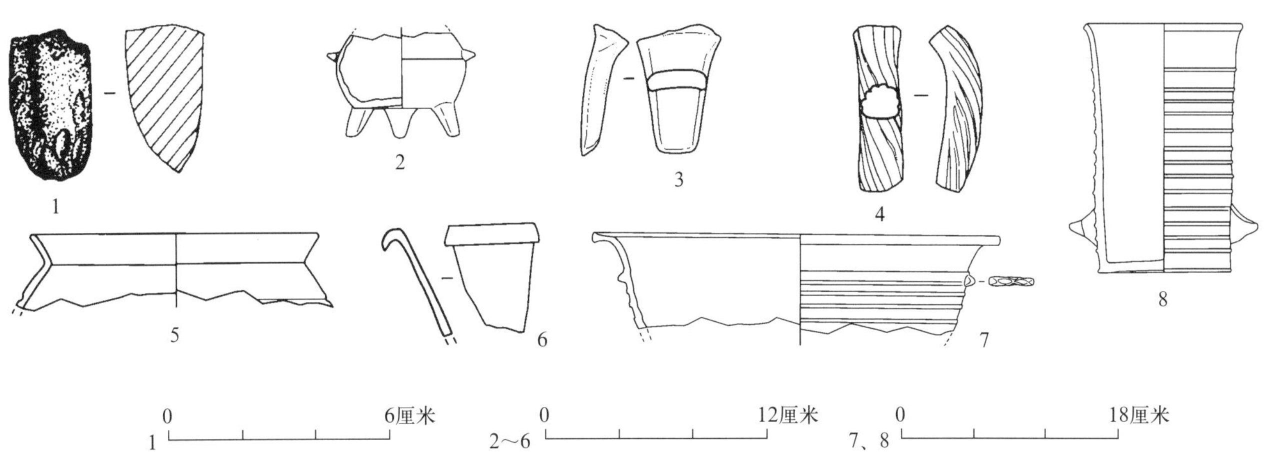

图2-66　一区一期H280出土器物

1. 石锛H280②：3　2、3. 鼎H280①：8、H280①：4　4. 鬶H280①：5　5. 罐H280①：7　6、7. 盆H280②：9、H280②：6　8. 筒形双耳杯H280①：2

标本H280②：6，盆。夹砂灰陶。方唇，宽折沿，沿面呈阶状，短颈，斜腹微外弧，下腹以下残失。颈以下饰五周细凸棱，最上两周凸棱之间有鸡冠耳。口径34.0、残高8.4、厚0.3～0.6厘米（图2-66，7）。

标本H280①：2，筒形双耳杯。夹细砂黑陶。口微外侈，筒状直腹，平底微内凹。腹壁近底部有一对小贯耳。通体饰十四周凸棱。口径12.8、底径11.0、高20.0、厚0.3～0.5厘米（图2-66，8）。

3. H283

位于E4T2400东部，向东伸出东壁。开口于⑦b层下，被H277和H308打破，打破生土。圆形，平底（图2-67）。坑口出露部分直径1.32、深0.25米。填灰色土（7.5YR3/1）。出土有单耳罐、器盖等陶器残片。收集浮选土样1份10升，采集植硅体样品2份共200克。

标本H283：3（#3369；S1590），磨石，残。花斑岩。横截面为长方形。长4.1、宽3.8、厚2.8厘米，重82.1克。

标本H283：1，鼓腹单耳杯。夹砂灰黑陶。侈口，尖唇，折沿，粗长颈，圆鼓腹，平底，一侧口沿与腹部之间有宽带形把手，残。器表经磨光处理，颈、肩部有三周凸棱并饰两个小泥饼。口径12.0、最大腹径15.7、底径8.7、高12.9、厚0.2～0.4厘米（图2-67，1；彩版四七，1）。

标本H283：2，覆盆形器盖。泥质灰陶。顶部残，盖面微隆，窄平沿外卷。盖面中部一周凹弦纹。口径36.0、残高6.5、厚0.4～0.6厘米（图2-67，2）。

4. H285

位于T2450、TT2499之间。开口于⑦d层下，打破G11。平面不甚规整，斜壁平底（图2-68）。坑口长径1.66、短径1.38、深0.27米。填灰色土（10YR4/1），出土有陶罐、鬶足等陶器残片及残损的动物牙齿等。收集浮选土样1份 5升，采集植硅体样品1份150克。

标本H285：4，鬶足。夹细砂红陶。袋足，锥状高足。袋足上部有两周凸棱。残高10.0、最宽7.0、厚4.0厘米（图2-69，1）。

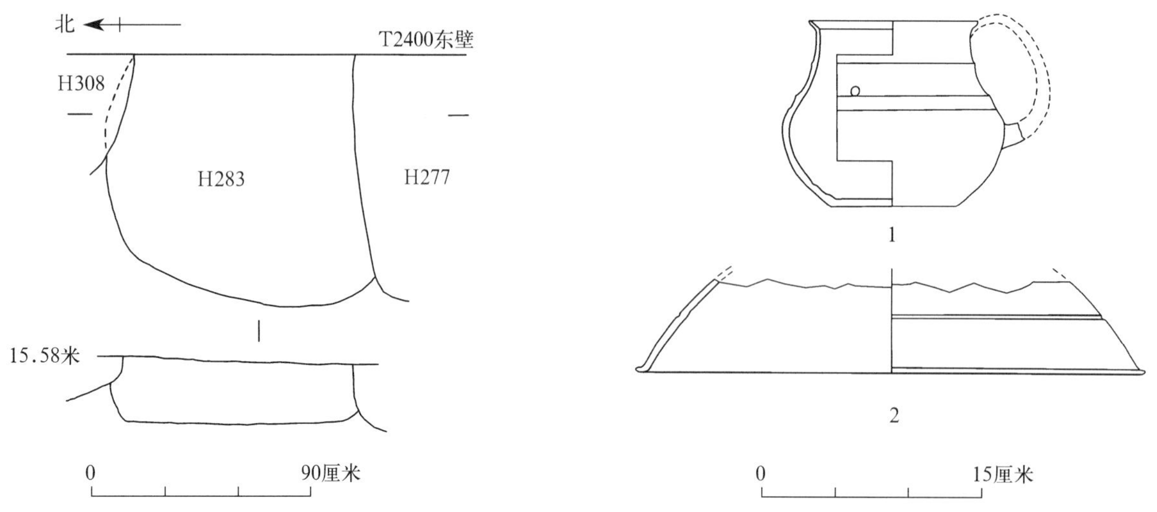

图2-67　一区一期H283平、剖面图及出土陶器

1．鼓腹单耳杯H283：1　2．覆盆形器盖H283：2

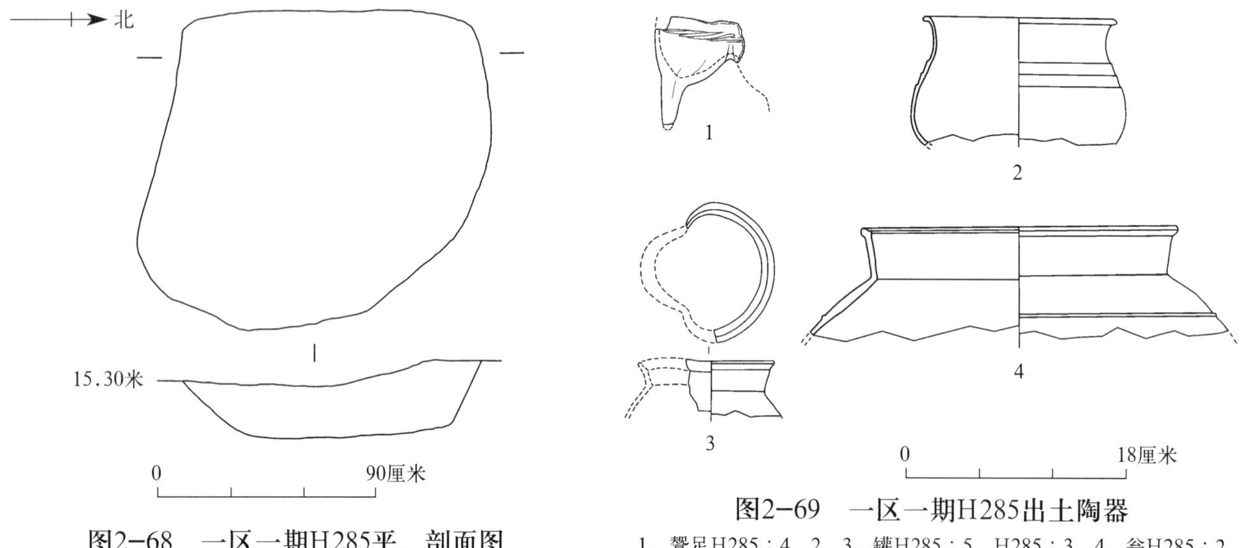

图2-68　一区一期H285平、剖面图

图2-69　一区一期H285出土陶器

1．鬶足H285：4　2、3．罐H285：5、H285：3　4．瓮H285：2

标本H285：5，罐。泥质黑陶。侈口，圆唇，卷沿，束颈，溜肩，鼓腹，以下残失。器表经磨光处理，肩部有三周凸棱。口径16.0、残高10.0、厚0.3～0.4厘米（图2-69，2）。

标本H285：3，带流罐。夹砂黑陶。侈口，圆唇，折沿，内壁折沿处转角突出，有颈，斜肩，肩以下残失。素面。口径11.0、残高4.4、厚0.4厘米（图2-69，3）。

标本H285：2，瓮。夹砂灰陶。直口略外侈，圆唇，窄折沿，沿面内凹，中颈，广肩，以下残失。肩部有一周凸棱。口径26.2、残高8.6、厚0.6厘米（图2-69，4）。

5．H297

位于E4T2397、T2396之间。开口于⑦c层下，打破H298、H306。椭圆形，斜壁平底（图2-70）。坑口长径1.86、短径1.04、深0.32米。填土分为两小层，上层为灰褐色土（10YR5/1），下

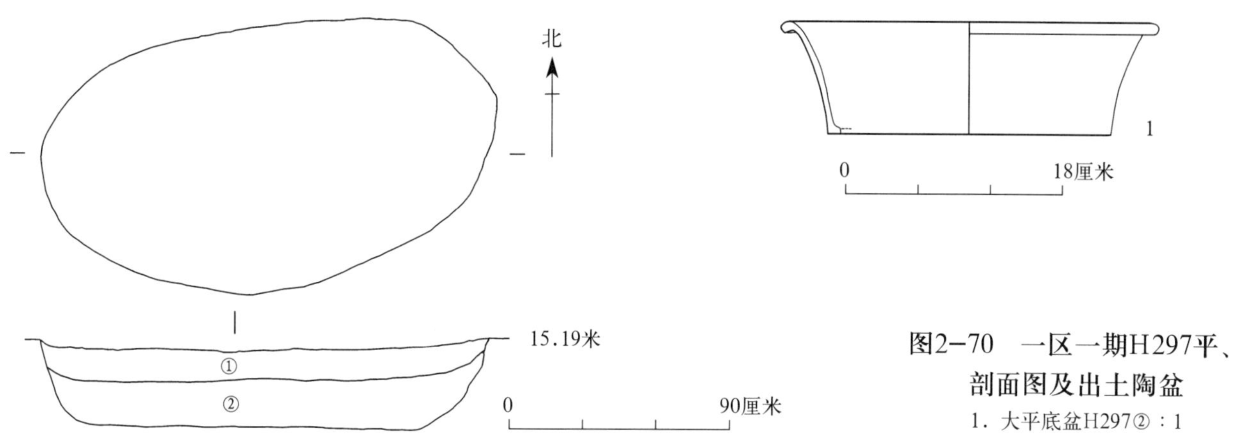

图2-70　一区一期H297平、剖面图及出土陶盆

1. 大平底盆H297②：1

层为黄褐色土（10YR5/1）。出土有陶盆等陶器残片。

标本H297②：1，大平底盆。泥质黑陶。敞口，圆方唇，卷沿，斜腹，平底残。内外表均经磨光处理，素面。口径32.0、底径24.0、高9.2、厚0.4～0.8厘米（图2-70，1）。

6．H298

跨E4T2396、T2397、T2446三个探方。开口于⑦c层下，被F21、H297、H306等打破，打破H422。不规则形，平底（图2-71）。坑口长径5.20、短径3.42、深0.48米。坑内堆积可分为两层，上层以灰褐色土（2.5YR5/2）为主，下层为黑灰色土（5YR4/1），质地较硬。出土有部分石器和鼎、瓮、匜、罐、器盖等陶器残片（表2-5）。收集浮选土样 1个5升，采集植硅体1个100克，采集碳十四测年样品1个。

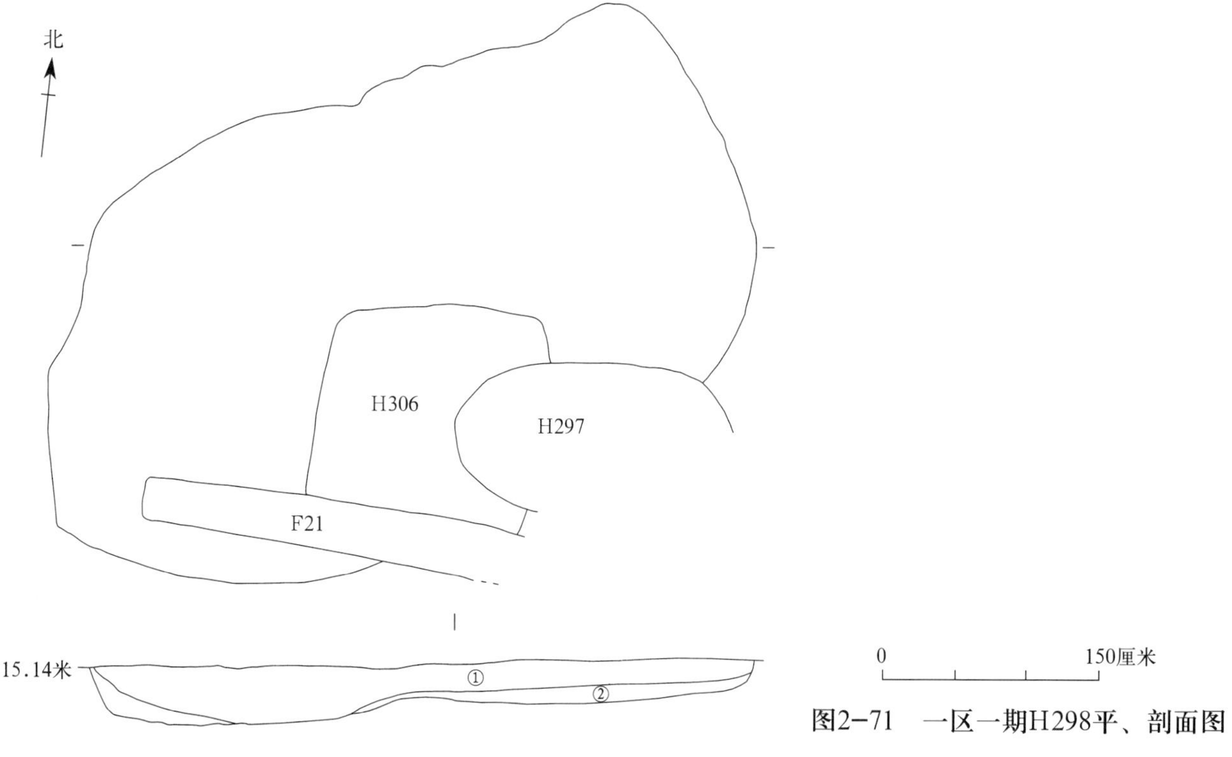

图2-71　一区一期H298平、剖面图

表2-5　H298陶片统计表

陶质/数量/陶色/纹饰	泥质			夹砂						夹云母滑石	总计	百分比（%）
	黑	灰	合计	黑	灰	褐	白	红	合计			
凸弦纹	7	2	9	19	3	4	5		31	1	41	4.64
凹弦纹	27	5	32	75	28	6		1	110		142	16.08
篮　纹				1					1		1	0.11
堆　纹	1	1	2	3				1	4		6	0.68
泥　饼							1		1		1	0.11
盲　鼻	2	1	3								3	0.34
镂　孔								1	1		1	0.11
陶　索	1		1								1	0.11
花　边				2					2		2	0.23
素　面	197	37	234	322	63	32	5	20	442	9	685	77.58
累　计	235	46	281	422	94	42	11	23	592	10	883	100
百分比（%）	26.61	5.21	31.82	47.79	10.65	4.76	1.25	2.61	67.05	1.14	100	
重量（千克）	3.08	0.61	3.69	4.95	1.28	0.52	0.22	0.53	7.5	0.19	11.38	

标本H298②：3（#757；S1699），石锛。流纹质熔结凝灰岩。平面和横截面均为长方形，短斜单面刃。长8.6、宽4.8、厚1.8厘米，重189.9克（图2-72，1；彩版四六，2）。

标本H298②：18（#757；S1855），石锤。石英/石英岩。平面为椭圆形。长3.7、宽2.1、厚1.1厘米，重12.3克（彩版四六，3）。

标本H298②：19（#757；S1850），石锤。花岗岩。平面近长方形。长11.3、宽6.3、厚5.1厘米，重616.7克（图2-72，2）。

标本H298②：4（#757；S1693），石刀，残。花斑岩。平面为长方形，单面刃，近背部残存一孔，系对钻而成。残长6.8、宽4.7、厚0.8厘米，重48.3克（图2-72，3；彩版四六，4）。

标本H298①：20（#756；S1678），石镞。白云母板岩。平面近梭形，横截面为梯形。长5.2、宽1.5、厚0.5厘米，重4.0克（彩版四六，5）。

标本H298②：5，罐形鼎。侈口，尖唇，斜折沿，溜肩，圆腹，平底略内凹，三足残失。腹上部有两周凹弦纹。口径11.6、最大腹径10.4、底径6.4、残高8.6、厚0.3厘米（图2-72，4；彩版四七，2）。

标本H298②：11，罐形鼎。夹砂灰陶。侈口，圆唇，折沿，溜肩，以下残失。肩腹部尚存有五周凹弦。口径16.0、残高6.8、厚0.4厘米（图2-72，5）。

标本H298①：1，盆形鼎。夹砂灰陶。敛口，尖唇，宽平沿，折腹，上腹较浅外鼓，下腹深而较直，近底部及三足残缺。沿下残存一对横耳，腹部有十二周凹弦纹。口径32.0、残高16.2、厚

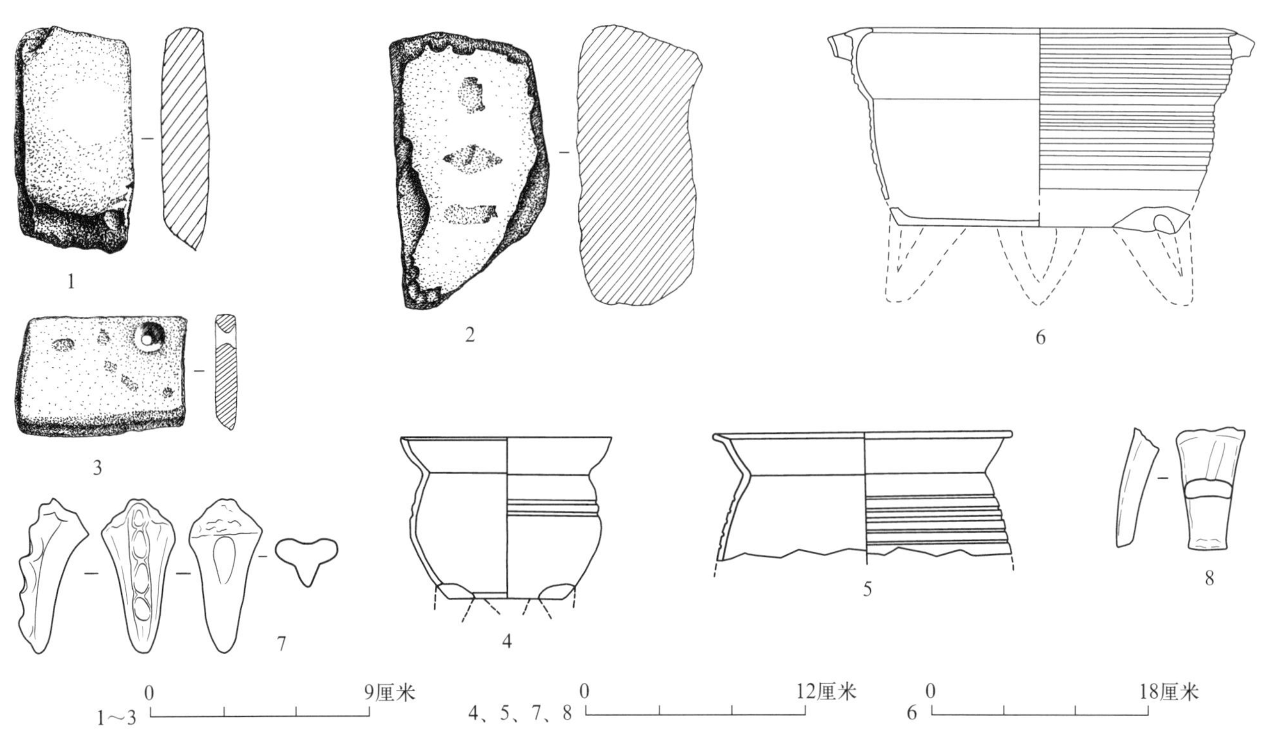

图2-72　一区一期H298出土器物

1．石锛H298②：3　2．石锤H298②：19　3．石刀H298②：4　4、5．罐形鼎H298②：5、H298②：11　6．盆形鼎H298①：1　7、8．鼎足H298②：12、H298②：13

0.3～0.6厘米（图2-72，6）。

标本H298②：12，三角形鼎足。夹砂黑陶，外表烧成红褐色。正面近长三角形。正面中部附加一条纵向齿状堆纹，内侧面上部有一竖条形凹窝。残高8.1厘米（图2-72，7）。

标本H298②：13，铲形鼎足。夹砂黑陶，外表烧成黄褐色。正面呈上宽下窄的梯形，足下部捏成刃状。素面。残高6.3厘米（图2-72，8）。

标本H298①：14，中口罐。夹砂灰陶。侈口，圆唇，折沿，沿面有一周凹槽，溜肩，鼓腹，以下残失。器表经磨光处理。鼓腹部有一周凹弦纹。口径18.0、残高6.6、厚0.4～0.5厘米（2-73，1）。

标本H298①：2，罐。夹砂灰黑陶，褐胎。大口，方唇，卷沿，沿面有一周凹槽，深腹，下腹斜收较甚，小平底残。腹部饰七周凸弦纹。口径37.2、底径12.0、最大腹径40.4、高43.0厘米（图2-73，3）。

标本H298①：8，陶瓮。夹砂灰陶。直口，圆唇，颈较高，广肩，肩部以下残失。颈部饰三周凹弦纹。口径28.6、残高6.0、厚0.4～1.2厘米（图2-73，2）。

标本H298②：6，钵。夹砂黑陶，灰胎。敛口，圆唇，腹部斜直内收，平底。内外表均经磨光处理。沿外侧下部饰有一周宽附加堆纹，内外沿均按压成索状。上腹部饰有三周细凹弦纹。口径41.0、底径18.0、高12.8、厚0.4～0.7厘米（图2-73，4）。

标本H298②：9，圈足盘。泥质黑陶。圆唇，大宽沿中部上凸，弧形盘壁，以下残失。内外表均经磨光处理，素面。口径31.0、残高4.0、厚0.5厘米（图2-73，5）。

标本H298①：10，圈足盘。泥质黑陶。圆唇，宽平沿，沿面近唇处一周浅凹槽，盘腹圆折，以

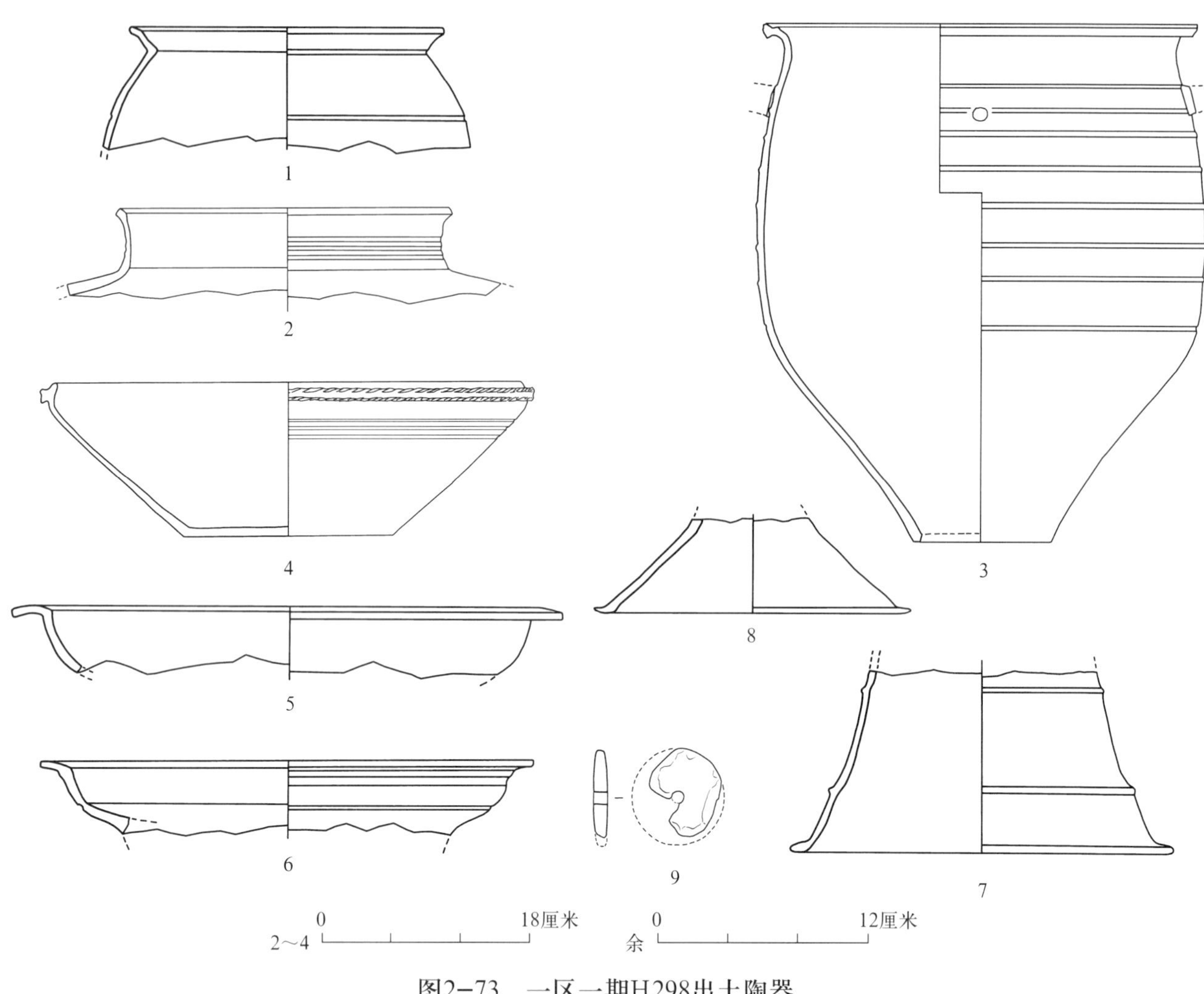

图2-73　一区一期H298出土陶器

1、3．罐H298①：14、H298①：2　2．瓮H298①：8　4．钵H298②：6　5、6．圈足盘H298②：9、H298①：10　7．圈足H298①：15　8．覆碗形器盖H298①：16　9．纺轮H298②：17

下残失。内外壁均经磨光处理。折腹处有一周细凹弦纹。口径28.0、残高4.0、厚0.4厘米（图2-73，6）。

标本H298①：15，圈足。泥质黑陶。略呈上细下粗的筒形，窄沿，圆唇，斜直壁，中部以上残失，应为豆类器物的圈足。器表经磨光处理。上下各有一周凸棱。底径22.0、残高9.8、厚0.4～0.6厘米（图2-73，7）。

标本H298①：16，覆碗形器盖。夹砂黄褐陶。顶面残失，斜弧形盖面，尖圆唇，平折沿。器表经磨光处理，素面。口径18.0、残高5.6、厚0.3～0.7厘米（图2-73，8）。

标本H298②：17，纺轮。泥质黑陶，褐胎。扁平微鼓，素面。直径5.4、厚0.8厘米（图2-73，9）。

7．H304

位于E4T2396、T2446之间，开口于⑦c层下，打破F50和⑦d层。不规则形，近圜底（图2-74）。坑口长径2.10、短径1.60、深0.24米。内填黑褐色土（7.5YR3/1），出土有石器、陶工具和圈足盘、鬶等陶器残片。

标本H304：2（#938；S2130），石锛。流纹质熔结凝灰岩。平面和横截面均为长方形，剥落较甚。长11.8、宽3.3、厚4.3厘米，重331.6克（彩版四六，6）。

标本H304：1（#938；S2128），调色板。富含白云母的熔结凝灰岩。平面为三角形，扁平体，正面为暗红色。长11.4、宽10.5、厚1.2厘米，重206.7克（图2–75，2，彩版四六，7）。

标本H304：5，鬶。夹砂黄褐陶，外表施白陶衣。腹部以上残，分裆，袋足，仅存一足。腹部与袋足交接处残存一周凸棱。残高11.6、厚0.4～0.6厘米（图2–75，3）。

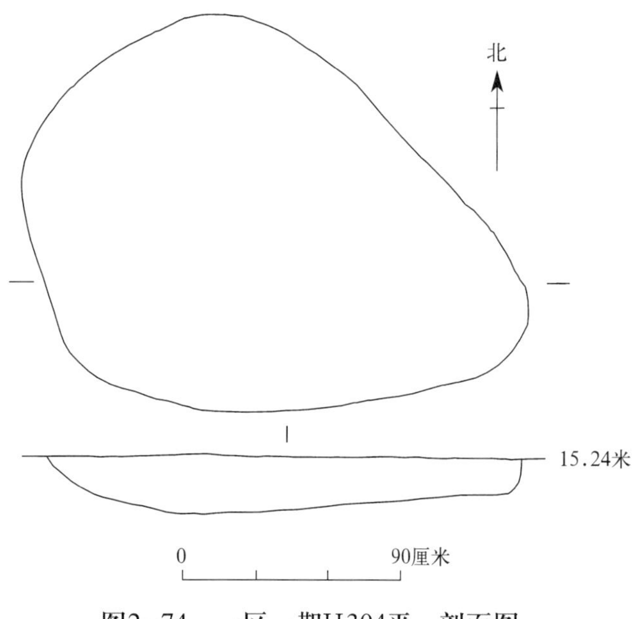

图2–74　一区一期H304平、剖面图

标本H304：4，圈足盘。泥质黑陶。敞口，大宽沿平折，圆唇，盘壁圆折，底部及以下残失。内外壁均经磨光处理，素面。口径32.0、残高3.7、厚0.4～0.7厘米（图2–75，4）。

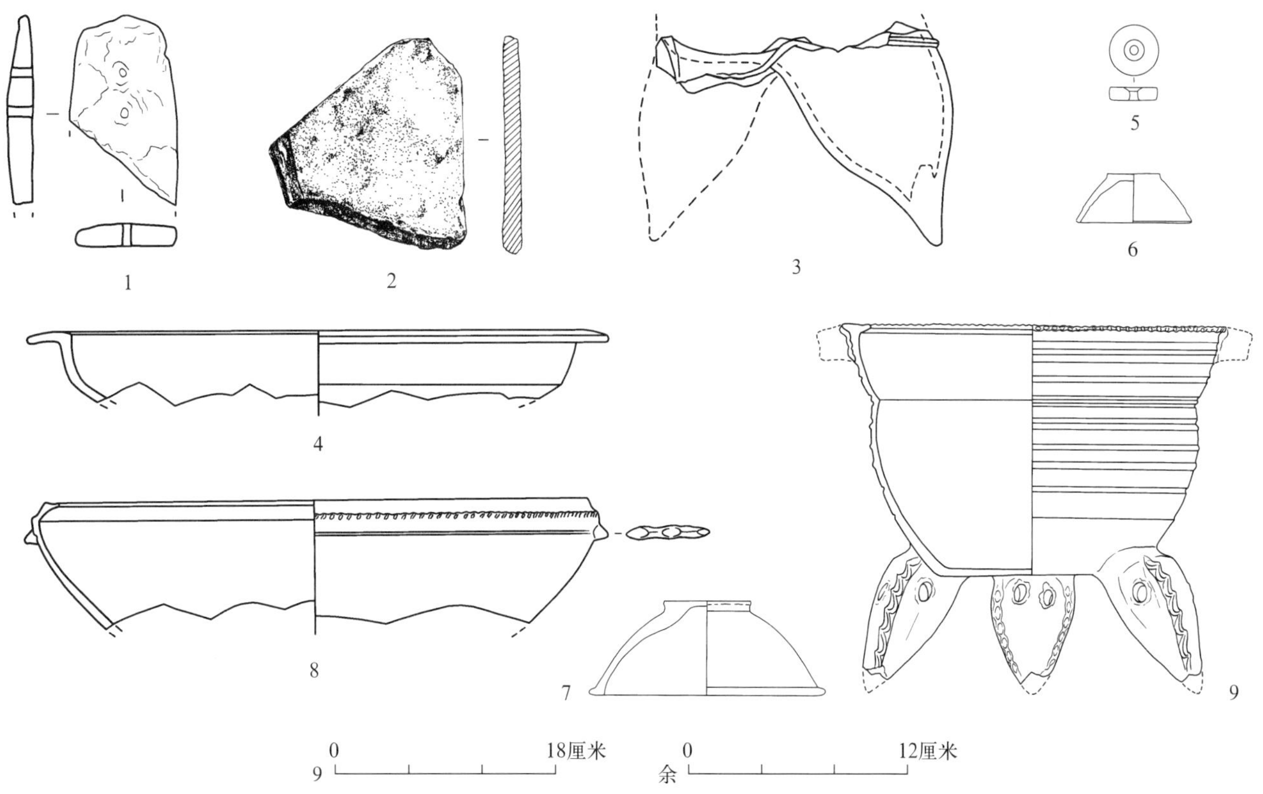

图2–75　一区一期H304～H307、H311出土器物

1．穿孔陶工具H304：3　2．调色板H304：1　3．鬶H304：5　4．圈足盘H304：4　5．纺轮H305：1　6、7．覆碗形器盖H311：1、H306②：1　8．钵H307：1　9．盆形鼎H307：2

标本H304：3，穿孔陶工具。夹砂黑陶。平面呈圆头长方形，形状似石斧上半部，较薄，一端残失，中间部位纵向排列两个小圆孔。一面经磨光处理。残长10.0、残宽5.9、厚0.8～1.3厘米（图2–75，1）。

8．H305

位于E4T2400、T2350之间。开口于⑦d层下，打破G11。近似圆角方形，圜底（图2–76）。坑口长径1.20、深0.38米。填灰色土（7.5YR3/1），出土有纺轮及其他陶器残片。

标本H305：1，纺轮。夹砂红陶。侧边中部微凸，上下两面等径。直径2.6、孔径0.4、厚0.6厘米（图2–75，5）。

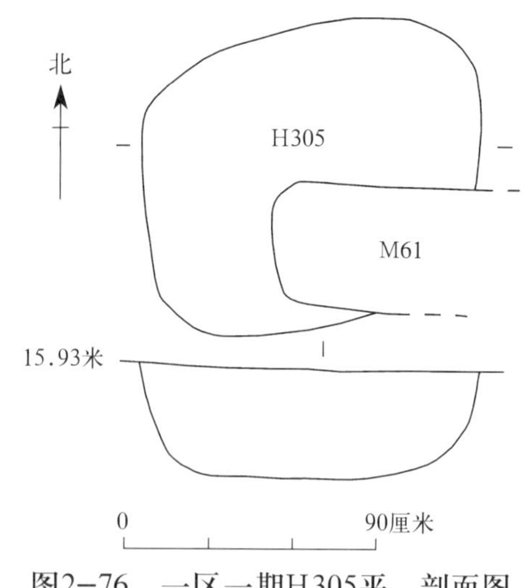

图2–76　一区一期H305平、剖面图

9．H306

位于E4T2346、T2396之间。开口于⑦c层下，被F21、H297打破，打破H298。近方形，斜壁平底（图2–77）。坑口长径1.52、短径1.48、深0.24米。填土分为两层，上层为红褐色土（10YR4/6），以红烧土堆积为主；下层为灰黑色土（10YR2.5/1），包含大量草木灰和烧土粒等。出土有器盖及其他陶器残片。收集浮选土样 1个5升，采集植硅体样品1份100克。

标本H306②：1，器盖。夹砂黑陶。小平顶，弧腹，平沿外伸。素面。顶径4.8、口径13.1、高5.0、厚0.3～0.7厘米（图2–75，7）。

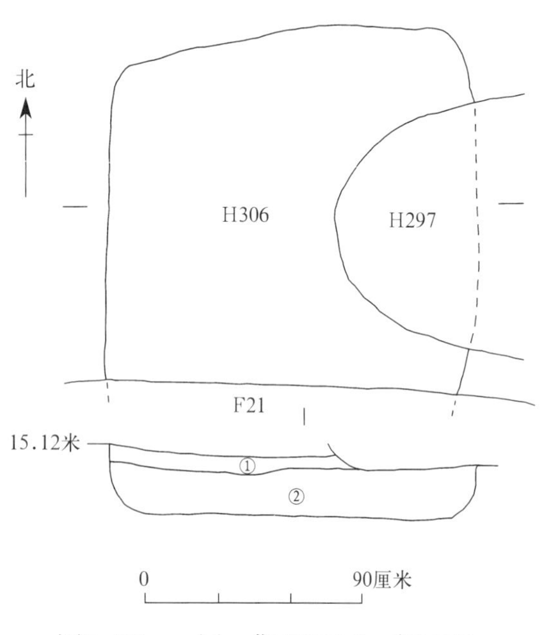

图2–77　一区一期H306平、剖面图

10．H307

位于E4T2399、T2449之间。开口于⑦d层下。圆形，近平底（图2–78）。坑口直径1.62、深0.26米。填暗灰色土（7.5YR3/2），出土鼎、钵等陶器残片。收集浮选土样1份10升，采集植硅体样品1份20克。

标本H307：2，盆形鼎。夹砂黑陶。敛口，宽平沿，沿面有两周凹槽，高领，束颈，鼓腹，平底，下接三鸟有眼首形足。沿下附一结横耳，残。器表经磨光处理。口沿外突出处饰一周花边状锯齿纹，器表有凹弦纹十一周。口径32.0、底径16.0、残高28.4、厚0.3～0.8厘米（图2–75，9）。

标本H307：1，钵。夹砂黑陶。敛口，窄沿，沿面有一周凹槽，斜腹，以下残失。器表经磨光处理。沿下外突处按压一周齿状纹，其下有两个对称的鸡冠状耳。口径30.0、残高6.8、厚0.3～0.7厘米（图2–75，8）。

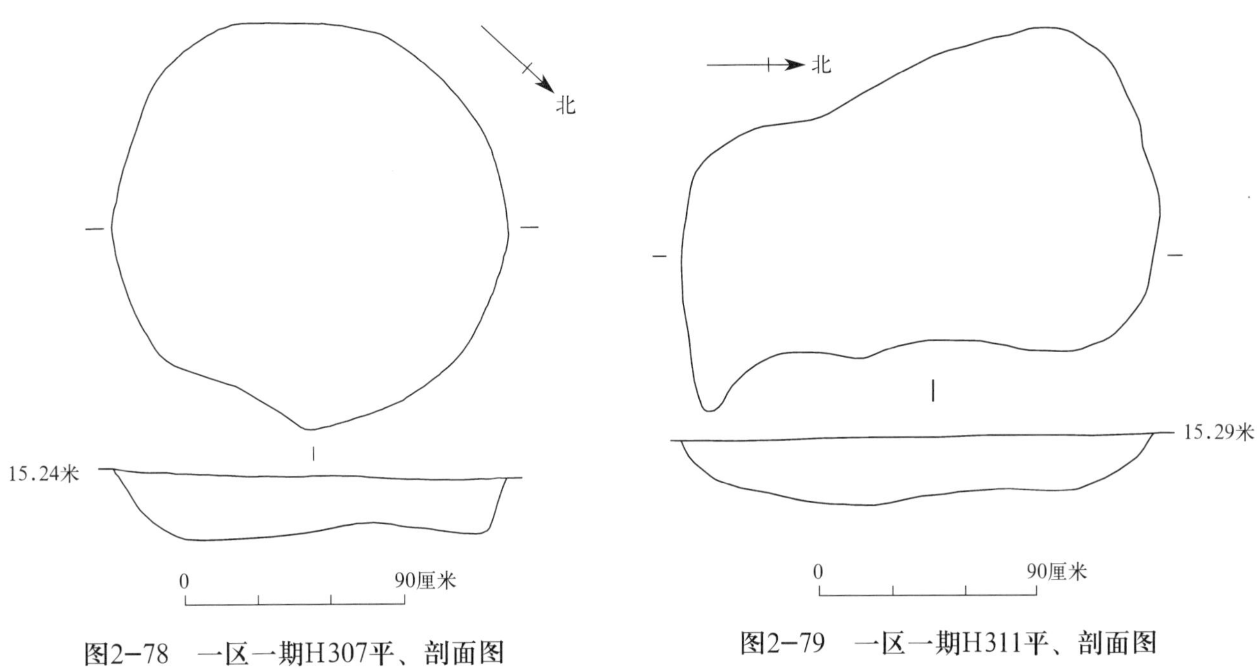

图2-78　一区一期H307平、剖面图

图2-79　一区一期H311平、剖面图

11．H311

位于E4T2399南部。开口于⑦c层下，东部被H293打破。平面近圆角长方形，斜壁，底部不平整（图2-79）。坑口长径1.98、短径0.92、深0.28米。填灰黑色土（10YR3/1），出土少量陶片等。

标本H311：1，覆碗形器盖。因埋藏原因陶色斑驳，夹砂灰陶。小平顶微内凹，盖面略弧。素面。顶径2.9、口径6.4、高2.6、厚0.2～0.5厘米（图2-75，6）。

12．H406

位于E4T2300东南，向东向南均延伸到探方之外，开口于⑦d层下，打破生土。圆角方形或长方形，斜壁近平底（图2-80；彩版四五，3）。坑口出露部分长径2.50、短径1.70、深0.43米。填土分为两层，上层为黄褐色土（10YR3/3），下层为灰色土（7.5YR2.5/1）。出土有鬶、鼎、罐、盆等陶器残片和磨石等残石器。收集浮选土样1份20升，采集植硅体样品1份50克。

标本H406②：5（#9102；S3192），磨石，残。花斑岩。不规则形。长13.0、宽12.0、厚9.3厘米，重1350克。

标本H406①：6（#8999；S2767），磨石，残。花斑岩。不规则四边形。长11.8、宽8.5、厚4.0厘米，重486.4克。

标本H406②：7（#9102；S3187），砾石砍砸器。带绿帘石斑点的流纹花岗岩。平面为方形。长15.5、宽14.2、厚5.7厘米，重1160.0克（彩版四六，8）。

标本H406①：2，罐形鼎。夹砂黑陶，褐胎。侈口，圆唇，折沿，沿面一周细凹弦纹，溜肩，以下残失。器表经磨光处理。沿外侧中部有凸棱，肩部存一周凹弦纹。口径17.0、残高5.2、厚0.4厘米（图2-81，1）。

标本H406①：1，鬶口沿。夹砂红陶，外施白陶衣。敞口，圆唇，卷沿。残高5.2、厚0.5厘米（图2-81，2）。

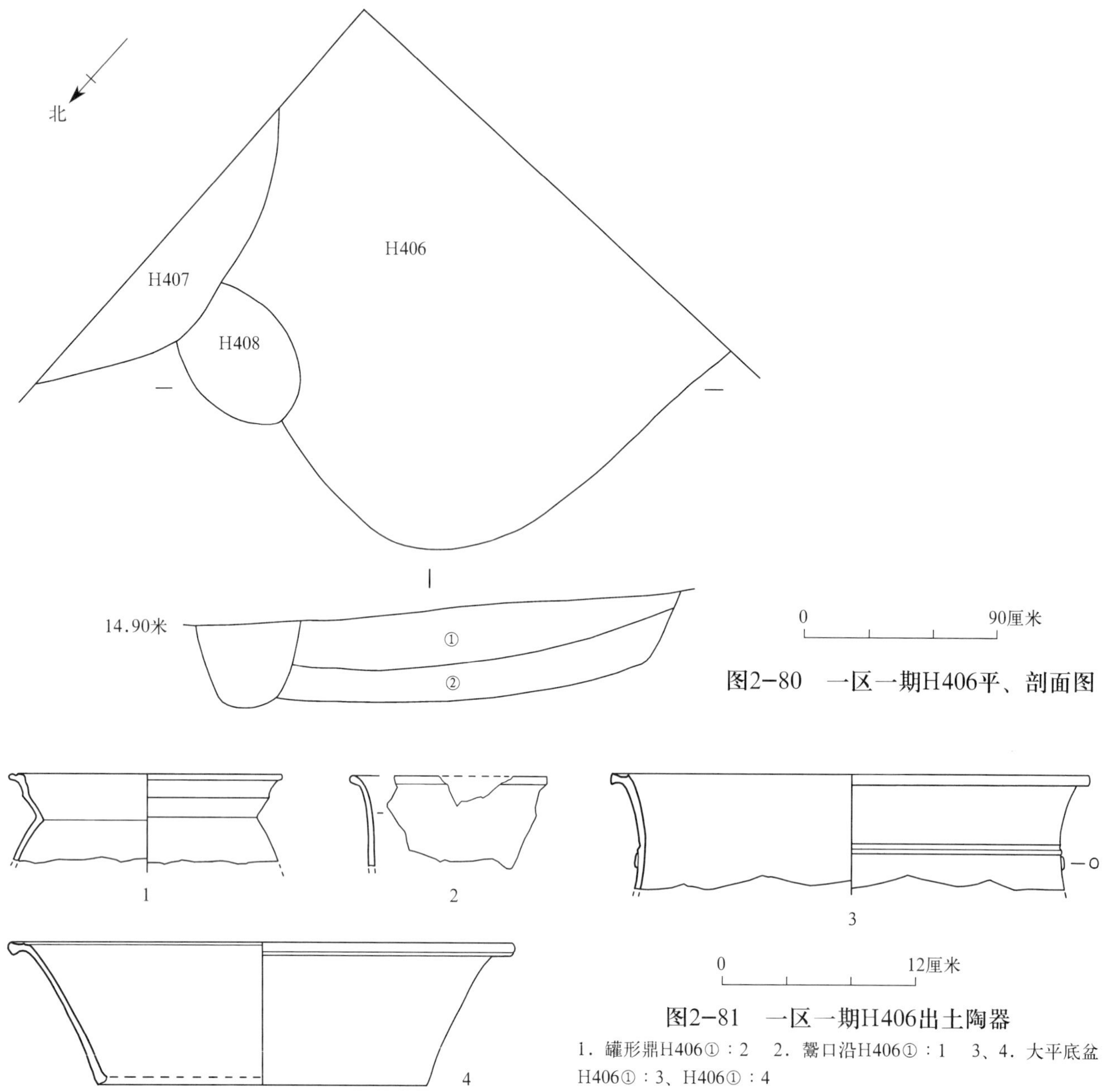

图2-80　一区一期H406平、剖面图

图2-81　一区一期H406出土陶器

1．罐形鼎H406①：2　2．鬶口沿H406①：1　3、4．大平底盆H406①：3、H406①：4

标本H406①：3，大平底盆。夹砂黑陶，灰胎。敞口，方唇，沿面有一周凹槽，腹微内束，底部残失。腹中部饰凸棱和凹弦纹各一周，凹弦纹下残存一小泥饼。口径30.0、残高7.0、厚0.5厘米（图2-81，3）。

标本H406①：4，大平底盆。夹细砂黑陶。大敞口，方唇，卷沿，沿面下凹，斜壁，腹略深，底部残失。内外壁均经磨光处理，素面。口径32.0、底径20.4、高8.6、厚0.4～0.6厘米（图2-81，4）。

13．H422

位于E4T2346、T2347之间，开口于⑦d层下，被H297、H298、H306、F21等打破，打破H426。

椭圆形，斜壁，平底（图2–82）。坑口长径2.68、短径1.62、深0.64米。填土分为两层，上层为灰褐色土（7.5YR3/1），下层为黑灰色土（10YR2/1），出土有鼎、罐、盆、器盖等陶器残片。收集浮选土样 1个20升，采集植硅体样品1份100克。采集碳十四测年样品1个。

标本H422②：1，罐形鼎。夹砂黑陶。侈口，圆唇，折沿，圆腹，平底，三足残失。内壁有轮制时形成的瓦棱痕迹。颈以下有三周凹弦纹。底之局部有火烧痕迹。口径10.3、底径8.0、残高9.0、厚0.3～0.45厘米（图2–83，1；彩版四七，3）。

标本H422②：3，单耳罐。夹砂黑陶。侈口，尖圆唇，沿面有一周凹槽，粗颈较高，斜肩，鼓腹，平底内凹，一侧口沿与鼓腹之间有把手痕迹。器内壁有轮制时形成的瓦棱痕迹。肩、腹部饰五周凹弦纹。口径10.8、最大腹径13.4、底径6.8、高11.0、厚0.3厘米（图2–83，2；彩版四七，4）。

标本H422②：4，瓮。夹砂黑陶。器体较高，侈口，方唇，唇面和沿内面各有一周凹槽，有颈，圆肩，圆腹，下腹斜收，平底。腹中部饰两周浅凹弦纹。口径17.5、最大腹径30.8、底径13.8、高36.8、厚0.3～0.7厘米（图2–83，3；彩版四七，5）。

标本H422②：5，盆。夹砂黑陶。方唇，平沿，沿面有一周宽凹槽，有颈，斜腹，底残。器表及口沿内侧经磨光处理。颈下残余两个附加堆鸡冠状泥条装饰（完整应有四个），腹饰十三周凸弦纹。口径33.0、残高16.9、厚0.4～0.6厘米（图2–83，4）。

标本H422②：2，覆碗形器盖。夹细砂黑陶，器体厚重。平顶，盖面短而斜直，圆唇，平沿。顶径5.5、口径11.2、高3.8、厚0.7～1.2厘米（图2–83，5；彩版四七，6）。

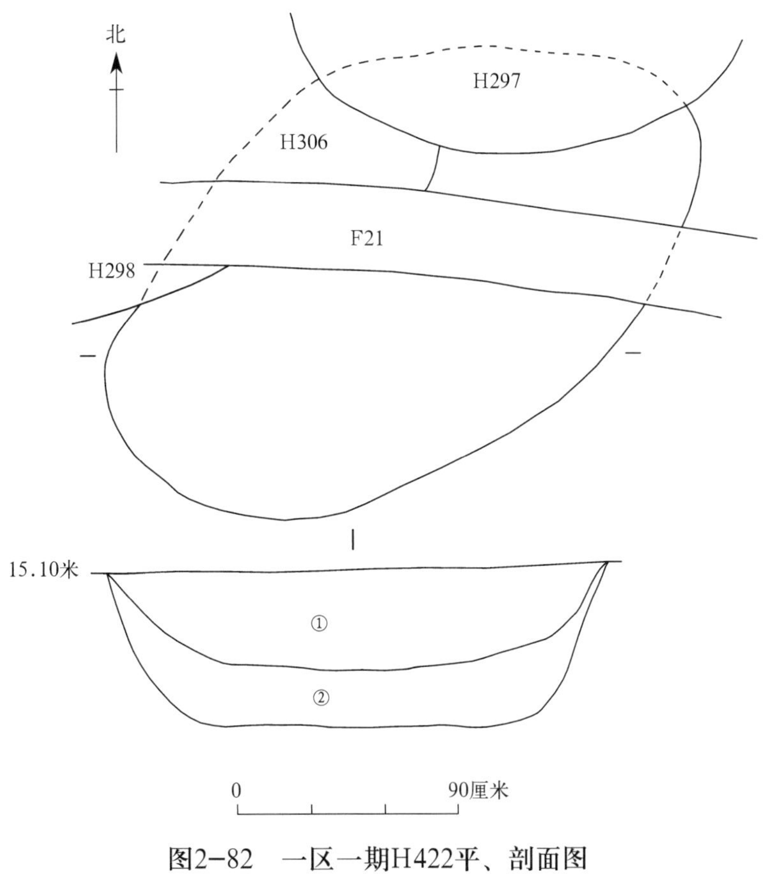

图2–82　一区一期H422平、剖面图

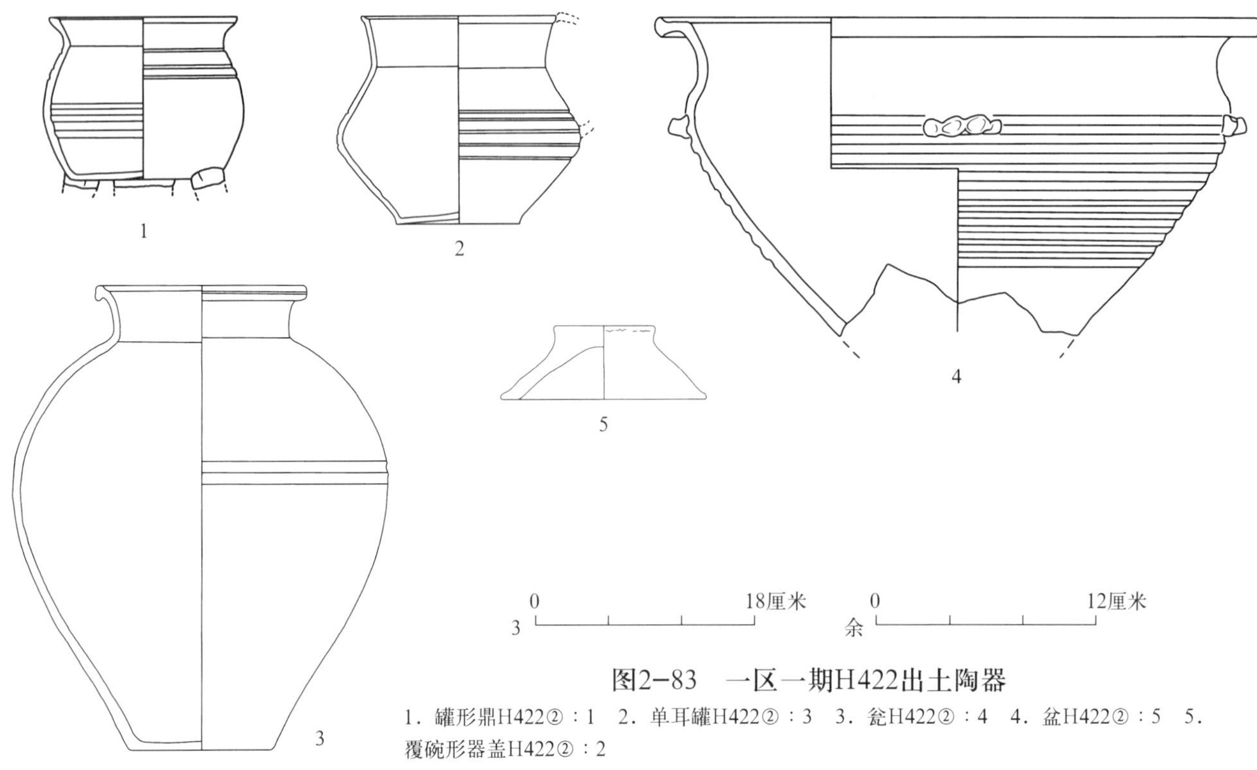

图2-83　一区一期H422出土陶器

1．罐形鼎H422②：1　2．单耳罐H422②：3　3．瓮H422②：4　4．盆H422②：5　5．覆碗形器盖H422②：2

14．H423

位于E4T2346东部。开口于F65房外垫土之下，打破生土。近圆形小坑，圜底（图2-84）。坑口直径0.52、深0.14米。填黑灰色土（10YR 3/1），出土可复原陶器有鼎等。

标本H423：2，单耳罐形鼎。夹砂黑陶。侈口，一侧有捏流，残，尖圆唇，折沿，圆肩，鼓腹，平底，三足残失。与流口相对的一侧肩腹之间有宽扁把手。肩部和下腹部各饰两周凹弦纹。口径13.0、底径10.0、高16.4、厚0.3厘米（图2-85，1）。

标本H423：3，罐形鼎。夹砂黑陶。侈口，尖唇，折沿，鼓腹，最大腹径居中，平底，铲形足。器表经磨光处理。肩腹之交饰两周凹弦纹。口径11.6、底径8.0、高14.4、厚0.3～0.5厘米（图2-85，2）。

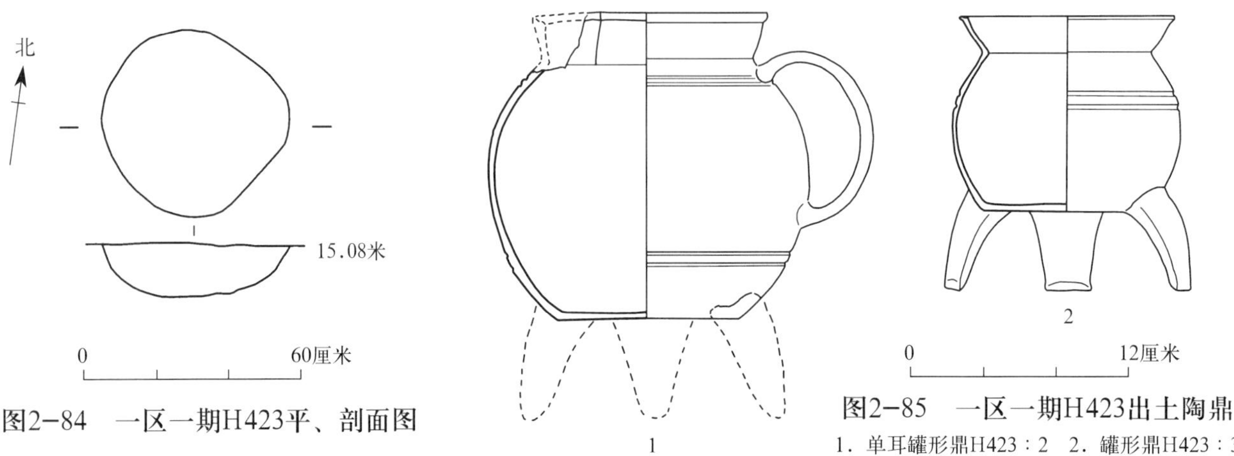

图2-84　一区一期H423平、剖面图

图2-85　一区一期H423出土陶鼎

1．单耳罐形鼎H423：2　2．罐形鼎H423：3

15．H426

位于E4T2346、T2347之间。开口于⑦d层下，被H422打破。椭圆形，斜壁，圜底（图2-86）。坑口长径1.84、短径1.41、深0.05米。填黑灰色土（7.5YR3/1），出土可复原陶器有鼎、匜、器盖。收集浮选土样 1个20升，采集植硅体样品1份50克。

标本H426：2，罐形鼎。夹砂黑陶，因埋藏原因变灰。侈口，方唇，折沿，鼓腹，平底，三凿形足残失。口沿上残留2个鸡冠状附加泥条（完整时应有4个），腹部有五周平缓的宽凸棱。口径11.8、最大腹径11.8、底径8.0、高12.6、厚0.2～0.5厘米（图2-86，1；彩版四七，7）。

标本H426：1，匜。夹砂黑陶，内壁为灰色。口沿残，一侧口部有流，流口为圆唇，器体为斜弧腹，小平底。口沿外侧有两周凸棱，凸棱上饰有按捺纹，流口下有一鸡冠状附加泥条装饰。口径34～36.4、底径12.7、高12.3、厚0.45～0.55厘米（图2-86，2；彩版四七，8）。

标本H426：3，覆碗形器盖。夹砂灰陶。顶部残失，盖面隆起，口微内敛。口径10.0、残高3.4、厚0.3厘米（图2-86，3）。

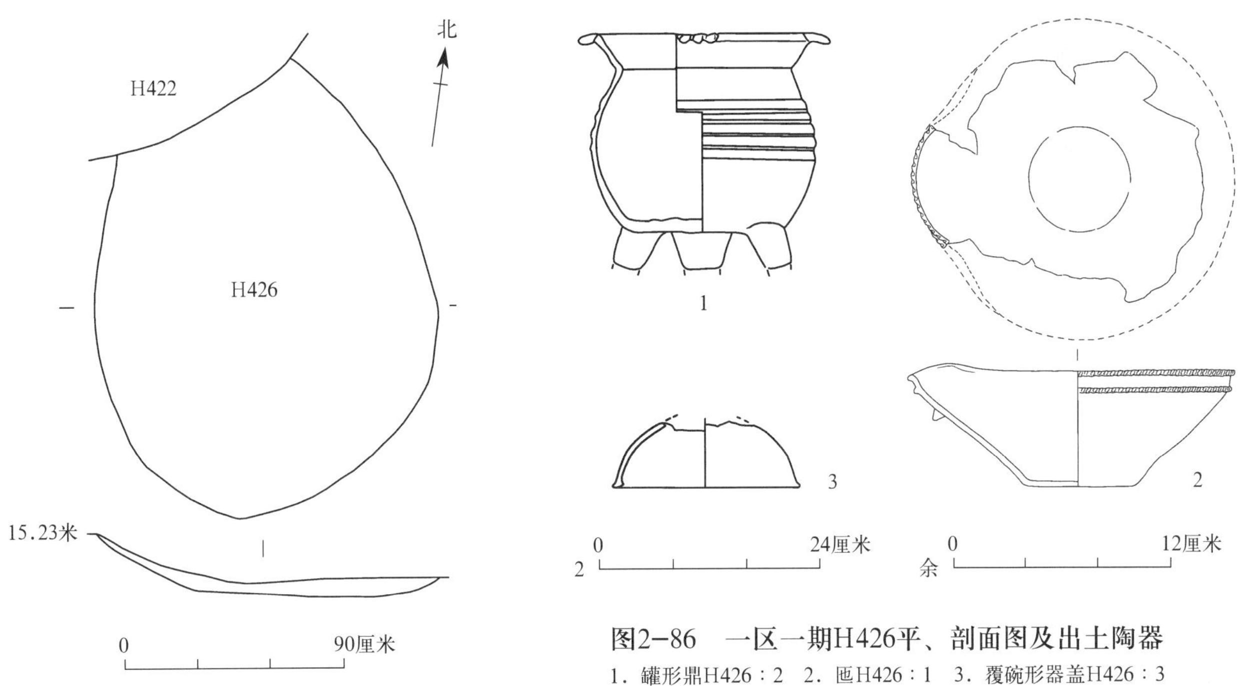

图2-86　一区一期H426平、剖面图及出土陶器

1．罐形鼎H426：2　2．匜H426：1　3．覆碗形器盖H426：3

16．H427

位于E4T2297、T2347之间。开口于F39户外垫土和⑦d层下，打破生土。椭圆形，斜壁，近平底（叠压于F65墙体以下部分未进行清理，图2-87）。已做部分坑口长径1.76、短径1.70、深0.29米。填土分为两层，上层为黑灰色土（7.5YR2/1），下层为灰褐色土（7.5YR3/1）。出土陶器有鼎、盆、杯、器盖等器形。收集浮选土样1份20升，采集植硅体样品1份100克。

标本H427①：6（#9301；S2988），磨石，残。富钾质煌斑岩。不规则形，磨面平整微内凹，长10.0、宽5.8、厚2.9厘米，重202.8克。

标本H427②：3，罐。夹砂黑陶。侈口，尖圆唇，折沿，圆腹，下部残失。器表及口沿内壁经磨光处理。器表饰八周凹弦纹。口径10.6、残高7.6、厚0.4厘米（图2-88，1）。

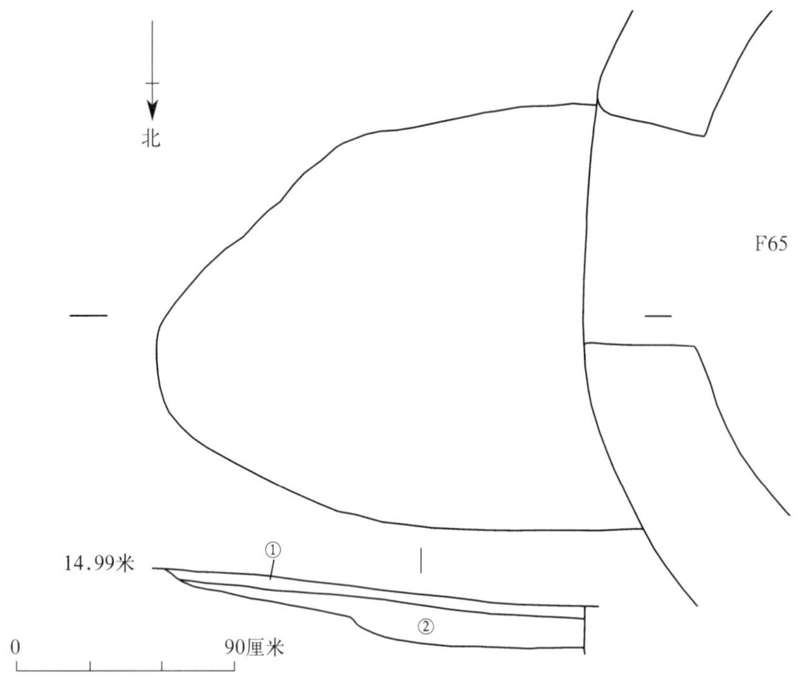

图2-87　一区一期H427平、剖面图

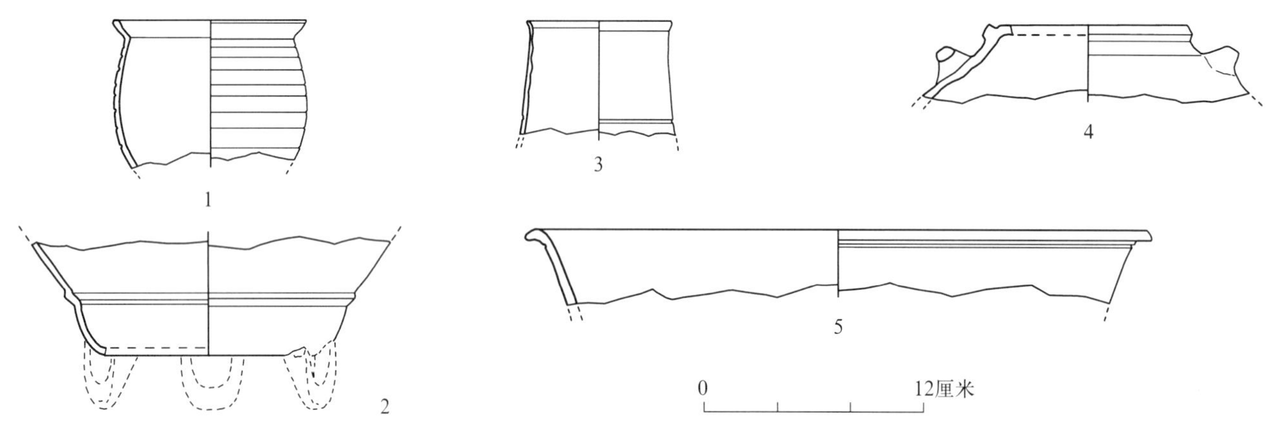

图2-88　一区一期H427出土陶器

1．罐H427②：3　2．环足盘H427②：1　3．筒形杯H427②：2　4．覆盆形器盖H427②：5　5．大平底盆H427②：4

标本H427②：4，大平底盆。泥质黑陶。大敞口，圆唇，卷沿，斜壁，下部残失。内外表均经磨光处理。沿下有一周凹弦纹。口径34.0、残高4.0、厚0.5厘米（图2-88，5）。

标本H427②：1，环足盘。泥质黑陶。敞口残失，斜腹中部内折，平底，下附三环形足，残失。内外表均经磨光处理，腹中部有一周凸棱。残高6.0、厚0.5厘米（图2-88，2）。

标本H427②：2，筒形杯。泥质黑陶。直口，口沿微侈，近直壁，下部残失。器表经磨光处理，腹部存一周凹弦纹。口径8.0、残高6.0、厚0.2厘米（图2-88，3）。

标本H427②：5，覆盆形器盖。泥质黑陶，红灰胎。平顶，顶面周缘有一周凹槽，盖面较斜，其上部有一对横耳。器表经磨光处理，素面。顶径11.0、残高3.6、厚0.5厘米（图2-88，4）。

除以上所述，这一时期还发现其他各类灰坑12座（表2-6）。

编号	位　置	层　位	形　状	尺寸（长×短－深）	填　土	包含物	备　注
H299	T2449/2448	⑦c→△→⑦d	椭圆形，近圜底	216×160−42	黑灰色（5YR4/1）	磨石，陶片可辨器形：泥质盆2，壶1，盒2，杯1，器盖3；夹砂鼎5，罐6	
H308	T2400	M49→△→H283	圆形，平底	残39−22	黄色花土（7.5YR4/2）	无	
H309	T2446	#941→△→生土	椭圆形，近平底	254×80−32	上层灰褐色（7.5YR4/1）；下层黑灰色（7.5YR2.5/1）	石器残片，陶片可辨器形：泥质器盖1；夹砂鼎3，罐2，盆2，器盖2	灰坑内堆积分为2层
H310	T2399	H293→△	圆形，平底	130×150−43	（HVE2.5Y3/1）	磨石残片，陶片可辨器形：泥质盆1，壶1，杯1；夹砂鼎3，罐3，盆2，器盖3	
H408	T2300	⑦c/H407→△→G11	椭圆形，圜底	60×48−38	灰色（7.5YR2.5/1）	陶片	浮选样品20升、植硅体样品50克
H412	T2300	⑦d/H406→△→生土	圆形，圜底	52−12	灰色（10YR3/3）	陶片可辨器形：夹砂鼎1，罐1	浮选样品20升、植硅体样品50克
H417	T2299	⑦c→△→M70/⑦d	椭圆形，圜底	100×65−26	灰褐色（10YR4/1）	陶片可辨器形：泥质鼎1，罐1；夹砂罐2	浮选样品20升、植硅体样品50克
H418	T2350	⑦d/F21→△→⑦e	长方形，平底	75×50−16	灰色（7.5YR4/1）	石砍砸器，陶片可辨器形：泥质盆1，杯1；夹砂鼎1，罐2	
H421	T2299	⑦d→△→⑦e	椭圆形，圜底	54×32−28	灰褐色（10YR4/3）	陶片	植硅体样品50克
H424	T2346/2396	⑦c→△→⑦d	圆形，圜底	探方内202−46	上层灰色（7.5YR 4/1）；下层为黑灰色（7.5YR 3/1）	石镞半成品，陶片	文化堆积分2层
H425	T2346/2345	⑦c→△→生土	近长方形，平底	残68×48−30	灰色（7.5YR5/2）	陶片可辨器形：夹砂鼎1，鬶1，罐1	
H137	T2097/2147	7d→△→7e	近圆形，平底	探方内142×82−106	1层（10YR4/3），2层（10YR2/1），3层（10YR5/4），4层（10YR4/2），5层（7.5YR4/4）	陶片、红烧土块等	分5小层

（三）灰沟

灰沟只有1条，编号为G11。

G11

位于发掘区的东部，从T2448北壁东部和T2449北壁开始进入发掘区，向东南方向延伸，经T2450西南部、T2399东部、T2400西部、T2350中东部至T2300东北部，整体略呈西北—东南走向（见图2–51）。沟体较长，向西北和东南分别伸出发掘范围之外。已发掘部分最长17.00、宽度在3.10～4.10米，西北部略窄，东南部较宽。沟的深度较浅，最深处为0.50～0.60米，沟底的海拔高度，西北部为15.27、东南最低处为14.75米，呈西北略高，向东南渐低的趋势，这一趋势与当地的整体地貌环境相符。沟的边缘和底部均不甚规则，整体上呈中间略低两侧边缘逐渐升高的状态，有的地方还出露成堆的自然石块等。以此来判断，其应该是一条自然冲沟。

G11开口于⑦d层下，从层位关系和出土物两个方面分析，G11的堆积在此期中是比较早的。沟内堆积不太一致，基本上以黑灰色土和灰褐色土为主，多半为居住区的垃圾，是人们在这附近居住期间逐渐被填埋起来的，F45和一些灰坑、墓葬就分布在沟内上方或者沟的边缘地带。

沟内出土遗物较多，以石器和陶片为主。

标本G11：22（#8997；S3422），石斧，残。花岗岩。平面近长方形。残长10.7、宽7.9、厚3.6厘米，重512.9克（图2–89，1；彩版四八，1）。

标本G11：32（#8994；S3220），石斧，残，磨制。流纹质熔结凝灰岩。残长3.5、残宽2.5、厚1.8厘米，重15.5克。

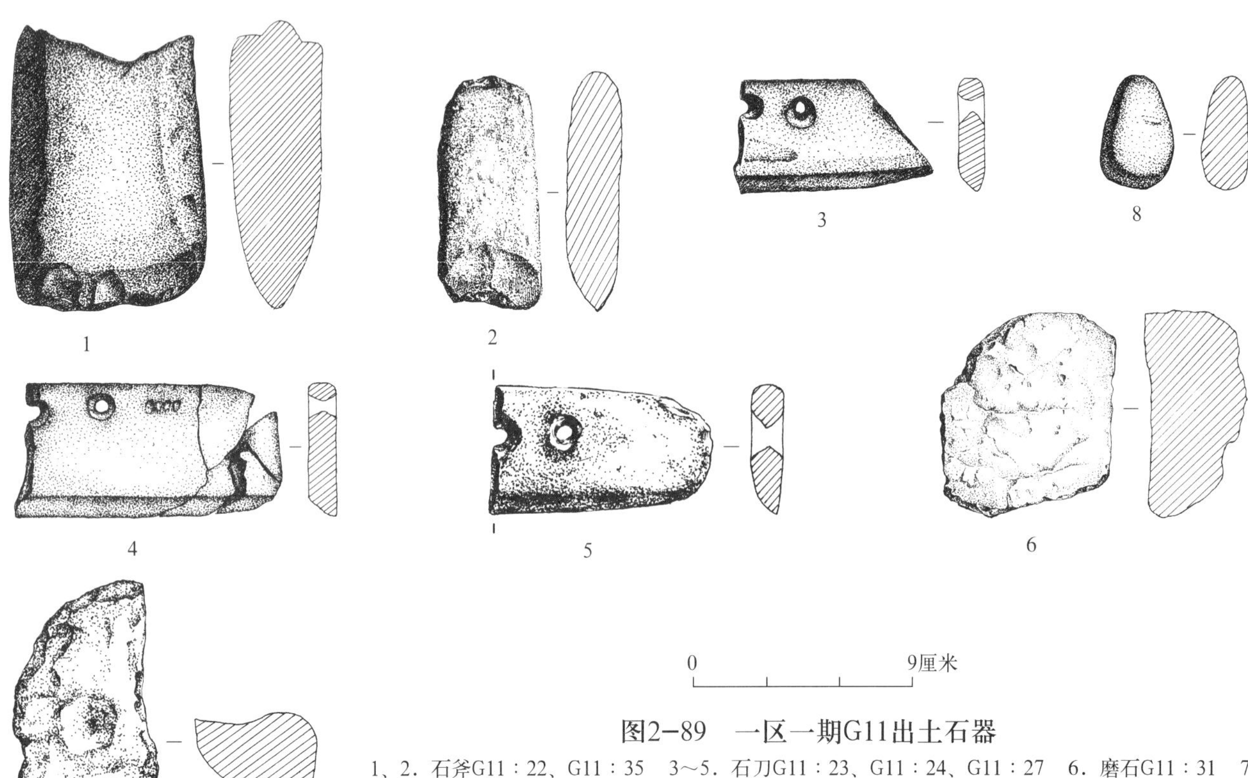

图2–89 一区一期G11出土石器

1、2. 石斧G11：22、G11：35 3～5. 石刀G11：23、G11：24、G11：27 6. 磨石G11：31 7. 石臼G11：29 8. 打磨/抛光石器G11：21

标本G11：35（#8998；S3080），石斧。绿泥石或绿泥/角闪片岩。平面近长方形，弧背，双面刃。长9.3、宽4.5、厚2.2厘米，重169.1克（图2–89，2；彩版四八，2）。

标本G11：23（#8997；S3425），石刀，两端残。带绿帘石斑点的流纹花岗岩。平面近长方形，单面刃，近背部有对钻的双孔。残长8.1、宽4.4、厚1.1厘米，重52.5克（图2–89，3；彩版四八，3）。

标本G11：24（#3388；S1906），石刀，一端残。砂岩。平面为长方形，单面刃，近背部有对钻的双孔。残长10.4、宽5.2、厚1.1厘米，重98.1克（图2–89，4；彩版四八，4）。

标本G11：27（#8460；S3392），石刀，一端残。玄武岩。平面近长方形，单面刃，近背部有对钻的双孔。残长9.0、宽5.0、厚1.3厘米，重93.3克（图2–89，5；彩版四八，5）。

标本G11：25（#3388；S1918），石刀，残。砂岩。残长9.1、宽6.5、厚1.9厘米，重149.6克（彩版四八，6）。

标本G11：33（#8994；S2747），石刀半成品，残。砂岩。不规则形。长10.3、宽5.5、厚1.5厘米，重111.0克。

标本G11：27（#3388；S1869），磨石，残。花斑岩。平面为四边形。长4.3、宽3.6、厚2.6厘米，重68.0克。

标本G11：28（#8460；S2841），磨石。花斑岩。平面近长方形。长11.6、宽5.3、厚4.6厘米，重391.3克。

标本G11：30（#8460；S2741），磨石，残。紫红色砂岩。平面为三角形。残长3.6、残宽2.4、厚1.5厘米，重12.8克。

标本G11：31（#8994；S2733），磨石。富钾质煌斑岩。平面近方形，磨面平整。长8.2、宽7.2、厚4.1厘米，重227.9克（图2–89，6）。

标本G11：37（#8998；S3139），磨石，残。砂岩。不规则形，磨面粗糙。残长3.8、残宽3.0、厚1.5厘米，重18.1克。

标本G11：29（#8460；S2796），石臼。玄武岩。不规则形，中部有一圆窝。长9.2、宽5.8、厚4.7厘米，重316.2克（图2–89，7）。

标本G11：19（#8998；S3399），打磨/抛光石器。平面为椭圆形。长4.5、宽2.7、厚1.9厘米，重34.2克。

标本G11：20（#8998；S3407），打磨/抛光石器。平面为椭圆形。长3.9、宽2.3、厚1.7厘米，重23.0克（彩版四八，7）。

标本G11：21（#8998；S3418），打磨/抛光石器。平面近椭圆形。长4.4、宽2.9、厚1.9厘米，重34.6克（图2–89，8）。

标本G11：28（#3388；S1614），打磨/抛光石器。平面近椭圆形。长2.9、宽1.5、厚0.9厘米，重6.2克（彩版四八，8）。

标本G11：26（#3388；S1885），残石器，刃部磨光。流纹质熔结凝灰岩。残长2.1、残宽1.5、厚0.4厘米，重2.4克。

标本G11：34（#8997；S2782），残石器。流纹质熔结凝灰岩。长条形。长2.3、宽0.6、厚0.4、重0.9克。

标本G11：36（#8998；S3084），残石器。流纹质熔结凝灰岩。平面近三角形。长4.0、宽3.2、厚0.3厘米，重4.0克。

标本G11：10，鼎足。夹砂红陶。断面近三角形。素面。残高5.6厘米（图2–90，1）。

标本G11：11，鼎足。夹砂黄陶。平面呈铲形，外侧附加纵向堆纹，微弧。残高6.0厘米（图2–90，2）。

标本G11：12，鼎足。夹砂红陶。平面呈宽铲形，中部有长条形镂孔，两侧附加纵向堆纹。残高8.0厘米（图2–90，3）。

标本G11：13，铲形鼎足。夹砂黑陶，烧成红褐色。断面呈近扁圆形。素面。残高5.8厘米（图2–90，4）。

标本G11：14，铲形鼎足。夹砂黑陶，烧成红褐色。断面呈圆角长方形。素面。残高6.3厘米（图2–90，5）。

标本G11：15，铲形鼎足。夹砂黑陶。断面呈长方形。中间有纵向长条形镂孔。残高5.1厘米（图2–90，6）。

标本G11：16，鼎足。夹砂灰陶。平面呈铲形，外侧附加纵向堆纹。残高7.5厘米（图2–90，7）。

标本G11：17，甗足。夹砂黄褐陶。仅残存足尖及部分袋足，足尖似凿形。素面。残长6.0厘米（图2–90，8）。

标本G11：6，高领罐。泥质黑陶。直口微侈，圆唇，高领，广肩，以下残失。器表及口沿内壁磨光。沿下和颈中部偏下饰三周凹弦纹。口径8.8、残高5.2、厚0.2厘米（图2–91，1）。

标本G11：5，子母口罐。泥质黑陶。矮子母口微内敛，短颈，斜肩，鼓腹，以下残失。器表经磨光处理。器表饰三周瓦棱纹。口径11.0、残高8.8、厚0.3厘米（图2–91，2）。

标本G11：1，盆。泥质黑陶，深灰色胎。圆唇，敞口，腹壁斜直，平底残。内外表均经磨光处理，素面。口径36.0、底径26.0、高7.8、厚0.5～1.0厘米（图2–91，3）。

标本G11：8，匜。夹砂灰陶。敛口，沿面弧凸，鼓腹，以下残失。上腹部饰两周凹弦纹。口径

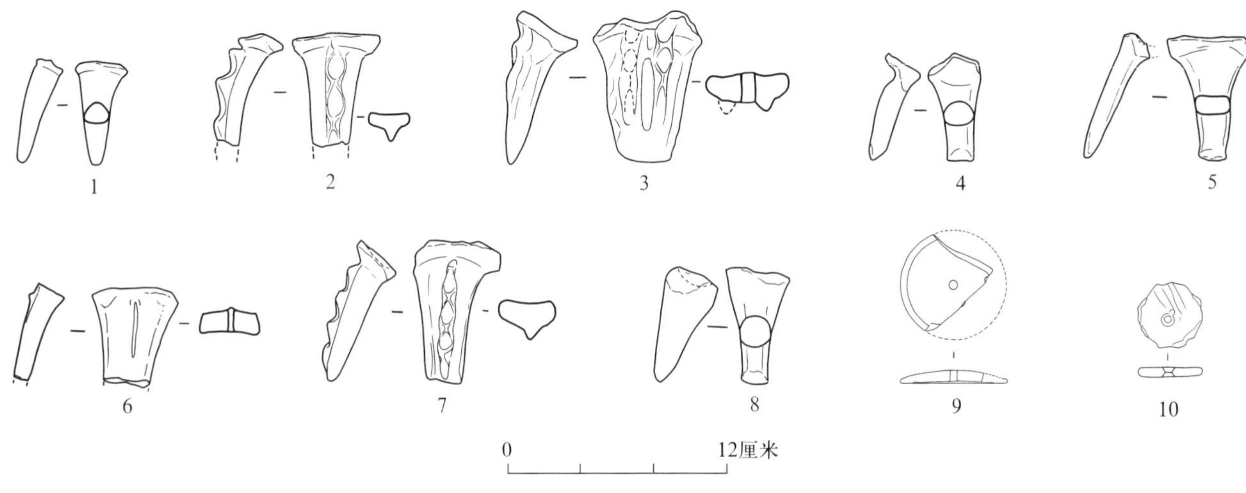

图2–90　一区一期G11出土陶器（一）

1～3、7. 鼎足G11：10、G11：11、G11：12、G11：16　4～6. 铲形鼎足G11：13、G11：14、G11：15　8. 甗足G11：17　9、10. 纺轮G11：4、G11：18

32.0、残高7.0、厚0.5厘米（图2–91，4）。

标本G11：9，环足盘。夹细砂黑陶。敞口，圆唇，窄沿，腹中部内折，平底，三环形足残。内外表均经磨光处理，素面。口径24.0、底径15.0、残高5.0、厚0.4～0.7厘米（图2–91，5）。

标本G11：7，圈足盘。泥质黑陶。浅盘，圆唇，宽平沿，折腹，粗圈足，以下残失。盘部内外表均经磨光处理。口径28.0、残高7.0、厚0.4～0.9厘米（图2–91，6）。

标本G11：2，覆碗形器盖。夹砂黑陶，并掺有云母。顶面残，盖面微弧，尖圆唇，小平沿。内壁有轮制时形成的瓦棱痕迹，素面。顶径5.4、口径12.8、高4.1、厚0.2～0.5厘米（图2–91，7）。

标本G11：3，覆碗形器盖。夹砂白陶。顶面下凹，盖面微弧，唇沿外伸并上翘，尖唇，平沿，顶面有切割螺线痕迹，素面。顶径4.0、高4.2、口径8.9、厚0.3～0.65厘米（图2–91，8）。

标本G11：4，纺轮。泥质黑陶，灰胎。一面隆起，一面内凹。隆起的一面经磨光处理，边缘有一周凹槽。直径5.8、厚0.6、高0.7厘米（图2–90，9）。

标本G11：18，纺轮。夹砂黑陶。近圆形，边缘遗留打制痕迹，系利用废陶片加工而成。内外表均经磨光处理，素面。直径3.4～3.6、厚0.4～0.5厘米（图2–90，10）。

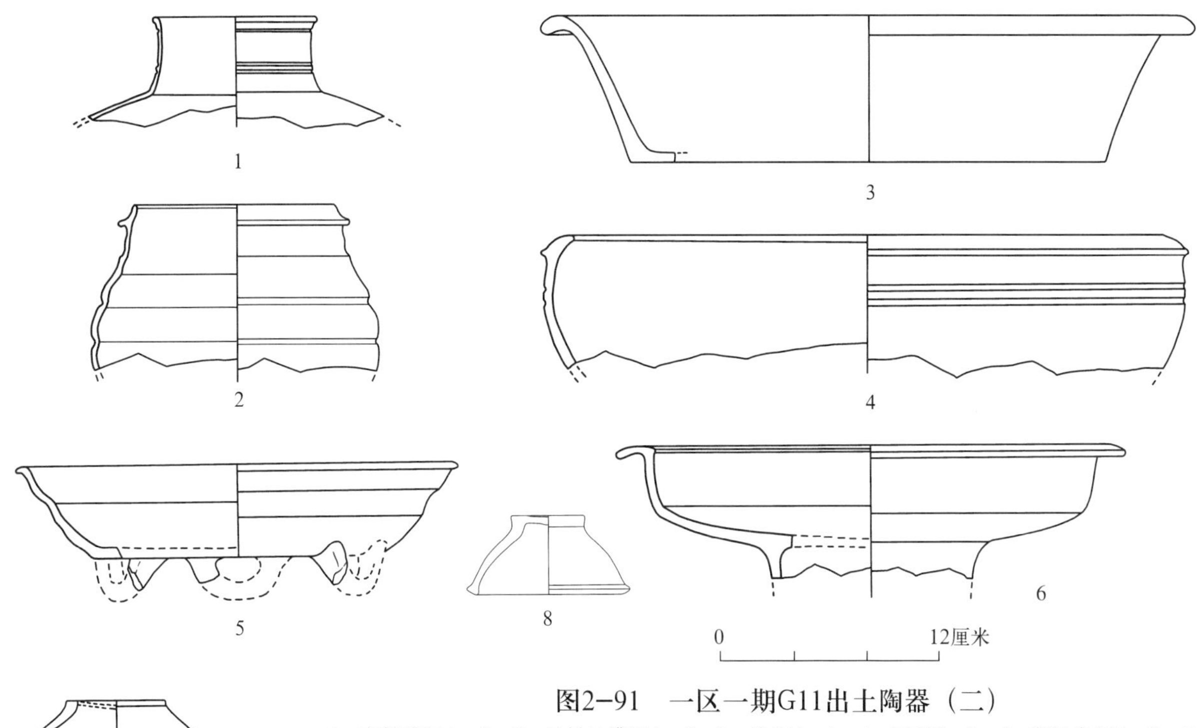

图2–91　一区一期G11出土陶器（二）

1. 高领罐G11：6　2. 子母口罐G11：5　3. 盆G11：1　4. 匜G11：8　5. 环足盘G11：9　6. 圈足盘G11：7　7、8. 覆碗形器盖G11：2、G11：3

（四）墓葬

共发现墓葬7座，即M49、M46、M61、M25、M68、M70和M72。前4座位于发掘区的东部，分布上相对比较集中，其他3座分散于南部。

1. M25

位于E4T2350的北部，保存状况较差。墓葬开口于⑦d层下，中间被H31拦腰打断，西段保存较深，东段保存较浅，M25又打破M61。形制为土坑竖穴墓，四壁较直，墓葬方向为87.5°（图2－92；彩版四九，1）。连接起来看，墓葬平面应为圆角长方形，墓口东西长约1.88、南北宽约0.54米。墓口海拔15.23～15.47米，墓底海拔15.11～15.19米，墓口至墓底深0.14～0.30米。

墓内填黄褐色（7.5YR 4/3）花土，夹杂少量烧土粒和砂粒，结构紧密，质地坚硬。没有发现葬具痕迹。

墓内有人骨一具，为一次葬。骨架的股骨上端、骨盆和整个胸、腹部被H31全部打去不存，只在东端保存有头骨和一段锁骨，西半部保存着大部分下肢骨。葬式上身不详，下身为直肢葬，面朝上。骨架总长约1.60米，经鉴定为成年男性。

墓葬内没有发现随葬品，从填土出土陶片中拼对出2件陶器。

标本M25：02，罐。夹砂黑陶，浅黄褐胎。大口，圆唇，唇面有一周凹槽，平折沿，沿面下凹，颈较矮，弧腹，下部内收明显，底部残失。器表经磨光处理，颈下饰有两周凸弦纹，腹部饰十三周凹弦纹，遍布全身。口径20.0、残高15.0、厚0.47～0.65厘米（图2－92，1）。

标本M25：01，覆碗形器盖。夹砂黑陶，灰胎。平顶下凹，盖面斜直，圆唇，唇沿外伸，斜平沿，沿面有两周凹槽。内壁有轮制时形成的瓦棱痕迹。器表经磨光处理，盖外壁有四周浅凹槽痕迹。顶径4.4、口径15.6、高6.2、厚0.2～0.6厘米（图2－92，2）。

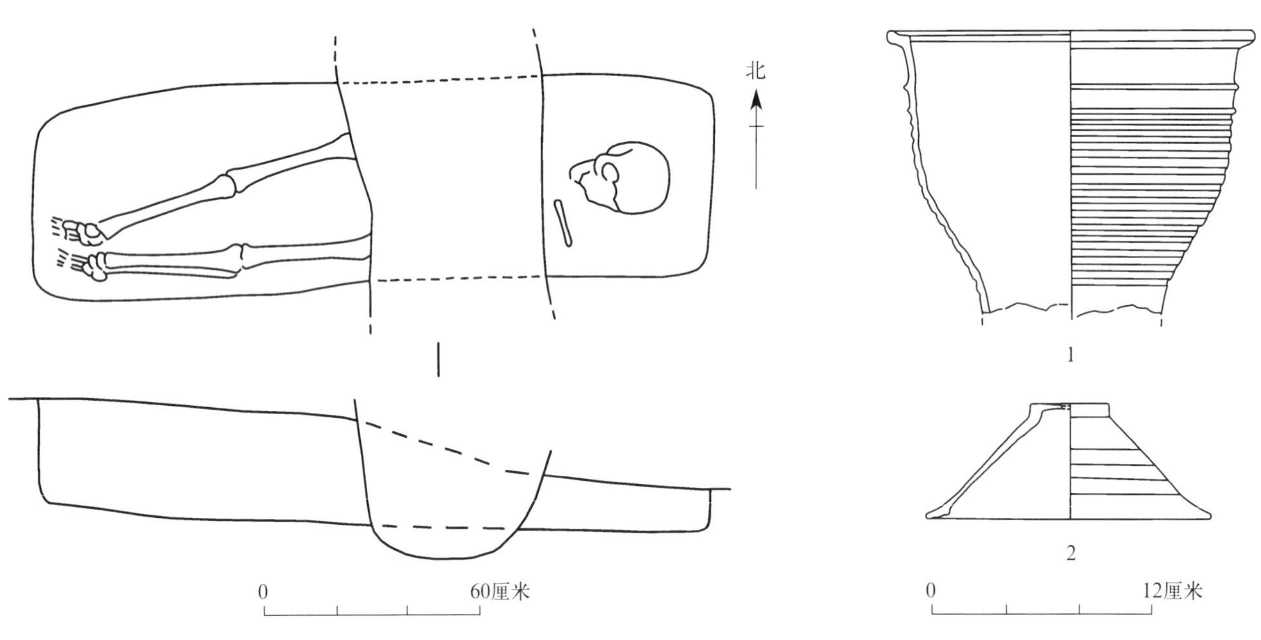

图2－92　一区一期M25平、剖面图及出土陶器

1．罐M25：02　2．覆碗形器盖M25：01

2．M49

位于E4T2400东北部，部分延伸到探方东壁之外，经扩方后全部予以发掘。开口于⑦b层下，打破H280和H308。形制为土坑竖穴墓，四壁较直，墓葬方向为93°（图2－93；彩版四九，2）。墓葬平面呈长方形，长2.32、宽0.80～0.90米。墓口海拔15.53～15.60米，墓底海拔约15.15米，墓口至墓底深度为0.38～0.45米。

墓内填黄褐色（7.5YR4/3）花土，包含少量草木灰和烧土粒及部分黄、棕色的生土块等，结构

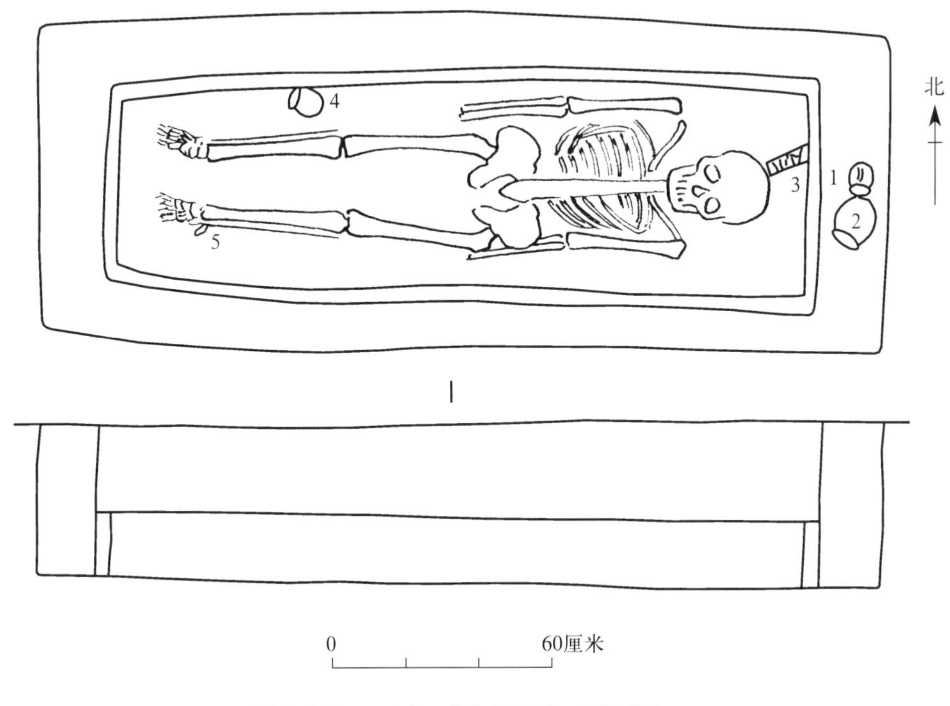

图2–93　一区一期M49平、剖面图

较疏松。墓室内中部四面有熟土二层台，南北两侧较窄，宽度为0.12～0.15米，东西两端略宽，宽度在0.17～0.20米之间。二层台的填土与墓内填土基本一致，亦为黄褐色花土，但结构较为紧密，质地较硬。

葬具为一棺，放于墓室内正中，方向与墓室一致。棺木全部腐朽成灰，平面呈脚端（西端）略窄的长方形，长1.96、宽0.54～0.62米，板痕宽3.0～5.0厘米，残存高度为0.18米。由于腐朽较甚，棺木之间的连接方式不详。另外，也没有发现盖板和底板的痕迹。

墓内有一具人骨架，一次葬，骨骼保存状况较差，人骨位于棺内正中，头东脚西，方向与墓向相同。葬式为仰身直肢，面朝上。从头顶到足跟的骨架长度为1.54米，经鉴定为成年女性，年龄40岁左右。

随葬品共发现5件，其中4件陶器和1件动物骨骼。2件陶器置于头端二层台上，1件陶器在棺内头的上方，1件陶器放在棺内人骨右侧膝盖外侧，1件动物骨骼置于左侧腓骨下端和足跟之间。

标本M49：5，动物下颌骨，腐蚀严重，不辨种属。

标本M49：2，大口罐。夹细砂灰黑陶。侈口，圆唇，折沿，折沿处内侧内凸较甚，溜肩，腹微鼓，下腹内收较缓，平底。器表经磨光处理，肩部有两周凹弦纹。口径10.4、最大腹径11.3、底径5.2、高11.0、厚0.2～0.6厘米（图2–94，2；彩版五〇，3）。

标本M49：4，小口罐。夹细砂黑陶。小口，溜肩，鼓腹，平底内凹。素面，外表上半部经磨光处理。口径5.1、最大腹径9.8、底径4.3、高9.9、厚0.2～0.3厘米（图2–94，3）。

标本M49：1，鼓腹单耳杯。泥质黑陶。圆唇，口沿不平，直口较高，圆鼓腹，平底。一侧口沿与腹之间有大绞丝状把手，上端高出口沿。器表经磨光处理，素面。口径5.2、底径3.9、高6.8、厚0.2～0.3厘米（图2–94，1）。

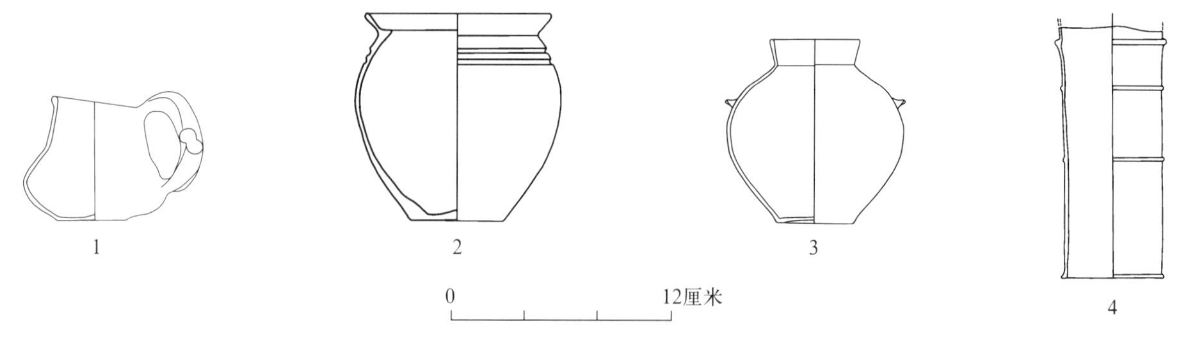

图2–94　一区一期M49出土陶器

1．鼓腹单耳杯M49：1　2．大口罐M49：2　3．小口罐M49：4　4．杯柄M49：3

标本M49：3，杯柄。泥质黑陶。上部残，细筒形。器表经磨光处理。饰三周凸弦纹。底径5.4、残高13.2、厚0.2厘米（图2–94，4；彩版五〇，5）。

3．M46

位于E4T2400的中南部，开口于⑦b层之下，头端两角被H277、H283打破，但未及人骨，左侧边被柱洞（#3374）打破。形制为土坑竖穴墓，四壁较直，底部东高西低，可能与西半部之下为G11有关。墓葬方向81°（图2–95；彩版四九，3）。墓葬平面呈长方形，残长（被打破的部分甚小）1.84、宽约0.51米。墓口海拔15.25～15.29米，墓底海拔14.91～15.00米，墓口至墓底深0.28～0.34米。

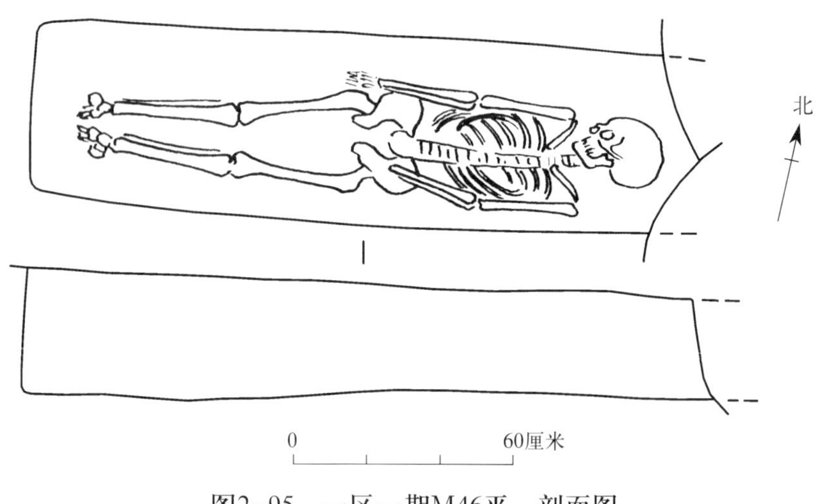

图2–95　一区一期M46平、剖面图

墓内填灰褐色（7.5YR4/2）花土，夹杂少量草木灰、烧土粒和生黄土块等，文化遗物较少，结构较为疏松。没有发现葬具痕迹，也没有随葬品。

墓内有人骨1具，保存状况较差，为一次葬。葬式为仰身直肢，头东脚西，面部略偏向右侧，右手伸直，左手置于骨盆之上。人骨架长约1.56米，经鉴定为成年男性。

4．M61

位于E4T2350的北部，基本保存完整。开口于⑦d层下，被M25及H31打破，打破H305、G11及生土层。形制为土坑竖穴墓，四壁较直，墓葬方向为92.5°（图2–96；彩版四九，4）。墓葬东端略宽，西端稍窄，平面略呈梯形，东西长约2.00、南北宽0.42～0.62米。墓口海拔约为15.5米，墓底海拔约为15.05米，墓口至墓底深约0.45米。

墓内填灰褐色花土（7.5YR4/2），其中夹杂较多的黄褐色土块，包含少量炭屑、砂粒，结构紧密，质地坚硬。没有发现葬具痕迹，也没有随葬品，在填土中发现一粒植物种籽和1件石制品。

墓内有人骨一具，保存状况一般，头骨已被挤压变形。一次葬，头东脚西。葬式为仰身直肢，面部略偏向右侧。双手压于盆骨之下。人骨架长约1.60米，骨骼比较粗壮，经鉴定为成年男性。

标本M61：01（#8462；S3203），砾石砍砸器。花斑岩。平面呈长方形。长13.7、宽5.0、厚5.0厘米，重480.6克。

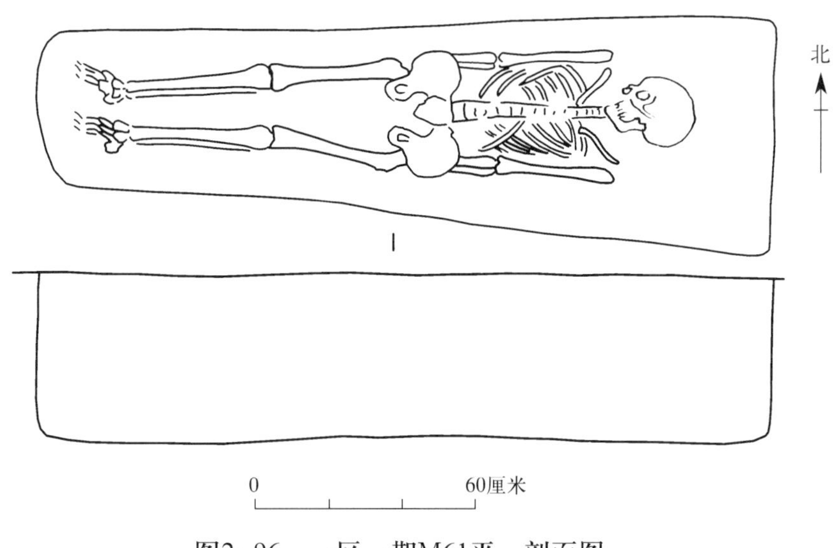

图2–96　一区一期M61平、剖面图

5．M68

位于E4T2349西南部，开口于H391之下，打破生土。形制为土坑竖穴墓，墓葬方向82°。墓室平面呈圆角长方形，东端略宽，西端略窄（图2–97；彩版五〇，1）。墓口长1.40、宽0.28～0.36米。墓坑南、西、北三壁基本垂直，东壁呈弧形内收。现存墓口的头端和脚端的海拔高度分别为15.19、15.22米，墓口距墓底深度0.12～0.18米。

墓内填偏灰的黄褐色土（7.5YR4/2），结构较为致密，质地坚硬，内含少量陶片和小石块，夹杂有少量红烧土颗粒、木炭颗粒和黄色生土块，未发现加工痕迹。没有发现葬具痕迹。

墓葬内有人骨架一具，保存略好，为一次葬，头东脚西，方向与墓室一致。葬式为仰身直肢，面朝上，右上肢骨向上抱于胸前，手抵下颏处。除头骨保存不好外，其余部分骨骼保存情况尚可。骨架总长度1.22米，去掉脚部伸开的因素，墓主身长约1.08米。从骨骼和身高等方面分析，墓主应为一儿童。

随葬品仅发现1件黑陶杯，放在墓主头部左侧的肩以上位置。

标本M68：1，杯。泥质黑陶，灰胎。直口微外侈，下部折腹，平底内凹。下部一侧附有泥条形半圆状把手。杯体外表饰有两组四周凹弦纹，内壁有轮制时留下的密集瓦棱痕迹。口径8.6、底径5.6、高11.7、厚0.1～0.25厘米（图2–97，1；彩版五〇，4）。

图2-97　一区一期M68平、剖面图及出土陶杯

1. 杯M68：1

6．M70

位于E4T2299南东部。由于其填土与周围土差别较小，直到暴露出头骨后才发现，也与被H417破坏得比较严重有关。开口于⑦d层下，被H417打破，打破⑦e层和生土。形制为土坑竖穴墓，墓葬方向93°（图2-98；彩版五〇，2）。墓室平面为圆角长方形，墓口长约1.74、宽约0.45米。墓室四壁内斜，墓口海拔高度15.28～15.33米，墓底海拔15.16～15.20米，墓口距墓底深约0.17米。

墓内填黄褐色花土（7.5YR4/2），分选粗而不好，结构紧密，土质坚硬。没有发现葬具痕迹。

墓葬内有人骨架一具，保存状况较差，为一次葬，头东脚西，方向与墓室一致。葬式为仰身直肢，面向上，右手压在盆骨外缘之下。人骨长度约为1.52米，经鉴定为成年男性。

墓葬内仅随葬1件腐烂较甚的动物牙齿，位于两股骨下端之间，种属不详。

在M70东侧相距0.40米的同一层位，发现一个规则的椭圆形坑，坑内有动物遗骸，两者之间可能有某种关系。

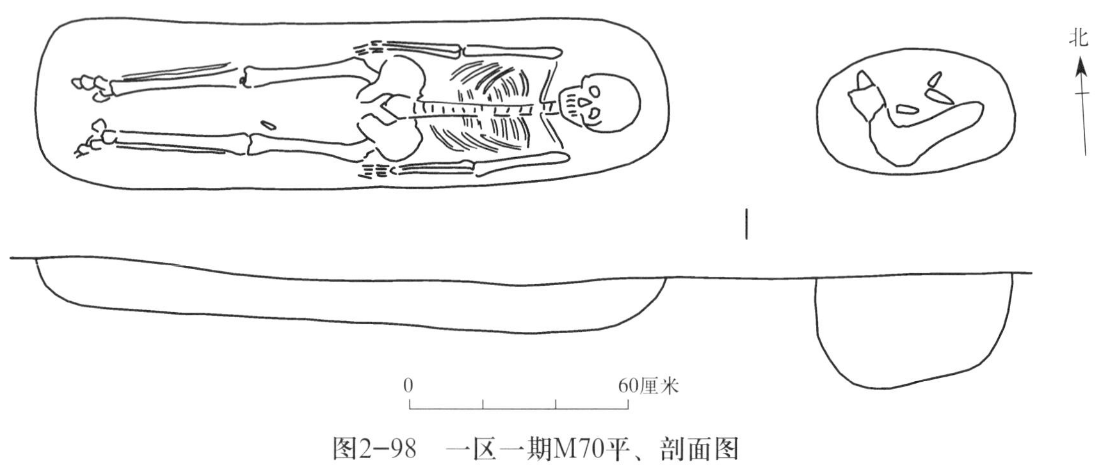

图2-98　一区一期M70平、剖面图

7．M72

位于E4T2296南部，向南伸入T2246北部，由于时间的关系，没有向南扩方，只是清理了探方之内的部分。墓葬开口于F65室外晚期垫土下，又打破F65的早期垫土及⑦c层及生土。形制为长方形土坑竖穴墓，墓葬方向90°（图2-99）。墓室平面呈圆角长方形，长1.10米，已露出并清理的宽度为0.10米。墓室壁近直，底部由东向西倾斜。墓口海拔15.20～15.24米，墓底海拔15.06～14.86米，墓口距墓底深约0.18～0.34米。

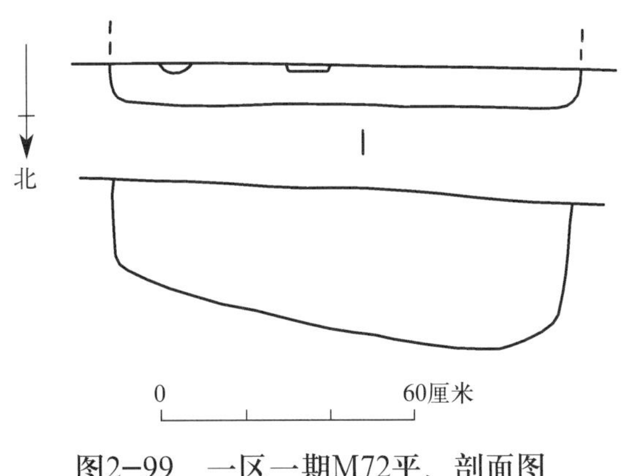

图2-99　一区一期M72平、剖面图

墓内填黑褐色土（7.5YR2.5/1），夹少量砂粒，结构疏松，分选细而不好。没有发现葬具痕迹，也没有随葬品。

在已发掘的部分内，发现头骨和肢骨残块各一段，个体较小较薄。从头骨和肢骨的位置看为头东脚西，具体埋葬方式不详。由于墓室的长度仅有1.10米，发现的人骨也比较小，综合这些因素，可知此墓的墓主应该是一名儿童，这也可能是将其葬在房屋旁边的原因。由此看来，墓主很可能是F65和F39这一组房屋的未成年家族成员。

三　第二时期

这一时期的遗存有房址、灰坑、灰沟和墓葬等（图2-100）。从整体上看，此期的房址是在前一时期以F39为代表的一组房址废弃之后重新建造的。在布局上，这一组房址偏于北部及东西两侧，原来中南部的房址区被灰坑和墓葬取代。前一时期以F39等为代表的那种以圆形房屋和土坯墙结构为特色的建筑风格，到本期转变为平面形状呈方形和长方形，房屋结构以挖基槽立柱或单纯以粗大房柱支撑屋顶结构的建筑风格。这一状况表明，此期的房址虽然在时间上与第一期的房址前后基本衔接，但两个小期的房址在建筑结构和风格甚至建筑材料等方面均发生了不小的变化。这一时期几座房子之间的时间关系不如第一时期清晰，从存续时间上看，经历的绝对年代较之第一时期要短一些，故可以认为它们大体是共时的。

（一）房址

共清理3座房址，自西而东依次为F38、F49、F41。

1．F38

位于E4T2395、T2396、T2445、T2446四个探方之内（图2-101；彩版五一，1）。F38开口于⑦a层下，被H238和F40的基槽打破，又叠压在F50之上。门道向南，方向195°。

F38为地面式建筑，形状呈南北略长的长方形，南北长4.50～4.86、东西宽3.46～3.85米，建筑面积17.11平方米，使用面积约为12.30平方米。

西南和西北两个拐角的位置尚保存一部分墙体的底部。保存范围南墙西端长1.20米，墙宽0.40、

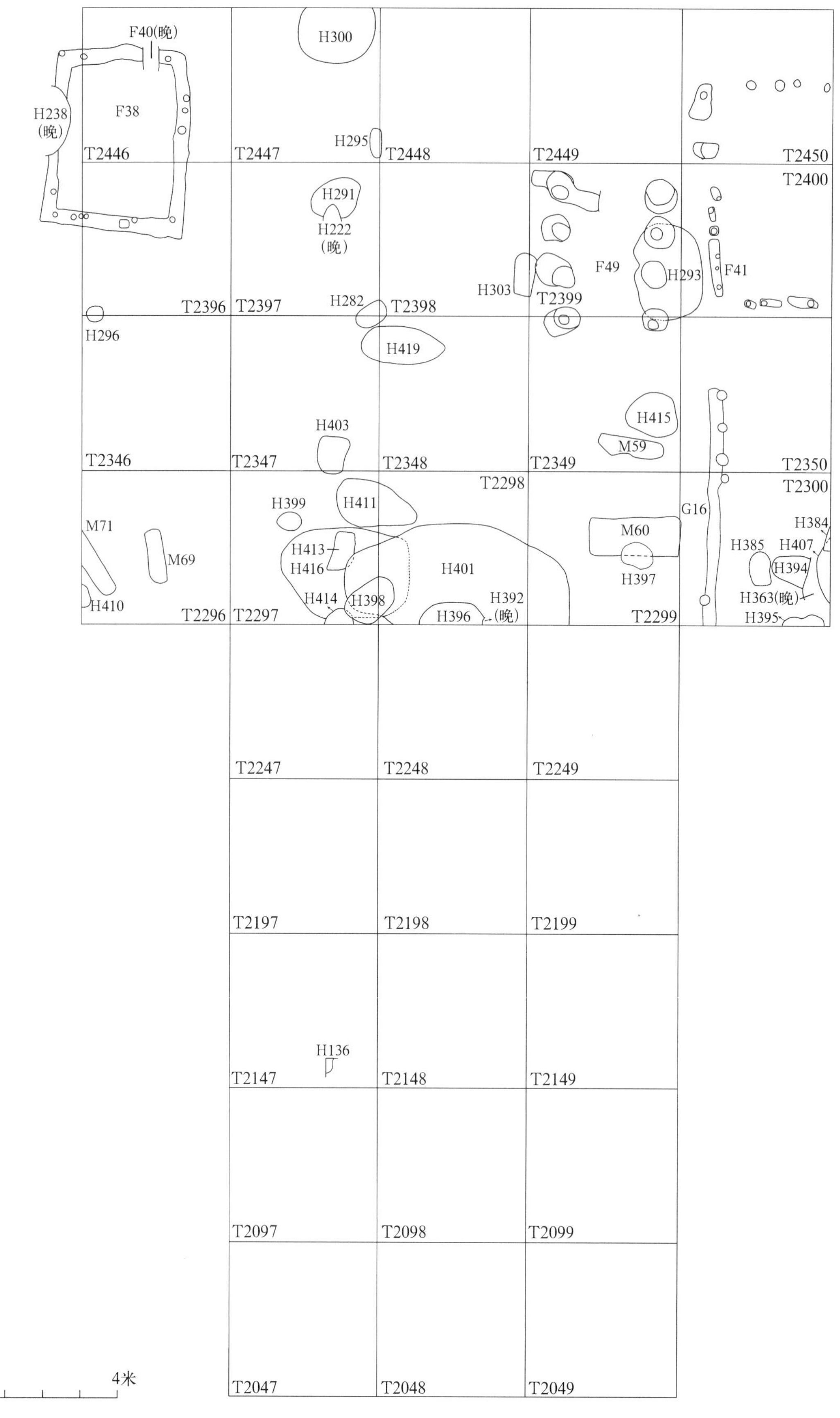

图2-100　一区二期遗迹平面分布图

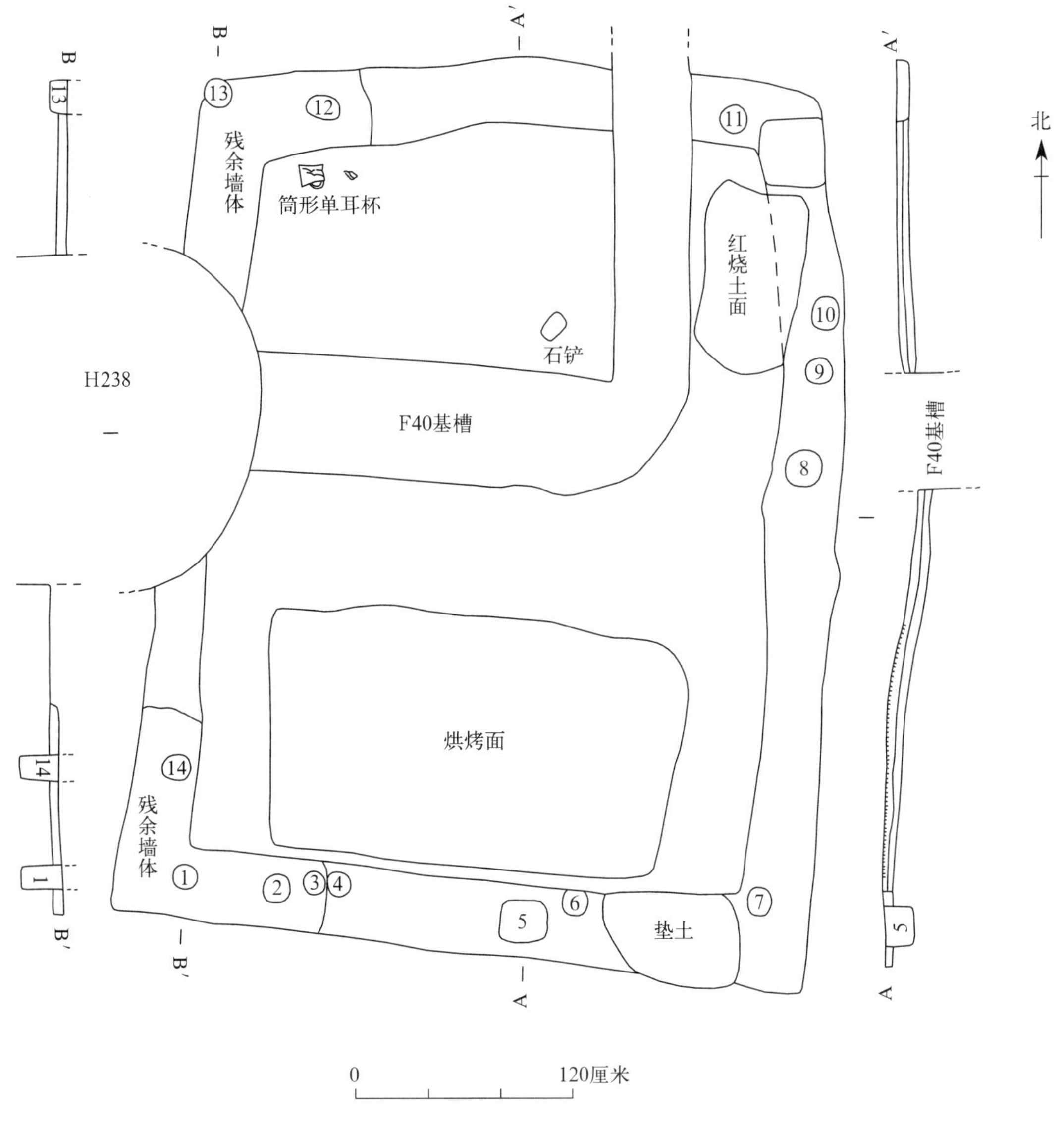

图2-101　一区二期F38平、剖面图

残高0.06米；西墙南端长1.10、墙宽0.38～0.40、残存高度0.06米。西墙北端保存1.30米，墙体宽0.38～0.40、残高0.01～0.06米。北墙西端保存长度为1.00米，墙体宽0.40、残高0.01～0.03米。墙体采用棕褐色黏土筑成，结构紧密，质地坚硬。从解剖情况看，F38墙体之下没有发现基槽，而是直接建筑在规划好的平地上。后来由于两次铺垫室内地面，进而形成了墙体基部低于室内地面的现象，这种建房方法与前一时期相同。墙体内有比较密集的柱洞，共发现14个（表2-7），其中以东墙北段和西南角比较明显，从整体上看墙体似为木骨泥墙结构。

室内活动面加工的比较平整，分上下两层。上层为深褐色黏土（5YR3/4），表面铺一薄层粉状灰土，厚3.0～5.0厘米。南部有烘烤面，长2.20、宽1.30米，约2.50平方米，烘烤面质量较好。此层地面的西北部发现2件遗物：1件为石铲，位于距北墙1.00米和西墙1.60米处，石铲基本完整，但已酥成碎块，整体取回但难以复原保存；另1件为单耳陶杯，位于室内的西北角。下层为黄褐色（10YR6/4）夹粗砂土，厚2.0～6.0厘米，表面亦经加工。在上下两层采集2个浮选土样，共15升。

表2-7 F38柱洞登记表 （单位：厘米）

编 号	位 置	形 状	口 径	深	填 土
1	南部	圆形，直壁，平底	13	40	褐灰色（5YR5/2）
2	南部	圆形，直壁，平底	13	22	黄褐色（7.5YR5/4）
3	南部	圆形，直壁，平底	16	22	褐色（2.5YR4/4）
4	南部	圆形，直壁，平底	12	24	灰色（5YR4/1）
5	南部	长方形，斜壁，平底	17—18	15	深褐色（5YR4/6）
6	南部	圆形，直壁，平底	12	24	褐灰色（5YR4/3）
7	东南	圆形，直壁，平底	12	30	褐灰色（5YR4/3）
8	东部	圆形，直壁，平底	20	26	褐灰色（2.5YR4/1）
9	东部	椭圆形，直壁，平底	10—14	20	褐灰色（2.5YR4/1）
10	东部	圆形，直壁，平底	16	22	褐灰色（2.5YR4/1）
11	东北	圆形，直壁，平底	16	18	褐灰色（2.5YR4/1）
12	北部	圆形，直壁，平底	20	16	褐灰色（2.5YR4/1）
13	西北	圆形，斜壁，平底	18	3	褐灰色（2.5YR4/1）
14	西部	圆形，直壁，平底	16	42	褐灰色（5YR4/3）

保存较好的南墙中部有一段宽0.80米的位置没有柱洞，而其东侧的柱洞较粗较大，且近似方形，似为门道所在。

标本F38：1，石铲。石质甚软，出土时已碎成小块。

标本F38：2，筒形单耳杯。细泥黑陶。敞口，束腰，平底内凹较甚。一侧中下部有半环形把手。器表和口沿内侧经磨光处理。上中下器表各有一周细弦纹。口径9.3、底径7.7、高12.7、厚0.1～0.2厘米（图2-102）。

图2-102 一区二期F38出土筒形单耳杯

2．F49

位于E4T2399、T2349两个探方。房址受到严重破坏，居住面、墙体、灶址、门道等房址要素均已不存，现只保存8个形状比较规则的大柱坑和坑内柱洞（图2-103；彩版五一，2）。F49开口于⑦b层下，被F42等打破，又打破H293和⑦c层及以下堆积和生土层。8个柱坑中的北部6个位于T2399内，于2000年秋发现并清理。南部2个位于T2349，系2001年秋季发掘时清理。方向182.5°，基本上为正南向。

8个柱坑分为两列四排，整体构成一个比较规整的长方形空间，东西3.30～3.60、南北3.96～4.30

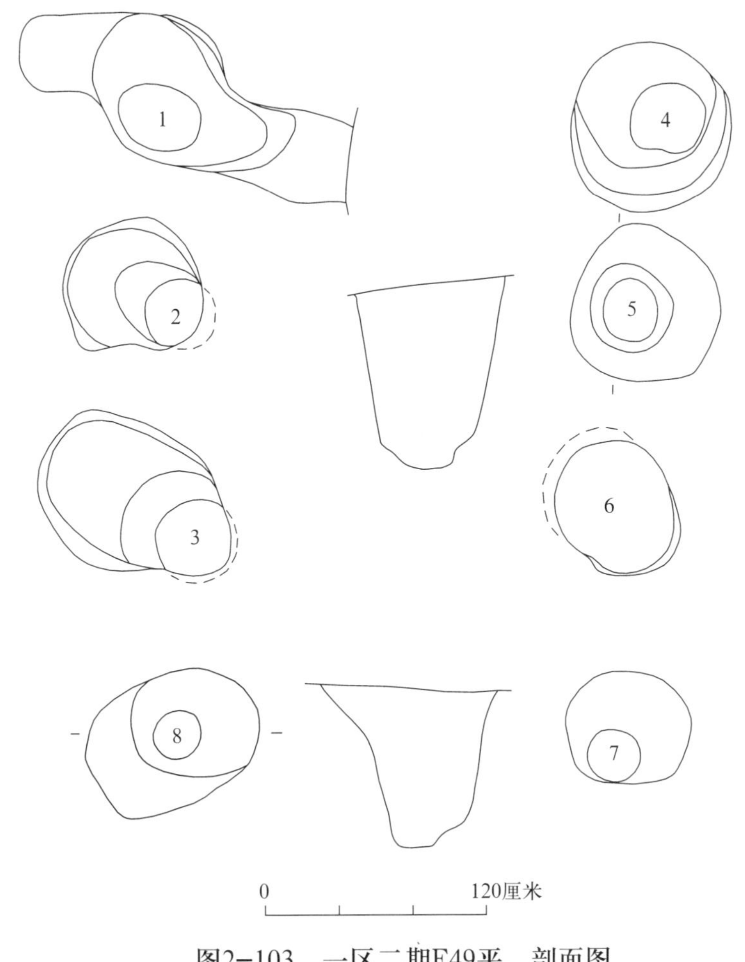

图2–103　一区二期F49平、剖面图

米。以柱坑的外缘计，面积为14.25平方米，如以柱洞中心计算，面积则为8.54平方米。

柱坑的形状比较规则，为圆形或近似圆形，从底部情况看，柱坑内均立柱，有的柱洞的痕迹比较清楚。1号柱坑的形制比较特殊，有一段横“S”形基槽与其相连，椭圆形柱坑位于基槽的中部。其他7个柱坑基本相同，平面近圆形，直壁或斜壁，直径在70.0～118.0厘米之间，深64.0～114.0厘米。柱坑内有圆形柱洞，多位于一边，少数在中部，柱洞一般比柱坑挖的更深一些，柱洞的直径在27.0～40.0厘米之间。坑内填土比较坚硬，土质土色也比较复杂，以灰褐色杂土为主，夹杂着大量棕、黄色生土块（表2–8）。

从柱坑和柱洞的规模、数量分析，F49是以8个大木柱支撑屋顶重量的木结构建筑，其室内面积应该大于柱洞包围起来的范围。

房内居住面没有发现，故没有房屋使用时期的物品。多数石器和陶器出自柱洞的填土之中，个别发现于局部垫土中，如#5792的几件石器。

标本F49：10（#5774；S1804），石刀，残存一端。砂岩。一端和一侧均为短斜单面刃。残长3.5、宽4.0、厚1.1厘米，重22.0克（图2–104，1）。

标本F49：4（#5787；S1755），石刀，残存背部一角。黑云母片麻岩。近背部残存一孔。残长5.1、残宽4.7、厚0.9厘米，重29.4克（彩版五二，7）。

标本F49：1（#5774；S1767），石镞。绿泥石或绿泥/角闪片岩。平面近柳叶形，镞身的横截面为平底等腰三角形，后部为扁锥形铤。长6.9、宽1.5、厚0.7厘米，重7.0克（图2–104，2；彩版五二，1）。

标本F49：3（#5774；S1754），石镞，大部残失。石英/富含白云母的千枚岩。横截面近菱形。残长4.8、宽2.0、厚0.9厘米，重6.8克（图2–104，3）。

标本F49：5（#5787；S1791），石镞，铤部残。石英/富含白云母的千枚岩。平面为柳叶形，横截面为扁六边形。残长6.2、宽1.5、厚0.5厘米，重6.8克（图2–104，4；彩版五二，2）。

表2-8　F49柱坑登记表　（单位：厘米）

编　号	形　状	口　径	深	填　土	备　注
1	椭圆形，斜壁，底不规则	60—150	104	灰褐色	有一段基槽
2	圆形，斜壁，圜底	80	80	灰褐色	内有柱洞
3	椭圆形，斜壁，底不规则	120	80	灰褐色	内有柱洞
4	圆形，斜壁，圜底	90	114	黑褐色	内有柱洞
5	圆形，斜壁，圜底	80	92	灰褐色	内有柱洞
6	圆形，直壁，圜底	70	64	灰褐色	柱洞不详
7	圆形，直壁，圜底	70	80	灰褐色（10YR3/3）	内有柱洞
8	椭圆形，斜壁，底不规则	70—94	85	灰褐色（10YR3/3）	内有柱洞

标本F49：14（#5792；S1763），石镞，铤部残。绿泥石或绿泥/角闪片岩。平面为柳叶形，横截面为菱形。残长5.7、宽1.8、厚0.8厘米，重7.9克（彩版五二，3）。

标本F49：15（#5792；S1775），石镞，镞尖和后半部均残。石英/富含白云母的千枚岩。平面为柳叶形，镞身横截面为六边形。残长5.9、宽1.8、厚0.7厘米，重8.5克（彩版五二，4）。

标本F49：9（#5781；S1783），磨石。花斑岩。不规则形，磨面甚粗糙。长15.5、宽12.6、厚8.0厘米，重2195.0克。

标本F49：11（#5781；S1750），打磨/抛光石器。不规则椭圆形。长2.0、宽1.0、厚0.7厘米，重1.7克（彩版五二，5）。

标本F49：12（#5787；S1794），打磨/抛光石器。椭圆形。长2.1、宽1.6、厚1.0厘米，重3.9克（彩版五二，6）。

标本F49：13（#5774；S1766），打磨/抛光石器。平面略呈三角形。长1.2、宽1.0、厚0.6厘米，重0.9克。

标本F49：7（#5781；S1770），器形不明的磨制残石器，残。流纹质熔结凝灰岩。平面近梯形，扁薄体。残长9.7、宽7.1、厚0.5厘米，重57.1克。

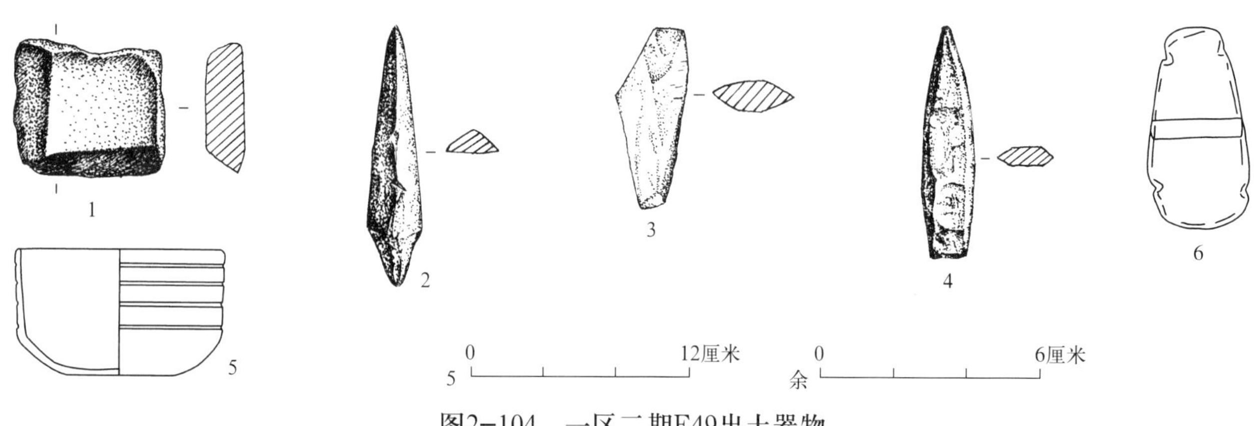

图2-104　一区二期F49出土器物

1. 石刀F49：10　2～4. 石镞F49：1、F49：3、F49：5　5. 钵F49：6　6. 网坠F49：2

标本F49：8（#5792；S1772），毛坯断块，残。黑云母片岩。平面为方形。残长4.4、宽4.4、厚1.2厘米，重48.6克。

标本F49：6，钵，出自F49的4号柱坑。夹砂灰陶。口微敛，筒形腹，直壁，下腹内收，平底。器表饰四周凹弦纹。口径11.6、底径6.0、高7.0、厚0.4厘米（图2-104，5）。

标本F49：2，网坠，出自F49的1号柱坑。泥质红陶，灰胎黑里。利用陶片加工而成，两面呈圆角梯形，两侧长边的两端有刻出的凹口。素面。长5.6、宽约2.85、厚0.5厘米（图2-104，6）。

3．F41

位于E4T2400、T2450，向东延伸至探方之外，故未全部揭露。F41仅保留一周柱坑和柱洞，由于上部被整体破坏，故其他房址要素均未发现。开口于⑦b层下，被F21、H275等打破。如以南墙柱洞中线为基准测量，F41的方向为181°，为正南方向（图2-105；彩版五三，1）。

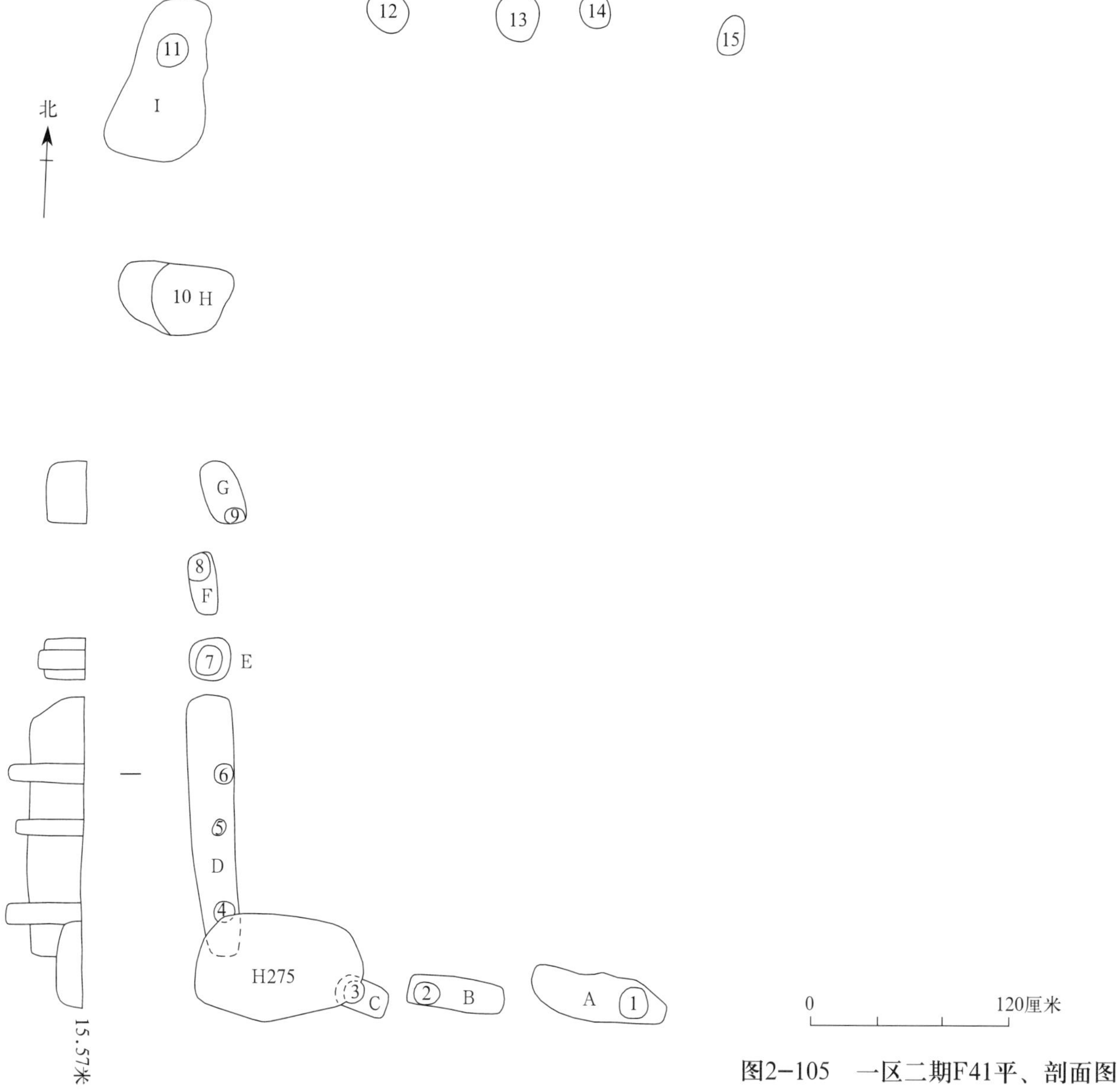

图2-105　一区二期F41平、剖面图

已经清理的柱坑和柱洞包括西墙全部、南墙和北墙的一部分，东墙柱洞应在两个探方以东未发掘的部位。已经清理的部分为长方形，南北长5.94、东西现已清理的宽度为3.10～3.80米，已揭露部分的柱坑外围面积为20.49平方米。

柱坑多为长条形，较长者类似于较短的小基槽，坑内立柱，柱洞数量少则1个，多者达3个。单个柱洞者，柱洞绝大多数偏于柱坑内一端，如A、B、C、F、G、H、I号柱坑，也有位于柱坑中央的，如E号柱坑即是。D号柱坑内有3个柱洞，呈直线排列。也有几个单独的柱洞，其外围没有发现柱坑，如12～15号柱洞。柱洞的具体情况可参见表2-9。

表2-9　F41柱坑、柱洞登记表　（单位：厘米）

柱坑	形　状	直径-深	填　土	柱洞	形　状	口径-深	填　土
A	椭圆形，直壁，平底	82-26—14	黄花土	1	圆形，直壁，平底	18.5-30	黑色（5YR3/1）
B	长方形，直壁，平底	60-19—10	黄褐花土	2	椭圆形，直壁，圜底	16-13-25	灰色（5YR3/2）
C	椭圆形，直壁，平底	33-18—30	黄褐花土	3	圆形，直壁，平底	12-35	黑色（5YR3/1）
D	长方形，斜壁，平底	152-28—32	黄褐花土	4	圆形，直壁，平底	12-46	灰色（5YR3/2）
				5	圆形，直壁，平底	9-40	黑色（5YR3/1）
				6	圆形，斜壁，圜底	11-45	黑色（5YR3/1）
E	圆形，直壁，平底	27-24	黄褐花土	7	圆形，直壁，平底	15-28	灰褐（7.5YR3/2）
F	椭圆形，直壁，平底	38-16—30	黄褐花土	8	圆形，直壁，平底	14-30	黑色（7.5YR3/1）
G	椭圆形，直壁，平底	40-22—24	黄褐花土	9	圆形，斜壁，圜底	10-30	黑色（7.5YR3/1）
H	不规则形，斜壁，平底	68-42—40	灰褐花土	10	圆形，斜壁，圜底	44-59	灰褐色（7.5YR3/2）
I	近椭圆形，斜壁，圜底	100-38-60—50	黄褐花土	11	圆形，直壁，平底	18-65	黑色（7.5YR3/1）
				12	圆形，直壁，平底	25-18	灰褐色（7.5YR3/2）
				13	圆形，斜壁，圜底	28-40	灰褐色（7.5YR3/2）
				14	圆形，直壁，平底	20-16	灰褐色（7.5YR3/2）
				15	椭圆形，直壁，平底	24-16-26	黑色（7.5YR3/1）

属于这一时期的零散柱洞有24个，分布上没有明显的规律（表2-10；图2-63）。其中柱坑4个，柱洞16个，柱坑和柱洞复合的4个。

（二）灰坑

灰坑的数量较多，共26座，主要分布于南部没有房址的位置，形状有圆形、椭圆形和不规则形等。

表2-10　第二时期零散柱坑、柱洞登记表

编号		位置	层位	开口海拔（米）		形状		尺寸（直径—深）（厘米）		填土		备注
柱洞	柱坑			柱洞	柱坑	柱洞	柱坑	柱洞	柱坑	柱洞	柱坑	
#7034		E4T2296	⑦b→△→F65	15.44		圆形，平底		16—15		黄褐色		
#7061	#7061	E4T2296	H405→△→F65、H410	15.24		圆形，平底	椭圆形，平底	11（残）—53	（46—25）（残）—28	灰黑色（10YR2/1）	黄褐色（10YR4/6）	
	#8876	E4T2299	⑦b→△→⑦c		15.3		圆形，圜底		50—30		黄褐色（10YR3/6）	
#9106—2		E4T2299	现代坑→△→⑦d	15.37		圆形，圜底		26—21		黄褐色（10YR4/4）		
#8975		E4T2300	现代坑→△→⑦d	15.33		圆形，平底		18—69		黄色（10YR4/6）		
#9106—1		E4T2300	F57→△→⑦d	15.36		圆形，平底		28—32		黄褐色（10YR3/6）		
	#8977	E4T2300	⑦b、F57→△		15.52		圆形，圜底		34（残）—8		黄色（10YR4/6）	
	#8978	E4T2300	⑦b、F57→△		15.52		椭圆形，圜底		（58—44）—18		黄色（10YR5/4）	
#9108		E4T2300	⑦c→△→G16	15.36		圆形，圜底		20—56		黄褐色（10YR4/3）		
	#8380	E4T2349	F43→△→⑦d		15.61		圆形，平底		残径45—55		黄褐色（10YR4/4）	
#8379		E4T2349	⑦b→△→⑦c	15.6		圆形，圜底		14—10		深褐色（7.5YR3/2）		

#4457	#4458	E4T2397	⑦b→△	15.45		圆形，平底	圆形，圜底	14–48	64–45	灰褐色（10YR4/1）	灰褐色（7.5YR4/1）	
#5668	#5668	E4T2398	H303→△	15.31		圆形，平底	圆形，圜底	10–28	24–10	灰褐色	灰褐色	
#5669	#5669	E4T2398	H303→△	15.37		圆形，平底	圆形，平底	12–29	20–22	灰褐色	黄褐色	
#5689–1		E4T2399	⑦b→△	15.35		圆形，平底		24–36		灰色（5YR4/3）		
#5689–2		E4T2399	⑦b→△	15.38		圆形，平底		21–16		灰色（5YR4/3）		
#5689–3		E4T2399	⑦b→△	15.29		圆形，平底		18–14		灰色（5YR4/3）		
#5689–4		E4T2399	⑦b→△	15.33		圆形，平底		20–18		灰色（5YR4/3）		
#927–1		E4T2446	⑦b→△	15.51		圆形，圜底		24–34		浅灰褐色（7.5YR4/3）		
#927–2		E4T2446	⑦b→△	15.51		圆形，圜底		14–24		灰褐色（7.5YR4/2）		
#1192–1		E4T2450	⑦b→△	15.33		椭圆形，圜底		(34–18)–12		黄褐色		
#1192–2		E4T2450	⑦b→△	15.39		圆形，圜底		23–18		黄褐色		
#1192–3		E4T2450	⑦b→△	15.39		椭圆形，圜底		(30–17)–43		黄褐色		
#1192–4		E4T2450	⑦b→△	15.41		圆形，圜底		27–20		黄褐色		

1．H282

位于E4T2397和T2347东部。开口于⑦b层下，打破F39。平面呈椭圆形，锅底状（图2－106）。坑口长径0.88、短径0.56、深0.26米。填黑灰色土（2.5YR4/1），出土陶器器形有鼎、盆等。收集浮选土样1份10升。

H282中取自重浮的资料中（#4448），发现了40块微型石片，质地为绿泥石或绿泥/角闪片岩。此外，还有5块质地为流纹质熔结凝灰岩的微小石器碎片和3块质地为砂岩的微小石器碎片。

标本H282：1，大平底盆。泥质黑陶。敞口，圆唇，卷沿，斜壁，平底残。内外表均经磨光处理，素面。口径38.4、底径28.8、高8.9、厚0.4～0.65厘米（图2－106，1）。

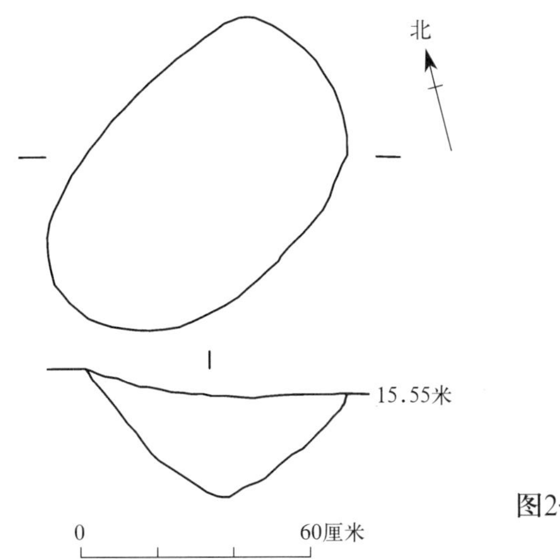

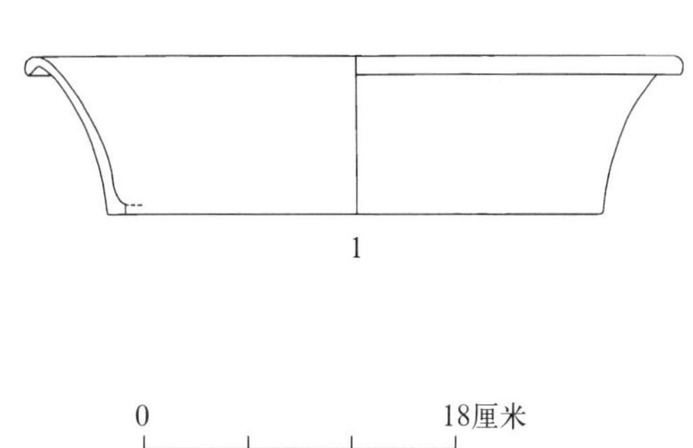

图2－106　一区二期H282平、剖面图及出土大平底盆

1．大平底盆H282：1

2．H291

位于E4T2397。开口于⑦b层下，打破F39。近椭圆形，斜壁平底（图2－107）。坑口长径1.46、短径1.04、深0.52米。填浅灰褐色土（7.5YR4/2），陶片有鼎、罐、盆、杯等（表2－11）。

标本H291：5（#4451；S1736），石凿，残。流纹质熔结凝灰岩。单面长刃。残长8.4、残宽3.5、厚0.6厘米，重22.3克（图2－108，5）。

标本H291：2，鼎足。夹砂黄褐陶。铲形，背面微凹。残高7.2厘米（图2－108，4）。

标本H291：1，鼎足。夹砂黑陶，烧成红褐色。鸟首形，无眼，两侧边有按压纹。残高9.3厘米（图2－108，1）。

标本H291：3，鼎足。夹砂黄褐陶。鸟首形，只有一孔。残高8.0厘米（图2－108，2）。

标本H291：4，鼎足。夹砂黄褐陶。鸟首形，足身较瘦长，无眼，背微凹。残高8.9厘米（图2－108，3）。

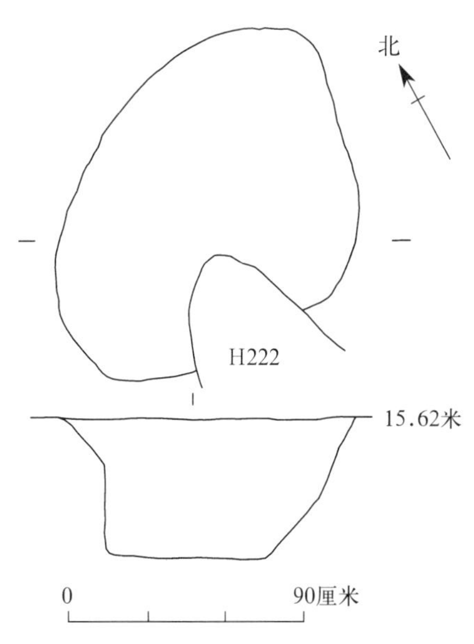

图2－107　一区二期H291平、剖面图

表2-11　H291陶片统计表

陶质/陶色/数量/纹饰	泥质			夹砂				夹云母滑石	总计	百分比(%)
	黑	灰	合计	黑	褐	红	合计			
凸弦纹				6		2	8		8	2.31
凹弦纹	3	2	5	23		1	24		29	8.36
篮　纹				2					2	0.58
堆　纹					1	2	3		3	0.86
盲　鼻	1		1	2			2		3	0.86
素　面	62	18	80	164	18	31	213	9	302	87.03
累　计	66	20	86	197	19	36	250	9	347	100
百分比（%）	19.02	5.76	24.78	56.77	5.48	10.38	72.05	2.60	100	
重量（千克）	0.39	0.14	0.53	1.6	0.16	0.40	2.16	0.04	2.73	

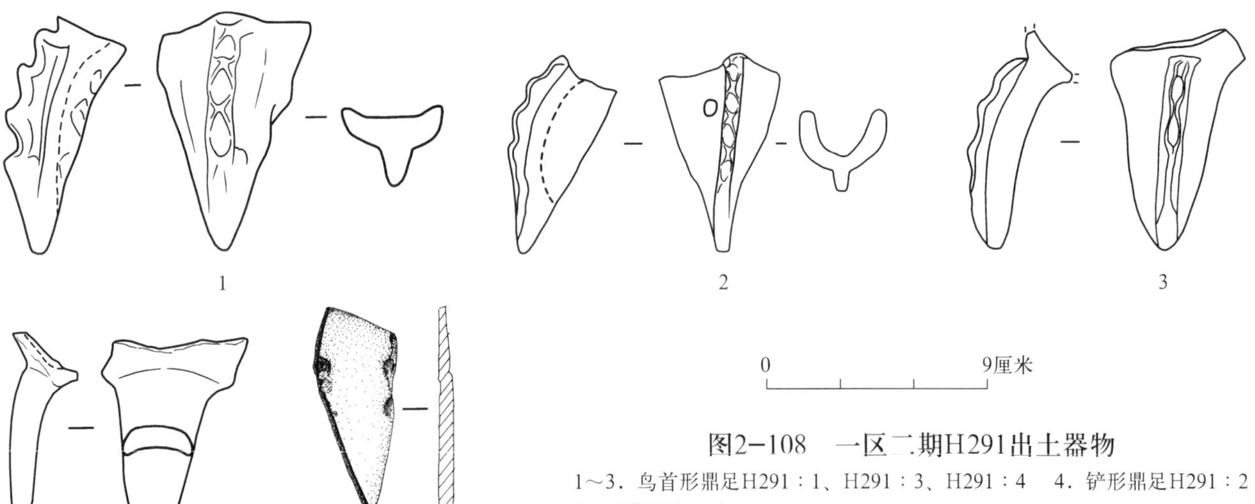

图2-108　一区二期H291出土器物

1～3．鸟首形鼎足H291：1、H291：3、H291：4　4．铲形鼎足H291：2　5．石凿H291：5

3．H293

位于E4T2399、T2400之间。开口于⑦b层下，被F49、H289等打破。椭圆形，斜壁，平底（图2-109；彩版五三，2）。坑口长径2.52、短径1.80、深0.64米。填土分为五层：第1层为灰褐色土（5YR4/1）；第2层为灰色土（7.5YR2.5/1），较为松软；第3层为黄褐色土（7.5YR4/3）；第4层为灰色土（7.5YR2.5/1）；第5层为灰褐色土（10YR3/2）。出土较多陶片，可复原陶器有鼎、鬶、罐、盆、圈足盘、杯、碗等（表2-12）。收集浮选土样1份10升。

标本H293①：12，鼎。泥质黑陶。器身大部残失，平底，“U”字形足。底径12.6、残高6.4、厚0.55厘米（图2-110，1）。

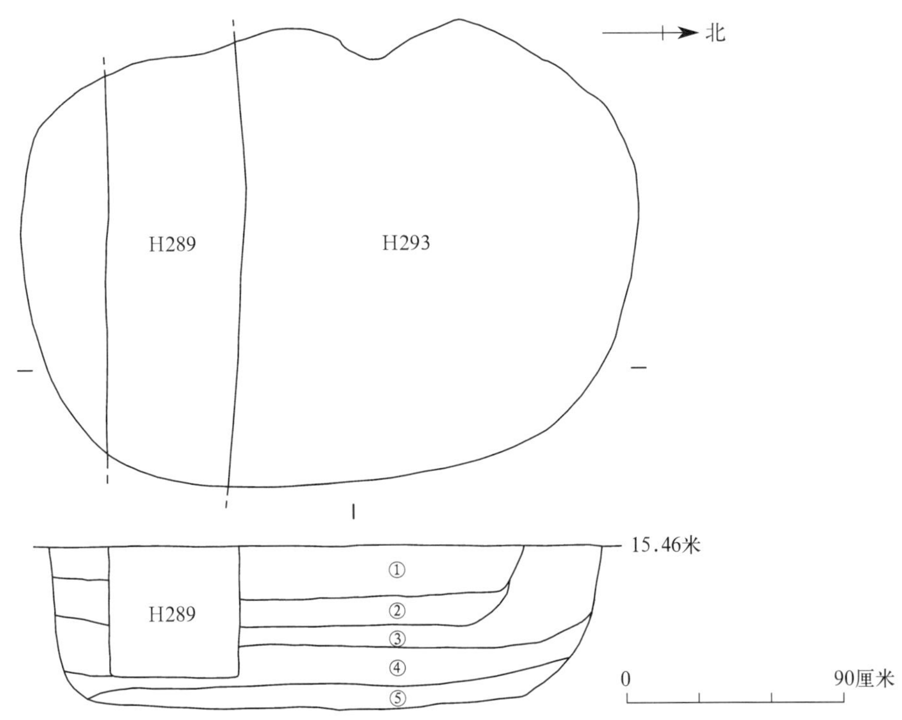

图2-109　一区二期H293平、剖面图

表2-12　H293陶片统计表

纹饰＼数量＼陶色＼陶质	泥质				夹砂				夹云母滑石	总计	百分比（%）
	黑	灰	褐	合计	黑	灰	褐	合计			
凸弦纹	3		1	4	34	3	2	39		43	7.33
凹弦纹	14			14	38	4	20	62		76	12.95
篮　纹					2	1		3		3	0.51
堆　纹	1			1	2		4	6		7	1.19
泥　饼		1		1						1	0.17
盲　鼻	1			1	1			1		2	0.34
刻划纹					1			1		1	0.17
陶　衣							1	1		1	0.17
花　边	1			1						1	0.17
素　面	142	7	3	152	182	27	89	298	2	452	77.00
累　计	162	8	4	174	260	35	116	411	2	587	100
百分比（%）	27.60	1.36	0.68	29.64	44.30	5.96	19.76	70.02	0.34	100	
重量（千克）	2.21	0.1	0.05	2.36	4.14	0.47	1.10	5.71	0.02	8.09	

标本H293⑤：13，鼎足。夹砂红陶。呈铲形。中间附加纵向堆纹。长5.6、宽3.0～4.0厘米（图2–110，4）。

标本H293③：18，鼎足。夹砂红陶。呈铲形，足尖部对捏，正面附加纵向堆纹，背面有两道浅凹槽。长6.0、宽3.0厘米（图2–110，5）。

标本H293③：19，鼎足。夹砂红陶。铲形，断面呈半圆形，足尖部对捏，北面有两条竖凹槽。长5.0、宽2.5、厚1.0厘米（图2–110，6）。

标本H293④：10，鼎足。夹砂红陶。近铲形，正面附加纵向堆纹，内侧微内凹。残高8.1厘米（图2–110，3）。

标本H293②：9，鼎足。夹砂红陶。鸟首形。残高7.0、宽0.5～4.6、厚0.5厘米（图2–110，2）。

标本H293③：4，鬶。夹砂白陶。流残，卷沿，粗长颈，浅腹，乳状分裆袋足，足尖外撇。一侧颈中下部有象征性绞丝状把手。流根处有一对泥饼，腹部有一周凸棱，后侧袋足上有一周凸棱。足有火烧痕迹。残高29.0、宽17.0厘米（图2–110，8）。

标本H293⑤：7，鬶把。夹砂红陶。象征性绞丝状，断面近圆形。残高8.3厘米（图2–110，7）。

标本H293④：8，罐。泥质黑陶。侈口，圆唇，粗长颈，鼓腹，以下残失。颈下部饰两周凹弦纹。器表经磨光处理。口径6.2、残高4.7、厚0.1～0.2厘米（图2–110，9）。

标本H293④：16，单耳罐。泥质黑陶。颈以上残失，弧肩，鼓腹，下腹斜直内收，平底内凹。

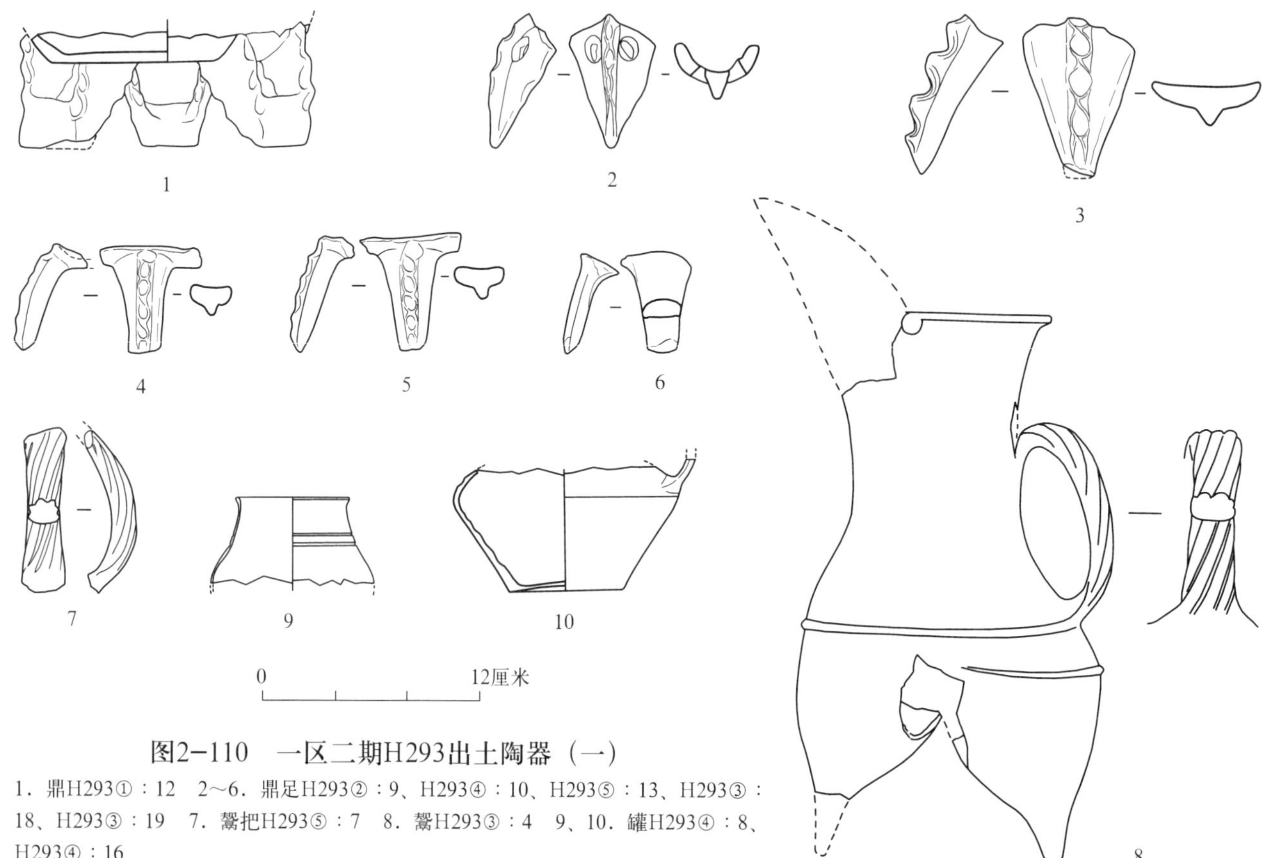

图2–110　一区二期H293出土陶器（一）

1．鼎H293①：12　2～6．鼎足H293②：9、H293④：10、H293⑤：13、H293③：18、H293③：19　7．鬶把H293⑤：7　8．鬶H293③：4　9、10．罐H293④：8、H293④：16

一侧肩部有带状残耳。素面。底径6.5、残高6.5、厚0.2～0.4厘米（图2-110，10）。

标本H293④：17，大平底盆。泥质黑陶。敞口，圆唇，卷沿，斜腹微内曲，大平底。内外器表均经磨光处理。口径36.0、底径24.0、厚0.5～0.8厘米（图2-111，1）。

标本H293②：15，圆腹盆。夹砂黑陶。敞口，方唇，平折沿，沿面有两周浅凹槽，有颈，圆腹，底残。颈腹相接处饰两周凸棱，腹部有八组凹弦纹。口径37.6、残高11.4、厚0.4～0.6厘米（图2-111，2）。

标本H293④：20，圈足盘。泥质黑陶。浅盘，圆唇，宽平沿，折腹，以下残失。内外器表均经磨光处理。腹部一周凹弦纹。口径28.0、残高4.0、厚0.4厘米（图2-111，3）。

标本H293①：1，碗。泥质黑陶。敞口，圆唇，腹下部微鼓，近底部内收，平底。内外表均经磨光处理，素面。口径14.4、底径9.8、高4.8、厚0.3厘米（图2-111，4）。

标本H293②：2，筒形单耳杯。泥质黑陶。口部残失，上腹部为直筒形，近底内折，平底周缘外

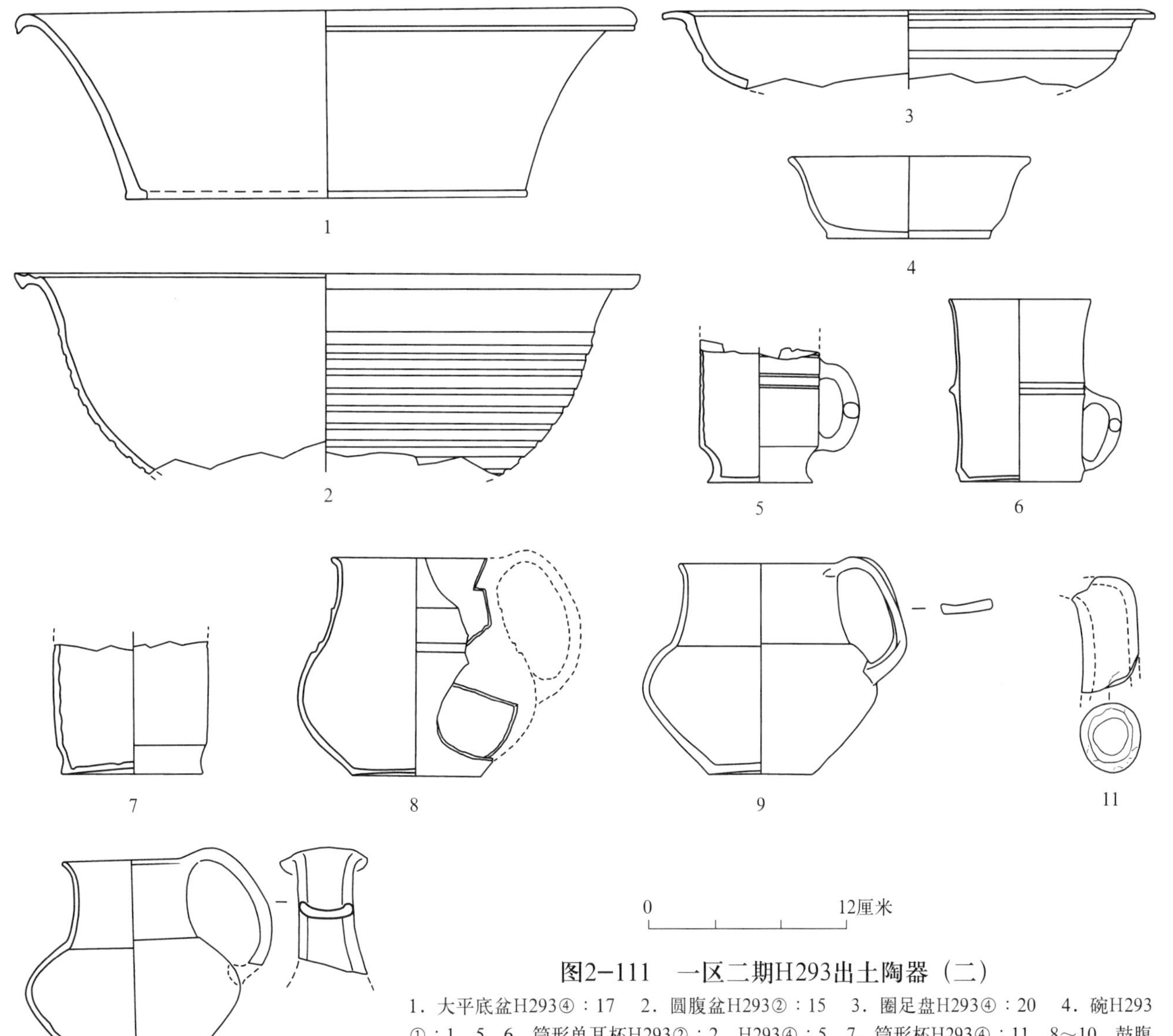

图2-111　一区二期H293出土陶器（二）

1. 大平底盆H293④：17　2. 圆腹盆H293②：15　3. 圈足盘H293④：20　4. 碗H293①：1　5、6. 筒形单耳杯H293②：2、H293④：5　7. 筒形杯H293④：11　8～10. 鼓腹单耳杯H293③：3、H293④：6、H293②：21　11. 鸟首形器H293③：14

突。一侧中下部有把手。外表经磨光处理。杯壁有三周细凹弦纹。残口径7.0、底径6.4、残高8.2厘米（图2-111，5）。

标本H293④：5，筒形单耳杯。泥质黑陶。口沿微侈，筒形腹近底内收，平底微内凹。一侧下部有圆泥条把手。器表经磨光处理。杯体中部饰两周凹弦纹，下部靠近底部饰有一周凸弦纹，把手对面一侧有一小横耳。口径8.2、底径7.2、高10.6、厚0.1～0.2厘米（图2-111，6；彩版五九，1）。

标本H293④：11，筒形杯。泥质黑陶。口部残失，腹部较直，近底部内收，平底微内凹。底径8.8、残高7.5、厚0.25～0.45厘米（图2-111，7）。

标本H293③：3，鼓腹单耳杯。泥质灰陶。口微侈，圆唇，粗长颈，圆鼓腹，平底内凹，一侧口沿与腹部之间有把手，残失。器表经磨光处理，素面。颈部有三周阶状凸起。口径10.4、最大腹径14.4、底径7.8、高12.8、厚0.15～0.3厘米（图2-111，8；彩版五九，3）。

标本H293④：6，鼓腹单耳杯。泥质黑陶，灰胎。圆唇、粗颈、鼓腹、下腹内收，平底内凹。一侧腹部与口沿之间有宽带状把手。外表经磨光处理，素面。口径9.8、底径6.2、高12.3、厚0.25～0.5厘米（图2-111，9；彩版五九，2）。

标本H293②：21，鼓腹单耳杯。泥质黑陶。侈口，粗长颈内束，鼓腹，下腹斜收，平底。一侧口沿与鼓腹之间有一宽带状把手。素面。口径8.0、高12.8、厚0.3厘米（图2-111，10）。

标本H293③：14，鸟首形器。夹砂红陶。残存头颈部，筒形，中空，上部弯曲似鸟首，残。残高6.9、直径0.5厘米（图2-111，11）。

4．H300

位于E4T2447北部，伸出探方北壁的一小部分未扩方清理。开口于⑦b层下，被F53打破，打破⑦c、⑦d层。圆形，直壁，平底（图2-112；彩版五三，3）。坑口直径2.15、深0.66米。坑内

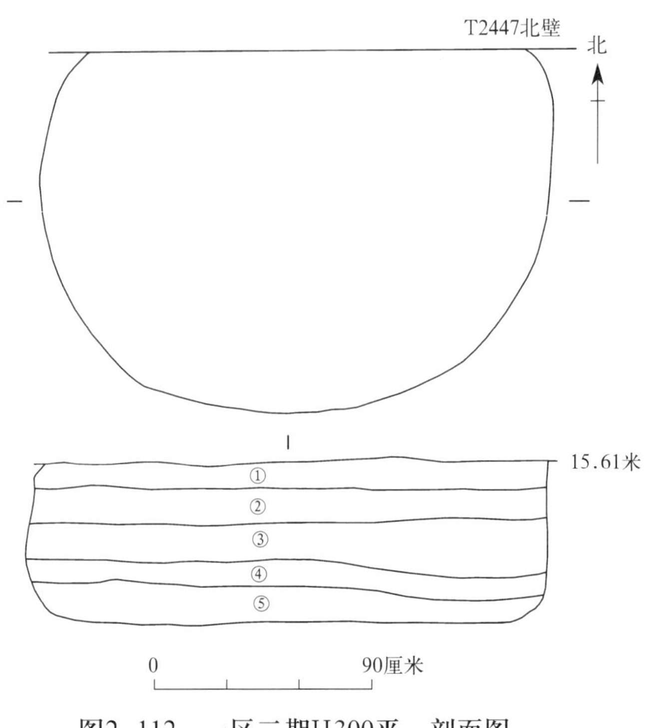

图2-112　一区二期H300平、剖面图

填土可以分为五层：第1层为灰色土（10YR4/4）；第2层灰色土（10YR4/4），夹杂有石块等；第3层为灰褐色土（10YR4/4–4/6），结构比较紧密，此层的底部有一薄层黑灰土；第4层灰褐色土（10YR4/4–4/6）；第5层黄褐色土（10YR4/6–4/4）。出土陶片的器形有鼎、罐、瓮、盆、圈足盘和器盖等（表2–13）。收集浮选土样1份10升。

表2–13　H300陶片统计表

陶质/陶色/数量/纹饰	泥质	夹砂				夹云母滑石	总计	百分比（%）
	黑	黑	灰	褐	合计			
凸弦纹	4	8	1		9		13	2.86
凹弦纹	4	7			7		11	2.42
绳纹		2			2		2	0.44
篮纹		2			2		2	0.44
堆纹		1		4	5		5	1.10
盲鼻	1						1	0.22
素面	139	227	30	22	279	2	420	92.51
累计	148	247	31	26	304	2	454	100
百分比（%）	32.60	54.41	6.83	5.73	66.97	0.44	100	
重量（千克）	1.07	1.59	0.24	0.24	2.07		3.14	

标本H300②：4（#4574；S1965），石斧。流纹质熔结凝灰岩。平面为长方形，直背，刃部残。残长12.1、宽6.8、厚2.4厘米，重343.4克（图2–113，3；彩版五四，3）。

标本H300⑤：7（#4577；S2228），石铲半成品，残。流纹质熔结凝灰岩。上下两侧边均经打制。残长11.1、宽7.2、厚1.4厘米，重139.3克（彩版五四，4）。

标本H300④：6（#4576；S1970），石钺，残。富钾质煌斑岩。平面应为长方形，扁薄体，单面钻一大孔。残长4.6、宽6.8、厚1.2厘米，重57.9克（图2–113，4）。

标本H300②：5（#4574；S1928），磨石，残。花斑状流纹岩。磨面较平。残长15.4、残宽9.6、厚7.7厘米，重1255克。

标本H300①：3（#4572；S1930），磨石。流纹质熔结凝灰岩。不规则形。长6.4、宽4.4、厚4.0厘米，重124.1克（彩版五四，5）。

标本H300②：1，鼎足。夹砂黑陶，烧成红褐色。鸟首形，有盲眼。高8.8厘米（图2–113，1）。

标本H300③：2，鼎足。夹砂黑陶，烧成黄褐色。平面呈三角形，正面附加纵向堆纹。残高7.1厘米（图2–113，2）。

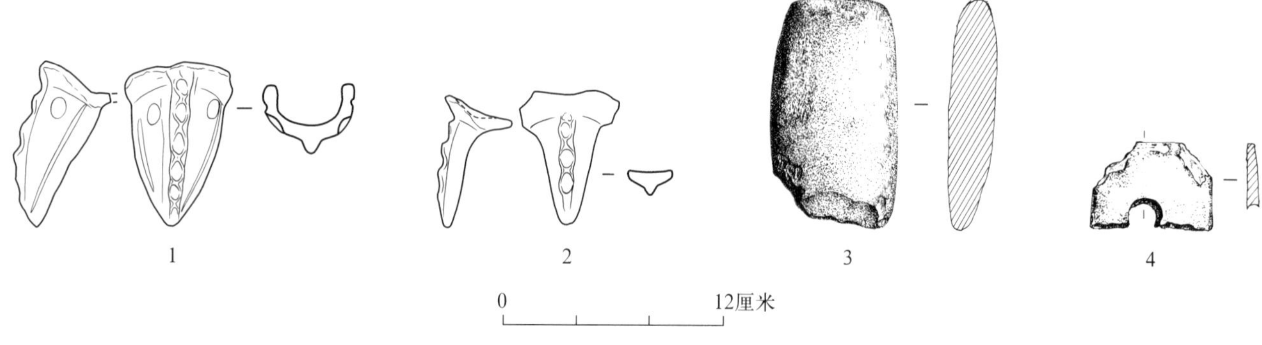

图2-113　一区二期H300出土器物

1．鸟首形鼎足H300②：1　2．三角形鼎足H300③：2　3．石斧H300②：4　4．石钺H300④：6

5．H303

位于E4T2398、T2399之间。开口于⑦b层下，被F49打破。略呈长方形，斜壁，平底（图2-114；彩版五三，4）。坑口长径1.10、短径0.56、深0.28米。填灰黑色土（2.5YR4/1），出土可复原陶器有罐、盆等。

标本H303：2，罐。夹砂褐陶。侈口，圆唇，卷沿，溜肩，腹微鼓，平底。器表经磨光处理，颈肩之交位置饰泥饼。口径10.4、底径7.0、高11.8、厚0.6厘米（图2-114，1）。

标本H303：1，盆。夹砂黑陶。圆唇，卷沿，近直腹中部内束，底残。内外器表均经磨光处理。腹上部饰泥饼及一周细凹弦纹，腹下部饰一周凸棱。口径24.0、残高6.8、厚0.4厘米（图2-114，2）。

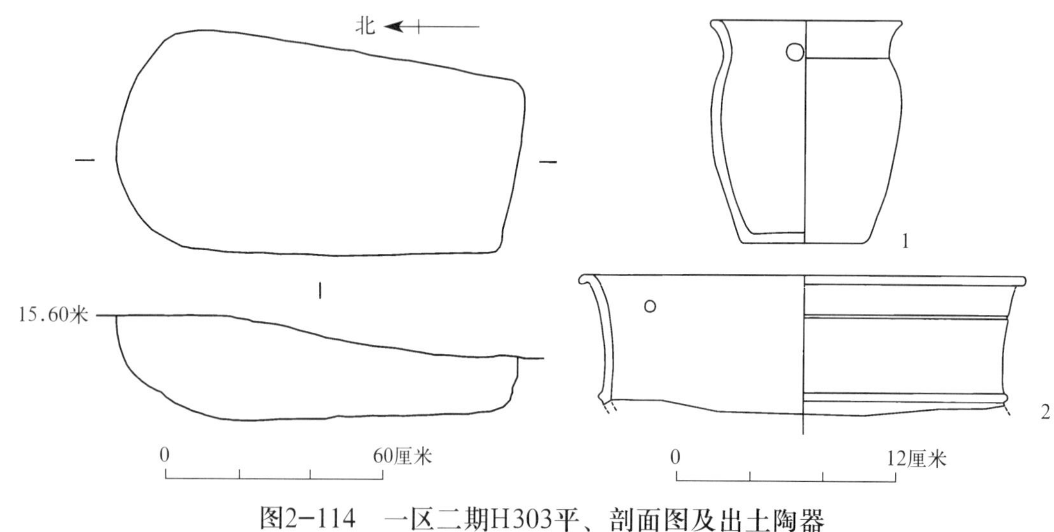

图2-114　一区二期H303平、剖面图及出土陶器

1．罐H303：2　2．盆H303：1

6．H384

位于E4T2300东部并伸出东壁。开口于⑦c层下，打破⑦d层。长方形，斜壁（图2-115）。坑口残径0.60、深0.38米。坑内填黑色土（10YR2.5/1），出土鼎足等。收集浮选土样1份20升，采集植硅体样品1份50克。

标本H384：2（#8584；S3127），残石器，碎为3块，磨制。流纹质熔结凝灰岩。重68.2克。

标本H384：1，鼎足。夹砂红陶。平面呈铲形，正面附加三条纵向堆纹，背面刻三条沟槽。高7.6、最宽4.8、厚1.8厘米（图2–115，1）。

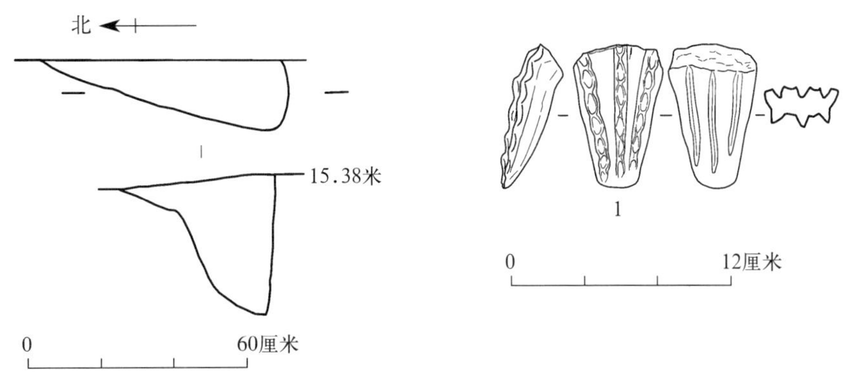

图2–115　一区二期H384平、剖面图及出土鼎足

1. 鼎足H384：1

7．H385

位于E4T2300中部略偏南。开口于⑦c层下，打破⑦d层。椭圆形，凹底（图2–116）。坑口长径0.90、短径0.58、深0.20米。填黑色土（7.5YR2.5/1），出土鼎、甗等陶器残片。收集浮选土样1份20升，采集植硅体样品1份50克。

标本H385：1，罐形鼎。夹砂黑陶，灰胎。圆方唇，宽沿斜卷，沿面有凹槽，圆腹，平底，铲形足，下半部残失。器表经磨光处理，腹部有三周凹弦纹。底部有烧痕，三足亦烧成红色。口径15.4、底径11.5、高17.0、厚0.3～0.55厘米（图2–117，1）。

标本H385：2，甗。夹砂黑陶。甑上部残失，斜腹内收，束腰，下腹外鼓，三圆锥状分裆袋足。器表经磨光处理。甑部和鬲部外表各有一组凹弦纹，每组三周。复原残高22.0、厚0.45～0.8厘米（图2–117，2）。

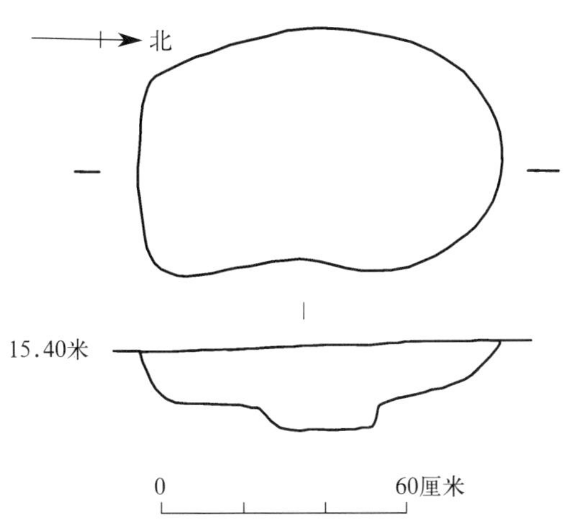

图2–116　一区二期H385平、剖面图

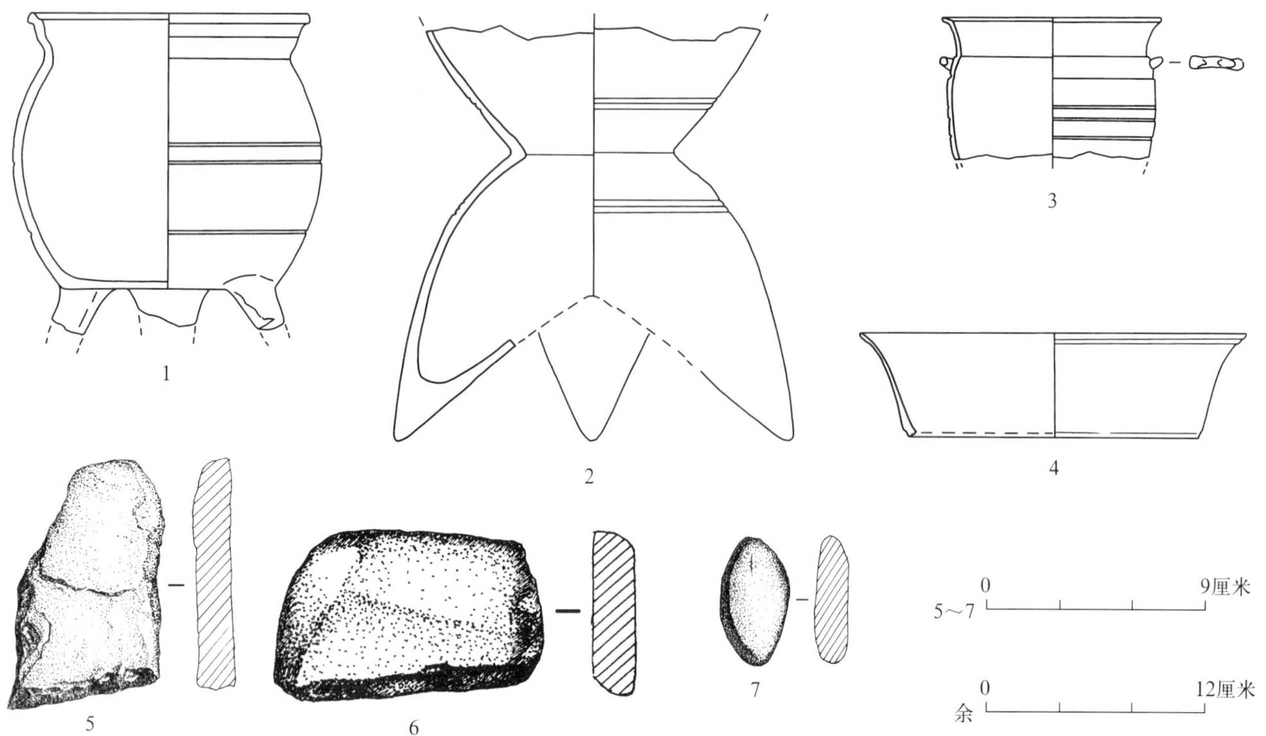

图2-117　一区二期H385、H394、H395、H397出土器物

1．罐形鼎H385∶1　2．甗H385∶2　3．罐H397∶1　4．大平底盆H397∶2　5、6．石刀半成品H395∶3、H395∶2　7．打磨/抛光石器H394∶1

8．H394

位于E4T2300。开口于⑦c层下，打破⑦d层。椭圆形，斜壁，平底（图2-118）。坑口长径1.02、短径0.68、深0.22米。内填灰色土（5YR2.5/1），出土有石器和陶片等。

标本H394∶1（#8992；S3406），打磨/抛光石器。不规则四边形，扁体。长5.2、宽2.8、厚1.4厘米，重32.4克（图2-117，7）。

9．H395

位于E4T2300南部，向南延伸至南壁外。开口于⑦b层下，打破⑦d层。亚腰椭圆形，斜壁，平底（图2-119）。坑口长径1.12、短径0.30、深0.18米。填灰色土（10YR2/1），出土有石器和陶片等。收集浮选土样1份20升，采集植硅体样品1份50克。

标本H395∶2（#8993；S3405），石刀半成品，残。绿泥石或绿泥/角闪片岩。平面近长方形，单面刃。残长5.8、宽3.5、厚0.9厘米，重36.3克（图2-117，6）。

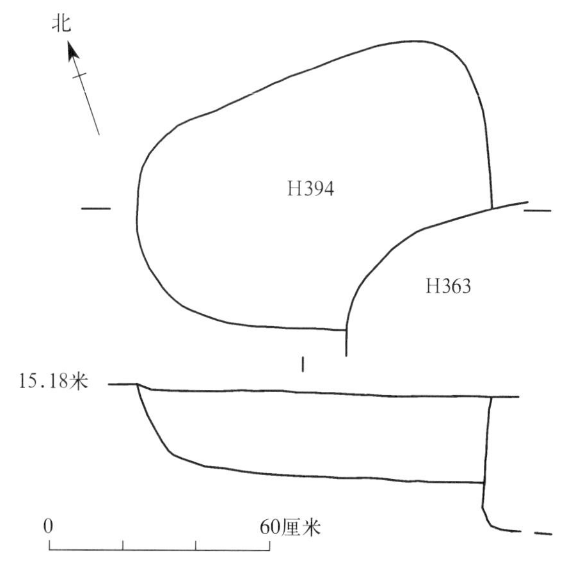

图2-118　一区二期H394平、剖面图

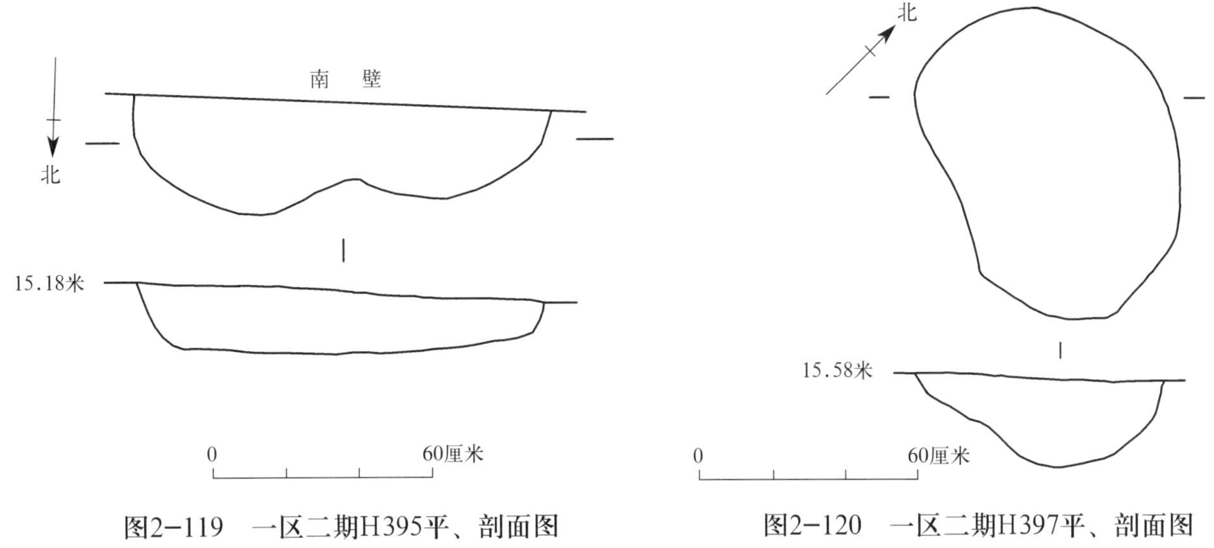

图2-119 一区二期H395平、剖面图

图2-120 一区二期H397平、剖面图

标本H395：3（#8993；S3171），石刀半成品，残。砂岩。平面近长方形，上下两侧边有打制痕迹。残长10.1、宽5.8、厚1.5厘米，重109.3克（图2-117，5）。

10．H397

位于E4T2299中部偏东。开口于⑦b层下，打破⑦c层。近圆形，圜底（图2-120）。坑口长径0.86、短径0.62、深0.23米。填灰褐色土（10YR3/3），出土可复原陶器有罐、盆等。收集浮选土样1份20升，采集植硅体样品1份50克。

标本H397：3（#8877；S3078），磨石，残。花斑岩。平面为长方形，磨面较粗。长8.2、宽5.2、厚1.7厘米，重91.0克。

标本H397：4（#8877；S3167），磨石，残。砂岩。不规则形，磨面平整微内凹。长7.7、宽4.7、厚1.3厘米，重5.7克（彩版五四，6）。

标本H397：5（#8877；S3077），磨石，残。砂岩。平面略呈三角形，磨面细而平整。长6.1、宽3.4、厚1.1厘米，重20.6克（彩版五四，7）。

标本H397：1，罐。夹砂黑陶。侈口，圆唇，微卷沿，腹微外弧，下部残。器表经磨光处理。腹部有四周凹弦纹，肩部有一对盲鼻。口径12.0、残高7.5、厚0.3～0.4厘米（图2-117，3）。

标本H397：2，大平底盆。泥质黑陶。敞口，腹壁微内曲，大平底。内外表均经磨光处理。素面。口径21.0、底径16.0、残高5.3、厚0.2～0.5厘米（图2-117，4）。

11．H398

位于E4T2298、T2297之间，开口于⑦b层下，打破H401、H414、H416。椭圆形，斜壁，圜底（图2-121）。坑口长径1.44、短径0.92、深0.43米。填黑色土（7.5YR2/1），出土石器和陶片等。收集浮选土样1份20升。

标本H398：4（#8768；S2753），石斧，残存一边，磨制。流纹质熔结凝灰岩。残长6.9、残宽5.8、厚2.7厘米，重122.7克。

标本H398：5（#8768；S2752），石镞半成品。绿泥石或绿泥/角闪片岩。长条形，器身有打制痕迹。长6.1、宽1.9、厚1.0厘米，重11.1克（彩版五四，8）。

标本H398：1（#8768；S3259），磨石，残。砂岩。平面为四边形，磨面微内凹。残长9.1、残宽7.8、厚4.0厘米，重320.3克（彩版五五，1）。

标本H398：2（#8768；S3141），磨石，残。花斑岩。不规则形。长10.7、宽7.9、厚5.6厘米，重505.9克。

标本H398：3（#8768；S3097），磨石，残。砂岩。平面为三角形。残长1.7、残宽1.4、厚0.7厘米，重2.1克。

标本H398：6（#8768；S2734），石料。流纹质熔结凝灰岩。不规则形。长3.2、宽3.6、厚1.0厘米，重8.9克。

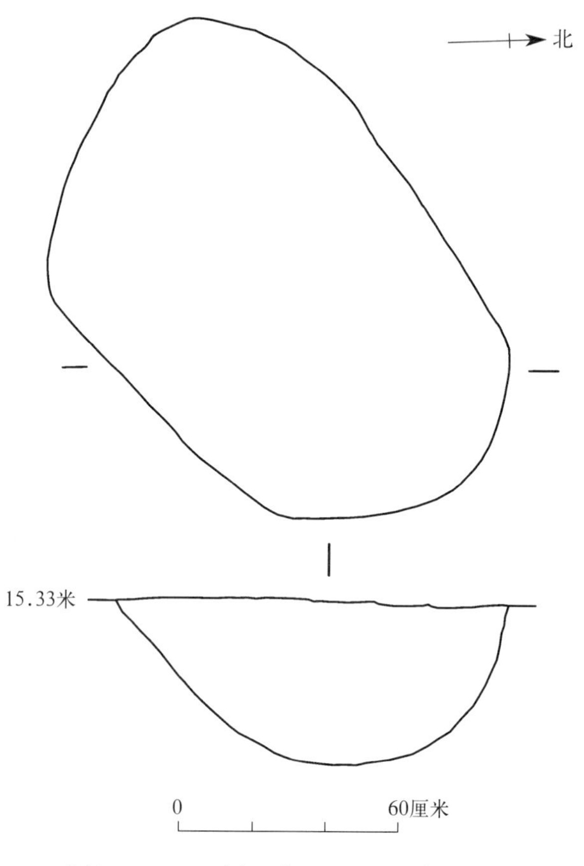

图2-121　一区二期H398平、剖面图

12．H401

东西横跨E4T2297、T2298、T2299等三个探方，向南伸出南壁之外。开口于⑦b层下，被H396、H398等打破，打破H416。椭圆形，斜壁，圜底（图2-122）。坑口长径5.94、短径

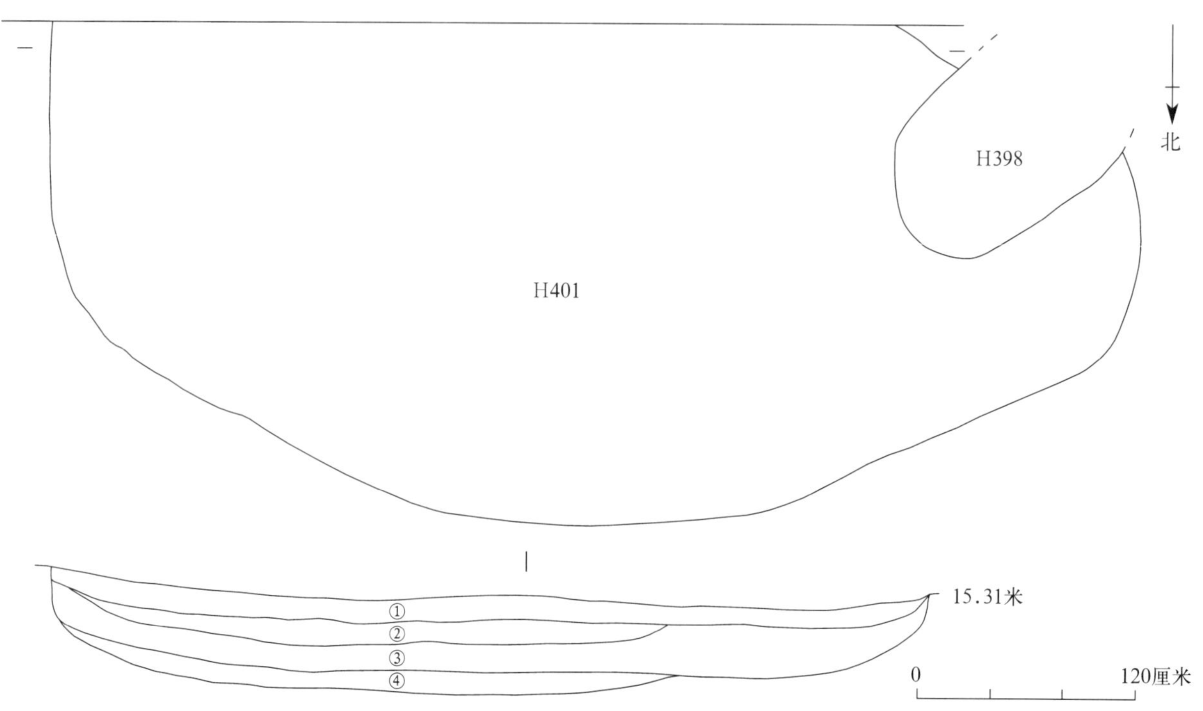

图2-122　一区二期H401平、剖面图

2.65、深0.56米。填土自上而下可以分为四层：第1层为灰褐色土（7.5YR5/2）；第2层为黑色土（7.5YR3/1）；第3层为包含草木灰较多的灰色土（7.5YR4/1）；第4层为灰褐色土（7.5YR3/1）。出土陶片等遗物十分丰富，有石器和可复原陶器鼎、鬶、罐、盆、杯、碗和器盖等（表2–14）。收集浮选土样6个共120升，采集植硅体样品2份共200克、碳十四测年样品1个。

表2–14　H401陶片统计表

陶质 / 陶色 / 数量 / 纹饰	泥质				夹砂					夹云母滑石	总计	百分比（%）
	黑	灰	褐	合计	黑	灰	褐	白	合计			
凸弦纹	51	1	1	53	107	11	12		130		183	4.99
凹弦纹	58	7	2	67	243	26	8		277		344	9.39
绳　纹							1		1		1	0.03
堆　纹	2	1		3	24	9	30		63		66	1.80
泥　饼	1			1	6	1	5	1	13		14	0.38
盲　鼻	1	2		3	12	1	2		15		18	0.49
镂　孔		1		1			3		3		4	0.11
刻划纹	1			1							1	0.03
陶　衣							1		1		1	0.03
瓦楞纹					1				1		1	0.03
花　边					7		1		8		8	0.22
素　面	595	60	8	663	1791	200	360	5	2356	4	3023	82.51
累　计	709	72	11	792	2191	248	423	6	2868	4	3664	100
百分比（%）	19.35	1.97	0.30	21.62	59.80	6.77	11.54	0.16	78.28	0.11	100	
重量（千克）	10.98	1.20	0.19	12.37	45.14	27.22	9.2	0.08	81.64	0.12	94.13	

标本H401③：23（#8771；S3261），石锛。流纹质熔结凝灰岩。平面为长方形。长7.7、宽4.0、厚1.9厘米，重114.2克（图2–123，1；彩版五五，2）。

标本H401④：30（#8772；S3267），石锛半成品。玄武岩。平面和横截面均为长方形，边缘有打制痕迹。长14.3、宽7.2、厚3.2厘米，重580.4克（图2–123，2；彩版五五，3）。

标本H401①：33（#8770；S3243），凿，残。流纹质熔结凝灰岩。平面为长条形。长12.1、残宽0.9、厚2.8厘米，重55.9克（图2–123，3）。

标本H401①：14（#8769；S3268），石铲，一端残。流纹质熔结凝灰岩。平面为圆头长方形，器体扁薄。残长20.1、宽7.1、厚1.1厘米，重205.2克（图2–123，4；彩版五六，1）。

标本H401④：31（#8772；S3265），石镰，残存尖部。流纹质熔结凝灰岩。平面近三角形，单面刃。残长7.0、宽5.0、厚0.9厘米，重44.0克（图2–123，5）。

标本H401④：29（#8772；S3254），石刀，残存不足一半。富含白云母的熔结凝灰岩。平面呈长方形，单面短斜刃，一端亦有短斜刃，近背部残存对钻孔1个。残长7.8、宽5.7、厚1.1厘米，重93.3克（图2－123，6；彩版五五，5）。

标本H401④：32（#8772；S 3266），石刀半成品，残。富含白云母的熔结凝灰岩。残长6.9、宽5.4、厚1.3厘米，重59.6克（彩版五五，6）。

标本H401①：82（#8769；S3211），石刀，一端残。富含白云母的熔结凝灰岩。平面为长方形，短斜单面刃，近背部有对钻的双孔。残长9.9、宽6.6、厚1.1厘米，重120.6克（图2－123，7；彩版五六，2）。

标本H401②：62（#8770；S3036），石镞，打制，前端残。燧石。扁平体，底部内凹。残长3.4、宽2.1、厚0.5厘米，重4.3克（图2－123，8；彩版五六，3）。

标本H401①：12（#8769；S3260），磨石，残。熔结凝灰岩和角闪石。磨面平整微内凹。残长4.8、残宽5.0、厚1.7厘米，重60.5克（彩版五五，4）。

标本H401②：13（#8674；S3230），磨石。富含白云母的熔结凝灰岩。平面近椭圆形。长9.6、宽6.3、厚2.4厘米，重241.3克（彩版五六，5）。

标本H401②：52（#8674；S2776），磨石，残。砂岩。平面近方形，磨面内凹。长6.2、宽5.2、厚2.4厘米，重110.0克（彩版五六，4）。

标本H401①：53（#8769；S3136），磨石，残。花斑岩。平面近方形。长6.1、宽5.1、厚4.2厘米，重210.2克。

标本H401①：55（#8769；S2772），磨石，残。砂岩。平面为不规则四边形，磨面微内凹。长4.5、宽3.7、厚1.5厘米，重20.1克。

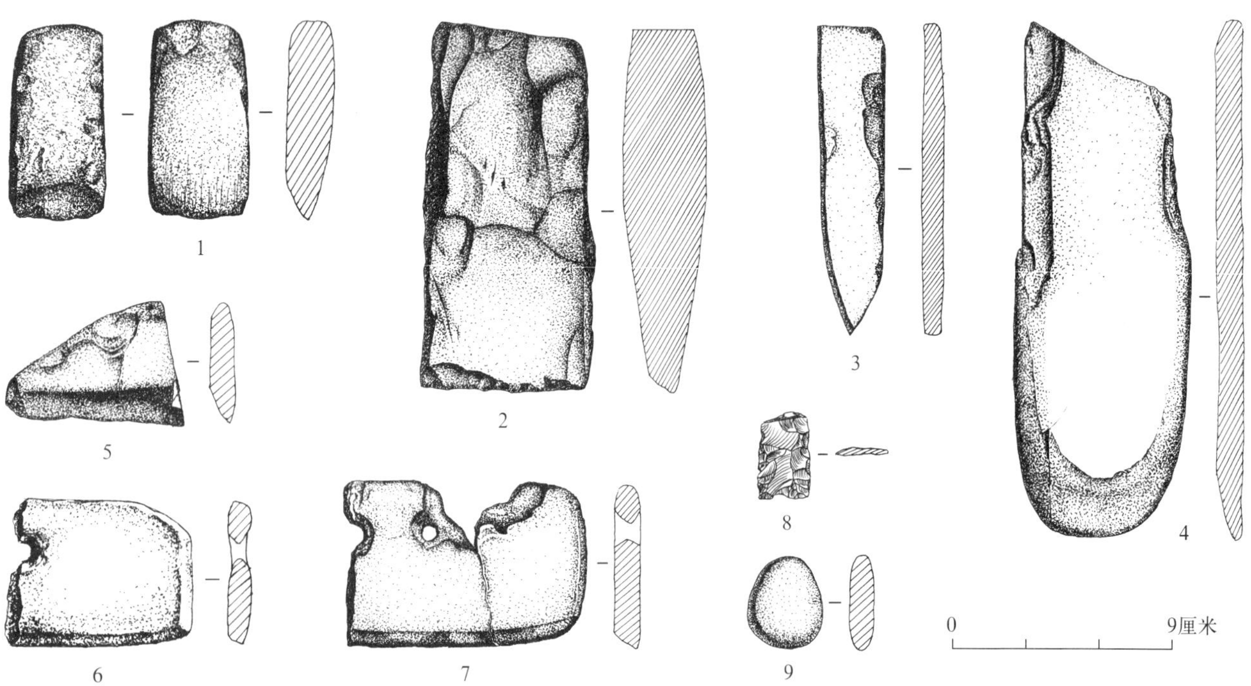

图2－123　一区二期H401出土石器

1．石锛H401③：23　2．石锛半成品H401④：30　3．石凿H401①：33　4．石铲H401①：14　5．石镰H401④：31　6、7．石刀H401④：29、H401①：82　8．石镞H401②：62　9．打磨/抛光石器H401④：76

标本H401②：56（#8770；S2950），磨石，残。花斑岩。平面近长方形。长8.7、宽6.8、厚3.7厘米，重244.6克。

标本H401②：57（#8770；S2958），磨石，残。花斑岩。不规则形。长12.3、宽7.4、厚6.0厘米，重735.3克。

标本H401②：58（#8770；S2963），磨石，残。砂岩。平面为长方形，磨面较粗。长3.0、宽2.3、厚1.5厘米，重14.5克。

标本H401②：59（#8770；S3048），磨石，残存一角。砂岩。磨面内凹。残长6.8、残宽4.2、厚2.2厘米，重39.0克。

标本H401②：60（#8770；S2989），磨石，残。砂岩。不规则形。长3.3厘米，宽1.7厘米，厚0.8厘米，重5.4克。

标本H401②：61（#8770；S3028），磨石，残。砂岩。长5.2、宽3.3、厚2.1厘米，重30.4克。

标本H401②：63（#8770；S2970），磨石，残。花斑岩。平面为四边形。长11.1、宽9.3、厚3.6厘米，重404.9克。

标本H401③：64（#8771；S2792），磨石，略残。砂岩。平面近圆形，磨面细而内凹。长9.0、宽7.6、厚2.8厘米，重212.9克（彩版五六，6）。

标本H401③：65（#8771；S2815），磨石，残。砂岩。不规则形，磨面较细而内凹。长5.8、宽4.1、厚1.7厘米，重41.6克。

标本H401③：66（#8771；S2765），磨石，残。花斑岩。长8.5、宽6.4、厚4.1厘米，重260.2克（彩版五五，8）。

标本H401③：67（#8771；S2779），磨石，残。平面为三角形，磨面略粗。砂岩。长2.4、宽1.5、厚0.6厘米，重2.0克。

标本H401③：68（#8771；S2818），磨石，残。砂岩。不规则形，磨面内凹。残长4.8、残宽3.7、厚1.4厘米，重23.9克。

标本H401④：69（#8772；S2785），磨石，残。砂岩。不规则形，磨面平整微内凹。残长5.3、残宽5.5、厚1.6厘米，重48.5克（彩版五五，9）。

标本H401④：70（#8772；S2810），磨石，残。砂岩。平面略呈长方形，磨面细而内凹。长8.3、宽5.1、厚1.8厘米，重93.8克（彩版五六，7）。

标本H401④：71（#8772；S2811），磨石，残。砂岩。平面略呈方形。长2.8、宽3.0、厚1.2厘米，重12.5克。

标本H401④：72（#8772；S2820），磨石，残。砂岩。不规则形，磨面略粗而内凹。长4.4、宽2.、厚1.7厘米，重24.3克。

标本H401④：73（#8772；S2809），磨石，残。砂岩。长3.3、宽2.7、厚1.2厘米，重12.1克。

标本H401④：74（#8772；S2764），磨石，残。砂岩。平面为四边形，磨面细而内凹。长5.1、宽4.2、厚1.9厘米，重46.3克（彩版五六，8）。

标本H401④：75（#8772；S2784），磨石，残。砂岩。平面近三角形，磨面平整。长5.2、宽4.6、厚1.3厘米，重36.8克（彩版五六，9）。

标本H401①：77（#8879；S3000），磨石，残。花斑岩。平面为三角形，磨面粗糙。长4.5、宽

3.7、厚2.7厘米，重34.3克。

标本H401①：78（#8769；S2746），磨石，残。砂岩。不规则四边形，磨面粗糙。长4.5、宽4.3、厚2.4厘米，重49.8克。

标本H401①：79（#8769；S3105），磨石，残。砂岩。不规则形，磨面细而微内凹。长9.5、宽8.7、厚1.8厘米，重133.1克（彩版五七，1）。

标本H401①：80（#8769；S2744），磨石，残。砂岩。平面为四边形，磨面细而内凹。长5.8、宽4.8、厚1.9厘米，重38.6克（彩版五五，7）。

标本H401：81（#8769；S2745），磨石，残。砂岩。平面近方形，磨面略粗而微内凹。长5.3、宽4.4、厚2.8厘米，重85.9克。

标本H401④：76（#8772；S3210），打磨/抛光石器，白里透红。平面近圆形。长3.6、宽3.0、厚0.9厘米，重15.5克（图2–123，9；彩版五七，2）。

标本H401①：54（#8769；S3094），残石器。流纹质熔结凝灰岩。长7.9、宽3.4、厚1.0厘米，重42.7克。

标本H401①：4，罐形鼎。夹砂黑陶，褐胎。口部残，折沿，溜肩，圆鼓腹，平底内凹，三凿形足下端残失。器表经磨光处理，肩部饰两周凹弦纹。足和底部有火烧痕迹。腹径10.3、底径5.4、残高9.7、厚0.3～0.4厘米（图2–124，1；彩版六〇，1）。

标本H401①：11，罐形鼎。夹砂黑陶。尖圆唇，侈口，宽折沿，口沿外侧中部有一道台阶状凸起，腹略鼓，平底内凹，三铲形足下半残失。器表及内侧口沿经磨光处理。口沿残余一小耳，腹部共饰有八周略宽的凹弦纹。足和底部有火烧痕迹。口径14.1、最大腹径13.8、底径8.6、残高12.7、厚0.3～0.4厘米（图2–124，2）。

标本H401①：16，罐形鼎。夹砂黑陶，黄褐胎。圆唇，口微侈，粗长颈，深腹略鼓，平底，三鸟首形足（无眼）。器内壁有轮制时留下的凹弦纹痕迹，器表及内侧口沿经磨光处理。颈下有两周凸弦纹，其上有三个等距分布的鸡冠状附加泥条。口径19.3、底径12.4、高25.0、厚0.3～0.4厘米（图2–124，5；彩版六〇，2）。

标本H401③：24，罐形鼎。泥质黑陶，灰胎。侈口，尖圆唇，近口部沿面有一周凹槽，折沿，弧腹，平底内凹。器表及内侧口沿经磨光处理。上腹部有两周凹弦纹。足和底部有火烧过的痕迹。口径10.6、最大腹径11.0、底径6.2、高10.4、厚0.2～0.45厘米（图2–124，3；彩版六〇，3）。

标本H401④：28，带流罐形鼎。夹砂黑陶，胎为深灰色和浅黄褐色，内壁为灰色。大口，一侧有流，圆方唇，沿内侧有一周凹槽，沿微卷，束颈，圆腹，平底，三足残失。腹部有四周凹弦纹。口径10.2～9.7、最大腹径10.2、底径6.4、高8.6、厚0.4～0.8厘米（图2–124，4）。

标本H401①：5，盆形鼎。夹砂黑陶，褐胎。尖圆唇，平沿，口径较大，近似于盘口，下腹近直微鼓，底部斜收，平底较大，底和三鸟首形足残失。器表及口沿内侧经磨光处理，口沿残余一个横耳，唇周沿捺成齿状，口沿及腹部共饰有四周凸棱。口径17.2、残高9.0、厚0.3～0.5厘米（图2–124，7）。

标本H401①：9，盆形鼎。夹细砂黑陶，黄褐胎。近盘形口，圆唇，平沿，器腹较直较深，平底，足为没有眼睛的鸟喙形足。一侧有用两条带状泥条交叉叠加的把手，两侧微卷起。器表及口沿内侧经磨光处理。口沿外侧有三个等距分布的小耳，唇外缘饰一周齿状纹饰，口下和腹部共饰有十

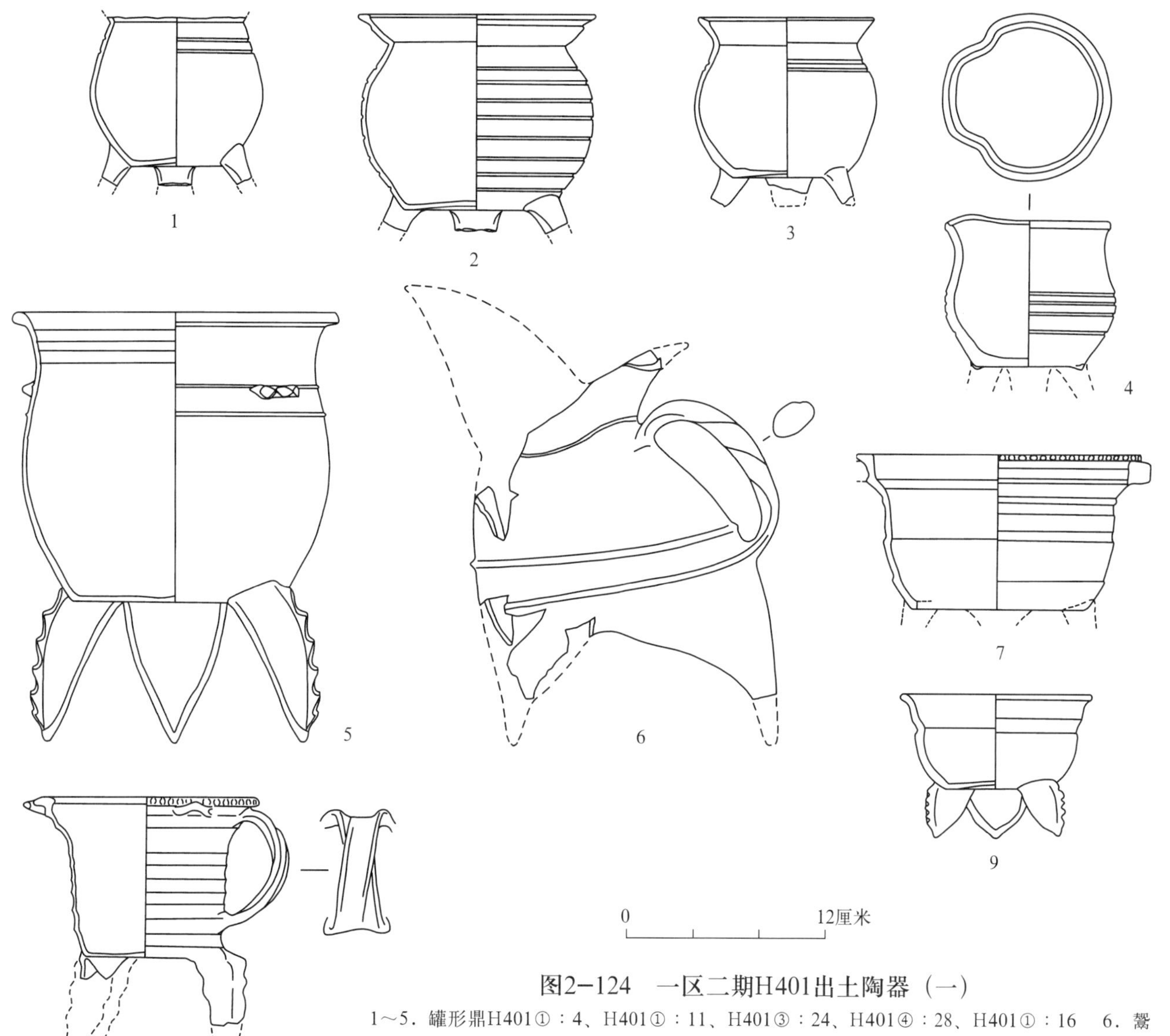

图2–124　一区二期H401出土陶器（一）

1～5．罐形鼎H401①：4、H401①：11、H401③：24、H401④：28、H401①：16　6．鬶H401③：22　7～9．盆形鼎H401①：5、H401①：9、H401②：20

周凸弦纹。口径13.8、底径7.4、高13.2、厚0.23～0.4厘米（图2–124，8）。

标本H401②：20，盆形小鼎。泥质黑陶，深灰胎。双腹盆形，圆方唇，腹中部偏位置内折，下腹微鼓，平底内凹，三鸟喙形足（无眼）。内外表均经磨光处理。口径11.6、底径6.2、高8.5、厚0.3～0.35厘米（图2–124，9）。

标本H401③：22，鬶。夹砂红陶，白衣剥蚀不存。流残，尖圆唇，敞口，前部两袋足略小，后侧袋足较大，上方有把手，把手为象征性绞丝状。颈部有一周凹弦纹，袋足上有两周凸棱。足尖有火烧痕迹。残高20.2、厚0.3～0.5厘米（图2–124，6）。

标本H401①：10，中口罐。夹细砂黑陶，黄褐胎，器壁较薄。方圆唇，侈口，折沿，溜肩，鼓腹，平底。器表及内侧口沿经磨光处理。肩部饰有两周凹弦纹。口径9.8、最大腹径13.4、底径6.0、高13.6、厚0.2～0.3厘米（图2–125，1）。

标本H401②：19，中口罐。泥质黑陶，褐胎。圆唇，侈口，折沿，沿面中部有一周凹槽，鼓腹位置靠上，下腹斜收，小平底内凹较甚。器体上部及口沿内侧经磨光处理。肩部饰有两周凹弦纹。

口径9.2、最大腹径11.9、底径5.2、高12、厚0.2～0.35厘米（图2-125，2；彩版六〇，4）。

标本H401②：39，中口罐。夹砂黑陶。侈口，尖唇，折沿，沿面有一周凹槽，溜肩，圆腹，以下残失。器表经磨光处理。肩、腹部饰五周凹弦纹，口沿饰一对鸡冠耳。口径 16.0、残高 7.4、厚0.4～0.6厘米（图2-125，3）。

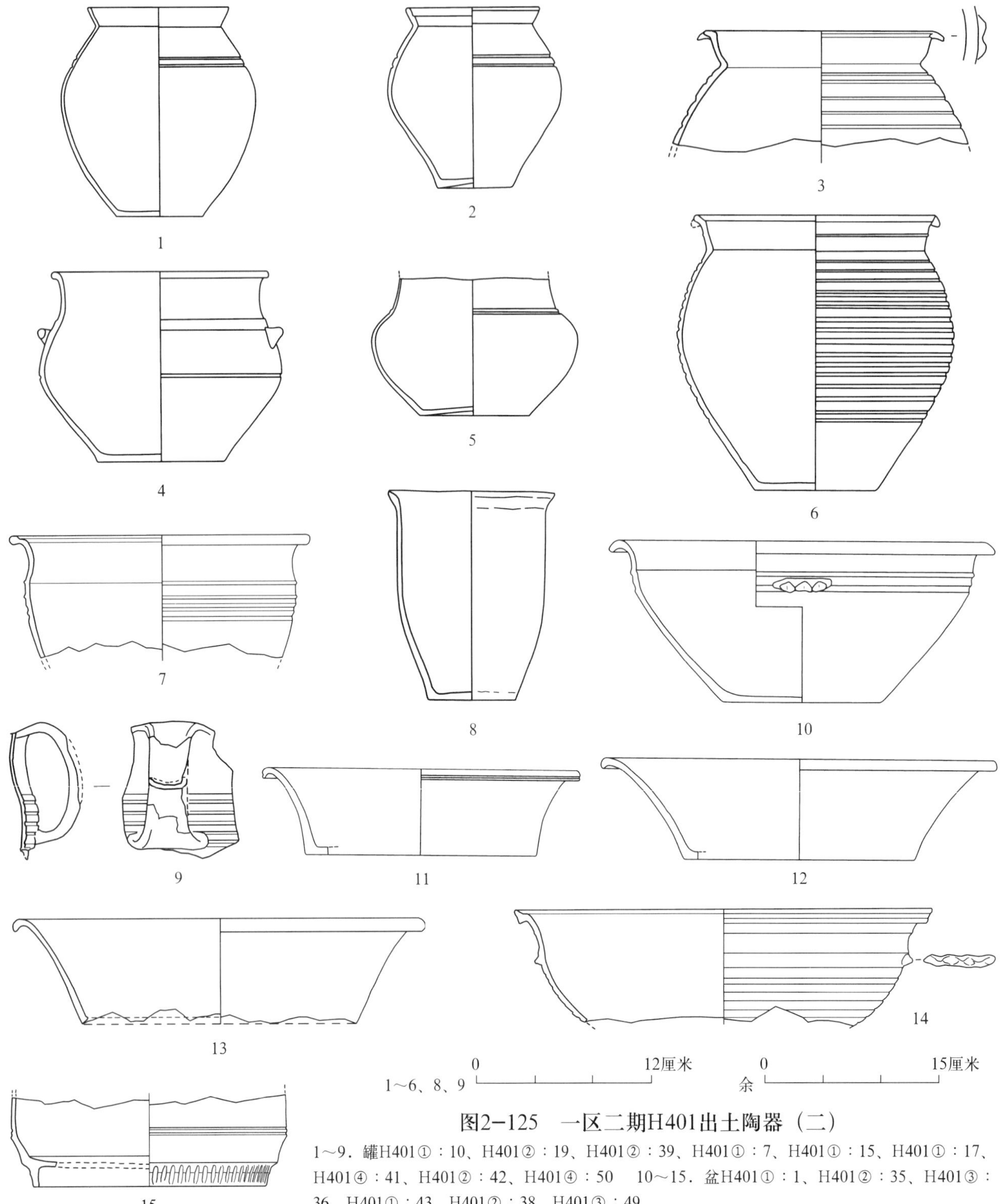

图2-125　一区二期H401出土陶器（二）

1～9．罐H401①：10、H401②：19、H401②：39、H401①：7、H401①：15、H401①：17、H401④：41、H401②：42、H401④：50　10～15．盆H401①：1、H401②：35、H401③：36、H401①：43、H401②：38、H401③：49

标本H401①：7，罐。泥质黑陶，制作精致。圆唇，粗长颈，鼓腹，平底。器表及内侧口沿经磨光处理。颈腹交界处有两周台阶状凸起，并饰有两个对称的盲鼻，腹部有一周凹弦纹。口径15.0、最大腹径16.8、底径8.8、高12.7、厚0.2～0.45厘米（图2-125，4；彩版五九，4）。

标本H401①：15，罐。泥质黑陶，灰胎，器壁较薄。口残，粗长颈，窄肩，鼓腹，平底内凹。器表经磨光处理，颈肩交界处饰有两周凹弦纹。腹径14.4、底径7.6、残高9.1、厚0.1～0.3厘米（图2-125，5）。

标本H401①：17，罐。夹砂黑陶，黄褐胎。侈口略大，方唇，折沿，沿上部外侈，溜肩，鼓腹，平底。器表及内侧口沿经磨光处理。口沿残余一鸡冠状耳，口沿外侧中部有一周凸弦纹，肩腹部共饰有十六周凹弦纹。口径16.6、底径8.4、高18.4、厚0.3～0.4厘米（图2-125，6；彩版六〇，5）。

标本H401④：41，罐。夹砂黑陶。圆唇，卷沿，沿面有一凹槽，束颈，腹微鼓，以下残失。腹部有一对横耳，残失。器表经磨光处理。腹上部各有两周凸棱和凹弦纹。口径26.0、残高10.6、厚0.4～0.5厘米（图2-125，7）。

标本H401②：42，筒形罐。夹滑石黄褐陶。口微侈，筒形腹下部向内斜收，平底。器表经磨光处理，素面。口径12.0、底径6.0、高14.0、厚0.3～0.6厘米（图2-125，8）。

标本H401④：50，单耳罐。夹砂黑陶。残存把手一侧，侈口，圆唇，卷沿，束颈，鼓腹，一侧口沿与腹部之间有宽带状把手，上缘略高出口沿。器表经磨光处理。腹部有七周弦纹。残高9.3、厚0.4～0.5厘米（图2-125，9）。

标本H401②：35，大平底盆。夹细砂黑陶，灰胎。大敞口，圆唇，卷沿，斜壁微内曲，平底残失。内外表均经磨光处理，唇部有一周凹弦纹。口径27.6、底径20.0、高7.2、厚0.4～1.0厘米（图2-125，11）。

标本H401③：36，大平底盆。夹细砂黑陶，灰胎。大敞口，圆唇，卷沿，斜壁，平底残失。内外表均经磨光处理，素面。口径34.0、底径20.0、高8.4、厚0.5～0.7厘米（图2-125，12）。

标本H401①：43，大平底盆。泥质黑陶。敞口，圆唇，卷沿，斜腹，底残。内外器表均经磨光处理，素面。口径36.0、残高8.3、厚0.5～0.7厘米（图2-125，13）。

标本H401①：1，鼓腹盆。夹砂黑陶，黄褐胎。圆唇，卷沿，短颈，腹部斜收，平底。内外器表均经磨光处理。颈下有两周凸棱和一周凹弦纹，其上饰齿状堆纹。口径31.4、底径14.0、通高13.5、厚0.4～0.75厘米（图2-125，10；彩版六一，1）。

标本H401②：38，鼓腹盆。夹砂灰陶。敞口，方唇，唇面有一周凹槽，卷沿，沿面内凹，短颈，腹微鼓向下斜收，底部残。器表经磨光处理。腹部饰六周凹弦纹，颈下有一对鸡冠耳。口径36.0、残高9.4、厚0.4～0.8厘米（图2-125，14）。

标本H401③：49，瓦足盆。泥质黑陶。口部残，腹壁内曲，近底部内收，平底，下附矮瓦足，瓦足外表按压一排竖凹槽。器表及内壁磨光。底径20.0、残高7.8、厚0.5厘米（图2-125，15）。

标本H401③：46，碗。泥质黑陶。敞口，尖唇，折腹，底部残。内外表均经磨光处理。折腹处饰一对小泥突。口径16.0、残高3.6、厚0.4厘米（图2-126，2）。

标本H401①：45，高柄杯内胆。泥质黑陶。仅存内胆下部，斜壁圜底，胎较薄。内壁磨光，素面。残高3.2、厚0.1～0.2厘米（图2-126，3）。

标本H401②：21，筒形单耳杯。泥质黑陶，深灰胎。口微外张，尖圆唇，杯腹微内束，近底部折收成假圈足，平底内凹。一侧有用泥条做成的半圆形把手。内壁有轮制时留下的瓦棱痕迹。器表经磨光处理，杯口下有两周很细的凹弦纹。口径8.7、最大腹径7.5、底径7.0、高11.6、厚0.2～0.4厘米（图2–126，1；彩版五九，5）。

标本H401④：27，筒形单耳杯。泥质黑陶，深灰胎。口微外张，圆方唇，腹壁斜直，近底急收成假圈足，平底内凹。一侧下腹有用泥条做成的弧形把手。器表经磨光处理，杯壁有两组四周凹弦纹，每组两周。口径9.3、最大腹径7.9、底径6.5、高12.8、厚0.2～0.4厘米（图2–126，4；彩版五九，6）。

标本H401②：40，筒形单耳杯。泥质黑陶。口微侈，筒形腹，把手及底残。器表经磨光处理。腹中部有四周凹弦纹。口径8.0、残高10.4、厚0.2～0.3厘米（图2–126，5）。

标本H401②：37，筒形杯。夹细砂黑陶。口残，腹壁较直，近底部折收，平底内凹。器表经磨光处理。腹部饰两周凹弦纹。底径7、残高7.2、厚0.3厘米（图2–126，6）。

标本H401④：26，鼓腹单耳杯。泥质黑陶，灰胎。口微侈，圆唇，粗长颈，鼓腹，平底。一侧腹部与口沿之间有宽带形把手，残失。内壁下部有轮制时留下的瓦棱痕迹，器表经磨光处理。唇下部和颈腹交界处共有三周凹弦纹。口径7.0、最大腹径9.0、底径5.1、高8.4、厚0.3～0.4厘米（图2–126，7；彩版六一，2）。

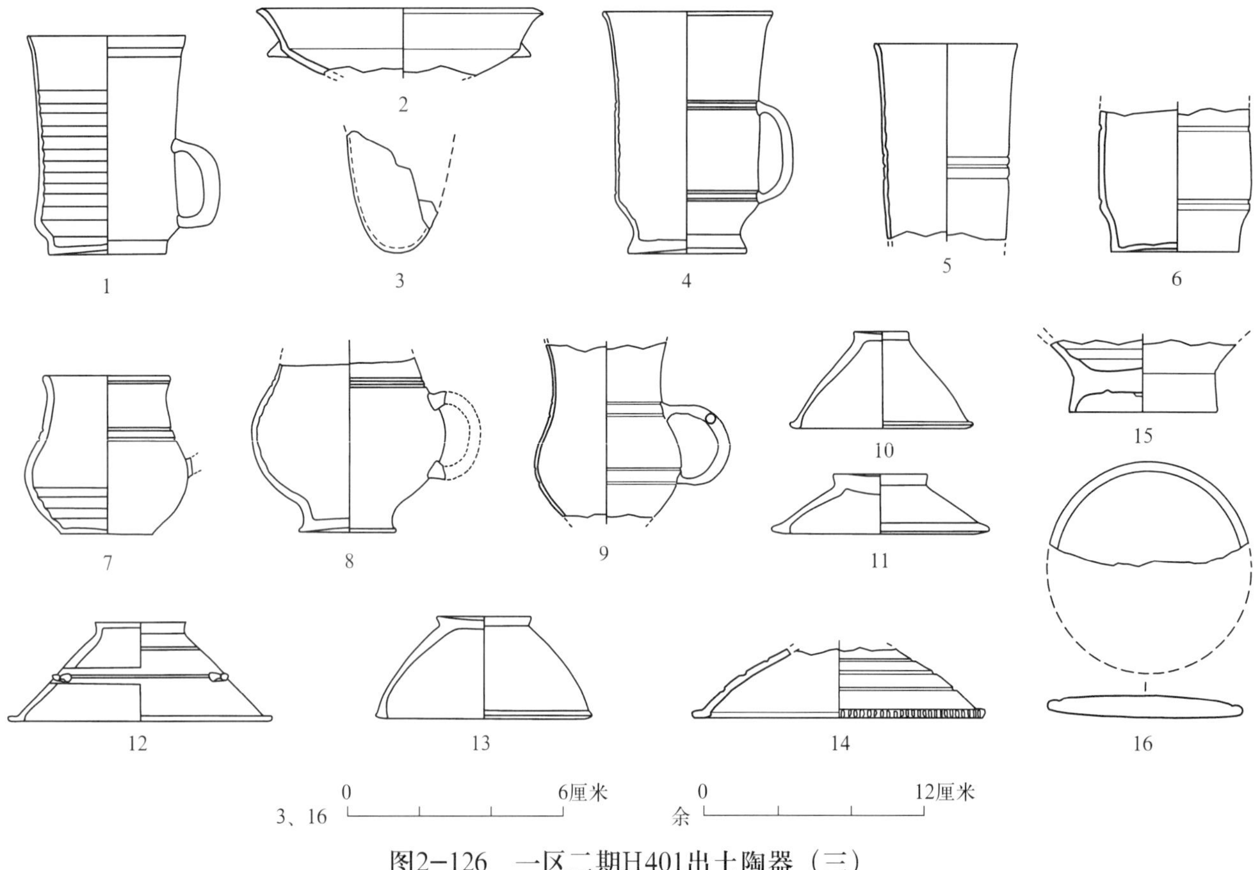

图2–126　一区二期H401出土陶器（三）

1、4～9．杯H401②：21、H401④：27、H401②：40、H401②：37、H401④：26、H401①：3、H401③：48　2．碗H401③：46　3．高柄杯内胆H401①：45　10～14．器盖H401①：2、H401①：6、H401①：8、H401④：25、H401①：51　15．圈足H401①：44　16．纺轮H401④：47

标本H401①：3，鼓腹单耳杯。泥质黑陶。口残，圆鼓腹，下腹急收成假圈足状平底，内凹，底部周缘外凸。一侧肩腹部之间有窄带状把手，已残失。器表经磨光处理，肩部有两周凹弦纹。最大腹径10.8、底径5.4、残高9.7、厚0.15厘米（图2–126，8）。

标本H401③：48，鼓腹单耳杯。泥质黑陶。口残，粗长颈内束，溜肩，鼓腹，一侧肩、腹部有环形耳，底残。器表经磨光处理。把手两端位置各有两周凹弦纹。最大腹径9.0、残高10.0、厚0.25厘米（图2–126，9）。

标本H401①：2，覆碗形器盖。夹砂黑陶，褐胎。器体较高，小平顶下凹，盖面略鼓，尖圆唇，唇沿外伸，斜平沿。内外表均经磨光处理，素面。顶径3.2、口径10.0、高5.2、厚0.2～0.55厘米（图2–126，10；彩版六〇，6）。

标本H401①：6，覆碗形器盖。夹砂黑陶，灰胎。平顶微下凹，盖面较斜直，尖圆唇，唇沿外伸，平沿。素面。顶径5.2、口径12.0、高3.6、厚0.3～0.5厘米（图2–126，11；彩版六一，3）。

标本H401①：8，覆碗形器盖。夹砂黑陶，灰胎。平顶，盖面斜直，圆唇，唇沿外伸，平沿。器表及口沿内侧经磨光处理。盖面有两周凹弦纹，下周弦纹位置有三个等距分布的附加堆鸡冠状泥条装饰。顶径5.0、口径14.6、高5.2、厚0.2～0.4厘米（图2–126，12；彩版六一，4）。

标本H401④：25，覆碗形器盖。夹砂灰褐陶。平顶下凹，盖面略鼓，尖圆唇，唇沿外伸，斜平沿。素面。顶径5.2、口径12.0、高5.4、厚0.2～0.6厘米（图2–126，13）。

标本H401①：51，覆碗形器盖。夹砂黑陶。顶残，盖面隆起，圆唇，平沿外伸。器表经磨光处理。盖面有三周凹弦纹，口沿戳印成花边状。口径16.0、残高3.6米、厚0.3～0.4厘米（图2–126，14）。

标本H401①：44，圈足。夹砂灰陶。矮圈足，底部中心有泥突。器表及内壁磨光，素面。底径8.0、残高3.4、厚0.4～1.4厘米（图2–126，15）。

标本H401④：47，纺轮。残，圆形，正面微鼓，背面近平，孔残失。直径5.5、厚0.3～0.55厘米（图2–126，16）。

13．H403

位于E4T2297、T2347之间。开口于⑦b层下，打破F65活动面。近方形，斜壁，平底（图2–127；彩版五三，5）。坑口长径0.96、短径0.85、深0.31米。填深灰褐色土（7.5YR2.5/1），出土鬶把、鼎足、罐等。收集浮选土样1份20升，采集植硅体样品1份50克。

标本H403：4（#8140；S3125），磨石，残。砂岩。磨面平整略内凹。残长3.0、残宽1.3、厚1.0厘米，重5.9克。

标本H403：6（#8140；S3168），石杵。砂岩。平面近纺锤形，横截面圆形。长2.4、宽2.0、厚2.2厘米，重17.0克。

标本H403：5（#8140；S3122），石拍。花岗岩。

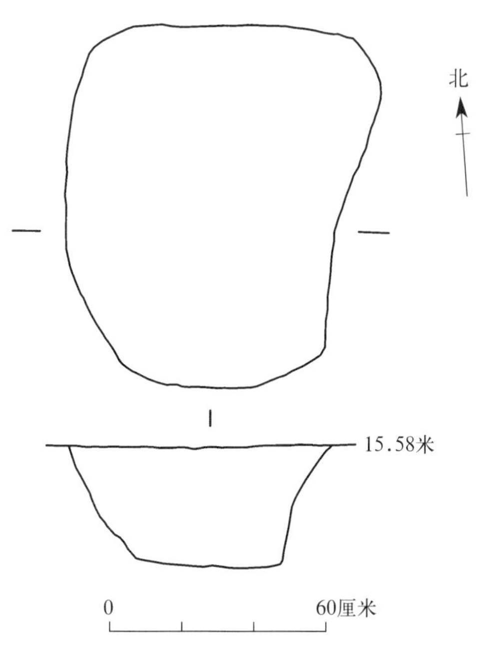

图2–127　一区二期H403平、剖面图

平面近三角形，横截面为圆形。长6.0、直径4.4厘米，重127.1克（图2-128，4；彩版五七，3）。

标本H403：2，鼎足。夹砂红褐陶。平面呈三角形，正面附加纵向堆纹。高8.9、厚1.1厘米（图2-128，1）。

标本H403：1，鬶把。夹滑石红陶。绞丝状，断面呈8字形，系由两根圆形泥条缠绕而成。高10.5、径2.4厘米（图2-128，2）。

标本H403：3，盆。夹砂黑灰陶。侈口，方唇，唇面有一周凹槽，窄卷沿，束颈，腹及以下残失。器表及口沿内壁经磨光处理。肩部存两周凸棱，之间有一对横耳。口径26.0、残高7.0、厚0.4～0.7厘米（图2-128，3）。

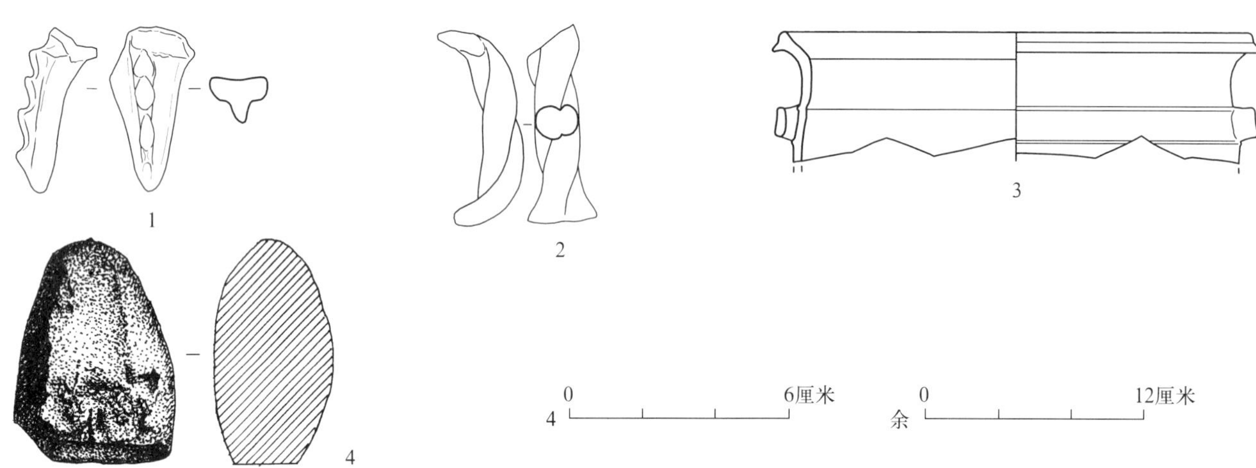

图2-128 一区二期H403出土器物

1．鼎足H403：2 2．鬶把H403：1 3．盆H403：3 4．石拍H403：5

14．H410

位于E4T2296西部，向西伸出西壁。开口于⑦a层下，打破F65户外垫土。椭圆形，斜壁，近平底（图2-129）。坑口长径0.64、短径0.28、深0.12米。填黑色土（7.5YR2.5/1），出土鼎、罐等陶器残片。

标本H410：1，罐形鼎。夹砂黑陶，灰褐胎。侈口，折沿，尖圆唇，沿面有浅凹槽，鼓腹，平底，三足残失。器表腐蚀较甚，腹中部有一周凹弦纹底。残足处有火烧痕迹。口径10.8、最大腹径10.2、底径5.4、残高8.4、厚0.22～0.6厘米（图2-130，1）。

标本H410：2，罐形鼎。夹砂灰陶。侈口，尖圆唇，折沿，沿中部外凸，溜肩，圆腹，以下残失。器表经磨光处理。肩腹部存两周凹弦纹。口径10.0、残高6.0、厚0.2～0.4厘米（图2-130，2）。

标本H410：3，罐。夹砂灰陶。侈口，方唇，窄折沿，沿上部有一周凹槽，溜肩，圆腹，以下残失。素面。口径13.0、残高4.4、厚0.8厘米（图2-130，3）。

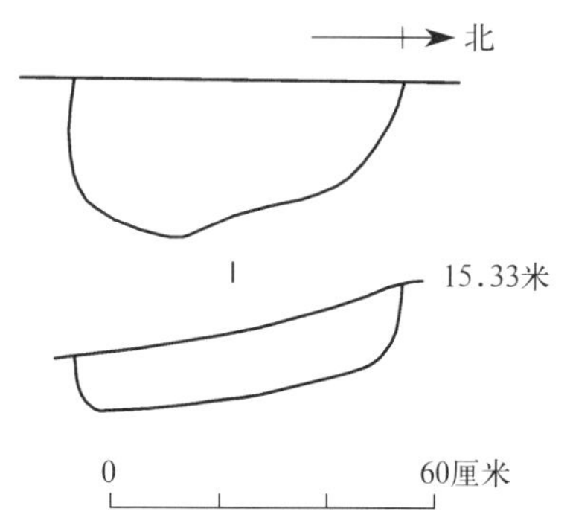

图2-129 一区二期H410平、剖面图

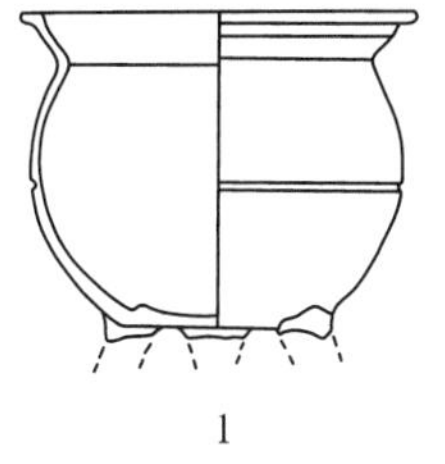

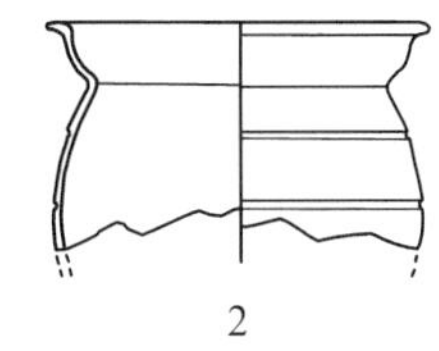

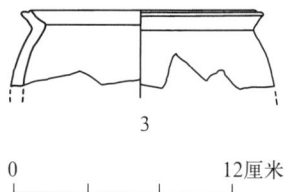

图2-130　一区二期H410出土陶器

1、2. 鼎H410：1、H410：2　3. 罐H410：3

15. H411

位于E4T2297、T2298之间。开口于⑦b层下，打破F39户外活动面。近椭圆形，斜壁，圜底（图2-131）。坑口长径2.20、短径1.00、深0.44米。填土分为三小层：第1层为浅灰色土（10YR4/1）；第2层为包含较多烧土颗粒的黑褐色土（7.5YR2/1）；第3层为较纯的黑灰土（7.5YR2/1）。出土鼎、罐、盆、豆、杯、器盖、纺轮等残片（表2-15）。收集浮选土样1份20升，采集植硅体样品1份100克。

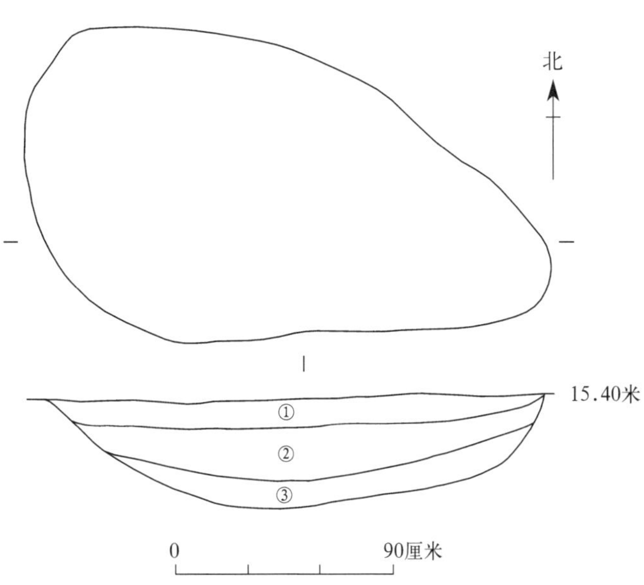

图2-131　一区二期H411平、剖面图

标本H411③：5（#8677；S3239），石刀，残。砂岩。扁平体，单面刃，近背

表2-15　H411陶片统计表

陶质 / 陶色 / 数量 / 纹饰	泥质				夹砂				总计	百分比（%）
	黑	灰	红	合计	黑	灰	褐	合计		
凸弦纹	3			3	11	2	1	14	17	8.42
凹弦纹	3		1	4	8	4	2	14	18	8.91
堆　纹	1			1	2			2	3	1.49
盲　鼻						1		1	1	0.50
镂　孔		1		1					1	0.50
素　面	27	10		37	69	34	22	125	162	80.20
累　计	34	11	1	46	90	41	25	156	202	100
百分比（%）	16.83	5.45	0.50	22.77	44.55	20.30	12.38	77.23	100	
重量（千克）	0.54	>0.12	>0.01	>0.67	1.66	0.74	0.45	2.85	>3.52	

部有双孔。残长7.0、宽5.6、厚1.1厘米，重60.6克（图2-132，10）。

标本H411③：6（#8677；S3249），磨石，残。花斑状流纹岩。磨面较为平整。残长20.0、残宽14.7、厚6.7厘米，重2685.0克（彩版五七，4）。

标本H411：13（#8676；S2750），磨石，残。砂岩。不规则形，磨面微内凹。残长10.1、残宽7.7、厚3.2厘米，重262.0克（彩版五七，5）。

标本H411②：12，罐形鼎。泥质灰陶。口部残，弧腹下收，平底，下附三足，足近三角形，正面加纵向堆纹，背面有一压窝。底径10.0、残高9.5、厚0.3～0.5厘米（图2-132，1）。

标本H411①：9，罐。夹砂灰陶。侈口，圆唇，卷沿，沿面有一周凹槽，束颈，腹微鼓，以下残。器表经磨光处理。颈和腹部有四周凹弦纹，其上有一对盲鼻。口径25.0、残高7.2、厚0.4～0.7厘米（图2-132，2）。

标本H411②：2，大平底盆。泥质黄褐陶。口残，斜腹，大平底。器表经磨光，素面。底径24.0、残高8.2、厚0.3～0.7厘米（图2-132，3）。

标本H411①：8，圈足盘。泥质黑陶。残存圈足，盘部残失，圈足呈内束粗筒形，底部呈阶状向外延伸。器表经磨光处理。中部有两周凸棱。底径26.0、残高9.2、厚0.4～0.7厘米（图2-132，4）。

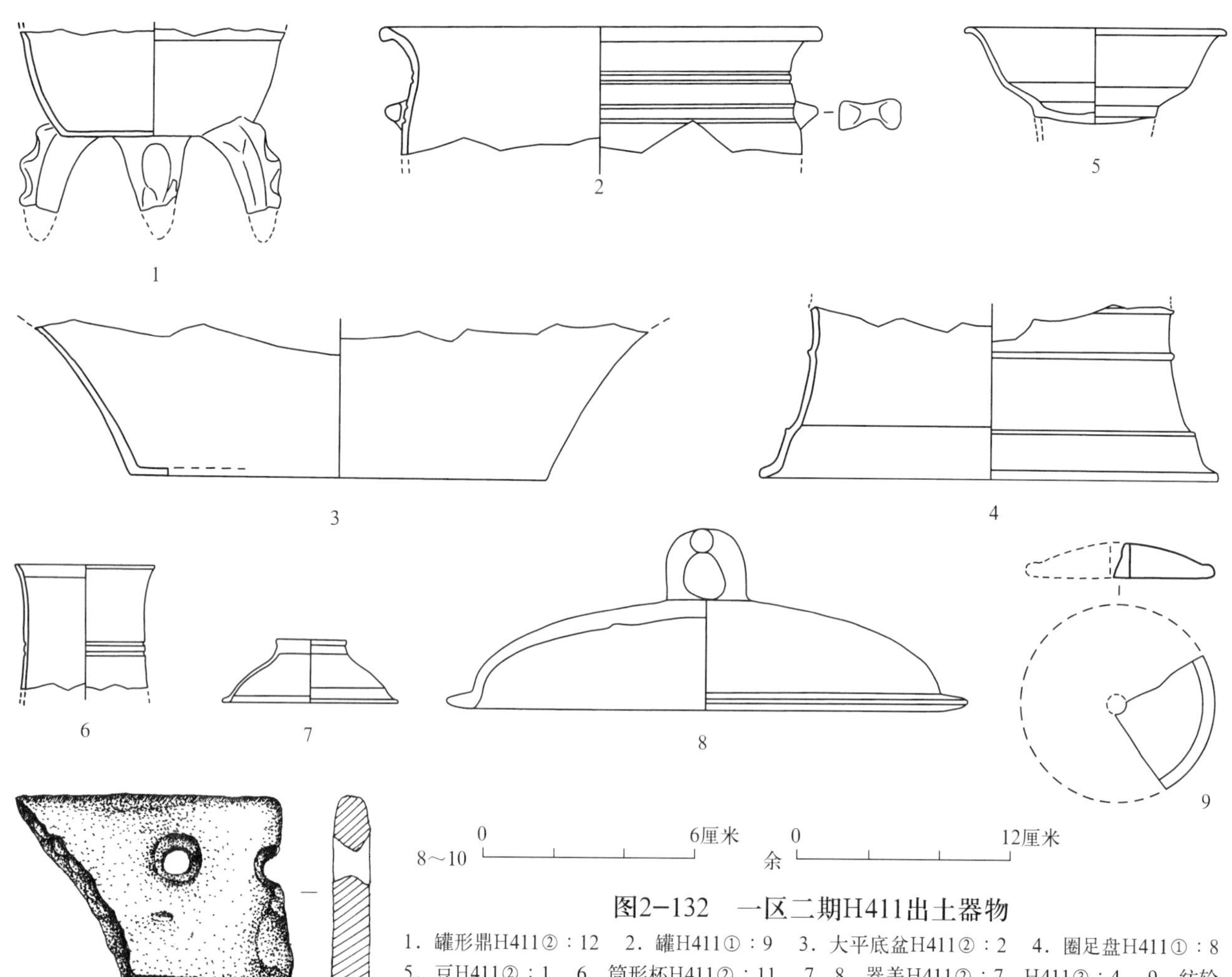

图2-132 一区二期H411出土器物

1．罐形鼎H411②：12 2．罐H411①：9 3．大平底盆H411②：2 4．圈足盘H411①：8 5．豆H411②：1 6．筒形杯H411②：11 7、8．器盖H411②：7、H411③：4 9．纺轮H411①：10 10．石刀H411③：5

标本H411②：1，豆，仅存豆盘部分，柄残失。泥质黑陶，褐胎。敞口，尖圆唇，斜腹下部折收，腹较深，盘内底部凸起。内外皆经磨光处理。口径14.8、底径6.8、残高5.2、厚0.25～0.55厘米（图2–132，5；彩版六一，5）。

标本H411②：11，筒形杯。泥质灰陶。侈口，腹壁内曲，以下残。器表经磨光处理。上腹部饰两周凹弦纹。口径8.0、残高6.8、厚0.2～0.3厘米（图2–132，6）。

标本H411②：7，覆碗形器盖。泥质黑陶，深灰褐胎。小平顶，顶面较厚，盖面外弧，尖圆唇，唇沿外伸，平沿。器表经磨光处理，近盖顶壁上有一周凹槽。顶径4.0、口径10.0、高3.5、厚0.2～0.3厘米（图2–132，7）。

标本H411③：4，覆盘形器盖。泥质黑陶，灰胎。盖面呈弧形，唇沿外伸，尖唇，平沿外部上翘。盖面中部有近圆形泥条捉手，内壁有轮制时留下的线纹痕迹。器表经磨光处理，素面。口径14.7、高4.8、厚0.3～0.5厘米（图2–132，8；彩版六一，6）。

标本H411①：10，纺轮。泥质黑陶。圆饼形，正面外鼓，并经磨光，背面较平，素面。穿孔残留一角。正面周沿有一周凹弦纹。复原直径5.2、厚0.3～1.0厘米（图2–132，9）。

16．H413

位于E4T2297中部偏东。开口于⑦b层下，打破H416。近似长方形，直壁，平底（图2–133）。坑口长径0.98、短径0.50、深0.28米。填黑色土（7.5YR2/1），出土陶器器形有鼎、鬶、罐、杯、纺轮等。收集浮选土样1份20升，采集植硅体样品1份100克。

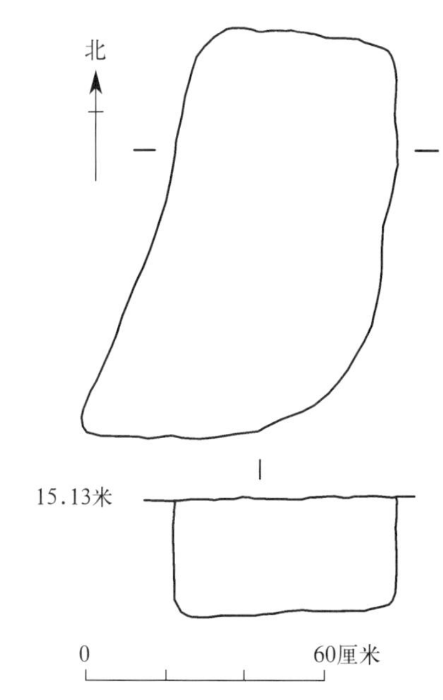

图2–133　一区二期H413平、剖面图

标本H413：2，鼎足。夹砂红陶。铲形，背面微内凹，足尖捏成刃状。高7.5、最宽5.5、厚1.2厘米（图2–134，1）。

标本H413：4，鼎足。夹砂红陶。铲形，足尖捏成刃状。高7.0、最宽4.5、厚1.2厘米（图2–134，2）。

标本H413：3，鼎足。夹砂红陶。鸟首形，双眼未穿透。高9.0、最宽6.0、厚1.2厘米（图2–134，3）。

标本H413：10，中口罐。夹砂黑陶。侈口，圆唇，折沿，沿面有凹槽，溜肩，以下残失。器表及口沿内壁经磨光处理。口径12.0、残高4.2、厚0.2～0.3厘米（图2–134，4）。

标本H413：8，高领罐。夹砂灰陶。侈口，方唇，沿面有凹槽，高领，圆肩，以下残失。素面。口径28.0、残高6.6、厚0.2～0.4厘米（图2–134，5）。

标本H413：1，带流罐。夹砂黑陶，灰褐胎，含云母。有流口，尖圆唇，斜平沿，有颈，鼓腹，平底微内凹。内壁有轮制时留下的瓦棱痕迹，器表中上部和内侧口沿经磨光处理。颈下有一周台阶状凸起，腹上部有两周凹弦纹。口径9.3、最大腹径9.8、底径6.2、高7.0、厚0.2～0.3厘米（图2–134，7；彩版六二，1）。

标本H413：7，小口罐。夹砂黑陶。直口，圆唇，短颈，圆肩，鼓腹，以下残失。器表经磨光处

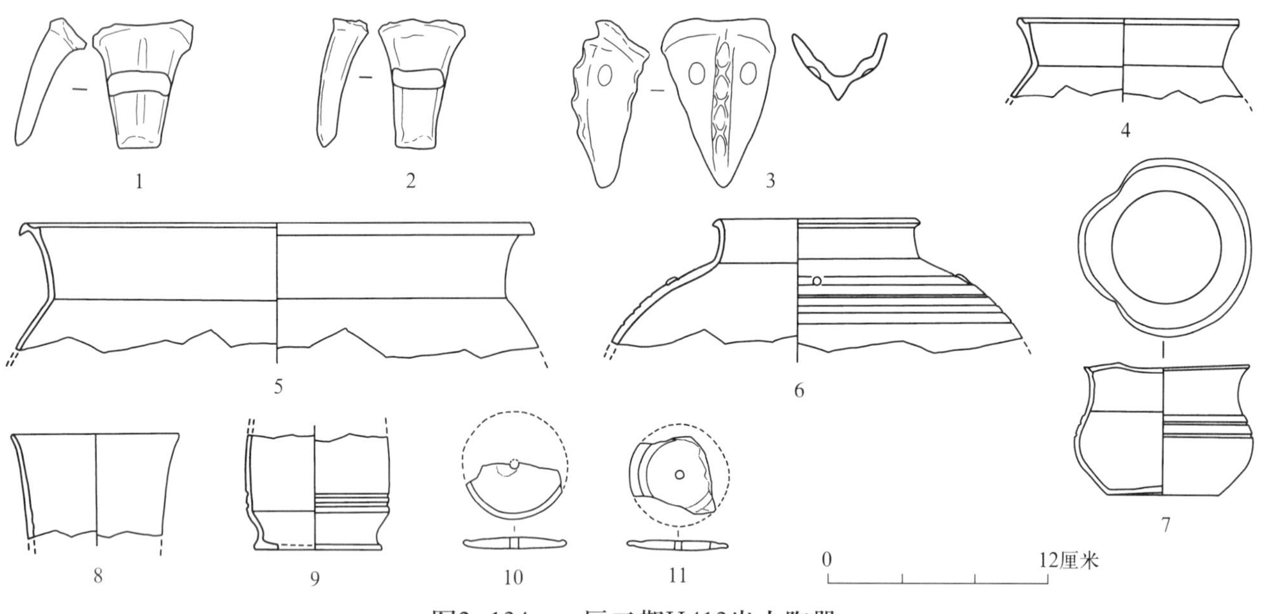

图2-134　一区二期H413出土陶器

1～3. 鼎足H413：2、H413：4、H413：3　4～7. 罐H413：10、H413：8、H413：7、H413：1　8、9. 杯H413：6、H413：9　10、11. 纺轮H413：5、H413：11

理。肩部饰六周凹弦纹，最上两周凹弦纹之间残存两个小泥饼。口径11.0、残高6.4、厚0.3厘米（图2-134，6）。

标本H413：6，筒形杯。泥质黑陶。侈口，筒形腹，以下残。器表经磨光处理。口径9.0、残高5.8、厚0.3厘米（图2-134，8）。

标本H413：9，筒形杯。泥质黑陶。口部残，筒形腹，近底部内收，平底。器表经磨光处理。下腹部饰两周凹弦纹。底径7.0、残高6.2、厚0.3厘米（图2-134，9）。

标本H413：5，纺轮。泥质红褐陶。正面微鼓，磨光，外缘有一周凹槽，背面整体较平，周边略低。直径5.5、厚0.4厘米（图2-134，10）。

标本H413：11，纺轮。泥质红褐陶。正面微鼓，磨光，外缘有一周凹槽，背面平直。直径5.4、厚0.5厘米（图2-134，11）。

17. H415

位于E4T2349东南部。开口于⑦b层下，打破⑦c层。近圆形，直壁，平底（图2-135；彩版五四，1）。坑口长径1.39、短径1.15、深0.31米。填深灰色土

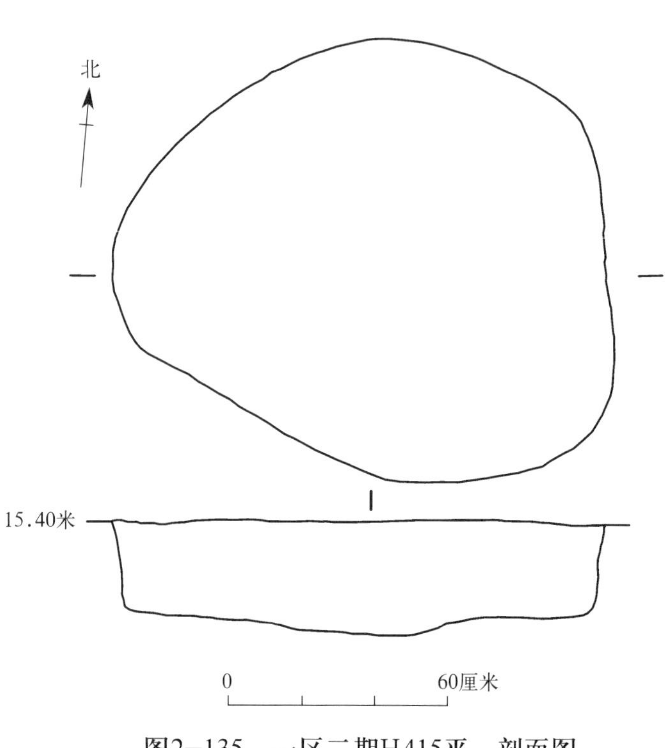

图2-135　一区二期H415平、剖面图

（10YR4/1），出土鼎、罐、盆等陶器残片（表2–16）。收集浮选土样1份20升，采集植硅体样品1份100克。

标本H415：1，鼎足。夹砂灰陶，部分烧成红褐。铲形，较宽，下部残，内侧有一凹槽。素面。残高5.7厘米（图2–136，1）。

标本H415：2，鼎足。夹砂黑陶，烧成黄褐色。铲形，足尖对捏成刃状。高6.5厘米（图2–136，2）。

标本H415：3，鼎足。夹砂黑陶，烧成红褐色。铲形，足尖对捏成刃状。残高5.6厘米（图2–136，3）。

标本H415：5，大口罐。夹砂黑陶。方唇，唇外侧有凹槽，卷沿，有颈，腹较直，中部以下残。器表及口沿内壁经磨光处理。颈下有两周凸棱，腹部存一周凹弦纹。口径24.0、残高8.0、厚0.5厘米（图2–136，4）。

标本H415：4，有领罐。夹砂黑陶。直口外侈，圆唇，窄折沿，中颈，圆肩，以下残。器表及口沿内壁磨光。肩部存两周凹弦纹。口径12.0、残高5.0、厚0.4厘米（图2–136，5）。

表2–16　H415陶片统计表

陶质 / 陶色 / 数量 / 纹饰	泥质		夹砂				总计	百分比（%）
	黑	合计	黑	灰	褐	合计		
凸弦纹	6		10	2		12	18	3.19
凹弦纹	8		5	2		7	15	2.66
堆　纹			2		1	3	3	0.53
泥　饼					1	1	1	0.18
素　面	126		310	28	58	396	522	92.55
花　边			4	1		5	5	0.89
累　计	140		331	33	60	424	564	100
百分比（%）	24.82		58.69	5.85	10.64	75.18	100	
重量（千克）	1.06		3.64	0.42	0.97	5.03	6.09	

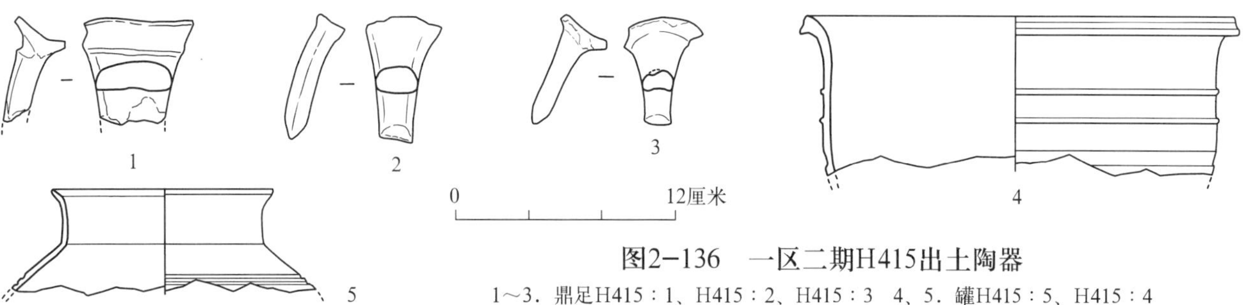

图2–136　一区二期H415出土陶器

1～3. 鼎足H415：1、H415：2、H415：3　4、5. 罐H415：5、H415：4

18．H416

位于E4T2297、T2298之间。开口于⑦b层下，被H401、H414、H413等打破，打破F39和F65的户外活动面。椭圆形，斜壁，平底（图2-137；彩版五四，2）。坑口长径3.46、短径2.32、深0.60米。填土自上而下分为五小层：第1层为浅灰褐色土（10YR4/1）；第2层黑色土（7.5YR2/1）；第3层为含沙的浅黄色土（10YR4/6）；第4层为夹杂黄土块的黑色灰土（2.5YR2/1）；第5层为黏性略大的黑灰色土（2.5YR2/1）。出土较多陶片，可复原陶器有鼎、罐、盆、器盖、圆陶片等（表2-17）。收集浮选土样3份共60升，采集植硅体样品1份200克。

标本H416③：1（#8683；S3240），石锛。流纹质熔结凝灰岩。平面和横截面均为长方形，单面斜长刃。长10.2、宽3.8、厚3.0厘米，重212.5克（图2-138，1；彩版五七，6）。

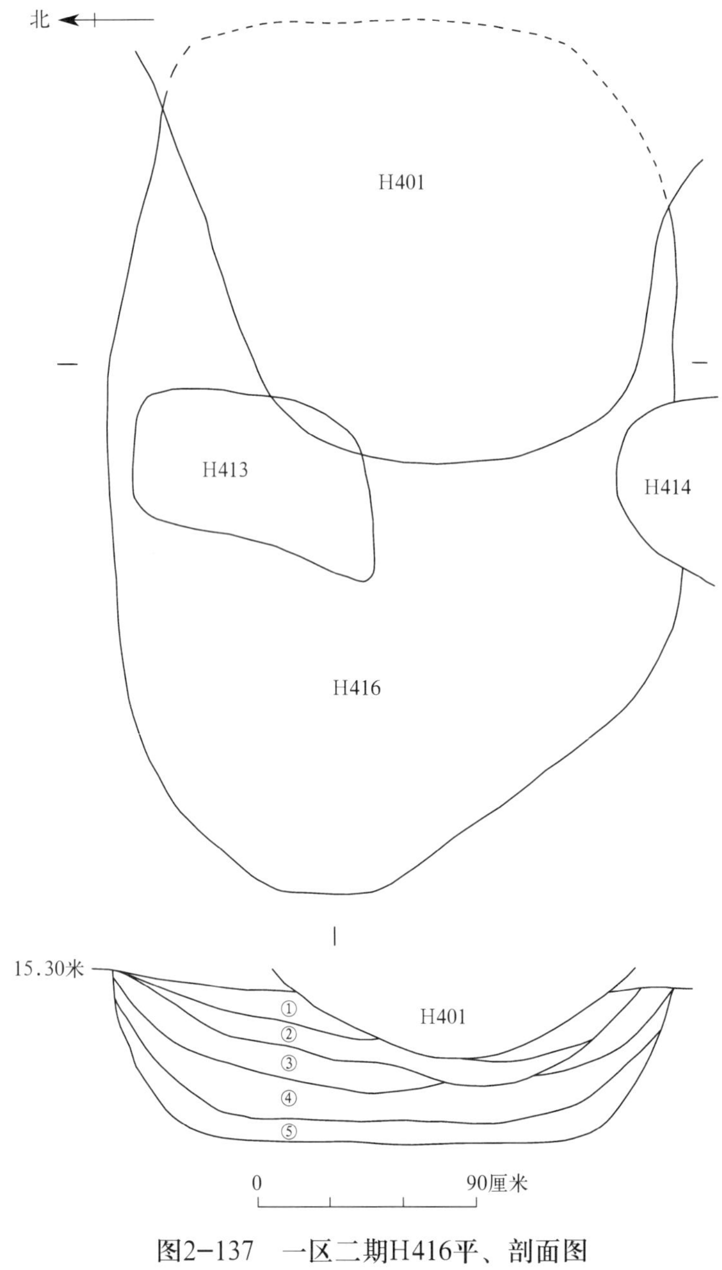

图2-137 一区二期H416平、剖面图

表2-17　H416陶片统计表

数量 陶质 / 陶色 / 纹饰	泥质			夹砂				夹云母滑石		合计	百分比（%）
	黑	灰	合计	黑	灰	褐	合计	褐	合计		
凸弦纹	23		23	22	1	3	26	2	2	51	4.01
凹弦纹	44	1	45	103	9	1	113			158	12.42
堆　纹				10		3	13			13	1.02
泥　饼	3		3	2		1	3			6	0.47
盲　鼻				3			3			3	0.24
素　面	251	22	273	597	64	106	767		4	1040	81.76
花　边					1		1			1	0.08
累　计	321	23	344	737	75	114	926	2	2	1272	100
百分比（%）	25.23	1.81	27.04	57.94	5.90	8.96	72.80	0.16	0.16	100	
重量（千克）	5.57	0.18	5.75	12.81	1.37	1.74	15.92	0.02	0.67	21.69	

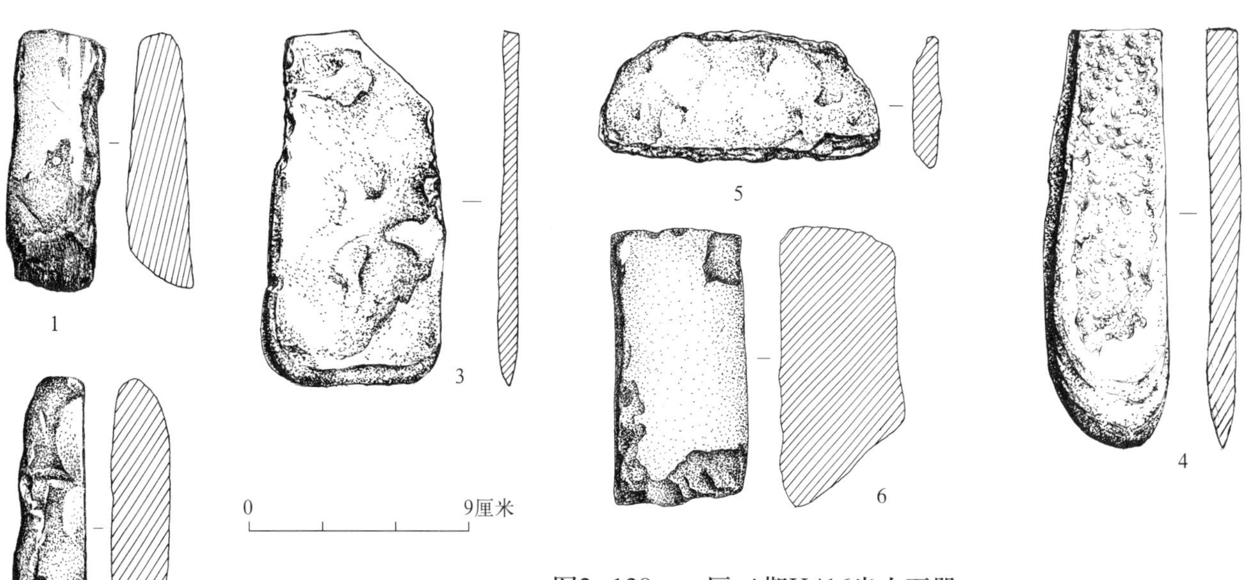

图2-138　一区二期H416出土石器

1、2. 石锛H416③：1、H416③：4　3、4. 石铲H416③：2、H416③：3　5. 石刀半成品H416⑤：43　6. 砾石砍砸器H416③：10

标本H416③：4（#8683；S3224），石锛。流纹质熔结凝灰岩。平面为长条形，器体较厚，短斜刃。长11.2、宽3.0、厚2.6厘米，重162.7克（图2-138，2；彩版五七，7）。

标本H416③：2（#8683；S3245），石铲，背部一角残。流纹质熔结凝灰岩。平面近长方形，器体扁平。长14.2、宽7.4、厚0.9厘米，重158.5克（图2-138，3；彩版五七，8）。

标本H416③：3（#8683；S3242），石铲。流纹质熔结凝灰岩。平面为长条形，平背，弧刃。长

16.6、宽5.0、厚1.3厘米，重208.1克（图2-138，4；彩版五七，9）。

标本H416⑤：43（#8685；S2936），石刀半成品。绿泥石或绿泥/角闪片岩。平面新月形，扁平体，单面刃。长11.3、宽5.4、厚1.6厘米，重15.4克（图2-138，5；彩版五八，1）。

标本H416②：39（#8682；S2760），磨石，残。砂岩。不规则形。长5.8、宽5.7、厚1.4厘米，重52.9克。

标本H416③：9（#8683；S3244），磨石，残。砂岩。原器近长方形，一面平整，另一面微内凹。残长12.1、宽9.1、厚2.1厘米，重231.6克（彩版五八，2）。

标本H416④：33（#8684；S2959），磨石，残。砂岩。不规则形，磨面较粗。长5.3、宽3.9、厚2.4厘米，重55.6克。

标本H416④：34（#8684；S2960），磨石，残。砂岩。平面近方形，盘面细而微内凹。长10.2、宽8.9、厚2.5厘米，重214.5克（彩版五八，3）。

标本H416⑤：35（#8685；S2934），磨石，残。花斑岩。平面为多边形，磨面极粗。长8.0、宽5.8、厚3.7厘米，重225.9克。

标本H416⑤：36（#8685；S2766），磨石，残。砂岩。不规则形，表面粗糙不平。长13.7、宽6.8、厚5.8厘米，重539.0克。

标本H416⑤：37（#8685；S2803），磨石，残。砂岩。平面近三角形，磨面较粗。长3.2、宽2.7、厚1.6厘米，重14.7克。

标本H416⑤：41（#8685；S3193），磨石。花斑岩。平面近方形，表面凹凸不平。长18.9、宽15.6、厚7.4厘米，重3390克。

标本H416⑤：45（#8685；S2797），磨石，残。砂岩。磨面细腻而微内凹。长9.0、宽5.9、厚1.5厘米，重99.8克（彩版五八，4）。

标本H416③：10（#8683；S3231），砾石砍砸器。石英粗面斑岩。平面近长方形，横截面近方形。长11.1、宽5.2、厚5.0厘米，重507.9克（图2-138，6；彩版五八，5）。

标本H416③：11（#8683；S3228），打磨/抛光石器，有使用痕迹。花斑状流纹岩。平面近椭圆形。长7.7、宽4.9、厚1.6厘米，重101.5克（彩版五八，6）。

标本H416③：38（#8683；S3206），打磨/抛光石器。平面近椭圆形。长10.9、宽7.3、厚4.9厘米，重515.5克（彩版五八，7）。

标本H416⑤：40（#8685；S3215），打磨/抛光石器。不规则形。长7.7、宽5.4、厚3.3厘米，重159.2克。

标本H416②：32（#8682；S2802），残石器，磨制。流纹质熔结凝灰岩。残存部分近似斧或钺的前半部。残长2.7、宽4.9、厚1.5厘米，重23.1克。

标本H416⑤：42（#8685；S2783），石料。富含白云母的熔结凝灰岩。不规则形。长1.8、宽1.6、厚0.5厘米，重1.6克。

标本H416⑤：44（#8685；S2793），石料。花斑状流纹岩。平面为长方形。长5.3、宽2.9、厚1.1厘米，重21.3克。

标本H416③：12，鹿角，腐朽较甚。

标本H416⑤：13，罐形鼎。夹砂灰黑陶。侈口，尖圆唇，折沿，沿面有凹槽，鼓腹，平底，三铲形足。下腹以上部分经磨光处理，腹部有七周凹弦纹。底部和三足有火烧痕迹，足呈红色。口径11.8、底径6.8、高13.8、厚0.27～0.4厘米（图2–139，1）。

标本H416⑤：14，罐形鼎。夹砂黑陶。口较大，侈口，尖圆唇，宽折沿，沿面上方有一周凹槽，圆腹，平底，三铲形足下部残失。外表经磨光处理，腹部有两周凹弦纹。底部有火烧痕迹。口径12.2、底径6.2、残高10.9、厚0.35～0.8厘米（图2–139，2；彩版六二，2）。

标本H416⑤：15，罐形鼎。夹砂黑陶，灰胎。侈口，尖唇，宽折沿，圆腹，下部微鼓，平底，三铲形足，下半残失。外表经磨光处理，腹饰八周凹弦纹。底部和三足有火烧痕迹。口径16.4、底径8.6、残高15.0、厚0.25～0.52厘米（图2–139，3；彩版六二，3）。

标本H416⑤：19，罐形鼎。夹细砂黑陶，灰胎。侈口较小，圆唇，折沿，沿内面有一周凹槽，一侧有流口，圆鼓腹，平底内凹，三凿形足大部残失。器表经磨光处理，肩部饰有三周凹弦纹。底和足部有火烧痕迹。口径12.9、底径9.1、高17.1、厚0.2～0.5厘米（图2–139，4；彩版六二，4）。

标本H416③：20，罐形鼎。夹砂黑陶，含云母。侈口，方唇，折沿，圆腹，下腹及以下残

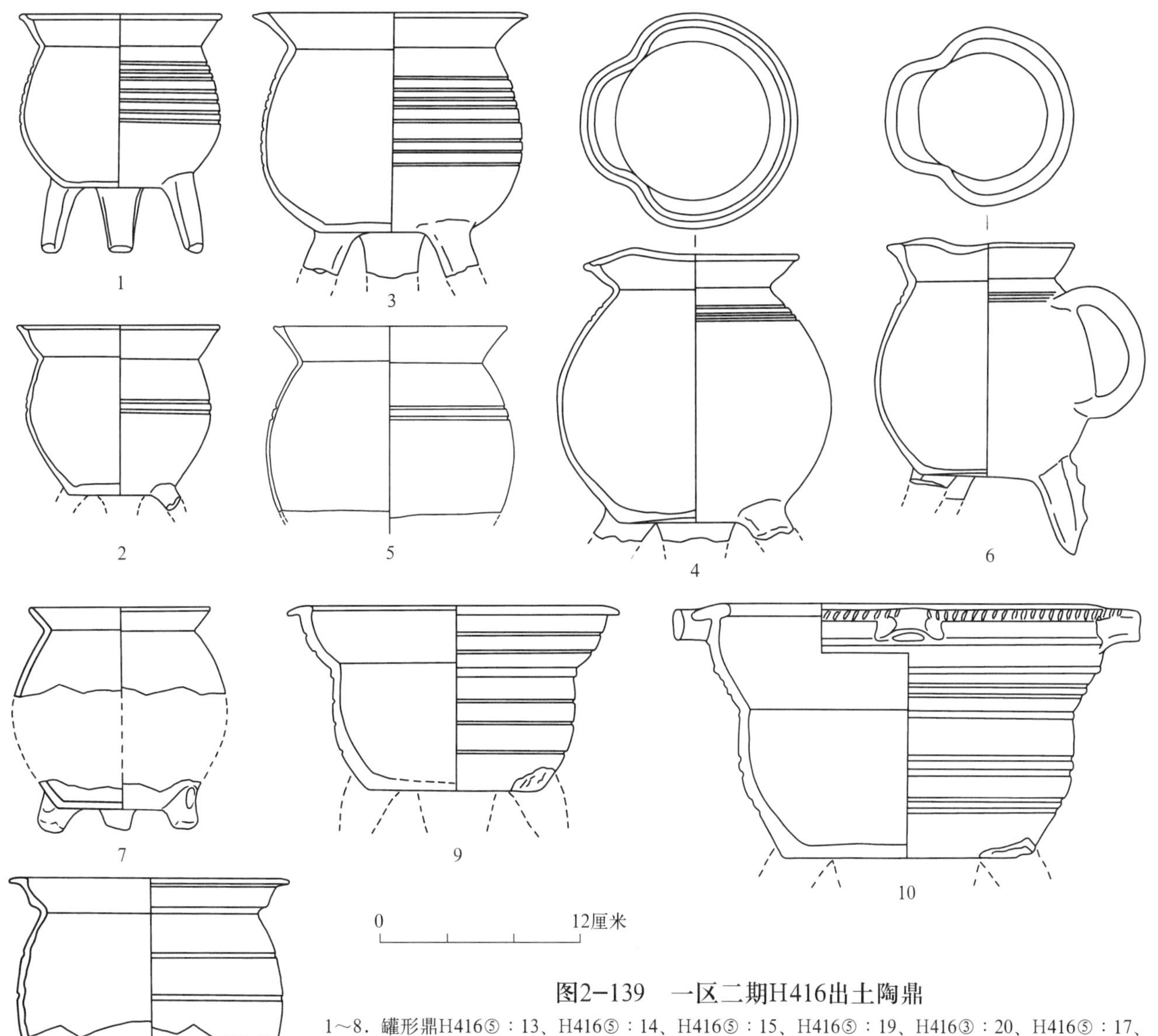

图2–139　一区二期H416出土陶鼎

1～8. 罐形鼎H416⑤：13、H416⑤：14、H416⑤：15、H416⑤：19、H416③：20、H416⑤：17、H416⑤：31、H416⑤：24　9、10. 盆形鼎H416⑤：23、H416⑤：22

失。器表及口沿内侧经磨光处理，腹部饰两周凹弦纹。口径14.0、残高10.9、厚0.2～0.3厘米（图2-139，5）。

标本H416⑤：24，罐形鼎。夹砂黑陶。侈口，尖圆唇，折沿，沿内侧微凹，下部外凸，溜肩，圆腹，下部残。器表经磨光处理。腹部有两周凹弦纹。口径17.0、残高9.2、厚0.3～0.5厘米（图2-139，8）。

标本H416⑤：31，罐形鼎。夹砂黑陶，足部烧成红褐色。侈口，圆唇，折沿，溜肩，鼓腹，中部残，平底，矮小三足，尖部残，足正面顶端有按窝。器表经磨光处理，素面。口径11.0、底径6.8、复原高13.2、厚0.3～0.5厘米（图2-139，7）。

标本H416⑤：17，单耳罐形鼎。夹细砂黑陶。侈口，尖唇，折沿，一侧有流口，圆腹，平底微内凹，三无眼鸟首形足。一侧肩腹之间有半环形把手。器表及内侧口沿经磨光处理，颈下有两周凹弦纹。三足和底部有火烧痕迹。口径10.4～11.6、底径8.3、高18.1、厚0.25～0.5厘米（图2-139，6）。

标本H416⑤：22，盆形鼎。夹砂黑陶。敛口，圆唇，平折沿，折腹，平底，三足残失。口沿外有四个小横耳。外表经磨光处理，口外缘刻成齿状，腹饰凸棱和凹弦纹各六周。底部有火烧痕迹。口径26.0、底径15.0、残高14.8、厚0.4～1.0厘米（图2-139，10；彩版六二，5）。

标本H416⑤：23，盆形鼎。夹砂黑陶。口微敛，尖圆唇，平折沿，折腹，平底，三足残失。内外表均经磨光处理，外壁有五周凹弦纹，折腹处有一周棱。底部有火烧痕迹。口径19.9、底径10.5、残高10.7、厚0.35～0.8厘米（图2-139，9）。

标本H416⑤：25，中口罐。夹砂黑陶。侈口，圆唇，折沿，沿面微凹，溜肩，腹微鼓，以下残。器表经磨光处理，素面。口径18.0、残高7.5、厚0.4～0.8厘米（图2-140，1）。

标本H416⑤：30，中口罐。夹砂黑陶。侈口，圆唇，折沿，圆肩，鼓腹，中部残，下腹斜收，平底。器表经磨光处理。肩部饰两周凹弦纹。口径12、底径6.0、复原高14.8、厚0.3～0.5厘米（图2-140，2）。

标本H416⑤：28，有领罐。泥质黑陶。直口微外侈，圆唇，沿微卷，中颈，圆肩，鼓腹，以下残。器表经磨光处理。上腹部有两周凹弦纹。口径14.0、残高7.0、厚0.5～0.7厘米（图2-140，3）。

标本H416①：26，鼓腹盆。夹砂黑陶。近直口，圆唇，唇面有一道凹槽，卷沿，短颈，窄肩，鼓腹，下腹斜收，平底。器表经磨光处理。颈肩之交和腹部有四周凹弦纹，颈下有一对泥饼。口径28.0、底径14.0、高14.4、厚0.3～0.7厘米（图2-140，4）。

标本H416⑤：16，盆。夹砂褐胎黑陶。口残，斜腹微弧，平底。腹部有凹弦纹和凸弦纹各一周。残高9.0、底径14.0、厚0.3～0.6厘米（图2-140，5）。

标本H416⑤：27，圈足盘。泥质黑陶。浅盘，圆唇，敞口，宽斜沿，沿面有一周浅凹槽，折腹，底及圈足残。内外表均经磨光处理，素面。口径31.0、残高4.4、厚0.5～0.6厘米（图2-140，6）。

标本H416④：21，覆碗形器盖。夹砂黑陶，含云母。平顶微下凹，盖面微弧，圆唇，平沿，沿面有一周凹槽。内壁有轮制时形成的瓦棱痕迹，素面。顶径4.6、口径14.5、高4.8、厚0.4～0.5厘米（图2-140，7）。

标本H416⑤：18，器盖。泥质黑陶，灰胎。断面呈倒梯形，大平顶，顶面有纽，盖壁斜收较甚，小口。器表经磨光处理，素面。顶面直径7.5、口径3.3、高3.5、厚0.25～0.5厘米（图2-140，8）。

标本H416③：5，圆陶片。夹砂灰陶。圆形，周边有打制加工痕迹。素面。直径6.8～7.4、厚

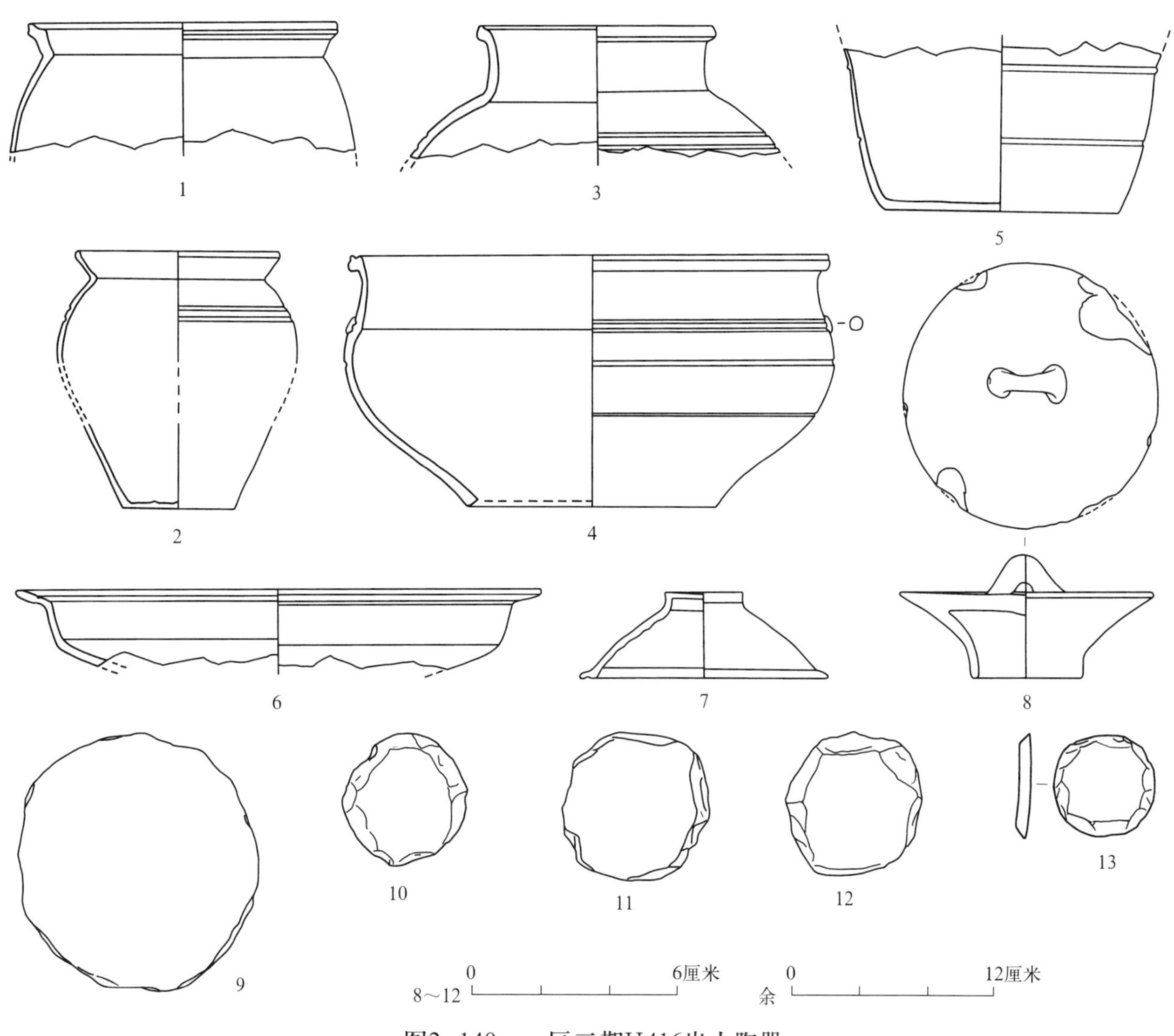

图2-140　一区二期H416出土陶器

1～3. 罐H416⑤：25、H416⑤：30、H416⑤：28　4. 鼓腹盆H416①：26　5. 盆H416⑤：16　6. 圈足盘H416⑤：27　7、8. 器盖H416④：21、H416⑤：18　9～13. 圆陶片H416③：5、H416③：6、H416③：7、H416③：8、H416⑤：29

0.7～0.75厘米（图2-140，9）。

标本H416③：6，圆陶片。泥质黑陶，灰胎。圆形，周边有打制加工痕迹。素面。直径3.5～3.8、厚0.4厘米（图2-140，10）。

标本H416③：7，圆陶片。夹砂黑陶，灰胎。圆形，周边保留打制加工痕迹。素面。直径4.2～4.6、厚3.5～5.5厘米（图2-140，11）。

标本H416③：8，圆陶片。夹砂黑陶，灰胎。圆形，周边保留打制加工痕迹。素面。直径3.8～4.4、厚3.5～6.5厘米（图2-140，12）。

标本H416⑤：29，圆陶片。泥质黑陶。圆形，边缘有规则的打制痕迹，为有意加工而成。直径5.6、厚0.5～0.6厘米（图2-140，13）。

此外，这一时期还发现各类灰坑9座（表2-18）。

表2-18 第二时期其他灰坑登记表

（单位：厘米）

编号	位置	层位	形状	尺寸	填土	包含物	备注
H295	T2448/2447	⑦b→△→⑦c	椭圆形，圜底	80-21	灰色（2.5YR4/8）	陶片可辨器形：泥质鼎1，杯1，器盖2	
H296	T2396/2346	⑦b→△→⑦c	圆形，平底	47-36	褐灰色（5YR4/3）	陶片	
H396	T2298	H392→△→⑦b	圆形，近平底	残168-11	黑色（7.5YR3/1）	陶片可辨器形：夹砂甗1，罐2，器盖3	
H399	T2297	F60→△→⑦c	椭圆形，圜底	62×48-10	灰褐色（10YR3/2）	骨头，陶片可辨器形：夹砂鼎1，鬶1，器盖1	浮选样品10升、植硅体样品100克
H407	T2300	⑦b→△→H406/H408	椭圆形，近平底	残150×36-16	灰色（7.5YR3/2）	陶片	浮选样品20升、植硅体样品50克
H414	T2297	⑦b→△→H416	圆形，圜底	74-20	灰褐色（10YR3/1）	陶片	
H419	T2348/2347	⑦b→△→F39	椭圆形，平底	225×94	灰色（2.5YR4/1）	凹槽磨石，陶片可辨器形：泥质罐2，盆1；夹砂鼎1，罐2，器盖1	碳十四样品100克
H136	T2147	⑦b→△→⑦c	直壁，平底	探方内40×20-38	黑灰色（10YR2/1）	陶片	

（三）灰沟

灰沟1条（G16）。

G16

位于发掘区东部的E4T2300和T2350西部。开口于⑦b层下，被南北5个柱洞打破，又打破⑦c层。G16北端在T2350中部，向南穿过T2300后伸出已发掘的探方之外。平面呈长条形，基本上为正南北方向，较规整。形制为内斜壁，底部介于圜底和平底之间（图2-141）。南北已发掘部分的长度为6.15米，宽度在0.26～0.37米之间。沟口海拔15.36～15.41米，沟底海拔15.20～15.10米，深度为0.16～0.28米，大体上为北侧略高，南部稍低。沟内填灰褐色土（7.5YR4/1），结构较为疏松，包含炭屑、烧土粒和陶片、石器和石块等。

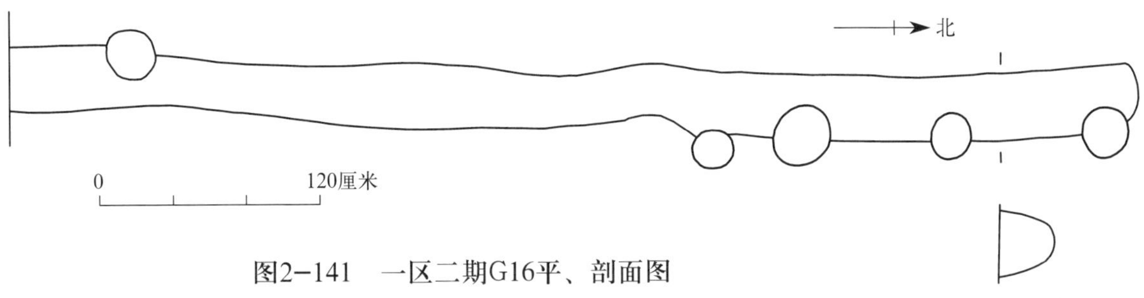

图2-141 一区二期G16平、剖面图

标本G16：1（#9105；S3410），石镰半成品，残。流纹质熔结凝灰岩。平面为四边形，扁平体。长4.7、宽3.9、厚0.8厘米，重29.0克。

标本G16：11（#8470；S2756），石刀，残。砂岩。平面为三角形。残长3.0、残宽1.9、厚1.0厘米，重6.8克。

标本G16：5（#8470；S2758），磨石，残。砂岩。不规则形，磨面较粗。残长2.8、残宽1.6、厚1.0厘米，重4.4克。

标本G16：6（#8470；S2773），磨石，残。砂岩。不规则形，磨面平整。残长3.6、残宽2.8、厚1.0厘米，重12.7克。

标本G16：7（#8470；S2780），磨石，残。砂岩。不规则形，器体较厚。残长1.9、残宽1.4、厚1.3厘米，重3.7克。

标本G16：8（#8470；S2813），磨石，残。砂岩。不规则形。残长1.8、残宽0.9、厚7.7厘米，重1.4克。

标本G16：9（#8470；S2817），磨石，残，残存一角。砂岩。残长1.8、残宽0.7、厚1.0厘米，重1.6克。

标本G16：10（#8470；S2819），磨石，残。砂岩。残长2.1、残宽1.3、厚0.8厘米，重2.4克（彩版五八，8）。

标本G16：12（#8470；S2768），磨石，残。砂岩。平面为四边形。长3.0、宽2.4、厚1.4厘米，重13.6克。

标本G16：13（#8470；S2799），磨石，残。砂岩。平面为三角形。长3.5、宽2.3、厚1.2厘米，重10.2克。

标本G16：14（#9105；S2808），磨石，残。砂岩。磨面较细而微内凹。长7.7、宽5.5、厚1.7厘米，重77.3克（彩版五八，9）。

标本G16：2（#9105；S3414），打磨/抛光石器。平面近三角形。长7.7、宽5.4、厚4.1厘米，重208.6克。

标本G16：15（#9105；S3429），残石器，磨制。流纹质熔结凝灰岩。平面为三角形。残长6.7、残宽3.6、厚0.8厘米，重17.3克。

标本G16：3，长方体容器，器名不详。夹砂褐陶，手制。整体呈长方体，平口不甚平整，直壁，平底。器身为素面。四壁中部各穿1个小圆孔。口部长5.9、宽3.1～3.4、高2.1～2.8、厚0.3～0.6厘米（图2-142，2；彩版六二，6）。

标本G16：4，圆陶片。夹砂黑陶。圆形，边缘有规则的打制痕迹，为有意加工而成。一面磨光，并有窄附加堆纹（系原陶片所有）。直径7.5、厚0.5～0.6厘米（图2-142，1）。

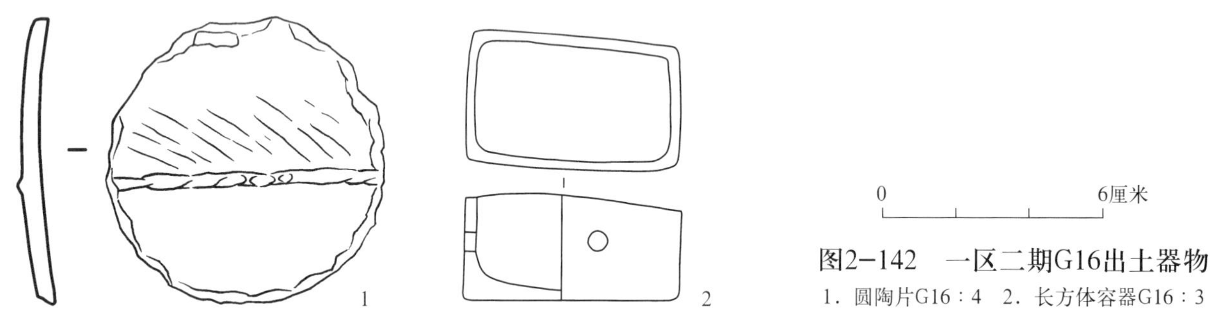

图2-142　一区二期G16出土器物

1．圆陶片G16：4　2．长方体容器G16：3

（四）墓葬

墓葬4座，2座在发掘区的西南隅，2座位于南部略偏东，均为长方形或近似长方形的土坑竖穴墓。

1．M59

位于E4T2349东南部。开口于⑦b层之下，打破⑦c、⑦d层和生土，被H391打破西端。形制为土坑竖穴墓，墓葬方向96.5°。墓葬平面呈不规则的圆角长方形，北边较直，南边则弯曲而不规则（图2-143；彩版六三，1）。墓口长约1.73、宽0.40～0.52米。墓坑东、南、北三壁稍内收，西壁上部被H391破坏，下部呈弧形内收。墓口头端海拔15.52米，脚端海拔高度为15.36米，墓底海拔15.25米。墓深约0.27米。墓底不平，大致呈东高西低趋势。

墓内填灰褐色土（10YR4/1），其中包含有细砂、烧土粒和黄色泥块等，结构较为疏松。没有发现葬具痕迹，也没有随葬品，墓葬填土内发现部分残石器。

墓内有人骨架一具，保存较差，属一次葬。墓主头东脚西，头向与墓向基本一致。葬式为仰身直肢，头偏向右侧。由于墓底不平，头骨部位较高，致使头骨紧贴脊椎骨的上端，未显示出颈部。骨架总长度为1.47米，由于骨架放置不平，可能存在一定误差。经鉴定为成年女性。

标本M59：01（#8375；S2748），石刀，出于填土中，残损较甚。富含白云母的熔结凝灰岩。

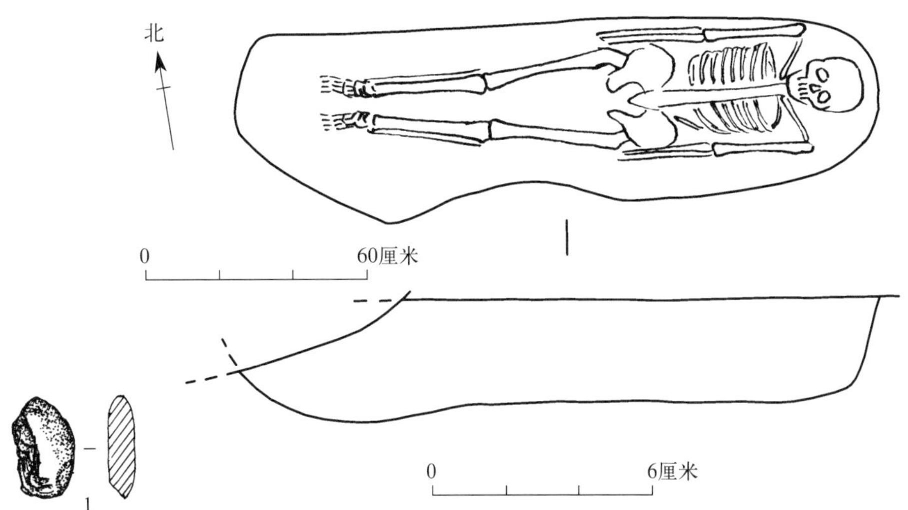

图2－143　一区二期M59平、剖面图及填土出土石刀
1. 石刀M59：02

一侧残存一对钻的孔。长4.6、宽3.9、厚1.1厘米，重23.9克。

标本M59：02（#8375；S2791），石刀，残损较甚。富含白云母的熔结凝灰岩。长2.6、宽1.6、厚0.8厘米，重3.3克（图2－143，1）。

标本M59：03（#8375；S2771），石刀，残损较甚。富含白云母的熔结凝灰岩。平面近长方形。残长1.5、残宽1.0、厚0.3厘米，重0.6克。

标本M59：04（#8375；S2763），石片。富含白云母的熔结凝灰岩。不规则形。长1.4、宽1.3、厚0.3厘米，重0.7克。

标本M59：05（#8375；S2770），石片。富含白云母的熔结凝灰岩。不规则形。长1.1、宽0.9、厚0.2厘米，重0.1克。

2．M60

位于E4T2299中部偏东。开口于⑦c层下，局部被H35、H397、单个的柱洞（#8886）所打破，又打破⑦d层及以下文化层至生土。墓葬形制为土坑竖穴墓，墓葬方向为89°。平面形状呈比较规整的长方形，四壁较直，底部平坦（图2－144；彩版六三，2），这与大体同期或前后时期发掘区内发现的小墓差别较大。墓口长2.43、宽约1.00米。墓口海拔高度15.52～15.59米，墓底海拔15.04～15.06米，墓口距离墓底深0.48～0.53米。

墓内填黄褐色花土（10YR4/4），结构较为紧密，靠近墓棺和人骨的填土较松。墓内中部有一个大体与木棺范围相当的凹坑，深8.0～22.0厘米，其内填土为墓上文化层的土。形成这种现象的原因是，木质葬具腐烂塌陷后，上部文化层的土下落到墓室之内。

葬具为一棺，已全部腐烂，但木灰痕迹尚在（彩版六四，1）。木棺在墓室内的位置偏于北部，安置方向基本与墓室平行。木棺平面呈长方形，长约2.23、宽0.52～0.64、残存高度0.15米。从棺灰的痕迹计算，棺木的厚度约为4.0～11.0厘米。木棺的基本形制为：两侧的长板和两端的短板拼合后，形成一个长方体的框，其接合方式是两侧的长板端部内凹，两端的短板则外凸，做成榫卯结构

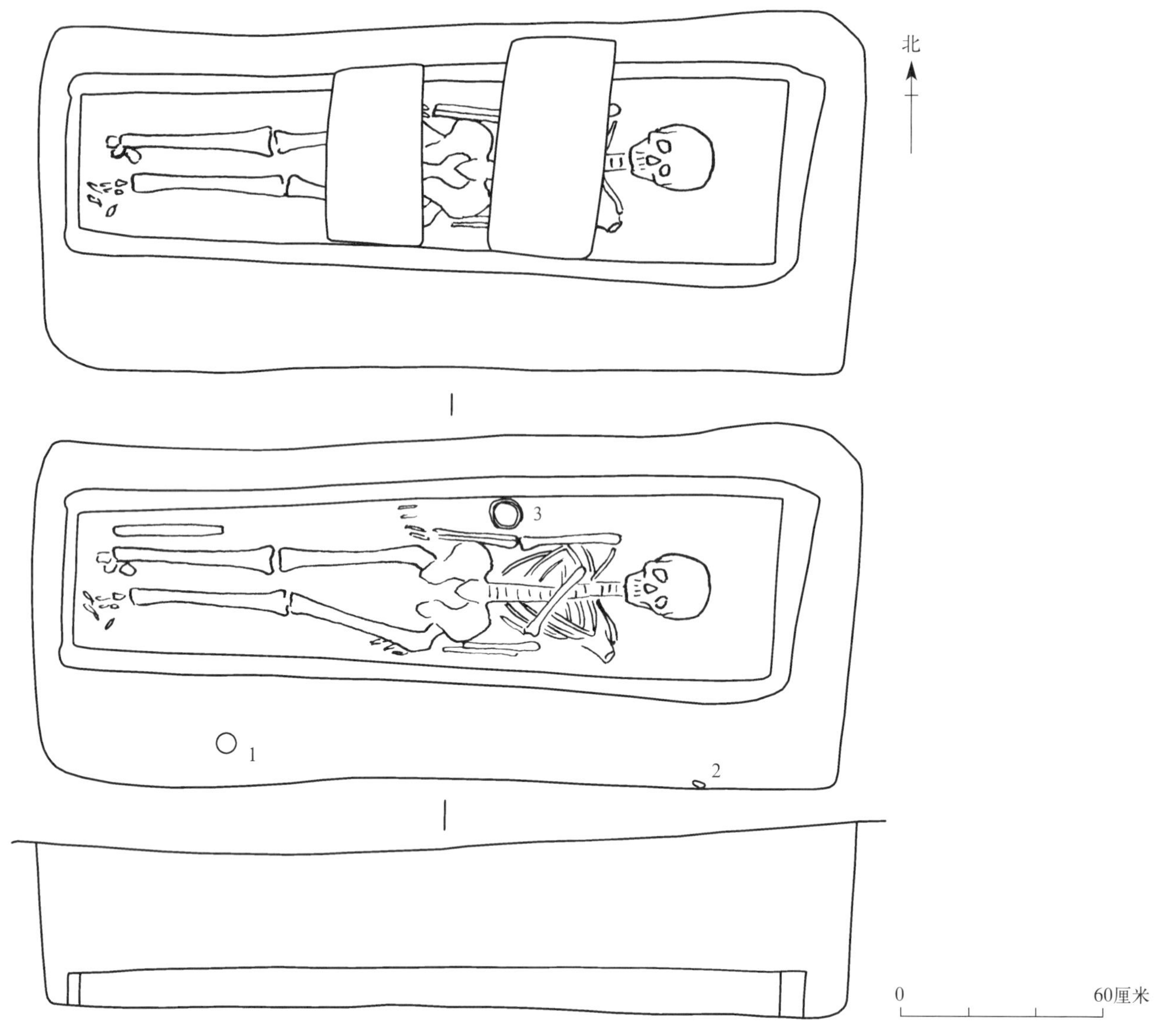

图2-144　一区二期M60平、剖面图
1. 纺轮　2. 残骨器　3. 筒形单耳杯

的连接。另外，在木板框的上部，发现2块盖板，呈黄白色，显示清晰的木纹纹理，局部呈黑红色，可能是漆痕，但因朽蚀过甚，取样后未能鉴定出来。分别编为#8890和#8891。前者长62.0、宽32.0、厚0.5～1.5厘米，后者长52.0、宽28.0、厚0.5～1.5厘米。这一现象说明木棺上部原来应该有一排盖板覆盖。在木棺内西北部发现有黑色有机质，长32.0、宽3.0～4.0、厚0.1厘米，疑为木棺的底板。这样，M60的木棺就应该是一个封闭的长方体箱子，其中除了盖板是附加上的之外，底部和四周则应该是采用榫卯结构相互连接起来的。

墓内有人骨1具，保存状况较差。一次葬，墓主头东脚西，方向与墓室方向基本一致。葬式为仰身直肢，面向上。左上臂骨位置异常，呈45°角倾斜于左胸部之上。右侧肩胛骨和肋骨均异常，肩胛骨接近颈部，肋骨则散乱。左侧肩胛骨和肋骨及两侧手指骨位置正常，而前臂骨则部分压于骨盆之下。墓主骨架长约1.76米，属于较高的身材。经鉴定为成年男性。

随葬品较少，1件黑陶杯置于棺内人骨腹部右侧。在左侧棺外的填土中发现1件完整的陶纺轮，发掘时按随葬品予以编号，这里暂计算在随葬品之内。在左侧棺外的东南壁下发现1件残骨碎片，腐蚀较甚，不能确定器形。棺内右侧腓骨外侧，有一段长32.0、宽3.0～4.0、厚0.1厘米的黑色有机质物品，其性质不详。此外，墓葬填土内还发现2件残石器和1件石片及1件陶珠。

标本M60：03（#8888；S3152），石镞半成品。绿泥石或绿泥/角闪片岩。平面为长条形。长11.9、宽4.4、厚1.9厘米，重95.7克（彩版六四，3）。

标本M60：01（#8888；S3196），磨石，残存一角。花斑岩。磨面平整。长12.1、宽10.2、厚5.3厘米，重858.2克。

标本M60：02（#8888；S2742），石片。富含白云母的熔结凝灰岩。不规则形。长4.1、宽2.8、厚0.7厘米，重9.4克。

标本M60：3，筒形单耳杯。泥质黑陶。整体呈筒形，口微敞，腹部近直，近底部向内折，平底内凹。腹部一侧有泥条状单耳。器表及内壁上部经磨光处理，外壁中部偏下部位饰两周凹弦纹，内壁有轮制形成的瓦棱纹和线状旋痕。口径9.5、最大腹径8.0、底径6.5、高12.8、厚0.2～0.3厘米（图2－145，1；彩版六四，2）。

标本M60：2，残骨器。腐蚀较甚，器形不明。

标本M60：1，纺轮。夹砂黑陶。圆形，两面中部均微外鼓，其中正面经磨光处理，其边缘有一道凹弦纹。直径4.8、最厚处0.8厘米（图2－145，2；彩版三九，3上左1）。

标本M60：04，陶珠。夹细砂褐陶。圆珠形。直径1.3厘米。

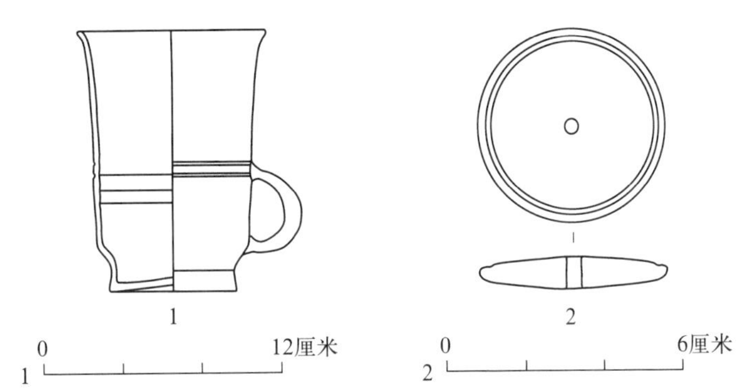

图2－145　一区二期M60出土陶器

1．筒形单耳杯M60：3　2．纺轮M60：1

3．M69

位于E4T2296中部。开口于⑦b层下，打破F65南侧墙体和室内外活动面。形制为土坑竖穴墓，墓葬方向169°。平面形状略呈长方形，两端近似弧形，四壁内斜较甚（图2－146）。所以开始清理时误以为是灰坑，清理到底部发现零星的人骨碎块和不完整的陶器残片，改定为墓葬。墓口长1.43、宽0.42～0.47米，墓口海拔15.39米，墓底海拔15.25～15.17米，墓口到墓底深0.14～0.21米。

墓内填土可以分为三层，第1层为灰褐色土（7.5YR3/1），第2层为黑色土（7.5YR2.5/1），第3层为黄褐色土（7.5YR5/6）。每层均包含数量不一的砂粒和草木灰、木炭屑、云母及红烧土块（粒）等，结构疏松，分选细而差。未见木质葬具。

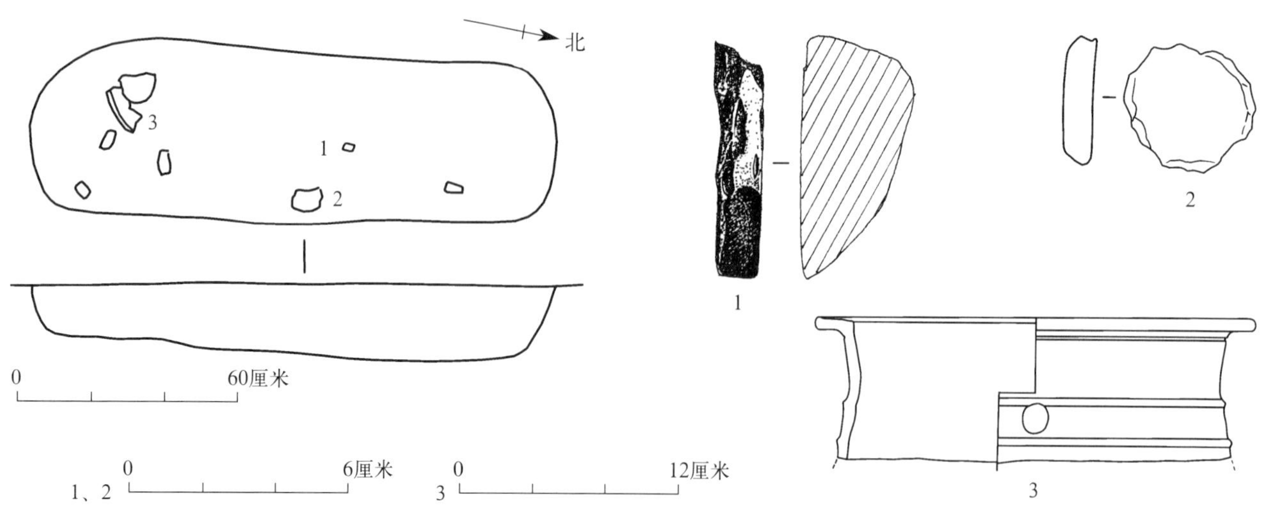

图2-146　一区二期M69平、剖面图及出土器物

1. 石锛M69：1　2. 圆陶片M69：2　3. 罐M69：4

人骨保存极差，只发现5块零星分布的碎骨，细分有头骨、下颌骨和椎骨。故其葬式、性别等皆不详。

M69的情况比较复杂：墓室的规整程度较差；墓内填土明显分层，并且有黑灰土层；墓葬方向与龙山文化常见的东西方向不同；墓内没有像样的人骨；随葬品也七零八落，以残片为主，可能本来就不是作为随葬品入葬的。编为随葬品的器物无一完整者，其中有3件残石器、1件石料、1件圆陶片和3件残陶片。3件残陶片中一件较大者可以确定为陶罐。

标本M69：1（#7033；S3281），石锛，残。流纹质熔结凝灰岩。长条形，斜弧形长刃。残长6.3、残宽2.9、厚1.4厘米，重38.1克（图2-146，1）。

标本M69：3（#7033；S2738），石镞半成品。绿泥石或绿泥/角闪片岩。平面为长四边形。长7.2、宽5.3、厚1.6厘米，重55克。

标本M69：5（#7033；S2740），磨石，残。砂岩。磨面细而内凹。长5.0、宽4.3、厚2.3厘米，重68.7克。

标本M69：6（#7033；S2757），初级石片。绿泥石或绿泥/角闪片岩。不规则形。长2.0、宽2.3、厚0.4厘米，重1.8克。

标本M69：4，罐。夹砂黑陶，褐胎。大口，圆唇，宽平沿，沿面有两周极浅的凹槽。有颈，以下部分残失。器表及口沿内侧均经磨光处理。颈部饰有一周极浅的凹弦纹和两周凸弦纹，并残余一个小泥饼。口径24.0、残高7.4、厚0.4～0.6厘米（图2-146，3）。

标本M69：2，圆陶片。泥质黑陶。近圆形，系用废旧陶片打制。素面。直径3.1～3.5、厚0.6厘米（图2-146，2）。

4. M71

位于E4T2296西部，向西伸进T2295东部，只清理了T2296探方之内的部分。开口于⑦b层下，打破F65的西侧室外护坡。形制为土坑竖穴墓，墓葬方向148°。墓葬平面为长方形，出露的一端外弧，壁内斜，尤以东南端内斜较甚（图2-147）。墓口出露长度为1.82、宽约0.47米。墓口海拔

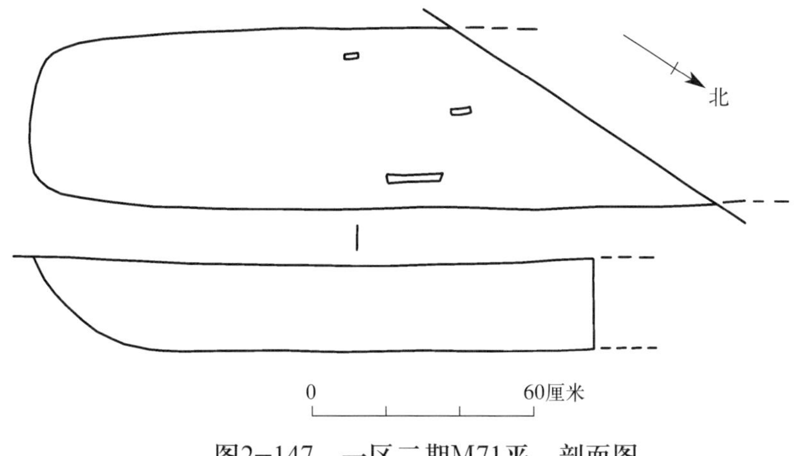

图2-147　一区二期M71平、剖面图

15.34～15.24米，墓底海拔15.06～15.02米，墓口到墓底深0.22～0.28米。

墓葬填土分四层，自上而下为黑色土（7.5YR2.5/1）、灰黑色土（10YR3/2）、黄褐色土（10YR4/6）和灰褐色土（10YR4/3）。结构较松，分选细中较差。未发现葬具痕迹，也没随葬品。

人骨保存不好，只发现3小块肢骨碎块，位于墓室中部。葬式及墓主头向等不详。

M71与M61的距离较近，均打破F65，墓葬的形制和结构相似，当有密切关系。

四　第三时期

这一阶段的遗迹只有房址和灰坑两类（图2-148）。与前期相比，一个明显的变化是南部又开始出现新的房址，并且延续了比较长的时间。

（一）房址

共发现4座房址，编号为F62、F63、F53和F43。从分布上看，前2座并列于南部，房址的形状和结构完全相同，应是同一时期的建筑，F53位于北部偏西，而北部偏东的F43可能是F49的重建和延续。

1．F62

位于E4T2298、T2299、T2348、T2349四个探方之中。开口于F61下，东北角被H391打破。其下叠压和打破第⑦层。房址只是发现一些规律分布的柱洞，其他如地面、墙体、灶等房屋要素均被破坏不存。如果以南墙的柱洞中心连线为基准测量，方向为184.5°（图2-149；彩版六五，1）。

房址平面近方形，如以四边的柱洞中心连线计算，东西3.25、南北3.10米，面积约10.00平方米。

F62的四壁共发现11个柱洞。比较完整的南壁和西壁各有4和5个柱洞，由于东北角被较大的H391打破，所以东壁和北壁的柱洞较少。柱洞的直径较大，除了8和11号柱洞较小之外，其余均在30.0厘米以上，最大的4号柱洞直径超过了50.0厘米，故这些直径较大的柱洞应该是柱坑。柱洞中除了7号为椭圆形平底之外，余者均为圆形，内斜壁，圜底，内填黄褐色土（表2-19）。

南排中间有一段较大的空间没有柱洞，估计应是门道所在。

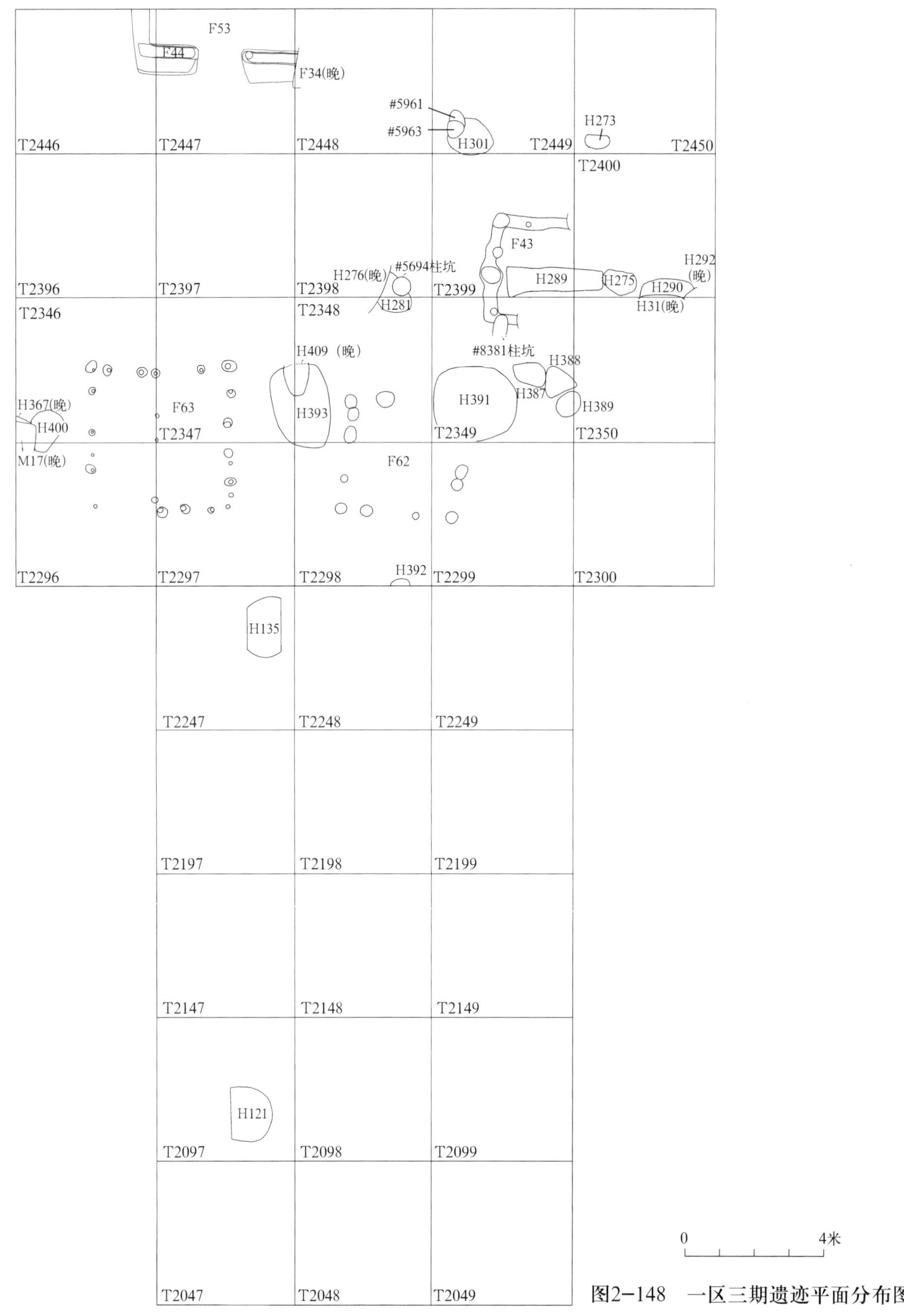

图2-148 一区三期遗迹平面分布图

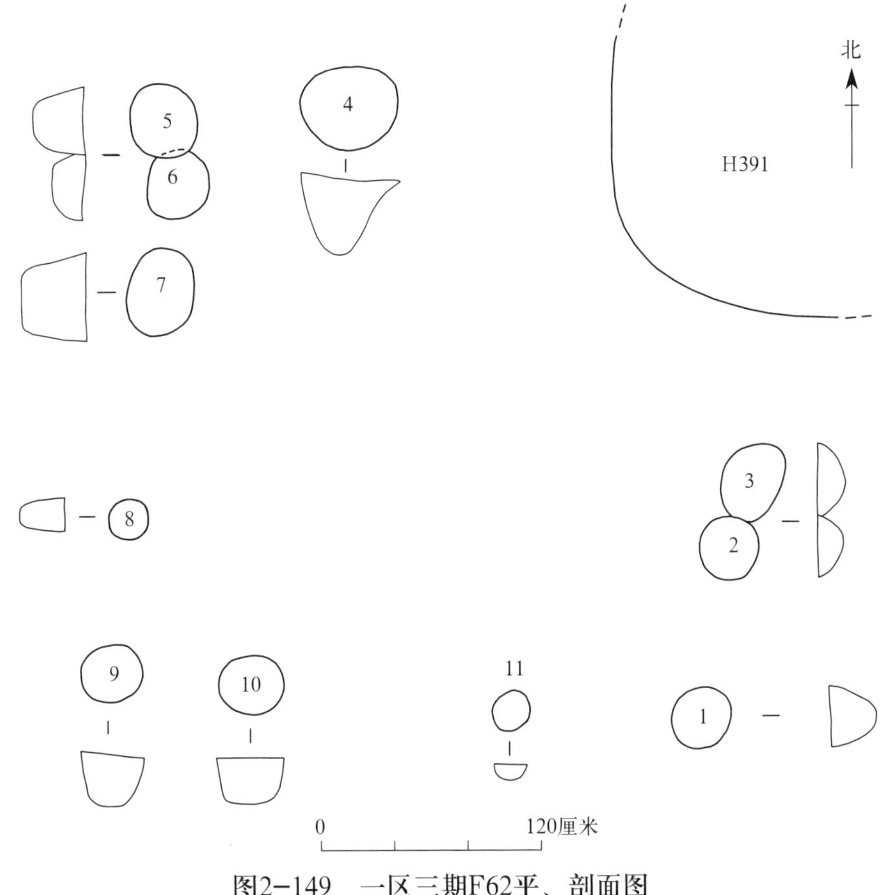

图2-149　一区三期F62平、剖面图

表2-19　F62柱坑、柱洞登记表　（单位：厘米）

编　号	形　状	口径-深
1	圆形，斜壁，圜底	32－26
2	圆形，斜壁，圜底	34－17
3	近圆形，斜壁，圜底	38－17
4	圆形，斜壁，圜底	54－40
5	圆形，斜壁，圜底	36－28
6	圆形，斜壁，圜底	34－14
7	椭圆形，斜壁，平底	36－48－36
8	圆形，斜壁，圜底	22－25
9	圆形，斜壁，圜底	33－28
10	圆形，斜壁，圜底	37－25
11	圆形，斜壁，圜底	18－8

2．F63

位于E4T2346、T2347、T2296、T2297四个探方之中。开口于F60的房基垫土之下，打破第⑦层。房址只保存一部分四壁和室内的柱洞，有的已接近柱洞底部，其他如墙体、地面、灶等均被破坏不存。以南壁柱洞的中心连线计算，F63的方向为181.5°（图2-150；彩版六五，2）。

房址平面近方形，以柱洞的中心连线计算，F63的东西长约4.00、南北宽约3.85～3.90米，面积约15.50平方米。在室内的中部发现一排3个柱洞，呈南北向分布，可能起到将F63分成东西两间的作用。

共发现24个柱坑和柱洞，其中21个位于四壁，3个在室内中部呈南北向分布。15个为柱坑和柱洞内外相套。另外9个只见到柱洞，而没有发现周围的柱坑（表2-20）。

F63的门道不明确。从柱洞的排列情况分析，似在南壁西半的可能性较大。因为在南壁西半部没有柱洞。当然，这里由于被一个椭圆形小浅坑所破坏（未编号而归入地层），也可能原来有柱洞因破坏已不存在。

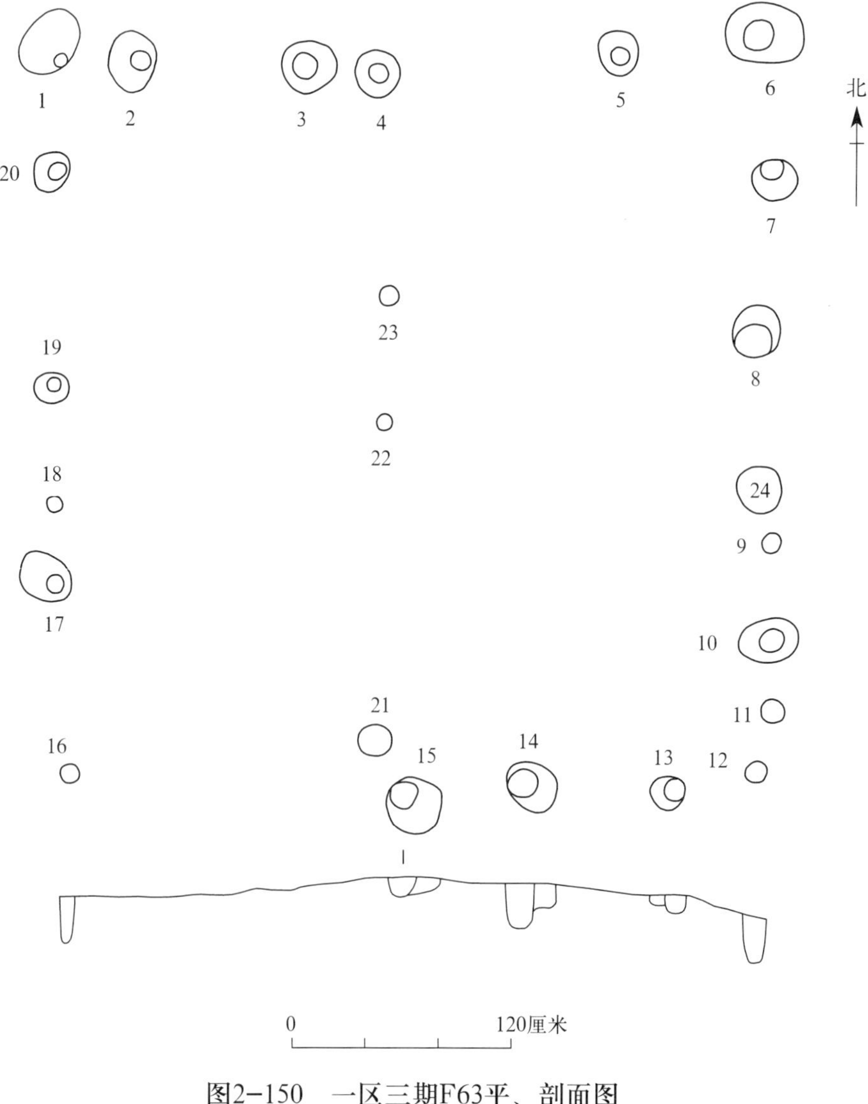

图2-150　一区三期F63平、剖面图

表2-20　F63柱坑、柱洞登记表　（单位：厘米）

编　号	属　性	形　状	填　土	口径-深
1	柱坑	椭圆形，平底	灰褐色（7.5YR3/1）	40-28-16
	柱洞	圆形，圜底	灰黑色（7.5YR2.5/1）	6-16
2	柱坑	近圆形，平底	灰黑色（7.5YR2.5/1）	27-6
	柱洞	圆形，平底	灰黑色（7.5YR2.5/1）	10-6
3	柱坑	圆形，近圜底	灰黑色（7.5YR2.5/1）	30-11
	柱洞	圆形，平底	黄色（7.5YR5/6）	14-11
4	柱坑	圆形，平底	灰褐色（7.5YR3/1）	24-20
	柱洞	圆平底	灰黑色（7.5YR2.5/1）	10-22
5	柱坑	圆形，圜底	灰褐色（7.5YR4/1）	23-12
	柱洞	圆形，平底	灰黑色（7.5YR2.5/1）	10-15
6	柱坑	椭圆形，圜底	灰褐色（7.5YR4/1）	34-22
	柱洞	圆形，圜底	黄褐色（7.5YR6/4）	16-26
7	柱坑	圆形，圜底	灰褐色（7.5YR2.5/2）	25-20
	柱洞	圆形，圜底	灰色（7.5YR4/1）	11-27
8	柱坑	圆形，圜底	灰褐色（7.5YR3/1）	15-20
	柱洞	圆形，平底	灰褐色（7.5YR3/1）	27-45
24	柱洞	近圆形，平底	灰褐色（7.5YR3/1）	25-15
10	柱坑	椭圆形，平底	灰褐色（7.5YR4/2）	33-23
	柱洞	圆形，圜底	灰褐色（7.5YR3/2）	8-7
9	柱洞	圆形，圜底	灰褐色（7.5YR3/2）	9-9
11	柱洞	圆形，圜底	灰褐色（7.5YR3/2）	12-27
12	柱洞	圆形，平底	灰褐色（7.5YR3/1）	12-17
13	柱坑	近圆形，平底	灰褐色（7.5YR3/1）	19-6
	柱洞	圆形，圜底	灰褐色（7.5YR4/1）	11-10
14	柱坑	近圆形，圜底	灰褐色（7.5YR4/1）	28-13
	柱洞	圆形，平底	灰褐色（7.5YR4/1）	15-15
15	柱坑	近圆形，平底	灰褐色（7.5YR3/1）	27-9
	柱洞	圆形，内圜底	灰褐色（7.5YR4/1）	15-10
16	柱洞	圆形，圜底	灰褐色（7.5YR4/1）	8-25
17	柱坑	椭圆形，平底	浅灰褐色（7.5YR3/2）	32-22
	柱洞	圆形，平底	灰色（7.5YR4/1）	9-4
18	柱洞	圆形，平底	灰色（7.5YR4/1）	8-5
19	柱坑	圆形，圜底	灰褐色（7.5YR3/1）	18-10
	柱洞	圆形，平底	灰色（7.5YR2.5/1）	8-17
20	柱坑	圆形，圜底	灰褐色（7.5YR3/1）	18-11
	柱洞	圆形，平底	灰色（7.5YR4/1）	8-18
21	柱洞	圆形，平底	灰色（7.5YR4/1）	16-30
22	柱洞	圆形，平底	灰色（7.5YR4/1）	10-10
23	柱洞	圆形，圜底	灰褐色7.5（YR3/2）	10-12

3．F53

位于T2447北部，向北伸入本次没有发掘的T2497。F53只发掘了南墙下的基槽和西墙南半基槽，东基槽被F34完全破坏。F53开口于⑦a层下，被F34打破，又打破H300和⑦b、⑦c、⑦d层直至生土。方向184°（图2–151）。

发现和清理的基槽只有两段，一段为西南角部分，东到中部的门道位置，北到探方北壁，东西和南北分别为1.77、1.80米。另一段为门道以东部分，大约在接近东南拐角的以东以北部分被F34的西基槽完全破坏，现在东西长约1.60米。基槽较宽较深，口宽0.88、底宽0.72、深0.44～0.74米。基槽的结构为直壁略内斜，底部近平，局部有起伏。在西基槽内发现2个南北排列的圆形柱洞，直径分别为11.0、16.0厘米。基槽内填土较为复杂，以灰褐色（10YR4/3）和黄褐色杂土为主，夹杂有炭屑、红烧土颗粒、棕或黄色生土块和砂粒、小陶片等，结构紧密，质地坚硬。

基槽中部有一段没有下挖的宽通道，它把南墙下的基槽分成了东西两段。通道的内侧（即北侧）宽1.20、外侧（即南侧）宽1.40米。从位置、宽度和没有下挖的情况可以推知是出入的门道所在。

F53的基槽之内，还有一条位置和方向均与F53的南基槽完全相同但宽度较窄的基槽，原编号为F44。其东段亦被F34打破，西段则伸至F53的西南角，但没有向北拐弯。开口层位与F53相同，但从层位关系上看，其打破F53的宽基槽。

F44的基槽由于门道位置的分隔，亦有东西两段。东段存长1.60、上口宽0.30～0.34、深约0.42米。内有东西一排5个圆形柱洞，直径10.0～23.0厘米。西段长1.70、宽0.33～0.36、深0.36～0.60米。内有东西排列的圆形柱洞3个，直径11.0～12.0厘米（表2–21），从紧靠门道位置的基槽底部突然加深，而东侧与其对应的位置有一较大柱洞的情况看，西侧基槽的东端也应该有一个较粗的柱洞，可能清理时没有辨认出来。基槽内的填土亦以黄褐色和灰褐色土为主，质地坚硬。此外，在房内位置的同一层位也发现一个圆形柱洞（7号），可能与F53有关。

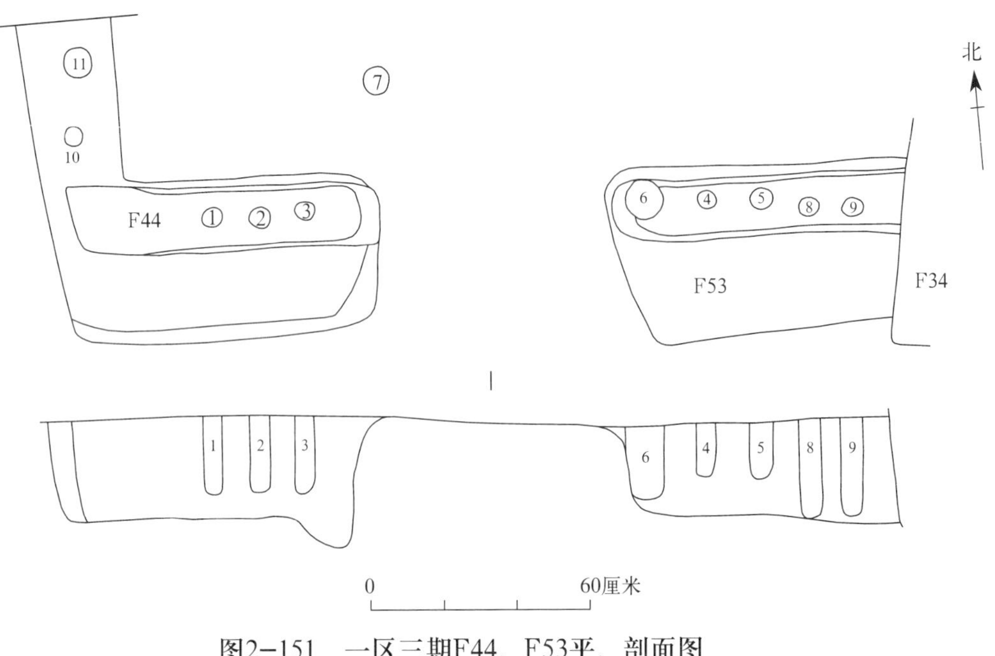

图2–151　一区三期F44、F53平、剖面图

表2-21　F53和F44柱洞登记表　（单位：厘米）

编　号	口径-深	填　土	备　注
1	12-22	黄褐色	F44
2	11-21	黄褐色	F44
3	11-22	灰褐色	F44
4	10-18	黄褐色	F44
5	13-19	黄褐色	F44
6	22-32	黑色	F44
7	14-18	灰色	室内
8	12-22	灰褐色	F44
9	12-22	黄褐色	F44
10	11-38	灰褐色	F53-1
11	16-36	黄褐色	F53-2

从分布范围、结构和建造程序等方面分析，F53和F44的位置完全重合，特别是南基槽中部的门道位置完全一致，而且两者的层位相同，即在基槽填土之上有两小层共同的堆积叠压两条基槽。所以，两者很可能是同一座房子。在建造程序上应该是这样：按照规划先挖出F53的宽基槽，并且预留出门道的位置，填土打实；然后再在F53基槽偏内侧挖出F44的窄基槽，并且在槽中立柱；最后才修建我们现在完全看不到了的房屋基础以上的其他部分，如墙体、屋顶、地面和灶等。

这里比较费解或者说困惑的问题是，为什么要先挖宽基槽，然后在其中再挖窄基槽呢？这一重复作业在我们今天看来似乎意义不大，但又确实存在这样的差别。这也是在工地期间经过多次讨论之后，把这一现象暂定为两座房子的原因。从宏观上说，我们还不能完全排除F53和F44是两座房子的可能。所以，在这里做以上记录和描述。

4．F43

位于E4T2399东部，向南伸入T2349北部。只保存完整的西基槽和北、南基槽的一部分，东基槽则完全不存。开口于⑦a层下，被H284、H263、柱坑（#8381）等打破，又打破F49和⑦a层以下文化层。房址朝南，方向185°（图2-152；彩版六六，1）。

F43的平面形状应为方形或长方形，南北总长约3.04、残宽2.20米，室内南北长2.40米，面积不详。基槽宽度不一，一般说来，有柱洞的位置较宽，没有柱洞的地方则较窄，宽度在26.0～66.0厘米，深30.0～40.0厘米。基槽为直壁内收，平底。基槽内填灰褐色土（10YR4/3），包含有黄色泥块、砂粒、陶片等，分选较粗中等，结构较为紧密，质地坚硬。

基槽的西北、西南拐角处和基槽中部发现有稀疏的圆形柱洞，直径较大的应该是柱坑。拐角处的柱洞较深，如西南角的柱洞深68.0厘米，而西北角的柱洞深82.0厘米。基槽中间的柱洞则较浅，一般在40.0厘米之内（表2-22）。

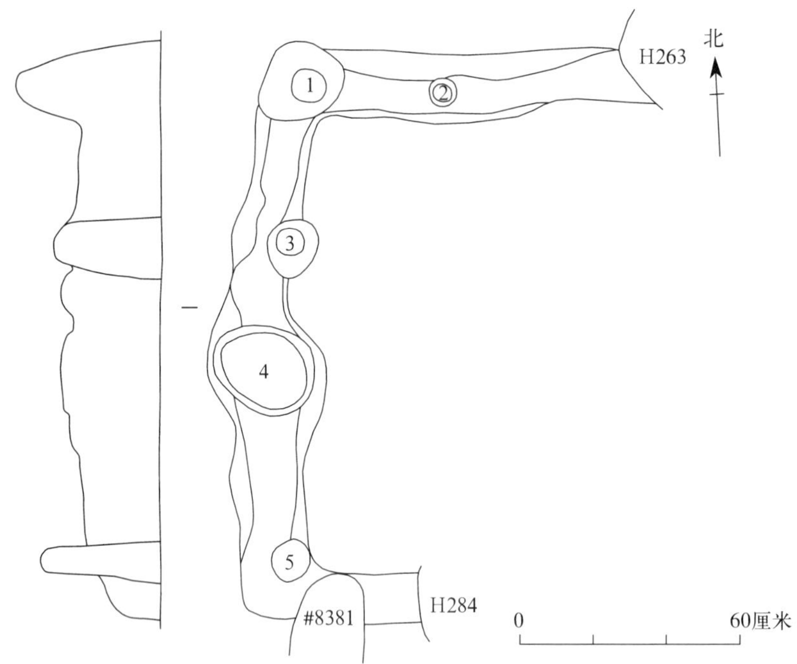

图2-152　一区三期F43平、剖面图

表2-22　F43柱坑、柱洞登记表

编　号	口径-深	填　土
1	48-68	灰褐色
2	15-22	灰褐色
3	28-42	黄褐色
4	58-41	灰褐色
5	20-68	灰褐色

在基槽填土内发现多件残石器，并从出土陶片中拼对出可以复原的陶碗1件。

标本F43：1（#5765；S1761），石镞，前端残。绿泥石或绿泥/角闪片岩。镞体宽短，后端有扁锥形铤，镞身横截面呈菱形。残长7.2、宽2.8、厚1.0厘米，重20.9克（图2-153，1；彩版六六，3）。

标本F43：3（#5765；S1799），磨石，残。砂岩。磨面细而平整。残长7.5、残宽3.9、厚1.4厘米，重49.0克（图2-153，2）。

标本F43：6（#5765；S1800），磨石，残。砂岩。平面为三角形，磨面较平整。长2.8、宽2.3、厚1.3厘米，重7.3克。

标本F43：5（#5765；S1802），打磨/抛光石器。平面近椭圆形。长2.7、宽1.7、厚0.8厘米，重5.8克（图2-153，3）。

标本F43：7（#5765；S 1801），打磨/抛光石器。不规则形。长1.9、宽1.4、厚0.7厘米，重2.7克（图2-153，4）。

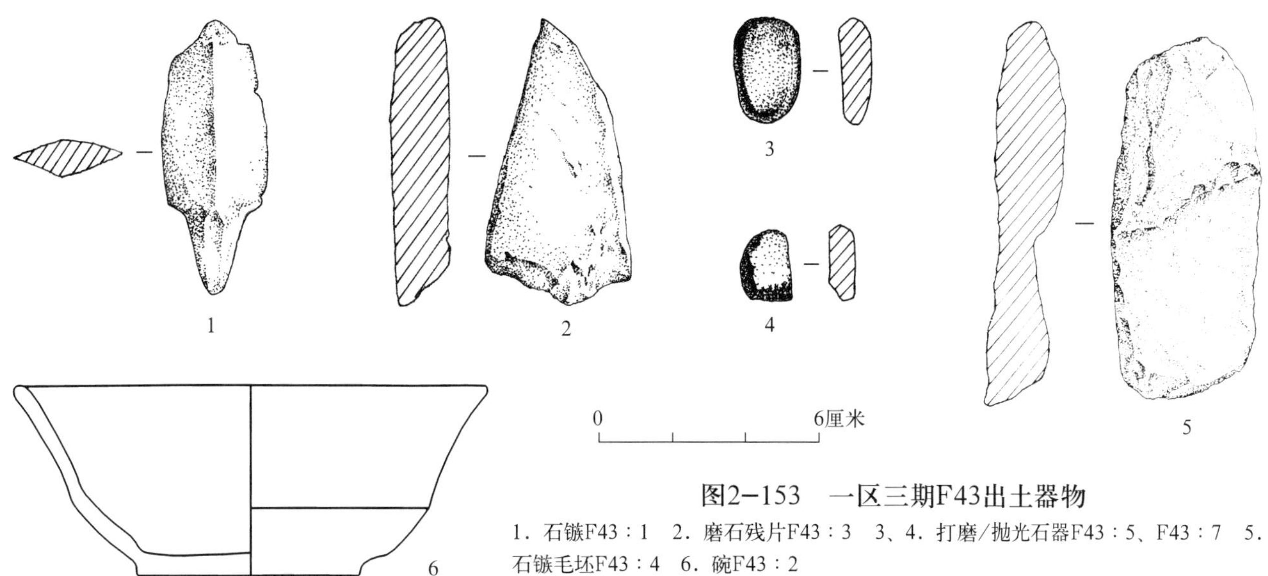

图2-153　一区三期F43出土器物

1．石镞F43：1　2．磨石残片F43：3　3、4．打磨/抛光石器F43：5、F43：7　5．石镞毛坯F43：4　6．碗F43：2

标本F43：4（#5765；S1749），石镞毛坯，经打制。绿泥石或绿泥/角闪片岩。平面近长方形。长9.6、宽4.0、厚1.7厘米，重84.1克（图2-153，5；彩版六六，2）。

标本F43：2，陶碗。泥质黑陶。敞口，圆唇，斜腹，近底部向内折收，平底。器内外表均经磨光处理。口径12.8、底径6.0、高5.0、厚0.4厘米（图2-153，6）。

在各探方还发现一些零散柱洞，共37个，其中柱坑2个，柱洞27个，柱坑和柱洞复合的8个（表2-23；图2-63）。

（二）灰坑

灰坑数量不多，共15座，主要分布在东半部，形状有圆形、椭圆形和不规则形等。

1．H275

位于E4T2400东部。开口于⑥d层下，被H289打破。近椭圆形，平底（图2-154）。坑口长径0.97、短径0.68、深0.30米。填黄褐色土（7.5YR4/6），出土壶等陶器残片。

标本H275：3，壶。泥质灰陶。侈口，圆唇，卷沿，直颈较高，颈以下残。颈中部三周凸棱。口径10.0、残高5.2、厚0.4～0.8厘米（图2-155，1）。

标本H275：2，刻纹陶片。泥质黑灰陶。器物之圈足，有镂孔，有“×”形刻符。长4.0、宽4.35、厚0.4厘米（图2-155，2）。

2．H289

位于E4T2399、T2400之间，开口于H286、F49下。长方形，底部起伏较大（图2-156）。坑口长径2.70、短径0.70、最深0.50米。填灰褐色土（7.5YR3/2），出土磨石和鼎、罐、盆、杯等陶器残片（表-24）。

表2-23 第三时期零散柱坑、柱洞登记表

编号		位置	层位	开口海拔（米）		形状		尺寸（直径—深）（厘米）		填土	
柱洞	柱坑			柱洞	柱坑	柱洞	柱坑	柱洞	柱坑	柱洞	柱坑
#7009		E4T2296	F60→△→⑦b	15.6		圆形，平底		13—11		灰褐色（10YR3/2）	
#7022	#7022	E4T2296	H386→△→F65	15.43	15.43	圆形，平底	圆形，平底	11—29	39—31	灰褐色（10YR3/2）	灰褐色（10YR3/2）
#8592	#8592	E4T2296	⑦a→△→⑦b	15.5	15.51	圆形，平底	圆形	12—34	24—34	褐色（10YR3/1）	灰褐色（10YR3/2）
#8593	#8593	E4T2296	⑦a→△→⑦b	15.56	15.56	圆形，平底	圆形	6—27	21—27	黑褐色（10YR2/1）	褐色（10YR4/3）
#7024—1		E4T2296	⑦a→△→⑦b	15.59		圆形，圜底		12—13		灰黑色（7.5YR3/1）	
#7024—2		E4T2296	⑦a→△→⑦b	15.58		圆形，尖底		8—9		灰褐色（10YR3/2）	
#7024—3		E4T2296	⑦a→△→⑦b	15.58		圆形，平底		9—10		灰褐色（10YR4/3）	
#7024—4		E4T2296	⑦a→△→⑦b	15.58		圆形，圜底		10—12		灰褐色（10YR4/3）	
#7024—5		E4T2296	⑦a→△→⑦b	15.52		圆形，尖底		5—8		灰褐色（10YR3/2）	
#7024—6		E4T2296	⑦a→△→⑦b	15.52		圆形，圜底		7—7		黄褐色（10YR4/4）	
#7024—7		E4T2296	⑦a→△→⑦b	15.57		圆形，圜底		6—9		黄褐色（10YR4/4）	
#7024—8		E4T2296	⑦a→△→⑦b	15.56		圆形，圜底		14—11		灰褐色（10YR3/3）	
#7024—9		E4T2296	⑦a→△→⑦b	15.56		圆形，圜底		10—17		灰黑色（10YR2/2）	
#7024—10		E4T2296	⑦a→△→⑦b	15.54		圆形，圜底		14—14		灰褐色（10YR3/3）	
#8455		E4T2350	⑦a→△→⑦c	15.47		圆形，圜底		21—33		灰色（5YR3/1）	
#8456		E4T2350	⑦a→△→⑦c	15.45		圆形，圜底		16—21		灰色（5YR3/1）	
#8465		E4T2350	⑦a→△→⑦c	15.41		圆形，平底		28—37		灰色（5YR3/1）	

#8466		E4T2350	⑦a→△→⑦c	15.41		圆形，圜底		23–53		灰色（5YR3/1）	
#8467		E4T2350	⑦a→△→⑦c	15.41		圆形，圜底		26–38		灰色（5YR3/1）	
#8468		E4T2350	⑦a→△→⑦d	15.41		圆形，圜底		24–40		灰褐色（5YR3/2）	
#8469		E4T2350	⑦a→△→⑦d	15.41		圆形，圜底		26–46		黄褐色（7.5YR4/2）	
#4467	#4468	E4T2397	⑦a→△	15.66		圆形，圜底	近圆形，圜底	18–44	44–36	灰褐色（7.5YR5/2）	深灰褐色（7.5YR4/3）
#5667		E4T2399	⑦a→△	15.54		圆形，平底		30–35		黄褐色（10YR6/3）	
	#5682	E4T2399	H289→△		15.35		圆形，平底		70–58		灰褐色（10YR5/6）
#5683		E4T2399	F43→△→⑦b	15.44		圆形，平底		30–36		灰褐色（10YR5/6）	
	#5694	E4T2399	⑦a→△		15.5		圆形，平底		15.5		灰色（10YR3/2）
#5868–1	#5868–1	E4T2448	⑦a→△→⑦b	15.64		圆形，平底	近方形，平底	16–54	42–44	灰褐色（10YR3/2）	灰褐色（10YR3/2）
#5868–2	#5868–2	E4T2448	⑦a→△→⑦b	15.63		椭圆形，圜底	椭圆形，圜底	10–33	(58–45)–33	灰褐色（10YR3/3）	灰褐色（10YR3/2）
#1170		E4T2450	⑦a→△	15.74		圆形，圜底		20–23		灰褐色	
#1176	#1176	E4T2450	⑦a→△	15.57		圆形，圜底	椭圆形，圜底	14–24	（残56–44）–21	灰色	黄色（7.5YR4/4）
#1178	#1177	E4T2450	⑦a→△	15.59		圆形，圜底	近长方形，圜底	10–40	（63–34）–44	黄褐色（7.5YR4/4）	黄褐色（7.5YR4/4）
#1185–1		E4T2450	⑦a→△	15.72		圆形，圜底		24–30		黄褐色（10YR4/4）	
#1185–2		E4T2450	⑦a→△	15.72		圆形，圜底		20–24		黄褐色（10YR4/4）	
#1185–3		E4T2450	⑦a→△	15.72		圆形，圜底		15–20		黄褐色（10YR4/4）	
#1185–4		E4T2450	⑦a→△	15.72		圆形，圜底		16–28		黄褐色（10YR4/4）	
#1192–5		E4T2450	⑦a→△	15.69		圆形，圜底		20–33		灰褐色	
#1192–7		E4T2450	⑦b→△	15.69		圆形，平底		10–25		灰褐色	

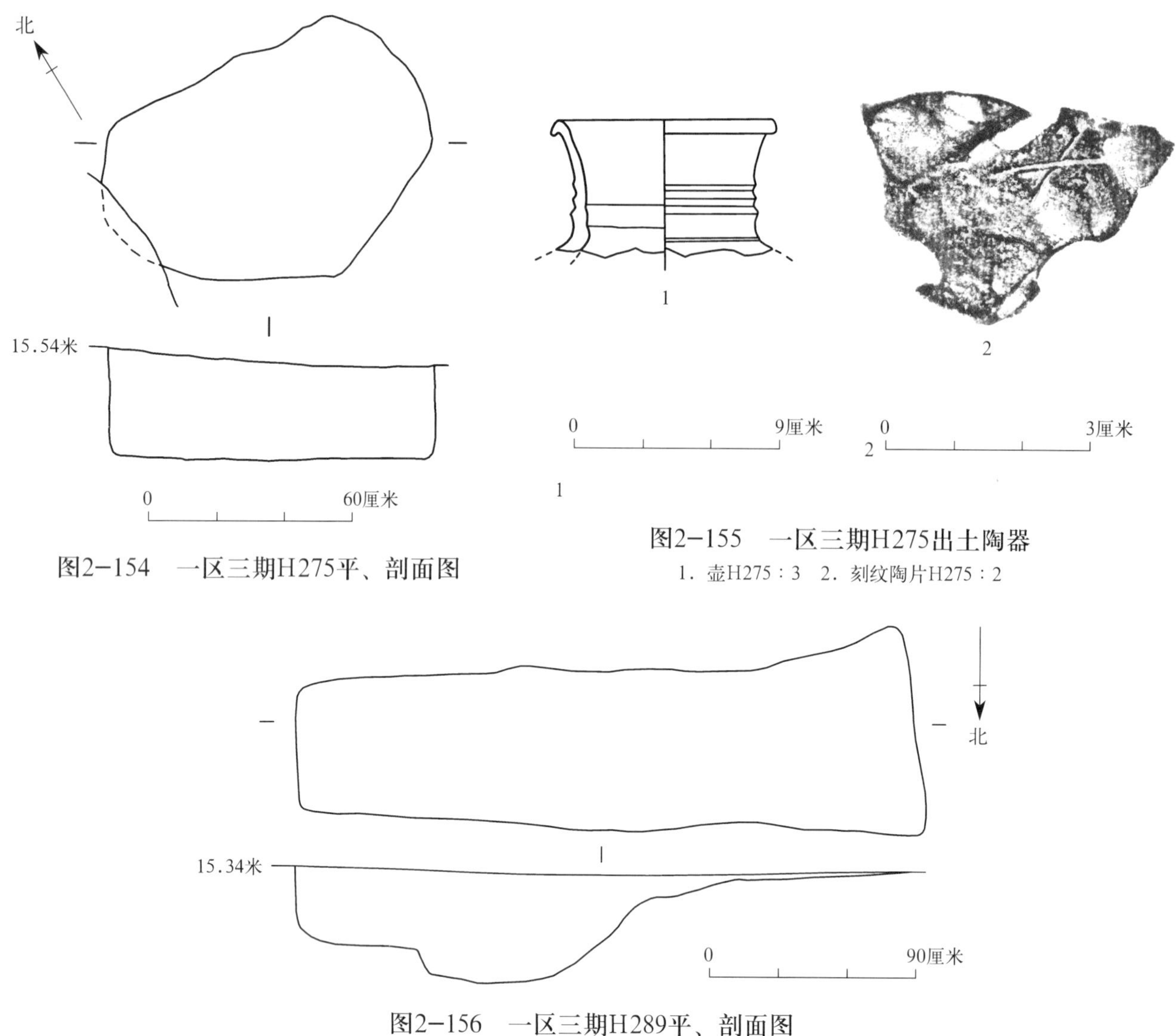

图2-154 一区三期H275平、剖面图

图2-155 一区三期H275出土陶器

1. 壶H275：3 2. 刻纹陶片H275：2

图2-156 一区三期H289平、剖面图

标本H289：5（#5794；S1803），磨石。砂岩。平面近长方形，磨面细而微凹。残长7.2、宽4.7、厚2.7厘米，重125.9克（彩版六七，1）。

标本H289：6（#5794；S1804），磨石，残。花斑岩。平面近方形，磨面平整。残长5.5、残宽4.2、厚3.8厘米，重108.4克（彩版六七，2）。

标本H289：4，鼎足。夹砂红陶。平面呈铲形，中间附加纵向堆纹。残高7.5、宽2.0～6.0、厚0.6～2.4厘米（图2-157，1）。

标本H289：3，罐。泥质黑陶。侈口，圆唇，卷沿，粗长颈内束，圆肩，以下残失。颈、肩各有一周凹弦纹。口径9.2、残高6.8、厚0.25～0.6厘米（图2-157，2）。

标本H289：2，盆。夹砂灰陶。大口，方唇，折沿，沿面有凹槽，有颈，肩部微鼓。肩部饰两周凸棱。口径27.2、残高7.5、厚0.3～0.6厘米（图2-157，3）。

标本H289：1，筒形单耳杯。泥质黑陶。口部残，近直壁，平底微内凹，杯身下部一侧有椭圆形把手。器表经磨光处理。近底部有一周凹弦纹。残高9.9、底径7.0、厚0.2～0.35厘米（图2-157，4）。

表2-24　H289陶片统计表

陶质 / 陶色 / 数量 / 纹饰	泥质			夹砂					总计	百分比（%）
	黑	灰	合计	黑	灰	褐	白	合计		
凸弦纹	11		11	44	3	3		50	61	6.54
凹弦纹	19	3	22	69	5	2		76	98	10.50
篮　纹				2				2	2	0.21
堆　纹				3	1	7		11	11	1.18
泥　饼				2		1		3	3	0.32
盲　鼻				2				2	2	0.21
镂　孔				1				1	1	0.11
刻划纹				1		1		2	2	0.21
花　边				1				1	1	0.11
素　面	156	49	205	442	46	58	1	547	752	80.60
累　计	186	52	238	567	55	72	1	695	933	100
百分比（%）	19.94	5.57	25.51	60.77	5.89	7.72	0.11	74.49	100	
重量（千克）	1.343	0.765	2.108	5.43	0.615	1.01	0.01	7.065	9.173	

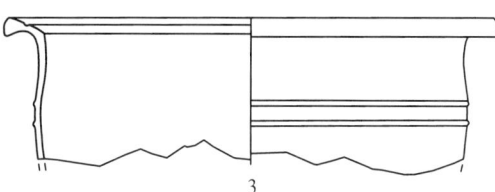

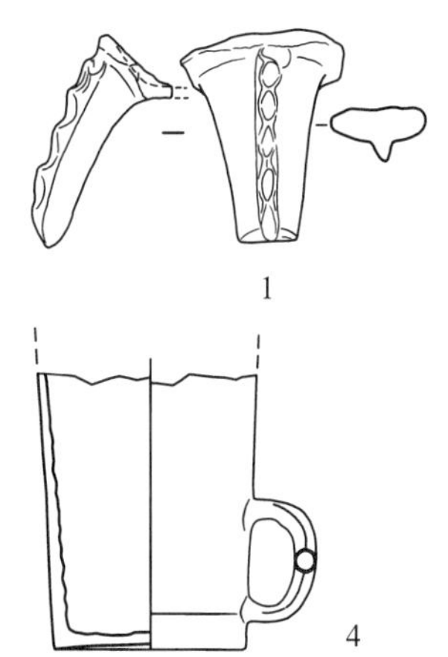

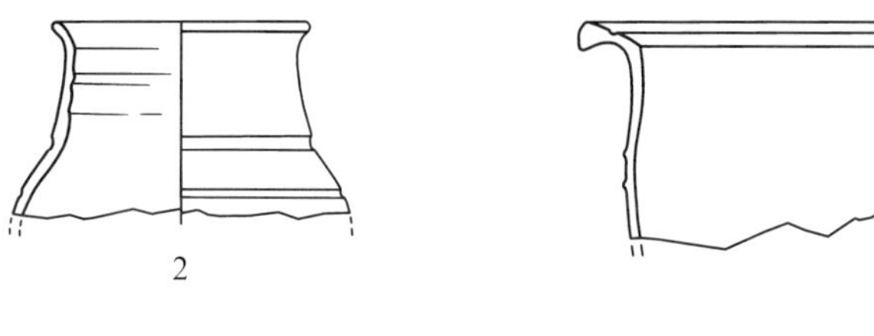

图2-157　一区三期H289出土陶器

1．鼎足H289：4　2．罐H289：3　3．盆H289：2　4．筒形单耳杯H289：1

3．H290

位于E4T2400南部，开口于⑥d层下，被H31等打破。椭圆形，直壁，平底（图2-158）。坑口长径1.54、短径残长0.44、深0.28米。内填灰褐色土（7.5YR3/2），出土圆陶片、纺轮等。

标本H290：4（#3372；S1617），磨石。花斑岩。平面为不规则形。长32.1、宽19.4、厚3.8厘米，重3110.0克（彩版六七，3）。

标本H290：3（#3372；S1593），砾石砍砸器。花斑岩。不规则形。长8.6、宽5.6、厚3.8厘米，重175.1克（图2-159，3）。

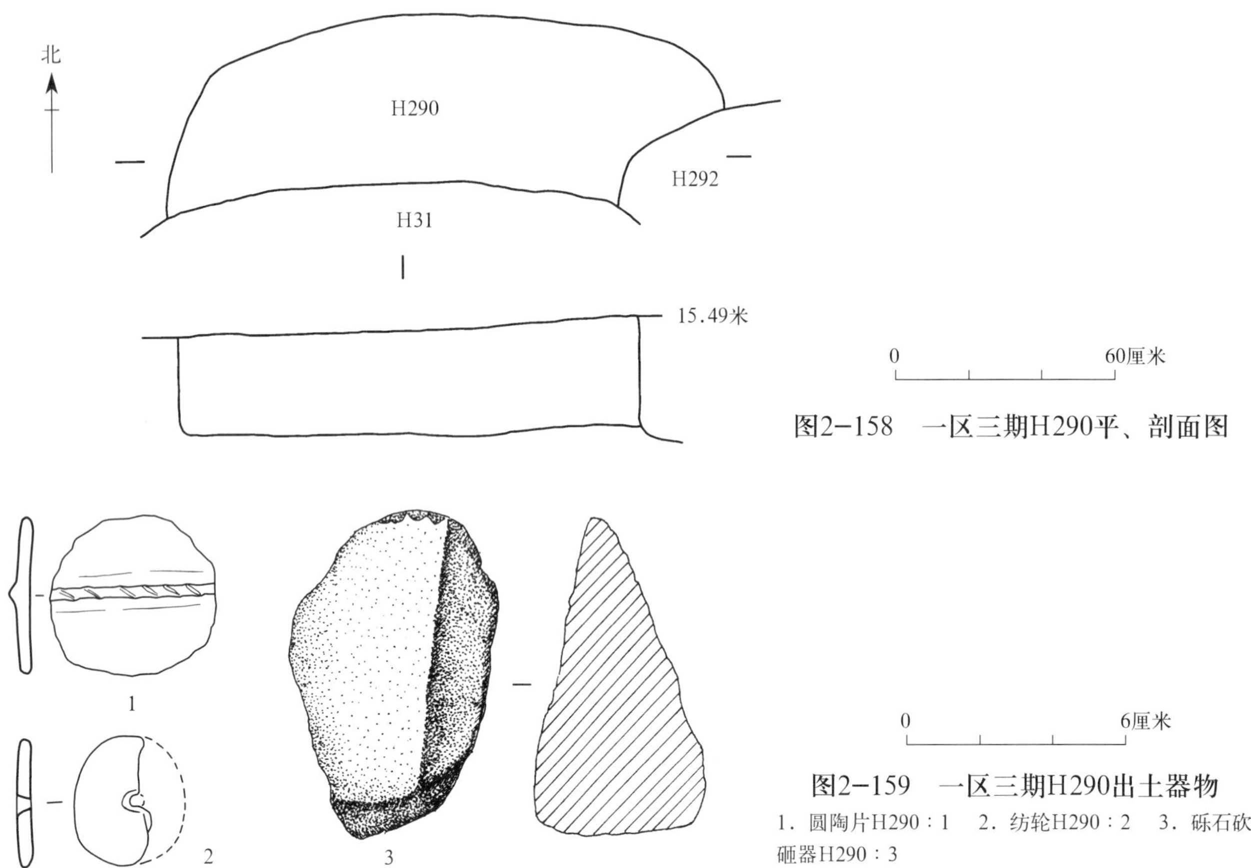

图2-158　一区三期H290平、剖面图

图2-159　一区三期H290出土器物

1．圆陶片H290：1　2．纺轮H290：2　3．砾石砍砸器H290：3

标本H290：1，圆陶片。夹砂黑陶。圆形，一面有索状堆纹。直径4.3～4.5、厚0.5厘米（图2-159，1）。

标本H290：2，纺轮。泥质黑陶。利用陶片加工而成，残存一半，中间有单面钻孔。直径3.6、厚0.3～0.4厘米（图2-159，2）。

4．H387

位于E4T2349，开口于⑦a层下，打破⑦b层。不规则形，圜底（图2-160）。坑口长径1.00、短径0.64、深0.22米。填黑灰色土（10YR 2/1），出土鼎、缸、盆、纺轮等陶器残片（表-25）。收集浮选土样1份20升，植硅体样品1份100克，碳十四测年样品1个。

标本H387：4，铲形鼎足。夹砂红褐陶。足尖部对捏成刃状。高6.0、最宽3.5、厚1.0厘米（图2-161，1）。

标本H387：1，大平底盆。泥质灰陶。大敞口，圆唇，卷沿，斜壁微内曲，浅腹，大平底。口径22.0、底径14.0、高5.4、厚0.4厘米（图2-161，2）。

标本H387：2，缸。泥质灰陶。矮子口内曲，腹微内束，以下残失，凸棱下有一对细孔横耳，其下有两周凹弦纹，器表下戳印小圆圈纹。口径30.0、残高7.8、厚1.0厘米（图2-161，3）。

标本H387：3，圆陶片。泥质灰陶。近圆形。一面有两道凸棱。直径5.0、厚0.3～0.5厘米（图2-161，4）。

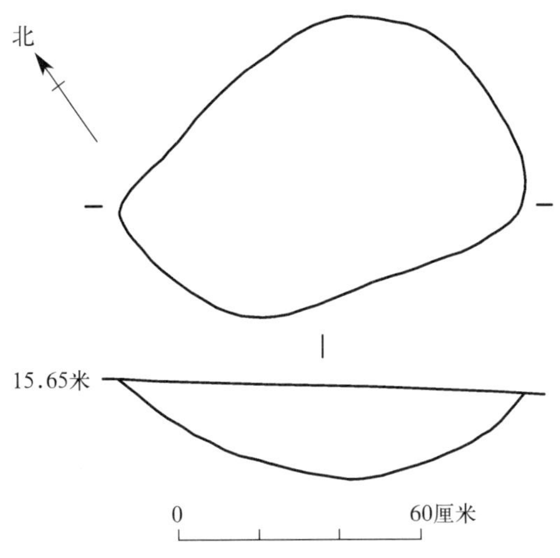

图2-160　一区三期H387平、剖面图

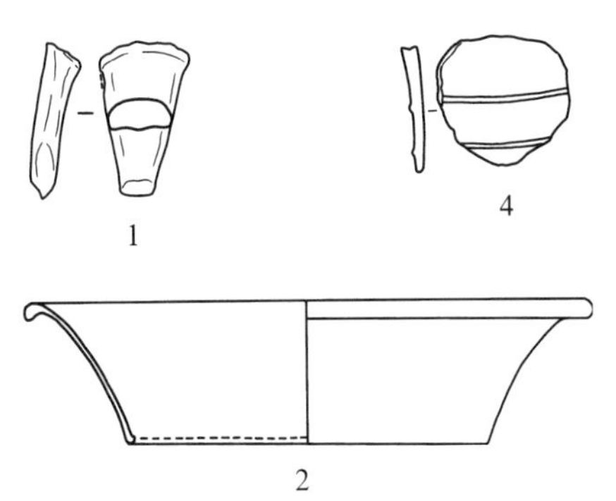

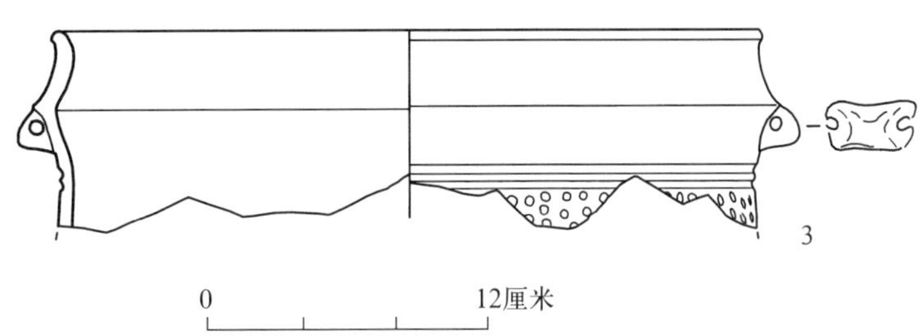

图2-161　一区三期H387出土陶器

1. 铲形鼎足H387：4　2. 大平底盆H387：1　3. 缸H387：2　4. 圆陶片H387：3

表2-25　H387陶片统计表

纹饰＼数量＼陶色＼陶质	泥质				夹砂					总计	百分比（%）
	黑	灰	红	合计	黑	灰	褐	白	合计		
凸弦纹	3			3	8				8	11	4.93
凹弦纹	8			8	10				10	18	8.07
堆　纹					1				1	1	0.45
泥　饼					1				1	1	0.45
盲　鼻	2			2	1				1	3	1.35
素　面	35	3	1	39	109	6	33	1	149	188	84.31
花　边							1		1	1	0.45
累　计	48	3	1	52	130	6	34	1	171	223	100
百分比（%）	21.52	1.35	0.45	23.32	55.79	2.69	15.25	0.45	76.68	100	
重量（千克）	1.02	0.03	0.02	1.07	1.68	0.04	0.50	0.01	2.23	3.3	

5．H391

位于E4T2349西南部，开口于⑦a层下，打破以下堆积和M59。近圆形，斜壁，平底（图2-162；彩版六六，4）。坑口长径2.36、短径2.06、深0.46米。全部堆积分为三小层：第1层厚5.0～32.0厘米，土色较杂，整体为黄褐色土（10YR 4/4），质地坚硬，夹杂黄土块、草木灰和红烧土颗粒等；第2层较薄，厚5.0～16.0厘米，灰褐色土（10YR 4/2），结构较疏松；第3层厚2.0～18.0厘米，黄褐色土（10YR 4/4）。出土石器和鼎、鬶、罍、器盖等陶器（表-26），另有鬶、大口尊等残片。收集浮选土样1份20升，采集植硅体样品1份100克。

标本H391①：1（#8364；S3359），石镞，铤端残失。石英/富含白云母的千枚岩。平面为柳叶形，横截面为菱形。残长4.8、宽1.9、厚0.8厘米，重5.4克（彩版六七，4）。

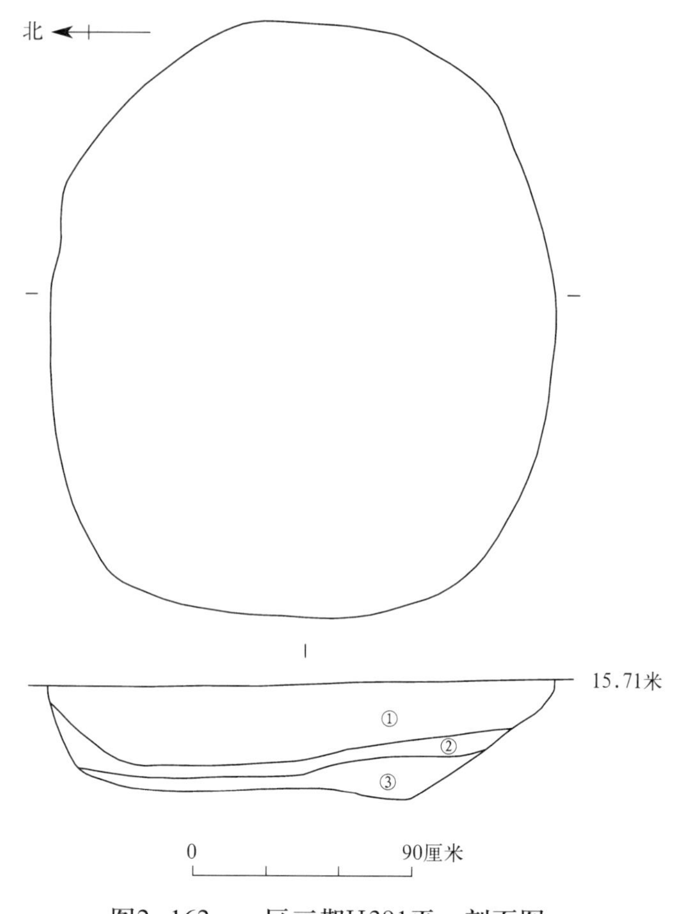

图2-162　一区三期H391平、剖面图

表2-26　H391陶片统计表

陶质 / 陶色 / 数量 / 纹饰	泥质					夹砂					总计	百分比（%）
	黑	灰	红	褐	合计	黑	灰	褐	白	合计		
凸弦纹	5				5	9	2	2		13	18	2.20
凹弦纹	10				10	44	3	1		48	58	7.08
绳纹				2	2						2	0.24
篮纹						3	1			4	4	0.49
堆纹								3		3	3	0.37
泥饼						2				2	2	0.24
盲鼻							1			1	1	0.12
素面	144	6	3	1	154	455	37	82	3	577	731	89.26
累计	159	6	3	3	171	513	44	88	3	648	819	100
百分比（%）	19.41	0.73	0.37	0.37	20.88	62.64	5.37	10.74	0.37	79.12	100	
重量（千克）	1.27	0.02	0.01	0.46	1.76	2.50	0.31	0.90	1.46	5.17	6.93	

标本H391①：3（#8364；S3363），磨石，残。花岗岩。不规则形。长12.9、宽12.8、厚4.8厘米，重760.5克（彩版六七，5）。

标本H391①：10（#8370；S2778），残石器。流纹质熔结凝灰岩。残长3.0、残宽2.3、厚1.6厘米，重6.6克。

标本H391②：2，罐形鼎。夹砂黑皮陶，灰胎。中口，圆唇，折沿，沿面有凹槽，溜肩，圆腹，平底，三铲形足，大部残失。一侧有宽扁条形把手。外表经磨光处理，肩部有两周凹弦纹。底部和三足有火烧痕迹。口径11.7、底径10.0、高17.6、厚0.25～0.65厘米（图2–163，1）。

标本H391②：5，罐形鼎。夹砂黑陶，灰褐胎。口较大，圆唇，卷沿，颈不明显，圆腹，平底微外凸，三角形扁足，正面两侧边各饰一条纵向齿状堆纹。外表经磨光处理，口沿内侧有两周凹弦纹。腹部有四周凸棱，第一道凸棱之上等距排列着三个短齿状堆纹。口径19.6、底径11.3、高23.5、厚0.3～0.6厘米（图2–163，2）。

标本H391③：9，鬶口沿。夹砂红褐陶。有流，卷沿，鼓腹。器表经磨光处理。残高7.8厘米、厚0.4～0.6厘米（图2–163，3）。

标本H391②：6，罐。夹砂黑陶，褐胎。口残，有颈，溜肩，鼓腹，下腹斜收，平底。肩、

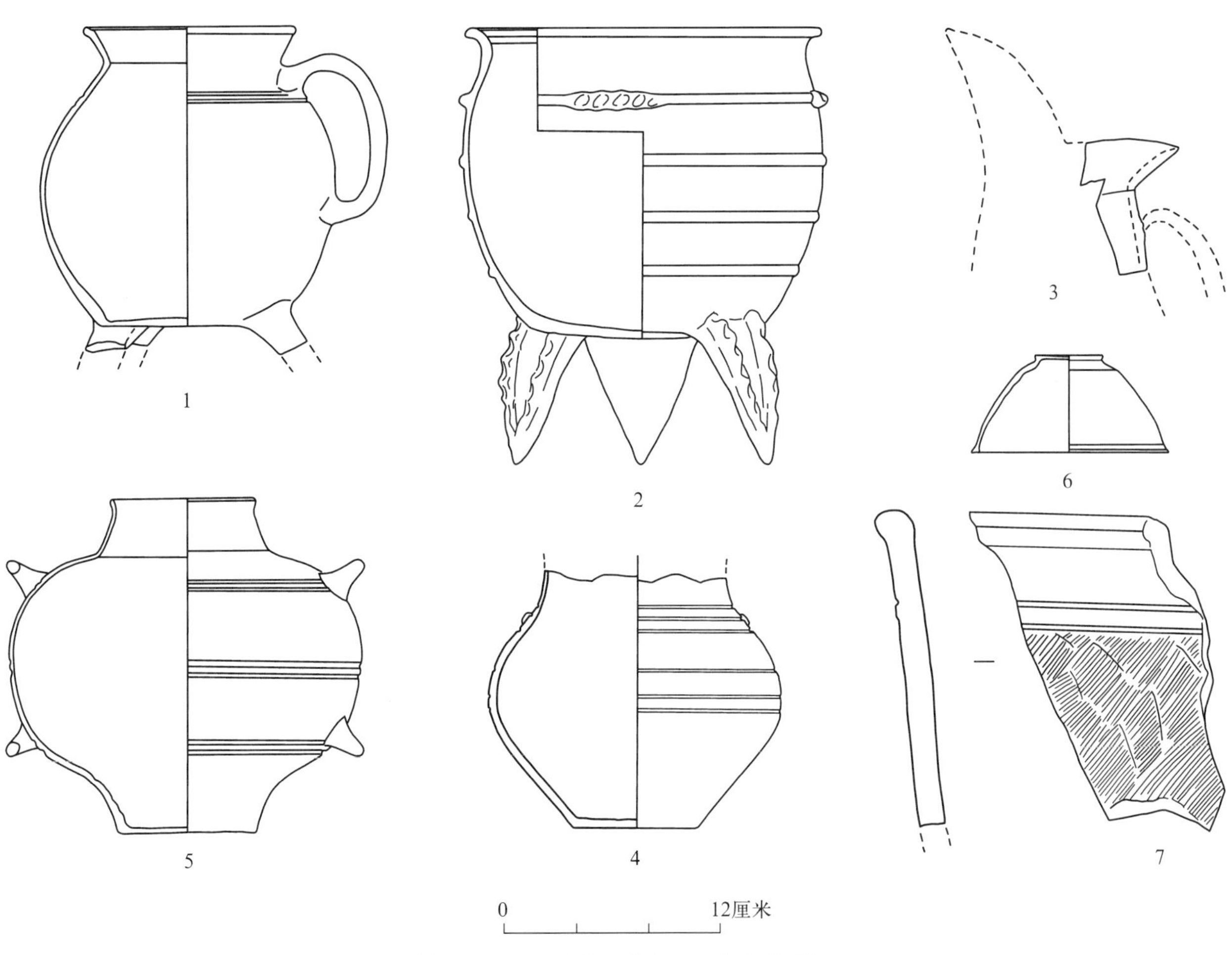

图2–163　一区三期H391出土陶器

1、2. 罐形鼎H391②：2、H391②：5　3. 鬶口沿H391③：9　4. 罐H391②：6　5. 罍H391②：4　6. 覆碗形器盖H391②：7　7. 大口尊残片H391①：8

腹部各有三周凹弦纹，肩部有一对泥饼。最大腹径16.2、底径7.0、残高13.6、厚0.3～0.6厘米（图2-163，4）。

标本H391②：4，罍。泥质黑陶。小口较直，沿微外侈，圆肩，圆腹，下腹急收成小平底。肩、下腹各有一对对称的小横耳。外表经磨光处理，肩、中腹、下腹各有一组凹弦纹，每组两周。口径8.2、最大腹径19.2、底径7.6、高18.0、厚0.15～0.45厘米（图2-163，5；彩版六八，1）。

标本H391②：7，覆碗形器盖。夹砂黑陶，深灰胎。平顶下凹，盖面外弧，尖圆唇，唇沿外伸，平沿，沿面有一周凹槽。器表经磨光处理，素面。顶径3.8、口径11.0、高5.3、厚0.2～0.3厘米（图2-163，6）。

标本H391①：8，大口尊残片，这是两城镇遗址发现为数不多的大口尊残片。夹砂黄褐陶，厚胎。圆唇，近直腹，下残。颈下有两周凹弦纹，弦纹之为拍印的斜粗篮纹。残高16.8、厚1.4～1.7厘米（图2-163，7）。

6．H393

位于E4T2347和T2348南部，开口于⑥d层下，被H409打破，打破⑦a层。近椭圆形，斜壁，圜底（图2-164；彩版六六，5）。坑口长径2.30、短径1.68、深0.50米。填土结构紧密，分为两层，第1层为黄褐色土（干10YR4/3），第2层为黄色土（10YR5/6）。出土陶片器形有鼎、鬶、罐、壶、盆和器盖等（表2-27）。

标本H393①：4（#8239；S2751），石锤。花斑状流纹岩。不规则形。长7.5、宽5.8、厚5.1厘米，重208.1克（彩版六七，6）。

标本H393②：5（#8240；S2801），石锤。花岗岩。平面为长方形，横截面为三角形。长7.6、宽4.7、厚3.0厘米，重131.6克（彩版六七，7）。

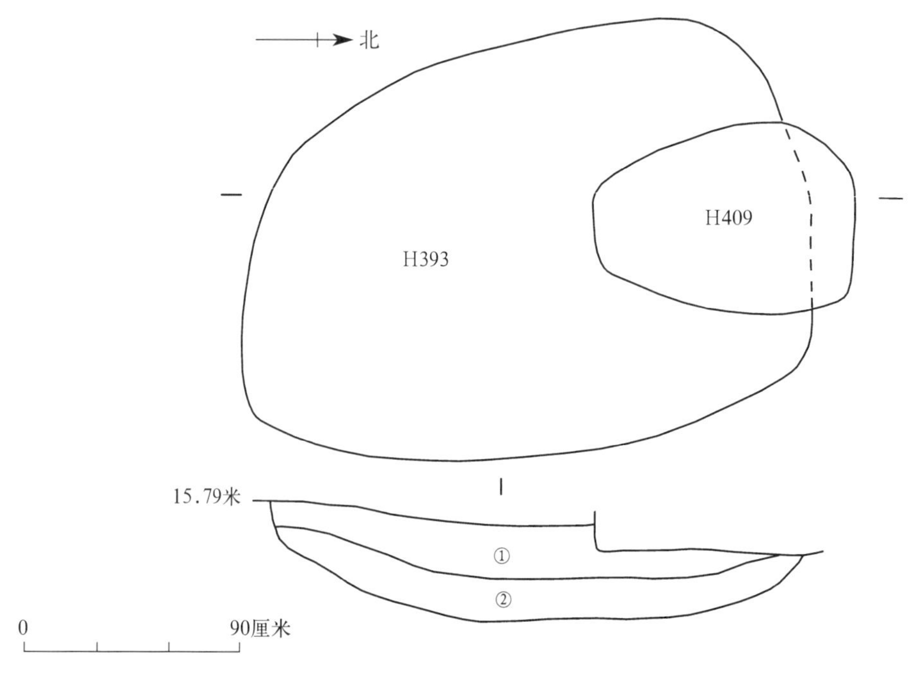

图2-164　一区三期H393平、剖面图

表2–27　H393陶片统计表

陶质/陶色/数量/纹饰	泥质				夹砂				总计	百分比（%）
	黑	灰	褐	合计	黑	灰	褐	合计		
凸弦纹	2			2	5	2	1	8	10	2.31
凹弦纹					6		1	7	7	1.62
堆　纹		1		1			2	2	3	0.69
泥　饼							1	1	1	0.23
盲　鼻					1			1	1	0.23
镂　孔							2	2	2	0.46
素　面	60	12	1	73	260	27	49	336	409	94.46
累　计	62	13	1	76	272	29	56	357	433	100
百分比（%）	14.32	3.00	0.23	17.55	62.82	6.60	12.93	82.45	100	
重量（千克）	0.37	0.13	>0.01	>0.41	1.64	1.21	0.51	3.36	3.87	

标本H393①：2（#8239；S3188），磨石，残。花斑岩。平面近长方形，磨面较粗。长16.2、宽8.6、厚8.4厘米，重1805.0克（彩版六七，8）。

标本H393①：3（#8239；S2790），磨石，残。砂岩。磨面平整。残长4.0、残宽2.6、厚1.7厘米，重16.9克。

标本H393①：1，覆碗形器盖。夹砂黑陶，灰褐陶。顶面残，盖面外弧，尖圆唇，唇沿外伸，平沿。内壁有轮制时留下的瓦棱痕迹。素面。顶径4.0、口径12.0、高5.4、厚0.2～0.5厘米（图2–166，6）。

7．H400

位于E4T2346、T2296之间，开口于⑦a层下，被M17和H367打破，打破⑦b层。近椭圆形，直壁，平底（图2–165）。坑口长径1.20、短径0.90、深0.30米。填灰色土，出土可复原陶器有鼎、鬶、罐、罍、杯、器盖、纺轮等（表2–28）。收集浮选土样 20升，采集植硅体样品20克，采集碳十四测年样品1个。

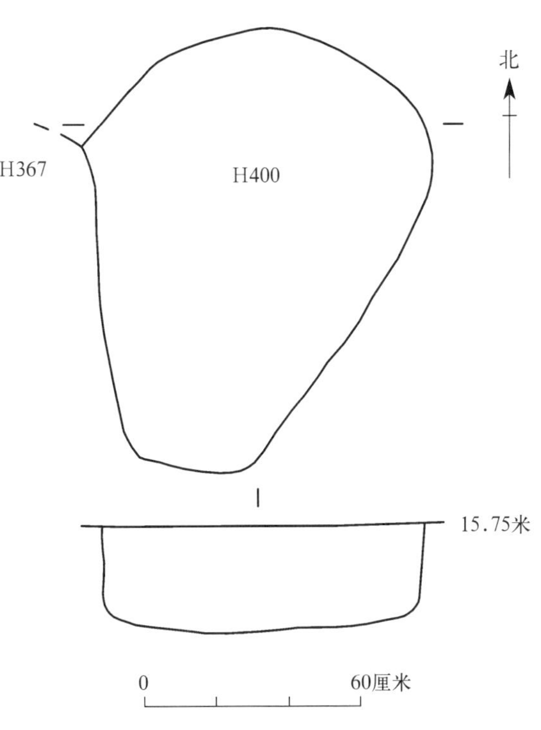

图2–165　一区三期H400平、剖面图

表2-28 H400陶片统计表

陶质 / 陶色 / 数量 / 纹饰	泥质				夹砂			总计	百分比（%）
	黑	灰	褐	合计	黑	灰	合计		
凸弦纹	9		1	10	3	5	8	18	3.87
凹弦纹	13	1		14	13	2	15	29	6.24
盲 鼻		1		1	2		2	3	0.65
镂 孔			1	1				1	0.22
素 面	151	15	10	176	193	45	238	414	89.03
累 计	173	17	12	202	211	52	263	465	100
百分比（%）	37.20	3.66	2.58	43.44	45.38	11.18	56.56	100	
重量（千克）	1.53	0.25	0.15	1.93	2.71	0.83	3.54	5.47	

标本H400：1（#8056；S3274），有使用痕迹的石器。花岗岩。平面近长方形。长6.9、宽3.8、厚1.4厘米，重32.7克（图2-166，7）。

标本H400：3，鼎足。夹砂黑陶，烧成红褐色。鸟首形，两眼位置高低不同。残高9.2、厚0.5～0.9厘米（图2-166，1）。

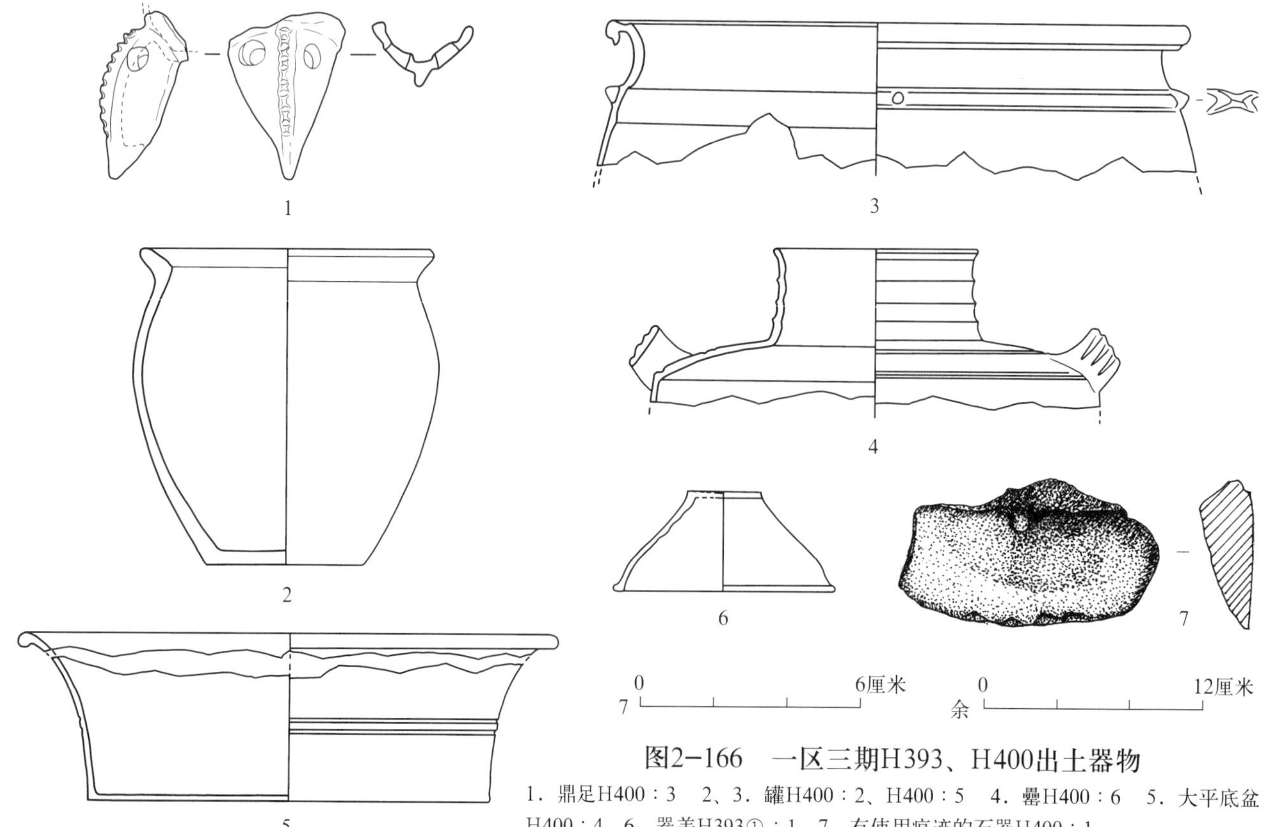

图2-166 一区三期H393、H400出土器物

1．鼎足H400：3 2、3．罐H400：2、H400：5 4．罍H400：6 5．大平底盆H400：4 6．器盖H393①：1 7．有使用痕迹的石器H400：1

标本H400：2，罐。夹滑石红褐陶。侈口，圆唇，折沿，溜肩，鼓腹，最大腹径居上，平底。素面。口径16.0、底径8.8、高16.8、厚0.3～0.6厘米（图2-166，2）。

标本H400：5，罐。夹砂黑陶。圆唇，卷沿，沿面有一周凹槽，短颈，斜腹，下残。器表经磨光处理。颈下有两周凸棱，其上有一对盲鼻和泥饼。口径32.0、残高7.6、厚0.3～0.7厘米（图2-166，3）。

标本H400：6，罍。泥质黑陶。直口，圆唇，宽折肩，腹及以下残。折肩处有一对宽大横耳。器表及口内侧经磨光处理。颈部有三周凸棱，肩部有两周凹弦纹。口径11.0、残高8.5、厚0.2～0.5厘米（图2-166，4）。

标本H400：4，大平底盆。泥质黑陶。敞口，圆唇，卷沿，腹壁内曲，深腹，大平底。内外表均经磨光处理。腹中部有两周凹弦纹。口径29.0、底径22.0、复原高9.0、厚0.4厘米（图2-166，5）。

8．H121

位于E4T2097东南部，开口于⑦a层下，打破⑦b层。圆形，直壁，平底（图2-167）。坑口直径1.52、深0.38米。填土堆积分为三层。第1层为灰褐色土（10YR4/3），夹杂很多烧土块、木炭块。第2层为黄褐色土（10YR5/4），仅存在于灰坑北半部，含很多红烧土粒。第3层分为上下两部分，上部为灰色土（10YR2/1），含大量草木灰和木炭，厚10.0～20.0厘米；下部为混杂的黄色土（10YR5/4），厚约10.0厘米，底部有许多大块红烧土，烧土间杂大量草木灰。出土有石器、烧竹片以及盆、盒、纺轮等陶器残片。

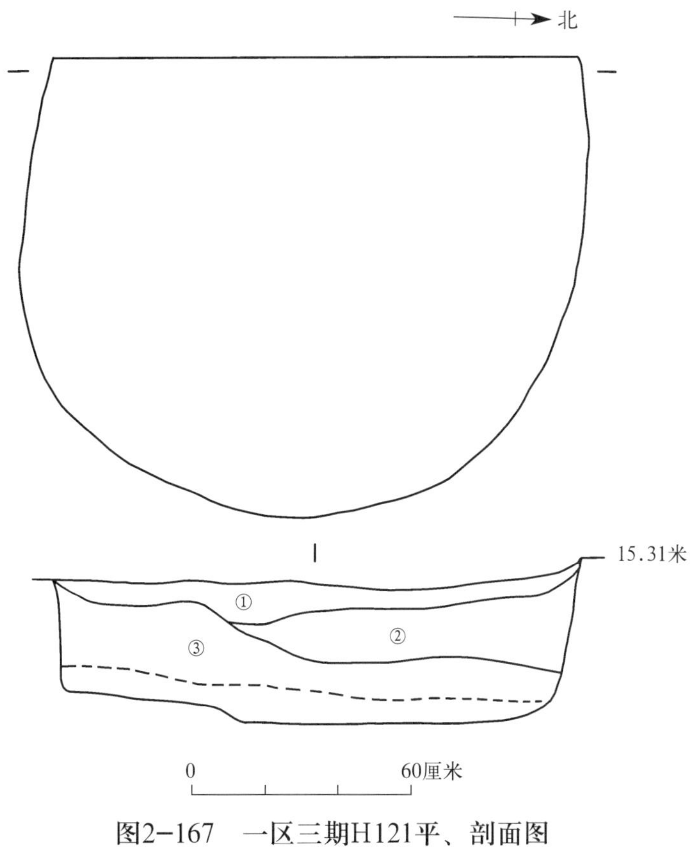

图2-167　一区三期H121平、剖面图

标本H121②：1（#1271；S365），石锛。流纹质熔结凝灰岩。平面和横截面均为长方形，斜弧刃。长11.5、宽3.6、厚3.4厘米，重259.3克（彩版六七，9）。

标本H121②：2（#1271；S366），残石器，磨制。流纹质熔结凝灰岩。不规则形。长4.4、宽1.8、厚1.1厘米，重10.0克。

标本H121②：6（#1271；S367），残石器。流纹质熔结凝灰岩。残长5.3厘米，残宽4.0厘米，厚0.4厘米，重7.8克。

标本H121：7，大平底盆。泥质黑皮陶，红褐胎。圆唇，大敞口，腹壁微内曲，大平底内凹，底部残。素面。口径33.6、底径22.0、高8.8、厚0.6～1.0厘米（图2-168，1）。

标本H121③：4，平底盒，个体较大。泥质黑陶，灰黑胎。窄方唇，平沿内侧上凸，略显子母口形态，斜直腹，近底部明显内收，平底。内外表均磨光处理。腹部压印三周细凹弦纹。口径24.0、底径19.0、高6.4、厚0.2～0.6厘米（图2-168，2）。

标本H121③：5，纺轮。泥质黑陶。钹形，正面鼓起，背面平整。正面经磨光处理，周缘有一周凹弦纹。直径5.2、孔径0.4、厚0.3～0.7厘米（图2-168，3）。

标本H121③：8，方底陶器。泥质黑陶。残存腹部以下部分，底部捏成方形。器表经磨光处理。底径5.4、残高1.6、厚0.1～0.4厘米（图2-168，4）。

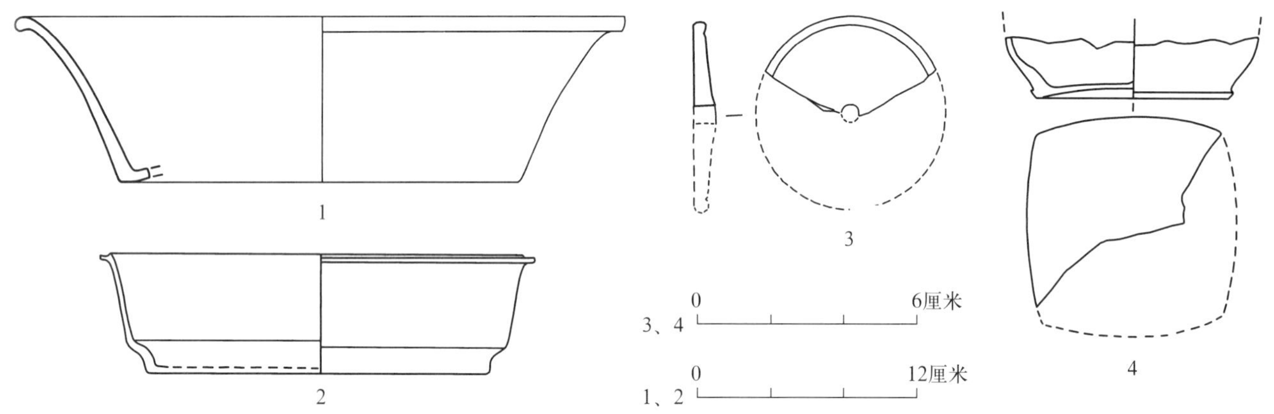

图2-168 一区三期H121出土陶器

1. 大平底盆H121：7 2. 平底盒H121③：4 3. 纺轮H121③：5 4. 方底陶器H121③：8

9. H135

位于E4T2247东北部，开口⑦a层下。圆形，直壁，平底（图2-169），坑口直径1.66、深0.54米。填黑褐色细黏土（7.5YR2.5/2），夹杂较多黄土粒。出土有鼎、罐、盆、豆、杯、器盖等陶器及残片。收集浮选土样1份5升，采集植硅体样品1份5克。

标本H135：12，罐形鼎。夹砂黑陶，夹少量云母。侈口，圆方唇，折沿，溜肩，鼓腹，平底较大，三足残。一侧肩腹之间有宽带形把手，残。器表局部残存磨光痕迹。腹部有一周凹弦纹。口径10.2、底径9.0、残高10.8、厚0.3～0.5厘米（图2-170，1）。

标本H135：13，罐形鼎。夹砂黑陶，因埋藏原因陶色斑驳。侈口，方唇，折沿，沿面有一周凹槽，溜肩，腹略鼓，平底，三足残。器表局部残留磨光痕迹，内侧口沿经磨光。肩、腹部共有十二周凹弦纹。口径13.4、底径9.3、残高13.8、厚0.25～1.0厘米（图2-170，2）。

标本H135：20，罐形鼎。夹砂黑陶。侈口，方唇，折沿，沿面有一周宽凹槽，溜肩，腹略鼓，平底，三足残。局部残留磨光痕迹。肩部有三周细凹弦纹。口径17.3、底径9.3、高16.0、厚0.3～0.9厘米（图2–170，3）。

标本H135：16，盆形鼎。夹砂黑陶，夹有少量云母。盘形口，圆唇，平折沿，沿面有两周浅凹槽，口径大于腹径，直腹，底及三足残。口沿外残留三个横耳。器表经磨光处理。口沿下及腹部共有五周凸弦纹。口径22.6、残高13.0、厚0.3～0.8厘米（图2–170，4）。

标本H135：17，盆形鼎。夹砂黑衣褐陶。敛口，平沿中部外鼓，上腹外折，下腹较直微内束，平底，三足残。器表经磨光处理。腹部有四组凹、凸弦纹组合。口径14.4、底径9.0、残高9.5厘米（图2–170，5）。

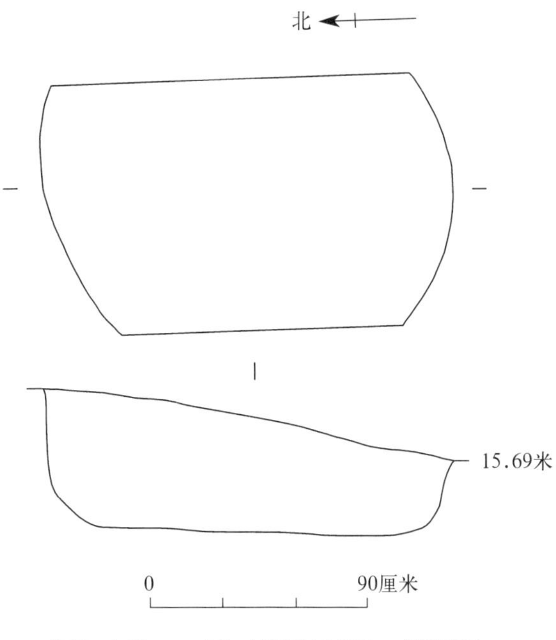

图2–169　一区三期H135平、剖面图

标本H135：25，罐。夹砂灰陶。侈口，方唇，卷沿，沿面内凹，短颈，上腹微弧，以下残。器表及口沿内侧经磨光。颈腹交界处有两周阶状凸起，其有对称的泥饼和盲鼻各一对，腹存一周凸弦纹。口径22.0、残高9.4、厚0.3～1.2厘米（图2–170，9）。

标本H135：7，有领罐。泥质橙黄陶。直口沿部微侈，圆唇，直领，沿内面有一周凹槽，圆肩，鼓腹，下腹部斜收，平底。肩下部有一对宽大横耳。肩部有一周凹弦纹。口径12.2、底径10.6、高19.4、厚0.55厘米（图2–170，6；彩版六八，2）。

标本H135：14，有领罐。泥质黑陶，夹少量云母。直口微外侈，方唇，沿面有一周较深的凹槽，矮颈，宽斜肩，圆鼓腹，最大腹颈偏上，下腹斜收较甚，小平底微内凹。器表经磨光。肩、腹部饰密集的凹弦纹，共有二十四周，肩部有两个对称的宽横耳。口径10.3、底径6.9、高15.6、厚0.35～0.8厘米（图2–170，7；彩版六八，3）。

标本H135：15，大平底盆。泥质黑陶。大敞口，圆方唇，卷沿，斜腹略内曲，大平底。内外表均经磨光处理。腹部有六周凹弦纹。口径30.4、底径23.2、高8.6、厚0.35～0.7厘米（图2–170，12）。

标本H135：24，子口盆。泥质黑陶。高子口，筒形直腹，下残。内外表均经磨光。子口下有一排小孔，残存9个，器腹有两周凹弦纹。残长4.8、残宽4.3、残高4.2、厚0.12～0.3厘米（图2–170，8）。

标本H135：4，豆。泥质黑陶，夹少量云母。只残余豆柄部分，高柄较粗，中部略内束，整体略呈喇叭状。外表经磨光。柄上部残余四周凸弦纹。底径8.5、残高14.1、厚0.15～0.5厘米（图2–170，11）。

标本H135：8，筒形单耳杯。泥质灰陶。粗筒形，束腰，平底内凹较甚。一侧有宽带形把手。内外局部留有磨光痕迹。器表上中下各有一组凹弦纹，每组两周。口径13.2、底径13.5、高15.4、厚0.15～0.6厘米（图2–170，10）。

标本H135：3，覆碗形器盖。夹砂灰黑陶，因埋藏原因陶色斑驳。平顶相对较大，盖面较直，圆唇，平沿外伸。局部留有磨光痕迹，素面。顶径8.4、口径18.8、高5.4、厚0.4～0.7厘米（图2–171，1）。

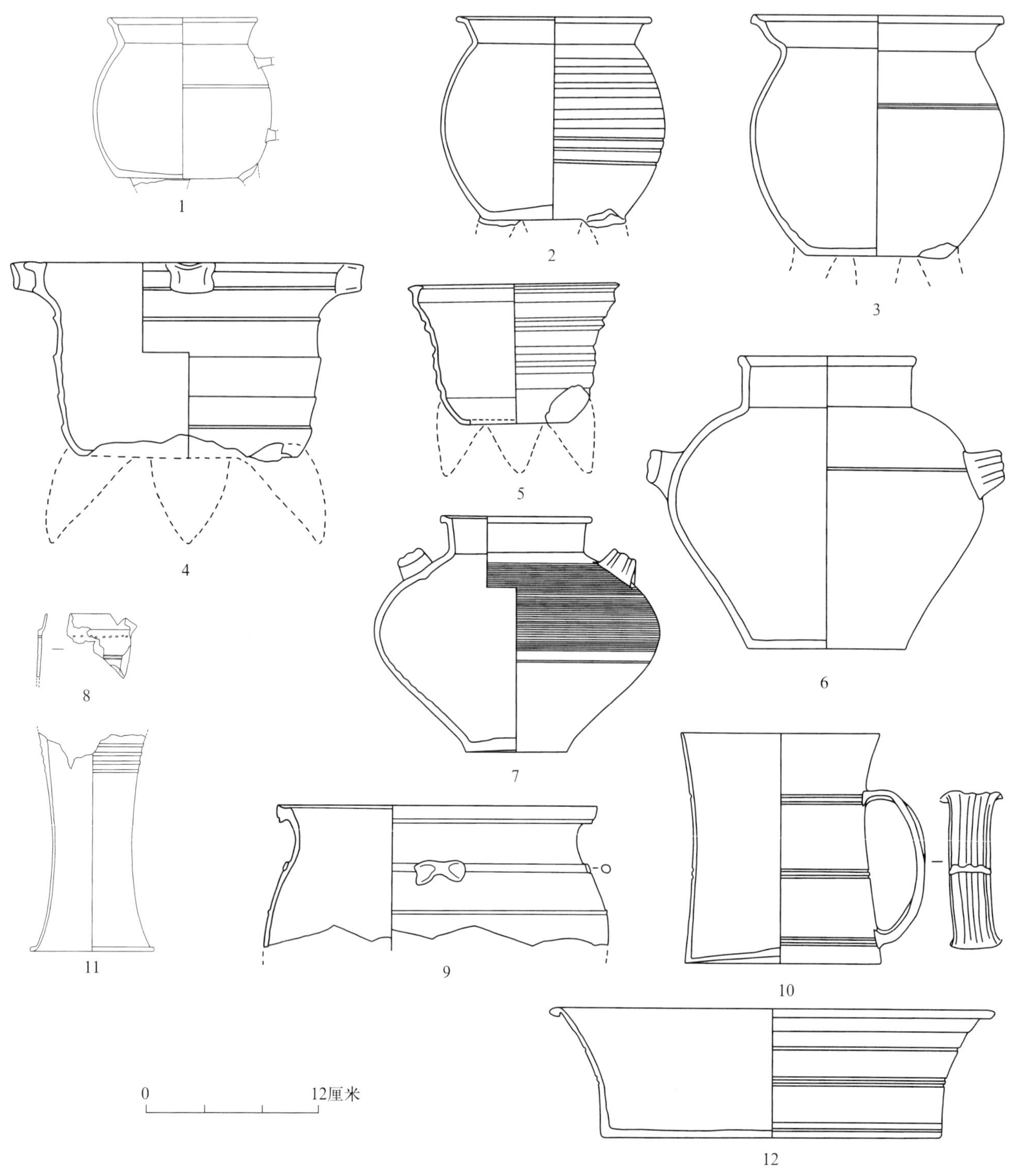

图2–170　一区三期H135出土陶器（一）

1～3. 罐形鼎H135：12、H135：13、H135：20　4、5. 盆形鼎H135：16、H135：17　6、7. 有领罐H135：7、H135：14　8. 子口盆H135：24　9. 罐H135：25　10. 筒形单耳杯H135：8　12. 大平底盆H135：15　11. 豆H135：4

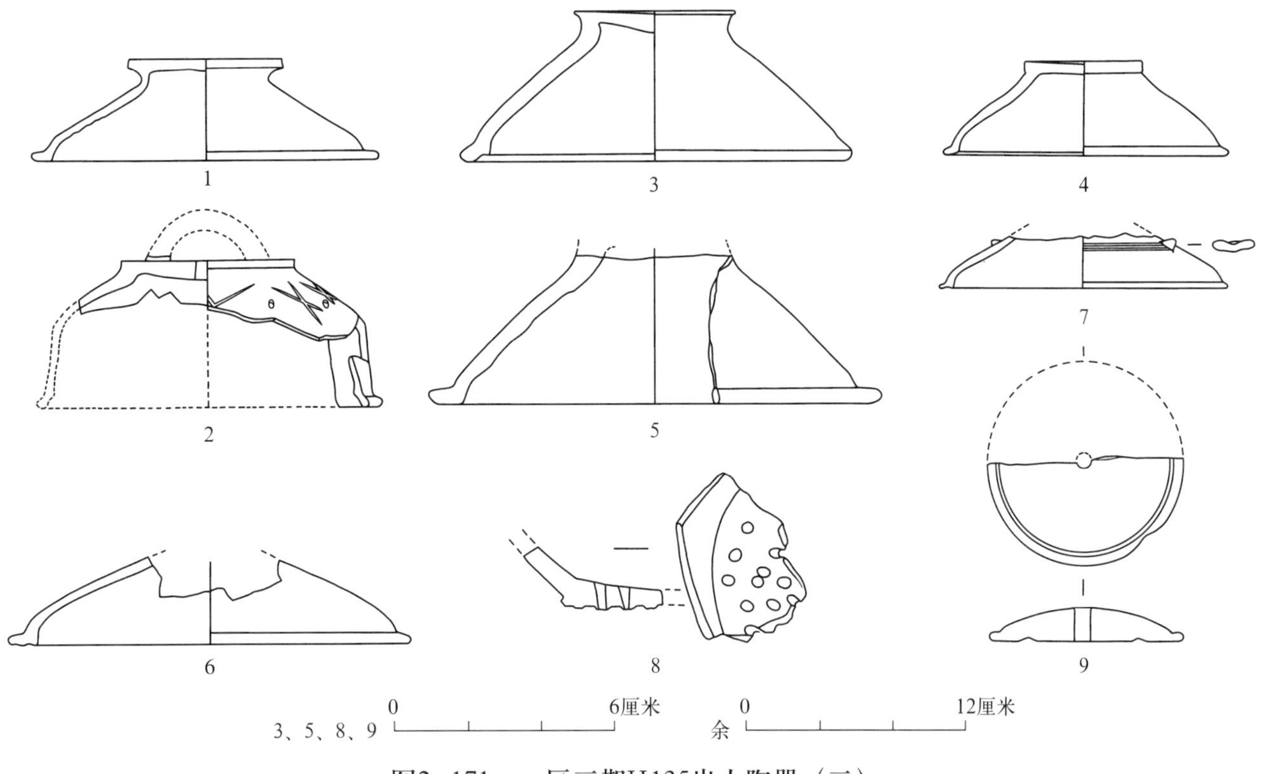

图2-171　一区三期H135出土陶器（二）

1～7. 器盖H135：3、H135：5、H135：10、H135：11、H135：18、H135：21、H135：22　8. 带孔陶片H135：23　9. 纺轮H135：19

标本H135：5，覆碗形器盖。夹砂灰黑陶。环形宽带纽只保存衔接部的痕迹，平顶微下凹，顶面中心位置有一圆孔，孔径0.9厘米。盖面为斜肩圆折，近直壁，肩部有一周刻划纹，残留7个“×”图案，每个图案之间有一小圆孔，孔径为0.4厘米。方唇，口外侈，沿面内侧有一周深凹槽。顶径9.5、口径19.0、复原高为10.6、厚0.45～0.9厘米（图2-171，2）。

标本H135：10，覆碗形器盖。泥质黑陶。平顶微下凹，盖面斜直，圆唇，窄沿，沿内侧有一周凹槽。器表经磨光，素面。顶径4.4、口径10.8、高4.0、厚0.4～0.5厘米（图2-171，3；彩版六八，4）。

标本H135：11，覆碗形器盖。夹砂褐陶，夹有少量云母，陶色斑驳。平顶微下凹，盖面隆起，窄斜沿，沿面有两周极浅的凹弦纹。顶面边缘有一周凹弦纹。顶径6.5、口径15.8、高5.0、厚0.4～0.6厘米（图2-171，4；彩版六八，5）。

标本H135：18，覆碗形器盖。夹砂灰黑陶。顶残失，盖面较陡直，圆唇，平沿，沿面有两周极浅的凹槽。素面。口径12.3、残高3.8、厚0.4～0.7厘米（图2-171，5）。

标本H135：21，覆碗形器盖。夹砂灰黑陶，因埋藏原因陶色斑驳。顶残失，盖面斜平，圆唇，宽平沿外伸，沿面有两周浅凹槽。器表经磨光。素面。口径22.2、残高4.6、厚0.35～0.7厘米（图2-171，6）。

标本H135：22，覆碗形器盖。泥质黑陶。顶残失，盖面斜直，圆唇，平沿外伸，沿面有一周凹槽。器表经磨光。盖面中部饰两周凹弦纹，其上有两个对称的盲鼻。口径15.8、残高2.8、厚0.35厘米（图2-171，7）。

标本H135：19，纺轮。泥质黑陶。正面隆起，近边缘处有一周凹弦纹，磨光。背面较平，中部有一周凹弦纹。直径5.4、厚0.25～0.9厘米（图2–171，9）。

标本H135：23，带孔陶片。泥质黑陶。为一器底残片，斜壁，平底，残底部共有11个近圆形孔，孔在平面上仅剩4排，孔并不垂直，且有一孔尚未穿透。残长4.5、残宽3.1、残高1.55、厚0.32～0.92厘米（图2–171，8）。

此外，这一时期还发现有6座各类灰坑（表2–29）。

表2–29　第三时期其他灰坑登记表　（单位：厘米）

编号	位置	层　位	形　状	尺　寸	填　土	包含物	备　注
H273	T2450	F21→△→⑦b	椭圆形，圜底	71×40–61	黄褐色（10YR5/4）	陶片	
H281	T2398/2348	H276→△→⑦b	椭圆形，圜底	残88×82–21	灰黑色（5YR3/1）	石镞半成品，陶片可辨器形：泥质鼎2，罐2，瓮1，盆3，壶4，杯3；夹砂鼎5，鬶1，罐9，盆5，壶1，杯1，器盖2	浮选样品10升、植硅体样品100克
H301	T2449	⑦a→△→⑦b	椭圆形，圜底	130×104–24	黑灰色（10YR2.5/1）	陶片	浮选样品10升、植硅体样品20克
H388	T2349/2350	⑦a→△→⑦b	近三角形，平底	88–6	黑灰色（10YR2/1）	陶片	
H389	T2349/2350	⑦a→△→⑦b	椭圆形，平底	78×62–26	黑灰色（10YR2/1）	陶片可辨器形：夹砂鼎2，罐2，器盖1	浮选样品20升、植硅体样品100克
H392	T2298	F61→△→⑦b	圆形，平底	54–22	黑色（10YR1/4）	陶片	

五　第四时期

这一时期的遗迹有房址和灰坑两类（图2–172）。房址共发现4座，布局比较清晰，2座位于发掘区的南部，1座位于西北部，1座位于中部偏东。南部2座保持着与前一时期完全相同的格局，甚至连房间西大东小的情况也完全相同。变化主要表现在房屋结构上，前一时期为柱洞式墙壁，即未挖基槽的木骨泥墙结构，而此期则变化成了外形较为规整的有基槽的土坯墙或夯土墙。西北部的1座建筑结构与之完全相同，只是基槽更宽更深，似乎更为坚固，联系到此后阶段这里没有房屋建筑出现，可能其使用时间比南部的2座要长一些。

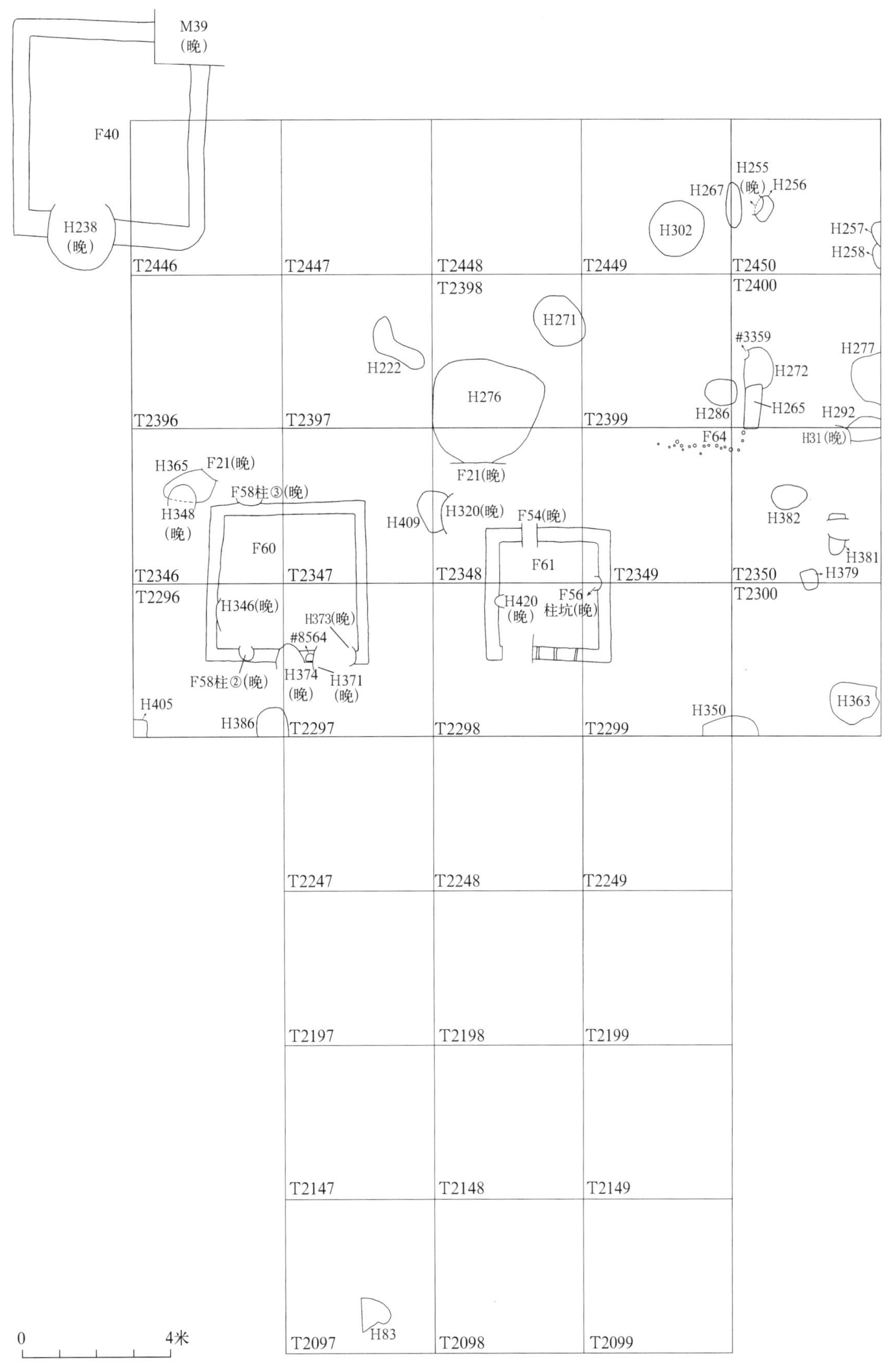

图2-172　一区四期遗迹平面分布图

（一）房址

房址4座，分别编为F60、F61、F64和F40。

1．F60

位于E4T2346、T2347、T2296和T2297四个探方之中。墙体近底部及基槽、柱洞、居住面和灶址保存较好。开口于⑥d层下，被F58、H346、H371、H373、H374和M55等打破，又叠压和打破其下的F63。方向为182°（图2-173；彩版六九，1）。

房址平面近似方形，东西4.20、南北4.10米，建筑面积17.22平方米，使用面积12.88平方米。

墙体宽0.28～0.38米，一般0.30米左右，残存高度0.08～0.20米。墙体采用灰褐色黏土筑成，质地坚硬。墙下有较浅的基槽，与墙体等宽，深0.10米左右，亦采用灰褐色黏土填实。墙体内密布小柱洞，共发现34个，直径为6.0～14.0厘米（表2-30）。从柱洞的数量、密度和直径等因素分析，F60的墙体应为木骨泥墙。南墙和东墙的南侧外壁，涂抹一层厚2.0～4.0厘米的黄褐色墙皮。东西墙体之外有类似于护坡的垫土，西部一直延伸到已发掘探方的西壁之外，东部略窄，宽度约为1.60米。南墙之外有两层较好的活动面，中间夹一层铺垫土，应为室外活动场地，即院落遗存，已暴露的南北宽度接近2.00米，并向南伸到已发掘探方之外。

室内有四层垫土和三层居住的活动面，每一层居住面的西北部均有灶址，大小和形状不甚固定。

第一层居住活动面（#8304）位于房址内第一层垫土上面，质地坚硬，层表土质较杂，为人类长期活动和践踏形成的地面，也可能最初经过特殊加工。其下的铺垫土层厚2.0～7.0厘米，黄褐色土（7.5YR5/6），质地较硬，夹杂少许草木灰、陶片、石块等。

居住面的西北部有一大片烧土面（#8035，10YR3/4），长宽均在1.50米以上。面上发现许多残破的动物骨骼和牙齿、陶器碎片、石器（其中有一完整石镞）等。从以上发现的情况看，这里应该是F60的灶址所在。

第二层居住活动面（#8036）遍及室内，与其下的垫土层连为一体。黄褐色土，土质较杂，质地较硬，系经过人为加工和人的长期活动践踏而成。层面上有少量残石器。其下垫土厚2.0～4.0厘米，黄褐色土（7.5YR4/6）夹杂少许草木灰、陶片、石块等，分选较好，质地较硬。

居住面的西北部有一烧烤面（#8037，10YR4/6），形状近似圆形，直径约60.0厘米。中部有凸起的细泥圈，应为此层居住面的灶址。

第三层居住活动面（#8038）亦遍及室内，表面平整光滑。其铺垫土层厚2.0～4.0厘米，黄褐色土（7.5YR5/6），质地坚硬，夹杂少量草木灰、小陶片、烧土颗粒等。居住面的西北部有一近圆角长方形的烧烤面（#8039，10YR5/6），长1.30、宽0.75米，东南角有一圆形凹坑，应是这一层居住面的灶址。

第三层之下为一层厚2.0～6.0厘米的垫土层，黄褐色花黏土（2.5YR5/6），夹杂砂岩石粒、小陶片和棕色生土块等。此层应为房屋主体建好后，处理室内地面时铺垫的第一层土。

F60没有发现明确的门道，据柱洞的分布和其他要素分析，门道应该在南壁的东部或西部，由于与其对应的室外活动区主要位于偏东部位，所以在东侧的可能性更大一些。

F60保存相对较好，可以分析其建造程序：一，平整原有地面，在规划好的位置挖出极浅的基

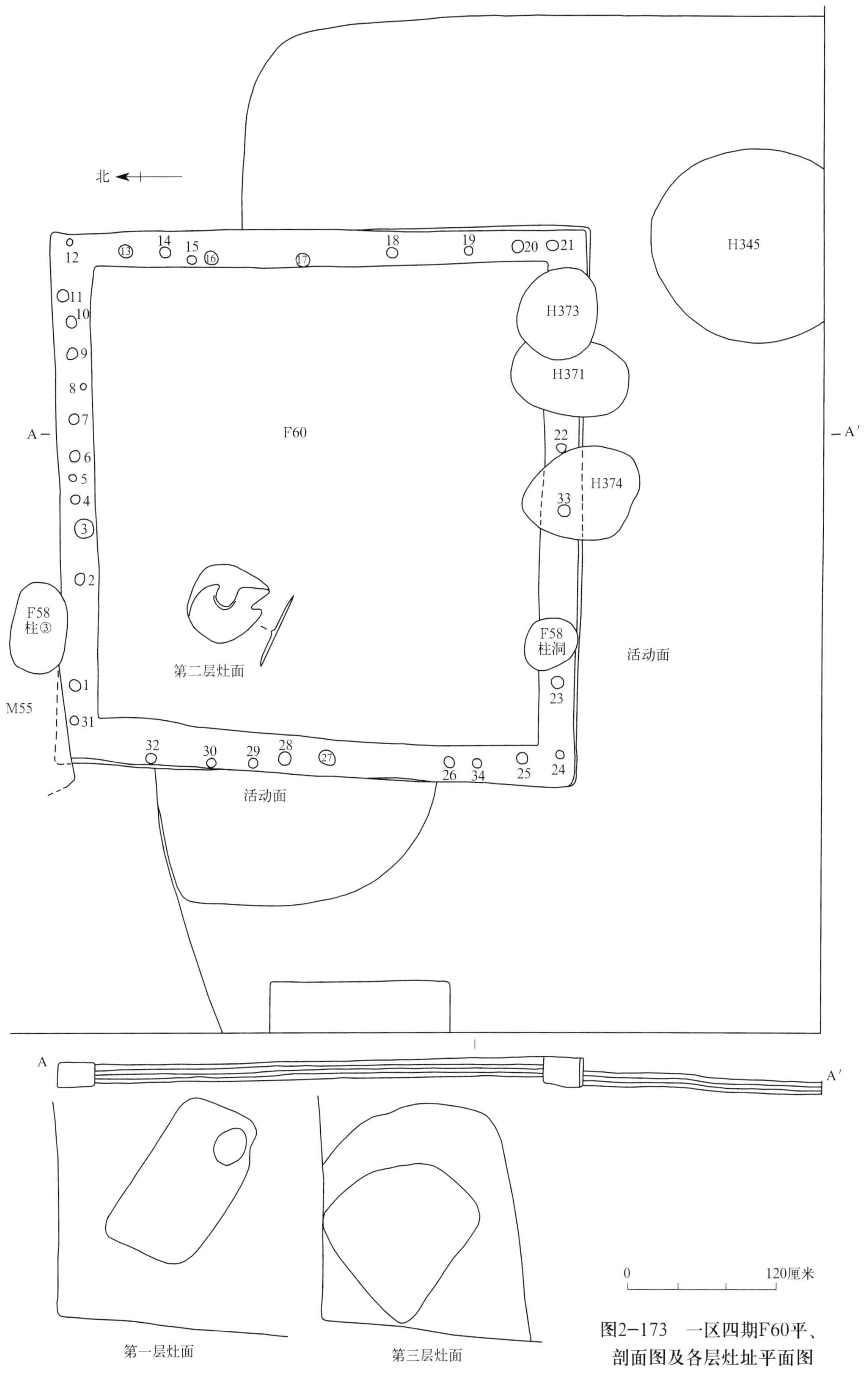

图2-173　一区四期F60平、剖面图及各层灶址平面图

表2-30　F60柱洞登记表　　（单位：厘米）

编号	形状	填土	口径-深	备注
1	圆形，平底	灰褐色	8-24	北基槽
2	近圆形，平底	灰褐色	8-22	
3	圆形，圜底	灰褐色	14-22	
4	圆形，平底	灰褐色	6-22	
5	圆形，平底	灰褐色	6-24	
6	圆形，平底	灰褐色	8-14	
7	圆形，平底	灰褐色	7-11	
8	圆形，平底	灰褐色	6-12	
9	圆形，平底	灰褐色	11-15	
10	圆形，平底	灰褐色	8-18	
11	圆形，平底	灰褐色	6-14	
12	圆形，平底	深褐色	4-12	
31	圆形，平底	灰褐色	6-14	
13	圆形，平底	灰褐色	12-20	东基槽
14	近圆形，平底	灰褐色	13-22	
15	圆形，圜底	灰褐色	8-17	
16	圆形，圜底	灰褐色	12-15	
17	圆形，平底	灰褐色	12-12	
18	圆形，平底	灰褐色	9-10	
19	圆形，平底	灰褐色	7-12	
20	圆形，平底	灰褐色	11-10	
21	圆形，圜底	灰褐色	8-10	
22	圆形，平底	黄褐色	6-10	南基槽
33	圆形，平底	黄褐色	8-4	
23	圆形，平底	黄褐色	9-10	
24	圆形，平底	黄褐色	7-14	
25	圆形，平底	灰褐色	8-12	西基槽
34	圆形，平底	灰褐色	8-10	
26	圆形，平底	灰褐色	8-16	
27	圆形，平底	灰褐色	13-10	
28	圆形，平底	灰褐色	8-8	
29	圆形，平底	灰褐色	6-8	
30	圆形，平底	灰褐色	7-9	
32	圆形，平底	灰褐色	8-11	

槽，在基槽内立比较密集的木柱（个别柱洞较基槽底部略深），做成木骨泥墙结构的墙体，加盖屋顶，随后在墙壁外表涂抹一层细腻的黄褐色墙皮；二，在室内最早的地表垫一层黄褐土，再于其上铺垫一薄层土，经加工和长期使用践踏，层表形成一个较好的F60最初居住地面；三，在室内地面的西北部设置炊煮用的近似长方形灶址；四，在墙体外侧铺垫护坡和房屋南侧修筑院落；五，在房屋的使用过程中，室内和室外均经过数次铺垫和加工。

F60共发现的编号器物多达30余件，除了个别位于房内灶址周围，多数出于房内外垫土之中。

标本F60：9（#8041；S3320），石铲，碎成多块。流纹质熔结凝灰岩。扁薄体。残长8.3、残宽6.4、厚0.5厘米，重56.3克。

标本F60：16（#8579；S3290），石刀，残损过半。花斑状流纹岩。平面为长方形，单面刃，近背部残存一孔。残长7.9、宽5.1、厚0.9厘米，重59.9克（图2–174，1；彩版七〇，1）。

标本F60：35（#7004；S3272），石刀半成品。黑云母片岩。平面为一端有尖头的长方形，粗打制。残长7.4、宽4.1、厚0.8厘米，重35.1克。

标本F60：30（#8137；S2743），石刀，残。砂岩。长条形。残长6.1、宽1.7、厚1.1厘米，重14克。

标本F60：32（#8137；S2798），石刀，残。流纹质熔结凝灰岩。残长4.2、残宽2.8、厚0.4厘米，重9.6克。

标本F60：1（#8034；S3313），石镞。石英/富含白云母的千枚岩。平面为柳叶形，横截面为菱形。长7.6、宽1.9、厚0.9厘米，重11.1克（图2–174，2；彩版七〇，2）。

标本F60：33（#8137；S2735），石镞，铤端残。绿泥石或绿泥/角闪片岩。平面为柳叶形，横截面为菱形。残长4.1、宽1.8、厚0.7厘米，重5.8克（图2–174，3）。

标本F60：6（#8036；S3225），磨石，两端残。砂岩。磨面较细而内凹。残长9.2、宽6.4、厚1.5厘米，重129.1克（彩版七〇，3）。

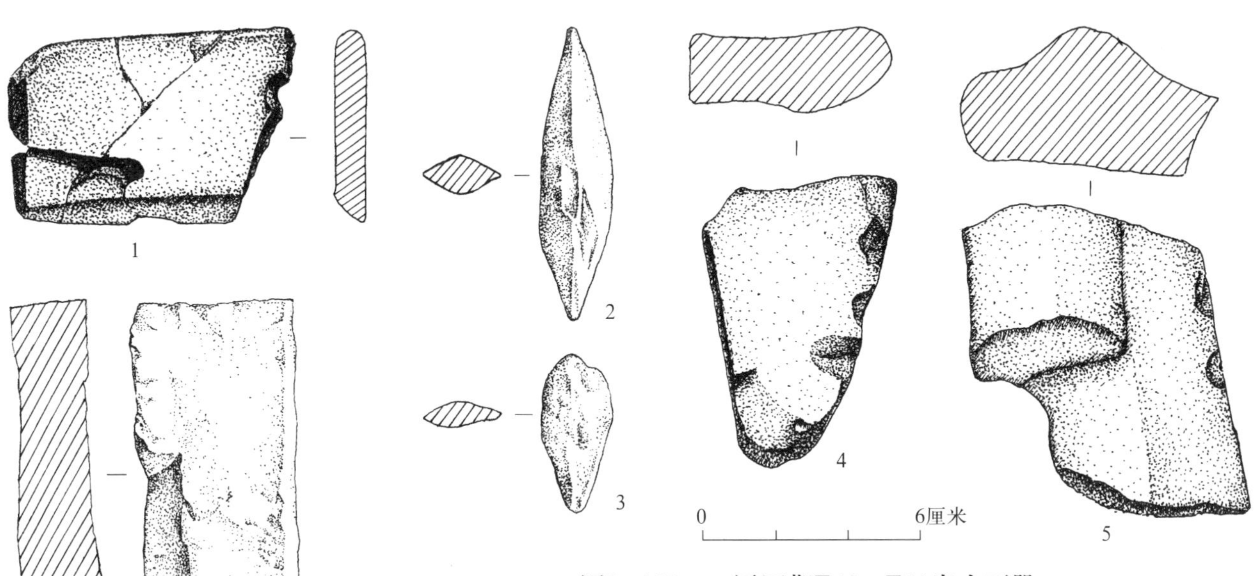

图2–174　一区四期F60、F61出土石器

1. 石刀F60：16　2、3. 石镞F60：1、F60：33　4、5. 砾石砍砸器F61：4、F60：8　6. 石器半成品F61：1

标本F60：7（#8036；S3332），磨石，残。石英粗面斑岩。残长10.5、残宽4.4、厚2.4厘米，重152.5克（彩版七〇，4）。

标本F60：17（#7003；S3298），磨石，残。砂岩。平面近方形，磨面细密内凹。长15.4、宽12.5、厚3.4厘米，重571.8克（彩版七〇，5）。

标本F60：18（#7001；S3182），磨石，残。砂岩。不规则形，磨面微内凹。长5.1、宽4.4、厚1.5厘米，重40.0克（彩版七〇，6）。

标本F60：19（#7003；S3143），磨石，残。砂岩。平面为三角形。残长1.5、宽0.9、厚0.8厘米，重0.8克。

标本F60：20（#7003；S3157），磨石，残。砂岩。磨面内凹。残长1.3、残宽1.0、厚0.8厘米，重0.8克。

标本F60：21（#7003；S3165），磨石，残。砂岩。不规则形，磨面颗粒略粗。长3.3、宽2.2、厚1.4厘米，重8.8克（彩版七〇，7）。

标本F60：22（#7003；S3169），磨石，残。砂岩。磨面颗粒略细。长3.5、宽2.0、厚1.3厘米，重11.6克。

标本F60：23（#7003；S3172），磨石，残。砂岩。不规则形，磨面颗粒细而内凹。长6.6、宽4.4、厚2.0厘米，重63克（彩版七〇，8）。

标本F60：24（#7004；S3273），磨石，残。砂岩。平面不详，磨面较粗糙。残长6.1、残宽3.5、厚2.1厘米，重61.1克。

标本F60：27（#8590；S3285），磨石，残。砂岩。磨面平整较细。长6.9、宽3.6、厚1.0厘米，重25.6克（彩版七一，1）。

标本F60：28（#8047；S2920），磨石，残。砂岩。长条形，磨面较平整。长8.8、宽4.3、厚2.2厘米，重105.0克（彩版七一，2）。

标本F60：34（#8579；S3021），磨石，残。砂岩。残长2.5、残宽2.3、厚0.6厘米，重3.3克。

标本F60：8（#8036；S3227），砾石砍砸器。石英。不规则形。长11、宽6.9、厚4.4厘米，重265.8克（图2－174，5）。

标本F60：29（#8134；S3055），残石器，磨制。流纹质熔结凝灰岩。残长5.8、宽2.6、厚1.2厘米，重22.6克。

标本F60：31（#8137；S2795），残石器，磨制。流纹质熔结凝灰岩。残长3.8、宽5.4、厚0.8厘米，重25.3克。

标本F60：25（#7003；S3134），微型石片。石英粗面斑岩。平面近梯形，扁薄。长4.1、宽3.0、厚0.6厘米，重8.8克。

标本F60：26（#7003；S3153），石片断块。石英粗面斑岩。平面近扇形。长3.6、宽2.7、厚0.9厘米，重7.9克。

标本F60：35（#7003；S3082），次级石片。石英粗面斑岩。不规则形。长3.1厘米，宽2.3厘米，厚1.6厘米，重4.7克。

标本F60：5，罐形鼎。夹砂黑陶。圆唇，折沿，沿面有一周凹槽，腹部残失，平底残，铲形足。足部烧成红褐色。口径12.8、厚0.3～0.6厘米（图2－175，1）。

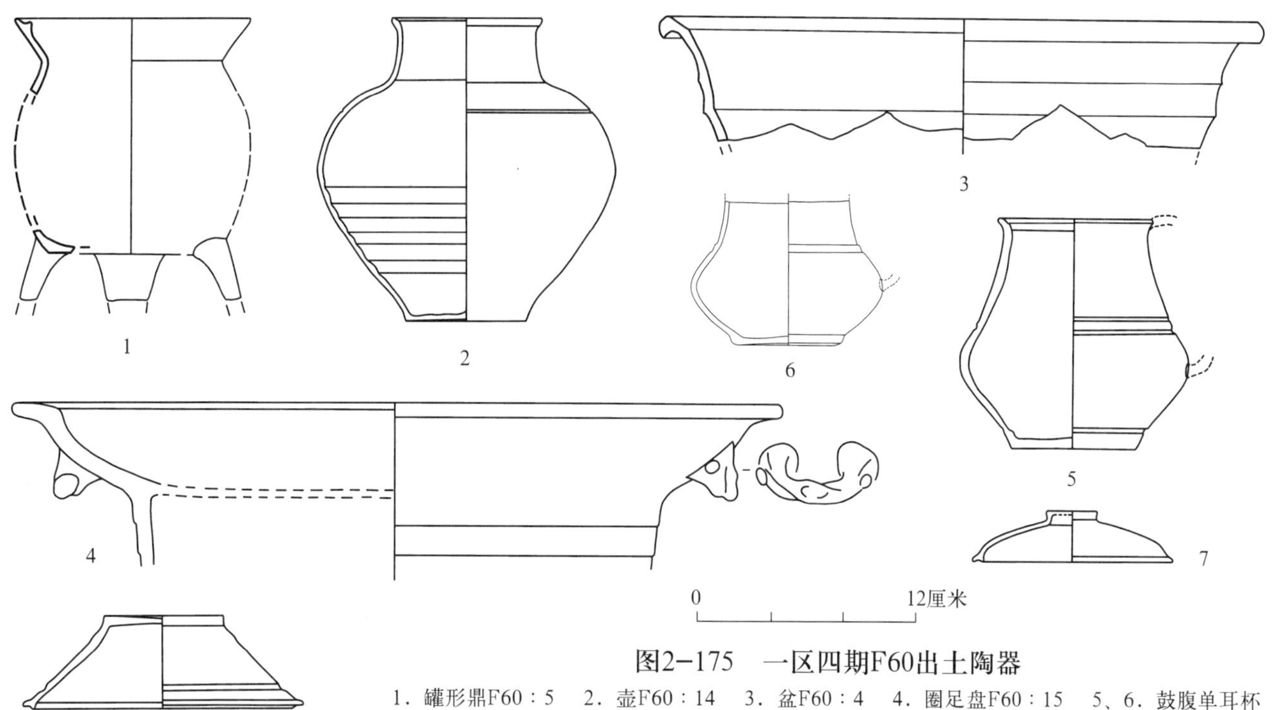

图2-175　一区四期F60出土陶器

1．罐形鼎F60：5　2．壶F60：14　3．盆F60：4　4．圈足盘F60：15　5、6．鼓腹单耳杯F60：10、F60：12　7、8．覆碗形器盖F60：11、F60：13

标本F60：2，鼎，碎成小片，火候甚低，夹砂，内略黑，外为褐色，不可复原。

标本F60：14，壶，出自F60房外垫土堆积中。泥质黑皮陶，灰胎。圆唇，侈口，沿内侧有一周凹槽，直颈，圆肩，鼓腹，平底微内凹。内壁有轮制时形成的瓦棱痕迹，器表经磨光处理。肩部饰有一周凹弦纹。口径8.2、最大腹径16.2、底径6.6、高16.0、厚0.3～0.4厘米（图2-175，2）。

标本F60：4，盆。夹砂黑陶，褐胎。敞口，圆唇，卷沿，腹微外折，下残。器表经磨光处理。口径33.0、残高6.6、厚0.3～0.6厘米（图2-175，3）。

标本F60：15，圈足盘，出自F60房外垫土堆积中。夹砂黑皮陶，红褐和灰胎。盘较浅，圆唇，宽平沿，盘壁呈弧形，圈足残失。内外壁皆磨光，盘外壁饰有两个对称的绞丝状横耳，横耳两侧各有两个小泥饼。口径42.0、残高8.8、厚0.4～0.9厘米（图2-175，4）。

标本F60：10，鼓腹单耳杯，出自F60房外垫土之中。夹细砂黑皮陶，灰褐胎。圆唇，侈口，粗长颈，鼓腹，下腹斜收，平底。一侧口腹之间有把手，残失。颈腹交界处有两周凹弦纹，近底部有一周凸弦纹。口径8.6、最大腹径12.6、底径6.8、高12.2、厚0.3～0.6厘米（图2-175，5；彩版七二，1）。

标本F60：12，鼓腹单耳杯，出自F60房外垫土之中。夹砂黑皮陶，灰胎。口微残，粗长颈，鼓腹，下腹急收，平底内凹。一侧口沿与腹之间有把手，残失。器表经磨光处理，颈腹交界处有两道台阶状凸起。最大腹径11.0、底径6.0、残高7.7、厚0.2～0.4厘米（图2-175，6）。

标本F60：11，覆碗形器盖，发现F60第一层居住面的灶址外围。泥质黑陶。顶残，盖面外弧，圆唇，唇沿外伸，平沿，沿面有凹槽。器表经磨光处理，素面。顶径2.9、口径11.0、高2.8、厚0.2～0.3厘米（图2-175，7）。

标本F60：13，覆碗形器盖，出自F60房外垫土之中。夹砂黑皮陶，灰褐胎。平顶微下凹，盖面斜直，尖圆唇，唇沿外伸，斜平沿，沿面有一周凹槽。盖面下部有一周凹弦纹。顶径6.5、口径15.3、高4.9、厚0.3～0.5厘米（图2-175，8；彩版七二，2）。

2．F61

位于F60正东，相距不足4米，分布在E4T2298、T2299、T2348和T2349四个探方之中，叠压在F54和F59之下，被F54的基槽、F56的柱坑和不明归属的柱坑（#8762）以及H420所打破，其下又叠压F62。所以，从层位关系上可以确认F61介于F60和F54、F59之间。从现存情况分析，门道位于南墙的西部，由于受到F54基槽的破坏，宽度不详。方向182°（图2-176）。

房址平面呈方形，东西3.35、南北3.44米，建筑面积约11.52平方米，室内使用面积约7.30平方米。房址为地面式土坯墙结构。

墙体宽0.32～0.36、残存高度为0.10～0.14米。发现的墙体可以分为三小层：上层为红褐色黏土，包含少量细砂，厚度约4厘米，结构紧密，质地坚硬；中层为灰褐色黏土，厚2.0～3.0厘米，结构比较紧密；下层在靠近门道附近的南墙中部发现2块土坯，一块长48.0、宽33.0、厚4.0厘米，另一块长40.0、宽33.0、厚4.5厘米。两块土坯均系红褐色黏土制成，结构紧密，内含白色细砂。从平面观察，土坯与土坯之间缝隙（宽4.0～8.0厘米）采用灰褐色细黏土黏合。由于整个房基近于底部，一些部位受到破坏，所以在其他部位的发掘中没有找到明显的土坯，故不能确定F61的墙体是否全部采用土坯砌成。

墙体之下没有发现基槽，墙体底部与室内垫土基本在一个层面上，属于典型的平地起建。墙体外侧有简单的保护设施，即通常所说的护坡，在东西南三侧面均发现一层堆积，近墙一端较厚，向外渐薄以至消失，应为墙体的护坡。

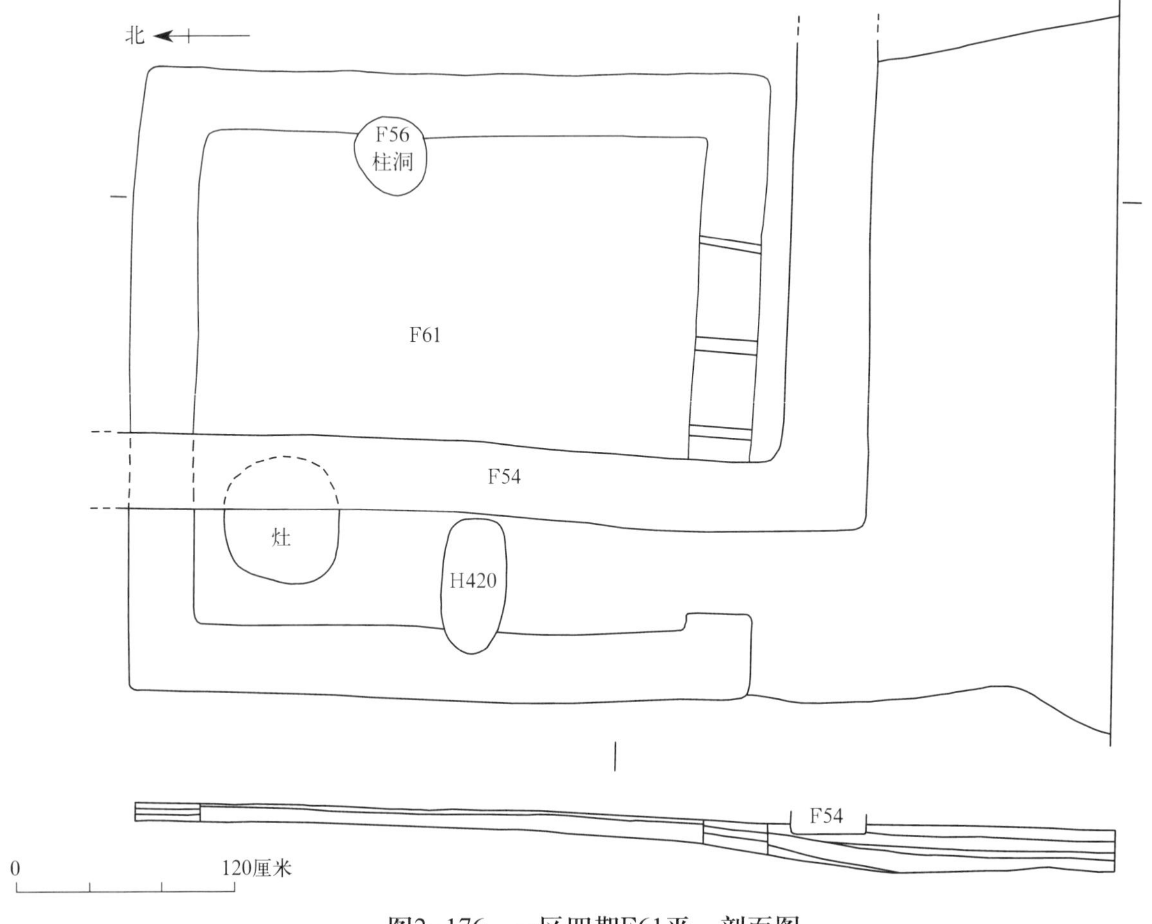

图2-176　一区四期F61平、剖面图

房内保存一层居住的活动面，整体上北部较平，南部1.00米左右的位置明显向南倾斜，南北高差约6.0厘米，应该与早期的同一地段向南有一个特大型较深的灰坑（H401）有关。活动面厚2.0～3.0厘米，呈浅黄褐色黏土（10YR4/6），结构紧密，质地细腻，其中包含有极少量的细砂、烧土粒、草木灰等。活动面之下为一层垫土，厚8.0～12.0厘米。黄褐色黏土（10YR6/6），结构较紧密，分选不好，包含有少量的草木灰、红烧土粒、粗砂、小陶片和石块。

室内西北角有一圆形红烧土面，其东半部受到F54的破坏，但形状清楚，直径约68.0厘米，是在活动面的固定位置长期用火烧成，未经特殊加工。从红烧土面的形状、大小等特点分析，应是F61的灶址。

F61的南侧室外有铺垫较好的活动场地与其直接相连，向南延伸到T2298的南壁之外（未发掘），应是F61的院落。东西宽度与F61大体相等，南北已经暴露的部分近2.00米。已发掘部分的院落有4层垫土，每层厚4.0～8.0厘米。均经过加工，特别是最上一层，为红褐色黏土（5YR4/6），结构紧密，质地坚硬。经过长期践踏，表面有煎饼状薄层，与现在的路土相似。

从现有情况可以了解F61的建筑程序：一，平整地面，在规划好的位置平地起墙，并且很可能是土坯墙体；二，构架房屋的顶部，形成封闭的空间；三，铺垫室内地面，程序是先粗垫一层土，在其表面精铺一薄层为居住的地面，并在房内西北部设一炊煮的圆形灶址；四，在墙外四周垫土，成为保护墙体基部的护坡；五，在房屋外的南侧铺垫和修整室外活动场地，应是房屋的附属设施院落。

房内没有发现使用时期的遗物，垫土中发现部分残破石器。

标本F61：2（#8232；S2805），磨石，残。砂岩。平面近三角形，磨面颗粒略粗而微内凹。长3.1、宽2.1、厚0.7厘米，重4.8克（彩版七一，3）。

标本F61：4（#8857； S3147），砾石砍砸器。花斑岩。平面近三角形。长8.4、宽5.4、厚2.5厘米，重125.3克（图2-174，4）。

标本F61：3（#8857；S3506），打磨/抛光石器。近椭圆形。长3.5、宽2.0、厚1.6厘米，重17.6克（彩版七一，4）。

标本F61：1（#8232；S3255），石器半成品。富钾质煌斑岩。平面近长方形。长9.7、宽4.8、厚2.2厘米，重152.8克（图2-174，6）。

标本F61：5（#8857；S3072），微型石片。花斑状流纹岩。平面为长条形。长6.1厘米，宽2.1、厚1.4、重19.1克。

标本F61：6（#8232；S2812），初级石片。流纹质熔结凝灰岩。平面不规则，横截面不规则，完整。长5.4、宽4.2、厚1.2厘米，重25.4克。

标本F61：7（#8757；S3140），次级石片。绿泥石或绿泥/角闪片岩。不规则形。长1.5、宽3.0、厚0.8厘米，重3.8克。

标本F61：8（#8857；S3007），微型石片。绿泥石或绿泥/角闪片岩。不规则形。长2.3、宽1.7、厚0.7厘米，重3.0克。

3．F64

位于E4T2349、T2350的北部，由分布密集的19个小柱洞组成。柱洞开口于⑥d层下，打破第⑦层和F49、F43等。方向大约为183°，与本发掘区同期其他房子的方向一致（图2-177）。

19个柱洞中的绝大多数位于东西一条线上，东端向北大体呈直角拐弯，东侧发现2个，似构成了房址的东南拐角。另有18、19号两个柱洞位于多数柱洞的南、北两侧。现存柱洞东西长2.20米。柱洞均为圆形，直径在4.0～10.0厘米之间，深3.0～11.0厘米不等（表2−31）。底部状态以圜底者居多，个别为平底。柱洞内填充有光泽的黑褐色胶泥状土，可能与木头的腐朽有关。

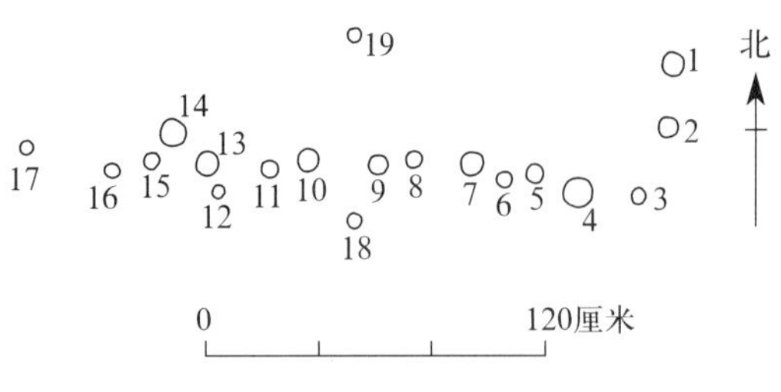

图2−177　一区四期F64平、剖面图

F64没有发现居住的地面遗存，如果说这一批柱洞代表了当时的1座房子，那么其具体时代难以做出准确的界定。这里只是根据其层位关系归入本阶段之中。

F64的柱洞均较细、较浅，柱洞应与当时使用的柱子等粗。柱洞排列密集，一般说来应是一种木骨泥墙结构的墙体。从现在保存的情况看，尚难确定F64是一座简易房还是另外1座房屋的附属建筑。

表2−31　F64柱洞尺寸登记表　　（单位：厘米）

编号	1	2	3	4	5	6	7	8	9	10	11	12	13	14	15	16	17	18	19
直径	8	6	5	10	6	5	7	6	6	8	6	4	8	9	5	4	4	4	4
深	10	6	7	11	8	6	8	7	8	11	7	4	10	9	6	4	4	3	4

4．F40

位于E4T2445、T2446、T2495和T2496四个探方。由于受到较为严重的破坏，F40只保留了四周较深的基槽，其他房屋要素均已不存。F40开口于⑥d层下，被H238、M39和F36等打破，又打破F38等时代较早的遗迹和第⑦层。如果以四周基槽的走向测量，F40的方向在181°～187°之间，与其他房址的方向基本一致（图2−178；彩版六九，2）。

房址平面近似方形，南北长5.66～5.86、东西宽5.08～5.24米，建筑面积29.72平方米。基槽宽0.42～0.67、深0.50～0.70米。整体上说，南北两侧的基槽较宽且略深，而东西两侧的基槽则显略窄略浅。基槽为直壁平底，内填略偏灰的黄褐色黏土（7.5YR4/3），结构紧密，质地坚硬，经过筑打，明显分层，每层的厚度5.0～13.0厘米不等，未清理出夯窝等痕迹。

基槽之内的部分尚保留三层垫土：上层为黄褐色（5YR5/6），遍及房内，结构紧密，厚度约20.0～26.0厘米，局部可分出小层；中层遍及整个房内，深黄褐色土（5YR4/3），厚6.0～12.0厘米；下层仅存在于偏西部地段，为浅灰褐色土（5YR4/1），厚6～13厘米。

整个房址的四周基槽，除了东北角被M39打破，南槽西部被H238打破之外，均保存完整，未见预留的出入门道。故门道位于南边偏西位置（这里的基槽被大型灰坑H238完全打掉不存）的可能性最大。

综合分析，F40的建筑程序是：一，先在不甚平整的地面分层铺垫，并经一定加工；二，在垫土的四周挖出较深较宽的基槽，并在槽内垫土和基槽之上筑墙，由于基槽中没有发现任何柱洞的痕迹，所以推测F40的墙壁应为承重的夯土墙；三，架构屋顶，进行室内地面的处理等。

F40的活动面均被破坏不存，故未发现房址使用时期的遗物。在房址内及基槽垫土中出土2件陶

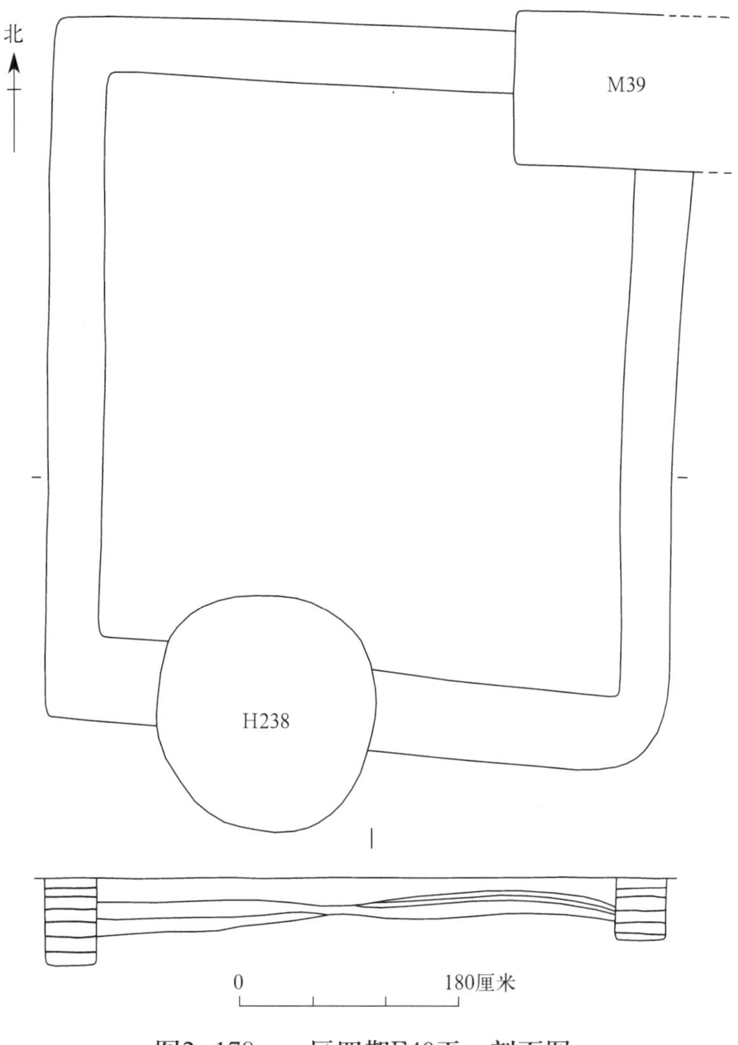

图2-178　一区四期F40平、剖面图

器、2件陶工具和若干件石器。

标本F40∶10（#919；S2129），石锛，残。流纹质熔结凝灰岩。平面为长方形，斜刃残。残长4.6、宽2.0、厚1.0厘米，重11.8克（彩版七一，5）。

标本F40∶3（#919；S2123），石铲，残存中部一段。流纹质熔结凝灰岩。扁薄体，磨制。残长6.9、宽9.5、厚0.9厘米，重88.7克。

标本F40∶1（#920；S2120），石镞，后端残失。绿泥石或绿泥/角闪片岩。平面为柳叶形，横截面为菱形。残长5.5、宽1.3、厚0.7厘米，重4.7克（图2-179，5）。

标本F40∶2（#920；S2126），石镞，前锋略残。绿泥石或绿泥/角闪片岩。平面为柳叶形，横截面为菱形。长6.5、宽2.1、厚0.7厘米，重11.5克（图2-179，6；彩版七一，6）。

标本F40∶5（#925；S2121），石镞，残。石英/富含白云母的千枚岩。平面为柳叶形，横截面为菱形。残长5.9、宽1.8、厚0.9厘米，重10.6克（图2-179，7；彩版七一，7）。

标本F40∶9（#920；S2099），磨石，残。砂岩。平面近长方形。残长13.2、宽6.5、厚4.3厘米，重461.6克（彩版七一，8）。

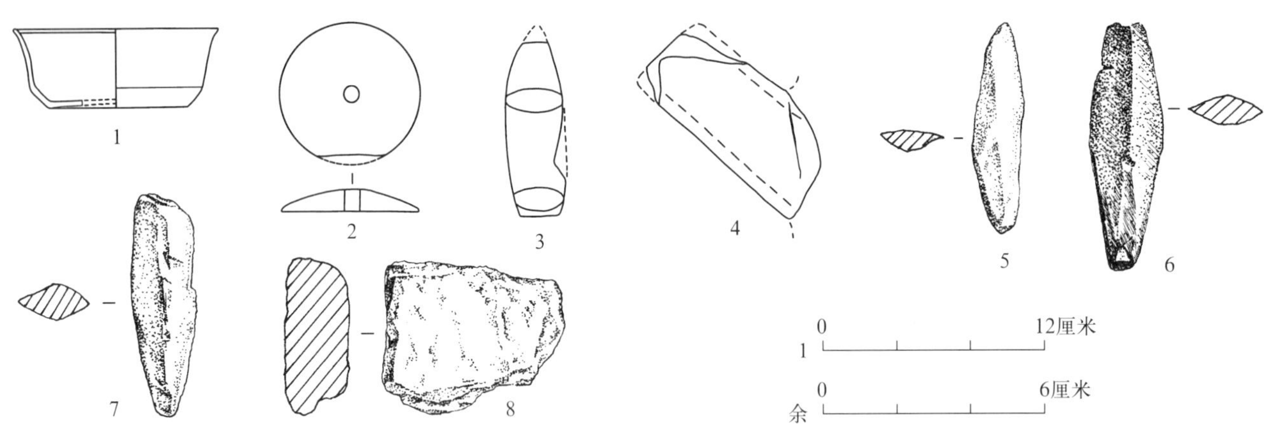

图2-179　一区四期F40出土器物

1．碗F40：4　2．纺轮F40：6　3．陶镞F40：7　4．管状陶器F40：8　5～7．石镞F40：1、F40：2、F40：5　8．石器半成品F40：11

标本F40：11（#925；S2143），石器半成品。富含白云母的熔结凝灰岩。长4.8、宽3.8、厚1.8厘米，重48.7克（图2-179，8）。

标本F40：12（#925；S2142），内部石片。绿泥石或绿泥/角闪片岩。不规则形。长3.3、宽2.2、厚0.8厘米，重4.1克。

标本F40：4，碗。泥质灰陶。敞口，尖圆唇，斜腹，下腹向内折收，平底微内凹。内外壁均经磨光处理，素面。口径11.2、底径7.6、高4.1、厚0.2～0.3厘米（图2-179，1）。

标本F40：8，管状陶器。夹砂黄褐陶。管状。残长5.3、直径2.2、厚0.2厘米（图2-179，4）。

标本F40：6，纺轮。夹砂红陶。正圆形，一面平，一面隆起，中间有一细孔。直径3.9、孔径0.45、厚0.1～0.6厘米（图2-179，2）。

标本F40：7，陶镞。泥质红陶。平面呈柳叶形，前锋残，无铤，断面略呈椭圆形。残长4.6、残宽0.7～1.6、厚0.2～0.7厘米（图2-179，3）。

除了上述房址之外，还发现一些分布较为零散的柱洞，共28个，其中柱坑4个，柱洞18个，柱坑和柱洞复合的6个（表2-32；图2-63）。

（二）灰坑

灰坑共有23座，形状有圆形、椭圆形、长方形和不规则形等，主要分布于东部和北部一带，房址周围发现较少。

1．H267

位于E4T2450、T2449之间，开口于H266之下，打破第⑦层。椭圆形圜底。坑口长径1.18、短径0.40、深0.52米。填灰色土（10YR3/2），出土鼎、罐、盆等陶器残片（图2-180；彩版七二，3）。

标本H267：2，盆形鼎。夹砂黑陶，横耳处呈红褐色。双腹盆形，仅存上半。敛口，圆唇，宽平沿内凹，折腹，下腹以下残。沿下有一对横耳。器表经磨光处理。口沿唇部刻压成锯齿花边，折腹处有一周凸棱。口径20.0、残高4.6、厚0.4～0.5厘米（图2-181，1）。

表2-32　第四时期零散柱坑、柱洞登记表

编号		位置	层位	开口海拔（米）		形状		尺寸（直径—深）（厘米）		填土		备注
柱洞	柱坑			柱洞	柱坑	柱洞	柱坑	柱洞	柱坑	柱洞	柱坑	
#7002		E4T2296	H383→△→F60	15.69		圆形，圜底		20–12		黑色（10YR2/1）		或为F60
#7016		E4T2296	⑥d→△→F60	15.86		圆形，圜底		26–44		黄褐色（10YR4/4）		或为F60
#7004		E4T2296	F60→△→⑦a	15.73		圆形，圜底		14–11		黑褐色（10YR4/4）		
#8862–1		E4T2300	F54→△→⑦a			圆形，圜底		30–16		灰黄褐色（2.5YR4/3）		
	#8862–2	E4T2300	F54→△→⑦a				圆形，圜底		50–22		灰黄褐色（2.5YR4/3）	
#8374	#8381	E4T2349	F21→△→F43	15.57		圆形，平底	长方形，平底	20–68	（56–40）–65	灰褐色（10YR3/3）	黄褐色（10YR4/3）	
♯8443		E4T2350	⑥d→△→⑦a	15.93		圆形，圜底		30–30		灰褐色（7.5YR3/2）		
#8450		E4T2350	⑥e→△→⑦c	15.64		椭圆形，平底		（26–20）–19		黄褐色（7.5YR5/3）		
#8452		E4T2350	⑥e→△→⑦c	15.85		圆形，尖底		21–101		灰褐色（7.5YR3/2）		
#8453		E4T2350	⑥e→△→⑦c	15.76		圆形，圜底		27–73		灰褐色（7.5YR3/2）		
#5630	#5631	E4T2398	⑥d→△→⑦a	15.85		圆形，平底	圆形，平底	17–30	30–24	灰黄色（10YR7/1）	黄褐色（7.5YR4/3）	
#5632	#5633	E4T2398	⑥d→△→⑦a	15.84		圆形，平底	椭圆形，平底	11–33	(50–37)–23	灰色（10YR6/1）	黄褐色（7.5YR4/3）	

#5648	#5649	E4T2398	⑥d→△→⑦a	15.73		椭圆形，圜底	圆形，平底	(42−33)−65	55−24	浅灰色(5YR5/1)	浅灰色(5YR5/1)	
#5776		E4T2399	⑥d→△	15.74		圆形，平底		17−14		暗褐色(7.5YR3/1)		
#3374	#3374	E4T2400	⑥d→△→⑦a	15.56		圆形，平底	圆形，平底	36−73	47−44	黄褐色(7.5YR4/3)	浅灰褐土(7.5YR4/3)	
#4553−1		E4T2447	⑥d→△→⑦a			圆形，圜底		11−18		(10YR4/3)		
#4553−2		E4T2447	⑥d→△→⑦a			圆形，圜底		17−18		(10YR4/3)		
#4553−3		E4T2447	⑥d→△→⑦a			近圆形，圜底		19−22		(10YR4/6)		
#4553−4		E4T2447	⑥d→△→⑦a			圆形，圜底		18−20		(10YR4/6)		
#5952		E4T2449	⑥d→△	15.61		圆形，圜底		22−23		黑灰色(2.5YR3/2)		
	#5960	E4T2449	⑥d→△		15.61		圆形，圜底		44−22		黑灰色(2.5YR3/2)	
	#5961	E4T2449	⑥d→△		15.48		圆形，圜底		50−54		黑灰色(2.5YR3/2)	
	#5962	E4T2449	⑥d→△		15.55		椭圆形，圜底		(60−41)−66		黑灰色(2.5YR4/3)	
#5963	#5963	E4T2449	⑥d→△	15.48		圆形，圜底	椭圆形，圜底	16−50	43−38	灰黑色(7.5YR3/4)	灰黑色(7.5YR3/4)	
#1138		E4T2450	⑥d→△	15.89		圆形，圜底		32−20		巢形，由碎陶片、黄土、红烧土分层筑成		
#1174		E4T2450	⑥d→△	15.79		圆形，平底		14−21		灰褐色(7.5YE4/4)		
#1180		E4T2450	⑥d→△	15.70		圆形，圜底		18−40		灰褐色(7.5YR4/4)		
#1192−6		E4T2450	⑥d→△	15.78		圆形，平底		26−42		灰褐色		

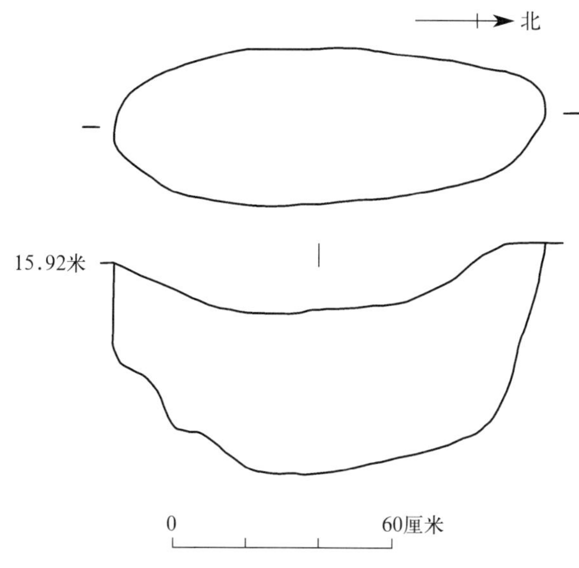

图2-180　一区四期H267平、剖面图

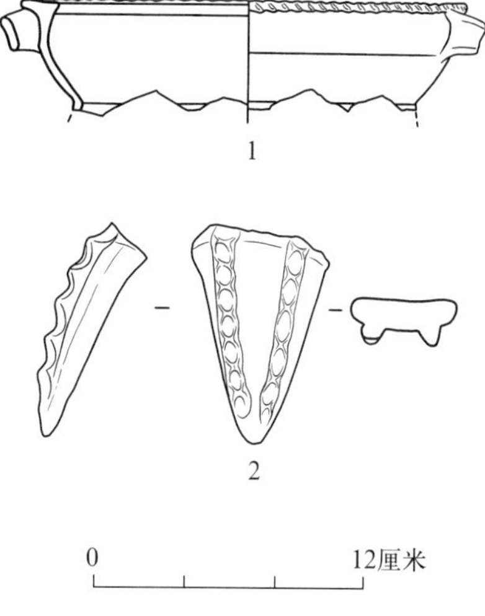

图2-181　一区四期H267出土陶鼎

1. 盆形鼎H267：2　2. 三角形鼎足H267：1

标本H267：1，鼎足。夹砂黑陶，烧成黄褐色。平面呈扁体三角形。正面有两道纵向索状堆纹。最宽6.0、残高9.1、厚1.2～1.8厘米（图2-181，2）。

2. H271

位于E4T2398东北部，开口于⑥d层下，打破第⑦层。圆形直壁，南部呈阶状内收，平底（图2-182；彩版七二，4）。坑口直径1.42、深0.84米。填土分为三层：第1层为灰褐色土（湿7.5YR4/2）；第2层为浅灰色土（湿5YR5/2）；第3层为黄褐色土（湿7.5YR5/6）。出土石斧、石铲、石钺等石器和陶片等（表2-33）。收集浮选土样 1个10升，碳十四测年样品5克。

标本H271①：3（#5635；S2018），石斧半成品。玄武岩。平面为三角形。长12.3、宽6.4、厚2.4厘米，重263.2克（图2-183，1；彩版七三，1）。

标本H271①：8（#5635；S1992），石锤。石英岩。平面为三角形。长8.7、宽6.4、厚5.8厘米，重291.2克。

标本H271①：7（#5635；S1988），石

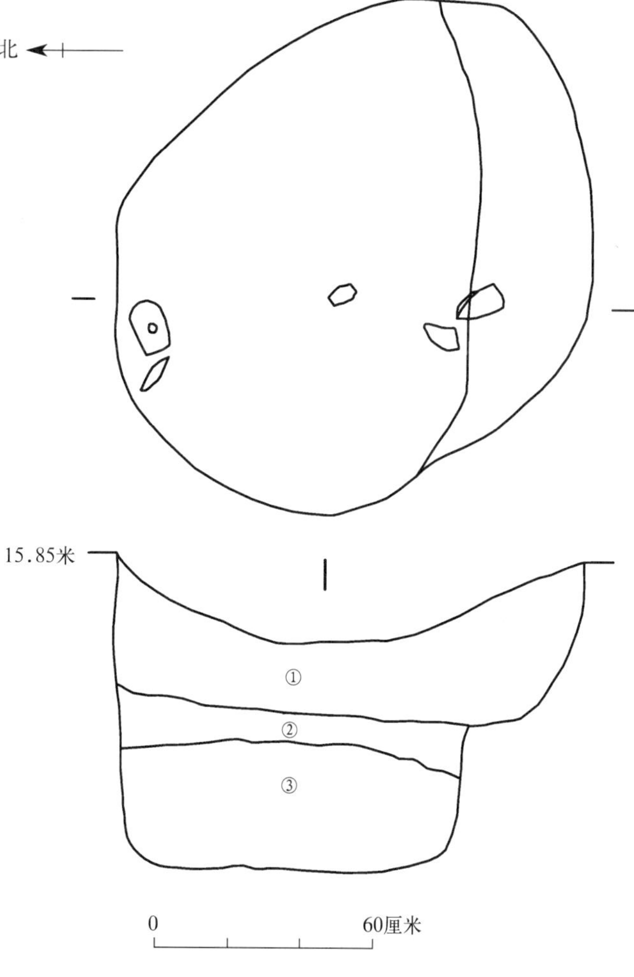

图2-182　一区四期H271平、剖面图

表2-33　H271陶片统计表

数量 陶质/陶色 纹饰	泥质			夹砂					总计	百分比（%）
	黑	灰	合计	黑	灰	褐	红	合计		
凸弦纹	2	2	4	12				12	16	4.40
凹弦纹	13	3	16	26				26	42	11.54
泥饼				3				3	3	0.82
镂孔				3				3	3	0.82
刻划纹	2		2	1		1		2	4	1.10
素面	74	18	92	162	10	28	4	204	296	81.32
累计	91	23	114	207	10	29	4	250	364	100
百分比（%）	25	6.32	31.32	56.88	2.75	7.97	1.10	68.68	100	
重量（千克）	0.67	0.41	1.08	3.07	0.12	0.48		3.67	4.75	

铲，残存一边，磨制光滑。流纹质熔结凝灰岩。残长4.7、残宽2.1、厚1.0厘米，重12.5克。

标本H271①：2（#5635；S2016），石钺，局部崩损。带绿帘石斑点的流纹花岗岩。平面近长方形，中部偏上有对钻圆孔。长10.7、宽8.0、厚1.7厘米，重205.6克（图2-183，2；彩版七三，2）。

标本H271①：1（#5635；S2015），石镞。粉砂岩。平面为柳叶形，横截面为菱形，长铤。长6.4、宽1.6、厚0.7厘米，重7.7克（图2-183，3；彩版七三，3）。

标本H271①：4（#5635；S2007），石镞，前后端均残。石英/富含白云母的千枚岩。残长4.1、宽1.7、厚0.5厘米，重4.7克（彩版七三，4）。

标本H271①：5（#5635；S2017），磨石，残。花岗岩。平面为不规则四边形。长7.4、宽6.1、厚4.5厘米，重212.7克（彩版七四，2）。

标本H271①：6（#5635；S1991），磨石，残。花斑岩。磨面平整而较粗。残长7.8、残宽7.7、厚4.4厘米，重360.4克（彩版七四，3）。

标本H271①：9（#5635；S1990），磨石，残。花斑岩。平面形状不详，横截面不详，残缺。长5.8、宽5.2、厚1.4厘米，重80.8克。

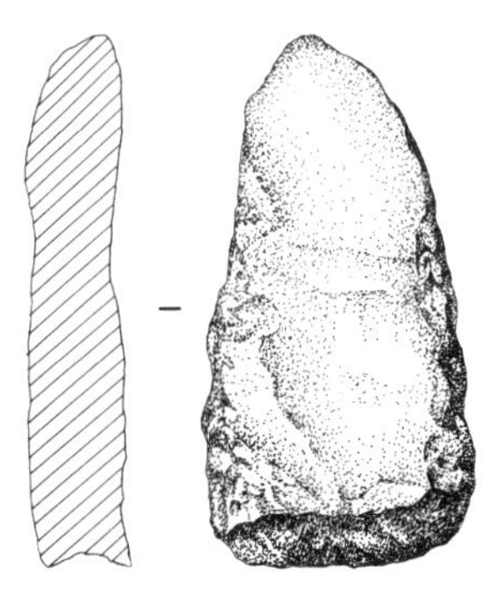

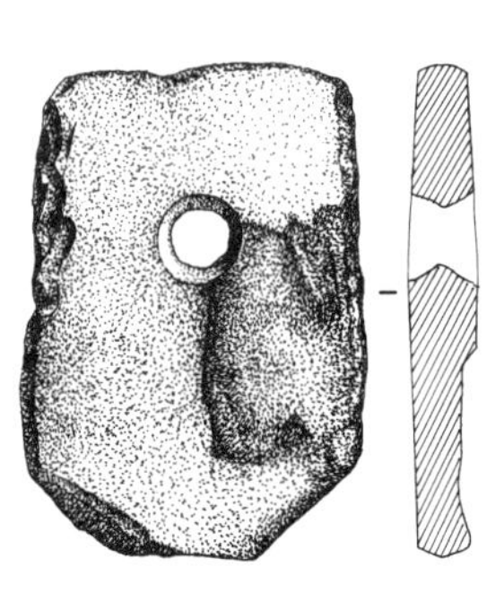

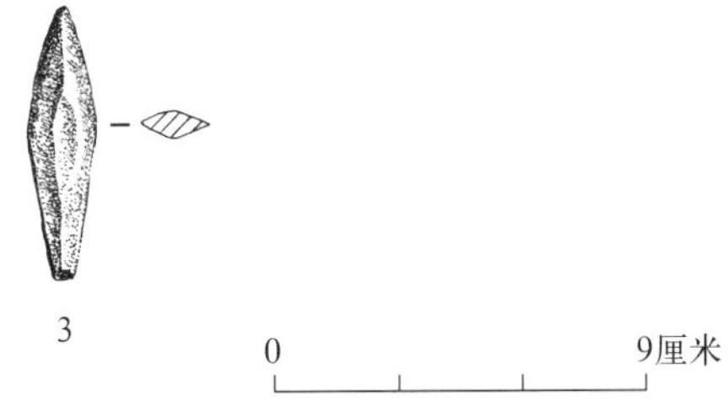

图2-183　一区四期H271出土石器

1. 石斧半成品H271①：3　2. 石钺H271①：2　3. 石镞H271①：1

3．H277

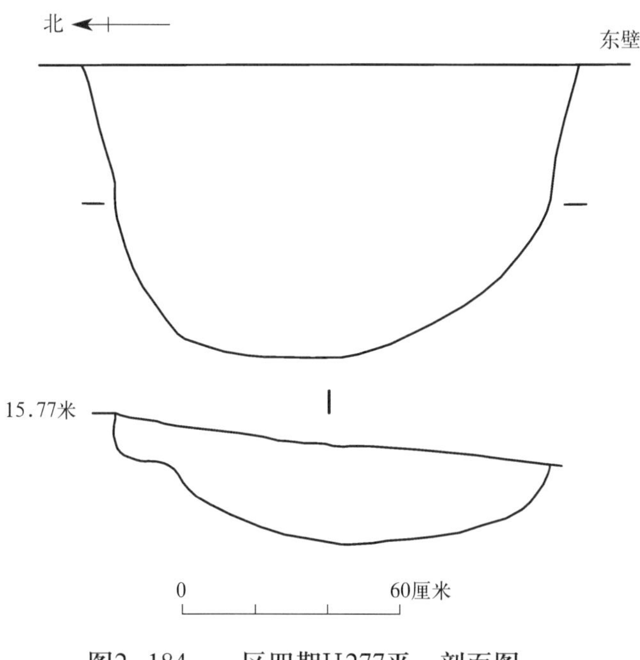

图2－184　一区四期H277平、剖面图

位于E4T2400东部，向东伸出探方东壁，开口于⑥d层下，打破第⑦层。近圆形，锅底状（图2－184；彩版七二，5、6）。坑口直径1.32、深0.26米。填灰褐色土（7.5YR4/2），出土罐、三足盆、圈足盘、豆、碗、器盖等陶器残片（表2－34）。采集植硅体样品1份100克，采集草木灰碳十四测年样品50克。

标本H277：1（#3367；S1897），斧形器。花岗岩。平面近梯形。长9.7、宽7.3、厚0.9厘米，重89.3克（图2－185，11；彩版七三，5）。

标本H277：4（#3367；S1887），磨石，残。砂岩。平面为不规则形，磨面略内凹。长5.1、宽3.3、厚1.8厘米，重31.3克（彩版七三，6）。

标本H277：5（#3367；S1879），磨石。花斑岩。平面近三角形，磨面平整。长8.5、宽6.0、厚1.6厘米，重115.8克（彩版七四，1）。

标本H277：9，鼎足。泥质黑陶。鸟首形足，无双眼。高10.0、最宽7.0、厚4.0厘米（图2－185，1）。

标本H277：8，小口罐。泥质黑陶。口残，束颈，广肩，鼓腹，中部残，下腹部内收，小平底。

表2－34　H277陶片统计表

陶质／陶色／数量／纹饰	泥质				夹砂					总计	百分比（%）
	黑	灰	褐	合计	黑	灰	褐	白	合计		
凸弦纹	5		2	7	9	1			10	17	4.93
凹弦纹	17			17	17		3		20	37	10.72
堆　纹	1			1	1	1	1		3	4	1.16
泥　饼					2				2	2	0.58
盲　鼻	1			1	2				2	3	0.87
镂　孔							1		1	1	0.29
素　面	98	1	8	107	141	10	18	5	174	281	81.45
累　计	122	1	10	133	172	12	23	5	212	345	100
百分比（%）	35.36	0.29	2.90	38.55	49.86	3.48	6.67	1.45	61.45	100	
重量（千克）	1.3	0.05	0.1	1.45	1.4	0.11	0.545	0.05	2.105	3.555	

肩部有一周凹弦纹。底径7.0、厚0.3～0.5厘米（图2-185，2）。

标本H277：3，三足盆。泥质黑陶。腹以上残失，斜直腹，平底，三足近似瓦状。内外表均经磨光处理。腹饰两周凹弦纹，内底有两周刻划纹和四组短双线纹，三足外侧饰捺窝纹。底径24.0、残高

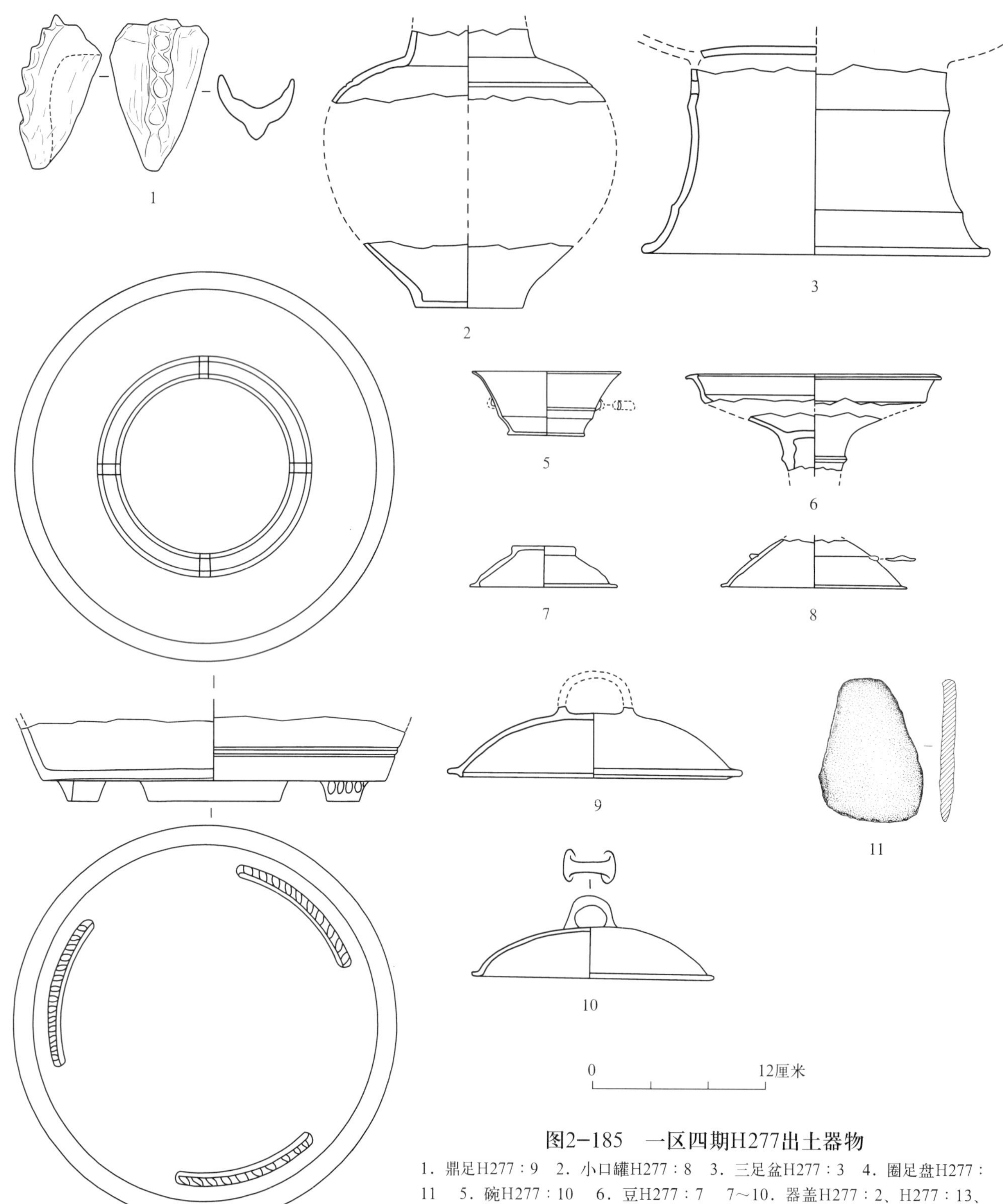

图2-185 一区四期H277出土器物

1．鼎足H277：9 2．小口罐H277：8 3．三足盆H277：3 4．圈足盘H277：11 5．碗H277：10 6．豆H277：7 7～10．器盖H277：2、H277：13、H277：6、H277：12 11．斧形器H277：1

5.0、厚0.5～0.6厘米（图2－185，3）。

标本H277∶11，圈足盘。泥质灰陶。盘部基本残失，盘底内凹，粗圈足中部内束，近底部外敞。器表经磨光处理。圈足上下各有一周凸棱，上部有一对镂孔。底径23.0、残高12.8、厚0.5厘米（图2－185，4）。

标本H277∶10，碗。泥质黑陶。敞口，圆唇，下腹折收，平底周缘外突。腹部有一对小耳，残。内外表均经磨光处理。腹部饰两周细凹弦纹。口径10.0、底径5.5、高4.4、厚0.2厘米（图2－185，5）。

标本H277∶7，豆。泥质黑陶。浅盘，敞口，平折沿，折腹，圈足中部以下残。内外表均经磨光处理。柄上部饰一周凸棱。口径18.0、厚0.3厘米（图2－185，6）。

标本H277∶2，覆碗形器盖。泥质黑陶。平顶，盖面微隆，方唇，唇沿外伸，沿面内凹。外表经磨光处理，素面。顶径4.4、口径10.4、高2.8、厚0.3厘米（图2－185，7）。

标本H277∶13，覆碗形器盖。泥质黑陶，灰胎。顶部残失，盖面斜直微弧，尖圆唇，平沿外伸。盖面中部有一周细凹弦纹，其上有一对盲鼻。口径13.0、残高3.4、厚0.23～0.38厘米（图2－185，8）

标本H277∶6，覆盘形器盖。泥质红黄陶。弧顶，半环形纽残，盖面为圆弧状隆起，圆唇，平沿外伸，沿面有一周凹槽。器表经磨光处理，素面。口径20.4、高4.3、厚0.2～0.3厘米（图2－185，9）。

标本H277∶12，覆盘形器盖。泥质黑陶，灰胎。盖面呈圆弧形，中部有环形纽，圆唇，平沿外伸。器表经磨光处理，素面。口径16.4、通高5.6、厚0.3厘米（图2－185，10）。

4．H302

位于E4T2449中部，开口于F42和⑥e下，打破第⑦层。圆形，微斜壁，平底（图2－186）。坑口直径1.50、深0.52米。填土分为三层：第1层为松软的黑灰色土（7.5YR2.5/1）；第2层为黑色土（2YR2.5/5）；第3层为灰褐色土（7.5YR2.5/1）。出土可复原陶器有鼎、罐、盆、豆、杯、器盖等陶器（表2－35）。收集浮选土样1份20升，采集植硅体样品2份400克。

标本H302②∶3，罐形鼎。夹砂黑陶。圆唇，口微卷，粗颈，溜肩，圆

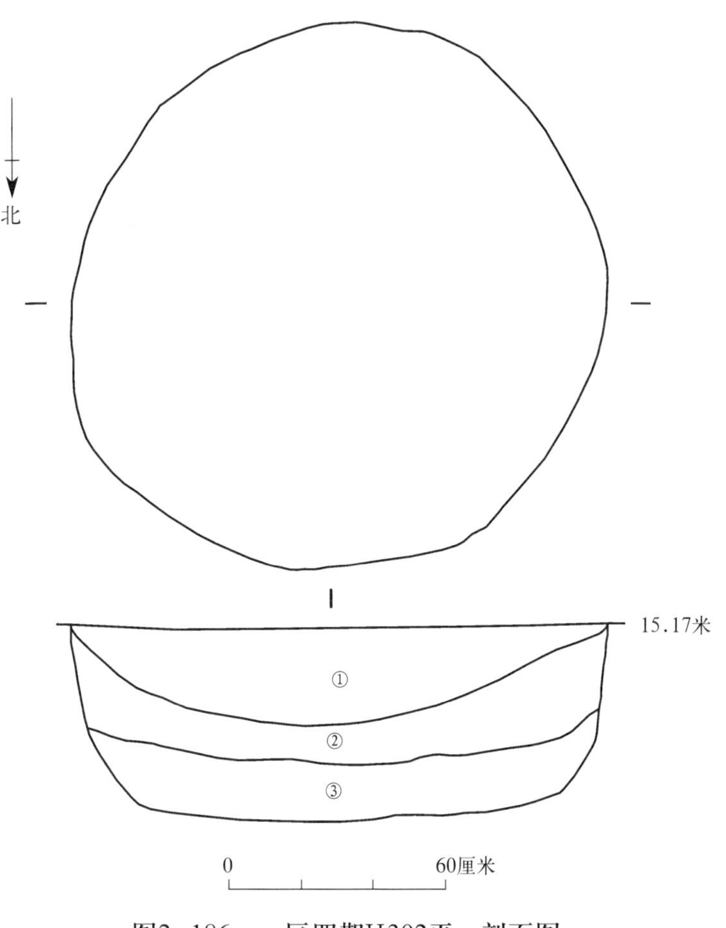

图2－186　一区四期H302平、剖面图

表2-35 H302陶片统计表

纹饰 \ 数量 \ 陶质 陶色	泥质			夹砂						夹云母滑石	总计	百分比（%）
	黑	灰	合计	黑	灰	褐	白	红	合计	褐		
凸弦纹	11	2	13	4	2				6		19	6.86
凹弦纹	28	2	30	10	2	2			14		44	15.88
绳　纹				1					1		1	0.36
堆　纹				2		1			3		3	1.08
泥　饼					1	1			2		2	0.72
盲　鼻	1		1								1	0.36
镂　孔		1	1								1	0.36
素　面	94	12	106	50	13	25	10	1	99	1	206	74.37
累　计	134	17	151	67	18	29	10	1	125	1	277	100
百分比（%）	48.38	6.14	54.51	24.19	6.50	10.47	3.61	0.36	45.13	0.36	100	
重量（千克）	2.79	0.4	3.19	2.13	>1.15	0.63	0.35	0.01	>4.26	0.01	>7.47	

腹，平底，三足残失。器表经磨光处理。颈下饰两周凸弦纹，之间有对称的盲鼻和泥饼各一对，中腹和下腹部共饰三组五周凹弦纹。底部有火烧痕迹。口径16.0、底径10.4、残高15.2、厚0.2～0.5厘米（图2-186，1）。

标本H302②：10，罐形鼎。夹砂灰黑陶。侈口，方唇，平折沿，沿内面有一周浅凹槽，溜肩，圆腹，平底较大，三足残失。器表经磨光处理，肩下部饰两周凹弦纹。口径11.2、底径7.8、残高12.0、厚0.15～0.4厘米（图2-186，2）。

标本H302②：13，罐形鼎。夹砂黑陶。口部残失，圆鼓腹，平底，三铲形足残失。器表经磨光处理，腹中部饰两周凹弦纹。底部有火烧痕迹。最大腹径12.6、底径6.6、残高10.0、厚0.15～0.4厘米（图2-186，3）。

标本H302②：15，罐形鼎。夹砂黑陶，底部烧成红褐色。侈口，方唇，卷沿，束颈，圆肩，圆腹，平底，三足残失。口沿外有一对简单的鸡冠耳。器表经磨光处理。颈部有两周凹弦纹，肩、腹部有七周凹弦纹。口径14.0、底径10.0、残高11.4、厚0.3～0.5厘米（图2-186，4）。

标本H302②：1，盆形鼎。泥质黑陶。敞口，圆唇，斜腹下部微外突，平底，三足残失。腹部饰三周凸弦纹，上两周弦纹之间有一对对称的盲鼻。口径13.4、底径7.2、残高6.2、厚0.3～0.5厘米（图2-187，5；彩版七五，1）。

标本H302②：12，中口罐。夹砂黑灰陶。侈口，尖圆唇，折沿，鼓腹，平底。器表经磨光处理。颈下饰两周不连续的凹弦纹。口径8.8、最大腹径10.8、底径6.0、高10.9、厚0.2～0.4厘米（图2-187，6；彩版七五，2）。

标本H302②：6，单耳罐。泥质黑陶。侈口，圆唇，卷沿，粗长颈，溜肩，鼓腹，平底内凹。一侧口沿与腹之间有宽带状把手。器表经磨光处理。肩上部有三周浅凹槽。口径13.9、底径10.0、腹部最大径20.6、高16.5、厚0.15～0.25厘米（图2–187，7；彩版七五，3）。

标本H302②：8，单耳小盆。泥质黑陶。敞口，圆唇，腹中部折收，平底内凹。一侧有宽带状把手，相对的一侧有一小横耳。内外表均经磨光处理。腹部有一周凹弦纹。口径24.4、底径10.0、高9.0、厚0.3～0.45厘米（图2–187，8）。

标本H302②：14，豆盘。泥质黑陶。盘略深，尖圆唇，平沿，沿面有一周浅凹槽，折腹，下部急收，底和圈足残失。内外表均经磨光处理，素面。口径11.2、残高3.0、厚0.15～0.25厘米（图2–188，1）。

标本H302②：7，筒形杯，一侧残失，可复原，有无耳不详。泥质黑灰陶。直口微侈，尖圆唇，直腹，近底部呈弧状内收，平底微内凹。器表经磨光处理，近底部外表饰两周凹弦纹。口径8.0、底径5.8、高10.9、厚0.15～0.25厘米（图2–188，2）。

标本H302②：11，筒形单耳杯。泥质黑陶。口残，筒形腹下部稍内收，近底部内收较急，平底微内凹。一侧有泥条形把手，残失。器表经磨光处理。杯体中部饰两周凹弦纹，下部饰两周凸弦纹。底径6.2、残高12.3、厚0.15～0.3厘米（图2–188，4）。

标本H302②：9，鼓腹单耳杯。泥质黑陶。口部和颈中部以上残失，筒形颈，鼓腹，下腹急收，小平底微内凹。腹部一侧有带状半圆形耳。器表经磨光处理，颈下部和腹部各饰两周凹弦纹。最大腹径9.4，底径5.0、残高9.8、厚0.15～0.25厘米（图2–188，3）。

标本H302②：2，鼓腹单耳杯。泥质黑陶。颈以上部分残，单耳残失。杯为罐形，鼓腹，下腹

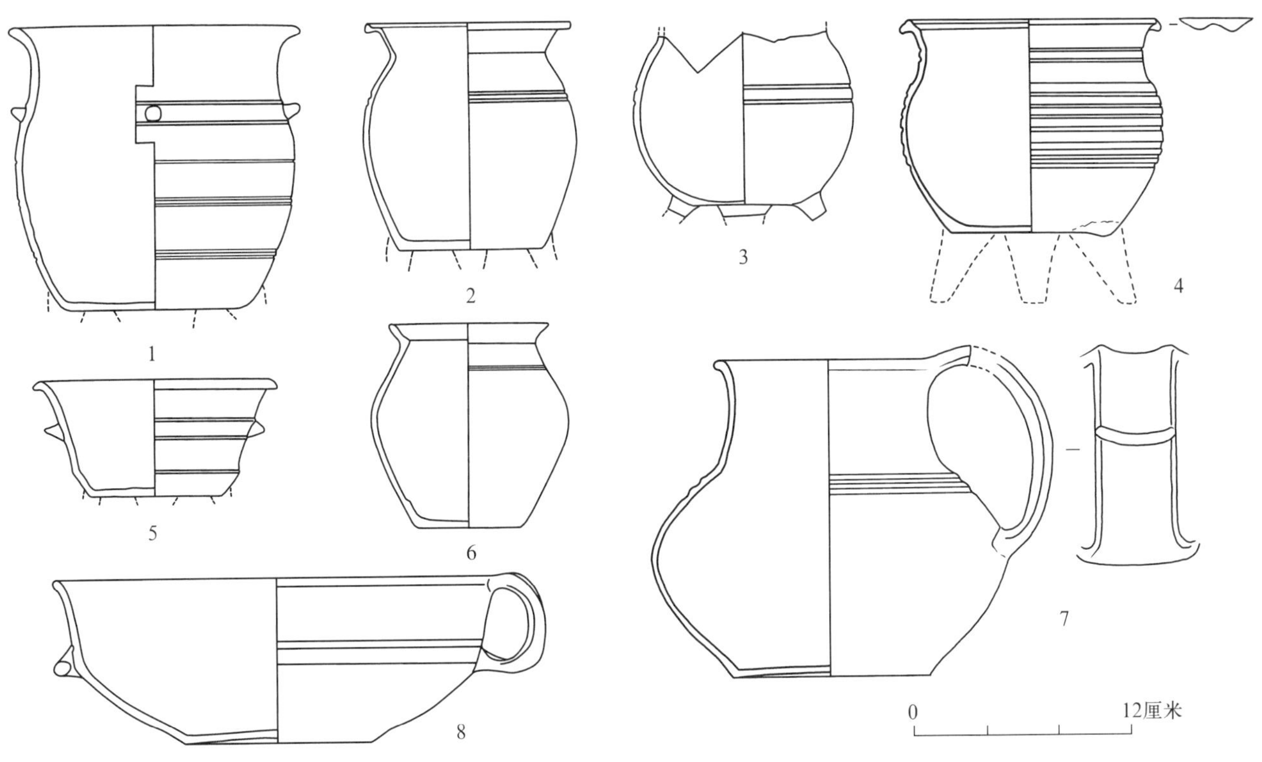

图2–187　一区四期H302出土陶器（一）

1～4. 罐形鼎H302②：3、H302②：10、H302②：13、H302②：15　5. 盆形鼎H302②：1　6. 中口罐H302②：12　7. 单耳罐H302②：6　8. 单耳小盆H302②：8

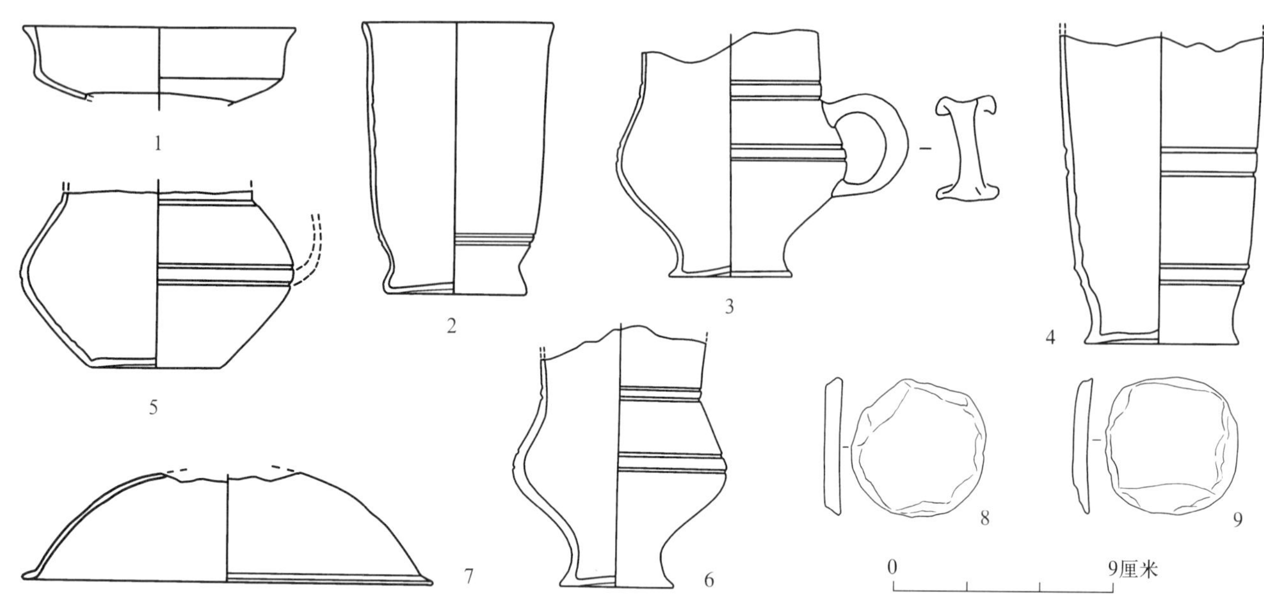

图2-188 一区四期H302出土陶器（二）

1．豆盘H302②：14 2～6．杯H302②：7、H302②：9、H302②：11、H302②：2、H302②：4 7．器盖H302②：5 8、9．圆陶片H302②：16、H302②：17

斜收，平底微内凹。器表经磨光处理，颈腹交界处残留一周凹弦纹，腹部饰两周凹弦纹。最大腹径11.2、底径5.2、残高7.2、厚0.2～0.4厘米（图2-188，5）。

标本H302②：4，鼓腹单耳杯。泥质灰陶。口残，一侧把手残失。筒形颈，鼓腹，下腹急收，小平底内凹。器表经磨光处理。颈肩、肩腹之交各饰两周凹弦纹。最大腹径8.8、底径4.8、残高10.8、厚0.2～0.6厘米（图2-188，6）。

标本H302②：5，覆钵形器盖。泥质黑陶。顶残，圆弧形盖面，沿外伸。器表经磨光，素面。口径16.8、残高4.2、厚0.2～0.3厘米（图2-188，7）。

标本H302②：16，圆陶片。泥质黑陶。采用废旧陶片加工而成，边缘有单向打制痕迹。直径5.5～5.9、厚0.6～0.7厘米（图2-188，8）。

标本H302②：17，圆陶片。泥质黑陶。采用废旧陶片加工而成，边缘有单向打制痕迹。直径5.4～5.6、厚0.4～0.6厘米（图2-188，9）。

5．H363

位于E4T2300东南部，开口于⑥d层下，被H351、H362打破，打破第⑦层。椭圆形直壁，西部呈阶状内收，平底（图2-189）。坑口长径1.34、短径1.10、深0.78米。填灰黑色土（2.5YR2.5/1），出土磨石等和鼎、鬶、甗、罐、盆、豆、器盖、纺轮等陶器（表2-36）。收集浮选土样1份20升，采集植硅体样品1份50克。

标本H363：1（#8933；S3402），磨石，残。砂岩。平面近三角形，磨面细而平整。长9.0、宽5.8、厚1.8厘米，重94.5克（彩版七三，7）。

标本H363：13（#8933；S3027），磨石，残。砂岩。平面近长方形。残长6.8、宽5.0、厚2.1厘米，重68.4克。

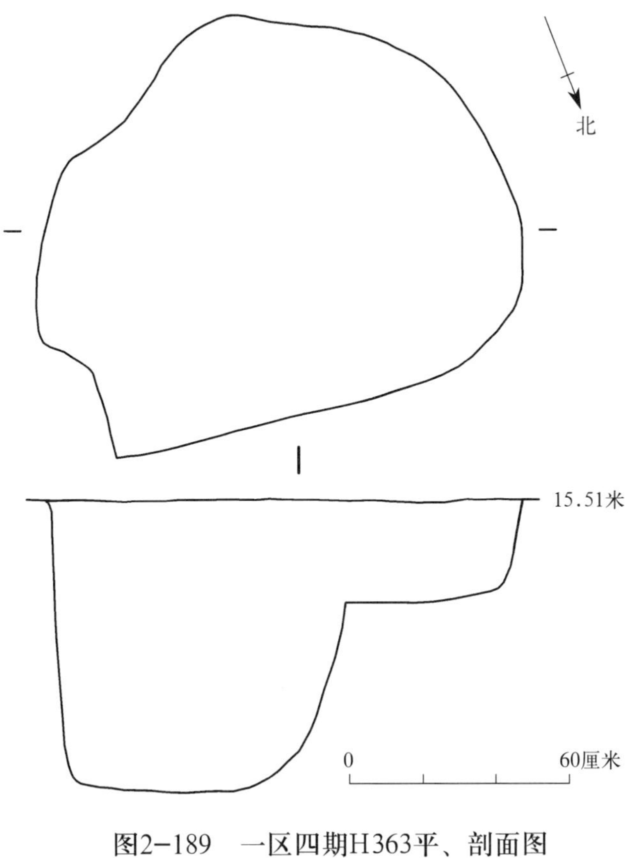

图2-189　一区四期H363平、剖面图

标本H363：14（#8933；S3063），磨石，残。砂岩。磨面颗粒较粗。残长5.1、残宽3.8、厚1.7厘米，重30.0克。

标本H363：15（#8933；S3412），磨石，残。砂岩。平面为不规则形，磨面细而内凹。长12.7、宽8.3、厚3.1厘米，重317.5克（彩版七三，8）。

标本H363：16（#8933；S2992），磨石，残。砂岩。不规则形。长3.9、宽1.7、厚1.4厘米，重8.6克。

标本H363：18（#8933；S2996），打磨/抛光石器。平面近长椭圆形。长8.2、宽3.9、厚2.5厘米，重102.0克（彩版七三，9）。

标本H363：17（#8933；S3006），残石器，磨制。流纹质熔结凝灰岩。不规则形，扁薄体。残长6.5、残宽5.8、厚0.7厘米，重45.3克。

标本H363：5，罐形鼎。夹砂灰黑陶。侈口，圆唇，斜折沿，沿面有一周凸起，溜肩，

表2-36　H363陶片统计表

陶质 / 陶色 / 数量 / 纹饰	泥质			夹砂				夹云母滑石	总计	百分比（%）
	黑	灰	合计	黑	灰	褐	合计	褐		
凸弦纹	6	2	8	15		4	19		27	2.54
凹弦纹	23	3	26	43	12	1	56		82	7.71
堆　纹	1		1	2		3	5		6	0.56
泥　饼	1		1	2	1		3		4	0.38
盲　鼻	2		2	1			1		3	0.28
镂　孔	2		2			3	3		5	0.47
素　面	382	7	389	415	36	94	545	1	935	87.88
花　边				1		1	2		2	0.19
累　计	417	12	429	479	49	106	634	1	1064	100
百分比（%）	39.19	1.13	40.32	45.02	4.61	9.96	59.58	0.09	100	
重量（千克）	3.56	0.12	3.68	5.48	0.92	1.42	7.82	0.04	11.54	

圆腹，平底内凹，三铲形足，残。器表原经磨光，现已蚀掉。腹部有三周凹弦纹。口径13.4、残高13.0、厚0.2～0.3厘米（图2−190，1；彩版七五，4）。

标本H363：4，甗。夹砂黑陶，足尖和裆部有火烧痕迹。甑上部残失，圆腹斜收，束腰，鬲上部外弧，分裆袋足，实足尖较高。器表经磨光处理。甑部残余三组六周凹弦纹，每组两周。残高28.0、上部宽20.4、厚0.25～1.0厘米（图2−190，2；彩版七五，5）。

标本H363：3，鬶。夹砂黑陶。高仰流，侈口，尖圆唇，粗筒形深腹，袋足前小后大，较浅。象征性索状把手，两侧卷起。器表经磨光，流根部和把手上端两侧各有一对对称的小泥饼。通高27.3、厚0.55厘米（图2−190，3；彩版七五，6）。

标本H363：9，有领罐。夹砂灰陶。直口，方唇，折沿，沿面有一周凹槽，直颈，广圆肩，以下残。器表经磨光处理。肩部饰八周凹弦纹，颈腹交界处残存一泥饼。口径18.0、残高9.0、厚0.2～0.6厘米（图2−190，4）。

标本H363：6，大平底盆。夹细砂灰陶。口残，斜腹内曲，大平底。内外表均经磨光处理。腹壁有三周凹弦纹，其上有一对大横耳，底部周边有一周凹弦纹。底径32.0、残高10.6、厚0.4～0.9厘米（图2−190，5）。

标本H363：10，豆。泥质黑陶。浅盘，直口，尖唇，平折沿，折腹，以下残。内外表均经磨光处理。折腹处有一对盲鼻。口径15.0、残高2.2、厚0.2～0.3厘米（图2−191，1）。

标本H363：7，覆碗形器盖。夹砂黑陶。平顶，斜壁。外表经磨光处理。顶径5.6、口径14.0、高5.0、厚0.4～0.7厘米（图2−191，2）。

标本H363：8，覆碗形器盖。夹砂黑皮陶，灰胎。平顶，盖面微弧，近口沿处圆折，沿面外部上翘。内壁遗有多条轮制的瓦棱痕迹。顶径6.0、口径17.0、高5.4、厚0.3～0.4厘米（图2−191，3）。

标本H363：12，覆碗形器盖。夹砂黑皮陶，红褐胎。顶残，盖面斜直微隆，折沿外部上翘较甚。器表经磨光，素面。口径20.0、残高6.0、厚0.4～0.6厘米（图2−191，4）。

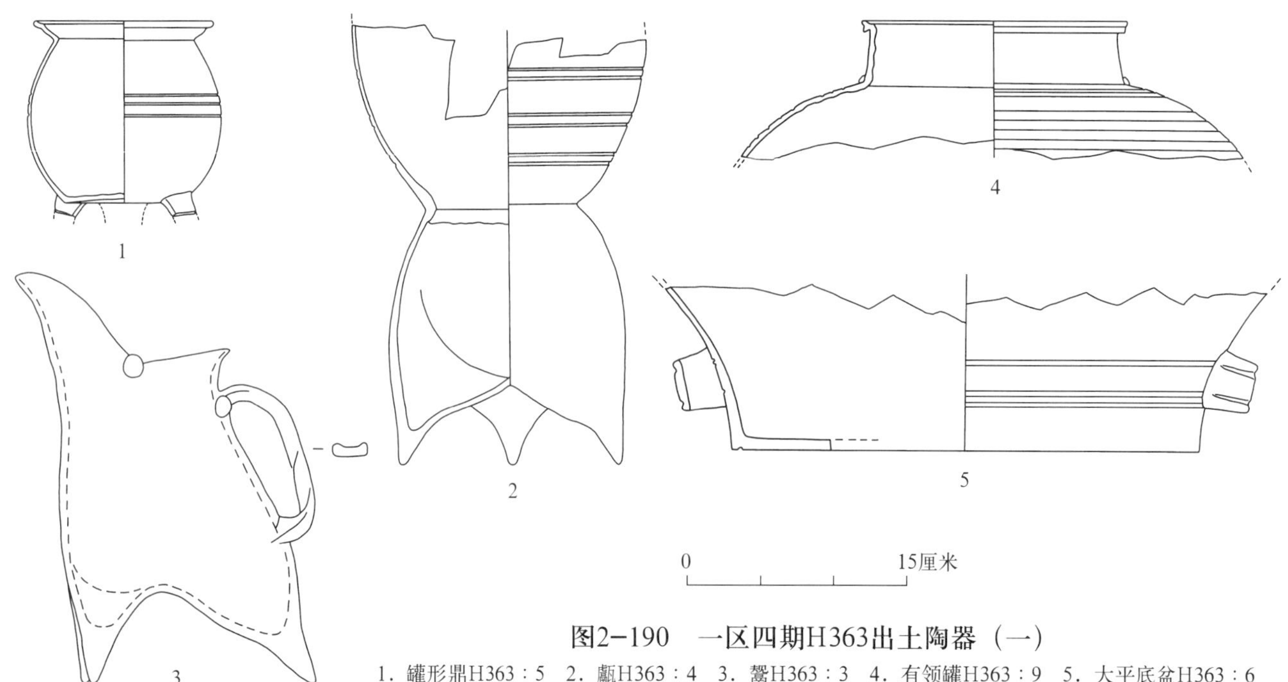

图2−190　一区四期H363出土陶器（一）

1．罐形鼎H363：5　2．甗H363：4　3．鬶H363：3　4．有领罐H363：9　5．大平底盆H363：6

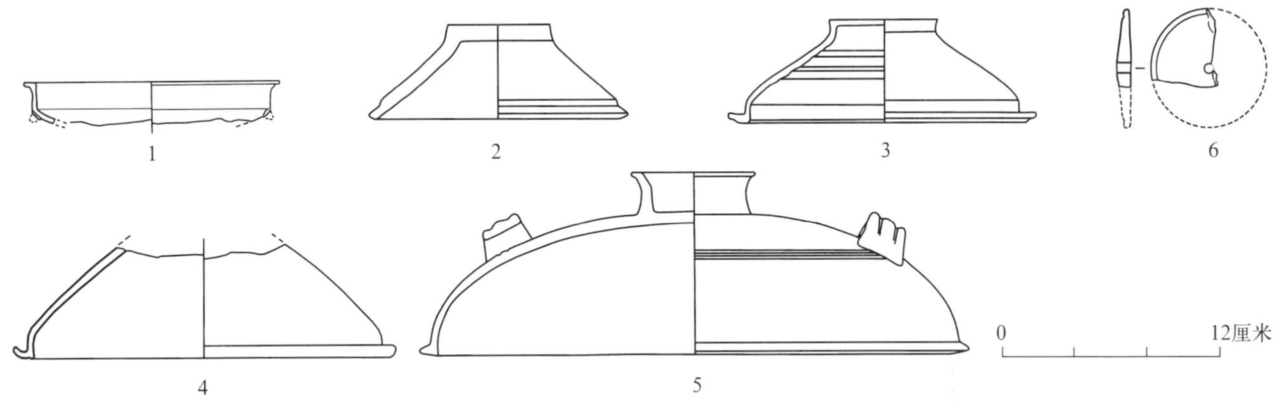

图2-191　一区四期H363出土陶器（二）

1．豆H363：10　2～4．覆碗形器盖H363：7、H363：8、H363：12　5．覆盘形器盖H363：2　6．纺轮H363：11

标本H363：2，覆盘形器盖。泥质黑皮陶，灰胎。圈足状捉手，盖面外弧，平沿较窄。器表经磨光处理。盖面上部有两周凹弦纹，其上有一对小横耳。顶径6.8、口径29.8、通高9.6、厚0.4～0.6厘米（图2-191，5；彩版七四，6）。

标本H363：11，纺轮。泥质黑陶。正面鼓起，磨光，外缘有一周凹弦纹，背面较平，素面。直径6.3、厚0.3～0.8厘米（图2-191，6）。

6．H382

位于E4T2350中部，开口于⑥e层下，打破⑦a层。椭圆形，近平底（图2-192）。坑口长径0.97、短径0.64、深0.14米。填灰黑色土（10YR3/1），出土有鼎、罐、杯、器盖等陶器残片。

标本H382：6（#8448；S3031），磨石，残。砂岩。不规则形，磨面细而平整。长5.8、宽4.2、厚1.2厘米，重36.8克（彩版七四，5）。

标本H382：1（#8448；S3386），残石器。流纹质熔结凝灰岩。平面近梯形。残长6.5、宽5.1、厚1.4厘米，重79.6克（彩版七四，4）。

标本H382：4，鼎足。夹砂红陶。平面呈铲形，下面附加纵向齿状堆纹。高7.2、最宽4.5、厚0.8厘米（图2-193，1）。

标本H382：3，筒形杯。泥质黑陶。口微侈，筒形腹微内束，腹中部残，平底，残。器表及口沿内侧经磨光处理。沿下有两周浅凹弦纹。口径8.0、底径8.0、厚0.2～0.3厘米（图2-193，2）。

标本H382：2，覆碗形器盖。夹砂灰褐陶。平顶，圆唇，盖面斜直微隆，宽沿外侧上卷。盖面下部有三周凹弦纹。口径24.0、顶径8.5、高7.0、厚0.5厘米（图2-193，3）。

标本H382：5，覆碗形器盖。夹砂黑陶。器形较小，顶残，盖面隆起，圆唇，平沿外伸。口径6.8、残高1.8、厚0.2厘米（图2-193，4）。

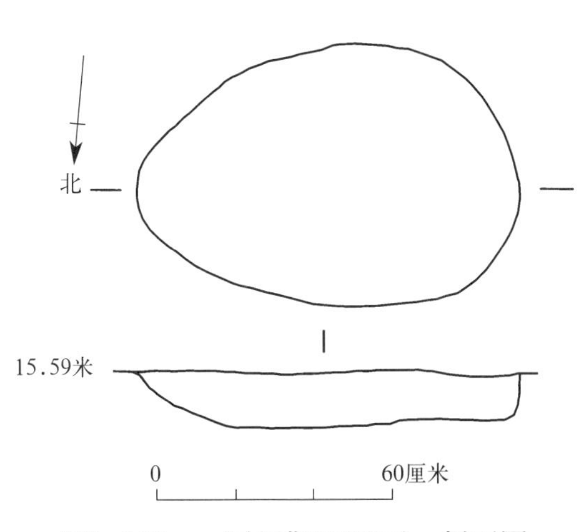

图2-192　一区四期H382平、剖面图

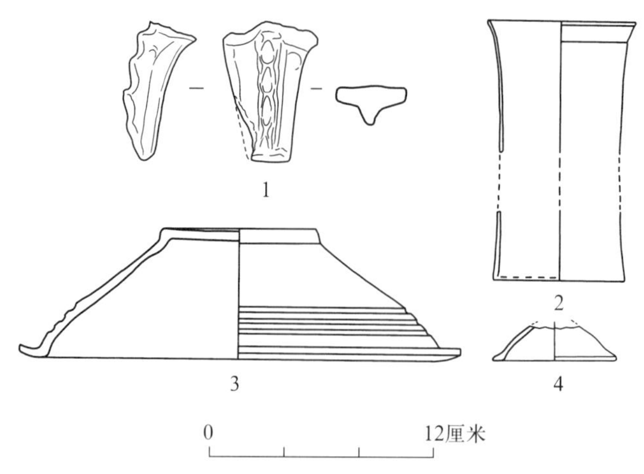

图2-193 一区四期H382出土陶器

1．鼎足H382：4 2．筒形杯H382：3 3、4．器盖H382：2、H382：5

7．H386

位于E4T2296和T2297之间，向南伸出探方南壁。开口于⑥d层和F60的户外上层垫土之下，被H390打破，又打破F60下层垫土和第⑦层。圆形，锅底状（图2-194）。坑口现存最大径0.94、深0.40米。填灰褐色土（10YR4/2），出土有鼎、罐、碗、豆、器盖等陶器残片。收集浮选土样1份20升。

标本H386：5，盆形鼎。夹细砂灰陶。口及上腹残，折腹较缓，腹壁弧收，平底，三足残。器表经磨光处理。腹部有三周凹弦纹，足与器底相接处有戳印痕迹。底径22.0、残高7.3、厚0.5～1.0厘米（图2-195，1）。

标本H386：1，中口罐。夹砂黑陶。侈口，圆唇，折沿，鼓腹，下腹以下部分残失。器表及口沿内侧经磨光处理，上腹部饰两周凹弦纹。口径8.8、残高6.3、厚0.2～0.35厘米（图2-195，2）。

标本H386：4，盂。夹砂黑陶。敞口，圆唇，卷沿，下腹圆折，底残。内外表均经磨光处理。口

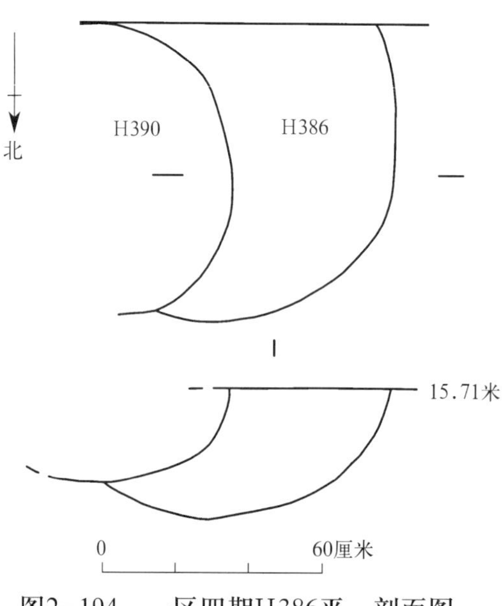

图2-194 一区四期H386平、剖面图

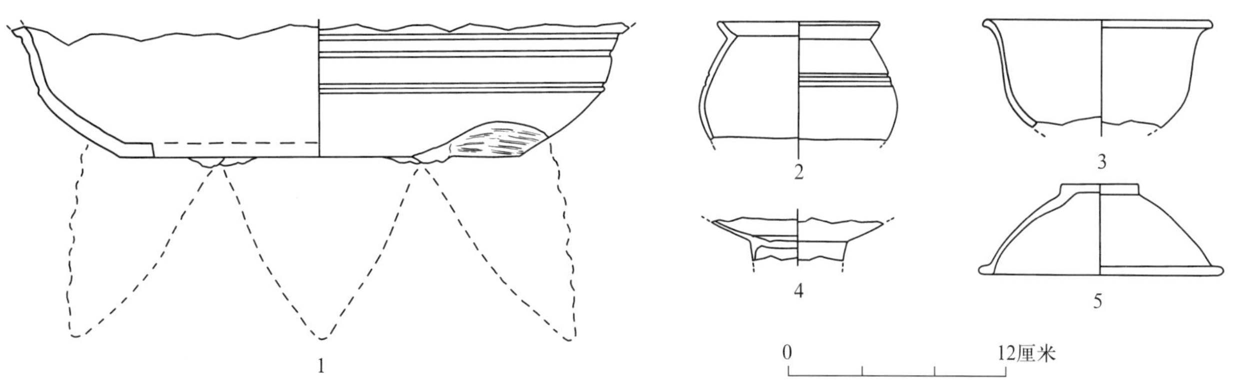

图2-195　一区四期H386出土陶器

1. 鼎H386：5　2. 中口罐H386：1　3. 盂H386：4　4. 豆H386：3　5. 覆碗形器盖H386：2

径12.5、残高6.0、厚0.3厘米（图2-195，3）。

标本H386：3，豆。泥质黑陶。残存盘底部，斜腹，盘底较平，筒形圈足。残高2.1、厚0.2厘米（图2-195，4）。

标本H386：2，覆碗形器盖。夹砂黑陶，褐胎。平顶，盖面隆起，尖圆唇，唇沿外伸，平沿。内外均经磨光处理，素面。顶径4.2、口径13.6、高4.9、厚0.25～0.55厘米（图2-195，5）。

此外，这一时期还发现各类灰坑16座（表2-37）。

表2-37　第四时期其他灰坑登记表　（单位：厘米）

编号	位置	层　位	形　状	尺寸	分层	填　土	包含物	备　注
H222	T2397	⑥d→△	不规则形，底不平	168×100-26		灰黑色（1Gray2.5/N）	残石凿1，陶片可辨器形：泥质罐1，盆1，杯1，器盖1；夹砂甗3，器盖3	浮选样品10升、植硅体样品100克
H256	T2450	H255→△→⑦a	椭圆形，圜底	70×47-25		灰褐色（7.5YR4/4）	陶片可辨器形：夹砂鬶2，罐1	
H257	T2450	H232→△→⑦a	椭圆形，圜底	64×24-47		灰色	磨石残片，陶片	
H258	T2450	H257→△→⑦a	圆形，圜底	65×20-55	3层	灰/黑色，上层10YR3/1，中层10YR5/3，下层10YR3/1	陶片可辨器形：泥质器盖1；夹砂鼎1，匝1	浮选样品10升、植硅体样品200克
H265	T2400/2350	F21→△→⑦a	长方形，平底	105×48-50	2层	上层黄褐色（5YR4/3）；下层黄褐色（5YR4/2）	石锤、磨石残片，陶片可辨器形：泥质豆1，器盖1；夹砂鼎1，罐2，盆3，匜1	
H272	T2400	H265→△→⑦a	椭圆形，直壁平底	94×82-26		灰褐色（10YR4/3）	残石铲1、陶片可辨器形：泥质罐1，盆4；夹砂鼎2，鬶1，罐3，盆1，匜1	

H276	T2398/2348	⑥d→△→H281	近圆形，圜底	280–43	3层	上层灰黄色（2.5YR5/3）；中层灰黑色（5YR4/1）；下层浅棕色（5YR5/4）	磨石残片2，石器残片2，陶片可辨器形：泥质罐2，盆1，盒1，杯1，器盖4；夹砂鼎4，鬶3，甗1，罐2，盆4，器盖1	
H286	T2400/2399	⑥d→△→H289	近椭圆，形平底	85×68–32		灰褐色（7.5YR3/2）	石锤1，陶片可辨器形：泥质罐3，盆2；夹砂罐5，盆2	
H292	T2400/2350	⑥d→△→H290	近圆形，圜底	90–48		褐色（7.5YR4/2）	陶片可辨器形：泥质罐1，杯1，器盖1；夹砂罐2，盆1	
H350	T2300/2299	①→△→⑦b	椭圆形，底不平	残108×52–68	2层	上层灰色（10YR2/1）；下层灰黑色（5YR2.5/1）	陶弹丸1，陶片可辨器形：泥质盒1，器盖6；夹砂鼎5，鬶1，罐6，盆1，器盖8	浮选样品20升
H365	T2346	⑥d→△→⑦a	近椭圆形，圜底	130×84–54		灰色（7.5YR4/2）	残石铲1，陶片可辨器形：泥质罐1，壶2，盒1；夹砂鼎1，鬶1，罐3	浮选样品10升、植硅体样品50克
H379	T2350/2300	⑥e→△→⑦a	不规则形，圜底	59×46–18		灰色（7.5YR3/2）	陶片可辨器形：罐5	
H381	T2350	⑥e→△→⑦a	椭圆形，平底	105×40–12		灰黑色（10YR3/1）	砾石砍砸器1，陶片可辨器形：夹砂鼎3，盆1	
H405	T2296	⑥d→△→F60	方形，平底	46–44		灰色（10YR3/2）	陶片可辨器形：夹砂鼎1	浮选样品20升、植硅体样品50克
H409	T2347/2348	H320→△→H393	近圆形，直壁平底	106–26		浅灰褐色	陶片可辨器形：泥质器盖1	
H83	T2097	⑥e→△→⑦a	椭圆形	88×78–30		灰色（10YR3/2）	兽牙，兽骨，残石镞，陶片可辨器形：泥质罐3，盆3，匜1，盒2，杯2，器盖1，盘1；夹砂鼎5，鬶1，罐6，盆3，器盖1	

六 第五时期

这一时期的遗迹有房址、灰坑、沟和墓葬（图2−196）。南部的房址又全部予以更新，在F60和F61之上，重新建造了F59和F54，而这2座房址内的地面和灶址，均经过多次铺垫和重筑，可能使用的时间略长。同时，2座房址建于同一地面之上，废弃时室外的活动面还互相连接，特别是他们之间共用一条不宽的排水通道向南排水，这些因素可以确证2座房址曾经共时过。较之此下的F60和F61，房屋的格局和相互关系产生了一些微妙变化，即两座房址挨得很近，而且东面的F54较大，西侧的F59较小（图2−197）。至于发掘区的北部，没有发现相应的遗迹，估计上一时期的F40有可能一直延用下来。

值得注意的是，在南部2座房址的东、北两侧，还发现了封闭的围墙一类遗存，发掘时编为F57，似将2座房址围于其内。

（一）房址

房址共发现3座，分别编为F54、F59和F57。

1．F54

主体位于E4T2349、T2348、T2299和T2298四个探方之中，其东墙外侧护坡延伸至T2300、T2350两个探方，南墙之外的活动面则进入了T2298、T2299之南没有发掘的探方，具体范围不详。发掘表明，F54是一座保存比较完整，结构十分清楚的房址（图2−198；彩版七六，1、2）。该房址是2001年10月16日发现的，发掘工作一直持续到11月8日，前后历时23天，这是两城镇遗址三年发掘中对单个小规模遗迹用时最多的一例，各种文字记录达数万字之多。

F54开口于⑥c层下，东南角被近代大坑打破，南墙及门道被H314、H322、H337打破，室内活动面及室内垫土的局部被F56的柱洞打破，F54建造时期的基础垫土直接叠压着⑥e层和F61，基槽打破⑥e层。门道应位于南墙中部偏西位置（被H314破坏），方向约为181°。

F54为挖有基槽的地面式建筑，平面近长方形，东西总长约5.10、南北总宽约4.20米，建筑面积约21.42平方米。室内东西长约4.24、南北宽约3.50米，使用面积约14.84平方米。F54整体由基槽、墙体、室内活动地面、室内垫土、基础垫土、灶、墙外护坡、室外活动面（院落）等部分组成。

墙体和基槽。发掘中在比较高的位置就发现了F54墙体轮廓，由于判断失误，把其性质定为基槽并进行了清理。但在后来的发掘中，随着活动面、灶面的发现以及内外堆积不相对应等很多问题的出现，结合隔梁保留下来的墙体和基槽进行综合分析，确定最初清理的“基槽”，其上部实为墙体，而下部为基槽，并准确地区分出两者的分界。

F54墙体尚保存一定高度，系分层夯筑而成，为有规律的一层黄褐色黏土，一层褐色含白色粗砂土层交替叠压的夯土墙结构。夯层的厚度比较均匀，每层约4～8厘米。墙体现存情况为，北墙宽度约0.35～0.38、残留高度约0.40～0.42米；东墙宽度约0.40～0.47、残留高度约0.34～0.40米；南墙宽度约0.36～0.40、残留高度约0.22～0.56米；西墙宽度约0.39～0.41、残留高度约0.45～0.47米。在局部地段发现墙体外侧附着少量较细的黄色黏土，分析应为残留的零星墙皮。

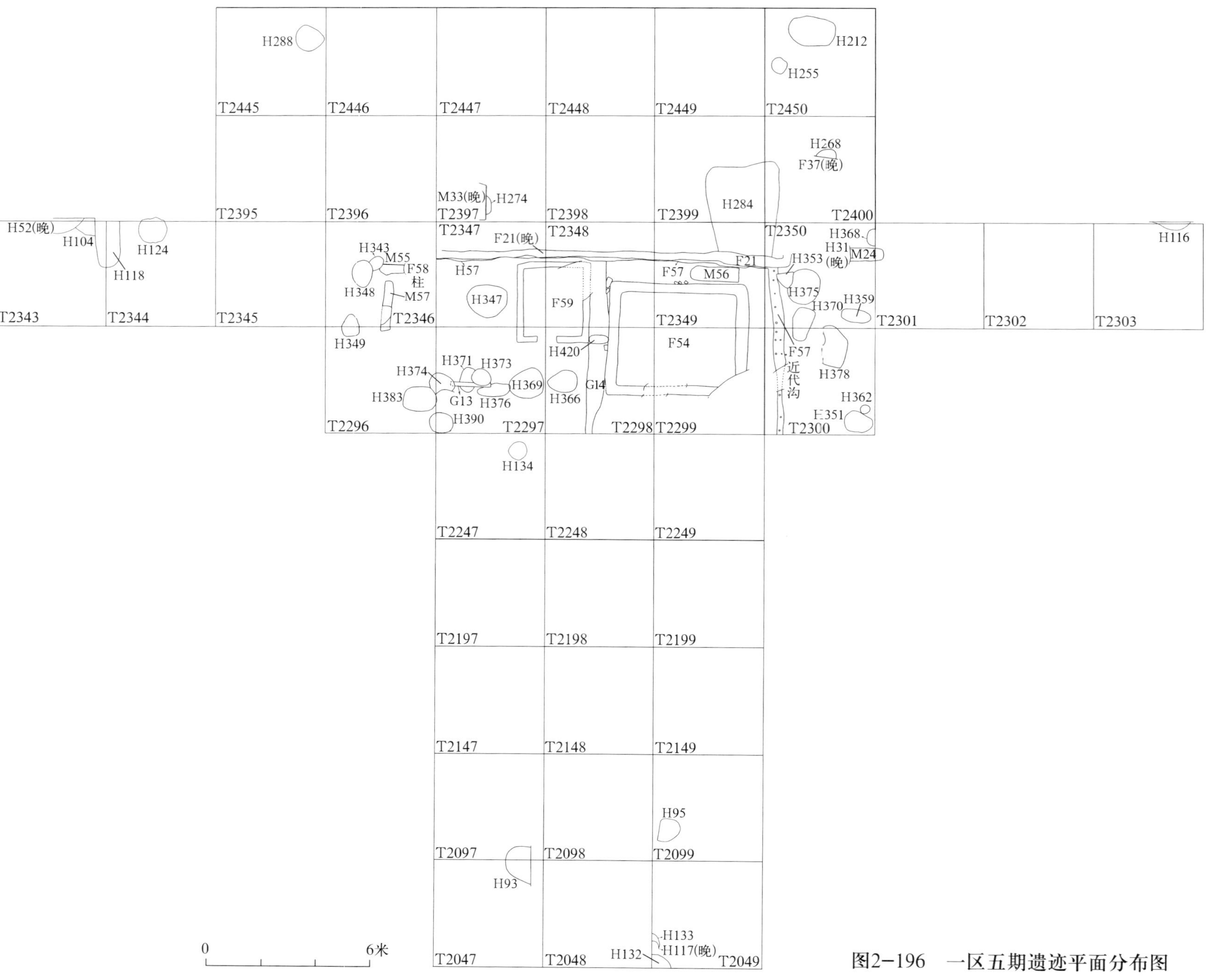

图2-196 一区五期遗迹平面分布图

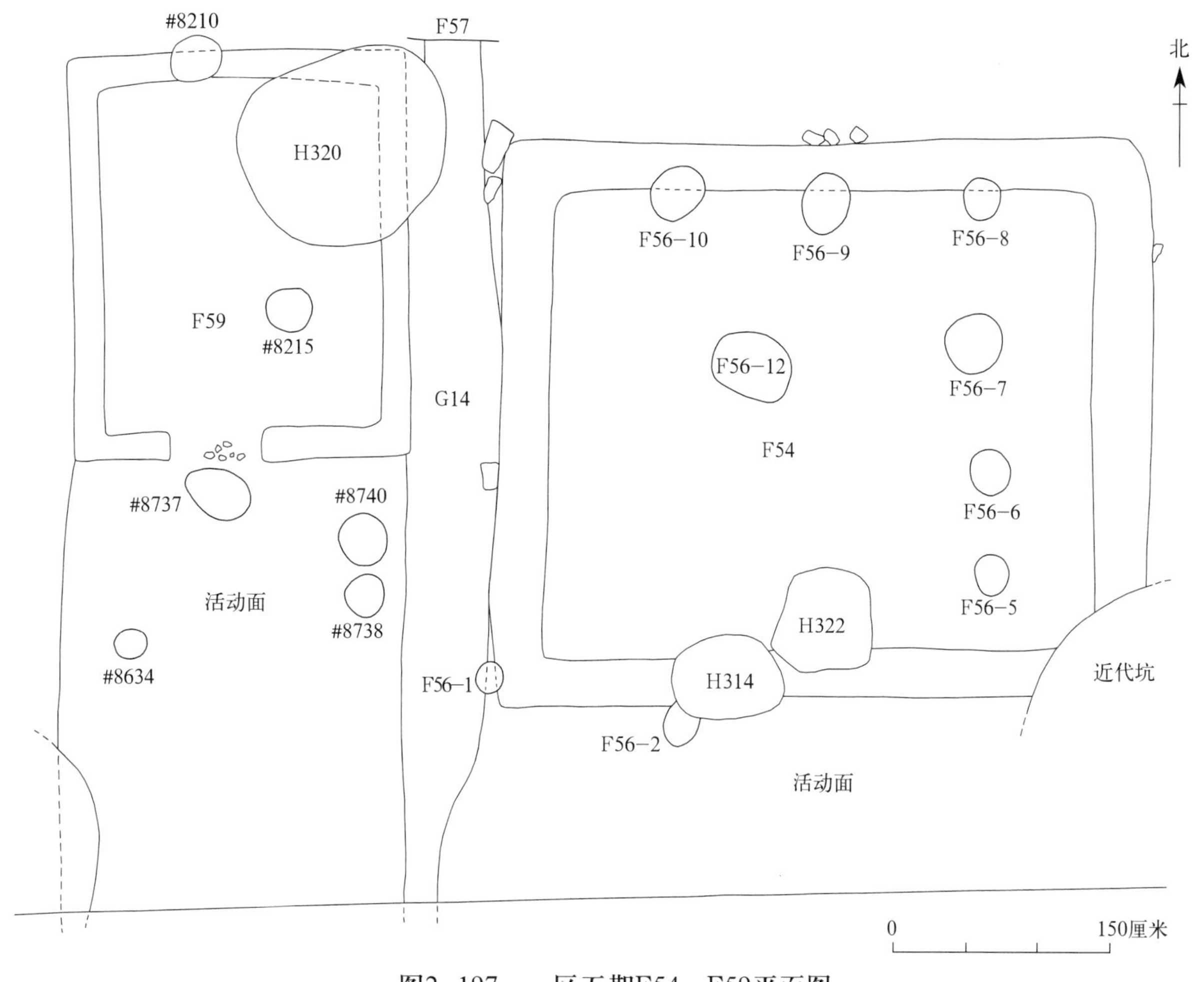

图2-197　一区五期F54、F59平面图

同时需要指出的是，在部分地段发现有类似土坯的墙体，如西墙中北段，发现比较规则的一层较厚，一层较薄的现象，较薄的为细泥，像是用来垒砌土坯的黏合物。而较厚的层次比较规则，质地也粗糙，与土坯相似。但由于在发掘中多次完整的刮平，除了个别地段有类似的情况，大部分地段与以往发掘的土坯墙不同，特别是其他一些保存的断面，也没有发现上述的情况。所以，最后我们没有把F54的墙体确定为土坯墙结构。

墙下为基槽，其宽度基本与墙体相同，基槽北半部深度约为20.0～24.0厘米，南半部深度约为10.0～30.0厘米。基槽内填土较为接近，均为黄褐色含沙黏土，结构紧密，质地坚硬，亦可分为若干厚4.0～8.0厘米的小层，系分层筑打而成。

F54的室内自上而下保存着5层垫土，其中4层的层表保存较好的居住活动面，每层都有一层或两层相应的灶址。

最上面的第一层遍及室内，厚度较厚，为5.0～20.0厘米。结构略紧，为含粗砂的黄褐色（7.5YR4/4）黏土。此层情况比较复杂，其性质有两种可能：一是F54最晚的一层室内垫土，只是由于受到破坏，其层表的居住面及灶址等已不存在；二是因为堆积较厚，并且没有发现居住面和灶址的痕迹，而且晚于F54的F56的10个柱洞打破并穿透房内垫土及部分基槽，但在此层表面却没有发现。从这一意义上说，这一层堆积有可能是房屋废弃后其他性质的堆积。

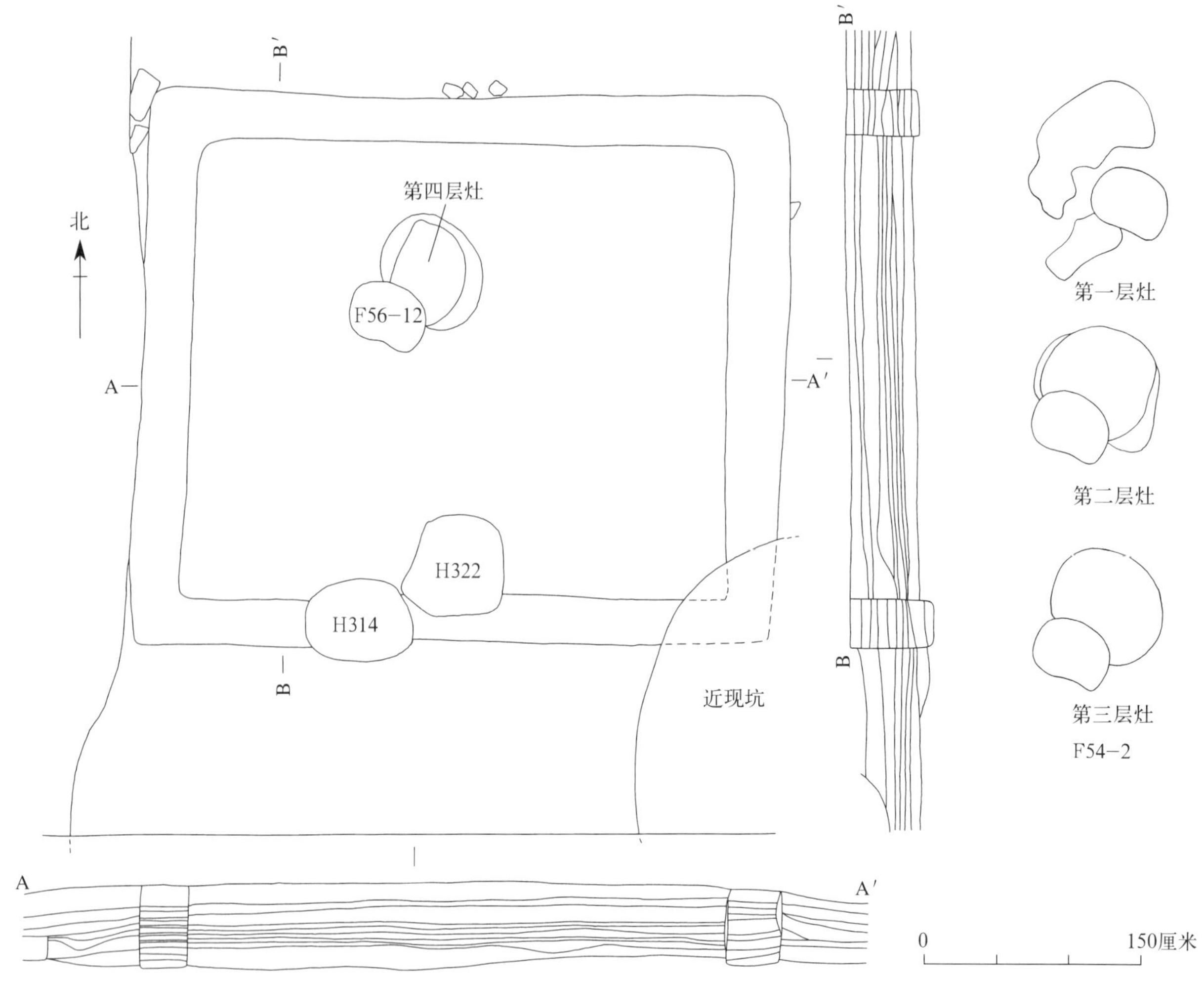

图2-198　一区五期F54平、剖面图及各层灶址平面图

第二层叠压在第一层之下，根据质地和结构又可以分为两小层：上层厚度约为4.0～10.0厘米，黄褐色土（7.5YR4/4），结构较为紧密，土质含沙，分选较粗且不好；下层厚度约为8.0～12.0厘米，灰黄色土（10YR4/4），结构较为紧密，内含有大量砂粒并夹杂大量红烧土颗粒和草木灰。

此层的层表为第一个室内居住活动面。表面呈灰褐色（10YR4/3），呈现中间略高而四周稍低，整体则由北向南倾斜。居住面用土细腻，应是在铺垫土的层表面加工而成，居住面在灶址的周围保存尤好，往往呈极薄的片状，应与室内居民长期在此频繁活动有关。

室内西北部有两片烧烤面，中间被晚一些时候的F56柱洞打破，应是第一个居住面使用时期的灶址。灶址与周边的居住面等高并连成一体，没有经过特意加工。灶址的现状不太规则，不过从现存情况，两片烧烤面应为一体，完整形状近似椭圆形，直径约为0.90～1.60米，烧烤厚度5.0～10.0厘米。由于长期烧烤，中部呈砖红色，而四周烧烤较轻的部位为黑红色。

第三层垫土厚3.0～7.0厘米，灰褐色土（10YR4/3），质地较为细腻致密，夹杂少量粗砂粒和细砂。整体较平整，只有东北角、西北角偏厚且向下倾斜，其余部分近似水平。

第三层垫土的层表为室内第二层居住活动面。保存状况比第一层地面要好得多，除西南角向下倾斜外（后来的发掘证明是因为其下有早期大灰坑而使这里的地层下陷所造成），其余部分平整。

活动面用土极为细腻，基本不含砂粒，应经专门的挑选。灰褐色土，在细腻的黏土中夹杂有锈斑痕迹。在此层活动面的西南部，发现一小块长条状带有白色麻点的范围，经过检测知，这些小麻点为石质颗粒。

与第二层居住活动面相对应的灶址（烧烤面），与上一层时相比，明显的向东移动，位于北部近中的位置。烧烤面分为上下2层，平面均为近圆形，均受到F56的柱坑破坏。上层略大，直径约为1.00米，内圈颜色为砖红色，外围呈黑色，厚度4.0～6.0厘米。下层略小，直径约为0.90米，厚度3.0～6.0厘米。两层灶址的中心位置发现一黑色圆圈痕迹，似乎是插一木棍燃烧后所遗留。

第四层垫土厚约3.0～15.0厘米，灰褐色土（7.5YR4/3），土质较细腻，只夹杂少量砂粒，结构较松。从分布情况看，房址中间部分略薄，房子四周位置较厚。

第四层垫土的层表为F54的第三层居住活动面，呈灰褐色，内含有极少量细砂，结构紧密，质地细腻，局部土中带有锰斑。此层活动面只是在烧烤面（灶址）附近保存较好，其他部位较差，可能使用时间不长。

与第三层居住活动面相对应的灶址（烧烤面），位置在上一层灶址之下，亦受到F56柱坑破坏，完整形状应为圆形，直径约0.94米，烧结厚度约4.0厘米。

第五层垫土又分为上下两小层：上层为黄褐色（7.5YR4/3），结构较为紧密，土质为含沙黏土，厚度约为4.0～6.0厘米；下层为近黄褐色（10YR4/4），结构较为紧密，内含一些粗砂粒和红烧土颗粒，厚度约为3.0～5.0厘米。

第五层垫土的层表为F54的第四个居住活动面，土色较为一致，均为灰褐色，质地极为细腻，含细砂。居住面建造的较为规整，中间位置略高，东北角略低。

第四层居住面上的灶址与上层灶址位置基本一致，可分为上下两层，均被F56的柱坑破坏：上层近圆形，直径约为0.80米，厚度约为5.0厘米；下层灶址的西部被垫土时破坏，只剩下圆形灶的约三分之二，它是在所发现的若干层灶址中所留面积最小的一层，所存部分最大径为0.85米，厚度为2.0～5.0厘米。

室外活动面和垫土。如前所述，从房屋结构和发掘区其他房址的情况看，F54的门道应在南墙上。与之相对应的是，在F54南墙外侧位置发现有较好的活动面和垫土堆积，其主要分布在T2298和T2299两个探方，向南伸出探方南壁，已清理的范围南北1.50米。这里的垫土堆积可以分为四大层，每一层的层表都保存着较好的活动面。

第一层室外垫土的厚度为6.0～13.0厘米，黄褐色土（10YR4/4），结构紧密，质地坚硬，包含有较多的粗砂和细砂粒。此层为F54南侧室外现存的第一层活动面，其特色为：表面东西较平整，南北则有所倾斜，层表多处有呈剥离状的小薄层，显示出路土的性质；小范围内有多处较薄的垫层，应是经过多次修补铺垫的遗留；整体较室内最晚期的居住活动面略低，其原因有二，一是室外活动面本来就比室内地面低，二是这一地段之下有时代更早一些的大灰坑H401和H417，长期的压力和沉淀导致了地面略有下沉。从室内外的对应关系看，此层活动面大体与室内最上一层地面共时。

第二层室外垫土厚约9.0～12.0厘米，由一些小垫层组成，其中包括一些含草木灰很多的灰黑色薄层（10YR2/1），从整个大层来说，土色较为混杂，土质为黏土。层表有较好的活动面，可与F54第二层室内居住面相对应。

第三层室外垫土厚约4.0～8.0厘米，主要为黄褐色土（7.5YR4/4），结构较紧密，包含有红烧土颗粒、草木灰、细砂等，结构和性质与上一层相同。层表有较好的活动面，应与室内第三层居住面相对应。

第四层室外垫土厚约2.0～9.0厘米，主要为灰褐色土（10YR4/3），结构较紧密。此层层面是与F54第四层居住面相对应的室外活动面，也是全部四层室外活动面中保存最好的，此面向西延伸到F59的门前，可证两座房子在较早阶段就是共时的。

在第四层的活动面上，F54、F59之间有一长条形南北向排水浅沟（G14），将这一层活动面分为东西两个部分，东西分属于F54和F59。

G14

为南北方向，平面呈中部较宽两端较窄（尤其南端较窄）的长条形，北端被F57和F21打破，南部伸到T2298南壁之外。已发掘部分，南北长6.40、东西宽0.22～0.74、深约0.12～0.22米。沟内填黄褐色土，包含草木灰、烧土粒、陶片和石块等，底部较低的南部有细淤沙，结构较松。沟底房子两侧和最南部的高差达0.35米，从功能上看，显然是由北向南排泄房屋落下来的雨水。另外，在沟内填土中发现1件残石器（G14：1）。

G14这一重要遗迹，将F54和F59从空间和时间两个方面连接起来，并且使我们第一次获悉龙山文化时期房与房之间的排水设施状况。

为了保护墙体，F54墙体的外围有较厚的护坡性质的堆积，略呈斜坡状依附在墙体之外，分布于东、北、西三侧。据土质土色及层表情况可划分为六层。

第1层护坡厚约10.0～20.0厘米，深黄褐色土（10YR4/3），结构较为紧密，为F54墙外的最上一层墙外护坡。

第2层护坡厚约4.0～10.0厘米，局部分为两小层。深灰褐色（7.5YR4/4），结构较紧密，土质为含沙黏土。在紧靠北墙的外侧，层表铺垫一层密集的黑色碎陶片（彩版七六，2）。

第3层护坡厚约2.0～6.0厘米，黄褐色土（10YR3/4），结构较紧密，内含大量白色粗砂粒和锰斑痕迹。在北墙外约10厘米处，有一东西向墓葬（M56）开口于此层层表。

第4层护坡厚约2.0～12.0厘米，深黄褐色土（10YR4/4），结构较为紧密，土质为含沙黏土。在北墙外紧贴墙跟的地方，呈南高北低走向铺有一层红陶鬶残片。

第5层护坡厚约8.0～12.0厘米，灰褐色含沙黏土（10YR4/3），结构较为紧密。

第6层护坡厚约2.0～13.0厘米，局部分为两小层。黑灰色土层（10YR2/1），在整个发掘区内分布较广，基本上围绕F54的东、北、西面，应为F54建成之后在墙外最早铺垫的一层土。G14打破该层，可见G14是在F54、F59使用期间形成的。此层之下的堆积应为F54挖槽立墙之前的基础。

综上可知，墙外很厚的护坡堆积说明了F54的使用时间很长，层与层之间的遗迹单位和铺垫陶片等现象，说明护坡是随着房子使用而逐渐形成的，不是一次性铺垫。

F54室内外的居住期间垫土之下，铺有一层较厚的基础垫土，总厚4.0～22.0厘米，主要分布于房址范围之下，由若干小层和小片土层组成，这里统一归并成一大层。主要为黄褐色沙黏土，结构较为紧密。这一层堆积推测是人们在修建F54之前，预先将原来也许凹凸不平的地面进行铺垫整平，然后在此基础上建房。所以称之为基础垫土。

在清理以上墙外垫土的过程中，围绕F54墙体发现有一些较大的石块。到F54最后一层活动面，石块完全暴露，这些石块位于F54、F59、G14的共有活动面之上，靠近F54的墙根，其用途应为保护墙体。

F54的整体结构已如上述。但是我们必须说明的是，F54在清理过程中存在一些问题。其中一个比较大的失误是，开始发掘的时候误把墙体作为基槽来进行处理。F54的墙体在平面出现之后，曾经进行过是“基槽”还是“墙体”的分析讨论。从整个房址内外的平面来看，内外堆积的差别不甚明显，特别是F54的东南一小角被1个近代斜壁大坑（编号H35）破坏，从H35的壁上可以比较清楚地看到F54东墙南端、南墙东端的内（室内垫土）、中（墙体和基槽）、外（墙外垫土和护坡）堆积情况。当时分析的结论认为，房址内外的堆积基本上是连接的，以此为基础，进而将中部堆积判定为基槽，然后一层一层清理下去。认识的转机出现在揭去室内最上一层堆积后，出现了两个重要的新情况。一个是发现了比较好的活动面和残灶址；二是发现了F56的10余个柱洞，由于12号柱洞打破了F54的灶址，所以在清理过程中，从柱洞的北、东两壁上发现若干层烧土带的痕迹，遂认为应该是类似于F39、F65那样长期使用的若干层灶址，并且与第一层的灶址在大体一致的位置。此后，则按照不同的居住活动面来逐层揭露。所以，极为遗憾的是，保存较好的F54没有得到反映全貌（墙体、室内地面和灶、室外活动面及护坡等）的照片记录。

还有一个要说明的问题是，由于门道被破坏，缺少了衔接室内外活动面的中介。这样，我们对室内居住面和室外活动面的对应只能是大致的，缺乏直接的层位证据，但相去不会较远。

F54的室内活动面上没有发现任何遗物，而只是在室内外垫土堆积中出土了52件残破石器和陶器，其中石器47件，陶纺轮1件，陶器4件（其中2件可以复原）。

标本F54：9（#8200；S3345），石斧。角闪英安岩。平面近长梯形，双面斜刃。长15.1、宽6.2、厚4.6厘米，重744.3克（图2−199，1；彩版七七，1）。

标本F54：11（#8224；S3343），石斧半成品。绿泥石或绿泥/角闪片岩。平面近长方形。长12.1、宽6.4、厚2.6厘米，重299.0克。

标本F54：2（#8315；S3360），石锛半成品。花斑岩。平面长方形。长8.1、宽3.3、厚2.5厘米，重137.7克（图2−199，2）。

标本F54：47（#8213；S3142），石锛。流纹质熔结凝灰岩。平面为长方形。长6.3、宽3.8、厚2.3厘米，重110.6克（图2−199，3；彩版七八，5）。

标本F54：19（#8723；S3257），石凿。燧石。平面近长方形，单面刃。长3.0、宽1.1、厚0.4厘米，重3.1克（图2−199，4；彩版七七，2）。

标本F54：46（#8016；S3413），石锤。花斑岩。不规则形。长6.3、宽5.7、厚4.0厘米，重178.4克（图2−199，5）。

标本F54：49（#8821；S2870），石锤。石英粗面斑岩。不规则形。长11.2、宽5.3、厚3.4、重250.5克（图2−199，6）。

标本F54：4（#8315；S3354），石铲，残存一段，磨制。流纹质熔结凝灰岩。残长6.0、残宽5.5、厚1.3厘米，重38.7克。

标本F54：6（#8334；S3353），石铲，中部以上残失。流纹质熔结凝灰岩。平面为圆头长方形，扁薄体，单面刃。残长13.4、宽6.9、厚1.7厘米，重127.6克（图2−199，7；彩版七八，2）。

标本F54：7（#8337；S3364），石铲，背端残。流纹质熔结凝灰岩。平面为长方形，扁薄体，单面刃。残长16.5、宽9.3、厚0.9厘米，重235.6克（图2−199，8；彩版七八，1）。

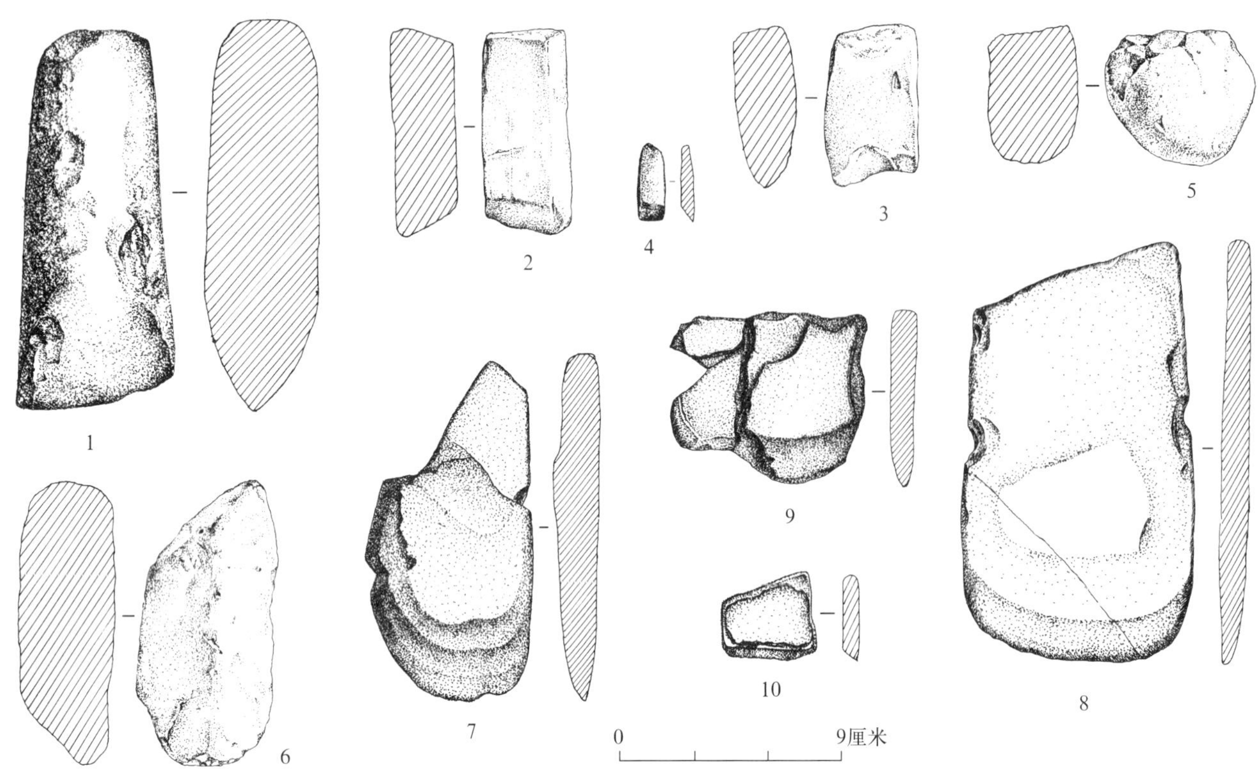

图2-199 一区五期F54出土石器

1. 石斧F54：9 2. 石锛半成品F54：2 3. 石锛F54：47 4. 石凿F54：19 5、6. 石锤F54：46、F54：49 7～9. 石铲F54：6、F54：7、F54：45 10. 石镰F54：27

标本F54：35（#8334；S3034），石铲断块，磨制。流纹质熔结凝灰岩。残长2.0、残宽1.4、厚0.4厘米，重0.7克。

标本F54：37（#8334；S3054），石铲断块，磨制。流纹质熔结凝灰岩。扁薄体。残长4.5、残宽3.7、厚0.6厘米，重13.8克。

标本F54：45（#8322；S3004），石铲，中上部残失，磨制光滑。流纹质熔结凝灰岩。平面为长方形，单面刃。长7.7、宽6.7、厚0.9厘米，重65.6克（图2-199，9；彩版七八，4）。

标本F54：48（#8213；S2828），石铲断块。流纹质熔结凝灰岩。平面近长方形。残长3.6、残宽2.6、厚0.3厘米，重2.4克。

标本F54：27（#8213；S2903），石镰（刀），残。流纹质熔结凝灰岩。单面刃。残长3.7、宽3.3、厚0.7厘米，重10.9克（图2-199，10）。

标本F54：52（#8721；S3068），石镰半成品。玄武岩。残长9.3、宽6.0、厚1.8厘米，重148.6克（图2-200，1）。

标本F54：25（#8211；S2854），石刀，残破较甚。砂岩。残长3.2、残宽2.0、厚1.1厘米，重10.2克。

标本F54：44（#8310；S2900），石刀半成品，残。富含白云母的熔结凝灰岩。不规则四边形。残长5.4、宽3.9、厚1.5厘米，重45.3克。

标本F54：43（#8822；S3222），石钺断块，磨制光滑。流纹质熔结凝灰岩。残长5.2、残宽2.0、厚0.5厘米，重5.6克。

标本F54：8（#8348；S3356），石镞，前锋残。白云母板岩。平面为柳叶形，横截面为菱形，扁锥形铤。残长6.6、宽1.8、厚0.8厘米，重9.0克（图2–200，2；彩版七七，3）。

标本F54：10（#8212；S3344），石镞，铤略残。绿泥石或绿泥/角闪片岩。平面近柳叶形，横截面为菱形。残长5.0、宽2.4、厚1.0厘米，重15.0克（图2–200，3；彩版七七，4）。

标本F54：1（#8314；S3362），磨石，残。砂岩。平面为不规则圆形，磨面细而平整，表面呈暗红色。长9.8、宽8.9、厚3.7厘米，重366.4克（图2–200，4；彩版七七，7）。

标本F54：12（#8224；S3350），磨石。花斑岩。不规则形。长23.5、宽21.0、厚12.5厘米，重13000.0克（彩版七八，3）。

标本F54：14（#8723；S3270），磨石，残。花斑岩。不规则四边形。长13.4、宽10.6、厚6.8厘米，重1310.0克（图2–200，6）。

标本F54：15（#8727；S3269），磨石，残。砂岩。平面近三角形，磨面极细而平整。长16、宽15.5、厚2.8厘米，重680.1克（彩版七八，8）。

标本F54：17（#8734；S3263），磨石，残。细晶花岗岩。平面为四边形。长10.1、宽9.2、厚1.5厘米，重232.4克。

标本F54：18（#8741；S3262），磨石。花斑岩。平面近方形。长12.7、宽10.3、厚1.8厘米，重367.9克（彩版七八，7）。

标本F54：22（#8721；S2829），磨石，残。砂岩。平面为四边形。长6.3、宽5.9、厚3.1厘米，重88.2克。

标本F54：23（#8308；S2840），磨石，残。砂岩。平面为四边形。长3.1、宽2.7、厚2.8厘米，重27.7克。

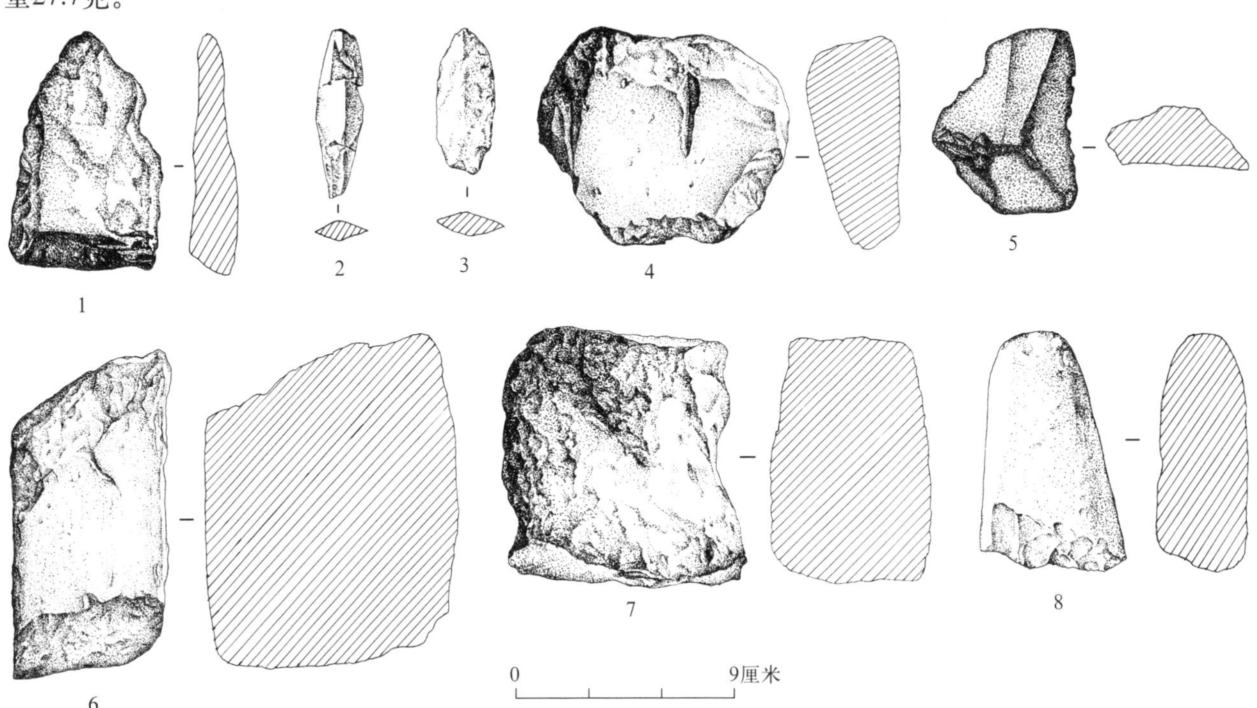

图2–200　一区五期F54、F57出土石器

1．石镰半成品F54：52　2、3．石镞F54：8、F54：10　4、6．磨石残片F54：1、F54：14　5．石片F54：55　7．磨石F54：41　8．石斧F57：1

标本F54：24（#8720；S2842），磨石，残。砂岩。平面为四边形。长5.3、宽3.5、厚2.3厘米，重31.9克。

标本F54：28（#8308；S2909），磨石，一角残。砂岩。平面近椭圆形，磨面细而内凹。长4.7、宽3.1、厚2.2厘米，重39.8克（彩版七八，6）。

标本F54：29（#8734；S2914），磨石，残。砂岩。平面为三角形，磨面平整。长4.2、宽2.9、厚1.8厘米，重22.4克。

标本F54：30（#8754；S2938），磨石，残。砂岩。不规则形。长4.2、宽2.5、厚1.6厘米，重13.6克。

标本F54：32（#8734；S2973），磨石，残。砂岩。不规则形。长2.1、宽1.4、厚1.3厘米，重2.6克。

标本F54：33（#8213；S3010），磨石，残。砂岩。平面为长方形。长5.4、宽2.2、厚1.1厘米，重19.8克。

标本F54：34（#8746；S3011），磨石，残。砂岩。不规则形。长3.0、宽3.0、厚1.5厘米，重13.6克。

标本F54：36（#8754；S3044），磨石，残。砂岩。磨面细而平整。残长5.5、残宽3.4、厚3.1厘米，重65.5克。

标本F54：38（#8224；S3076），磨石，残。花斑岩。不规则形。残长6.7、残宽6.6、厚4.7厘米，重177.2克。

标本F54：39（#8225；S3121），磨石，残。砂岩。不规则形，磨面细而平整，表面呈暗红色。长6.6、宽4.7、厚2.5厘米，重68.6克。

标本F54：40（#8754；S3185），磨石，残。花斑岩。平面为四边形。长5.2、宽4.1、厚1.6厘米，重42.2克。

标本F54：41（#8846；S3197），磨石。花斑岩。平面近方形，磨面粗糙。长9.8、宽9.1、厚7.1厘米，重1100.0克（图2–200，7）。

标本F54：42（#8754；S3205），磨石，残。石英粗面斑岩。磨面平整光滑。残长14.8、残宽8.2、厚7.0厘米，重1065.0克。

标本F54：51（#8754；S3065），磨石。花斑岩。不规则形。长8.6、宽5.9、厚4.5厘米，重205.9克。

标本F54：13（#8225；S3340），打磨/抛光石器。带绿帘石斑点的流纹花岗岩。近椭圆形。长2.7、宽1.7、厚1.2厘米，重8.1克（彩版七七，6）。

标本F54：55（#8720；S2902），可用石片。流纹质熔结凝灰岩。不规则形。长7.6、宽6.5、厚3.2厘米，重122.7克（图2–200，5）。

标本F54：26（#8321；S2861），残石器。花斑状流纹岩。残长5.8、残宽4.1、厚0.5厘米，重13.7克。

标本F54：31（#8213；S2953），残石器，磨制。角闪英安岩。长8.2、宽6.0、厚2.0厘米，重101.1克。

标本F54：54（#8334；S2997），残石器。流纹质熔结凝灰岩。碎成多块，形制不详。重1.1克。

标本F54：50（#8847；S2980），石片。燧石。有使用痕迹。不规则形。长2.4、宽1.6、厚0.3厘米，重1.3克（彩版七七，5）。

标本F54：53（#8754；S3069），微型石片。流纹质熔结凝灰岩。不规则形。长3.1、宽1.1、厚0.5厘米，重2.6克。

标本F54：56（#8822；S2904），内部石片。绿泥石或绿泥/角闪片岩。不规则形。长2.7、宽1.7、厚0.5厘米，重2.2克。

标本F54：57（#8822；S2908），次级石片。绿泥石或绿泥/角闪片岩。不规则形。长3.4、宽2.1、厚0.6厘米，重4.0克。

标本F54：3，甗。夹砂黑陶。侈口，方唇，卷沿，短束颈，圆腹斜收，束腰，腰以下残失。腹壁存四周凸棱，颈下两周凸棱之间有一对泥饼。器表及口沿内壁经磨光处理。口径26.0、腰径12.3、复原高18.0、厚0.4～0.8厘米（图2–201，1）。

标本F54：20，大平底盆，出自西南部基础垫土之中。泥质黑皮陶，褐胎。大敞口，圆唇，卷沿，底部残失。内壁有轮制形成的线形痕迹。内外皆经磨光处理，唇沿有一周凹弦纹。口径35.6、底径23.3、高9.2、厚0.4～0.5厘米（图2–201，2）。

标本F54：21，筒形单耳杯，出自房内西南部第3层垫土内。夹细砂黑陶，含云母。侈口，尖圆唇，近筒形，下部微鼓，近底部折收，平底内凹。下部一侧有窄带形把手。器表经磨光处理，杯外壁饰两周凹弦纹。口径10.3、最大腹径8.7、底径7.0、高12.9、厚0.2～0.5厘米（图2–201，3；彩版七六，3）。

标本F54：16，纺轮，出自房内西部第4层护坡垫土内。泥质灰陶。正圆形，一面平，另一面隆起，中间有孔，隆起的一面边缘有一周凹槽。直径5.0、孔径0.4、最厚处0.9厘米（图2–201，4）。

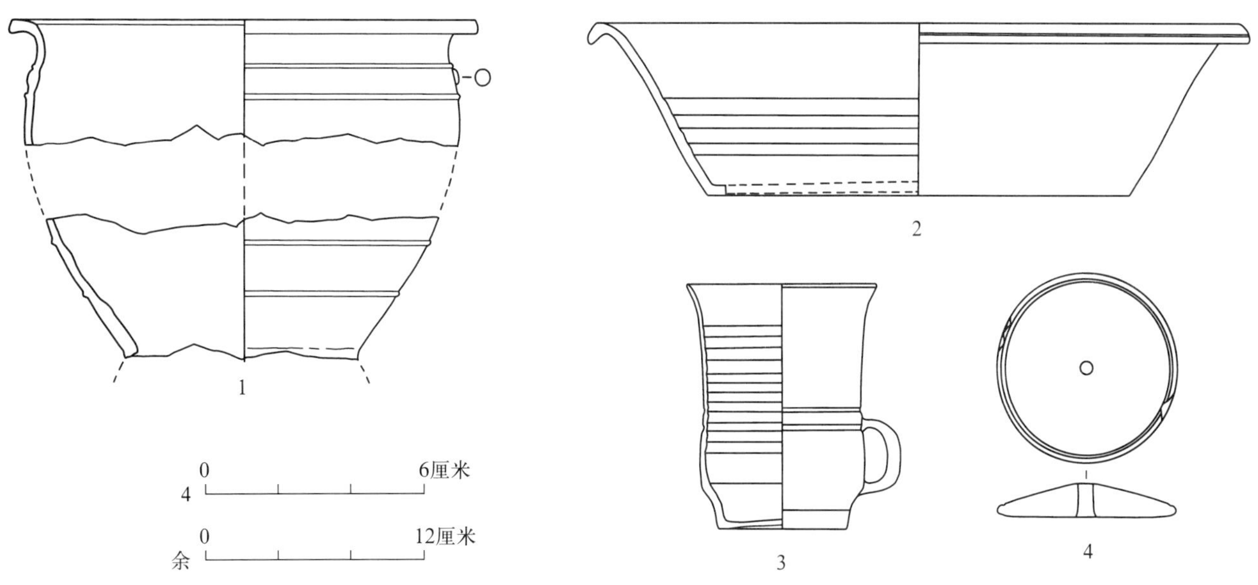

图2–201　一区五期F54出土陶器

1．甗F54：3　2．大平底盆F54：20　3．筒形单耳杯F54：21　4．纺轮F54：16

2．F59

位于E4T2298、T2297、T2347、T2348四个探方之内，南墙之外的室外活动面向南超出了T2297和T2298的南壁，进入尚未发掘的T2247和T2248。F59开口于⑥c层和F54的户外垫土层下，被H320和零星柱坑、柱洞打破，室外活动面也被H372和部分柱坑打破，又叠压F61的东墙外护坡。门道向南，方向约为179.5°（图2-202；彩版七九，1、2）。

F59于2001年11月2日发现并开始清理，8日与F54同日结束，历时7天。由于有了F54的工作经验，这一房址的发掘较为顺利。

房址为地面式建筑，平面略呈长方形，南北长约3.12、东西宽约2.60米，建筑面积约为8.11平方米，使用面积约为5.80平方米。

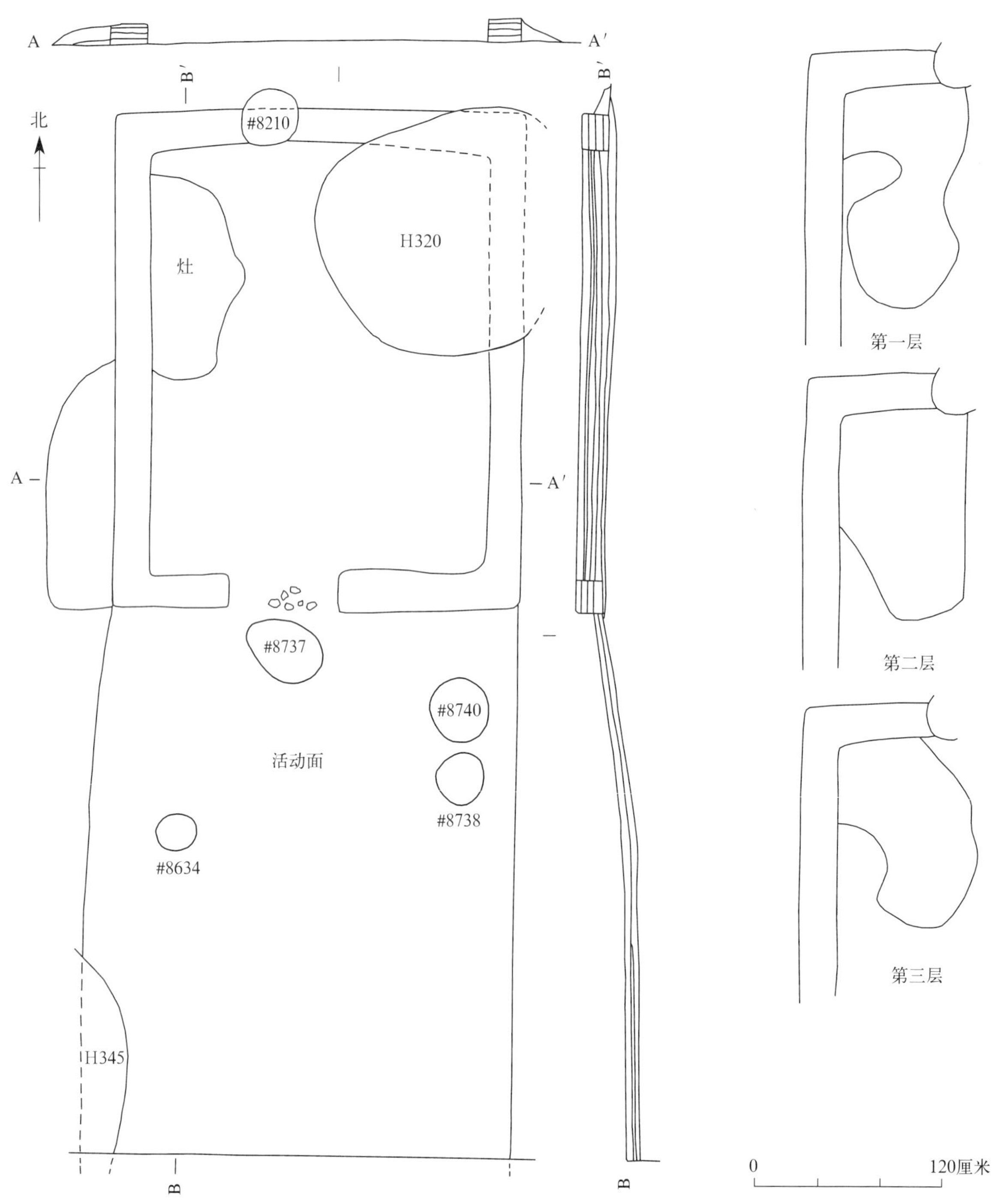

图2-202 一区五期F59平、剖面图及各层灶址平面图

F59保存部分墙体、数层室内居住面、灶址和门道等。

墙体除了东北部被H320破坏较甚之外，其余部分的下部基本保存，残高为0.14～0.18米。墙体较规则，呈长方形，相对较窄，宽度在0.22～0.27米之间。墙体用黄褐色土筑成，明显分层，每层厚度为4.0厘米左右。结构紧密，分选粗且不好，夹杂较多的白色粗砂粒和烧土颗粒。分析有可能为版筑而成，但未发现版筑的痕迹。墙体之下没有发现基槽，系在平整好的地面上直接起建。

室内自上而下有五层堆积土，自第二层开始，每层层表均有居住活动面，并且在每一个居住面比较固定的位置设有灶址。

第一层堆积厚3.0～5.0厘米，主要分布于房内西部和南部近墙处。灰褐色土（2.5YR4/3），夹杂棕褐色黏土块和白色粗砂粒等，分选粗而不好，结构略松。此层可能属于废弃堆积。

第二层垫土主要分布于室内的西部和近南墙位置，可分为两小层：上层甚薄，厚度只有1.0～2.0厘米，黄褐色黏土（10YR6/2），结构紧密，含白色粗砂粒较多；下层略厚，厚度为2.0～6.0厘米，灰褐色土（2.5YR4/3），结构稍紧密，质地较软，包含少量褐色烧土块和黄色粗砂粒。上层表面为经过加工或较长时间践踏的居住活动面，保存状况一般，包括以下几层，均远不如F54居住面的质量。此为F59的第一层居住活动面。在此层居住面的西北部邻墙位置有较好的烧烤面，由于破坏，烧面的形状不规则，残存范围南北长约1.40、东西宽约0.80米。由于较长时间烧烤，邻近的墙体都烤成了红色，应是F59的第一层灶址。

第三层垫土遍布被破坏以外的室内全部，厚度2.0～5.0厘米。黄褐色土（5YR4/1），结构紧密，土质硬，分选粗而不好，夹杂较多的红褐色泥块、粗砂粒、烧土粒和草木灰等，内含绿色粗砂粒较多。层表有居住活动面，质量一般。居住面的西北角有烧烤的灶址，呈暗红色，形状近似长方形，南北长约1.30、东西宽约0.80米。

第四层垫土遍及被破坏部分以外的范围，厚约2.0～4.0厘米。浅灰褐色土（2.5YR5/2），结构较为紧密，土质较硬，夹杂烧土粒和较多的绿色粗砂颗粒。层表为F59的第三个居住活动面，质量一般。居住面的西北部有灶址，形状近似不规则的椭圆形，长约128.0、宽约84.0厘米。

第五层垫土遍及包括墙体之下的房址范围，局部延伸到室外，墙体系从本层地面夯筑，厚约3.0～6.0厘米。黄褐色沙质土（10YR5/3），结构紧密，土质坚硬，分选粗而不好，夹杂有黑色烧土粒和黄色土块，包含较多的白色粗砂，灶址位于居住面的西北部，形状为中部外凸的长方形，南北长约122.0、东西最宽为62.0厘米。

门道比较清楚，位于南墙中部略偏西的位置，宽约0.70米。

墙外还保存着护坡堆积。后墙外因为与F57和F21紧挨着，一部分为H320全部破坏，情况不清楚。东西两侧均发现内高外低的护坡性质堆积。西墙外的护坡主要分布于南半部，南北呈条形，东西宽约0.44米，近墙根处厚，向外渐薄，厚约2.0～16.0厘米。东墙外的护坡西高东低，与F54西墙外的护坡共同构成了两座房子之间的排水沟（G14），向南一直延伸到室外活动面上。

F59南墙外有保存较好的室外活动面。范围比较清楚，西侧基本与西墙平行，由北向南延伸，东侧则以G14为界与F54分隔开来，南界则伸出了T2297和T2298两个探方的南壁，现存宽度约2.80米，南北已清理的范围约为3.60米。整个活动面除了西南角被H345打破、中部被几个柱洞打破之外，基本保存完整。活动面呈北高南低的趋势，已经清理的部分南北两端的高差在0.20米以上。活动面的垫土不厚，整体不到0.20米。自上而下可以分为三层。

上层基本分布整个范围，厚约2.0～5.0厘米。由于此层包含有大量灰绿色粗砂粒，所以整个土层呈现灰绿色，结构紧密，质地坚硬，局部起小层。为F59保存较好的室外活动面。

中层只见于南半部的偏西地段，向南伸出已发掘的探方之外，厚度较薄，只有1.0～2.0厘米，灰色土（7.5YR2.5/1），应是局部铺垫的性质，所以其不单独构成一个活动面。

下层遍及整个部分，厚约3.0～5.0厘米。土色偏灰白（7.5YR2.5/1），结构紧密，土质较硬。层表局部有活动面，不如上层活动面好，可能为F59最早的一个室外活动面。

下层之下直接叠压F61的最上层室外活动面。

在上层活动面之上的西部，也有两小层局部堆积。上层为黑灰色土（5YR2.5/1），面积略大，呈条状，东西宽0.10～0.80、南北已清理长度3.50米。向南伸出已发掘的探方。此层之下有一薄层烧面，形状不规则，面积也较小。这两层堆积也可能与F59有关。

F59和F54东西毗邻，中间只有0.70米的间隔。方向和门道基本一致，特别是在较早阶段，两座房址门前的活动面为同一个地面（F59的室外上层活动面和F54的室外最下一个活动面），而中间以一道宽度为0.12～0.60米的浅水沟为分界。这种现象表明，F59和F54在其早期阶段是同时存在的，或者F59略早一些，即室外下层活动面时期。大约到F54的第三层活动面时期，F59就废弃了，而F54又独自存在了相当长一段时间（图2−197）。

F59和F54虽然毗邻而居，但相互之间分界明显，特别是F59的房间面积虽然比较小，但自始至终都存在着炊煮的灶址，而且两座房址的存续时间不一致。所以，可以认为这两座房屋的主人不是一个共同炊爨的社会基层单位，其居室主人之间血缘关系的远近程度显然不如F39和F65。

标本F59：3（#8133；S3159），磨石，残。花斑岩。平面近方形。长3.7、宽3.2、厚1.6厘米，重22.6克（彩版八〇，1）。

标本F59：4（#8656；S3150），磨石，残。砂岩。平面近方形，磨面较细且内凹。长5.5、宽4.5、厚2.4厘米，重61.6克（彩版八〇，2）。

标本F59：5（#8658；S3129），磨石，残。砂岩。不规则形。残长5.3、残宽3.9、厚2.4厘米，重46.4克。

标本F59：6（#8658；S3173），磨石，残。砂岩。不规则形。残长3.9、残宽1.8、厚1.3厘米，重11.9克。

标本F59：1（#8122；S2972），石磨棒。花斑岩。平面为椭圆形。长5.3、宽2.9、厚2.6厘米，重49.7克（彩版八〇，3）。

标本F59：2（#8132；S3176），石器半成品。绿泥石或绿泥/角闪片岩。平面近圆头梯形，边缘有打制痕迹。长4.2、宽3.3、厚0.9厘米，重15.1克（彩版八〇，4）。

标本F59：7（#8127；S3164），微型石片。砂岩。不规则形。长2.3、宽1.4、厚1.0厘米，重3.7克。

3．F57

位于E4T2300、T2350、T2349、T2348、T2347五个探方。F57实际上不能确定是一座房址，因为只发现了北侧和东侧两条基槽（整体呈拐尺状），西侧和南侧基槽没有发现，而且基槽的长度和宽度都远远超出了龙山文化时期的房址规模。由于有基槽和柱洞等房址要素发现，故这里仍然将其称为房址（图2−203）。

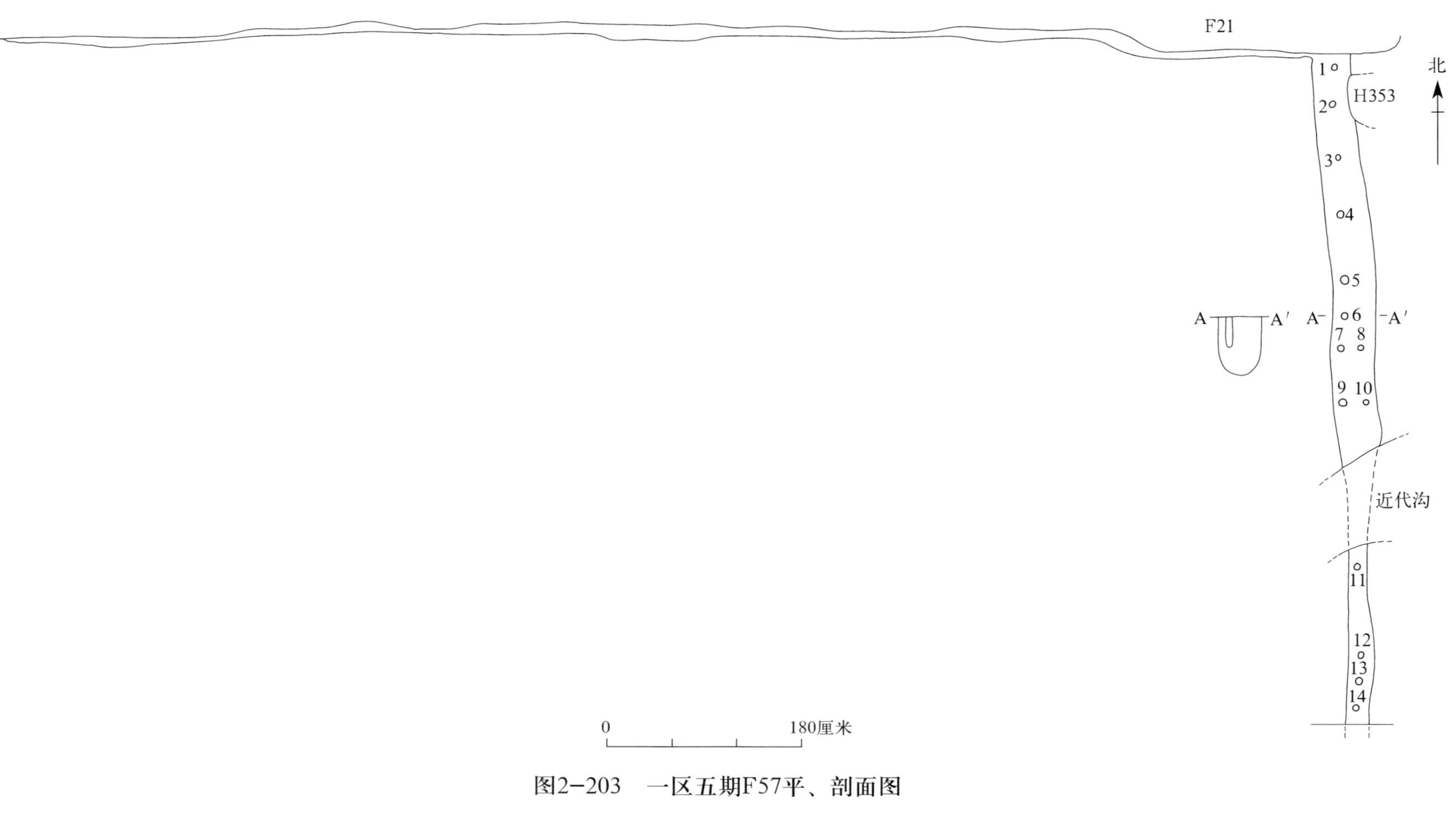

图2-203　一区五期F57平、剖面图

F57开口于⑥c层下，打破⑥e和F54的第3～5层墙外护坡，故其建造时间应与F54的使用时期（或其中一段时间）大体相当。北侧基槽的大部分被F21打破，只保存着窄窄的一条，东侧北部被H353轻微打破，南半部则被近代大坑（编号H35）严重破坏，局部完全破坏，大部分只保存着基槽底部。

北侧基槽只残存内侧宽约0.02～0.15米的边缘部分，基槽西端被F21打破，东西残长12.50米，现存深度约0.16～0.20米。由于F57和F21的方向完全一致，两者交织在一起，开始并未识别出F57，所以其发现的较晚，其原来的深度应超过此数。

东侧基槽的北段保存相对较好，南段则被近代坑破坏，向南伸出现已发掘的探方T2300的南壁。基槽为长条形，南北存长6.34米，基槽口部东西宽约0.36～0.42、深约0.45～0.55米。基槽内发现分布不十分密集的14个小柱洞，柱洞直径为4.0～6.5厘米，北部保存较好的深度为0.25～0.29米，南部破坏较甚的只有0.05～0.16米（表2–38）。

表2–38 F57柱洞登记表 （单位：厘米）

编号	形 状	口径–深	填 土
1	圆形	6–29	灰褐色（7.5YR4/3）
2	圆形	6–25	灰褐色（7.5YR4/3）
3	圆形	4–26	灰褐色（7.5YR4/3）
4	圆形	6–26	黄褐色
5	圆形	7–28	黄褐色
6	圆形	6–29	灰色（7.5YR3/1）
7	圆形	6–25	灰色（7.5YR3/1）
8	圆形	5–27	灰褐色（7.5YR4/3）
9	圆形	6.5–24	灰褐色（7.5YR4/3）
10	圆形	4–24	灰褐色（7.5YR4/3）
11	圆形	6.5–4.5	灰色（7.5YR3/1）
12	圆形	6–4	灰色（7.5YR3/1）
13	圆形	6–4.5	灰色（7.5YR3/1）
14	圆形	6–16	灰色（7.5YR3/1）

基槽填黄褐色土（10YR4/4），夹杂砂粒和炭屑等，分选粗而不好，填土在清理过程中，未发现明显的分层现象。

从F57的分布情况看，其从北、东两侧半包围着F54和F59，表明他们之间存在着密切的关系。在已经发掘的范围内，没有发现有西侧基槽，南侧则因为没有进行发掘而不清楚。就目前的情况分析，F57有可能是F54和F59的围墙一类附属设施。

标本F57：1（#8974；S3428），石斧，下半部残失。角闪英安岩。平面为梯形，横截面为椭圆形。残长9.5、宽5.5、厚3.5厘米，重266.3克（图2–200，8）。

标本F57：2（#8220；S3214），磨石。花岗岩。平面为长条形，磨面较粗糙。长6.9、宽2.6、厚2.2厘米，重56.7克（彩版八〇，5）。

标本F57：4（#8435；S2890），磨石，残。花斑岩。长9.7、宽8.1、厚3.8厘米，重229.4克。

标本F57：5（#8435；S3042），磨石。砂岩。平面近方形，磨面粗糙。长2.0、宽1.9、厚1.1厘米，重5.4克。

标本F57：7（#8435；S3062），磨石，残。花斑岩。平面近方形，磨面微内凹。长4.7、宽4.6、厚2.5厘米，重46.2克。

标本F57：8（#8435；S2911），磨石，残。砂岩。磨面细而内凹。残长8.4、宽7.3、厚2.5厘米，重141.1克（彩版八〇，6）。

标本F57：6（#8435；S3045），残石器。流纹质熔结凝灰岩。平面近长方形。残长5.6、残宽2.5、厚1.3厘米，重27.4克。

这一时期房址之外的零散柱洞共发现31个，遍布各个探方，但分布的规律性不强。其中柱坑3个，柱洞17个，柱坑和柱洞复合的11个（表2-39；图2-204）。

（二）灰坑

灰坑数量较多，共发现36座，形状有圆形、椭圆形和不规则形。灰坑主要分布在东部和西南部两大片，其他位置较少。

1．H212

位于E4T2450北部，开口于⑥c层下，打破⑥d层。近方形，平底（图2-205；彩版八一，1）。坑口长径1.10、短径1.17、深0.80米。填土分为两层，均为浅灰色土（湿7.5YR4/2），出土鼎、罐、杯等较多陶器残片（表2-40）。收集浮选土样1份5升，采集植硅体样品1份100克，采集碳十四测年样品1个。

标本H212：5（#1117；S2259），打磨/抛光石器。近圆形。长1.2、宽1.1、厚0.7厘米，重1.3克（彩版八一，4）。

标本H212②：4，鼎足。细砂黑陶，烧成红褐色。鸟首形足。齿状堆纹较细密。残高11.6厘米（图2-206，1）。

标本H212②：2，小口罐。夹砂黑灰陶。口部残失，弧肩，鼓腹，平底。器表经磨光处理。肩、腹部饰五组凹弦纹，每组一周或两周，相间分布。最大腹径23.0、底径11.0、残高20.6、厚0.6厘米（图2-206，2）。

标本H212②：3，中口罐。夹砂灰陶。直口微侈，圆唇，有颈，圆肩，鼓腹，腹以下残。沿外侧有四个两两相对的横耳。颈下部有两周凸棱，肩、腹部有两组凹、凸弦纹组合，每组有一凸两凹弦纹。口径22.0、残高9.8、厚0.4～0.6厘米（图2-206，3）。

标本H212②：1，鼓腹单耳杯。泥质黑陶。侈口，尖唇，卷沿，粗长颈，腹甚鼓，腹极扁，平底内凹。一侧腹部和口沿之间有窄带状把手痕，把手残失，相对一面有一盲鼻。器表及口沿内侧经磨光处理，素面。口径6.2、最大腹径11.0、底径8.4、高4.6、厚0.2厘米（图2-206，4）。

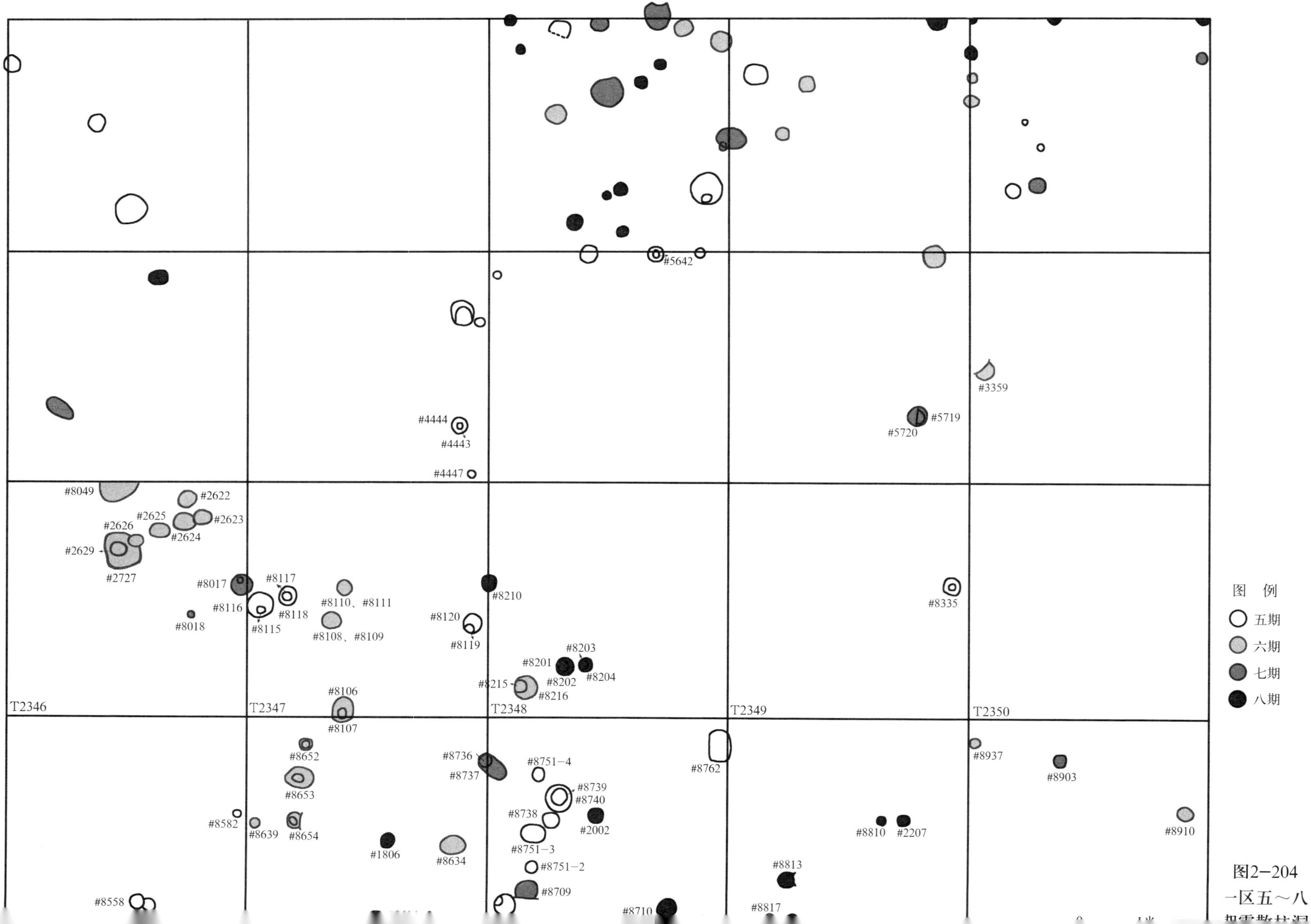

图 例

五期

六期

七期

八期

T2346 T2347 T2348 T2349 T2350

#5642 #3359 #5719 #5720 #4444 #4443 #4447 #8335

#8049 #2622 #2625 #2623 #2626 #2624 #2629 #2727

#8017 #8117 #8116 #8118 #8110、#8111 #8018 #8115 #8108、#8109 #8120 #8119 #8210

#8203 #8201 #8204 #8202 #8215 #8216 #8106 #8107

#8652 #8653 #8582 #8639 #8654 #1806 #8634 #8558

#8736 #8737 #8751−4 #8739 #8740 #8738 #2002 #8751−3 #8751−2 #8709 #8710

#8762 #8937 #8903 #8810 #2207 #8910 #8813 #8817

图2−204 一区五～八

表2-39 第五时期零散柱坑、柱洞登记表

编号		位置	层位	开口海拔（米）		形状		尺寸（直径—深）（厘米）		填土		备注
柱洞	柱坑			柱洞	柱坑	柱洞	柱坑	柱洞	柱坑	柱洞	柱坑	
#8558		E4T2296	⑥c→△→⑥d	16.05		圆形，平底		23–20		黑褐色（10YR3/2）		
#8559		E4T2296	⑥c→△→⑥d	16.09		圆形，平底		21–22				
#8582		E4T2296	⑥c→△→⑥d	16.04		圆形，圜底		12–32		黑色（10YR2/1）		
#8738		E4T2298	F54→△	15.97		圆形，尖底		29–34		灰褐色（10YR3/3）		
#8739	#8740	E4T2298	F54→△	15.97		圆形，平底	圆形，平底	26–24	43–23	灰褐色（10YR4/2）	灰褐色（10YR4/3）	
#8751–1	#8751–1	E4T2298	F54→△→F61	15.62	15.64	圆形，圜底	圆形，平底	12–14	35–22	黑淤土（10YR2/1）	灰褐色（10YR3/2）	
#8751–2		E4T2298	F54→△→F61	15.62		圆形，圜底		22–17		灰褐色（10YR3/3）		
	#8751–3	E4T2298	F54→△→F61		15.73		椭圆形，圜底		(42–30)–28		灰褐色（10YR3/3）	
#8751–4		E4T2298	F54→△→F61	15.81		圆形，圜底		24–16		灰褐色（10YR3/2）		
	#8762	E4T2298	F54→△→F61		15.8		长方形，平底		(55–35)–24		浅灰褐色（7.5YR4/3）	
#8335	#8335	E4T2349	F54→△	16.14		圆形，圜底	圆形，平底	12–22	30–21	灰褐色	红褐色（7.5YR3/3）	
#8115	#8116	E4T2347	⑥c→△→⑥d	16.09		圆形，圜底	圆形，圜底	14–54	45–12	灰褐色（2.5YR5/1）	浅灰色（Gley16/N）	
#8117	#8118	E4T2347	⑥c→△→⑥d	16.07		圆形，平底	圆形，平底	16–18	32–7	灰褐色	黄褐色（5YR4/2）	
#8119	#8120	E4T2347	⑥c→△→F59	16.15		圆形，圜底	圆形，圜底	16–56	32–26	深灰色	灰褐色（2.5YR4/3）	
#4442	#4442	E4T2397	⑥c→△→⑥d	15.86		圆形，平底	圆形，圜底	32–50	44–12	灰黑色（1Glay2.5/N）	灰黑色（Glay2.5/N）	

#4443	#4444	E4T2397	⑥c→△→⑥d	15.81		圆形，平底	圆形，平底	10–50	28–34	灰褐色（7.5YR4/2）	浅褐色（7.5YR3/3）	
#4446		E4T2397	⑥c→△	15.77		圆形，圜底		16–23		灰褐色（7.5YR4/3）		
#4447		E4T2397	⑥c→△	15.76		圆形，圜底		12–22		黑褐色（7.5YR2/2）		
#5628		E4T2398	⑥c→△→⑥d、⑦a	15.91		圆形，平底		30–22		浅黄色（10YR7/4		
#5642	#5643	E4T2398	⑥c→△	15.94		圆形，平底	圆形，平底	12–20	27–20	灰色（7.5YR4/1）	灰色（7.5YR4/1）	
#5644		E4T2398	⑥c→△	15.97		圆形，尖底		13–47		灰色（7.5YR4/1）		
#923–1		E4T2446	⑥c→△→F40	15.67		圆形，圜底		28–39		灰褐色（7.5YE4/2）		
#923–2		E4T2446	⑥c→△→F38	15.72		圆形，圜底		28–16		浅灰褐色（7.5YR3/2）		
	#923–3	E4T2446	⑥c→△→F38		15.7		圆形，圜底		53–26		灰褐色（7.5YR4/2）	
#5856	#5856	E4T2448	⑥c→△→⑥d	15.96		圆形，圜底	圆形，斜底	18–93	55–85	灰褐色	黑褐色（7.5YR2.5/2）	
#5860		E4T2448	H224→△	15.84		圆角方形，平底		36–60			黑褐色（2.5YR2.5/1）	
#5877		E4T2448	⑥c→△→⑥d	16		圆形，圜底		16–24		灰色		
	#5937	E4T2449	H246→△		16.07		圆形，圜底		40–47		黑灰色（2.5YR4/3）	
#1149		E4T2450	⑥c→△	15.94		圆形，圜底		10–13		灰色（10YR4/2）		
#1150		E4T2450	⑥c→△	15.93		圆形，圜底		11–10		灰色（10YR4/2）		
#1151		E4T2450	⑥c→△	15.97		圆形，圜底		25–40		灰色（10YR4/2）		

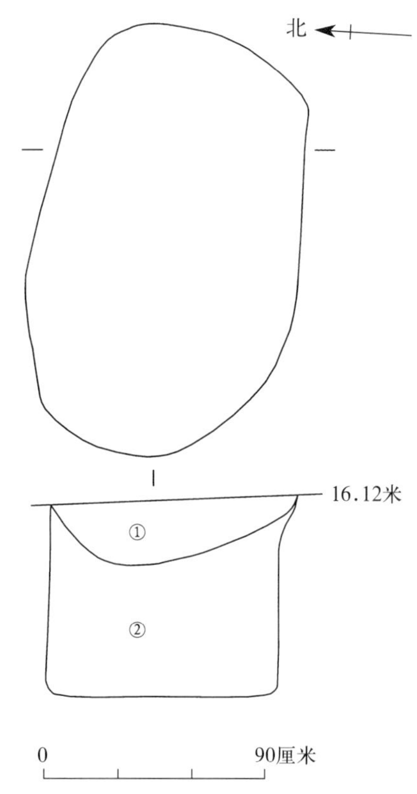

图2-205　一区五期H212平、剖面图

表2-40　H212陶片统计表

纹饰＼数量＼陶质陶色	泥质			夹砂					总计	百分比（%）
	黑	灰	合计	黑	灰	褐	白	合计		
凸弦纹	15		15	22		5		27	42	2.42
凹弦纹	9		9	28	6	1		35	44	2.52
堆　纹						7		7	7	0.40
泥　饼	1		1	4				4	5	0.29
盲　鼻	5		5			1		1	6	0.35
素　面	432	23	455	882	49	230	15	1176	1631	93.95
花　边				1				1	1	0.06
累　计	462	23	485	937	55	244	15	1251	1736	
百分比（%）	26.61	1.32	27.94	53.97	3.17	14.06	0.86	72.06	100	
重量（千克）	1.93	0.16	2.09	6.76	0.33	1.71	0.1	8.9	10.99	

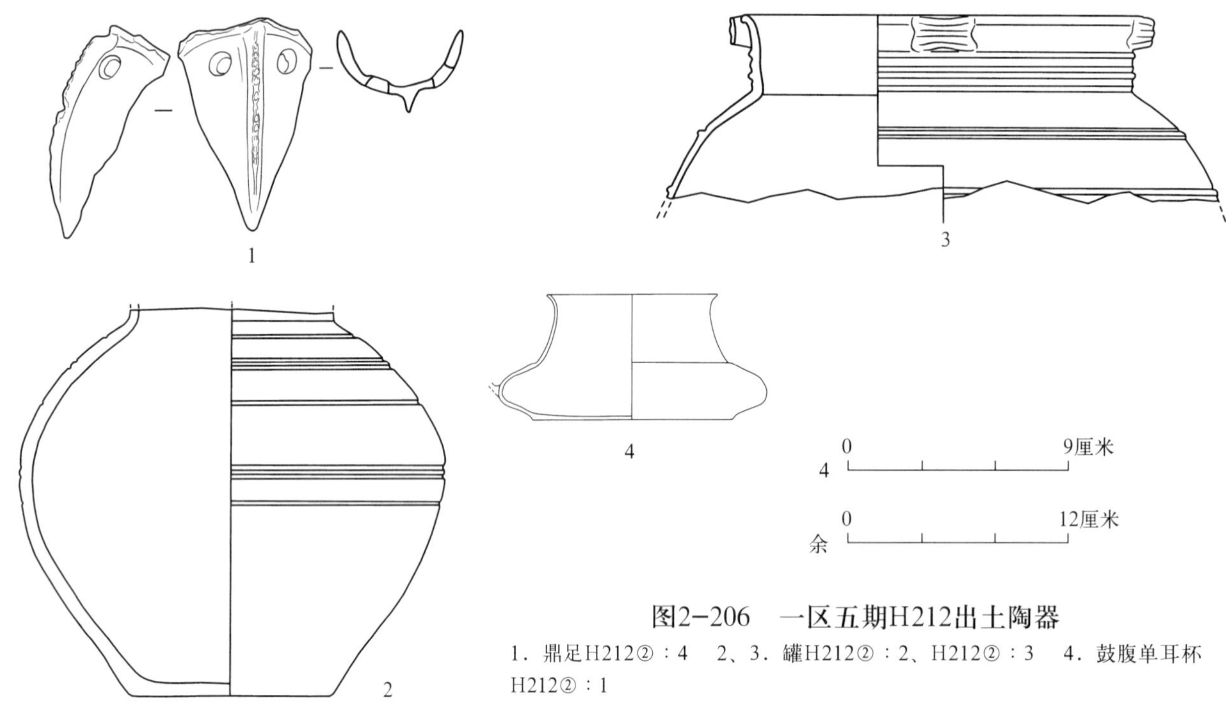

图2-206　一区五期H212出土陶器

1. 鼎足H212②：4　2、3. 罐H212②：2、H212②：3　4. 鼓腹单耳杯H212②：1

2. H255

位于E4T2450西部，开口于⑥c层下，打破H256。近圆形，圜底（图2-207）。坑口直径0.58、深0.28米。填灰褐色土（7.5YR4/4），出土残石器和器盖等陶器残片。

标本H255：2（#1142；S2206），磨石，残。花斑岩。磨面平整而颗粒略粗。长5.5、宽3.7、厚2.1厘米，重66.4克（彩版八一，5）。

标本H255：3（#1142；S2233），打磨/抛光石器。平面为椭圆形。长2.6、宽1.6、厚1.0厘米，重5.6克。

标本H255：1，覆盘形器盖。泥质黑陶。顶及纽残，弧形盖面，近底部圆折，窄平沿，沿面有一周凹槽。外表经磨光处理。盖面上有两周凹弦纹。口径26.0、残高4.5、厚0.4～0.6厘米（图2-207，1）。

3. H284

位于E4T2399、T2400、T2349、T2350四个探方之间，开口于⑥c层下，被F21打破。梯形，平底，残长3.30、宽2.68、深0.09～0.24米（图2-208）。填土分为两层，上层为灰色土（10YR5/1），下层为灰褐色土（7.5YR4/2），出土石锛等石器和大口尊、鼎、罐、盆、器盖等陶器残片（表2-41）。

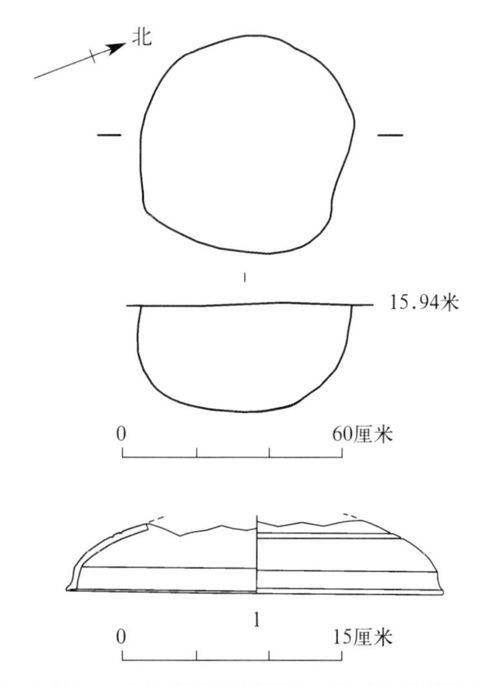

图2-207　一区五期H255平、剖面图及出土器盖

1. 覆盘形器盖H255：1

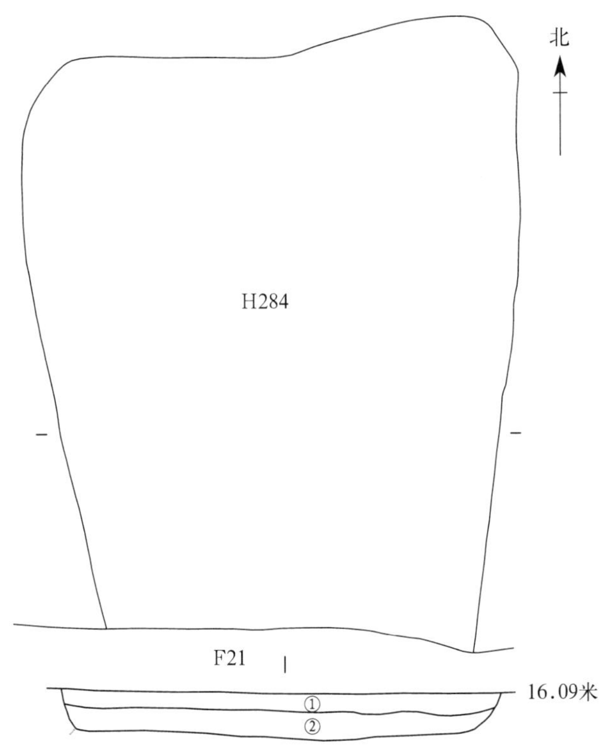

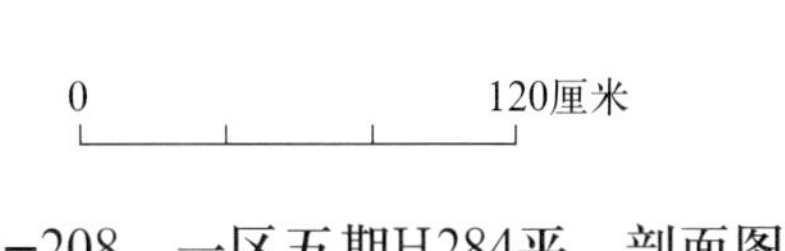

图2-208　一区五期H284平、剖面图

表2-41　H284陶片统计表

陶质 / 陶色 / 数量 / 纹饰	泥质				夹砂				总计	百分比（%）
	黑	灰	褐	合计	黑	灰	褐	合计		
凸弦纹	14			14	27	8	5	40	54	4.11
凹弦纹	36		1	37	76	11	1	88	125	9.51
篮　纹					1			1	1	0.08
堆　纹	1			1	6	1	1	8	9	0.68
泥　饼	1			1	1			1	2	0.15
盲　鼻	2			2	2			2	4	0.30
镂　孔							3	3	3	0.23
刻划纹	1			1					1	0.08
素　面	381	21	10	412	526	106	70	702	1114	84.78
花　边					1			1	1	0.08
累　计	436	21	11	468	640	126	80	846	1314	100
百分比（%）	33.18	1.60	0.84	35.62	48.71	9.59	6.09	64.38	100	
重量（千克）	4.17	0.47	0.1	4.74	9.62	2.08	1.06	12.76	17.5	

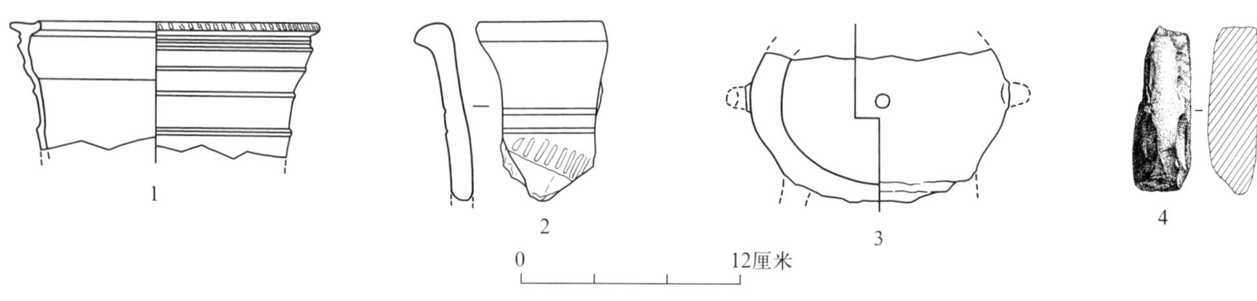

图2-209　一区五期H284出土器物

1. 盆形鼎H284①：2　2. 大口尊残片H284②：3　3. 鼎形器H284②：4　4. 石锛H284②：1

标本H284②：1（#5749；S1786），石锛。流纹质熔结凝灰岩。平面和横截面均为长方形。长8.8、宽3.1、厚2.9厘米，重125.7克（图2-209，4；彩版八二，1）。

标本H284②：5（#5749；S1773），石镰半成品。流纹质熔结凝灰岩。平面为三角形。长6.8、宽5.5、厚1.3厘米，重45.1克。

标本H284①：10（#5742；S1774），磨石，残。花斑岩。平面为不规则形，磨面颗粒细而微内凹。长11.8、宽6.7、厚3.7厘米，重302.9克（彩版八二，2）。

标本H284①：12（#8361；S3202），磨石。花斑岩。平面为长条形。长19.0、宽10.0、厚7.0厘米，重1645克（彩版八二，3）。

标本H284②：8（#5749；S1780），磨石，残。砂岩。磨面颗粒较粗。长2.2、宽1.8、厚1.1厘米，重6.1克。

标本H284②：9（#5749；S1784），磨石，残。花斑岩。平面为五边形。长4.3、宽3.4、厚2.3厘米，重38.8克。

标本H284①：11（#5742；S1779），石臼。花岗岩。不规则五边形。长10.5、宽8.7、厚3.8厘米，重359.5克（彩版八二，4）。

标本H284②：7（#5749；S1816），打磨/抛光石器。不规则圆形。长1.1、宽0.8、厚0.6厘米，重0.8克。

标本H284②：6（#5749；S1790），石料。绿泥石或绿泥/角闪片岩。不规则形。长2.5、宽1.8、厚0.4厘米，重2.2克。

标本H284①：2，盆形鼎。夹砂灰陶。敛口，方唇，平折沿，沿面有一周凹槽，上腹微鼓外张，下腹较直，以下残。口沿唇部刻压成齿纹花边，外表有四周凸弦纹。口径16.8、残高6.8、厚0.4～0.6厘米（图2-209，1）。

标本H284②：4，鼎形器。泥质黑陶。厚胎，圆鼓腹，有圈足痕。腹部一周凹弦纹，上饰一泥饼。残高8.0、厚1～1.7厘米（图2-209，3）。

标本H284②：3，大口尊残片。夹砂红褐陶，厚胎。直口，圆唇，近直腹，下残。上腹部有两周浅凹弦纹，凹弦纹以下饰斜篮纹。残高9.8、厚1.1～2.1厘米（图2-209，2）。

4．H288

位于T2445，开口于⑥c层下，被F36叠压。近圆形，斜壁平底。坑口直径1.04、深0.15米（图2-210）。填黑褐色土（5YR2.5/1），出土石器和可复原陶器有甗、杯、器盖等和较多陶器残片（表

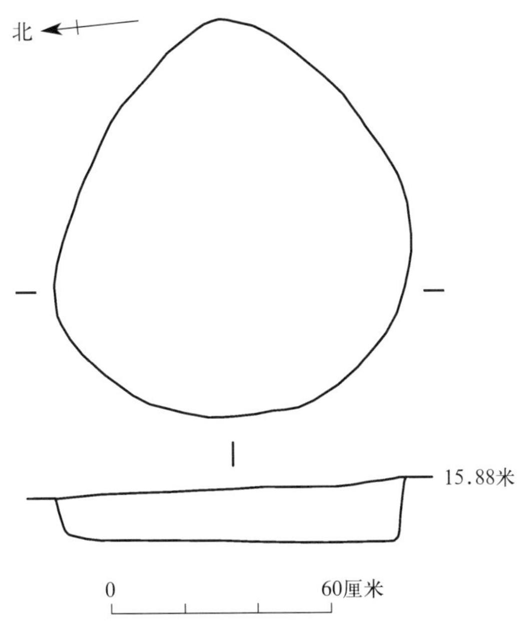

图2-210　一区五期H288平、剖面图

表2-42　H288陶片统计表

陶质/陶色/数量/纹饰	泥质	夹砂				总计	百分比（%）
	黑	黑	灰	红褐	合计		
凸弦纹	8	3		4	7	15	3.59
凹弦纹	5	8	3		11	16	3.83
泥　饼			1		1	1	0.24
盲　鼻	2					2	0.48
素　面	64	180		140	320	384	91.87
累　计	79	191	4	144	339	418	100
百分比（%）	18.90	47.13	0.96	34.45	81.10	100	
重量（千克）	0.50	1.56	0.09	0.74	2.39	2.89	

2-42）。收集浮选土样1份5升。

标本H288：1（#1386；S2062），石刀半成品，残。绿泥石或绿泥/角闪片岩。平面为四边形。残长5.0、宽4.0、厚1.4厘米，重43.9克。

标本H288：4，甗。夹砂黑陶。侈口，方唇，卷沿，束颈，沿面有宽浅凹槽，斜腹，束腰，分裆肥硕袋足，实足尖较高。腹有三周宽凹弦纹，肩部饰一对泥饼。口径21.0、高40.0、厚0.3～0.6厘米（图2-211，1）。

标本H288：2，单耳罐。夹砂灰陶。侈口，圆唇，粗长颈，窄肩，鼓腹，小平底内凹。一侧

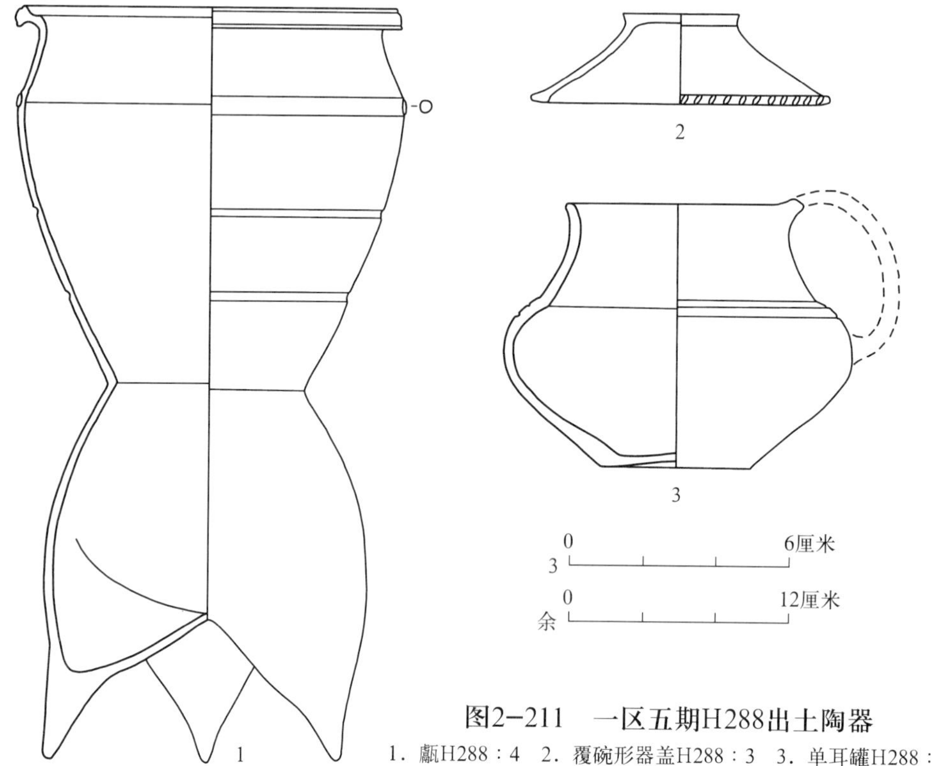

图2-211　一区五期H288出土陶器
1. 甗H288：4　2. 覆碗形器盖H288：3　3. 单耳罐H288：2

口沿与腹之间有把手，残。肩部有两周凹弦纹。口径6.0、底径4.0、高7.4、厚0.1～0.25厘米（图2-211，3）。

标本H288：3，覆碗形器盖。夹砂黑陶。平顶，盖面微凹，唇面饰一周按压纹饰。顶径6.4、高4.8、口径16.4、厚0.3～0.4厘米（图2-211，2）。

5．H348

位于E4T2346，开口于H338下，打破⑥d层和H343。椭圆形，平底（图2-212）。坑口长径1.00、短径0.72、深0.34米。填土分为两层：第1层较薄，灰色土（7.5YR 4/1）；第2层较厚，为松软的黑灰色土（7.5YR 2.5/1）。出土有鼎、鬶、盆、圈足盘、豆、杯、箅子、器盖等陶器残片（表2-43）。收集浮选土样1份20升，采集植硅体样品1份20克。

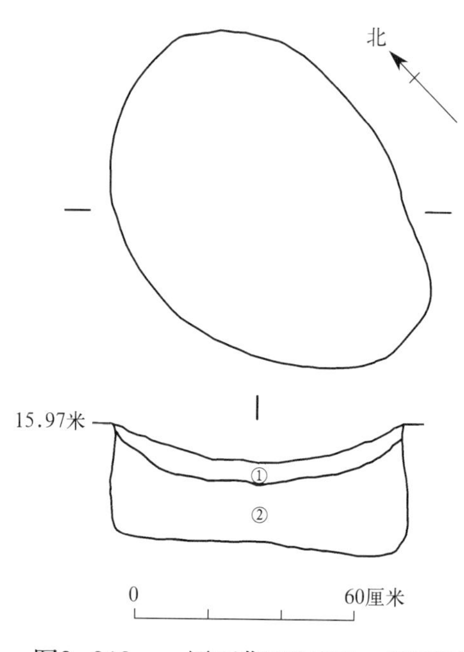

图2-212　一区五期H348平、剖面图

标本H348②：6，大平底盆。泥质黑陶，深灰胎。敞口，圆唇，曲腹，平底残失。内外均经磨光处理，素面。口径17.6、底径13.6、高4.76、厚0.4～0.5厘米（图2-213，1；彩版八四，1）。

标本H348②：13，圈足盘。夹砂黑陶。直口微内敛，方唇，平折沿，折腹，以下残失。折腹处有一对横耳。内外表均经磨光处理，素面。口径30.0、残高3.7、厚0.4～0.5

表2-43　H348陶片统计表

陶质/陶色/数量/纹饰	泥质			夹砂					总计	百分比（%）
	黑	灰	合计	黑	灰	褐	白	合计		
凸弦纹	10		10	7	3	1		11	21	2.03
凹弦纹	8	1	9	22	4			26	35	3.38
堆　纹						2		2	2	0.19
泥　饼	2		2	2				2	4	0.39
盲　鼻	2		2						2	0.19
镂　孔	1		1						1	0.10
刻划纹	2		2						2	0.19
花　边						1		1	1	0.10
素　面	463	9	472		398	18	80	496	968	93.44
累　计	488	10	498	31	405	22	80	538	1036	100
百分比（%）	47.10	0.97	48.07	2.99	39.09	2.12	7.72	51.93	100	
重量（千克）	1.90	0.04	1.94	0.41	3.06	0.34	0.32	4.13	6.07	

厘米（图2-213，2）。

标本H348②：4，碗。泥质黑陶，含有极少量云母。敞口，圆唇，折腹，假圈足状平底，内凹较甚。内外均经磨光处理，素面。口径15.6、底径10.8、高5.2、厚0.2～0.4厘米（图2-213，3）。

标本H348②：1，豆。泥质黑陶，灰胎。豆盘略深，圆唇，卷沿，折腹，盘底下凹，筒形豆柄，圈足下部残失。内外均经磨光处理。豆盘中部有一周凸弦纹，豆柄中部有一周凸棱。口径15.6、残高9.8、厚0.15～3.0厘米（图2-213，4）。

标本H348②：5，豆，残存盘部。泥质黑陶。盘较深，敞口，圆唇，折腹，盘底和柄部残失。内外均经磨光处理，盘外壁有两周凸棱，并残余盲鼻一个（应为一对）。口径14.4、残高3.0、厚0.15～0.2厘米（图2-213，5）。

标本H348②：3，鼓腹单耳杯。泥质黑陶，胎和内壁为黄褐色。圆唇，粗长颈显著外斜，鼓腹较甚，下腹斜收，平底内凹。一侧腹部与口沿之间有扁带形把手，大部残失。内壁有轮制留下的瓦棱痕迹，颈腹交界处有阶状凸起。口径5.6、最大腹径9.6、底径4.0、高7.4、厚0.15～0.35厘米（图2-213，6）。

标本H348②：10，箅子。夹砂黑陶。平面应为长条形，周边高起，内里为长条形镂孔。厚0.8～2.0厘米（图2-213，7）。

标本H348②：11，覆碗形器盖。夹砂灰陶。顶残，盖面微隆，窄沿外端上翘。器表经磨光处理，素面。口径22.0、残高4.4、厚0.4～0.5厘米（图2-213，8）。

标本H348②：12，覆碗形器盖。夹砂黑陶。顶残，盖面斜直，平沿外伸，沿面有一周凹槽。器

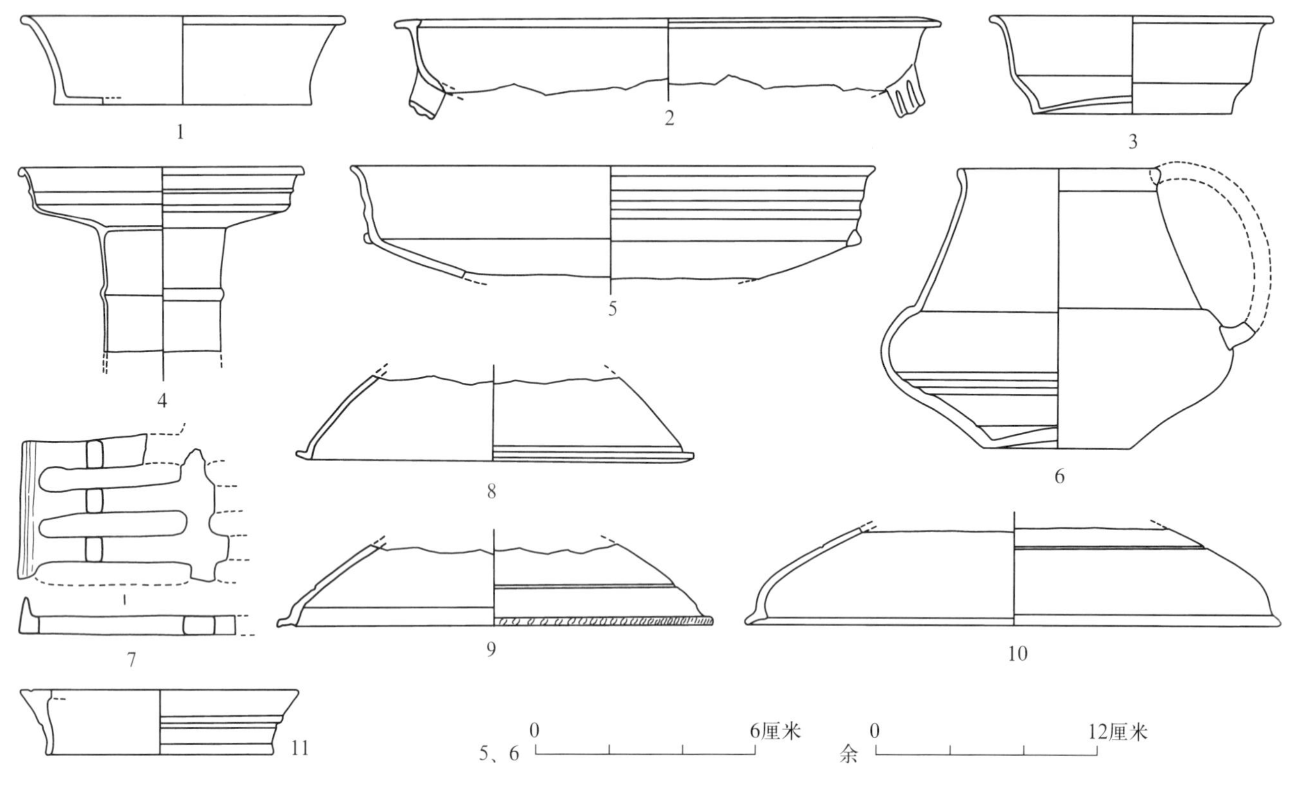

图2-213　一区五期H348出土陶器

1．大平底盆H348②：6　2．圈足盘H348②：13　3．碗H348②：4　4、5．豆H348②：1、H348②：5　6．鼓腹单耳杯H348②：3　7．箅子H348②：10　8、9．覆碗形器盖H348②：11、H348②：12　10．覆盘形器盖H348②：8　11．矮筒形器盖H348②：7

表经磨光处理。口沿的唇部刻压成麦粒状花边，盖面有一周凹弦纹。口径24.0、残高3.8、厚0.4～0.5厘米（图2-213，9）。

标本H348②：8，覆盘形器盖。泥质黑陶，灰胎。顶部残失，盖面斜直，尖圆唇，唇沿外伸，斜平沿，沿面有一周深凹槽。器表经磨光处理，盖面中部有一周凹弦纹。口径29.2、残高5.2、厚0.3～0.5厘米（图2-213，10）。

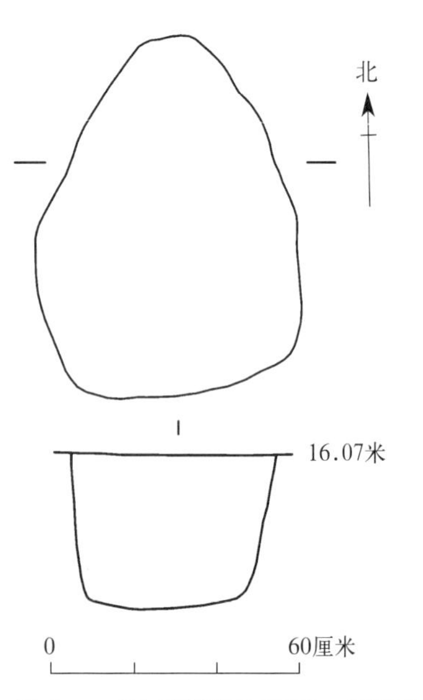

图2-214　一区五期H349平、剖面图

标本H348②：7，矮筒形器盖。泥质黑陶，黄褐胎。顶面残失，盖壁内斜，圆唇。器表经磨光处理。顶面边缘有一周凹槽，外壁中部有一组相间的凸弦纹和凹弦纹组合。顶径15.2、口径12.4、高3.4、厚0.3～1.2厘米（图2-213，11；彩版八四，2）。

6．H349

位于E4T2346、T2296之间，开口于⑥c层下，打破⑥d层。近椭圆形，直壁，平底（图2-214）。坑口长径0.84、短径0.64、深0.43米。填灰褐色土（7.5YR 4/2），出土可复原陶片的器形有鼎、罐、圈足盘、器盖等。

标本H349：2，中口罐。夹砂黑陶，含云母。侈口，圆唇，折沿，沿内侧有一周凹槽，圆肩，鼓弧腹位置靠上，下腹斜收，平底。器壁上部及内侧口沿经磨光处理，颈下饰两周凹弦纹。口径14.4～14.9、最大腹径18.1、底径9.6、高18.6、厚0.3～0.8厘米（图2–215，1）。

标本H349：3，中口罐。夹砂黑陶，含云母。侈口，圆方唇，折沿，沿内侧有一周凹槽，溜肩，圆腹，器体稍高，平底内凹。素面。口径13.8、最大腹径16.2、底径7.8、高17.0、厚0.26～0.62厘米（图2–215，2；彩版八四，3）。

标本H349：4，圈足盘。泥质黑陶。浅盘，敞口，宽平沿，折腹，平底，圈足残失。折腹处有一对横耳。内外表均经磨光处理，素面。圈足径12.0、残高4.6、厚0.4～0.6厘米（图2–215，3）。

标本H349：1，覆盘形器盖。夹砂红陶，外表已被腐蚀去一层。弧形顶，盖壁内折，圆唇，唇沿外伸。盖面顶部有一个小泥饼。口径11.8、高3.3、厚0.2～0.4厘米（图2–215，4；彩版八四，4）。

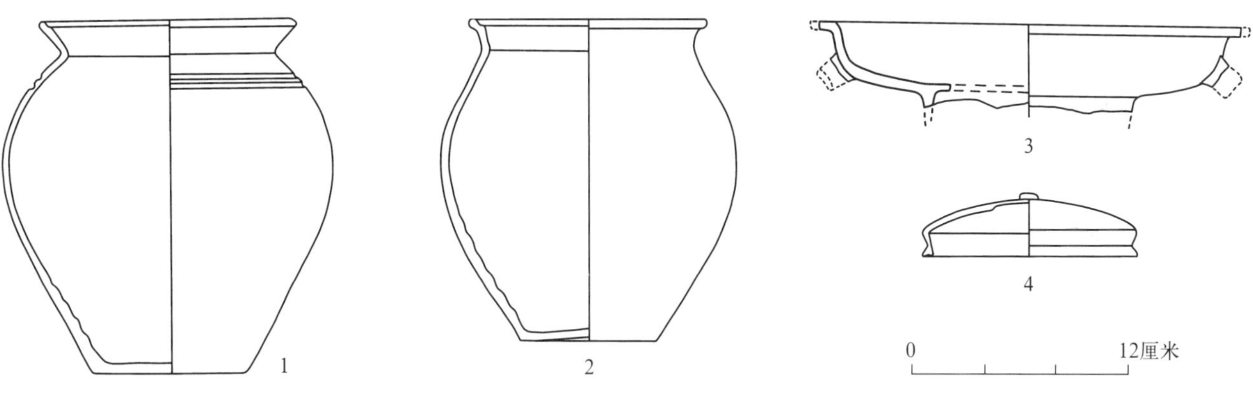

图2–215　一区五期H349出土陶器

1、2．中口罐H349：2、H349：3　3．圈足盘H349：4　4．覆盘形器盖H349：1

7．H351

位于E4T2300东南部，开口于⑥c层下，打破第⑦层。椭圆形，斜壁，底近平（图2–216）。坑口长径1.04、短径0.78、深0.30米。填土分为两层，上层为黄色土（7.5YR4/6）；下层为黑色土（5YR2.5/1）。出土鼎、罐、盆、杯、圈足盘、器盖等残片（表2–44）。收集浮选土样1份20升。

标本H351②：7，盆形鼎。夹砂灰陶。敛口，尖唇，斜平沿，沿面有浅凹槽，腹壁斜直，折腹以下部分残。唇沿刻压成齿状花边，沿下有横耳残痕。口径24.0、残高5.4、厚0.25厘米（图2–217，1）。

标本H351②：3，中口罐。夹砂灰陶。侈口，尖唇，折沿，溜肩，鼓腹，底残。肩部饰三周凹弦纹。口径12.8、最大腹径14.0、残高11.8、厚0.3厘米（图2–217，3）。

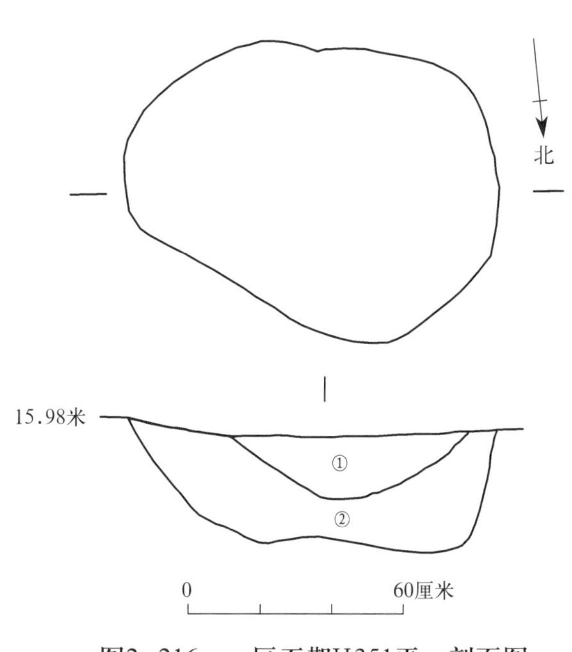

图2–216　一区五期H351平、剖面图

表2-44　H351陶片统计表

数量 纹饰 ＼ 陶质 陶色	泥质				夹砂				总计	百分比（%）
	黑	灰	褐	合计	黑	灰	褐	合计		
凸弦纹	8			8	18	3	2	23	31	4.53
凹弦纹	11			11	41	4		45	56	8.18
堆　纹							2	2	2	0.29
泥　饼					2			2	2	0.29
盲　鼻	1			1	2			2	3	0.44
素　面	162	5	10	177	300	54	60	414	591	86.28
累　计	182	5	10	197	363	61	64	488	685	100
百分比（%）	26.57	0.73	1.46	28.76	52.99	8.91	9.34	71.24	100	
重量（千克）	2.76	0.06	0.03	2.85	7.52	1.31	1.11	9.94	12.79	

标本H351②：6，罐。夹砂红陶。侈口，圆唇，折沿，溜肩。口径24.0、残高7.4、厚0.5厘米（图2-217，2）。

标本H351①：1，大平底盆。泥质黑陶。敞口，圆唇，卷沿，斜腹内收，下残。内外表均经磨光处理，素面。口径38.0、残高8.2、厚0.5～0.7厘米（图2-217，4）。

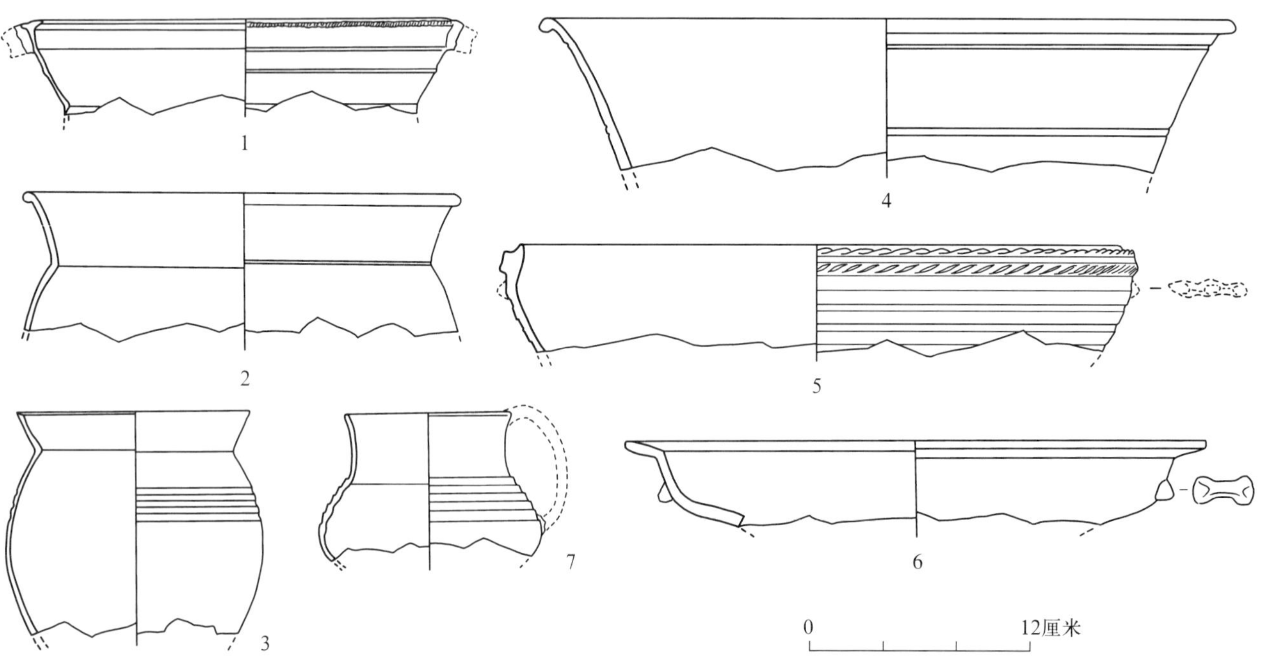

图2-217　一区五期H351出土陶器

1．盆形鼎H351②：7　2、3．罐H351②：6、H351②：3　4．大平底盆H351①：1　5．匜H351②：5　6．圈足盘H351①：2　7．鼓腹单耳杯H351②：4

标本H351②：5，匜。夹砂灰陶。敛口，沿面内侧凸起，斜腹，下部残。沿下有鸡冠耳痕迹。内外表均经磨光处理。唇沿压印成两排花边，上为索状，下为短斜条，腹壁残存三周凹弦纹。内径32.0、残高5.6、厚0.5厘米（图2-217，5）。

标本H351①：2，圈足盘。泥质黑陶。敞口，圆唇，宽斜沿，浅盘，圆折腹，以下残失。内外表均经磨光处理。折腹处残有一盲鼻。口径32.0、残高4.4、厚0.5～0.6厘米（图2-217，6）。

标本H351②：4，鼓腹单耳杯。夹砂黑陶。侈口，粗长颈，溜肩，鼓腹，以下残。口沿与腹之间有把手痕迹。肩部有六周阶状凸棱纹。口径9.4、残高7.4、厚0.3厘米（图2-217，7）。

8．H353

位于E4T2350西部，开口于⑥c层下，打破⑥d层。三角形，直壁，平底（图2-218）。坑口长径0.62、深0.28米。填灰褐色土（7.5YR4/3），出土瓮等陶器残片（表2-45）。

标本H353：1，瓮。夹砂灰陶。直口，方唇，窄沿，沿面浅凹槽，直颈，广斜肩，以下残。颈部有一周凹弦纹，肩部存两周凸棱。口径16.0、残高8.0、厚0.3～0.5厘米（图2-220，3）。

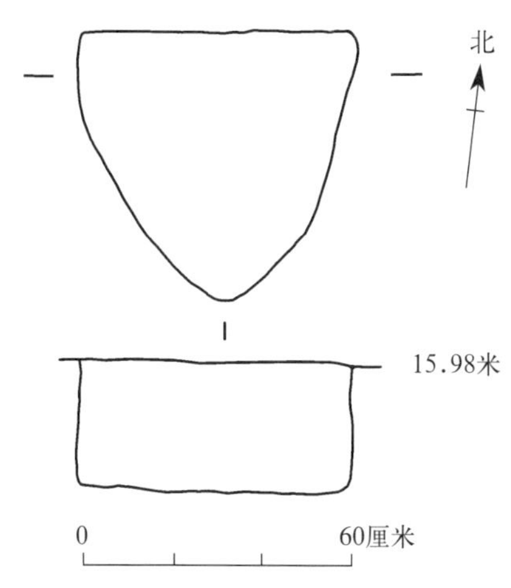

图2-218　一区五期H353平、剖面图

表2-45　H353陶片统计表

陶质/陶色/数量/纹饰	泥质			夹砂				总计	百分比（%）
	黑	灰	合计	黑	灰	褐	合计		
凸弦纹	5		5	8	9		17	22	7.26
凹弦纹	6		6	9	1		10	16	5.28
素　面	90	12	102	124	13	26	163	265	87.46
累　计	101	12	113	141	23	26	190	303	100
百分比（%）	33.33	3.96	37.29	46.53	7.59	8.58	62.71	100	
重量（千克）	0.62	0.13	0.75	1.03	0.38	0.13	1.54	2.29	

9．H359

位于E4T2350东南角，开口于⑥c层下，打破⑥d、⑥e层。椭圆形，直壁，平底（图2-219）。坑口长径1.08、短径0.52、深0.30米。填灰褐色土（7.5YR3/2），出土鼎、箅子等陶器残片。

标本H359：3（#8430；S3387），石镞，前锋残失。绿泥石或绿泥/角闪片岩。平面为柳叶形，横截面为菱形。残长6.9、宽2.5、厚0.8厘米，重15.6克（彩版八二，5）。

标本H359：1，罐形鼎。夹细砂黑灰陶。侈口，尖圆唇，折沿，溜肩，圆腹，以下残。器表及

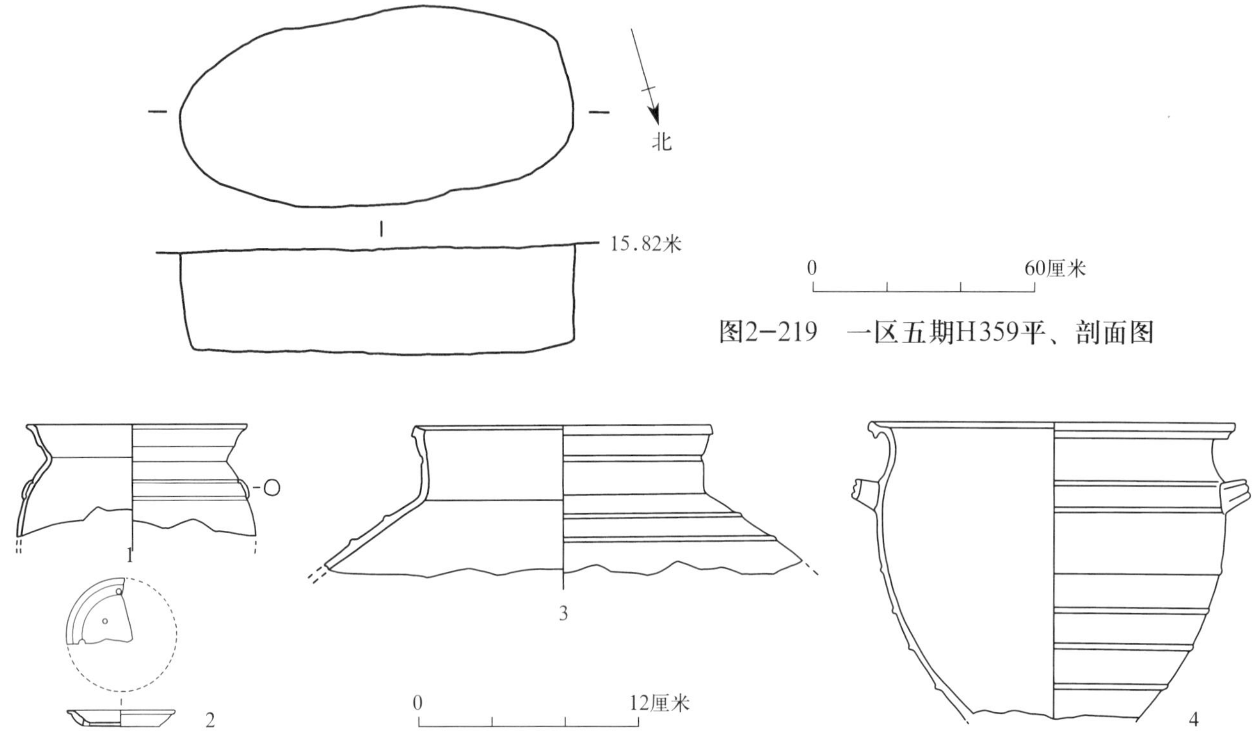

图2-219　一区五期H359平、剖面图

图2-220　一区五期H353、H359、H362出土陶器

1．罐形鼎H359：1　2．箅子H359：2　3．瓮H353：1　4．甑H362：1

口沿内壁磨光。肩部饰两周凹弦纹，其上有一对泥饼。口径12.0、残高6.0、厚0.2～0.3厘米（图2-220，1）。

标本H359：2，箅子。夹细砂灰陶。浅盘形，敞口，斜壁，平底，底部有细圆孔。口径6.0、底径4.1、高0.8、厚0.15厘米（图2-220，2）。

10．H362

位于E4T2300东南部，开口于H363下，打破第⑦层。圆形，圜底（图2-221）。坑口直径0.34、深0.05米。填黄褐色土（7.5YR4/6），出土陶甗等残片。

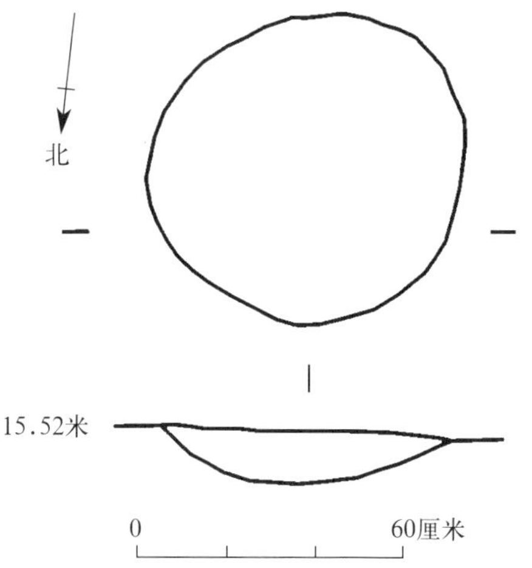

图2-221　一区五期H362平、剖面图

标本H362：1，甗的甑部。夹砂黑陶。圆方唇，沿面下凹，短颈，弧腹，下部斜收，腰以下部分残失。颈下有一对小横耳。经外表及口沿内侧经磨光处理，颈以下有六周凸棱。口径20.0、最大腹径19.2、残高16.0、厚0.25～0.4厘米（图2-220，4）。

11．H368

位于E4T2350、F4T2301之间（后者部分内未清理），开口于⑥c层下，打破⑥d层。圆形，近直壁，平底（图2-222）。坑口直径0.64、深0.36米。填灰褐色土（7.5YR3/2），出土陶器有鼎、鬶、罐、瓦足盆、杯等（表2–46）。

标本H368∶2，罐形鼎。夹砂黑陶，深灰色胎，含云母。侈口，方唇，折沿，沿面内侧有两周浅凹槽，弧腹，平底内凹，三足残失。器表及口沿内侧经磨光处理，腹部饰四周凹弦纹。口径11.8、最大腹径12.0、残高11.6、厚0.2～0.35厘米（图2–223，1；彩版八四，5）。

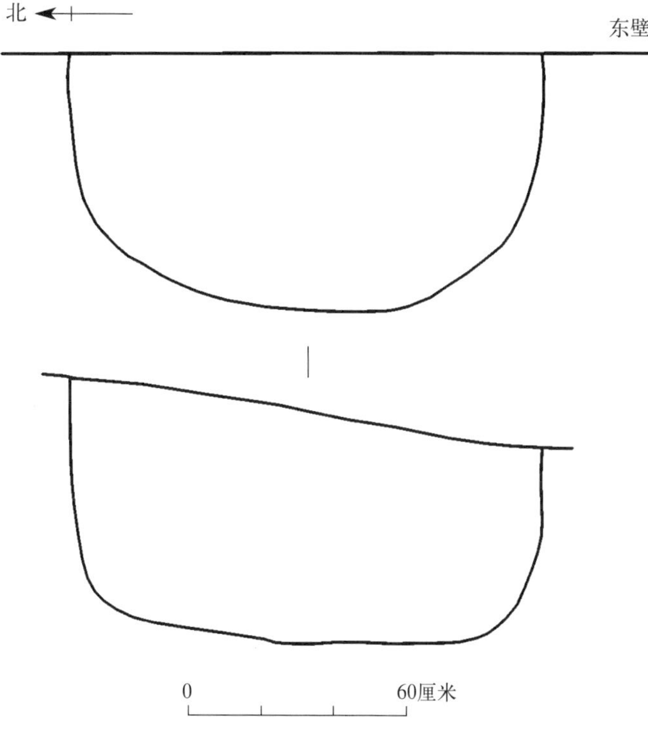

图2–222　一区五期H368平、剖面图

标本H368∶6，鼎足。夹砂红陶。平面呈三角形，正面附加纵向索状堆纹，背面刻竖条深凹槽。残高8.5、最宽6.0、厚2.4厘米（图2–223，2）。

标本H368∶7，鼎足。夹砂红陶。平面呈铲形，足尖略残。足正面两侧各附加一条纵向索状堆纹。残高8.5、最宽5.5、厚1.5厘米（图2–223，3）。

标本H368∶5，鬶。夹砂红陶。仅存口沿，侈口，圆唇，卷沿。残高4.4、厚0.3厘米（图2–223，4）。

标本H368∶4，罐。夹砂黑陶。直口，方唇，窄沿，沿面有一周凹槽，有颈，圆肩，鼓腹，以下残。器表和口沿内壁磨光。肩、腹各饰一组凹弦纹，每组两周。口径14.0、残高10.5、厚0.4厘米（图2–223，5）。

表2–46　H368陶片统计表

陶质 / 陶色 / 数量 / 纹饰	泥质	夹砂				总计	百分比（%）
	黑	黑	灰	褐	合计		
凸弦纹		8	7	2	17	17	5.14
凹弦纹	7	20	2		22	29	8.78
堆　纹				4	4	4	1.21
泥　饼		1	1		2	2	0.60
盲　鼻	1	1			1	2	0.60
素　面	56	160	40	21	221	277	83.69
累　计	64	190	50	27	267	331	100
百分比（%）	19.34	57.40	15.11	8.16	80.66	100	
重量（千克）	0.55	2.9	0.50	0.50	3.9	4.45	

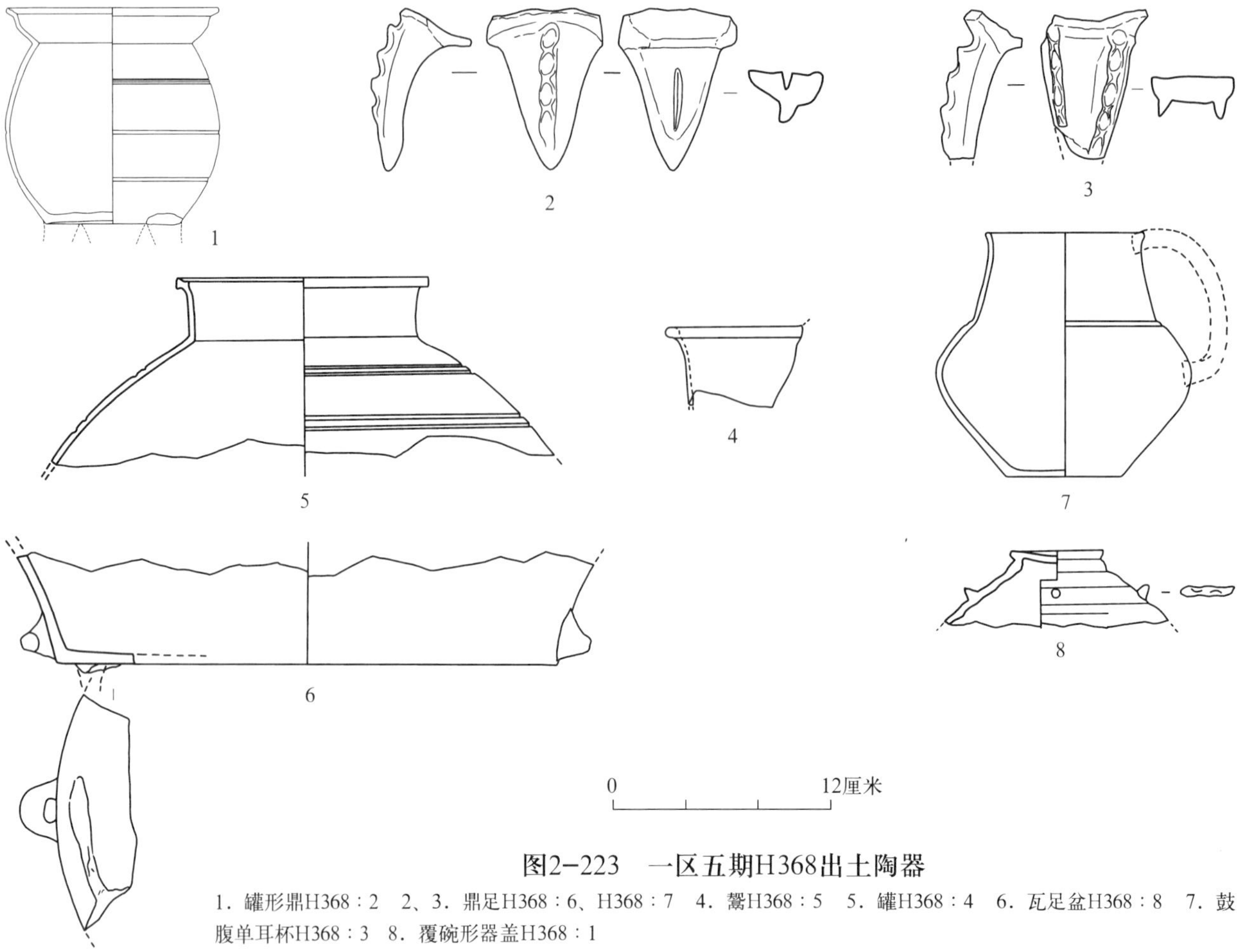

图2-223　一区五期H368出土陶器

1. 罐形鼎H368：2　2、3. 鼎足H368：6、H368：7　4. 鬶H368：5　5. 罐H368：4　6. 瓦足盆H368：8　7. 鼓腹单耳杯H368：3　8. 覆碗形器盖H368：1

标本H368：8，瓦足盆。泥质黑陶。口残，斜腹，大平底，底有瓦足痕迹。腹近底部有一横耳。内外表均经磨光处理。底径28.0、残高6.0、厚0.7厘米（图2-223，6）。

标本H368：3，鼓腹单耳杯。夹极细砂和云母黑陶。圆唇，粗长颈，鼓腹，下腹斜收，平底。一侧腹与口沿之间有带状把手，但已残失。器壁上半外表经磨光处理，颈腹交界处有两道阶状凸起。口径8.8、最大腹径14.0、底径6.4、高13.1、厚0.25～0.5厘米（图2-223，7）。

标本H368：1，覆碗形器盖。夹砂黑灰陶。平顶下凹，周缘外突，斜直盖面有起伏，口残。盖面中部饰一对鸡冠耳和一对泥饼。顶径5.0、残高4.0、厚0.2～0.5厘米（图2-223，8）。

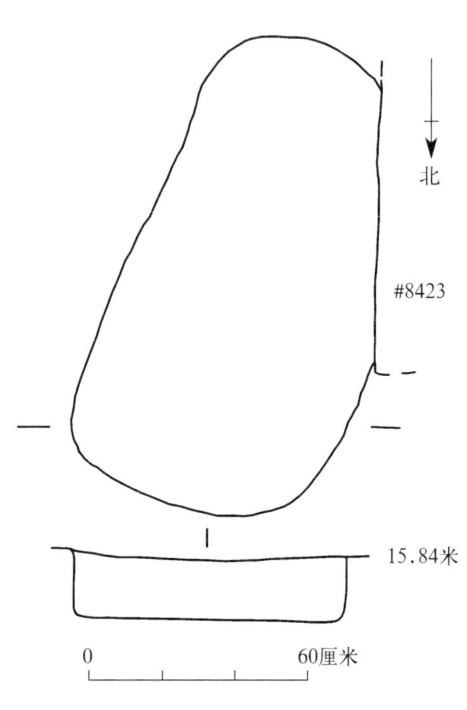

图2-224　一区五期H370平、剖面图

12．H370

位于E4T2350、T2300之间，开口于⑥c层下，打破⑥d、⑥e层。近长方形，直壁，平底（图2-224；彩版八一，

2）。坑口长径1.28、短径0.74、深0.18米。填灰褐色土（7.5YR3/2），出土有鼎、罐、豆、杯、器盖陶器残片（表2–47）。

表2–47 H370陶片统计表

陶质 / 陶色 / 数量 / 纹饰	泥 质	夹 砂				总计	百分比（%）
	黑	黑	灰	褐	合计		
凸弦纹	3	5	2	2	9	12	3.28
凹弦纹	4	8	2	1	11	15	4.10
堆 纹			1	1	2	2	0.55
泥 饼		2			2	2	0.55
盲 鼻		1			1	1	0.27
素 面	74	170	12	78	260	334	91.26
累 计	81	186	17	82	285	366	100
百分比（%）	22.13	50.82	4.64	22.40	77.87	100	
重量（千克）	0.67	0.4	0.14	0.78	1.32	1.99	

标本H370：4（#8439；S2769），磨石，残。砂岩。不规则形。残长5.8、残宽5.2、厚1.1厘米，重21.6克。

标本H370：3，豆。泥质黑灰陶。残存盘底和柄，盘底中部有一周细凸棱，筒形柄内束，柄部有两组凹、凸弦纹组合，每组各有一周凸弦纹和凹弦纹。残高5.6、厚0.5厘米（图2–225，1）。

标本H370：2，筒形杯。泥质黑陶。口残，筒状直腹，下部微鼓，平底。腹上部有三周凹弦纹。底径8.0、残高10.5、厚0.2～0.4厘米（图2–225，2）。

标本H370：1，覆碗形器盖。夹砂黑陶，浅灰褐胎，含云母。小平顶，盖面微弧，唇沿外伸，圆唇，平沿，沿面有三周很浅的凹槽。器表经磨光处理，盖面接近口沿位置饰一周凸弦纹。顶径6.2、口径17.2、高6.0、厚0.4～0.9厘米（图2–225，3；彩版八四，6）。

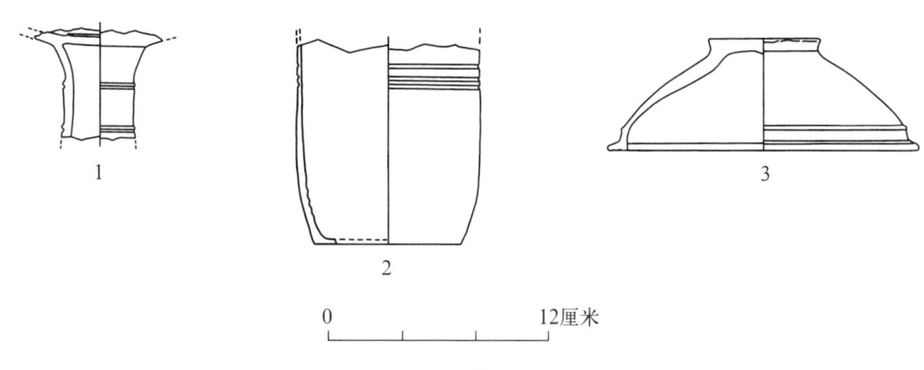

图2–225 一区五期H370出土陶器

1．豆H370：3 2．筒形杯H370：2 3．覆碗形器盖H370：1

13．H371

位于E4T2297中部偏西，开口于⑥c层下，被H373和G13打破，打破F60。椭圆形，圜底（图2-226）。坑口长径0.96、短径0.60、深0.25米。内填松软的黑灰色土（10YR2/1），出土有石器和瓦足盆等陶器。收集浮选土样1份20升。

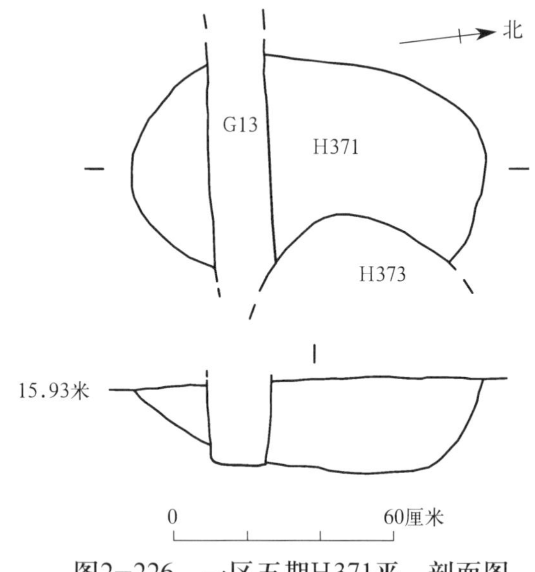

图2-226　一区五期H371平、剖面图

标本H371：2（#8641；S3208），石锤。石英。平面近似圆形。长7.4、宽5.8、厚3.9厘米，重223.8克。

标本H371：3（#8641；S3056），石镞半成品。绿泥石或绿泥/角闪片岩。平面为长条形。长11.8、宽4.7、厚2.2厘米，重170.9克（彩版八二，6）。

标本H371：4（#8641；S2928），石拍。石英。平面为“D”字形。长6.4、宽4.0、厚3.8厘米，重104克（图2-227，2）。

标本H371：1，瓦足盆。夹少量极细砂黑陶，灰胎，含云母。敞口，圆唇，卷沿，深腹微曲，平底内凹，下有三个较矮的瓦状足。内外器表均经磨光处理，盆壁中下部有两周浅凹弦纹，瓦足外侧有排列密集的斜向刻划纹。口径25.8、底径20.6、高10.5、厚0.3～0.5厘米（图2-227，1）。

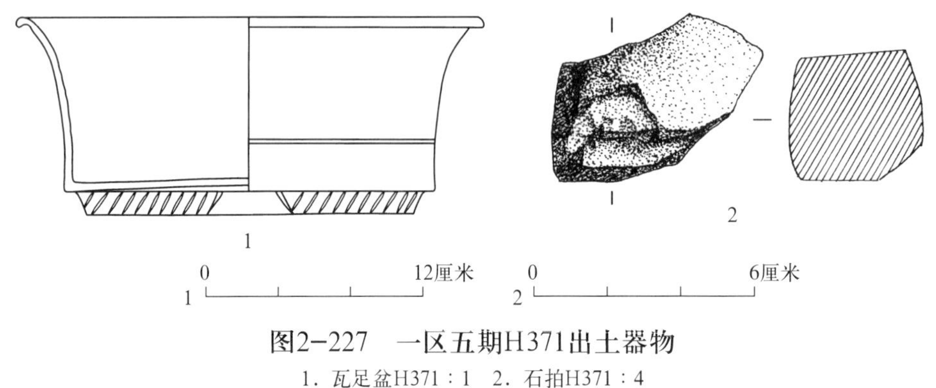

图2-227　一区五期H371出土器物

1．瓦足盆H371：1　2．石拍H371：4

14．H378

位于E4T2300北部，开口于⑥d层下，南部被近代坑打破，又打破⑥e层。椭圆形，斜壁，平底（图2-228）。坑口残长径1.44、短径0.90、深0.30米。填松软的黑色土（10YR2/1），出土罐、盆、器盖等陶器残片。收集浮选土样1份20升，采集植硅体样品1份50克。

标本H378：1，中口罐。夹细砂黑陶。圆唇，折沿，沿面有一周浅凹槽，溜肩，鼓腹，平底。肩、腹部饰十七周细密凹弦纹。口径14.0、底径8.0、高16.1、厚0.3～0.7厘米（图2-229，1）。

标本H378：2，筒形器盖。泥质灰陶。平顶微凸，纽残失，直壁微内束，口沿沿面有一周凹槽。外表经磨光处理，壁外表有五周凸棱。顶径13.0、口径13.2、残高8.0、厚0.2～0.25厘米（图2-229，2）。

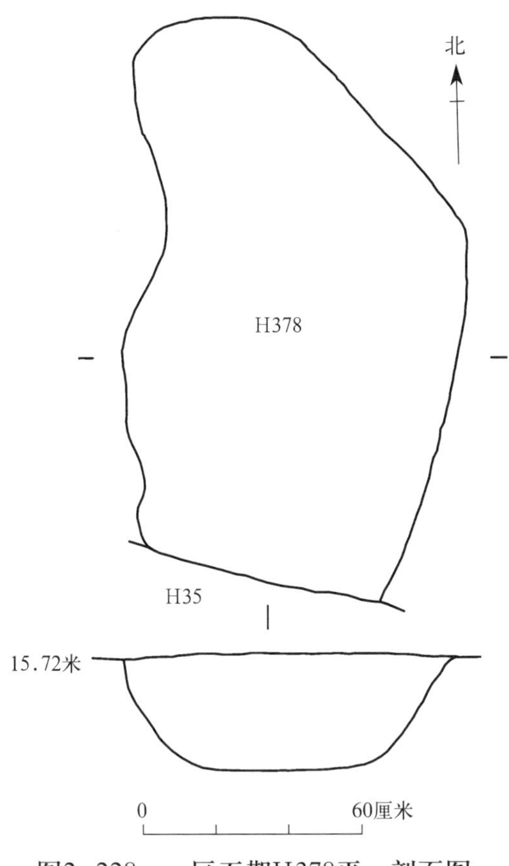

图2-228　一区五期H378平、剖面图

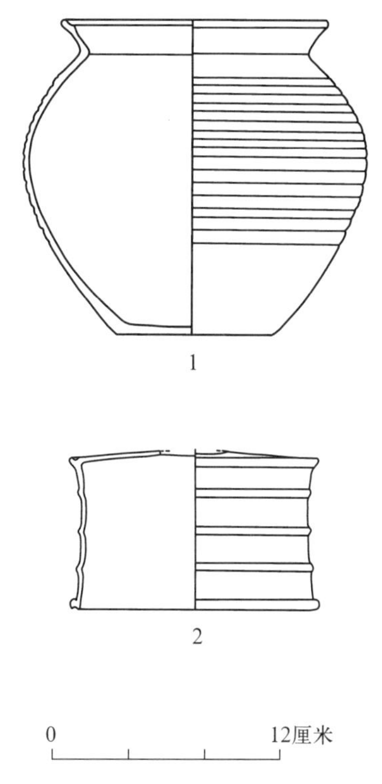

图2-229　一区五期H378出土陶器
1. 中口罐H378：1　2. 筒形器盖H378：2

15．H383

位于E4T2296东部，开口于⑥c层下，打破⑥d层。椭圆形，斜壁，圜底（图2-230）。坑口长径1.18、短径0.95、深0.44米。填土分为五小层，自上而下依次为褐色土（7.5YR5/8）、黑色土（10YR2/1）、黑灰色土（10YR3/1）、黄褐色土（10YR3/4）和黑灰色土（10YR3/1）。出土有石器和鼎、鬶、罐、盆、杯、器盖等陶器残片。

标本H383①：3（#8584；S3294），石铲，残，磨制。流纹质熔结凝灰岩。扁薄体。残长12.1、残宽9.2、厚1.3厘米，重183.4克（彩版八二，7）。

标本H383①：2（#8584；S3292），磨石，残。砂岩。平面为四边形，磨面细而微内凹。残长7.2、残宽6.6、厚1.7厘米，重78.1克（彩版八二，8）。

标本H383②：8（#8584；S3050），磨石。花岗岩。平面近椭圆形。长7.0、宽4.9、厚2.1厘米，重104.3克（彩版八二，9）。

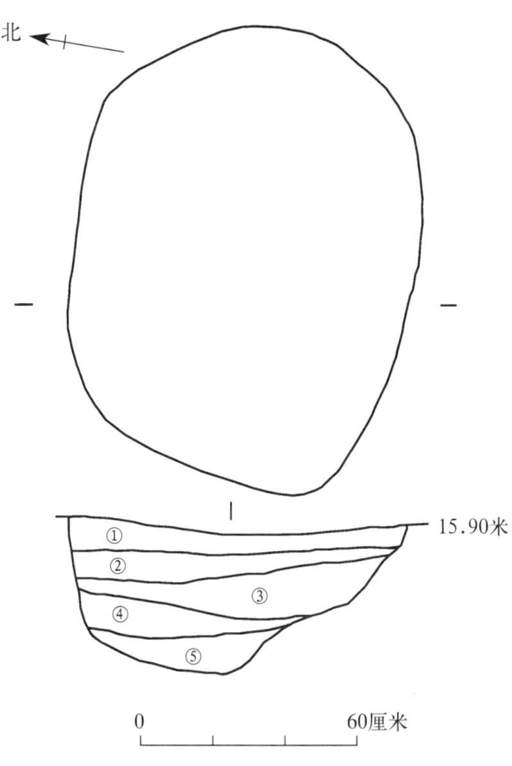

图2-230　一区五期H383平、剖面图

标本H383①：1，鬶，残。夹细砂黄褐陶。高流尖部残失，圆唇，沿面内侧有一周深凹槽，肥硕袋足，足尖较高，把手残。器表有一层白陶衣，但已剥落。颈部有两周凸棱，袋足上有一周凸棱，袋足上部有一周断续的凹弦纹。残高24.4、厚0.35～0.5厘米（图2-231，1）。

标本H383①：4，鬶。夹砂红褐陶。腹以上残，乳状袋足，高实足尖。腹部及袋足部分有两周凸棱，凸棱上饰泥饼。残高18.4、厚0.4～0.6厘米（图2-231，2）。

标本H383①：6，鬶把手。夹砂黄褐陶。宽扁把手，中部以沟槽为界，装饰成细密的索状，把手与鬶体相接处贴一对泥饼。残高6.8厘米（图2-231，3）。

标本H383①：5，筒形单耳杯。夹细砂黑陶。上部残，筒状直腹，平底内凹。一侧近底部有把手残迹。器表经磨光处理。附把手的位置饰两周凹弦纹。底径7、残高3.2、厚0.3～0.5厘米（图2-231，4）。

标本H383②：7，覆碗形器盖。夹砂黑陶。顶残，盖面微隆，方唇，平沿外伸。器表经磨光处理。唇面刻压成齿状花边。口径24.0、残高5.8、厚0.4～0.5厘米（图2-231，5）。

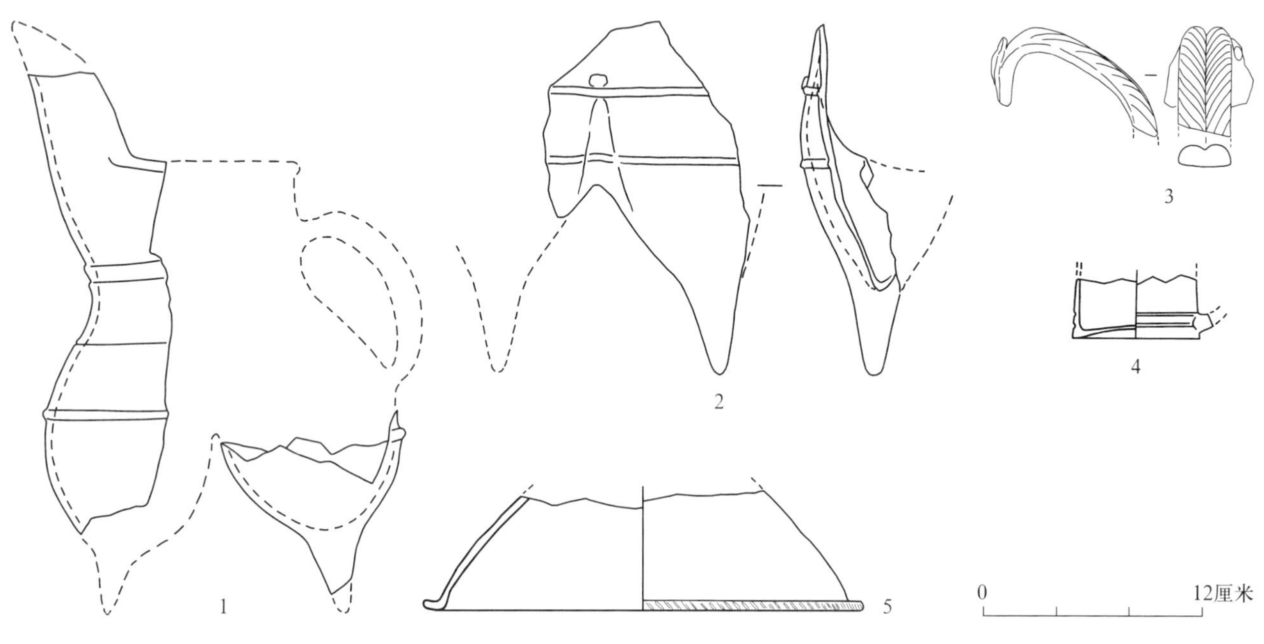

图2-231　一区五期H383出土陶器

1～3. 鬶H383①：1、H383①：4、H383①：6　4. 筒形单耳杯H383①：5　5. 覆碗形器盖H383②：7

16. H390

位于E4T2296、T2297之间，开口于⑥c层下，被M54打破，打破H386。近圆形，圜底（图2-232）。坑口长径0.86、短径0.77、深0.27米。填土分为三小层，主色调均为灰褐色（10YR5/3），各层之间有深浅的差别。出土有鼎、罐、鬶、碗、器盖等陶器残片。

标本H390③：5（#8596；S3051），磨石，残。砂岩。平面为不规则形，磨面较细而平整，局部呈淡暗红色。长7.7、宽5.2、厚2.5厘米，重121.5克（图2-233，5；彩版八一，6）。

标本H390③：2，鼎足。夹砂红陶。平面呈铲形，足尖残。正面附加纵向索状堆纹。残高5.5厘米（图2-233，2）。

标本H390③：3，鬶足。夹砂红陶。高实足根。残高8.2厘米（图2-233，3）。

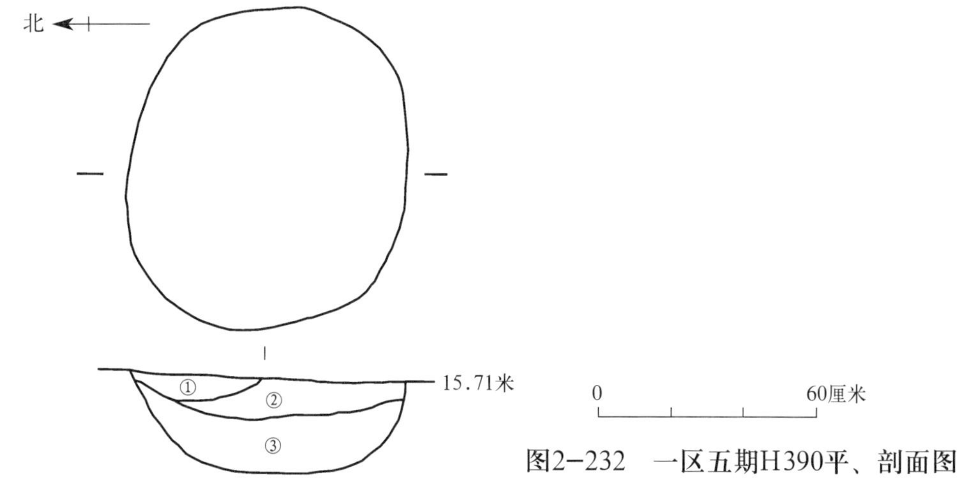

图2-232　一区五期H390平、剖面图

标本H390②：4，罐。泥质黑陶。存口部，侈口，圆唇，颈较高，下残。器表经磨光处理。颈部上下各饰一周凹、凸弦纹。口径16.0、残高5.4、厚0.3厘米（图2-233，4）。

标本H390③：1，单耳碗。夹细砂黑陶，灰胎，含云母。敞口，圆唇，折腹，平底内凹较甚，底中部残失。一侧腹与口沿之间有泥条状把手。内外表均经磨光处理，壁饰四周细凹弦纹。口径18.0、底径8.8、通高6.9、厚0.2～0.4厘米（图2-233，1）。

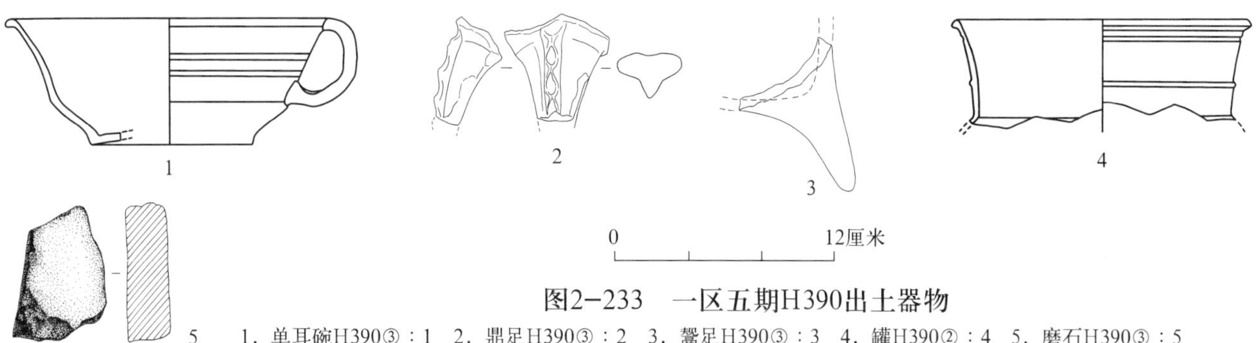

图2-233　一区五期H390出土器物

1. 单耳碗H390③：1　2. 鼎足H390③：2　3. 鬶足H390③：3　4. 罐H390②：4　5. 磨石H390③：5

17. H93

位于E4T2047和T2097之间，开口于⑥d层下，打破⑥e层和第⑦层。近圆形，斜壁内收，平底（图2-234；彩版八一，3）。坑口直径1.40、深1.10厘米。填土堆积分为十二层：第1层为灰褐色土（10YR4/2），质地较硬，厚10.0～15.0厘米；第2层为黄褐色土（10YR3/1），厚10.0厘米；第3层为灰褐色土（10YR4/2），结构略疏松，厚5.0厘米；第4层为深灰褐色土（10YR4/2），较松软，中部下陷；第5层为黄色土（10YR6/8）；第6层为黄褐色土（10YR3/1），含陶片极少，厚5.0～20.0厘米；第7层为黄褐色土（10YR3/1）；第8层为深黄褐色土（10YR3/1），包含较多黄色砂粒；第9层为较松的黑灰色土（10YR2/1），四周高，中间凹陷至缺失；第10层为灰色土（10YR4/1），较为松软，含少许红烧土粒、黄黏土粒；第11层为黄褐色土（10YR3/1），夹杂有草木灰等。结构较为疏松；第12层为黄褐色土（10YR3/1），结构紧密，夹杂很多黄色砂粒和一些木炭颗粒。

H93形状规整，坑内发现相当数量的炭化稻种子，表明其很可能是用于储存粮食的窖穴。出土有鼎、罐、盆、碗等陶器残片（表2-48）。

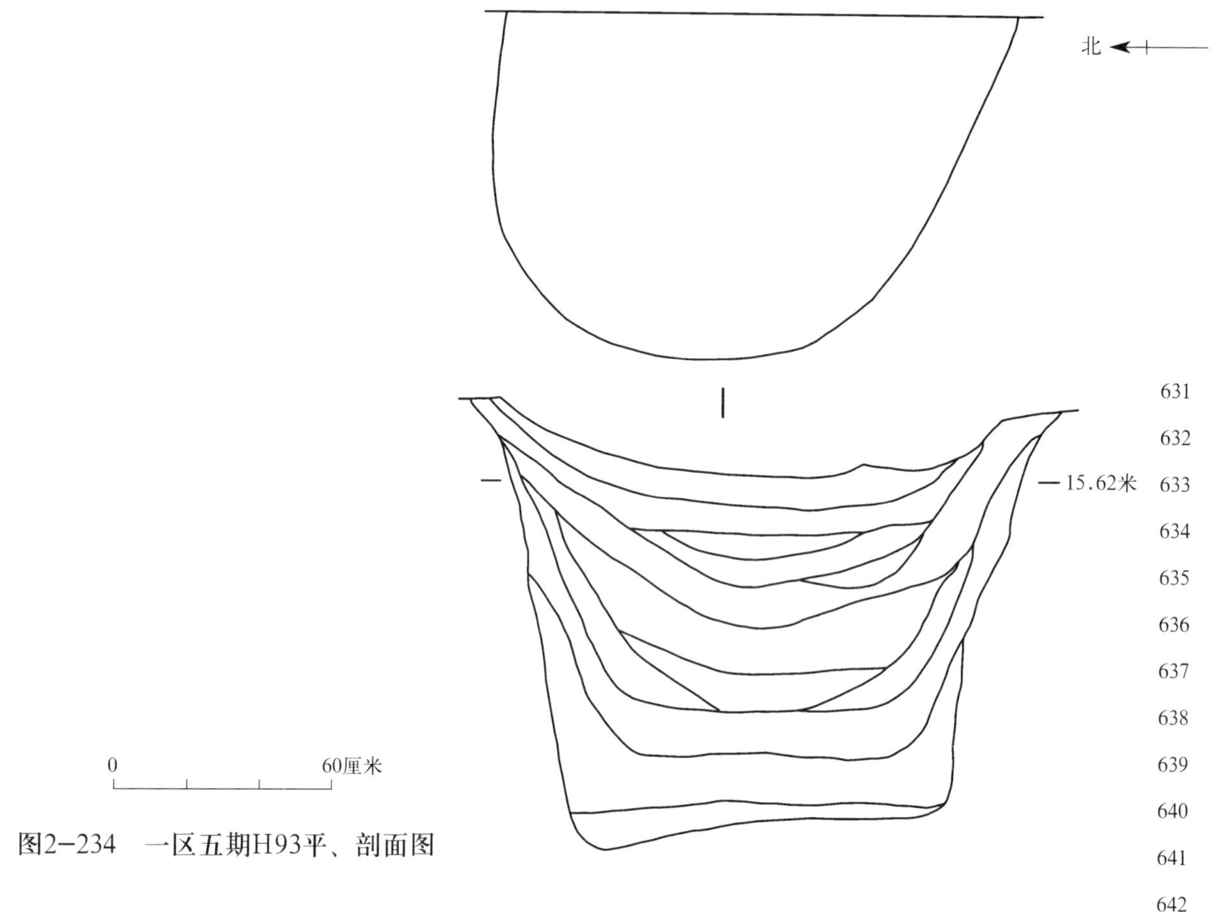

图2-234　一区五期H93平、剖面图

表2-48　H93陶片统计表

陶质 / 数量 陶色 / 纹饰	泥质					夹砂						合计	百分比(%)
	黑	灰	红	褐	合计	黑	灰	褐	白	红	合计		
凸弦纹	51	3			54	17	7	3		9	36	90	5.92
凹弦纹	33	13	1	1	48	75	16	8	1	3	103	151	9.94
堆　纹	1				1	1		1		1	3	4	0.26
泥　饼	2				2	1				3	4	6	0.39
盲　鼻	3				3	1		1		1	3	6	0.39
镂　孔	1				1							1	0.07
刻划纹		2			2	1	1				2	4	0.26
花　边	1				1	1		1			2	3	0.20
素　面	387	52	1	12	452	323	303	95	8	73	802	1254	82.55
累　计	479	70	2	13	564	420	327	109	9	90	955	1519	100
百分比（%）	31.53	4.61	0.13	0.86	37.13	27.65	21.53	7.18	0.59	5.92	62.87	100	
重量（千克）	3.22	0.75	0.03	0.09	4.09	4.32	2.54	0.85	0.4	1.06	9.17	13.26	

标本H93⑪：5（#641；S271），磨石，残。砂岩。四边形。长5.2、宽4.4、厚1.8厘米，重67.7克。

标本H93①：3（#631；S1382），残石器。流纹质熔结凝灰岩。平面为不规则长条形。残长4.8、残宽1.4、厚0.7厘米，重5.7克。

标本H93②：4（#632；S1480），砍砸器。花岗岩。不规则形。长4.0、宽3.8、厚2.7厘米，重60.7克（彩版八三，1）。

标本H93④：1，盆形鼎。泥质黑陶。敞口，圆唇，卷沿，折腹位置居中，平底，无眼鸟首形足。内外表均经磨光处理。腹中部有一周凹弦纹，其残存一盲鼻。口径18、高12.7、厚0.2～0.35厘米（图2-235，1）。

标本H93⑤：2，碗。泥质黑陶。敞口，圆唇，斜直腹，近底部内折收，平底内凹。腹部饰两周凹弦纹。口径11.4、底径9.0、高4.4、厚0.2～0.4厘米（图2-235，2）。

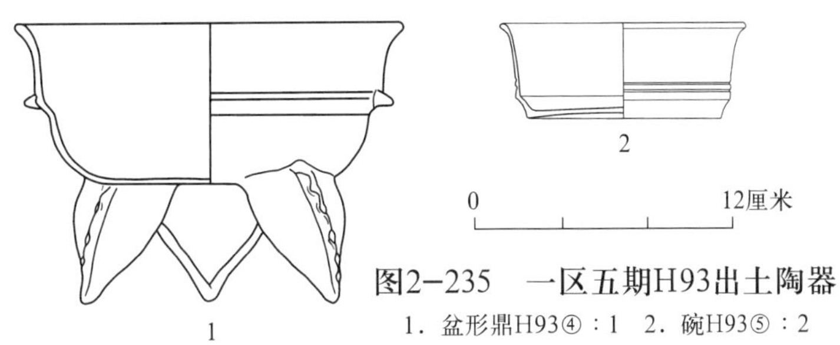

图2-235　一区五期H93出土陶器

1．盆形鼎H93④：1　2．碗H93⑤：2

18．H95

位于E4T2099西南部，开口于H76之下。近圆形，直壁，平底（图2-236）。坑口直径1.01、深0.40米。坑内填较为细密的黄褐色土（10YR3/2），出土石斧、磨石等石器，发现较为完整的鼎和器盖，另有罐、壶、碗、杯等陶器残片。收集浮选土样1份5升，采集碳十四测年样品1个。

标本H95：1（#1641；S294），石斧，背部略残。流纹质熔结凝灰岩。平面为长方形，横截面为椭圆形，双面刃。长13.0、宽6.0、厚4.6厘米，重640.2克（图2-237，7；彩版八三，2）。

标本H95：2（#1641；S1311），磨石，残。砂岩。平面为三角形，磨面颗粒略粗。长3.2、宽2.0、厚2.1厘米，重19.2克。

标本H95：5（#1641；S295），磨石，残。砂岩。平面近方形，磨面略粗而平整。长6.0、宽5.6、厚1.8厘米，重104.0克。

标本H95：8，罐形鼎。泥质黑陶。侈口，尖圆唇，折沿，沿面有一周凹槽，溜肩，鼓腹，最大径偏下，平底，铲形三足残。一侧颈、腹之间有宽带形把手，把手边缘略厚。器表及口

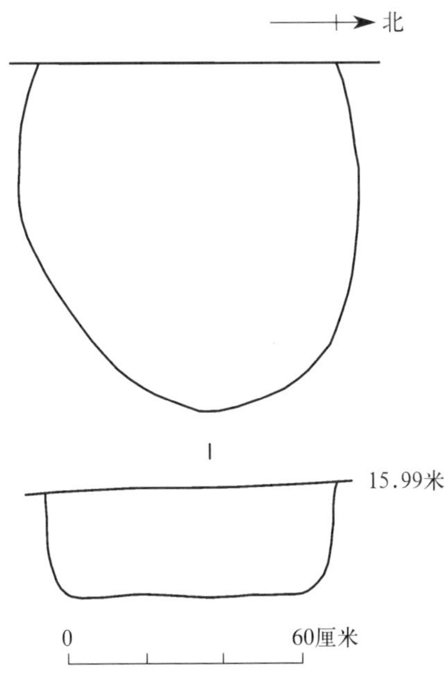

图2-236　一区五期H95平、剖面图

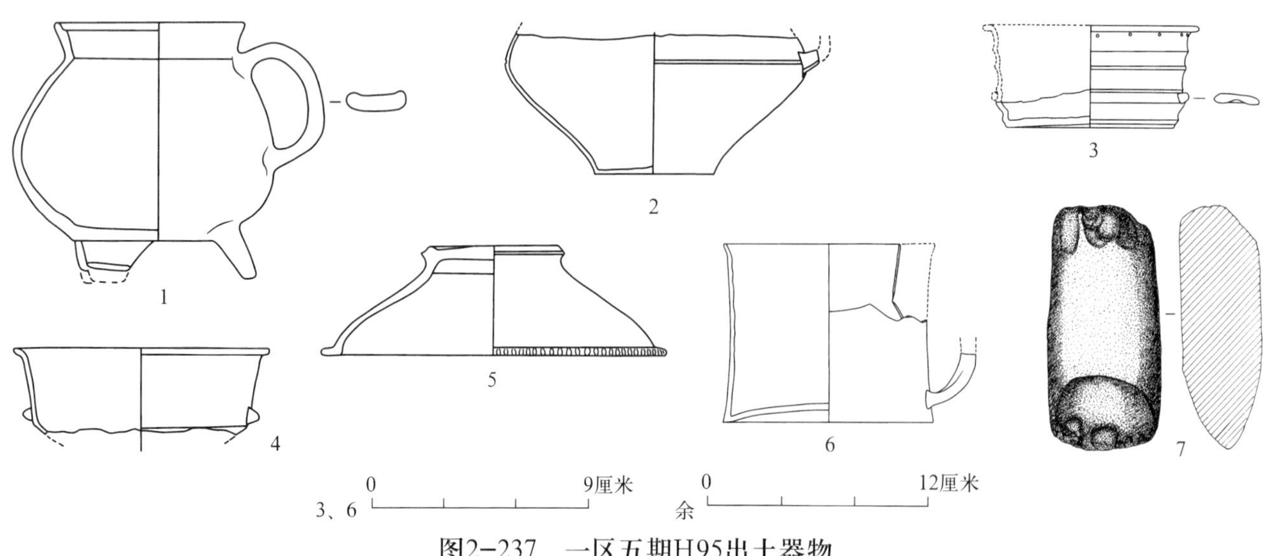

图2-237　一区五期H95出土器物

1．罐形鼎H95：8　2．单耳罐H95：6　3、4．碗H95：3、H95：10　5．覆碗形器盖H95：4　6．筒形单耳杯H95：7　7．石斧H95：1

沿内侧经磨光，素面。足部有火烧痕迹。口径10.5、最大腹径14.4、底径7.9、残高13.6、厚0.25～1.0厘米（图2-237，1；彩版八五，1）。

标本H95：6，单耳罐。泥质黑陶，灰胎。肩以上残，鼓腹，下腹急收，小平底。一侧鼓腹处有宽带形把手，残。器表经磨光。腹部有一周凹弦纹。腹径16.3、底径6.5、残高7.4、厚0.2～0.3厘米（图2-237，2）。

标本H95：3，碗。泥质黑陶。直口，圆唇，卷沿，直腹，下部略内折，平底内凹。内外表均经磨光处理。沿下残余9个小圆孔，孔径0.15厘米。器表饰五周凸棱，折腹位置有对称的盲鼻一对。口径8.8、底径6.8、高4.1、厚0.15～0.35厘米（图2-237，3；彩版八五，2）。

标本H95：10，碗。泥质黑陶。敞口，圆唇，折腹位置偏下，底残。内外表均经磨光。腹部有一对对称的盲鼻。口径14.0、残高4.6、厚0.2～0.25厘米（图2-237，4）。

标本H95：7，筒形单耳杯。泥质黑陶。直口，粗矮筒形腹，中部微束，平底内凹较甚。一侧有泥条形把手，把手外侧面下凹，内壁因为轮制而显瓦棱状。器表经磨光，素面。口径8.6、底径8.6、高7.1、厚0.13～0.35厘米（图2-237，6；彩版八五，3）。

标本H95：4，覆碗形器盖。夹砂黑陶，红胎。平顶边缘外凸，顶面近边缘处下凹，盖面略鼓，方唇，平沿外伸。外表经磨光。唇面戳印成花边。顶径8.3、口径19.1、高5.6、厚0.3～0.7厘米（图2-237，5；彩版八五，4）。

19．H104

位于E4T2343东北，向北伸出探方北壁，开口于⑥c层下，被H52、H118等打破。圆形，斜壁，近平底（图2-238）。已清理部分残径0.72、深0.60米。内填较为紧密的黄褐色（10YR3/1）和黑灰色土（2.5YR2.5/1），出土有鼎、鬶、罐、盆、杯、器盖等陶器残片（表2-49）。采集碳十四测年样品1个。

标本H104：3，鬶把。泥质红陶。象征性绞丝状把手，断面呈扁圆形。下端正中有一泥饼。高11.4、宽3.0、厚1.5厘米（图2-239，1）。

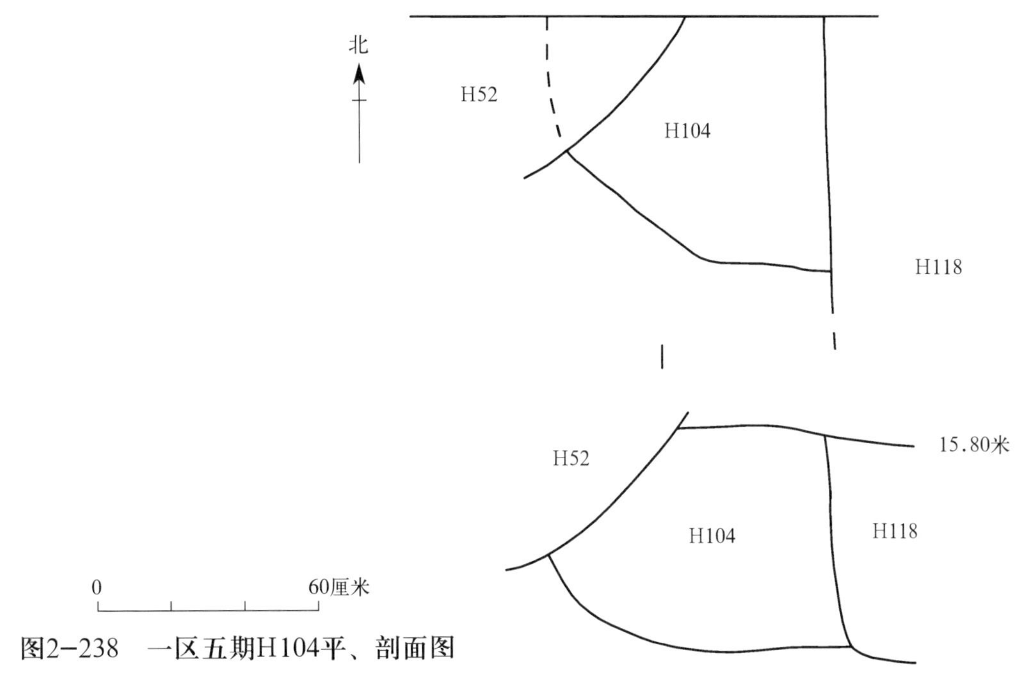

图2-238　一区五期H104平、剖面图

表2-49　H104陶片统计表

陶质/陶色/数量/纹饰	泥质				夹砂						总计	百分比(%)
	黑	灰	红	合计	黑	灰	褐	红褐	红	合计		
凸弦纹	11		3	14	6	3		1		10	24	3.11
凹弦纹	2			2	33	7	2			42	44	5.71
泥　饼					1	1			1	3	3	0.39
盲　鼻					1	1				2	2	0.26
素　面	178	12	21	211	293	71	21	75	23	483	694	90.01
附加堆纹						3		1		4	4	0.52
累　计	191	12	24	227	334	86	23	77	24	544	771	100
百分比（%）	24.77	1.56	3.11	29.44	43.32	11.15	2.98	9.99	3.11	70.56	100	
重量（千克）	1.47	0.075	0.42	1.965	4.49	0.83	0.21	0.67	0.15	6.35	8.315	

标本H104：4，罐。泥质黑陶。侈口，方唇，卷沿，束颈，斜折肩，圆腹，以下残。器表及口沿内侧经磨光。颈部饰两周凸棱，折肩处各有一周凹弦纹和凸棱。口径18.0、残高6.2、厚0.2～0.5厘米（图2-239，2）。

标本H104：5，罐。夹砂灰陶。中腹以上残，斜直腹内收，平底内凹较甚。器表经磨光。腹部存两周凸棱。底径9.0、残高6.6、厚0.3厘米（图2-239，3）。

标本H104：2，筒形单耳杯。泥质黑陶。上部残，筒形腹，中部内束，平底内凹。一侧有把手残痕。器表经磨光处理。腹部存两周凹弦纹。底径10.0、残高6.6、厚0.3厘米（图2-239，4）。

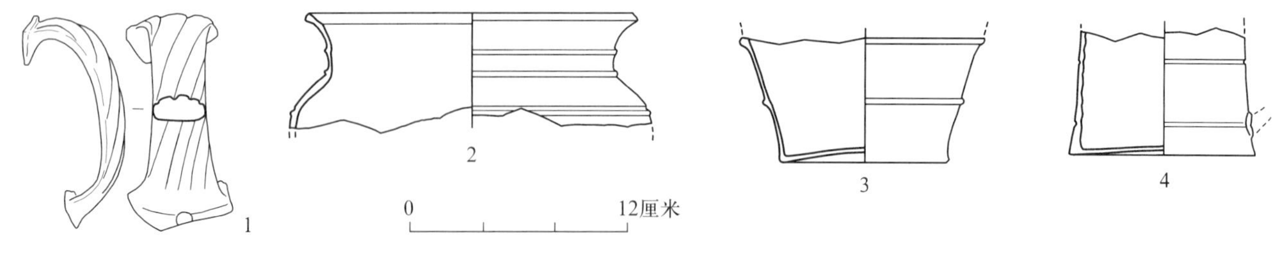

图2-239 一区五期H104出土陶器

1．鬶把H104：3 2、3．罐H104：4、H104：5 4．筒形单耳杯H104：2

20．H116

位于F4T2303东北部，向北伸出探方北壁，开口于⑥c层下，打破⑥d层。椭圆形，斜平底，已清理部分长径1.40、短径0.26、深0.24米（图2-240）。填松软的灰色土（7.5YR2.5/4），含较多的草木灰，出土罐、盆、杯、器盖等陶器残片。采集植硅体样品1份10克。

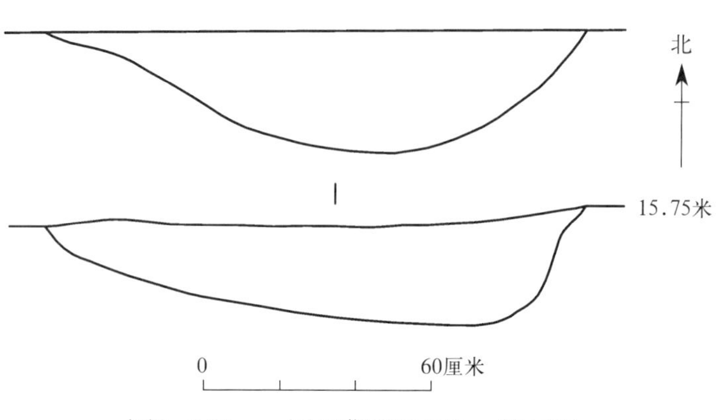

图2-240 一区五期H116平、剖面图

标本H116：2，三足盆。泥质黑陶，灰褐胎。大敞口，圆唇，卷沿，斜壁，平底内凹，三宽矮瓦足，底部有磨损痕迹。内外表均经磨光。盆外壁中部残有一绞丝状横耳，并饰两周凸棱，三瓦足上部按捺一周窝纹。口径40.0、底径25.6、足高2.0、通高9.8、厚0.5～1.0厘米（图2-241，1；彩版八五，5）。

标本H116：1，筒形杯。泥质黑陶，灰黑胎。口部残失，直腹，近底显著内收，平底内凹。器表经磨光处理。腹部上下各一周凹弦纹。底径6.0、残高7.2、厚0.2厘米（图2-241，2；彩版八五，6）。

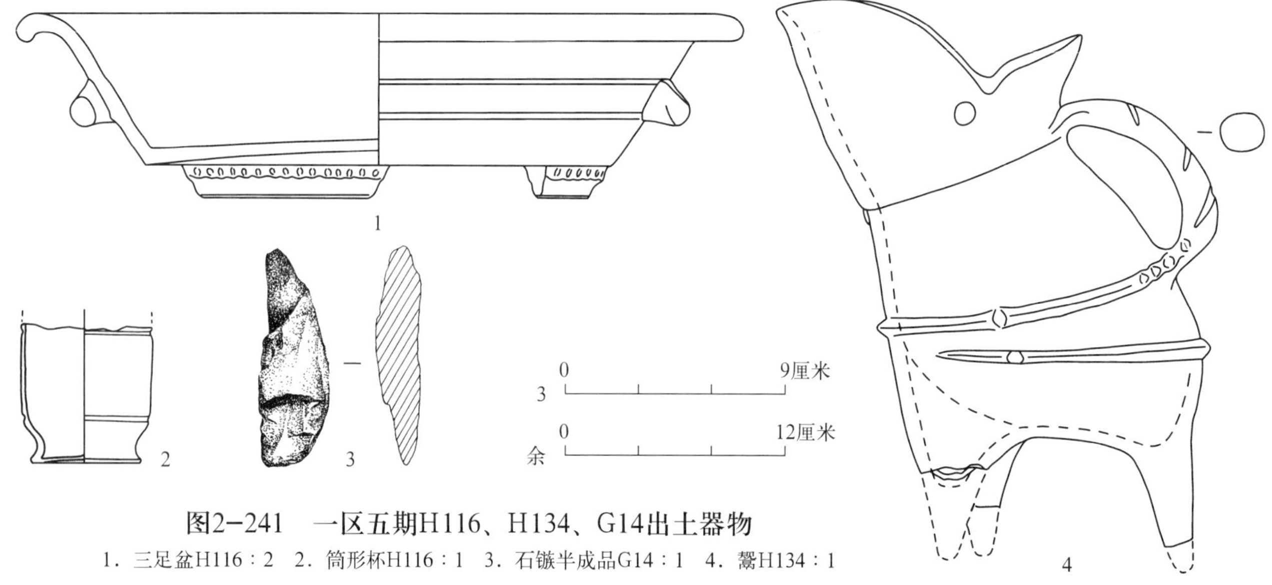

图2-241 一区五期H116、H134、G14出土器物

1．三足盆H116：2 2．筒形杯H116：1 3．石镞半成品G14：1 4．鬶H134：1

21．H118

位于E4T2343、T2344之间，向北伸到探方北壁外，开口于⑥c层下，打破H104和⑥d层等地层。平面呈圆头长条形，坑口残长径1.74、短径0.88、深0.54米（图2–242）。填土分三小层：第1层为黄褐色土（10YR3/1），第2层为松软的黑灰色土（5YR2.5/1），第3层为偏黄色土（7.5YR5/8）。出土有石斧、石镰等石器和鼎、鬶、罐、盆、杯、器盖等陶器或残片。收集浮选土样1份5升。

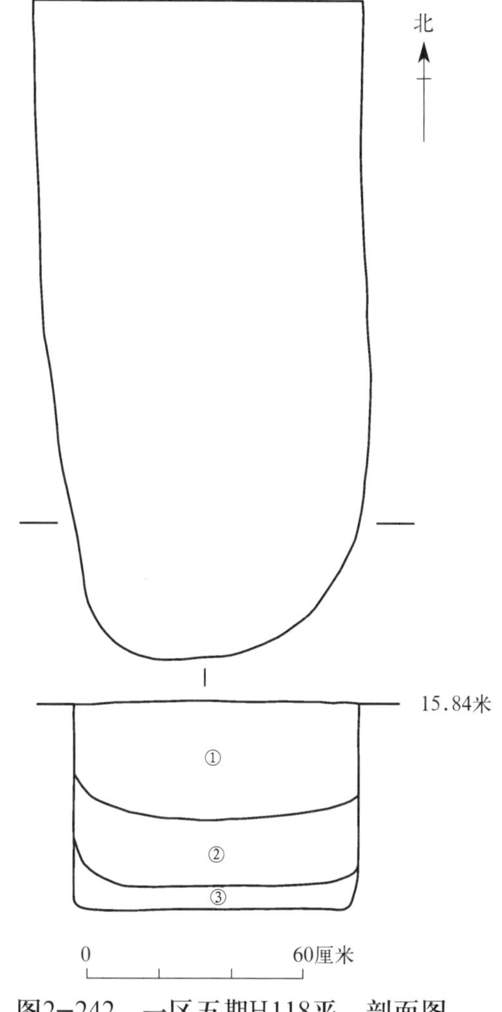

图2–242　一区五期H118平、剖面图

标本H118①：7（#3851；S406），石斧。流纹质熔结凝灰岩。平面近长方形，双面刃，磨制，局部保留打制和琢制的痕迹。长12.8、宽6.3、厚2.8厘米，重388.2克（图2–243，12；彩版八三，3）。

标本H118②：14（#3853；S1363），石镰半成品，打制。流纹质熔结凝灰岩。尖头，直刃，弧背，尾端残。长10.0、宽4.7、厚1.1厘米，重72.3克（图2–243，13；彩版八三，4）。

标本H118②：20（#3853；S1581），石镞。绿泥石或绿泥/角闪片岩。平面为有尖长条形。长3.9、宽0.8、厚0.7厘米，重3.2克（彩版八三，5）。

标本H118：8（#3851；S1580），磨石，残。砂岩。平面形状不甚规则，磨面极细，一面平整另一面内凹。长15.0、宽12.4、厚4.0厘米，重790.3克（彩版八三，6、7）。

标本H118①：16（#3851；S1364），磨石，残。砂岩。磨面较粗而平整。长3.3、宽3.1、厚0.9厘米，重11.1克（彩版八三，8）。

标本H118①：17（#3851；S1041），磨石。砂岩。平面为三角形，磨面细而平整。长5.1、宽3.6、厚1.1厘米，重1.9克（彩版八三，9）。

标本H118②：18（#3853；S1370），残石器，磨制。富含白云母的熔结凝灰岩。平面为不规则四边形。残长2.0、残宽1.8、厚0.7厘米，重3.3克。

标本H118②：19（#3853；S1371），残石器，磨制。流纹质熔结凝灰岩。平面为三角形。残长4.2、宽3.1、厚1.3厘米，重20克。

标本H118①：10，鬶。夹细砂红陶，有一层白陶衣，但已剥落。流和口沿残，粗长颈，袋足修长，实足尖较高。一侧有绞丝状把手。颈部饰有一周凹弦纹，流正中下方颈部贴一泥饼，颈和后袋足上有两半周凸棱。宽12.7、残高21.2、厚0.4～0.6厘米（图2–243，1；彩版八六，1）。

标本H118①：1，中口罐。夹砂黑陶。侈口，尖圆唇，折沿，溜肩，鼓腹，小平底。器表及口沿内侧经磨光。肩部饰两周凹弦纹。口径14.1、底径8.2、高17.9、厚0.2～0.45厘米（图2–243，2；彩

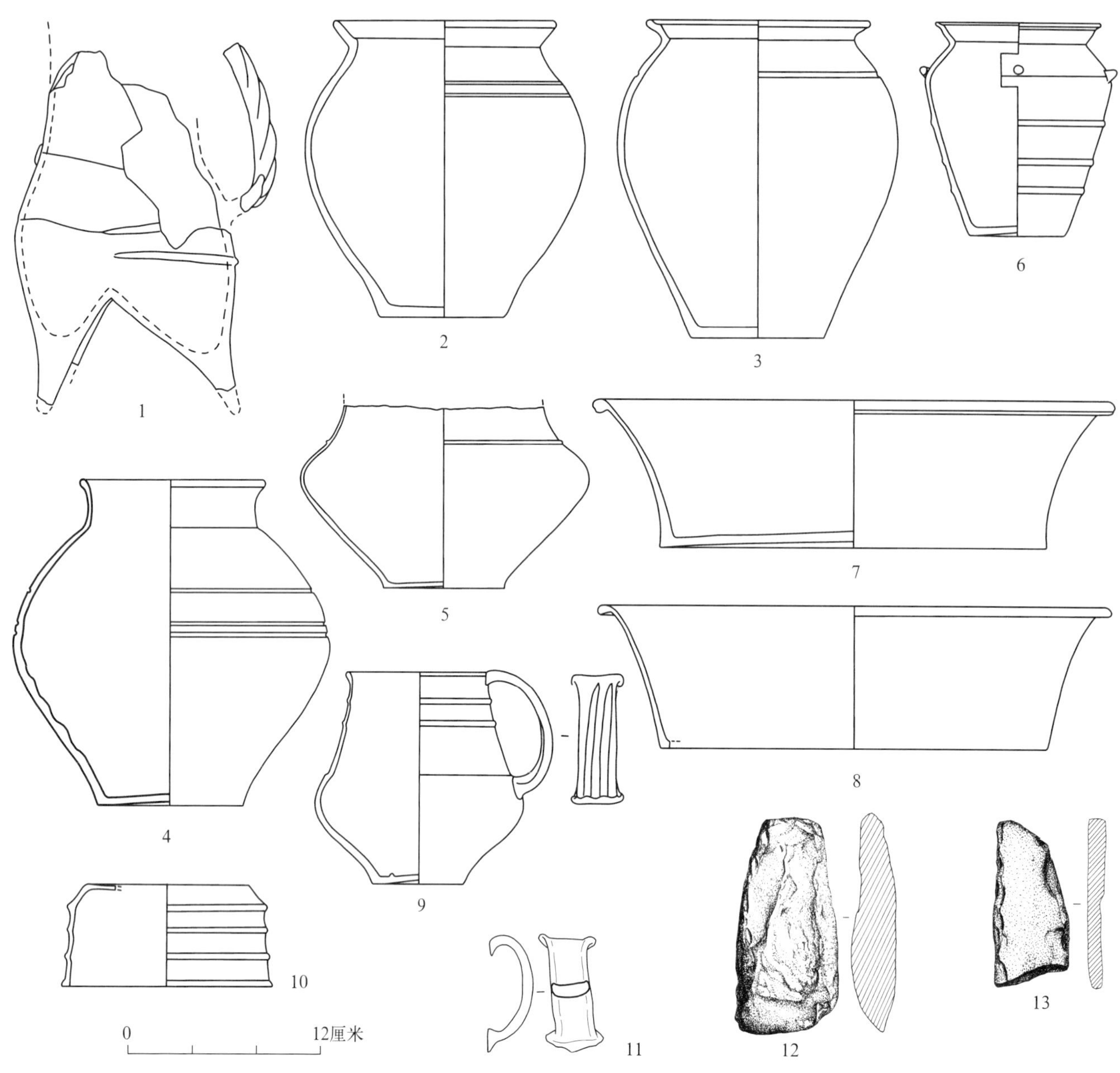

图2-243 一区五期H118出土器物

1．鬶H118①：10 2、3．中口罐H118①：1、H118①：11 4、5．罐H118①：6、H118①：2 6．折肩罐H118①：3 7、8．大平底盆H118①：9、H118①：12 9．鼓腹单耳杯H118①：4 10．覆盆形器盖H118①：13 11．把手H118②：15 12．石斧H118①：7 13．石镰半成品H118②：14

版八六，2）。

标本H118①：11，中口罐。夹砂黑陶，灰胎，陶色斑驳。侈口，圆唇，折沿，溜肩，鼓腹，最大腹径偏上，器体较高，平底。肩饰一周凹弦纹。口径13.9、底径8.4、高19.2、厚0.4～0.6厘米（图2-243，3；彩版八六，3）。

标本H118①：6，罐。夹砂黑陶。侈口，圆唇，矮直颈，斜长肩，鼓腹，小平底微内凹。肩、腹部饰三周凹弦纹。内壁下半部有明显的泥条盘筑痕迹。口径11.6、最大腹径20.0、底径9.0、高19.8、厚0.2～0.6厘米（图2-243，4）。

标本H118①：2，罐。夹细砂黑陶。口残，粗颈，圆折肩，鼓腹较甚，平底微内凹。肩部有一周凸棱。最大腹径18.0、底径7.6、残高11.0、厚0.2～0.4厘米（图2–243，5）。

标本H118①：3，折肩罐。夹砂黑陶，含云母。侈口，方唇，折沿，沿面有一周凹槽，折肩，斜直腹，平底内凹。器表及口沿内侧经磨光。折肩处饰对称的盲鼻和泥饼各一对，腹部有凸棱三周。口径10.2、底径5.8、高12.9、厚0.2～0.5厘米（图2–243，6；彩版八六，4）。

标本H118①：9，大平底盆。泥质黑陶。敞口，圆唇，卷沿，斜腹微内曲，平底内凹。内外表均经磨光处理。素面。口径32.4、底径24.1、高8.9、厚0.2～0.6厘米（图2–243，7；彩版八六，5）。

标本H118①：12，大平底盆。泥质黑陶，含有极少量云母。敞口，圆唇，卷沿，斜腹，平底残。内外表均经磨光处理。素面。口径32.0、底径24.0、高8.6、厚0.2～0.4厘米（图2–243，8）。

标本H118①：4，鼓腹单耳杯。夹细砂黑陶，陶色斑驳显灰色。圆唇，窄沿微卷，粗长颈，鼓腹，平底内凹。一侧口沿与腹之间有宽扁带形把手。器表经磨光处理。颈部有两周凸棱，颈腹交界处有阶状凸起。口径9.2、底径5.9、高12.8、厚0.1～0.5厘米（图2–243，9；彩版八六，6）。

标本H118①：13，覆盆形器盖。泥质黑陶，含有极少量云母。筒形，顶和纽残，直壁，尖圆唇，窄平沿。器表经磨光处理。器壁有三周凸棱。顶径10.2、口径13.2、高6.2、厚0.2～0.5厘米（图2–243，10）。

标本H118②：15，把手。泥质黑陶。宽扁形，侧边微上卷。器表经磨光。宽2.5、高7.2、厚0.7厘米（图2–243，11）。

22．H134

位于E4T2247东北部，开口于⑥c层下。圆形，圜底，直径0.68、深0.09米（图2–244）。填黄褐色土（7.5YR3/3）夹杂少量白灰粒，出土可复原的鬶等陶器。

标本H134：1，鬶。夹砂红陶。宽流，侈口，深粗腹，袋足较浅而近似款足，高实足尖。一侧有象征性绞丝状把手。流根两侧和流正中下方折颈处各有一个泥饼，下腹部有两周凸棱，偏下的一周未闭合，凸棱上局部有捺窝。宽14.0、前后最长处17.4、残高28.8、厚0.4～1.0厘米（图2–241，4）。

除以上所述，此期还发现各类灰坑14座（表2–50）。

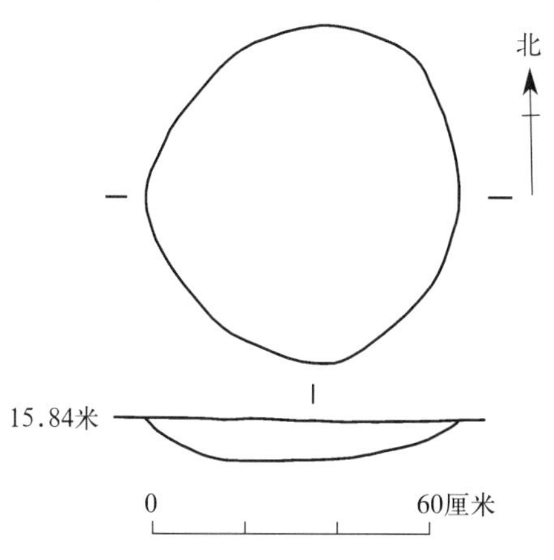

图2–244　一区五期H134平、剖面图

表2-50 第五时期其他灰坑登记表 （单位：厘米）

编号	位置	层 位	形状	尺 寸（长×宽-深）	填 土	包含物	备 注
H268	T2400	F37→△→⑥d	圆形，平底	73-20	黄褐色（10R4/4）	陶片可辨器形：夹砂盆1	
H274	T2397	M33→△→⑥d	圆形，平底	68-35	浅灰褐色（7.5YR3/4）	磨石残片1，陶片可辨器形：泥质鼎1，罐1，盆1，圈足盘1，杯1，器盖1；夹砂鼎1，罐1，盆1，器盖1	
H343	T2346	H348→△→⑥d	椭圆形，平底	50-27	灰褐色（5YR1/1）	陶片可辨器形：泥质鬶1，罐1，盆1，豆1，杯1；夹砂鼎2，罐2，器盖2	植硅体样品20克
H347	T2347	⑥c→△→⑥d	圆形，底不平	143-5	黑灰色（LGLAY6/N）	磨石残片1，陶片可辨器形：泥质盆1；夹砂器盖1	浮选样品20升、植硅体样品50克、碳十四样品50克
H366	T2298	⑥c→△→F54护坡	近圆形，圜底	106-16	灰色（10YR1/4）	石器残片1，陶片可辨器形：泥质壶1，杯1，器盖1；夹砂罐2	浮选样品20升、植硅体样品50克
H369	T2297	⑥c→△→⑥d	近圆形，圜底	124-36	上层灰褐色（7.5YR3/2），下层黑灰色（10YR 2/1）	石器残片1，陶片可辨器形：泥质鬶1，罐1，圈足盘1，器盖1；夹砂鬶1，罐3，碗1	浮选土样20升，植硅体样品100克
H373	T2297	⑥c→△→⑥d/H371	圆形，圜底	70×64-12	黑色（10YR2/1）	磨石残片1，陶片可辨器形：泥质鼎1，盆1；夹砂罐1，盆1，碗1	植硅体样品100克
H374	T2297/2296	⑥c→△→⑥d	圆形，圜底	80-26	灰黑色（7.5YR2/1）	陶片可辨器形：泥质鼎1，罐2，豆1；夹砂罐3，器盖2	

H375	T2350	H353→△→⑦a	近圆形，平底	136×117−15	灰褐色（7.5YR3/2）	磨石残片1，陶片可辨器形：泥质罐5，盆1，器盖3；夹砂鼎2，鬶4，罐3，盆1，器盖1	
H376	T2297	⑥c→△→⑥d	椭圆形，圜底	120×52−6	黑色（10YR2/1）	陶片可辨器形：泥质盆1；夹砂鬶1，罐2	
H420	T2298	G14→△→F61	椭圆形，平底	76×32−23	灰褐色（10YR4/2）	陶片可辨器形：泥质盆1；夹砂鼎1，罐2	
H124	T2344	⑥c→△→⑥d	近圆形，平底	102−62	褐色（10YR4/6）	陶片可辨器形：泥质罐7，盆2，壶1，杯6，器盖5；夹砂鼎3，鬶4，甗1，罐13，碗1，器盖4	浮选样品5升
H132	T2049	H131/117→△→⑥d	椭圆形，近平底	88−31	灰黑色（10YR2/1）	陶片可辨器形：泥质罐1，盆1；夹砂罐1	
H133	T2049	H117→△→⑥d	圆形，圜底	52−38	灰色（2.5YR2.5/1）	陶片	

（三）灰沟

2条，编号为G13和G14。

1．G13

位于E4T2297中部（图2−245），开口于⑥c层下，被H373、H374打破，打破H371、F60。长1.40、宽0.15、深0.16米。内填灰色土（7.5YR2.5/1），出土陶片等遗物。

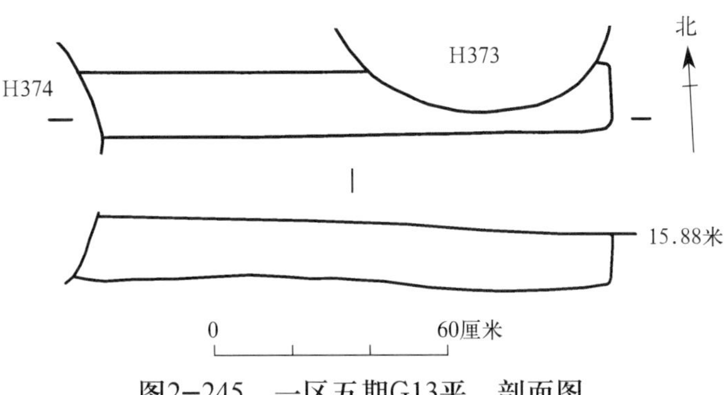

图2−245　一区五期G13平、剖面图

标本G13：1（#8642；S3207），鹅卵石。花斑岩。平面为椭圆形。长9.3、宽5.5、厚2.3厘米，重180.5克。

2．G14

位于E4T2348和T2298，向南伸入T2248之内（图2-197；彩版七九，2），开口于⑥c层下，北端被F57和H320打破。内填黄褐色土（10YR4/6），结构较疏松，包含有草木灰、红烧土粒、陶片和石器及石块等，沟的底部有灰褐色的细淤沙。

标本G14：1（#8214；S3339），石镞半成品，打制。绿泥石或绿泥/角闪片岩。平面近条形。长8.7、宽2.9、厚1.8厘米，重56.0克（图2-241，3）。

标本G14：2（#8214；S3194），磨石，残。花斑岩。平面近长方形，磨面平整。长15.0、宽9.8、厚8.3、重1500.0克。

标本G14：3（#8214；S3204），磨石，残。花斑状流纹岩。平面为长方形。长21.5、宽9.9、厚5.7厘米，重2245.0克。

（四）墓葬

数量不多，共发现4座。除了可能有特殊含义的M56位于F54和F57之间十分狭窄的空间之外，余者则分布在发掘区的东西两侧地带。

1．M56

位于E4T2349中部，南距F54墙体约0.10米，北距F21基槽0.10～0.20米，可以说是紧贴着F54的后墙墙体向下挖的墓穴（图2-246；彩版八七，1）。墓葬开口于F54墙外护坡的第3小层下，打破F54墙外第4层及以下护坡和⑥e层。由层位关系可知，M56是在F54使用期间下葬的。

墓葬形制为土坑竖穴墓，四壁略微内收，墓底较平整，方向为91°。墓葬平面略呈长方形，一

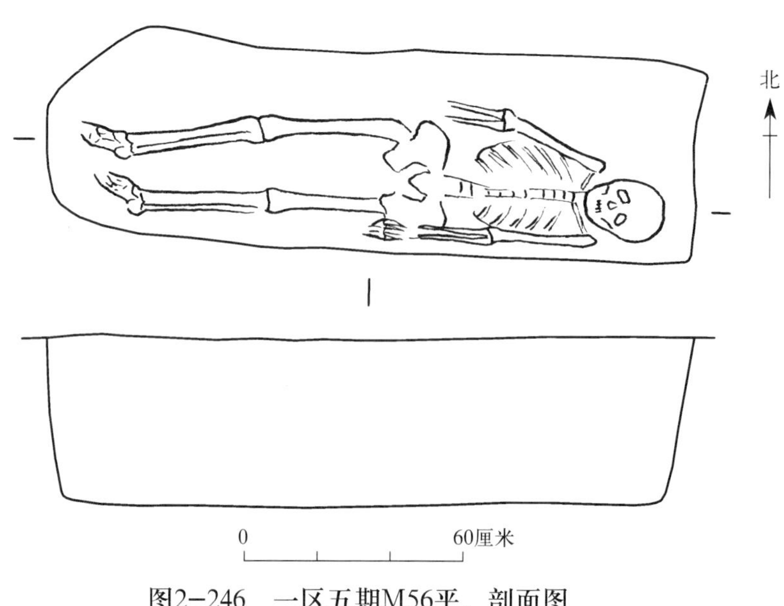

图2-246　一区五期M56平、剖面图

端较直，一端为圆弧形。东西长约1.78、南北宽约0.53米。墓口海拔高度约为16.14米，墓底海拔高度约为15.70米，墓口至墓底深约0.44米。

墓内填灰褐色土（10YR3/3），包含黄色土块、砂粒、烧土颗粒及草木灰屑等杂质，结构较为疏松，未见人为加工迹象。同时，也没有发现葬具痕迹和随葬品。

墓葬内有人骨架一具，保存相对较好，为一次葬，人骨方向与墓向基本相同。葬式为仰身直肢，面向上。骨架长约1.44米，经鉴定为成年女性。

M56葬于F54的房屋后侧东端，紧靠墙体，并且是在F54的使用期间下葬的。所以，推测墓主是F54内家族成员之一，可能是具有某种特殊身份的人。

2．M24

位于E4T2350的东北部，东端伸出探方约40厘米，扩方后全部予以发掘。开口于⑥c层下，打破以下文化层，上部被H315叠压，股骨以下部分被H31彻底破坏不存。墓葬形制为土坑竖穴墓，直壁微内收，平底，墓葬方向为90°（图2-247；彩版八七，2）。墓室平面呈圆角长方形，东西残长约1.22、宽约0.49米。墓口海拔15.94米，墓底海拔15.46～15.49米，墓口至墓底深0.45～0.48米。

墓内填灰褐色土（7.5YR 3/2），夹杂少量草木灰屑、烧土粒和砂粒等杂质，结构疏松，土质较软。没有发现葬具痕迹。

墓室内有人骨一具，保存较差，腐蚀较甚，为一次葬，方向与墓室方向一致。葬式为仰身直肢，面朝上。股骨下端及以下部分骨骼被H31破坏不存。

墓葬保存的部分内没有发现随葬品，发掘中在填土里出土了2件残石器，应与墓葬本身没有关系。

标本M24：01（#8433；S3393），石铲，残。流纹质熔结凝灰岩。平面近三角形。残长7.5、残宽5.6、厚1.5厘米，重65.4克。

标本M24：02（#8433；S3146），磨石，残。花斑岩。平面近三角形，磨面平整。长4.1、宽3.3、厚1.9厘米，重34.1克。

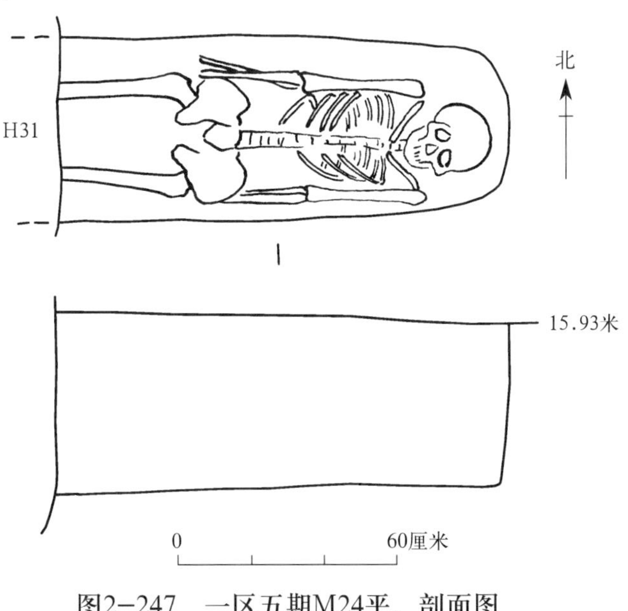

图2-247　一区五期M24平、剖面图

3．M55

位于E4T2346中部，保存不完整。开口于⑥c层下，东部被F58打掉不存，西部被H343打破，又打破⑥d层。形制为土坑竖穴墓，直壁，平底，墓葬方向为90°（图2–248；彩版八七，3）。墓葬平面略呈不规则的长方形，残长0.88、宽0.30～0.40米。现存墓口海拔15.84～15.94米，墓底海拔15.64米，墓口至墓底深0.20～0.31米。

墓内填灰色土（10YR4/2），夹杂一些黄褐色土块，呈花土状，结构较松。没有发现葬具痕迹。

人骨保存较差，只残存部分腓骨和胫骨的痕迹，从墓葬部位看，股骨部分也应该存在，但是没有发现。由现存骨骼排列位置可知，墓主为头东脚西，方向与墓葬方向一致。葬式为直肢葬。

共发现2件随葬品，均为陶器，置于下肢骨上。

标本M55：1，筒形单耳杯。泥质黑陶。尖唇，近直壁，平底内凹，窄带形把手残失。器壁表面经磨光处理。外壁饰三组凹弦纹，每组两周，内壁有轮制形成的密集瓦棱痕。口径8.2、底径7.3、高12.3、厚0.1～0.3厘米（图2–248，1；彩版八七，4）。

标本M55：2，薄胎杯片。残破较甚。

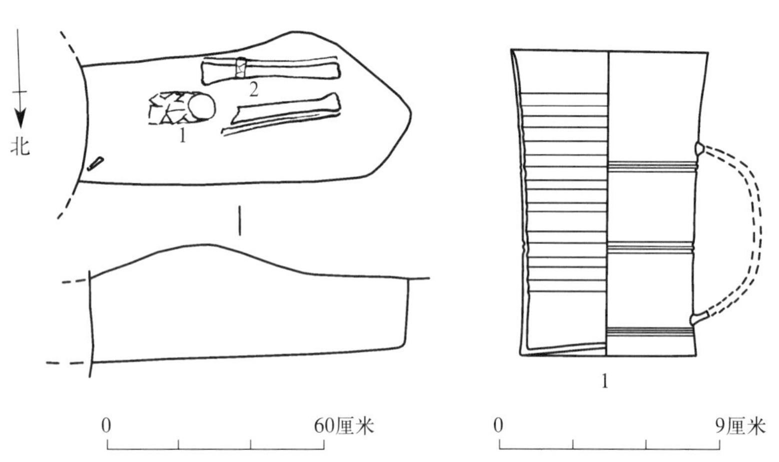

图2–248 一区五期M55平、剖面图及出土陶器

1．筒形单耳杯M55：1 2．薄胎杯片

4．M57

位于E4T2346中南部。开口于⑥c层之下，中上部被晚期堆积（#8014）严重破坏，又打破⑥d层。形制为土坑竖穴墓，墓葬方向为180°（图2–249）。墓室狭长，平面呈圆角长方形，南北长约1.95、东西宽0.32～0.36米。现存墓口海拔16.17米，墓底海拔15.97米，墓口到墓底深约0.20米。

墓内填黄褐色花土（7.5YR5/6），包含草木灰、炭屑等，结构较为疏松。没有发现葬具痕迹，也没有随葬品。

发现人骨一具，保存甚差。中部的股骨上端至颈部已被破坏不存，上部只保存头骨、右侧肱骨上部、锁骨及部分肩胛骨、肋骨，下部保存股骨大部及以下部分。从残存部分可知，墓主属一次葬，方向与墓向一致。葬式为仰身直肢，面向西（左侧）。人骨架长约1.73米，经鉴定为成年男性，年龄45岁左右。

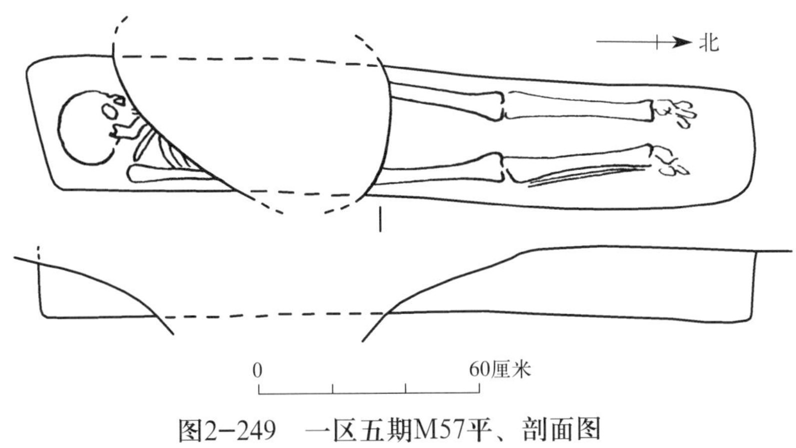

图2-249　一区五期M57平、剖面图

七　第六时期

这一时期的5座房址分布比较规则，在维持原来南北两组房屋格局的基础上，又略有变化（图2-250）。南部的2座房子东西排列，北部西端继F40之后在同一位置建造的是F36，而中部又新出现了F33。较为一致的现象是，南部2座均为没有基槽的柱洞式结构房址，而北部的房址则均为有基槽的方形房址。此外，在北部东端也发现有残存的基槽遗迹。

另外，在中部发现了一个横跨7个探方的曲尺状基槽（编为F21），基槽深度接近1.00米，槽内柱洞密布。其性质与前一时期的F57可能相同。

（一）房址

共发现6座编号房址，分别为F33、F36、F56、F58、F37和F21。6座房址的情况是，北部2座（F33、F36），F36在F40的位置之上，F33是新出现的。南部2座（F56、F58），也是在前期房址基础上的延续。东部1座（F37）。

1．F33

位于E4T2448、T2449、T2498、T2499四个探方之内。开口于⑥b层下，被F34、F35、H239、H262、H224等多处遗迹打破，又打破⑥c层。F33北半部保存相对较好，南半部则破坏严重，南墙仅存在一小段，东墙和西墙的南半部也基本不存。以保存较好的北墙测量，方向约为197°（图2-251；彩版八八，1）。

房址平面近方形，南北长约5.10、东西宽约4.72米，建筑面积约为24.07平方米。整个房址由墙体、基槽、室内垫土和居住面、灶址、柱洞、基础垫土六部分组成。

墙体主要保存于北墙和东墙的北半段，直壁，宽0.34～0.40、残高0.16～0.20米。墙体采用棕色黄土（2.5YR4/6）筑成，结构紧密，土质坚硬。墙体内侧涂有一层厚约0.2厘米的墙皮，为黄褐色，质地细腻，表面平整。

墙体内发现2个柱洞。一个位于东北角，圆形，直径47.0、深43.0厘米，内填灰褐色土，结构较为紧密。另一个位于东墙中部，直径18.0、深33.0厘米，内填黄褐色土，结构紧密。其他部位没有发

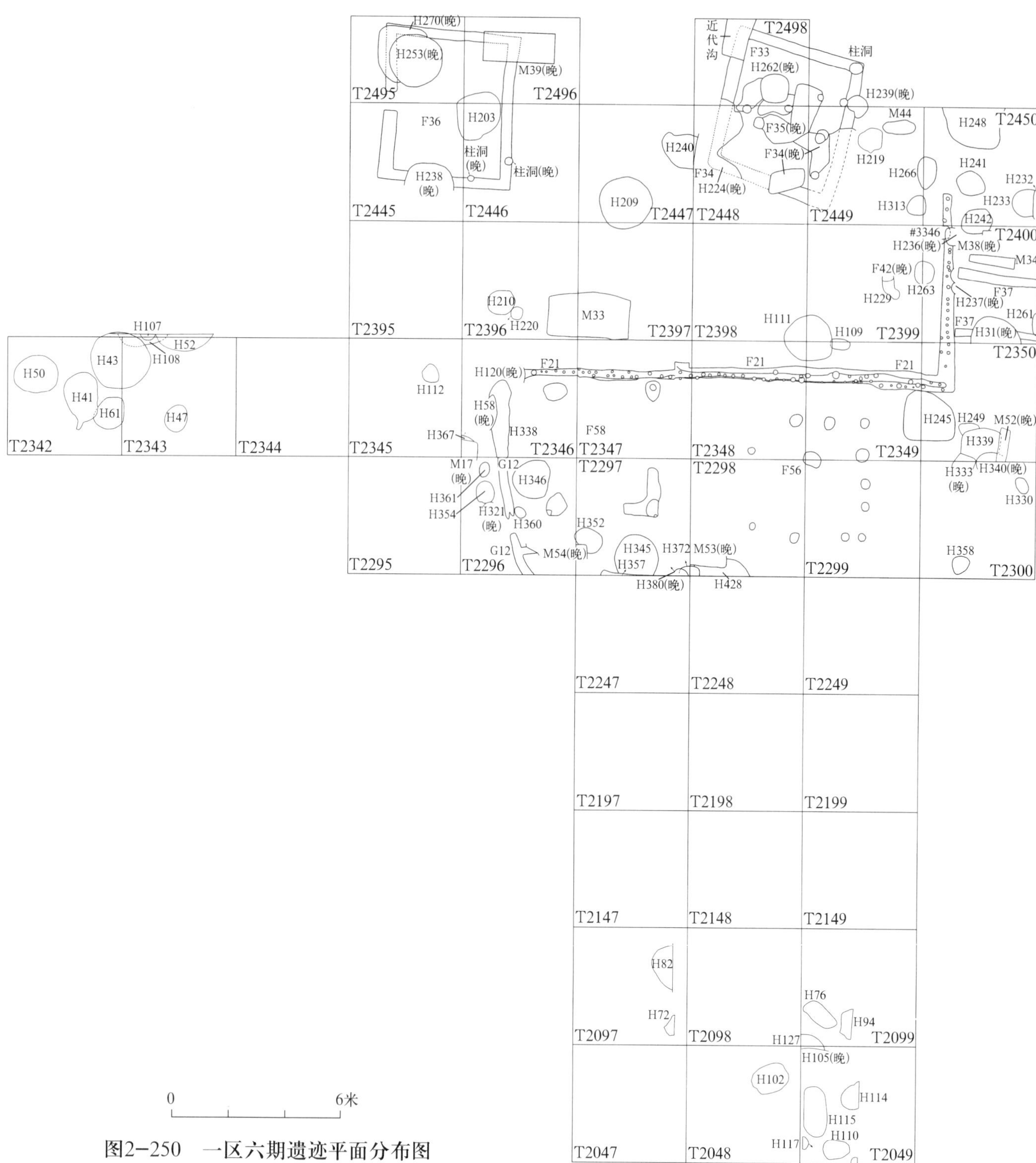

图2-250　一区六期遗迹平面分布图

现柱洞。

基槽保存状况与墙体差不多，仅在南墙下多出一小段。基槽为近直壁，平底，宽度较墙体略宽，约为0.38～0.50米。槽内填土与墙体的土相近，为棕色黄土（2.5YR4/6），结构紧密，质地坚硬，应该是经过加工，但没有发现明显的分层现象。

室内发现有两层居住活动面和三层垫土。

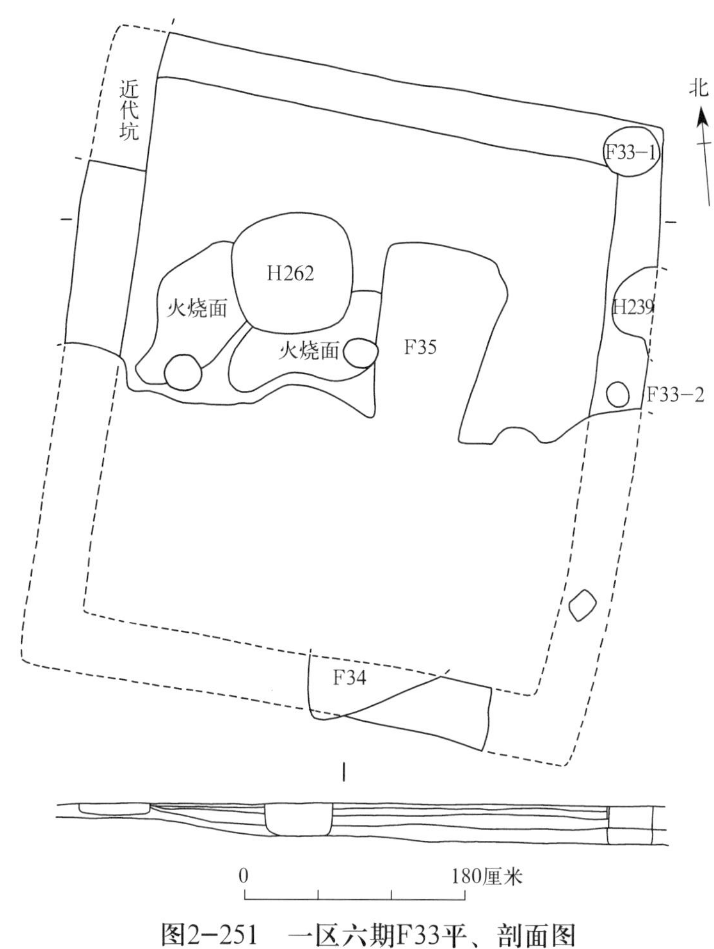

图2-251　一区六期F33平、剖面图

第一层较薄，厚2.0～4.0厘米，灰褐色土（10YR3/2），结构紧密，层表为居住活动面，保存状况一般。室内中部偏西北的此层层表，有一片经过烧烤的烧土面，北部和东部分别被H262和F35打破，中部和东南部则被两个上层柱洞打破，整体形状近椭圆形，长约1.40、宽约0.74米。烧面经过长期烧烤，厚度在1.0厘米以上，应该是第一层居住面上的灶址。

第二层略厚，厚3.0～8.0厘米，黄褐色土（2.5YR4/6），结构紧密，较硬，层表不甚平整。此层与第一层垫土属同一大层，是一次铺垫过程中的两个阶段。

第三层厚2.0～10.0厘米，黄色土（10YR6/8），结构紧密，较硬。层表有居住活动面，保存相对较好。此层层表的西北部近墙的位置，发现一片红烧土面，呈东北—西南走向分布，东北部被H262打破，南部被一个上层柱洞打破。形状不甚规整，长约1.30、宽约0.70米。烧面经过较长时间的用火烧烤，应为第2层居住面时期的灶址。

室内垫土之下有一层基础垫土，其分布范围较广，东部到达T2449东部，西部则可以延伸到T2445，东西长达20余米。整个垫土呈黄色，其中夹杂大量绿色沙石粒，这种垫土是将绿色粗砂石料掺杂于黄土之中，系人工所为。厚度在10.0～20.0厘米。这一层垫土是专门为建筑房屋所铺垫，所以，也就是最早的所谓的建筑“台基”。

综合以上发现的房屋要素，我们分析F33的建造程序为：首先在选定的建房位置普遍铺垫一厚层黄土，形成所谓的“台基”，所用材料为黄色生土，并将当地所产的绿色粗砂石掺杂其中，使之更为坚硬；其次是在规划好的范围挖较浅的基槽，用棕色黄土填实并加工得紧密、坚硬，在四角和基槽的中部立柱，然后筑起夯土墙，架构屋顶；第三，在室内铺垫一层垫土，并将表层加工得平整坚硬；第四，室内地面做好之后，在墙体内侧涂抹墙皮，并把室内西北的位置作为炊煮场地。在使用过程中，至少对室内进行过一次较大规模的铺垫，由此形成了现存的最上一层居住面。由于房址的前半部及其以南地段受到后来的严重破坏，F33没有发现门道和室外活动场地。

F33内没有发现房子使用期的遗物，在房基第一层垫土（#5847）中发现10件出自海滩的鹅卵石。

标本F33：1（S2584），鹅卵石。平面近椭圆形。长1.4、宽1.0、厚1.0厘米，重1.9克。

标本F33：2（S2586），鹅卵石。平面近椭圆形。长1.4、宽0.9、厚0.8厘米，重1.4克。

标本F33：3（S2590），鹅卵石。平面为椭圆形。长1.8、宽1.2、厚0.7厘米，重2.4克。

标本F33：4（S2591），鹅卵石。平面近椭圆形。长1.7、宽1.3、厚0.8厘米，重2.4克（彩版八九，1）。

标本F33：5（S2592），鹅卵石。平面为椭圆形，有打击痕迹。长2.0、宽1.2、厚1.0厘米，重3.8克（彩版八九，2）。

标本F33：6（S2593），鹅卵石。平面近椭圆形，有打击痕迹。长1.5、宽1.2、厚0.8厘米，重2.3克。

标本F33：7（S2585），鹅卵石。平面近圆角方形。长1.1、宽1.0、厚0.9厘米，重1.6克（彩版八九，3）。

标本F33：8（S2587），鹅卵石。平面近菱形。长1.6、宽1.2、厚0.7厘米，重1.7克。

标本F33：9（S2588），鹅卵石。平面近三角形。长1.8、宽1.5、厚1.2厘米，重3.6克。

标本F33：10（S2589），鹅卵石。不规则形。长1.8、宽1.4、厚1.0厘米，重3.3克。

2．F36

位于E4T2445、T2446、T2495和T2496四个探方之中。开口于⑥b层下，打破⑥c层以及F40等，被H238、H253、H269、H270、M39及部分柱洞打破。方向273°，就房址的走向而言，与其他房址基本一致（图2–252；彩版八八，2）。

F36平面略呈长方形，以基槽的外缘计算，南北长约5.34、东西宽4.60～4.74米，建筑面积约为24.94平方米，使用面积约为17.54平方米。房址主要由四周基槽和柱洞、门道和基础垫土等部分组成。

基槽较为规整，并且挖得较深。由于南部正中H238的破坏、东北角M39的破坏和西北角一组灰坑的破坏，基槽被分割成三段。基槽呈口部略宽底部稍窄的倒梯形，从口部情况看，西基槽最宽，约为0.48～0.52、东基槽宽约0.36～0.40、南北基槽最窄，约为0.32～0.35米，深约0.40～0.50厘米之间。基槽内填红褐色生黏土（10YR5/4），结构紧密、质地坚硬。

基槽内密集排列着比较整齐的柱洞，在没有被破坏的部分就发现53个之多。柱洞的形制相同，均为圆形，直壁，圜底或平底，较为细小，直径在3.0～22.0厘米之间，深度为0.25～0.50米。需要说明的是，53个柱洞并不是一次发现的。在基槽口部的平面上只发现1～23号柱洞，当基槽向下去了20厘米之后，发现24～47号柱洞，到接近底部的位置，发现48～53号柱洞（表2–51）。

西基槽正中位置有一段没有下挖，分析应为门道所在。不过从两城镇发掘中发现的数十座房址来看，门道位置清楚者，除了F65门道朝东之外，均为朝南。所以，F36朝西的门道，或者只是一个例外，或者在西边没有发掘的位置还有别的建筑，而F36只是其组成部分之一。

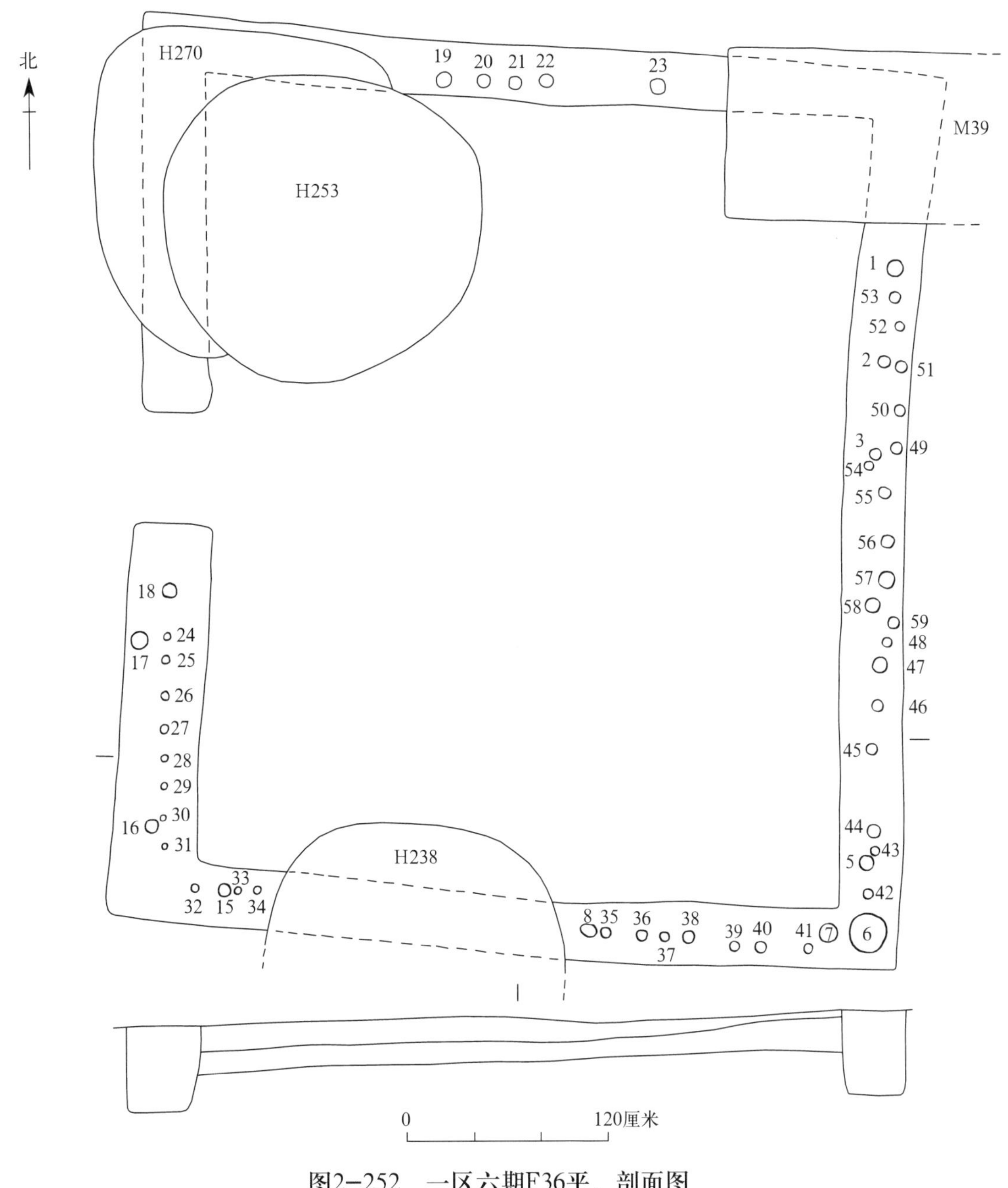

图2-252 一区六期F36平、剖面图

F36之下有较厚的基础垫土，现存厚度约22.0～28.0厘米。垫土可以分为两层：上层厚4.0～15.0厘米，浅黄色沙质土（10YR6/4），其中夹杂着一些黑色的小块砾石，结构十分紧密；下层厚10.0～20.0厘米，为红褐色黏土（10YR5/4），结构紧密，土质较黏较硬。

由于F36地面及其以上部分全部被破坏不存，所以，对F36完整情况的认识就很不充分。从现有资料看，这一座房址与其他房址存在比较大的差别。它是采用挖槽立柱这一建筑形式的房屋，这与前面介绍的许多不挖基槽而平地起建（或只有极浅的基槽）、或只有几个较大角柱的房址有很大不同。F36也采用了在拟建房的位置先铺垫基础垫土，然后再在其上挖槽立柱的建筑方法。这一建筑方法和建筑结构，与龙山文化之前平地起建的房屋相比产生了一个重大的变化，即开始出现高出平地

表2-51　F36柱洞登记表　（单位：厘米）

编　号	位　置	口径-深	填　土
1	东基槽	9-45	浅灰褐色（5YR4/3）
2		7-45	浅黄褐色（5YR4/3）
3		6-45	浅黄褐色（5YR4/3）
4		10-45	浅黄褐色（5YR4/3）
5		8-45	浅黄褐色（5YR4/3）
6		22-48	浅黄褐色（5YR4/3）
42		5-26	浅灰褐色（7.5YR4/2）
43		5-25	浅灰褐色（7.5YR4/2）
44		8-28	浅灰褐色（7.5YR4/2）
45		6-28	浅灰褐色（7.5YR4/2）
46		5-27	浅灰褐色（7.5YR4/2）
47		5-28	浅灰褐色（7.5YR4/2）
48		8-28	浅灰褐色（7.5YR4/2）
49		7-29	浅灰褐色（7.5YR4/2）
50		6-26	浅灰褐色（7.5YR4/2）
51		6-26	浅灰褐色（7.5YR4/2）
52		5-27	浅灰褐色（7.5YR4/2）
53		6-26	浅灰褐色（7.5YR4/2）
54		6-28	浅灰褐色（7.5YR4/2）
55		7-29	浅灰褐色（7.5YR4/2）
56		7-26	浅灰褐色（7.5YR4/2）
57		10-28	浅灰褐色（7.5YR4/2）
58		6-27	浅灰褐色（7.5YR4/2）
59		5-28	浅灰褐色（7.5YR4/2）
7	南基槽	9-48	浅黄褐色（5YR4/3）
8		9-50	浅黄褐色（5YR4/3）
15		7-45	浅灰褐色（7.5YR4/2）
32		5-25	黄褐色（7.5YR4/3）
33		5-25	黄褐色（7.5YR4/3）
34		5-25	黄褐色（7.5YR4/3）
35		7-28	浅灰褐色（7.5YR3/2）

36	南基槽	5–28	浅灰褐色（7.5YR3/2）
37		6–27	浅灰褐色（7.5YR3/2）
38		6–28	浅灰褐色（7.5YR3/2）
39		7–26	浅灰褐色（7.5YR3/2）
40		7–25	浅灰褐色（7.5YR4/2）
41		5–26	浅灰褐色（7.5YR4/2）
16	西基槽	8–45	浅灰褐色（7.5YR4/2）
17		9–45	浅灰褐色（7.5YR4/2）
18		8–45	浅灰褐色（7.5YR4/2）
24		5–25	黄褐色（7.5YR4/3）
25		4–25	黄褐色（7.5YR4/3）
26		4–26	黄褐色（7.5YR4/3）
27		4–25	黄褐色（7.5YR4/3）
28		3.5–25	黄褐色（7.5YR4/3）
29		4–25	黄褐色（7.5YR4/3）
30		4–25	黄褐色（7.5YR4/3）
31		3–25	黄褐色（7.5YR4/3）
19	北基槽	9–27	浅灰褐色（7.5YR4/2）
20		8–27	浅灰褐色（7.5YR4/2）
21		7–25	浅灰褐色（7.5YR4/2）
22		7–26	浅灰褐色（7.5YR4/2）
23		7–26	浅灰褐色（7.5YR4/2）

的所谓“台基”式房子。尽管这一时期高出地面的“台基”还不高，建筑过程也不复杂，形式尚不甚固定，但作为一种新的建筑结构和方式，对后来的房屋建筑，特别是宫殿建筑的发展具有重大影响。

F36下的基础垫土与F33下的基础垫土是同一层堆积，即在铺垫好这一层基础垫土之后，同时修建了两座房屋（或许向西向北还有其他的房址）。因此，尽管F36没有发现当时的居住活动面，但我们仍然有充分的理由将两者划归同一个小时间段。

F36的垫土内出土2件石器。

标本F36∶2（#1381；S2058），石锛，残，磨制。流纹质熔结凝灰岩。平面为长方形。残长4.7、残宽2.6、厚2.4厘米，重64.6克（彩版八九，4）。

标本F36∶1（#1381；S2065），石刀半成品。花斑岩。长5.8、宽5.5、厚1.1厘米，重78.7克（图2–257，6）。

3．F56

位于E4T2298、T2299、T2348、T2349四个探方之中，只保存分布比较规律的一周11个较大柱坑和1个中心柱坑。开口于⑥b层之下，打破F54及以下地层。从柱洞的分布看，近似正南北方向（图2–253）。

由柱坑围成的房址，平面呈方形，以柱洞外缘计算，东西约4.20、南北约4.30米，建筑面积约为18.06平方米。

柱坑的大小差别较大，最大的12号中心柱坑，平面形状近椭圆形，长径62.0、短径47.0、深57.0厘米。最小的1号和11号柱坑，平面略呈圆形，最大直径约为25.0、深度也不足20.0厘米。柱洞内填土比较一致，均为黄褐色黏土（10YR4/4）（表2–52）。

房址其他要素，如墙体、居住面、灶址、门道等均未发现。所以，F56详细情况就不甚清楚。

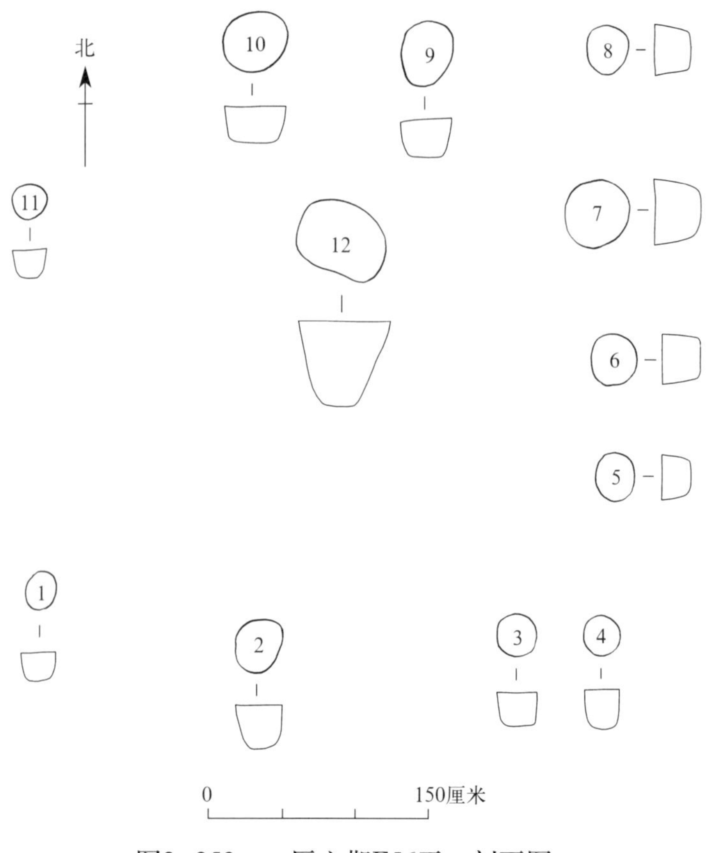

图2–253　一区六期F56平、剖面图

表2–52　F56柱坑、柱洞登记表　（单位：厘米）

编　号	形　状	口径–深
1	圆形，直壁，平底	24–18
2	圆形，斜壁，圜底	32–29
3	圆形，斜壁，平底	27–23
4	圆形，直壁，圜底	24–26
5	圆形，直壁，平底	30–20
6	圆形，斜壁，平底	32–26
7	圆形，斜壁，平底	44–31
8	圆形，直壁，平底	30–24
9	圆形，斜壁，平底	34–26
10	圆形，斜壁，平底	40–24
11	圆形，直壁，圜底	23–19
12	圆形，斜壁，圜底	62–57

4．F58

位于E4T2296、T2297、T2346和T2347四个探方之中。该房址只发现4个排列比较规整的大柱坑，其东南角有一段拐角形基槽，房址的其他要素均未发现。开口于F55之下，打破⑥c层及以下部分层次。如以东南、西南两个柱坑中心的连线测量，方向为181°（图2–254）。

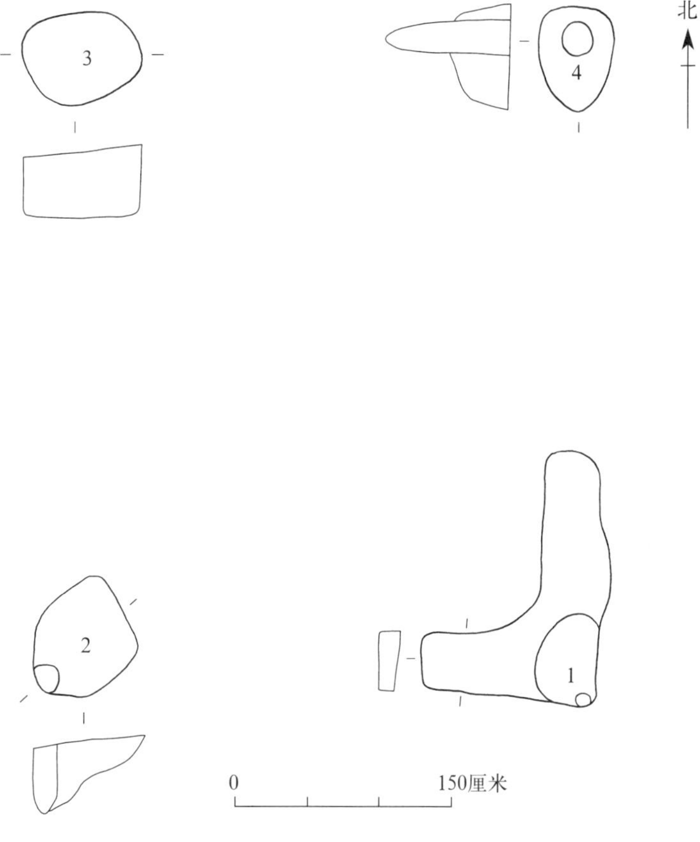

图2–254　一区六期F58平、剖面图

1号柱坑位于东南角，其外围有一个基本呈直角的拐尺形基槽。东段南北长1.67、宽0.37～0.48、深0.14～0.17米；南段东西长1.20、宽0.38～0.44、深0.14米。内填黄褐色土（5YR5/3），包含许多褐色土块和粗砂，结构紧密，土质坚硬，分选粗而中等。基槽东南角有一个近似椭圆形的柱坑，东南两边与基槽边重合，长径约60.0、短径约40.0厘米，内填灰褐色土（7.5YR4/3），包含大量白色粗砂粒，结构紧密。柱洞位于柱坑的东南角，圆形，直径约10.0厘米，内填浅灰色土（2.5YR6/1），质地较松软。

2号柱坑位于西南角，由柱坑和柱洞两部分组成。柱坑形状不甚规则，坑底向西南倾斜，长约86.0、宽约64.0、深约48.0厘米。内填黄褐色土（5YR5/3），包含较多的棕褐色土块，结构紧密，分选粗而不好。填土不分层，有夯打痕迹。柱洞位于柱坑的西南隅，口部近似弧边三角形，最大径23.0、深52.0厘米，柱洞内填灰褐色土（7.5YR4/3），结构疏松。

3号柱坑位于西北角，为一椭圆形柱坑，长径80.0、短径60.0、深50.0厘米。内填黄灰色花土（7.5YR4/4），上部偏黄，下部偏灰，结构比较紧密。

4号柱坑位于东北角，由外围的柱坑和内侧的柱洞构成。柱坑略呈椭圆形，长约68.0、宽约52.0、深42.0厘米。内填灰褐色土（7.5YR4/3），结构紧密，土质坚硬。柱洞位于柱坑偏北位置，圆形，直径约24.0、深86.0厘米。柱洞内填浅灰色土（2.5YR6/1），结构疏松，质地较软。

F58仅保存4个较大的角柱坑，部分坑内发现明确的柱洞，其他部分房屋要素皆不清楚。所以，这一类房屋的结构还需要日后发现保存更好的遗存才能认识和确定。

F58填土内发现2件残石器和1件石片。

标本F58：1（#8631；S2876），石铲，残背一角，磨制。流纹质熔结凝灰岩。残长9.0、残宽5.6、厚1.6厘米，重32.8克（图2–257，5）。

标本F58：2（#8631；S2922），磨石，残。砂岩。平面为不规则四边形，磨面较细而内凹。残长5.2、残宽3.3、厚1.5厘米，重22.5克（彩版八九，5）。

标本F58：3（#8636；S2875），次级石片。流纹质熔结凝灰岩。不规则形。长1.8、宽3.4、厚0.7厘米，重5.4克。

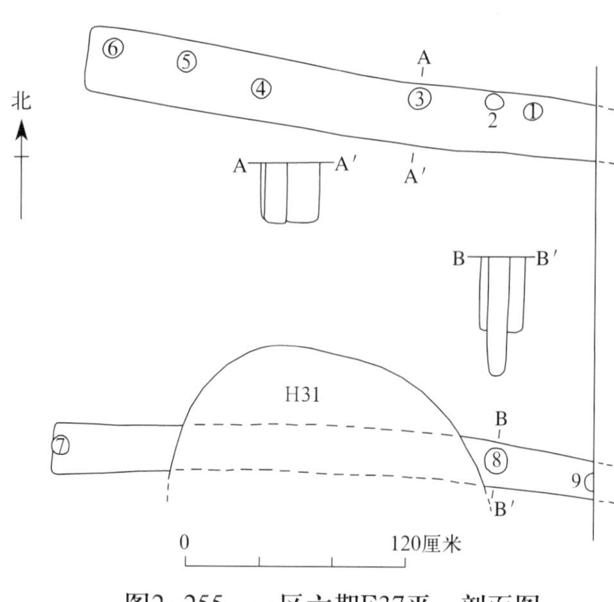

图2-255　一区六期F37平、剖面图

5．F37

位于E4T2400，仅保存2条平行的基槽，向东均伸到探方东壁之外。开口于⑥b层下，打破以下文化层，南基槽被H31拦腰打破（图2-255）。

南基槽为长条形，直壁，平底。东西已出露长3.00、宽0.20～0.26、深约0.42米。方向94°。内填黄褐色土（5YR3/2），结构略松。基槽内尚存3个圆形柱洞。

北基槽亦为长条形，直壁，平底。东西已出露长2.80、宽0.28～0.38、深0.28～0.34米。方向98°。内填黄褐色土（5YR3/2），结构较松。基槽内发现一排6个圆形柱洞，与基槽等深或略浅（表2-53）。

表2-53　F37柱洞登记表　（单位：厘米）

编号	位置	形状	口径-深	填土
1	北基槽	圆形，直壁，圜底	10-10	灰黑色（5YR3/1）
2		圆形，直壁，圜底	8-24	灰黑色（5YR3/1）
3		圆形，直壁，平底	13-30	灰色（5YR4/1）
4		圆形，直壁，圜底	11-9	灰色（5YR4/1）
5		圆形，直壁，平底	9-26	灰黑色（5YR3/1）
6		圆形，直壁，圜底	10-9	灰黑色（5YR3/1）
7	南基槽	圆形，直壁，圜底	9-26	灰黑色（5YR3/1）
8		圆形，直壁，圜底	12-63	灰黑色（5YR3/1）
9		圆形，直壁，平底	8-12	灰黑色（5YR3/1）

F37仅保存着2条基本平行的基槽，其他房屋要素已不存在，其详细结构不清楚。

发现的3件残石器和1件可复原的陶碗，均出自基槽填土之中。

标本F37：4（#3335；S1605），磨石，残。砂岩。平面近圆形。长4.4、宽3.4、厚1.0厘米，重15.0克。

标本F37：1（#3335；S1900），石器半成品。花斑岩。不规则形。长9.3、宽7.0、厚2.0厘米，重154.2克。

标本F37：2（#3338；S1905），石刀半成品。闪岩。平面为“D”字形。长4.1、宽4.5、厚1.1厘米，重30.3克。

标本F37：3，碗，出自南基槽之中。泥质黑陶。敞口，圆唇，斜腹，近底部折收，大平底。腹部两侧有对称的小横耳。内外器表均经磨光处理。腹部饰一周凹弦纹。口径14.4、底径8.4、高7.2、厚0.4厘米（图2–257，9）。

6．F21

分布在E4T2346、T2347、T2348、T2349、T2350、T2400、T2450七个探方之中。开口于⑥b层下，被H85、H91、H101、H120、H122、H205、H228、H236、H237等多个遗迹所打破和叠压。以南基槽为基准测量，方向约为180°（图2–256；彩版九〇，1、2）。

F21平面为拐尺形，只保存有南、东两条互相连接的基槽。

南基槽横断面略呈倒梯形，部分地段近底部有内收成阶状的现象。东西长14.88、南北宽0.32～0.65、深0.80～1.00米。填土东西略有差异，大体上可以分为三层。上层为棕褐色黏土（5YR5/3），夹杂白色粗砂粒、草木灰和烧土粒等，结构紧密，土质坚硬。中下层均为灰褐色土（7.5YR4/3），结构相对较为疏松。基槽内布满圆形小柱洞，数量多达64个。柱洞排列不十分规整，大小差别也比较大。这些柱洞的显著特点是挖的特别深，有的深度超过1.00米。柱洞内填土差别也比较大，许多为十分疏松的黑灰色土，甚至有木柱腐朽的痕迹。发掘中我们曾怀疑其是否为墙体，但从几个探方隔梁的完整剖面看，明显呈上宽下窄的结构，故排除了为墙体的可能。

东基槽横断面亦为倒梯形，平底。南北长6.72、东西宽约0.28～0.54、深0.22～0.48米。基槽内填黄褐色土（5YR3/2），包含少量草木灰、烧土粒和黄土块等，结构紧密，土质坚硬。基槽内密布圆形柱洞，共25个。柱洞南北成排，个别地段有在成排柱洞之外附加柱洞的现象（表2–54）。

F21的发掘过程较长，经历了1999和2000年两个年度发掘才最终完成。

F21是在1999年发掘的东西向探沟的中部发现的，并且出现的比较早。因为探沟的发掘目的是为了了解“黄土台基”的范围和走向，所以发掘时每两个探方保留一段隔梁。实际上发掘下去一层之后就开始发现东西向条状堆积土，其中以T2448和T2449两个探方最为明显，后来才认识到这竟然是一条长达5个探方的基槽，并逐渐发现明确的深柱洞，遂编为F21。由于发掘范围和时间的局限，这样一个庞然大物当年无法完全搞清楚，所以决定暂停发掘。

2000年秋的第二次发掘，我们把F21作为一个重点对象开展工作。由于前一年的发掘已经知道基槽的东部向北拐去，所以，本年度主要在基槽以北布两排探方。如前所述，发掘的结果只是在东部找到一部分基槽，并且最终也没有找到北、西两侧的基槽，也可以说根本就没有这两段基槽。

从空间布局上看，F21东基槽的北端突然中断，既没有向北延伸，也没有向西拐弯。而南基槽也存在同样问题，如果其被H120和H122打断后仍向西延伸，则应该继续出现，但两个灰坑的西侧并未出现基槽痕迹，所以南基槽的西端应在两个灰坑的位置内结束，不能再往西延伸。同样，在南基槽消失的北侧，是T2396和T2446，这两个探方均已发掘完毕，而且发掘中我们曾重点予以注意，看是否存在F21基槽向北延伸的迹象，但没有发现与其有关的基槽痕迹。南侧的探方2001年也进行了发掘，同样没有与其有关的基槽痕迹。所以，F21南基槽的西端是自行结束的。这样，就出现了一个很

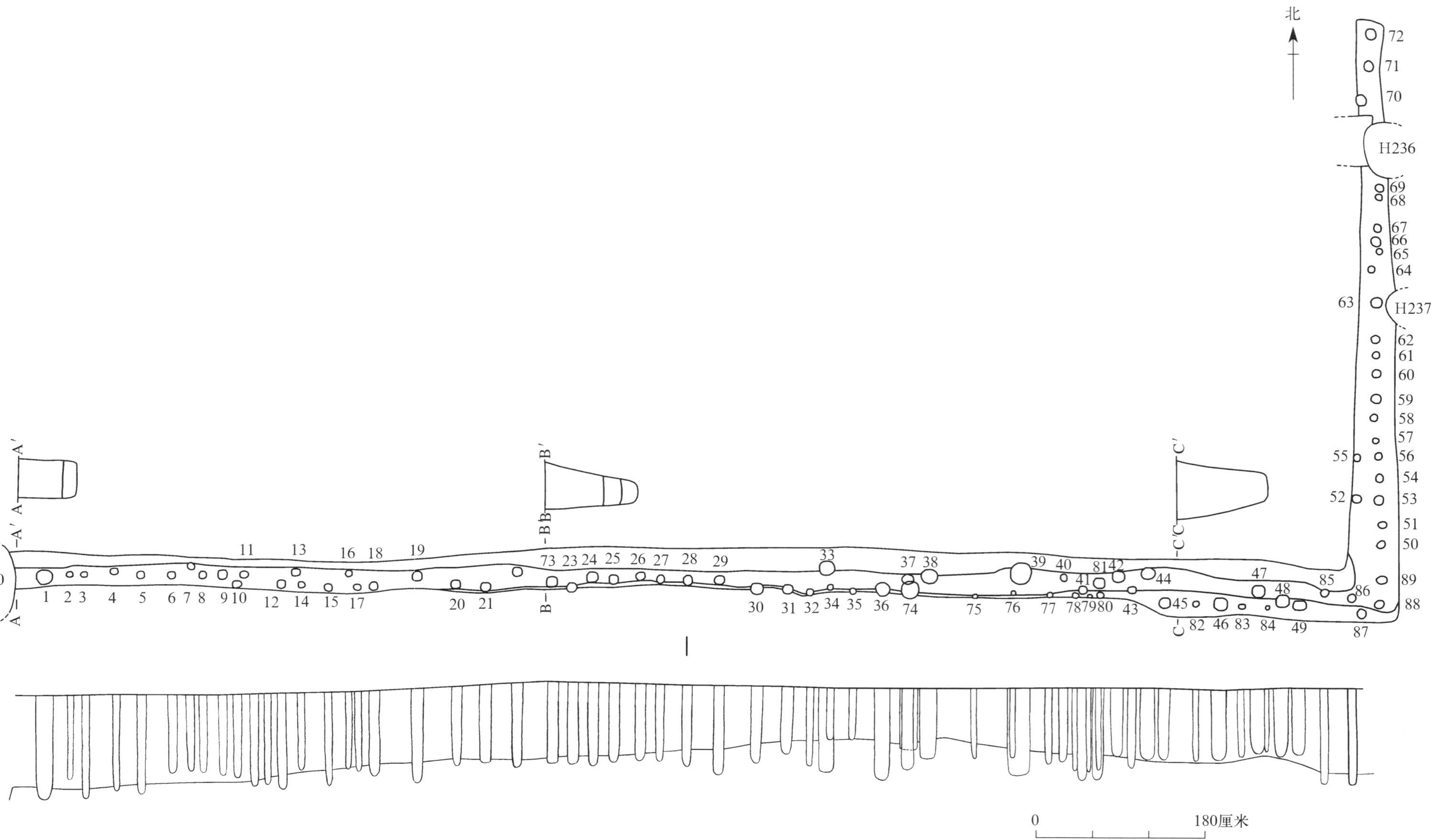

图2-256　一区六期F21平、剖面图

表2-54　F21柱洞登记表　（单位：厘米）

编　号	位　置	直径-深	填　土	备　注
1	南基槽	20-118	灰褐色	
2		7-102	浅灰褐色	
3		8-116	灰褐色	
4		8-106	灰褐色	
5		9-112	灰褐色	
6		10-98	灰褐色	
7		8-94	黄褐色	
8		8-96	黄褐色	
9		10-102	灰褐淤沙	
10		10-104	深灰褐色	
11		9-102	灰褐色	
12		9-102	灰褐色	
13		9-102	灰褐色	
14		7-96	灰褐色	
15		9-102	灰褐色	
16		8-94	灰褐色	
17		8-96	灰褐色	
18		12-98	灰褐色	
19		15-102	灰褐色	
20		11-84	灰褐色	
21		13-86	灰褐色	
22		8-96	灰褐色	有朽木痕迹
23		12-92	灰褐色淤泥	有朽木痕迹
24		14-92	灰褐色	有朽木痕迹
25		11-90	灰褐色	有朽木痕迹
26		12-88	灰色	有朽木痕迹
27		9-89	灰褐色	有朽木痕迹
28		10-96	灰褐色	有朽木痕迹
29		12-102	黑色	有朽木痕迹
30		13-92	黑褐色	有朽木痕迹
31		12-82	黑褐色	有朽木痕迹

32	南基槽	7－93	灰褐色	有朽木痕迹
33		16－96	灰褐色	
34		8－66	灰褐色	有朽木痕迹
35		8－66	灰褐色	有朽木痕迹
36		17－98	灰褐色	有朽木痕迹
37		14－87	灰褐色	
38		18－76	深灰褐色	
39		25－94	深灰褐色	
40		8－80	灰褐色	
41		10－100	灰褐色	有朽木痕迹
42		13－74	灰褐色	
43		10－87	灰褐色	有朽木痕迹
44		16－78	褐色	
45		12－78	灰褐色	
46		17－76	灰褐色	有朽木痕迹
47		16－72	灰褐色	
48		16－76	灰褐色	有朽木痕迹
49		15－74	灰褐色	有朽木痕迹
50	东基槽	11－42	灰褐色	
51		8－35	黑色淤土	
52		10－69	黑色淤土	
53		10－63	灰褐色	
54		8－17	黑色淤土	
55		10－30	灰褐色	
56		9－86	黑色淤土	
57		9－52	黑色黏土	
58		9－95	黑色黏土	
59		11－76	褐色黏土	
60		8－83	灰褐色	
61		8－58	黑色黏土	
62		7－94	褐色黏土	
63		11－82	褐色黏土	
64		7.5－70	灰褐色	

65	东基槽	7–69	褐色黏土	
66		10.5–67	褐色黏土	
67		8.5–27	褐色黏土	
68		8.5–30	褐色黏土	
69		12–77	黑色黏土	
70		12–42	褐色黏土	
71		10–40	黑色黏土	
72		11.5–26	褐色黏土	
73	南基槽	13–80	灰褐色	有朽木痕迹
74		20–66	灰褐色	
75		6–76	灰褐色	
76		5–74	灰褐色	
77		7–82	灰褐色	
78		6.5–90	灰褐色	
79		6–90	灰褐色	
80		7–88	灰褐色	
81		12–100	灰褐色	
82		6–80	灰色	
83		6–76	灰色	
84		4–70	灰色	
85		9–105	灰色	
86		9–104	灰褐色	
87		12–98	灰褐色	
88		10–83	灰褐色	
89		11–78	灰褐色	

难解释的问题，即F21客观上只存在南、东两条相连接的拐尺形基槽，它不构成一个封闭的空间，那么F21到底是一个什么性质的建筑，曾一直困惑着我们。近年来随着其他地区的相关发现，我们认为F21系聚落内数栋房子的围墙遗迹的可能性最大。

F21的基槽里共发现9件石器和2件残陶器。

标本F21：5（#8226；S3337），石镰半成品。流纹质熔结凝灰岩。平面为不规则形。残长7.9、宽5.5、厚1.4厘米，重44.1克（图2–257，1）。

标本F21：13（#3347；S1891），石钺，残存刃部一角。流纹质熔结凝灰岩。磨制光滑。残长3.1、残宽2.5、厚1.1厘米，重8.5克（图2–257，2）。

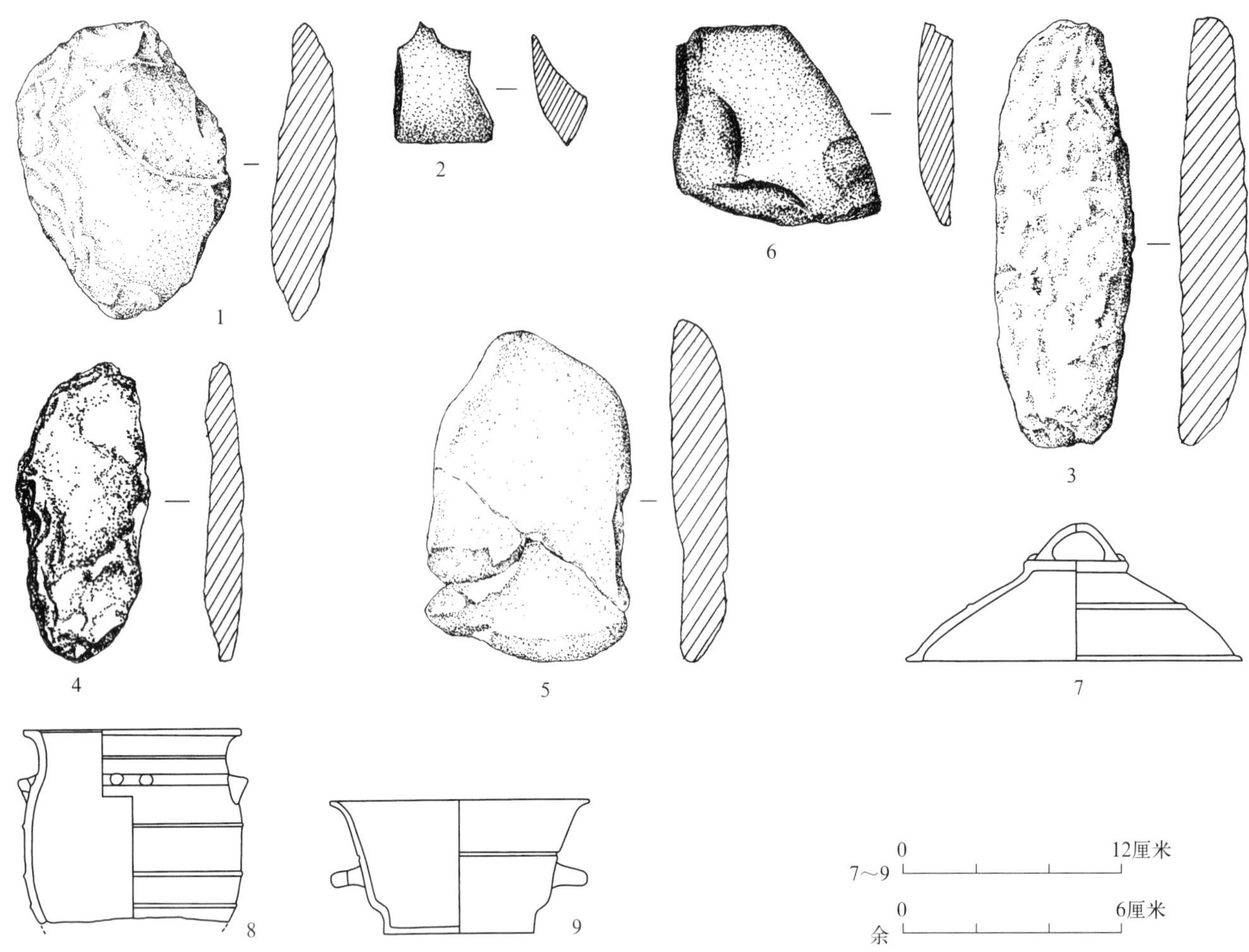

图2-257　一区六期F21、F36、F37、F58出土器物

1. 石镰半成品F21：5　2. 石钺F21：13　3、4. 石镞半成品F21：3、F21：10　5. 石铲F58：1　6. 石刀半成品F36：1　7. 覆碗形器盖F21：2　8. 深腹罐F21：4　9. 碗F37：3

标本F21：1（#8226；S3341），石镞，表面腐蚀得较为粗糙。绿泥石或绿泥/角闪片岩。平面为柳叶形，横截面为菱形。长8.1、宽2.8、厚0.9厘米，重19.3克（彩版八九，6）。

标本F21：3（#8226；S3349），石镞半成品。绿泥石或绿泥/角闪片岩。平面形状椭圆形，横截面为椭圆形，完整。长11.4、宽3.7、厚2.0厘米，重124.5克（图2-257，3）。

标本F21：10（#3763；S1847），石镞半成品。绿泥石或绿泥/角闪片岩。平面为略宽的长条形，横截面为椭圆形。长8.1、宽3.4、厚1.4厘米，重49.4克（图2-257，4；彩版八九，7）。

标本F21：8（#3763；S1848），磨石，残。花斑岩。平面略呈三角形，磨面粗糙。长5.3、宽3.4、厚1.4厘米，重33.3克（彩版八九，8）。

标本F21：9（#8454；S3179），磨石，残。砂岩。磨面略粗并内凹。残长3.5、宽3.0、厚1.1厘米，重11.7克。

标本F21：12（#3253；S403），磨石，残。砂岩。平面略呈拐尺状，磨面细而内凹。残长7.2、宽3.8、厚1.4厘米，重47.9克（彩版八九，9）。

标本F21：11（#3763；S1849），石器半成品，一端残。流纹质熔结凝灰岩。平面近椭圆形。长6.3、宽4.3、厚0.9厘米，重28.8克。

标本F21：4，深腹罐。夹砂黑陶。侈口，圆唇，窄平沿，束颈，腹壁略外弧，下部及底残。器表经磨光处理。颈部有两周细凹弦纹，颈下有两击细凸棱，其上有一对盲鼻和一对双泥饼，颈中部和腹部有三周凸棱。口径12.0、残高10.4、厚0.4～0.5厘米（图2–257，8）。

标本F21：2，覆碗形器盖。夹砂红陶。小平顶，其上有环形纽，斜直盖面微隆，窄沿。顶部环形纽两端各饰一泥饼，盖面中部有凸棱一周。顶径5.6、口径18.6、高7.4、厚0.4厘米（图2–257，7）。

除了房址之外，还在各个探方发现一些零散柱洞，共28个，其中柱洞18个，柱坑和柱洞复合的10个（图2–204；表2–55）。

表2–55　第六时期零散柱坑、柱洞登记表

编号		位置	层位	开口海拔（米）		形状		尺寸（直径—深）（厘米）		填土		备注
柱洞	柱坑			柱洞	柱坑	柱洞	柱坑	柱洞	柱坑	柱洞	柱坑	
#8634	#8634	T2297	F55→△H369	16.2		圆形，圜底	椭圆形，圜底	14–42	（44–32）–44	灰褐色	灰褐色	
#8639		T2297	F55→△→H374、⑥d	16.08		圆形，斜壁		15–25		灰褐色（10YR3/1）		
#8652	#8652	T2297	⑥c→△→⑥d	16.04		圆形，圜底	圆形，圜底	14–12	22–12	灰褐色	灰褐色	
#8653	#8653	T2297	⑥c→△→⑥d	16.04		椭圆形，圜底	椭圆形，平底	（18–12）–28	（48–36）–17	灰褐色	灰褐色	
#8654	#8654	T2297	⑥c→△→⑥d	16.04		椭圆形，圜底	近圆形，平底	（14–10）–21	26–12	灰褐色	灰褐色	
#8817	#8816	T2299	⑥c、#8812→△	16.28		圆形，圜底	椭圆形，平底	14–20	（残长32–24）–8	灰褐色（10YR3/2）	灰褐色（10YR5/2）	
#8910		T2300	⑥c→△→⑥d	15.76		圆形，平底		28–14		灰色（5YR3/3）		
#8937		T2300	⑥c→△→F54	16.39		圆形，平底		18–8		黄色（10YR4/4）		
#2622		T2346	⑥b→△	16.07		圆形，平底		30–22		黄褐色（10YR4/4）		
#2623		T2346	⑥b→△	16.06		圆形，平底		28–32		灰褐色（10YR3/2）		
#2624		T2346	⑥b→△	16.05		圆形，平底		28–16		黄褐色（10YR5/6）		
#2625		T2346	⑥b→△	16.04		圆形，平底		29–12		黄褐色（10YR5/6）		

#2626		T2346	⑥b→△	16.04		圆形，平底		22-14		灰褐色（10YR3/2）		
#2627	#2629	T2346	⑥b→△	16.07		圆形，平底	近方形，平底	30-22	58-25	黑色	灰褐色	
#8106	#8107	T2347	F55→△→⑥c	16.2		圆形，圜底	椭圆形，圜底	14-44	(44-34)-34	灰褐色	黄褐色（2.5YR 5/4）	
#8108	#8109	T2347	F55→△→⑥c	16.19		圆形，圜底	圆形，圜底	10-18	30-14	灰褐色（2.5YR3/4）	黄褐色	
#8110		T2347	F55→△→⑥c	16.19		圆形，平底		26-18		灰褐色（7.5YR4/3）		
#8216	#8215	T2348	⑥b→△→⑥c	16.08		圆形，圜底	圆形，圜底	18-45	40-28	深灰色	灰褐色（2.5YR 4/6）	
#726	#8049	T2396	⑥b→△→⑥c	15.91		近圆形，平底	椭圆形，平底	21-91	(68-46)-91	灰褐色（7.5YR3/1）	灰褐色（7.5YR 4/2）	
#5693		T2399	H205→△	15.95		圆形，尖底		34-15		灰色（10YR5/2）		
#3359		T2400	H263→△	15.81		圆形，圜底		32-27		灰褐色（10YR3/2）		
#5829		T2448	⑥b→△→⑥c	16.11		圆形，圜底		36-18		用红烧土、碎陶片和灰褐色土分层筑成，		巢形柱洞，底部有石块
#5832		T2448	⑥b→△→⑥c	16.08		圆形，圜底		32-25		灰褐色（2.5YR4/4）		
#5833		T2448	⑥b→△→⑥c	16.09		圆形，圜底		36-37		灰褐色（5YR4/40）		
#5974-1		T2449	H299→△	15.67		圆形，圜底		20-18		黑灰色（7.5YR3/4）		
#5974-2		T2449	H299→△	15.67		圆形，圜底		28-26		黑灰色（7.5YR3/4）		
#1161		T2450	H221→△	16.02		圆形，圜底		14-44		灰色（10YR3/2		
#1162		T2450	⑥b→△	16.02		圆形，圜底		16-32		黄色（10YR5/4）		

（二）灰坑

共发现53座，形状有圆形、椭圆形和不规则形等。灰坑主要分布于东部，南部也有一定数量，其他地段只是零星分布。

1．H109

位于E4T2349北部，开口于⑥b层下，被H111打破。椭圆形，斜壁，底部近平（图2−258）。坑口长径0.68、短径0.36、深0.19米。填黑灰色土（10YR2/1），出土鼎、罐、盆、器盖等陶器或残片。

标本H109：1，覆碗形器盖。夹砂黑陶。平顶，盖面内凹，圆唇，唇沿外伸，平沿，沿面有两周凹槽。素面。顶径5.3、口径17.0、高4.6、厚0.35厘米（图2−258，1）。

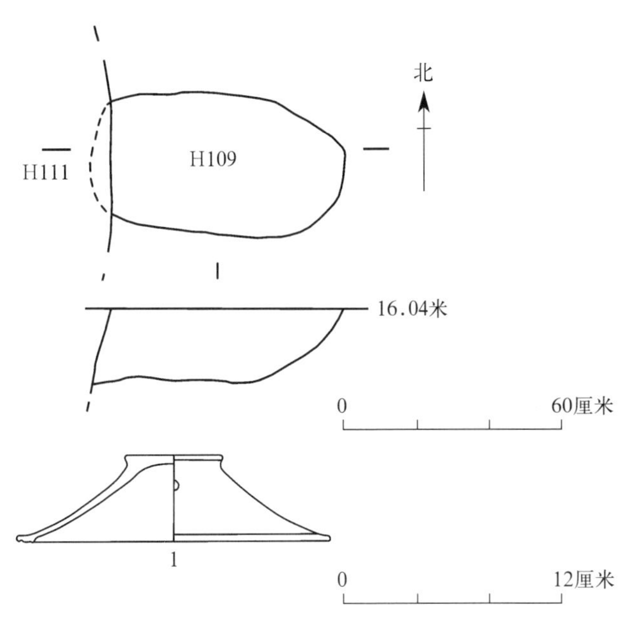

图2−258　一区六期H109平、剖面图及出土器盖

1．覆碗形器盖H109：1

2．H111

位于E4T2348、T2349、T2398、T2399四个探方，开口于⑥b层下，打破H109。圆形袋状，底部近平（图2−259）。坑口直径1.50、深0.37米。填土分为三层，第1层为灰褐色土（7.5YR4/3）；第2层为灰色土（10YR3/2）；第3层为黑灰色土（10YR2/1）。出土石锛、石刀等石器和鼎、罐、盆、壶、杯、器盖等陶器和较多残片。收集浮选土样5份共40升。

标本H111②：19（#5735；S1748），石锛，残。流纹质熔结凝灰岩。残长8.0、残宽2.6、厚2.8厘米，重86.7克。

标本H111：3（#5735；S2004），石锛半成品。富含白云母的熔结凝灰岩。平面为圆头长方形。长8.0、宽2.8、厚2.4厘米，重84.6克（彩版九一，1）。

标本H111②：16（#5735；S1769），石锤。花斑岩。平面为长条形。长16.9、宽4.0、厚4.1厘米，重345.8克。

标本H111①：8（#2818；S433），石刀半成品。闪岩。平面为一端尖的长条形。长12.0、宽3.9、厚1.5厘米，重68.2克。

标本H111：1（#2815；S1275），磨石，残。砂岩。平面为不规则形，磨面较细而内凹。残长5.9、残宽5.4、厚1.5厘米，重50.2克（彩版九一，2）。

标本H111：13（#5734；S1793），磨石，残。砂岩。在前面略呈三角形，磨面细而平整。残长3.3、残宽3.6、厚1.7厘米，重21.1克。

标本H111：18（#5734；S1798），磨石，残。砂岩。平面为长三角形。残长6.7、残宽3.3、厚2.4厘米，重55.6克。

标本H111：35（#5735；S2005），磨石，残。砂岩。平面为四边形，磨面细而内凹。残长6.8、残宽5.2、厚1.5厘米，重84.6克（彩版九一，3）。

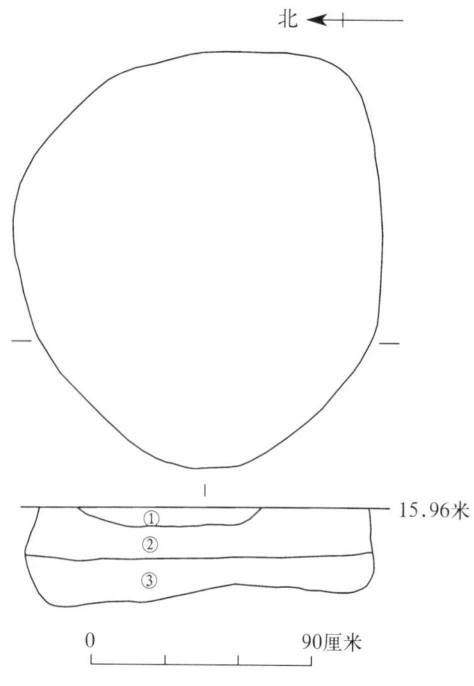

图2-259 一区六期H111平、剖面图

标本H111：2（#5735；S1756），砾石砍砸器。花岗岩。平面为不规则形。长8.0、宽5.5、厚5.8厘米，重434.3克（图2-260，14）。

标本H111：33（#5735；S2006），打磨/抛光石器。石英。平面为椭圆形。长4.9、宽2.9、厚1.5厘米，重3.6克（彩版九一，4）。

标本H111：34（#2815；S1359），残石器。滑石片岩。平面近方形。残长1.7、残宽1.3、厚0.3厘米，重0.8克。

标本H111：32（#2815；S1274），石料。绿泥石或绿泥/角闪片岩。平面为三角形。长3.0、宽1.9、厚0.5厘米，重3.8克。

标本H111②：22，罐形鼎。夹砂黑陶。侈口，尖圆唇，折沿，溜肩，圆腹，平底微内凹，三足残。器表经磨光处理。肩部有两周凹弦纹，口沿唇部有三组鸡冠耳。口径14.3、底径10.0、残高13.5、厚0.2～0.5厘米（图2-260，1；彩版九二，1）。

标本H111②：27，罐形鼎。夹砂黑陶。方唇，宽卷沿，沿面有一周凹槽，短颈，窄肩，弧腹，平底，三足残失（似“V”字形足）。器表经磨光处理，器表饰六周凸棱，颈下有对称的小横耳和泥饼各一对。口径16.4、底径12.0、残高13.2、厚0.3厘米（图2-260，2）。

标本H111②：29，罐形鼎。夹砂黑陶。侈口，圆唇，折沿，沿面有一周凹槽，鼓腹较深，平底，三鸟首形足残失。器表和口沿内侧经磨光处理，器表遍饰凹弦纹。口径13.0、底径10.6、残高13.6、厚0.6厘米（图2-260，3）。

标本H111②：24，盆形鼎。泥质黑陶。方唇，平沿较宽，敛口，腹中部内束，平底内凹，三鸟首形足，其中一足保存完好，余两足残。器表经磨光处理。折腹处饰一周凹弦纹，下腹部饰一周凸弦纹，沿下饰盲鼻，数量不详。口径14.4、底径10、高11.8、厚0.4厘米（图2-260，4）。

标本H111②：28，盆形鼎。夹砂黑陶。圆唇，宽平沿有凹槽，敛口，腹略内斜，平底，三足残失。器表经磨光处理，器表饰七周凸棱，口沿下有三个小贯耳。口径14.6、底径9.6、残高8.0、厚0.3

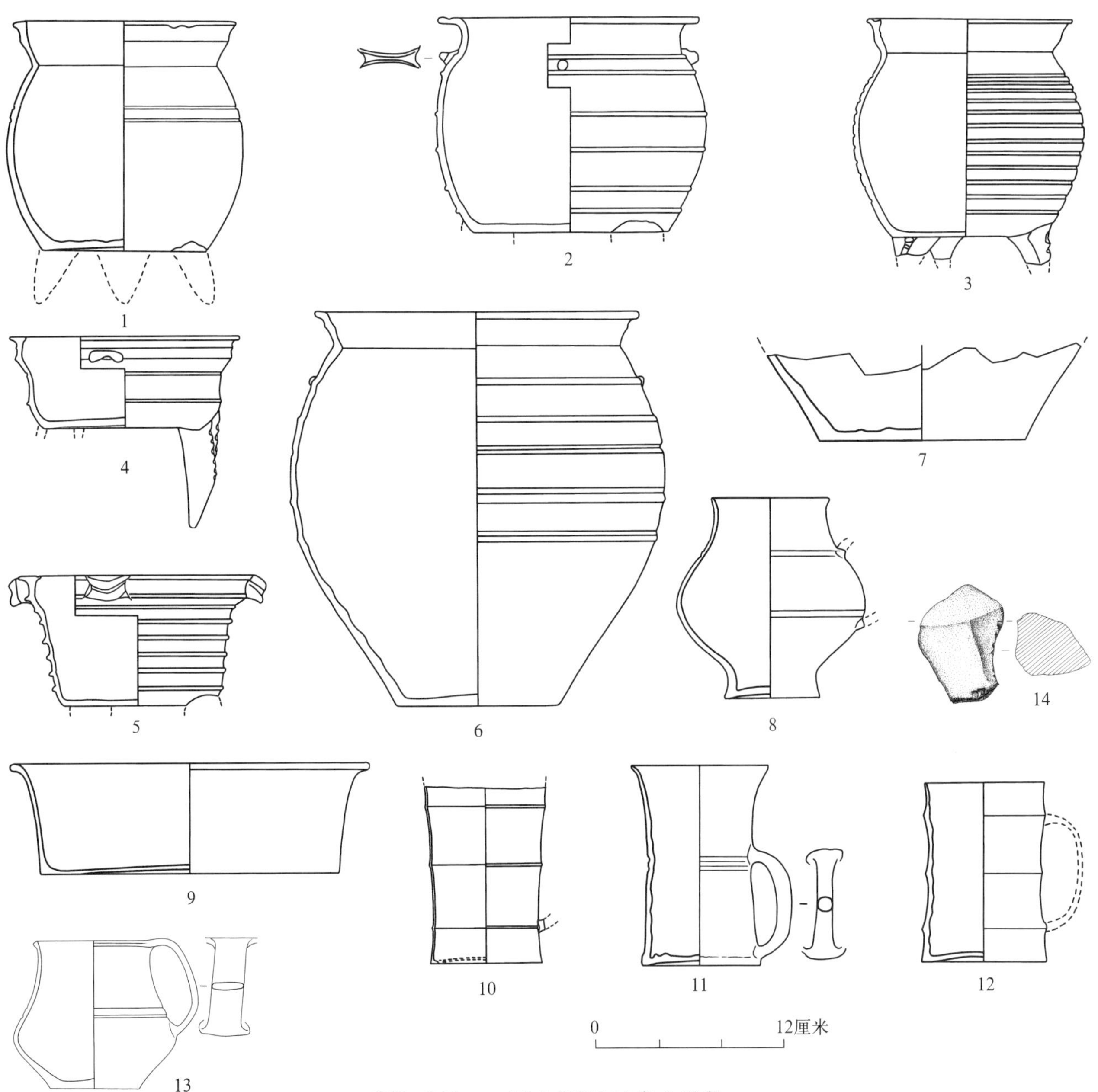

图2-260　一区六期H111出土器物

1～3. 罐形鼎H111②：22、H111②：27、H111②：29　4、5. 盆形鼎H111②：24、H111②：28　6、7. 罐H111①：4、H111②：20　8. 壶H111②：21　9. 大平底盆H111②：17　10～12. 筒形单耳杯H111①：5、H111②：15、H111②：23　13. 鼓腹单耳杯H111②：26　14. 砾石砍砸器H111：2

厘米（图2-260，5）。

标本H111①：4，罐。夹砂黑陶，灰胎。口略大，圆唇，折沿，圆腹，平底。外表下腹以上经磨光处理。肩腹部有五周凸棱，每道凸棱上侧附有一周凹弦纹。口径20.4、最大腹径23.0、底径9.8、高24.2、厚0.2～0.6厘米（图2-260，6；彩版九二，2）。

标本H111②：20，罐。夹砂褐陶。残存底部，斜壁，平底。素面。底径13、残高5.4、厚0.4～0.5厘米（图2-260，7）。

标本H111②：21，壶。泥质黑陶。侈口，粗颈，圆鼓腹，下腹内收较甚，平底内凹。一侧肩、腹之间有窄带形把手，残。器表经磨光处理。素面。口径7.2、最大腹部径11.8、底径5.8、高12.1、厚0.1～0.2厘米（图2-260，8）。

标本H111②：17，大平底盆。泥质黑陶，灰胎。圆唇，口微敞，腹微斜收，平底内凹。内外表均经磨光处理。素面。口径23.1、底径18.9、高7.0、厚0.2～0.3厘米（图2-260，9）。

标本H111①：5，筒形单耳杯。细泥黑陶。口沿残失，竹节状筒形器体，平底内凹。一侧有窄带形把手，残。器表经磨光处理，外表残余三周凸棱。底径7.1、残高10.8、厚0.1～0.5厘米（图2-260，10；彩版九二，3）。

标本H111②：15，筒形单耳杯。泥质灰黑陶。尖唇，敞口，筒形腹中部微内束，平底内凹。一侧有耳。器表经磨光处理。腹壁中部饰两周凹弦纹。口径8.3、底径7.5、高12.2、厚0.2～0.3厘米（图2-260，11；彩版九二，4）。

标本H111②：23，筒形单耳杯。泥质黑陶。筒形腹呈竹节状，平底内凹。一侧中部有把手，残。器表经磨光处理。杯体有三周凸棱。口径7.4、底径7.8、高11.0、厚0.1～0.3厘米（图2-260，12；彩版九二，5）。

标本H111②：26，鼓腹单耳杯。泥质黑陶。圆唇，粗长颈，鼓腹，平底。一侧口沿与腹之间有宽带状把手。器表经磨光处理。颈腹交接处饰两周凹弦纹。口径8.4、底径6.0、高9.1、厚0.2～0.5厘米（图2-260，13；彩版九二，6）。

标本H111①：7，覆碗形器盖。夹砂黑陶，深灰色胎，含云母。平顶，盖面微弧，圆唇，唇沿外伸，沿面有一周凹槽。内壁有轮制时留下的瓦棱状痕迹。顶面边缘有一周凹槽。顶径5.3、口径16.0、高5.1、厚0.4～0.6厘米（图2-261，1；彩版九三，1）。

标本H111①：10，覆碗形器盖。泥质黑皮陶，灰胎。平顶，盖面斜直，圆唇，唇沿外伸，平沿，沿面有一周凹槽。内壁有轮制时留下的瓦棱和线形痕迹。器表经磨光处理，盖面有三周凹弦纹。顶径6.8、口径20.0、高6.0、厚0.45厘米（图2-261，2；彩版九三，2）。

标本H111①：11，覆碗形器盖。夹砂黑陶，褐胎，含云母。平顶，盖面斜直，圆唇，唇沿外

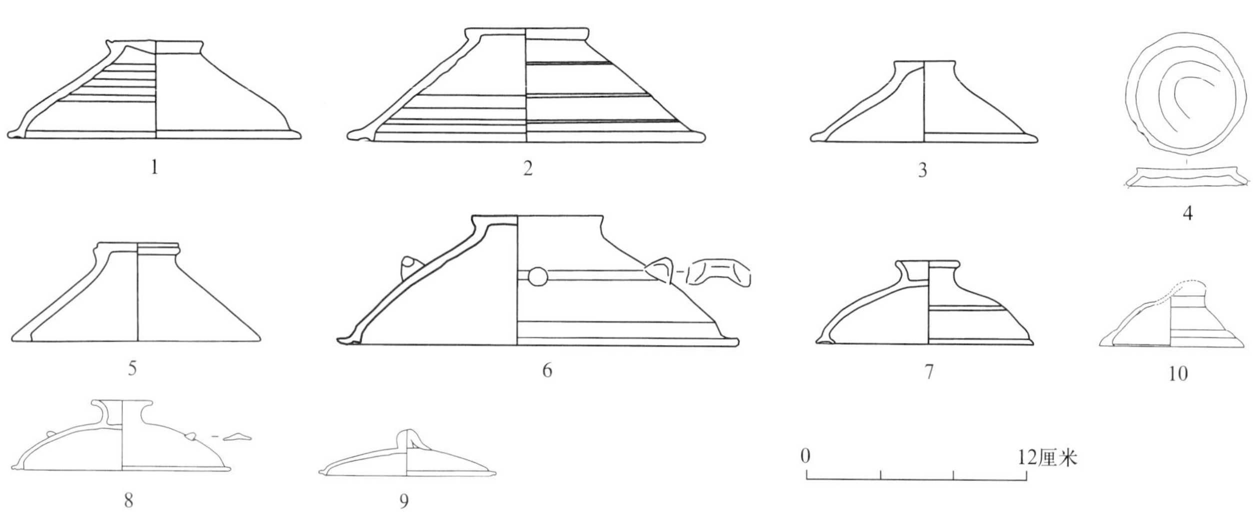

图2-261　一区六期H111出土器盖

1～6. 覆碗形器盖H111①：7、H111①：10、H111①：11、H111②：14、H111②：30、H111②：31　7～9. 覆盘形器盖H111②：25、H111①：6、H111①：9　10. 器盖H111①：12

伸，平沿。器表经磨光处理，素面。顶径3.5、口径12.4、高4.3、厚0.4～0.6厘米（图2–261，3；彩版九三，3）。

标本H111②：14，覆碗形器盖，只余盖顶部分。泥质灰黑陶。平顶下凹，顶面上留有轮制时的切割螺线。器盖的断裂部分规则光滑，判断为故意做成此状，可能有特殊用途。素面。顶径5.5、残高0.9～1、厚0.3～0.5厘米（图2–261，4）。

标本H111②：30，覆碗形器盖。夹砂黑陶。小平顶，顶外缘内凹，盖面斜直。外表经磨光处理，素面，顶径4.2、口径13.6、高5.2、厚0.6厘米（图2–261，5）。

标本H111②：31，覆碗形器盖。夹砂灰陶，灰胎。平顶，斜直盖面微弧，宽平沿外伸明显，盖面中部有一周浅凹槽。盖面中部有两两对称的小横耳和泥饼各一对，唇部压印成花边状。器表经磨光处理。顶径7.0、口径22.2、高6.7、厚0.15～0.2厘米（图2–261，6；彩版九三，4）。

标本H111①：6，覆盘形器盖。泥质黑陶。盖面为弧形，顶端中部有喇叭形纽，圆唇，唇沿外伸，平沿，沿面有两周凹槽。器表经磨光处理，盖面中部有两个对称的盲鼻。口径12.0、纽径3.4、高3.7、厚0.2～0.3厘米（图2–261，8；彩版九三，5）。

标本H111①：9，覆盘形器盖。泥质黑陶。整体较矮较浅，盖面为浅弧形，盖面中部有鸟首形纽，尖圆唇，唇沿外伸，平沿，沿面有一周凹槽。器表经磨光处理。口径9.8、通高2.6、厚0.25～0.3厘米（图2–261，9）。

标本H111②：25，覆盘形器盖。泥质黑陶。弧形盖面，顶端中部有矮圈足状纽，沿面有一周凹槽。器表经磨光处理，盖面饰两周凹弦纹。口径12.0、纽径3.4、高4.4、厚0.3厘米（图2–261，7）。

标本H111①：12，器盖。泥质黑陶，含有少量云母。盖纽残，盖面外隆，平沿。盖面有两周凹弦纹。口径8.0、残高3.5、厚0.3厘米（图2–261，10）。

3．H203

位于E4T2446、T2445、T2496三个探方，开口于⑥b层下，被H184打破，打破F36和⑥c层等。近方形，斜壁，平底（图2–262）。坑口长径1.60、短径1.54、深0.39米。填灰黄色杂土（7.5YR3/1），出土鼎、罐、杯、器盖、圆陶片等陶器残片（表2–56）。收集浮选土样1份5升，采集植硅体样品1份50克。

标本H203：1（#907；S2115），石斧，残。流纹质熔结凝灰岩。平面为近方形。残长6.8、宽7.3、厚1.9厘米，重103.3克（图2–263，4）。

标本H203：3，杯胆。泥质黑陶。管形，上下均残，上端略粗，下端较细。残长6.0、径2.0～4.0、厚0.15厘米（图2–263，1）。

标本H203：2，覆碗形器盖。夹砂褐陶。小平顶微下凹，盖面斜直，口沿部残缺。素面。顶径6.0、残高6.0、厚0.3～0.6厘米（图2–263，2）。

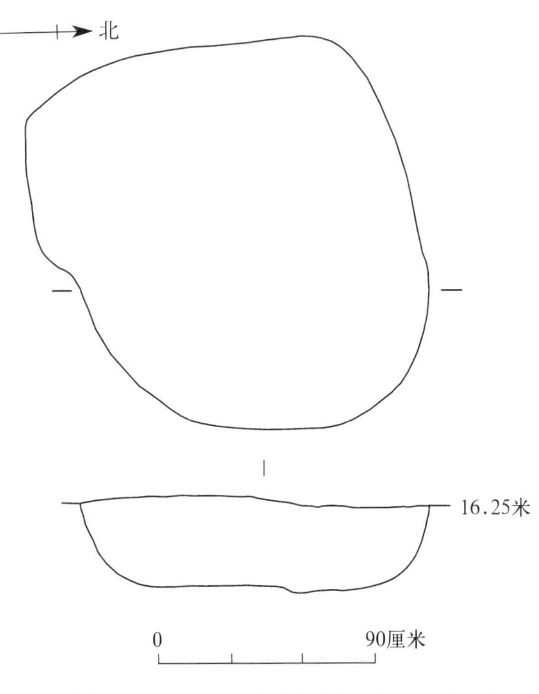

图2–262　一区六期H203平、剖面图

表2-56　H203陶片统计表

陶质/陶色/数量/纹饰	泥质				夹砂					夹云母滑石	总计	百分比（%）
	黑	灰	红	合计	黑	灰	褐	白	合计			
凸弦纹	6		1	7	9	2			11		18	2.81
凹弦纹	4	1		5	8	4	2	1	15		20	3.13
堆　纹		1		1	2				2		3	0.47
泥　饼	1			1							1	0.16
盲　鼻		1		1			1	1	2		3	0.47
素　面	220	32	6	258	214	51	52	18	335	2	595	92.97
累　计	231	35	7	273	233	57	55	20	365	2	640	100
百分比（%）	36.09	5.47	1.10	42.66	36.41	8.91	8.59	3.13	57.03	0.31	100	
重量（千克）	1.13	0.2	0.03	1.36	1.72	0.32	0.28	0.07	2.39	<0.02	3.77	

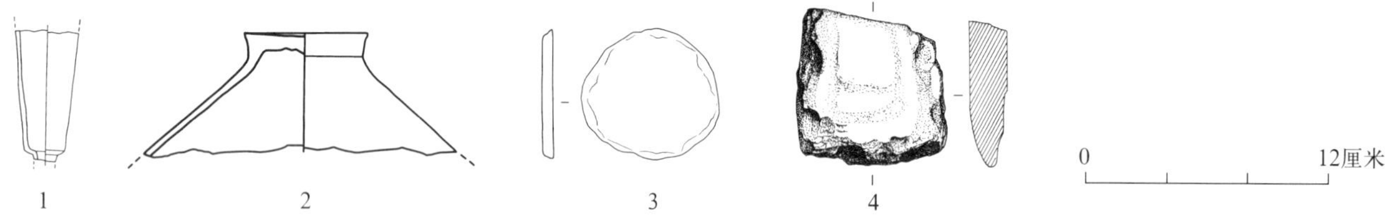

图2-263　一区六期H203出土器物

1．杯胆H203：3　2．覆碗形器盖H203：2　3．圆陶片H203：4　4．石斧H203：1

标本H203：4，圆陶片。泥质黑陶。近圆形，系采用陶片打磨而成，边缘斜直。素面。长6.7、宽6.4、厚0.5厘米（图2-263，3）。

4．H209

位于E4T2447、T2397之间，开口于⑥b层下，被M23打破，打破⑥c层及以下层次。圆形，直壁，平底（图2-264；彩版九四，1）。坑口直径2.00、深0.36米。坑内填土分为三小层：第1层为黄褐色土（10YR4/5），包含较多的红烧土块以及陶片等；第2层为灰褐色土（10YR4/4-4/6），比较松软，包含较多石器、石片和可复原的陶器，如罐、盆、杯、碗、器盖以及鼎、鬶等陶器残片；第3层黄褐色土（10YR5/6），结构较为紧密。收集浮选土样1份20升（表2-57）。

标本H209②：14（#4533；S1955），石锤。花斑岩。平面和横截面均为长方形。长7.7、宽3.6、厚3.3厘米，重151.9克（彩版九五，1）。

标本H209②：24（#4533；S1923），石锤。花斑岩。不规则形。长6.0、宽5.0、厚2.6厘米，重116.6克（彩版九五，2）。

标本H209②：26（#4533；S1959），石铲，残存一侧边，磨制。流纹质熔结凝灰岩。残长4.9、残宽2.6、厚0.6厘米，重9.1克。

标本H209③：31（#4534；S1962），石铲，残，磨制。流纹质熔结凝灰岩。残长5.3、残宽2.6、厚0.6厘米，重15.5克（图2-265，1；彩版九五，3）。

标本H209①：19（#4530；S1924），石镞半成品。滑石片岩。残长4.3、宽3.2、厚0.8厘米，重12.8克。

标本H209②：5（#4533；S1968），磨石，残。闪岩。平面为三角形，磨面不平整。长15.2、残宽7.1、厚3.9厘米，重450.1克。

标本H209②：22（#4533；S1946），磨石，残。熔凝灰岩。磨面粗糙。残长2.2、残宽1.9、厚1.1厘米，重6.3克。

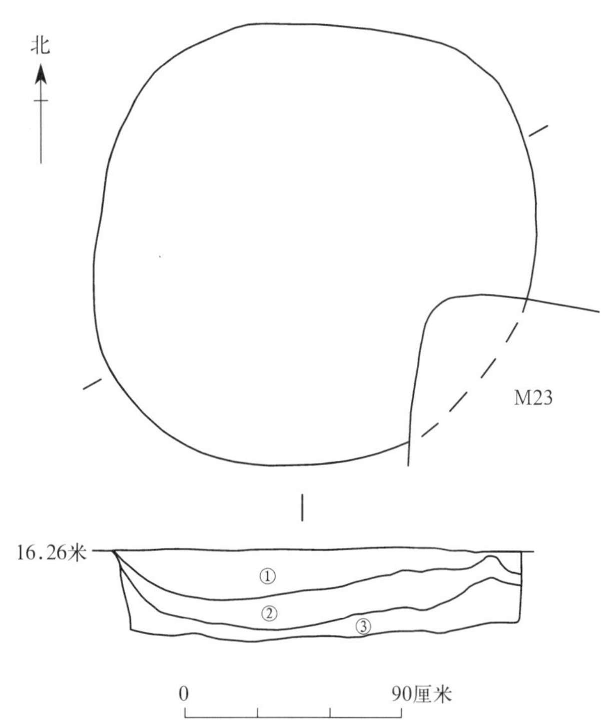

图2-264　一区六期H209平、剖面图

标本H209②：25（#4533；S1935），砾石砍砸器。石英粗面斑岩。不规则形。长9.0、宽4.9、厚3.4厘米，重130.8克（图2-265，2）。

表2-57　H209陶片统计表

陶质/陶色/数量/纹饰	泥质				夹砂				总计	百分比（%）
	黑	灰	褐	合计	黑	灰	褐	合计		
凸弦纹	8	2	1	11	10	2		12	23	1.86
凹弦纹	12		1	13	20	6		26	39	3.15
篮　纹						1		1	1	0.08
堆　纹	2			2			2	2	4	0.32
泥　饼	2			2	2			2	4	0.32
盲　鼻	2			2					2	0.16
素　面	685	45	5	735	261	71	97	429	1164	94.10
累　计	711	47	7	765	293	80	99	472	1237	100
百分比（%）	57.47	3.80	0.57	61.84	23.69	6.47	8.00	38.16	100	
重量（千克）	2.74	0.38	0.08	3.2	2.21	0.70	0.59	3.5	6.7	

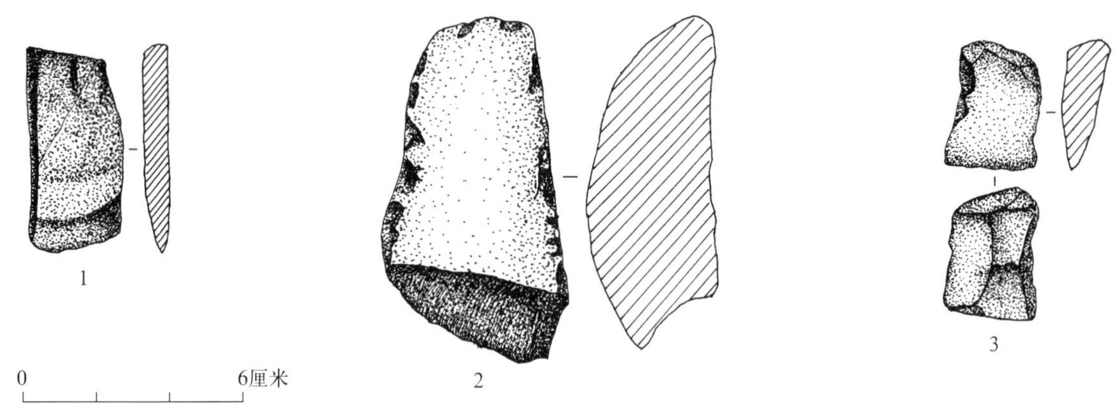

图2-265　一区六期H209出土石器

1．石铲H209③：31　2．砾石砍砸器H209②：25　3．残石器sH209②：13

标本H209：1（#4576；S1956），打磨/抛光石器。平面为椭圆形，横截面为椭圆形，完整。长3.2、宽2.3、厚1.4厘米，重15.3克。

标本H209④：3（#4534；S1922），打磨/抛光石器。平面近椭圆形。长2.4、宽1.8、厚1.0厘米，重6.9克（彩版九五，4）。

标本H209①：12（#4530；S1939），残石器。石英粗面斑岩。残长5.1、残宽3.1、厚2.3厘米，重32.3克。

标本H209②：13（#4533；S1957），残石器，有磨制痕迹。流纹质熔结凝灰岩。平面为长方形。残长3.4、残宽2.3、厚1.2厘米，重8.9克（图2-265，3）。

H209的3层堆积中还发现了36件流纹质熔结凝灰岩石片和石块，这些石片和石块均没有进一步打制和加工的痕迹。但从其比较适合做石器的岩性和H209的重浮中发现了100多片同一岩性的碎小石片等情况看，这些石片和石块极有可能是用来制作石器的原料。而H209也是一个与石器加工有密切关系的遗迹。以下选取8件予以介绍。

标本H209②：10（#4533；S1949），微型石片。平面为尖头长方形。长4.5、宽2.2、厚1.1厘米，重11.9克。

标本H209②：11（#4533；S1971），微型石片。平面为尖头方形，剥落的石片。长4.8、宽3.6、厚1.5厘米，重19.7克。

标本H209②：27（#4533；S2367），微型石片。平面为三角形。长1.8、宽2.2、厚0.7厘米，重2.0克。

标本H209②：28（#4533；S2368），微型石片。平面为尖状器形。长1.0、宽1.9、厚0.3厘米，重0.5克（彩版九五，5）。

标本H209③：29（#4534；S1961），微型石片。平面为不规则，剥落的石片。长4.9、宽3.8、厚0.6厘米，重7.7克。

标本H209③：30（#4534；S2371），微型石片。平面近椭圆形。长2.8、宽3.7、厚0.9厘米，重8.4克（彩版九五，6）。

标本H209③：34（#4534；S2375），微型石片。平面为一端平的圆形，剥落的石片。长2.1、宽1.7、厚0.5厘米，重1.2克（彩版九五，7）。

标本H209①：35（#4530；S1940），微型石片。平面为不规则的三角形，剥落的石片。长1.6、宽2.8、厚0.5厘米，重2.2克（彩版九五，8）。

H209第2小层的（#4533）20升浮选土样中，还发现了101块小碎石片，质地为流纹质熔结凝灰岩，应是制作石器遗留下来的废料。

标本H209②：13a（#4533；S2362），微型石片。平面不规则，横截面为不规则形，完整。长2.7、宽5.1、厚1.0厘米，重12.1克（彩版九六，1）。

标本H209②：13b（#4533；S2363），微型石片。平面不规则，横截面为不规则形，完整。长2.7、宽3.3、厚0.7厘米，重5.7克（彩版九六，2）。

标本H209②：13c（#4533；S2364），微型石片。平面不规则，横截面为不规则形，完整。长2.1、宽2.0、厚0.6厘米，重1.6克（彩版九六，3）。

标本H209②：13d（#4533；S2365），微型石片。平面不规则，横截面为不规则形，完整。长1.9、宽2.6、厚0.3厘米，重1.4克（彩版九六，4）。

标本H209②：13e（#4533；S2366），微型石片。平面不规则，横截面为不规则形，完整。长1.0、宽1.8、厚0.4厘米，重0.7克（彩版九六，5）。

标本H209②：13h（#4533；S2369），微型石片。平面不规则，横截面为不规则形，完整。长0.9、宽1.1、厚0.2厘米，重0.2克（彩版九六，6）。

标本H209②：13i（#4533；S2370），微型石片。平面不规则，横截面为不规则形，完整。长0.7、宽1.4、厚0.2厘米，重0.1克（彩版九六，7）。

标本H209②：28（#4533；S1967），微型石片。平面不规则，横截面为不规则形，完整。长2.3、宽4.3、厚0.7厘米，重6.4克。

标本H209②：29（#4533；S1960），微型石片。平面不规则，横截面为不规则形，完整。长2.0、宽3.8、厚0.7厘米，重3.7克（彩版九五，9）。

标本H209②：30（#4533；S1972），微型石片。平面不规则，横截面为不规则形，完整。长3.0、宽6.4、厚1.1厘米，重18.5克。

标本H209②：32（#4533；S1958），微型石片。平面不规则，横截面为不规则形，完整。长5.8、宽2.6、厚0.8厘米，重11.1克。

标本H209②：16，中口罐。夹砂褐陶。口残，溜肩，鼓腹，平底。腹中部以上饰九周细凹弦纹。底径10.0、残高21.6、厚0.3～0.6厘米（图2–266，1）。

标本H209②：17，大口罐。夹砂黑陶。侈口，圆唇，折沿，短肩，腹壁斜直，最大腹径偏上，平底。外表经磨光处理，肩部饰一周凹弦纹，弦纹之上各有对称的一对盲鼻和泥饼。口径13.2、底径6.4、高16.6、厚0.2～0.6厘米（图2–266，2）。

标本H209②：6，罐。夹砂黑陶。腹以上残失，鼓腹，平底内凹。素面。底径11.4、残高12.0、厚0.3～0.5厘米（图2–266，3）。

标本H209②：20，罐。泥质黑陶。肩部以上残失，鼓腹，下腹斜收，平底。外表经磨光处理，素面。底径6.0、残高9.0、厚0.3～0.5厘米（图2–266，4）。

标本H209②：9，罐。泥质黑陶。方唇，卷沿，沿面内凹，圆肩，圆腹，腹以下残失。器表经磨光处理，肩腹饰五周凹弦纹，颈肩之交有两对对称的泥饼。口径15.2、残高9.0、厚0.3～0.5厘米（图

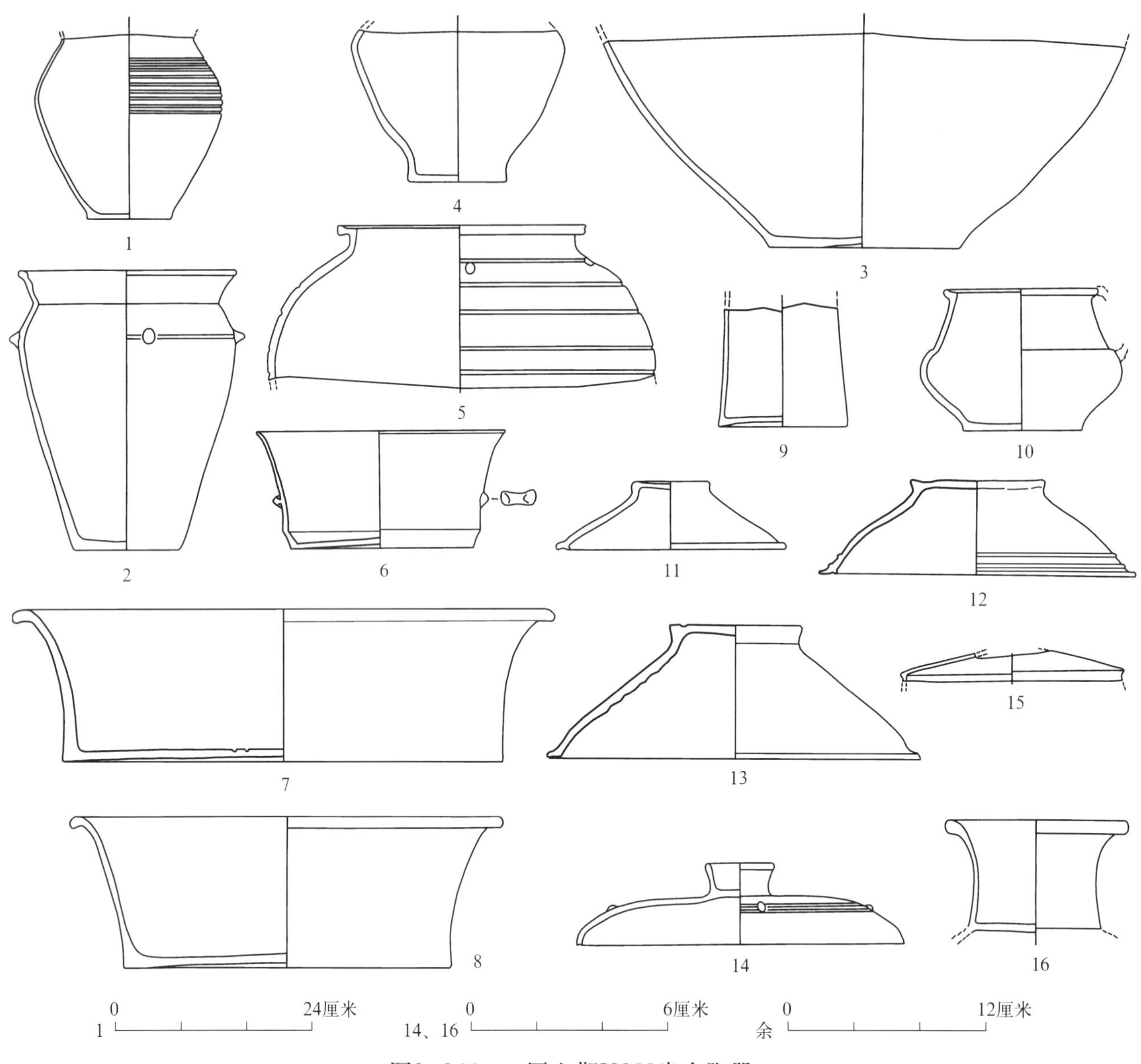

图2-266 一区六期H209出土陶器

1．中口罐H209②：16 2．大口罐H209②：17 3～5．罐H209②：6、H209②：20、H209②：9 6．平底盆H209②：18 7、8．大平底盆H209②：7、H209②：21 9．筒形杯H209①：1 10．鼓腹单耳杯H209①：2 11～13．覆碗形器盖H209①：4、H209②：15、H209③：33 14．覆盘形器盖H209③：32 15、16．器盖H209②：8、H209②：23

2-266，5）。

标本H209②：7，大平底盆。泥质黑陶。敞口，圆唇，腹部微内束，大平底内凹。内外表均经磨光处理，素面。器底内面饰两周凹弦纹。口径31.4、底径25.7、高9.8、厚0.3～0.5厘米（图2-266，7）。

标本H209②：21，大平底盆。泥质黑陶。敞口，圆唇，腹壁斜直，大平底微内凹。内外表均经磨光处理，素面。口径26.8、底径20.0、高9.0、厚0.3～0.5厘米（图2-266，8）。

标本H209②：18，平底盆。泥质黑陶。敞口，斜腹微内曲，近底部折收，平底内凹。内外表均经磨光处理。腹壁有一对盲鼻。口径15.3、底径11.1、高6.8、厚0.15～4.0厘米（图2-266，6）。

标本H209①：1，筒形杯。泥质黑陶。口部残失，筒形，直壁，平底内凹，是否有耳不详。器表经磨光处理，素面。底径8.0、残高7.0、厚0.2～0.3厘米（图2–266，9）。

标本H209①：2，鼓腹单耳杯。泥质黑陶。圆唇，粗短颈，鼓腹，平底。腹部与口沿之间有带状把手，把手残失。器表经磨光处理，素面。口径9.2、底径7.2、高8.4、厚0.3～0.5厘米（图2–266，10）。

标本H209①：4，覆碗形器盖。夹砂黑陶。平顶下凹，盖面微隆，圆唇，沿面内凹。素面。顶径4.4、口径14.0、高4.0、厚0.3～0.5厘米（图2–266，11）。

标本H209②：15，覆碗形器盖。夹砂黑陶，褐胎。平顶较大，盖面鼓起，平沿外伸，沿面有一周凹槽。器表经磨光处理。盖面近口部有两周浅凹凸弦纹。顶径7.8、口径19.3、高5.7、厚0.3～0.4厘米（图2–266，12；彩版九三，6）。

标本H209③：33，覆碗形器盖。夹砂黑陶，褐胎。平顶，盖面斜直，平沿，方唇。器表经磨光处理，素面。顶径7.7、口径23.1、高7.8、厚0.2～0.3厘米（图2–266，13；彩版九六，8）。

标本H209③：32，覆盘形器盖。泥质黑陶。顶部有圈足形纽，盖面隆起，口近直，沿面微内凹。器表经磨光处理。盖面中部饰两周凹弦纹，其上有对称的泥饼和盲鼻各一对。口径10.0、纽部口径2.0、高2.4、厚0.15～0.2厘米（图2–266，14）。

标本H209②：8，器盖。夹砂红陶，仅存盖面，素面，残高1.8、厚0.2厘米（图2–266，15）。

标本H209②：23，器盖。泥质黑陶。仅存盖纽，敞口，束颈，平底，以下残。外表经磨光，素面。纽口径5.5、残高3.3厘米（图2–266，16）。

5．H210

位于E4T2396中部偏南，开口于⑥b层下，打破⑥c层。近圆形，直壁，平底（图2-267；彩版九四，2）。坑口直径0.82、深0.37米。填黑灰色土（中10YR3/1），出土陶片的器形有鼎、鬶、罐、壶、盆、豆、杯、器盖等。收集浮选土样1份5升，采集植硅体样品1份20克，收集碳十四测年样品1个。

标本H210：8，盆形鼎。夹砂黑陶。方唇，宽平沿，沿面有两周浅凹槽，折腹位置偏上，下腹较深，大平底，鸟首形足残。沿外缘残留一花边状泥条装饰，沿下有三周凸棱，腹部饰四周凹弦纹。底和足部有火烧痕迹。口径19.2、底径12.8、残高10.4、厚0.3～0.6厘米（图2–268，1）。

标本H210：9，鬶足。夹砂黄褐陶。袋足，足尖略矮。残高6.4厘米（图2–268，2）。

标本H210：10，鬶把手。夹砂黄褐陶。绞丝状把手，断面呈梅花状，下部有一泥饼。残高11.0厘米（图2–268，3）。

标本H210：6，罐。夹砂灰陶。侈口，方圆唇，折沿，溜肩，圆腹，以下残失。素面。口径13.2、残高6.2、厚0.2～0.4厘米（图2–268，4）。

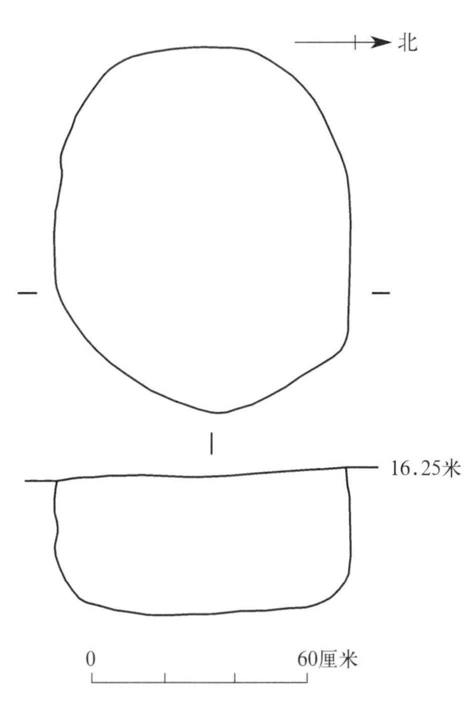

图2–267　一区六期H210平、剖面图

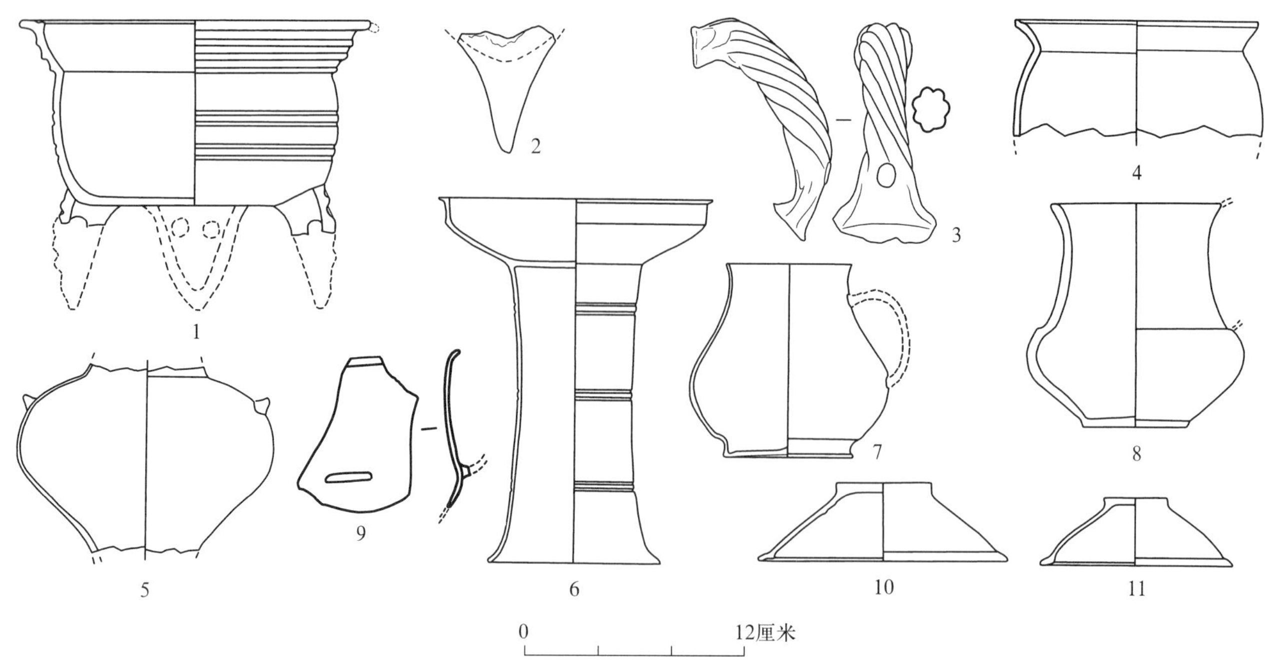

图2-268　一区六期H210出土陶器

1．盆形鼎H210：8　2．鬶足H210：9　3．鬶把手H210：10　4．罐H210：6　5．壶H210：11　6．豆H210：5　7、8．鼓腹单耳杯H210：1、H210：3　9．鼓腹单耳杯H210：12　10、11．覆碗形器盖H210：4、H210：7

标本H210：11，壶。泥质黑陶。口残，有颈，圆肩，鼓腹。下腹急收，底残。器表经磨光处理。肩部有一对盲鼻。腹径14.0、残高9.6、厚0.3厘米（图2-268，5）。

标本H210：5，豆。泥质黑陶。盘略深，窄平折沿，沿面有两周浅凹槽，直口，折腹，直筒形柄较粗，喇叭形圈足。内外表均经磨光处理。柄部饰凹弦纹三组，每组两周。口径15.0、足径9.4、高19.3、厚0.2～0.3厘米（图2-268，6）。

标本H210：1，鼓腹单耳杯。泥质黑陶。侈口，粗束颈，鼓腹，平底内凹，底部周缘外凸，一侧口沿与腹部之间的宽带形把手残失。器表经磨光处理，素面。口径6.8、最大腹径10.8、底径7.0、高10.3厘米（图2-268，7）。

标本H210：3，鼓腹单耳杯。夹砂黑陶。侈口，粗长颈，鼓腹，平底，一侧口沿与腹部之间把手残失。器表经磨光处理，素面。口径9.2、底径5.8、高12.0、厚0.6厘米（图2-268，8；彩版九七，1）。

标本H210：12，鼓腹单耳杯。泥质灰陶。侈口，束颈，鼓腹，以下残。折腹处有残把手痕迹。残高8.0、厚0.25厘米（图2-268，9）。

标本H210：4，覆碗形器盖。夹细砂灰黑陶。平顶，盖面斜直，平沿外伸，沿面有一周凹槽。素面。顶径5.2、口径13.6、高4.2厘米（图2-268，10）。

标本H210：7，覆碗形器盖。夹砂黑灰陶。平顶，盖面略隆起，平沿外伸，沿面有一周浅凹槽。素面。顶径3.6、口径10.6、高3.6、厚0.2～0.3厘米（图2-268，11）。

6．H229

位于E4T2399中部偏东，开口于⑥b层下，打破⑥c层。不规则形，圜底（图2-269）。坑口长径

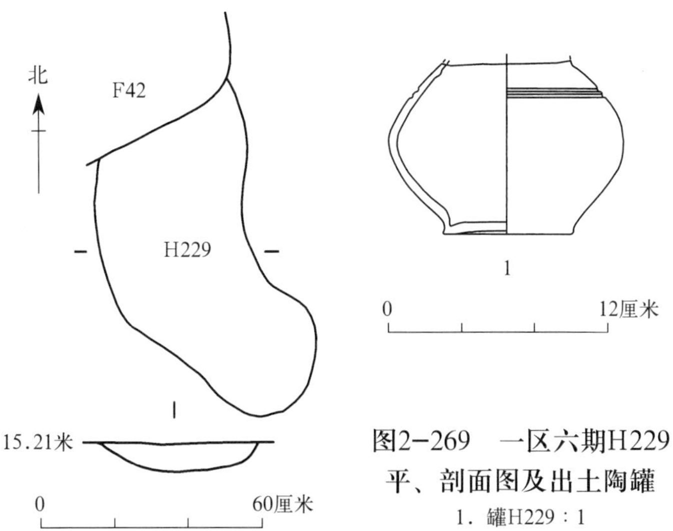

图2-269　一区六期H229平、剖面图及出土陶罐

1．罐H229：1

0.80、短径0.40、深0.08米。填灰黑色土（10YR4/2），出土罐、盆、杯、器盖等陶器残片。收集浮选土样1份10升。

标本H229：1，罐。夹砂黑陶。口残，斜肩，鼓腹较甚，平底内凹。器表经磨光处理，肩部饰两周凹弦纹。最大腹径13.2、底径7.2、残高9.4、厚0.4厘米（图2-269，1）。

7．H241

位于E4T2450中部，开口于⑥b层下，打破⑥c层。近椭圆形，斜壁，平底（图2-270）。坑口长径1.06、短径0.84、深0.26米。填黄色土（10YR5/4），出土石器和可复原的陶盆等。

标本H241：1（#1229；S2250），石铲残片，磨制。流纹质熔结凝灰岩。残长5.6、残宽2.8、厚0.6厘米，重14.8克。

标本H241：2（#1129；S2254），石镞，前半部残。绿泥石或绿泥/角闪片岩。扁锥形铤，镞身横截面为菱形。残长3.6、宽2.1、厚0.8厘米，重6.0克。

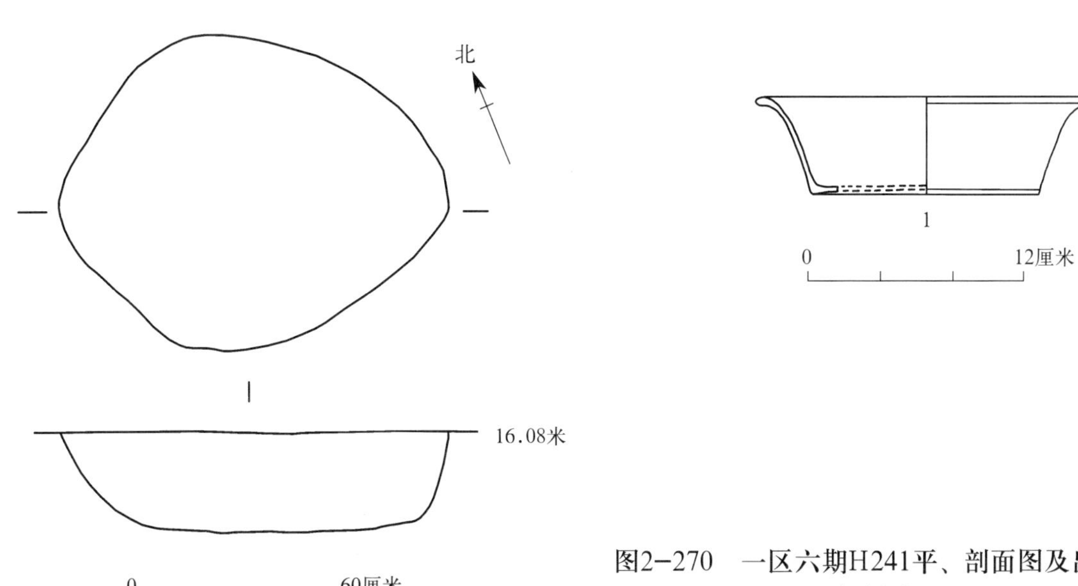

图2-270　一区六期H241平、剖面图及出土陶盆

1．大平底盆H241：3

标本H241：3，大平底盆。泥质黑陶。敞口，圆唇，腹壁内曲，大平底内凹。内外表均磨光处理。素面。口径18.0、底径12.0、高4.9、厚0.2厘米（图2-270，1）。

8．H242

位于E4T2450、T2400之间，开口于⑥b层下，被M38打破，打破⑥c层。椭圆形，斜壁，近平底（图2-271）。坑口长径1.08、短径0.78、深0.48米。填土分为四小层，自上而下依次为灰色土（10YR4/2）、黄色土（10YR4/3）、黑色土（10YR2/1）和灰色土（10YR4/2）。出土陶片有鼎、鬶、罐、豆和器盖等。收集浮选土样1份5升，采集植硅体样品1份150克，采集碳十四测年样品1个。

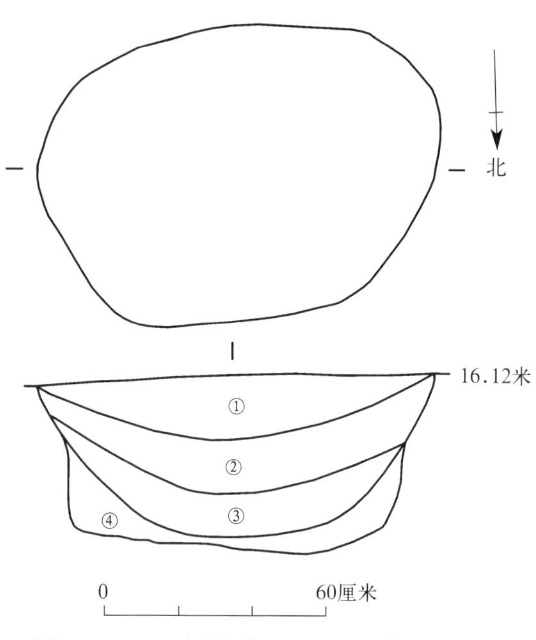

图2-271 一区六期H242平、剖面图

标本H242③：1（#1132；S2248），石铲，残，磨制。流纹质熔结凝灰岩。单面弧刃。残长4.1、残宽4.2、厚0.6厘米，重12.7克（彩版九一，5）。

标本H242②：6（#1131；S2198），石料。富含白云母的熔结凝灰岩。平面为三角形。长4.3、宽2.1、厚1.1厘米，重8.8克。

标本H242④：4，鼎足。夹砂黑陶，烧成黄褐色。鸟首形。残高10.3厘米（图2-272，1）。

标本H242②：5，浅盘豆。泥质黑陶。敞口，圆唇，窄沿，折腹，下腹斜直，以下残。内外表均经磨光处理。折腹处有一对盲鼻，腹部有一周细凹弦纹。口径16.0、残高2.8、厚0.2～0.5厘米（图2-272，2）。

标本H242③：3，覆碗形器盖。夹砂褐陶，陶色不纯。平顶略下凹，盖面微隆，沿面有两周浅凹槽。器表经磨光处理，盖壁饰两组三周凹弦纹。顶径7.1、口径16.8、高4.5、厚0.2～0.6厘米（图2-272，3）。

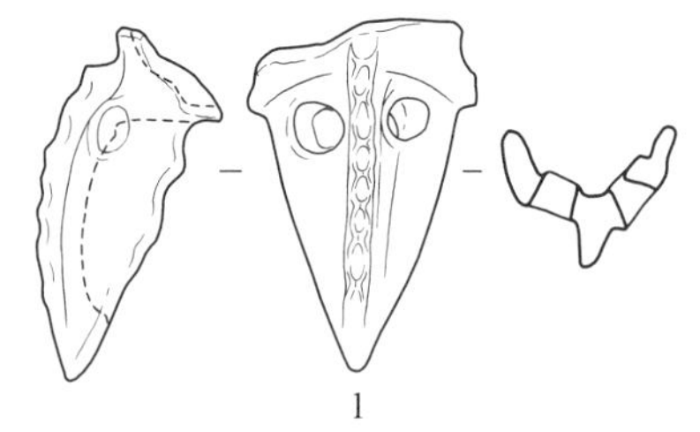

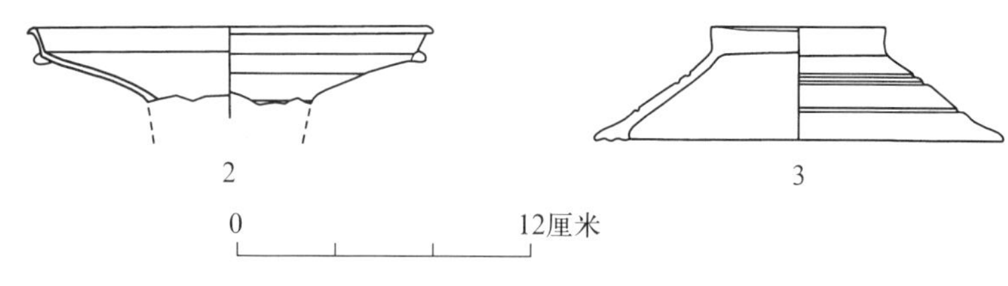

图2-272 一区六期H242出土陶器

1．鼎足H242④：4 2．浅盘豆H242②：5 3．覆碗形器盖H242③：3

9．H245

位于E4T2349、T2350之间，开口于⑥b层下。不规则形，斜壁，圜底（图2-273）。坑口长2.01、深0.45米。填浅灰色土（10YR5/2），出土石铲等石器和鼎、罐、盆、圈足盘、杯、器盖等陶器残片（表2-58）。收集浮选土样1份20升。

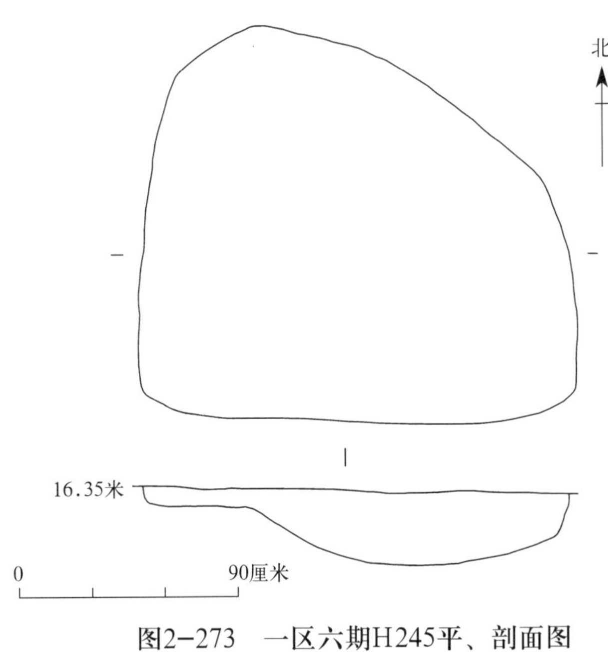

图2-273　一区六期H245平、剖面图

标本H245：4（#3105；S1818），石铲，残。流纹质熔结凝灰岩。扁薄体，磨制。残长4.4、残宽3.7、厚0.5厘米，重14.6克。

标本H245：5（#3105；S1819），石铲，残。流纹质熔结凝灰岩。扁薄体，磨制。残长1.7、残宽0.6、厚0.6厘米，重3.0克。

标本H245：6（#3105；S1820），磨石，残。砂岩。平面为长方形，磨面略粗而内凹。长3.6、残宽2.3、厚1.3厘米，重14.3克（彩版九一，6）

标本H245：2，圈足盘。泥质黑陶。敛口，宽平沿，圆腹。腹部有一对宽横耳。内外表均经磨光处理，素面。内径19.6、残高4.8、厚0.3～1.0厘米（图2-274，1）。

标本H245：1，筒形单耳杯。泥质黑褐陶。口部残失，直腹，平底内凹。器表经磨光处理，内壁有轮旋痕迹。腹部残存一周凹弦纹。底径10.8、残高9.8、厚0.2～0.6厘米（图2-274，2；彩版九七，2）。

标本H245：3，盖纽。泥质黑陶。喇叭口器盖纽，直口外侈，束颈，下残。器表经磨光处理，素面。顶径8.4、残高3.6、厚0.2～0.5厘米（图2-274，3）。

表2-58　H245陶片统计表

陶质 数量 陶色 纹饰	泥质				夹砂				总计	百分比（%）
	黑	灰	褐	合计	黑	灰	褐	合计		
凸弦纹	6	1	1	8	8		1	9	17	2.84
凹弦纹	10		1	11	6	2	1	9	20	3.34
堆　纹							3	3	3	0.50
泥　饼			1	1	2			2	3	0.50
盲　鼻	3			3	1			1	4	0.67
刻划纹	1			1					1	0.17
花　边					1		1	2	2	0.33
素　面	130	24	34	188	254	60	46	360	548	91.64
累　计	150	25	37	212	272	62	52	386	598	100
百分比（%）	25.08	4.18	6.19	35.45	45.48	10.37	8.70	64.55	100	
重量（千克）	1.58	0.32	0.17	2.07	1.92	0.50	0.63	3.05	5.12	

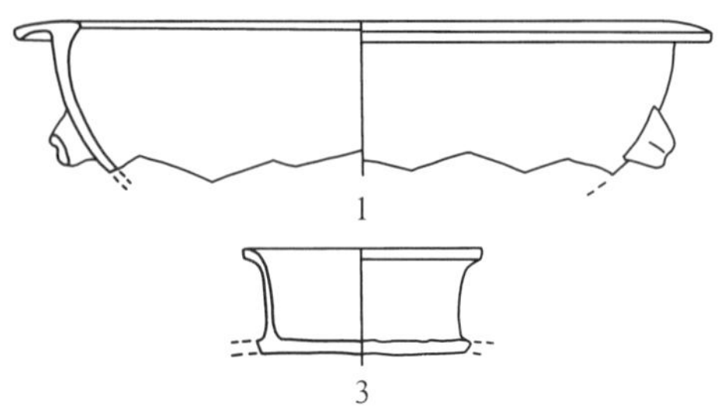

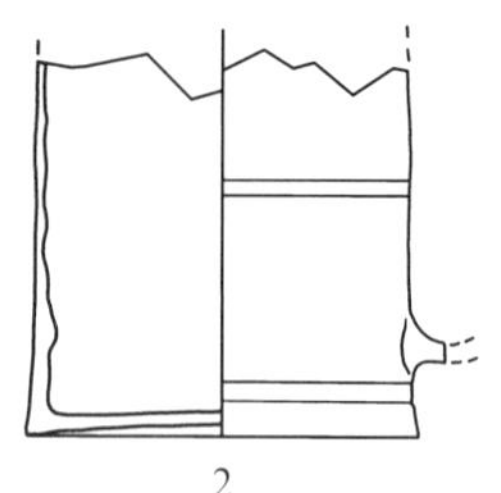

图2-274　一区六期H245出土陶器

1. 圈足盘H245：2　2. 筒形单耳杯H245：1　3. 盖纽H245：3

10. H248

位于E4T2450北部，向北伸入北壁内，开口于⑥b层下，打破⑥c层。不规则形，东浅西深（图2-275）。出露部分口径1.34～2.16、深0.41米。填土分三小层，依次为浅黄色土（7.5YR4/4）、灰黄色土（7.5YR4/4）和黑色土（10YR3/3）。出土可复原陶器有罐、碗、器盖及鼎、盆、杯等残片（表2-59）。收集浮选土样1份5升，采集植硅体样品1份150克，采集碳十四测年样品1个。

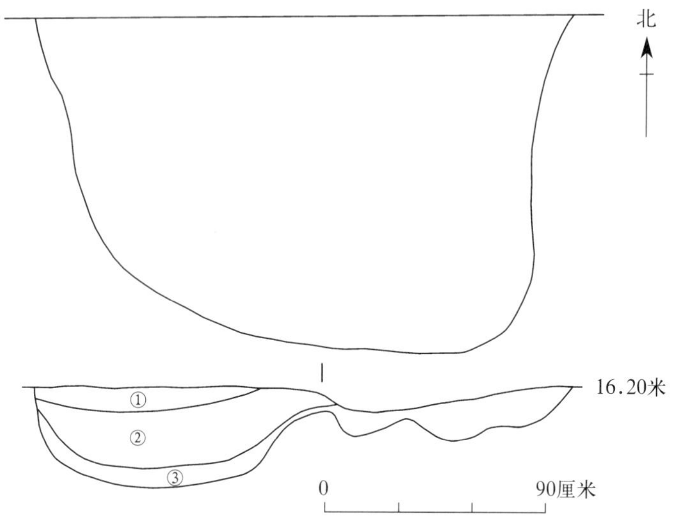

图2-275　一区六期H248平、剖面图

标本H248③：10（#1102；S2247），石镞。绿泥石或绿泥/角闪片岩。平面为柳

表2-59　H248陶片统计表

陶质 / 陶色 / 数量 / 纹饰	泥质				夹砂					夹云母滑石	总计	百分比（%）
	黑	灰	褐	合计	黑	灰	褐	白	合计	褐		
凸弦纹	12		1	13	32	7	1		40		53	3.09
凹弦纹	32	4		36	71	9	2		82		118	6.88
篮　纹					3				3		3	0.17
堆　纹						1	3		4		4	0.23
泥　饼	3			3	3				3		6	0.35
盲　鼻	2		1	3	1				1		4	0.23
镂　孔						1	1		2		2	0.12
素　面	562	13	14	589	611	132	189	2	934	2	1525	88.92
累　计	611	17	16	644	721	150	196	2	1069	2	1715	100
百分比（%）	35.63	0.99	0.93	37.55	42.04	8.75	11.43	0.12	62.33	0.12	100	
重量（千克）	2.025	0.11	0.88	3.015	6.10	1.255	1.21		8.565		11.58	

叶形，横截面为菱形，扁锥状铤。长7.5、宽1.8、厚0.7厘米，重9.6克（图2－276，13；彩版九一，7）。

标本H248③：14（#1102；S2194），磨石，残。熔凝灰岩。不规则形。残长4.4、宽3.6、厚2.2厘米，重29.5克。

标本H248③：15（#1102；S2211），磨石，残。砂岩。平面为四边形。长2.4、宽2.2、厚2.6厘米，重20.7克。

标本H248③：16（#1137；S2221），磨石，残。紫红色砂岩。磨面细而内凹。长6.0、宽4.1、厚1.7厘米，重40.7克（彩版九一，8）。

标本H248③：17（#1137；S2222），磨石，残。紫红色砂岩。磨面较粗而平整。长4.7、宽2.8、

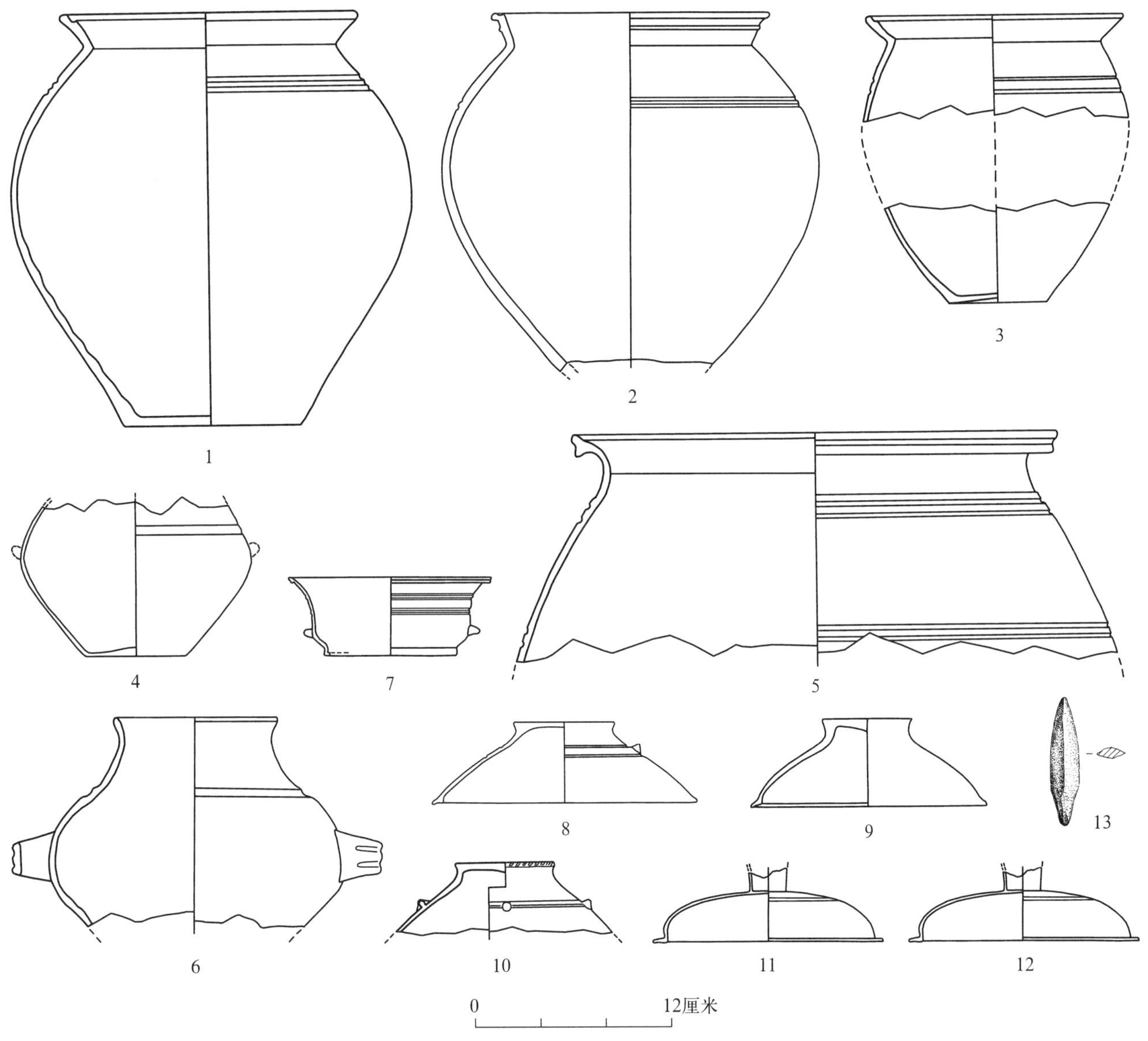

图2－276　一区六期H248出土器物

1～3. 中口罐H248③：7、H248③：9、H248③：12　4～6. 罐H248③：4、H248③：13、H248③：5　7. 小盆H248③：6　8～10. 覆碗形器盖H248③：2、H248③：3、H248③：11　11、12. 覆盘形器盖H248③：1、H248③：8　13. 石镞H248③：10

厚1.5厘米，重31.8克（彩版九一，9）。

标本H248③：18（#1137；S2220），石料。流纹花岗岩。不规则形状，完整。长7.8、宽6.6、厚3.6厘米，重165.6克。

标本H248③：7，中口罐。夹砂黑灰陶。侈口，方唇，折沿，沿面有一周凹槽，溜肩，鼓腹，下腹斜收，小平底。器表经磨光处理，颈下饰三周凹弦纹。口径18.0、最大腹径24.4、底径10.6、高24.4、厚0.2～0.3厘米（图2–276，1；彩版九七，3）。

标本H248③：9，中口罐。夹砂红褐陶，夹少量云母。侈口，方唇，折沿，沿内侧有一周凹槽，弧肩，鼓腹，最大腹径位置靠上，下腹急收，底残失。素面。口径16.4、残高21.6、厚0.3～0.5厘米（图2–276，2）。

标本H248③：12，中口罐。夹砂褐陶。侈口，圆唇，折沿，沿面上端有一周凹槽，溜肩，圆腹，中部残，小平底内凹。器表经磨光处理。肩部有两周凹弦纹。口径16.0、底径6.0、复原高17.0、厚0.4～0.7厘米（图2–276，3）。

标本H248③：4，罐。泥质黑陶，夹少量云母。肩以上部分残失，鼓腹较甚，下腹斜内收，平底较厚。腹部有一对横耳，残失。器表经磨光处理，腹上部有一周宽凸棱。底径6.1、残高10.0、厚0.2～0.5厘米（图2–276，4）。

标本H248③：5，罐。泥质黑陶。侈口，圆唇，束颈，圆肩，鼓腹，底残。鼓腹位置有一对宽大横耳。颈下饰两周浅凸弦纹。口径10.0、最大腹径18.0、残高12.0、厚0.2～0.4厘米（图2–276，6）。

标本H248③：13，罐。夹砂黑陶。侈口，方唇，卷沿，唇部有一周凹槽，溜肩，鼓腹，以下残。器表经磨光处理。腹部有两组四周凹弦纹。口径30.0、残高13.4、厚0.4～0.7厘米（图2–276，5）。

标本H248③：6，小盆。泥质黑陶。敞口，方唇，唇面唇下各有一周凹槽，上腹斜内曲，近底部呈圆弧状急剧内收，平底内凹。内外均经磨光处理。腹上部饰两组凹弦纹，共四周，腹下部残留一个盲鼻（应为一对）。口径12.2、底径8.0、高4.7、厚0.1～0.2厘米（图2–276，7）。

标本H248③：2，覆碗形器盖。夹砂黑陶。平顶，盖面斜直，方唇，沿面凹槽较浅。器表经磨光处理。盖面上部饰两周浅凹弦纹，其上残留盲鼻和泥饼各一个（应为各有对称的一对）。顶径6.2、口径16.2、高4.8、厚0.2～0.5厘米（图2–276，8）。

标本H248③：3，覆碗形器盖。泥质黑灰陶。平顶，盖面略鼓，唇外侧有一周凹槽，唇沿外伸，沿面有两周浅凹槽。器表有刮抹痕迹，素面。顶径5.6、口径14.5、高5.2、厚0.15～0.6厘米（图2–276，9）。

标本H248③：11，覆碗形器盖。夹砂黑陶。平顶，盖面微弧，口残。器表经磨光处理。平顶周缘刻压成索纹花边，盖面有两周凹弦纹，其上有泥饼、盲鼻各一对。顶径6.0、残高4.2、厚0.3～0.6厘米（图2–276，10）。

标本H248③：1，覆盘形器盖。泥质黑陶。喇叭形矮纽，弧壁，平沿外伸，沿面有一浅凹槽。器表经磨光处理，盖面中部饰一周凹弦纹，其上有一对对称的盲鼻。纽径2.8、口径11.8、高4.4、厚0.2～0.3厘米（图2–276，11）。

标本H248③：8，覆盘形器盖。泥质黑陶。喇叭形纽上部残失，弧形盖面，下部圆折成直壁，平沿外伸，沿面有一周浅凹槽。器表经磨光处理，盖面饰两周凹弦纹。口径14.3、残高4.4、厚0.1～0.2厘米（图2–276，12）。

11．H249

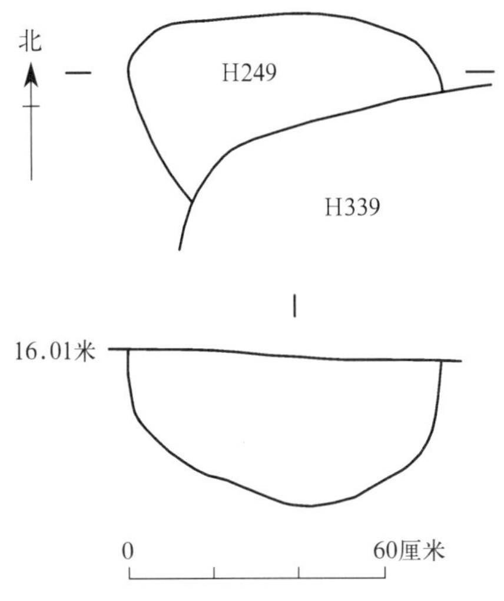

图2-277　一区六期H249平、剖面图

位于E4T2350中部偏南，开口于⑥b层下，被H339打破，打破⑥c层。近椭圆形，圜底（图2-277）。坑口长径0.72、深0.42米。填灰黑色土（5YR3/1），出土石镞和鼎、鬶、罐、盆、杯、器盖等陶器残片。采集浮选土样1份10升。

标本H249：1，盆形鼎。泥质黑陶。大口，圆唇，平折沿，折腹位置偏上，平底，三鸟首形足，中间无高起的堆纹。内外表均经磨光处理，折腹处及以下饰四周凸棱。口径16.8、底径9.6、高12.6、厚0.3～0.5厘米（图2-278，1）。

标本H249：3，鼎足。泥质红陶。三角形，正面附加纵向堆纹。残高6.0厘米（图2-278，2）。

标本H249：2，覆碗形器盖。夹砂褐陶。平顶，盖面隆起，方唇，平沿外伸。素面。顶径8.0、口径24.0、高9.6、厚0.3～0.5厘米（图2-278，3）。

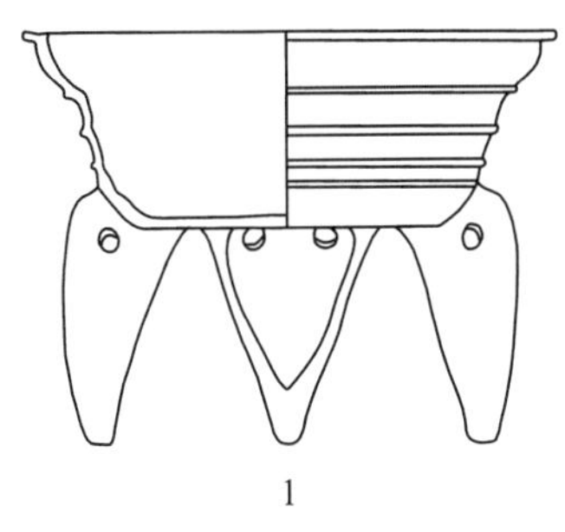

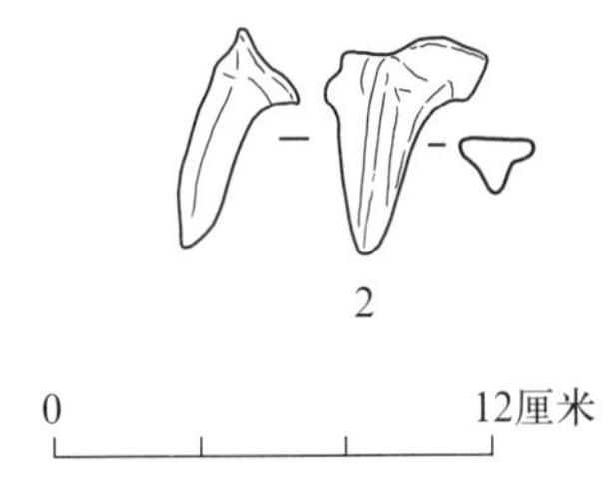

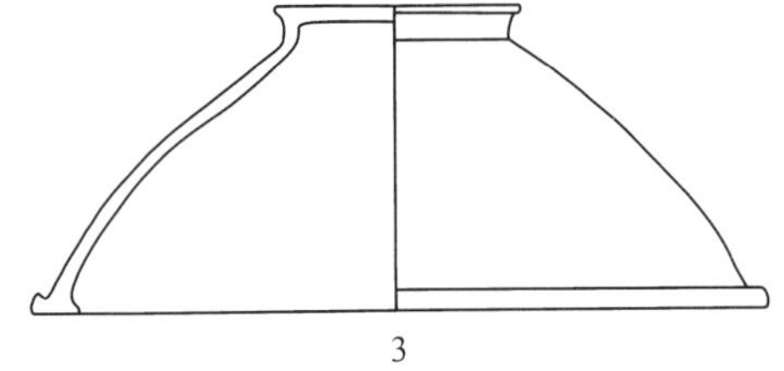

图2-278　一区六期H249出土陶器

1．盆形鼎H249：1　2．鼎足H249：3　3．覆碗形器盖H249：2

12．H313

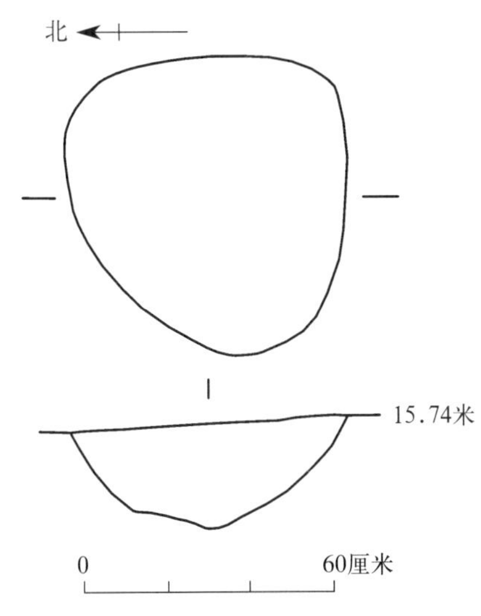

图2-279　一区六期H313平、剖面图

位于E4T2449东南部，开口于H79下。近圆形，圜底（图2-279），坑口直径0.68、深0.24米。填黑灰色土（2.5YR4/1），出土陶器有鼎、鬶、罐、盆等。

标本H313：6（#5968；S2178），石铲，残存下部大半，磨制。流纹质熔结凝灰岩。扁薄体，弧形单面刃。长5.1、宽4.7、厚0.5厘米，重23.6克（图2-280，6）。

标本H313：2，罐形鼎。夹细砂黑陶，沿部烧成红褐色。侈口，尖圆唇，折沿，鼓腹，以下残。器表经磨光处理。腹部有三周凹弦纹。口径13.0、残高6.4、厚0.4～0.5厘米（图2-280，1）。

标本H313：4，鬶。夹砂灰陶，器表施红陶衣。中流，卷沿，粗长颈，肥硕袋足。一侧有象征性绞丝状把手。把手上端位置有一周凹弦纹，腹下部和后侧大袋足上有一周半凸棱。复

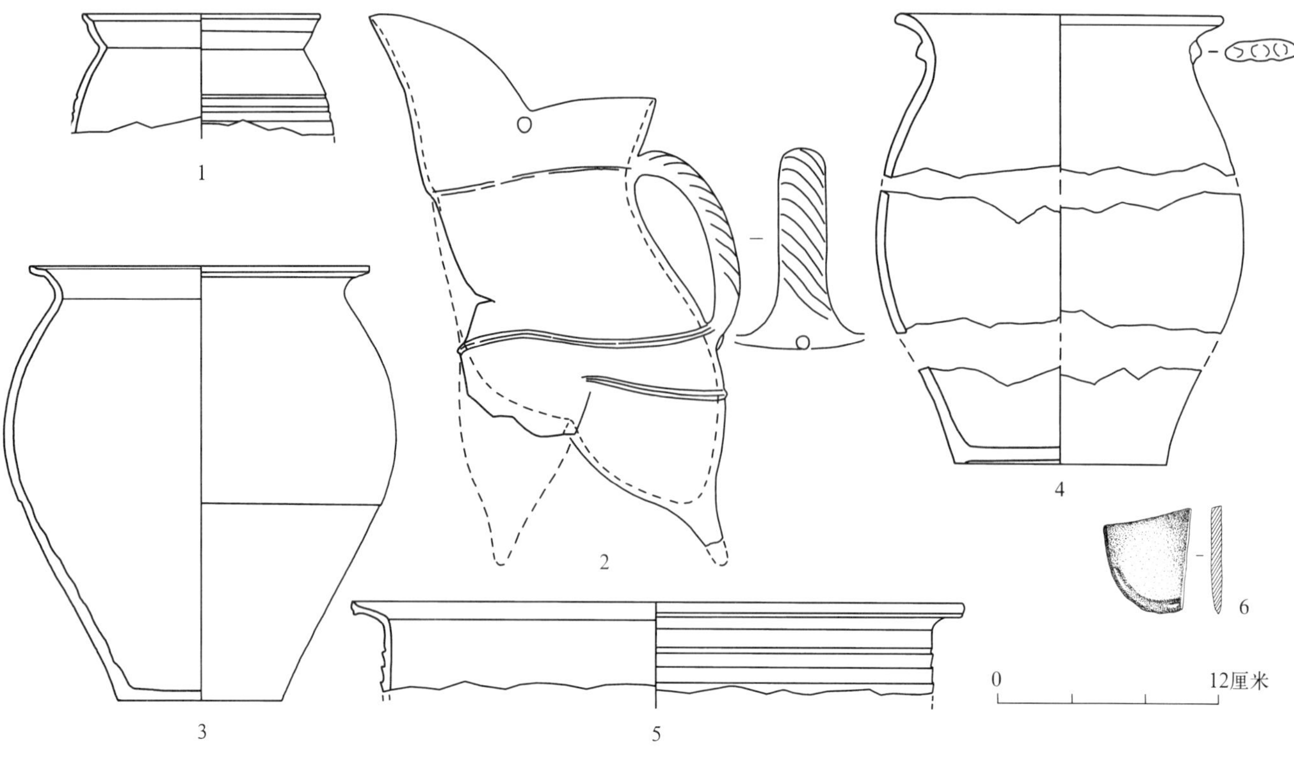

图2-280 一区六期H313出土器物

1．罐形鼎H313：2 2．鬶H313：4 3．中口罐H313：1 4．罐H313：5 5．盆H313：3 6．石铲H313：6

原高为29.0、厚0.3～0.5厘米（图2-280，2）。

标本H313：1，中口罐。夹砂灰陶。侈口，圆唇，卷沿，沿面有一周浅凹槽，短颈，溜肩，鼓腹，下腹斜收，小平底。素面。口径18.4、最大腹径21.4、底径8.8、高23.4、厚0.2～0.3厘米（图2-280，3；彩版九七，4）。

标本H313：5，罐。夹砂黑陶，褐胎。侈口，圆唇，卷沿，溜肩，深鼓腹，平底微内凹。器表经磨光处理。颈部有一对鸡冠耳。口径17.8、底径12.0、复原高24.0、厚0.5～0.7厘米（图2-280，4）。

标本H313：3，盆。泥质黑陶。侈口，方唇，折沿，近直腹，以下残。器表经磨光处理。沿下有三周凸棱。口径33.6、残高4.8、厚0.4～0.6厘米（图2-280，5）。

13．H338

位于E4T2346南部，开口于H58下，被H58打破。圆角长方形，斜壁，底不平（图2-281）。坑口长径2.60、短径0.74、深0.36米。填黑灰色土（7.5YR1/1），出土鼎、甗、罐、圈足盘、杯等陶器残片（表2-60）。收集浮选土样1份20升，采集植硅体样品1份20克。

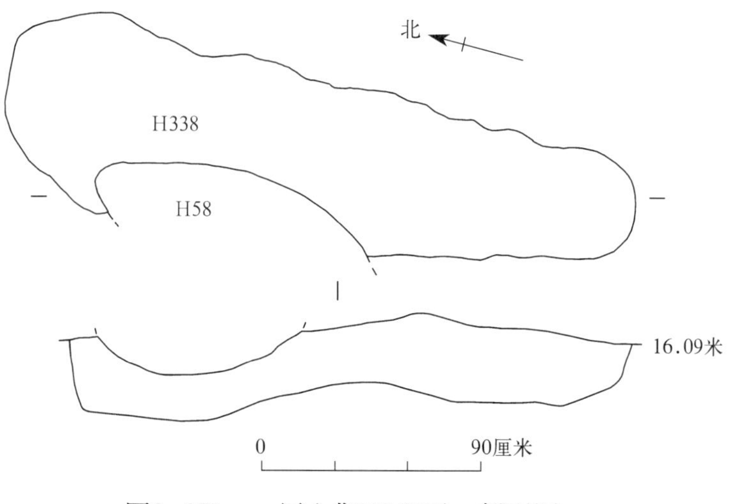

图2-281 一区六期H338平、剖面图

表2-60　H338陶片统计表

陶质／陶色／数量／纹饰	泥质			夹砂				总计	百分比（%）
	黑	红	合计	黑	灰	褐	合计		
凸弦纹	7		7	7		1	8	15	2.15
凹弦纹	14		14	6	2		8	22	3.15
堆　纹						2	2	2	0.29
泥　饼				1			1	1	0.14
盲　鼻	1		1	1			1	2	0.29
刻划纹	1		1					1	0.14
戳印纹	1		1					1	0.14
花　边					1		1	1	0.14
素　面	266	10	276	256	9	112	377	653	93.55
累　计	290	10	300	271	12	115	398	698	100
百分比（%）	41.55	1.43	42.98	38.83	1.72	16.48	57.02	100	
重量（千克）	1.22	0.10	1.32	1.64	0.14	0.5	2.28	3.6	

标本H338：1（#8007；S2931），磨石，残。砂岩。磨面细而内凹。残长13.1、残宽6.6、厚1.5厘米，重138.9克（彩版九八，1）。

标本H338：2，甗。夹砂黑陶。仅存甑部，侈口，方唇，唇面有一周凹槽，平沿，沿面有两周凹槽，矮颈，圆肩，圆腹，束腰，腰以下部分残失。器表经磨光处理。肩、腹部共饰七组凹弦纹和凸棱的组合纹，颈下有对称的盲鼻和小泥饼各一对。口径21.8、残高18.2、厚0.3～0.5厘米（图2-282，1；彩版九七，5）。

标本H338：3，圈足盘。泥质黑陶。直口，圆唇，宽平沿，腹壁圆折，圈足及底残失。内外表均经磨光处理。折腹处有两周凹弦纹。口径34.0、残高6.2、厚0.5～0.7厘米（图2-282，2）。

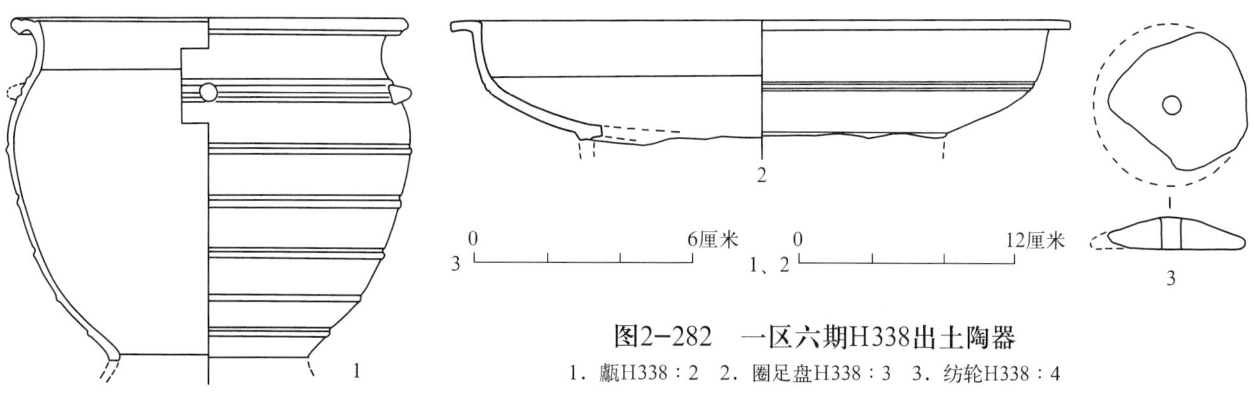

图2-282　一区六期H338出土陶器

1．甗H338：2　2．圈足盘H338：3　3．纺轮H338：4

标本H338：4，纺轮。夹砂黑陶。正面鼓起，磨光，背面较平，素面。残直径3.6、厚0.3～0.6厘米（图2-282，3）。

14．H339

位于E4T2350南部，开口于⑥b层下，打破⑥c层。不规则形，直壁，平底（图2-283）。坑口残长径1.36、深0.30米。填黑灰色土（10YR 2/1），出土可复原器物有器盖，另有盆、罐等残片。收集浮选土样1份20升。

标本H339：9（#8419；S2880），磨石。砂岩。不规则形，磨面较细而内凹。长7.8、宽6.3、厚1.8厘米，重108.0克（彩版九八，2）。

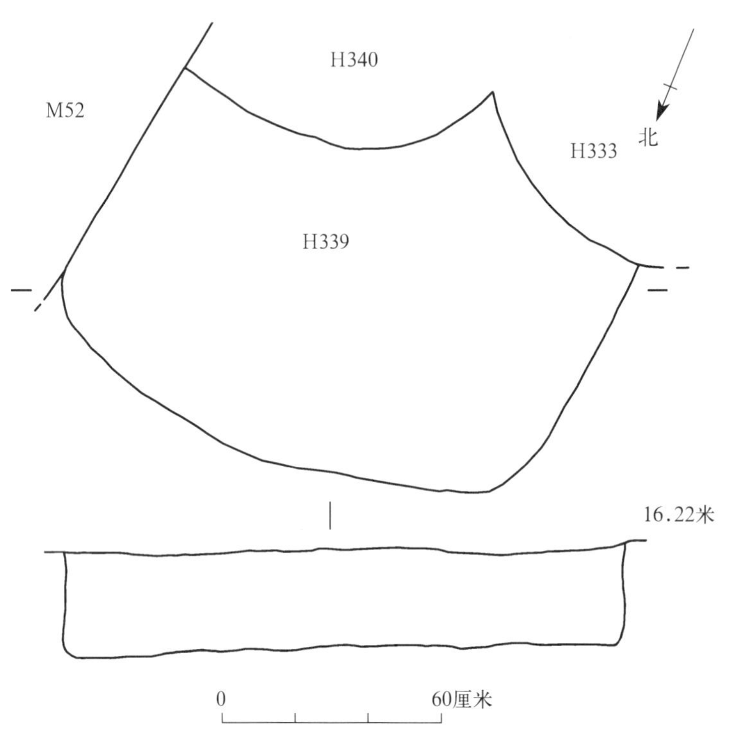

图2-283　一区六期H339平、剖面图

标本H339：3（#8419；S3395），白云母片。平面为方形。长8.7、宽8.7、厚0.3厘米（彩版九八，3）。

标本H339：10（#8419；S2885），石料。滑石片岩。不规则形。长3.1、宽2.0、厚1.0厘米，重7.1克。

标本H339：4，鬶。夹砂红陶。直口，圆唇，沿面有一周凹槽。残高10.0、厚0.3厘米（图2-284，1）。

标本H339：8，罐。泥质灰胎红陶。子母口内敛，唇部一周细凹弦纹。口径24.0、残高4.0、厚0.25厘米（图2-284，2）。

标本H339：7，盆。夹砂灰陶。大口，方唇，沿面有一周凹槽，短颈，其下有两周台状凸起。口径34.0、残高6.0、厚0.3～0.6厘米（图2-284，3）。

标本H339：1，筒形单耳杯。泥质黑陶。残存下腹及底部，腹部微束，平底内凹。一侧有窄条状

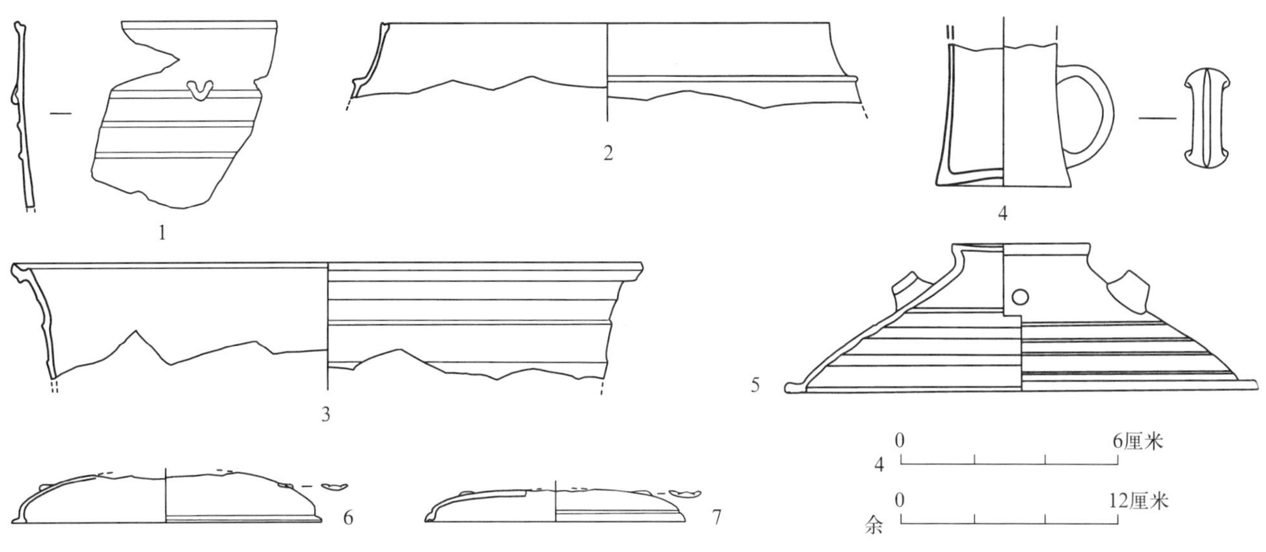

图2-284　一区六期H339出土陶器

1．鬶H339：4　2．罐H339：8　3．盆H339：7　4．筒形单耳杯H339：1　5．覆碗形器盖H339：2　6、7．器盖H339：5、H339：6

把手。器表经磨光处理，素面。底径3.8、残高3.8、厚0.15～0.35厘米（图2-284，4）。

标本H339：2，覆碗形器盖。夹砂黑陶，深灰胎。平顶微下凹，盖面斜而微弧，唇沿外伸，近方唇，平沿，沿面有两周凹槽。内壁有轮制时留下的瓦棱痕迹，器表经磨光处理。盖面饰四周凹弦纹，偏上部有对称的小横耳和泥饼各一对。顶径7.7、口径26.0、高7.8、厚0.3～0.5厘米（图2-284，5；彩版九七，6）。

标本H339：5，器盖。泥质黑陶。顶部及纽残，盖面微隆，窄平沿。内外表均经磨光处理。盖面上存一盲鼻。口径16.8、残高2.6、厚0.2厘米（图2-284，6）。

标本H339：6，器盖。泥质黑陶。顶及纽残，盖面较平，窄沿，沿面一周凹槽。内外表均经磨光处理。盖面上存一盲鼻。口径12.0、残高1.6、厚0.2～0.4厘米（图2-284，7）。

15．H345

位于E4T2297南部，向南伸入南壁外，开口于⑥b层下，被H357打破，打破⑥c及以下地层。圆形，斜壁，平底（图2-285；彩版九四，3）。坑口直径1.52、深0.90米。填土分为三层：第1层为灰褐色土（5YR2.5/2）；质地较粗，第2层为较松软的黑色土（2.5YR2.5/2）；第3层为结构较紧密的灰黑色土（2.5YR2.5/1）。出土石凿、石镰、石刀等石器和鼎、罐、盆、杯、豆、器盖等陶器残片（表2-61）。收集浮选土样2份40升，采集植硅体样品2份200克，采集碳十四测年样品1个。

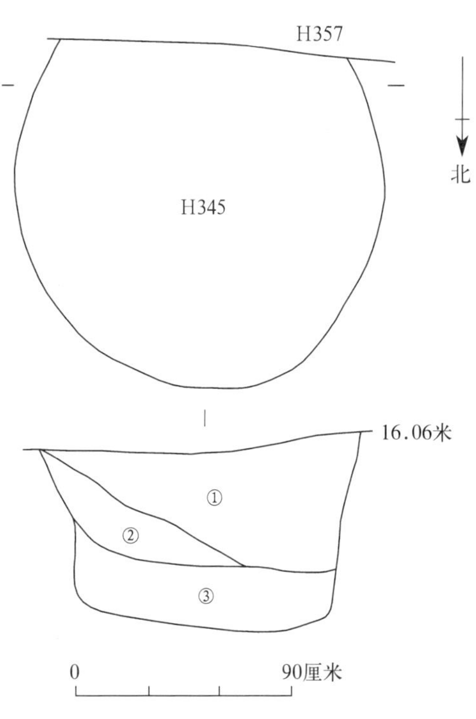

图2-285　一区六期H345平、剖面图

表2-61　H345陶片统计表

陶质 / 陶色 / 数量 / 纹饰	泥质			夹砂				总计	百分比（%）
	黑	灰	合计	黑	灰	褐	合计		
凸弦纹	27	4	31	13	50	10	73	104	7.78
凹弦纹	16	6	22	17	19	4	40	62	4.64
堆　纹				3		5	8	8	0.60
泥　饼	2		2	3		5	8	10	0.75
盲　鼻				3	2		5	5	0.37
镂　孔	1		1					1	0.07
花　边	1		1	3		1	4	5	0.37
素　面	417	32	449	342	94	256	692	1141	85.40
累　计	464	42	506	384	165	281	830	1336	100
百分比（%）	34.73	3.14	37.87	28.74	12.35	21.03	62.13	100	
重量（千克）	4.1	0.45		5.03	3.68	2.23		15.49	

标本H345②：1（#8619；S3233），石锛。流纹质熔结凝灰岩。平面为长方形，磨制，局部有崩损。长5.3、宽2.1、厚0.9厘米，重15.5克（图2-286，12；彩版九八，4）。

标本H345①：4（#8618；S3223），石铲，残，磨制。流纹质熔结凝灰岩。残长6.8、残宽4.2、厚1.1厘米，重34.9克（图2-286，13）。

标本H345③：17（#8623；S3064），石铲残片，磨制光滑。流纹质熔结凝灰岩。残长3.3、残宽3.3、厚0.9厘米，重11.7克。

标本H345③：2（#8623；S3235），石刀，残存一半。花斑岩。平面形状近月牙形，单面短斜刃。长8.6、宽4.8、厚1.4厘米，重82.9克（图2-286，14；彩版九八，5）。

标本H345①：3（#8618；S3226），磨石，残。砂岩。不规则形，磨面较粗。长6.6、宽4.2、厚2.4、重49.0克。

标本H345①：16（#8618；S2874），磨石，残。砂岩。磨面略粗。长3.2、宽2.4、厚1.2厘米，重9.7克。

标本H345①：19（#8618；S2873），磨石，残。砂岩。磨面略粗而内凹。长3.4、宽2.2、厚1.3厘米，重11.6克。

标本H345①：18（#8618；S2878），残石器。流纹质熔结凝灰岩。长2.1、宽0.8、厚0.3厘米，重0.7克。

标本H345③：8，盆形鼎。夹砂黑陶。敞口，圆唇，微卷沿，上腹斜直内收，下腹微弧，平底，三足残。器表经磨光处理。腹部有三周凸棱和一周凹弦纹。口径40.0、底径27.0、残高11.4、厚0.4～0.6厘米（图2-286，1）。

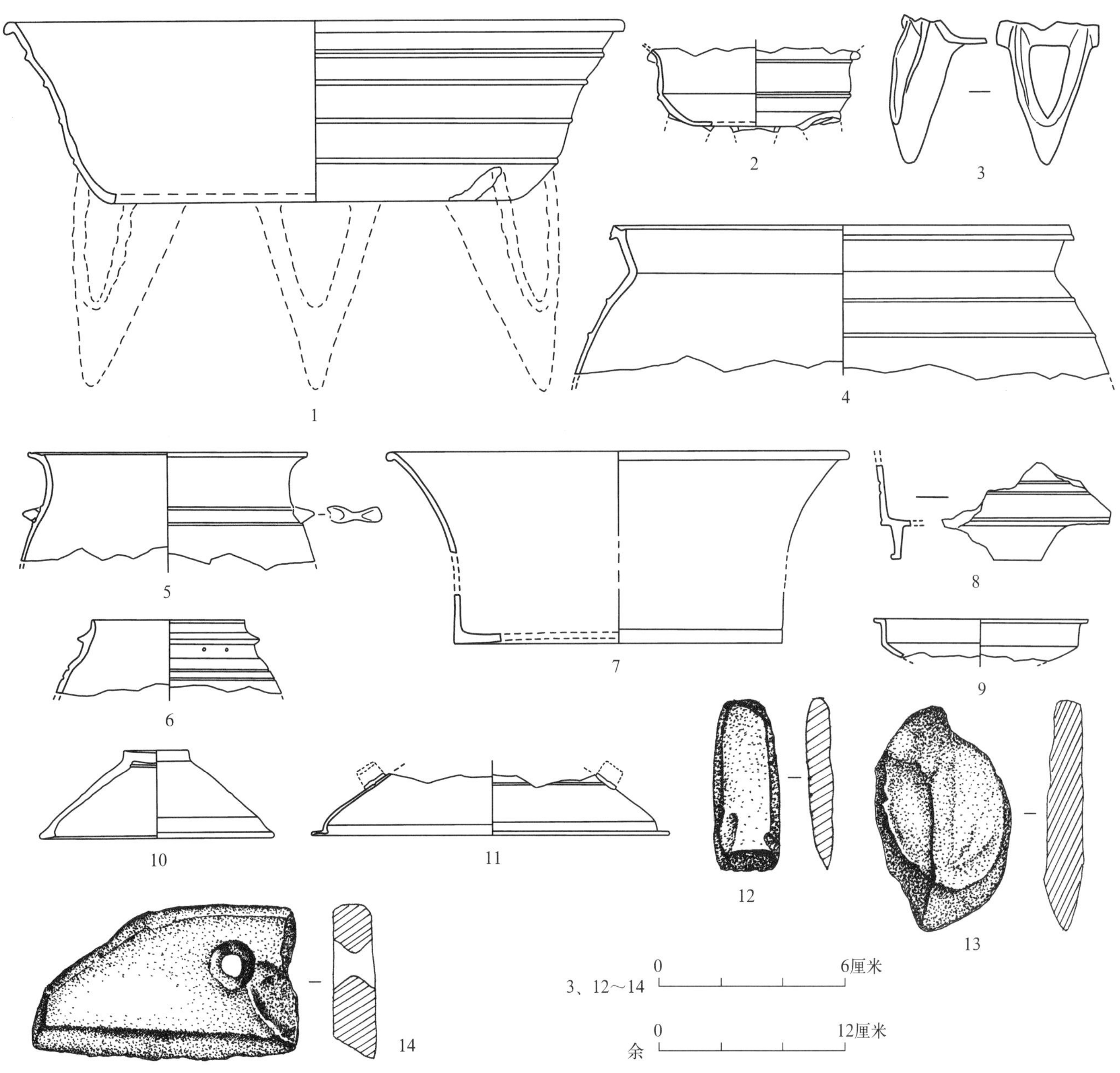

图2-286　一区六期H345出土器物

1．盆形鼎H345③：8　2．盆形鼎H345②：14　3．“V”字形鼎足H345②：15　4．中口罐H345③：7　5．罐H345③：6　6．子母口罐H345②：10　7．大平底盆H345②：13　8．瓦足盆H345②：12　9．豆H345②：11　10．覆碗形器盖H345②：5　11．覆盆形器盖H345②：9　12．石锛H345②：1　13．石铲H345①：4　14．石刀H345③：2

标本H345②：14，盆形鼎（三足盆）。泥质黑陶。口部残，内折腹，下腹外鼓，平底，三足残，足与器底相接处有戳印纹。内外表均经磨光处理。腹部饰两周凸棱和一周凹弦纹，折腹之上位置残留一盲鼻。底径8.0、残高5.0、厚0.2～0.4厘米（图2-286，2）。

标本H345②：15，“V”字形鼎足。泥质黑陶，烧成红褐色。由两个侧三角泥片黏合而成。残高4.6、厚0.2～0.3厘米（图2-286，3）。

标本H345③：7，中口罐。夹砂黑陶。侈口，方唇，折沿，沿面有一周凹槽，圆肩，以下残。器表经磨光处理。肩部有两周凸棱。口径30.0、残高9.3、厚0.3～0.6厘米（图2-286，4）。

标本H345③：6，罐。夹砂黑陶。侈口，方唇，卷沿，沿面有一周凹槽，束颈，溜肩，以下残。器表经磨光处理。颈下有两周凸棱，其上有一对盲鼻。口径18.0、残高7.2、厚0.2～0.5厘米（图2–286，5）。

标本H345②：10，子母口罐。泥质黑陶。矮子口内敛，短颈，溜肩，鼓腹，以下残。器表经磨光处理。颈部残留一对细孔，肩部有两周凹弦纹。口径10.0、残高3.8、厚0.3～0.6厘米（图2–286，6）。

标本H345②：13，大平底盆。泥质黑陶。敞口，圆唇，卷沿，弧腹内曲，大平底。内外表均经磨光处理，素面。口径30.0、底径21.0、复原高12.0、厚0.3～0.8厘米（图2–286，7）。

标本H345②：12，瓦足盆。泥质黑陶。口及腹部大部分残，下腹近直，平底，残留一瓦足。器内外表均经磨光处理。腹部有两周凹弦纹，底部有一周凹槽。残高6.1、厚0.4～0.5厘米（图2–286，8）。

标本H345②：11，豆。泥质黑陶。直口，方唇，平折沿，上腹近直，折腹，下腹弧收，底及圈足残。内外表均经磨光处理。素面。口径14.0、残高2.4、厚0.3～0.4厘米（图2–286，9）。

标本H345②：5，覆碗形器盖。泥质黑陶，灰胎。平顶下凹，盖面微弧，圆唇，斜平沿。内壁有轮制时留下的瓦棱痕迹，器表经磨光处理，盖面中下部有一道折痕。顶径4.2、口径15.2、高5.5、厚0.3～0.6厘米（图2–286，10；彩版九九，1）。

标本H345②：9，覆盆形器盖。泥质黑陶。顶残，盖面斜直微隆，平沿外伸，沿面内凹。盖面有一对横耳。器表经磨光处理。盖面附耳处有一周凹弦纹。口径23.0、残高3.8、厚0.15～0.5厘米（图2–286，11）。

16．H346

位于E4T2296北部，开口于⑥b层下，打破⑥c层。近圆形，斜壁（西侧阶状内收），圜底（图2–287）。坑口长径1.40、短径1.24、深0.40米。填土分为两层：上层为黑色土（2.5YR2.5/1），下层为灰褐色土（10YR3/6）。收集浮选土样3份共60升，采集植硅体样品1份200克。出土石刀1件和一定数量的陶片（表2–62）。

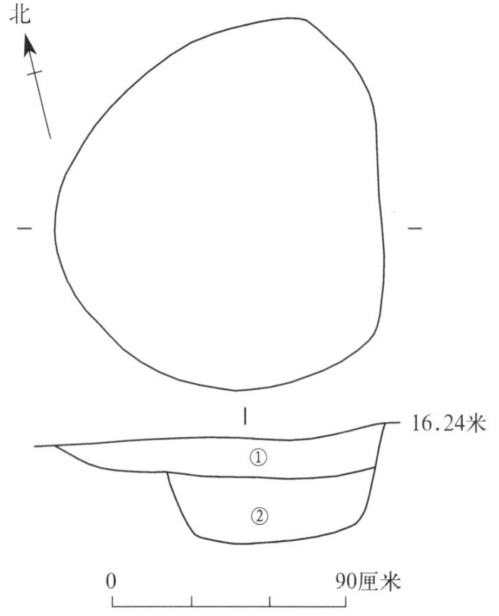

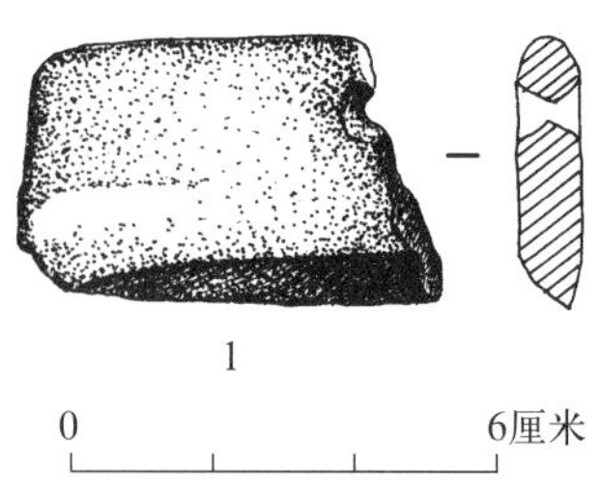

图2–287　一区六期H346平、剖面图及出土石刀

1．石刀H346：1

表2-62　H346陶片统计表

陶质/陶色/数量/纹饰	泥质				夹砂				总计	百分比（%）
	黑	灰	褐	合计	黑	灰	褐	合计		
凸弦纹	5		1	6	6	2	4	12	18	3.08
凹弦纹	10		1	11	10	5	3	18	29	4.96
泥　饼					2			2	2	0.34
盲　鼻	3			3	1			1	4	0.68
镂　孔							2	2	2	0.34
素　面	132	2	18	152	303	22	53	378	530	90.60
累　计	150	2	20	172	322	29	62	413	585	100
百分比（%）	25.64	0.34	3.42	29.40	55.04	4.96	10.60	70.60	100	
重量（千克）	1.45		0.13	1.58	4.05	0.42	0.76	5.23	6.81	

标本H346：1（#8531；S3299），石刀，一侧残失。绿泥石或绿泥/角闪片岩。平面为长方形，单面刃，近背部残存一对钻圆孔。残长5.8、宽3.6、厚0.9厘米，重33.0克（图2-287，1）。

17．H352

位于E4 T2297西部，开口于⑥b层下，打破⑥c层。椭圆形，斜壁，平底（图2-288；彩版九四，4）。坑口长径1.02、短径0.78、深0.26米。填灰褐色土（5YR3/2），出土石刀、磨石和少量陶片。收集浮选土样1份20升。

标本H352：3（#8625；S3236），石刀，残存中部。砂岩。平面为长方形，单面刃，近背部有对钻的双孔，均残。残长5.1、宽4.5、厚0.9厘米，重35.5克（彩版九八，6）。

标本H352：1（#8625；S3248），磨石，残。花岗岩。平面近圆形，磨面颗粒粗。长28.0、宽21.0、厚14.0厘米，重15000.0克（彩版九八，7）。

标本H352：2（#8625；S3246），磨石，残。花岗岩。长11.9、宽8.5、厚6.4厘米，重711.9克。

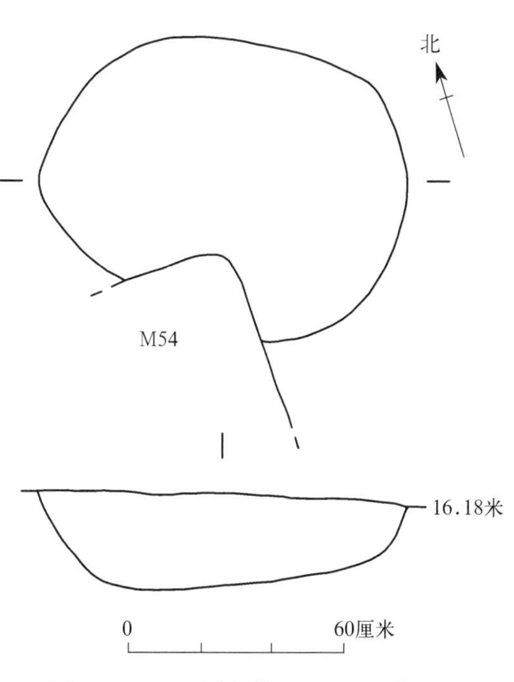

图2-288　一区六期H352平、剖面图

18．H354

位于E4T2296西北部，开口于⑥b层下，被H321打破，打破⑥c层。椭圆形，圜底（图2-289）。坑口长径

0.75、短径0.65、深0.31米。填土分为三层：第1层为黑褐色土（7.5YR3/1）；第2层灰黑色土（10YR3/1）结构疏松，包含较多的红烧土块；第3层为灰黑色土（10YR3/1），质地松软，包括较多的红烧土和草木灰、炭屑等。填土内出土鼎、罐、盆、杯、器盖等陶器残片。收集浮选土样1份20升，采集植硅体样品1份100克。

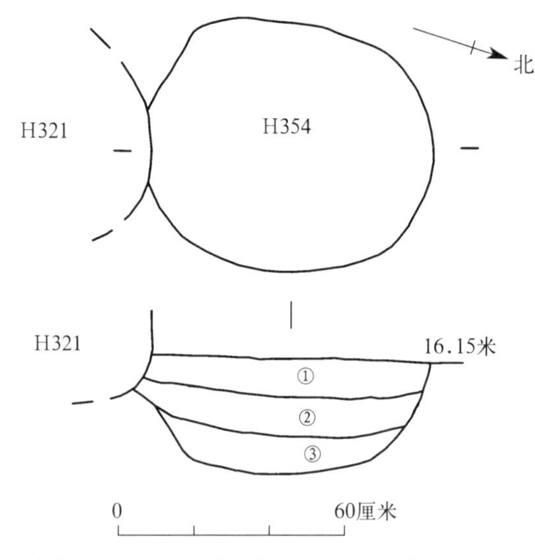

图2-289　一区六期H354平、剖面图

标本H354②：3，鼎。泥质灰黑陶。器形较小，近直腹，下部折收，平底，三“V”字形足。下腹部有两周细凸棱。底径11.4、残高 6.8、厚0.3厘米（图2-290，1）。

标本H354②：2，小口罐。泥质黑陶，褐胎。直口微内敛，圆唇，领较高，广肩，以下残。器表及口沿内壁磨光。口径20.0、残高6.4、厚0.5厘米（图2-290，2）。

标本H354②：1，覆盘形器盖。泥质黑陶。喇叭形纽残，盖面外弧，口残。器表经磨光处理。肩部饰两周细凹弦纹，其上有一对盲鼻。残高2.8、厚0.2～0.4厘米（图2-290，3）。

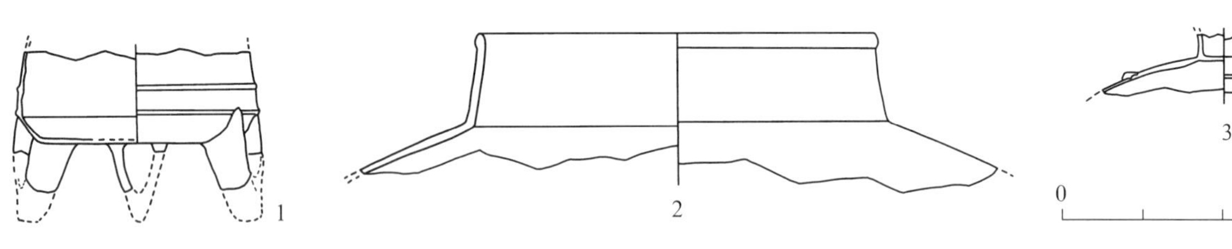

图2-290　一区六期H354出土陶器

1．鼎H354②：3　2．小口罐H354②：2　3．覆盘形器盖H354②：1

19．H358

位于E4T2300南部，开口于⑥b层下，打破第⑦层。近椭圆形，斜壁，平底（图2-291）。坑口长径0.63、短径0.56、深0.16米。填松软的灰色土（5YR2.5/1），出土鼎、罍、罐、盆、杯、器盖等陶器残片。

标本H358：3（#8930；S3023），磨石，残。砂岩。磨面较细而平整。长5.0、宽4.3、厚1.1厘米，重30.4克（彩版九八，8）。

标本H358：2，盆形鼎。夹砂黑陶，灰胎。平折沿，口内敛，束腰，下腹外折，平底，三个带眼的鸟首形足，下部残断。沿外有一小横耳（数量不详）。器表经磨光处理，口外缘一周刻成齿状，沿下有一周齿状堆纹，腹饰三周凸棱。底部有火烧痕迹，三足已烧成红色。口径16.8、底径9.4、残高12.1、

北

15.92米

0　60厘米

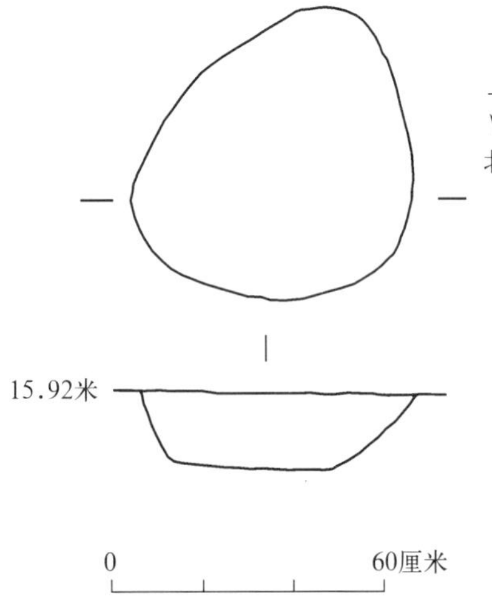

图2-291　一区六期H358平、剖面图

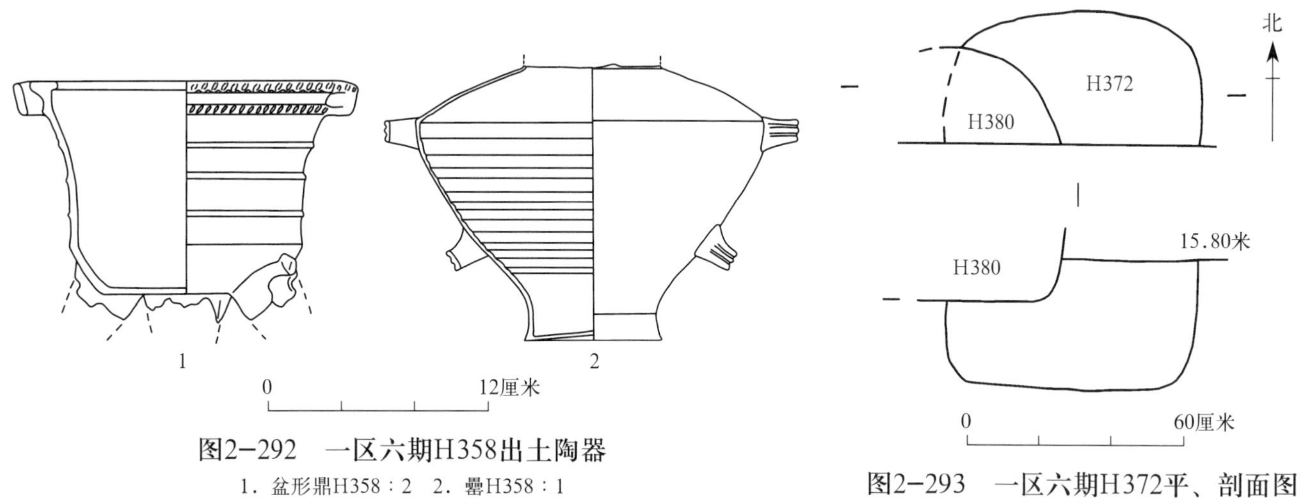

图2-292　一区六期H358出土陶器

1．盆形鼎H358：2　2．罍H358：1

图2-293　一区六期H372平、剖面图

厚0.3～0.4厘米（图2-292，1；彩版九九，2）。

标本H358：1，罍。泥质黑陶。口残失，广折肩，斜腹，小平底内凹。肩腹之交和下腹部各有对称的小横耳一对。外表经磨光处理，内侧有轮制遗留下来的轮旋痕迹。最大腹径19.0、底径7.5、残高14.4、厚0.2～0.3厘米（图2-292，2；彩版九九，3）。

20．H372

位于E4T2298、T2297之间，向南伸出南壁之外，开口于⑥b层下，被H380打破，打破⑥c、⑥d层和H428等。近圆形，直壁，平底（图2-293）。坑口直径0.70、深0.35米。填松软的灰色土（7.5YR3/1），出土鼎、罐、盆、器盖等陶器残片。收集浮选土样1份20升。

标本H372：6，盆形鼎。泥质黑陶，灰胎。口微内敛，平折沿，沿面有两周凹弦纹，上腹外鼓，下腹较直，以下残失。内外表均经磨光处理。上腹部有三周凸棱。口径17.0、残高4.0、厚0.2厘米（图2-294，1）。

标本H372：7，盆形鼎。夹砂黑陶。敛口，窄平沿，沿面两周凹槽，上腹外鼓，下腹较深外弧，底和足残失。沿下有横耳残痕，腹部有三组凹弦纹，每组两周。口径20.8、残高10.8、厚0.4厘米（图2-294，2）。

标本H372：5，鼎足。夹细砂灰黑陶。侧三角，扁体，近似鱼鳍形，边缘有浅刻槽。高6.4、最宽2.4、厚0.6厘米（图2-294，3）。

标本H372：2，罐。夹砂灰陶。侈口，圆方唇，卷沿，短颈，腹微鼓，以下残失。器表及口沿内壁经磨光处理。颈下有两周凸棱，凸棱间贴一对小泥饼。口径30.0、残高7.4、厚0.3～0.5厘米（图2-294，4）。

标本H372：1，大平底盆。泥质黑灰陶。敞口，圆唇，卷沿，腹壁内曲，以下残失。内外表均经磨光处理，素面。口径32.0、残高6.0、厚0.2～0.3厘米（图2-294，5）。

标本H372：8，鼓腹盆。夹砂黑陶。圆方唇，卷沿，沿面有一周较深的凹槽，短颈，鼓腹，口径大于腹径，中部残失，小平底。器表及上腹内壁磨光。颈下饰三周凸棱，其上有一对鸡冠耳，腹部存两周凸棱和一周凹弦纹。口径42.0、底径14.0、复原高23.4、厚0.3～0.5厘米（图2-294，6）。

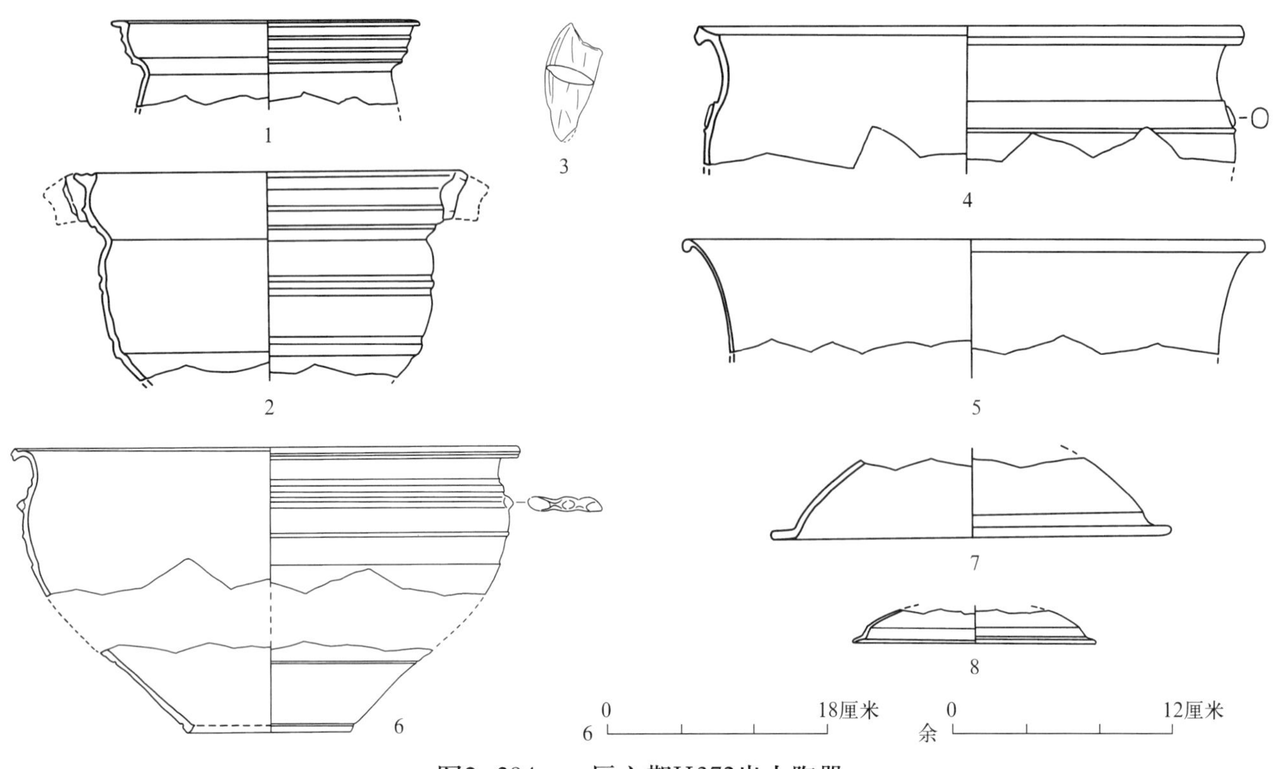

图2-294 一区六期H372出土陶器

1、2. 盆形鼎H372：6、H372：7 3. 鼎足H372：5 4. 罐H372：2 5. 大平底盆H372：1 6. 鼓腹盆H372：8 7. 覆碗形器盖H372：4 8. 覆盘形器盖H372：3

标本H372：4，覆碗形器盖。夹砂灰褐陶。顶部残，盖面圆隆，宽平沿外伸明显。器表及口沿部经磨光处理，素面。口径22.0、残高4.0、厚0.35厘米（图2-294，7）。

标本H372：3，覆盘形器盖。泥质黑陶。纽残，盖面斜直，下部内折，圆唇，窄斜沿，沿面有一周凹槽。器表经磨光处理。口径13.2、残高1.8、厚0.2厘米（图2-294，8）。

21．H41

位于E4T2342中部，开口于耕土层下，打破⑥c层和H61。近椭圆形，斜壁阶状内收，平底（图2-295），一侧有流状突出。坑口长径1.68、短径1.20、深0.26米。坑内填较为松软的黄褐色土（10YR4/3），出土有石钺和磨石等石器和鼎、罐、盆、豆、碗、盘、杯、器盖等陶器或残片（表2-63）。

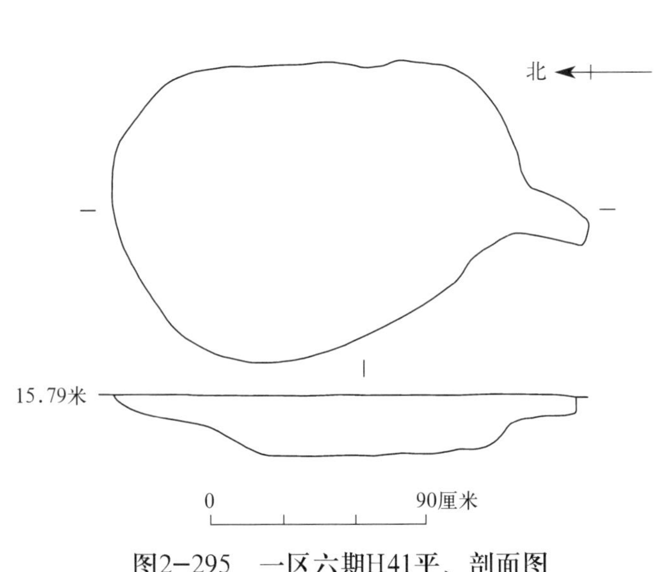

图2-295 一区六期H41平、剖面图

标本H41：4（#4403；S122），石钺，残。富钾质煌斑岩。平面呈长方形，双面刃。残长8.0、宽9.0、厚1.0厘米，重91.3克（图2-296，11；彩版一〇〇，1）。

标本H41：3（#4403；S121），磨石，

表2-63　H41陶片统计表

纹饰＼陶色＼数量＼陶质	泥质				夹砂					总计	百分比（%）
	黑	灰	红褐	合计	黑	灰	褐	白	合计		
凸弦纹	4	7		11	22	8	14		44	55	3.29
凹弦纹	13	7		20	9	5	10		24	44	2.63
堆　纹					1				1	1	0.06
泥　饼					1	2	1		4	4	0.24
盲　鼻		2	1	3						3	0.18
素　面	162	327	274	763	350	152	288	9	799	1562	93.42
镂　孔			1	1		2			2	3	0.18
累　计	179	343	276	798	383	169	313	9	874	1672	100
百分比（%）	10.71	20.51	16.51	47.73	22.91	10.11	18.72	0.54	52.27	100	
重量（千克）	1.35	2.58	2.64	6.57	4.74	2	3.14	0.04	9.92	16.49	

残。砂岩。平面为长方形，磨面细而内凹。长9.0、宽7.1、厚3.0厘米，重263.8克（彩版一〇〇，2）。

标本H41：13（#4103；S1045），磨石，残。熔凝灰岩。碎成4块碎片。

标本H41：14（#4103；S1141），磨石，残。熔凝灰岩。碎成9块碎片。重254.0克。

标本H41：15（#4103；S1247），磨石，残。熔凝灰岩。平面为四边形，磨面平整。长4.1、宽3.2、厚1.7厘米，重37.7克（彩版一〇〇，3）。

标本H41：18（#4103；S1044），磨石，残，砂岩。平面近长方形，磨面细而内凹。长5.5、残宽3.8、厚1.9厘米，重49.6克（彩版一〇〇，4）。

标本H41：19（#4103；S1251），磨石，残，砂岩。平面为四边形，磨面内凹。长5.9、宽4.9、厚2.4厘米，重118.1克（彩版一〇〇，5）。

标本H41：16（#4103；S1252），残石器，磨制。熔凝灰岩。碎成3块碎片。重57.4克。

标本H41：17（#4103；S119），残石器，磨制。花斑岩。长4.0、宽2.6、厚2.1厘米，重33.0克（彩版一〇〇，6）。

标本H41：20（#4103；S1243），石料。石英。不规则形。长4.7、宽2.4、厚0.9厘米，重11.0克。

标本H41：5，盆形鼎。夹砂黑陶，深灰褐胎。大口，方唇，窄平沿，沿面下凹并有两周凹槽，折腹，上腹部斜直，下腹斜收，平底，“V”字形三足，足外缘压成齿状，侧面中上部有穿孔，下部残。沿外侧残余一横耳。器表经磨光处理。腹壁有四周凸棱。足和底部有火烧痕迹。口径26.0、最大腹径21.2、底径16.8、残高11.1、厚0.4～0.5厘米（图2-296，1；彩版九九，4）。

标本H41：6，罐。夹极少量细砂灰陶，因埋藏原因局部陶色为红色。口微敛，方唇，平沿，沿面有三周凹槽，短颈，弧腹，以下残失。颈下饰三周凸弦纹，其上有对称的小横耳（残失）和泥饼各一对。口径25.0、最大腹径24.2、残高12.0、厚0.5～0.6厘米（图2–296，2）。

标本H41：2，鼓腹盆。夹砂黄褐陶。侈口，方唇，卷沿，唇面和沿面均有一周凹槽，有颈，鼓腹，下部急收为小平底。上腹部有一对宽大横耳。内外表均经磨光处理。腹部有七周凸弦纹。口径30.0、最大腹径28.0、底径11.2、高18.2、厚0.55～0.9厘米（图2–296，3）。

标本H41：8，盆。夹砂灰陶。侈口，方唇，卷沿，上腹微弧，下腹斜收，底残。颈下有一周凸棱，其下有鸡冠耳。残高12.6、厚0.4～0.8厘米（图2–296，4）。

标本H41：7，盘。泥质黑陶。敞口，浅盘，浅斜腹，矮假圈足。内外表均经磨光，素面。口径12.0、底径8.0、高1.75、厚0.2～0.4厘米（图2–296，5）。

标本H41：9，豆。泥质红褐陶。敞口，尖唇，窄沿平折，折腹，腹较深，竹筒形柄，下残。器表及盘内壁均经磨光处理。柄部残留两周凸棱和一镂孔。口径14.0、厚0.2～0.6厘米（图2–296，6）。

标本H41：12，豆。泥质黑陶。口微敞，圆唇，平折沿，沿面下凹，折腹，以下斜收，下残。内外表均经磨光处理，素面。口径16.0、残高2.2、厚0.1～0.3厘米（图2–296，7）。

标本H41：1，覆碗形器盖。夹粗砂黑陶。平顶，盖面较陡直微隆，尖圆唇，窄沿，沿面有一周凹槽。素面。顶径5.2、口径14.8、高6.0、厚0.2～0.4厘米（图2–296，8；彩版九九，5）。

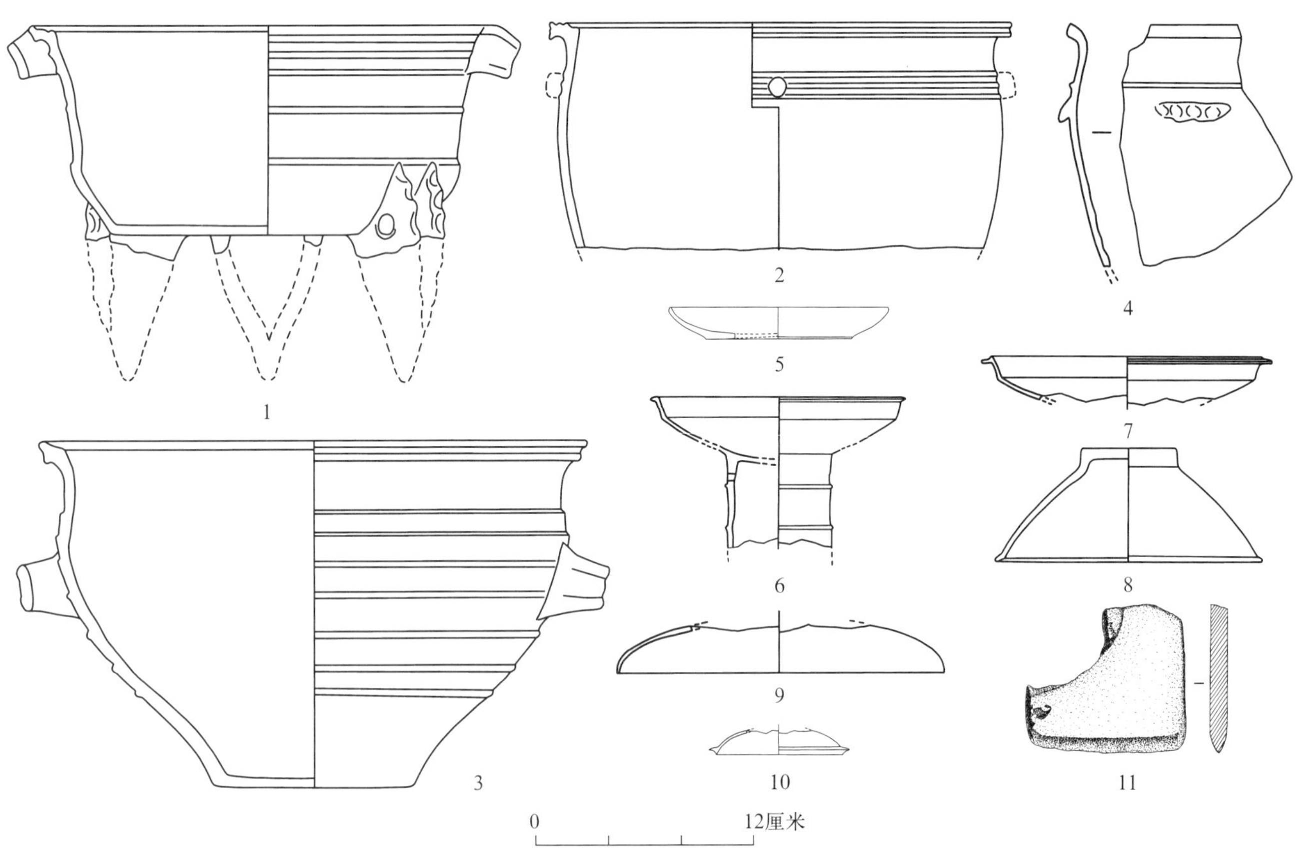

图2–296 一区六期H41出土器物

1．盆形鼎H41：5 2．罐H41：6 3．鼓腹盆H41：2 4．盆H41：8 5．盘H41：7 6、7．豆H41：9、H41：12 8．覆碗形器盖H41：1 9、10．覆盘形器盖H41：10、H41：11 11．石钺H41：4

标本H41∶10，覆盘形器盖。泥质黑陶。顶残，盖面微弧，浅腹。器表经磨光，素面。口径18.0、残高2.4、厚0.2～0.3厘米（图2–296，9）。

标本H41∶11，覆盘形器盖。泥质黑陶。顶残，弧形盖面，沿外伸明显，矮子口。器表经磨光处理，素面。口径7.0、残高1.2、厚0.2厘米（图2–296，10）。

22．H43

位于E4T2342、T2343之间，向北伸出北壁，开口于耕土层下，打破⑥c、⑥d层。平面呈圆形，底部不规则（图2–297）。坑口直径2.10、深0.44米。填土较杂，灰褐色土（10YR5/2）内多夹杂黄、黑土块。出土有磨石和磨棒等石器，出土陶器和陶片的器形有鼎、鬶、甗、罐、杯、盒、器盖等（表2–64）。

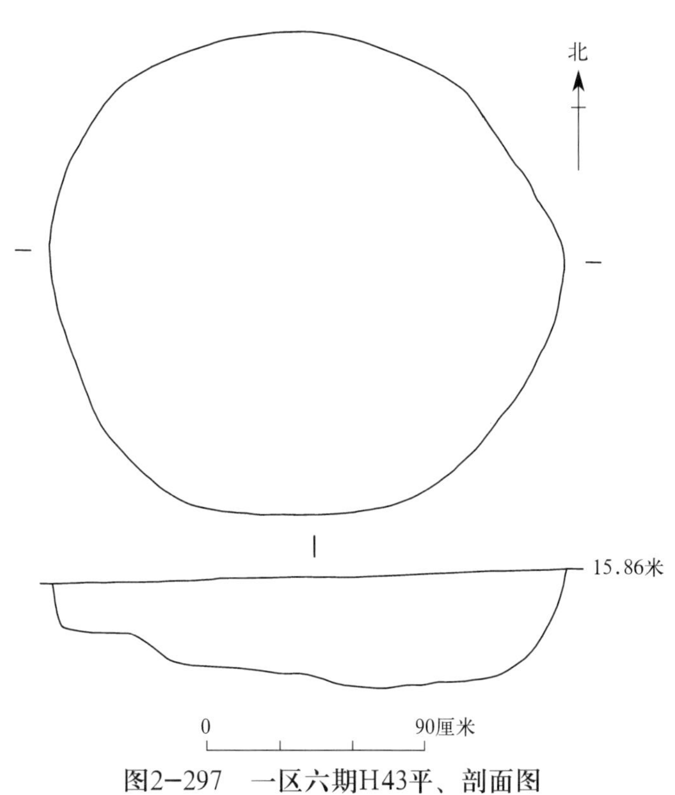

图2–297　一区六期H43平、剖面图

表2–64　H43陶片统计表

陶质 / 陶色 / 数量 / 纹饰	泥质					夹砂					夹云母滑石	总计	百分比（%）
	黑	灰	红	褐	合计	黑	灰	褐	白	合计	褐		
凸弦纹	14	5		6	25	12	1	1	2	16		41	3.55
凹弦纹	24	7	1	1	33	30	3	2		35		68	5.89
堆　纹						3		6	1	10		10	0.87
泥　饼						5				5		5	0.43
盲　鼻						4				4		4	0.35
陶　索	1				1							1	0.09
镂　孔	1				1	2				2		3	0.26
花　边						3				3		3	0.26
素　面	240	62	20	20	342	470	62	120	22	674	3	1019	88.30
累　计	280	74	21	27	402	529	66	129	25	749	3	1154	100
百分比（%）	24.26	6.41	1.82	2.34	34.84	45.84	5.72	11.18	2.17	64.90	0.26	100	
重量（千克）	1.32	0.32	0.07	0.32	2.03	5.45	0.87	1.1	0.08	7.5	0.09	9.53	

标本H43：18（#4105；S1236），磨石，残。砂岩。平面近长方形。长9.1、宽6.2、厚2.1厘米，重106.7克。

标本H43：20（#4013；S213），磨石，残。砂岩。平面近方形，磨面细而内凹。长7.2、宽6.6、厚1.5厘米，重100.7克（彩版一〇〇，7）。

标本H43：11（#4010；S1142），石磨棒。熔凝灰岩。不规则形状。长8.8、宽8.3、厚6.1厘米，重470.6克（图2-298，15）。

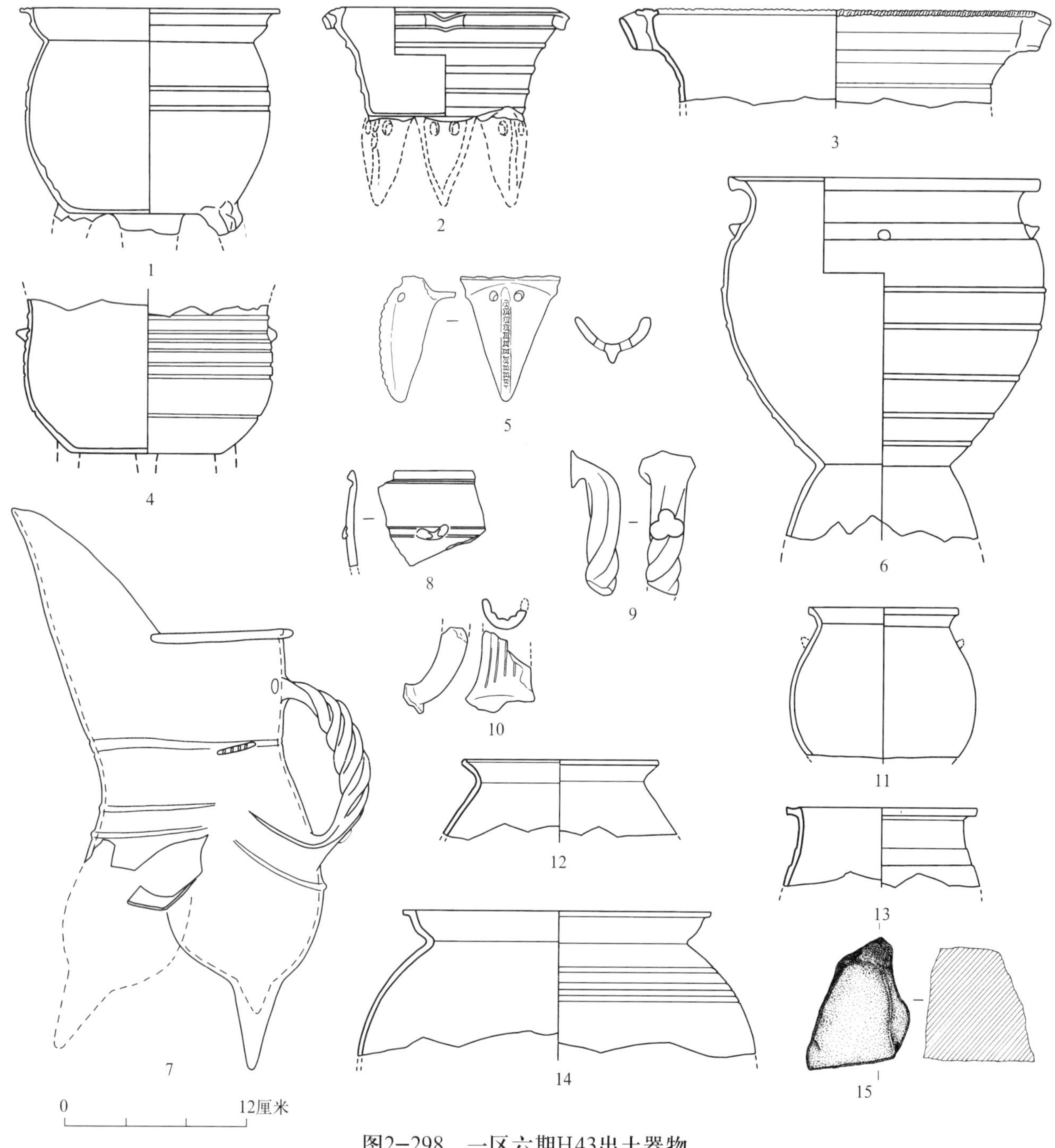

图2-298　一区六期H43出土器物

1. 罐形鼎H43：4　2、3. 盆形鼎H43：19、H43：26　4. 鼎H43：6　5. 鼎足H43：38　6. 甗H43：10　7、8. 鬶H43：17、H43：35　9、10. 鬶把手H43：33、H43：39　11、12. 中口罐H43：22、H43：29　13、14. 罐H43：28、H43：37　15. 石磨棒H43：11

标本H43：14（#4010；S163），石杵。富含石英的海滩鹅卵石。平面呈长椭圆形。长10.8、宽3.8、厚2.4厘米，重149.7克（彩版一〇〇，8）。

标本H43：12（#4105；S1239），石核。流纹花岗岩。平面为四边形。长16.6、宽11.6、厚6.4厘米，重1235.0克。

标本H43：4，罐形鼎。夹粗砂黑陶，黄褐胎。侈口，圆唇，折沿，沿面有两周浅凹弦纹，溜肩，圆腹，平底，铲形三足残。器表经磨光处理。口沿外侧中部凸起，腹部饰两周凹弦纹，内壁有轮制的瓦棱痕迹。足和底部有火烧痕迹。口径17.2、最大腹径16.2、底径10.5、高14.4、厚0.2～0.35厘米（图2–298，1）。

标本H43：19，盆形鼎。夹砂黑陶。个体较小，敛口，尖唇，斜平沿，沿面有两周凹槽，腹上部外折，以下斜内收，中部略内束，平底，三鸟首形足残失。器表及口沿内侧经磨光。口沿外侧有四个两两对称的小横耳，腹壁有五周凸棱。底和足部有火烧痕迹。口径15.3、底径10.6、高7.3、厚0.3～0.4厘米（图2–298，2；彩版一〇一，1）。

标本H43：26，盆形鼎。夹砂黑陶。盘形口内敛，圆唇，平沿，沿面两周凹弦纹，腹部内束较甚，以下残。口沿外侧有一对横耳。唇沿刻压成花边，腹部有两周凸棱和一周凹弦纹。口径26.0、残高6.0、厚0.4厘米（图2–298，3）。

标本H43：6，鼎。夹砂黑陶。口残失，束腹，下腹微鼓，平底，足残失。器表经磨光。颈部有一周凸棱，腹部饰六周凹弦纹，腹中部有对称的盲鼻一对。底径10.0、残高10.0、厚0.3～0.5厘米（图2–298，4）。

标本H43：38，鼎足。夹砂红陶。鸟首形足，正面有纵向密集齿状堆纹。高8.0厘米（图2–298，5）。

标本H43：10，甗。夹砂黑陶，灰褐胎。侈口，方唇，卷沿，矮颈，圆肩，鼓腹，束腰，深腹，以下残。器表经磨光。颈下部有两周阶状凸起，其间有对称的盲鼻和小泥饼各一对，肩、腹部饰五周凸棱。口径20.4、残高23.0、厚0.2～0.6厘米（图2–298，6）。

标本H43：17，鬶。夹细砂褐陶，白陶衣基本脱落。高流，直口，圆唇，沿面有一周凹槽，口沿下把手正上部有一小孔，粗长颈，分裆乳状袋足，高实足尖。一侧有绞丝状把手。颈部饰两周凹弦纹，并有对称的鸡冠状泥条，把手上端两侧和下端正面各有一个泥饼，三袋足上部有两周凸棱。残宽13.2、高36.2、厚0.15～0.35厘米（图2–298，7）。

标本H43：35，鬶。夹砂黄褐陶。近直口，粗颈。颈部有两周凹弦纹，其上残存一盲鼻。残高6.0、厚0.2～0.6厘米（图2–298，8）。

标本H43：33，鬶把手。夹砂黄褐陶。三根泥条缠绕成麻花状。残高9.1厘米（图2–298，9）。

标本H43：39，鬶把手。夹砂黄褐陶。桥形把手，仅存一端。残高4.8、厚0.6～0.7厘米（图2–298，10）。

标本H43：22，中口罐。侈口，圆方唇，折沿，溜肩，鼓腹，以下残。肩部有对称的盲鼻一对。口径10.0、最大腹径12.3、残高9.5、厚0.3～0.4厘米（图2–298，11）。

标本H43：29，中口罐。夹砂黑陶。侈口，方唇，折沿，沿面有一周凹槽，溜肩，鼓腹，以下残。素面。口径13.0、残高4.8、厚0.4～0.5厘米（图2–298，12）。

标本H43：28，罐。夹砂黑陶。直口，方唇，平折沿，沿面有两周浅凹弦纹，短颈，腹微鼓，以下残。器表经磨光。颈部有两周阶状凸起。口径13.0、残高5.0、厚3.5～4.5厘米（图2-298，13）。

标本H43：34，罐。泥质灰陶。侈口，方唇，卷沿，沿面下凹，有颈。颈腹交界处呈阶状凸起，中腹残，下腹斜收，平底。器表经磨光。下腹部饰两周凸棱。口径24.0、底径12.4、复原高25.2、厚0.4～1.0厘米（图2-299，1）。

标本H43：36，罐。夹砂黑陶。侈口，圆唇，折沿，沿面有一周凹槽，圆肩，圆腹，以下残。器表及口沿内壁经磨光。腹部有两周凹弦纹。口径14.4、残高9.4、厚0.4厘米（图2-299，2）。

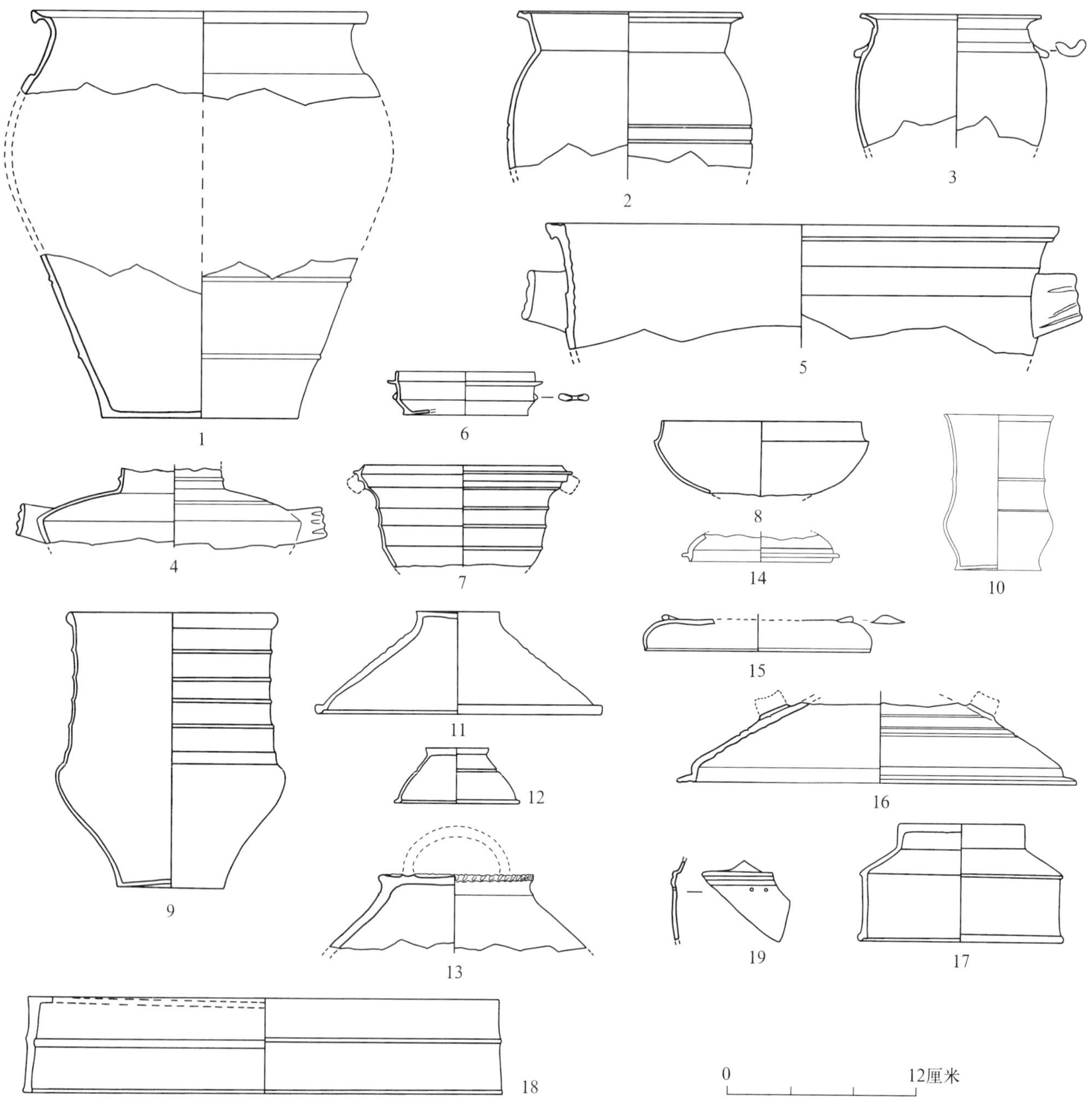

图2-299　一区六期H43出土陶器

1～3．罐H43：34、H43：36、H43：41　4．罍H43：24　5．大口盆H43：40　6．平底盒H43：13　7．三足盒H43：3　8．盒H43：21　9、10．壶形杯H43：9、H43：15　11～14．覆碗形器盖H43：1、H43：2、H43：27、H43：30　15．覆盘形器盖H43：31　16．覆盆形器盖H43：25　17、18．器盖H43：8、H43：23　19．子母口穿孔陶片H43：32

标本H43：37，罐。夹砂黑陶。侈口，圆唇，折沿，圆肩，圆腹，以下残。器表及口沿内壁经磨光。肩、腹部存数周细密弦纹。口径20.0、残高9.0、厚0.3～0.6厘米（图2–298，14）。

标本H43：41，罐。泥质灰陶。侈口，圆方唇，折沿，圆腹，以下残。器表经磨光。颈下依次有三周阶状凸起，肩部有一对盲鼻。口径11.5、残高8.0、厚0.25厘米（图2–299，3）。

标本H43：24，罍。泥质黑陶。口残，直颈，广折肩。斜腹，以下残。折肩处有一对宽横耳。器表经磨光。颈部饰一周细凸棱，肩部饰两周浅凹弦纹。折肩处径16.8、残高4.8、厚0.3厘米（图2–299，4）。

标本H43：40，大口盆。夹砂黑陶，灰胎。直口微敞，方唇，窄平沿，沿面有两周细凹弦纹，弧腹，以下残。器表及口沿内壁经磨光。上腹部有一对宽横耳。口径32.4、残高8.0、厚0.3～0.6厘米（图2–299，5）。

标本H43：13，平底盒。泥质黑陶。圆唇，矮子口，上腹微内曲，下腹折收，平底内凹。内外表均经磨光处理。腹部饰一对盲鼻。口径8.8、底径8.0、高3.0、厚0.2～0.5厘米（图2–299，6）。

标本H43：3，三足盒。泥质黑陶，含有极少量细砂，灰胎。矮子口内敛，上腹斜收内折，下腹微弧，底及足残。内外表均经磨光。子口以下有五周凸棱，口部有横耳的残痕。口径14.0、残高7.0、厚0.1～0.3厘米（图2–299，7）。

标本H43：21，盒。泥质黑陶。子口内敛，圆弧形腹，底残。内外表均经磨光，素面。口径12.4、残高5.0、厚0.2厘米（图2–299，8）。

标本H43：9，壶形杯。泥质黑陶。直口，粗长颈，窄鼓腹，下腹内收较甚，小平底内凹，器壁薄，器体轻巧，制作精美。内外皆经磨光。颈部饰有五周凸弦纹。口径13.4、最大腹径14.6、底径7.0、高16.8、厚0.2～0.38厘米（图2–299，9）。

标本H43：15，壶形杯。泥质黑陶，含有少量云母。侈口，粗长颈略内束，鼓腹，平底内凹。器表经磨光。颈部饰一周凸弦纹，颈腹交界处有一周凹弦纹。口径6.8、底径5.4、厚0.2厘米（图2–299，10；彩版一〇一，2）。

标本H43：1，覆碗形器盖。夹细砂黑陶，掺云母。平顶微下凹，盖面较陡直，方唇，窄斜沿，沿面有一周凹槽。内外表均经磨光。盖面留有轮制时的瓦棱痕迹。顶径5.2、口径18.4、高6.4、厚0.3～0.6厘米（图2–299，11）。

标本H43：2，覆碗形器盖。夹细砂黑陶。器体矮小，平顶稍大，盖面陡直微弧，圆唇，窄沿，沿面有一周凹槽。盖面中部有一周凹弦纹。顶径4.0、口径8.0、高3.8、厚0.2～0.5厘米（图2–299，12）。

标本H43：27，覆碗形器盖。夹砂黑陶，灰胎。平顶微下凹，其上有环形捉手，残，盖面斜直，下部残。器表经磨光。顶部周缘压印索状花边。顶径10.0、残高5.0、厚0.6厘米（图2–299，13）。

标本H43：30，覆碗形器盖。泥质黑陶。顶残，盖面圆隆，矮子口，尖唇。器表经磨光，素面。口径8.8、残高2.0、厚0.2～0.35厘米（图2–299，14）。

标本H43：31，覆盘形器盖。泥质黑陶。顶中部残，盖面圆折，口微内敛。器表经磨光。盖面有一周凹弦纹，其上残存一盲鼻。口径14.0、残高2.5、厚0.2～0.5厘米（图2–299，15）。

标本H43：25，覆盆形器盖。夹砂黑陶，灰胎。顶残，斜直盖面微隆，圆唇，平沿外伸，沿面有两周凹弦纹。器表经磨光。盖面上部有一对横耳，残。口径27.2、残高5.2、厚0.5厘米（图2–299，16）。

标本H43：8，器盖。夹砂黑陶。平顶，斜折肩，直壁，方唇，沿面有一周凹槽。折肩处有一周凸棱。顶径8.0、底径13.0、高8.1、厚0.3～0.6厘米（图2-299，17；彩版一〇一，3）。

标本H43：23，器盖。泥质黑陶，红褐胎。直口，直壁，平底残。器壁中部饰有一周凸棱，内壁有一周宽凹弦纹。顶径30.0、口径30.5、高5.8、厚0.4～0.7厘米（图2-299，18）。

标本H43：16，鬶片。夹砂白陶。刻划穗状纹（见图2-21，11）。

标本H43：32，子母口穿孔陶片。泥质黑陶。子口残，器壁在两凸棱下有一对细孔。器表经磨光。残高5.4、厚0.2～0.3厘米（图2-299，19）。

23．H47

位于E4T2343中部偏南，开口于耕土层下，打破⑥c层。近椭圆形，直壁，平底（图2-300）。坑口长径0.93、短径0.78、深0.28米。内填较为松软的灰褐色土（10YR2/1），出土有石锤、石镞和罐、盆、杯、器盖等陶器或残片。

标本H47：6（#4003；S1143），石锤。花斑岩。平面呈"D"字形。长14.5、宽11.3、厚4.3厘米，重1015.0克（彩版一〇〇，9）。

标本H47：1（#4003；S120），石镞，前后均残失。滑石片岩。横截面为菱形。残长4.2、宽2.7、厚0.5厘米，重7.9克。

标本H47：5（#4003；S1240），磨石，残。砂岩。平面三角形，磨面平整。长4.5、宽3.7、厚1.0厘米，重16.1克。

标本H47：4，罐。夹砂灰陶。侈口，方唇，卷沿，沿面有一周宽凹槽，短颈，窄圆肩，鼓腹以下残失。器表经磨光处理。颈、肩部饰三周凸棱。口径24.0、残高8.0、厚0.2～0.6厘米（图2-301，1）。

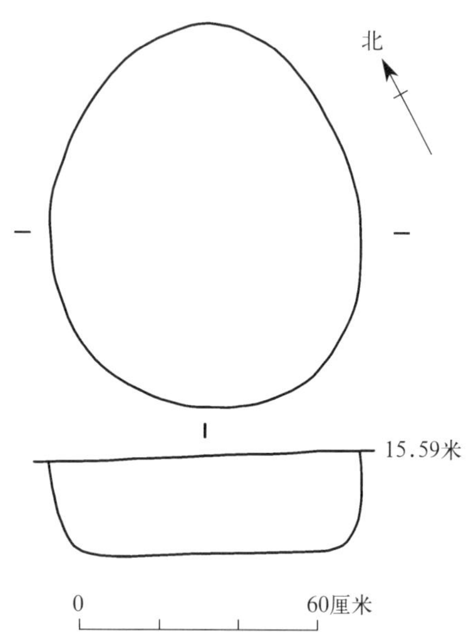

图2-300　一区六期H47平、剖面图

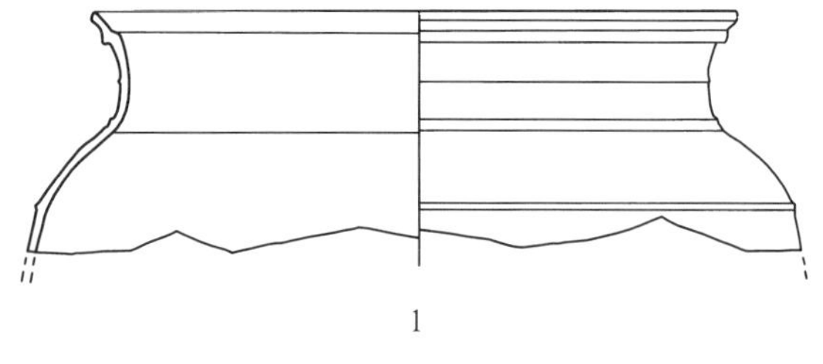

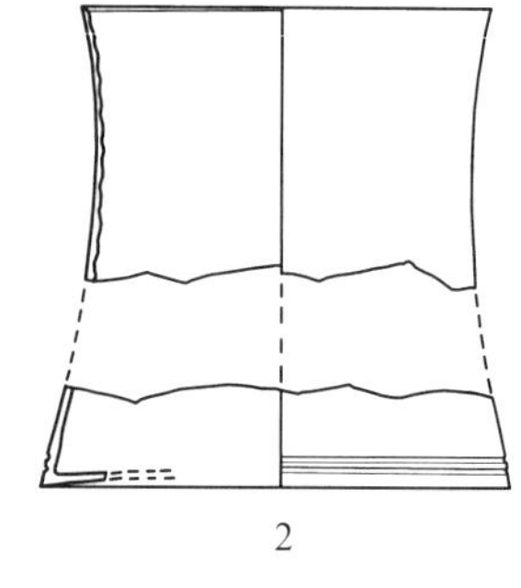

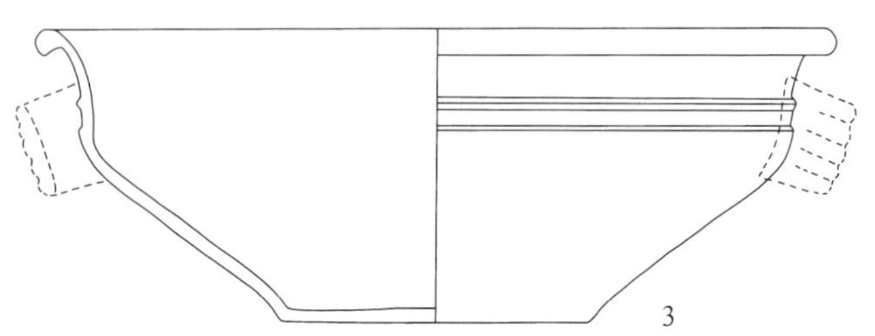

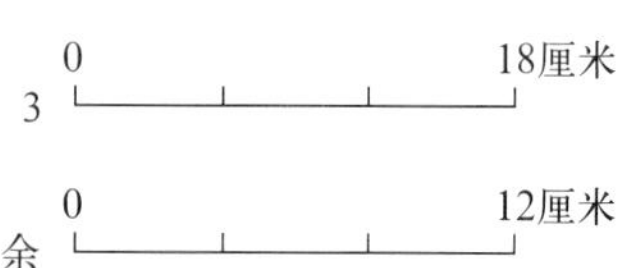

图2-301　一区六期H47出土陶器

1．罐H47：4　2．筒形杯H47：3　3．鼓腹盆H47：2

标本H47：2，鼓腹盆。夹细砂黑陶。敞口，圆唇，卷沿，有颈，鼓腹，以下急收，平底。器表经磨光处理。颈下饰两周凸棱，其上残存两个对称的大横耳痕迹。口径48.6、底径19.0、高17.0、厚0.45～0.7厘米（图2−301，3）。

标本H47：3，筒形杯。泥质黑陶。直口微外侈，筒形腹，束腰，中部残，平底微内凹。近底部腹壁饰两周凹弦纹。口径12.4、底径14.0、复原高13.7、厚0.2厘米（图2−301，2）。

24. H50

位于E4T2342西北部，开口于耕土层下，打破⑥c层。椭圆形，锅底状（图2−302）。坑口长径1.54、短径1.26、深0.38米。填土分为五层：第1层为黄色土（10YR7/8），较硬；第2层为均匀的一薄层黑色土（10YR2/1）；第3层为紧密的黄褐色土（10YR5/4），结构紧密；第4层为较厚的灰褐色土（10YR4/3），较松软；第5层为铺于坑底的一薄层黑色土（10YR2/1）。出土有鼎、罐、盆、碗、杯、器盖等陶器或残片。

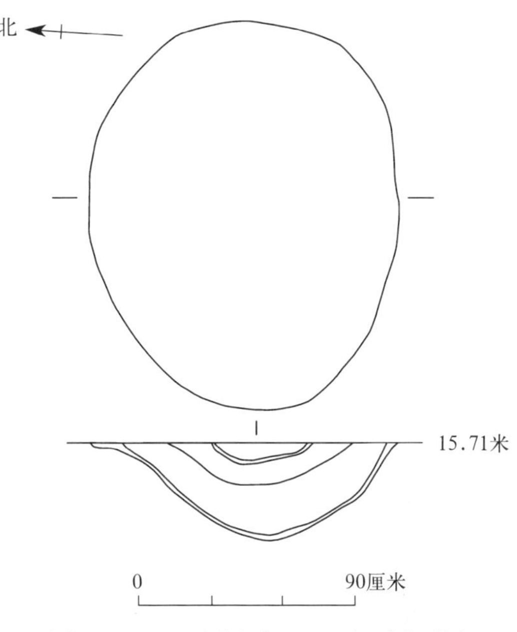

图2−302　一区六期H50平、剖面图

标本H50：6（#4104；S1323），磨石，残。熔凝灰岩。平面近方形，磨面细而平整。长4.0、宽3.7、厚2.1厘米，重23.1克（彩版一〇二，4）。

标本H50：7（#4104；S1324），磨石，残。不规则形，磨面粗糙。长2.8、宽2.2、厚1.5厘米，重10.4克。

标本H50：4，鼎。夹砂黑陶。敛口，圆唇，平折沿，沿面有两周细凹弦，折腹位置偏上，圆腹，以下残。器表及口沿内壁经磨光。腹壁有六周凸棱。口径24.0、残高11.0、厚0.3～0.5厘米（图2−303，1）。

标本H50：5，有领罐。夹砂黑陶。直口，圆唇，沿部外侈，直颈，广肩，以下残。颈肩部饰满细密凹弦纹，肩部残存一泥饼。口径17.0、残高6.4、厚0.4厘米（图2−303，2）。

标本H50：3，罐。夹砂黑陶，灰褐胎。侈口，方唇，窄平折沿，沿面有宽浅凹槽，短颈，腹壁

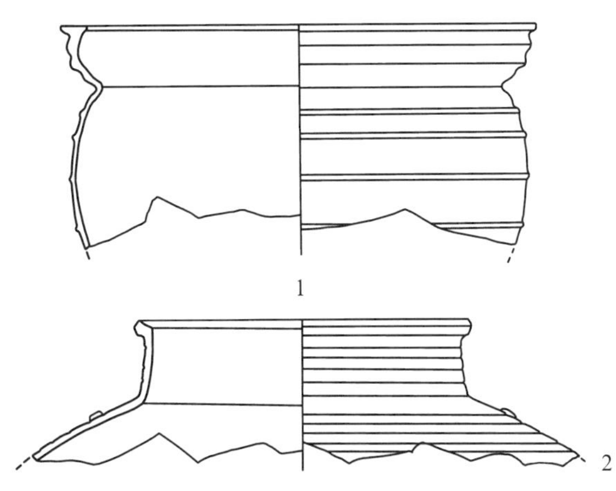

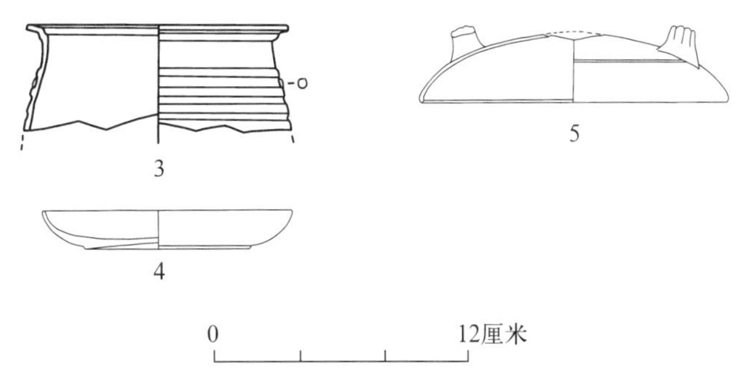

图2−303　一区六期H50出土陶器

1. 鼎H50：4　2. 有领罐H50：5　3. 罐H50：3　4. 盘H50：1　5. 覆钵形器盖H50：2

较直，以下残。器表及口沿内侧经磨光处理。颈下有四周凹、凸弦纹组合，上部有一对泥饼。口径12.8、残高4.4、厚0.3厘米（图2–303，3）。

标本H50：1，盘。泥质黑褐陶。口微敞，浅盘，矮假圈足状平底，内凹较甚。内外表均经磨光，素面。口径11.5、底径7.6、高1.7、厚0.2～0.6厘米（图2–303，4；彩版九九，6）。

标本H50：2，覆钵形器盖。泥质黑陶。弧形盖面微残，口部微敛。器表经磨光处理。盖面中部有两周凹弦纹，其上有一对宽横耳。口径14.6、残高3.0、厚0.15～0.2厘米（图2–303，5）。

25．H52

位于E4T2343北部，向北伸出探方，开口于耕土层下，打破H104、H108。圆形，斜壁，一侧呈阶状内收，底部近平（图2–304），坑口长径2.02、深0.74米。填土分为三层，第1层为灰褐色土；第2层为灰黄色土；第3层为松软的灰色土。出土陶器器形有鼎、罐、盆、杯、器盖等（表2–65）。

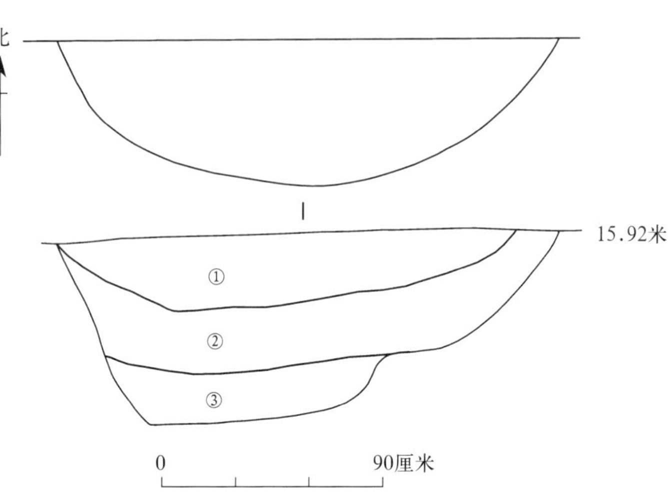

图2–304　一区六期H52平、剖面图

标本H52①：2，盆形鼎。泥质黑陶。侈口，圆唇，折腹处残，下腹圆鼓，平底微下弧，三鸟首形足残。内外表均经磨光处理。上腹部有一周凸棱。口径19.0、最大腹径16.8、复原高16.0、厚0.2～0.5厘米（图2–305，1）。

表2–65　H52陶片统计表

陶质 / 数量 / 陶色 / 纹饰	泥质				夹砂							夹云母滑石	总计	百分比（%）
	黑	灰	褐	合计	黑	灰	褐	白	红	红褐	合计	褐		
凸弦纹	15	2	1	18	16						16		34	3.77
凹弦纹	16	3	2	21	16	3	3				22		43	4.77
堆　纹	1			1	1		2				3		4	0.44
泥　饼					1						1		1	0.11
盲　鼻	2		1	3		1					1		4	0.44
素　面	208	44	54	306	219	40	58	45	124	18	504	6	816	90.47
累　计	242	49	58	349	253	44	63	45	124	18	547	6	902	100
百分比（%）	26.83	5.43	6.43	38.69	28.05	4.88	6.98	4.99	13.75	2.00	60.64	0.67	100	
重量（千克）	2.14	0.405	0.22	2.765	2.6	0.495	0.63	0.22	0.45	0.145	4.54	0.015	7.32	

标本H52①：1，大口罐。泥质黑陶。侈口，方唇，卷沿，沿面有一周凹槽，短束颈，直腹，以下残。器表及口沿内侧经磨光。颈、肩相接处有两周阶状凸起，上腹部存一周凸棱。口径20.0、残高7.0、厚0.3厘米（图2-305，2）。

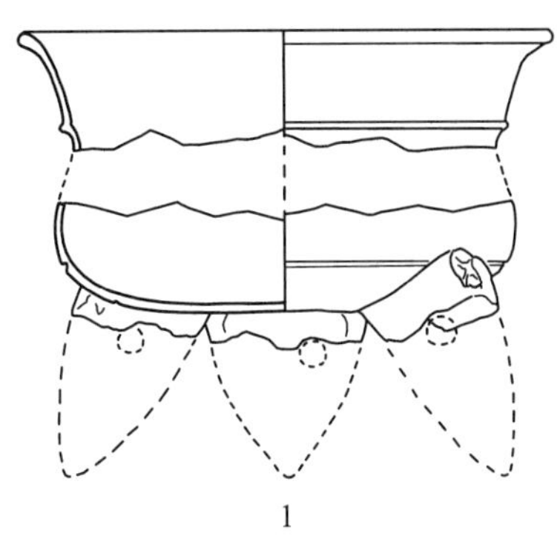

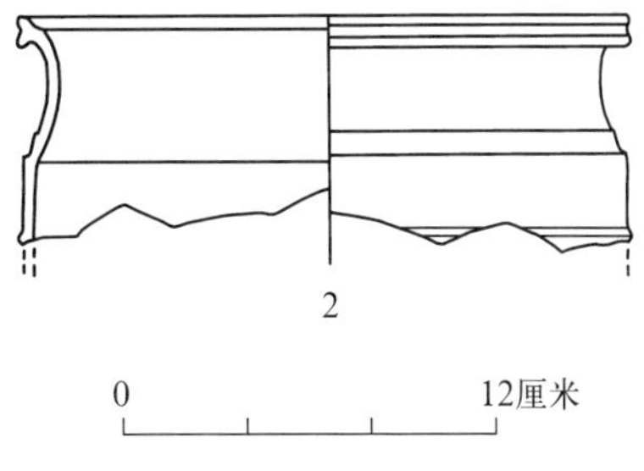

图2-305　一区六期H52出土陶器

1．盆形鼎H52①：2　2．大口罐H52①：1

26．H61

位于E4T2342东部，开口于耕土层下，被H41打破，打破⑥b层。近椭圆形，斜壁，圜底（图2-306；彩版一〇二，1）。坑口长径1.16、短径1.04、深0.26米。填土分为四小层：第1层为黄褐色土（10YR3/4），较薄，仅分布于坑中心部位，应该是被破坏堆积的底部；第2层为黑灰色土（10YR3/2），较薄，范围较第1层略大；第3层为灰褐色土（10YR4/4），较厚，出土有石器和鼎、罐、盆、器盖和箅子等陶器残片；第4层为黑色土（10YR2/1），较薄（表2-66）。

标本H61③：5（#4107；S1244），石刀，残。绿泥石或绿泥/角闪片岩。平面为三角形，单面刃。残长4.6、残宽3.4、厚0.8厘米，重14.7克（彩版一〇二，5）。

标本H61③：3（#4107；S1245），磨石，残。砂岩。平面为不规则四边形，磨面较细而平整。残长4.8、残宽4.5、厚2.1厘米，重71.3克（彩版一〇三，1）。

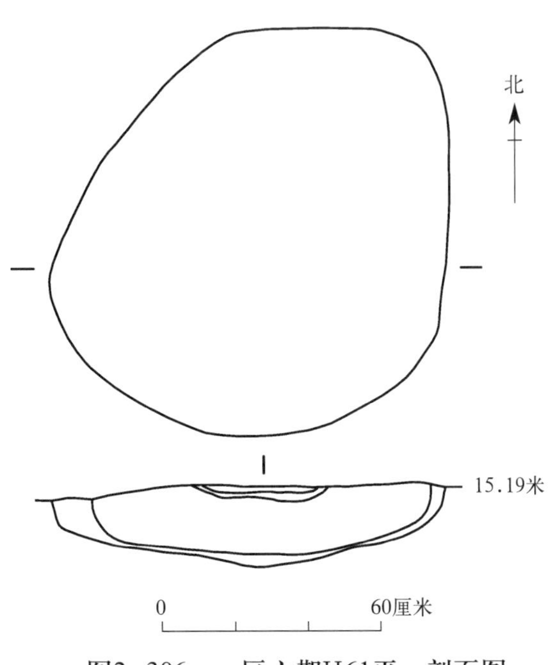

图2-306　一区六期H61平、剖面图

表2-66　H61陶片统计表

陶质／陶色／数量／纹饰	泥质					夹砂						夹云母滑石	总计	百分比（%）
	黑	灰	红	褐	合计	黑	灰	褐	白	红褐	合计	褐		
凸弦纹	8		2		10	3	4	2			9		19	1.02
凹弦纹	8	2		2	12	28	18	12			58		70	3.77
绳　纹						26					26		26	1.40
泥　饼	1		1		2	2	1	3			6		8	0.43
盲　鼻	2				2	2	1	1			4		6	0.32
附加堆纹									1	2	3		3	0.16
花棱纹						1					1		1	0.05
素　面	307	66	204	9	586	686	230	208	12	3	1139	1	1726	92.85
累　计	326	68	207	11	612	748	254	226	13	5	1246	1	1859	100
百分比（%）	17.54	3.66	11.13	0.59	32.92	40.24	13.66	12.16	0.70	0.27	67.03	0.05	100	
重量（千克）	2.84	0.63	1.22	0.08	4.77	9.83	3.0	1.4	0.1	0.21	14.54		19.31	

标本H61③：4（#4107；S1246），磨石，残。砂岩。不规则形，磨面粗糙。长4.0、宽3.1、厚0.7厘米，重9.9克（彩版一〇三，2）。

标本H61③：1，大平底盆。泥质黑陶，灰褐胎。敞口，圆唇，卷沿，壁较直，平底内凹。内外表均经磨光。腹中部饰两周凹弦纹，其上有两个对称的盲鼻。口径31.0、底径23.4、高9.2、厚0.2～0.25厘米（图2-307，1）。

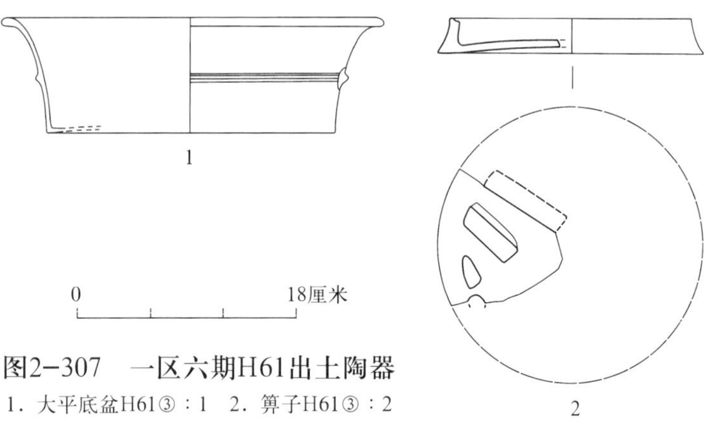

图2-307　一区六期H61出土陶器
1．大平底盆H61③：1　2．箅子H61③：2

标本H61③：2，箅子，残存一小部分。整体呈浅盘形，短直口内敛，平底内凹，盘底有较大的条形镂孔。口径20.0、底径22.0、高2.8、厚0.7～1.2厘米（图2-307，2）。

27．H76

位于E4T2099西南部，开口于M14下。椭圆形，斜壁，平底（图2-308）。坑口长径1.30、短径0.56、深0.36米。内填较为紧密的灰黑色土（7.5YR2.5/1），出土有残磨石等和鼎、罐、豆、盒、杯、器盖等陶器残片。收集浮选土样1份5升。

标本H76：1（#1606；S223），磨石，残。砂岩。平面为四边形，磨面较细而内凹。长7.8、宽

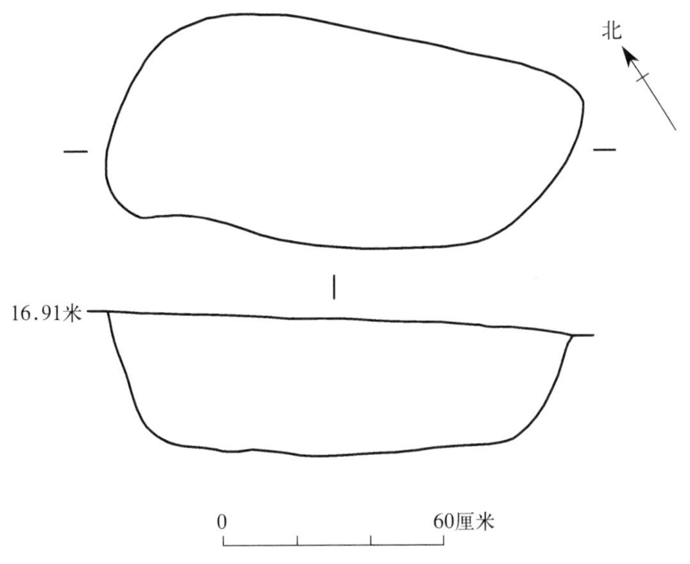

图2-308　一区六期H76平、剖面图

4.9、厚1.5厘米，重66.2克（彩版一〇二，6）。

标本H76：6（#1606；S1315），砂岩。平面为长方形，磨面细而平整。长8.7、宽4.9、厚3.0厘米，重192.6克（彩版一〇三，3）。

标本H76：2，中口罐。夹砂褐陶，夹有少量云母。侈口，尖圆唇，折沿，沿面有一周凹槽，溜肩，鼓腹，最大径偏上，下腹斜收，平底，内壁有轮制留下的瓦棱痕迹。器表经磨光处理，素面。口径9.0、最大腹径12.6、底径5.6、高12.2、厚0.2～0.5厘米（图2-309，1）。

标本H76：3，罐。泥质黑陶，夹有极少量云母。腹以上残，斜腹内收，平底周缘外凸。器表经磨光，有轮制旋转时的细线纹。底径10.4、残高8.6、厚0.4～0.6厘米（图2-309，2）。

标本H76：5，鼎足。泥质黑陶，灰胎。上部残失，平底，鸟首形足，外侧有细密的齿状堆纹。残高9.6、厚0.47～0.85厘米（图2-309，3）。

标本H76：4，豆柄。泥质黑陶。喇叭形柄，上部为竹筒形，下部外敞，底部残。器表经磨光。壁有九周凸棱，最上部有两个对称的圆孔，孔径0.35厘米。残高8.0、厚0.1～0.6厘米（图2-309，4）。

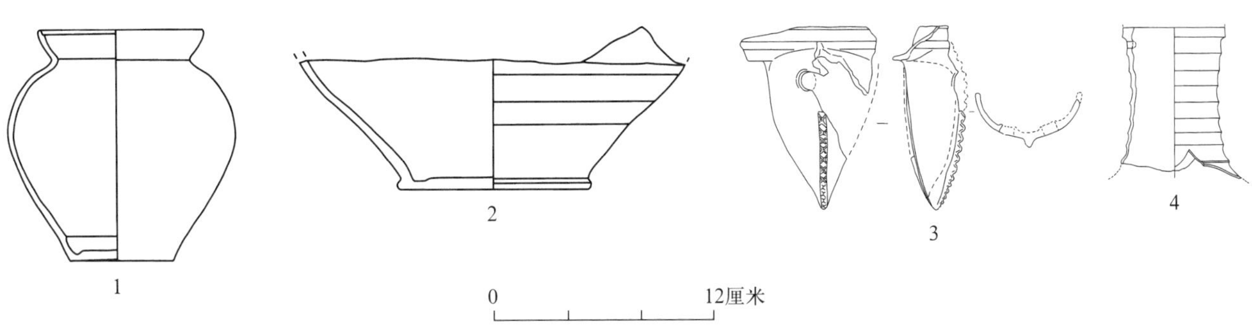

图2-309　一区六期H76出土陶器

1. 中口罐H76：2　2. 罐H76：3　3. 鼎足H76：5　4. 豆柄H76：4

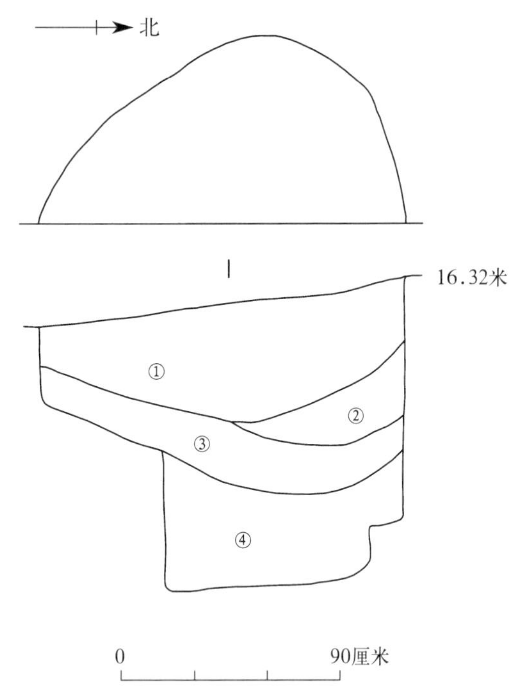

图2-310 一区六期H82平、剖面图

28．H82

位于E4T2097东北部，开口于⑥b层下，打破⑥c层及以下地层。平面近圆形，直壁呈阶状内收，平底（图2-310；彩版一〇二，2）。直径约1.50、深1.14米。填土分四层，总体向东倾斜。第1层为灰褐色土（10YR3/3），结构较为紧密；第2层为黑褐色土（10YR3/2），结构紧密，分布于坑内北半部；第3层为灰褐色土（10YR3/3），结构略松；第4层为灰黑色土（10YR3/1），结构较松，灰坑的整体北收变小。出土有残磨石和鼎、罐、盆、杯等陶器残片及完整的圆陶片等（表2-67）。收集浮选土样1份10升，采集植硅体样品1份100克。

标本H82①：1（#1221；S233），磨石，残。砂岩。平面近方形，磨面细而平整。长5.7、宽5.0、厚1.9厘米，重71.2克（彩版一〇三，4）。

表2-67 H82陶片统计表

陶质 / 陶色 / 数量 / 纹饰	泥质				夹砂						夹云母滑石	总计	百分比（%）
	黑	灰	褐	合计	黑	灰	褐	白	红	合计	褐		
凸弦纹	8	1	1	10	4	1	6			11		21	1.78
凹弦纹	25	1		26	35	2	1			38		64	5.42
堆 纹					1		9			10		10	0.85
盲 鼻	7			7								7	0.59
镂 孔							4			4		4	0.34
瓦 棱					11					11		11	0.93
泥 饼	2			2	2		1			3		5	0.42
刻 划	1			1								1	0.08
压 印					1					1	4	5	0.42
素 面	392	38	68	498	446	31	70	4	3	554		1052	89.15
累 计	435	40	69	544	500	34	91	4	3	632	4	1180	100
百分比（%）	36.86	3.39	5.85	46.10	42.37	2.88	7.71	0.34	0.25	53.56	0.34	100	
重量（千克）	3.635	0.35	0.32	4.305	6.192	0.66	2.6	0.05	0.01	9.512	0.5	14.317	

标本H82①：5，覆碗形器盖。夹砂黑褐陶。平顶，盖面斜直，口部残失。素面。顶径4.6、残高4.3、厚0.4～1厘米（图2－311，1）。

标本H82①：2，圆陶片。夹砂灰陶，陶色斑驳。圆形，边缘有规则的打制痕迹。素面。长径10.9、短径10.2、厚0.4～0.6厘米（图2－311，2）。

标本H82①：3，圆陶片。黑皮灰陶。圆形，边缘有规则的打制痕迹。一面有一周凸棱。直径7.2、厚0.3厘米（图2－311，3）。

标本H82①：4，圆陶片。黑皮灰陶。圆形，边缘有规则的打制痕迹。一面有两周凸棱。直径6.2、厚0.4厘米（图2－311，4）。

标本H82①：6，有孔陶器。细泥黑陶。肩以上残失，鼓腹，大平底内凹，近底器壁有四个从外向内斜向穿孔。器表经磨光处理。底径6.5、残高2.2、厚0.1～0.3、孔径0.25厘米（图2－311，5）。

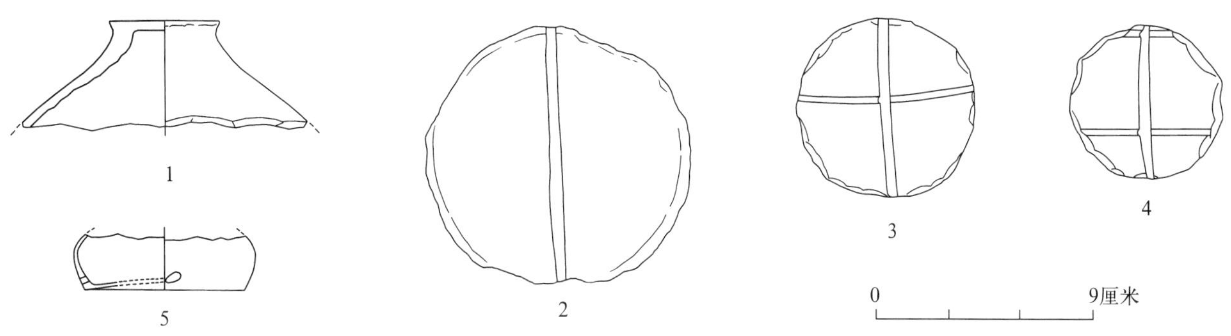

图2－311 一区六期H82出土陶器

1．覆碗形器盖H82①：5 2～4．圆陶片H82①：2、H82①：3、H82①：4 5．有孔陶器H82①：6

29．H94

位于E4T2099西南部，向东伸出所开探沟之外而未予清理。开口于⑥b层下。不规则形，斜壁，近平底（图2－312）。坑口长径1.04、深0.30米。填土为松软的灰黑色土（10YR3/2），内含大量红烧土粒（块）。出土有鼎、鬶、罐、盆、杯、器盖等陶器或残片。收集浮选土样1份5升。

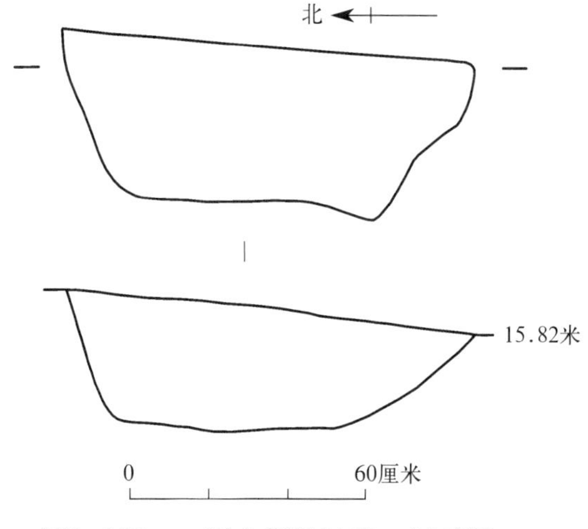

图2－312 一区六期H94平、剖面图

标本H94：3，盆形鼎。夹砂灰陶。近盘形口，圆唇，斜折沿，斜腹内收，下残。器表经磨光。腹部饰三周凸棱。残高10.4、厚0.4～0.5厘米（图2－313，1）。

标本H94：4，鬶。夹砂黄褐陶，白陶衣脱落。方唇，侈沿，沿面有凹槽。象征性绞丝把手，上端两侧各有一泥饼。器表经磨光。口沿下侧饰两周凹弦纹。残高6.6、厚0.3～0.5厘米（图2－313，2）。

标本H94：1，鼓腹单耳杯。夹砂黄陶，外施一层红色陶衣。直口残，粗长颈，圆鼓腹，下腹斜收较甚，平底。一侧有宽带形把手，残。颈部和颈腹交界处共饰二组四周极浅的凹弦纹，其上有两个泥饼。最大腹径12.0、底径5.5、残高10.4、厚0.3～0.5厘米（图2－313，3）。

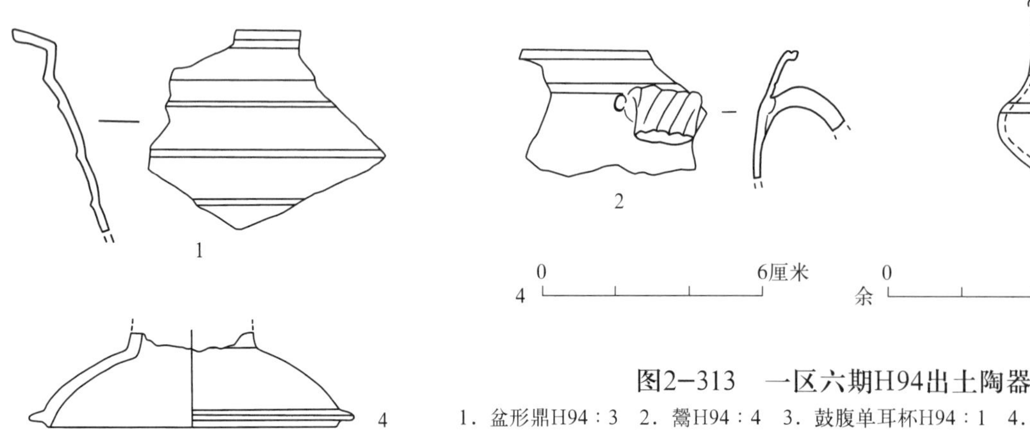

图2-313　一区六期H94出土陶器

1．盆形鼎H94：3　2．鬶H94：4　3．鼓腹单耳杯H94：1　4．覆盘形器盖H94：2

标本H94：2，覆盘形器盖。泥质黑陶，夹少量云母。顶面残，有颈，弧形盖面，沿外伸，矮子母口。器表经磨光，素面。口径9.0、残高2.6、厚0.15～0.4厘米（图2-313，4）。

30．H102

位于E4T2048东北部，开口于⑥b层下。椭圆形，斜壁，圜底（图2-314）。坑口长径1.30、短径0.97、深0.30米。填土分为两层：第1层为松软的黑灰色土（7.5YR3/2），夹杂较多的木炭粒和黄土粒；第2层为较松软的黑色土（7.5YR2.5/1），较纯净，混入物较少。出土有鼎、罐、瓮、盘、器盖等陶器或残片。收集浮选土样1份5升。

标本H102①：3（#836；S1072），残石器，磨制。流纹质熔结凝灰岩。长1.5、宽1.3、厚0.2厘米，重0.5克。

标本H102①：1，中口罐。夹砂黑陶。侈口，方唇，折沿，沿面下凹，短颈，圆肩，圆鼓腹，底残。器表及口沿内侧经磨光。肩、腹部有五周凸弦纹。口径24.6、最大腹径35.7、残高28.5、厚0.45～0.7厘米（图2-315，1）。

标本H102①：2，中口罐。夹砂黑陶。侈口，方唇，折沿，溜肩，鼓腹，下腹内收，平底残。器表及口沿内侧经磨光。肩、腹部共有十三周凹弦纹。口径14.6、底径8.0、高18.2、厚0.3～0.4厘米（图2-315，2）。

标本H102①：5，瓮。泥质灰陶。直口，圆唇，沿部微侈，短直颈，广肩，以下残。颈部有一周凸棱，肩部有两周细凹弦纹。口径13.2、残高7.4、厚0.5厘米（图2-315，3）。

标本H102②：4，圈足盘。夹少量砂黑灰陶。只残余圈足部分，盘底下凹较甚，粗筒形

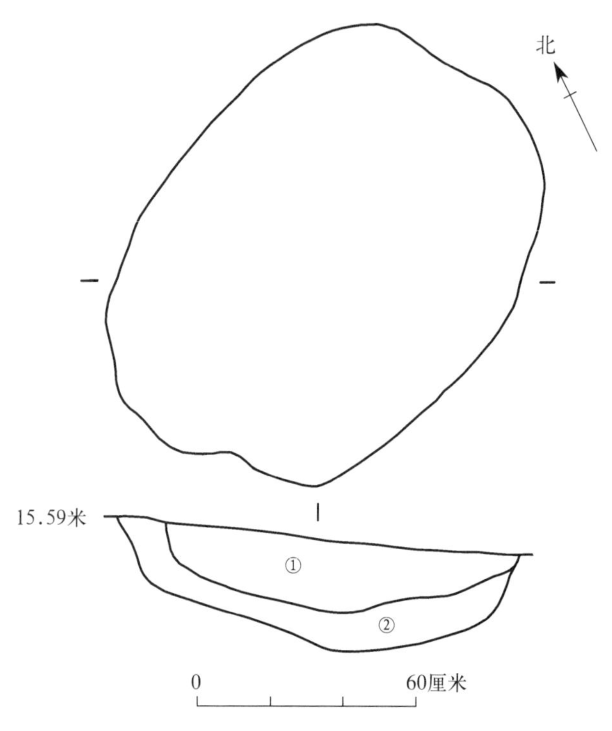

图2-314　一区六期H102平、剖面图

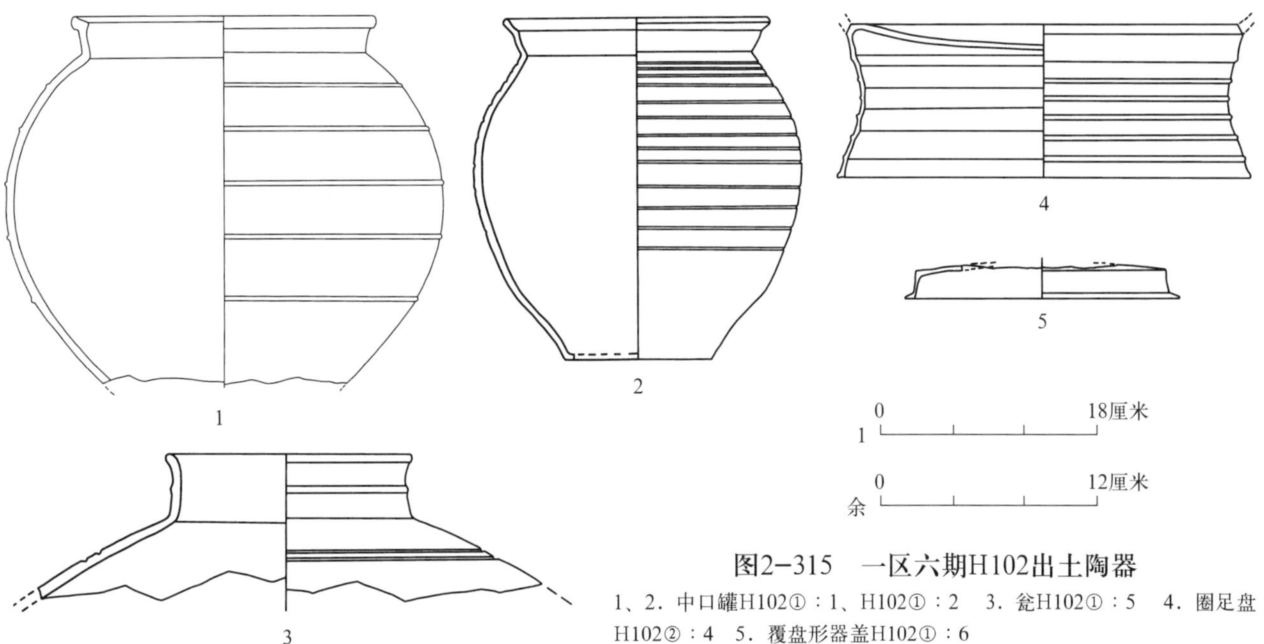

图2-315　一区六期H102出土陶器

1、2. 中口罐H102①：1、H102①：2　3. 瓮H102①：5　4. 圈足盘H102②：4　5. 覆盘形器盖H102①：6

圈足，中部内束。外表经磨光处理。圈足外壁饰六周凸棱。底径22.9、残高8.1、厚0.2～0.4厘米（图2-315，4）。

标本H102①：6，覆盘形器盖。夹细砂红陶。顶残，盖面近平，折肩，矮直壁，窄沿外伸。素面。口径15.0、残高1.6、厚0.1厘米（图2-315，5）。

31. H108

位于E4T2343北部，向北伸出北壁之外，开口于耕土层下，被H43、H52打破，打破⑥c、⑥d层。近椭圆形，微斜壁，平底（图2-316），出露部分坑口长径1.50、深1.22米。填土分为三层：第1层为较紧密的黄色土（7.5YR7/8）；第2、3层为较松软的灰黑色土（7.5YR2.5/1）。出土有磨石和鼎、罐、盆，杯、豆、盘、器盖等陶器或残片（表2-68）。收集浮选土样1份5升。

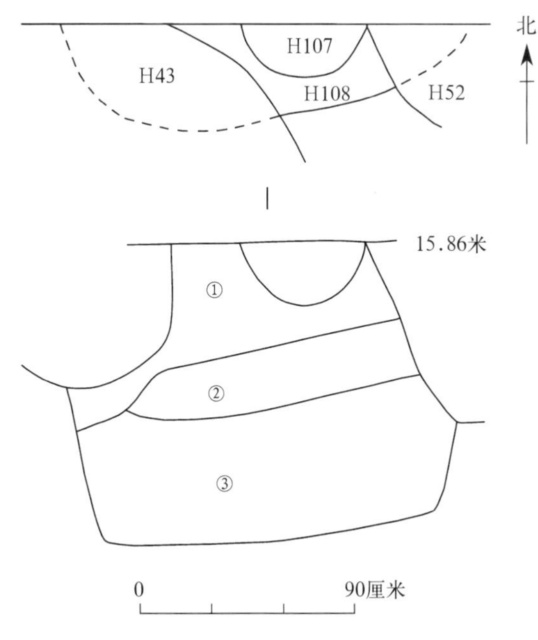

图2-316　一区六期H108平、剖面图

标本H108②：2（#4024；S3503），磨石，残。砂岩。不规则形，磨面较细而内凹。长5.3、宽4.0、厚1.3厘米，重32.6克。

标本H108②：12（#4024；S1278），磨石，残。砂岩。平面近梯形，磨面较粗而平整。长3.5、宽2.9、厚0.9厘米，重8.3克。

标本H108②：15（#4024；S1279），磨石，残。砂岩。不规则形，磨面较粗而内凹。长3.2、宽2.9、厚1.2厘米，重14.2克。

表2-68　H108陶片统计表

纹饰＼数量＼陶质/陶色	泥质				夹砂					总计	百分比（%）
	黑	灰	褐	合计	黑	灰	红褐	红	合计		
凸弦纹	29	3		32	16	12			28	60	5.31
凹弦纹	12	11		23	47	5			52	75	6.64
泥　饼						1			1	1	0.09
盲　鼻	1			1						1	0.09
素　面	260	68	12	340	442	83	66	56	647	987	87.42
附加堆纹							4		4	4	0.35
戳印纹	1			1						1	0.09
累　计	303	82	12	397	505	101	70	56	732	1129	100
百分比（%）	26.84	7.26	1.06	35.16	44.73	8.95	6.20	4.96	64.84	100	
重量（千克）	3.13	1.13	0.08	4.34	7.23	1.25	1.27	0.65	10.4	14.74	

标本H108②：16（#4024；S1280），磨石，残。砂岩。平面为不规则四边形，磨面细而内凹。长3.4、宽3.6、厚1.7厘米，重29.9克（彩版一〇三，5）。

标本H108②：13（#4024；S1282），石磨棒，残。砂岩。长4.4、宽3.1、厚1.4厘米，重24.7克。

标本H108②：14（#4024；S1281），残石器，磨制。花斑岩。不规则形。长4.4、宽2.5、厚0.3厘米，重5.8克。

标本H108②：10，罐形鼎。夹砂黑灰陶。圆唇，窄平沿。器表及口沿内壁磨光。唇和上腹中部刻成花边，唇下有横耳。口径24.0、残高5.4、厚0.3～0.5厘米（图2-317，2）。

标本H108②：5，盆形鼎。夹细砂黑陶。近盘形口，尖圆唇，窄平沿，沿面边缘处有一周细凹弦纹，折腹，下部残。器表及口沿内侧经磨光。口径16.0、残高4.4、厚0.3厘米（图2-317，1）。

标本H108②：4，鬶把。泥质红陶。象征性绞丝状把手，断面呈扁圆形。宽2.6、高11.0、厚1.2厘米（图2-317，3）。

标本H108②：1，有领罐。夹砂黑陶。直口微外侈，圆唇，窄沿，沿面有一周凹槽，中颈，圆肩，鼓腹，平底。肩部有两个宽大横耳。器表经磨光。肩和腹部饰两组四周凹弦纹。口径10.0、最大腹径16.0、底径7.1、高16.8、厚0.3～0.5厘米（图2-317，4；彩版一〇一，4）。

标本H108②：8，罐。夹砂灰陶。侈口，方唇，卷沿，沿面有一周凹槽，短颈，弧腹，下部残。腹部有六周凸棱，中间两周各附一周凹弦纹，颈下存一泥饼。口径30.0、残高17.0、厚0.2～0.6厘米（图2-317，5）。

标本H108②：7，大平底盆。泥质黑陶。敞口，圆唇，卷沿，斜壁略内曲，中部残，平底。内外表均经磨光处理。口径34.0、底径24.0、复原高11.0、厚0.35厘米（图2-317，7）。

标本H108②：9，圈足盘。泥质灰陶。口微敛，方唇，窄平沿，盘较浅，折腹，以下残。器内外

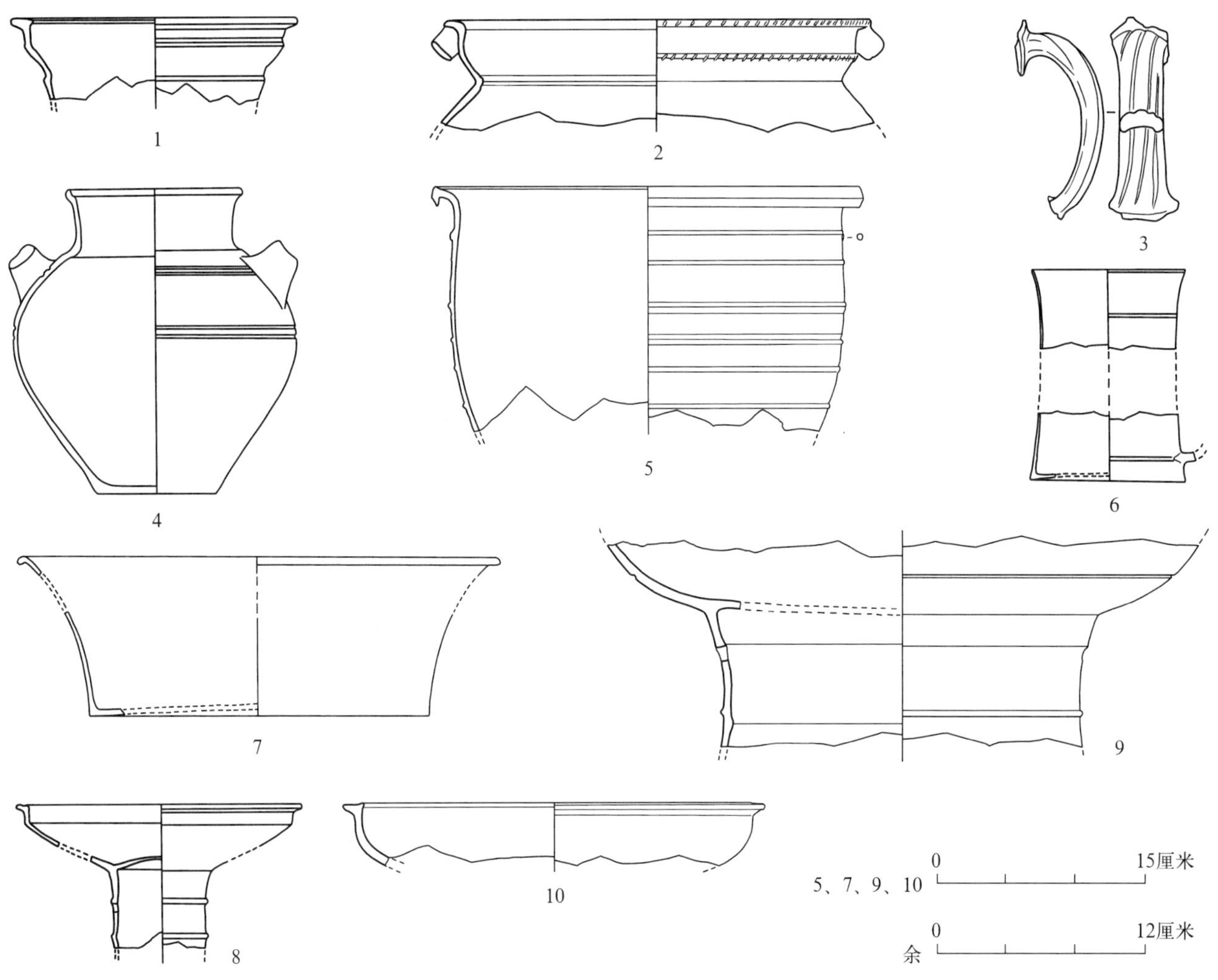

图2-317　一区六期H108出土陶器

1．盆形鼎H108②：5　2．罐形鼎H108②：10　3．鬶把H108②：4　4．有领罐H108②：1　5．罐H108②：8　6．筒形单耳杯H108②：3　7．大平底盆H108②：7　8．豆H108②：6　9．10．圈足盘H108②：11、H108②：9

表经磨光，素面。口径30.0、残高4.6、厚0.65厘米（图2-317，10）。

标本H108②：11，圈足盘。泥质灰陶。口残，腹壁斜收，粗圈足，中部内束，底部残。器表经磨光处理。腹部有一周凹弦纹，圈足中部一周凸棱，偏上部位有一对圆形镂孔。圈足径26.0、残高14.0、厚0.6～0.8厘米（图2-317，9）。

标本H108②：6，豆。泥质黑陶。直口，尖唇，窄平沿，折腹，平底内凹较甚，竹筒形柄，下部残。内外表均经磨光。柄部存两周凸棱，偏上部有一小镂孔。口径16.0、残高8.0、厚0.15～0.3厘米（图2-317，8）。

标本H108②：3，筒形单耳杯。细泥黑陶。直口，束腰，中部残失，平底微内凹。一侧有窄带状把手痕迹。器表及口沿内侧经磨光。腹壁上下各饰一周凹弦纹。口径8.8、底径9.0、复原高11.6、厚0.1厘米（图2-317，6）。

32．H110

位于E4T2049西南部，开口于⑥b层下，打破⑥c层。椭圆形，斜壁，底部凹凸不平（图

2－318）。坑口长径0.94、短径0.64、深0.15米。内填较为紧密的灰色土（10YR3/1），出土有石器和甗、罐、盆、杯、器盖等陶器及残片。采集碳十四测年样品1个。

标本H110：3（#1655；S326），石镞，前锋残失。绿泥石或绿泥/角闪片岩。平面为长方形，横截面为六边形。残长3.9、宽2.0、厚0.4厘米，重6.0克（图2－319，6；彩版一〇三，6）。

标本H110：9（#1655；S1327），石料。花斑岩。平面近长方形。长3.8、宽2.5、厚1.2厘米，重11.8克。

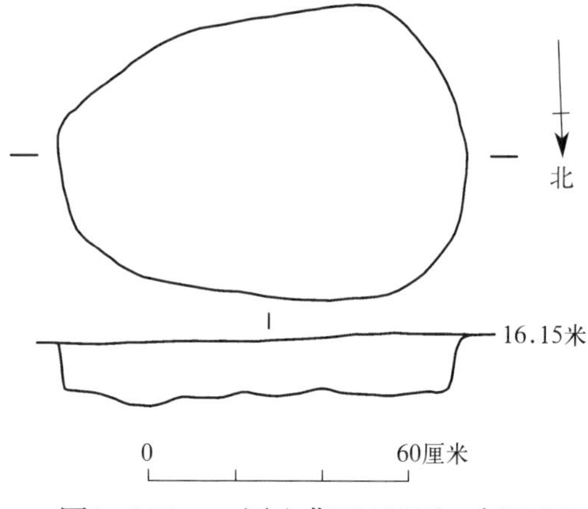

图2－318　一区六期H110平、剖面图

标本H110：2，甗。夹砂黑陶。方唇，窄平沿，沿面有一周凹槽，束颈中部外凸，圆腹，分裆乳状袋足，有实足尖。颈下有两两对称的盲鼻和泥饼，甑部、腹部有八周凹弦纹。口径22.2、通高38.0、厚0.6厘米（图2－319，1；彩版一〇一，5）。

标本H110：4，中口罐。夹砂黑陶，浅灰褐胎。侈口，圆唇，折沿，沿面有一周凹槽，圆肩，圆腹，以下残。素面。口径16.6、残高9.6、厚0.4～0.6厘米（图2－319，2）。

标本H110：5，中口罐。泥质灰褐陶。侈口，圆唇，卷沿，沿面有一周下凹，溜肩，鼓腹，平底微内凹，器体较高。颈下饰两周凹弦纹，其上有对称的泥饼和盲鼻各一对，腹部饰四周凹弦纹。口径20.2、最大腹径27.4、底径11.0、高28.0、厚0.3～0.4厘米（图2－319，3；彩版一〇一，6）。

标本H110：6，罐。夹砂黑陶。侈口，方唇，折沿，沿内面有一周凹槽，有颈，溜肩，圆腹，以

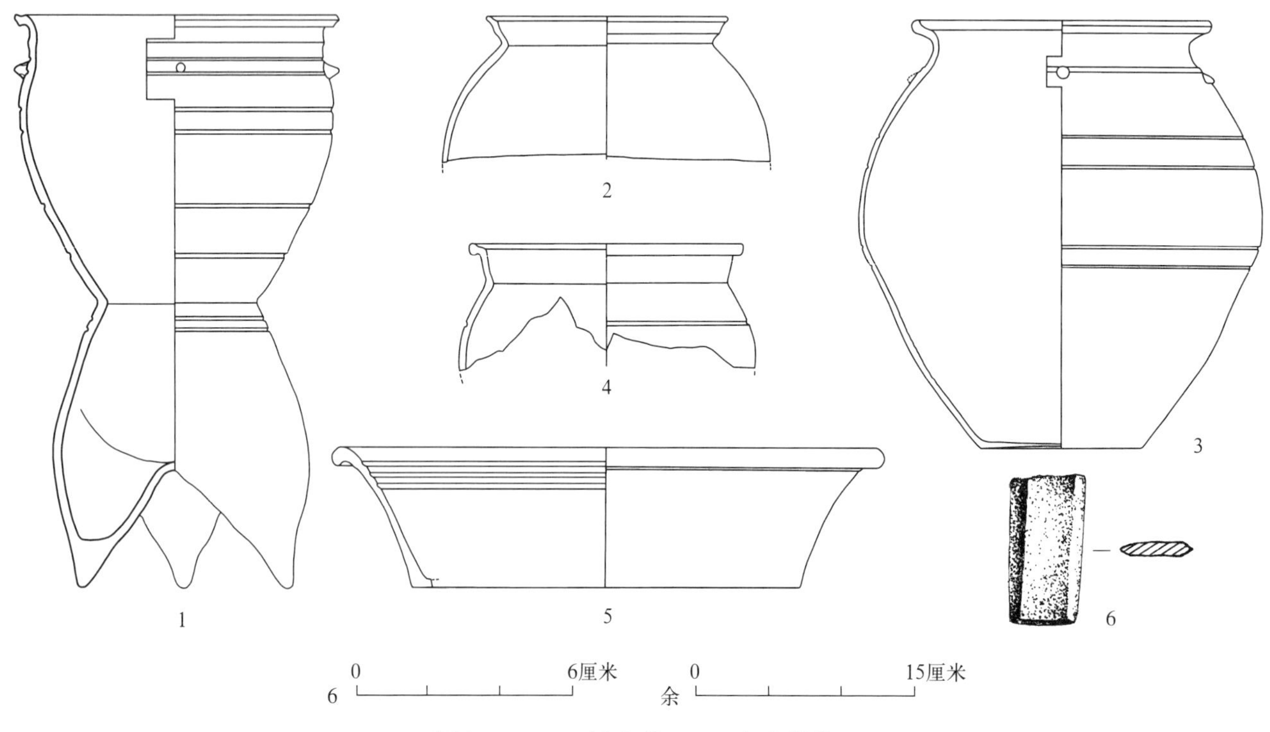

图2－319　一区六期H110出土器物

1．甗H110：2　2、3．中口罐H110：4、H110：5　4．罐H110：6　5．大平底盆H110：8　6．石镞H110：3

下残。器表经磨光。肩部有一周凹弦纹。口径18.8、残高8.2、厚0.45～0.6厘米（图2-319，4）。

标本H110：8，大平底盆。泥质黑陶，灰胎。大敞口，圆唇，卷沿，斜壁，平底。内外表均经磨光处理。壁内侧有三周凹槽。口径38.0、底径26.6、高9.3、厚0.45～1.0厘米（图2-319，5）。

33．H112

位于E4T2345东北部，开口于H64之下，打破⑥c层。近圆形，平底（图2-320；彩版一〇二，3）。坑口直径0.60、深0.14米。填灰褐色土（10YR3/2），出土有可复原陶盆、器盖等陶器，以及其他陶器残片。收集浮选土样1份5升，采集植硅体样品1份100克。

标本H112：1，深腹双耳盆。夹砂黑陶。口微敞，圆唇，腹壁斜直微外弧，深腹，平底。腹部饰两周凸弦纹，其上有两个对称的横耳。口径28.9、底径19.6、高17.7、厚0.5～0.6厘米（图2-320，1）。

标本H112：2，覆碗形器盖。夹砂黑陶，含云母。平顶，顶面边缘有一周深凹槽，盖面微隆，圆唇，平沿外伸，沿面有两周浅凹槽。器表经磨光处理，素面。顶径8.0、口径21.2、高6.6、厚0.3～0.4厘米（图2-320，2；彩版一〇四，1）。

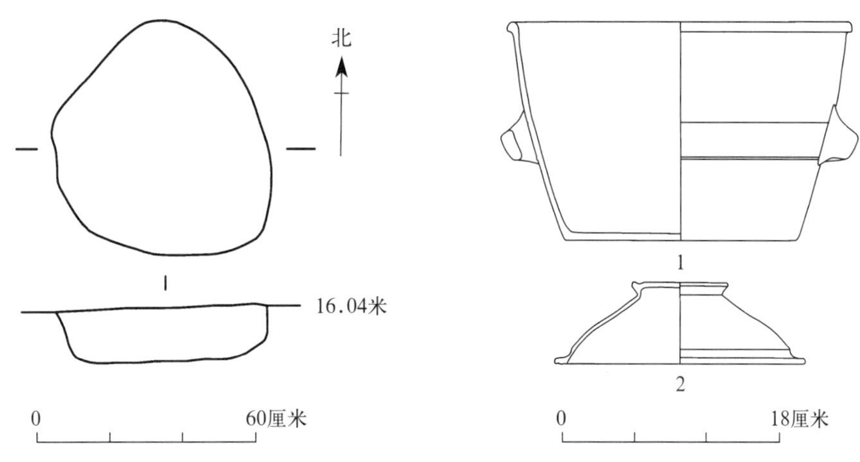

图2-320 一区六期H112平、剖面图及出土陶器

1．深腹双耳盆H112：1 2．覆碗形器盖H112：2

34．H114

位于E4T2049中部，东部伸出探沟之外而未清理，开口于⑥b层下，打破⑥c层。近椭圆形，斜壁，圜底（图2-321）。坑口直径0.90、深0.12米。内填较松软的灰黑色土（10YR2/1），包含大量的木炭块和红烧土块等。出土有石器和罐、盆等陶器残片。收集浮选土样1份5升，采集植硅体样品1份100克，收集碳十四测年样品1个。

标本H114：1（#1665；S444），石刀半成品。砂岩。平面为长方形。长6.0、宽3.9、厚1.1厘米，重45.3克。

标本H114：3（#1665；S1542），残石器，磨制。流纹质熔结凝灰岩。残长3.9、残宽1.5、厚0.1厘米，重1.2克。

标本H114：2，覆盆形器盖。泥质黑陶，灰胎。平顶大部残失，周缘有一周凹弦纹，近直壁，直

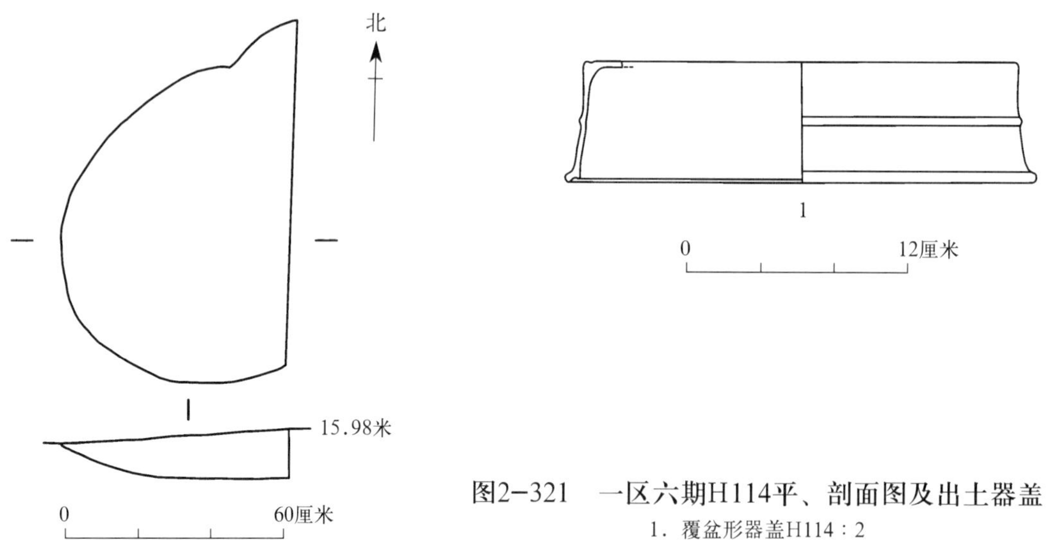

图2-321 一区六期H114平、剖面图及出土器盖
1. 覆盆形器盖H114：2

口，窄沿，沿面有一周凹槽。腹壁中部有一周凸棱。口径25.4、底径23.4、高6.4、厚0.2～0.65厘米（图2-321，1）。

35．H115

位于E4T2049西部，开口于⑥b层下，打破⑥c层。椭圆形，斜壁，圜底（图2-322）。坑口长径1.70、短径0.82、深0.34米。填土分为两层：第1层较厚，为较松软的灰色土（10YR3/1），出土有石斧和鼎、鬶、甗、罐、盆、杯、盒、器盖等可复原的陶器或残片；第2层较薄，为灰褐色土（10YR3/2）。收集浮选土样2份共10升，碳十四测年样品1个（表2-69）。

标本H115①：14（#1666；S353），石斧，下半部残失。玄武岩。平面近长方形，横截面为椭圆形。残长5.7、宽3.9、厚2.5厘米，重84.3克（彩版一〇三，7）。

标本H115①：27（#1666；S134），磨石，残。砂岩。平面为三角形，磨面较粗。长4.0、宽3.6、厚2.1厘米，重22.8克。

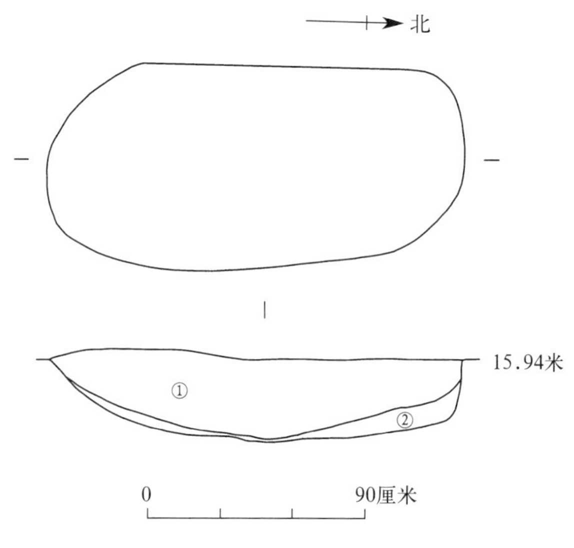

图2-322 一区六期H115平、剖面图

表2-69　H115陶片统计表

数量 陶色 陶质 纹饰	泥质				夹砂					总计	百分比(%)
	黑	灰	褐	合计	黑	灰	褐	白	合计		
凸弦纹	13	3	1	17	45	7	1		53	70	5.18
凹弦纹	21	11	2	34	87	11	1		99	133	9.84
堆　纹			1	1	4		11		15	16	1.18
泥　饼	3		1	4	4				4	8	0.59
盲　鼻			1	1	8				8	9	0.67
镂　孔		1		1			3		3	4	0.30
素　面	337	94	20	451	465	101	85	8	659	1110	82.10
花　边	1			1		1			1	2	0.15
累　计	375	109	26	510	613	120	101	8	842	1352	100
百分比（%）	27.74	8.06	1.92	37.72	45.34	8.88	7.47	0.59	62.28	100	
重量（千克）	2.89	1.14	0.38	4.41	7.65	1.43	1.6	0.07	10.75	15.16	

标本H115①：23（#1666；S1489），残石器，磨制。流纹质熔结凝灰岩。长2.3、宽1.8、厚0.7厘米，重2.7克。

标本H115①：28（#1666；S1536），石料。流纹质熔结凝灰岩。不规则形。长4.0、宽2.6、厚0.6厘米，重6.0克。

标本H115①：2，罐形鼎。夹砂黑陶，因埋藏原因变为褐色。尖圆唇，窄沿，束颈，腹较深，中部微鼓，平底，鸟首形足，下部残。器表经磨光处理。颈下饰两周凸弦纹，其上有对称的小横耳和泥饼各一对，腹部有五周凹弦纹。底和三足有火烧痕迹。口径16.7、底径12.1、高15.6、厚0.25～0.6厘米（图2-323，1；彩版一〇四，2）。

标本H115①：11，罐形鼎。夹砂黑陶。侈口，方唇，唇沿外伸，卷沿，沿面有一周凹槽，短颈，弧腹，平底，三足残。器表经磨光。颈下有两周阶状凸起，并有对称的盲鼻一对，腹部饰四周宽凹弦纹。口径19.6、残高10.4、厚0.25～0.6厘米（图2-323，2）。

标本H115①：10，罐形鼎。夹砂褐陶。侈口，方唇，卷沿，沿面有现周凹槽，溜肩，圆腹，底及足残失。器表经磨光处理。腹部饰四周凹弦纹和两周凸棱。口径17.0、残高12.0、厚0.3～0.5厘米（图2-323，3）。

标本H115①：1，单耳罐形鼎。夹砂黑陶。器形较小，圆唇，折沿，沿面有凹槽，鼓腹，大平底，三鸟首形足残失。一侧颈腹之间有粗绞丝状把手。器表经磨光处理，素面。底部有火烧痕。口径9.6、底径6.0、残高8.3、厚0.2～0.7厘米（彩版一〇四，3）。

标本H115①：8，盆形鼎。夹砂黑陶，灰褐胎，陶色斑驳。盘形口内敛较甚，圆唇，平沿，沿面有两周凹槽，腹中部微内束，平底，三鸟首形足残。沿外侧有两两对称的小横耳。器表经磨光处

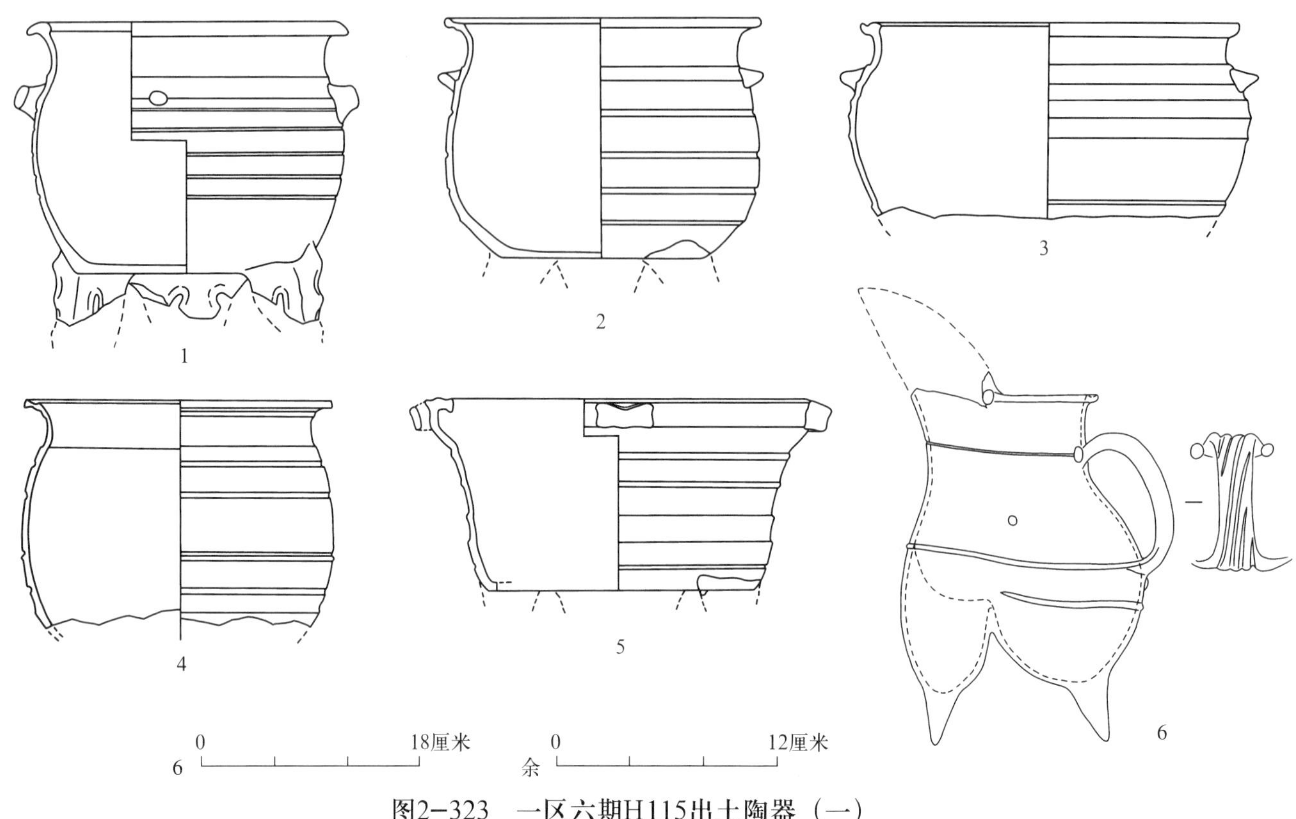

图2-323　一区六期H115出土陶器（一）

1～3. 罐形鼎H115①：2、H115①：11、H115①：10　4. 甗H115①：25　5. 盆形鼎H115①：8　6. 鬶H115①：9

理。腹部饰四周凸棱和一周凹弦纹。口径21.6、残高10.2、厚0.25～0.5厘米（图2-323，5）。

标本H115②：22，鼎足。夹砂黑陶，已烧成红色。鸟首形，下部残失，双眼下部各刻有一条未穿透的纵长条形槽。残高8.7、厚0.5～0.7厘米。

标本H115①：25，甗。夹砂黑陶，褐胎。侈口，圆唇，平沿，沿面有两周凹槽，短颈，溜肩，腹微鼓，以下残失。器表经磨光。颈下和腹部共饰六周凸弦纹，颈下残余一盲鼻。口径20.8、残高10.3、厚0.2～0.5厘米（图2-323，4）。

标本H115①：9，鬶。夹细砂红陶。流残，圆唇，卷沿，沿内侧有一周凹槽，口沿下、把手上位置有一小圆孔，粗长颈，肥硕袋足，后一足较大，高实足尖。一侧有象征性绞丝状把手。器表施一层白陶衣，但已剥蚀。流根部、颈下部和把手上部两侧各有一对对称的泥饼，把手以下的袋足上有一泥饼，颈部有一周凹弦纹，袋足上饰有一周半凸棱。宽17.8、残高29.8、厚0.25～0.45厘米（图2-323，6；彩版一〇四，4）。

标本H115①：4，大口罐。夹砂灰陶，褐胎。侈口，方唇，折沿，沿面有一周凹槽，束颈，肩以下残。颈下部有三周凹弦纹，肩部存一泥饼。口径26.0、残高5.8、厚0.2～1.0厘米（图2-324，2）。

标本H115①：6，大口罐。夹砂灰陶，含云母。侈口，方唇，折沿，沿面有一周凹槽，溜肩，腹微鼓，以下残。肩部饰两周凹弦纹。口径16.0、最大腹径16.3、高12.8、厚0.26～0.4厘米（图2-324，4）。

标本H115①：21，大口罐。泥质黑陶，灰胎。方唇内凹，斜沿，沿面一周凹槽，有颈，溜肩，以下残失。内外表均经磨光。颈肩之交有一周凸弦纹。口径24.0、残高6.6、厚0.3～0.5厘米。

标本H115①：24，大口罐。夹砂黑灰陶。侈口，方唇，短颈，圆腹，以下残失。器表及口沿内侧经磨光。肩部饰对称的盲鼻和泥饼各一对。口径17.2、残高7.6、厚0.3～0.4厘米（图2–324，6）。

标本H115①：15，中口罐。夹砂灰褐陶。侈口，圆唇，折沿，溜肩，鼓腹，小平底。腹部有两周凹弦纹。口径12.0、底径6.4、高13.8、厚0.3～0.6厘米（图2–324，1；彩版一〇四，5）。

标本H115①：5，中口罐。泥质灰褐陶。侈口，圆唇，卷沿，溜肩，鼓腹，小平底。颈肩之交

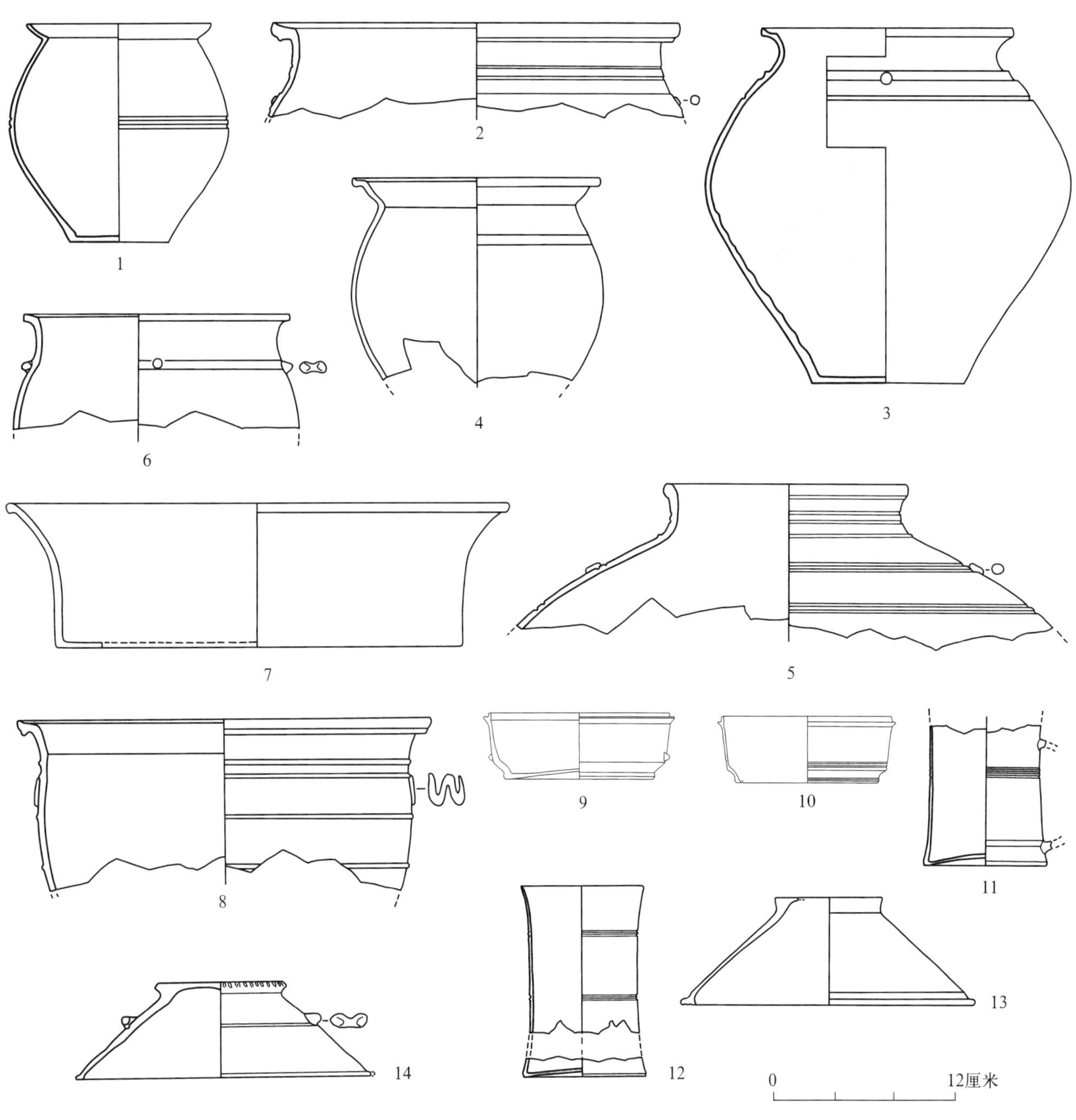

图2–324　一区六期H115出土陶器（二）

1、3．中口罐H115①：15、H115①：5　2、4、6．大口罐H115①：4、H115①：6、H115①：24　5．小口罐H115①：12　7．大平底盆H115①：20　8．鼓腹盆H115①：26　9、10．平底盒H115①：13、H115①：19　11、12．筒形单耳杯H115①：17、H115①：18　13、14．覆碗形器盖H115①：3、H115①：16

位置有两周阶状凸起，其上饰对称的泥饼两个，肩上部有一周凹弦纹。内壁有多道轮制痕迹。口径16.4、最大腹径24.0、底径10.0、高22.4、厚0.4～0.6厘米（图2-324，3）。

标本H115①：12，小口罐。夹砂红陶。直口微侈，方圆唇，短颈，广肩，以下残失。器表经磨光。颈部和腹部饰三组六周凹弦纹，颈下部有一周凸棱，上腹部残存一个泥饼。口径16.0、残高9.6、厚0.4～0.8厘米（图2-324，5）。

标本H115①：20，大平底盆。泥质灰陶。敞口，圆唇，卷沿，腹壁内曲，平底。内外表均经磨光，素面。口径32.6、底径26.4、高9.1、厚0.45～0.6厘米（图2-324，7）。

标本H115①：26，鼓腹盆。夹砂黑陶。侈口，方唇，卷沿，沿面微下凹，有颈，腹壁微外弧，以下残。器表经磨光处理。颈下至腹部有四周凸棱，中部两周凸棱之间贴“W”形泥条。口径27.0、残高10.8、厚0.5～0.7厘米（图2-324，8）。

标本H115①：13，平底盒。泥质黑陶。矮子口，近直腹，下部折收，假圈足状平底，内凹较甚。内外表均经磨光处理。折腹部以上有两个对称的盲鼻。口径11.6、底径9.6、高4.2、厚0.15～0.5厘米（图2-324，9；彩版一〇四，6）。

标本H115①：19，平底盒。泥质黑陶。矮子口，近直腹，下腹折收，平底残。内外表均经磨光。器表饰三周凹弦纹。口径11.2、底径9.4、高4.2、厚0.15～0.3厘米（图2-324，10）。

标本H115①：17，筒形单耳杯。泥质黑陶。口残，筒形腹，中部微内束，平底内凹较甚。器表经磨光。腹部有六周凹弦纹。残高9.0、底径8.0、厚0.1～0.3厘米（图2-324，11）。

标本H115①：18，筒形单耳杯。泥质黑陶。近直口，束腰，下腹部残，平底内凹。残存部分未见把手。器表经磨光。器表有两组凹弦纹，每组两周。口径8.0、底径8.0、厚0.1～0.3厘米（图2-324，12）。

标本H115①：3，覆碗形器盖。夹砂黑陶，黄褐胎。平顶中部残，盖面斜直，圆唇，平沿外伸，沿面有两周浅凹槽。器表经磨光处理，素面。顶径7.2、口径19.2、高6.8、厚0.2～1.1厘米（图2-324，13）。

标本H115①：16，覆碗形器盖。夹砂黑陶，灰胎。平顶，斜壁，窄沿。器表经磨光。顶部边缘被切成一周齿状花边，盖面中部一周凹弦纹，其上有一对对称的盲鼻。顶径8.0、口径19.2、高6.0、厚0.2～0.7厘米（图2-324，14）。

标本H115①：7，鬶盖。泥质红褐陶。纽残，扁平盖面，周缘外凸略呈子母口状。器表经磨光处理，素面。直径12.0、残高0.6、厚0.3厘米。

36．H127

位于E4T2099和T2049交界处，向西伸出已发掘的探方。开口于⑥b层下，打破⑥c层，被H105打掉南半部。圆形，直壁，平底（图2-325）。出露部分直径0.86、深0.45米。填土分为两层：上层为灰色土（10YR3/2），较厚；下层为黑灰色土（10YR2/1）。出土陶片的器形有罐、器盖等。

标本H127①：1，双耳罐。泥质黑陶，夹少量云母。直口，沿部外侈，圆唇，窄沿，沿面下凹，直领，圆肩，圆腹，以下残失。肩部有两个对称的宽大横耳。器表经磨光处理。颈下部、肩、腹部有四周凹弦纹。口径11.2、最大腹径18.3、残高9.6、厚0.3～0.5厘米（图2-325，1）。

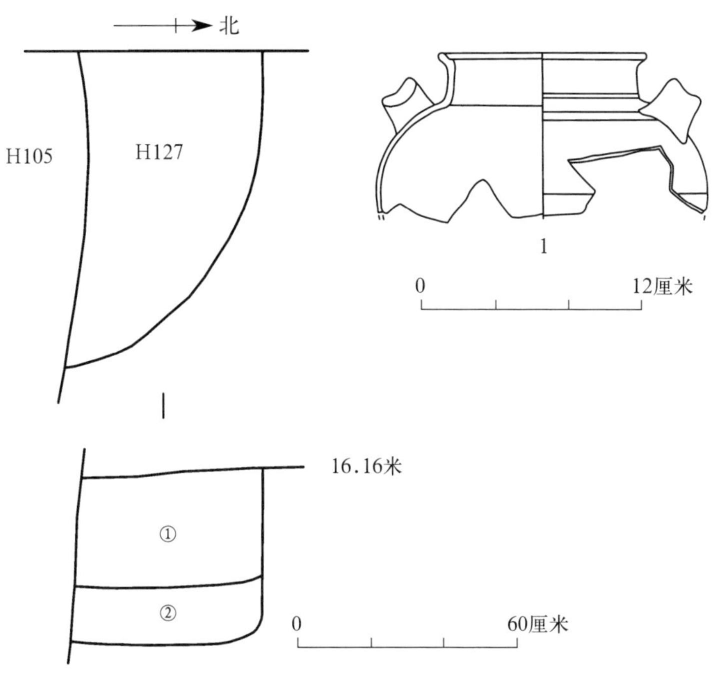

图2-325　一区六期H127平、剖面图及出土双耳罐

1．双耳罐H127①：1

37．H130

位于E4T2049南部，向南伸入南壁，东侧则因伸出探沟范围而未清理到边。开口于⑥b层下。圆形，直壁，圜底（图2-326）。坑口直径0.30、深0.32米。内填松软的灰黑色土（10YR2/1），包含很多红烧土粒，出土罐、器盖等陶器或残片。

标本H130：1，覆碗形器盖。夹砂黑陶，掺有极少量云母。平顶，盖面隆起，圆唇，平沿上翘。器表经磨光。盖面中上部有一周凹弦纹。顶径8.4、口径21.0、高7.2、厚0.5～0.6厘米（图2-326，1）。

此外，这一时期还发现其他各类灰坑16座（表2-70）

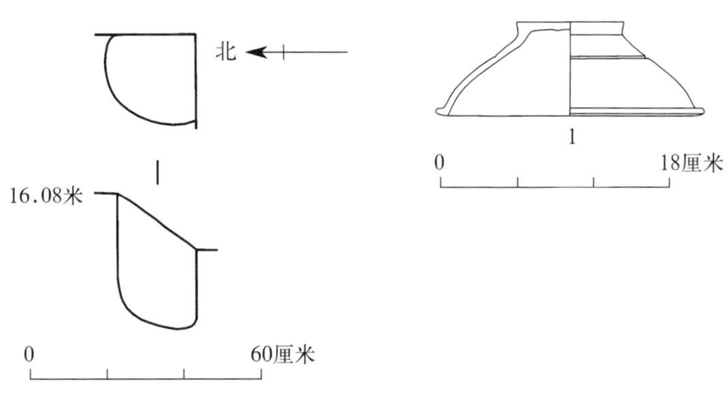

图2-326　一区六期H130平、剖面图及出土器盖

1．覆碗形器盖H130：1

表2-70　第六时期其他灰坑登记表　（单位：厘米）

编号	位　置	层　位	形　状	尺　寸	填　土	包含物	备　注
H219	T2449	⑥b→△→⑥c	近圆形，圜底	90×80–70	黑灰色（7.5YR2/1）	石锤1，陶片可辨器形：泥质罐3，盆2，壶1，杯1，器盖3；夹砂罐2，盆1，器盖1	浮选样品5升、植硅体样品100克
H220	T2396	⑥b→△→⑥c	圆形，圜底	43–30	黑灰色（2.5YR2.5/1）	陶片可辨器形：泥质杯1，器盖1；夹砂罐1，杯1，器盖1	植硅体样品20克
H233	T2450	H232→△→⑥c	圆形，圜底	92×82–11	灰黑色（10YR3/1）	陶片可辨器形：泥质盆1，器盖1	
H240	T2447/2448	H224→△→⑥c	圆形，圜底	探方内120–48	灰褐色（10YR4/3）	陶片	
H261	T2400	H190/H215→△→⑥c	圆形，圜底	74–20	灰褐色（5YR3/3）	陶片可辨器形：泥质杯1，器盖1；夹砂鼎1，罐1	
H263	T2400/2399	⑥b→△→⑥c	圆形，圜底	80–19	青灰色（5YR4/1）	陶片可辨器形：泥质罐2，盆1；夹砂鼎1，鬶1，盆2，器盖1	
H266	T2450/2449	H228/H221→△→⑥c	圆形，圜底	112×64–50	均灰黑色，下层夹黄土块（10YR3/2）	陶片可辨器形：泥质鼎1，罐1；夹砂鼎1，盆1	分2层
H330	T2300	⑥b→△→⑥d	椭圆形，圜底	70×40–39	灰褐色（5YR3/2）	陶片可辨器形：泥质盒1；夹砂鼎1，鬶1	
H357	T2297/2247	⑥b→△→⑥c	长方形，平底	170×10–28	灰褐色（10YR3/1）	陶片可辨器形：泥质鼎1；夹砂罐2	
H360	T2296	⑥b→△→⑥c	椭圆形，圜底	44×34–28	黑褐色（7.5YR2.5/1）	陶片可辨器形：夹砂罐1	
H361	T2296	⑥a→△→⑥c	圆形，圜底	50×35–10	黑色（7.5YR2.5/1）	陶片	
H367	T2346	⑥b→△→⑥c	圆形，平底	残20–22	灰褐色（7.5YR4/2）	陶片	
H428	T2298	⑥b→△→⑥d	圆形，圜底	残173–26	灰色（10YR4/1）	陶片可辨器形：泥质盆5；夹砂鼎1，罐3，盆1	
H72	T2097	⑥b→△	不规则形	70–36	灰黑色（10YR3/1）	陶片可辨器形：泥质罐1；夹砂鬶1，罐1，器盖1	碳十四样品2个
H107	T2343	①→△→H108	圆形，圜底	探方内54–30	1For GREY2.5/n	陶片	
H117	T2049	⑥b→△→⑥c	圆形，平底	45–20	黄褐色（10YR3/2）	大量红烧土块，少量陶片，残石刀	

（三）灰沟

只发现1条，编号为G12。

G12

位于E4T2296的中部，北端被H338打破，南端则伸出T2296的南壁之外。开口于⑥b层下，被H338打破，又打破⑥c层，方向约170°。G12的形制为长条形，斜壁，近平底，局部近圜底，由南北两段构成：北段的南端为双尖形，北端被H338破坏，残长2.10、宽约0.32米，沟口海拔16.16米，深约0.13米；南段形状较为特殊，东侧向外有一分叉，延伸0.20～0.50米后被⑥b层叠压消失，可能先是被破坏，后有⑥b层堆积，南端则伸出探方之外。南段已经发掘部分长1.52、宽0.22～0.32米，沟口海拔16.15～16.22米，深约0.07～0.10米。两段沟之间有约0.50米的间隔，从开口层位、走向和沟内堆积情况分析，应属于同一单位，故归为一条沟的两段（图2–327）。

沟内填土可分为两小层：上层为灰褐色土（10YR4/2），包含有较多的淤土和陶片等，结构疏松；下层为黄褐色土（10YR4/3），结构疏松。

G12的形状较为规则，特别是南段的东侧分叉，应有特定用途。

标本G12：1（#8541；S2961），磨石。流纹质熔结凝灰岩。不规则形，磨面较粗。长5.9、宽3.7、厚0.8厘米，重29.3克（彩版一〇三，8）。

标本G12：2（#8541；S3530），坠饰。滑石片岩，半透明。平面近直角三角形，近直角顶点处对钻一小圆孔。长1.7、宽0.9、厚0.2厘米，重0.5克（图2–327，1；彩版一〇三，9）。

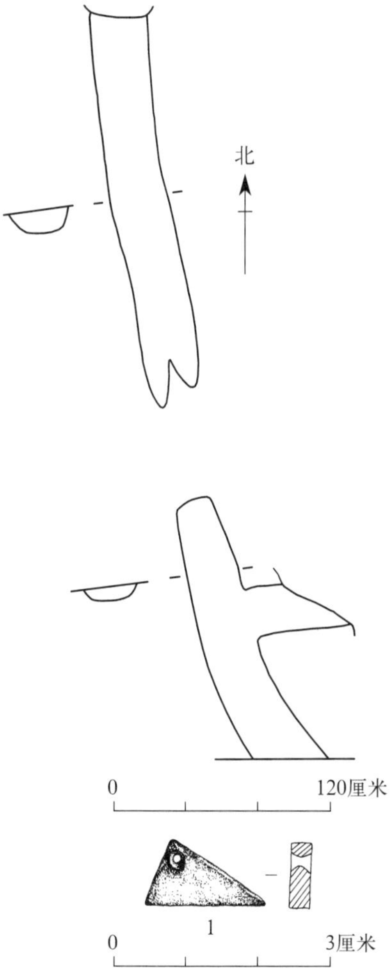

图2–327　一区六期G12平、剖面图及出土坠饰

1. 坠饰G12：2

（四）墓葬

3座，其中1座为儿童墓。分布较为分散，南、北、东部各有1座。

1. M33

位于E4T2396、T2397两个探方。开口于⑥b层下，其上口被H89、H99、H186、H192、H223等多个灰坑打破，故墓口形态不甚规则，又打破以下文化层和H274。墓葬形制为土坑竖穴墓，直壁，平底，方向为93°。墓口平面呈长方形，北侧边略外弧，似为塌陷所致，不是有意挖成，东西长约2.80、南北宽1.34～1.56米，面积约4.06平方米，是两城镇遗址历年发掘所发现的最大一座龙山文化墓葬（图2–328；彩版一〇五，1、2）。

墓内填土为黄褐色花土（7.5YR4/3），包含大量黄土块和白色砂粒及烧土粒、草木灰和陶片

图2-328　一区六期M33平、剖面图

1．子母口罐　2．盘　3、8、19．盆形鼎(3、8为1件)　4、6．双耳罐(为1件)　5、13．器盖　7．罍　9、11、15、20．杯(11、20为1件)　10、31．筒形器盖　12、17、18．高柄杯　14、28、36．覆钵形器盖　16、40．兽骨　21．甗　22、23、25．覆碗形器盖　24．覆盘形器盖　26、27、34、34．大口罐(26、27和34、35各为1件)　29、33．豆　30、32．小口罐(为1件)　37．大平底盆　38．绿松石片(200余片)　39．小石珠(35枚)

等。中部（即下有棺椁的位置）土质结构相对较松，四周则十分紧密，土质坚硬。

由残存木灰痕迹可以辨认出，M33墓室内存在内外相套的一椁一棺。

木椁在墓室中部，从木椁痕迹看，结构似为长方体的箱式，其范围，如果以底部计算，东西长约2.52、南北宽约1.06、保存高度约0.42～0.46米。椁板的厚度不甚清楚，从刚暴露出来时的情况看，厚度约在8～10厘米。椁室上口由于坍塌和挤压，并且和盖板交织在一起，范围略大一些。南侧椁板的近东端位置，发现一段长约20.0、宽约6.0厘米的红色痕迹，可能为漆的遗留。

木棺在椁内略偏南偏东的位置，依棺木的灰痕，其结构亦为长方体的箱式。其范围，东西长约2.10、南北宽约0.60米，厚度不详，由于完全塌陷，现存高度约为10.0厘米，原高度不详，但不会超过木椁的高度。棺内人体左侧肋骨之上发现一片黄色灰痕，当与棺有关。

木椁之上有盖板痕迹，盖板均腐朽，仅保留着黑色灰痕。共发现15块，横置于木椁之上，灰痕长度在0.45～0.85米之间，宽度约10.0厘米。盖板的长度均短于椁室的宽度，所以，这些盖板痕迹当不是盖板的原貌。

棺室内的一具人骨高度腐烂，但痕迹仍清晰可辨。头东脚西，方向与墓向一致（彩版一〇五，2）。葬式为仰身直肢，面向上，两足跟并拢。人骨架较长，若测量头骨顶端到两足跟部的长度，墓主身高约1.85米，经鉴定为成年男性。

随葬品较为丰富，以陶器为主，绝大多数置于椁外的二层台上，主要分布在南侧二层台和北侧二层台的西半部。由于葬具腐朽后垮塌，相当一部分器物从二层台之上滑落到椁室和棺室外围，以南北二层台的西半部最多。所有陶器均残碎较甚，同一件器物的碎片往往分处在不相邻的位置，推测可能是安葬时将全部陶器摔碎后分置于墓中所致，而少数保存较差的陶器则无法修复（其中包括2件蛋壳陶高柄杯）。棺室内的随葬品不多，仅在左侧上肢的手腕及以上部位，发现呈长环状密集分布的不规则绿松石薄片、小石珠（彩版一〇六，1）。同样的位置并且有1段动物骨骼，已经完全腐朽，只剩下痕迹，其为骨器还是特殊的动物骨骼已不可辨别。

随葬陶器的器形有鼎、甗、罐、罍、盆、盘、豆、杯、器盖等。此外，在墓葬填土中还发现2件陶器和3件残石器，一并予以介绍。

标本M33：38，绿松石片。共210余片，主要置于人体左侧尺骨一侧，呈弧形摆放。绿松石片的形状不一，多为不甚规则的多边形，薄片状，经磨制而成。大小相差较为悬殊，最长的有1.76厘米，最短小的长度不足0.2厘米。有的还有穿孔，绿松石片之下没有发现明显的有机质类遗存（图2－329；彩版一〇六，1～5）。

标本M33：39，石珠。位于绿松石片的内侧，在靠近腕骨一端的桡骨之上，呈圆球形分布，范围在2.8厘米×2.8厘米范围之间。从清理出来的情况看，从表面能够数到的有35枚。石珠基本上以圆球形为主，个别不甚规整，似经磨光（也有可能是自然砾石）。石珠的大小相差不大，一般直径在0.4～0.5厘米。初步判断，多数为石英颗粒（图2－329；彩版一〇六，6）。

标本M33：04（#4421；S1721），石镞半成品。流纹质熔结凝灰岩。平面为菱形。长8.5、宽5.2、厚1.5厘米，重70.6克。

标本M33：03（#4421；S1720），磨石，残。砂岩。平面不规则，磨面略粗而内凹。长7.1、宽6.1、厚2.8厘米，重120.9克（图2－331，17）。

标本M33：05（#4422；S1719），磨石。砂岩。平面不规则，磨面较细而平整。长6.3、宽4.8、

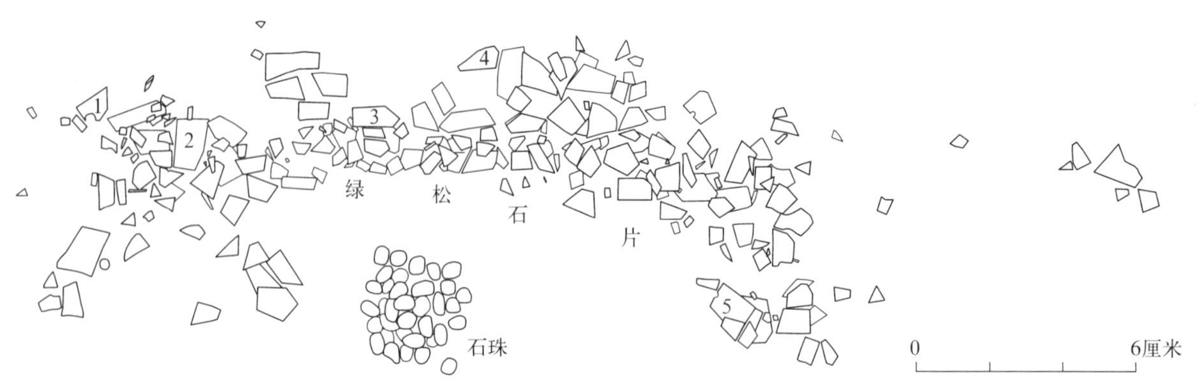

图2-329 一区六期绿松石片和石珠平面分布图

厚2.9厘米，重71.8克（图2-331，18）。

标本M33：8，盆形鼎。夹砂黑陶。敛口，圆唇，宽斜沿，沿下有两两对称的四个横耳，斜直腹，平底略内凹，三鸟首形足。器表经磨光处理。腹部有四周凸棱，其中唇缘与第一周凸棱上有按压纹饰，底部有一周凹弦纹。口径19.2、底径12.4、通高16.3、厚0.3～0.5厘米（图2-330，1；彩版一〇七，1）。

标本M33：19，盆形鼎。夹砂黑陶。近盘形口内敛，圆唇，宽平沿，沿面有两周浅凹槽，沿下有两两相对的四个横耳，近直腹，平底，鸟首形足。器表及口沿内经磨光处理。器表饰五周凸棱，唇缘和最上一周凸棱斜向戳印成锯齿状。底部和三足有火烧痕迹。口径21.2、底径12.4、残高12.4、厚0.3～0.8厘米（图2-330，2；彩版一〇七，2）。

标本M33：21，甗。夹砂黑褐陶。方唇，中部内凹，卷沿，沿面下凹，深圆腹，束腰，鬲部深腹，浅分裆袋足。器表及口沿内壁经磨光处理。甑部外表有六周阶状凸起。口径22.0、通高36.5、厚0.2～0.8厘米（图2-330，3）。

标本M33：35，大口罐。夹砂黑陶。侈口，方唇，折沿，有颈，溜肩，腹部微鼓，下腹平缓内收，平底。器表经磨光处理。口沿下有一对宽横耳，颈中部和颈肩交界处各饰一周凸棱，肩、腹部饰四组凹弦纹，每组两周。口径30.8、最大腹径34.2、底径13.4、高38.2、厚0.4～0.7厘米（图2-330，4）。

标本M33：26，大口罐。夹砂黑陶。口较大，方唇，宽沿有凹槽，腹微鼓，深腹，平底。自上而饰五周凸棱，肩部饰一对盲鼻。口径26.0、底径12.0、高31.0厘米（图2-330，7；彩版一〇七，3）。

标本M33：32，小口罐。夹砂黑褐陶。圆唇，直口，有颈，广肩，腹部斜内收，平底。腹部以上经磨光处理。肩部有两周凹弦纹，其上饰四组小泥饼，每组两个，腹部饰两组四周凹弦纹。口径11.2、最大腹径26.0、底径11.8、高24.8、厚0.3～0.5厘米（图2-330，5；彩版一〇七，4）。

标本M33：6，双耳罐。泥质黑陶。口微侈，圆唇，粗长颈，鼓腹，平底内凹。一侧颈腹之间有较大竖鋬手，相对一侧有一小贯耳。器表经磨光处理。唇下有一小圆孔，颈饰两周凹弦纹。口径10.8、底径8.0、高13.2、厚0.2～0.4厘米（图2-331，1；彩版一〇七，5）。

标本M33：1，子母口罐。泥质黑陶。矮子口内敛，有颈，鼓腹较甚，下腹内收，小平底内凹。器表经磨光处理，素面。颈肩交接处有两两相对的4个小贯耳。口径11.0、最大腹径18.8、底径7.8、高14.0、厚0.2～0.5厘米（图2-330，6；彩版一〇七，6）。

标本M33：7，罍。泥质黑陶。直口微敛，长颈，扁鼓腹，下腹急收且微内曲，小平底内凹较甚。肩腹各有一对对称的横耳。器表经磨光处理。颈部有三周凸棱，肩腹部各有一周凹弦纹。口径6.0、最大腹径18.0、底径6.0、高7.2、厚0.1～0.3厘米（图2-330，8；彩版一〇八，1）。

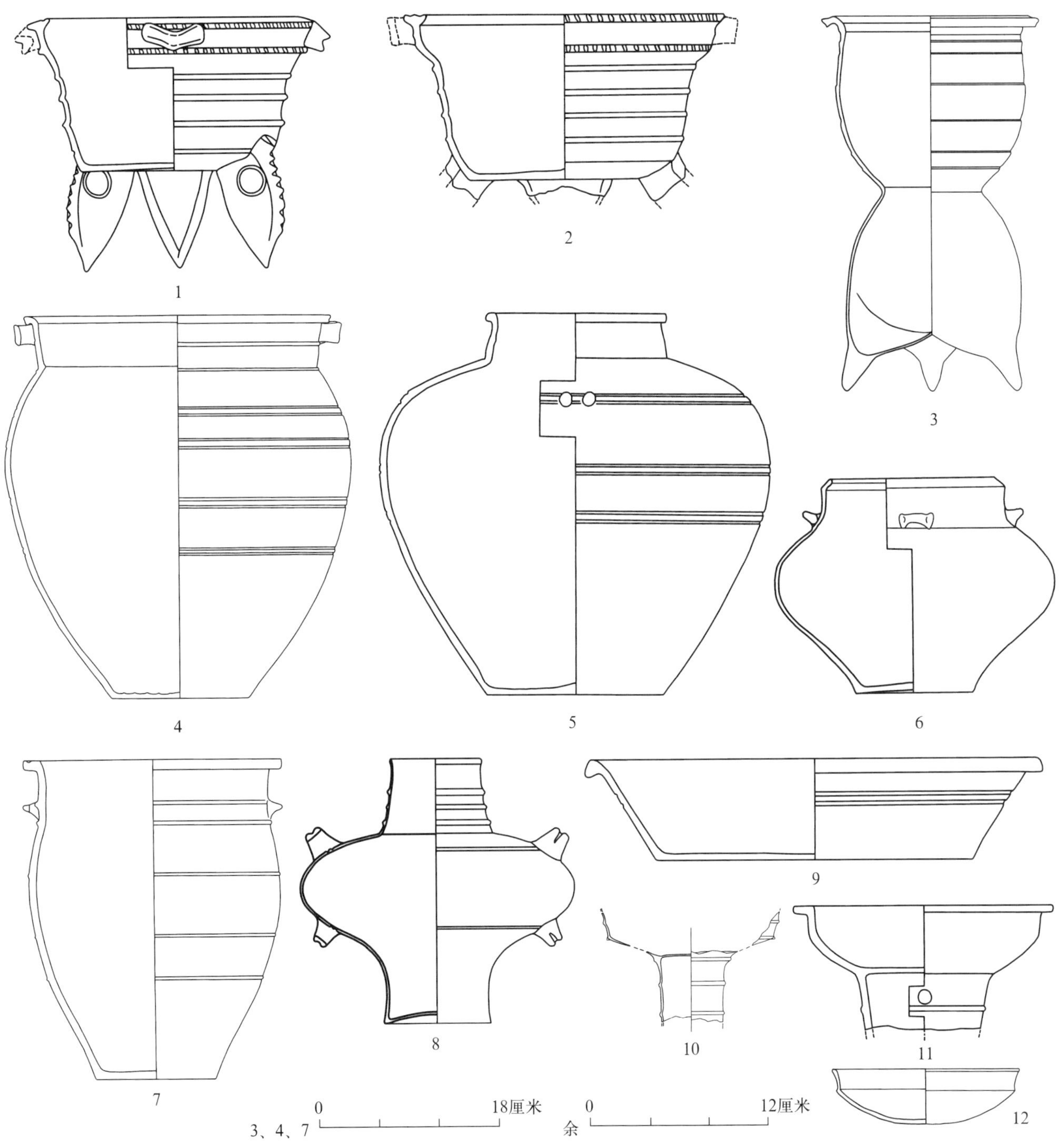

图2-330　一区六期M33出土器物（一）

1、2. 盆形鼎M33：8、M33：19　3. 甗M33：21　4. 大口罐M33：35　5. 小口罐M33：32　6. 子母口罐M33：1　7. 罐M33：26　8. 罍M33：7　9. 大平底盆M33：37　10、11. 豆M33：29、M33：33　12. 盘M33：2

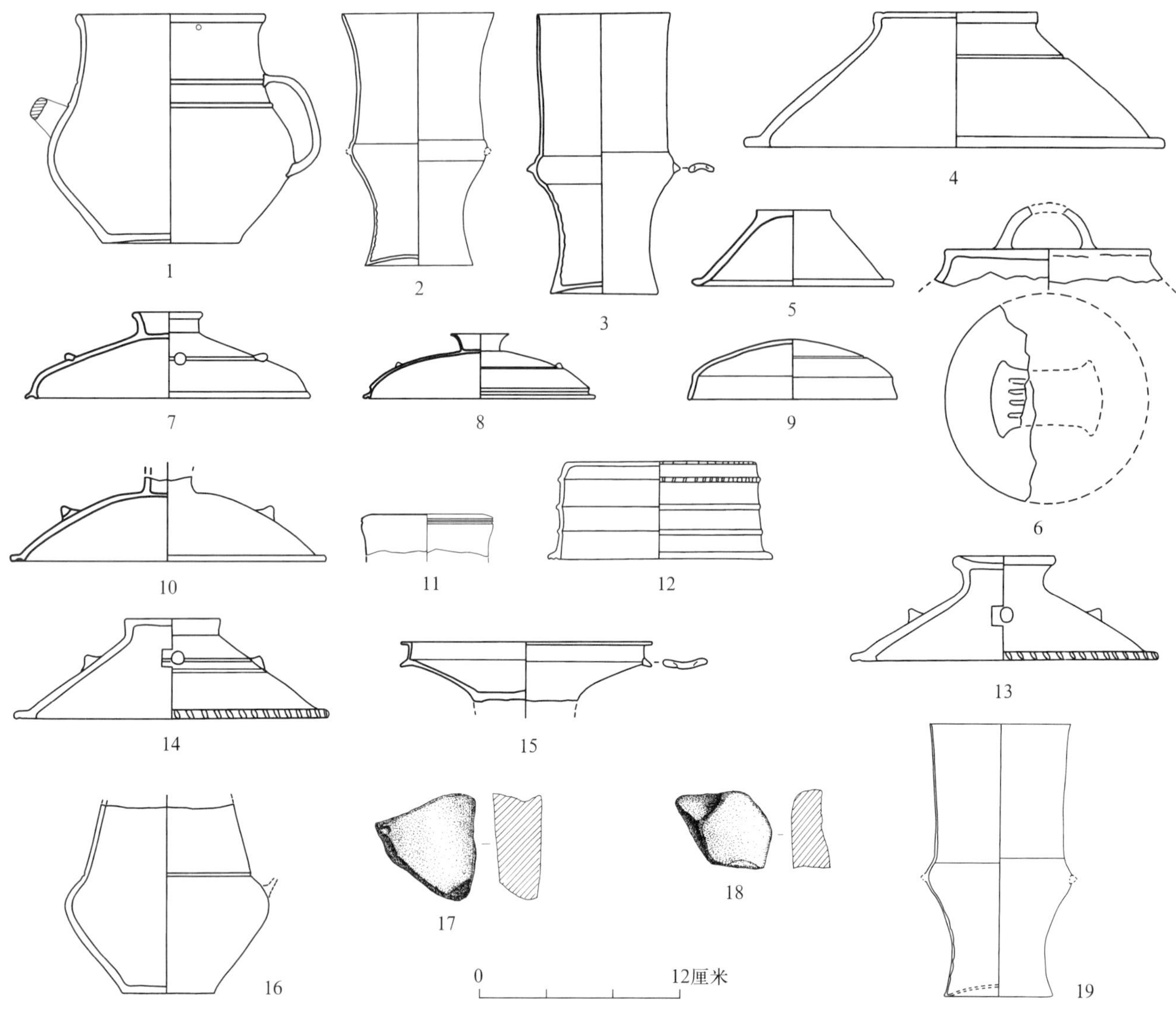

图2-331 一区六期M33出土器物（二）

1. 双耳罐M33：6 2、3、19. 觯形杯M33：11、M33：9、M33：19 4～6. 覆碗形器盖M33：22、M33：23、M33：25 7. 覆盘形器盖M33：24 8～10. 覆钵形器盖M33：14、M33：28、M33：36 11、12. 筒形器盖M33：10、M33：31 13、14. 器盖M33：5、M33：13 15. 豆盘M33：01 16. 鼓腹单耳杯M33：02 17. 磨石残片M33：03 18. 磨石M33：05

标本M33：37，大平底盆。泥质黑陶。圆唇，卷沿，腹壁斜直，大平底。内外表均经磨光处理。腹饰两周凹弦纹。口径30.0、底径21.2、高6.6厘米（图2-330，9）。

标本M33：29，豆。泥质黑陶。残，豆盘较深，下腹折收，竹节状柄。厚0.1～0.2厘米（图2-330，10）。

标本M33：33，豆。泥质黑陶。方唇，平折沿，腹微鼓，平底，筒形豆柄，下部残失。器表及盘内壁经磨光处理。腹部有一对贯耳痕迹，柄上部饰一对泥饼，柄部存三周凸棱。口径17.6、残高8.4、厚0.3～0.5厘米（图2-330，11；彩版一〇八，2）。

标本M33：2，盘。夹细砂黑陶。侈口，折腹，下腹急收，圜底。素面。口径12.6、高3.5、厚0.2～0.3厘米（图2-330，12）。

标本M33：01，豆盘。泥质黑陶。尖圆唇，窄平沿，腹壁斜直，平底，柄残。折腹处饰一对盲鼻。口径15.0、残高3.3、厚0.1～0.4厘米（图2–331，15）。

标本M33：02，鼓腹单耳杯。泥质黑陶。口残，粗长颈，鼓腹，平底。腹部有单耳痕迹。器表经磨光处理。颈饰一周凹弦纹。底径5.4、残高11.0、厚0.2～0.4厘米（图2–331，16）。

标本M33：11，觯形杯。泥质黑陶。侈口，上腹微内束，中腹窄鼓，下腹内束，平底内凹。腹上部饰一周凹弦纹，腹饰一对盲鼻。内壁下腹部有明显的轮旋痕迹。口径9.0、底径6.4、高14.5、厚0.2～0.3厘米（图2–331，2；彩版一〇六，7）。

标本M33：9，觯形杯。泥质黑陶。尖唇，粗长颈，窄鼓腹，下腹内束，平底内凹。腹饰一对盲鼻，内壁下腹部有明显的轮旋痕迹。口径8.0、底径6.4、高16.2、厚0.1～0.3厘米（图2–331，3；彩版一〇六，8）。

标本M33：15，觯形杯。泥质黑陶。直口，粗长颈，窄鼓腹，下腹部内束，平底内凹。腹部饰一对盲鼻，已残失，内壁下腹部有明显的轮旋痕迹。口径8.2、底径6.4、高15.7、厚0.1～0.2厘米（图2–331，19；彩版一〇六，9）。

标本M33：22，覆碗形器盖。夹砂黑陶。平顶，盖壁微隆，宽平沿外伸。盖面饰一周凹弦纹。顶径9.6、口径24.8、高7.8厘米（图2–331，4；彩版一〇八，3）。

标本M33：23，覆碗形器盖。泥质黑陶。窄沿上翘，盖面斜直，平顶。素面。顶径4.4、口径12、高4.4、厚0.4厘米（图2–331，5；彩版一〇八，4）。

标本M33：25，覆碗形器盖。夹少量细砂灰黑陶。平顶，其上有宽带状捉手，盖面以下残失。顶径12.2、残高4.5、厚0.5～0.72厘米（图2–331，6；彩版一〇八，5）。

标本M33：24，覆盘形器盖。泥质黑陶。沿面中部内凹，盖面斜直，近口部圆折，矮喇叭形纽。盖面中部饰一周凹弦纹，其上有两两对称的泥饼和盲鼻。顶径4.0、口径17.2、高5.0厘米（图2–331，7；彩版一〇八，6）。

标本M33：14，覆钵形器盖。窄平沿，沿面有一周凹槽，弧形盖面近口部内凹，顶部有喇叭形捉纽。器表经磨光处理。盖面饰两周凹弦纹，其上有一对泥突。顶径3.6、口径14.0、通高3.7、厚0.1～0.2厘米（图2–331，8；彩版一〇九，1）。

标本M33：28，覆钵形器盖。泥质黑陶，陶色不纯。圆弧形顶，折腹，大口略外敞。器表有磨光痕迹。盖面中部有一周下凹，盖面上有轮制时留下的旋转线形痕迹。口径12.6、高3.2、厚0.2～0.3厘米（图2–331，9）。

标本M33：36，覆钵形器盖。泥质黑陶。大口，平沿外伸，沿面内凹，盖面微隆，喇叭形纽残。器表经磨光处理。盖面中部有一对盲鼻。口径19.0、残高5.0、厚0.3～0.4厘米（图2–331，10；彩版一〇九，2）。

标本M33：10，筒形器盖。泥质黑陶。平顶，近直壁微内束，下部残失。顶径8.0、残高2.4、厚0.1厘米（图2–331，11；彩版一〇九，3）。

标本M33：31，筒形器盖。泥质黑陶。平顶，捉手残失，直壁，窄平沿周缘外伸，沿面有两周凹槽。器壁饰三周凸棱，顶面周缘及最上一周凸棱用指甲戳刺。顶径11.5、口径13.3、高5.6、厚0.2～0.3厘米（图2–331，12；彩版一〇九，4）。

标本M33：5，器盖。夹砂黑陶。平顶内凹，盖面斜直，方唇，沿面内凹。腹饰一对乳钉、一对盲鼻，口沿饰一周戳印纹。顶径5.8、口径18.2、高6.0、厚0.3～0.5厘米（图2–331，13；彩版一〇九，5）。

标本M33：13，器盖。夹砂黑陶。平顶，盖面斜直，方唇。腹饰两周凹弦纹、一对盲鼻、一对乳钉，口沿饰一周戳印纹。口径18.8、底径5.6、高5.8、厚0.3～0.5厘米（图2–331，14；彩版一〇九，6）。

标本M33：16、40，兽骨，严重腐朽，其原始形状及种属已不可辨。

2．M34

位于E4T2400北部。开口于⑥b层之下，打破⑥c层。形制为土坑竖穴，直壁，底较平，墓葬方向为97°（图2–332；彩版一一〇，1）。墓葬狭窄，勉强容身，平面呈一端稍宽而另一端略窄的梯形，长约1.60、宽0.22～0.38米。墓口海拔16.01米，墓底海拔15.81米，墓口至墓底深约0.20米。

墓内填灰褐色土（5YR4/3），结构较为疏松。没有发现葬具痕迹。

墓内有人骨一具，保存较差，骨骼腐朽较甚，一次葬，头东脚西，方向100°。葬式为仰身直肢，面朝上，上肢尺骨和桡骨交叉置于腹部。

填土内高出人体6～8厘米的位置发现1件残破石器和1件鹅卵石，应不是墓葬的随葬品。

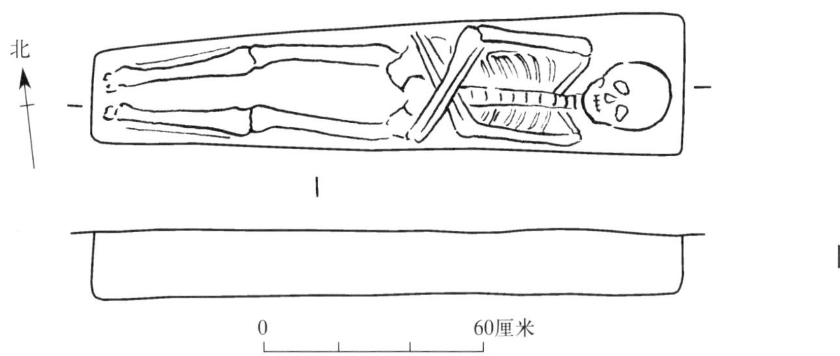

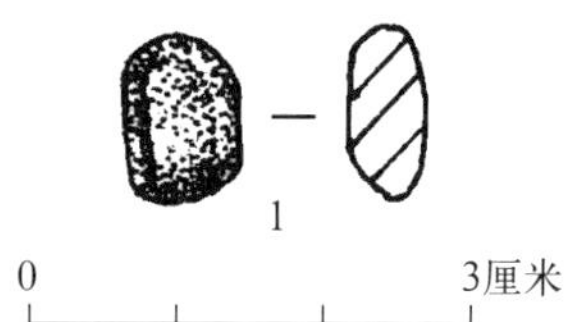

图2–332　一区六期M34平、剖面图及出土鹅卵石

1．鹅卵石M34：01

标本M34：02（#3336；S1895），磨石，残。砂岩。平面近三角形，磨面略粗而平整。长5.3、宽4.5、厚1.4厘米，重47.4克。

标本M34：01（#3336；S1612），鹅卵石。平面为椭圆形。长1.1、宽0.8、厚0.5厘米，重0.7克（图2–332，1）。

3．M44

位于E4T2449东北角。开口于⑥b层下，被H278打破，又打破⑥c层及以下部分层次。墓葬形制为土坑竖穴墓，两侧边近底呈弧形内收，墓葬方向为91°（图2–333；彩版一一〇，2）。墓葬平面呈略长的椭圆形，长径约1.15、短径约0.48米。墓口海拔16.09米，墓底海拔15.71米，墓口至墓底深约0.38米。

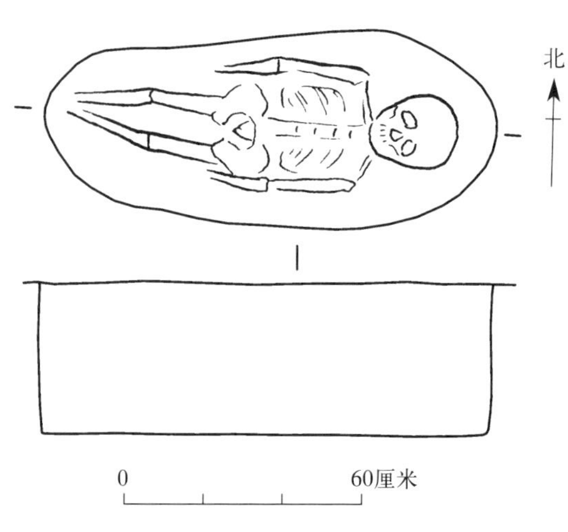

图2–333　一区六期M44平、剖面图

墓内填黄褐色花土（2.5YR5/4），夹杂少量草木灰

和烧土粒等，结构较松。没有发现葬具痕迹，也没有随葬品。

墓内有人骨一具，腐烂严重，保存甚差，多数位置仅存痕迹。一次葬，头东脚西，骨架方向与墓向相同。葬式为仰身直肢，面朝上。骨架长约0.96米，为一未成年的儿童，性别不详。

八　第七时期

这一时期的房址布局比较零乱（图2–334），多数形制不甚清楚。此期房址的特点是，多具有不甚规则且宽而深的基槽，槽内有柱洞。发掘中难度较大而感到吃力的是，基槽往往不规则，有的曲里拐弯，难以按常规对其形成一个整体的认识。

（一）房址

房址共5座，分别编为F34、F35、F32、F42和F55（彩版一一一、一一二）。

1．F34

主要位于E4T2448中北部，东北角伸入T2449西部。开口于⑥a层下，被H224打破，又打破其以下文化层及F33。方向为南略偏西。房址略呈圆角长方形，由于围起房址的基槽不太规整，所以其长度、宽度和面积不好计算（图2–335；彩版一一一，1）。

F34由四段基槽和8个柱洞组成，基槽分为四段。

南边东侧基槽平面近长方形，斜壁，平底。口部东西长1.20、南北宽0.62～0.75、深0.68米。基槽内填黑褐色（10YR3/1）和灰褐色土（10YR4/3），结构较松。基槽东北角有一个圆形柱洞，直径22.0～24.0、深86.0厘米，洞内填灰褐色土（10YR3/3），结构疏松。

南边西侧基槽平面为两长边外弧的长方形，斜壁，西半部向下挖出一个椭圆形深坑，平底，断面呈阶状。口部长1.28、宽0.40～0.66米，四周深0.30～0.36米，中部椭圆形坑深0.90米。基槽内填含沙灰色土，结构较松。椭圆形坑的西端有一圆形柱洞，直径16.0、深88.0厘米，内填灰褐色土（10YR3/3），结构疏松。

东北角基槽平面呈拐尺形，斜壁，底部呈阶状，南半较浅，北半较深。南北长约1.44、东西长约1.26、宽约0.60米，深0.20～0.60米。基槽内填灰褐色土（7.5YR4/6），结构较松。基槽内南北两端各有1个柱洞。柱洞均为圆形，北端柱洞直径34.0、深92.0厘米，南端柱洞直径26.0、深26.0厘米。均填结构较松软的灰褐色土。

西边基槽亦应为拐尺形，只是北半部被F35破坏，只留有内侧拐角的痕迹。现存东基槽近似梯形，南窄北宽，斜壁，平底。基槽长约1.90、宽0.44～0.70、深0.80米。基槽内填灰褐色土（5YR3/3），结构较松。基槽内近西壁处发现南北向一排4个圆形柱洞，北部的1号和2号较小，直径14.0、16.0厘米，深61.0、58.0厘米。南部的3号和4号较大，直径为24.0、26.0厘米，深81.0、88.0厘米。柱洞内均填较为松软的灰褐色土。

F34的四段基槽有明显规律，前部两段均较短，横向分列于东西，每一段都在外端有柱洞，由于基槽内的填土都不甚坚硬，所以，这一对基槽可能与柱坑相似。两基槽中间有不相连接的缺口，从形状上看似为预留的门道。两侧及后边则为拐尺状基槽，东西对称，只是西侧的后段可能被F35所破

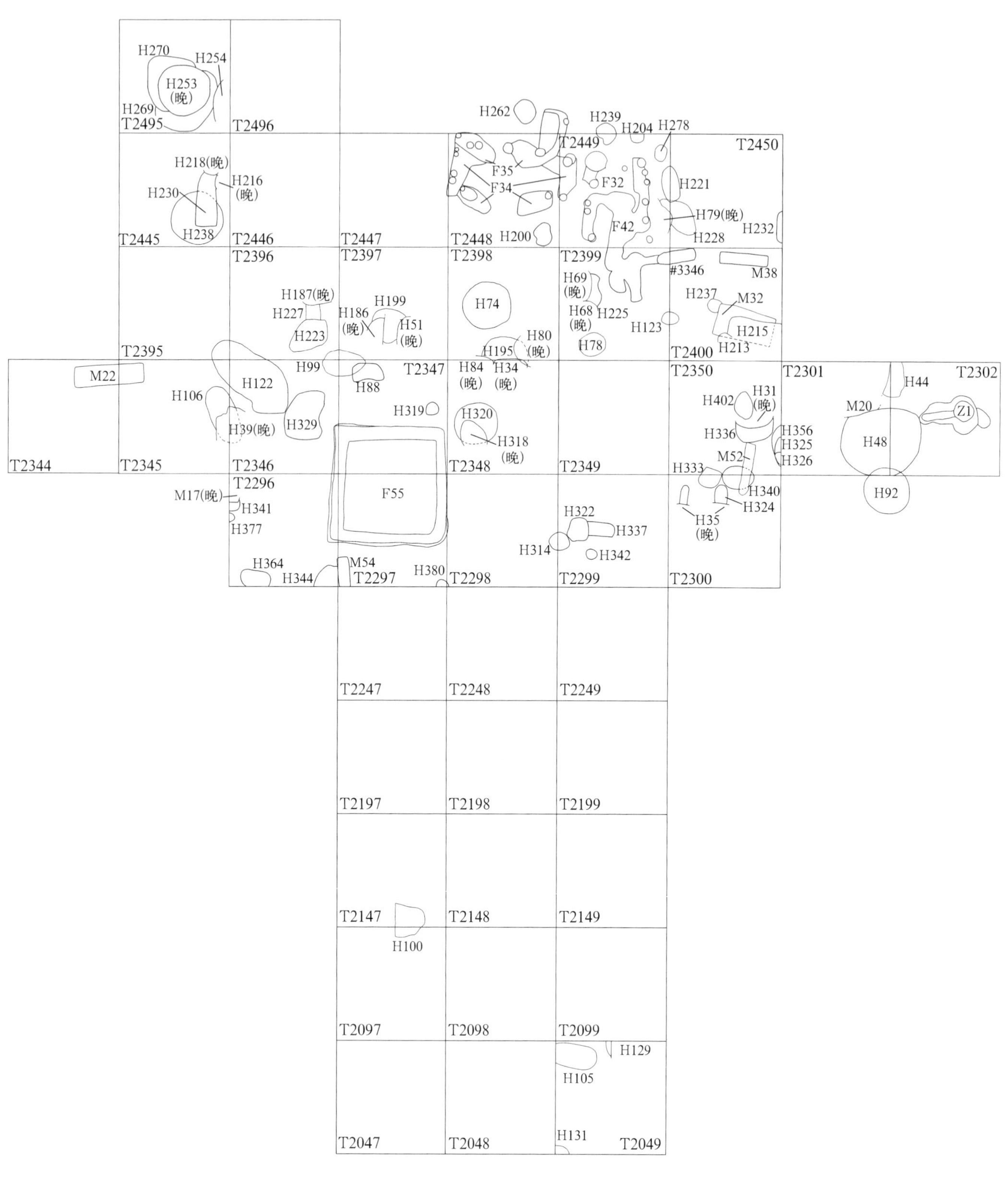

图2-334　一区七期遗迹平面分布图

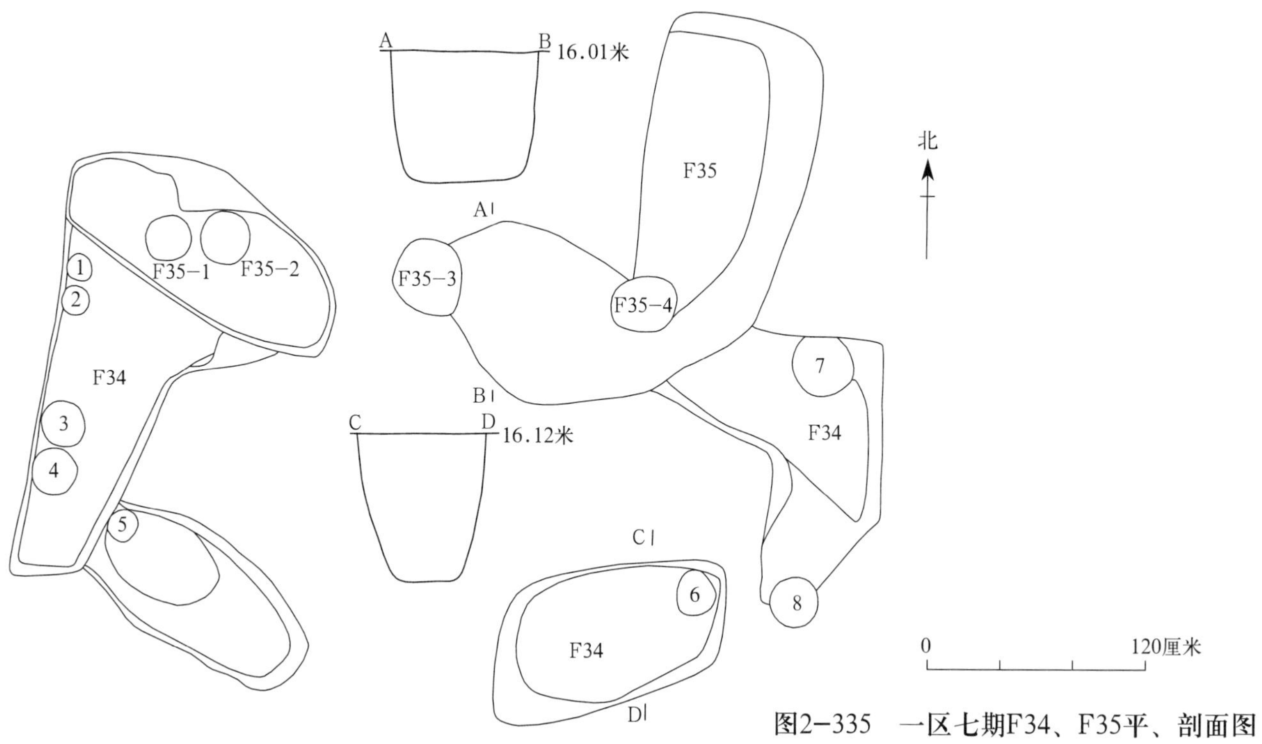

图2-335　一区七期F34、F35平、剖面图

坏，或者直接与F35的前墙基槽连为一体，柱洞则至少在2个以上。这样，四段基槽就围成了一个相对封闭的空间。

应该说明的是，开始发掘时曾把东侧的两段基槽作为单独的遗迹处理，并给予灰坑编号，后来才将其与西边的两段联系起来考虑，划归一座房址。

F34的基槽填土内出土了4件石器，均残。

标本F34：3（#5855；S1842），石镰半成品，磨制。嵌接的流纹岩和熔凝灰岩。长9.9、宽5.8、厚1.4厘米，重143.1克（图2-336，1；彩版一一三，1）。

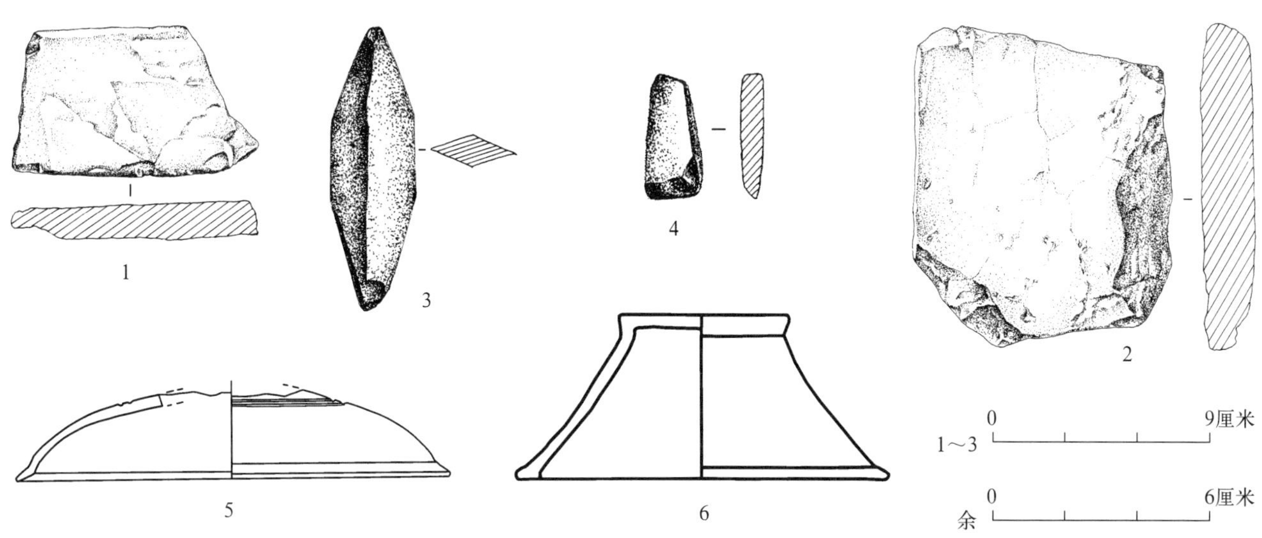

图2-336　一区七期F34、F35出土器物

1．石镰半成品F34：3　2．磨石F34：1　3．石镞F35：1　4．石锛F35：2　5．覆盘形器盖F35：4　6．覆碗形器盖F35：3

标本F34：1（#5827；S1846），磨石，残。砂岩。平面形状不规则，磨面细而有裂纹。长12.7、宽10.6、厚2.1厘米，重405.8克（图2–336，2；彩版一一三，2）。

标本F34：4（#5825；S1829），磨石，残。砂岩。不规则形，磨面较细。长6.6、宽4.5、厚1.8厘米，重62.0克。

标本F34：2（#5825；S1840），石器半成品。流纹质熔结凝灰岩。平面为四边形。长7.5、宽3.2、厚1.6厘米，重35.2克。

2．F35

已发现部分主要位于E4T2448的北部，极小部分向东西两侧伸入T2449和T2447，向北则延伸到没有发掘的T2498。F35开口于⑥a层之下，被H224、F20和零星柱洞所打破。方向与F34基槽一致，为向南略微偏西（图2–335）。

F35只是发现了南边的东西两条基槽。形式与F34南面的基槽既相似又略有不同。

西侧基槽的口部近似长椭圆形，向下约0.20米就变为亚腰形，壁微斜，平底，口部长约1.65、最宽0.72、深0.76米。基槽内填灰褐色土（10YR3/2），结构较松。基槽内有2个柱洞，1号和2号柱洞的直径分别为26.0、28.0厘米，深72.0、71.0厘米。柱洞内填松软的灰褐色土。

东侧基槽平面则呈不甚规整的拐尺形，近直壁，平底。基槽口部南北长约2.00、东西长约2.00、深0.86米，宽窄不一。基槽内填黑褐色土（10R3/1），结构较松。基槽内有2个圆形柱洞，3号位于西端，4号在拐角处内侧。直径分别为38.0、36.0厘米，深54.0、73.0厘米。柱洞内填较松软的灰褐色土。

F35只发现南边两段基槽，并且在F33向北扩方的范围内没有发现另外的基槽。

F34和F35的关系是从发掘现场到室内整理一直在探讨的问题。首先2座房址开口于同一层位，并且都晚于F33，而早于F20。其次，2座房址的结构和状态相同，均为深基槽内有柱洞，基槽有拐尺形和近长方形两种，并且基槽都打到了生土面以下，破坏了所有的龙山文化遗迹和文化层。上述情况表明2座房址应该是大体同时的。从平面关系看，两者一前一后，方向一致，结构相同。在他们相连接部分的底部发现F35打破F34，但基槽内上部填土不能区分，这也是为什么开始没有考虑到它们是房址的时候，把东西两段各自相连的基槽当作同一个单位的原因。所以，F34和F35有可能是同一座房屋的前后间，F34相当于F35的前厅，这从F34前后宽度不足2米也可以得到说明。而F35的后边，由于没有进行发掘（后面是一条现代道路，无法实施扩方，故未能进行发掘寻找），所以不能明确其前后宽度，但由F33的扩方范围内没有发现相关迹象可知，其前后宽度至少在4米以上。所以，F35应该是这一套房屋的主室。

F35的基槽填土内发现了5件石器，其中凿和镞比较完整，另有2件可以复原或接近复原的器盖。

标本F35：2（#5828；S1843），石锛。燧石。平面为背端较窄的长梯形，单面刃。长3.3、宽1.6、厚0.7厘米，重6.7克（图2–336，4；彩版一一三，3）。

标本F35：1（#5828；S1839），石镞。黑云母片岩。平面为柳叶形，横截面为菱形。长11.0、宽3.3、厚1.2厘米，重55.9克（图2–336，3；彩版一一三，4）。

标本F35：5（#5828；S1823），磨石，残。砂岩。平面为四边形，磨面较粗。长2.9、宽2.3、厚1.2厘米，重10.5克（彩版一一三，5）。

标本F35：6（#5840；S1825），磨石，残。砂岩。平面为不规则形，磨面较细而内凹。长4.3、宽3.1、厚1.1厘米，重16.1克（彩版一一三，6）。

标本F35：7（#5828；S1831），磨石，残。花斑岩。不规则形。长5.0、宽3.5、厚2.4厘米，重49.4克。

标本F35：3，覆碗形器盖。夹砂灰陶。素面。平顶，盖面斜直，圆唇，沿面有一周凹槽。顶径4.6、口径10.2、高4.4、厚0.3～0.4厘米（图2-336，6）。

标本F35：4， 覆盘形器盖。泥质黑陶。顶面残，弧形盖面，敞口，折沿。器表经磨光处理。盖面上部有两周凹弦纹。口径12.0、残高2.2、厚0.2～0.4厘米（图2-336，5）。

3．F32

位于E4T2449内，仅保存12个柱洞，可以大体围成一个长方形空间，故单独编为1座房址。开口于⑥a层下，有的柱洞被H205、H219打破，又打破⑥a层以下文化层。方向大体为正南北方向（图2-337；彩版一一一，2）。

房址平面大体呈长方形，东西两侧柱洞较多，北边只有1个，南边没有发现柱洞。以柱洞和基槽的外缘计算，南北长约3.04、东西宽约2.16米，建筑面积6.00平方米左右。

12个柱洞中，只有西北角一个有较大柱坑，近圆形，坑口直径70.0～80.0厘米，柱坑内向下渐次变小，底部直径40.0～50.0厘米。最底部平铺一块扁平的大石块做柱础，柱础石长37.0、宽20.0、厚19.0厘米。其他柱洞均相对较小，也没有挖较大的柱坑。柱洞大小不一，直径在19.0～32.0厘米之间，深29.0～65.0厘米。柱洞内多数填灰土，结构疏松，土质松软（表2-71）。

房址的其他要素，如墙体、地面、门道、灶址等，皆未发现。

标本F32：1（#5926；S1837），磨石，出自1号柱洞底部，当作为柱础石使用。花岗岩。平面近长方形，磨面内凹。长38.5、宽20.0、厚19.0厘米（图2-339，4）。

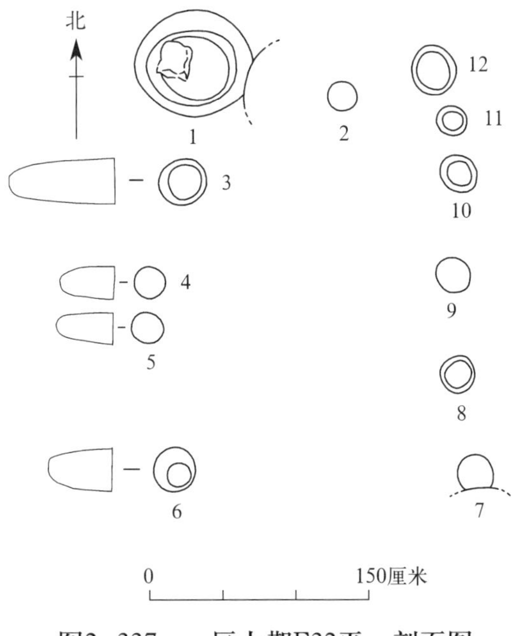

图2-337 一区七期F32平、剖面图

表2-71 F32柱坑、柱洞登记表 （单位：厘米）

编 号	形 状	口径-深	填 土	备 注
1	圆形，圜底	80-57	灰黑色（2.5YR3/2）	底部有石础
2	圆形，平底	18-30	灰褐色	
3	圆形，圜底	32-65	灰黑色（2.5YR3/2）	
4	圆形，圜底	23-33	灰褐色	
5	圆形，圜底	22-39	灰褐色	
6	圆形，圜底	30-42	灰褐色	
7	圆形，圜底	22-32	灰褐色	
8	圆形，圜底	24-65	灰褐色	
9	圆形，平底	24-48	灰褐色	
10	圆形，平底	23-29	灰黑色（2.5YR3/2）	
11	圆形，平底	20-32	灰褐色	
12	圆形，平底	32-20	灰褐色	

4．F42

位于E4T2449中南部和T2399北部，由一些形状奇特而又相互连接的基槽构成，基槽内有柱洞。开口于⑥a层下，被F32、H70、H75、H77、H79、H211、H229等打破，又打破⑥b层以下文化层和F43、H313等，部分柱洞直接打到生土（图2-338；彩版一一二，1）。F42的时代介于F33和F32之间，从平面布局考虑，把F42放在了这一阶段。

基槽的形状比较复杂，除了部分位置是被时代晚一些的遗迹所打破，主要是本身情况比较复杂。所谓复杂是因其不合常规，即不是一般的房屋应该具有的方形、长方形、圆形、椭圆形等规则的形状。基槽弯转并互相连接，多为斜壁，最宽达0.60米，而最窄只有0.26米，一般在0.30～0.40米之间，深度为0.30～0.50米。基槽向南延伸到探方T2399的北部后，出现两个分叉：一个向南，只延伸了很短，奇怪的是其中没有发现柱坑和柱洞；一个向东，被一段像基槽一样的椭圆形长坑打断，然后就没有了踪迹。打破F42的基槽状长坑（编号#3346），比F42的基槽要宽，形状上自成一体，在顺着同一方向延伸了1米多并打破F21后中止，所以，似不应把这一段基槽似的长坑归入F42之中。

基槽内多有柱坑，有柱坑的位置明显挖得要比基槽深许多（柱洞也是如此），有的宽度甚至超出基槽范围，形成不规则的向外突出的状况。柱坑既有圆形，也有椭圆形，并且有大有小。每个柱坑至少应该有1个柱洞，这些柱洞的分布也不规律，相互之间形不成一个比较规则的形状。而且，有的柱坑内的填土与柱洞填土较难区分，往往是做下去一段之后才发现柱洞。柱坑和柱洞共发现12个，柱洞均为圆形，除了3个情况不清楚的之外，柱洞的直径在16.0～34.0厘米之间，深度为30.0～106.0厘米（表2-72）。

对于F42这种情况，我们曾设想会不会是不同的建筑交织在一起。如果是这样，它们必然在邻近区域还会有相应的同类基槽、柱坑与其相关联。所以，在发掘中曾加倍注意周围的情况，但是根本

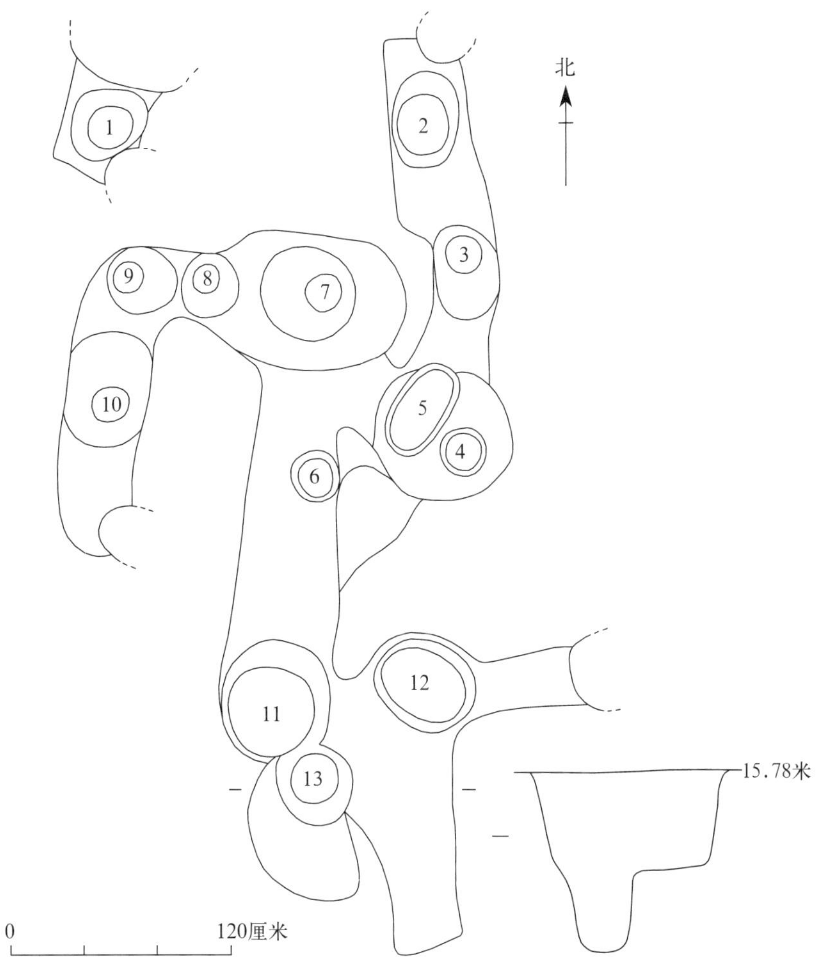

图2-338　一区七期F42平、剖面图

就没有类似的发现。这种状况，发掘时就十分困惑，感觉难以认识和确定这一建筑的性质和功能。

基槽内填灰褐色（7.5YR5/3）和黄褐色土（7.5YR7/4），夹杂较多的红烧土颗粒、草木灰及粗砂粒等。结构较为紧密，土质较硬。

其他房屋的要素，如墙体、地面、门道等，皆未发现。

在房址的基槽和柱洞内发现11件残石器和1件完整的陶弹丸。

标本F42：1（#5759；S1760），石锛，刃部残，磨制。流纹质熔结凝灰岩。平面近梯形。长7.3、宽4.8、厚2.8厘米，重176.3克（图2-339，1；彩版一一四，1）。

标本F42：4（#5759；S1806），石锛，刃部残，磨制。流纹质熔结凝灰岩。平面为长方形。残长5.2、宽3.3、厚2.1厘米，重63.4克（彩版一一四，2）。

标本F42：2（#5693；S1768），石铲，残，磨制。流纹质熔结凝灰岩。残长5.0、残宽2.8、厚0.8厘米，重13.1克。

标本F42：9（#5940；S2176），石刀，残。砂岩。残长5.2、宽5.3、厚0.9厘米，重34.7克。

标本F42：8（#5759；S1789），石镞半成品。绿泥石或绿泥/角闪片岩。平面为三角形。长5.8、宽4.8、厚1.7厘米，重50.3克（图2-339，2）。

表2-72　F42柱坑、柱洞登记表　　（单位：厘米）

编　号	形　状	口径-深	填　土	备　注
1	圆形，圜底	24-61	灰黑色（7.5YR5/3）	
2	近圆形，平底	32-60	黑灰色（7.5YR4/7）	
3	圆形，平底	20-76	黑灰色（7.5YR4/7）	
4	圆形，平底	20-30	灰褐色	
5	圆形，平底	42～29-58	灰褐色	柱坑
6	椭圆形，平底	22-64	灰褐色	
7	圆形，平底	22-106	灰黑色（7.5YR5/3）	
8	圆形，平底	16-35	灰黑色（7.5YR5/3）	
9	圆形，圜底	18-50	灰黑色（7.5YR5/3）	
10	圆形，圜底	20-50	黑灰色（7.5YR4/7）	
11	圆形，平底	63-85	灰褐色	柱坑
12	圆形，平底	54～45-72	灰褐色	柱坑
13	圆形，近平底	26-98	灰褐色	

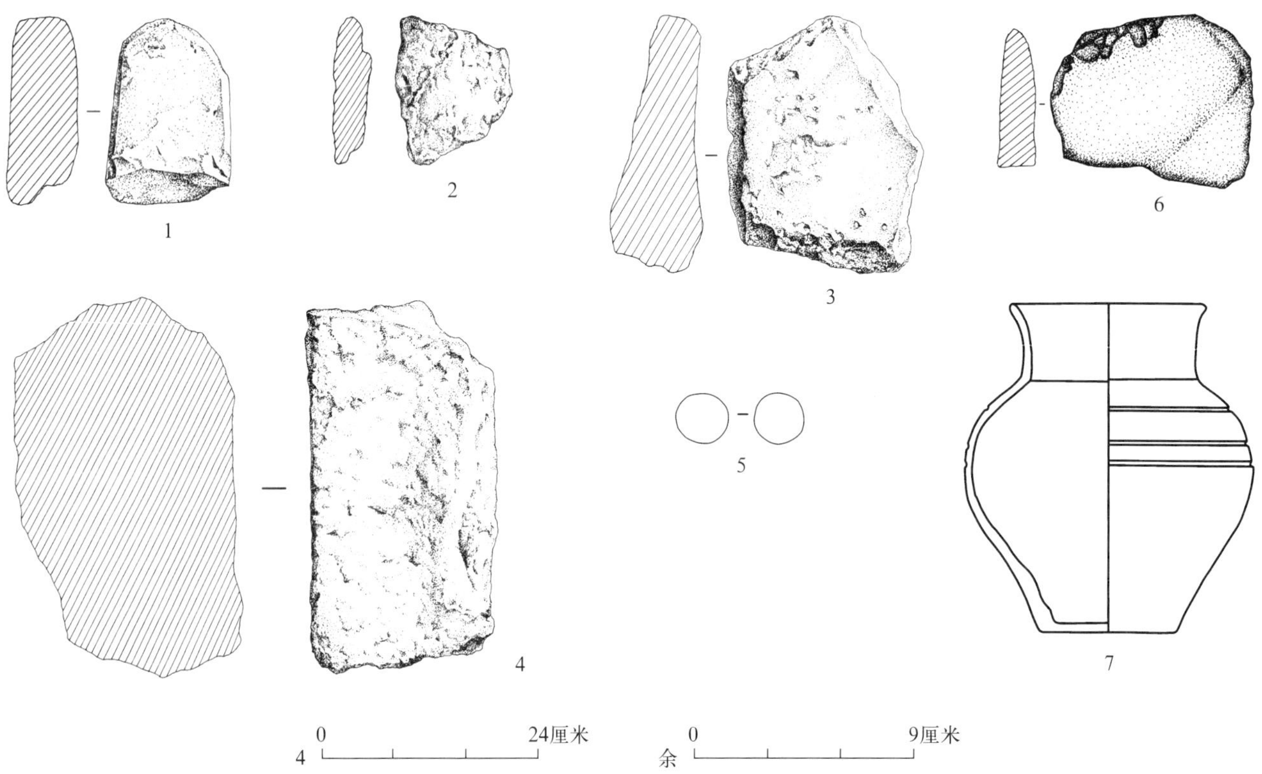

图2-339　一区七期F32、F42、F55出土器物

1. 石锛F42：1　2. 石镞半成品F42：8　3、4. 磨石F42：10、F32：1　5. 陶弹丸F42：3　6. 石片F55：3　7. 高领罐F55：1

标本F42：5（#5940；S2147），磨石，残。花斑岩。不规则形，磨面较粗而内凹。残长11.4、宽9.6、厚6.3厘米，重702.5克（彩版一一四，3）。

标本F42：6（#5939；S2160），磨石，残。砂岩。不规则形，磨面细而内凹。残长5.4、残宽3.3、厚1.2厘米，重19.6克（彩版一一四，4）。

标本F42：7（#5939；S2166），磨石，残。花斑岩。长9.4、宽4.8、厚5.0厘米，重232.8克。

标本F42：10（#5940；S2148），磨石，残。砂岩。平面为不规则形，磨面细而内凹。长10.2、宽7.6、厚3.7厘米，重310.1克（图2–339，3）。

标本F42：11（#5759；S1795），次级石片。流纹质熔结凝灰岩。平面近三角形。长2.9、宽3.3、厚0.8厘米，重9.9克。

标本F42：12（#5759；S1797），次级石片。角闪英安岩。不规则形。长5.0、宽4.7、厚1.7厘米，重29.9克。

标本F42：3，陶弹丸。泥质褐陶。保存完整，圆球形。直径2.0～2.2厘米（图2–339，5）。

5．F55

位于E4T2347、T2297、T2346和T2296四个探方之中。房址残破不全，只有四面的基槽和挖基槽之前的基础垫土。开口于⑥a层下，打破以下地层。没有发现门道，按东西两端连线的中点测量，方向约为181°。大体呈正方形，南北约4.12、东西约4.16米，建筑面积17.1平方米，使用面积11.3平方米（图2–340；彩版一一二，2）。

F55发现了保存完整的平面呈圆角方形的封闭基槽，周围没有预留供进出的门道，说明门道位置也随同一起挖出基槽。整体上看，南、东两侧基槽略窄，宽度在0.30～0.40米，西、北两侧基槽较宽，宽度在0.46～0.54米。基槽深0.10～0.22米。东、南、西三侧基槽内的填土较为一致，为黄褐色土，其中包含比较多的白色砂粒（尤以南基槽为甚），结构紧密，土质坚硬。北侧基槽为灰褐色和黄褐色土，与其他基槽不同的是其中基本没有白色砂粒，结构紧密。基槽内没有发现柱洞等遗存。

F55室内有可能专为房址铺垫的基础垫土。可以分为三层。

上层厚约4.0厘米，为灰黄色土（10YR4/6），其中包含大量白色粗砂粒，房址中部尤为明显，而东北部较少。结构紧密，土质坚硬。

中层厚4.0～5.0厘米，为黄褐色黏土（7.5YR5/6），包含较多的细砂粒，结构紧密。

下层厚约6.0厘米，灰褐色土（10YR5/1），夹杂少量炭粒和黄土块。结构紧密，土质坚硬。

在基槽之外的南、西侧及北、东之一部分，紧靠基槽有一周红褐色沙质土，宽度在4.0～8.0厘米。其外侧向外倾斜，内侧被基槽打破，应是为建筑房屋而特意堆筑。

概括起来，可知F55的建筑程序是：先在规划的建筑范围内铺垫基础，并在外围加铺红褐色土带。这一做法形成的基础应该就是一个较矮的台基。然后在基础的四周挖基槽，基槽保存较浅，估计应该是被破坏了相当一部分。

在F55的基础垫土内发现以磨石为主的11件残石器和1件可复原的陶罐。

标本F55：2（#8021；S3329），磨石。花岗岩。整体不规则，盘面为圆形，平整。长19.7、宽14.4、厚11.8厘米，重3440克（彩版一一四，5）。

标本F55：4（#8103；S2919），磨石，残。花斑岩。不规则形，磨面略粗。长5.4、宽3.0、厚

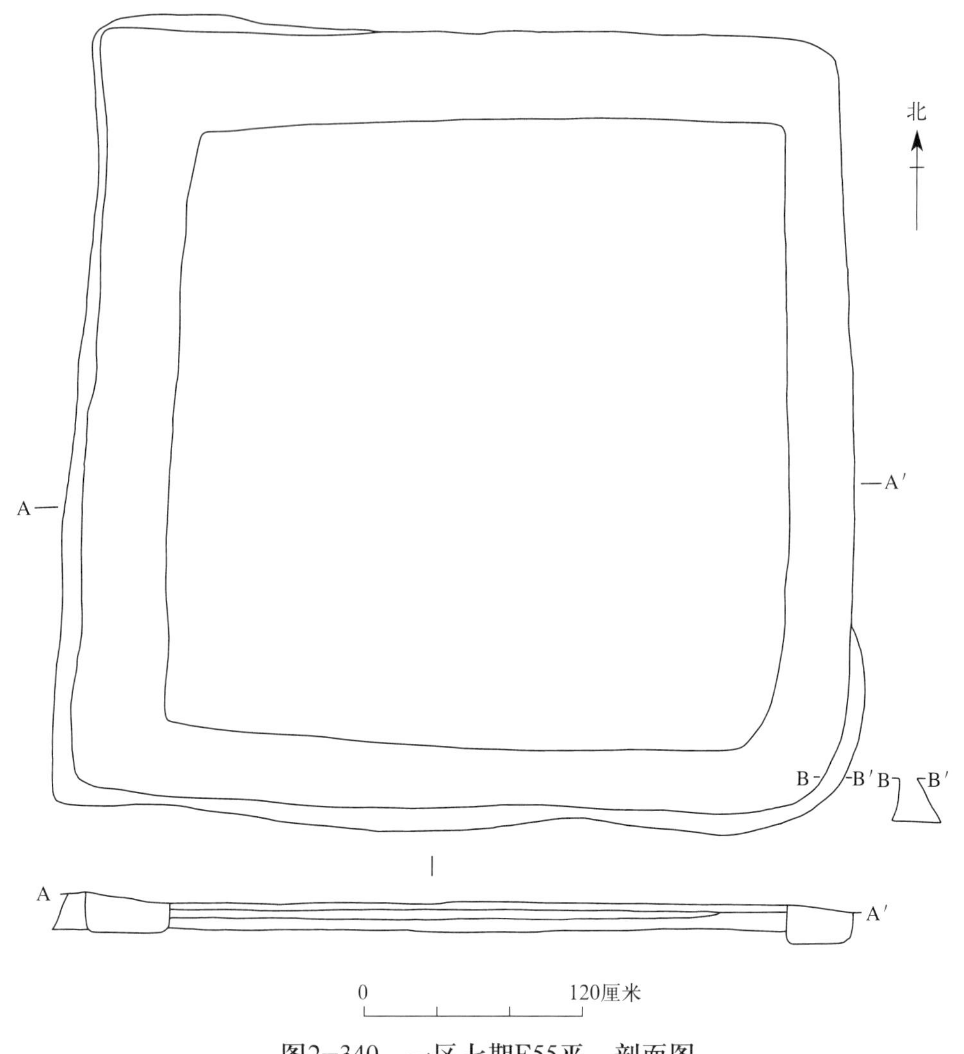

图2-340　一区七期F55平、剖面图

3.2厘米，重63.1克。

标本F55：5（#8607；S2847），磨石，残。砂岩。平面为三角形，磨面粗糙。长3.9、宽2.3、厚1.9厘米，重17.7克。

标本F55：6（#8607；S2877），磨石，残。砂岩。平面为三角形，磨面粗糙。长1.7、宽1.4、厚1.3厘米，重3.6克。

标本F55：7（#8607；S2879），磨石，残。砂岩。平面为菱形，磨面粗糙。长3.1厘米，宽1.7、厚1.3厘米，重7.1克。

标本F55：9（#8607；S2976），磨石，残。砂岩。平面为长方形，磨面略粗而平整。长4.6、宽3.3、厚1.8厘米，重38.4克（彩版一一四，6）。

标本F55：12（#8697；S2975），磨石，残。砂岩。不规则形，磨面较细。长4.4、宽3.2、厚2.3厘米，重18.9克。

标本F55：8（#8607；S2884），石器，残。流纹质熔结凝灰岩。长3.2、宽1.8、厚0.6厘米，重3.2克。

标本F55：10（#8607；S2982），石器，残。流纹质熔结凝灰岩。不规则形，扁薄体。残长

6.6、残宽4.3、厚0.9厘米，重30.4克。

标本F55：3（#8021；S2868），石片。花斑岩。平面近椭圆形。长8.4、宽7.1、厚2.4厘米，重146.6克（图2-339，6）。

标本F55：11（#8607；S2995），石片。花岗岩。不规则形。长1.9、宽1.7、厚0.3厘米，重1.1克。

标本F55：1，高领罐。泥质黑陶。侈口，圆唇，高直领，圆肩，鼓腹位置靠上，下腹斜收，平底。内壁有轮制时形成的瓦棱痕迹，器表经磨光处理。肩部和上腹部饰有三周凹弦纹。口径8.1、最大腹径11.8、底径5.8、高13.1、厚0.27～0.45厘米（图2-339，7）。

在房址之外，还发现一些零散分布的柱洞，共17个，其中柱坑4个，柱洞8个，柱坑和柱洞复合的5个（表2-73；图2-204）。

（二）灶址

只发现1座，其周围没有发现房屋建筑。

Z1

位于F4T2302中部，开口于耕土层下，打破现存龙山文化堆积，呈东西方向排列，东西通长2.58、最宽处1.38、深0.70米。Z1由西、中、东三个部分组成，发现时误认为是三个灰坑，所以分别编号予以清理，发掘到下部，发现一些特殊的现象，如：中部坑发现较多草木灰，其下为厚厚的一层红烧土，系经长期烧烤所致；西、中两坑中部以下堆积了数量可观的可复原的陶器，当是废弃后的堆积；而东侧的小坑也与中部连为一体，较浅并且东浅西深。最后判断其为一个灶址，西部（原编号为H60）为工作场所，中部为灶膛（原编号为H54），东部为烟道（原编号为#4311）（图2-341；彩版一一五，1、2）。

Z1内的堆积分为两大部分。上部为废弃后的堆积，为较杂的黄褐色土（10YR4/2），结构较为疏松，近底部有较多的草木灰，其中包含数十件近似完整或可复原的陶器；下部为使用和修筑时期的堆积，分为三层，第1层为红烧土层（10YR4/6），质地坚硬；第2层为经过加工的黄土层（10YR5/6）；第3层为灰褐色土（10YR4/1），结构紧密，这三层中包括遗物甚少。

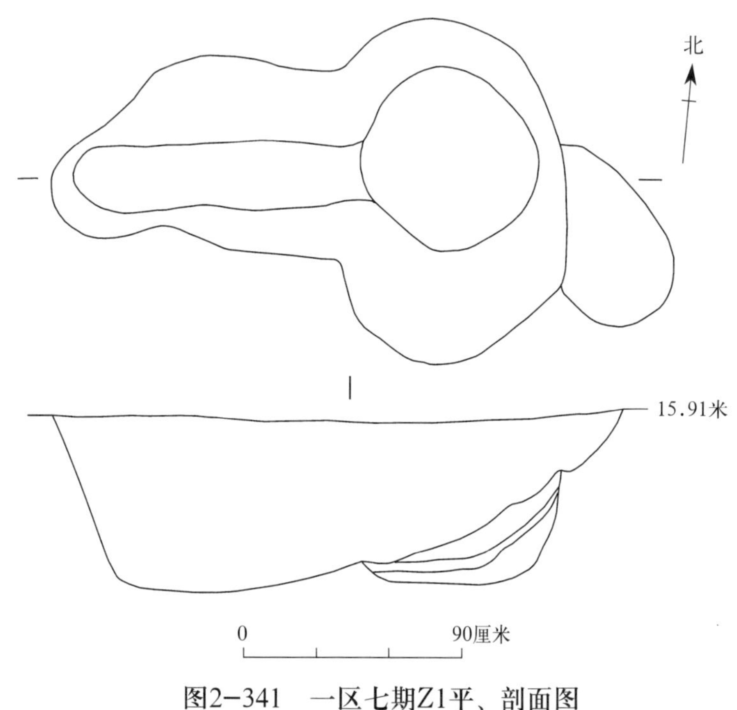

图2-341　一区七期Z1平、剖面图

Z1出土遗物除了个别石器之外，绝

表2-73　第七时期零散柱坑、柱洞登记表

编号		位置	层位	开口海拔（米）		形状		尺寸（直径—深）（厘米）		填土		备注
柱洞	柱坑			柱洞	柱坑	柱洞	柱坑	柱洞	柱坑	柱洞	柱坑	
#1807	#1807	E4T2297	⑥a→△→⑥b	16.31		椭圆形，圜底	椭圆形，圜底	(25—20)—14	(25—20)—14	灰褐色（7.5YR4/3）	灰褐色（7.5YR4/3）	
#8614—1	#8614—1	E4T2297	⑥a→△→⑥b	16.16		圆形，圜底	长方形，平底	20—52	残长80×30—45	灰褐色（7.5YR2.5/1）	灰褐色（7.5YR2.5/1）	
#8614—2	#8614—2	E4T2297	⑥a→△→⑥b	16.16		圆形，平底	长方形，平底	24—50	残长80×30—45	灰褐色（7.5YR2.5/1）	灰褐色（7.5YR2.5/1）	
#8709		E4T2298	M53→△→⑥c	16.23		圆形，圜底		35—34		灰褐色（10YR3/3）		
#8736	#8737	E4T2298	H332→△→F54	16.07		圆形，平底	椭圆形，平底	22—35	(55—30)—33	灰色（10YR4/1）	灰褐色（10YR3/2）	
#8903		E4T2300	⑥a→△→⑥c	16.26		圆形，平底		23—15		黄色（10YR4/4）		
#8017	#8017	E4T2346	⑥a→△	16.15		圆形，圜底	椭圆形	10—16	33—36	黑灰色（2.5YR2.5/1）	黑灰色（2.5YR2.5/1）	
#8018		E4T2346	⑥a→△	16.01		椭圆形，圜底		10—25		灰色（7.5YR4/1）		
	#715	E4T2396	⑥a→△		16.18		椭圆形，圜底		(50—28)—30		灰褐色（5YR4/1）	
#5719	#5720	E4T2399	⑥a→△	16.25		圆形，平底	圆形，平底	21—20	34—20	褐色（5YR4/4）	黄褐色（2.5YR6/6）	
	#5823	E4T2448	⑥a→△→⑥b		16.22		圆形，平底		54—39		灰褐色（10YR3/4）	
#5838		E4T2448	⑥a→△→⑥b	16.2		近圆形，圜底		30—34		黑褐色（10YR2.5/1）		
	#5841	E4T2448	⑥a→△→⑥b		16.29		椭圆形，圜底		(50—35)—30		灰褐色（10YR3/2）	
#5842		E4T2448	⑥a→△→⑥b	16.29		圆形，圜底		12—16		灰色（5YR4/1）		
	#5846	E4T2448	⑥a→△→⑥b		16.29		椭圆形，平底		(50—42)—27		灰褐色（5YR4/2）	
#1106		E4T2450	①→△	16.2		圆形，圜底		20—13		用红烧土、碎陶片分层筑成		存巢形柱洞底部
#1125		E4T2450	⑥a→△→⑥c	16.24		圆形，圜底		28—20		黄褐色（7.5YR4/3）		

大多数为陶器，器形有鼎、鬶、甗、罐、盆、豆、盒、杯、器盖、纺轮等。采集碳十四测年样品1个。

标本Z1：11（#4308；S164），石刀半成品，打制。绿泥石或绿泥/角闪片岩。平面呈长条形。长19.2、宽5.1、厚1.7厘米，重235.2克（图2–342，7；彩版一一五，3）。

标本Z1：1（#4309；S181），石锛半成品。流纹质熔结凝灰岩。平面和横截面均为长方形。长11.4、宽5.3、厚3.5厘米，重353.9克。

标本Z1：51（#4312；S202），石锛，残存刃端。流纹质熔结凝灰岩。平面为长方形。残长4.5、宽3.0、厚2.1厘米，重31.3克。

标本Z1：30（#4309；S189），石铲，残存侧边一角。流纹质熔结凝灰岩。磨制。残长6.5、残宽3.7、厚0.6厘米，重18.9克。

标本Z1：34（#4309；S1264），磨石，残。砂岩。平面为不规则形，磨面粗而内凹。残长4.4、残宽3.2、厚0.4厘米，重20.7克（彩版一一五，4）。

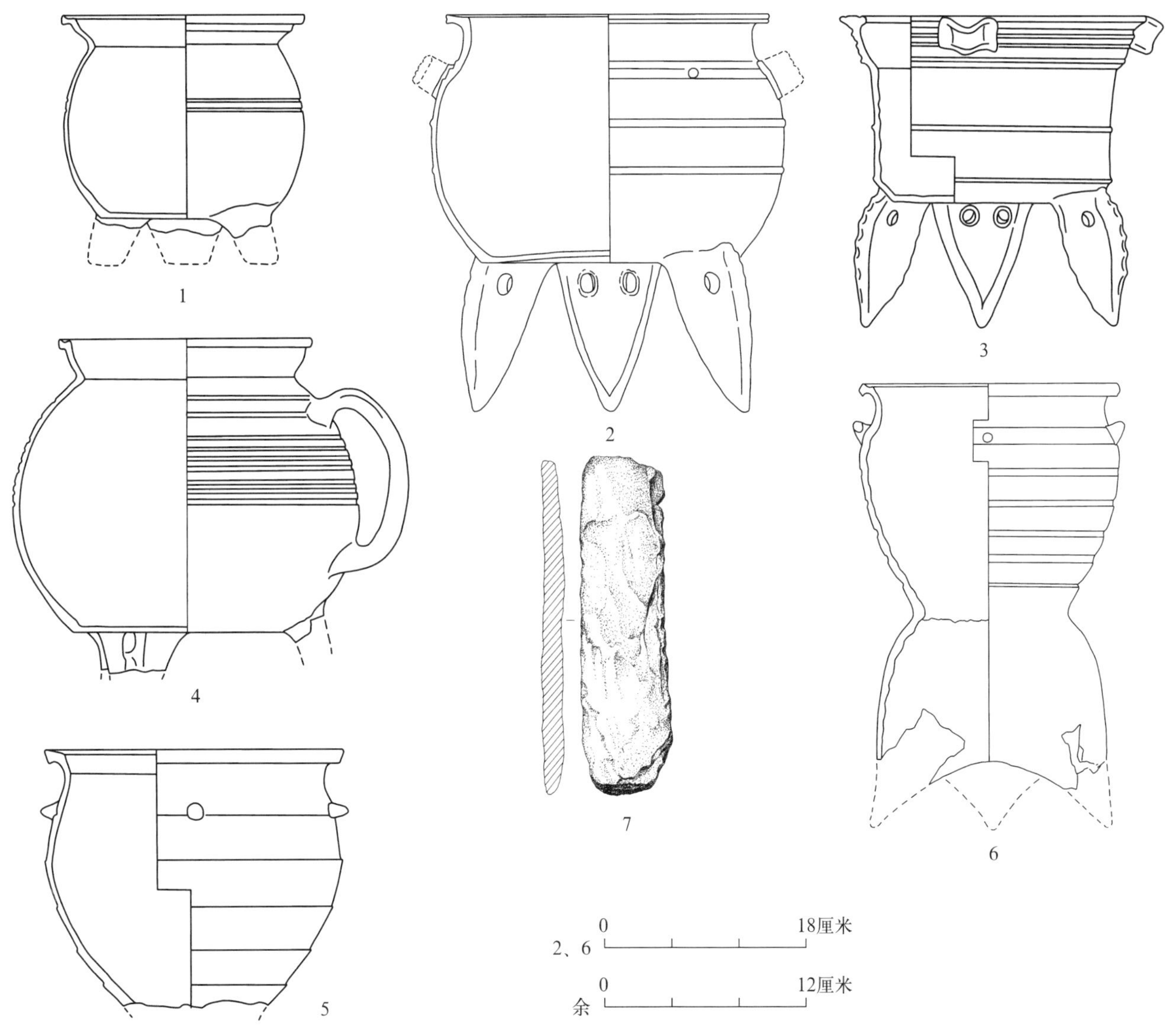

图2–342　一区七期Z1出土器物（一）

1、2. 罐形鼎Z1：7、Z1：13　3. 盆形鼎Z1：38　4. 单耳罐形鼎Z1：36　5、6. 甗Z1：15、Z1：29　7. 石刀半成品Z1：11

标本Z1：7，罐形鼎。夹砂黑陶，褐胎。侈口，方唇，折沿，沿面有一周凹槽，溜肩，鼓腹，平底，三足残。器表及口沿内侧经磨光。腹部饰两周凹弦纹。口径14.5、最大腹径14.3、底径9.5、高12.2、厚0.2～0.7厘米（图2-342，1）。

标本Z1：13，罐形鼎。夹砂黑陶。侈口，方唇，宽平沿，沿面内凹，束颈，圆肩，鼓腹，平底内凹，下接三鸟首形足。肩部有对称的横耳一对。器表及口沿内侧经磨光。颈下有三周阶状凸起，腹部饰两周凸棱。底部和足部有火烧痕迹。口径28.4、最大腹径31.2、底径22.8、高34.1、厚0.5～0.8厘米（图2-342，2）。

标本Z1：38，盆形鼎。夹细砂黑陶。敛口，圆唇，平沿，沿面有两周浅凹槽，上腹较浅，内折腹，下腹较直，近底部向内折收，下接三鸟首形足。器表经磨光处理。腹部共饰五周凸棱，沿下有等距分布的三个横耳。口径18.3、底径11.5、高17.5、厚0.45～0.6厘米（图2-342，3；彩版一一六，1）。

标本Z1：36，单耳罐形鼎。夹砂黑陶，局部呈黄褐色。侈口，方唇，折沿，沿面有一周凹槽，圆肩，圆鼓腹，平底，三铲形足残。一侧肩、腹之间有近桥形把手。器表及口沿内侧经磨光处理。肩至中腹部共饰九周凹弦纹。口径15.0、最大腹径20.4、底径12.0、残高19.5、厚0.2～0.6厘米（图2-342，4；彩版一一六，2）。

标本Z1：15，甗。夹砂黑陶，局部为深灰褐色。侈口，方唇，卷沿，矮颈，瘦肩，鼓腹，束腰，以下残失。器表经磨光。颈下至腹部有五周凸棱，最上一周有对称的盲鼻和泥饼各一对。口径17.9、残高14.5、厚0.25～0.45厘米（图2-342，5）。

标本Z1：29，甗。夹砂黑陶，灰胎。侈口，方唇，卷沿，沿面有一周深凹槽，束颈，窄肩，腹部略鼓，束腰，弧裆，足残。器表及口沿内侧经磨光。颈下有对称的盲鼻一对，颈下和腹部共饰七周凹弦纹。口径23.6、残高34.7、厚0.35～1.0厘米（图2-342，6）。

标本Z1：26，鬶。夹砂红褐陶。方唇，窄沿，沿面有一周凹槽，直口，粗颈，下残。把手残，一侧残留一泥饼。残高14.4、厚0.3～0.7厘米。附鬶盖，夹砂红褐陶。平顶，盖壁内束。器表经磨光。盖面有两周浅凹弦纹，外沿有一周凹槽。顶径12.0、高1.0、厚0.4～0.6厘米（图2-343，3）。

标本Z1：27，鬶。夹细砂橙黄陶。高流，直口，圆唇，沿面有一周凹槽，粗颈，分裆袋足，高实足尖。把手残失。颈部有两组四周凸弦纹，每组两周，两侧有对称的盲鼻一对，把手下袋足上有半周凸棱。复原高29.8、厚0.25～0.5厘米（图2-343，1）。

标本Z1：28，鬶。夹细砂红陶。高流残，直口，沿面有一周凹槽，粗颈，分裆乳状大袋足，高实足尖。一侧有象征性绞丝状把手。颈部有两组四周凹弦纹，每组两周，并有两个对称的泥饼，把手上端两侧和下端正中也各有一个泥饼。宽18.0、残高22.4、厚0.2～0.65厘米（图2-343，2；彩版一一六，3）。

标本Z1：22，鬶把手。夹砂黑灰陶。窄长条形，断面近半圆形，表面装饰成象征性绞丝状。残高9.0厘米（图2-343，4）。

标本Z1：25，鬶把手。夹砂红褐陶。宽带状，断面为圆角长方形，正面有纵向刻槽。高9.8厘米（图2-343，5）。

标本Z1：37，中口罐。夹砂黑陶，褐胎。侈口，方圆唇，卷沿，沿面有一周凹槽，圆肩，鼓腹，平底内凹。器表及口沿内侧经磨光。沿部外侧有一周凸弦纹，肩和腹部共饰十三周凹弦纹。口

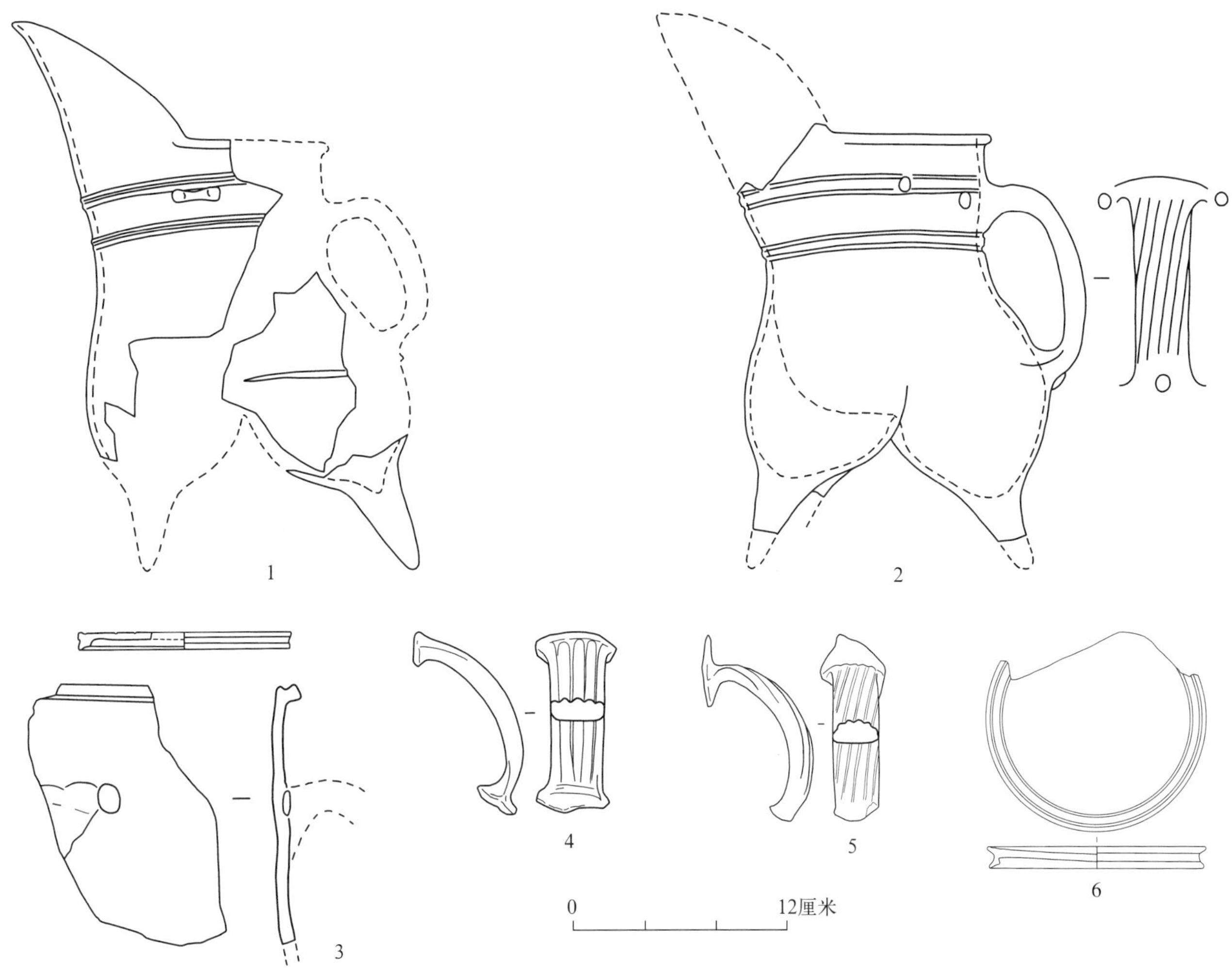

图2-343　一区七期Z1出土器物（二）

1～3．鬶Z1：27、Z1：28、Z1：26　4、5．鬶把手Z1：22、Z1：25　6．鬶盖Z1：5

径15.5、最大腹径20.8、底径11.4、高20.7、厚0.3～1.0厘米（图2-344，1；彩版一一六，4）。

标本Z1：8，小口罐。泥质黑陶。直口，圆唇，短直颈，宽肩，鼓腹位置靠上，下腹斜收，平底，腹径大于器高。器表及口沿内侧经磨光。颈部有一周阶状凸起，肩部饰两周凹弦纹，其上有对称的盲鼻和泥饼各一对。口径10.3、最大腹径25.4、底径11.4、高18.2、厚0.4～0.7厘米（图2-344，2）。

标本Z1：42，小口罐。夹细砂黑陶。直口，圆唇，粗矮颈，圆肩，圆鼓腹，平底。器表经磨光。肩部饰两周细凹弦纹，其上有两个对称的宽横耳。口径12.6、最大腹径24.5、底径10.6、高21.2、厚0.32～0.5厘米（图2-344，3；彩版一一六，5）。

标本Z1：43，小口罐。泥质灰陶。直口，圆唇，颈较细，广圆肩，鼓腹位置靠上，平底。腹部有一对对称的宽横耳。颈中部饰一周凸棱，腹部饰两周细凹弦纹。口径10.9、最大腹径27.6、底径10.9、高27.2、厚0.4～0.55厘米（图2-344，4；彩版一一六，6）。

标本Z1：10，罐。夹细砂黑陶，灰胎。腹以上残失，鼓腹，下腹斜内收较甚，平底内凹。腹部饰两周凸棱，并按捺成绳索状花纹。底径25.0、残高31.7、厚0.5～1.2厘米（图2-344，5）。

标本Z1：48，罐。夹砂褐陶。侈口，圆唇，卷沿，束颈，溜肩，鼓腹，以下残。器表经磨光。肩部饰两周凹弦纹。口径11.6、残高6.0、厚0.4厘米（图2－344，6）。

标本Z1：31，罍，制作极为精美，保存完好。泥质黑陶。直口，尖圆唇，窄平沿，沿面有一周凹槽，粗直颈，窄圆肩，鼓腹，下腹斜收，平底内凹较甚。器表经磨光。颈部饰一周凸棱，肩部饰两周凹弦纹，腹部有六周均匀的宽凸棱。口径7.1、最大腹径8.9、底径5.2、高10.6、厚0.1～0.2厘米（图2－344，7）。

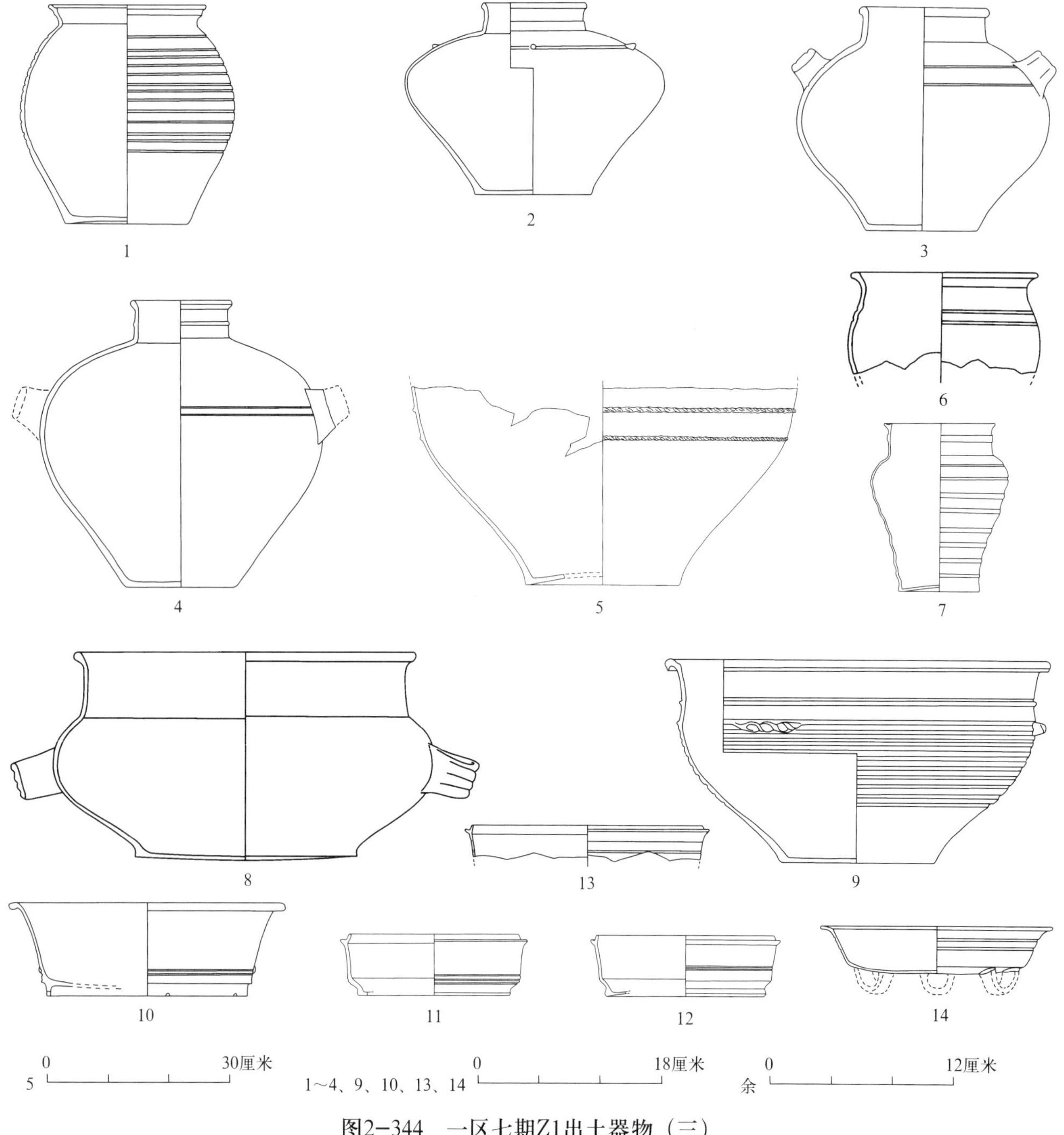

图2－344　一区七期Z1出土器物（三）

1. 中口罐Z1：37　2～4. 小口罐Z1：8、Z1：42、Z1：43　5、6. 罐Z1：10、Z1：48　7. 罍Z1：31　8. 大口罐Z1：6　9. 鼓腹盆Z1：40　10. 圈足盆Z1：33　11、12. 平底盒Z1：9、Z1：21　13. 盒Z1：49　14. 环足盘Z1：2

标本Z1：6，大口罐。泥质黑陶，灰褐胎。直口微侈，圆唇，粗直颈，窄肩，圆鼓腹，平底微外凸。内外表均经磨光。腹部有两个对称的宽大横耳。口径22.4、最大腹径25.0、底径14.6、高13.3、厚0.28～0.5厘米（图2–344，8）。

标本Z1：40，鼓腹盆。夹砂黑陶，灰胎。敞口，方唇，卷沿，沿面有一周凹槽，有颈，鼓腹，下腹内收较甚，平底。器表经磨光处理。肩部饰两周凸棱，残余两个鸡冠耳，腹部共饰九周凹弦纹。口径37.5、底径15.0、高19.3、厚0.4～0.7厘米（图2–344，9；彩版一一七，1）。

标本Z1：33，圈足盆。泥质黑陶，灰胎。大敞口，方唇，卷沿，斜直腹，平底下凸，矮圈足残。内外表均经磨光处理。腹下部饰两周凹弦纹，其上有对称的泥饼一对，圈足上残余3个小圆孔。口径27.3、底径19.6、高8.9、厚0.25～0.45厘米（图2–344，10；彩版一一七，2）。

标本Z1：2，环足盘。泥质黄褐陶。敞口，圆唇，宽平沿，浅腹，底部微外弧，三环足残失。内外表经磨光，腹壁中部饰两周凹弦纹。口径22.6、底径17.4、残高4.5、厚0.32～0.6厘米（图2–344，14；彩版一一七，3）。

标本Z1：9，平底盒。泥质黑陶。矮子口，腹壁较直，下腹折收，平底残。内外表均经磨光。下腹部饰三周凹弦纹。口径11.2、底径10.0、高3.9、厚0.2～0.3厘米（图2–344，11）。

标本Z1：21，平底盒。泥质黑陶。矮子口，直腹，下腹折收，假圈足状平底内凹。内外表均经磨光。腹饰有两周凹弦纹。口径11.4、底径10.4、高3.9、厚0.15～0.2厘米（图2–344，12）。

标本Z1：49，盒。泥质黑陶。矮子口微内敛，直腹，以下残。内外表均经磨光。腹部饰两周细凹弦纹。口径22.6、残高3.0、厚0.25厘米（图2–344，13）。

标本Z1：47，豆。泥质黑陶。浅盘，直口，窄沿，折腹，下腹斜收，筒形圈足，下部残失。器表和盘内壁均经磨光。折腹下有对称的横耳一对，柄部存两周凸棱。口径19.0、残高6.0、厚0.3厘米（图2–345，1）。

标本Z1：18，子口豆。泥质黑陶。矮子口内敛，折腹，斜壁，底和柄部残。内外表均经磨光。腹壁中部有对称的横耳和盲鼻各一对。口径20.0、残高3.5、厚0.2～0.3厘米（图2–345，2）。

标本Z1：32，筒形单耳杯。泥质黑陶，厚度近似蛋壳陶。近直口，筒形腹，束腰，平底内凹较甚。一侧有带状把手，残。器表经磨光。杯体上中下各一组凹弦纹，每组两周。口径8.4、底径8.6、高10.4、厚0.1～0.2厘米（图2–345，3；彩版一一七，4）。

标本Z1：39，筒形单耳杯。泥质黑陶，薄胎近蛋壳陶。口残，筒形腹微内束，平底内凹。一侧有窄带状把手。器表经磨光。杯体残余三组细凹弦纹，每组两周。残高10.2、底径8.7、厚0.08～0.12厘米（图2–345，4；彩版一一七，5）。

标本Z1：16，壶形杯。泥质黑陶。直口微侈，筒形腹，上细下粗，中腹残，鼓腹位置靠近底部，假圈足状平底内凹。一侧有窄带状把手痕迹。器表经磨光处理。颈部饰两周细凹弦纹，鼓腹部饰两周宽凹弦纹。口径7.6、底径10.0、复原高14.4、厚0.2～0.4厘米（图2–345，5）。

标本Z1：50，觯形杯。夹粉砂黑陶，褐胎。口部残，上腹微内曲，鼓腹，近底部内束较甚，小平底。器表经磨光处理。上腹部一周凸棱。底径5.0、残高10.0、厚0.2厘米（图2–345，6；彩版一一七，6）。

标本Z1：24，覆碗形器盖。泥质黑陶。顶残，盖面隆起，方唇，平折外伸，沿面有一周宽凹槽。器表经磨光。盖面边缘有一周凹弦纹。口径40.0、残高8.0、厚0.4～0.6厘米（图2–345，7）。

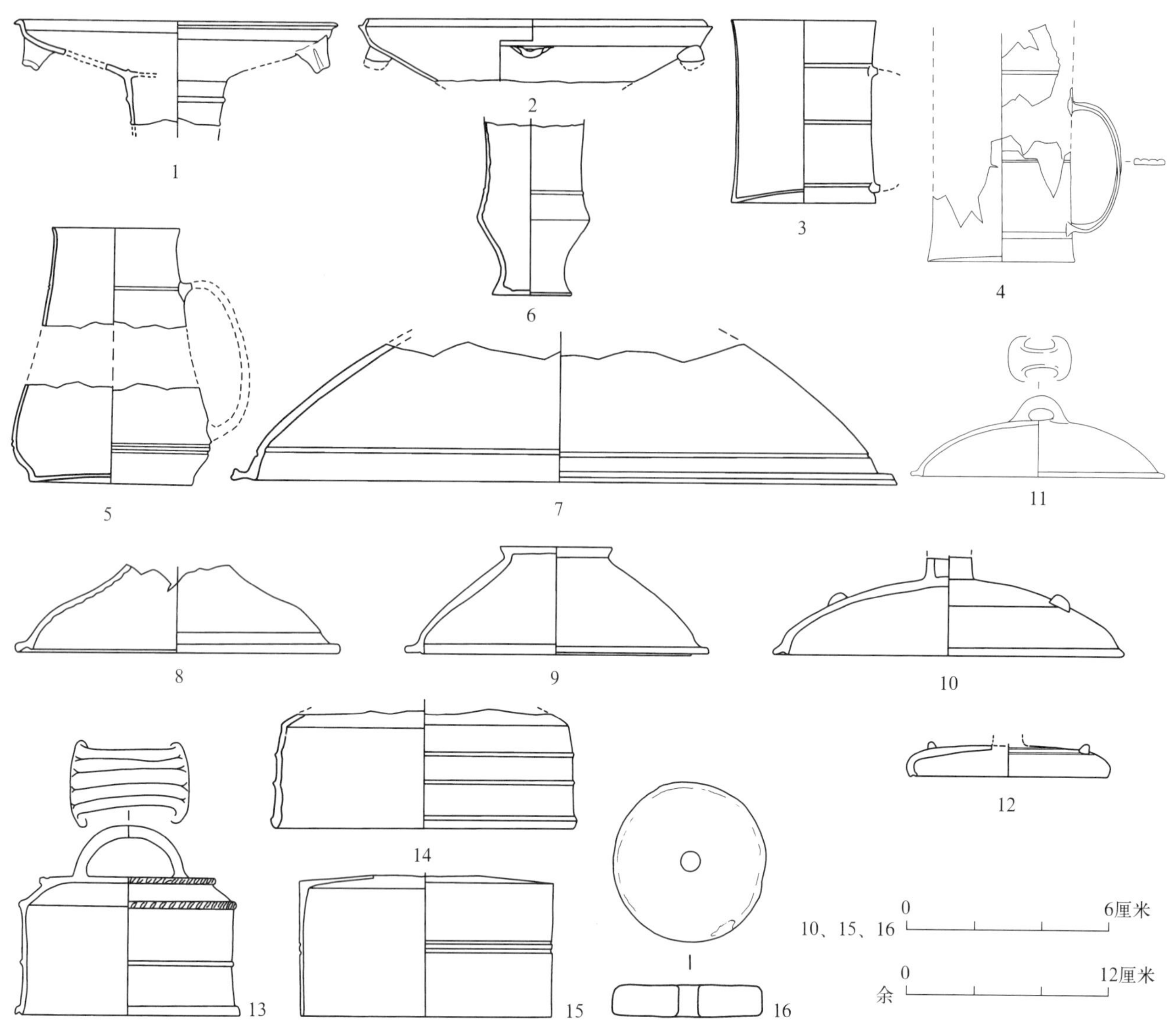

图2-345　一区七期Z1出土器物（四）

1．豆Z1：47　2．子口豆Z1：18　3、4．筒形单耳杯Z1：32、Z1：39　5．壶形杯Z1：16　6．觯形杯Z1：50　7～9．覆碗形器盖Z1：24、Z1：35、Z1：46　10～12．覆盘形器盖Z1：12、Z1：3、Z1：17　13～15．筒形器盖Z1：14、Z1：23、Z1：41　16．纺轮Z1：4

标本Z1：35，覆碗形器盖。夹细砂黑陶，局部呈黄褐色。顶残，盖面隆起，方圆唇，平沿外伸，沿面有一周凹槽。口径19.5、残高5.3、厚0.33～0.4厘米（图2-345，8）。

标本Z1：46，覆碗形器盖。夹极少细砂黑陶，含云母，灰胎。平顶，斜直盖面微弧，圆唇，平沿外伸，沿面有一周凹槽。素面。顶径6.7、口径18.0、高6.2、厚0.2～0.6厘米（图2-345，9）。

标本Z1：17，覆盘形器盖。夹砂灰褐陶。纽残，盖面微弧，浅腹，敛口，沿面有一周凹槽。盖面饰二组凹弦纹，每组两周，其上有对称的盲鼻一对。口径12.0、残高1.8、厚0.2～0.4厘米（图2-345，12）。

标本Z1：3，覆盘形器盖。夹细砂灰陶，含云母。窄带半环形纽，弧形盖面，唇沿外伸，窄平沿，沿面有一周凹槽。器表经磨光，素面。口径15.0、高4.7、厚0.18～0.3厘米（图2-345，11）。

标本Z1：12，覆盘形器盖。泥质黑陶，灰胎，含云母。喇叭形纽残，盖面呈圆弧形，窄平沿，沿面有一周凹槽。器表经磨光。盖面中部饰一周细凹弦纹，其上有对称的盲鼻一对。口径10.4、残高2.8、厚0.2～0.3厘米（图2–345，10）。

标本Z1：14，筒形器盖。夹砂黑陶。平顶，中部有环形宽带状纽，纽面上有四周凹槽，窄折肩，直壁，窄沿外凸，沿面有一周凹槽。盖顶边缘和折肩处均外凸，且按捺成索状花边。盖壁中部有一周凸棱。顶径10.4、口径13.2、高11.0、厚0.3～0.7厘米（图2–345，13）。

标本Z1：23，筒形器盖。夹砂黑陶。顶部残失，折肩，直壁。器表经磨光。盖壁有两周凸棱。口径18.0、残高6.4、厚0.3～0.6厘米（图2–345，14）。

标本Z1：41，筒形器盖。薄胎泥质黑陶。平顶中部隆起，筒形腹，直壁。器表经磨光。盖壁中部有两周凹弦纹。顶径7.65、口径7.6、高4.1、厚0.1～0.3厘米（图2–345，15）。

标本Z1：5，鬶盖。夹砂橙黄陶。覆盘形，一侧残，似有两缺口，平顶下凹，壁内束并有一小孔，孔径0.2～0.4厘米，极浅，侈口，斜沿。盖面边缘有两周凹弦纹。顶径12.4、口径12.1、高1.1、厚0.3～0.5厘米（图2–343，6）。

标本Z1：4，纺轮。泥质黑陶。平板形，素面。直径4.5、孔径0.6、厚0.7厘米（图2–345，16）。

标本Z1：19，盆片。泥质黑陶。刻划细水波纹（图2–21，8）。

标本Z1：20，罐底。夹细砂黑陶。刻划纹（图2–21，9）。

（三）灰坑

灰坑数量较多，共发现和清理52座，主要分布在西北部、东南部和西南部三个地段。形状有圆形、椭圆形、长方形和不规则形等。

1．H74

位于E4T2398中部，开口于⑥a层下，被M16打破。圆形，直壁，圜底（图2–346；彩版一一八，1、2）。坑口直径1.66、深0.66米。填土分为三层，第1层为黄褐色土（10YR4/3）；第2层为灰褐色土（10YR2/1）；第3层为松软的黄褐色土（2.5YR4/4）。出土石镞和鼎、鬶、罐、盆、杯、器盖等陶器或残片（表2–74）。收集浮选土样2份共15升，采集植硅体样品1份20克，收集碳十四测年样品1个。

标本H74①：4（#5603；S222），石镞，破碎成多块。石英/富含白云母的千枚岩。

标本H74②：8（#5620；S2026），石镞，残。绿泥石或绿泥/角闪片岩。平面为柳叶形，横截面为六边形。长5.0、宽1.7、厚0.3厘米，重3.1克（彩版一一九，1）。

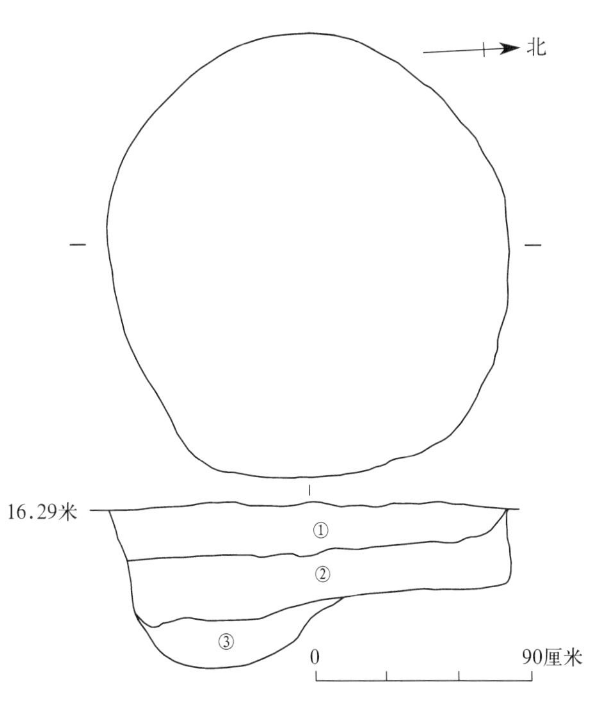

图2–346　一区七期H74平、剖面图

表2-74　H74陶片统计表

纹饰＼数量＼陶色＼陶质	泥质					夹砂						总计	百分比（%）
	黑	灰	红	褐	合计	黑	灰	褐	白	红	合计		
凸弦纹	18	2		2	22	13	5	1	1		20	42	3.15
凹弦纹	32	5		2	39	23	4	2			29	68	5.11
绳　纹		1			1							1	0.08
堆　纹						2	2	1			5	5	0.38
泥　饼	1			1	2		1				1	3	0.23
盲　鼻						2					2	2	0.15
素　面	358	60	4	14	436	569	51	123	24	8	775	1211	90.92
累　计	409	68	4	19	500	609	63	127	25	8	832	1332	100
百分比（%）	30.71	5.11	0.30	1.43	37.54	45.72	4.73	9.53	1.88	0.60	62.46	100	
重量（千克）	2.71	0.51	0.02	0.15	3.39	4.65	1.95	1.36	0.23	0.08	8.27	11.66	

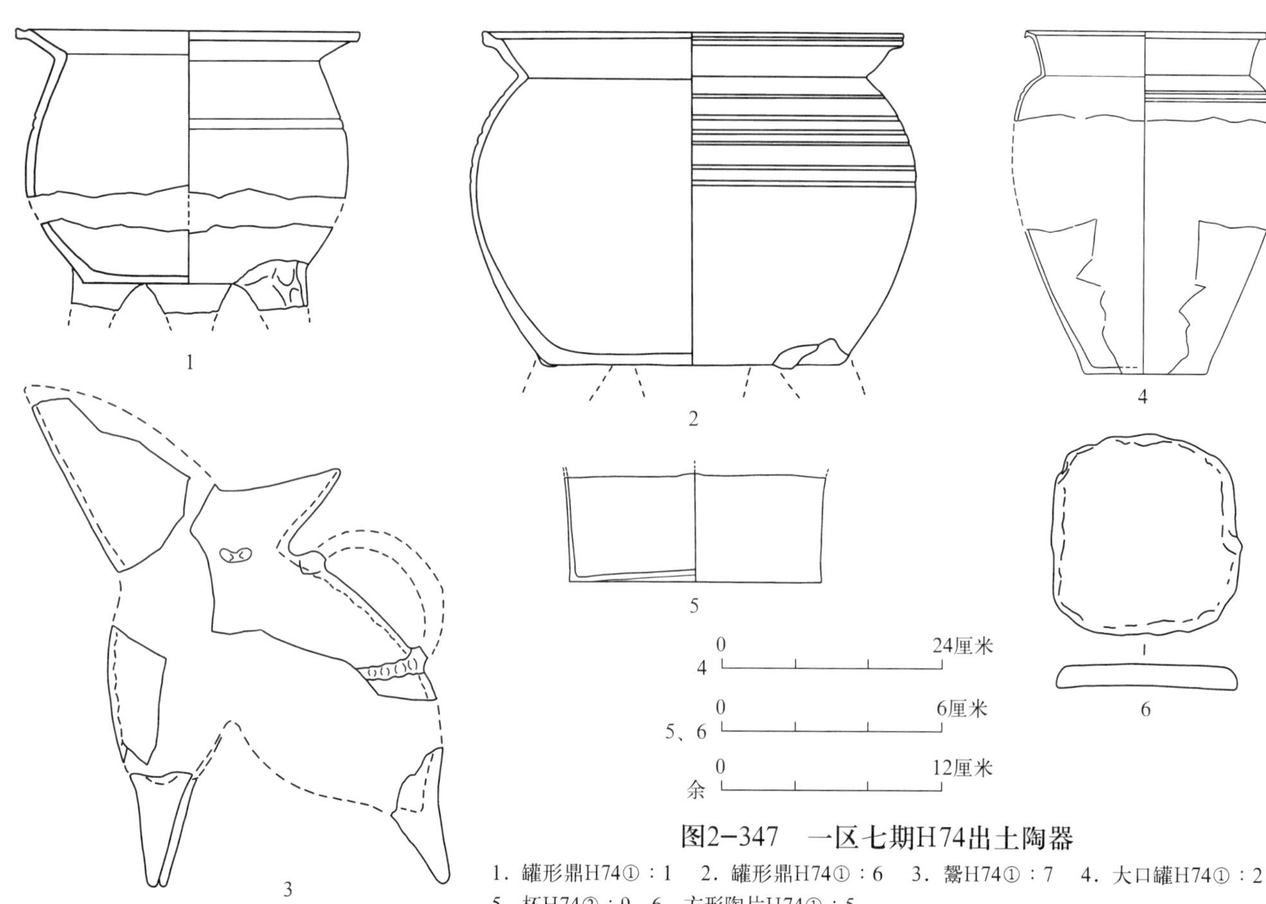

图2-347　一区七期H74出土陶器

1．罐形鼎H74①：1　2．罐形鼎H74①：6　3．鬶H74①：7　4．大口罐H74①：2　5．杯H74②：9　6．方形陶片H74①：5

标本H74①：1，罐形鼎。夹砂黑陶，褐胎。侈口，方唇，宽折沿，沿面有一周宽浅凹槽，斜直肩，鼓腹，大平底，铲形足，正面有纵向附加堆纹。器表经磨光处理。上腹部饰两周细凹弦纹。口径18.7、底径11.2、残高14.8、厚0.5～0.72厘米（图2-347，1）。

标本H74①：6，罐形鼎。泥质黑陶。侈口，方唇，折沿，沿面有一周凹槽，圆肩，圆腹，器体较扁，平底较大，三足残失。肩、腹部有六周凹弦纹。口径23.0、最大腹径24.6、底径16.0、残高17.6、厚0.35～1.25厘米（图2-347，2）。

标本H74①：7，鬶。夹砂红陶。无腹袋足鬶，高流，侈口，尖唇，束颈，肥硕袋足，高实足尖。器表经磨光。颈部饰一盲鼻，袋足饰索状附加堆纹。残高26.0、厚0.2～0.4厘米（图2-347，3）。

标本H74①：2，大口罐。夹细砂灰陶。侈口，方唇，沿内外两侧各有一周凹槽，窄圆肩，圆腹斜长，中部缺失，平底。器表经磨光处理。肩部有两周凹弦纹，其上残存一个小泥饼。口径27.3、最大腹径30.0、底径13.8、复原高为36.9、厚0.32～0.7厘米（图2-347，4）。

标本H74②：9，杯。泥质黑陶。腹以上部分残失，筒形腹，平底内凹。器表经磨光处理，素面。底径6.8、残高2.8、厚0.20厘米（图2-347，5）。

标本H74①：5，方形陶片。夹砂黑陶，含极少量云母。平面呈圆角方形。长5.3、宽5.1、厚0.5厘米（图2-347，6）。

2．H78

位于E4T2399西南部，开口于⑥a层下。近圆形，圜底（图2-348；彩版一二〇，1）。坑口直径0.98、深0.22米。内填灰色土（10YR2/1），出土陶鼎、鬶、罐、罍、杯、盒、器盖等陶器或残片（表2-75）。收集浮选土样1份5升。

标本H78：3（#5706；S1180），磨石，残。砂岩。不规则四边形，磨面内凹。长6.1、宽5.7、厚2.1厘米，重62.7克。

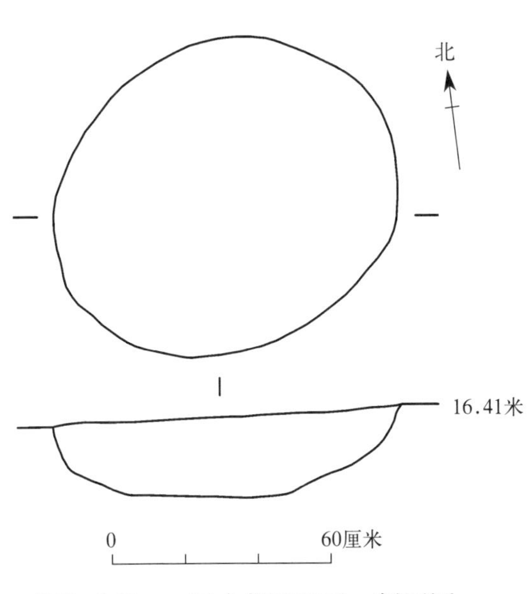

图2-348 一区七期H78平、剖面图

标本H78：1，罐形鼎。夹粗砂黑陶，灰褐胎。口沿残失，溜肩，鼓腹，大平底，三足残。素面。足和底部有火烧痕迹。最大腹径13.4、残高9.0、厚0.3～0.9厘米（图2-349，1）。

标本H78：8，盆形鼎。夹砂黑陶。圆唇，平沿，沿面有两周浅凹槽，口内敛，上部近盘形口，腹近直，下部内收，平底，鸟首形三足残。器表经磨光处理。口沿下残存两个小横耳，沿下及腹部共饰四周凸弦纹。底和足有火烧痕迹。口径20.0、残高12.7、厚0.25～0.7厘米（图2-349，2）。

标本H78：2，鸟首形鼎足。夹砂黑陶，已烧成红色。大型鸟首形鼎足，正视为三角形，横断面呈弧形，正中有较高的纵向齿状堆纹，上部两侧各一个圆形孔，象征鸟的双眼。残高14.4厘米（图2-349，3）。

表2-75　H78陶片统计表

数量 陶质/陶色 纹饰	泥质			夹砂						总计	百分比(%)
	黑	灰	合计	黑	灰	黄褐	白	红	合计		
凸弦纹	6	1	7	17					17	24	2.60
凹弦纹	2		2	9					9	11	1.19
泥　饼	1		1	1		1			2	3	0.33
盲　鼻	4		4	3					3	7	0.76
素　面	210	20	230	384	60	150	3	48	645	875	94.90
附加堆纹						1		1	2	2	0.22
累　计	223	21	244	414	60	152	3	49	678	922	100
百分比（%）	24.19	2.28	26.46	44.90	6.51	16.49	0.33	5.31	73.54	100	
重量（千克）	1.30	0.21	1.51	3.33	0.60	0.58	0.01	0.55	5.07	6.58	

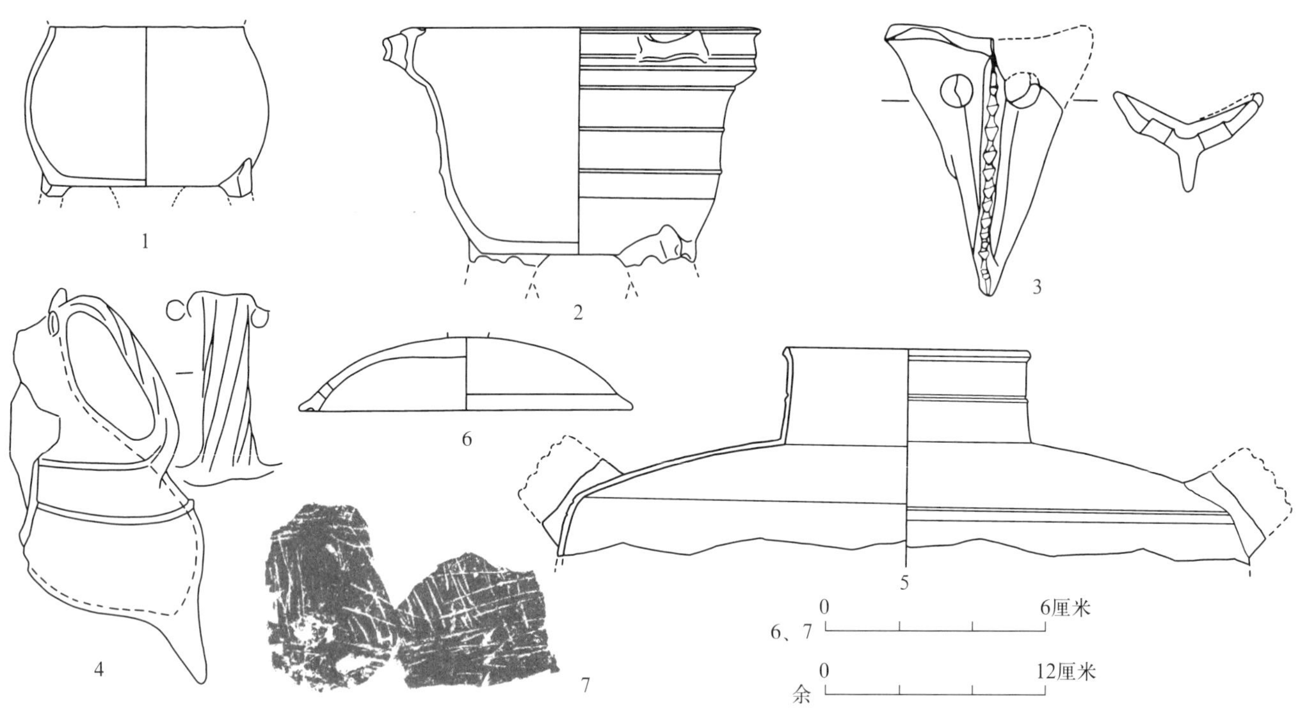

图2-349　一区七期H78出土陶器

1．罐形鼎H78：1　2．盆形鼎H78：8　3．鸟首形鼎足H78：2　4．鬶H78：4　5．罍H78：5　6．覆盘形器盖H78：7　7．圈足杯纹饰拓片H78：6

标本H78：4，鬶。泥质红陶，器表白色陶衣已脱落。只残存象征性绞丝状把手和把手下方的肥硕乳状袋足，实足尖较高。袋足上有两周凸棱，把手上端两侧有对称的小泥饼一对。宽9.6、残高21.4、厚0.25～0.8厘米（图2-349，4）。

标本H78：5，罍。夹细砂黑陶，灰胎。近直口，圆唇，高领，广折肩，斜直腹，以下残失。器表经磨光处理。颈部各有一周凸弦纹，折肩位置有一对宽横耳，残。口径13.2、肩径36.6、残高11.0、厚0.2～0.5厘米（图2-349，5）。

标本H78：6，圈足杯片。泥质褐陶。刻划交叉细线纹（图2-349，7）。

标本H78：7，覆盘形器盖。泥质浅灰陶。盖面呈弧形，顶端捉手残失，沿面有一周凹槽。素面，盖面下部穿一小孔。口径9.3、高2.0、厚0.3～0.55厘米（图2-349，6）。

3．H88

位于E4T2347北部，开口于⑥a层下，打破H99和⑥b层等。近亚腰长方形，直壁，底不平（图2-350）。坑口长径1.16、短径0.62、深0.15米。填土分为两小层，第1层为黑灰色土（7.5YR7.5/1）；第2层为黄褐色土（10YR3/3）。出土有鼎、罐、盒等陶器或残片。采集浮选土样2份共10升，碳十四测年样品1个。

标本H88①：1，盒。泥质黑陶。矮子口内敛，束腰，近底部内折收，平底内凹较甚。内外表均磨光。腹部有细凹弦纹两周，其上有盲鼻一对。口径10.4、底径9.4、高3.6、厚0.15～0.25厘米（图2-350，1；彩版一二〇，3）。

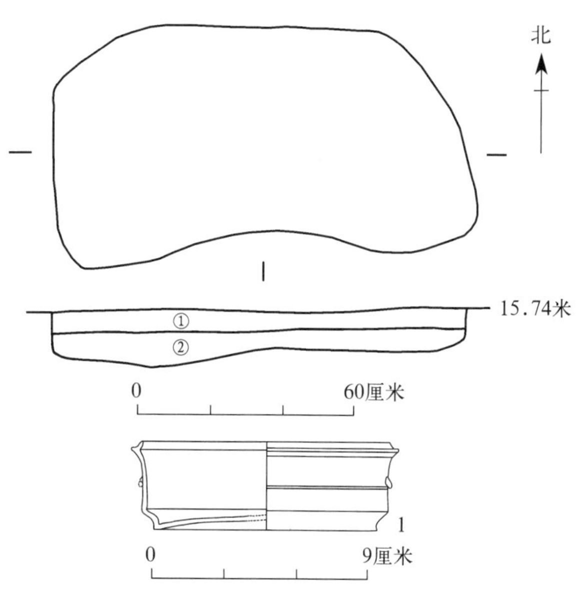

图2-350　一区七期H88平、剖面图及出土陶盒
1．盒H88①：1

4．H99

位于E4T2346、T2347、T2396、T2397四个探方之间，开口于⑥a层下，被H88、H89打破，又打破M33和⑥b、⑥c层。椭圆形，圜底（图2-351）。坑口长径1.62、短径0.94、深0.28米。填深灰色土（2.5YR2.5/1），出土石镞、磨石等石器和鼎、罐、罍、圈足盘、杯、器盖等陶器残片（表2-76）。

标本H99：2（#2616；S304），石镞，打制。红、白色花燧石。平面形状为三角形，横截面为菱形，平底微凹。长3.8、宽2.2、厚0.5厘米，重3.3克（图2-352，8；彩版一一九，2）。

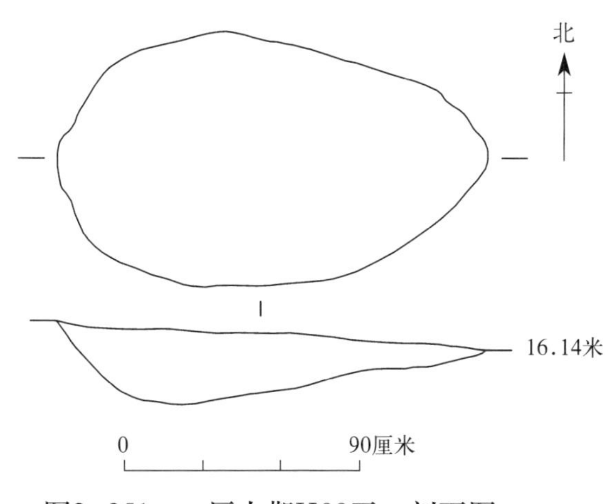

图2-351　一区七期H99平、剖面图

标本H99：12（#4419；S1715），石镞，残。粉砂岩。平面近长方形，横截面近菱形。残长4.8、宽2.1、厚0.7厘米，重8.0克（彩版一一九，3）。

标本H99：13（#2616；S1506），磨石，残。砂岩。磨面颗粒较粗。长3.2、宽1.5、厚0.7厘米，重3.7克。

标本H99：14（#4419；S1713），磨石，残。砂岩。磨面颗粒粗。长3.8、宽2.5、厚1.1厘米，重11.7克。

表2-76 H99陶片统计表

陶质 / 陶色 / 数量 / 纹饰	泥质				夹砂						总计	百分比（%）
	黑	灰	褐	合计	黑	灰	褐	白	红	合计		
凸弦纹	9			9	8					8	17	3.74
凹弦纹	5	2		7	7		1			8	15	3.30
堆　纹					1					1	1	0.22
泥　饼	1			1							1	0.22
盲　鼻	1			1	1					1	2	0.44
素　面	177	3	12	192	132	20	59	2	13	226	418	92.07
累　计	193	5	12	210	149	20	60	2	13	244	454	100
百分比（%）	42.51	1.10	2.64	46.26	32.82	4.41	13.22	0.44	2.86	53.74	100	
重量（千克）	1.51	0.01	0.02	1.54	0.94	0.07	0.45	0.01	0.055	1.525	3.065	

标本H99：3（#2616；S312），饰品。可能为软玉。平面近圆角方形，下中部内收成矮圆柱形。长1.1、宽0.9、厚0.7厘米，重1.2克（图2-352，9；彩版一一九，4～6）。

标本H99：11（#2616；S1505），石器，残。砂岩。平面近长方形。长3.5、宽2.8、厚1.1厘米，重12.8克。

标本H99：6，罍。泥质黑陶。腹以上残失，斜壁呈竹节状，平底微内凹。器表经磨光处理。器

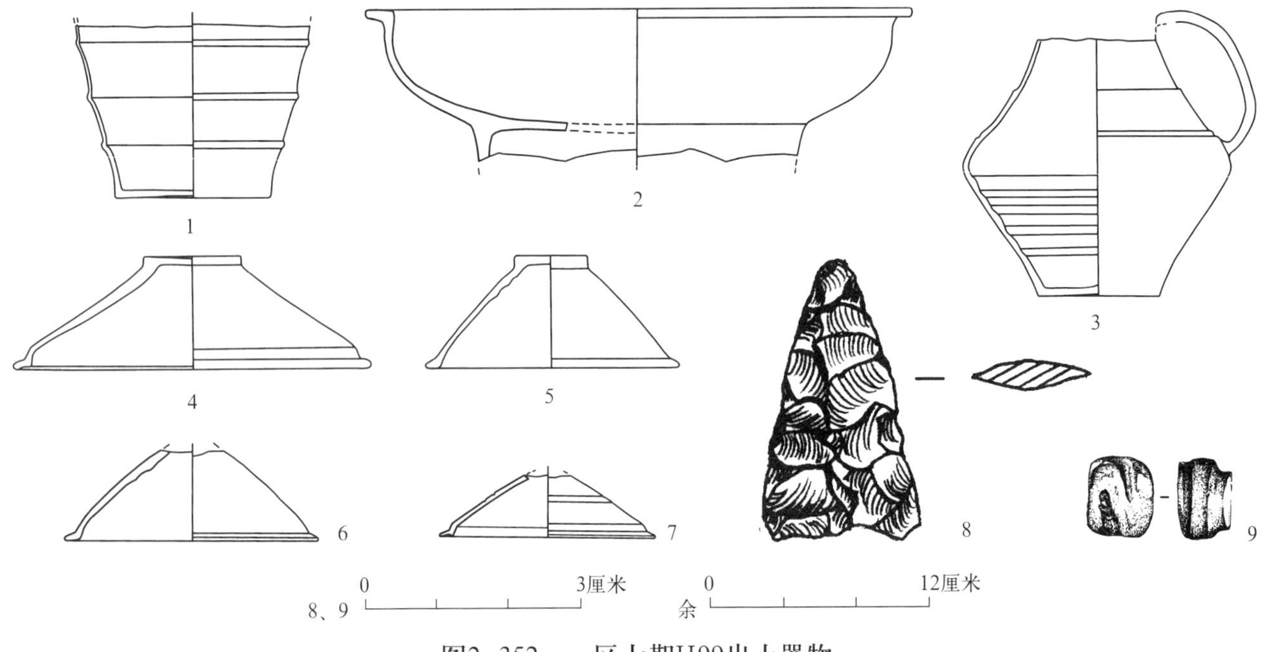

图2-352 一区七期H99出土器物

1．罍H99：6 2．圈足盘H99：10 3．鼓腹单耳杯H99：5 4～7．覆碗形器盖H99：4、7～9 8．石镞H99：2 9．饰品H99：3

表残存三周凸棱。底径8.6、残高9.1、厚0.1～0.3厘米（图2–352，1）。

标本H99∶10，圈足盘。泥质黑陶。口微敛，方唇，宽平沿，盘壁圆折，平底，粗大圈足，以下残。器表及内壁经磨光处理。素面。口径30.0、残高8.0、厚0.4～0.8厘米（图2–352，2）。

标本H99∶5，鼓腹单耳杯。泥质黑陶，灰胎，内侧为黄褐色。口残，粗长颈，鼓腹，平底微内凹，一侧口沿与腹部之间有宽带状把手。内壁有轮制的瓦棱状旋痕。颈部和颈腹交界处有三周凸棱。最大腹径14.6、底径6.6、残高13.6、厚0.3～0.5厘米（图2–352，3）。

标本H99∶4，覆碗形器盖。夹砂黑陶。小平顶，斜壁，沿面有一周凹槽。器表经磨光处理，素面。内侧烧成红色。顶径5.4、口径19.6、高6.0、厚0.2～0.6厘米（图2–352，4；彩版一二〇，4）。

标本H99∶7，覆碗形器盖。夹砂黑陶。小平顶，斜壁微隆，圆唇，平沿外伸。内壁上部有轮旋痕迹。素面。顶径4.0、口径14.0、高6.0、厚0.3～0.5厘米（图2–352，5）。

标本H99∶8，覆碗形器盖。夹砂黑陶。顶残，盖面斜直微隆，平沿外伸。器表经磨光处理，素面。口径14.0、残高4.8、厚0.3～0.5厘米（图2–352，6）。

标本H99∶9，覆碗形器盖。泥质黑陶。顶残，盖面斜直，平沿外伸，沿面内凹。器表经磨光处理。盖面有两周凹弦纹。口径12.0、残高3.2、厚0.2～0.3厘米（图2–352，7）。

5．H106

位于E4T2346、T2345之间，开口于⑥a层下，被H39、H58打破，打破⑥b层。椭圆形，圜底（图2–353；彩版一二〇，2）。坑口长径2.12、短径0.98、深0.16米。填灰褐色土（10YR5/1），出土鼎、罐、瓮、盆、豆、杯、器盖等陶器残片（表2–77）。

标本H106∶5（#8001；S2853），残石器。流纹质熔结凝灰岩。不规则形。长2.1、宽1.3、厚0.4厘米，重1.0克。

标本H106∶3，罐。泥质红灰陶。近直口，尖唇，窄沿内侧有凸榫，束颈，圆腹，以下残。素面。口径11.2、残高3.8、厚0.2厘米（图2–354，1）。

标本H106∶4，瓮。夹砂灰陶。侈口，方唇，折沿，沿面有一周凹槽，斜肩，深腹，中部残，小平底微内凹。肩部存一周凸棱。口径38.0、底径12.0、复原高37.2、厚0.2～0.45厘米（图2–354，2）。

标本H106∶2，豆。泥质黑陶。直口，圆唇，窄平沿，折腹，以下斜收，底及圈足残。内外表均经磨光处理。折腹处有一对盲鼻。口径20.0、残高3.0、厚0.3厘米（图2–354，3）。

标本H106∶1，覆盘形器盖。泥质红灰陶。顶及纽残，弧形盖面，口近直，窄沿，沿面有一周凹槽。器表经磨光处理，盖面有两周凹弦纹，其上饰一对盲鼻。口径16.0、残高2.6、厚0.1～0.25厘米（图2–354，4）。

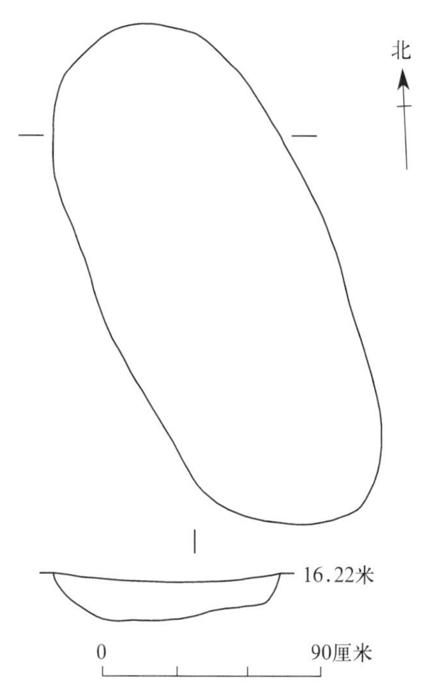

图2–353　一区七期H106平、剖面图

表2-77　H106陶片统计表

陶质/陶色/数量/纹饰	泥质			夹砂				总计	百分比（%）
	黑	褐	合计	黑	灰	白	合计		
凸弦纹	5		5	3	3		6	11	2.13
凹弦纹	9		9	20	2	1	23	32	6.19
堆　纹						1	1	1	0.19
泥　饼	1		1					1	0.19
盲　鼻	1	1	2	1			1	3	0.58
镂　孔		1	1			1	1	2	0.39
素　面	150	12	162	250	20	35	305	467	90.33
累　计	166	14	180	274	25	38	337	517	100
百分比（%）	32.11	2.71	34.82	53.00	4.84	7.35	65.18	100	
重量（千克）	1.50	0.12	1.62	4.5	0.88	0.43	5.81	7.43	

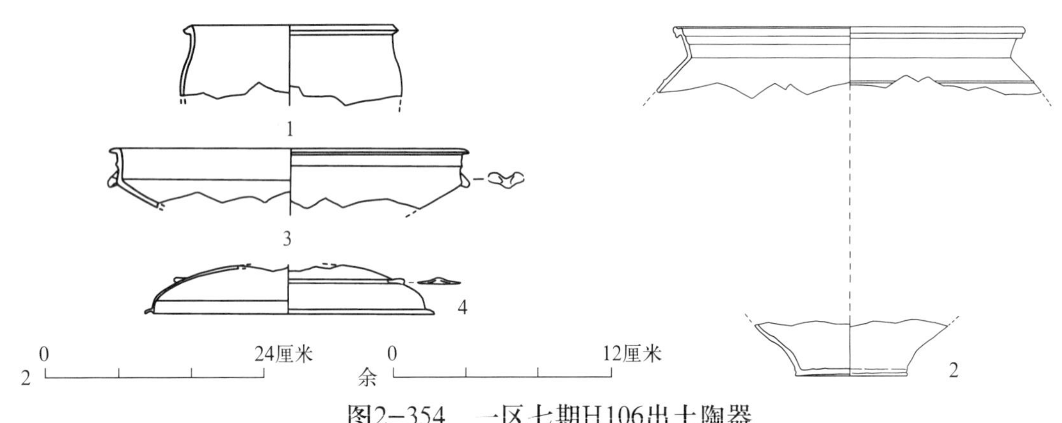

图2-354　一区七期H106出土陶器

1. 罐H106：3　2. 瓮H106：4　3. 豆H106：2　4. 覆盘形器盖H106：1

6. H122

位于E4T2346、T2396、T2395和T2345之间，开口于⑥a层下，被H63、H64、H58、H119、H120等打破，又打破⑥b层及以下堆积。椭圆形，斜壁，近平底（图2-355）。坑口长径3.44、短径1.52、深0.70米。填土分为四层，均为颜色略有差异的松软灰黑色土，依次为：10YR4/6；10YR3/2；10YR2/1；10YR4/4，出土石铲、石镰、石镞等石器，发现大量陶片和数量较多的可复原陶器，器形有鼎、鬶、罐、罍、壶、盆、碗、豆、杯、器盖、纺轮等（表2-78）。收集浮选土样3份共15升，采集植硅体样品3份60克，采集碳十四测年样品1个。

标本H122④：28（#3758；S394），石铲，残。流纹质熔结凝灰岩。磨制光滑，单面刃。残长6.1、残宽4.7、厚0.6厘米，重29.8克。

标本H122④：3（#3760；S1533），石镞，残。粉砂岩。横截面菱形。残长2.8、宽1.7、厚0.8厘

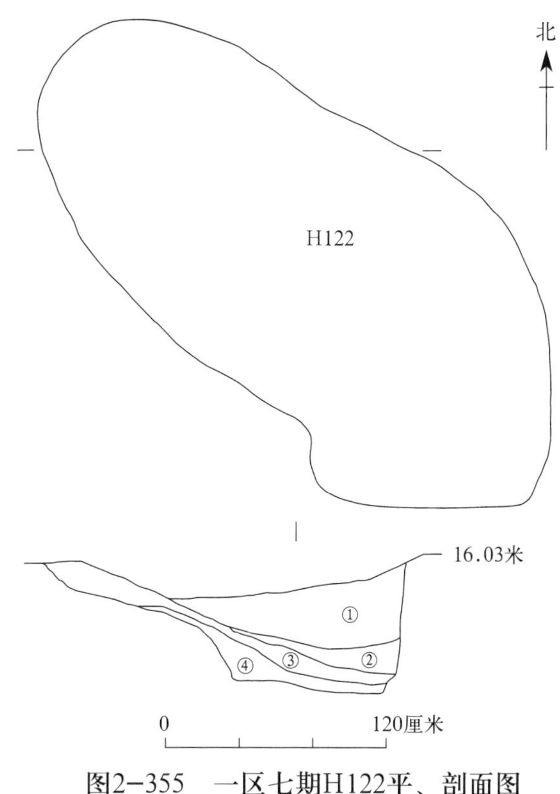

图2-355　一区七期H122平、剖面图

米，重3.0克（彩版一二一，1）。

标本H122④：24（#3758；S392），石镞，残。滑石片岩。横截面为菱形。残长4.6、宽1.9、厚0.6厘米，重5.4克（彩版一二一，2）。

标本H122②：5（#3756；S1202），磨石，残。砂岩。不规则形，磨面粗糙。长3.3、宽2.2、厚1.3厘米，重9.3克。

标本H122③：21（#3757；S1573），磨石，残。花斑岩。平面近长方形，磨面略粗而内凹。长5.8、宽2.8、厚2.7厘米，重66.8克（彩版一二一，3）。

标本H122④：23（#3760；S1199），磨石，残。砂岩。平面为四边形，磨面微内凹。长3.7、宽2.8、厚0.8厘米，重10.5克（彩版一二一，4）。

标本H122④：47（#3760；S1200），磨石，残。砂岩。平面为不规则形，磨面颗粒略粗而内凹。残长3.8、宽4.2、厚0.9厘米，重18.6克。

标本H122②：52（#3756；S1203），磨石，残。砂岩。平面为四边形，磨面细而内凹。长4.1、宽3.8、厚2.1厘米，重39.7克（彩版一二一，5）。

标本H122①：18（#3755；S1028），石杵。花斑岩。平面近椭圆形。长8.8、宽3.6、厚3.0厘米，重141.5克（彩版一二一，6）。

标本H122①：2（#3755；S417），砾石砍砸器。花岗岩。平面不规则，横截面为长方形。长14.0、宽9.6、厚3.4厘米，重675.5克（彩版一二一，9）。

标本H122④：19（#3758；S1065），打磨/抛光石器。平面为卵圆形。长1.6、宽1.2、厚0.5厘米，重1.6克（彩版一二一，7）。

表2-78 H122陶片统计表

陶质 / 陶色 / 数量 / 纹饰	泥质					夹砂								总计	百分比(%)
	黑	灰	红	褐	合计	黑	灰	褐	白	黄褐	红	红褐	合计		
凸弦纹	55	4	1		60	141	18	10	12	24		3	208	268	4.23
凹弦纹	124	6	2		132	259	25	20	1	2		7	314	446	7.04
堆　纹	5		2		7	7	1	17				1	26	33	0.52
泥　饼	3	2	1		6	8		2	1	1			12	18	0.28
盲　鼻	10				10	11	2	1					14	24	0.38
镂　孔	3				3			1					1	4	0.06
刻划纹								2					2	2	0.03
陶　衣								4					4	4	0.06
花　边	2				2	4							4	6	0.09
附加堆纹											3		3	3	0.05
锥　刺	1				1									1	0.02
瓦　棱						1							1	1	0.02
陶　索	1				1									1	0.02
素　面	1644	266	74	23	2007	2308	339	412	61	263	74	58	3515	5522	87.19
累　计	1848	278	80	23	2229	2739	385	469	75	290	77	69	4104	6333	100
百分比（%）	29.18	4.39	1.26	0.36	35.20	43.25	6.08	7.41	1.18	4.58	1.22	1.09	64.80	100	
重量（千克）	11.26	2.71	0.55	2.11	16.63	26.07	3.88	5.63	0.56	3.27	0.82	0.51	40.74	57.37	

标本H122④：43（#3760；S401），装饰品。石英。不规则形，出土于一件陶器容器内。长7.5、宽5.1、厚3.5厘米，重149.6克（图2-356，12；彩版一二一，8）。

标本H122②：7（#3756；S1201），石器，残，磨制。流纹质熔结凝灰岩。长条形。残长2.6、残宽0.7、厚0.6厘米，重1.1克。

标本H122④：33（#3758；S391），石器，残。流纹质熔结凝灰岩。长7.0、宽3.4、厚0.6厘米，重29.1克。

标本H122③：62，罐形鼎。夹砂黑陶。仅存底部，斜弧腹，大平底。下接三“V”字形足，每足系由两个侧三角足合成，下部残，足之外缘压成齿状，外侧边中部附加纵向齿状堆纹。底径30.0、残高9.6、厚0.6～0.8厘米（图2-356，7）。

标本H122③：14，罐形鼎。夹砂黑陶，灰胎。侈口，尖圆唇，折沿，圆肩，圆腹，以下部分残失。器表经磨光处理。口沿外表有四周凸弦纹，沿外残有一横耳，腹部残余三周较宽的凹弦纹，肩部的凹弦纹上残余一个小泥饼。口径22.0、最大腹径28.2、高12.7、厚0.25～0.55厘米（图2-356，4）。

标本H122④：45，单耳罐形鼎。夹粗砂红陶。侈口，圆唇，折沿，圆肩，圆腹，一侧肩腹之间有桥形把手，下腹以下残失。素面。口径16.3、最大腹径20.8、残高14.6、厚0.3～0.5厘米（图2-356，1）。

标本H122②：64，单耳罐形鼎。夹砂黑陶。侈口，圆唇，折沿，沿面有一周凹槽，圆肩，鼓腹，底和足残。一侧肩、腹之间有宽带状把手。器表经磨光处理。肩部饰两周凹弦纹。残高13.2、厚0.3～0.6厘米（图2-356，6）。

标本H122④：35，盆形鼎。夹砂黑陶，内壁和胎为灰褐色。方唇，宽平沿，沿面有两周凹槽，盘形口，腹壁较直，底残，盲眼鸟首形足。器表经磨光处理。沿下有三个等距排列的横耳，沿下和腹部有六周凸棱。三足和底部有火烧痕迹。口径25.6、底径14.5、高21.6、厚0.28～0.5厘米（图2-356，2）。

标本H122④：48，盆形鼎。夹细砂黑陶，胎和内壁为灰色。圆唇，斜平沿，沿面有两周凹槽，略呈盘形口，腹壁直而微弧，鸟首形三足残。器表经磨光处理。口沿外残留一个横耳，沿下和腹部有五周凸弦纹。足和底部有火烧痕迹。口径19.2、底径10.5、高12.8、厚0.27～0.45厘米（图2-356，3）。

标本H122②：63，盆形鼎。夹砂灰陶。口微敛，圆唇，斜折沿，折腹较高，下残。器表经磨光处理。腹部饰两周凸棱，沿外有横耳。残高6.4、厚0.4～0.6厘米（图2-356，5）。

标本H122④：61，鼎足。夹砂黑陶，烧成红褐色。鸟首形，两眼为窄长条形，未穿透。残高10.7厘米（图2-356，8）。

标本H122④：49，鬶。夹细砂黄陶，白色陶衣基本脱落。仅存腹和袋足，粗筒形腹，分裆肥硕大袋足，高实足尖。袋足上方残留象征性绞丝状把手痕迹，袋足上有一周半凸棱。残高23.2、厚0.3～0.5厘米（图2-356，10）。

标本H122②：8，鬶把手。夹滑石黄褐陶。仅存把手及一部分腹部，折沿，斜腹，象征性绞丝状把手。残高11.0、厚0.4厘米（图2-356，11）。

标本H122①：60，鬶把手。夹砂红褐陶。带状把手。正面有刻划的斜向凹槽，为象征性绞丝

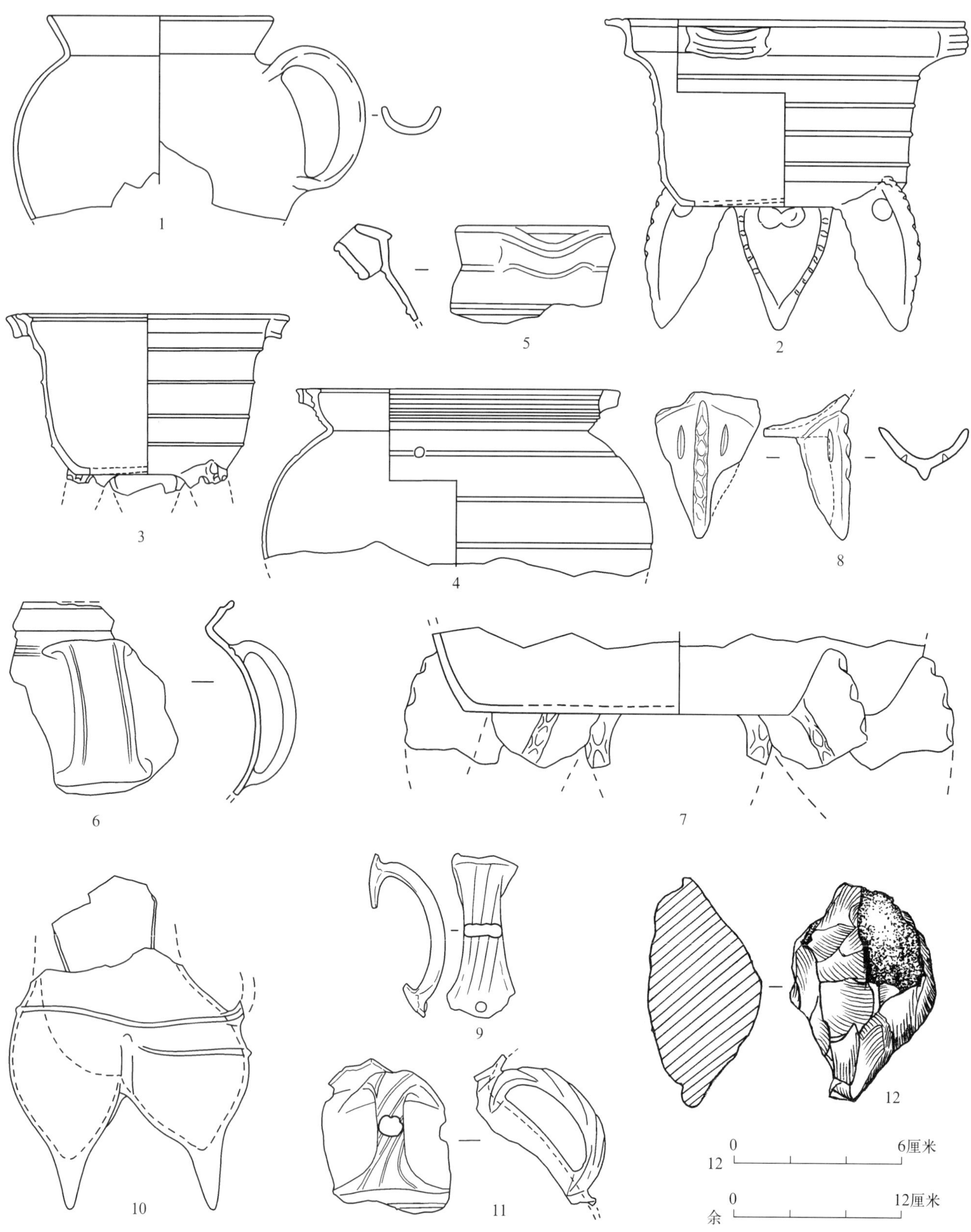

图2-356　一区七期H122出土器物（一）

1、6．单耳罐形鼎H122④：45、H122②：64　2、3、5．盆形鼎H122④：35、H122④：48、H122②：63　4、7．罐形鼎H122③：14、H122③：62　8．鸟首形鼎足H122④：61　9、11．鬶把手H122①：60、H122②：8　10．鬶H122④：49　12．装饰品H122④：43

状，下端有一泥饼。残高10.4厘米（图2–356，9）。

标本H122④：29，中口罐。夹砂黑陶，内壁为灰褐色。侈口，尖圆唇，折沿，圆腹，平底内凹。内壁有轮制时留下的瓦棱痕迹。器体上部及口沿内侧经磨光处理。肩部有两周凹弦纹。口径12.9、最大腹径17.0、底径9.2、高16.4、厚0.3～0.4厘米（图2–357，1；彩版一二二，1）。

标本H122④：34，中口罐。夹砂黑陶，深褐胎，含少量云母。侈口，方唇，折沿，沿内侧有一周凹槽，溜肩，鼓腹，小平底残。素面。口径13.0、最大腹径16.1、底径7.2、高16.1、厚0.2～0.5厘米（图2–357，2）。

标本H122④：51，中口罐。夹砂黑陶，灰褐胎，含云母。侈口，圆唇，折沿，斜肩，鼓腹，平底内凹。器表经磨光处理。肩部饰两周凹弦纹。口径14.5、最大腹径17.6、底径7.4、高17.5、厚0.3～0.4厘米（图2–357，3；彩版一二二，2）。

标本H122④：40，大口罐。夹细砂黑陶，灰褐胎。侈口，方唇，唇沿有一周凹槽，折沿，斜折肩，腹部斜收，平底。器表经磨光处理。肩、腹部有六组凹、凸弦纹组合，肩部残余四个小泥饼和一个横耳的痕迹。口径20.0、底径9.8、高23.8、厚0.3～0.5厘米（图2–357，4；彩版一二二，3）。

标本H122④：39，高领罐。夹砂黑陶，灰褐胎，含云母。口微侈，方唇，唇沿外伸，沿面下凹，高直颈，圆肩，鼓腹，下腹斜收，小平底。颈下饰三个小泥饼，器表共有十三周凹弦纹。口径17.0、最大腹径30.0、底径11.2、高25.4、厚0.4～0.7厘米（图2–357，5；彩版一二二，4）。

标本H122③：13，单耳罐。夹极少砂黑陶，灰胎。口微侈，圆唇，粗长颈，鼓腹，平底。一侧口沿与把手之间有带状把手，残。器表经磨光处理。颈部有两周凸弦纹。口径14.3、最大腹径18.4、底径9.3、高15.8、厚0.27～0.4厘米（图2–357，6）。

标本H122④：37，单耳罐。泥质黑陶。口微侈，圆唇，粗长颈，鼓腹，下腹斜收，平底内凹，一侧口沿与腹部之间有宽带状把手。内壁有轮制时留下的瓦棱痕迹。器表经磨光处理。颈腹交界处有两周阶状凸起，把手对面有一个盲鼻。口径10.8、最大腹径17.0、底径8.0、高15.5、厚0.3～0.4厘米（图2–357，7；彩版一二二，5）。

标本H122④：53，双耳罐。夹极少细砂黑陶，灰胎，内壁为黄褐色。口微侈，方圆唇，斜肩，鼓腹，平底。肩部饰两周凹弦纹，其上有对称的横耳一对。口径7.3、最大腹径15.6、底径6.8、高15.0、厚0.3～0.6厘米（图2–357，8）。

标本H122④：27，带流罐。夹砂黑陶。宽平流，方唇，唇沿外伸，沿面有一周凹槽，粗颈，鼓腹，平底。器表经磨光处理，素面。口径9.6～11.2、最大腹径12.6、底径5.5、高9.8、厚0.2～0.5厘米（图2–357，9；彩版一二二，6）。

标本H122③：20，罐。泥质黑陶。肩以上残，鼓腹较甚，下腹急收成小平底。腹部存五周凹弦纹。残高16.0、底径12.0、厚0.4～0.6厘米（图2–357，10）。

标本H122④：36，罐。泥质黑陶，深灰胎。侈口，方圆唇，折沿，短颈，圆腹，腹下部残。器表经磨光处理。沿外表有一周凹弦纹，颈下有三周阶状凸起，其上有对称的横耳和盲鼻各一对，下腹部有三周浅凹弦纹。口径19.2、残高17.2、厚0.25～0.4厘米（图2–353，11）。

标本H122④：41，罐。夹砂黑陶，黄褐胎。仅存器底，斜直壁，平底内凹。素面。残高8.2、底径17.0、厚0.3～0.5厘米（图2–353，12）。

标本H122②：66，罐。夹砂黑陶。侈口，方唇，平折沿，沿面内凹，束颈，圆肩，鼓腹，以下

图2-357　一区七期H122出土器物（二）

1～3．中口罐H122④：29、H122④：34、H122④：51　4．大口罐H122④：40　5．高领罐H122④：39　6、7．鼓腹单耳罐H122③：13、H122④：37　8．双耳罐H122④：53　9．带流罐H122④：27　10～12．罐H122③：20、H122④：36、H122④：41

残。器表经磨光处理。颈部饰一周凹、凸弦纹，肩部有三周阶状凸起，腹部残有一周凸棱，肩部饰一对盲鼻。口径18.0、残高8.0、厚0.3～0.7厘米（图2-358，1）。

标本H122③：72，罐（鼎）。夹砂灰陶。侈口，方唇，折沿，沿面下凹，圆肩，圆腹，下残。器表经磨光处理。器表饰七周凹弦纹。口径18.0、残高8.6、厚0.4～0.6厘米（图2-358，2）。

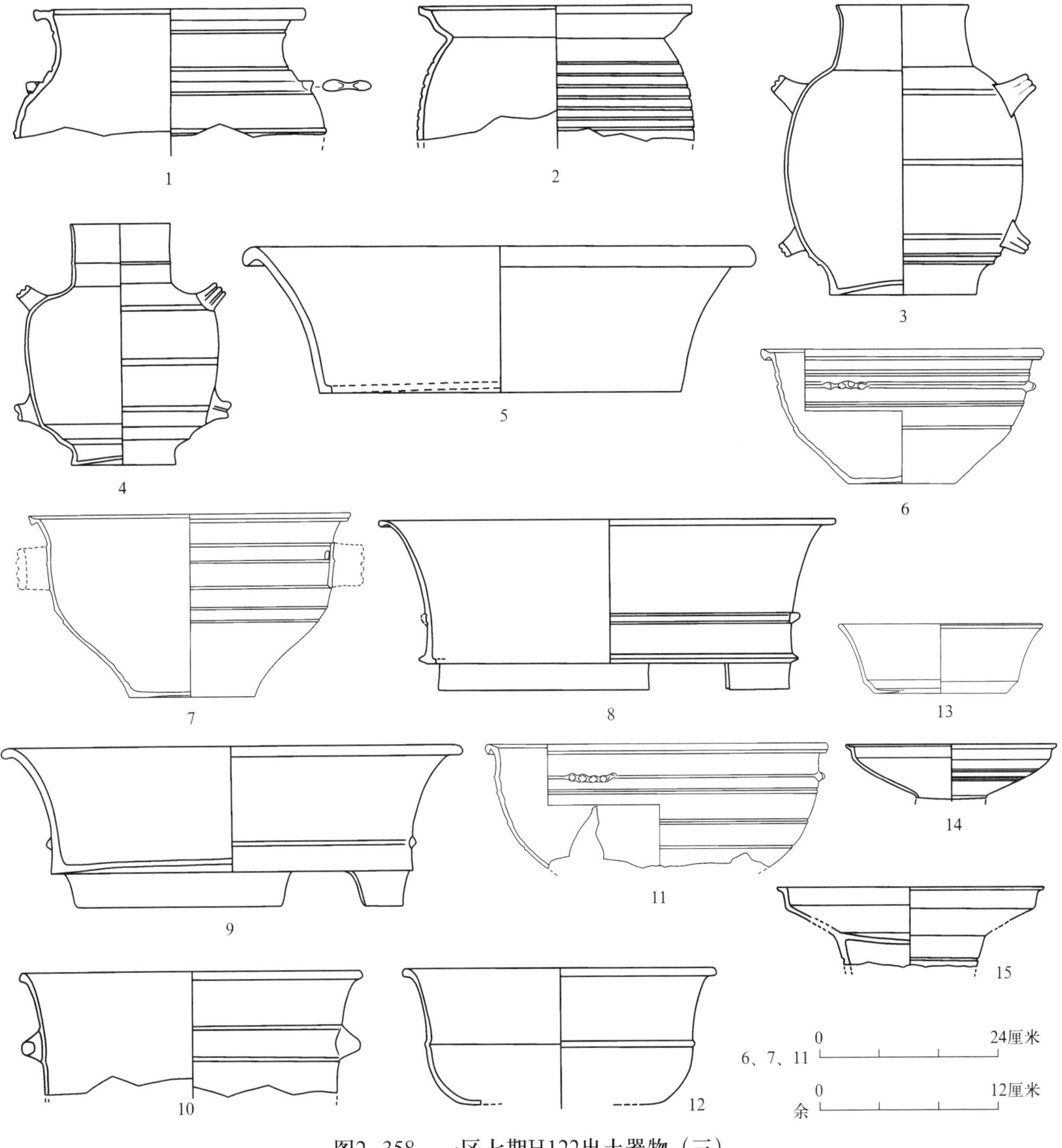

图2-358　一区七期H122出土器物（三）

1、2．罐H122②：66、H122③：72　3、4．罍H122③：17、H122③：57　5．平底盆H122②：9　6、7．鼓腹盆H122④：31、H122④：50　8、9．三足盆H122②：6、H122③：15　10．双耳盆H122②：67　11、12．盆H122③：12、H122④：22　13．碗H122④：26　14、15．豆H122④：30、H122②：70

标本H122③：17，罍。细泥黑陶。高直口，口沿微侈，圆肩，圆腹，近底部急收成假圈足，平底内凹较甚。器表经磨光处理。腹部饰三组六周凹弦纹，近底部有两周凸弦纹，肩部和下腹部各有一组两两相对的横耳。口径8.4～7.6、最大腹径16.0、底径9.3、高18.7、厚0.4～0.6厘米（图2–358，3）。

标本H122③：57，罍。细泥黑陶。高直口，圆折肩，圆腹，假圈足，平底内凹。器表经磨光处理。直口中部有一周凸弦纹，肩腹部饰三组六周凹弦纹，下腹部有两周凸棱，肩部和下腹部有两两相对的横耳。口径6.6、最大腹径12.9、底径7.1、高15.5、厚0.2～0.3厘米（图2–358，4；彩版一二三，1）。

标本H122②：9，平底盆。泥质黑陶，灰胎。敞口，圆唇，卷沿，斜壁微内弧，底残。内外表均经磨光处理，素面。口径34.0、底径24.0、高9.4、0.4～0.5厘米（图2–358，5）。

标本H122④：31，鼓腹盆。夹砂黑陶，灰褐胎。方唇，沿面有一周凹槽，颈不明显，圆腹，平底微内凹。内壁有轮制时留下的瓦棱痕迹。内外表均经磨光处理。腹饰四周凹、凸弦纹组合，中部残存一个鸡冠状附加泥条装饰。口径38.0、底径14.0、高17.6、厚0.35～0.7厘米（图2–358，6；彩版一二三，2）。

标本H122④：50，鼓腹盆。夹砂黑陶，灰胎。宽方唇，沿面下凹，有颈，鼓腹，下腹内收较甚，平底微内凹。器表经磨光处理。腹部饰五周凸弦纹，偏上部有对称的两个大横耳，横耳旁边有小泥饼。口径42.2、底径16.5、高23.8、厚0.28～0.6厘米（图2–358，7）。

标本H122②：6，三足盆。泥质黑陶。敞口，圆唇，斜弧腹，底边外突，中部残失，三矮瓦状足。内外表均经磨光处理。腹壁有两周凹弦纹，其上有对称的盲鼻一对。口径30.4、底径24.0、高11.0、厚0.2～0.3厘米（图2–358，8）。

标本H122③：15，三足盆。泥质黑陶，灰胎。敞口，圆唇，卷沿，斜壁内曲，平底内凹，三矮瓦状足。器表经磨光处理。下腹部有两周凹弦纹，其上有对称的盲鼻一对。口径30.8、底径24.2、高10.3、厚0.3～0.6厘米（图2–358，9；彩版一二三，3）。

标本H122②：67，双耳盆。泥质黑陶。口微敞，圆方唇，腹壁较直，下残。器表内外均经磨光处理。腹饰两周凸棱，其上有一对横耳。口径22.8、残高8.2、厚0.3～0.6厘米（图2–358，10）。

标本H122③：12，盆。夹砂黑陶，灰胎。方圆唇，卷沿，沿面有一周下凹，短颈，圆腹，腹壁下部弧向斜收，底残。内外表均经磨光处理。颈下外表分饰一周凸弦纹、两组凹、凸弦纹组合和一周凹弦纹，颈下有附加堆泥条装饰。口径46.0、残高16.1、厚0.4～0.6厘米（图2–358，11）。

标本H122④：22，盆。夹极少细砂黑陶，灰胎，含少量云母。敞口，圆唇，卷沿，腹底缓折，底部圆折残失。内外表均经磨光处理。腹部有一周凸棱。口径20.6、残高8.8、厚0.2～0.4厘米（图2–358，12）。

标本H122④：26，碗。泥质黑陶，灰胎。敞口，圆唇，折腹，平底内凹。内外表均经磨光处理，素面。口径13.6、底径8.8、高4.5、厚0.2～0.3厘米（图2–358，13）。

标本H122④：30，豆盘。泥质黑陶，含极少量云母。圆唇，唇沿外伸，沿面有一周凹槽，折腹，底及柄部残失。内外表均经磨光处理。腹壁有七周线纹。口径14.0、残高3.6、厚0.2～0.3厘米（图2–358，14）。

标本H122②：70，豆。泥质黑陶。直口，尖唇，窄平沿，折腹，平底下垂，豆柄较粗，下残。

柄有凹弦纹一周。内外表均经磨光处理。口径18.0、厚0.3～0.6厘米（图2–358，15）。

标本H122③：10，筒形单耳杯。泥质黑陶，灰胎。直口，杯体中部微内束，平底内凹略甚，一侧中下部有窄带状把手。器表经磨光处理，素面。口径7.6、底径7.7、高10.8、厚0.15～0.3厘米（图2–359，1）。

标本H122②：4，筒形单耳杯。泥质黑陶。口部残失，腹中部内束，平底内凹较甚，窄条形把手残失。器表经磨光处理。器表有两组五周凹弦纹。底径9.0、残高7.1、厚0.1～0.2厘米（图2–359，2）。

标本H122③：11，筒形单耳杯。夹细砂黑陶，褐胎。上半部残失，直腹，平底。一侧有耳的痕

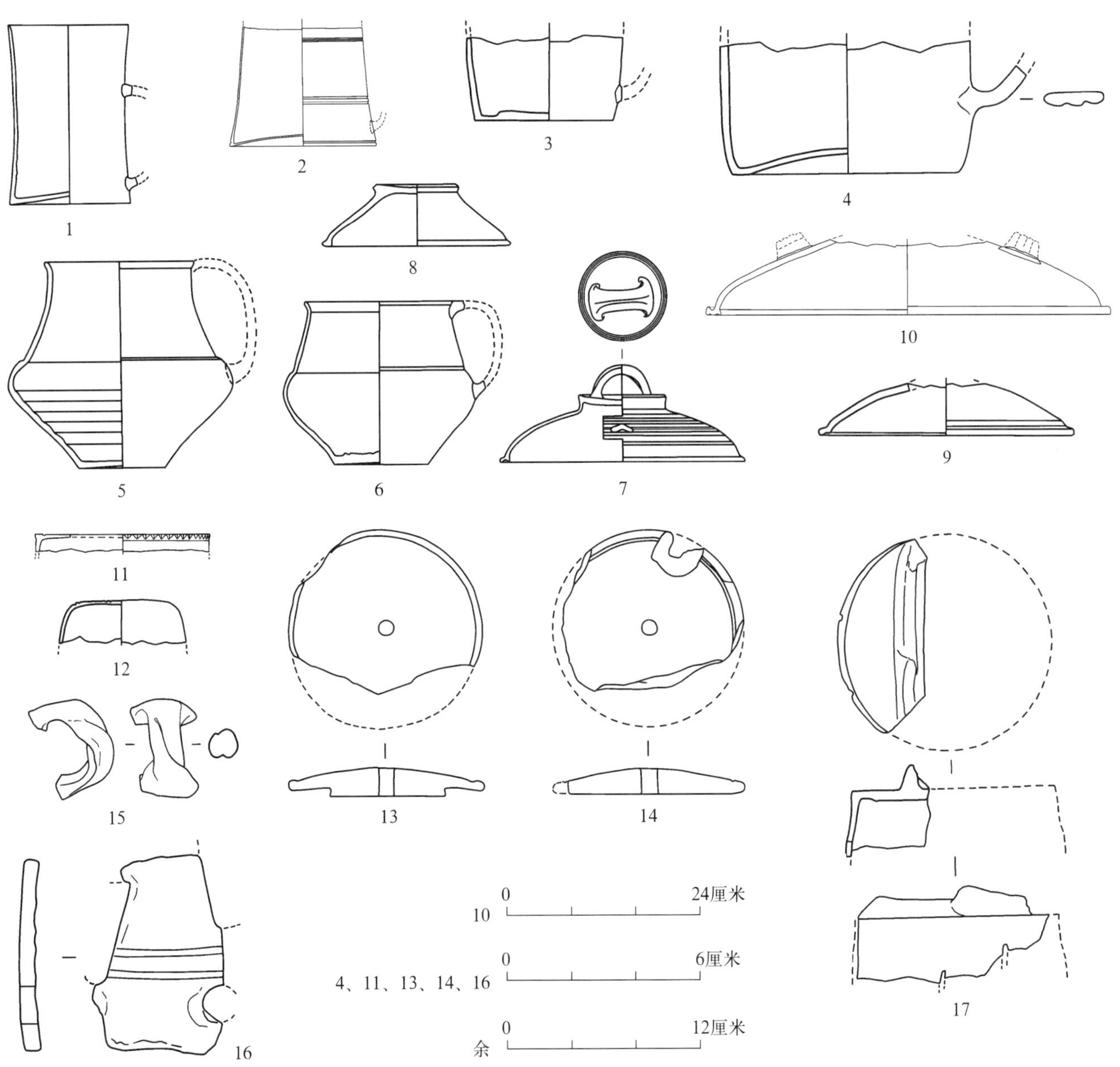

图2–359　一区七期H122出土器物（四）

1．筒形单耳杯H122③：10　2～4．筒形单耳杯H122②：4、H122③：11、H122②：65　5、6．鼓腹单耳杯H122④：44、H122③：56　7、8．覆碗形器盖H122④：38、H122④：32　9．覆盘形器盖H122②：68　10．覆盆形器盖H122③：16　11、12．筒形器盖H122②：71、H122④：42　13、14．纺轮H122④：46、H122②：54　15．把手H122④：59　16．镂孔陶片H122②：69　17．铃形陶器H122①：

迹。器表经磨光，素面。底径8.5、残高5.0、厚0.2～0.5厘米（图2-359，3）。

标本H122②：65，筒形单耳杯。泥质黑陶。口部残，直腹，平底内凹较甚。一侧有窄带状把手。器表经磨光处理。素面。底径7.0、残高4.2、厚0.2～0.3厘米（图2-359，4）。

标本H122④：44，鼓腹单耳杯。夹细砂黑陶，胎和内壁为黄褐色。圆唇，粗长颈，鼓腹，下腹斜收，平底微内凹，一侧口沿和腹部之间有宽带状把手。器表经磨光处理。颈肩交界处有一周阶状凸起。口径9.3、最大腹径14.0、底径5.4、高12.4、厚0.3～0.4厘米（图2-359，5；彩版一二三，4）。

标本H122③：56，鼓腹单耳杯。泥质黑陶，灰褐胎。口微侈，圆唇，粗长颈，鼓腹，下腹斜收，平底微内凹，一侧口沿与腹部之间有宽带状把手，残。器表经磨光处理。颈腹交界处有一周阶状凸起。口径9.2、最大腹径12.0、底径5.8、高9.8、厚0.2～0.3厘米（图2-359，6；彩版一二三，5）。

标本H122④：32，覆碗形器盖。夹砂黑陶。灰胎。平顶下凹，斜壁，沿略宽。素面。顶径5.2、口径11.6、高3.8、厚0.3～0.4厘米（图2-359，8）。

标本H122④：38，覆碗形器盖。泥质黑陶，含少量云母。宽带状半圆形捉手，顶面下凹，盖外弧，尖圆唇，平沿略外伸，沿面有一周凹槽。器表经磨光处理。盖面有十周较浅的线纹，中部有对称的盲鼻一对。顶径5.2、口径15.2、通高5.8、厚0.2～0.25厘米（图2-359，7；彩版一二三，6）。

标本H122②：68，覆盘形器盖。夹砂黑陶。顶残，弧状盖面，窄沿，沿面有一周凹槽。器表经磨光处理。素面。口径16.0、残高3.1、厚0.4～0.6厘米（图2-359，9）。

标本H122③：16，覆盆形器盖。夹砂黑陶，灰胎。器体较大，顶残，斜壁，近下部折收，方唇，平沿外伸，沿面有两周凹槽。器表经磨光处理。盖壁上有对称的大横耳一对。口径50.7、残高8.5、厚0.7厘米（图2-359，10）。

标本H122②：71，筒形器盖。泥质黑陶。平顶，直壁，下部残。器表经磨光处理。顶面周缘有一周凹弦纹，顶面外沿刻成三角形花边。顶径5.5、残高1.2、厚0.3～0.4厘米（图2-359，11）。

标本H122④：42，筒形器盖。泥质黑陶。平顶微弧，近直壁，下残。器表经磨光，顶面有细凹弦纹，每组两周。顶径5.2、残高2.8、厚0.1～0.25厘米（图2-359，12）。

标本H122④：46，纺轮。夹极少细砂黑陶，含少量云母。正面隆起，并经磨光处理，边缘有一周凹槽，背面中部有明显的圆台形凸起。直径6.0、厚0.3～0.9厘米（图2-359，13）。

标本H122②：54，纺轮。夹细砂黑灰陶。圆形，正面鼓起，边缘有一周凹弦纹，背面较平整。素面。直径6.0、最厚处0.8厘米（图2-359，14）。

标本H122④：59，把手。泥质黑陶。两泥条缠绕而成，呈绳索状。残高6.0、厚1.0～1.6厘米（图2-359，15）。

标本H122①：1，铃形陶器。夹砂灰陶。残存半圆筒形，平顶上残有一侧片状纽，口身为筒形，下残。壁有镂孔。残高5.5、厚0.4～0.6厘米（图2-359，17）。

标本H122②：69，镂孔陶片。夹砂黑陶。器形不详，陶片上有镂两个长条形孔和一圆孔。器表经磨光处理。腹部有两周凹弦纹。残长5.8、残宽2.3～3.6、厚0.5厘米（图2-359，16）。

7．H123

位于E4T2399、T2400之间，开口于⑥a层下。椭圆形，平底（图2-360）。坑口长径0.64、短径046、深0.20米。内填灰褐色土（2.5YR4/1），出土陶片的器形有鼎、罐、盆、器盖等。

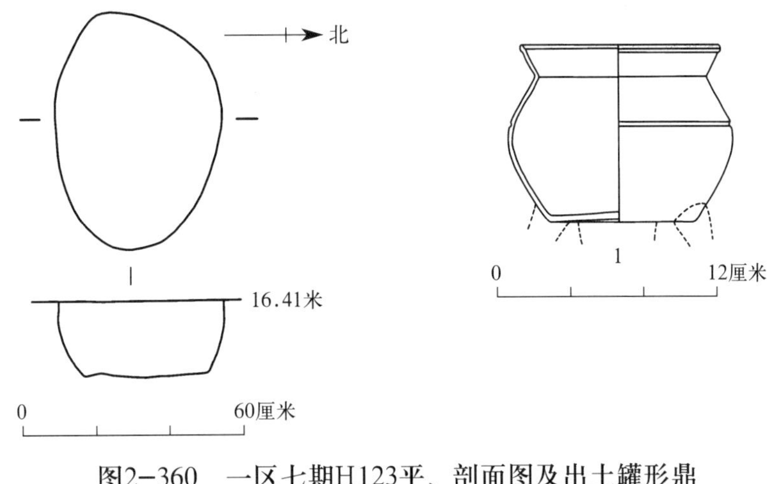

图2-360　一区七期H123平、剖面图及出土罐形鼎

1．罐形鼎H123：1

标本H123：1，罐形鼎。夹砂黑陶。侈口，圆唇，折沿，鼓腹，平底，三足残失。外表经磨光处理。腹部有凹弦纹一周。底部有火烧痕迹。口径11.2、底径8.2、残高9.5、厚0.2～0.4厘米（图2-360，1）。

8．H195

位于E4T2398、T2348之间，开口于⑥a层下，被H34、H80、H84打破，又打破⑥b层。近圆形，直壁，底不平整（图2-361）。坑口直径1.70、深0.40米。填土分为两层，第1层为灰褐色土（7.5YR6/4）；第2层为黑灰色土（10YR2.5/1）。出土陶片的器形有鼎、罐、盆、杯、钵和器盖等。收集浮选土样1份5升，采集植硅体样品3份30克。

标本H195①：4（#5614；S2000），石锤，一端残。花斑岩。平面近椭圆形。长6.7、宽4.9、厚2.9厘米，重117.0克（彩版一二四，1）。

标本H195①：3（#5614；S2214），磨石，残，砂岩。平面为三角形，磨面细而内凹。长6.9、宽4.6、厚1.9厘米，重67.3克（彩版一二四，2）。

标本H195①：2，钵。泥质黑陶。近直口内敛，斜腹，小平底。器表经磨光处理，素面。口径12.0、底径6.7、高2.9、厚0.2～0.3厘米（图2-362，1）。

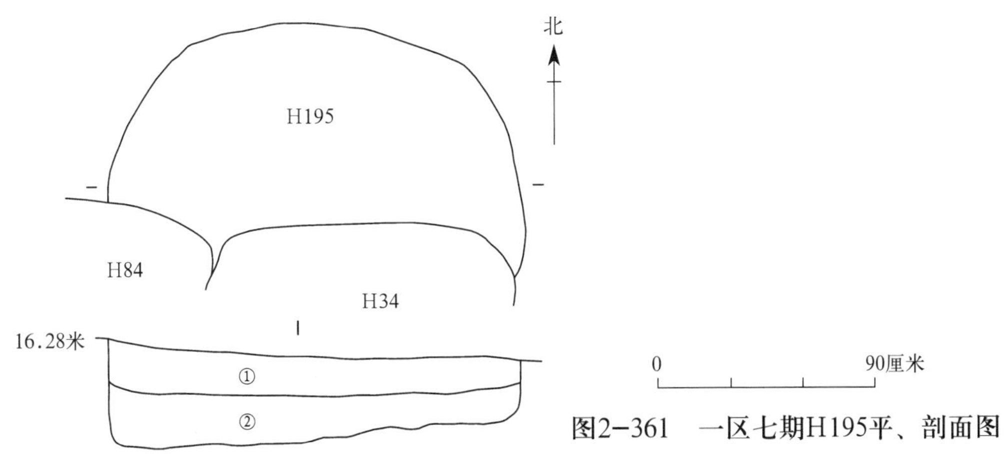

图2-361　一区七期H195平、剖面图

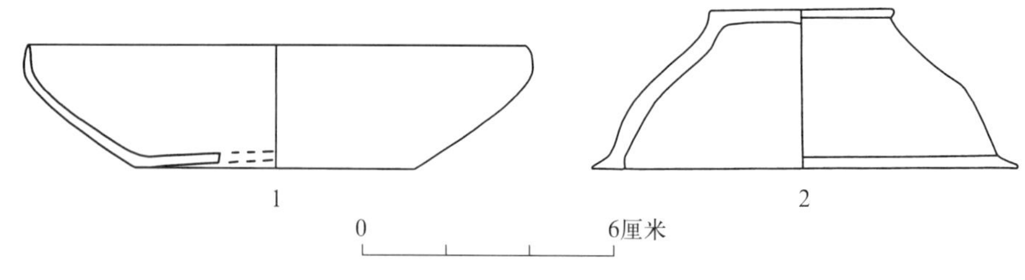

图2-362 一区七期H195出土陶器

1. 钵H195①：2 2. 覆碗形器盖H195①：1

标本H195①：1，覆碗形器盖。夹砂灰陶。平顶，盖面隆起，平沿外伸。素面。口径10.1、顶径4.3、高3.7、厚0.6厘米（图2-362，2）。

9. H199

位于E4T2397中部偏南，开口于⑥a 层下，被H51、H89和H186打破，又打破⑥b层。近圆形，斜壁，平底（图2-363；彩版一二五，1）。坑口直径1.22、深0.30米。填土分为两层，第1层为浅褐色土（7.5YR3/3）；第2层为深灰色土（1GL2.5/N）。出土陶器的器形有鼎、鬶、甗、罐、盆、盒、杯、器盖等。收集浮选土样1份5升，采集植硅体样品1份20克。

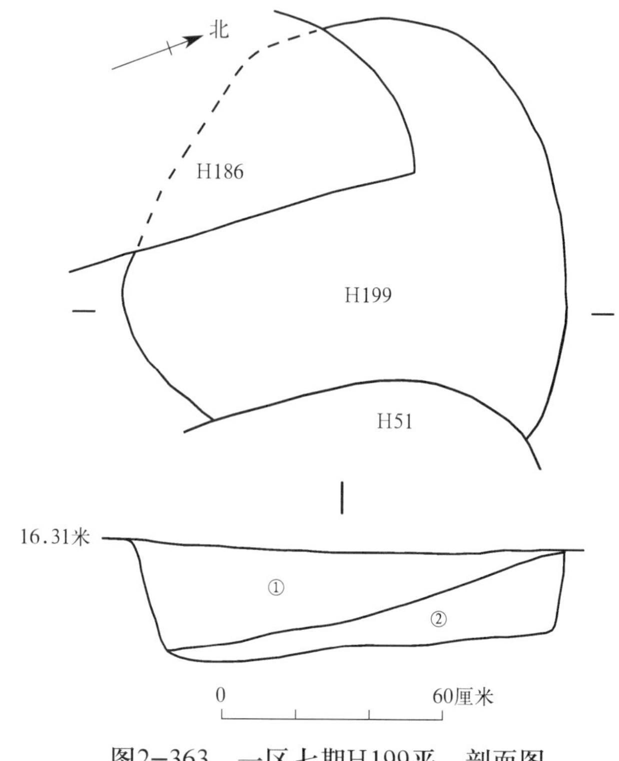

图2-363 一区七期H199平、剖面图

标本H199②：16（#4416；S1716），石锛半成品。花斑岩。平面为一端斜收的长方形。长11.0、宽4.1、厚2.8厘米，重183.8克（彩版一二四，3）。

标本H199②：20（#4416；S1727），石铲，残。磨制光滑。流纹质熔结凝灰岩。长3.9、宽2.5、厚0.8厘米，重6.6克（图2-365，6）。

标本H199②：8（#4416；S1708），磨石，残。砂岩。重69.5克。

标本H199②：15（#4416；S1712），磨石。砂岩。平面为不规则形，磨面略粗而平整。长6.9、宽5.2、厚1.3厘米，重64.3克（彩版一二四，4）。

标本H199②：5，罐形鼎。夹砂黑褐陶。颈部以上残缺，圆肩，圆腹，平底，三足残，足正面有附加堆纹。肩部有三周凹弦纹。最大腹径11.0、残高9.0、厚0.2～0.6厘米（图2-364，1）。

标本H199②：4，盆形鼎。夹砂黑陶。敛口，尖圆唇，平沿，沿面有三周浅凹弦纹，折腹位置偏上，下腹较深，平底微外弧，三角形足，中部有两条纵向堆纹。内外表均经磨光处理。沿下残余两个盲鼻痕迹（从位置看应为三个），腹部自上而下饰一周凸弦纹和两周凹弦纹。足和底有火烧痕迹。口径20.0、底径11.2、高19.6、厚0.2～0.5厘米（图2-364，3）。

标本H199②：18，盆形鼎。泥质黑陶。浅盘形口微内敛，尖圆唇，平沿，沿面有宽凹槽，腹壁较直，近底部折收，平底微外弧，细孔鸟首形足，正面饰纵向细密齿状堆纹。内外表均经磨光处理。沿下残留一盲鼻，腹饰三周凸棱。口径20.2、底径13.6、高15.6、厚0.15～0.5厘米（图2-364，2）。

标本H199②：19，盆形鼎。夹砂黑陶。敞口，方唇，卷沿，有颈，折肩，斜腹内收，大平底，三足残失，从痕迹看应为“V”字形足。素面。口径32.8、底径21.2、残高6.4、厚0.3～0.7厘米（图2-364，4）。

标本H199②：6，甗。夹砂黑陶。方唇，宽沿，沿面有一周凹槽，短颈，圆腹，束腰，连裆袋

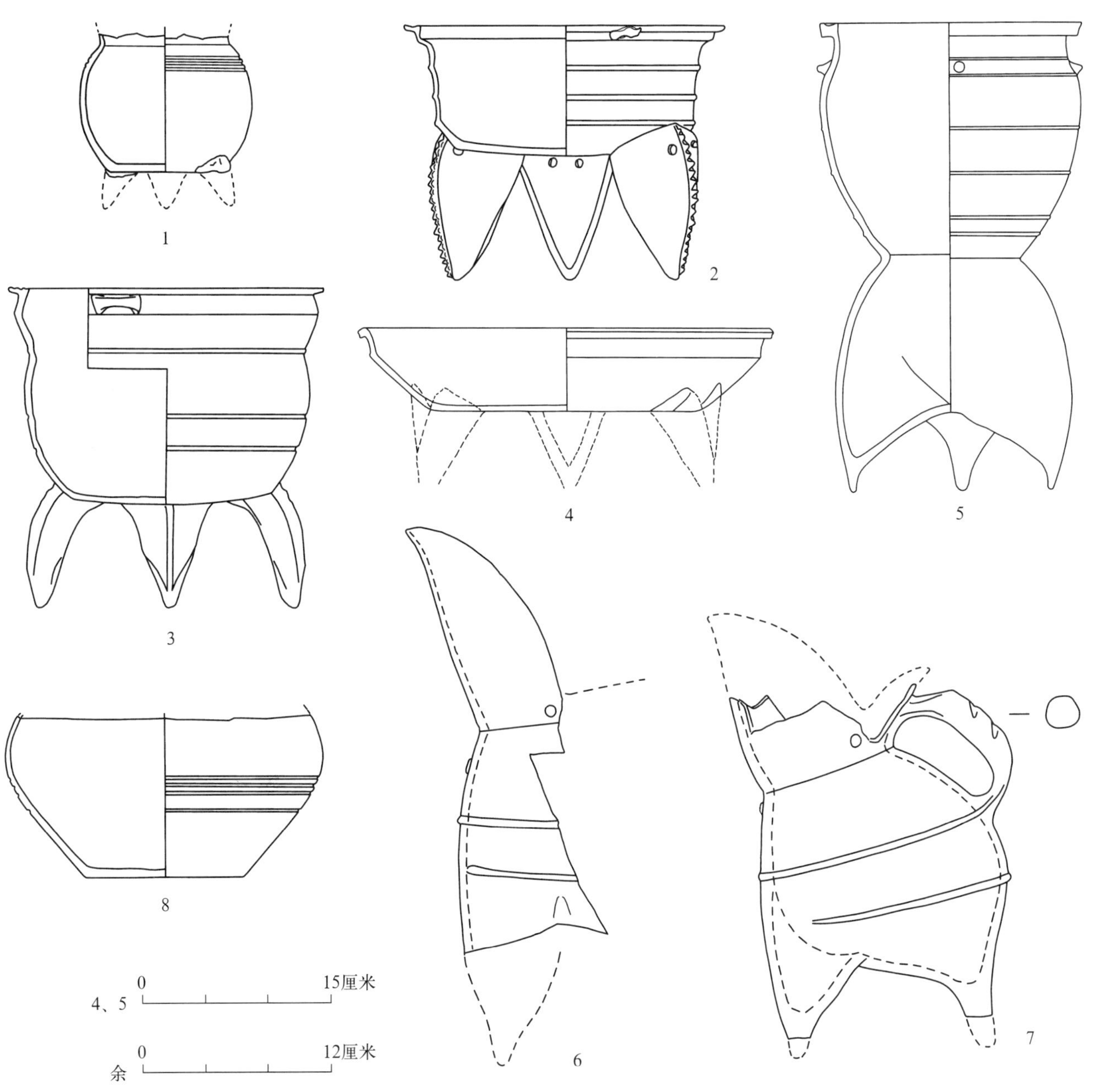

图2-364　一区七期H199出土器物（一）

1．罐形鼎H199②：5　2～4．盆形鼎H199②：18、H199②：4、H199②：19　5．甗H199②：6　6、7．鬶H199②：10、H199②：13　8．罐H199②：2

足，有实足尖。器表经磨光处理。甑部腹饰六周凸弦纹，颈下饰对称的盲鼻和泥饼各一对，鬲部为素面。口径21.0、通高36.0、厚0.5厘米（图2–364，5；彩版一二六，1、2）。

标本H199②：10，鬶。夹滑石红陶。无腹袋足鬶，高流，口沿一侧及足残。袋足饰两周凸棱，流根部两侧及流下正中各饰一泥饼。残高26.0、厚0.2～0.4厘米（图2–364，6）。

标本H199②：13，鬶。夹砂红陶。流和口残，深鼓腹，分裆瘦袋足，实足尖残，象征性绞丝状把手。腹下部和袋足上部各有一周凸棱，流根部两侧和流前方下侧各有一个泥饼。前后长18.0、宽11.0、残高22.3、厚0.3～0.6厘米（图2–364，7；彩版一二六，3）。

标本H199②：2，罐。夹砂黑陶。上部残失，鼓腹，平底。下腹部有四周凹弦纹。外表经磨光处理。最大腹径20.0、底径10.0、残高10.0、厚0.25～0.55厘米（图2–364，8）。

标本H199②：3，大平底盆。泥质黑陶，黄褐胎。大敞口，圆唇，腹壁内曲，大平底。内外壁均经磨光处理，素面。口径26.0、底径17.6、高8.6、厚0.2～0.7厘米（图2–365，1）。

标本H199②：12，大平底盆。泥质黑陶，灰胎。大敞口，方唇，卷沿，斜腹内曲，大平底。内外表均经磨光处理。腹部有两周凹弦纹。口径34.5、底径25.6、高10.0、厚0.2～0.6厘米（图2–365，2）。

标本H199②：7，平底盒。泥质黑陶。矮子口，直腹微束，近底部折收，平底残。内外表经磨光处理，腹部有两周凹弦纹，其上有一个宽横耳的痕迹。口径23.6、底径20.4、高6.8、厚0.25～0.4厘米（图2–365，3）。

标本H199②：1，覆碗形器盖。泥质黑陶。平顶下凹较甚，边缘有一周凹弦纹，斜壁近下部微隆，平沿外伸，沿面有一周凹槽。顶面下有一周凹弦纹，腹壁有一个盲鼻痕迹。外表经磨光处理。顶径12.0、口径28.4、高8.6、厚0.25～0.4厘米（图2–365，4）。

标本H199②：11，覆碗形器盖。泥质黑陶，灰胎。平顶，桥形纽残，斜壁，盖面有四周阶状凸

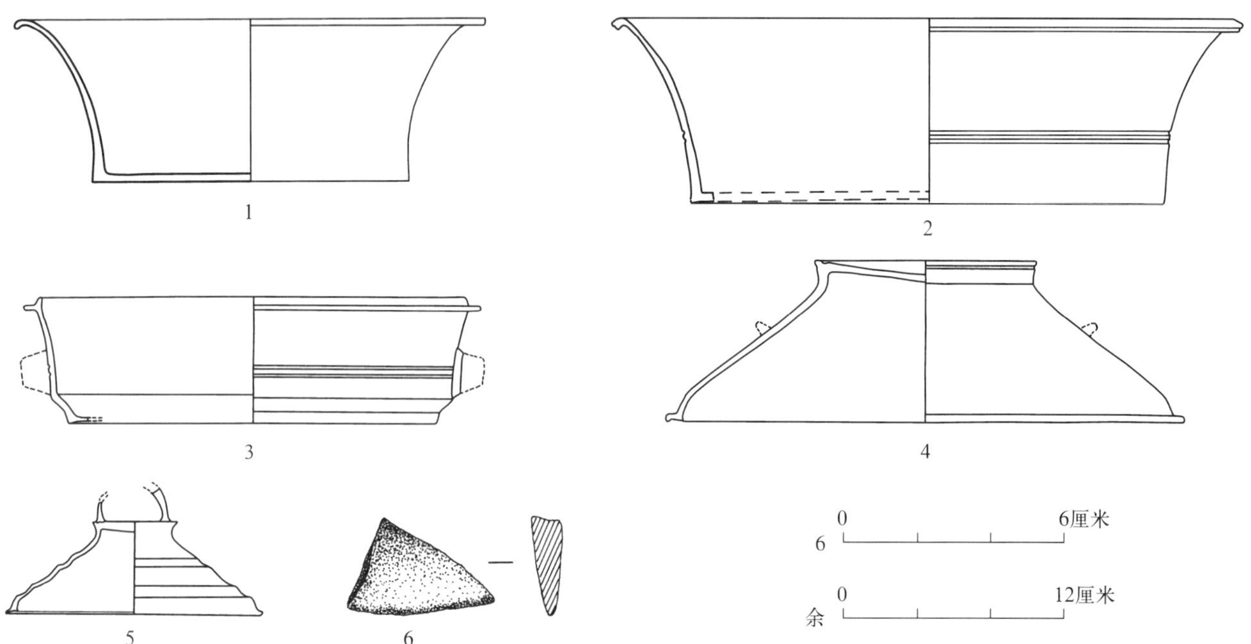

图2–365　一区七期H199出土器物（二）

1、2．大平底盆H199②：3、H199②：12　3．平底盒H199②：7　4、5．覆碗形器盖H199②：1、H199②：11　6．石铲H199②：20

弦纹，平沿略外伸，沿面有一周凹槽。外表经磨光处理。顶径4.6、口径14.0、残高5.0、厚0.2～0.5厘米（图2–365，5）。

10．H200

位于E4T2448东南部，开口于⑥a层下，打破⑥b层。不规则形，斜壁，底部近平（图2–366）。坑口长径0.80、短径0.50、深0.16米。填灰褐色土（7.5YR6/4），出土鼎、罐、杯等陶器残片。收集浮选土样1份5升，采集植硅体样品1份10克。

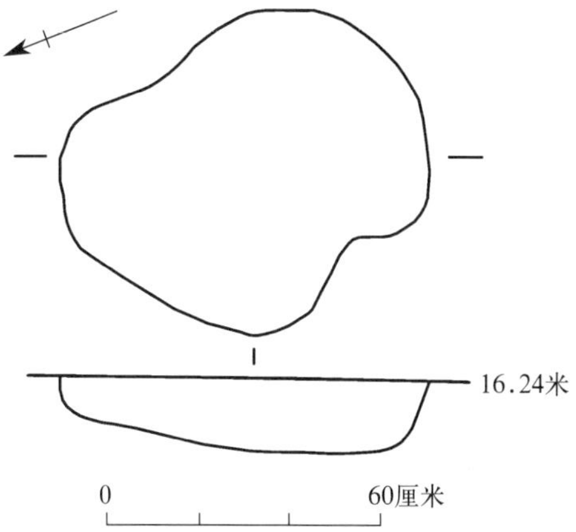

北

16.24米

0　60厘米

图2–366　一区七期H200平、剖面图

标本H200：1，鼓腹单耳杯。泥质黑陶。侈口，圆唇，粗高颈，一侧口部与肩部有把手。器表经磨光处理，素面。口径7.0、残高5.8、厚0.3～0.5厘米（图2–368，5）。

11．H221

位于E4T2450、T2449之间，开口于耕土层下，打破⑥c层和H228。椭圆形，近圜底（图2–367；彩版一二五，2）。坑口长径1.26、短径0.62、深0.20米。填黄褐色土（湿7.5YR3/4），出土石铲、石磨棒等石器和鼎、鬶、罐、盆、碗、杯、器盖等陶器或残片。采集碳十四样品1份50克。

标本H221：1（#1103；S2246），石铲，背部残失，通体磨制。流纹质熔结凝灰岩。平面为长方形，单面刃。残长8.6、宽6.9、厚1.1厘米，重131.9克（图2–368，6）。

标本H221：9（#1103；S2212），磨石，残。熔凝灰岩。不规则形，粗糙。长10.9、宽5.0、厚5.1厘米，重405.2克。

标本H221：10（#1103；S2240），磨石，残。熔凝灰岩。平面为四边形，磨面内凹。长10.5、宽7.0、厚6.7厘米，重620.1克（彩版一二四，5）。

标本H221：11（#1103；S2199），磨石，残。砂岩。平面近三角形，磨面平整。长2.5、宽1.8、厚0.8厘米，重4.1克。

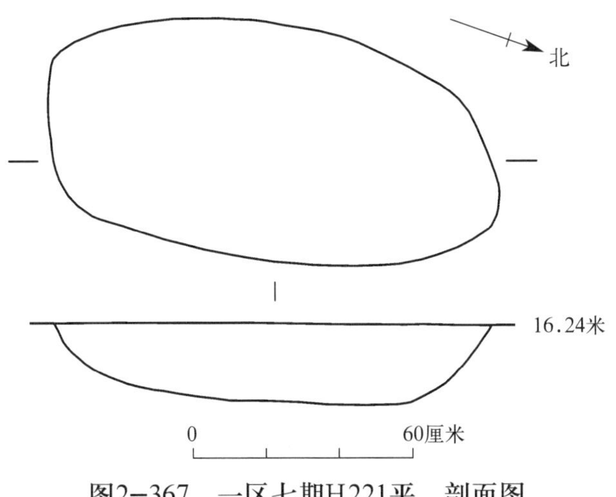

图2–367　一区七期H221平、剖面图

标本H221：12（#1103；S2227），磨石，残。砂岩。不规则形，磨面粗而内凹。长2.9、宽2.1、厚0.7厘米，重5.2克（彩版一二四，6）。

标本H221：13（#1103；S2610），打磨/抛光石器。平面为圆形。长1.9、宽1.2、厚0.7厘米，重1.5克（彩版一二四，7）。

标本H221：14（#1103；S2237），打磨/抛光石器。平面为不规则形。长2.0、宽1.4、厚0.9厘米，重3.4克。

标本H221：2，中口罐。夹砂褐陶，夹

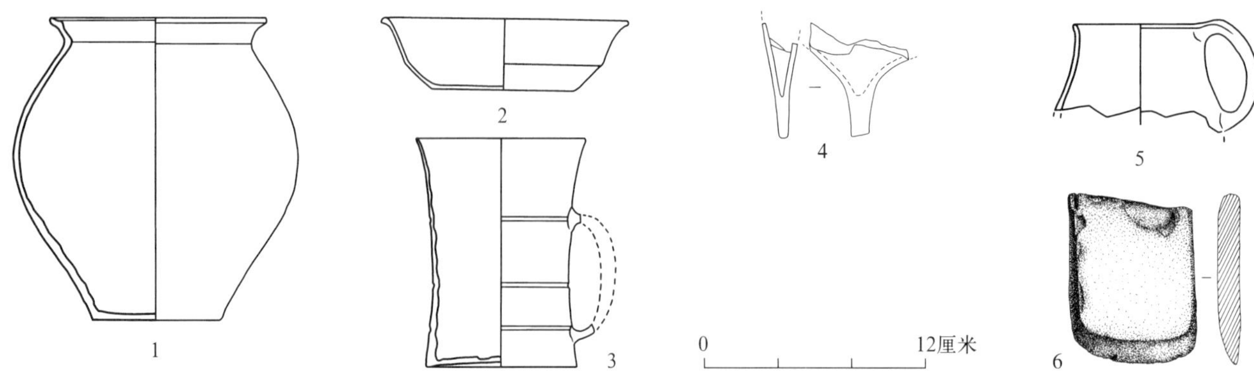

图2-368　一区七期H200、H221出土器物

1．中口罐H221：2　2．碗H221：8　3．筒形单耳杯H221：5　4．器足H221：7　5．鼓腹单耳杯H200：1　6．石铲H221：1

少量云母。侈口，圆唇，折沿，沿面有一周浅凹槽，溜肩，鼓腹，下腹斜收，平底。器表经磨光处理，素面。口径12.0、最大腹径15.7、底径7.0、高16.3、厚0.2～0.4厘米（图2-368，1；彩版一二六，4）。

标本H221：8，碗。泥质灰黑陶。敞口，圆唇，卷沿，折腹，平底。素面。口径13.6、底径7.8、高3.6、厚0.2厘米（图2-368，2）。

标本H221：5，筒形单耳杯。泥质灰陶。口外敞，腹壁内束，平底内凹。一侧有宽扁带形把手，大部残失。器表经磨光处理，腹部饰三周凹弦纹。口径9.3、底径8.4、高12.0、厚0.1～0.25厘米（图2-368，3；彩版一二六，5）。

标本H221：7，器足。泥质黑陶。扁袋形足。残高6.3、厚0.2厘米（图2-368，4）。

12．H223

位于E4T2396东南部，开口于H89下，打破M33。椭圆形斜壁，底不平（图2-369）。坑口长径1.62、短径1.10、深0.35米。填灰褐色土（2.5YR4/2），出土陶片的器形有鼎、罐、圈足盘、盆、豆、器盖等。采集植硅体样品1份20克。

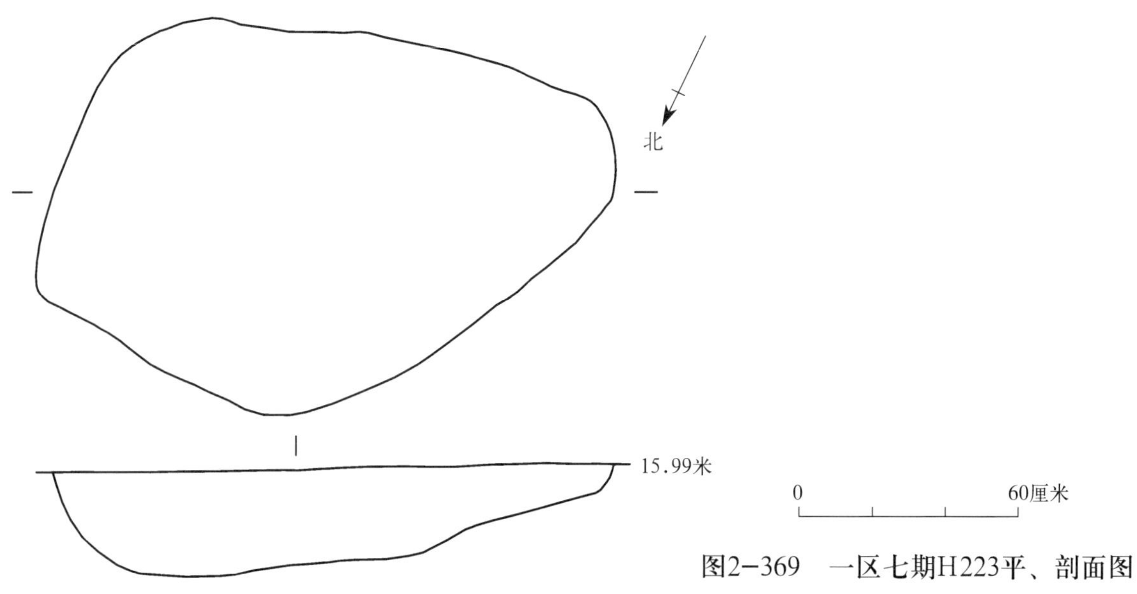

图2-369　一区七期H223平、剖面图

标本H223：10（#717；S1674），石镞半成品。流纹质熔结凝灰岩。平面为三角形。长5.8、宽2.9、厚1.0厘米，重15.8克。

标本H223：9（#717；S1673），石料。熔凝灰岩。不规则形。长9.4、宽6.7、厚0.9厘米，重88.8克。

标本H223：3，鼎足。夹砂黑陶，烧成红褐色。平面呈铲形，足尖残。中间附加纵向索状堆纹。残高4.8、厚0.4～0.8厘米（图2−370，1）。

标本H223：6，鼎足。泥质黑陶，烧成红褐色。鸟首形，眼以上残。堆纹脱落。残高5.2厘米（图2−370，2）。

标本H223：7，罐。夹砂红陶。侈口，折沿，折肩，下残。素面。残高4.4、厚0.45厘米（图2−370，3）。

标本H223：4，大平底盆。泥质黑陶。大敞口，圆唇，卷沿，斜腹内曲，平底内凹。内外表均经磨光处理。素面。口径32.0、底径25.0、复原高8.0、厚0.3～1.0厘米（图2−370，4）。

标本H223：5，大平底盆。泥质黑陶。大敞口，圆唇，卷沿，斜腹内曲，底残。器表经磨光处理。腹饰两周凹弦纹。复原高8.0、厚0.2～0.6厘米（图2−370，5）。

标本H223：1，圈足盘。泥质黑陶。仅存圈足的下半部分，整体呈粗喇叭形，中部内束，近底部内收。器表经磨光处理。圈足饰两周凸棱纹。底径17.6、残高6.0、厚0.2～0.4厘米（图2−370，6）。

标本H223：2，豆。泥质黑陶。敛口，方唇，平折沿，腹壁圆折，下残。内外表均经磨光处理。折腹处有一组凹、凸弦纹组合。口径20.0、残高3.8、厚0.3～0.6厘米（图2−370，7）。

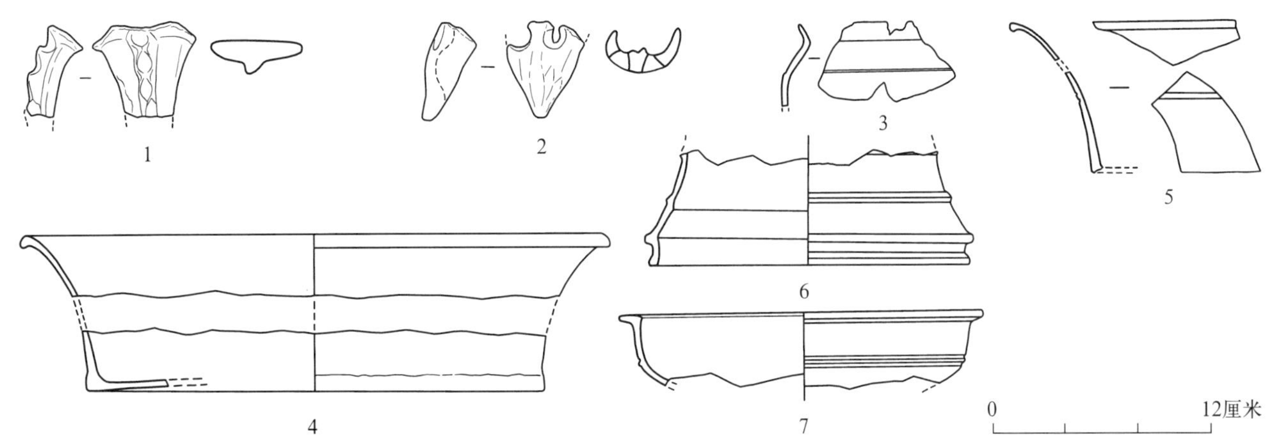

图2−370 一区七期H223出土陶器

1、2. 鼎足H223：3、H223：6 3. 罐H223：7 4、5. 大平底盆H223：4、H223：5 6. 圈足盘H223：1 7. 豆H223：2

13. H225

位于E4T2399中部，开口于⑥a层下，被H68和H69打破。不规则形，斜壁，平底（图2−334）。坑口残存长径1.30、深0.40米。填土分为两层，第1层为灰褐色土（2.5YR3/2）；第2层为灰黑色土（10YR3/1）。出土石镞等石器和可复原的碗和罐、盆、杯、器盖等陶器残片。

标本H225：2（#5731；S1787），石镞，略残。绿泥石或绿泥/角闪片岩。平面为柳叶形，横截面为菱形。残长3.5、宽1.3、厚0.7厘米，重3.2克（彩版一二四，8）。

标本H225：3（#5728；S1815），砾石砍砸器。花斑岩。不规则形。长13.2、宽6.0、厚5.8厘米，重603.4克（图2–372，7）。

标本H225：1，碗。泥质黑陶。方唇，卷沿外伸，直腹，近底部内收，平底。器内外表均经磨光处理。器表饰三周凸棱。口径11.2、底径8.4、高5.0、厚0.3厘米（图2–372，6）。

14．H230

位于E4T2445东部，开口于⑥a层下，被H218、H216打破，又打破H238。长方形，直壁，平底（图2–371）。坑口长1.84、宽0.78、深0.16米。填黑褐色土（5YR2.5/1），出土鼎、甗、瓮、罐、盒、器盖等陶器或残片（表2–79）。收集浮选土样1份5升，采集植硅体样品1份100克。

标本H230：5（#1355；S1650），磨石，残。熔凝灰岩。平面为三角形，磨面较粗而平整。长8.5、宽8.1、厚5.9厘米，重545.5克。

标本H230：6（#1355；S1653），石磨棒。砂岩。长6.7、宽4.2、厚2.3厘米，重82.0克（图2–372，5）。

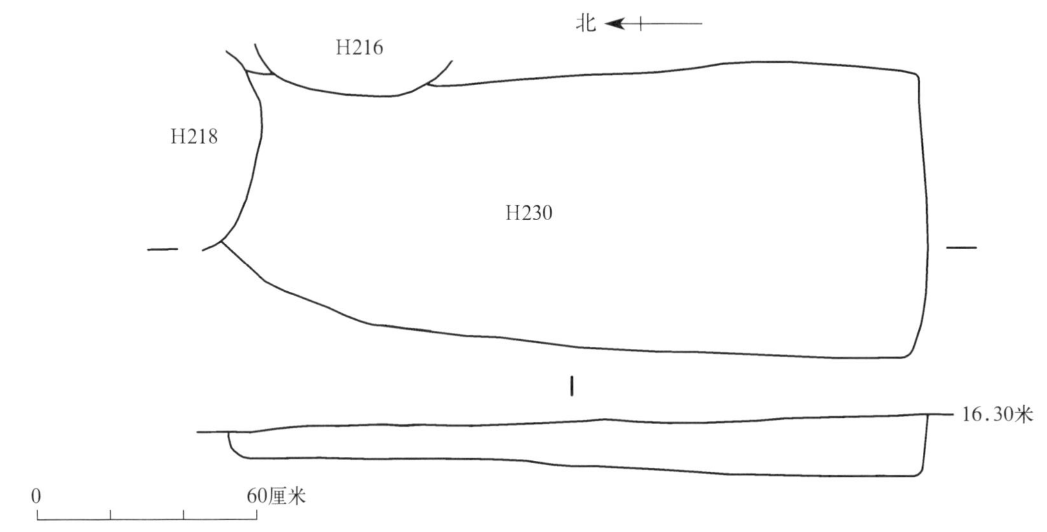

图2–371　一区七期H230平、剖面图

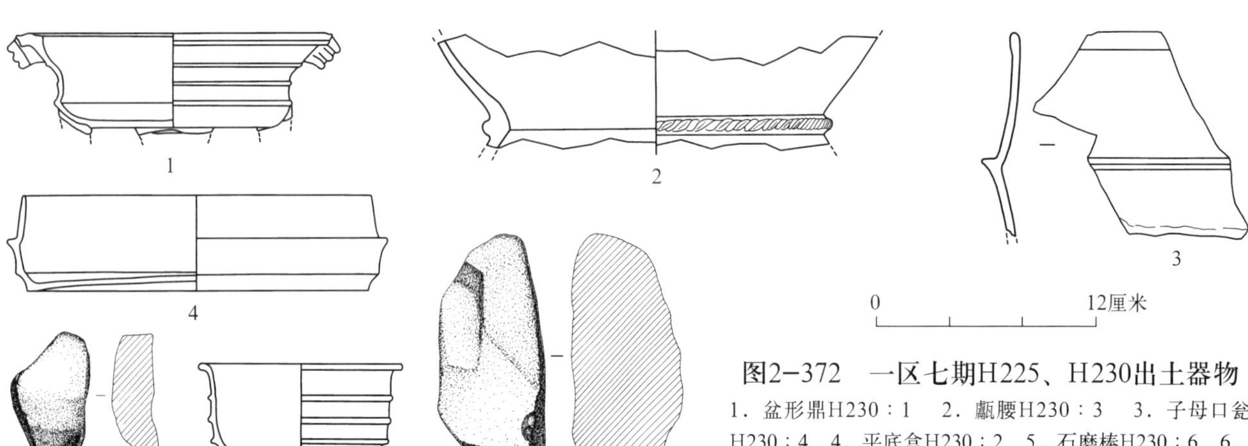

图2–372　一区七期H225、H230出土器物

1．盆形鼎H230：1　2．甗腰H230：3　3．子母口瓮H230：4　4．平底盒H230：2　5．石磨棒H230：6　6．陶碗H225：1　7．砾石砍砸器H225：3

表2-79　H230陶片统计表

陶质/陶色/数量/纹饰	泥质				夹砂						总计	百分比（%）
	黑	灰	红	合计	黑	灰	褐	白	红	合计		
凸弦纹	18	1		19	10					10	29	5.23
凹弦纹	5			5	30	2	3		1	36	41	7.40
堆　纹		1		1	2					2	3	0.54
泥　饼						1				1	1	0.18
盲　鼻	1			1				1		1	2	0.36
素　面	134	24	6	164	206	18	60	4	26	314	478	86.28
累　计	158	26	6	190	248	21	63	5	27	364	554	100
百分比（%）	28.52	4.69	1.08	34.30	44.77	3.79	11.37	0.90	4.87	65.70	100	
重量（千克）	2.06	0.24	0.06	2.36	2.8	0.22	0.66	0.015	0.3	3.995	6.355	

标本H230：1，盆形鼎。夹粗砂黑陶。鼎的上部形制与曲腹盆极为相似，深度较浅，敞口，方唇，唇面有一道浅凹槽，宽平沿，沿面内外各有一周浅凹槽，曲腹，下腹甚浅，斜向内收成平底，三鸟首形足残失。口沿处有两个横耳，腹部饰三周凸棱。底部有火烧痕迹。口径17.2、底径11.2、残高5.4、厚0.3～0.6厘米（图2-372，1）。

标本H230：3，甗腰。夹砂黑陶。束腰，上下皆残失。器表经磨光处理，腰部有索状附加堆纹。残高6.8厘米（图2-372，2）。

标本H230：4，子母口瓮。夹细砂黑陶。残存口沿部分，高子口。素面。残高10.0、厚0.5～0.8厘米（图2-372，3）。

标本H230：2，平底盒。泥质黑陶。子口较高，折腹略较偏下，腹较浅，平底内凹。内外均经磨光处理，素面。口径19.0、底径18.6、高5.1、厚0.4厘米（图2-372，4）。

15．H238

位于E4T2445，开口于⑥a 层下，被H230和M31打破，又打破F36、⑥和⑦层直至生土。圆形，直壁略外斜，平底（图2-373；彩版一二七，1）。坑口直径1.90、深1.38米。填土分为七层：第1层为黑褐色土（7.5YR3/2）；第2层为黄褐色土（7.5YR4/3）；第3层为结构紧密的浅黄褐色土（7.5YR5/4）；第4层为疏松的灰褐色土（10YR3/4）；第5层为灰褐色土（10YR3/2）；第6层为黄褐色土（10YR4/1）；底部有一薄层灰白色土，应有意而为；第7层为结构紧密的浅灰褐色土（5YR4/1）；底部偏北挖一小圆坑，坑中置一近似完整的陶鬶（H238：29），坑内位置还发现6个大小不一的柱洞。H238形状规整，容积约为4立方米，当有特殊用途。出土石铲、石镰、磨石等石器和鼎、鬶、罐、盆、圈足盘、杯、豆、器盖等陶器或残片（表2-80）。收集浮选土样4份共20升，采集植硅体样品3份共300克。

H238出土石器和石料25件，绝大多数残破，发现可复原或接近复原的陶器29件。

标本H238④：52（#1360；S1639），石锤。富钾质煌斑岩。不规则形。长10.2、宽2.7、厚2.8厘米，重112.7克。

标本H238⑤：6（#1361；S2262），石铲，侧面略残。流纹质熔结凝灰岩。平面近长方形，单面刃。长13.9、残宽8.6、厚0.9厘米，重185.5克（图2−374，1；彩版一二七，2）。

标本H238①：10（#1357；S1656），石铲，残，磨制。流纹质熔结凝灰岩。平面为长方形。长5.8、宽2.4、厚0.7厘米，重16.5克（彩版一二七，3）。

标本H238②：2（#1358；S2085），石刀。砂岩。平面呈长方形。长8.1、宽5.0、厚0.9厘米，重57.6克（彩版一二七，4）。

标本H238⑥：48（#1362；S1645），石刀半成品。流纹花岗岩。平面四边形。长8.8、宽5.0、厚1.2厘米，重72.5克。

标本H238⑤：54（#1361；S2055），石刀半成品，残。绿泥石或绿泥/角闪片岩。平面为长方形。残长5.6、宽3.9、厚1.2厘米，重44.0克。

标本H238③：3（#1359；S2063），石镞。绿泥石或绿泥/角闪片岩。长锥形，前锋残失。残4.8、宽0.9、厚0.9厘米，重6.4克。

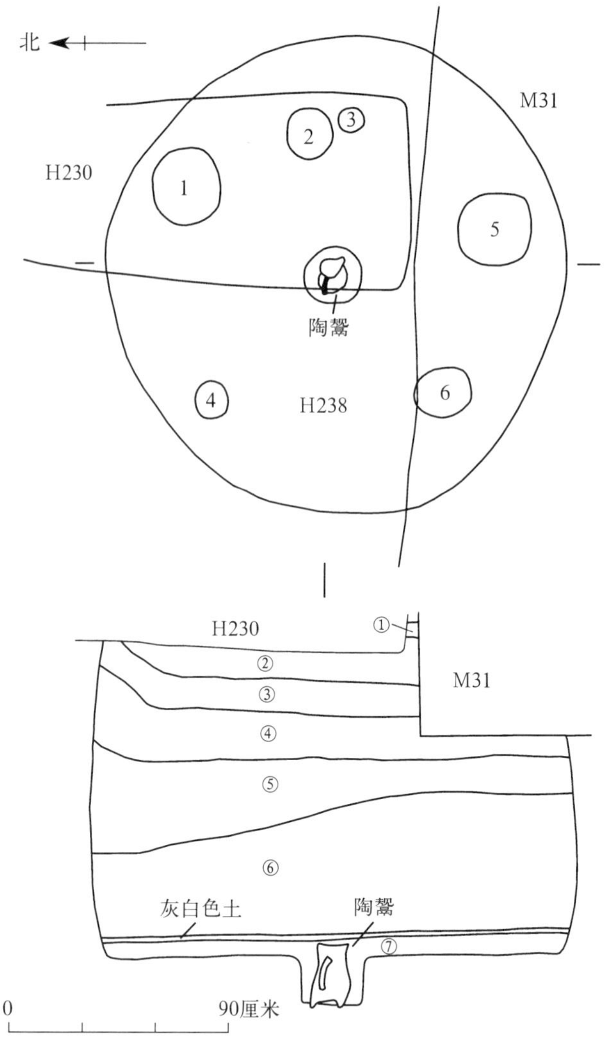

图2−373　一区七期H238平、剖面图

标本H238⑤：9（#1361；S2057），石镞，铤残。白云母板岩。全器由三棱形前锋、圆柱形镞身和圆锥形铤（残）构成。残长8.6、宽0.9、厚0.9厘米，重9.4克（图2−374，2；彩版一二七，5）。

标本H238⑥：19（#1362；S2068），石镞。绿泥石或绿泥/角闪片岩。平面和横截面均为菱形，铤端略窄。长5.2、宽2.3、厚0.7厘米，重9.8克（彩版一二七，6）。

标本H238⑥：16（#1362；S2076），磨石，残。砂岩。平面为不规则形，磨面细而微内凹。长7.1、残宽4.3、厚2.6厘米，重90.7克（彩版一二八，8）。

标本H238⑥：18（#1362；S2066），磨石。砂岩。不规则形，磨面平整。长6.2、宽4.6、厚3.7厘米，重68.8克（彩版一二八，1）。

标本H238⑤：20（#1361；S2056），磨石。砂岩。平面为长方形，磨面略粗而微内凹。长3.7、宽2.9、厚1.9厘米，重3.1克（彩版一二八，2）。

标本H238⑤：23（#1361；S2075），磨石。砂岩。平面为三角形，磨面平整。长5.6、宽5.8、厚2.6厘米，重59.9克。

表2-80　H238陶片统计表

陶质 / 陶色 / 数量 / 纹饰	泥质					夹砂							夹云母滑石			总计	百分比(%)
	黑	灰	红	褐	合计	黑	灰	褐	白	红	红褐	合计	褐	其他	合计		
凸弦纹	45	2		1	48	73	6	11	1	2		93				141	4.57
凹弦纹	60			1	61	140	7	7				154				215	6.98
篮　纹						3						3				3	0.10
堆　纹	5				5	9		11		1		21				26	0.84
泥　饼	1				1	1		2				3				4	0.13
盲　鼻	7				7	1						1				8	0.26
镂　孔	1				1			2				2				3	0.10
刻划纹	1				1											1	0.03
陶　衣		1			1											1	0.03
花　边						2						2				2	0.06
白陶衣								1				1				1	0.03
素　面	964	80	3	21	1068	1145	130	223	6	99	2	1605	3	1	4	2677	86.86
累　计	1084	83	3	23	1193	1374	143	257	7	102	2	1885	3	1	4	3082	100
百分比（%）	35.17	2.69	0.10	0.75	38.71	44.58	4.64	8.34	0.23	3.31	0.06	61.16	0.10	0.03	0.13	100	
重量（千克）	5.87	0.62	0.03	0.21	6.73	14.39	1.14	2.9	0.06	0.54	0.01	19.04	0.015		0.015	25.785	

标本H238⑥：28（#1362；S2097），磨石，残。砂岩。平面为三角形，磨面平整。长5.7、宽6.6、厚2.1厘米，重37.3克。

标本H238①：44（#1357；S1658），磨石，残。砂岩。平面应为长方形，磨面粗而平整。长4.3、宽3.2、厚2.0厘米，重32.6克（彩版一二八，3）。

标本H238②：45（#1358；S1637），磨石，残。熔凝灰岩。平面近方形。长4.2、宽3.8、厚3.4厘米，重75.0克。

标本H238⑥：46（#1362；S1651），磨石，残。熔凝灰岩。不规则形。长5.1、宽3.7、厚3.9厘米，重90.3克。

标本H238⑥：17（#1362；S2077），打磨/抛光石器。椭圆形。长3.6、宽2.4、厚0.9厘米，重12.8克（图2-374，3；彩版一二八，4）。

标本H238①：47（#1367；S1657），打磨/抛光石器。平面近椭圆形。长1.7、宽1.2、厚0.8厘米，重2.2克（彩版一二八，5）。

标本H238⑥：49（#1362；S1644），打磨/抛光石器。椭圆形。长2.3、宽1.3、厚0.9厘米，重4.1克（图2-374，4）。

标本H238⑥：50（#1362；S1655），打磨/抛光石器。略呈方圆形。长1.7、宽1.7、厚1.3厘米，重5.2克（彩版一二八，6）。

标本H238⑥：53（#1362；S1652），打磨/抛光石器。平面近椭圆形。长1.7、宽1.0、厚0.9厘米，重1.7克。

标本H238①：1（#1357；S2059），磨制石器。砂岩。平面为直角梯形，扁薄体，通体磨光，沿长边有平行的锯割沟槽。长5.0、宽3.2、厚1.4厘米，重33.6克（图2-374，5；彩版一二八，7）。

标本H238⑥：5（#1362；S1654），石料。富含白云母的熔结凝灰岩。不规则形。长4.5、宽2.1、厚1.4厘米，重17.6克。

标本H238②：51（#1358；S1638），石料。花斑岩。不规则形。长5.7、宽4.1、厚2.5厘米，重60.7克。

标本H238⑥：14，罐形鼎。夹砂黑陶。侈口，圆唇，折沿，沿面有一周凹槽，圆腹较深，平底，三足残失。器表经磨光处理，腹部共饰十六周密集的凹弦纹。底部有火烧痕迹。口径14.6、底径9.2、残高15.4、厚0.4厘米（图2-375，1）。

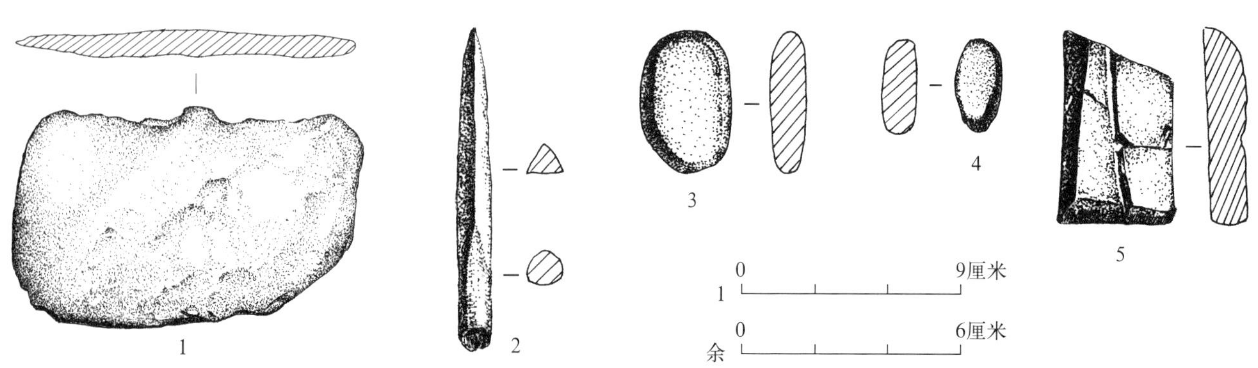

图2-374　一区七期H238出土石器

1. 石铲H238⑤：6　2. 石镞H238⑤：9　3、4. 打磨/抛光石器H238⑥：17、H238⑥：49　5. 磨制石器H238①：1

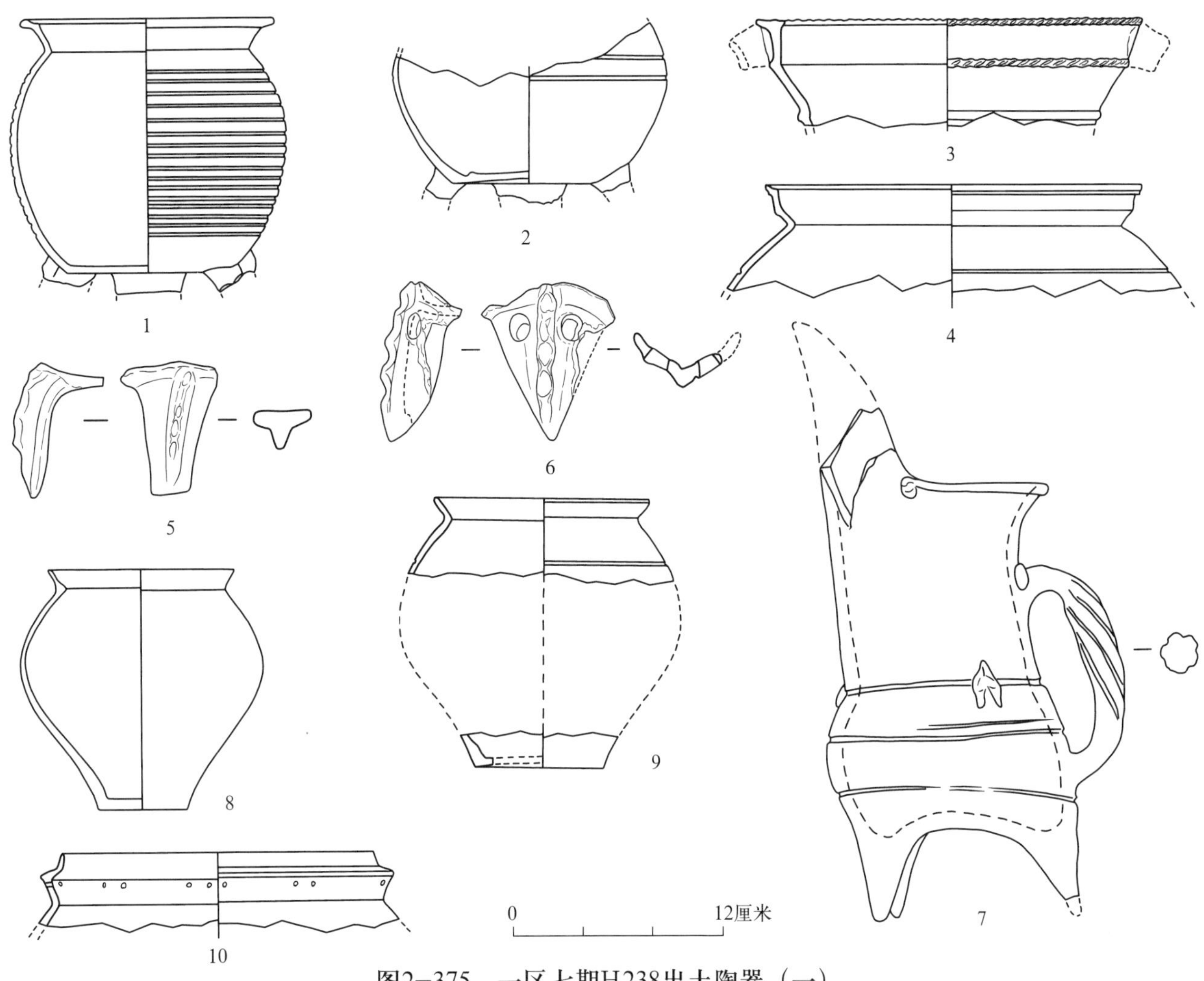

图2-375　一区七期H238出土陶器（一）

1、2．罐形鼎H238⑥：14、H238⑥：15　3．盆形鼎H238②：43　4．中口罐H238④：41　5．鼎足H238⑤：40　6．鼎足H238④：38　7．鬶H238⑦：29　8、9．中口罐H238⑥：27、H238②：37　10．子母口罐H238④：42

标本H238⑥：15，罐形鼎。夹砂黑陶。上部残失，圆鼓腹，平底内凹，三凿形足残失。器表经磨光处理，腹部饰两周浅凹弦纹。底径8.8、残高10.0、厚0.2～0.6厘米（图2-375，2）。

标本H238②：43，盆形鼎。夹砂黑陶。口微敛，圆唇，平折沿，上腹外折，腹下部残失，沿下有一对横耳。平沿外缘和上腹外凸部位均呈绳索状花边，腹部有一周较粗的凸棱。口径22.0、残高6.0、厚0.5厘米（图2-375，3）。

标本H238⑤：40，鼎足。夹砂黑陶，烧成红褐色。铲形足，平面呈长倒梯形。中间有纵向附加堆纹。残高8.1厘米（图2-375，5）。

标本H238④：38，鼎足。夹砂黑陶，烧成红褐色。鸟首形足。中部饰纵向附加堆纹。残高8.9厘米（图2-375，6）。

标本H238⑦：29，鬶。夹细砂黄褐陶，外表有一层褐色陶衣。流残，圆唇，卷沿，口沿内侧有一周凹弦纹，粗长颈，浅腹，款足，实足尖较长。一侧有绞丝状把手。流根部和把手上端两侧各有两个对称的小泥饼。颈腹交界处有一个类似盲鼻的附加泥条装饰，颈腹交界处及腹部共饰有三周半凹弦纹。裆部有火烧烟熏的痕迹。宽13.6、残高28.6、厚0.5～0.6厘米（图2-375，7；彩版一二六，6）。

标本H238④：41，中口罐。夹砂黑陶。侈口，尖圆唇，折沿，沿中部明显外凸，圆肩，以下残失。肩部有一周凹弦纹。器表经磨光处理。口径22.0、残高5.6、厚0.5～0.7厘米（图2-375，4）。

标本H238⑥：27，中口罐。夹砂黑褐陶，陶色不纯。侈口，尖圆唇，折沿，内沿面下凹，溜肩，鼓腹，下腹急剧内收，小平底。素面。口径10.8、最大腹径14.0、底径5.2、高13.4、厚0.2～0.7厘米（图2-375，8）。

标本H238②：37，中口罐。夹砂黑陶。侈口，圆唇，折沿，溜肩，鼓腹，中部残，小平底内凹。素面。口径12.0、底径7.0、复原高15.0、厚0.3厘米（图2-375，9）。

标本H238④：42，子母口罐。泥质黑陶。矮子口，微内凹，短颈，上有一圈细孔，斜肩，以下残失。器表经磨光处理，素面。口径18.0、残高3.8、厚0.4～0.7厘米（图2-375，10）。

标本H238⑤：26，瓮。泥质红褐陶。口部略残，中部残失。直口，短颈，圆肩，鼓腹，下腹内收，小平底。腹部有一对横提手，上下较长，其上按压成齿状。器表经磨光处理，颈部有一周凸弦纹。上残高5.2、下残高12.0、底径10.4、厚0.3～0.5厘米（图2-376，1）。

标本H238⑥：39，大口盆。夹砂灰陶。敞口，圆唇，卷沿，矮颈，腹部斜向内收，下部残。颈下有两周凸棱。口径32.0、残高6.0、厚0.5～0.7厘米（图2-376，2）。

标本H238⑥：36，瓦足盆。泥质黑陶。残存瓦足，片状足宽而矮，两侧微内凹。内外表均磨光处理，素面。残高3.5、厚0.4厘米（图2-376，3）。

标本H238⑤：34，圈足盘。泥质黑陶。口微敛，方唇，平折沿，盘略浅，折腹，平底，粗圈足残。器表和盘内均经磨光。折腹处有一周凹弦纹，其上残留一个横耳和一个小泥饼，圈足上残留一周凸棱。口径28.4、残高7.4、厚0.4厘米（图2-376，4）。

标本H238④：35，三足盒足。夹细砂黑陶。鸟喙形，较薄。足中间饰纵向附加堆纹，大部分脱落。残高15.5厘米（图2-376，5）。

标本H238④：21，豆。泥质黑陶，器壁甚薄。窄平沿，沿面微下凹，盘略深，盘壁中部折收，底部下凹，高柄，喇叭形圈足。内外器表均经磨光处理，素面。口径14.8、底径9.6、高16.6、厚0.16厘米（图2-376，6）。

标本H238⑤：25，筒形单耳杯。泥质黑陶，器壁很薄。口部残，筒形杯体中部微内束，平底内凹较甚，一侧中下部有带形把手，把手上有两道深凹槽，杯体内壁轮制痕迹明显，杯底有明显的切割螺线。器表经磨光处理，素面。底径7.7、残高7.5、厚0.12厘米（图2-376，7）。

标本H238⑤：12，鼓腹单耳杯。泥质黑陶。圆唇，粗长颈，鼓腹较甚，平底内凹，一侧腹部和口沿之间有带状把手，残失。器表经磨光处理，颈部饰一周凹弦纹。口径5.8、底径4.6、高8.0、厚0.3～0.4厘米（图2-376，8）。

标本H238⑤：8，覆碗形器盖。夹砂黑陶。小平顶，盖面略隆起，沿面有两周浅凹槽，口沿上部有一周浅凹槽。顶径5.2、口径15.7、高5.8、厚0.3～0.5厘米（图2-376，9）。

标本H238⑤：11，覆碗形器盖。夹砂黑陶。小平顶微下凹，盖面斜直，窄平沿，唇上侧有一周浅凹槽。器表及内口沿经磨光处理，纽顶面边缘有一周凹弦纹。顶径4.3、口径14.2、高4.6、厚0.3～0.5厘米（图2-376，10）。

标本H238⑥：13，覆碗形器盖。夹砂黑陶。平顶，外缘凸起，盖面斜直，圆唇，宽沿平折。器

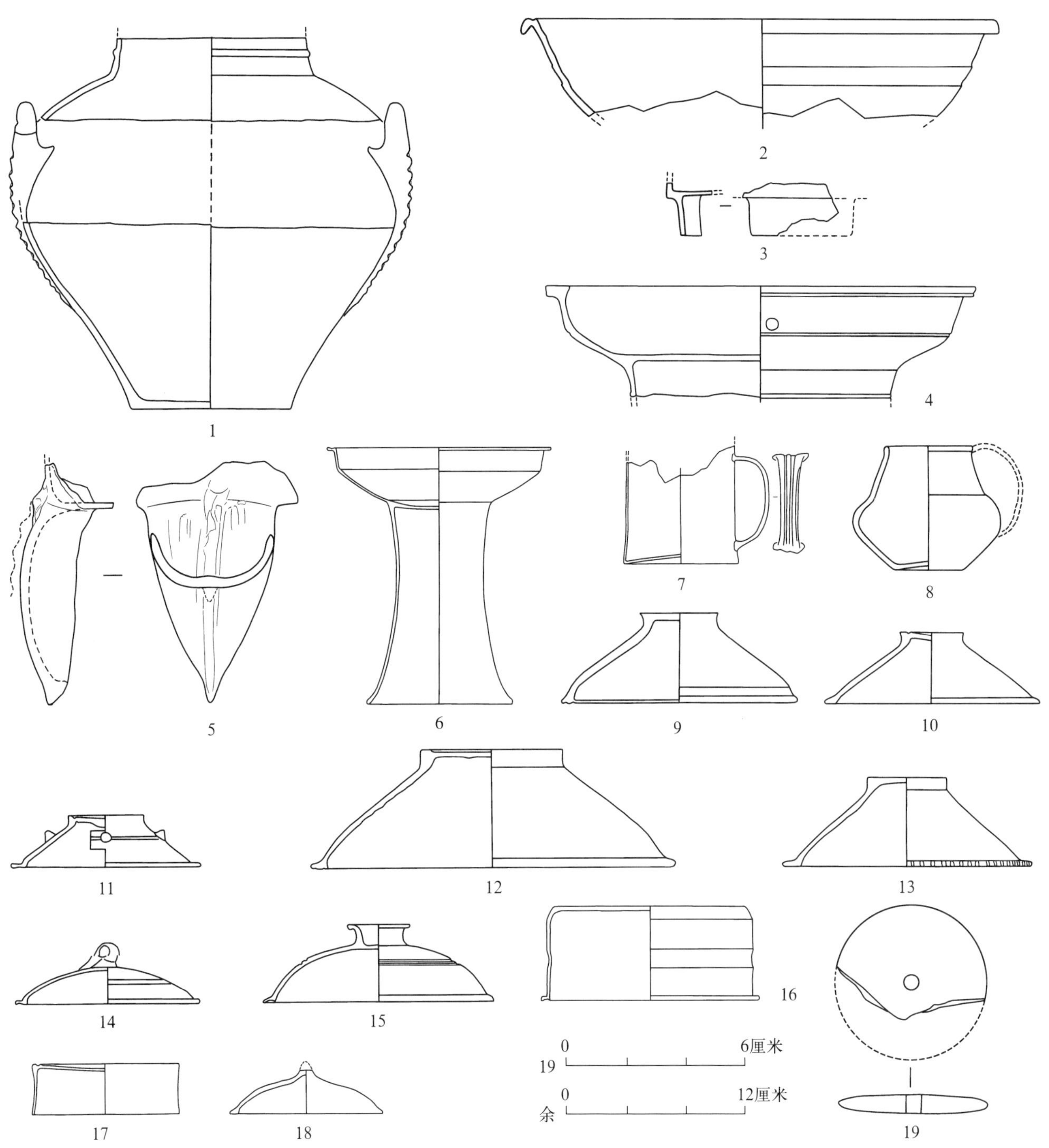

图2-376 一区七期H238出土陶器（二）

1．瓮H238⑤：26 2．大口盆H238⑥：39 3．瓦足盆H238⑥：36 4．圈足盘H238⑤：34 5．三足盒足H238④：35 6．豆H238④：21 7．筒形单耳杯H238⑤：25 8．鼓腹单耳杯H238⑤：12 9～13．覆碗形器盖H238⑤：8、H238⑤：11、H238⑥：13、H238⑤：22、H238②：33 14、15．覆盘形器盖H238③：4、H238④：31 16、17．筒形器盖H238⑤：7、H238⑤：32 18．草帽形器盖H238⑤：24 19．纺轮H238②：30

表经磨光处理，盖面中部有一周凹弦纹，其上饰两两对称的盲鼻和小泥饼，顶面有划痕。顶径5.0、口径12.6、高3.4、厚0.3～0.6厘米（图2-376，11）。

标本H238⑤：22，覆碗形器盖。夹砂黑陶。平顶中部下凹，盖面略鼓，平沿，沿内面有两周凹槽。器表经磨光处理，素面。顶径9.4、口径24.4、高7.6、厚0.3～0.8厘米（图2−376，12）。

标本H238②：33，覆碗形器盖。夹砂黄褐陶。平顶，盖面平直，平沿较长，内沿面平直。唇部戳印一周齿状纹。顶径5.2、口径16.8、高5.8、厚0.3厘米（图2−376，13）。

标本H238③：4，覆盘形器盖。泥质黑陶。鸟头形纽，两眼用小泥饼黏贴而成，盖面微隆起，平沿，沿面和唇内侧各有一浅凹槽，唇外侧沟槽较明显。器表经磨光处理，盖面中部有两周浅凹弦纹。口径12.3、高4.0、厚0.2厘米（图2−376，14）。

标本H238④：31，覆盘形器盖。泥质黑陶。喇叭形纽，盖面呈圆弧状隆起，唇上侧和沿内面各有一周凹槽。器表经磨光处理，盖面中部有两周凹弦纹。纽径4.1、口径15.4、高5.0、厚0.2～0.5厘米（图2−376，15）。

标本H238⑤：7，筒形器盖。泥质黑陶，器壁较薄。平顶，直壁，窄平沿，沿面有两周浅凹槽。器表经磨光处理，盖壁中间有一周宽带形浅凹槽。顶径13.0、口径14.6、高6.1、厚0.18厘米（图2−376，16）。

标本H238⑤：32，筒形器盖。泥质黑陶。平顶下凹，器壁微内束，口微敞，尖唇。器表经磨光处理，盖面边缘有一周浅凹槽，盖面有三周凹弦纹。口径9.8、底径9.8、高3.3、厚0.1～0.3厘米（图2−376，17）。

标本H238⑤：24，草帽形器盖。夹砂黄陶。尖顶微残，圆弧形盖面，唇上侧和唇内侧各有一周浅凹槽，窄平沿。素面，在一侧靠近口沿的位置有一个小圆孔。口径10.3、残高2.8、厚0.2～0.4厘米（图2−376，18）。

标本H238②：30，纺轮。夹细砂黄陶。圆饼形，中间略厚，周缘略薄，中间有一单面管钻圆孔。素面。直径5.0、孔径0.5、厚0.6厘米（图2−376，19）。

16．H239

位于E4T2449北部，开口于⑥a层下，打破F33。不规则形，斜壁，圜底（图2−377）。坑口长径0.76、短径0.56、深0.30米。填黑灰色土（10YR2/1），出土罐、盆、杯、器盖等陶器残片。收集浮选土样1份5升，采集植硅体样品1份100克。

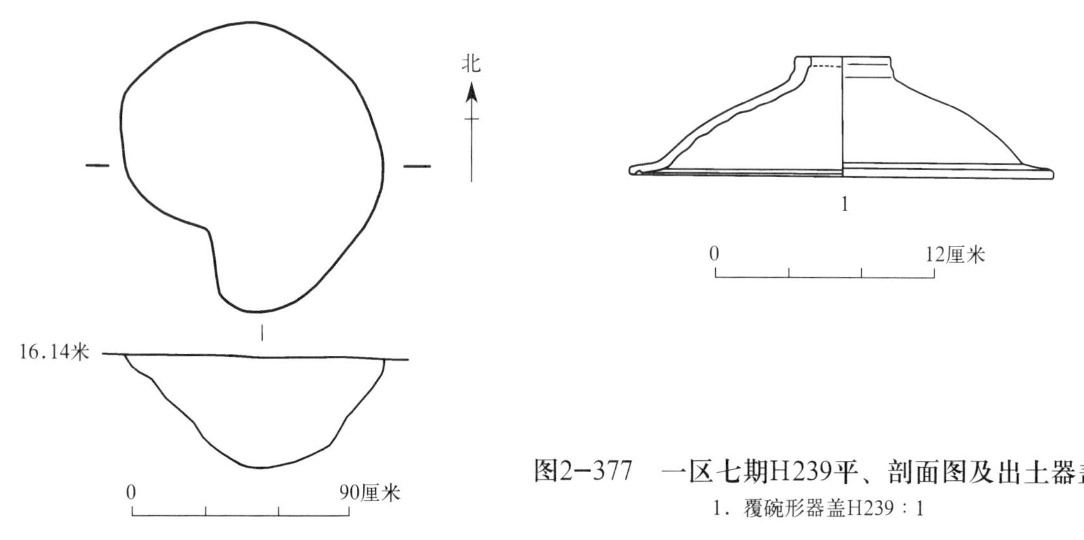

图2−377 一区七期H239平、剖面图及出土器盖

1．覆碗形器盖H239：1

标本H239：2（#5921；S2153），磨石，残。砂岩。不规则形，磨面略粗而平整。残长4.5、残宽3.6、厚1.1厘米，重19.8克（彩版一二七，7）。

标本H239：1，覆碗形器盖。夹砂黑陶，掺杂云母片。小平顶内残，斜弧形盖面微鼓，宽沿，沿面有一周凹槽。器表经磨光处理，素面。顶径5.0、口径23.0、高6.2、厚0.5～0.7厘米（图2-377，1）。

17．H262

位于E4T2498东南部，开口于⑥a层下，打破⑥b层。近圆形口，壁近直平底（图2-334）。坑口直径0.80～0.86、深0.26米。坑内填灰褐色土（5YR3/4）。出土1件石刀，陶片较少。

标本H262：1（#5845；S1739），石刀，两端残失。花斑岩。平面为长方形，单面刃，近背部对钻有大小不一的三孔。残长8.9、宽4.8、厚1.0厘米，重61.9克（彩版一二九，1）。

18．H269

位于E4T2495东南部，开口于⑥a层下，被H253、H254、H270等打破，又打破F36。近椭圆形，直壁，圜底（图2-378）。坑口长径2.58、深0.50米。填土分为两层，第1层为紧密的黄褐色土（7.5YR4/2）；第2层为较松软的黑灰色土（7.5YR2.5/1）。出土石钺、石拍等石器，可复原陶器有罍、杯、器盖等，另有盆、豆等陶器残片。收集浮选土样1份10升。

标本H269①：1（#1373；S2073），石钺，残。带绿帘石斑点的流纹花岗岩。平面为长方形，顶端和一整面剥落，双面刃，对钻一孔。残长8.0、宽6.6、厚2.7厘米，重172.2克（图2-379，8；彩版一二九，2）。

标本H269②：2（#1382；S2070），石拍。流纹质熔结凝灰岩。近圆球形。长5.5、直径4.8～4.9

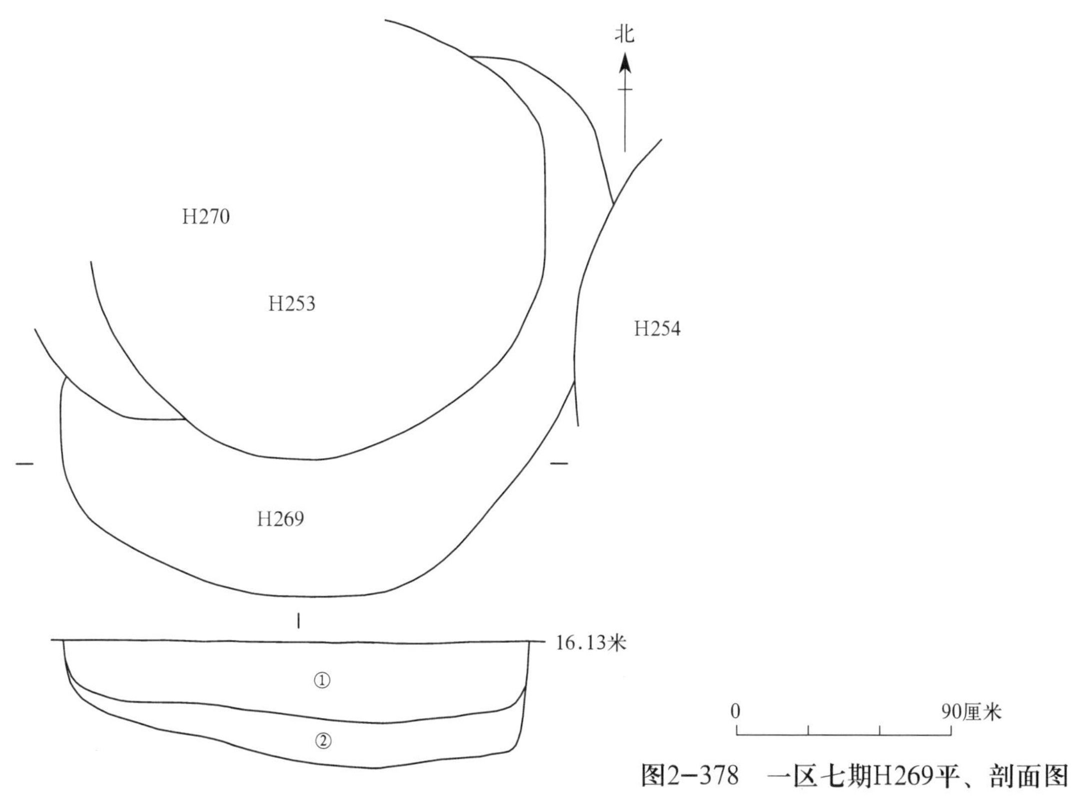

图2-378　一区七期H269平、剖面图

厘米，重202.4克（图2–379，9；彩版一二九，3）。

标本H269②：9，盆形鼎。泥质黑陶。敞口，圆唇，卷沿，内折腹，底及足残失。内外表均经磨光处理。腹中部有两周内折痕迹。口径40.0、残高7.2、厚0.5厘米（图2–379，1）。

标本H269②：4，单耳罐。泥质黑陶。侈口，圆唇，粗长颈上细下粗，圆鼓腹，下腹内收较甚，平底内凹。一侧腹部和口沿之间有带状把手，残失。器表经磨光处理，颈下部和颈腹交界处有两周阶状凸起。口径10.2、最大腹径15.3、底径5.9、高14.0、厚0.2厘米（图2–379，2）。

标本H269②：5，罍，中部残失。细泥黑陶。直口，颈中部有一周凸弦纹，圆肩，鼓腹，近底部急收成小平底，内凹。肩部及下腹部应各有一对对称的横耳。外表经磨光处理，素面。口径8.0、最大腹径19.0、底径7.0、复原高为19.4、厚0.2～0.4厘米（图2–379，3）。

标本H269②：8，盆。夹细砂黑陶。口微敞，圆唇，窄卷沿，弧腹圆折，底残。器表经磨光处理。上腹部有一周凹弦纹。口径38.0、残高8.0、厚0.5厘米（图2–379，4）。

标本H269②：7，豆。夹细砂黑陶。直口，尖圆唇，平折沿，折腹，浅盘，底以下残失。折腹位置饰凸棱一周，其下有盲鼻一对。内外表均经磨光处理。口径16.0、残高2.2、厚0.2厘米（图2–379，5）。

标本H269②：3，覆碗形器盖。泥质黑陶。矮喇叭形纽，沿面有一周凹弦纹，纽中下部内束，盖面略鼓，尖圆唇，平折沿。素面。纽径5.7、口径23.7、高8.0、厚0.3厘米（图2–379，6）。

标本H269②：6，覆碗形器盖。夹砂褐陶。平顶，中部下凹，盖面较为平直，口残失。素面。顶径6.0、残高4.6、厚0.3～0.5厘米（图2–379，7）。

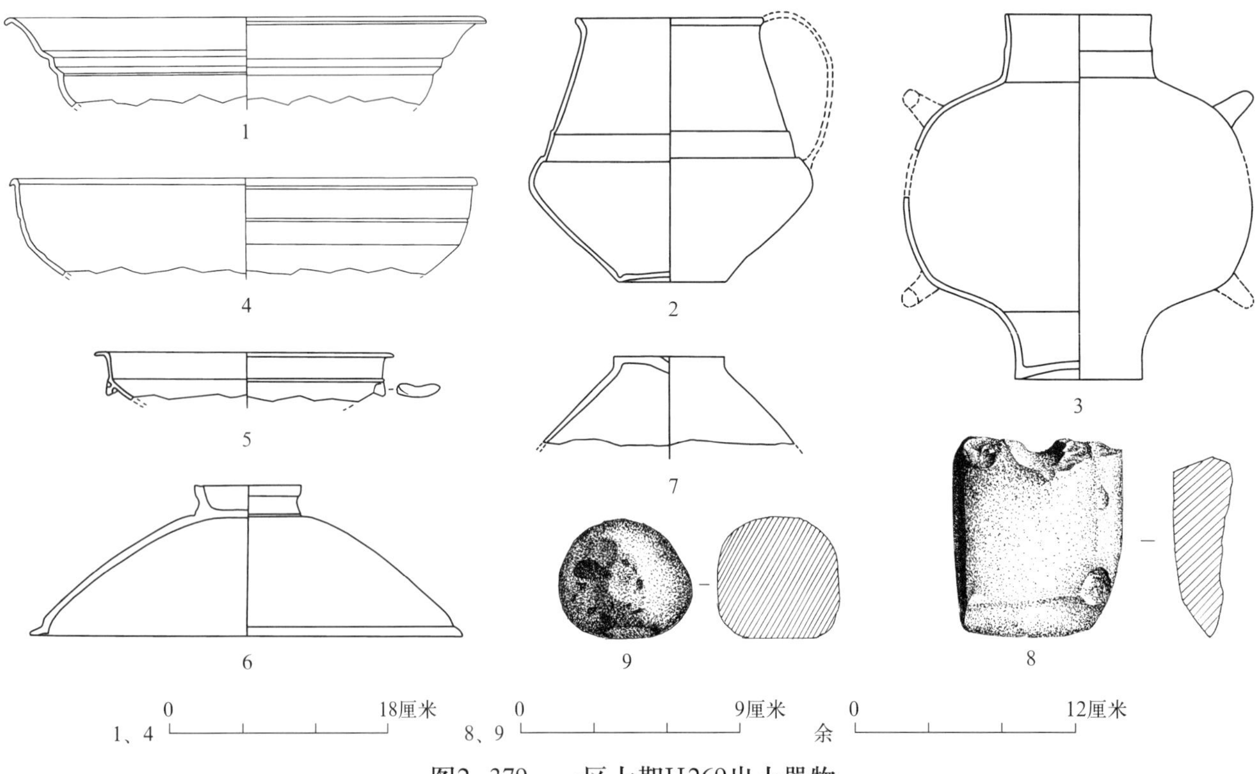

图2–379　一区七期H269出土器物

1．盆形鼎H269②：9　2．单耳罐H269②：4　3．罍H269②：5　4．盆H269②：8　5．豆H269②：7　6、7．覆碗形器盖H269②：3、H269②：6　8．石钺H269①：1　9．石拍H269②：2

19．H270

位于E4T2495中部，开口于⑥a 层下，被H253打破，又打破H269和F36。近圆形，圜底（图2–380）。坑口残径1.95、深0.54米。坑内填灰褐色土（7.5YR4/2），出土鬶、罐、盆、杯、器盖等陶器残片。

标本H270：1，鬶。夹砂红陶，白陶衣脱落。上部残失，仅残留中部及一前袋足，象征性绞丝状把手。袋足上有两周凸棱。残高17.4、厚0.25～0.4厘米（图2–383，1）。

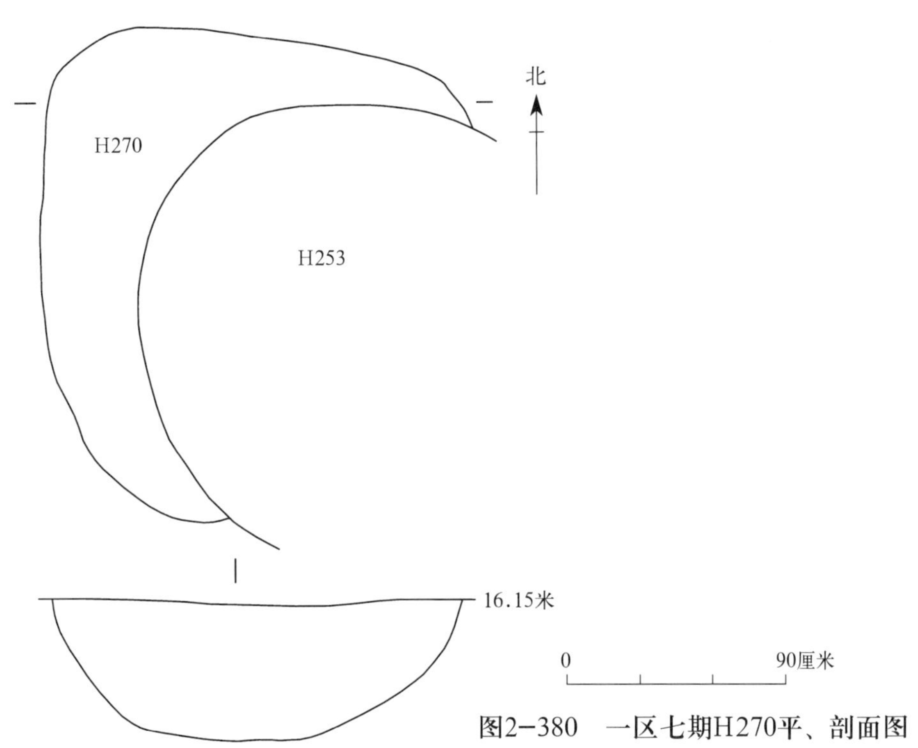

图2–380　一区七期H270平、剖面图

20．H278

位于T2449东北部，开口于⑥a层下，打破⑥b层。近椭圆形圜底。坑口长径0.60、短径0.44、深0.20米。填灰黄色土（干7.5YR5/4），出土1件可复原陶器盖。收集浮选土样1份10升，采集植硅体样品1份200克（图2–381）。

标本H278：2（#5942；S2215），石凿，仅存靠刃部一段。流纹质熔结凝灰岩。残长5.1、宽3.5、厚2.8厘米，重49.3克（图2–383，3）。

标本H278：1，覆碗形器盖。夹砂黑陶，陶色不纯。半环形纽，平顶，盖面呈圆弧状隆起，沿面有一周凹槽。器表经磨光处理，素面。口径11.6、高5.6、厚0.3～0.6厘米（图2–383，2）。

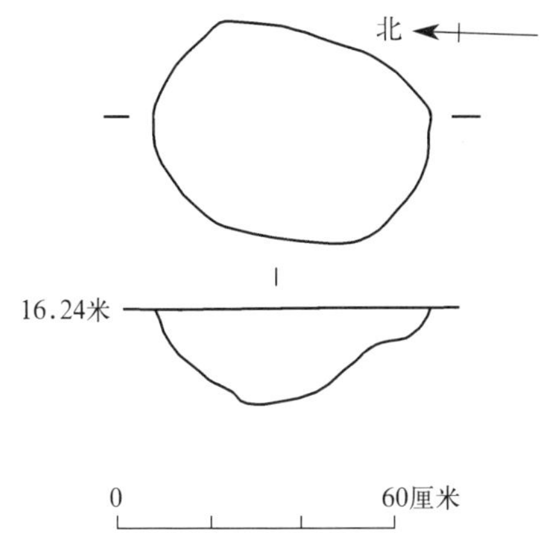

图2–381　一区七期H278平、剖面图

21．H314

位于E4T2299、T2298之间，开口于⑥a层下，打破F54墙体。椭圆形，斜壁，圜底（图2-382）。坑口长径0.77、短径0.64、深0.33米。填土分为两层，第1层为较紧密的深黄褐色土（7.5YR4/3）；第2层为浅黄褐色土（7.5YR4/6）。出土石器和罐、盆、杯、器盖等陶器残片（表2-81）。收集浮选土样1份20升。

标本H314①：5（#8800；S3373），石镰。石英/富含白云母的千枚岩。平面近月牙形，单面刃。长12.0、宽4.9、厚1.0厘米，重105.6克（图2-383，7；彩版一二九，4）。

标本H314①：2（#8800；S3378），砾石砍砸器。花斑岩。平面近菱形，横截面为长方形。长17.0、宽11.1、厚7.7厘米，重1942克（彩版一二九，5）。

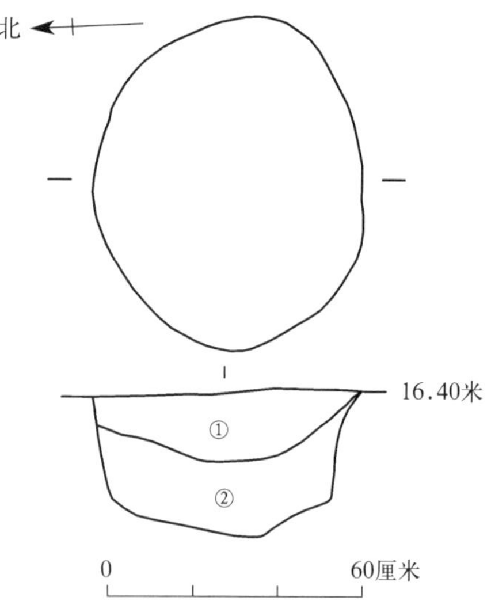

图2-382　一区七期H314平、剖面图

表2-81　H314陶片统计表

数量 纹饰 \ 陶质 陶色	泥质			夹砂				夹云母滑石	合计	百分比（%）
	黑	灰	合计	黑	灰	褐	合计	红		
凸弦纹	1	1	2	2			2		4	0.66
凹弦纹	4		4	4	5	3	12		16	2.63
堆　纹						1	1		1	0.16
素　面	297	24	321	176	28	60	264	2	587	96.39
瓦棱纹				1			1		1	0.16
累　计	302	25	327	183	33	64	280	2	609	100
百分比（%）	49.59	4.11	53.69	30.05	5.42	10.51	45.98	0.33	100	
重量（千克）	0.77	0.32	1.09	0.79	0.34	2.07	3.2	0.01	4.3	

标本H314②：6，高领罐。泥质灰陶。近直口外侈，圆唇，唇面有一周凹槽，高领，广肩，以下残失。器表经磨光处理。领部有一周凹弦纹。口径15.0、残高5.0、厚0.3～0.7厘米（图2-383，8）。

标本H314①：3，覆碗形器盖。夹砂黑陶，灰褐胎。顶及纽残，盖面微弧，矮子母口内收，平沿外伸。盖顶根部有一周凸弦纹。顶径5.7、口径16.0、高5.7、厚0.3～0.5厘米（图2-383，4）。

标本H314①：1，子母口器盖。泥质黑陶。纽残，盖面微弧，平沿外伸，矮子母口。口径8.5、残高1.2、厚0.1～0.3厘米（图2-383，5）。

标本H314①：4，子母口器盖。泥质黑陶，灰胎。纽残，盖面较为平直，矮子口。圆唇，平沿外伸，器表经磨光处理，盖面在纽的外围有一周凹弦纹。口径8.0～9.1、残高1.5、厚0.15～0.25厘米（图2-383，6）。

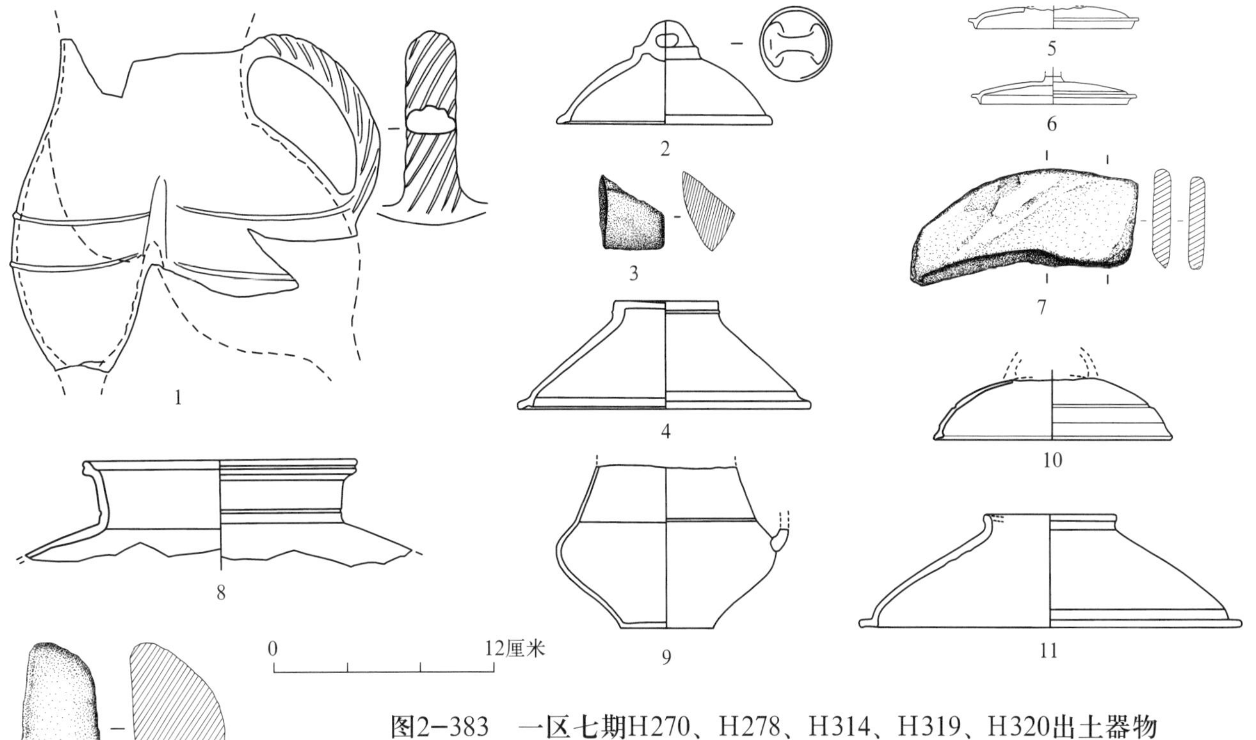

图2-383　一区七期H270、H278、H314、H319、H320出土器物

1．陶鬶H270：1　2．覆碗形器盖H278：1　3．石凿H278：2　4．覆碗形器盖H314①：3　5、6．子母口器盖H314①：1、H314①：4　7．石镰H314①：5　8．高领罐H314②：6　9．鼓腹单耳杯H319：1　10．覆盘形器盖H319：2　11．覆碗形器盖H320②：4　12．砾石砍砸器H320④：7

22．H319

位于E4T2347东部，开口于⑥a层下。近圆形圜底小坑（图2-384）。坑口直径0.48、深0.14米。填深灰色土（7.5YR 3/1），出土杯、器盖等陶器残片。收集浮选土样1份20升。

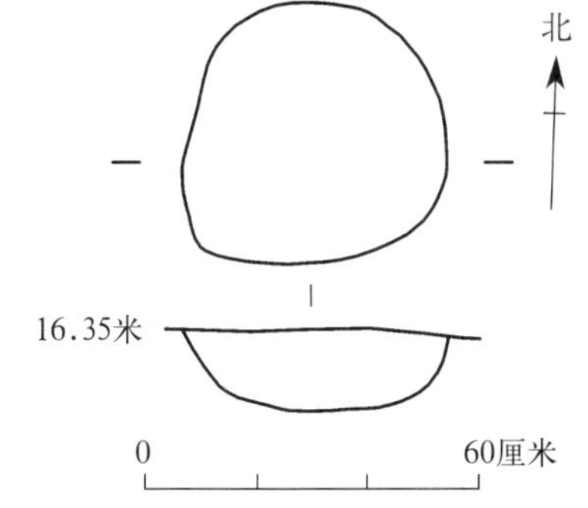

图2-384　一区七期H319平、剖面图

标本H319：1，鼓腹单耳杯。泥质黑陶，灰胎。口残失，粗长颈，窄肩，鼓腹，下腹急收成小平底。腹部一侧与口沿之间带状把手，大部残失。外表经磨光处理，颈肩之交有一周凹弦纹。最大腹径12.0、底径5.0、残高8.8、厚0.2～0.3厘米（图2-383，9）。

标本H319：2，覆盘形器盖。泥质黑陶。纽残失，圆弧形盖面，圆唇，窄沿，沿面有一周凹槽。器表经磨光处理。盖面饰一周凹弦纹。口径13.0、残高3.2、厚0.2～0.5厘米（图2-383，10）。

23．H320

位于E4T2348中部偏西，开口于⑥a层下，被H318打破，又打破⑥c层。圆形，直壁，平底（图2-385）。坑口直径1.58、深0.40米。填土分为四层，第1层为浅黄色土（干7.5YR4/4）；第2层为黑灰色土（湿7.5YR2.5/1）；第3层为黄褐色土（湿7.5YR4/4）；第4层为黑色土（湿5YR2.5/1）。出土石镞、磨石等石器和可复原陶器盖1件及较多陶片（表2-82）。收集浮选土样2份共40升，采集植硅体样品2份共100克。

标本H320②：2（#8207；S3348），石镞，后端残。白云母板岩。平面为柳叶形，横截面为菱形。残长4.1、宽2.0、厚0.7厘米，重5.6克（彩版一二九，6）。

标本H320①：5（#8206；S2886），磨石，残。花斑岩。不规则形。长4.7、宽2.9、厚2.2厘米，重39.8克。

标本H320③：6（#8208；S2816），磨石，残。砂岩。平面近三角形。长5.7、宽4.1、厚1.7厘米，重31.4克（彩版一二九，7）。

标本H320②：1（#8207；S3346），磨石。富钾质煌斑岩。平面近方形，横截面长方形。长5.6、宽5.0、厚2.2厘米，重88.8克（彩版一二九，8）。

标本H320③：3（#8208；S3342），磨石。流纹质熔结凝灰岩。平面形制长条形。长4.7、宽1.2、厚0.9厘米，重8.6克（彩版一三〇，1）。

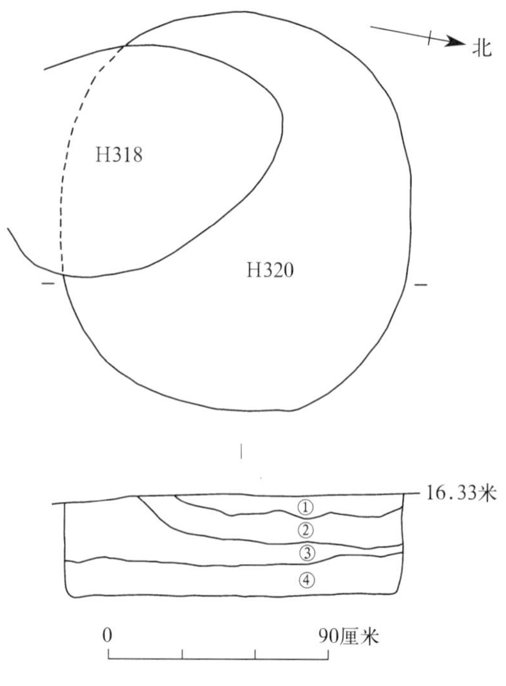

图2-385　一区七期H320平、剖面图

标本H320④：7（#8209；S3161），砾石砍砸器。花斑岩。平面介于长方形与三角形之间。长9.3、宽4.9、厚5.3厘米，重298.6克（图2-383，12）。

标本H320④：8（#8209；S2856），石器，残，磨制光滑。流纹质熔结凝灰岩。残长3.8、残宽3.3、厚0.5厘米，重9.2克（彩版一三〇，2）。

表2-82　H320陶片统计表

陶质 / 陶色 / 数量 / 纹饰	泥质				夹砂				总计	百分比（%）
	黑	灰	褐	合计	黑	灰	褐	合计		
凸弦纹	10			10	16	1	1	18	28	3.15
凹弦纹	17	1		18	18	4		22	40	4.50
堆　纹					1		1	2	2	0.23
泥　饼					1	1		2	2	0.23
盲　鼻	2	1		3	1			1	4	0.45
素　面	258	6	9	273	438	18	83	539	812	91.44
累　计	287	8	9	304	475	24	85	584	888	100
百分比（%）	32.32	0.90	1.01	34.23	53.49	2.70	9.57	65.77	100	
重量（千克）	2.58	0.06	0.19	2.83	5.78	0.33	1.13	7.24	10.07	

标本H320②：4，覆碗形器盖。夹砂黑陶，褐胎。平顶，盖面略外弧，圆唇，唇沿外伸，平沿，沿面有一周凹槽。器表经磨光处理，素面。顶径7.2、口径21.2、高6.0、厚0.3～0.45厘米（图2-383，11）。

24．H322

位于E4T2299西部，开口于⑥a层下，打破H337和F54的墙体。近圆形，圜底（图2-386）。坑口长径0.90、短径0.70、深0.51米。填土分六小层，出土可复原的鼓腹单耳杯。采集植硅体样品1份50克。

标本H322①：1，鼓腹单耳杯。泥质黑陶。口微侈，圆唇，粗长颈，鼓腹，下腹斜收，平底内凹。一侧腹部和口沿之间有宽带形把手。器表经磨光处理，颈腹交界处有两周凹弦纹。口径7.0～7.8、最大腹径9.8、底径4.6、高8.3、厚0.1～0.2厘米（图2-386，1）。

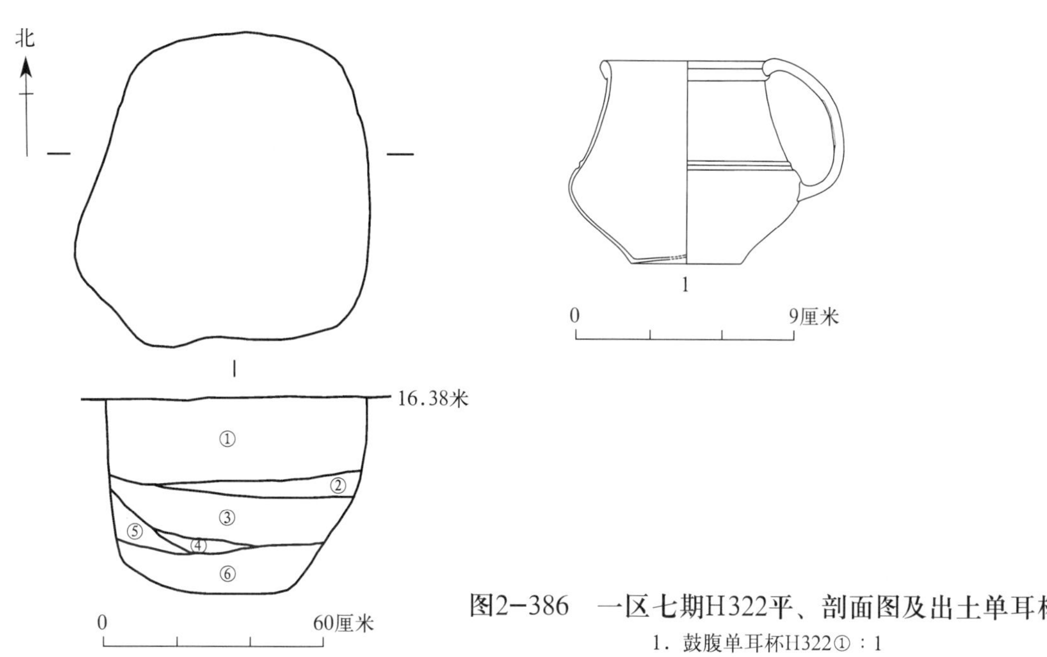

图2-386　一区七期H322平、剖面图及出土单耳杯

1. 鼓腹单耳杯H322①：1

25．H324

位于E4T2300北部，开口于⑥a层下，打破⑥c层。椭圆形，圜底（图2-387）。坑口残长径0.64、短径0.46、深0.12米。填黄褐色土（7.5YR3/2），出土石刀、磨石等石器和鼎、罐、盆、杯、器盖等陶器残片。

标本H324：7（#8905；S2834），石刀，残存一端。砂岩。平面长方形，单面刃。残长4.2、宽4.8、厚1.1厘米，重28.9克。

标本H324：6（#8905；S2891），磨石。熔凝灰岩。平面呈带把刀形，磨面细而平整。长11.8、宽3.3、厚1.8厘米，重

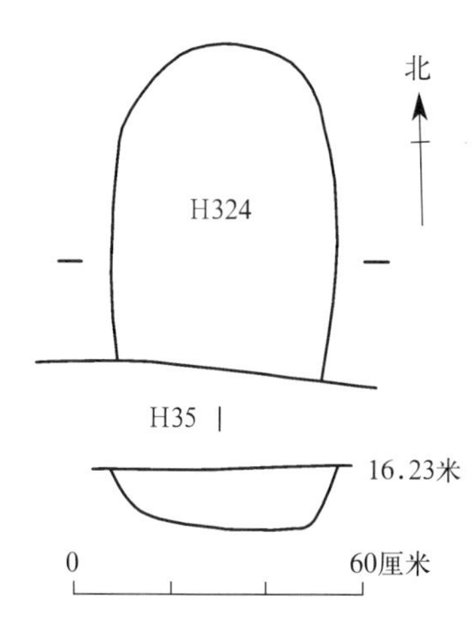

图2-387　一区七期H324平、剖面图

86.4克（彩版一三〇，3）。

标本H324：4，大口罐。夹砂黑灰陶。侈口，方唇，卷沿，短颈，圆腹，以下残失。器表经磨光处理。颈部有两周凸棱，肩腹部有四周凹弦纹，颈肩之交有一对小泥饼。口径25.2、残高9.0、厚0.4厘米（图2–388，1）。

标本H324：5，高领罐。泥质灰陶。近直口，口沿部分残失，广肩，以下残失。器表经磨光处理。肩部饰九周细密凹弦纹，其上有一对小泥饼。颈部直径13.0、残高5.2、厚0.4厘米（图2–388，2）。

标本H324：3，鼓腹盆。夹砂灰陶。敞口，方唇，沿面有一周凹槽，有颈，颈腹相接处有两周台状凸起，其上有一对鸡冠耳，腹较斜直，以下残失。腹部有一周凸棱。口径34.8、残高9.0、厚0.4厘米（图2–388，3）。

标本H324：1，覆碗形器盖。泥质黑陶。平顶微下凹，其上有带状环形把手，颈部内束，盖面斜直，近口沿部位圆折，窄平沿外伸。器表经磨光处理。颈部有一周凸弦纹。顶径6.1、口径16.2、残高5.9、厚0.2～0.4厘米（图2–388，4；彩版一三一，1）。

标本H324：2，覆碗形器盖。夹砂黑陶。小平顶，斜壁，宽沿，内壁遗留有轮旋痕迹。器表经磨光处理。颈部有凸弦纹一周。顶径3.6、口径15.2、高5.8、厚0.3～0.5厘米（图2–388，5；彩版一三一，2）。

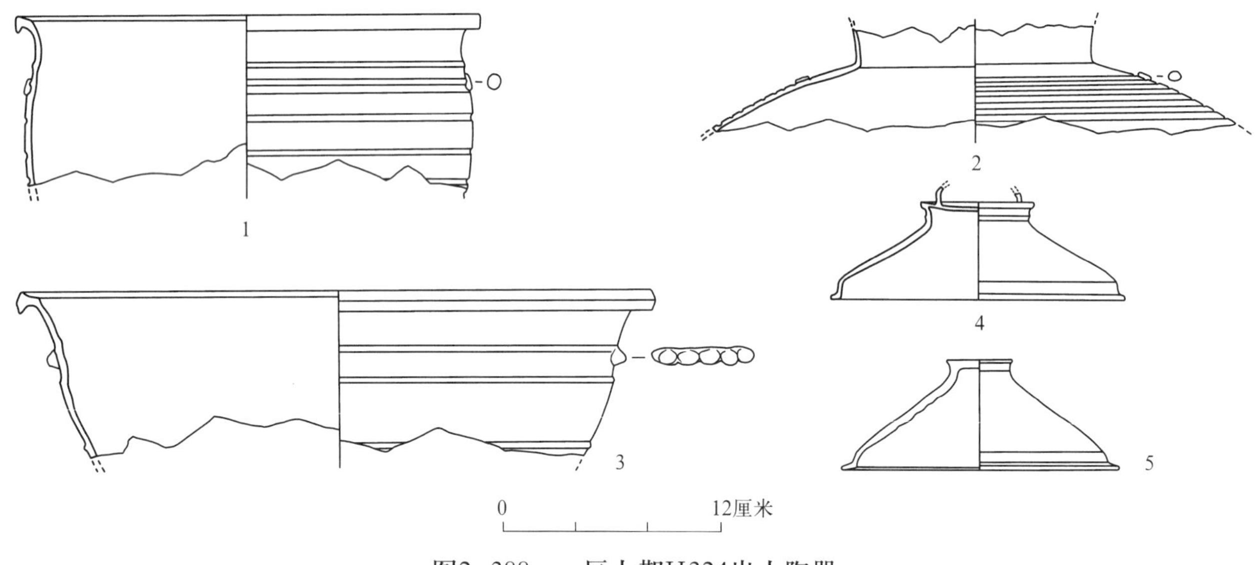

图2–388　一区七期H324出土陶器

1．大口罐H324：4　2．高领罐H324：5　3．鼓腹盆H324：3　4、5．覆碗形器盖H324：1、H324：2

26．H325

位于E4T2350、F4T2301之间，后者内的部分没有发掘。开口于⑥a 层下，被H326打破，打破⑥b层及以下地层。圆形，直壁，圜底（图2–389）。坑口直径1.03、深0.72米。填黄褐色土（5YR 4/2），出土可复原的陶器有盒，另有鼎、罐、盆、碗、器盖等陶器残片。

标本H325：2，罐形鼎。夹砂黑陶，底部烧成红褐色。口残，圆肩，鼓腹，下腹斜收，平底，三足，尖部残，足正面有纵向附加堆纹。器表经磨光处理。肩部有两周凹弦纹。底径13.0、残高11.7、

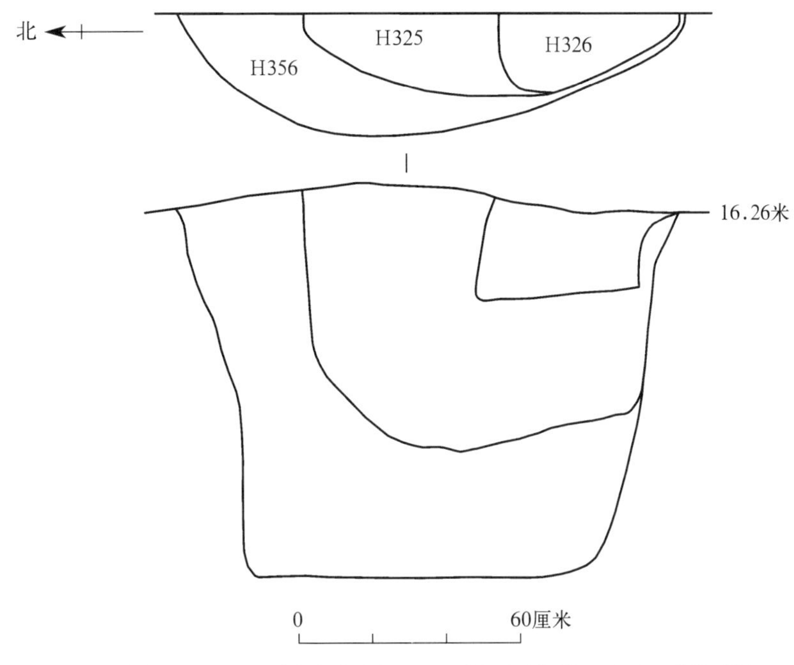

图2-389　一区七期H325 、H326和H356平、剖面图

厚0.4～0.71厘米（图2-390，1）。

标本H325：3，碗。泥质黑陶。敞口，圆唇，卷沿，上腹斜直，折腹，底部残失。器表经磨光处理，素面。口径13.0、残高3.2、厚0.3～0.4厘米（图2-390，2）。

标本H325：1，盒。泥质黑陶，深灰胎。子口较矮，折腹位置靠下，平底内凹。内外均经磨光处理，素面。口径9.4、底径7.6、高3.1、厚0.2～0.3厘米（图2-390，3；彩版一三一，3）。

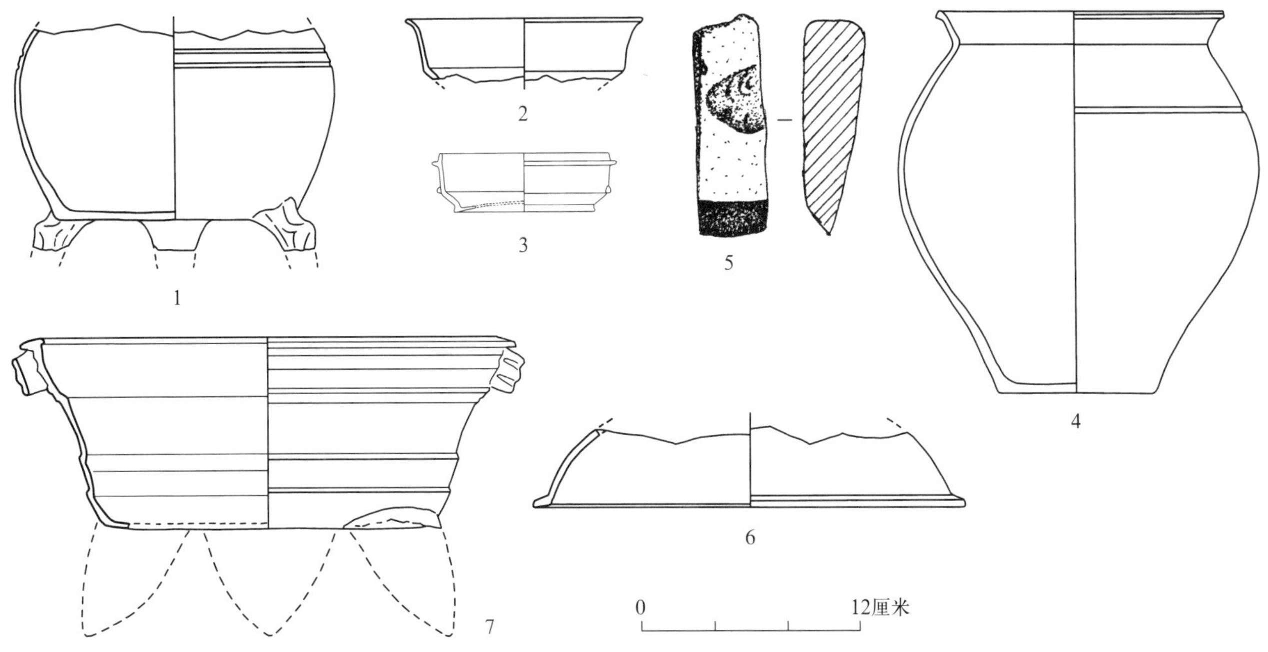

图2-390　一区七期H325、H326、H334、H356出土器物

1．罐形鼎H325：2　2．碗H325：3　3．盒H325：1　4．中口罐H326：1　5．石锛H334：1　6．覆碗形器盖H356：1　7．盆形鼎H356：2

27．H326

位于E4T2350、F4T2301之间，伸入F4T2301的部分没有扩方发掘。开口于⑥a层下，打破H325。圆形，平底（图2－389）。坑口直径0.50、深0.26米。填灰色土（7.5YR 3/1），出土可复原的陶罐1件。

标本H326：1，中口罐。夹砂黑陶，红褐胎，掺少量云母。侈口，方唇，唇沿有一周凹槽，折沿，溜肩，鼓腹，下腹斜收，平底。下腹部以上和口沿内侧经磨光处理，腹部有一周凹弦纹。口径15.6、最大腹径20.0、底径8.5、高20.1、厚0.4～0.65厘米（图2－390，4；彩版一三一，4）。

28．H356

位于E4T2350、F4T2301之间，伸入F4T2301的部分没有扩方发掘。开口于⑥a层下，打破⑥b层及以下各层。圆形，近直壁，平底（图2－389）。坑口残径1.37、深1.04米。填灰褐色土（7.5YR3/2），出土陶器的器形有鼎、罐、盆、杯、盒、器盖等。

标本H356：1（#8427；S2887），石料。滑石片岩。不规则形。长2.3、宽1.6、厚1.0厘米，重2.9克。

标本H356：2（#8427；S2915），石料。滑石片岩。不规则形。长4.2、宽1.6、厚1.1厘米，重5.0克。

标本H356：2，盆形鼎。夹细砂黑陶，褐胎。敛口，尖圆唇，斜平沿，上腹近盘形口，中部内束，平底，三足残失。沿外侧有一对横耳。器表经磨光处理。上腹有三周凸棱，下腹有两周阶状凸起。口径27.0、底径19.2、残高10.0、厚0.4厘米（图2－390，7）。

标本H356：1，覆碗形器盖。夹砂黑灰陶。圆唇，平沿，盖面隆起。盖面及口沿磨光。口径24.0、残高3.8、厚0.4厘米（图2－390，6）。

29．H334

位于E4T2300西北部，开口于⑥a层下，打破⑥c层。长椭圆形，圜底（图2－391）。坑口残长径0.66、短径0.28、深0.10米。填松软的黑色土（7.5YR2/3），出土石器1件。

标本H334：1（#8911；S3424），石锛。流纹质熔结凝灰岩。平面和横截面均为长方形。长5.8、宽1.8、厚1.7厘米，重32.6克（图2－390，5；彩版一三〇，4）。

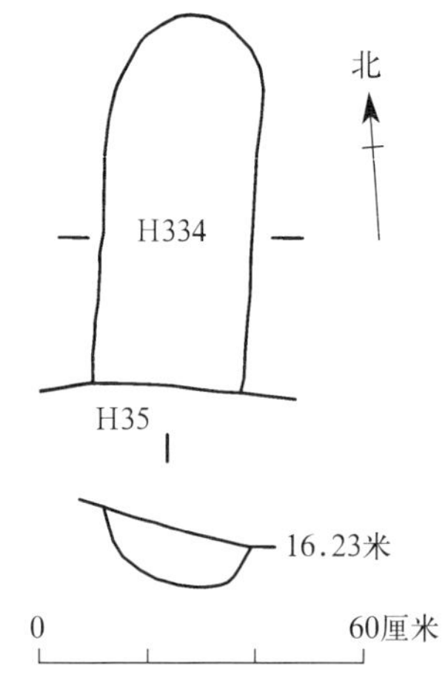

图2－391　一区七期H334平、剖面图

30．H336

位于E4T2350东部，开口于⑥a层下，被H31打破。近圆形，直壁，平底（图2－392）。坑口直径1.34、深0.70米。填灰褐色土（5YR 3/3），出土石刀等石器和鼎、鬶、罐、盆、杯、器盖、圆陶片等陶器或残片（表2－83）。

标本H336：8（#8417；S2899），石铲残片，磨制。流纹质熔结凝灰岩。扁薄体。残长3.7、残宽4.9、厚0.8厘米，重14.2克。

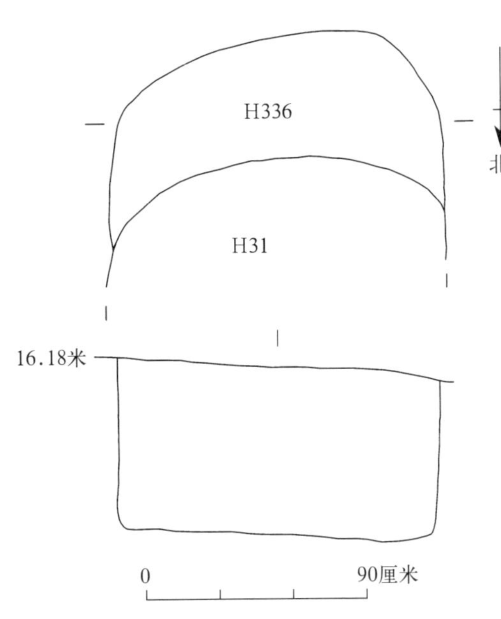

图2-392　一区七期H336平、剖面图

标本H336：1（#8417；S3380），石刀，磨制光滑。石英/富含白云母的千枚岩。平面为长条形。长11.7、宽3.7、厚1.1厘米，重78.9克（图2-393，7；彩版一三〇，5）。

标本H336：9（#8417；S2857），磨石，残。砂岩。平面形状不详，横截面不详，残缺。长1.5、宽1.2、厚0.6厘米，重1.0克。

标本H336：10（#8417；S2923），磨石，残。砂岩。磨面粗糙。残长3.2、残宽2.1、厚1.4厘米，重10.4克（彩版一三〇，6）。

标本H336：11（#8417；S2858），石器，残。流纹质熔结凝灰岩。不规则形。残长3.6、残宽1.6、厚0.5厘米，重2.3克。

标本H336：12（#8417；S2830），石器半成品。流纹质熔结凝灰岩。不规则形。长8.4、宽4.4、厚0.9厘米，重37.1克。

表2-83　H336陶片统计表

陶质 / 陶色 / 数量 / 纹饰	泥质				夹砂					夹云母滑石	总计	百分比（%）
	黑	灰	褐	合计	黑	灰	褐	白	合计	褐		
凸弦纹	18			18	18	1	2	1	22		40	4.32
凹弦纹	14			14	31	1			32		46	4.97
堆　纹							9		9		9	0.97
泥　饼	3			3	4		1		5		8	0.86
盲　鼻	2			2	2				2		4	0.43
素　面	205	19	47	271	393	41	90	21	545	2	818	88.34
印　纹					1				1		1	0.11
累　计	242	19	47	308	449	43	102	22	616	2	926	100
百分比（%）	26.13	2.05	5.08	33.26	48.49	4.64	11.02	2.38	66.52	0.22	100	
重量（千克）	12.40	0.16	0.35	12.91	5.68	0.62	2.14	0.08	8.52		21.43	

标本H336：4，三角形鼎足。夹砂红陶。平面呈三角形，正面附加纵向堆纹。高5.2、厚1.0厘米（图2-393，1）。

标本H336：5，鸟首形鼎足。夹砂红陶。无眼鸟首形。高7.7厘米（图2-393，2）。

标本H336：6，鬶。夹砂红褐陶。仅存把手一侧，流残，方唇，窄沿，沿面有一周凹槽，沿下把手上方有一圆孔，粗长颈，乳状袋足残，袋足与鬶体内侧相接处用泥条抹过。器表经磨光处理。

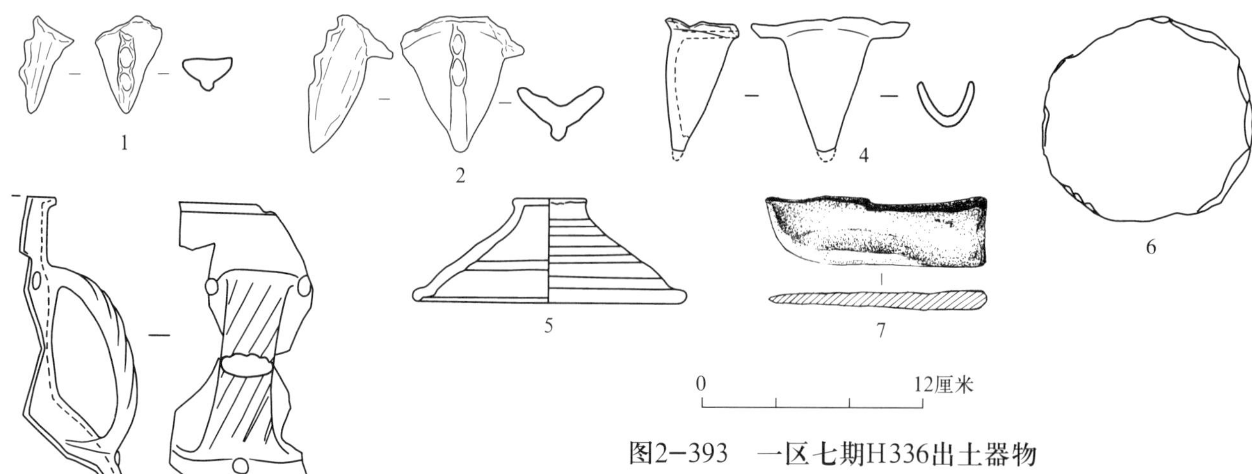

图2-393　一区七期H336出土器物

1. 三角形鼎足H336：4　2. 鸟首形鼎足H336：5　3. 鬶H336：6　4. 三足盒足H336：7　5. 覆碗形器盖H336：3　6. 圆陶片H336：2　7. 石刀H336：1

后袋足上残有两周凸棱，一侧有略扁的象征性索状把手，把手两侧及底部饰泥饼。残高17.6、厚0.4～0.7厘米（图2-393，3）。

标本H336：7，三足盒足。泥质黑陶，局部呈黄褐色。形制近鸟首形足，无堆纹无孔。外表经磨光处理，素面。残高7.0、厚0.2～0.6厘米（图2-393，4）。

标本H336：3，覆碗形器盖。夹砂黑陶，黄褐胎，含少量云母。平顶微下凹，盖面斜直，唇沿外伸，圆唇，沿内面有一周凹槽。盖面有六周凹弦纹和一周凸弦纹，内壁留有轮制时形成的瓦棱痕迹。顶径4.1、口径15.0、高5.5、厚0.35～0.65厘米（图2-393，5；彩版一三一，5）。

标本H336：2，圆陶片。夹砂灰陶。系采用陶片打制而成，近圆形。直径5.2～5.9、厚0.55～0.6厘米（图2-393，6）。

31．H340

位于E4T2350、T2300之间，开口于⑥a层下。椭圆形，斜壁，近平底（图2-394）。坑口长径1.15、短径0.82、深0.56米。填灰褐色土（5YR3/3），出土陶器的器形有鼎、罐、盆、圈足盘、器盖等（表2-84）。

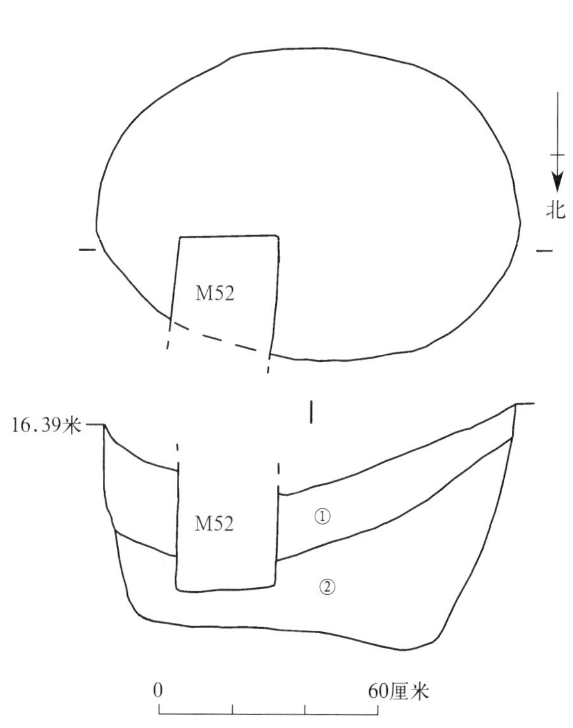

图2-394　一区七期H340平、剖面图

标本H340①：15（#8416；S2848），石料。玄武岩。平面近梯形。高3.3、宽4.1、厚1.3厘米，重20.0克。

标本H340②：10，罐形鼎。夹砂灰黑陶。侈口，圆唇，折沿，沿面有一周凹槽，沿外侧外凸，溜肩，圆腹，以下残失。肩部有五周凹弦纹。口径16.0、残高7.2、厚0.3厘米（图2-395，1）。

标本H340②：9，盆形鼎。夹砂灰黑陶。残存口沿，圆唇，平折沿，折壁，以下残失。唇部及上腹部

表2-84　H340陶片统计表

陶质 / 陶色 / 数量 / 纹饰	泥质					夹砂				夹云母滑石	总计	百分比（%）
	黑	灰	红	褐	合计	黑	灰	褐	合计	褐		
凸弦纹	4				4	23	9		32		36	5.38
凹弦纹	30	1			31	37	8		45		76	11.36
堆　纹								5	5		5	0.75
泥　饼	2				2						2	0.30
盲　鼻		1			1						1	0.15
素　面	165	19	4	6	194	253	57	43	353	2	549	82.06
累　计	201	21	4	6	232	313	74	48	435	2	669	100
百分比（%）	30.04	3.14	0.60	0.90	34.68	46.79	11.06	7.17	65.02	0.30	100	
重量（千克）	1.76	0.5	0.1	0.1	2.46	5.1	1.1	0.73	6.93	0.02	9.41	

压印齿状纹，口沿下有残横耳痕迹。残高4.0、厚0.4厘米（图2-395，2）。

标本H340①：17，盆形鼎。泥质黑陶，深灰胎。略呈盘形口，圆唇，平折沿，沿面下凹，折腹，上腹外弧，下腹较直，近底折收，平底内凹，下接三无堆纹的鸟首形足。器表经磨光处理。腹壁饰四周凸棱。口径17.6、底径11.1、高12.8、厚0.15～0.4厘米（图2-395，16）。

标本H340①：1，中口罐。夹砂灰黑陶。侈口，圆唇，折沿，圆肩，圆腹，下腹斜收成小平底。器表经磨光处理，素面。口径12.0、最大腹径15.6、底径7.4、高16.1、厚0.3～0.4厘米（图2-395，3；彩版一三一，6）。

标本H340②：2，罐。夹细砂黑陶，含极少量云母。口较大，方唇，唇面有一周凹槽，沿面上部下凹，卷沿，圆腹，下腹斜收，底残失。腹部以上器表经磨光处理，颈下有两周凸棱，其上有对称的盲鼻和小泥饼各一对。口径22.2、底径11.2、高26.0、厚0.4～1.0厘米（图2-395，4）。

标本H340②：5，浅腹罐。泥质黑陶。口微侈，圆唇，粗长颈，扁鼓腹，平底内凹。内外器表均经磨光处理，颈腹交界处有三周细凹弦纹，腹部有对称的横耳一对，近底部有一周浅凹槽。口径17.2、最大腹径22.2、底径18.4、高10.0、厚0.2～0.35厘米（图2-395，5；彩版一三一，7）。

标本H340①：6，罐。夹砂黑灰陶。侈口，圆唇，折沿，溜肩，圆腹，以下残失。沿面饰两周细凹弦纹，肩部饰两周凹弦纹。口径16.0、残高8.0、厚0.3厘米（图2-395，6）。

标本H340②：8，罐。夹砂黑皮灰陶。直口，圆唇，高颈，以下残失。器表经磨光处理。颈部饰两周凸棱。口径14.0、残高5.0、厚0.3～0.6厘米（图2-395，7）。

标本H340②：14，罐。泥质灰陶。方唇，唇面有两道凹槽，斜折沿，沿面有两周细凹槽，短颈，上腹微鼓，以下残失。器表经磨光处理。颈下有两周凸棱，其上一对盲鼻。口径25.0、残高5.9、厚0.5～0.9厘米（图2-395，9）。

标本H340②：11，圈足盘。泥质黑陶。敛口，方唇，斜折沿，沿面有一周刻槽，盘腹圆折，

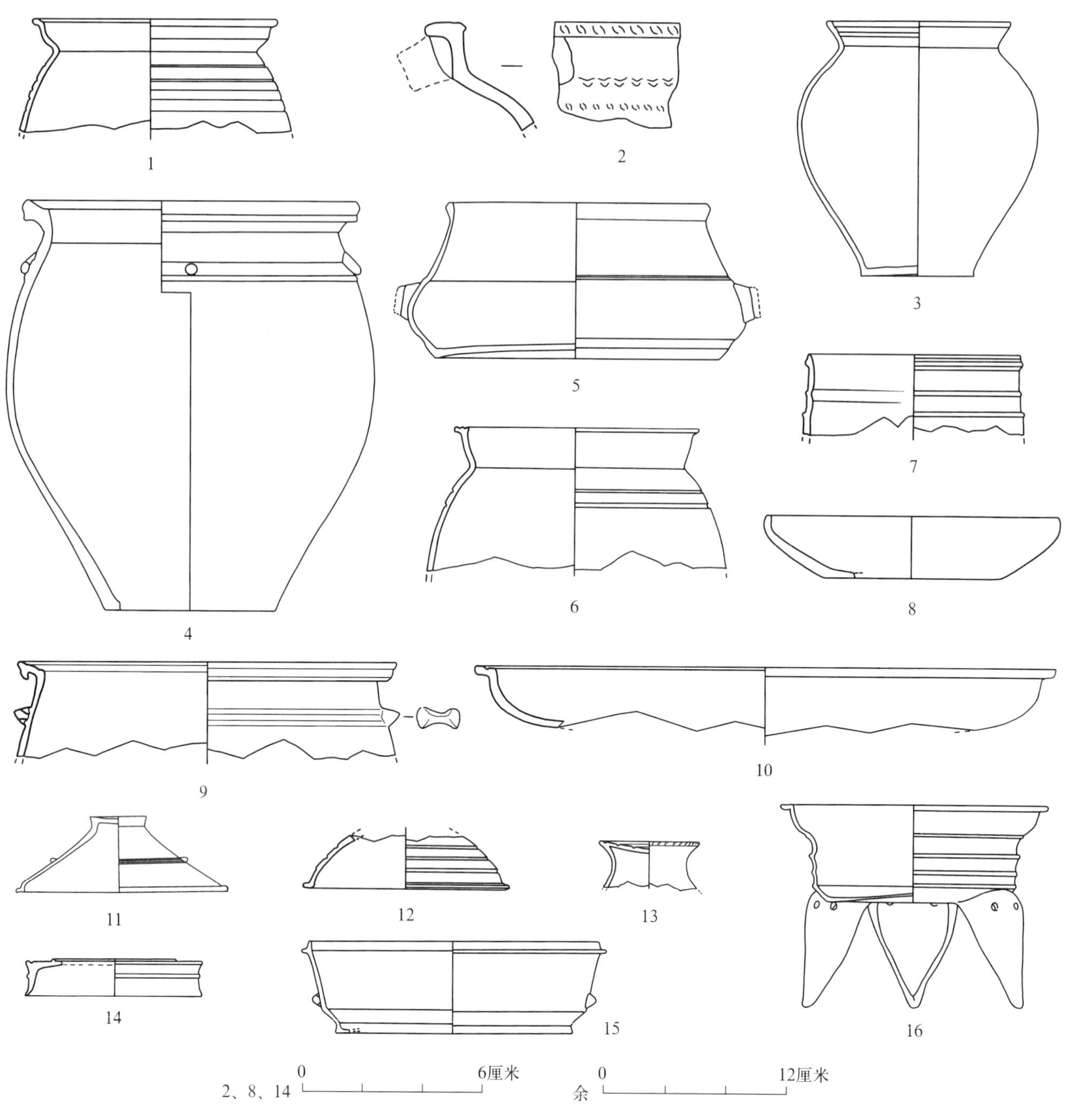

图2-395　一区七期H340出土陶器

1．罐形鼎H340②：10　2、16．盆形鼎H340②：9、H340①：17　3．中口罐H340①：1　4．罐H340②：2　5．浅腹罐H340②：5　6、7．罐H340①：6、H340②：8　8．碗H340②：4　9．罐H340②：14　10．圈足盘H340②：11　11．覆碗形器盖H340②：3　12．覆碗形器盖H340②：7　13、14．器盖H340②：12、H340②：13　15．平底盒H340①：16

浅盘，以下残失。内外表均经磨光处理，素面。口径38.0、残高5.6、厚0.5～0.8厘米（图2-395，10）。

标本H340②：4，碗。泥质黑陶，深灰胎，含云母。口微敛，圆唇，碗壁斜直，底残。内外表均经磨光处理，素面。口径9.6、底径5.6、高2.0、厚0.2～0.4厘米（图2-395，8）。

标本H340①：16，平底盒。泥质黑陶，深灰胎。子口甚矮，上腹斜直较深，近底部向内折收，平底残。内外表均经磨光处理。下腹部饰两个对称的盲鼻。口径19.2、底径15.6、高5.9、厚0.2～0.36厘米（图2–395，15）。

标本H340②：3，覆碗形器盖。夹细砂和少量云母黑陶。平顶微下凹，盖面斜直，圆唇，平沿，沿面有一周较深的凹槽。内壁有轮制时形成的线纹痕迹。器表经磨光处理，顶面边缘有一周凹槽，顶面中部有一周细凹弦纹，盖面中部饰有两周极细的凹弦纹，其上有对称的盲鼻一对。顶径3.8、口径13.6、高4.9、厚0.2～0.3厘米（图2–395，11；彩版一三一，8）。

标本H340②：7，覆碗形器盖。夹砂黑陶。顶残失，盖面圆隆，圆唇，窄平沿。器表经磨光处理。沿面两周细凹弦纹，盖面饰数道细凹弦纹。口径13.2、残高 3.4、厚0.4厘米（图2–395，12）。

标本H340②：12，器盖。泥质黑陶。平顶内凹，束颈，以下残失。器表经磨光处理。顶面饰两周凹弦纹，顶面外沿戳印一周花边。顶径6.5、残高3.0、厚0.3～0.35厘米（图2–395，13）。

标本H340②：13，器盖。泥质黄褐陶，白陶衣脱落。平顶，周沿外凸，直壁微内束，口沿外敞。顶面有凸棱和凹弦纹各一周，盖壁中部有一周凸棱。口径6.0、高1.2、厚0.3～0.6厘米（图2–395，14）。

32．H344

位于E4T2296和T2297之间，开口于⑥a层下，被M54打破，打破⑥b层。因为相当部分被M54破坏和伸出探方南壁之外，故整体形状不明。现存部分长0.97、宽0.96、深0.15米（图2–334）。内填黑灰色土（10YR2/1），土质松软。出土石器和陶片等遗物。

标本H344：2（#8528；S2979），石刀半成品，打制。花斑岩。平面近长方形。长6.7、宽4.9、厚1.9厘米，重69.9克。

标本H344：1（#8528；S3289），石镞，残。绿泥石或绿泥/角闪片岩。平面为柳叶形，横截面为菱形。残长4.0、宽2.1、厚0.9厘米，重7.6克（彩版一三〇，7）。

33．H364

位于E4T2296南部，向南延伸到探方之外，开口于⑥a层下，打破⑥b层。椭圆形，斜壁，圜底（图2–396）。坑口长径1.10、出露短径0.62、深0.35米。填土分为三层，第1层为黑灰色土（10YR2/1）；第2层为黑褐色土（10YR2/1）；第3层为灰褐色土（10YR4/3）。出土可复原的陶器有罐、壶和鼓腹杯，另有鼎、罐、罍、杯等陶器残片。收集浮选土样1份20升，采集植硅体样品1份50克。

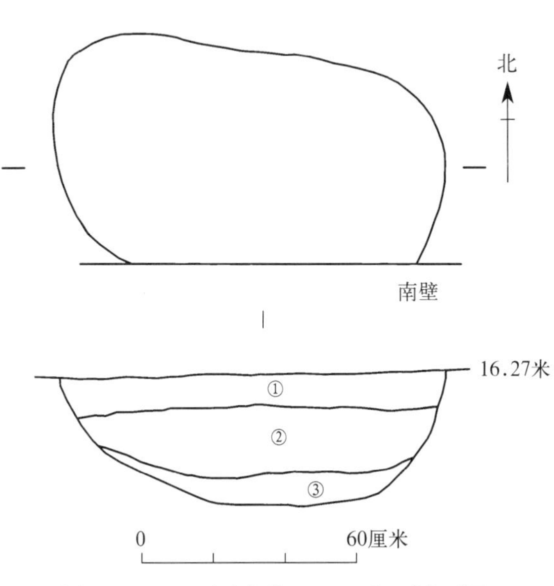

图2–396　一区七期H364平、剖面图

标本H364②：7，罐形鼎。夹砂黑灰陶。肩以上残失，圆鼓腹，平底较大，三铲形足，下部残。器表经磨光。腹部存两周凹弦纹。最大腹径12.4、底径8.4、残高7.4、厚0.2～0.4厘米（图2–397，1）。

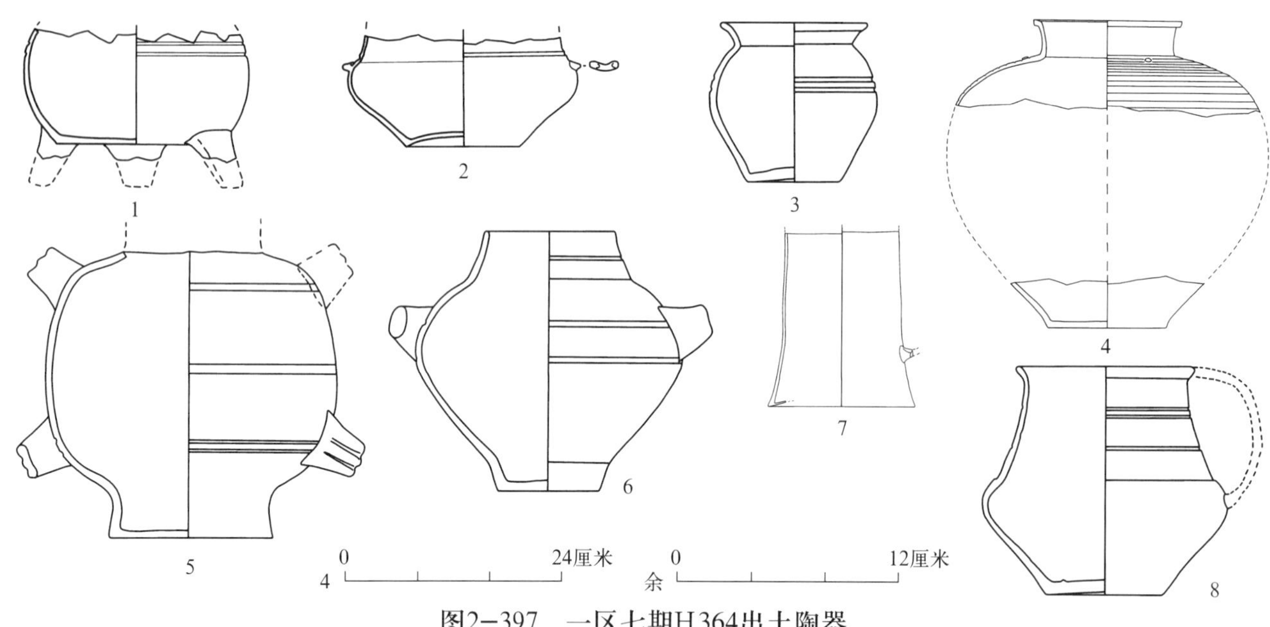

图2－397　一区七期H364出土陶器

1．罐形鼎H364②：7　2、3．罐H364③：4、H364②：6　4．瓮H364③：9　5．罍H364①：5　6．双耳壶H364①：8　7．筒形单耳杯H364①：3　8．鼓腹单耳杯H364②：1

标本H364③：4，罐。泥质灰黑陶。颈以上残，粗颈，窄肩，鼓腹，下腹内收，平底内凹较甚。器表经磨光。颈腹交接处一周凹弦纹，其上存一盲鼻。最大腹径12.8、底径6.6、残高5.6、厚0.1～0.3厘米（图2－397，2）。

标本H364②：6，罐。夹砂黑陶。侈口，尖圆唇，折沿，溜肩，鼓腹，平底内凹。器表经磨光处理，腹部饰两周凹弦纹。口径8.0、最大腹径9.1、底径5.0、高8.5、厚0.3～0.6厘米（图2－397，3；彩版一三二，1）。

标本H364③：9，瓮。夹砂黑陶。直口外侈，方唇，窄斜沿，沿面有一周凹槽，短颈，广圆肩，鼓腹，中部残失，下腹内收，小平底。器表经磨光。肩部有十二周凹弦纹，颈下残存一泥饼。口径16.0、底径12.4、复原高32.4、厚0.3～0.5厘米（图2－397，4）。

标本H364①：5，罍。泥质黑陶。颈部以上残失，圆肩，圆鼓腹，假圈足状平底，肩部和下腹各有一对对称的横耳。器表经磨光处理，腹部饰三组六周凹弦纹。最大腹径15.8、底径9.1、残高14.9、厚0.15～0.3厘米（图2－397，5）。

标本H364①：8，双耳壶。夹细砂黑陶。直口内敛，尖圆唇，圆肩，鼓腹，小平底。器表经磨光处理，腹部有两周较浅的宽凹弦纹，其上有一对对称的大横耳。口径7.2、最大腹径14.8、底径5.6、高13.8、厚0.3～0.5厘米（图2－397，6）。

标本H364①：3，筒形单耳杯。泥质黑陶，灰胎。口残失，直腹中部略鼓，底部外张，平底内凹，底残。一侧有窄带状把手，残失。器表经磨光处理，素面。底径8.0、残高9.3、厚0.15～0.25厘米（图2－397，7）。

标本H364②：1，鼓腹单耳杯。泥质黑陶，灰胎。侈口，圆唇，粗长颈，鼓腹，平底微内凹。一侧腹部和口沿之间有带状把手，残失。器表及口沿内侧经磨光处理，颈部饰有三周凹弦纹，颈腹交界处有一周阶状凸起。口径9.6、最大腹径13.2、底径6.3、高12.1、厚0.2～0.4厘米（图2－397，8；彩版一三二，2）。

34．H380

位于E4T2297、T2298之间，向南伸入南壁，开口于⑥a层下，打破H372。圆形，圜底（图2-398）。坑口直径0.44、深0.24米。填黑色土（10YR2/1），出土可复原的瓦足盆1件，另有鼎、罐、杯等陶器残片。采集植硅体样品1份100克。

标本H380：1，瓦足盆。泥质黑陶。敞口，圆唇，卷沿，深腹微内曲，平底，三瓦足宽而矮。内外表均经磨光处理。腹底部饰一周凹弦纹。口径34.0、底径27.0、高13.4、厚0.3～0.4厘米（图2-398，1）。

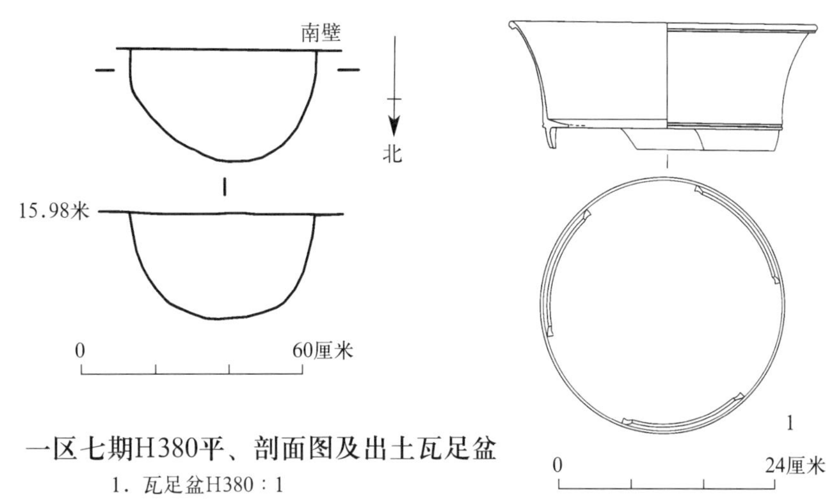

图2-398　一区七期H380平、剖面图及出土瓦足盆

1. 瓦足盆H380：1

35．H402

位于T2350东部，开口于H31下，打破M25、G11。椭圆形，斜壁，尖底（图2-399）。坑口长径0.98、短径0.68、深0.51米。填灰黑色土（10YR2/1），出土复原陶器有鼎、罐、盒、器盖等。收集浮选土样1份20升。

标本H402：8，罐形鼎。夹砂黑陶。侈口，尖圆唇，折沿，沿面一周凹槽，溜肩，以下残失。肩部有两周凹弦纹。口径14.0、残高6.0、厚0.4厘米（图2-400，4）。

标本H402：1，中口罐。夹砂黑陶，深灰褐胎。侈口，方唇，宽卷沿，沿面上部有一周凹槽，弧腹，下腹斜收，平底。器表经磨光处理，素面。口径14.2、底径8.4、高15.2、厚0.35～1.0厘米（图2-400，1；彩版一三二，3）。

标本H402：4，中口罐。泥质黑陶，内壁和胎为灰色。侈口，近方唇，卷沿，沿内面微下凹，溜肩，鼓腹较甚，下腹斜收，平底内凹。上半部器表经磨光处理。肩部饰两周凹弦纹。口径10.0、底径6.4、高8.4、厚0.2～0.4厘米（图2-400，3；彩版一三二，4）。

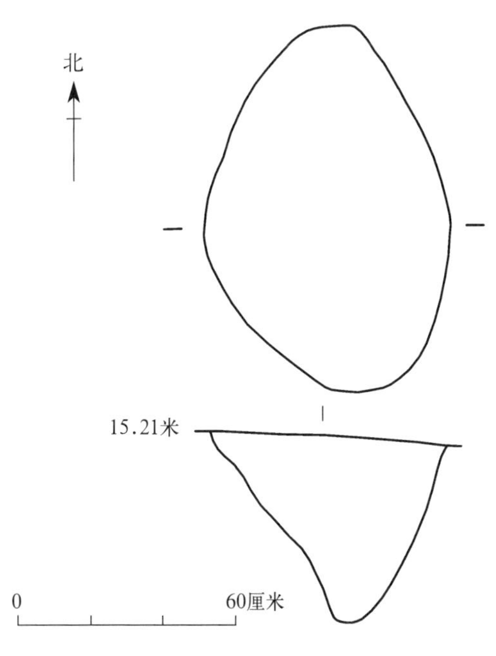

图2-399　一区七期H402平、剖面图

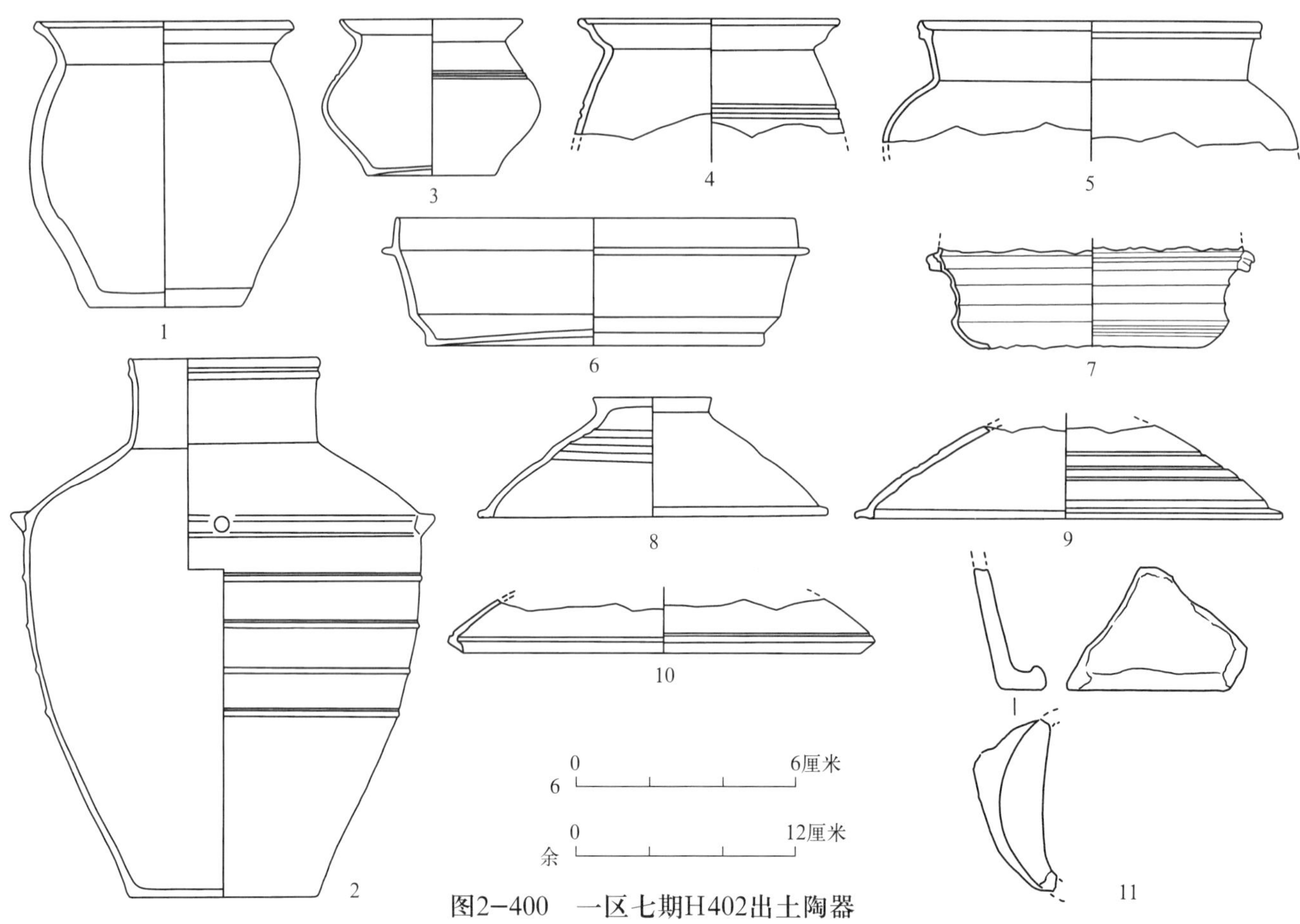

图2-400 一区七期H402出土陶器

1～3、5．罐H402：1、H402：2、H402：4、H402：10 4．鼎H402：8 6．平底盒H402：3 7．三足盒H402：5 8、9．覆碗形器盖H402：6、H402：7 10．覆钵形器盖H402：11 11．器底H402：9

标本H402：2，小口罐。夹砂黑陶，深灰胎，含少量云母。器体修长，高直口，圆唇，斜折肩，弧腹，下腹部斜收，平底。下腹以上部位经磨光处理。唇下饰一组凹、凸弦纹组合，肩部有两周凸棱，其上饰对称的盲鼻和小泥饼各一对，腹部有四组凹、凸弦纹组合，口径10.5、最大腹径21.6、底径10.5、高28.5、厚0.28～0.5厘米（图2-400，2；彩版一三二，5）。

标本H402：10，罐。夹细砂灰陶。侈口，方唇，唇外侧有凹槽，沿面凹槽宽而较深，颈略高，圆肩，以下残失。器表经磨光处理，素面。口径18.8、残高6.8、厚0.3～0.6厘米（图2-400，5）。

标本H402：3，平底盒。泥质黑陶，含有极少量云母。子口略高，斜直腹较深，近底部圆折，平底内凹。内外表均经磨光处理，素面。口径11.0、底径9.2、高3.4、厚0.15～0.3厘米（图2-400，6；彩版一三二，6）。

标本H402：5，三足盒。泥质黑陶。口部残，束腹，下腹外折，平底和足残失。上腹部有一对小横耳。内外表均经磨光处理。腹部有六周折棱，下腹部饰密集细弦纹。最大腹径15.0、残高5.0、厚0.1～0.3厘米（图2-400，7）。

标本H402：6，覆碗形器盖。夹细砂黑陶，灰胎。小平顶，斜壁微弧，中部有一周下凹，方唇，平沿外伸，沿面有两周凹槽。内壁有轮制时形成的瓦棱痕迹。器表经磨光处理，素面。顶径6.4、口径19.2、高6.4、厚0.3～0.5厘米（图2-400，8）。

标本H402：7，覆碗形器盖。夹砂黑陶。顶部残失，盖面微隆，圆唇，平沿。器表经磨光处理。盖面上有三周凹弦纹。口径23.2、残高5.0、厚0.5厘米（图2–400，9）。

标本H402：11，覆钵形器盖。泥质灰陶。盖面中部以上残失，盖面斜直，敛口，尖唇。器表经磨光处理，盖面近底部凹弦纹一周。口径22.0、残高2.8、厚0.4厘米（图2–400，10）。

标本H402：9，器底。夹砂灰陶。仅残存下腹及部分底，底有大孔，器形不详。底径11.0、残高6.8、厚1.0厘米（图2–400，11）。

36．H44

位于F4T2301和T2302之间，向北延伸出北壁，开口于耕土层下，西部被汉代的M20打透。近椭圆形，斜壁，平底（图2–401）。已清理部分长径1.25、深0.22米。填土分为三小层，依次为灰褐色土（10YR4/1）、灰黑色土（7.5YR7.5/1）和黄褐色土（7.5YR7/4）。出土陶器的器形有甗、罐、壶、盆、杯、器盖等。

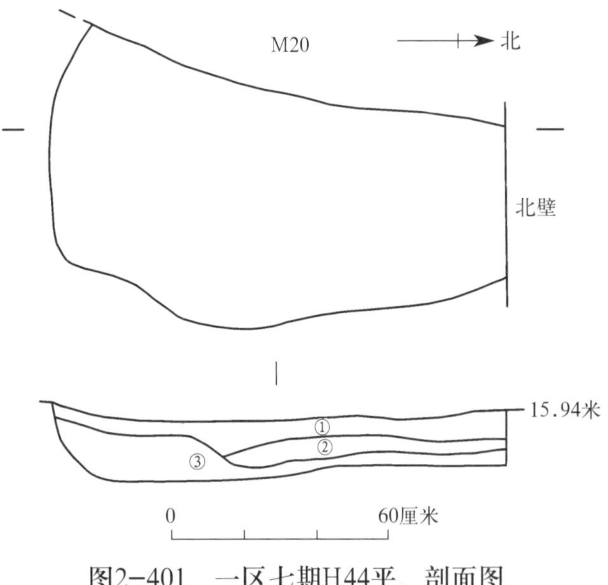

图2–401　一区七期H44平、剖面图

标本H44①：4，甗。夹砂黑陶。侈口，方唇，卷沿，沿面有一周宽凹槽，束颈，窄肩，圆腹。腰及鬲的腹部残，分裆袋足。器表及口沿内侧经磨光。肩部有两周阶状凸起，腹部饰四周凸棱及一周凹弦纹。口径34.0、复原高为49.0、厚0.2～0.4厘米（图2–402，4）。

标本H44①：2，中口罐。夹砂黑陶，掺少量云母。侈口，方唇，折沿，沿面有一周凹槽，沿外侧有一周凸棱，溜肩，鼓腹，小平底。器表及口沿内侧经磨光。上腹部饰两周凹弦纹。口径13.5、最大腹径18.7、底径7.6、高18.6、厚0.4～0.6厘米（图2–402，1）。

标本H44①：3，中口罐。夹砂黑陶。侈口，圆唇，折沿，沿面有一周凹槽，溜肩，圆腹，以下残失。器表经磨光处理。肩、腹部有七周凹弦纹。口径15.0、残高7.4、厚0.4～0.5厘米（图2–402，2）。

标本H44①：1，壶。泥质黑陶，含少量云母。口部残失，直颈，圆肩，鼓腹，平底微内凹。腹部饰两周细凹弦纹，器内壁遗有轮制时形成的瓦棱纹。最大腹径18.6、底径9.4、残高16.0、厚0.1～0.3厘米（图2–402，3）。

37．H48

位于F4T2301和T2302之间，开口于耕土层下。椭圆形，一侧直壁另一侧斜壁，底部近平（图2–403；彩版一三三，1、2）。坑口长径2.68、短径2.10、深0.40米。填土分为五层，第1层为较为坚硬的黄褐色土（10YR2.5/1），夹有少量红烧土块，较厚；第2层为土质稍软的黑灰土（10YR2.5/1），包含物丰富；第3层为坚硬的黄褐色土（10YR4/3），包含物较多；第4层为黑灰色土（10YR2/2）；第5层为黑褐色土（10YR3/2）。H48出土了大量可复原的陶器，主要有鼎、鬶、甗、罐、罍、盆、壶、盘、碗、豆、杯、盒、器盖等（表2–85）。收集浮选土样2份共10升。

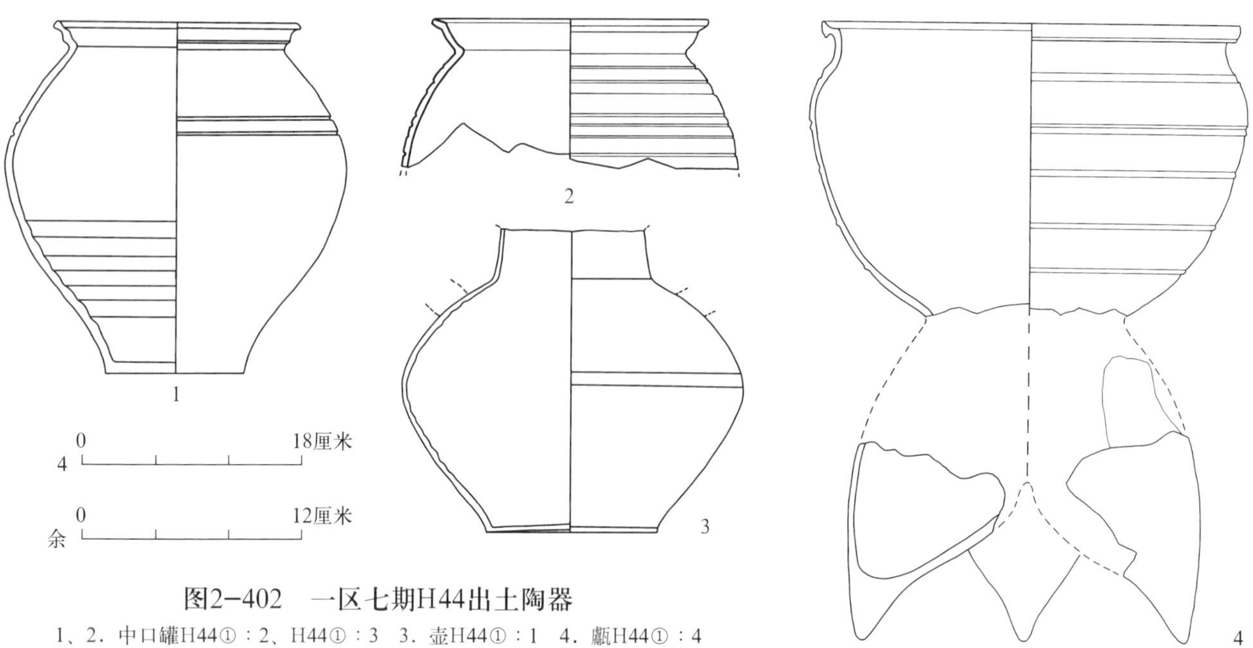

图2-402　一区七期H44出土陶器

1、2．中口罐H44①：2、H44①：3　3．壶H44①：1　4．甗H44①：4

标本H48③：6（#4321；S252），石刀半成品。石英/富含白云母的千枚岩。平面近方形。长6.3、宽6.0、厚1.6厘米，重83.4克。

表2-85　H48陶片统计表

数量　陶质／陶色／纹饰	泥质				夹砂							夹云母滑石	总计	百分比（%）
	黑	灰	褐	合计	黑	灰	褐	白	红褐	红	合计	褐		
凸弦纹	72	6	5	83	65	9					74		157	2.55
凹弦纹	181	35	10	226	163	27	21	2			213		439	7.13
堆　纹	1			1	6		24				30		31	0.50
泥　饼	2			2	8						8		10	0.16
盲　鼻	13	1		14	3	1	1				5		19	0.31
镂　孔							2				2		2	0.03
刻划纹		1		1									1	0.02
花　边					2	1					3		3	0.05
附加堆纹						1			3		4		4	0.06
瓦　棱						3					3		3	0.05
素　面	3221	327	102	3650	1008	308	474	17	10	17	1834	3	5487	89.13
累　计	3490	370	117	3977	1255	350	522	19	13	17	2176	3	6156	100
百分比（%）	56.69	6.01	1.90	64.60	20.39	5.69	8.48	0.31	0.21	0.28	35.35	0.05	100	
重量（千克）	15.44	3.21	1.05	19.7	14.35	3.46	5.6	0.23	0.4	0.06	24.1	0.015	43.815	

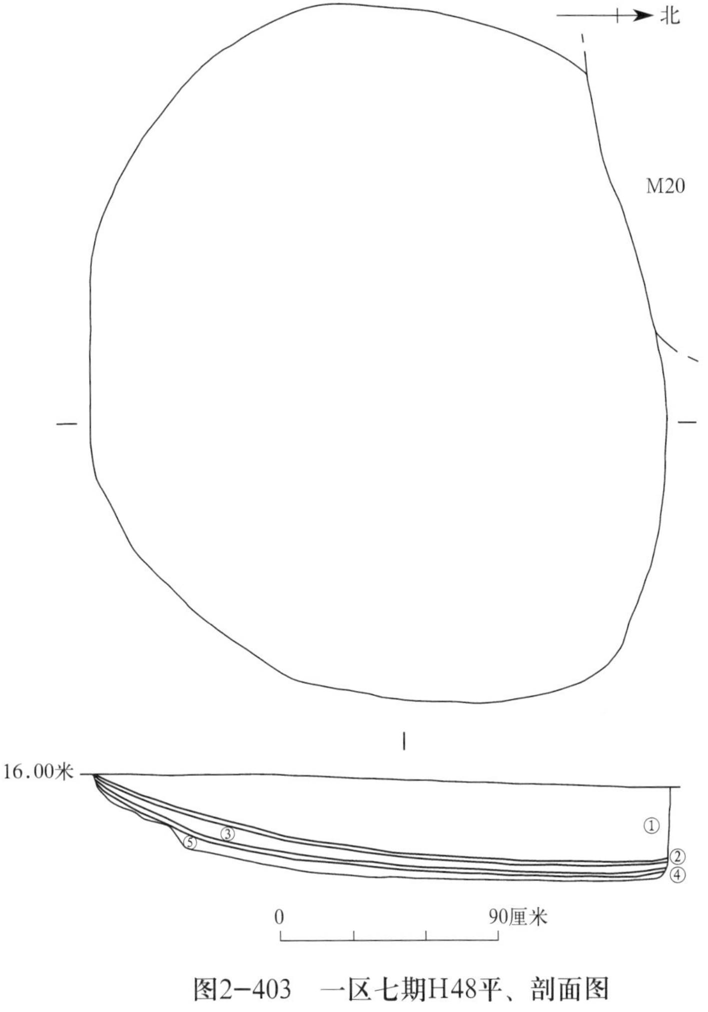

图2-403　一区七期H48平、剖面图

标本H48②：21（#4305；S132），石镞。石英/富含白云母的千枚岩。平面为柳叶形，横截面为菱形，扁锥形铤。长6.9、宽1.8、厚0.7厘米，重10.1克（彩版一三四，1）。

标本H48①：90（#5000；S3511），磨石，残。砂岩。平面呈“D”字形，磨面较细而微内凹。长5.8、宽3.8、厚2.9厘米，重92.9克（彩版一三四，2）。

标本H48②：89（#4305；S1048），磨石，残。砂岩。不规则形。长3.2、宽2.7、厚1.8厘米，重15.3克。

标本H48①：92（#4304；S1046），磨石，残。砂岩。不规则形，磨面细而内凹。长6.0、宽5.8、厚1.3厘米，重59.7克（彩版一三四，3）。

标本H48②：93（#4305；S1047），磨石，残。砂岩。平面近椭圆形，磨面细而内凹。长6.8、宽4.9、厚2.2厘米，重71.8克（彩版一三四，4）。

标本H48③：91（#4321；S1257），磨石，残。砂岩。平面近三角形，磨面略粗而内凹。长4.2、宽3.2、厚1.1厘米，重31.1克（彩版一三四，5）。

标本H48②：94（#4305；S1261），可用石片。熔凝灰岩。平面形制为三角形。长5.5、宽5.1、厚1.3厘米，重39.0克（彩版一三四，6）。

标本H48①：19（#5000；S3512），石器半成品，残。富含白云母的熔结凝灰岩。打制。长6.7、宽5.2、厚1.9厘米，重77.3克。

标本H48①：30（#4307；S1049），石器，残，磨制。流纹质熔结凝灰岩。不规则形。长4.3、宽2.2、厚0.4厘米，重5.2克。

标本H48②：7，罐形鼎。夹砂黑陶。口残，圆肩，圆腹，平底，三铲形足，下部残。器表经磨光。肩部饰两周细而浅的凹弦纹，腹部饰三周凹弦纹。底部和足有火烧痕迹。腹径15.7、底径8.7、残高14.3、厚0.3～0.7厘米（图2-404，1；彩版一三五，1）。

标本H48③：17，罐形鼎。夹砂黑陶，局部灰褐色。侈口，方唇，卷沿，沿面有两周细凹槽，束颈，溜肩，鼓腹，平底，下接三鸟首形足。器表及口沿内侧经磨光。颈下饰两周凸弦纹，其上有对称的小横耳和泥饼各一对，腹部饰四周凹弦纹。底部和足部有火烧痕迹。口径21.9、最大腹径24.3、底径16.7、高29.1、厚0.3～0.6厘米（图2-404，2；彩版一三五，2）。

标本H48④：18，罐形鼎。夹砂黑陶，褐胎。侈口，尖圆唇，窄平沿，沿面有两周浅凹槽，溜肩，鼓腹，平底，三足残失。器表及口沿内侧经磨光。口沿外侧残留两个鸡冠耳，腹部饰三周凹弦纹。底部有火烧痕迹。口径13.5、最大腹径15.8、底径11.2、残高12.6、厚0.3～0.4厘米（图2-404，3）。

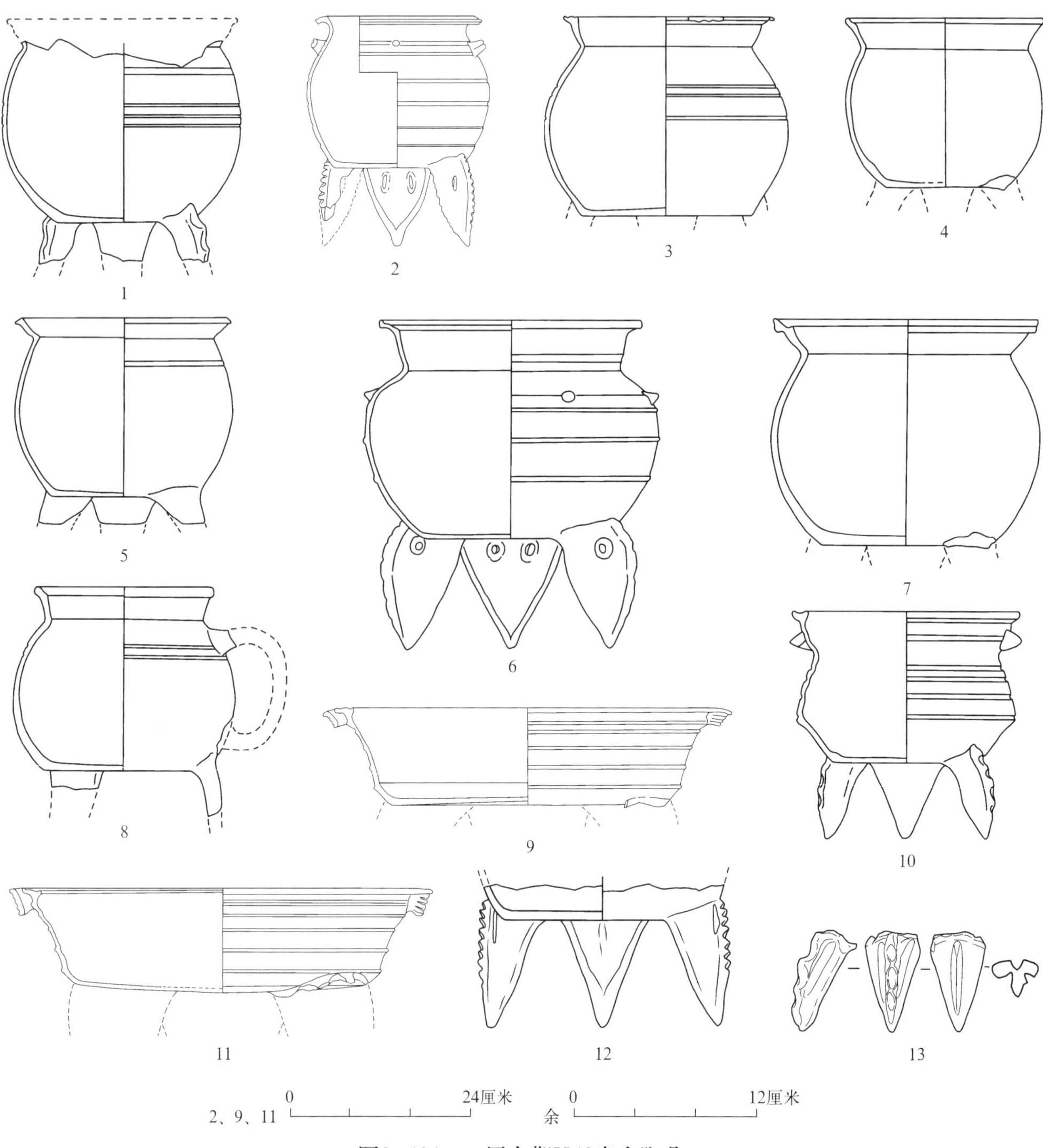

图2-404　一区七期H48出土陶鼎

1～7．罐形鼎H48②：7、H48③：17、H48④：18、H48①：40、H48①：41、H48①：46、H48①：73　8．单耳罐形鼎H48⑤：67　9～11．盆形鼎H48①：22、H48①：38、H48①：74　12．鼎H48①：76　13．鼎足H48①：82

标本H48①：40，罐形鼎。夹砂黑陶，含有少量云母，褐胎。侈口，尖圆唇，折沿，沿面有一周凹槽，溜肩，圆腹，平底，三足残失。器表经磨光，素面。口径13.2、底径7.8、残高11.0、厚0.35～0.5厘米（图2-404，4）。

标本H48①：41，罐形鼎。夹砂黑陶，灰胎。侈口，尖唇，折沿，溜肩，腹略鼓，平底，三铲形足，残。器表及口沿内侧经磨光。肩部饰两周凹弦纹。底部和足有火烧痕迹。口径14.3、底径9.5、高13.1、厚0.2～0.4厘米（图2-404，5；彩版一三五，3）。

标本H48①：46，罐形鼎。夹细砂黑陶，含少量云母。侈口，方唇，卷沿，沿面有一周凹槽，直颈内收，窄肩，圆鼓腹，平底，下接三鸟首形足。器表及口沿内侧经磨光。颈部饰两周弦纹，肩部饰一周凸弦纹，其上有对称的盲鼻和泥饼各一对，腹部有三周凸棱。底部和足有火烧痕迹。口径17.0、底径12.7、高20.9、厚0.2～0.3厘米（图2-404，6；彩版一三五，4）。

标本H48①：73，罐形鼎。夹砂黑陶。侈口，方唇，折沿，沿面有一周凹槽，溜肩，圆鼓腹，平底，三足残失。素面。口径17.2、底径11.0、残高14.4、厚0.28～0.7厘米（图2-404，7）。

标本H48⑤：67，单耳罐形鼎。夹砂黑陶，灰褐胎。侈口，方唇，折沿，溜肩，鼓腹，平底，三铲形足残。一侧肩、腹之间有宽带形把手，残。器表及口沿内侧经磨光处理。肩部饰两周凹弦纹。底和足部有火烧痕迹。口径11.8、底径10.4、高14.1、厚0.25～0.4厘米（图2-404，8；彩版一三五，5）。

标本H48①：22，盆形鼎。泥质黑陶，黄褐胎。敛口，圆唇，平沿，沿面有两周凹槽，斜直腹，下部向内折收，平底内凹，三鸟首形足残失。内外表均经磨光处理。腹壁饰五周凸棱，口沿外侧有对称的横耳一对。口径50.6、底径36.0、残高12.2、厚0.4～1.0厘米（图2-404，9；彩版一三六，1）。

标本H48①：38，盆形鼎。泥质黑陶，含有少量云母。敛口，圆唇，平沿，沿面下凹，内有两周凹弦纹，上腹内折，下腹外折，平底，无眼三鸟首形足。器表及口沿内侧经磨光处理。沿下饰两周浅凹弦纹，其上有对称的盲鼻一对，下腹部有宽凹弦纹四周。足和底部有火烧痕迹。口径14.6、底径9.7、高14.4、厚0.25～0.5厘米（图2-404，10；彩版一三五，6）。

标本H48①：74，盆形鼎，器形较大。泥质黑陶。敛口，宽斜平沿，沿面有两周凹槽，上腹近口沿处外折，斜腹微内束，平底，三鸟首形足残失。器表经磨光处理。口沿外侧有两个宽横耳。腹饰四周凸棱。口径52.7、底径38.4、残高13.4、厚0.3～0.7厘米（图2-404，11）。

标本H48①：76，鼎。夹砂黑陶。腹及以上残，平底，下接三鸟首形足，双眼呈窄长条形，未穿透。器表经磨光，素面。足烧成红褐色。底径13.0、残高9.1、厚0.5～0.7厘米（图2-404，12）。

标本H48①：82，鼎足。泥质黑陶。鸟首形足，附加堆纹两侧的双眼变形为窄长条，背面有一条梭形纵向刻槽。烧成红褐色。残高7.1厘米（图2-404，13）。

标本H48①：24，甗。夹砂黑陶。敛口，方唇，宽平沿，沿面有两周较深的凹槽，短颈，溜肩，鼓腹，下腹斜收，束腰，鬲下部残失。器表经磨光处理。颈下饰两周凸弦纹，其上有对称的泥饼和盲鼻各一对，腹部饰三周凹弦纹和两周凸弦纹。口径18.6、最大腹径18.6、残高19.3、厚0.25～0.5厘米（图2-405，1）。

标本H48③：58，甗。夹极少量细砂黑陶。直口微侈，方唇，窄平沿，沿面有两周凹槽，短颈，鼓腹，束腰，鬲部残失。器表经磨光处理。颈下及腹部有六周阶状凸起，颈下饰对称的泥饼和盲鼻

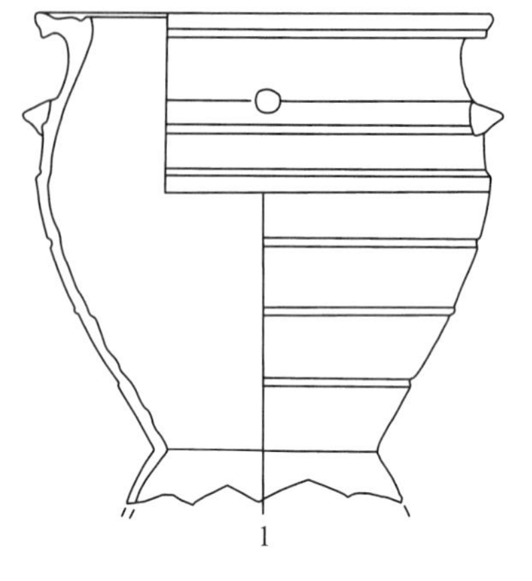
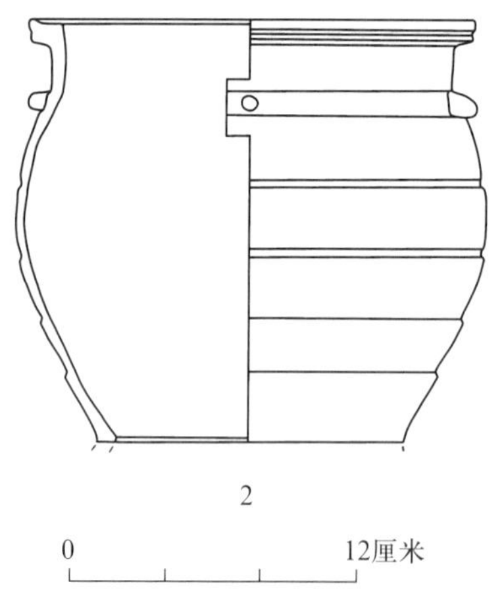
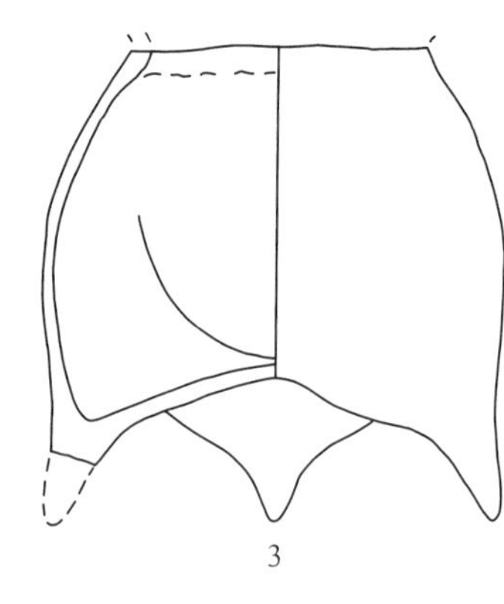

图2-405　一区七期H48出土陶甗

1. H48①：24　2. H48③：58　3. H48⑤：72

各一对。口径18.4、最大腹径19.6、残高17.0、厚0.3～0.6厘米（图2-405，2）。

标本H48⑤：72，甗。夹砂黑陶。甑部残失，束腰，弧腹，略分裆袋足，实足尖较高。素面。底部有火烧痕迹。残高17.0、厚0.3～0.55厘米（图2-405，3）。

标本H48②：4，鬶。夹细砂黄褐陶。流残失，沿面有一周凹槽，口沿下把手正上方有一小孔，粗高颈，乳状分裆大袋足。与流相对一侧有宽扁带状把手。颈部饰三周凹弦纹，把手上端两侧各有一个泥饼。残高27.0、厚0.4～0.6厘米（图2-406，1；彩版一三六，2）。

标本H48②：5，鬶。夹细砂白陶。冲天高流，直口，圆唇，沿面有一周凹槽，口沿下把手正上方有一小孔，粗高颈，乳状分裆大袋足，高实足尖。一侧有绞丝状把手。颈部饰两周凹弦纹，其上有对称的盲鼻一对，把手上端两侧和下端正中各有一个泥饼，前方两个袋足上有一周凸棱，后方大袋足上有两道凸棱。宽15.2、高38.1、厚0.35～0.75厘米（图2-406，2；彩版一三六，3）。

标本H48①：31，鬶。夹细砂红陶。高流，直口，粗筒颈，下残。器表经磨光。颈部饰三周凸棱，其上残留一盲鼻。残高15.0、厚0.2～0.4厘米（图2-406，3）。

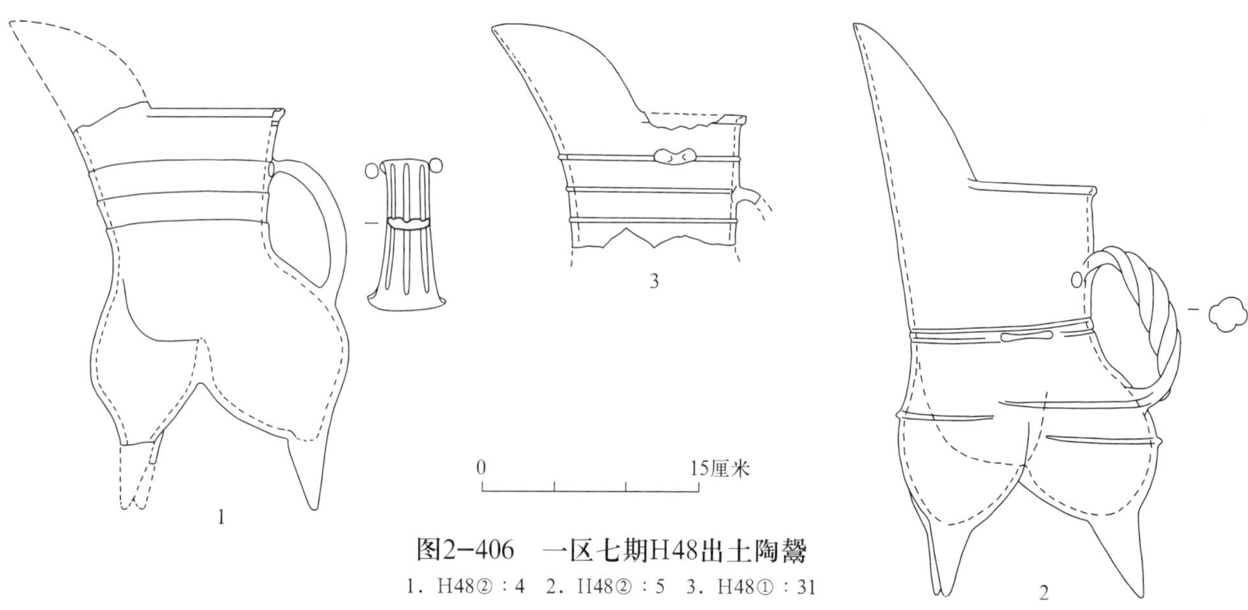

图2-406　一区七期H48出土陶鬶

1. H48②：4　2. H48②：5　3. H48①：31

标本H48①：43，中口罐。夹砂黑陶，含少量云母，局部为灰褐色。侈口，圆唇，折沿，斜肩，鼓腹位置偏上，下腹斜收，小平底。肩部饰一周凹弦纹。口径11.8、最大腹径14.3、底径6.3、高13.5、厚0.3～0.4厘米（图2-407，1；彩版一三六，4）。

标本H48①：44，中口罐。夹砂黑陶。侈口，圆唇，折沿，沿面有一周凹槽，斜肩，鼓腹位置偏上，下腹斜收，平底微内凹。肩部饰一周凹弦纹。口径8.0、最大腹径12.4、底径5.3、高11.8、厚0.3～0.4厘米（图2-407，2；彩版一三六，5）。

标本H48①：45，中口罐。夹砂黑陶，陶色斑驳。侈口，圆唇，折沿，溜肩，鼓腹，下部残。器表经磨光。腹部饰两周细凹弦纹。口径13.3、最大腹径16.6、残高12.7、厚0.18～0.5厘米（图2-407，3）。

标本H48①：61，大口罐。泥质黑陶。侈口，方唇，卷沿，沿面有一周凹槽，溜肩，鼓腹，下腹部斜收，平底内凹，器体较大，制作规整。器表经磨光处理。颈肩之交有两周阶状凸起，之间有对称的盲鼻和泥饼各一对，腹部饰有三组凹弦纹，每组两周。口径27.8、最大腹径32、底径13.3、高32.7、厚0.3～0.6厘米（图2-407，4；彩版一三六，6）。

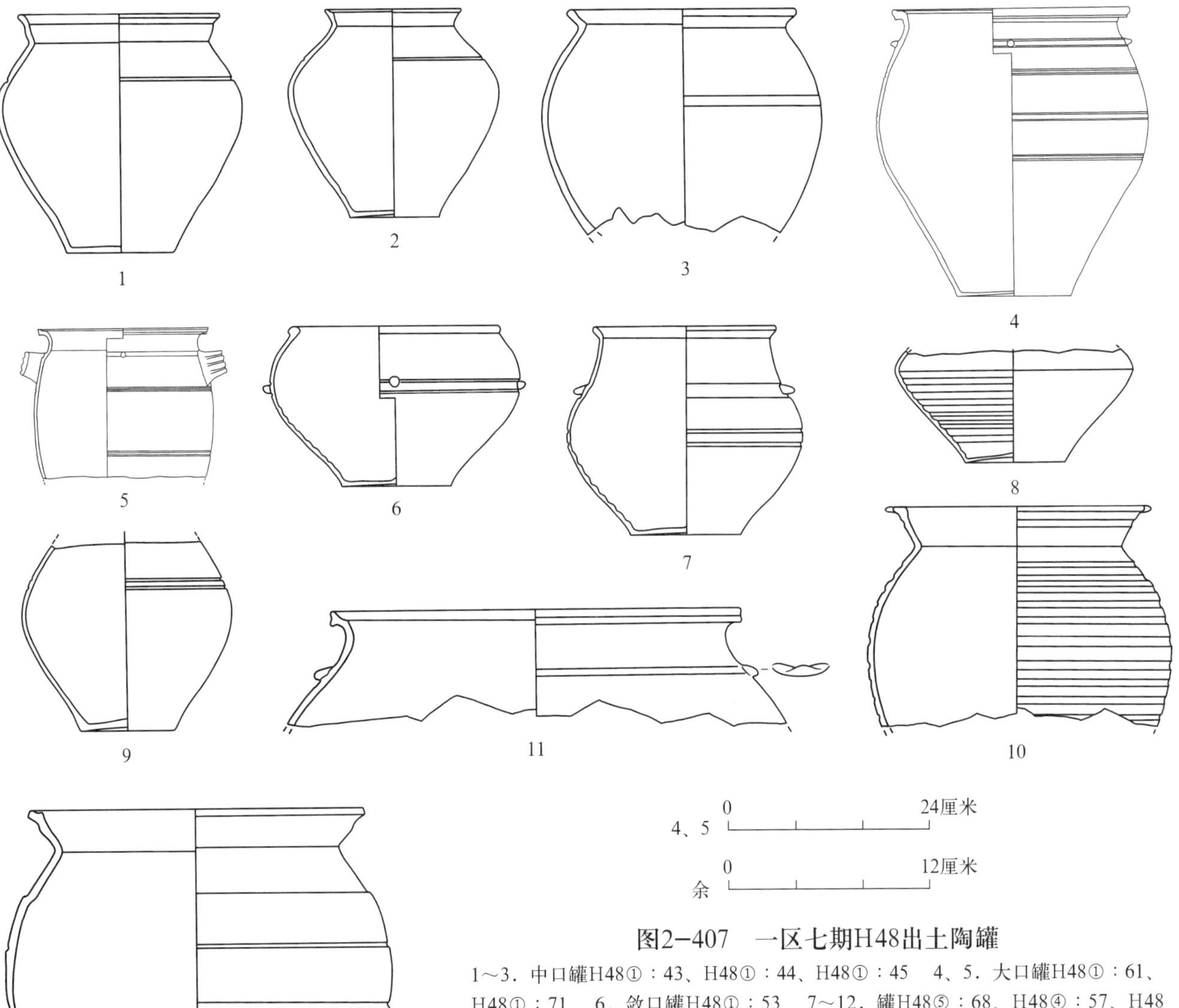

图2-407　一区七期H48出土陶罐

1～3. 中口罐H48①：43、H48①：44、H48①：45　4、5. 大口罐H48①：61、H48①：71　6. 敛口罐H48①：53　7～12. 罐H48⑤：68、H48④：57、H48①：63、H48①：78、H48①：84、H48①：86

标本H48①：71，大口罐。泥质黑陶。侈口，方唇，卷沿，沿面有一周凹槽，短束颈，筒形腹外弧，底残。器表经磨光处理。颈肩之交有两周阶状凸起，其下有两个宽大横耳。腹部饰二组凹弦纹，每组两周。口径20.2、最大腹径21.0、残高17.0、厚0.3～0.5厘米（图2–407，5）。

标本H48①：53，敛口罐。泥质黑陶。敛口，圆唇，圆肩，鼓腹，小平底微内凹，内壁有轮制形成的瓦棱痕迹。器表经磨光。鼓腹部位饰两周凹弦纹，其上有对称的泥饼和盲鼻各一对。口径12.4、最大腹径14.6、底径6.5、高9.1、厚0.2～0.3厘米（图2–407，6）。

标本H48④：57，罐。泥质浅黄褐陶。腹以上部分残，鼓腹，下腹斜直，平底内凹，内壁有明显轮制留下的瓦棱纹。器表经磨光处理，素面。最大腹径14.0、底径5.8、残高6.4、厚0.2～0.3厘米（图2–407，8）。

标本H48①：63，罐。泥质黑陶，灰胎，含少量云母。颈以上残失，溜肩，鼓腹，下腹斜收，平底内凹。器表经磨光。肩部饰有两周凹弦纹。最大腹径12.4、底径5.6、残高10.7、厚0.2～0.45厘米（图2–407，9）。

标本H48⑤：68，罐。夹细砂黑陶。侈口，圆唇，窄沿，粗颈，鼓腹，平底微内凹。器表经磨光处理。颈腹交界处有两周阶状凸起，之间有对称的盲鼻一对，腹部饰两周凹弦纹。口径10.8、最大腹径13.8、底径6.5、高11.9、厚0.2～0.3厘米（图2–407，7）。

标本H48①：78，罐。夹砂黑陶。侈口，尖圆唇，折沿，圆肩，圆鼓腹，以下残。器表经磨光。唇部有对称的盲鼻一对，沿外侧饰两周浅凸棱，腹部饰五周凹弦纹。口径15.0、残高12.6、厚0.3～0.6厘米（图2–407，10）。

标本H48①：84，罐。泥质黑陶。侈口，方唇，卷沿，沿面有一周凹槽，束颈，斜肩，鼓腹，下残。器表经磨光处理。颈部有一周凹弦纹，其上有对称的盲鼻一对。口径24.0、残高6.2、厚0.4～0.5厘米（图2–407，11）。

标本H48①：86，罐。夹砂灰陶。侈口，方唇，折沿，沿面有一周凹槽，圆肩，鼓腹，以下残。器表经磨光。腹部饰三周凹弦纹。口径20.0、残高12.6、厚0.3～0.5厘米（图2–407，12）。

标本H48①：37，罍。泥质黑陶。口残，直颈，斜折肩，圆鼓腹，下腹内收较甚，小平底内凹。肩部和下腹部各有一对两两相对的横耳。器表经磨光处理。肩部和腹部饰三组凹弦纹，每组两周。最大腹径15.7、底径7.7、残高14.8、厚0.1～0.3厘米（图2–408，1；彩版一三七，1）。

标本H48①：42，罍。泥质黑陶。口和颈部残失，广折肩，斜腹，假圈足状小平底内凹。肩腹之交和腹之下部各有两两对称的宽横耳，残。器表经磨光处理。肩部饰二组细凹弦纹，每组三周，折肩处有一周索状堆纹，近底部饰五周凸棱。最大腹径26.4、底径8.5、残高23.0、厚0.2～0.3厘米（图2–408，2；彩版一三七，2）。

标本H48①：59，罍。泥质黑陶。口和颈部残，广折肩，斜弧腹，近底部内束，平底残。肩腹之交和腹之下部各有两两相对的宽横耳一对，残。器表经磨光处理。肩和腹部饰三组凹弦纹，每组两周。最大腹径15.6、底径7.6、残高14.1、厚0.15～0.35厘米（图2–408，3）。

标本H48①：60，罍。泥质黑陶。口残，直颈，广折肩，斜腹，假圈足状小平底。肩腹之交和腹之下部各有两两对称的宽横耳一对。器表经磨光处理。颈部和近底部各有一周凸棱，肩部有两周凹弦纹，其上有对称的盲鼻一对，腹部有三组凹弦纹，每组两周。残口径10.1、最大腹径33.6、底径10.2、残高23.2、厚0.25～0.72厘米（图2–408，4；彩版一三七，3）。

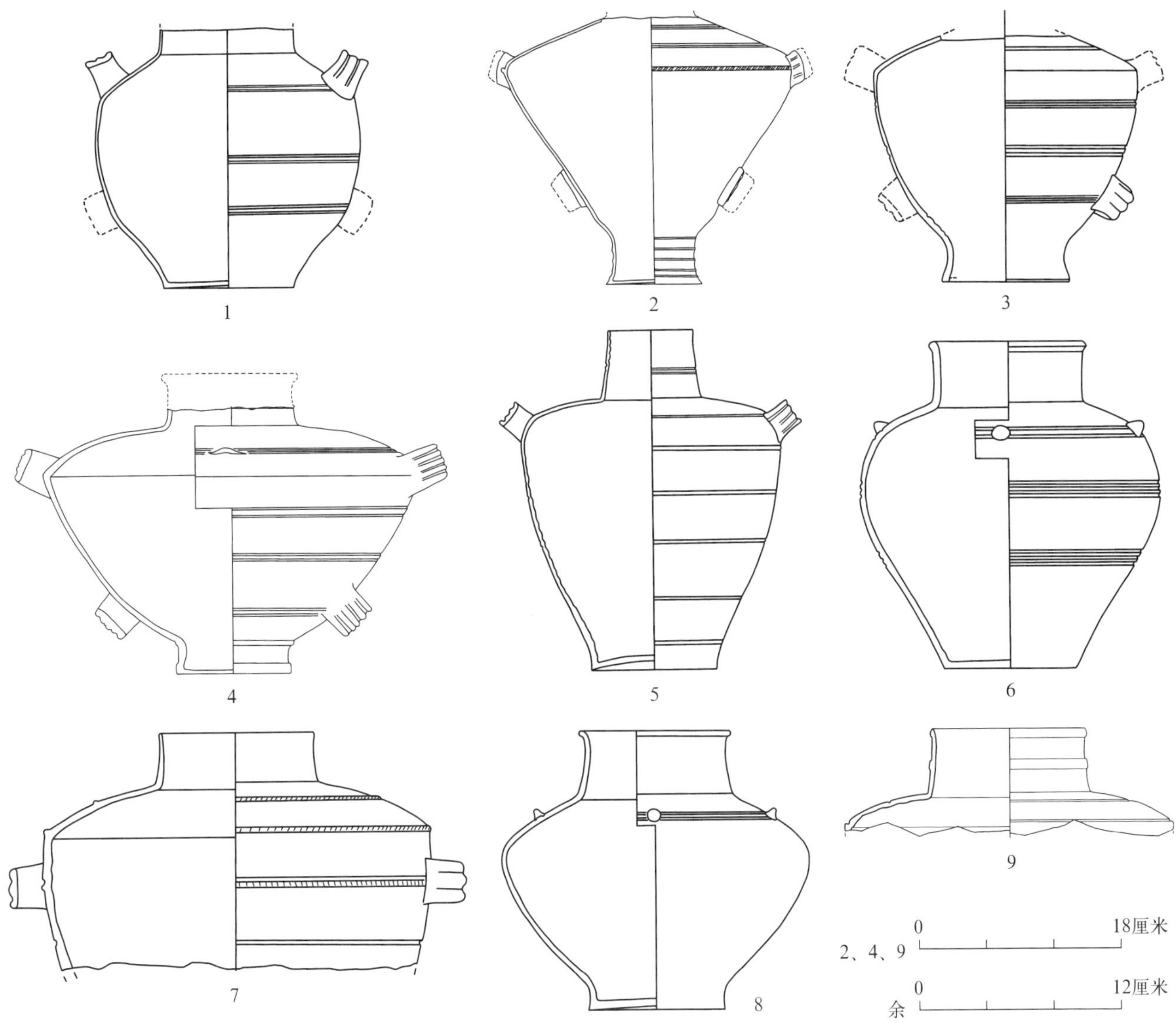

图2-408　一区七期H48出土陶罍、壶

1～4．罍H48①：37、H48①：42、H48①：59、H48①：60　5～9．壶H48①：3、H48②：11、H48①：26、H48①：65、H48①：77

标本H48①：3，壶。泥质黑陶。高直口，宽肩圆折，最大腹径居上，腹壁平缓斜收，小平底内凹较甚。肩部有一对宽横耳。器内壁有轮制时形成的瓦棱痕迹。器表经磨光。颈、肩和腹部共饰有七组凹弦纹，每组两周。口径5.0、肩径15.5、底径7.4、高19.5、厚0.1～0.2厘米（图2-408，5；彩版一三七，4）。

标本H48②：11，壶。夹砂黑陶。直口，圆唇，圆肩，最大腹径位置偏上，斜腹，小平底。器表经磨光。肩腹部共饰三组八周凹弦纹，肩部有对称的泥饼和盲鼻各一对。口径9.2、最大腹径17.9、底径7.9、高18.9、厚0.3～0.5厘米（图2-408，6；彩版一三八，1）。

标本H48①：26，壶。泥质黑陶。高直口，广折肩，弧腹，以下残失。上腹部有两个对称的宽横耳。器表经磨光处理。肩部和腹部留三周凸棱，其上戳印成绳索状，腹部饰两周凹弦纹。口径9.2、肩径23.1、残高12.8、厚0.3～0.5厘米（图2-408，7）。

标本H48①：65，壶。泥质黑陶。高直口微侈，圆唇，宽斜肩，圆鼓腹，平底内凹。器表经磨光处理。肩部饰两周凹弦纹，其上有对称的泥饼盲鼻各一对。口径9.0、最大腹径18.3、底径8.0、高16.0、厚0.3～0.4厘米（图2–408，8；彩版一三八，2）。

标本H48①：77，壶。泥质黑陶。直口，圆唇，直颈较高，广圆肩，以下残。器表经磨光。颈部饰一周宽凸棱，肩部饰两周凹弦纹。口径14.0、肩径29.4、残高8.4、厚0.3～0.6厘米（图2–408，9）。

标本H48①：66，平底盆。夹砂黑陶，灰胎。形态似碗较大，口微敞，上腹斜直，下腹折收，平底内凹。内外表均经磨光，素面。口径22.4、底径20.0、高5.3、厚0.3～0.4厘米（图2–409，1；彩版一三八，3）。

标本H48①：75，鼓腹盆。夹砂黑陶。侈口，方唇，折沿，短颈，鼓腹，中部残，下腹斜收，平底内凹。器表经磨光。颈肩之交有一周阶状凸起，其上有对称的盲鼻一对，腹部饰一周凹弦纹。口径36.0、底径14.0、复原高22.2、厚0.4～0.9厘米（图2–409，2）。

标本H48①：81，鼓腹盆。夹砂黑陶。侈口，圆唇，平折沿，短颈，腹微鼓，以下残。肩部有对称的横耳一对。器表经磨光处理。颈部有两周凸棱，颈肩之交有两周阶状凸起，腹部有两周凹弦纹。口径26.0、残高11.8、厚0.4～0.7厘米（图2–409，3）。

标本H48①：27，圈足盘。泥质黑陶，灰胎，器壁较厚。敞口，尖圆唇，窄平沿，斜弧腹，

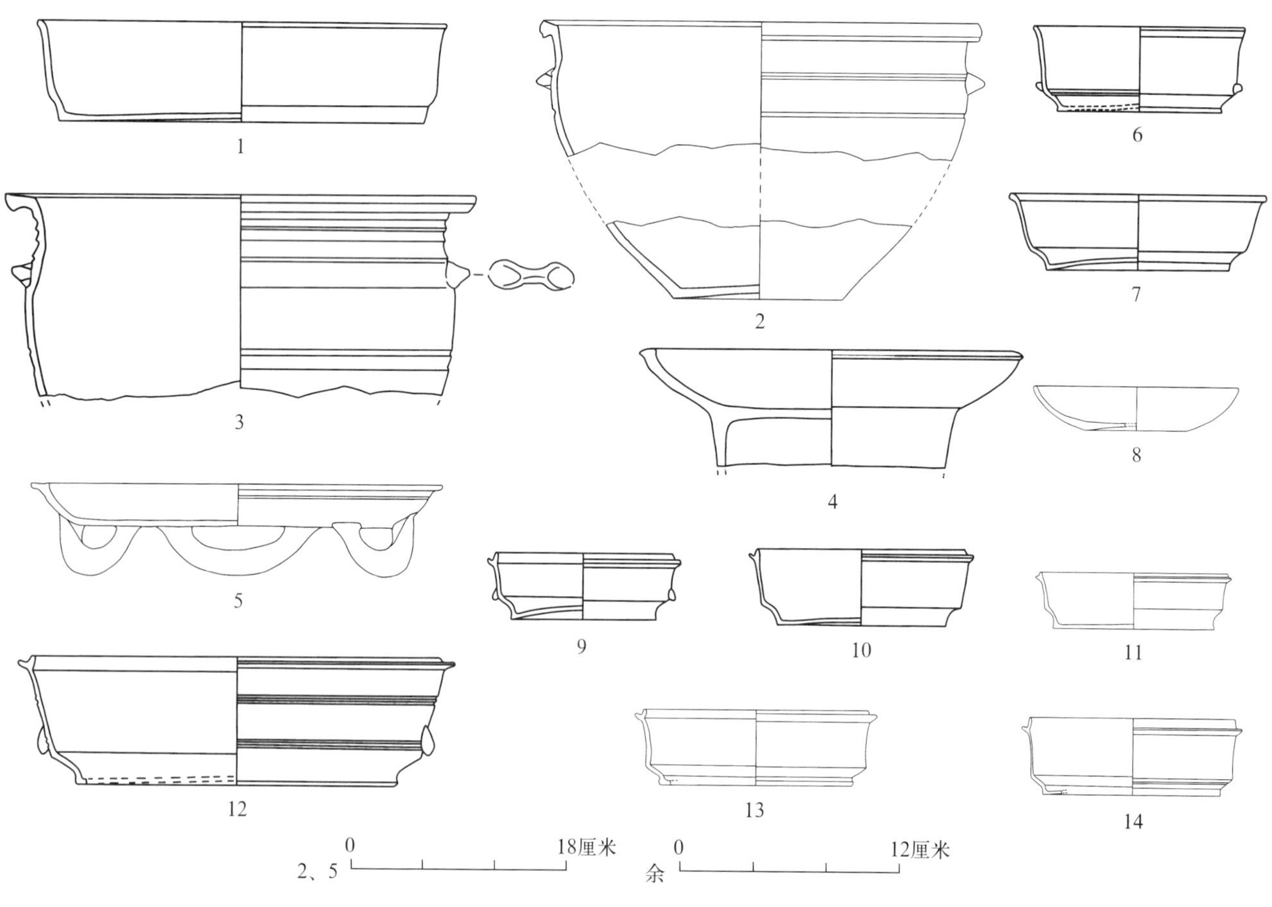

图2–409 一区七期H48出土陶盆、盘、碗、盒

1．平底盆H48①：66 2、3．鼓腹盆H48①：75、H48①：81 4．圈足盘H48①：27 5．环足盘H48①：32 6～8．碗H48①：2、H48①：20、H48③：62 9～14．平底盒H48②：9、H48②：13、H48②：16、H48①：33、H48③：50、H48③：51

平底，粗圈足，下部残。内外表均经磨光处理，素面。口径20.8、残高6.2、厚0.4～0.9厘米（图2–409，4）。

标本H48①：32，环足盘。夹砂灰陶。敞口，尖圆唇，平沿，沿面有一周宽凹槽，斜腹，平底，下接三个大环形足。内外表均经磨光处理。腹饰一周凹弦纹。口径34.0、底径26.0、高7.3、厚0.6～0.7厘米（图2–409，5；彩版一三八，4）。

标本H48①：2，碗。泥质黑陶，含极少量云母。敞口，圆唇，卷沿，斜壁，下腹内折，矮假圈足，平底内凹较甚。内外表均经磨光。折腹部位有两个对称的盲鼻。口径11.6、底径9.0、高4.8、厚0.2～0.3厘米（图2–409，6；彩版一三八，5）。

标本H48①：20，碗。泥质黑陶。口微敞，圆唇，近直壁，下腹折收成假圈足，平底内凹。内外表均经磨光，素面。口径14.0、底径10.0、高4.0、厚0.2～0.25厘米（图2–409，7）。

标本H48③：62，碗。泥质黑陶，红褐胎。敞口，斜弧壁，平底内凹。内外表均经磨光，素面。口径11.2、底径5.6、高2.3、厚0.25～0.5厘米（图2–409，8）。

标本H48②：9，平底盒。泥质黑陶。矮子口较直，折腹位置近中部，平底内凹。内外表均经磨光。折腹位置有对称的盲鼻一对。口径9.8、底径8.0、高3.5、厚0.2～0.3厘米（图2–409，9；彩版一三八，6）。

标本H48②：13，平底盒。泥质黑陶。子口甚矮，直口，上腹高直，下腹折收，平底内凹。内外表均磨光处理，素面。口径11.4、底径9.2、高4.0、厚0.1～0.2厘米（图2–409，10）。

标本H48②：16，平底盒。泥质黑陶。子口甚矮，微外敞，近直腹，近底部折收，平底。内外表均经磨光处理，素面。口径10.2、底径8.8、高3.0、厚0.15～0.4厘米（图2–409，11；彩版一三九，1）。

标本H48①：33，平底盒。泥质黑陶。子口甚矮内敛，腹壁斜直，下腹折收，平底内凹。内外表均经磨光处理。腹部饰二组凹弦纹，每组两周，下组上有对称的盲鼻一对。口径24.0、底径17.9、高6.8、厚0.2～0.3厘米（图2–409，12）。

标本H48③：50，平底盒。泥质黑陶。子口甚矮内敛，上腹深而微内束，近底部折收，平底残。内外表均经磨光处理，素面。口径11.2、底径10.5、高4.0、厚0.2～0.3厘米（图2–409，13；彩版一三九，2）。

标本H48③：51，平底盒。泥质黑陶。矮子口近直，上腹高直，近底部向内折收，平底内凹。内外表均经磨光处理。下腹部饰一周凹弦纹。口径11.2、底径9.6、高4.1、厚0.1～0.2厘米（图2–409，14；彩版一三九，3）。

标本H48①：39，豆。泥质黑陶，灰胎。豆盘部分残，斜腹，平底，筒形豆柄，中部微束，下部外张，卷沿外伸。器表经磨光处理。柄部有分布均匀的十一周凸棱，上部有一组三个小圆孔，其中一孔未穿透。底径9.0、残高12.2、厚0.15～0.25厘米（图2–410，1）。

标本H48②：14，豆柄。泥质黑陶。喇叭形豆柄，中部内束，底部周缘翘起。器表经磨光处理。柄部有十周凸棱，上部残留一个未穿透的小圆孔。底径8.9、残高8.4、厚0.15～0.3厘米（图2–410，2；彩版一三九，4）。

标本H48②：15，高柄杯柄。细泥黑陶。整体呈觚形，束腰竹节状柄，底沿外伸。器表经磨光处理。柄部有三周凸棱。底径6.2、残高12.4、厚0.05～0.15厘米（图2–410，3；彩版一三九，5）。

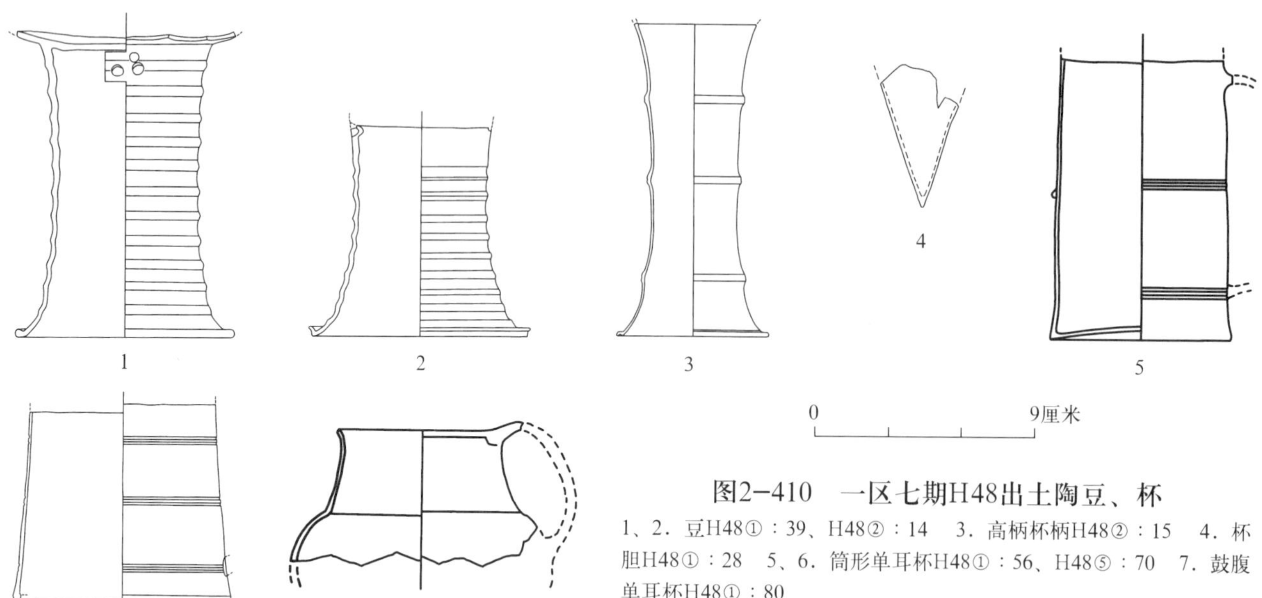

图2-410　一区七期H48出土陶豆、杯

1、2．豆H48①：39、H48②：14　3．高柄杯柄H48②：15　4．杯胆H48①：28　5、6．筒形单耳杯H48①：56、H48⑤：70　7．鼓腹单耳杯H48①：80

标本H48①：28，杯胆。泥质灰陶。高柄杯内胆，尖锥形。残高5.0、厚0.1厘米（图2-410，4）。

标本H48①：56，筒形单耳杯。泥质黑陶。口残，筒形腹，平底内凹。一侧有窄带状把手，残。器表经磨光。腹饰二组凹弦纹，每组两周，把手相对一侧饰一泥突。底径7.3、残高10.9、厚0.15～0.2厘米（图2-410，5；彩版一三九，6）。

标本H48⑤：70，筒形单耳杯。泥质黑陶。口部残失，筒形腹，中细下粗，平底，残。器表经磨光。腹壁饰三组凹弦纹，每组两周。底径8.8、残高7.8、厚0.1～0.25厘米（图2-410，6）。

标本H48①：80，鼓腹单耳杯。泥质黑陶。直口微侈，圆唇，粗长颈，鼓腹，下残。一侧口沿与腹部之间有带形耳。器表经磨光，素面。口径7.0、残高5.6、厚0.2～0.3厘米（图2-410，7）。

标本H48①：1，覆碗形器盖。夹砂黑陶，黄褐胎。平顶，盖面斜直，圆唇，平沿外伸，沿面有两周浅凹槽。器表经磨光。顶面边缘和盖面接近口沿位置各有一周凹弦纹。顶径6.0、口径19.4、高6.6、厚0.4～0.6厘米（图2-411，1；彩版一四〇，1）。

标本H48②：12，覆碗形器盖。夹砂灰陶。平顶下凹，盖面较为陡直，圆唇，窄平沿，内壁有轮制的瓦棱痕迹。顶面边缘有一周凹弦纹，颈部有一周凸弦纹。顶径6.1、口径17.6、高6.5、厚0.3～0.4厘米（图2-411，2）。

标本H48①：23，覆碗形器盖。泥质黑陶。平顶下凹，盖面较低平，尖圆唇，平沿外伸，沿面有一周较深的凹槽。器表经磨光，素面。顶径5.7、口径16.7、高4.8、厚0.2～0.3厘米（图2-411，3；彩版一四〇，2）。

标本H48③：48，覆碗形器盖。夹细砂黑陶，黄褐胎。平顶下凹，顶面有环形宽带纽，盖面陡直，圆唇，窄平沿。内外表均经磨光。盖面饰三组凹弦纹，每组四周。顶径7.0、口径11.8、高7.2、厚0.2～0.6厘米（图2-411，7；彩版一四〇，3）。

标本H48③：49，覆碗形器盖。夹砂黑陶，含少量云母。平顶微下凹，盖面略弧，尖圆唇，窄平沿。素面。顶径5.5、口径10.0、高3.8、厚0.4～0.5厘米（图2-411，4；彩版一四〇，4）。

标本H48①：54，覆碗形器盖。夹砂黑陶。平顶微下凹，盖面略弧，方唇，平沿外伸，沿面有一周深凹槽。器表经磨光，素面。顶径4.1、口径14.4、高4.4、厚0.2～0.4厘米（图2-411，5）。

标本H48①：83，覆碗形器盖。泥质黑陶。顶残，斜弧腹下凹，圆唇，平沿外伸，沿面有一周宽凹槽。器表经磨光，素面。口径18.0、残高3.6、厚0.2～0.31厘米（图2-411，6）。

标本H48①：85，覆碗形器盖。夹砂黑陶。平顶，其上有桥形半环纽，斜壁，以下残。顶面饰两周凹弦纹，把手两端各有一对泥饼，盖面上部饰两周凸弦纹。顶径8.0、残高4.8、厚0.4～0.5厘米（图2-411，8）。

标本H48②：10，覆盘形器盖。泥质黑陶。喇叭形纽，圆弧形盖面，以下部分残。盖面饰两周凹弦纹，其上有对称的盲鼻一对。纽径3.4、残高3.4、厚0.2～0.3厘米（图2-411，9）。

标本H48①：29，覆盘形器盖。泥质黑陶。喇叭形纽，盖面斜直微弧，矮竖直口微敛。器表经磨光处理。盖面中部饰四周凹弦纹，其上对称的盲鼻一对。纽径3.2、口径12.8、高5.4、厚0.15～0.4厘米（图2-411，10；彩版一四〇，5）。

标本H48①：34，覆盘形器盖。泥质黑陶。顶面中部残，弧形盖面，近直口，沿面有一周凹槽。

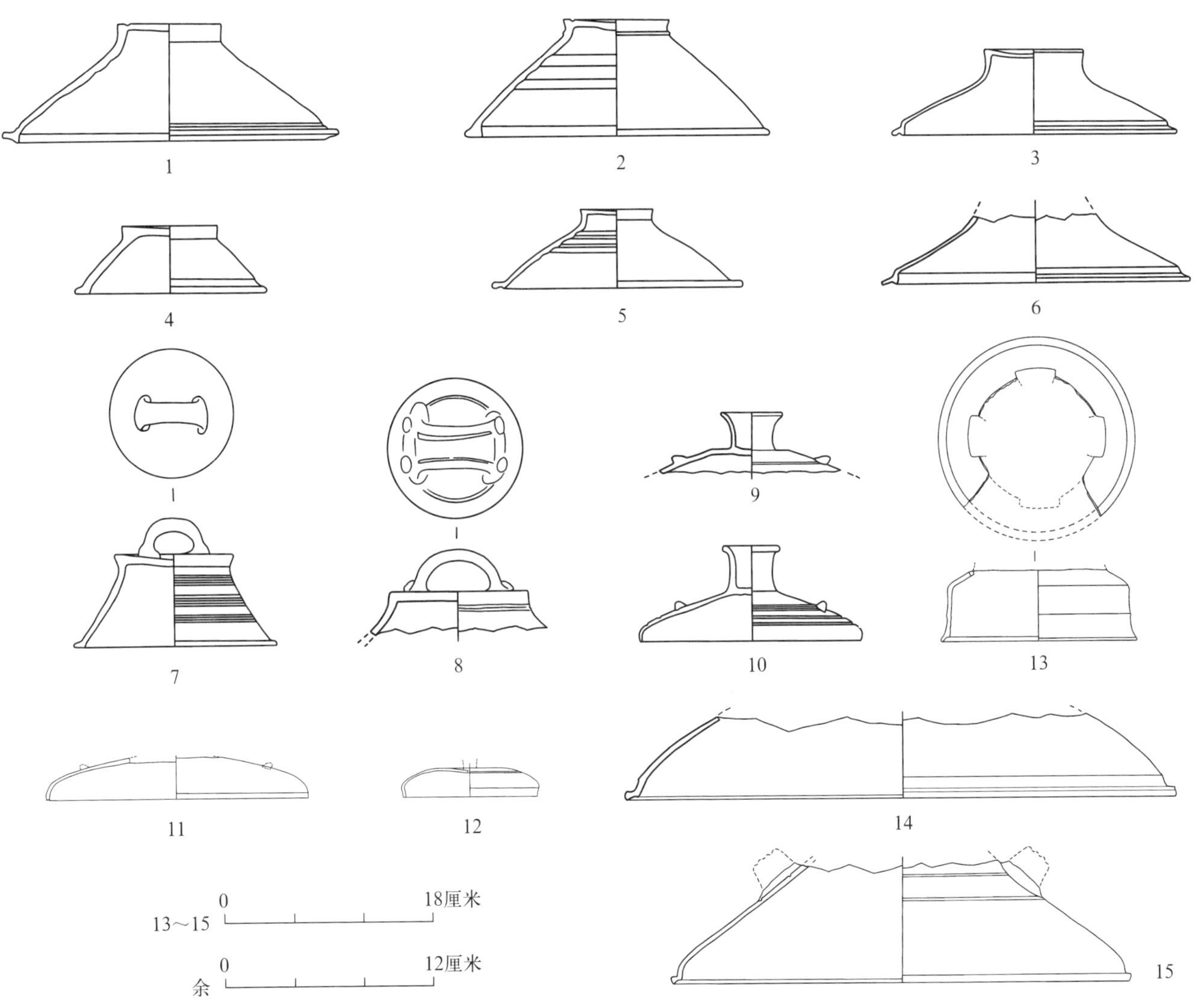

图2-411 一区七期H48出土器盖（一）

1～8．覆碗形器盖H48①：1、H48②：12、H48①：23、H48③：49、H48①：54、H48①：83、H48③：48、H48①：85 9～12．覆盘形器盖H48②：10、H48①：29、H48①：34、H48①：36 13～15．覆盆形器盖H48①：64、H48④：79、H48③：88

器表经磨光。盖面中部有对称的盲鼻一对。口径15.2、残高2.4、厚0.15～0.3厘米（图2-411，11）。

标本H48①：36，覆盘形器盖。泥质黑陶，灰胎。纽残，弧形盖面中部下凹，近直口。器表经磨光。盖面饰两周凹弦纹。口径7.8、残高1.6、厚0.1～0.18厘米（图2-411，12）。

标本H48①：64，覆盆形器盖。夹砂黑陶。顶残，窄斜折肩，直壁，口微外侈，沿面内凹。器表经磨光处理。盖面上有四个两两相对的长方形孔（残存三个），盖壁有一周凸棱。顶径15.8、口径17.0、残高5.9、厚0.3厘米（图2-411，13）。

标本H48④：79，覆盆形器盖。泥质黑陶。顶残，盖面隆起，窄沿，沿面有一周凹槽，器形较大。器表经磨光，素面。口径48.0、残高6.9、厚0.5厘米（图2-411，14）。

标本H48③：88，覆盆形器盖。夹砂黑陶，灰胎。顶残，盖面斜直，方唇，窄斜沿，沿面内凹。盖壁上部有对称的大横耳一对。器表经磨光处理。盖面有两周凹弦纹。口径40.0、残高9.6、厚0.4～0.5厘米（图2-411，15）。

标本H48①：25，筒形器盖。夹砂黑陶，灰胎。只留有筒形盖的顶面部分，因周缘有打制痕迹，可能该盖顶被二次利用。圆形，盖面上有半环形宽带把手，把手上有三道凹槽，把手两端各有一对泥饼。直径16.2、残高3.8、厚0.7～0.8厘米（图2-412，6）。

标本H48①：35，矮筒形器盖。泥质黑陶，褐胎。平顶"T"字形纽，盖面近平，折腹，直壁，直口，口沿残。器表经磨光，素面。纽径3.0、顶径11.0、残高3.8、厚0.1～0.2厘米（图2-412，4；彩版一四〇，6）。

标本H48③：52，筒形器盖。夹砂黑陶，局部为黄褐色。平顶下凹，直壁，方唇，沿面有一周凹槽。盖顶面边缘和盖壁中部各有两周凹弦纹。顶径14.0、口径15.0、高7.6、厚0.2～0.5厘米（图2-412，1）。

标本H48①：55，筒形器盖。泥质黑陶。顶残，直壁，直口。器表经磨光。盖壁中上部有两周凹

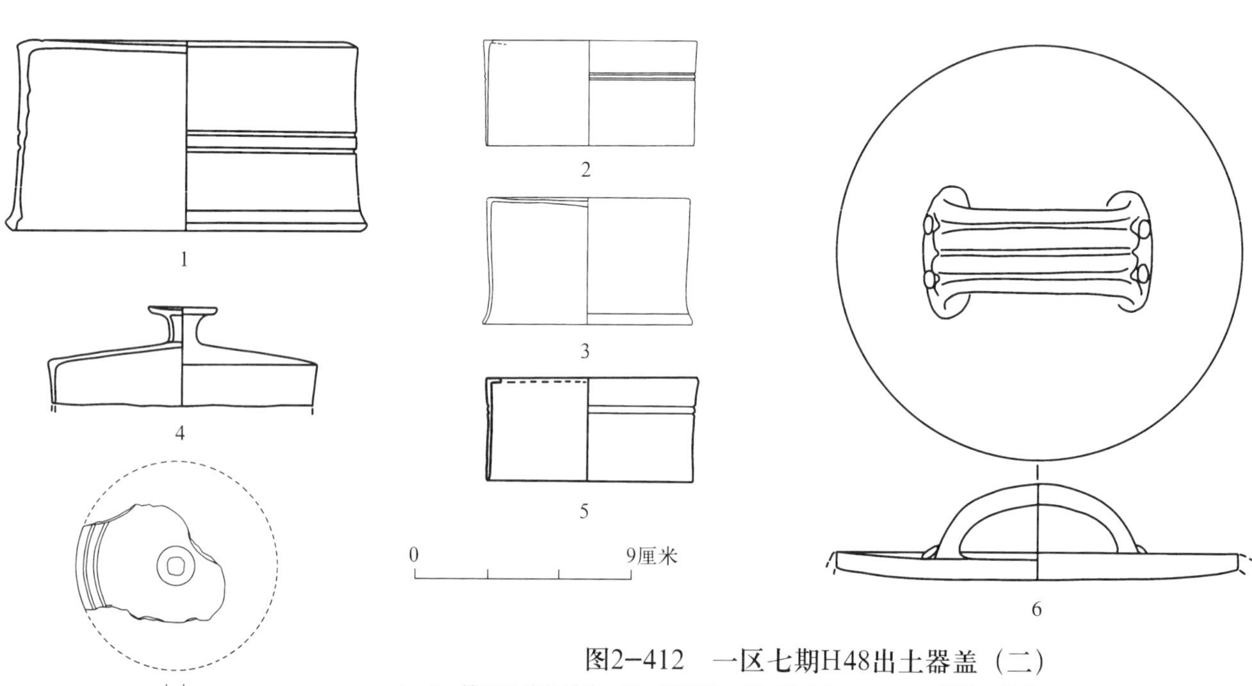

图2-412　一区七期H48出土器盖（二）

1～3．筒形器盖H48③：52、H48①：55、H48⑤：69　4．矮筒形器盖H48①：35　5、6．器盖H48④：87、H48①：25　7．鬶盖H48③：47

弦纹。顶径8.8、口径8.5、高4.2、厚0.1～0.25厘米（图2–412，2）。

标本H48⑤：69，筒形器盖。泥质黑陶。平顶微下凹，直壁，直口微侈。器表经磨光，素面。顶径8.4、口径8.6、高5.05、厚0.12～0.2厘米（图2–412，3）。

标本H48④：87，器盖。泥质黑陶。筒形，尖唇，顶面残。器表经磨光处理。近顶部两周细弦纹。顶径9.0、口径8.6、高4.2、厚0.1～0.3厘米（图2–412，5）。

标本H48③：47，鬶盖。夹砂白陶。平板式盖，柱形纽残，盖面隆起，圆唇。盖面边缘有两周凹弦纹。复原直径8.1、残高1.5、厚0.4厘米（图2–412，7）。

38．H92

位于F4T2301、T2302之间，大部分伸出南壁，扩方后予以清理。开口于耕土层下，打破H48。圆形，斜壁，圜底（图2–413；彩版一四一，1）。坑口直径1.56、深0.35米。填土分为两层，第1层为灰黑色土（7.5YR3/2），包含大量红烧土块，出土遗物较多；第2层为黄褐色土（2.5YR3/4）。出土陶器器形有鬶、罐、盆、杯、盒、器盖、纺轮等（表2–86）。采集碳十四测年样品2个。

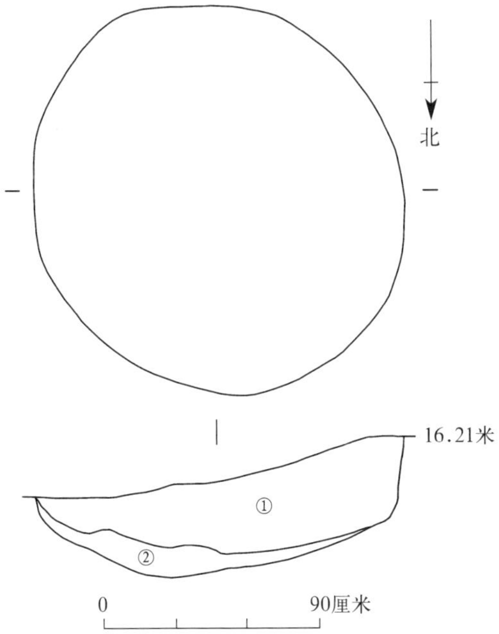

图2–413　一区七期H92平、剖面图

标本H92①：15（#4328；S283），磨石，残。砂岩。平面呈梯形，磨面细而平整。长7.4、宽5.4、厚1.4厘米，重67.7克（彩版一四二，1）。

标本H92①：1，鬶。夹砂白陶。高流，粗长颈，中等乳状袋足，高实足尖。一侧有绞丝状把手。腹部和袋足存有两周凸棱。复原残高39.0、厚0.2～0.6厘米（图2–414，1）。

标本H92①：10，中口罐。夹砂灰陶。侈口，尖唇，卷沿，沿面有一周凹槽，溜肩，鼓腹，以下残。器表经磨光。口沿部位残存一盲鼻。口径22.0、残高7.4、厚0.3～0.6厘米（图2–414，2）。

标本H92①：6，小口罐。夹砂黑陶，口沿为浅灰色。直口，圆唇，广圆肩，圆鼓腹，以下残失。器表经磨光处理。肩、肩部饰三组凹弦纹，每组两周。口径14.6、最大腹径33.8、残高20.8、厚0.4～0.5厘米（图2–414，3）。

标本H92①：11，罐。夹砂灰陶。侈口，方唇，窄沿，沿面倾斜下凹，短颈，弧腹，以下残。器表经磨光处理。腹部有两周凹弦纹。残高11.8、厚0.5～1.2厘米（图2–414，4）。

标本H92①：12，罐。夹砂黑陶，红褐胎。直口，方唇，窄沿，沿面内凹，短颈，斜肩，以下残。器表经磨光。颈及肩部有四周凸棱。口径30.0、残高7.4、厚0.5～0.8厘米（图2–414，5）。

标本H92②：7，罐。泥质黑陶。口微侈，尖圆唇，窄平沿，沿面有一周凹槽，束颈，圆肩，鼓腹，下腹斜向内收，平底内凹。器表及口沿内侧经磨光。素面。口径10.0、底径6.8、高12.9、厚0.2～0.4厘米（图2–414，6）。

表2-86　H92陶片统计表

陶质 / 陶色 / 数量 / 纹饰	泥质					夹砂						夹云母滑石	总计	百分比（%）
	黑	灰	红	褐	合计	黑	灰	褐	白	红	合计	褐		
凸弦纹	14				14	18	3	1			22		36	1.93
凹弦纹	25	6		8	39	45	14	7		1	67		106	5.67
绳　纹								1			1		1	0.05
堆　纹	1				1	5		8			13		14	0.75
泥　饼	2				2	2					2		4	0.21
盲　鼻	2	2			4	2		2			4		8	0.43
刻划纹	3				3								3	0.16
素　面	359	100	5	97	561	550	392	171	11	8	1132	4	1697	90.80
累　计	406	108	5	105	624	622	409	190	11	9	1241	4	1869	100
百分比（%）	21.72	5.78	0.27	5.62	33.39	33.28	21.88	10.17	0.59	0.48	66.40	0.21	100	
重量（千克）	2.97	0.835	0.012	0.795	4.612	5.07	2.37	1.69	0.04	0.09	9.26	0.05	13.922	

标本H92①：13，大平底盆。泥质黑陶。大敞口，圆唇，卷沿，弧腹内曲，平底微内凹。内外表均经磨光处理。腹部饰两周细凹弦纹。口径43.5、底径36.0、高11.6、厚0.3～0.6厘米（图2-414，7）。

标本H92①：5，圈足盆。泥质黑陶。大敞口，方唇，卷沿，深腹内曲，平底，粗筒形圈足，底部外侈。盆体内外表和圈足外表均经磨光。腹饰两周凹弦纹，其上有对称的盲鼻一对，圈足表面做

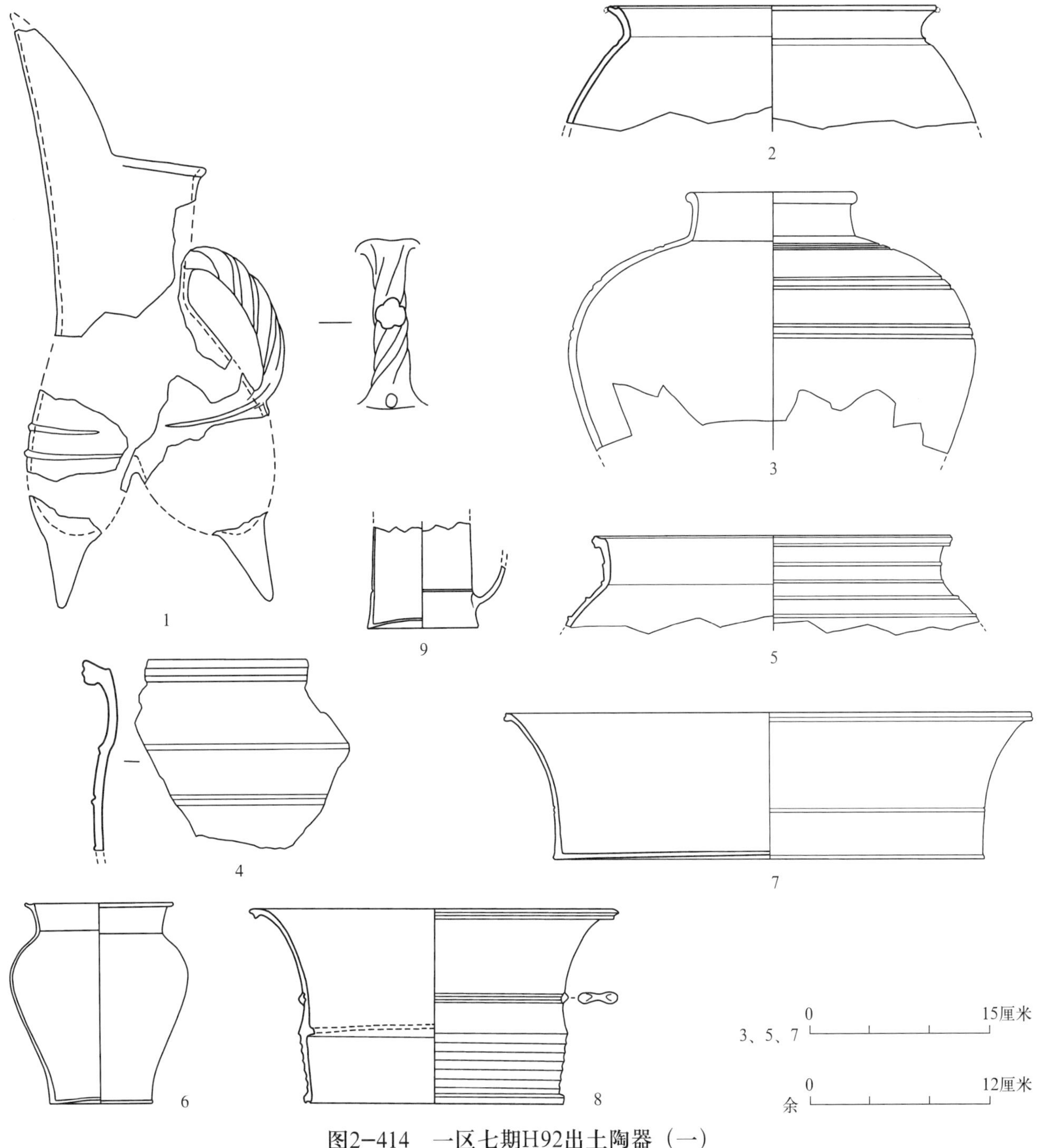

图2-414　一区七期H92出土陶器（一）

1. 鬶H92①：1　2. 中口罐H92①：10　3. 小口罐H92①：6　4～6. 罐H92①：11、H92①：12、H92②：7　7. 大平底盆H92①：13　8. 圈足盆H92①：5　9. 筒形单耳杯H92①：14

成瓦棱状。口径24.4、底径18.0、高12.6、厚0.2～0.4厘米（图2-414，8）。

标本H92①：14，筒形单耳杯。泥质黑陶。口残，近直腹，中部内束，平底内凹较甚。一侧有窄带状把手，残。器表经磨光处理。腹部饰一周凹弦纹。底径7.4、残高6.4、厚0.2～0.3厘米（图2-414，9）。

标本H92①：8，覆碗形器盖。夹砂黑陶。平顶，残，盖面较陡直，平沿外伸，沿面微内凹。器表经磨光处理，素面。顶径4.4、口径16.0、高6.2、厚0.3～0.5厘米（图2-415，1）。

标本H92①：2，覆盘形器盖。泥质黑陶。喇叭形纽，弧形盖面，矮直口微外张，沿面有凹槽。内外表均经磨光。盖面中部饰两周浅凹弦纹，其上有对称的盲鼻一对。纽径4.0、口径15.0、通高5.4、厚0.2～0.3厘米（图2-415，2；彩版一四二，4）。

标本H92①：9，覆盘形器盖。泥质黑陶。器体较小，顶面中部残，盖面微弧，外缘圆折，口部外侧上翘，内侧凸起呈矮子母口状。器表经磨光。盖面有两周凹弦纹，其上残存一盲鼻。口径9.0、残高1.6、厚0.2～0.4厘米（图2-415，3）。

标本H92①：4，覆盆形器盖。夹砂黑陶。器体硕大，平顶，中间部位有环形宽捉手，残，盖面倾斜，折肩，壁略外敞，窄沿外伸，沿面有一周凹槽。器表经磨光处理。折肩处和盖壁中部各有一周凸棱。口径60.0、顶径24.0、残高10.4、厚0.5～0.7厘米（图2-415，4）。

标本H92①：3，纺轮。夹粉砂黑陶。钹形，正面鼓起，背面平整。正面经磨光处理，周缘有一周弦纹。直径5.0、孔径0.5、厚0.2～0.6厘米（图2-415，5）。

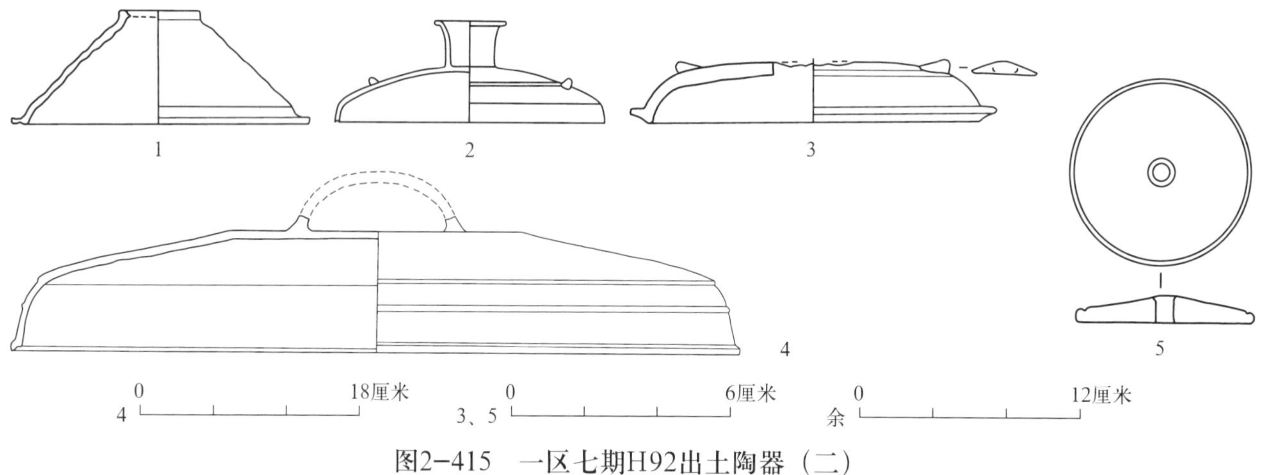

图2-415 一区七期H92出土陶器（二）

1. 覆碗形器盖H92①：8 2、3. 覆盘形器盖H92①：2、H92①：9 4. 覆盆形器盖H92①：4 5. 纺轮H92①：3

39. H100

位于E4T2147和H2097之间，探沟以外的部分没有发掘。开口于⑥b层下，打破⑥c、⑥d层。平面略呈椭圆形，直壁平底（图2-416；彩版一四一，2）。出露部分短径1.16、深0.86米。内填松软的灰黑色土（10YR2/1），包含遗物较多，出土磨石等和鼎、罐、盆、碗、盒、杯、器盖等陶器或残片（表2-87）。收集浮选土样2份共10升，采集植硅体样品2份共100克，采集碳十四测年样品1个。

标本H100：1（#1245；S315），磨石，残。砂岩。平面为不规则五边形，磨面微内凹形。长9.0、宽7.4、厚2.9厘米，重282.0克（彩版一四二，2）。

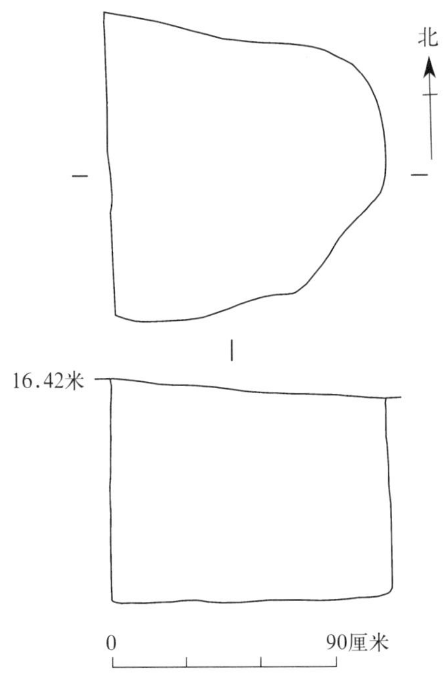

图2-416　一区七期H100平、剖面图

标本H100：9（#1245；S1337），磨石，残。砂岩。平面近三角形，磨面略粗。长2.5、宽1.9、厚0.9厘米，重4.3克。

标本H100：10（#1245；S1339），磨石，残。砂岩。不规则形。长1.8、宽1.1、厚0.4厘米，重1.0克。

标本H100：11（#1245；S1338），石料。石英。平面为截顶圆锥形。长7.1、宽3.9、厚1.4厘米，重36.3克（彩版一四二，3）。

标本H100：6，罐形鼎。夹砂灰黑陶。侈口，方唇，折沿，圆肩，圆鼓腹，平底，三足残。腹部饰五周凹弦纹。口径12.6、底径7.5、残高9.3、厚0.35～0.55厘米（图2-417，1；彩版一四三，1）。

标本H100：5，罐。夹砂黑陶。口微侈，方唇，平折沿，沿面有一周深凹槽，有颈，弧腹，下腹斜收，器体较高，平底。器表经磨光处理。颈下至腹部共饰六周凸棱，最上两周凸棱上有对称的盲鼻一对。口径26.7、最大腹径27.7、底径12.4、高29.2、厚0.4～1.0厘米（图2-417，2；彩版一四三，2）。

标本H100：21，罐。夹砂黑陶。方唇，短颈较直，圆弧肩，圆鼓腹，下腹斜收，平底。器表磨光。直颈上有一周凸弦纹，肩部和腹部共饰有五周凸弦纹。口径27.0、最大腹径34.4、底径13.0、高32.0、厚0.3～1.0厘米（图2-417，3；彩版一四三，3）。

表2-87　H100陶片统计表

陶质 / 数量 陶色 / 纹饰	泥质	夹砂					总计	百分比（%）
	黑	黑	灰	褐	白	合计		
凸弦纹	8	6	2	6	1	15	23	3.81
凹弦纹	21	10	1	1		12	33	5.47
泥饼	1	2				2	3	0.50
盲鼻	1	2				2	3	0.50
镂孔				1		1	1	0.17
素面	178	214	18	120	10	362	540	89.55
累计	209	234	21	128	11	394	603	100
百分比（%）	34.66	38.81	3.48	21.23	1.82	65.34	100	
重量（千克）	2.10	2.72	0.20	1.0	0.10	4.02	6.12	

标本H100：17，罍。泥质灰陶。直口微侈，颈较高，圆肩，圆鼓腹，下腹急收，底残。口颈部两周凸棱，肩部有一周凹弦纹，其上有两个对称的盲鼻，下腹有三周凸棱。口径11.6、底径10.3、最大腹径19.8、残高18.8、厚0.2～0.6厘米（图2-417，4）。

标本H100：20，壶。夹砂黑陶。直口微内敛，圆唇，斜肩圆折，弧腹斜收，平底。器表经磨光。颈部饰两周凹弦纹，肩、腹部共有五周凸棱，肩部残留双泥饼。口径9.2、最大腹径20.4、底径10.8、高23.8、厚0.2～0.5厘米（图2-417，5；彩版一四三，4）。

标本H100：12，大平底盆。泥质黑陶。敞口，圆唇，卷沿，腹壁微内曲，平底微内凹。内外表均

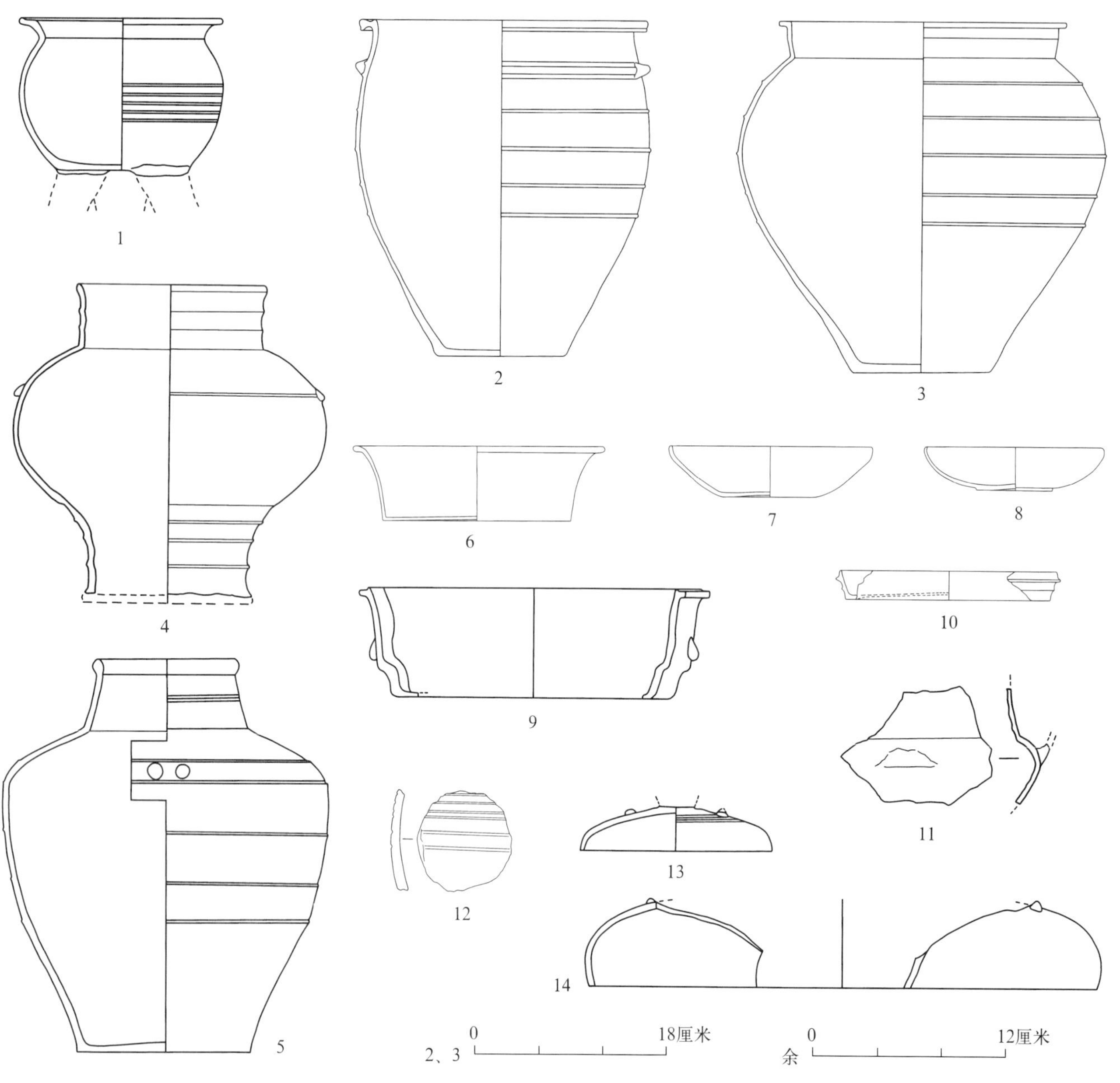

图2-417　一区七期H100出土陶器

1. 罐形鼎H100：6　2、3. 罐H100：5、H100：21　4. 罍H100：17　5. 壶H100：20　6. 大平底盆H100：12　7. 钵H100：3　8. 碗H100：8　9、10. 平底盒H100：18、H100：19　11. 鼓腹单耳杯H100：15　12. 圆陶片H100：4　13. 覆盘形器盖H100：16　14. 覆钵形器盖H100：7

经磨光处理，素面。口径15.9、底径11.8、高4.5、厚0.2～0.35厘米（图2–417，6；彩版一四三，5）。

标本H100：3，钵。泥质黑陶，因埋藏原因陶色斑驳。口微内敛，斜腹，平底微内凹。内外表均经磨光，素面。口径12.6、底径6.0、高3.1、厚0.15～0.25厘米（图2–417，7；彩版一四三，6）。

标本H100：8，碗。泥质黑陶。口微敛，弧腹较浅，矮假圈足，底部内凹。内外表均经磨光处理，素面。口径11.2、底径4.8、高2.6、厚0.2～0.32厘米（图2–417，8）。

标本H100：18，平底盒。泥质黑陶。子口极矮，上腹较直，下腹内折，平底残。内外表均经磨光。器壁残余一个盲鼻。口径22.6、底径18.0、高6.6、厚0.15～0.55厘米（图2–417，9）。

标本H100：19，平底盒。泥质黑陶。矮子口，折腹，平底残。内外表均经磨光。口径13.4、底径12.7、高1.7厘米（图2–417，10）。

标本H100：15，鼓腹单耳杯。泥质黑陶。口残，粗长颈，鼓腹位置靠上，下腹弧收，下残。器表经磨光，素面。残高7.0、厚0.3～0.4厘米（图2–417，11）。

标本H100：16，覆盘形器盖。泥质黑陶，夹有极少量云母。纽残，盖面斜直微弧，圆折，口部微敞。器表经磨光处理。盖面近纽部饰两周凹弦纹，其上残余一个盲鼻痕迹。口径12.0、残高2.8、厚0.1～0.4厘米（图2–417，13）。

标本H100：7，覆钵形器盖。泥质黑陶。盖面中部残，其上有纽的痕迹，弧形盖面，圆折，敛口，沿面有一周凹槽。器内外表均经磨光，素面。口径32.0、残高5.2、厚0.3～0.45厘米（图2–417，14）。

标本H100：4，圆陶片。夹砂黑灰陶。圆形，微弧，系采用罐或鼎的腹片打制。表面有细密凹弦纹。直径6.0、厚0.4～0.5厘米（图2–417，12）。

40．H105

位于E4T2049西北部，向西伸出西壁，开口于H98、H96下，打破H127。椭圆形，近直壁，平底，深坑（图2–418）。坑口长径已清理部分为1.52、短径0.84、深1.38米。填灰黑色土（7.5YR2.5/1），出土有鼎、罐、圈足盆、杯、器盖等陶器或残片（表2–88）。收集浮选土样2份共10升，采集植硅体样品1份100克，碳十四测年样品1个。

标本H105：3，罐。夹砂黑陶。近直口微侈，圆唇，束颈，广折肩，以下残。器表经磨光。颈肩交界处和肩部各有两周凸弦纹，肩部残存两组泥饼，一组四个，一组两个。口径12.6、残高6.3、厚0.5～0.8厘米（图2–419，2）。

标本H105：11，小罐。泥质黑陶。圆唇，粗长颈，鼓腹，颈腹相接处有阶状凸起。器表及口沿内侧经磨光。口径4.4、残高4.2、厚0.25厘米（图2–419，3）。

标本H105：16，鼓腹小平底盆。夹砂灰陶。敞口，方唇，腹部微鼓，下腹内收，平底微内凹。内壁有轮旋痕迹，肩、腹部有三周凸棱和一周凹弦纹。口径30.8、底径14.4、高13.0、厚0.5～0.8厘米（图2–419，4）。

标本H105：13，圈足盆。泥质黑陶。圈足以上的盆体部分残，粗筒形矮圈足，内束，底部外侈。器表及器腹内壁经磨光。器体与圈足相接处有凸棱，上方饰一对盲鼻。底径24.8、残高4.2、厚0.4厘米（图2–419，5）。

标本H105：14，鼓腹单耳杯。泥质黑陶。粗长颈，鼓腹，腹下部急收，底残。器表经磨光。颈

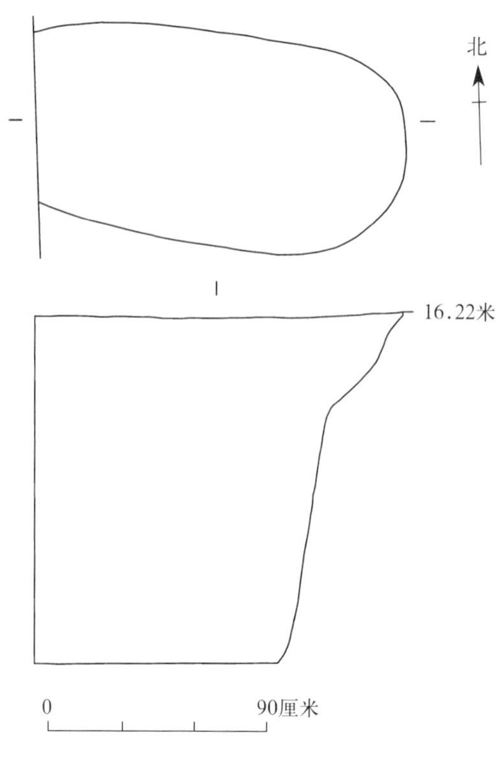

图2-418　一区七期H105平、剖面图

部有两周凹弦纹，鼓腹处有把手残痕。最大腹径8.0、残高5.8、厚0.1～0.25厘米（图2-419，6）。

标本H105：1，覆碗形器盖。夹砂黑陶，红褐胎。平顶，盖面圆隆，圆唇，平沿外伸，沿面有两周凹槽。器表经磨光，素面。顶径7.8、口径21.6、高6.4、厚0.38～0.57厘米（图2-419，1；彩版一四二，5）。

表2-88　H105陶片统计表

陶质／陶色／数量／纹饰	泥质				夹砂				总计	百分比（%）
	黑	灰	褐	合计	黑	灰	褐	合计		
凸弦纹	11	2	1	14	24	3		27	41	6.13
凹弦纹	56	1		57	28	3		31	88	13.15
堆　纹							3	3	3	0.45
泥　饼	1		2	3	1			1	4	0.60
盲　鼻	2			2					2	0.30
素　面	188	36	23	247	214	42	28	284	531	79.37
累　计	258	39	26	323	267	48	31	346	669	100
百分比（%）	38.57	5.83	3.89	48.28	39.91	7.17	4.63	51.72	100	
重量（千克）	1.96	0.34	0.28	2.58	3.5	0.68	0.6	4.78	7.36	

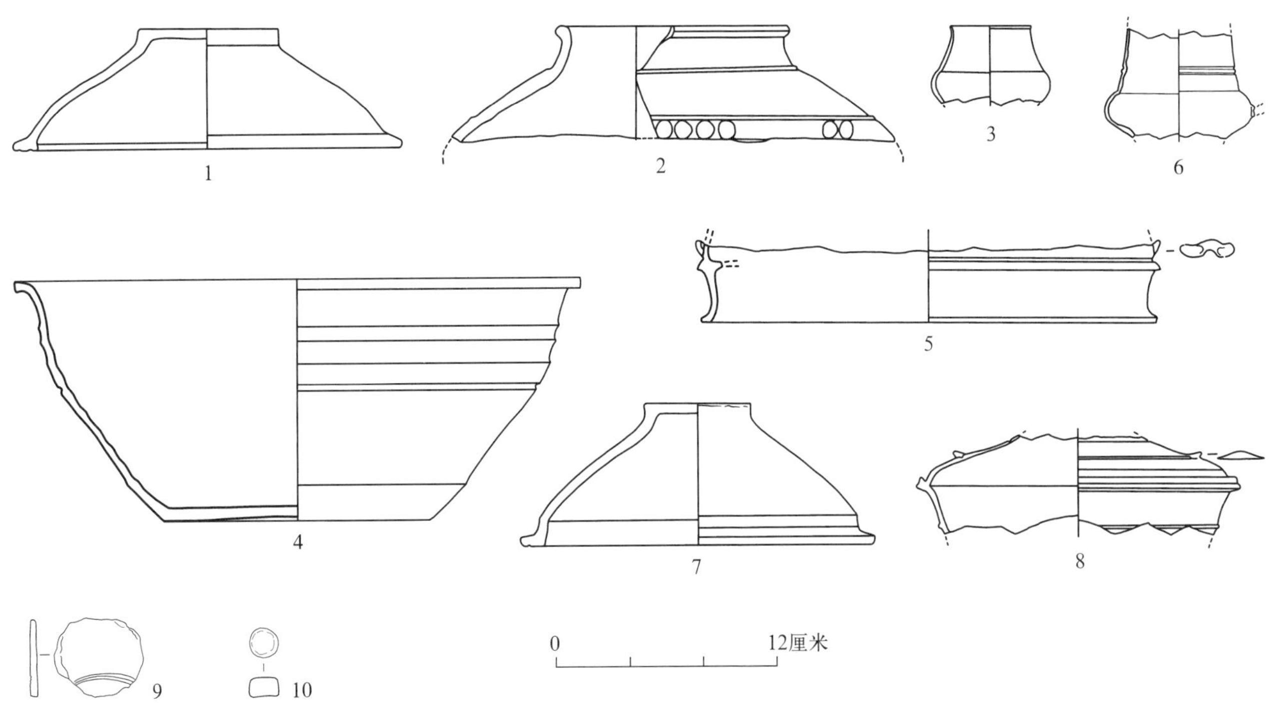

图2-419　一区七期H105出土陶器

1、7．覆碗形器盖H105：1、H105：10　2．罐H105：3　3．小罐H105：11　4．鼓腹小平底盆H105：16　5．圈足盆H105：13　6．鼓腹单耳杯H105：14　8．器盖H105：12　9．圆陶片H105：15　10．弹丸H105：9

标本H105：10，覆碗形器盖。夹砂黑陶，灰胎。平顶，盖面隆起，圆唇，平沿外伸，沿面有一周凹槽。素面。顶径6.0、口径19.4、高7.5、厚0.3～0.4厘米（图2-419，7；彩版一四二，6）。

标本H105：12，器盖。泥质黑陶。盖面微隆，盖壁内收。器表磨光。盖面饰两周细凹弦纹，肩部饰盲鼻。最大腹径18.0、残高4.8、厚0.3厘米（图2-419，8）。

标本H105：15，圆陶片。泥质黑陶。圆形，周边有加工打制痕迹。直径4.1～4.8、厚0.3厘米（图2-419，9）。

标本H105：9，弹丸。含粉砂褐陶。圆柱形。直径1.6、厚0.9厘米（图2-419，10）。

此外，还有各类灰坑13座（表2-89）。

（四）墓葬

这一阶段发现的墓葬数量不多，共发现5座，其中3座分布在发掘区的东部，2座位于发掘区的西部。

1．M52

位于E4T2350的东南部，一部分向南伸入T2300的东北部。开口于⑥a层下，被M12叠压，又打破H340和H339。墓葬形制为土坑竖穴墓，直壁，底部近平，墓葬方向为190°。墓葬狭窄，仅可容身，平面呈一端为弧边的长方形，南北长约1.85、东西宽0.32～0.38米。墓口海拔16.36米，墓底海拔15.86～15.92米，墓口至墓底深0.44～0.50米（图2-420；彩版一四四，1）。

表2-89 第七时期其他灰坑登记表 （单位：厘米）

编号	位置	层位	形状	尺寸	填土	包含物	备注
H204	T2449	①→△→⑥a	圆形，圜底	48–18	灰色（7.5YR6/3）	陶片	浮选样品5升、植硅体样品20克
H227	T2396	H187/H223→△	长方形，平底	82×52–16	灰褐色（2.5YR3/1）	陶片可辨器形：泥质盆1，杯1，器盖1；夹砂鬶1，甗1，罐2	
H228	T2450/2449	H221/H79→△→H266	近椭圆形，圜底	174×88–11	青灰色（7.5YR5/1）	陶片可辨器形：泥质鼎1，罐1，盆1；夹砂鼎5，罐5，盆1	植硅体样品150克
H232	T2450	⑥a→△→H233	圆形平底	探方内112–28	灰褐色（10YR3/2）	陶片可辨器形：泥质盆1	
H237	T2400	M32→△→⑥a	椭圆形，圜底	49×44–50	灰褐色（5YR4/3）	陶片	
H329	T2346	①→△→⑥a	近方形，底不平	130×120–12	灰褐色（7.5YR3/2）	磨石残片，陶片可辨器形：泥质罐1，盆1，杯1，器盖1；夹砂鼎4，罐2，盆1，器盖3	植硅体样品20克
H333	T2350/2300	⑥b→△→⑥c	不规则形，平底		黄褐色（7.5YR4/4）	陶片可辨器形：夹砂鼎1，罐1	
H337	T2299	H322→△→F54	长方形，平底	86×残60–30	灰色（10YR3/3）	磨石残片，陶片可辨器形：泥质器盖1；夹砂鬶1，罐2，器盖1	浮选样品20升、植硅体样品50克
H341	T2296	⑥a→△→⑥b	椭圆形，平底	36×32–15	黑色（5YR2.5/1）	陶片	浮选样品20升
H342	T2299	①→△→⑥b	圆形，圜底	40–20	灰褐色（7.5YR3/2）	陶片	
H377	T2296	⑥a→△→⑥c	圆形，圜底	36–15	黑色（10YR2/1）	陶片可辨器形：夹砂罐4	
H129	T2049	⑥a→△→ ⑥b	近圆形，平底	55–48	（10YR2/1）	陶片	
H131	T2049	⑥a→△→ H132	椭圆形，圜底	52–36	（10YR2/2）	陶片可辨器形：泥质罐1；夹砂鼎1，鬶1，罐3，盆2	

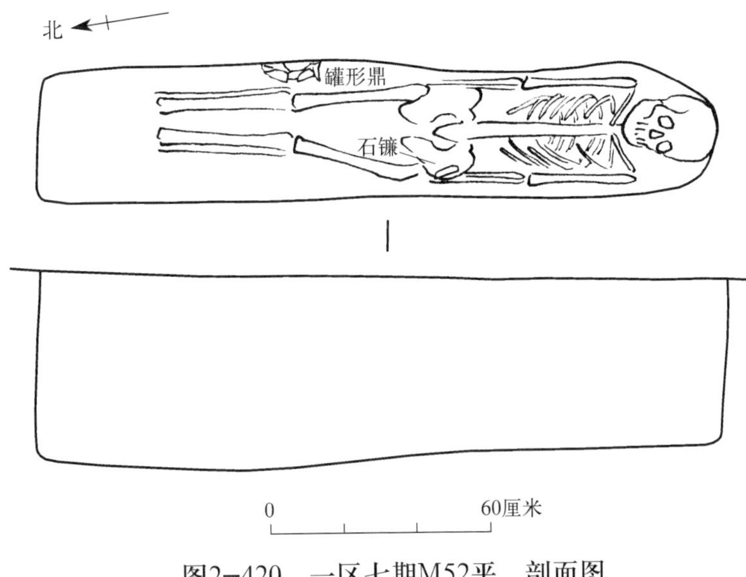

图2-420　一区七期M52平、剖面图

墓内填灰褐色土，包含少量炭屑、砂粒等，填土中包含较多的陶片，结构疏松，质地较软。没有发现葬具痕迹。

墓内有人骨一具，腐烂严重，保存较差，一次葬，方向与墓向一致。人骨头端紧抵墓壁，脚端距墓壁则有一小段距离。葬式为仰身直肢，面朝上，两侧上肢紧靠墓壁。人骨架长约1.54米（不包括没有发现的脚部），成年，性别不详。

随葬品2件。1件缺足陶鼎置于右侧腓骨外侧，1件石镰放在左侧骨盆处。另外，在填土陶片中拼对出4件陶器，器形为鼎和器盖。

标本M52：2（#8404；S3385），石镰，两端残失，磨制光滑。流纹质熔结凝灰岩。平面为长方形，单面刃。残长7.0、宽3.3、厚0.5厘米，重17.4克（图2-421，6；彩版一四四，6）。

标本M52：1，罐形鼎。夹砂黑陶，含较多云母。方唇，折沿，沿面下凹并有两周凹槽，溜肩，圆腹，底中部微下垂，三足残失。器表及口沿内侧经磨光处理，肩部和腹部共饰有九周凹弦纹。

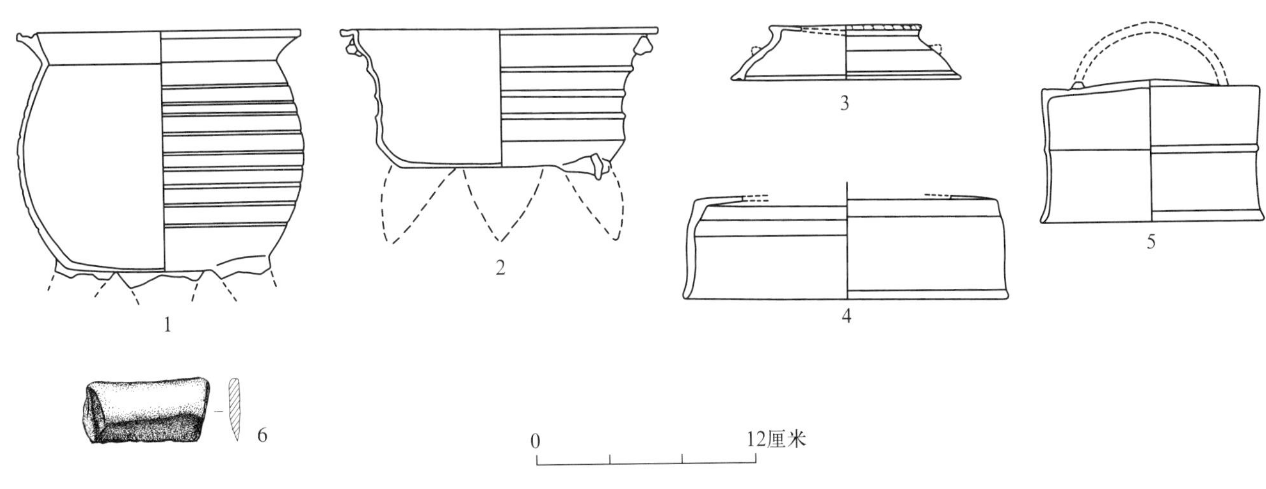

图2-421　一区七期 M52出土器物

1．罐形鼎M52：1　2．盆形鼎M52：02　3．覆碗形器盖M52：03　4．器盖M52：01　5．筒形器盖M52：04　6．石镰M52：2

底和足部有火烧痕迹。口径15.4～15.6、最大腹径15.6、底径10.6、残高12.4、厚0.2～0.5厘米（图2-421，1；彩版一四五，1）。

标本M52：02，盆形鼎。泥质黑陶，夹少量云母。方唇，平折沿，沿面有一周凹槽，口径大于腹径。上腹较直，下腹折收，平底，三鸟喙形足残失。内外表皆经磨光处理。口沿下有两个对称的盲鼻，腹部饰三周凸弦纹。口径17.4、底径10.9、残高7.5、厚0.18～0.43厘米（图2-421，2）。

标本M52：03，覆碗形器盖。泥质黑陶。顶面残，盖腹外弧，圆唇，唇沿外伸，平沿，沿面有一周凹槽。顶面边缘饰一周花边状捺纹，腹壁中部饰一周凹弦纹，并残留一个盲鼻痕迹（应为对称的一对）。内壁有轮制留下的瓦棱痕迹。顶径8.0、口径12.7、高2.9、厚0.15～0.42厘米（图2-421，3）。

标本M52：01，器盖。夹少量细砂黑陶，含少量云母，灰胎。覆盆形，顶部残失，直壁，近顶部内收，圆唇微外侈。素面。顶径16.8、口径18.0、高5.5、厚0.35～0.6厘米（图2-421，4）。

标本M52：04，筒形器盖。泥质黑陶。平顶，中部上鼓，半环形把手残失，直壁，口部微外张，圆唇。外表经磨光处理，盖面上有八周凹弦纹，腹壁中部有一周凸棱，内壁有轮制时形成的旋纹痕迹。顶径12.0、口径12.2、残高7.6、厚0.2～0.3厘米（图2-421，5）。

2．M32

位于E4T2400的东南部，开口⑥a层下，被H31、H190、H213、H215打破，又打破H234和⑥b层。墓葬形制为土坑竖穴墓，直壁，平底，方向为104°。墓葬平面呈长方形，东西长约2.08、南北宽1.00～1.14米。墓口海拔15.94～16.19米，墓底海拔15.60米，墓口至墓底深0.59米（图2-422；彩版一四四，2）。

墓内填褐色花土，包含少量红烧土粒、草木灰、细砂及陶片等，结构紧密，土质较硬。墓室内四周有熟土二层台，两侧较宽，两端较窄。

墓室内有一棺，从棺的痕迹所反映的形状看，棺的平面形状应为两端外伸的“Ⅱ”字形。纵观中国新石器时代的木质葬具，从大的方面说有四种基本结构：

一是封闭的长方体箱子，一般采用卯榫结构连接，或可以称为箱式葬具。

二是四角外伸的“井”字形，像汉字的井。这种结构的葬具也不是简单的将木材叠加起来，而需要在连接处做出合适的拼合接口，使之形成一个封闭的空间。

三是两端木板横向外伸的“Ⅱ”字形。这种结构的棺椁做起来比较简单，在端板近外侧一面剔出梯形槽（也可以是长方形槽），然后将侧板两端嵌入即可，这种棺椁的特点是可以现场组装，搬运起来比较省时省力。

四是两侧边的长板外伸，做法正好与第三种相反，由于侧板本来就比较长，再加长使其外伸就显得困难一些，也需要长度更长的木材，所以这种形状的棺椁比较少。

从习惯上说，一般把第一种称为棺，后三种称为椁，但也可以根据葬具的重数来确定。只有一层的均称为棺，两重及以上的，内重称棺，外重称为椁。

“Ⅱ”字形结构的葬具在新石器时代就十分普遍，由于两端伸出侧板之外部分的木板，前、后、外三侧均为填实的土，当棺端板腐烂腐朽而导致别的土进入，会造成棺端板原来所占空间中后进来的土与前、后、外三侧的墓葬填土明显不同，质地也会比较松软，因而也就比较容易区分。这

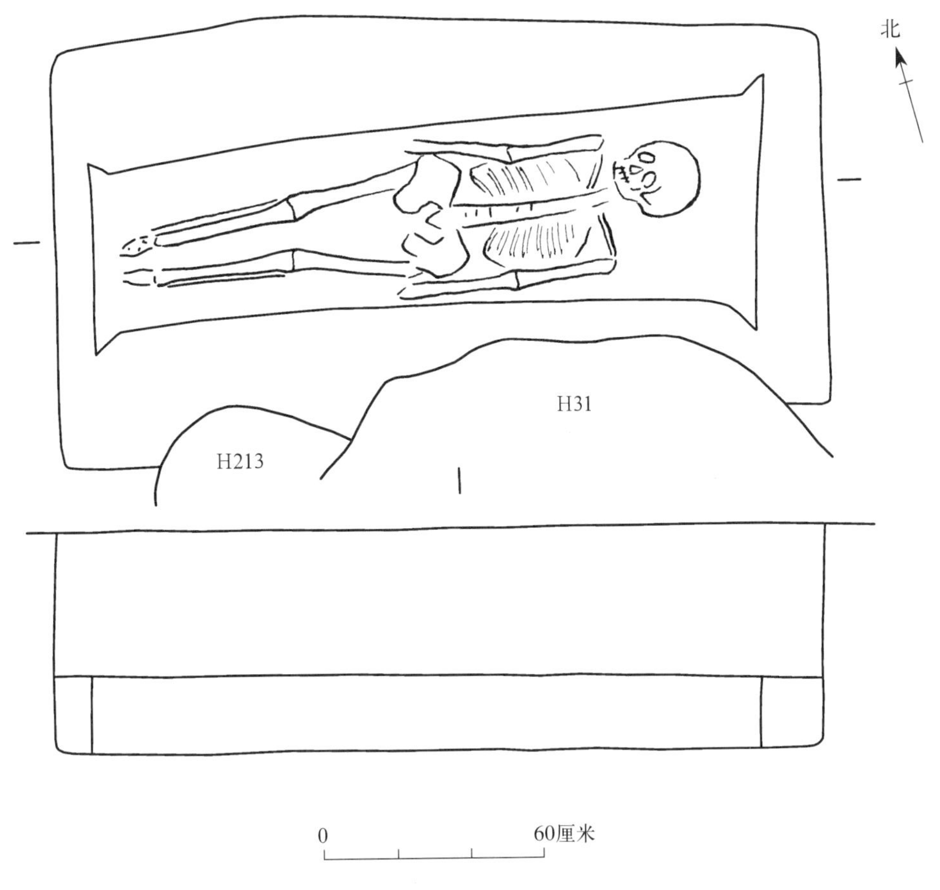

图2-422　一区七期M32平、剖面图

就是我们在考古发掘中，可以根据灰痕或者不同的土色来划分葬具痕迹的依据之一。

M32的木棺，如以二层台内空间的范围计算，棺室东西长约1.82米，南北宽约0.44～0.54米，残存高度约0.20米，棺板灰厚度约为5.0厘米。

墓葬内有人骨一具，腐烂较甚，保存较差。人骨架为头东脚西，方向为98°，略小于墓室的倾斜度。葬式为仰身直肢，面朝右（向北侧）。人骨长约1.60米，经鉴定为成年女性。

墓葬内没有发现用于随葬品的遗物，只是在填土里发现了3件残破的石器，分别为斧、圭和镞，另外在出土的填土陶片中拼对出1件陶碗。

标本M32：03（#3329；S1910），石斧。流纹岩熔凝灰岩。平面略呈梯形，弧刃，通体磨制，器身保留多处大小不一的打片遗留下的疤痕。长13.5、宽6.3、厚2.4厘米，重357.4克（图2-423，2；彩版一四四，3）。

标本M32：02（#3329；S1907），石镞，后端残失。白云母板岩。平面为柳叶形，横截面为菱形。残长3.7、宽2.0、厚0.9厘米，重5.4克（彩版一四四，4）。

标本M32：01（#3329；S1903），石圭，尖端略残。流纹质熔结凝灰岩。平面为窄长三角形，扁薄体，通体磨光。残长7.5、宽3.4、厚0.4厘米，重17.5克（彩版一四四，5）。

标本M32：04，碗。泥质黑陶。敞口，下腹部内折收，平底残。口径13.2、底径8.2、高5.5厘米（图2-423，1）。

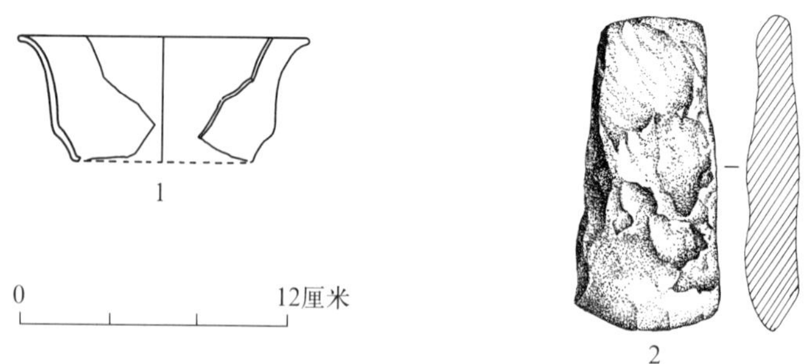

图2-423 一区七期M32出土器物

1．陶碗M32：04 2．石斧M32：03

3．M38

位于E4T2400的东北部，开口于⑥a层下，东端被M37打破，但未及墓底，又打破⑥b层及以下文化堆积和H242等。墓葬形制为土坑竖穴墓，直壁，平底，方向为94°。墓葬平面为长方形，东西长1.78、南北宽0.38～0.41米。墓口海拔16.33米，墓底海拔15.58～15.64米，墓口至墓底深0.69～0.75米（图2-424；彩版一四六，1～3）。

墓内填土分两层：上层厚50.0～56.0厘米，灰褐色花土，包含少量草木灰、红烧土粒、黄土块和陶片等，结构紧密；下层厚约20.0厘米，土质土色与上层相似，但结构较为疏松。墓内没有发现葬具痕迹。

墓葬内有人骨一具，腐朽严重，从清理出的痕迹看，属一次葬，头东脚西，方向为92°。葬式为仰身直肢，面朝北（向右侧）。人骨架长度较短，从头顶至脚趾前端为1.48米，骨骼较细小，推测

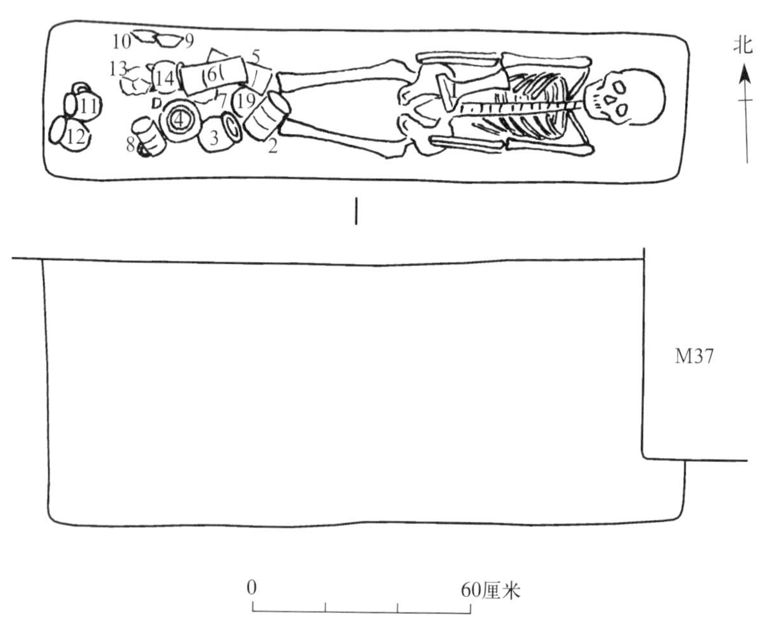

图2-424 一区七期M38平、剖面图

1、6．高柄杯 2、8、17、20．筒形单耳杯 3、12、16、18．罐 4、11、19．鼓腹单耳杯 5．杯 7、14．罐形鼎 9、10、15．覆碗形器盖 13．覆钵形器盖 21．子母口器盖

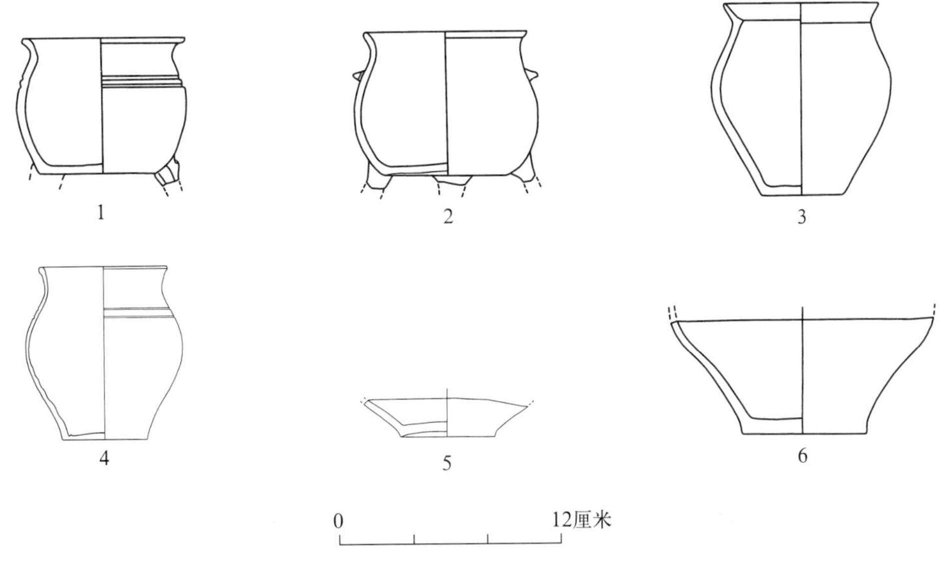

图2-425　一区七期M38出土器物（一）

1、2．罐形鼎M38：7、M38：14　3～6．罐M38：3、M38：12、M38：16、M38：18

死者为一少年。

墓内的随葬品共有21件，均为陶质明器，除1件高柄杯放在死者腰部之外，余者均放在从膝盖到脚及以下位置。M38墓室狭小，墓主年龄不大，但随葬品数量偏多，多成对使用，并且随葬了高柄杯，当不是普通的社会成员。随葬陶器的器形有鼎、罐、壶、豆、杯、高柄杯和器盖等，其中有1件薄胎筒形杯（5号）和1件蛋壳高柄杯（6号）因破损较甚而无法修复。

标本M38：7，罐形鼎。泥质黑陶。侈口，圆唇，鼓腹，平底，三足残。腹上部饰两周凹弦纹。口径9.0、底径6.4、残高7.8厘米（图2-425，1；彩版一四五，2）。

标本M38：14，罐形鼎。夹砂黑陶。侈口，圆唇，鼓腹，平底，肩部有一对横耳，足残。素面，器表经磨光处理。口径8.8、底径6.8、残高8.0、厚0.2～0.4厘米（图2-425，2；彩版一四五，3）。

标本M38：3，罐。泥质灰黑陶。侈口，尖圆唇，折沿，腹略外鼓，平底。素面，器表经磨光处理。口径8.5、底径4.5、高10.2厘米（图2-425，3；彩版一四五，4）。

标本M38：12，罐。泥质灰黑陶。侈口，圆唇，卷沿，斜溜肩，鼓腹，下腹斜内收明显，平底。器表经磨光处理。肩部有两道细凹弦纹。口径6.9、底径4.4、高9.3、厚0.2～0.5厘米（图2-425，4；彩版一四五，5）。

标本M38：16，罐。夹砂褐陶。平底内凹，腹以上部分残。器表经磨光处理。残高1.9、厚0.3～0.5厘米（图2-425，5）。

标本M38：18，罐。夹砂灰陶。鼓腹，平底，腹部以上残失。底径6.6、残高6.2、厚0.4厘米（图2-425，6）。

标本M38：1，高柄杯。泥质黑陶，杯体口部薄如蛋壳。大盘形口残，筒形杯体，下部为细长圆锥形，深插入柄内。筒形高柄。内外表均经磨光处理。柄部饰五周中部内凹的凸棱，整体呈竹节状。口径14.8、底径6.4、高20.6、厚0.05～0.2厘米（图2-426，1；彩版一四七，1）。

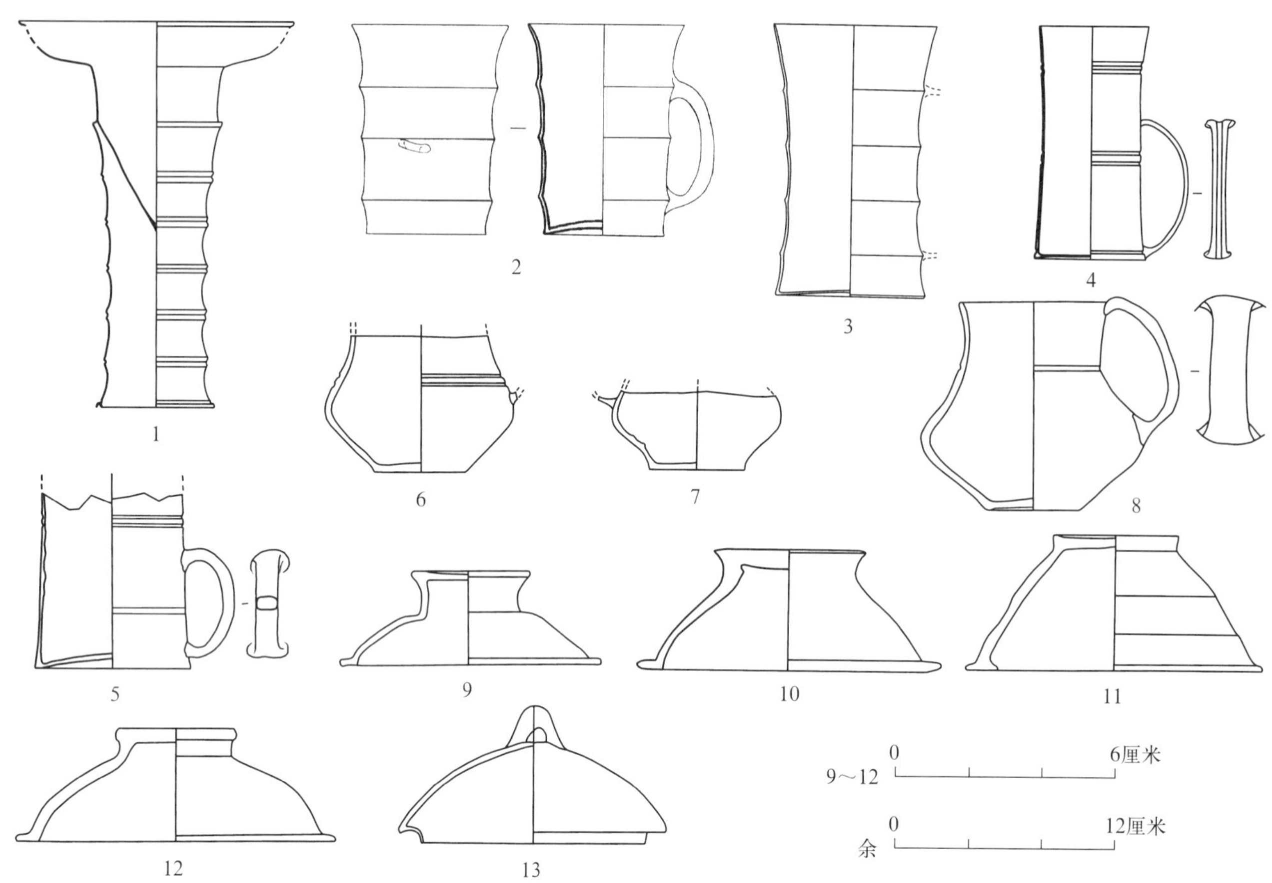

图2-426　一区七期M38出土器物（二）

1．高柄杯M38：1　2～5．筒形单耳杯M38：2、M38：17、M38：8、M38：20　6～8．鼓腹单耳杯M38：4、M38：19、M38：11　9～12．覆碗形器盖M38：15、M38：9、M38：13、M38：10　13．子母口器盖M38：21

标本M38：2，筒形单耳杯。泥质灰陶。筒形杯，口略外敞，尖圆唇，竹节状直腹，平底内凹，一侧把手位于中部。器表和上半部内侧均经磨光处理。杯体共饰三周凸棱。口径8.2～8.6、底径6.6、高11.3厘米（图2-426，2；彩版一四七，2）。

标本M38：8，筒形单耳杯。泥质黑陶。直口微侈，筒形腹壁中部微内束，平底，把手残失。器表和口部内侧均经磨光处理。壁外饰三组五周凹弦纹。口径6.0、底径6.0、高12.4、厚0.1～0.2厘米（图2-426，4；彩版一四七，3）。

标本M38：17，筒形单耳杯。泥质黑陶。口微敞，束腰，平底内凹。一侧中部有把手，残。器内外表均经磨光处理，整体呈竹节状，其上有四周凹弦纹。口径8.7、底径8.1、高14.6、厚0.05厘米（图2-426，3；彩版一四七，4）。

标本M38：20，筒形单耳杯。泥质黑陶。口残，筒形腹，平底内凹，泥条状把手位置接近底部。器表经磨光处理。杯体共饰两组（五周）凹弦纹。底径8.3、残高9.2厘米（图2-426，5；彩版一四七，5）。

标本M38：4，鼓腹单耳杯。泥质黑陶。口部残，粗长颈，鼓腹，下腹斜内收，平底。一侧口沿与腹之间有把手。器表经磨光处理。肩部饰两周凹弦纹。底径5.0、残高7.4、厚0.3厘米（图2-426，6；彩版一四五，6）。

标本M38：11，鼓腹单耳杯。夹砂黑陶。近直口，颈略内束，鼓腹，平底，单耳。器表经磨光处理。颈饰一周凹弦纹。口径8.0、底径4.8、高11.0、厚0.2～0.4厘米（图2–426，8；彩版一四七，6）。

标本M38：19，鼓腹单耳杯。泥质红陶。口及颈部残，鼓腹，下腹急内收，平底。一侧有把手。素面，器表经磨光处理。底径5.2、残高4.2、厚0.3厘米（图2–426，7）。

标本M38：9，覆碗形器盖。泥质黑陶。平顶，盖面略隆起，尖圆唇，宽平沿外伸。素面，器表经磨光处理。顶径4.2、口径8.2、高3.2、厚0.15～0.5厘米（图2–426，10；彩版一四八，1）。

标本M38：10，覆碗形器盖。夹砂灰褐陶。平顶，盖面微隆，平沿上翘。素面，器表经磨光处理。顶径3.4、口径8.7、高3.1、厚0.2～0.3厘米（图2–426，12；彩版一四八，2）。

标本M38：13，覆碗形器盖。夹砂黑陶。平顶微内凹，盖面微隆，唇部凸出。器表经磨光处理。器表饰两周细弦纹。口径3.4、底径8.1、高3.6、厚0.4厘米（图2–426，11；彩版一四八，5）。

标本M38：15，覆碗形器盖。泥质黑陶。平顶微下凹，束颈，盖面隆起，圆唇，宽平沿，沿面有一周凹槽。素面，器表经磨光处理。顶径3.3、口径7.8、高2.55、厚0.1～0.3厘米（图2–426，9；彩版一四八，3）。

标本M38：21，子母口器盖。泥质黑陶。顶部正中有高起的环形纽，弧形盖面，矮子母口。素面，器表经磨光处理。口径6.2、高3.7、厚0.3厘米（图2–426，13；彩版一四八，4）。

4．M54

位于E4T2297西南部，从出露部分看大约有五分之二延伸到南面没有发掘的T2247西北角。由于受时间限制，发掘中未予以扩方，只是清理了探方内的部分。墓葬开口于⑥a层下，被H323打破，又打破⑥b层及以下文化层。墓葬形制为土坑竖穴墓，直壁，墓葬方向为175°。墓室狭小，宽度仅可容人。墓葬平面呈长方形，南北出露长度1.06、东西宽约0.44米。墓口海拔16.12～16.18米，墓底海拔15.74～15.80米，墓口至墓底深0.32～0.42米（图2–427）。

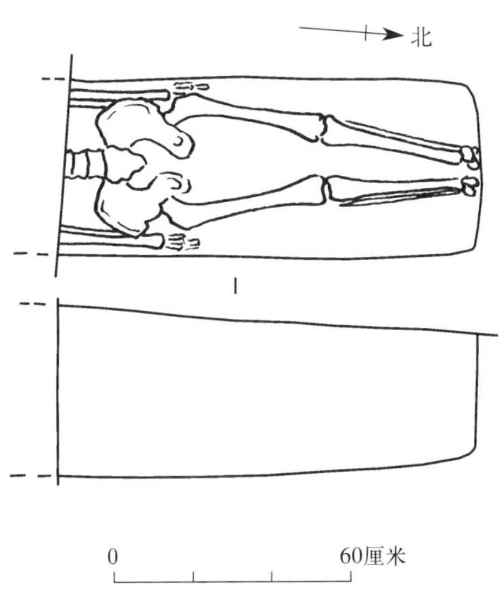

图2–427　一区七期M54平、剖面图

墓内填灰褐色花土，包含较多的黄土块和其他杂质，出土陶片较多，与墓葬直接挖在文化中有关。上部结构较为紧密，下部略松软。没有发现葬具的痕迹，已发掘部分也没有随葬品。

墓内发现一具人骨的下半部，即从腰部到脚趾部分的骨骼。人骨保存较差，尤以盆骨腐烂较甚。人骨为头南脚北，方向为177°。葬式为仰身直肢，骨架已露出的部分长1.05米，成年，性别不详。

5．M22

位于E4T2344东北部和T2345西北部。开口于耕土层之下，打破以下文化层。墓葬形制为长方形土坑墓，直壁，平底，墓葬方向为87°。墓葬平面呈长方形，东西长约2.53、南北宽约0.68～0.74米，深约0.20米（图2–428）。

墓内填黄灰色土，黏性较大，包含少量草木灰、烧土粒、细砂和陶片等，结构紧密。

墓室内发现木棺痕迹，位于墓室中部。木棺为箱式，平面呈长方形，东西长约2.12、南北宽约0.48～0.54米，残存高度12.0厘米，棺板厚度不详。没有发现盖板和底板痕迹，由于墓葬保存较浅，盖板可能已经被破坏掉，底板则完全腐烂不存。人骨腐烂较甚，只留下痕迹，像其他绝大多数墓葬一样，无法起取。从保存的人骨痕迹观察，为单人一次葬，头东脚西，方向为90°，与墓向大体相同。葬式为仰身直肢，面朝南（左侧）。人骨架长约1.74米（头顶至脚尖），成年，性别不详。

随葬品为4件陶器，均摆放于棺内人头骨上方。另外在下肢左侧填土内发现1件石刮削器。陶器破碎严重，其中1件筒形杯和2件罐无法修复。

标本M22：4（#3857；S385），石片。角闪英安岩。平面为椭圆形，一面平另一面外凸。长8.0、宽6.1、厚1.8厘米，重103.1克。

标本M22：5，覆碗形器盖。泥质黑陶。顶残，盖面隆起较甚，斜折沿，沿面有一周浅凹槽。器表经磨光，素面。口径7.2、残高1.5、厚0.1～0.2厘米（图2–428）。

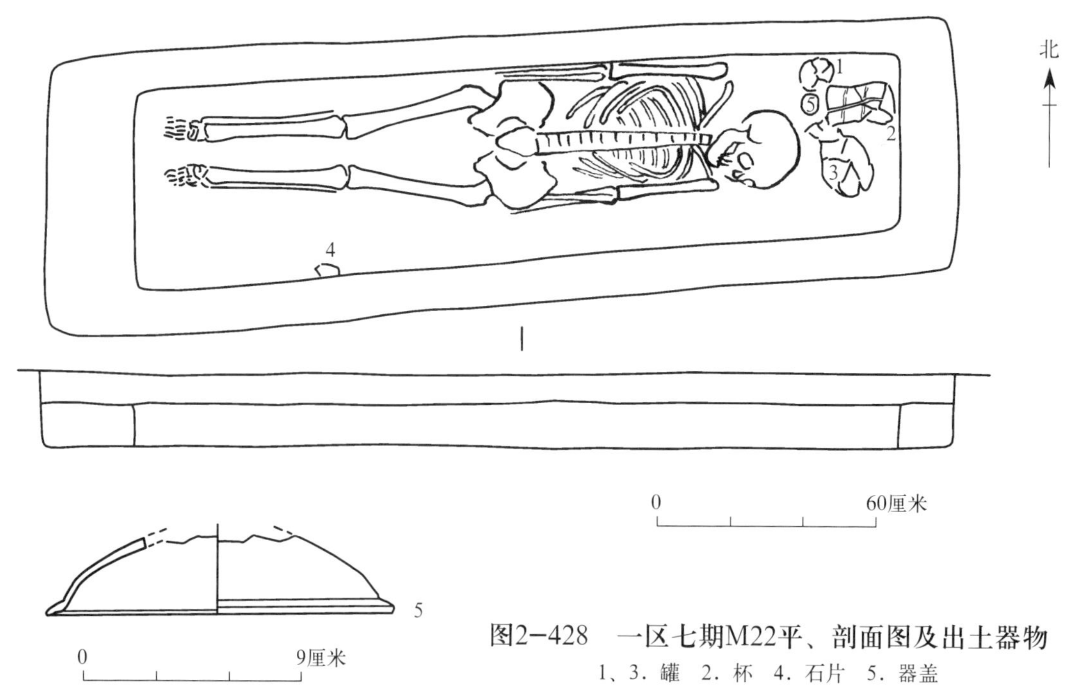

图2–428　一区七期M22平、剖面图及出土器物

1、3. 罐　2. 杯　4. 石片　5. 器盖

两　　城　　镇

——1998～2001年发掘报告

（二）

中　美　联　合　考　古　队
栾丰实　文德安　于海广　著
方辉　蔡凤书　王芬　科杰夫

文物出版社

Liangchengzhen:

1998-2001 Excavation Report

(II)

Edited by

Chinese-American Collabborative Team

Luan Fengshi Anne P. Underhill Yu Haiguang

Fang Hui Cai Fengshu Wang Fen Geoffery Cunnar

Cultural Relics Press

九　第八时期

这一时期的编号房址只在发掘区北部发现1座，即F20。其他遗迹，如灰坑、墓葬的数量较多（图2-429）。如前所述，这一区域由于历年来群众取土和自然因素的破坏，现今地貌与龙山文化时期已经相去甚远，原来的龙山文化堆积至少被破坏了半米甚至1米以上。这一判断至少有两方面的证据：一是群众提供的线索，仅是1958年人民公社化以来集体挖土积肥等活动就破坏许多，或说挖掉了半米多，或说挖去了一米；二是发掘区内有几座龙山文化时期的墓葬，去掉耕土后就到了墓底，暴露出人骨和随葬品，表明这一地段至少被破坏掉一个墓穴的深度，龙山文化时期墓葬的墓穴一般在0.50～1.00米，甚至更深一些。

基于上述，这一时期各类遗存的保存状况和时代均可能参差不齐，即有的比较完整，有的可能保留着大部，而有的只是其底部。划分这一批遗迹的所处时间段，也比较麻烦。从层位上讲，它们都开口在耕土层之下。如果从出土遗物的差别方面分辨，则有不少遗迹没有发现或很少发现典型陶器。况且，仅靠陶器的类型学分析，根本达不到本报告前述的时间段划分标准。因此，为了避免过多的人为主观因素介入，也是出于无奈，我们把在2000、2001年发掘部位耕土层下出现的全部龙山文化遗迹，统统划归一个时间段。另外，1999年揭开的面积较大，东西两侧地段保存的堆积更低一些，所以有的缺少中部探方的⑥a层或⑥a层、⑥b层。这样，这两个地段耕土层下开口的遗迹直接就归入了第七或第六两个时期。而西南角区域保存相对更好一些，所以⑥a层下的遗迹则归入到第八时期。基于上述，第八时期内的遗存无疑是可以进一步细分的。

（一）房址

明确的房址只有1座，即F20。

F20

位于E4T2446、T2447、T2448、T2449、T2496等探方（图2-430；彩版一四九，1、2）。F20首先发现于T2447的北半部，这里也是整个房址保存最好的位置。发现时在基槽及邻近位置铺满了红烧土块堆积，将红烧土清理掉之后，暴露出东西向的基槽和还保留着木炭或木灰的柱洞。所以，这些围绕着F20基槽的红烧土应该是F20的废弃堆积。

F20开口于耕土层之下，打破⑥a层及以下层位和F33、F35、F34等，被H67和现代沟打破。基槽与发掘区内的其他房址方向基槽一致，为182°。

F20为一段曲折的基槽，槽内有疏密不一的柱洞，其中一些柱洞还保存着炭化的木柱痕迹。基槽形状平面近似“凸”字的上半，后部则没有发现。发掘区的地势为南高北低，T24排探方北侧紧靠东西方向的道路，路北为一较宽的沟。所以，F20的北侧亦有可能被后期破坏。不过，这种形制的房址在龙山文化中尚未发现过。基槽不十分规整，边缘不甚整齐，斜壁，底部亦不平整，宽度和深度的差别也比较大，东西通长约9.00、宽0.20～0.55、深0.22～0.42米。基槽内填土不完全一致，大体以黄褐色基调的土为主，其中夹杂一定数量的烧土粒、白色粗砂粒等。

基槽内共发现了27个柱洞，分布不均匀（表2-90）。柱洞有三种情况：

一是单圈柱洞，柱洞范围内土色一致，并与基槽土相区别。这一类柱洞在一般的考古发掘中均

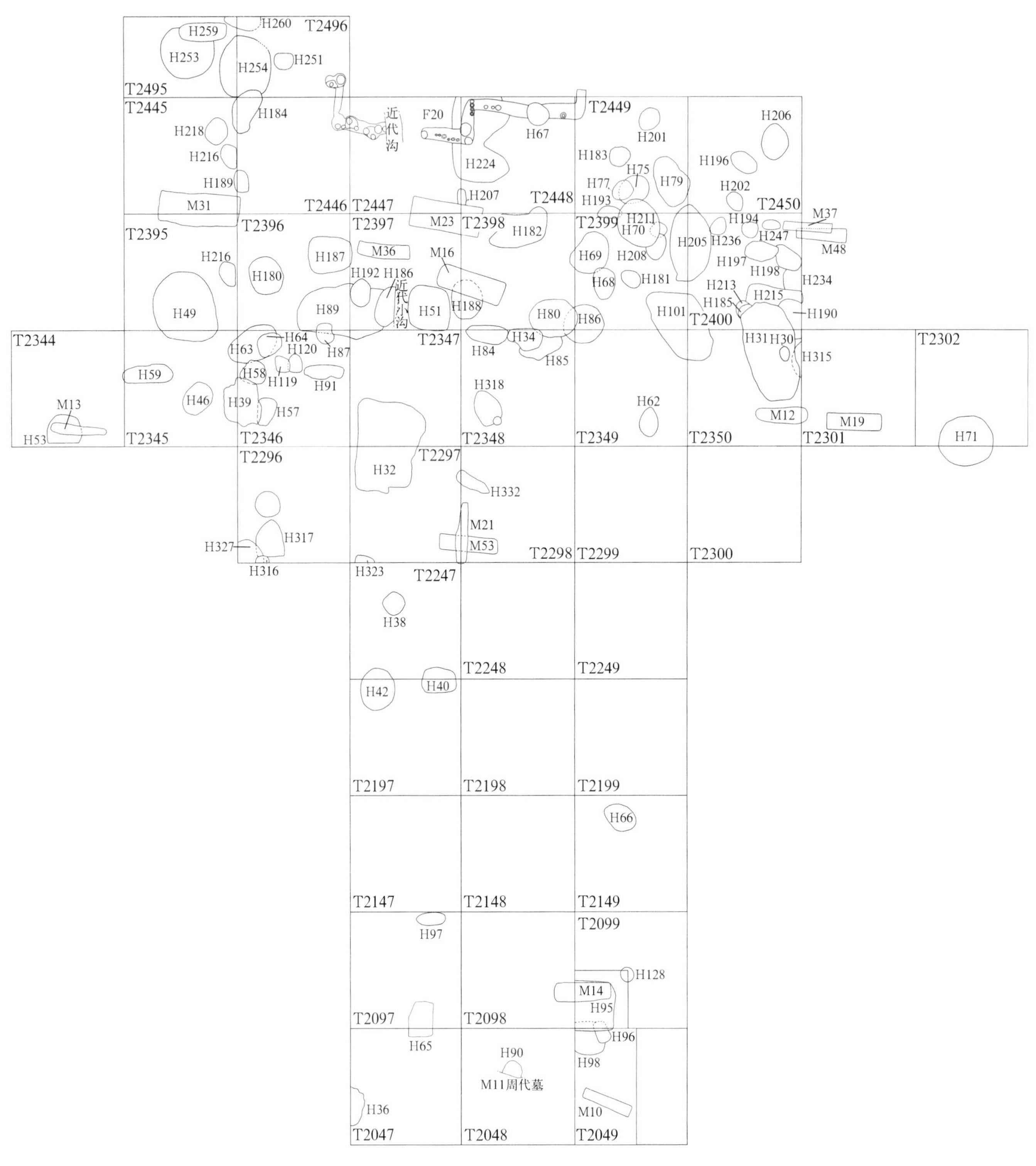

图2-429 一区八期遗迹平面分布图

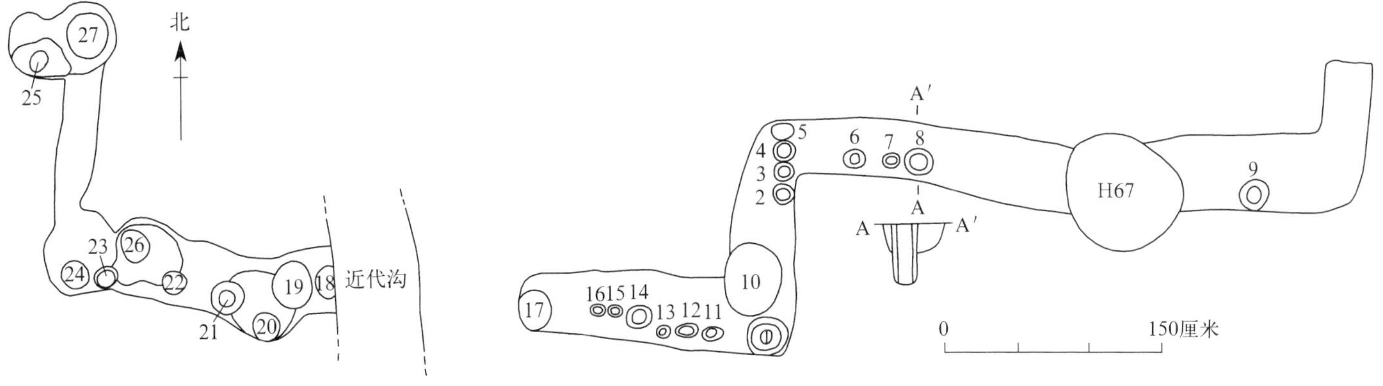

图2-430 一区八期F20平、剖面图

可以见到，如果是比较细的柱洞，可以理解为人们在挖柱洞的时候，大体根据柱子的粗细来挖，挖好的柱洞与要埋的木柱大体等粗（实际上很难做到完全等粗），柱子腐烂或者被移走之后，再填上土，就成了我们发现的柱洞。有一些特别大的柱洞，也可能由于土质土色不好区别，就将柱子内和柱子周围的填土混到了一起。

二是在平面上看有两圈土，外围为夹杂较多红烧土的填土，内圈是炭化了的木炭（在其他多数场合可能表现为腐烂了的木头加土或者与外圈差别较大的其他填土）。这一种现象的产生，显然是因为先在填起来的基槽内挖一个比木柱粗一些的洞（坑），然后把柱子立于其中，最后用掺杂红烧土块的土把柱子周围的缝隙填满并打实，将木柱固定住。这样在平面上就会出现内外两圈的状况。我们在发掘记录中经常说到柱坑和柱洞，其实柱坑就相当于其外圈，而柱洞则是其内圈。在土木结构的房屋建筑中，这是一种普遍存在的现象，也是比较合理而且易于理解的现象。

三是平面上有三圈不同的土，只发现1例（F20的1号柱洞），但十分清晰。这种情况可以这样解释，当时人们最初做了一个上述第二种情况的柱洞，或许由于现在不可知的原因。人们又把这个做好的柱子拔走，而又立上了一个更细的柱子，重新把柱子和其外围的空隙用土填起来。只有这样，今天才能在平面上看到明显不同而又十分规则的三重圈。应该说，这种情况是极为少见的，不属于建筑中柱洞的常态[1]。

F20南侧向外突出的部分中段，有一小段没有基槽，其东端清楚，而西缘正好被一条现代沟打掉。据此认为，如果F20是一座常规的房子，那么，这个缺口就可能是门道的位置。

其他部分要素，如墙体、地面及北半部基槽等，则没有发现。所以，只知道在这一地段有一条略显复杂的基槽。基槽的建筑程序是，先在设计好的位置挖出宽度不一的基槽，然后在槽内填土，再在槽内按设计要求挖出大小不一的柱坑，最后在坑内埋设木柱（或者直接把柱子立在基槽之内），并用掺杂红烧土块的土填实。后面的程序则不详，房屋的完整形状和结构等也无法确定。不过，从表层发现大量红烧土，相当数量的柱洞内还保留着经火烧后炭化了的木柱，表明F21是遭受火灾之后所焚毁。

需要说明的一点是，在与F20大体相同的位置，其下面原来曾经有过F44和F53，如前所述，它们

[1] 还有一种称之为“巢形”的柱洞，其类似于鸟巢，挖好洞（坑）之后，用不同的土一层一层筑打起来，每一层土都呈内空的半球状，两城镇遗址就发现过一些此类柱洞，往往一层黄土，一层夹土的碎陶片，一层红烧土等，整体上是起柱础的作用。这样的柱洞，从平面看也是一圈一圈的，但与上述柱洞性质不同。

表2-90　F20柱坑、柱洞登记表　　（单位：厘米）

编号	形　状	外圈（直径-深）	内圈（直径-深）	填　土	备　注
1	圆形	24-48	10-48	黄褐土夹红烧土	内圈为木炭
2	圆形	14-13	10-13	灰褐土夹红烧土	内圈为木炭
3	圆形	16-7	8-7	灰褐土夹红烧土	内圈为木炭
4	圆形	14-15	10-15	灰褐土夹红烧土	内圈为木炭
5	椭圆形	17-19		灰褐土夹红烧土	
6	圆形	14-12	8-12	红褐土夹大量红烧土	内圈为朽木残痕
7	圆形	12-10	8-10	红褐土夹大量红烧土	内圈为朽木残痕
8	圆形	20-40	12-40	红褐土夹大量红烧土	内圈灰朽木残痕
9	圆形	21-10	12-10	红烧土	内圈为木炭
10	圆形	48-56		黄褐色土夹少量白石粒	仅一圈
11	椭圆形	14-36	8-36	灰褐土夹红烧土	内圈为木炭
12	椭圆形	16-32	10-32	红烧土和灰褐土	内圈为木炭
13	圆形	9-24	6-24	红烧土和灰褐土	内圈为木炭
14	圆形	18-35	11-35	红烧土和灰褐土	内圈为木炭
15	椭圆形	10-24	6-24	红烧土和灰褐土	内圈为木炭
16	椭圆形	10-20	5-20	红烧土和灰褐土	内圈为木炭
17	圆形	28-41		黄褐土夹红烧土	
18	圆形	20-39		灰土	
19	圆形	32-53		灰土	
20	圆形	18-42		灰褐土	
21	圆形	22-37	10-37	灰褐土	内圈为木炭
22	圆形	16-31		灰褐土	
23	圆形	14-29	11-29	灰褐土	内圈为木炭
24	圆形	16-48		灰褐土	
25	椭圆形	18-36		灰土夹红烧土	
26	圆形	22-43		灰土夹红烧土	
27	圆形	28		灰褐土	

也是在南侧的基槽中间留有缺口，基槽内也有柱洞。或许他们之间有某种前承后继的关系。

F20没有发现室内或室外的地面，所以使用期间的遗物完全不存，只是在基槽填土中发现2件残破石器。

标本F20：1（#5810；S1830），磨石，残。砂岩。平面为不规则四边形，磨面细而平整。长7.8、宽7.0、厚1.9厘米，重117.9克（彩版一四九，3）。

标本F20：2（#5810；S1836），微型石片。花岗岩。不规则形。长3.0、宽1.9、厚1.5厘米，重15.1克。

此外，还发现了一批零散柱洞，共有27个，其中柱坑24个，柱坑和柱洞复合的3个（表2-91；图2-204）。

表2-91　第八时期零散柱坑、柱洞登记表

编号		位置	层位	开口海拔（米）		形状		尺寸（直径—深）（厘米）		填土		备注
柱洞	柱坑			柱洞	柱坑	柱洞	柱坑	柱洞	柱坑	柱洞	柱坑	
#1806		T2297	①→△→⑥a	16.36		椭圆形，圜底		（26-22）-10		用碎陶片、烧土、黄土、灰色土分层筑成		存巢形柱洞底部
#2002		T2298	①→△→F54	16.31		圆形，圜底		24-18		灰黑色（7.5YR 2.5/1）		
#8710		T2298	①→△→⑥a	16.36		圆形，圜底		30-28		灰褐色（10YR 3/3）		
#8711-1		T2298	①→△→⑥d	16.38		圆形，圜底		30-25		灰色（7.5YR 4/3）		
#8711-2		T2298	①→△→⑥d	16.38		圆形，平底		25-24		灰色（10YR 3/1）		
#2205		T2299	①→△→⑥a	16.38		椭圆形，圜底		（31-21）-9		灰褐色（7.5YR 4/4）		
#2207		T2299	①→△→F54	16.38		圆形，圜底		20-30		黄褐色（7.5YR 4/6）		
#8810		T2299	①→△→F54	16.34		圆形，圜底		15-12		灰褐色		
#8812	#8812	T2299	①→△→⑥a	16.36		圆形，圜底	圆形，圜底	18-21	34（残径）-21	深灰褐色（7.5YR 3/1）	灰褐色（7.5YR 3/1）	
#8813		T2299	H342→△→⑥a	16.36		圆形，圜底		28-25		灰褐色、（7.5YR 4/3）		
#8201	#8202	T2348	①→△→H318	16.33		圆形，圜底	圆形，平底	19-30	30-14	黑灰色（5YR 2.5/1）	黄褐色（7.5YR 4/3）	

#8203	#8204	T2348	①→△	16.36		圆形，圜底	圆形，平底	15–10	22–10	黑色（7.5YR 2.5/1）	浅黄色（7.5YR 5/2）	
#8210		T2348	①→△	16.32		圆形，平底		28–26		灰色（10YR 3/1）		
#738		T2396	①→△	16.43		椭圆形，平底		(30–24)–15		灰褐色（2.5YR 5/2）		
#5803		T2448	①→△	16.34		圆形，圜底		20–25		红褐色（5YR 7/8）		
#5804		T2448	①→△	16.36		圆形，圜底		16–20		红褐色（5YR 7/8）		
#5805		T2448	①→△	16.33		圆形，圜底		16–18		红褐色（5YR 7/8）		
#5811		T2448	①→△→⑥b	16.32		圆形，圜底		26–27		灰褐色（2.5YR 4/2）		
#5812		T2448	①→△→⑥b	16.33		圆形，平底		18–19		灰褐色（2.5YR 4/3）		
#5813		T2448	①→△→⑥b	16.33		圆形，圜底		20–18		灰褐色（2.5YR 2.5/4）		
#5814		T2448	①→△→⑥b	16.35		圆形，圜底		20–22		灰褐色（2.5YR 3/3）		
#5866		T2448	①→△→⑥b	16.48		圆形，平底		20–108		灰褐色		
#5976		T2449	①→△→⑥b	16.3		圆形，圜底		30–40		灰黄色（7.5YR 5/2）		
#1163		T2450	①→△	16.28		圆形，平底		21–48		灰色（10YR 3/2）		
#1194–1		T2450	①→△→⑥a	16.17		圆形，圜底		20–50		灰褐色（7.5YR 4/4）		
#1194–2		T2450	①→△→⑥c	16.29		圆形，圜底		22–47		灰褐色（7.5YR 4/4）		
#1194–3		T2450	①→△→⑥c	16.33		圆形，圜底		24–22		灰褐色（7.5YR 4/4）		

（二）灰坑

灰坑的数量很多，共91座。形状有圆形、椭圆形、圆角方形和不规则形等。灰坑的分布以中部和东部最为密集，南部和西部一排探方较为稀疏。

1．H31

位于E4T2350、2400之间，开口于耕土层下，被H30打破，又打破⑥a层及以下文化层直至生土，打破同一层面开口的H185、H190、H213、H215、H315及M32。椭圆形，斜壁，圜底，灰坑的体量较大，坑口长径3.48、短径1.78、深1.16米（图2－431；彩版一五〇，1～3）。H31的填土分为12小层五大层，可以进一步归并为三组：第1、2层堆积为最上一组，整体上由东向西倾斜，最深处偏于东部，填土主要来自坑东侧；第3、4层为中间一组，整体上由西向东倾斜，最深处偏于西部，填土主要来自坑西侧；第5层各小层为最下一组，整体上由东向西倾斜，最深处位于坑底，填土主要来自坑东侧。H31的填土以灰黑色土为主，报告后有专文对H31进行分析。坑内出土较多的石器和大量可复原的陶器，其数量之多，迄今发掘的各遗址的龙山文化灰坑尚未见出其右者，甚至有人认为这是一个与祭祀有关的遗迹。出土陶器的器形有鼎、鬶、甗、罐、罍、瓮、盆、盘、豆、杯、盒、器盖、纺轮等。同时，H31还出土了数以万计的陶片（表2－92～97）。收集浮选土样5份共40升，采集植硅体样品3份300克。

H31是一个比较特殊的灰坑，其体量并不是特别大，但出土可复原陶器非常多。开始曾推测其为某种特殊用途而建，后来发现尽管出土陶片和可复原的陶器甚多，但规律并不明显，灰坑的整体形状、边壁和底部也不规则，其填土显然是分几次从不同方向倾倒而成，故其不符合祭祀等特定功能遗迹的条件。但不可否认，H31是一个重要的遗迹，可能与当时社群内的宴飨活动有关。

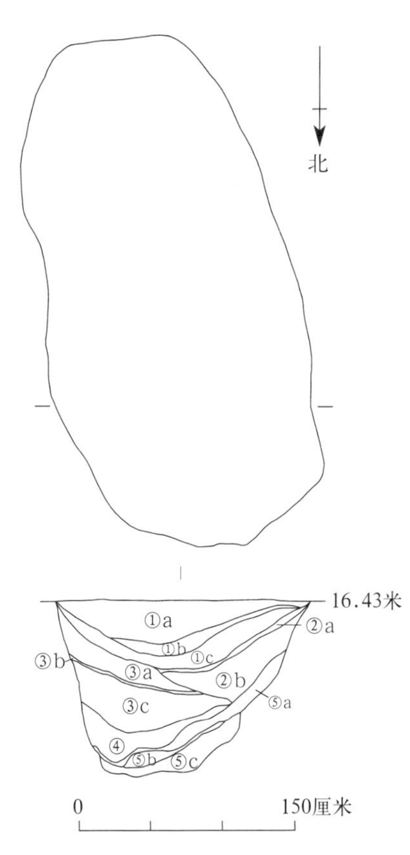

图2－431　一区八期H31平、剖面图

标本H31③：72（#3208；S179），石斧，一面剥落较甚。流纹质熔结凝灰岩。平面为长方形。长9.7、宽4.7、厚2.9厘米，重199.5克（图2－432，1；彩版一五一，1）。

标本H31④：102（#3212；S238），石锛，残。黑云母片麻岩。残长4.3、宽2.2、厚1.2厘米，重19.0克。

标本H31③：129（#3224；S249），石锛，磨制。流纹质熔结凝灰岩。平面为长方形，单面刃。长7.8、宽3.6、厚2.2厘米，重114.3克（彩版一五一，2）。

标本H31②：61（#3207；S1147），小凿半成品。流纹质熔结凝灰岩。平面近长方形。长2.7、宽1.2、厚0.7厘米，重3.5克（图2－432，2）。

标本H31①：14（#3206；S1005），石铲，残，磨制。流纹质熔结凝灰岩。残长6.6、残宽4.5、厚0.9厘米，重35.6克。

标本H31①：20（#3204；S1498），石铲，残，磨制。流纹质熔结凝灰岩。残长4.5、残宽3.8、厚0.4厘米，重12.6克。

表2-92 H31①陶片统计表

陶质 / 陶色 / 数量 / 纹饰	泥质							夹砂								夹云母滑石	总计	百分比（%）
	黑	灰	红褐	褐红	褐	红	合计	黑	灰	褐红	白	红褐	褐	红	合计	红		
凸弦纹	524	40	1	3		3	571	407	77	11	11	11		17	534		1105	7.20
凹弦纹	594	70	4	1	1	1	671	548	113	21	4	4	7	9	706		1377	9.01
方格纹	1						1	1							1		2	0.01
堆纹	17	1					18	7	4	27	3	7	2	1	51		69	0.45
泥饼	17	4				1	22	29	5		8	1	3	1	47		69	0.45
盲鼻	41	5					46	19	3	1	7	1			31		77	0.46
镂孔	2	1					3	1							1		4	0.03
陶衣													2		2		2	0.01
朱砂	1						1										1	0
花边								1							1		1	0
素面	6172	528	56	34	30	15	6835	3284	901	571	504	161	250	69	5740	3	12578	82.29
累计	7369	649	61	38	31	20	8168	4297	1103	631	537	185	264	97	7114	3	15285	100
百分比（%）	48.21	4.25	0.40	0.25	0.20	0.13	53.44	28.11	7.22	4.13	3.51	1.21	1.73	0.63	46.54	0.02	100	
重量（千克）	45.62	6.76	0.22	0.36	0.05	0.14	53.15	50.652	14.82	9.71	2.33	2.3	2.82	0.82	83.452	0.01	136.612	

表2-93　H31②陶片统计表

陶质 陶色 数量 纹饰	泥质						夹砂							总计	百分比（%）
	黑	灰	红	褐/红	褐	合计	黑	灰	褐/红	白	褐	红	合计		
凸弦纹	77	6		1		84	72	2	2	2			78	162	5.38
凹弦纹	63	19		3	1	86	61	3	2	6	4	1	77	163	5.73
堆纹	1					1	5	12			1		18	19	0.67
泥饼	4	1				5	6		1	3			10	15	0.53
盲鼻	7					7	3	1		2			6	13	0.46
刻划纹	1					1								1	0.04
素面	976	207	6	72	9	1270	844	101	51	61	130	12	1199	2469	86.78
花边								1					1	1	0.04
镂孔	1					1		1					1	2	0.07
累计	1130	233	6	76	10	1455	991	121	56	74	135	13	1390	2845	100
百分比（%）	39.72	8.19	0.21	2.67	0.35	51.14	34.83	4.25	1.97	2.60	4.75	0.46	48.86	100	
重量（千克）	6.78	1.64	0.02	0.41	0.02	8.87	10.91	3.33	1.15	0.74	0.95	0.02	17.1	25.97	

表2-94　H31③陶片统计表

陶质/陶色/数量/纹饰	泥质					夹砂						夹云母滑石	总计	百分比(%)
	黑	灰	红	褐	合计	黑	灰	褐	白	红	合计	黑		
凸弦纹	73	16		4	93	163	25	14	1	3	206		299	6.80
凹弦纹	105	30	1	16	152	133	33	16	4	4	190		342	7.78
堆　纹	3				3	8	5	18		10	41		44	1.00
泥　饼	3	4			7	7	1	1		2	11		18	0.41
盲　鼻	14	1			15	5	2	1			8		23	0.52
刻划纹	1				1	1					1		2	0.05
凸　棱	10				10		1				1		11	0.25
镂　孔	3				3				1		1		4	0.09
陶　衣								13	2		15		15	0.34
花　边						5					5		5	0.11
素　面	1397	224	43	59	1723	1071	355	324	76	82	1908	4	3635	82.65
累　计	1609	275	44	79	2007	1393	422	387	84	101	2387	4	4398	100
百分比（%）	36.58	6.25	1.00	1.80	45.63	31.67	9.60	8.80	1.91	2.30	54.27	0.09	100	
重量（千克）	7.61	2.685	0.21	0.32	10.825	18.18	6.59	4.72	0.23	1.05	30.77	0.01	41.605	

表2-95　H31④陶片统计表

数量 / 纹饰 \ 陶质 / 陶色	泥质					夹砂						总计	百分比（%）
	黑	灰	红	褐	合计	黑	灰	褐	白	红	合计		
凸弦纹	48	1			49	71	5	15	4		95	144	6.09
凹弦纹	75	24		1	100	65	29	21	2		117	217	9.93
堆　纹	4				4	2	3	5			9	14	0.64
泥　饼	1	1			2		1	3			4	6	0.27
盲　鼻	5	2			7	4	2				6	13	0.59
镂　孔						1					1	1	0.05
刻划纹						1	1	1			3	3	0.14
花　边									1		1	1	0.05
竹　节	1				1							1	0.05
陶　衣							1	8			9	9	0.41
素　面	652	110	1	75	838	627	152	116	31	12	938	1776	81.28
累　计	786	138	1	76	1001	771	194	169	38	12	1184	2185	100
百分比（%）	35.97	6.32	0.05	3.43	45.81	35.29	8.88	7.73	1.74	0.55	54.19	100	
重量（千克）	5.59	2.29	0.01	0.46	8.35	11.26	2.82	2.56	0.38	0.09	17.11	25.46	

表2-96　H31⑤陶片统计表

数量 / 纹饰 \ 陶质 / 陶色	泥质				夹砂						总计	百分比（%）
	黑	灰	褐/红	合计	黑	灰	褐/红	白	褐	合计		
凸弦纹	86	7		93	76	26	4	4		110	203	9.10
凹弦纹	61	15	2	78	116	20	13	3		152	230	10.31
堆　纹	2			2	2	1	6			9	11	0.49
泥　饼		2		2	4	1	3	1		9	11	0.49
盲　鼻	8		1	9	1	3	1	1		6	15	0.67
花　边						2	2			4	4	0.18
素　面	711	106	51	868	375	279	191	38	6	889	1757	78.75
累　计	868	130	54	1052	574	332	226	47	6	1179	2231	100
百分比（%）	38.91	5.83	2.42	47.15	25.73	14.88	10.13	2.11	0.27	52.85	100	
重量（千克）	4.89	0.89	0.34	6.12	6.27	3.91	2.695	0.24	0.03	13.145	19.265	

表2–97　H31陶片统计表

陶质 / 陶色 / 数量 / 纹饰	泥质							夹砂								夹云母滑石			总计	百分比(%)
	黑	灰	红褐	褐红	褐	红	合计	黑	灰	褐红	白	红褐	褐	红	合计	红	黑	合计		
凸弦纹	808	70	1	4	4	3	890	789	135	17	22	11	29	20	1023				1913	7.10
凹弦纹	898	158	4	6	19	2	1087	923	198	46	19	4	48	14	1242				2329	8.64
方格纹	1						1	1							1				2	0.01
堆　纹	27	1					28	24	25	33	3	7	26	11	128				157	0.58
泥　饼	25	12				1	38	46	8	4	12	1	7	3	81				119	0.44
盲　鼻	75	8		1			84	32	11	2	10	1	1		57				141	0.52
镂　孔	6	1					7	2	1		1				4				11	0.04
陶　衣									1		2		23		26				26	0.10
刻　划	3						2	2	1				1		4				6	0.02
朱　砂	1						1												1	0
花　边								6	3	2	1				12				12	0.04
竹　节	1						1												1	0
凸　棱	10						10		1						1				11	0.04
素　面	9908	1175	56	157	173	65	11534	6201	1788	813	710	161	826	175	10674	3	4	7	22215	82.45
累　计	11762	1425	61	168	196	71	13683	8026	2172	913	780	185	961	223	13254	3	4	7	26944	100
百分比（%）	43.65	5.29	0.23	0.62	0.73	0.26	50.78	29.79	8.06	3.39	2.89	0.69	3.57	0.83	49.19	0.01	0.01	0.03	100	
重量（千克）	70.49	14.27	0.22	1.11	0.85	0.38	87.32	97.27	31.47	13.56	3.92	2.3	11.08	1.98	161.58	0.01	0.01	0.02	248.92	

标本H31①：79（#3206；S1551），石铲，残，磨制。流纹质熔结凝灰岩。残长4.7、残宽5.4、厚0.8厘米，重36.9克。

标本H31③：146（#3224；S264），石铲，磨制光滑。流纹质熔结凝灰岩。平面近长方形，单面刃。长11.9、宽5.2、厚0.9厘米，重96.6克（彩版一五一，3）。

标本H31①：18（#3206；S128），石铲，残，磨制。流纹质熔结凝灰岩。平面近梯形，扁薄体。残长5.2、残宽3.9、厚0.7厘米，重25.0克（彩版一五二，2）。

标本H31①：3（#3203；S112），石镰，两端均残。流纹质熔结凝灰岩。单面刃。残长5.8、宽4.4、厚0.7厘米，重29.1克（彩版一五一，4）。

标本H31①：5（#3203；S103），石镰，两端均残。流纹质熔结凝灰岩。平面为月牙形，单面刃。残长7.6、宽3.5、厚1.1厘米，重24.3克（彩版一五二，1）。

标本H31①：123（#3221；S250），石镰，一端残。流纹质熔结凝灰岩。平面近长方形，单面刃。残长5.4、宽4.6、厚1.3厘米，重36.5克（彩版一五一，5）。

标本H31①：195（#3221；S1011），石镰，两端均残，磨制。流纹质熔结凝灰岩。单面刃。残长3.2、宽4.7、厚1.2厘米，重24.5克。

标本H31③：164（#3226；S276），石镰半成品。流纹质熔结凝灰岩。平面近弧三角形。长7.0、宽3.9、厚0.4厘米，重14.1克（图2-432，3；彩版一五一，6）。

标本H31③：160（#3226；S273），石刀，一端残失，磨制光滑。砂岩。平面为拱背梯形，单面刃，近背部有对钻双孔。残长10.1、宽6.6、厚0.9厘米，重98.6克（彩版一五一，7）。

标本H31①：101（#3204；S1187），石刀半成品，两端残，磨制。砂岩。单面刃。残长3.8、宽3.3、厚0.7厘米，重12.4克。

标本H31①：107（#3206；S1266），石刀半成品。花斑岩。平面为长方形。长8.2、宽3.6、厚1.6厘米，重92.4克。

标本H31①：9（#3206；S139），石镞，两端均残。绿泥石或绿泥/角闪片岩。横截面为菱形。

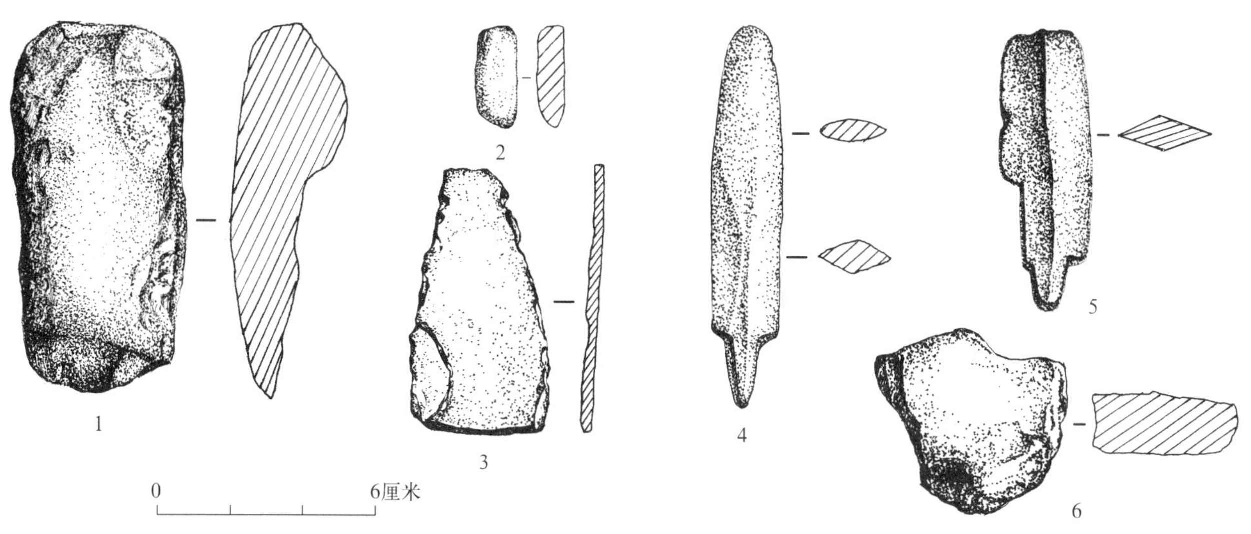

图2-432　一区八期H31出土石器

1. 石斧H31③：72　2. 小凿半成品H31②：61　3. 石镰半成品H31③：164　4. 石镞H31②：57　5. 石镞H31③：69　6. 有槽磨石H31②：58

残长4.0、宽1.8、厚0.9厘米，重6.3克。

标本H31②：57（#3207；S177），石镞。绿泥石或绿泥/角闪片岩。镞身和铤分界明显，镞身横截面为菱形，弧形前锋。长10.0、宽1.9、厚0.9厘米，重19.1克（图2−432，4；彩版一五一，8左）。

标本H31③：69（#3226；S425），石镞，前锋和一侧残。绿泥石或绿泥/角闪片岩。镞身和铤分界明显，横截面为菱形。残长7.4、宽2.5、厚1.0厘米，重23.7克（图2−432，5；彩版一五一，8右）。

标本H31①：132（#3206；S1014），石镞，两端均残。白云母板岩。横截面为菱形。残长2.3、宽1.8、厚0.8厘米，重4.1克。

标本H31①：140（#3206；S1013），石镞，铤和前锋均残。绿泥石或绿泥/角闪片岩。平面为柳叶形，横截面为菱形。残长5.6、宽2.1、厚0.7厘米，重11.6克（彩版一五一，9左）。

标本H31③：194（#3210；S3507），石镞，残存镞身后半及铤部。白云母板岩。残长3.5、宽1.9、厚0.2厘米，重1.2克（彩版一五一，9右）。

标本H31①：150（#3203；S1085），石镞半成品。绿泥石或绿泥/角闪片岩。两面均外凸。长7.1、宽3.2、厚0.8厘米，重21.3克。

标本H31①：1（#3203；S1270），磨石，残。砂岩。平面略呈三角形，磨面颗粒较粗。残长2.5、残宽1.9、厚0.8厘米，重4.1克。

标本H31①：6（#3204；S1497），磨石，残。砂岩。平面为三角形。长2.6、残宽3.0、厚1.6厘米，重13.3克。

标本H31①：7（#3204；S117），磨石，残。砂岩。不规则形平面形状不详，磨面细腻而内凹。长8.7、宽1.1、厚1.2厘米，重85.4克。

标本H31①：21（#3206；S1009），磨石，残。砂岩。磨面较细而平整。残长5.1、残宽3.9、厚2.3厘米，重45.2克。

标本H31①：22（#3206；S1012），磨石，残。砂岩。磨面较细而内凹。残长5.4、残宽4.0、厚1.9厘米，重53.7克（彩版一五二，3）。

标本H31①：25（#3206；S1269），磨石，残。砂岩。平面为四边形，磨面粗糙。长2.3、宽2.3、厚0.9厘米，重5.6克。

标本H31③：32（#3208；S1190），磨石，残。砂岩。磨面较粗。长3.2、宽2.9、厚1.5厘米，重7.6克。

标本H31①：45（#3218；S1354），磨石，残。花斑岩。平面近方形，磨面平整。长8.3、宽7.7、厚2.5厘米，重284.3克（彩版一五二，4）。

标本H31①：81（#3203；S1188），磨石，残。砂岩。平面近三角形，磨面平整。残长4.6、残宽3.7、厚1.0厘米，重20.2克。

标本H31③：83（#3209；S418），磨石，砂岩。磨面细而平整。残长3.8、残宽2.5、厚1.1厘米，重13.6克。

标本H31①：120（#3220；S241），磨石，残。砂岩。磨面细而平整。残长6.0、残宽5.9、厚2.1厘米，重94.3克。

标本H31③：137（#3224；S277），磨石，残。砂岩。平面为三角形，磨面较细而内凹。长

7.6、宽7.1、厚2.8厘米，重160.3克（彩版一五二，5）。

标本H31①：155（#3204；S1186），磨石，残。砂岩。不规则形，磨面细而内凹。残长7.0、宽7.1、厚1.3厘米，重89.4克（彩版一五二，6）。

标本H31①：159（#3206；S1008），磨石，残。砂岩。磨面内凹形。残长7.3、残宽5.8、厚2.9厘米，重126.4克。

标本H31①：36（#3206；S1020），有槽磨石。砂岩。磨面颗粒略粗。残长4.7、残宽3.0、厚1.7厘米，重26.1克。

标本H31②：58（#3207；S190），有槽磨石。砂岩。不规则形。长5.1、宽4.8、厚2.1厘米，重67.8克（图2−432，6）。

标本H31③：166（#3226；S415），磨石。砂岩。平面为梯形，两面细而平整。长8.8、宽7.4、厚2.0厘米，重184.5克（彩版一五二，7）。

标本H31①：125（#3206；S1087），砾石砍砸器。花斑岩。平面为四边形。长5.0、宽5.0、厚3.3厘米，重82.7克。

标本H31④：126（#3215；S1086），砾石砍砸器。花斑岩。平面为近长方形。长10.7、宽4.0、厚5.0厘米，重239.8克。

标本H31②：143（#3223；S267），残石器，磨制光滑。砂岩。长条形。长7.7、残宽3.6、厚0.8厘米，重33.8克（彩版一五二，8）。

标本H31①：10（#3206；S1563），石器，残，磨制。黑云母片岩。长3.6、宽2.8、厚0.6厘米，重10.0克。

标本H31②：27（#3207；S346），石器，残。流纹质熔结凝灰岩。重32.8克。

标本H31⑤：35（#3216；S1356），石器，残，磨制。砂岩。残长3.0、残宽2.5、厚0.9厘米，重5.2克。

标本H31①：53（#3218；S1541），石器，残，磨制。流纹质熔结凝灰岩。残长3.4、残宽3.2、厚0.3厘米，重6.6克。

标本H31①：62（#3204；S1003），石器，残。流纹质熔结凝灰岩。平面形状不详，横截面椭圆形。残长7.2、宽6.6、厚1.9厘米，重155.4克（彩版一五二，9）。

标本H31②：77（#3207；S1501），石器，残。流纹质熔结凝灰岩。残长2.6、残宽1.9、厚0.8厘米，重1.4克。

标本H31①：109（#3221；S1010），石器，残，磨制。流纹质熔结凝灰岩。残长2.5、残宽1.5、厚0.3厘米，重1.3克。

标本H31③：152（#3224；S265），石器半成品，打制。富含白云母的熔结凝灰岩。平面近方形。长5.3、宽5.5、厚1.1厘米，重66.9克。

标本H31②：55（#3210；S1272），石料。花斑岩。不规则形。长5.0、宽3.9、厚1.1厘米，重17.8克。

标本H31④：124（#3214；S1185），石料。花斑岩。平面近椭圆形。长3.3、宽1.6、厚0.5厘米，重2.7克。

标本H31①：46，罐形鼎。夹砂黑陶，深灰胎。侈口，方唇，唇面和沿内面各有一周凹槽，折沿，圆腹，平底，三铲形足，下部残失，正面有齿状堆纹。器表及口沿内侧经磨光处理，腹部饰有十二周凹弦纹。足和底部有火烧痕迹。口径15.3、底径10.5、残高17.9、厚0.2～0.4厘米（图2-433，1）。

标本H31②：59，罐形鼎。夹砂黑陶，深灰胎。方唇，唇沿外伸，平沿，沿面有两周凹槽，短颈，圆腹，平底，三无眼鸟喙形足，下部残失。器表及口沿内侧经磨光处理。颈部饰三周凹弦纹，肩和腹部饰四周凹弦纹，颈肩之交位置有对称的盲鼻和小泥饼各一对。三足和底部有火烧痕迹。口径15.4、底径11.0、残高12.5、厚0.2～0.4厘米（图2-433，2；彩版一五三，1）。

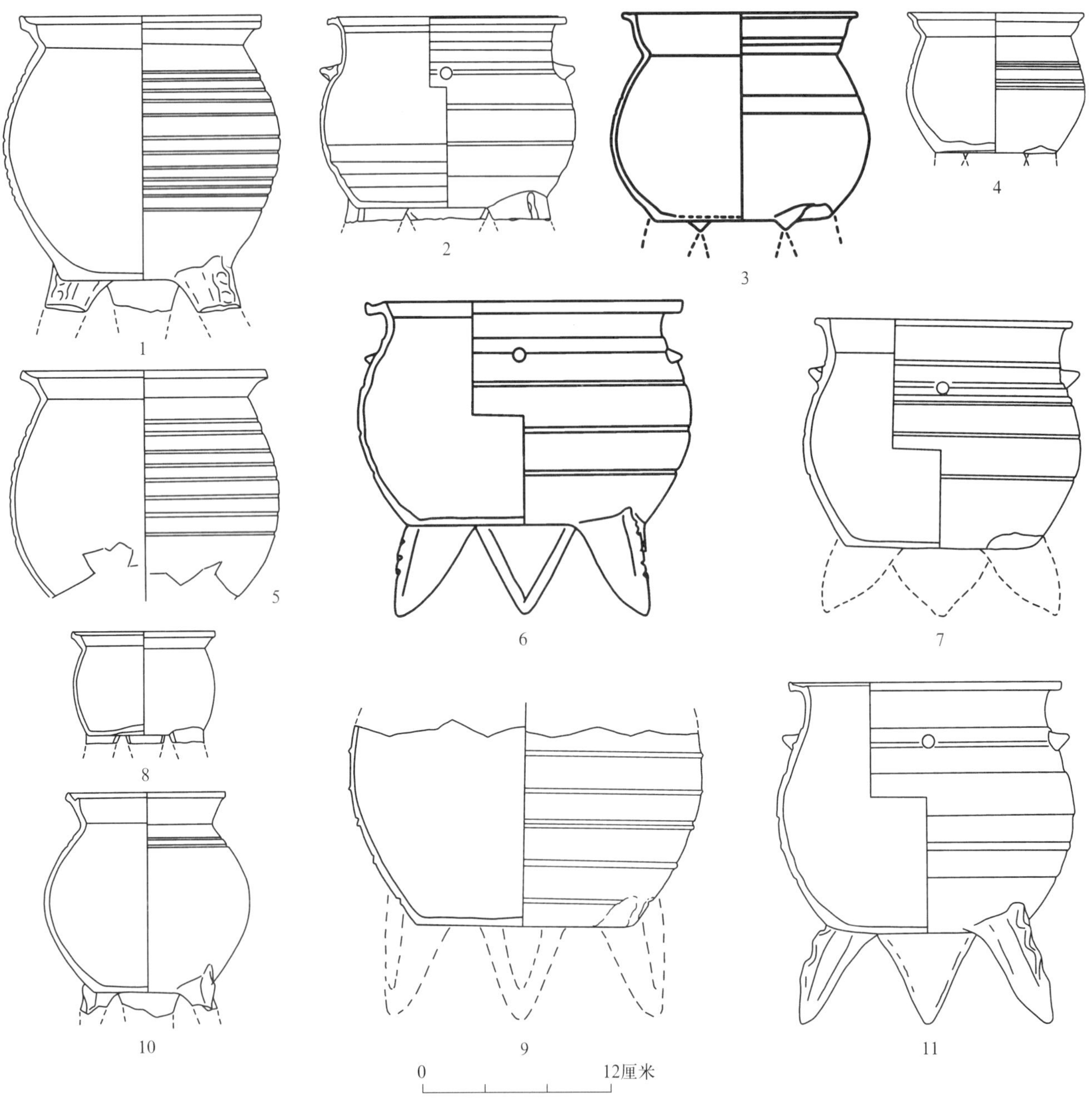

图2-433　一区八期H31出土罐形鼎

1～11. H31①：46、H31②：59、H31②：67、H31⑤：111、H31④：93、H31⑤：114、H31②：135、H31③：147、H31②：167、H31③：163、H31④：215

标本H31②：67，罐形鼎。夹砂黑陶，灰胎。侈口，方唇，折沿，沿面有一周凹槽，圆弧腹，平底，三足残。器表及内侧口沿经磨光处理，腹部饰两周凹弦纹。足和底部有火烧痕迹。口径15.0、最大腹径16.4、底径10.0、残高13.4、厚0.2～0.5厘米（图2－433，3；彩版一五三，2）。

标本H31④：93，罐形鼎。夹砂黑陶，内壁和胎为灰褐色。侈口，方唇，折沿，沿内侧有一周凹槽，溜肩，圆腹，底和三足残失。肩、腹部饰八周凹弦纹。口径15.6、残高14.0、厚0.22～0.5厘米（图2－433，5）。

标本H31⑤：111，罐形鼎。夹砂黑陶，灰褐胎。侈口，近方唇，折沿，沿面有一周凹槽，圆腹，平底内凹，三足残失。器表经磨光处理，腹部有二组四周凹弦纹。口径11.0、底径7.4、残高8.6、厚0.3～0.8厘米（图2－433，4；彩版一五三，3）。

标本H31⑤：114，罐形鼎。夹砂黑陶，深灰胎，含云母。侈口，方唇，平沿，沿面下凹并有两周凹槽，短颈，圆腹，平底较大，无眼鸟首形三足。器表及口沿内侧经磨光处理。颈下有两周台阶状凸起，其下有对称的泥饼和盲鼻各一对，腹部饰三周凹弦纹。口径20.0、底径15.0、高19.2、厚0.23～0.7厘米（图2－433，6）。

标本H31②：135，罐形鼎。夹砂黑陶，深灰胎。口微侈，方唇，平沿，沿面有两周凹槽，短颈，圆腹，平底，三足残失。器表及口沿内侧经磨光处理。颈部有一周凸棱，颈肩之间呈阶状，颈下缘有对称的泥饼和盲鼻各一对，肩部饰一组凹、凸弦纹，腹部饰两周凹弦纹。底部有火烧痕迹。口径16.4、底径11.5、残高13.8、厚0.3～0.5厘米（图2－433，7；彩版一五三，4）。

标本H31③：147，罐形鼎。夹极少量细砂和云母黑陶，灰胎。侈口，近方唇，沿内面有一周凹槽，折沿，圆腹，平底内凹，三凿形足残失。器表及口沿内侧经磨光处理，素面。口径9.3、底径7.2、残高6.9、厚0.2～0.4厘米（图2－433，8）。

标本H31③：163，罐形鼎。夹砂黑陶，灰胎。侈口，方唇，沿面有一周较深的凹槽，溜肩，鼓腹，平底，无眼鸟首形三足，足残。器表及内侧口沿经磨光处理，肩部饰两周凹弦纹。底和足部有火烧痕迹。口径10.4、底径 6.5、残高13.8、厚0.28～0.4厘米（图2－433，10；彩版一五三，5）。

标本H31②：167，罐形鼎。夹砂黑陶。肩以上残，圆鼓腹，大平底，下接三“V”字形足，残。器表经磨光。腹部有四周凸棱和两周凹弦纹。底径13.6、残高12.6、厚0.3～0.5厘米（图2－433，9）。

标本H31④：215，罐形鼎。夹砂黑陶，深灰胎。方唇，斜平折沿，沿面有两周凹槽，短颈，圆腹，平底微外弧，无眼鸟首形足。器表经磨光处理。颈下有对称的盲鼻和小泥饼各一对，颈腹交界处饰有一周阶状凸起，腹部饰四组凹、凸弦纹组合。足和底部有火烧痕迹。口径17.1～17.9、最大腹径18.1、底径9.8、高21.0、厚0.2～0.7厘米（图2－433，11；彩版一五三，6）。

标本H31①：42，单耳罐形鼎。夹砂黑陶，深灰褐胎。侈口，方唇，宽折沿，沿内侧下凹较甚，鼓腹，平底，三无眼鸟首形足。肩和腹的一侧有宽带形把手，残失。器表及口沿内侧经磨光处理。口沿外侧有两周轻微的凸棱，肩部饰两周凹弦纹。足和底部有火烧痕迹。口径13.3～13.7、底径10.0、残高16.3、厚0.23～0.5厘米（图2－434，1；彩版一五四，1）。

标本H31①：26，单耳罐形鼎。夹砂黑陶，含云母。侈口，近方唇，沿内面有一周较深的宽凹槽，折沿，溜肩，圆鼓腹，平底，三无眼鸟喙形足，下部残失。一侧肩腹之间有宽带形把手，残失。器表及口沿内侧经磨光处理，肩部饰两周细凹弦纹。足和底部有火烧痕迹。口径13.7、最大腹径

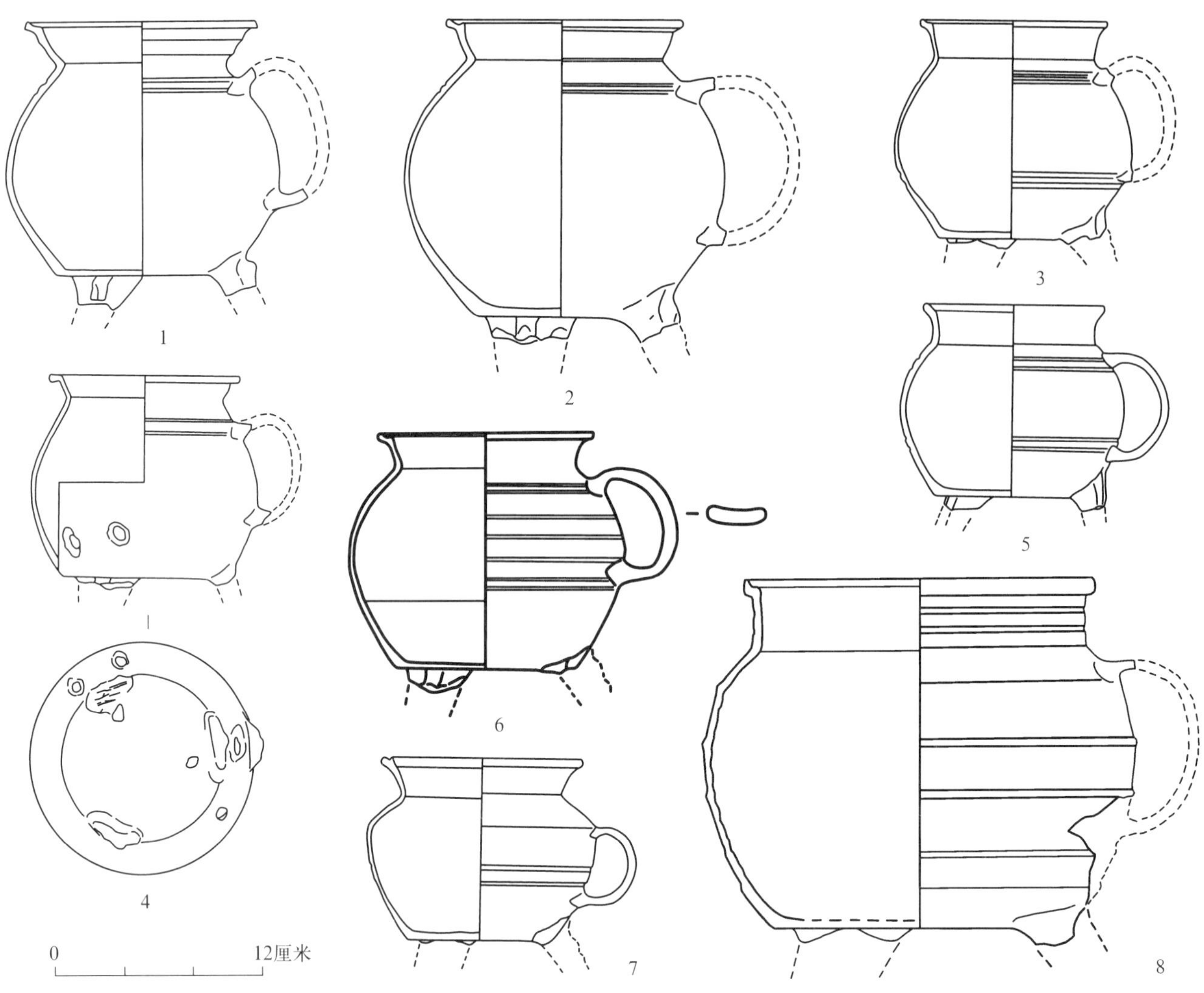

图2-434　一区八期H31出土单耳罐形鼎

1～8. H31①：42、H31①：26、H31②：66、H31④：84、H31⑤：112、H31⑤：113、H31③：162、H31②：247

18.1、底径10.0、高17.9、厚0.25～0.5厘米（图2-434，2；彩版一五四，2）。

标本H31②：66，单耳罐形鼎。夹砂黑陶，浅红褐胎，内壁为浅灰褐色。侈口，方唇，折沿，沿面有一周凹槽，鼓腹，平底，三足残。肩、腹部各有两周凹弦纹。一侧肩腹之间有宽带形把手，把手残失。口径10.6、最大腹径13.6、底径8.5、高12.3、厚0.2～0.6厘米（图2-434，3）。

标本H31④：84，单耳罐形鼎。夹砂黑陶。侈口，圆唇，折沿，沿面有一周凹槽，圆腹，平底，铲形足外表加堆纹，大部残失。一侧肩腹之间有带状把手，残失。器表经磨光处理，底部两足内侧各打一不规则孔，近底部的两足之上，亦各打有两个不规则的圆孔。肩部有两周凹弦纹。底部及足烧成红褐色。口径11.0、底径8.9、残高11.9、厚0.3～0.7厘米（图2-434，4；彩版一五四，3）。

标本H31⑤：112，单耳罐形鼎。夹砂黑陶，深灰胎。口微侈，圆唇，沿内侧有一周下凹，短颈，圆腹，下腹斜收，平底，三足残。一侧有宽带形把手。器表及口沿内侧经磨光处理，肩和下腹部饰四周凹弦纹。足和底部有火烧痕迹。口径10.4、最大腹径12.8、残高11.6、厚0.3～0.4厘米（图2-434，5；彩版一五四，4）。

标本H31⑤：113，单耳罐形鼎。夹砂黑陶，褐胎，含云母。侈口，圆唇，卷沿，沿内面有一周凹槽，圆腹，平底，三无眼鸟首形足，足残。一侧肩腹之间有宽带形把手。器表及口沿内侧经磨光处理，肩、腹部共饰七周凹弦纹。底和足部有火烧痕迹。口径12.7、底径9.8、残高14.4、厚0.2～0.7厘米（图2–434，6；彩版一五四，5）。

标本H31③：162，单耳罐形鼎。夹砂黑陶，灰褐胎。侈口，方唇，沿面有一周凹槽，卷沿，斜折肩，腹部略浅斜收，平底，三足残。一侧腹部有宽带形把手。器表及内侧口沿经磨光处理，腹部饰两周凹弦纹。口径11.8、底径8.5、残高10.6、厚0.2～0.55厘米（图2–434，7；彩版一五四，6）。

标本H31②：247，单耳罐形鼎。夹砂黑陶，深灰胎。方唇，沿内面下凹，有颈，弧肩，圆腹，平底和三足残，一侧肩腹之间有宽带形把手，残。器表及口沿内侧经磨光处理。颈部有两周凹弦纹，肩、腹部有五周凸棱。足和底部有火烧痕迹。口径20.3、最大腹径24.3、底径8.25、残高20.4、厚0.23～0.85厘米（图2–434，8）。

标本H31①：34，盆形鼎。夹砂黑陶，浅黄褐胎，含云母。大口，圆唇，唇沿外伸，平沿，沿面有两周凹槽，折腹位置偏上。平底内凹，三足残失。内外均经磨光处理，口下有2个对称的盲鼻，腹壁饰三周凸棱。口径16.8、底径11.7、残高6.7、厚0.3～0.8厘米（图2–435，1）。

标本H31④：89，盆形鼎。泥质黑陶，灰胎。盘形大口，方唇，平折沿，沿面有两周凹槽，下腹折收，平底微下垂，三鸟首形足残。内外表均经磨光处理，腹壁饰三周凸棱。口径18.2、残高6.8、厚0.24～0.4厘米（图2–435，2；彩版一五五，1）。

标本H31④：104，盆形鼎。夹砂黑皮陶，红褐胎。大口微敛，圆唇，宽平沿，沿面有两周凹槽，折腹位置偏上，平底，三“V”字形足，三足的外侧边按捺成齿状。内外表均经磨光处理，沿下有三个等距排列的小横耳。足部有火烧痕迹。口径24.7、底径18.8、高16.7、厚0.3～0.8厘米（图2–435，3；彩版一五五，2）。

标本H31⑤：116，盆形鼎。含极少细砂黑陶，灰胎。浅盘形口，尖圆唇，唇沿外伸，斜平沿，沿面有两周凹槽，下腹较直，平底中部微下垂，三鸟首形足残。内外器表均经磨光处理，腹部饰三

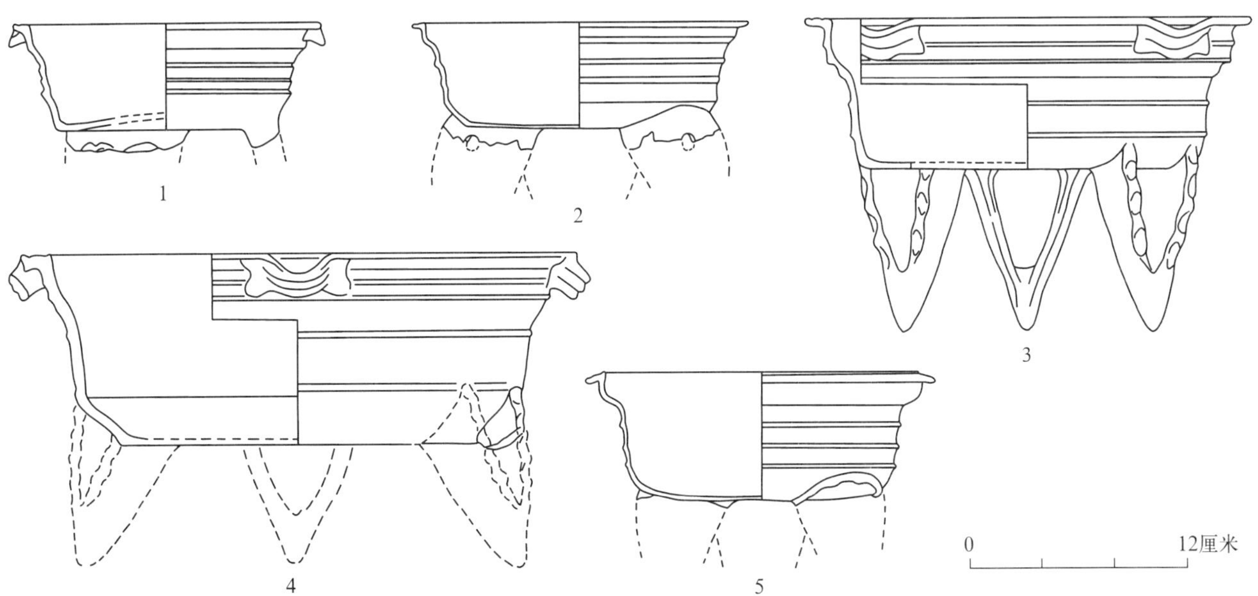

图2–435　一区八期H31出土盆形鼎

1～5. H31①：34、H31④：89、H31④：104、H31②：173、H31⑤：116

周凸弦纹。口径19.0、残高7.2、厚0.15～0.3厘米（图2-435，5）。

标本H31②：173，盆形鼎。夹砂黑陶，深灰胎。大口，方唇，唇面微内凹，宽平沿，沿面有两周凹槽。上腹微内收，下腹折收，底残，三“V”字形足，残失。器表折腹以上至口沿内侧经磨光处理，口沿下有四个两两对称的横耳，器壁饰四周凸棱。底和足部有火烧痕迹。口径30.4、底径19.2、残高11.1、厚0.45～0.7厘米（图2-435，4）。

标本H31④：94，甗。夹砂黑陶，深灰胎。只残存鬲部，腰及以上部分残失。浅袋足，弧裆，实足尖较高。素面。袋足下部有火烧痕迹。残高16.5、厚0.25～0.4厘米（图2-436，1）。

标本H31②：172，甗。夹砂黑陶，深灰胎。仅存甑部，方唇，平沿，沿面有两周浅凹槽，短颈，弧腹，底部以下残失。器表及口沿内侧经磨光处理。颈下和腹部有六周凸棱，颈下饰对称的盲鼻和小泥饼各一对。口径24.0、残高18.6、厚0.3～0.5厘米（图2-436，2）。

标本H31④：204，甗。泥质黑陶，深灰胎。大口外侈，近方唇，沿内侧下凹，短颈，斜肩，弧腹，下部残失。器表经磨光处理。唇部有两周凹弦纹，颈下和腹部有五周凸棱，肩部饰两个对称的盲鼻。口径18.8、最大腹径19.9、残高16.1、厚0.3～0.55厘米（图2-436，4）。

标本H31①：210，甗。夹砂黑陶，灰褐胎，含云母。甑大部残失，以下可复原。深腹，弧裆，浅袋足，足尖较高。器表经磨光处理。甑下部残存两周凹、凸弦纹组合，腰下有两周凹弦纹。足部有火烧痕迹。残高22.7、厚0.3～0.5厘米（图2-436，6）。

标本H31②：244，甗。夹砂黑陶，浅灰褐胎，含云母。圆唇，平沿，沿面有一周凹槽，束颈，圆腹，下腹斜收，腰及以下部位残失。器表及口沿内侧经磨光处理。颈腹交界处有两周阶状凸起，其上饰对称的盲鼻和小泥饼各一对，腹部有三周凹弦纹和凸棱组合。口径18.4、残高15.0、厚0.2～0.4厘米（图2-436，5）。

标本H31②：241，甗。夹砂黑陶，内壁和胎为灰色。器体较大，仅存鬲部。深腹，袋足较浅，近弧裆。器表有刮抹痕迹，素面。足尖部有火烧痕迹。残高35.6、宽31.4、厚0.4～0.9厘米（图2-436，3）。

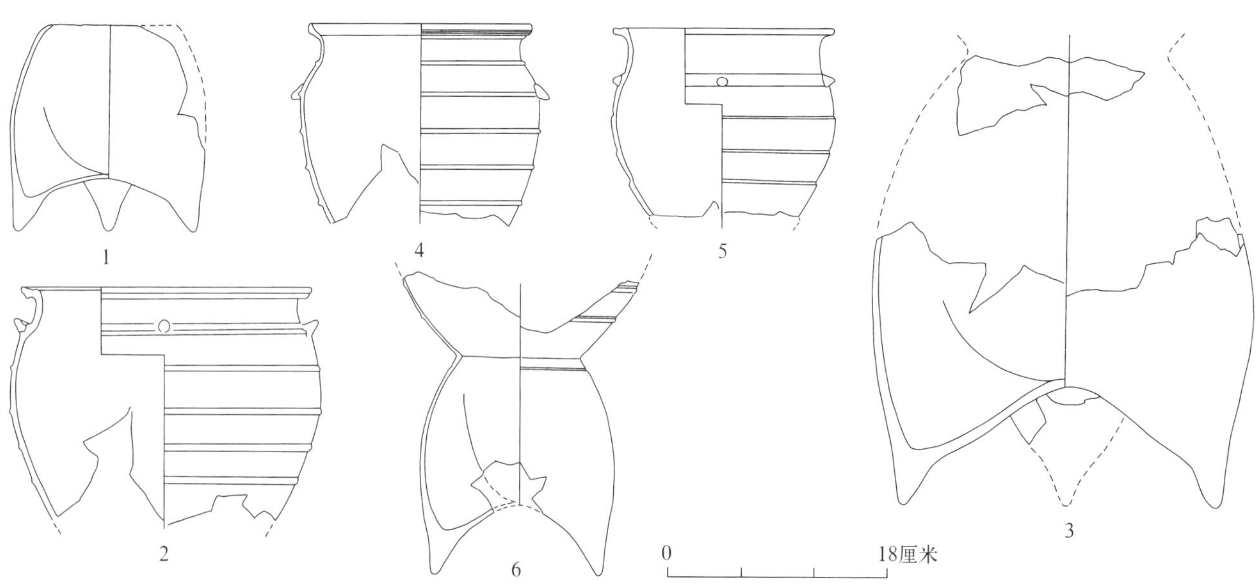

图2-436　一区八期H31出土陶甗

1～6. H31④：94、H31②：172、H31②：241、H31④：204、H31②：244、H31①：210

标本H31①：33，鬶。夹砂白陶，器表有一层粉色陶衣。仅存一对袋足，袋足修长，制作极为精美。残高25.2、足径7.7、厚0.25～0.4厘米（图2–437，1）。

标本H31①：43，鬶。夹砂白陶。高流，粗筒形颈，以下残失。一侧有桥形把手。把手下端有一周齿状附加堆纹，颈上部残存一盲鼻，把手上端与颈部相接处两侧各有一泥饼。复原残高16.0、厚0.2～0.4厘米（图2–437，2）。

标本H31①：44，鬶。夹砂红陶，白色陶衣已脱落。宽高流，粗束颈，款足，实足尖细长。颈腹之间有象征性绞丝状把手。流的根部有一对对称的小泥饼，袋足上部饰一周半凸棱，凸棱上有按捺纹饰。宽12.5、高28.6、厚0.3～0.5厘米（图2–437，3；彩版一五五，3）。

标本H31②：63，鬶。夹细砂红陶，白陶衣基本脱落。高流，圆唇，唇沿外伸，沿面有一周较深的凹槽，粗颈，肥硕袋足，实足尖较高。一侧有窄带形把手，把手上有两道凹槽。把手上端两侧以及颈底部中间各有一对对称的小泥饼，颈部饰两周凹弦纹。宽16.7、高36.0、厚0.3～0.35厘米（图2–437，4）。

标本H31③：92，鬶。夹细砂白陶。流残，圆唇，沿面有一周较深的凹槽，粗短颈，肥硕袋足，实足尖较高。把手残失。颈部有两周凹弦纹，流根部有两个对称的泥饼，后袋足上有半周凸棱。宽16.4、残高24.0、厚0.2～0.4厘米（图2–437，5；彩版一五五，4）。

标本H31①：23，中口罐。夹砂黑陶，黄褐胎，含云母。侈口，圆唇，折沿，溜肩，鼓腹，下腹斜收，平底微内凹。下腹部以上及口沿内侧经磨光处理，素面。口径11.4、最大腹径14.6、底径7.0、高13.3、厚0.3～0.6厘米（图2–438，1）。

标本H31①：28，中口罐。夹砂黑陶，胎和内壁为浅灰褐色，含云母。侈口，方唇，折沿，唇面和沿内侧各有一周凹槽，鼓腹，下腹斜收，平底微内凹。内壁有轮制时形成的瓦棱痕迹。下腹以上及口沿内侧经磨光处理，素面。口径14.0、最大腹径18.0、底径9.0、高17.4、厚0.4～0.5厘米（图

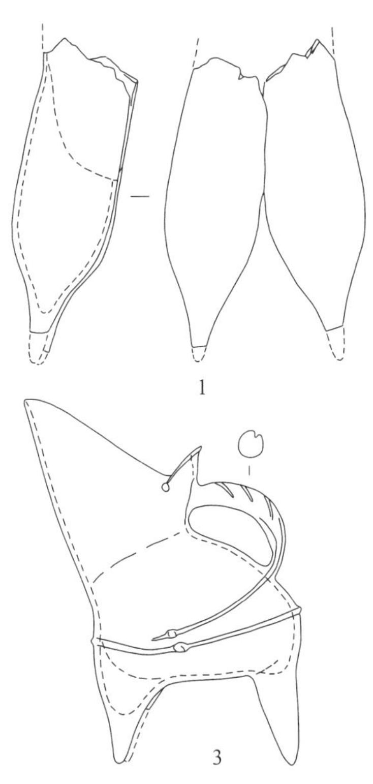

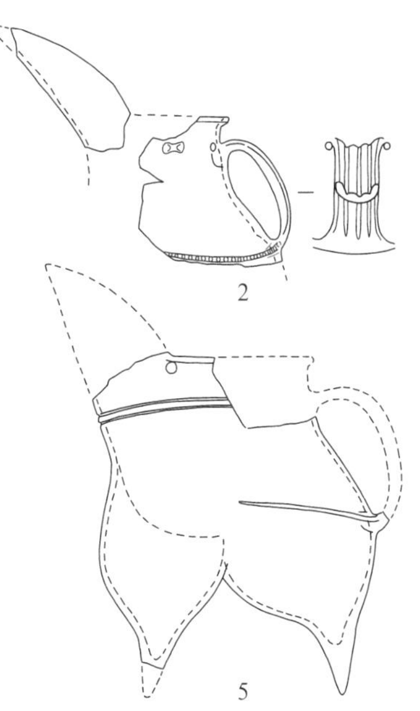

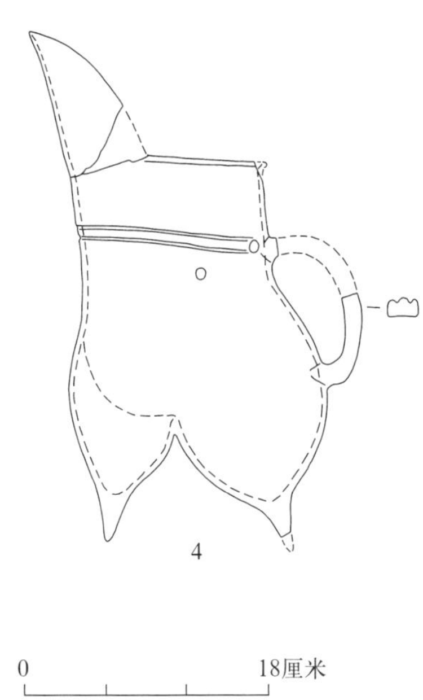

图2–437　一区八期H31出土陶鬶

1～5. H31①：33、H31①：43、H31①：44、H31②：63、H31③：92

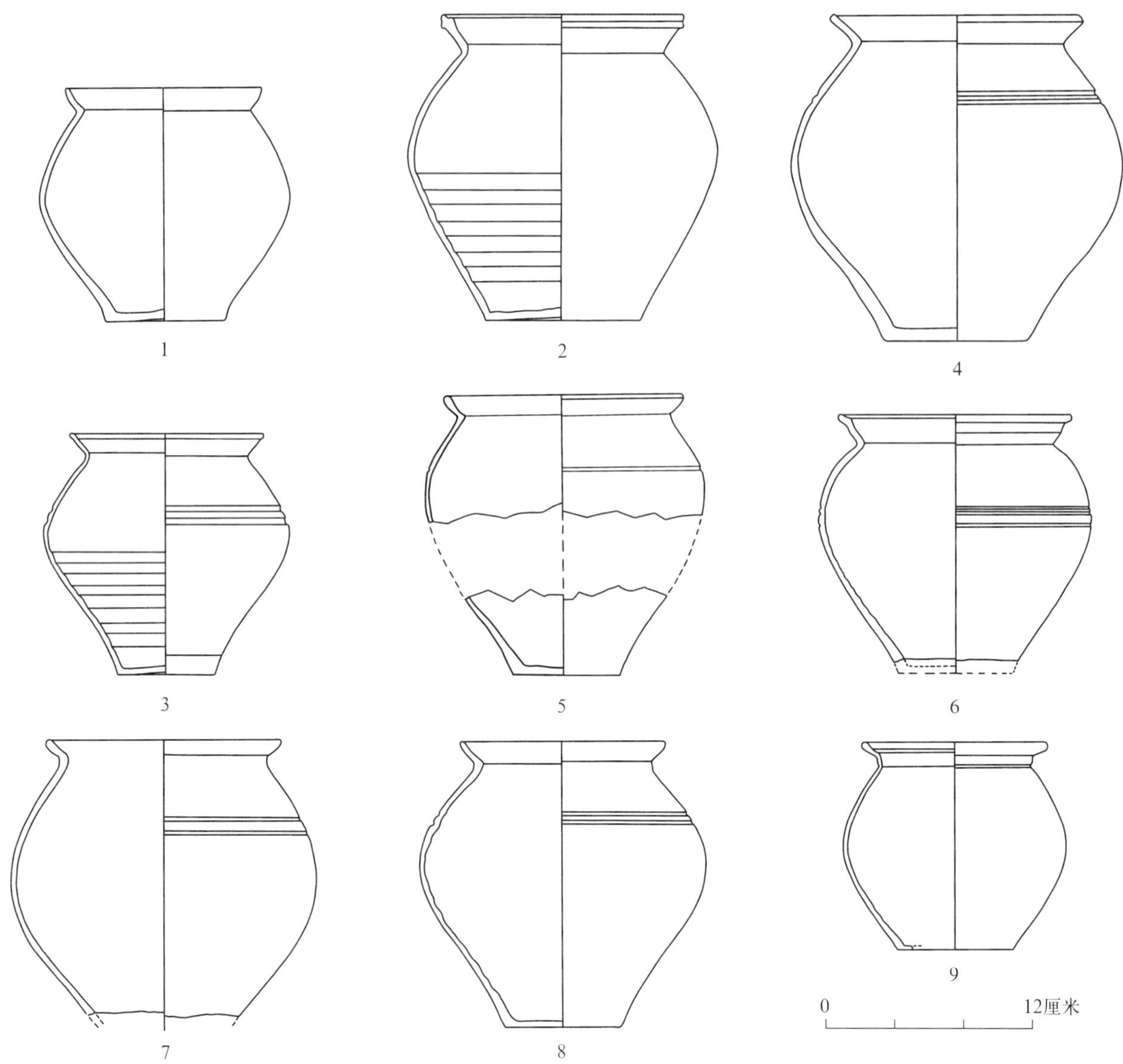

图2-438　一区八期H31出土中口罐

1～9．H31①：23、H31①：28、H31③：74、H31④：90、H31③：186、H31⑤：190、H31④：193、H31①：209、H31①：228

2-438，2）。

标本H31③：74，中口罐。夹砂黑陶，深灰胎，含云母。侈口，圆唇，折沿，斜肩，鼓腹，最大腹径偏上，下腹斜收较甚，平底微内凹。内壁有轮制形成的瓦棱痕迹，鼓腹以上和口沿内侧磨光。上腹部有两周凹弦纹。口径11.5、最大腹径14.6、底径5.7、高13.0、厚0.3～0.4厘米（图2-438，3；彩版一五六，1）。

标本H31④：90，中口罐。夹砂黑陶，深灰胎。侈口，方唇，折沿，溜肩，鼓腹，下腹斜收，小平底。器表及口沿内侧经磨光处理，肩部饰两周凹弦纹。口径14.8、最大腹径19.5、底径8.5、高18.2、厚0.3～0.7厘米（图2-438，4）。

标本H31③：186，中口罐。夹砂黑陶，灰胎。侈口，圆唇，折沿，溜肩，鼓腹，最大径偏上，下腹急收成小平底。器表及口沿内壁经磨光。肩部存一周细弦纹。口径14.0、底径7.5、复原高16.0、厚0.2～0.4厘米（图2-438，5）。

标本H31⑤：190，中口罐。夹砂黑陶，褐胎，含云母。侈口，圆唇，折沿，沿面有一周凹槽，圆肩，鼓腹，下腹部斜收，平底残。器表经磨光处理。沿外中部有一周很细的凹弦纹，上腹部饰三周凹弦纹。口径13.6、最大腹径15.9、残高14.1、厚0.3～0.6厘米（图2-438，6）。

标本H31④：193，中口罐。夹砂黑陶，浅灰褐胎，含云母。侈口，圆唇，卷沿，沿内面轻微下凹，溜肩，鼓腹，下腹急收，小平底残。器表经磨光处理。上腹部有两周凹弦纹。口径13.8、最大腹径18.0、残高15.6、厚0.3～0.5厘米（图2-438，7）。

标本H31①：209，中口罐。夹砂黑陶，深灰胎。侈口，尖圆唇，折沿，溜肩，鼓腹，下腹斜收，小平底。鼓腹以上位置器表及口沿内侧经磨光处理。肩部饰两周凹弦纹。口径12.0、最大腹径16.8、底径6.8、高16.2、厚0.3～0.55厘米（图2-438，8；彩版一五六，2）。

标本H31①：228，中口罐。含少量极细砂和云母黑陶，深灰胎。侈口，圆唇，折沿，沿内侧有一周下凹，短颈，溜肩，鼓腹，下腹斜收，平底残失。内壁有轮制时形成的旋纹。器壁上半部分经磨光处理。短颈下部有一周凹弦纹。口径10.8、最大腹径13.0、底径6.6、高11.8、厚0.15～0.5厘米（图2-438，9）。

标本H31④：98，大口罐。夹细砂黑陶，深灰胎，含云母。口较大，方唇，唇面中部凸起，沿内面下凹，短颈，窄斜肩，圆弧腹，下腹部斜收较甚，小平底。内壁有轮制时形成的瓦棱痕迹。鼓腹以上及口沿内侧经磨光处理。上腹部饰五组凹、凸弦纹组合，下腹部饰七周凹弦纹。口径25.1、最大腹径28.2、底径11.2、高28.3、厚0.5～0.6厘米（图2-439，1）。

标本H31②：174，大口罐。泥质黑陶，灰胎。圆唇，沿面下凹，短颈，有肩，腹部平缓斜收，平底。内壁有轮制形成的瓦棱痕迹。器表及口沿内侧经磨光处理。颈上部饰两周凹弦纹，颈肩之交和腹部饰六周凸弦纹，肩部饰四个等距排列的泥饼。口径18.6、底径9.8、高22.5、厚0.25～0.7厘米（图2-439，2）。

标本H31④：203，大口罐。泥质黑陶，深灰胎。方唇，平沿，沿面有两周凹槽，短颈，腹微外弧，下腹斜收，平底。鼓腹以上位置器表及口沿内侧经磨光处理。颈部饰两周凹弦纹，肩部和腹部共有五周凸棱，颈下有两个对称的横耳。口径16.6、底径10.0、高18.0、厚0.3～0.5厘米（图2-439，3；彩版一五六，3）。

标本H31①：39，有领罐。夹细砂灰陶。近直口，圆唇，平沿，沿面有一周凹槽，直颈，圆肩，鼓腹，以下残。腹部饰六周凹弦纹，其上有一对盲鼻。口径16.6、最大腹径24.0、残高15.4、厚0.35～0.4厘米（图2-439，4）。

标本H31①：38，有领罐。夹细砂黑陶，灰胎。直口微侈，方唇，唇面有一周凹槽，窄平沿，沿内面下凹，短颈，圆肩，圆腹，以下残失。肩部饰有四周浅凹弦纹，残留一个竖耳痕迹。口径28.0、残高11.2、厚0.35～0.6厘米（图2-439，5）。

标本H31⑤：108，罐。夹砂黑陶。方唇，卷沿，沿面有一周宽凹槽，束颈，下部有四周阶状凸起，肩以下残失。器表经磨光处理。口径20.6、残高6.7、厚0.2～0.5厘米（图2-439，8）。

标本H31③：149，罐。泥质黑陶，灰胎。近直口不规则，方唇，窄平沿，沿面下凹，束颈，窄肩，直腹，下腹部折收，平底微内凹。折腹以上位置内外均经磨光处理。颈下饰有对称的盲鼻一对，颈部和腹部有十四周凸棱。口径13.4～17.0、底径8.8、高15.8、厚0.25～0.6厘米（图2-439，7；彩版一五六，4）。

标本H31②：169，罐。夹细砂黑陶，内壁为浅黄褐色。侈口，方唇，卷沿，沿面下凹，短颈，斜肩，腹部斜内收，平底。器表经磨光处理，颈下有一周凸弦纹。口径12.0、底径7.0、高14.0、厚0.25～0.4厘米（图2–439，6；彩版一五七，1）。

标本H31②：175，罐。夹砂黑陶，深灰胎，含云母。侈口，方唇，折沿，沿面有一周凹槽，圆肩，圆腹，底残失。器表及口沿内侧经磨光处理。器表有十四周密集的凹弦纹。口径16.4、最大腹径17.2、残高14.2、厚0.25～0.4厘米（图2–439，10）。

标本H31⑤：237，罐。夹砂黑陶，灰胎。侈口、方唇，折沿，沿面有折线，溜肩，圆腹，下部及底残失。器表经磨光处理。腹部饰两周凹弦纹。口径15.2、最大腹径16.8、残高10.6、厚0.25～0.4

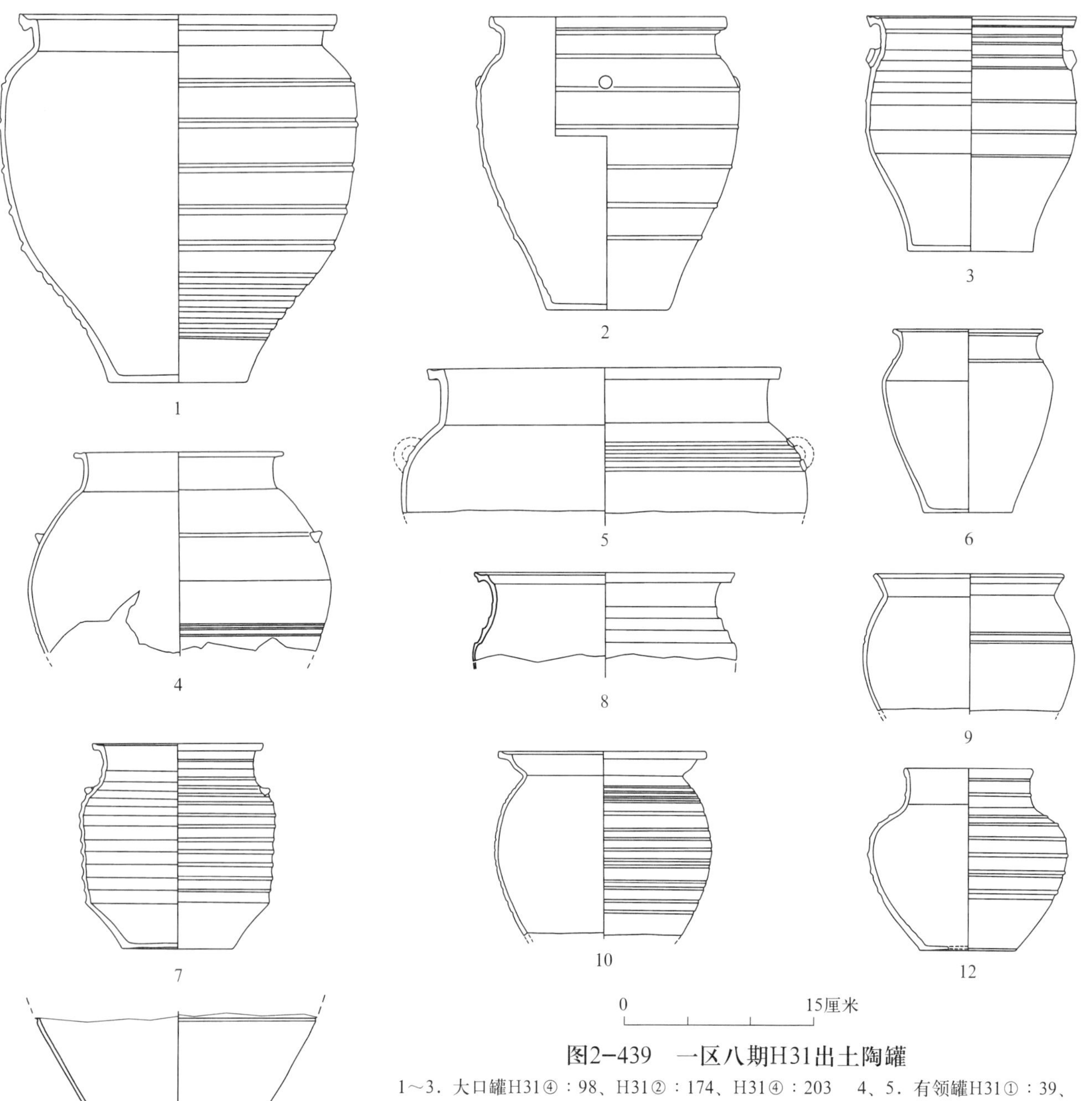

图2–439　一区八期H31出土陶罐

1～3．大口罐H31④：98、H31②：174、H31④：203　4、5．有领罐H31①：39、H31①：38　6～11．罐H31②：169、H31③：149、H31⑤：108、H31⑤：237、H31②：175、H31①：242　12．直口罐H31①：121

厘米（图2–439，9）。

标本H31①：242，罐。夹砂黑陶。残存下部，斜腹内收，小平底。腹部残存一周凹弦纹。底径11.0、残高10.2、厚0.3～0.5厘米（图2–439，11）。

标本H31①：121，直口罐。泥质黑陶，浅黄褐胎。直口，圆方唇，颈较矮，圆肩，圆腹，平底内凹。器表经磨光处理。颈部饰一周凹弦纹和两周凸弦纹，肩部和腹部饰四周凸弦纹及两周凹、凸组合弦纹。口径10.0、最大腹径16.0、底径7.6、高14.0、厚0.3～0.6厘米（图2–439，12）。

标本H31①：37，小口罐。夹砂黑陶，深灰胎，含云母。器体较大，口残。短直颈，广斜肩，鼓腹位置靠上，下腹斜收，平底。鼓腹以上器表经磨光处理。肩、腹部饰有十周凹弦纹。残口径13.8、最大腹径27.8、底径11.0、残高22.4、厚0.3～1.15厘米（图2–440，1；彩版一五六，5）。

标本H31③：75，小口罐。夹砂黑陶，含云母。口微外侈，梯形矮颈，广圆肩，圆鼓腹，最大腹径位置靠上，下腹斜收，平底。器表经磨光处理。肩、腹部饰两组四周凹弦纹，肩部有等距分布的三个盲鼻。口径10.4、最大腹径23.4、底径10.0、高21.6、厚0.25～0.8厘米（图2–440，5；彩版一五六，6）。

标本H31④：99，小口罐。夹砂黑陶，灰褐色胎，含云母。直口，圆唇，短颈，斜肩，鼓腹，最大腹径偏上，平底。器表经磨光处理。肩部有一周凹弦纹，腹部有四组凹、凸弦纹组合，肩部饰由两条泥条交叠而成的盲鼻一对，盲鼻两侧各有一个小泥饼。口径11.2、最大腹径22.1、底径11.2、高26.2、厚0.2～0.7厘米（图2–440，3）。

标本H31③：188，小口罐。夹砂黑陶，深灰胎，含云母。侈口，方唇，沿面有一周凹槽，直颈，广圆肩，鼓腹，下腹斜收较甚，平底。鼓腹以上位置器表及口沿内侧经磨光处理。颈下饰两两对称的4个小泥饼，肩和腹部共有十一周凹弦纹。口径15.0、最大腹径31.6、底径13.2、高28.4、厚0.3～0.6厘米（图2–440，4）。

标本H31①：235，小口罐。夹砂灰陶。直口微内敛，高颈，广肩，以下残。器表经磨光。颈部有一周凸棱。口径11.0、残高6.4、厚0.3～0.6厘米（图2–440，2）。

标本H31③：148，盂形罐。夹砂黑陶，灰胎，含云母。侈口，圆唇，卷沿，短颈，鼓腹，下腹斜收，平底。下腹以上位置及口沿内侧经磨光处理。颈腹交界处有两周阶状凸起。并饰两两对称的盲鼻和泥饼，腹部饰两周凹弦纹。口径18.5、最大腹径19.0、底径9.5、高12.0、厚0.3～0.5厘米（图2–440，7）。

标本H31④：187，盂形小罐。含极少量细砂和云母黑陶。圆唇，窄卷沿，有颈，颈腹交界处有一周阶状凸起，鼓腹，下腹斜收，平底内凹。器表经磨光处理，素面。口径9.0、最大腹径11.2、底径5.4、高6.8、厚0.25～0.4厘米（图2–440，6；彩版一五五，5）。

标本H31③：158，尊形罐。夹极少量细砂和云母黑陶，灰胎。侈口，圆唇，短颈，窄折肩，弧腹，近底部内收成假圈足，平底内凹。内壁有轮制时形成的瓦棱痕迹。器表及内侧口沿经磨光处理。颈下部有一周凸棱，肩部饰有两周凹弦纹和一对对称的盲鼻，腹部饰两组四周凹弦纹。口径13.5、底径8.4、高13.5、厚0.2～0.3厘米（图2–440，8；彩版一五七，2）。

标本H31②：64，瓮。夹砂黑陶，深灰胎。直口，圆唇，折肩，弧腹，平底。下腹以上器表经磨光处理。肩部有两周凸棱，其上有对称的盲鼻和小泥饼各一对，腹部饰有五组凹凸组合弦纹。口径11.2～11.7、最大腹径23.8、底径10.0、高27.0、厚0.2～0.6厘米（图2–440，9）。

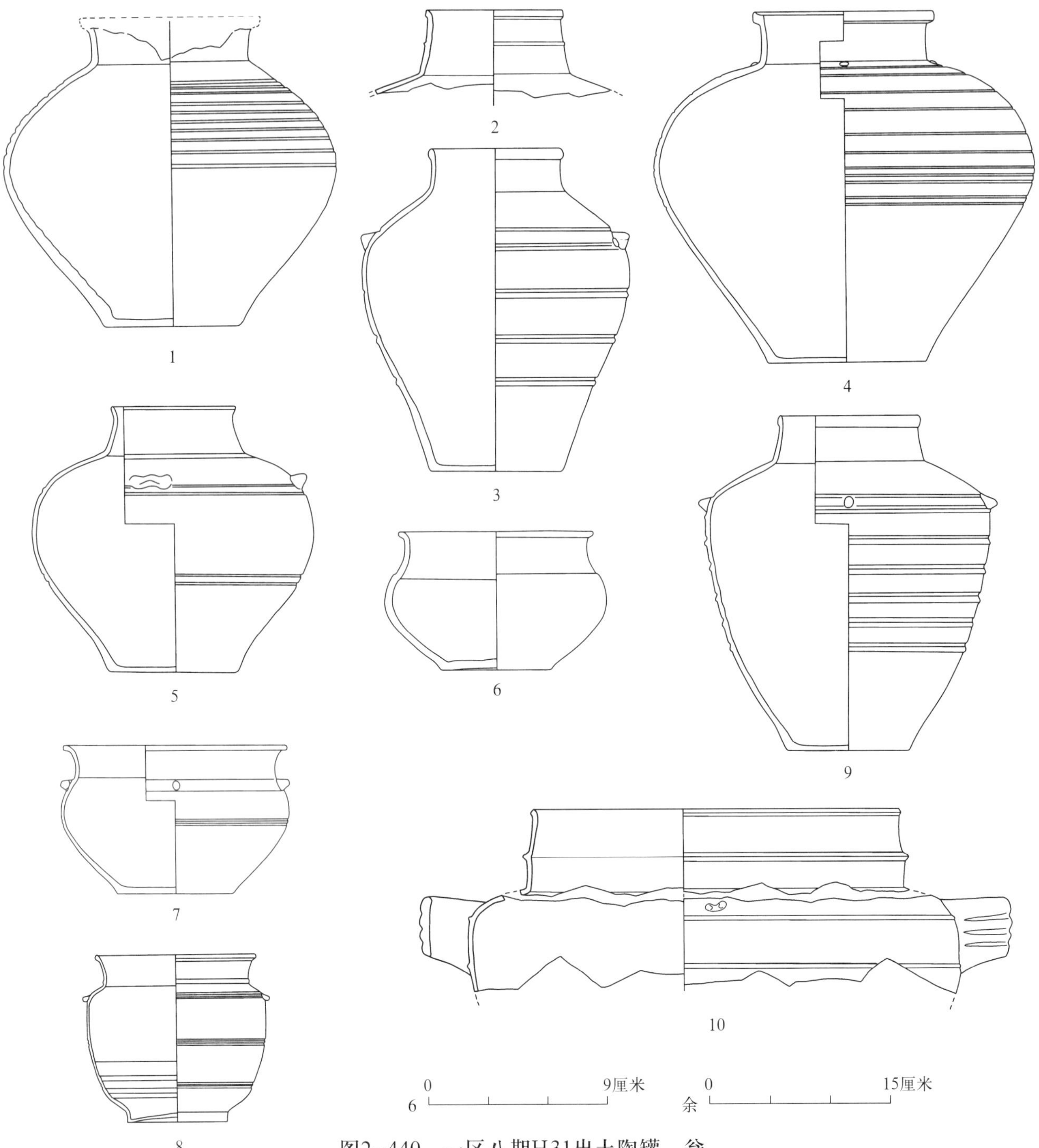

图2-440　一区八期H31出土陶罐、瓮

1～5．小口罐H31①：37、H31①：235、H31④：99、H31③：188、H31③：75　6．盂形小罐H31④：187　7．盂形罐H31③：148　8．尊形罐H31③：158　9．瓮H31②：64　10．子口瓮H31④：205

标本H31④：205，子口瓮。泥质黑陶，褐胎。直口，高子口，短颈，窄圆肩，上腹近直，以下残。肩腹部之交各有一对对称的宽横耳和盲鼻。器表经磨光处理，上腹部饰两周凸棱。口径30.0、残高14.4、厚0.2～0.4厘米（图2-440，10）。

标本H31①：4，罍。泥质黑皮陶，灰胎。口部残，有颈，圆肩，鼓腹较甚且位置靠上，下腹急收成小平底。鼓腹处残留一贯耳痕迹。器表经磨光，素面。最大腹径21.0、底径8.6、残高15.6、厚

0.3～0.5厘米（图2–441，1）。

标本H31④：198，罍。泥质黑陶。口沿残，高直口，上部微内收，广折肩，鼓腹，底部折收较甚，小平底残。肩部和下腹部各有两个对称的横耳。内壁有轮制时形成的瓦棱痕迹。器表经磨光处理。肩、腹部有三组凹弦纹，每组两周。残口径7.2、最大腹径15.7、底径8.0、残高17.6、厚0.15～0.55厘米（图2–441，2）。

标本H31①：29，壶。夹砂黑陶，深灰胎，含云母。侈口，圆唇，高颈，广折肩，上腹近直，以下部分残失。器壁和口部内侧经磨光处理。肩部及以下饰有三组凹弦纹和凸弦纹的组合，肩下饰对称的盲鼻和小泥饼各一对。口径12.8、残高15.2、厚0.25～0.4厘米（图2–441，3）。

标本H31①：49，大平底盆。泥质黑陶。敞口，圆唇，卷沿，腹壁微内曲，大平底内凹。内外器表均经磨光处理。外表有四周凹弦纹，内壁有一周藤叶纹。口径33.6、底径26.8、高10.5、厚0.37～0.5厘米（图2–442，1）。

标本H31④：86，大平底盆。夹少量细砂和云母黑陶，深灰胎。敞口，圆唇，卷沿，唇面有一周凹槽，弧腹，平底内凹。内外表均经磨光处理，腹部有两周细凹弦纹，内侧底部有两周凹弦纹。口径35.6、底径27.4、高11.1、厚0.23～0.6厘米（图2–442，2；彩版一五七，3）。

标本H31①：239，大平底盆。泥质黑陶。口残，深腹，腹壁内曲，平底内凹。内外表均经磨光处理，腹部有三周凹弦纹，其上残存一个盲鼻。底径24.0、残高9.8、厚0.3～0.5厘米（图2–442，3）。

标本H31⑤：115，大平底盆。含极少量细砂和云母黑陶。大敞口，圆唇，卷沿，腹壁内弧，平底残失。内外均经磨光处理，素面。口径32.4、底径23.6、高10.6、厚0.4～0.7厘米（图2–442，4）。

标本H31③：214，大平底盆。泥质黑陶，深灰胎。敞口，圆唇，斜弧腹，平底。内外表均经磨光处理。腹部饰一周凹弦纹，其上有三个经按捺的附加泥条。口径37.6、底径28.8、高11.6、厚0.35～0.6厘米（图2–442，5）。

标本H31③：145，大平底盆。夹有少量极细砂和云母黑陶。大敞口，圆唇，曲腹，平底内凹。腹中部有两个对称的横耳。内外均经磨光处理，盆内壁饰有七周浅凹弦纹，盆内底部有两周凹

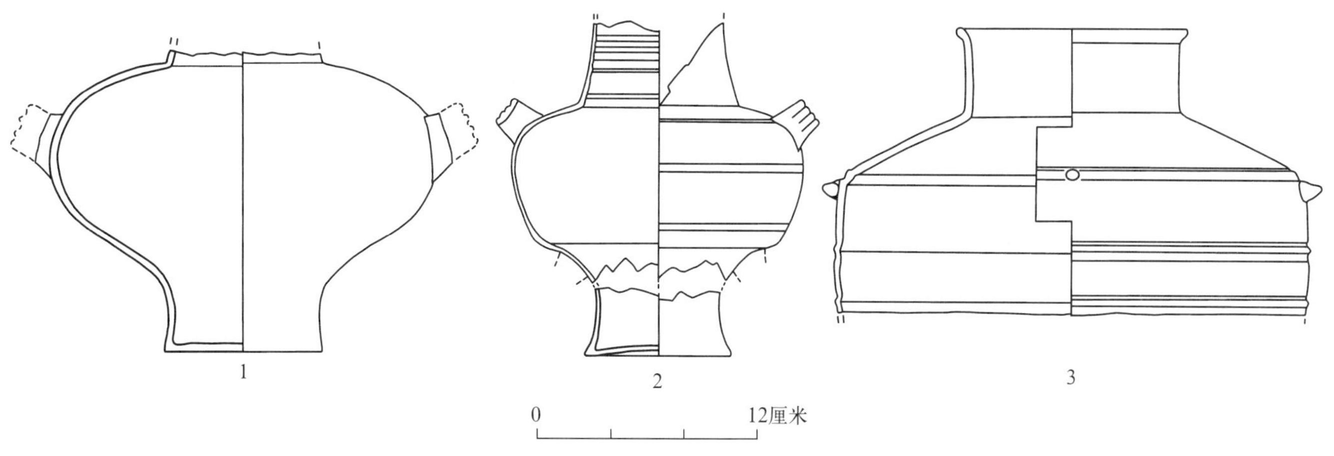

图2–441　一区八期H31出土陶罍、壶

1、2. 罍H31①：4、H31④：198　3. 壶H31①：29

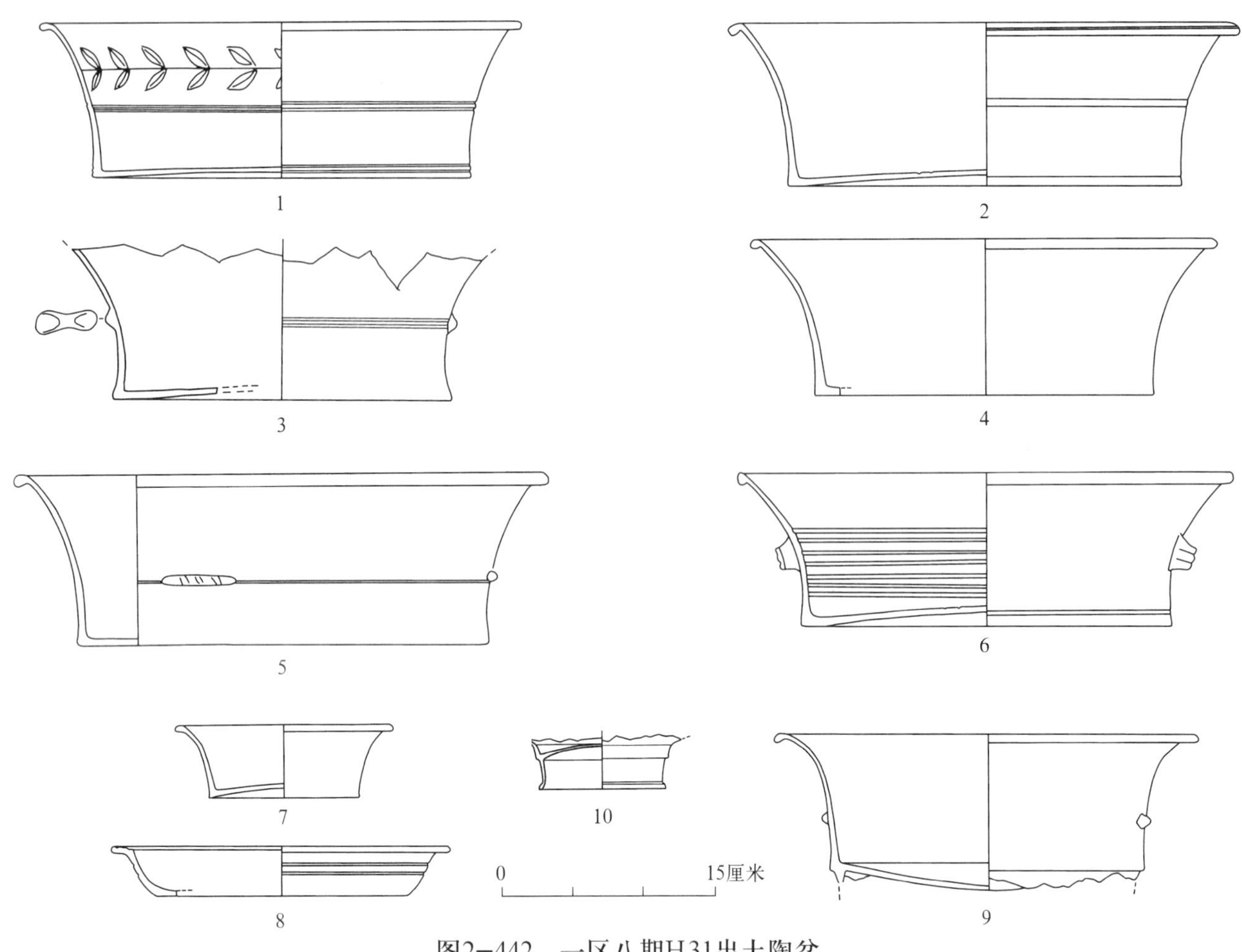

图2-442 一区八期H31出土陶盆

1～7. 大平底盆H31①：49、H31④：86、H31①：239、H31⑤：115、H31③：214、H31③：145、H31①：229 8. 浅腹盆H31②：106 9、10. 圈足盆H31①：51、H31④：87

弦纹，似为轮制痕迹的遗留。口径34.3、底径25.6、高10.4、厚0.25～0.8厘米（图2-442，6；彩版一五七，4）。

标本H31①：229，大平底盆。泥质黑陶，深灰褐胎，大敞口，圆唇，腹部斜收，大平底内凹较甚。内外表均经磨光处理，素面。口径15.4、底径10.6、高5.0、厚0.3厘米（图2-442，7；彩版一五七，5）。

标本H31②：106，浅腹盆。夹细砂红褐陶。敞口，圆唇，宽平沿，沿面有两周浅凹槽，唇沿外伸，浅腹，壁斜收，平底残。内外表均经磨光处理，腹饰两周凹弦纹。口径24、底径17.6、高3.45、厚0.4～0.5厘米（图2-442，8）。

标本H31①：51，圈足盆。泥质黑陶，灰胎。敞口，圆唇，近直腹微内曲，平底下垂，圈足残。内外表均经磨光处理，盆壁中部有一对对称的盲鼻。口径29.2、底径22.0、残高10.7、厚0.3～0.5厘米（图2-442，9；彩版一五七，6）。

标本H31④：87，圈足盆。泥质黑陶。器体残，斜壁，平底内凹较甚，矮圈足。内外表均经磨光。底径9.2、残高3.4、厚0.1～0.2厘米（图2-442，10）。

标本H31①：2，环足盘。夹砂红褐陶，内壁口沿残余极少量黑皮。近方唇，宽沿平折，沿面有两周凹槽，盘壁微折，斜腹，平底，三环形足。内壁经磨光处理，素面。口径25.2、通高7.9、厚0.5～0.6厘米（图2–443，1）。

标本H31①：233，圈足盘。泥质黑陶，灰胎。近直口，方唇，斜平沿，沿面有一周凹槽，折腹，圈足大部残失。折腹位置有两个大横耳。内外表均经磨光处理。口径35.0、残高6.7、厚0.5～0.9厘米（图2–443，2）。

标本H31①：207，圈足盘。泥质黑陶，灰褐胎。敛口，尖圆唇，斜平沿，沿面有一周浅凹槽，盘壁圆折，粗圈足大部残失。内外表均经磨光处理，素面。口径43.0、残高7.4、厚0.4～0.9厘米（图2–443，3）。

标本H31④：97，碗。夹细砂黑陶，深灰胎，含云母。敞口，圆唇，下腹折收，平底残。内外表均经磨光处理，素面。口径14.2、底径8.8、高5.0、厚0.25～0.8厘米（图2–443，4）。

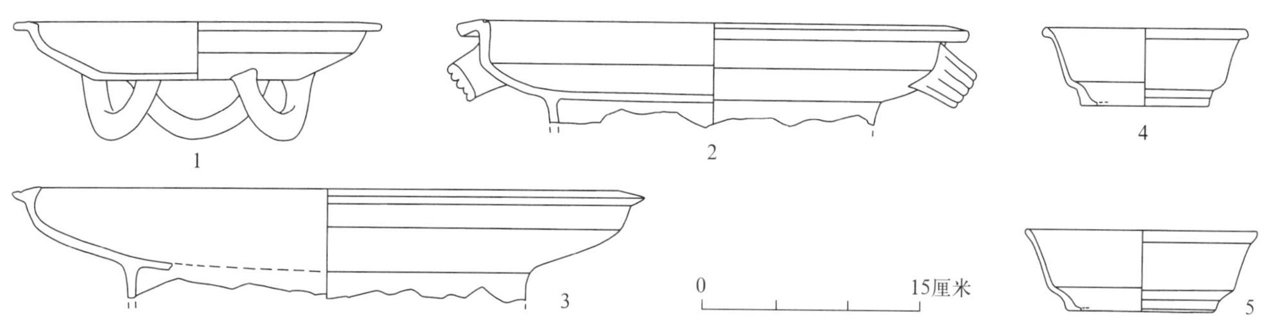

图2–443　一区八期H31出土陶盘、碗

1. 环足盘H31①：2　2、3. 圈足盘H31①：233、H31①：207　4、5. 碗H31④：97、H31①：182

标本H31①：182，碗。泥质黑陶，黄褐胎，含少量云母。敞口，圆唇，折腹，平底残。内外表均经磨光处理，素面。口径16.0、底径10.0、高5.4、厚0.3～0.35厘米（图2–443，5）。

标本H31①：19，平底盒。夹极少量细砂和云母黑陶。矮子口，折腹位置偏下，平底内凹。内外表均经磨光处理，折腹以上位置有两个对称的盲鼻。口径20.0、底径17.6、高5.7、厚0.3～0.45厘米（图2–444，1）。

标本H31④：85，平底盒。含少量极细砂和云母黑陶。子口略高，腹较深，折腹位置靠下，假圈足状平底内凹。内外表均经磨光处理，折腹位置有两个对称的盲鼻。口径10.6～11.4、底径8.8、高3.7、厚0.2～0.25厘米（图2–444，2；彩版一五八，1）。

标本H31③：130，平底盒。泥质黑陶，含极少量云母。子口略高，口微内敛，折腹位置靠下，平底内凹。内外均经磨光处理，素面。口径10.6、底径9.6、高3.6、厚0.2～0.3厘米（图2–444，3）。

标本H31③：165，平底盒。泥质黑陶，含少量极细云母。矮子口，腹微束，折腹位置靠下，平底内凹。内外表均经磨光处理，素面。口径11.1、底径9.5、高3.35、厚0.2～0.25厘米（图2–444，4；彩版一五八，2）。

标本H31④：191，平底盒。泥质黑陶。矮子口内敛，腹微束，外表残余一个宽横耳痕迹，下腹折收，平底残。内外表均经磨光处理。近底部外表有两周凸弦纹。口径10.0、底径8.0、高3.6、厚0.15～0.3厘米（图2–444，5）。

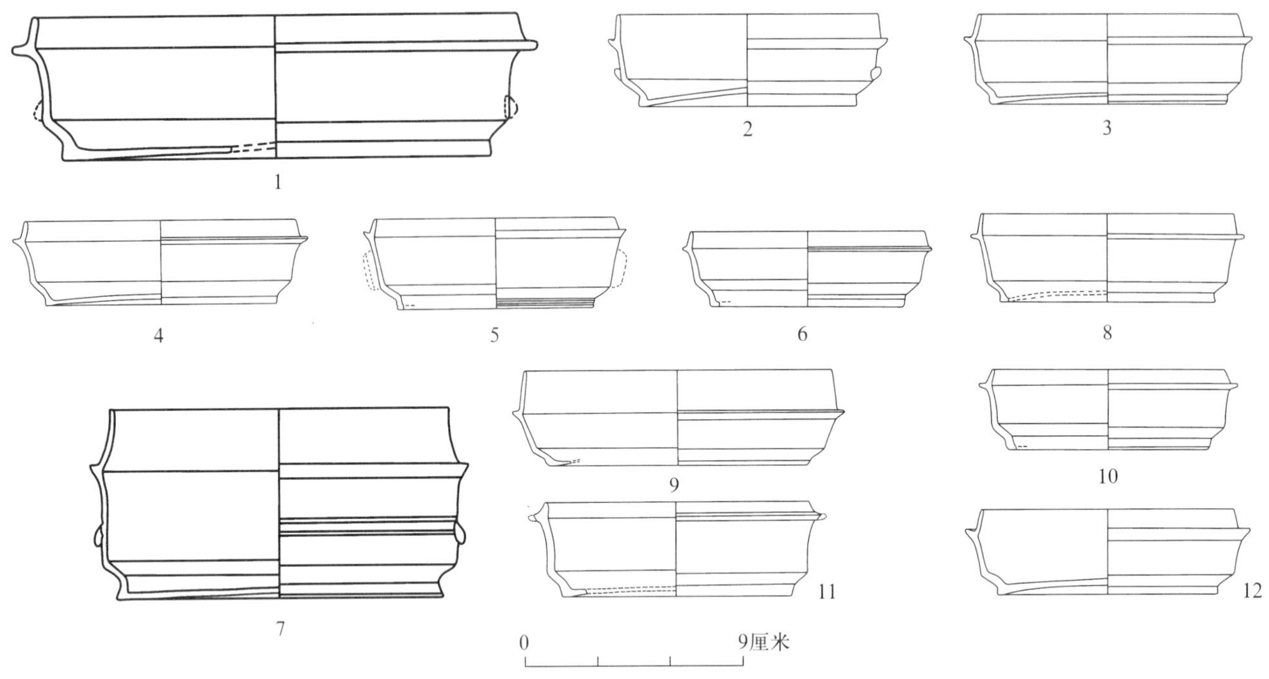

图2-444 一区八期H31出土平底盒

1. H31①：19 2. H31④：85 3. H31③：130 4. H31③：165 5. H31④：191 6. H31④：192 7. H31④：201 8. H31②：206 9. H31②：221 10. H31⑤：232 11. H31①：234 12. H31①：240

标本H31④：192，平底盒。含少量极细砂和云母黑陶。矮子口微内敛，下腹折收，平底残。内外表均经磨光处理，素面。口径9.5、底径7.8、高3.0、厚0.15～0.25厘米（图2-444，6）。

标本H31④：201，平底盒。泥质黑陶，深灰胎。器体较高，子口较高，微内敛，折腹位置靠下，平底内凹。内外表均经磨光处理。腹部饰两周凹弦纹，其上有两个对称的盲鼻。口径14.0、底径13.5、高7.6、厚0.25～0.3厘米（图2-444，7）。

标本H31②：206，平底盒。泥质黑陶，深灰胎。矮子口微内敛，深腹，折腹位置靠下，平底残。内外表均经磨光处理，素面。口径10.4、底径8.8、高3.5、厚0.12～0.2厘米（图2-444，8）。

标本H31②：221，平底盒。泥质黑陶，含少量云母。高子口微内敛，斜腹略浅，下部折收，平底内凹，残。内外表均经磨光处理，素面。口径12.6、底径10.6、高3.8、厚0.15～0.25厘米（图2-444，9）。

标本H31⑤：232，平底盒。含极少量细砂和云母黑陶。矮子口内敛，深腹，腹下部折收，平底残。内外表均经磨光处理，素面。口径9.5、底径8.2、高3.2、厚0.15～0.3厘米（图2-444，10）。

标本H31①：234，平底盒。泥质黑陶，含有少量云母。子口极矮，内敛，深腹内束，腹下部内折收，平底残。内外表均经磨光处理，素面。口径10.8、底径9.4、高3.8、厚0.3～0.35厘米（图2-444，11）。

标本H31①：240，平底盒。泥质黑陶，深灰胎。矮子口内敛，腹下部折收，平底内凹。内外表均经磨光处理，素面。口径10.4、底径9.0、高3.4、厚0.13～0.3厘米（图2-444，12）。

标本H31①：122，三足盒。泥质黑陶，深灰胎。矮子口，折腹较深，平底，三鸟首形足。内外表均经磨光处理，腹部饰有一周凸弦纹。口径17.4、底径13.4、通高15.7、厚0.2～0.4厘米（图2-445，1）。

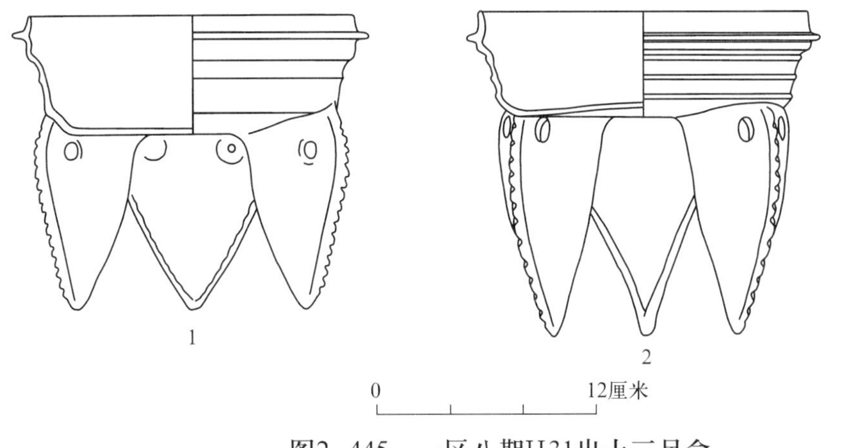

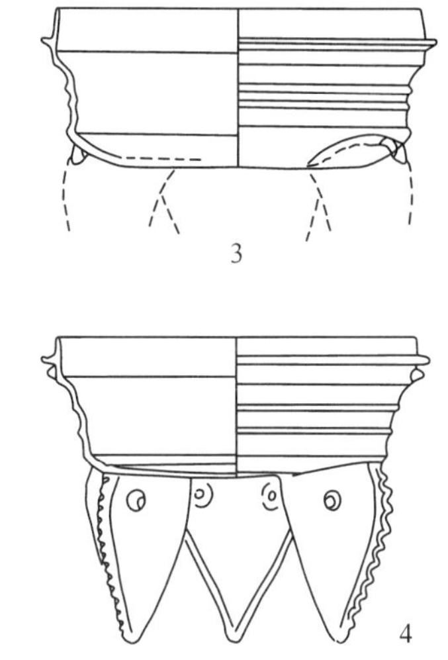

图2-445　一区八期H31出土三足盒

1. H31①：122　2. H31①：180　3. H31①：226　4. H31①：245

标本H31①：180，三足盒。泥质黑陶，深灰色胎。矮子口，深腹，下腹折收，平底内凹，三鸟首形足较高。内外表均经磨光处理。腹部有三周凸棱。口径18.0、底径13.6、高17.2、厚0.3～0.6厘米（图2-445，2）。

标本H31①：226，三足盒。泥质黑陶。子口略高，深腹内束，下腹部折收，底和三鸟首形足残。内外表均经磨光处理。腹部饰三周凸棱。口径15.2、底径9.8、残高6.4、厚0.15～0.4厘米（图2-445，3）。

标本H31①：245，三足盒。泥质黑陶。灰褐胎。近盘形口，子口较矮，深腹略直，底部微下垂，三鸟首形足。内外表均经磨光处理。子口下饰对称的盲鼻一对，腹部有三周凸棱。口径14.8、底径11.2、高13.2、厚0.18～0.4厘米（图2-445，4）。

标本H31①：52，筒形单耳杯。夹细砂黑褐陶。直口，腹壁较直，平底内凹。一侧有宽带形把手，残。腹部饰两周凹弦纹。口径9.2、底径9.0、高10.2、厚0.1～0.25厘米（图2-446，1）。

标本H31③：70，筒形单耳杯。泥质黑陶，较薄。侈口，筒腹微内束，平底内凹较甚。一侧有带形把手，把手残失。器表经磨光处理，素面。口径7.8、底径8.4、高12.5、厚0.1～0.22厘米（图2-446，2；彩版一五八，3）。

标本H31②：128，筒形单耳杯。泥质黑陶。口残，筒形杯身微内束，平底内凹较甚。一侧有宽带状把手。器表经磨光，素面。底径8.0、残高12.0、厚0.2～0.3厘米（图2-446，3）。

标本H31④：200，筒形单耳杯。含少量极细砂和云母黑陶，深灰胎。筒形，腹部内束，平底内凹较甚，一侧有宽带形把手。器表经磨光处理。腹部饰三组凹弦纹，每组两周。口径10.7、底径11.8～12.4、高10.8、厚0.15～0.3厘米（图2-446，4；彩版一五八，4）。

标本H31②：54，筒形单耳杯。夹细砂黑陶，灰黑胎。矮筒形，口微侈，直腹，平底微内凹。一侧有扁环状耳。素面。口径7.9、底径7.0、高6.5、厚0.3～0.5厘米（图2-446，5；彩版一五八，5）。

标本H31②：134，筒形双耳杯。夹细砂黑陶，深灰胎，含云母。粗筒形，侈口，尖唇，杯体中部微内束，平底。器表经磨光处理，腹部有两个对称的横耳。杯内外有轮制时形成的旋纹痕迹。杯壁上下各饰一组凹弦纹，每组三周。口径12.3、底径12.2、高13.7、厚0.2～0.8厘米（图2-446，6；彩版一五八，6）。

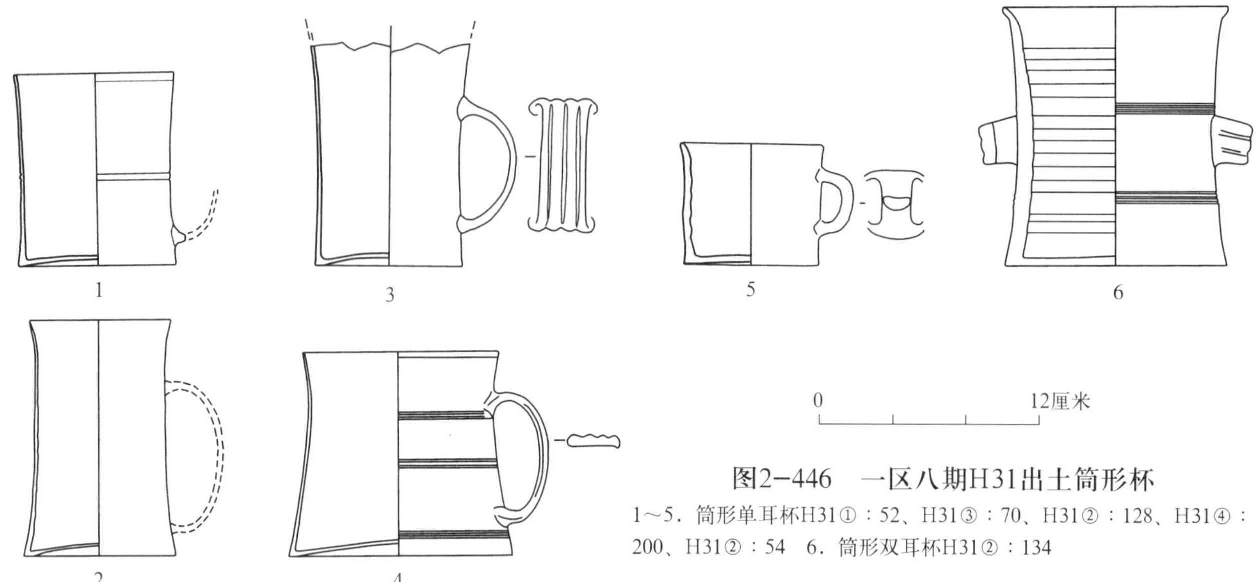

图2-446　一区八期H31出土筒形杯
1～5. 筒形单耳杯H31①：52、H31③：70、H31②：128、H31④：200、H31②：54　6. 筒形双耳杯H31②：134

标本H31①：41，鼓腹单耳杯。夹极少细砂和云母黑陶，深灰胎。口微侈，圆唇，粗长颈，鼓腹，下腹斜收，平底内凹。一侧腹部与口沿之间有宽带形把手，已残失。器表经磨光处理，颈腹交界处有一周阶状凸起。口径6.0、最大腹径8.4、底径3.9、高7.5、厚0.22～0.32厘米（图2-447，1；彩版一五九，1）。

标本H31①：50，鼓腹单耳杯。夹细砂黑陶，灰胎。圆唇，粗长颈，鼓腹，下腹斜收，平底内凹。一侧腹部和口沿之间有宽带形把手。下腹部以上器表经磨光处理。颈中部饰一周凸棱，颈腹交界处有一周阶状凸起。口径8.8、最大腹径12.8、底径6.6、高12.2、厚0.2～0.7厘米（图2-447，2；彩版一五九，2）。

标本H31②：131，鼓腹单耳杯。夹砂黑陶，黄褐胎。侈口，尖唇，粗长颈，鼓腹，下腹斜收，平底。一侧腹与口沿之间有宽带形把手。器表经磨光处理，颈腹交界处呈阶状。口径9.9、最大腹径13.0、底径6.8、高11.5、厚0.2～0.5厘米（图2-447，3）。

标本H31①：117，鼓腹单耳杯。夹极少细砂和云母褐陶。器体很小，口残，粗长颈，鼓腹，平底微内凹。颈腹交界处呈阶状。最大腹径4.6、底径2.8、残高3.4、厚0.1～0.4厘米（图2-447，4；彩版一五九，3）。

标本H31①：118，鼓腹单耳杯。泥质黑陶，红褐胎。圆唇，粗长颈，鼓腹，下腹斜收，平底。一侧腹部和口沿之间有宽带形把手，残失。器表经磨光处理，颈腹交界处呈阶状，颈上有很多轮制时形成的细线纹痕迹。口径9.6、最大腹径14.0、底径7.0、高12.2、厚0.2～0.4厘米（图2-447，5；彩版一五九，4）。

标本H31②：212，鼓腹单耳杯。泥质黑陶，灰胎。圆唇，口微外侈，粗长颈，鼓腹，下腹斜收，平底内凹，一侧口沿与腹部之间有宽带形把手痕迹。器表经磨光处理。颈腹交界处有一周阶状凸起。口径8.0、最大腹径12.3、底径6.3、高11.8、厚0.2～0.4厘米（图2-447，6）。

标本H31①：236，鼓腹单耳杯。夹细砂黑陶，含极细云母。口微侈，圆唇，粗长颈，鼓腹，下腹斜收，平底内凹。一侧口沿与腹部之间有宽带形把手痕迹。下腹以上器表经磨光处理。颈部和鼓腹处各有一周凹弦纹，颈腹交界处有一周台阶状凸起。口径10.4、最大腹径15.0、底径6.8、高13.8、

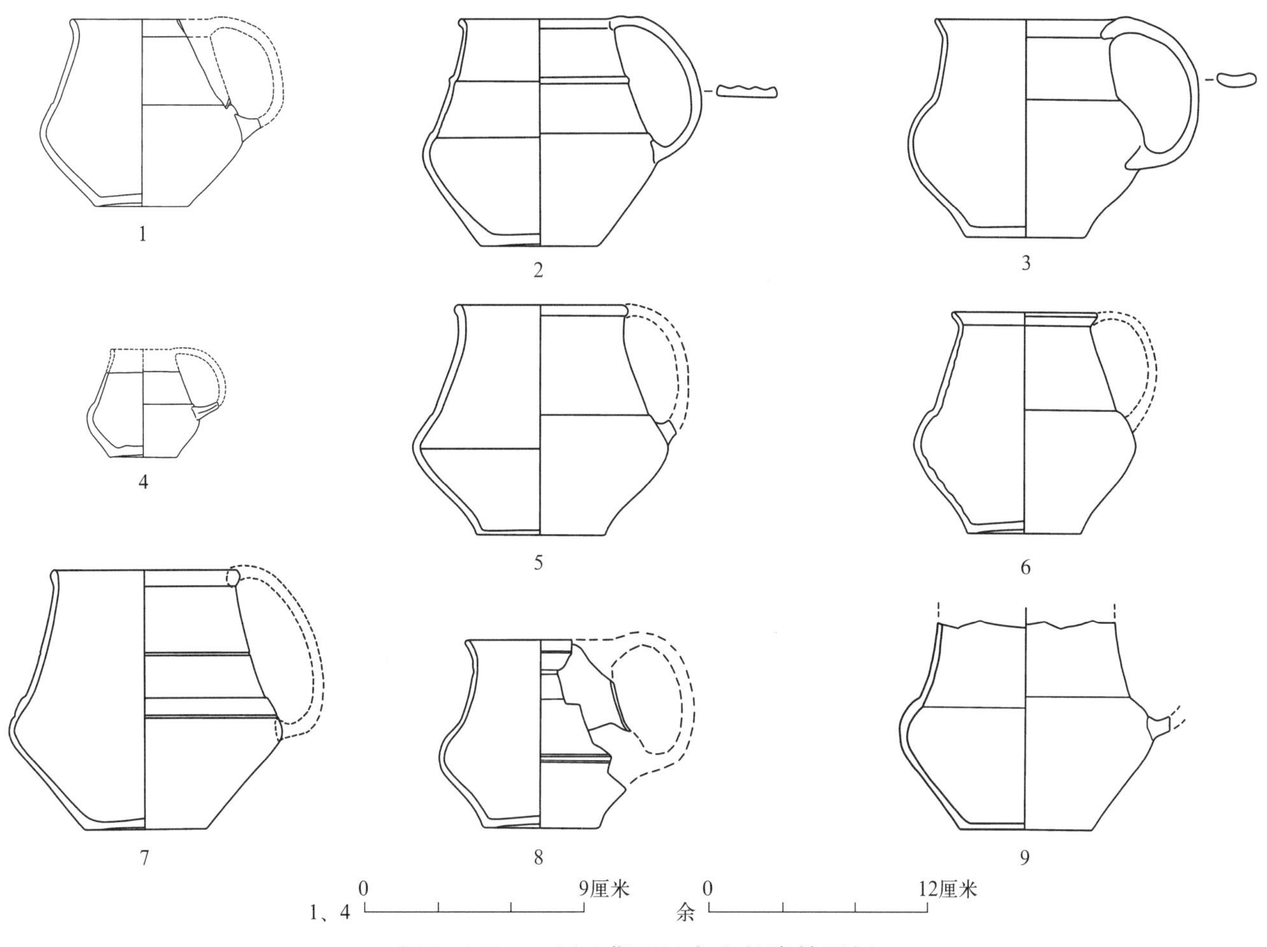

图2-447　一区八期H31出土鼓腹单耳杯

1. H31①：41　2. H31①：50　3. H31②：131　4. H31①：117　5. H31①：118　6. H31②：212　7. H31①：236　8. H31⑤：110　9. H31①：13

厚0.25～0.6厘米（图2-447，7；彩版一五九，5）。

标本H31⑤：110，鼓腹单耳杯。泥质黑陶。侈口，尖唇，粗长颈内束，鼓腹，下腹斜收，平底内凹，把手残失。器表经磨光处理，颈部有三周凹弦纹，鼓腹位置有两周凹弦纹。口径8.4、最大腹径11.2、底径6.3、高10.0、厚0.2～0.4厘米（图2-447，8；彩版一五九，6）。

标本H31①：13，鼓腹单耳杯。泥质褐陶。口残，粗长颈，窄肩，鼓腹，平底。一侧腹上有把手，残。素面。最大腹径14.0、底径7.0、残高11.0、厚0.2～0.3厘米（图2-447，9）。

标本H31①：12，覆碗形器盖。夹砂黑陶，含少量云母。器体较小，平顶，盖面斜直，唇沿外伸，圆唇，平沿，沿面有一周较深的凹槽。器表经磨光处理，素面。顶径4.0、口径10.0、高3.6、厚0.25～0.4厘米（图2-448，1；彩版一六〇，1）。

标本H31①：15，覆碗形器盖。夹极少量细砂和云母黑陶。平顶较大，中部下凹，盖面下部外弧明显，敞口，方唇，沿面和顶面边缘各有一周凹槽。顶径6.8、口径11.0、高3.5、厚0.22～0.5厘米（图2-448，2）。

标本H31①：24，覆碗形器盖。夹砂黑陶，深灰褐胎，含云母。平顶下凹，盖面斜直，圆唇，唇沿外伸，平沿，沿面有两周很浅的凹槽。内壁有轮制时形成的轻微瓦棱痕迹。器表经磨光处理，素

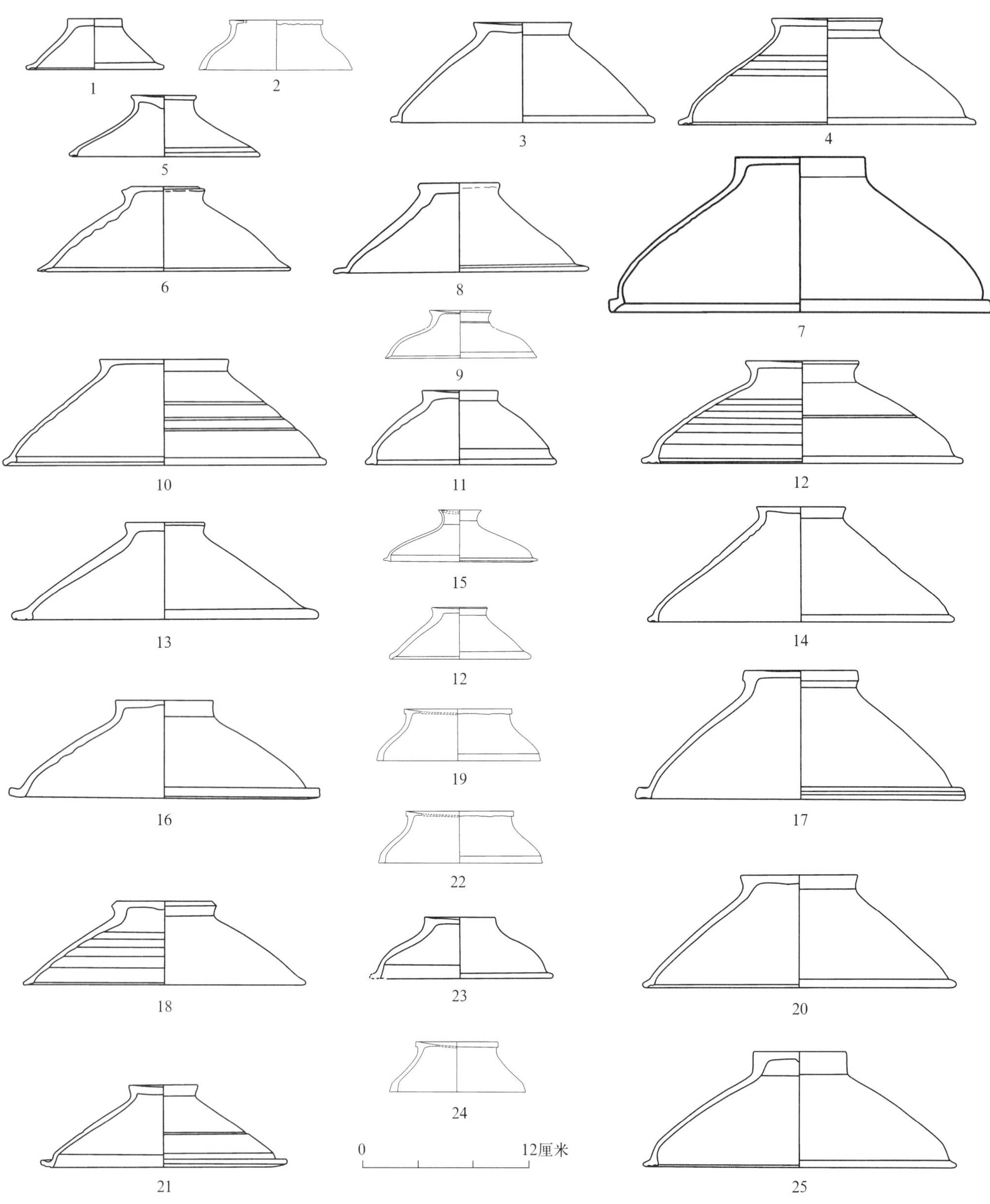

图2-448 一区八期H31出土覆碗形器盖

1. H31①：12 2. H31①：15 3. H31①：24 4. H31④：88 5. H31④：95 6. H31④：96 7. H31④：100 8. H31②：133 9. H31②：142 10. H31③：153 11. H31③：156 12. H31③：157 13. H31③：161 14. H31②：171 15. H31①：176 16. H31②：170 17. H31①：179 18. H31④：202 19. H31③：216 20. H31①：223 21. H31⑤：224 22. H31①：227 23. H31⑤：231 24. H31①：243 25. H31②：250

面。顶径7.0、口径18.8、高7.0、厚0.2～0.5厘米（图2–448，3）。

标本H31②：65，覆碗形器盖。泥质黑陶。顶残，盖面较为陡直，窄平沿。内外表均经磨光，素面。口径18.0、残高7.0、厚0.2～0.3厘米。

标本H31④：88，覆碗形器盖。夹极少量细砂和云母黑陶。平顶微下凹，盖面微弧，方唇，唇沿外伸，平沿，沿面有两周凹槽。内壁有轮制时形成的瓦棱痕迹。器表经磨光处理，素面。顶径7.8、口径21.2、高7.4、厚0.3～0.4厘米（图2–448，4；彩版一六〇，2）。

标本H31④：95，覆碗形器盖。夹细砂黑陶，深灰胎，含云母。平顶微下凹，盖面斜直，圆唇，平沿，沿面有一周凹槽。器表经磨光处理，近口沿处有一周凹弦纹。顶径4.6、口径13.8、高4.3、厚0.2～0.3厘米（图2–448，5；彩版一六〇，3）。

标本H31④：96，覆碗形器盖。夹砂黑陶，深灰胎。平顶，顶部边缘下折，盖面微弧，尖唇，斜平沿，沿面有两周浅凹槽。内壁有明显的轮制时形成的瓦棱痕迹。素面。顶径6.1、口径20.0、高5.9、厚0.3～0.7厘米（图2–448，6）。

标本H31④：100，覆碗形器盖。泥质黑陶，深灰胎。平顶，盖面外弧，方唇，唇面有一周凹槽，斜平沿，沿面下凹。内壁有轮制时形成的瓦棱痕迹。器表经磨光处理，素面。顶径9.2、口径27.2、高10.8、厚0.3～0.5厘米（图2–448，7；彩版一六〇，4）。

标本H31②：133，覆碗形器盖。夹砂灰黑陶。平顶，盖面斜直，宽沿外伸，沿面有一周宽凹槽。素面。顶径5.5、口径17.5、高6.2、厚0.3～0.7厘米（图2–448，8）。

标本H31②：142，覆碗形器盖。泥质黑陶，含极少量细云母。平顶下凹，有颈，盖面外弧明显，尖唇，平沿，沿面微内凹。内壁有轮制时形成的旋纹痕迹。器表经磨光处理，颈部有一周凸弦纹。顶径4.4、口径10.8、高3.3、厚0.05～0.6厘米（图2–448，9）。

标本H31③：153，覆碗形器盖。夹砂黑陶，灰褐胎，含云母。平顶，盖面微外弧，近方唇，斜平沿，沿面下凹。内壁有轮制时形成的瓦棱痕迹。器表经磨光处理，盖面饰三周凹弦纹。顶径9.2、口径23.2、高7.4、厚0.3～0.5厘米（图2–448，10）。

标本H31③：156，覆碗形器盖。夹砂黑陶，含云母。平顶下凹，盖面外弧，圆唇，平沿，唇沿外伸，沿面内凹。内壁有轮制时形成的瓦棱痕迹。器表经磨光处理，盖面下部有一周凸棱。顶径5.4、口径13.6、高5.2、厚0.3～0.6厘米（图2–448，11；彩版一六〇，5）。

标本H31③：157，覆碗形器盖。夹砂黑陶，深灰胎，含云母。平顶微下凹，盖面外弧，圆唇，唇沿外伸，平沿，沿面有两周凹槽。内壁有轮制时形成的瓦棱痕迹。器表经磨光处理，盖面中部有一周浅凹弦纹。顶径8.0、口径23.0、高7.2、厚0.4～0.5厘米（图2–448，12；彩版一六〇，6）。

标本H31③：161，覆碗形器盖。夹砂黑陶。平顶，盖面斜直，唇沿外伸，圆方唇，平沿，沿面有两周浅凹槽。内壁有轻微的轮制形成的瓦棱痕迹。器表经磨光处理，素面。顶径5.6、口径22.1、高6.7、厚0.25～0.7厘米（图2–448，13；彩版一六〇，7）。

标本H31②：171，覆碗形器盖。夹细砂黑陶，灰胎，含云母。平顶，盖面斜直，圆唇，唇沿外伸，平沿，沿面有一周凹槽。内壁有轮制时形成的瓦棱痕迹。器表经磨光处理，素面。顶径6.4、口径11.0、高8.0、厚0.25～0.5厘米（图2–448，14）。

标本H31①：176，覆碗形器盖。泥质黑陶，深灰胎。平顶，束颈，盖面微外弧，尖唇，唇沿外伸，平沿，沿面有一周凹槽。器表经磨光处理，素面。顶径3.1、口径11.1、高3.6、厚0.1～0.2厘米

（图2-448，15）。

标本H31②：170，覆碗形器盖。夹砂黑陶，深灰褐胎，含云母。平顶，盖面微外弧，方唇，唇沿外伸，平沿，沿面有两周凹槽。内壁有轮制时形成的瓦棱痕迹。器表经磨光处理，素面。顶径7.0、口径22.4、高6.8、厚0.4～0.5厘米（图2-448，16）。

标本H31①：179，覆碗形器盖。夹砂黑陶，灰褐胎。平顶微下凹，盖面微外弧，唇沿外伸，方唇，唇面有两周细凹槽，平沿，沿面有一周下凹。内壁有轮制时形成的细瓦棱痕迹。器表经磨光处理，素面。顶径8.0、口径23.6、高9.0、厚0.3～0.6厘米（图2-448，17）。

标本H31④：202，覆碗形器盖。夹砂黑陶，灰胎。平顶，盖面斜直，斜平沿，沿面微下凹。内壁有明显的轮制时形成的瓦棱痕迹。器表经磨光处理，素面。顶径7.6、口径20.4、高5.8、厚0.3～0.8厘米（图2-448，18；彩版一六一，1）。

标本H31③：216，覆碗形器盖。夹砂黑陶，灰褐胎，含云母。平顶微下凹，盖面斜直，圆唇，口沿内侧有一周凹槽。素面。顶径4.0、口径10.2、高3.6、厚0.3～0.75厘米（图2-448，19）。

标本H31①：223，覆碗形器盖。夹砂黑陶，灰胎。平顶，盖面斜直，圆唇，唇沿外伸，沿面有一周凹槽。器表经磨光处理，素面。顶径8.2、口径22.4、高7.8、厚0.35～0.4厘米（图2-448，20）。

标本H31⑤：224，覆碗形器盖。夹砂黑陶，黄褐胎。平顶微下凹，盖面斜直，唇沿外伸并上翘，圆唇，沿面有两周凹槽。顶面有轮制时形成的线纹痕迹。器表经磨光处理。盖面中部有一周凹弦纹。顶径5.0、口径17.8、高5.8、厚0.2～0.45厘米（图2-448，21；彩版一六〇，8）。

标本H31①：227，覆碗形器盖。泥质黑陶，含少量云母。平顶下凹，顶面较大，盖面内凹，口部矮直，沿面有一周凹槽。素面。顶径7.8、口径11.8、高3.6、厚0.25～0.5厘米（图2-448，22）。

标本H31⑤：231，覆碗形器盖。泥质黑陶，黄褐胎，含云母。平顶微下凹，盖面外曲明显，唇沿残。顶面有轮制时形成的线纹痕迹，素面。顶径4.5～4.9、口径12.2、高4.25、厚0.22～0.75厘米（图2-448，23）。

标本H31①：243，覆碗形器盖。泥质黑陶，深灰胎。大平顶下凹较甚，盖面内凹，外缘内折，近矮直口外张，沿面有一周浅凹槽。器表经磨光处理，素面。顶径6.0、口径9.8、高3.5、厚0.25～0.5厘米（图2-448，24）。

标本H31②：250，覆碗形器盖。夹砂黑陶，灰褐胎。小平顶，盖面斜直，平沿外伸，沿面有两周浅凹槽。内壁有轻微的轮制时形成的瓦棱痕迹。器表经磨光处理，素面。顶径6.6、口径22.4、高8.1、厚0.35～0.75厘米（图2-448，25）。

标本H31①：47，覆盘形器盖。夹少量极细砂和云母黑陶，灰胎。平顶下凹，盖顶较高，盖面隆起，直口。内壁有轮制时形成的细瓦棱痕迹。器表经磨光处理，顶面边缘有一周凹槽。顶径4.2、口径10.2、高4.1、厚0.2厘米（图2-449，1）。

标本H31③：76，覆盘形器盖。泥质黑陶，含极少量云母。喇叭形纽残，浅盘形盖，盖壁呈弧形，近口沿位置下折。器表经磨光处理。盖面中部饰两周凹弦纹，并残余2个盲鼻痕迹。口径11.2、残高3.8、厚0.1～0.37厘米（图2-449，2；彩版一六一，2）。

标本H31③：82，覆盘形器盖。夹细砂黑陶，灰胎，含云母。喇叭形纽残，浅盘形盖，盖壁呈弧形，近口沿位置下折，圆唇，平沿外伸，沿面有一周凹槽。器表经磨光处理，盖面中部残余2个小泥

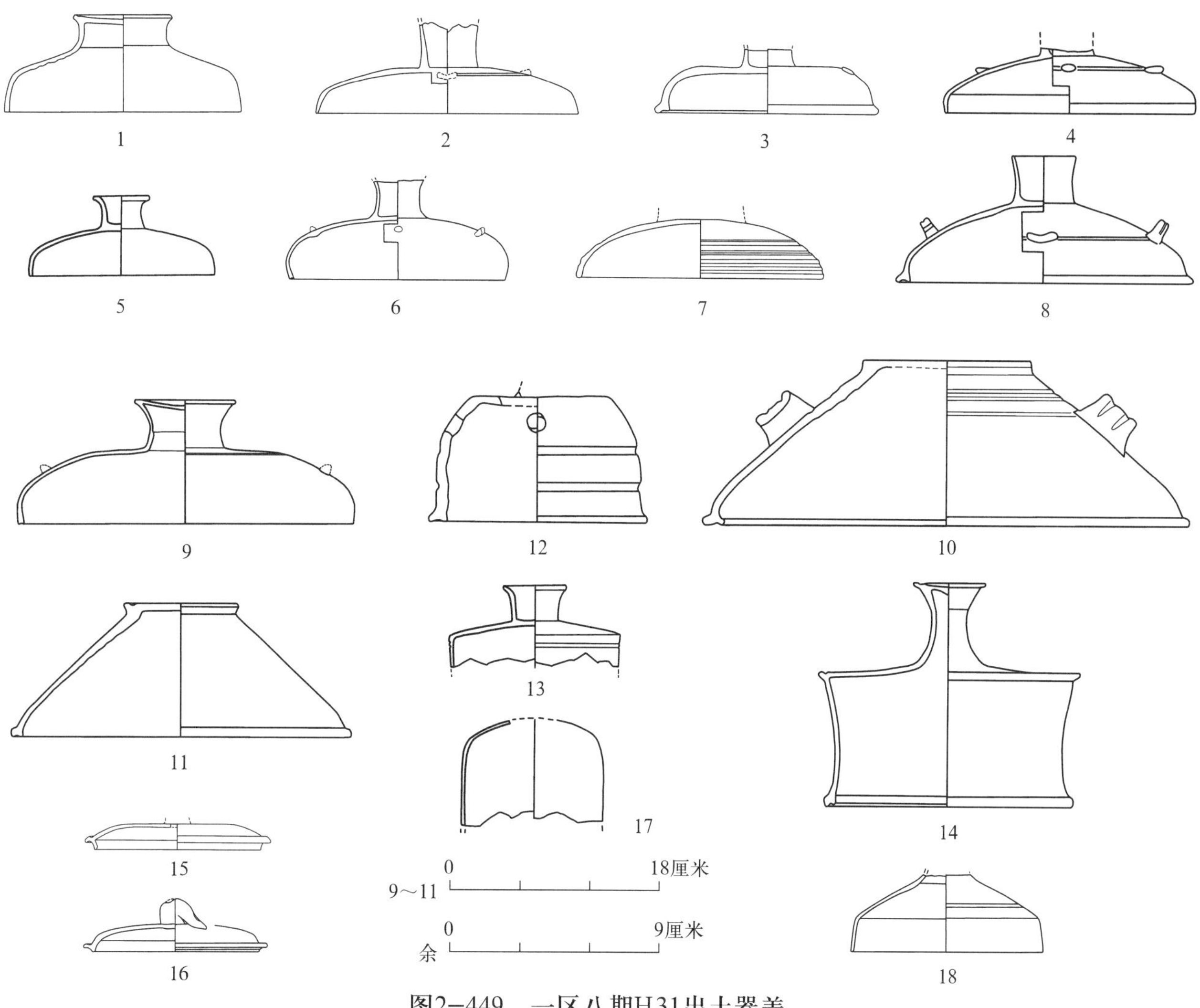

图2-449　一区八期H31出土器盖

1～9．覆盘形器盖H31①：47、H31③：76、H31③：82、H31②：105、H31④：189、H31①：208、H31③：217、H31⑤：225、H31⑤：230　10～12．覆盆形器盖H31①：30、H31①：31、H31①：183　13、14．筒形器盖H31④：103、H31④：199　15、16．子母口器盖H31④：197、H31①：249　17、18．器盖H31④：196、H31①：246

饼。口径9.6、残高2.7、厚0.2～0.4厘米（图2-449，3；彩版一六一，3）。

标本H31②：105，覆盘形器盖。泥质黑陶，含极少量云母。喇叭形纽残，盖面外弧，近口部下折，直口。器表经磨光处理。盖面中部饰两周细凹弦纹，其上有对称的盲鼻和小泥饼各一对。纽径3.0、口径14.0、残高3.8、厚0.2～0.35厘米（图2-449，4）。

标本H31④：189，覆盘形器盖。泥质黑陶。喇叭形捉手，盖面外弧，直口。内外表均经磨光，素面。纽径3.5、口径10.8、高4.4、厚0.2厘米（图2-449，5）。

标本H31①：208，覆盘形器盖。泥质黑陶，深灰胎。喇叭形纽残，盖面外弧，近口部弧折，口内敛，沿面有一周凹槽。外表经磨光处理。盖面有对称的盲鼻和小泥饼各一对。口径12.2、残高4.6、厚0.15～0.35厘米（图2-449，6）。

标本H31③：217，覆盘形器盖。泥质黑陶。纽残，弧形盖壁，口微外敞。内外表均经磨光处理。盖壁饰六周浅凹弦纹，并有轮制时形成的线纹痕迹。口径10.6、残高2.45、厚0.15～0.3厘米（图2-449，7）。

标本H31⑤：225，覆盘形器盖。泥质黑陶，深灰胎。近筒形纽，盖面斜弧，近口部弧折，近直口微内敛，平沿外伸，沿面内凹。器表经磨光处理。盖面中部有两周浅凹弦纹，其饰对称的盲鼻和小横耳各一对。顶径3.6、口径17.0、高7.1、厚0.2～0.3厘米（图2–449，8）。

标本H31⑤：230，覆盘形器盖。泥质黑陶，灰胎。器体较大，倒喇叭形纽，盖面外弧，圆折，直口微内敛，沿面有一周凹槽。内壁有轮制时形成的线形痕迹。器表经磨光处理。盖面有两周细凹弦纹，并残余有盲鼻痕迹。纽径8.6、口径28.8、高10.4、厚0.2～0.45厘米（图2–449，9）。

标本H31①：30，覆盆形器盖。夹砂黑陶，深灰胎，含云母。器体较大，平顶部残，斜壁微弧，方唇，唇沿外伸，平沿，沿面有两周凹槽。内壁有轮制时形成的瓦棱痕迹。器表经磨光处理。盖面中部有两个对称的大横耳，盖面上部饰三周凹弦纹。顶径14.6、口径42.0、高13.6、厚0.4～0.6厘米（图2–449，10）。

标本H31①：31，覆盆形器盖。夹砂黑陶，深灰胎，含云母。器体较大，平顶，顶面边缘有一周凹槽，盖面斜直中，唇沿外伸，圆唇，平沿，沿面有一周深凹槽。内壁有轮制时形成的瓦棱痕迹。器表经磨光处理，素面。顶径9.6、口径29.2、高11.2、厚0.4～0.75厘米（图2–449，11）。

标本H31①：183，覆盆形器盖。夹砂黑陶。平顶，其上有捉手，残失，顶面残余一方形镂孔。近直壁上部内收，圆唇，平沿，沿面有一周凹槽。内壁有轮制时形成的瓦棱痕迹。器表经磨光处理。腹壁有两周较宽的凹弦纹，壁上部镂4个圆孔，孔径1.2厘米。口径12.6～13、底径7.5、高7.5、厚0.3～0.6厘米（图2–449，12）。

标本H31④：103，筒形器盖。泥质黑陶，灰胎。喇叭形捉手，筒形盖身，盖面微弧。器表经磨光。盖壁有两周细凹弦纹。捉手顶径3.5、盖面径10.0、残高4.4、厚0.2厘米（图2–449，13）。

标本H31④：199，筒形器盖。泥质黑陶，深灰胎。喇叭形纽，平顶下凹较甚，盖面平直锐折，盖壁微内束，窄平沿，沿面有一周凹槽。器表经磨光处理。纽顶面和盖面边缘各有一周凹弦纹。纽径4.3、盖径15.3、口径14.5、高12.4、厚0.3～0.4厘米（图2–449，14；彩版一六一，4）。

标本H31④：197，子母口器盖。泥质黑陶。覆盘形，纽残，盖面微弧，唇沿外伸，矮子口内敛。内外表均经磨光处理，素面。口径7.2、残高1.1、厚0.11～0.18厘米（图2–449，15）。

标本H31①：249，子母口器盖。泥质黑陶，含有少量云母。覆浅盘形，鸟头形纽，盖面较平直，外缘弧折，唇沿显著外伸，子口较矮。器表经磨光处理，素面。口径7.2、高2.2、厚0.15～0.25厘米（图2–449，16；彩版一六一，5）。

标本H31④：196，器盖。泥质黑陶。圆弧形顶略残，直壁，下部残。器表经磨光，素面。筒径8.2、残高5.8、厚0.1～0.3厘米（图2–449，17）。

标本H31①：246，器盖。泥质黑陶，含少量云母。直口，斜腹，柄和底部残。内外均经磨光处理。壁下部饰两周凹弦纹。口径11.2、残高5.3、厚0.18～0.3厘米（图2–449，18）。

标本H31②：56，鬶盖。夹砂白陶。细蘑菇形纽，平板形盖，大部残失。素面。残长6.7、复原直径9.8、高2.2、厚0.2～0.3厘米（图2–450，1）。

标本H31②：136，鬶盖。夹砂白陶。平板形鬶盖，蘑菇形纽，盖面微弧，口沿部分翘起，周缘有一周凹槽。复原直径9.4、纽径2.1、高1.65、厚0.25～0.35厘米（图2–450，2；彩版一六一，6）。

标本H31②：138，鬶盖。夹砂白陶。呈微弧的平板形，纽上部残失并有一小圆孔（与鬶把手上方的小孔配合系绳使用），小孔对侧有一个缺口（应为两个，另一个残失）。盖面中部有一周凸

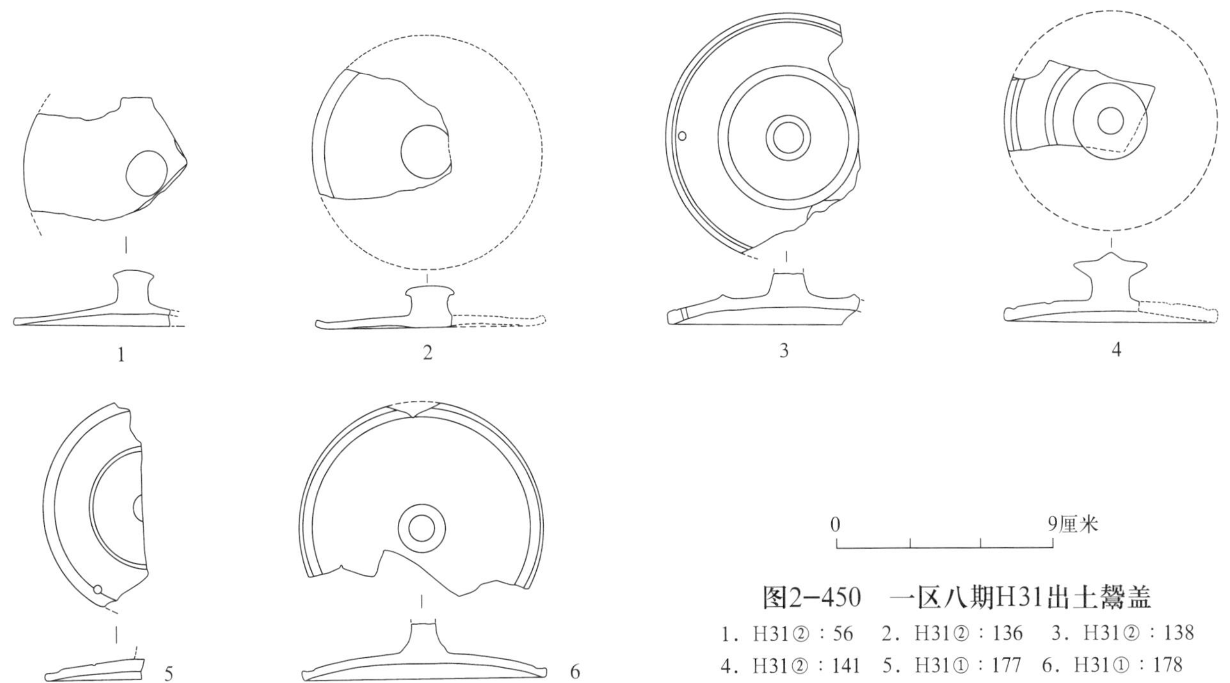

图2-450　一区八期H31出土鬶盖

1. H31②：56　2. H31②：136　3. H31②：138
4. H31②：141　5. H31①：177　6. H31①：178

棱，接近边缘位置有一周凹弦纹。直径10.0、残高2.0、厚0.4～0.6厘米（图2-450，3）。

标本H31②：141，鬶盖。夹砂白陶。残存一角，平板形盖面，其上有蘑菇形纽，一侧边缘残存半个缺口。盖面上有两周凹弦纹。复原直径8.8、高2.8、厚0.4～0.5厘米（图2-450，4；彩版一六一，7）。

标本H31①：177，鬶盖。夹砂白陶。残存一半，板形鬶盖，纽残，盖面微弧，方唇。盖面中部有一周凹弦纹，周缘有一周较深的凹槽，其内缘有一小圆孔。复原直径8.6、残高0.8、厚0.2～0.5厘米（图2-450，5）。

标本H31①：178，鬶盖。夹砂白陶。整体呈微弧的平板形，纽顶部残，方唇。内壁有轮制时形成的旋纹痕迹。盖面周缘有一周凹槽。直径10.0、残高2.2、厚0.4～0.6厘米（图2-450，6；彩版一六一，8）。

标本H31①：119，圆陶片。泥质浅黄褐陶，系采用陶片打制而成。圆形，中间有一未穿透的圆孔。直径3.75～4.0、厚0.45厘米（图2-451，1）。

标本H31①：185，圆陶片。夹砂黑陶，一面磨光。用废旧陶片打制而成，近圆形。素面。直径4.6、厚0.4～0.5厘米（图2-451，2）。

标本H31①：8，纺轮。夹细砂黑陶，掺极少量云母。残存一半，可复原。正圆形，正面鼓起，经磨光处理，近边缘有一周凹槽，背面平整，素面。中间有一小圆孔。直径5.6、最厚处0.6厘米（图2-451，3）。

标本H31②：168，纺轮。夹少量细砂和云母黑陶。一面鼓起，边缘有一周凹槽，经磨光处理，另一面平整，近边缘处有一周下凹，素面。直径5.6、最厚处0.95厘米（图2-451，4；彩版三九，2下左2）。

标本H31③：213，纺轮。夹细砂黑陶，含云母。正圆形，正面略鼓，并经磨光处理，边缘有一

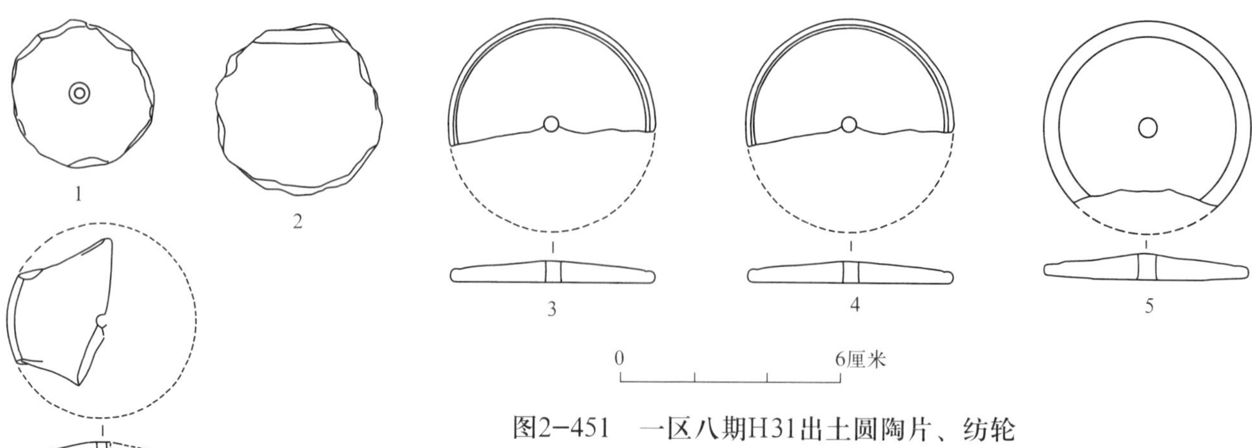

图2-451　一区八期H31出土圆陶片、纺轮

1、2. 圆陶片H31①：119、H31①：185　3～6. 纺轮H31①：8、H31②：168、H31③：213、H31①：222

周凹弦纹，背面较平。直径5.6、最厚0.7厘米（图2-451，5）。

标本H31①：222，纺轮。泥质黑陶。正圆形，正面隆起，边缘有一周凹弦纹，背面较平，中部有台状凸起。直径5.2、最厚处0.9厘米（图2-451，6）。

标本H31⑤：218，腹片。泥质黑陶。刻划菱形回纹（见图2-21，5）。

标本H31①：220，罐腹片。泥质黑陶。刻划回纹（见图2-21，3）。

标本H31②：219，罐肩部。夹砂黑陶。刻划凹弦纹和网状纹（见图2-21，6）。

2. H34

位于E4T2348北部，开口于耕土层下，打破⑥a层和H60、H85、H190。平面接近椭圆形，斜壁，近平底（图2-452），长径1.26、短径0.78、深0.28米。内填松软的灰黑色土（10YR2/1），夹杂黄褐色土块，出土可复原器物有鬶、甗、盆和器盖等。收集浮选土样2份共10升。

标本H34：6（#2804；S423），石镞半成品。滑石片岩。平面略呈柳叶形。长6.2、宽1.1、厚0.8厘米，重9.7克。

标本H34：4，甗。夹砂黑陶，灰胎。方唇，唇面上部凸起，沿内侧有一周凹槽，短颈，圆腹，束腰，浅袋足，下部残失。器表及口沿内侧经磨光处理。颈下有两周凸棱，其上有对称的盲鼻一对，腹部有四组凹槽和凸棱相结合的纹饰，鬲部有一周凹弦纹。口径21.6、残高35.5、厚0.25～0.6厘米（图2-453，1）。

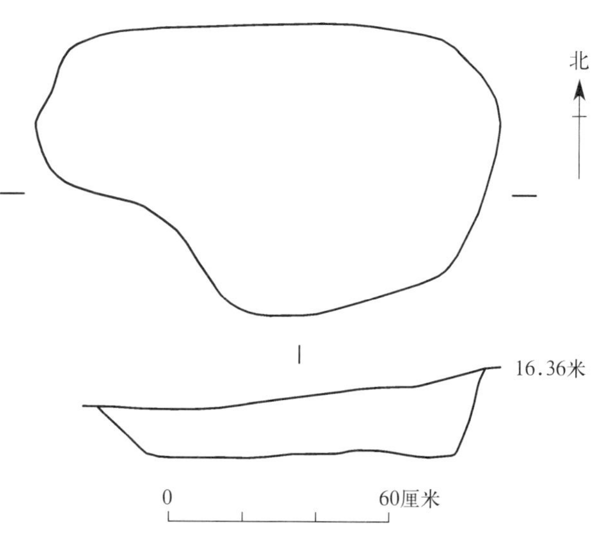

图2-452　一区八期H34平、剖面图

标本H34：1，鬶。夹砂红陶，外有一层红色陶衣。宽高流，流尖部略残，尖唇，口沿外翻，束颈，袋足略浅，前两个袋足较小，后袋足较大，足尖残。一侧有象征性绞丝状把手。流根部两侧和鬶前颈下各有一个小泥饼，袋足上有一周半凸棱，凸棱上有按捺纹饰。残高30.4、厚0.25～0.35厘米（图

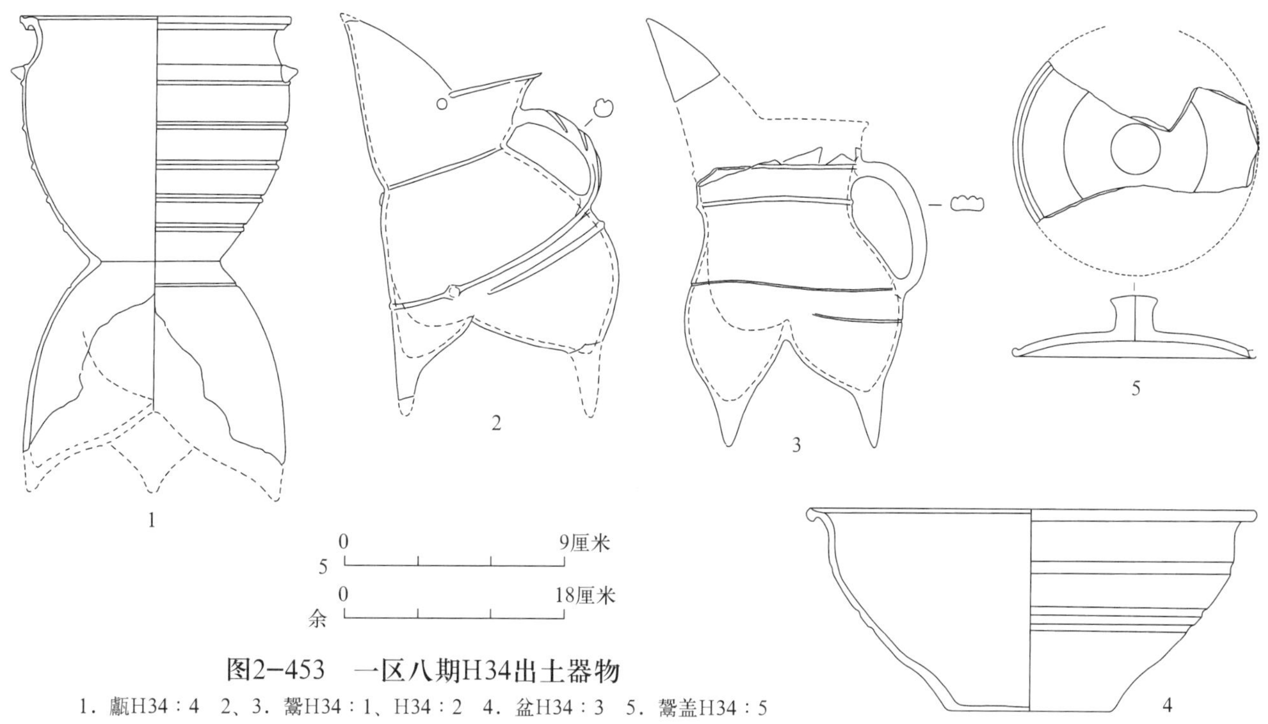

图2-453　一区八期H34出土器物

1. 甗H34：4　2、3. 鬶H34：1、H34：2　4. 盆H34：3　5. 鬶盖H34：5

2-453，2；彩版一六二，1）。

标本H34：2，鬶。夹细砂橙黄陶，外有一层白色陶衣，已剥落。流和沿部残失，粗高颈，袋足较肥硕，实足尖较高。一侧有宽带形把手，其上有三道纵向凹槽。颈部残余两周凸棱，袋足上有一周半凹弦纹。残高24.2、厚0.22～0.55厘米（图2-453，3）。

标本H34：3，盆。夹砂外黑内灰陶。圆唇，卷沿，沿面内凹，有颈，斜腹微外弧，下部急收为小平底。腹部有三周凹弦纹。口径37.2、底径14.0、高16.1、厚0.32～0.8厘米（图2-453，4）。

标本H34：5，鬶盖。夹细砂橙黄陶。部分残缺，近蘑菇形纽，弧板形盖面，圆方唇。盖面边缘有一周凹槽。直径10.2、高2.5、厚0.3厘米（图2-453，5）。

3. H39

位于E4T2346、T2345之间，开口于耕土层下，打破⑥a层和H57、H106。平面呈不规则长方形，斜壁，近平底（图2-454）。坑

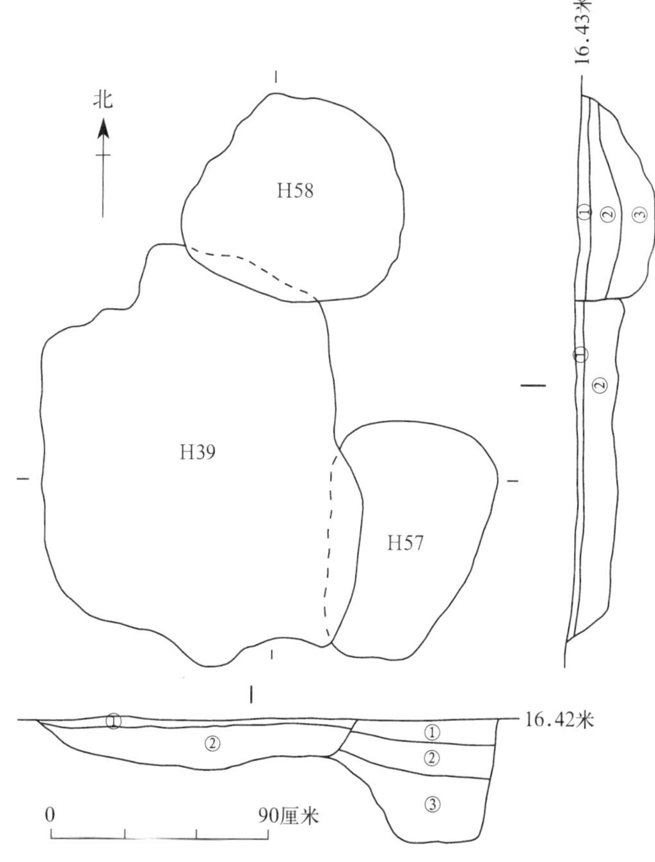

图2-454　一区八期H39、H57、H58平、剖面图

表2-98　H39陶片统计表

陶质/陶色/数量/纹饰	泥质					夹砂						夹云母滑石			总计	百分比(%)
	黑	灰	红	褐	合计	黑	灰	褐	白	红	合计	褐	灰	合计		
凸弦纹	88	4		1	93	91	6	5	10		112				205	5.92
凹弦纹	55	13		5	73	92	10	12			114				187	5.40
堆　纹						1		4	1	1	7				7	0.20
泥　饼	5				5	7					7				12	0.35
盲　鼻	3			1	4	3	1				4				8	0.23
陶　衣										1	1				1	0.03
镂　孔	2				2										2	0.06
泥　条	2				2										2	0.06
凸　棱	18				18										18	0.52
瓦　棱						3					3				3	0.09
锥　刺								1		1	2				2	0.06
素　面	1354	123	13	80	1570	845	157	238	168	33	1441	3	1	4	3015	87.09
累　计	1527	140	13	87	1767	1042	174	260	179	36	1691	3	1	4	3462	100
百分比（%）	44.11	4.04	0.38	2.51	51.04	30.10	5.03	7.51	5.17	1.04	48.84	0.09	0.03	0.12	100	
重量（千克）	9.92	1.09	0.09	0.74	11.84	12.59	1.9	2.92	1.16	0.45	19.02	0.01	0.01	0.02	30.88	

口长径1.70、短径1.20、深0.20米。填土分为两小层：上层为黄褐色土（10YR4/2），堆积较薄而松软；下层为黑灰色土（10YR2/1），结构较为紧密。出土陶器和陶片较多，器形有鼎、鬶、甗、罐、瓮、盆、豆、杯、盒、器盖、纺轮（表2–98）。收集浮选土样2份10升。

标本H39②：1，残石器。绿色，磨制，一面弧，另两面残。厚度0.7厘米。

标本H39②：2（#3707；S1030），石器，残，磨制。流纹质熔结凝灰岩。残长4.7、残宽2.9、厚0.7厘米，重量10.8克。

标本H39②：8，鼓腹盆。夹砂黑陶，内壁和胎为灰褐色。圆方唇，卷沿，有颈，鼓腹，下腹斜收，平底残。颈腹交界处有两周凹弦纹。口径28.8、底径11.2、高13.5、厚0.45～0.6厘米（图2–455，1）。

标本H39②：7，环足盘。夹砂黑陶，含云母。圆唇，平沿，沿面有一周凹槽，盘壁微折，平底。环足残。内壁有轮制时形成的瓦棱痕迹，内外表均经磨光处理。素面。口径26.5、底径14.0、残高6.4、厚0.4～0.7厘米（图2–455，2；彩版一六二，2）。

标本H39①：9，圈足。泥质黑陶。应为圈足盆之圈足。粗筒形，直壁，底沿窄而平。器表经磨光处理。壁饰两周凸棱。底径24.0、残高6.4、厚0.3厘米（图2–455，3）。

标本H39①：3，平底盒。泥质黑陶。直子口较高，折腹位置靠下，平底内凹，中部残失。内外表均经磨光处理，素面。口径22.4、底径22.0、厚0.25～0.4厘米（图2–455，4）。

标本H39②：5，平底盒。泥质黑陶。直子口较高，折腹位置靠下，平底内凹。内外表均磨光处理，素面。口径17.8、底径16.4、高4.8、厚0.18～0.36厘米（图2–455，5）。

标本H39②：6，平底盒。泥质黑陶。子口较高内敛，折腹位置靠下，平底内凹，中部残失。内外表均经磨光处理，素面。口径20.4、底径19.6、高4.6、厚0.3～0.4厘米（图2–455，6）。

标本H39①：4，三足盒。泥质黑陶。子口残，折腹，底和三足残失。内外表均经磨光处理，素面。底径13.2、最宽处18.2、残高4.4、厚0.3～0.4厘米（图2–455，7）。

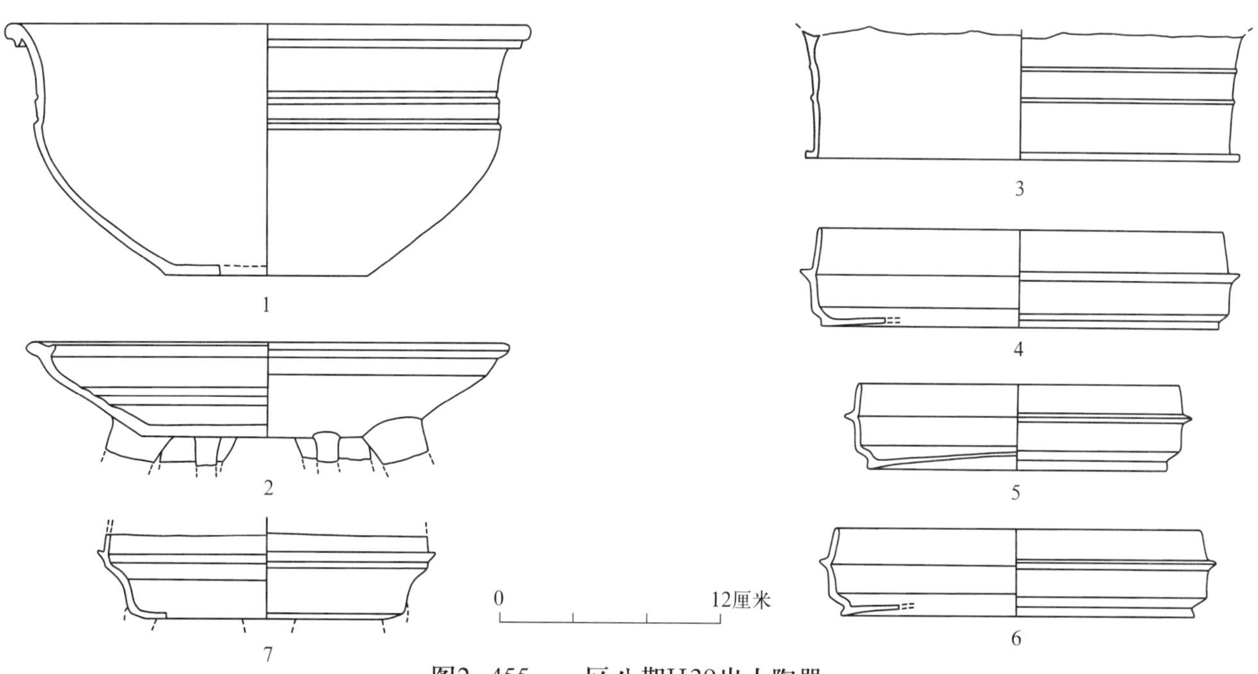

图2–455　一区八期H39出土陶器

1. 鼓腹盆H39②：8　2. 环足盘H39②：7　3. 圈足H39①：9　4～6. 平底盒H39①：3、H39②：5、H39②：6　7. 三足盒H39①：4

4．H57

位于T2346西南部，开口于耕土层下，被H39打破。平面近长方形，斜壁，平底（图2-454）。坑口长0.95、宽0.36～0.70、深0.49米。填土分为三层：第1层为黄褐色土（10YR4/2），较为松软；第2层为灰褐色土（10YR3/2），结构较为紧密；第3层为黑灰色土（2.5YR2.5/1），结构较为紧密。坑内出土较多可复原的陶器及陶片等遗物。收集浮选土样2份10升。

标本H57③：4（#3704；S1027），石刀，残存一半，磨制。砂岩。平面近长方形，单面刃，近背部残存一对钻的孔。残长5.5、宽4.3、厚1.1厘米，重41.7克（彩版一六四，1）。

标本H57③：8（#3704；S136），磨石，残。砂岩。不规则形，磨面细腻而平整。残长8.3、宽9.0、厚1.7厘米，重144.9克（彩版一六四，2）。

标本H57③：18，单耳罐形鼎。夹砂黑陶。侈口，圆方唇，折沿，沿内侧有一周凹槽，弧腹，平底，三足残失。一侧有宽带形把手，残失。器表经磨光处理。颈下有两周凹弦纹，底部有火烧痕迹。口径11.6～12.1、最大腹径15.4、底径8.5、高13.6、厚0.3～0.5厘米（图2-456，1；彩版一六三，1）。

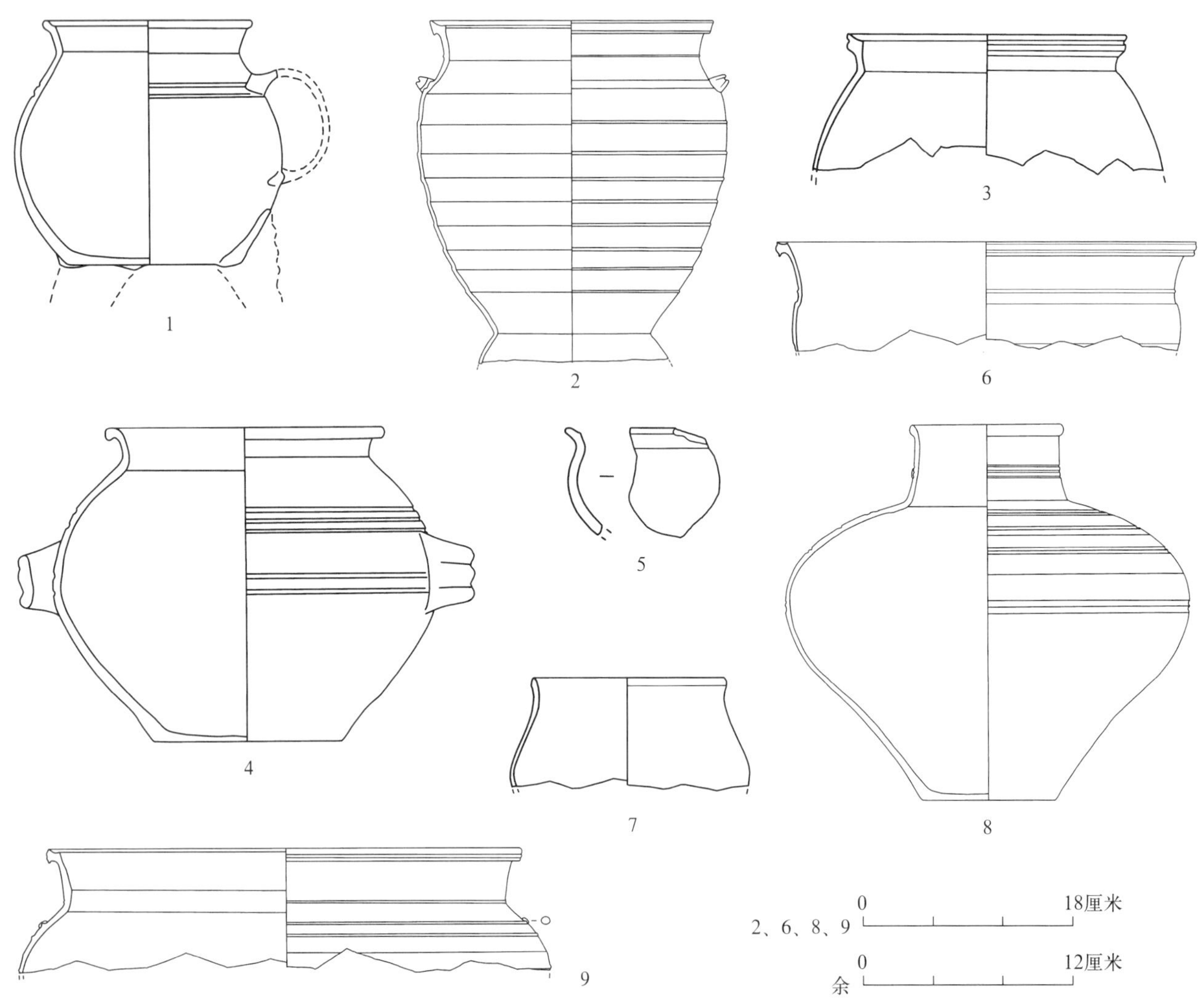

图2-456　一区八期H57出土陶器（一）

1．单耳罐形鼎H57③：18　2．甗H57②：2　3．中口罐H57②：12　4．双耳罐H57②：28　5～7．罐H57②：13、H57②：37、H57③：41　8、9．瓮H57③：14、H57③：44

标本H57②：2，甗。夹砂黑陶，浅黄褐胎。侈口，方唇，沿面有一周凹槽，短颈，圆弧腹斜收，束腰略粗，鬲部以下残失。颈中部有一周凸弦纹，颈下有对称的横耳和泥饼各一对，颈下及腹部共有十周阶状凸起。口径24.6、最大腹径26.8、残高26.7、厚0.3～0.5厘米（图2–456，2）。

标本H57②：12，中口罐。夹砂黑陶，褐胎。侈口，方唇，唇面和一周凹槽，折沿，沿面下凹，溜肩，圆腹，以下残。器表及口沿内壁经磨光，素面。口径16.0、残高7.6、厚0.3～0.5厘米（图2–456，3）。

标本H57②：28，双耳罐。泥质黑陶，含有极少量云母。侈口，圆唇，卷沿，短颈，圆鼓腹，平底。腹部有二组五周凹弦纹，鼓腹位置有两个对称的横耳。口径16.1、最大腹径22.2、底径10.7、高17.5、厚0.25～0.7厘米（图2–456，4；彩版一六二，3）。

标本H57②：13，罐。泥质灰陶。器形较小，侈口，圆唇，折沿，鼓腹，以下残失。口径4.0、残高3.0、厚0.25厘米（图2–456，5）。

标本H57②：37，罐（鼓腹盆）。夹砂黑陶。侈口，方唇，卷沿，沿面有一周凹槽，束颈，腹微鼓，以下残。器表经磨光处理。颈部有一周凸棱。口径36.0、残高8.0、厚0.3～0.7厘米（图2–456，6）。

标本H57③：41，罐。夹细砂灰陶。侈口，束颈，斜肩，鼓腹，以下残。素面。口径11.0、残高6.0、厚0.3厘米（图2–456，7）。

标本H57③：14，瓮。夹砂黑陶，灰胎。小口，尖圆唇，高颈，广肩，鼓腹，下腹内收较甚，小平底。器表上部经磨光处理。颈部有三周凹弦纹，肩和上腹部有五组凹弦纹，其中有四组，每组由三道构成。口径13.3、最大腹径34.6、底径10.9、高31.2、厚0.3～1.0厘米（图2–456，8）。

标本H57③：44，瓮。夹砂黑陶。侈口，方唇，折沿，沿面有一周凹槽，短颈，圆肩，鼓腹，以下残。器表及口沿内壁磨光。肩部有三周凸棱，颈下凸棱上有一对泥饼。口径40.8、残高10.2、厚0.4～0.6厘米（图2–456，9）。

标本H57②：29，壶。夹砂黑陶，含云母。直口，圆唇，圆折肩，腹部斜收，平底内凹。器表经磨光处理。肩部饰两周凹弦纹，其上有三个泥饼痕迹，肩下部有一周凹弦纹。口径10.8、最大腹径22.0、底径9.8、高21.6、厚0.3～0.5厘米（图2–457，1；彩版一六三，3）。

标本H57③：15，大平底盆。泥质黑陶，灰褐胎。敞口，圆唇，曲腹，底部残失。内外表均磨光处理。盆壁中部有两个对称的大横耳。口径32.0、底径24.0、高10.7、厚0.3～0.5厘米（图2–457，2；彩版一六二，4）。

标本H57②：38，大平底盆。泥质黑陶。敞口，圆唇，卷沿，弧腹内曲，大平底内凹。内外表均经磨光处理，素面。口径26.0、底径22.0、高10.8、厚0.3～0.6厘米（图2–457，3）。

标本H57③：1，鼓腹盆。泥质黑灰陶。侈口，方唇，沿内侧有一周凹槽，短颈，鼓腹，下部斜收，平底。颈下有两周阶状凸起，其上饰对称的小泥饼和盲鼻各一对。口径29.3、底径12.4、高17.95、厚0.3～0.6厘米（图2–457，4；彩版一六三，2）。

标本H57③：7，鼓腹盆。夹极少砂黑陶，灰胎。侈口，方圆唇，唇沿外伸，平沿，沿面有一周凹槽，鼓腹，下腹斜收，底部残失。内外表均经磨光处理。盆壁饰三周凸弦纹和凹弦纹组合，并有两个对称的横耳。口径38.0、残高11.2、厚0.4～0.5厘米（图2–457，5）。

标本H57③：19，盆。夹砂黑陶，灰胎。侈口，方唇，沿面有一周凹槽，短斜颈，弧腹，腹壁下

图2-457 一区八期H57出土陶器（二）

1．壶H57②：29 2、3．大平底盆H57③：15、H57②：38 4、5．鼓腹盆H57③：1、H57③：7 6．盆H57③：19 7．平底盒H57③：17 8．三足盒H57②：11 9、10．鼓腹杯H57②：30、H57③：5 11～13．覆碗形器盖H57③：16、H57②：39、H57③：40 14．器盖H57②：10 15．鬶盖H57③：6 16．圆陶片H57③：20 17、18．纺轮H57③：3、H57②：33

部斜收明显，底部残失。内外表均经磨光处理。自上而下依次有一周阶状凸起、一周凸弦纹和两周凹弦纹。口径39.2、残高15.0、厚0.5～0.65厘米（图2－457，6）。

标本H57③：17，平底盒。泥质黑陶，深灰胎。矮子口，弧腹，平底微内凹。内外表均经磨光处理。口径10.0、底径4.8、高2.7、厚0.1～0.3厘米（图2－457，7）。

标本H57②：11，三足盒。泥质黑陶，灰褐胎。子口残，折腹，底残，鸟喙形足。内外表均经磨光处理。子口下有三周凸棱。底径22.0、残高13.1、厚0.3～0.5厘米（图2－457，8）。

标本H57②：30，鼓腹单耳杯。泥质黑陶。侈口，圆唇，粗长颈，鼓腹，平底内凹。器表经磨光处理。颈腹交界处有两周阶状凸起。口径11.0、最大腹径12.8、底径6.2、高14.0、厚0.15～0.4厘米（图2－457，9）。

标本H57③：5，鼓腹单耳杯。夹砂黑陶，深灰胎，含云母。口微侈，圆唇，粗长颈，鼓腹，下腹斜收，平底。一侧口沿与腹部之间有带状把手痕迹。颈腹交界处有两周阶状凸起。口径12.4、最大腹径15.5、底径7.0、高17.4、厚0.4～0.5厘米（图2－457，10；彩版一六二，5）。

标本H57③：16，覆碗形器盖。夹砂黑陶，灰胎。平顶微下凹，盖面斜直，圆唇，唇沿外伸，平沿，沿面有一周凹槽。素面。顶径4.0、口径13.6、高4.2、厚0.2～0.6厘米（图2－457，11；彩版一六三，4）。

标本H57②：39，覆碗形器盖。夹砂灰陶。顶残，盖面斜直微隆，圆唇，平沿外伸，沿面内凹，器表经磨光处理，素面。口径16.0、残高5.2、厚0.3～0.5厘米（图2－457，12）。

标本H57③：40，覆碗形器盖。夹砂黑陶。顶残，盖面隆起，圆唇，斜沿，沿面内有浅凹槽。器表经磨光处理，素面。口径24.0、残高5.8、厚0.5厘米（图2－457，13）。

标本H57②：10，器盖。夹砂黑皮陶，黄褐胎，含云母。筒形，顶残，盖壁较直，圆唇，唇沿外张。盖壁有两周凸棱。口径14.0、残高8.4、厚0.3～0.4厘米（图2－457，14）。

标本H57③：6，鬶盖。夹细砂白陶。整体为圆形，一端切直后做出双内弧，以适应鬶口的形状，与双内弧相对一侧有一圆孔。蘑菇形高纽，板状盖面略弧，方唇。盖面边缘有一周凹槽。直径8.2、高3.9、厚0.3厘米（图2－457，15；彩版一六二，6）。

标本H57③：20，圆陶片。泥质黑陶，灰褐胎。平面近圆角方形，中间有圆孔，周边有打制痕迹。素面。直径4.4、厚3.4厘米（图2－457，16；彩版三九，1下左4）。

标本H57③：3，纺轮。泥质黑陶。圆形，正面鼓起，背面较平整。正面经磨光处理，周边有一周凹槽。直径5.3、最厚处0.7厘米（图2－457，17；彩版三九，3上左3）。

标本H57②：33，纺轮。泥质黑灰陶。圆形，正面鼓起，背面较平。素面。直径4.8、最厚处0.55厘米（图2－457，18；彩版三九，1下左1）。

5．H58

位于T2346西部，开口于耕土层下，打破H39。平面近圆形（图2－454），坑口长0.92、宽0.82、深0.32米。填土分为三层：第1层为黄褐色土（10YR4/2），结构较为疏松；第2层为灰褐色土（10YR3/2），结构较为紧密；第3层为灰色土（10YR3/1），结构较松。收集浮选土样2份10升。

标本H58②：1，子母口罐。泥质黑陶。高子口，腹内收。口径10.8、残高4.0、厚0.25厘米（图2－458，1）。

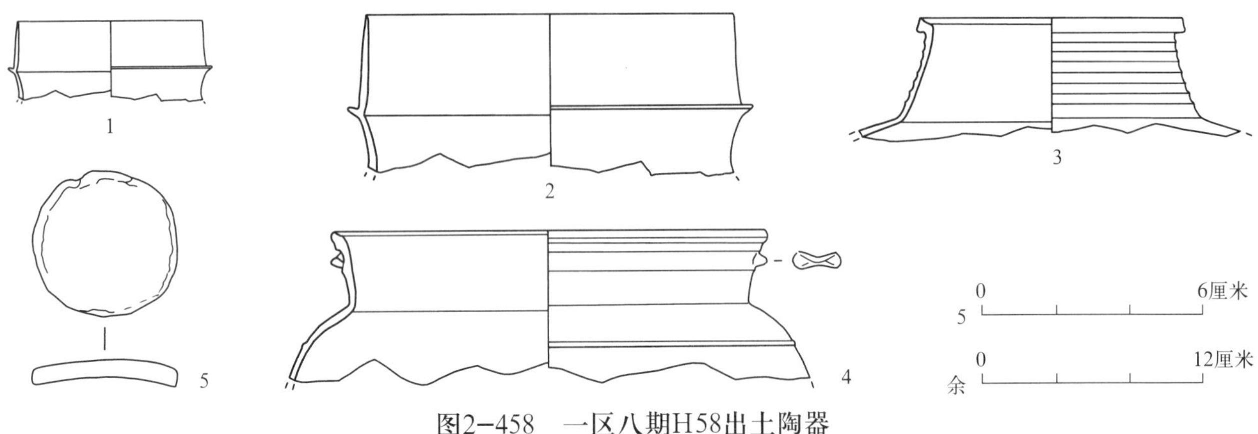

图2-458 一区八期H58出土陶器

1、2. 子母口罐H58②：1、H58②：2 3、4. 瓮H58②：3、H58②：5 5. 圆陶片H58①：4

标本H58②：2，子母口罐。泥质黑陶。高子口，腹内收。内外表均经磨光处理，素面。口径20.0、残高8.0、厚0.4厘米（图2-458，2）。

标本H58②：3，瓮（小口罐）。夹砂灰陶。敛口，方唇，窄沿，沿面有一周凹槽，高领，广肩，以下残。颈部饰细密凹弦纹。口径14.4、残高6.2、厚0.4厘米（图2-458，3）。

标本H58②：5，瓮。夹砂灰陶。侈口，方唇，沿面有一周凹槽，中颈，圆肩，鼓腹，以下残。器表及口沿内壁磨光。颈、肩部各有一周凸棱，沿下有一对盲鼻。口径24.0、残高8.0、厚0.4～0.6厘米（图2-458，4）。

标本H58①：4，圆陶片。泥质黑陶，灰褐胎。圆形，周边有打制痕迹。素面。直径4.0、厚0.5厘米（图2-458，5）。

6．H51

位于E4T2397东南部，开口于耕土层下，打破⑥a层及以下文化层和H199。圆角方形，近直壁，平底（图2-459），坑口边长1.50、深0.64米。填土分为四层，第1层为较为紧密的黄褐色土（10YR3/3）；第2层（7.5YR2.5/1）；第3层（2.5YR5/1）；第4层（2.5YR2/1）均为深浅略有差别的灰黑色土。出土石铲、石刀、石镞等石器和鼎、鬶、罐、盆、盘、杯、盒、器盖等陶器或残片（表2-99）。收集浮选土样1份5升，采集植硅体样品1份100克。

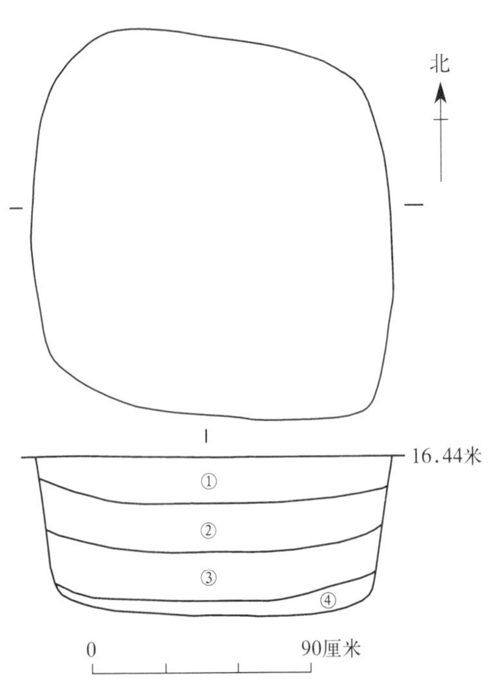

图2-459 一区八期H51平、剖面图

标本H51③：21（#4407；S1007），石铲，残，磨制。流纹质熔结凝灰岩。残长5.9、宽2.0、厚0.5厘米，重11.1克。

标本H51③：7（#4407；S150），石镰/石刀断块。绿泥石或绿泥/角闪片岩。残长4.2、残宽2.8、厚1.1厘米，重16.5克。

表2−99　H51陶片统计表

数量　陶质　陶色　纹饰	泥质					夹砂					夹云母滑石			总计	百分比（%）
	黑	灰	红	褐	合计	黑	灰	褐	白	合计	褐	黑	合计		
凸弦纹	25	2			27	52	12	2		66				93	6.79
凹弦纹	47	6			53	32	1	7		40				93	6.79
绳　纹							1			1				1	0.07
堆　纹	1				1	2		5		7				8	0.58
泥　饼	1				1	2		1		3				4	0.29
盲　鼻	4				4	2				2				6	0.44
镂　孔								1		1				1	0.07
素　面	435	65	6	15	521	394	77	161	4	636	3	2	5	1162	84.82
花　边						2				2				2	0.15
累　计	513	73	6	15	607	486	91	177	4	758	3	2	5	1370	100
百分比（%）	37.45	5.33	0.44	1.09	44.31	35.47	6.64	12.92	0.29	55.33	0.22	0.15	0.36	100	
重量（千克）	2.84	0.6	0.02	0.09	3.55	5.66	0.93	2.23	0.02	8.84	0.04	0.02	0.06	12.45	

标本H51③：4（#4407；S149），石刀，残存一半，磨制。绿泥石或绿泥/角闪片岩。平面呈长方形，单面刃，近背部残存一对钻的圆孔。残长7.0、宽4.6、厚1.1厘米，重60.1克（彩版一六四，3）。

标本H51③：9（#4407；S159），石镞，打制。红白色燧石。平面呈三角形，横截面近似菱形。长3.3、宽2.2、厚0.5厘米，重3.6克（图2-461，8；彩版一六四，4）。

标本H51②：2，罐形鼎。夹砂黑陶，因埋藏原因陶色斑驳。侈口，方唇，折沿，溜肩，圆腹，下腹斜收，平底，三简化鸟首形足，下部残断。局部留有磨光痕迹，肩部有一周浅凹弦纹。底部和足部有火烧痕迹。口径16.4、最大腹径18.4、底径10.8、残高18.0、厚0.22～0.5厘米（图2-460，1）。

标本H51③：5，罐形鼎。夹砂黑陶，夹少量云母，因埋藏原因陶色斑驳。侈口，圆唇，平沿，沿面有两周凹槽，有颈，溜肩，圆腹，平底，三角形足的正面有一道鸡冠状堆纹。器表经磨光处

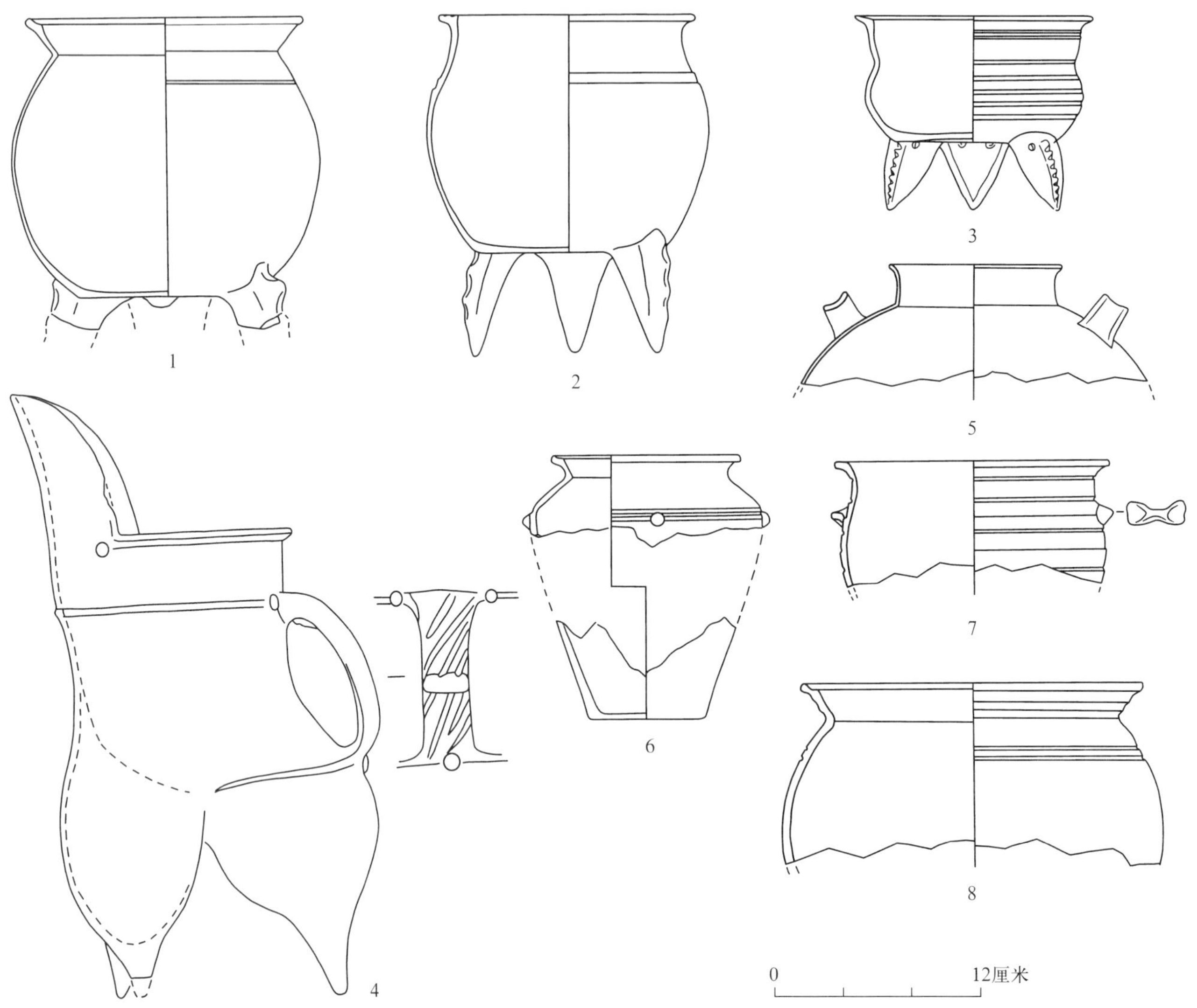

图2-460 一区八期H51出土陶器（一）

1、2. 罐形鼎H51②：2、H51③：5 3. 盆形鼎H51③：8 4. 鬶H51②：16 5. 有领罐H51④：18 6～8. 罐H51②：15、H51②：19、H51④：20

理。肩部有两周阶状凸起，底和足部有火烧痕迹。口径15.6、最大腹径16.6、底径11.0、高19.6、厚0.22～0.53厘米（图2－460，2）。

标本H51③：8，盆形鼎。泥质黑陶。侈口，宽平沿，沿面内斜，沿面有两周浅凹槽，颈部较粗，鼓腹，平底内凹，鸟喙形足。通体经磨光处理。颈部有一组凸弦纹，腹部有四周凹弦纹。口径13.8、底径9.0、高11.2、厚0.25～0.5厘米（图2－460，3）。

标本H51②：16，鬶。夹细砂浅橙色陶。长直流，圆唇，沿微卷，粗长颈，浅腹，袋足，实足尖较高。一侧有象征性绞丝状把手。颈下部和后袋足上各有一周凸棱，流根部、把手上端两侧和下端中间位置各有一个小泥饼。足部有火烧痕迹。前后长21.4、宽16.4、高34.8、厚0.2～0.5厘米（图2－460，4；彩版一六三，5）。

标本H51④：18，有领罐。泥质黑陶，耳为夹砂灰陶。直口，领较高，圆肩，圆腹，以下残。肩部有一对宽横耳。器表经磨光处理，素面。口径10.0、残高7.0、厚0.3厘米（图2－460，5）。

标本H51②：15，罐。夹砂黑陶。侈口，方唇，折沿，折肩，腹部斜收，平底。肩部有两周凹弦纹，其上有对称的小泥饼和盲鼻各一对。口径11.1、底径7.0、复原高为15.4、厚0.25～0.6厘米（图2－460，6）。

标本H51②：19，罐。夹砂黑陶。侈口，方唇，窄平沿，束颈，微鼓腹，以下残。器表经磨光处理。颈及腹部有六周凹弦纹，颈下有一对盲鼻。口径16.0、残高7.2、厚0.2～0.4厘米（图2－460，7）。

标本H51④：20，罐。夹砂黑陶。侈口，圆方唇，折沿，沿面有一周凹槽，圆肩，圆腹，以下残。器表经磨光处理。沿外侧有两周细凸棱，肩部有两周凹弦纹。口径20.0、残高10.2、厚0.3～0.5厘米（图2－460，8）。

标本H51②：1，鼓腹盆。泥质灰陶，夹少量云母。侈口，圆唇，折沿，沿面上部有一周凹槽，

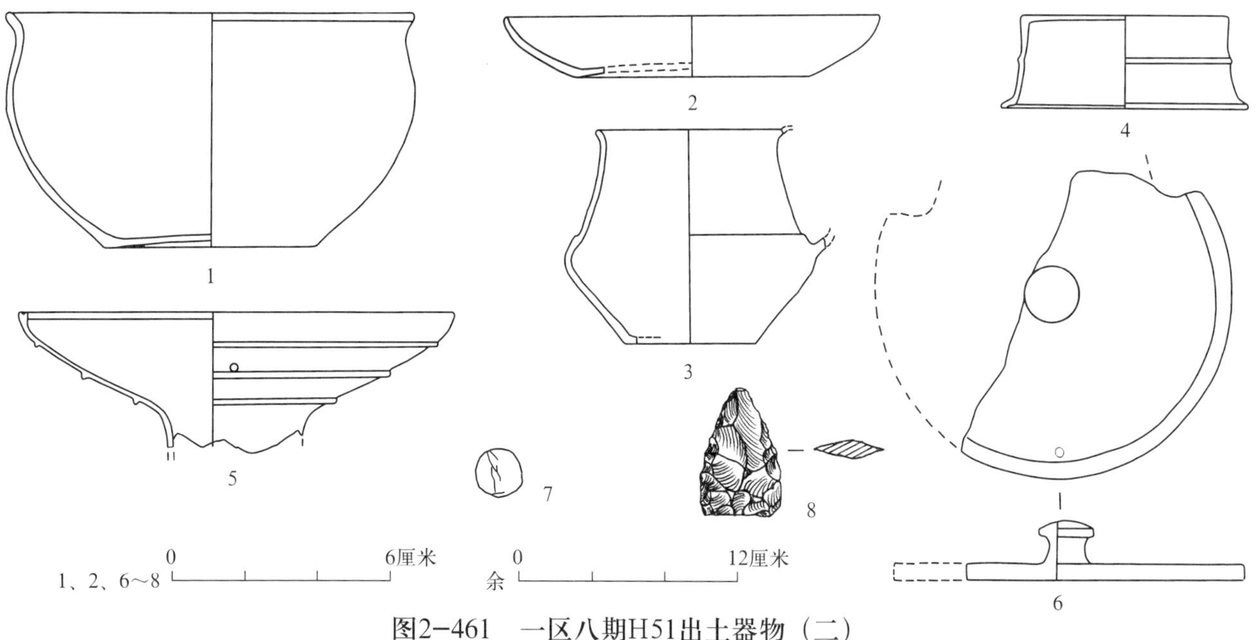

图2－461　一区八期H51出土器物（二）

1．鼓腹盆H51②：1　2．盘H51③：10　3．鼓腹杯H51④：17　4．覆盆形器盖H51③：3　5．器盖H51③：11　6．鬶盖H51③：12　7．弹丸H51③：6　8．石镞H51③：9

鼓腹，平底内凹。素面。口径11.2、底径5.9、高6.3、厚0.12～0.4厘米（图2–461，1）。

标本H51③：10，盘。泥质黑陶。浅盘，敞口，斜壁，平底内凹。素面。口径10.4、底径6.2、高1.6、厚0.1～0.2厘米（图2–461，2）。

标本H51④：17，鼓腹杯。泥质黑陶。圆唇，粗长颈，鼓腹，下腹内收，小平底。一侧口沿与腹部之间有带状把手痕迹。外表经磨光处理，素面。口径10.0、底径7.0、高11.4、厚0.3～0.4厘米（图2–461，3）。

标本H51③：3，覆盆形器盖。泥质黑陶。平顶，壁中部有一周凸棱，口微外张，圆唇，沿面有一周凹槽。素面。顶径11.4、口径13.6、高5.5、厚0.2～0.6厘米（图2–461，4）。

标本H51③：11，器盖。泥质黑陶。盖顶残失，弧形盖面，直口，方唇，唇面有一周凹槽。通体磨光。盖面有三周凸棱。口径24.0、残高7.2、厚0.2～0.45厘米（图2–461，5）。

标本H51③：12，鬶盖。夹砂白陶。蘑菇形纽，板形盖，一边残，另一边缘穿一小圆孔，系绳之用。盖面边缘有一周凹弦纹。直径10.0、高1.6、厚0.4厘米（图2–461，6）。

标本H51③：6，弹丸。夹砂灰陶。圆球形。直径1.0厘米（图2–461，7）。

7．H62

位于E4T2349南部，开口于耕土层下，打破⑥a层。椭圆形，圜底（图2–462）。坑口长径1.00、短径0.64、深0.18米。填灰黑色土（7.5YR2.5/1），出土1件可复原的陶罐。

标本H62：2，罐。夹细砂细云母陶。侈口，方唇，窄沿，短颈，上腹微弧，下腹斜收，平底。外表经磨光处理。颈下有对称的盲鼻和泥饼各一对。口径16.5、底径10.2、高17.3、厚0.35～0.56厘米（图2–462）。

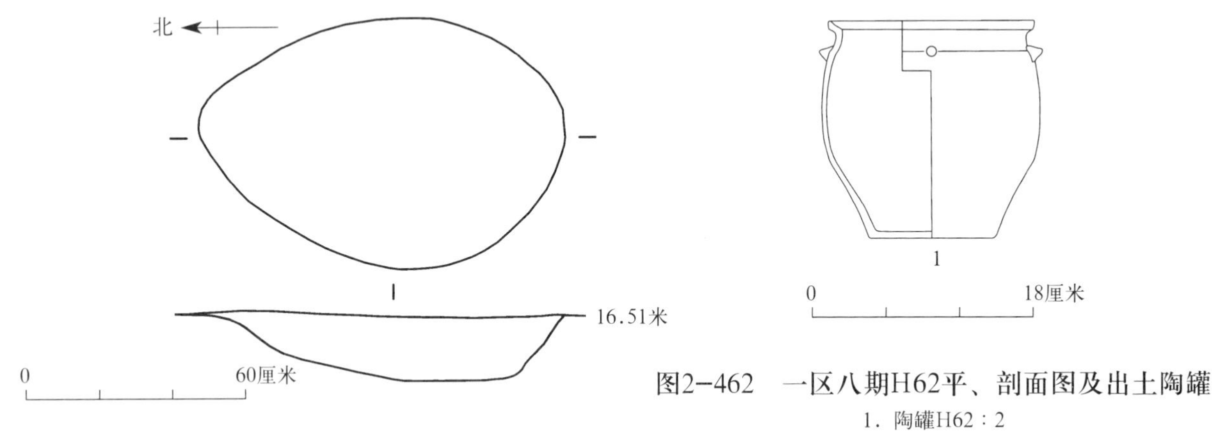

图2–462　一区八期H62平、剖面图及出土陶罐

1．陶罐H62：2

8．H63

位于E4T2346西北部，向西、北分别伸入T2345和T2396，开口于耕土层下，被H58、H64打破，又打破⑥a层及以下堆积和H122。椭圆形，斜壁，平底（图2–463；彩版一六六，1）。坑口长径1.88、短径1.20、深0.60米。填土分为三层，第1层为黄褐色土（10YR3/3）；第2层为灰色土（10YR3/1）；第3层为灰黑色土（10YR2/1），较为松软。出土石器和鼎、罐、壶、鼓腹杯、器盖等陶器或残片（表2–100）。收集浮选土样3份共15升。

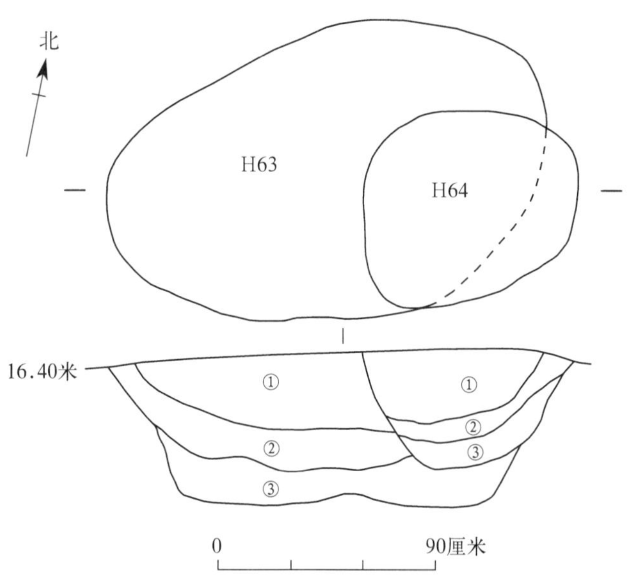

图2-463　一区八期H63、H64平、剖面图

标本H63②：17（#3716；S1197），石铲，上半部残失。流纹质熔结凝灰岩。平面为圆头长方形，单面刃。残长4.4、宽3.2、厚0.6厘米，重12.2克（彩版一六四，5）。

标本H63②：1（#3716；S208），石镞。绿泥石或绿泥/角闪片岩。平面呈柳叶形，横截面为菱形，扁锥形铤。长8.7、宽2.1、厚0.7厘米，重15.3克（图2-464，12；彩版一六四，6）。

标本H63③：3（#3718；S209），石镞，后半部残失。绿泥石或绿泥/角闪片岩。平面呈柳叶形，横截面为菱形。残长4.5、宽2.1、厚0.8厘米，重7.5克（彩版一六四，7）。

标本H63①：15（#3713；S1033），磨石，残。砂岩。不规则形，磨面略粗。长6.0、宽4.1、厚2.2厘米，重50.3克。

标本H63②：16（#3716；S1034），磨石，残。砂岩。碎成多块，颗粒较粗。重29.5克。

标本H63②：2（#3716；S207），石器，残，磨制。流纹质熔结凝灰岩。平面为长方形。残长7.8、宽5.9、厚1.4厘米，重93.4克（彩版一六四，8）。

标本H63②：18（#3716；S1125），石核。花岗岩。平面近方形。长18.0、宽18.0、厚8.0厘米，重3995克（彩版一六四，9）。

表2-100　H63陶片统计表

陶质/陶色/数量/纹饰	泥质					夹砂						总计	百分比（%）
	黑	灰	红	褐	合计	黑	灰	褐	白	红	合计		
凸弦纹	24	5		3	32	22	3	3	5		33	65	2.51
凹弦纹	33	5		2	40	60	15	5	1		81	121	4.68
堆　纹	1				1	1		5			6	7	0.27
泥　饼	1				1	2	1				3	4	0.15
盲　鼻	2				2	2	1	1			4	6	0.23
镂　孔				1	1							1	0.03
瓦　棱	8				8							8	0.31
素　面	1163	92	11	95	1361	590	102	213	83	25	1013	2374	91.80
累　计	1232	102	11	101	1446	677	122	227	89	25	1140	2586	100
百分比（%）	47.64	3.94	0.43	3.91	55.92	26.18	4.72	8.78	3.44	0.97	44.08	100	
重量（千克）	5.65	0.79	0.01	0.13	6.58	7	1.22	2.75	0.51	0.2	11.68	18.26	

标本H63③：8，罐形鼎。夹砂黑陶，灰褐胎，包含少量云母。侈口，方圆唇，折沿中部外凸，溜肩，圆腹，平底内凹，三无眼鸟喙形足下端残。器壁上部和口沿内侧均经磨光处理。腹部饰三周凹弦纹。足和底部有火烧痕迹。口径18.6、最大腹径21.0、底径11.9、高19.6、厚0.25～0.5厘米（图2-464，1）。

标本H63③：11，罐形鼎。夹砂黑陶。口部残，溜肩，鼓腹，平底较大，三足残。肩部有两周凹弦纹。腹径13.4、底径8.8、残高11.0、厚0.3～0.6厘米（图2-464，2）。

标本H63②：13，鬶把。夹砂白陶。桥形把手。长13.0、宽2.5厘米（图2-464，3）。

标本H63②：5，高领罐。夹砂黑陶，含少量云母。侈口，圆唇，沿内侧有一周凹槽，高领，圆肩，圆腹，最大径偏上，腹下部内收较甚，平底。颈下和腹部有十周浅而细的凹弦纹，肩部残留一个小泥饼痕迹。口径13.0、最大腹径22.3、底径9.0、高22.6、厚0.25～0.4厘米（图2-464，4）。

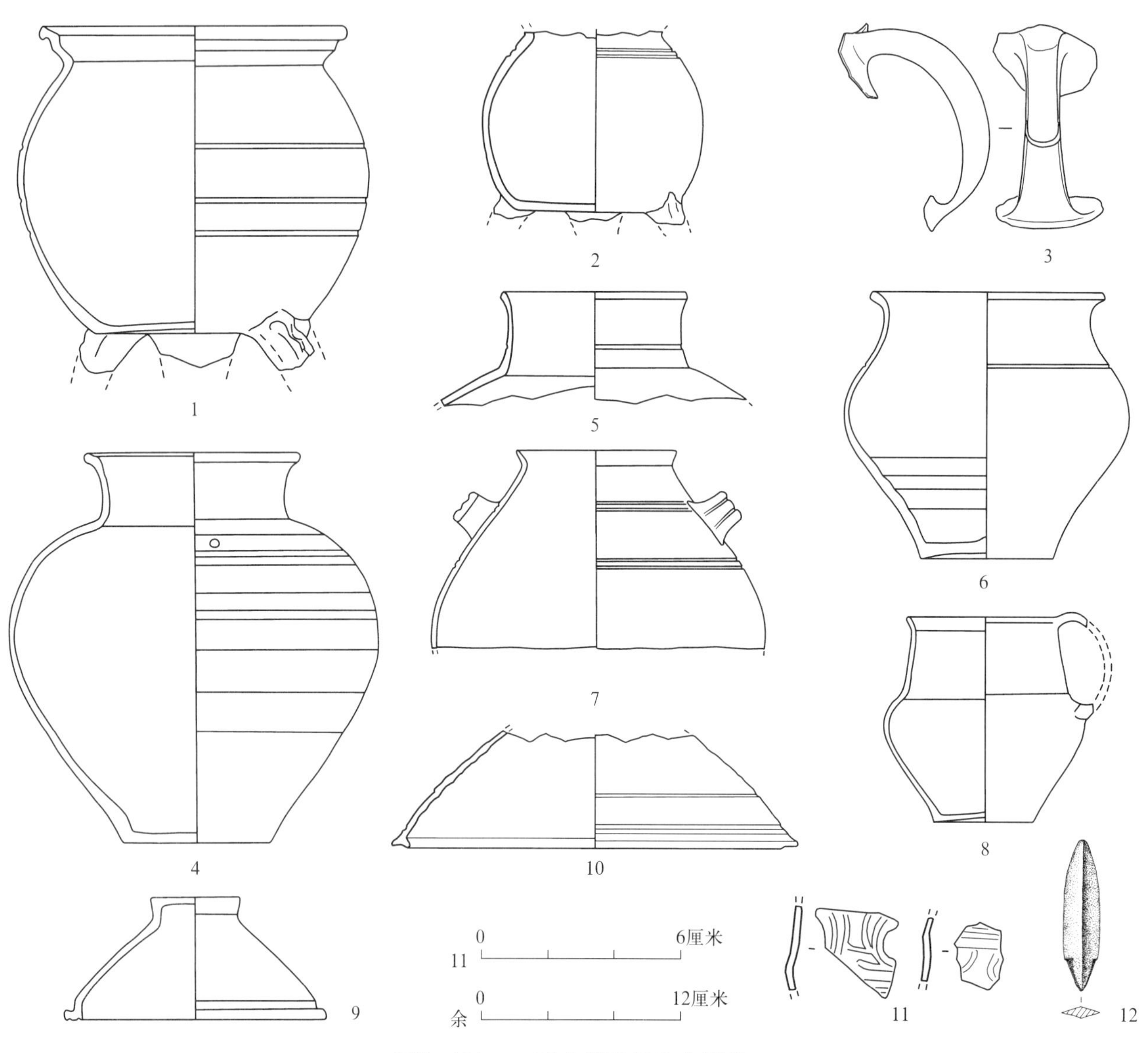

图2-464　一区八期H63出土器物

1、2．罐形鼎H63③：8、H63③：11　3．鬶把H63②：13　4、5．高领罐H63②：5、H63③：12　6．鼓腹罐H63③：9　7．小口罐H63③：10　8．鼓腹单耳杯H63③：4　9、10．覆碗形器盖H63③：7、H63③：14　11．朱砂陶片H63②：6　12．石镞H63②：1

标本H63③：12，高领罐。夹砂黑陶。直口微侈，方唇，颈微内束，广肩，以下残。器表经磨光处理。颈部有一周凹弦纹。口径11.0、残高5.9、厚0.3～0.5厘米（图2–464，5）。

标本H63③：9，鼓腹罐。泥质黑陶。侈口，圆唇，卷沿，束颈，溜肩，鼓腹，最大径偏上，下腹斜收较甚，平底内凹。内壁有轮制时留下的瓦棱痕迹。器表及口沿内侧经磨光处理。肩部有一周凹弦纹。口径14.1、最大腹径17.0、底径8.0、高15.4、厚0.3～0.7厘米（图2–464，6）。

标本H63③：10，小口罐。泥质黑陶，深灰胎。侈口，尖圆唇，卷沿（内卷外折），长斜肩，鼓腹以下残失。器表经磨光处理。口下和肩部有二组共四周凹弦纹，每组两周，肩部并有对称的较大横耳一对。口径9.6、残高11.6、厚0.3厘米（图2–464，7）。

标本H63③：4，鼓腹单耳杯。泥质黑陶，灰褐胎。口微侈，圆唇，粗长颈，鼓腹，平底内凹。一侧口沿与腹部之间有带状把手，残。器表经磨光处理。口径9.0、最大腹径12.2、底径6.0、高11.7、厚0.2～0.35厘米（图2–464，8；彩版一六五，1）。

标本H63③：7，覆碗形器盖。夹砂黑陶，褐胎。小平顶，盖面略弧，方唇，平沿，沿面有两周凹槽。外表经磨光处理。素面。顶径5.4、口径15.8、高7.1、厚0.3～0.5厘米（图2–464，9）。

标本H63③：14，覆碗形器盖。泥质灰陶。顶残，盖面隆起，口微内敛，沿面有一周凹槽。口径24.0、残高7.0、厚0.4～0.6厘米（图2–464，10）。

标本H63②：6，朱砂陶片，2片。均有刻划纹，尺寸分别为：高2.4、厚0.2厘米，高2.2、厚0.2厘米（图2–464，11）。

9．H64

位于E4T2346北部，开口于耕土层下，打破⑥a层及H63。近椭圆形，斜壁，圜底（图2–463）。坑口长径0.88、短径0.76、深0.48米。填土分为三层，第1层为灰褐色土（10YR3/2）；第2层为灰黑色土（10YR2/1）；第3层为深灰色土（2.5YR3/1）。包含遗物较多。出土石锛、石镰等石器和鼎、罐、盆、盒、器盖等陶器或残片（表2–101）。收集浮选土样1份5升。

标本H64①：6（#2620；S333），石锛，刃部一端残失。流纹质熔结凝灰岩。平面和横截面均为长方形。残长3.4、宽2.3、厚1.0厘米，重12.4克（彩版一六七，1）。

标本H64①：8（#2620；S332），石锛。流纹质熔结凝灰岩。平面呈长方形，磨制。长5.1、宽2.5、1.1厘米，重29.1克（彩版一六七，2）。

标本H64①：7（#2620；S334），石镰，残存一段。花斑岩。双面刃，磨制。残长5.6、宽5.7、厚1.0厘米，重54克（彩版一六六，5）。

标本H64③：1（#3717；S206），石镰。带绿帘石斑点的流纹花岗岩。双面刃，磨制。残长3.8、宽6.3、厚1.1厘米，重49.1克。

标本H64①：4（#2620；S336），石器，残。流纹质熔结凝灰岩。扁薄体，磨制。残长5.7、宽7.0、厚1.2厘米，重55.9克（彩版一六七，3）。

标本H64①：14（#2620；S1562），磨石，残。砂岩。平面近三角形，磨面略粗而平整。长4.1、宽3.8、厚1.7厘米，重28.1克。

标本H64②：15（#3714；S1026），磨石，残。砂岩。平面近三角形，磨面略细而内凹。长4.4、宽4.5、厚2.1厘米，重51.9克（彩版一六七，4）。

表2-101　H64陶片统计表

陶质 / 数量 / 陶色 / 纹饰	泥质				夹砂							总计	百分比（%）
	黑	灰	褐	合计	黑	灰	红褐	白	褐	红	合计		
凸弦纹	16	2	1	19	17	2			1		20	39	4.17
凹弦纹	18	4	1	23	29	4		2			35	58	6.20
堆　纹	1			1	1		6		1	1	9	10	1.07
泥　饼					1						1	1	0.11
盲　鼻					2			1			3	3	0.32
素　面	406	41	18	465	229	29	70	11	20	1	360	825	88.14
累　计	441	47	20	508	279	35	76	14	22	2	428	936	100
百分比（%）	47.12	5.02	2.14	54.27	29.81	3.74	8.12	1.50	2.35	0.21	45.73	100	
重量（千克）	2.09	0.59	0.17	2.85	3.19	0.41	0.68	0.11	0.35	0.03	4.77	7.62	

标本H64①：9，罐。夹砂灰陶。侈口，方唇，卷沿，沿面有两周凹槽，束颈，溜肩，以下残。器表经磨光处理。颈下有一周凸棱。口径30.0、残高9.6、厚0.5～0.7厘米（图2-465，1）。

标本H64①：13，壶。泥质黑陶。上下皆残，筒形腹，下端略粗。器表经磨光处理。颈部有三周凸棱。残长7.4、残高6.4、厚0.4～0.6厘米（图2-465，2）。

标本H64①：12，盆。泥质黑陶。大平底盆口沿残片，敞口，圆唇，卷沿，下残。器内外表均经磨光处理。残高3.5、厚0.4～0.8厘米（图2-465，3）。

标本H64①：3，平底盒。泥质黑陶，灰胎。子口甚矮，腹部较直，近底部向内折收，平底残。内外表均经磨光处理，素面。口径19.4、底径16.0、高6.6、厚0.3～0.4厘米（图2-465，4）。

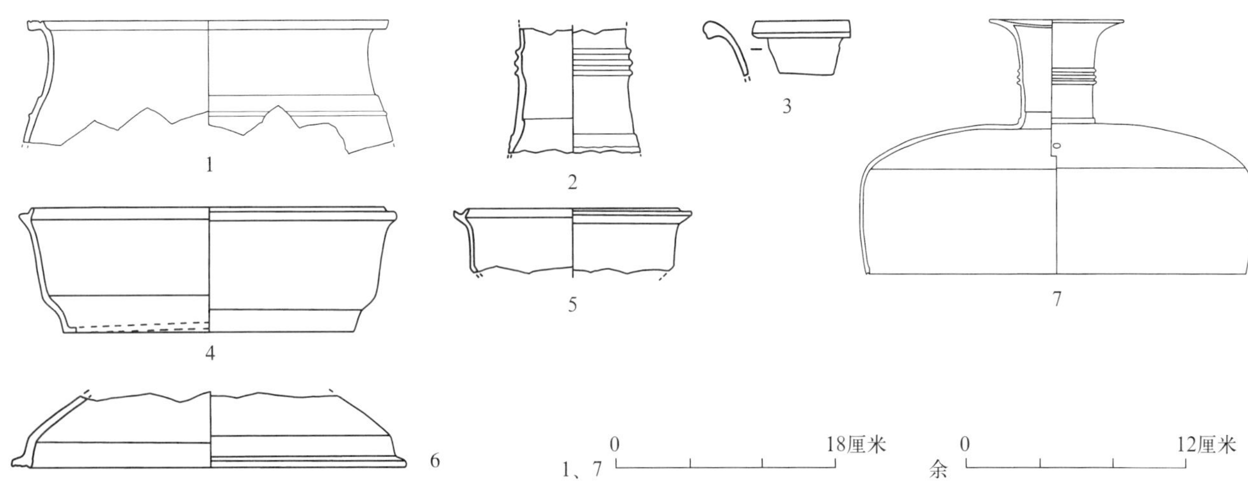

图2-465　一区八期H64出土陶器

1．罐H64①：9　2．壶H64①：13　3．盆H64①：12　4．平底盒H64①：3　5．盒H64①：11　6．覆碗形器盖H64①：10　7．覆盆形器盖H64③：2

标本H64①：11，盒。泥质黑陶。口微敛，子口甚矮，上腹较直，折腹，底残。器内外表均经磨光处理。素面。口径11.4、残高3.3、厚0.2厘米（图2–465，5）。

标本H64①：10，覆碗形器盖。泥质黑陶。顶面残，盖面斜弧，近底部折收，方唇，平沿外伸，沿面有一周凹槽。器表经磨光处理，素面。口径22.0、残高4.0、厚0.4～0.6厘米（图2–465，6）。

标本H64③：2，覆盆形器盖。泥质黑陶，灰胎。器体较大，高“T”字形纽，纽面中部下凹较甚，盖面略外弧，圆折肩，近直壁，口部微内收，沿面有一周凹槽。器表经磨光处理。纽中部有三周凸棱，纽底部有一周阶状凸起，盖面上残存一个小泥饼。纽径11、盖面肩径32.3、口径31.3、高20.2、厚0.2～0.4厘米（图2–465，7；彩版一六五，2）。

10．H67

位于E4T2448北部，开口于耕土层下，打破⑥a层。圆形，圜底（图2–466）。坑口直径0.72、深0.17米。填土为黄、黑、灰色相间的薄层土，中间有一层陶片，出土1件可复原的单耳罐形鼎。

标本H67：1，单耳罐形鼎。夹砂黑陶。侈口，圆唇，折沿，沿面有一周凹槽，溜肩，鼓腹，最大腹径偏下，平底，三足下半残失。一侧肩、腹之间有半环形单耳。外表经磨光处理。颈下有两周凹弦纹。口径11.6、底径8.5、残高13.0、厚0.25～0.6厘米（图2–466）。

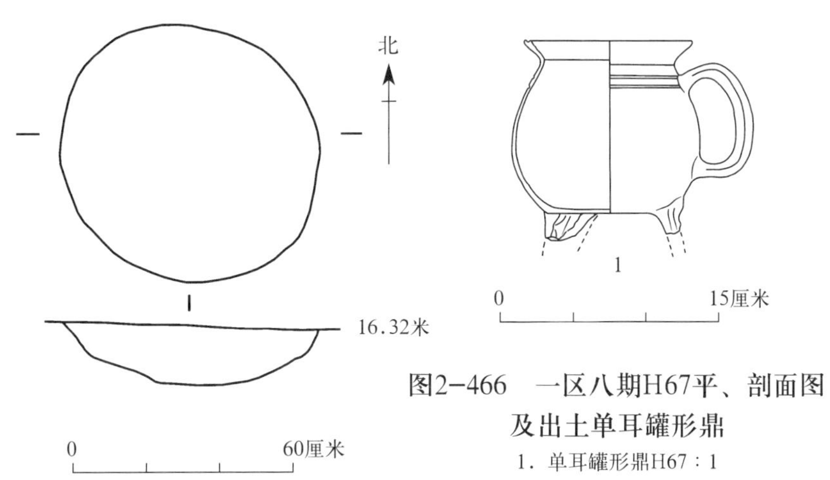

图2–466　一区八期H67平、剖面图及出土单耳罐形鼎

1．单耳罐形鼎H67：1

11．H69

位于E4T2399西部，开口于耕土层下，被H68打破，打破⑥a层。平面为椭圆形，直壁，平底（图2–467；彩版一六六，2）。长径1.52、短径1.18、深0.51米。填土分为两层，第1层为较薄的一层黑灰色土（10YR2/1）；第2层较厚，为灰色土（10YR3/1）。底部有一层陶片。出土石铲、石镰、石刀等石器，出土陶器的器形有鼎、鬶、甗、罐、壶、杯、盒、器盖等（表2–102）。收集浮选土样1份5升。

标本H69①：10，石铲。残，两面刃，平板形，磨光。残长8.2、残宽4.8、厚0.55厘米（图2–468，9）。

标本H69①：15（#5703；S408），石镰，两端均残失。流纹质熔结凝灰岩。平面为弧背凹刃的长方形，单面刃。残长8.0、宽4.8、厚1.3厘米，重70克（彩版一六七，5）。

标本H69①：16（#5703；S407），石刀，残存一侧。砂岩。平面为长方形，下侧和一端均为单面刃。残长9.0、宽4.7、厚1.4厘米，重99.1克（彩版一六七，6）。

标本H69①：1（#5703；S1182），磨石，残。流纹花岗岩。平面近三角形，磨面平整。长10.0、宽5.9、厚1.9厘米，重142克（彩版一六七，7）。

标本H69①：11（#5703；S1175），磨石，残。砂岩。磨面略粗。长2.6、宽2.2、厚1.8厘米，重11.9克。

标本H69①：12（#5703；S1174），磨石，残。砂岩。磨面略细而内凹。长6.0、宽5.3、厚3.4厘米，重128.1克（彩版一六七，8）。

标本H69②：13（#5704；S1179），磨石，残。砂岩。不规则形，磨面细而微内凹。长4.8、宽3.2、厚1.1厘米，重19.1克（彩版一六六，4）。

标本H69①：8（#5703；S242），可用石片。石英。不规则形。长3.6、宽2.6、厚1.1厘米，重8.4克。

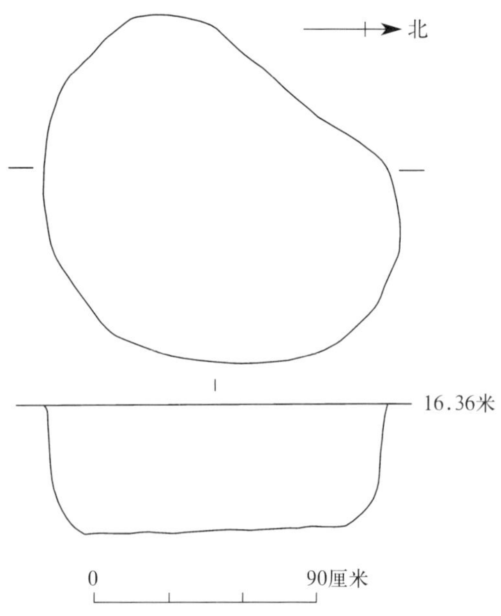

图2-467　一区八期H69平、剖面图

标本H69①：9，甗，存袋足以上部分。夹砂黑陶。侈口，方唇，短颈，唇面有一周凹槽，沿面有两周凹槽，弧肩，圆腹，下腹斜收，束腰，袋足残失。外表经磨光处理。甑部有九周凸弦纹，颈下有对称的盲鼻一对，甑部有一周凹弦纹。口径26.2、最大腹径27.0、残高32.1、厚0.35～0.7厘米（图2-468，1）。

标本H69：2，鬶。夹细砂红陶，外表白衣大部脱落。流、腹、袋足均残，沿面有凹槽，带状把手，正面有斜向凹槽，高实足尖（图2-468，2）。

标本H69①：5，壶。泥质黑陶。侈口，圆唇，束颈，溜肩，圆腹下部急收成小平底，底部内凹较甚。出土时壶口上发现圆饼形器盖，盖面中部纽残失。外表经磨光处理，素面。口径6.0、底径7.6、高21.3、厚0.2～0.4厘米。圆饼形盖直径5.6厘米（图2-468，3）。

标本H69①：6，鼓腹单耳杯。夹粗砂褐陶，含少量云母。侈口，圆唇，粗长颈，鼓腹，平底较厚，一侧口沿和腹部之间有带形把手，残失。颈下有两周凹弦纹。口径8.5、底径5.6、高13.2、厚0.3～0.6厘米（图2-468，4）。

标本H69①：3，覆碗形器盖。夹砂黑陶，含有少量云母。平顶，盖面下部外鼓，方唇，斜平沿外伸，沿面有两周浅凹槽。外表局部留有磨光痕迹，素面。顶径6.0、口径18.0、高7.1、厚0.35～0.45厘米（图2-468，5；彩版一六五，3）。

标本H69①：4，覆碗形器盖。夹细砂黑陶，含少量云母。小平顶，盖面略鼓，圆唇，沿面有一周宽凹槽，器壁内侧留有轮制形成的瓦棱纹。外表经磨光处理，素面。顶径3.8、口径14.0、高5.1、厚0.3～0.55厘米（图2-468，6）。

标本H69②：14，覆碗形器盖。夹砂灰黑陶，因埋藏原因陶色斑驳。平顶微内凹，盖面斜直，圆唇，沿面有两周凹槽。盖顶边缘有一周凹槽，盖面中部有两周凹弦纹，其上有对称的盲鼻一对。顶径5.2、口径16.4、高5.6、厚0.35～0.9厘米（图2-468，7）。

标本H69①：7，鬶盖。夹砂白陶。菌状纽，板形盖，中部内弧，边缘上翘，盖面边缘有一周凹弦纹，一端有一孔，与孔相对一端残。直径10.4、通高3.6厘米（图2-468，8）。

表2-102　H69陶片统计表

陶质 / 陶色 / 数量 / 纹饰	泥质					夹砂							滑石	总计	百分比（%）
	黑	灰	红	褐	合计	黑	灰	褐	白	红	红褐	合计	褐		
凸弦纹	26	8	1		35	42	6	2	2	2	1	55		90	3.59
凹弦纹	39	18		1	58	34	24	5	2		2	67		125	4.98
堆　纹						2	1	2				5		5	0.20
泥　饼		1			1	4						4		5	0.20
盲　鼻	4				4	2						2		6	0.24
花　边	2				2	3						3		5	0.20
附加堆纹											1	1		1	0.04
素　面	630	148	6	54	838	764	272	174	80	4	120	1414	20	2272	90.55
累　计	701	175	7	55	938	851	303	183	84	6	124	1551	20	2509	100
百分比（%）	27.94	6.97	0.28	2.19	37.39	33.92	12.08	7.29	3.35	0.24	4.94	61.82	0.80	100	
重量（千克）	4.95	2.42	0.1	0.32	7.794	12.18	4.2	1.05	0.32	0.2	1.55	19.5	0.15	27.44	

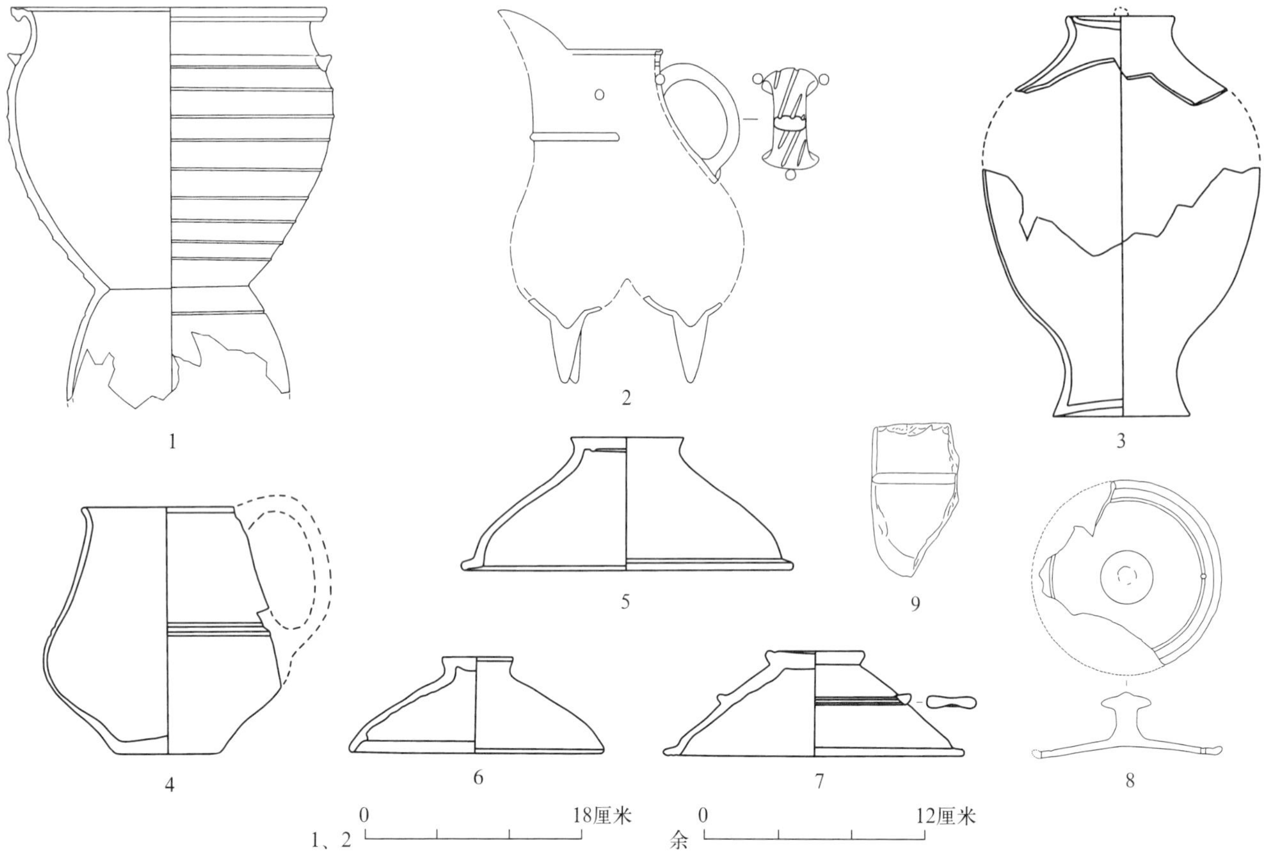

1、2 0 18厘米 余 0 12厘米

图2-468 一区八期H69出土陶器

1．甗H69①：9 2．鬶H69：2 3．壶H69①：5 4．鼓腹单耳杯H69①：6 5～7．覆碗形器盖H69①：3、H69①：4、H69②：14 8．鬶盖H69①：7 9．石铲H69①：10

12．H75

位于E4T2449南部，开口于耕土层下，被H70、H77打破，又打破⑥a层。椭圆形，弧壁（图2-469）。坑口长径1.14、短径0.94、深0.17米。填灰色土（10YR2/1），出土陶器器形有鼎、罐、盆、豆、杯、镞等（表2-103）。采集植硅体样品1份100克，收集碳十四测年样品1个。

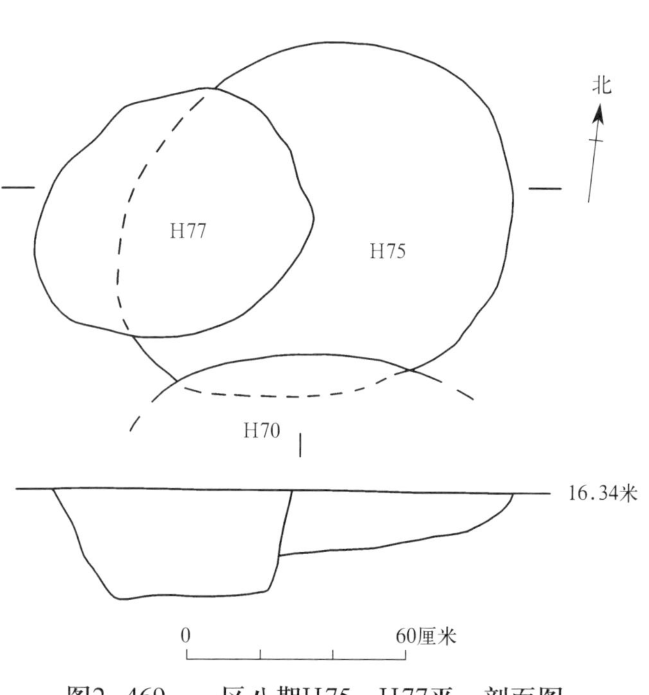

图2-469 一区八期H75、H77平、剖面图

标本H75：4（#5905；S1178），磨石，残。砂岩。磨面略细而内凹。残长5.1、残宽2.5、厚2.2厘米，重25.6克（彩版一六六，6）。

标本H75：2，盆形鼎。夹砂黑陶，含有少量云母。大口，圆唇，平折沿，沿面有两周浅凹槽，上腹较浅，下腹较深，底和三足残。器表经磨光处理，上腹部有一周凹弦纹，下腹部呈阶状。口径17.6、底径12.0、残

表2-103　H75陶片统计表

数量 陶质/陶色/纹饰	泥质			夹砂				夹云母	总计	百分比（%）
	黑	灰	合计	黑	灰	褐	合计	黑		
凸弦纹	13		13	8	2		10		23	3.64
凹弦纹	35		35	15			15	1	51	8.07
堆　纹					1		1		1	0.16
盲　鼻	2		2	2			2		4	0.63
花　边	1		1	2			2		3	0.47
镂　孔	2		2						2	0.32
素　面	210	10	220	190	22	116	328		548	86.71
累　计	263	10	273	217	25	116	358	1	632	100
百分比（%）	41.61	1.58	43.20	34.34	3.96	18.35	56.65	0.16	100	
重量（千克）	1.4	0.08	1.48	1.9	0.16	1.93	3.99		5.47	

高9.4、厚0.3～0.4厘米（图2-470，1）。

标本H75：3，豆。泥质黑陶。近直口，尖唇，平折沿，沿面内凹，折腹，平底内凹较甚，喇叭状圈足，下残。器表和盘内均经磨光处理。折腹位置有盲鼻一对。口径16.0、残高10.2、厚0.3～0.4厘米（图2-470，2）。

标本H75：1，陶镞。夹砂灰陶。铤部残失，平面呈柳叶形，系利用陶片改制而成。残长5.2、宽2.4、厚0.6厘米（图2-470，4）。

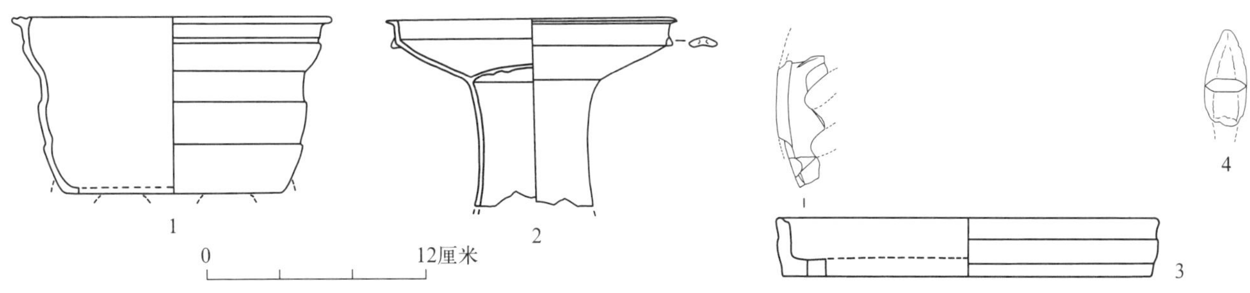

图2-470　一区八期H75、H77出土陶器

1．盆形鼎H75：2　2．豆H75：3　3．陶箅H77：1　4．陶镞H75：1

13．H77

位于E4T2449南部，开口于耕土层下，打破⑥a层和H75。近圆形，斜壁（图2-469），平底。坑口直径0.70、深0.28米。填灰褐色土，出土陶箅残片。收集浮选土样1份5升。

标本H77：1，陶箅。夹砂黑陶，含有少量云母。大部残失，应为浅盘形，圆唇，唇内侧有一周凹槽，壁较矮，底部有两条形残孔。素面。复原口径21.0、复原底径20.4、通高3.1、厚0.65～1厘米

（图2–470，3）。

14．H79

位于E4T2449东南部，开口于耕土层下，打破⑥a层和H228。椭圆形，斜壁，圜底（图2–471；彩版一六六，3）。坑口长径1.80、短径1.20、深0.44米。填土为松软的黑灰色土（7.5YR2.5/1），出土陶器的器形有鼎、甗、罐、盆、豆、杯、器盖和纺轮等及较多陶片。收集浮选土样1份5升，采集植硅体样品1份20克。

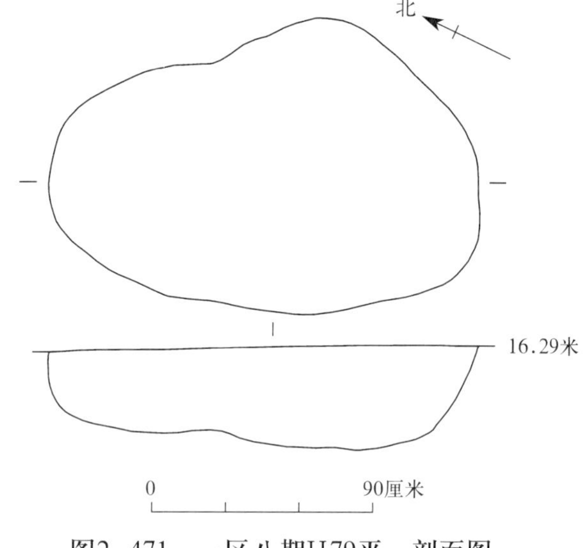

图2–471　一区八期H79平、剖面图

标本H79：9（#5907；S1362），磨石，残。残存一角。砂岩。残长3.4、残宽2.8、厚1.7厘米，重13.4克。

标本H79：4，罐形鼎。泥质黑陶。侈口，圆唇，卷沿，短颈，圆腹，平底较大，三鸟首形足残。器表及口沿内侧经磨光处理。颈下有两周阶状凸起，其上残留一个小泥饼痕迹，腹部饰六周凹弦纹。足部有火烧痕迹。口径10.2、底径8.6、残高9.3、厚0.3～0.4厘米（图2–472，1；彩版

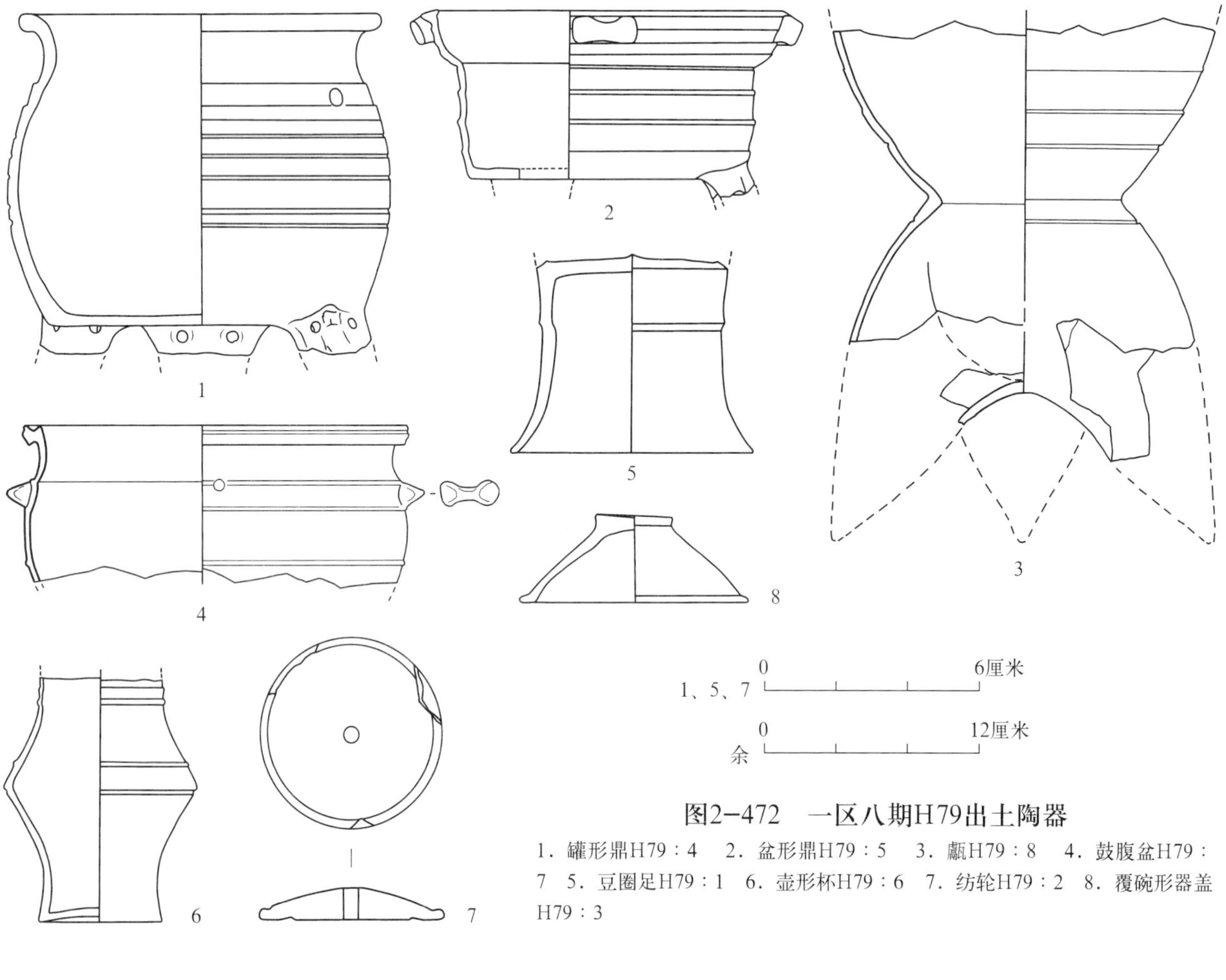

图2–472　一区八期H79出土陶器

1．罐形鼎H79：4　2．盆形鼎H79：5　3．甗H79：8　4．鼓腹盆H79：7　5．豆圈足H79：1　6．壶形杯H79：6　7．纺轮H79：2　8．覆碗形器盖H79：3

一六五，4）。

标本H79：5，盆形鼎。夹砂黑陶，包含少量云母。盘形口，尖圆唇，平沿向外侧倾斜，腹壁较直，平底和三足残。器表经磨光处理。沿下和腹部有六周凸弦纹，沿下有两两相对的小横耳。足部有火烧痕迹。口径21.6、底径12.3、残高10.2、厚0.35～0.5厘米（图2–472，2）。

标本H79：8，甗。夹砂黑陶。甑上半部残失，圆腹内收，束腰，鬲部为弧腹，分裆，下残。甑部有三周凹弦纹，鬲腹有一周凹弦纹，残高23.4、厚0.4～0.83厘米（图2–472，3）。

标本H79：7，鼓腹盆。夹砂黑陶。侈口，方唇，卷沿，沿面有一周深凹槽，短颈，鼓腹，以下残。器表经磨光处理。颈以下有三周凸棱，上两周凸棱之间有小横耳和泥饼各一对。口径22.0、残高5.2、厚0.2～0.5厘米（图2–472，4）。

标本H79：1，豆的圈足。泥质黑陶。仅存喇叭状圈足，中部偏上位置有一周阶状内收。底径6.8、残高5.4、厚0.2～0.45厘米（图2–472，5；彩版一六五，5）。

标本H79：6，壶形杯。泥质黑陶。口部残失，长颈，鼓腹锐折，下腹内收较甚，平底内凹。颈部至腹部依次有两周凸弦纹和一周凹弦纹。最大腹径10.8、底径6.8、残高13.8、厚0.2～0.5厘米（图2–472，6）。

标本H79：3，覆碗形器盖。夹砂黑陶，夹少量云母。小平顶，盖面微弧，尖圆唇，沿面有一周凹槽。器表经磨光处理，素面。顶径4.2、口径12.8、高6.8、厚0.4～0.9厘米（图2–472，8）。

标本H79：2，纺轮。夹细砂黑陶，含少量云母。圆形，正面略鼓，经磨光处理，背面平。两面边缘各有一周凹槽。直径5.3、高0.9厘米（图2–472，7）。

15．H80

主体位于E4T2398东南部，开口于耕土层下，打破⑥a层和H86、H195。平面近圆形，近直壁，平底（图2–473）。坑口长径1.50、深0.30米。填土分为两层，分别为黄色土（10YR6/6）和黑灰色土（7.5YE2.5/1），出土陶器器形有鼎、甗、瓮、罐、盆、杯、器盖等。采集浮选土样2份10升，采集植硅体样品1份20克。

标本H80②：6，罐形鼎。夹砂黑陶，含少量云母。鼎的上半部分残失，腹壁较直，平底较大，三足残失。腹部有四周阶状凸起。腹径17.8、底径12.3、残高8.2、厚0.2～0.4厘米（图2–474，1）。

标本H80②：5，甗。夹砂黑陶。侈口，方唇，卷沿，沿面有一周凹槽，短颈，圆腹，下腹内收，束腰，鬲部基本残失。器表经磨光处理。颈下部有三周凸弦纹，其上有对称的盲鼻和小泥饼各一对，腹部有四周凹弦纹。口径26.8、残高28.2、厚0.3～0.7厘米（图2–474，2）。

标本H80①：7，壶。夹砂白陶。高直口微内倾，圆唇，宽折肩，腹较直，下部及底残失。肩部有两周凸弦纹，其上有对称的盲鼻和小泥饼各一对。口径9.0、肩径20.0、残高8.5、厚0.2～0.4厘米（图2–474，3）。

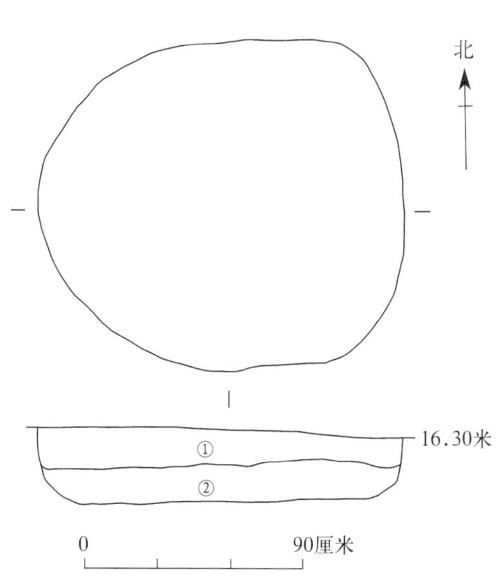

图2–473　一区八期H80平、剖面图

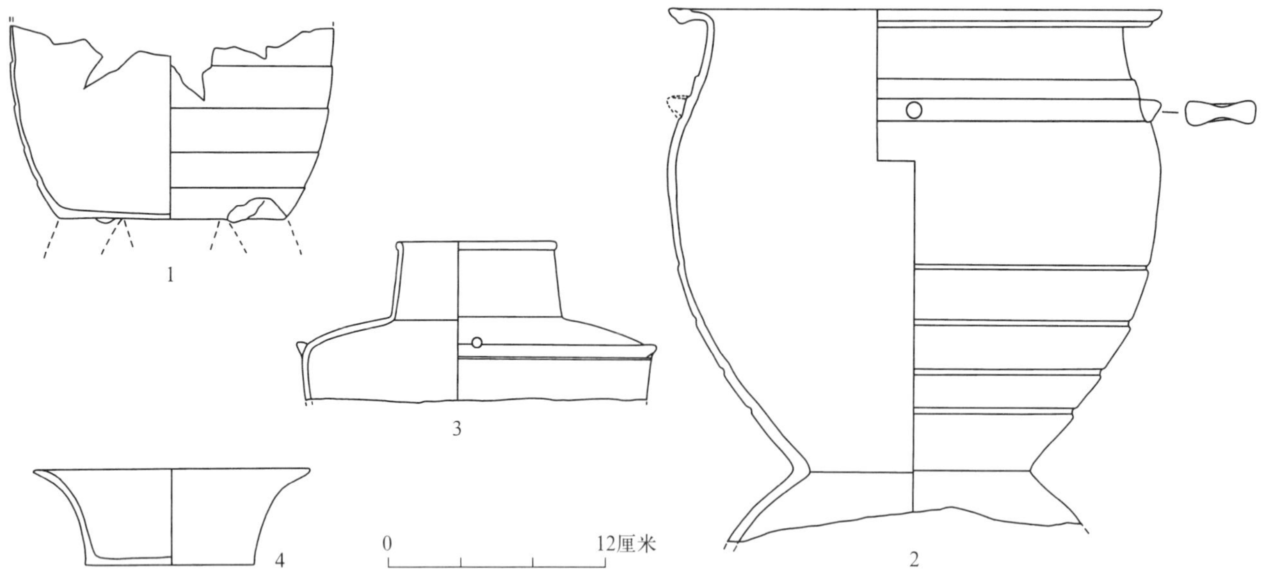

图2-474 一区八期H80出土陶器

1．罐形鼎H80②：6 2．甗H80②：5 3．壶H80①：7 4．小盆H80①：8

标本H80①：8，小盆。泥质黑陶。敞口，尖圆唇，卷沿，斜腹内曲，平底较大。内外表均经磨光处理，素面。口径15.0、底径9.2、高5.0、厚0.5厘米（图2-474，4）。

16．H85

位于E4T2348东北部，开口于耕土层下，被H34和H80打破，又打破⑥a层。近椭圆形浅坑（图2-475），阶状平底，长径1.56、深0.16米。内填灰褐色土（10YR5/1），出土石器和罐、盆、杯等陶器残片（表2-104）。

标本H85：2，大平底盆。夹细砂黑陶。口残，敞口，腹微内曲，大平底。器表经磨光，素面。底径26.0、残高9.6、厚0.3～0.6厘米（图2-475）。

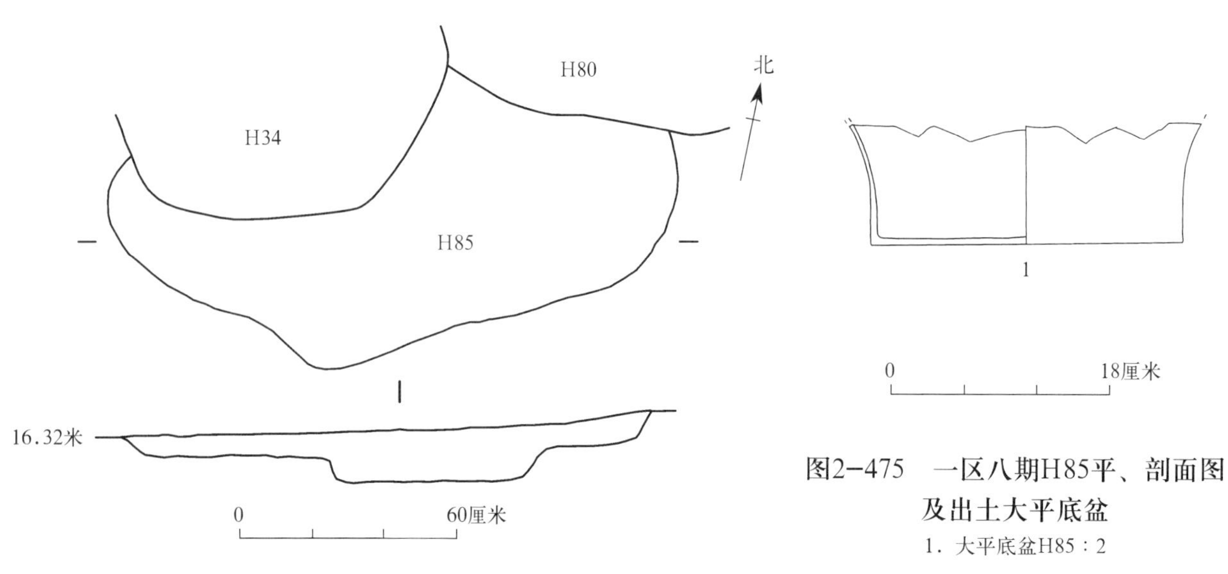

图2-475 一区八期H85平、剖面图及出土大平底盆

1．大平底盆H85：2

表2-104　H85陶片统计表

陶质/陶色/数量/纹饰	泥质					夹砂					总计	百分比（%）
	黑	灰	红	褐	合计	黑	灰	褐	红褐	合计		
凸弦纹	3		2		5	10	3	1		14	19	3.86
凹弦纹	7				7	15		1		16	23	4.67
泥　饼						1				1	1	0.20
盲　鼻	1				1	3				3	4	0.81
附加堆纹								2		2	2	0.41
素　面	97	12	9	9	127	202	66	20	28	316	443	90.04
累　计	108	12	11	9	140	231	69	24	28	352	492	100
百分比（%）	21.95	2.44	2.24	1.83	28.46	46.95	14.02	4.88	5.69	71.54	100	
重量（千克）	0.6	0.02	0.05	0.08	0.75	2.35	0.63	0.61	0.21	3.8	4.55	

17．H86

位于E4T2398、T2399之间，开口于耕土层下，被H78、H80打破，又打破了⑥a层。圆形，圜底（图2-476）。坑口直径1.32、深0.24米。填黄褐色土（10YR4/3），夹杂烧土粒和黑土块等，出土鼎、罐、盆、杯、鬶盖等陶器残片。收集浮选土样1份5升。

标本H86：4（#2807；S270），石锛半成品。流纹质熔结凝灰岩。平面和横截面均为长方形。长15.7、宽5.9、厚3.2厘米，重501.3克（彩版一六八，1）。

标本H86：1，盆形鼎。夹砂黑陶。口微敛，圆唇，宽平沿，沿面上有两周凹槽，颈部内束，弧腹，平底较大，三足残。口沿下残留两个小横耳。器表经磨光处理。口沿外缘饰一周戳印纹，沿以下腹壁饰七周凸棱。口径16.0、底径9.2、残高8.6、厚0.3厘米（图2-477，1）。

标本H86：2，鬶盖。夹细砂红陶。圆饼形盖，细柱纽，上部残，扁薄盖体，一边残。盖径11.2、高1.4厘米（图2-477，2）。

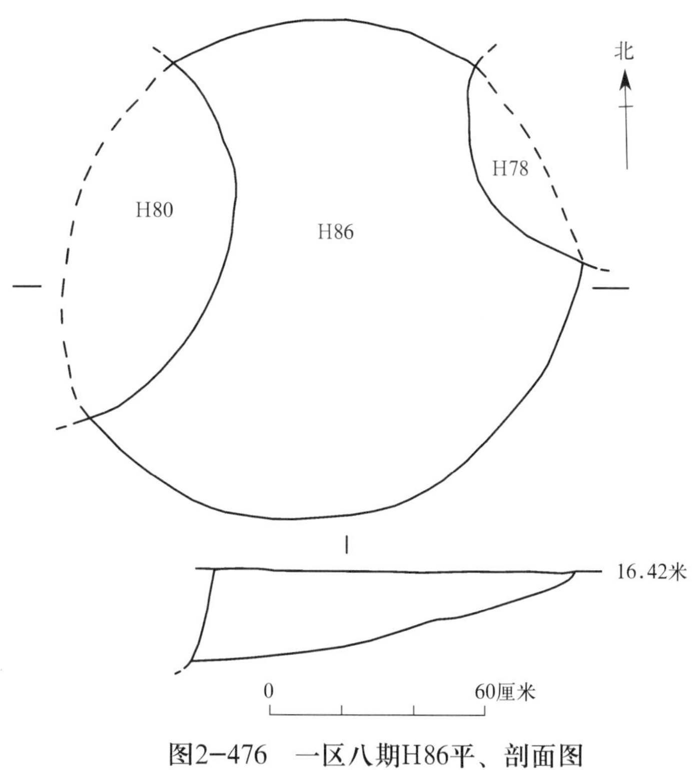

图2-476　一区八期H86平、剖面图

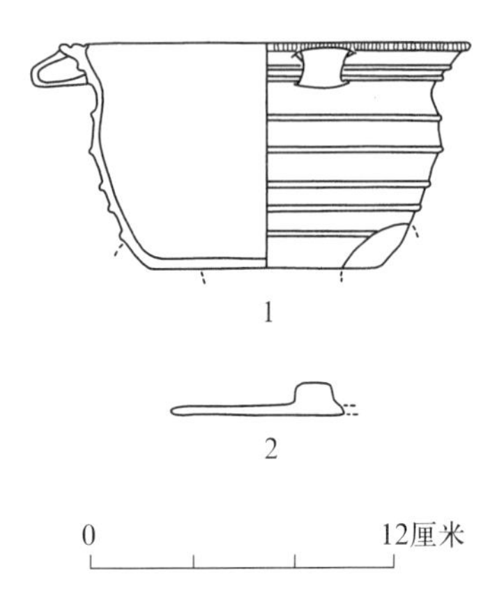

图2-477 一区八期H86出土陶器

1. 盆形鼎H86：1 2. 鬶盖H86：2

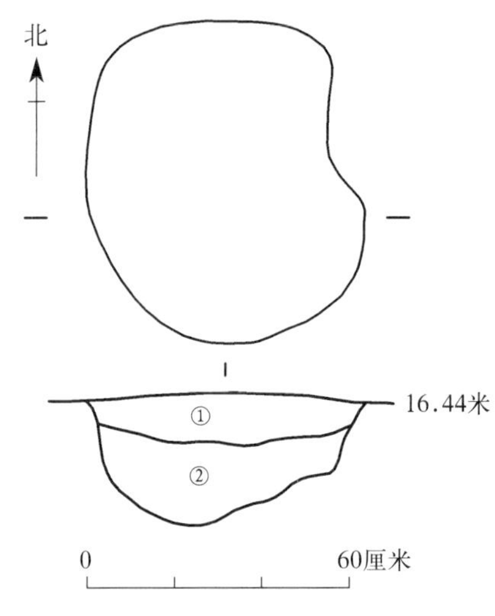

图2-478 一区八期H87平、剖面图

18. H87

位于E4T2346东北部，并延伸至T2396内，开口于耕土层下，又打破⑥a层和H89。近椭圆形，圜底（图2-478）。坑口长径0.74、短径0.56、深0.30米。填土分为两小层，填土的主色调为黄褐色（上7.5YR4/2；下7.5YR4/1），每层均为成片的陶片层，出土陶片数量较多，器形有鼎、罐、盆、杯、盒、器盖等（表2-105）。收集浮选土样1份5升。

标本H87②：7（#3721；S1035），磨石。花斑岩。平面近长方形，磨面细而平整。长8.4、宽5.9、厚2.0厘米，重163.5克（彩版一六八，2）。

标本H87①：8（#3719；S1120），砍砸器，花岗岩。平面为不规则形。长10.5、宽10.2、厚5.3厘米，重80.3克。

标本H87②：1，单耳罐形鼎。夹砂黑陶，褐胎。侈口，方圆唇，折沿，沿面有一周凹槽，溜肩，鼓腹，平底内凹，三足残。一侧肩、腹之间有宽带状把手，残。器表及口沿内侧经磨光处理。上腹部有两周凹弦纹。口径12.1、最大腹径15.7、底径9.6、高14.0、厚0.3～0.5厘米（图2-479，1；彩版一六五，6）。

标本H87①：2，鬶。泥质黄褐陶。残损较甚，不能修复。交条形把手，细锥状足（图2-479，2）。

标本H87②：3，带流罐。夹砂浅灰褐陶。侈口，尖唇，粗颈较长，腹部略鼓，平底。素面。口径12.6、最大腹径13.6、底径8.4、高10.8、厚0.2～0.3厘米（图2-479，3）。

标本H87①：4，中口罐。泥质黑陶，灰胎。侈口，圆唇，束颈，溜肩，圆腹，平底残。器表经磨光处理。腹部共有十周阶状凸起。口径10.4、底径8.4、高12.5、厚0.3～0.6厘米（图2-479，4）。

标本H87①：5，中口罐。夹砂黑陶。直口微侈，广圆肩，以下残。器表经磨光处理。素面。残高5.0、厚0.4～0.5厘米（图2-479，5）。

标本H87①：6，中口罐。夹砂黑陶。侈口，圆唇，折沿，沿面有一周凹槽，溜肩，腹微鼓，以下残。器表经磨光处理。肩部饰两周凹弦纹。口径12.0、残高4.8、厚0.3～0.5厘米（图2-479，6）。

表2-105　H87陶片统计表

数量 陶质 陶色 纹饰	泥质					夹砂							总计	百分比(%)
	黑	灰	红	褐	合计	黑	灰	褐	白	黄褐	红	合计		
凸弦纹	4	1			5	21	8	3				32	37	1.87
凹弦纹	18	3		4	25	46	7	2				55	80	4.05
堆　纹						11	1	2			1	15	15	0.76
泥　饼		1			1								1	0.05
盲　鼻	5	1			6		1					1	7	0.35
把　手								3			1	4	4	0.20
器　耳							3					3	3	0.15
素　面	228	99	1	112	440	727	424	197	1	1	38	1388	1828	92.56
累　计	255	105	1	116	477	805	444	207	1	1	40	1498	1975	100
百分比（%）	12.91	5.31	0.05	5.87	24.15	40.76	22.48	10.48	0.05	0.05	2.03	75.85	100	
重量（千克）	1.09	0.32	0.002	0.185	1.597	5.08	1.88	1.22	0.005	0.002	0.29	8.477	10.074	

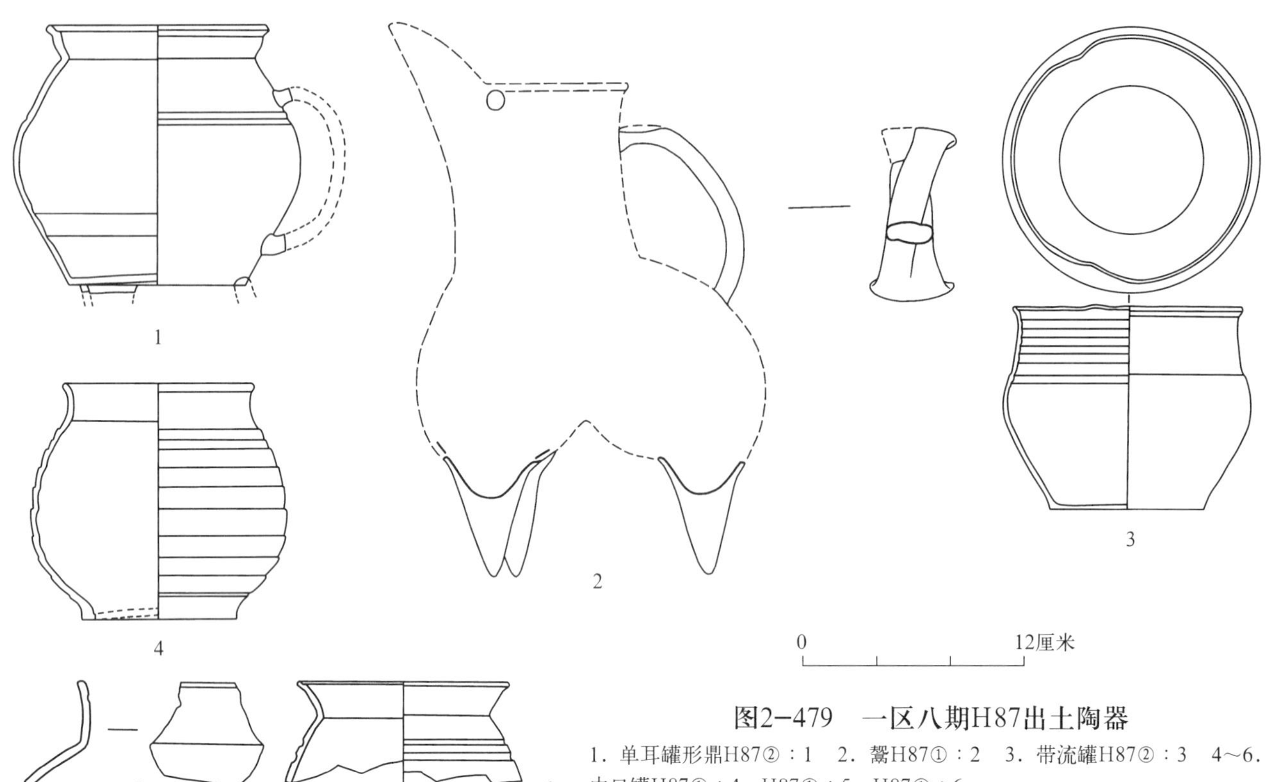

图2-479　一区八期H87出土陶器

1. 单耳罐形鼎H87②：1　2. 鬶H87①：2　3. 带流罐H87②：3　4～6. 中口罐H87①：4、H87①：5、H87①：6

19. H89

位于E4T2396、T2397、T2346、T2347之间，开口于耕土层下，被H87、H186、H192打破，又打破H99、H199、H227。近椭圆形，圜底（图2-480）。坑口长径3.16、短径1.82、深0.28米。填土分为两层，上层为灰褐色土（7.5YR3/3），结构较为疏松；下层因为包含红烧土较多，近似红褐色土（7.5YR4/6）。出土有石刀、磨石等石器和鼎、鬶、罐、盆、豆、碗、杯、盒、器盖等陶器或残片（表2-106）。收集浮选土样2份共15升，采集植硅体样品1份20克，收集碳十四测年样品1个。

标本H89①：1（#707；S1686），石铲，残。流纹质熔结凝灰岩。扁薄体。残长4.3、残宽3.8、厚0.7厘米，重17.6克（彩版一六八，3）。

标本H89②：5（#4417；S1726），石刀，一端残。富含白云母的熔结凝灰岩。平面为长方形，单面刃，近背部有对钻双孔。残长7.8、宽6.6、厚1.0厘米，重86.7克（图2-481，12；彩版一六八，4）。

标本H89②：14（#708；S1688），磨石，残。砂岩。磨面略粗而平整。长2.6、宽1.3、厚1.5厘米，重7.4克。

标本H89②：15（#4418；S1709），磨石，残。砂岩。磨面略细而平整。残长6.4、残宽6.1、厚4.1厘米，重242.8克。

标本H89②：16（#4418；S1722），磨石，残。砂岩。不规则五边形。残长2.1、残宽2.1、厚0.6厘米，重1.9克。

标本H89②：17（#4418；S1723），石器，残。流纹质熔结凝灰岩。扁薄体。残长3.7、残宽2.3、厚0.2厘米，重2.2克。

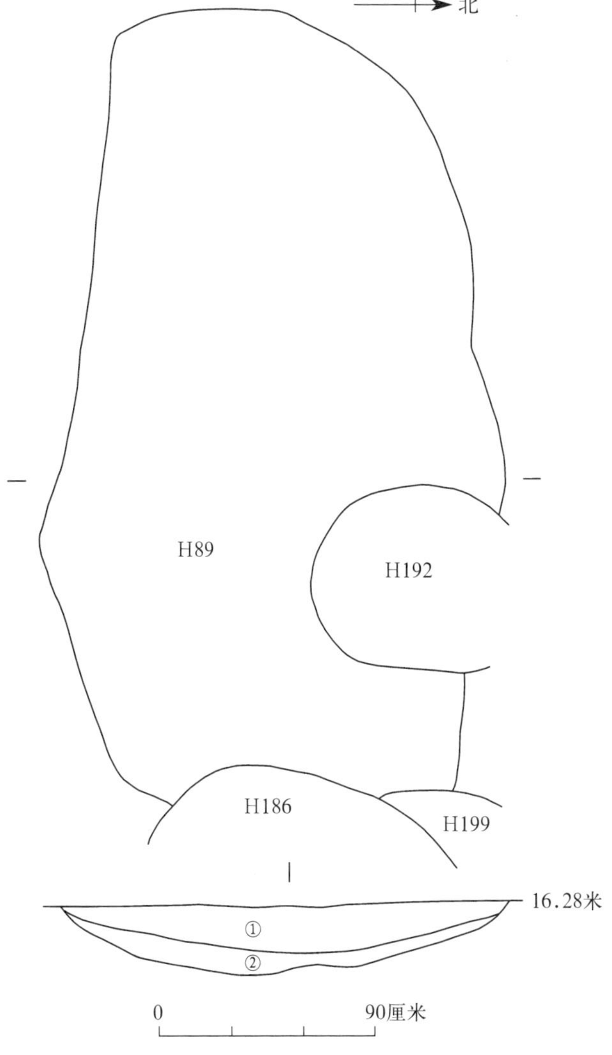

图2-480　一区八期H89平、剖面图

标本H89②：18（#4418；S1724），石料。砂岩。不规则形。长3.8、宽3.4、厚2.0厘米，重21.0克。

标本H89②：3，罐形鼎。夹砂灰陶，红褐胎。口部残，圆肩，鼓腹，下腹内收，小平底，三铲形足正面有纵向附加堆纹，下部残。外表经磨光处理，素面。腹径17.8、残高15.0、厚0.3～0.5厘米（图2-481，1）。

标本H89②：10，鬶把手。泥质黄褐陶。象征性绞丝状把手，正面有三道刻纹，断面近扁圆形。残高12.0厘米（图2-481，2）。

标本H89②：11，鬶把手。泥质黄陶。象征性绞丝状，绞丝细密，断面近扁圆形。残高8.4厘米（图2-481，3）。

标本H89①：9，罐。夹砂黑陶。侈口，方唇，卷沿，沿面有一周凹槽，束颈，以下残。器表经磨光处理。口径20.0、残高3.0、厚0.4厘米（图2-481，4）。

标本H89②：4，碗。泥质黑陶。口沿残，敞口，折腹，平底内凹。内外表均经磨光处理，素面。底径11.4、残高5.2、厚0.2～0.3厘米（图2-481，5）。

标本H89①：13，平底盒。泥质黑陶。高子口，折腹位置略偏下，平底内凹。素面。口径24.6、底径23.0、高6.2、厚0.32～0.74厘米（图2-481，6）。

标本H89①：2，豆。泥质黑陶。近直口，尖圆唇，窄折沿，折腹，平底下凹，细圈足，残。折腹处有一对盲鼻。口径13.0、柄径5.5～6.2、残高4.4、厚0.15～0.5厘米（图2-481，7）。

标本H89②：6，覆碗形器盖。夹砂黑陶。小平顶，盖面斜直，方唇，沿面有一周深凹槽。素面。顶径3.0、口径10.4、高4.0、厚0.3～0.9厘米（图2-481，8）。

标本H89②：7，覆碗形器盖。夹砂灰陶。平顶，斜直盖面微隆，圆方唇，平沿明显外伸。素面。顶径5.4、口径14.6、高4.8、厚0.3～0.5厘米（图2-481，9）。

标本H89②：12，覆碗形器盖。夹砂灰陶。顶残，盖面斜直，窄沿外端上翘。素面。口径24.0、残高3.3、厚0.35～0.55厘米（图2-481，10）。

标本H89②：8，浅盘形器盖。夹砂红陶。近平盖面微隆，鸟首形组，矮子母口微外张，沿面有一周凹槽。外表有陶衣，素面。口径10.2、通高2.3厘米（图2-481，11）。

表2-106　H89陶片统计表

数量 陶质/陶色 纹饰	泥质				夹砂						夹云母滑石	总计	百分比（%）
	黑	灰	褐	合计	黑	灰	褐	白	红褐	合计	红褐		
凸弦纹	5			5	12	1		3		16		21	1.62
凹弦纹	9			9	26	1	1			28		37	2.86
堆　纹	1			1	3		4			7		8	0.62
泥　饼		1	1	2	1		1			2		4	0.31
盲　鼻					4					4		4	0.31
刻划纹	1			1								1	0.08
素　面	418	23	25	466	552	89	84	3	25	753	1	1220	94.21
累　计	434	24	26	484	598	91	90	6	25	810	1	1295	100
百分比（%）	33.51	1.85	2.01	37.37	46.18	7.03	6.95	0.46	1.93	62.55	0.08	100	
重量（千克）	2.21	0.17	0.42	2.8	4.52	1.08	0.99	0.03	0.13	6.75	0.01	9.56	

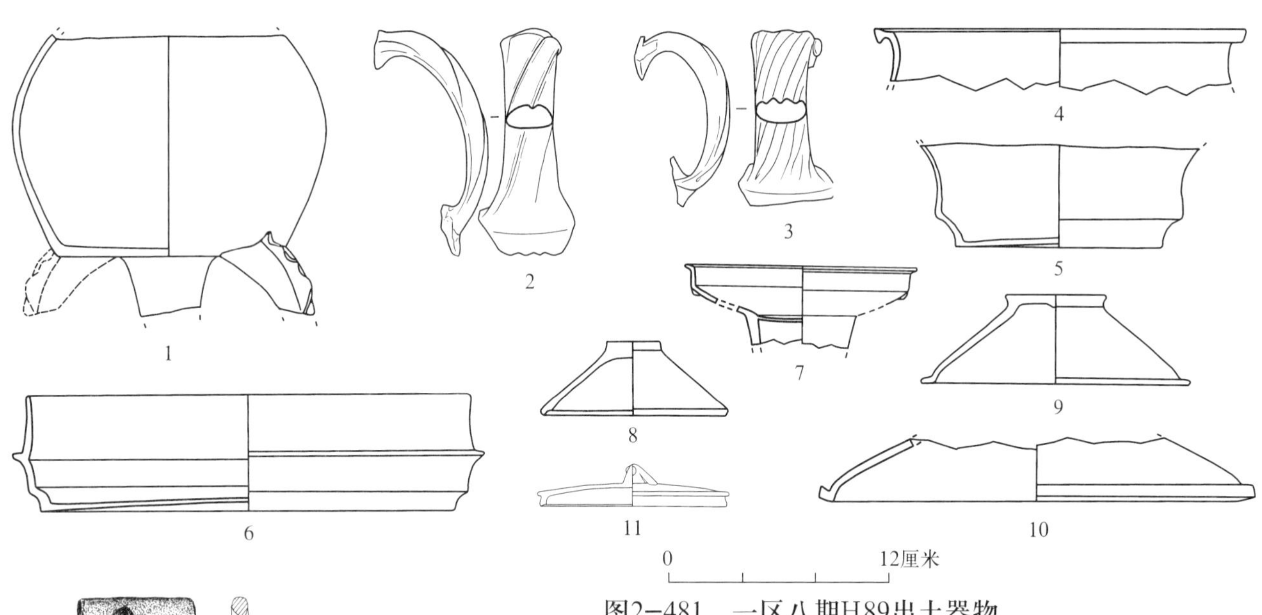

图2-481　一区八期H89出土器物

1．罐形鼎H89②：3　2、3．鬶把手H89②：10、H89②：11　4．罐H89①：9　5．碗H89②：4　6．平底盒H89①：13　7．豆H89①：2　8～10．覆碗形器盖H89②：6、H89②：7、H89②：12　11．浅盘形器盖H89②：8　12．石刀H89②：5

20．H91

位于E4T2346东部，开口于耕土层下，打破⑥a层。近椭圆形，斜壁，底部不平（图2-482）。坑口长径1.41、短径0.50、深0.12米。填黑灰色土（7.5YR2.5/1），坑内铺一层陶片，出土陶片的器形有鼎、罐、圈足盘、杯、器盖等。

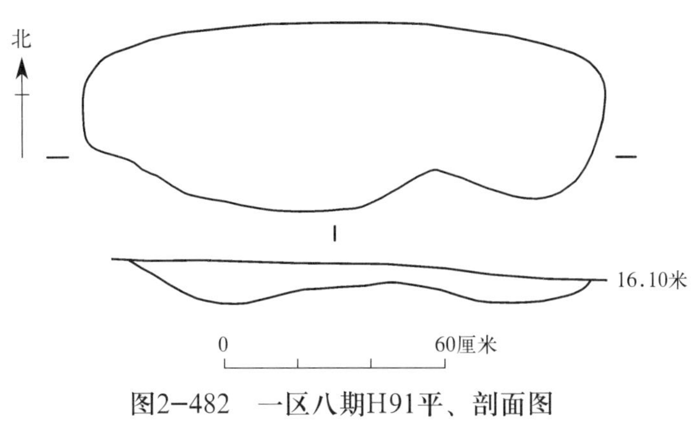

图2-482　一区八期H91平、剖面图

标本H91：4，罐。夹砂黑陶。高直口微侈，沿面有一周凹槽，窄折肩，上腹竖直，下腹斜收，平底微内凹。肩部和腹部有四周微微的凸起，凸起的位置有按捺纹饰，肩部残留一个小泥饼。口径14.0、最大腹径20.2、底径10.0、高25.6、厚0.4～0.5厘米（图2-483，1）。

标本H91：1，圈足盘。泥质黑陶。口近直，圆唇，宽沿，浅较盘，盘底及圈足残失。内外表均经磨光处理，素面。口径38.0、残高5.0、厚0.6～1.1厘米（图2-483，2）。

标本H91：2，筒形单耳杯。泥质黑陶。口残，腹中部微束，平底内凹较甚，一侧下部有窄带形把手，残失。内壁留有轮制时形成的瓦棱痕迹。器表经磨光处理，素面。底径6.6～7.0、残高7.9、厚0.1～0.2厘米（图2-483，3）。

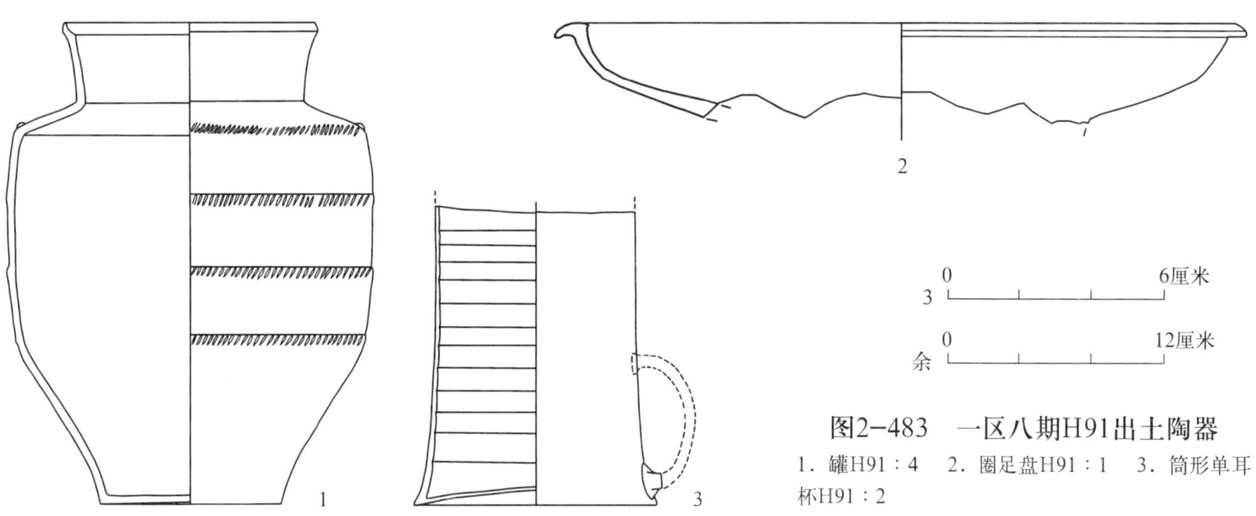

图2-483　一区八期H91出土陶器

1. 罐H91：4　2. 圈足盘H91：1　3. 筒形单耳杯H91：2

21. H101

位于E4T2349、T2399、T2350、T2400四个探方之间，开口于耕土层下，打破⑥a层和H109。近椭圆形，斜壁，底近平（图2-484）。坑口长径3.00、短径1.72、深0.22米。填土分为三层，第1层为深灰褐色土（10YR4/5）；第2层为灰色土（2.5YR5/2）；第3层为灰褐色土（2.5YR4/3）。出土石锛、石镰、石镞等石器，包含陶片甚多，器形有鼎、罐、盆、碗、杯、豆、盒、器盖、纺轮等（表2-107）。

标本H101①：18（#5725；S1762），石锛。流纹岩熔凝灰岩。平面和横截面均为长方形，刃部和背部均有崩痕。长14.7、宽6.2、厚2.8厘米，重517.9克（图2-486，10；彩版一六八，5）。

标本H101①：8（#3232；S430），石镰半成品。流纹质熔结凝灰岩。平面为月芽形。长12.6、宽4.4、厚0.9厘米，重75.0克（图2-486，11；彩版一六八，6）。

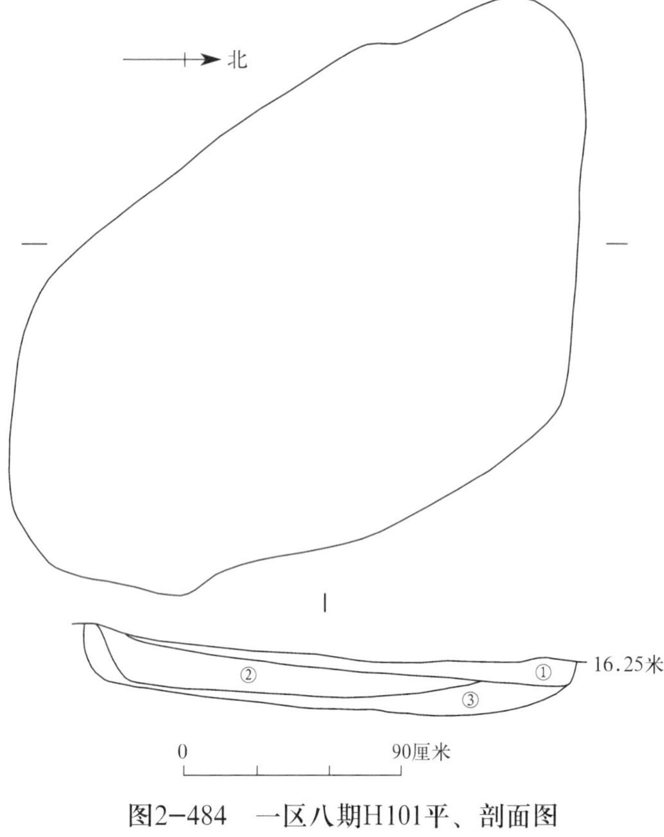

图2-484 一区八期H101平、剖面图

标本H101①：7（#3232；S320），石镞半成品。滑石片岩。平面近长方形。长11.5、宽5.8、厚1.9厘米，重120.5克。

标本H101①：2（#3303；S1569），磨石。花斑岩。平面近圆形，磨面平整。长11.2、宽9.4、厚6.7厘米，重1065.0克（图2-486，12；彩版一六八，7）。

标本H101①：14（#5723；S1792），石料。流纹质熔结凝灰岩。平面不规则形。长2.2、宽1.6、厚0.4厘米，重0.9克。

标本H101①：21，罐形鼎。夹砂黑陶。口残，溜肩，鼓腹，平底，铲形足残。器表经磨光处理。肩部饰两周凹弦纹。底径8.8、残高11.6、厚0.2～0.3厘米（图2-485，1）。

标本H101①：1，盆形鼎。夹砂黑陶。近盘形口，圆唇，平沿，沿面有两周凹槽，束腰，下腹较深，平底，由两个扁三角形黏合的"V"字形三足残。器表经磨光处理。沿下有三个等距排列的绞丝状附加堆泥条装饰，上腹部有两周宽浅的凹弦纹，下腹部有一周凸棱以及一周凸弦纹和凹弦纹的组合。足和底部有火烧痕迹。口径23.5、底径12.4、残高14.0、厚0.2～0.5厘

表2-107 H101陶片统计表

纹饰＼数量＼陶色＼陶质	泥质			夹砂				总计	百分比（%）
	黑	灰	合计	黑	灰	褐	合计		
凸弦纹	8		8	2		1	3	11	6.40
凹弦纹	2		2	6	4		10	12	6.98
堆 纹				1			1	1	0.58
泥 饼	1		1					1	0.58
盲 鼻	1		1	1			1	2	1.16
素 面	38	6	44	84	6	11	101	145	84.30
累 计	50	6	56	94	10	12	116	172	100
百分比（%）	29.07	3.49	32.56	54.65	5.81	6.98	67.44	100	
重量（千克）	0.46	<0.01	<0.47	1.05	0.115	0.13	1.295	1.765	

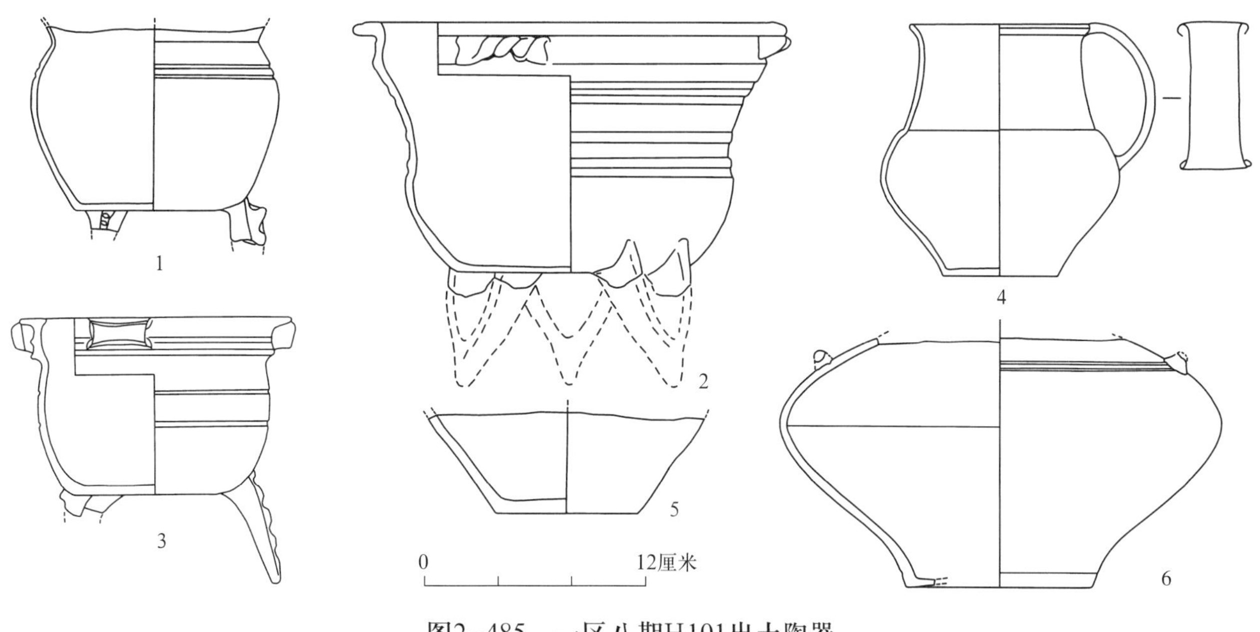

图2-485　一区八期H101出土陶器

1．罐形鼎H101①：21　2、3．盆形鼎H101①：1、H101①：20　4．单耳罐H101①：11　5．罐H101①：19　6．壶H101①：17

米（图2-485，2；彩版一六九，1）。

标本H101①：20，盆形鼎。夹细砂和云母黑陶。口微内敛，圆唇，宽平沿，沿面有一周凹槽，上腹内折，圆腹，平底，铲形足正面有堆纹，残。内外表均经磨光处理。沿下有两周凸棱，其上有三个等距排列的小横耳，腹部有两周凹弦纹。口径14.2、底径7.4、高14.0、厚0.2～0.4厘米（图2-485，3）。

标本H101①：11，单耳罐。泥质黑陶，灰胎。口微侈，圆唇，粗长颈，鼓腹，下腹斜收，平底，一侧口沿与腹部之间有宽带形把手。器表经磨光处理。颈腹分界明显。口径10.0、最大腹径13.0、底径6.4、高13.4、厚0.2～0.3厘米（图2-485，4；彩版一六九，2）。

标本H101①：19，罐，仅存底部。夹砂黑陶。斜腹，平底。器表经磨光处理，素面。底径7.8、残高5.0厘米（图2-485，5）。

标本H101①：17，壶。泥质黑陶，灰褐胎。口和颈部残，宽斜肩，鼓腹位置靠上，下腹斜收较甚，平底内凹。器表经磨光处理。肩部有两周凹弦纹，其上饰对称的小横耳一对。最大腹径24.4、底径10.4、残高13.2、厚0.4～0.6厘米（图2-485，6）。

标本H101②：22，平底盆。泥质黑陶。腹以上残失，直腹，平底微内凹。内外均经磨光处理。腹部饰一周凹弦纹。底径7.6、残高2.6、厚0.2厘米（图2-486，1）。

标本H101②：23，平底盆。泥质黑陶。敞口，方唇，卷沿，斜直壁，大平底。内外表均经磨光处理，素面。口径14.4、底径7.6、高4.4、厚0.3厘米（图2-486，2）。

标本H101①：3，瓦足盆。夹极细砂和云母黑陶。敞口，圆唇，卷沿，深腹，腹壁内曲，平底，三瓦状足，残。内外表均经磨光处理。腹部有一周很浅的凹弦纹，其上饰三个小盲鼻。口径27.0、底径21.1、高10.5、厚0.2～0.75厘米（图2-486，3；彩版一六九，3）。

标本H101①：15，碗。泥质黑陶，浅黄褐胎。敞口，圆唇，下腹折收，假圈足状平底微内凹。内外表均经磨光处理。内壁留有轮制时形成的轻微瓦棱痕迹，外壁有一周宽浅的凹弦纹。口径18.2、

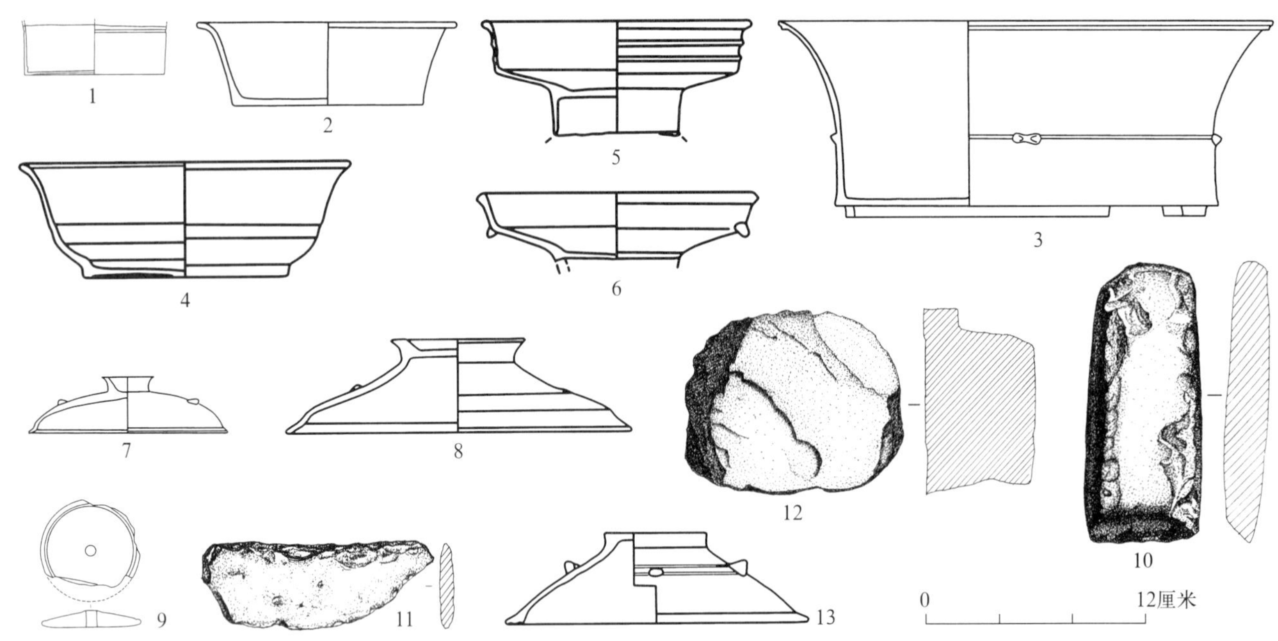

图2-486　一区八期H101出土器物

1、2. 平底盆H101②：22、H101②：23　3. 瓦足盆H101①：3　4. 碗H101①：15　5. 豆H101①：6　6. 豆盘H101①：13　7. 覆盘形器盖H101①：9　8. 器盖H101①：16　9. 纺轮H101①：5　10. 石锛H101①：18　11. 石镰半成品H101①：8　12. 磨石H101①：2　13. 覆碗形器盖H101①：10

底径11.2、高6.2、厚0.3～0.6厘米（图2-486，4）。

标本H101①：6，豆。泥质黑陶。口微敞，圆唇，豆盘较深，折腹，柄和底残。内外均经磨光处理。豆盘外壁饰有两周凸棱。口径15.0、残高6.0、厚0.06～0.3厘米（图2-486，5；彩版一六九，4）。

标本H101①：13，豆盘。泥质黑陶。口微敞，方唇，盘较深，折腹，柄和足残。内外表均经磨光处理。豆盘折腹位置有对称的盲鼻一对。口径14.8、柄上端直径7.0、残高5.6、厚0.25～0.4厘米（图2-486，6；彩版一六九，5）。

标本H101①：10，覆碗形器盖。夹砂黑陶，含少量云母。平顶微下凹，斜壁略弧，圆唇，平沿外伸，沿面有两周凹槽。内壁有轮制形成的瓦棱痕迹。器表经磨光处理。盖面中部有两周凹弦纹，其上有对称的盲鼻和小泥饼各一对。顶径5.6、口径16.6、高4.8、厚0.2～0.4厘米（图2-486，13；彩版一六九，6）。

标本H101①：9，覆盘形器盖。夹极少细砂和云母。喇叭形纽，弧形盖面，尖唇，唇沿外伸，沿内面微下凹。器表经磨光处理。盖面中部有对称的盲鼻一对。纽径2.9、口径10.8、高3.0、厚0.15～0.38厘米（图2-486，7）。

标本H101①：16，器盖。夹砂黑陶，灰褐胎。顶面呈圈足状，盖面微内曲，近底部外鼓，圆唇，沿面微下凹。器表经磨光处理。盖面中部有一周凹弦纹，并残存一个小泥饼痕迹。顶径7.4、口径19.0、高5.1、厚0.3～0.4厘米（图2-486，8）。

标本H101①：5，纺轮。夹砂黑陶。正面鼓起并磨光，边缘有一周凹槽，背面较平。直径5.4、最厚处0.9厘米（图2-486，9）。

22．H120

位于E4T2346北部，开口于耕土层下，被H119打破，又打破⑥a、⑥b层和H122。椭圆形，直壁，平底（图2−487）。坑口长径0.64、短径0.50、深0.48米。内填松软的灰黑色土（2.5YR2.5/1），出土可复原陶鼎及陶片等。

标本H120：1，罐形鼎。夹砂黑陶，胎和内壁为灰褐色。侈口，方圆唇，折沿，圆肩，圆腹，平底内凹，三无眼鸟喙形足。腹部有三周凹弦纹。足和底部有火烧痕迹。口径11.6、最大腹径13.3、底径8.5、高13.0、厚0.2～0.5厘米（图2−487）。

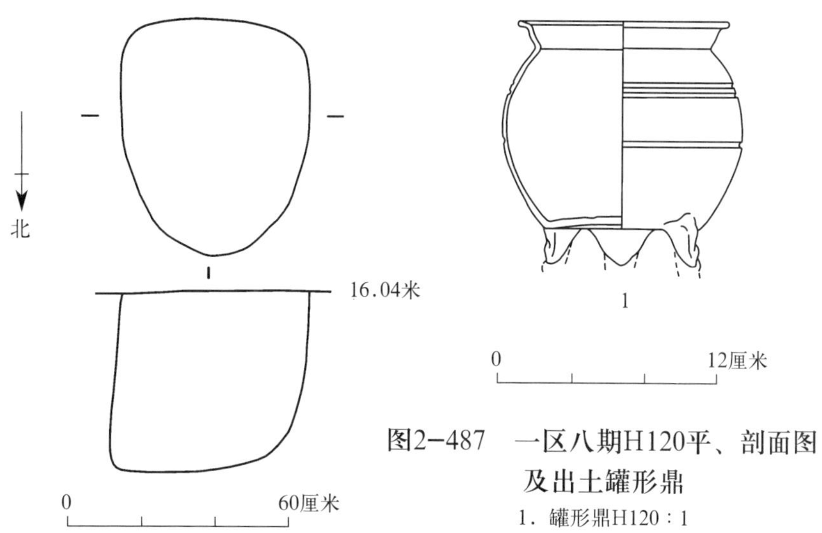

图2−487　一区八期H120平、剖面图及出土罐形鼎

1．罐形鼎H120：1

23．H182

位于E4T2398北部，开口于耕土层下，打破⑥a层。不规则形，斜壁，平底（图2−488）。坑口长径2.26、短径1.04、深0.22米。填土分为两层，均较薄，第1层为浅灰色土（7.5YR6/1）；第2层为灰黑色土（5YR2.5/1）。出土石铲、石镞等石器和盆、器盖等陶器及较多陶片（表2−108）。收集浮选土样1份5升。

标本H182①：6（#5610；S1994），石铲，残存背部一角。流纹质熔结凝灰岩。磨制光滑。残长4.6、残宽3.8、厚1.1厘米，重27.6克（图2−489，4）。

标本H182②：1（#5611；S2027），石镞，铤略残。白云母板岩。平面为柳叶形，横截面为菱形，扁锥形铤。残长7.5、宽1.8、厚0.7厘米，重9.4克（图2−489，5；彩版一七〇，1）。

标本H182①：7（#5610；S1995），磨石，残。砂岩。不规则形。长1.8、宽1.4、厚0.8厘米，重2.0克。

标本H182②：8（#5611；S1998），磨石，

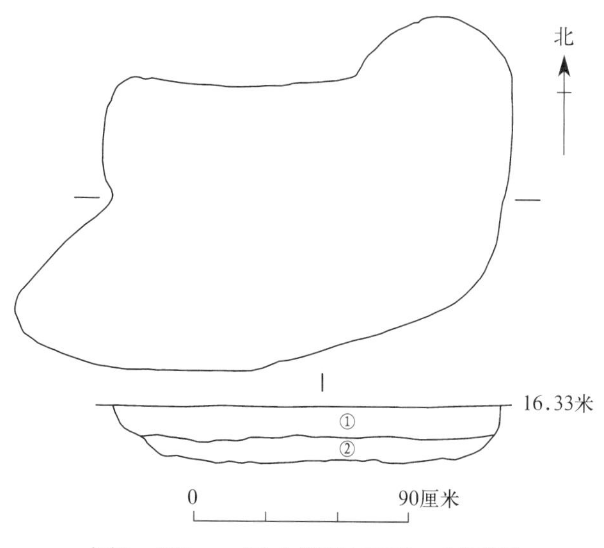

图2−488　一区八期H182平、剖面图

表2-108　H182陶片统计表

陶质/陶色/数量/纹饰	泥质				夹砂						夹云母滑石	总计	百分比(%)
	黑	灰	红	合计	黑	灰	褐	白	红	合计			
凸弦纹	2			2	8		2			10		12	1.79
凹弦纹	14	2		16	16		2			18		34	5.06
堆　纹					1					1	1	2	0.30
盲　鼻	1			1								1	0.15
镂　孔	1			1								1	0.15
素　面	286	21	39	346	222	22	23	1	8	276		622	92.56
累　计	304	23	39	366	247	22	27	1	8	305	1	672	100
百分比（%）	45.24	3.42	5.80	54.46	36.76	3.27	4.02	0.15	1.19	45.39	0.15	100	
重量（千克）	1.695	0.085	0.14	1.92	2.38	0.18	0.255	0.02	0.2	3.035	<0.01	4.965	

残。砂岩。平面近三角形，磨面略粗而平整。长2.4、宽2.0、厚0.7厘米，重2.9克。

标本H182①：5（#5610；S1993），石磨棒。砂岩。平面略呈三角形。长6.8、宽4.4、厚1.8厘米，重76.8克（图2–489，6）。

标本H182②：4，罐。夹砂红褐陶。矮直口微侈，广肩，鼓腹位置偏上，下腹急收，小平底。颈肩交界部有两周凸棱，肩腹部饰两条附加泥条组成的纹饰。口径12.0、底径8.0、高16.4、厚0.4～0.6厘米（图2–489，1）。

标本H182②：3，鼓腹盆。夹砂灰陶。器体较大，侈口，圆唇，直颈，腹微鼓，下腹内收较甚，小平底。器表经磨光处理。颈下有一附加堆波浪状泥条装饰，腹部饰凸弦纹和凹弦纹各两周。口径44.8、底径17.2、高19.2、厚0.3～0.5厘米（图2–489，2）。

标本H182②：2，覆盘形器盖。夹砂黑陶。顶部有鸟形捉手，弧壁，口部残。器表经磨光处理。残高2.8、厚0.1～0.4厘米（图2–489，3）。

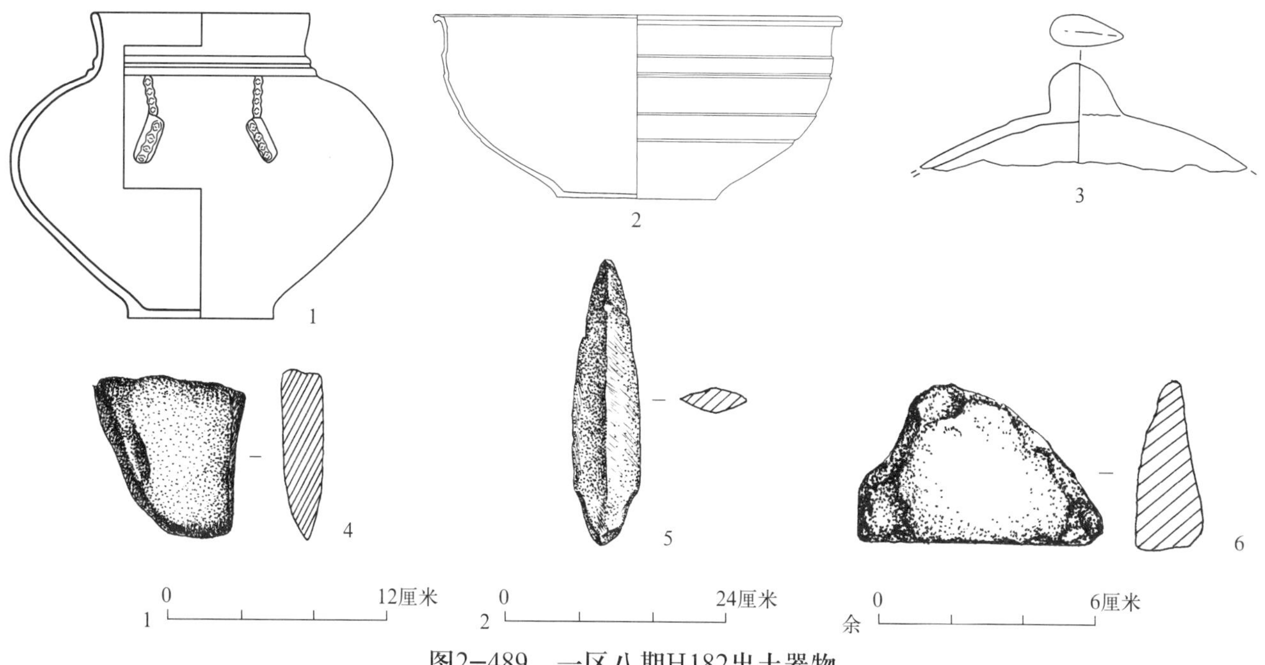

图2–489　一区八期H182出土器物

1. 罐H182②：4　2. 鼓腹盆H182②：3　3. 覆盘形器盖H182②：2　4. 石铲H182①：6　5. 石镞H182②：1　6. 石磨棒H182①：5

24．H183

位于E4T2449中部，开口于耕土层下，打破⑥a层。近圆形，缓平底（图2–490）。坑口直径0.70、深0.20米。填灰色土（7.5YR），其中铺一层大陶片，出土石锛、石凿、磨石等石器和鼎、罐、杯、器盖等陶器残片。收集浮选土样1份5升，采集植硅体样品1份20克。

标本H183③：3（#5916；S2168），石锛/石凿，背部残片。流纹质熔结凝灰岩。平面近长方形。残长4.6、残宽2.5、厚2.7厘米，重45.3克（彩版一七一，1）。

标本H183：9（#5916；S2217），石凿半成品。花岗岩。长条形。长11.2、宽2.9、厚1.1厘米，重48.3克（图2–491，5）。

标本H183⑥：2（#5916；S2172），磨石，残。砂岩。不规则形，磨面细而平整，磨面有若干

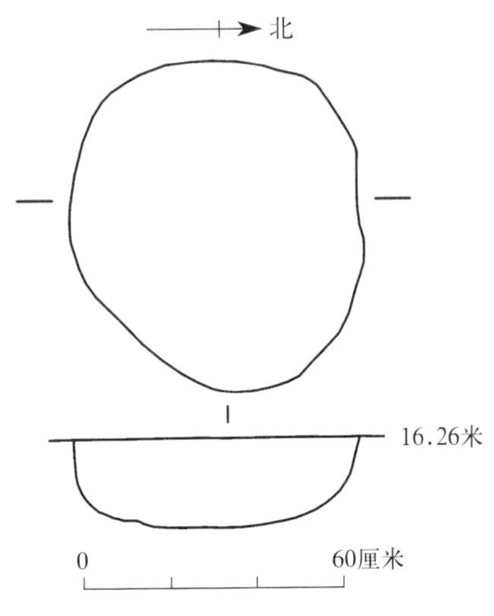

图2-490　一区八期H183平、剖面图

道浅的沟槽。残长5.9、残宽5.4、厚1.8厘米，重55.9克（彩版一七〇，2、3）。

标本H183：6（#5916；S2216），磨石，残。砂岩。不规则形，磨面平整，其上有若干道浅沟槽。长5.1、宽3.3、厚1.9厘米，重22.5克（彩版一七〇，4、5）。

标本H183：8（#5916；S2218），长条形石器。流纹质熔结凝灰岩。长条形，磨制。长5.4、宽1.8、厚1.4厘米，重23.0克（图2-491，6）。

标本H183：1，盆形鼎。夹砂黑陶。侈口，圆唇，平折沿，上腹内折，下腹斜直内收，大平底，三鸟首形足。沿外有四个两两相对的小横耳。唇部和三足的外缘均刻成花边，上下腹共饰四周凸棱。口径46.8、底径32.4、高31.4、厚0.4～0.8厘米（图2-491，1）

标本H183：5，中口罐。夹砂红褐陶。侈口，圆唇，折沿，沿面有一周凹槽，溜肩，鼓腹，小平底微内凹。素面。口径10.0、最大腹径12.4、底径4.9、高11.9、厚0.2～0.3厘米（图2-491，2；彩版一七二，1）。

标本H183：7，鼓腹单耳杯。泥质黑陶。侈口，尖圆唇，粗长颈稍外张，鼓腹，下腹斜收，平底微内凹。外表经磨光处理，素面。口径9.6、最大腹径13.2、底径5.6、高12.4、厚0.2～0.6厘米（图2-491，3）。

标本H183：4，覆盘形器盖。泥质黑陶。喇叭形纽，覆盘形盖，沿面有一周凹槽。器表经磨光处理。盖面上部有对称的盲鼻一对，已残失，盖面有四周断续的凹弦纹。纽径2.7、口径10.4、高3.1、厚0.1～0.2厘米（图2-491，4；彩版一七二，2）。

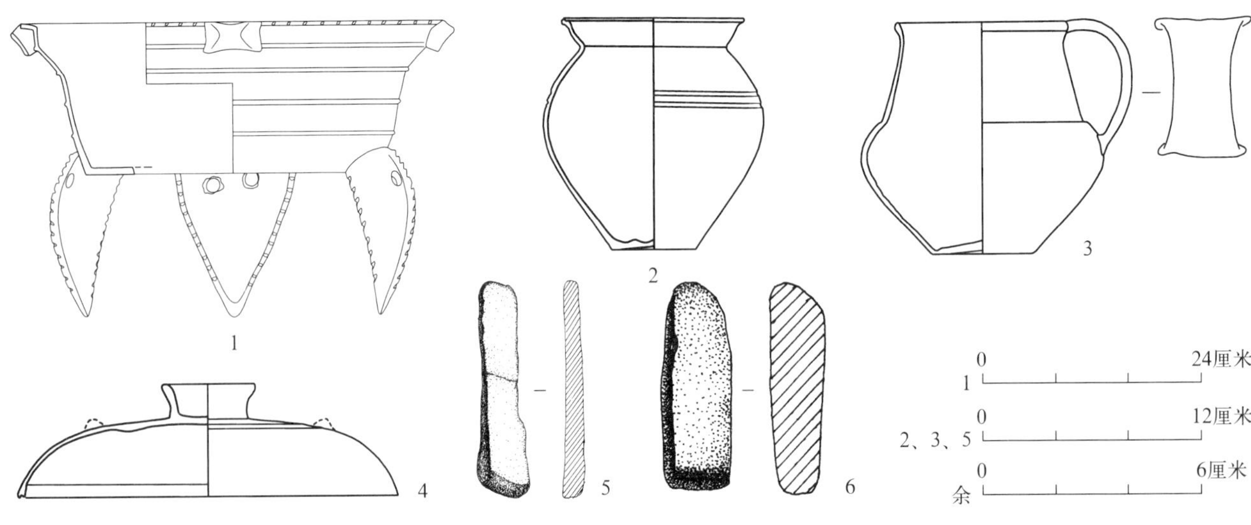

图2-491　一区八期H183出土器物

1．盆形鼎H183：1　2．中口罐H183：5　3．鼓腹单耳杯H183：7　4．覆盘形器盖H183：4　5．石凿半成品H183：9　6．长条形石器H183：8

25．H184

位于E4T2446、T2445、T2496之间，开口于耕土层下，打破⑥b层和H203、H254等。不规则形，斜壁，近平底（图2－492）。坑口长径1.60、短径0.86、深0.30米。填黑褐色土（7.5YR2.5/1），出土石镞、磨石等石器和罐、盒、器盖、弹丸等陶器或残片（表2－109）。采集碳十四测年样品1个。

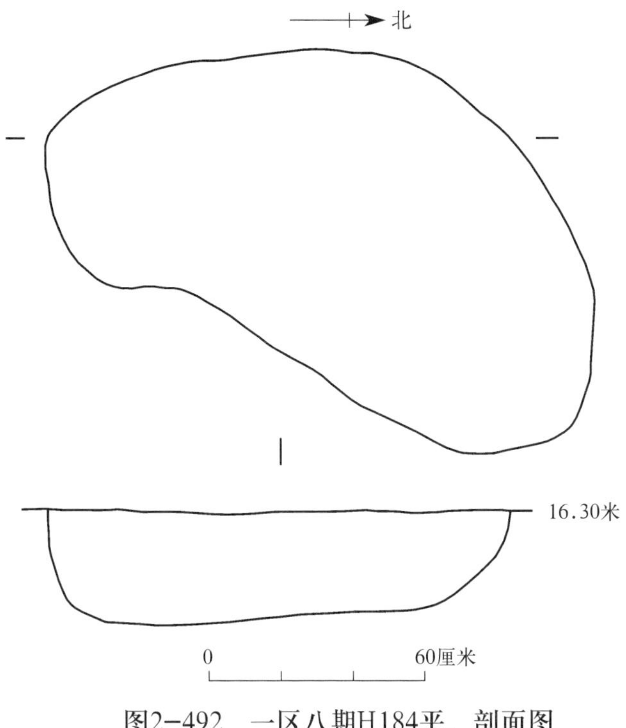

图2－492　一区八期H184平、剖面图

标本H184：5（#902；S2140），石镞半成品。绿泥石或绿泥/角闪片岩。平面为略宽的长条形。长7.6、宽3.1、厚0.9厘米，重26.4克（图2－493，3）。

标本H184：3（#902；S2122），磨石。砂岩。平面为直角三角形，磨面平整。长12.0、宽6.8、厚1.8厘米，重170.5克（彩版一七〇，6）。

标本H184：2（#902；S2116），石磨棒，略残。砂岩。平面为圆头长方形，横截面为椭圆形。残长4.4、宽2.9、厚1.8厘米，重36.0克（彩版一七一，2）。

标本H184：4，平底盒。泥质黑灰陶。子母口，子口较高，浅腹折收，平底微内凹。器内外表均经磨光处理，素面。口径20.0、底径18.8、高5.1、厚0.2～0.4厘米（图2－493，1）。

标本H184：1，弹丸。夹砂灰陶。直径1.4厘米（图2－493，2）。

表2－109　H184陶片统计表

陶质 / 陶色 / 数量 / 纹饰	泥质			夹砂					总计	百分比（%）
	黑	灰	合计	黑	灰	褐	白	合计		
凸弦纹	5	6	11	15	1	5		21	32	3.26
凹弦纹	10		10	8	1	9		18	28	2.85
泥　饼	2		2						2	0.20
盲　鼻	1		1						1	0.10
素　面	35	60	95	530	60	165	69	824	919	93.58
累　计	53	66	119	553	62	179	69	863	982	100
百分比（%）	5.40	6.72	12.12	56.31	6.31	18.23	7.03	87.88	100	
重量（千克）	2.47	0.45	2.92	4.30	0.55	1.99	0.27	7.11	10.03	

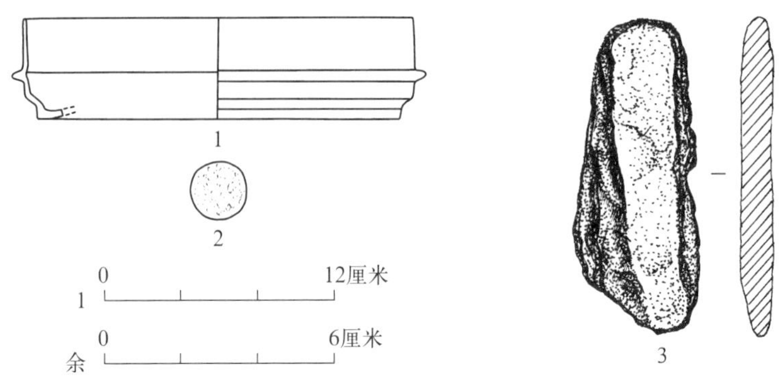

图2-493　一区八期H184出土器物

1．平底盒H184：4　2．弹丸H184：1　3．石镞半成品H184：5

26．H185

位于E4T2400南部，开口于耕土层下，被H31打破，又打破⑥a层和H213、H215。近圆形，直壁，平底（图2-494）。坑口直径0.56、深0.27米。填灰色土（湿5YR3/3），出土陶器的器形有罐、盆、杯、器盖等。

标本H185：2，小罐。夹细砂黑陶。侈口，圆唇，折沿，圆鼓腹，平底。器表经磨光处理。颈下饰两周细凹弦纹。口径12.1、最大腹径14.6、底径6.7、高12.9、厚0.2～0.4厘米（图2-495，1；彩版一七二，3）。

标本H185：1，覆碗形器盖。泥质黑陶。平顶微下凹，盖面隆起，平沿外伸，沿面有两周凹槽。器表经磨光处理。盖面饰一周凹弦纹。口径13.0、底径5.0、高4.6、厚0.4厘米（图2-495，2）。

标本H185：3，覆碗形器盖。泥质黑陶。平顶下凹较甚，捉手部高直，盖面斜直，近外缘圆折，平沿外伸，沿面有一周宽凹槽。外表经磨光处理，素面。顶径5.6、口径19.2、高7.8、厚0.25厘米（图2-495，3）。

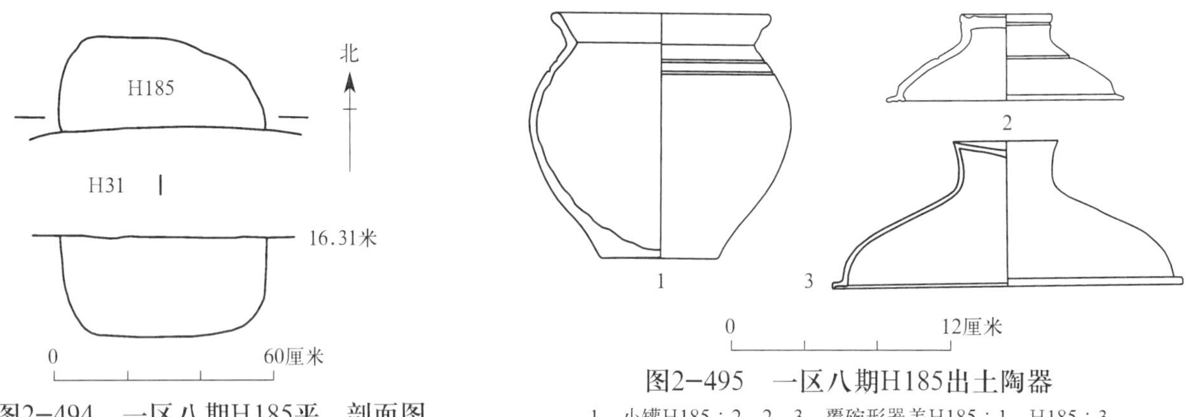

图2-494　一区八期H185平、剖面图

图2-495　一区八期H185出土陶器

1．小罐H185：2　2、3．覆碗形器盖H185：1、H185：3

27．H186

位于E4T2397南部，开口于耕土层下，打破⑥a层和H89、H199、M33等。椭圆形，斜壁，尖底（图2-496；彩版一七三，1）。坑口长径1.42、短径0.74、深0.44米。填土分为两层，第1层为浅灰褐色土（7.5YR3/3）；第2层为深灰色土（1GLEY2.5/N）。出土石镞和可复原的单耳杯、器盖及较

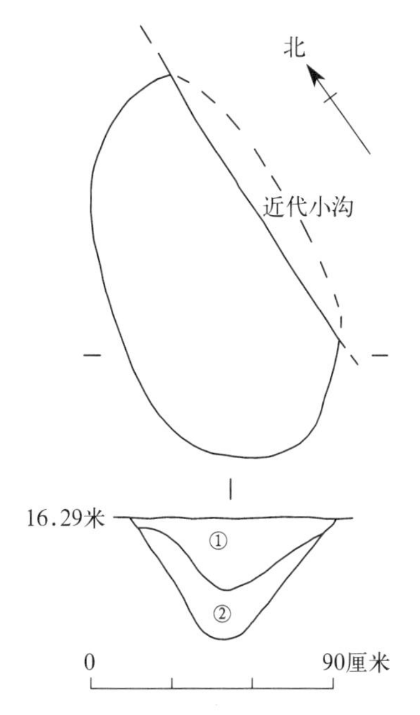

图2-496　一区八期H186平、剖面图

多陶片（表2-110）。收集浮选土样1份5升，采集植硅体样品1份20克。

标本H186②：1（#4411；S1710），石镞，铤尖微残。绿泥石或绿泥/角闪片岩。平面为宽树叶形，横截面菱形。长4.4、宽1.3、厚0.5厘米，重3.0克（彩版一七一，3）。

标本H186②：5（#4411；S1717），磨石。流纹花岗岩。平面近椭圆形，磨面略粗。长9.5、宽7.4、厚3.0厘米，重314.5克（图2-497，3）。

标本H186①：4（#1107；S2189），石器，残。富含白云母的熔结凝灰岩。平面近圆形。直径4.1、厚1.0厘米，重16.7克。

标本H186②：3，鼓腹单耳杯。泥质黑陶。侈口，圆唇，粗长颈，鼓腹，下部内收较甚，小平底内凹，耳残失。颈部有两周凹弦纹。器表经磨光处理。颈部有两周凹弦纹。口径11.2、最大腹径16.4、底径7.4、高13.3、厚0.2～0.7厘米（图2-497，1）。

标本H186②：2，覆碗形器盖。夹砂黑陶。平顶，盖面隆起，平沿外伸，沿面有宽凹槽。器表经磨光处理。颈上饰两周凹弦纹，盖面有对称的泥饼和盲鼻各一对。口径24.2、底径10.2、高8.4、厚0.6厘米（图2-497，2）。

表2-110　H186陶片统计表

纹饰＼数量＼陶质/陶色	泥质					夹砂						总计	百分比（%）
	黑	灰	红	褐	合计	黑	灰	褐	白	红	合计		
凸弦纹	1		5		6	3	1				4	10	1.95
凹弦纹	6	1			7	19		4			23	30	5.84
堆　纹	1				1	1				2	3	4	0.78
泥　饼			1		1	1					1	2	0.39
刻划纹	2				2							2	0.39
素　面	170	20	29	3	222	166	14	52	6	6	244	466	90.66
累　计	180	21	35	3	239	190	15	56	6	8	275	514	100
百分比（%）	35.02	4.09	6.81	0.58	46.50	36.96	2.92	10.89	1.17	1.56	53.50	100	
重量（千克）	0.68	0.1	0.21	0.02	1.01	1.49	0.1	0.5	0.02	0.14	2.25	3.26	

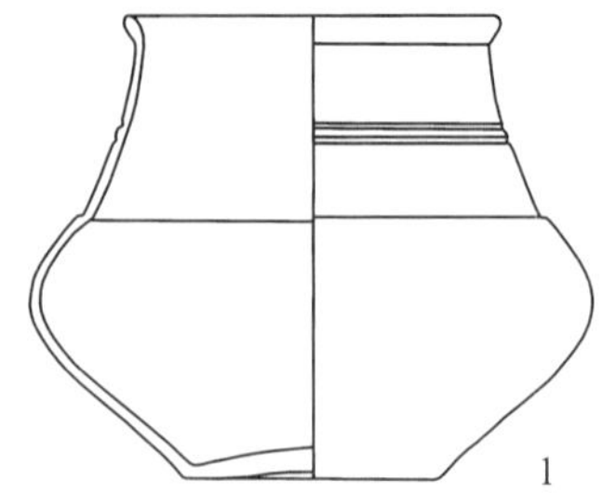
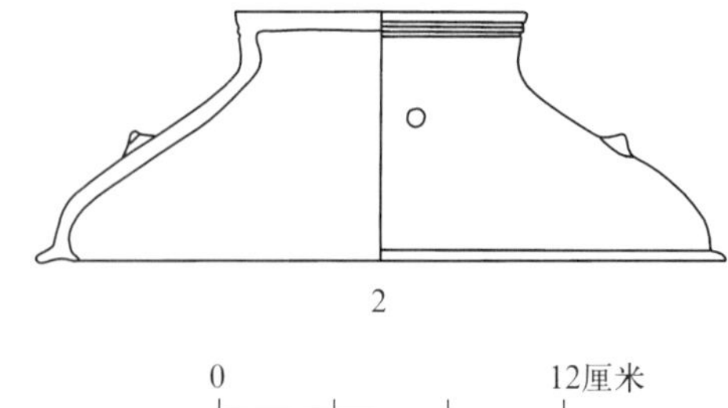
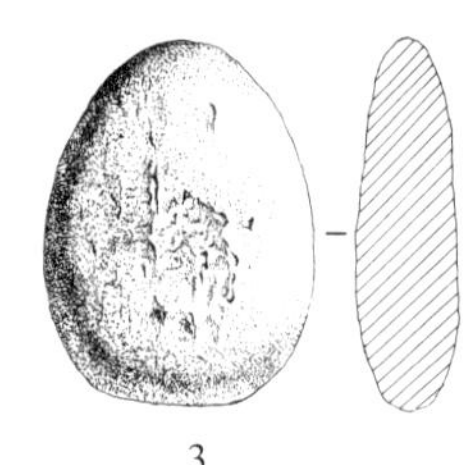

图2-497　一区八期H186出土器物

1. 鼓腹单耳杯H186②：3　2. 覆碗形器盖H186②：2　3. 磨石H186②：5

28. H187

位于E4T2396东部，开口于耕土层下，打破⑥a层和H227。平面近圆角长方形，近直壁，平底（图2-498）。坑口长1.56、宽1.24、深0.23米。填土分为两层，第1层为松软的灰黑色土（7.5YR3/1）；第2层为浅黑色土（7.5YR4/1）。出土石铲和鼎、鬶、罐、盆、杯、器盖等陶器及较多陶片（表2-111）。收集浮选土样1份5升，采集植硅体样品2份120克，收集碳十四测年样品1个。

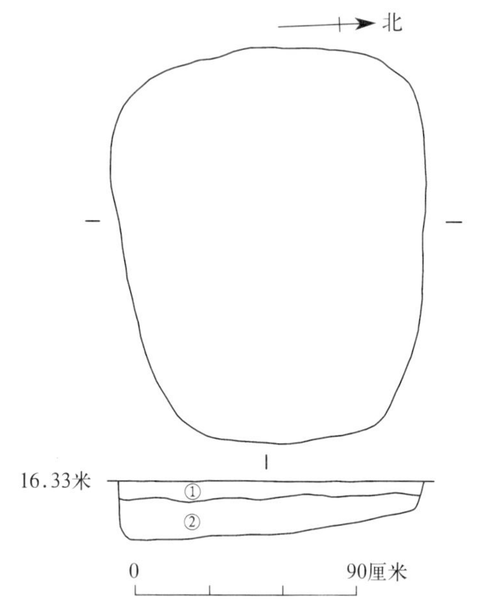

图2-498　一区八期H187平、剖面图

标本H187②：1（#724；S2261），石铲，刃部一端残。流纹质熔结凝灰岩。平面为长方形，扁薄体。残长10.0、宽8.3、厚0.6厘米，重93.8克（彩版一七〇，7）。

标本H187②：2（#724；S1698），石铲，一端残。流纹质熔结凝灰岩。平面为长方形，扁薄体。残长8.6、宽8.5、厚0.6厘米，重62.3克（彩版一七一，4）。

标本H187②：12（#705；S1684），石铲，碎成残片，磨制。流纹质熔结凝灰岩。重43.0克。

标本H187①：13（#704；S1679），磨石，残。砂岩。器体扁薄。残长4.0、宽3.3、厚0.5厘米，重10.6克（彩版一七〇，8）。

标本H187②：14（#724；S1671），磨石。砂岩。平面为长方形，磨面粗而平整。长6.7、宽3.9、厚2.4厘米，重91.5克（彩版一七〇，9）。

标本H187①：15（#704；S1680），石料。流纹质熔结凝灰岩。不规则形。长3.3、宽3.5、厚0.8厘米，重8.0克。

标本H187②：5，盆形鼎。夹砂黑陶。口微敛，圆唇，平折沿，沿面有两周凹槽，斜弧腹，下残。器表经磨光处理。器表有两周凸棱，沿下有一对横耳。口径20.8、残高4.0、厚0.4～0.6厘米（图2-499，1）。

标本H187②：4，鸟首形鼎足。夹砂褐陶，烧成红褐色。无眼。残高9.8厘米（图2-499，2）。

标本H187②：6，鬶足。夹砂黑陶，烧成红褐色。残高6.2厘米（图2-499，3）。

标本H187②：9，中口罐。夹砂黄褐陶。侈口，圆唇，折沿，沿面有一周凹槽，溜肩，圆腹，下残。素面。口径10.4、残高4.2、厚0.2～0.3厘米（图2-499，4）。

表2-111 H187陶片统计表

数量 陶质/陶色/纹饰	泥质			夹砂						总计	百分比（%）
	黑	灰	合计	黑	灰	褐	白	红褐	合计		
凸弦纹	6		6	15	2			1	18	24	2.56
凹弦纹	10		10	48	5				53	63	6.73
绳　纹					1				1	1	0.11
篮　纹				1					1	1	0.11
堆　纹						4		2	6	6	0.64
泥　饼					1	1			2	2	0.21
盲　鼻				2	1				3	3	0.32
素　面	222	35	257	392	77	77	3	30	579	836	89.32
累　计	238	35	273	458	87	82	3	33	663	936	100
百分比（%）	25.43	3.74	29.17	48.93	9.29	8.76	0.32	3.53	70.83	100	
重量（千克）	1.41	0.46	1.87	6.06	1.04	1	0.02	0.39	8.51	10.38	

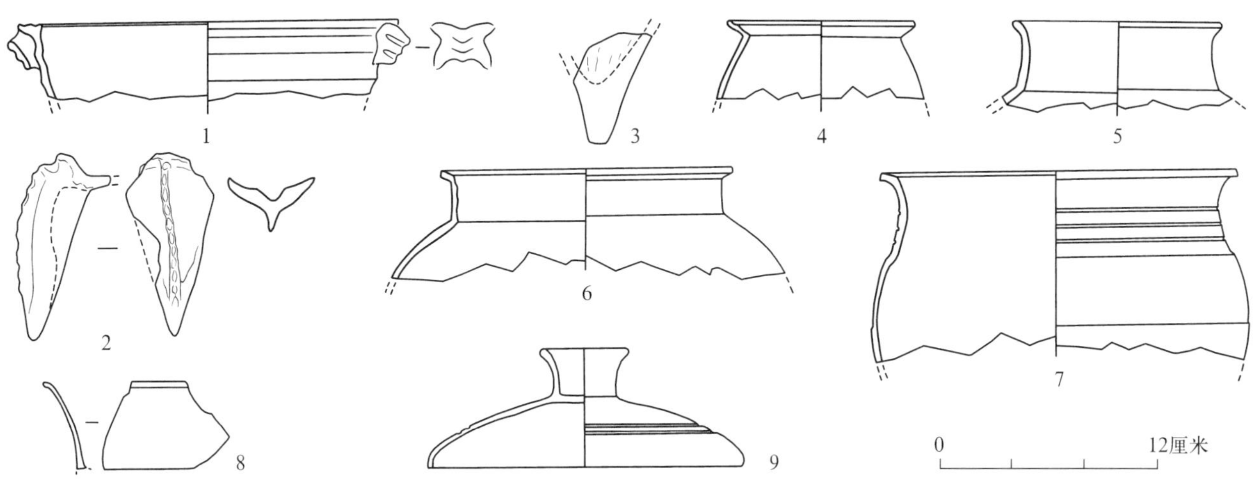

图2-499 一区八期H187出土陶器

1．盆形鼎H187②：5 2．鸟首形鼎足H187②：4 3．鬶足H187②：6 4．中口罐H187②：9 5．高领罐H187②：11 6．有领罐H187②：7 7．罐H187①：8 8．盆H187②：10 9．覆盘形器盖H187①：3

标本H187②：11，高领罐。夹砂黑陶。直口外侈，圆唇，卷沿，高领，肩以下残。口径11.4、残高4.0、厚0.4～0.6厘米（图2-499，5）。

标本H187②：7，有领罐。直口，圆唇，窄沿，沿面内凹，短颈，圆肩，下残。器表经磨光处理。素面。口径16.0、残高5.8、厚0.2～0.6厘米（图2-499，6）。

标本H187①：8，罐。泥质黑陶。侈口，方唇，卷沿，束颈，圆腹。以下残。器表经磨光处理。

颈部有三周凹弦纹，腹部有一周凸棱。口径19.6、残高9.8、厚0.4～0.6厘米（图2–499，7）。

标本H187②：10，盆。泥质黑陶。敞口，圆唇，卷沿，斜腹内弧，下残。内外表均经磨光处理。残高4.7、厚0.2～0.6厘米（图2–499，8）。

标本H187①：3，覆盘形器盖。泥质黑陶。喇叭状纽，盖面呈圆弧形，口微内敛，沿面有一周凹槽。器表经磨光处理。盖面中部饰两周凹弦纹。纽径4.8、口径17.4、高6.3厘米（图2–499，9）。

29．H190

位于E4T2400东部，向东伸出东壁的部分未扩方发掘，开口于耕土层下，被H31打破，又打破⑥a、⑥c层和H215、M32。不规则形，圜底（图2–500）。坑口出露部分长径1.42、短径0.50、深0.38米。填灰褐色土（5YR4/3），出土鼎、罐、盆、圈足盘、豆、杯、器盖等陶器残片（表2–112）。收集浮选土样1份5升，采集植硅体样品1份50克。

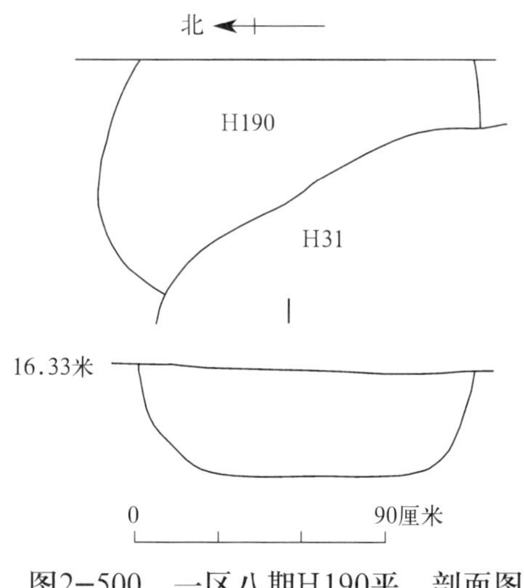

图2–500　一区八期H190平、剖面图

标本H190：3（#3316；S1914），石锛，残。流纹质熔结凝灰岩。平面为长方形。残长6.6、宽2.9、厚2.5厘米，重100.6克。

标本H190：2（#3316；S1915），石锤。流纹质熔结凝灰岩。不规则形。长8.8、宽6.4、厚4.2厘米，重304.1克。

表2–112　H190陶片统计表

数量 纹饰 陶色 陶质	泥质				夹砂			总计	百分比（%）
	黑	灰	红	合计	黑	褐	合计		
凸弦纹	18		2	20	17	4	21	41	4.20
凹弦纹	17			17	25		25	42	4.30
篮　纹	1			1				1	0.10
堆　纹	1			1	1	3	4	5	0.51
泥　饼	1			1		2	2	3	0.31
盲　鼻	1		1	2	7		7	9	0.92
镂　孔	1			1		1	1	2	0.20
刻划纹					1		1	1	0.10
素　面	380	3	10	393	430	50	480	873	89.36
累　计	420	3	13	436	481	60	541	977	100
百分比（%）	42.99	0.31	1.33	44.63	49.23	6.14	55.37	100	
重量（千克）	2.7	0.07	0.17	2.94	6.62	0.67	7.29	10.23	

标本H190：11（#3316；S1618），石镰半成品。流纹质熔结凝灰岩。磨制。残长6.4、宽5.6、厚1.1厘米，重63.5克。

标本H190：12（#3316；S1592），磨石，残。砂岩。不规则形，磨面略粗。残长2.5、残宽2.0、厚1.1厘米，重6.7克。

标本H190：13（#3316；S1584），磨石，残。砂岩。平面为不规则方形，磨面细而平整。长4.8、宽4.7、厚1.1厘米，重29.4克。

标本H190：5，鼎足。夹砂黑陶，烧成红褐色。鸟首形，椭圆形双眼位置偏下。残高9.8厘米（图2-501，1）。

标本H190：6，鼎足。夹细砂黑陶。鸟首形，盲眼，中部堆纹呈细齿状。残高10.5厘米（图2-501，2）。

标本H190：1，壶。泥质灰陶。口微侈，圆唇，粗长颈，颈中部有阶状凸起，溜肩，圆鼓腹，平底。器表经磨光处理。口径9.0、最大腹径14.1、底径6.5、高13.4、厚0.1～0.3厘米（图2-501，3）。

标本H190：7，圈足盘。泥质黑陶。直口，圆唇，宽平沿，圆折腹，底及圈足残。内外表均经磨光处理。折腹处有两周凹弦纹。口径28.0、残高6.4、厚0.4～0.7厘米（图2-501，4）。

标本H190：8，豆。泥质黑陶。盘部残，平底，筒形圈足，下部残。器表及盘内磨光。柄部饰三周凸棱，上部有一对镂孔。残高9.8、厚0.4～0.6厘米（图2-501，5）。

标本H190：9，豆。泥质黑陶。直口，尖圆唇，平折沿，折腹，下部斜收，底及圈足残。器表及盘内经磨光处理。折腹处有盲鼻一对。口径19.2、残高4.0、厚0.3～0.4厘米（图2-501，6）。

标本H190：4，覆盘形器盖。泥质黑陶。喇叭状纽残，浅盘，盖面隆起，方唇，沿面有一周宽凹槽，器体较矮。器表经磨光处理。盖面饰一周凹弦纹，其上残留一个盲鼻。口径12.0、残高3.0、厚0.3厘米（图2-501，7）。

标本H190：10，筒形器盖。泥质黑陶。平顶下凹，周缘外凸，中部残，直壁，口残。器表经磨光处理。腹部有几周凸棱。顶径10.8、残高4.2、厚0.3～0.4厘米（图2-501，8）。

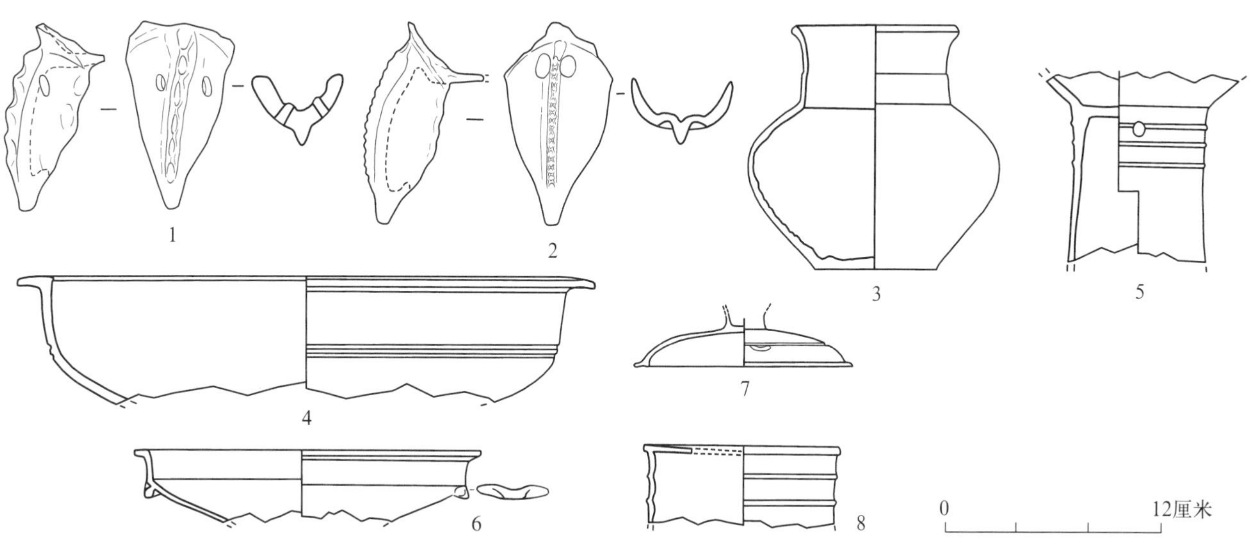

图2-501　一区八期H190出土陶器

1、2. 鸟首形鼎足H190：5、H190：6　3. 壶H190：1　4. 圈足盘H190：7　5、6. 豆H190：8、H190：9　7. 覆盘形器盖H190：4　8. 筒形器盖H190：10

30．H192

位于E4T2397西南部，开口于耕土层下，打破H89及⑥a层。椭圆形，斜壁，圜底（图2–429）。坑口长0.96、宽0.74、深0.34米。内填灰褐色土（7.5YR4/3），结构紧密，质地较硬。出有石器2件及罐、杯等陶片若干。采集浮选样品1份5升，植硅体样品1份50克。

标本H192：1（#4413；S2264），石铲。流纹质熔结凝灰岩。近背部两侧内束。长15.4、宽9.9、厚1.5厘米，重383.7克（彩版一七四，1）。

标本H192：2（#4413；S1730），磨石，残。砂岩。不规则形，磨面细而微内凹。残长5.7、残宽3.8、厚1.0厘米，重28.1克（彩版一七四，2）。

31．H193

位于E4T2449南部，开口于耕土层下，被H70打破，又打破⑥a层。椭圆形，斜壁，近平底（图2–502）。坑口长径0.88、短径0.42、深0.24米。填灰色土（110YR5/3），出土陶片器形有鼎、罐、盆、杯、器盖等。收集浮选土样1份5升，采集植硅体样品1份20克。

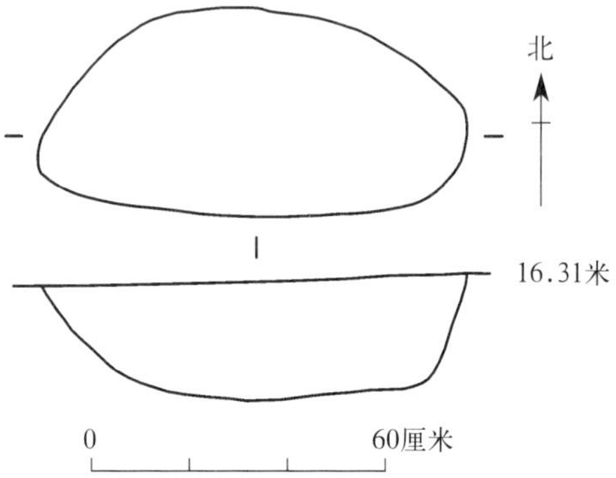

图2–502　一区八期H193平、剖面图

标本H193：4（#5917；S3534），钻头。软玉。平面为尖头长方形。长0.6、宽0.25、厚0.1厘米，重0.25克（图2–503，4；彩版一七四，3、4）。

标本H193：2，双耳罐。夹砂黑灰陶。侈口，圆唇，沿面有一凹槽，短直颈，圆肩，圆鼓腹，底残失。器表经磨光处理。腹部饰七周凹弦纹，腹部有一对宽横耳，残。口径10.2、最大腹径16.8、残高9.4厘米（图2–503，1）。

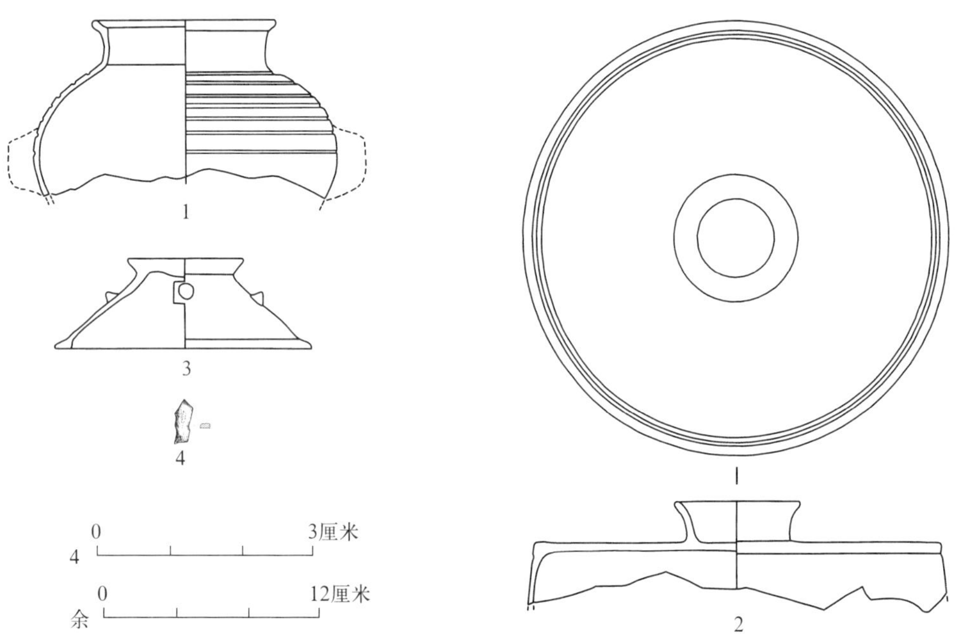

图2–503　一区八期H193出土器物

1．双耳罐H193：2　2．覆盆形器盖H193：1　3．覆碗形器盖H193：3　4．钻头H193：4

标本H193∶1，覆盆形器盖。泥质黑陶。矮喇叭状纽，盖面平直，折肩，直壁微外张，下部残失。盖面边缘饰两周凹弦纹，腹壁上部饰一周凹弦纹。纽径6.8、盖面直径22.3、残高6.0厘米（图2–503，2）。

标本H193∶3，覆碗形器盖。夹砂灰黑陶。平顶微下凹，盖面斜直，平沿外伸，沿面有一凹槽。盖面偏上位置残留小横耳和泥饼各一个。顶径6.2、口径14.2、高4.8厘米（图2–503，3）。

32．H194

位于E4T2400北部，开口于耕土层下，打破⑥a层。圆形，圜底（图2–504）。坑口直径0.56、深0.32米。填灰褐土（5YR3/3），出土石钺和罐、盆、杯、器盖等陶器或残片。收集浮选土样1份5升，采集植硅体样品1份20克。

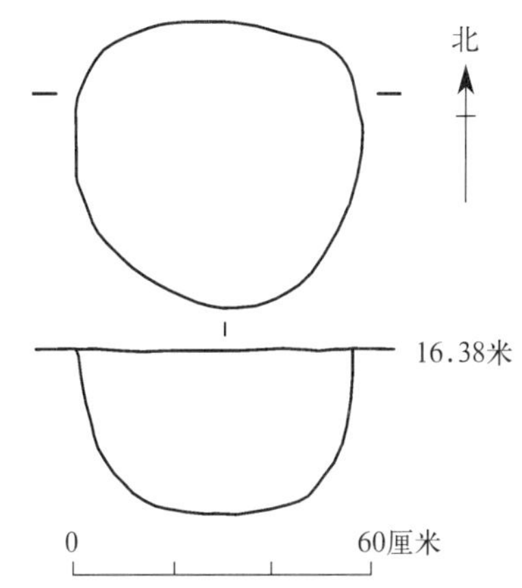

图2–504　一区八期H194平、剖面图

标本H194∶1（#3318；S2263），石钺。绿泥石或绿泥/角闪片岩。平面为梯形，磨制光滑，中部偏上对钻一孔。长11.2、宽8.1、厚1.8厘米，重287.6克（图2–505，3；彩版一七四，5）。

标本H194∶3，中口罐。夹砂灰黑陶。侈口，圆唇，折沿，沿面有一周凹槽，圆肩，圆鼓腹，下腹部内收明显，平底。器表经磨光处理。肩部饰有两周凹弦纹。口径15.4、最大腹径19.4、底径8.0、高17.9、厚0.2～0.5厘米（图2–505，1；彩版一七二，4）。

标本H194∶2，覆碗形器盖。泥质黑陶。平顶下凹，其上有环状纽，残失，盖面隆起，圆方唇，平沿外伸，沿面有一周浅凹槽。器表经磨光处理，盖面饰一周凹弦纹。顶径5.0、口径16.2、残高5.4、厚0.3厘米（图2–505，2）。

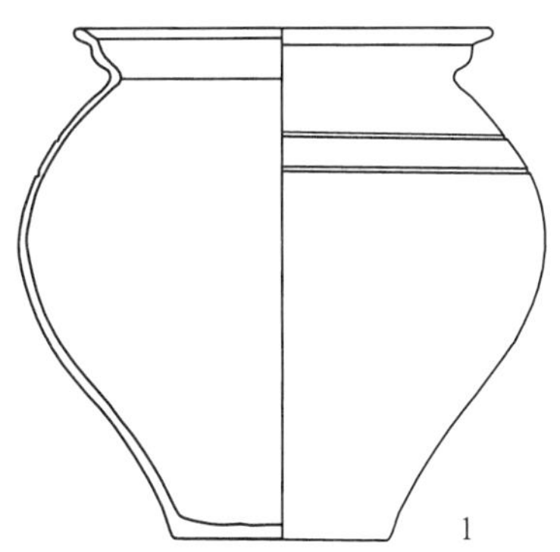

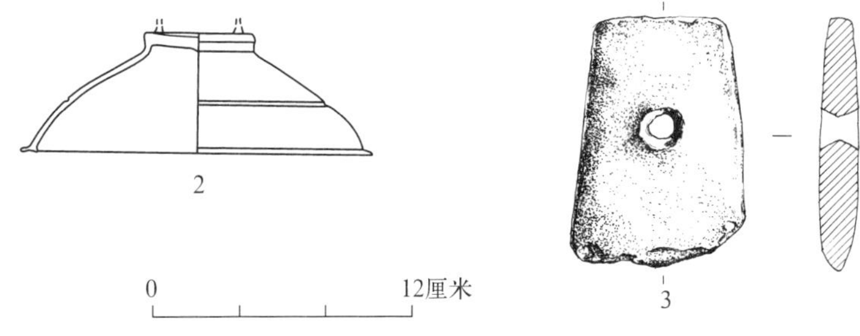

图2–505　一区八期H194出土器物

1．中口罐H194∶3　2．覆碗形器盖H194∶2　3．石钺H194∶1

33．H196

位于E4T2450中部，开口于耕土层下，打破⑥a层。椭圆形，圜底（图2–506；彩版一七三，2）。坑口长径1.02、短径0.63、深0.26米。填灰黑色土（10YR2/1），出土陶器的器形有鼎、罐、盆、圈足盘、杯、器盖等。收集浮选土样1份5升，采集植硅体样品1份10克，收集碳十四测年样品1个。

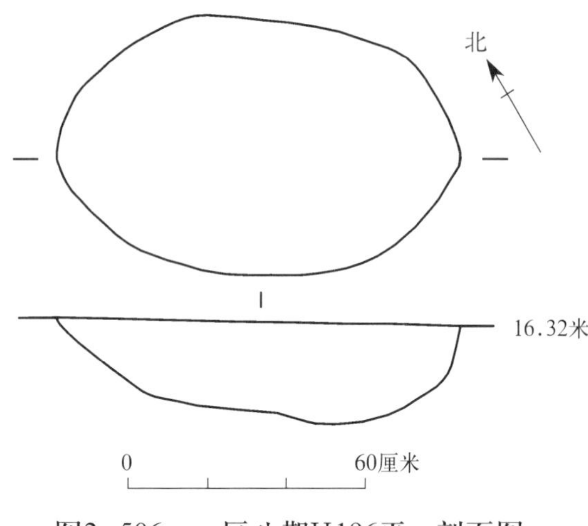

图2-506　一区八期H196平、剖面图

标本H196：5（#1107；S2201），磨石，残。砂岩。平面为三角形，磨面细而平整。长5.8、宽4.8、厚2.3厘米，重61.3克（彩版一七四，6）。

标本H196：1（#1107；S2205），磨石，残。平面为三角形，磨面细而平整。长6.2、宽5.6、厚1.6厘米，重68.7克（彩版一七四，7）。

标本H196：2，罐形鼎。夹砂黑陶。侈口，方唇，卷沿，沿面有一周浅凹槽，溜肩，鼓腹，腹两侧的小横耳残失，平底，三足残。素面，底部有火烧痕迹。口径13.4、底径9.6、残高11.5、厚0.3～0.5厘米（图2-507，1）。

标本H196：4，鼓腹盆。夹砂黑陶。大口，圆方唇，卷沿，短颈，腹微鼓，以下残。颈下有三周阶状凸起。口径50.0、残高17.6、厚0.6～0.9厘米（图2-507，2）。

标本H196：3，圈足盘。泥质黑陶，灰胎。直口微内敛，宽平沿，直壁，下部内折收，平底，粗圈足残失。腐蚀严重，内壁残存磨光痕迹。折腹处有一对贯耳。口径28.0、残高6.0、厚0.2～0.4厘米（图2-507，3）。

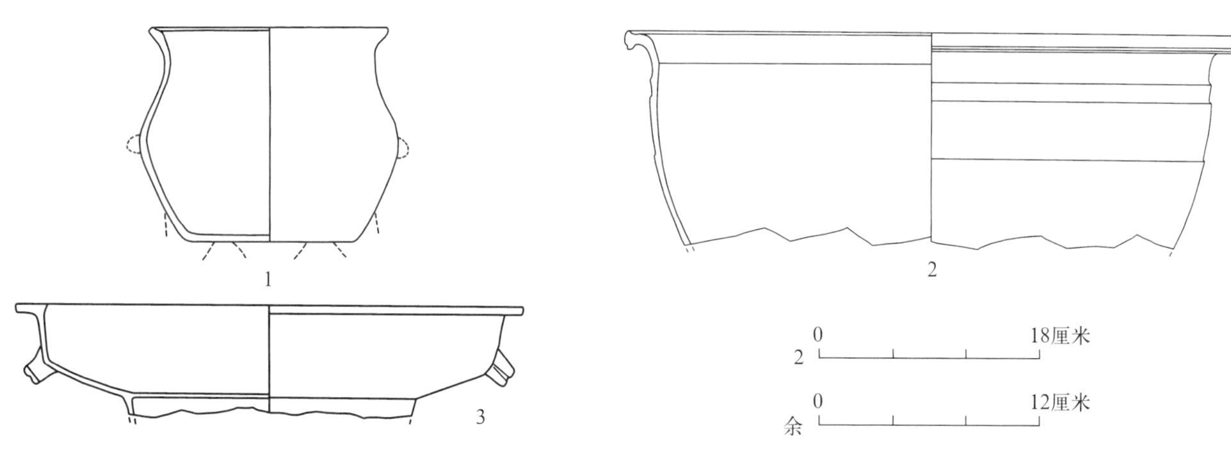

图2-507　一区八期H196出土陶器

1．罐形鼎H196：2　2．鼓腹盆H196：4　3．圈足盘H196：3

34．H197

位于E4T2400中部偏东北，开口于耕土层下，打破⑥a层和H198。椭圆形，微斜壁，平底（图2-508）。坑口长径1.20、短径0.70、深0.28米。填灰褐色土（5YR4/2），出土陶器的器形有鼎、鬶、罐、盆、圈足盘、杯、器盖等（表2-113）。收集浮选土样1份5升，采集植硅体样品1份20克。

标本H197：10（#3319；S1597），有槽磨石。红色砂岩。平面略呈三角形，磨面有凹槽。长11.5、宽7.6、厚3.7厘米，重325.9克（彩版一七四，8）。

标本H197：7，盆形鼎。夹砂黑陶。口近直，圆唇，平折沿，上腹外折，中部内束，以下残。器表经磨光处理。腹部有两周凸棱。口径20.4、残高5.2、厚0.2～0.5厘米（图2-509，3）。

标本H197：1，鬶。夹砂红陶。高流，直口，粗长颈，分裆乳状袋足，象征性绞丝状把手。颈部饰凸棱一周半，颈两侧饰盲鼻一对，流根部和把手上端两侧各饰一对泥饼。口径12.6、高32.0、厚0.4厘米（图2–509，1）。

标本H197：2，小口罐。夹细砂灰黑陶。直口微侈，圆唇，广肩，上腹圆鼓，下腹斜向内收，小平底。器表经磨光处理。肩部饰两周凸弦纹。口径13.6、最大腹径27.0、底径10.1、高22.8、厚0.3～0.6厘米（图2–509，2；彩版一七二，5）。

标本H197：9，有领罐。夹砂灰陶。直口外侈，圆唇，颈较高，圆肩，以下残。颈部一周凸棱。口径13.2、残高6.2、厚0.3～0.6厘米（图2–509，4）。

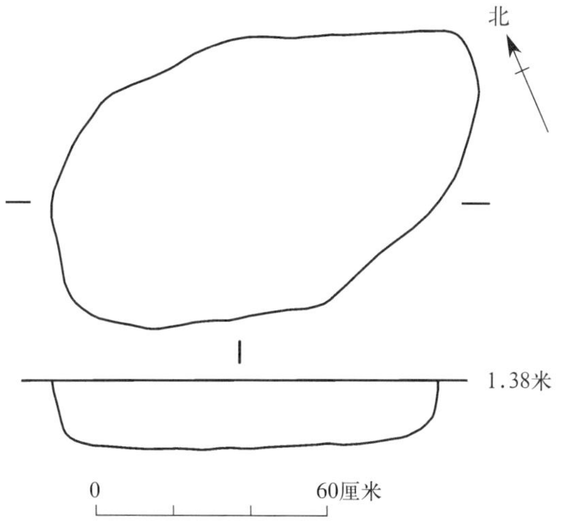

图2–508　一区八期H197平、剖面图

表2–113　H197陶片统计表

纹饰＼数量＼陶色＼陶质	泥质					夹砂				总计	百分比(%)
	黑	灰	红	褐	合计	黑	灰	褐	合计		
凸弦纹	5	1		1	7	5	10		15	22	3.62
凹弦纹	30	3			33	22	6		28	61	10.03
堆　纹								3	3	3	0.49
泥　饼							1		1	1	0.16
盲　鼻						1	1		2	2	0.33
花　边								2	2	2	0.33
素　面	136	24	2	4	166	230	93	28	351	517	85.03
累　计	171	28	2	5	206	258	111	33	402	608	100
百分比（%）	28.13	4.61	0.33	0.82	33.88	42.43	18.26	5.43	66.12	100	
重量（千克）	1.50	0.35	0.01	0.16	2.02	1.84	1.35	0.55	3.74	5.76	

标本H197：4，有领罐。夹砂灰黑陶。直口微侈，方唇，短斜沿，直颈，广肩，以下残。内外表均磨光，素面。口径17.2、残高4.8、厚0.4～0.6厘米（图2–509，5）。

标本H197：3，有领罐。泥质黑陶。侈口，圆唇，粗颈内束，溜肩，鼓腹，下腹内收，平底残。器表经磨光处理。颈部有凸棱一周，颈、肩之交有两周阶状凸起，肩、腹部有三周凹弦纹。口径9.6、底径6.2、复原高17.4、厚0.3厘米（图2–509，6）。

标本H197：8，盆。泥质黑陶。敞口，方唇，卷沿，深腹，以下残。内外表均经磨光处理。腹部两周细凹弦纹，其上存一泥饼。残高7.2、厚0.2～0.4厘米（图2–509，7）。

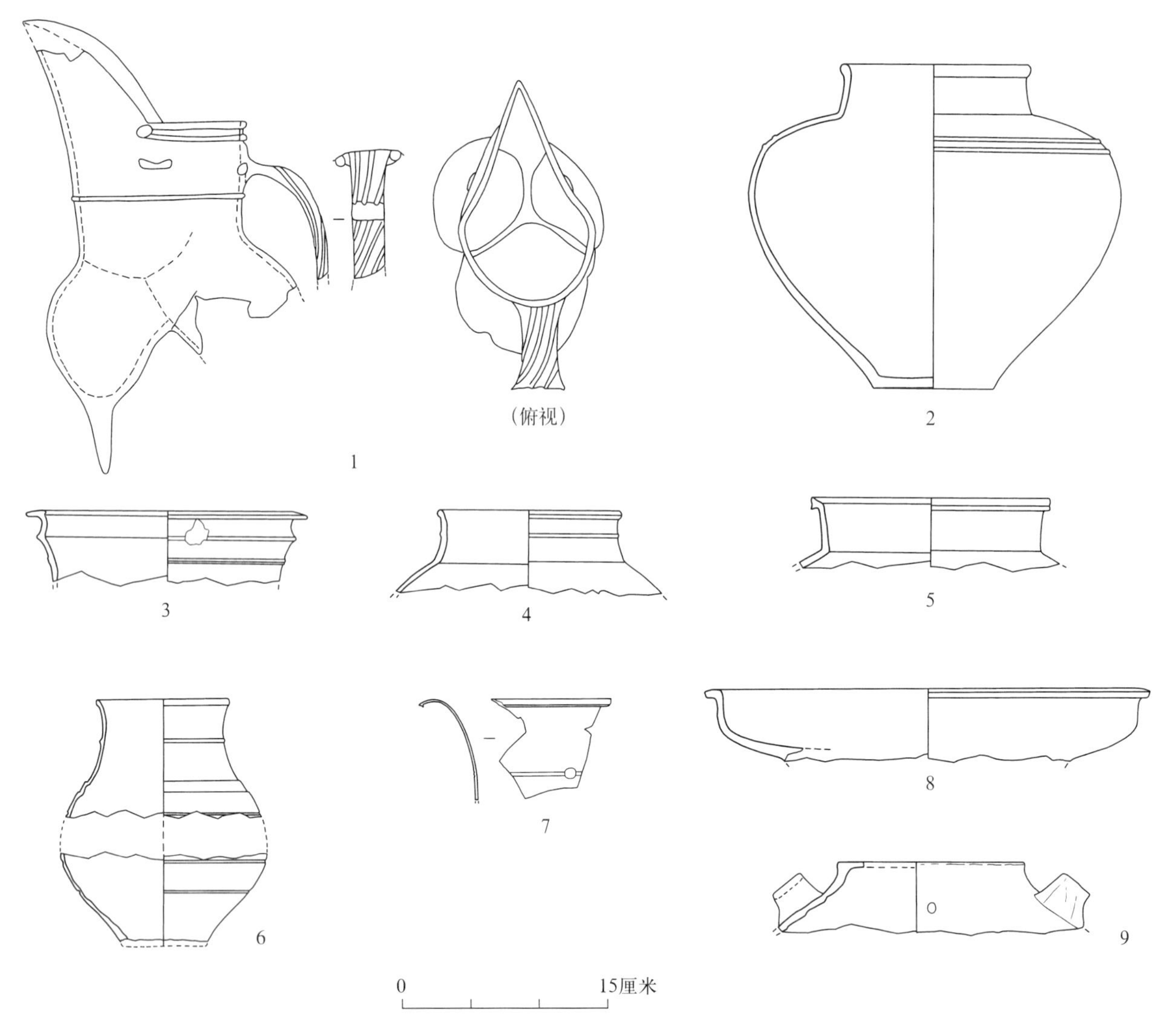

图2-509　一区八期H197出土陶器

1．鬶H197：1　2．小口罐H197：2　3．盆形鼎H197：7　4～6．有领罐H197：9、H197：4、H197：3　7．盆H197：8　8．圈足盘H197：6　9．覆盆形器盖H197：5

标本H197：6，圈足盘。泥质黑陶，灰胎。直口，方唇，平折沿，浅盘，折腹，底及圈足残。内外表均经磨光处理。素面。口径32.0、残高5.0、厚0.4～0.6厘米（图2-509，8）。

标本H197：5，覆盆形器盖。夹砂黑陶，褐胎。平顶，盖面斜直，下部隆起，中部以下残。器表经磨光处理。盖面有一对宽横耳和一对泥饼。顶径13.6、残高4.6、厚0.4～0.5厘米（图2-509，9）。

35．H198

位于E4T2400东部，开口于耕土层下，被H197打破，又打破⑥a层和H234。近椭圆形，圜底（图2-510）。坑口长径1.10、短径0.71、深0.18米。填灰褐色土（5YR3/3），出土陶片的器形有鼎、罐、杯、器盖等。收集浮选土样1份5升，采集植硅体样品1份20克。

标本H198：1，覆碗形器盖。夹砂褐陶。平顶，盖面微隆，平沿外伸，圆方唇，沿面有一周凹槽。盖面饰三周凹弦纹。顶径5.0、口径17.0、高6.2、厚0.6厘米（图2-510，1）。

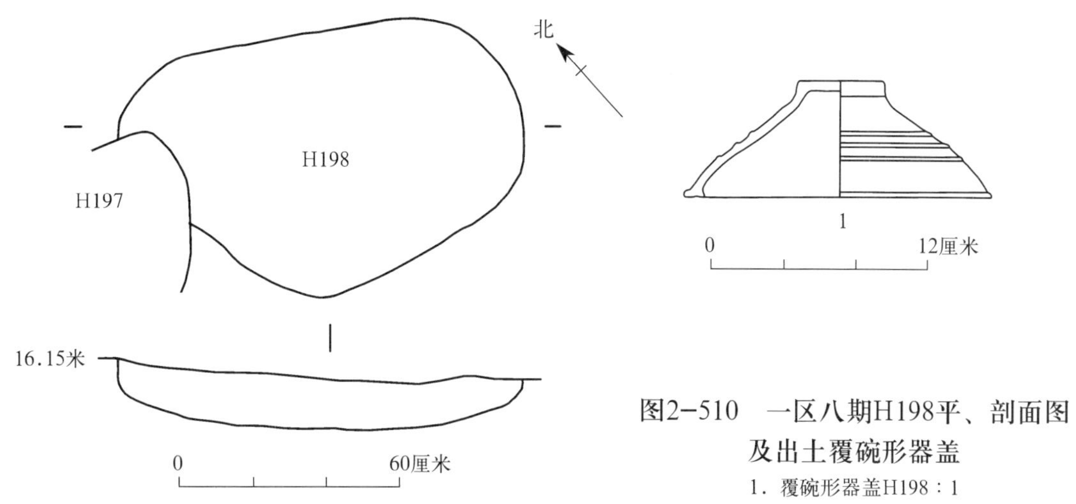

图2-510　一区八期H198平、剖面图及出土覆碗形器盖

1. 覆碗形器盖H198：1

36. H202

位于E4T2450南部，开口于耕土层下，打破⑥a层。平面略呈椭圆形，斜壁底部不平（图2-511）。坑口长径0.70、短径0.53、深0.10米。填黑灰色土（湿10YR2/1），出土陶器的器形有鼎、罐、盆、杯、器盖等。采集植硅体样品1份50克，收集碳十四测年样品1个。

标本H202：1，罐形鼎。夹砂灰黑陶，夹少量云母。侈口，方唇，折沿，沿面有一周宽浅凹槽，圆腹，平底，三足残失。腹部饰一周凹弦纹。口径12.7、底径8.6、高10.0厘米（图2-512，1）。

标本H202：2，罐形鼎。夹砂黑陶。圆唇，卷沿，有颈，圆腹，平底较大，三鸟首形足。器表经磨光处理。腹部饰五周凸棱，颈下残留盲鼻和泥饼各一个。器底和三足有火烧痕迹。口径18.6、底径12.4、高21.5、厚0.3厘米（图2-512，2）。

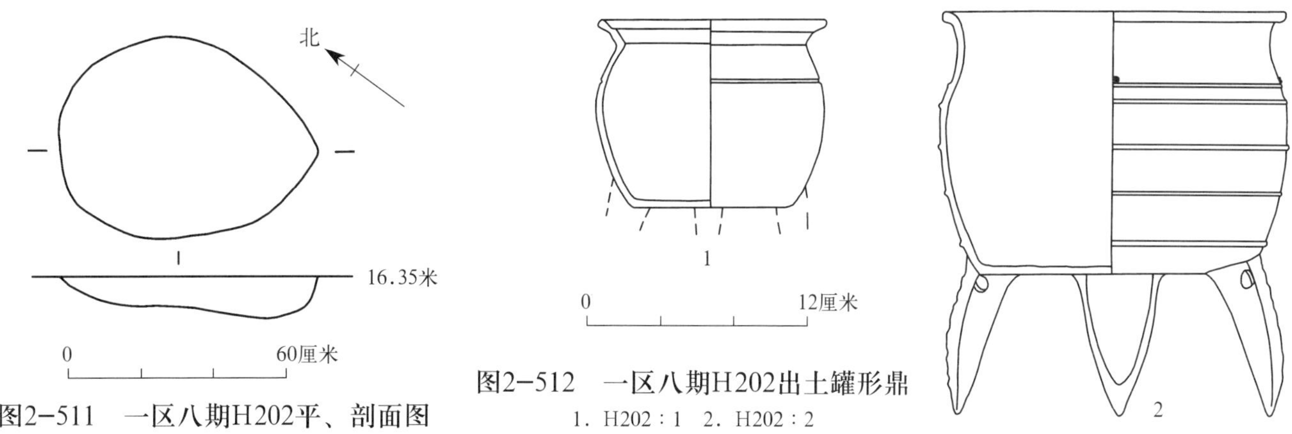

图2-511　一区八期H202平、剖面图

图2-512　一区八期H202出土罐形鼎

1. H202：1　2. H202：2

37. H205

位于E4T2400、T2399、T2450、T2449四个探方，开口于耕土层下，被H123打破，打破⑥a层和H284等。椭圆形，斜壁，平底（图2-513）。坑口长径2.63、短径1.46、深0.60米。填土分为三层，第1层为黄褐色土（湿5YR4/6）；第2层为灰褐色土（湿 5YR3/3）；第3层亦为灰褐色土（湿5YR4/3）。每层包含遗物均较多，出土石铲、石刀等石器，出土陶器的器形有鼎、鬶、罐、罍、壶、盆、圈足盘、豆、杯、碗、盒、器盖及较多陶片（表2-114）。收集浮选土样2份共10升，采集

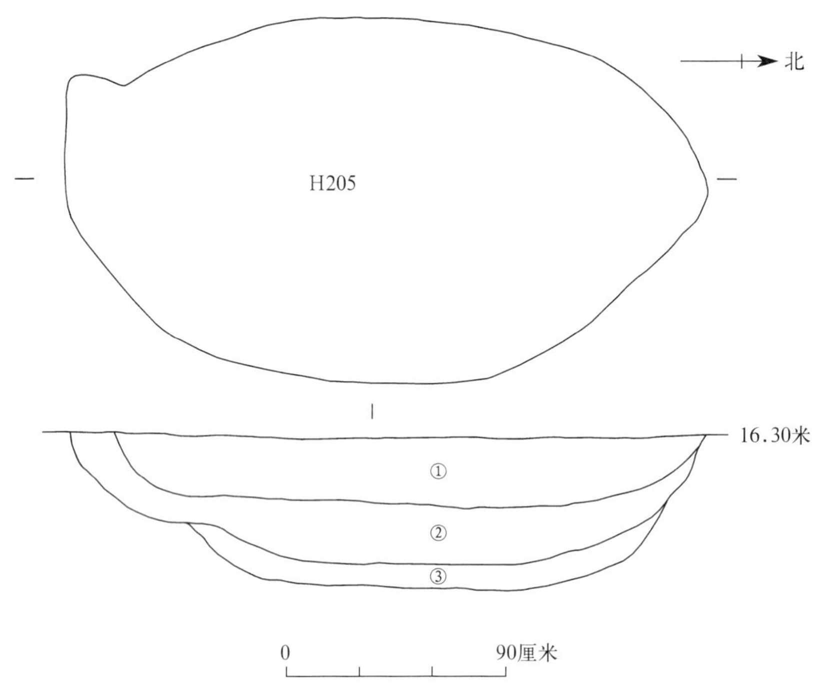

图2-513　一区八期H205平、剖面图

表2-114　H205陶片统计表

陶质/数量/陶色/纹饰	泥质				夹砂					夹云母滑石	总计	百分比（%）
	黑	灰	褐	合计	黑	灰	褐	白	合计			
凸弦纹	44	5		49	55	7	5		67		116	3.68
凹弦纹	43	3	1	47	122	28	4		154		201	6.38
堆　纹			1	1	5	2	11		18		19	0.60
泥　饼	5		1	6	5		1		6		12	0.38
盲　鼻	3			3	1	1	1		3		6	0.19
镂　孔						1			1		1	0.03
花　边	2			2	3				3		5	0.16
素　面	1238	45	4	1287	1126	206	160	9	1501	2	2790	88.57
累　计	1335	53	7	1395	1317	245	182	9	1753	2	3150	100
百分比（%）	42.38	1.68	0.22	44.29	42.81	7.78	5.78	0.29	55.65	0.06	100	
重量（千克）	7.625	0.489	0.16	8.274	10.75	2.825	2.025	0.07	15.67	0.04	23.984	

植硅体样品2份共40克，收集碳十四测年样品2个。

标本H205③：14（#3325；S1909），石铲，残存刃部一端。流纹质熔结凝灰岩。磨制光滑，弧形单面刃。残长6.4、宽6.9、厚1.4厘米，重51.2克（彩版一七五，1）。

标本H205③：15（#3325；S1917），石铲，残。流纹质熔结凝灰岩。平面为长方形。残长4.4、宽6.6、厚0.4厘米，重26.0克（彩版一七一，6）。

标本H205②：9（#3323；S1889），石刀。砂岩。平面近长方形。长6.3、宽5.1、厚1.3厘米，重48.1克（图2–516，24；彩版一七五，2）。

标本H205①：26（#3322；S1894），石刀，残存中部一段。砂岩。平面为长方形，单面刃，近背部有对钻双孔。残长3.4、宽5.9、厚1.3厘米，重41.9克（彩版一七五，3）。

标本H205②：10（#3323；S1890），磨石，残。花斑岩。平面近方形，磨面粗糙。长6.5、宽5.2、厚2.5厘米，重113.9克（彩版一七一，5）。

标本H205②：49（#3323；S1603），磨石。花斑岩。平面为长方形。长20.4、宽10.4、厚6.1厘米，重2165克（图2–516，25）。

标本H205②：50（#1120；S2197），磨石。花斑岩。不规则形。长11.9、宽8.0、厚5.9厘米，重480.8克（图2–516，26；彩版一七四，9）。

标本H205③：21（#3325；S1610），打磨/抛光石器。平面为亚腰椭圆形。长4.5、宽2.8、厚1.5厘米，重29.0克（彩版一七五，4）。

标本H205①：3，罐形鼎。夹砂黑褐陶。侈口，圆唇，卷沿，圆鼓腹，平底，无眼鸟首形足。颈肩之交下凹，其上有两两相对的盲鼻和泥饼。口径17.6、底径10.8、通高22.0、厚0.4～0.6厘米（图2–514，5；彩版一七六，1）。

标本H205①：6，罐形鼎。夹砂黑陶。侈口，圆唇，卷沿，腹微鼓，大平底。器表经磨光处理。素面。口径10.6、底径10.0、残高13.4、厚0.5厘米（图2–514，1）。

标本H205①：32，罐形鼎。泥质灰陶。上部残失，圆腹，平底，足残失。器表经磨光处理。器表残存两周凸弦纹。底径9.4、残高7.0、厚0.4厘米（图2–514，2）。

标本H205②：12，单耳罐形鼎。夹少量细砂黑陶。侈口，圆唇，沿内面有凹槽，高颈中部微外鼓，溜肩，圆腹，平底，三足残失，一侧肩腹之间有窄把手。器表经磨光处理，素面。口径9.8、底径7.5、残高12.2、厚0.1～0.25厘米（图2–514，3）。

标本H205③：44，盆形鼎。夹砂黑陶。敛口，尖圆唇，平沿，沿面有凹槽，上腹略呈盘口，下腹微弧，平底，三鸟首形足残。器表经磨光，腹有三周凸棱。口径26.0、底径18.0、复原高18.6、厚0.4～0.8厘米（图2–514，4）。

标本H205③：16，鬶。夹砂红陶。残存部分为腹部和一足，腹较浅，分裆袋足。腹部饰凸棱。残高16.0、厚0.3厘米（图2–514，6）。

标本H205③：18，鬶。夹砂红褐陶。高直流，粗长颈，分裆乳状袋足，一侧有象征性绞丝状把手。外表经磨光处理。颈下部有两周凹弦纹，袋足上部有一周凸棱，其上有一泥饼。高32.0、厚约0.2～0.35厘米（图2–514，7；彩版一七六，2）。

标本H205②：13，中口罐。夹细砂黑陶。侈口，圆唇，折沿，斜溜肩，圆鼓腹，下腹部平缓内收，平底。器表经磨光处理。肩部饰两周凹弦纹。口径8.0、底径4.8、高9.6、厚0.2～0.3厘米（图

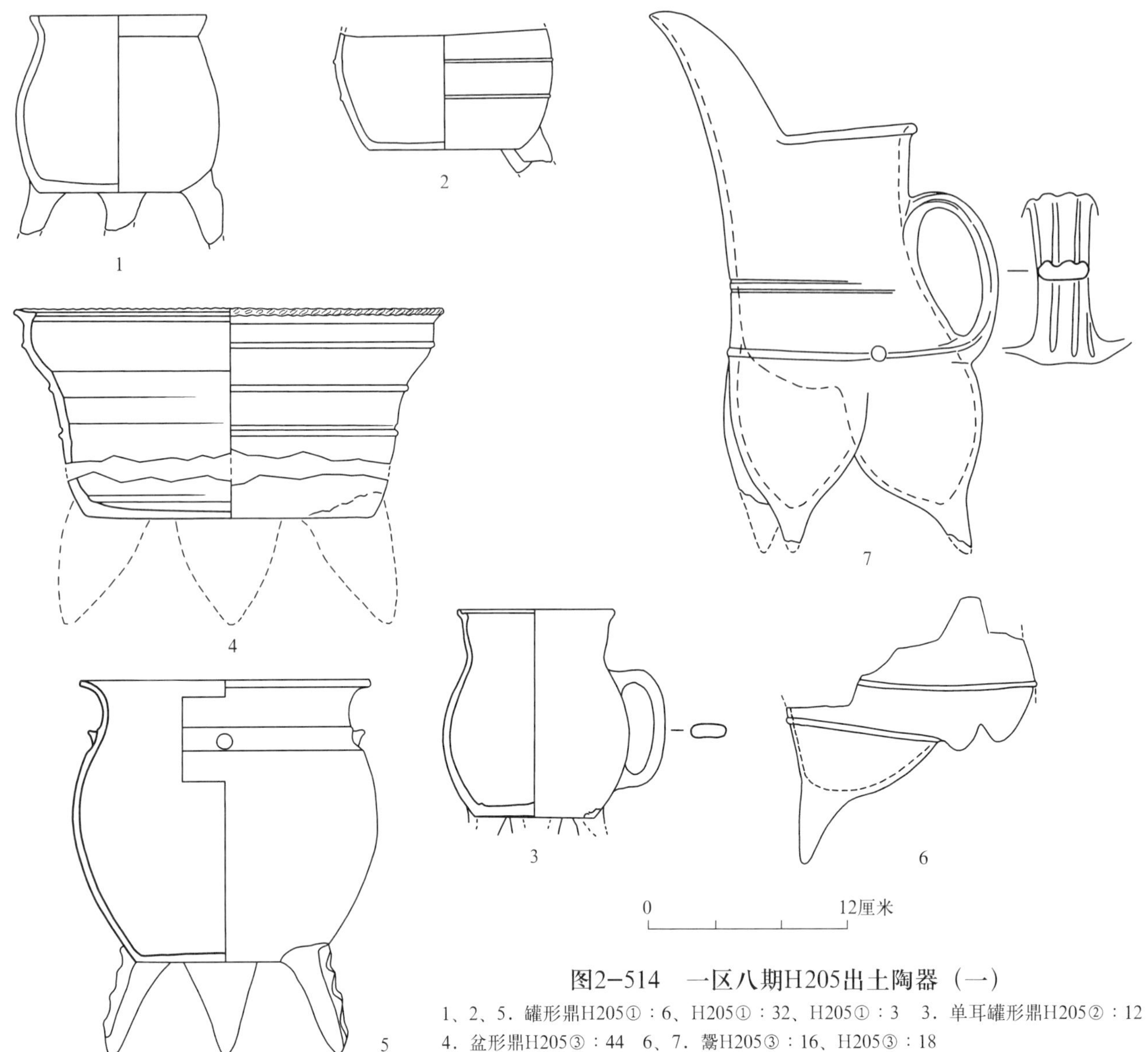

图2-514　一区八期H205出土陶器（一）

1、2、5. 罐形鼎H205①：6、H205①：32、H205①：3　3. 单耳罐形鼎H205②：12　4. 盆形鼎H205③：44　6、7. 鬶H205③：16、H205③：18

2-515，1；彩版一七六，3）。

标本H205③：17，大口罐。夹砂黑陶。侈口，圆唇，折沿，沿面上部有一周凹槽，鼓腹，下腹斜收平缓，平底。器表经磨光处理。腹部饰有两周凹弦纹。口径14.4、底径6.0、高14.4、厚0.3～0.4厘米（图2-515，2）。

标本H205③：45，双耳罐。夹砂黑陶。直口，圆唇，窄沿，颈较高，广肩，以下残。肩上有一对较大横耳。肩部有一周凹弦纹。口径12.0、残高5.8、厚0.4～0.6厘米（图2-515，3）。

标本H205①：2，鼓腹罐。夹砂红陶。口微侈，圆唇，有颈，圆肩，鼓腹，平底。肩部饰一周横向附加堆纹，腹部饰三组纵向附加堆纹。口径10.0、底径8.0、高15.6、厚0.4厘米（图2-515，4）。

标本H205①：7，深腹罐。夹细砂褐陶。上部残失。腹部斜向内收，平底。器表经磨光处理。腹部有四周凸棱。腹径17.4、底径9.2、残高16.0厘米（图2-515，5）。

标本H205①：8，罐。夹细砂红陶。残存罐底，腹斜收显著，平底。素面。底径12.4、残高9.0、厚0.4～0.6厘米（图2-515，6）。

标本H205③：19，罐。夹砂灰陶。侈口，圆唇，折沿，溜肩，鼓腹，大平底。肩腹饰两组五周凹弦纹。口径12.8、底径10.4、高13.0、厚0.4厘米（图2-515，7）。

标本H205②：40，罐。夹砂黑陶。侈口，圆唇，卷沿，弧腹，以下残。颈部饰两周细凹弦纹，肩腹部饰三周凹弦纹，上两周之间有四个泥饼。口径13.0、残高5.5、厚0.35厘米（图2-515，8）。

标本H205①：37，瓮。夹砂黑陶。直口外侈，圆唇，窄沿，沿面上有凹槽，颈较高，广肩，以下残。颈部饰两周凹弦纹，肩部存三周凹弦纹。口径14.0、残高5.2、厚0.4～0.6厘米（图2-515，9）。

标本H205③：20，罍。细泥浅灰陶。直口残，宽圆肩，圆鼓腹，下腹内收甚急，小平底。肩和下腹位置各有对称的高横耳一对。器表经磨光处理，素面。残高16.1、底径6.5、厚0.2～0.4厘米（图2-515，10；彩版一七六，4）。

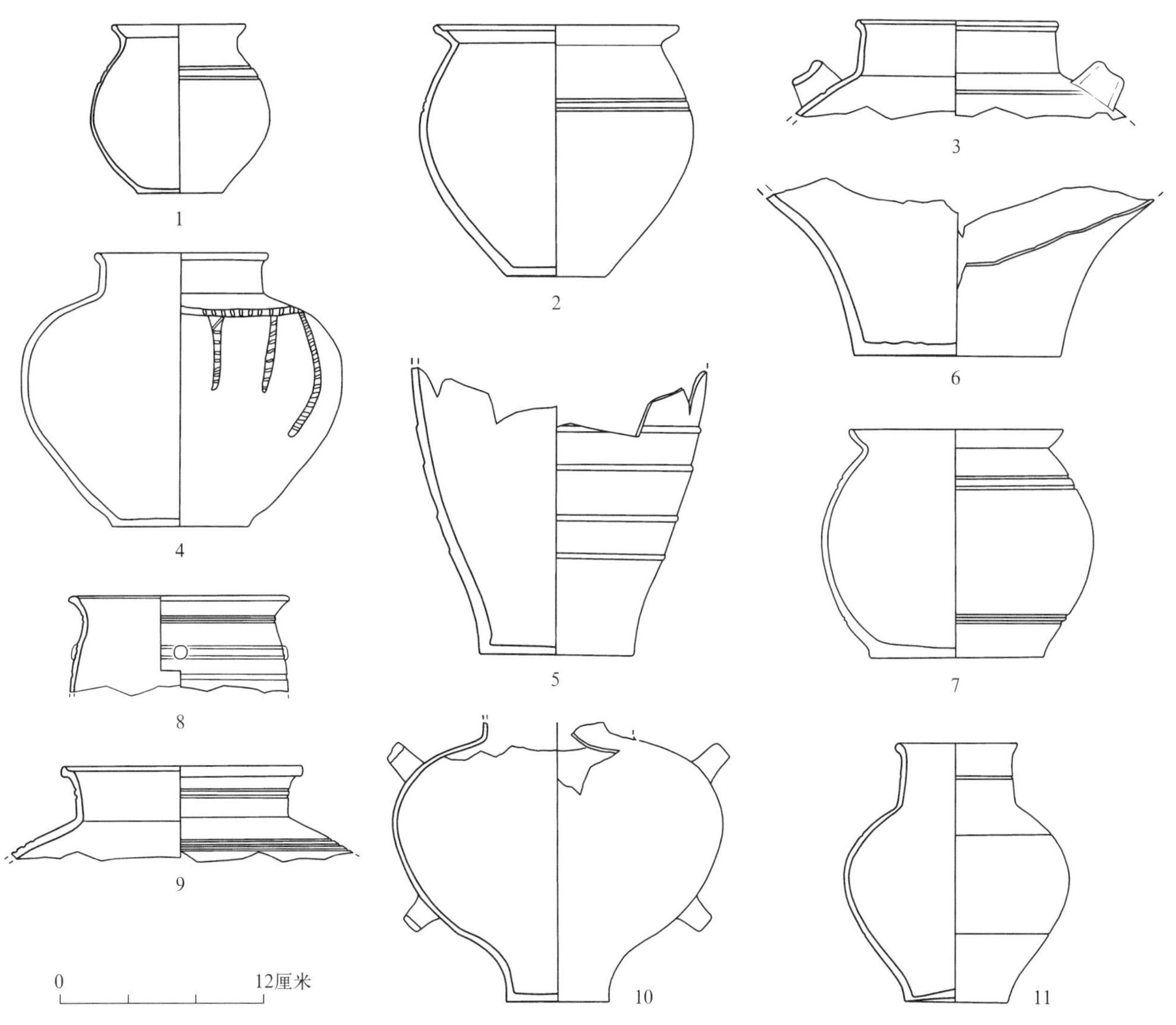

图2-515　一区八期H205出土陶器（二）

1．中口罐H205②：13　2．大口罐H205③：17　3．双耳罐H205③：45　4．鼓腹罐H205①：2　5．深腹罐H205①：7　6～8．罐H205①：8、H205③：19、H205②：40　9．瓮H205①：37　10．罍H205③：20　11．壶H205①：4

标本H205①：4，壶。泥质灰陶。口微侈，圆唇，高直颈，弧肩，鼓腹，平底内凹。器表经磨光处理。颈、肩、腹部各有一周凹弦纹。口径7.2、最大腹径13.4、底径6.3、高14.7、厚0.2～0.4厘米（图2–515，11）。

标本H205①：31，大平底盆。泥质黑陶。敞口，圆方唇，卷沿，曲腹，大平底。内外表均经磨光处理，素面。口径35.2、底径27.2、高10.2、厚0.6厘米（图2–516，1）。

标本H205③：38，鼓腹盆。夹砂黑陶。敞口，方唇，卷沿，沿面有一周凹槽，短颈，腹微鼓，以下残。内外表均经磨光处理。肩、腹部三周凸棱，其上有一对宽横耳。口径50.0、残高10.5、厚0.6厘米（图2–516，2）。

标本H205①：28，圈足盘。泥质黑陶。侈口，尖圆唇，宽平沿外伸，圆折腹，平底微内凹，圈足较高，中部内折成阶状，以下残失。内外表均经磨光处理。盘外壁留有轮制时形成的旋转线痕迹。口径30.2、残高10.2、厚0.3～0.5厘米（图2–516，3）。

标本H205①：29，圈足盘。泥质黑陶。敛口，方唇，宽折沿，折腹，以下部分残失。内外表均经磨光处理。腹部饰三周凹弦纹。口径29.0、残高4.8、厚0.6厘米（图2–516，4）。

标本H205①：35，碗。泥质黑陶。敞口，圆唇，卷沿，折腹，以下残。素面。口径14.0、残高2.8、厚0.2厘米（图2–516，5）。

标本H205①：30，豆盘。泥质黑陶。斜平沿外伸，折腹，盘略深，平底内凹，柄以下残失。内外表均经磨光处理，折盘处有对称的盲鼻一对。口径16.8、残高4.7、厚0.2厘米（图2–516，6）。

标本H205②：42，筒形单耳杯。夹细砂黑陶。上半部残，直壁，平底，一侧有把手，残。素面。底径10.4、残高7.0、厚0.4厘米（图2–516，7）。

标本H205①：1，鼓腹单耳杯。泥质灰陶。侈口，圆唇，卷沿，粗长颈，鼓腹，平底，一侧口沿与腹部之间有耳，残。颈下部有两周凹弦纹。口径9.2、底径7.2、高13.0、厚0.5厘米（图2–516，8）。

标本H205②：11，鼓腹单耳杯。泥质灰陶。口微侈，圆唇，粗高颈，鼓腹，平底。一侧口沿与肩部之间有把手痕迹。器表经磨光处理。颈下部有凹弦纹两周。口径8.3、底径5.0、高10.4、厚0.2～0.4厘米（图2–516，9；彩版一七七，1）。

标本H205②：22，鼓腹单耳杯。夹砂黑陶。口微侈，圆唇，粗长颈，鼓腹，平底内凹，一侧口沿与腹之间有带状把手痕迹。外表经磨光处理。内壁有轮制留下的轮旋痕迹。颈下有凹弦纹两周。口径8.1、最大腹径11.0、底径6.0、高9.4、厚0.3～0.4厘米（图2–516，10；彩版一七七，2）。

标本H205②：23，覆碗形器盖。夹砂黑陶。平顶，盖面斜直，下部残。器表经磨光处理。顶面边缘有一周凹弦纹，盖面有两个绞丝状横耳。顶径12.2、残高7.3、厚0.4～0.6厘米（图2–516，11）。

标本H205②：27，覆碗形器盖。泥质黑陶。平顶，盖面微隆，沿面有一周凹槽。器表经磨光处理。盖面下部饰两周凹弦纹。口径21.6、底径7.8、高6.2、厚0.5厘米（图2–516，12）。

标本H205②：33，覆碗形器盖。夹砂黑陶。平顶，盖面隆起，圆唇，沿外伸，沿面有一周凹槽。器表经磨光处理，素面。口径13.2、底径4.4、高5.0、厚0.2～0.4厘米（图2–516，13）。

标本H205②：34，覆碗形器盖。夹砂黑陶。平顶，盖面微隆，平沿外伸，沿面有一周凹槽。素面。口径17.4、底径5.8、高5.6、厚0.4～0.6厘米（图2–516，14）。

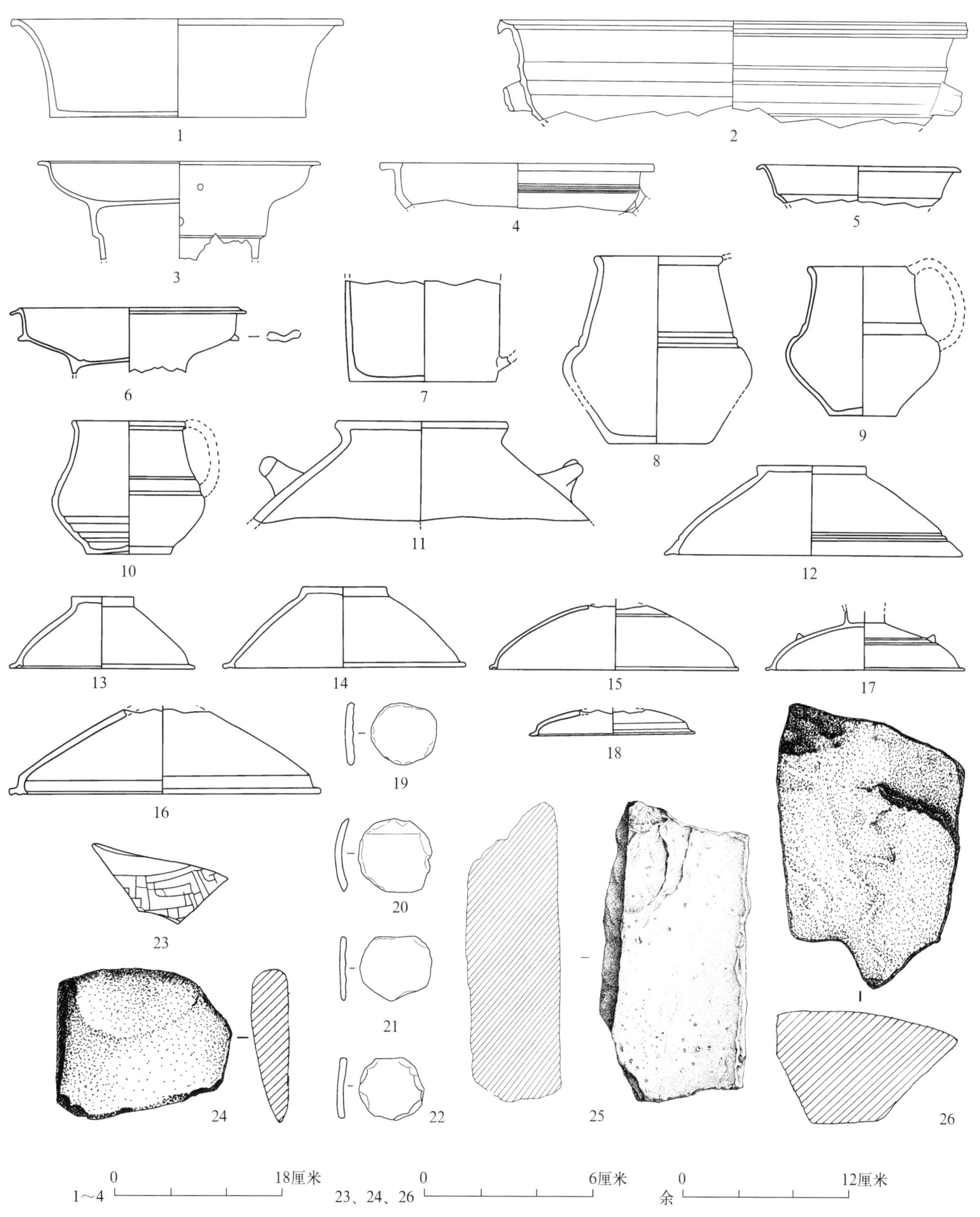

图2-516　一区八期H205出土器物（三）

1．大平底盆H205①：31　2．鼓腹盆H205③：38　3、4．圈足盘H205①：28、H205①：29　5．碗H205①：35　6．豆盘H205①：30　7．筒形单耳杯H205②：42　8～10．鼓腹单耳杯H205①：1、H205②：11、22　11～16．覆碗形器盖H205②：23、27、33、34、39、43　17、18．覆盘形器盖H205①：5、H205②：41　19～22．圆陶片H205①：36、H205②：46、47、48　23．刻划纹饰陶片H205②：25　24．石刀H205②：9　25．磨石H205②：49　26．石磨棒H205②：50

标本H205②：39，覆碗形器盖。泥质黑陶。顶残，盖面隆起，窄沿，沿面有一周凹槽。器表经磨光处理。盖面饰两周细凹弦纹。口径18.0、残高4.4、厚0.3厘米（图2－516，15）。

标本H205②：43，覆碗形器盖。夹砂褐陶。顶残，盖面斜直，平沿，沿面有一周浅凹槽。素面。口径22.4、残高6.0、厚0.4厘米（图2－516，16）。

标本H205①：5，覆盘形器盖。泥质黑陶。喇叭状纽残，盖面隆起，方唇，沿面有浅凹槽。器表经磨光处理。盖面有两周凹弦纹，其上有对称的盲鼻一对。口径14.4、残高4.2、厚0.3厘米（图2－516，17）。

标本H205②：41，覆盘形器盖。泥质黑陶。顶及纽残，盖面微隆，窄沿外伸，沿面有一周凹槽。器表经磨光，素面。口径12.0、残高1.8、厚0.4厘米（图2－516，18）。

标本H205①：36，圆陶片。夹砂红陶。圆形，边缘有打制痕迹。直径4.3～4.6、厚0.5～0.6厘米（图2－516，19）。

标本H205②：46，圆陶片。夹细砂黑陶。圆形，利用器物鼓腹部打制而成。直径5.0、厚0.5厘米（图2－516，20）。

标本H205②：47，圆陶片。夹细砂黑陶。不规则圆形，上下有打制痕迹。直径4.6～5.1、厚0.4厘米（图2－516，21）。

标本H205②：48，圆陶片。夹细砂黑陶。圆形，边缘有打制痕迹。长4.3～4.5、厚0.4～0.5厘米（图2－516，22）。

标本H205②：25，刻划纹饰陶片。泥质黑陶。残长4.8、残宽2.8、厚0.1厘米（图2－516，23）。

38．H206

位于E4T2450东北部，开口于耕土层下，打破⑥a层。椭圆形，圜底（图2－517；彩版一七三，3）。坑口长径1.28、短径0.96、深0.44米。填土分为两层，第1层为浅灰色土（7.5YR4/3）；第2层为灰黑色土（10YR2/1）。出土陶片的器形有鼎、罐、盆、器盖等。收集浮选土样1份5升，采集植硅体样品1份20克，收集碳十四测年样品1个。

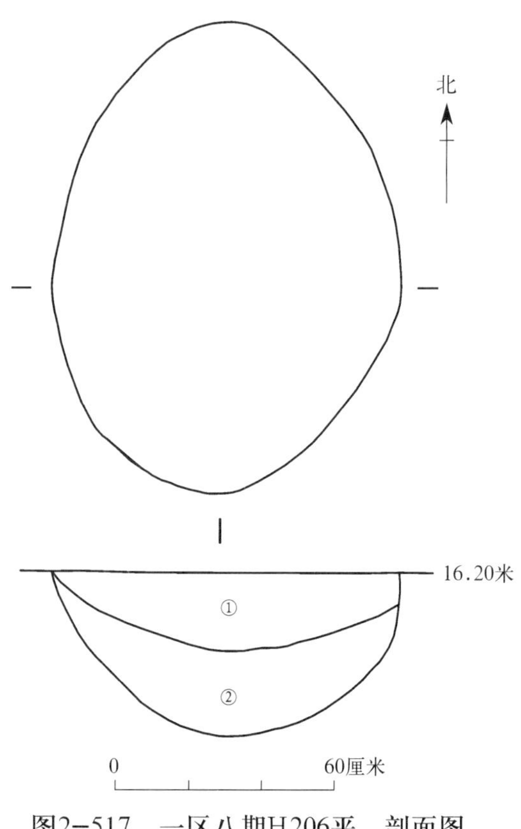

图2－517 一区八期H206平、剖面图

标本H206②：6（#1118；S2257），石锛。流纹质熔结凝灰岩。平面为长方形，单面长刃。长10.0、宽3.2、厚2.8厘米，重173.2克（图2－518，4；彩版一七五，5、6）。

标本H206①：1（#1116；S2235），磨石，残。熔凝灰岩。磨面粗糙。长3.8、宽3.5、厚1.0厘米，重18.1克。

标本H206②：4，罐。泥质黑陶。侈口，粗长颈内束，鼓腹，下腹急收成平底，残。器表有四周凹弦纹。口径12.4、最大腹径14.0、底径6.4、高12.0、厚

0.1～0.25厘米（图2-518，1）。

标本H206②：2，大平底盆。泥质黑陶。敞口，圆唇，卷沿，斜直腹，大平底内凹。内外表均经磨光处理。素面。口径16.4、底径12.2、高5.5、厚0.2～0.3厘米（图2-518，2；彩版一七二，6）。

标本H206②：3，鼓腹盆。夹砂黑陶。敞口，圆唇，卷沿，沿面有一周凹槽，有颈，腹微鼓，下部残。颈部有一周凹弦纹，颈下有一周凸棱，凸棱上有一对鸡冠耳。口径40.0、残高7.0、厚0.3～0.5厘米（图2-518，3）。

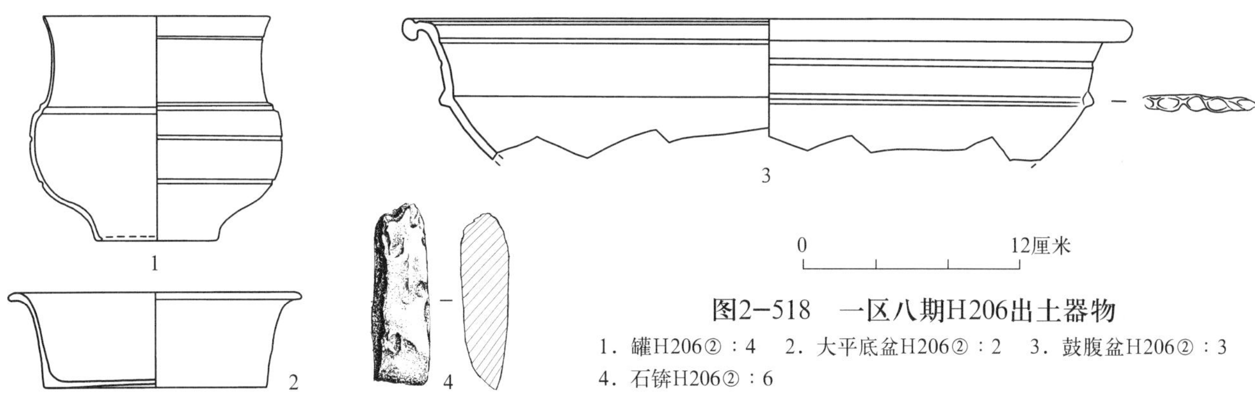

图2-518　一区八期H206出土器物

1．罐H206②：4　2．大平底盆H206②：2　3．鼓腹盆H206②：3　4．石锛H206②：6

39．H208

位于E4T2399中部偏东北，开口于⑥a层下，被H70打破，打破⑥c层。椭圆形，底不平（图2-519）。坑口长径0.94、短径0.64、深0.14米。填灰色土（HVE7.5、YR3/1），出土陶片的器形有鼎、罐、盆、杯、器盖等。收集浮选土样1份5升。

标本H208：6（#5721；S1807），磨石，残，砂岩。平面为不规则四边形，磨面略粗而平整。长3.6、宽2.1、厚0.9厘米，重9.3克（彩版一七一，7）。

标本H208：7（#5721；S1808），打磨/抛光石器。平面略呈椭圆形。长1.8、宽1.5、厚0.7厘米，重2.8克。

标本H208：3，盆形鼎。夹砂灰陶。盘形口内敛，圆唇，平沿，下腹较直，以下残。唇部刻压成花边，腹壁有四周凸棱。口径17.0、残高4.2、厚0.3～0.5厘米（图2-520，1）。

标本H208：4，盆形鼎。夹砂灰陶。口微敛，圆唇，平折沿，沿面有两周凹槽，折腹，上腹较浅，下腹外弧，以下残。腹部有四周凸棱。口径20.0、残高6.6、厚0.2～0.4厘米（图2-520，2）。

标本H208：5，鼎足。夹砂黄褐陶。鸟首形，个体宽大，足尖较高。高16.5厘米（图2-520，3）。

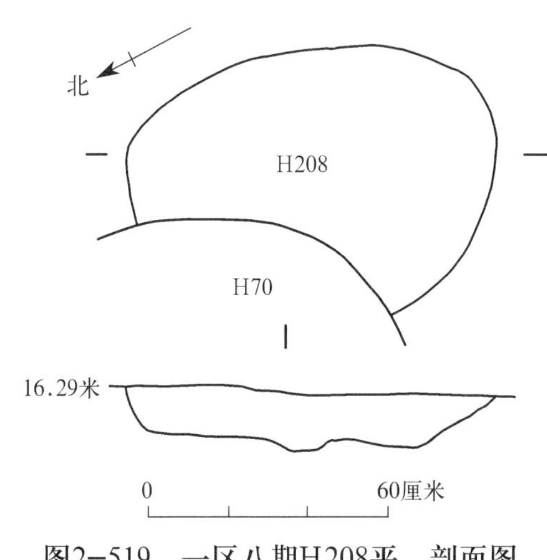

图2-519　一区八期H208平、剖面图

标本H208：2，有领罐。夹砂灰陶。侈口，圆唇，直颈较高，微内束，斜圆肩，圆鼓腹，下腹部平缓内

收，小平底。器表经磨光处理。腹部饰有六周细凹弦纹。口径15.6、最大腹径28.0、底径12.0、高28.2、厚0.6～0.8厘米（图2-520，4；彩版一七七，3）。

标本H208：1，筒形单耳杯。泥质黑陶。侈口，直腹微内束，整体近竹节状，平底内凹较甚。一侧腹壁有窄带状把手，残。器表和口沿内侧经磨光处理。腹壁饰四周凸棱。口径8.0、底径8.2、高11.9、厚0.1～0.2厘米（图2-520，5；彩版一七七，4）。

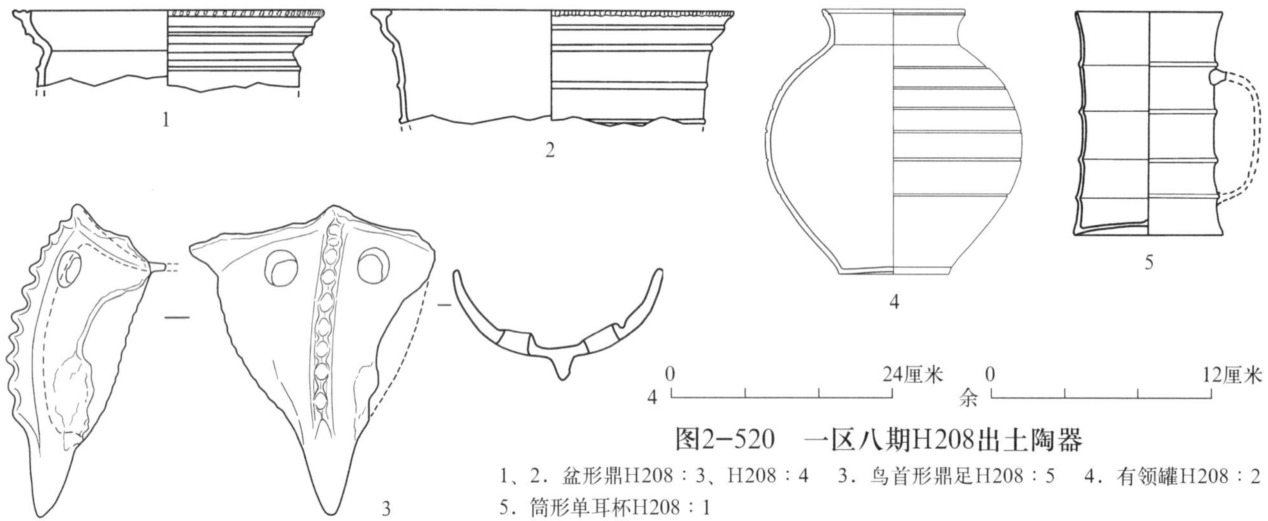

图2-520　一区八期H208出土陶器

1、2. 盆形鼎H208：3、H208：4　3. 鸟首形鼎足H208：5　4. 有领罐H208：2　5. 筒形单耳杯H208：1

40．H213

位于E4T2400南部，开口于耕土层下，被H31、H185打破，又打破⑥a层。近圆形，筒状（图2-521）。坑口直径0.58、深0.60米。填灰褐色土（5YR4/3），出土陶器的器形有鼎、罐、盆、杯、器盖等。采集植硅体样品1份100克。

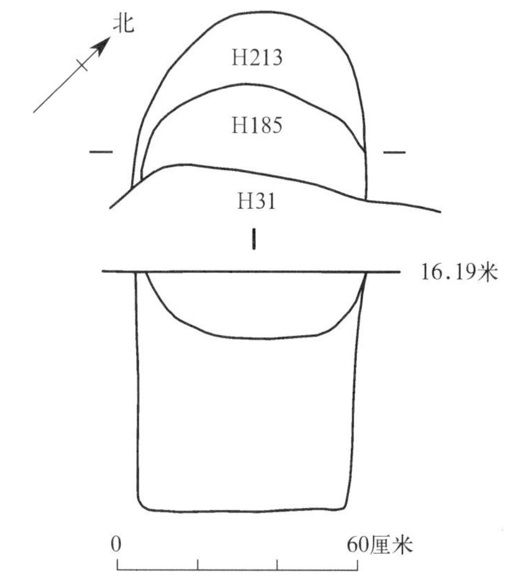

图2-521　一区八期H213平、剖面图

标本H213：4（#3326；S1602），石器半成品。石英粗面斑岩。平面为不规则的五边形。长5.2、宽4.5、厚1.2厘米，重38.4克。

标本H213：3，罐。夹砂红褐陶，内壁灰色。侈口，圆唇，折沿，沿面内侧有一周浅凹槽，短颈，斜肩，以下残。肩部饰两周凹弦纹，其上有一对泥饼。口径18.0、残高5.0、厚0.5厘米（图2-522，1）。

标本H213：1，筒形单耳杯。泥质黑陶。高子口微内敛，筒形腹，平底内凹较甚，一侧腹部有窄带状把手，残。器表及沿内侧经磨光处理。腹部有三周凸棱，把手对面有一小横耳。口径11.6～12.0、底径13.2、高17.9、厚0.2～0.4厘米（图2-522，2）。

标本H213：2，三足杯。泥质黑陶。上部残，存圆形杯底，平底微内凹，下有三个瓦形矮足。底径9.2、残高0.7、瓦足高0.35、底厚0.3厘米（图2-522，3）。

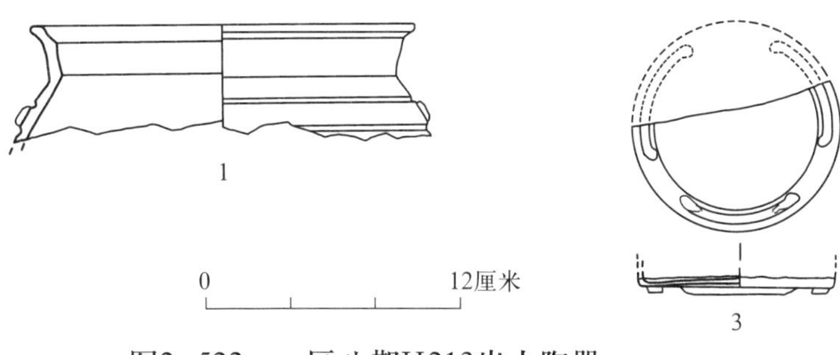

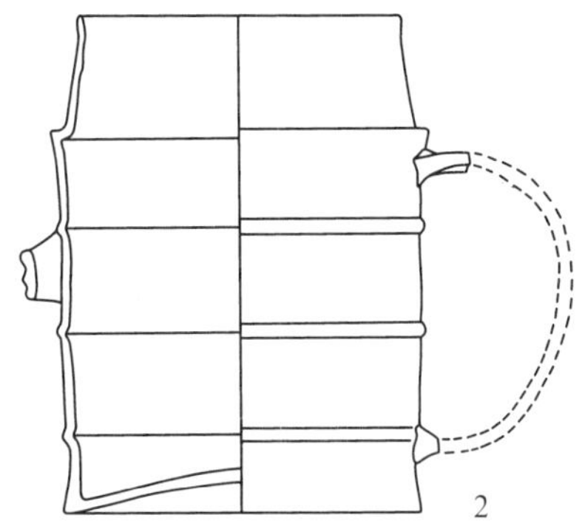

图2-522　一区八期H213出土陶器

1．罐H213：3　2．筒形单耳杯H213：1　3．三足杯H213：2

41．H215

位于E4T2400东南部，开口于耕土层下，被H31、H190、H213打破，又打破⑥a层、M32。长方形，斜壁。圜底（图2-523；彩版一七八，1）。坑口长径1.98、短径残长0.76、深0.25米。填土分为两层，均为灰褐色土（5YR4/3）。出土石锛等石器，出土陶器和陶片的器形有鼎、鬶、罐、盆、碗、杯、盒、器盖等（表2-115）。收集浮选土样1份5升，采集植硅体样品1份100克。

标本H215②：9（#3327；S1898），石斧半成品。石英粗面斑岩。平面近长方形，打制。长16.0、宽7.0、厚5.2厘米，重629.4克（图2-525，7；彩版一七五，7）。

标本H215①：5（#3327；S1913），石锛。流纹岩熔凝灰岩。平面为梯形。长5.4、宽4.1、厚1.9厘米，重79.5克（图2-525，8；彩版一七五，8）。

标本H215②：11（#3328；S1611），打磨/抛光石器。平面近圆形。长5.6、宽4.5、厚3.1厘米，重108.2克（彩版一七五，9）。

标本H215①：2，罐形鼎。夹砂红陶。侈口，方唇，宽沿，沿面有一周凹槽，短颈，圆腹较深，平底，三足残失。沿外和肩部各有一对盲鼻，腹部饰四周凸棱。口径12.8、底径11.0、高12.0、厚0.4厘米（图2-524，1）。

标本H215②：13，罐形鼎。夹细砂黑陶。侈口，尖圆唇，卷沿，腹部略鼓，平底，三足残，足正面有齿状附加泥条。器表经磨光处理。颈下和腹部饰七周凹弦纹，颈下饰对称的泥饼一对。口径11.0、底径7.0、残高10.2、厚 0.3～0.4厘米（图2-524，2；彩版一七七，5）。

标本H215①：1，鬶。夹砂红陶，残存极少量白陶衣，其余脱落。流残，侈口，圆唇，粗长颈，肥硕袋足。一侧有象征性绞丝把手。器表经磨光。颈腹之交处有一周凸棱，把手下的大袋足上饰一周凸棱，把手上端两侧各贴一泥饼。残高25.2、厚0.3～0.6厘米（图2-524，3）。

标本H215①：4，中口罐。泥质黑陶。侈口，圆唇，卷沿，沿面上部有一周凹槽，斜溜肩，鼓腹，下腹平缓

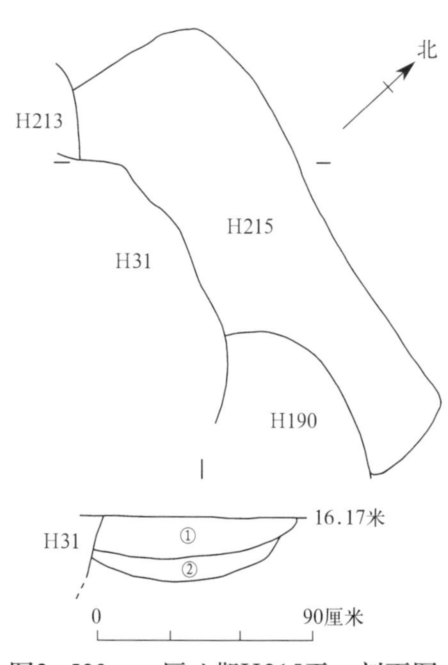

图2-523　一区八期H215平、剖面图

表2-115　H215陶片统计表

陶质 / 陶色 / 数量 / 纹饰	泥质					夹砂					夹云母滑石	总计	百分比(%)
	黑	灰	褐	白	合计	黑	灰	褐	白	合计	红		
凸弦纹	39	2	1		42	31	5	8		44		86	6.01
凹弦纹	74	18			92	148	9			157		249	17.39
绳　纹						3				3		3	0.21
篮　纹						3				3		3	0.21
堆　纹			2		2			7		7		9	0.63
泥　饼	2	1	1		4	4	2	1		7		11	0.77
盲　鼻	4				4	3	1	2		6		10	0.70
刻划纹						2	1			3		3	0.21
素　面	393	26	32	1	452	389	109	105	2	605	1	1058	73.88
累　计	512	47	36	1	596	583	127	123	2	835	1	1432	100
百分比（%）	35.75	3.28	2.51	0.07	41.62	40.71	8.87	8.59	0.14	58.31	0.07	100	
重量（千克）	3.79	0.54	0.286	0.006	4.622	7.96	1.255	2.85	0.014	12.079	0.07	16.771	

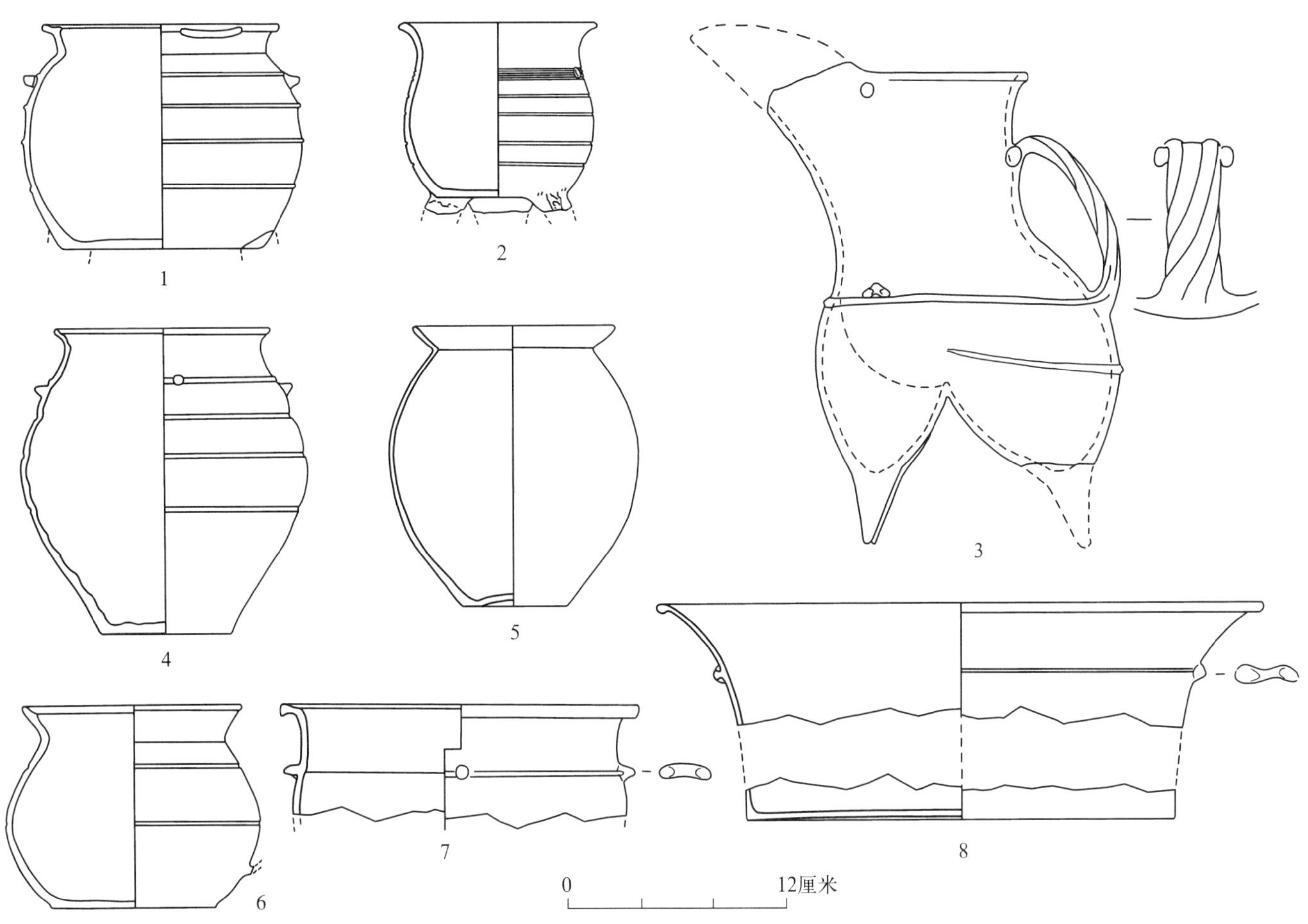

图2-524　一区八期H215出土器物（一）

1、2．罐形鼎H215①：2、H215②：13　3．鬶H215①：1　4、5．中口罐H215①：4、H215①：7　6．单耳罐H215②：10　7．罐H215①：14　8．大平底盆H215①：15

内收，平底。器表经磨光处理。肩部有对称的盲鼻和小泥饼各一对，颈下饰一周凸弦纹，腹部饰三周凹弦纹。口径12.0、最大腹径18.0、底径7.1、高16.3、厚0.2～0.4厘米（图2-524，4）。

标本H215①：7，中口罐。夹砂灰黑陶。侈口，圆唇，折沿，溜肩，圆腹，下腹平缓内收，平底内凹较甚。器表经磨光处理，素面。口径11.1、最大腹径13.6、底径6.0、高15.0、厚0.2～0.3厘米（图2-524，5）。

标本H215②：10，单耳罐。夹砂黑陶。侈口，圆唇，折沿，溜肩，鼓腹，平底，一侧腹部有把手痕迹。器表经磨光处理。腹部饰两周凹弦纹。口径12.0、底径9.2、高10.8、厚0.4厘米（图2-524，6）。

标本H215①:14，罐。泥质黑陶。直口外侈，方唇，卷沿，沿面有宽浅凹槽，有颈，腹微鼓，下残。器表及口沿内壁经磨光。颈下有一周凸棱，其上有一对泥饼。口径19.6、残高5.2、厚0.3～0.5厘米（图2-524，7）。

标本H215①:15，大平底盆。泥质黑陶。大敞口，圆唇，卷沿，腹壁内曲，深腹，平底微内凹。腹部一周细弦纹，其上有一对盲鼻。口径33.8、底径24.0、复原高11.7、厚0.2～0.4厘米（图2-524，8）。

标本H215①：3，碗。泥质黑陶。敞口，圆唇，近底部腹内折，平底。内外表均经磨光处理，素面。口径12.8、底径8.4、高4.6、厚0.1～0.2厘米（图2-525，1）。

标本H215①：6，平底盒。泥质黑陶。直口，圆方唇，沿面有一周凹槽，直腹近底部内折收，平底。器表经磨光处理。腹饰两周凸棱。口径15.2、底径12.8、高6.2、厚0.3厘米（图2-525，2）。

标本H215②：16，豆。泥质黑陶。直口，尖圆唇，窄平沿，折腹，底及圈足残。内外表均经磨光处理。素面。口径19.5、残高5.3、厚0.25～0.4厘米（图2-525，3）。

标本H215①：17，鼓腹单耳杯。侈口，圆唇，沿微侈，粗长颈，鼓腹，平底。一侧口沿与腹之间有带状把手痕迹。颈肩之交有两周阶状凸起，腹以上及口沿内经磨光处理。口径6.8、底径4.6、高7.4、厚0.2～0.4厘米（图2-525，4）。

标本H215①：8，覆碗形器盖。泥质黑陶。矮喇叭状纽，盖面隆起，平沿外伸，沿面微凹。器表经磨光处理。盖面饰四周凹弦纹。纽径3.6、口径12.2、高3.2、厚0.2厘米（图2-525，5）。

标本H215②：12，覆碗形器盖。泥质黑陶。环形捉手残失，平顶下凹，盖面下部微隆，平沿外伸。器表经磨光处理。顶部边缘饰一周指甲纹，盖面饰两周凹弦纹，其上残留一个盲鼻。口径15.2、底径5.6、高4.6、厚0.3厘米（图2-525，6）。

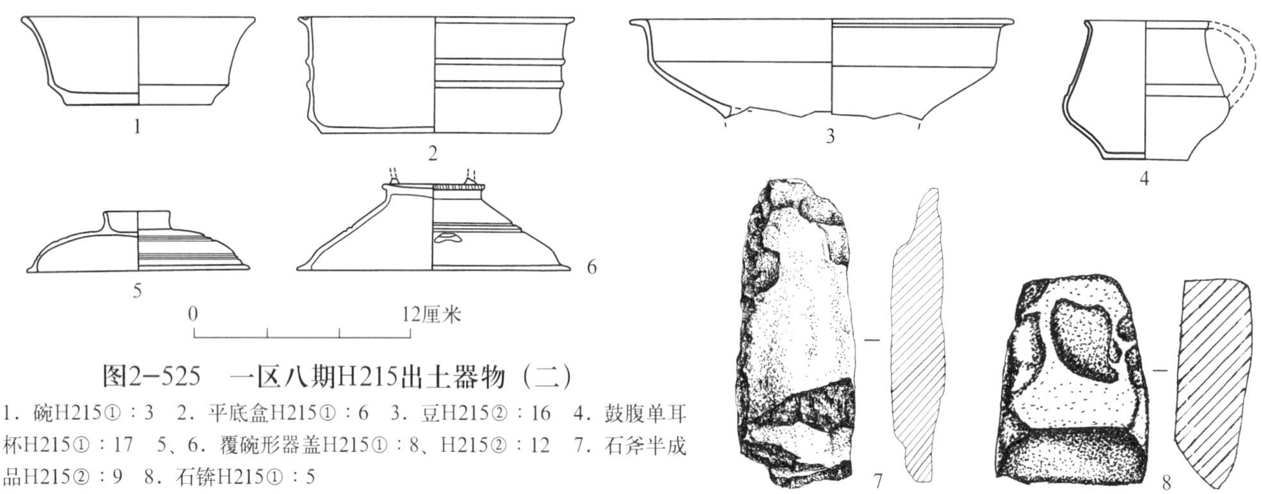

图2-525　一区八期H215出土器物（二）

1. 碗H215①：3　2. 平底盒H215①：6　3. 豆H215②：16　4. 鼓腹单耳杯H215①：17　5、6. 覆碗形器盖H215①：8、H215②：12　7. 石斧半成品H215②：9　8. 石锛H215①：5

42．H218

位于E4T2445东北部，开口H184之下，打破H203。近椭圆形，斜壁，圜底（图2-429）。坑口长径0.95、短径0.80、深0.28米。坑内填黑褐色土（7.5YR3/1），出土鼎、罐等陶片及残石器数件（表2-116）。采集浮选样品1份5升，植硅体样品1份100克。

标本H218：1（#1353；S1648），石镞半成品。绿泥石或绿泥/角闪片岩。不规则形。长2.6、宽2.7、厚0.9厘米，重8.4克。

标本H218：2（#1353；S1646），磨石，残。砂岩。不规则形，磨面细而微内凹。长9.5、宽8.3、厚2.6厘米，重219.8克（彩版一七一，8）。

标本H218：4（#1353；S1647），磨石，残。花斑岩。平面为不规则五边形，磨面略粗而平整。长4.9、宽4.4、厚3.3厘米，重69克。

标本H218：3（#1353；S1649），石器，残。黑云母片岩。平面为不规则五边形。长3.9、宽3.0、厚1.2厘米，重28.3克（彩版一七一，9）。

表2-116　H218陶片统计表

陶质/陶色/数量/纹饰	泥质					夹砂					总计	百分比（%）
	黑	灰	红	褐	合计	黑	灰	褐	白	合计		
凸弦纹	10				10			1	1	2	12	1.43
凹弦纹	2	2		2	6		1			1	7	0.83
堆　纹								3		3	3	0.36
泥　饼							1			1	1	0.12
盲　鼻						1				1	1	0.12
素　面	260	26	15	22	323	380	40	58	15	493	816	97.14
累　计	272	28	15	24	339	381	42	62	16	501	840	100
百分比（%）	32.38	3.33	1.79	2.86	40.36	45.36	5.00	7.38	1.90	59.64	100	
重量（千克）	2.22	0.52	0.07	0.34	3.15	3.15	0.40	0.57	0.05	4.17	7.32	

43．H236

位于E4T2400西北部，开口于耕土层下，被H205打破，又打破第⑥层。近椭圆形，斜壁，圜底（图2-429）。坑口长径0.66、短径0.50、深0.67米。内填黄褐色土（5YR3/4），结构较为疏松。出土残石器5件及陶片若干（表2-117）。

表2-117　H236陶片统计表

陶质/陶色/数量/纹饰	泥质				夹砂				总计	百分比（%）
	黑	灰	褐	合计	黑	灰	褐	合计		
凸弦纹	8			8	15			15	23	4.41
凹弦纹	5			5	27	3		30	35	6.70
篮　纹					1			1	1	0.19
堆　纹					1			1	1	0.19
盲　鼻					1			1	1	0.19
刻划纹					2			2	2	0.38
素　面	131	7	1	139	266	8	46	320	459	87.93
累　计	144	7	1	152	313	11	46	370	522	100
百分比（%）	27.59	1.34	0.19	29.12	59.96	2.11	8.81	70.88	100	
重量（千克）	0.73	0.07	0.03	0.83	2.06	0.1	0.46	2.62	3.45	

标本H236：1（#3331；S1595），磨石，残，砂岩。不规则形，磨面较粗。长2.8、宽2.1、厚1.7厘米，重12.9克。

标本H236：2（#3331；S1594），磨石，残，砂岩。三角形，磨面较粗。长2.2、宽2.2、厚0.8厘米，重4.1克。

标本H236：3（#3331；S1596），磨石，残，砂岩。平面为四边形，磨面较粗。长2.5、宽1.8、厚0.9厘米，重4.2克。

标本H236：4（#3331；S1589），磨石，残，砂岩。长条形，磨面较粗。长2.9、宽1.5、厚0.9厘米，重4.2克。

标本H236：5（#3332；S1588），磨石，残，砂岩。平面近梯形，磨面略细而内凹。长6.3、宽3.7、厚2.1厘米，重51.5克（彩版一七八，4）。

44．H247

位于E4T2400北部，开口于耕土层下，打破⑥a层和M38。椭圆形，斜壁，圜底（图2–526）。坑口长径0.65、短径0.34、深0.35米。填灰褐色土（5YR3/2），出土陶器和陶片的器形有鼎、罐、盆、碗、器盖等。采集植硅体样品1份150克。

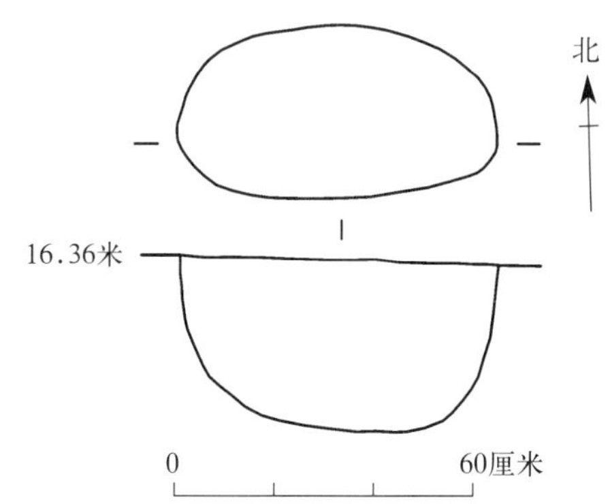

图2–526　一区八期H247平、剖面图

标本H247：5（#3340；S1908），磨石，残。砂岩。平面近长方形，两面的磨面细而内凹。残长8.3、残宽5.2、厚1.7厘米，重88.3克（彩版一七八，5）。

标本H247：1，罐形鼎。夹砂黑陶。侈口，方唇，卷沿，近直腹微弧，平底，三足残失。肩部饰一对小横耳和三个泥饼，泥饼呈倒三角形排列，器表有六周凸棱。口径14.0、底径11.2、残高13.0、厚0.4～0.5厘米（图2–527，1）。

标本H247：3，单耳罐形鼎。夹砂黑陶。侈口，圆方唇，斜折沿，沿面顶部有深凹槽，溜肩，鼓腹，平底，三足残失，肩腹部一侧有正面内凹的带状把手。器表经磨光处理。颈下有两周细凹弦纹。口径14.4、底径9.5、残高16.7、厚0.2～0.4厘米（图2–527，2）。

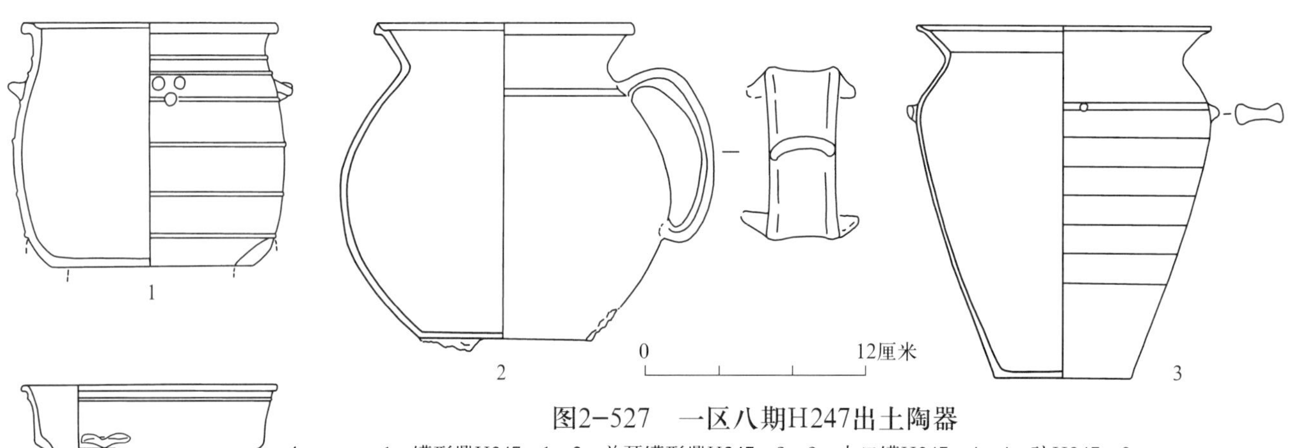

图2–527　一区八期H247出土陶器

1．罐形鼎H247：1　2．单耳罐形鼎H247：3　3．大口罐H247：4　4．碗H247：2

标本H247：4，大口罐。夹砂灰陶。侈口，圆唇，折沿，沿内面上部下凹，短斜肩，深腹，最大径居上，斜向内收，平底。腹部饰七周凹弦纹，最大径处有对称的小横耳和泥饼各一对。口径15.0、肩部最大径14.4、底径7.5、高18.8、厚0.2～0.4厘米（图2-527，3；彩版一七七，6）。

标本H247：2，碗。泥质黑陶。敞口，圆唇，卷沿，腹微鼓且近底部内收，平底内凹。内外表均经磨光处理。口沿下饰一周凸弦纹，近底部饰一对盲鼻。口径14.2、底径11.2、高4.2、厚0.4厘米（图2-527，4）。

45．H251

位于E4T2496南部，开口于耕土层下，打破⑥a层。近圆形，平底（图2-528）。坑口直径0.70、深0.10米。填黑褐色土（7.5YR2.5/1），出土磨石等石器和罐、盆、豆、器盖等陶器残片（表2-118）。采集植硅体样品1份50克。

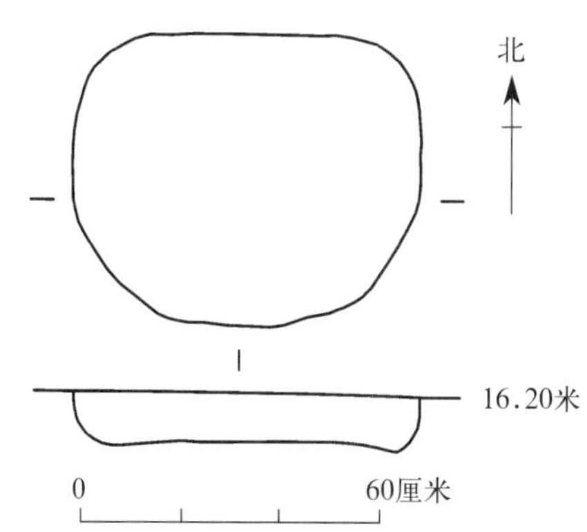

图2-528　一区八期H251平、剖面图

标本H251：4（#909；S2134），磨石，残。紫红色砂岩。不规则形，磨面粗糙。残长4.3、残宽3.6、厚1.7厘米，重30.7克。

标本H251：5（#909；S2132），砾石砍砸器。石英岩。不规则形。长9.4、宽4.9、厚2.9厘米，重149.7克（图2-529，3）。

标本H251：1（#909；S2125），石器，残。流纹质熔结凝灰岩。残长6.6、残宽4.2、厚1.3厘米，重56.4克。

标本H251：2，鼓腹盆。夹砂黄褐陶，含少量云母。侈口，方唇，卷沿，鼓腹，下残。颈部有一周凹弦纹，其上有两个对称分布的泥饼。口径36.0、残高5.7、厚0.5～0.7厘米（图2-529，1）。

表2-118　H251陶片统计表

陶质/陶色/数量/纹饰	泥质				夹砂						总计	百分比（%）
	黑	灰	褐	合计	黑	灰	褐	白	红	合计		
凸弦纹	3		1	4	6	2	2		2	12	16	3.40
凹弦纹	4			4	6	2	1		1	10	14	2.98
堆　纹						2			1	3	3	0.64
泥　饼					1		1			2	2	0.43
盲　鼻					1					1	1	0.21
素　面	156	10	7	173	168	29	21	5	38	261	434	92.34
累　计	163	10	8	181	182	35	25	5	42	289	470	100
百分比（%）	34.68	2.13	1.70	38.51	38.72	7.45	5.32	1.06	8.94	61.49	100	
重量（千克）	1	0.06	0.08	1.14	1.45	0.5	0.23	0.01	0.21	2.4	3.54	

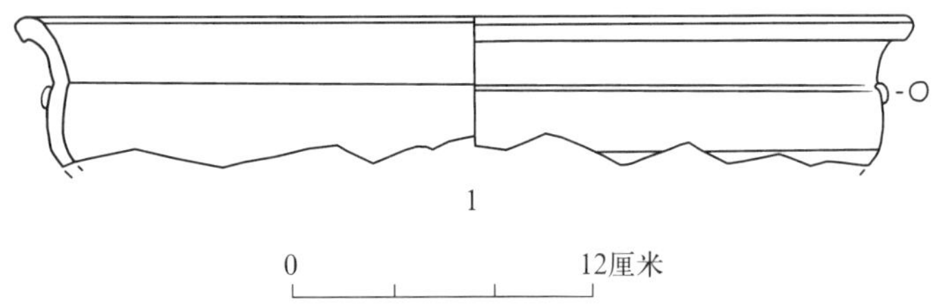

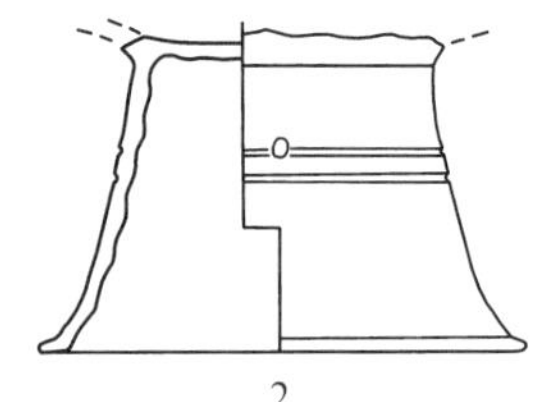

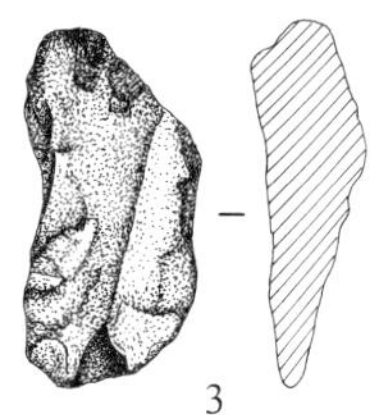

图2-529 一区八期H251出土器物

1．鼓腹盆H251：2 2．豆H251：3 3．砾石砍砸器H251：5

标本H251：3，豆。夹砂灰陶。仅存圈足部分，豆盘残，平底，喇叭形粗圈足，底部平沿外伸。内侧有瓦棱状痕迹，圈足中部饰两周弦纹，其上残存一圆孔。底径13.2、残高7.8、厚0.3～0.6厘米（图2-529，2）。

46．H253

位于E4T2495中部，开口于耕土层下，被H259打破，又打破F36。圆形，斜壁，平底（图2-530；彩版一七八，2）。坑口直径1.90、深0.56米。填土分为三层，第1层为黑褐色土（7.5YR3/1）；第2层为灰褐色土（10YR3/2）；第3层为黑灰色土（10YR2/1）。出土石斧和石镞等石器，陶器和陶片的器形有鼎、鬶、罐、盆、碗、盒、器盖、纺轮、弹丸等（表2-119）。收集浮选土样2份共15升，采集植硅体样品1份100克。

标本H253①：1（#1365；S2096），石斧，残。玄武安山斑岩。平面为长方形，双面刃。残长9.6、残宽6.9、厚6.4厘米，重390.4克。

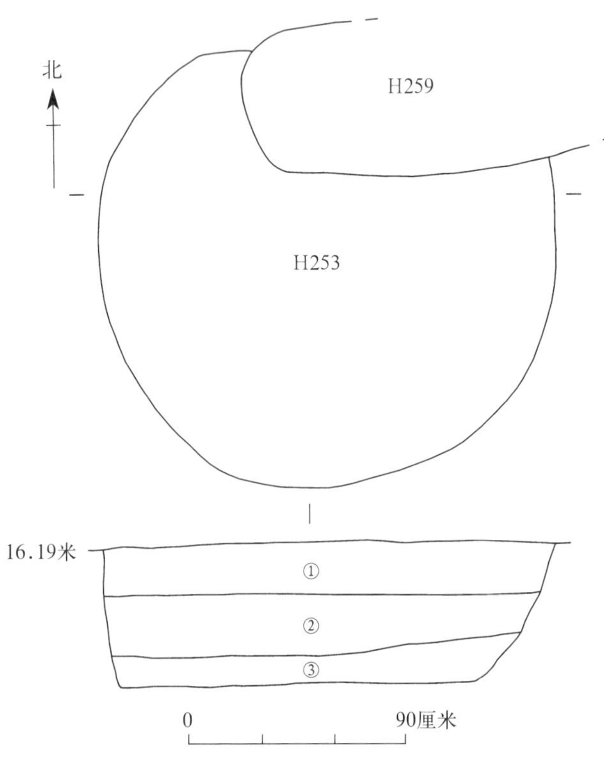

图2-530 一区八期H253平、剖面图

标本H253②：8（#1367；S2060），带柄小凿。绿泥石或绿泥/角闪片岩。平面为长条形，横截面近菱形。长6.1、宽2.0、厚1.0厘米，重15.0克（图2-531，13；彩版一七九，1）

标本H253③：33（#1368；S1623），石锤。石英岩。平面近三角形。长9.1、宽6.9、厚4.3厘米，重293.4克（彩版一七九，2）。

标本H253①：21（#1365；S1629），石镰/石刀残片。流纹质熔结凝灰岩。扁薄体，磨制。残长2.5、残宽2.4、厚0.7厘米，重8.0克。

标本H253②：10（#1367；S2093），石刀，残存一角。砂岩。单面刃，磨制较精。残长5.9、宽4.8、厚0.7厘米，重26.4克（图2-531，14；彩版一七九，3）。

标本H253②：35（#1367；S1642），石刀半成品，残。绿泥石或绿泥/角闪片岩。不规则形。残长3.0、宽4.6、厚1.2厘米，重19.3克。

表2-119　H253陶片统计表

数量 陶质 陶色 纹饰	泥质				夹砂						夹云母	总计	百分比（%）
	黑	灰	红褐	合计	黑	灰	褐	白	红褐	合计	褐		
凸弦纹	40	7	5	52	70	10	11	3	6	100		152	3.26
凹弦纹	57	13	2	72	143	18	21		8	190	1	263	5.64
绳　纹					1					1		1	0.02
方格纹							1			1		1	0.02
堆　纹	1			1	13		7		4	24		25	0.54
泥　饼	8			8	7	2	2	1	2	14		22	0.47
盲　鼻	4			4	3		1	1	1	6		10	0.21
镂　孔	2			2			2	1		3		5	0.11
刻划纹					1					1		1	0.02
陶　衣		13	80	93			1			1		94	2.02
花　边	2			2	1		1			2		4	0.09
素　面	1380	235	102	1717	1411	243	354	113	240	2361	7	4085	87.60
累　计	1494	268	189	1951	1650	273	401	119	261	2704	8	4663	100
百分比（%）	32.04	5.75	4.05	41.84	35.38	5.85	8.60	2.55	5.60	57.99	0.17	100	
重量（千克）	10.46	2.03	0.6	13.09	20.31	3.61	5.21	0.81	2.84	32.78	0.10	45.97	

标本H253②：7（#1367；S2094），石镞，两端均残。绿泥石或绿泥/角闪片岩。镞身横截面为六边形。长3.0、宽2.0、厚0.7厘米，重5.6克（彩版一七九，4）。

标本H253③：26（#1368；S3526），石镞，残存后半部。绿泥石或绿泥/角闪片岩。镞身与铤分界明显，扁锥形铤，镞身横截面为菱形。残长3.3、宽2.0、厚0.7厘米，重4.1克（彩版一七九，5）。

标本H253①：22（#1365；S1631），磨石，残。砂岩。平面近“D”字形，磨面颗粒粗。长4.5、宽3.8、厚2.8厘米，重47.3克（彩版一七九，6）。

标本H253①：23（#1365；S1628），磨石，残。砂岩。不规则形，磨面较粗。残长2.7、残宽1.8、厚1.5厘米，重8.0克。

标本H253①：24（#1365；S1630），磨石，残。砂岩。平面近方形。长2.4、宽1.9、厚1.4厘米，重8.4克。

标本H253①：36（#1365；S1625），磨石，残。砂岩。不规则形。残长6.6、宽3.4、厚1.9厘米，重60.2克。

标本H253③：5（#1368；S2086），磨石，残。砂岩。不规则形，磨面细而内凹。残长11.0、残宽9.4、厚8.3厘米，重833.0克（彩版一七九，7）。

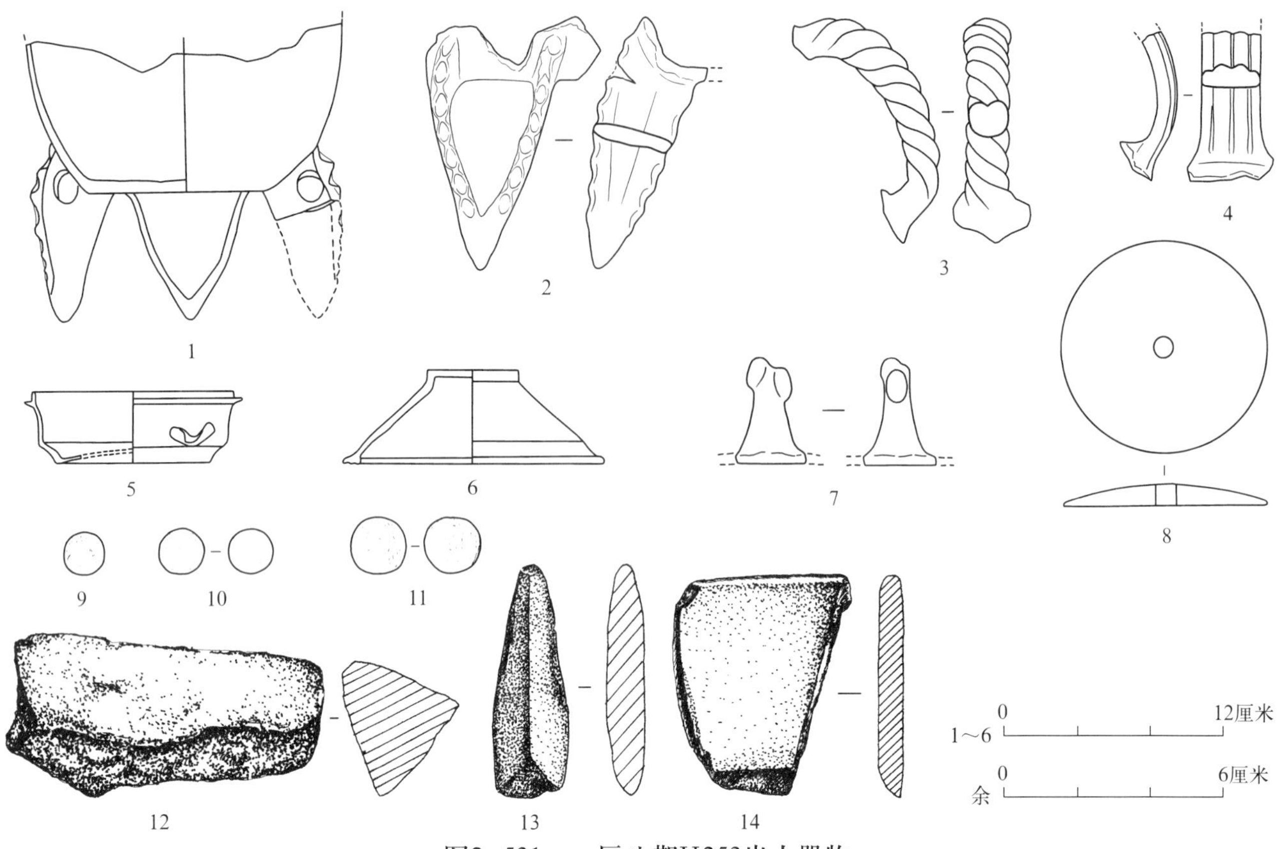

图2-531　一区八期H253出土器物

1．罐形鼎H253①：20　2．鼎足H253③：19　3、4．鬶把H253③：17、H253③：18　5．盒H253③：11　6．覆碗形器盖H253③：15　7．纺轮H253①：2　8．盖纽H253②：16　9～11．弹丸H253①：3、H253②：6-1、H253③：13-1　12．石磨棒H253③：31　13．带柄小凿H253②：8　14．石刀H253②：10

标本H253③：12（#1368；S2071），磨石，残。砂岩。平面近方形，磨面细而内凹。斜角长12.4、宽7.6、厚3.3厘米，重349.3克（彩版一七九，9）。

标本H253②：25（#1367；S1640），磨石，残。砂岩。不规则形，磨面略而平整。残长3.7、残宽2.4、厚1.6厘米，重14.5克。

标本H253③：27（#1368；S1624），磨石，残。熔凝灰岩。不规则形，磨面光滑平整。残长7.7、残宽5.6、厚4.1厘米，重232.2克。

标本H253③：29（#1368；S1622），磨石，残。砂岩。不规则形，磨面平整。残长3.7、残宽2.7、厚1.1厘米，重11.6克。

标本H253③：30（#1368；S1627），磨石，残。砂岩。平面近方形，磨面略粗而平整。长3.0、宽2.5、厚1.6厘米，重16.5克。

标本H253③：28（#1368；S1621），有槽磨石。砂岩。平面近三角形。长6.5、宽3.7、厚2.3厘米，重68.5克。

标本H253③：32（#1368；S1619），磨石。杂砂岩。平面为一端较窄的长方形。长7.2、宽2.9、厚1.5厘米，重40.4克（彩版一七九，8）。

标本H253②：9（#1367；S2092），磨石，残，磨制。流纹质熔结凝灰岩。扁薄体。残长6.1、残宽4.9、厚0.8厘米，重34.6克（彩版一七八，6）。

标本H253③：31（#1368；S1620），石磨棒。砂岩。平面为长条形，横截面为三角形。残长8.4、宽4.3、厚2.8厘米，重101.6克（图2–531，12）。

标本H253①：14（#1365；S1626），石器半成品。富含白云母的熔结凝灰岩。四边形。长4.3、宽4.0、厚1.0厘米，重21.0克。

标本H253②：34（#1367；S1643），石料，绿泥石或绿泥/角闪片岩。平面近三角形。长3.6、宽2.4、厚0.7厘米，重7.7克。

标本H253①：20，罐形鼎。夹砂黑陶。腹以上残，圆腹，平底，三鸟首形足残。素面。底部有火烧痕迹。底径10.8、高15.6、厚0.2～0.7厘米（图2–531，1）。

标本H253③：19，鼎足。夹砂红陶，颜色不纯。“V”字形足。足内外侧缘按压成索状花边。高13.8厘米（图2–531，2）。

标本H253③：17，鬶把。夹砂红陶，器表残存极少量白色陶衣。呈麻花状绞丝，断面呈圆形。残高12.2、直径2.3厘米（图2–531，3）。

标本H253③：18，鬶把。夹砂红陶，器表残存少量白色陶衣。带状把手，断面呈扁圆形，正面有纵向刻槽。宽3.3、残高7.4、厚1.2厘米（图2–531，4）。

标本H253③：11，平底盒。泥质黑陶。矮子口，上腹较直，下腹折收，折线位置偏下，平底内凹。内外表均经磨光处理。腹部残留一个贴塑的盲鼻。口径11、底径8.4、高3.8、厚0.18～0.4厘米（图2–531，5）。

标本H253③：15，覆碗形器盖。夹砂黑灰陶。平顶，盖面斜直，平沿外伸，沿面有一周浅凹槽。顶径4.9、口径14.4、高5.0、厚0.3～0.5厘米（图2–531，6）。

标本H253②：16，盖纽。夹砂白陶。圆锥形纽，顶部两侧各贴一泥饼，似鸟眼，盖面残失。残高2.7厘米（图2–531，8）。

标本H253①：2，纺轮。泥质黄褐陶，陶色不纯。正面平缓隆起，背面平。素面。孔径0.6、直径5.6、厚0.1～0.6厘米（图2–531，7）。

标本H253①：3，弹丸。夹砂褐陶。球形。素面。直径1.15厘米（图2–531，9）。

标本H253②：6–1，弹丸。夹砂褐陶。球形。素面。直径1.2厘米（图2–531，10）。

标本H253②：6–2，弹丸。夹砂褐陶。球形。素面。直径1.2厘米。

标本H253③：13–1，弹丸。夹砂灰陶。球形。素面。直径1.5厘米（图2–531，11）。

标本H253③：13–2，弹丸。夹砂褐陶。球形。素面。直径1.6厘米。

47. H254

位于E4T2495、T2496之间，开口于耕土层下，被M39、H184打破，又打破H203和H269。平面略呈椭圆形，斜直壁，平底（图2–532；彩版一七八，3）。坑口长径2.12、短径1.82、深0.58米。填土分为两层，第1层为结构紧密的灰褐色土（7.5YR2.5/1）；第2层为较疏松的灰褐色土（7.5YR3/1）。包含物较多，出土石镰、石铲、石镞、磨石、石锤等石器，可复原陶器有罐、鬶、盆、纺轮、圆陶片等，另有鼎、圈足盘、器盖等陶器残片（表2–120）。收集浮选土样1份10升，采集植硅体样品1份100克。

标本H254②：46（#1371；S2040），石锤，一端残。花斑岩。平面和横截面均为长方形。残长

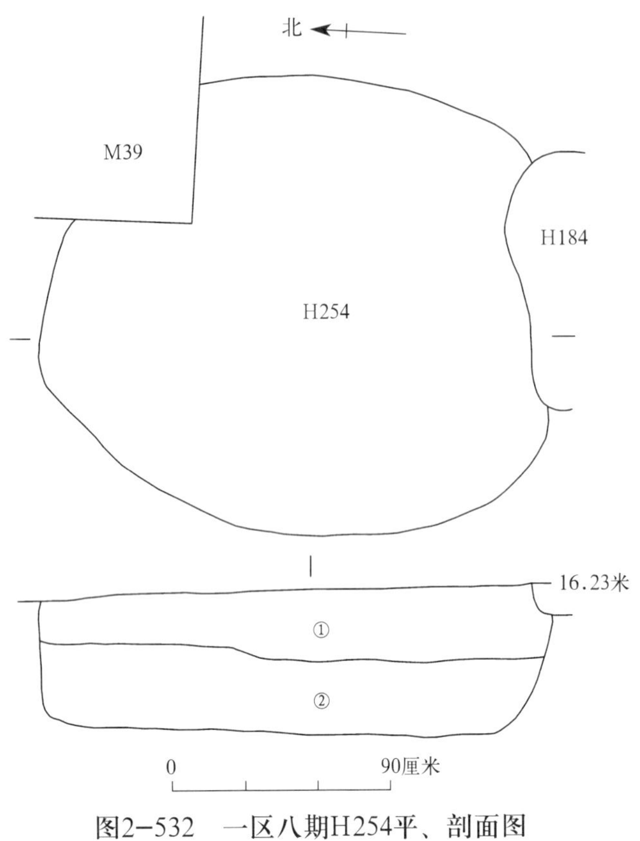

图2－532　一区八期H254平、剖面图

7.1、宽5.8、厚3.7厘米，重264.4克（彩版一八〇，1）。

标本H254①：2（#1370；S2084），石铲，上半部残失。流纹质熔结凝灰岩。平面为长方形，单面刃。残长4.9、宽6.8、厚0.9厘米，重31.3克（图2－534，16；彩版一八〇，2）。

标本H254①：1（#1370；S2052），石镰，残。流纹质熔结凝灰岩。平面为月牙形，单面刃。残长10.6、宽3.4、厚0.9厘米，重43克（图2－534，17；彩版一八〇，3）。

标本H254①：3（#1370；S2051），石镰。流纹质熔结凝灰岩。平面形状不详，横截面为一面圆一面斜角形，残缺。长4.9、宽3.3、厚1.0厘米，重31.2克（图2－534，18；彩版一八〇，4）。

标本H254①：34（#1370；S2050），石器（钺），残，磨制光滑。流纹质熔结凝灰岩。形制不详，残缺。长3.9、宽2.6、厚0.52厘米，重6.3克。

表2－120　H254陶片统计表

陶质 / 陶色 / 数量 / 纹饰	泥质				夹砂						夹云母滑石	总计	百分比（%）
	黑	灰	褐	合计	黑	灰	褐	白	红	合计	红		
凸弦纹	47	5	4	56	72	3	9			84		140	3.80
凹弦纹	43	4		47	79	7	6			92		139	3.77
堆　纹	3			3	2		2		2	6		9	0.24
泥　饼	4	2		6	3			1		4		10	0.27
盲　鼻	2	2		4	3					3		7	0.19
镂　孔	3			3	1					1		4	0.11
刻划纹	1			1								1	0.03
素　面	1426	190	68	1684	1030	215	280	132	30	1687	2	3373	91.58
累　计	1529	203	72	1804	1190	225	297	133	32	1877	2	3683	100
百分比（%）	41.52	5.51	1.95	48.98	32.31	6.11	8.06	3.61	0.87	50.96	0.05	100	
重量（千克）	15.37	1.32	0.51	17.2	19.14	2.53	1.14	0.83	0.37	24.01	0.22	41.43	

标本H254②：10，石镞。平面为柳叶形，横截面呈菱形。长8.3、最宽2.0、厚0.1～0.8厘米（图2-534，19）。

标本H254②：40（#1371；S2041），石镞，残存前锋部分。绿泥石或绿泥/角闪片岩。三棱形。残长3.9、宽1.7、厚1.9厘米，重15.2克（彩版一八〇，5）。

标本H254②：42（#1371；S1636），石镞，前半部残失。绿泥石或绿泥/角闪片岩。柳叶形镞，横截面为菱形。残长3.4、宽2.0、厚1.0厘米，重6.1克（彩版一八〇，6）。

标本H254②：43（#1371；S2043），石镞，残存前锋部。绿泥石或绿泥/角闪片岩。横截面为菱形。残长2.9、宽2.0、厚0.7厘米，重4.6克（彩版一八〇，7）。

标本H254①：44（#1370；S2029），石镞，残存中部一段。绿泥石或绿泥/角闪片岩。横截面为菱形。残长3.7、宽2.4、厚0.7厘米，重5.4克。

标本H254①：35（#1370；S2033），磨石，残。砂岩。平面为三角形。长10.7、宽6.9、厚2.4厘米，重203.9克。

标本H254①：36（#1370；S2032），磨石，残。砂岩。不规则形。残长1.2、残宽1.0、厚0.6厘米，重0.7克。

标本H254①：37（#1370；S2035），磨石，残。砂岩。磨面颗粒较粗。长3.3、宽2.2、厚1.3厘米，重10.2克。

标本H254①：38（#1370；S2039），磨石，残。砂岩。磨面粗糙。长2.6、宽2.5、厚1.3厘米，重11.8克。

标本H254①：41（#1370；S2030），磨石，残。砂岩。平面为长方形，磨面细而内凹。残长7.0、宽3.2、厚1.4厘米，重104.2克（彩版一八〇，8）。

标本H254②：39（#1371；S1634），石磨棒。花斑岩。横截面为三角形。残长3.6、宽4.0、厚2.4厘米，重25.9克（图2-534，20）。

标本H254②：47（#1371；S1633），打磨/抛光石器。近圆球形。长1.2、宽1.0、厚0.9厘米，重1.3克（彩版一八〇，9）。

标本H254①：48（#1370；S2034），石料。带绿帘石斑点的流纹花岗岩。不规则形。长5.1、宽2.3、厚1.3厘米，重12.2克。

标本H254②：49（#1371；S2044），石料。流纹质熔结凝灰岩。不规则形。长1.4、宽1.0、厚0.5厘米，重0.9克。

标本H254②：50（#1371；S2042），石料。流纹质熔结凝灰岩。不规则形。长1.7、宽1.5、厚0.4厘米，重1.1克。

标本H254①：45（#1370；S2031），石料。绿泥石或绿泥/角闪片岩。不规则形。长1.9、宽1.2、厚0.3厘米，重0.8克。

标本H254②：11，罐形鼎。夹砂黑陶。侈口，圆唇，折沿，沿内面有一周凹槽，鼓腹略浅，平底内凹，三足残失。腹部饰两周凹弦纹。底部有火烧痕迹。口径13.0、底径10.0、残高10.4、厚0.4～0.6厘米（图2-533，1）。

标本H254②：8，鬶。夹砂红陶，白衣脱落。上部残，仅残留一后袋足及把手。袋足较瘦，桥形把手。外表经磨光处理。残高26.8、厚0.25～0.4厘米（图2-533，2）。

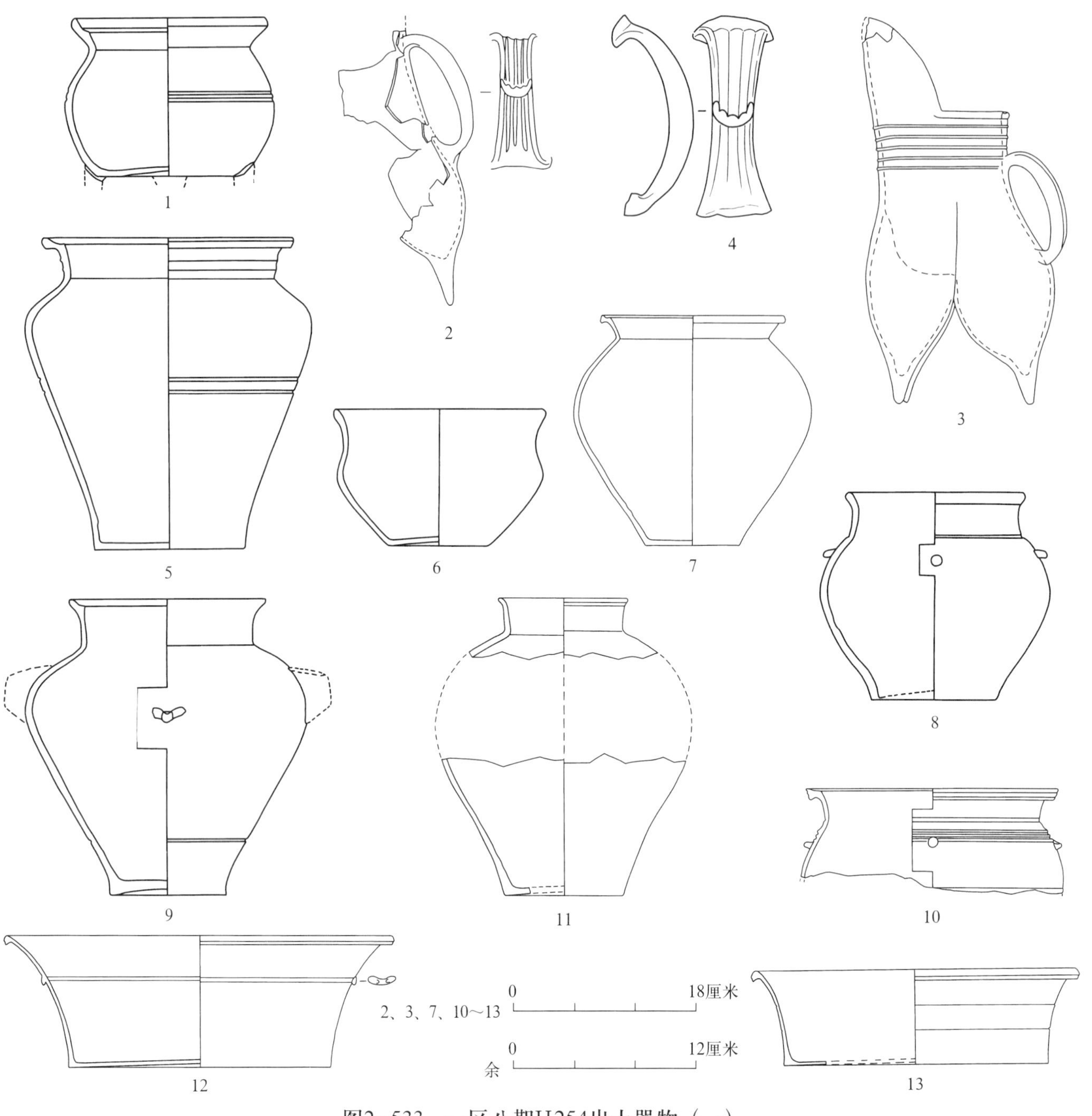

图2-533 一区八期H254出土器物（一）

1．罐形鼎H254②：11 2、3．鬶H254②：8、H254②：9 4．鬶把H254①：33 5、6．大口罐H254②：7、H254②：14 7～10．罐H254②：4、H254②：6、H254②：18、H254②：22 11．有领罐H254②：31 12、13．大平底盆H254①：16、H254①：17

标本H254②：9，鬶。夹砂白陶。高直流，直口，沿面有一周凹槽，粗颈略短，分裆乳状袋足，后侧袋足和颈部之间有桥形把手。外表经磨光处理，颈部有五周凸弦纹。高36.8、厚0.2～0.4厘米（图2-533，3；彩版一八一，1）。

标本H254①：33，鬶把手。夹细砂白陶。桥形把手。弯曲面有纵向凹槽。高13.0、宽3.0厘米（图2-533，4）。

标本H254②：7，大口罐。夹细砂浅灰褐陶。侈口，方唇，折沿，沿内面有宽沟槽，短颈，窄斜肩，斜直腹内收，平底。颈部饰两周凸棱，腹部饰两周凹弦纹。口径16.6、底径10.0、高20.0、厚0.4厘米（图2−533，5）。

标本H254②：14，大口罐。泥质浅灰褐陶，陶色不纯。侈口，圆唇，束颈，鼓腹，下腹内收，平底内凹。素面。口径14.2、底径6.6、高8.8、厚0.38厘米（图2−533，6）。

标本H254②：4，罐。夹砂黑褐陶，陶色不纯。侈口，方唇，折沿，沿内面有一周凹槽，斜肩，鼓腹，最大腹径位置偏上，下腹内收，小平底。素面。口径18、最大腹径23.4、底径9.2、高22.1、厚0.4～0.5厘米（图2−533，7）。

标本H254②：6，罐。泥质黑陶。侈口，圆唇，短颈，溜肩，圆鼓腹，下腹斜收，平底。颈肩交界处有一周浅沟槽，肩部饰对称的泥饼和盲鼻各一对。口径11.8、底径8.2、高13.4、厚0.4厘米（图2−533，8）。

标本H254②：18，罐。泥质灰褐陶，陶色不纯。侈口，圆唇，沿内侧有一周凹槽，直颈较高，广折肩，腹部斜向内收，平底内凹。器表经磨光处理，肩部有两个宽横耳，已残失，两耳之间饰盲鼻，下腹部有一周断续的凹弦纹。口径13.0、最大腹径18.8、底径7.8、高19.0、厚0.3～0.5厘米（图2−533，9）。

标本H254②：22，罐。泥质黑陶。侈口，方唇，唇面有两周凹槽，宽沿，沿面下凹，有颈，溜肩，腹以下残失。器表经磨光处理，颈下饰三周凸弦纹，其下缘有对称的盲鼻和小泥饼各一对。口径25.0、残高9.8、厚0.28～0.48厘米（图2−533，10）。

标本H254②：31，有领罐。夹砂黑陶。近直口，圆唇，沿微外侈，圆肩，鼓腹，中部残失，斜腹内收较甚，小平底内凹。素面。口径12.0、复原高为29.0、底径12.0、厚0.4～0.6厘米（图2−533，11）。

标本H254①：16，大平底盆。泥质灰陶。大敞口，方唇，卷沿，深腹，腹壁微内曲，平底微内凹。内壁经磨光。腹中部饰两周凹弦纹，其上有一对盲鼻，内底中心有两周弦纹。口径39.0、底径26.0、高12.8、厚0.2～0.5厘米（图2−533，12）。

标本H254①：17，大平底盆。泥质灰陶。敞口，方唇，卷沿，腹略浅，腹壁内曲，大平底。内壁经磨光。腹部有两周凹弦纹。口径32.0、底径26.0、高9.2、厚0.3～0.5厘米（图2−533，13）。

标本H254②：20，盆。泥质黑陶。器体较大，敞口，圆唇，束颈，斜腹微弧，底部残失。器表经磨光处理，颈部饰两周凸弦纹，腹部饰一周凹弦纹。口径36.0、残高16.8、厚0.5厘米（图2−534，1）。

标本H254②：23，圈足盘。泥质黑陶。直口，微内敛，圆唇，窄折沿，折腹，以下残失。内外表均经磨光处理，素面。口径28.0、残高5.0、厚0.5厘米（图2−534，2）。

标本H254②：5，三足盒。泥质黑陶。子口较矮且斜直内敛，折腹，折线位置偏上，下腹较竖直，平底内凹，三足残失。内外表均经磨光处理，腹部饰两周凸弦纹。口径16.8、残高7.0、厚0.2～0.4厘米（图2−534，3）。

标本H254②：12，三足盒。泥质黑陶。子口略高，折腹较深，三鸟首形足残失。器内外表经磨光处理，子口下饰三周凸棱。口径15.6、残高4.8、厚0.2～0.4厘米（图2−534，4）。

标本H254②：24，覆碗形器盖。夹砂褐陶。平顶下凹，顶面周缘外凸，盖面斜直，口部残失。盖顶中心有一圆孔，盖面保存3个小圆孔。顶径9.0、残高3.6、厚0.3厘米（图2−534，5）。

标本H254②：32，覆碗形器盖。泥质黑陶。平顶下凹，盖面斜直，口部残失。器表经磨光处理。顶面边缘有一周凹槽，盖面中部有凸棱和凹弦纹各一周，凸棱上有戳印纹。顶径8.0、残高5.2、厚0.6厘米（图2–534，6）。

标本H254②：21，覆钵形器盖。夹细砂黑陶。纽残失，盖面平缓圆折，敛口，圆唇。器表经磨光处理，素面。口径16.6、残高3.8、厚0.3厘米（图2–534，7）。

标本H254②：15，器盖。泥制黑灰陶，陶色不纯。敞口，方唇，平沿内有两周凹槽，斜腹内收较甚，小平底内凹，底部周缘外凸。器表经磨光处理，腹部饰两组凹弦纹，每组两周，下组凹弦纹上有两个对称的盲鼻。顶径9.4、口径29.0、高13.4、厚0.4～0.8厘米（图2–534，8）。

标本H254②：19，纺轮。泥质灰黑陶，陶色不纯。正面中部略鼓，周缘有浅槽，经磨光处理。背面较平，未经磨光。直径6.0、孔径0.5、厚0.3～0.6厘米（图2–534，15）。

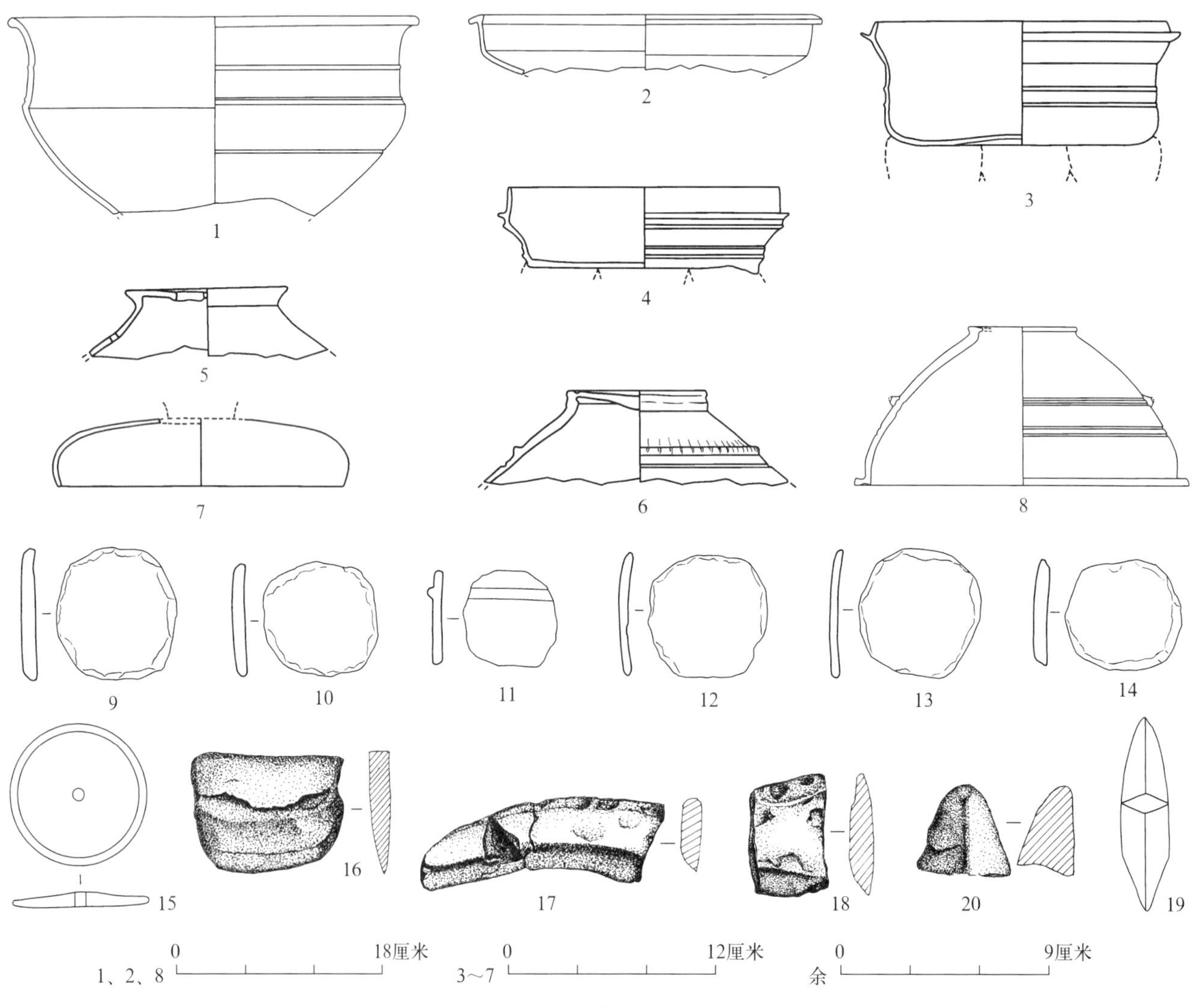

图2–534　一区八期H254出土器物（二）

1．盆H254②：20　2．圈足盘H254②：23　3、4．三足盒H254②：5、H254②：12　5、6．覆碗形器盖H254②：24、H254②：32　7．覆钵形器盖H254②：21　8．器盖H254②：15　9～14．圆陶片H254②：25、H254②：26、H254②：27、H254②：28、H254②：29、H254②：30　15．纺轮H254②：19　16．石铲H254①：2　17、18．石镰H254①：1、H254①：3　19．石镞H254②：10　20．石磨棒H254②：39

标本H254②：25，圆陶片。泥质黑陶。采用陶片加工而成，边缘有打制痕迹。素面。直径5.3、厚0.6厘米（图2-534，9）。

标本H254②：26，圆陶片。夹砂黑陶。直径5.0、厚0.4厘米（图2-534，10）。

标本H254②：27，圆陶片。泥质黑陶。上端有一凸棱。直径4.0、厚0.3厘米（图2-534，11）。

标本H254②：28，圆陶片。泥质黑陶。直径5.2、厚0.3厘米（图2-534，12）。

标本H254②：29，圆陶片。泥质灰陶。直径5.3、厚0.35厘米（图2-534，13）。

标本H254②：30，圆陶片。泥质灰陶。直径5.0、厚0.5厘米（图2-534，14）。

48．H259

位于E4T2495东北部，开口于耕土层下，打破H253。形状介于长方形与椭圆形之间，斜壁，近平底（图2-429）。坑口长1.66、宽0.63、深0.25米。内填黑褐色土（7.5YR2.5/1），结构紧密，包含有草木灰和红烧土粒等。出土较多石器和鼎、罐、杯等陶片（表2-121）。

标本H259：4（#1366；S2091），石斧，背部略残。角闪闪长岩。平面为梯形，双面刃。长8.3、宽5.4、厚3.4厘米，重285.0克（图2-535，1；彩版一八二，1）。

标本H259：13（#1366；S2038），石斧半成品。花斑岩。平面近梯形，打制。长12.6、宽5.1、厚3.9厘米，重383.8克（图2-535，2）。

标本H259：5（#1366；S2080），石锛。流纹质熔结凝灰岩。平面近长方形。长8.5、宽3.4、厚3.1厘米，重137.7克（彩版一八二，2）。

标本H259：1（#1366；S2054），石刀，残。砂岩。平面为长方形，单面刃，中部偏上残存一对钻的孔。残长4.8、宽4.3、厚0.8厘米，重19.7克（彩版一八二，3）。

标本H259：2（#1366；S2069），石刀，略残。砂岩。平面为长方形，单面刃，近背部有两个对

表2-121　H259陶片统计表

数量 陶质/陶色/纹饰	泥质				夹砂					总计	百分比（%）
	黑	灰	红	合计	黑	灰	褐	白	合计		
凸弦纹	6	11	5	22	16	4	2	1	23	45	2.22
凹弦纹	10	13	4	27	10	6	1		17	44	2.17
篮　纹					1				1	1	0.05
泥　饼					3				3	3	0.15
盲　鼻		2	1	3						3	0.15
素　面	192	690	216	1098	136	408	270	23	837	1935	95.27
累　计	208	716	226	1150	166	418	273	24	881	2031	100
百分比（%）	10.24	35.25	11.13	56.62	8.17	20.58	13.44	1.18	43.38	100	
重量（千克）	1.4	2.75	1.03	5.18	1.8	2.06	1.46	0.05	5.37	10.55	

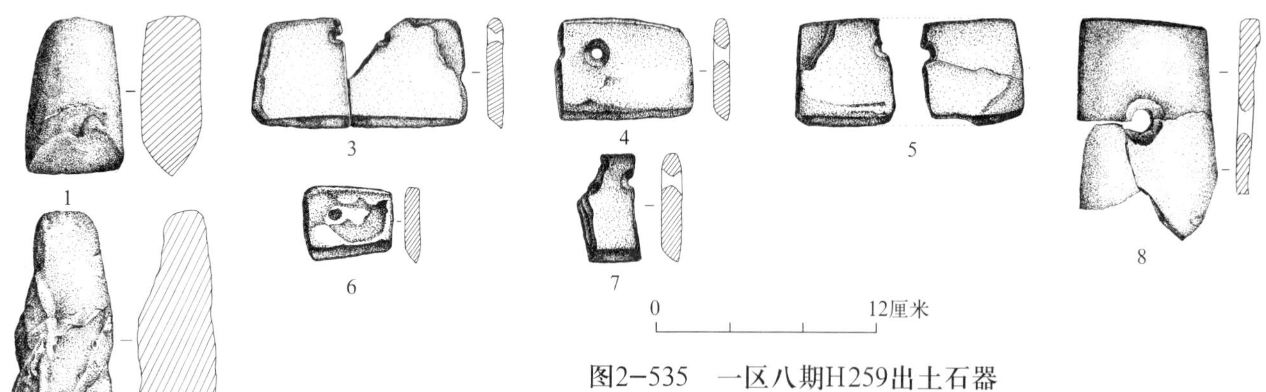

图2-535　一区八期H259出土石器

1、2. 石斧H259：4、H259：13　3～7. 石刀H259：2、H259：8、H259：10、H259：9、H259：11　8. 石钺H259：6

钻的孔。长11.8、宽5.7、厚0.9厘米，重91.9克（图2-535，3；彩版一八二，4）。

标本H259：8（#1366；S2088），石刀。砂岩。平面为长方形，单面刃，近背部有两个对钻的孔。残长7.5、宽5.4、厚1.0厘米，重59.0克（图2-535，4；彩版一八二，5）。

标本H259：9（#1366；S2087），石刀，残。砂岩。平面为长方形。残长4.9、宽3.8、厚1.1厘米，重28.2克（图2-535，6；彩版一八二，6）。

标本H259：10（#1366；S2072），石刀，中部残失。砂岩。平面为长方形，单面刃，近背部有两个对钻的孔。长10.5、宽5.6、厚1.2厘米，重105.7克（图2-535，5；彩版一八二，7）。

标本H259：11（#1366；S2090），石刀，残存中部一段。砂岩。单面刃，残存一对钻的孔。残长3.2、宽5.7、厚1.2厘米，重31.5克（图2-535，7）。

标本H259：12（#1366；S2037），石刀。砂岩。平面近长方形，单面刃。残长3.8、宽2.6、厚1.0厘米，重14.4克。

标本H259：6（#1366；S2053），石钺，残。砂岩。平面为长方形，中部有一对钻的孔。残长5.5、宽7.3、厚1.5厘米，重8.1克（图2-535，8；彩版一八二，8）。

标本H259：7（#1366；S2079），石钺，残。花岗岩。双面刃，残存一对钻的孔。残长6.4、残宽6.4、厚1.4厘米，重627.0克。

标本H259：3（#1366；S2089），磨石，残。砂岩。平面为长条形，磨面细而内凹。长8.9、宽2.7、厚2.4厘米，重72.4克（彩版一八二，9）。

标本H259：14（#1366；S2036），石器，残。角闪闪长岩。磨制。长4.0、宽2.0、厚3.1厘米，重35.5克。

49. H315

位于E4T2350东部，伸出东隔梁的部分未扩方发掘，开口于耕土层下，被H31打破，又打破⑥a至⑥d层和M24。圆形，斜壁，平底（图2-536）。坑口出露部分直径1.25、深0.41米。填灰褐色土（干7.5YR 3/2），出土陶器和陶片的器形有鼎、罐、盆、圈足盘、盒和器盖等（表2-122）。收集浮选土样1份20升。

标本H315①：8（#8401；S3014），石镞半成品。绿泥石或绿泥/角闪片岩。不规则形。残长

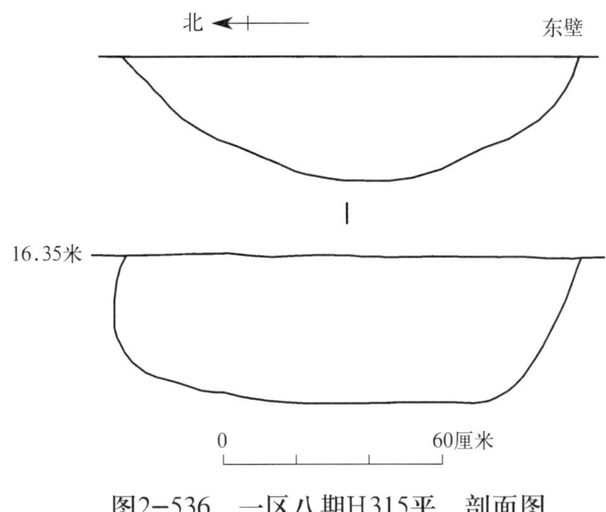

图2-536　一区八期H315平、剖面图

4.9、宽4.6、厚1.0厘米，重33.3克。

标本H315①：7（#8401；S2918），磨石，残。砂岩。平面为半椭圆形，磨面细而平整。残长3.2、宽4.2、厚1.2厘米，重21.2克。

标本H315：1，罐。夹砂黑陶，灰褐胎，含云母。侈口，方唇，沿面有一周凹槽，短颈，斜肩，鼓腹位置偏上，下腹斜收，平底。口径13.4、最大腹径22.4、底径11.2、高22.5、厚0.3～0.8厘米（图2-537，1；彩版一八一，2）。

标本H315：5，圈足盘。泥质黑陶。敛口，窄平沿，折腹，底及圈足残。内外表均经磨光处理。折腹处有一对横耳。口径20.0、残高3.8、厚0.4厘米（图2-537，2）。

标本H315：6，盒。泥质黑陶。矮子口内敛，上腹较宽，下腹较窄，折腹位置偏上。内外表均经磨光处理。残高3.0、厚0.2厘米（图2-537，3）。

标本H315：2，覆碗形器盖。夹砂黑陶，浅灰褐胎。平顶残，盖面微弧，斜平沿，沿面有一周凹槽。顶面周缘有一周凹弦纹。顶径11.2、口径22.4、高7.2、厚0.4～0.75厘米（图2-537，4）。

标本H315：3，覆碗形器盖。夹砂黑陶，深灰胎。平顶下凹，盖面斜直，平沿外伸，沿面有一周凹槽。器表经磨光处理。顶径5.6、口径14.2、高4.8、厚0.35～0.55厘米（图2-537，5）。

标本H315：4，覆盘形器盖。泥质黑陶。顶残，圆弧形盖面，敛口，窄沿，沿面有浅凹槽。内外表均经磨光处理。盖面饰满细凹弦纹，中部存一盲鼻。口径14.0、残高2.6、厚0.2厘米（图2-537，6）。

表2-122　H315陶片统计表

陶质/陶色/数量/纹饰	泥质				夹砂					夹云母滑石	总计	百分比（%）
	黑	灰	褐	合计	黑	灰	褐	白	合计	红褐		
凸弦纹	5			5	1		1	1	3	1	9	1.70
凹弦纹	9			9	14	1			15		24	4.54
堆　纹							1		1		1	0.19
盲　鼻	1			1							1	0.19
素　面	224	11	30	265	168	22	30	9	229		494	93.38
累　计	239	11	30	280	183	23	32	10	248	1	529	100
百分比（%）	45.18	2.08	5.67	52.93	34.59	4.35	6.05	1.89	46.88	0.19	100	
重量（千克）	1.80	0.15	0.30	2.25	1.85	0.40	0.30	0.10	2.65	<0.01	4.91	

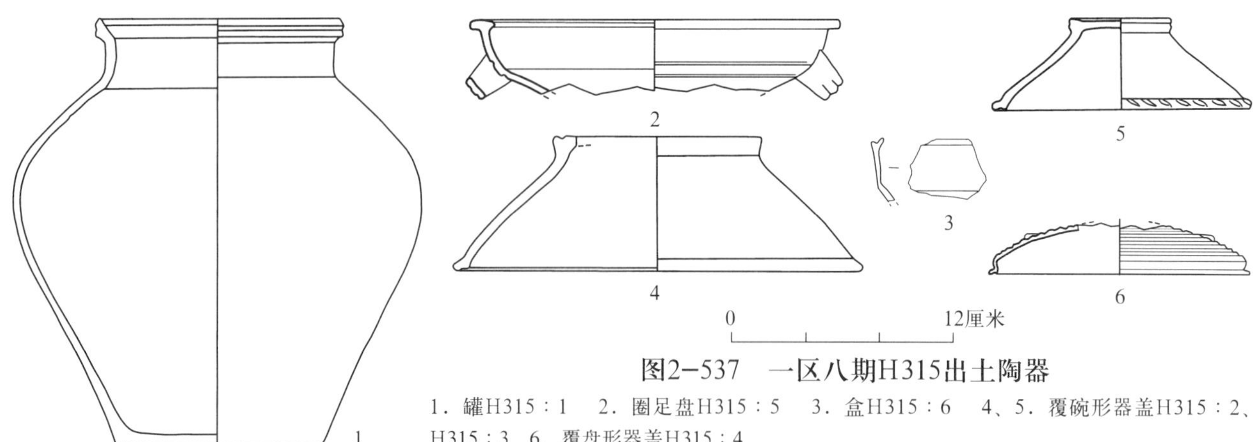

图2-537　一区八期H315出土陶器

1. 罐H315：1　2. 圈足盘H315：5　3. 盒H315：6　4、5. 覆碗形器盖H315：2、H315：3　6. 覆盘形器盖H315：4

50. H317

位于E4T2296南部，被H316、H327打破，又打破⑥a层。不规则形，圜底，浅坑（图2-538；彩版一八三，1）。坑口长径1.30、短径0.95、深0.20米。填土分为两层，第1层为灰黑色土（湿5YR4/1）；第2层为略有差别的灰黑色土（湿5YR2.5/1）。出土陶器的器形有鼎、鬶、罐、盆、杯、盒、器盖等及较多陶片（表2-123）。

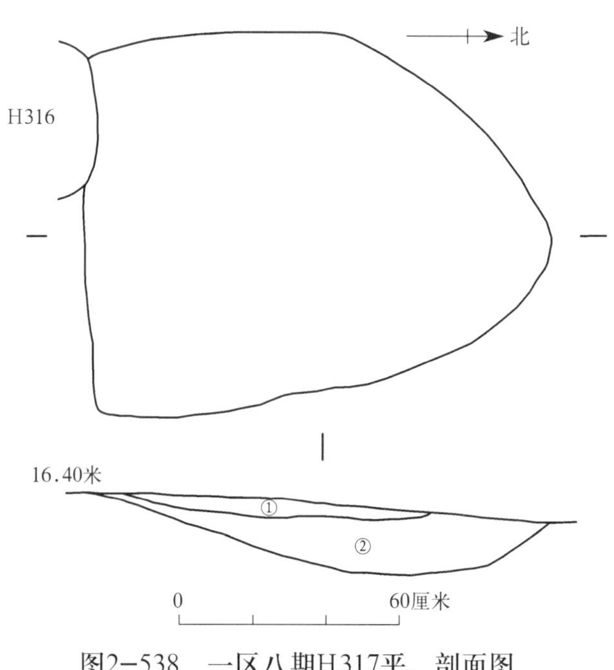

图2-538　一区八期H317平、剖面图

标本H317②：7，罐形鼎。夹砂黑陶。侈口，方唇，卷沿，沿内侧有宽浅凹槽，束颈，圆腹略，平底微内凹，三足残。器表及口沿内侧经磨光处理。颈下部有一周凸弦纹和两周阶状凸起，腹部有一周凹弦纹。口径13.2、残高12.1、厚0.3～0.6厘米（图2-539，1）。

标本H317②：8，罐形鼎。夹砂黑陶。侈口，圆唇，平沿，沿面有一周深凹槽，有颈，圆腹，平底，三无眼鸟首形足。器表及口沿内侧经磨光处理。颈下有两周阶状凸起，其上饰对称的盲鼻和小泥饼各一对，腹部有两周宽凹弦纹。底和足部有火烧痕迹。口径14.8、最大腹径15.6、底径11.2、高17.8、厚0.2～0.9厘米（图2-539，2）。

标本H317②：9，罐形鼎。夹砂黑陶。侈口，方唇，卷沿，束颈，鼓腹，平底，三足残。器表及口沿内侧经磨光处理。颈下和腹部有六周阶状凸起。底和足部有火烧痕迹。口径18.2、最大腹径19.6、底径14.0、高14.1、厚0.3～0.7厘米（图2-539，3）。

标本H317②：10，罐形鼎。夹砂黑陶，褐胎。侈口，方唇，宽平沿，沿面有两周凹槽，短直颈，腹微鼓，平底，三足残，足应为无眼鸟首形。器表及口沿内侧经磨光处理。颈下和腹部共饰有三周阶状凸起和一周凸棱，凸棱位置有对称的盲鼻和小泥饼各一对。底和足部有火烧痕迹。口径13.2～14.0、残高13.2、厚0.3～0.5厘米（图2-539，4；彩版一八一，3）。

表2-123　H317陶片统计表

陶质/陶色/数量/纹饰	泥质				夹砂						总计	百分比（%）
	黑	灰	红	合计	黑	灰	褐	白	红	合计		
凸弦纹	6			6	11	1	1		1	14	20	2.05
凹弦纹	12			12	14	5			2	21	33	3.38
堆　纹	2			2	2					2	4	0.41
泥　饼					2					2	2	0.21
盲　鼻	2			2	3				1	4	6	0.62
镂　孔					1					1	1	0.10
素　面	346	9	24	379	410	3	9	30	78	530	909	93.23
累　计	368	9	24	401	443	9	10	30	82	574	975	100
百分比（%）	37.74	0.92	2.46	41.13	45.44	0.92	1.03	3.08	8.41	58.87	100	
重量（千克）	3.56	0.17	0.16	3.89	1.98	0.24	0.12	0.14	0.4	2.88	6.77	

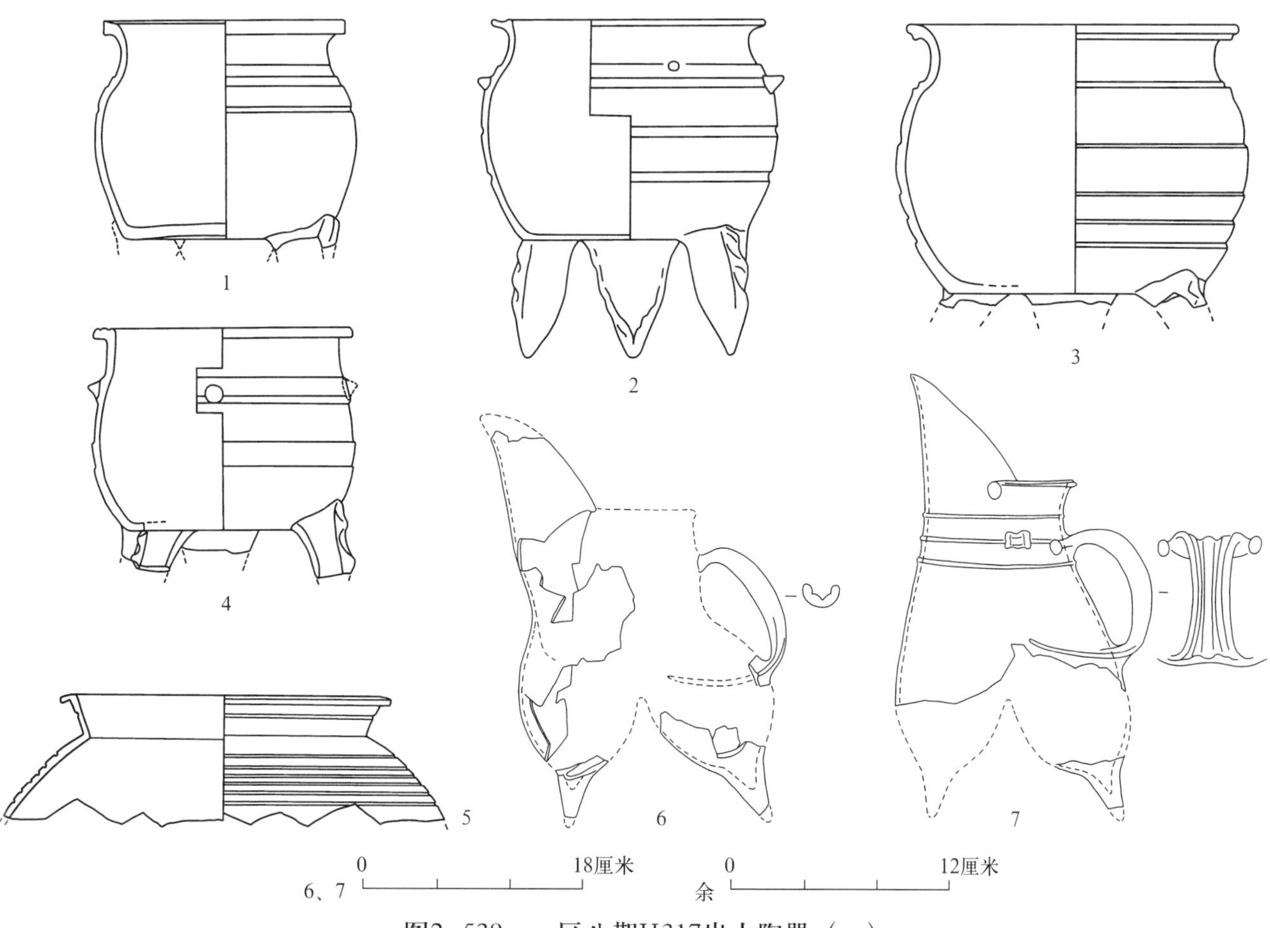

图2-539　一区八期H317出土陶器（一）

1～4. 罐形鼎H317②：7、H317②：8、H317②：9、H317②：10　5. 中口罐H317②：6　6、7. 鬶H317②：2、H317②：3

标本H317②：2，鬶。夹细砂白陶。残损严重，高流，粗颈，肥硕袋足，一侧有桥形把手。后袋足上有半周凸棱。残高30.8、厚0.15～0.55厘米（图2-539，6）。

标本H317②：3，鬶。夹细砂白陶。高流，尖圆唇，有很矮的子口高出沿面，粗长颈，袋足残，一侧有两侧边卷起的桥形把手。颈部有三周凸棱和两个对称的小横耳，袋足上部有半周凸棱，流根部和把手上部两侧各有对称的小泥饼一对。宽16.5、残高26.3、厚0.15～0.7厘米（图2-539，7）。

标本H317②：6，中口罐。夹砂黑陶。侈口，圆唇，宽斜沿，束颈，圆肩，以下残。颈部有一周凹弦纹，肩部有六周凹弦纹。口径18.0、残高6.4、厚0.3～0.5厘米（图2-539，5）。

标本H317②：5，三足盒。泥质黑陶，灰胎。矮子口，盘形口，深腹内束，下腹折收，三足残失。内外表均经磨光处理。腹部饰两周凸棱。口径22.0、底径16.6、高7.7、厚0.2～0.45厘米（图2-540，1）。

标本H317②：1，覆碗形器盖。夹细砂黑陶。平顶，盖面微隆，圆唇，平沿外伸，沿面有两周凹槽，内外均经磨光处理，素面。顶径6.1、口径22.0、高8.2、厚0.3～0.55厘米（图2-540，2；彩版一八一，4）。

标本H317②：11，覆钵形器盖。泥质黑陶。顶部残，圆弧形盖面，口内敛。器表经磨光处理，素面。口径24.0、残高6.4、厚0.2～0.4厘米（图2-540，3）。

标本H317②：12，筒形器盖。泥质黑陶。平顶。周缘显著外凸，直壁内束，下残。器表经磨光处理。盖顶边缘饰一周细凹弦纹，其上有泥突痕迹。顶径8.0、残高3.4、厚0.25～0.4厘米（图2-540，4）。

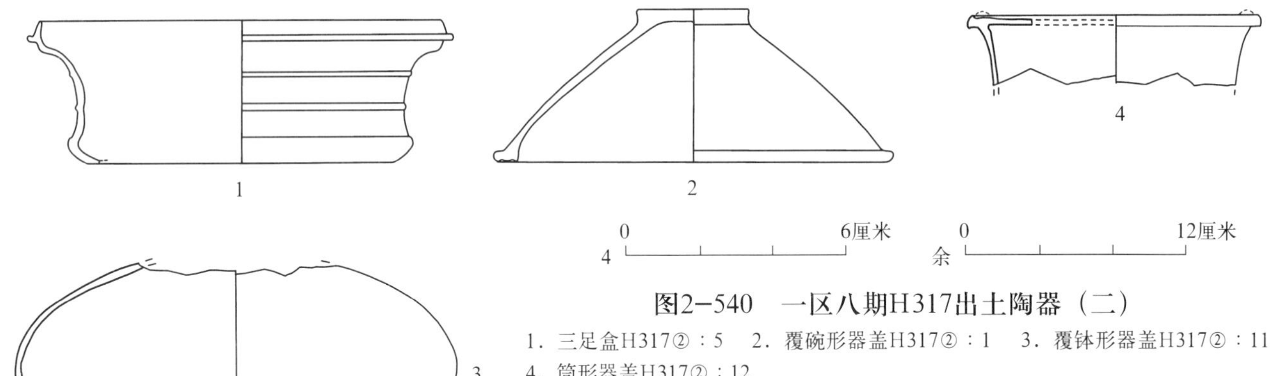

图2-540　一区八期H317出土陶器（二）

1. 三足盒H317②：5　2. 覆碗形器盖H317②：1　3. 覆钵形器盖H317②：11　4. 筒形器盖H317②：12

51．H318

位于E4T2348西南部，开口于耕土层下，打破⑥c层和H320。近椭圆形，斜壁，圜底（图2-541；彩版一八三，2）。坑口长径1.24、短径0.88、深0.25米。填灰色土（湿2.5YR4/1），出土陶器的器形有鼎、罐、盆、杯、器盖等及较多陶片。收集浮选土样1份20升。

标本H318：2，中口罐。夹砂黑陶，灰褐胎。侈口，圆唇，折沿，圆鼓腹，下腹斜收，平底内凹。器表上部及内侧口沿经磨光处理，腹部饰两周凹弦纹。口径13.0、底径8.0、高15.4、厚0.3～0.4厘米（图2-542，1）。

标本H318：1，筒形罐。夹砂黑陶，灰褐胎。近直口，圆方唇，平折沿，沿面有两周凹槽，短颈，腹壁微斜收，平底微内凹。内壁有轮制时留下的瓦棱痕迹。器表经磨光处理，颈下及腹部饰

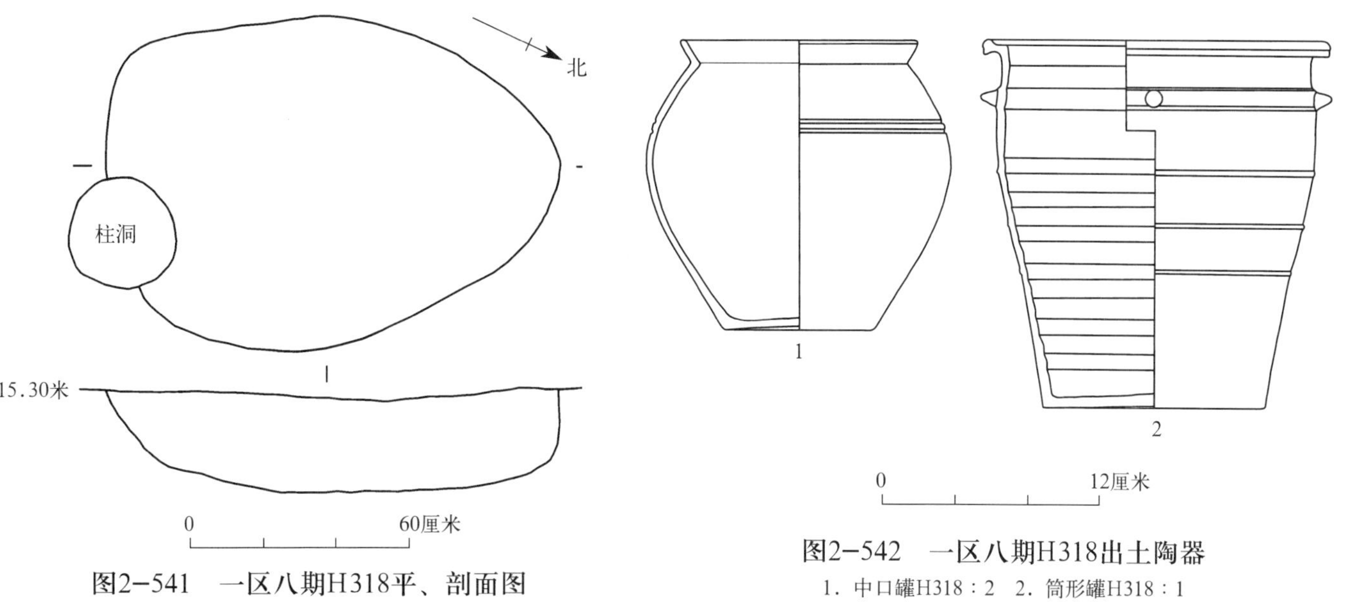

图2-541　一区八期H318平、剖面图

图2-542　一区八期H318出土陶器

1．中口罐H318：2　2．筒形罐H318：1

五周凸弦纹，颈下有对称的泥饼和盲鼻各一对。口径19.3、底径12.3、高19.5、厚0.3～0.6厘米（图2-542，2；彩版一八一，5）。

52．H321

位于E4T2296西部，开口于耕土层下，打破⑥a层。圆形，斜壁，近平底（图2-543；彩版一八三，3）。坑口直径0.90、深0.34米。填土分为三层，第1层为灰色土（湿2.5YR5/1）；第2层为黑灰色土（湿7.5YR2.5/1）；第3层为黑色土（湿2.5YR2.5/1）。出土陶器和陶片的器形有鼎、罐、盆、杯、器盖、纺轮等（表2-124）。收集浮选土样2份共40升，采集植硅体样品2份共100克，收集碳十四测年样品1个。

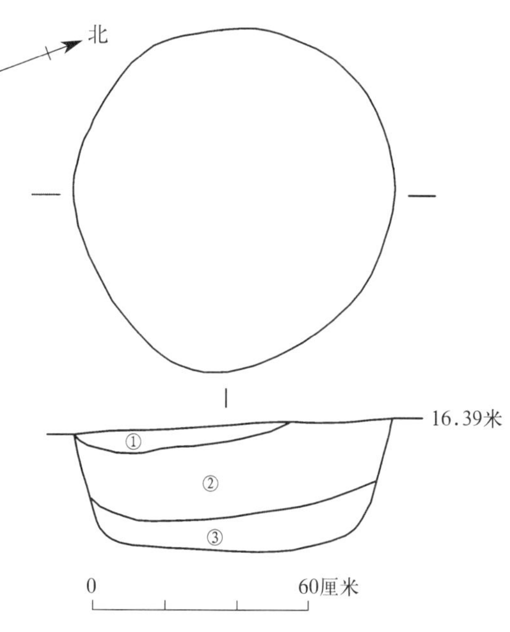

图2-543　一区八期H321平、剖面图

标本H321②：9（#8505；S2843），磨石，残。花斑岩。平面近椭圆形，磨面粗糙。长3.5、宽2.6、厚1.0厘米，重12.3克。

标本H321②：10（#8505；S2859），磨石，残。花斑岩。不规则形，磨面较粗。长3.1、宽2.7、厚1.5厘米，重15.3克。

标本H321②：2，罐形鼎。夹砂黑陶。侈口，圆唇，卷沿，沿面有一周凹槽，圆鼓，平底，三足残失。器表经磨光处理，上腹部饰两周凹弦纹。底和足部有火烧痕迹。口径15.4、底径11.6、残高12.0、厚0.15～0.5厘米（图2-544，1）。

标本H321②：4，罐。夹砂黑陶，灰褐胎。侈口，圆方唇，窄平沿，束颈。圆腹，以下残。肩、腹有两周宽凹弦纹。口径12.0、残高6.8、厚0.3厘米（图2-544，2）。

表2-124　H321陶片统计表

陶质 陶色 / 数量 / 纹饰	泥质				夹砂					总计	百分比(%)
	黑	灰	褐	合计	黑	灰	褐	白	合计		
凸弦纹	4			4	27		1		28	32	5.27
凹弦纹	10	1		11	10	11	1		22	33	5.44
堆　纹	1			1	1	1	12		14	15	2.47
泥　饼		2		2	5	3			8	10	1.65
盲　鼻	2			2	5		1		6	8	1.32
镂　孔							2		2	2	0.33
素　面	160	3	1	164	259	39	41	4	343	507	83.53
累　计	177	6	1	184	307	54	58	4	423	607	100
百分比（%）	29.16	0.99	0.16	30.31	50.58	8.90	9.56	0.66	69.69	100	
重量（千克）	4.46	0.05		4.51	6.55	0.78	1.31	0.039	8.679	13.189	

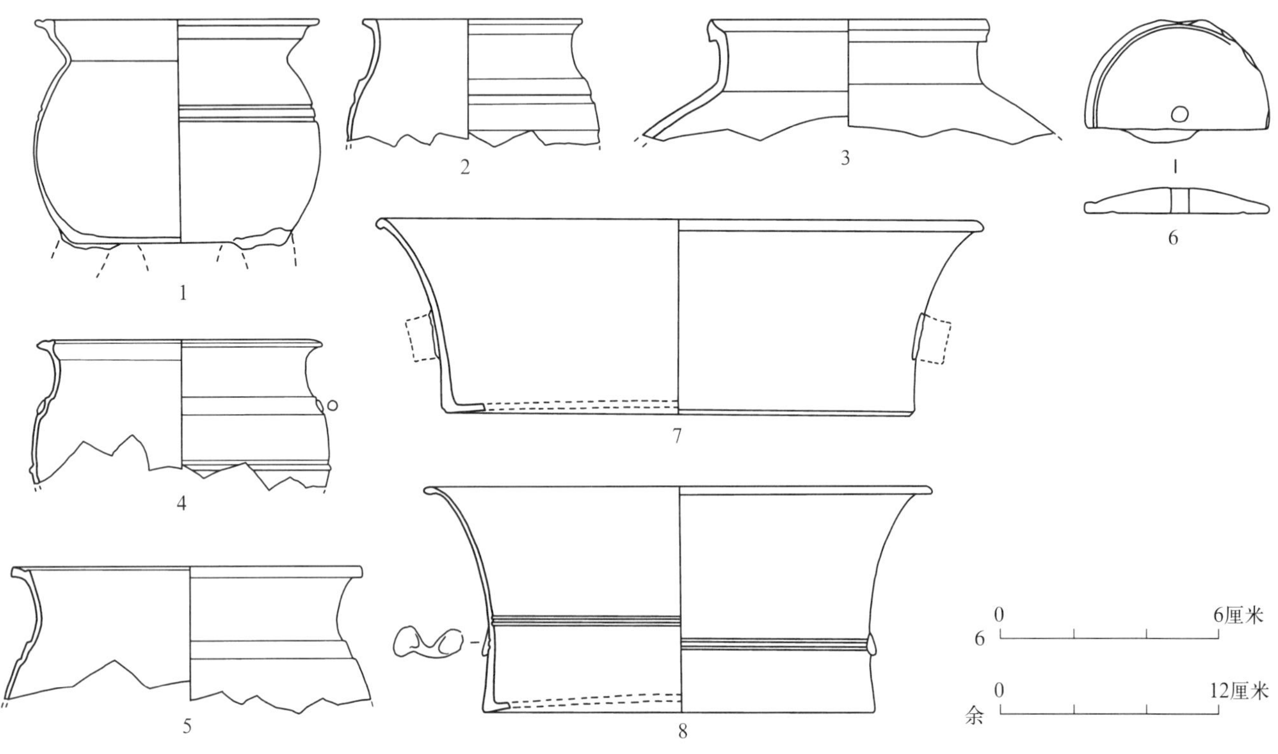

图2-544　一区八期H321出土陶器

1．罐形鼎H321②：2　2～5．罐H321②：4、H321②：5、H321②：6、H321②：7　6．纺轮H321②：1　7、8．大平底盆H321②：3、H321②：8

标本H321②：5，罐。夹砂黑陶，褐胎。侈口，方唇，沿面有一周凹槽，短颈，广肩，以下残。器表经磨光处理。口径15.0、残高6.6、厚0.4～0.75厘米（图2–544，3）。

标本H321②：6，罐。夹砂黑陶。敛口，尖圆唇，窄平沿，沿面有一周凹槽，短颈，窄肩，圆腹，下残。器表经磨光处理。肩部有一周宽凹槽，其上有一对泥饼，腹部有一组凹、凸弦纹组合。口径15.6、残高6.6、厚0.2～0.4厘米（图2–544，4）。

标本H321②：7，罐。夹砂黑陶，灰褐胎。侈口，圆方唇，沿面有一周凹槽，粗颈，溜肩，下残。器表经磨光处理。肩部两周阶状凸起。口径19.0、残高7.0、厚0.2～0.4厘米（图2–544，5）。

标本H321②：3，大平底盆。泥质黑陶。大敞口，圆唇，卷沿，深腹内曲，平底内凹。腹部有一对横耳痕迹。内外表均经磨光处理，素面。口径33.4、底径26.0、高10.4、厚0.4厘米（图2–544，7）。

标本H321②：8，大平底盆。泥质黑陶。敞口，圆唇，卷沿，弧腹内曲，平底内凹。内外表均经磨光处理。内外腹壁各有两周凹弦纹，外壁凹弦纹上有一对盲鼻。口径28.0、底径23.0、厚0.3～0.5厘米（图2–544，8）。

标本H321②：1，纺轮。泥质黑陶，灰胎。残存一半，圆形，正面隆起，背面较平。正面经磨光处理，边缘有一周凹槽，背面有一周下凹。直径5.1、厚0.75厘米（图2–544，6）。

53．H323

位于E4T2297南部，大部分伸入南壁外，未扩方发掘，开口于耕土层下，打破⑥b层和M54。推测平面为椭圆形，圜底（图2–545）。坑口出露部分长径0.72、深0.10米。填灰黑色土（干5YR2.5/1）。出土陶器和陶片的器形有鬶、罐、盆、杯、器盖等。

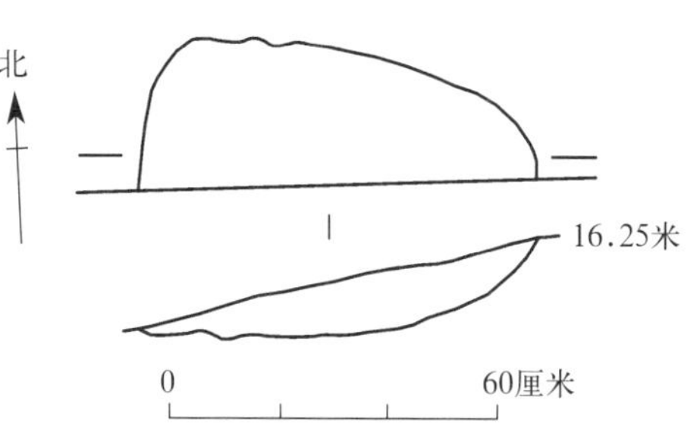

图2–545　一区八期H323平、剖面图

标本H323：2，鬶。夹砂白陶。流和口沿残，只存颈和后侧袋足，粗颈较长，乳状袋足。实足尖较高。袋足和颈部之间有绞丝状把手，上端两侧各有一个小泥饼。颈下部有两周浅凹弦纹，凹弦纹下及鬶侧面残留一个短齿状附加堆泥条，袋足上有两周凸棱。残高25.7、厚0.3～0.6厘米（图2–546，1）。

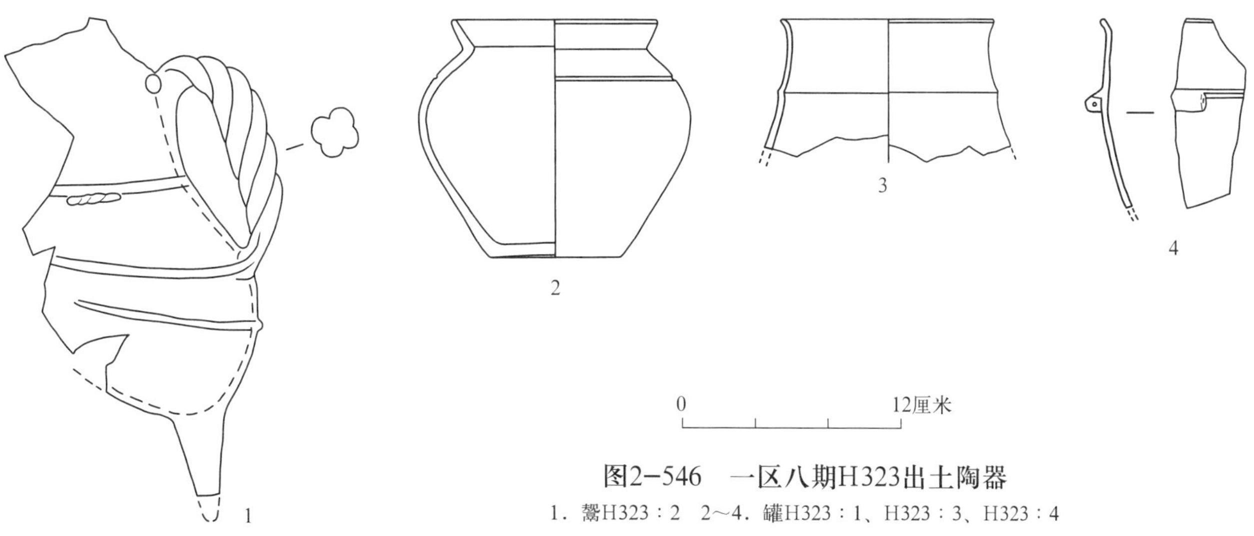

图2–546　一区八期H323出土陶器

1．鬶H323：2　2～4．罐H323：1、H323：3、H323：4

标本H323：1，中口罐。夹砂黑陶，黑褐胎，含云母。侈口，圆唇，折沿，圆肩，鼓腹，下腹斜收，平底微内凹。肩部饰一周凹弦纹。口径11.2、底径7.2、高12.6、厚0.4～0.8厘米（图2–546，2）。

标本H323：3，罐。泥质灰陶。侈口，束颈，颈下有一周凸棱，下残。口径11.2、残高6.6、厚0.3厘米（图2–546，3）。

标本H323：4，罐。泥质灰陶。侈口，尖圆唇，折沿，圆腹，下残。肩部有一周宽凸棱，凸棱下有小卷筒形小横耳。残高10.0、厚0.3厘米（图2–546，4）。

54．H36

位于E4T2047西部，向西伸出西壁之外，开口于第②层（近代）下，打破⑥a层。平面略呈椭圆形，斜壁，底部不平（图2–547；彩版一八四，1）。坑口长径1.33、深0.44米。填土分三层，第1层为灰黑色土（干10YR2/1）；第2层为黄褐色土（干10YR6/4），夹杂一些黑色淤泥；第3层为紧密的黑色土（干10YR2/1）。出土陶器和陶片的器形有鼎、罐、瓮、盆、杯、器盖、纺轮等。收集浮选土样3份共15升。

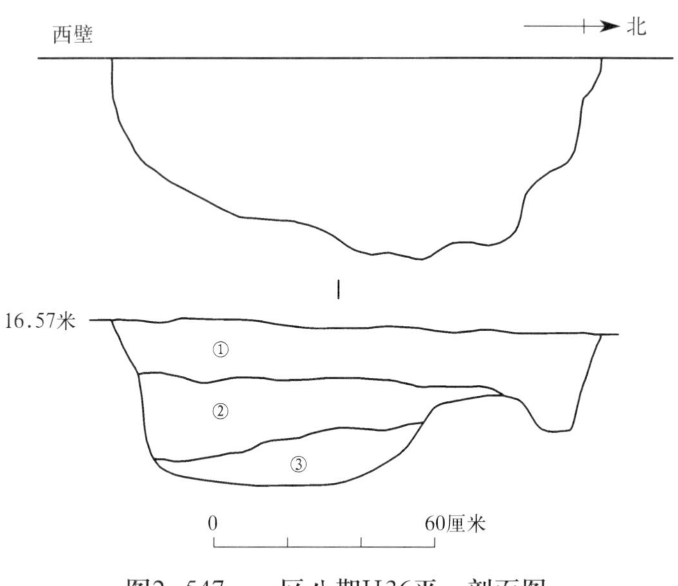

图2–547　一区八期H36平、剖面图

标本H36①：2，瓮。泥质磨光黑皮陶。直口，圆唇，沿部微侈，矮颈，广斜肩圆折，以下残。器表经磨光处理。肩部饰两周凸棱，折肩位置有宽大横耳残迹。口径30.0、残高13.4、厚0.45厘米（图2–548，1）。

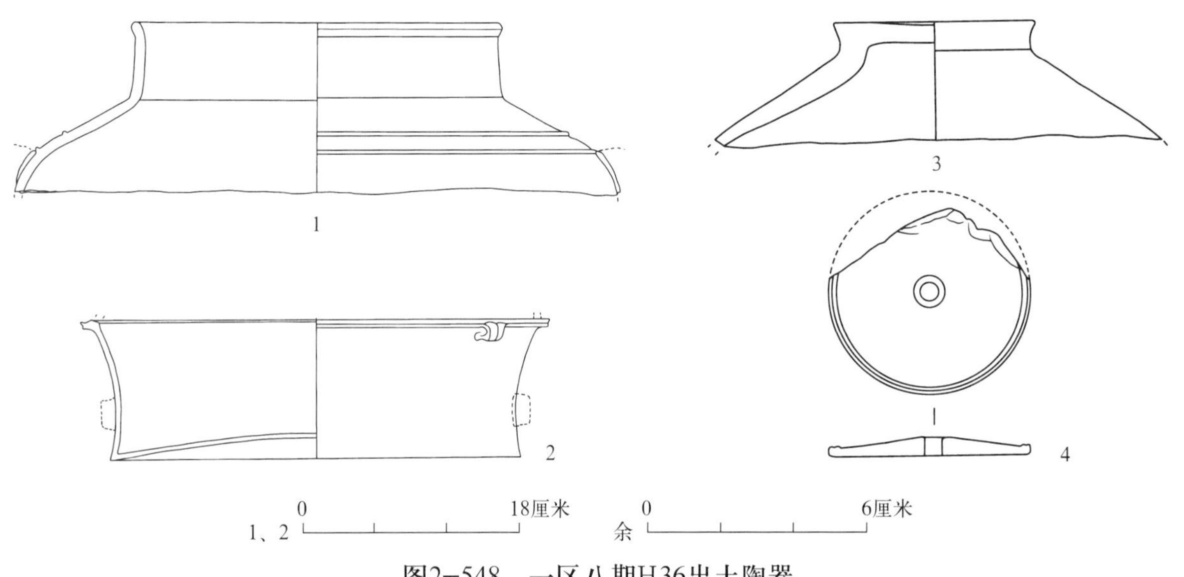

图2–548　一区八期H36出土陶器

1．瓮H36①：2　2．子口盆H36①：4　3．覆碗形器盖H36②：3　4．纺轮H36①：1

标本H36①：4，子口盆。泥质黑陶，夹极少量云母。矮子口残，深腹内束，平底内凹较甚。器表经磨光处理，素面，口沿下残留一小竖耳，腹部残留一横耳痕迹。口径38.8、最大腹径33.2、底径34.0、残高11.2、厚0.2～0.5厘米（图2–548，2；彩版一八五，1）。

标本H36②：3，覆碗形器盖。夹砂黑陶，内壁为浅灰色。平顶微下凹，盖面较直，口沿部残。器表经磨光，素面。顶径5.4、残高3.2、厚0.3～0.75厘米（图2–548，3）。

标本H36①：1，纺轮。泥质黑陶，夹极少量云母。圆形，正面鼓起，且边缘较厚，内有一周凹弦纹，经磨光处理。背面平整，素面。直径5.45、孔径0.4、厚0.2～0.5厘米（图2–548，4）。

55．H38

位于E4T2247中部，开口于耕土层下，打破⑥a层。圆形浅坑，直壁平底（图2–549），坑口直径0.80、深0.10米。内填灰黑色土（干10YR3v/c）。出土陶片的器形有鼎、罐、盆、杯、器盖和完整的圆陶片等。

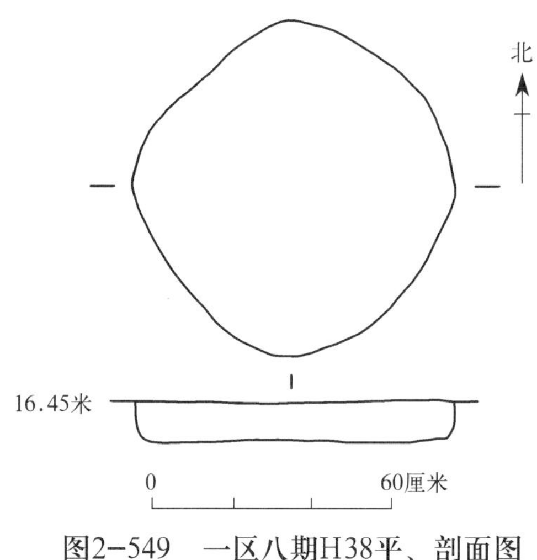

图2–549　一区八期H38平、剖面图

标本H38：1，大口罐。夹砂黑陶。侈口，圆唇，平沿外斜，沿面有一周明显的凹槽，束颈，腹部略鼓，以下残。器表和口沿内侧经磨光处理。肩部和腹部共饰五周凸弦纹，最上两周之间有对称的盲鼻一对。口径16.7、残高12.2、厚0.3～0.6厘米（图2–550，1）。

标本H38：3，罐。夹砂黑陶。侈口，方唇，卷沿，沿面有一周凹槽，斜肩，鼓腹，以下残。器表经磨光处理。

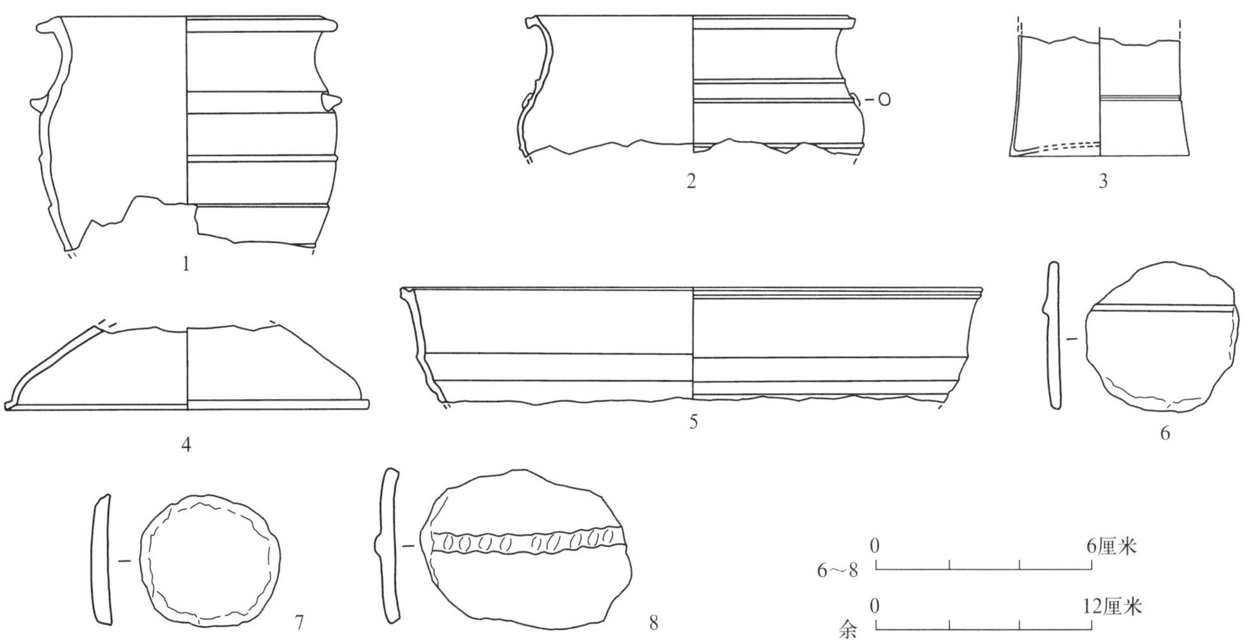

图2–550　一区八期H38出土陶器

1．大口罐H38：1　2．罐H38：3　3．筒形杯H38：5　4．覆碗形器盖H38：4　5．盆H38：2　6～8．圆陶片H38：6、H38：7、H38：8

颈下至腹部有三周凸棱，中间凸棱上有对称的泥饼一对。口径18.0、残高6.4、厚0.3～0.7厘米（图2-550，2）。

标本H38：2，盆。夹砂黑陶。敞口，方唇，窄沿，沿面有一周凹槽，斜颈，斜腹，以下残。器表经磨光处理。腹部存有两周宽凸棱。口径32.0、残高6.0、厚0.4～0.6厘米（图2-550，5）。

标本H38：5，筒形杯。泥质黑陶。中部以上残，筒形，束腰，平底内凹。器表经磨光处理。腹部残存一深一浅两周凹弦纹，内壁有轮制痕迹。底径10.0、残高6.4、厚0.1～0.15厘米（图2-550，3）。

标本H38：4，覆碗形器盖。夹砂黑陶。顶残，盖面斜直，方唇，窄斜沿，沿面内凹。器表经磨光。素面。口径20.0、残高4.5、厚0.3～0.5厘米（图2-550，4）。

标本H38：6，圆陶片。夹砂灰陶。圆形，边缘有规则的打制痕迹。一面有直条状凸棱。直径4.0、厚0.3厘米（图2-550，6）。

标本H38：7，圆陶片。夹砂黑陶。圆形，边缘有规则的单向打制痕迹。直径3.43～3.84、厚0.4～0.5厘米（图2-550，7）。

标本H38：8，圆陶片。夹滑石红褐陶。椭圆形，边缘有规则的打制痕迹。一面有直条状附加堆纹。长5.7、宽4.0、厚0.4～0.5厘米（图2-550，8）。

56．H40

位于E4T2197和T2247之间，开口于耕土层下，打破⑥a层。平面呈椭圆形，斜壁，底部不平（图2-551）。坑口长径1.24、短径0.88、深0.36米。填土灰黑色土（干10YR3/2）。出土石铲、石刀等石器，出土陶器的器形有鼎、罐、盆、杯、器盖等。

标本H40：2（#3605；S362），石铲，残。流纹质熔结凝灰岩。扁薄体，单面刃。残长7.8、宽5.2、厚0.7厘米，重30.4克（彩版一八六，1）。

标本H40：5（#3605；S361），石铲，残。流纹质熔结凝灰岩。平面为长方形，扁薄体。长8.3、宽4.9、厚0.9厘米，重46.2克（彩版一八六，2）。

标本H40：1（#3605；S360），石刀，残。花斑岩。平面为长方形，残存一对钻的孔。残长4.5、残宽2.2、厚0.9厘米，重14.1克。

标本H40：4（#3605；S363），磨石，残。砂岩。不规则形，磨面细而平整。残长9.1、残宽7.6、厚1.3厘米，重148.9克（彩版一八七，2）。

标本H40：9（#3605；S427），石器，残。流纹质熔结凝灰岩。重2.0克。

标本H40：11，罐形鼎。夹砂黑陶。侈

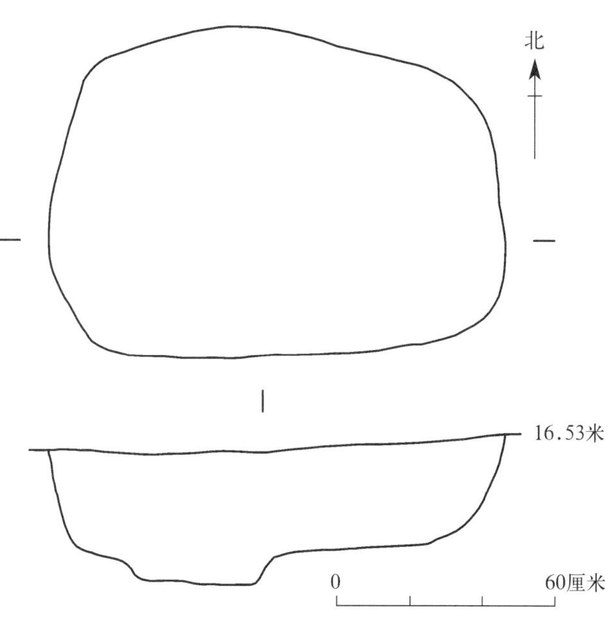

图2-551　一区八期H40平、剖面图

口，方唇，折沿，沿面有一周深凹槽，圆腹，以下残。器表经磨光处理。颈下及肩部各有一周凸棱。口径28.0、残高9.7、厚0.2～0.6厘米（图2–552，1）。

标本H40：12，鼎足。夹砂黑陶，已烧成红褐色。鸟首形足，两眼呈窄长条形，并且在位置上左高右低，中间的附加堆纹呈细齿状。残高10.3、厚0.5～0.7厘米（图2–552，2）。

标本H40：9，直口罐。泥质黄褐陶。直口，圆唇，颈略高，斜圆肩，以下残。器表经磨光。颈部有一周凸棱，颈下及肩部有两周凹弦纹。口径16.0、残高8.0、厚0.4～0.6厘米（图2–552，3）。

标本H40：6，中口罐。夹粗砂黑陶，夹云母。口残，束颈，溜肩，鼓腹，下腹斜收，平底。肩部饰有两周凹弦纹。底径6.0、残高10.4、厚0.25～1.0厘米（图2–552，4）。

标本H40：7，中口罐。夹砂灰陶。侈口，圆方唇，卷沿，短颈，窄肩，圆腹，以下残。器表及口沿内侧经磨光。肩部有两周阶状凸起，其下存一泥饼，腹部有两周凹弦纹。口径20.0、残高10.4、厚0.3～0.5厘米（图2–552，5）。

标本H40：8，环足盘。夹砂红陶，灰胎。浅盘，敞口，尖唇，平沿，斜腹微鼓，平底及三环形足残。口径27.8、残高5.8、厚0.3～0.8厘米（图2–552，6）。

标本H40：3，覆碗形器盖。夹砂黑陶。平顶，盖面陡直，圆唇，平沿外伸，沿面有一周凹槽。素面。顶径6.4、口径9.1、高7.5、厚0.4～0.75厘米（图2–552，7）。

标本H40：10，覆碗形器盖。泥质黑陶。顶部残失，斜弧形盖面，斜沿外伸。器表经磨光，素面。口径24.0、残高5.6、厚0.3～0.5厘米（图2–552，8）。

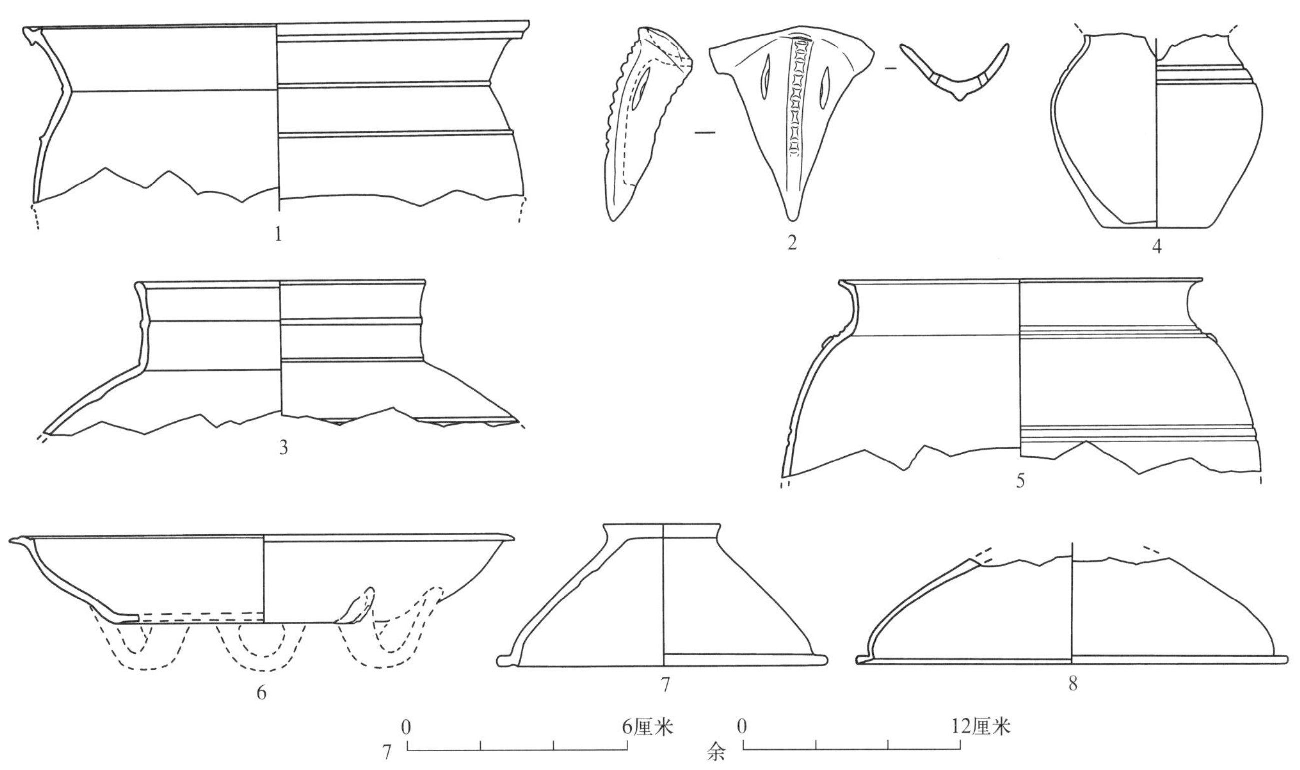

图2–552　一区八期H40出土陶器

1．罐形鼎H40：11　2．鼎足H40：12　3．直口罐H40：9　4、5．中口罐H40：6、H40：7　6．环足盘H40：8　7、8．覆碗形器盖H40：3、H40：10

57．H42

位于E4T2197和T2247之间，开口于耕土层下，打破⑥a层。平面呈椭圆形，坑口长径1.44、短径1.24、深0.30米（图2–553）。内填灰黑色土（湿10YR2/1），出土有石刀、石镞等石器，可复原的陶器有罐、盆、环足盘、盒、器盖等，另有甗、罐、盆、盘、盒、碗、器盖等陶器残片（表2–125）。收集浮选土样1份5升，采集植硅体样品1份50克，采集碳十四测年样品1个。

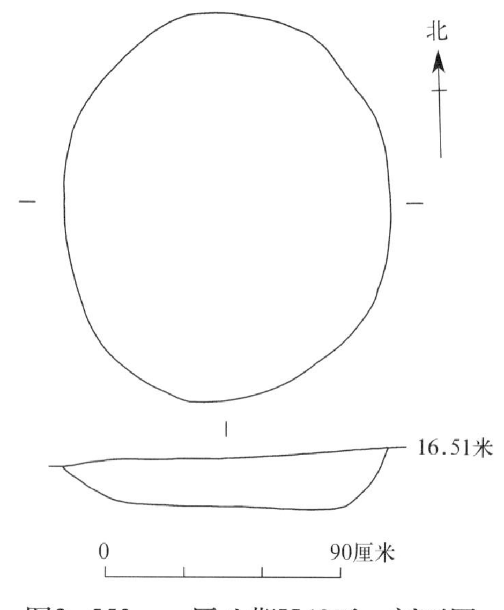

图2–553　一区八期H42平、剖面图

标本H42：2（#3503；S115），石镰。流纹质熔结凝灰岩。平面为三角形，单面刃。残长7.0、宽4.9、厚0.9厘米，重27.8克（彩版一八七，3）。

标本H42：5（#3503；S116），石刀，磨制光滑。流纹质熔结凝灰岩。平面呈弧三角形，直边和一端均有单面刃。长13.7、宽5.4、厚0.7厘米，重59.2克（图2–554，14；彩版一八六，3）。

表2–125　H42陶片统计表

数量 纹饰 \ 陶质 陶色	泥质				夹砂					总计	百分比（%）
	黑	灰	褐	合计	黑	灰	褐	白	合计		
凸弦纹	49	1		50	26	10	1	4	41	91	7.03
凹弦纹	47	2		49	29	1			30	79	6.11
堆　纹			2	2			2		2	4	0.31
泥　饼			1	1	1				1	2	0.15
盲　鼻	3	1		4	4	1			5	9	0.70
镂　孔							1		1	1	0.08
素　面	386	43	56	485	452	75	69	27	623	1108	85.63
累　计	485	47	59	591	512	87	73	31	703	1294	100
百分比（%）	37.48	3.63	4.56	45.67	39.57	6.72	5.64	2.40	54.33	100	
重量（千克）	5.34	0.68	0.41	6.43	7.98	1.78	0.93	0.22	10.91	17.34	

标本H42：7（#3503；S438），石镞。绿泥石和（或）角闪石片岩。平面为柳叶形，横截面为菱形，铤和镞身略残。残长9.3、宽2.5、厚1.8厘米，重21.4克（图2–554，13；彩版一八七，1）。

标本H42：6，甗。夹砂黑陶，含少量云母。腰以上残失，腰部有明显的黏接痕迹，弧腹较深，略呈分裆袋足，实足尖较高。素面。足和裆部有火烧痕迹。鬲部口径11.0、残高18.9、厚0.2～0.6厘米（图2–554，1；彩版一八五，2）。

标本H42：4，中口罐。夹砂灰黑陶，夹少量云母。侈口，方唇，折沿，溜肩，圆鼓腹，下腹斜收较甚，平底。器表经磨光处理。腹部有两周凹弦纹。口径13.8、最大腹径17.0、底径8.0、高16.4、厚0.4～0.6厘米（图2-554，2；彩版一八五，3）。

标本H42：9，小口罐。夹砂黑陶。近直口，方唇，沿部外侈，沿面有一周较深的凹槽，矮颈，圆肩，圆鼓腹，下腹斜收，平底内凹。素面。口径11.4、最大腹径20.5、底径10.7、高18.0、厚0.3～0.4厘米（图2-554，3）。

标本H42：15，大平底盆。泥质黑陶。大敞口，方圆唇，卷沿，弧腹内曲，大平底内凹。腹部

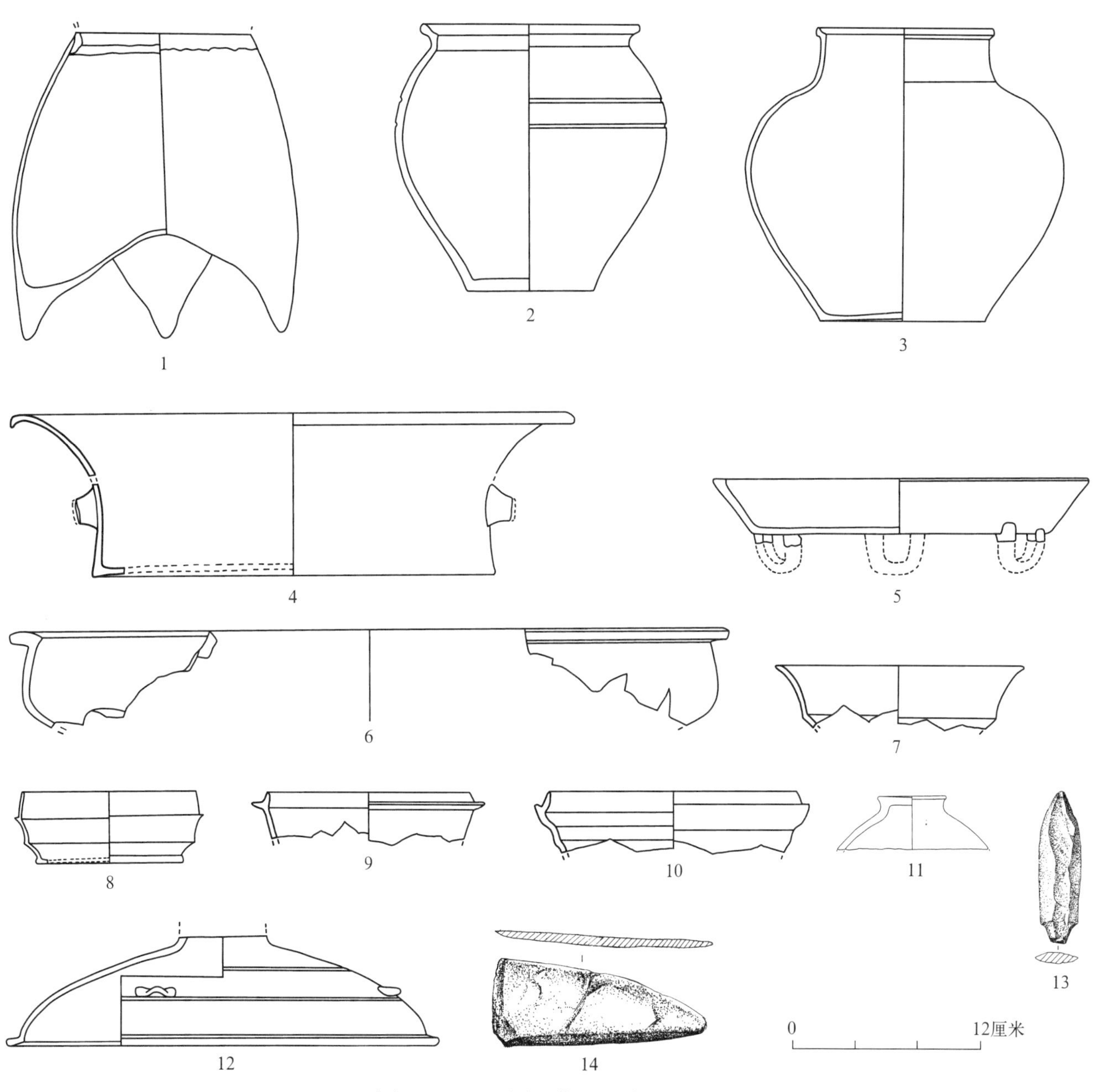

图2-554　一区八期H42出土器物

1．甗H42：6　2．中口罐H42：4　3．小口罐H42：9　4．大平底盆H42：15　5．环足盘H42：12　6．圈足盘H42：13　7．碗H42：18　8．平底盒H42：3　9、10．盒H42：16、H42：17　11．覆碗形器盖H42：1　12．覆盘形器盖H42：11　13．石镞H42：7　14．石刀H42：5

有一对横耳。内外表均磨光处理，素面。口径36.0、底径26.0、复原高为10.0、厚0.4～0.6厘米（图2－554，4）。

标本H42：12，环足盘。夹砂黑陶。敛口，方唇，宽折沿，下腹圆折，底和圈足残失。素面。口径24.0、底径19.4、残高4.0、厚0.4～0.7厘米（图2－554，5）。

标本H42：13，圈足盘。泥质黑陶，含极少量云母。敞口，方唇，窄平沿，斜壁，平底，三环形足残。内外表均经磨光处理，素面。口径45.8、残高5.7、厚0.42～0.7厘米（图2－554，6）。

标本H42：18，碗。泥质黑陶。敞口，尖圆唇，上腹内曲，下部折腹，以下残。内外表均经磨光，素面。口径16.0、残高3.6、厚0.3～0.4厘米（图2－554，7）。

标本H42：3，平底盒。泥质黑陶，含极少量云母。子口较高，折腹位置居中，平底残。内外表均经磨光，素面。口径11.2、底径9.5、高4.4、厚0.2～0.5厘米（图2－554，8）。

标本H42：16，盒。泥质黑陶。矮子口微内敛，腹部斜收，以下残。内外表均经磨光，素面。口径13.0、残高2.8、厚0.2～0.5厘米（图2－554，9）。

标本H42：17，盒。泥质黑陶。矮子口微内敛，上腹斜收，以下残。内外表均经磨光。上腹部有一凸棱。口径16.0、残高3.6、厚0.2～0.4厘米（图2－554，10）。

标本H42：1，覆碗形器盖。夹砂黑陶，含有少量云母。平顶微下凹，斜直盖面微弧，口沿残失。器表经磨光，素面。顶径4.3、残高3.4、厚0.35～0.5厘米（图2－554，11）。

标本H42：11，覆盘形器盖。泥质黑陶，含极少量云母。顶部残失，弧形盖面，圆方唇，平沿外伸，沿面有一周凹槽。器表经磨光处理。盖面饰有二组四周凹弦纹，下一组上残余两个盲鼻。口径27.4、残高6.6、厚0.23～0.5厘米（图2－554，12）。

58．H46

位于E4T2345中部偏南，开口于耕土层下，打破⑥a层。椭圆形，圜底（图2－555）。坑口长径1.19、短径0.88、深0.41米。内填灰黑色土（干10YR2/1），出土有云母片和鼎、鬶、圈足盆、杯、器盖、纺轮等陶器残片。收集浮选土样1份5升。

标本H46：5，鬶。夹砂红褐陶。仰流残，近直口，粗长颈，腹残，乳状袋足，高实足尖。一侧有象征性绞丝状把手。颈部有四周细凸棱，把手上端两侧各有一泥饼。厚0.1～0.2厘米（图2－556，1）。

标本H46：7，罐。夹砂褐陶。侈口，方唇，卷沿，沿面有一周凹槽，短颈，弧腹，以下残。颈肩相接处有两周阶状凸起，其上存一泥饼。口径30.0、残高7.0、厚0.25～0.4厘米（图2－556，2）。

标本H46：6，圈足盆。泥质黑陶。大敞口，圆唇，卷沿，弧腹内曲，平底内凹，粗筒形圈足较器身有收分，中部内束。内外表均磨光处理。

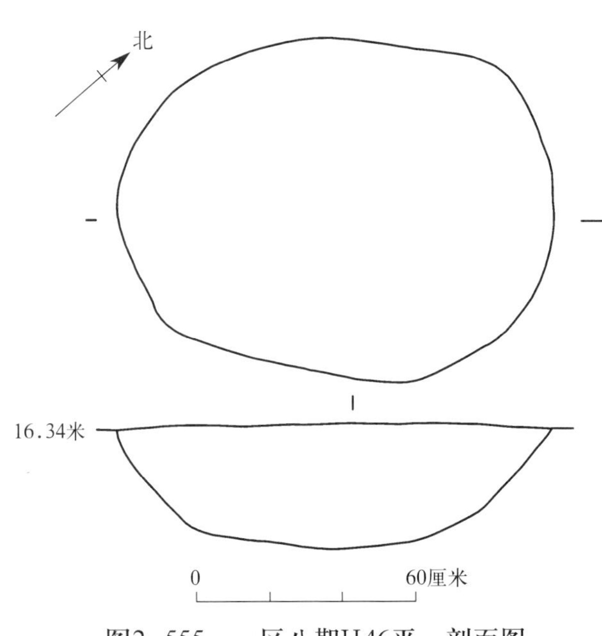

图2－555　一区八期H46平、剖面图

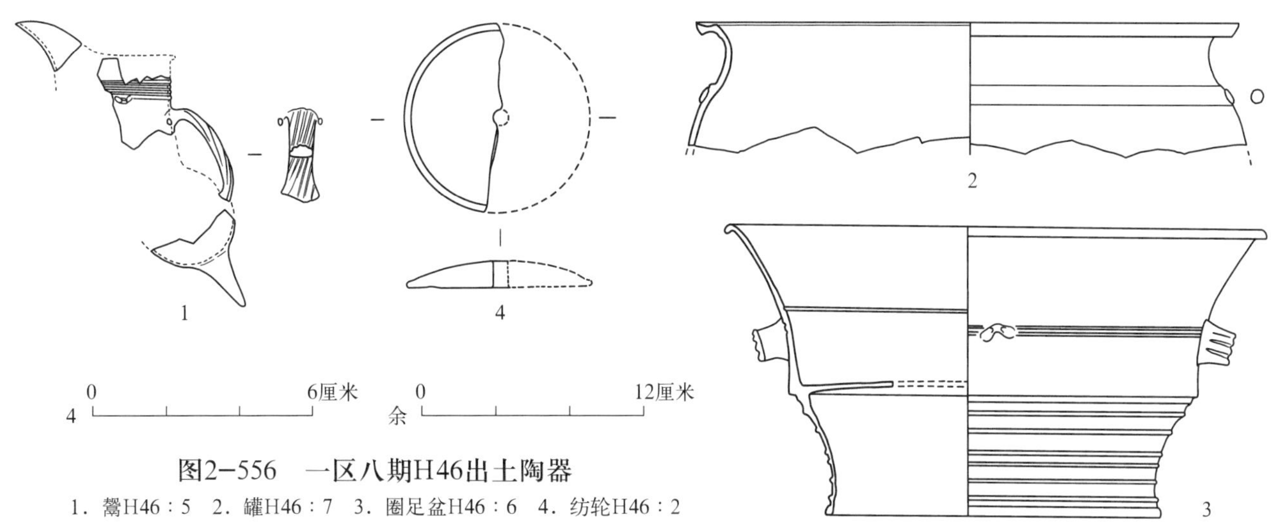

图2-556　一区八期H46出土陶器

1. 鬶H46：5　2. 罐H46：7　3. 圈足盆H46：6　4. 纺轮H46：2

器腹有两周凹弦纹，其上有对称的宽横耳和盲鼻各一对。圈足外表有六周凸棱。口径30.0、底径18.6、通高15.2、厚0.2～0.6厘米（图2-556，3）。

标本H46：2，纺轮。泥质黑灰陶，含少量云母。圆形，正面鼓起，边缘有一周凹弦纹，经磨光。背面较平，素面。直径5.0、最厚0.7厘米（图2-556，4）。

59．H49

位于E4T2345、T2395之间，开口于耕土层下，打破⑥a、⑥b、⑥c层。平面呈椭圆形，直壁，平底（图2-557）。坑口长径2.60、短径2.16、深0.73米。填土分为两层，第1层为黑色灰土（中5YR3/1），含大量草木灰；第2层为黄褐色土（中7.5YR4/4），包含较多的陶片等遗物。出土石铲、石镞、磨石等石器，出土陶器的器形有鼎、鬶、甗、罐、瓮、盆、杯、盒、器盖等及较多陶片（表2-126）。收集浮选土样1份5升，采集植硅体样品1份200克。

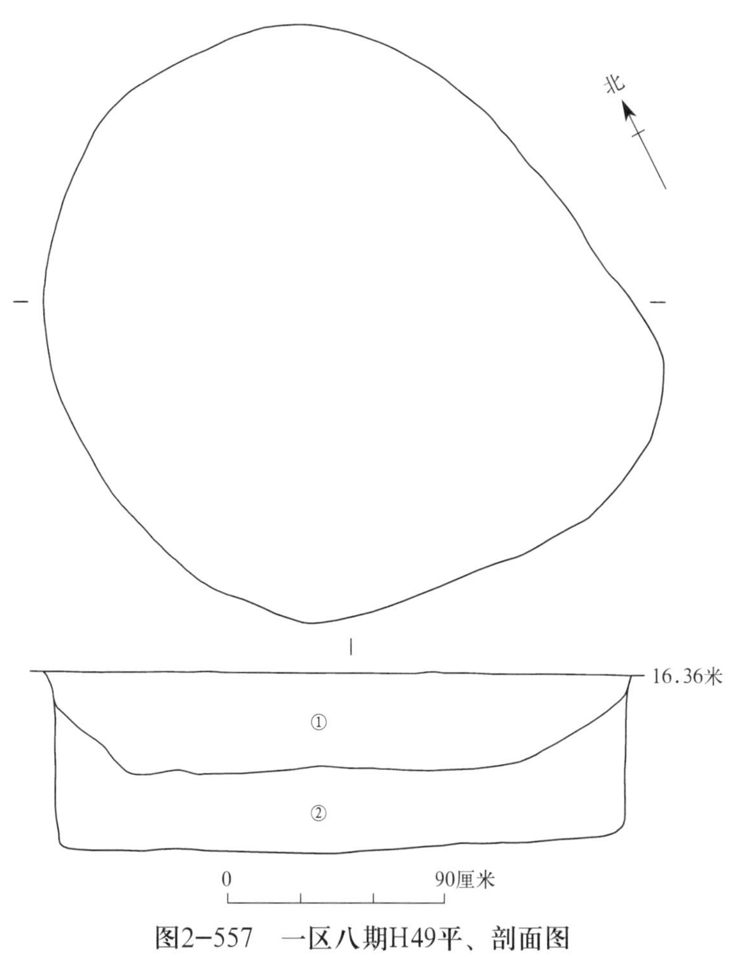

图2-557　一区八期H49平、剖面图

标本H49①：5（#1050；S1705），石铲，残。流纹质熔结凝灰岩。单面刃。残长6.7、宽7.0、厚0.7厘米，厚53.2克（图2-558，9；彩版一八七，6）。

标本H49①：2（#1050；S1703），石镞。绿泥石或绿泥/角闪片岩。平面

表2-126　H49陶片统计表

陶质/陶色/数量/纹饰	泥质				夹砂					总计	百分比（%）
	黑	灰	褐	合计	黑	灰	褐	白	合计		
凸弦纹	4	3	2	9	18		2	1	21	30	2.14
凹弦纹	21			21	26		1		27	48	3.42
盲　鼻					3				3	3	0.21
素　面	790	11	30	831	370	34	60	26	490	1321	94.09
瓦　纹					2				2	2	0.14
累　计	815	14	32	861	419	34	63	27	543	1404	100
百分比（%）	58.05	1.00	2.28	61.32	29.84	2.42	4.49	1.92	38.68	100	
重量（千克）	2.3	0.26	0.18	2.74	5.1	0.2	0.25	0.1	5.65	8.39	

呈柳叶形，横截面为菱形，扁锥形铤。长8.4、宽2.0、厚0.9厘米，重14.5克（图2-558，10；彩版一八六，4）。

标本H49①：3（#1050；S1704），石镞。石英/富含白云母的千枚岩。平面呈略宽的叶形，横截面为菱形。长5.5、宽2.0、厚0.9厘米，重9.9克（彩版一八六，5）。

标本H49①：4（#1050；S1701），磨石，残。砂岩。不规则形，磨面细腻微内凹。残长14.5、残宽10.6、厚4.3厘米，重800.6克（彩版一八六，6）。

标本H49①：6（#1050；S1702），磨石。砂岩。平面呈长方形，两面磨面均内凹。长10.1、宽6.1、厚4.3厘米，重322.1克（图2-558，11）。

标本H49①：24（#1050；S1660），磨石。花斑岩。平面近长方形，磨面粗糙。长10.4、宽7.3、厚5.8厘米，重500.6克。

标本H49①：26（#1050；S1659），磨石。砂岩。平面近三角形。长15.0、宽8.9、厚3.9厘米，重597.4克（彩版一八六，7）。

标本H49②：28（#3805；S1211），磨石，残。砂岩。不规则形，磨面略粗。长5.8、宽4.6、厚2.5厘米，重72.4克（彩版一八七，4）。

标本H49①：25（#1050；S1661），有槽磨石。砂岩。平面为长方形，一面磨面有凹槽。长5.8、宽3.3、厚2.5厘米，重65.2克（彩版一八六，8）。

标本H49①：30（#1050；S1662），打磨/抛光石器。平面近圆形。直径3.5、宽3.4、厚2.2厘米，重37.6克（彩版一八六，9）。

标本H49②：27（#3805；S1212），石器，残。流纹质熔结凝灰岩。碎成2块。重2.9克（彩版一八七，5）。

标本H49②：29（#1055；S1738），石料。流纹质熔结凝灰岩。不规则形。长7.4、宽5.4、厚1.7厘米，重61.4克。

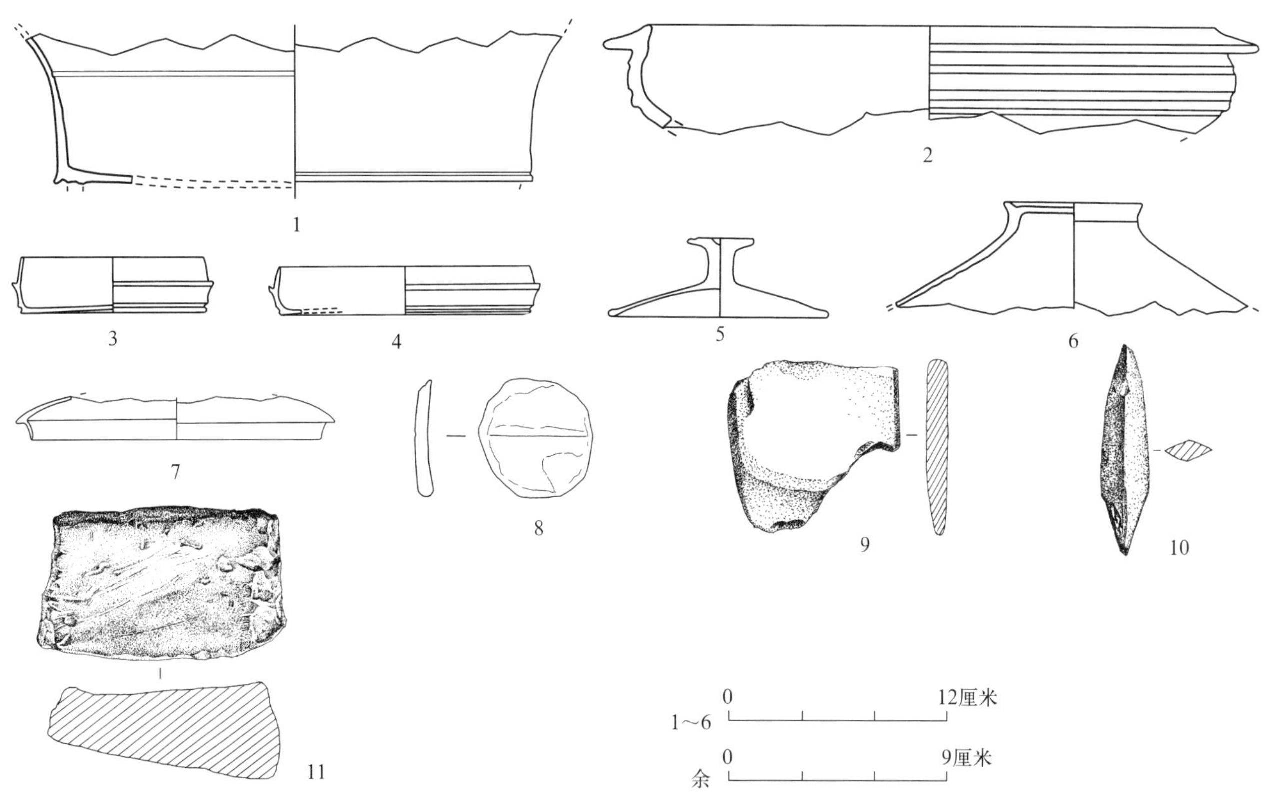

图2-558　一区八期H49出土器物

1．瓦足盆H49①：23　2．圈足盘H49①：16　3、4．平底盒H49①：1、H49②：21　5．覆盘形器盖H49①：7　6．覆碗形器盖H49①：10　7．器盖H49②：20　8．圆陶片H49②：22　9．石铲H49①：5　10．石镞H49①：2　11．磨石H49①：6

标本H49①：18，鼎足。夹砂灰陶。侧三角形，外侧有三个按窝。高8.4厘米（图2-559，1）。

标本H49②：19，鼎足。夹砂灰陶。侧三角形，外侧有四个浅按窝。高9.0厘米（图2-559，2）。

标本H49②：11，甗。夹砂黑陶。器表及口沿内壁磨光。颈肩相接处饰一道细凸棱和台状凸棱。方唇，唇面有凹槽，折沿，沿面呈台状。口径33.8、残高9.7、厚0.3～0.6厘米（图2-559，3）。

标本H49①：8，鬶把。夹砂白陶。桥形把手。残高10.0、宽3.0、厚1.0厘米（图2-559，4）。

标本H49①：9，鬶把。夹砂白陶。扁卷筒形。残高10.5、宽2.5、厚0.9厘米（图2-559，5）。

标本H49②：17，鬶把。夹细砂灰陶。扁卷筒形把手。残高10.8、宽2.5、厚1.0厘米（图2-559，6）。

标本H49①：12，鬶足。夹砂红陶。深袋足。残高8.5、厚0.4厘米（图2-559，7）。

标本H49②：14，罐。夹细砂黑陶。侈口，方唇，平折沿。肩部饰两道凸弦纹。口径24.8、残高8.0、厚0.4厘米（图2-559，8）。

标本H49②：15，罐。夹细砂灰陶。侈口，方唇，平折沿。素面。口径22.0、残高4.0、厚0.5厘米（图2-559，9）。

标本H49①：13，瓮。夹砂黑陶。口微侈，方唇，折沿，沿面上有凹槽。素面。口径38.0、残高6.6、厚0.6厘米（图2-559，10）。

标本H49①：23，瓦足盆。泥质黑陶。口部残，弧腹内曲，盆底平，圈足残。内外研磨。近圈足

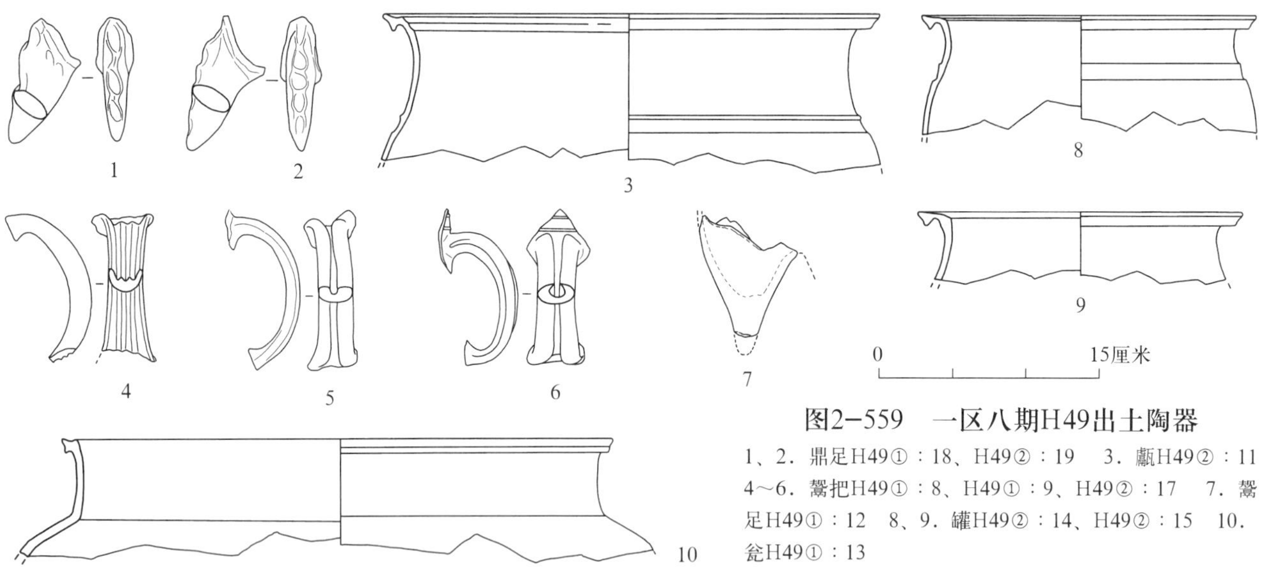

图2-559　一区八期H49出土陶器

1、2. 鼎足H49①：18、H49②：19　3. 甗H49②：11　4～6. 鬶把H49①：8、H49①：9、H49②：17　7. 鬶足H49①：12　8、9. 罐H49②：14、H49②：15　10. 瓮H49①：13

部分有一凹槽。底径26.0、残高8.0、厚0.3～0.8厘米（图2-558，1）。

标本H49①：16，圈足盘。泥质灰陶。敛口，尖圆唇，平折沿。饰凹弦纹。口径36.3、残高5.2、厚0.45厘米（图2-558，2）。

标本H49①：1，平底盒。泥质黑陶。子口较高，折腹已经演变成一周凹槽，平底内凹。接近底部位置有一周凹槽。口径10.0、底径10.0、高2.9、厚0.2～0.3厘米（图2-558，3）。

标本H49②：21，平底盒。泥质黑陶。子口稍高，腹较浅，近底部内收。素面。口径13.2、高2.7、厚0.2厘米（图2-558，4）。

标本H49①：10，覆碗形器盖。夹砂褐陶。覆碗形，平顶下凹，盖面斜直。素面。顶径7.6、残高5.6、厚0.3～0.5厘米（图2-558，6）。

标本H49①：7，覆盘形器盖。泥质白陶。"T"形纽，纽较高，盖面斜直，圆唇。顶面边缘有一周凹槽，顶面中心有一圆形下陷，唇外侧有一周凹槽。顶径3.6、口径12.0、高4.2厘米（图2-558，5）。

标本H49②：20，器盖。泥质黑陶。子母口较矮，顶面微弧。素面。口径12.0、残高1.6、厚0.15厘米（图2-558，7）。

标本H49②：22，圆陶片。夹砂红褐陶。利用器物腹部加以打制而成。直径4.5、厚0.5厘米（图2-558，8）。

60．H53

位于E4T2344南部，一小部分伸入南壁外，开口于耕土层下，被M13打破，又打破⑥a层。平面呈圆形，斜壁近平底（图2-560）。坑口直径1.26、深0.32米。填土分为三层，第1层为灰褐色土（干7.5YR2.5/2）；第2层为灰黑色土（干10YR1/2），其中铺垫一层大陶片，部分陶器可以复原；第3层较薄，深灰色土（干10YR1/2）。出土陶器和陶片的器形有鼎、罐、盆、盒、器盖等。收集浮选土样4份共19升。

标本H53：18（#3909；S1491），磨石，残。花斑岩。不规则五边形，磨面平整。残长11.5、宽

7.7、厚2.7厘米，重315.8克（彩版一八八，1）。

标本H53①：1，罐形鼎。夹砂黑陶。器体较大，侈口，方唇，平折沿，沿面有两周较浅的凹槽，有颈，溜肩，圆腹，平底，三鸟首形足。器表经磨光处理。颈下和腹部共饰八周凸棱。口径33.4、最大腹径37.6、底径26.4、高46.6、厚0.5～0.8厘米（图2-561，1）。

标本H53①：15，盆形鼎。夹砂灰陶。近盘形口，尖圆唇，平折沿，短颈，腹壁较直，底及足残。口沿外侧有对称的横耳一对。器表经磨光处理。器壁有五周凸棱，中间一周附凹弦纹。口径18.0、残高9.3、厚0.3～0.5厘米（图2-561，2）。

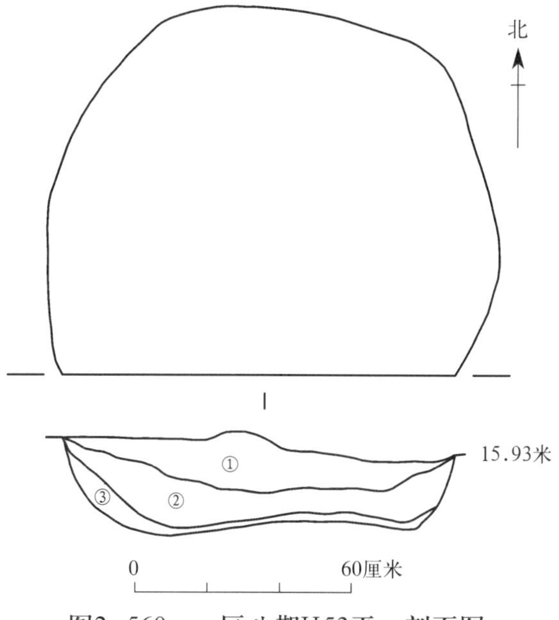

图2-560　一区八期H53平、剖面图

标本H53①：7，双耳罐。泥质灰陶。直口，圆唇，沿部外侈，矮颈，广肩，鼓腹，平底内凹。肩部有宽横耳痕迹。下腹部有压印纹。口径16.8、底径12.4、复原高为28.0、厚0.3～0.6厘米（图2-561，4）。

标本H53②：16，双耳罐。夹砂灰陶，器表红色。侈口，方唇，卷沿，沿面有一周宽凹槽，短颈。圆肩，以下残。肩部有对称的横耳一对。器壁有两周凹弦纹。口径28.0、残高8.6、厚0.4厘米（图2-561，6）。

标本H53①：5，罐。夹砂黑陶。腹以上残，斜腹内收，小平底。器表经磨光。鼓腹处存两周凸棱。底径12.0、残高18.0、厚0.4～0.8厘米（图2-561，3）。

标本H53②：14，罐。夹砂灰陶，器表腐蚀成红色。侈口，方唇，平折沿，沿面有一周浅凹槽，短颈。圆腹，以下残。肩部饰对称的盲鼻一对。口径26.0、残高9.0、厚0.3厘米（图2-561，5）。

标本H53②：6，大平底盆。泥质黑陶。大敞口，圆唇，卷沿，腹壁内曲，平底内凹，底残。内外表均经磨光，素面。口径38.4、底径26.0、高10.4～11.6、厚0.2～0.35厘米（图2-561，7）。

标本H53②：4，平底盒。泥质黑陶。子口较高，折腹位置靠下，假圈足，平底内凹，底残。内外表均经磨光，素面。口径10.9、底径10.6、高3.15、厚0.2～0.3厘米（图2-561，8）。

标本H53②：17，三足盒足。泥质灰陶。标准鸟首形足，双眼较小，正面附加密集齿状堆纹。高12.0、最宽9.0厘米（图2-561，9）。

标本H53②：3，覆碗形器盖。夹砂黑陶。平顶中部残，器体较矮，盖面较斜直微弧，平沿外伸，沿面有一周凹槽。器表经磨光。顶面边缘和颈部各有一周凹弦纹。顶径8.0、口径19.8、高4.6、厚0.3～0.8厘米（图2-561，10）。

标本H53②：8，覆碗形器盖。夹少量细砂黑陶，含云母。顶面不平，斜直盖面微隆，方唇，宽平沿外伸，沿面有两周凹槽。器表经磨光处理，素面。顶径6.8、口径20.0、高6.0、厚0.2～0.5厘米（图2-561，11）。

标本H53②：9，覆碗形器盖。夹砂黑陶。平顶，盖面斜直微弧，圆唇，平沿，沿面有一周凹槽。器表经磨光，素面。顶径7.8、口径20.6、高6.8、厚0.4～1.0厘米（图2-561，12）。

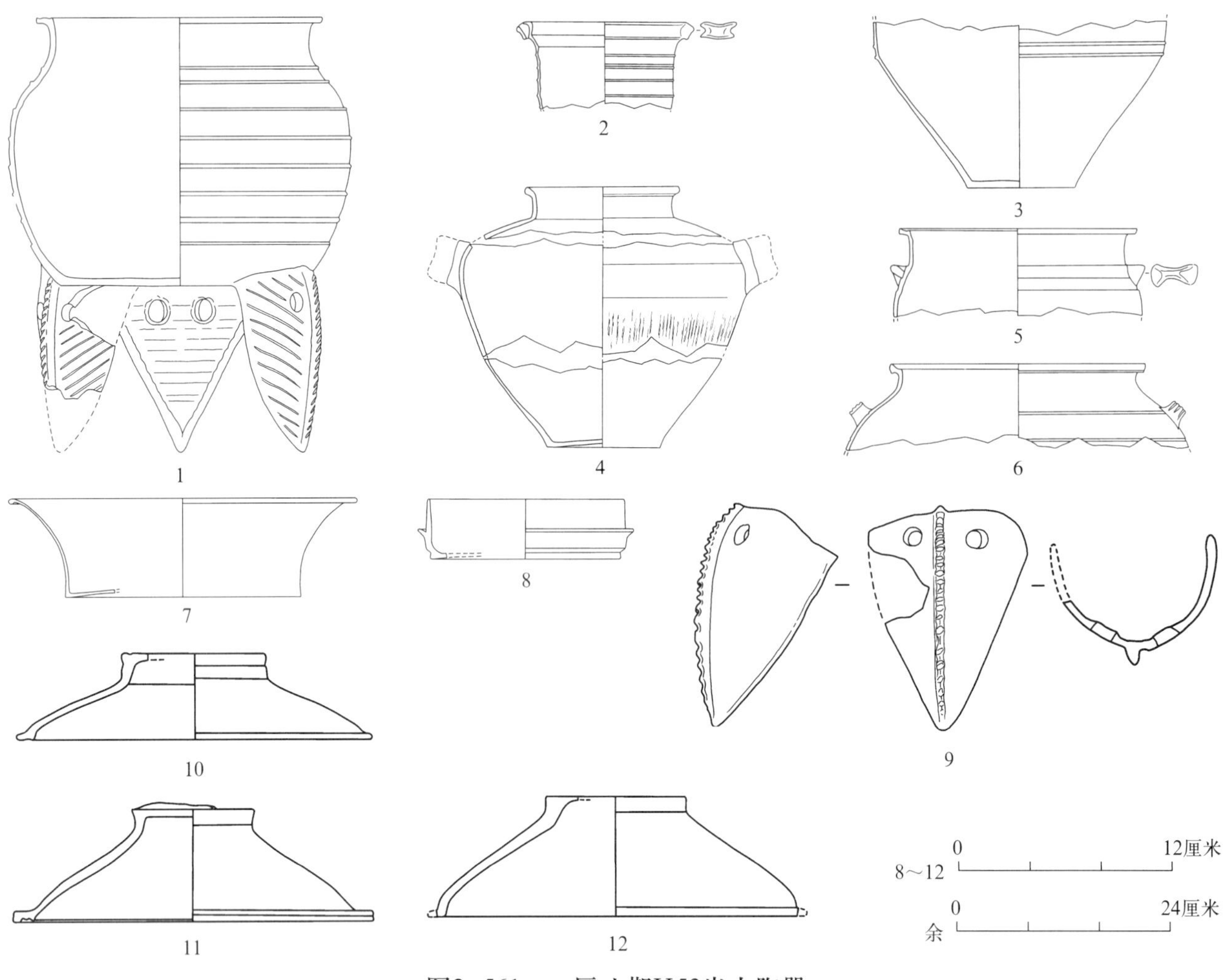

图2-561 一区八期H53出土陶器

1．罐形鼎H53①：1 2．盆形鼎H53①：15 3～6．罐H53①：5、H53①：7、H53②：14、H53②：16 7．大平底盆H53②：6 8．平底盒H53②：4 9．三足盒足H53②：17 10～12．覆碗形器盖H53②：3、H53②：8、H53②：9

61．H56

位于E4T2099西南部，向西延伸至西壁之外，开口于耕土层下，被M14打破，又打破⑥a层和H96、H98。发掘部分为长方形，直壁，平底（图2-562）。坑口南北长1.72、出露部分东西宽1.46、深0.22米。填灰黑色土，出土石锛、石镞等石器，出土陶器的器形有鼎、鬶、罐、盆、碗、豆、盒、器盖、纺轮等。采集碳十四测年样品1个。

标本H56：6（#1602；S171），石锛。流纹质熔结凝灰岩。平面呈长方形，磨制光滑。长7.7、宽3.4、厚2.2厘米，重98.8克（彩版一八八，2）。

标本H56：7（#1602；S215），石凿。绿泥石或绿泥/角闪片岩。平面近长方形，横截面为六边形，磨制光滑。长4.2、宽1.9、厚0.5厘米，重7.0克（图2-564，5；彩版一八八，3）。

标本H56：20（#1602；S1303），石锤。花岗岩。平面为长条形，横截面为椭圆形。长11.6、宽5.5、厚2.8厘米，重217.0克（彩版一八八，4）。

标本H56：5（#1602；S172），石镞。绿泥石或绿泥/角闪片岩。镞身平面为三角形，横截面为菱形，铤略残。残长6.0、宽2.4、厚0.8厘米，重10.9克（图2-564，6；彩版一八八，5）。

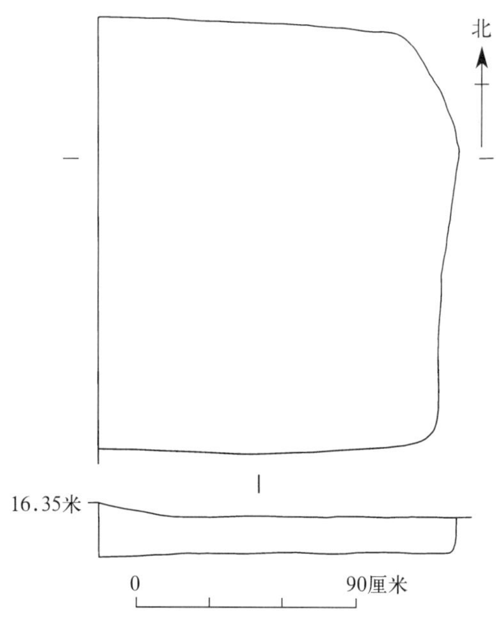

图2-562　一区八期H56平、剖面图

标本H56：18（#1602；S1304），石器，残。流纹质熔结凝灰岩。形制不详。残长3.8、残宽2.7、厚0.4厘米，重4.0克。

标本H56：19（#1602；S1305），石器，残。流纹质熔结凝灰岩。形制不详，磨制。残长3.3、残宽2.4、厚1.0厘米，重12.7克。

标本H56：21（#160；S1157），石料。流纹质熔结凝灰岩。不规则形。长4.5、宽2.3、厚1.3厘米，重10.6克。

标本H56：16，鬶口沿。夹砂白陶。直口，圆唇，窄平沿，其上有一周凹槽，沿下穿小圆孔，其下有宽扁把手痕迹。颈部有两周凹弦纹，把手残痕两侧各贴一泥饼。残高9.5、厚0.3厘米（图2-563，1）。

标本H56：17，鬶把手。夹砂白陶。弧形桥状把手。高13.5、宽2.6厘米（图2-563，2）。

标本H56：2，中口罐。夹砂黑陶。侈口，圆唇，折沿，溜肩，鼓腹，下腹斜收，小平底。器表经磨光。肩部有两周凹弦纹。口径13.1、底径6.5、高15.5、厚0.23～0.45厘米（图2-563，3）。

标本H56：15，罐。夹砂灰褐陶。直口，圆唇，平折沿，短颈，溜肩，圆腹，以下残。器表及口沿内侧均经磨光。肩部有三周竹节状凸起，腹部饰一周凹弦纹。口径16.0、残高 8.0、厚0.3厘米（图2-563，4）。

标本H56：9，碗。泥质黑陶。敞口，圆唇，卷沿，下腹部向内折收，底残。内外表均经磨光，

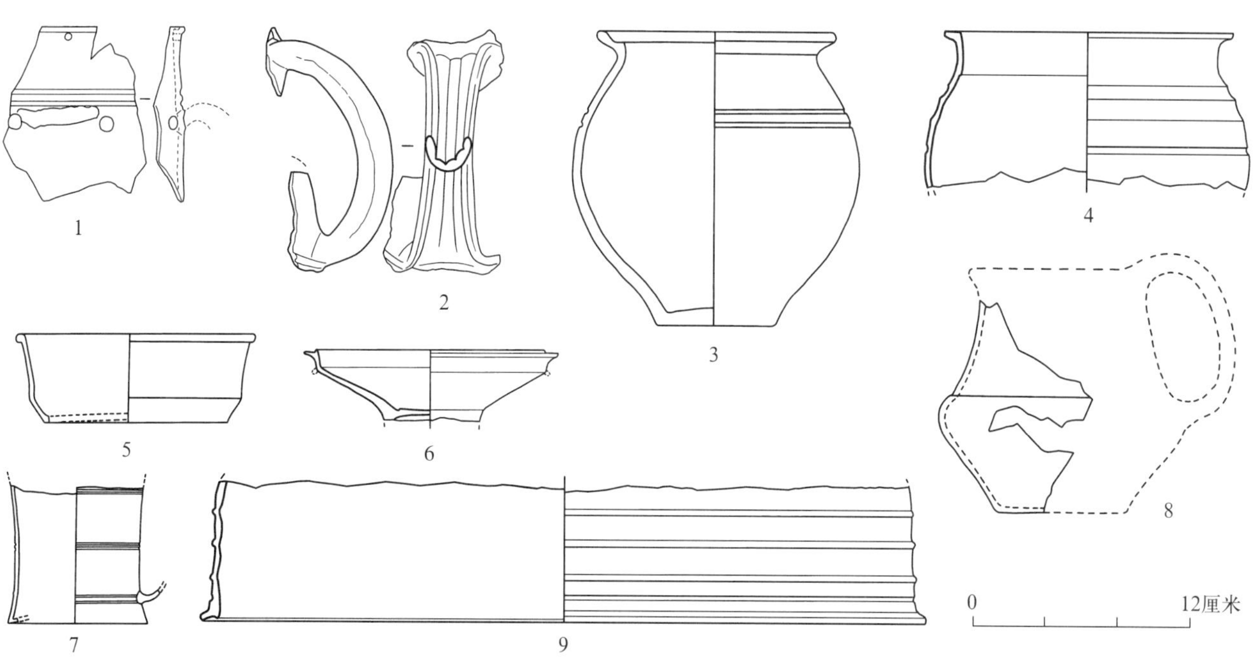

图2-563　一区八期H56出土陶器

1. 鬶口沿H56：16　2. 鬶把手H56：17　3. 中口罐H56：2　4. 罐H56：15　5. 碗H56：9　6. 豆H56：14　7. 筒形单耳杯H56：12　8. 鼓腹单耳杯H56：11　9. 覆盆形器盖H56：13

素面。口径13.2、底径10.2、高4.6、厚0.2～0.4厘米（图2-563，5）。

标本H56：14，豆。泥质黑陶。浅盘，直口微敞，尖圆唇，窄平沿，沿面内侧起凸榫，为子口豆的最早形态，折腹位置偏上。内外表均经磨光，素面。折腹部位有小耳残痕。口径12.4、残高3.6、厚0.3厘米（图2-563，6）。

标本H56：12，筒形单耳杯。泥质黑陶。口部残，筒形，束腰，平底内凹，底残。一侧有带形把手。器表经磨光。器壁残留三组凹弦纹，每组两周。腹径6.9、底径7.8、残高7.2、厚0.2～0.3厘米（图2-563，7）。

标本H56：11，鼓腹单耳杯。泥质黑陶。口残，粗长颈，颈腹交界处有阶状凸起，鼓腹，下腹斜收，平底。一侧宽带形把手残。器表经磨光，素面。腹径13.8、底径7.2、残高11.1、厚0.25～0.5厘米（图2-563，8）。

标本H56：13，覆盆形器盖。夹细砂黑陶，灰胎。粗矮筒形，顶残，直壁，直口。沿面有一周凹槽。器表经磨光。壁饰三周凸棱和一周凹弦纹。口径40.0、残高7.0、厚0.5厘米（图2-563，9）。

标本H56：4，纺轮。夹粉砂黑褐陶。钹形，正面鼓起，背面平整。周缘有一周弦纹，正面经磨光处理。直径5.2、孔径0.3、厚0.1～0.6厘米（图2-564，1）。

标本H56：8，纺轮。夹粉砂黑陶。钹形，正面鼓起，背面平整。周缘有一周弦纹，正面经磨光处理。直径5.0、孔径0.3、厚0.2～0.4厘米（图2-564，2）。

标本H56：10，纺轮。泥质黑陶。正面略鼓，近边缘处有一周凹弦纹；背面较平，近边缘处有一周凹槽。直径5.3、高0.9厘米（图2-564，3）。

标本H56：1，陶棒。夹砂红褐陶。扁锥体，一端扁平收成鸭嘴状，前端残。残长26.0、直径1.2～1.8厘米（图2-564，4）。

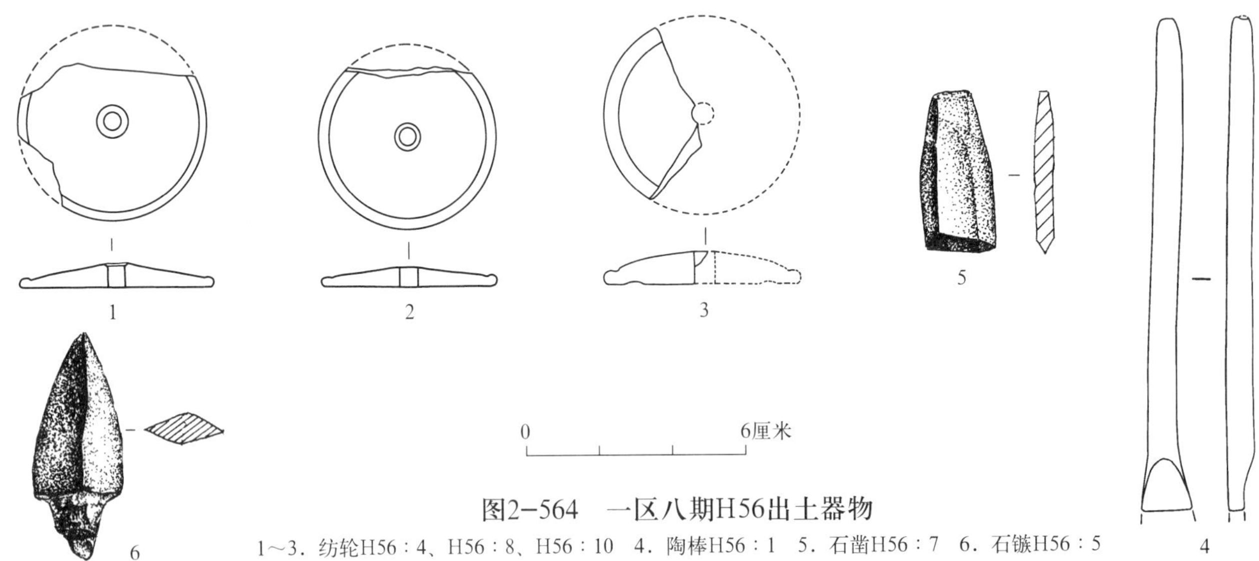

图2-564　一区八期H56出土器物

1～3. 纺轮H56：4、H56：8、H56：10　4. 陶棒H56：1　5. 石凿H56：7　6. 石镞H56：5

62. H59

位于E4T2345西部，开口于耕土层下，打破⑥a层。平面为圆头长条形，直壁，平底（图2-565）。坑口长1.78、宽0.64、深0.34米。填土分为两层，第1层为质地偏硬的灰褐色土（10YR3/2）；第2层为灰黑色土（7.5YR2.5/1）。出土有残石器和罐、盆、杯、器盖等陶器残片

（表2–127）。收集浮选土样1份5升，碳十四测年样品1个。

标本H59①：1（#3806；S160），石铲，残存一边。流纹质熔结凝灰岩。单面刃，磨制光滑。残长3.8、残宽2.5、厚0.5厘米，重6.7克（彩版一八八，6）。

标本H59③：7（#3808；S419），石铲，残存刃部一角。流纹质熔结凝灰岩。单面刃，整体磨制光滑。残长5.0、残宽4.2、厚0.7厘米，重24.8克（彩版一八八，7）。

标本H59①：6（#3806；S1235），石刀，残。砂岩。平面近长方形。残长3.0、宽2.3、厚0.8厘米，重7.3克（彩版一八八，8）。

标本H59②：3（#3808；S178），石器，残。流纹质熔结凝灰岩。形制不详。残长5.0、残宽4.8、厚1.1厘米，重40.2克（彩版一八八，9）。

标本H59②：5，大平底盆。泥质黑陶。敞口，圆唇，卷沿，深腹内曲，平底内凹较甚。内外表均经磨光。腹中部饰两周凹弦纹。口径30.0、底径22.8、高11.2、厚0.2～0.4厘米（图2–566，1）。

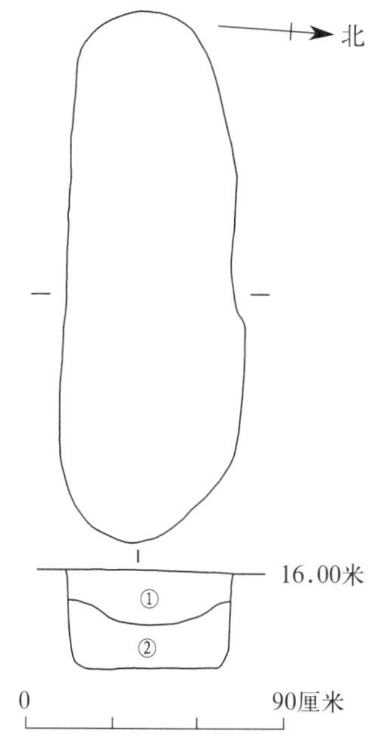

图2–565　一区八期H59平、剖面图

表2–127　H59陶片统计表

纹饰＼数量＼陶色＼陶质	泥质				夹砂						总计	百分比（%）
	黑	灰	褐	合计	黑	灰	褐	白	红褐	合计		
凸弦纹	6	2		8	9	1	2			12	20	3.07
凹弦纹	10			10	11	2	1			14	24	3.69
泥　饼	1			1			1			1	2	0.31
盲　鼻	1	1		2							2	0.31
素　面	262	30	4	296	168	60	25	5	48	306	602	92.47
镂　孔		1		1							1	0.15
累　计	280	34	4	318	188	63	29	5	48	333	651	100
百分比（%）	43.01	5.22	0.61	48.85	28.88	9.68	4.45	0.77	7.37	51.15	100	
重量（千克）	0.92	0.16	0.02	1.10	1.23	0.23	0.215	0.01	0.19	1.875	2.975	

标本H59②：4，覆碗形器盖。夹砂黑陶，褐胎，含云母。平顶，陡直盖面微弧，尖圆唇，窄斜沿，沿面有两周浅凹槽。素面。顶径4.4、口径11.2、高3.8、厚0.4～0.6厘米（图2–566，2）。

标本H59①：2，覆盘形器盖。夹砂浅黄褐陶。浅盘形，平顶，直壁微内收。素面。顶径10.0、口径9.7、残高1.0、厚0.2～0.3厘米（图2–566，3）。

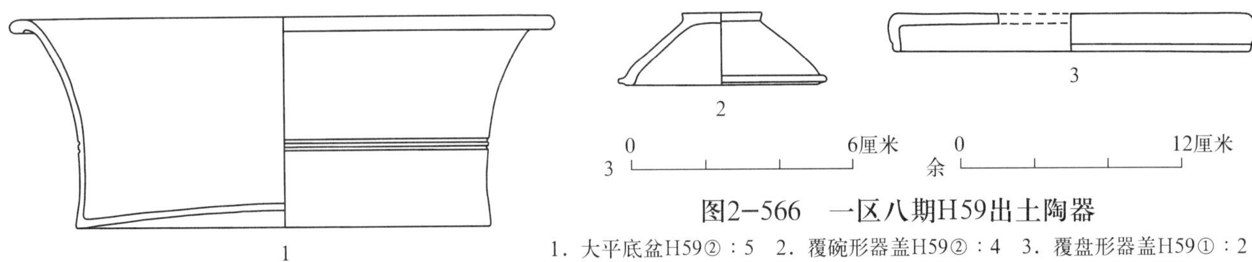

图2-566　一区八期H59出土陶器

1．大平底盆H59②：5　2．覆碗形器盖H59②：4　3．覆盘形器盖H59①：2

63．H65

位于E4T2097，开口⑥a层下，打破⑥b层及以下堆积。平面略呈长方形，斜壁，底不平（图2-567；彩版一八四，2）。长1.20、宽0.86、深0.76米。填土分为两层，第1层为灰黑色（干10YR4/4）；第2层为深灰褐色土（干10YR3/4），包含遗物十分丰富，成堆的残破陶器堆放在底部，其中相当数量可以复原，还发现炭化竹片和较多的红烧土等。出土有石锛、磨石等石器和残破骨锥，出土陶器的器形有鼎、鬶、罐、瓮、盆、匜、壶、豆、杯、盒、器盖等及较多陶片（表2-128）。收集浮选土样1份5升，采集植硅体样品1份50克，收集碳十四测年样品2个。

标本H65②：24（#1213；S219），石锛。流纹质熔结凝灰岩。平面为长方形，单面大斜刃，磨制光滑。长8.3、宽5.1、厚2.1厘米，重153.0克（彩版一八九，1）。

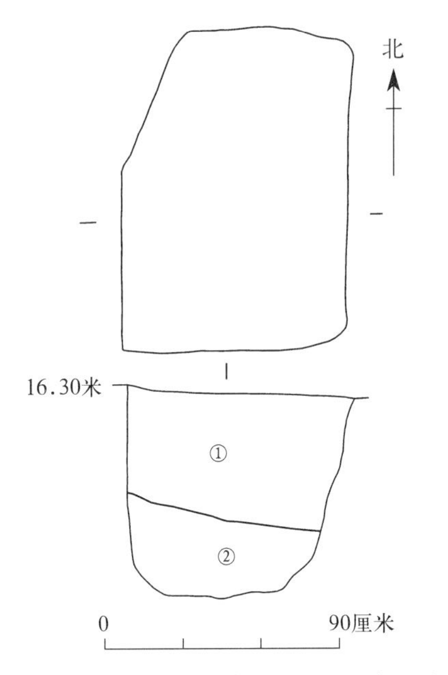

图2-567　一区八期H65平、剖面图

表2-128　H65陶片统计表

陶质 / 陶色 / 数量 / 纹饰	泥质				夹砂						夹云母滑石	总计	百分比（%）
	黑	灰	褐	合计	黑	灰	褐	白	红	合计	褐		
凸弦纹	8	1	2	11	12			2	1	15		26	2.92
凹弦纹	11	7		18	8		2	1		11		29	3.25
堆　纹							1			1		1	0.11
泥　饼							2			2		2	0.22
盲　鼻	1			1								1	0.11
镂　孔							1			1		1	0.11
素　面	316	54	15	385	182	136	45	50	29	442	4	831	93.27
累　计	336	82	17	415	202	136	51	53	30	472	4	891	100
百分比（%）	37.71	9.20	1.91	46.58	22.67	15.26	5.72	5.95	3.37	52.97	0.45	100	
重量（千克）	1.59	0.38	0.05	2.02	1.91	1.37	0.87	0.24	0.2	4.59	0.45	7.06	

标本H65②：25（#1213；S220），石锛，一角残失。流纹质熔结凝灰岩。平面为长方形，短斜刃。长7.1、宽3.4、厚1.9厘米，重72.5克（彩版一八九，2）。

标本H65②：22（#1213；S236），磨石。流纹质熔结凝灰岩。不规则形。长10.4、宽2.9、厚2.7厘米，重73.7克（彩版一八九，3）。

标本H65②：15（#1213；S198），片状石器。砂岩。平面略呈长方形，上面有绳子锯痕。残长5.5、宽3.0、厚0.7厘米，重22.2克（彩版一八九，4）。

标本H65①：3，骨锥，完全腐朽。

标本H65②：29，罐形鼎。夹砂黑陶。侈口，方唇，折沿，沿面有一周凹槽，溜肩，鼓腹，平底，三足残。器表和口沿内侧经磨光，素面。口径14.6、底径9.7、残高11.8、厚0.4厘米（图2-568，1；彩版一九一，2）。

标本H65②：32，罐形鼎。夹砂黑陶，砂粒较粗，夹少量云母。器体较小，侈口，方唇，折沿，沿面有一周凹槽，瘦肩，鼓腹，平底较大，三无眼鸟首形足。器表经磨光。肩部饰一周凹弦纹。足部有火烧痕迹。口径7.2、底径6.2、高9.4、厚0.2～0.5厘米（图2-568，2）。

标本H65①：52，罐形鼎。夹砂黑陶。口微侈，方唇，平沿，有颈，窄肩，圆弧腹，平底，无眼鸟首形三足。器表及口沿内侧经磨光。颈下部和腹部共饰五周凹弦纹，颈下贴一对盲鼻。口径17.0、最大腹径17.64、底径10.8、通高21.0、厚0.2～0.55厘米（图2-568，3）。

标本H65②：20，罐形鼎。夹砂黑陶。残存鼎身底部和三足。斜壁，平底。三鸟首形足。底径14.2、残高8.2、厚0.35厘米（图2-568，4）。

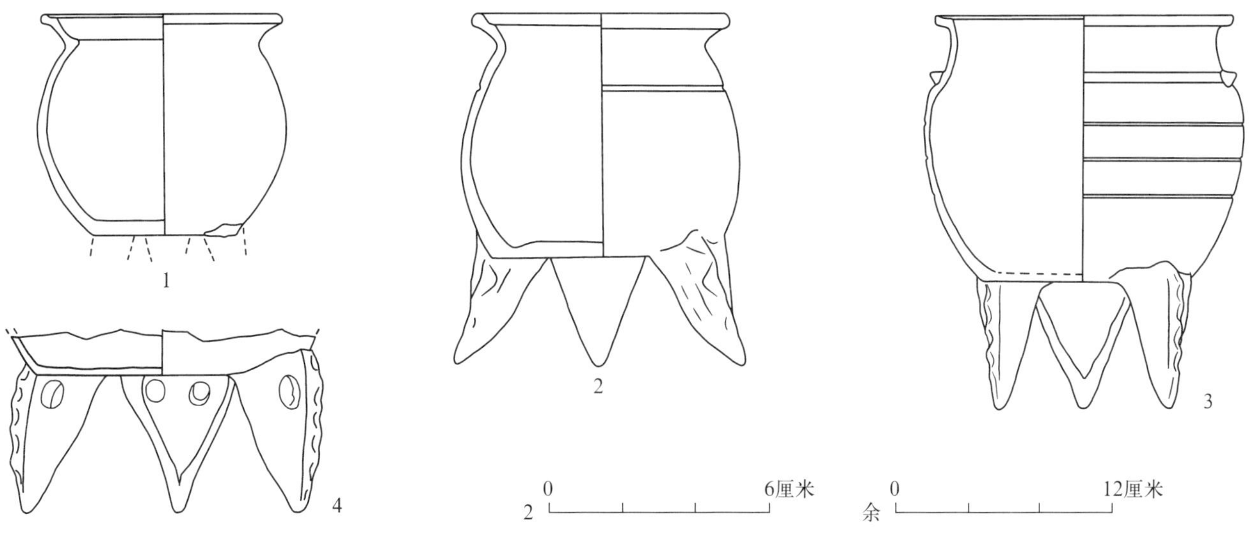

图2-568　一区八期H65出土陶鼎

1～4. 罐形鼎H65②：29、H65②：32、H65①：52、H65②：20

标本H65②：23，鬶。夹细砂红陶。中流，直口，圆唇，沿面有凹槽，粗颈略短，深腹，分裆肥硕袋足，高实足尖。一侧有宽带形把手。颈部饰有三周凸棱，最上一周有对称圆饼和盲鼻各一对。把手上方有一小圆孔。前后宽23.6、高30.4、厚0.2～1.0厘米（图2-569，1；彩版一八五，4）。

标本H65②：30，鬶。夹细砂橙黄陶，施白色陶衣。流残，直口，方唇，沿面有一周凹槽，粗长颈，浅腹，袋足残。一侧有宽带形把手，外侧沿略上卷，近似桥形。颈部饰二组凸棱，每组两周，

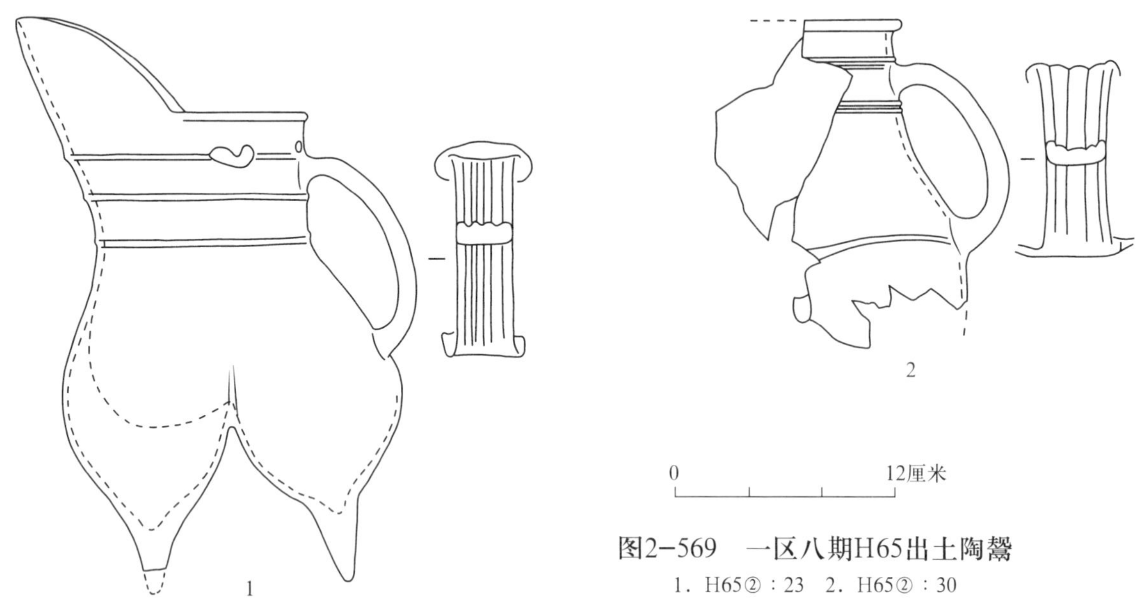

图2-569 一区八期H65出土陶鬶
1. H65②：23 2. H65②：30

后方袋足上部有一周凸棱。残高17.4、厚0.15～0.8厘米（图2-569，2）。

标本H65①：6，中口罐。夹砂黑陶，夹少量云母。侈口，圆方唇，折沿，沿内面下凹，溜肩，鼓腹，下腹斜收较甚，小平底。器表经磨光。肩、腹部饰九周凹弦纹。口径13.8～15.2、底径7.8、高18.4、厚0.4厘米（图2-570，1；彩版一八五，5）。

标本H65②：13，中口罐。夹砂黑陶。侈口，方唇，折沿，圆肩，鼓腹，下腹斜收较甚，平底较小。器表经磨光。肩部饰两周凹弦纹。口径12.6、底径8.0、高14.6、厚0.4～0.6厘米（图2-570，2；彩版一九一，1）。

标本H65②：34，中口罐。夹砂黑陶。侈口，圆唇，折沿，颈中部外凸，溜肩，圆腹，以下残。肩、腹部均匀饰满细密的凹弦纹。口径30.0、残高13.2、厚0.3～0.5厘米（图2-570，3）。

标本H65①：46，中口罐。泥质黑陶。侈口，圆唇，卷沿，沿面有一周凹槽，溜肩，圆腹，以下残。器表经磨光。上腹部饰两周浅凹弦纹。口径9.0、残高4.7、厚0.3～0.4厘米（图2-570，4）。

标本H65②：50，大口罐。夹砂黑陶。直口微敛，方唇，窄平沿，沿面有两周细凹弦纹，束颈，溜肩，圆腹，以下残。器表经磨光。颈下有两周阶状凸起，腹部有二组凹、凸弦纹组合，每组由一周凹弦纹和一周凸弦纹组成，肩上部有对称的盲鼻和泥饼各一对。口径16.8、残高11.0、厚0.3厘米（图2-570，5）。

标本H65②：37，高领罐。泥质黑陶。口微侈，圆唇，高领，斜肩，鼓腹，以下残。器表经磨光，素面。口径9.0、残高6.0、厚0.3～0.4厘米（图2-570，6）。

标本H65①：7，小罐。夹砂黑陶。夹少量云母。侈口，圆方唇，卷沿，圆肩，圆鼓腹，底残。器表经磨光。肩部饰一周凹弦纹。口径8.2、残高6.6、厚0.2厘米（图2-570，7）。

标本H65①：4，捏流罐。泥质黑陶，夹少量云母。侈口，圆唇，前端捏成流口，平面呈“8”字形，圆唇，粗颈较高，鼓腹，下腹内收较甚，平底。器表经磨光处理。肩部饰两周凹弦纹。口径10.7、底径8.4、高10.2、厚0.15～0.6厘米（图2-570，8；彩版一九一，3）。

标本H65②：11，罐。泥质黑陶。侈口，方唇，窄斜沿，束颈，圆肩，鼓腹，以下部分残失。器表经磨光。颈下、肩和腹部各饰两周凹弦纹，颈下一组凹弦纹上有对称的泥饼和盲鼻各一对。口径

24.0、残高12.5、厚0.4～0.8厘米（图2－570，9）。

标本H65②：19，罐。泥质黑陶。口残，宽斜肩，鼓腹，平底内凹。肩部有一对宽横耳。最大腹径18.8、底径8.0、残高13.0、厚0.2～0.5厘米（图2－570，10）。

标本H65②：21，罐。夹砂黑陶。直口外侈，方圆唇，沿面内凹，短颈，圆肩，圆腹，以下残失。上腹部有一对横耳。器表经磨光。颈和肩、腹部各有两周凸棱。口径24.0、残高9.0、厚0.3～0.5

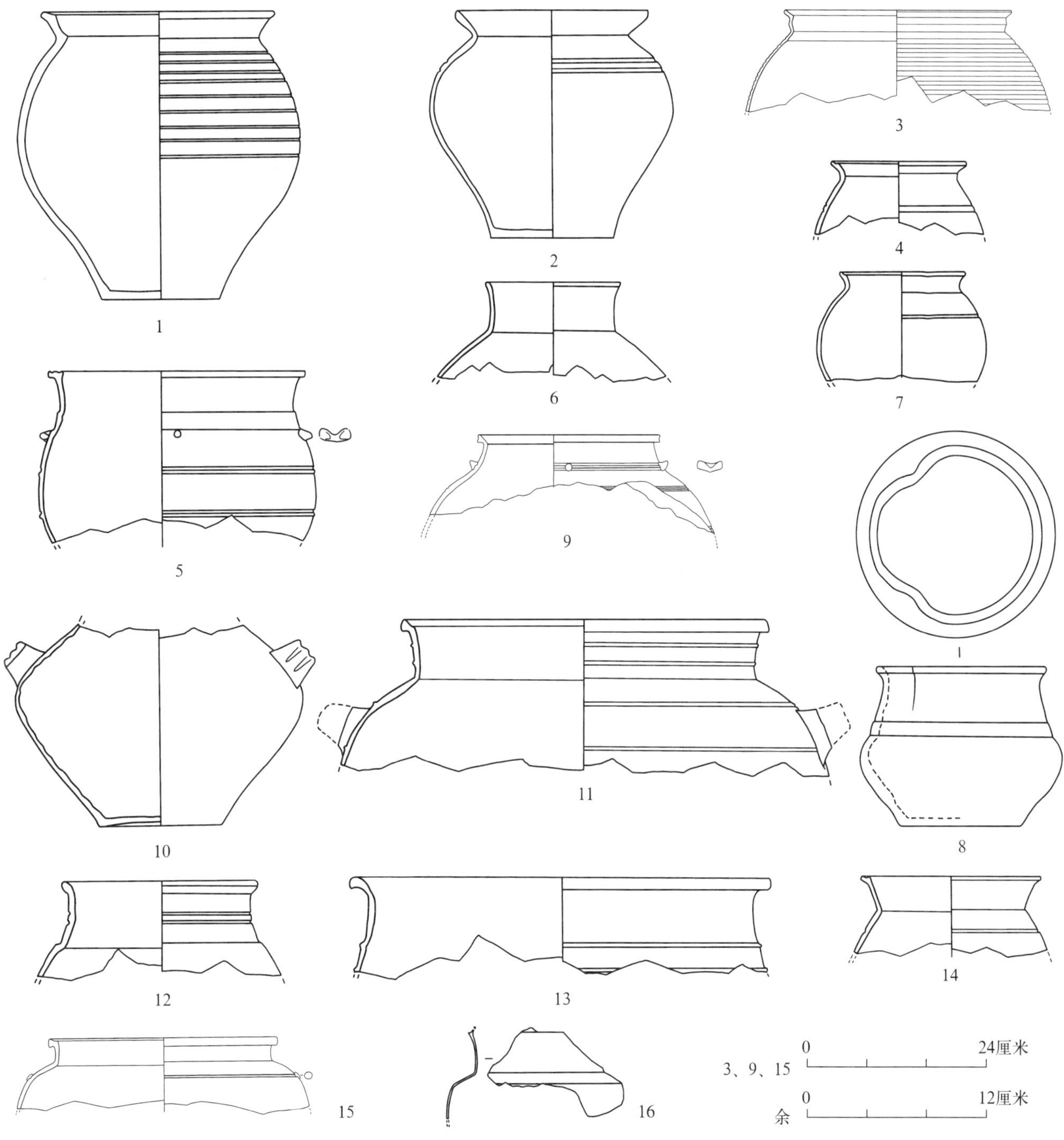

图2－570　一区八期H65出土陶罐、瓮

1～4. 中口罐H65①：6、H65②：13、H65②：34、H65①：46　5. 大口罐H65②：50　6. 高领罐H65②：37　7. 小罐H65①：7　8. 捏流罐H65①：4　9～15. 罐H65②：11、H65②：19、H65②：21、H65②：35、H65②：36、H65①：44、H65①：45　16. 瓮H65②：38

厘米（图2-570，11）。

标本H65②：35，罐。泥质黑陶。侈口，圆唇，沿微卷，颈较高，弧腹，以下残。器表经磨光。颈部有两周凹弦纹。口径13.0、残高6.0、厚0.2～0.5厘米（图2-570，12）。

标本H65②：36，罐。泥质灰陶。侈口，方圆唇，卷沿，束颈，以下残。器表经磨光处理。颈下有两周凸棱。口径28.0、残高6.0、厚0.3～0.6厘米（图2-570，13）。

标本H65①：44，罐。夹砂黑陶。侈口，方唇，折沿，沿面有一周凹槽，溜肩，腹以下残。器表及口沿内侧均经磨光。肩部有一周凹弦纹。口径12.0、残高4.8、厚0.3～0.5厘米（图2-570，14）。

标本H65①：45，罐。夹砂灰陶。方唇，窄沿，沿面内凹，短颈，窄圆肩，鼓腹，以下残。器表经磨光处理。肩下有一周凹弦纹，其上饰对称的泥饼一对。口径30.0、残高9.0、厚0.3～0.7厘米（图2-570，15）。

标本H65②：38，瓮。泥质黑陶。子口残，短颈，窄肩，腹微鼓，以下残。器表经磨光，素面。残高5.4、厚0.2～0.3厘米（图2-570，16）。

标本H65②：14，深腹盆。夹细砂黑陶。颈以上残，折腹，平底。器表经磨光。折腹以上部位有一周凸棱，凸棱上有对称的泥饼一对。底径13.0、残高16.0、厚0.3～0.6厘米（图2-571，1）。

标本H65②：18，鼓腹盆。夹砂黑陶，夹少量云母。口微侈，方唇，沿面有一周宽凹槽，短颈，弧腹，以下残。颈下有对称的宽大横耳一对。腹部残余五周凸起。器表经磨光。口径38.8、残高13.6、厚0.4～0.65厘米（图2-571，2）。

标本H65①：47，匜。夹砂灰陶。敛口，圆唇，平折沿，圆弧腹斜收，以下残。器表经磨光。口沿外侧边按压成齿状花边，其上有对称的鸡冠耳一对，腹部有两周附加堆纹，并按压成齿状，另有三周凹弦纹，其中上部两周与附加堆纹组合在一起。口径29.0、残高7.0、厚0.3～0.8厘米（图2-571，3）。

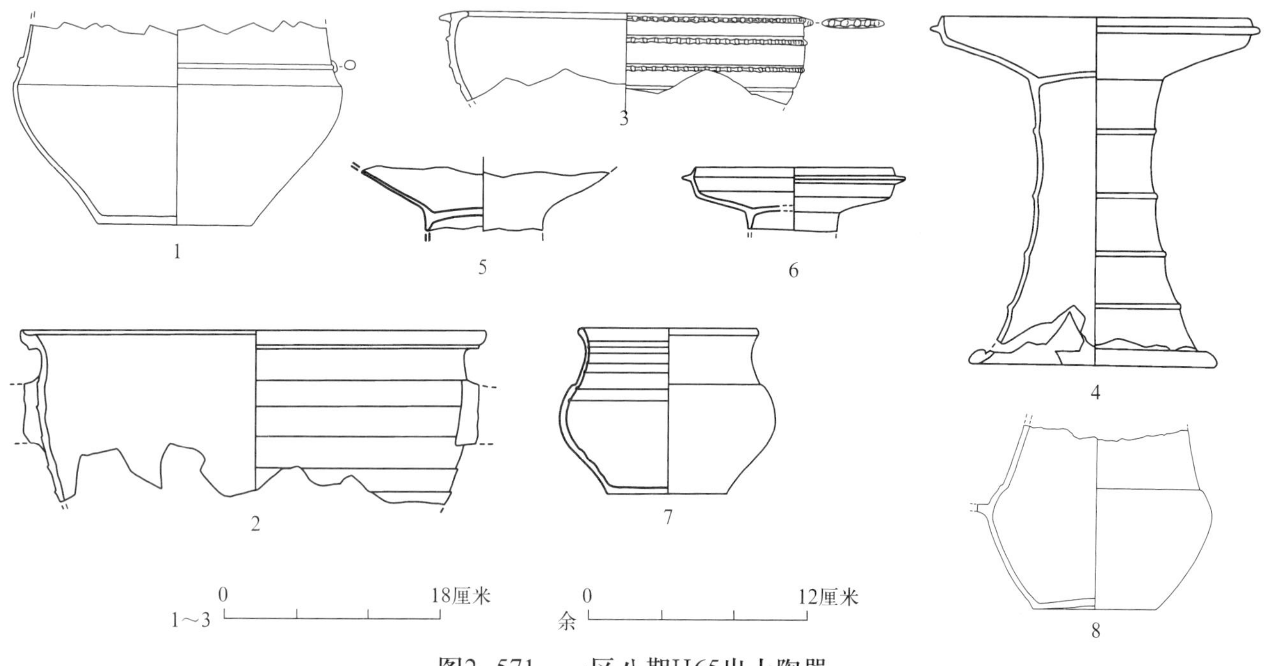

图2-571　一区八期H65出土陶器

1．深腹盆H65②：14　2．鼓腹盆H65②：18　3．匜H65①：47　4、5．子母口豆H65②：31、H65①：8　6．子母口豆H65①：39　7、8．鼓腹单耳杯H65①：10、H65②：26

标本H65②：31，子母口豆。泥质黑陶。浅盘，矮子口，折腹，斜壁，平底内凹，下接粗高喇叭形圈足。器表及盘内壁经磨光处理。柄部饰四周凸棱。口径16.8、复原高18.4、厚0.2～0.5厘米（图2−571，4；彩版一九〇，2）。

标本H65①：39，子母口豆。泥质灰陶。浅盘，矮子口内敛，折腹，平底内凹，筒形圈足，以下残。器表和盘内壁经磨光，素面。口径11.0、柄径5.0、残高3.4、厚0.2～0.4厘米（图2−571，6）。

标本H65①：8，豆。泥质黑皮红褐陶。残存豆盘底部，盘壁斜直，底内凸，豆柄有磨平后二次利用痕迹。豆柄直径6.4、残高3.0、厚0.2～0.4厘米（图2−571，5）。

标本H65②：26，鼓腹单耳杯。泥质黑陶。夹少量云母。口残，粗长颈，鼓腹，下腹斜向内收，平底内凹。一侧腹和口沿之间有宽带状把手，残。器表经磨光，素面。底径6.8、残高9.8、厚0.3厘米（图2−571，8）。

标本H65①：10，鼓腹单耳杯。泥质黑陶。侈口，粗长颈略内束，鼓腹，下腹斜向内收，平底，耳不存。内壁有轮旋痕迹，腹及以上部位磨光。口径9.8、最大腹径12.0、底径6.6、高8.8、厚0.2～0.4厘米（图2−571，7；彩版一九〇，3）。

标本H65②：12，覆碗形器盖。泥质黑陶。平顶微内凹，束颈，盖面以下残失。器表经磨光处理。顶部周缘有一周细凹弦纹。顶径6.4、残高4.0、厚0.3～0.5厘米（图2−572，1）。

标本H65②：16，覆碗形器盖。夹砂灰黑陶，陶色不纯，夹少量云母。平顶，盖面较陡直微隆，圆唇，平沿外伸。素面。顶径4.8～5.1、口径13.4、高5.1、厚0.2～0.3厘米（图2−572，2；彩版一九〇，4）。

标本H65②：27，覆碗形器盖。夹砂黑陶，夹少量云母。器体较大，小平顶，近边缘处有一周凹弦纹，盖面斜直，靠近顶部有一对中等横耳，相间饰一对泥饼。宽平沿外伸。器表经磨光。盖面有两周凹弦纹。顶径10.2、口径32.7、高10.9、厚0.4～0.7厘米（图2−572，3）。

标本H65②：28，覆碗形器盖。夹砂黑陶，夹少量云母。平顶，顶面边缘和侧面各有一周明显的凹槽，斜直盖面微隆，盖面内壁留有轮制的瓦棱纹，圆方唇，平沿外伸。素面。顶径10.0、口径

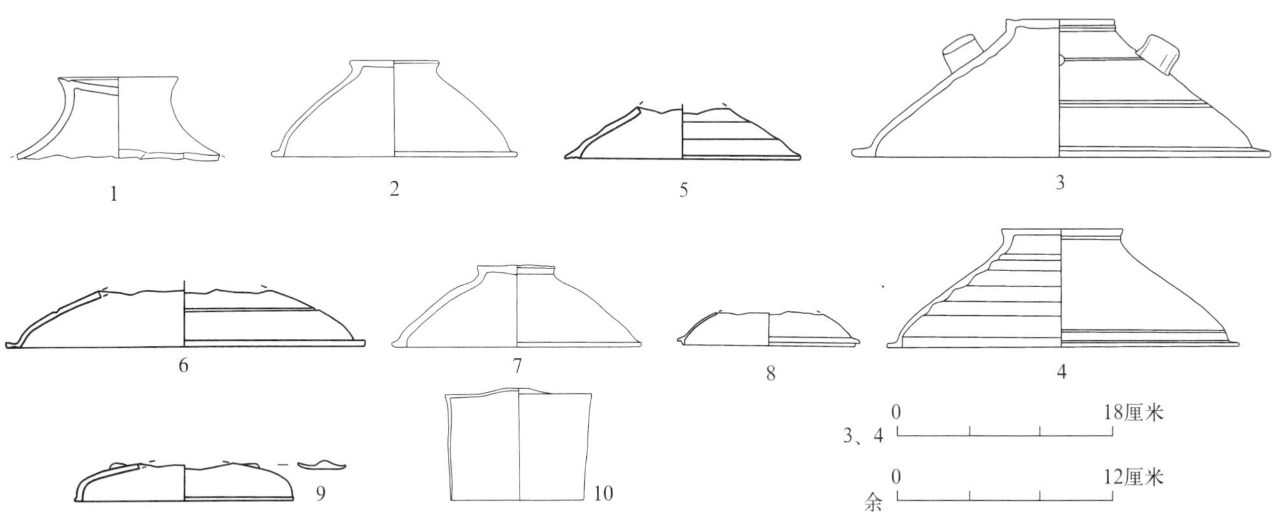

图2−572　一区八期H65出土器盖

1～7．覆碗形器盖H65②：12、H65②：16、H65②：27、H65②：28、H65①：42、H65①：43、H65①：54　8．子母口器盖H65①：40　9．覆盘形器盖H65①：41　10．筒形器盖H65①：5

28.9、高9.4、厚0.3～0.6厘米（图2－572，4；彩版一九〇，5）。

标本H65①：42，覆碗形器盖。夹砂黑陶。顶残，盖面斜直，有瓦棱状凸起，方唇，平沿，沿面有两周凹槽。器表经磨光，素面。口径13.0、残高2.8、厚0.2～0.4厘米（图2－572，5）。

标本H65①：43，覆碗形器盖。夹砂黑陶。顶残，盖面微隆，方唇，平沿外伸，沿面有一周凹槽。器表经磨光。盖面中部有一周凹弦纹。口径20.0、残高3.0、厚0.2～0.5厘米（图2－572，6）。

标本H65①：54，覆碗形器盖。夹砂黑陶，夹少量云母。不规则平顶，盖面隆起，圆唇，平沿。器表均磨光，素面。顶径4.2、口径13.6、高4.3、厚0.4厘米（图2－572，7；彩版一九〇，1）。

标本H65①：41，覆盘形器盖。泥质黑陶。顶残，盖面微隆，盖壁圆折，直口微敞，窄沿。内外表均经磨光。盖面上部有一对盲鼻。口径12.0、残高2.0、厚0.2～0.4厘米（图2－572，9）。

标本H65①：5，筒形器盖。泥质黑陶。筒形，平顶中心部位隆起，高直壁，直口。器表经磨光，素面。顶径8.15、口径7.4、高6.0、厚0.05～0.12厘米（图2－572，10；彩版一九〇，6）。

标本H65①：40，子母口器盖。泥质黑陶。顶部残，盖面圆隆，沿外伸，矮子口微内敛。内外表均经磨光，素面。口径10.0、残高1.5、厚0.1～0.2厘米（图2－572，8）。

标本H65①：2，圆陶片。夹砂黑陶。圆形，系用废旧陶片打制。直径4.8、厚0.5～0.6厘米（图2－573，1）。

标本H65②：48，圆陶片。泥质黑陶。近圆形，边缘有规则的打制痕迹。一面有两道浅凹弦纹。直径5.1、厚0.5～0.6厘米（图2－573，2）。

标本H65①：49，圆陶片。夹砂黑陶。圆形，边缘有规则的打制痕迹。一面有一道浅凹弦纹。直径4.7～5.1、厚0.4厘米（图2－573，3）。

标本H65②：17，纺轮。夹粉砂黑褐陶。钹形，正面鼓起，背面平整。正面经磨光处理，周缘有一周凹弦纹。直径5.4、孔径0.5、厚0.2～0.6厘米（图2－573，4）。

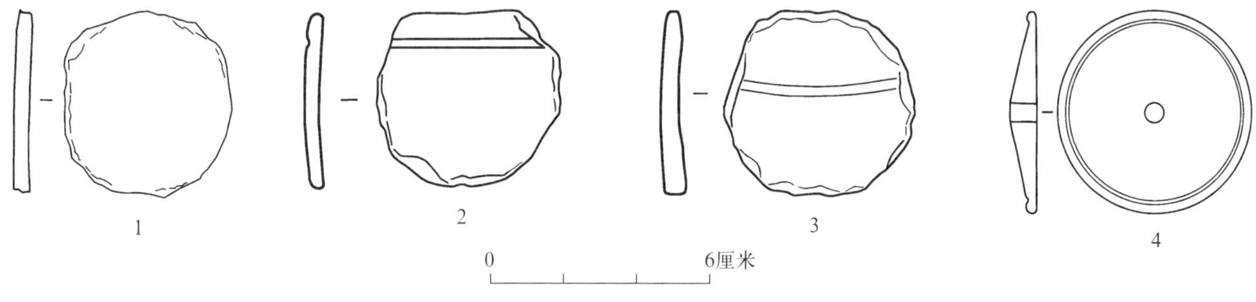

图2－573 一区八期H65出土圆陶片、纺轮

1～3. 圆陶片H65①：2、H65②：48、H65①：49 4. 纺轮H65②：17

64. H66

位于E4T2149北部，开口于耕土层下，打破⑥a层。椭圆形浅坑，圜底（图2－574）。坑口长径1.20、短径0.82、深0.13米。填灰黑色土（10YR4/3），出土鼎、罐、盆、圈足盘等陶器残片。

标本H66：1，圈足盘。泥质黑陶。口微敞，圆方唇，窄斜沿，盘腹圆折，底及粗圈足残失。内外表均经磨光处理。腹部饰两周凹弦纹，其上有对称的泥饼和小横耳各一对，耳残。口径24.0、残高4.4、厚0.32～0.8厘米（图2－574）。

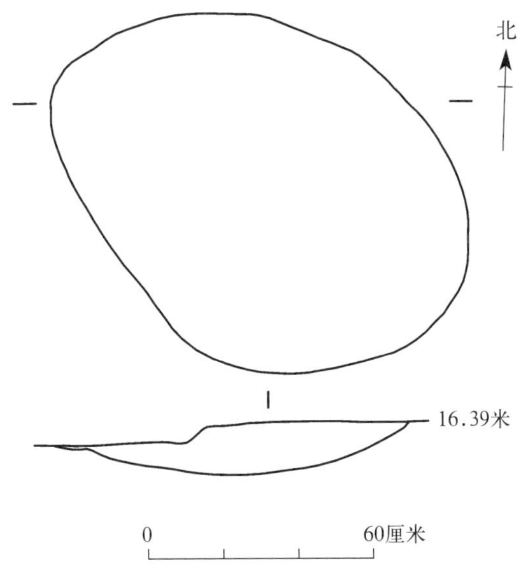

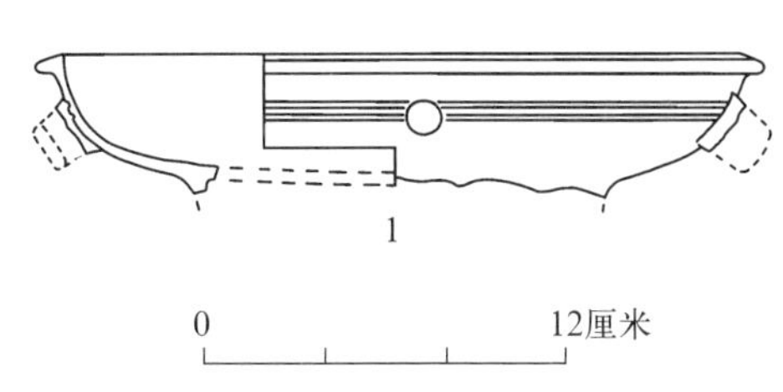

图2-574　一区八期H66平、剖面图及出土圈足盘

1. 圈足盘H66：1

65. H71

位于F4T2302南部，向南伸出南壁，扩方后予以全部清理。开口于耕土层下，打破⑥a层及以下堆积。圆形，近直壁，平底（图2-575；彩版一八四，3）。坑口直径1.94、深0.54米。填土分为三层，第1层为灰黑色土（10YR4/3）；第2层为深灰色土（10YR4/3）；第3层为灰黑色土（10YR4/3）。出土石刀、石镞等石器，出土陶器的器形有鼎、鬶、罐、盆、匜、豆、杯、盒、碟、器盖等及较多陶片（表2-129）。收集浮选土样1份5升。

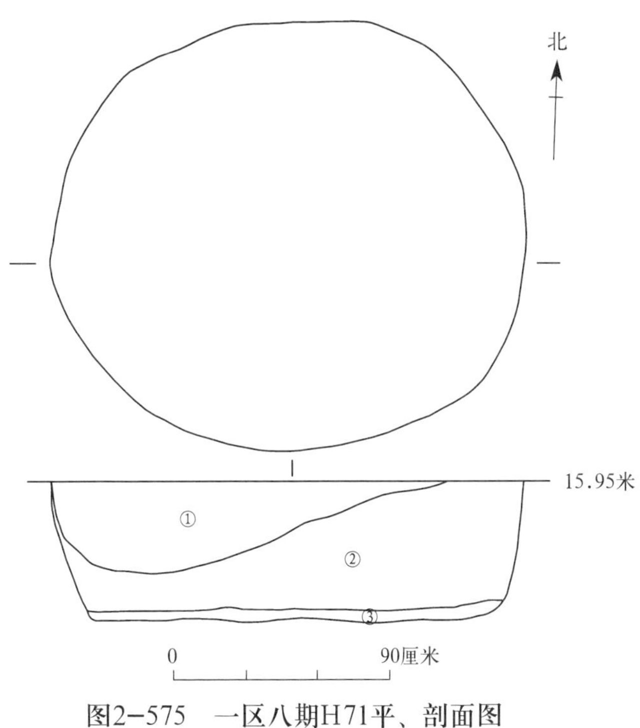

图2-575　一区八期H71平、剖面图

标本H71②：35（#4315；S1256），石刀，仅存中部一段。砂岩。单面刃，近背部有2个对钻的孔。残长2.7、宽5.4、厚1.1厘米，重21.1克。

标本H71①：2（#4314；S212），石镞，铤残。含有石英和白云母的千枚岩。平面为柳叶形，横截面为六边形。残长9.6、宽2.1、厚0.8厘米，重14.9克（彩版一八九，5）。

标本H71①：20（#4313；S1259），磨石，残。砂岩。平面近方形，磨面平整。长4.5、宽4.9、厚1.3厘米，重43.4克。

标本H71①：21（#4313；S1260），磨石，残。砂岩。平面略呈方形。长4.9、宽4.3、厚1.7厘米，重52.9克（彩版一八九，6）。

表2-129　H71陶片统计表

陶质 / 陶色 / 数量 / 纹饰	泥质						夹砂							夹云母滑石			总计	百分比（%）
	黑	灰	红	褐	黄褐	合计	黑	灰	褐	白	红褐	红	合计	褐	灰	合计		
凸弦纹	38	7	5		1	51	36	10	4		3	1	54				105	2.51
凹弦纹	77	15	2	1	2	97	107	16	5		1	3	132				229	5.47
篮　纹									1				1				1	0.02
堆　纹	3					3	4	1	13			2	20		1	1	24	0.57
泥　饼	1	1	1			3	5	3			3		11				14	0.33
盲　鼻	2					2	3	2			1		6				8	0.19
素　面	1229	242	46	50	82	1649	1486	245	192	60	117	37	2137	4	5	9	3795	90.68
镂　孔	2					2											2	0.05
压划纹	2					2											2	0.05
附加堆纹							1				4		5				5	0.12
累　计	1354	265	54	51	85	1809	1642	277	215	60	129	43	2366	4	6	10	4185	100
百分比（%）	32.35	6.33	1.29	1.22	2.03	43.23	39.24	6.62	5.14	1.43	3.08	1.03	56.54	0.10	0.14	0.24	100	
重量（千克）	7.19	1.51	0.3	0.51	0.27	9.78	14.66	2.61	1.82	0.36	1.36	0.33	21.14	0.05	0.07	0.12	31.04	

标本H71①：33（#4313；S1258），磨石，残。花斑岩。平面近长方形，磨面平整。长10.6、宽8.8、厚3.5厘米，重577.7克（彩版一八九，7）。

标本H71②：34（#4315；S1255），磨石，残。砂岩。平面为五边形，磨面细而内凹。长5.6、宽5.1、厚1.1厘米，重41.9克（彩版一八九，8）。

标本H71③：5（#4316；S1254），磨石，残。砂岩。不规则形，磨面粗糙。长3.0、宽2.1、厚1.4厘米，重10.7克（彩版一八九，9）。

标本H71②：16，罐形鼎。夹砂黑陶。侈口，圆唇，卷沿，有颈，圆腹，平底，三鸟首形足残。器表及口沿内侧经磨光。颈下部有两周阶状凸起，其上饰对称的盲鼻一对。足和底部有火烧痕迹。口径12.4、底径9.5、残高11.2、厚0.24～0.4厘米（图2-576，1；彩版一九二，1）。

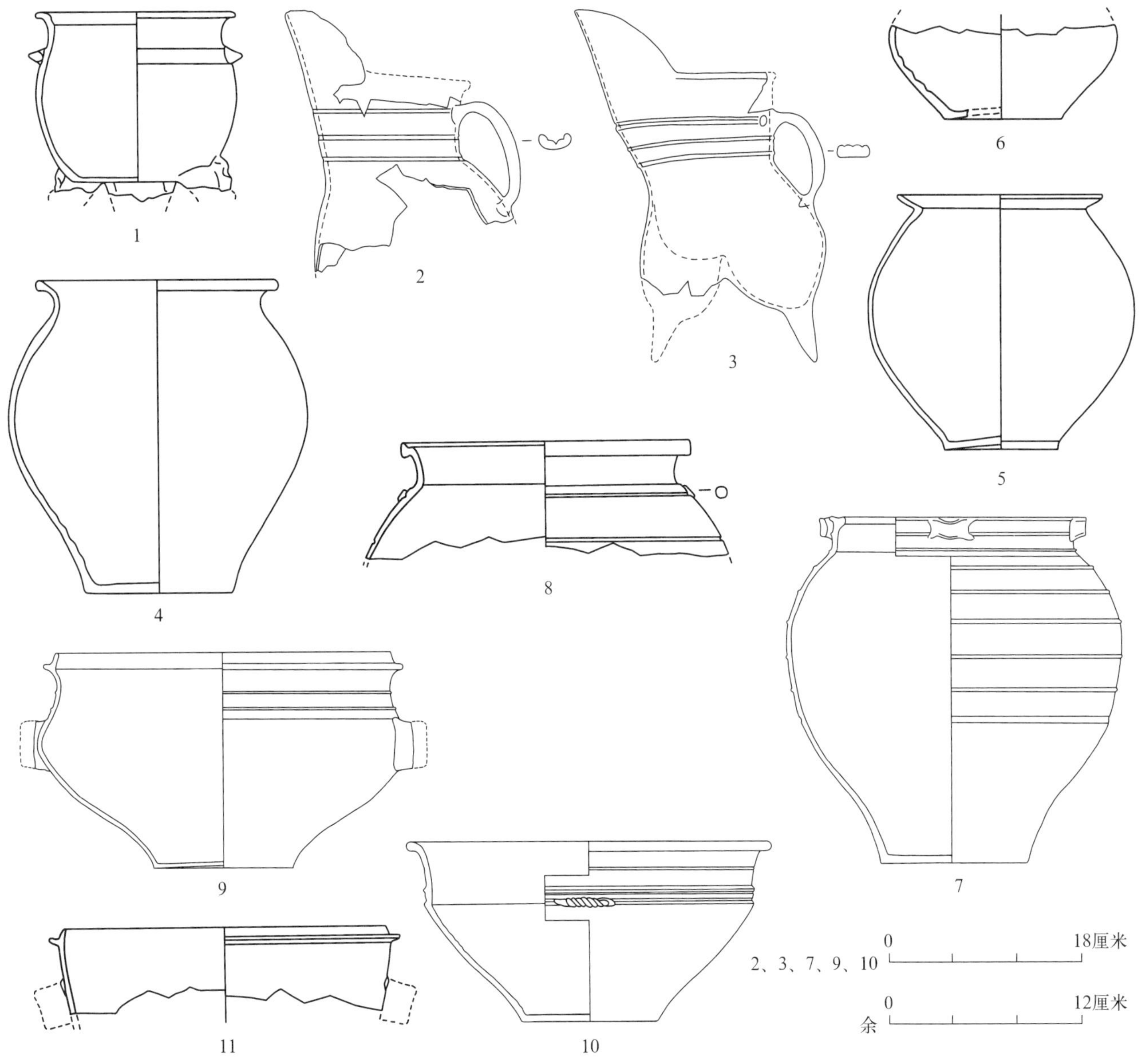

图2-576　一区八期H71出土陶器（一）

1．罐形鼎H71②：16　2、3．鬶H71③：6、H71③：9　4、5．中口罐H71②：13、H71②：14　6．鼓腹罐H71③：19　7、8．中口罐H71②：8、H71②：28　9．鼓腹盆H71①：1　10．折腹盆H71②：7　11．子口盆H71③：31

标本H71③：6，鬶。夹细砂红陶，含少量云母，器表原有一层白色陶衣，已脱落。高流，口残，粗颈，腹变粗，袋足残失。一侧有桥形把手。颈部有三周凸弦纹。残高23.5、厚0.25～0.55厘米（图2–576，2）。

标本H71③：9，鬶。夹细砂黄褐陶，外表原有一层白色陶衣，已脱落。高流，圆唇，唇沿微外伸，沿面有一周凹槽，粗颈，分裆袋足，高实足尖。一侧有带状把手。颈部饰三周凸棱，把手上端两侧各有一个泥饼。宽16.2、残高31.2、厚0.35～0.45厘米（图2–576，3）。

标本H71②：13，中口罐。夹砂黑陶，夹小量云母。侈口，圆唇，卷沿，溜肩，鼓腹，下腹斜收，小平底。器表经磨光，素面。口径14.6、底径9.0、高18.6、厚0.32～0.7厘米（图2–576，4）。

标本H71②：14，中口罐。夹砂黑陶，夹少量云母。器体粗矮，侈口，圆唇，折沿，鼓腹，平底内凹。器表经磨光，素面。口径12.6、最大腹径16.5、底径7.0、高15.1、厚0.3～0.4厘米（图2–576，5）。

标本H71②：8，中口罐。夹砂黑陶。敛口，尖圆唇，平沿，沿面有一周宽凹槽，矮颈，圆肩，圆鼓腹，下腹斜收较甚，平底。口沿外侧有四个两两对称的小横耳，器表及口沿内侧经磨光。颈、肩和腹部共饰有七周凸棱和一周凹弦纹。口径22.8、最大腹径31.1、底径13.8、高30.7、厚0.3～0.7厘米（图2–576，7；彩版一九一，5）。

标本H71②：28，中口罐。夹砂黑陶。侈口，圆唇，卷沿，沿面有一凹槽，短颈，圆肩，下残。器表磨光。肩部有两周凹弦纹，颈肩交界处有一对泥饼。口径18.0、残高6.9、厚0.35～0.6厘米（图2–576，8）。

标本H71③：19，鼓腹罐。泥质黑陶。仅存下腹部，鼓腹，下腹弧收，平底内凹。内壁有轮制时留下的四周旋痕。器表经磨光，素面。底径7.0、残高5.6、厚0.3～0.6厘米（图2–576，6）。

标本H71①：1，鼓腹盆。泥质黑陶。矮子口微内敛，束颈，鼓腹，腹壁内收，平底微内凹。腹部有对称的大横耳，残。器表及口沿内侧经磨光。颈部饰两周凸弦纹。口径31.0、最大腹径17.4、底径13.0、高19.1、厚0.3～0.4厘米（图2–576，9；彩版一九一，4）。

标本H71②：7，折腹盆。夹砂黑陶。敞口，圆唇，卷沿，折腹，下腹斜收较急，平底较小。颈部有三周凸棱，颈腹交界处残留一个绞丝状附加堆泥条。口径33.6、底径12.4、高16.0、厚0.4～0.6厘米（图2–576，10；彩版一九二，2）。

标本H71③：31，子口盆。泥质黑陶。矮子口微内敛，斜直腹，下部残。腹部有一对横耳痕迹。内外表均经磨光，素面。口径20.0、残高5.0、厚0.3～0.5厘米（图2–576，11）。

标本H71①：32，钵。夹砂黑陶。敛口，尖唇，沿内侧上凸，上腹折收，下腹斜直，下残。器表经磨光处理，素面。口径24.0、残高8.2、厚0.4～0.8厘米（图2–577，1）。

标本H71①：24，盘。泥质黑陶。浅盘，敞口，斜弧腹，平底内凹。内外表均经磨光，素面。口径10.0、底径5.4、高1.8、厚0.4～0.5厘米（图2–577，2）。

标本H71③：30，盒。泥质黑陶。矮子口内敛，上腹较直，下腹折收，底残。内外表均经磨光。上腹部有两周凹弦纹。残高3.4、厚0.2～0.3厘米（图2–577，3）。

标本H71③：22，豆。泥质灰陶。口残，斜壁，平底内凹较甚，圈足斜收，底部系磨平后再利用。器表经磨光，圈足有两周凸起。底径3.2、残高2.9、厚0.2～0.4厘米（图2–577，4）。

标本H71③：12，豆柄。泥质黑陶。只残余柄部，柄部呈竹节状，中部微束。器表经磨光。中上

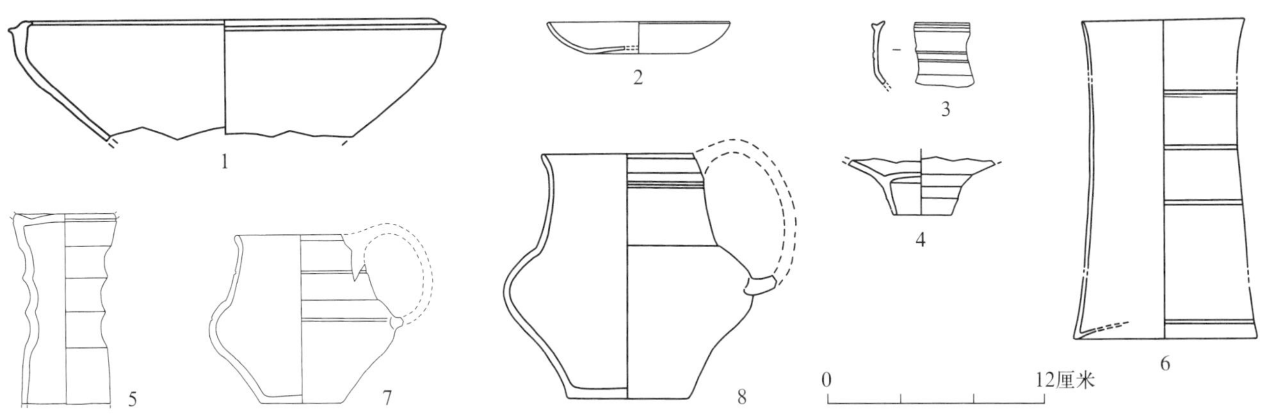

图2-577　一区八期H71出土陶器（二）

1. 钵H71①：32　2. 盘H71①：24　3. 盒H71③：30　4. 豆H71③：22　5. 豆柄H71③：12　6. 杯H71①：27　7、8. 鼓腹单耳杯H71②：3、H71③：11

部有四周凸棱。残高10.2、厚0.3～0.5厘米（图2-577，5）。

标本H71②：3，鼓腹单耳杯。泥质黑陶。口微侈，圆唇，粗长颈，圆鼓腹，平底。一侧口沿与腹之间有宽带形把手残迹，器表经磨光处理。颈部和腹部各饰一周凹弦纹，颈肩交界处呈阶状凸起。口径7.3、最大腹径10.4、底径5.0、高8.95、厚0.25～0.45厘米（图2-577，7；彩版一九二，3）。

标本H71③：11，鼓腹杯单耳杯。泥质黑陶。口微侈，圆唇，粗长颈，鼓腹，下腹斜收，平底。一侧口沿与腹之间有宽带形把手，残。器表经磨光处理。颈、肩交接处呈阶状凸起，颈和腹部饰四周浅凹弦纹。口径9.2、最大腹径14.2、底径6.0、高13.0、厚0.3～0.7厘米（图2-577，8；彩版一九二，4）。

标本H71①：27，杯。泥质黑陶。筒形腹，中部微内束，较大平底内凹。器表经磨光。器腹有四组细凹弦纹，每组两周。口径8.8、底径10.0、复原高为16.8、厚0.1～0.2厘米（图2-577，6）。

标本H71①：4，覆碗形器盖。夹砂黑陶。平顶微下凹，边缘内收，盖面较直微弧，圆唇，平沿外伸，沿面有两周凹槽。器表经磨光处理。盖面有六周浅凹弦纹。顶径8.4、口径24.4、高7.4、厚0.3～0.4厘米（图2-578，1）。

标本H71②：15，覆碗形器盖。夹砂黑陶。平顶微下凹，斜直盖面微隆，方唇，平沿外伸，沿面有两周凹槽。器表经磨光，素面，内壁有密集的轮旋痕迹。顶径11.2、口径30.4、高8.7、厚0.3～0.5厘米（图2-578，2）。

标本H71①：25，覆碗形器盖。夹砂黑陶，陶色不纯。顶残，盖面低平微隆，口微敛，方唇，窄平沿外伸，沿面有一周凹槽。器表经磨光。盖面有十周凹弦纹，中部有对称的盲鼻一对。口径29.0、残高3.8、厚0.4～0.5厘米（图2-578，3）。

标本H71③：18，覆钵形器盖。泥质黑陶。器体较大，喇叭形纽，盖面圆弧，口微敛，沿面有一周凹槽。内外表均经磨光。盖面中上部有两周浅凹弦纹，其上有对称的两个横耳。纽径6.64、口径30.0、通高11.2、厚0.5厘米（图2-578，4；彩版一九二，5）。

标本H71①：23，器盖。泥质黑陶。喇叭形纽，斜直盖面隆起，以下残。器表经磨光。盖面残存两周凹弦纹。纽径3.2、残高2.4、厚0.2厘米（图2-578，5）。

标本H71①：10，鬶盖。夹细砂黄陶。纽残，盖面隆起，圆唇，周缘上翘。盖面中部有一周凸

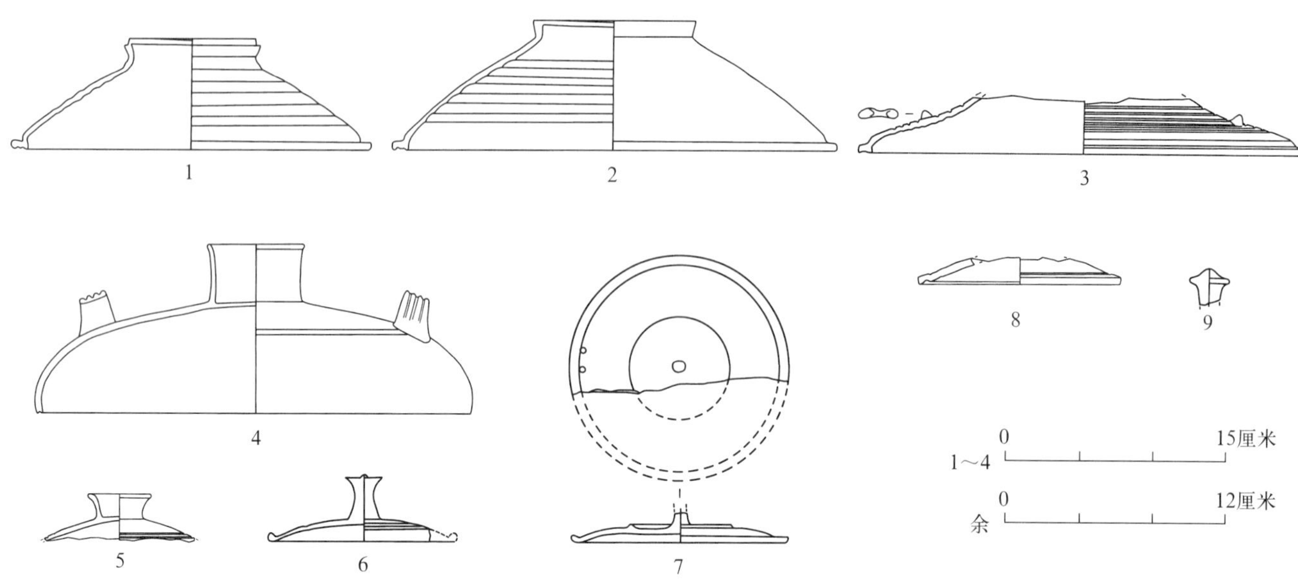

图2-578　一区八期H71出土陶器（三）

1～3．覆碗形器盖H71①：4、H71②：15、H71①：25　4．覆钵形器盖H71③：18　5．器盖H71①：23　6～8．鬶盖H71②：17、H71①：10、H71②：29　9．盖纽H71②：26

棱，一侧边缘有两个圆孔。直径12.0、残高1.6、厚0.2～0.3厘米（图2-578，7；彩版一九一，6）。

标本H71②：17，鬶盖。夹细砂黄陶。蘑菇形纽，盖面隆起较甚，整体近钹形，圆唇，外缘上翘。盖面中部有三周凹弦纹。直径10.6、残高3.6、厚0.1～0.3厘米（图2-578，6；彩版一九二，6）。

标本H71②：29，鬶盖。泥质黄褐陶，白陶衣脱落。盖面微隆，顶面残，沿面内凹。器表经磨光。盖面有一周凹弦纹。直径11.0、残高1.35、厚0.35～0.6厘米（图2-578，8）。

标本H71②：26，盖纽。夹砂黄褐陶。实心蘑菇形盖纽。素面。残高1.9厘米（图2-578，9）。

66．H90

位于E4T2048中部，开口于⑥a层下，南半部被M11破坏不存。圆形，斜壁，平底（图2-579）。坑口直径0.70、深0.19米。填土分为两层，第1层为灰褐色土（干10YR3/2）；第2层为紧密的黄褐色土（干7.5YR3/2）。出土有石镞和陶鬶等遗物。收集浮选土样1份5升。

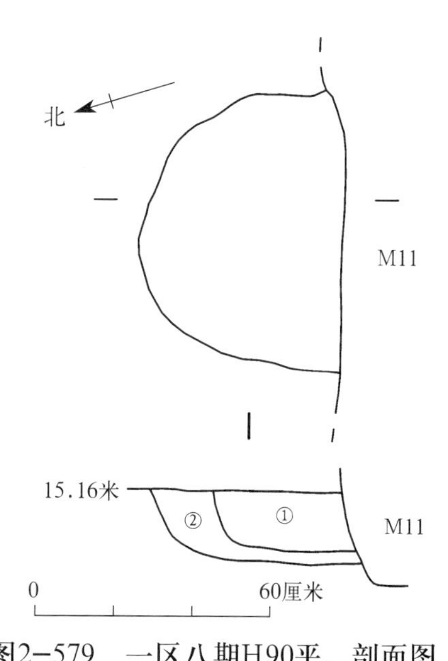

图2-579　一区八期H90平、剖面图

标本H90①：1（#825；S255），石镞。白云母板岩。平面为柳叶形，横截面为菱形，短锥形铤。长7.9、宽1.9、厚0.7厘米，重10.8克（图2-580，2；彩版一九三，1）。

标本H90①：2，鬶。夹砂白陶。残存把手一侧，流残，近直口，窄沿外侈，粗长颈，中部残，肥大袋足，其上有桥形把手。颈部饰一盲鼻。残高22.0、厚0.2～0.4厘米（图2-580，1）。

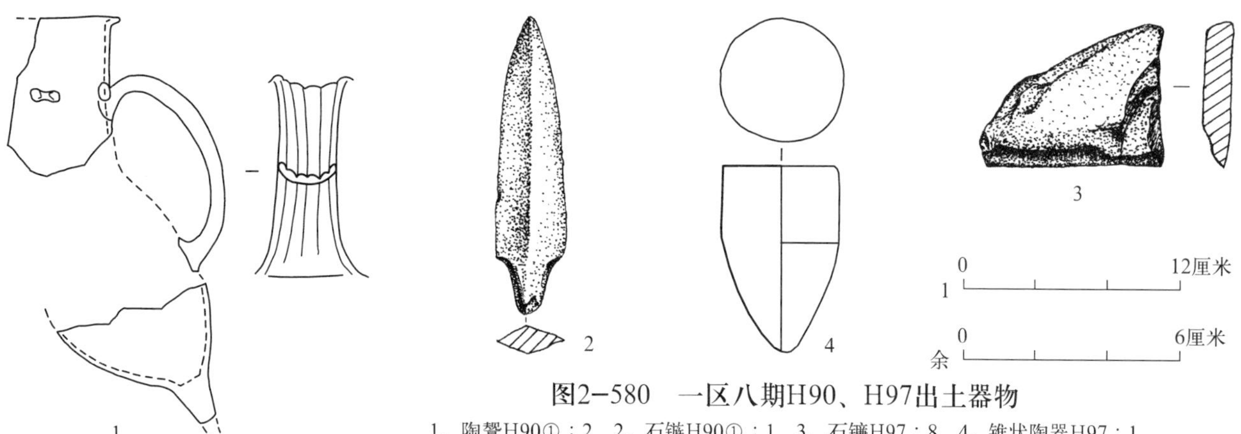

图2-580　一区八期H90、H97出土器物

1．陶鬶H90①：2　2．石镞H90①：1　3．石镰H97：8　4．锥状陶器H97：1

67．H97

位于E4T2097东北部，开口于耕土层下，打破第⑥层。椭圆形，直壁，平底，中部一侧有阶状内收（图2-581）。长1.04、宽0.44、深0.46米。内填灰色土（10YR3/2），结构疏松。出土石器5件和鼎、罐、盆等陶片（表2-130）。

标本H97：7（#1241；S287），石铲，残。石英/富含白云母的千枚岩。平面为长方形，磨制光滑。残长6.9、宽5.9、厚1.2厘米，重82.1克（彩版一九三，2）。

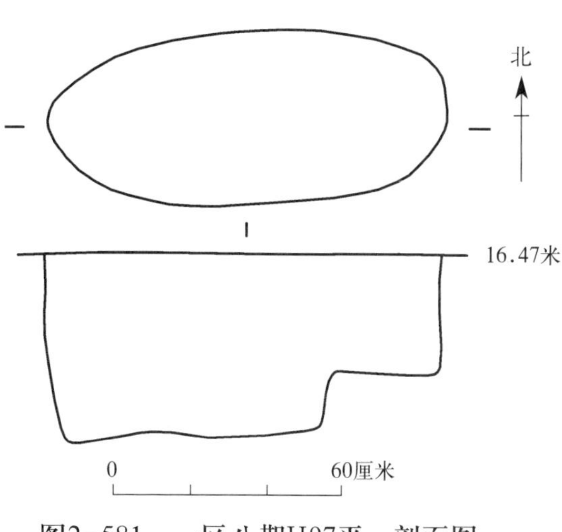

图2-581　一区八期H97平、剖面图

表2-130　H97陶片统计表

陶质 / 陶色 / 数量 / 纹饰	泥质				夹砂					夹云母滑石	总计	百分比（%）
	黑	灰	褐	合计	黑	灰	褐	白	合计	褐		
凸弦纹	17	1	1	19	3		1	4	8		27	2.67
凹弦纹	8	1		9	13				13		22	2.18
堆　纹							3		3		3	0.30
泥　饼	1			1	1			1	2	1	4	0.40
盲　鼻	4			4	1		1		2		6	0.59
素　面	520	12	28	560	222	24	80	60	386	3	949	93.87
累　计	550	14	29	593	240	24	85	65	414	4	1011	100
百分比（%）	54.40	1.38	2.87	58.65	23.74	2.37	8.41	6.43	40.95	0.40	100	
重量（千克）	2.90	0.30	0.06	3.26	2.88	0.30	0.78	0.40	4.36	0.08	7.7	

标本H97：8（#1241；S317），石镰，残存前部。流纹质熔结凝灰岩。平面为三角形，单面刃。残长5.2、宽3.7、厚0.8厘米，重18.3克（图2−580，3）。

标本H97：4（#1241；S1159），石刀半成品。富含白云母的熔结凝灰岩。平面近椭圆形，打制。长7.2、宽4.5、厚1.2厘米，重47.3克。

标本H97：6（#1241；S288），磨石，残。砂岩。不规则形，磨面细而微内凹形。长8.4、宽5.9、厚1.7厘米，重107.1克（彩版一九三，3）。

标本H97：5（#1241；S307），石器，残。流纹质熔结凝灰岩。平面为长方形，磨制光滑。残长4.6、宽3.8、厚1.7厘米，重41.7克（彩版一九三，4）。

标本H97：1，锥状陶器。夹砂黑陶，灰胎。上部为圆柱形，下部内收成圆锥状。素面。直径3.2、高4.6厘米（图2−580，4）。

68．H98

位于E4T2049西北角，向西伸入T2048东隔梁，开口于耕土层下，被H53和H96打破，又打破⑥a层和H105。椭圆形，圜底（图2−582）。坑口清理部分直径1.10、深0.26米。填灰色土（10YR2/1），出土陶器的器形有鼎、鬶、罐、瓮、杯、盒、器盖、纺轮等（表2−131）。收集浮选土样1份5升，采集植硅体样品1份50克。

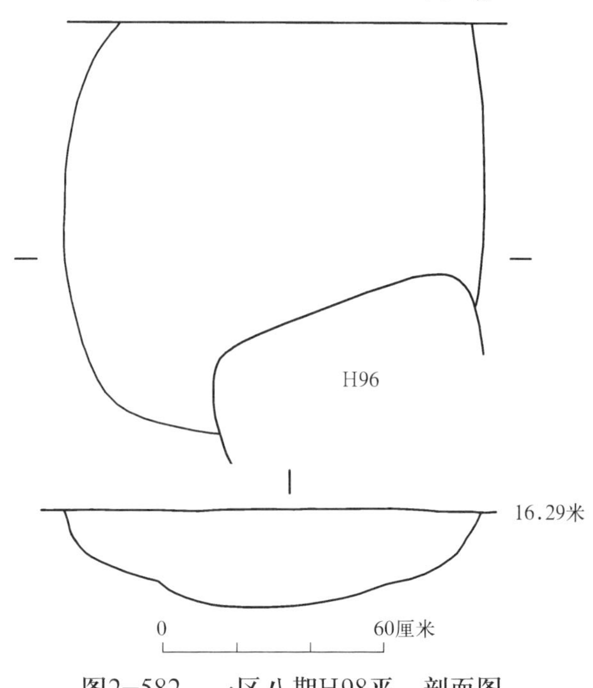

图2−582 一区八期H98平、剖面图

标本H98：3，鬶。夹细砂红陶。流残，直口，粗长颈，中部残，肥硕乳状袋足，实足尖较高。一侧有桥形把手。颈部饰一盲鼻，把手上端两侧各饰一泥饼。复原残高22.0、厚0.2～0.4厘米（图2−583，1）。

标本H98：9，鬶把手。夹砂白陶。桥形把手。高13.5、宽2.6厘米（图2−583，2）。

标本H98：11，鬶把手。夹砂红陶，灰胎。两侧边较矮的桥形。高12.0、宽4.0、厚1.2厘米（图2−583，3）。

标本H98：6，大口罐。泥质黑陶，灰胎。侈口，方唇，卷沿，沿面有一周宽凹槽，有颈，弧腹，以下残。器表及口沿内侧经磨光。肩部饰两周凸棱，腹部存有一周凸棱，凸棱上侧一周凹弦纹。口径37.0、残高11.0、厚0.5厘米（图2−583，4）。

标本H98：8，大口罐。夹砂黑褐陶。口微侈，方唇，窄沿，沿面有一周凹槽，束颈，鼓腹，以下残。器表及口沿内侧经磨光。颈到腹部有四周凹弦纹，颈下饰对称的盲鼻和泥饼各一对。口径19.6、残高10.2、厚0.4厘米（图2−583，5）。

标本H98：14，大口罐。夹砂黑陶。侈口，方唇，窄平沿，沿面有一周凹槽，短颈，腹壁似竹筒形，以下残。器表经磨光处理。腹部饰两周凸棱，颈下有对称的盲鼻和泥饼各一对。口径20.0、残高11.2、厚0.3～0.5厘米（图2−583，6）。

表2-131　H98陶片统计表

陶质 / 陶色 / 数量 / 纹饰	泥质				夹砂					总计	百分比（%）
	黑	灰	褐	合计	黑	灰	褐	白	合计		
凸弦纹	28	12		40	32	2	7		41	81	9.04
凹弦纹	15	2		17	17	1	1		19	36	4.02
绳　纹	1			1						1	0.11
堆　纹	2			2	3	3	6		12	14	1.56
泥　饼					3		1		4	4	0.45
盲　鼻					5	1			6	6	0.67
素　面	162	32	16	210	387	58	52	47	544	754	84.15
累　计	208	46	16	270	447	65	67	47	626	896	100
百分比（%）	23.21	5.13	1.79	30.13	49.89	7.25	7.48	5.25	69.87	100	
重量（千克）	3.1	0.98	0.04	4.12	7.4	1.35	1.26	0.4	10.41	14.53	

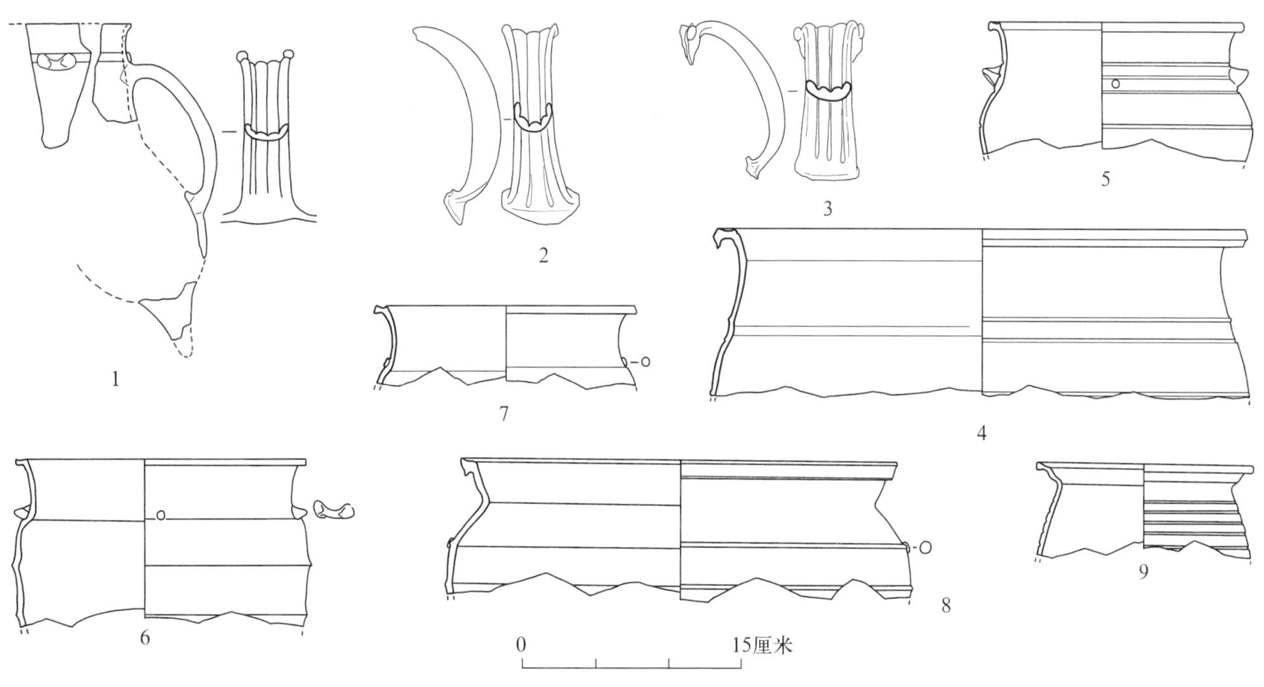

图2-583　一区八期H98出土陶器（一）

1．鬶H98：3　2、3．鬶把手H98：9、H98：11　4～7．大口罐H98：6、H98：8、H98：14、H98：15　8．中口罐H98：13　9．罐H98：18

标本H98：15，大口罐。夹砂黑陶。侈口，方唇，平折沿，沿面下凹，束颈，上腹微鼓，以下残。器表经磨光处理，素面，颈下有对称的泥饼一对。口径18.0、残高5.2、厚0.3～0.6厘米（图2-583，7）。

标本H98：18，中口罐。夹砂灰陶。侈口，方唇，折沿，沿面下凹，斜腹，以下残。器表经磨光处理。腹部有五周凹弦纹。口径15.0、残高6.3、厚0.3～0.5厘米（图2-583，9）。

标本H98：13，罐。夹砂灰陶。侈口，方唇，折沿，沿面有一周凹槽，斜肩。鼓腹，以下残。肩腹部存两周凸棱，上部凸棱上有对称的泥饼一对。口径30.0、残高9.2、厚0.3～0.5厘米（图2-583，8）。

标本H98：12，鼓腹盆。泥质灰陶。侈口，方唇，窄沿，沿面有一周凹槽，有颈，圆腹微鼓，以下残失。器表及口沿内侧经磨光。颈下饰两周凸棱，其上贴对称的小泥饼一对，腹部存一组凹凸弦纹和一周凹弦纹。口径36.0、残高11.0、厚0.4～0.6厘米（图2-584，1）。

标本H98：17，平底盒。泥质黑陶。口部残，直腹内束，下腹折收，平底。内表经磨光。下腹有轮制留下的细密凹弦纹。底径10.0、残高3.0、厚0.2厘米（图2-584，2）。

标本H98：16，箅子。夹砂黑陶。平板圆形箅子，残存一边。边缘残留两个穿孔，内侧则为长条形镂孔。厚0.2～0.7厘米（图2-584，5）。

标本H98：1，覆碗形器盖。夹砂褐陶。平顶，盖面陡直，口部残。素面。顶径5.2、残高5.0、厚0.3～0.6厘米（图2-584，3）。

标本H98：7，覆碗形器盖。夹砂灰褐陶。顶残，盖面斜直微凹，窄平沿。盖面中部有一周细凹

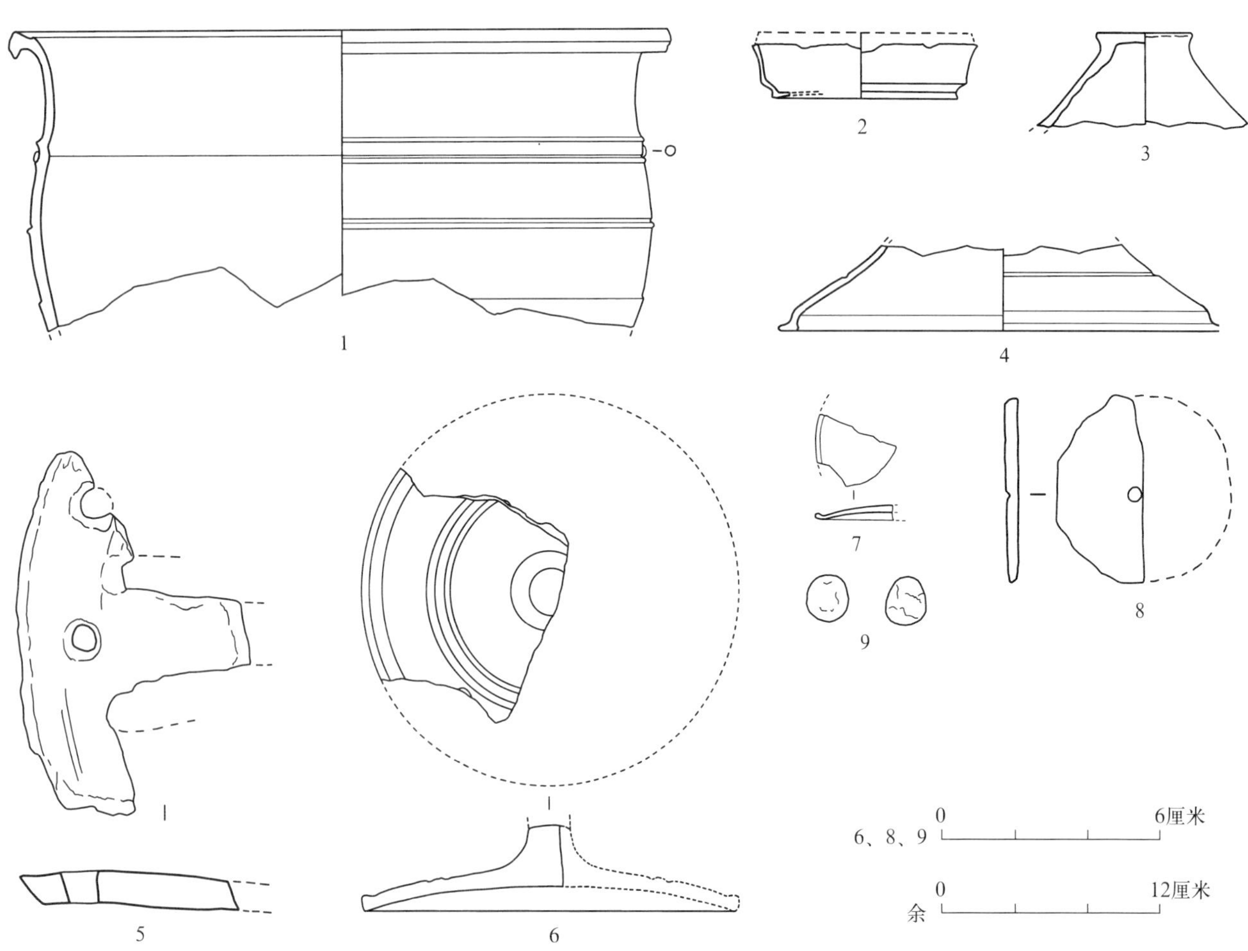

图2-584　一区八期H98出土陶器（二）

1．鼓腹盆H98：12　2．平底盒H98：17　3、4．覆碗形器盖H98：1、H98：7　5．箅子H98：16　6、7．鬶盖H98：5、H98：10　8．纺轮半成品H98：19　9．弹丸H98：4

弦纹。口径24.4、残高4.6、厚0.3～0.5厘米（图2–584，4）。

标本H98：5，鬶盖。夹砂白陶。平板形，中部隆起，圆柱形纽，上部残。盖面中部有两周凹弦纹，边缘有一周凹槽。复原直径10.4、残高2.3厘米（图2–584，6）。

标本H98：10，鬶盖。夹砂白陶。残存一段，中部拱起，周缘略上翘，整体近似钹形，纽及切口均不存。厚0.3厘米（图2–584，7）。

标本H98：19，纺轮半成品。泥质黑陶。两面皆平，利用废旧陶片打制，中部穿孔未透。直径5.0、厚0.3厘米（图2–584，8）。

标本H98：4，弹丸2件。夹砂灰陶。呈圆球形。直径1.1厘米（图2–584，9）。

此外，这一时期还有其他灰坑22座（表2–132）。

表2–132　第八时期其他灰坑登记表　（单位：厘米）

编号	位置	层　位	形　状	尺　寸	填　土	包含物	备注
H30	T2350	①→△→⑥a	椭圆形，圜底	48×43–14	浅褐色（10YR4/2）	陶片	
H32	T2347/2297	①→△	不规则形，圜底	312×241–10	灰褐色（10YR4/3）	陶片可辨器形：泥质壶1，杯1，器盖1；夹砂鼎2，罐2	
H68	T2399	△→H69	椭圆形，平底	108×80–10	灰褐色（10YR4/3）	陶片可辨器形：夹砂鼎2，鬶1，器盖1	
H70	T2449/2399	①→△→⑥a	椭圆形，平底	174×146–26	灰黑色（10YR2/1）	残石镞，陶片可辨器形：泥质鬶1，罐5，盆3，盒5，壶3，豆3；夹砂鼎5，鬶5，罐11，匜1，器盖5	浮选样品5升
H84	T2348/2398	①→△	长方形，平底	144×67–8	黄褐色（10YR5/1）	陶片可辨器形：泥质罐1；夹砂鼎5，鬶1，罐3，瓮1	
H119	T2346	#2612→△	近圆形，平底	55–14	灰色（2.5/N）	陶片可辨器形：泥质罐3，盆3；夹砂鼎1，罐3，器盖1	浮选样品5升
H180	T2396	①→△→⑥a	圆形，平底	130–8	浅灰褐色（7.5YR4/1）	石磨棒1，陶片可辨器形：泥质盆1，杯1，器盖1；夹砂鬶1，罐4，盆1，器盖2	
H181	T2399	①→△→⑥a	椭圆形，平底	56–3	灰黑色（HVE10YR3/2）	鼎、陶片：泥质盆1；夹砂鼎2，器盖1	浮选样品5升
H188	T2398/2397	M16→△→⑥a	圆形，平底	134–31	黄褐色（7.5YR7/3）	陶片可辨器形：泥质罐2，壶1，盒1；夹砂鼎2，罐1，盆3	浮选样品5升、植硅体样品1份
H189	T2445/2446	①→△→⑥a	不规则形，圜底	74×50–17	褐色（5YR3/1）	陶片可辨器形：泥质盆1；夹砂罐2	植硅体样品50克

H201	T2449	①→△	椭圆形，圜底	90×70–30	灰色（7.5YR6/3）	石镞1，陶片可辨器形：夹砂罐1	浮选样品5升、植硅体样品20克
H207	T2448	①→△→⑥a	椭圆形，圜底	64–22	灰褐色（2.5YR3/4）	陶片	
H211	T2399	H208→△→⑥c	圆形，平底	60–32	褐色（HVE2.5YR 2.5/2）	陶片可辨器形：泥质罐1，器盖1；夹砂罐1，盆1	浮选样品5升
H216	T2445	#1350→△→F36	椭圆形，平底	80×46–16	灰褐色（7.5YR3/1）	陶管状器、陶片可辨器形：泥质盆1；夹砂鬶1，罐1，器盖1	
H224	T2448	①→△→⑥a	不规则形	290×170–44	灰褐色（10YR4/3）	石片，陶片可辨器形：泥质鼎1，罐1，盆1，壶1；夹砂鼎1	
H234	T2400	H198→△→⑥b	圆形，平底	85–36	褐色（5YR3/3）	陶片可辨器形：泥质鬶1；夹砂鬶1，盆1	
H260	T2495/2466	M39→△→F36	椭圆形，平底	残126×48–18	灰褐色（7.5YR3/2）	陶片辨器形：泥质罐1，盆2，盒1，杯1，器盖1；夹砂鼎1，罐1，盆1，器盖2	
H316	T2296	①→△→⑥a	圆形，圜底	52–5	灰色（2.5YR 2.5/1）	陶片辨器形：泥质罐1	
H327	T2296	H316→△→⑥a	圆形，圜底	1.05×0.8–0.15	黑色（7.5YR3/1）	陶片辨器形：泥质罐1；夹砂鼎1，甗1，罐4，器盖1	采集浮选样品20升
H332	T2298/2297	①→△→⑥c	近椭圆形，圜底	1.30×0.43–0.35	灰褐色（10YR3/3）	陶片辨器形：泥质罐2，壶4，器盖2；夹砂鼎3，鬶1，罐2，盆1，器盖4	
H96	T2049	H56→△→H98	长方形，平底	残长60×47–20	黑色（10YR2/2）	陶片可辨器形：泥质罐1，盆1；夹砂鼎2，鬶1，罐3，盆1，器盖1	
H128	T2099	①→△→⑥a	圆形，平底	0.60–0.22	沙黄土（10YR3/2）	无	

（三）墓葬

墓葬共发现13座，从分布上的远近程度看，多集中分布在三个区域：一是发掘区的东部，在南北不到8米的范围内分布着4座墓葬，并且均为东西向；二是发掘区的中西部，共4座，亦为东西向墓葬；三是位于发掘区的中部偏南，共发现2座，具有打破关系，方向相交。当然，这些墓葬虽然均开口于耕土层之下，但由于这一带的龙山文化堆积被破坏了许多，目前所见已远远不是龙山文化时期的原貌，特别是有的墓葬去掉耕土就到了墓葬的底部，甚至露出了人骨（这种现象或可想像有的墓葬已经完全被破坏掉了），表明这一层面上的墓葬可能并不属于同一个时间段。

1．M12

位于E4T2350东南部，局部向东伸入F4T2301的西部边缘。开口于耕土层之下，打破第⑥a层并叠压M52。墓葬保存极浅，去掉耕土层几乎就到了墓葬底部，形制应为土坑竖穴，墓葬方向为90°。墓葬两端皆为弧形，整体为圆头长方形，东西长约1.86、南北宽约0.42～0.58米。墓口海拔16.37～16.47米，墓底海拔16.32～16.43米，墓口至墓底深约6～10厘米（图2－585；彩版一九四，1）。

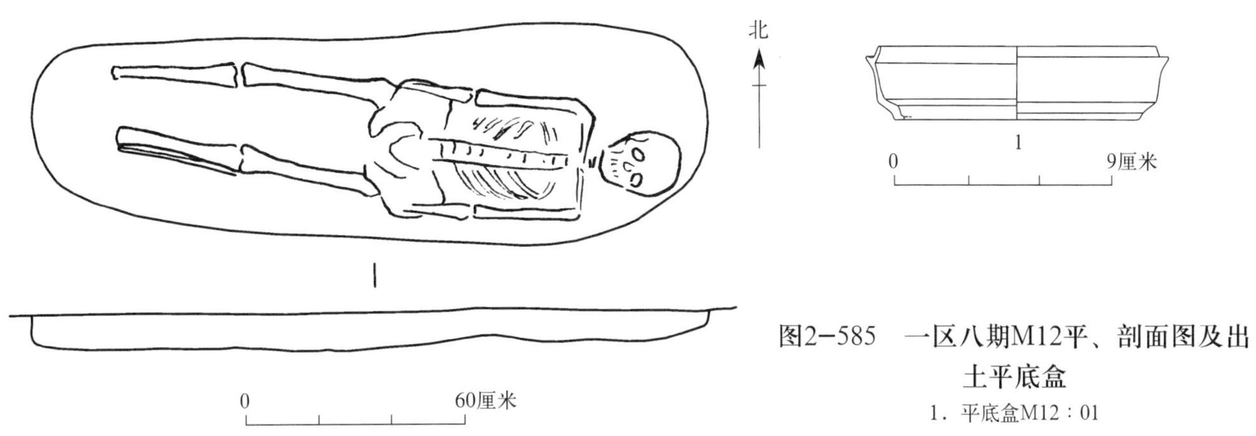

图2－585　一区八期M12平、剖面图及出土平底盒

1．平底盒M12：01

墓内填黄褐色土，包含砂粒、炭屑、陶片和碎骨等，结构较为紧密。没有发现葬具痕迹。

墓内有人骨一具，保存极差，腐烂严重，大体可以分辨出头骨和部分肢骨。头东脚西，人骨架在墓室内，上肢偏南，下肢则偏北，方向为96°，与墓葬方向有一定差别。葬式应为仰身直肢，残存人骨架长约1.60米，成年，性别不详。

墓室底部发现1件自然石块，不能判定是否为随葬品。另外，在填土的陶片中拼对修复1件陶盒。

标本M12：01，平底盒。泥质黑陶，夹少量云母。矮子口微内敛，折腹位置靠下，假圈足状平底，底部残失。内外表均经磨光处理，素面。口径11.4、底径10.0、高2.95、厚0.12～0.4厘米（图2－585）。

2．M48

位于E4T2400东北角，除双脚之外部分均延伸到F4T2351的西北部。由于该墓在耕土之下即开口，扩方后对别的文化层基本没有影响，所以虽然出露范围很小，还是决定扩方予以全部清理。墓葬北侧边被M37打破，但未及人骨，又打破第⑥层。墓葬形制为土坑竖穴墓，直壁，平底，墓葬较窄较短，长宽仅可容身，方向为93°。墓葬平面呈脚端略窄的梯形，东西长1.76、南北宽0.34～0.49米。墓口海拔16.28米，墓底海拔15.78米，墓口至墓底深约0.50米（图2－586；彩版一九四，2）。

墓内填灰褐色花土，包含烧土粒、砂粒、炭屑和陶片等，结构疏松，质地较松软。没有发现葬具痕迹，也没有随葬品。

墓葬内有人骨一具，腐蚀较甚，保存较差。一次葬，头东脚西，方向91°。葬式为仰身直肢，面朝上。人骨架长约1.72米，经鉴定为成年男性，年龄在35～45岁之间。

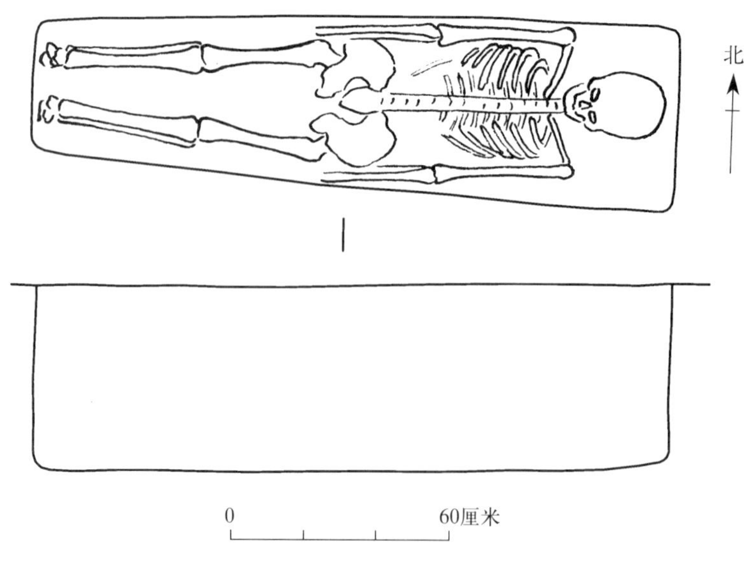

图2－586　一区八期M48平、剖面图

3．M37

位于E4T2400东北角，股骨中部以上伸到东侧的F4T2351的西北角，扩方后予以全部清理。墓葬开口于耕土层之下，打破第⑥层和同层的M48及下层的M38。墓葬形制为土坑竖穴墓，直壁，平底，方向为92°。墓坑狭小，长宽仅可容一人之身。墓葬平面呈较为规整的长方形，东西长1.73、南北宽0.29～0.32米。墓口海拔16.28米，墓底海拔15.83～15.86米，墓口至墓底深0.42～0.45米（图2－587）。

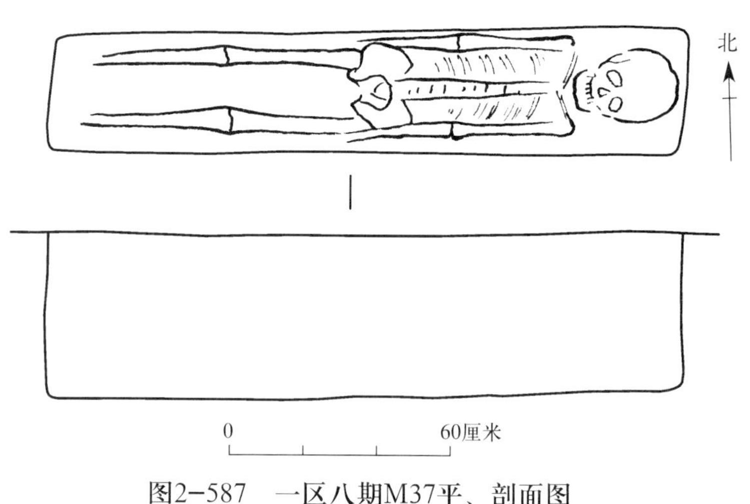

图2－587　一区八期M37平、剖面图

墓内填灰褐色花土，包含烧土粒、草木灰、陶片等，结构较疏松。没有发现葬具痕迹，也没有随葬品。填土内发现2件残破石器。

墓葬内有人骨一具，腐蚀较甚，保存较差。一次葬，头东脚西，方向与墓葬方向一致。葬式为仰身直肢，面朝上。人骨架长约1.68米，经鉴定为成年男性。

4．M21

位于E4T2297东南和T2298西南的交界处。开口于耕土层下，打破第⑥a层和同层的M53。墓葬形制为土坑竖穴墓，深度极浅，墓室上部被历年群众取土所破坏。墓葬方向为183.5°。墓葬平面近似长方形，南北长约2.10、东西宽约0.20～0.44米。墓口海拔16.35米，墓底海拔16.15～16.25米，墓口至墓底深0.10～0.20米（图2－588；彩版一九四，3）。

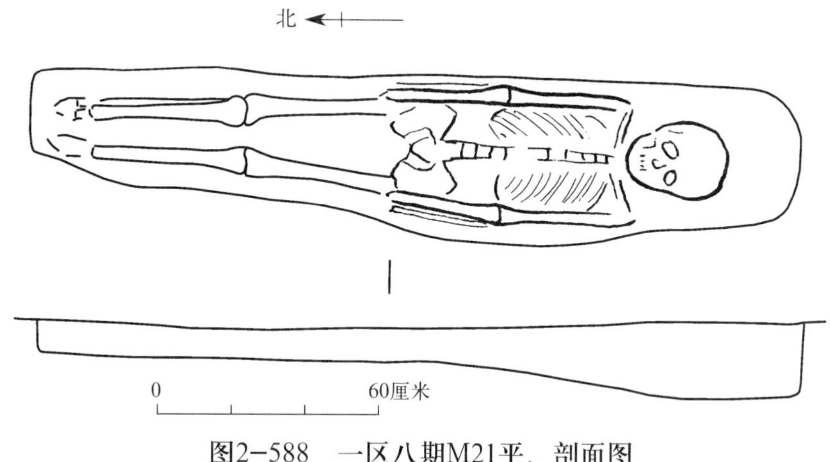

图2-588　一区八期M21平、剖面图

墓内填灰褐色花土，结构疏松，土质较软。没有发现葬具痕迹，也没有随葬品。

墓内有人骨一具，骨骼保存较差，部分骨骼如手指和脚趾骨，已经腐朽不存。一次葬，头南脚北，方向与墓向基本一致。葬式为仰身直肢，面朝上。人骨架长约1.72米，经鉴定为成年男性。

5．M53

位于E4T2298的西南角，部分延伸到T2297的东南部。开口于耕土层下，被M21打破，又打破第⑥层。墓葬形制为土坑竖穴墓，直壁，平底，墓葬方向为96°。墓葬平面呈长方形，东西长约2.08、南北宽约0.52米。墓口海拔16.29米，墓底海拔15.77米，墓口至墓底深约0.52米（图2-589；彩版一九五，1）。

墓内填黄褐色花土，包含草木灰、红烧土粒、黄土块等，结构疏松，土质较软。没有发现葬具痕迹，也没有随葬品。

墓内有人骨一具，骨骼保存较差，一次葬，头东脚西，方向为93°。葬式为仰身直肢，面朝上。人骨架长约1.68米，经鉴定为成年男性。

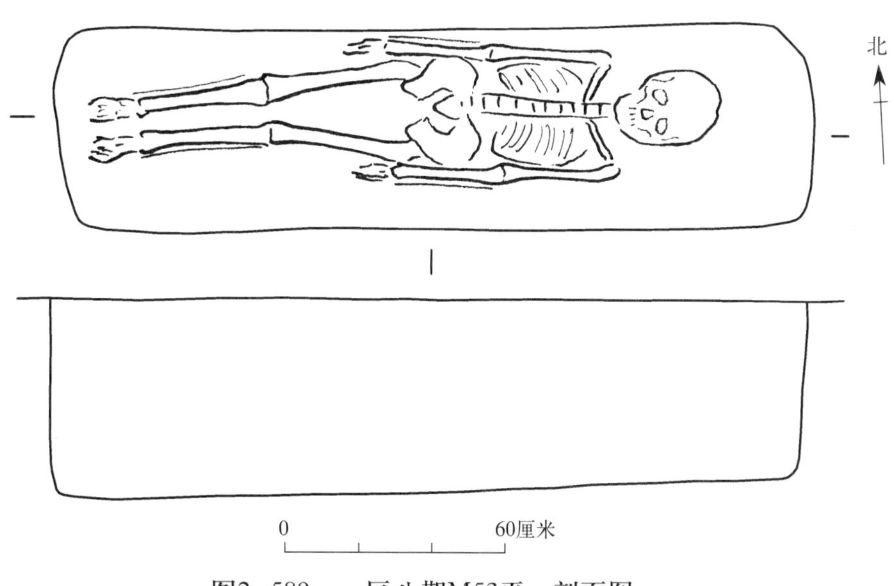

图2-589　一区八期M53平、剖面图

6．M16

位于E4T2397东部和T2398的西部。开口于耕土层下，打破⑥a层和H74、H188。M16保存极浅，去掉耕土即发现人骨，人骨以上的墓室部分被当地农民历年来取土所破坏。墓葬形制为土坑竖穴墓，方向为107°。墓葬平面呈圆角长方形，东西长约2.40、南北宽约0.82米，深度约为8.0厘米（图2-590；彩版一九五，2）。

墓内填黄褐色土，结构较松。因为被破坏至墓葬底部，无法确知是否存在木质葬具。不过从M16的规模看，存在葬具的可能性较大。

墓葬内有人骨一具，保存甚差，除了头骨和四肢大体可以看出轮廓之外，其他部分基本不存。骨架头东脚西，方向与墓室基本一致。葬式为仰身直肢，人骨长约1.60米，成年，性别不详。

墓葬发现1件磨石，另外在填土的陶片中拼出1件接近复原的陶杯。

标本M16：01（#5602；S218），有槽磨石。砂岩。平面不甚规则，磨面略粗有凹槽。长6.1、宽4.1、厚2.5厘米，重64.3克（彩版一九三，5）。

标本M16：02，筒形单耳杯，底和耳残失。泥质黑陶，夹少量云母，因埋藏原因陶色斑驳。口微侈，杯体中上部微鼓，宽扁带形把手残失。器表经磨光处理，杯体残余三组六周凹弦纹。口径7.1、最大腹径6.8、残高7.8、厚0.1～0.2厘米（图2-590）。

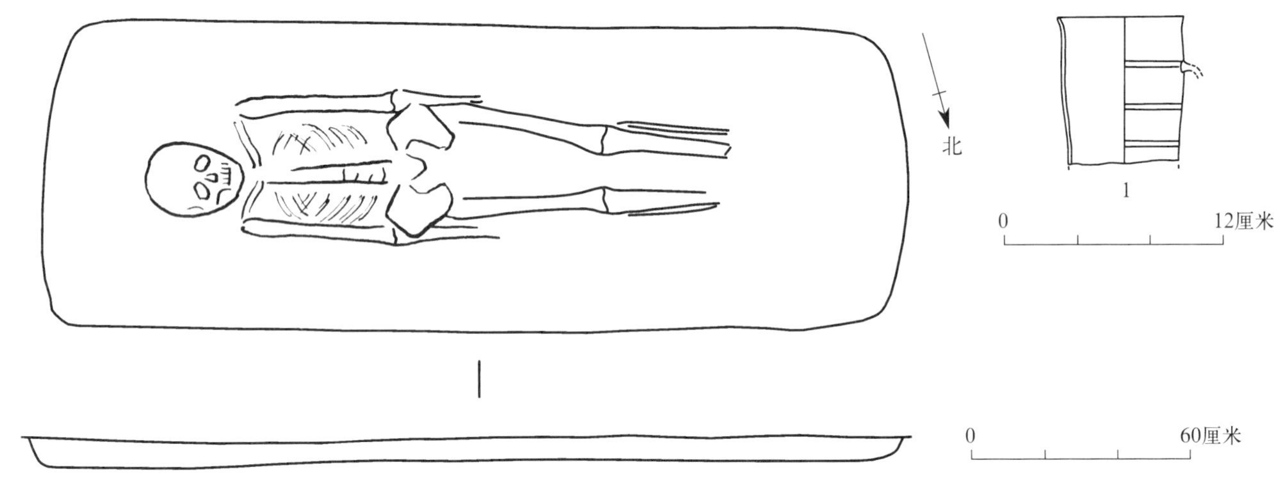

图2-590 一区八期M16平、剖面图及出土筒形单耳杯

1．筒形单耳杯M16：02

7．M23

位于E4T2397、T2398、T2447、T2448四个探方交界的位置。开口于耕土层下，打破第⑥层。墓葬形制为土坑竖穴墓，直壁，平底，方向为99°。墓葬平面呈规整的长方形，东西长约2.54、南北宽约1.02～1.05米。墓口海拔16.23～16.30米，墓底海拔15.99米，墓口至墓底深0.24～0.31米（图2-591；彩版一九六，1、2）。

墓内填黄褐色花土，夹杂少量炭屑、烧土粒和陶片等，结构较为紧密，四周较硬，中部较松软。墓室内四周有较窄的熟土二层台，宽10～20厘米，保存高度在10～15厘米。二层台填土与墓内填土基本相同，结构紧密，质地坚硬，似经过人为加工。

墓葬使用一棺，木质已经全部腐朽，仅存灰痕。从清理过程看，东边端线的棺灰痕迹比较清

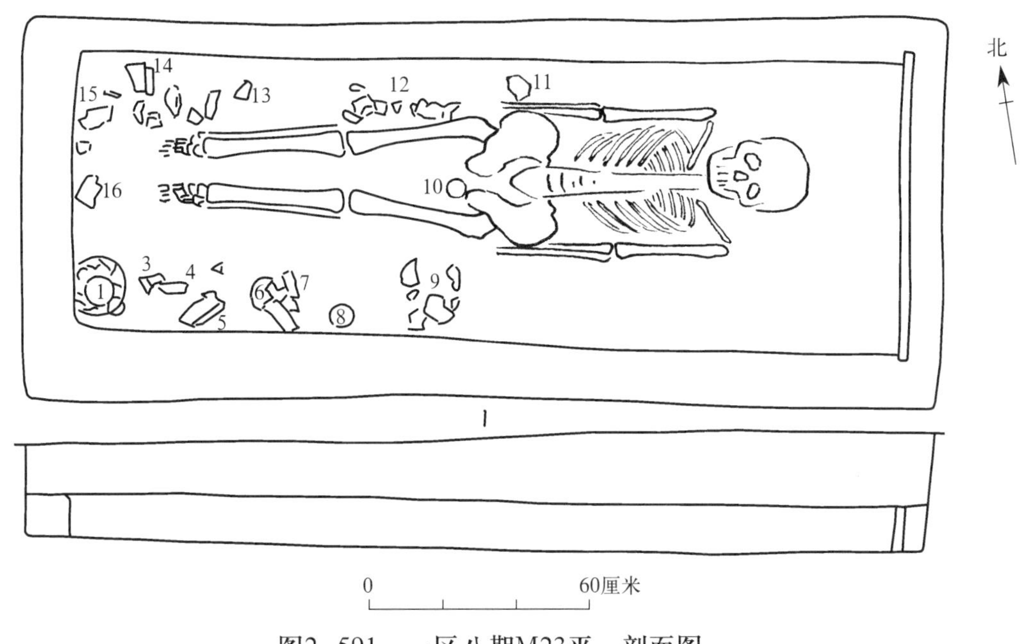

图2-591　一区八期M23平、剖面图

1、7. 罍　2、12. 三足杯　3、8. 筒形器盖　4、10. 杯　5. 平底盒　6、9、14. 壶　11、13. 器形不明　15. 双耳罐　16. 红色彩绘陶片

晰，呈黑灰色，痕迹宽3厘米左右，并且向两侧外伸，超出了侧板的位置。北、西、东三边只有断续1厘米左右的灰色木灰痕迹，宽度较窄，辨识不出其原来的宽度。特别是南端的横板，没有找到向两侧外伸的确凿证据。不过从东端比较清楚的棺痕看，M23木棺的结构应是两端向外侧伸出的“Ⅱ”字形。棺室东西长约2.30、南北宽约0.74米，木棺较为宽大。

人骨置于棺室之内，腐烂较甚，保存较差。一次葬，头东脚西，方向与墓葬方向基本一致。葬式为仰身直肢，面朝北。人骨架长约1.80米，除去脚趾伸开的部分也在1.70米以上，经鉴定为成年男性。

随葬品均为陶器，数量较多，但均为碎片状，散乱的置于棺内西半部的人体两侧及西端，部分压在人骨之上。陶器绝大多数为泥质黑陶，火候较低，部分由于破碎较甚而不能够复原。

标本M23：15，双耳罐。泥质黑陶。侈口，圆唇，微束颈，溜肩，鼓腹，圜底。器表经磨光处理。颈下有两周凸弦纹和一周凹弦纹，其上有对称的泥饼和宽横耳各一对，腹部饰四周凹弦纹。口径10.0、高11.0、厚0.2～0.4厘米（图2-592，3；彩版一九七，1）。

标本M23：1，罍。泥质黑陶。直口，高颈，宽折肩，斜腹内收较甚，下腹内束，小平底内凹。肩腹之交有一对宽大横耳。器表经磨光处理。折肩部位饰一周凹弦纹。口径6.0、底径7.6、高19.0、厚0.1～0.4厘米（图2-592，1；彩版一九七，2）。

标本M23：7，罍。泥质黑陶。直口，高颈，宽斜折肩，斜腹内收较甚，下腹部内束，小平底内凹。肩腹之交有一对宽大横耳。器表经磨光处理。折肩部位饰一周凹弦纹。口径6.0、底径8.2、高19.6、厚0.2～0.4厘米（图2-592，2；彩版一九七，3）。

标本M23：9，壶。泥质黑陶。直口微内倾，高颈，圆折肩，圆腹，小平底内凹。肩腹之交有一对横耳。器表经磨光处理，素面。口径6.4、底径6.6、高17.8、厚0.1～0.3厘米（图2-592，4；彩版一九七，4）。

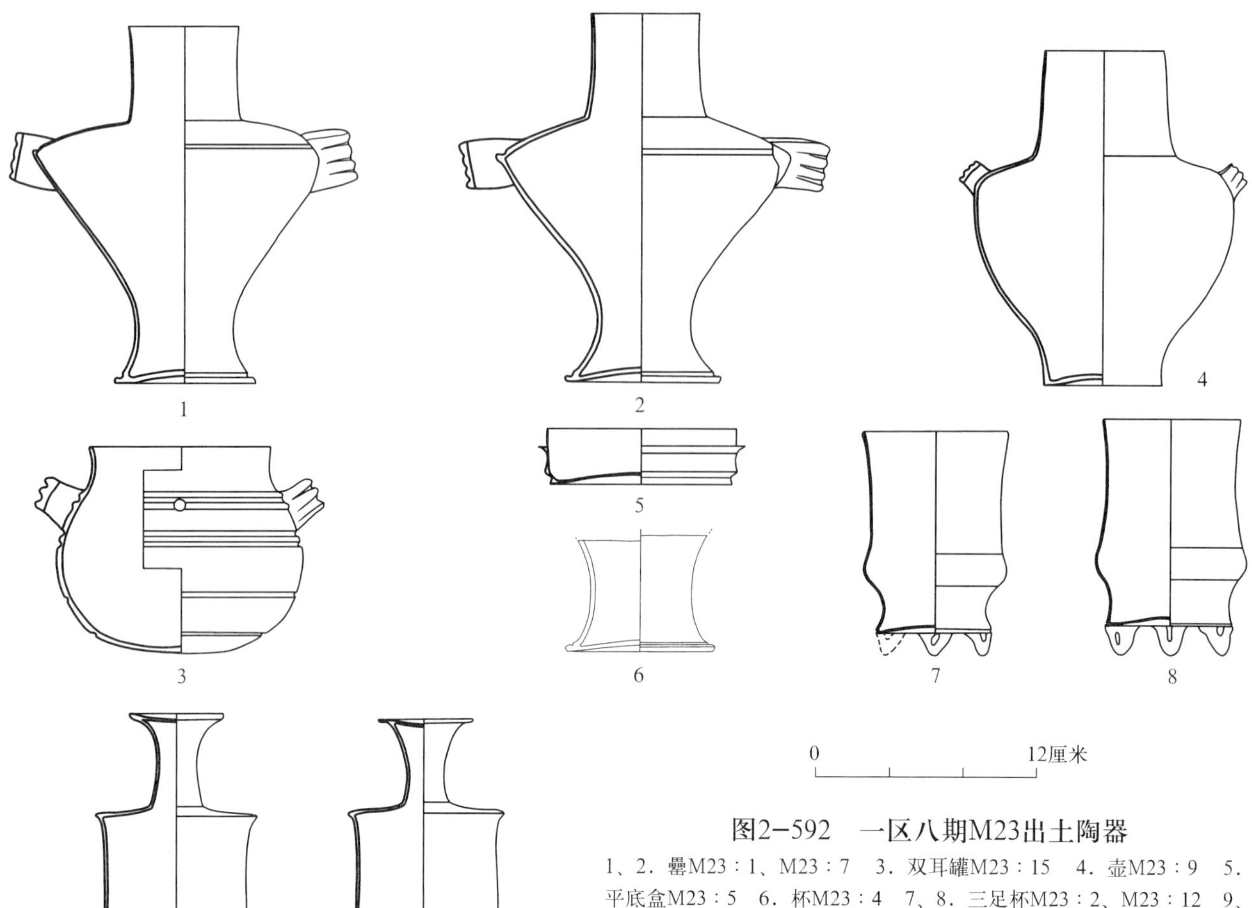

图2-592　一区八期M23出土陶器

1、2．罍M23：1、M23：7　3．双耳罐M23：15　4．壶M23：9　5．平底盒M23：5　6．杯M23：4　7、8．三足杯M23：2、M23：12　9、10．筒形器盖M23：3、M23：8

标本M23：6和M23：14，均陶壶残片，破碎较甚而无法修复。

标本M23：5，平底盒。泥质黑陶。直口，上腹内束，下部外鼓，平底内凹较甚。口径10.4、底径10.0、高3.0、厚0.1～0.2厘米（图2-592，5；彩版一九八，1）。

标本M23：4，杯，腹以上部分残失。泥质黑陶。内束较甚，平底内凹。外表经磨光处理，素面。底径8.3、残高6.2、厚0.3厘米（图2-592，6）。

标本M23：2，三足杯。泥质黑陶。直口微侈，上腹微束，下腹外鼓，平底内凹，下附三环形足。器表和口沿内经磨光处理，素面。口径8.0、底径6.2、通高12.0、厚0.1～0.2厘米（图2-592，7；彩版一九八，2）。

标本M23：12，三足杯。泥质黑陶。直口微侈，上腹微束，下腹窄鼓，平底内凹，底部有三个环形足。表面经磨光处理，素面。口径7.6、底径6.8、高8.5、厚0.2～0.3厘米（图2-592，8；彩版一九八，3）。

标本M23：10，杯底，残损较甚。

标本M23：3，筒形器盖。泥质黑陶。封顶高喇叭状纽，平顶内凹，盖面近平，沿部外突，直壁，直口。外表经磨光处理。盖面有一周凹弦纹。口径8.0、纽径5.2、高12.0、厚0.2厘米（图2-592，9；彩版一九八，4）。

标本M23：8，筒形器盖。泥质黑陶。封顶高喇叭状纽，平顶内凹，盖面近平，沿部外突，直壁，直口微外侈。器表和口沿内侧经磨光处理，素面。顶径约5.2、口径8.0、高11.6、厚0.2厘米（图2－592，10；彩版一九八，5）。

标本M23：11和M23：13，为破碎的陶器残片，不辨器形。

标本M23：16，红色彩绘陶片。

8．M36

位于E4T2397西北部。开口于耕土层下，被一条近代沟南北向打破，但未及人骨，又打破⑥a层。M36现存较浅，墓室的大部分应该被群众历年取土所破坏。墓葬形制为土坑竖穴，直壁，平底，方向为95°。墓葬平面呈长方形，东西长约1.92、南北宽约0.50米。墓口海拔16.33米，深0.15～0.20米（图2－593；彩版一九五，3）。

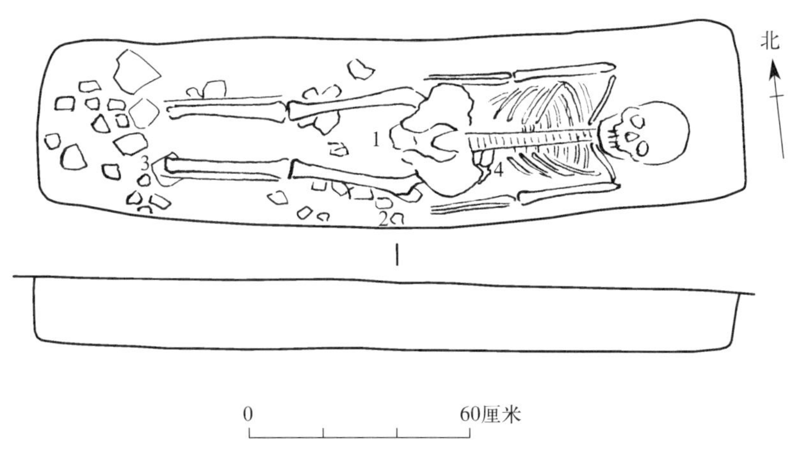

图2－593　一区八期M36平、剖面图
1．子母口罐　2．器盖　3．筒形单耳杯　4．杯

墓内填灰褐色土，包含较多烧土粒和草木灰，结构较紧密。土质较硬，没有发现葬具痕迹。

墓葬内有人骨一具，骨骼高度腐烂，保存极差。头东脚西，方向与墓向基本一致。葬式为仰身直肢，面朝上。由于下肢腐朽较甚，人骨架长度不可准确测量，经鉴定为成年女性。

随葬品均为陶器，散乱且极为破碎，分布在从骨盆到双脚之下的位置。共编为4件，其中1件叠压在骨盆之下，器形有罐、杯、器盖等，其中仅有1件陶罐可以修复。另外，在填土出土陶片中拣选出1件残石刀，不属于随葬品之列。

标本M36：1，子母口罐。泥质黑陶。高子口，短颈，窄肩，肩部有一对宽横耳，斜腹内收，平底。器表经磨光处理，腹部饰一周凹弦纹。口径10.6、底径7.4、高19.0、厚0.4厘米（图2－594，1；彩版一九九，1）。

标本M36：4，陶杯残片，不可复原。

标本M36：2，器盖。泥质黑陶。平顶下凹，周缘外突较甚，矮束颈，盖面斜直，折腹，以下残。素面。顶径4.8、残高4.2、厚0.15～0.25厘米（图2－594，2）。

标本M36：3，筒形单耳杯。泥质黑陶。敞口，筒状腹内束，平底内凹较甚。一侧有宽扁形把手。器表经磨光。口径11.0、底径10.0、复原高为15.8、厚0.1～0.2厘米（图2－594，3）。

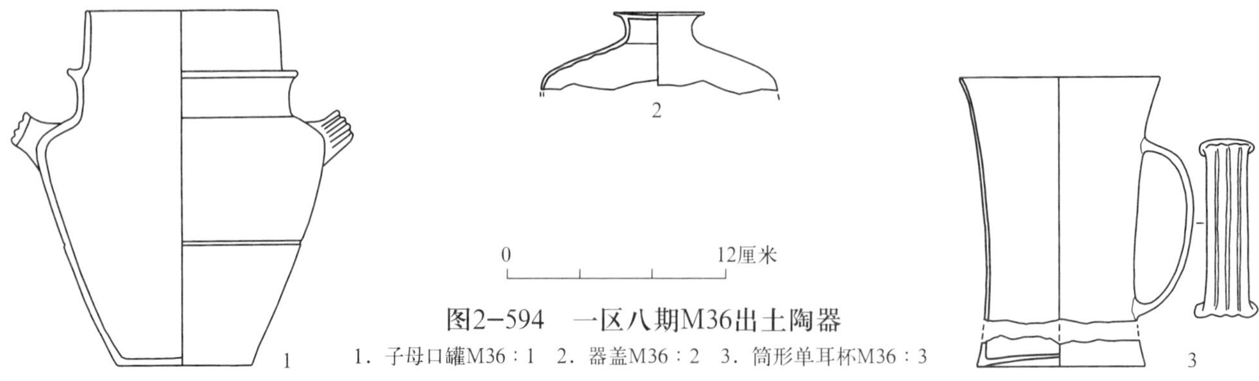

图2-594 一区八期M36出土陶器

1．子母口罐M36：1 2．器盖M36：2 3．筒形单耳杯M36：3

9．M31

位于E4T2445的东南部和T2395东北部，极小部分向东进入T2446西南角和T2396的西北角。开口于耕土层之下，打破第⑥层和H238。墓葬形制为土坑竖穴墓，直壁，平底，方向为94°。墓葬平面呈圆角长方形，南侧边中部微外弧，东西长约2.84、南北宽1.01～1.12米。墓口海拔16.28～16.36米，墓底海拔15.86米，墓口至墓底深0.42～0.52米（图2-595；彩版一九六，3）。

墓内填灰褐色花土，包含少量草木灰、烧土粒、砂粒和陶片等。从分布区域看，四周填土的结构紧密，质地较硬，而中部棺室位置则相对疏松。

墓内中部有一个长方形的棺室，其四周为熟土二层台。南、北、西三侧二层台宽度在0.20～0.30米，东侧较宽，为0.46～0.52米，高度为0.34～0.40米。二层台填土与墓内填土基本一致，结构紧密，质地较硬，经过人为加工。

墓葬内有一棺，发现时已经全部腐朽，但发现有黑灰色的棺板灰痕，形制为较为规整的长方体箱式棺，其他如棺板的数量、相互之间的接合方式、是否存在底板和盖板等均不清楚。棺室东西长约2.08、南北宽约0.54米，残存高度为0.34～0.40米。板灰痕迹厚约5.0厘米。

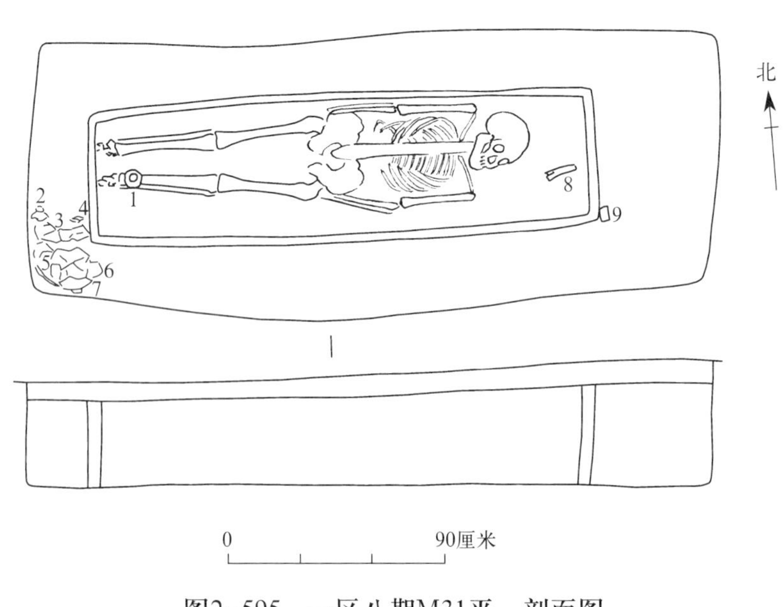

图2-595 一区八期M31平、剖面图

1、7．器盖 2、4、6．杯 3．罐 5．子母口罐 8．兽骨 9．石拍子半成品

棺室内有人骨一具，腐烂较甚，保存较差。一次葬，头东脚西，方向与墓室方向一致。葬式为仰身直肢，头骨向北侧倾斜，面朝南（向左侧），双臂前部向内，双手置于骨盆外侧。人骨架长约1.80米，经鉴定为成年男性。

随葬品分置于四处：二层台西南角放置陶器6件；东部二层上有石器1件；墓内人骨架左侧胫、腓骨近脚跟部位有1件陶器盖；人头骨上方有1件骨器，因腐烂过度而不识器形。

标本M31：9（#1354；S2095），石拍子半成品。石英岩。平面为长方形，一面平另一面外凸。长9.8、宽6.9、厚4.9厘米，重449.8克（彩版一九三，6）。

标本M31：8，兽骨，朽蚀较甚，不辨种属。

标本M31：3，罐。泥质黑陶，器壁较薄。口至肩部残失，从整体形制看应为子口罐。短斜肩，弧桶形深腹，平底内凹。素面，器表经磨光处理，肩部残留一个盲鼻。最大腹径12.5、底径6.1、残高12.6、厚0.2厘米（图2-596，1）。

标本M31：5，子母口罐。泥质黑陶，器壁薄。高直口，中部有一周粗凸棱形成的子母口，窄肩，近直腹微外弧，平底，残。素面，器表经磨光处理。口径7.8、底径5.6、高13.5、厚0.1～0.2厘米（图2-596，2；彩版一九九，2）。

标本M31：6，杯。泥质黑陶，器壁较薄。筒形，口微敞，尖圆唇，杯体上部腹壁较直，中部偏下有一周宽隆起，下部内收成束腰状，平底内凹。素面，器表经磨光处理。口径6.6、底径5.4、高12.0、厚0.2厘米（图2-596，3；彩版一九九，3）。

标本M31：2，杯。泥质黑陶。腹以上残，直腹，下腹急收微内束，小平底内凹。器表经磨光处理，底部外侧有一周凹弦纹。底径4.4、残高4.6、厚0.1～0.6厘米（图2-596，4）。

标本M31：4，陶杯残片，不能复原。

标本M31：1，器盖。泥质黑陶。纽顶面微内凹，盖之肩部较宽且斜直，肩部圆折，直壁微外张，直口。外表经磨光处理，纽顶面边缘有一周凹弦纹。纽径4.0、口径10.0、高5.4厘米（图2-596，5；彩版一九六，4）。

标本M31：7，器盖。泥质黑陶。矮杯形纽，纽顶面微内凹，盖面边缘高中间低，圆折肩，直壁稍内收，直口。素面，器表经磨光处理。纽径4.2、口径8.8、高4.6厘米（图2-596，6；彩版

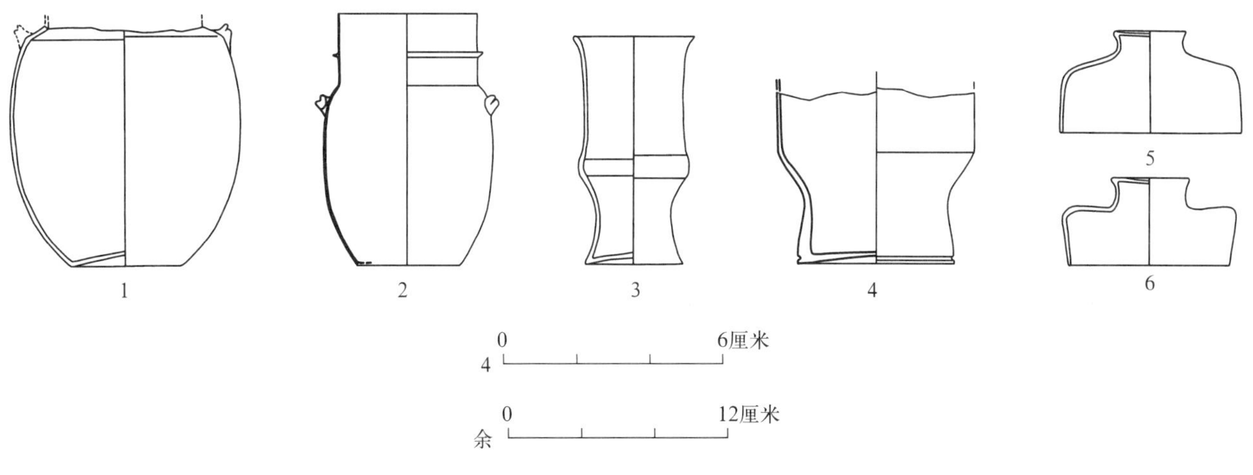

图2-596　一区八期M31出土陶器

1．罐M31：3　2．子母口罐M31：5　3、4．杯M31：6、M31：2　5、6．器盖M31：1、M31：7

一九六，5）。

10．M13

位于E4T2344南部，破坏比较严重。开口于耕土层下，打破H53。形制为土坑竖穴墓，斜壁，底部不平，方向为93.5°。墓葬平面为圆头长条形，东西长约1.98、南北宽约0.22～0.38米，墓葬西部因保存略深而较好，东部则极浅，基本被破坏。造成这种状况的原因是，M13打破H53，而H53较深，内部堆积较为松软，时间久了，墓葬在H53内的部分随着灰坑内堆积的沉淀而明显下陷，导致在灰坑内的部分呈台阶状下沉，这种现象在古代墓葬中经常可以见到，两城镇遗址村内1998年冬发掘区的M6也属此列。而在H53以东的部分，则基本上被破坏殆尽，人骨的痕迹也没有发现。墓口海拔15.92～15.98米，墓底最低处海拔15.70米，墓口至墓底深0.02～0.28米（图2-597；彩版二〇〇，1）。

墓内填灰褐色土，包含草木灰、烧土粒和陶片等，结构疏松，土质较软。未发现葬具痕迹，也没有随葬品。

墓葬内有人骨一具，腐烂严重，只保存着左右股骨和右侧桡骨痕迹，其他部分骨骼均已不存。所以，年龄、性别等均不详。

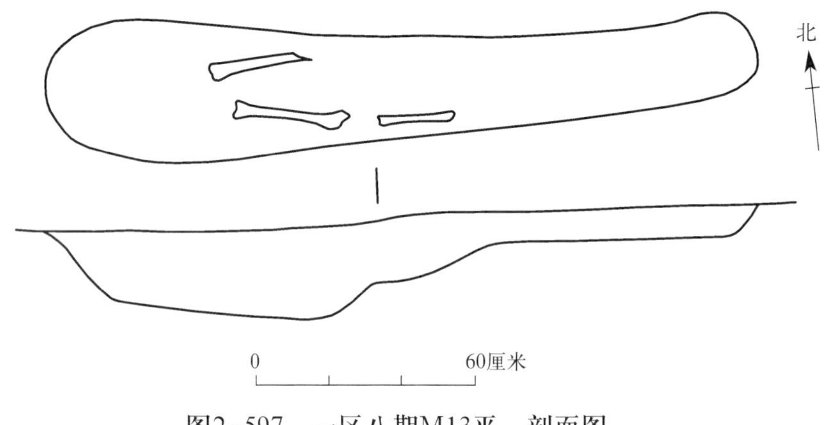

图2-597 一区八期M13平、剖面图

11．M14

位于E4T2099西南部，向西伸入T2098东南角。墓葬开始出现时未能识别出来，在发掘到H56时，发现其中有一东西向长方形土总是与周围不同，经仔细辨认后认为是打破灰坑的遗迹，随后根据其形状和填土确定为墓葬，并且可以向西延伸到西壁，从隔梁和西邻T2098保存的部分可知，墓葬开口于耕土层下，打破H56和第⑥层。墓葬形制为土坑竖穴墓，方向为88°。墓葬平面为圆角长方形，东西长约2.02、南北宽约0.54～0.65米。墓口海拔16.25～16.39米，墓底海拔15.96～16.07米，墓口至墓底深0.31～0.36米（图2-598；彩版二〇〇，2）。

墓内填黄褐色花土，包含较多的烧土粒、草木灰和陶片等，可能与打破灰坑有关。结构较为紧密。没有发现葬具痕迹，也没有随葬品。只是在墓葬填土中发现6件残破石器。

墓葬内有人骨一具，腐烂严重，只保存着人体各部分骨骼的痕迹。一次葬，头东脚西，方向为90°。葬式为仰身直肢，面朝上，四肢略向外张。人骨架长约1.60米，成年，性别不详。

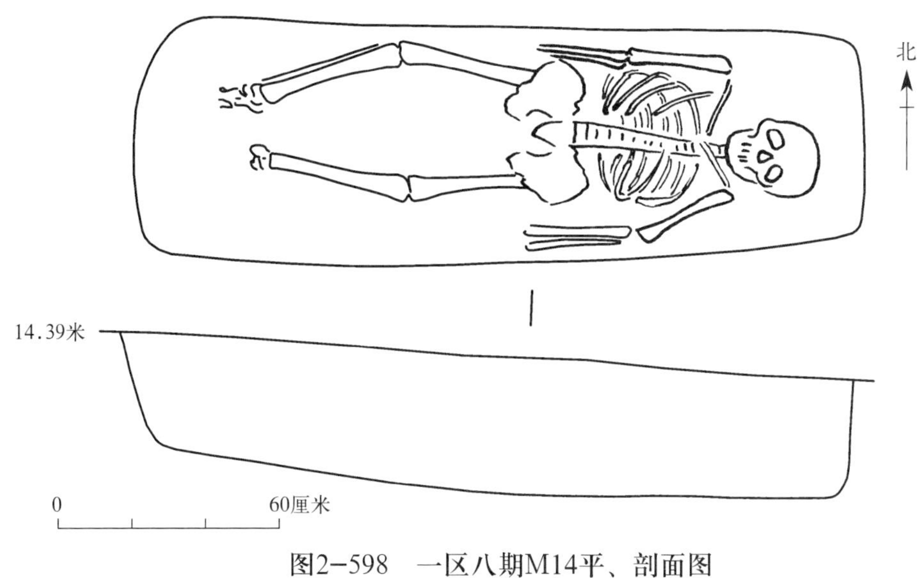

图2-598　一区八期M14平、剖面图

12．M19

位于F4T2301南部，保存较差，只剩下极浅的墓底部分。开口于耕土层下，打破⑥a层。墓葬形制应为土坑竖穴，底部不平，呈西高东低之势，方向为91°。墓葬平面呈长方形，东西长约1.93、南北宽0.56～0.60米。墓口海拔16.20～16.34米，墓底海拔16.12～16.25米，深约0.08米（图2-599）。

墓内填黄褐色花土，其中包含烧土粒、炭屑、陶片等，结构较为紧密。没有发现葬具痕迹。

墓内有人骨一具，保存极差，大体可以看出腐烂后的痕迹。头东脚西，方向与墓向一致。葬式、年龄和性别等均不详。

墓葬现存范围内没有发现随葬品，由于破坏比较严重，也可能位于二层台而被完全破坏。填土内出土陶片中，修复1件陶盒，应是挖墓破坏文化层内遗物。

标本M19：01，盒。泥质黑陶。矮子口，斜直腹，近底部折收，平底，底部残失。内外表均经磨光处理，素面。口径20.0、底径16.0、高5.7、厚0.2厘米（图2-599）。

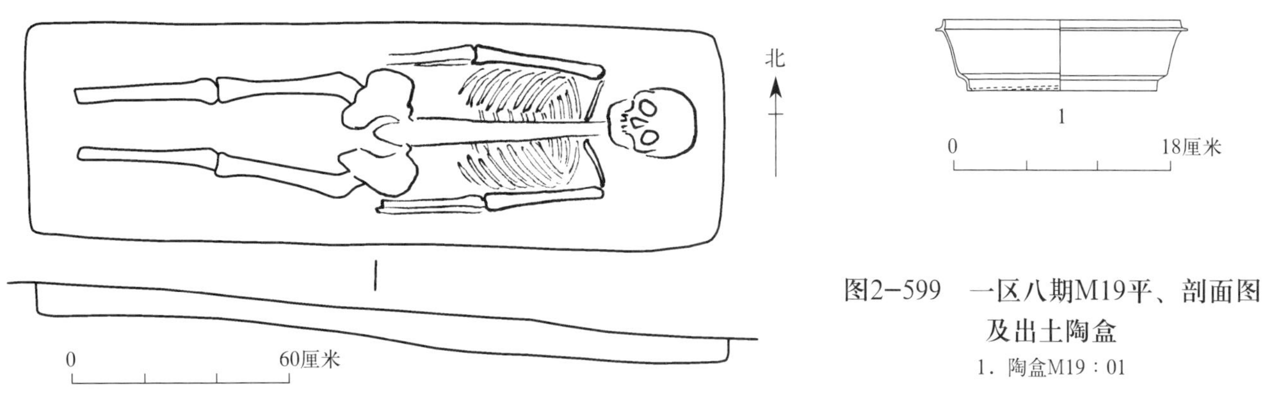

图2-599　一区八期M19平、剖面图及出土陶盒

1．陶盒M19：01

13．M10

位于E4T2049的西南部。只保存较浅的墓底部分，以上均被后期取土破坏。开口于耕土层下，打破⑥a层。墓葬形制应为土坑竖穴，方向113°。墓葬平面呈长方形，东西长约1.80、南北宽0.36米。

墓口海拔16.07～16.2米，墓底海拔16.22～16.32米，深0.11～0.20米（图2-429）。

墓内填灰褐色土（10YR3/4），其中包含烧土粒、炭屑、陶片等。没有发现葬具痕迹。

墓内有人骨一具，保存极差，仅保留部分腐烂后的痕迹。头东脚西，方向与墓向基本一致。葬式、年龄和性别等均不详。

墓葬现存范围内没有发现随葬品，填土内发现1件石刀和1件可复原的器盖。

标本M10：01，石刀，出自填土中。含钾丰富的煌斑岩。平面近似半月形，单面刃，中部偏上有对钻的双孔。长12.6、宽6.3、厚1.0厘米，重123.8克（图2-600，2）。

标本M10：02，覆碗形器盖。泥质黑陶。平顶较大，器体较矮，斜壁微内凹。顶面外缘和斜壁上部各有一周凹弦纹。顶径8.3、口径15.1、高2.7、厚0.3～0.4厘米（图2-600，1）。

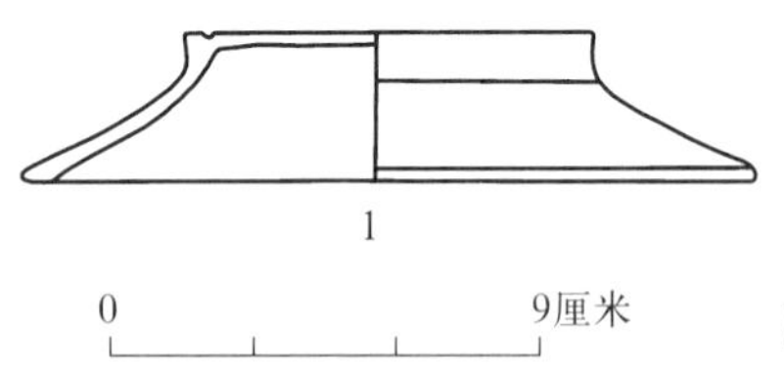

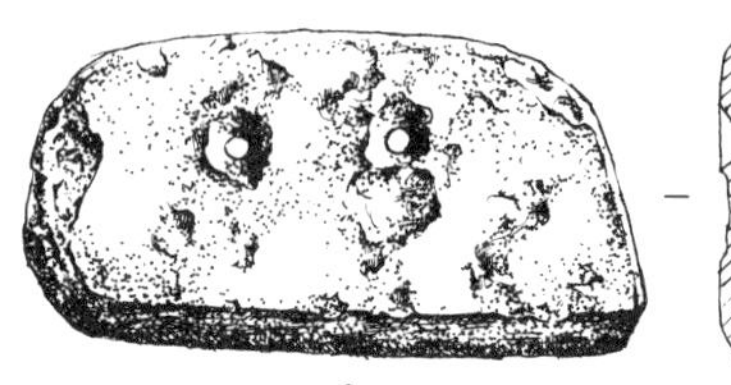

图2-600　一区八期M10填土出土器物

1．覆碗形器盖M10：02　2．石刀M10：01

第五节　周代墓葬

一　概述

发掘区内共发现4座周代墓葬。墓葬均为土坑竖穴，接近东西方向。墓葬分布比较分散，相互之间的距离较远（图2-601）。4座墓葬均有木质葬具，但已经完全腐朽不存。墓室底部棺椁的位置，淤积一层特别细腻的褐色淤泥，质地极黏，像经过过滤和沉淀一样，当是墓葬棺椁尚未腐朽时渗透进去淤积的。人骨保存极差，基本上已不存在，个别部位可见骨骼的痕迹或轮廓。多数墓葬没有随葬品，有者也甚少。

二　分述

1．M11

位于E4T2048中部偏西处。开口于耕土层之下，打破龙山文化的文化堆积（图2-602；彩版二〇一，1）。发掘区内除了个别近现代遗迹挖的较深而有所保存之外，耕土层之下就是龙山文化的文化层和遗迹。由于M11的口部形状不甚规则，并且填土包含了大量的龙山文化陶片，所以，开始的时候曾将其作为一个龙山文化灰坑进行清理（编号H33）。清理到一定深度后，发现了似为木棺的痕迹，才觉察到其应该是一个墓葬，遂改编为M11。墓葬形制为土坑竖穴墓，内斜壁，底部大体平整，方向为100°。墓葬平面呈不规则的长方形，尤其是两侧边线凹凸不直。东西长约2.44、南北宽约0.84米，墓口海拔16.47～16.54米，墓底海拔15.94～15.98米，墓口至墓底深约0.56米。

墓内填灰褐色土，夹杂较多的灰黑色土和黄色土块，陶片较多，且均为龙山文化，所以，发掘

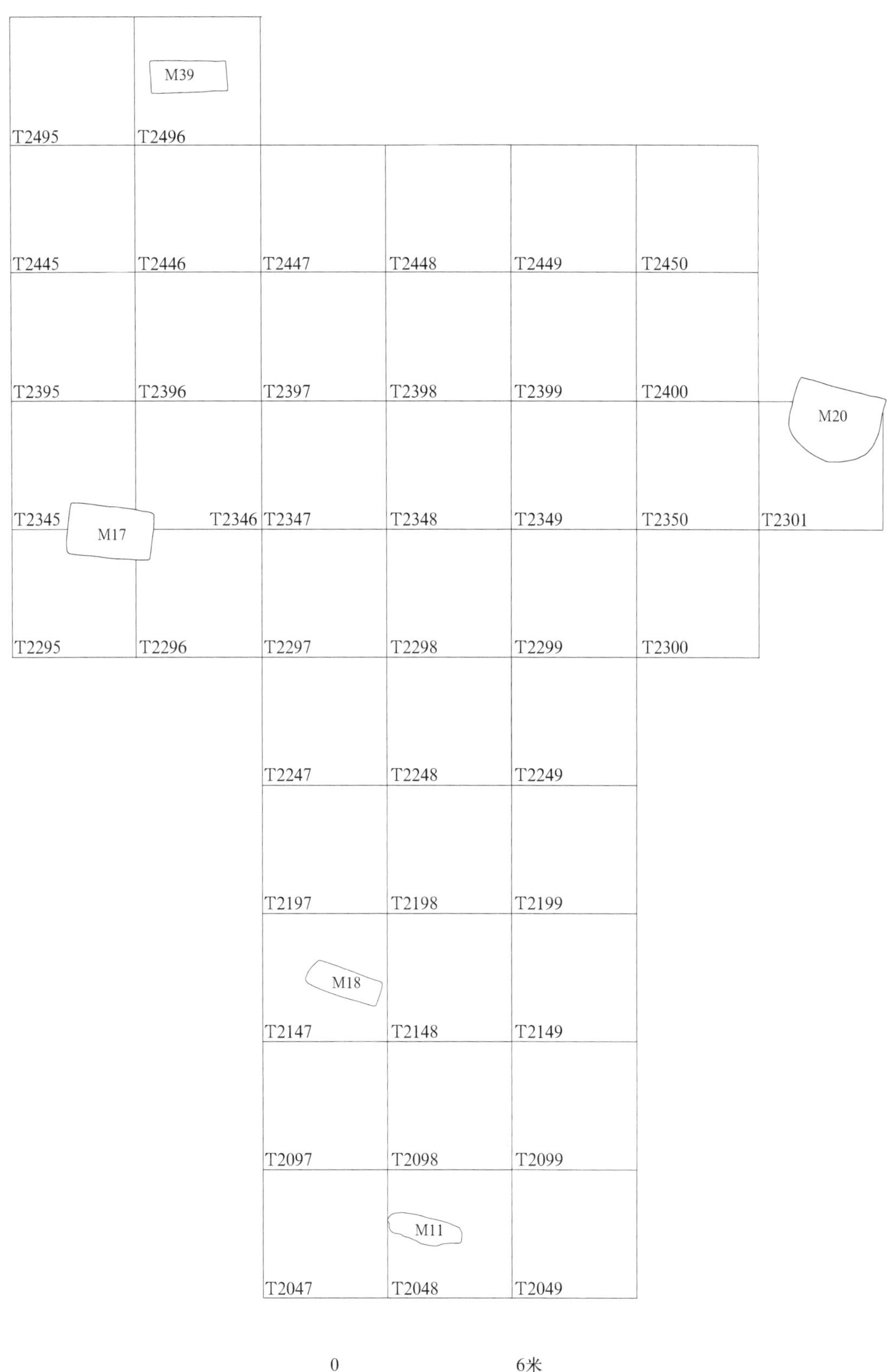

图2-601　一区周代和汉代墓葬平面分布图

之初曾判断其为龙山文化墓葬。

墓葬四周有二层台，而二层台的情况比较复杂。南北两侧，由于墓壁向内倾斜较甚，二层台实际上只是木棺与墓壁之间一个较窄的缝隙，缝隙内为熟土，倾斜的边壁为生土。东端为熟土二层台，西端则为生土二层台。

墓葬内有一棺，基本位于墓室正中。木质的棺板已经全部腐朽，只保存着棺木的灰痕和颜色有区别的土。棺的整体为长方体的箱式，口部东西长约1.92、南北宽0.43～0.54、残高为0.32～0.38米，厚约6～8厘米。没有发现明显的盖板和底板痕迹。

人骨保存极差，除了个别部位有一部分痕迹外，基本腐烂不存。棺室内发现个别骨骼和牙齿的痕迹，从牙齿位于棺室近东端可知，墓主的安葬方式应该头向朝东，而具体的葬式、性别和年龄则无法知悉。

棺室部位的墓底发现一层极为细腻纯净的淤泥，厚约2～5厘米。细泥层呈黑色，黏性极大，湿度较大，类似于经过多次沉淀、过滤的细泥。这种质地的细泥普遍存在于两城镇遗址周代墓葬的底部，颜色、质地基本一致，只是厚度略有区别。发掘期间，曾推测其为沉淀的淤泥，即在墓葬的葬具尚未腐烂时，地下水从木棺的缝隙中渗透进来，稀释于水中的细泥则一起进来之后在墓底沉淀下来，并与人体及其他有机质混合，形成了这一层特殊的堆积。奇怪的是，这样的细泥堆积只发现于周代墓葬之中，而在有葬具的龙山文化墓葬中则完全不见。

墓葬内有1件陶质随葬品，置于头端棺外的二层台上部。

标本M11：1，罐。夹细砂黑皮陶，胎近白，因保存原因黑皮脱落而露出白胎，内壁亦为白色。大口，尖圆唇，沿内侧有一周凹槽，高颈，窄折肩，腹部斜收，平底。器表经磨光处理。下腹部拍印横向的细绳纹，器底饰垂直交错的细绳纹。口径24.0、肩径24.0、底径8.3、高21.6、厚0.35～0.9厘米（图2-602，1；彩版二〇一，3）。

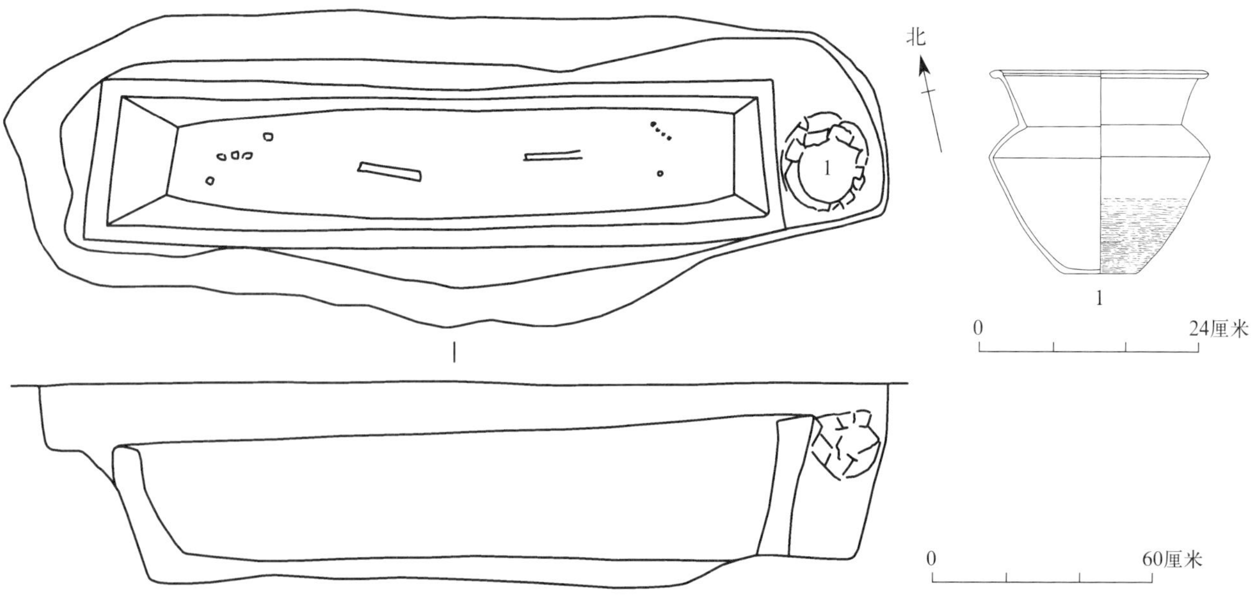

图2-602　一区周代M11平、剖面图及出土陶罐

1. 陶罐M11：1

2．M17

位于E4T2345东南部，向南、东分别伸入T2295、T2296、T2346等探方，扩方后予以全部清理。墓葬开口于耕土层之下，打破全部龙山文化堆积直到生土。墓葬形制为长方形土坑竖穴墓，壁略内斜（南壁倾斜较甚），平底，方向为96.5°。墓葬平面呈长方形，墓口东西长约2.72、南北宽1.48～1.60米。墓口海拔16.32米，墓底海拔14.98～15.02米，墓口至墓底深约1.32米（图2-603；彩版二〇一，2）。

墓内填土可以分层，但从质地和结构上看，大同小异。填土整体为黄褐色花土，包含较多的水锈，填土中的龙山文化陶片较多，也有灰色土，应是破坏了龙山文化堆积的原因。颗粒较粗，分选不好，结构较为紧密。

墓葬内发现一棺，结构为长方体箱式。棺木已经全部腐朽，只保存着板灰痕迹。木棺位于墓室内的北部。棺室平面为长方形，东西长约2.02、南北宽约0.60～0.66米，发现高度约为0.44米，棺板灰痕厚度为2.0～5.0厘米。棺的侧板和端板的接合方式不详。在棺室之上，发现3块盖板灰痕，3块盖板均位于东半部，长度相近，为0.75～0.80米，宽度不一，宽的约为0.25米，窄的只有0.10米。

墓内没有发现明确的人骨，只有一些类似骨骼的痕迹，颜色呈黄褐色，形状为东西条形，有一些还粘附于两侧棺板边缘。头骨和牙齿均未发现，故头向和葬式等均不详。

墓室底部淤积有一层细腻的黑色黏泥，厚约5.0厘米，在发现的几座周代墓葬中是最厚的一座。这种细腻的黑色黏泥的性质，与其他同时期的周代墓葬应该是相同的。

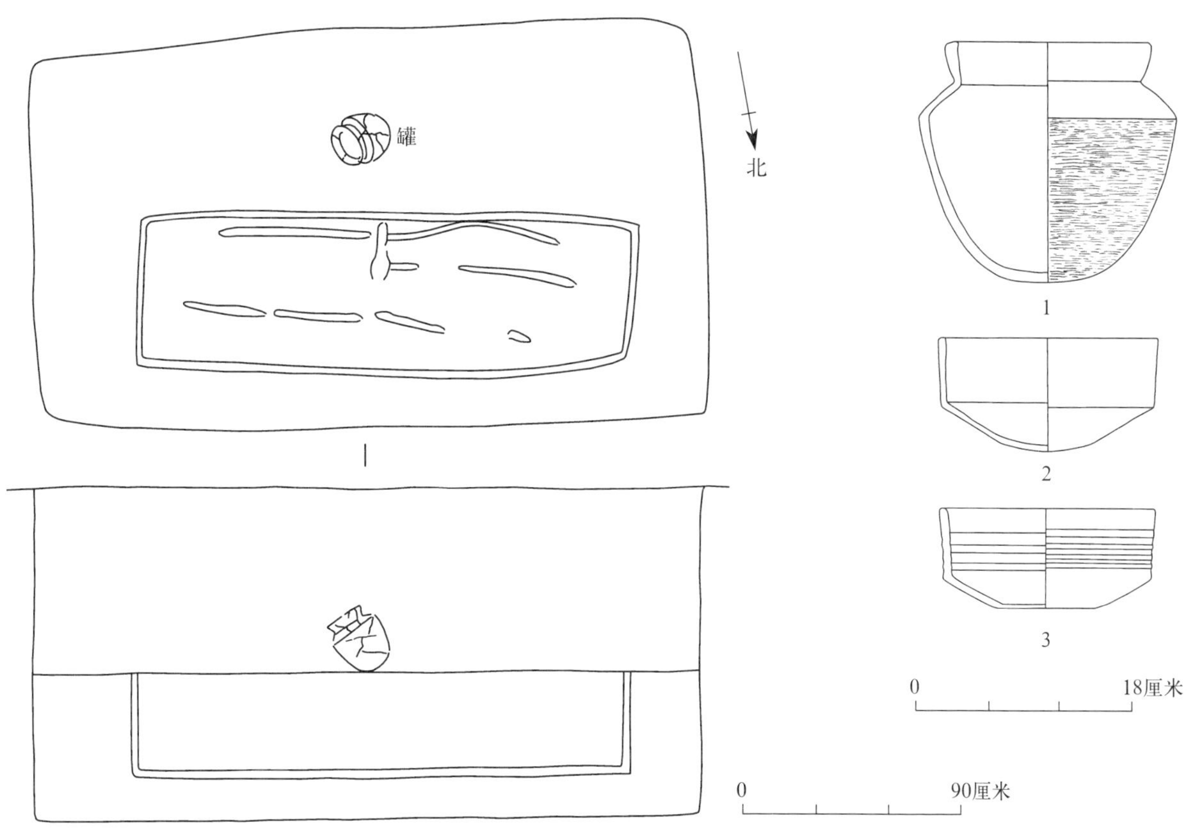

图2-603 一区周代M17平、剖面图及出土器物

1．罐M17：1 2、3．钵M17：2、3

墓内的随葬品只有1件陶器，位于墓室中部的南侧二层台上，发现时已经碎成残片。另外，墓葬填土中还出土了大量陶片和30多件残破石器，陶器器形有鼎、罐、盆、豆、盒、器盖等，石器器形有石镰、刀、铲、镞、磨石及石刀半成品等。其中，除了2件灰陶盒，形制和特点与墓葬时代相同（编为2、3号），其他从填土中出土的陶器器形及形制特点，均属于龙山文化，应与墓葬打破的龙山文化堆积有关。

标本M17：1，罐。夹细砂灰陶。直口，窄斜折肩，斜圆腹，圜底。肩以下部分饰横细绳纹。口径17.5、高18.8、厚0.4～0.7厘米（图2−603，1）。

标本M17：2，钵。夹砂灰陶。直口，折腹，近圜底。素面。口径18.3、高9.0、厚0.4～0.5厘米（图2−603，2；彩版二〇一，4）。

标本M17：3，钵。夹细砂灰陶。直口，折腹，平底。外壁有瓦棱纹。口径18.0、底径8.0、高8.0、厚0.6～0.7厘米（图2−603，3）。

3．M18

位于E4T2147的东部，开口于耕土层之下，打破第⑥层。从整体上看，墓葬已接近底部，形制为土坑竖穴墓，直壁，底部不甚平整，方向为108°。墓葬平面为长方形，东端不太规整，东西长约2.42、南北宽0.78～0.87米。墓口海拔16.46米，墓底海拔16.24米，深约0.22米（图2−604）。

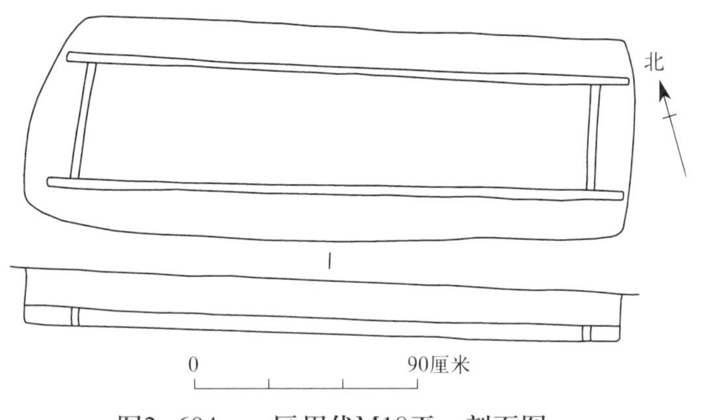

图2−604 一区周代M18平、剖面图

墓内填黄褐色土，包含少量烧土粒、炭屑和陶片等，结构较为紧密。

墓葬内使用一棺，棺板全部腐烂，只保存着板灰的痕迹。从灰痕看，棺的两面侧板外伸，平面呈扁“Ⅱ”字形。棺室长约2.10、宽0.48～0.52、残高0.05米，厚约4.0厘米，没有发现明确的盖板和底板痕迹。

墓葬内没有发现人骨痕迹，也没有随葬品。人骨可能全部腐烂不存，而随葬品或是原来就没有，或者是由于墓葬被破坏太深而不存（几座有随葬品的墓葬，随葬品均置于二层台上）。

墓底也有一薄层细腻的黑色黏泥，厚约2.0厘米，与其他同期墓葬相同。

4．M39

位于E4T2496的中部，这一区域本不在当年的发掘计划之内，在寻找F36基槽东北角时，发现了M39的西半部，遂向东扩方予以清理。墓葬开口于耕土层之下，打破龙山文化堆积和F36、H254等。墓葬形制为土坑竖穴墓，壁微内斜，平底，方向94°。墓葬平面呈长方形，东西长约2.43、南北宽0.94～1.01米。墓口海拔约16.18米，墓底海拔15.23米，墓口至墓底深约0.95米（图2−605）。

墓内填黄褐色花土，包含有红烧土粒、大的砂粒和陶片等，结构紧密，质地较硬。墓室四周有熟土二层台，由于墓壁内斜，二层台呈上宽下窄的状态。上部二层台的四边宽度相差不大，约在0.16～0.20米。

墓葬内发现一棺，结构为长方体箱式。棺板已经全部腐朽不存，只保留有灰痕。从墓口看，木棺位于墓室的中部偏南，如果从墓底的情况看，则基本位于中部。棺室呈长方形，东西长约1.98、南北宽约0.48～0.54米，从二层台的位置判断，棺木的高度为0.40米。残存的灰痕较薄，只有大约2.0厘米左右。没有发现盖板和底板的痕迹。

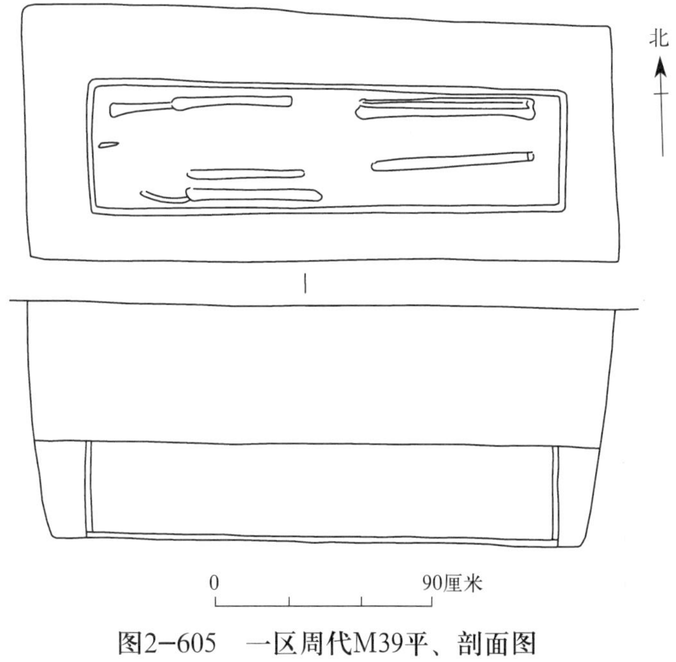

图2－605　一区周代M39平、剖面图

棺室内底部发现一层厚约2.0～4.0厘米的极为细腻纯净的淤泥，呈黑色，黏性极大，湿的时候用手铲一刮，有亮亮的光泽。

人骨基本被腐蚀完毕，在棺内发现了一部分呈长条形的痕迹，均为东西向分布，并且沿着棺室两侧边展开，颜色与人骨颜色十分相像，其形状与肢骨相似，但位置和结构则又不是人体的肢骨，解剖的断面也没有人骨的结构，同一时期的M17也曾发现过完全相同的现象。所以，根据其他同期墓葬，可知人骨架应为头东脚西，而年龄和性别则完全不清楚。

M39没有发现随葬品。墓内填土中发现了4件残破石器，出土位置高于墓底，相隔较远且没有规律，应是其打破龙山文化堆积中的遗物。

第六节　汉代墓葬

一　概述

本发掘区内的汉代遗存甚少，除了仅有的1座墓之外，没有发现同时期的文化堆积和其他遗迹。

此外，在两城镇遗址发掘期间，还在离遗址不远的两城五村发现了1座汉代花纹砖墓。在此一并予以公布。

二　分述

1．M20

位于F4T2301的中部北侧，向北延伸到T2351南部。墓葬开口于耕土层下，打破所有的龙山文化层、生土层和底部基岩。M20为土坑竖穴，上部受到一定程度的破坏，开口部位的海拔高度约为16.16米，墓底海拔约13.91米。

M20的开口部位平面略呈“D”字型，东西长2.90、南北宽约1.83米，方向110°。暴露在T2301中的墓室南壁为弧线形。由于开始发掘的时候只是暴露出南半部，而北半部尚在T2301的北壁之外。

所以，对这一近似半圆形的遗迹，发掘者曾一度认为是一个灰坑，编号为H45。但是，随着发掘工作的向下进行，坑内填土人为加工现象十分明显，最后确定是一座墓葬，改为M20。同时，为了把完整的墓葬暴露出来，立即将伸入北侧T2351的部分全部揭露，墓葬的整体形状才得以显现。墓葬较深，其中部以下其实是长方形的。推测南侧的弧形边壁是做墓时塌方形成的，并非有意而为。墓壁略微内收，整体呈现上口较大向下渐小的状况。

墓内填五花土，土质土色较为复杂。有细砂土、粗砂土、夹杂黄褐色土块的灰褐色土以及红烧土块等，反映了人们当时用不同的填土来填充墓坑。首先发掘的墓葬西半部（指T2301内的西半部）。在上部填土的西南部分，有一个似经故意烧烤的堆积层，面积为180厘米×70厘米。此后在墓葬西北部发掘时，在海拔15.55米时也发现了一小片烧土层。在墓葬上部和下部填土中都发现了部分灰烬土，应是建造墓葬时打破龙山文化的文化层并直接回填所形成。而除了烧烤面之外，填土有分层加工的现象，只是由于中部棺椁位置塌陷使得层次较为错乱。这也是发掘中一直怀疑其是否为灰坑的重要原因之一。填土中包含了较多的龙山文化遗物（残破石器和陶片）和少数周代的陶片。

在墓葬棺椁的顶部和底部均发现成层堆积的鹅卵石。在墓葬内的西南角海拔约15.32米的高度，首先发现了鹅卵石遗存，分布于墓葬的四周边缘，宽度约20厘米，鹅卵石的尺寸从10厘米到1厘米不等。随着发掘的深入，发现的河卵石和其他石块越来越多，而且分布的范围也更大。推测这些石块原本均匀的覆盖在棺的上部，后来随着时间推移和雨水的侵蚀，中间的棺椁塌陷，墓葬中部的石块随之下落。该层鹅卵石厚度约30厘米（图2-606～610；彩版二〇二、二〇三）。

大约在海拔14.45米时，即距墓口深约1.71米的位置，墓坑中间的木椁开始暴露。采集了一个木椁的标本。在这一位置，靠近南壁为一较宽的二层台，东西长2.20、南北宽0.45米。二层台的中

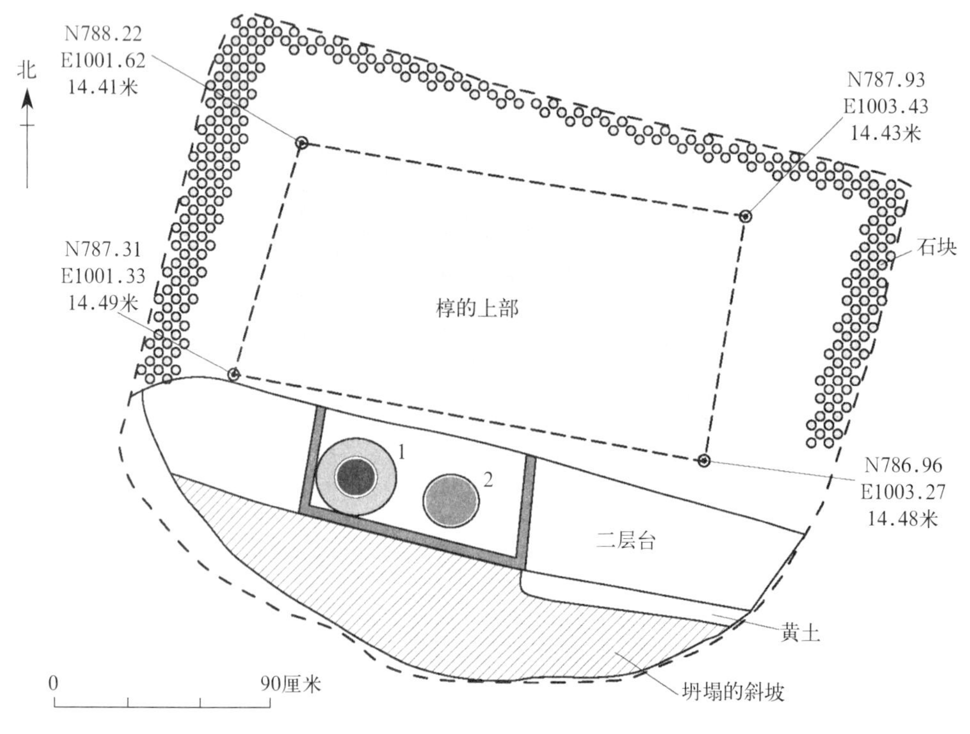

图2-606　一区汉代M20椁顶部、二层台和边箱平面图

1. 罐　2. 盂

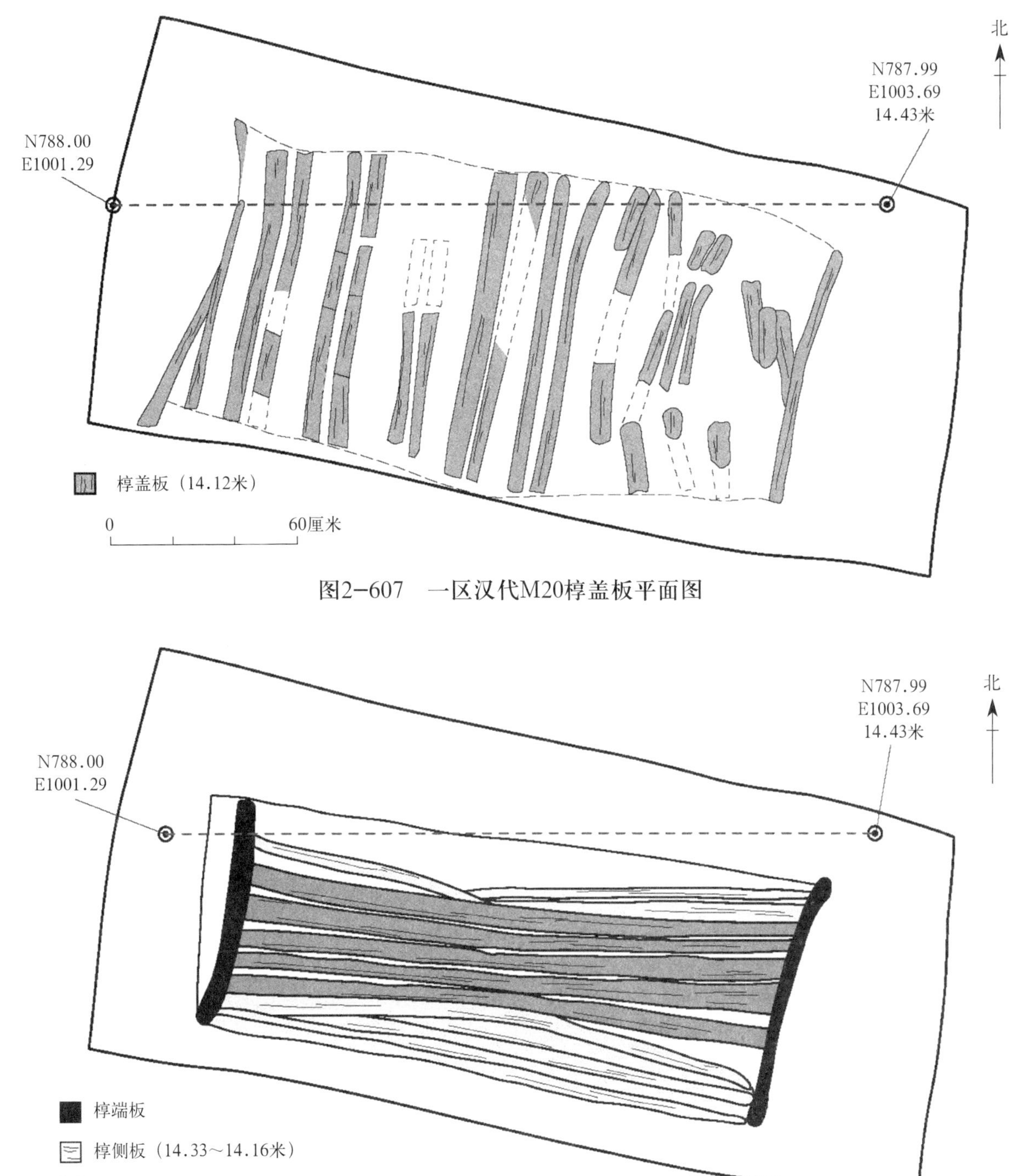

图2-607　一区汉代M20椁盖板平面图

图2-608　一区汉代M20棺盖板和椁侧、端板平面图

部，从土锈痕迹和木头痕迹看，有一个长68、宽42厘米的木盒，而这个木盒位于二层台中部。发掘时采集了木盒的标本，编号#4239（坐标786.71 N，1002.28 E，海拔14.77米）。木盒中放置了2件被压碎了的低温厚胎陶器，1件为罐（786.80N，1002.07E，海拔14.70米），另1件是盂（786.84N，1002.33E，海拔14.68米）（图2-606）。

椁盖四角的坐标和海拔分别为：西北角788.22N，1001.62E，14.41米；东北角787.93N，

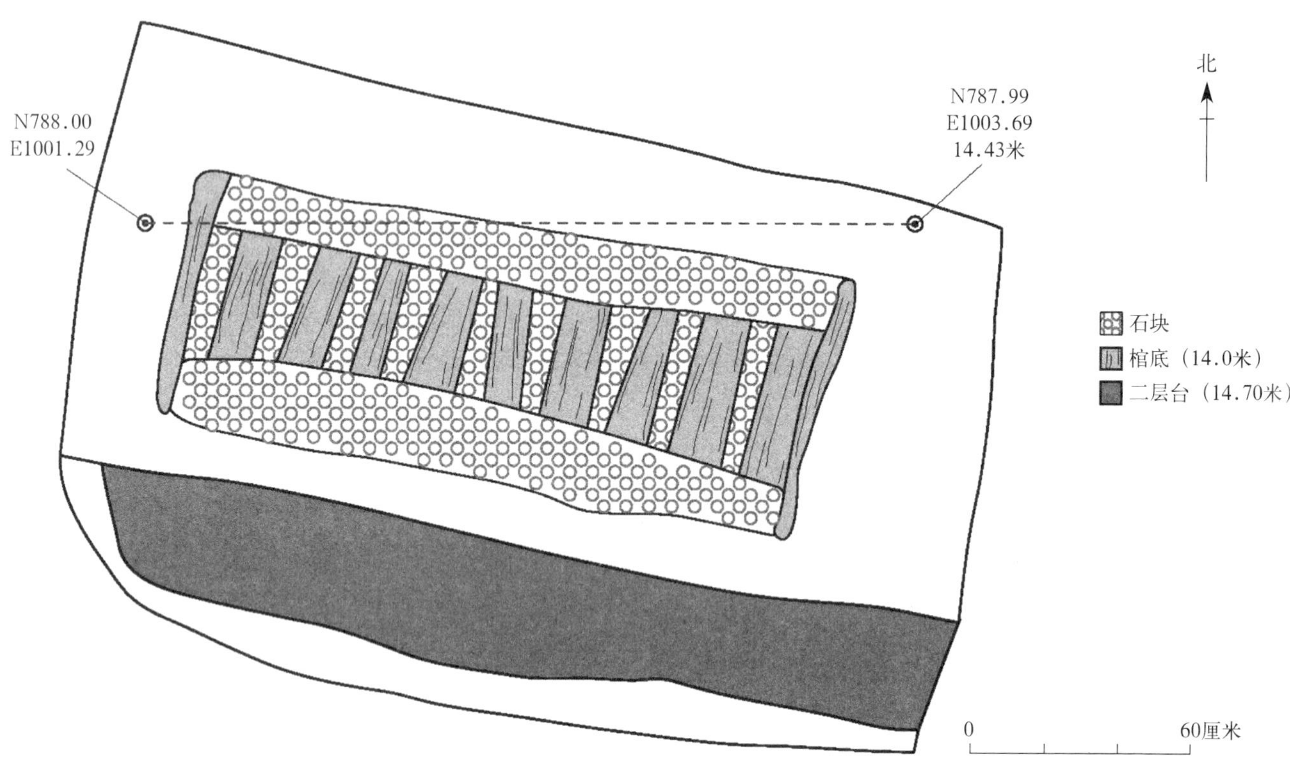

图2-609　一区汉代M20棺底板平面图

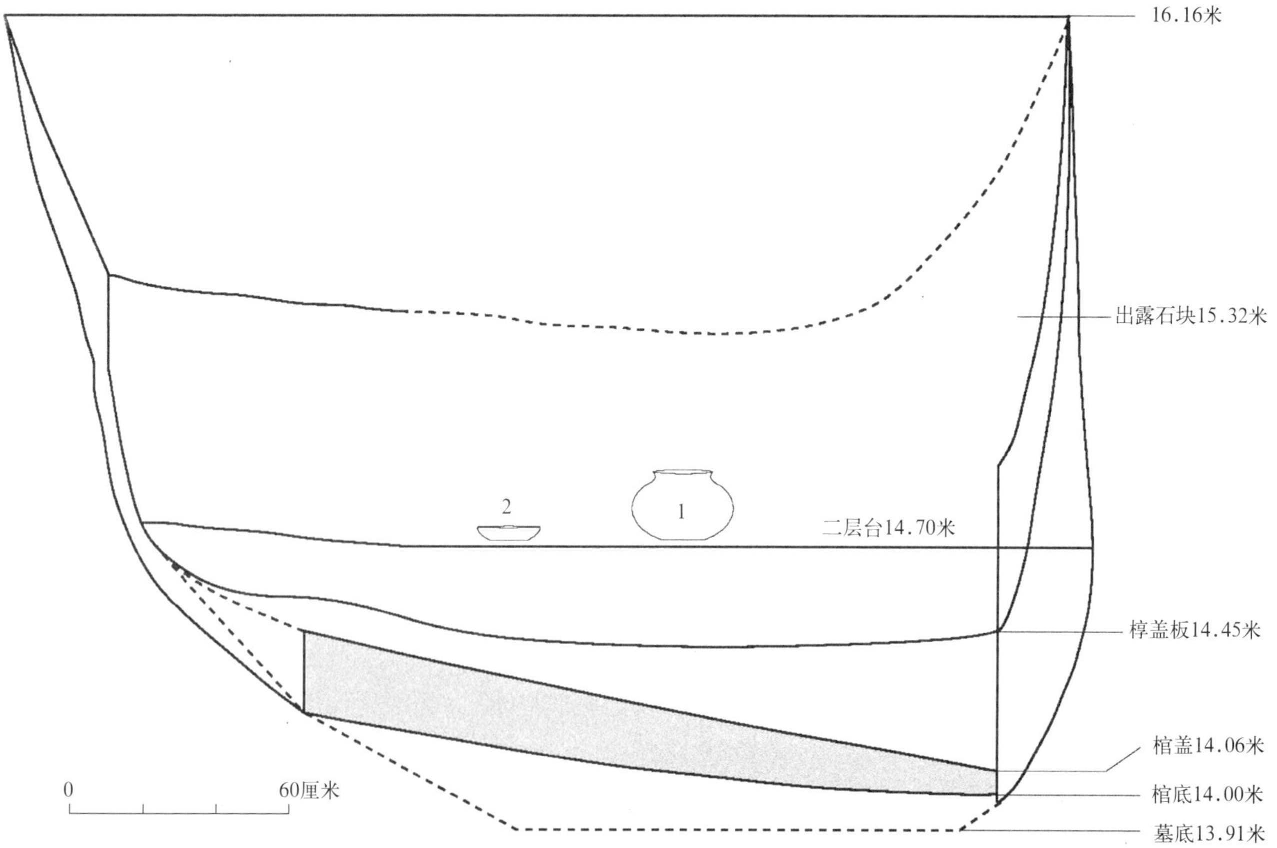

16.16米
出露石块15.32米
2
1
二层台14.70米
椁盖板14.45米
棺盖14.06米
棺底14.00米
墓底13.91米
0
60厘米

图2-610　一区汉代M20剖面图

1. 罐　2. 盂

1003.43E，14.43米；西南角787.31N，1001.33E，14.49米；东南角786.96N，1003.27E，14.48米。椁顶部中间全部坍塌了，椁盖木仅存痕迹，其延伸到二层台的边缘，断面略呈圆形的椁盖木大体呈南北方向，与东西向的棺室为垂直关系，保存尚好，共有18根，其长度为0.80～1.00米。椁盖木全部暴露出来后，其海拔为14.18至14.08米（图2-607）。两边的挡板保存不完整，一侧存有5根，另一侧2根，长约1.80、宽约0.83米。顶板长0.83、宽约0.05米。从盖木的位置看，椁东西长为2.2、南北宽约0.83米，高度估计为0.40米，每块木头直径约为0.20米（图2-608）。

椁内有棺，已经完全腐朽，并且塌陷和挤压变形。从现有的痕迹看，棺盖东西长约1.80、南北宽约0.83米（图2-608）。棺的底板共有9块，均为短而宽的木板，长0.50、宽0.08米，由于挤压变形严重，棺的高度已无法准确得知（图2-609）。在棺的底板中采集了更多的标本。

棺的底板之下有一薄的木层，应为椁的底板。在椁底板之下有南北方向的垫木（枕木），每块长0.80米，最低海拔为14.0米（图2-611）。

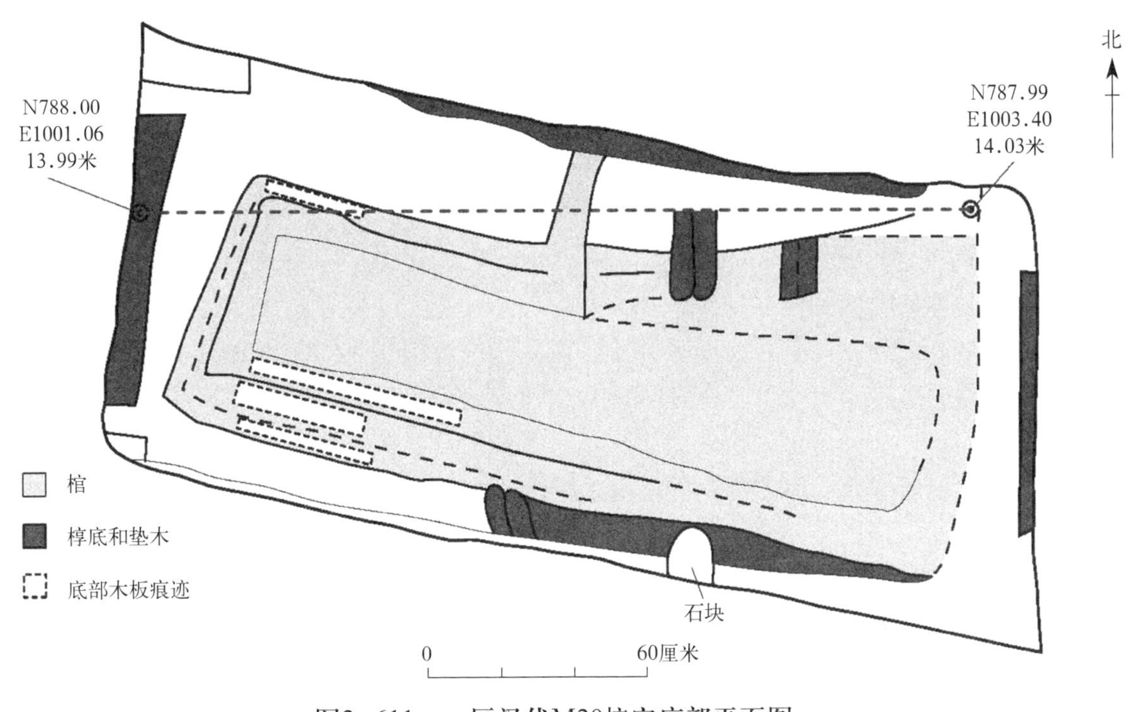

图2-611　一区汉代M20椁室底部平面图

死者骨骼保存极差，棺室内没有发现任何人骨痕迹，尽管当时人努力想保存下来，但终未成功。因为棺的东端稍宽，所以推断死者头部应该朝东。同时，椁和棺的内部也没有发现任何随葬品。

椁的底板之下，有目的的铺设了一整层鹅卵石，厚度为5～9厘米，鹅卵石之间填满了质地较软的绿色小碎石块，这样的绿色岩石产自当地，在基岩中有一层这样的堆积层。墓葬下部的周壁有明显的修整痕迹，墓壁下部修整的较为光滑。

整体上看，修建这样一座墓葬需要较多的劳动力。周代到汉代时期的同类墓葬在邻近的临沂地区也有发现。

标本M20：1，罐。夹砂灰陶。直口，圆肩，圆腹，平底内凹。素面。口径17.0、最大腹径26.0、底径9.6、厚0.2～0.9厘米（图2-612，1）

标本M20：2，盂。夹砂灰陶。斜沿，下腹内折收，平底内凹。素面。口径14.6、底径7.3、高8.0、厚0.35～0.5厘米（图2-612，2）

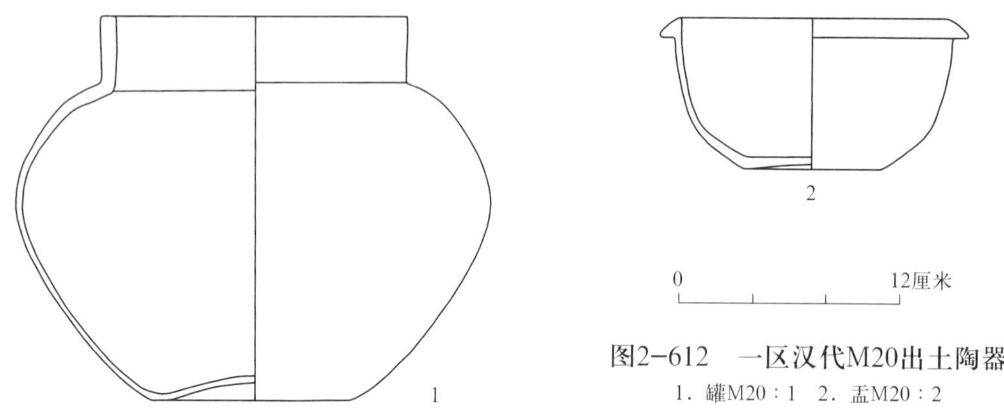

图2-612　一区汉代M20出土陶器

1．罐M20：1　2．盂M20：2

2．两城镇五村M1

此外，在两城镇遗址发掘期间，还在离遗址不远的两城镇五村发现了1座汉代花纹砖墓。在此一并予以公布。

2001年10月16日，第三次发掘刚刚开始，有村民报告，在两城镇五村养猪场后面，当地村民挖土发现了1座花纹砖墓葬。闻讯后，联合考古队委托日照市博物馆的刘红军同志，于17日前往调查、清理并做了相关记录。该墓葬编号为两城镇五村M1。

墓葬开口于耕土层下，打破生土。经调查，墓葬周围没有发现文化堆积。墓葬形制为土坑竖穴砖椁墓，四壁较直，墓葬为南北向，方向1°。墓葬平面呈长方形，南北长约2.96、东西宽1.52～1.60米，墓口至墓底深约1.10米（图2-613）。

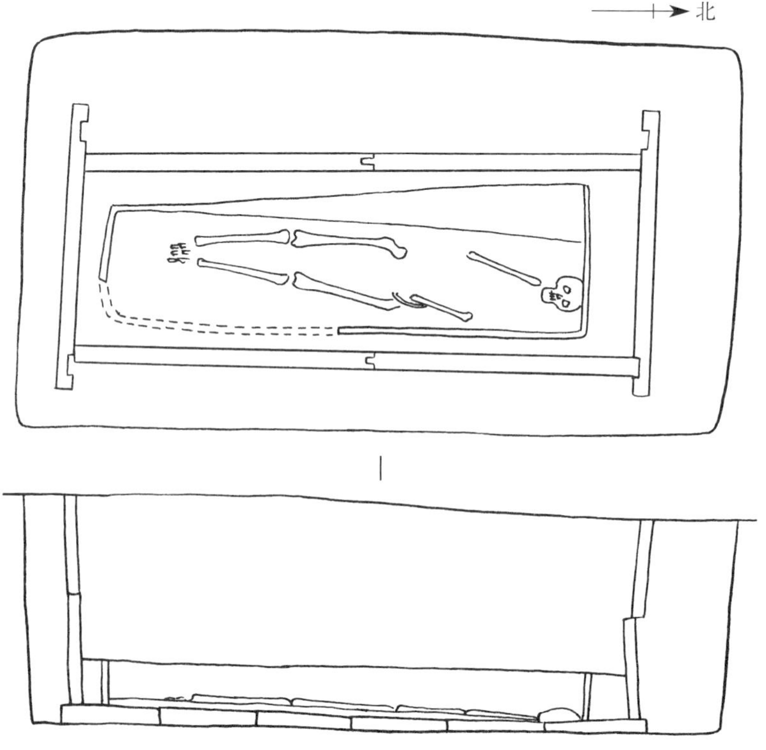

图2-613　两城镇五村M1平、剖面图

墓内填黄褐色沙质黏土，包含少量粗砂，分选较细较好，墓葬填土的结构比较紧密，似经过简单加工。

墓室内有用花纹砖砌成的椁室。椁室平面呈“Ⅱ”字形，南北长2.44、宽0.86、深0.86～0.90米。发现时只有四周和底部。四周椁室使用规格一致、个体较大的花纹砖砌成，墓砖平面为长方形，长1.20、宽0.40米，厚6～7厘米。具体砌法是，两端各用2块大花纹砖竖直垒叠，分为上下两层，两侧则各用4块大花纹砖，亦为两层。侧砖与端砖的衔接方法为，端砖的近两端内侧刻有上下贯通的宽凹槽，将侧砖的一端嵌入凹槽之内，这种拼接方法与同类木椁的连接方法完全相同。同层的2块侧砖之间，则用预先做好的榫卯相衔接。墓底铺一层大花纹砖，东西向铺设，共用6块，端砖和侧砖均立于铺地砖之上（图2-613）。

墓砖的正面有两种不同的花纹：一种是左右对称分布的两组相同纹样，每组中部凸起一个圆圈，其外围等距分布着4条放射状粗线条，见于椁室两端的立砖（图2-614，2）；另一种则为等距分布的三组花纹，每一组为一个40厘米×40厘米的正方形，均以对角线为界分割成四小组，其中两组每组有六个依次相套的等腰三角形。另外一组，上下两小组花纹略有变化，等腰三角形的一腰由直线改为内弧线。这种花纹砖用于两侧的立砖和铺地砖（图2-614，1）。

砖椁内有一木棺，已经全部腐烂，形制为箱式棺，平面形状略呈梯形，长约2.00、宽0.44～0.62、残存高度为0.16～0.20米。

棺室内有人骨一具，腐朽较甚，只保存头骨和四肢的痕迹。墓葬内没有发现随葬品，据挖出墓葬的村民们说，在挖土过程中没有发现陶器或其他质料的遗物。

从墓砖花纹和椁室的结构看，推测其时代大约为东汉时期。

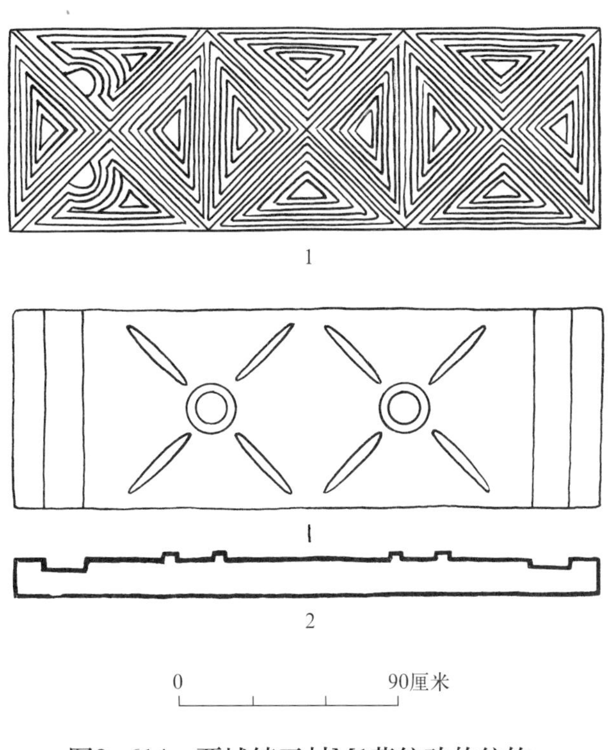

图2-614 两城镇五村M1花纹砖的纹饰

1. 椁室两侧立砖和铺地砖 2. 椁室两端立砖

第七节 小结

1999～2001年，中美联合考古队在两城镇遗址第一发掘区进行了三个年度的发掘工作。田野工作结束之后，又进行了较长时间的资料整理。发掘期间和后来开展了有多种学科参与的合作研究，使我们对该区域的古代文化遗存有了一个较为完整的认识。多种学科合作研究的成果，将在本报告中一一公布，整体认识将在总结语中进行讨论。这里，仅就第一发掘区龙山文化遗存的形成过程和特点以及其在整个海岱龙山文化中的时间定位、测定的绝对年代等基本问题，陈述我们的一些基本看法并展开分析和讨论。

一 文化遗存的形成过程和性质

从整体上讲，发掘区域内的文化遗存经历了三个时期，即龙山文化、周代和汉代。由于周代和汉代只有零星墓葬分布，没有发现任何与这两个时期墓葬相对应的文化堆积，结合这两个时期文化遗存在整个两城镇遗址的分布特点，认为这一带原本就不是周汉两个时期居民的居住区，而周汉时期的村落应在现在的两城镇之下，其规模较之龙山文化时期要小得多，这里很可能是当时村落之外的墓地。当然，也不能完全排除这两个时期（或其中一个时期）的文化堆积是被后来的取土等活动完全破坏而不存的情况。

这一区域的龙山文化堆积十分丰富，厚度在1.20～1.50米，有大型遗迹的地段会更深一些。从其中包含的各种遗迹的分布、交替等情况看，龙山文化时期居民在这一带的居住基本上是连续的。如前所述，主要依据文化堆积和主要遗迹的变迁，我们将这一区域人类活动遗留下来的遗存划分为连续的八个时期。

1．第一时期

第一时期发现有4座龙山文化房址。从层位关系分析，偏西侧的F50最早，延续时间不长。在F50的东侧又建造了F39。这两座房子的结构、形状甚至建筑材料完全不同。F50只发现一些有规律的柱洞，没有基槽，也没有墙体和灶址等。F39则是一座土坯墙结构的圆形地面式房址。时间略晚，在F39的西南和东北分别建起了F65和F45，这两座房址除了面积略小之外，其他方面与F39完全相同。例如，均为圆形房址，地面式建筑，土坯墙体，并且不挖基槽直接在平整过的地面上垒砌土坯。伴随着房内地面的多达五六次铺垫，位于后部一侧的灶址也经过相应次数的修建。特别是F39和F65，前者为正房，门道朝南，后者为西厢，门道朝东，两者共用一个经多次铺垫的平整院落，最后房址和院落同时废弃。这一组合对于我们认识和把握龙山文化时期的社会基层单位应该有所帮助。

除了房址之外，这一时期还发现一些灰坑，多数应该是取土坑的性质。灰坑的分布特点明显，主要集中在东西两侧没有房屋的位置，F39的南侧即其院落的位置，地势平坦而没有灰坑分布。这一时期发现的7座小型墓葬，除了1座位于F65南侧，其他6座则在F39东侧或东南一带。墓葬均为东西方向，头东脚西，多数没有随葬品。这种现象在后续的几个时期仍然可以看到，似乎没有相对集中、规模较大的公共墓地。这种现象在其他龙山文化遗址也有发现。

2．第二时期

第二时期有3座龙山文化房址，主要分布在发掘区的北半部。F38在西部，向西略伸出发掘范围。F49在偏东部，F37在东部边缘并延伸到发掘区东壁之外。从分布情况分析，3座房子之间互不统属，各为一个独立单位。这一时期的房址与前一时期相比，发生了较大变化，主要表现在：房址由圆形为主变为方形或长方形，并且一直持续到最后，再也没有发现圆形房址；出现基槽或大而深的柱坑柱洞，墙体开始采用木骨泥墙结构；保存好的房内地面只有一二层，不见多次加工的现象，或说明其使用时期较短。

灰坑主要分布于南半部，特别是前一时期F39南侧的院落，被一些大型灰坑破坏的七零八落，有的深挖到生土以下。墓葬数量较少，只有4座，散见于东南和西南两个区域。东南的2座均为东西方向，与前一时期相同。西南的2座规模甚小，为比较少见的南北方向，并且墓葬中只有零星骨骼，可能属于特殊埋葬。

3．第三时期

第三时期有4座龙山文化房址，整个发掘区内均有分布，南部2座东西并列（F62、F63），东部1座（F43），北部偏西的边缘1座（F53），向北伸到探方之外。这4座房址的基础部分可归结为三种结构。一种是柱坑和柱洞式房址，如南部的2座，只是西部的F63柱坑和柱洞较多较小，东部的F62柱坑较少较大。第二种是基槽内又有柱坑和柱洞，如F43。第三种是有深而宽的基槽，其中柱坑和柱洞较少。从分布上看，这4座房址之间也互不统属。南部东西并列的F62和F63之间关系较为密切，这种格局向后延续了较长时间。

灰坑数量相对较少，主要分布于发掘区的东部。这一时期没有发现墓葬。

4．第四时期

第四时期有4座龙山文化房址，在分布上既有对前一时期的继承，如南半部的2座房址，东部的F61基本是承袭F62而来，西部的F60则继承了F63，这两对房址之间，位置、大小都十分相近，故可认为他们之间是前后相承的关系。当然也有另起炉灶重新建造的，如西北部边缘的F40，其面积较大，超过了前2座的面积之和。东部的F64，只发现一些细小的柱洞，可能是1座附属建筑或临时建筑。这一时期的3座主要房址，基础部分的共同特点是都挖有深浅不一的基槽，但墙体的建筑方式各异。F60为在基槽内安置密集柱洞，当属木骨墙结构的墙体。F61的基槽甚浅，从南部门道侧边墙体的发现看，其结构当为土坯墙体。F40则有较深的基槽，槽内为层层铺垫夯打起来的，其地上部分已完全破坏，或为夯土墙，或为土坯墙，不可能是木骨泥墙的墙体。

这一时期的灰坑略多，主要分布于东部和南部两座房址的后面，即人们平时较少活动的区域。没有发现此期的墓葬。

5．第五时期

第五时期实际上只有2座龙山文化房址，即F54和F59，均分布在南半部，是在原来F61及附近的位置上建造的。这两座房址东西并列，F54在东，面积略大，F59在西，面积较小。两座房址南面的院落在偏早阶段可以相互连接，特别是它们之间曾经共用过一条较浅的排水沟（G14），表明两者共时存在过一段时间。F59废弃的稍早一些，而F54用的时间略长，它们的房内外各自拥有必备的生活设施，故分别属于不同的社会基层单位。这两座房址的基本要素如房屋形状、基槽、墙体、灶的位置和结构等十分相象。发掘区的北面较为空旷，遗迹甚少，有可能前一时期的F40一直延用到这一阶段。

这一时期还发现了一个规模较大的拐尺状基槽，编为F57。北基槽与F54和F59平行，相距不足1米。由于F57的北基槽基本上被平行分布的F21南基槽所破坏，只保存着窄窄的一条，东西长度超过12米。东基槽在F54的东墙之外，相距亦不足1米，向南伸到探方之外，已清理的范围近8米。据目前发现的情况推测，F57可能是F59和F54的围墙。南墙可能在南部未发掘的区域，而目前较难解释的是没有发现西侧基槽。这与下一个时期的F21十分相似。

发现的灰坑较多，主要分布在东侧，西南部也有一定数量。墓葬共发现4座，东部1座，西部2座，比较特殊的是M56，坐落在F54的后墙和F57的北基槽之间。F54和F57之间的间距只有0.70～0.80米，而M56的墓穴就恰好挖在这一窄窄的两墙缝隙之间，并未伤及两侧的基槽。M56打破F54的北墙外散水，其上还被F54使用过程中铺垫的土所覆盖，所以其时代是十分明确的。至于为什么要把一成年人埋葬在这一特殊位置，需要结合人类学和民族学资料进行解读。

6．第六时期

第六时期发现5座龙山文化房址，外加一座规模较大的基槽。房址的分布格局大体是，南部2座，即F56和F58，大体还在原来的房址位置上。这两座房址均为柱坑、柱洞式结构，没有发现基槽。F58只是在四角各有一个拐角形或不规则形大柱坑，内有柱洞，而F56则有一圈柱坑。北部的两座房址，中北部是F33，有浅基槽和室内地面及灶址。西北角是F36，基槽大体是在较早的F40位置上挖出来的。F36的基槽较深，基槽内密布小柱洞，墙体显然是木骨泥墙结构，但室内地面已被破坏不存。从基槽的情况看，门道向西，有可能与别的建筑配套使用。这2座房址有一些不同于以前的新特点：如方向都略偏西南，而不是原来的正南方向；在建造房子之前，在拟建位置铺垫了基础，即所谓台基，这种情况在第二发掘区较为明显。F37位于东部边缘，只发现南北2条东西向基槽，并且向东延伸到发掘区之外，已清理部分没有发现柱洞。

F21是与F57性质相似的建筑，在前面第六时期的介绍中进行过分析，初步的结论认为是围墙一类设施，此不赘述。

这一时期的灰坑数量较多，如果不包括南部的11座，也有42座。这既与这一时期房址数量增多有关，也有包含了南部探沟的一些灰坑的因素。灰坑的分布仍然以东部和西南部较为集中。墓葬只有3座，2座小墓分布在东北部，其中1座（M44）为儿童墓。较为引人注目的是位于中部略偏西的M33，是这一轮两城镇遗址三年发掘发现的数十座龙山文化墓葬中最大的一座。M33墓室面积超过4平方米，使用了一椁一棺，墓中除了使用包括2件蛋壳陶高柄杯（破碎过甚而未能修复）在内的数量较多的陶器之外，还在墓主的左手腕以上发现一组绿松石装饰，中部外侧有一小堆呈球状分布的白色石珠，或认为是龙，或认为是鸟，不管如何具体解读，其具有特定内涵和意义则毋庸置疑。

7．第七时期

第七时期发现龙山文化房址5座，房址的情况较为复杂。南部偏西的位置即前期F58之上的F55，是一座基槽式地面建筑，槽内没有发现柱洞，房址方向为正南微偏西。北部正中的F34和F35，方向亦为南偏西，其由数条拐尺状或短条状基槽组成，从平面布局分析，应是前后分间式的房屋结构。这两座房址的特点是，面积不大，但基槽挖的特别深，有的超过1米，从基槽内的柱洞数量和分布情况看，挖基槽的主要目的当是立柱。此外的F32和F42，形制诡异，坦白地说，我们迄今尚未搞清楚其到底是一座什么样式和结构的建筑。

在往东侧延长的发掘区内，发现了一座户外灶址。其由前中后三个部分组成，从结构上看，后部是工作位置，中部是灶膛，前部是烟囱。灶址的面积不大，里面填充了大量草木灰、红烧土和较多完整或近似完整的陶器。由于在相应位置没有发现房屋等建筑遗存，所以确定为户外灶址。这一时期的灰坑数量明显增多，达到了53座，分布相对较为散乱，主要集中在东南部、东北部、西部和西北部等地段。

此期的龙山文化墓葬共有5座，分布没有规律，其中有2座为南北方向，这在两城镇遗址中不多见。东部有3座，即M32、M38和M53。前者墓室较大，并有一棺，由于受到严重破坏，没有发现随葬品。M38位于M32的北侧，墓室狭窄，没有使用葬具，墓主可能为一少年，但墓中出土了数量较多的陶器，其中在腰部还有一件蛋壳陶高柄杯，其身份值得注意。其他两座墓葬散见于西南部和西部的T2344、T2345的北部。

8．第八时期

第八时期是耕土层下开口的遗迹，编号为房址的只有1座，即F20。这座房址位于发掘区的北部正中，向北延伸到发掘区之外。从清理的情况看，其平面是一座没有下部的“凸”字形基槽，在南部基槽的中部有一类似于门的通道。F20向东西两侧延伸到一定程度后，拐向北侧，但很快就消失了，没有找到延伸的迹象。基槽内密布小柱洞，由于被火烧过的原因，许多木柱被烧成了木炭，连带着柱洞的边缘也被烧成了红色，这些迹象发掘时仍然历历在目。综合分析F20的各种迹象，其性质较难确定。其有两种可能：一种是一座平面呈“凸”字形房址，后面的部分可能已经被破坏不存（F20北面是路和地势低很多的路沟）；另一种是一围墙式建筑遗存，与前面的F57、F21类似。

这一时期的灰坑发现较多，数量多达91座，绝大多数分布在发掘区的北部。发现龙山文化墓葬13座，除了最南部的2座（M10、M14）和偏西部的T2344有1座（M13）之外，其余分布在后来发掘的20个探方之内。这些墓葬的分布整体上较为散乱，规律性不强，只有1座为南北方向，余者皆为东西向。在具体的分布上，东部4座，均为小型墓葬，并且向东延伸到发掘区之外。南部的2座小型墓，东西方向和南北方向各有一座。中部偏西北到西北部有4座，墓葬规模略大，其中M23和M31明确使用了木棺。

这一时期的墓葬，有的埋葬深一些，如M31、M37、M48等，墓穴保存深度多在半米以上。而另外一些，如M10、M12、M16、M19、M36等，去掉耕土就露出了人骨和随葬品，表明这些墓葬目前保存的状况远非当时下葬的实际深度。灰坑也是如此，其原本的开口层位应该是不同的。所以，耕土层之下开口的遗迹，将其统一归为第八时期，实际上这些遗迹之间的时间差要比以上每个时期都大。考虑到划分标准的一致性，我们没有再按出土遗物的差别来对这一时期的各类遗迹进行细分，其具体的时间差异，将在下面予以讨论。

二 关于龙山文化遗存的年代

第一发掘区龙山文化遗存的年代及其在整个龙山文化中的时间定位，是需要重点讨论的内容。以下将从出土遗物的类型学分析和碳十四测年数据两个方面，来讨论两城镇遗址第一发掘区龙山文化遗存的相对年代和绝对年代。

1．第一发掘区龙山文化遗存在龙山文化中的时间定位

从发掘区内的地层划分和以房址为主的各类遗迹的演变过程可知，两城镇遗址第一发掘区内的文化堆积和遗迹基本是连续发展的。

如前所述，第一时期遗存前后时间可能略长一些。一些单位可能略早，如F50、G11、H279、H280、H298等。G11出土的陶器中，铲形鼎足数量较多，有的在足身正面附加齿状竖堆纹，而鸟首形足基本不见。环足折腹盘、斜壁略浅的大平底盆、矮子母口罐、高领罐（壶）等，也是其他地区龙山文化第二期[1]的常见器形。H279发现的近似实足的鬶，H280的铲形足罐形鼎，H298的罐形、盆形鼎和罐，H406的鼎、罐、盆，H422、H423和H427的鼎、罐、盆等，均显示出龙山文化二期的特征。所以，可以认为第一时期中的上述遗迹单位，时代可以早到龙山文化第二期偏晚阶段。

同时，我们也发现，一些遗迹单位出土的典型陶器，具有明确的龙山文化第三期特征。例如，F65垫土中发现的陶鬶（F65：9，见图2-61，1），长流，卷沿，长颈，腹部有两周凸棱，属于典型的龙山文化三期前段风格。与其相近的还有H285、H297、H304、H307等，鼎的腹部开始变浅，鸟首形鼎足增多。F39只在灶址中出土了一件鼎，虽然保持着铲形足的作风，但鼎腹已经变浅，所以大体可以划归这一组之中。

如此看来，两城镇遗址第一发掘区第一时期的遗存，大体可以分为前后两组，前一组大约相当于龙山文化第二期晚段，后一组大体相当于龙山文化第三期早段。

第二时期的陶器风格，铲形足减少而鸟首形足增多逐渐成为一种趋势，罐形鼎和折腹盆形鼎（逐渐演变为宽折沿）共存。鬶的形制除了沿着F65：9的方向变化之外，还新出现了一种整体粗矮、宽流较矮、无颈深腹的袋足鬶，如H401③：22（图2-124，6）。这种鬶在整个龙山文化中，第二期尚未发现，第三期最为流行，可延续到第四期前段。盆主要有两种，一种为大平底盆，整体上腹渐深、壁向内曲发展是其变化趋势。另一种是鼓腹小平底盆，鼓腹不明显，肩腹部往往有一对大横耳，这种盆和大平底盆一起，延续到龙山文化之末，并被岳石文化所继承。

第三时期是前一时期的延续，陶器变化不大，许多原有器物依然存在，包括时代较早的铲形足鼎等。但是也确实出现了一些新器形，如罍（H391：4）和盒（H121：4）。这一时期的罍还比较圆润肥胖，随着时间的推移，其逐渐演化出一支向棱角分明的清瘦方向演变。盒是新出现的一种器形，只是此时还处于萌芽状态，它可能来自于碗。其特点是口沿内侧出现了凹槽，后来从凹槽的内沿渐渐产生出子口，随着子口的不断增高，腹部则相应地收缩变矮，这种器物的个体不大，但数量不少，并一直延续到龙山文化末期，后来又被岳石文化所继承，是龙山文化后期和岳石文化时期的典型器物。

第四时期大体与第三时期为一个时间段，如果比较这两个时期南部的几座主要房址，可以认为

[1] 栾丰实：《海岱龙山文化的分期和类型》，《海岱地区考古研究》，山东大学出版社，1997年。

这一时期延续的时间要比第三时期略长一些。所以，我们看这一时期的陶器，在细部上也有一些变化。如H363出土的鬶（H363：3），形态上又有所变化；甗已经开始分裆；大平底盆的腹壁明显内曲，有的还出现了一对宽大横耳。

第五时期发现2座较好的房址，尤其是F54，建造的十分讲究，室内地面也经过多次铺垫。这一时期的陶器有所变化，但幅度不大。如甗的唇部变方，唇面上有不止一周凹槽，甑部变瘦，袋足分裆加高，向真正的袋足发展。总之，这一时期和前几个时期比，大的风格基本一致，仍然处于龙山文化第三期的范围之内。

第六时期的变化相对明显一些。盆形鼎和罐形鼎的数量仍然最多，铲形鼎足基本不见，鸟首形足或近似鸟首形足为大宗，侧装三角形足开始出现；鬶的变化比较明显，粗颈变短，颈部开始出现凹弦纹，相应地腹部的凸棱减少减弱，把手越来越扁（如H115：9等）。大平底盆中腹壁内曲者成为主流，腹部明显变深，同时，开始出现一种在底部明显内收，状似假圈足的同类盆；罍有胖瘦两体，瘦体的罍开始变得清瘦，肩部斜直外延，而折肩以下则是大幅度斜直内收，底部外观形似假圈足；豆盘的口沿开始出现子母口的趋向；盒均为矮子口，腹部直而深，底部内收成假圈足状。综合考虑以上典型陶器的变化，可以认为这一时期已经进入龙山文化第四期的前段。

第七时期遗迹数量较多，陶器中鬶的变化较为明显，除了前几个时期的样式之外，鬶的变化主要表现在：流部变矮，口沿由外卷演变成直口，沿面出现凹槽，这一变化为后来出现子母口鬶奠定了基础。颈部粗直，由成组的凹弦纹（Z1：28；H48：4）慢慢演变为成组的凸棱（Z1：27；H48：31），后来在较长时间成为龙山文化陶鬶的主流形制。袋足逐渐向肥胖的乳状变化。

第八时期的情况比较复杂。这一时期的众多遗迹，虽然在层位上是一致的，都开口于耕土层之下，但由于前述的原因，时代差别较大。综合分析各遗迹出土的陶器和陶片，我们认为至少可以划分为三个间距较大的时间段。

早段：可以H31、H34、H42、H46、H51、H53、H101、H197、H205、H317、H321等为代表。这一时期的遗迹最多，整体上看与第七时期差别不大，但也有一些变化。盆形鼎显著减少，罐形鼎明显增多；鬶与前期变化不大，开始出现桥状把手；大平底盆内曲十分明显；圈足盘的盘部变浅；平底盒的子口增高，腹部变浅并开始内曲；形制近同的三足盒较为流行；双大耳覆盆形器盖基本消失。从整体特征比较，这一段加上本发掘区的第六七两段，大体相当于龙山文化第四期前段。

中段：可以H36、H39、H53、H56、H65、H71、H89、H98、H184、H254和M23等为代表。这一阶段的遗迹数量较多，陶器的特征也比较明显。折腹盆形鼎基本消失，罐形鼎占据绝对优势；鬶的整体较粗矮，颈部为三至五周细凸棱，分裆肥乳状袋足（标准型式如H254：9、H65：23）；鼓腹盆的颈部加长，整体变浅；豆的盘部变浅，呈现矮子母口状；平底盒整体变矮，子口增高，腹部变浅。具有上述特征的器物组合，主要见于龙山文化第四期的后段。

晚段：可以H49、H58、M16、M31、M36为代表。这一阶段的遗迹单位不多，但既有人们生前活动的场所，也有死后藏身的墓葬。这一阶段的陶器特征，与此期中段差别明显。鸟首形鼎足基本消失，取而代之的是侧装三角形足；虽然没有发现完整或可复原的鬶，但从发现的鬶把手看，横截面为卷筒状或双层叠压状，是制作时采用一长方形泥片，从两侧边向中部卷起即成此形；子母口罐在前期（H71：1）的基础上，子口增高，子口与肩之间的颈部加长，肩部变窄，腹部斜直，这种子母口罐一直流传到岳石文化时期。由上述陶器组合的特征可知，这一阶段相当于龙山文化第五期。

综上所述，两城镇遗址第一发掘区龙山文化遗存所经历的时间，在整个海岱地区龙山文化中的时间定位大体为：第一时期的前段约当龙山文化第二期末段；第一时期后段至第五时期，大体相当于龙山文化第三期；第六、七时期和第八时期早段，大体与龙山文化第四期前段相当；第八时期中段则可以与龙山文化第四期后段对应；第八时期晚段，大体属于龙山文化第五期。

2．碳十四测年数据分析

两城镇遗址发掘期间，曾采集了较多的碳十四测年样品，前后分数批送往国内外不同的实验室进行测年。送往国外测年的有六批共16个样品。送往北京大学考古文博学院实验室测年的为一批29个样品。

2000年春夏，分两批将1999年发掘采集的样品（春天送测5个样品，夏天送测3个样品）送往美国伊利诺伊州地质研究所进行碳十四测年，采用的均为常规碳十四测年方法。

2001年春夏，分两批将2000年发掘采集的样品（春天送测1个木炭样品，夏天送测2块陶片样品）送往美国伊利诺伊州地质研究所进行测年，木炭采用的是AMS测年法，陶片测年则采用了热释光法。

2002年，将2001年发掘采集的3个淤泥样品和1个浸水木材样品，送往美国伊利诺伊州地质研究所进行碳十四测年。同年，将1999年浮选的1个炭化稻样品送往加拿大多伦多大学进行了AMS法测年。以上16个样品中，有11个位于第一发掘区内（表2-133），3个位于开展环境研究发掘的小探沟内，1个位于第三发掘区（T1727），1个位于寻找城墙和壕沟的探沟（T021）内。

2010年，为了配合“中华文明探源工程”测定龙山文化年代的工作，我们从浮选的植物遗存中，挑选了29个样品送到北京大学考古文博学院实验室进行了AMS法测年，其中有3个样品因各种原因未能测出年代，其他26个样品，4个位于探沟（T007、T022、T024）中，1个位于第二发掘区（T0850），1个位于第三发掘区（T1789），余下的20个样品位于第一发掘区内（表2-134）。

在国外检测的11个样品中，2个陶片热释光测年，采用了同一个单位（F39）出土的陶片，测定了3个数据：其中2个上限在公元前1550年以内，下限晚到了公元前900年以内；另1个的上限为公元前2090年，下限晚到了公元前1500以后，仅可参考。余下的9个碳十四测年数据，2个年代偏早，即H137（属第一时期）和H53（属第八时期），前者校正后的年代为公元前2763～前2659年，后者为公元前2703～前2575年。1个年代明显较晚，即Z1（属第七时期），校正后的年代为公元前1689～前1597年。其他6个数据，属于第一时期的有1个（公元前2202～前2078年），第五时期的有1个（公元前2135～前1860年），第七时期的4个数据，3个年代较早的数据，按校正后的中间值在公元前2374～前2242年，较晚的1个在公元前1977～前1862年。这6个数据，属于第七时期3个较早的数据，与以往所认识的龙山文化年代基本吻合。属于第一时期的数据，与目前调整后所认识的龙山文化年代相差不大，即把以往认为的龙山文化存续年代（公元前2600～前2000年）整体后移200年。第五时期的数据取上限尚可，而第七时期的另外1个数据明显偏晚。由此看来，这批测年数据在认识两城镇遗址龙山文化遗存的绝对年代上，难以得出一个明确的结论。

北京大学碳十四实验室测得的20个数据，采用的样品均为一年生植物，多数为野草的茎部，少数为炭化稻米。如果和分期仔细对应，还是存在一些问题，同一个灰坑，如H402的同一小层，测得的两个数据相差60年，校正后相差近百年。同一期的数据，有的相差百年以上。但如果从大的方面考虑，这一批数据基本上支持把龙山文化整体延后200年的新观点。所以，相当于整个龙山文化二期之末到三期的单位（即本报告的第一至第五时期），校正后的测年数据在公元前2340～前1940年之间，中值落在公元前2200～前2100年之间；相当于整个龙山文化第四期的单位（即本报告的第六至八时期中段），校正后的测年数据在公元前2350～前1940年之间，中值落在公元前2240～前1970年之间，如果除掉其中最晚的一个数据，下限可以提前到公元前2050年，与前一时期的测年有比较大的重合。

表2-133　两城镇遗址发掘区测年数据之一

实验室编号	样　品	样品原编号	出土地层	分期	碳十四年代（BP）	树轮校正后年代（BC）	测年单位
ISGS-4609	木炭及灰烬	#2 768.76N，986.92E，约 14.37米	E4 T2147，H137，#1309	1	4150±70 [4220～4080]	4713～4609 BP [不能很好的契合校正曲线，校正后的数据最大置信度是 50.3%]，2763～2659 BC	伊利诺伊地质分析华盛顿大学的校正曲线
A	木炭		#5654，T2398 F39灶台	1	3725±64 [3789～3661]	3978～4152 BP 2202 BC（95.9%） 2078 BC	伊利诺伊地质分析华盛顿大学的校正曲线
ISGS-4606	木炭	#1 786.18N，1006.45E，15.57米	F4 T2302，Z1，#4308	7	3560±70 [3630～3490]	3927～3812 BP 1977 BC（62.4%） 1862 BC	伊利诺伊地质分析华盛顿大学的校正曲线
ISGS-4608	木炭	#4 Z-1，c. 15.56米	F4 T2302，Z1，#4309	7	3350±90 [3440～3260]	3639～3547 BP [不能很好的契合校正曲线，校正后的数据置信度是 59.9%]，1689～1597 BC	伊利诺伊地质分析华盛顿大学的校正曲线
ISGS-4660	木炭	#6 785.20N，1004.50E，15.82米	F4 T2302，H48，4304，灰坑上部	7	3880±70 [3950～3810]	4412～4235 BP 2462 BC（93.2%） 2285 BC	伊利诺伊地质分析华盛顿大学的校正曲线
ISGS-4659	木炭	#7 783.97N，1004.22E，15.90米	F4 T2302，H92，#4324，灰坑上部	7	3800±70 [3870～3730]	4294～4087 BP 2344 BC（95.1%） 2137 BC	伊利诺伊地质分析华盛顿大学的校正曲线
ISGS-4658	木炭	#8 783.23N，1004.14E，15.87米	F4 T2302，H92，灰坑下部堆积	7	3820±90 [3910～3730]	4299～4140 BP 2349 BC（76.8%） 2190 BC	伊利诺伊地质分析华盛顿大学的校正曲线

ISGS -4611	木炭	#3 784.68N，974.12E，15.60米	E4 T2344，H53，#3905；	8	4110 ±70 [4180～4040]	4653～4525 BP [不能很好的契合校正曲线，校正后的数据最大置信度是 58.5%]，2703～2575 BC	伊利诺伊地质分析华盛顿大学的校正曲线
TO -10206	炭化水稻73毫克		T2047 H93，#639	5	3610±60 [3670～3550]	2030 BC（68.3%）1880 BC 2135 BC（95.5%）1860 BC	多伦多大学碳十四实验室 AMS
B－1	盆片	热释光测年(TL)	F39，#5664	1	1759 ± 295 BC [2090～1464 BC]		
B－2	鼎片	热释光测年(TL)	F39，#5654	1	1121 ± 224 BC 和 1232 ± 296 BC		
ISGS -4610	木炭屑及灰烬	#5 534.61N，1306.86E，10.15m	T1727，#7327，表面被烧过		4760±100 BP [4860～4660 BP]	5588～5464 BP [置信度84.1%]，3638～3514 BC	伊利诺伊地质分析华盛顿大学的校正曲线
	浸水木材	2002年#4样品	T021 G21下部		4150±70 BP [4220～4080 BP]	经校正4838－4516 BP [置信度97.7%]，2888～2566 BC	伊利诺伊地质分析华盛顿大学的校正曲线
	淤泥	2002年#1样品	距地表3.8米		4940±70 BP [5010～4870 BP]	5771～5585 BP [置信度83.6%]，3821～3635 BC	伊利诺伊地质分析华盛顿大学的校正曲线
	淤泥	2002年#2样品	距地表3.2米		4330±70 BP [4400～4260 BP]	5054～4810 BP [置信度87.40%]，3104～2860 BC	伊利诺伊地质分析华盛顿大学的校正曲线
	淤泥	2002年#3样品	距地表 5.1米		11990±160 BP [12150～11830 BP]	14329～13522 BP [100%]，12,379～11,572 BC	伊利诺伊地质分析华盛顿大学的校正曲线

注：1．所用碳十四半衰期为5568年，BP为距1950年的年代。 2．除TO-10206为加拿大多伦多大学测定外，余者均为美国伊利诺伊州地质研究所测定，采用了华盛顿大学的校正曲线校正。

表2-134　两城镇遗址发掘区测年数据之二

实验室编号	样　品	样品原编号	出土地层	分期	碳十四年代（BP）	树轮校正后年代（BC）	
						1σ(68.2%)	2σ(95.4%)
BA081491	草茎	8151	T2347 H426	1	3710±35	2190BC（5.3%）2180BC 2150BC（62.9%）2030BC	2210BC（93.4%）2010BC 2000BC（2.0%）1970BC
BA081503	草茎	8999	T2300 H406	1	3720±35	2200BC（14.0%）2170BC 2150BC（16.7%）2110BC 2100BC（37.5%）2030BC	2280BC（1.2%）2250BC 2210BC（94.2%）2020BC
BA081480	草茎	941	T2446 柱洞⑦c下	1	3720±35	2200BC（14.0%）2170BC 2150BC（16.7%）2110BC 2100BC（37.5%）2030BC	2280BC（1.2%）2250BC 2210BC（94.2%）2020BC
BA081492	草茎	8158	T2347 H422	1	3690±35	2140BC（68.2%）2030BC	2200BC（6.7%）2160BC 2150BC（88.7%）1960BC
BA081490	2个小草茎	8069	T2346 F65室内垫土	1	3780±35	2290BC（68.2%）2140BC	2340BC（1.0%）2320BC 2310BC（88.7%）2120BC 2090BC（5.7%）2040BC
BA081502	草茎	8771	T2298 H401	2	3605±35	2030BC（68.2%）1910BC	2120BC（2.7%）2090BC 2040BC（92.7%）1880BC
BA081500	草茎	8674	T2297， ⑦c层	2	3665±35	2140BC（29.0%）2080BC 2060BC（26.4%）2010BC 2000BC（12.8%）1970BC	2140BC（95.4%）1940BC
BA081501	草茎	8685	T2297 H416	2	3730±35	2089 BC（68.3%)2043BC	2208BC（95.4%）2026BC
BA081494	草茎	8365	T2349 H387	3	3680±35	2140BC（68.2%）2020BC	2200BC（3.2%）2170BC 2150BC（92.2%）1950BC
BA081499	草茎	8667	T2297， ⑦a	4	3695±35	2140BC（68.2%）2030BC	2200BC（95.4%）1970BC
BA081265	稻	FX154	E4 T2449 H302－2	4	3685±35	2140BC（68.2%）2020BC	2200BC（5.0%）2160BC 2150BC（90.4%）1950BC
BA081483	草茎	1255	T2097 H82底层	6	3795±35	2290BC（58.6%）2190BC 2170BC（ 9.6%）2140BC	2350BC（93.9%）2130BC 2080BC（1.5%）2050BC
BA081498	草茎	8533	T2296 H346	6	3665±35	2140BC（29.0%）2080BC 2060BC（26.4%）2010BC 2000BC（12.8%）1970BC	2140BC（95.4%）1940BC

BA081497	稻米（一些颗粒+小碎片）	8533	T2296 H346	6	3680±35	2140BC（68.2%）2020BC	2200BC（3.2%）2170BC 2150BC（92.2%）1950BC
BA081495	草茎	8461	T2350 H402	7	3690±35	2140BC（68.2%）2030BC	2200BC（6.7%）2160BC 2150BC（88.7%）1960BC
BA081496	稻米（4颗粒+1个碎片）	8461	T2350 H402	7	3630±35	2035BC（68.2%）1935BC	2130BC（11.9%）2080BC 2050BC（83.5%）1890BC
BA081482	1根保存较为完好的大草茎	1245	T2147 H100	7	3720±35	2200BC（14.0%）2170BC 2150BC（16.7%）2110BC 2100BC（37.5%）2030BC	2280BC（1.2%）2250BC 2210BC（94.2%）2020BC
BA081493	草茎	8207	T2348 H320	7	3630±35	2035BC（68.2%）1935BC	2130BC（11.9%）2080BC 2050BC（83.5%）1890BC
BA081481	决明属（16个）	1213	T2097 H65第2层	8	3685±35	2140BC（68.2%）2020BC	2200BC（ 5.0%）2160BC 2150BC（90.4%）1950BC
BA081479	稻米（小碎片）	639	T2047 H65第2层	8	3700±35	2140BC（68.2%）2030BC	2200BC（91.3%）2010BC 2000BC（ 4.1%）1970BC
BA081486	草茎	4811	T0850 护坡堆积		3740±35	2210BC（47.8%）2120BC 2090BC（20.4%）2040BC	2280BC（ 5.7%）2240BC 2230BC（89.7%）2030BC
BA081504	草茎	9008	T1789H331		3710±35	2190BC（ 5.3%）2180BC 2150BC（62.9%）2030BC	2210BC（93.4%）2010BC 2000BC（ 2.0%）1970BC
BA081264	稻	FX13	T007 G7		3555±35	1960BC（55.8%）1870BC 1850BC（ 7.5%）1820BC 1800BC（ 4.9%）1780BC	2020BC（ 3.4%）1990BC 1980BC（92.0%）1770BC
BA081487	草茎	6255	T022G22		3890±35	2470BC（68.2%）2340BC	2480BC（93.8%）2280BC 2250BC（ 1.6%）2230BC
BA081488	稻米碎片?	6255	T022G22		3870±35	2460BC（36.7%）2360BC 2350BC（31.5%）2290BC	2470BC（87.5%）2270BC 2260BC（ 7.9%）2200BC
BA081489	草茎	7934	T024H579		3770±35	2280BC（14.9%）2250BC 2230BC（ 3.8%）2220BC 2210BC（49.5%）2130BC	2300BC（85.3%）2120BC 2100BC（10.1%）2040BC

注：所用碳十四半衰期为5568年，BP为距1950年的年代。树轮校正所用曲线为IntCal04（1），所用程序为OxCal v3.10（2）。

第三章　第二发掘区

第一节　发掘过程

1999年秋两城镇遗址第一次正式发掘时，在第一发掘区以南约70米处，同时进行了小规模发掘，后来将其编为第二发掘区。此区位于村西部南北走向的岗地中部，1996年之前这里是一片苹果园，后因树种老化而将苹果树全部予以砍伐，重新辟为农田。

1998年冬在这一带做的地磁仪探测中，发现了一条沟状堆积。为了验证这条沟是否存在及确定其具体分布情况，1999年9月底开始发掘两城镇遗址时，决定在探测到有沟的位置布2个探方，即E4T0750和T0800，分别由林恩泽（Linus Enriquez，美国耶鲁大学博士研究生）和王芬（山东大学考古专业95级本科生）负责。发掘过程中，在北侧的T0800发现了当时判断为“台基”的垫土堆积，其范围超出了探方。为了弄清楚“台基”的分布范围等情况，又先后向东、北、西三个方向扩方，累计共布4米×4米的探方7个，后加的探方分别为E4T0798、T0799、T0849、T0850、F4T0801。另外，因为M15、F22等遗迹的发掘，还进行了局部的扩方，发掘人员增加了加藤里美（日本国学院大学留学生）和今村佳子（日本九州大学留学生）。此区实际发掘面积约为110平方米（图3-1）。

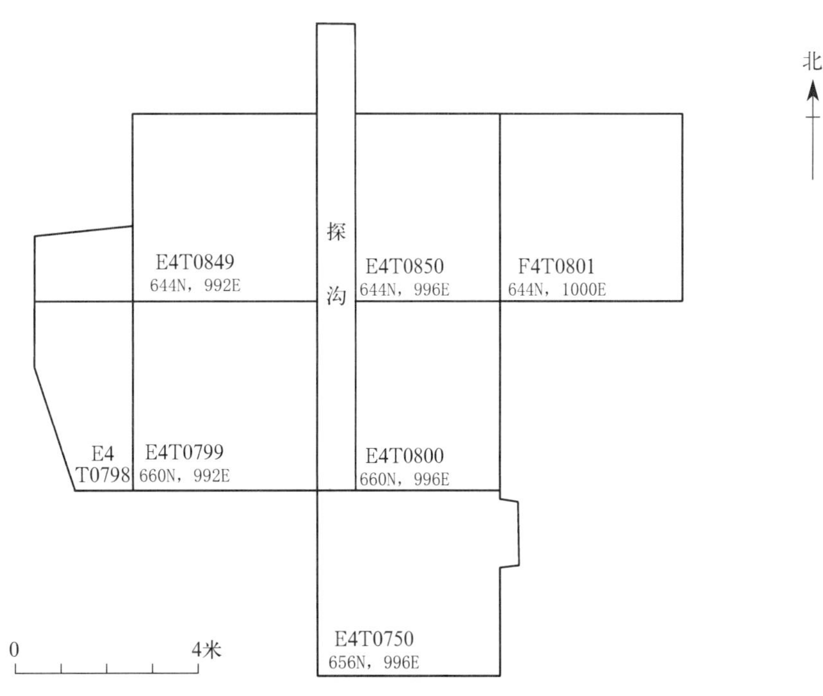

图3-1　第二发掘区探方分布图

这一区域因为种苹果树时挖有成排的方形树坑，加上后期每年都要在苹果园内挖深沟施肥，以及发掘区的东部存在着一条贯穿南北的近代沟，使此区上部文化堆积遭受到严重破坏。因受工期限制，第二发掘区并未发掘到生土，只是重点发掘了近代沟以西的T0800、T0850的西半部，T0750、T0798、T0799、T0849等探方也只清理了少量房址和灰坑等。为了了解整体的堆积情况，在T0800、T0850西壁内布了一条宽度为1米的南北向探沟，为了寻找“台基”的北部边缘，探沟向北延伸出2米。由于2000年至2001年没有再对这一区域继续进行发掘。因此，对该区的平面布局和分期演变情况，缺少完整认识。

已发掘部分和未发掘区域的剖面显示，该区域在龙山文化时期应属居住区，除房址之外，也发现有少量墓葬和沟等遗迹（彩版二〇四，1）。

第二节　文化堆积

文化堆积分为耕土层、近现代层、龙山文化层等。在近现代层之下，除1座周代墓葬打破龙山文化地层外，其他堆积均属龙山文化时期。现以E4T0800、T0850（即宽1米的探沟位置）西壁剖面为例，介绍南区的文化堆积情况（图3-2）。

第①层　耕土层。厚0.18～0.45米。浅灰褐色，结构疏松，质地较软。包含有陶片、石块、瓷片、碎骨片等。此层下开口有近代坑、周代墓葬和龙山文化遗迹等。因为这一区域近现代窖坑、苹果树坑数量比较多，因此在发掘过程中，工地统一把耕土层下开口的所有此类坑定为第②层。

第②层　近现代文化层，主要是指近现代的一些窖坑、苹果树坑等。层表距地表0.18～0.29、底部最深处距地表0.90米左右。灰褐色，夹杂有黄色、黑色土块，结构较为疏松，质地偏软。包含有碎石块、黄色黏土块等。该层下开口遗迹除了1座周代墓葬外，其余全部为龙山文化遗迹，有H55、H103、T0750G1等。

第⑥层　龙山文化层。层表距地表深0.18～0.45、厚0.25～0.65米。依堆积的土质土色和遗迹分布情况，分四个小层。

第⑥a层　厚0.05～0.55米。主要分布在T0750全探方和T0800东南部。红褐色黏土，根据土质和包含物可以细分为三个亚层，含沙较多，局部有黄色和黑色土块，分选中而不好。包含物有陶片、石块、红烧土颗粒等。层表较平，但层底的南北高差较大，即从北往南呈斜坡状变厚。该层下开口的遗迹有F22（彩版二〇四，2）和一些柱洞等。

第⑥b层　由两个小层组成，分别编号为⑥b1、⑥b2层。

第⑥b1层　厚0～0.20米。灰褐色土，分选粗而不好。包含有陶片、石块、炭屑、红烧土颗粒和少量砂粒等。本层表局部可见零星的活动面迹象。

第⑥b2层　厚0～0.12米。深褐色土，局部因含有大量植物遗存等腐殖质而显黑色，土质较软，结构稍致密。该层下开口遗迹有F17、H33、柱洞6等。

第⑥c层　厚0.10～0.22米。土色不统一，整体为红褐色，局部含有零星建筑类的墙体、活动面碎块等，结构致密，硬度稍大，含沙量高，分选粗而不好。内包含陶片、石块、炭屑、红烧土颗粒等。

第⑥d层　厚0～0.25米。褐色土，分选粗而不好。内包含陶片、石块等。该层底面不平，层表较平，应为垫土性质。

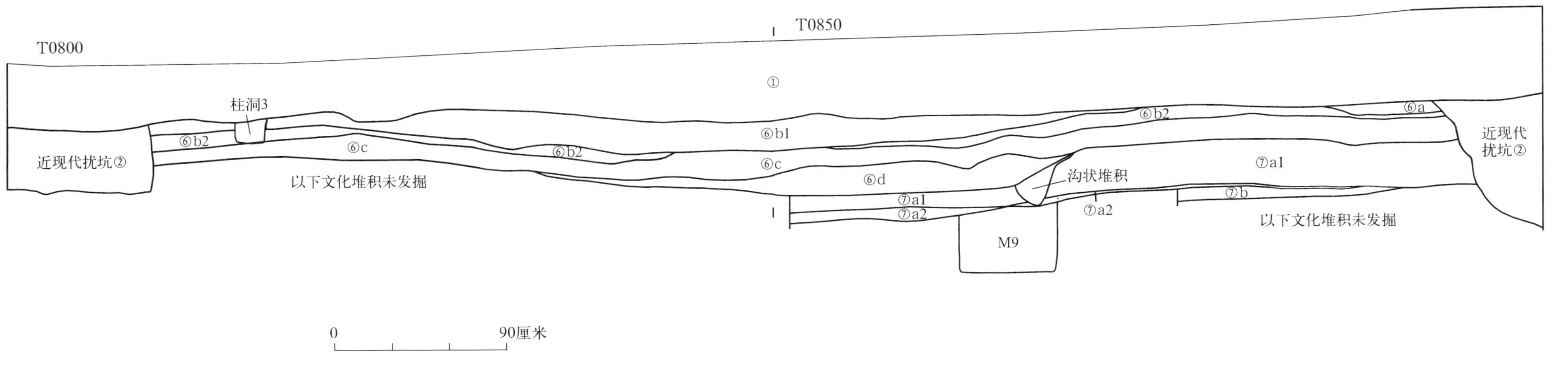

图3-2　二区E4T0800、T0850西壁剖面图

第⑦层　该层只做了解剖性发掘，可以分为⑦a、⑦b和⑦c三小层，⑦a层又分为两个小层。

第⑦a1层　厚0.10～0.25米。褐色土，含沙量较少，土质稍硬，分选粗中。包含黄色土块、料礓石碎块、陶片、碳屑等。该层局部比较厚，应有垫土性质。

第⑦a2层　厚0.02～0.24米。黑色土，含细砂黏土，土质较硬，颗粒中，分选不好。包含物有陶片、红烧土等。

第⑦b层　厚0.05～0.26米。棕黄色土，含沙，有黏性，土质较软，颗粒小，分选较好。包含有陶片、动物骨骼、石块等。此层下开口的遗迹有M9等。

第⑦c层　厚0.15～0.29米。只在T0800、T0850西半部探沟位置发掘。红褐色土，含沙黏土，土质较硬，颗粒中，分选不好。包含物有陶片、石块、烧土粒等。从探沟底部暴露的平面显示，此层下应开口有房址等遗迹，但是因为探沟面积较小，详细尚不可知。

第三节　龙山文化层出土遗物

第二发掘区除了1座周代墓葬外，只有龙山文化层。虽然没有清理到底，但和遗迹相比，龙山文化层出土遗物较多，个别出土于扰乱了龙山文化堆积的第②层之中。按质地可以分为石器和陶器两大类。

一　石器

数量较多，多数残破。完整石器和碎石片合计106件。器形有石斧、镰、锛、钺、镞等。

1．石斧

2件。

标本T0750⑥a：1（#500；S321），斑状玄闪石。平面近长方形，横截面为椭圆形，双面刃，通体磨制。长10.9、宽5.2、厚1.5厘米，重157.5克（图3-3，1；彩版二〇五，1）。

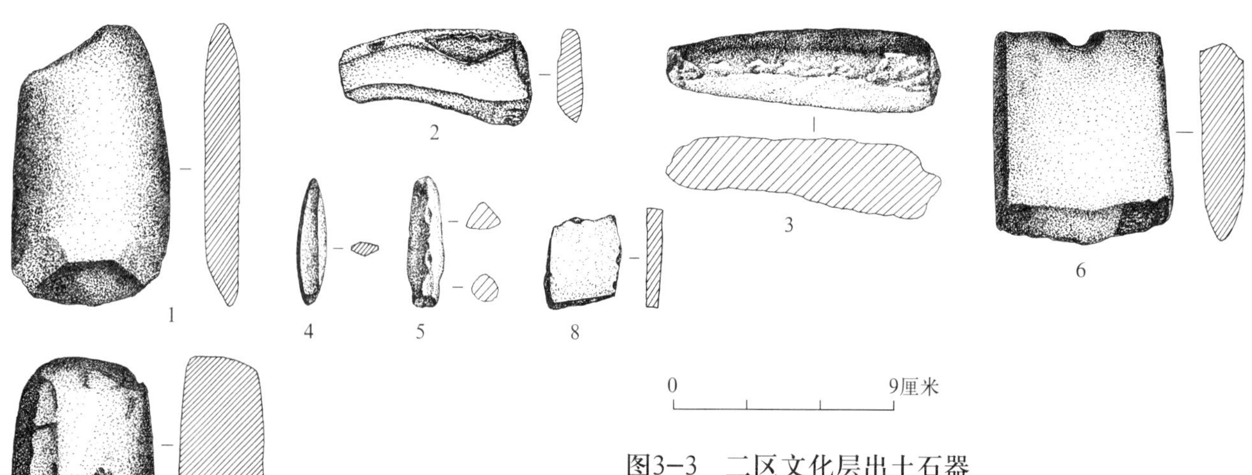

图3-3　二区文化层出土石器

1．石斧T0750⑥a：1　2、3．石镰T0801②：16、T0850②：25　4．石矛T0750⑥b：4　5．磨制石镞T0799⑥a：8　6．石钺T0850②：2　7．研磨器T0798②：3　8．饰品M15：06

标本T0799⑥a：1（#226；S450），残余三角形刃部。斑状玄闪石。双面刃，磨制精良。残长5.5、宽5.3、厚4.3厘米，重108.1克。

2．石锛

共3件。

标本T0750⑥a：3（#500；S232），残余石锛上端。嵌接流纹岩和凝灰岩。平面为长梯形，两侧有琢制痕迹，正面和背面磨光。长8.6、宽4.7、厚2.3厘米，重151.1克（彩版二〇五，6）。

标本T0849②：1（#553；S327），较完整。嵌接流纹岩和熔凝灰岩。平面呈长条形，单面刃，通体磨光。长6.2、宽2.1、厚1.8厘米，重40.1克（彩版二〇五，7）。

标本T0850⑥a：1（#4807；S416），较完整。嵌接流纹岩和凝灰岩。平面呈长梯形，单面刃，周边留有打制和琢制痕迹。长8.9、宽4.5、厚2.6厘米，重220.4克（彩版二〇五，8）。

3．石镰

共4件，其中半成品1件。

标本T0801②：16（#4854；S259），残余石镰后端。嵌接流纹岩和熔结凝灰岩。器体呈长条三角形，单面刃。长7.6、宽3.7、厚1.1厘米，重39.5克（图3–3，2；彩版二〇五，2）。

标本T0801②：17（#4854；S260），残余石镰前端。文象斑岩。器体呈长条三角形，尖头，单面刃。长7.6、宽3.4、厚1.1厘米，重38.0克（彩版二〇五，3）。

标本T0801⑥c：18（#4860；S1418），残余石镰后端。嵌接流纹岩和熔凝灰岩。单面刃。长4.8、宽3.6、厚0.7厘米，重17.6克（彩版二〇五，4）。

标本T0850②：25（#4804；S126），石镰半成品。绿泥石/角闪石片岩。器体呈长条三角形，刃部尚未磨出。长11.0、宽3.1、厚2.7厘米，重129.7克（图3–3，3；彩版二〇五，5）。

4．石刀

2件。

标本T0801②：2（#4854；S1115），残余器体中部。绿泥石/角闪石片岩。单面刃。长3.6、宽4.4、厚0.9厘米，重22.1克（彩版二〇六，1）。

标本T0801⑥a：3（#4857；S1499），砂岩。长条形，单面刃。长4.8、宽2.3、厚1.2厘米，重15.9克（彩版二〇六，2）。

5．石钺

1件。

标本T0850②：2（#4803；S125），上端残失。角闪石闪长岩。平面呈长方体，双面刃，通体磨光，残断处有一双面钻圆孔。长8.1、宽6.7、厚1.8厘米，重225.4克（图3–3，6；彩版二〇五，9）。

6．石矛

1件。

标本T0750⑥b：4（#206；S133），石英/白云母千枚岩。平面为柳叶形，横截面为菱形。长5.0、宽1.1、厚0.5厘米，重3.7克（图3-3，4；彩版二〇六，3）。

7．磨制石镞

共5件。

标本T0799⑥a：7（#257；S398），头端残缺。白云母板岩。平面为柳叶形，横截面为菱形，近下端磨出两个对称的三角形缺口。残长4.4、宽1.1、厚0.4厘米，重2.4克（彩版二〇六，4）。

标本T0799⑥a：8（#230；S1555），铤残缺。绿泥石/角闪石片岩。带铤镞，镞体平面呈三角形，横截面为三角形，横截面圆形。残长5.2、宽1.2、厚1.2厘米，重12.1克（图3-3，5；彩版二〇六，5）。

标本T0800②：2（#402；S138），镞头残缺。绿泥石/角闪石片岩。带铤镞，镞体平面为三角形，横截面为菱形，三角形铤，横截面为椭圆形。残长5.7、宽2.3、厚8.4厘米，重14.1克（彩版二〇六，6）。

标本T0900⑥b：1（#256；S397），镞头残缺。绿泥石/角闪石片岩。带铤镞，形体较大，镞体平面近长条形，横截面为菱形，三角形铤，横截面为椭圆形。残长8.2、宽2.3、厚0.9厘米，重20.2克（彩版二〇六，7）。

标本T0801②：19（#4854；S1113），残余有局部镞体。粉砂岩。器型不详，横截面推测为菱形。残长2.4、残宽1.0、残厚0.3厘米，重0.5克（彩版二〇六，8）。

8．细石器石镞

1件。

标本T0801②：36（#4854；S1424），头端残失。燧石。平面呈三角形，横截面为柳叶形。制作精良。长2.3、宽1.6、厚0.4厘米，重1.5克（彩版二〇六，9）。

9．磨石

共46件，多为残块，全部为砂岩制成。

标本T0799⑥a：9（#226；S432），残。砂岩。平面为长方形，磨面较平整。长4.4、宽3.1、厚1.6厘米，重29.4克（彩版二〇七，1）。

标本T0799⑥a：10（#257；S1126），砂岩。平面为平行四边形，磨面平整。长5.0、宽3.1、厚2.2厘米，重60.3克（彩版二〇七，2）。

标本T0799⑥a：13（#226；S1528），残。砂岩。保存较差，平面为不规则形，磨面较为平整。长2.2、宽2.0、厚1.2厘米，重7.8克（彩版二〇七，3）。

标本T0799⑥a：14（#226；S1529），残。砂岩。保存较差，平面为不规则形，磨面较为平整。长2.7、宽2.3、厚1.1厘米，重10.2克（彩版二〇七，4）。

标本T0799⑥a：15（#226；S1535），残。砂岩。平面形状为三角形，使用面较平，并有较浅的十字形磨槽。长2.5、宽2.4、厚1.0厘米，重6.7克（彩版二〇七，5）。

标本T0799⑥a：16（#230；S1546），残。砂岩。平面为不规则形，磨面较为平整。长4.7、宽

3.6、厚1.9厘米，重23.4克。

标本T0799⑥a：17（#230；S1556），残。砂岩。平面为不规则形，磨面较为平整。长5.2、宽4.5、厚2.6厘米，重64.8克（彩版二〇七，6）。

标本T0850⑥a：6（#4810；S1082），残。砂岩。平面为不规则形，磨面较为平整，微有内凹。长5.5、宽5.5、厚2.6厘米，重85.4克（彩版二〇七，7）。

标本T0850⑥a：11（#4808；S1095），残。砂岩。平面为长方形，磨面平整。长3.4、宽2.6、厚2.0厘米，重22.5克（彩版二〇七，8）。

标本T0850⑥a：15（#4807；S1388），残。花岗岩。平面为近似长方形，磨面非常平整。长3.4、宽3.5、厚1.6厘米，重27.3克。

标本T0801⑥b：20（#4857；S1108），残。砂岩。平面为长条形，磨面较为平整，微有内凹。长7.2、宽3.5、厚2.9厘米，重65.8克（彩版二〇八，1）。

标本T0750⑥b：7（#219；S1165），残。砂岩。平面为长条形，磨面非常平整。长3.9、宽2.8、厚1.8厘米，重21.8克（彩版二〇八，2）。

标本T0750⑥b：19（#225；S1406），残。砂岩。平面为不规则形，磨面较为平整，微有内凹。长3.7、宽3.7、厚0.7厘米，重12.5克（彩版二〇八，3）。

标本T0799⑥b：25（#867；S1121），砂岩。长4.2、宽2.7、厚1.7厘米，重24.8克（彩版二〇八，4）。

标本T0850⑥b：3（#844；S437），残。砂岩。平面为不规则形，磨面内凹。长7.8、宽6.1、厚3.6厘米，重199.5克（彩版二〇八，5）。

标本T0850⑥b：13（#256；S1146），残余较少。砂岩，颗粒很粗。平面为不规则形，磨面平整。长3.4、宽2.4、厚1.8厘米，重16.8克（彩版二〇八，6）。

标本T0799⑥d：11（#868；S1422），残余较少。砂岩。平面为不规则形，磨面平整。长3.0、宽2.3、厚1.1厘米，重9.4克。

标本T0850⑦a：9（#856；S1090），砂岩。平面为不规则形，磨面平整。长3.1、宽1.9、厚1.2厘米，重8.1克（彩版二〇八，7）。

标本T0850⑦a：16（#856；S3532），残余较少。砂岩。平面为不规则形，磨面平整，微有内凹。长8.3、宽6.7、厚1.6厘米，重85.6克（彩版二〇八，8）。

标本T0750②：20（#202；S1412），残余较少。砂岩。平面为圆边方形，磨面略粗而平整，长2.4、宽2.2、厚1.0厘米，重6.0克。

标本T0801②：22（#4854；S1112），残。砂岩。平面为不规则形，磨面平整，微有内凹。长3.6、宽3.0、厚1.4厘米，重19.0克（彩版二〇九，1）。

标本T0801②：23（#4854；S1116），残。砂岩。平面为长条形，磨面较为平整，微有内凹。长6.2、宽3.1、厚2.8厘米，重55.3克。

标本T0801②：24（#4854；S1117），残余较少。砂岩。平面为不规则形，磨面平整。长3.3、宽2.3、厚1.7厘米，重10.5克。

标本T0801②：25（#4854；S1119），砂岩。长条形，磨面不太平整。长4.6、宽2.9、厚1.7厘

米，重35.2克（彩版二〇九，2）。

标本T0801②：27（#4854；S1425），残。砂岩。平面为平行四边形，磨面平整。长4.0、宽3.5、厚1.3厘米，重23.4克（彩版二〇九，3）。

标本T0801②：28（#4854；S1426），残余较少。砂岩。平面为长方形，磨面平整。长2.9、宽2.0、厚1.1厘米，重7.3克（彩版二〇九，4）。

标本T0849②：3（#553；S1101），残。砂岩。平面为梯形，磨面平整。长5.9、宽5.5、厚1.5厘米，重74.8克（彩版二〇九，5）。

标本T0849②：6（#553；S1163），残余较少。砂岩。平面为不规则形，磨面平整。长2.3、宽2.1、厚1.4厘米，重7.2克。

标本T0849②：8（#553；S1394），残余较少。砂岩。平面为不规则形，磨面平整微内凹。长2.5、宽2.2、厚1.4厘米，重7.4克（彩版二〇九，6）。

标本T0850②：10（#4804；S1094），残余较少。砂岩。平面为方形，磨面不平整。长2.3、宽2.0、厚1.3厘米，重7.4克（彩版二〇九，7）。

标本T0850②：14（#4804；S1227），残余较少。砂岩。平面为亚腰型长方形，磨面不平整，应为碎磨石改制为坠石用。长1.8、宽1.1、厚0.9厘米，重2.9克（彩版二〇九，8）。

标本T0799⑥a：20（#257；S386），完整。砂岩。平面为不规则形，横截面为长条梯形，多面使用，磨面细而内凹。长11.2、宽8.4、厚4.9厘米，重666.1克（彩版二一〇，1、2）。

标本T0799⑥d：18（#868；S1679），海滩卵石加工而成。平面为不规则形，横截面为薄板形，磨面细而平整。长1.2、宽1.0、厚0.4厘米，重0.6克（彩版二一〇，3）。

标本T0801②：29（#4854；S1111），完整。砂岩。平面为不规则形，横截面为不规则形，磨面不平。长6.0、宽3.0、厚1.5厘米，重25.8克（彩版二一〇，4）。

标本T0849②：9（#553；S1099），完整。砂岩。平面为长方形，横截面为扁条形，多面使用，磨面细而平整，侧面有一道磨骨器而形成的凹槽。长5.2、宽4.2、厚2.0厘米，重65.7克（彩版二一〇，5、6）。

10．石磨棒

1件。

标本T0799⑦a：26（#262；S1502），残。文象斑岩。平面呈长条形，一端留有磨棒的宽头。长4.2、宽3.5、厚2.1厘米，重35.3克。

11．研磨器

1件。

标本T0798②：3（S2284），完整。玄武岩。平面形状为圆角长方形，上端和两侧留有打制痕迹，底端磨制平整，抛光。长7.0、宽5.9、厚3.7厘米，重282.4克（图3-3，7；彩版二一〇，7）。

12．海滩卵石

共3件。

标本T0848⑥a：1（#230；S1106），椭圆形，底端有使用痕迹，应可做石锤用。长6.4、宽4.3、厚2.2厘米，重88.8克（彩版二一〇，8）。

标本T0799⑥a：19（#226；S1479），形体小而圆，外表经抛光。长1.2、宽1.0、厚0.8厘米，重1.4克。

标本T0750⑥b：21（#203；S1140），形体稍大，外表经抛光。长6.6、宽5.3、厚2.9厘米，重135.5克。

13．石片

共36件，其中石片工具15件，不确定形制的石片21件。

标本T0750⑥b：22（#203；S1138），绿泥石/角闪石片岩。长条形，有打制痕迹。长3.7、宽1.9、厚0.6厘米，重4.5克（彩版二一一，1）。

标本T0750⑥b：24（#225；S1413），富含白云母的熔凝灰岩。不规则形，有打制痕迹。长2.0、宽2.6、厚0.4厘米，重2.2克（彩版二一一，2）。

标本T0750⑥b：25（#222；S258），嵌接流纹岩和熔凝灰岩。不规则形，有打制和磨制痕迹。长4.5、宽4.6、厚5.1厘米，重18.7克（彩版二一一，3）。

标本T0750⑥b：27（#222；S1410），嵌接流纹岩和熔凝灰岩。近似圆角长方形，有少量磨制痕迹。长6.8、宽3.7、厚0.5厘米，重23.2克（彩版二一一，4）。

标本T0900⑥b：1（#256；S1155），石英。平面呈三角形，有打制和磨制痕迹。长3.2、宽3.2、厚0.8厘米，重8.2克（彩版二一一，5）。

标本T0799⑦a：27（#262；S1550），绿泥石/角闪石片岩。板状长条形，有琢制痕迹。长3.1、宽1.4、厚0.4厘米，重2.1克（彩版二一一，6）。

标本T0750②：26（#202；S1408），嵌接流纹岩和熔凝灰岩。不规则形，有打制和磨制痕迹。长4.0、宽3.2、厚9.4厘米，重13.7克（彩版二一一，7）。

标本T0849②：10（#553；S1102），石英。不规则形，有打制痕迹。长2.3、宽1.7、厚0.7厘米，重2.0克（彩版二一一，8）。

标本T0849②：11（#553；S1395），花岗岩。不规则形，有打制和磨制痕迹。长2.3、宽1.7、厚0.7厘米，重2.0克。

标本T0850②：19（#4804；S1151），石英。不规则形，有打制痕迹。长2.8、宽3.4、厚1.1厘米，重9.9克。

标本T0850②：20（#4804；S1084），石英。不规则形，有打制痕迹。长8.0、宽6.1、厚2.1厘米，重95.0克。

二　陶器

第二发掘区发现陶器数量不多，器形主要有陶鼎、箅子、罐、壶、盘、盆、瓦足盆、杯、盒、碗、器盖、纺轮和圆陶片等。

陶鼎共7件，分为罐形鼎和盆形鼎两类。

1．罐形鼎

3件。

标本T0850⑥a：8，夹细砂黑陶，含少量云母。侈口，圆唇，窄平沿，颈较粗长，圆腹，底及三足残。器表磨光。颈下部有一周凹弦纹，残余一个盲鼻和两个并排的泥饼，颈肩之间有一周阶状凸起，腹饰两周凹弦纹。口径12.4、残高9.2、厚0.15～0.5厘米（图3–4，1）。

标本T0801②：13，夹砂灰陶。侈口，圆唇，平折沿，鼓腹。颈部有两周凸弦纹，颈下有对称的一对盲鼻。口径16.4、残高5.5、厚0.3厘米（图3–4，2）。

标本T0801⑥b：14，夹细砂灰黑陶。侈口，圆唇，卷沿，折腹，以下残。折腹上部有一周凸棱，其上有一对对称盲鼻。口径16.4、残高5.6、厚0.35厘米（图3–4，3）。

2．盆形鼎

4件。

标本T0750⑥b：9，夹砂黑陶。近直口，方唇，平折沿，折腹，以下残。内外表均磨光，口沿有对称的一对横耳，上腹部有三周凸棱。口径21.6、残高3.6、厚0.3～0.5厘米（图3–4，4）。

标本T0750⑥b：10，夹砂灰陶。敛口，圆唇，平折沿，折腹，上腹外凸，下腹较直，底和足残失。器表磨光，腹部有两周凸棱。口径18.0、残高8.3、厚0.3～0.6厘米（图3–4，5）。

标本T0800⑥b：16，夹砂黑陶。敛口，方唇，平折沿，沿面有一周凹槽，折腹，上腹外折，下腹微斜收，平底，下接三“V”字形足，残。器表磨光。腹部有三周凸棱。口径20.0、残高11.2、厚0.3～0.5厘米（图3–4，6）。

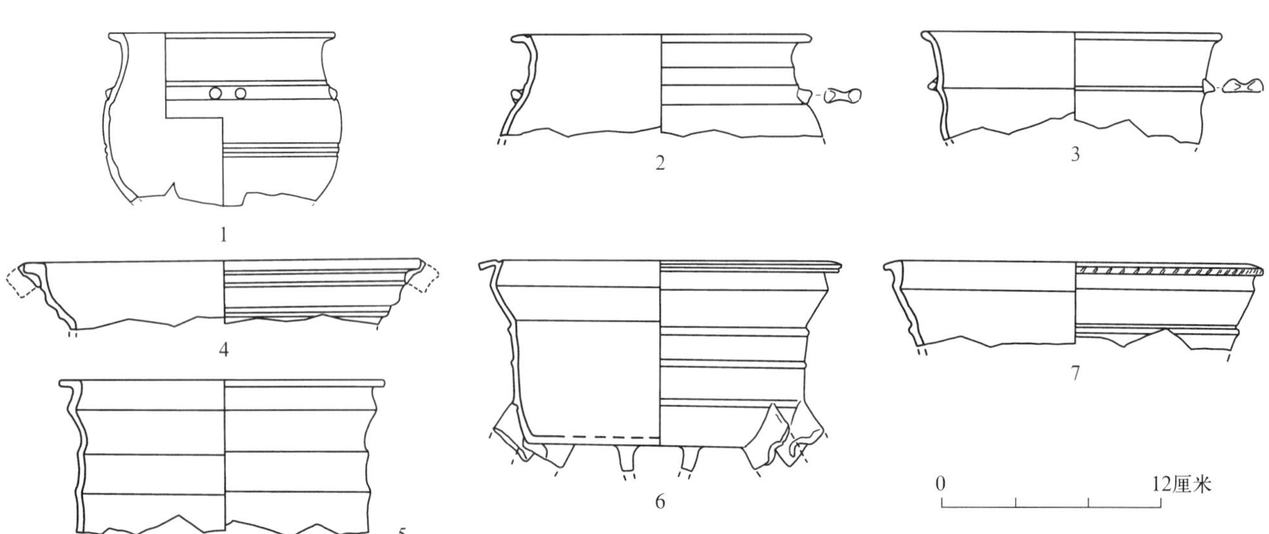

图3–4　二区文化层出土陶鼎

1～3．罐形鼎T0850⑥a：8、T0801②：13、T0801⑥b：14　4～7．盆形鼎T0750⑥b：9、T0750⑥b：10、T0800⑥b：16、T0800⑥a：17

标本T0800⑥a：17，夹砂黑陶。敛口，圆唇，平折沿，沿面有一周细凹槽，折腹，上腹外折，下腹残。唇部压印一周花边，折腹处有一周凹弦纹。口径20.4、残高4.6、厚0.3厘米（图3–4，7）。

3．箅子

1件。

标本T0800⑥a：12，残。夹砂黑陶。圆浅盘形，敞口，矮壁，平底。底部有大小不一的长条形镂孔。复原口径24.0、复原底径22.7、高1.6、厚0.5～0.95厘米（图3–5，1）。

陶罐共4件。有中口罐、子母口罐、有领罐三小类。

4．中口罐

2件。

标本T0801⑥a：1，夹砂黑陶，褐胎，含有少量云母。侈口，尖圆唇，折沿，圆肩，圆鼓腹，下腹斜收，平底。器表磨光，素面。口径12.2、底径6.2、高14.5、厚0.2～0.4厘米（图3–5，2；彩版二一二，1）。

标本T0750⑥a：2，夹砂黑陶，黄褐胎。腹以上残失，斜腹，平底。素面。底径11.0、残高8.6、厚0.4～0.6厘米（图3–5，3）。

5．子母口罐

1件。

标本T0801②：10，泥质黑陶。矮子口微内敛，短颈，下残。器表磨光，素面。口径18.0、残高4.8、厚0.3～0.6厘米（图3–5，4）。

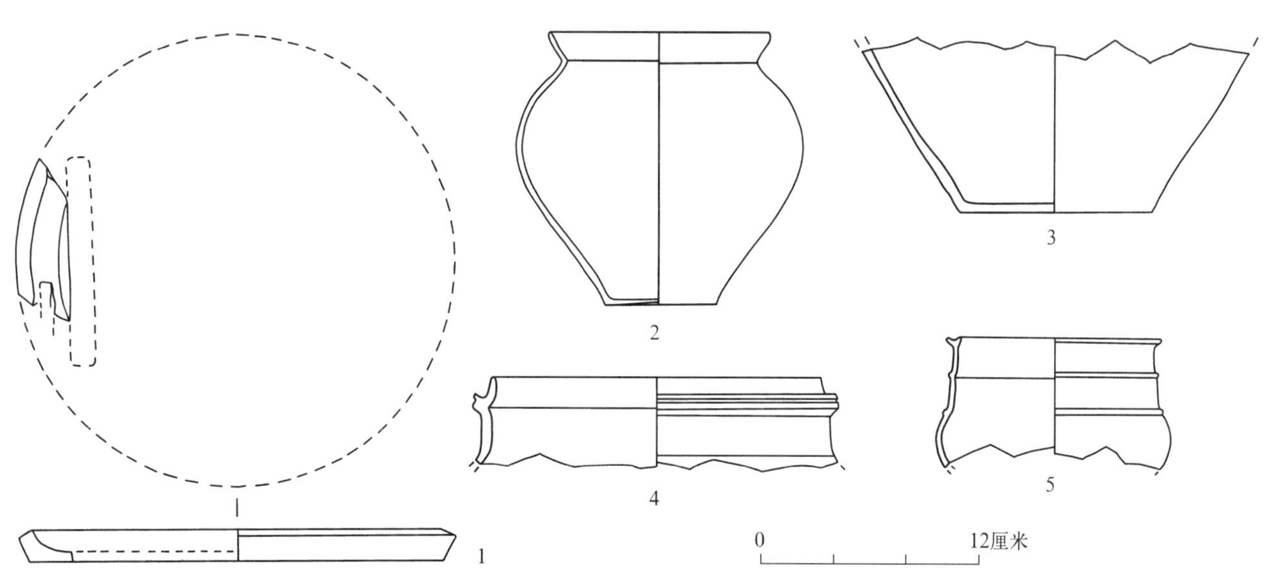

图3–5　二区文化层出土箅子、陶罐

1．箅子T0800⑥a：12　2、3．中口罐T0801⑥a：1、T0750⑥a：2　4．子母口罐T0801②：10　5．有领罐T0750⑥a：16

6．有领罐

1件。

标本T0750⑥a：16，夹砂黑陶。圆唇，直口微敛，窄平沿，沿面有一周凹槽，短颈，圆鼓腹，下腹斜收，底残。器表磨光，颈部有两周凸弦纹。口径12.0、残高6.7、厚0.2～0.3厘米（图3-5，5）。

7．壶

1件。

标本T0801⑥b：11，夹砂黑陶。直口微侈，圆唇，短颈，以下残。素面。口径12.0、残高4.0、厚0.4厘米（图3-6，1）。

8．盘

1件。

标本T0800⑥b：15，夹砂灰陶。直口，宽平沿，圆折腹，以下残，器形应为圈足盘。器内外皆磨光，沿面内侧有一周浅凹弦纹，唇部和折腹处压印有齿状花纹，腹部有一周凹弦纹。口径24.0、残高4.0、厚0.3～0.7厘米（图3-6，4）。

9．大平底盆

1件。

标本T0800⑥b：10，泥质黑陶。大敞口，圆唇，卷沿，曲腹，大平底内凹。内外表皆磨光，腹部有三周凹弦纹。口径28.2、底径22.8、高8.6、厚0.2～0.45厘米（图3-6，5）。

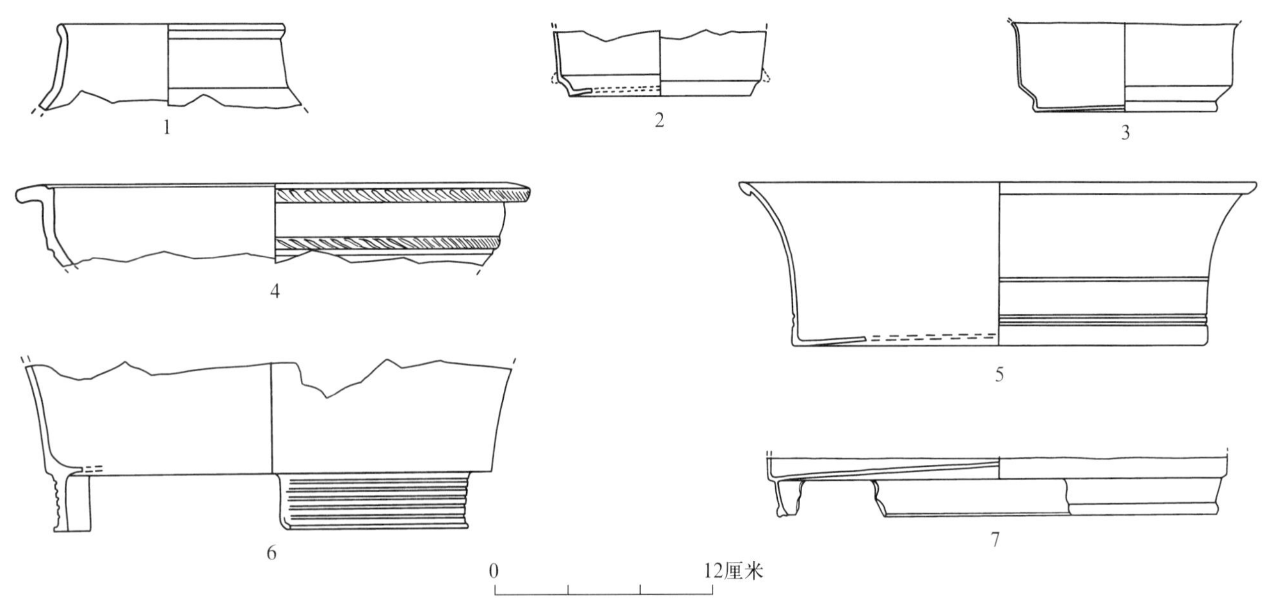

图3-6　二区文化层出土陶器（一）

1．壶T0801⑥b：11　2、3．碗T0801⑥b：15、T0900⑥b：3　4．盘T0800⑥b：15　5．大平底盆T0800⑥b：10　6、7．瓦足盆T0850⑥a：5、T0799⑥c：2

10．瓦足盆

共2件。

标本T0799⑥c：2，泥质黑陶。腹及以上残失，直壁，平底内凹，瓦足宽矮，瓦足边缘内卷。内外表皆磨光，素面。底径25.2、残高3.2、厚0.2～0.3厘米（图3−6，7）。

标本T0850⑥a：5，泥质黑陶。口残，斜腹，平底，下接三个较矮的瓦足，瓦足边缘内卷。内外表皆磨光。瓦足上饰五周凹弦纹。底径24.9、残高9.0、厚0.3厘米（图3−6，6）。

11．碗

共2件。

标本T0801⑥b：15，泥质黑陶。口残，直腹较高，近底部向内折收，平底内凹。内外表均经磨光处理。折腹处有对称的盲鼻痕迹一对。底径10.0、残高3.6、厚0.2～0.4厘米（图3−6，2）。

标本T0900⑥b：3，泥质黑陶。口残，直腹，近底部折收，平底内凹。内外表均经磨光，素面。底径10.0、残高4.6、厚0.1～0.2厘米（图3−6，3）。

陶盒共5件，有平底盒和三足盒两类。

12．平底盒

4件。

标本T0801②：5，泥质黑陶。高子口较直，浅腹，下腹部折收，平底。内外表皆磨光，素面。口径9.6、底径9.0、高2.8、厚0.2～0.5厘米（图3−7，1）。

标本T0801②：6，泥质黑陶。子口残，直腹下腹向内折收，平底内凹。内外表皆磨光，素面。底径14.0、残高2.7、厚0.25～0.55厘米（图3−7，2）。

标本T0801②：4，泥质黑陶。子口残，浅腹，偏下部向内折收，平底。内外表皆磨光，素面。底径4.2、残高2.65、厚0.25～0.4厘米（图3−7，3）。

标本T0800⑥a：4，泥质黑陶。高子口较直，浅腹，近底部内折，平底内凹。内外表皆磨光，素面。口径10.8、底径10.0、高3.1、厚0.2～0.55厘米（图3−7，4）。

13．三足盒足

1件。

标本T0750⑥a：17，泥质灰陶，烧成红褐色。鸟首形足，无眼，无堆纹。表面磨光。底部有一周凸棱，其上残存一盲鼻。残高8.9、厚0.2～0.4厘米（图3−7，10）。

器盖共8件，有覆碗形、覆盘形、覆钵形、筒形等小类。

14．覆碗形器盖

1件。

标本T0801⑥b：12，夹砂灰黑陶。顶残，盖面微隆，平沿外伸，沿面两周凹槽。器表磨光，素

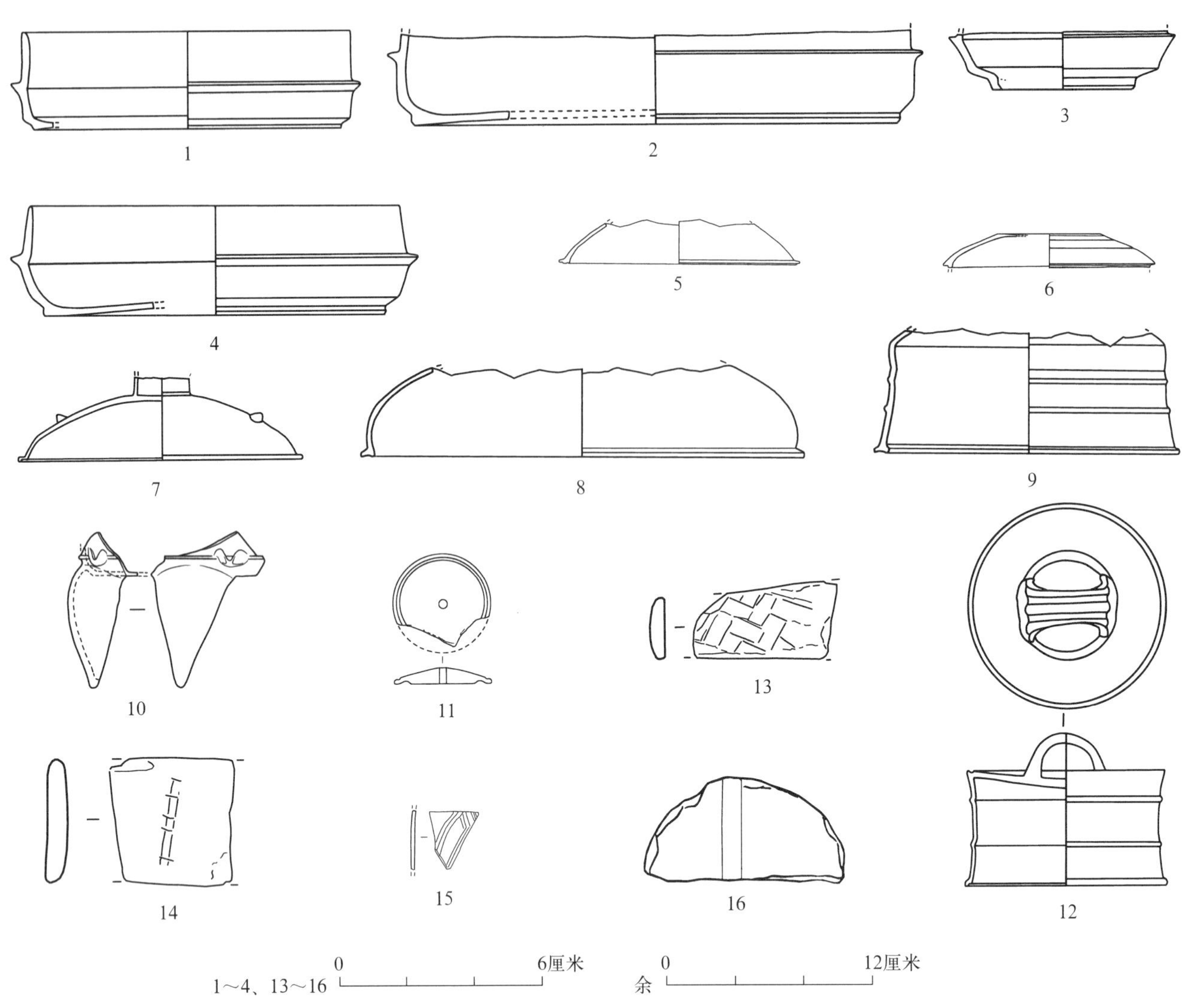

图3-7　二区文化层出土陶器（二）

1～4．平底盒T0801②：5、T0801②：6、T0801②：4、T0800⑥a：4　5．覆碗形器盖T0801⑥b：12　6、8．覆钵形器盖T0801②：7、T0799⑥a：3　7．覆盘形器盖T0800②：1　9、12．筒形器盖T0750⑥a：8、T0850⑥a：4　10．三足盒足T0750⑥a：17　11．纺轮T0799①：6　13～15．刻纹陶片T0800⑥a：13、T0801②：7、T0801②：8　16．圆陶片M9：01

面。口径14.0、残高2.8、厚0.4厘米（图3-7，5）。

15．覆盘形器盖

1件。

标本T0800②：1，泥质黑陶。喇叭形纽，上部残，弧形盖面，平沿外伸，沿面有一周凹槽。器表磨光，盖面上残存一个盲鼻。口径16.6、残高4.8、厚0.2～0.4厘米（图3-7，7）。

16．覆钵形器盖

共2件。

标本T0799⑥a：3，泥质黑陶，灰胎。圆弧形盖面，窄沿，沿面有一周宽凹槽。器表磨光，素面。口径26.0、残高5.0、厚0.4厘米（图3–7，8）。

标本T0801②：7，泥质黑陶。平顶，斜弧壁，矮子口。器表磨光，素面。顶径6.0、口径12.4、残高1.8、厚0.1～0.5厘米（图3–7，6）。

17．筒形器盖

共2件。

标本T0750⑥a：8，夹砂灰陶。顶部残，斜折肩，近直壁，窄平沿，沿面有一周凹槽。腹部有两周凸棱。口径18.0、残高6.8、厚0.3～0.6厘米（图3–7，9）。

标本T0850⑥a：4，泥质黑陶。平顶下凹较甚，中部有环形宽带纽，筒形腹微内束，窄沿微外侈，沿面有一周凹槽。器表磨光。盖面边缘有一周凹弦纹，腹部有两周凸棱。顶径11.6、口径11.8、高8.8、厚0.2～0.5厘米（图3–7，12；彩版二一二，2）。

18．纺轮

1件。

标本T0799①：6，泥质黑陶。圆饼形，中间厚周边薄，正面鼓起，背面较平微内凹，中穿一小圆孔。磨光，正面外缘有一周凹弦纹，背面周边有一周宽而深的凹槽。直径5.7、厚0.2～0.9厘米（图3–7，11）。

19．刻纹陶片

共4件

标本T0750⑥a：5，泥质黑陶。陶杯残片。平面为三角形，上有几何形刻划纹（彩版二一二，4）。

标本T0800⑥a：13，泥质黑陶。陶杯把手。平面为长方形，上有几何形刻划纹。长4.3、厚0.6厘米（图3–7，13；彩版二一二，5）。

标本T0801②：7，泥质黑陶。陶杯把手。平面为正方形，上有几何形刻划纹。残长3.7、宽3.7、厚0.6厘米（图3–7，14；彩版二一二，6）。

标本T0801②：8，泥质黑陶。蛋壳陶片。平面为三角形，上有几何形刻划纹。长1.5、宽1.7、厚0.1厘米（图3–7，15；彩版二一二，7）。

第四节 龙山文化遗迹与出土遗物

第二发掘区因为发掘面积不大，且只发掘了一个年度，均没有清理至生土，所以发现的遗迹数量不多。遗迹种类主要有房址、柱洞、灰坑、灰沟、墓葬等（图3–8）。

一 房址

第二发掘区发现房址数量不多，编号房址共2座，即F17和F22。

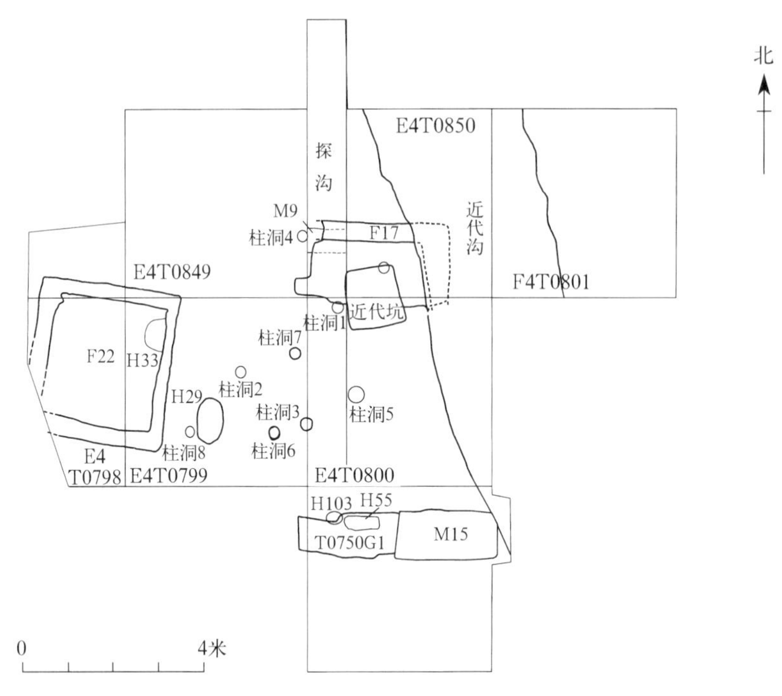

图3-8　二区遗迹平面分布图

1．F17

位于E4T0850、T0800两个探方中。开口于⑥b层下，打破⑥c层。房址西部和南半部被近现代堆积破坏，只余房址的东北部。墙体近底部、居住面和灶址等保存较好。该房址只确定了它的平面范围，并清理了灶址和室内部分垫土，其他未做进一步清量，因此不知墙体下有无基槽等情况。另外，在紧靠墙体内侧，发现有一周大小不等、排列较为整齐的7个柱洞，这些柱洞均打破F17的室内活动面和其下的垫土。综合这些柱洞的平面位置和深度等情况，尽管都开口于同一层下，但它们应该代表了比F17年代略晚的另一个房址，因未作进一步清理，故未对其单独编号。

F17现存范围的平面为长方形，东西残长2.90、南北残宽1.56米，现存建筑面积4.29平方米，现存室内使用面积2.93平方米。根据残存墙体推测房址方向为180°（图3–9）。

房址由墙体（包括墙体倒塌堆积）、居住面（即活动面）、灶址、室内垫土等部分组成，由于南半部遭受严重破坏，门道的位置和结构不详。

墙体残存北墙和东墙。宽0.32～0.56米，一般0.36米左右，残存高度3厘米。墙体采用黄褐色黏土堆筑而成，质地较坚硬，夹较多砂粒和少量碎石块。东墙体之外有少量类似于护坡的黏土。墙体倒塌堆积，位于T0850东南部，叠压于灶址和活动面之上，平面呈“L”型，堆积颜色为黄色略带红色（7.5YR6/6），结构较紧，内含较多砂粒和少量碎石块。平面范围长0.92、宽0.68米。

室内有一层活动面和三层垫土，室内活动面偏西北部有一个灶址。

灶　位于房址的西北部，平面略呈椭圆形，浅弧形底。长径54.0、短径38.5、深6.0～9.0厘米。填土为红褐色（2.5YR2.5/3），砂质黏土，大部分是红烧土，结构较松。灶底部有厚0.8～1.2厘米的烧结层。填土和烧结层共出土十几块陶片和碎石块。

活动面　只发现一层。活动面为绿色砂土（4/10YR4/5G），结构疏松，平面呈不规则形，厚0.1～0.3厘米。层表土质较杂，为人类长期活动和践踏形成的地面，从土质土色来看，应经过特殊加

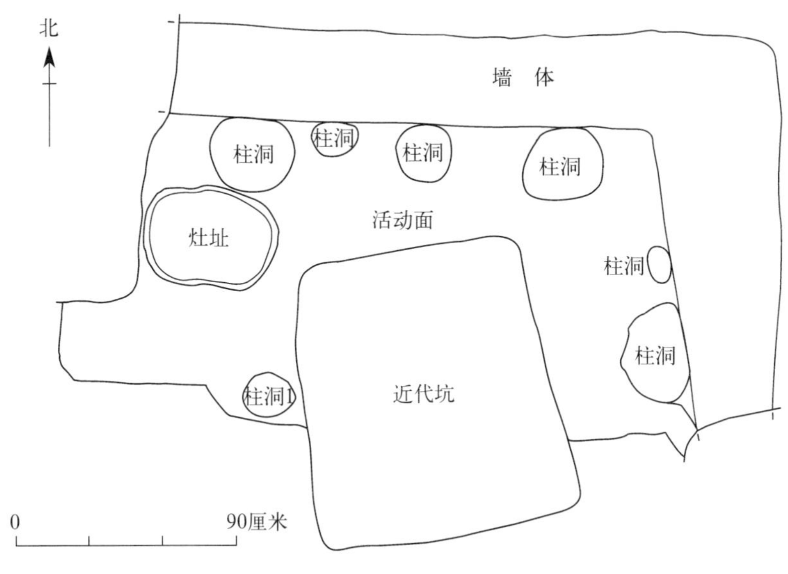

图3-9　二区F17平面图

工。内包含几十片陶片和石块。

活动面之下为三层室内垫土。

第1层，布满房址内部，长1.10～1.30、宽0.45～0.55、厚0.04米。褐色砂质黏土（7.5YR4/4），结构较紧。包含近百片陶片和石块，以及红烧土颗粒、碳化颗粒等。第2层，布满房址内部，长1.10～1.30、宽0.45～0.55、厚0.04米。深褐色砂质黏土（7.5YR3/2），结构疏松，包含近百片陶片和石块。第3层，布满房址内部，长1.10～1.30、宽0.45～0.55、厚约0.05米。深棕色砂质黏土（7.5YR5/6），结构较紧，包含近百片陶片和石块。此层应为房屋建好后，处理室内地面时铺垫的第一层土。

没有发现明确的门道，据柱洞的分布和其他要素分析，门道应该位于被南部苹果树坑所破坏的位置。

房址的东北部保存相对较好，我们可以分析其建造程序：（一）平整原有地面，在规划好的位置筑墙，墙体为堆筑黏土而成，应为承重墙，之后加盖屋顶；（二）在室内地表依次铺垫三层垫土，经加工和长期使用践踏，形成了一个较好的最初居住地面；（三）在室内地面的西北部设置炊煮用的近似椭圆形灶址。

在垫土堆积中发现6件残石器和石片。

标本F17：1（#263，S1428），石刀。砂岩。墙体堆积内出土。残余一半。平面为扁体长方形，通体磨光，制作精致，单面刃。残余一孔，双面钻。残长4.8、宽4.3、厚1.1厘米，重37.3克（彩版二一三，1、2）。

标本F17：2（#846，S436），石镰。含钾丰富的煌斑岩。第1层室内垫土内出土。残余器体前端。残余形状为三角形，通体磨光，制作精致，直刃，单面刃。长8.0、宽4.7、厚1.4厘米，重71.3克（彩版二一三，3）。

标本F17：3（#263；S3441），石镞。白云母板岩。墙体堆积内出土。只余镞体下端。三角形铤，镞体断面为菱形。残长3.7、宽2.0、厚8.8厘米，重6.6克（彩版二一三，4）。

标本F17：4（#263；S1089），磨石。砂岩。墙体堆积内出土。平面为三角形，横截面为长条形，磨面较光滑内凹。长4.3、宽4.1、厚1.2厘米，重16.6克。

标本F17：5（#263；S447），磨石。砂岩。墙体堆积内出土。平面为不规则形，有两个较好的磨面，磨面光滑内凹，其中一个磨面有磨制较小器物的槽状下凹。长14.1、宽11.8、厚3.5厘米，重421.6克（彩版二一三，5、6）。

标本F17：6（#852；S1081），石片。文象斑岩。第3层室内垫土内出土。保存较差，只余小块石片。长3.2、宽2.4、厚0.6厘米，重4.0克。

2．F22

位于E4T0798，开口于⑥a层下。房址位于上下两条梯田的交接处，主体部分在较高的上部梯田内，西南角则延伸到下部梯田，故被全部破坏不存。平面近方形，东西3.06、南北3.24米，推算建筑面积约9.91平方米，使用面积约5.70平方米（图3－10）。墙体近底部及基槽、柱洞、居住面保存较好（彩版二一四，1）。

墙体宽0.2～0.4米，残存高度最高0.24米。墙体采用掺沙的黄土夯筑成，结构紧密，质地坚硬，有分层现象。墙下有基槽，宽与墙体大体一致，深约0.18米，填土为黄色沙土，包含少量陶片和石块。墙体内外表各涂抹一层细腻的淤泥黏土，厚8～15厘米。

室内活动面共有五层，每一层活动面下都有一层垫土（彩版二一四，2）。

第1层，垫土及活动面，分布于室内西北部，稍微隆起。深棕黄色（10YR4/4）淤泥，土质较松。第2层，垫土及活动面，遍及室内，棕黄色（10YR5/6）沙土，质地紧致，层表土质较杂，为人类长期活动和践踏形成的地面，也可能最初经过特殊加工。夹杂着少量陶片、红烧土和石块。烧土主要集中于西北部，宽约1.46米，推测应是F22灶址所在。第3层，垫土及活动面，深棕黄色（10YR4/4）淤泥黏土，土质较松，为室内垫土。第4层，垫土及活动面，棕黄色（10YR5/4）淤泥黏土，土质较紧致。主要分布于南大半部。应该是修建过程中处理室内地面的垫土。第5层，垫土及活动面，棕黄色（10YR4/6）黏土，土质较为紧致。主要分布于南大半部。应该是修建过程中处理室内地面的垫土。

未发现门道。

房址保存状况一般，但仍然可以从上述材料分析其建造程序：首先，平整地面，按规划挖好基槽，然后紧贴基槽竖以木柱，做成木骨泥墙结构的墙体；之后以黄色沙土铺垫地面，经加工和长期的踩踏形成居住面；室内西北部设有灶址，从红烧土分布情况来看，似为圆形灶址。

垫土堆积中发现遗物5件，其中石片4件，磨石1件。

标本F22：5（#321；S1429），磨石。花岗岩。不规则形，只残余局部，磨面不平。长4.4、宽2.7、厚3.4厘米，重52.9克。

标本F22：1（#301；S1128），石片。嵌接流纹岩和熔凝灰岩。平面为不规则形，有磨制痕迹。长2.3、宽1.5、厚0.4厘米，重1.4克（彩版二一三，7）。

标本F22：2（#303；S1414），石片。嵌接流纹岩和熔凝灰岩。平面为圆角三角形，横截面为长条形，边缘有磨制痕迹。长5.1、宽5.5、厚0.8厘米，重23.6克（彩版二一三，8）。

标本F22：3（#303；S1415），石片。嵌接流纹岩和熔凝灰岩。平面为三角形，底端和一侧面有

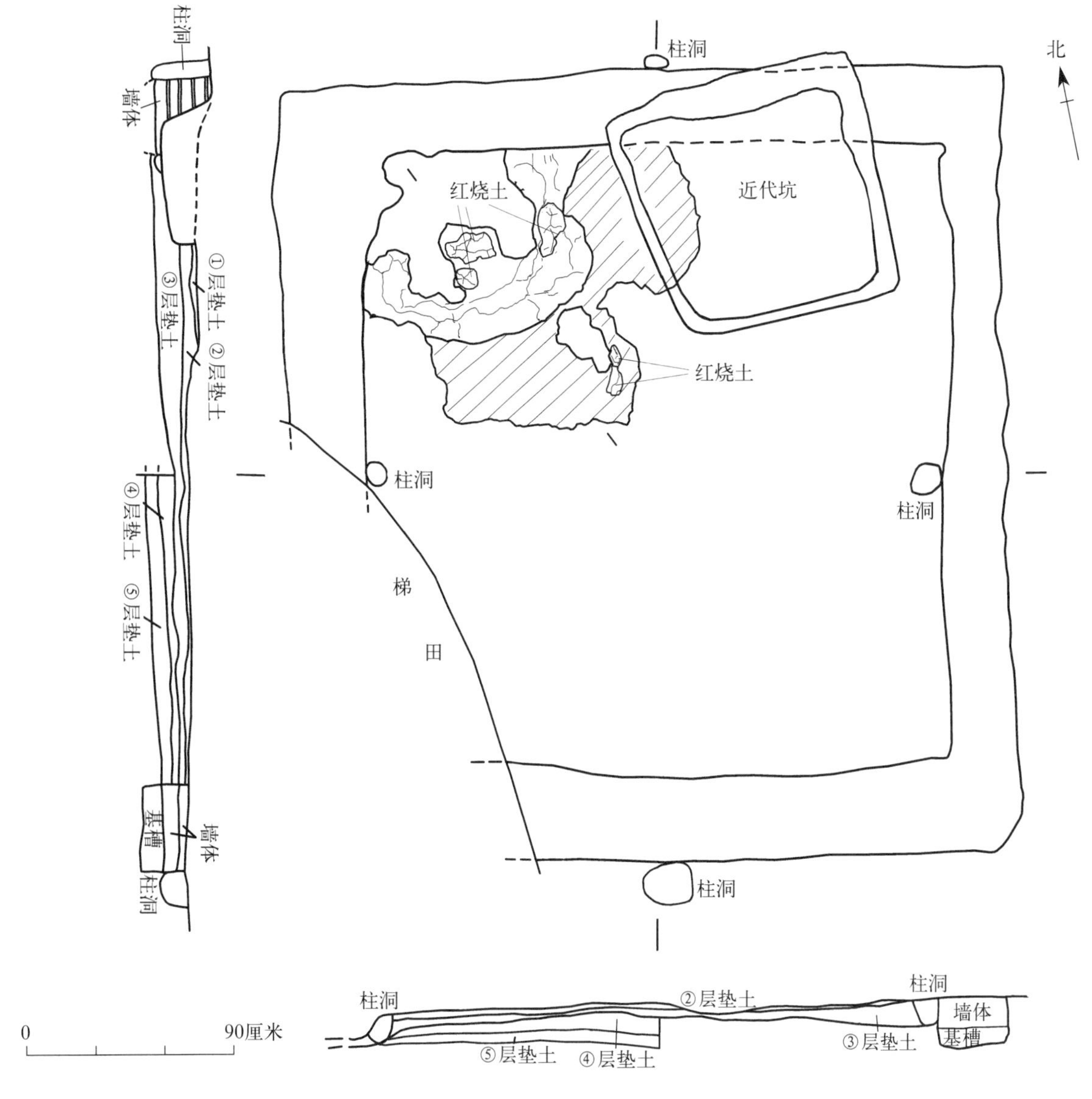

图3-10　二区F22平、剖面图

磨制痕迹。长6.4、宽2.9、厚1.5厘米，重32.1克。

标本F22：4（#304；S1516），石片。嵌接流纹岩和熔凝灰岩。保存较差，只余有很小石片，不规则形，残余少量磨制痕迹。长1.6、宽1.0、厚0.2厘米，重0.3克。

二　柱洞

第二发掘区还清理8个分布较为零散的柱洞。

1．柱洞1

位于E4T0800，开口于耕土层下。平面呈圆形，斜壁，弧底。直径约0.23、深约0.08米（图

3–11，1）。打破F17室内活动面和垫土。柱洞内填土分两部分，内圈填土位于柱洞的东南部，深灰褐色黏土（10YR4/2），结构疏松，包含大量陶片和一些石器、红烧土，直径约13厘米；外圈填土为深黄褐色砂质黏土（10YR4/4），结构疏松，包含少量陶片、石器和中等砂粒等。在柱洞1的南部和东部，还发现其他6个柱洞，从它们的空间分布上看应属于同一个晚F17的房址，未作进一步清理。

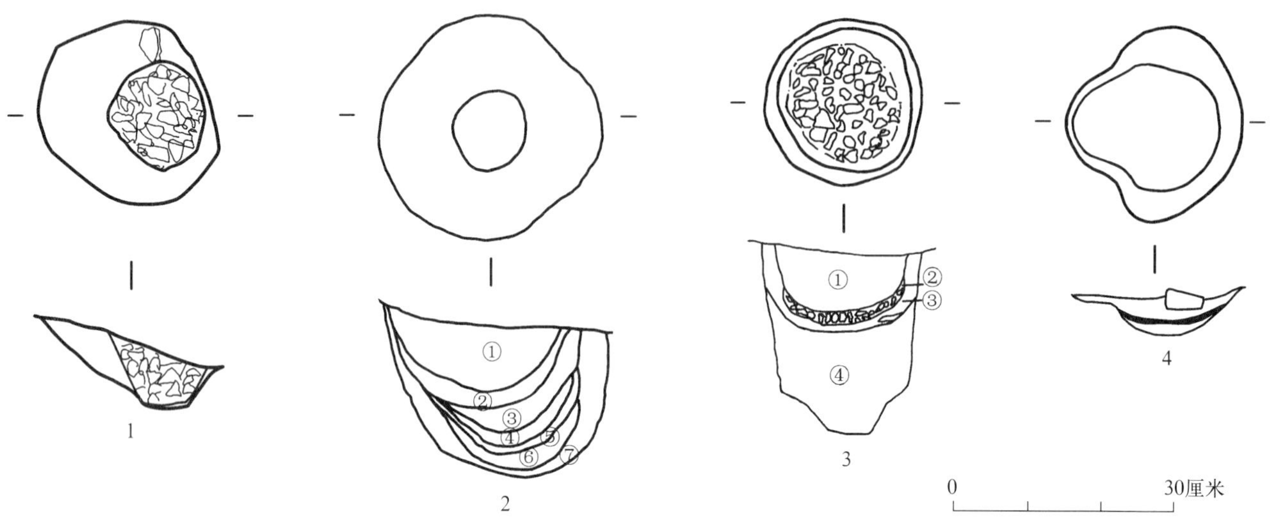

图3–11 二区柱洞平、剖面图

1．柱洞1 2．柱洞2 3．柱洞3 4．柱洞4

2．柱洞2

位于E4T0799，开口于⑥a层下。平面呈圆形，最大直径0.31、深0.20米（图3–11，2）。遗迹只剩下柱洞底部的柱础部分，堆积为沙土和陶片交互重叠而成，非常坚硬，共分七层：第1层深褐色沙土（7.5YR4/6），土质较紧，含少量的红烧土；第2层，褐色沙土（2.5YR4/6），土质较紧，包含较多的红陶片；第3层（#862），黄褐色土（10YR6/8），土质较紧；第4层（#863），褐色沙土（2.5YR4/6），土质紧致，包含较多的红陶片；第5层（#864），深褐色土（7.5YR5/8），土质十分紧致；第6层（#865），深褐色土（7.5YR4/6），土质紧致，含一些红陶片。

3．柱洞3

位于E4T0800，开口于⑥a层下，打破⑥b层柱洞。平面呈圆形，直径约0.22、深约0.25米（图3–11，3）。黄褐色填土，包含较多陶片，分四层：第1层，黄褐色沙土（10YR4/3）；第2层，含大量红陶片；第3层，黄褐色沙土（10YR4/4），含较多的黑陶片；第4层（#243），黄褐色沙土。

4．柱洞4

位于E4T0850，开口于⑥a层下，打破⑥b层。平面呈不规则圆形，只余柱础部分，直径约0.27、深约0.07米（图3–11，4）。填土为棕黄色（10YR4/6），结构紧密，土质较硬，其间有一层黑色土层，结构紧密，内含有数量较多的碎陶片。柱洞上层填土内发现1件石器。

标本柱洞4：1（#4815；S1091），磨石。文象斑岩。平面形状为三角形，磨面较平。长6.8、宽4.6、厚3.0厘米，重119.1克（彩版二一五，1）。

另外，还在E4T1800、T1799发掘4个柱洞，编号柱洞5、柱洞6、柱洞7和柱洞8（图3–8）。它们结构相似，直径在0.20～0.30米，都是只余柱础部分，深度在0.10～0.20米。从这些柱洞填土情况来看，在柱洞底部用垫陶片来加固的方式较为常见。从层位来看，柱洞8开口于⑦a层下，代表的时代稍早。

三　灰坑

发现的灰坑数量不多，共4个。

1．H33

位于E4T0798，开口于F22下，被F22东墙体打破，打破第⑥c层。残存形状为半圆形，圜底（图3–12）。坑口现存长径0.80、短径0.40、深0.20～0.30米。堆积分为两层：第1层，深黄褐色（10YR4/6），沙土，结构紧密，分选中不好，内含有黄色土块和陶片等。第2层，深褐色（10YR2/2），结构疏松，淤泥黏土，分选中好。内包含陶片数量较多，还有碎石块和小红烧土颗粒等。共出土3个小件。

标本H33②：3（#311；S1572），海滩卵石。形制小，椭圆形，外表经抛光。长5.3、宽3.3、厚2.6厘米，重64.8克（彩版二一五，2）。

标本H33②：2，罐。夹砂灰陶。侈口，方唇，折沿，沿面内凹，斜肩，以下残。肩部饰一周凸棱，并刻压成断续的绳状，其上侧有一对对称的泥饼。口径40.0、残高7.2、厚0.3～0.9厘米（图3–12，2）。

标本H33②：1，筒形器盖。泥质黑陶。平顶，中部残，直壁，下部残。器表经磨光，顶面有两周凹弦纹，顶面周缘刻压成花边，腹壁有两周凸棱。顶径26.0、残高6.7、厚0.4～0.6厘米（图3–12，1）。

2．H55

位于E4T0750东南部，开口于耕土层下，打破第⑥a层和G1。椭圆形，圜底（图3–13）。坑口长径0.72、短径0.29、深0.20米。填土为黑色土（10YR2/1），土质为含少量粗砂的黏土，结构较疏松。填土内包含几十片陶片及少量石块，出土石器1件。

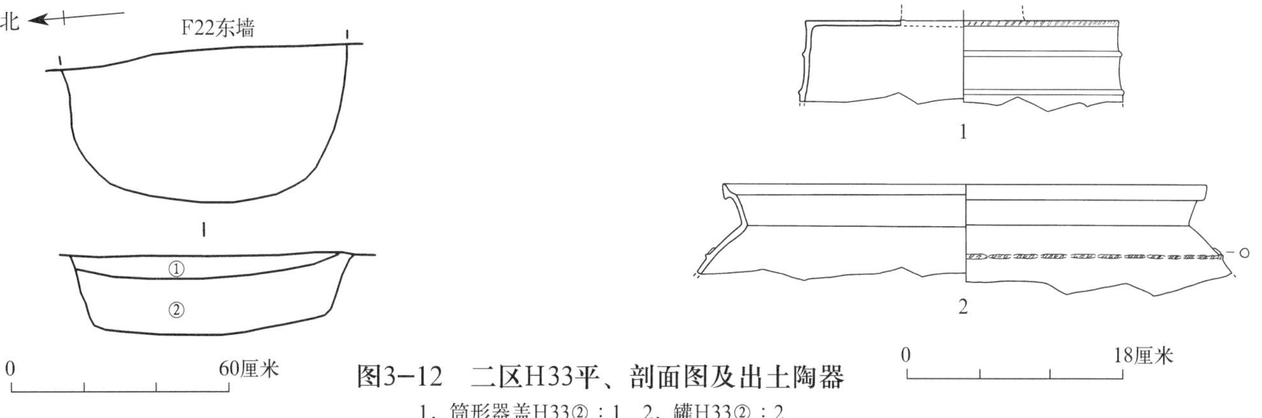

图3–12　二区H33平、剖面图及出土陶器

1．筒形器盖H33②：1　2．罐H33②：2

标本H55：1（#209；S1139），磨石。文象斑岩。平面形状为不规则形，横截面为长方形，磨面较平微内凹。长8.0、宽4.7、厚1.9厘米，重82.6克（彩版二一五，3）。

3．H103

位于E4T0750东南部，开口于耕土层下，打破第⑥a层和G1。平面形状呈椭圆形，弧形底、西高东低（图3-14）。长径0.37、短径0.27、最深0.10米。坑内堆积不分层，填土为黑色土（10YR2/1），土质为含少量粗砂的黏土，结构稍松软。内出土几十片陶片及少量石块，另含有较多碳粒、红烧土颗粒、黑色土块等。

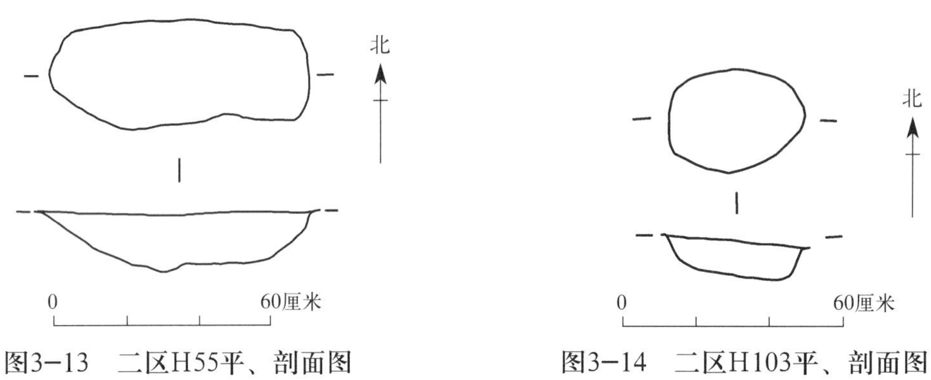

图3-13　二区H55平、剖面图　　图3-14　二区H103平、剖面图

4．H29

位于E4T0799内，开口于耕土层下，打破⑥b层。平面近椭圆形，近平底（图3-15）。长径0.94、短径0.70、深0.15米。坑内填土为深褐色（10YR3/3），土质为含少量粗砂的黏土，结构较致密。填土内混有红烧土块和炭化颗粒，发现数十片陶片。

标本H29：2，盒。泥质黑陶。子口残，浅腹，中部外突，平底内凹。内外表均经磨光，素面。底径10.0、残高1.9、厚0.2厘米（图3-15，1）。

标本H29：1，方形陶片。夹砂黑陶。平面呈圆角方形，由快轮制成的陶片改制而来，边缘有打制痕迹。边长8.0～9.0、厚0.4～0.5厘米（图3-15，2）。

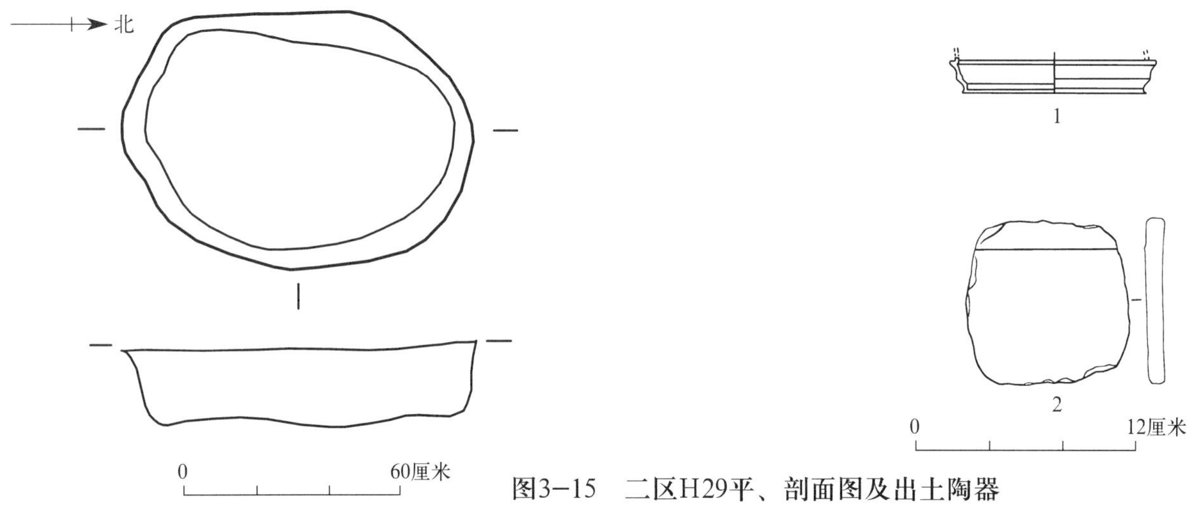

图3-15　二区H29平、剖面图及出土陶器

1．陶盒H29：2　2．方形陶片H29：1

四　灰沟

1条，编号为T0750G1。

T0750G1

位于E4T0750的西北部，开口于耕土层下，东部被M15破坏不存，上部被H55、H103打破，向西伸出探方西壁之外，打破⑥a、⑥b和⑦a层。现存和暴露部分平面呈长方形，近平底。已清理部分长径2.10、短径0.90、最深处0.40米（图3−16）。沟内填土分上下两层：第1层土色为深灰色（7.5YR4/1），土质为含沙量较多的砂质黏土，结构较疏松，深0.30米，填土内出土陶罐、石斧等及大量陶片及石块；第2层土色为深灰褐色（10YR3/2），土质为含沙量很少的黏土，结构较疏松，深0.05～0.20米，沟底部有炭化的植物根系等遗存。

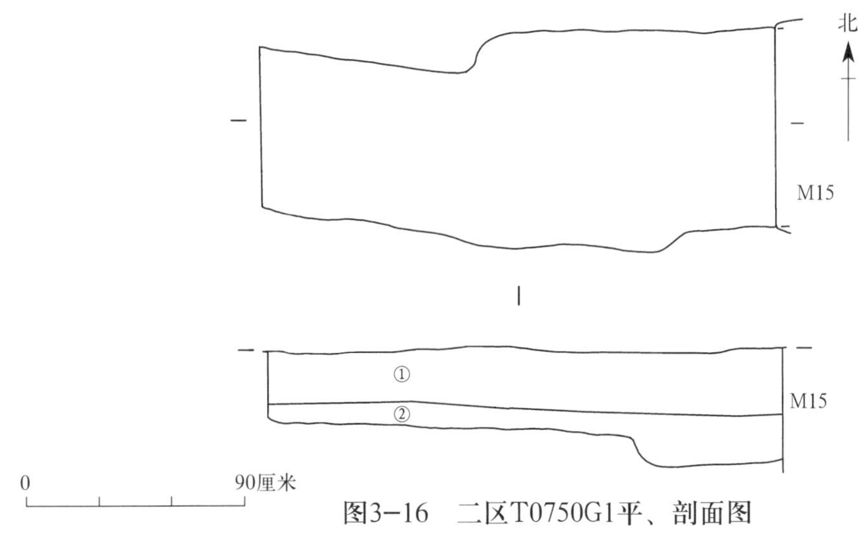

图3−16　二区T0750G1平、剖面图

沟内发现数量较多的陶器和石器，其中陶鼎5件、陶鬶1件、陶罐5件、器盖2件、石刀2件、磨石2件。另外还包含大量陶片及石块。

标本T0750G1：1（#501；S243），石刀。残余一半。砂岩。平面近扁梯形，单面刃加工精致。残余一双面钻孔。长5.0、宽5.6、厚1.1厘米，重44.4克（彩版二一五，4）。

标本T0750G1：2（#501；S245），石刀半成品。嵌接流纹岩和熔凝灰岩。平面为长方形，横截面为扁条形，单面刃。长9.6、宽4.5、厚1.4厘米，重71.5克（彩版二一五，5）。

标本T0750G1：4（#212；S1133），磨石。砂岩。平面为不规则形，横截面为扁条形，磨面较平。长12.2、宽9.5、厚2.4厘米，重333.9克（彩版二一五，6）。

标本T0750G1：5（#212；S1402），磨石。砂岩。平面为弧边三角形，横截面为扁长方形，磨面光滑微内凹。长6.8、宽5.1、厚1.4厘米，重44.0克。

标本T0750G1：9，鼎。夹砂黑陶，内壁为灰白色。尖圆唇，宽平沿，沿内侧隆起，沿面有两道浅凹槽，颈部略外鼓，鼓腹，口径大于腹径，腹下部残失。器表磨光，沿下有三周凹弦纹，颈腹交界处有四周凹弦纹，沿下有对称的四个盲鼻。口径18.8、最大腹径15.2、残高12.2、厚0.35～0.55厘米（图3−17，1）。

标本T0750G1：10，鼎。夹砂黑陶，内壁为灰白色。方唇，卷沿，有颈，腹略鼓，腹部以下残失。器表残余少量磨光痕迹，颈下和腹部共有三周凸弦纹。口径30.4、残高15.1、厚0.4～0.6厘米（图3-17，2）。

标本T0750G1：14，鼎。夹砂黑陶，内壁灰色。方唇，短折沿，短颈，颈下残失。器表及口沿内壁磨光肩部两周台状凸起，外饰一小圆泥饼。口径14.8、残高9.6、厚0.25厘米（图3-17，3）。

标本T0750G1：15，鼎。夹砂黑陶。圆唇，平折沿，沿面有两周凹槽，敛口，短颈外鼓弧收，下残。器表磨光，颈部饰两周凹弦纹和一周凸棱，沿部下有一对盲鼻。口径20.0、残高4.4、厚0.3～0.6厘米（图3-17，4）。

标本T0750G1：16，鼎。夹砂黑陶。圆唇，平折沿，口微敛，短颈，微鼓，下残。器表磨光，颈部有两周浅凸棱和一周凹弦纹。口径20.0、残高3.6、厚0.4～0.8厘米（图3-17，5）。

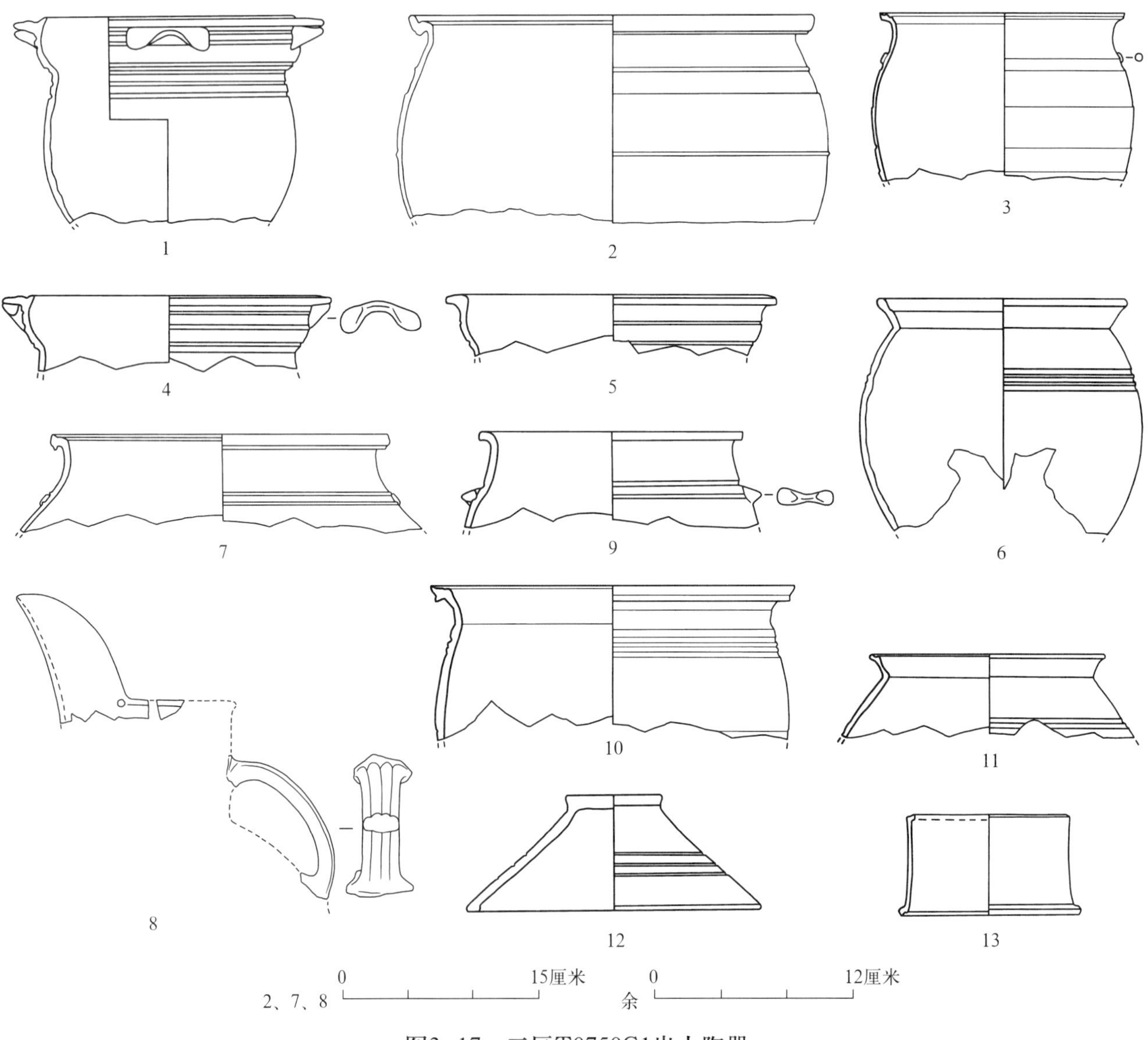

图3-17　二区T0750G1出土陶器

1～5．鼎T0750G1：9、T0750G1：10、T0750G1：14、T0750G1：15、T0750G1：16　6、7、9～11．罐T0750G1：3、T0750G1：7、T0750G1：11、T0750G1：12、T0750G1：13　8．鬶T0750G1：17　12．覆碗形器盖T0750G1：8　13．筒形器盖T0750G1：6

标本T0750G1：17，鬶。夹砂黄褐。只余流及部分沿部，流较矮。口微外卷。器表有磨光，流底部有泥饼，宽带状把手，把手中部有三周浅凹槽。高22.5、厚0.2～0.6厘米（图3–17，8）。

标本T0750G1：3，罐。夹砂黑陶，含有少量云母。圆唇，侈口，折沿，流肩，腹部略鼓，腹以下部分残失。肩部饰有三周凹弦纹。口径15.2、最大腹径17.2、残高13.7、厚0.4～0.7厘米（图3–17，6）。

标本T0750G1：7，罐。夹砂黑陶。方唇，唇面有两周凹槽，卷沿，沿面有一周宽凹槽，斜肩，下残。器表磨光，肩部有两周凸棱，上残有一乳钉。口径26.0、残高7.0、厚0.4～0.7厘米（图3–17，7）。

标本T0750G1：11，罐。夹砂黄褐陶。圆唇，卷沿，侈口，上腹微鼓，下残。器表有磨光痕迹，上腹部有两周凹弦纹，另有一对盲鼻。口径16.0、残高5.6、厚0.4～0.5厘米（图3–17，9）。

标本T0750G1：12，罐。夹砂黑陶。方唇，卷沿，沿面下凹，弧腹，以下残。器表磨光，腹部有两周凸棱和两周凹弦纹。口径22.0、残高9.0、厚0.5～0.7厘米（图3–17，10）。

标本T0750G1：13，罐。夹砂灰褐。圆唇，短折沿，弧肩，下部残失。沿面有一周凹槽，肩部有两周浅凹弦纹。口径14.0、残高5.0、厚0.3～0.4厘米（图3–17，11）。

标本T0750G1：8，覆碗形器盖。夹砂黑陶，含有少量云母。平顶，盖面较直，平沿，尖圆唇，沿面内侧有一周凹槽。器表磨光，盖面有三周凹弦纹。顶径5.7、口径17.7、高6.8、厚0.4～0.8厘米（图3–17，12；彩版二一二，3）。

标本T0750G1：6，筒形器盖。泥质黑陶。顶残，方唇，沿面内凹。素面，顶面外缘有一周凹弦纹。顶径9.9、口径11.2、残高5.8、厚0.2～0.3厘米（图3–17，13）。

五　墓葬

只发现1座，编号为M9。

M9

位于E4T0850西壁中部。在T0800和T0850西壁位置开设南北向探沟，以了解该发掘区的整体堆积情况。发掘过程中发现该墓葬，编号M9。该墓开口于⑦a2层下。只做了局部清理，已清理部分长1.00米，墓葬宽0.50米，墓口至墓底深约0.35米。因为时间的原因，M9未向东西两侧扩方，也没有起取清理出来的骨骼，记录后进行了原地回填保护。故墓葬完整情况等信息不明（彩版二一四，3）。

从暴露的部分看，该墓为长方形土坑竖穴墓，方向90°。单人一次葬，仰身直肢，人骨保存不好，已发掘部分只暴露出下肢长骨，性别和年龄不详。墓葬内填土分为两层：第1层为褐色（7.5YR4/4），土质为砂质黏土，结构较疏松，该层填土内包含细砂、云母及少量陶片、石块，并包含有一些绿色小土块等，分选较好；第2层为深褐色（7.5YR4/3），土质为砂质黏土，结构较致密，该层填土内含有少量陶片。已清理部分未发现随葬品，只在填土中发现1件圆陶片。推测该墓葬可能为房屋奠基所用。

标本M9：01，圆陶片。夹砂黑陶。圆形。利用器物底部打制而成，缺损一半。素面。直径5.9、厚0.5～0.6厘米（图3–7，16）。

第五节 周代遗迹与出土遗物

第二发掘区范围内，耕土层和近代层之下即为龙山文化堆积，但在发掘区的南部发现1座周代墓葬。

M15

位于E4T0750的东部，开口于耕土层下，并被现代苹果坑打破，又打破龙山文化时期的T0750G1。苹果树坑坑壁的底南部可以看到棺痕，棺痕为一条纵向10厘米的灰线（图3−18）。

墓葬平面为长方形，东西长2.20、南北宽1.20米。墓口海拔高度14.60、墓底海拔高度14.20米，墓口距墓底深0.99米，墓葬方向为93°（图3−18）。

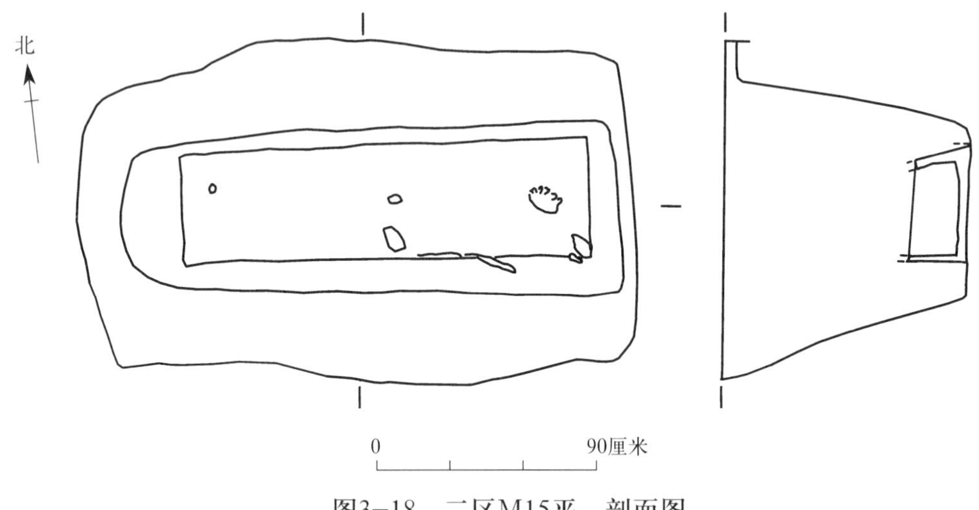

图3−18 二区M15平、剖面图

墓坑内填土为粗砂土（10YR4/2），结构疏松。棺上面填细砂土，颗粒中等，结构非常紧密。下部填土和棺上的填土相似。棺底部有一薄层极细腻的黑色黏土（10YR2/1），与第一发掘区的周代墓葬相同。

葬具为一棺，其上缘很难辨认，下部逐渐清楚，棺的顶部海拔约14.40米。棺长约2.00、宽0.70、残高0.20米，现存棺板厚0.06～0.26米。

棺室的东半部发现了一个保存极差的头骨，包括颅顶骨、上下颌骨及两枚牙齿，身体其他部分的骨骼则位于西部，整体保存极差，仅存左侧尺骨、桡骨和部分骨盆。死者葬式为直肢仰身。

墓葬内没有发现随葬品。在墓葬填土中发现了17件龙山文化陶片和残石器，还有1件烧骨，填土中的这些遗物，从表现出的特征来看，早于墓葬所处的周代，属于龙山文化时期，应是挖墓穴时破坏龙山文化堆积的结果。

标本M15：01，鸟首形鼎足。残存一半。夹砂黑陶，烧成红褐色。鸟喙形足，中间饰附加堆纹，边缘有按压纹。残高12.4厘米（图3−19，1）。

标本M15：02，鬶把。泥质红陶。手制，绞丝状，单股断面为圆形。残高11.0、径1.5厘米（图3−19，3）。

标本M15：03，盖纽。泥质黑陶。喇叭形纽。器表磨光，素面。纽顶径3.4、残高2.1厘米（图3−19，2）。

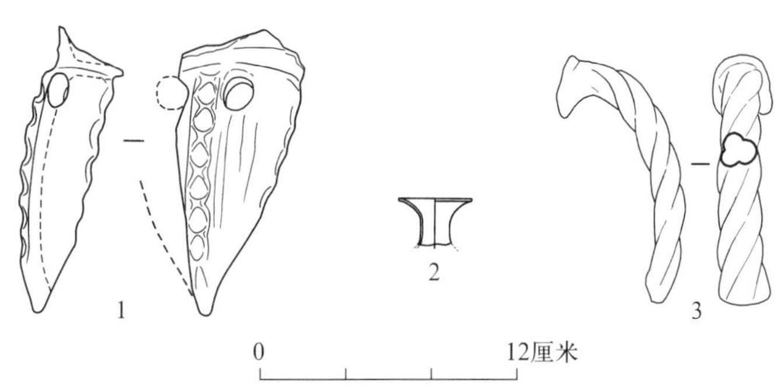

图3-19　二区M15填土内出土龙山文化陶器

1．鼎足M15：01　2．盖纽M15：03　3．鬶把M15：02

标本M15：04，刻纹陶片。泥质黑陶。有几何形刻划纹饰。

标本M15：05（#213；S170），石镰。嵌接流纹岩和熔凝灰岩。只余有石镰中段，扁条体，器体较薄，单面刃。长6.4、宽4.5、厚1.3厘米，重47.7克（彩版二一六，1）。

标本M15：06（#213；S193），石饰品。含有流纹岩的花岗岩。平面为四边形，器体较薄，边缘有切割痕迹，推测为装饰品的半成品。长3.4、宽3.3、厚0.6厘米，重15.2克（图3-3，8；彩版二一六，2）。

标本M15：07（#213；S1134），磨石。文象斑岩。平面为不规则形，横截面为长方形，磨面光滑微内凹。长9.2、宽6.4、厚3.9厘米，重276.4克（彩版二一六，3）。

标本M15：08（#213；S1135），磨石。砂岩。长3.9、宽1.9、厚1.7厘米，重17.4克（彩版二一六，4）。

标本M15：09（#213；S1411），磨石，残余较少。砂岩。不规则形，仅留少量磨面。长3.2、宽1.4、厚2.3厘米，重9.2克。

标本M15：010（#213；S1184），磨石，残余较少。砂岩。长条形，仅留少量磨面。长2.7、宽1.6、厚1.4厘米，重5.8克。

标本M15：011（#214；S1416），磨石，残余较少。砂岩。平面为环条形，横截面为长方形，磨面平滑。长8.9、宽4.9、厚7.9厘米，重47.3克（彩版二一六，5）。

标本M15：012（#215；S1183），磨石，残余较少。文象斑岩。不规则形，仅留少量磨面。长4.6、宽2.8、厚1.8厘米，重23.1克。

标本M15：013（#215；S1145），磨石，残余较少。砂岩。不规则形，仅留少量磨面。长5.7、宽4.5、厚2.0厘米，重49.2克。

标本M15：014（#217；S1144），磨石，残。砂岩。平面为正方形，横截面为长方形，磨面较平，剥蚀痕迹明显。长4.4、宽4.1、厚1.6厘米，重25.7克。

标本M15：015（#218；S248），磨石，残。平面为梯形，横截面为长方形，磨面光滑微内凹。长4.2、宽3.7、厚1.6厘米，重27.0克（彩版二一六，6）。

标本M15：016（#213；S1403），石片。富含白云母的熔凝灰岩。石料较为少见，平面为不规则形，横截面为长条形。长3.0、宽2.4、厚0.7厘米，重5.5克。

标本M15：017（#214；S1417），石片。富含白云母的熔凝灰岩。石料较为少见，长条形。长5.4、宽2.8、厚0.8厘米，重13.6克。

第六节 小结

第二发掘区发掘面积较小，且没有清理到底，虽然发现了一定数量的龙山文化遗迹，但是其数量和密度，均和第一发掘区有较大的差距。从文化层堆积和出土遗物情况分析，这一区域的功能应为居住生活区。龙山文化堆积主要分为四个时期：

第一期以M9、柱洞8、⑦b层表暴露的少量火烧面痕迹等为代表，这一期遗存只发掘了探沟的很小面积，因此对此时的功能分区等情况还无从了解。M9是该区域发现的唯一一座龙山文化墓葬，这一时期在其他发掘区有房址和墓葬紧邻出现的现象，因此，墓葬的发现应不能影响该区为居住区的判断。

第二期以开口在⑥b层下的F17、H33和柱洞6等为代表。这一时期，在F17周围，还发现一些零星的建筑遗存，如活动面、火烧痕迹等，应该是这一区域的连续性居住的特点，导致文化堆积受到频繁的人类活动干扰而保存很不完整。此时的房址为方形，虽然破坏较为严重，但是夯土墙、活动面、灶址等房址要素较为齐全。F17所在位置，还存在着1座以打破F17的一组柱洞为代表的房址。这种情况与第一发掘区的F54（承重墙体）与F56（柱洞式，打破F54）完全相同。

第三期以开口在⑥a层下的F22、T0750G1、柱洞2、柱洞3、柱洞4、柱洞7等遗迹为代表。F22是典型的方形地面式房屋，承重墙体下有浅基槽，与第一发掘区的F59相同。房内地面由多层垫土和活动面组成，是当时居民在居住过程中，根据需要不断地铺垫和加工居住地面所形成。这种铺垫和加工的方式，也是两城镇龙山文化时期房址的典型特征。

第四期以开口在耕土层下的一批遗迹为代表，如打破F22的多个柱洞和H55、H29、H103等。从遗迹种类可以看出，这一区域的功能分区呈现稳定状态，长期以来人们在此进行盖房、挖沟、栽柱、户外炊煮等活动。

在第二发掘区的近现代堆积中，出土了一定数量的龙山文化陶器、陶片和石器，从中可以发现一些明显晚于以上第四期的遗物，如子母口罐（图3-5，4）、平底盒（图3-7，1～4）。由此可知，这一区域被破坏的堆积中，应该还存在着更晚时期的龙山文化遗存。

从出土遗物的特征和组合角度来看，这一区域出土的陶器多为普通生活用具，器物种类以鼎、罐为主，石器数量较多，以碎磨石、石刀、石镰等为代表，蛋壳陶和大型器物几乎没有发现，虽有刻划陶片，但数量极少，制作也不是很精致。综合以上，该区域的居住者应该是当时两城镇聚落的普通劳动者阶层。

第四章　第三发掘区

第一节　发掘过程

第三发掘区位于两城镇六村、七村村中东西大路的北侧，从1998年11月至2011年10月，在西、东不远的两个小区先后进行了三次发掘。

西小区处于龙山文化内环壕西南角之外、中环壕西南角之内，恰在两条环壕拐弯的位置。东小区处于内环壕外侧，周围地势较高，保存较好，为探测文化堆积情况进行了小面积发掘。

西小区的发掘工作共进行了两次。

第一次发掘始于1998年11月中旬，当时两城镇七村村民时培路因翻盖新屋，准备把原来高出现地表约1.5米的房子及院落与现在街道地面取平，这就意味着村内本来所剩不多的文化遗存要遭受新的破坏。为此，1998年11月30日至1999年1月13日在此进行了第一次抢救性发掘，实际发掘历时40天。

发掘地点位于时培路房前的院落之内。发掘之前此处为一高出街道地面约1.5米的土台。按照两城镇遗址考古分区图，发掘区位于G3区。按正方向布设4米×6米探方一个，发掘面积24平方米，编号为G3LCZT001。探方西南角相对于整个遗址的基点坐标为（530N，1305E）。

发掘工作分两个阶段。1998年11月30日至12月31日为第一阶段，发掘者有文德安、科杰夫、倪刚、林恩泽和加藤里美等，于海广、刘红军同时对附近区域进行了钻探，并清理了个别残存底部的灰坑；1999年1月7日至13日为第二阶段，发掘者为于海广、栾丰实、方辉和刘红军等，主要是完成T001第一阶段发掘未做到底的部分。

第二次发掘是在1999年冬。在村西发掘第一发掘区期间，了解到时培路已将T001北侧的旧房屋拆除，并准备将高出现地面的房基铲平后在原址建新房。根据本区第一次发掘的收获和旧屋房基剖面，发现这一区域还基本保存着遗址的原貌，故在第一发掘区的工作结束之后，遂对这一地段进行了第二抢救性发掘。发掘工作从1999年11月17日始，至12月18日结束，历时32天。参加发掘工作的人员有文德安、杨深富、刘红军、曹艳芳、高继习等。

发掘按正方向布设4米×4米探方4个，发掘面积64平方米。由于这一地段所在位置的局限，这4个探方的基点整体向北错移2米，并且T1727和T1777的东侧、T1776和T1777的北侧、T1726和T1776的西侧均为早年建房挖土破坏后所留下的不整齐的台壁，发掘时全部清理掉。

西小区的两次发掘总面积为88平方米，虽然发掘工作分作两次进行，但发掘区域临近，文化内涵相同，故作为同一小区加以介绍，并统一制作了总平面图（图4-1）。

东小区的发掘是2001年10月15日至11月4日进行的，历时15天。地点位于G3T1777正东44米处，布2米×4米的探沟一条，即G3T1789（N542、E1352），发掘面积为8平方米。发掘目的主要是为了

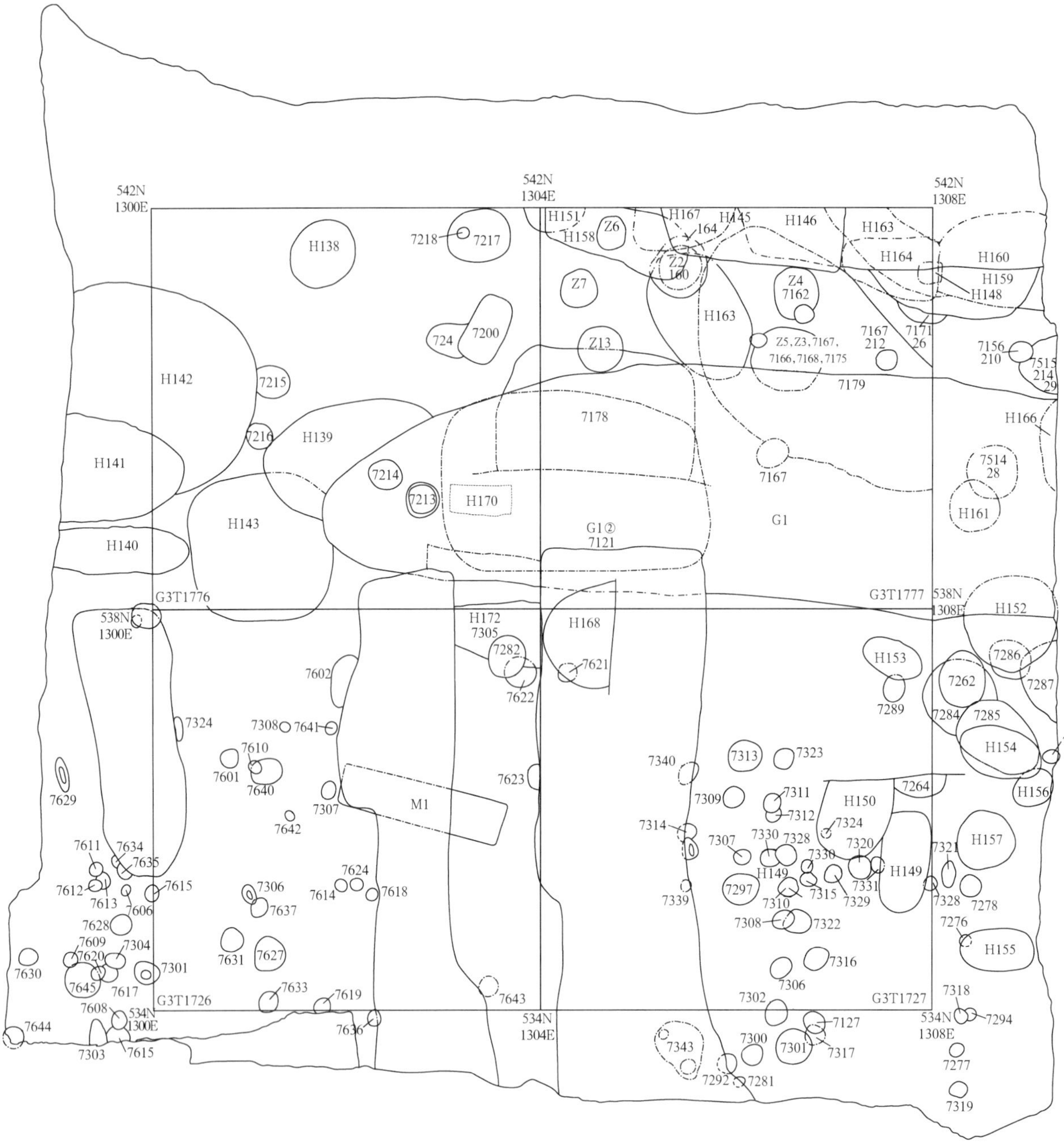

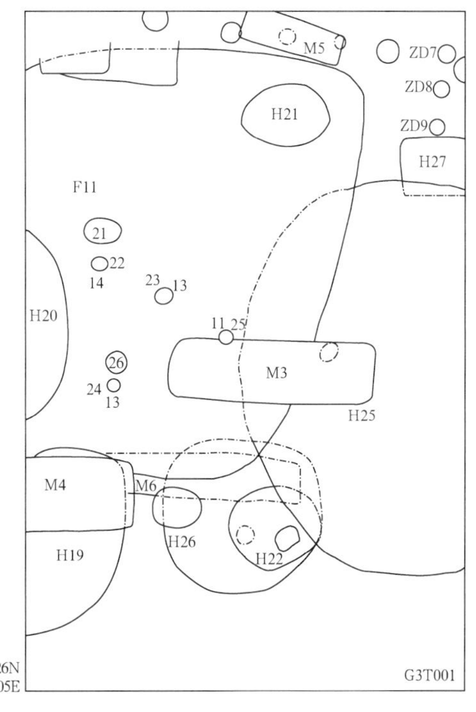

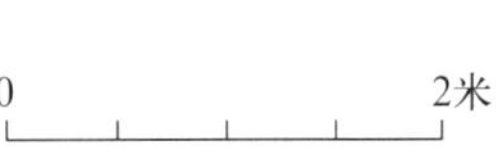

图4-1　第三发掘区西区遗迹平面分布图

验证环壕的钻探结果，因此整个探沟位于内环壕的外坡上。发掘工作由闫启新负责。

第二节　文化堆积

文化堆积分为地表层或耕土层、近现代层、汉代文化层、龙山文化层等。

一　西小区

T001所在区域后期扰乱较为严重，龙山文化层之上皆为近代扰层或扰坑。现以北壁为例，对其地层堆积加以介绍（图4-2；彩版二一七，1、2）：

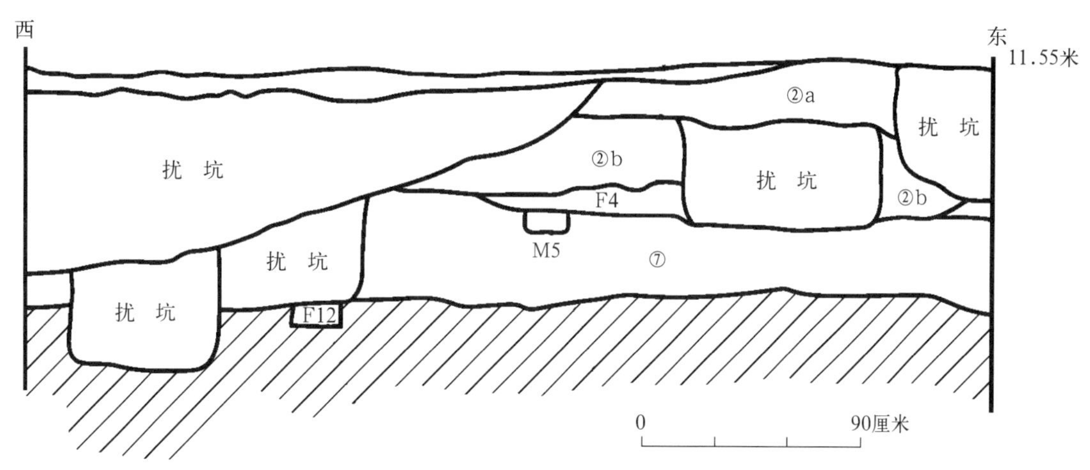

图4-2　三区T001北壁剖面图

第①层　地表层。厚0.05～0.10米。黄褐色土，土质较硬。

第②层　近代扰层或扰坑。厚0.40～1.20米。分布厚薄不均。土色杂乱，但以黄褐色土为主。土质较疏松，分选程度中等。内含大量陶片和残石器等龙山文化遗物，同时夹杂较多的瓷片、玻璃片和近现代遗物。扰层之下仍有若干扰坑。龙山文化遗迹多开口于此层之下。

第⑦层　龙山文化层。厚0.10～0.45米。分布于探方南、东和北部。为纯净的绿色砂岩土，质地坚硬。此层应为一次性铺垫而成，可能与建筑有关。部分龙山文化遗迹开口于此层之下。

T1726、1727、1776、1777这4个探方的地层堆积比较一致（彩版二一八、二一九），包括了汉代和龙山两个时期的遗存，但多处也遭到近现代扰层和扰坑的严重破坏。现以T1777东壁为例，对该处地层堆积加以介绍（图4-3）。

第①层　地表层。厚0.02～0.05米。该层下有多处扰坑。

第②层　汉代文化层。最厚处约0.22米。分布不普遍，主要发现于西北部的T1776。土色浅灰（7.5YR3/2），土质疏松，比较纯净。内含红烧土、木炭和较多砂粒。出土较多龙山和周代陶片，最晚时期陶片为汉代，包括大量汉代瓦片等。有若干龙山文化遗迹开口于此层之下。

第⑦层　龙山文化层。根据堆积的土质土色和遗迹的分布情况，可分为明显不同的三小层。

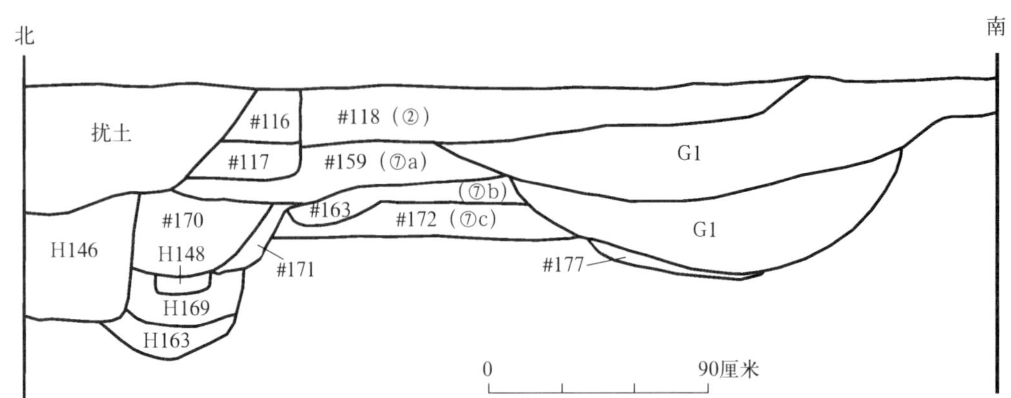

图4-3 三区T1777东壁剖面图

第⑦a层 厚0.06～0.24米。该层在发掘区内分布较为普遍。黄褐色土（7.5YR4/6），土质较硬，含较多红烧土块和木炭等，并夹杂绿色砂粒。在发掘区西南部，该层下多处见到大块红烧土和灰烬遗迹。在全发掘区内该层下有若干柱洞和其他遗迹开口。

第⑦b层 厚0.04～0.26米。该层分布普遍，几乎遍及整个发掘区。绿色砂岩土（10YR4/4），土质紧密，含沙量大。含少量红烧土块和炭屑等。推测该层为建筑垫土。该层下开口的遗迹较少。

第⑦c层 厚0.08～0.14米。该层分布普遍。黄褐色土（10YR3/2），土质紧密，含大量绿色砂岩土块和黄褐色黏土，并夹杂少量红烧土颗粒。包含物极少。该层之下只发现1座龙山文化墓葬。

第⑦c层之下为生土。

二 东小区

T1789所在的东小区同样包含有较厚的近代堆积，并有汉代和周代遗存，但遗迹较少。其文化层堆积情况可以北壁为例加以介绍（图4-4）：

第①层 耕土层。厚0.24～0.26米。黏沙土，结构较紧密，土色浅黄褐色。

第②层 近代层。分布全方。深0.33、厚0.24～0.32米。黏沙土，结构疏松，土色为深灰褐色。该层下有一近代坑。临时号#9000。

第③层 汉代层。深0.48、厚0.33米。黏沙土，结构较紧密，土色黑褐色。含临时号#9002、#9003、#9004、#9012。

第④层 周代层。黏沙土，结构较紧密，土色黄褐色。临时号#9005。

第⑥层 龙山文化层。深0.82、厚0.42米。黏沙土，结构较紧密，土色红褐色。该层下开口遗迹有G15、H331。含临时号#9006、#9009、#9013、#9014、#9015。

第⑦层 龙山文化层。深1.51、厚1.39米。黏土，结构较紧密，土色深灰褐色。含临时号#9016、#9017、#9018、#9019、#9020、#9021。

第⑧层 龙山文化层。深2.74、厚0.54米。黑淤土，结构疏松，土色灰褐色。含临时号#9022、#9023、#9024。

据现场分析，第⑧层为环壕使用时期所淤积而形成的淤土层，属于龙山文化早期，第⑦层和⑥层则为环壕废弃以后所形成的堆积，时代为龙山文化中期。

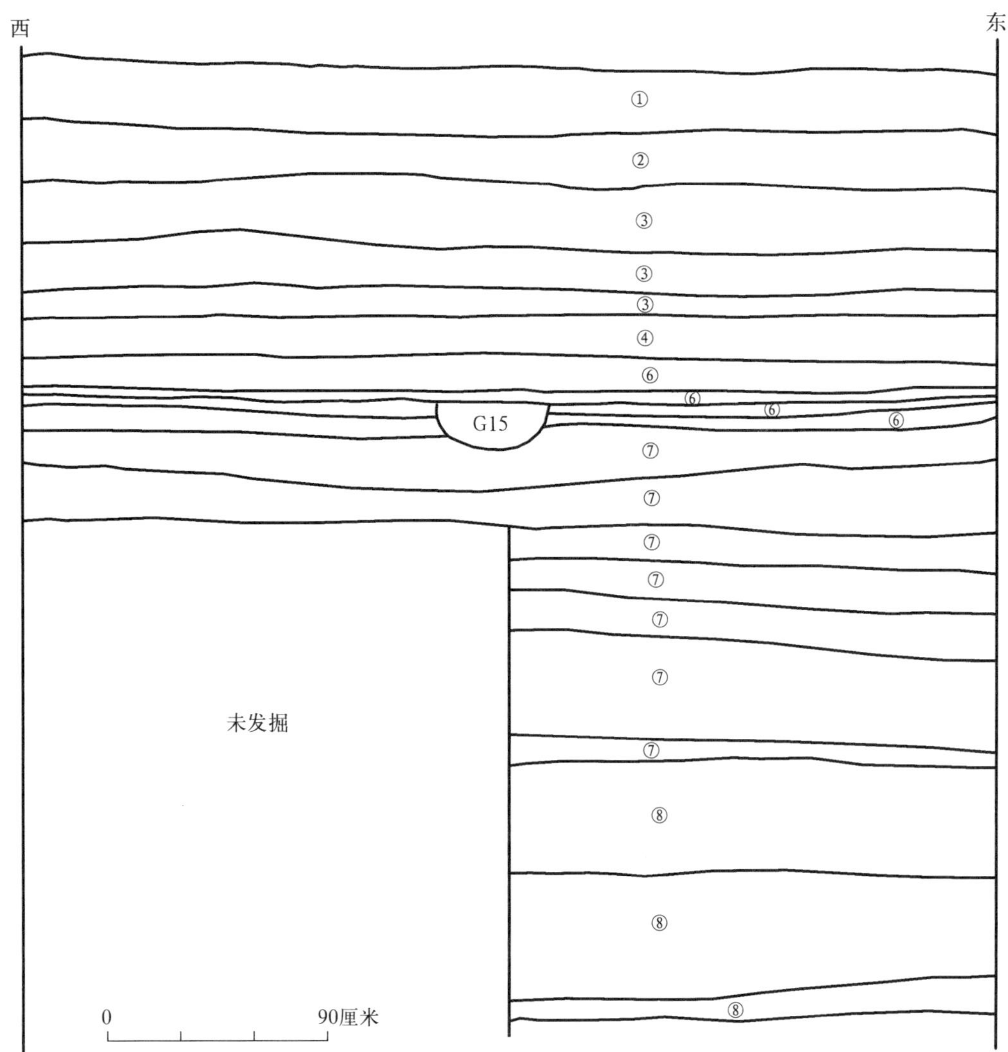

图4-4 三区T1789北壁剖面图

第三节 龙山文化层出土遗物

第三发掘区出土遗物主要属于龙山文化。虽然龙山文化堆积之上也发现少量周代、汉代遗存，但出土遗物较少，且多为细碎的瓦片。这里仅介绍龙山文化遗存。按质地可以分为石器和陶器两大类。

一 石器

共26件。器形较多，有石斧、锛、刀、镞、磨石和半成品等。

1．石斧

2件。

标本T1727⑦：5（#7275），个体厚重。平面呈近长方形，横截面为椭圆形，双面刃。通体磨制。残长6.3、宽4.3～5.5、厚2.3～2.7厘米（图4-5，1；彩版二二〇，1）。

标本T1789：33（S3485），石斧半成品。嵌接的流纹岩和熔凝灰岩，平面为矩形，横截面为矩形，完整。长8.3、宽6.7、厚2.4厘米，重255克。

2．石锤

1件。

标本T001#5（S57），卵石状，平面为不规则形，横截面为不规则形，完整。长9.4、宽6.0、厚5.5厘米，重563.3克。

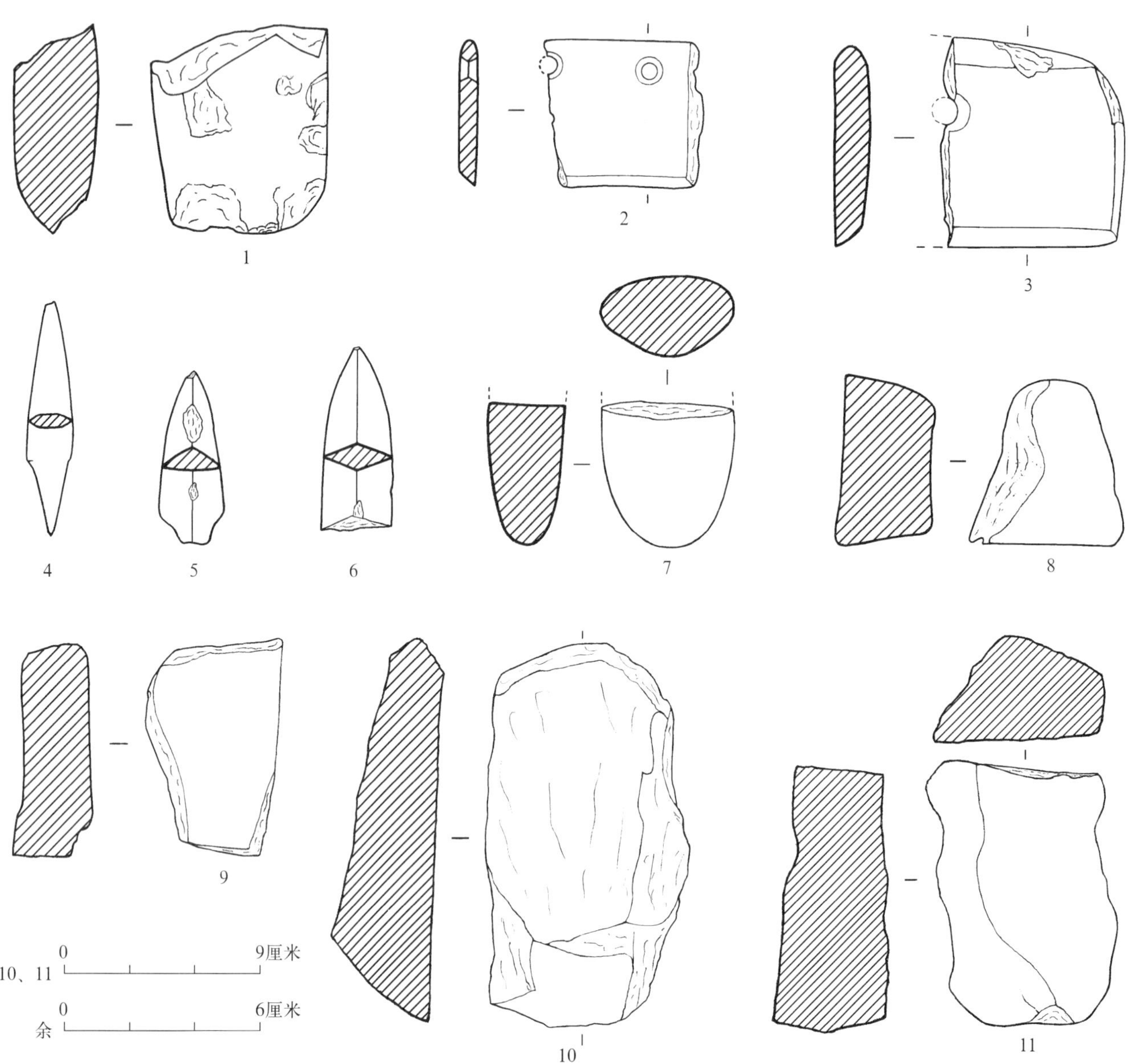

图4-5　三区文化层出土石器

1．石斧T1727⑦：5　2、3．石刀T1777⑦：4、T1777⑦：9　4～6．石镞T1727⑦：16、T1727⑦：15、T1777⑦：7　7～9．磨石T1777⑦：3、T1777⑦：5、T1777⑦：15　10．石锛半成品T1777⑦：12　11．石料T1777⑦：8

3．石锛

3件。

标本T1789：1，页岩。平面近长方形。长10.4、宽4.5、厚2.4厘米，重199.7克（彩版二二〇，2）。

标本T1789：37，残存下部刃端。磨制精细。残长5.4、宽5.1、厚3.4厘米，重151.7克（彩版二二〇，3）。

标本地表采集T001（#8；S64），石锛半成品。嵌接流纹岩凝灰岩，平面为梯形，横截面为不规则形，完整。长9.4、宽5.5、厚2.4厘米，重184.1克（彩版二二一，8）。

4．石刀

3件。

标本T1777⑦：4（#7115），残存中段。长方形，单面刃，上部残存2对钻孔。残长4.6、宽4.4、厚0.5～0.6、孔径0.45厘米（图4-5，2）。

标本T1777⑦：9（#7179），残存一半。拱背长方形，单面刃，上部残存一孔。残长5.6、残宽6.2、孔径0.8、刃宽0.55、厚0.8～1.22厘米（图4-5，3）。

标本T1789⑦（#9019），半成品。黑云母片岩，平面为柳叶形，横截面为不规则形，完整。长11.4、宽3.8、厚2.2厘米，重168.8克（彩版二二〇，4）。

5．石镞

6件。

标本T1727⑦：16（#7326），扁平状。铤部横截面为圆形。残长6.9、宽1.35、厚0.4厘米（图4-5，4）。

标本T1727⑦：15（#7325），扁平三棱状。残长5.1、宽1.8、厚0.7厘米（图4-5，5）。

标本T1777⑦：7（#7169），扁平四棱状，脊部明显。残长5.4、宽2.1、厚0.75厘米（图4-5，6）。

标本T1789：13，砂岩。镞体平面呈三角形，横截面为三角形，铤部横截面为圆形。长7.2、宽1.9、厚0.93厘米，重12.2克（彩版二二〇，5）。

标本T1789：14，带铤镞。扁平状。绿泥石/角闪石片岩。长5.6、宽1.4、厚0.36厘米，重4.1克（彩版二二〇，6）。

标本T1789：20，砂岩。柳叶形。铤部残断。残长6.9、宽1.7、厚0.7厘米，重9.4克（彩版二二〇，7）。

6．磨石

8件。

标本T1789：26，砂岩。长7.0、宽6.3、厚2.3厘米，重160.4克（彩版二二一，1）。

标本T1789：9，砂岩。长13.9、宽9.4、厚2.5厘米，重391.6克（彩版二二一，2）。

标本T1789：6，砂岩。有磨痕。长6.5、宽4.7、厚1.8厘米，重94.3克（彩版二二一，3）。

标本T1777⑦：3（#7115），乳白色，磨制光滑。横断面略呈椭圆形。残长4.3、宽4.1、厚2.4厘米（图4–5，7）。

标本T1777⑦：5（#7115），不规则形。残长4.9、宽2.5～4.7、厚2.7～3.0厘米（图4–5，8）。

标本T1777⑦：15（#7170），扁平状，一面微凹。残长6.5、宽2.5～4.0、厚1.9～2.8厘米（图4–5，9）。

标本T1789：2，砂岩。球形，一面较平。长4.8、宽4.7、厚3.7厘米，重130.1克（彩版二二一，4）。

标本T1789：3，滑石片岩，灰绿色。平面略呈亚腰形。磨制痕迹明显。长6.9、宽3.3、厚1.7厘米，重45.8克（彩版二二一，5、6）。

7．半成品及石料

3件。

标本T1777⑦：12（#7182），石锛半成品。打制。长17、宽7.3～9.3、厚2.4～5.9厘米（图4–5，10）。

标本T1777⑦：8（#7179），石料。残长12.0、宽8.0、厚5.2厘米（图4–5，11）。

标本T1789：40，石料。长9.0、宽2.9、厚2.9厘米，重71.1克（彩版二二一，7）。

二　陶器

第三发掘区文化层出土的陶器数量、种类均较多，器形主要有陶鼎、甗、鬶、罐、壶、盆、碗、盒、豆、杯、器盖、纺轮、陶球、网坠等。

1．罐形鼎

7件。

标本T1789⑧：38，夹砂黑陶。尖唇，宽折沿，腹外弧，平底，铲形鼎足。素面。底部有烧痕，足烧成褐色。口径13.6、底径7.8、高14.3、厚0.2～0.9厘米（图4–6，1）。

标本T1789⑦：32，夹砂黑陶。侈口，方唇，折沿，沿内侧有一周凸棱，腹略鼓，平底，三足残，应为凿形足。腹部饰有三周凹弦纹。足和底部有火烧痕迹。口径12.2、最大腹径12.5、底径7.0、残高14.9、厚0.15～0.3厘米（图4–6，2；彩版二二二，1）。

标本T1789⑦：25，夹砂黑陶。圆唇，折沿，沿面斜，圆腹，平底，足之正面有齿状堆纹。一侧有扁薄条形大单把手。肩部饰两周凹弦纹。足和底部有火烧痕迹。口径10.0、底径6.8、残高12.3、厚0.2～0.9厘米（图4–6，3；彩版二二二，2）。

标本T1789⑦：21，夹砂黑陶。侈口，圆唇，折沿，腹较高略鼓，平底微内凹，三足残，应为没有眼睛的鸟喙形足。一侧有微卷起的宽带形把手，腹部共饰有十周凹弦纹。器表及口沿内侧磨光。口径12.2、底径8.3、残高17.3、厚0.25～0.5厘米（图4–6，4；彩版二二二，3）。

标本T1789⑦：15，夹砂黑皮褐胎陶。圆唇，折沿，沿面有凹槽，溜肩，圆腹，平底，三足正面

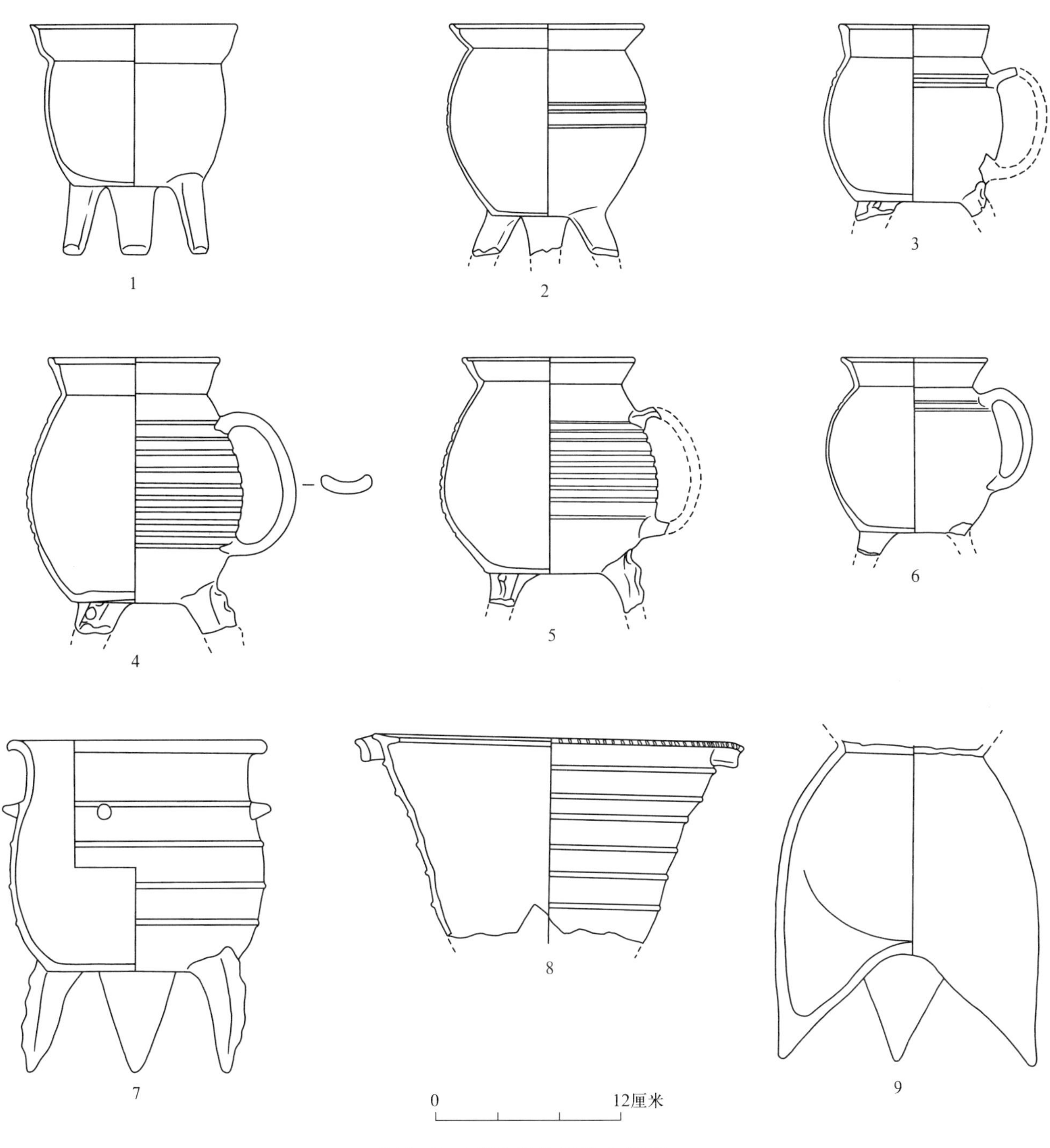

图4-6　三区文化层出土陶鼎

1～7. 罐形鼎T1789⑧：38、T1789⑦：32、T1789⑦：25、T1789⑦：21、T1789⑦：15、T1789⑦：16、T1789⑦：10　8. 盆形鼎T1789⑦：52　9. 甗T1789⑦：34

饰齿状堆纹。一侧有条形单把手。腹饰九周凹弦纹。局部掉皮，外表磨光，底及下腹三足烧成红褐色。口径11.3、底径8.5、高16.0、厚0.3～0.55厘米（图4-6，5；彩版二二二，4）。

标本T1789⑦：16，夹砂黑陶。尖圆唇，折沿，沿面有折线，圆腹，平底，铲形足残失。一侧有条形单把。肩部有两周凹弦纹。外表磨光，底部烧成褐色。口径9.7、底径7.0、高12.0、厚0.3～0.35厘米（图4-6，6；彩版二二三，1）。

标本T1789⑦：10，夹砂灰黑陶。圆唇，卷沿，有颈，弧腹，平底，三足为没有眼睛的鸟喙形足。颈下和腹部有四周凸棱，颈下有盲鼻和小泥饼各一对。器表磨光，足和底部有火烧痕迹。口径17.0、底径11.7、高20.8、厚0.3～0.5厘米（图4–6，7；彩版二二三，2）。

2．盆形鼎

1件。

标本T1789⑦：52，夹砂黑陶。大口，圆唇，平沿内敛，斜壁，中部内束，折线不明显，沿下有三个小横耳。口沿外缘刻成齿状纹，外壁存有六周凸棱。外表磨光。口径23.3、残高13.0、厚0.3～0.4厘米（图4–6，8）。

3．甗

1件。

标本T1789⑦：34，夹砂灰陶。甑部残失，袋足，足尖较矮，略外撇。素面。残高20.3、厚0.5厘米（图4–6，9；彩版二二三，3）。

4．罐

7件。

标本T1727⑦：9，夹细砂黑褐陶，含少量云母。侈口，圆唇，折沿，腹部略弧，器体较高，平底。腹部饰有篮纹，器表磨光。口径17.0、底径9.1、高22.0、厚0.3～0.4厘米（图4–7，1；彩版二二三，4）。

标本T1727⑦：2，夹细砂黑陶，含云母。侈口，圆唇，折沿，溜肩，鼓腹，平底。肩部有两周凹弦纹，器表及内侧口沿磨光。口径12.3、底径7.2、高13.0、厚0.3～0.6厘米（图4–7，2；彩版二二四，1）。

标本T1776⑦：2，夹砂灰黑陶。子口较高，尖圆唇，残留一个台阶状凸起，倒“U”字形耳。口径20.0、残高11.2、厚0.35～0.6厘米（图4–7，3）。

标本T1789⑦：42，夹砂黑皮灰胎陶。矮直口，溜肩，鼓腹，平底较小。肩部有一对小横耳。素面，肩和腹之上饰五周凹弦纹。下腹部以上部分器表磨光。口径8.0、底径7.4、高11.8、厚0.3～0.5厘米（图4–7，4；彩版二二四，2）。

标本T1789⑦：43，泥质黑皮灰胎陶。口微侈，圆唇，粗颈较高，圆肩，鼓腹，下腹较高，平底略大。颈肩之交有一周细凸棱，内壁有轮旋痕迹。下腹部以上部分器表磨光。口径8.0、底径7.6、高13.4、厚0.3～0.5厘米（图4–7，5；彩版二二四，3）。

标本T1789⑦：49，夹砂黑陶。方圆唇，沿内面有一周凹槽，有颈，上腹部较直，以下残失。颈下有两周凸棱，并残余小泥饼一个，估计原应有盲鼻，但残失，腹部残留一周凸棱和粗凹弦纹，器腹布满篮纹。器表及口沿内侧磨光。口径32.0、残高16.4、厚0.4～0.6厘米（图4–7，6）。

标本T1789⑦：50，泥质黑陶。大口，圆唇，斜宽折沿，直壁微外弧，底残。器壁上部有一对小横鼻。沿下有三周凸弦纹。器表磨光。口径14.8、残高8.8、厚0.3厘米（图4–7，7；彩版二二四，4）。

5．壶

2件。

标本T1789⑦：27，泥质黑陶。口残，粗直颈，溜肩，圆腹，平底。肩部有一对横耳，颈部饰一周细凸棱，肩腹饰六周凹弦纹。外表磨光。底径7.2、残高14.9、厚0.2～0.4厘米（图4-7，8）。

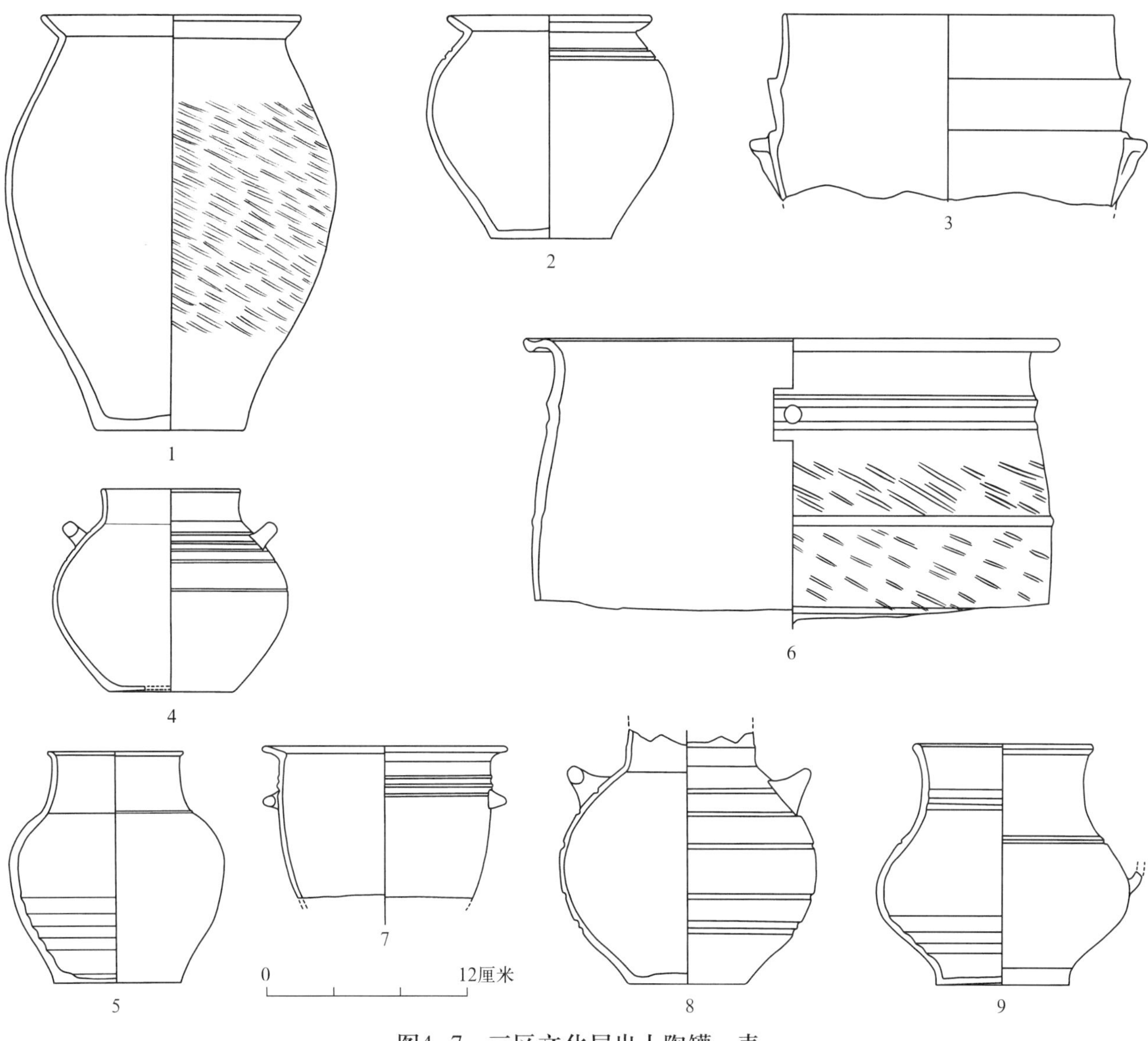

图4-7　三区文化层出土陶罐、壶

1～7．罐T1727⑦：9、T1727⑦：2、T1776⑦：2、T1789⑦：42、T1789⑦：43、T1789⑦：49、T1789⑦：50　8、9．壶T1789⑦：27、T1789⑦：28

标本T1789⑦：28，泥质黑皮灰胎陶。口微侈，圆唇，粗高颈，溜肩，鼓腹，平底较小。一侧腹与口沿之间有单把手，肩部有一周较深的凹弦纹，内侧面轮旋痕迹清晰。器表下腹以上磨光。口径10.6、底径8.0、高14.0、厚0.4厘米（图4-7，9；彩版二二五，1）。

6．大平底盆

2件。

标本T1789⑦：19，泥质黑陶。圆唇，卷沿，腹略曲，大平底。上腹有一周浅凸线，腹部有一周浅凹弦纹。内外壁磨光。口径21.0、底径14.0、高7.0、厚0.3～0.45厘米（图4-8，1）。

标本T1789⑦：53，泥质黑皮灰胎陶。圆唇，口沿外卷内折，腹极浅，平底，可能下有足一类，因保存极少而不详。素面，内外壁磨光。口径28.2、底径22.2、高2.5、厚0.4厘米（图4-8，2）。

7．鼓腹盆

1件。

标本T1776⑦：6，夹砂灰黑陶。方唇，平沿，沿面宽浅凹槽，斜腹。颈腹相接处一周台状突起。口沿内壁磨光。口径39.0、残高7.2、厚0.3～0.7厘米（图4-8，3）。

8．环足盆

3件。

标本T1727⑦：12，泥质黑陶。方唇，斜平沿，腹部中间位置有一周很深的凹槽形成双腹状，底微下垂，三环足残。器壁中部有一周很深的凹槽，内壁底部刻有两组圆圈，第一组两周，第二组三周，两组之间有三组共十二周（每组四周）竖条垂直相连。内外壁皆磨光。口径32.0、底径22.2、残高8.2、厚0.4～0.5厘米（图4-8，4）。

标本T1727⑦：14，泥质黑陶，灰胎。圆唇，唇沿外伸，盆壁平缓下收，壁下部呈弧形，平底内凹，三环足残。盆壁上部有一周很细的凸弦纹，以下是两周凸棱，一个台阶状凸起，两周粗凹弦纹。器内外都是上半部分磨光。口径33.6、底径20.6、残高11.6、厚0.35～0.7厘米（图4-8，6）。

标本T1789⑦：44，泥质黑陶，灰胎。应为一个环足盆的底部，三足盆残后，人们磨平边缘进行二次利用。顶面磨光。直径29.4、高5.2、厚0.7厘米（图4-8，5）。

9．盒

2件。

标本T1726⑦：1，泥质黑陶。中高子口，折腹，假圈足，平底内凹。素面，内外磨光。口径11.2、底径10.0、通高3.7、厚0.25～0.55厘米（图4-8，7）。

标本T1776⑦：1，泥质磨光黑陶，含云母。高子口，斜腹较短，平底内凹。口径11.4、底径11、高4.15、厚0.2～0.3厘米（图4-8，8）。

10．豆

3件。

标本T1727⑦：1，泥质黑陶。只残余豆盘部分。子口较高，折腹，盘较浅。素面，内外磨光。口径15.2、豆盘底径6.4、残高2.7、厚0.15～0.35厘米（图4-8，9）。

标本T1776⑦：8，泥质红褐陶。只残余豆盘部分。尖唇，沿内侧凸榫，浅腹。口沿凹槽及唇下、折腹上部存赭红色颜料。口径16.0、残高3.0、厚0.3厘米（图4-8，10）。

标本T1776⑦：3，泥质灰陶。盘和底均残，只余豆柄部。柄部有一周凸棱。上径7.2、残高4.2、厚0.1～0.2厘米（图4-8，11）。

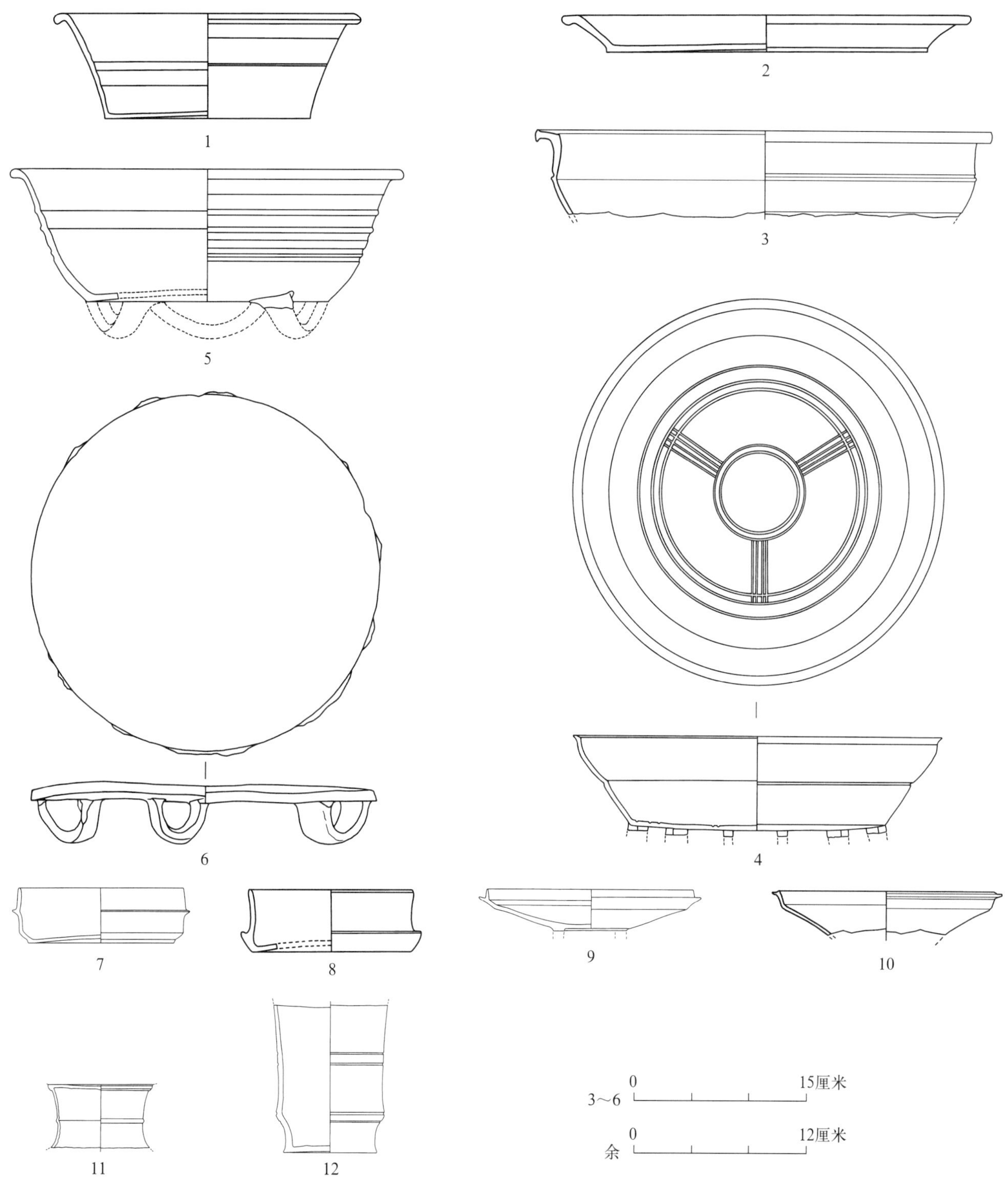

图4-8　三区文化层出土陶器

1、2. 大平底盆T1789⑦：19、T1789⑦：53　3. 鼓腹盆T1776⑦：6　4～6. 环足盆T1727⑦：12、T1789⑦：44、T1727⑦：14　7、8. 盒T1726⑦：1、T1776⑦：1　9～11. 豆T1727⑦：1、T1776⑦：8、T1776⑦：3　12. 杯T1789⑦：48

11．杯

1件。

标本T1789⑦：48，泥质黑陶。口残，直腹，近底部内收，平底微内凹。未见把手，可能其位置残失。器腹中部和下部各有两周凹弦纹。器表磨光。底径6.4、残高9.9、厚0.2～0.5厘米（图4-8，12；彩版二二五，2）。

12．器盖

17件。

标本T1727⑦：4，覆碗形。夹砂灰黑陶。小平顶，盖面弧，圆唇，平沿。盖面有五周凸棱，器表磨光。顶径2.8、口径9.6、通高5.0、厚0.3～0.8厘米（图4-9，1）。

标本T1727⑦：8，覆碗形。夹砂黑陶，含少量云母。器体较大，平顶残，盖面较直，方唇，平沿，沿面有两周凹槽，沿内侧有一周凹槽，内壁有轮制时形成的瓦棱。盖面饰两周浅宽的凹弦纹，器表磨光。顶径12.6、口径16.6、通高9.2、厚0.3～0.6厘米（图4-9，2）。

标本T1727⑦：11，覆碗形。夹砂黑陶，含有极少量云母。平顶，盖面弧，方唇，平沿。素面，器表磨光。顶径5.0、口径12.0、通高4.8、厚0.35～0.8厘米（图4-9，3）。

标本T1776⑦：7，覆盆形。夹砂灰黑陶。盖面微隆，方唇，唇外侧有沟槽，平沿，沿面两周细凹槽。口径50.0、残高7.0、厚0.5厘米（图4-9，4）。

标本T1777⑦：1，覆碗形。泥质灰陶。平顶内凹，唇沿外伸，喇叭形口，沿较宽，中部内凹。素面。顶径5.6、口径14.2、高4.4、厚0.35～0.4厘米（图4-9，5）。

标本T1777⑦：2，覆碗形。泥质黑陶，褐胎。顶部有纽，纽残，平顶内凹，盖面弧，沿面有一周较深的凹槽。接近唇部有两周浅凹弦纹。顶径5.3、口径14.0、高5.6、厚0.3～0.4厘米（图4-9，6）。

标本T1789⑦：11，覆盂形。夹砂黑陶。圆唇，平沿，短颈，窄肩，瓦棱状腹，腹甚浅，平底较大。肩腹之交有一对横耳。底部平整并磨光，应为器盖。素面，通体磨光。口径17.6、底径16.4、高6.0、厚为0.4～0.6厘米（图4-9，7）。

标本T1789⑦：17，覆钵形。夹砂灰黑陶。小平顶，斜肩，肩腹折交，直腹，口沿外侈，沿面较平。素面。口径15.5、顶径7.0、高7.1、厚0.2～0.4厘米（图4-9，8；彩版二二五，3）。

标本T1789⑦：18，覆碗形。夹砂黑皮灰、褐胎。平顶微下凹，边缘周围有一圈突起，磨蚀较甚，束颈，盖面斜而微弧。腹部有两周凹弦纹，口沿斜刻成索状。器表磨光。顶径10.1、口径22.7、高7.1、厚0.4～0.5厘米（图4-9，9；彩版二二五，4）。

标本T1789⑦：30，覆碗形。夹砂黑陶。平顶微下凹，盖面略鼓，底缘较宽外伸。素面。顶径8.4、口径22.0、高8.2、厚0.55厘米（图4-9，10）。

标本T1789⑦：41，覆豆形。泥质黑陶。杯形纽，圆弧形盖面，平沿内凹。盖腹有一对对称的横耳。腹部饰两周凹弦纹。纽直径7.0、口径26.6、高8.5、0.3～0.4厘米（图4-9，11；彩版二二五，5）。

标本T1789⑦：45，覆碗形。夹砂红褐陶。浅圈足状顶面，斜壁，平沿，沿面有凹槽两周。外壁有凹弦纹两周，有泥饼一对，外沿周边刻成索状。顶径7.0、口径17.0、高4.4、厚0.3～0.4厘米（图

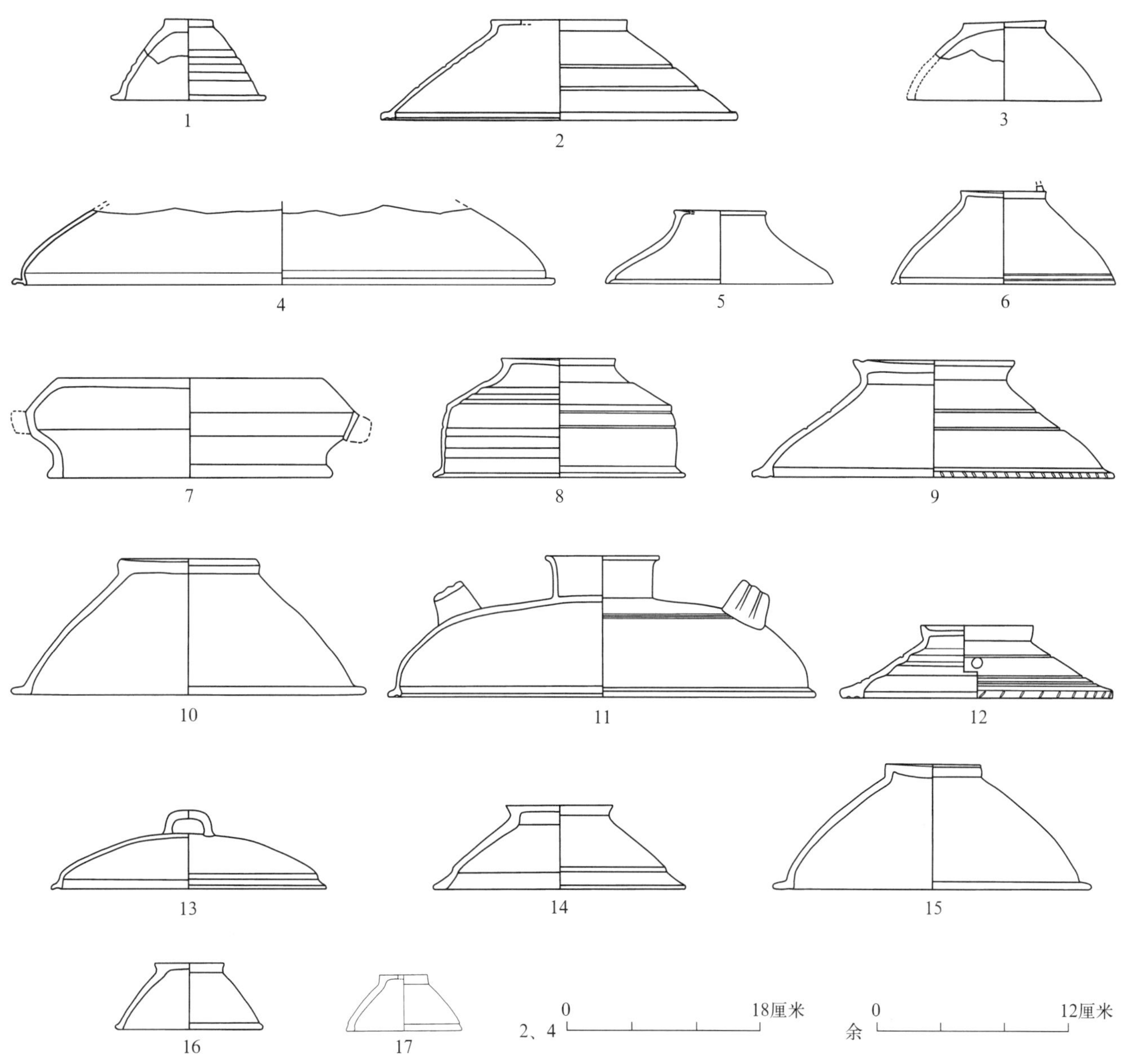

图4-9　三区文化层出土器盖

1～3、5、6、9、10、12、14～17．覆碗形器盖T1727⑦：4、T1727⑦：8、T1727⑦：11、T1777⑦：1、T1777⑦：2、T1789⑦：18、T1789⑦：30、T1789⑦：45、T1789⑦：47、T1789⑦：51、T001②：1、T001②：1　4．覆盆形器盖T1776⑦：7　7．覆盂形器盖T1789⑦：11　8．覆钵形器盖T1789⑦：17　11、13．覆豆形器盖T1789⑦：41、T1789⑦：46

4-9，12）。

标本T1789⑦：46，覆豆形。泥质黑陶。圆弧形盖面，顶部正中有一半环形纽，外缘下凹，沿面下凹。素面，外表磨光。口径17.0、高4.7、厚0.3厘米（图4-9，13）。

标本T1789⑦：47，覆碗形。夹砂灰陶。平顶，斜壁，有沿，沿面平。顶径6.6、口径15.6、高5.0、厚0.4～0.7厘米（图4-9，14）。

标本T1789⑦：51，覆碗形。夹砂灰陶。小平顶，外弧腹，有沿，沿面平直。素面。顶径6.0、口径20.0、高7.6、厚0.3～0.55厘米（图4-9，15）。

标本T001②：1，覆碗形。出土于探方西侧中部扰层中。夹砂黑陶，深灰胎，内壁为浅灰色。

器表磨光。覆碗形器盖，平顶微内凹，盖面弧，尖唇，平沿。素面。顶径4.2、口径9.2、高4.0、厚0.3～0.45厘米（图4–9，16）。

标本T001②：1，覆碗形。出土于探方西南角扰层中。夹细砂黑陶。覆碗形，平顶，斜壁。素面磨光。顶径3.0、口径7.2、高3.4、厚0.2～0.45厘米（图4–9，17）。

13．纺轮

1件。

标本T1727⑦：17，夹砂黑陶，灰胎。圆形，系用陶片打制而成，有一圆孔。直径2.9～3.1、厚0.3～0.4厘米（图4–10，1）。

14．陶球

1件。

标本T1789⑦：36，夹砂褐陶。近圆球形。直径4.8～5.0厘米（图4–10，2）。

15．陶网坠

1件。

标本T001②：1，网坠。出自扰层中。泥质黑陶。手制。条形，两侧有缺口。素面。长3.4、宽1.7、厚0.3厘米。

16．异型陶器

2件。

标本T1789⑦：5，夹砂黑皮灰褐胎。近圆柱形，不甚规整。直径3.3～3.6、高2.7厘米（图4–10，3）。

标本T1789⑦：35，泥质黑陶。器座式，中部呈轮式尖突，内空。丝口状纹。上径1.3、底径3.8、残高4.15厘米（图4–10，4；彩版二二五，6）。

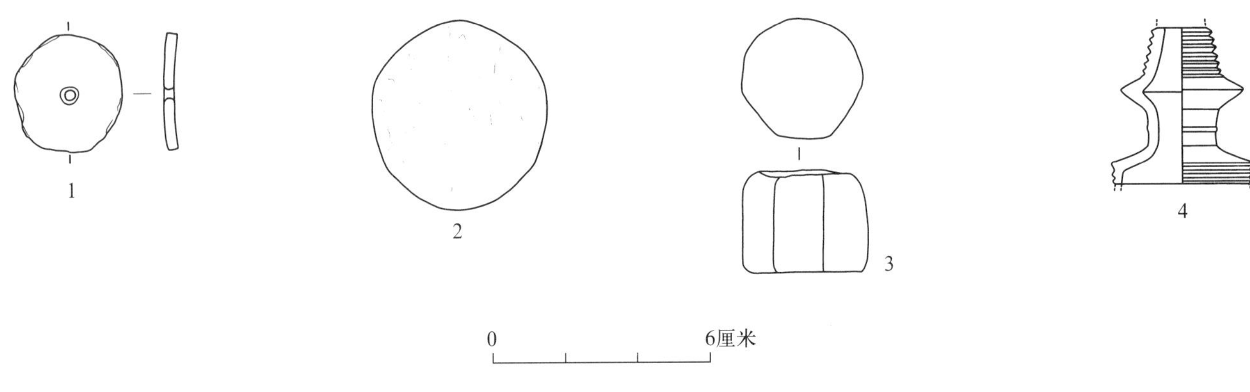

图4–10　三区文化层出土陶器

1．纺轮T1727⑦：17　2．陶球T1789⑦：36　3、4．异型陶器T1789⑦：5、T1789⑦：35

第四节　龙山文化遗迹与出土遗物

第三发掘区发掘面积有限，但仍然发现一定数量的龙山文化遗迹遗物。遗迹种类主要有房址、灰坑、灰沟和墓葬等，出土遗物一并介绍。

一　房址

第三发掘区只在西小区有发现，可以明确判定为房址的遗迹数量不多，编号房址共3座，即F4、F11和F12，但发现较多的柱洞，因无法判明房屋形制，大多未予以房址编号，其分布可参看西小区总平面图（见图4-1）。

1．F4

仅在T001东北角部分有分布，由房基垫土和3个柱洞（ZD7、ZD8和ZD9）组成。推测房址大部分分布在探方之外。房址垫土为灰褐色，含大量绿色砂岩粉化土，质地较硬，厚0.08～0.10米。三个柱洞由北向南做等距离排列，若以门道朝南计，方向略偏西南。柱洞之间距离为0.10～0.12米，排列密集而又有规律。柱洞平面形状均为圆形，坑壁内斜，底部较平。柱洞填土为灰褐色，亦含较多砂粒，但土质相对疏松。口径在0.17～0.20、残存深度在0.12～0.22米。M5恰压在该房址垫土之下，推测应为奠基遗迹。柱洞与M5关系图请见总平面图4-1。

2．F11

位于T001中西部，西侧向外延伸至探方以外（图4-11）。房址被近代扰层和扰沟破坏。开口于扰层之下，被M3、M4、H19、H20和H21等遗迹打破，其下叠压H25。半地穴式。从探方内暴露部分来看，平面形状略呈梯形。四壁倾斜较甚，底脚不明显。南北长3.58、东西残宽2.90、深0.57米。方向178°。房址内堆积分为十三层。其中第13层为较薄的一层灰黑色土，遍布整个地面和周壁，应是房址使用时期的遗存。地面以下铺垫一层黄土和花土，厚4.0～7.0厘米，土质坚硬，局部有夯打痕迹，显系加工处理过。其他十二小层系一次性堆积而成，应该属于构筑其他建筑整平地面时一次性铺垫起来的堆积。其中，第1～9层为灰黑色土与黄褐色土相间铺设，内含较多陶片和红烧土块，并出土陶器盖1件，应是取自邻近的生活区；第10～12层土为黄色纯净土与绿色砂岩土相间铺设，垫土来源应为生土层。

标本F11：01，覆碗形器盖。夹砂黑陶，浅灰褐胎。平顶微内凹，盖面弧。尖唇，平沿。素面。顶径5.4、口径12.2、高5.2、厚0.2～0.55厘米（图4-12）。

3．F12

位于T001最北端，向东、向北均延伸出探方（彩版二二六，1）。开口于第③层下。房址为6个柱洞所组成，东西向排列，方向为187°。柱洞间距为0.40～0.74米。柱洞直径最小者为0.14、最大者0.26米。深度最浅者仅0.08、最深者0.40米。柱洞内填土一致，均为灰绿色砂质土，较硬，系有意填平并加以筑打所致。由于F12的地面已不存，房址的房内位置难定。从南侧探方内未见到相同层位的柱洞分析，其主体部分可能在探方以外。

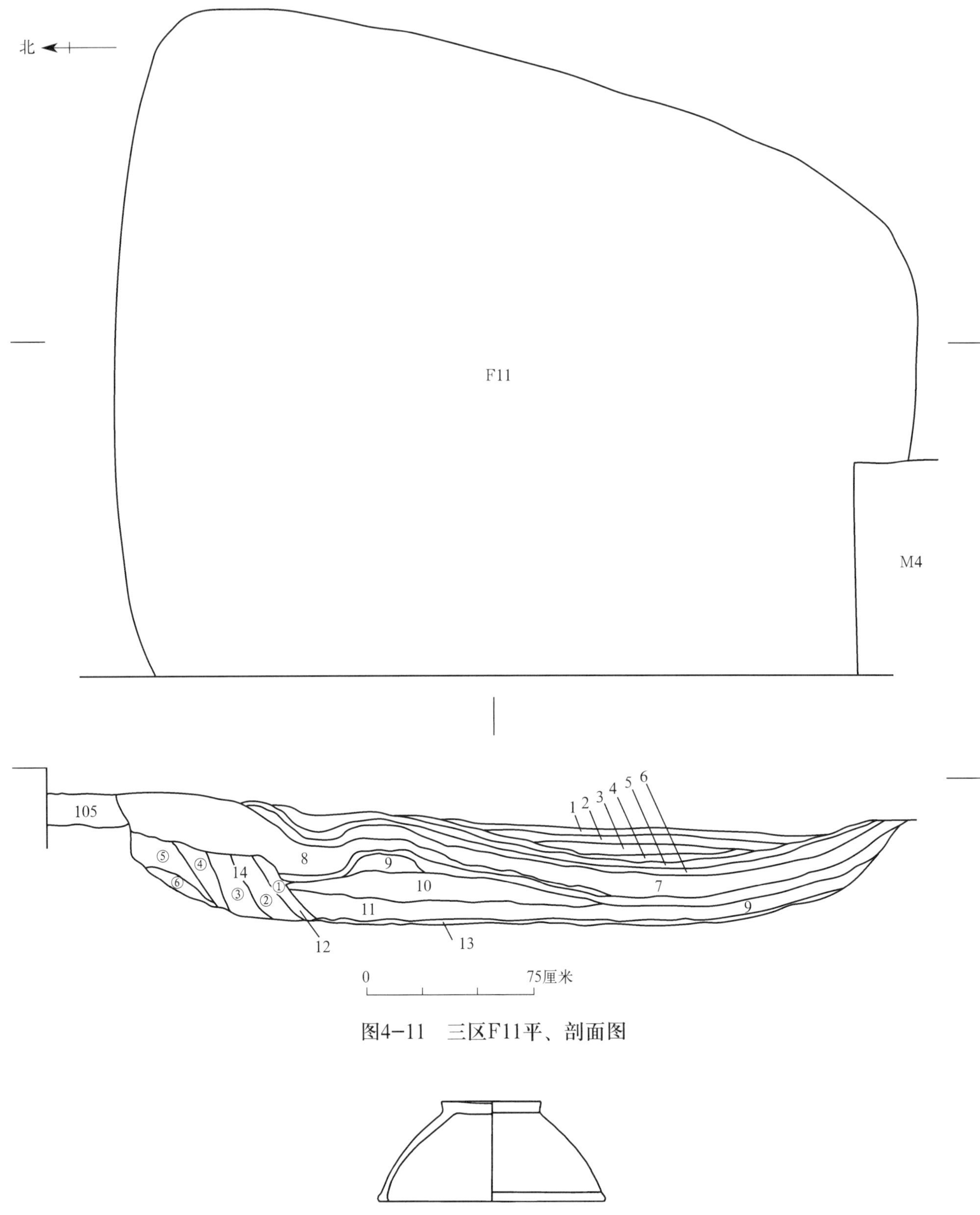

图4-11　三区F11平、剖面图

图4-12　三区F11出土覆碗形器盖

二　灰坑

灰坑数量较多，共清理40座。按平面形状，可分为圆形、椭圆形、长方形和不规则形等几种（见图4－1）。

1．H19

位于T001西壁，小部分在探方之外，北部被M4打破。从已经清理的部分来看，灰坑为椭圆形，坑壁外斜呈袋状，底部光滑、平整。坑口长径为1.60、坑底长径为1.70、深0.55米。灰色填土，质地疏松。出土陶片等。

2．H20

位于T001西壁，大部分在探方之外。从已经清理的部分来看，灰坑为圆形，直壁，南壁略内收，平底。出露部分最大长径1.75、底径1.65、深0.45米。填土呈灰绿色，颗粒较粗，质地较硬。包含物有陶片和石块等。

3．H21

位于T001北部。平面略呈椭圆形，长径为0.75、深0.14米。

4．H22

位于T001中部。近圆形，周壁不甚规整，略内收，底不平整。口径0.70～0.72、底径0.60～0.65、深0.52米。填土堆积基本为红烧土，烧土块大小不一，大者径超过20厘米，系墙体外皮破碎后之物，有墙外表光面、草拌泥痕迹，个别还有柱壁痕迹。东北与H25坑内南部红烧土堆积连为一体，界限不清，看不出打破关系，因此判断它们应属于同一遗迹单位，或是H25的通道。此外，在H22西侧约0.20米处有另一内填红烧土的椭圆形小坑，它们之间应有联系。

5．H25

位于T001中东部，向东延伸至探方之外。开口于近代扰层之下，被F11所叠压。从已发掘部分来看，灰坑为圆形，斜壁内收，底略平（图4－13）。口径3.46、底径2.65、深0.68米。坑内填土可分为五层。第1层分布在北部，为灰土，较松软，厚约0.20米；第2层分布于南部，以红烧土为主，夹杂灰土，厚0.10～0.20米；第3层在坑内大部分都有分布，但以北部和中部较厚，厚约0.40米，以绿色砂岩土为主，质地略疏松；第4层分布于南部，填土结构与第2层同，厚约0.20米；第5层分布于坑底北部，黄褐色土，土质较硬，厚0.08～0.12米。从填土的分布规律判断，填土系一次性堆积而成，且分别运自南、北两个方向。

6．H26

位于T001南部，开口于第③层之下，被M6打破，直接挖在生土之上。圆形，袋状，平底（图4－14）。口径1.34～1.38、底径1.60、深0.97米。坑壁光滑，并留有条形工具痕迹。底部平整，系刻

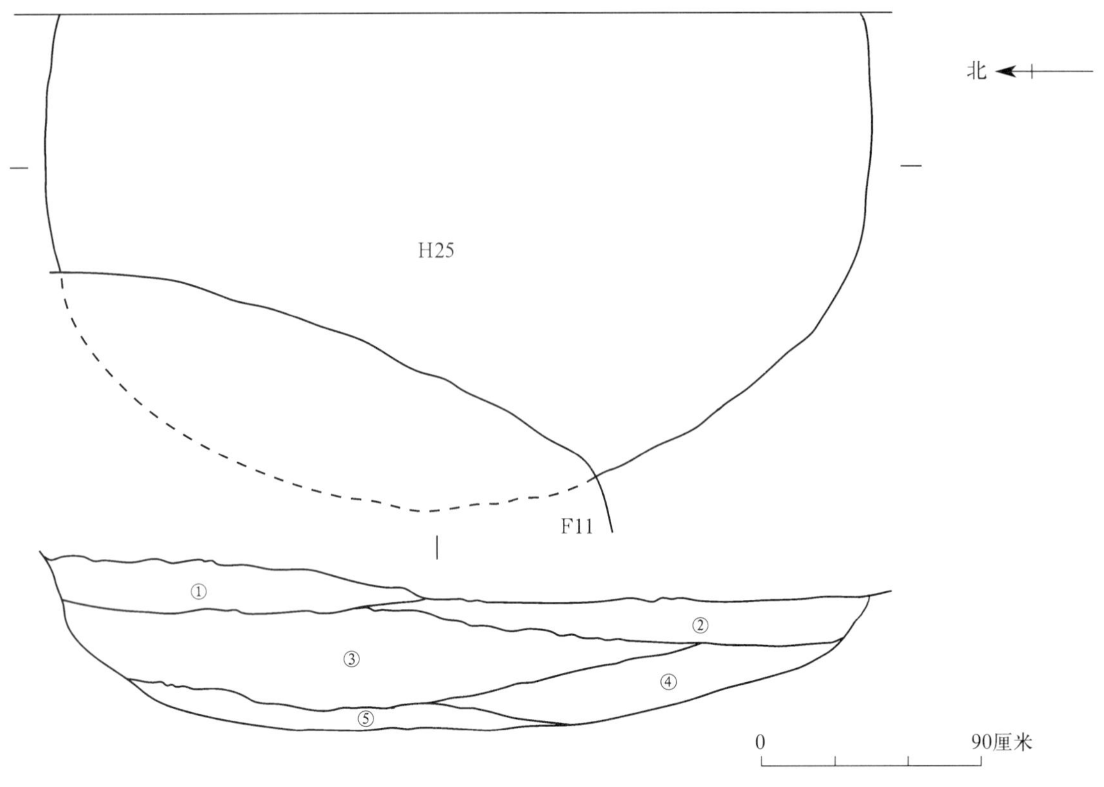

图4-13 三区H25平、剖面图

意加工而成。坑底局部残留有黑灰痕迹。坑内填土分为三层。第1层厚约0.20～0.38米，为绿、黄色土层相间铺垫而成，每小层厚0.03～0.05米，小层之间还有黑灰色土，平整坚硬。结合M6下陷情况判断，该层系本探方第③层堆积向下塌陷，沉积于H26内而形成。第2层厚0.30～0.40米，为黑灰色土和绿色砂岩土，仅有少量黄褐色土堆积，亦分层叠压，并呈南高北低的分布态势。质地比第1层明显松软，故会产生土层下陷现象。该层出土陶器盖1件。第3层厚0.30米左右，以黄土堆积为主，也有部分棕、黄色花土堆积，质地较硬。经对第2层土样进行浮选分析，发现两粒炭化植物种子，种类不明（彩版二二六，2）。出土陶器盖1件。

标本H26∶1，覆碗形器盖。夹砂黑陶，含云母。尖唇，平沿。平底微内凹。素面磨光。顶径5.4、口径12.2、高4.5、厚0.3～0.55厘米（图4-15）。

7．H27

位于T001东北部，向东延伸至探方东壁以外。开口于扰层之下，被H25打破。从已发掘部分来看为长方形，直壁，平底。残长0.58、宽0.50、深0.45米。填土比较一致，为灰绿色杂土，颗粒较粗，沙性略大，质地较硬，包含物甚少。该坑制作规整，或许有特殊用途。

8．H28

分布于T001南端，只在探方内暴露出极小部分。从暴露部分看为圆形或椭圆形，坑壁内收。基本不见任何出土物。

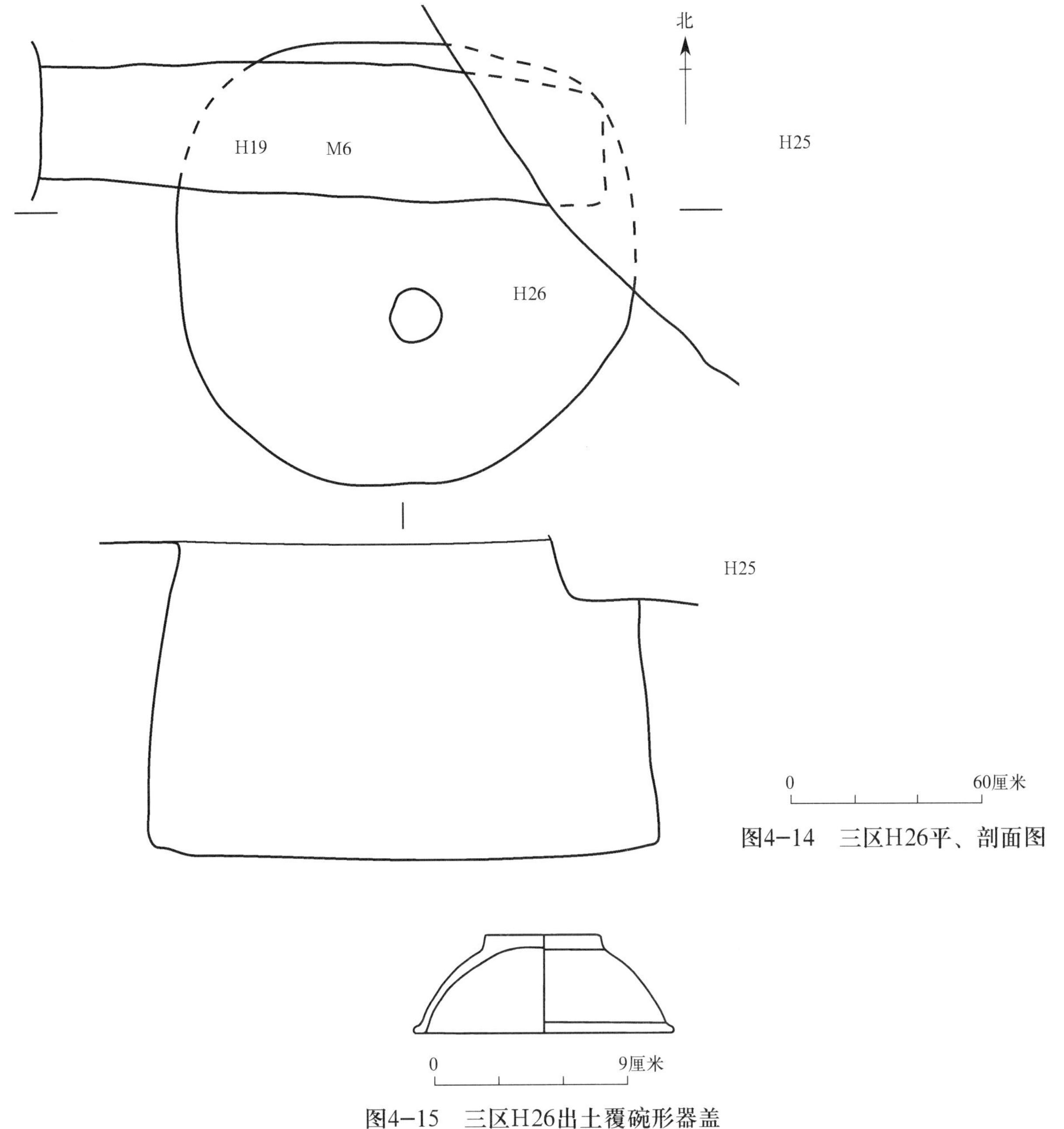

图4-14　三区H26平、剖面图

图4-15　三区H26出土覆碗形器盖

9．H138

位于T1776北部。圆形，坑壁较直，底部较平（图4-16）。口径0.68、底径0.64、深0.42米。坑内填土为灰褐色（10YR3/10Y），土质较紧，出土遗物较丰富。

标本H138：2，罐。夹砂黑陶，含云母。方唇，有颈，圆鼓腹，平底内凹，沿内侧有一周较深的凹槽。口沿位置残留一个带有按捺纹饰的附加堆泥条，颈肩交界处有一台阶状突起。口径13.0、底径8.8、高17.8、厚0.3～0.7厘米（图4-17，1；彩版二二七，1）。

标本H138：4，鼓腹单耳杯。泥质黑陶。圆唇，粗高颈，鼓腹，下腹斜收较甚，平底微内凹，宽带形把手残。颈腹交界处有一周凹弦纹，器表磨光。口径8.0、底径5.5、高9.56、厚0.2～0.4厘米（图4-17，2；彩版二二七，2）。

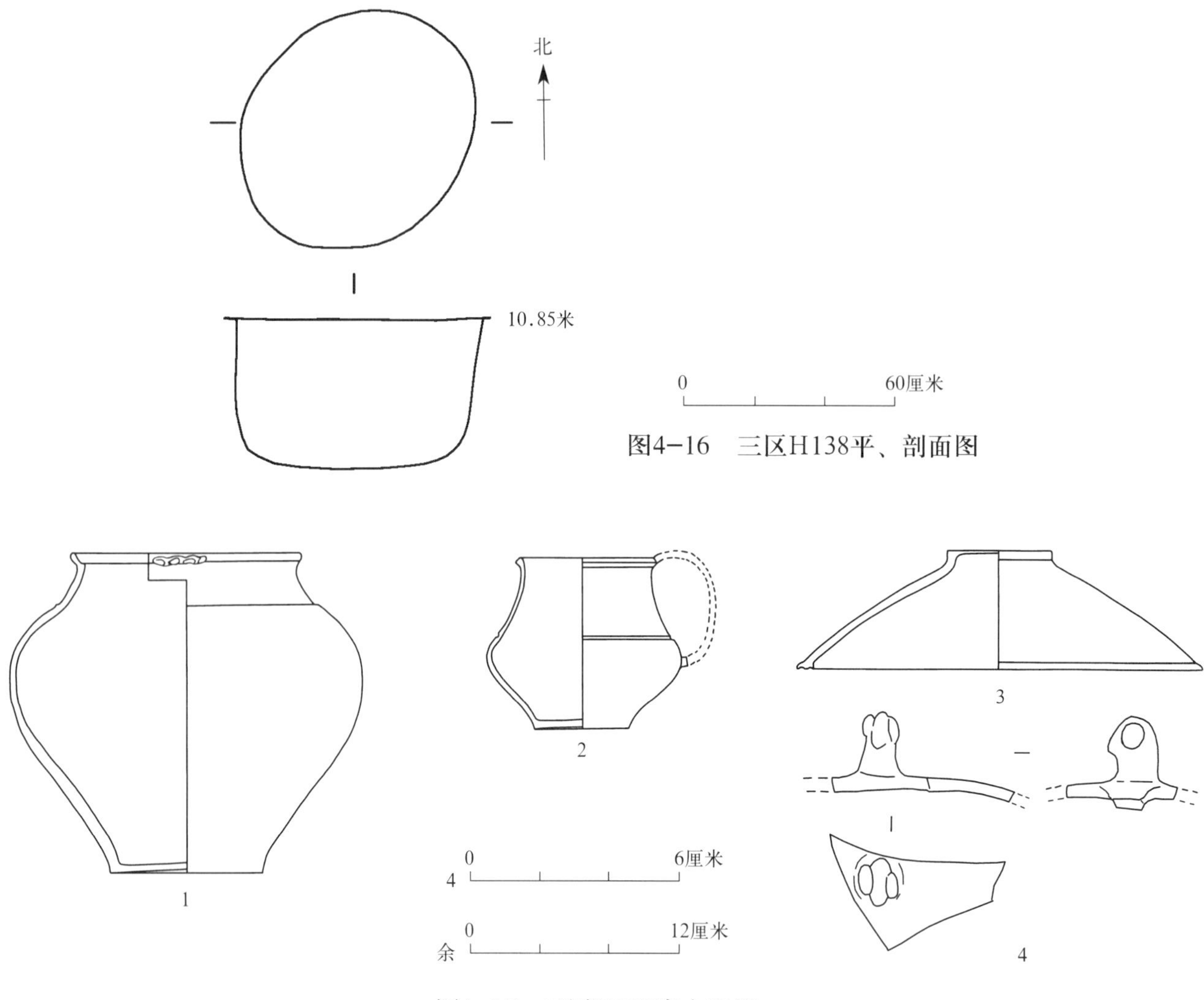

图4-16 三区H138平、剖面图

图4-17 三区H138出土陶器

1．罐H138：2 2．鼓腹单耳杯H138：4 3．器盖H138：1 4．鬶盖H138：3

标本H138：1，器盖。夹砂黑陶，局部灰，掺云母。覆碗形。小平顶，盖面弧，圆唇，平沿，沿面有两周浅凹槽，沿内外两侧都有一周凹槽。素面。顶径6.0、口径23.0、通高6.6、厚0.15～0.6厘米（图4-17，3）。

标本H138：3，鬶盖。泥质红褐陶灰胎，器表残存少量白陶衣。仅存盖纽及小部分盖面。盖纽做成鸟首形，两侧两个泥饼象征鸟眼。残高2.3、厚0.3～1.2厘米（图4-17，4）。

10．H139

位于T1776南部，东南部被G1打破。平面略呈椭圆形，坑壁内斜，略呈锅底状（图4-18）。东西长径残长2.37、南北短径残长1.63、深0.42米。填土分为两层。第1层厚约0.20米，灰褐色土（10YR3/2），土质紧密，含较多红烧土颗粒，沙性较大；第2层厚0.17～0.22米，灰黑色土（10YR2/1），土质疏松，黏性较大。H139出土有石器1件和陶器9件。

标本H139：12，石镰。磨制。拱背，弧刃。双面刃。头端残。残长9.8、中宽4.8、刃宽0.55～0.95、厚1.0～1.25厘米（图4-19，1）。

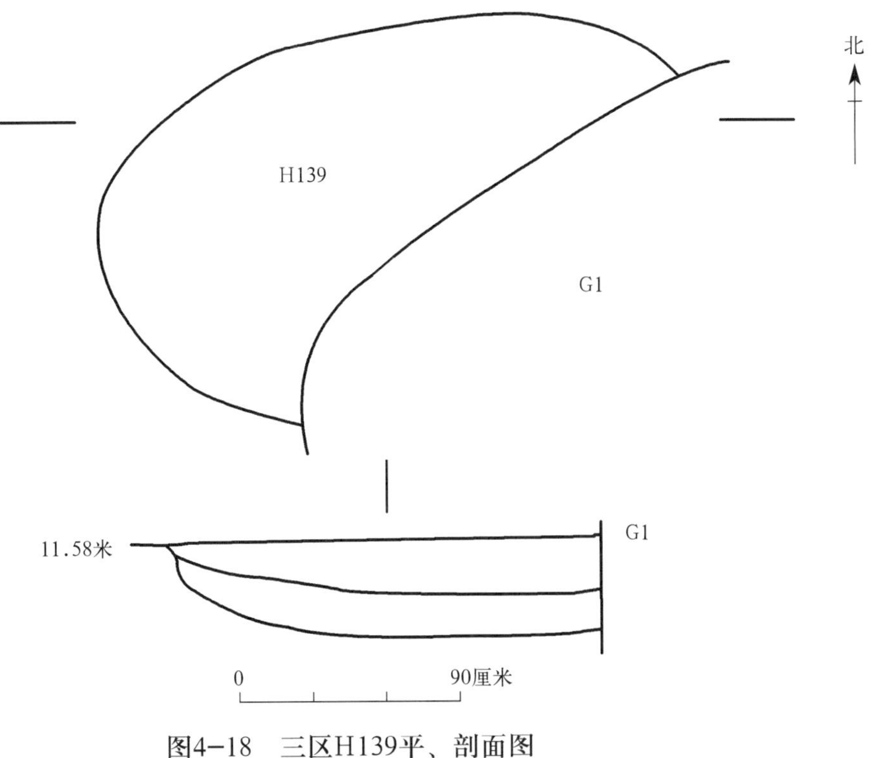

图4-18　三区H139平、剖面图

标本H139：11，鼎。夹砂黑陶，灰褐胎。方唇，侈口，折沿，沿中部微隆起，沿内侧有一周凹槽，溜肩，鼓腹，平底微内凹，三足残。腹部共饰有十二周凹槽。底部有火烧痕。器表及口沿内侧磨光。口径17.7、底径11.4、残高16.0、厚0.3～0.7厘米（图4-19，2）。

标本H139：2，小口罐。夹砂黑陶，局部为灰陶。圆唇，直口略矮，广肩，圆鼓腹，小平底内凹。肩部有二周凹弦纹，其上各有一对盲鼻和泥饼，腹部有四周凹弦纹。口径11.2、底径11.2、高25.0、厚0.3～0.5厘米（图4-19，3；彩版二二七，3）。

标本H139：3，罐。夹砂黑陶。圆唇，短颈，鼓肩，鼓腹，小平底略内凹。素面。器表磨光。口径9.8、底径9.3、高16.4、厚0.5～0.8厘米（图4-19，4）。

标本H139：9，罐。夹砂磨光黑陶。直口，圆唇，广肩，腹略鼓，平底。肩部饰有两周凸弦纹，上腹部有两组四周凹弦纹，中腹部有三周凹弦纹，下腹部有一周断续的宽凹槽。口径11.2、底径9.8、通高24.4、厚0.5～0.6厘米（图4-19，5；彩版二二七，4）。

标本H139：10，罐。夹砂黑陶。侈口，方唇，折沿，溜肩，圆鼓腹，平底。肩部饰有两周凹弦纹。器表及口沿内侧磨光。口径16.8、底径10.0、通高21.8、厚0.45～0.6厘米（图4-19，6；彩版二二七，5）。

标本H139：1，盒。泥质磨光黑陶。子母口较矮，折腹，假圈足，平底内凹。盒中部残余一个盲鼻痕迹。口径11.0、底径9.1、高3.7、厚0.2～0.4厘米（图4-19，7）。

标本H139：4，器盖。夹砂黑陶，器表磨光。覆碗形，平顶微内凹，盖面略弧，沿面有两周浅凹槽，沿外侧有一周凹槽。素面。顶径4.0、口径10.8、高3.8、厚度0.4～0.5厘米（图4-19，8）。

标本H139：6，器盖。夹细砂浅橙黄陶，外有一层白色陶衣。直口，鸟头形纽，盖面有两周凹弦纹，盖面底部有两个对称的小泥饼。口径12.2、高4.4、厚0.2～0.4厘米（图4-19，9；彩版二二七，6）。

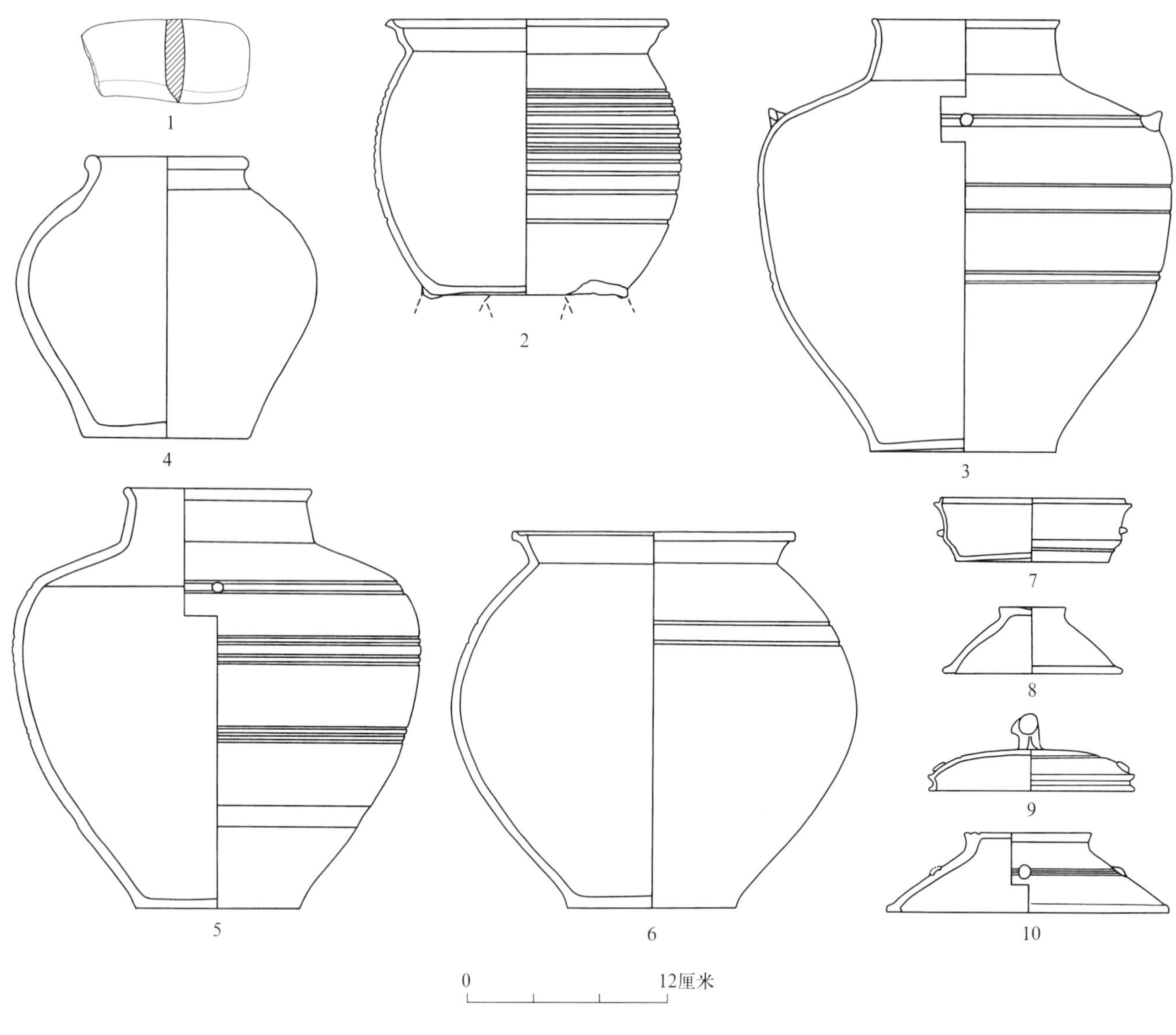

图4-19　三区H139出土器物

1. 石镰H139：12　2. 鼎H139：11　3. 小口罐H139：2　4～6. 罐H139：3、H139：9、H139：10　7. 盒H139：1　8～10. 器盖H139：4、H139：6、H139：8

标本H139：8，器盖。夹砂磨光黑陶，含有少量云母。覆碗形。平顶，盖面较直。方唇，沿内侧有一周凹槽。顶面边缘饰两周凹弦纹，盖面中部亦有两周凹弦纹，并饰两对泥饼。顶径7.6、口径16.8、高4.6、厚0.35～0.7厘米（图4-19，10）。

11. H140

位于T1776西部，向西延伸至探方和台地之外。平面为圆角长方形，坑壁内斜，锅底状底（图4-20）。东西残长1.30、南北宽0.44、深0.42米。填土为灰褐色（10YR2/1），土质紧密，黏性较大，含有较多红烧土颗粒。出土鬶盖1件。

标本H140：1，鬶盖，夹砂白陶。高蘑菇纽残，盖面微弧。器表应有一层陶衣，但已经剥落。直径10.0、高3.9、厚0.2～0.3厘米（图4-21）。

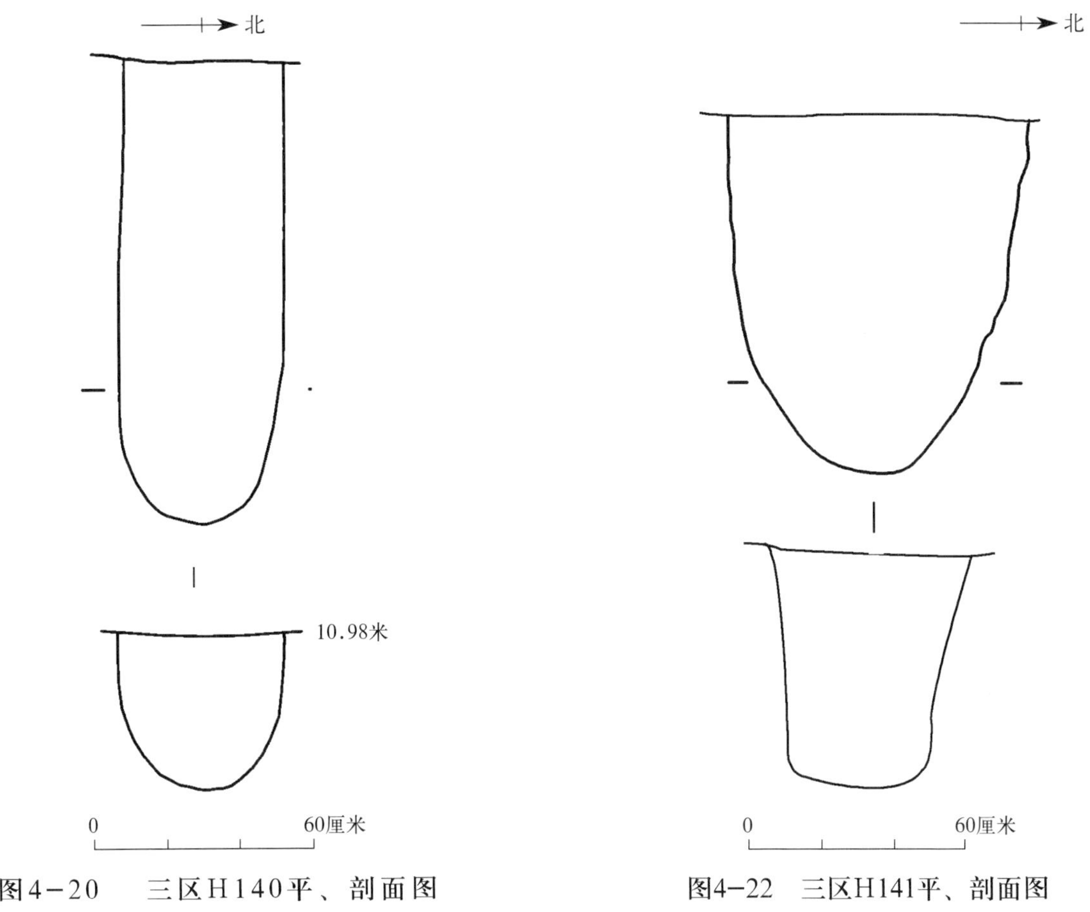

图4-20　三区H140平、剖面图　　图4-22　三区H141平、剖面图

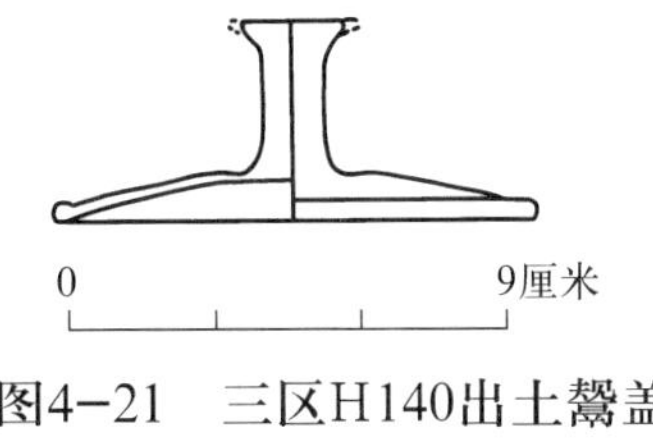

图4-21　三区H140出土鬶盖

12．H141

位于T1776西部，向西延伸至探方和台地之外。平面为椭圆形，坑壁内斜，底部呈锅底状（图4-22）。残存长径1.24、短径1.08、残深0.64米。填土为沙性较大的黄褐色土（10YR3/2），土质紧密，含大量红烧土块。出土陶片较为丰富，并出土石器1件和陶器等多件。

标本H141：5，石镰。残甚。残长6.6、宽4.7、厚1.2厘米（图4-23，1）。

标本H141：2，罐。夹砂黑陶。器表及口沿内侧磨光。方唇，唇部有一周凹槽，卷沿，鼓腹，平底微内凹。颈下有一对对称的小泥饼，并有两周台阶状突起，腹部有一周凹弦纹。口径20.0、底径11.0、高17.2、厚0.3～0.4厘米（图4-23，2；彩版二二八，1）。

标本H141：3，杯。泥质磨光黑陶。宽带形把手残，平底内凹，只残留杯体下部。素面。底径7.8、残高4.6、厚0.2～0.5厘米（图4-23，3）。

标本H141：4，鬶盖。夹细砂白陶。钉头形纽，圆形盖面，前端有一对缺口，后端有一小孔。盖

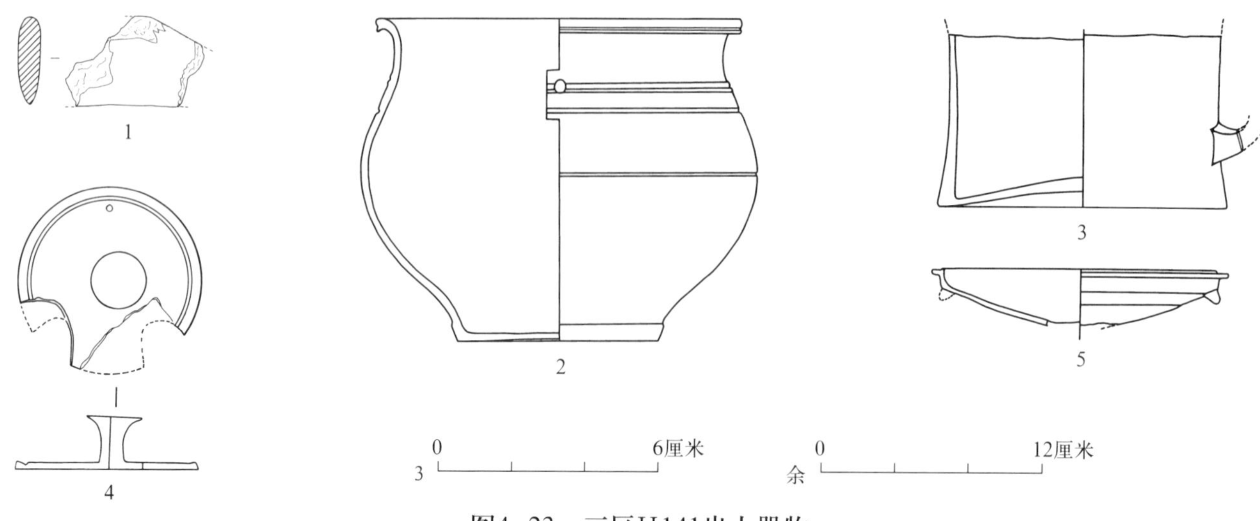

图4-23　三区H141出土器物

1. 石镰H141：5　2. 罐H141：2　3. 杯H141：3　4. 鬶盖H141：4　5. 豆H141：8

面外侧有一周凹槽。直径10.0、通高2.8、厚0.4厘米（图4-23，4；彩版二二八，2）。

标本H141：8，豆。泥质磨光黑陶。柄残，仅剩盘部，尖圆唇，沿面有一周较深的凹槽。盘外壁中部位置有一周宽浅的凹槽，两侧有一对盲鼻。口径16.4、残高2.8、厚0.25～0.4厘米（图4-23，5）。

13. H142

位于T1776西部，向西延伸至探方和台地之外，被H141打破。平面形状为圆形，坑壁外斜呈袋状，底部中间下凹，边缘较高，略呈锅底状（图4-24）。口径2.68、深1.12米。坑内堆积分为六

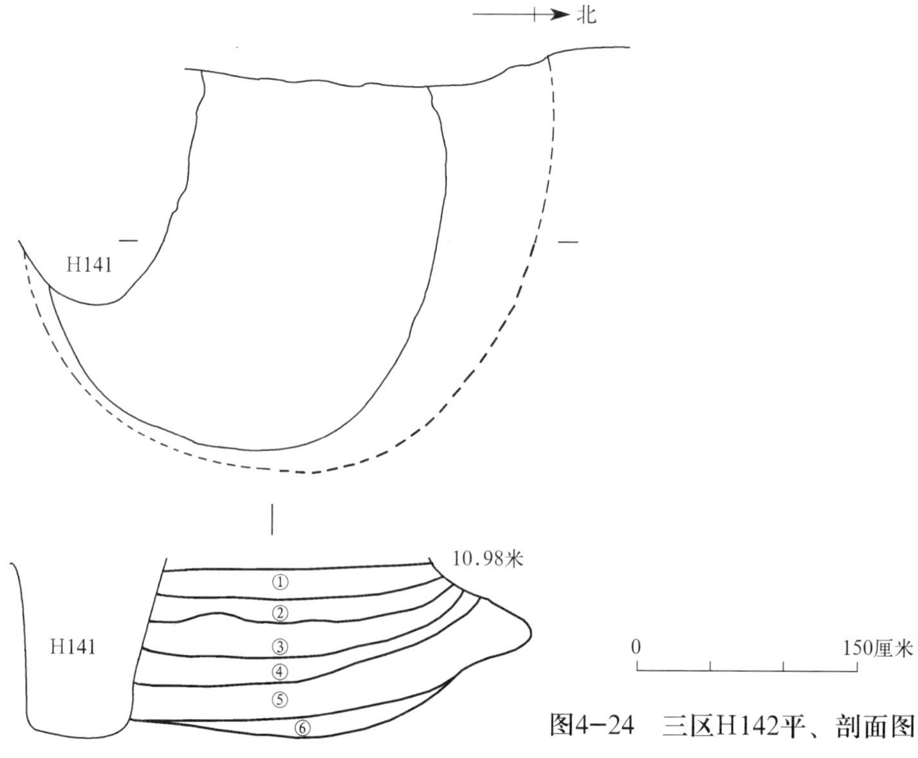

图4-24　三区H142平、剖面图

层。第1层厚约0.14米，黄褐色土（10YR3/2），土质较紧，出土陶片较多；第2层厚约0.08～0.15米，填土为浅黄色（10YR4/3），土质紧密，基本不出任何遗物；第3层厚0.15～0.20米，黄褐色填土（10YR3/2），土质较紧，出土陶片较多；第4层厚0.06～0.18米，灰褐色填土（10YR2/1），土质疏松，黏性较大，含较多木炭，出土陶片较多；第5层厚0.14～0.20米，土色略同上层，土质较紧，沙性较大，出土陶片较多；第6层厚约0.10米，土色灰褐，与上层略同，但质地松软，黏性较大。该灰坑出土小件器物较多。出土石器和陶器较为丰富。石器6件，器形有石锛、斧、刀、镰、镞等。

标本H142：12，石斧。残甚。残长4.8、宽4.3、厚2.7～3厘米（图4-25，2）。

标本H142：11，石锛。残甚。残长4.8、宽2.5～2.8、厚0.9～2厘米（图4-25，1）。

标本H142：14，石镰。打磨兼制，半成品。残长10.4、宽2.2～3.5、厚1.15～1.5厘米（图4-25，4）。

标本H142：10，石刀。残甚。残长6.1、宽2.5～4.8、刃宽0.7、厚0.1～1.2厘米（图4-25，3）。

标本H142：13，石镞。镞身断面为四棱形，镞铤断面略为圆形。铤及镞尖均残。残长4.2、镞身宽1.6～1.9、厚0.75厘米，铤长1.3、宽0.9～1.6、厚0.7厘米（图4-25，5）。

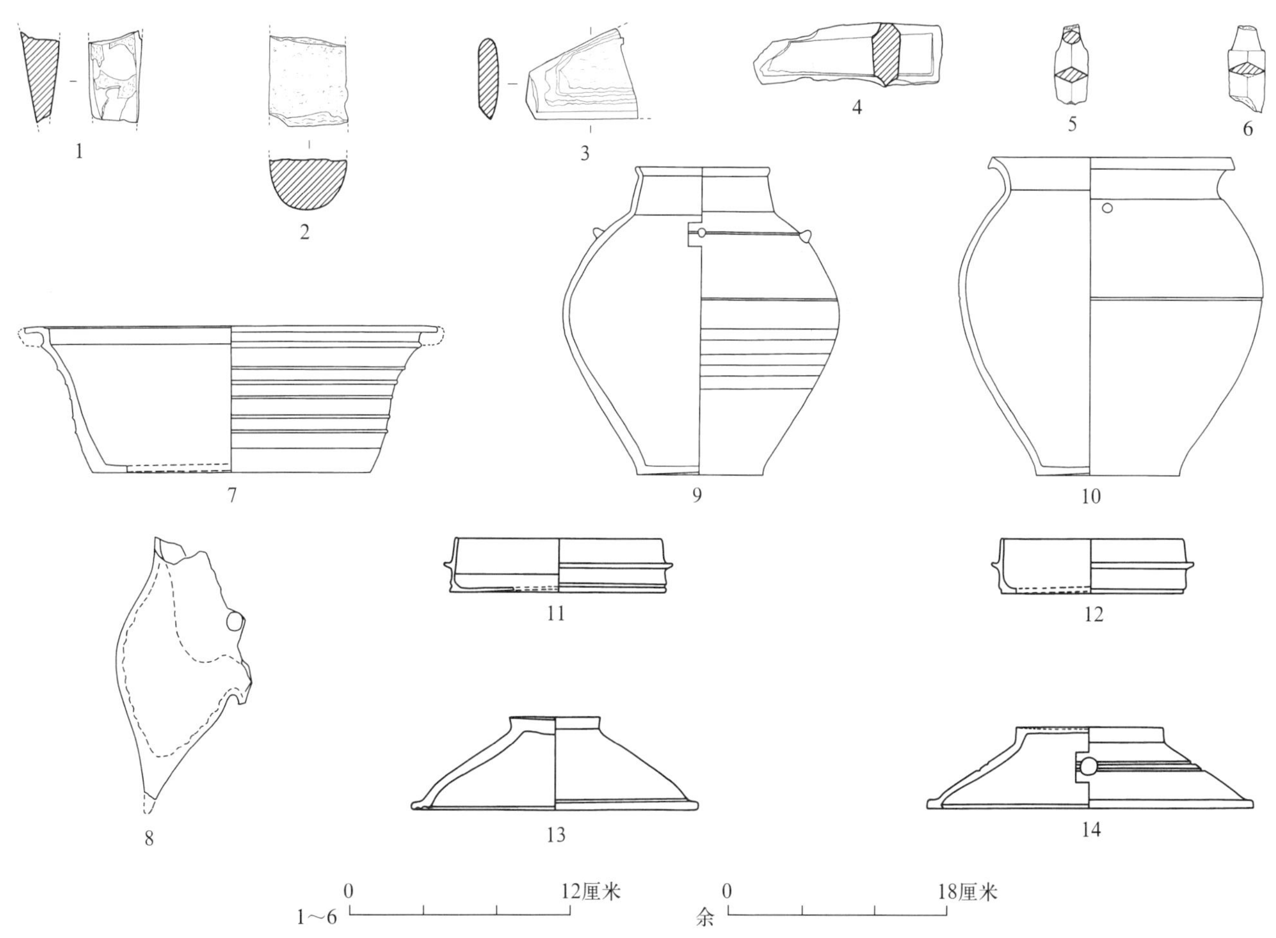

图4-25　三区H142出土器物

1．石锛H142：11　2．石斧H142：12　3．石刀H142：10　4．石镰H142：14　5、6．石镞H142：13、H142：8　7．盆形鼎H142：9　8．鬶H142：3　9、10．罐H142：1、H142：2　11、12．盒H142：4、H142：5　13、14．器盖H142：6、H142：7

标本H142：8，石镞。镞身断面为四棱形，镞铤断面略为圆形。铤及镞尖均残。残长4.5、厚0.6厘米（图4–25，6）。

标本H142：9，盆形鼎。夹砂红陶，器表磨光。方唇，平沿，沿面有两周浅的凹槽，平底内凹，底及三足均残。颈下共有七周凸棱，口沿下的横耳残。口径34.0、底径23.0、高11.6、厚0.6～1.2厘米（图4–25，7）。

标本H142：3，鬶。细砂红陶。器表有一层陶衣，但多已剥蚀。残存一袋足，足尖较高。前后两袋足的中间位置有一个小泥饼痕迹。残宽16.3、厚0.25～0.8厘米（图4–25，8）。

标本H142：1，罐。夹砂黑陶，局部灰色。圆唇，粗高颈，溜肩，鼓腹，下腹斜收较甚，平底微内凹。肩部饰有对称的小泥饼和盲鼻一对，并有凹弦纹一周，腹部饰有很细的凹弦纹共七周。口径11.0、底径10.5、高24.4、厚0.4～0.9厘米（图4–25，9）。

标本H142：2，罐。夹细砂黑陶，局部灰色。方唇外斜，卷折沿，有颈，溜肩，鼓腹，小平底微内凹。肩部有一对泥饼，腹部饰凹弦纹一周。口径20.0、最大腹径23.5、底径12.0、高25.4、厚0.4～0.7厘米（图4–25，10；彩版二二八，3）。

标本H142：4，盒。泥质磨光黑陶。尖唇，子母口较高，折腹已经演变成一周凹槽，平底内凹。素面。口径11.4、底径12.0、高2.9、厚0.2～0.3厘米（图4–25，11）。

标本H142：5，盒。泥质磨光黑陶。尖唇，子母口较高，直壁，假圈足，平底内凹。素面。口径10.2、底径10.2、高2.9、厚0.2厘米（图4–25，12）。

标本H142：6，器盖。夹砂黑褐陶，含有少量云母。覆碗形，平顶内凹，盖面略弧，方唇，斜平沿，沿面有两周凹槽。素面。顶径5.0、口径15.6、高5.0、厚0.4～0.7厘米（图4–25，13）。

标本H142：7，器盖。夹砂黑陶，含有少量云母，器表磨光。覆碗形，顶面残，盖面较直，方唇，平沿，沿内侧有一周凹槽。盖面有两周凹弦纹，并残余一个小泥饼。顶径8.2、口径18.0、高4.4、厚0.2～0.5厘米（图4–25，14）。

14．H143

位于T1726北部和T1776南部，被G1打破。平面为不规则椭圆形，坑壁内斜与坑底弧形联结，圜底。东西长径1.64、南北短径1.42、深0.47米。坑内堆积分为两层。第1层厚0.08～0.20米。填土为黄褐色（10YR2/1–3/1），土质较紧，沙性较大。第2层厚0.27米。填土为灰褐色（10YR3/3），土质较松。出土遗物较少。

15．H145

位于T1777北部，向北延伸至探方以外。开口于第②层之下。从暴露部分来看，平面略呈长方形，东壁和南壁较直，西壁内收，底部较平（图4–26）。东西宽1.22、残深0.32米。灰褐色填土（10YR3/2），土质较疏松，含沙性较大。内含少量红烧土块和小石块等。出土陶器6件。

标本H145：2，甗。夹砂灰黑陶，红褐色胎。甑和鬲的上部为轮制，三袋足分别轮制，甑鬲内外套接。甑部拍印方格纹，鬲部拍印稀疏篮纹。三袋足内侧因使用烧成红褐色。方唇，斜卷沿，最大腹径偏上。分裆袋足。口径35.0、腰部12.4、通高53.1、厚0.4～1.2厘米（图4–27，1；彩版二二八，4）。

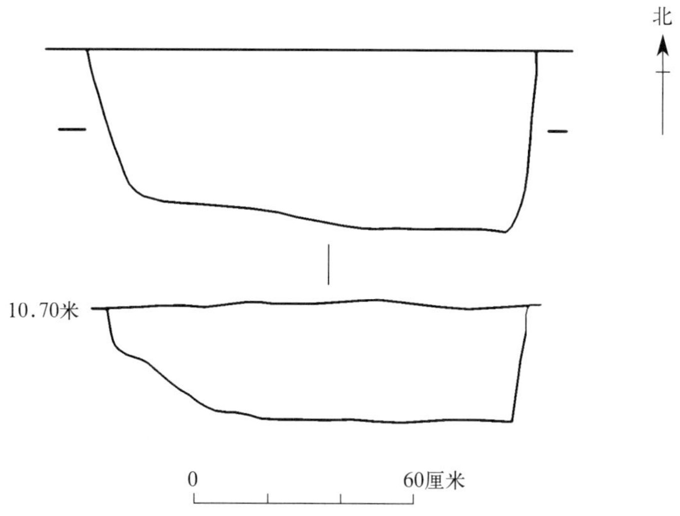

图4-26　三区H145平、剖面图

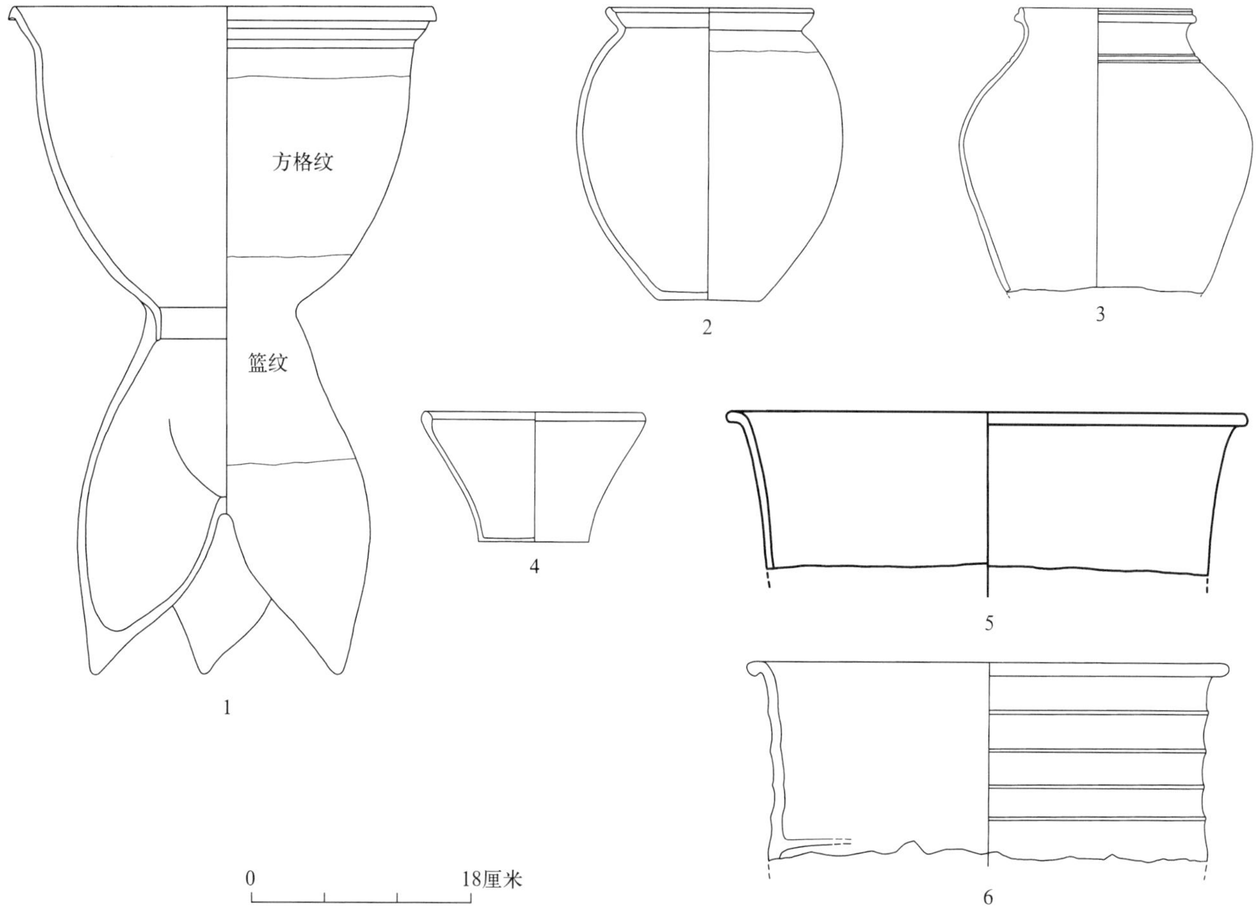

图4-27　三区H145出土陶器

1. 甗H145：2　2、3. 罐H145：1、H145：4　4、5. 盆H145：3、H145：5　6. 圈足盆H145：6

标本H145∶1，罐。夹细砂灰陶。侈口，方唇，折沿，腹部圆鼓，器体较高，平底。通体饰绳纹，器底也见有绳纹。口径17.0、底径8.4、通高23.4、厚0.5～0.6厘米（图4-27，2；彩版二二九，1）。

标本H145∶4，罐。夹细砂黑陶。重唇，有颈，斜长肩，鼓腹，底残。颈下有二周凹弦纹。口径15.2、最大腹径24.5、残高22.7、厚0.3～0.6厘米（图4-27，3）。

标本H145∶3，盆。夹细砂黑陶。尖圆唇，敞口，腹部斜收较甚，器体较高，平底微内凹。器表残余少量磨光痕迹。口径18.6、底径9.1、高10.4、厚0.15～0.4厘米（图4-27，4；彩版二二九，2）。

标本H145∶5，盆。泥质黑陶，灰胎。敞口，圆唇，斜直腹，底残。素面，内壁残存四周四周很浅的凸棱。口径43.2、残高13.2、厚度0.6～0.7厘米（图4-27，5）。

标本H145∶6，圈足盆。泥质黑陶，黄褐胎。敞口，圆唇，卷沿，直壁，平底内凹，圈足残。素面，外壁残存四周凸棱。口径43.2、残高13.2、厚0.6～0.7厘米（图4-27，6）。

16．H146

位于T1777北部，向北延伸至探方以外，向东则延伸出台地之外。开口于第②层之下，被H145打破。从暴露部分来看，平面略呈长方形，坑壁较直，底部平坦（图4-28）。东西残长2.56、南北残宽0.51、残深0.40米。灰褐色填土（10YR3/2），土质疏松，含沙性较大。内含少量红烧土块和小石块等。出土陶器2件。

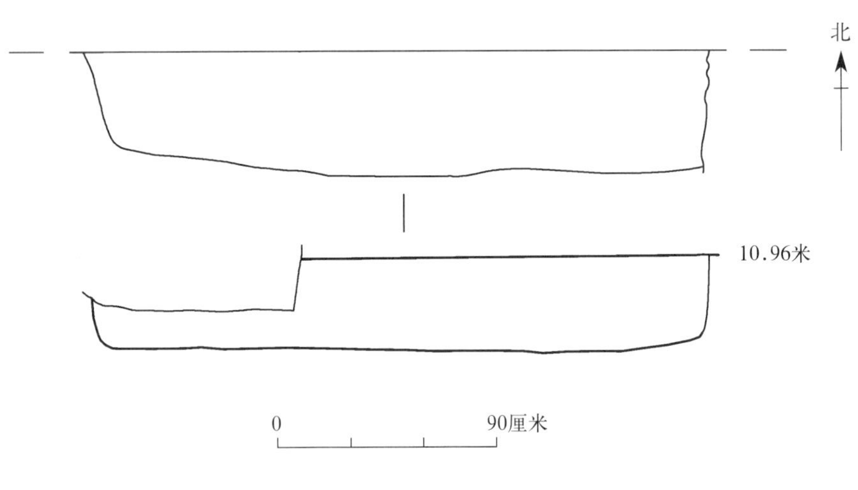

图4-28　三区H146平、剖面图

标本H146∶2，鼎。罐形。夹砂黑陶。圆唇，平沿沿面有一周凹槽，短颈，肩腹不分界，圆腹。底残。器表及内侧口沿磨光。肩及腹部各饰两周凹弦纹，肩部各有一对泥饼和盲鼻。底部有火烧痕迹。口径15.8、残高14.0、厚0.25～0.55厘米（图4-29，1）。

标本H146∶3，盒。泥质磨光黑陶。子口残，腹部中间外突，平底内凹。素面。口径18.0、底径15.5、残高2.7、厚0.3厘米（图4-29，2）。

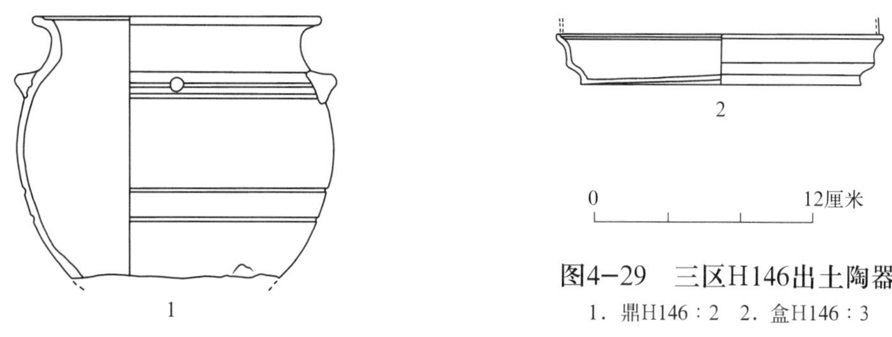

图4-29　三区H146出土陶器

1. 鼎H146：2　2. 盒H146：3

17. H147

位于T1777和T1776南部，开口于#7121下，平面近长方形，直壁，平底（图4-30）。长2.70、宽1.80、深0.24米。填土灰褐色（7.5YR3/3），质地疏松，有黏性，内含红烧土块、炭屑颗粒。出土陶器6件。

标本H147：1，鬶。夹细砂红陶。流残尖圆唇，短颈，深腹，象征性绞丝状把手，袋足较浅，足尖很高。流下有对称的两个小泥饼，正前面下腹部的中间位置有一个小泥饼。器表磨光。宽14.6、残高27.4、厚0.5～0.7厘米（图4-31，1；彩版二二九，3）。

标本H147：5，瓮。夹砂黑陶。直口，有颈，窄肩，瘦腹，底残，肩部一对对称的提手。肩下有一周凸弦纹，其上有一对盲鼻。口径27.0、残高27.0、厚0.5～0.7厘米（图4-31，2）。

标本H147：3，盒。泥质磨光黑陶。子母口较高，折腹位置靠下，假圈足，平底内凹，底残。素面。口径13.0、底径12.0、通高3.0、厚0.2～0.3厘米（图4-31，3）。

标本H147：6，盒。泥质黑陶。矮直子口，浅腹中部外凸，平底内凹。素面，内外表均磨光。口径14.1、底径16.3、高6.9、厚0.2～0.3厘米（图4-31，4）。

标本H147：4，器盖。夹砂黑陶，外表局部变为灰、红。矮圈足状纽，盖面外半较鼓，内侧下凹

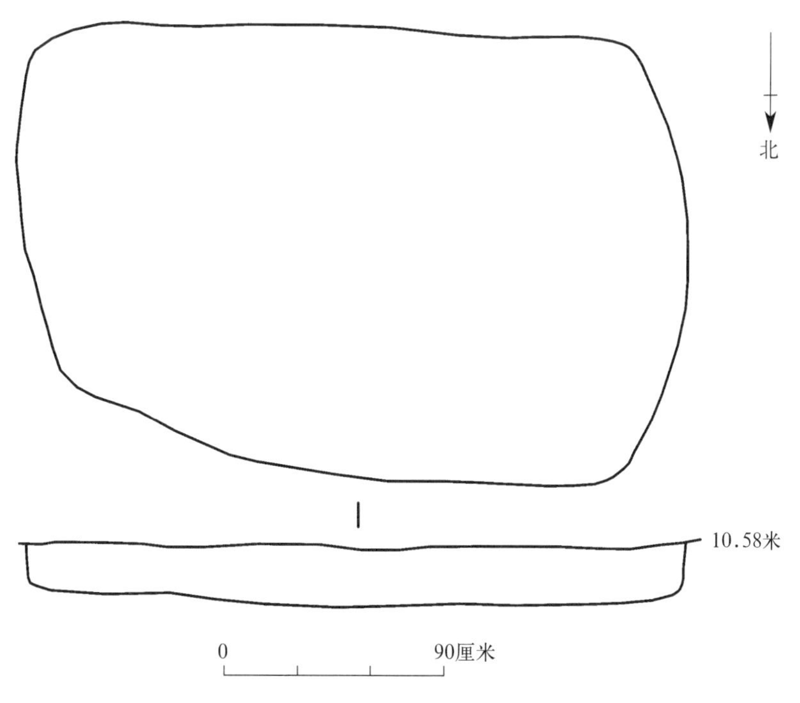

图4-30　三区H147平、剖面图

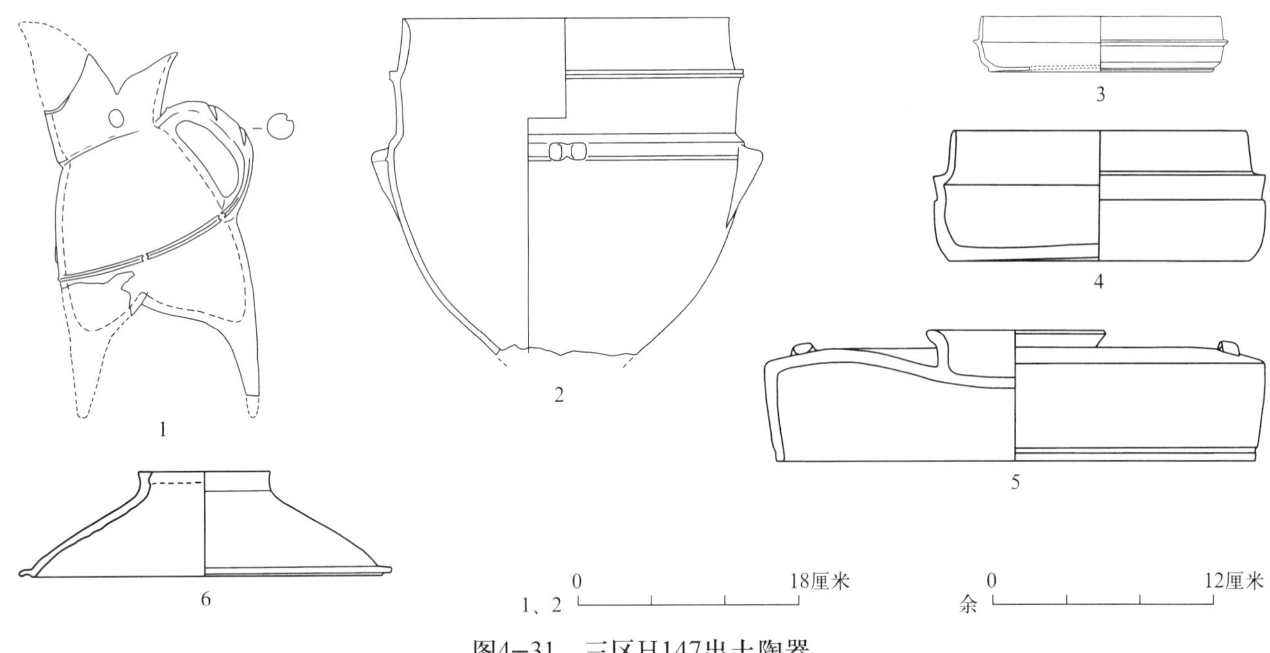

图4-31　三区H147出土陶器

1．鬶H147：1　2．瓮H147：5　3、4．盒H147：3、H147：6　5、6．器盖H147：4、H147：7

较甚，折壁，腹壁较矮。盖面有一对小盲鼻，盖面有凹弦纹一周。口径23.0、通高6.9、厚0.4～0.65厘米（图4-31，5）。

标本H147：7，器盖。覆碗形，顶面残。圆唇，沿面有凹槽，盖面斜直。素面。顶径7.2、口径20.4、高5.6、厚0.3～0.6厘米（图4-31，6）。

18．H148

位于T1777东部。平面近方形，直壁，平底。东西长0.24、南北宽0.22、深0.16米。黑灰色填土（10YR3/1），土质疏松。出土少量陶片。

19．H149

位于T1727东部，被H150打破。平面为椭圆形，坑壁内斜，底部呈锅底状（图4-32）。长径1.00、短径0.48、深0.34米。填土为沙性较大的黄褐色土（10YR3/2），土质较紧。灰坑内出土较多兽骨。出土可复原陶器3件。

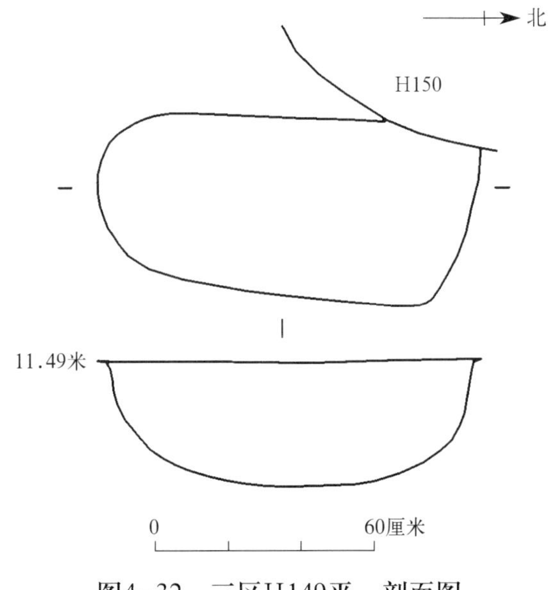

图4-32　三区H149平、剖面图

标本H149：1，陶鼎。夹砂黑陶，局部灰褐，掺云母。圆唇，斜折沿，圆腹，平底，铲形足外侧中部加锯齿状堆纹，三足尖部残。上腹部有两周凹弦纹。口径15.2、残高15.6、厚0.4～0.55厘米（图4-33，1）。

标本H149：2，陶鼎。夹砂黑陶。方唇，侈口，

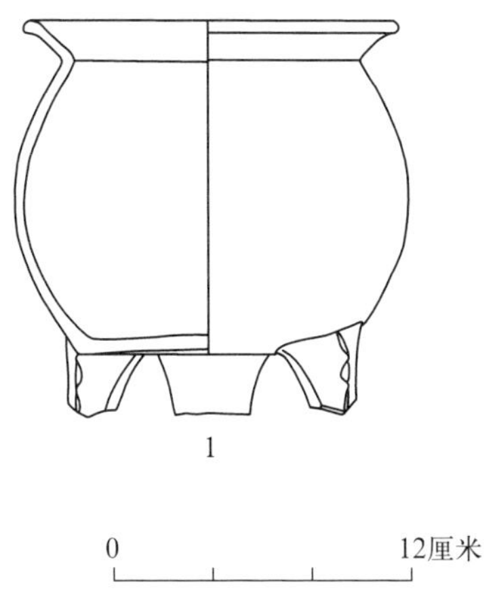
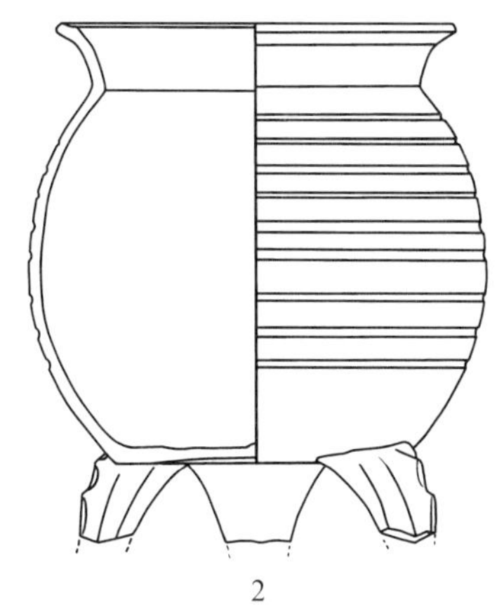
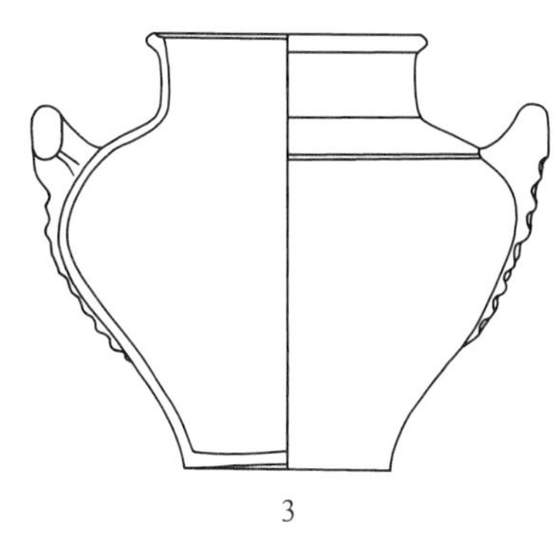

图4-33 三区H149出土陶器
1、2．鼎H149：1、H149：2 3．罐H149：3

折沿，沿内侧有一周凹槽，溜肩，鼓腹，平底内凹，足为没有眼睛的鸟喙形足，足尖残。表面及内侧口沿磨光，颈下及腹部共饰有九周凹弦纹。口径15.4、残高19.6、厚0.4～0.5厘米（图4-33，2；彩版二二九，4）。

标本H149：3，罐。泥质红陶。圆唇，唇内侧有一周凹槽，高直颈，溜肩，圆鼓腹，下腹斜收较甚，平底微内凹。两侧饰有两个对称的倒立的大“U”形耳，耳上并有捺窝，肩上饰有一周凹弦纹。口径10.5、底径7.6、高15.8、厚0.3～0.5厘米（图4-33，3；彩版二三〇，1）。

20．H150

位于T1727中部偏东，开口于第②层下，北部被一近代扰沟破坏，而该坑又打破位于其东侧的一个柱洞。平面略呈椭圆形，坑壁内斜，底部较平（图4-34）。东西残长0.70、南北残宽0.82、残深0.34米。坑内堆积共分两层。第1层厚0.05～0.12米，填土为黄褐色（10YR3/2），土质紧密，沙性较

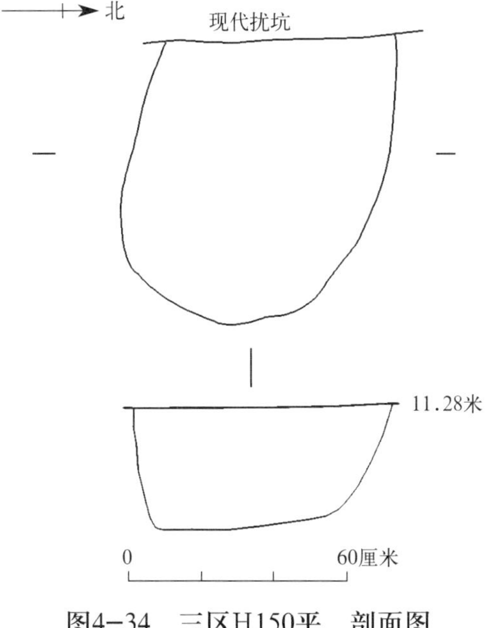

图4-34 三区H150平、剖面图

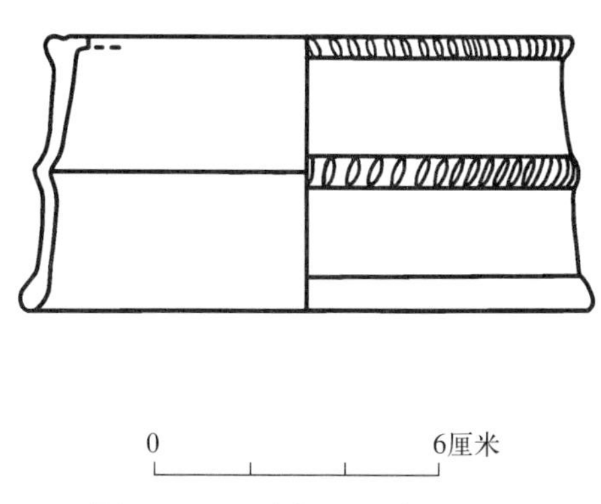

图4-35 三区H150出土器盖

大。出土物相对较少。第2层厚0.10～0.22米，填土为灰黑色（10YR2/1），土质疏松，黏性较大。出土陶片较丰富。出土陶器1件。

标本H150：2，器盖。泥质磨光黑陶，含少量云母。筒形，顶残。直壁微外张，圆唇。顶面边缘和盖壁中部有凸棱，凸棱上饰有按捺纹饰。顶径11.2、口径12.0、高5.5、厚0.2～0.6厘米（图4－35）。

21．H151

位于T1777西北角。圆形，斜壁，平底。口径0.60、深0.11米。填土疏松，含少量红烧土。土色灰褐（10YR3/1）。

22．H152

位于T1727和T1777交界处东侧。平面为圆形，坑壁内斜，底部呈锅底状（图4－36）。口径1.02、深0.38米。坑内堆积分为两层。第1层厚约0.20米，灰褐色填土（10YR3/2），土质较紧，含沙量较大。第2层厚约0.18米，灰黑色填土（10YR2/1），土质疏松，黏性大。该灰坑出土遗物较多，可复原陶器3件。

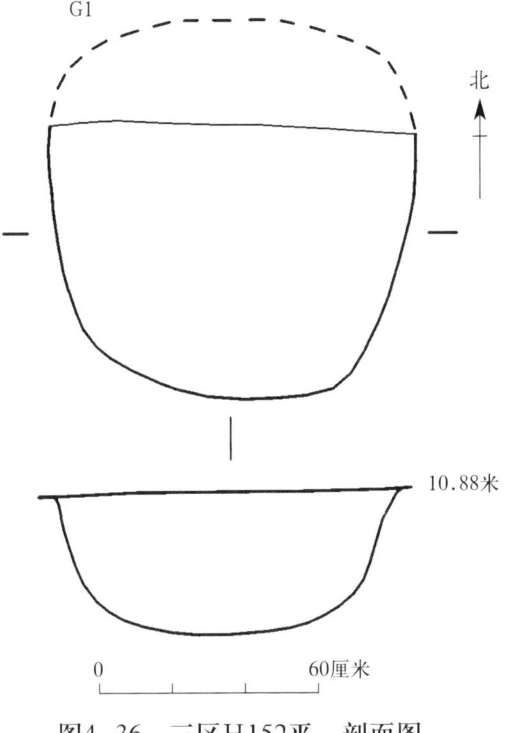

图4－36　三区H152平、剖面图

标本H152：1，碗。泥质磨光黑陶。圆唇，卷沿，直壁，假圈足，平底内凹。器壁中部残留一小耳。口径12.8、底径10.0、通高5.0、厚0.2～0.4厘米（图4－37，1）。

标本H152：4，盒。泥质磨光黑陶，掺云母。子口较矮，下腹部折，假圈足。素面。口径14.2、底径11.6、高3.9、厚0.2～0.4厘米（图4－37，2）。

标本H152：2，器盖。泥质磨光黑陶，掺云母。喇叭形纽，盖面圆弧，口沿残，器壁很薄。

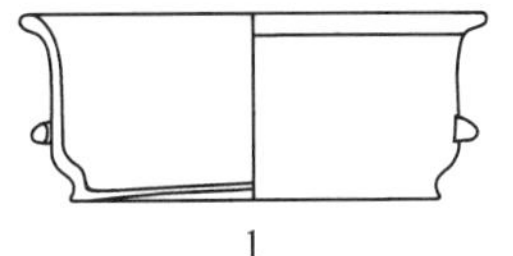

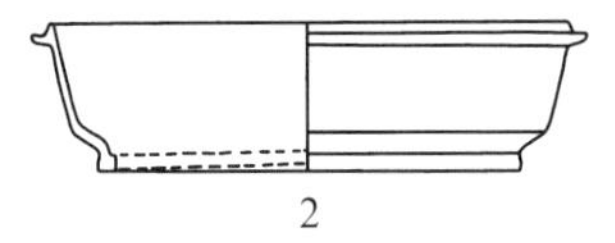

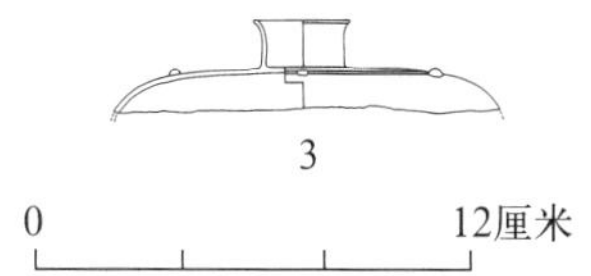

图4-37　三区H152出土陶器

1. 碗H152：1　2. 盒H152：4　3. 器盖H152：2

盖面有两周凹弦纹，凹弦纹的位置有两个对称的小泥饼和对称的盲鼻。残口径10.7、残高2.5、厚0.1～0.15厘米（图4-37，3）。

23. H153

位于T1727东北部。平面为椭圆形，坑壁较直，底为锅底状。长径0.59、短径0.26、深0.55米。坑内填土为灰褐色（10YR2/1），土质疏松，沙性较大。包含较多陶片。该灰坑不排除作为柱洞的可能。

24. H154

位于T1727之外东侧。平面为椭圆形，坑壁较直而微内斜，底部呈锅底状（图4-38）。长径0.85、短径0.54、深0.43米。坑内填土为沙性较大的黄褐色土（10YR3/2），土质疏松。出土遗物较少，但有3件可以复原的陶器。

标本H154：2，鼎。夹砂黑陶，因为埋藏原因陶色斑驳，呈灰褐色。盆形鼎，方唇，平沿，沿面有两周凹槽，口下折收即为腹部，弧形腹，平底，三足残。口沿饰有三个横耳，口下及腹部共有4周凸棱。口径31.2～33.4、残高15.4、厚0.3～0.9厘米（图4-39，1）。

标本H154：3，鬶。夹细砂黄褐陶。流残，圆唇，卷沿，沿下把手正上部有一小圆孔，粗颈，大袋足，足尖较高，象征性绞丝状把手。颈部有两周凸弦纹，并有对称的2个小泥饼，颈部正面中部有一个小泥饼，把手正面下部有一个小泥饼，后袋足上有半周凸棱。宽14.9、残高25.5、厚0.2～0.7厘米（图4-39，2）。

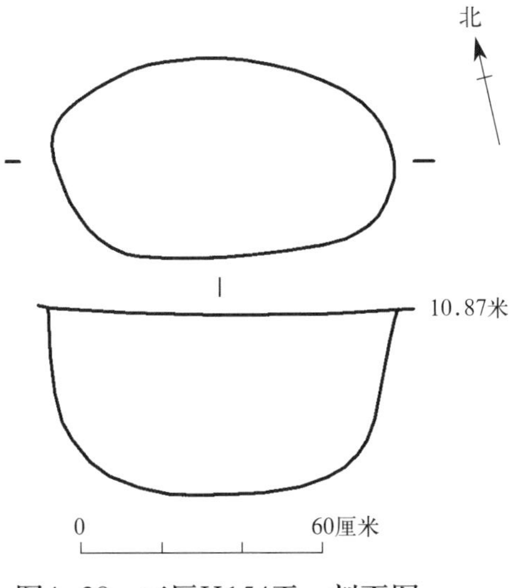

图4-38　三区H154平、剖面图

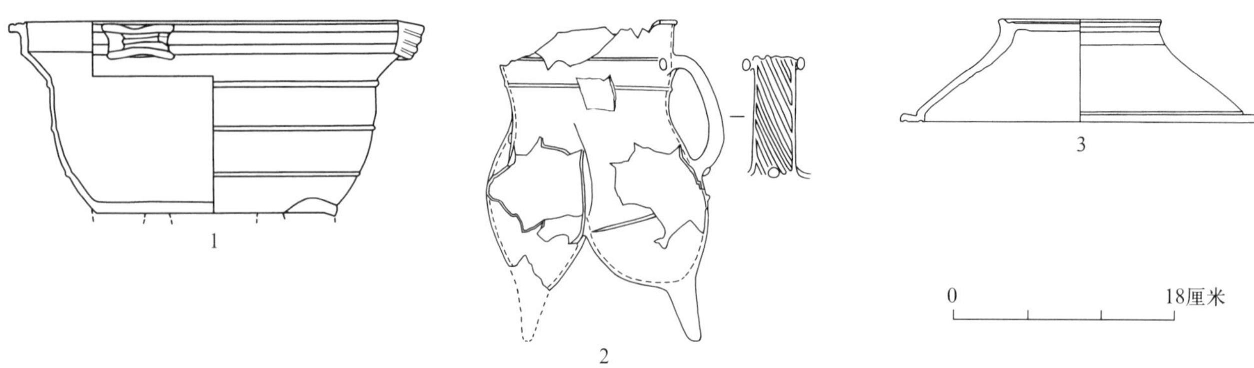

图4-39 三区H154出土陶器

1. 鼎H154：2 2. 鬶H154：3 3. 器盖H154：1

标本H154：1，器盖。夹砂黑陶灰胎。覆碗形，平顶内凹，盖面外沿外突较甚，斜壁，近口沿处有一周宽凹槽，沿面较宽，其上内外侧有两周凹槽。顶径13.2、口径29.2、高8.2、厚0.45～1.05厘米（图4-39，3）。

25．H155

位于T1727以东，台地的东部边缘。椭圆形，壁较直，平底（图4-40）。黄褐色填土（10YR2/1）。长径0.76、短径0.44、深0.32米。出土遗物较少。

标本H155：1，器盖。泥质磨光黑陶。喇叭形纽，盖面圆弧，口沿残，器壁很薄。盖面有对称的小泥饼和盲鼻各一对，该位置还饰有两周凹弦纹。顶径2.4、残高3.0、厚度0.2～0.25厘米（图4-41）。

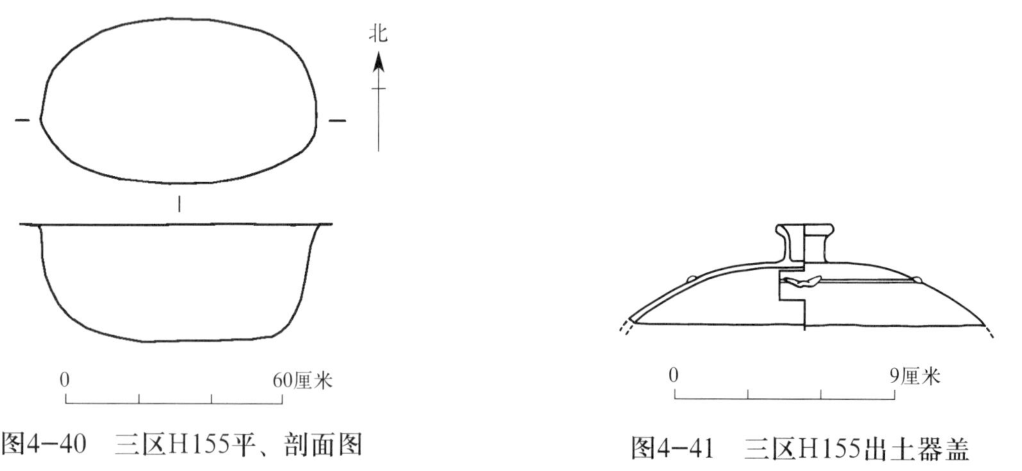

图4-40 三区H155平、剖面图

图4-41 三区H155出土器盖

26．H157

位于T1727以东，台地的东部边缘。圆形近平底（图4-42）。口径0.50、深0.26米。黑灰色填土（10YR2/2）。包含较多陶片。

标本H157：1，刻纹圈足盆残片。泥质黑陶。盆部近底处饰附加堆纹两周，其间饰以凹弦纹六周。腹部饰一周鸟形刻画纹（图4-43）。

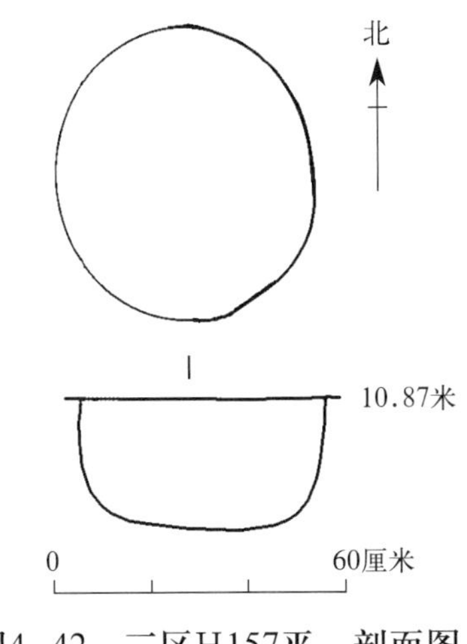

图4-42　三区H157平、剖面图

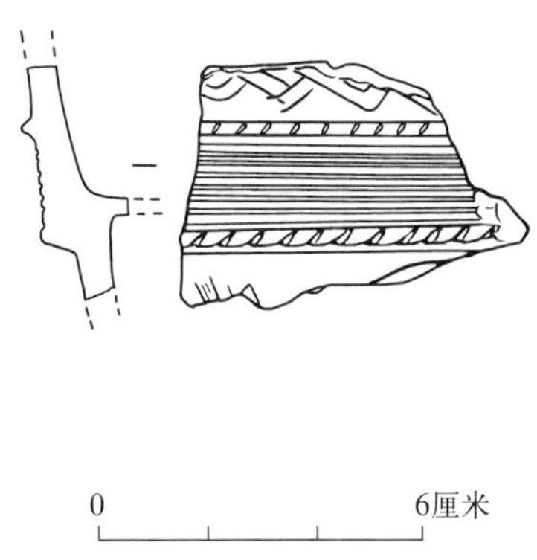

图4-43　三区H157出土陶器

27．H158

位于T1777西北角，向北延伸至探方之外。开口于第②层之下，被H145打破。平面为圆角长方形，坑壁较直且内收，底部由北向南倾斜。东西长1.61、南北宽0.80、残深0.37米。灰褐色填土（10YR4/4），土质较紧密，含少量红烧土颗粒、炭屑和砂粒等。

28．H159

位于T1777东北角，北部被H146打破，向东延伸至探方之外。平面形状呈不规则圆形，坑壁较直，坑底较平（图4-44）。残存部分最大径0.72、深0.34米。填土为灰黑色（7.5YR3/1），土质极为疏松，内含少量红烧土块和粗砂等。出土陶鼎、盒、器盖各1件。

标本H159：3，鼎。夹砂黑陶，器表磨光。方圆唇，平沿，沿面上有一周宽凹槽，短颈，窄斜肩，圆腹，中腹以下残。沿下有三个小盲鼻，肩腹各有三周凹、凸弦纹。口径20.1、残高12.2、厚0.25～0.4厘米（图4-45，1）。

标本H159：1，盒。泥质磨光黑陶。子口较高，矮腹中部外突，平底内凹。口径11.3、底径12.0、高3.1、厚0.2～0.3厘米（图4-45，2）。

标本H159：2，器盖。夹细砂灰黑陶。覆碗形。平顶内凹，盖面较直，方唇，唇沿外伸，沿面下凹。素面。顶径6.0、口径20.0、高7.3、厚0.3～0.4厘米（图4-45，3）。

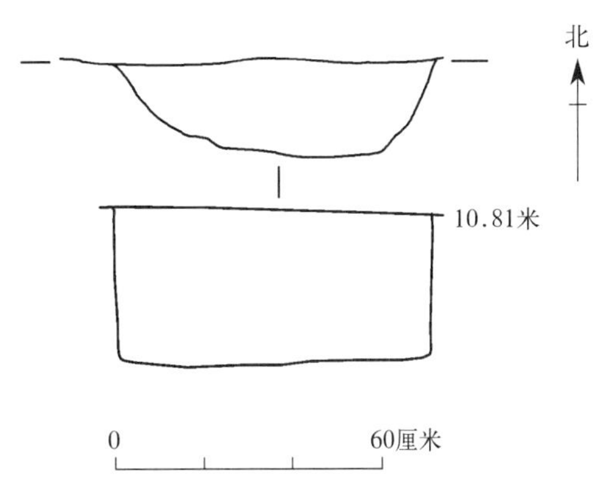

图4-44　三区H159平、剖面图

29．H160

位于T1777探方以东，西部被H164打破，向东延伸到台地以外。平面为不规则形，直壁，平底。土色10YR3/2。东西长

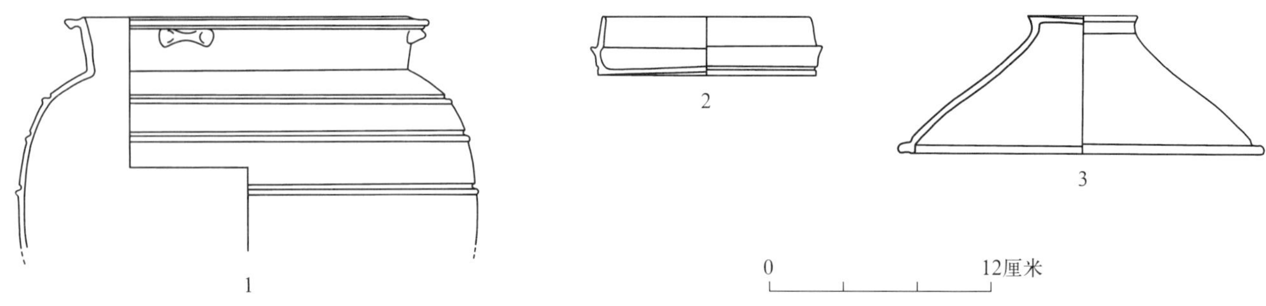

图4-45　三区H159出土陶器

1．鼎H159：3　2．盒H159：1　3．器盖H159：2

1.12、南北宽1.00、深0.28米。出土少量陶片。

30．H161

位于T1777以东，台地的东部边缘。平面近半圆形，圜底。口径0.46、深0.24米。土色10YR3/3。出土少量陶片。

31．H163

位于T1777北部，东部被H160打破。平面为长条形，平底（图4-46）。长1.40、宽0.54、深0.14米。填土疏松，内含红烧土、炭屑，黄褐色土（10YR3/1）。出土较多陶片，可复原陶器1件。

标本H163：2，盂。夹细砂磨光黑陶。圆唇，卷沿，口微侈，颈较高，鼓腹，下腹部斜收较甚，平底微内凹，内壁有轮制形成的瓦棱。颈部有两周凹弦纹。口径16.8、底径6.4、高9.9、厚0.3～0.5厘米（图4-47）。

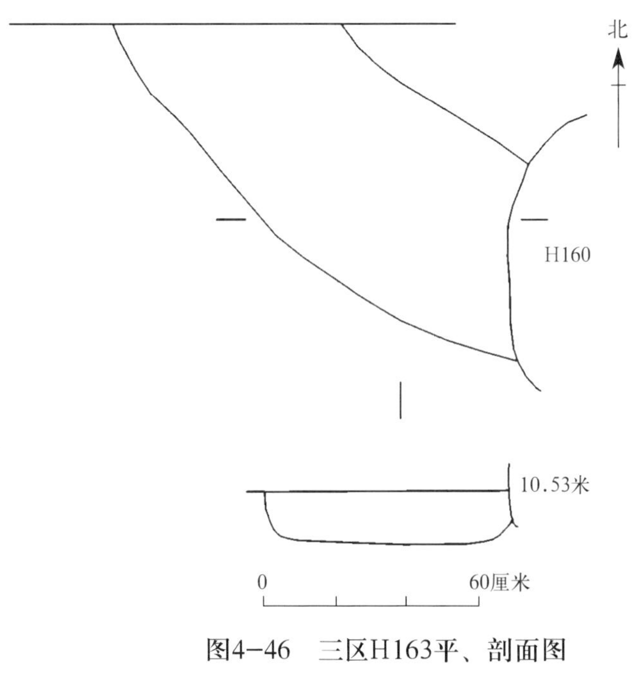

图4-46　三区H163平、剖面图

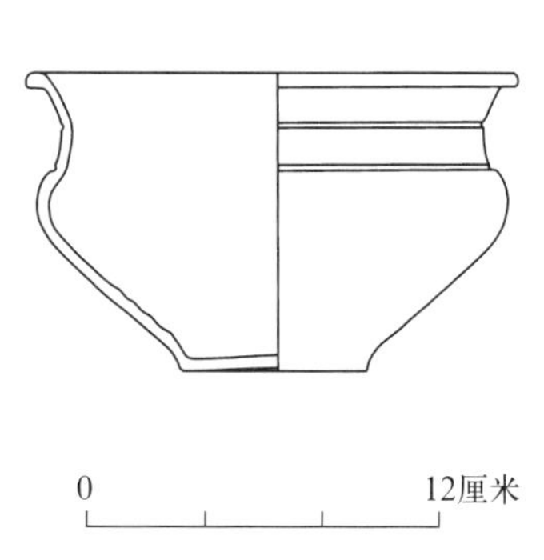

图4-47　三区H163出土陶盂

32．H164

位于T1777东部。平面呈不规则形，直壁，平底。东西长0.96、南北宽0.36～0.62、深0.34米。填土为灰褐色，土质疏松。

33．H166

位于T1777以东台地的东部边缘，延伸出台地之外，只保留下西部很小一部分。平面呈椭圆形，斜壁，平底。长径0.92、短径0.24、深0.28米。填土疏松，含少量红烧土，黄褐色土（10YR3/3）。出土少量陶片。

34．H167

位于T1777北部，向北延伸至探方以外。平面近圆形，斜壁，圜底。口径0.66、深0.26米。填土紧密，含红烧土，黄褐色土（10YR3/1）。出土少量陶片。

35．H168

位于T1727西北角。平面为半圆形，斜壁，圜底（图4－48）。口径0.96、深0.42米。出土有石器和陶器等多件。

标本H168：1，石铲。残甚。残长14.3、残宽8.0、残厚0.2～1.3厘米（图4－49，1）。

标本H168：2，鼎。夹砂黑陶，褐胎，含有少量云母。方圆唇，折沿，侈口，沿内侧有一周较深的凹槽，溜肩，鼓腹，平底内凹，三足残，应为凿形足。器表及口沿内侧磨光。口沿中部饰有一周凹弦纹，上腹部有两周凹弦纹。口径14.0、底径9.4、残高13.4、厚0.2～0.5厘米（图4－49，2）。

标本H168：4，鼎。夹细砂黑陶，含少量云母。方唇，平沿，沿面有两周凹槽，颈较长，圆鼓腹，平底内凹，三足残，三足应为没有眼睛的鸟喙形足。器表磨光。颈根部有一周台阶状凸起，该位置有对称的盲鼻一对。口径12.0、底径9.2、残高11.6、厚0.4～0.5厘米（图4－49，3）。

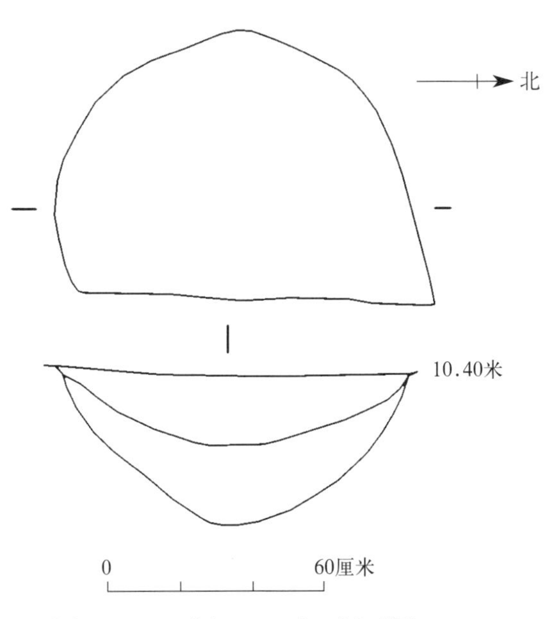

图4－48　三区H168平、剖面图

标本H168：10，罍。泥质黑陶。口沿残，直口，圆肩，圆鼓腹，小平底较高，制作精美。肩部和腹部应饰有对称的两对横耳，底部和腹部相接处有一周凸棱。器表磨光。腹径22.4、底径11.2、残高20.2、厚0.3～0.4厘米（图4－49，4）。

标本H168：11，罐。夹细砂褐陶。口残，折沿，斜肩，鼓腹，下腹内收。肩部存一小泥饼，腹部饰两周弦纹。残高7.3、厚0.1～0.4厘米。

标本H168：12，壶。含少量细砂黑陶，含有少量云母，因为埋藏原因陶色斑驳，胎为黄褐色。圆唇，平沿内斜，有颈斜收，圆折肩，腹部斜收，底残。肩部有对称的盲鼻一对，腹部饰有两周凸弦纹。口径10.0、残高11.0、厚0.3～0.4厘米（图

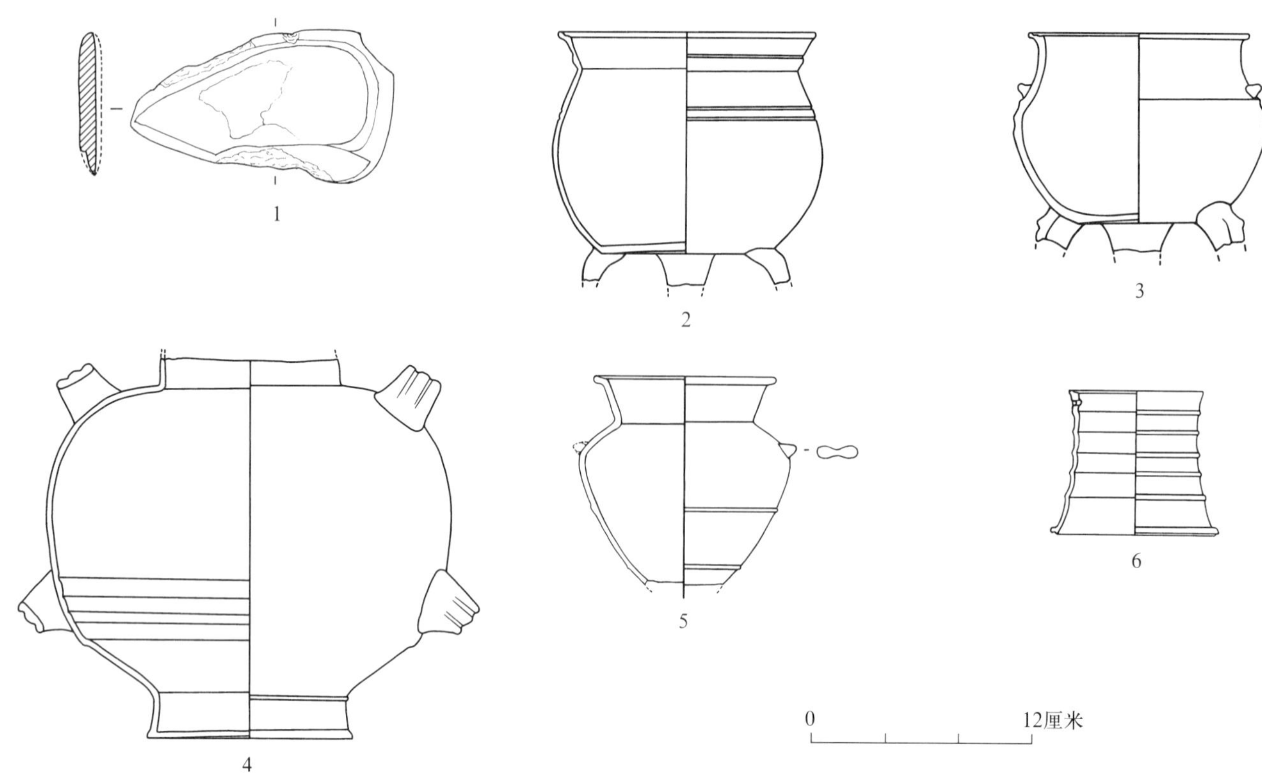

图4-49　三区H168出土陶器

1．石铲H168：1　2、3．鼎H168：2、H168：4　4．罍H168：10　5．壶H168：12　6．豆柄H168：13

4-49，5）。

标本H168：13，豆柄。夹细砂黑陶。束柄，底部尖圆唇，沿面有一周很深的凹槽。柄部残余五周凸棱，柄上部有2个对称的小圆孔，孔未穿透。器表磨光。高7.6、厚0.2～0.35厘米（图4-49，6）。

36．H169

位于T1726东北角，被近代扰沟和G1打破，只残存少部分遗迹，平面形状不详，从残存南壁看，坑壁较直，底部较平（图4-50）。南北残长0.88、东西残宽0.93、残深0.30米。填土为灰褐色（10YR4/2），土质较紧，黏性较大，含较多粗砂和红烧土颗粒。出土遗物较少。

标本H169：1，鼎。方唇，平沿，沿面有一周凹槽，有颈较长，腹部略鼓，平底，三足残。颈下有两周台阶状凸起，凸起位置有一对盲鼻和小泥饼各一对，腹部有一周台阶状。器表残余少量磨光痕迹。口径14.6、残高11.2、厚0.35～1.0厘米（图4-51）。

37．H170

位于T1776东南角，被G1打破。平面呈长方形，斜坡，圜底（图4-52，彩版二三〇，5）。长1.22、宽0.58、深0.24米。填土疏松，含红烧土颗粒。土色7.5YR3/1，出土器物丰富。

标本H170：13，鼎。夹砂红灰陶。残存上部，尖唇，折沿，沿内面外弧，溜肩。口径18.0、残高8.0、厚0.3～0.5厘米（图4-53，1）。

标本H170：6，罐。夹砂灰黑陶。素面磨光。圆唇，斜折沿，溜肩，圆鼓腹，下腹急收成小平

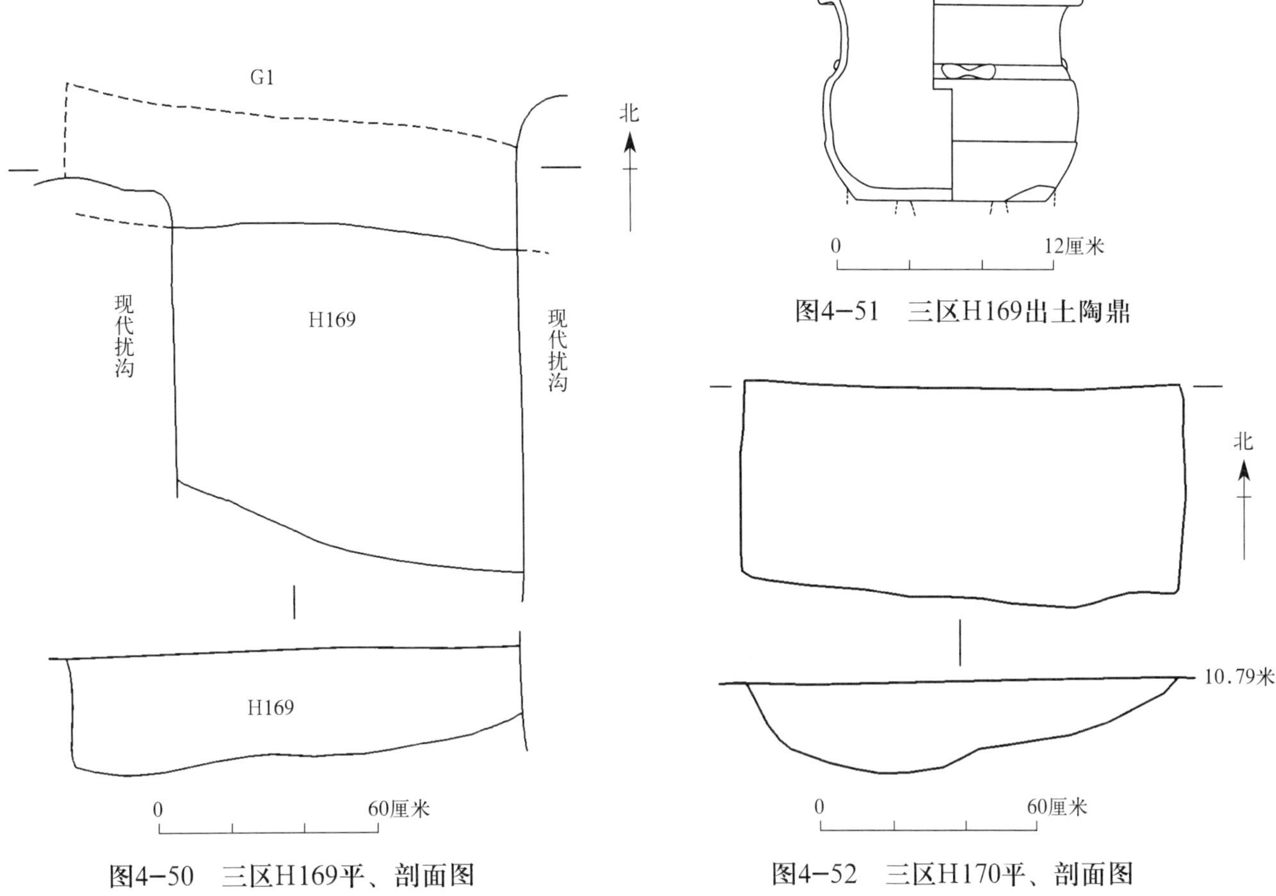

图4-50　三区H169平、剖面图

图4-51　三区H169出土陶鼎

图4-52　三区H170平、剖面图

底。口径16.2、底径9.0、厚0.3～0.4厘米（图4-53，2；彩版二三〇，2）。

标本H170∶8，罐。夹细砂黑陶。方唇，直口，圆鼓腹，小平底内凹，器体较薄。器表磨光。口径10.6、底径7.2、通高15.0、厚0.3～0.5厘米（图4-53，3；彩版二三〇，3）。

标本H170∶9，罐。泥质磨光黑陶。圆唇，侈沿，有颈，窄肩，鼓腹，平底内凹。肩部饰二周凹弦纹。口径9.2、底径6.4、高6.9、厚0.2～0.3厘米（图4-53，4；彩版二三〇，4）。

标本H170∶10，罐。夹砂黑陶，含有少量云母。颈部饰有一周凸弦纹，器表及口沿内侧磨光。方唇，有颈，溜肩，圆鼓腹，下腹斜收，平底内凹。口径16.7、底径7.4、高20.8、厚0.2～0.5厘米（图4-53，5）。

标本H170∶11，壶。夹砂黑陶。方圆唇，敛口，粗长颈，圆肩，鼓腹，下腹斜收，平底。腹部有两周凹弦纹，鼓腹处残留一盲鼻。器表磨光。口径10.0、底径8、高19.4、厚0.4～0.7厘米（图4-53，6）。

标本H170∶12，圈足盆。泥质黑陶。方唇，唇面有周凹槽，敞口，斜腹内收，平底内凹，圈足残。下腹饰两周凹弦纹。内外磨光。口径30.0、足径22.0、残高13.7、厚0.3～0.6厘米（图4-53，7）。

标本H170∶2，盒。泥质磨光黑陶。高子母口，下腹微折底部周缘外凸。下腹部有一周轻微的折痕。口径10.0、底径10.5、高4.4、厚0.2厘米（图4-53，8）。

标本H170∶15，盒。泥质黑陶。子母口残，浅腹，近底部内收，平底内凹。素面，内外磨光。口径12.0、底径10.0、残高2.1、厚0.2～0.4厘米（图4-53，9）。

图4-53　三区H170出土陶器

1．鼎H170：13　2～5．罐H170：6、H170：8、H170：9、H170：10　6．壶H170：11　7．圈足盆H170：12　8～11．盒H170：2、H170：15、H170：16、H170：17　12．圈足盒H170：3　13．杯H170：4　14、15．器盖H170：14、H170：1　16．鬶盖H170：5

标本H170：16，盒。泥质黑陶。子口残，浅腹，残留两周折棱，平底内凹。素面，内外磨光。底径11.0、残高2.0、厚0.2～0.3厘米（图4–53，10）。

标本H170：17，盒。泥质黑陶。子口残，浅腹近底部内收，平底。素面，内外磨光。口径24.0、底径22.0、残高3.1、厚0.3～0.5厘米（图4–53，11）。

标本H170：3，圈足盒。泥质磨光黑陶。矮子口，深腹，下腹折收，粗圈足略高。口径12.0、底径9.2、高7.0、厚0.2～0.4厘米（图4–53，12；彩版二三一，1）。

标本H170：4，杯。泥质磨光黑陶。尖唇，腹中部略鼓，平底内凹，宽带形把手，把手带有两周凹槽，制作精美。口径6.8、底径7.3、高14.4、厚0.1～0.15厘米（图4–53，13；彩版二三一，2）。

标本H170：14，器盖。泥质黑陶。覆碗型，斜弧形盖面，顶面残缺。素面。器表磨光。口径16.0、残高5.2、厚0.3～0.6厘米（图4–53，14）。

标本H170：1，器盖。夹砂黑陶，局部灰陶，含云母。覆碗形器盖，平顶微内凹，盖面斜直，圆唇，平沿，沿面有一周深凹槽，沿的内外两侧都有一周凹槽。器表磨光。顶径4.7、口径17.2、高6.3、厚0.3～0.8厘米（图4–53，15）。

标本H170：5，鬶盖。细腻高岭土白陶。外表磨光。纽残，盖面中部下凹，口沿下折，尖唇。盖顶面边缘有一周凹槽，盖面中部有三周凹弦纹。直径8.6、残高1.0、厚0.1～0.5厘米（图4–53，16）。

38．H172

位于T1726东北角，位于H169下。平面为圆角梯形，直壁，平底。长0.87、宽0.39、深0.28米。填土疏松，含少量红烧土、砂石，土色10YR4/3。

39．H173

位于T1777西南角，向西延伸至T1776。南部被G1打破。东西长2.00、南北残宽1.20、深0.80米。土色10YR4/3，土质较紧，黏性较大，内含少量红烧土块。

40．H331

位于T1789东部。开口于第⑥a层下。平面呈长方形，坑壁内斜，平底（图4–54）。长1.74、宽0.65米。填土为黏沙土，结构疏松，土色黄褐色（5YR3/2）。有许多陶片、红烧土粒夹杂。出土遗物丰富。

标本H331：3，石刀。长方形。残存中段，单面刃。上部残存半个圆孔。残长4.5、宽3.5、厚0.7厘米，重23.7克（彩版二三一，4）。

标本H331：2，石镞。镞身断面呈三棱形，镞铤断面近圆形。长6.4、宽1.8、厚1.0厘米，重5.7克（彩版二三一，3）。

标本H331：4，鼎。夹砂黑皮灰胎。圆唇，沿面有凹槽，圆肩，圆腹，平底，三个有眼的鸟首形足，一侧有宽扁条形单把，相对的一侧有一小贯耳。外表磨光。肩腹之交有两周凹弦纹，腹部有两组四周凹弦纹，底有烧痕，三足烧成红褐色，一小耳亦呈红色。口径18.4、底径14.7、高26.7、厚

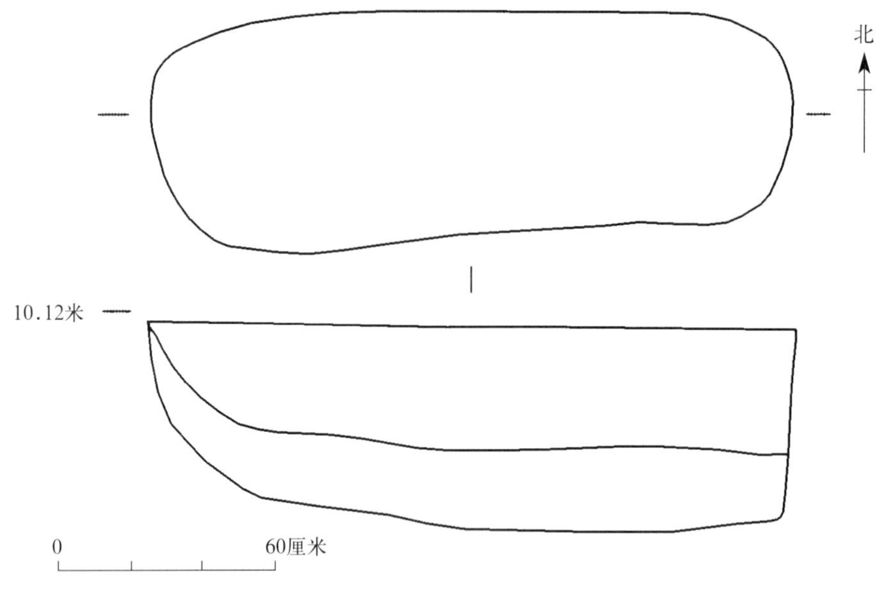

图4-54　三区H331平、剖面图

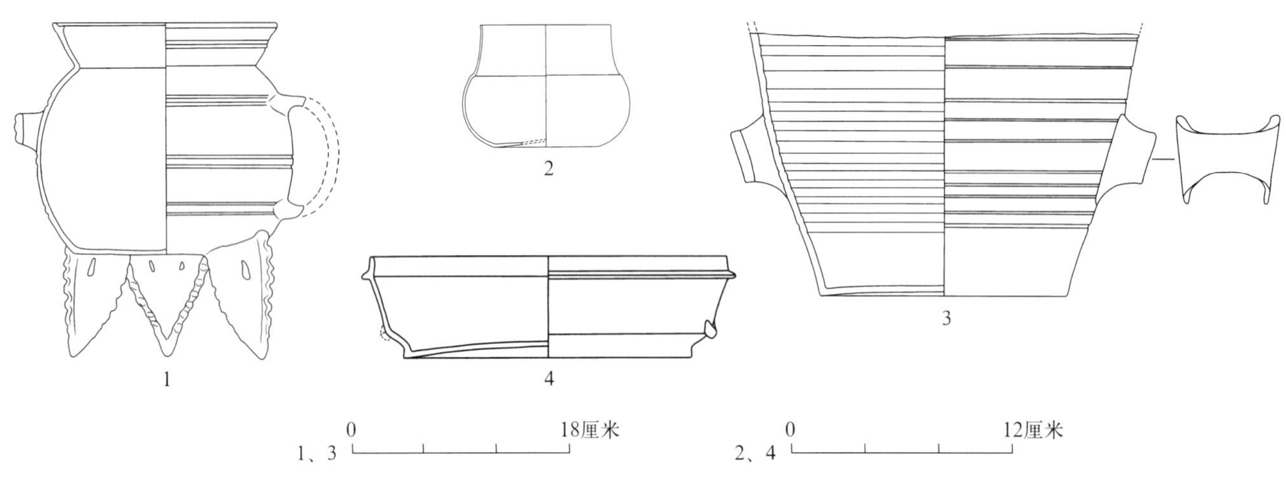

图4-55　三区H331出土陶器

1. 鼎H331：4　2. 罐H331：7　3. 盆H331：5　4. 盒H331：1

0.3～0.5厘米（图4-55，1；彩版二三一，5）。

标本H331：7，罐。泥质黑陶。直口，高粗颈，鼓腹，平底。素面，器表磨光。口径7.2、底径5.6、高6.5、厚0.1～0.2厘米（图4-55，2）。

标本H331：5，盆。夹砂黑皮陶。仅存下腹和底部。斜壁，平底，下腹部有一对宽大横耳。大部分因为侵染变成褐色。外表残留十周凹弦纹，内表有轮旋痕迹。底径20.0、残高21.0、厚0.6～0.7厘米（图4-55，3）。

标本H331：1，盒。泥质黑陶。矮子口，子口下出承盖之缘，直腹较宽，近底部急收成假圈足状平底，底部内凹。素面，腹下部有一对盲鼻。快轮制陶，器表磨光。口径19.6、底径15.8、高5.5、厚0.2～0.35厘米（图4-55，4）。

三　灰沟

2条，编号为G1、G15。

1．G1

位于T1777南部和T1727北部，向西延伸至T1776南部，向东伸出台地之外。开口于第②层下。平面形状略呈梭形，斜壁内收，底部高低不平（图4−56）。南北最宽为2.52、东西残长6.93、残深0.82米。沟内堆积分为两层。第1层，灰褐色土（10YR3/1），土质较紧密，黏性较大。最厚处约0.38米，出土陶片较多。第2层，灰黑色土（10YR3/3），土质疏松，出土较多可以复原或近于完整的陶器。在此层的底部出土大量兽骨，其中在东部最底层还发现有一个专门为埋葬兽骨而挖设的长方形小坑。经鉴定，小坑内出土的兽骨包括有牛的下颌骨和肩胛骨等。推测遗迹的形成与祭祀或宴享活动有关。

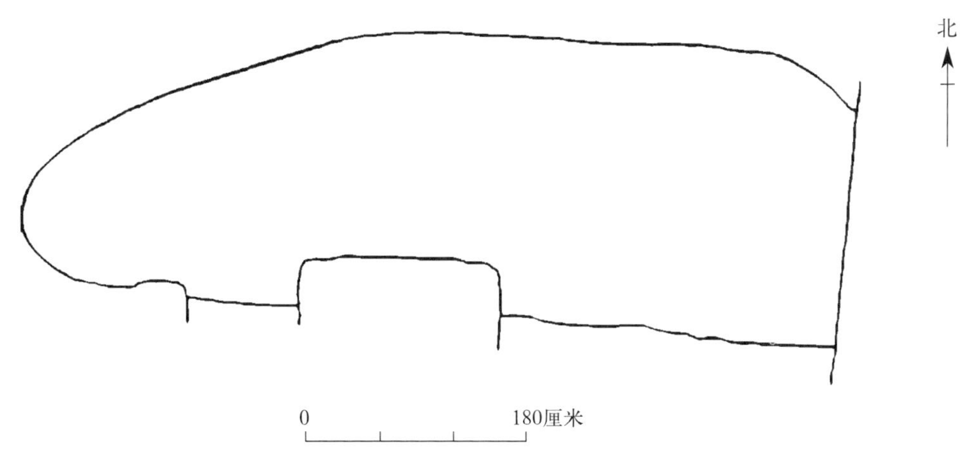

图4−56　三区G1平面图

出土遗物丰富。石器4件，陶器40余件。

标本G1：14，石锛。半成品。打磨兼制。残长8.7、宽3.0～4.1、厚2.1～2.5厘米（图4−57，1）。

标本G1：9，磨石。扁平状，残甚。残长9.2、残宽10.9、厚3.7～4.1厘米（图4−57，2）。

标本G1：10，磨石。馒头状。表面磨制光滑。高3.8、宽5.6、厚2.5～3.2厘米（图4−57，3）。

标本G1：1，石料。不规则形，疑为石刀半成品。残长8.0、宽5.0～6.0、刃宽0.45、厚0.7～1.0厘米（图4−57，4）。

标本G1：5，罐形鼎。夹砂黑陶。侈口，圆唇，卷沿，沿内侧有一周很深的凹槽。溜肩，腹略鼓，圜底，侧三角形足。肩部饰有两个对称的小泥饼，并饰有一周浅宽凹弦纹。器表及口沿内侧磨光。口径18.6、高22.4、厚0.3～1.1厘米（彩版二三二，1）。

标本G1：11，罐形鼎。夹砂灰陶。方唇，有颈，唇面和沿的内侧都有一周凹槽，腹部略弧，圜底，侧三角形足残。颈下有两周台阶状凸起，凸起位置有一个盲鼻痕迹。口径14.0、残高13.4、厚

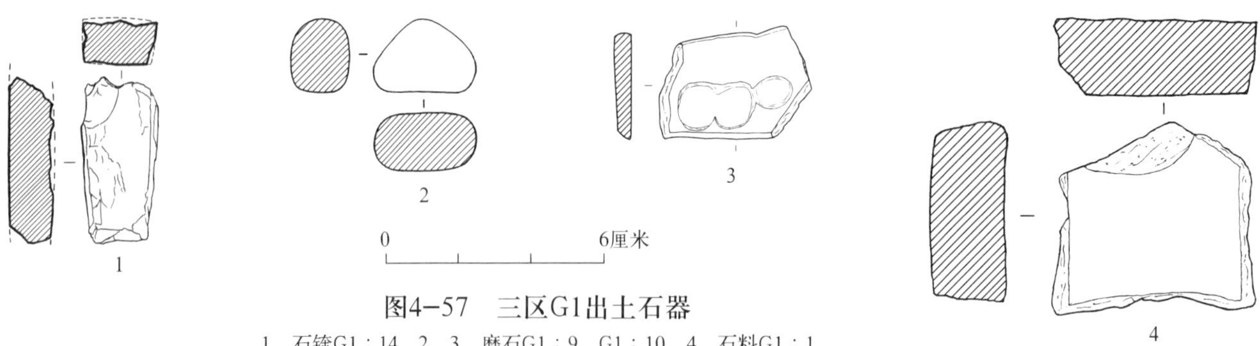

图4-57　三区G1出土石器

1．石锛G1：14　2、3．磨石G1：9、G1：10　4．石料G1：1

0.4～0.8厘米。

标本G1：28，鼎足。夹砂黑灰陶。侧三角形鼎足，弧腹，余残。下腹饰两周凹弦纹，另饰有绳纹。厚0.4～0.6厘米（图4-58，1）。

标本G1：30，鼎足。夹砂黑陶。仅残余底部及足的一部分，"V"字形足，底呈弧形。底部有四周凹弦纹。足顶端有按压纹。残高2.2、厚0.3～0.4厘米（图4-58，2）。

标本G1：12，甗。甑部残失，仅存鬲部。夹砂黄褐陶。袋足分别轮制，然后黏接。鬲部三袋足较高，与上部相接的痕迹明显。素面，器表有篦状刮抹痕迹。足尖和裆部有火烧痕迹。残高31.3、宽25.6、厚0.4～0.7厘米（图4-58，3；彩版二三二，2）。

标本G1：48，甗。夹砂黑陶，褐胎。上腹及足尖残。分裆，袋足瘦高。器表有篦状擦刷痕迹，袋足内壁有明显轮制痕迹。残高30、厚0.5～0.8厘米（图4-58，4）。

标本G1：8，鬲。夹砂灰陶。袋足为轮制，然后拼接在一起。方唇，侈沿，有颈，腹不显，肥硕乳状袋足，内面有清晰的轮旋痕迹。有实足尖。一对横耳。素面，肩部饰有一对对称的盲鼻，并饰有一周凹弦纹。口径36.2、高45.3、厚0.4～0.6厘米（图4-58，5；彩版二三二，3）。

标本G1：6，鬶。夹细砂橙黄陶。流和口均残。长颈，袋足瘦高，有实足尖，后袋足的里侧有很大的下凹，为按压所致。宽带形把手，把手里面平，外面外鼓，正面中间有一周刻纹。颈部饰有对称的两个横耳，把手一侧残余一个小泥饼。器表施一层陶衣。残高23.0、宽14.7、厚0.3～0.5厘米（图4-58，6；彩版二三二，4）。

标本G1：7，罐。夹砂灰黑陶红褐胎。盘口，方尖唇，有短径，广肩，下腹部斜收较甚，小平底内凹，器体较高且左右不对称。肩部饰有一对对称的盲鼻，并饰有一周凹弦纹。口径16.0、底径10.0、高31.0、厚0.2～0.5厘米（图4-58，7；彩版二三三，1）。

标本G1：21，罐。夹细砂黑陶，掺少量云母。直口，圆唇，圆肩。下腹部残。肩部有两周凹弦纹。口径11.0、残高18.0、厚0.35～0.5厘米（图4-58，8）。

标本G1：22，罐。夹细砂黑陶，胎为红褐色和灰色。直口，尖圆唇，圆肩，以下残。磨光，器表留有轮制时形成的线纹痕迹。口径14.8、残高15.3、厚0.4～0.6厘米（图4-58，9）。

标本G1：43，罐。夹细砂浅灰陶。只残余口部，子口较高，下部残留一周台阶状凸起，器体较大。残留一周台阶状凸起。口径33.0、残高16.1、厚0.5～0.65厘米（图4-58，10）。

标本G1：34，罐。泥质黑陶。口部残，短颈，上腹微鼓，下腹内曲，小平底。腹部有一周凸棱一周凹弦纹。器表磨光。残高30.8、厚0.5～0.7厘米（图4-59，1）。

标本G1：35，罐。泥质褐胎黑陶。方唇，平折沿，唇面有两浅凹槽，弧腹，下残。上腹部有三

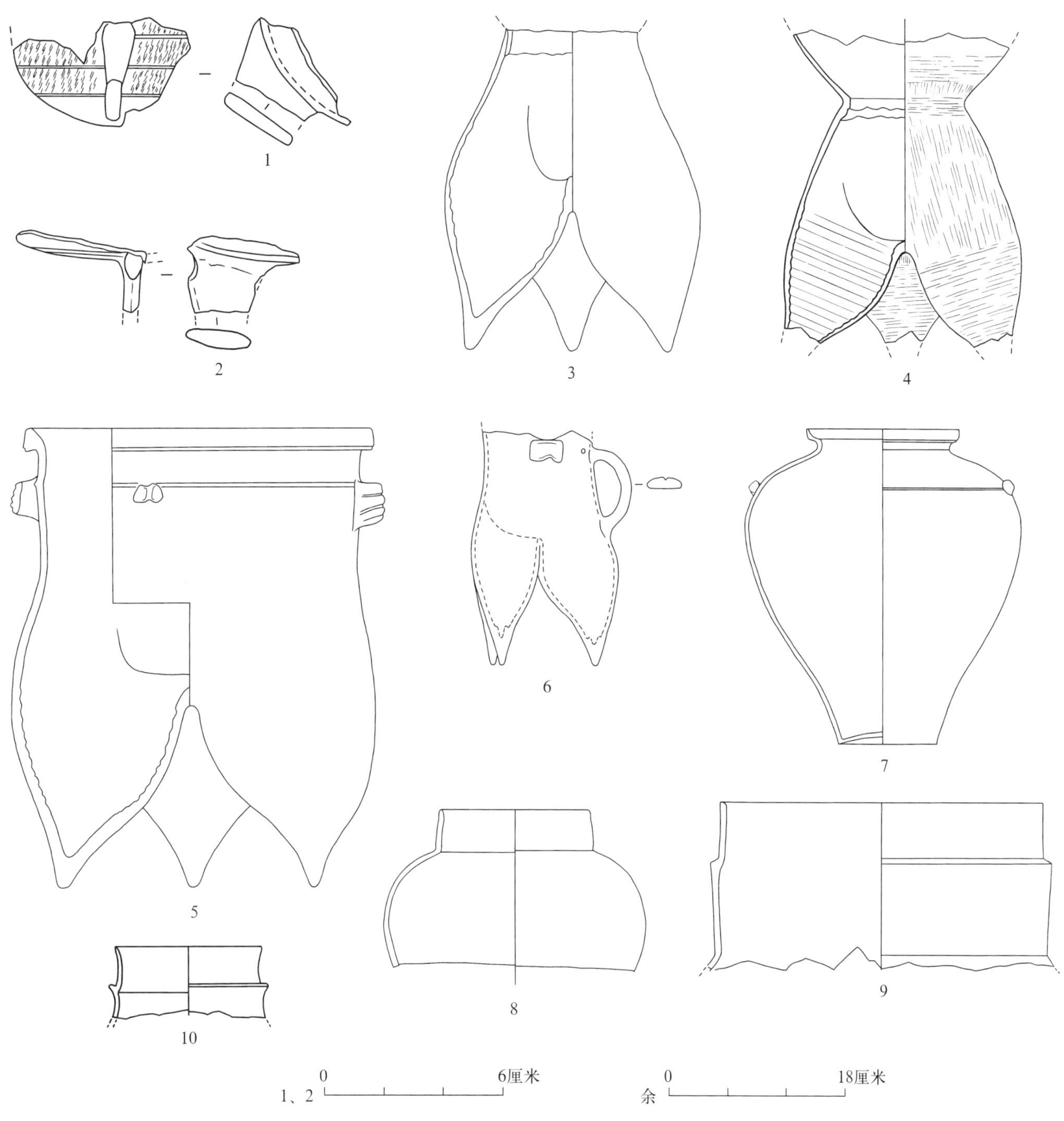

图4-58　三区G1出土陶器（一）

1、2．鼎足G1：28、G1：30　3、4．甗G1：12、G1：48　5．鬲G1：8　6．鬶G1：6　7～10．罐G1：7、G1：21、G1：22、G1：43

周凸棱。口径30.0、残高11.6、厚0.5～0.8厘米（图4-59，2）。

标本G1：39，罐。泥质黑陶。高子口，圆唇，腹近直，下残。素面。器表磨光。口径16.0、残高6.4、厚0.3～0.5厘米（图4-59，3）。

标本G1：40，罐。夹砂灰陶。方唇，唇面有两周凹弦纹，沿微卷，沿下部下凹，微鼓腹，下残。上腹部有一周凹弦纹，另饰一斜向短附加堆纹。弦纹下饰斜直线纹。器表磨光。口径28.0、残高

11.2、厚0.5～0.6厘米。

标本G1：41，罐。夹砂灰黑陶。方唇外斜，断面呈三角形。肩部一周浅凹弦纹。口径14.8、残高8.0、厚0.4厘米（图4-59，4）。

标本G1：45，罐。夹砂灰褐陶。仅残存下部。斜腹，平底微内凹。下腹部满饰绳纹。底径

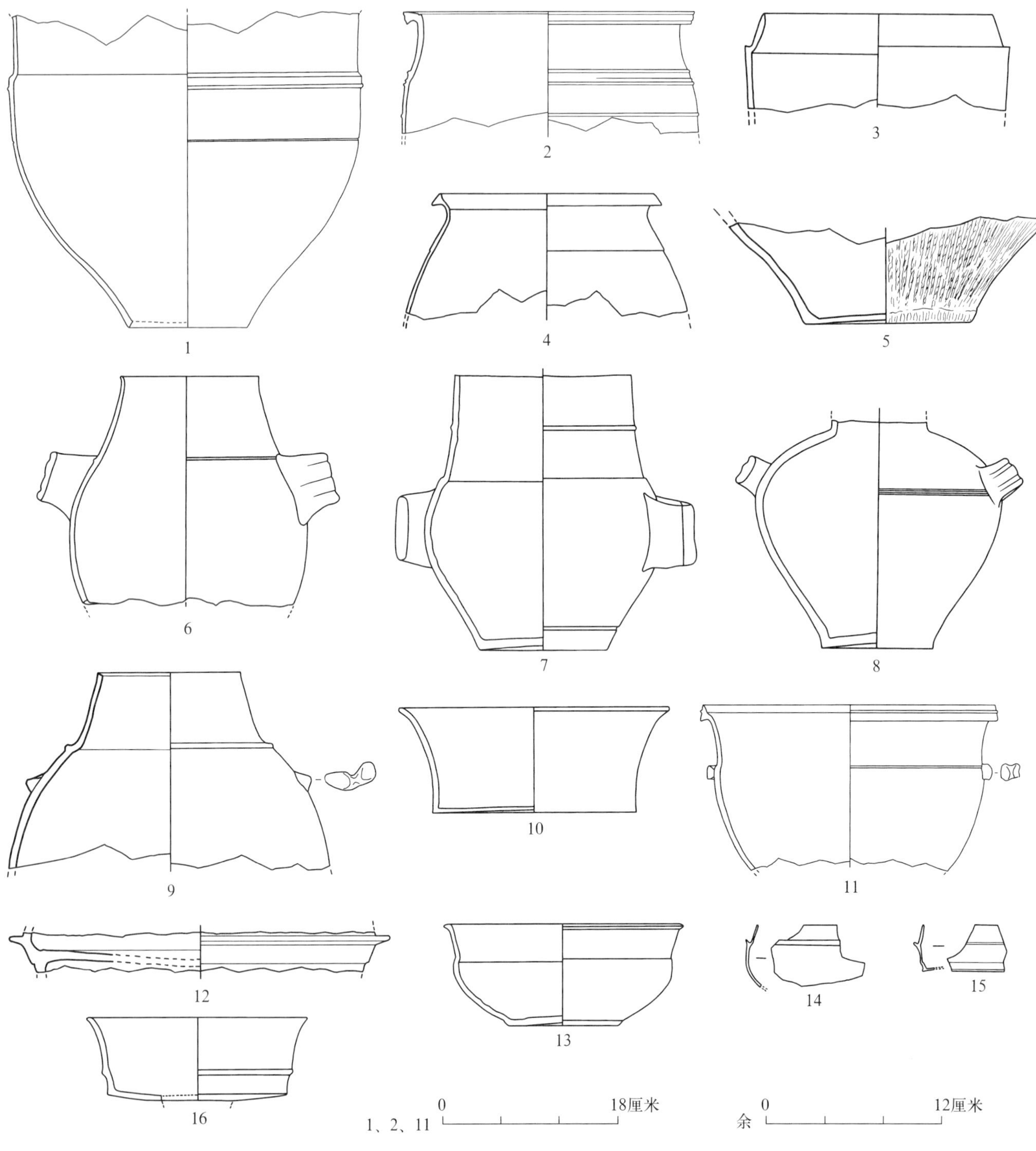

图4-59　三区G1出土陶器（二）

1～5．罐G1：34、G1：35、G1：39、G1：41、G1：45　6～9．壶G1：4、G1：27、G1：20、G1：36　10．大平底盆G1：26　11．深腹盆G1：46　12．圈足盆G1：44　13．盂G1：17　14、15．盒G1：37、G1：42　16．豆盘G1：3

11.4、残高6.6、厚0.5厘米（图4-59，5）。

标本G1：4，壶。泥质灰白陶，含有极少量云母。器表磨光。尖圆唇，长颈，溜肩，圆鼓腹，下部残。颈部有一周凸弦纹，肩部饰有2个对称的大横耳。口径9.6、残高15.2、厚0.1～0.4厘米（图4-59，6；彩版二三三，2）。

标本G1：27，壶 泥质磨光黑陶。口残，长颈，鼓腹，平底内凹，腹部有一对大横耳。颈部有一周凸弦纹，腹部饰有2个对称的大横耳，接近底部有一周凹弦纹。残高18.2、底径8.8、厚0.4～0.5厘米（图4-59，7；彩版二三三，3）。

标本G1：20，壶。夹细砂浅黄褐陶，局部磨光。口残，有颈，圆肩，下腹斜收，平底内凹。肩部有一对对称的横耳并饰有两周凹弦纹。底径7.6、残高15.6、厚0.4～0.6厘米（图4-59，8）。

标本G1：36，壶。夹砂灰陶。敛口，方唇，鼓腹，下残。颈腹交界处有一周凸棱，上腹部有一对盲鼻。器表磨光。口径10.0、残高13.2、厚0.4～0.8厘米（图4-59，9）。

标本G1：26，大平底盆。夹细砂灰黑陶，灰胎。敞口，尖圆唇，平底微内凹。素面，器表内外磨光已脱落。口径18.5、底径14.0、高6.9、厚0.3～0.4厘米（图4-59，10）。

标本G1：46，深腹盆。夹砂黑陶。方唇，唇面有一凸棱，短颈，颈腹交界处有一阶梯状突起，鼓腹，下残。素面，腹部有一对盲鼻。口径30.0、残高16.0、厚0.5～0.8厘米（图4-59，11）。

标本G1：44，圈足盆。夹粉砂灰胎黑陶。残缺较甚，应为圈足盘或盆之圈足。圈足上部饰两周细凹弦纹。底径27.0、残高2.4、厚0.6厘米（图4-59，12）。

标本G1：17，盂。泥质磨光黑陶。侈口，尖唇，沿外卷，肩颈之间有折线，圆鼓腹，急收成平底。素面。口径16.4、底径7.4、高6.7、厚0.4～0.45厘米（图4-59，13；彩版二三三，4）。

标本G1：37，盒。泥质黑陶。矮子口，方唇，弧腹下收，下残。素面。器表磨光。残高4.1、厚0.2厘米（图4-59，14）。

标本G1：42，盒。泥质黑陶。子口较高，矮腹中部外突，平底内凹。素面。器表磨光。残高3.1、厚0.2～0.3厘米（图4-59，15）。

标本G1：3，豆盘。泥质磨光黑陶。盆形豆。盘中下部有一周凸弦纹。尖圆唇，深盘，斜直壁，柄部和足部残。口径14.4、残高5.3、厚0.35～0.4厘米（图4-59，16；彩版二三四，1）。

标本G1：19，豆盘。泥质黑陶。深盆形盘，直口，壁底交接为圆折，平底，圈足残。素面。口径15.0、残高6.1、厚0.4～0.5厘米（图4-60，1）。

标本G1：2，杯。泥质黑陶，仅残存下部。整体为筒形，残存一耳鼻。周身饰凸棱纹，呈竹节状，一侧有单把手，与把手相对的一侧有一小横耳。平底内凹。底径6.6、残高9.9、厚0.15～0.25厘米（图4-60，2；彩版二三四，2）。

标本G1：29，杯。夹细砂灰陶。尖唇，粗长颈，鼓腹，下残。鼓腹处有一周凹弦纹。器表磨光。残高7.4、厚0.2～0.5厘米（图4-60，3）。

标本G1：31，杯。泥质黑陶。口部残，弧腹下收，平底内凹。把手自杯底出，残。下腹残有一周凹弦纹，一侧有宽把手。底径6.0、残高2.6、厚0.2厘米（图4-60，4）。

标本G1：32，杯。泥质黑陶。口部残，腹壁内曲，平底内凹，把手残，自杯底出。素面，一侧有宽带状把手。底径6.0、残高2.0、厚0.2厘米（图4-60，5）。

标本G1：33，杯。泥质黑陶。口部残，筒形腹，平底内凹，把手残，自杯底出。下腹残有两周

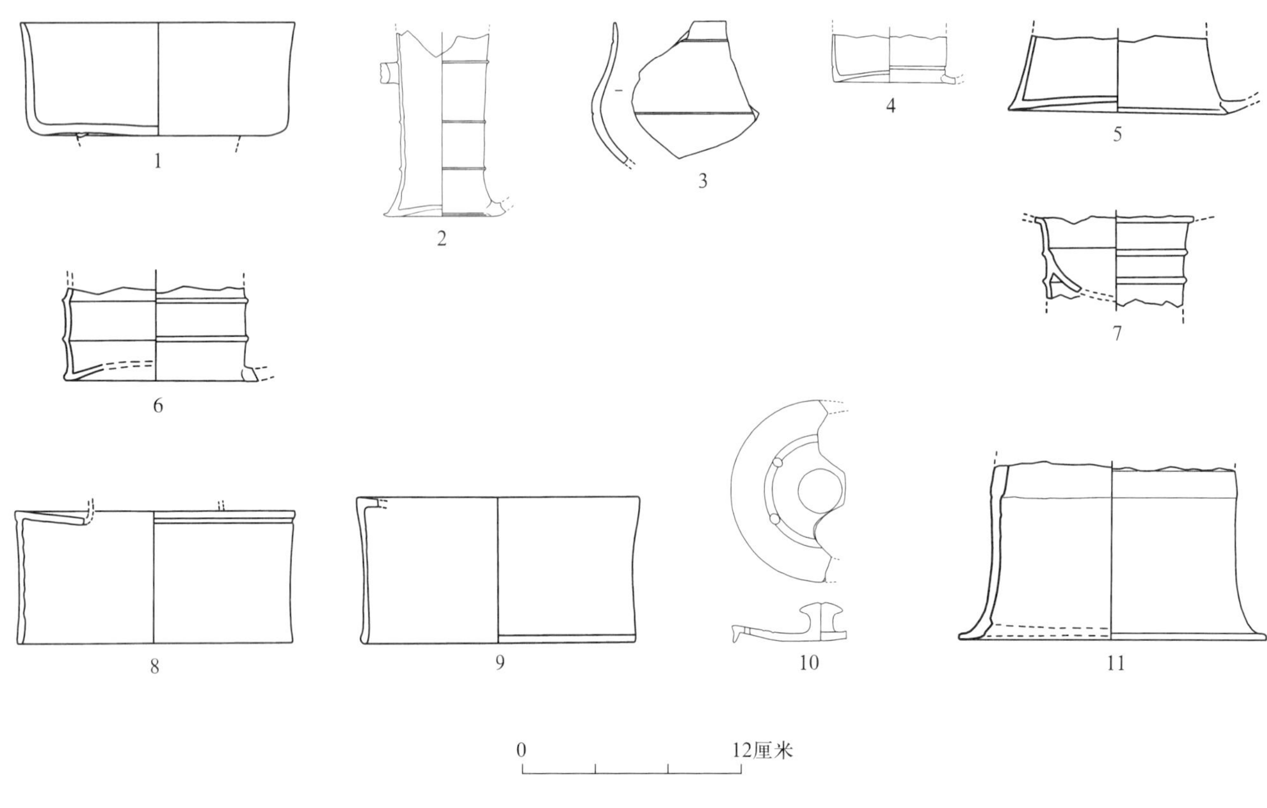

图4-60 三区G1出土陶器（三）

1．豆盘G1：19 2～6．杯G1：2、G1：29、G1：31、G1：32、G1：33 7．高柄杯G1：38 8、9．器盖G1：13、G1：24 10．鬶盖G1：18 11．圈足G1：47

凸棱，一侧有宽带状把手。底径10.0、残高4.8、厚0.3～0.4厘米（图4-60，6）。

标本G1：38，高柄杯。泥质黑陶。残存柄部及部分杯底，柄呈桶状，饰凸棱纹。腹部有两周凸棱。器表磨光。柄径8.0、厚0.3～0.5厘米（图4-60，7）。

标本G1：13，器盖。泥质磨光黑陶。覆盆形。纽残。筒形器盖，平顶内凹，直壁，方唇，内壁有轮制形成的瓦棱。盖壁上部饰有一周凹弦纹。顶径15.4、口径15.3、高7.1、厚0.3～0.5厘米（图4-60，8；彩版二三四，3）。

标本G1：24，器盖。泥质黑陶。子口较高，圆唇，弧腹，下残。素面。器表磨光。口径10.0、残高4.8、厚0.3～0.4厘米（图4-60，9）。

标本G1：18，鬶盖。夹细砂橙黄陶。蘑菇形纽，盖面中部内凹，有竖直小口沿，尖唇。盖面有两周凹弦纹，凹弦纹的位置有两个小泥饼，接近边缘的位置有一小圆孔，孔径0.3～0.35厘米，最大径9.65、厚0.4～0.45厘米（图4-60，10）。

标本G1：47，圈足。夹砂灰黑陶。筒形，内侧近底部有附加残痕。底径17.0、残高9.0、厚0.5厘米（图4-60，11）。

2．G15

位于T1789西南部，开口于第⑥b层下，打破第⑥d层。南北向，长条形，沟壁内斜，平底。长2.00、宽0.45米。填土为黏土，结构疏松，土色灰褐色（5YR4/2）。包含少许陶片及红烧土颗粒。

四　墓葬

6座。均为长方形土坑竖穴墓，头向东或东南方。均为小型墓，无随葬品或随葬品极少。

1．T001以西M1

此墓葬位置实际位于T001以西，最初是在西侧台地断面上发现了人头骨，遂决定予以抢救性清理。清理结果表明，墓葬宽约0.82、残深0.30米。填土为黄褐色，质地较硬，含较多绿色砂岩颗粒。墓主人骨骼只保留下头骨，头骨以下骨骼尽失。从残存部分看，墓主人头向东。在头骨东南侧发现随葬的黑陶高柄杯1件。

标本T001以西M1：1，高柄杯。泥质黑陶。侈口较甚，深腹，高柄呈竹节状，近底部呈台状。磨光。口径10.2、足径4.8、通高21.8厘米（图4－61）。

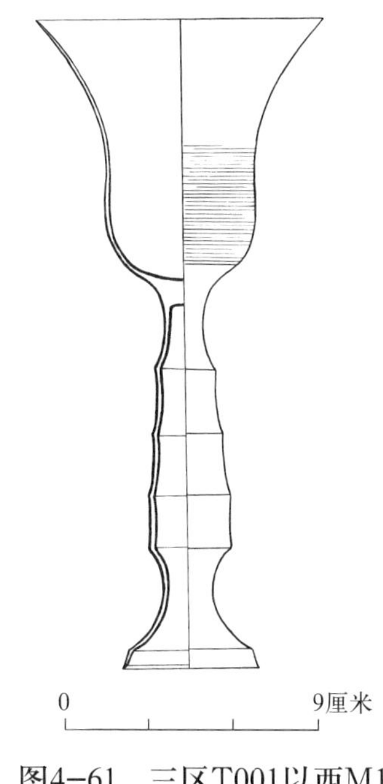

图4－61　三区T001以西M1出土高柄杯

2．T1726M1

位于T1726中部偏东。长方形土坑竖穴。东西长1.71、南北宽0.38、残深约0.19米。填土为黄褐色，土质紧密。填土上层夹杂较多绿色砂石颗粒，当是⑦c层垫土下沉所致。填土中出土少量龙山文化陶片。墓主人骨骼保存极差。葬式为仰身直肢，头向东偏南，方向103°（彩版二三五，1）。无任何随葬品。

该墓葬是⑦c层下唯一的一座遗迹，也是年代最早的龙山文化遗迹。考虑到⑦c层是房屋建筑垫土，这座墓葬也有可能是房屋奠基的遗留。

3．T001M2

位于T001西南部，西侧被M4和H19打破。由于上部扰乱较甚，墓葬仅残存墓圹西半部和墓主人下肢骨。墓口残宽0.54、最深处残深0.10米。方向为102°。墓中填土为灰褐色，土质较疏松。墓主人仅残存股骨及以下部分，骨骼保存较差。没有发现任何随葬品。

4．T001M3

位于T001中部。长方形土坑墓，平底。墓口长1.90、宽0.42～0.50、残深0.08～0.20米。墓主人仰身直肢，头向东，方向为91°（图4－62；彩版二三五，2）。骨骼保存较差。经鉴定，墓主人为一成年人，性别不明。随葬品有陶杯一件，置于头骨右侧。另在右手及骨盆处放置一自然石块，用意不明。填土中出土网坠1件。

标本T001M3：2，单耳杯。泥质黑陶。器表磨光。圆唇，长颈，鼓腹，下腹斜收。底部较高，平底内凹，一侧窄带形把手残。颈腹交界处有三周凸棱，下腹部有三周凹弦纹。口径7.4、底径4.8、高11.4、厚0.2～0.5厘米（图4－63，1）。

标本T001M3：01，网坠。泥质黑陶，灰胎。手制。平面长方形。两侧有4个凹痕。长2.7、宽

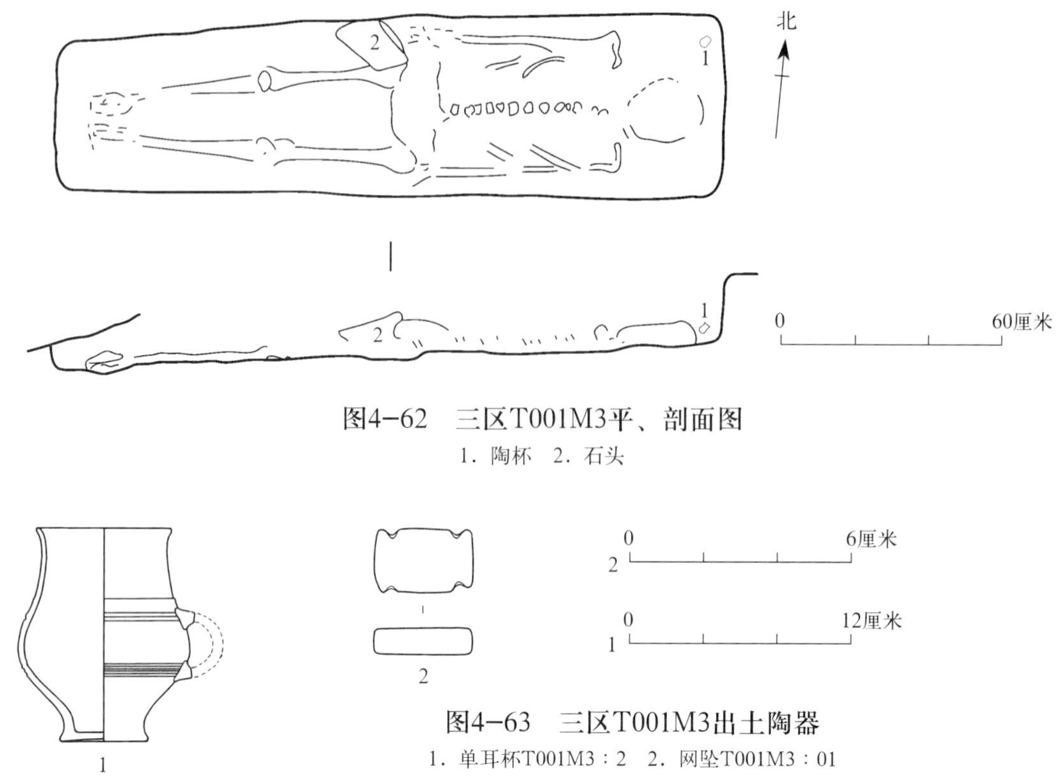

图4-62　三区T001M3平、剖面图

1．陶杯　2．石头

图4-63　三区T001M3出土陶器

1．单耳杯T001M3：2　2．网坠T001M3：01

1.65、高0.7厘米（图4-63，2）。

5．T001M4

位于T001西南部，向西延伸至探方以外。暴露部分长1.00、宽0.65、深0.62米。墓主人仰身直肢，头向东，方向为96°（图4-64；彩版二三六，1）。骨骼保存较差。初步鉴定为老年女性。随葬品为单耳杯1件，置于头骨左侧。

6．T001M5

位于T001东北部，墓葬的东北角延伸至探方北壁之外。墓葬紧压在房址F4之下。墓口长0.94、宽0.30、深0.14米。墓葬填土为黄褐色，土质较硬。墓主人仰身直肢，头向东南，方向为104°（图4-65）。幼儿葬，骨骼保存极差。无任何随葬品。考虑到该墓葬直接压在F4之下，应属房屋奠基性质。

7．T001M6

位于T001南部，开口于F11和H25之下，打破H26。长方形土坑竖穴墓，西端被H19打破。残长1.59、宽0.34～0.40、残深0.38米。墓主人仰身直肢，头向96°（图4-66；彩版二三六，2）。双脚及左下肢被H19打掉不存。初步鉴定为成年，性别不详。随葬品1件，为单耳杯，放置于右下肢侧。墓葬东部大部分位于H26之上，因H26较深，坑内堆积严重下沉，致使人骨架小腿骨以上部分随之下陷，最深处达0.38米。

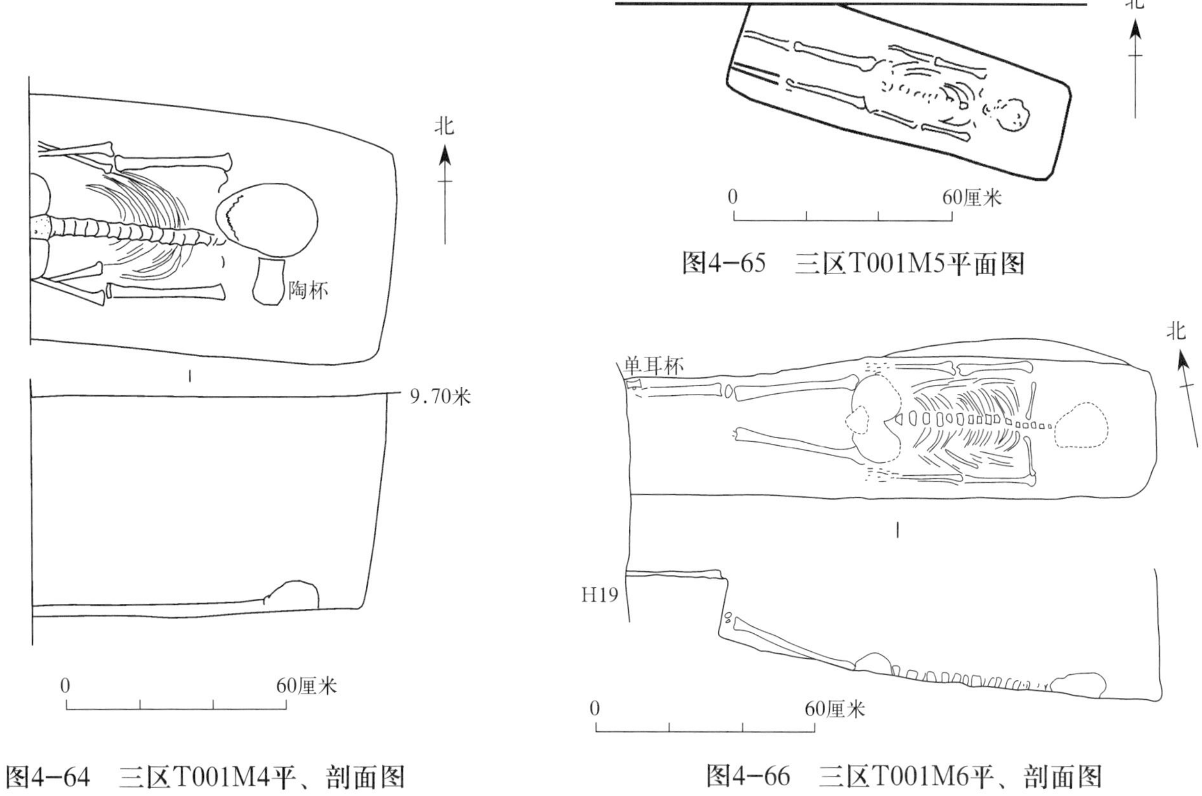

图4-64　三区T001M4平、剖面图

图4-65　三区T001M5平面图

图4-66　三区T001M6平、剖面图

第五节　小结

此次两城镇村内发掘的面积虽然十分有限，但还是提供了两城镇遗址龙山文化内、中壕沟及其附近区域龙山文化遗存分布的有关信息。

从时代来看，这里的龙山遗存主要属于中期与晚期，也有少量早期遗存。东小区探沟T1789的解剖式发掘，使我们了解到以第⑧层为代表的内环壕始建及存续时间应在龙山文化初期，至龙山文化中期早段逐渐废弃填埋进生活垃圾，为内壕的始建及使用年代提供了有益线索。西小区延续时间比较长，贯穿了整个龙山文化。其中，属于龙山早期的代表性遗迹单位有T001M1、M3等，属于龙山中期的代表性遗迹单位有H138、H139、H142、H146、H147、H149、H152、H154、H159、H168、H170等，属于龙山晚期的代表性遗迹单位有G1、H145、H163等。由此判断，西小区大约最早形成于内环壕使用之时，最初是作为墓地存在的，但墓葬的分布较为零散，似乎并未形成真正意义上的墓地。当然这也可能与发掘面积太小，不足以反映墓地全貌有关。大约是在内环壕废弃之后，随着龙山中期先民向南、向西扩充生活空间，居民开始在此建房，整个第七层都是基岩风化形成的沙土，显然是自其他区域搬运而来。龙山中期的先民在此居住了较长时间，留下了较为丰富的房址（柱洞）和灰坑等遗迹。龙山晚期此地仍然作为居住区使用，但相关遗存已经大为减少，仅见灰坑、灰沟等少量遗迹。

龙山文化晚期遗存虽然稀少，但仍然是此次发掘的主要收获之一。我们知道，龙山晚期遗存在整个山东东部地区发现十分有限。此前两城镇遗址曾在考古调查中采集到过龙山晚期的陶器等遗物，但数量很少，此次发掘在若干遗迹单位中出土龙山晚期的典型器物，实属难得。尤其是G1出土的一组器物，器形包括素面鬲、甗、侧三角足鼎、双耳壶、深腹盆、大平底盆、子母口罐和深盘豆等，大大丰富了两城镇类型龙山文化晚期器物组合，也为探讨龙山文化与岳石文化的关系提供了一批珍贵的实物资料。

第五章　环壕与城墙

两城镇遗址在龙山文化诸地点中以面积大、堆积厚、出土物丰富而著称，并曾有“是亚洲最大的古城”的说法。但两城镇遗址具体究竟有多大，多年来一直没有系统的做过工作，仅在20世纪70年代曾根据地面调查划定过遗址保护范围。1995年以来，中美联合考古队以日照两城镇遗址为中心所做的区域性调查有重要收获，但因对该遗址面积判断的标准不同而有较大的分歧。有学者以地表发现陶片范围为标准，认为两城镇遗址的面积有300万平方米之多；也有学者从是否有文化层堆积为标准，推测遗址面积在100万平方米左右，对更大范围的地表有陶片的原因，认为是后世人工搬运所致，因为在以往的调查包括向当地群众了解，这里最迟在20世纪30年代以来就有把遗址文化层的灰土当作肥料用的习惯，新中国建立前还有卖“万年灰”的现象，遗址里的陶片在更大范围的地面存在是正常的。另外，两城镇遗址也不仅有龙山文化，还有周秦汉唐的堆积，所以仅靠地表调查采集是不够的，只有经过钻探、发掘才能准确的解决龙山文化遗址的面积。

另外，两城镇遗址龙山文化时期是否有围城设施（城墙、环壕），因为这个时期的遗址是否是城址，对分析遗址的地位是很关键的一个因素。如果有的话，它的形状、结构、面积和年代如何，这不仅对研究两城镇龙山文化遗址，而且对这一区域的龙山文化群的研究，乃至对整个山东龙山文化聚落形态和文明起源的研究都是非常重要和关键的。两城镇遗址龙山文化是否有围城遗迹，在地表完全没有线索的情况下，也只有通过钻探和发掘来解决。

中美联合考古队在1995年以来调查工作的基础上，经国家主管机关批准，自1999年开始了三个年度的田野考古发掘，同时对该遗址进行了围城遗迹的钻探，并在钻探的基础上选择适当位置进行解剖。几年的工作取得了重要收获，不仅发现有龙山文化时期的环壕和局部的城墙遗迹，而且对其结构、形状和时代都有了比较清楚的了解，对认识和研究两城镇龙山文化遗址的文化内涵、布局和性质都起到了关键的作用。

第一节　环壕遗迹的发现与钻探过程

一　龙山文化环壕的发现和钻探

两城镇遗址规模大、文化堆积厚、层次复杂，在通常只有2～3名钻探技工的情况下，采用划出探区，按正方向、等距离布孔和发现环壕遗迹跟踪钻探相结合的方法，并对重要遗迹和将要试掘位置加密钻探以取得科学依据。1999年秋，中美联合考古队对两城镇遗址进行实地发掘和环壕遗迹的探寻，在大堌堆以南地段发掘开工后，抽调出三名中方人员组成钻探组，主要任务是探寻两城镇遗址龙山文化的环壕遗迹和确定遗址的面积。

工作开始时完全没有线索，钻探组首先选定遗址东部地段为目标。因为这里地势高，保留的文化堆积厚，又是遗址的东部边缘，而且在这一地段可见的断崖处，发现有长距离的夯土层。如果有环壕遗迹，当时估计在这里保存的可能性比较大。但是这一地段是两城镇一村村民居住区，民房密集，给钻探工作带来很大困难。鉴于这一客观情况，陆续选定第一至第四钻探地点（图5–1），定为第一探区（图5–2），分别设立基点，按正方向、间距5米布孔，探孔处在民房内时就移在近旁的小路、院内钻探。钻探结果发现这一地段地表之下，分别有汉代、周代和龙山文化堆积层，各探孔所见文化堆积有深有浅，土色结构也多有不同，地层堆积一般为：

第①层　0.20～0.30米。地表层。

第②层　0.30～1.00米。以黄褐色土为主，结构疏松。出土泥质灰陶以盆、豆、罐片为多，还有布纹瓦片，是汉代遗存。

第③层　1.00～1.60米。以浅灰、灰褐色土为主，结构较紧密。有夯筑遗存，多见周代绳纹陶片。

第④层　1.60～3.00米。以深灰色土为主，结构紧密。出土龙山文化陶片，但没有发现城墙或环

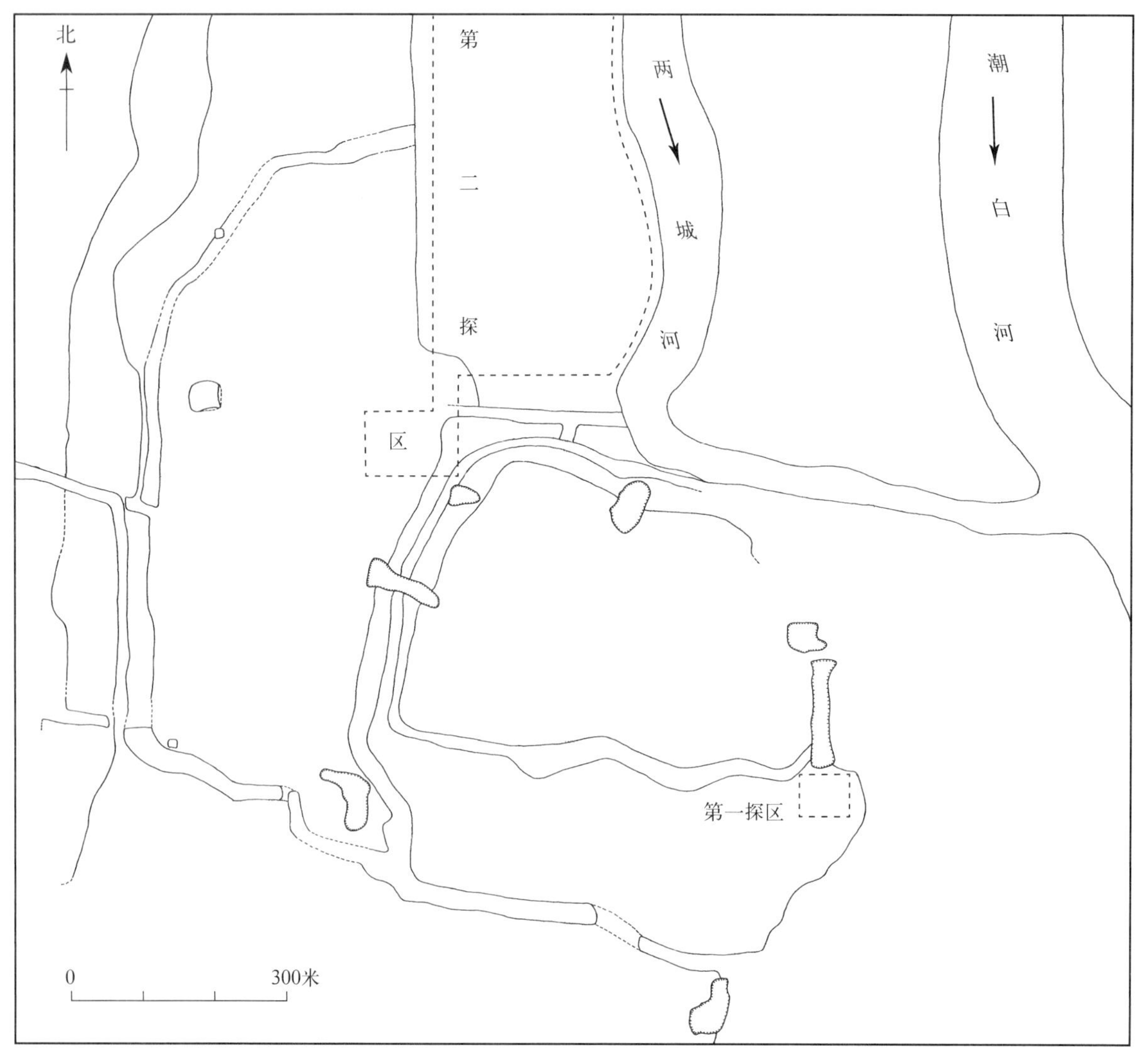

图5–1　第一、二探区位置图

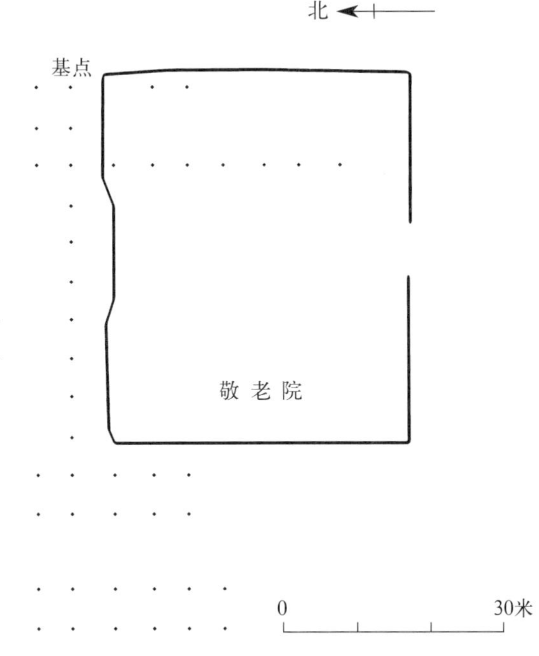

图5-2　第一探区（1～4地点）探孔分布示意图

壕迹象。经钻探证明在这里断崖处发现的夯土堆积是汉代和周代的遗留。

此后，钻探组移至两城镇六村、七村村北。据村民介绍，七村场院以东这一地段的地形地貌变化很大，现在地表比30年前已削低至少1.50米以上，历年来这一地段曾发现较多的龙山文化遗物，由此向北急剧下坡。选定以村北的东西向生产路两侧为第二探区，路南为第五钻探地点，以北为第六钻探地点（图5-3）。确定基点后，按纵横正方向布孔，孔间距仍为5米。

在第五地点农耕层以下，除近代垫土层外有不少周、汉时期残留的遗迹，主要是龙山文化层，这里不仅龙山文化堆积厚，而且层次变化复杂，多有3～4米的深孔，当时也曾怀疑有“沟”之类的遗迹，但因没有发现规律而误判是灰坑，其中有几个探孔经后来证实是在小环壕内，当时没能辨别出来。这一区域地层堆积为：

第①层　0.20～0.30米。耕土层。

第②层　0.30～1.10米。浅灰色土，土质疏松。多有近现代的残留物。

第③层　1.10～1.60米。深灰色土为主，结构较紧密。出土龙山文化遗物。

第④层　1.60～3.00米。深灰、黑灰色土为主，质细腻紧密。并常见有沉淀和淤积状堆积层，出土龙山文化时期遗物。

第六地点是以第五地点基点向北60米的东西生产路为起点，先向北单线钻探210米，堆积状况是：

第①层　0.20～0.30米。为耕土层。

第②层　0.30～1.40米。浅灰色土，质地疏松，多呈小颗粒状。有近现代残留物。

第③层　1.40～3.50米。由上而下从浅灰、深灰渐变为银灰色，淤积特点清楚，其下的生土为基岩。

然后分两排向东西钻探长近200米，堆积状况如下：

第①层　0.20～0.30米。为耕土层。

第②层　0.30～1.40米。浅灰色土，质地疏松，有近现代残留物。

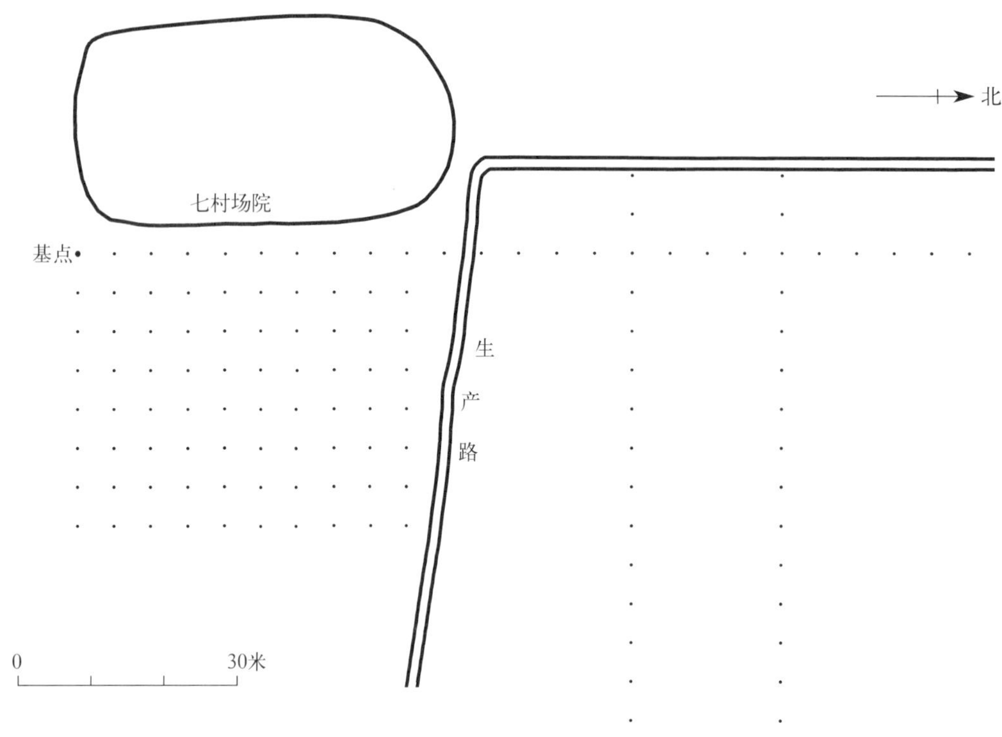

图5-3　第二探区（5、6地点）探孔分布示意图

第③层　1.40～3.50米。土色也为由浅灰渐变为深灰，而且越向东越深，至100米以东地段钻探4.50米不到底，间或有冲刷来的龙山文化陶片。

第六钻探地点所涵盖的区域土质土色变化整齐规律，深度大致一样，当时判断是龙山遗址北侧的一片“大洼地”，或是靠近两城河的淤积区，这一判断也被以后的复探所证实。

在此情况下，再次向当地群众进行了走访了解，刘希凡先生带我们从两城镇一村、二村、七村和八村的村民居住区直到村北，把他记忆和听说过的有关地势变化情况（地形地貌）作了详细的介绍。到村北时，他指着西北方向的陵坡地说，那一片有一条黑灰土，经常出泥罐（当地群众把遗址出土的陶杯、陶罐之类陶器通称泥罐）。这一线索引起了我们的注意，该地段属两城镇八村农耕地，近前去时正有一位农民在深“翻地”，翻出的都是深灰土，含有大量的龙山文化陶片，而且旁边还有一个刚挖出来的基本完整的灰陶罐，是龙山文化遗物，当时以为是灰坑，就告诫农民翻地不能太深，要保护古文化堆积。原想探一下这个“灰坑”有多大、多深，但钻探的结果大出所料，“灰坑”南北宽13～14米，而东西20米还不到边，最深处有2米之多，哪有这么大的灰坑，但不是灰坑会是什么呢？是灰沟？是环壕？这一想法一下子跳进了脑海，十几天钻探找不到的线索，在这里一下子出现了，真是“踏破铁鞋无觅处，得来全不费功夫”，由此开始了有实际意义的钻探。

把这里定为第三探区第七钻探地点（图5-4），设立基点后首先向西钻探，其方法是从基点引一条东西向基线，再沿基线向西，每10米为一排，南北每排孔距5米，先向西钻探80米，结果发现在基线以南几乎每排探孔都有两边是基岩、中间宽15～16米之间为灰土淤积的堆积，这种堆积均为两边浅、向中心渐深，断面为圜底状，是沟无疑。到接近闫墹堆的断崖处，随地势升高沟也由深渐浅而中断；又从基点向东追踪，用同样的方法钻探长度95米，临近第六钻探地点南北线时沟中断。这

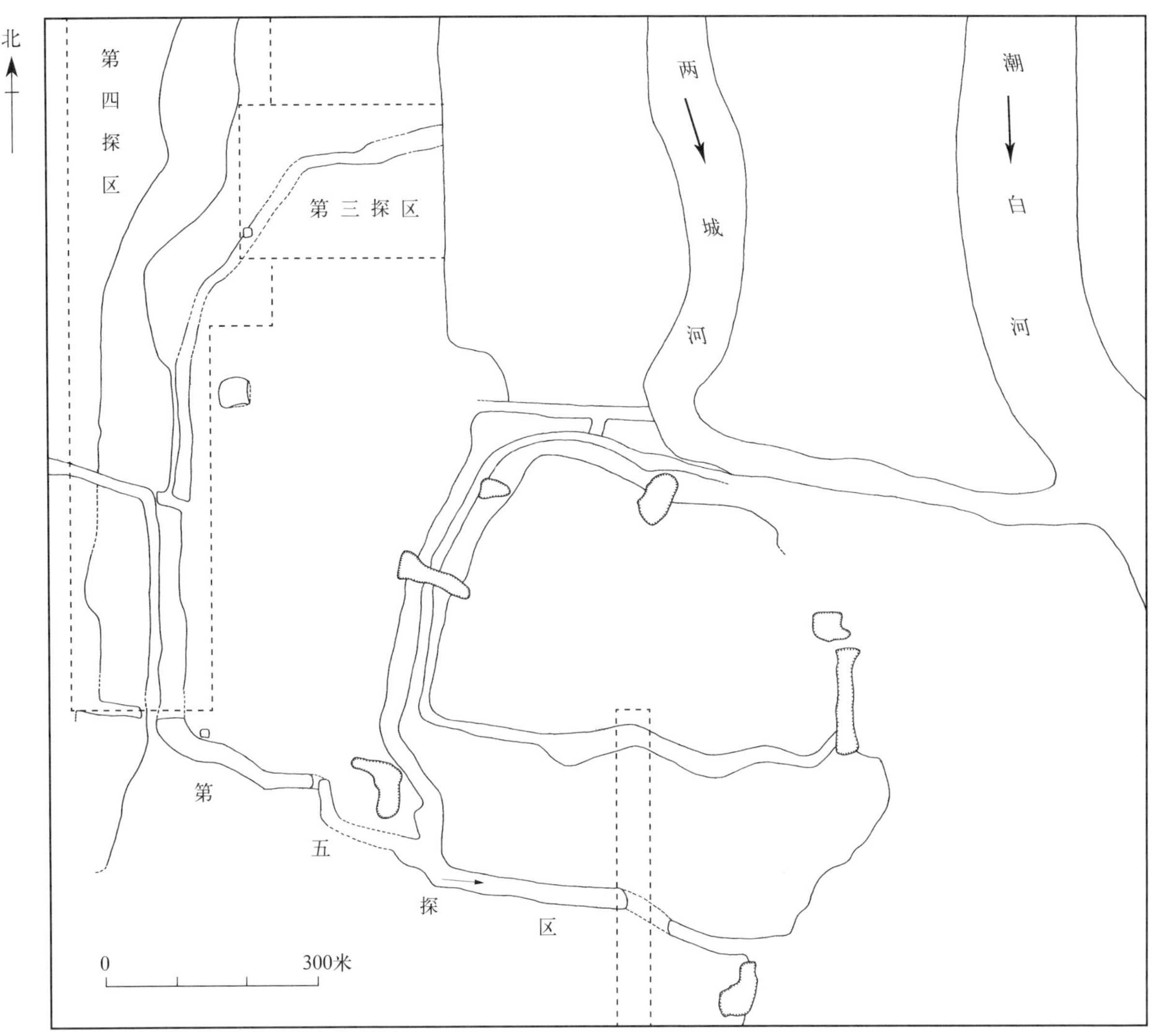

图5-4　第三、四、五探区位置图

一地段西高东低，坡度约30°，环壕呈东北、西南的走势，最深处约2米，最浅处仅20～30厘米（图5-5）。钻探资料表明，这一地段壕沟部位的地层堆积为：

第①层　0.20米。为耕土层。

第②层　0.20～0.60米。扰土堆积。

第③层　0.60～1.00米。浅灰色土为主，质疏松。为沟内上层堆积。

第④层　1.00～2.00米。淤土为沟内下层堆积。

沟宽一般在10～16米。推断这是围城壕沟即环壕的一部分。

为了确定环壕内侧有无城墙，在第七地点基点引一南北基线，从环壕内缘（南侧）东西每20米为一排，向南每5米一孔再进行排探，直至大康岭沟北缘（大康岭是雨水冲刷出的路沟，沟宽7～8米），然后沿大康岭沟北缘分别向东、向西按5米孔距进行钻探（图5-5），向东到南北路，即第六钻探地点的“大洼地”，向西接近闫堌堆。钻探资料表明，这一区域耕土层和扰土层下即基岩，不仅没有城墙痕迹，也没有文化层。但向西探至闫堌堆时，又发现环壕存在。

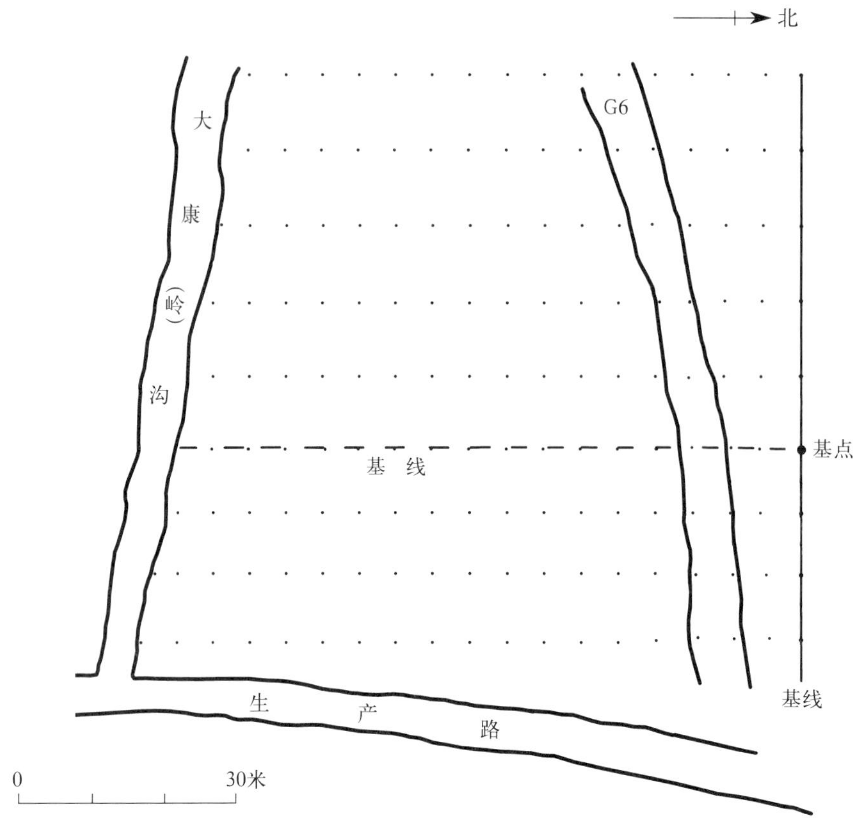

图5－5　第三探区探孔分布示意图

在靠近闫堌堆发现的环壕，其走势也呈东北—西南方向，位置和方向很明显与第七钻探地点发现的环壕相连，为钻探和布孔方便，归入第七钻探地点。这一地段的地形特点是地势最高，因闫堌堆和大堌堆两个汉代大型墓冢是挖取周围的土所致，环壕时存时断，就是存在部位也都比较浅。这段环壕从闫堌堆东北延伸过来，经过闫堌堆东南伸向大堌堆北侧，并明显出现继续向南转弯的趋势。

从第七地点东端至大堌堆北侧，探出的环壕总长为406米，除了个别地段（主要是岭顶的部分）有中断，基本上是按东北向西南方向延续的，由此可以确定这是环壕遗迹绝没有问题。

从大堌堆西侧第二阶地上设立基点，定为第四探区第八钻探地点（图5－4），引出南北基线，继续跟踪钻探。其钻探方法是从基点分别向北、向南方向每30米为一段，每段向西按5米距布孔（每条东西线称为行），采用逐行钻探的方法。首先向北追踪，发现“环壕”突然加宽，宽度竟在150米左右，沟内堆积有深有浅，中间似有起脊梁（即凸起）的趋势，当时推测这可能是一条自然河道，并认为环壕利用自然河道作为围城遗迹是可能的。因这条“自然河道”继续向北伸延，已远离遗址，而且也越过环壕从第七地点延伸过来的交汇点，所以探至90米行时，从基点又向南追踪。布孔方式相同，当探至120米行时，我们意识到这一自然河道中间的凸起（脊梁）很有规律，宽10～17米，耕土层下就是黄生土（当地群众成为黄泥头），其下为基岩，似乎这条脊梁把“河道”分成内外两个部分（图5－6），带着这种认识又复探第八钻探地点，结果证实我们的推测是正确的，即所谓“自然河道”由三部分组成，内侧（东侧）是一条人工壕沟，当时称为内沟，连接由东北方向延伸过来的环壕；中间部分耕土下是黄生土，当时叫作黄土带；外侧是另一条沟，当时称为外沟，也就是说这

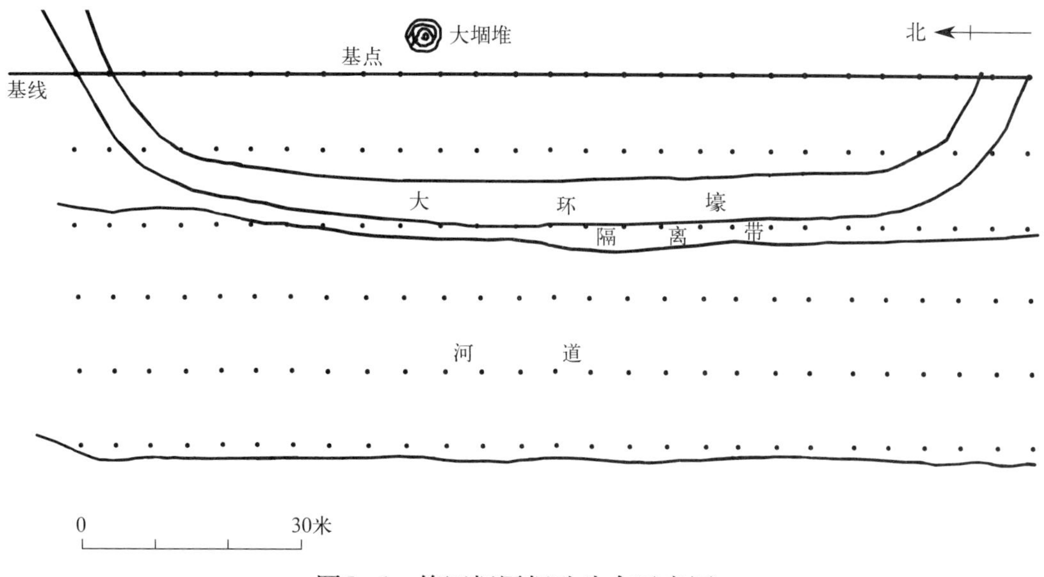

图5-6　第四探区探孔分布示意图

条黄土带的东、西两侧各有一条沟。钻探证明，由第三钻探区延伸过来的环壕与这里内侧沟相接。由此继续向南钻探，探至480米行时，这种形式依然存在，而且其方向基本是南北向。当探至510米行时，发现内侧沟呈弧形向东拐的趋势，而黄土带和外侧沟仍向南延伸，说明这是环壕的西南角部位。这段环壕宽度在20～30米，深2.60～3.60米，其西侧隔一条10～17米的黄土带是一条自然河道。环壕内堆积分两大层：

第①层　0.30～1.50米。沟内上层堆积。

第②层　1.50～3.00米。沟内下层堆积。

其下为基岩生土层。

因环壕向东拐弯，从第八地点基点向南480米处再设基点，以便于向东钻探，定为第五探区第九钻探地点（见图5-4）。环壕东转弯进入两城镇三村村民孙传海住宅及承包田，当地群众称为的青堌堆就在该处，环壕经青堌堆南侧东行。为工作方便，改为沿环壕走向，每10米一孔，每30米探一次宽度的单线跟踪钻探法。由孙传海院向东就进入村民居住区，坚硬的村路和密集的房舍给钻探带来相当大的困难。这段环壕向东南方向延伸，经700米进入两城镇供销社旅馆院内，这一地段环壕除局部不清楚外，总体保存完好。沟宽一般在15～22米，并由西向东逐渐加深，如西南拐角处地势高，沟深仅几十厘米，到后来发掘的T010处已深至1.5米，到供销社旅馆钻探4米仍不到底，沟内堆积均为两侧浅、向中间渐深的壕沟形式。但供销社旅馆东侧是一条宽15米的南北向柏油路，包括路两侧是很厚的现代垫土和建筑垃圾，砖头、瓦片、水泥块比比皆是，厚1.00～1.50米，几乎无处可钻探下去。尽管如此，还是打出了几个深孔，但仍不见环壕迹象，推测环壕是否由此转弯。于是沿路的两边向南北各钻探200米去探寻，但均无结果，环壕突然中断，成为难解之谜。

为了探寻中断的环壕，沿公路东侧向北钻探时，至两城镇信用社到七村25号村民刘玉门前（距供销社旅馆约240米处），打出了几个灰土3米不到底的深孔，也呈两侧壁内收、上宽下窄的形状。经向东西两侧追踪都有延伸的趋势，这是新发现的另一条环壕还是与前述的环壕相接的同一条呢？对这一新的重要线索，以信用社办公房西南角为基点，定为第六探区第十钻探地点（图5-7）。首先向西越过柏油路，即两城镇大会堂处进行钻探，发现与路东的堆积一致，证明这条沟确实向西延伸。就在这时，位于此处基本正西方向的六村村民时培路住处因翻建新房，考古队派人正在进行抢救性发掘（见第一章），需要帮助钻探，住在这里的几位老农介绍说，就在发掘地点北侧有很深的“万年土”，果真探出了几个灰土深孔，比这一范围的生土出现深度明显深得多，其断面形状也呈两边浅中间深的圜底状，而且堆积特征也与沟内基本相同，方向上与信用社处发现的沟在一条东西线上，估计这是同一条，并认为与在供销社旅馆中断的沟东西并行，这很可能是另一环壕的一段，如果真是这样，意味着还有一个环壕，这将是非常重大的收获。于是又回到大会堂处，继续向西跟踪钻探。这里是六村居住区，在排房之间的小路（实际是胡同）、农民家庭院内追踪钻探，逐渐与时培路家北侧发现的环壕相连接，直线距离约380米。这一段环壕的宽度一般在14～20米，有的地段可能因后期破坏或沟壁塌陷的原因，也可能由于堆积复杂有判断失误的因素，最宽处达30米之多，沟深一般在3米以上，都比两侧的文化层深得多，最深的达到4.50米左右。地层堆积为：

第①层　0.20～0.30米。地表土。

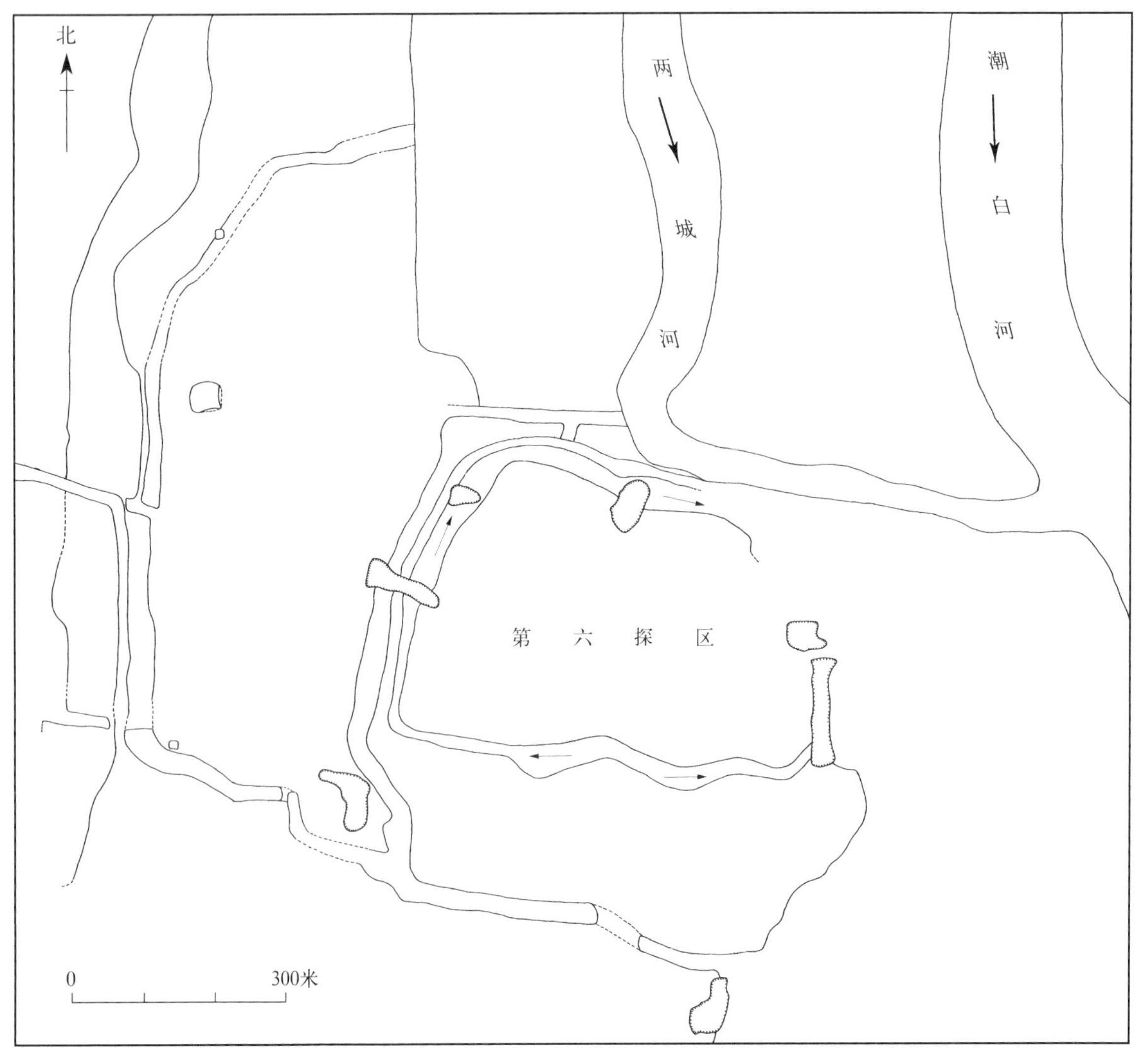

图5-7　第六探区位置图

第②层　0.30～1.60米。以浅灰色土为主，土质疏紧程度在不同的地段互有不同。

第③层　1.60米以下以深灰色淤泥为主，可钻探到底的均为黄褐基岩。

由此向西十几米，环壕开始向北拐弯，继续向北追踪180米处（六村卢锡康住处）有一大池塘，而且环壕又有向东北呈弧线拐弯的迹象。这一段沟宽在10.00～17.00米，沟深在2.80～4.50米，横剖面均为两边斜壁内收，圜底，堆积一般为：

第①层　0.30米。地表土。

第②层　0.30～1.70米。以浅灰褐色土为主。内含物非常丰富。

第③层　1.70米以下，多为深灰、黑灰、银灰色淤积层，土色交替变化。内含物丰富，几乎每铲内都有龙山文化陶片。

而沟的两侧一般在0.80～1.00米到基岩，个别地方最深2.70米到基岩（可能是灰坑处）。

越过大水塘，进入到七村村民居住区，首先打了一排东西向探孔，卡出了环壕的具体位置，向东北追探经过居民区到村北，进入到第二探区第五钻探地点，发现环壕在此地段由向东北转至正东延伸，这对钻探第五地点时探到的怀疑有“灰沟”的深孔也完全明白了。向东到七村村民张忠波住宅北侧，这段环壕（由水塘北到张忠波住宅）约260米，沟宽在15～28米，深3.50～5.00米，沟壁倾斜内收，从能钻到沟底处推断，可知是缓平底，底宽10米左右，堆积情况大致为：

第①层　0.20～0.30米。耕土层。

第②层　0.30～1.10米。浅黄褐色土，结构紧密，有的部位呈层状。

第③层　1.10～1.90米。黄褐或灰褐色黏土，结构紧密，土层有人工铺垫迹象。

第④层　1.90～4.00米以下，灰黑、银灰色淤积土，能钻探到底者均为基岩。

由此向东至八村村北拦河坝长350米一段，这里地下堆积特别复杂，现代水塘、早期水塘并间有龙山灰坑，为判断环壕带来不小的难度，为了探清环壕的位置，改为用加密布孔方式，最后基本探明环壕的走势，这段环壕宽一般在25～35米，沟深3.00～4.50米，沟的形状呈两壁倾斜内收，底部呈平底或圜底状，堆积状况为：

第①层　0.20～0.30米。耕土层。

第②层　0.30～2.40米。多为晚期堆积层，并多有人工铺垫层状堆积，土色有浅灰、深灰、灰褐、灰白色，或多层交叠积压。

第③层　2.40～4.00米以下，为深灰、黑灰、银灰、灰白色淤土堆积。内含杂质及龙山遗物由上至下渐少。

至靠近两城河地段环壕中断，中断原因推测是古代河流代替环壕，或由于河道冲刷破坏了东部的环壕。

然后返回到信用社基点即第六探区第十钻探基点处，再向东继续追探，环壕略有弯曲直达一村村东水塘，这段长度约240米，环壕保存较好，呈西宽东窄，西浅东深的趋势，最宽处达30米，最窄处12米，深度都在3.5米以上，地层堆积：

第①层　0.30米。地表层。

第②层　0.30～1.70米。以浅灰色土为主，土质疏密不同。内含杂乱，出土陶片均为龙山文化时期。

第③层　1.70米以下，淤积堆积为主。

越过水塘，环壕中断，推测也是因古河道或今两城河冲刷的原因是相同的。这样，在第六探区以信用社基点处为起点，经跟踪钻探，一个呈深沟形式、狭长但东部未封闭的小环壕呈现出来。

至此，对于第九钻探地点最东端，即供销社旅馆院内中断的环壕到底是怎样的走向仍未解决，推测是否有一通道口，加上这一地段近现代堆积对遗存破坏太甚，钻探工作几乎无法进行，为此曾经打坏自来水管道。在完成内环壕钻探后，又返回此处向东继续探寻，经50～60米中断，环壕迹象又复出现，直到两城镇二村村委南10米，又探出环壕长约140米，沟宽为12～20米，沟的形状为两壁内收，底成圜形或缓平，再向东钻探似乎是进入古沼泽地，大片淤泥堆积并与现两城河道连接了起来（图5−8）。

再向东越过两城河，不管是在大环壕还是小环壕的对应位置，经反复钻探证实，都没有环壕的存在，也没有龙山文化堆积，说明已处于环壕遗迹之外了。这样，从第三探区第七钻探地点开始，经跟踪钻探，发现了一个范围更大、同样是东部（包括东北部）没有封闭的大壕沟。至此在两城镇遗址发现的两周环壕，大环壕呈一边长一边短的“U”字型，小环壕呈基本规则的“U”字型，共同

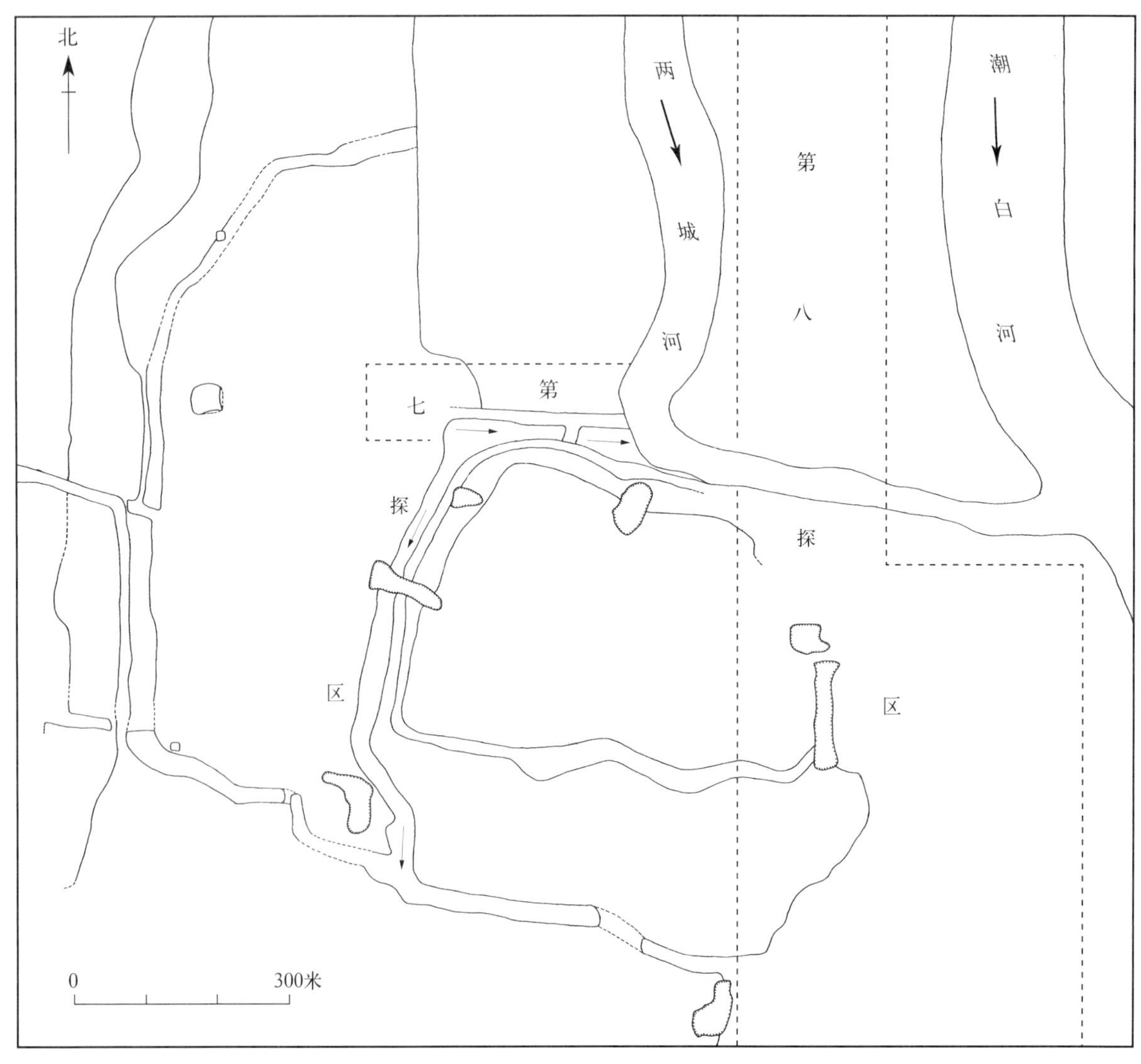

图5−8 第七、八探区位置图

特点是东（东北）临河道或大洼地处没有封闭起来，认为当时就是利用河道作为自然屏障。

为确定两城镇龙山文化遗址的范围，特别注意大环壕外侧的堆积状况，在第一次钻探以后的复探及发掘解剖沟的外侧，除大环壕的西壕沟外侧古河道内有龙山文化遗物外，其他部位都没有发现龙山文化的堆积，说明两城镇龙山文化的范围基本在大环壕以内，这为确定遗址面积提供了科学依据。

在钻探大、小环壕内侧时，还注意有无城墙的遗存，除前述在第七钻探地点对环壕内侧的探寻外，其他只是在内环壕沿途少数地段发现有夯土存在，间或有石块在内，又因在今居住区内钻探，夯土范围太小又不连接，也无法确定有完整的城墙存在。在后来发掘T007～T008、T021探沟时，为寻找城墙也曾适当扩方揭露，但都没有发现迹象。

为进一步了解已钻探出的环壕详细状况，1999年钻探结束后，首先选择大环壕西北处的T005进行了发掘，2000年又选定大、小环壕各两处地点即T007～T008、T010、T021、T022进行解剖，2001年、2002年又发掘了T024、T025～T026，T050～T051，并向北延长发掘T022，均取得了理想的结果。其他部位，也有小规模解剖（表5-1）。

表5-1 两城镇遗址发掘探沟一览表

探沟号	位 置	坐 标	方向	面积（平方米）	主要遗存
T005	大环壕北壕沟	F6，1317.74N，1137.85E	南北	18×2	G6
T007～T008	大环壕西壕沟	E4，730N，864E	东西	56×2，后曾向东延长10×2	G7、G8
T010	大环壕南壕沟	F3，462N，1043E	南北	30×2	G10
T021	小环壕西壕沟	G4，728N，1278E	东西	30×2，后曾向东延长4×5	G21
T022	中、小环壕北壕沟	H5，922N，1345E	南北	27×2+3×3+4.5×2+37×2	G22、G29、墙基
T024	小环壕北壕沟	H5，915N，1446E	南北	15×2	G001、居住堆积
T025～T026	中环壕西壕沟	G4，740N，1240E	东西	30×2	G34
T050～T051	中、小环壕北壕沟	G4，922.42N，1326.86E	东西	18×2+10×2	G47、G48、G51、G52、墙基
T011	大环壕西南角		南北	6×1	大环壕边缘
T012	大环壕西南角		东西	12×2	大环壕边缘
T013	大环壕西南角		南北	5×2	大环壕边缘
T014	大环壕西200米		南北	10×1	
T015	大环壕西300米		东西	10×1	
T016	大环壕西300米		东西	10×1	
T017	大环壕西300米		东西	10×1	
T1789	小环壕南壕沟	G3，52N，1352E	东西	4×2	T1789⑦、⑧（小环壕）

在2000年冬，对环壕解剖发掘结束后，为寻找城墙和环壕出入口，又对两条环壕进行了局部复探，并结合解剖沟提供的线索加大重点部位的钻探（彩版二三七、二三八）。首先是在小环壕东北部外侧（即北侧）发现一片黄土堆积，范围比较大，但形成原因及用途不明；第二，在内环壕西北拐弯处的外侧（即西侧）又发现可能是环壕的迹象；第三是对环壕沿途，曾存在几处中断的地方（怀疑有可能是环壕的通道）进行了复探。

鉴于这几条线索，首先对内环壕西北拐角处“沟”的遗迹进行追踪钻探，发现这是一条南北向的深沟，向南基本与内环壕的西壕沟外侧平行，两者相距最近处仅15米左右。经向南追探发现，当内环壕向东拐弯时，这条深沟一直向南行，没有随之转弯。沿其走势继续向南追探，到六村东西向村路以南越过大水塘这条沟继续向南延伸，最后竟与大环壕的南沟相连接，越过大环壕再向南追探没有环壕迹象（见图5－8）。这段深沟宽度在15～25米，深度在1.50～3.00米，两壁斜收，圜底或平底，沟内堆积分为两部分，上层在深1.00米以上，土质杂乱，下层在深1米以下，质细腻，是使用期间的淤积土层。这段深沟的发现引起我们的思考，它是大环壕向北的排（引）水沟呢？还是大小环壕之间的又一环壕呢？这就需要从其北端（即这条深沟最初发现位置）再向北钻探来确定了。如果是前者，这条深沟就应该向北注入大洼地，如果是后者这条深沟就要有向东或向西拐弯的趋势，组成一个新的环壕，因已时值深冬，又下了大雪，当年钻探告一段落。

解剖T022南段时（即小环壕解剖沟），在环壕北端发现一片比较纯净的黄土堆积，其上有排列规律的石块，向西扩方（3米×3米），发现这一现象呈东北—西南趋势，被龙山灰坑打破，内出陶片也都是龙山文化的，它属于龙山文化遗迹毫无疑问，因位于内环壕的外侧，当时曾认为是内环壕的护堤，经钻探和解剖发掘知，“护堤”最宽处达10米左右，其中人工铺垫的石块宽度一般在2.50米左右，但它到底是与内环壕连在一起的呢，还是其外侧（北侧）还有其他的相关遗迹呢？如果是前者那就可能是内环壕的护堤，如果是后者则又另当别论，为了搞清楚“护堤”的性质，在已知“护堤”范围为线索向东、西、北进行了跟踪钻探。钻探结果发现“护堤”沿内环壕方向向东西两边延伸，同样呈东北、西南趋势，同时在“护堤”北侧也有类似环壕的遗迹，这又是一极为重要的线索，同样进行了跟踪钻探。有意思的是，新出现的环壕遗迹不仅也是呈东北—西南方向向两边延伸，向东到河滩中断，向西略偏西南与同大环壕相接的南北向深沟（即小环壕西侧所见）相连接，构成了大、小环壕之间的另一圈环壕，其中有一段同大环壕重叠（即东南一段），称这条为中环壕（见图5－8）。“护堤”夹在中环壕和内环壕之间，有的地段是压在内环壕上，同样是呈东北—西南方向，存在长度约为350米，待中环壕向南拐弯后消失，显然是与中环壕有直接关系。

至此，陆续探出了大、中、小三圈环壕（表5－2；图5－9），但它们在使用期间是如何出入的呢？它的通道口是什么样的、具体在什么位置又成了下一步钻探时要解决的问题。

二 龙山文化环壕通道口的钻探和确认

在两城镇龙山文化围城遗迹的钻探中，虽然发现了环壕遗迹，但是没有发现出入口，当时人们是如何出入的，这是要解决的一个重要问题，是了解、研究古城布局的基本内容之一。在实施钻探时，由于钻探力量所限，在大多数地段（探区）是沿基线每30米为一排，每排横向5米来布孔，这对追踪长距离遗迹是合适的，但从发现小面积的遗迹（如城门、出入口）就容易存在漏探；虽然在某

表5-2　两城镇遗址（解剖）龙山文化环壕一览表

编号	所在探沟及层位	壕沟解剖尺寸（米）	壕沟内堆积状况及层次	时　代	备　注
G6	T005①层下开口	宽15.65、存深1.70	①、②层为废弃堆积，③～⑤层为使用堆积	龙山文化晚期	大环壕
G7	T007①层下开口	宽28.00、存深2.50	①、②层为废弃堆积，③～⑦层为使用堆积	龙山文化晚期	大环壕
G10	T010③层下开口	宽24.50、存深1.50	①层为废弃堆积，②层为使用堆积	龙山文化晚期	大环壕
G34	T025～026④层下开口	宽27.86、存深2.90	①层为废弃堆积，②～③层为使用堆积	龙山文化中期	中环壕
G29	T022中段②层下开口，北段④层下开口	宽40.00、存深1.75	使用期堆积	龙山文化中期	中环壕
G46	T050G47下开口	暴露长1.26、最深0.56	使用期堆积	龙山文化中期	中环壕东端处
G51	T051G52下开口	暴露长1.92、最深1.58	使用期堆积	龙山文化中期	中环壕西端处
G21	T021③层下开口	宽21.80、存深2.44	均使用期堆积	龙山文化早期	小环壕
G22	T022南②层下开口	宽20.40、存深3.25	均使用期堆积	龙山文化早期	小环壕
G001	T024④层下开口	暴露长0.87、存深0.40	使用期堆积	龙山文化早期	小环壕南端处
G48	T050G49下开口	暴露4.00、最深处1.75	使用期堆积	龙山文化早期	小环壕东端处

些部位加密探孔，但也只是局部的补救，无法完全避免漏探的可能。

尽管如此，在钻探中还是发现了多处环壕出入口的线索，并进行了有针对性复探，以搞清其结构和形状。其中有三处是可以确定、另有两处尚待确定的，下面逐一介绍。

1．大、中环壕南通道口

位于大环壕与中环壕重叠使用的南壕沟偏东处。在即供销社旅馆以东约60米没有发现环壕，曾推测这里是否有出入口，但由于现代道路的覆盖给钻探工作带来极大困难。在复探时，尤其是经60米中断环壕又出现以后，为钻探是否有出入口找到了确实的依据。钻探资料证实，至少这60米的东部30米左右是出入口，因为由这一段到环壕出现的连接处，有明确的地层依据：进入环壕中心部位的地层堆积是：

第①层　0.20～0.30米。地表层。

第②层　0.30～0.60米。黄褐色现代建筑堆积。

第③层　0.60～1.60米。浅灰色砂质土，为周代至汉代堆积。

第④层　1.60～2.60米。为深灰砂土。出土龙山文化遗物。

第⑤层　2.60～3.20米。黑、浅灰、深灰、银灰色淤土交替叠压，由中心部位横向向两边内收趋势明显。

由此向西可探到的地层堆积为：

图5-9　龙山文化大、中、小环壕平面分布图

第①层　0.30米左右。现代地表层。

第②层　0.30～0.60米。黄褐现代建筑堆积，其下为基岩。

这30～40米的北侧（即城内）又陆续有龙山文化堆积层，清楚说明这是环壕的出入通道。因为这段壕沟是大环壕和中环壕重叠使用的，所以这个出入口也是两者先后兼用（图5-10）。只因为这里已不是原来的地表，道路和路土痕迹已经不存。

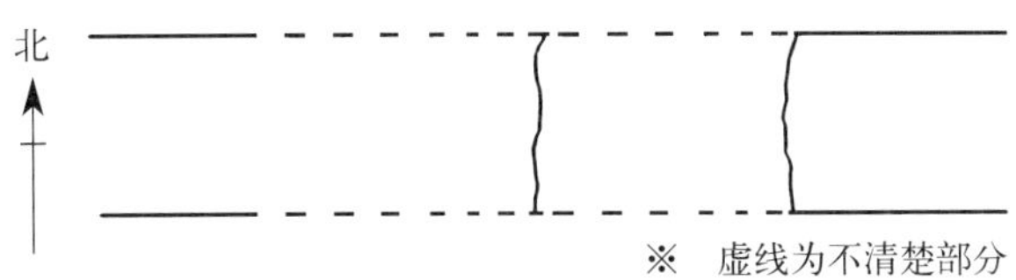

图5-10　大、中环壕南壕沟通道口示意图

2．中环壕北通道口

位于中环壕北壕沟东部。在中环壕解剖沟（T022北段）以东约70米处，复探时发现有宽12～15米的中断，疑为出入口。复探方法是首先在中断处分别向东、向西每3米一孔直到中环壕出现，卡出其东西长度，继而从出入口中间南北钻探，通道宽约15米，由此向北即与中环壕北侧的黄土堆积相连接。这处通道口基本呈15×15平方米的方形，其地层堆积为：

第①层　0.30米。耕土层。

第②层　0.30～0.60米。黄褐色土。

第③层　0.60～1.40米。浅黄褐色土，夯筑形成，其下至基岩，没有环壕内淤积的堆积。而东西两侧是环壕堆积，两侧壁呈竖直状。

由此可以确定是出入通道无疑（图5-11）。

图5-11　中环壕北壕沟通道口示意图

3．大环壕西通道口

位于大环壕西沟中部，是一处设计巧妙又很有特点的通道。其做法是事先规划有一条宽16米的通道，人工挖大环壕时，通道口处大部分不挖，只在接近其西侧的黄土带处，南北开凿出一条宽4～5米的豁口（图5-12）。这种设计主要是从防御来考虑的，由此出入要经过只有4～5米宽的豁口时，搭上木板即可通过，而如遇防御需要，只要撤掉木板派兵把守，可谓一夫当关，万夫莫开，犹如后世的吊桥。古河道在此处最高，由此分为南北两段，向北或宽或窄流向两城河方向，而地势也是南高北低。向南的地势则北高南低，顺河道流向南面的低洼地，这里实际成了分水岭。规划大环壕时选择在这里设一通道是很值得分析的。首先它方便了由城内向西部方向的出入，由此向西北是丹土遗址，直线距离仅3～3.5千米，相互交往是必不可少的，丹土遗址在大汶口文化和龙山文化早、中期都是城址，应该是颇具实力的，加强对丹土方向的戒备自然非常重要；而且通道口外侧（西侧）是自然河道的分水岭处，地势最高，也成为理想的制高点，是很符合实际的选择，也是很巧妙的设计。

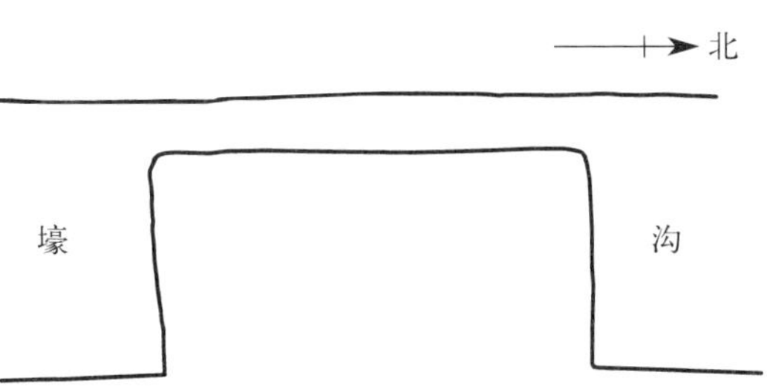

图5-12　大环壕西壕沟通道口示意图

另外在大环壕北沟接近大洼地处、大环壕西南拐角处、大环壕南沟偏西处，都有钻探时中断的部位，最窄的不足10、最宽的接近40米，但因地势的起伏和后世破坏的原因，是有通道口还是环壕被破坏迨尽，或者是钻探本身的问题，暂不能定论。

在环壕经过之处，有几个现代水塘，特别是小环壕和中环壕平行流经的西壕沟中部，一个大水塘横跨这两条环壕，原来是否有通道，用钻探的方法也是无法解决的。

需要说明的是，目前可以确定的出入口只有三处，其中一处是大环壕与中环壕共用的，另有中环壕一处、大环壕一处，从数量来说显然是不够，而且小环壕至今没有发现出入口，要解决好这一问题还有待将来的工作。况且已经确定的通道口，现在都未发掘，仅靠钻探只能提供遗迹的线索。

第二节 环壕遗迹解剖发掘

在钻探过程中，结合发现的环壕等围城遗迹，为进一步了解其年代、形状、结构和文化堆积，也为下一步的钻探提供科学依据，陆续选择了多处地点进行有针对性的发掘。钻探、复探和发掘是穿插进行的。发掘均采用解剖沟即探沟的方式，这从解决围城遗迹无疑是合适的，但从发掘中出现的其他遗迹来说，因探沟较窄，暴露出的遗迹大多是局部的，这种发掘形式又有它的局限性，限于工作的主要目的和时间、人力等因素，一般都没有扩方，这不能说不是一种缺憾。

从1999年12月以来，先后在大、中、小环壕发掘多条探沟，其中有针对大环壕的T005、T007～T008、T010三处；针对中环壕的有T025～T026、T050～T051、T022（后来向北伸延的37米一段），其中的T050～T051也力图解决中环壕与小环壕的关系；针对小环壕的T021、T022、T024、T1789；另外为搞清大环壕的拐角、通道，还在大环壕西南部小面积的发掘了T011、T012、T013；为了解大环壕以西有无龙山文化堆积，对地表有龙山文化陶片的地段，在今同三高速路修筑前开挖了T015、T016、T017三条探沟（见表5-1）。发掘面积共660多平方米。通过这些发掘，取得了关于围城遗迹的一大批重要资料，解决了许多基础问题，同时也给我们提出了一些新的问题和新的线索，为今后更有针对性的工作奠定了基础（表5-3、5-4、5-5）。下面对每条探沟的发掘资料逐一介绍。

一 T005

T005位于大环壕的西北部，是最早发现环壕的部位，属大环壕的北壕沟（彩版二三九、二四〇）。这里地势西高东低、南高北低，处于陡坡上。探沟为南北向横截大环壕，面积18×2平方米，探沟坐标（西南角）为F6、1317.7N、1137.85E。由于后世人工取土和水土流失等原因，现存地层堆积比较简单，耕土层和近现代扰土层之下暴露环壕，环壕两侧均为基岩，所以其地层关系清楚。

（一）地层堆积

以T005西壁剖面为例（图5-13）。

第①层 厚0.25～0.30米。耕土层。

第②层 厚0.45～0.70米。扰土层。

据当地群众介绍，二十年前，曾为平整土地在这里取土，地表土被取走约0.80～1.00米，在取土

表5-3　两城镇遗址探沟层位关系与临时号对照表

探沟号	层位号	遗　迹　号	备　注
T005	T005①、②层（#6000）耕土层、扰土层	G6①（#6001）、G6②（#6002、6004、6005）、M1（#6003）	M1在G6②下开口
		G6③（#6006、6007、6008、6009）、G6④（#6010）、G6⑤（#6011、6012）	#6009为一人骨架
T007～T008	T007～T008①、②层（#6020）耕土层、扰土层	M30（#6021、6022、6026）、H521（#6029）	M30、H521为汉代
		G7①（#6023、6025、6028、6030、6053、6059、6066）	
		G7②（#6031、6032、6033、6035、6040）	
		G7③（#6034、6036、6041、6042、6043、6046）、H523（#6048）	
		G7④（#6037、6045、6051、6052）、H522（#6044、6049）	#6052为一烧土面
		G7⑤（#6038、6039、6047、6050、6054、6055、6057、6058、6067～6072、6077～6079、6083～6090）	#6079、6090均为烧土面
		G7⑥（#6080、6082、6091、6092）	
		G7⑦（#6073～6076、6081）	
		G8①（#6024、6027）	
		G8②（#6060～6065）	#6061为一猪骨架
T010	T010①、②层耕土、扰土层	H540（#6302）、G9（#6301）	均为汉代
	T010③层（#6300）	G10①（#6303、6304）、G10②（#6305～6312）	
T021	T021①层（#6100）耕土层	H504（#6108）、H513（#6122），近代沟（#6188）	H504、H513为周代灰坑
		H501（#6104）、H502（#6102）、H503（#6106、6112、6113）、H507（#6107）、H512（#6124）、H530（#6186）、H531（#6187）、H532（#6191）、H534（#6192）、H535（#6194）、H536（#6195、6196）、H537（#6197）、H538（#6198）、H541（#6351）、H542（#6354）、H543（#6355）、H544（#6357）、H545（#6358）	
	T021②层（#6101、6105、6109、6114、6115）	H505（#6117）、H506（#6118）、H508（#6125）、H509（#6126）、H510（#6128）、M35（#6127）、M42（#6162）、G20（#6110、6116、6120、6121、6134、6138、6141）	一组柱洞（#6175）
	T021③a层（#6119、6103、6142、6184）	G19（#6131）、H514（#6149）、H515（#6151）、H533（#6144）、H540（#6350）、F46（#6352、6353、6361、6362）、F52（#6364～6368）、G17（#6145）、G18（#6150）	
	T021③b层（#6129、6130、6132、6133、6193、6356）	H511（#6139）、H539（#6199）	

T021	T021③c层（#6135、6136、6143、6152、6157～6160、6165、6167）	H516（#6154）、H517（#6155）、M43（#6163）	
	T021③d层（#6137、6140、6383、6384）	H518（#6168）、M52（#6380）	
	T021③e层（#6172、6385）	H519（#6173）、H520（#6178）、H547（#6123）、H546（#6368）	
	T021③f层（#6146、6148、6149、6177）	M40（#6147）、M50（#6370）、M51（#6372）、G21①（#6170、6171、6174、6176、6179）、G21②（#6180～6183、6189、6190、6378、6379）	其中#6181为木排遗迹
	T021④层（#6373、6382）	H549（#6376）、M53（#6381）、G16（#6375）	
	T021⑤层（#6185）		
	T021⑥层（#6374）		
T022	T022南①层（#6200），耕、扰土层	H551（#6211、6212）、H552（#6225）、H555（#6218）、H563（#6220）、H564（#6221）、F31（#6206）、残基槽（#6208）	有现代墓（#6201、6202）、扰坑（#6209）
	T022南②a层（#6205、6214、6222～6224）	H553（#6229）、H554（#6230）、H556（#6237）、H557（#6239、6240）、M45（#6238）	
	T022南②b层（#6203、6204、6215、6216、6228、6233、6241）	H558（#6245）、H560（#6247）、H561（#6248）、H562（#6249）	
	T022南②c层（#6219、6242、6243）	H559（#6246）、J1（#6250、6251）、G22①（#6226）、G22②（#6253）、G22③（#6254）、G22④（#6255）、G22⑤（#6256）	
	T022南③层（#6217、6260～6262）		
	T022南④层（#6263～6266）		
	T022中①层（#6270）	H595（#6271）、H596（#6272）	近代坑、近代墓
	T022中②层（#6273）	J1（#6279、6280）、G29（#6274～6278）	
	T022中③层（#6279、6280）		
	T022北①层（#6281）耕、扰土层		有近代沟
	T022北②层（#6283）		有近代墓
	T022北③层（#6284）		汉代地层
	T022北④层（#6285）	G29（#6286～6288、6291）	周代地层
	T022北⑤层（#6290、6292）		
T024	T024①层（耕土、扰土层）	G23（#7926）、F70（#7904）、H565（#7900）、H566（#7907）、H570（#7921）、H572（#7924）、H574（#7906）	
	T024②层（#7901～7903、7905、7910、7911）	H567（#7908）、H568（#7909）、H571（#7917）、H580（#7914）、F73（#7935）、G25（#7941）	

T024	T024③层（#7912）	H569（#7920）、G24（#7916）	
	T024④层（#7913、7918、7919、7927、7928）	H573（#7989）、H575（#7953）、H576（#7931）、H577（#7932）、H578（#7933）、H579（#7934）、H583（#7939）、H584（#7986）、F71（#7930）、F72（#7938）、G001（#7946）、M58（#7970）	
	T024⑤层（#7929、7940、7942～7944、7949）	H581（#7936）、H586（#7978、7980）、H587（#7993）	
	T024⑥层（#7937、7951、7952、7960）	H582（#7987）、H588（#7988）、F74（#7950、7966～7969）、F75（#7954）、F76（#7947、7956、7962）、F77（#7961、7966）、F78（#7955、7957～7959）、F80（#7991）、M62(#7965)、M63(#7971)、M64（#7972）、M65（#7973）、M66（#7974）、M67	
	T024⑦层（#7977、7982～7984）	H585（#7976）、F79（#7990）	
	T024⑧层（#7981）		
T025～T026	T025～T026①层（#7700、7800）耕土层	G31（#7701～7714、7717～7719、7801～7805、7807、7817～7820）	有近、现代扰坑 G31为汉代
	T025～T026②层（#7806）		汉代
	T025～T026③层（#7808）	G30（#7813～7816）	汉代
	T025～T026④层（#7809）	G34①（#7810、7811）	
		G34②（#7721、7722、7724、7726、7812、7821～7823）	
		G34③（#7720、7723、7725、7727～7731、7824～7827）	
	T025～T026⑤层（#7828）		
T050～T051	T050①、②层（#6300）耕土、扰土层	H599（#06301、06303、06305、06326）、G49（#06302、06304）	G49打破G46 G49打破Q2
		Q1（#06314）、Q2（#06306～06313、06315～06317、06322～06325）	Q1打破Q2
		C1（#06327）、G47（#06328～06331）	Q2叠压G47
		G46（#06318～06321）	
		G48（#06332～06337）	G47打破G48
	T050①、②层（#6300）耕土、扰土层		
	T051③层（#06404）	G52（#06405～06408、06412）	G52分5个小层
		G51（#06409～06411、06413）	G51分4个小层
	T051④层（#06414）		

表5-4 两城镇遗址探沟龙山文化灰坑登记表

灰坑号	探方层位	形状及尺寸（米）	出土物	打破及被打破关系
H523	T007G7③下	近圆形，直径0.70	无	
H522	T007G7④下	椭圆形，长0.70、宽0.40	无	
H501	T021①下	圆形，直径1.32、深0.44，平底	器盖	
H502	T021①下	椭圆形，长2.30、宽1.38、深0.40，平底	鼎、壶、盆片	
H503	T021①下	圆形，直径1.80、深1.48	鼎、鬶、罐、杯、碗、石镞等	
H507	T021①下	长方形，2.00×1.48–0.40，平底	鼎、甗、罐、盆、壶、器盖片	
H512	T021①下	圆形，直径1.10、深0.52，平底	无	
H530	T021①下	不规则形，1.64×0.51–0.22，平底	无	
H531	T021①下	圆形，直径0.42、深0.64，平底	无	
H532	T021①下	椭圆形，0.84×0.32–0.50，平底	无	
H534	T021①下	椭圆形，0.80×0.34–0.32，圜底	无	
H535	T021①下	椭圆形，最长1.00、深0.66，底不平	鼎片	
H536	T021①下	不规则形，最长1.90	鼎、盆、器盖片、石镞	打破H538
H537	T021①下	椭圆形，存长0.60，底不平		
H538	T021①下	圆形		被H536打破
H541	T021①下	椭圆形，1.00×0.70–0.23，底不平		
H542	T021①下	圆形，存0.46–0.32，平底		
H543	T021①下	椭圆形，长1.00–0.33，圜底	碗片	
H544	T021①下	圆形，径0.90、深0.32，平底		
H545	T021①下	不规则形，最长1.70、宽0.46，平底		
H505	T021②下	圆形，径1.45、深0.50，圜底	鼎片、石凿	
H506	T021②下	圆形，径0.40、深0.20，平底		
H508	T021②下	圆形，径1.10、深0.90，平底		
H509	T021②下	圆形，径1.44、深0.66，平底		
H510	T021②下	椭圆形，0.84×0.74–0.26，圜底	罐片	
H511	T021西③b下	椭圆形，存长0.62、深0.36，圜底	圈足盘片	

H516	T021西③c下	圆形，直径1.28，圜底	罐片、纺轮	
H517	T021西③c下	圆形，直径1.26、深1.02，圜底	器盖片	
H518	T021西③d下	椭圆形，最大径1.46、深0.32，底不平	鬶、盆片	
H519	T021西③e下	椭圆形，最大径1.14、深0.30，圜底		
H520	T021西③e下	圆形，直径2.05、深0.42，底不平	鼎、器盖片	
H547	T021西③e下	圆形，直径1.16、存深0.26，圜底		
H514	T021东③a下	圆形，直径0.90、深0.42，圜底		
H515	T021东③a下	椭圆形，0.82×0.74−0.38，平底	鬶、罐片	
H533	T021东③a下	长方形，0.94×0.42−0.46，平底	器盖片	
H540	T021东③a下	椭圆形，1.16×0.90−0.18，底不平		
H539	T021东③b下	不规则形，存深0.40，底不平		被H545打破
H546	T021东③e下	圆形，直径0.92、深0.28，平底	器盖片	
H549	T021④下	长方形，3.06×？−0.56，底近平		
H551	T022南①下	圆形，直径0.88、深0.90，平底		
H552	T022南①下	方形，2.00×1.98−0.40，圜底	鼎、鬶、罐、盆、盒、器盖片	
H555	T022南①下	不规则形，最长0.96、深0.68，平底		
H563	T022南①下	圆形，直径0.50、深0.50，圜底		
H564	T022南①下	椭圆形，最长0.68、深0.70，圜底		
H553	T022南②a下	不规则形，最长1.47、深0.34，平底		
H554	T022南②a下	圆形，直径1.80、深0.40，底不平	鼎片	
H556	T022南②a下	长方形，0.48×0.30−0.40，平底		
H557	T022南②a下	不规则形，最长1.56、深0.90，圜底	陶球	
H558	T022南②b下	圆形，直径1.45、深0.30，圜底		
H560	T022南②b下	椭圆形，1.10×0.90−0.36，平底		
H561	T022南②b下	不规则形，存长1.34、深0.58，圜底		
H562	T022南②b下	椭圆形，最大径0.54，平底		
H559	T022南②c下	长方形，存长0.82、深0.30，平底		
H595	T022中①下	圆形，直径1.00、深0.24，平底		

H596	T022中①下	椭圆形，0.74×0.30-0.44，平底		
H565	T024①下	椭圆形，最大径0.52，圜底		
H566	T024①下	椭圆形，最长0.30，平底		
H570	T024①下	不规则形，最长0.50、深0.40，圜底		
H572	T024①下	不规则形，最长0.70、深0.70，圜底		
H574	T024①下	不规则形，存长0.70、深0.40，圜底		
H567	T024②下	长方形，1.20×0.35-0.42，平底		
H568	T024②下	不清		
H571	T024②下	不规则形，最长2.30、深0.70，平底	罐、器盖片	
H580	T024②下	不规则形，存边长0.70、深0.60		
H569	T024③下	不规则形，存1.34×1.00-1.30，平底		
H573	T024④下	不规则形，存长1.38、深0.35，平底		
H575	T024④下	不规则形，存长1.82-0.30、平底	罐、器盖片	
H576	T024④下	椭圆形，存长1.10、深0.65，平底	残石器	
H577	T024④下	圆形，直径1.38、深0.60，圜底	器盖片	
H578	T024④下	不规则形，长1.45、深0.84，圜底		
H579	T024④下	圆形，直径0.94、深0.58，圜底	罐、碗片	
H583	T024④下	圆形，直径0.80、深0.74，圜底		
H584	T024④下	不规则形，存边长1.50、深0.54		
H581	T024⑤下	圆形，直径0.86、深0.48，圜底		
H586	T024⑤下	圆形，直径0.96、深0.98，平底	鼎、甗、罐、盆片、残石器	
H587	T024⑤下	圆形，直径1.48、深0.45，平底	甗、盆、杯、豆片	
H582	T024⑥下	圆形，存径0.92、深0.82，圜底		
H588	T024⑥下	不规则形，存长1.58、深0.54，平底		
H585	T024⑦下	圆形，直径1.68、深0.50，平底	杯片、纺轮、残石器	
H599	T050①下	不规则形，长4.50×2.40、深1.30	鼎、鬶、壶、杯、罐、器盖片、石器	

表5-5　两城镇遗址探沟龙山文化墓葬登记表

墓葬号	探沟及层位	形　制	方　向	尺寸（米）	葬具（米）	葬　式	随葬品	备　注
M1	T005G6②下	长方形	91°	1.42×0.44-0.34	无	仰身直肢	石镞	儿童
M41	T021①下		48°			仰身直肢	无	在H503内的人骨架
M35	T021②下	长方形	85°	1.71×0.28-0.60	无	仰身直肢	无	
M42	T021②下	长方形	89°	1.55×0.26-0.46	无	仰身直肢	无	
M43	T021西③c下	长方形	91°	0.90×0.14-0.46	无	直肢	无	
M40	T021西③f下	不明	174°	?	无	不清	碗	仅存痕迹
M52	T021东③d下	长方形		1.16×0.20-0.30	无	直肢	无	
M51	T021东③f下	长方形	110°	1.90×0.58-0.74	无	仰身直肢	罐、壶	
M50	T021东③f下	长方形	198°	1.74×0.52-0.22	无	不明	无	
M53	T021④下	长方形	东西	2.38×？-0.80	无	?	无	
M45	T022南②a下	长方形	80°	2.02×0.68-0.50	1.86×0.56-0.20	仰身直肢	无	
M58	T024G001内		110°			仰身直肢	无	堆积中的无穴人骨架
M62	T024⑥下		92°			直肢	无	堆积中的无穴人骨架
M63	T024⑥下	长方形	91°	存长1.23、宽0.40、深0.40	无	仰身直肢	无	儿童
M64	T024⑥下	长方形	91°	存0.64×0.45	无	仰身直肢	无	儿童
M65	T024⑥下	长方形	82°	存长0.56、宽0.38、深0.46	无	仰身直肢	无	儿童
M66	T024⑥下	长方形	91°	2.30×0.80-0.85	2.00×0.58-0.60	仰身直肢	罐、豆	成年
M67	T024⑥下	长方形	90°	存0.60×0.60-0.40	无	仰身直肢	无	未成年

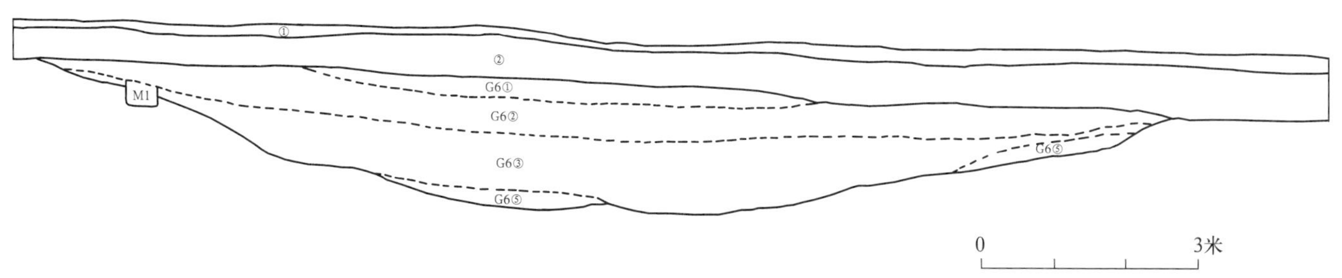

图5-13　T005西壁剖面图

过程中，人走车压形成了现代扰土层，从这次发掘时出土有近现代瓷片、铁片、砖瓦碎块、塑料等物也可证实。该层下环壕开口，由此可知，环壕开口已远不是原来的地表了。

（二）遗迹

在这里发现的遗迹只有1条壕沟和1座墓葬。壕沟编号为G6，是发掘本探沟要发现和清理的主要对象。

1．G6

现存口宽15.65、存深1.70米，从沟缘向中心内收，底部呈缓坡状。G6内的堆积分为5个小层，下面逐层介绍：

第①层　深0.55～0.76、最厚处0.25米。灰色黏土，结构比较紧密，土质较硬。内含大量砂砾、木炭屑和红烧土碎块，分布于环壕中部，南北长约7.00米，出土文化遗物丰富。

第②层　深0.60～0.95、最厚处0.60米。以灰褐色黏土为主，土质结构与上层基本相同。该层堆积基本布满环壕，出土文化遗物丰富。该层下在南边缘处有一座打破基岩的小儿墓葬，编号M1。

第③层　深0.65～1.40、最厚处0.95米。深灰色黏土，结构细密，内含大量分布均匀的细砂。该层布满环壕，出土物丰富，所见陶片的断口多有磨损痕迹，有的断口磨损已近平，个体较大或基本完整的陶器内，多填满细腻的淤泥。该层堆积中有一成人骨架，骨骼虽已腐朽，位置没有错位或移动，仰身直肢，周围没有墓坑、葬具痕迹，抑或是随水流冲至于此，也可能是被人抛弃于沟内的尸体。

第④层　深1.27～1.50、最厚处0.67米。深灰色黏土，土质特征与上层基本相同。存在范围于环壕的中部偏东处。出土物丰富，并多有基本完整的陶器。

第⑤层　深1.10～2.15、最厚处0.25米。深灰色土，结构紧密、坚硬，内含粗砂，颗粒较多并成板结状。该层堆积存在于环壕底部偏南和偏北部位。出土物渐少但多有基本完整的陶器。

2．T005M1

T005G6②下开口，位于G6南缘处，压在西壁下，打破基岩（彩版二四一，1）。竖穴土坑，南北宽0.44米，清理长度0.72米，存深0.36米，头向正东，仰身直肢葬，随葬品有一石镞。

T005的主要遗迹是G6，G6内的堆积可分为两部分，G6①和G6②两小层为上部堆积，以灰色土为主，与龙山文化中常见的灰坑堆积特征大体一致，土色相对杂乱，也不那么细腻，出土物丰富，明显集中于环壕的中部和南部（环壕内侧），应该是作为处理生活废弃物的堆积所致，该层下开口的M1位于环壕内侧也可视为证据之一。G6③、④、⑤三层为下部堆积，以深灰色土为主，土质比较细腻，包含的红烧土、木炭屑相对较少，含砂虽然在不同位置有粗细的不同，但分布比较均匀，为水流过程中（或静水状态下）沉淀特征明显，在保存个体较大的陶器中，多填满淤泥，陶片断口磨损痕迹清楚，由此推断是环壕使用期间的堆积。

在清理过程中，发现G6内的文化遗物丰富是一大特点，特别是陶片出土量巨大，多到发掘时难以下铲的程度，这在一般的考古发掘中是非常罕见的（彩版二四一，2，二四二，1、2）。这主要是与环壕所处的位置有关，这个地段在当时也是坡地，每当雨季沟内积水多、水流急，经冲刷带来的陶片、陶器数量多；当环壕废弃后，又成为倾倒生活垃圾的地方，所以在环壕的内侧、中部陶片数量巨大，而外侧则明显少一些。这种现象在其他环壕内也比较近似。

（三）遗物

G6内的文化遗物以陶片为大宗，经整理复原完整和基本完整者近500件。包括各类石器70余件，下面分别介绍。

1．石器

T005内出土石器数量多。在18×2.0×1.7立方米的空间里，出土各类石器多达70件之多，所见的器类为龙山文化石器中常见的石斧、锛、凿、铲、镰、刀、镞、矛和磨石等。器物型制也多有变化，但由于出土石器破损严重，虽然人为加工和使用痕迹清楚，有许多难识器类或特征不明的困难，只能选择相对清楚的进行介绍。

（1）石斧

标本T005G6②：62（#6002），下部残断，平面呈上窄下宽的梯形，纵、横剖面均为椭圆形，顶面平整。残长4.0、宽4.6、厚1.1厘米（图5–14，1）。

标本T005G6②：72（#6002），两端均残失，器体厚重，平面应为中部稍外鼓的四边形。残长

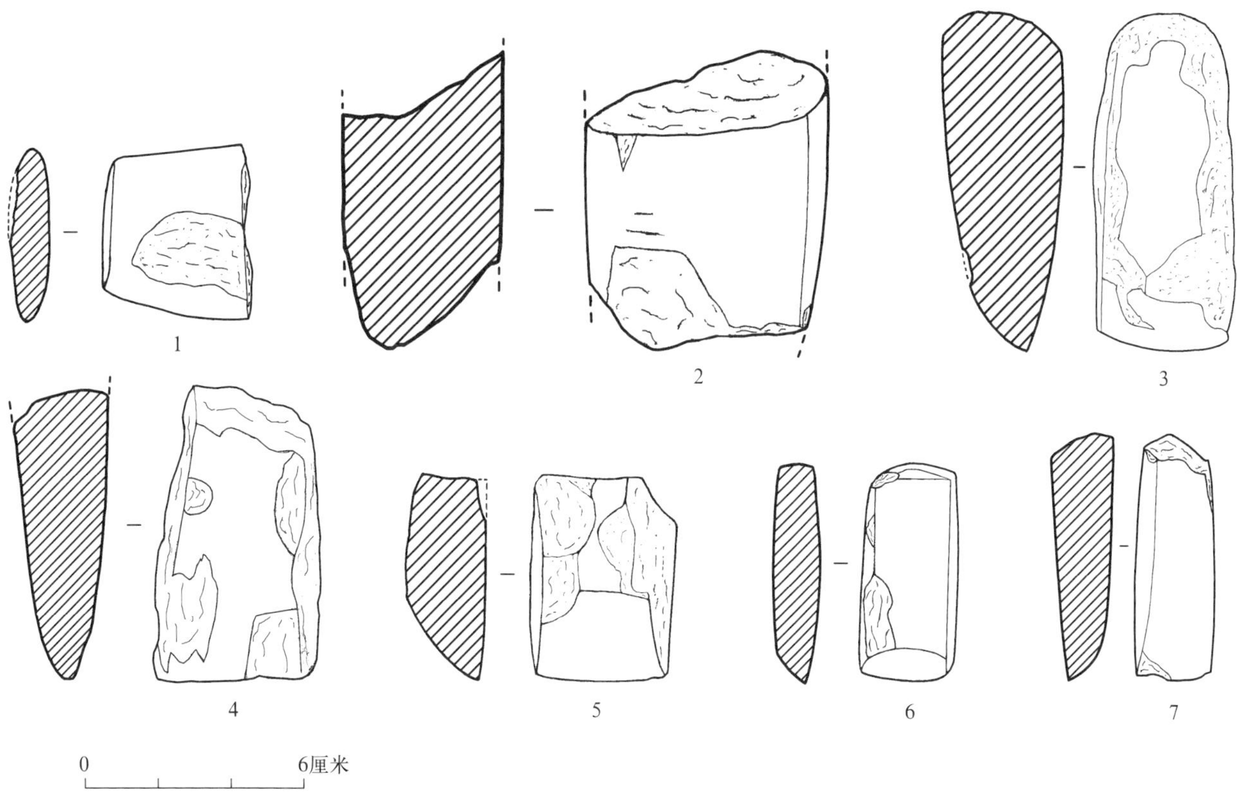

图5–14　T005出土石器

1、2．石斧T005G6②：62、T005G6②：72　3～5．石锛T005G6②：105、T005G6②：147、T005G6③：291　6、7．石凿T005G6②：50、T005G6③：271

5.8、宽6.6、厚4.4厘米（图5-14，2）。

（2）石锛

标本T005G6②：105（#6002），平面呈窄长拱门型，器体厚重，从顶端向下渐薄，至下端内收成刃。长9.0、宽3.8、厚3.2厘米（图5-14，3）。同一样式的有标本T005G6②：147（#6004）（图5-14，4）。

标本T005G6③：291（#6006），上部残，保存部位平面为长方形，器体厚，刃部以上纵、横剖面为长方形，单面直刃。长5.5、宽3.6、厚2.2厘米（图5-14，5）。

（3）石凿

标本T005G6②：50（#6002），器体呈长方形，器体稍厚，纵、横剖面均为长方形，单面刃呈外弧形。长5.8、宽2.6、厚1.3厘米（图5-14，6）。

标本T005G6③：271（#6006），上端残，器体上部宽厚，向下一面竖直，另一面斜收，至底端出刃，横剖面为四边形。残长6.6、宽2.0、厚1.8厘米（图5-14，7）。

（4）石铲

标本T005G6②：476（#6008），圆角长方形石铲，下部残，器体较厚，横剖面为扁椭圆形，中部偏上处有一个对钻的圆孔。残长7.8、宽6.8、厚1.6厘米（图5-15，1）。

标本T005G6②：186（#6005），梯形穿孔石铲，保存完好，体稍厚，横剖面为扁椭圆形，双面刃，中部偏上处有对面琢打而成的圆孔。长10.4、宽8、厚1.4厘米（图5-15，2）。

标本T005G6②：150（#6004），残损严重，器体两面竖直，侧面稍外鼓，双面刃，中部偏左处有一圆孔断痕。残长4.6、残宽4.5、厚0.8厘米（图5-15，3）。同一样式的有标本T005G6②：81（#6002）（图5-15，4）。

标本T005G6④：453，圆角长方形石铲，体较薄，纵剖面为窄长条形，双面刃。同一样式的有标本T005G6⑤：511、T005G6③：413、T005G6③：437。

标本T005G6②：197（#6005），器体正面为不甚规则的长方形，体薄，器体自上而下渐薄至底端成刃，没有界限清楚的刃面。长12.1、宽7.6、厚0.4厘米（图5-15，5）。同一样式的有标本T005G6②：57（#6002）（图5-15，6）。

（5）石镰

标本T005G6②：293（#6005），窄条形石镰，背部隆起，单面直刃，器体一端圆钝，另一端（装柄端）较宽。长9.4、宽3、厚0.6厘米（图5-16，1）。

标本T005G6②：83（#6002），宽条形石镰，残断，背部隆起较高，单面直刃，器体一端扁圆，另一端较宽。残长6.8、宽3.6、厚0.8厘米（图5-16，2）。同一样式的有标本T005G6③：339（#6007）、T005G6②：150（#6004）（图5-16，3、4）。

标本T005G6②：207（#6004），两端残断，体薄，保存部位为一边窄，一边宽的长方形，直背，单面直刃。残长8.8、宽4.6、厚0.6厘米（图5-16，5）

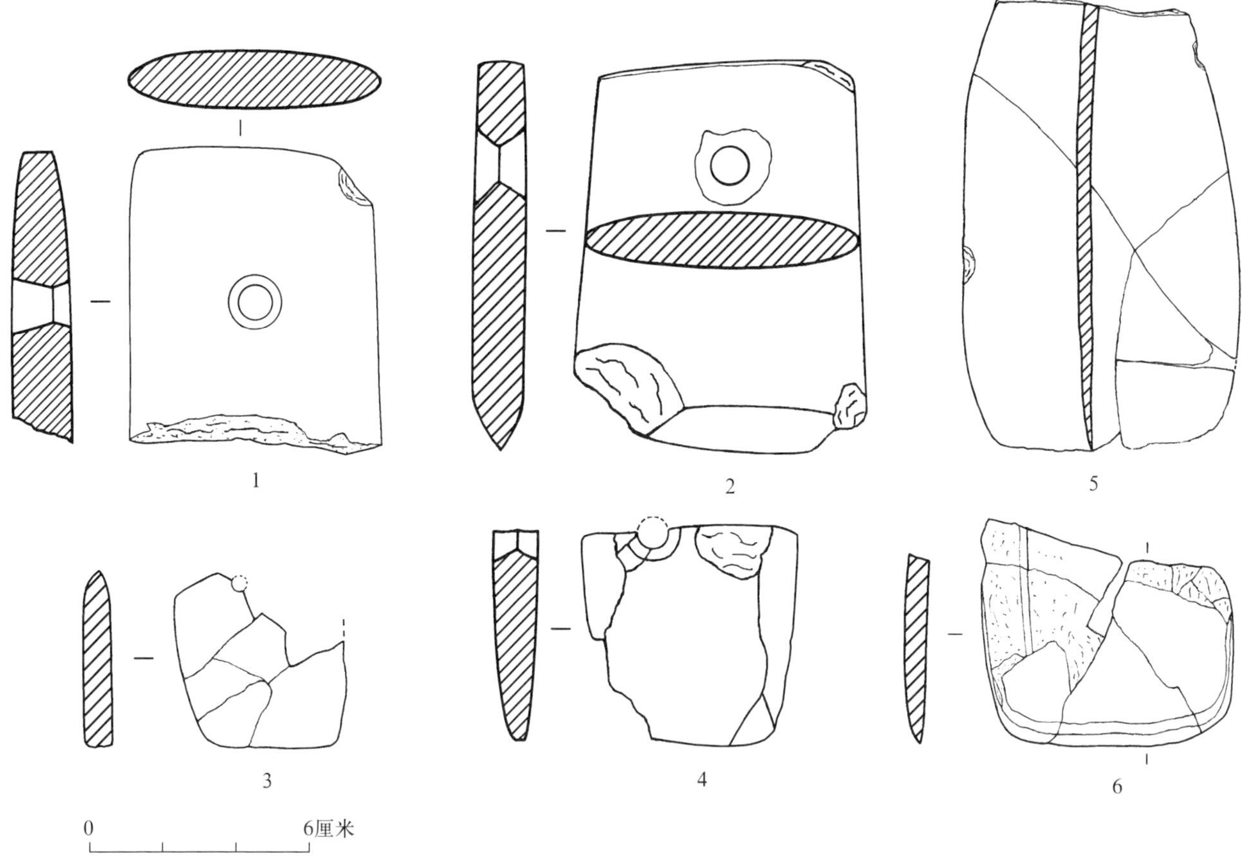

图5-15　T005出土石铲

1～6. T005G6②：476、T005G6②：186、T005G6②：150、T005G6②：81、T005G6②：197、T005G6②：57

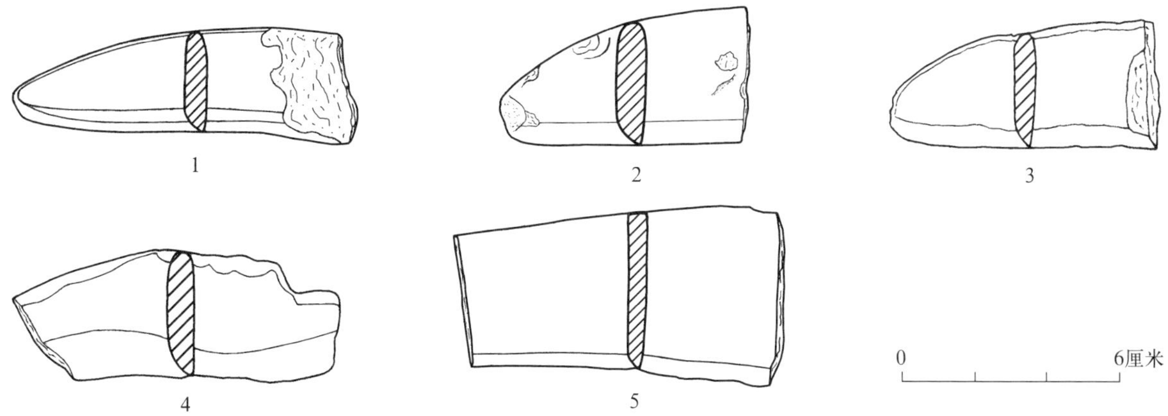

图5-16　T005出土石镰

1～5. T005G6②：293、T005G6②：83、T005G6③：339、T005G6②：150、T005G6②：207

（6）石刀

有如下几种样式：

标本T005G6②：59（#6002），长方形穿孔石刀，体薄，平背，单面直刃，断裂处有一个对钻而成的圆孔。残长5.8、宽6.4、厚0.7厘米（图5-17，1）。

标本T005G6②：339（#6007），圆角长方形穿孔石刀，体较厚，背微隆，单面直刃，断裂处有一个对钻（或琢打）而成的圆孔。残长5.6、宽5.7、厚1.0厘米（图5−17，2）。同一样式的有标本T005G6②：86（图5−17，3）。

标本T005G6②：68（#6002），长方形石刀，左右两端均残损，平背，双面直刃。残长10.4、宽5.2、厚1.0厘米（图5−17，4）。同一样式的有标本T005G6②：273（#6005）、T005G6②：212（#6004）、T005G6②：150（#6004）（图5−17，5～7）。

标本T005G6②：85（#6002），扁圆形单孔石刀，保存完好，平面成扁长的半圆形，一面平直，一面微鼓，有排列对称的圆孔一对，单面直刃，器体较厚。长9.4、宽3.1、厚0.8厘米（图5−17，8）。同一样式的有标本T005G6①：9（#6001）（图5−17，9）。

标本T005G6②：66（#6002），扁圆形单孔石刀，从保存状况和断裂面的孔痕可确知该器为单孔，其他部位特征与上一样式基本相同。残长5.8、宽4.5、厚1.2厘米（图5−17，10）。

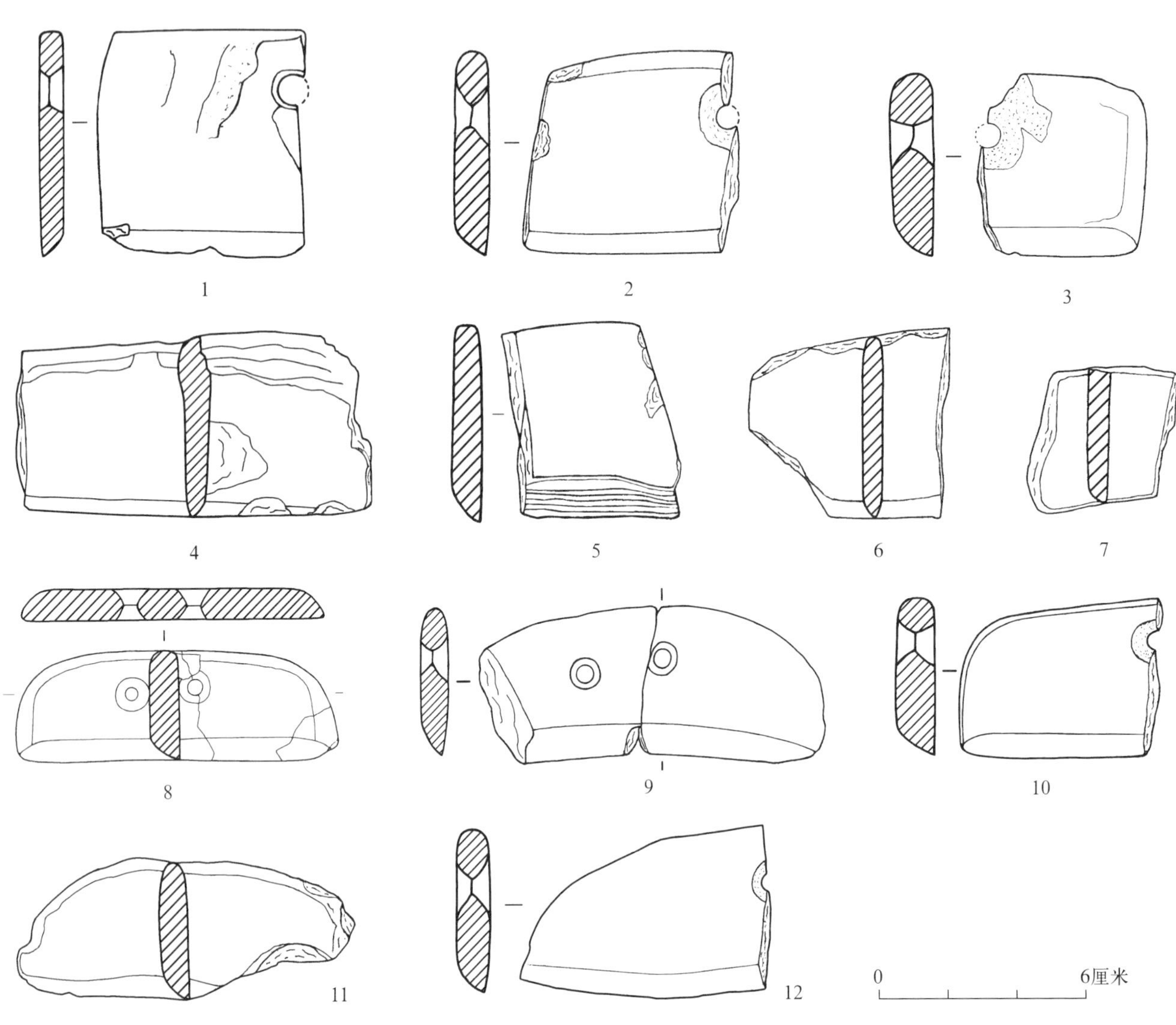

图5−17　T005出土石刀

1～12. T005G6②：59、T005G6②：339、T005G6②：86、T005G6②：68、T005G6②：273、T005G6②：212、T005G6②：150、T005G6②：85、T005G6①：9、T005G6②：66、T005G6②：201、T005G6②：257

标本T005G6②：257（#6005），半圆形单孔石刀，弧背，单面刃微鼓，单孔为对钻或琢打而成。残长7.2、宽4.6、厚1.0厘米（图5–17，12）。

标本T005G6②：201（#6004），除无钻孔外，其他部位型制与上一样式相同。长5.8、宽4.0、厚0.8厘米（图5–17，11）。

（7）石镞、石矛

标本T005G6①：29（#6001），援、铤分界清楚，援体剖面呈四棱形，前锋与两翼锋利；长铤，铤体作上方下圆状。长6.4、宽1.9、厚0.8厘米（图5–18，1）。同一样式的有标本T005G6②：537（#6003）（图5–18，2）。

标本T005G6③：302（#6006），援、铤分界处明显，援体剖面呈四棱形，至前锋处明显内收，铤较短呈锥状。长5.4、宽1.8、厚0.8厘米（图5–18，3）。同一样式的有标本T005G6①：1（#6001）、T005G6②：83（#6002）（图5–18，4、5）。

标本T005G6③：338（#6007），两端均残失，个体宽长，横剖面呈不规则的六边形，边刃锋利，疑为石矛类石器。残长14、宽4.1、厚1.1厘米（图5–18，6）。同一样式的有标本T005G6②：204（#6005）（图5–18，7）。

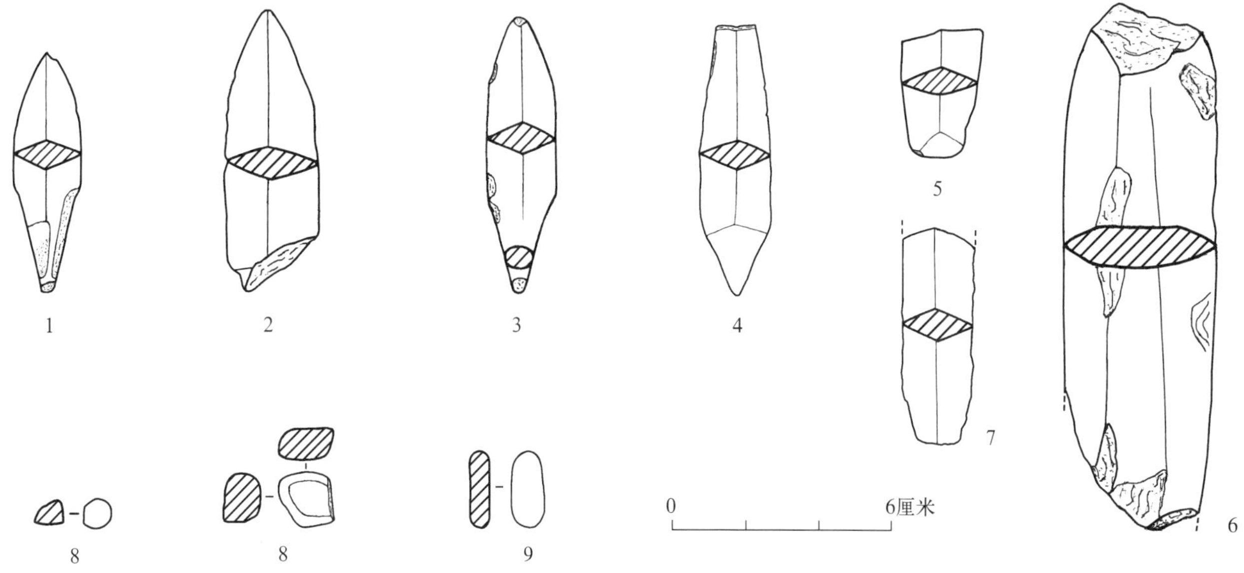

图5–18　T005出土石器

1～5．石镞T005G6①：29、T005G6②：537、T005G6③：302、T005G6①：1、T005G6②：83　6、7．石矛T005G6③：338、T005G6②：204　8．小石珠T005G6②：110　9．石饰T005G6③：315

（8）磨石

均以砂岩为质，器体边缘多呈不规则形，其样式有：

标本T005G6②：198（#6005），器体一面较平整，另一面有经反复磨研形成的凹面，似为一个面固定平稳，对应面供研磨使用。长7.6、宽6.0、厚3.8厘米（图5–19，1）。同一样式的有标本T005G6②：219（#6004）、T005G6②：144（#6004）、T005G6②：54（#6002）（图5–19，2～4）。

标本T005G6②：48（#6002），器体一端薄，一端厚，一个面相对平整，另一个面为坡面状，

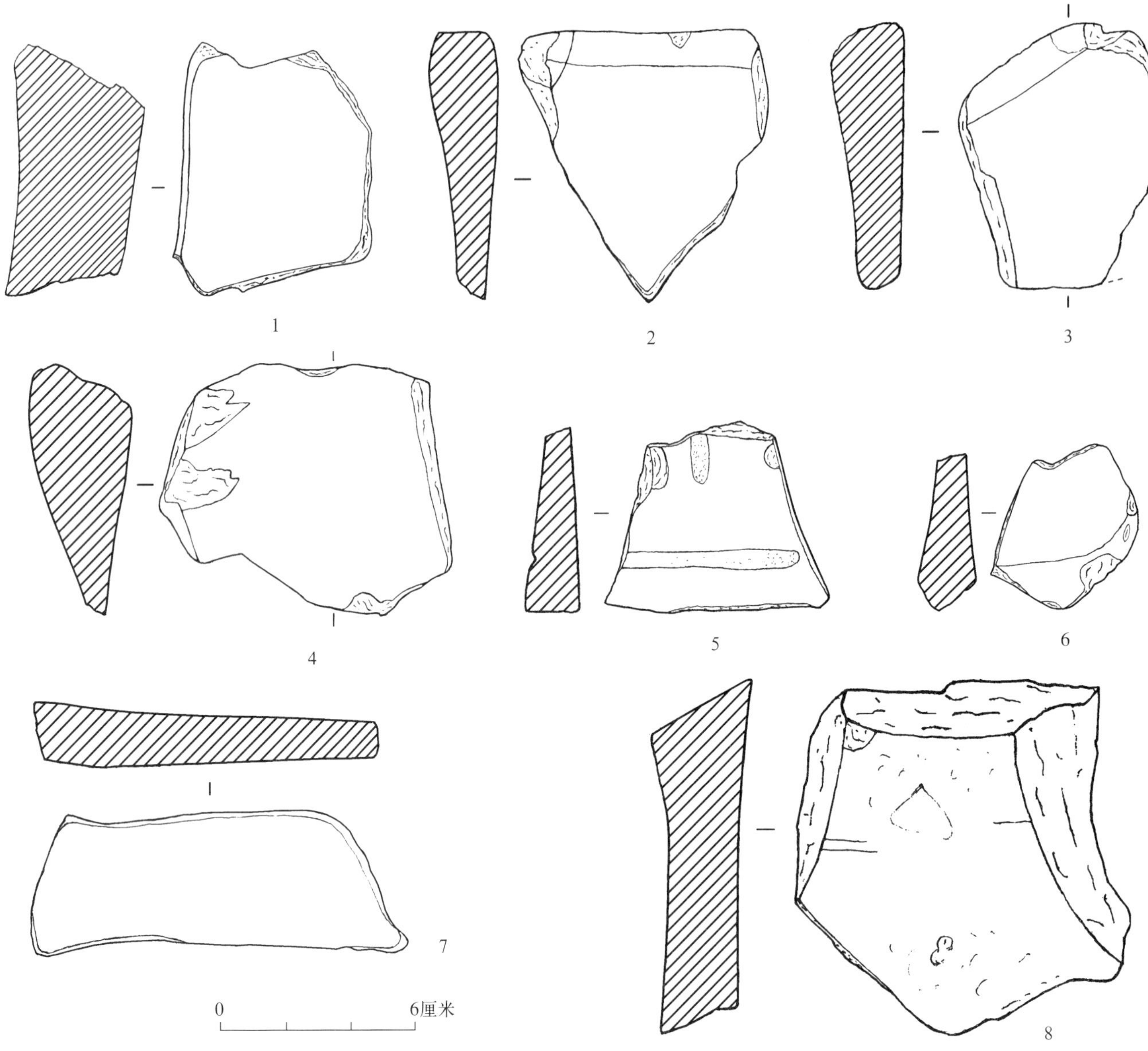

图5-19　T005出土磨石（一）

1～8．T005G6②：198、T005G6②：219、T005G6②：144、T005G6②：54、T005G6②：48、T005G6②：296、T005G6②：174、T005G6③：313

或有磨出的沟槽，似为一个面固定平稳，对应面供研磨使用。长6.8、宽5.6、厚1.6厘米（图5-19，5）。同一样式的有标本T005G6②：296（#6005）、T005G6②：174（#6004）、T005G6③：313（#6006）（图5-19，6～8）。

标本T005G6②：196（#6004），器体两面均有磨研痕迹，似乎根据磨研对象选择磨研面进行加工使用。长5.5、宽4.4、厚2.1厘米（图5-20，1）。同一样式的有标本T005G6②：231（#6005）、T005G6②：296（#6005）、T005G6②：53（#6002）（图5-20，2～4）。

标本T005G6②：235（#6005），器形比较规整，应为残断的长方形磨研的一部分，两面均光滑平整。长6.6、残宽7.0、厚2.0厘米（图5-20，5）。同一样式的有标本T005G6③：313、T005G6④：141（#6004）（图5-20，6、7）。

标本T005G6③：368（#6006），器体平面近圆形，纵、横剖面均为椭圆形，砂质细腻，器表光滑，似为精加工使用器。长3.5、宽3.2、厚1.4厘米（图5-20，8）。

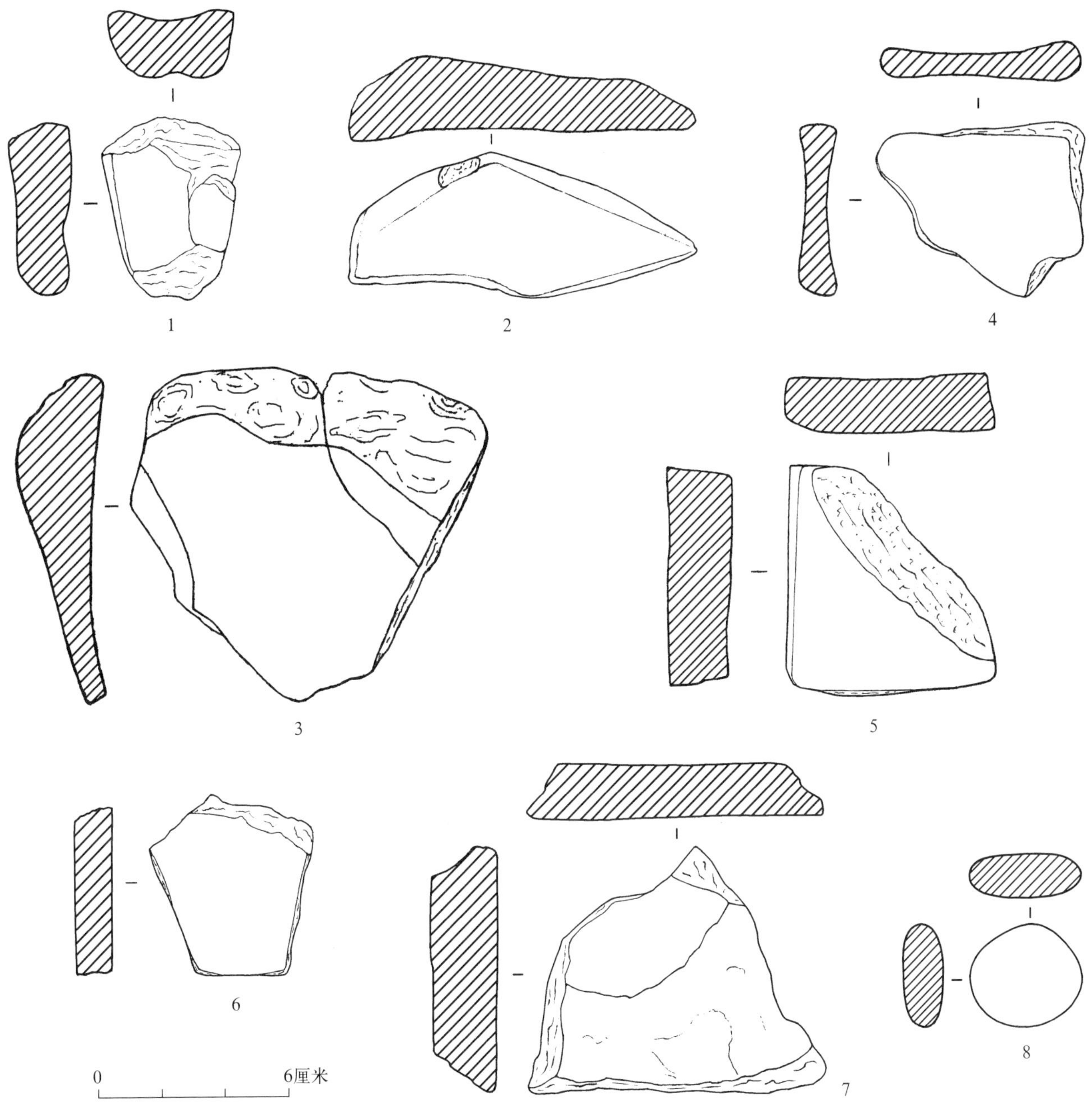

图5-20　T005出土磨石（二）

1～8．T005G6②：196、T005G6②：231、T005G6②：296、T005G6②：53、T005G6②：235、T005G6③：313、T005G6④：141、T005G6③：368

（9）小石珠

在同一个位置出土多个。

标本T005G6②：110（#6004），器体呈个体较小的近圆形，通体磨光，似用作装饰物附件。直径0.8厘米（图5-18，8）。

（10）石饰

标本T005G6③：315（#6007），器体呈规整的椭圆体，通体光滑，似为装饰附件。长2.0、宽0.9、厚0.5厘米（图5-18，9）。

2．陶器

T005的陶器集中出于G6内，根据其堆积特征和形成的原因，可以分为两个组段进行介绍，G6①～②层为上层堆积（第一组），G6③～⑤层为下层堆积（第二组）。对少量出自上层堆积的器物，但与下层同类器相同者，则在下层同类器组进行介绍。

G6内出土了大量陶片和数量较多的基本完整器物，有鼎、鬶、甗、罐类、盆类、盘类、盒类、杯类、器盖、箅子和纺轮等，共近500件之多。这些陶器不仅数量多，而且器类丰富，每种器类在陶质、陶色、纹饰和形态特征方面，既有许多共性，也有明显的差异，反映出G6在使用期间和废弃填充期间的陶器特征。下面对每种器类按两个时间段进行介绍。

（1）鼎

鼎是出土数量最多的器类之一，经修复相对完整的也比较多。陶质以夹砂陶为主，泥质陶的数量极少，陶色方面以黑陶、灰陶为大宗，其他陶色较少。在纹饰方面，除一定数量的素面鼎外，有纹饰者以弦纹为主，有的还附加对称的圆泥饼和盲鼻，在器物形态上，以容体为罐形者为绝大多数，部分有单把手或双鋬，鼎足主要有侧三角形、鸟喙形和“V”字型三种，其中有的鸟喙足没有眼孔或眼窝，只是足的中间竖行一条鸡冠状泥条。

第一组：主要以下几种样式。

标本T005G6②：139，夹砂黑陶。侈口，方唇，折沿，鼓腹，平底，鸟喙形足痕。器表饰八周凹弦纹，口沿上有一周凹槽。口径13.8、底径10.0、残高13.6、厚0.3～0.45厘米（图5-21，1；彩版二四三，1）。同一样式的还有标本T005G6①：39、T005G6②：65（图5-21，2、3）。

标本T005G6①：8，夹砂黑陶。侈口，方唇，折沿，鼓腹，平底，侧三角形足。口沿上有一周凹槽，器表饰三周凹弦纹，体侧有一把手。口径12.8、底径10.0、高18.1、厚0.2～0.6厘米（图5-21，4；彩版二四三，2）。

标本T005G6①：18，夹砂黑陶。直口，宽圆肩，斜直腹，平底，鸟喙足痕，双贯耳。器表饰一周凹弦纹。口径残缺。底径16.8、残高12.8、厚0.3～0.6厘米（图5-21，5；彩版二四三，3）。

标本T005G6②：96，夹砂黑陶。侈口，圆唇，折沿，浅腹，鸟喙足痕。口沿上有一周凹槽，器表饰一对圆泥饼和一对盲鼻对称排列，腹中部有两周凹弦纹。口径16.4、底径12.4、残高11.0、厚0.35～0.7厘米（图5-21，6；彩版二四三，4）。

标本T005G6①：23，泥质黑陶。侈口，圆唇，卷沿，鼓腹突出，平底内凹，侧三角形足细长。素面。口径12.3、底径8.0、高15.2、厚0.3～0.6厘米（图5-21，8；彩版二四三，5）。同一样式的还有标本T005G6①：15、T005G6①：41（图5-21，11、10）。

标本T005G6①：20，夹砂黑陶。侈口，圆唇，卷沿，鼓腹，平底，足残。口沿上有凹槽。口径18.4、底径12.2、残高13.8、厚0.4～0.8厘米（图5-21，9）。同一样式的还有标本T005G6①：24（图5-21，7）。

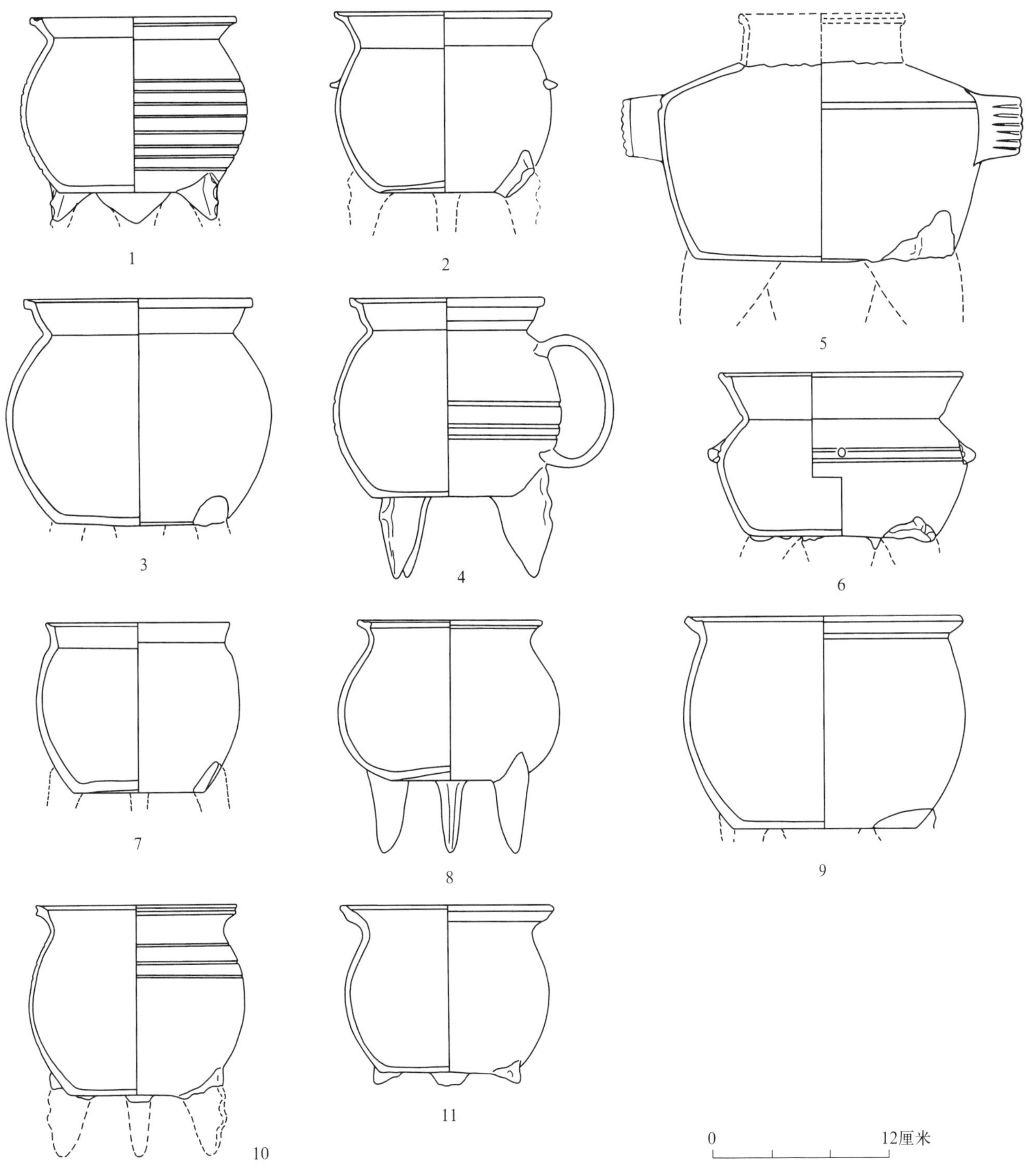

图5-21　T005出土陶鼎（一）

1～11．T005G6②：139、T005G6①：39、T005G6②：65、T005G6①：8、T005G6①：18、T005G6②：96、T005G6①：24、T005G6①：23、T005G6①：20、T005G6①：41、T005G6①：15

标本T005G6②：246，夹砂黑陶。敛口，方唇，鼓腹，平底，足残。厚胎，素面。口径16.8、底径14.4、残高16.0、厚0.6～0.9厘米（图5-22，1；彩版二四三，6）。

标本T005G6②：38，泥质黑陶。圆唇，卷沿，粗颈，鼓腹，平底，侧三角形足。口径16.4、底径14.0、高19.0、厚0.3～0.6厘米（图5-22，4；彩版二四四，1）。同一样式的还有标本T005G6①：

27（图5-22，2；彩版二四四，2）、T005G6②：275（图5-22，3）。

第二组：主要有以下几种。

标本T005G6④：441，夹砂黑陶。侈口，方唇，卷沿，鼓腹，平底，无孔鸟喙形足痕。口沿上有一周凹槽，器表饰十周凹弦纹。口径15.4、底径12.0、残高17.3、厚0.3～0.6厘米（图5-22，6；彩版二四四，3）。同一样式的有标本T005G6③：379（图5-22，5；彩版二四四，4）、T005G6③：490（图5-22，7；彩版二四四，5）、T005G6⑤：517（图5-22，8）。

标本T005G6③：538，夹砂黑陶。侈口，方唇，折沿，鼓腹，小平底，无孔鸟喙形足痕。口沿上有一周凹槽，器表饰十一周凹弦纹。口径13.2、底径8.4、残高15.8、厚0.2～0.6厘米（图5-23，

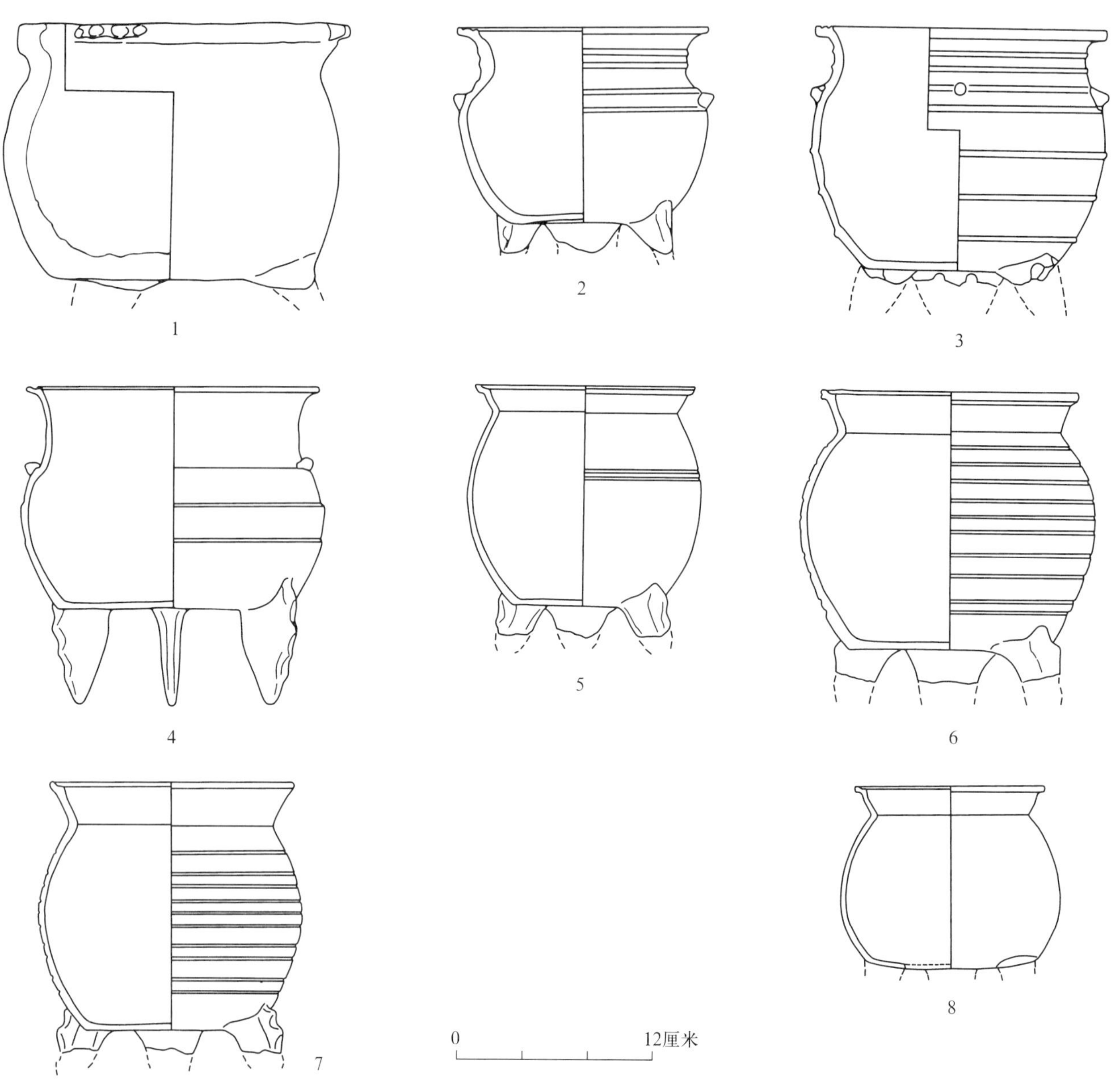

图5-22 T005出土陶鼎（二）

1～8．T005G6②：246、T005G6①：27、T005G6②：275、T005G6②：38、T005G6③：379、T005G6④：441、T005G6③：490、T005G6⑤：517

4；彩版二四四，6）。同一样式的有标本T005G6③：405（图5-23，1；彩版二四五，1）、T005G6③：342、T005G6③：503、T005G6③：389、T005G6②：429（图5-23，2、3、5、6）。

标本T005G6③：343，夹砂黑陶。侈口，圆唇，折沿，鼓腹，平底，无孔鸟喙形足痕。口沿上有一周凹槽，器表饰十五周凹弦纹。口径15.6、底径9.6、残高18.6、厚0.4～0.7厘米（图5-23，9；彩版二四五，2）。同一样式的有标本T005G6③：02（图5-23，7）、T005G6③：487（图5-23，8；彩版二四五，3）、T005G6③：385（图5-23，10）。

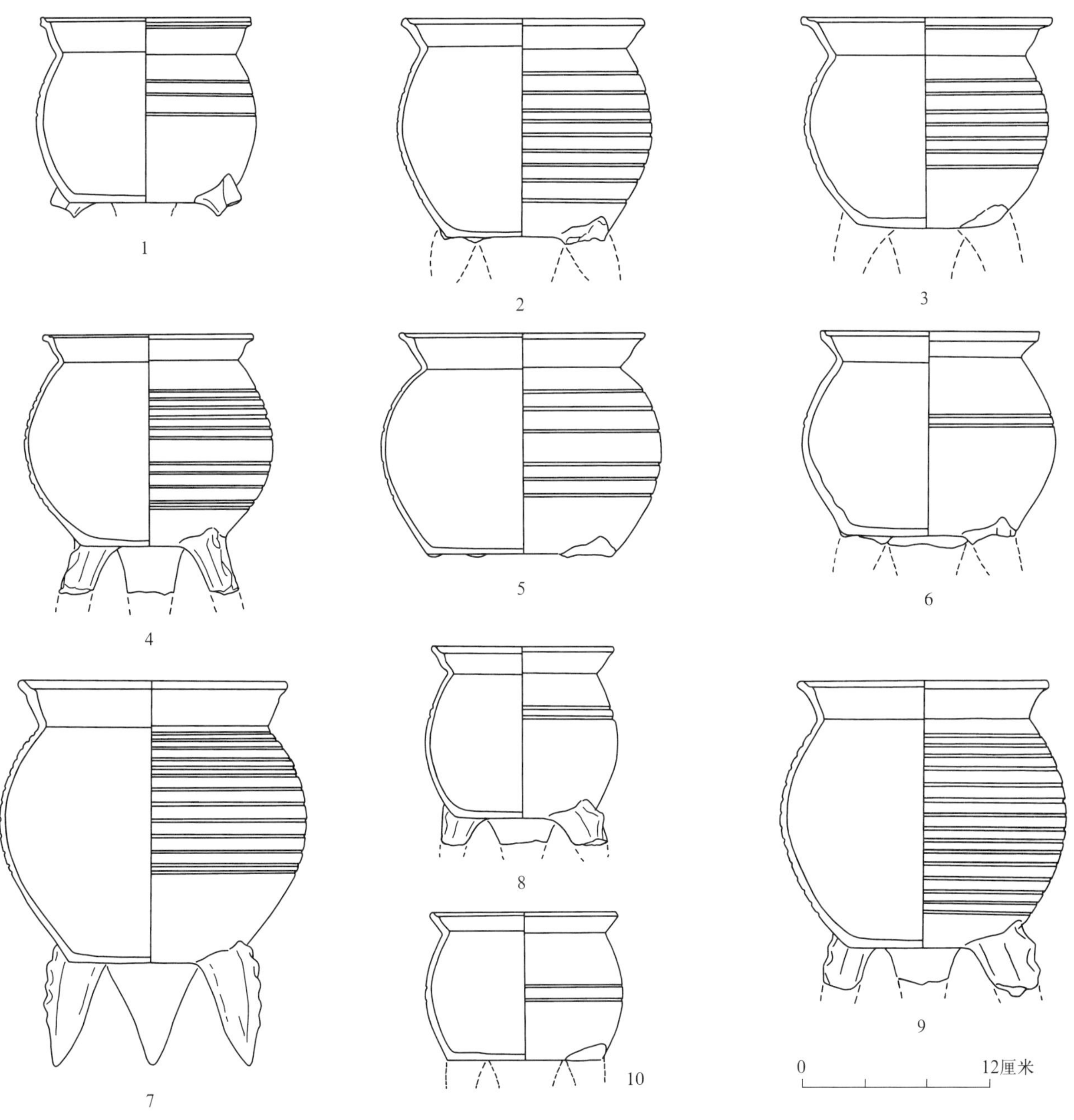

图5-23　T005出土陶鼎（三）

1～10. T005G6③：405、T005G6③：342、T005G6③：503、T005G6③：538、T005G6③：389、T005G6②：429、T005G6③：02、T005G6③：487、T005G6③：343、T005G6③：385

标本T005G6③：317，夹砂黑陶。侈口，圆唇，卷沿，鼓腹，平底，无孔鸟喙形足痕。口沿内侧有一周凹槽，器表饰两周凹弦纹。口径12.4、底径8.8、残高10.3、厚0.3～0.6厘米（图5-24，3）。同一样式的有标本T005G6④：446（图5-24，1；彩版二四五，4）、T005G6③：367（图5-24，2；彩版二四五，5）、T005G6⑤：508（图5-24，4）。

标本T005G6③：365，夹砂黑陶。侈口，圆唇，卷沿，鼓腹，平底，无孔鸟喙形足痕。宽沿面上有凹槽，腹上部有一对盲鼻，器表饰六周凹弦纹。口径11.4、底径10.0、残高14.0、厚0.45～0.6厘米（图5-24，5；彩版二四五，6）。同一样式的有标本T005G6⑤：527（图5-24，6；彩版二四六，1）。

标本T005G6③：284，夹砂黑陶。侈口，圆唇，折沿，鼓腹，平底，无孔鸟喙形足痕。鼓腹上有一把手，器表饰两周凹弦纹。口径15.6、底径10.8、残高19.2、厚0.4～0.6厘米（图5-25，5；彩版二四六，2）。同一样式的有标本T005G6③：469（图5-25，1；彩版二四六，3）、T005G6④：423（图5-25，2）、T005G6⑤：484（图5-25，3；彩版二四六，4）、T005G6⑤：507（图5-25，4）。

标本T005G6③：463，夹砂黑陶。侈口，方唇，卷沿，鼓腹，平底，无孔鸟喙形足。腹部有一把手，口沿上有一周凹槽，器表饰一周凹弦纹。口径13.3、底径11.2、高19.5、厚0.2～0.5厘米（图5-25，9；彩版二四六，5）。同一样式的有标本T005G6⑤：493（图5-25，6；彩版二四六，6）、T005G6③：529（图5-25，7）、T005G6③：309（图5-25，8；彩版二四七，1）。

标本T005G6④：439，夹砂黑陶。侈口，方唇，折沿，鼓腹，平底，无孔鸟喙形足痕。腹部有

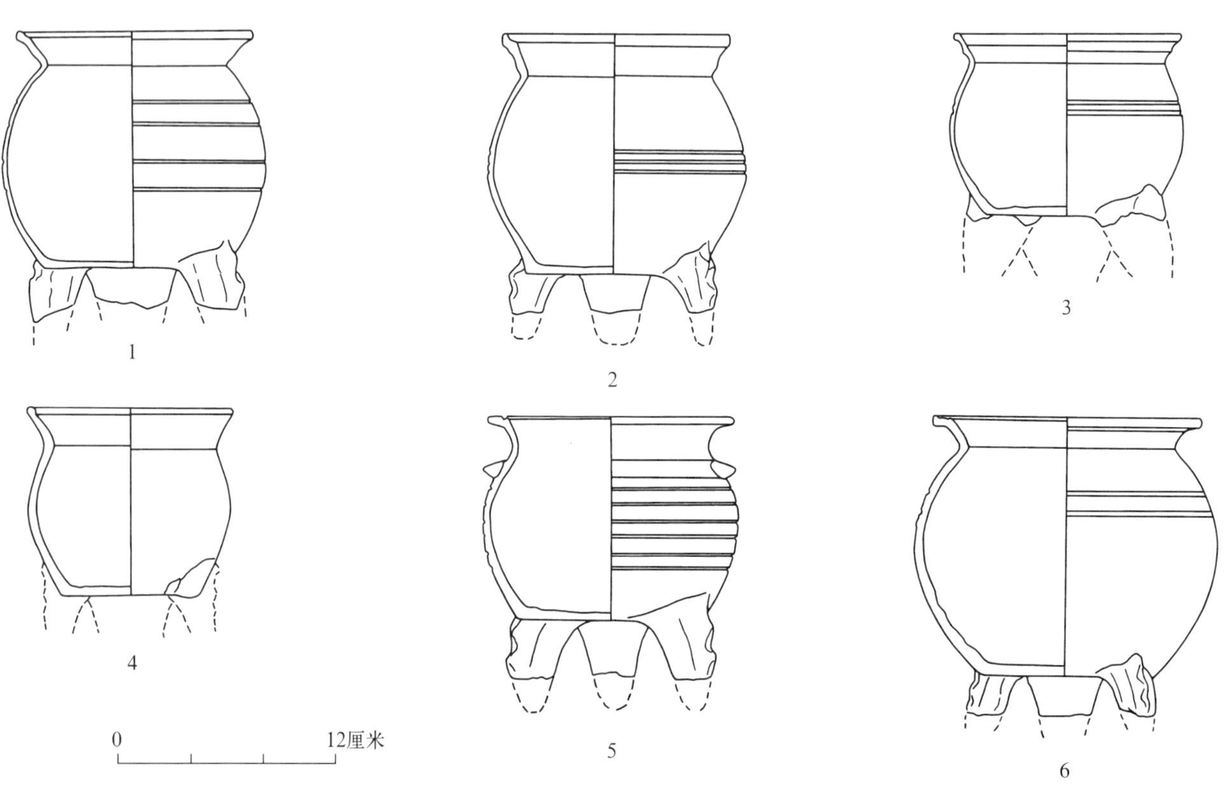

图5-24 T005出土陶鼎（四）

1～6. T005G6④：446、T005G6③：367、T005G6③：317、T005G6⑤：508、T005G6③：365、T005G6⑤：527

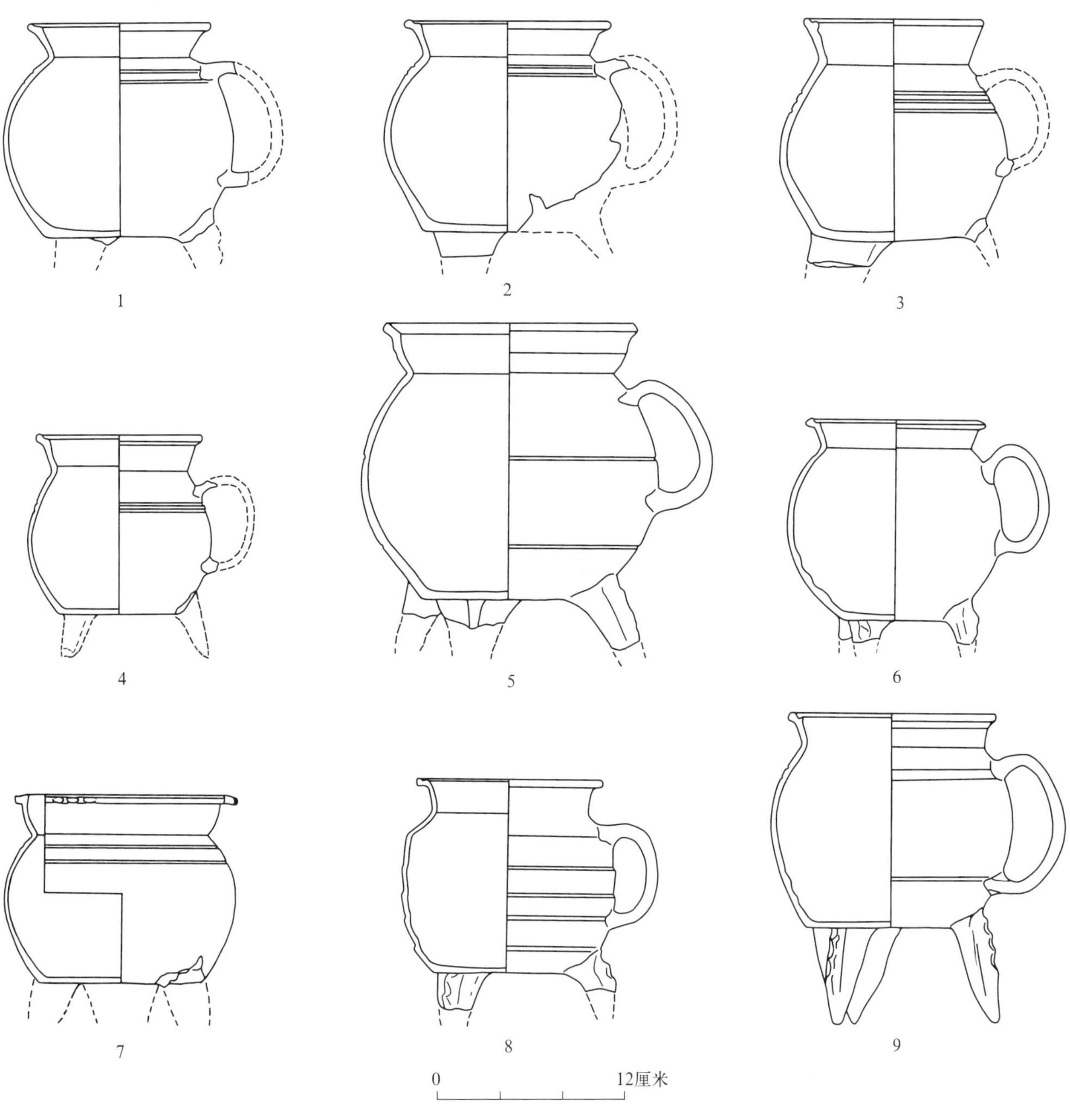

图5-25　T005出土陶鼎（五）

1～9. T005G6③：469、T005G6④：423、T005G6⑤：484、T005G6⑤：507、T005G6③：284、T005G6⑤：493、T005G6③：529、T005G6③：309、T005G6③：463

一把手，口沿上有一周凹槽。口径13.1、底径8.0、残高15.5、厚0.4～0.7厘米（图5-26，2；彩版二四七，2）。同一样式的有标本T005G6③：396（图5-26，1）、T005G6④：445（图5-26，3；彩版二四七，3）、T005G6⑤：519（图5-26，4；彩版二四七，4）。

标本T005G6③：016，夹砂黑陶。侈口，尖唇，卷沿，鼓腹，平底，足残。器表饰十二周凹弦纹。口径11.6、底径9.2、残高13.2、厚0.3～0.5厘米（图5-26，5）。

标本T005G6⑤：015，夹砂黑陶。宽沿，圆唇，深腹微鼓，小平底，无孔鸟喙形足。腹上部有

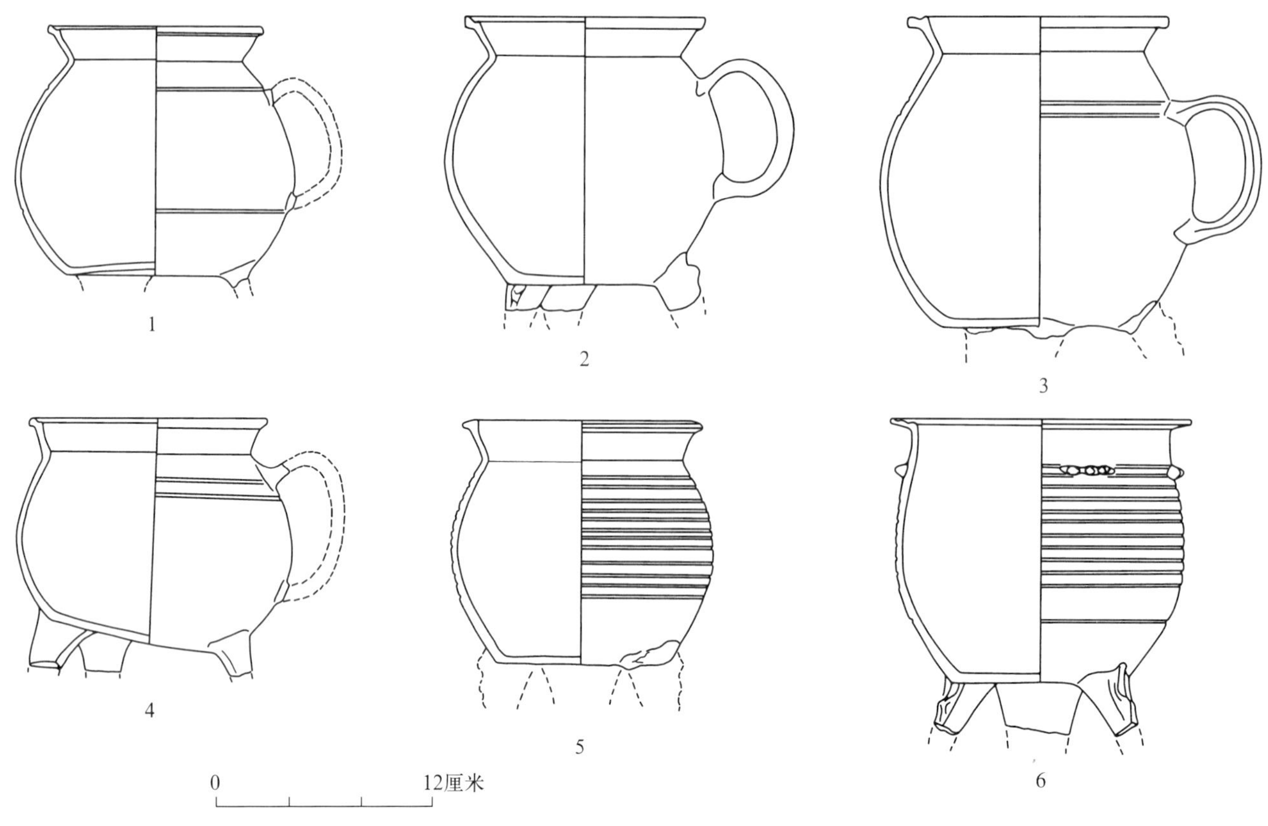

图5-26　T005出土陶鼎（六）

1～6．T005G6③：396、T005G6④：439、T005G6④：445、T005G6⑤：519、T005G6③：016、T005G6⑤：015

对称的泥突和横泥条各一对，器表饰十二周凹弦纹。口径16.2、底径9.6、残高16.8、厚0.3～0.7厘米（图5-26，6；彩版二四七，5）。

（2）甗

出土陶片比较多，但能复原者较少。以夹砂陶为主，陶色以黑陶为多，灰陶次之。另因该类器物只存甑部或鬲部者，往往与罐类和鬲类难以区分。

第一组：

标本T005G6②：160，夹砂黑陶。仅存鬲部，浅袋足，联裆较宽。残高15.6、厚0.4～0.5厘米（图5-27，1）。

标本T005G6②：202，夹砂黑陶。侈口，方唇，卷沿，粗短颈，深腹（甑部明显长于鬲部），高袋足，联裆较窄。口沿上有一周凹槽，甑部器表饰四周凹弦纹和对称的圆泥饼、盲鼻各一对。口径18.8、高32.1、厚0.35～0.6厘米（图5-27，2；彩版二四八，1）。

第二组，主要有以下几种：

标本T005G6③：498，夹砂黑陶。侈口，方唇，卷沿，粗短颈，鼓腹（甑部短于鬲部或同长），鬲部较长，袋足，联裆。口沿上有一周凹槽，甑部饰五周凹弦纹和一对盲鼻。口径19.2、高37.3、厚0.3～0.5厘米（图5-27，4；彩版二四八，2）。同一样式的有标本T005G6③：283（图5-27，3）、T005G6④：448（图5-27，5）、T005G6⑤：516（图5-27，6）。

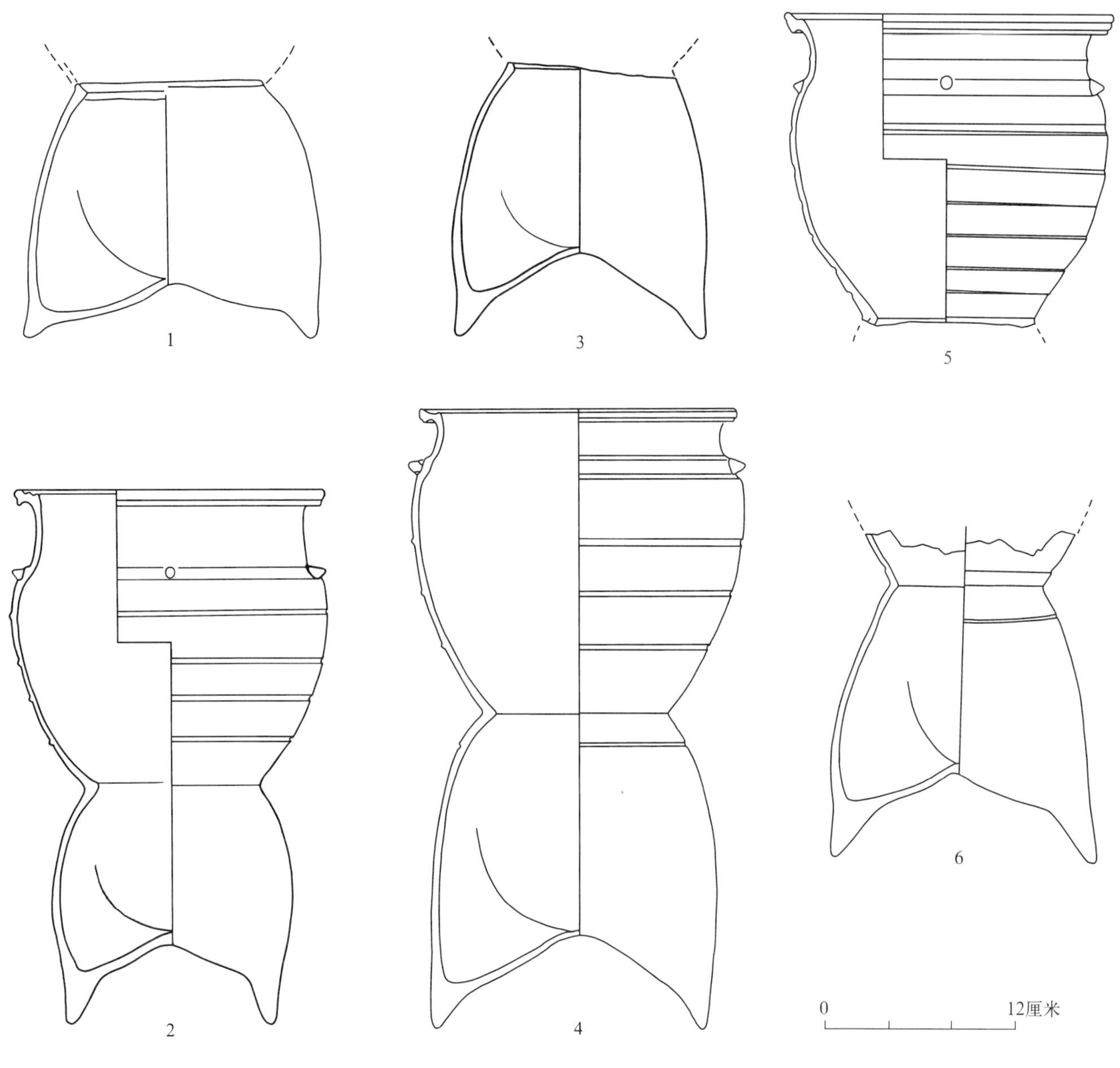

图5-27　T005出土陶甗

1～6. T005G6②：160、T005G6②：202、T005G6③：283、T005G6③：498、T005G6④：448、T005G6⑤：516

（3）鬶

在发掘中，陶鬶的残片数量比较多，但可修复完整者较少。以泥质或夹细砂的比较多，除最有代表性的白陶鬶外，还有一定数量的褐色、红色和黑色陶鬶，是用一般陶土为原料，其中褐色和红色陶鬶的器表多有一层陶衣。

第一组：多为不完整破碎陶片。

第二组：主要有以下两种样式。

标本T005G6③：474，夹砂白陶。宽短流，粗短颈，分裆，袋足，把手上有绞索形条纹，流口两侧、腹中部有圆泥饼装饰。口径残缺。通高32.1、厚0.2～0.3厘米（图5-28，1；彩版二四八，3）。

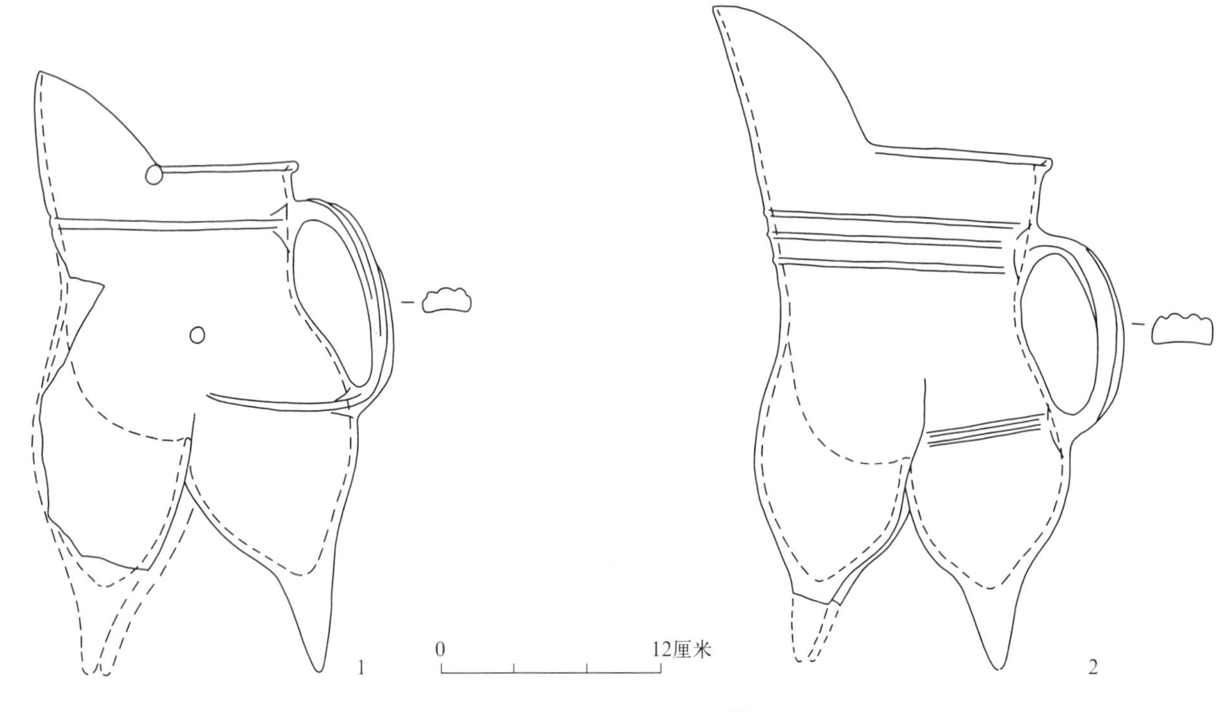

图5-28 T005出土陶鬶
1、2. T005G6③：474、T005G6③：465

标本T005G6③：465，泥质褐陶。高流，粗短颈，分裆，袋足，绞索形把手，器表有圆泥饼装饰。口径残缺。通高35.1、厚0.3~0.4厘米（图5-28，2；彩版二四八，4）。

（4）罐

出土个体数量最多的器类之一。泥质陶、夹砂陶并存，以黑陶、灰陶为主，除素面外，以弦纹为最常见，少量腹部有双耳，在型制上，有大口罐、中口罐和直口罐三种。

第一组：主要有以下几种样式。

标本T005G6②：114，泥质灰陶。直口，方唇，粗颈，宽圆肩，瘦长腹，小平底。腹上部饰一对宽贯耳，肩部有一对盲鼻，口沿上有一周凹槽，器表有三组凹弦纹。口径15.6、底径10.5、高32.0、厚0.25~0.4厘米（图5-29，1；彩版二四九，1）。

标本T005G6①：22，夹砂黑陶。直口稍外侈，方唇，卷沿，粗短颈，腹上部微鼓、下部斜收，小平底。腹上部饰对称的圆泥饼和盲鼻各一对，器表的凹、凸弦纹相间。口径23.4、底径13.8、高30.0、厚0.35~0.55厘米（图5-29，2；彩版二四九，2）。同一样式的有标本T005G6②：69（图5-29，3；彩版二四九，3）。

标本T005G6①：21，夹砂灰陶。敛口，鼓腹，平底内凹。腹中部偏下处有一对贯耳，口沿上有一周凹槽，器表饰四组凹弦纹。口径12.8、底径10.2、高14.7、厚0.4~0.6厘米（图5-29，4；彩版二四九，4）。

标本T005G6②：64，夹砂黑陶。侈口，圆唇，折沿，鼓腹，平底。器表饰三组凹弦纹。口径15.6、底径8.4、高19.6、厚0.4~0.8厘米（图5-29，5；彩版二四九，5）。同一样式的有标本T005G6②：78（图5-29，6；彩版二四九，6）、T005G6②：121（图5-29，7；彩版二五〇，1）。

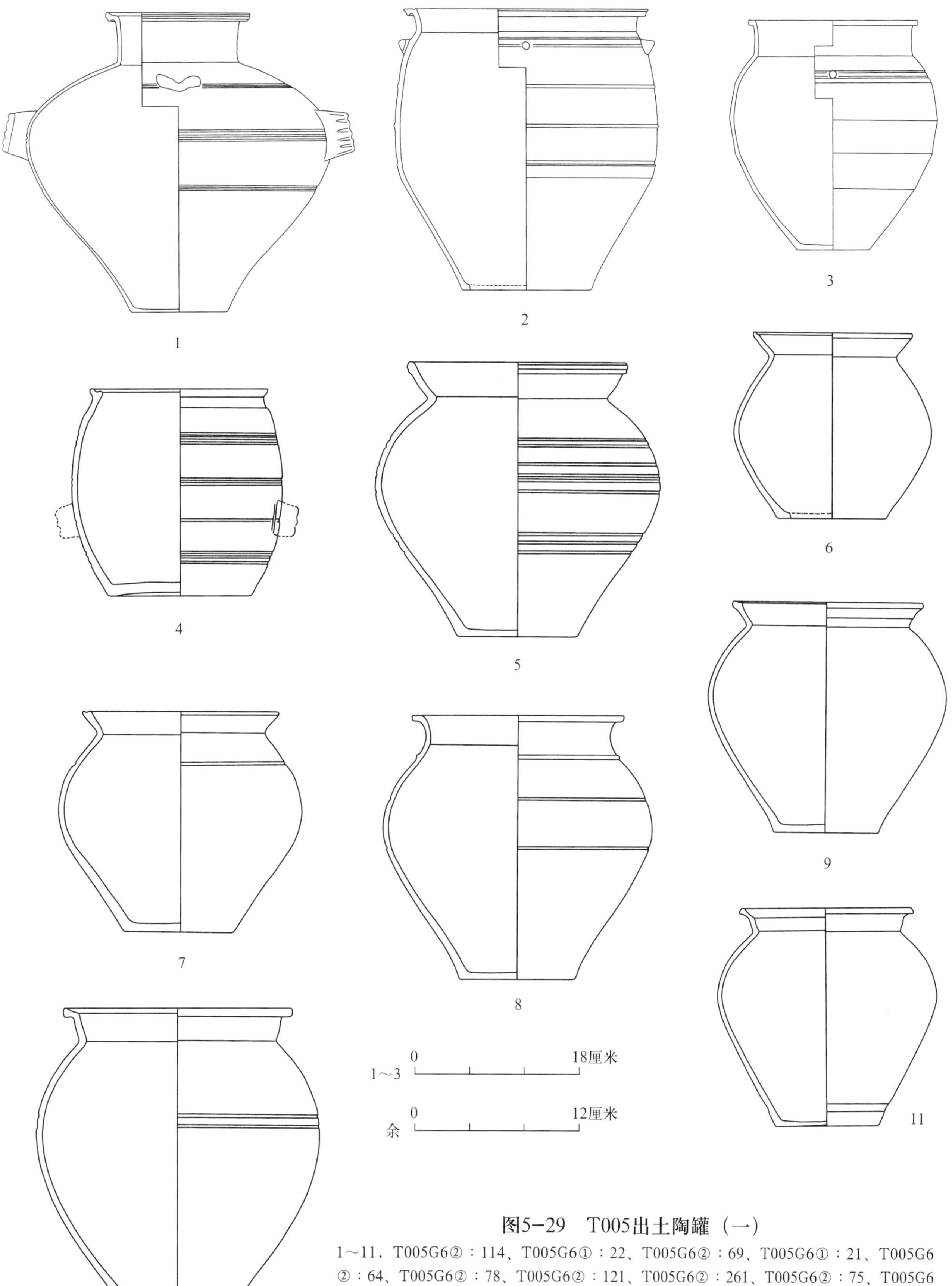

图5-29　T005出土陶罐（一）

1～11. T005G6②：114、T005G6①：22、T005G6②：69、T005G6①：21、T005G6②：64、T005G6②：78、T005G6②：121、T005G6②：261、T005G6②：75、T005G6②：120、T005G6①：12

标本T005G6②：75，夹砂黑陶。侈口，方唇，折沿，鼓腹，平底。素面。口径13.8、底径7.6、高16.4、厚0.3～0.6厘米（图5-29，9；彩版二五〇，2）。同一样式的有标本T005G6②：261（图5-29，8；彩版二五〇，3）、T005G6②：120（图5-29，10；彩版二五〇，4）、T005G6①：12（图5-29，11）。

第二组：

标本T005G6③：432，泥质黑陶。直口，宽平沿，圆肩，瘦长腹，平底内凹。制作精细，颈部、腹部均饰竹节纹。口径10.6、底径8.2、高17.9、厚0.2～0.3厘米（图5-30，1；彩版二五〇，5）。

标本T005G6③：435，夹砂黑陶。侈口，方唇，卷沿，窄肩，瘦腹，平底。口沿上有一周凹槽，器表饰两组对称的圆泥饼和凹弦纹。口径16.4、底径9.2、高17.1、厚0.3～0.8厘米（图5-30，2；彩版二五〇，6）。

标本T005G6③：370，泥质黑陶。直口，圆肩，小平底。肩部有一对斜向贯耳。口径10.0、底径7.6、高18.7、厚0.4～0.6厘米（图5-30，4；彩版二五一，1）。同一样式的有标本T005G6③：434（图5-30，3；彩版二五一，2）。

标本T005G6④：403，夹砂黑陶。直口，圆唇，宽圆肩，鼓腹，小平底。腹中部饰两周凹弦纹。口径10.0、底径10.8、高22.2、厚0.35～0.55厘米（图5-30，5；彩版二五一，3）。同一样式的有标本T005G6③：316（图5-30，7;彩版二五一，4）、T005G6③：395（图5-30，8；彩版二五一，5）。

标本T005G6③：433，夹砂黑陶。大口，圆唇，卷沿，瘦腹，平底内凹。体小壁厚，口沿上有一周凹槽，腹部饰两周凹弦纹。口径12.4、底径9.0、高14.4、厚0.45～0.9厘米（图5-30，6）。

标本T005G6③：274，夹砂黑陶。侈口，圆唇，折沿，鼓腹，平底。口沿上有一周凹槽，器表饰一组凹弦纹。口径11.9、底径8.6、高14.3、厚0.35～0.55厘米（图5-31，3；彩版二五一，6）。同一样式的有标本T005G6③：373（图5-31，1；彩版二五二，1）、T005G6③：014（图5-31，2）、T005G6③：300（图5-31，4；彩版二五二，2）、T005G6③：515（图5-31，5）。

标本T005G6③：308，泥质黑陶。侈口，圆唇，卷沿，鼓腹，平底。器表饰一周凹弦纹。口径12.8、底径8.6、高18.0、厚0.3～0.6厘米（图5-31，6；彩版二五二，3）。同一样式的有标本T005G6③：364（图5-31，7）。

标本T005G6③：414，泥质黑陶。圆唇，卷沿，浅腹，最大腹径在中部偏下处，大平底。素面。口径9.4、底径10.2、高7.8、厚0.3～0.4厘米（图5-31，8）。

（5）簋

出土数量较少，能复原者仅下层1件。

第二组：

标本T005G6③：475，泥质黑陶。敞口，深直腹，平底，三瓦棱形足。口沿上有一周凹槽，腹壁有凹、凸弦纹三周，足上除瓦棱纹外，还有一周小圆孔。口径23.2、底径20.0、高15.5、厚0.3～0.5厘米（图5-32）。

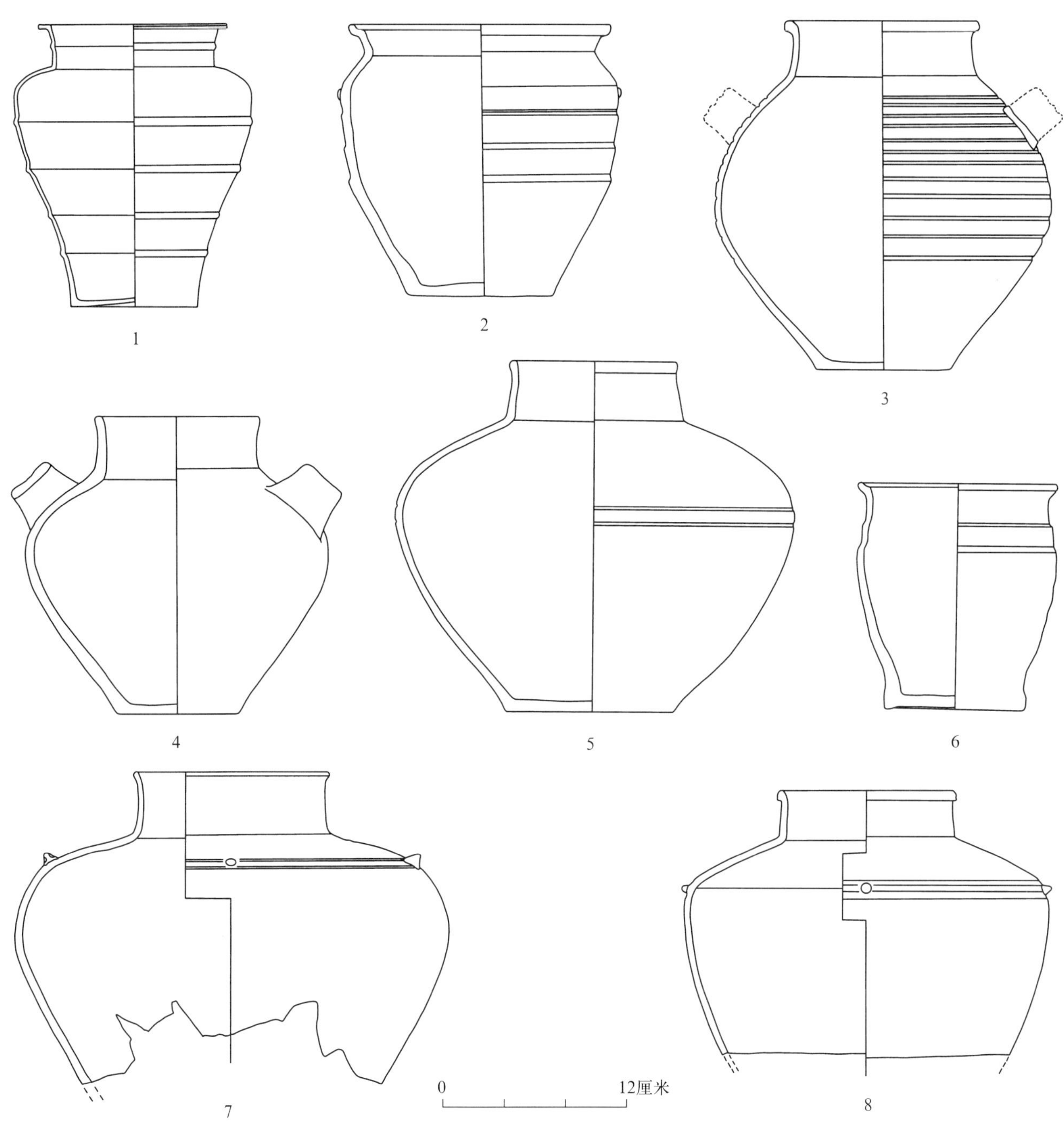

图5-30　T005出土陶罐（二）

1～8. T005G6③：432、T005G6③：435、T005G6③：434、T005G6③：370、T005G6④：403、T005G6③：433、T005G6③：316、T005G6③：395

（6）平底盆

是出土数量较多的器类，以泥质陶为主，有少量夹细砂者，陶色以黑色为多数，灰陶次之。其中的泥质磨光黑陶盆为基本代表。

第一组：主要有以下两种样式。

标本T005G6①：45a，夹砂黑陶。敞口，圆唇，卷沿，平底，深腹，腹中部以下近竖直，腹部有

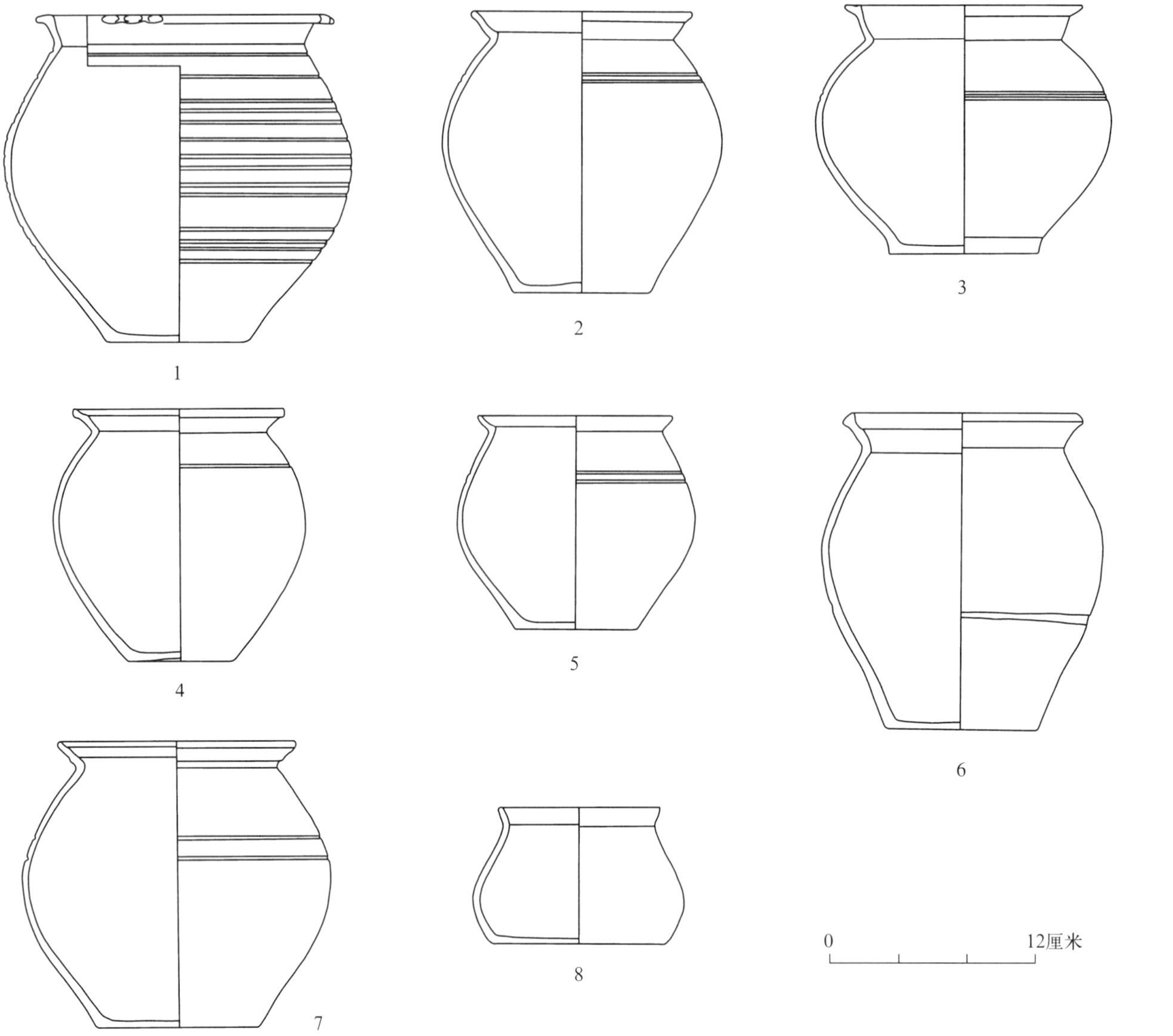

图5-31　T005出土陶罐（三）

1～8．T005G6③：373、T005G6③：014、T005G6③：274、T005G6③：300、T005G6③：515、T005G6③：308、T005G6③：364、T005G6③：414

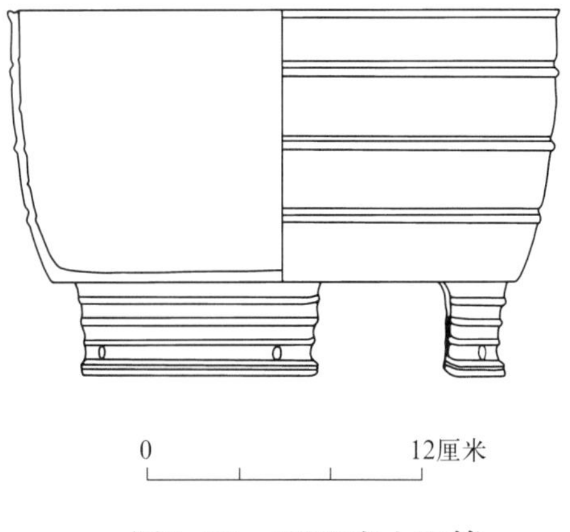

图5-32　T005出土陶簋

一对贯耳形鋬手。口径12.0、底径9.2、高9.4、厚0.4~0.6厘米（图5-33，1）。

标本T005G6①：45b，泥质黑陶。敞口，圆唇，平沿。素面。口径28.6、底径21.6、高10.8、厚0.4～0.8厘米（图5-33，2）。

标本T005G6②：88，夹砂灰陶。敞口，圆唇，卷沿，粗颈，短腹以下急内收，小平底。腹中部饰一对小盲鼻。口径23.6、底径10.8、高15.1、厚0.25～0.4厘米（图5-33，3）。

第二组：主要有以下几种样式。

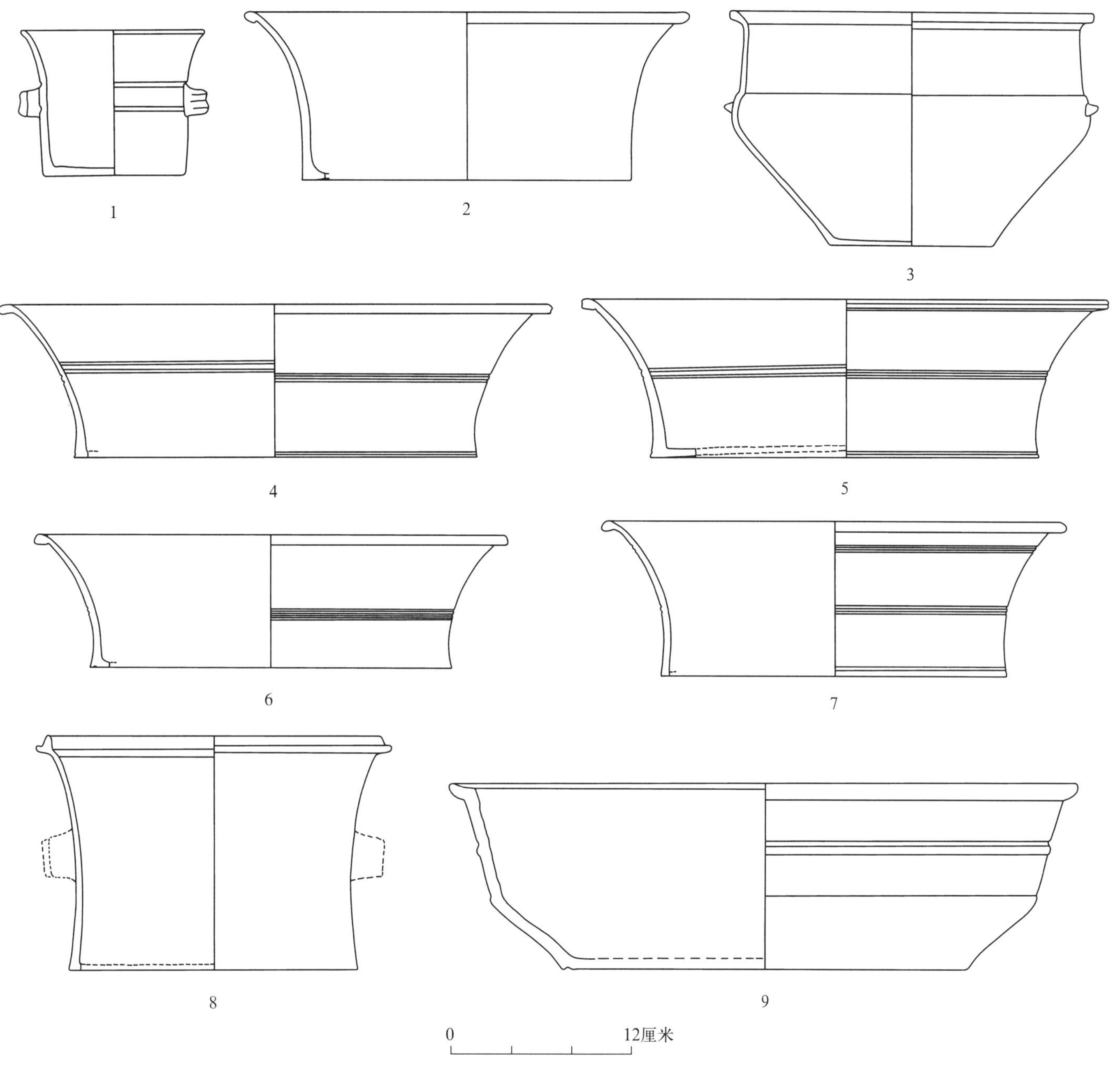

图5-33　T005出土平底盆

1～9．T005G6①：45a、T005G6①：45b、T005G6②：88、T005G6③：282、T005G6③：425、T005G6③：354、T005G6③：369、T005G6③：393、T005G6③：286

标本T005G6③：282，泥质黑陶。大敞口，方唇，卷沿，浅腹，腹壁呈中束状弧形，平底。腹中部饰一组凹弦纹。口径34.8、底径26.4、高9.9、厚0.3～0.8厘米（图5−33，4；彩版二五二，4）。同一样式者有标本T005G6③：425（图5−33，5;彩版二五二，5）、T005G6③：354（图5−33，6）、T005G6③：369（图5−33，7）。

标本T005G6③：393，泥质黑陶。子母口，深腹，腹壁略呈中束状，平底。腹中部有一对贯耳。口径22.0、底径19.2、高15.1、厚0.3～0.6厘米（图5−33，8）。

标本T005G6③：286，夹砂黑陶。敞口，圆唇，折腹，平底。口沿面内凹，饰一凹一凸的一组弦纹。口径41.6、底径26.8、高12.0、厚0.6～1.0厘米（图5−33，9）。

（7）三足盆

在传统习惯上，也被称为盆形鼎，但与罐形鼎相比较，在质地上以泥质磨光为主，在形制上，以盆形容体与鼎罐形容体相区别，特别是在使用功能上，除个别例外，这种器形并非炊器而主要是盛食器，所以取名为三足盆。这一器类的陶片数量也比较多，但残片往往难与平底盆、三足盒等相区别。在G6内完整者主要见于下层堆积中。

第二组：主要有以下几种样式。

标本T005G6③：333，夹砂红陶。敞口，宽平沿，浅腹，平底，“V”字形足痕。口径24.4、底径7.2、残高4.7、厚0.4～0.6厘米（图5−34，1）。

标本T005G6③：390，泥质黑陶。直口，尖唇，口内侧呈二层台状连接腹部，腹壁上部竖直、近底处折腹内收，平底，鸟喙形高足。器表饰凹弦纹并有对称的盲鼻。口径16.4、底径11.2、高13.9、厚0.2～0.4厘米（图5−34，2；彩版二五三，1）。

标本T005G6⑤：470，夹砂黑陶。敞口，尖唇，深腹，平底，鸟喙形足，自口至底，腹部逐渐内收。器表饰凸弦纹，在口沿上有三个排列均匀的小贯耳。口径14.8、底径10.4、高14.4、厚0.2～0.5厘米（图5−34，3；彩版二五三，2）。

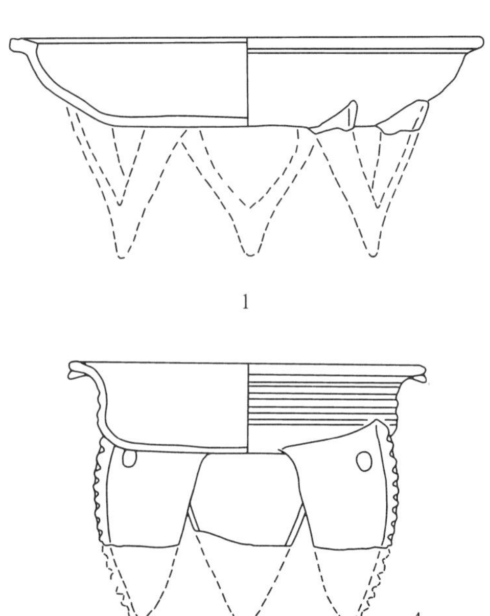

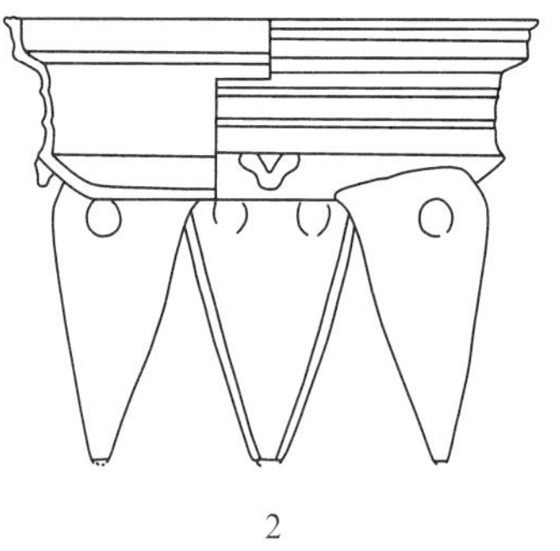

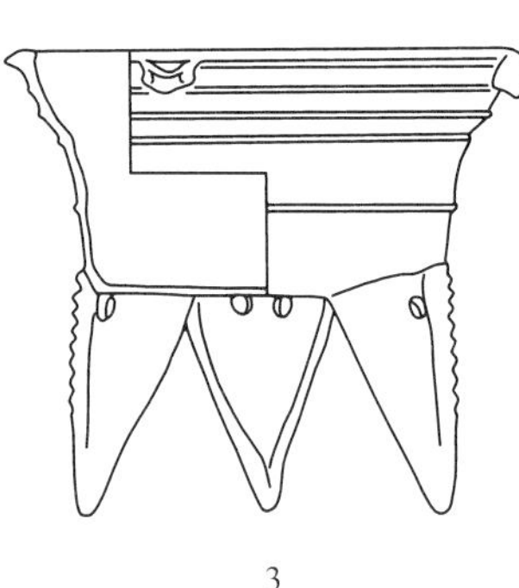

0　12厘米

图5−34　T005出土三足盆（一）

1～4．T005G6③：333、T005G6③：390、T005G6⑤：470、T005G6③：303

标本T005G6③：303，泥质黑陶。敞口，叠唇，卷沿，浅腹，平底，鸟喙形足（残）。器表饰凹、凸弦纹相间。口径18.4、底径13.2、残高9.6厘米（图5-34，4；彩版二五三，3）。

标本T005G6③：485，泥质褐陶。侈口，方唇，折沿，鼓腹，平底，无孔鸟喙形足。唇侧有压印纹，器表饰凸弦纹。口径14.8、底径11.2、残高13.4、厚0.3～0.5厘米（图5-35，1；彩版二五三，4）。

标本T005G6③：399，夹砂黑陶。敞口，窄平沿，浅腹，平底，鸟喙形足痕。口径14.8、底径11.2、残高6.7、厚0.3～0.6厘米（图5-35，3）。

标本T005G6③：489，夹砂黑陶。敞口，方唇，腹壁斜直，浅腹，平底，"V"字形足。器表饰弦纹。口径34.7、底径24.5、高20.6、厚0.5～0.7厘米（图5-35，4）。同一样式的有标本T005G6③：013、T005G6⑤：523（图5-35，2、5）。

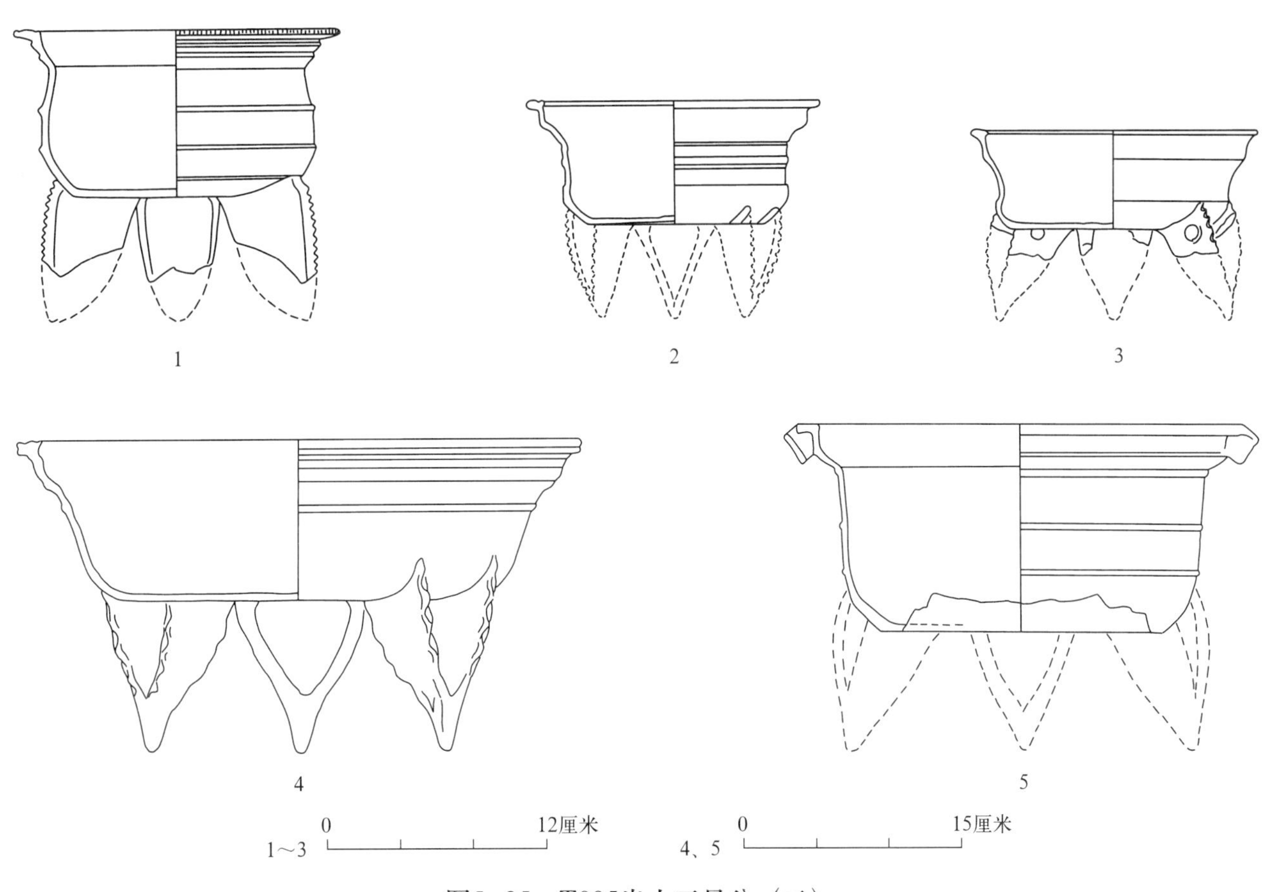

图5-35　T005出土三足盆（二）

1～5. T005G6③：485、T005G6③：013、T005G6③：399、T005G6③：489、T005G6⑤：523

（8）平底盘

数量不多，发现的个体也较小，这类陶片往往与陶豆残片难以区分，以泥质黑陶为主，间有褐色陶，器壁普遍较厚，多素面。

第一组：

标本T005G6②：151，泥质黑褐陶。口微内敛，圆唇，腹稍深，平底内凹。口径18.4、底径10.8、高4.4、厚0.2～0.4厘米（图5-36，1；彩版二五三，5）。同一样式者有标本T005G6②：289

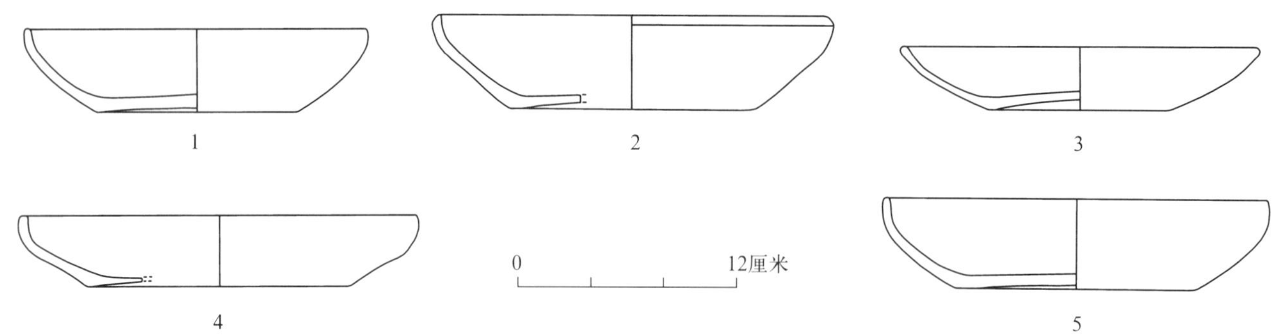

图5-36　T005出土平底盘

1～5. T005G6②：151、T005G6②：289、T005G6③：331、T005G6③：387、T005G6③：311

（图5-36，2）。

第二组：主要有以下几种样式。

标本T005G6③：311，泥质黑陶。直口，圆唇，斜直腹较浅，平底内凹。口径20.4、底径12.8、高4.8、厚0.2～0.4厘米（图5-36，5；彩版二五三，6）。同一样式者有标本T005G6③：387（图5-36，4）。

标本T005G6③：331，泥质褐陶。敞口，圆唇，浅腹，平底内凹。口径19.0、底径9.6、高3.4、厚0.18～0.35厘米（图5-36，3）。

（9）环足盘

完整者仅1件。

第一组：

标本T005G6①：46，夹砂黑陶。敞口，宽沿，浅腹，平底，三环足痕。厚胎，口沿上有一周凹槽。口径10.8、底径8.8、残高2.4、厚0.5～0.75厘米（图5-37，1）。

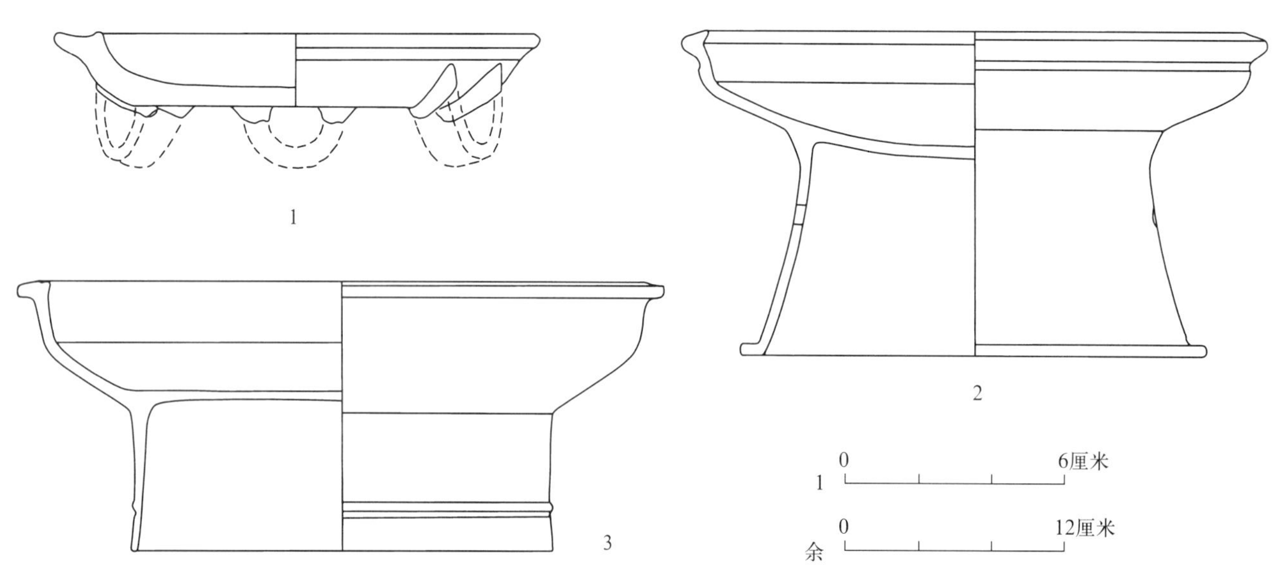

图5-37　T005出土环足盘、圈足盘

1. 环足盘T005G6①：46　2、3. 圈足盘T005G6①：6、T005G6②：113

（10）圈足盘

数量较少，一般个体较大，泥质磨光黑陶为主。可复原者均出自上层。

第一组：主要有以下样式。

标本T005G6①：6，夹砂黑陶。敛口，圆唇，折腹，圜底，喇叭形高圈足。圈足中部有对称的圆孔。口径29.0、底径22.8、高17.2、厚0.45～0.7厘米（图5-37，2）。

标本T005G6②：113，泥质黑陶。直口，窄平沿，折腹，平底，圈足稍矮、竖直。圈足上饰一组弦纹。口径32.2、底径23.0、高14.4、厚0.35～0.8厘米（图5-37，3；彩版二五四，1）。

（11）碗

发现数量不多，以泥质黑陶为主，可修复完整者均出自上层。

第一组：主要有以下样式。

标本T005G6②：183，泥质黑陶。敞口，圆唇，近底处腹壁收成二层台状，平底。口径13.8、底径7.1、高3.6、厚0.3～0.7厘米（图5-38，1）。

标本T005G6②：106，泥质黑陶。敞口，圆唇，卷沿，折腹，平底。口径14.1、底径11.4、高3.0、厚0.2～0.4厘米（图5-38，2）。同一样式者有标本T005G6①：4（图5-38，3）。

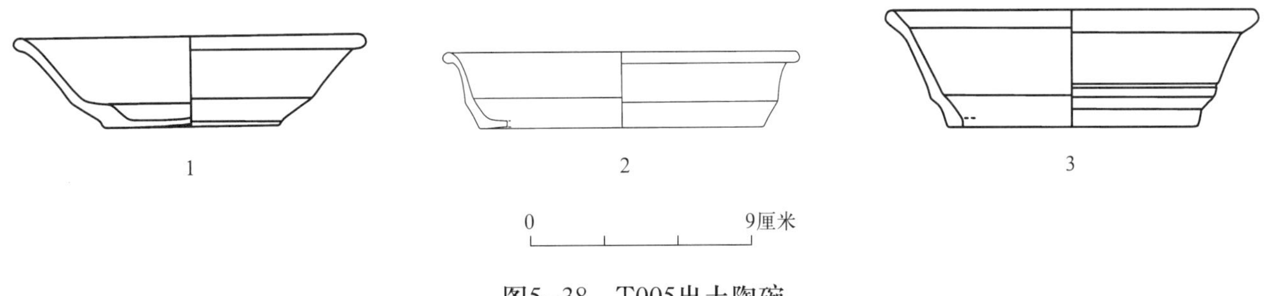

图5-38　T005出土陶碗

1～3. T005G6②：183、T005G6②：106、T005G6①：4

（12）平底盒

出土数量较多，以泥质磨光黑陶为主，有少量夹细砂者，制作精细。

第一组：主要有以下几种样式。

标本T005G6②：21，泥质黑陶。直口，尖唇，腹壁竖直，平底或内凹，子口在器身中部。口径13.5、底径13.7、高3.1、厚0.2～0.35厘米（图5-39，1）。同一样式者有标本T005G6①：44（图5-39，2；彩版二五四，2）、T005G6②：71（图5-39，3；彩版二五四，3）。

标本T005G6②：208，夹砂黑陶。直口稍内倾，尖唇，腹壁斜内收，近底处明显内收，子口在器身中部。口径10.4、底径9.3、高3.3、厚0.2～0.25厘米（图5-39，4；彩版二五四，4）。同一样式者有标本T005G6②：162（图5-39，5；彩版二五四，5）、T005G6②：117（图5-39，6）、T005G6②：126（图5-39，7）、T005G6②：156（图5-39，8；彩版二五四，6）。

标本T005G6②：176，夹砂黑陶。口内敛，尖唇，腹壁斜内收，小平底内凹，子口在器身中部偏上。口径9.6、底径5.9、高2.3、厚0.15～0.3厘米（图5-39，9；彩版二五五，1）。同一样式者有标本T005G6①：29（图5-39，10；彩版二五五，2）。

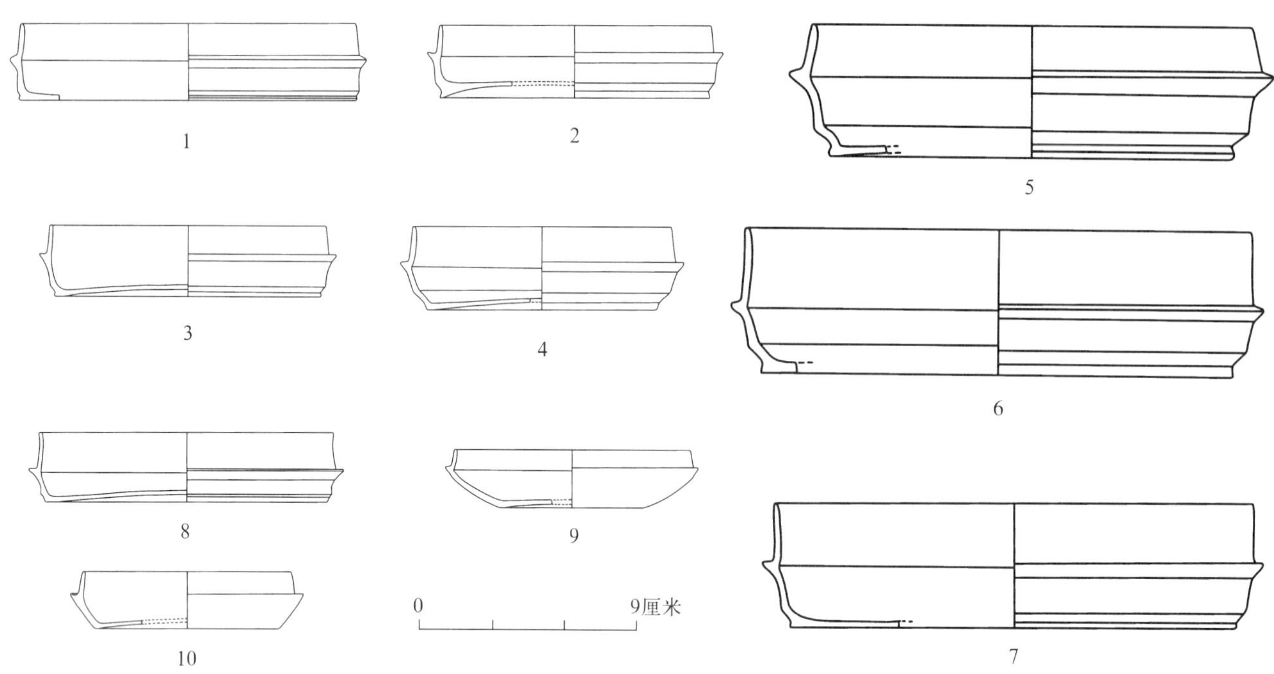

图5-39 T005出土平底盒（一）

1～10. T005G6②：21、T005G6①：44、T005G6②：71、T005G6②：208、T005G6②：162、T005G6②：117、T005G6②：126、T005G6②：156、T005G6②：176、T005G6①：29

第二组：主要有以下几种样式。

标本T005G6②：324，泥质黑陶。矮子母口，腹壁上部斜内收，近底处内折，平底内凹。腹部有一对贯耳。口径11.4、底径9.3、高3.9、厚0.2～0.65厘米（图5-40，1；彩版二五五，3）。同一样式者有标本T005G6③：017（图5-40，2）。

标本T005G6③：454，泥质黑陶。直口，折腹，平底内凹。口上缘面呈凹槽状。口径10.2、底径8.7、高3.5、厚0.1～0.25厘米（图5-40，3）。

标本T005G6③：344，泥质黑陶。口内敛，短子母口，腹壁上部近竖直，近底处内折，平底内凹。口径21.2、底径19.4、高7.6、厚0.25～0.4厘米（图5-40，4；彩版二五五，4）。同一样式者有标本T005G6③：276（图5-40，5；彩版二五五，5）、T005G6③：053（图5-40，6）、T005G6③：415（图5-40，7）、T005G6③：012（图5-40，8；彩版二五五，6）。

（13）三足盒

无完整者，只能从上体和底部断痕判断，均为泥质磨光黑陶，制作精细。

第一组：

标本T005G6②：200，泥质黑陶。直口内倾，尖唇，腹壁斜收，子口在器身中部，平底内凹，鸟喙形足痕。器表饰三周凸弦纹。口径10.5、底径9.0、残高3.9、厚0.2～0.4厘米（图5-41，2）。同一样式者有标本T005G6①：101（图5-41，1）。

第二组：

标本T005G6③：318，泥质黑陶。浅子母口，由口向腹部内收，腹壁竖直，平底内凹，鸟喙足痕，子口下有三个小贯耳。器表饰三周凸弦纹。口径14.7、底径12.8、高4.1、厚0.3～0.4厘米（图

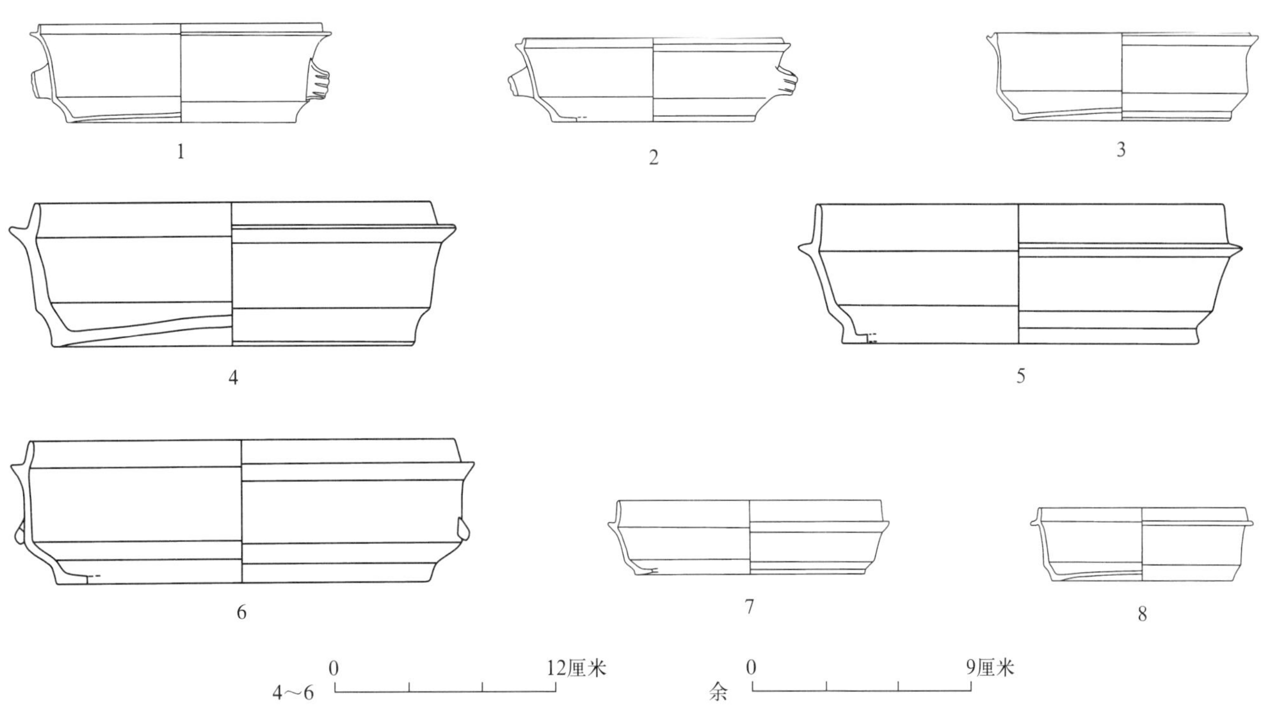

图5-40　T005出土平底盒（二）

1～8．T005G6②：324、T005G6③：017、T005G6③：454、T005G6③：344、T005G6③：276、T005G6③：053、T005G6③：415、T005G6③：012

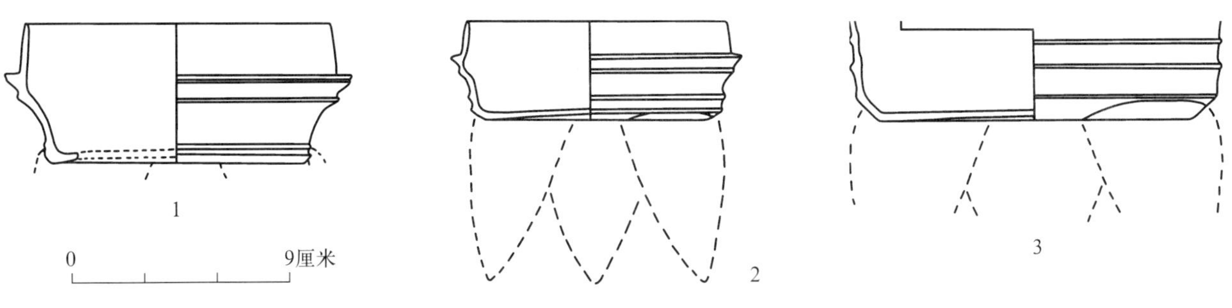

图5-41　T005出土三足盒

1～3．T005G6①：101、T005G6②：200、T005G6③：318

5-41，3）。

（14）杯

杯的出土数量比较多，以泥质陶为绝大多数，少量夹细砂者，以磨光黑陶为主，灰陶、褐陶均占少数，在制作方面，大多数都器形规整，胎薄精细。

第一组：主要有以下几种样式。

标本T005G6②：026，泥质黑陶。筒形体，尖唇，腹较深，壁竖直，平底内凹。体侧有一宽把手。口径9.6、底径9.6、高13.0、厚0.15～0.25厘米（图5-42，1；彩版二五六，1）。

标本T005G6②：163，筒形体，上部残，深腹，壁竖直，近底处内收，平底内凹。体侧有一把手。口径残缺。底径8.0、高12.4、厚0.15～0.25厘米（图5-42，3；彩版二五六，2）。

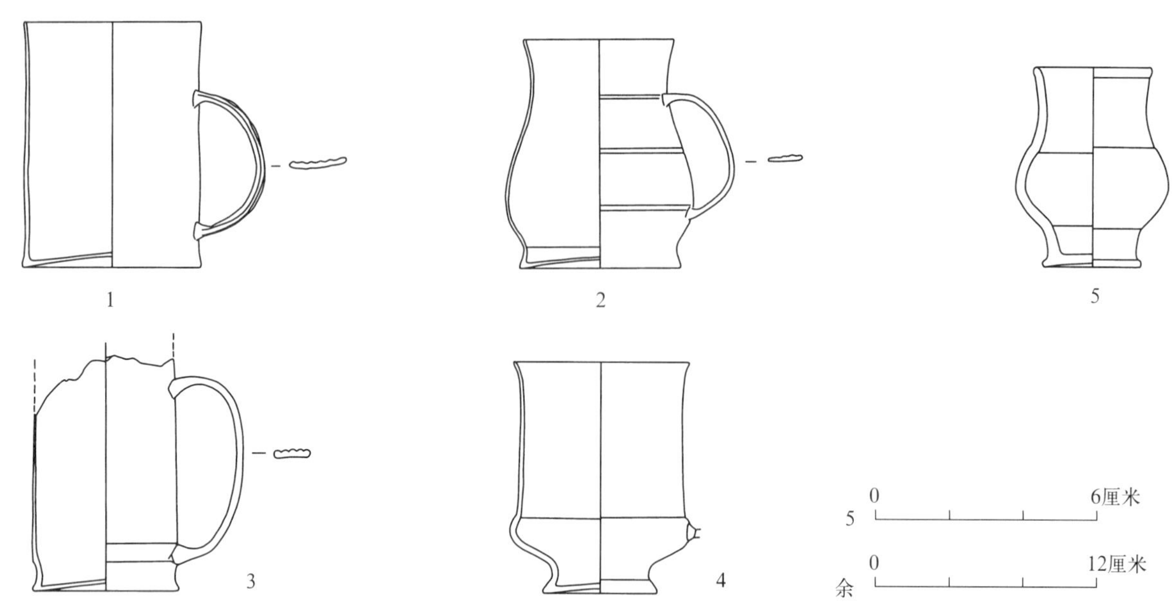

图5-42　T005出土陶杯（一）

1～5. T005G6②：026、T005G6②：028、T005G6②：163、T005G6①：34、T005G6②：129

标本T005G6①：34，泥质黑陶。尖唇，深直口，腹壁上部竖直，短鼓腹，下部急内收，假平底稍内凹。体侧有一把手痕。口径9.5、底径6.0、高12.3、厚0.15～0.3厘米（图5-42，4）。

标本T005G6②：028，泥质黑陶。粗颈，圆唇，卷沿，鼓腹，平底内凹。体侧有一把手，器表饰三周凹弦纹。口径8.0、底径8.7、高12.2、厚0.15～0.2厘米（图5-42，2；彩版二五六，3）。同一样式的有标本T005G6②：129（图5-42，5；彩版二五六，4）。

标本T005G6②：192，泥质黑陶。粗颈内倾，圆唇，卷沿，短鼓腹，小平底。把手位于腹上部至口沿处。口径8.8、底径6.8、高12.3、厚0.3～0.45厘米（图5-43，5；彩版二五六，5）。同一样式者有标本T005G6②：137（图5-43，1；彩版二五六，6）、T005G6①：026（图5-43，2）、T005G6②：159（图5-43，3；彩版二五七，1）、T005G6②：263（图5-43，4；彩版二五七，2）。

标本T005G6①：19，夹砂褐陶。粗高颈，短鼓腹，小平底稍内凹。体侧把手残，口及颈部稍向内压成内凹形，口沿上有一周凹槽，器表凹、凸弦纹各两周。口径11.0～12.4、底径8.8、高14.4、厚0.4～0.7厘米（图5-43，6；彩版二五七，3）。

第二组：主要有以下几种样式。

标本T005G6②：381，泥质黑陶。筒形体中束，尖唇，平底内凹，矮体。体侧有一把手，器表饰三周凹弦纹。口径7.4、底径12.0、高8.3、厚0.2～0.25厘米（图5-44，4；彩版二五七，4）。同一样式者有标本T005G6②：05（图5-44，1；彩版二五七，5）、T005G6⑤：504（图5-44，2；彩版二五七，6）、T005G6②：371（图5-44，7；彩版二五八，1）。

标本T005G6③：394，泥质黑陶。筒形体，尖唇，直壁，平底内凹，体较高。体侧有一把手。口径8.0、底径8.4、高11.2、厚0.15～0.2厘米（图5-44，5；彩版二五八，2）。同一样式的有标本T005G6③：440（图5-44，3；彩版二五八，3）。

标本T005G6③：402，敞口，尖唇，腹中部微鼓，平底内凹。体侧有一把手痕。口径9.2、底径

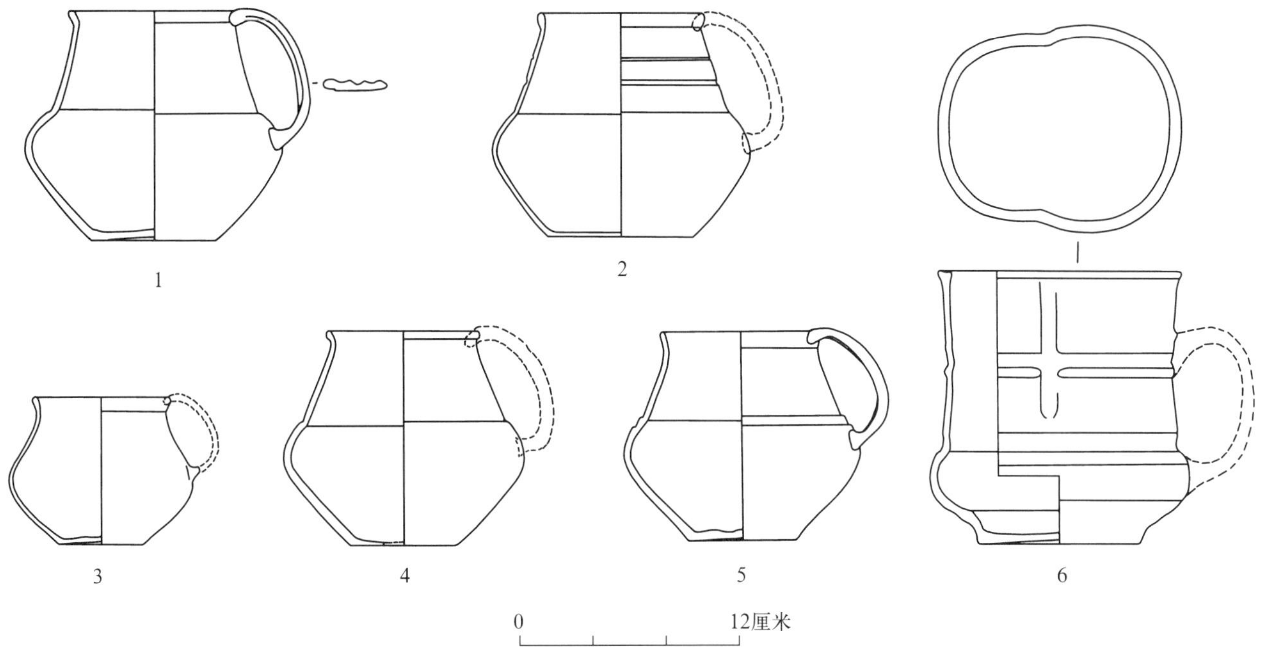

图5-43　T005出土陶杯（二）

1～6．T005G6②：137、T005G6①：026、T005G6②：159、T005G6②：263、T005G6②：192、T005G6①：19

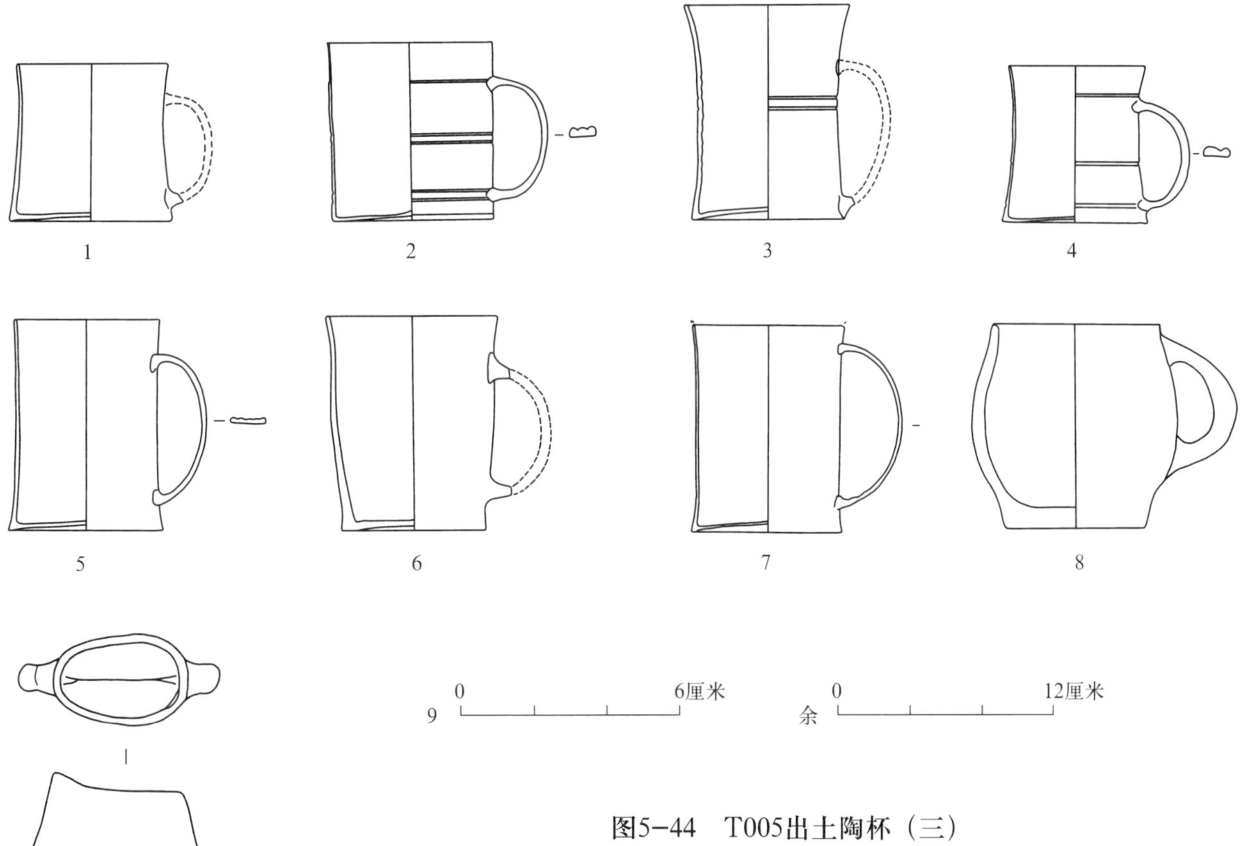

图5-44　T005出土陶杯（三）

1～9．T005G6②：05、T005G6⑤：504、T005G6③：440、T005G6②：381、T005G6③：394、T005G6③：402、T005G6②：371、T005G6③：018、T005G6③：285

7.8、高11.4、厚0.2～0.8厘米（图5-44，6；彩版二五八，4）。

标本T005G6③：329，泥质黑陶。粗颈斜内倾，圆唇，卷沿，短鼓腹，腹下部内收，小平底。腹上部至口沿有一把手痕。口径7.2、底径7.4、高9.0、厚0.3～0.4厘米（图5-45，1；彩版二五八，5）。同一样式的有标本T005G6④：422（图5-45，2；彩版二五八，6）、T005G6③：460（图5-45，3；彩版二五九，1）、T005G6③：416（图5-45，4）、T005G6③：337（图5-45，5）、T005G6③：488（图5-45，6）、T005G6③：336（图5-45，7；彩版二五九，2）、T005G6③：325（图5-45，8；彩版二五九，3）、T005G6⑤：506（图5-45，9）、T005G6③：310（图5-45，10）、T005G6③：492（图5-45，11；彩版二五九，4）、T005G6③：322（图5-45，12）、T005G6⑤：551（图5-45，13；彩版二五九，5）、T005G6④：401（图5-45，14）、T005G6③：468（图5-45，15；彩版二五九，6）。

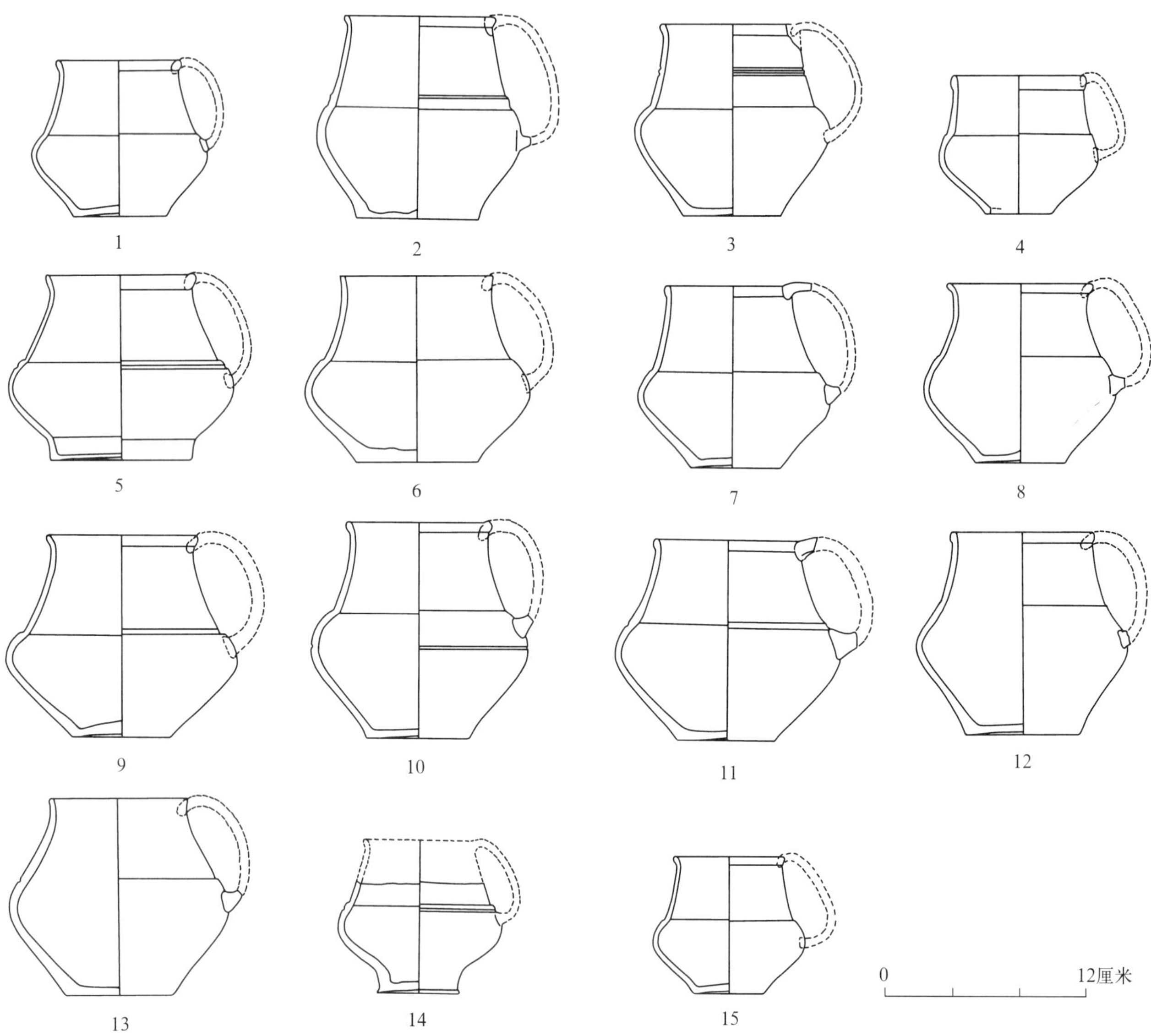

图5-45　T005出土陶杯（四）

1～15. T005G6③：329、T005G6④：422、T005G6③：460、T005G6③：416、T005G6③：337、T005G6③：488、T005G6③：336、T005G6③：325、T005G6⑤：506、T005G6③：310、T005G6③：492、T005G6③：322、T005G6⑤：551、T005G6④：401、T005G6③：468

标本T005G6③：018，泥质灰陶。圆唇，卷沿，鼓腹，平底。体侧有一把手。口径9.2、底径7.4、高10.8、厚0.5～1.2厘米（图5−44，8）。

标本T005G6③：285，泥质黑陶。马鞍形口，椭圆形体，平底不规整。口径2.0～3.2、底径5.6、高3.4、厚0.2厘米（图5−44，9）。

（15）箅子

仅存残片，均为夹砂黑陶，属上层。

第一组：

标本T005G6②：123，夹砂黑陶。圆形，锯齿形边缘，周边有一短壁，中部为长条形镂空。口径残存4.3、高2.65、厚0.5厘米（图5−46，1）。同一样式的有标本T005G6②：222（图5−46，2）。

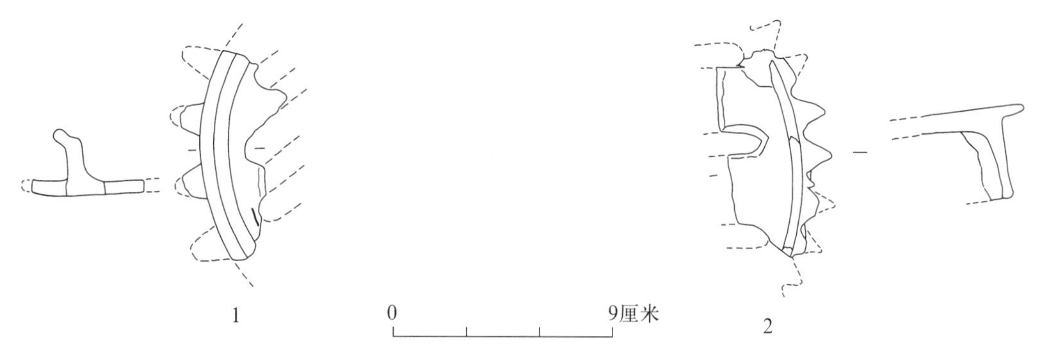

图5−46　T005出土陶箅子

1、2．T005G6②：123、T005G6②：222

（16）器盖

出土数量众多，因是多种陶器的器盖，其质地、陶色及样式也非常复杂。

第一组：有如下几种样式。

标本T005G6①：238，泥质黑陶。覆盘形，折肩，直壁内倾，顶面隆起，顶面中部残。折肩上缘有一周凸棱。口径25.0、残高8.6、厚0.4～0.9厘米（图5−47，1）。

标本T005G6②：224，泥质黑陶。筒形体，折肩，直壁，顶面中部隆起。口径8.0、高7.8、厚0.2～0.25厘米（图5−47，2；彩版二六〇，1）。

标本T005G6②：248，泥质黑陶。筒形体，折肩，直壁，顶面中部下凹，有纽残痕。器表饰一周凸弦纹，口沿上有一周凹槽。口径12.4、残高5.9、厚0.5～0.6厘米（图5−47，6）。

标本T005G6②：140，夹砂黑陶。筒形体，折肩，直壁，顶面中部有一捉手，捉手平顶而内壁中空。口径13.2、纽径6.1、高12.6、厚0.4～0.6厘米（图5−47，7；彩版二六〇，2）。

标本T005G6②：151，泥质黑陶。筒形体，圆肩，直壁，顶面中部有一捉手，捉手平顶下凹。口径10.0、纽径4.2、高6.6、厚0.2厘米（图5−47，4）。

标本T005G6②：124，泥质黑陶。覆盘形，圆肩，直壁内倾，顶面微隆，中部有一矮喇叭形捉手。口径19.6、纽径6.2、高7.9、厚0.2～0.4厘米（图5−47，5；彩版二六〇，3）。

标本T005G6①：43，夹砂黑陶。覆盘形，宽平沿，口内敛，平顶面，顶部有一对半环形捉手。

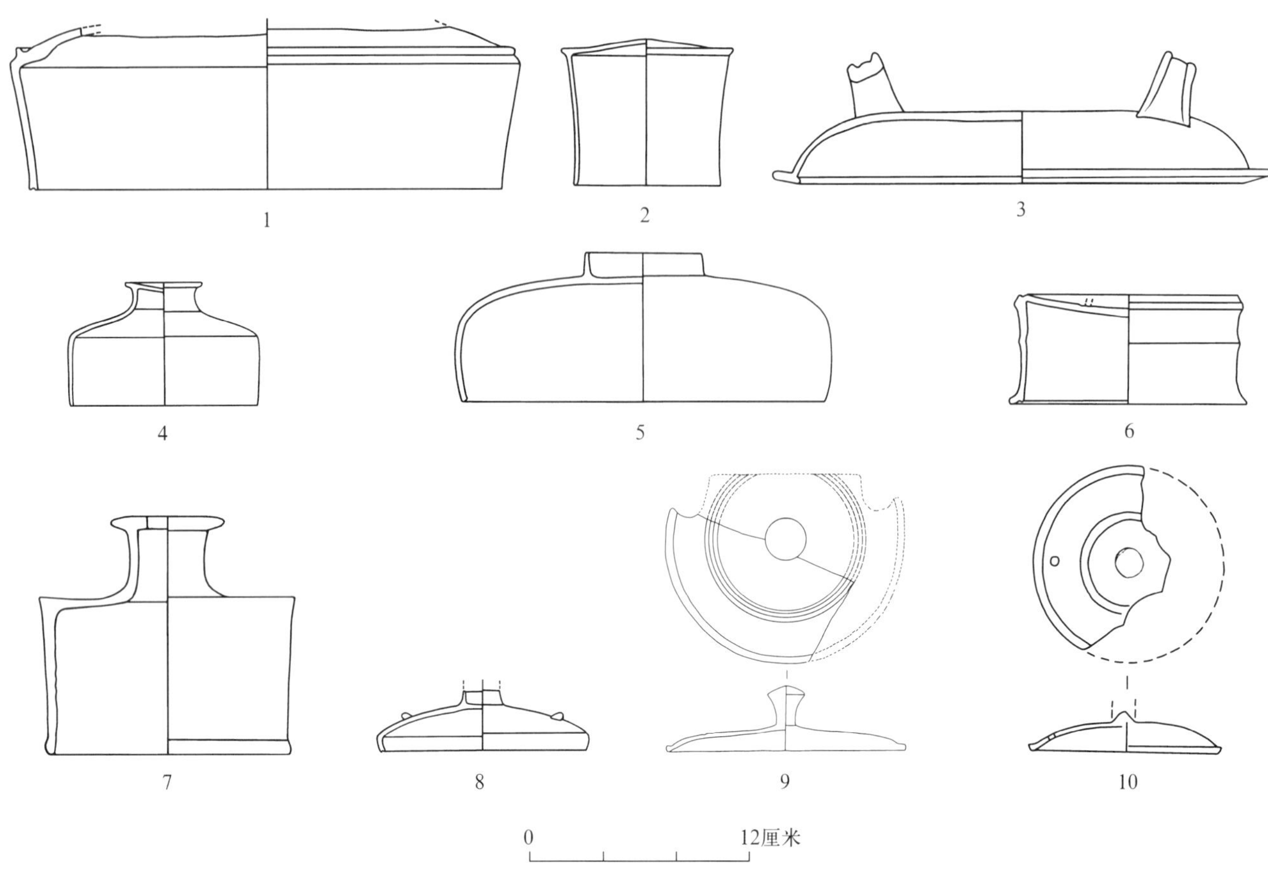

图5-47 T005出土器盖（一）

1～10. T005G6①：238、T005G6②：224、T005G6①：43、T005G6②：151、T005G6②：124、T005G6②：248、T005G6②：140、T005G6②：264、T005G6②：059、T005G6①：14

口径24.0、高7.0、厚0.35～0.6厘米（图5-47，3；彩版二六〇，4）。

标本T005G6②：264，夹砂黑陶。覆盘形，口内敛，顶面隆起，顶中部有一纽痕，隆起面上有一对盲鼻。口径11.0、纽径残存1.9、残高3.25、厚0.1～0.28厘米（图5-47，8；彩版二六〇，5）。

标本T005G6②：059，夹砂白陶。覆碟形，盖面缓缓隆起，中部有一蘑菇形纽，边缘有一对缺口，两缺口间为一直边。口径12.8、纽径2.0、高3.5、厚0.38～0.42厘米（图5-47，9；彩版二六〇，6）。同一样式的有标本T005G6①：14（图5-47，10；彩版二六一，1）。

标本T005G6①：51，夹砂灰陶。覆碗形，盖面斜直低平，平顶。口径16.0、纽径5.0、高5.2、厚0.3～0.4厘米（图5-48，4）。同一样式的有标本T005G6①：36、T005G6②：58、T005G6②：227（图5-48，1～3）。

标本T005G6②：214，夹砂黑陶。覆碗形，盖面斜直较高，方唇上有凹槽，平顶。口径17.6、纽径5.6、高6.8、厚0.2～0.5厘米（图5-48，8）。同一样式的有标本T005G6①：42、T005G6②：236、T005G6②：138（彩版二六一，2）、T005G6②：115（彩版二六一，3）、T005G6②：278（图5-48，5～7、9、10）。

标本T005G6②：119，夹砂黑陶。覆碗形，盖面隆起较高，方唇，平顶。口径15.2、纽径5.2、高7.2、厚0.2～0.7厘米（图5-49，12；彩版二六一，4）。同一样式的有标本T005G6②：142（图

5–49，1；彩版二六一，5）、T005G6②：157（图5–49，2）、T005G6②：254（图5–49，3）、T005G6②：164（图5–49，4）、T005G6②：134（图5–49，5）、T005G6②：247（图5–49，6；彩版二六一，6）、T005G6①：47（图5–49，7；彩版二六二，1）、T005G6②：228（图5–49，8；彩版二六二，2）、T005G6①：2（图5–49，9）、T005G6②：87（图5–49，10；彩版二六二，3）、T005G6②：155（图5–49，11；彩版二六二，4）、T005G6②：182（图5–49，13；彩版二六二，5）、T005G6②：188（图5–49，14；彩版二六二，6）。

第二组：有以下几种样式。

标本T005G6③：06，泥质黑陶。筒形体，折肩，直壁，顶面隆起。口径10.0、高7.6、厚0.2～0.4厘米（图5–50，3；彩版二六三，1）。同一样式的有标本T005G6③：550（图5–50，1；彩版二六三，2）。

标本T005G6③：477，泥质黑陶。筒形体，折肩，直壁，顶面隆起，顶中部有一提梁。器表饰一周凸弦纹。口径12.0、残高7.7、厚0.3～0.4厘米（图5–50，2；彩版二六三，3）。

标本T005G6③：491，泥质黑陶。筒形体，折肩，直壁，平顶，顶部中央有一捉手。器表饰一周凸弦纹，顶面边缘有一对泥突装饰。口径15.6、残高6.8、厚0.25～0.4厘米（图5–50，4；彩版二六三，4）。同一样式的还有T005G6③：323（图5–50，6）。

标本T005G6③：290，泥质黑陶。覆盘形，圆肩，直壁内倾，顶面微隆，顶中部有一喇叭形捉手。口径11.5、纽径4.0、高5.8、厚0.15～0.25厘米（图5–50，5）。

标本T005G6③：352，泥质黑陶。覆盘形，圆肩，直壁内倾，顶面微隆，中部有一平顶（下

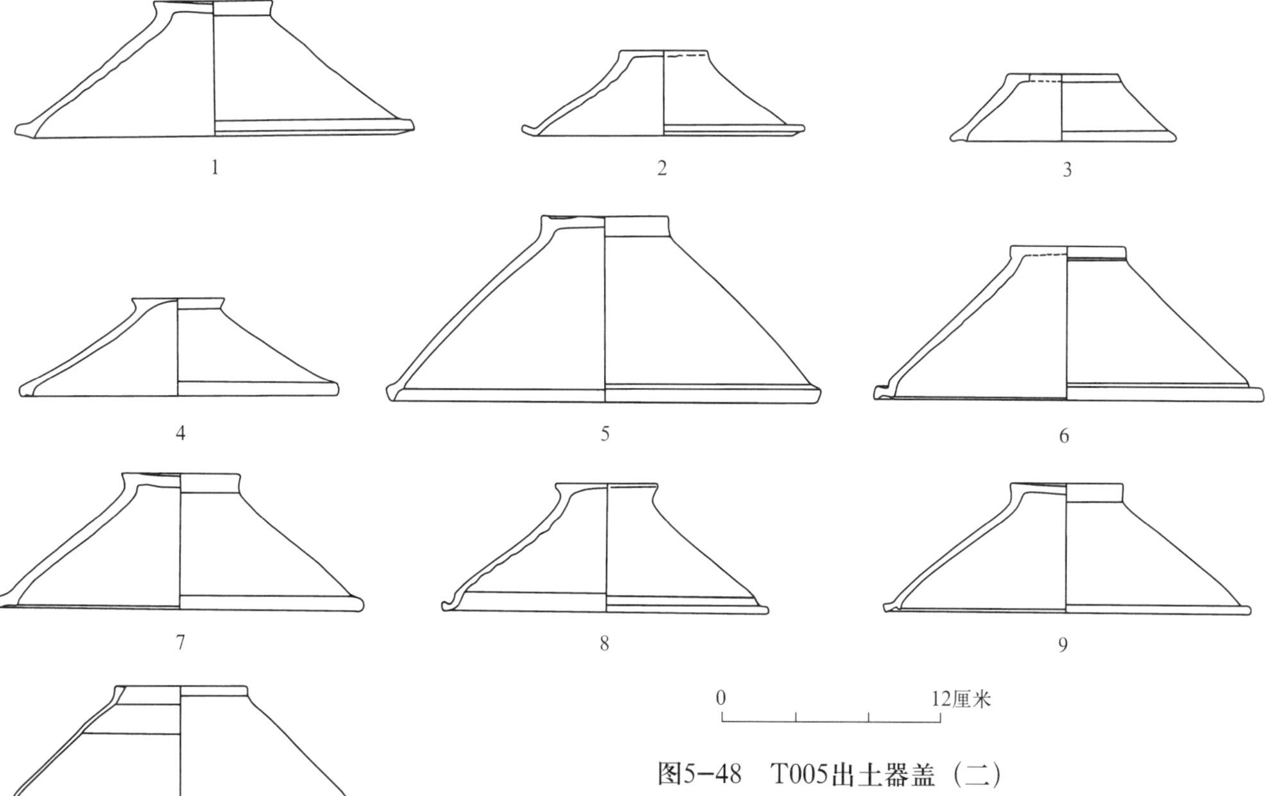

图5–48　T005出土器盖（二）

1～10．T005G6①：36、T005G6②：58、T005G6②：227、T005G6①：51、T005G6①：42、T005G6②：236、T005G6②：138、T005G6②：214、T005G6②：115、T005G6②：278

凹）捉手，捉手内壁中空。口径19.2、纽径7.2、高8.6、厚0.3～0.4厘米（图5–50，7；彩版二六三，5）。

标本T005G6②：411，夹砂黑陶。覆盘形，折肩，壁下部斜直，平顶，顶中部有提梁痕。口径25.1、残高8.0、厚0.3～0.5厘米（图5–50，11）。

标本T005G6②：525，泥质黑陶。覆盘形，折肩，壁竖直，平顶残。器表饰一组弦纹。口径22.8、残高5.5、厚0.3～0.6厘米（图5–50，12）。

标本T005G6②：521，夹砂白陶。覆碟形，盖面微隆，中部有一纽痕，边缘有一对缺口。顶面饰两周凹弦纹。口径19.2、高3.2、厚0.48～0.6厘米（图5–50，8）。同一样式的有标本T005G6②：014（图5–50，9）。

标本T005G6②：412，夹砂黑陶。覆碗形，盖面斜直低矮，平顶。口径9.6、纽径3.2、高2.8、厚0.3～0.65厘米（图5–50，10）。同一样式的有标本T005G6②：362（图5–50，13）。

标本T005G6②：363，夹砂黑陶。覆碗形，盖面斜直较高，唇沿外出，平顶。口径15.6、纽径5.0、高6.3、厚0.3～0.5厘米（图5–51，4；彩版二六三，6）。同一样式的有标本T005G6④：400（图5–51，7；彩版二六四，1）、T005G6⑤：558（图5–51，8）。

标本T005G6④：404，夹砂黑陶。覆碗形，盖面隆起，圆唇外出，平顶。口径19.2、纽径7.0、高7.0、厚0.4～0.55厘米（图5–51，3；彩版二六四，2）。同一样式的有标本T005G6②：467（图5–51，1；彩版二六四，3）、T005G6⑤：520（图5–51，2；彩版二六四，4）、T005G6⑤：471

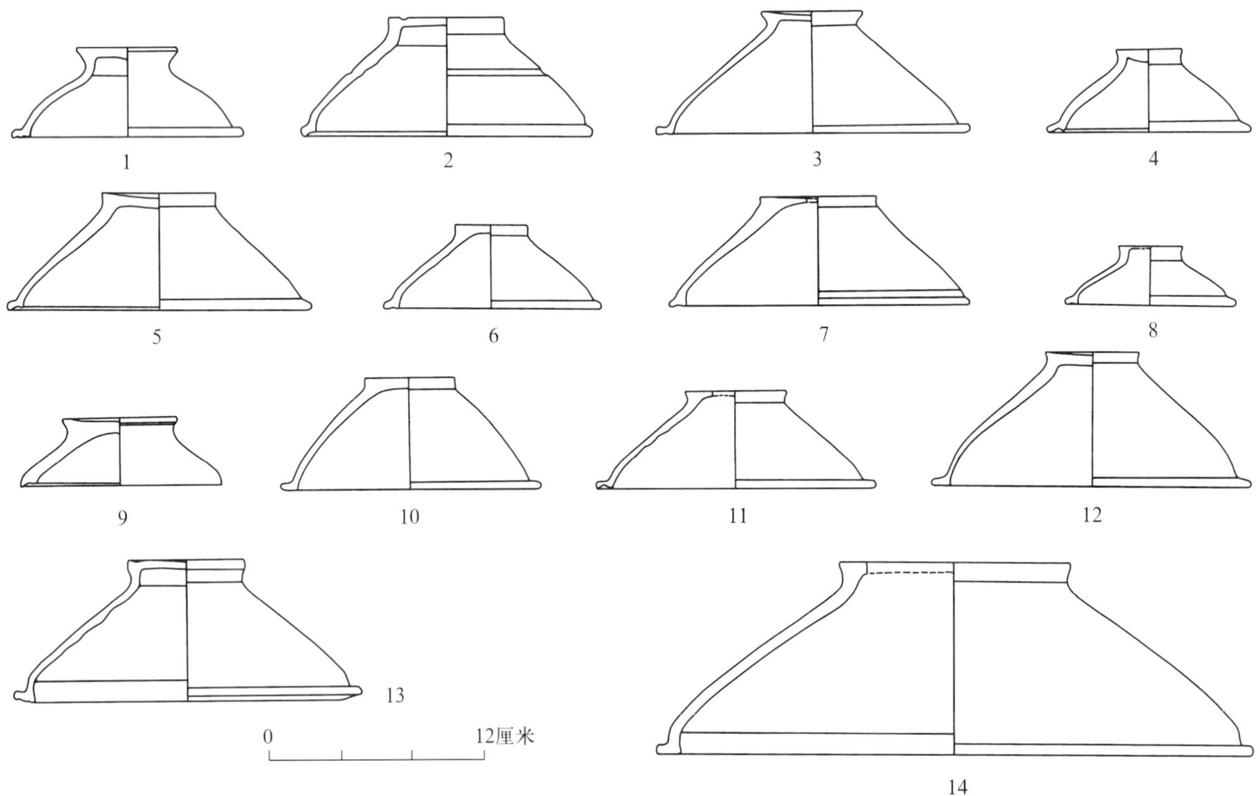

图5–49　T005出土器盖（三）

1～14．T005G6②：142、T005G6②：157、T005G6②：254、T005G6②：164、T005G6②：134、T005G6②：247、T005G6①：47、T005G6②：228、T005G6①：2、T005G6②：87、T005G6②：155、T005G6②：119、T005G6②：182、T005G6②：188

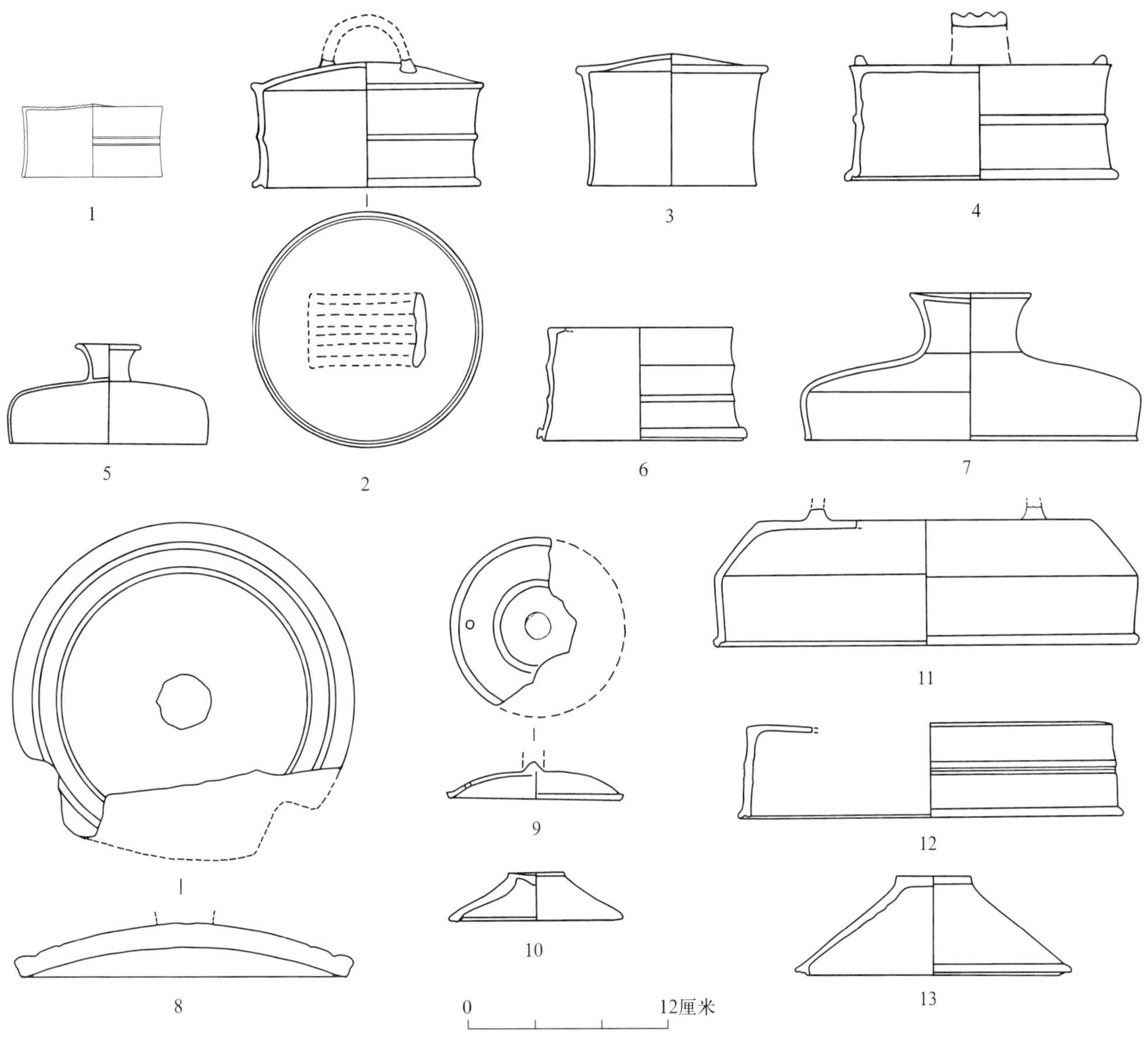

图5-50　T005出土器盖（四）

1～13. T005G6③：550、T005G6③：477、T005G6③：06、T005G6③：491、T005G6③：290、T005G6③：323、T005G6③：352、T005G6②：521、T005G6②：014、T005G6②：412、T005G6②：411、T005G6②：525、T005G6②：362

（图5-51，5）、T005G6⑤：505（图5-51，6；彩版二六四，5）、T005G6②：499（图5-51，9）、T005G6②：502（图5-51，10；彩版二六四，6）。

（17）纺轮

出土数量较多，以泥质陶为主，有少量夹细砂或云母片。陶色有黑色、灰色和褐色等。

第一组：有以下几种样式。

标本T005G6①：25，夹砂黑陶。圆形体薄，一面平，另一面微隆，中心有一小圆孔。边缘有凹弦纹。直径4.8、厚0.45厘米（图5-52，6）。同一样式的有标本T005G6②：185、T005G6②：132（图5-52，1、3）。

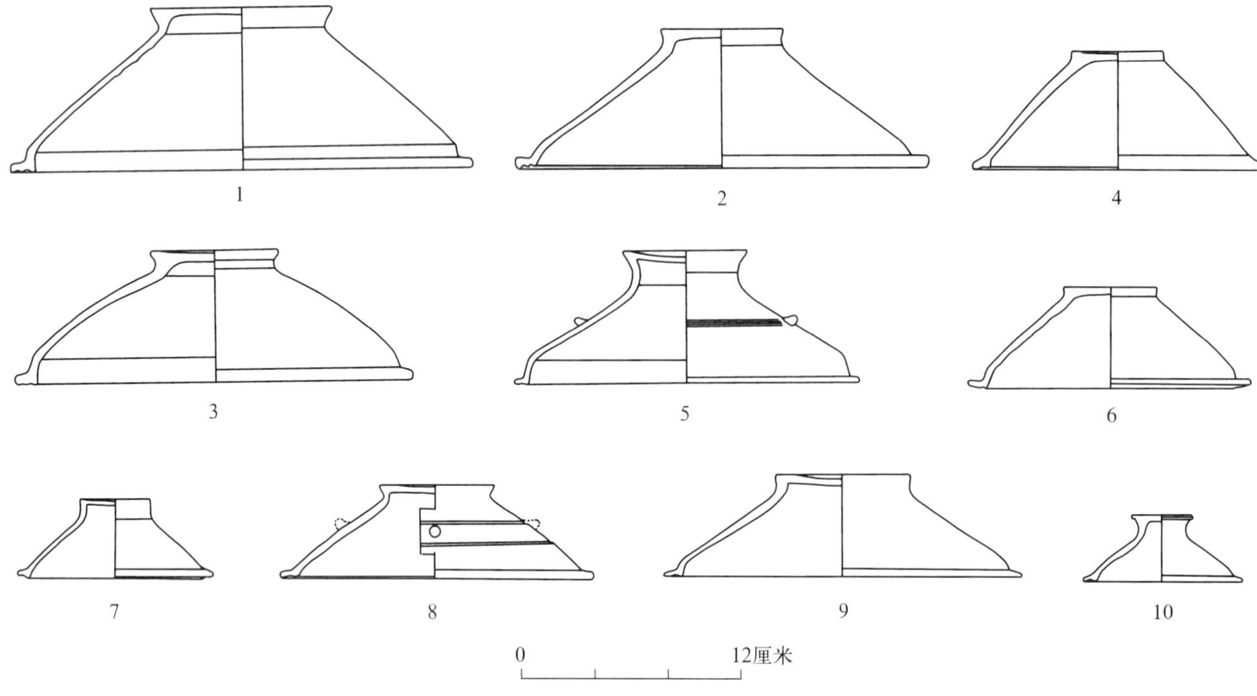

图5-51 T005出土器盖（五）

1～10．T005G6②：467、T005G6⑤：520、T005G6④：404、T005G6②：363、T005G6⑤：471、T005G6⑤：505、T005G6④：400、T005G6⑤：558、T005G6②：499、T005G6②：502

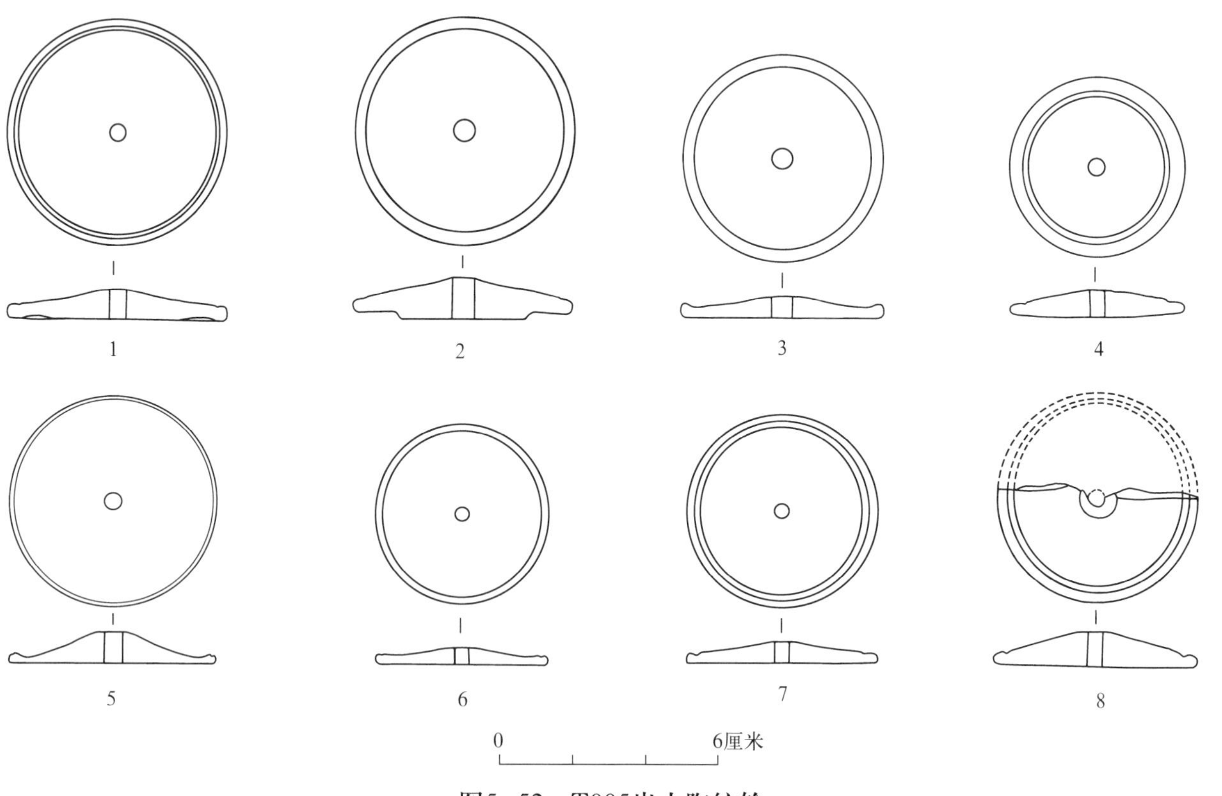

图5-52 T005出土陶纺轮

1～8．T005G6②：185、T005G6②：218、T005G6②：132、T005G6②：255、T005G6②：272、T005G6①：25、T005G6③：451、T005G6⑤：531

标本T005G6②：255，夹砂黑陶。圆形体厚，一面平，另一面隆起较高，中心有一小圆孔。边缘有凹弦纹。直径4.8、厚0.7厘米（图5−52，4）。同一样式的有标本T005G6②：272（图5−52，5）。

标本T005G6②：218，夹砂黑陶。圆形体厚，一面呈二层台状，另一面隆起，中心有一小圆孔。边缘有凹弦纹。直径6.0、厚1.1厘米（图5−52，2）。

第二组：

标本T005G6③：451，夹砂黑陶。圆形体薄，一面平，另一面微隆，中心有一小圆孔。边缘有凹弦纹。直径5.2、厚0.55厘米（图5−52，7）。

T005G6⑤：531，夹砂黑陶。圆形体厚，一面平，另一面隆起较高，中心有一小圆孔。边缘有凹弦纹。直径5.6、厚0.9厘米（图5−52，8）。

二　T007～T008

T007～T008位于大环壕西壕沟偏南处，大堌堆西南方向，这里的地形呈东高西低状，探沟取东西向横截环壕，东西长56、宽2米，发掘面积为112平方米。探沟坐标为E4，730N，864E。在发掘过程中，因探沟内出水，在挖至1.50米深时，采用先挖一个渗水坑抽水的方法，继而又采用只挖南边1米宽的方式，以避免塌方和保证安全。该探沟的平面形式，耕土层下的堆积由东而西可分为三个部分，一是大环壕本身（编号为G7）；二是环壕西侧的条带形凸起部分（宽约12.50米）；三是古河道部分，因古河道太宽只发掘东侧部分，清理的古河道编号为G8。在T007～T008发掘结束后，为确定环壕内有无城墙，曾向东延伸10米进行解剖，只发现有龙山文化的灰坑、残存的房址、零散的柱洞，均没延伸到环壕，出土物较少并过于破碎，但没有发现城墙遗存，可确定环壕内侧无城墙痕迹，故不多介绍。

（一）地层堆积

以T007～T008南壁剖面为例（图5−53）。

第①层　厚0.27～0.65米。为耕土层和扰土层。

在该层下暴露的遗迹除一汉代小型砖室墓、一个汉代灰坑（H521）以外，其他均为龙山文化遗存。G7与G8均该层下开口。

（二）遗迹

1．大环壕内堆积

在这里清理的这段大环壕编号为G7，耕土层和扰土层下开口，G7的上口宽28米，斜壁内收底近平，存深2.50米，沟内堆积划分为7小层，归并为两大部分，G7①、G7②为上层堆积，G7③～G7⑦为下层堆积（彩版二六五，1）。

第①层　深0.30～0.50、最厚处0.65米。以灰褐土为主，结构紧密，土质黏性较大。内含黄土碎块、红烧土颗粒、木炭屑和草木灰。分布于环壕的东部和中部，出土大量陶片和少量残石器。

第②层　深0.20～1.10、最厚处0.75米。土色以深灰褐色为主，结构较紧密。内含红烧土粒（块）、木炭屑、草木灰等，分布于环壕中部的较大范围，堆积呈东高西低倾斜状，出土文化遗物丰富，有大宗陶器和石器。

第③层　深0.22～1.60、最厚处0.55米。灰褐色土，土质细腻，基本布满环壕。出土物丰富并多有大体完整的陶器。该层下开口的遗迹有H523。

第④层　深0.22～1.75、最厚处0.40米。灰褐色土，质紧密呈淤积状，堆积较纯净，分布于环壕的中部和西部。出土物丰富并相对集中，该层面有一短期形成的蘑菇状烧土面，中间内凹，长约0.75、宽约0.68米，烧结厚度约4～5厘米，该层下开口的遗迹有H522。

第⑤层　深0.52～1.87、最厚处1.95米。以灰褐色沙黏土为主，为多层淤积所成，基本布满环壕，东部厚而向西渐薄，出土物丰富。堆积中也有短期内形成的红烧土面，呈椭圆形，东西0.80、南北0.55米，红褐色砂黏土，面上有一薄层草木灰，并有5个凹坑，分布不均匀，无规律，底部为烧土。

第⑥层　深2.20～2.65、最厚处0.35米。以黄褐色黏淤土为主。内含少量草木灰和木炭屑及黄土碎块，主要分布在环壕东部和中部，大部分堆积在基岩上。出土物较以上诸层中已明显减少，堆积中的红烧土面，清理部分呈半圆形，东西1.50、南北0.90米，烧结厚度约7厘米，面上有大量草木灰、木炭等。

第⑦层　深0.40～2.55、最厚处0.40米。以灰褐色沙黏土为主，局部为集中的淤砂，结构紧密。内含少量红烧土、草木灰和木炭屑，间断存在于环壕底部的基岩上，出土物较少。

2．G7西侧“隔离带”

位于G7和古河道（G8）之间，地层堆积简单，0.30～0.40米厚的耕土层和扰土层之下有很薄的一层黄黏土，厚10～12厘米，其下为基岩。黄黏土层结构紧密，质较硬，个别地方有路土特征，分析该层未被破坏前可能作道路使用。现存的仅是其下部堆积。

因这里的基岩属粗砂岩，并不太坚硬，容易风化，为确定是否是原生岩层，在该探沟清理结束后局部向下挖了约0.40米，其结构紧密、质地纯净，确属原生堆积无误（在附近也曾作过解剖——见后面介绍）。

3．古河道东端部分

在“隔离带”以西是一条古河道，开口于耕土层下，钻探宽度在90～125米之间，深度不一，呈东西两端浅，中间部位深，最深处约2米。实际发掘其东端的12米长一段，编号为G8。

（1）G8

G8内堆积，呈东高西低倾斜状，可归并为两层：

第①层　深0.50～0.67、最厚处1.60米。灰褐色淤土。内含粗大砂粒，东高西低倾斜，出土物以陶片为大宗。

第②层　深0.30～1.20、最厚处0.50米。深灰色淤土为主，土质纯净，结构紧密，分层状明显。出土物以陶片为大宗，并有部分残石器。其堆积中有一完整的猪骨架，头向南，侧卧状，四肢向东（彩版二六五，2），推测是被河水淹死而冲留此处。

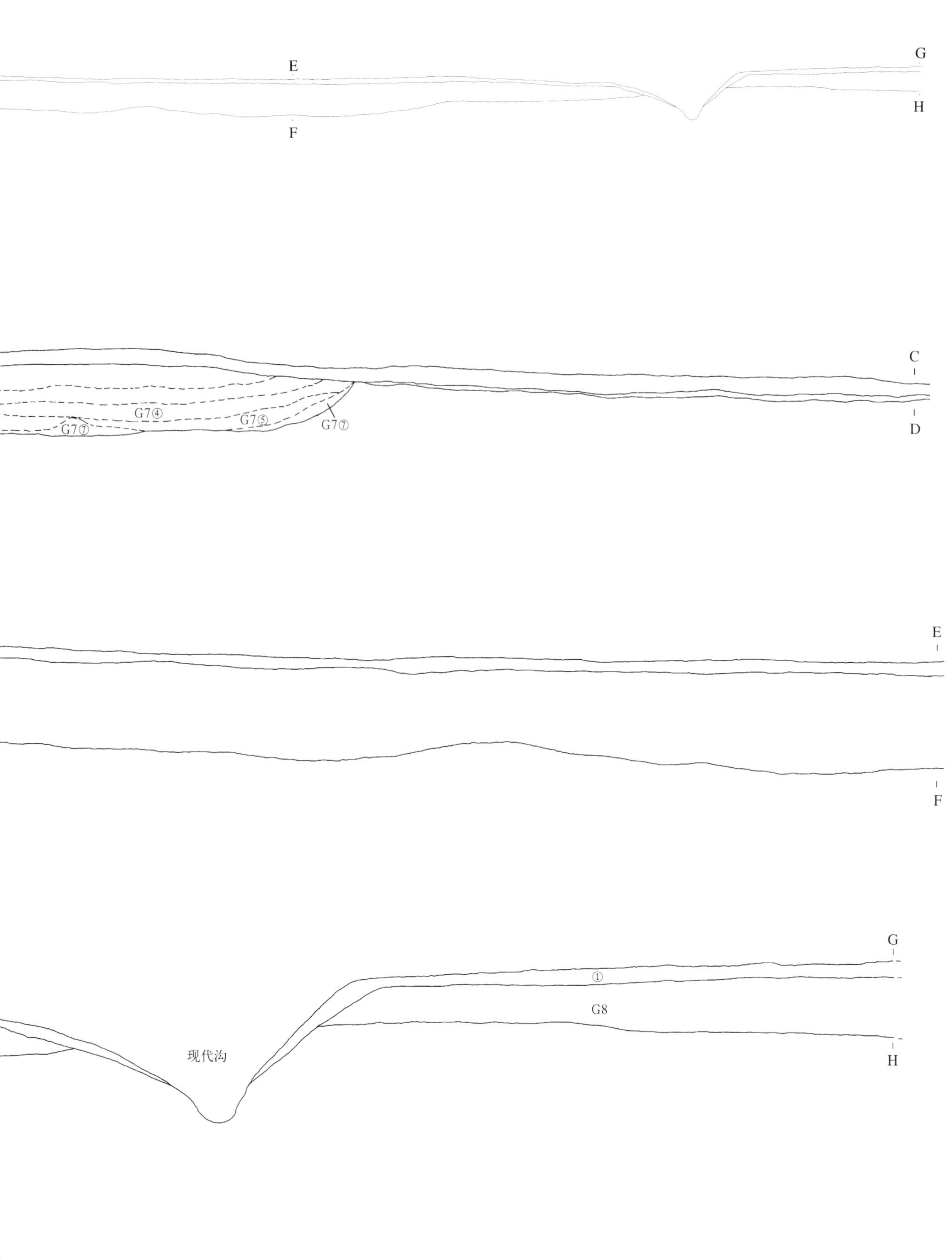

E
G
H
F
C
G7④
G7⑤
G7⑦
G7⑦
D
E
F
G
①
G8
现代沟
H

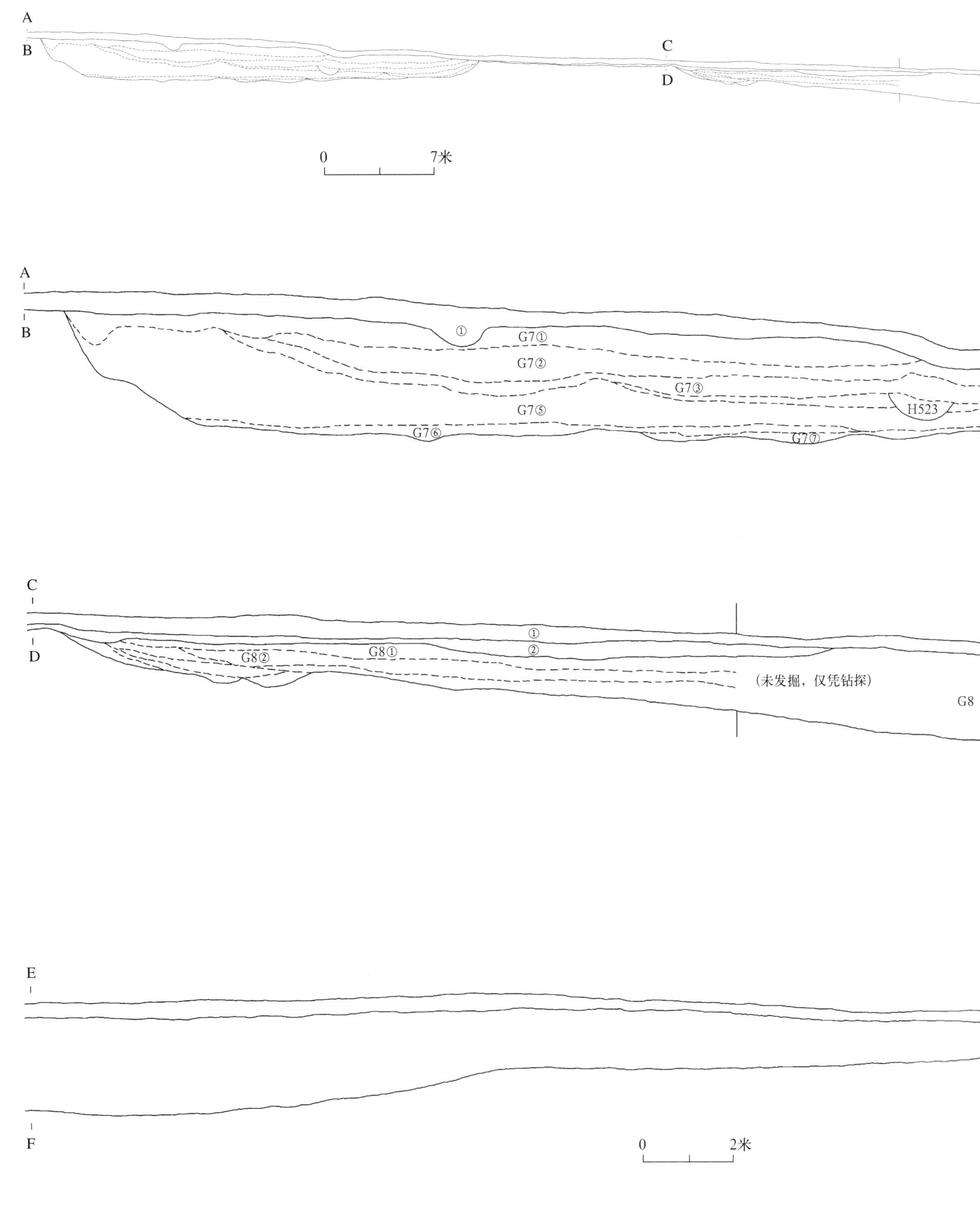

图5-53　T007～T008南壁剖面图

T007由东而西的三个部分的堆积，除个别遗迹是汉代的外，主要是龙山文化遗存，从发掘目的来说，主要是搞清G7的形状、时代和其内侧有无城墙。

（2）G7

是发掘该探沟的主要遗迹。它是大环壕的组成部分，从其断面形状、内部堆积特点是环壕无疑。

G7内的堆积，合并为两大部分，即G7①、②两层为第一组和G7③～⑦五层为第二组，分别为上层堆积和下层堆积。其中上层堆积更具有灰坑或灰沟的特点，土质相对粗疏，土色较杂乱，应该是环壕废弃后形成的堆积；而下层堆积有明显的淤积特征，分层现象更清楚，应该是环壕使用时期形成的堆积。另外是在环壕使用期的堆积中，偶有灰坑和红烧土面遗迹，如G7③层下的H523、G7④层下的H522，G7④层的红烧土、G7⑤层的红烧土、G7⑥层的红烧土等。据现场观察，这类灰坑个体小而浅，红烧土面也不坚硬，均为短暂使用所致。认为环壕在使用时，间或会有枯水期和水流较窄小的时候，此间有人为活动遗存也是可能的。G7堆积中的另外一大特点就是出土的文化遗物十分丰富，这与T005的G6基本一致，在G7内除大宗的破碎陶片外，经整理大体可以复原的陶器有240多件，各类残断石器110余件，一方面与这里地势明显东部（居住区）高而西部低，人们生活废弃物在大雨时顺坡流入环壕内所致，而在环壕废弃后，尚未淤满的环壕自然成了倾倒垃圾的场所。时至今日，在两城镇民居区及村边。没有使用价值的水塘边仍是人们处理生活废弃物的场所，可以为鉴。

G7西侧的隔离带，原来是古河道的东岸，当时人们挖G7时有意留出来与古河道相隔，发掘时清理出的基岩上部的黄褐色黏土是人工铺垫所成，只是原来要更厚一些，作为必要时的道路。现在只存留厚度10余厘米，路土层面已不复存在。在初探时对其西边的自然河道性质尚不清楚时（当时，把古河道暂称为外沟），对这条隔离带到底是基岩还是城墙存有疑问，也曾在这条隔离带上试掘一个1×1平方米的小坑，结果发现黄褐色黏土下，是灰褐原生砂岩层，厚0.46米，其下是绿色原生砂岩层，结构均很紧密，分层清楚，挖至深1.50米中止清理。

对最西面的古河道，曾称为外沟，发掘时作为一种遗迹，编号为G8。只发掘其东部12.50米一段，经钻探可知其宽度在90～110米。发掘时G8内出土物也非常丰富，特别是出土大宗龙山文化陶片和可复原的陶器，对此要解决的是堆积中的文化遗物是在大环壕出现之前就已存在的呢？还是环壕废弃填满后才形成的，因为在环壕使用时，超过环壕堆积到古河道内大量的生活遗物是令人费解的。所以对古河道和环壕内出土物的时代判定是非常重要的。

（三）遗物

为便利研究者使用，把G7和G8所出土陶器分别介绍，其中G7分两个时间段，废弃堆积（即G7①、②层）为第一组，使用期堆积（即G7③～⑦层）为第二组。

1．G7出土石器

T007～T008所出土的石器，以石刀、石镰、石镞为多，其他如斧、铲、锛、凿等均为少数，磨石、石拍子等加工工具也不多见。出土石器多数破损严重，不仅器型难辨，有些连器类也易于混淆，如石刀、石镰的残块，石镞、石矛的残块，表现的尤为突出。现将器类及型制特点相对清楚的，予以介绍。

（1）石斧

主要有以下几种样式：

标本T007G7②：118（#6033；S2314），保存基本完好，器体平面为上窄下宽的梯形，体厚，横剖面为椭圆形，双面刃，刃角较大的一面其上缘几乎成规整的半圆形。器表经磨制，但磨制前琢打的痕迹清楚。长11.2、宽4.9、厚2.9厘米（图5-54，1；彩版二六六，1）。

标本T007G7②：151（#6033；S2324），上端残断，器体平面呈长方形，一侧的中下部稍有外侈，其他部位型制与上一样式基本相同。残长13.0、宽5.8、厚4.0厘米（图5-54，2；彩版二六六，2）。

标本T007G7②：51（#6031；S2304），仅存带刃的一残块，器体稍薄，纵、横剖面均应为长条形。残长3.6、残宽4.2、厚1.4厘米（图5-54，3）。

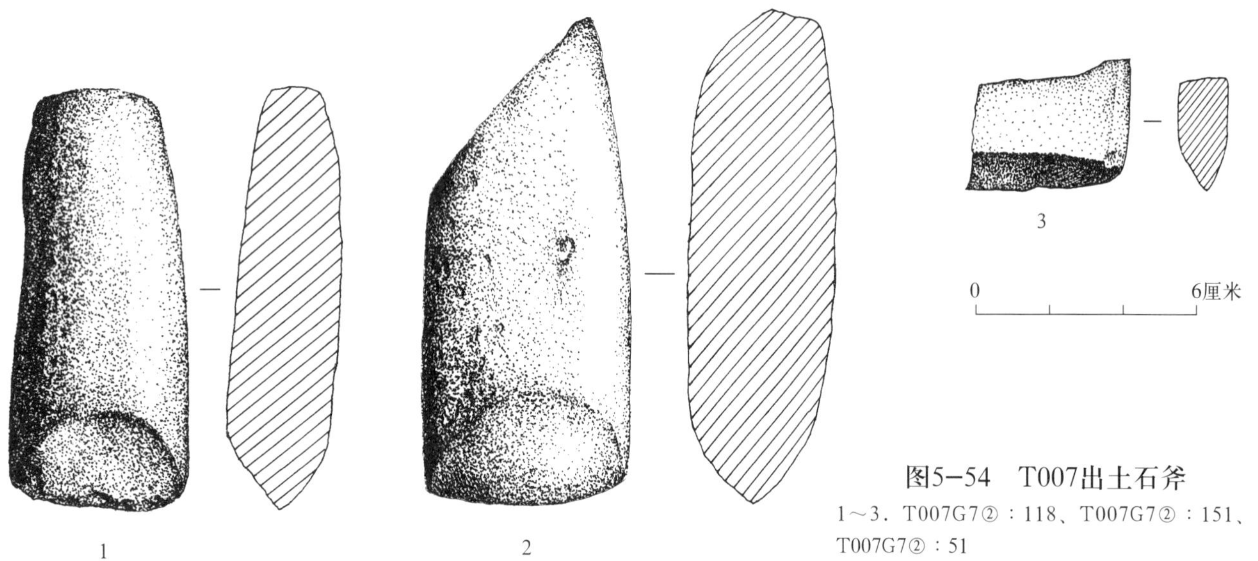

图5-54　T007出土石斧

1～3. T007G7②：118、T007G7②：151、T007G7②：51

（2）石锛

仅1件。

标本T007G7③：270，平面为长方形，横剖面为长条形，体稍厚，单面刃。

（3）石铲

仅1件。

标本T007G7③：244，上部残断，平面呈圆角梯形，体薄，单面刃，刃面较长。

（4）石镰

有如下样式：

标本T007G7③：254（#6041；S2388），弧背，凹刃，形体近弯月，体长，前端呈尖状，后端（连接木柄一端）较宽，双面刃，一侧刃面大，一侧刃面小。长16.0、宽4.8、厚1.4厘米（图5-55，1；彩版二六六，3）。同一样式的有标本T007G7⑤：308（#6038；S2408）（图5-55，2；彩版二六六，4）、T007G7②：177（#6033；S2334）（图5-55，3；彩版二六六，5）、T008G8②：50（#6064；S2538）（图5-55，4；彩版二六六，6）。

标本T007G7③：145（#6034；S2343），弧背，直刃，其他部位的型制特点与上式基本相同。长12.4、宽5.2、厚1.2厘米（图5–55，5；彩版二六六，7）。同一样式的还有标本T008G8②：32（#6030；S2505）（图5–55，6；彩版二六六，8）、T007G7①：29（#6030；S2301）（图5–55，7；彩版二六七，1）。

标本T007G7③：251（#6041；S2387），残缺严重，样式与上式相同，但刃面较宽，或可独立一式。残长11.2、宽5.2、厚0.8厘米（图5–55，8；彩版二六七，2）。同一样式的还有标本T008G8①：6（#6024；S2334）、T007G7②：182（#6033；S2338）、T007G7②：186（#6033；S2341）、T007G7①：20（#6030；S2300）（图5–55，9～12）。

（5）石刀

型制清楚的有以下几种样式：

标本T007G7②：81（#6031；S2308），半圆形石刀，仅存约1/2，弧形背，单面直刃，纵剖面为圆角长条形，该器或为石镰首端。长8.3、宽5.9、厚1.0厘米（图5–56，1）。

标本T007G8②：45（#6062；S2535），两端均残断，平面呈长条形，体稍厚，两面刃，其中一刃部斜长。残长11.8、宽4.4、厚1.0厘米（图5–56，2；彩版二六七，3）。

（6）石钺

仅1件。

标本T008G8①：14，一端缺失，制作精致，器表平整光滑，横剖面为规整的长方形，中部有一对对钻而成的小圆孔。

（7）石镞、石矛

镞和矛的型制相近，除个体大小的差别外，特别是残断后，两者难以界定，故作为一类来介绍。

标本T007G7⑤：342（#6086；S2424），援与铤的平面呈相勃的三角形，且分界清楚，横剖面均为四棱形，制作精细，两翼边缘锋利。残长7.8、宽2.2、厚1.1厘米（图5–56，3；彩版二六七，4）。同一样式的还有标本T007G7⑤：318（#6070；S2415）（图5–56，4；彩版二六七，5）、T007G7③：250（#6041；S2386）（图5–56，5；彩版二六七，6）。

标本T007G8②：39（#6060；S2507），铤在与援体分界处明显内收，铤呈短小的圆锥状，援的横剖面为四棱形，制作精致，前锋与两翼边缘均很锋利。长9.2、宽2.4、厚0.8厘米（图5–56，6；彩版二六七，7）。

标本T007G7③：275（#6041；S2398），援体瘦长，短铤，援的横剖面为三角形。长7.8、宽1.3、厚0.9厘米（图5–56，7；彩版二六七，8）。

标本T007G7②：141（#6033；S2342），援、铤分界不明显，铤狭长，援的横剖面为四棱形，其形体应为石矛。长9.0、宽2.1、厚0.9厘米（图5–56，8；彩版二六八，1）。

标本T007G7⑥：353（#6092；S2434），形体近似枣核形，在器体2/3处有一磨出的凹槽，把器体分为两节，长端的前首尖锐，短端的前首圆钝，横剖面为四棱形。长6.3、宽2.5、厚0.8厘米（图5–56，9；彩版二六八，2）。

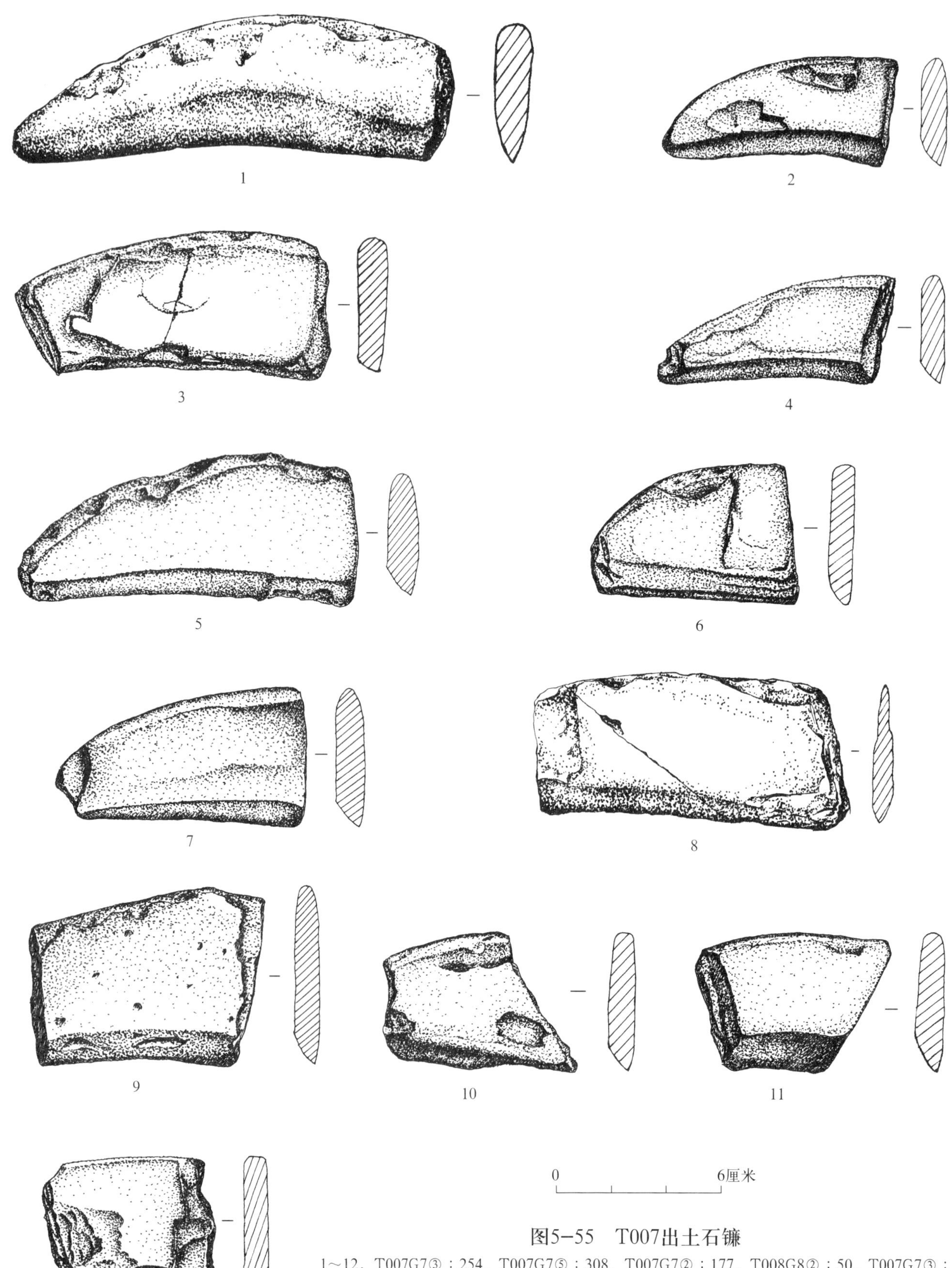

图5-55　T007出土石镰

1～12. T007G7③：254、T007G7⑤：308、T007G7②：177、T008G8②：50、T007G7③：145、T008G8②：32、T007G7①：29、T007G7③：251、T008G8①：6、T007G7②：182、T007G7②：186、T007G7①：20

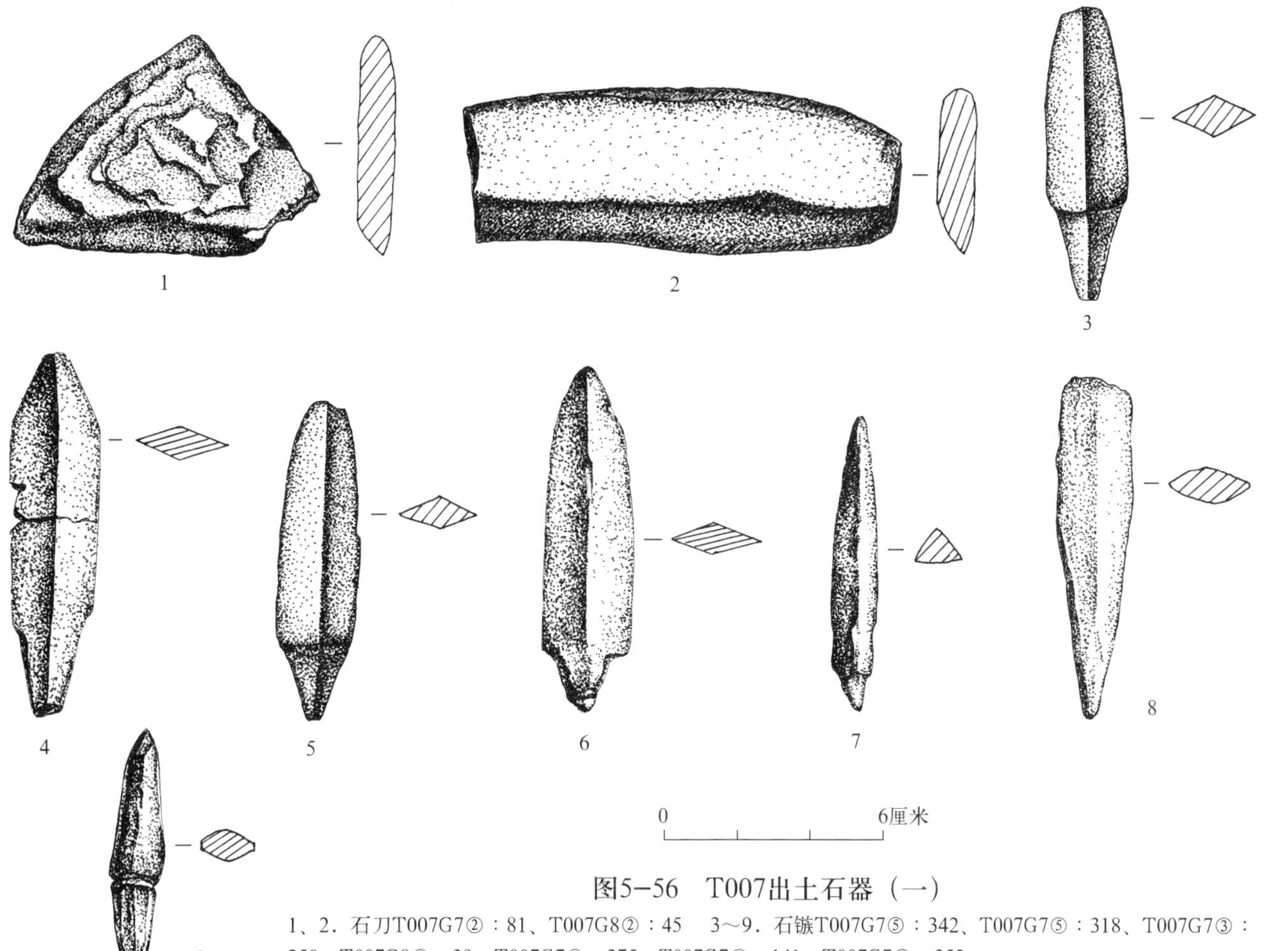

图5-56　T007出土石器（一）

1、2. 石刀T007G7②：81、T007G8②：45　3～9. 石镞T007G7⑤：342、T007G7⑤：318、T007G7③：250、T007G8②：39、T007G7③：275、T007G7②：141、T007G7⑥：353

（8）磨石

均以砂岩为质，器表有清楚的磨擦痕迹。

标本T007G7②：119（#6033；S2315），器体残断，平面为长方形，横剖面为扁长方形，器表有明显的磨研沟槽。残长10.4、宽7.5、厚2.2厘米（图5-57，1；彩版二六八，3）。

标本T007G7③：201（#6033；S2344），长方体，边缘多有破损，纵、横剖面近梯形，器表光滑，有明显的磨痕。长19.2、宽6.0、厚3.8厘米（图5-57，2；彩版二六八，4）。同一样式的有标本T007G7③：67（#6033；S2333）（图5-57，3；彩版二六八，5）。

（9）拍子

因器体表面光滑，均有一平整面，便于手握，故定为拍子。

标本T007G7⑤：350（#6090；S2432），器体近半圆形，体厚，底面平整光滑。长5.2、宽4.0、厚1.7厘米（图5-57，4；彩版二六八，6）。同一样式的有标本T007G7⑤：06（#6090；S2439）（图5-57，5；彩版二六八，7）。

（10）石饰

仅1件。

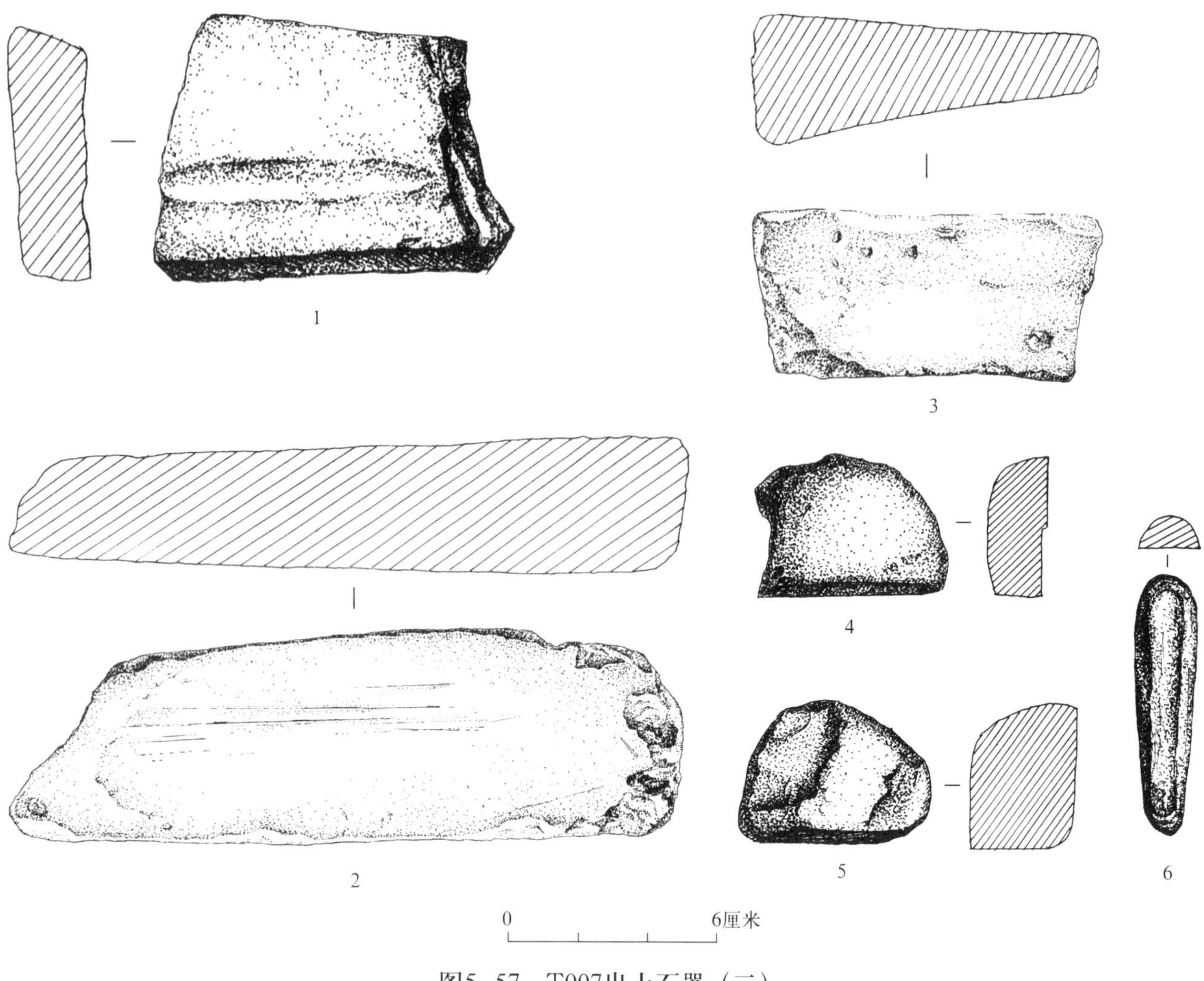

图5－57　T007出土石器（二）

1～3．磨石T007G7②：119、T007G7③：201、T007G7③：67　4、5．石拍子T007G7⑤：350、T007G7⑤：06　6．石饰T007G7①：10

标本T007G7①：10（#6030；S2296），器体细长，平面呈长椭圆形，横剖面为半圆形，表面光滑。长7.2、宽1.8、厚0.9厘米（图5－57，6；彩版二六八，8）。

2．G7出土陶器

（1）鼎

第一组：主要有以下几种样式。

标本T007G7②：58，夹砂黑陶。侈口，方唇，粗颈，鼓腹，平底稍内凹，鸟喙形足。颈、腹间有一凸棱；口沿上有一周凹槽，器表饰有对称的圆泥饼、盲鼻各一对，并有凹弦纹两周。口径20.0、底径16.0、高22.3、厚0.3～0.5厘米（图5－58，1）。同一样式的有标本T007G7②：129、T007G7②：115、T007G7②：123、T007G7②：157、T007G7②：55、T007G7②：120（图5－58，2～7）。

标本T007G7②：71，夹砂灰陶。侈口，方唇，粗颈，鼓腹，平底，"V"字型足。口沿上有一周凹槽，器表饰圆泥饼、盲鼻各一对，并有凹弦纹两周。口径14.0、底径10.6、高13.2、厚0.2～0.4厘米（图5－58，8）。同一样式的有标本T007G7①：9（图5－58，9）。

标本T007G7①：28a，泥质黑陶。侈口，方唇，粗颈，鼓腹，平底，侧三角形足。口径14.7、底径12.8、残高14.4、厚0.3～0.45厘米（图5–59，2）。同一样式的有标本T007G7②：75、T007G7②：233、T007G7②：100（图5–59，1、3、4）。

标本T007G7②：65，夹砂黑陶。方唇，粗颈，平底，侧三角形足。口内侧呈台级状，颈、腹间有一周凹弦纹。口径13.4、底径9.2、高17.4、厚0.2～0.5厘米（图5–59，5）。

标本T007G7②：189，夹砂黑陶。侈口，方唇，折沿，鼓腹，平底，无孔鸟喙形足。器表饰四周凹弦纹。口径15.4、底径10.8、高19.4、厚0.2～0.4厘米（图5–59，6）。同一样式的有标本T007G7

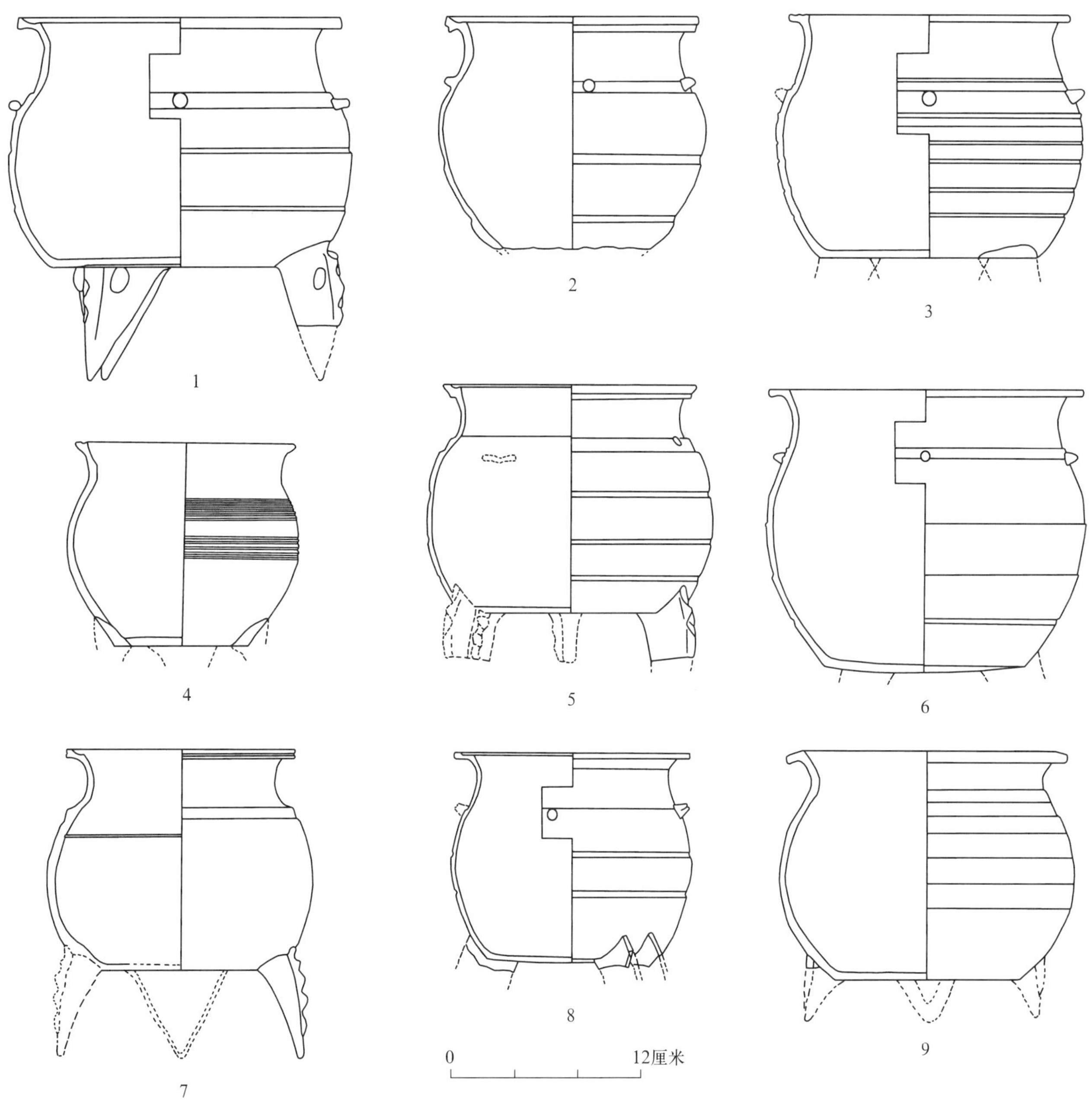

图5–58　T007出土陶鼎（一）

1～9. T007G7②：58、T007G7②：129、T007G7②：115、T007G7②：123、T007G7②：157、T007G7②：55、T007G7②：120、T007G7②：71、T007G7①：9

②：165、T007G7②：104、T007G7②：25、T007G7②：131、T007G7①：48（图5-59，7～11）。

标本T007G7②：139，夹砂黑陶。侈口，方唇，卷沿，鼓腹，大平底，侧三角足痕。器表饰两周凹弦纹。口径9.6、底径8.8、高9.3、厚0.4～0.8厘米（图5-60，1）。同一样式的有标本T007G7②：130（图5-60，2；彩版二六九，1）。

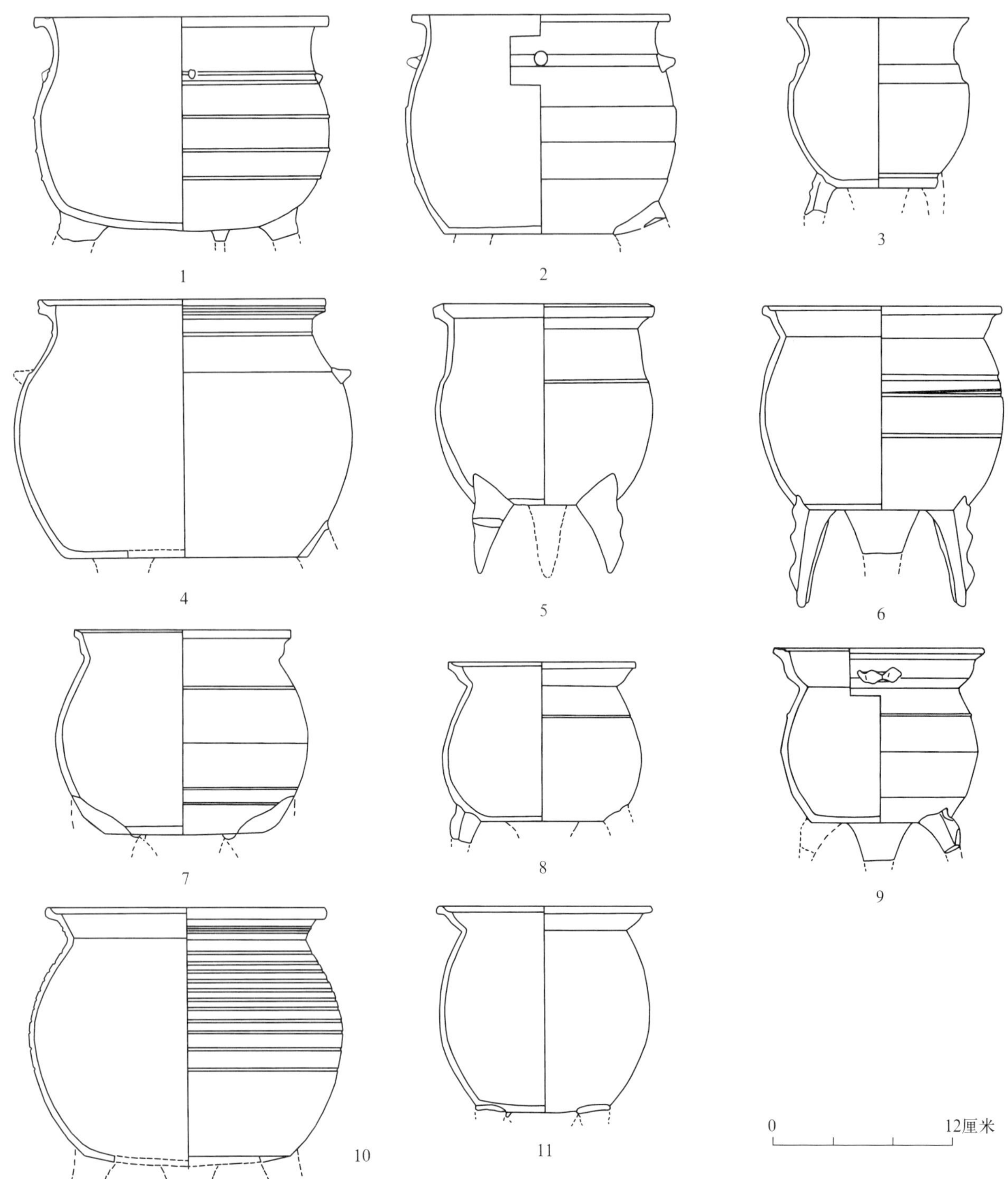

图5-59　T007出土陶鼎（二）

1～11. T007G7②：75、T007G7①：28a、T007G7②：233、T007G7②：100、T007G7②：65、T007G7②：189、T007G7②：165、T007G7②：104、T007G7②：25、T007G7②：131、T007G7①：48

标本T007G7①：44，泥质黑陶。平沿，方唇，粗颈，鼓腹，平底，无孔鸟喙足痕。口沿上有一周凹槽，器表饰一对圆泥饼、一组凸弦纹。口径16.7、底径13.6、残高18.0、厚0.3～0.6厘米（图5-60，3）。同一样式的有标本T007G7①：40（图5-60，4）。

标本T007G7②：236，夹砂黑陶。侈口，圆唇，卷沿，鼓腹，平底。口沿上有一周凹槽，侧三角形足痕。器表饰一周凹弦纹。口径13.2、底径10.2、残高13.1、厚0.2～0.6厘米（图5-60，8）。同一样式的有标本T007G7①：57、T007G7②：106、T007G7②：211、T007G7②：87（图5-60，5～7、9）。

标本T007G7②：161，夹砂黑陶。侈口，圆唇，折沿，鼓腹，平底，侧三角足痕。体侧有一把手痕，器表饰一组凹弦纹。口径12.6、底径10.0、高14.6、厚0.25～0.4厘米（图5-61，1）。同一样式的有标本T007G7②：169、T007G7①：36、T007G7②：77（图5-61，2、3、5）。

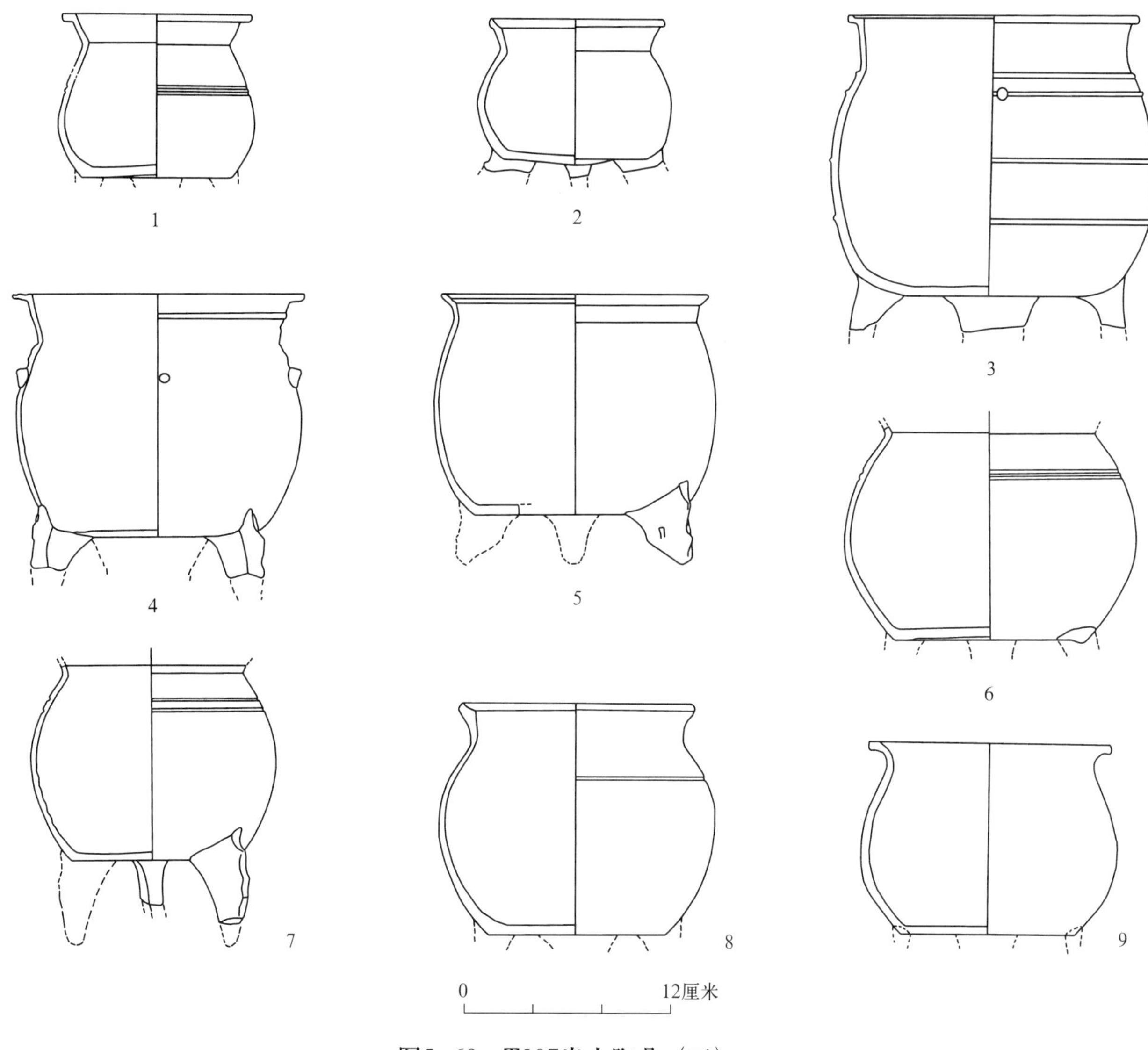

图5-60　T007出土陶鼎（三）

1～9．T007G7②：139、T007G7②：130、T007G7①：44、T007G7①：40、T007G7①：57、T007G7②：106、T007G7②：211、T007G7②：236、T007G7②：87

标本T007G7①：54，夹砂黑褐陶。直口，圆唇，宽肩，深腹，平底，“V”字型足。器表饰盲鼻一对。口径9.4、底径8.8、高21.6、厚0.3～0.4厘米（图5-61，4）。

标本T007G7②：110，夹砂黑陶。侈口，方唇，折沿，圆肩，浅腹，平底，侧三角足痕。腹上部有一对把手痕，器表饰一对泥圆饼、三周凹弦纹。口径20.8、底径18.0、残高13.3、厚0.3～0.6厘米（图5-61，6）。

第二组：有以下几种样式。

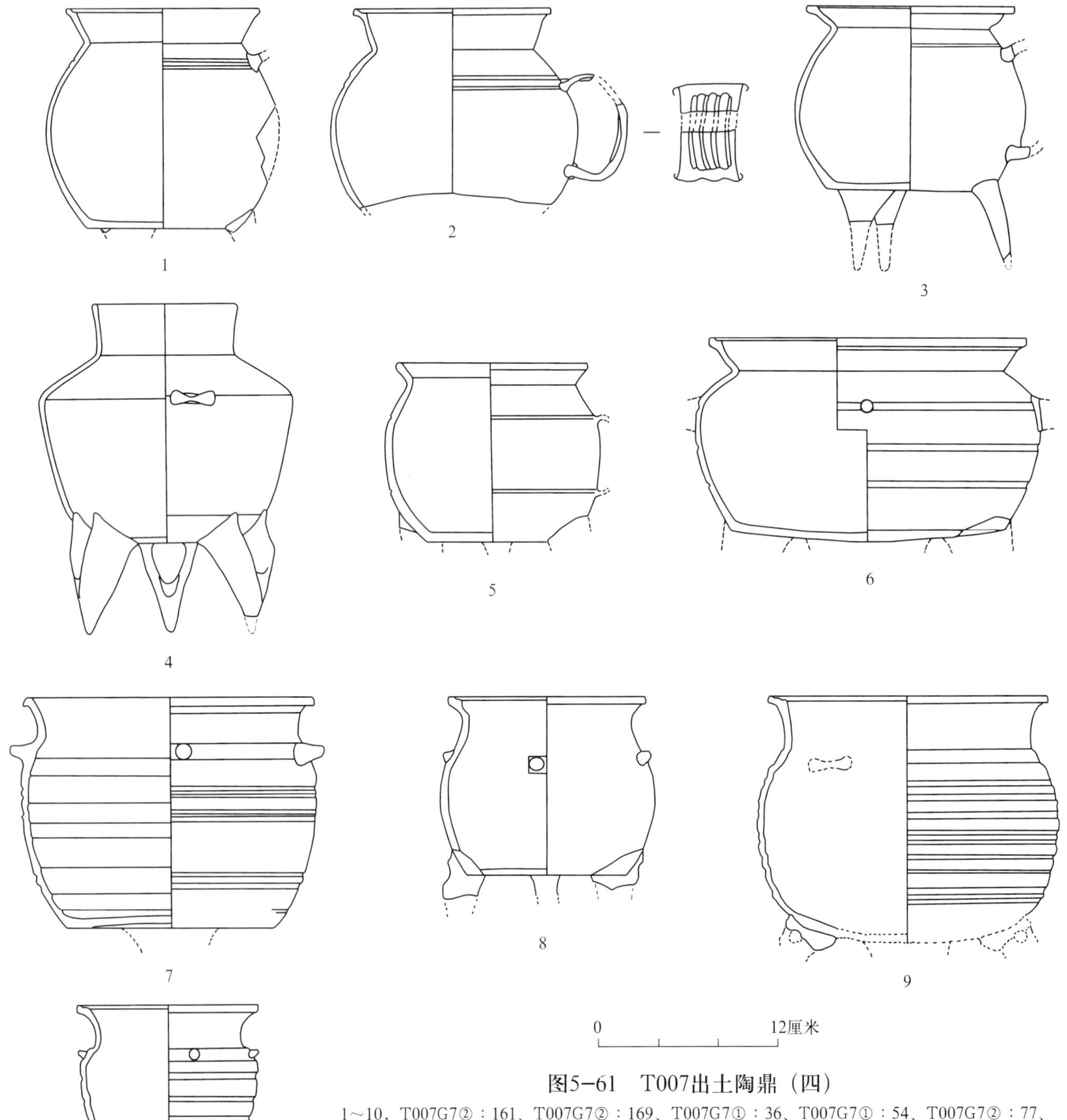

图5-61 T007出土陶鼎（四）

1～10．T007G7②：161、T007G7②：169、T007G7①：36、T007G7①：54、T007G7②：77、T007G7②：110、T007G7⑤：317、T007G7③：192、T007G7③：264、T007G7③：273

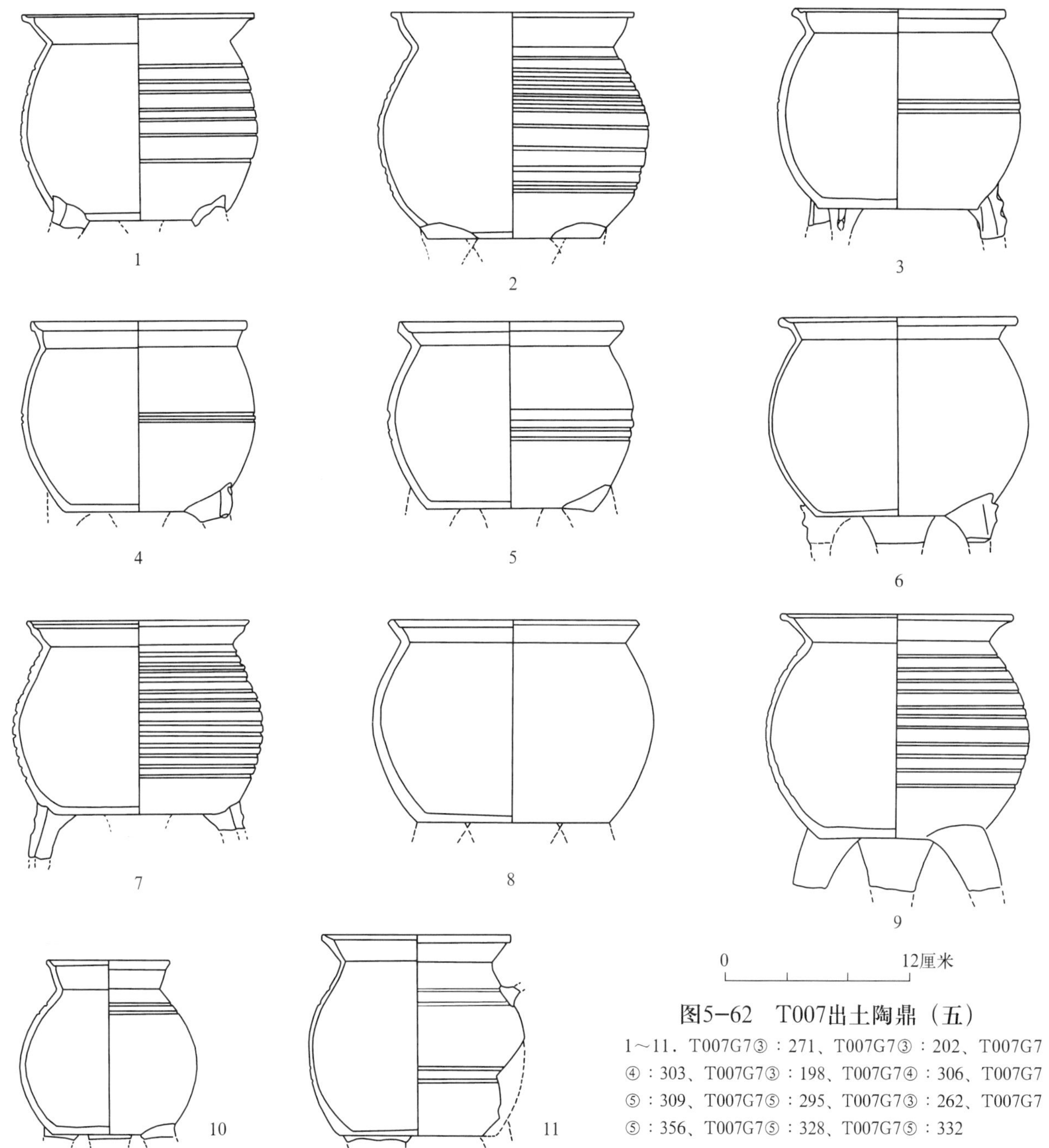

图5-62　T007出土陶鼎（五）

1～11．T007G7③：271、T007G7③：202、T007G7④：303、T007G7③：198、T007G7④：306、T007G7⑤：309、T007G7⑤：295、T007G7③：262、T007G7⑤：356、T007G7⑤：328、T007G7⑤：332

标本T007G7③：192，夹砂黑陶。方唇，粗短颈，鼓腹，平底，侧三角足痕。口沿上有一周凹槽，器表有对称的圆泥饼、盲鼻各一对。口径12.8、底径10.6、残高13.2、厚0.4～0.5厘米（图5-61，8）。同一样式的有标本T007G7⑤：317、T007G7③：264、T007G7③：273（图5-61，7、9、10）。

标本T007G7③：271，夹砂黑陶。侈口，方唇，折沿，深鼓腹，平底，侧三角足痕。口沿上有一周凹槽，器表饰凹弦纹。口径14.8、底径9.6、残高13.2、厚0.3～0.5厘米（图5-62，1）。同一样式的有标本T007G7③：202、T007G7④：303、T007G7③：198、T007G7④：306、T007G7⑤：

309、T007G7⑤：295、T007G7③：262、T007G7⑤：356、T007G7⑤：328、T007G7⑤：332（图5-62，2～11）。

标本T007G7⑤：331，夹砂黑陶。侈口，圆唇，卷沿，深鼓腹，平底，侧三角足痕。口沿内侧下凹，器表饰三周凹弦纹。口径12.4、底径9.4、残高12.0、厚0.2～0.3厘米（图5-63，1；彩版二六九，2）。

标本T007G7③：263，夹砂黑陶。侈口，方唇，卷沿，深鼓腹，小平底。体侧有一把手，足残。口径11.4、底径7.9、残高13.2、厚0.3～0.8厘米（图5-63，2）。

标本T007G7③：257，夹砂黑陶。口残，圆形腹，圜底，鸟喙形足痕。器表饰一组凹弦纹，为一罕见型式。口径残缺。底径6.7、残高11.8、厚0.2～0.4厘米（图5-63，3）。

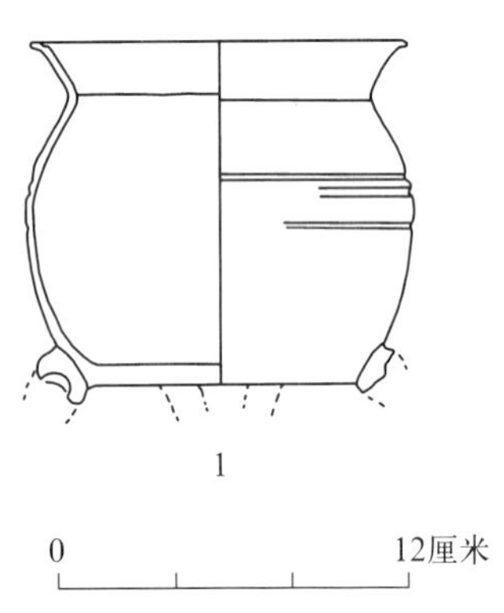

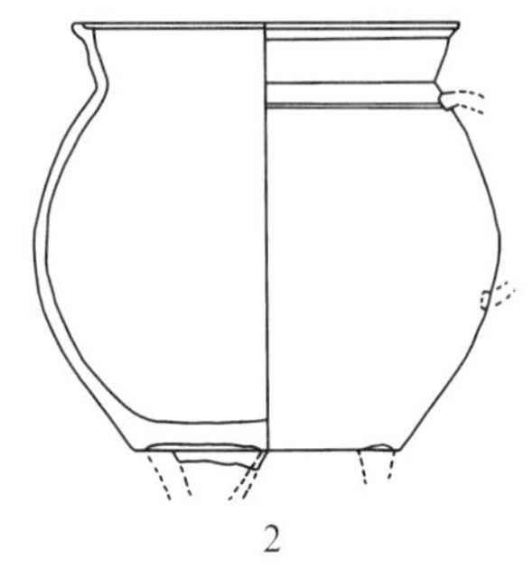

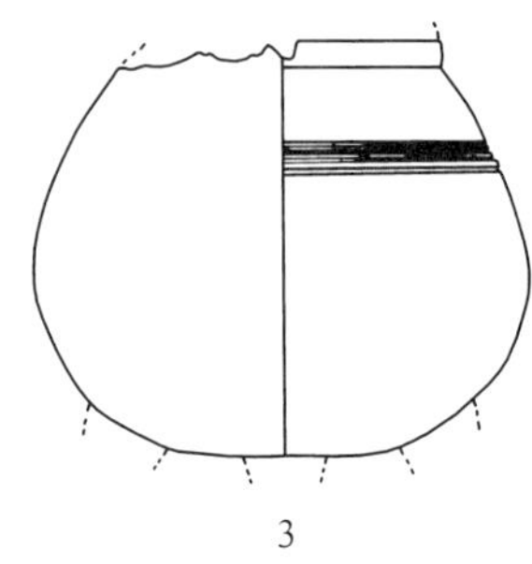

0 12厘米

图5-63 T007出土陶鼎（六）

1～3. T007G7⑤：331、T007G7③：263、T007G7③：257

（2）甗

出土残片较多，可复原者甚少。

第一组：没有完整者，仅存鬲部。

标本T007G7①：10，夹砂黑陶。鬲部，腹较深，袋足，联裆。残高17.6厘米（图5-64，1）。

标本T007G7②：84，夹砂黑陶。鬲部，深腹，袋足，联裆，锥形足尖。残高20.1厘米（图5-64，2）。

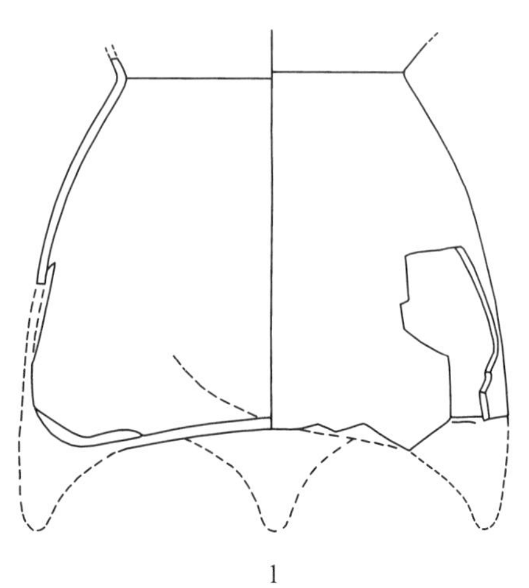

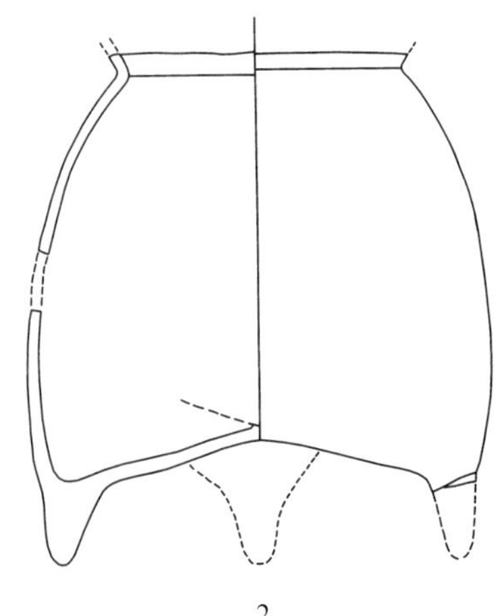

图5-64 T007出土陶甗

1、2. T007G7①：10、T007G7②：84

（3）罐

数量多，型制多样。

第一组：主要有以下几种样式。

标本T007G7②：149，夹砂黑陶。直口，圆唇，高领，圆肩，深瘦腹，平底。口径9.4、底径8.3、高19.6、厚0.2～0.8厘米（图5–65，1）。同一样式的有标本T007G7①：60（图5–65，2）。

标本T007G7①：24，直口，尖唇，高颈，窄溜肩，深瘦腹，平底内凹。肩部饰一对小耳，颈中部有一周凸棱以承盖。口径8.3、底径6.1、高23.1、厚0.2～0.5厘米（图5–65，3）。同一样式的有标本T007G7①：11、T007G7②：204（图5–65，4、5）。

标本T007G7①：19，夹砂黑陶。方唇，高领，窄圆肩，深瘦腹，平底。口径8.2、底径6.3、高15.7、厚0.4～0.6厘米（图5–65，6）。同一样式的有标本T007G7①：28b（图5–65，7）。

标本T007G7②：170，夹砂黑陶。圆唇，粗短颈，鼓腹，小平底。肩部饰一对贯耳及一周凹弦纹。口径10.3、底径8.5、高18.7、厚0.4～0.5厘米（图5–65，8）。同一样式的有标本T007G7②：109、T007G7②：150、T007G7②：125、T007G7①：43（图5–65，9～12）。

标本T007G7②：376，大口，方唇，折沿，窄圆肩，深腹，小平底。口沿上有一周凹槽，肩部有一对贯耳。口径26.0、底径10.5、高28.8、厚0.4～0.9厘米（图5–66，1）。同一样式的有标本T007G7②：187（图5–66，2）。

标本T007G7②：67，夹砂黑陶。圆唇，粗颈，宽圆肩，鼓腹，平底。器表饰两周凹弦纹。口径11.2、底径8.2、高20.0、厚0.3～0.5厘米（图5–66，3）。同一样式的有标本T007G7②：107、T007G7②：226、T007G7①：15（图5–66，4～6）。

标本T007G7②：105，侈口，方唇，折沿，鼓腹，小平底。口沿上有一周凹槽。口径13.2、底径7.0、高15.2、厚0.3～0.4厘米（图5–66，7）。同一样式的有标本T007G7②：41、T007G7②：74、T007G7②：80、T007G7②：220、T007G7②：145、T007G7②：79、T007G7②：116、T007G7②：144、T007G7②：102、T007G7②：66（图5–66，8～12、图5–67，1～4、图5–68，1）。

标本T007G7②：53，侈口，方唇，卷沿，鼓腹，平底。口沿上有一周凹槽，器表饰两周凹弦纹。口径15.6、底径8.8、高22.0、厚0.4～0.6厘米（图5–68，5）。同一样式的有标本T007G7②：87、T007G7②：229、T007G7②：61（图5–68，2～4）。

标本T007G7②：121，夹砂黑陶。卷沿，圆唇，鼓腹，平底。口径8.4、底径6.8、高10.0、厚0.3～0.5厘米（图5–68，8）。同一样式的有标本T007G7②：173（图5–68，6）。

标本T007G7②：86，泥质黑陶。卷沿，圆唇，浅鼓腹，平底内凹，体小壁厚。口径9.0、底径6.3、高6.1、厚0.3～0.8厘米（图5–68，7）。

第二组：主要有以下几种样式。

标本T007G7③：99，直口，圆唇，圆肩，鼓腹，小平底。肩部饰一对盲鼻，器表饰一组凹弦纹。口径11.4、底径7.4、高24.0、厚0.5～0.8厘米（图5–69，2）。同一样式的有标本T007G7⑤：323（彩版二六九，3）、T007G7⑤：340（图5–69，1、3）。

标本T007G7③：285，直口，圆唇，圆肩，鼓腹，小平底内凹。肩部饰一对贯耳并有两周凹弦纹。口径8.8、底径6.6、高14.3、厚0.2～0.3厘米（图5–69，5；彩版二六九，4）。

标本T007G7⑤：307，泥质黑陶。直口外倾，圆唇，鼓腹，平底。口径7.2、底径6.8、高12.3、

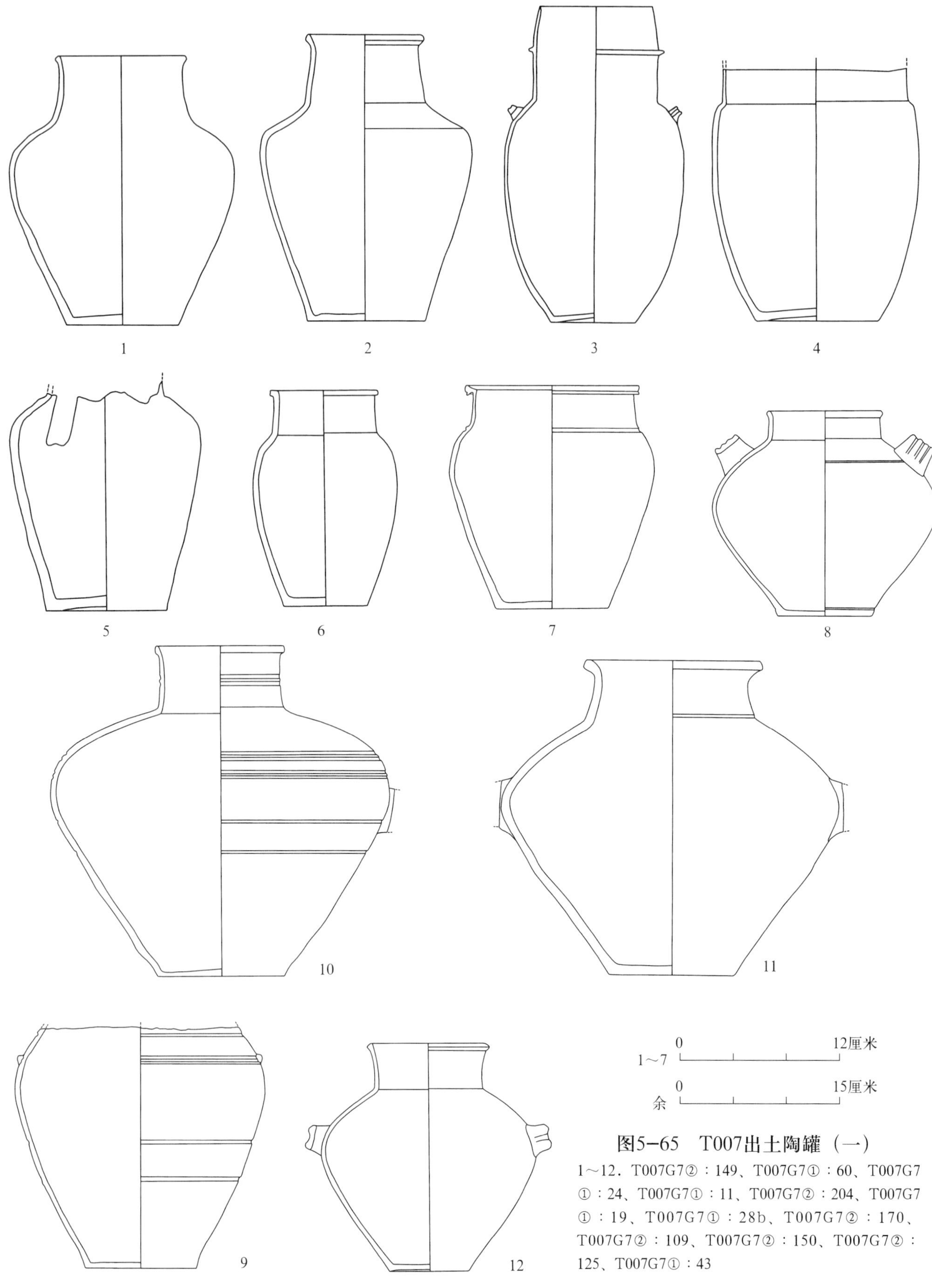

图5-65　T007出土陶罐（一）

1～12．T007G7②：149、T007G7①：60、T007G7①：24、T007G7①：11、T007G7②：204、T007G7①：19、T007G7①：28b、T007G7②：170、T007G7②：109、T007G7②：150、T007G7②：125、T007G7①：43

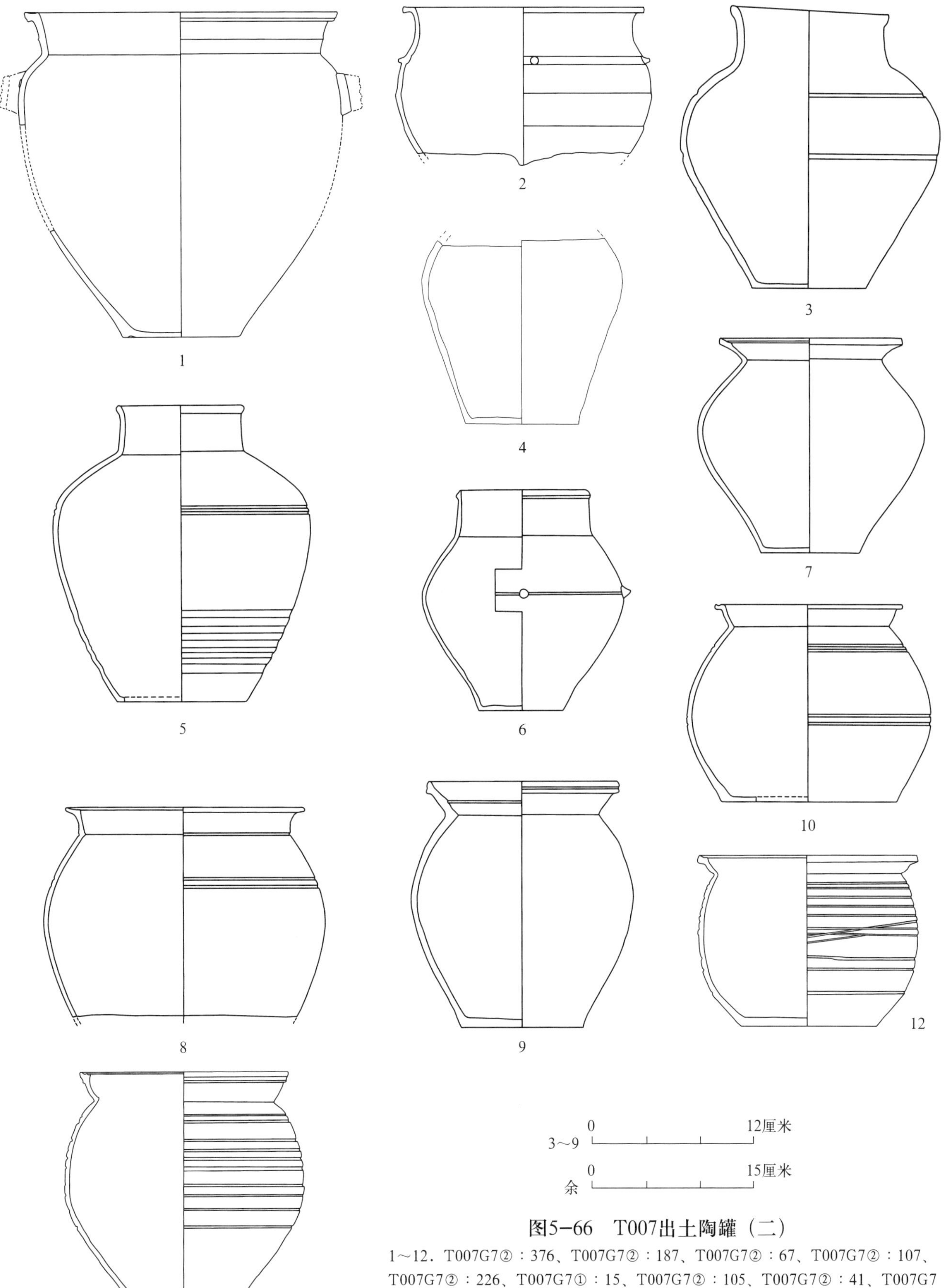

图5-66　T007出土陶罐（二）

1～12. T007G7②：376、T007G7②：187、T007G7②：67、T007G7②：107、T007G7②：226、T007G7①：15、T007G7②：105、T007G7②：41、T007G7②：74、T007G7②：80、T007G7②：220、T007G7②：145

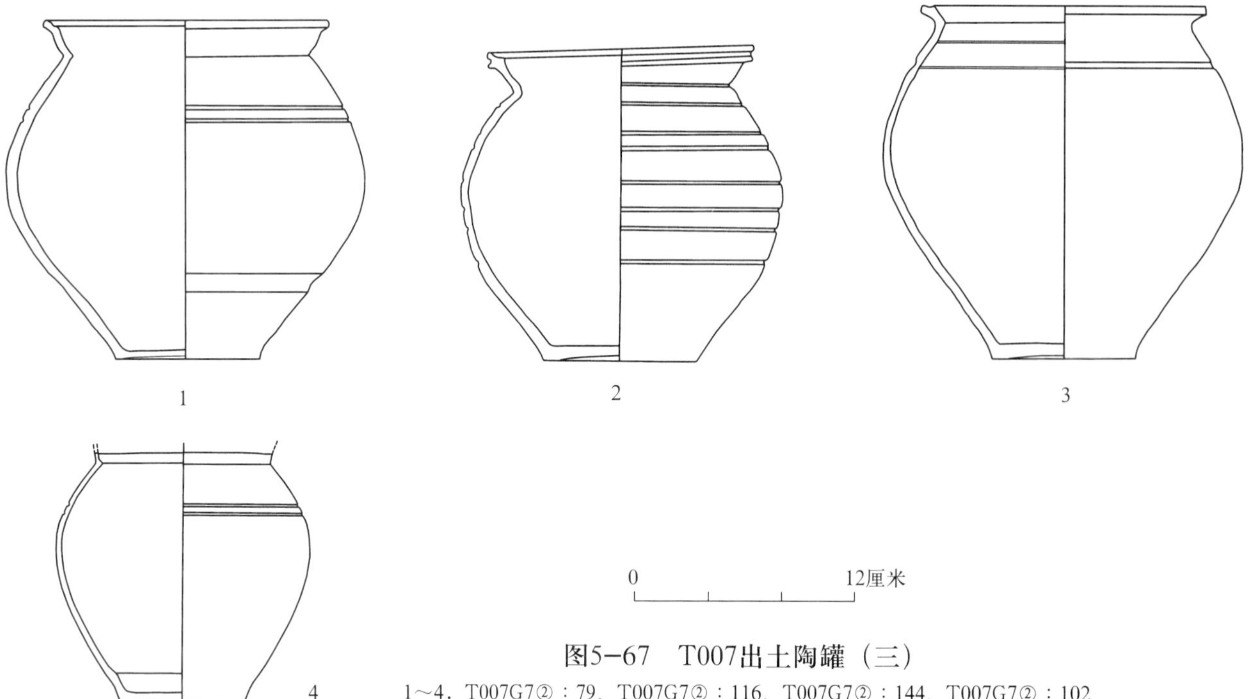

图5－67　T007出土陶罐（三）
1～4. T007G7②：79、T007G7②：116、T007G7②：144、T007G7②：102

厚0.35～0.7厘米（图5－69，6）。同一样式的有标本T007G7⑤：348（图5－69，4；彩版二六九，5）。

标本T007G7④：299，夹砂黑陶。侈口，圆唇，折沿，深腹，小平底。器表饰六周凸弦纹。口径21.4、底径11.0、高31.0、厚0.3～0.9厘米（图5－69，7）。同一样式的有标本T007G7③：197（图5－69，9）。

标本T007G7③：196，夹砂黑陶。侈口，方唇，折沿，深腹，小平底。口沿内侧下凹，器表饰三周凹弦纹。口径15.9、底径8.4、高18.0、厚0.4～0.6厘米（图5－69，8）。

（4）流口罐

第一组：有以下两种样式。

标本T007G7②：221，夹砂黑陶。直口，圆唇，宽圆肩（下体残），宽流。流两侧及肩部各饰一对圆泥饼，并有一组凹弦纹。口径11.6、底径残缺、残高10.6、厚0.3～0.45厘米（图5－70，1）。

标本T007G7②：92，方唇，粗短颈，圆肩，鼓腹，小平底。口沿面内倾，宽流，口沿下和肩部饰对称的圆泥饼。口径11.6～13.8、底径4.0、高11.4、厚0.4～0.6厘米（图5－70，2）。

（5）平底盆

出土陶片数量较多，但完整者较少。

第一组：主要有以下几种样式。

标本T007G7②：135，泥质黑陶。敞口，圆唇，卷沿，平底。器表饰凹弦纹。口径24.2、底径18.8、高8.8、厚0.4～0.6厘米（图5－71，3）。

标本T007G7②：152，泥质黑陶。敞口，圆唇，卷沿，腹壁中部以下折收，平底内凹。器表饰

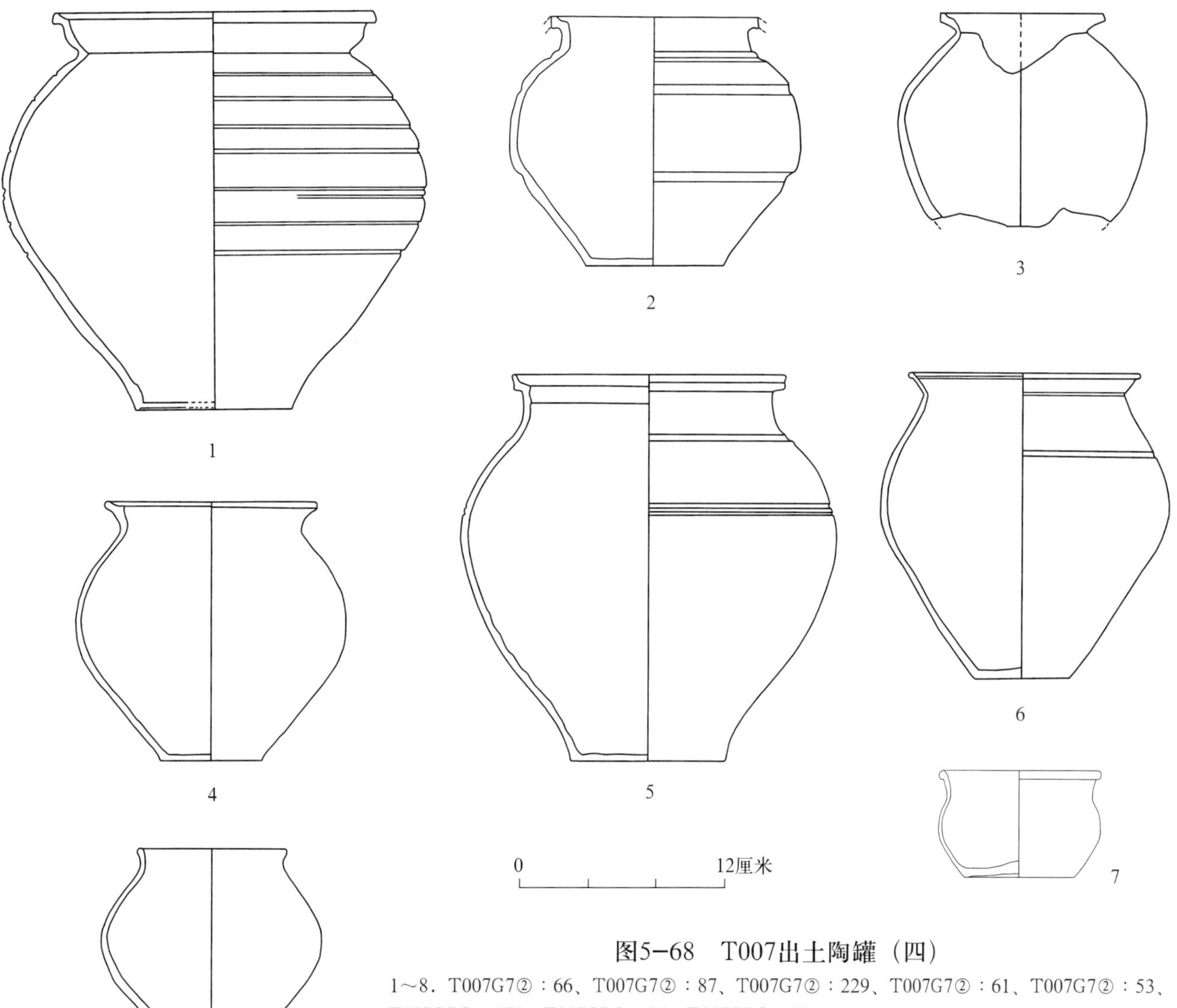

图5-68　T007出土陶罐（四）

1～8．T007G7②：66、T007G7②：87、T007G7②：229、T007G7②：61、T007G7②：53、T007G7②：173、T007G7②：86、T007G7②：121

一组凹、凸弦纹。口径24.4、底径18.3、高9.4、厚0.4～0.7厘米（图5-71，2）。同一样式的有标本T007G7①：12（图5-71，1）和T007G7③：215（图5-71，4）。

标本T007G7③：430，夹砂黑陶。敞口，方唇，折腹，平底残。口沿内侧下凹。口径32.0、底径20.0、高9.0、厚0.35～0.6厘米（图5-71，5）。

（6）三足盆

第一组：

标本T007G7②：208，夹砂褐陶。敞口，方唇，窄平沿，平底内凹，浅腹，足残失。腹上部有三个等分的装饰性盲鼻痕。口径12.8、底11.2、残高5.6、厚0.2～1.1厘米（图5-72，1）。

第二组：

标本T007G7⑤：335，夹砂黑陶。侈口，唇内敛，折沿，腹壁竖直，平底，足残。器表饰两周凸弦纹，口沿外侧有四个等分的小耳。口径16.0、底径12.0、残高9.2、厚0.2～0.4厘米（图5-72，2）。

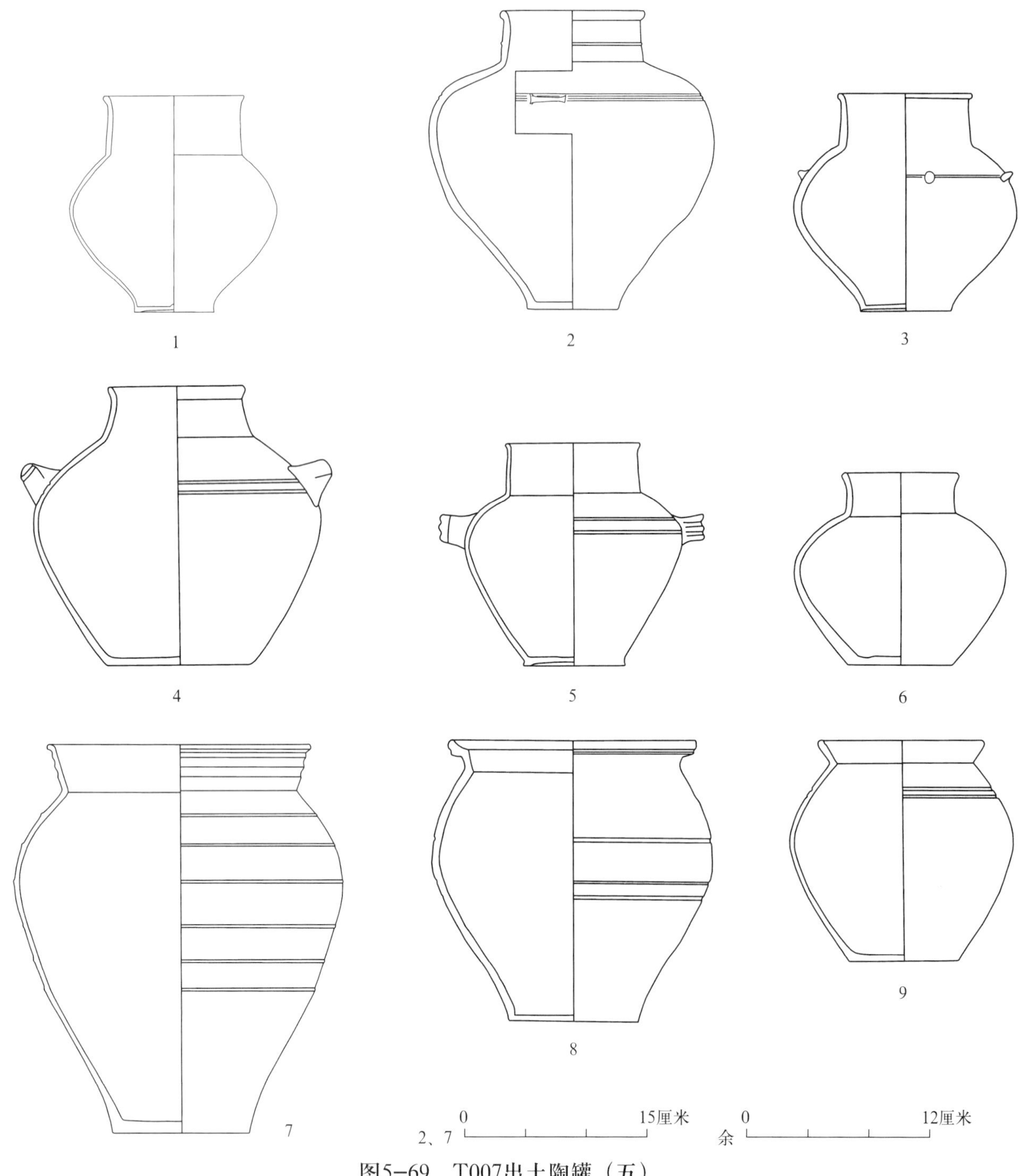

图5-69　T007出土陶罐（五）

1～9. T007G7⑤：323、T007G7③：99、T007G7⑤：340、T007G7⑤：348、T007G7③：285、T007G7⑤：307、T007G7④：299、T007G7③：196、T007G7③：197

（7）平底盘

可复原者仅1件。

第二组：

标本T007G7⑤：339，泥质灰陶。敞口，尖唇，浅腹，平底内凹。口径10.0、底径8.2、高1.2、厚0.2～0.3厘米（图5-73，1）。

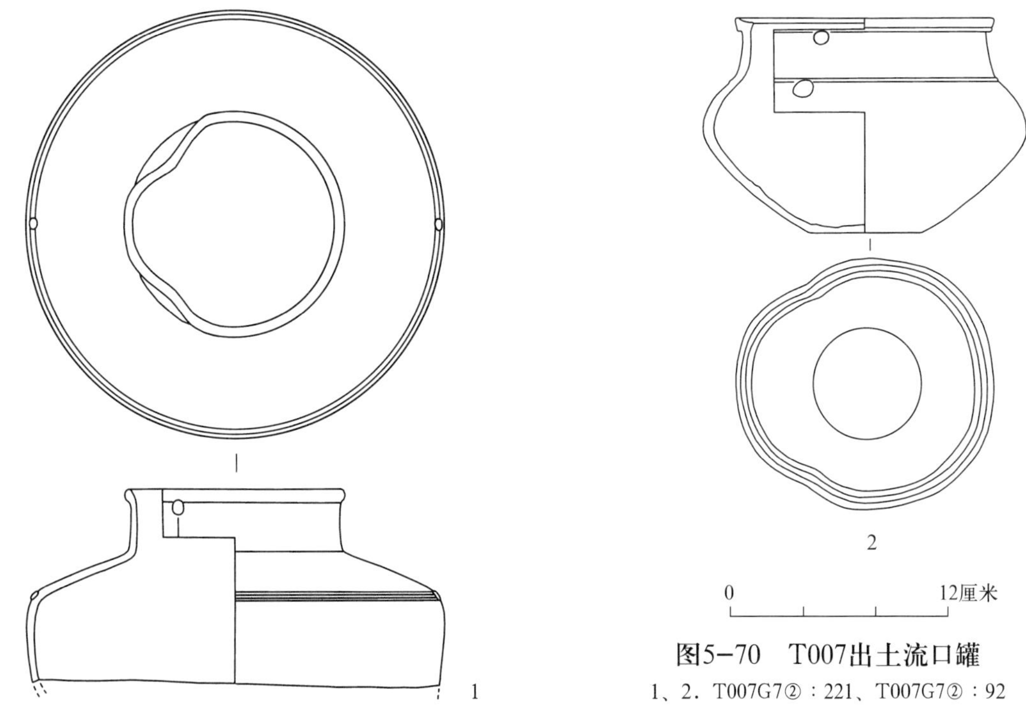

图5-70 T007出土流口罐

1、2．T007G7②：221、T007G7②：92

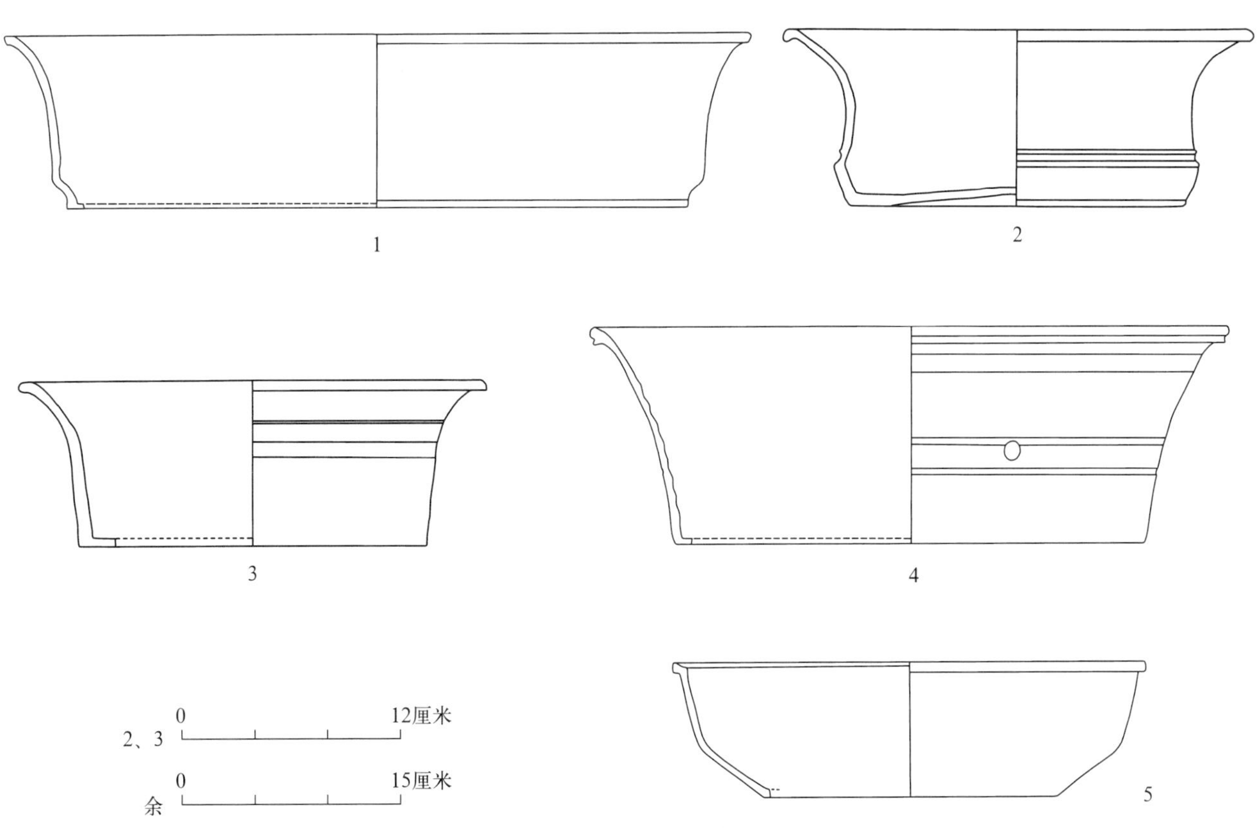

图5-71 T007出土平底盆

1～5．T007G7①：12、T007G7②：152、T007G7②：135、T007G7③：215、T007G7③：430

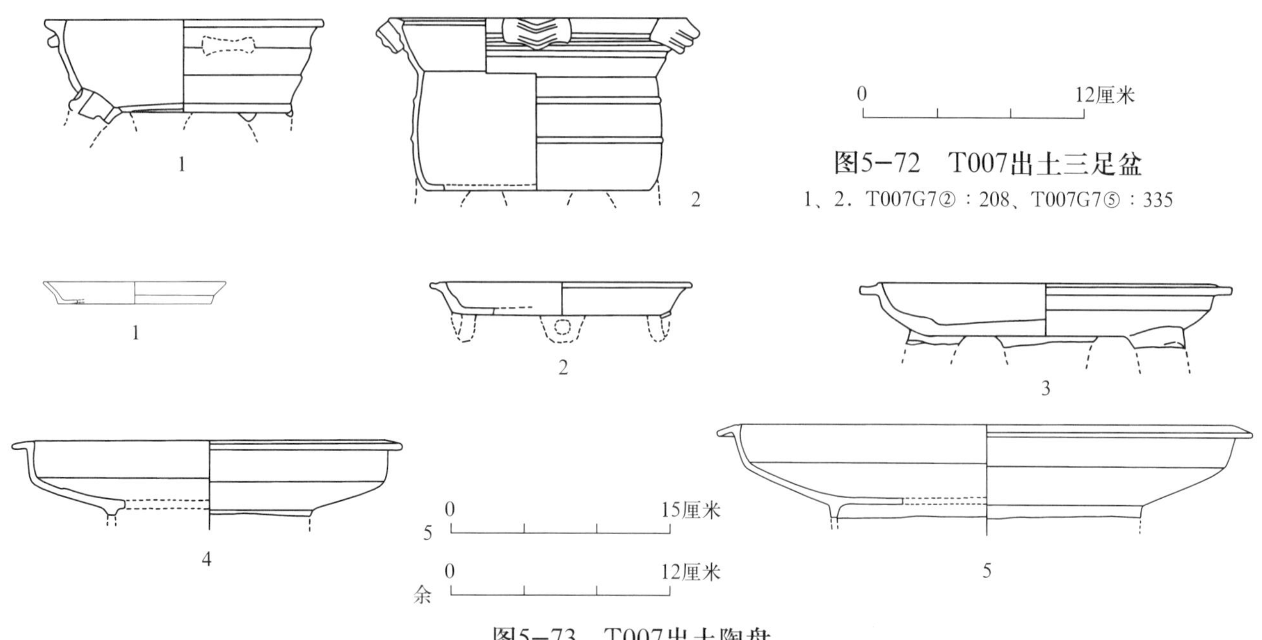

图5-72　T007出土三足盆

1、2. T007G7②：208、T007G7⑤：335

图5-73　T007出土陶盘

1. 平底盘T007G7⑤：339　2、3. 三足盘T007G7③：171、T007G7③：417　4、5. 圈足盘T007G7②：380、T007G7③：369

（8）三足盘

第二组：

标本T007G7③：171，夹砂黑陶。敞口，方唇，窄平沿，浅腹，平底，三环形足痕。口径12.7、底径11.8、残高1.8、厚0.4～0.7厘米（图5-73，2）。

标本T007G7③：417，夹砂黑陶。敞口，方唇，窄平沿，浅腹，平底，三足残。口沿上有一周凹槽。口径18.0、底径12.7、残高3.5、厚0.3～0.9厘米（图5-73，3）。

（9）圈足盘

第一组：无完整者。

标本T007G7②：380，泥质黑陶。宽平沿，圆唇，浅盘，圈足痕。口径19.0、底径残缺、残高4.1、厚0.3～0.5厘米（图5-73，4）。

第二组：无完整者。

标本T007G7③：369，夹砂黑陶。宽平沿外倾，圆唇，浅腹，平底，圈足痕。口径33.0、底径残缺、残高6.2、厚0.3～0.65厘米（图5-73，5）。

（10）碗

与盆的器形相近，唯个体较小，作为实用器归入碗。

第一组：有如下几种样式。

标本T007G7②：391，敞口，圆唇，卷沿，平底残。器表饰一对盲鼻。口径13.4、底径10.0、高4.8、厚0.3～0.8厘米（图5-74，1）。同一样式的有标本T007G7①：18（图5-74，5）。

标本T007G7②：228，泥质黑陶。敞口，圆唇，折腹，平底。口径14.0、底径8.9、高4.8、厚0.2～0.3厘米（图5-74，4）。同一样式的有标本T007G7②：122、T007G7②：52（图5-74，2、3）。

第二组：

标本T007G7⑤：321，泥质黑陶。敞口，圆唇，卷沿，腹壁分节内收，平底残。器表饰两周凸弦纹。口径16.4、底径10.6、高6.4、厚0.2～0.5厘米（图5–74，6）。

标本T007G7③：414，泥质黑陶。敞口，圆唇，深腹，腹下部内收，平底。口径15.5、底径10.8、高5.6、厚0.2～0.5厘米（图5–74，7）。

标本T007G7③：294，泥质黑陶。敞口，尖唇，浅腹，腹下部内收，平底内凹。口径19.2、底径17.4、高3.9、厚0.2～0.6厘米（图5–74，8）。

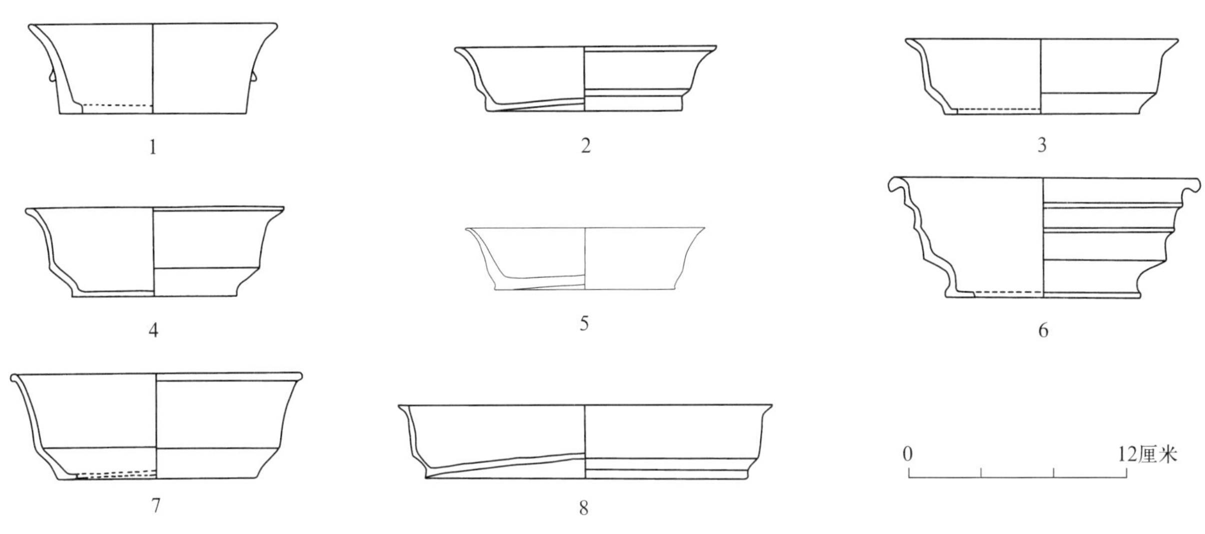

图5–74　T007出土陶碗

1～8．T007G7②：391、T007G7②：122、T007G7②：52、T007G7②：228、T007G7①：18、T007G7⑤：321、T007G7③：414、T007G7③：294

（11）平底盒

发现数量较多，多为泥质黑陶，陶质细腻，器表光亮。

第一组：主要有如下几种样式。

标本T007G7①：21，泥质黑陶。直口，尖唇，腹壁竖直，近底处内收，大平底微凹，子口在器体中部。口径23.6、底径23.2、高6.1、厚0.2～0.4厘米（图5–75，2）。同一样式的有标本T007G7②：222、T007G7②：246、T007G7①：22、T007G7①：46、T007G7②：175、T007G7①：16、T007G7②：168、T007G7①：73、T007G7②：247（图5–75，1、3～9、11）。

标本T007G7②：64，泥质黑陶。深子母口，口微内敛，尖唇，浅腹，大平底。口径14.6、底径14.6、高7.3、厚0.2～0.35厘米（图5–75，12）。

标本T007G7②：103，泥质黑陶。浅子母口，尖唇，深腹，腹壁上部竖直，下部折收，大平底内凹。口径11.2、底径9.6、高3.0、厚0.1～0.2厘米（图5–75，10）。同一样式的有标本T007G7②：394（图5–75，13）。

标本T007G7②：206，泥质黑陶。矮子母口，尖唇，深腹，腹中部微鼓，下部内收，平底。口径12.4、底径9.2、高5.1、厚0.2～0.5厘米（图5–75，14）。

标本T007G7②：160，泥质黑陶。矮子母口，腹壁急内收，小平底内凹。口径13.0、底径8.0、

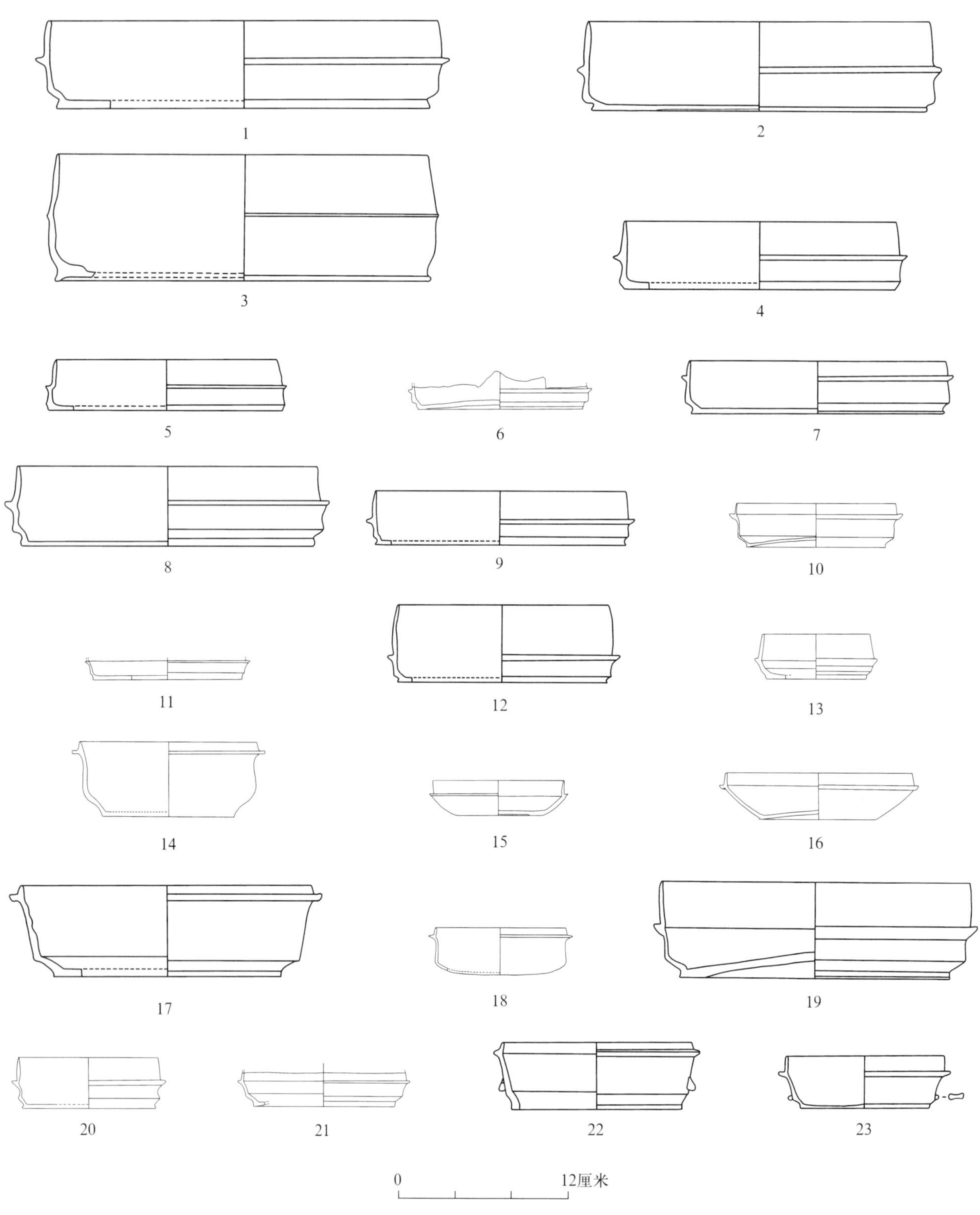

图5-75　T007出土平底盒

1～23．T007G7②：222、T007G7①：21、T007G7②：246、T007G7①：22、T007G7①：46、T007G7②：175、T007G7①：16、T007G7②：168、T007G7①：73、T007G7②：103、T007G7②：247、T007G7②：64、T007G7②：394、T007G7②：206、T007G7①：33、T007G7②：160、T007G7④：298、T007G7③：261、T007G7③：269、T007G7③：249、T007G7③：252、T007G7④：424、T007G7⑤：193

高3.2、厚0.2～0.3厘米（图5-75，16）。同一样式的有标本T007G7①：33（图5-75，15）。

第二组：主要有以下几种样式。

标本T007G7③：269，泥质黑陶。直口，尖唇，腹壁上部竖直，下部折内收，平底内凹，子母口在器体中部。口径21.4、底径18.8、高6.6、厚0.2～0.8厘米（图5-75，19）。同一样式的有标本T007G7③：249、T007G7③：252（图5-75，20、21）。

标本T007G7⑤：193，浅子母口内敛，腹部上部斜直，下部折内收，平底。腹下部有一对盲鼻。口径11.0、底径9.0、高3.6、厚0.2厘米（图5-75，23；彩版二七〇，1）。同一样式的有标本T007G7④：424、T007G7④：298（图5-75，22、17）。

标本T007G7③：261，泥质黑陶。浅子母口，尖唇，腹部近竖直，底残。口径9.1、底径6.4、高3.2、厚0.1～0.2厘米（图5-75，18）。

（12）三足盒

有人归入泥质鼎，因上体是盒，名为三足盒为宜。多为泥质黑陶，器表多磨光，陶质细腻。

第一组：主要有以下几种样式。

标本T007G7①：1，泥质黑陶。口内敛，尖唇，腹壁下部折内收，平底内凹，鸟喙形足痕，子口在器体中部。器表饰一周凸弦纹。口径17.0、底径13.6、残高5.6、厚0.2～0.35厘米（图5-76，4）。同一样式的有标本T007G7①：37、T007G7①：57（图5-76，1、5）。

标本T007G7②：95，泥质黑陶。直口，圆唇，腹壁缓曲内折，平底，鸟喙形足，子口在器体中

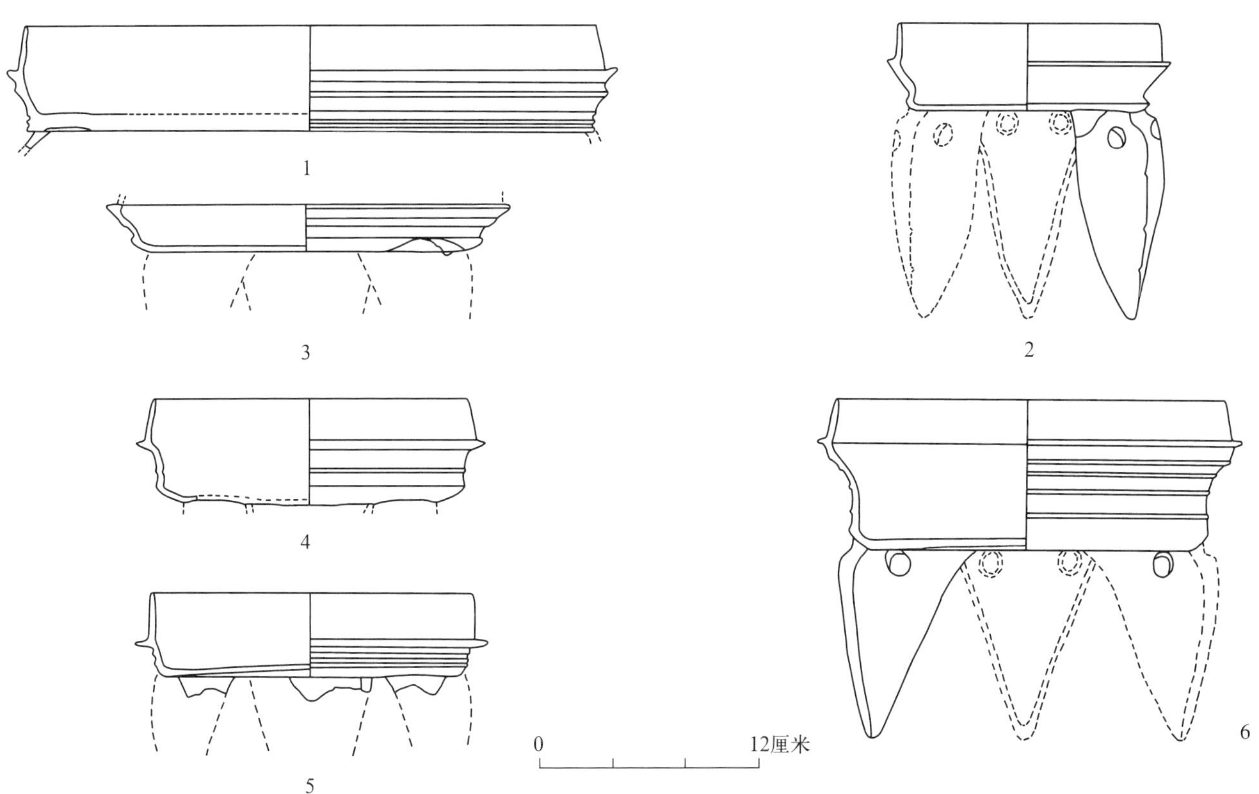

图5-76　T007出土三足盒

1～6. T007G7①：37、T007G7②：95、T007G7②：397、T007G7①：1、T007G7①：57、T007G7③：216

部。口径14.2、底径12.2、高15.8、厚0.2～0.3厘米（图5-76，2）。同一样式的有标本T007G7②：397（图5-76，3）。

第二组：完整者仅1件。

标本T007G7③：216，泥质黑陶。直口内倾，尖唇，深腹中束，平底内凹。腹饰凸弦纹四周。口径21.2、底径17.5、高18.0、厚0.2～0.35厘米（图5-76，6）。

（13）杯

数量较多，以黑陶为主，泥质居多，器表多磨光。

第一组：主要有以下几种样式。

标本T007G7②：162，泥质黑陶。敞口，尖唇，粗长颈，短鼓腹，腹壁下部内束，平底内凹。口径17.2、底径12.0、高22.0、厚0.4～0.6厘米（图5-77，1；彩版二七〇，2）。

标本T007G7②：127，泥质灰陶。直口，窄肩，短鼓腹，小平底。把手残，口沿上有一周凹

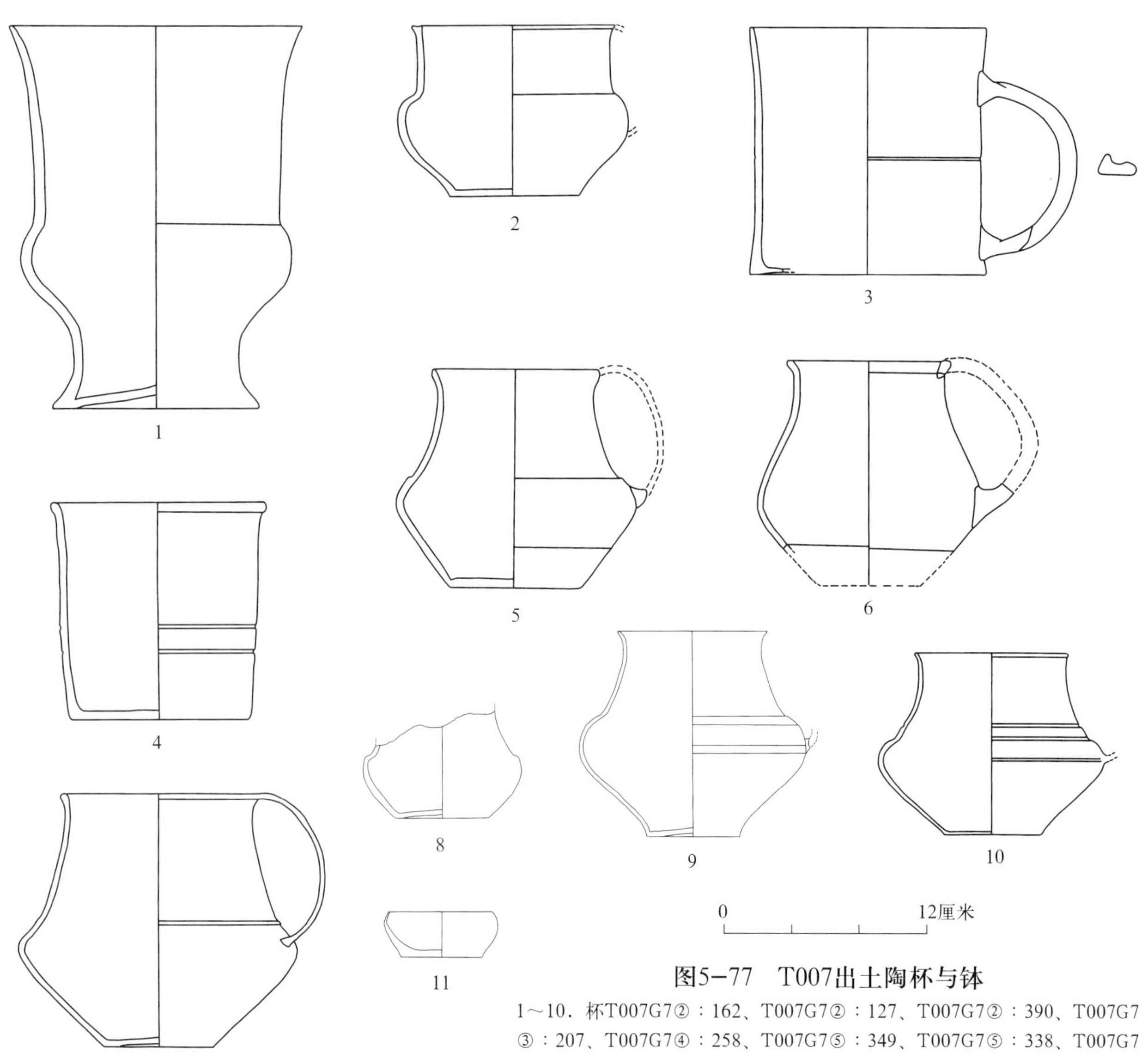

图5-77 T007出土陶杯与钵

1～10. 杯T007G7②：162、T007G7②：127、T007G7②：390、T007G7③：207、T007G7④：258、T007G7⑤：349、T007G7⑤：338、T007G7⑤：336、T007G7③：290、T007G7②：7 11. 钵T007G7③：289

槽。口径10.8、底径7.6、高9.8、厚0.3～0.5厘米（图5–77，2）。

标本T007G7②：390，夹砂黑陶。筒形体，尖唇，器壁竖直，平底内凹。绹索状把手，器表饰一周凹弦纹。口径13.6、底径13.8、高14.2、厚0.3～0.6厘米（图5–77，3）。

第二组：主要有以下样式。

标本T007G7③：207，泥质黑陶。筒形体，圆唇，卷沿，平底。器表饰两周凹弦纹。口径12.4、底径10.4、高12.4、厚0.4～0.5厘米（图5–77，4）。

标本T007G7⑤：338，泥质灰陶。圆唇，粗颈，短鼓腹，小平底微内凹。把手位于口沿至腹部，器表饰一周凸弦纹。口径11.2、底径6.4、高14.6、厚0.3～0.4厘米（图5–77，7）。同一样式的有标本T007G7④：258、T007G7⑤：349、T007G7⑤：336、T007G7③：290、T007G7②：7（图5–77，5、6、8～10）。

（14）钵

仅1件。

第二组：

标本T007G7③：289，泥质黑陶。敛口，尖唇，鼓腹，平底。口径6.2、底径4.8、高2.6、厚0.2～1.2厘米（图5–77，11）。

（15）罍

第二组：

标本T007G7③：292，泥质黑陶。圆唇，卷沿，折肩，腹壁上部竖直，下部内收，平底。器身饰有两对小耳、一对圆泥饼和三组凹弦纹。口径10.6、底径11.0、高17.4、厚0.15～0.4厘米（图5–78，1）。同一样式的有标本T007G7③：284（图5–78，2）。

（16）箅子

第一组：有以下两种形式。

标本T007G7①：49，夹砂灰陶。形体同三足盘，敞口，浅腹，平底，足残。口沿上有一对横耳，底面有排列规整的小圆孔，为直接烧烤使用。直径18.4、残高5.5、厚0.3～0.4厘米（图5–78，3）。

标本T007G7②：378，夹砂灰陶。（残片）圆形，周边有短壁（墙），箅面两边有圆形镂孔，中部为长条形镂孔。直径11.9、残高4.3、厚0.55～0.9厘米（图5–78，4）。

第二组：

标本T007G7③：291，夹砂黑陶。浅盘形，敞口，浅腹，斜壁，底面中心处有一圆孔，为甗内使用的蒸箅。直径17.6、高1.8、厚0.2～1.3厘米（图5–78，5）。

（17）器盖

出土数量多，型制复杂，分别为多种器物的附件。

第一组：主要有以下几种样式。

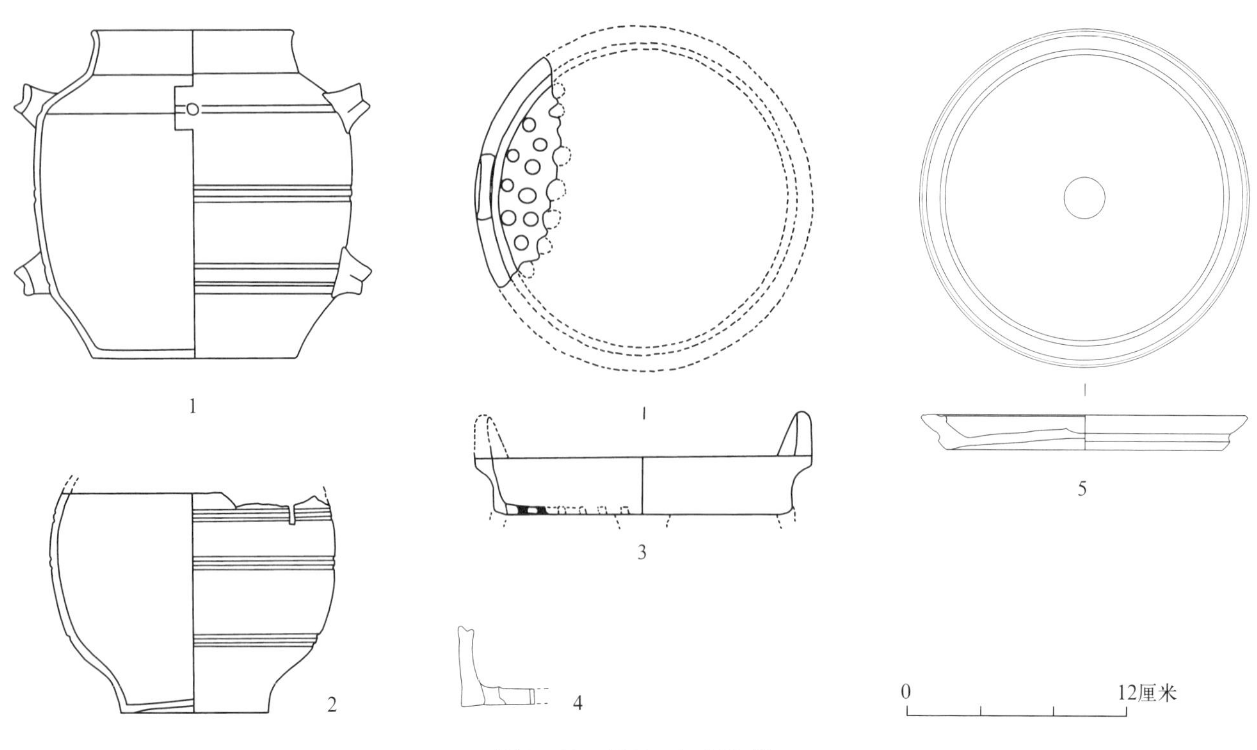

图5-78　T007出土陶器

1、2．罍T007G7③：292、T007G7③：284　3～5．箅子T007G7①：49、T007G7②：378、T007G7③：291

标本T007G7②：76，泥质黑陶。覆筒形，平顶面，折肩，直壁，圆唇，顶面有提梁痕。器表饰两周凹弦纹。口径14.0、残高7.7、厚0.3～0.4厘米（图5-79，2）。

标本T007G7②：134，夹砂黑陶。覆盘形，平顶面，圆肩，方唇，矮体，顶面边缘有一对提手。口径18.1、残高3.5、厚0.4～1.0厘米（图5-79，5）。

标本T007G7②：128，泥质黑陶。覆盘形，平顶面，圆肩，直壁稍内倾，尖唇，顶面有喇叭形提手。口径12.7、纽径3.7、高5.8、厚0.1～0.3厘米（图5-79，3）。同一样式的有标本T007G7②：146、T007G7②：227（图5-79，1、4）。

标本T007G7①：396，泥质黑陶。覆盘形，顶面残，折肩，直壁略中束，方唇。器表饰两周凸弦纹。口径37.2、残高10.8、厚0.5～1.0厘米（图5-79，6）。

标本T007G7：203，夹砂褐陶。覆碟形，圆唇，盖面隆起，顶中央有一蘑菇形纽。口径17.6、纽径5.9、高6.9、厚0.4～0.7厘米（图5-79，9）。同一样式的有标本T007G7：232、T007G7：142（图5-79，7、8）。

标本T007G7①：39，夹砂黑陶。覆碗形，方唇，盖面斜直低矮，平顶。口径18.6、纽径6.6、高6.0、厚0.3～0.5厘米（图5-80，1）。同一样式的有标本T007G7②：164、T007G7②：172（图5-80，2、3）。

标本T007G7②：126，夹砂灰陶。覆碗形，方唇，盖面斜直较高，平顶。口径14.0、纽径6.4、高6.8、厚0.2～0.4厘米（图5-80，5）。同一样式的还有标本T007G7①：38（图5-80，4）、T007G7②：190（图5-80，6）、T007G7②：404（图5-80，7；彩版二七〇，3）。

标本T007G7：62，夹砂黑陶。覆碗形，方唇，盖面隆起，平顶。口径21.2、纽径7.0、高7.4、厚0.3～0.6厘米（图5−80，8）。同一样式的有标本T007G7①：45、T007G7：88、T007G7：386、T007G7：223、T007G7：99、T007G7②：234、T007G7②：382、T007G7②：384、T007G7②：209（图5−80，9～17）。

标本T007G7①：56，夹砂黑陶。覆碗形，方唇，盖面隆起较低，平顶下凹。口径10.5、纽径6.2、高2.8、厚0.4～1.2厘米（图5−80，20）。

标本T007G7②：241，夹砂灰陶。覆碗形，圆唇，盖面较高曲壁，平顶，顶面中部下凹。口径8.4、纽径4.4、高4.3、厚0.5～1.2厘米（图5−80，18）。同一样式的有标本T007G7②：68（图5−80，19）。

第二组：主要有以下几种样式。

标本T007G7⑤：522，泥质黑陶。覆筒形，平顶，折肩，器壁稍中束，尖唇。顶面边缘有一周凹槽。口径14.0、高7.6、厚0.2～0.4厘米（图5−81，1）。同一样式的有标本T007G7④：253、T007G7⑤：310（图5−81，3、5）。

标本T007G7⑤：371，泥质黑陶。覆盘形，盖顶面隆起，圆唇，顶面中部有一喇叭形捉手。盖面上有一对泥突，口沿上有一周凹槽。口径10.0、纽径1.2、高2.4、厚0.15～0.35厘米（图5−81，2；

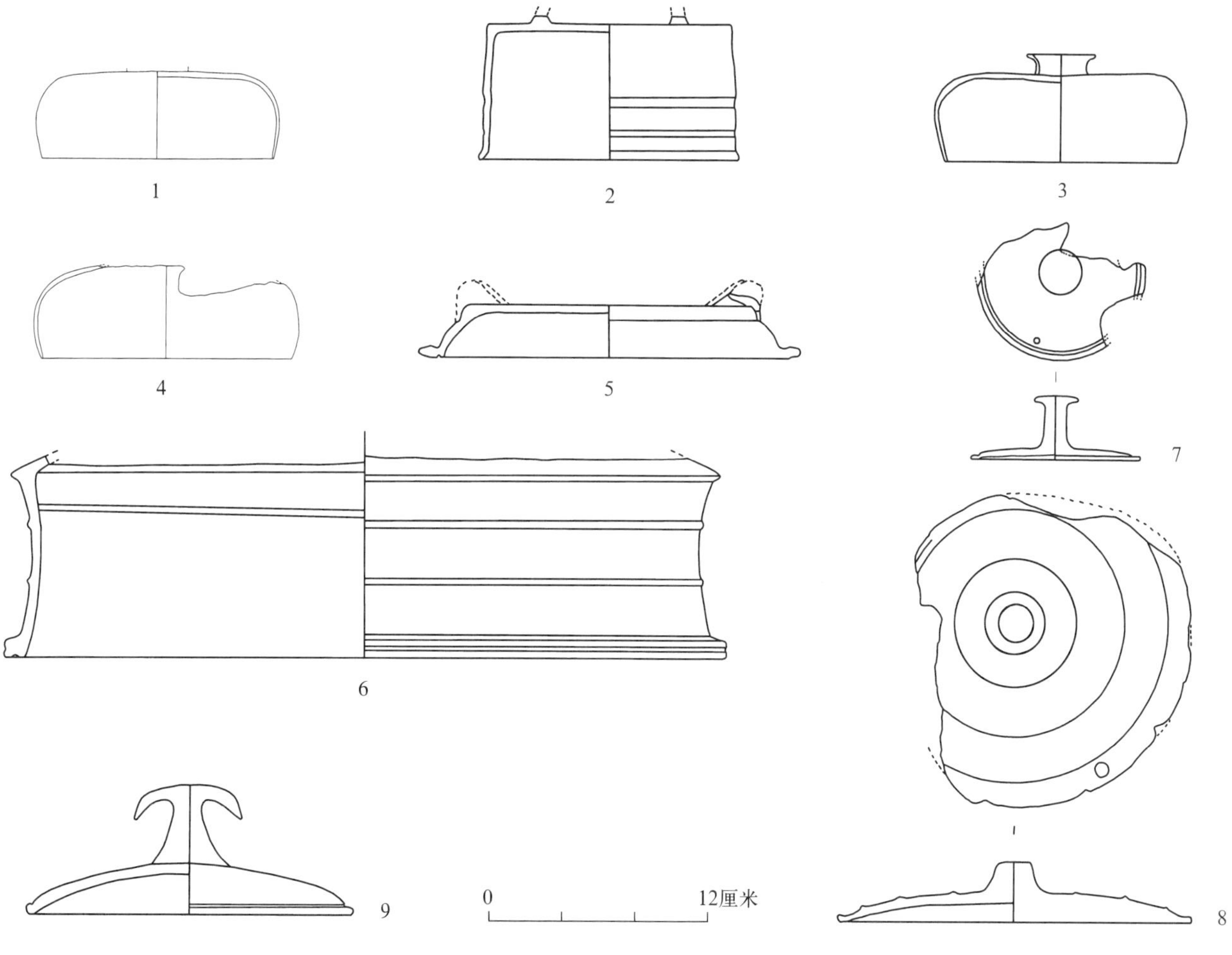

图5−79　T007出土器盖（一）

1～9．T007G7②：146、T007G7②：76、T007G7②：128、T007G7②：227、T007G7②：134、T007G7①：396、T007G7：232、T007G7：142、T007G7：203

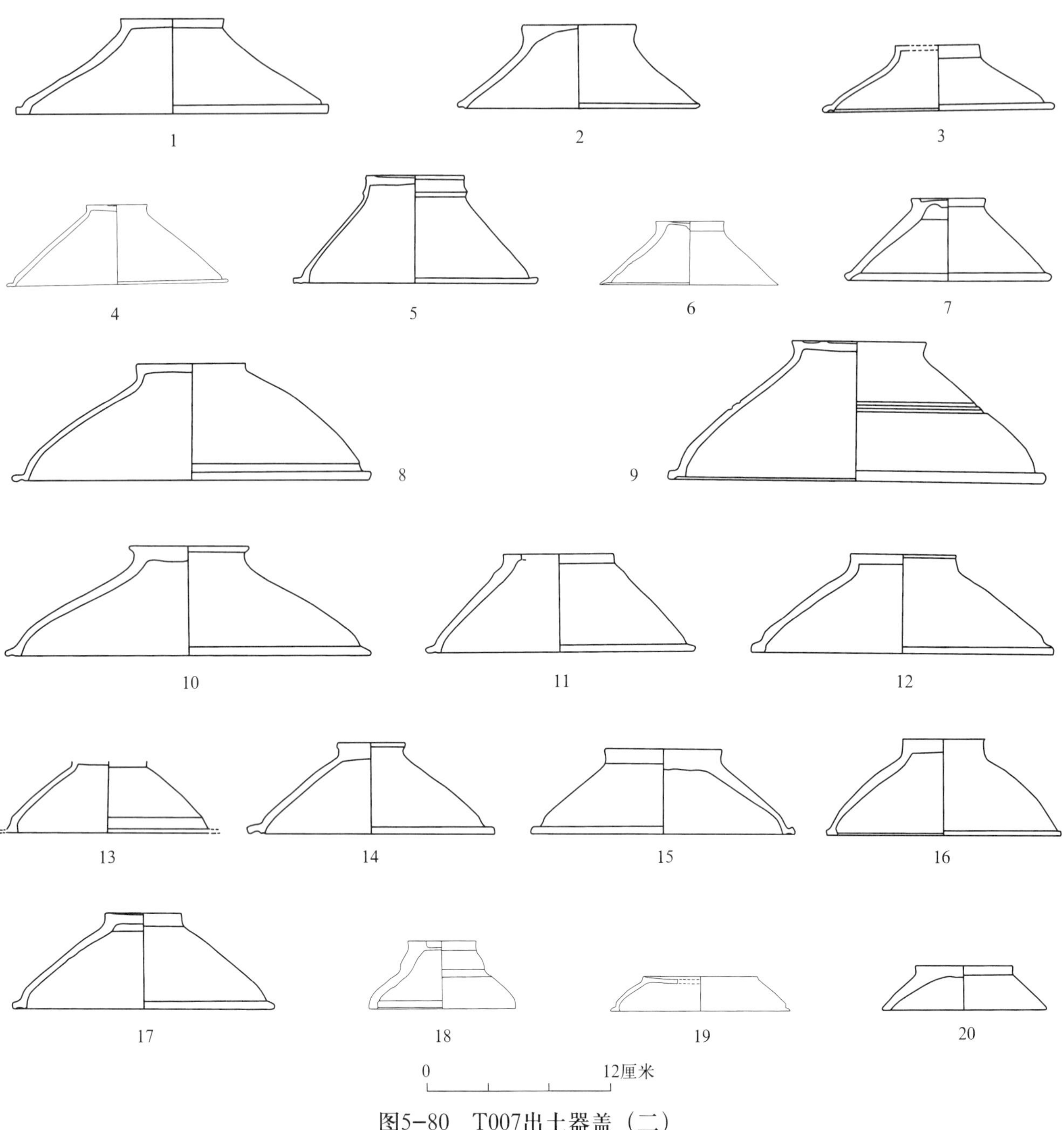

图5-80　T007出土器盖（二）

1～20．T007G7①：39、T007G7②：164、T007G7②：172、T007G7①：38、T007G7②：126、T007G7②：190、T007G7②：404、T007G7：62、T007G7①：45、T007G7：88、T007G7：386、T007G7：223、T007G7：99、T007G7②：234、T007G7②：382、T007G7②：384、T007G7②：209、T007G7②：241、T007G7②：68、T007G7①：56

彩版二七〇，4）。

标本T007G7③：281，泥质灰陶。盖面隆起，圆唇，顶中部为一圆形小捉手。口径10.0、纽径1.2、高2.4、厚0.2～1.4厘米（图5-81，6）。同一样式的有标本T007G7③：288（图5-81，4）。

标本T007G7⑤：420，夹砂白陶。鬶盖，平板形。盖中央有一纽痕，边缘有一对对称的缺口，对应面有一小圆孔。口径8.0、纽径0.8、残高1.4、厚0.4～0.6厘米（图5-81，7）。同一样式的有标本T007G7③：426、T007G7③：186（图5-81，8、10）。

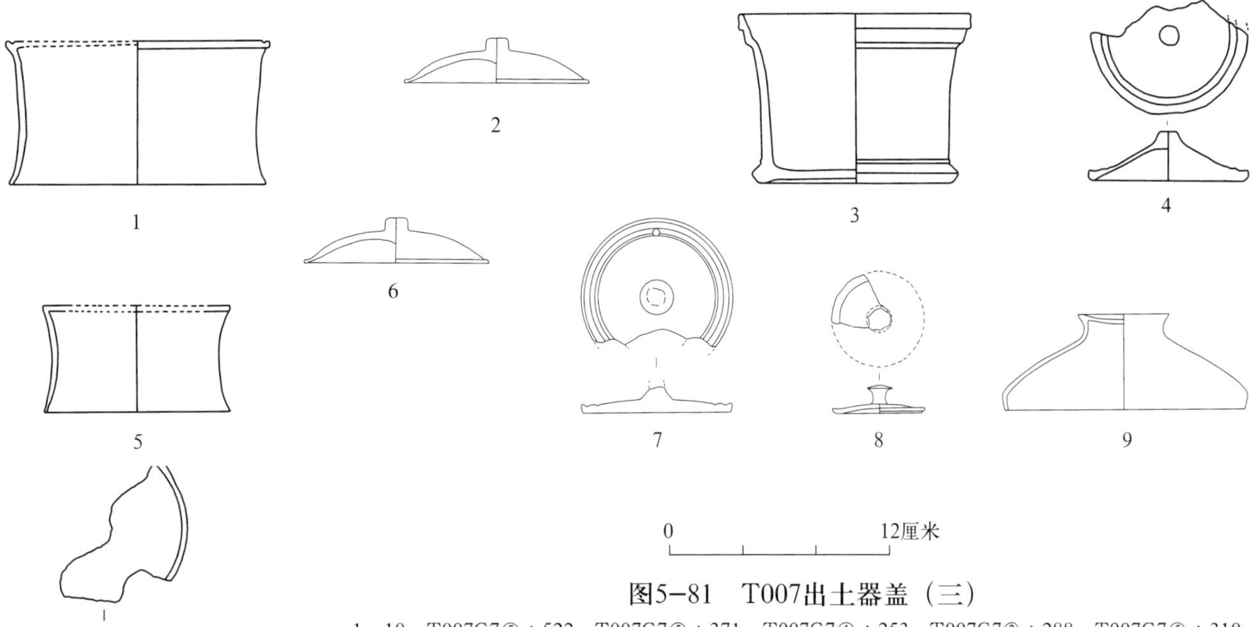

图5-81　T007出土器盖（三）
1～10. T007G7⑤：522、T007G7⑤：371、T007G7④：253、T007G7③：288、T007G7⑤：310、T007G7③：281、T007G7⑤：420、T007G7③：426、T007G7③：260、T007G7③：186

标本T007G7③：260，泥质黑陶。覆钵形，口内敛，盖面斜长，平顶面下凹。口径13.0、纽径4.8、高5.1、厚0.2～0.3厘米（图5-81，9）。

标本T007G7⑤：329a，夹砂黑陶。覆碗形，方唇，平沿，盖面隆起，平顶面。口径14.8、纽径4.6、高7.2、厚0.4～0.6厘米（图5-82，1）。同一样式的有标本T007G7③：293、T007G7③：427（图5-82，3、4）。

标本T007G7⑤：341，夹砂黑陶。覆碗形，方唇，平沿，盖面斜直隆起，顶面出缘，顶面上有一提手痕。口径9.7、纽径3.7、残高4.0、厚0.4～0.6厘米（图5-82，2）。

标本T007G7⑤：330，夹砂黑陶。覆碗形，圆唇，盖面较短，平顶面。器表饰一周凹弦纹。口径10.4、纽径3.4、高4.0、厚0.4～0.5厘米（图5-82，7）。同一样式的有标本T007G7③：283（彩版二七〇，5）、T007G7③：425（图5-82，5、6）。

标本T007G7⑤：322，夹砂黑陶。覆碗形，方唇，宽沿，盖面斜长，顶面出缘。口径25.2、纽径9.8、高7.3、厚0.3～0.6厘米（图5-82，8）。同一样式的有标本T007G7⑤：370、T007G7⑤：358、T007G7⑤：329b（图5-82，9、12、13）。

标本T007G7③：286，夹砂黑陶。覆碗形，方唇，宽沿，高盖面斜直，平顶面。口径12.8、纽径5.0、高4.6、厚0.4～0.5厘米（图5-82，11）。同一样式的有标本T007G7⑤：346（图5-82，10）。

（18）纺轮

第一组：主要有以下几种样式。

标本T007G7①：31，泥质黑陶。一面平，另一面中部隆起，近边缘处下凹，中心有一小圆孔。直径5.6、厚0.3～0.7厘米（图5-83，1）。同一样式的有标本T007G7②：93、T007G7②：154（图5-83，3、4）。

标本T007G7②：147，泥质黑陶。一面平，另一面由边缘向中心渐厚，中心有一小圆孔。直径

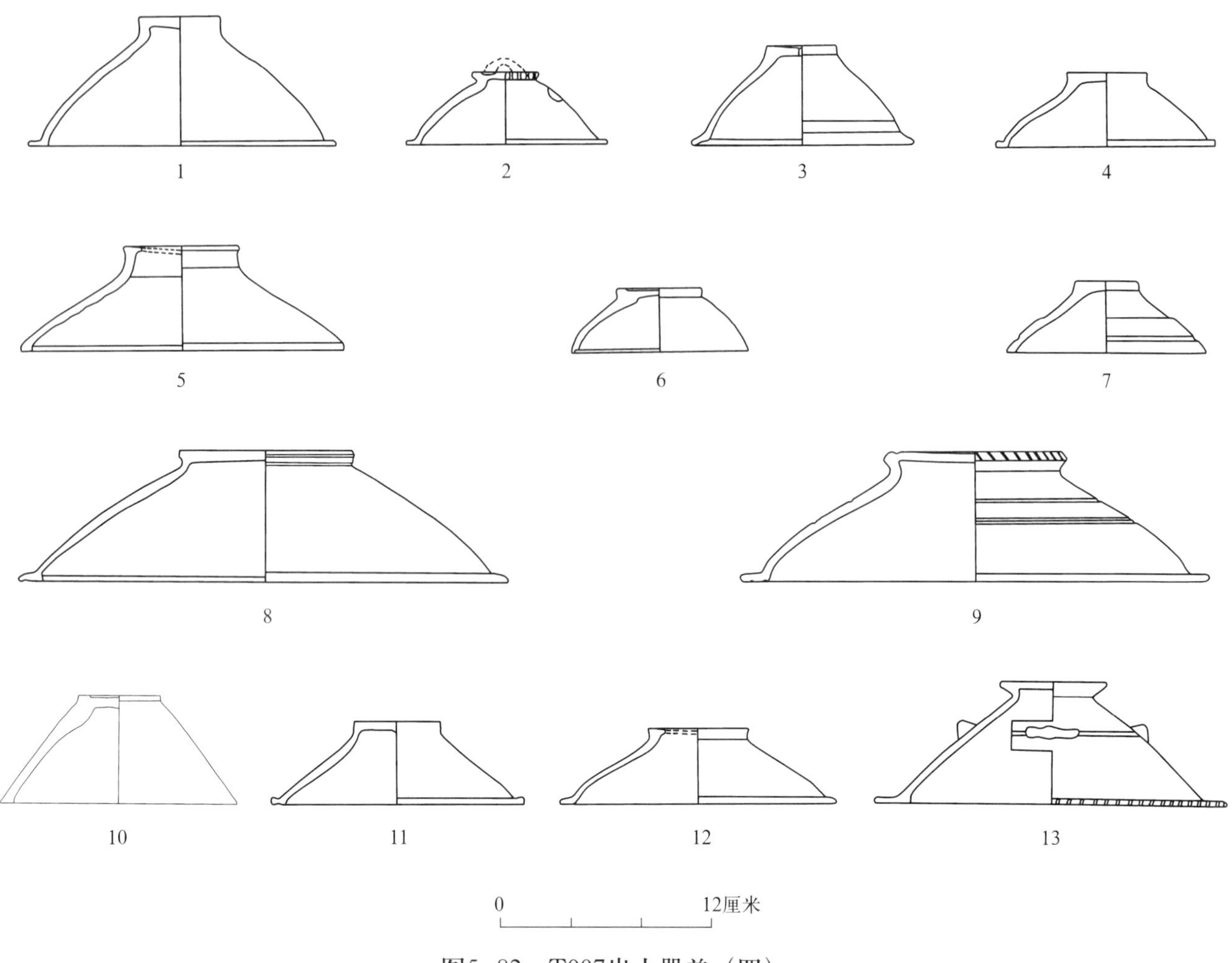

图5-82 T007出土器盖（四）

1～13．T007G7⑤：329a、T007G7⑤：341、T007G7③：293、T007G7③：427、T007G7③：283、T007G7③：425、T007G7⑤：330、T007G7⑤：322、T007G7⑤：370、T007G7⑤：346、T007G7③：286、T007G7⑤：358、T007G7⑤：329b

5.6、厚0.3～0.7厘米（图5-83，2）。

标本T007G7①：32，泥质灰陶。一面呈二层台状，另一面由边缘向中部渐厚，中心有一圆孔。直径5.8、厚0.2～0.6厘米（图5-83，5）。

标本T007G7①：23，泥质灰陶。剖面为长椭圆形，中心有一圆孔。直径13.9、厚0.7～2.4厘米（图5-83，6）。

第二组：有以下几种样式。

标本T007G7③：362，泥质黑陶。一面平，另一面中部稍厚，中心有一圆孔。直径4.8、厚0.6厘米（图5-83，7）。

标本T007G7③：266，泥质灰陶。一面中部平，近边缘渐薄，另一面中部隆起，中心有一圆孔，两边近边缘处均下凹。直径5.4、厚0.3～0.8厘米（图5-83，8）。

标本T007G7⑤：324，夹砂黑陶。剖面呈长方形，中心有一圆孔。直径5.8、厚0.9～1.1厘米（图5-83，9）。

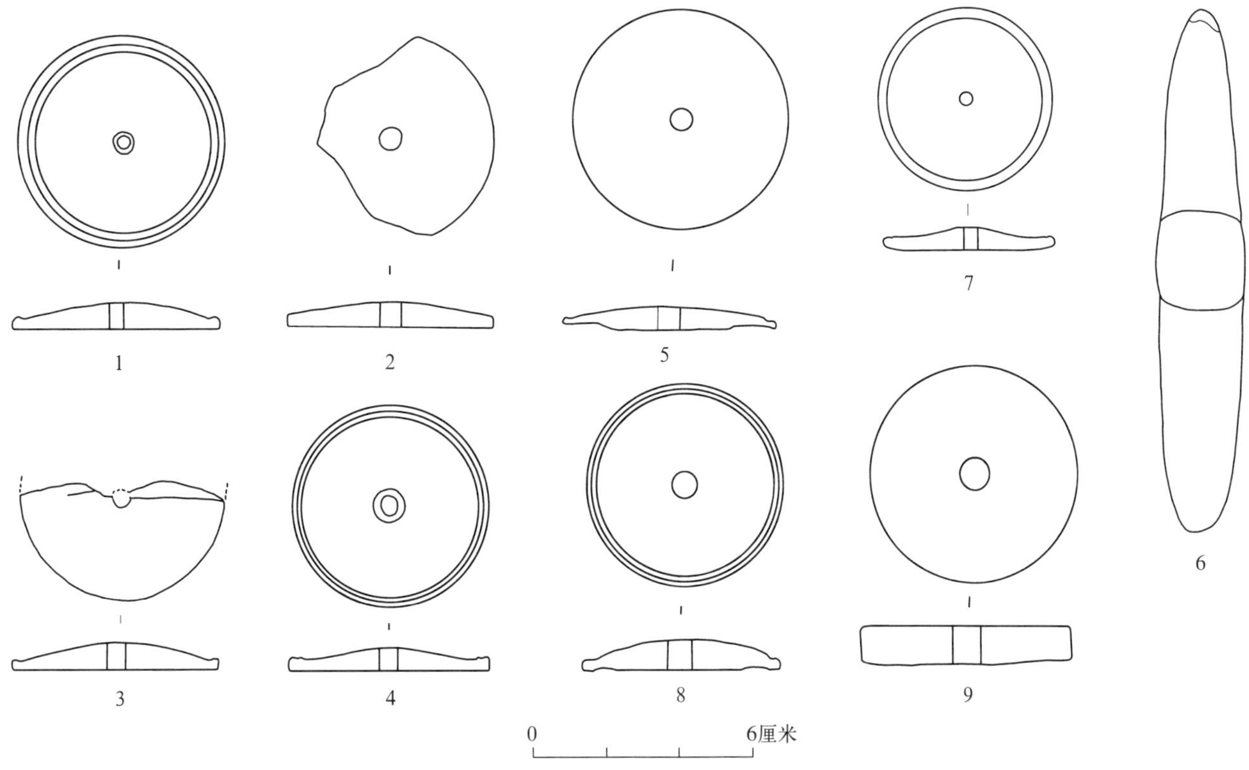

图5-83　T007出土陶纺轮

1～9. T007G7①：31、T007G7②：147、T007G7②：93、T007G7②：154、T007G7①：32、T007G7①：23、T007G7③：362、T007G7③：266、T007G7⑤：324

（19）圆陶片

第二组：

标本T007G7③：276，泥质黑陶。用平器底修整而成，边缘不规整。直径5.6、厚0.5厘米（图5-84，1）。

（20）不知名器

第一组：

标本T007G7②：181，泥质黑陶。平底稍内凹，下部剖面呈圆角长方形（扁圆体），内中空，向上内束，器表有排列规整的圆形镂孔。直径10.7、残高6.4、厚0.4～0.6厘米（图5-84，2）。

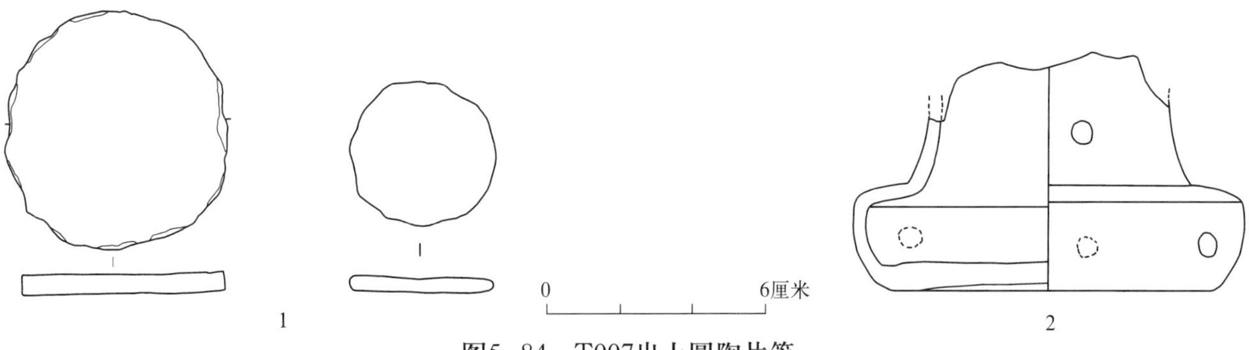

图5-84　T007出土圆陶片等

1. 圆陶片T007G7③：276　2. 不知名器T007G7②：181

3．G8出土陶器

（1）鼎

基本完整者仅1件。

标本T008G8②：47，夹砂黑陶。口残，卷沿，鼓腹，平底，侧三角足痕。器表饰五周凹弦纹。口径残缺。底径7.2、残高10.6、厚0.25～0.4厘米（图5-85，1）。

（2）鬶

仅1件。

标本T008G8②：46，夹砂白陶。圆唇，长斜流，粗短颈，肥大袋足不圆，锥形实足根，绹索形把手。流口两侧有一对圆泥饼，袋足上饰一周凹弦纹。口径11.8、残高19.3、厚0.3～0.4厘米（图5-85，2）。

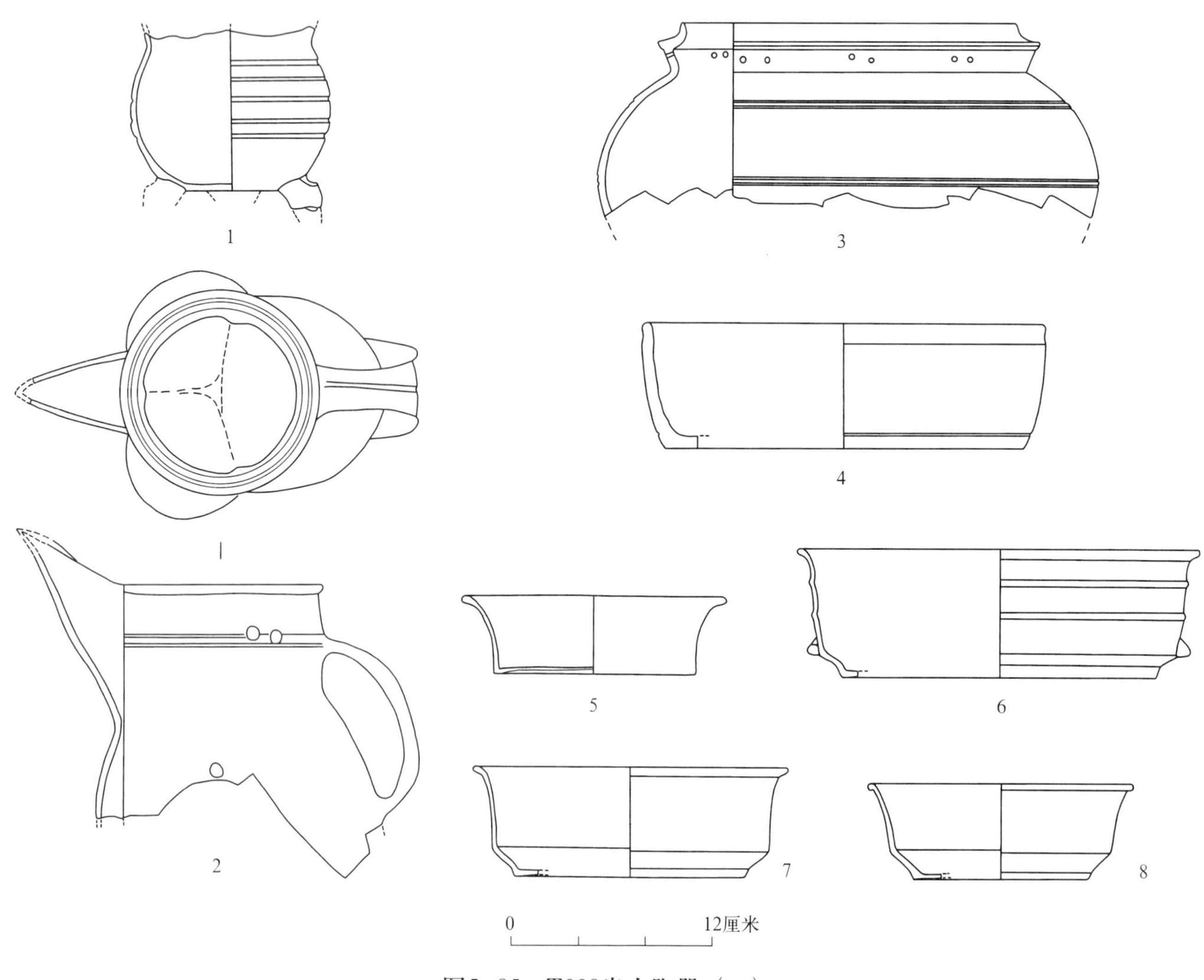

图5-85　T008出土陶器（一）

1．鼎T008G8②：47　2．鬶T008G8②：46　3．子母口罐T008G8①：86　4～8．平底盆T008G8①：115、T008G8①：116、T008G8②：54、T008G8②：354、T008G8①：88

（3）子母口罐

仅1件残片。

标本T008G8①：86，泥质黑陶。子母口，尖唇，鼓腹，下部残失。口沿下有两两成组的小圆孔，腹饰两组凹弦纹。口径19.4、底径残缺、残高11.1、厚0.4～0.6厘米（图5–85，3）。

（4）平底盆

主要有以下样式。

标本T008G8①：116，泥质黑陶。敞口，圆唇，卷沿，平底内凹。口径15.4、底径12.0、高4.5、厚0.1～0.3厘米（图5–85，5）。

标本T008G8①：88，泥质黑陶。敞口，圆唇，卷沿，折腹，平底内凹。口径15.4、底径10.2、高5.5、厚0.25～0.5厘米（图5–85，8）。同一样式的有标本T008G8②：54、T008G8②：354（图5–85，6、7）。

标本T008G8①：115，夹砂红陶。敞口，圆唇，直腹壁，平底。器表饰一周凹弦纹。口径23.2、底径22.8、高7.25、厚0.6～0.9厘米（图5–85，4）。

（5）三足盆

主要有以下样式。

标本T008G8①：83，泥质灰陶。敞口，尖唇，卷沿，平底内凹，三“V”字形足。器表饰两周凹弦纹。口径14.0、底径9.6、高9.2、厚0.25～0.45厘米（图5–86，3）。

标本T008G8①：82，泥质黑陶。直口，圆唇，平沿，腹壁竖直，平底，鸟喙形足痕。口沿上有一周凹槽，器表饰四周凸弦纹。口径18.2、底径13.2、残高8.6、厚0.2～0.48厘米（图5–86，1）。

标本T008G8②：37，泥质黑陶。敞口，方唇，腹壁缓收，平底，鸟喙形足痕。饰一对对称的小盲鼻，器表饰凹弦纹和凸弦纹。口径12.8、底径9.7、残高6.2、厚0.3～0.5厘米（图5–86，5）。同一样式的有标本T008G8②：72（图5–86，4）。

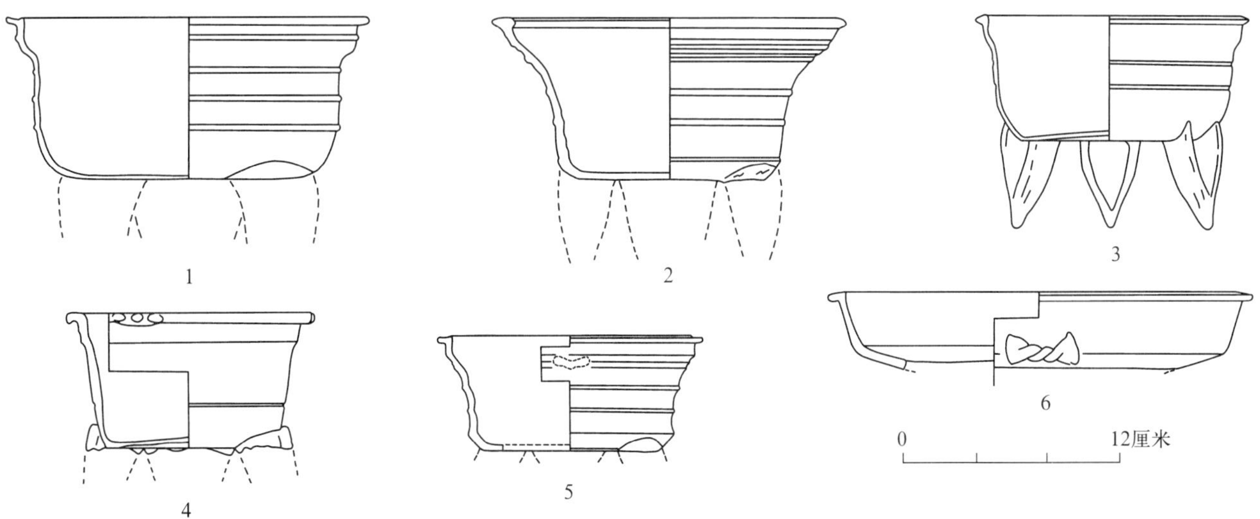

图5–86　T008出土陶器（二）

1～5. 三足盆T008G8①：82、T008G8②：69、T008G8①：83、T008G8②：72、T008G8②：37　6. 盘T008G8①：87

标本T008G8②：69，泥质黑陶。敞口，尖唇，深腹，腹壁缓收，平底，鸟喙形足痕。器表饰密集的弦纹。口径16.9、底径9.7、残高8.8、厚0.35～0.5厘米（图5–86，2）。

（6）盘

标本T008G8①：87，泥质黑陶。敞口，圆唇，窄平沿，圜底残（或有圈足）。器壁饰一对绞索形小把手。口径21.4、底径残缺、残高4.0、厚0.3～0.55厘米（图5–86，6）。

（7）平底盒

标本T008G8①：3，泥质黑陶。浅子母口，口内敛，尖唇，腹壁上部缓收，下部折腹内收，平底。器表饰两周凸弦纹。口径14.6、底径11.9、高4.2、厚0.1～0.3厘米（图5–87，1）。

标本T008G8①：90，泥质黑陶。浅子母口，口内敛，圆唇，腹壁上部竖直，近底处折收，平底内凹。腹部饰对称的泥突，器表饰两周凹弦纹。口径22.6、底径21.4、高7.2、厚0.2～0.4厘米（图5–87，2）。同一样式的有标本T008G8①：89（图5–87，3）。

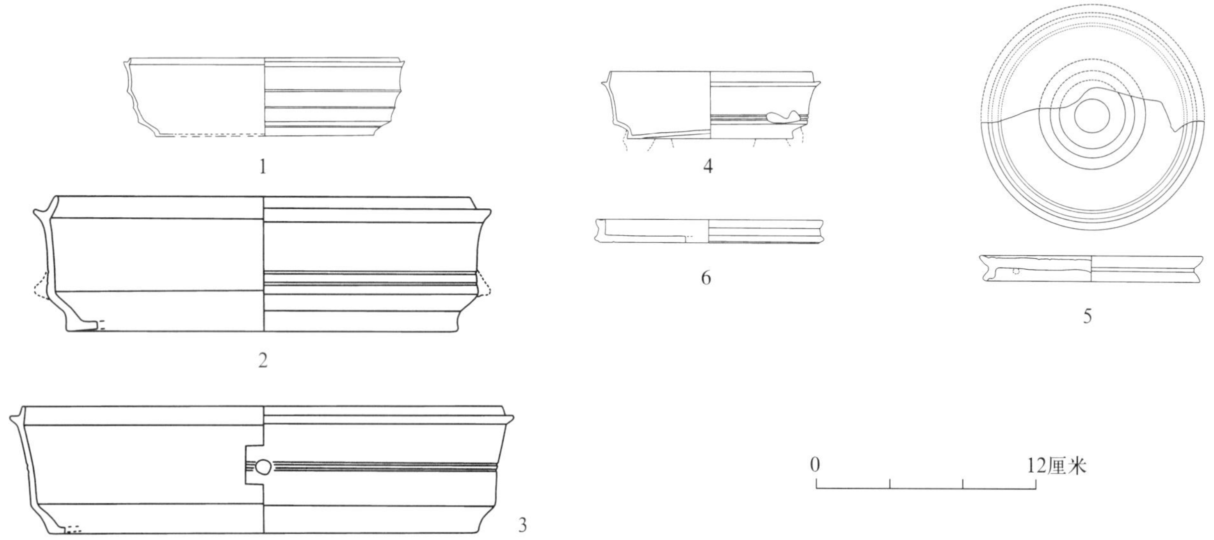

图5–87　T008出土陶器（三）

1～3．平底盒T008G8①：3、T008G8①：90、T008G8①：89　4．三足盒T008G8①：7　5．器座T008G8①：9　6．箅子T008G8①：91

（8）三足盒

标本T008G8①：7，泥质黑陶。浅子母口，口内敛，圆唇，腹壁上部近直，近底处折收，平底内凹，鸟喙形足痕。器壁上有一对盲鼻，并饰两周凹弦纹。口径10.8、底径8.9、残高3.6、厚0.1～0.3厘米（图5–87，4）。

（9）器座

仅1残件。

标本T008G8①：9，夹砂红陶。浅盘，敞口，尖唇，短圈足，内壁底面饰浅圆形细弦纹。口径12.0、底径11.6、高1.5、厚0.3～0.6厘米（图5–87，5）。

（10）箅子

标本T008G8①：91，夹砂红陶。圆形，周边起矮墙，中心有一圆孔，为甗内使用的蒸箅。口径11.2、底径12.4、高1.25、厚0.35～0.5厘米（图5-87，6）。

（11）器盖

有以下几种样式。

标本T008G8②：111，泥质黑陶。覆盘形，平顶（残），折肩，壁斜直，圆唇，口沿上有一周凹槽。口径31.6、残高6.7、厚0.4～0.5厘米（图5-88，1）。

标本T008G8②：55，泥质黑陶。覆筒形，平顶下凹，折肩，尖唇，器壁斜直。器表饰一周凸弦纹。口径6.9、高5.1、厚0.15～0.35厘米（图5-88，2）。

标本T008G8①：13，夹砂黑陶。覆碗形，方唇，宽沿，盖面近直，平顶面。唇上下面各有一凹槽，盖面上饰一组弦纹。口径20.8、纽径7.2、高7.4、厚0.4～0.7厘米（图5-88，4）。同一样式的有标本T008G8①：113（图5-88，3）。

标本T008G8①：8，夹砂灰陶。覆碗形，圆唇，宽沿，盖面微隆，平顶面。器表饰一周凹弦纹。口径20.1、纽径5.8、高6.0、厚0.3～0.4厘米（图5-88，5）。同一样式的有标本T008G8②：38、T008G8②：80、T008G8②：66（图5-88，6～8）。

（12）纺轮

标本T008G8①：24，泥质黑陶。圆片状，剖面为长方形，中心有一小圆孔。直径4.2、厚0.4～0.6厘米（图5-89，1）。同一样式的有标本T008G8①：21（图5-89，2）。

标本T008G8①：96，夹砂黑陶。一面平，另一面微隆，中心有一小圆孔。直径5.6、厚0.7厘米

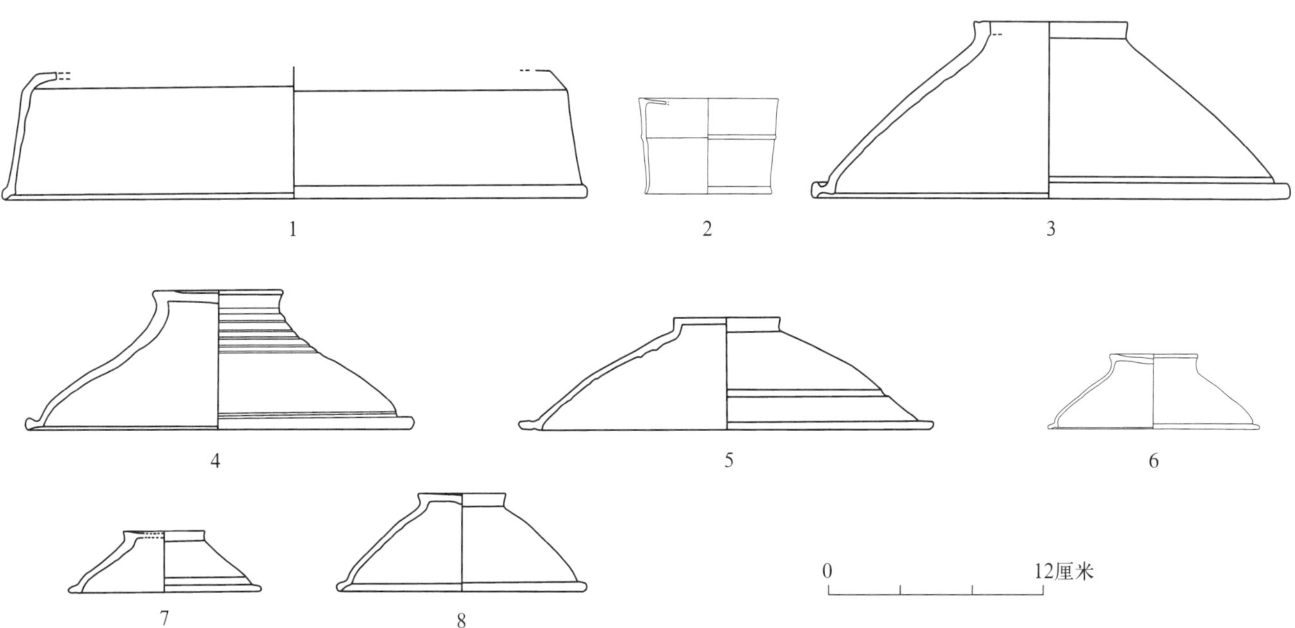

图5-88　T008出土器盖

1～8. T008G8②：111、T008G8②：55、T008G8①：113、T008G8①：13、T008G8①：8、T008G8②：38、T008G8②：80、T008G8②：66

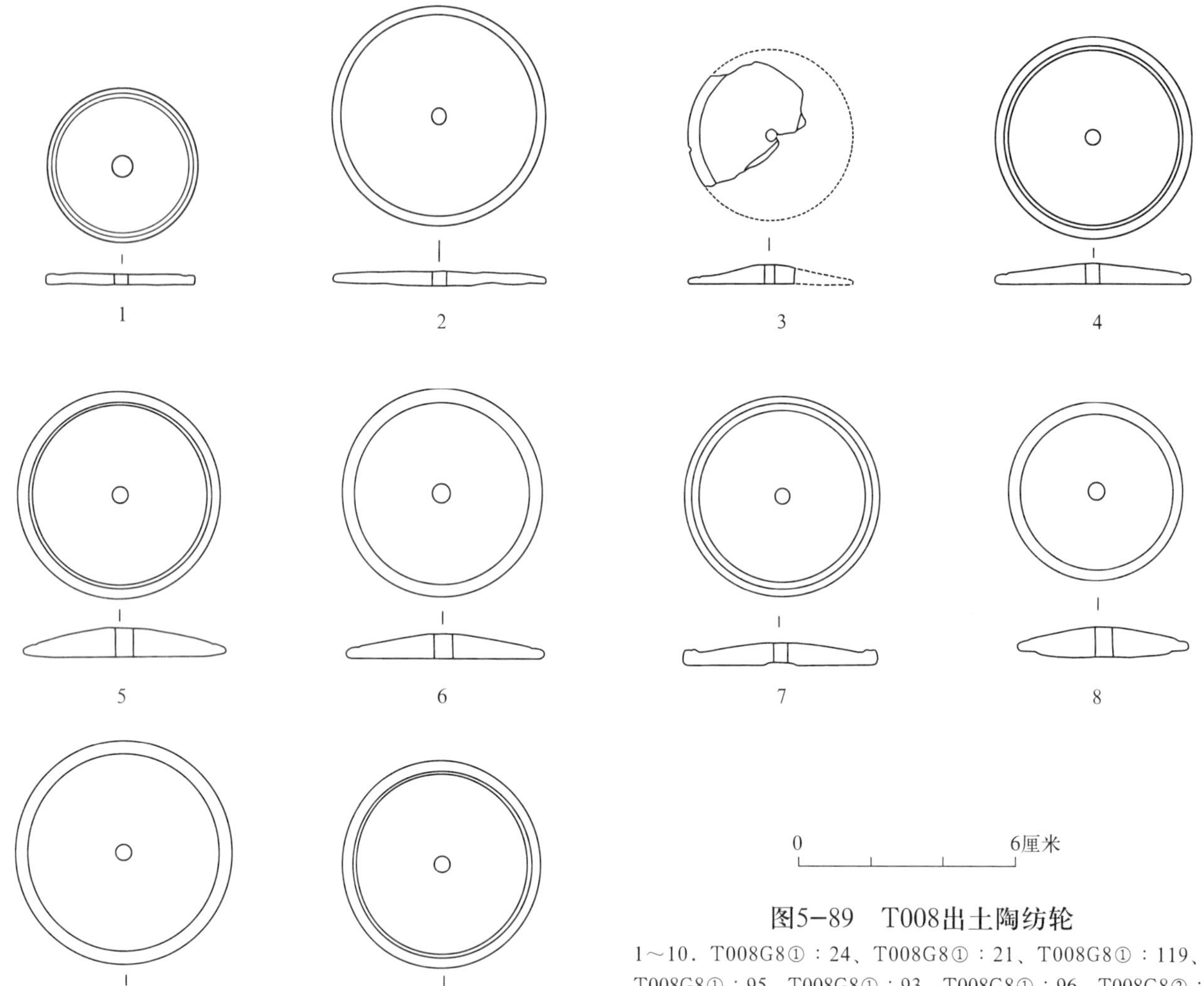

图5-89　T008出土陶纺轮

1～10．T008G8①：24、T008G8①：21、T008G8①：119、T008G8①：95、T008G8①：93、T008G8①：96、T008G8②：98、T008G8①：94、T008G8①：118、T008G8②：36

（图5-89，6）。同一样式的有标本T008G8①：119、T008G8①：95、T008G8①：93、T008G8②：98（图5-89，3、4、5、7；彩版三九，2上左3，1上左4）。

标本T008G8①：94，泥质黑陶。边缘稍薄，一面平，另一面隆起，中心有一小圆孔。直径4.8、厚0.8厘米（图5-89，8；彩版三九，1下左3）。同一样式的有标本T008G8①：118（图5-89，9）。

标本T008G8②：36，泥质黑陶。陶片改制，中心有一圆孔。直径5.6、厚0.6厘米（图5-89，10）。

（13）圆陶片

标本T008G8①：29，夹砂灰陶。用平底器残片加工成圆形片，边缘不太规整。直径6.1、厚0.65厘米（图5-90，1）。同一样式的有标本T008G8①：26、T008G8①：27（图5-90，2、3）。

（14）陶球

标本T008G8①：15，个体较小的圆球，制作规整。直径1.4厘米（图5-90，4）。同一样式的有标本T008G8①：17、T008G8①：18、T008G8①：23、T008G8①：33、T008G8①：30（图5-90，5～9）。

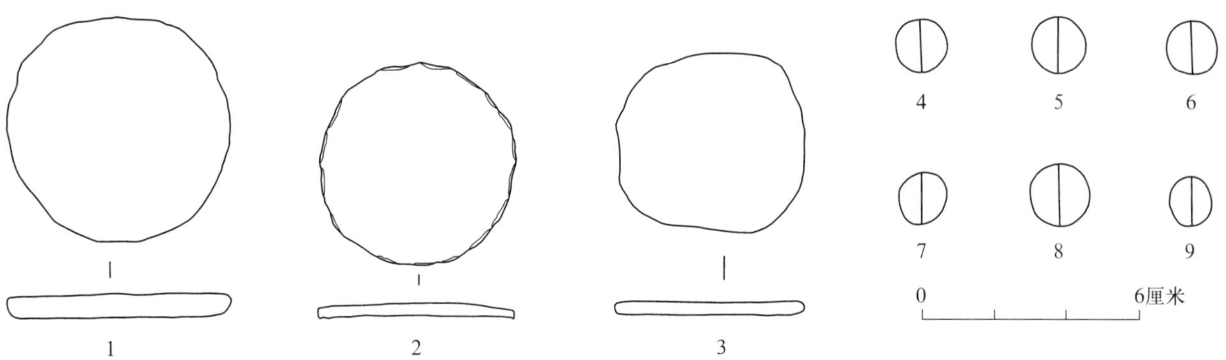

图5-90　T008出土陶器

1～3. 圆陶片T008G8①：29、T008G8①：26、T008G8①：27　4～9. 陶球T008G8①：15、T008G8①：17、T008G8①：18、T008G8①：23、T008G8①：33、T008G8①：30

三　T010

T010位于大环壕南沟西段，当地群众称为的青堌堆在此向西70米处。探沟南北横截大环壕，发掘面积30米×2米，坐标点为F3，462N，1043E，西南角的海拔高度10.04米。这一地段的地势变化明显，由北向南渐低，由此向东进入现村民居住区。由于近年来整平土地、新建住房，文化堆积已被削低很多，如汉代遗存仅有水沟、灰坑的底部，龙山文化堆积也遭到严重破坏，有的地方已暴露出原生土。据当地农民反映，仅比30年前这里平均已低1.50～2.00米。发掘时，当壕沟全部暴露后，只把东部宽1.00米部分清理到底（彩版二七一，1、2）

T010地层堆积清楚，主要遗存为G10，是大环壕的组成部分。

（一）地层堆积

以东壁剖面为例（图5-91）。

第①层　厚0.08～0.23米。耕土层。灰褐色砂质黏土。该层下开口多个现代树坑，现代水沟一条。

第②层　深0.08～0.23、厚0.05～0.50米。扰土层。浅灰褐色黏土。含近代瓷片、残铁器、塑料等物。本层下开口的G9、H540均为汉代。

第③层　深0.25～0.65、厚0.15～0.45米。灰色砂黏土，结构紧密，质较硬。内含红烧土粒，木炭屑和大宗陶片，是被扰动的一层堆积，包含物均为龙山文化时期，推测是早年该环壕废弃后扰动堆积。该层下开口遗迹为G10。

（二）遗迹

（1）G10

现存口宽24.50、存深约1.50米，两壁斜内收，底部高低不平，可分两层。

第①层　深0.35～0.60、厚0.20～0.40米。红褐色沙黏土，结构紧密，质硬。内含较多的红烧土颗粒、黑土碎块，出土物丰富。

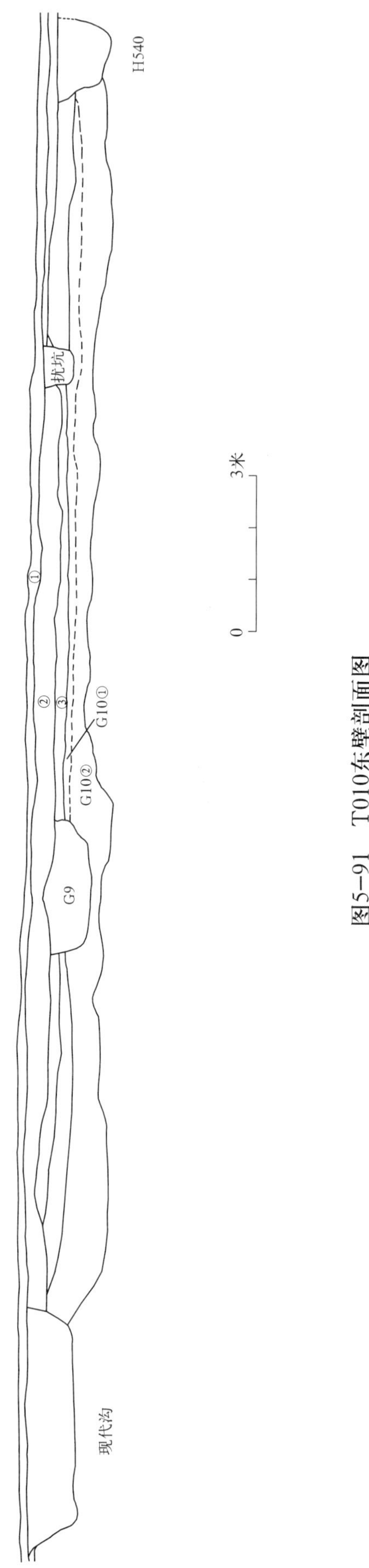

图5－91 T010东壁剖面图

第②层　深0.80～0.85、厚0.70～0.90米。以灰色砂黏土为主，局部有红褐色黏土。该层出土物在上部数量较多，接近沟底明显减少。

T010内的龙山文化遗存主要是G10，由于后期破坏严重，仅存环壕的底部，其中G10①层的堆积多呈颗粒状，碎土块集中，多为建筑废弃物，不是环壕原淤积所致，内含的日常陶器皿、残石器也较多。G10②层堆积多呈淤土状，相对细腻，是环壕使用时的堆积。该环壕底部凹凸不平，是挖建时基岩较硬所致。在T010南壁，汉代灰坑H540的南壁面已暴露出基岩，说明G10已到南端。G10北端虽然被近代沟打破，但近代沟北壁也为基岩，说明G10已经到达北端。

T010出土物丰富，以龙山文化陶器和石器为主，即是汉代遗存中也多有龙山遗物。据统计T010共出土龙山文化遗物247件。其中T010③层51件（石器皿26件，陶器25件），G10①层出土石器皿44件、陶器115件，G10②层出土石器皿9件、陶器28件。陶器器形有鼎、鬶、甗、罐、碗、钵、盆、盒、杯、盘、器盖等，石器中有斧、石、铲、锛、锥、镞、磨石等。出土数量多的原因与同一环壕的G7、G6基本相同。

（三）遗物

T010内的龙山文化出土物主要出自T010③层和G10。G10的堆积分两部分，上层是环壕废弃后的堆积，下层是环壕使用期的堆积，而T010③层应该是扰动G10形成的，因而T010③层与G10上层堆积有较大的共性，或者可视为T010③层是破坏了G10上层（原来更厚时）而形成的。由此，把T010的龙山文化出土陶器分为两个时间段，即T010③层和G10上层为一组，G10下层为一组。对出土物即依这两部分进行介绍。

1．石器

该条探沟内出土的石器小件数量比较多，大多数都留有磨制或使用痕迹，但由于大多破损严重，存留太小的原因，有许多难辨器类，即使可以确定器类的，其形状特点也难见其全貌。现在从能确定器类的石斧、石刀、石镰、石锛、石钺和石镞中，择其型制特征相对清楚的予以介绍。

（1）石斧

标本T010G10②：210（#6311；S2727），器体上部缺失，器表平面应为长方形，厚体，横剖面为扁椭圆形，双面刃，通体磨光。残长9.3、宽6.6、厚3.0厘米（图5−92，1；彩版二七二，1）。

（2）石锛

可确定的只1件。

标本T010G10①：64（#6311；S2683），平面为长方形，纵、横剖面均为长条形，单面刃，壁面均平整、光滑。长9.6、宽4.6、厚1.5厘米（图5−92，7；彩版二七二，2）。

（3）石镰

残件甚多，有些难与石刀分开，其样式主要有：

标本T010G10②：20（#6300；S2663），只存中部一段，弧背，平直单面刃，器体稍厚，两面

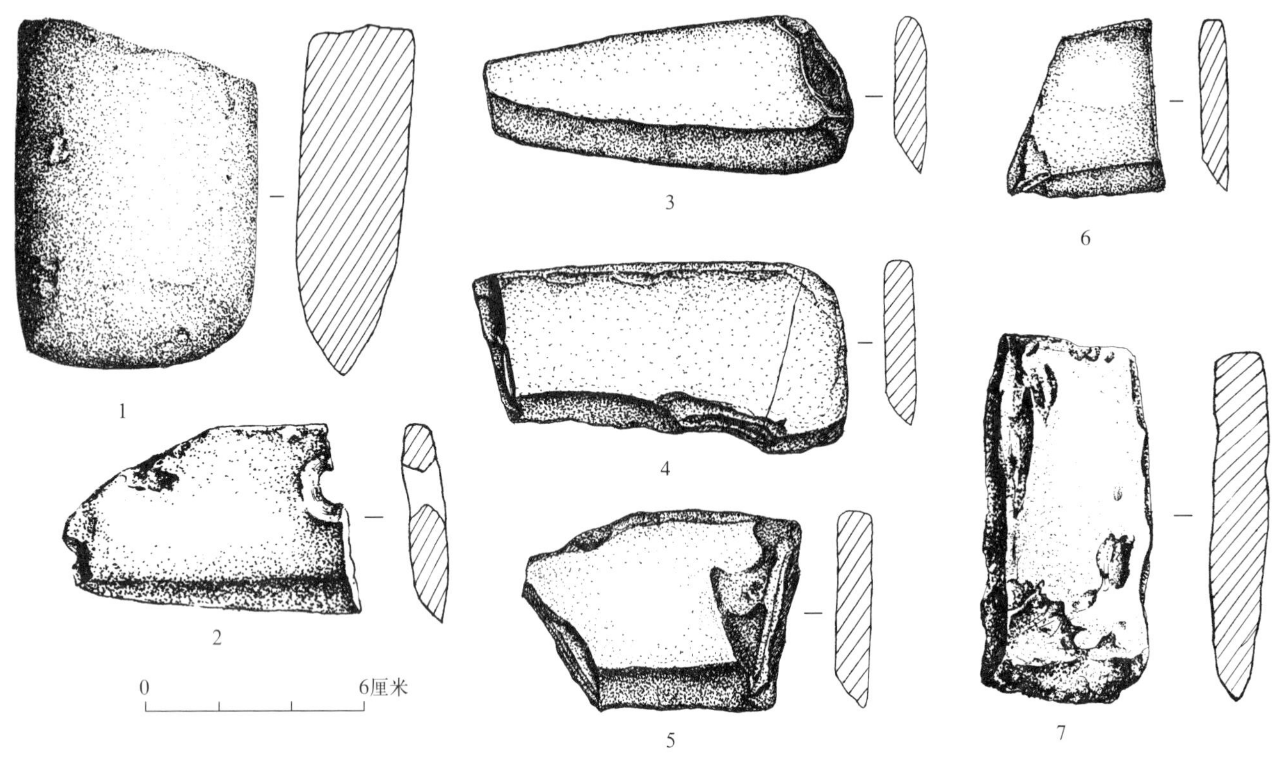

图5-92　T010出土石器（一）

1．石斧T010G10②：210　2～4．石刀T010G10①：147、T010G10②：186、T010G10②：17　5、6．石镰T010G10②：20、T010G10①：177　7．石锛T010G10①：64

平直。残长7.5、宽5.3、厚0.95厘米（图5-92，5）。

标本T010G10①：177（#6304；S2308），只存中前部一段，弧背，单面刃，器体较薄，两面平直。残长4.2、宽4.6、厚0.7厘米（图5-92，6）。

（4）石刀

型制比较清楚的有如下样式：

标本T010G10①：147（#6303；S2705），半圆形带孔石刀，隆背，平直单面刃，厚体，遗留一残孔，为对钻成孔，纵剖面为长条形。残长7.8、宽5.0、厚1.0厘米（图5-92，2；彩版二七二，3）。

标本T010G10②：186（#6305；S2720），器体一端宽，一端窄（或尖），平面约呈狭长的三角形，单面刃，便于手握进行切割或刮削。长10.0、宽4.2、厚0.9厘米（图5-92，3；彩版二七二，4）。

标本T010G10②：17（#6300；S2662），前部缺失，存在部分为直背，平直单面刃，纵剖面为长条形。残长9.8、宽5.1、厚0.8厘米（图5-92，4；彩版二七二，5）。

（5）石钺

器体与石斧、石铲均有相似之处，因有一小孔在器身中间与带孔石斧、石铲有别，制作也格外精致，固确定为石钺。

标本T010G10②：30（#6300；S2672），从圆孔处残断，下部缺失，器体较厚，顶面平整，转角清晰，器表平整光滑，管钻成孔。残长6.0、宽7.2、厚2.0厘米（图5-93，1；彩版二七二，6）。

标本T010G10②：9（#6300；S2655），从圆孔处残断，上部缺失，器体稍厚，表面平整光滑，管钻成孔，双面刃，刃部边缘呈弧状。残长9.2、宽9.2、厚1.8厘米（图5−93，2；彩版二七二，7）。

（6）石镞

残件较多，型制多样，其中个体较大者可能为矛。

标本T010G10②：13（#6300；S2659），援体平面呈三角形，铤为锥状，前锋尖锐，两翼锋利，两面脊的中下部被磨平，使横剖面呈六边形，铤与镞身分界明显。长5.9、宽2.8、厚0.5厘米（图5−93，3；彩版二七三，1）。

标本T010G10①：69（#6303；S2686），前锋残失，援体平面应为三角形，铤前端稍内收，器体横剖面为棱形。残长6.6、宽1.8、厚0.75厘米（图5−93，4；彩版二七三，2）。同一样式的有标本T010G10②：28（#6300；S2670）（图5−93，5；彩版二七三，3）。

标本T010G10①：123（#6303；S2701），型制与上式（T010G10①：69）基本相同，唯器体硕大，或可称为矛。残长9.3、宽1.95、厚0.8厘米（图5−93，6；彩版二七三，4）。

标本T010G10①：56（#6303；S2680），器体呈两端尖、向中间渐宽的枣核状，两面沿脊线磨平，横剖面呈六边形。残长9.6、宽2.2、厚0.6厘米（图5−93，7）。

标本T010G10②：8（#6300；S2654），锋端残失，器体狭长，援、铤分界明显，援体横剖面为三角形，铤为锥状。残长8.2、宽1.5、厚0.8厘米（图5−93，8；彩版二七三，5）。

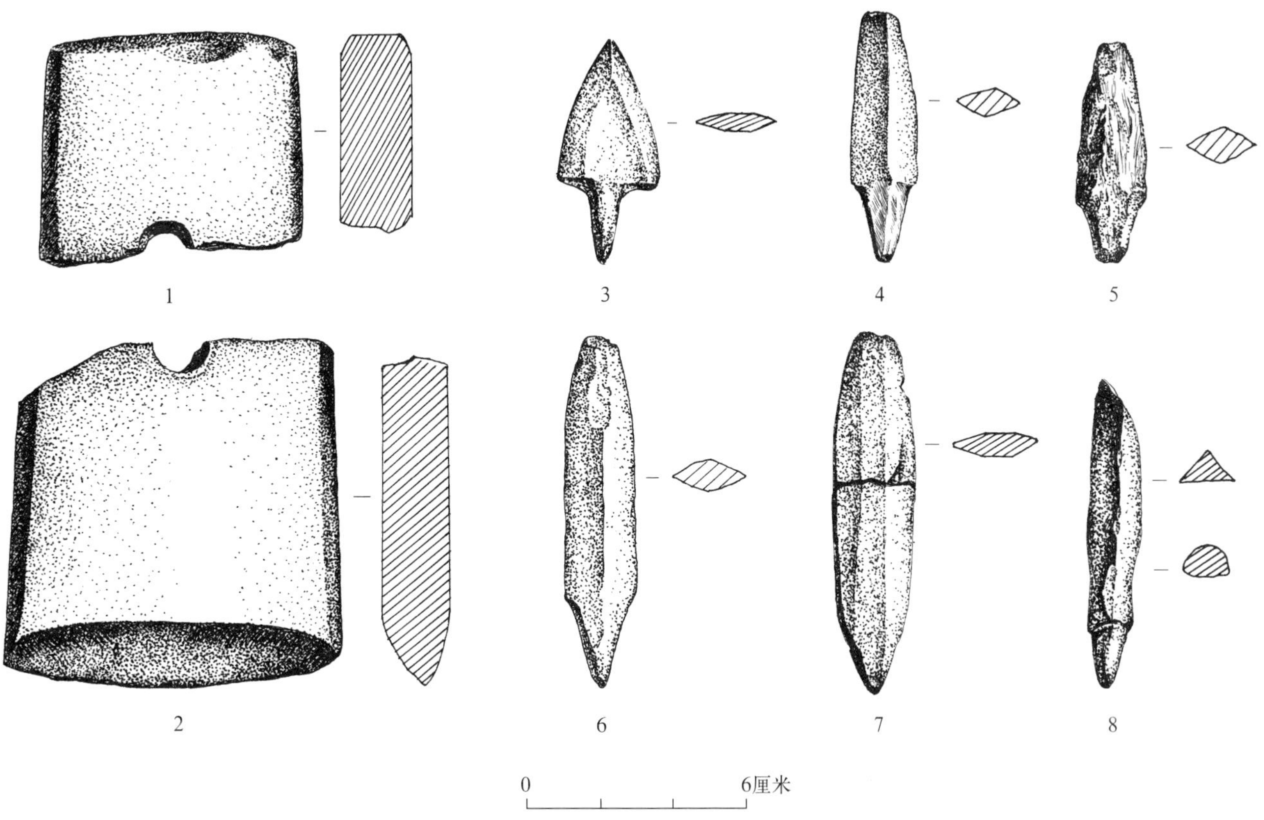

图5−93　T010出土石器（二）

1、2. 石钺T010G10②：30、T010G10②：9　3～8. 石镞T010G10②：13、T010G10①：69、T010G10②：28、T010G10①：123、T010G10①：56、T010G10②：8

2．陶器

（1）鼎

第一组：主要有以下几种样式。

标本T010G10①：182，夹砂黑陶。侈口，圆唇，折沿，深腹，平底，无孔鸟喙形足痕。口沿内侧下凹，器表饰两组凹弦纹。口径13.2、底径8.8、残高16.4、厚0.5～0.6厘米（图5−94，1）。同一样式的有标本T010③：4、T010G10①：145、T010G10①：140（图5−94，2～4）。

标本T010G10①：78，夹砂黑陶。侈口，方唇，折沿，鼓腹，平底，无孔鸟喙形足痕。口沿上有一周凹槽，器表饰两周凹弦纹。口径12.4、底径10.4、残高14.8、厚0.3～0.7厘米（图5−94，7；彩版二七四，1）。同一样式的有标本T010G10①：113（图5−94，5）。

标本T010G10①：108，夹砂灰陶。侈口，尖唇，卷沿，浅腹稍鼓，平底，足残失。口径11.1、底径10.8、残高7.8、厚0.3～0.5厘米（图5−94，6）。同一样式的有标本T010G10①：39（图5−94，8）。

标本T010G10①：171，夹砂黑陶。敞口，圆唇，卷沿，深腹，平底，足残失。器表饰两周凹弦纹。口径14.7、底径6.0、残高12.9、厚0.3～0.5厘米（图5−95，1）。同一样式的有标本T010②：37、T010G10①：151（图5−95，2、3）。

标本T010G10①：142，夹砂黑陶。口部残，卷沿，鼓腹，平底，凿形足痕。器表饰一组排列紧密的凹弦纹。口径残缺。底径7.1、残高8.0、厚0.2～0.4厘米（图5−95，4）。

第二组：主要有以下两种样式。

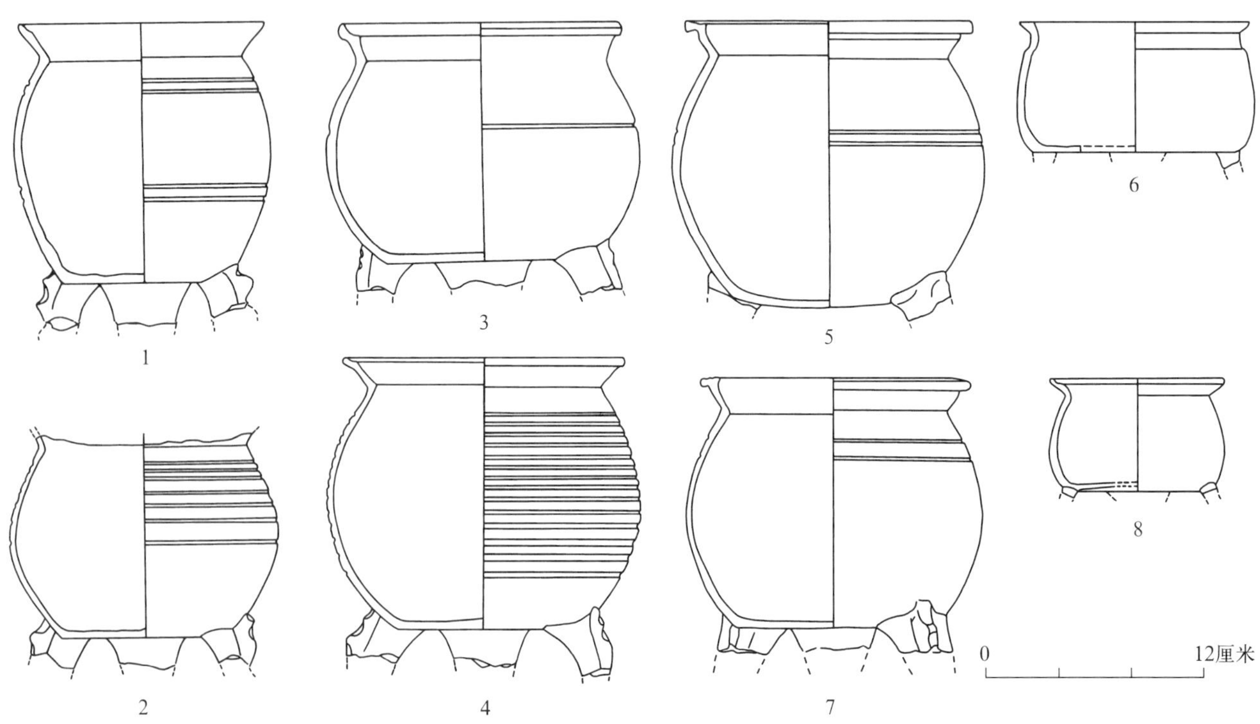

图5−94　T010出土陶鼎（一）

1～8．T010G10①：182、T010③：4、T010G10①：145、T010G10①：140、T010G10①：113、T010G10①：108、T010G10①：78、T010G10①：39

标本T010G10②：207，夹砂黑陶。侈口，圆唇，卷沿，深腹，平底，足残失。口沿上有一周凹槽，器表饰两周凹弦纹。口径12.8、底径7.6、残高12.8、厚0.25～0.6厘米（图5-95，5）。

标本T010G10②：219，夹砂黑陶。侈口，圆唇，卷沿，鼓腹，平底，足残失。腹上部有一对圆泥饼，器表饰一组密集的凹弦纹。口径14.8、底径11.1、残高13.4、厚0.4～0.5厘米（图5-95，6）。

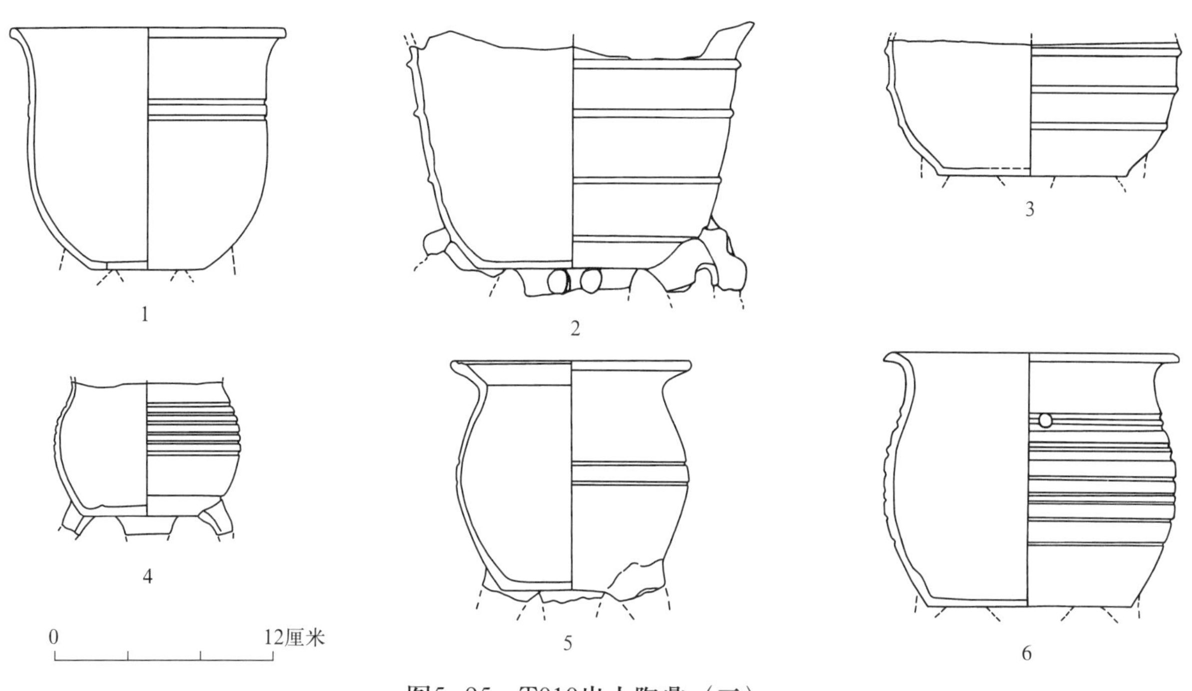

图5-95　T010出土陶鼎（二）

1～6．T010G10①：171、T010②：37、T010G10①：151、T010G10①：142、T010G10②：207、T010G10②：219

（2）甗

无完整者。

第一组：

标本T010G10①：129，夹砂黑陶。仅存鬲的下部，三肥袋形足，分裆较矮，锥形足尖外撇。残高11.4、厚0.3～0.5厘米（图5-96，1）。

第二组：

标本T010G10②：215，夹砂黑陶。甑部的口、腹残，束腰，鬲部深腹，袋形足瘦长，弧裆较高，锥形足近直。残高20.4、厚0.4～0.5厘米（图5-96，2）。同一样的有标本T010G10②：217（图5-96，3）。

（3）鬶

无完整者。

均出自第二组，主要有以下几种样式。

标本T010G10②：115，夹砂白陶。流残，粗颈，袋形足肥大，分裆，绹索形把手。器表饰凸弦纹。残高20.4、厚0.4厘米（图5-97，1）。

第二组：主要有以下两种样式。

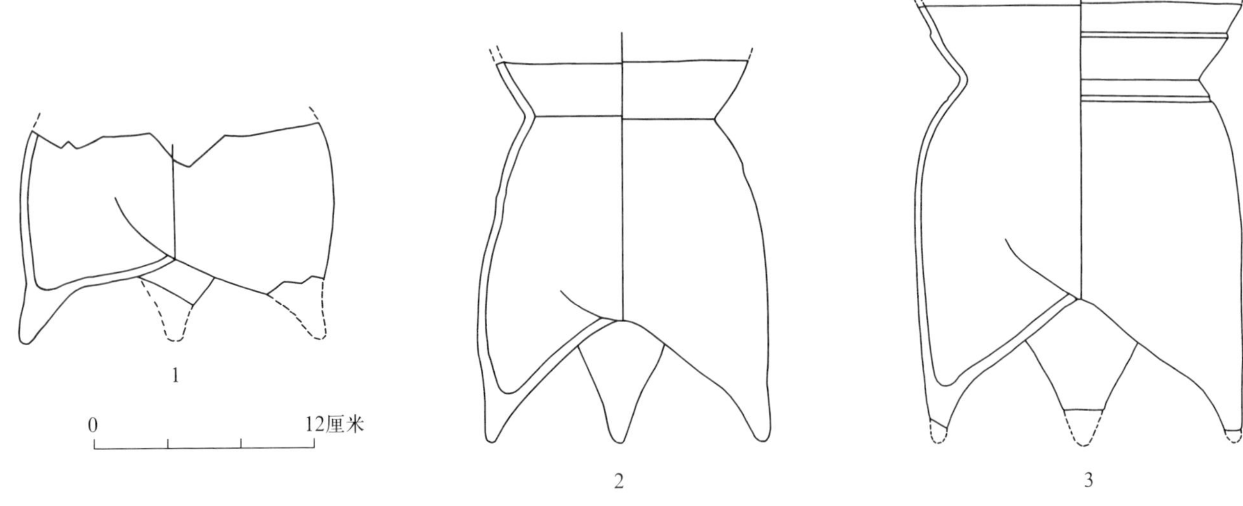

图5-96　T010出土陶甗

1～3．T010G10①：129、T010G10②：215、T010G10②：217

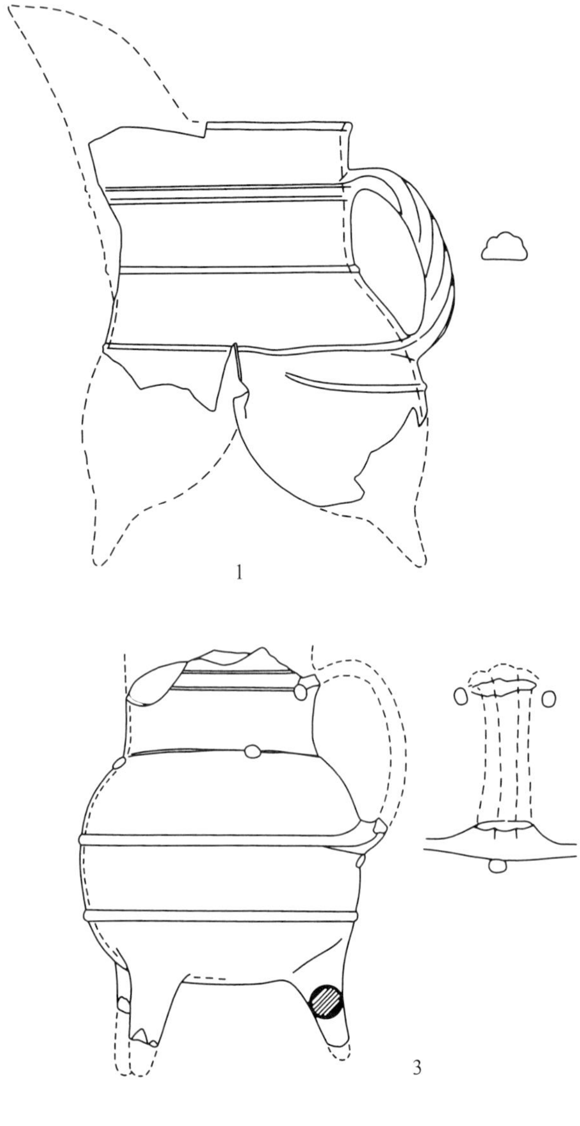

1

3

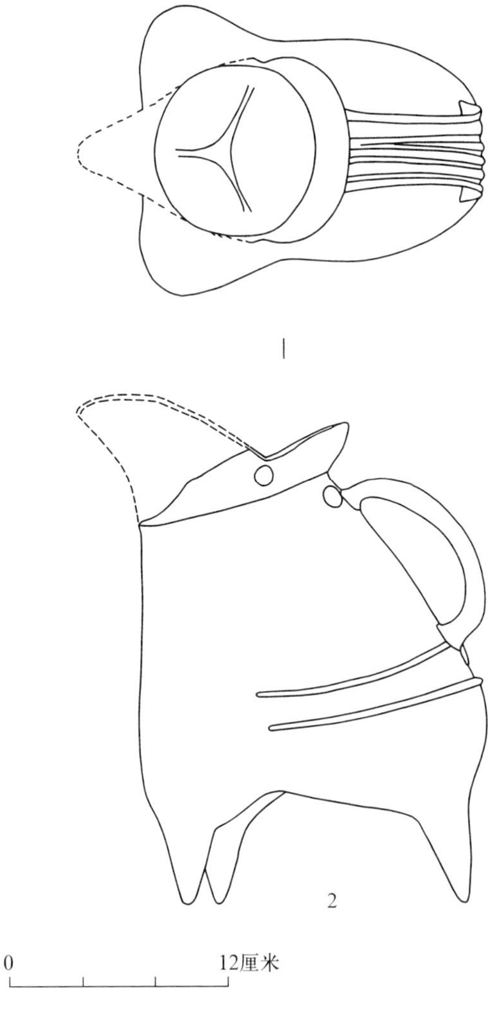

2

0

12厘米

图5-97　T010出土陶鬶

1～3．T010G10②：115、T010G10②：198、T010G10②：213

标本T010G10②：198，夹砂红褐陶。流残，侈口，圆唇，腹部呈上细下粗状，裆部近平，圆锥形足，把手两侧上翘。口部和把手的上、下根部两侧有对称的圆泥饼，器表有附加的细泥条。残高25.4、厚0.3～0.4厘米（图5-97，2）。

标本T010G10②：213，夹砂黑陶。流及器口部均残，粗颈，圆腹，圜底，三锥形足。宽把手，把手的上、下根部和器表饰对称的圆泥饼，腹部有两周凸棱。残高21.0、厚0.4厘米（图5-97，3）。

（4）罐

第一组：主要有以下几种样式。

标本T010G10①：117，夹砂黑陶。侈口，圆唇，卷沿，鼓腹，平底。口沿上有一周凹槽，器表饰两周凹弦纹。口径12.4、底径7.6、高16.6、厚0.3～0.5厘米（图5-98，1）。同一样式的有标本T010G10①：119（图5-98，2）。

标本T010G10①：136，夹砂黑陶。侈口，圆唇，折沿，鼓腹，平底。器表饰两周凹弦纹。口径13.2、底径7.6、高16.2、厚0.25～0.6厘米（图5-98，3）。同一样式的有标本T010G10①：74（图

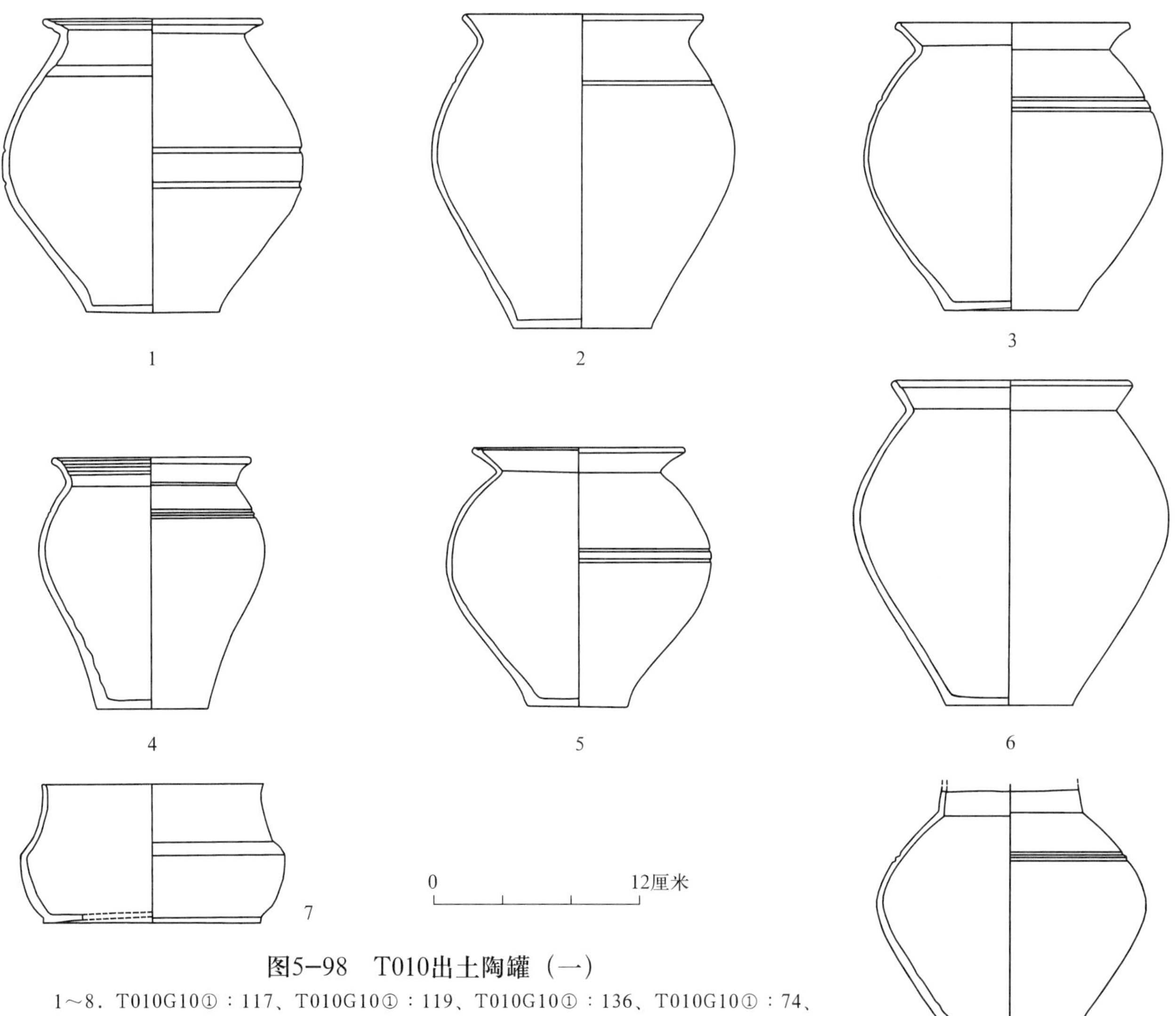

图5-98　T010出土陶罐（一）

1～8. T010G10①：117、T010G10①：119、T010G10①：136、T010G10①：74、T010G10①：83、T010G10①：149、T010G10①：101、T010G10①：180

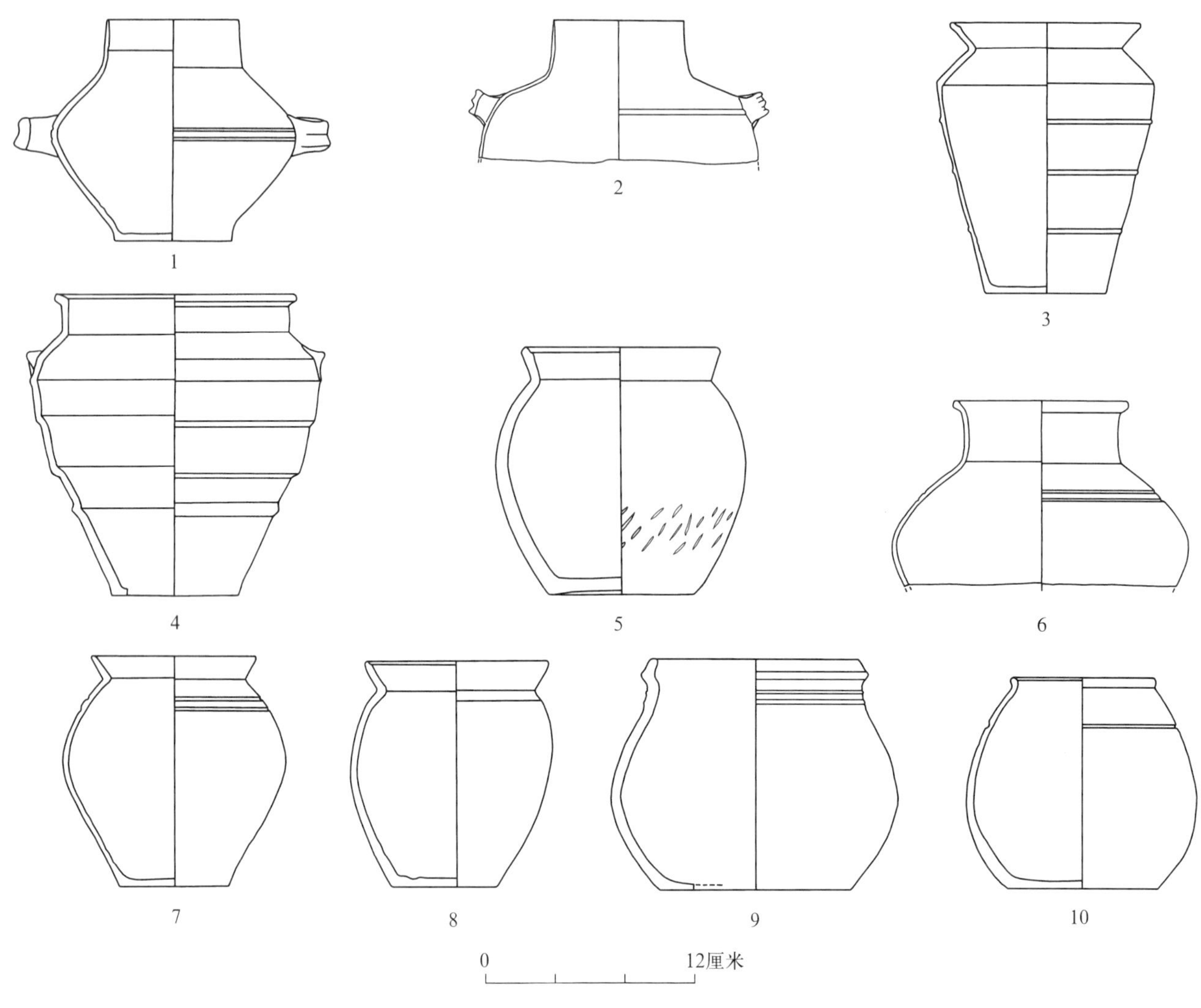

图5-99 T010出土陶罐（二）

1～10. T010G10①：44、T010G10①：141、T010G10①：82、T010G10①：110、T010G10①：132、T010G10①：99、T010G10②：212、T010G10②：216、T010G10②：188、T010G10②：214

5-98，4；彩版二七四，2）、T010G10①：83（图5-98，5）、T010G10①：149（图5-98，6）。

标本T010G10①：44，夹砂黑陶。直口，尖唇，圆肩，鼓腹，小平底。腹部有一对贯耳，器表饰两周凹弦纹。口径7.4、底径6.6、高12.4、厚0.3～0.4厘米（图5-99，1）。同一样式的有标本T010G10①：141、T010G10①：99（图5-99，2、6）。

标本T010G10①：82，夹砂黑陶。侈口，圆唇，折沿，折肩，瘦长腹，平底。口沿上有一周凹槽，器表饰三周凸弦纹。口径10.6、底径6.8、高15.1、厚0.2～0.5厘米（图5-99，3）。

标本T010G10①：110，夹砂黑褐陶。直口，方唇，折肩，瘦长腹，平底。肩部有一对盲鼻，器表饰凸弦纹。口径13.5、底径7.2、高16.8、厚0.35～0.65厘米（图5-99，4）。

标本T010G10①：101，泥质黑陶。粗短颈，折肩，浅腹，大平底内凹。口径12.8、底径12.6、高7.9、厚0.3～0.4厘米（图5-98，7）。

标本T010G10①：132，夹砂黑陶。侈口，圆唇，折沿，鼓腹，平底内凹。口沿内侧下凹，腹下部饰戳点纹。口径10.4、底径8.2、高13.7、厚0.5～0.9厘米（图5-99，5）。

标本T010G10①：180，泥质黑陶。口残，粗颈，鼓腹，平底。器表饰一组凹弦纹。口径残缺。底径7.0、残高14.0、厚0.3～0.55厘米（图5-98，8）。

第二组：主要有以下样式。

标本T010G10②：212，夹砂灰陶。侈口，尖唇，折沿，鼓腹，平底，器表饰两周凹弦纹。口径9.2、底径6.2、高12.8、厚0.3～0.4厘米（图5-99，7；彩版二七四，3）。同一样式的有标本T010G10②：216（图5-99，8；彩版二七四，4）。

标本T010G10②：188，夹砂黑陶。敛口，圆唇，短颈，腹最大径在中部偏下处，平底。器表饰两周凹弦纹。口径11.6、底径10.8、高12.8、厚0.5～0.8厘米（图5-99，9）。

标本T010G10②：214，夹砂黑陶。敛口，圆唇，腹最大径在中部偏下，平底。器表饰一周凹弦纹，是一件异形器。口径8.0、底径8.4、高11.8、厚0.3～0.7厘米（图5-99，10）。

（5）平底盆

第一组：器形完整者只有一种样式。

标本T010G10①：246，泥质黑陶。敞口，圆唇，腹壁近竖直，平底内凹。腹下部有一对小耳。口径18.2、底径16.0、高7.0、厚0.3～0.6厘米（图5-100，2）。

第二组：器形完整者只有一种样式。

标本T010G10②：202，泥质黑陶。大敞口，圆唇，平底。口径35.0、底径22.7、高10.2、厚0.4～0.9厘米（图5-100，1）。

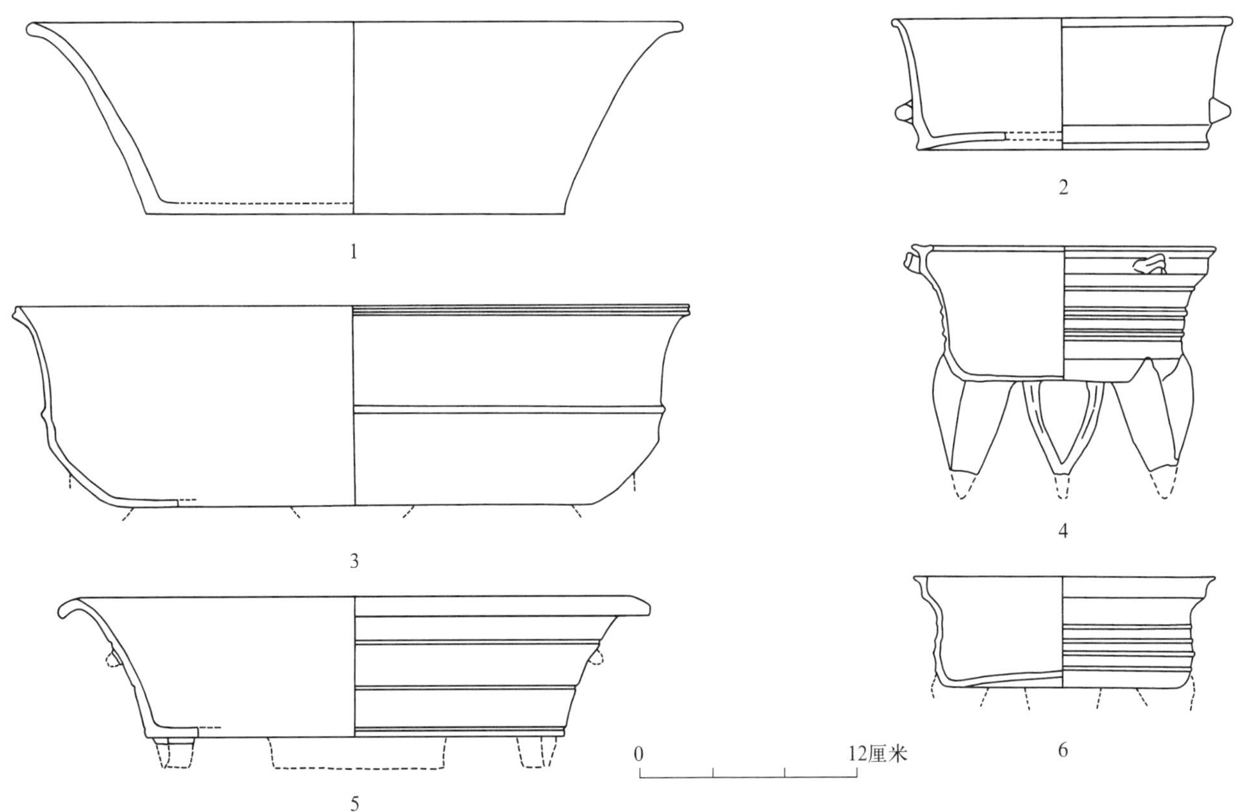

图5-100　T010出土陶盆

1、2. 平底盆T010G10②：202、T010G10①：246　3～6. 三足盆T010G10①：133、T010G10①：75、T010G10②：208、T010G10①：98

（6）三足盆

第一组：主要有以下样式。

标本T010G10①：133，夹砂灰陶。敞口，叠唇，浅腹，腹壁下部向内折收，平底，足残失。器表饰一周凸弦纹。口径36.4、底径25.6、残高10.6、厚0.3～0.4厘米（图5-100，3）。

标本T010G10①：75，泥质灰陶，直口，圆唇，平沿，腹壁上部近直，下部向内折收，平底，"V"字型足。口部有三个等分的小耳，口沿上有一周凹槽，器表饰凸弦纹。口径14.4、底径11.2、残高12.1、厚0.2～0.6厘米（图5-100，4）。

标本T010G10①：98，泥质黑陶。直口，尖唇，窄平沿，腹壁近直，平底内凹，鸟喙形足痕。器表饰四周凸弦纹。口径15.1、底径12.8、残高6.0、厚0.3～0.35厘米（图5-100，6）。

第二组：仅1件。

标本T010G10②：208，泥质灰陶。大敞口，圆唇，卷沿，平底，半环形足残。腹中部有一对盲鼻痕，器表饰三周凹弦纹。口径30.4、底径22.8、残高7.8、厚0.3～0.5厘米（图5-100，5）。

（7）环足盘

基本完整者仅1件。

第一组：

标本T010G10①：68，夹砂黑陶。敞口，圆唇，窄平沿，浅腹，平底，半环形足痕。口径15.6、底径12.6、残高7.0、厚0.3～0.5厘米（图5-101，1）。

（8）圈足盘

基本完整者仅1件。

第一组：

标本T010G10①：121，夹砂黑陶。直口，尖唇，窄平沿，浅腹，底近平微下凹，粗圈足下部残失。口径17.6、底径残缺、残高3.4、厚0.2～0.7厘米（图5-101，2）。

（9）碗

第一组：

标本T010G10①：102，泥质灰陶。敞口，圆唇，腹上部直壁，腹下部急内收，小平底内凹。口沿内侧下凹，或可做器盖使用。口径12.8、底径6.6、高7.2、厚0.2～0.5厘米（图5-101，4）。

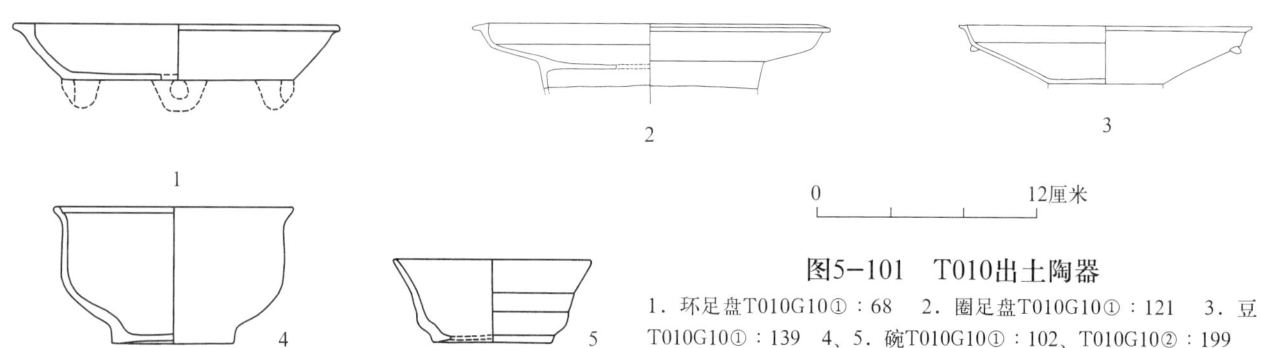

图5-101　T010出土陶器

1．环足盘T010G10①：68　2．圈足盘T010G10①：121　3．豆T010G10①：139　4、5．碗T010G10①：102、T010G10②：199

第二组：

标本T010G10②：199，泥质黑陶。大敞口，尖唇，折腹，平底内凹。器表饰两周细弦纹。口径10.8、底径6.4、高4.4、厚0.25～0.6厘米（图5-101，5）。

（10）平底盒

第一组：主要有以下几种样式。

标本T010③：35，泥质黑陶。深子母口内倾，尖唇，腹壁内收，平底内凹。口径9.5、底径9.7、高2.9、厚0.2～0.4厘米（图5-102，1）。同一样式的有标本T010G10①：57（图5-102，2）。

标本T010G10①：100，泥质黑陶。浅子母口，腹上部近竖直，下部折内收，平底内凹。口径11.2、底径9.2、高3.4、厚0.15～0.3厘米（图5-102，3）。同一样式的有标本T010G10①：112、T010③：223（图5-102，4、5）。

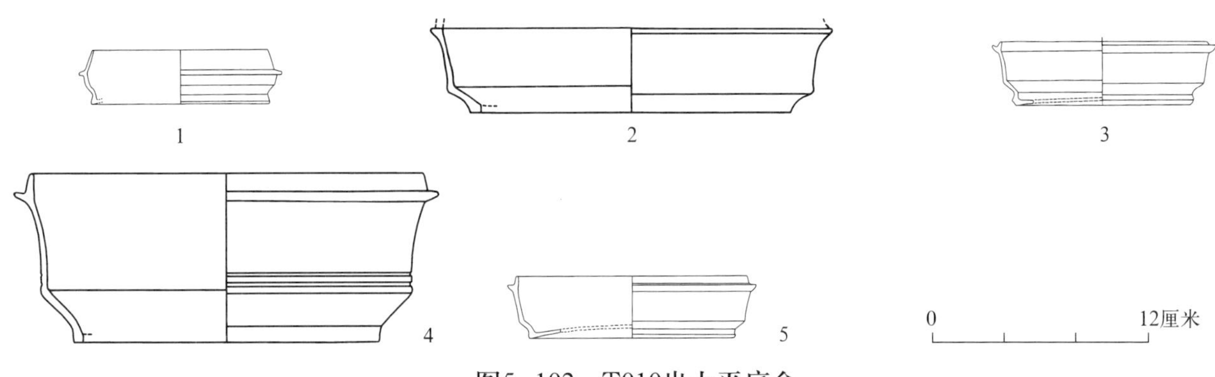

图5-102　T010出土平底盒

1～5. T010③：35、T010G10①：57、T010G10①：100、T010G10①：112、T010③：223

（11）豆

仅1件豆盘。

第一组：

标本T010G10①：139，泥质黑陶。敞口，圆唇，窄沿，腹壁斜直，平底。器柄残失，器表有一对盲鼻。口径15.2、底径6.2、残高3.1、厚0.2～0.25厘米（图5-101，3）。

（12）杯

第一组：主要有以下几种样式。

标本T010G10①：166，泥质灰陶。粗长颈，圆唇，短鼓腹，腹壁下部内收，小平底稍内凹。腹上部有对称的圆泥饼、盲鼻各一对。口径15.2、底径8.4、高14.2、厚0.4厘米（图5-103，1）。

标本T010G10①：111，泥质黑陶。粗长颈内倾，圆唇，短鼓腹，腹壁下部内收，小平底。单把手位于口沿至腹部。口径9.2、底径8.3、高11.6、厚0.1～0.5厘米（图5-103，2）。同一样式的有标本T010G10①：97、T010G10①：84（图5-103，3、4）。

标本T010G10①：165，泥质黑陶。长颈，尖唇，腹壁上部稍鼓、中下部内束，平底内凹。口径5.2、底径4.0、高10.15、厚0.1～0.3厘米（图5-103，5）。

标本T010G10①：116，泥质黑陶。粗长颈，口部残失，短腹，腹壁下部内收，平底内凹较深。

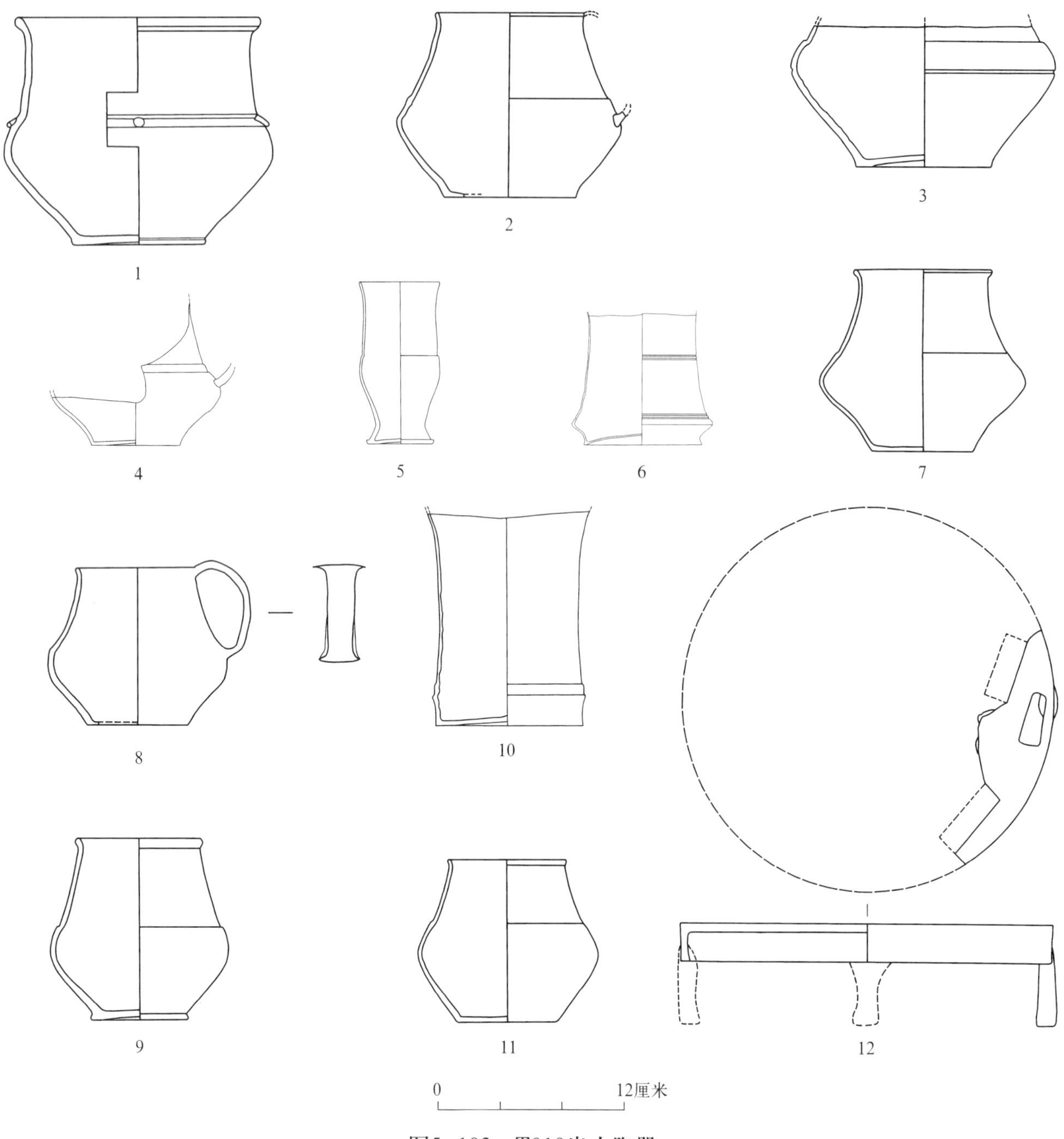

图5-103 T010出土陶器

1～11. 杯T010G10①：166、T010G10①：111、T010G10①：97、T010G10①：84、T010G10①：165、T010G10①：116、T010G10②：184、T010G10②：203、T010G10②：191、T010G10②：248、T010G10②：192 12. 箅子T010G10①：143

颈、腹部饰凹弦纹。口径残缺。底径7.6、残高8.2、厚0.1～0.2厘米（图5-103，6）。

第二组：主要有以下样式。

标本T010G10②：191，夹砂黑陶。粗长颈内倾，圆唇，短鼓腹，腹下部内收，平底内凹。口径7.8、底径6.0、高11.4、厚0.4～0.5厘米（图5-103，9）。同一样式的有标本T010G10②：184、T010G10②：192（图5-103，7、11）。

标本T010G10②：203，夹砂黑陶。粗长颈内倾，圆唇，卷沿，短鼓腹，腹下部内收，平底。单把手位于口沿至腹部。口径7.6、底径6.4、高10.0、厚0.2～0.4厘米（图5–103，8）。

标本T010G10②：248，泥质黑陶。口残，深筒形体，中部稍束腰，平底内凹。近底处有两周凸弦纹。口径残缺。底径9.2、残高13.4、厚0.2～0.4厘米（图5–103，10）。

（13）箅子

第一组：仅1件残片。

标本T010G10①：143，夹砂黑陶。残，箅面有排列有序的长方形镂空，马蹄形三足。直径23.7、高6.4、厚0.4～0.6厘米（图5–103，12）。

（14）器盖

第一组：主要有以下几种样式。

标本T010G10①：87，夹砂黑陶。覆筒形，平顶，折肩，直壁，圆唇。口沿上有一周凹槽。口径15.6、高5.6、厚0.3～0.4厘米（图5–104，1）。同一样式的有标本T010G10①：88（图5–104，2）。

标本T010G10①：105，泥质黑陶。覆筒形，平顶，折肩，中部稍内束，尖唇。器表饰弦纹。口径17.6、高6.4、厚0.4～0.6厘米（图5–104，5）。

标本T010G10①：60，泥质黑陶。覆筒形，平顶，折肩，腹壁近竖直，圆唇。口沿上有一周凹槽，顶面中部有捉手痕。口径15.6、高6.4、厚0.35～0.45厘米（图5–104，4）。同一样式的有标本T010G10①：63（图5–104，3）。

标本T010G10①：157，泥质黑陶。覆碟形，窄沿，圆唇，盖面隆起，中央有一喇叭形捉手。口沿上有一周凹槽，盖面上有一对泥突，并饰一周弦纹。口径12.4、纽径3.2、高4.0、厚0.2～0.3厘米（图5–104，6）。同一样式的有标本T010G10①：220（图5–104，7）。

标本T010①：227，泥质灰陶。覆碟形，圆唇，盖面隆起，中央有一提梁痕。口沿上有一周凹槽，器表饰两组凹弦纹。口径11.6、残高2.4、厚0.2～0.35厘米（图5–104，10）。同一样式的有标本T010G10①：118（图5–104，11）。

标本T010G10①：153，夹砂红陶。覆碟形，圆唇，盖面隆起，中央有一捉手。口径9.2、纽径1.6、高2.55、厚0.2～0.3厘米（图5–104，8）。同一样式的有标本T010G10①：172（图5–104，9）。

标本T010G10①：103，夹砂灰褐陶。覆盘形，折肩，直壁，浅腹，窄平沿，盖面隆起，中心有一小圆纽。口径11.6、纽径0.6、高2.3、厚0.25～0.3厘米（图5–104，13）。同一样式的有标本T010G10①：127（图5–104，12）。

标本T010G10①：27，夹砂红陶。覆盘形，折肩，直壁，浅腹，圆唇，盖面平直，中心有一蘑菇形纽。口径10.8、纽径1.7、高2.8、厚0.3～0.8厘米（图5–104，15）。同一样式的有标本T010G10①：89、T010G10①：174（图5–104，14、16）。

标本T010③：73，夹砂白陶。鸟头形器盖纽。残高3.3厘米（图5–105，8）。

标本T010G10①：48，夹砂黑陶。覆碗形，圆唇，盖面斜直低矮，平顶面微下凹。口沿面有一周凹槽。口径26.0、纽径9.0、高7.6、厚0.3～0.6厘米（图5–105，5）。同一样式的有标本T010G10①：62、T010G10①：49、T010G10①：96、T010G10①：159、T010G10①：228、T010G10①：176（图5–105，1～4、6、7）。

标本T010G10①：154，夹砂黑陶。覆碗形，圆唇，盖面斜直较高，平顶。器表饰两周凹弦纹。口径21.6、纽径9.9、高6.4、厚0.4～0.5厘米（图5–105，11）。同一样式的有标本T010③：32、T010G10①：178、T010G10①：240、T010G10①：179、T010G10①：40、T010G10①：55、T010③：33（图5–105，9、10、12～16）。

标本T010G10①：30，夹砂黑陶。覆碗形，圆唇，盖面隆起较高，平顶捉手。口沿上有一周凹槽。口径12.8、纽径5.6、高5.8、厚0.3～1.0厘米（图5–106，8）。同一样式的有标本T010②：1、T010③：18、T010G10①：131、T010③：24、T010G10①：155、T010G10①：148、T010G10①：221、T010G10①：93、T010G10①：241、T010G10①：94、T010G10①：46（图5–106，1～7、9～12）。

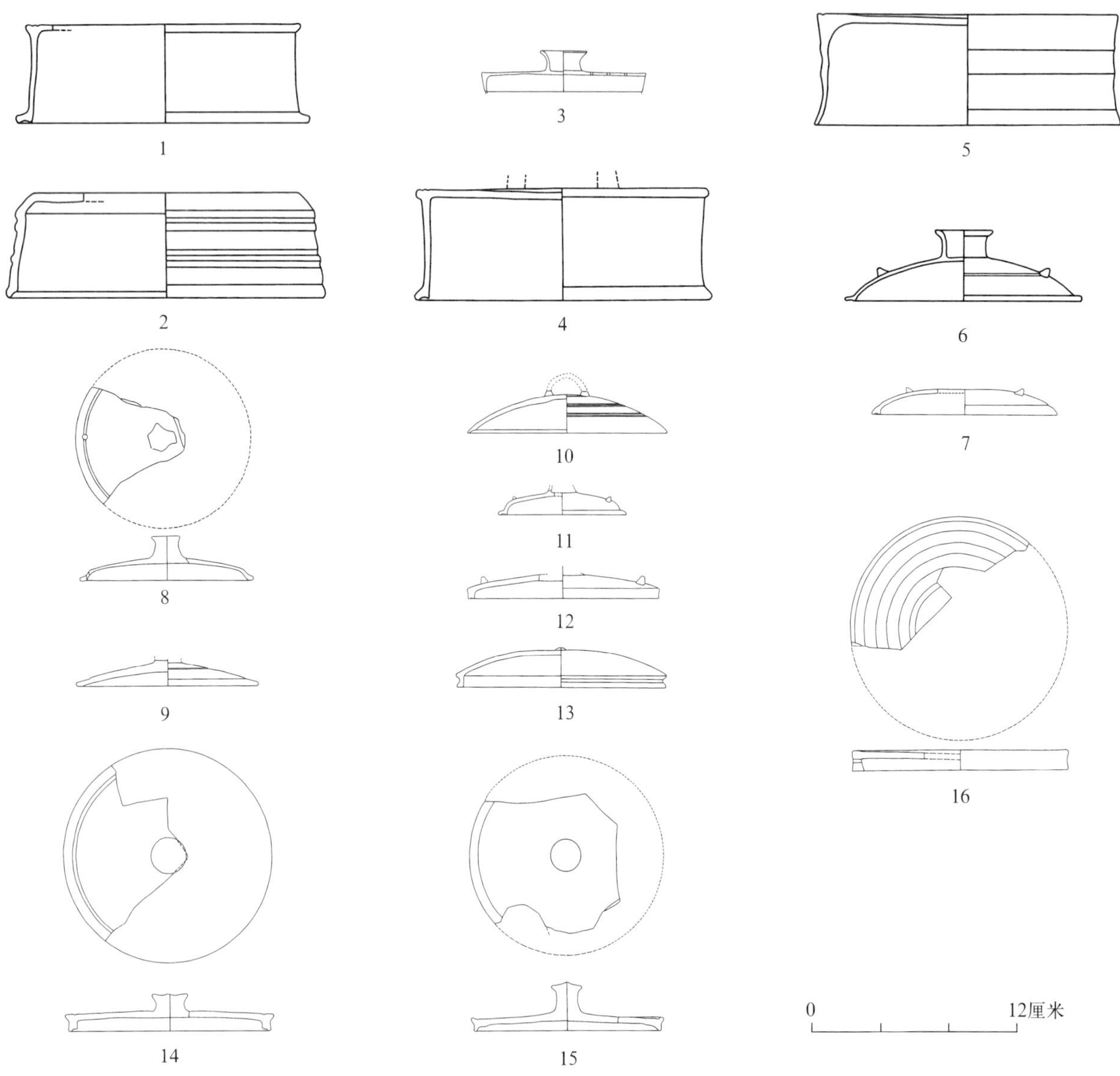

图5–104　T010出土器盖（一）

1～16. T010G10①：87、T010G10①：88、T010G10①：63、T010G10①：60、T010G10①：105、T010G10①：157、T010G10①：220、T010G10①：153、T010G10①：172、T010G10①：227、T010G10①：118、T010G10①：127、T010G10①：103、T010G10①：89、T010G10①：27、T010G10①：174

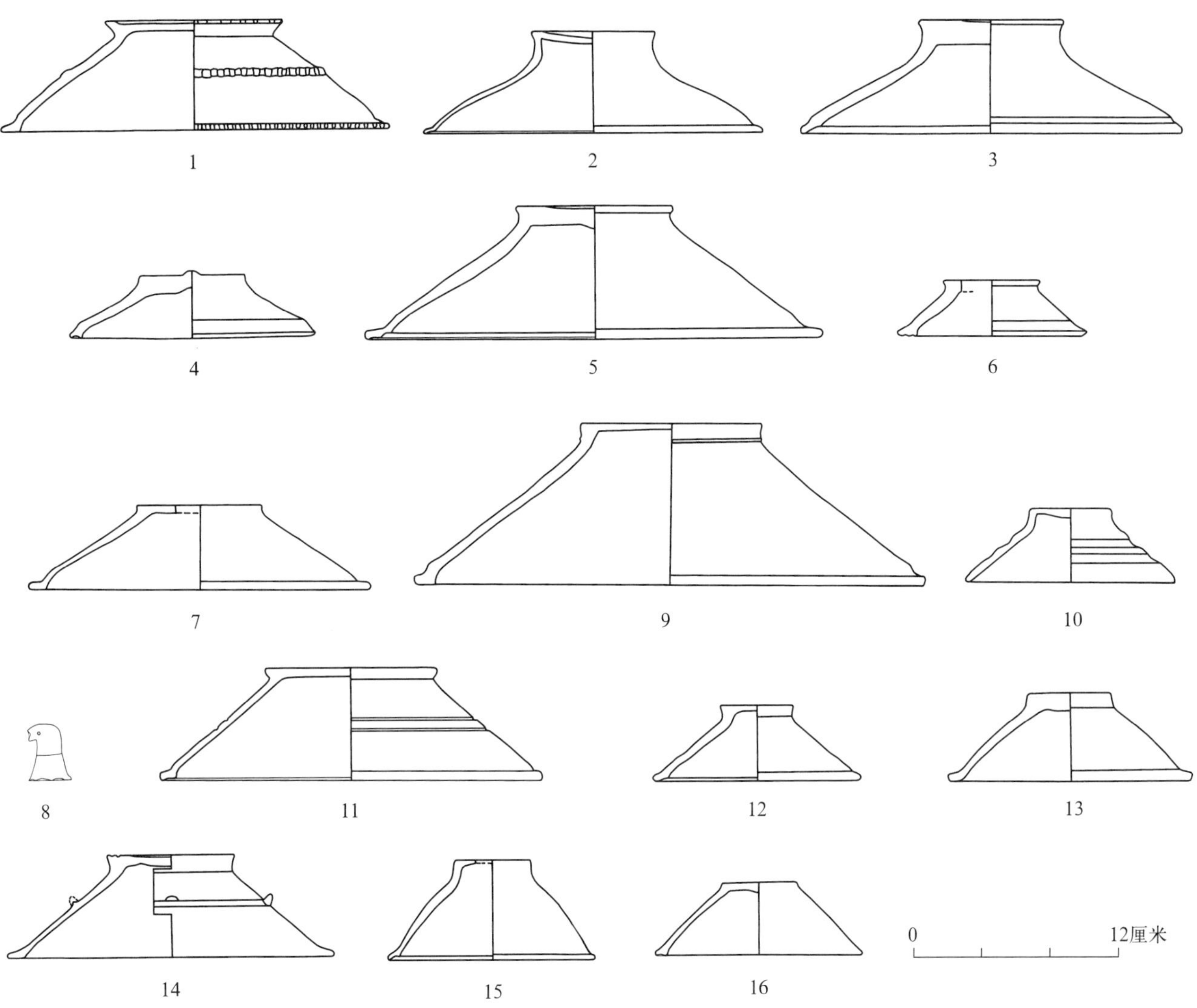

图5-105　T010出土器盖（二）

1～16. T010G10①：62、T010G10①：49、T010G10①：96、T010G10①：159、T010G10①：48、T010G10①：228、T010G10①：176、T010③：73、T010③：32、T010G10①：178、T010G10①：154、T010G10①：240、T010G10①：179、T010G10①：40、T010G10①：55、T010③：33

第二组：主要有以下两种样式。

标本T010G10②：193，夹砂黑陶。覆碗形，盖面隆起较高，窄平沿，圆唇，平顶。器表饰一周凹弦纹。口径12.0、纽径4.8、高4.8、厚0.3～0.7厘米（图5-106，16）。同一样式的有标本T010G10②：201、T010G10②：194、T010G10②：209（图5-106，14、15、17）。

标本T010G10②：190，覆碟形，折肩，直壁，平顶，中心处纽残失。口径11.2、纽径0.6、残高1.3、厚0.2～0.6厘米（图5-106，13）。

（15）纺轮

均出土于上层。

第一组：有以下几种样式。

标本T010G10①：138，夹砂黑陶。一面平，另一面近边缘处有一周凹槽，中部隆起，中心有一小圆孔。直径6.0、厚0.55厘米（图5-107，2）。同一样式的有标本T010G10③：16、T010G10①：95、T010③：225、T010③：226、T010G10①：81（图5-107，1、3～6；彩版三九，2下左3，3下左1）。

标本T010G10①：104，夹砂黑陶。一面平，另一面自边缘向中部隆起，中心有一小圆孔。直径6.3、厚0.85厘米（图5-107，9；彩版三九，3上左2）。同一样式的有标本T010③：222（图5-107，10；彩版三九，2下左5）。

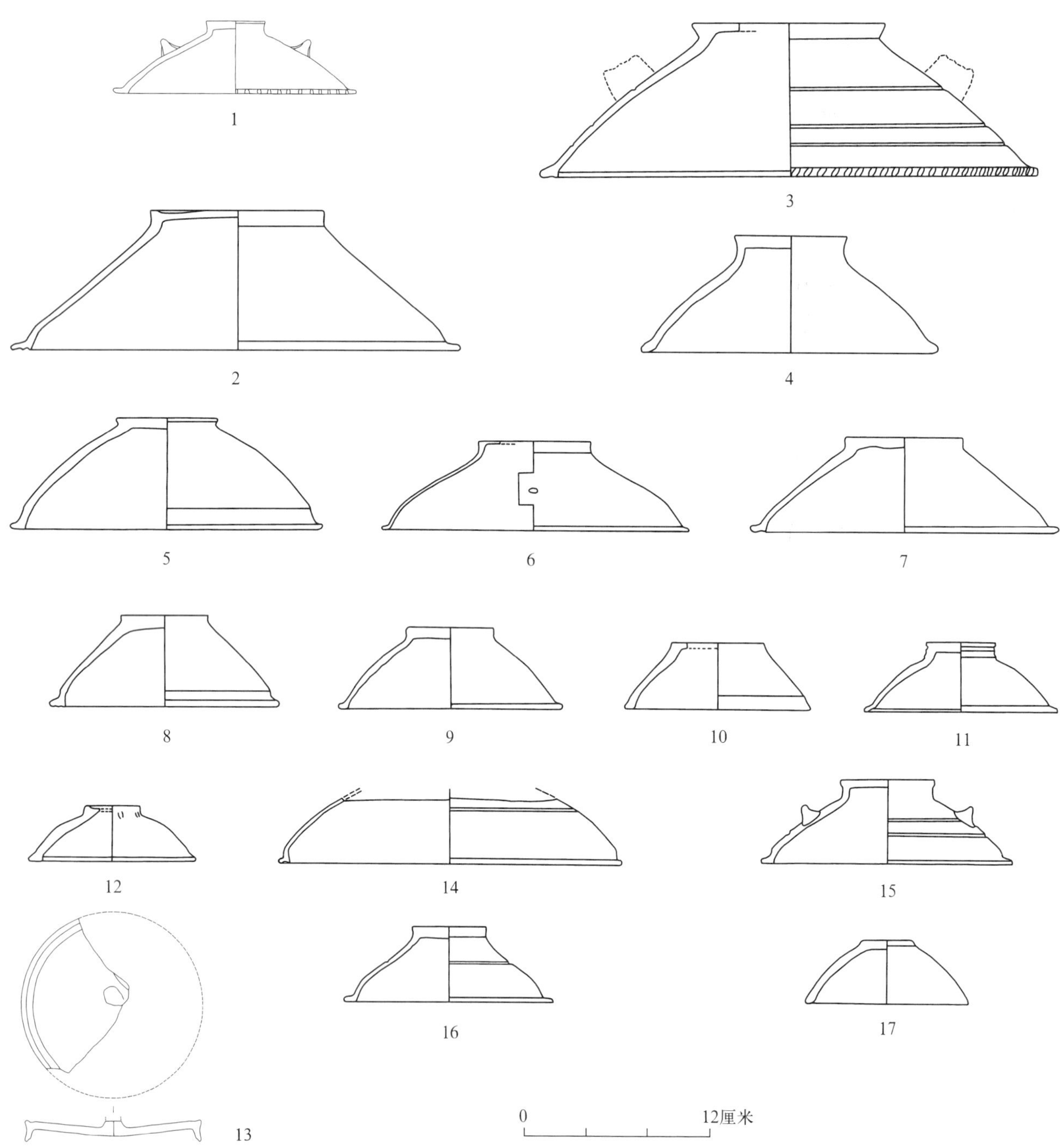

图5-106 T010出土器盖（三）

1～17．T010②：1、T010③：18、T010G10①：131、T010③：24、T010G10①：155、T010G10①：148、T010G10①：221、T010G10①：30、T010G10①：93、T010G10①：241、T010G10①：94、T010G10①：46、T010G10②：190、T010G10②：201、T010G10②：194、T010G10②：193、T010G10②：209

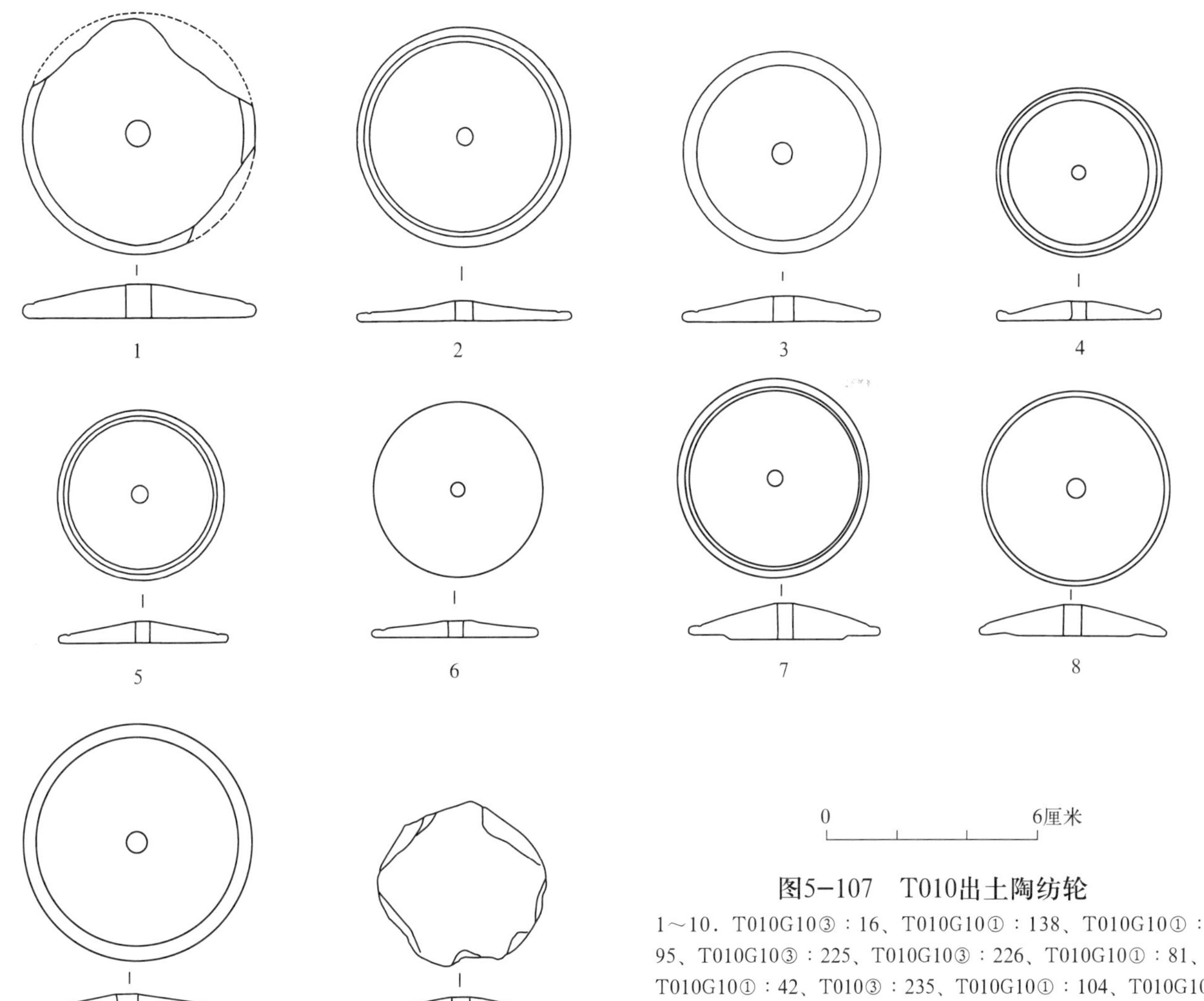

图5-107　T010出土陶纺轮

1～10．T010G10③：16、T010G10①：138、T010G10①：95、T010G10③：225、T010G10③：226、T010G10①：81、T010G10①：42、T010③：235、T010G10①：104、T010G10③：222

标本T010G10①：42，泥质黑陶。一面呈二层台状，另一面自边缘向中部隆起，近边缘处有一周凹槽。直径5.4、厚1.0厘米（图5-107，7；彩版三九，3下左4）。同一样式的有标本T010③：235（图5-107，8；彩版三九，2上左2）。

四　T021

T021位于两城六村民居北侧，其北面临近一个大水塘，并地势急剧下降。经钻探内环壕由此南北经过，然后向东拐，探沟东西横截环壕，东西长30、南北宽2米，西南角坐标为G4，728N，1278E。据当地一位1936年发掘时当民工的老农介绍，当时一个发掘的位置就在此西南，那时的地面比现在高2.00～2.50米。这次发掘时，当龙山文化堆积完全暴露后，只清理北部一米宽部分（彩版二七五，1）。

T021的文化堆积比较复杂，其中的龙山文化可分为三个时间段，即晚于内环壕的堆积、内环壕本身和早于内环壕的堆积。

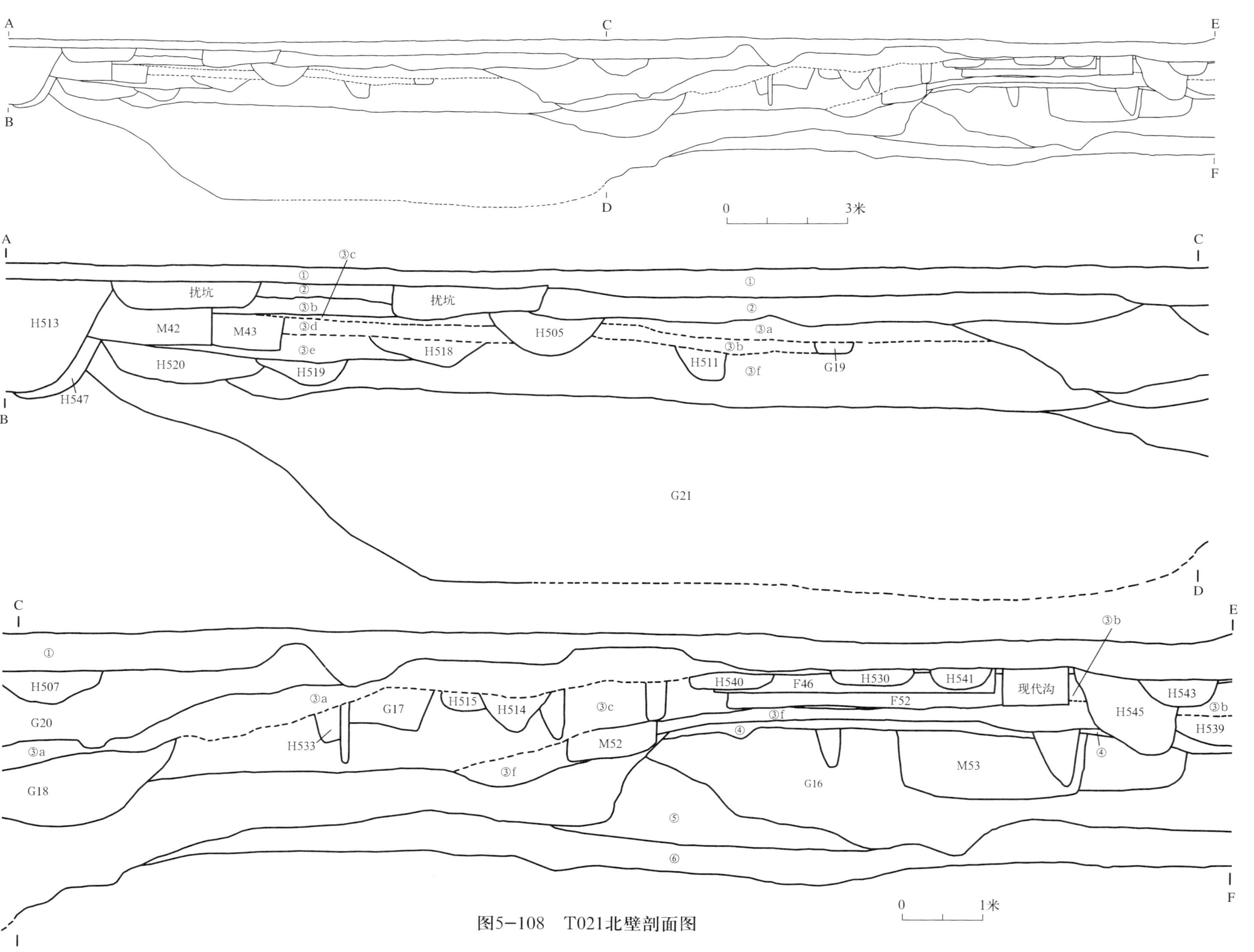

图5-108　T021北壁剖面图

（一）地层堆积

以北壁剖面为例（图5－108）。

第①层　厚0.20～0.50米。可分为耕土层和近代扰土层两个小层。该层下开口的遗迹除近代扰坑、近代沟、周代灰坑H504、H513外，其余均为龙山文化遗迹，包括H501、H502、H503、H507、H512、H530、H531、H532、H534、H535、H536、H537、H538、H541、H542、H543、H544、H545（详见灰坑统计表）。

第②层　深0.22～0.40、最厚处0.40米。主要分布于探沟西部，土质松软，以灰褐色沙黏土为主，内含较多的红烧土颗粒、白砂颗粒，出土物丰富，有大量的陶片和残石器。该层下开口的遗迹有H505、H506、H508、H509、H510、M35（彩版二七六，1）、M42、G20及两个柱洞。

第③层　因位于探沟中部的G20和G18相叠压，把第③层堆积分为东西两部分，又因为这两部分都有多个小层，难以对应统一，故分别介绍。

西段堆积可分为6个小层。

西③a层　深0.60～0.76、最厚处0.30米。灰褐色砂黏土，结构松软。内含较多的红烧土块、草木灰、黄沙土颗粒以及大量陶片、残石器等。该层下开口的遗迹有G19。

西③b层　深0.40～0.96、厚0.12～0.24米。土色以灰褐色为主，夹杂黄褐色粗砂黏土，结构较紧密。内含较多的红烧土碎块、草木灰和水锈斑，出土较多的陶片，堆积呈西高东低状。该层下开口的遗迹有H511。

西③c层　深0.60、最厚0.18米。浅灰褐色砂黏土，结构紧密。含少量红烧土颗粒、草木灰屑和大量陶片。堆积西高东低，南高北低状。该层下开口的遗迹有M43、H516、H517。

西③d层　深0.65～0.72、厚0.22米。深灰色淤土，结构松软。内含大量草木灰、红烧土颗粒及少量黄黏土和细砂。出土陶片较多，堆积呈西高东低状。该层下开口的遗迹有H518。

西③e层　深0.90、最厚0.36米。黄褐色砂黏土，结构紧密。内含少量黑土颗粒、红烧土碎块、白砂和较多的陶片等。该层下开口的遗迹有H519、H520、H547。

西③f层　深0.86～1.20、最厚0.88米。土色以灰褐色为主，夹杂有黄褐色沙土，结构松散。内含较多的草木灰、红烧土颗粒和淤沙，出土大量陶片。该层下开口的遗迹有M40、G18和G21等。

东段堆积也可分为六个小层。

东③a层　深0.16～1.66、最厚0.54米。以黄褐色沙黏土为主，夹杂有浅灰褐黏土，结构紧密。内含较多的白砂粒、少量红烧土块、黑色土粒和草木灰屑，出土大量陶片。堆积呈东高西低状，厚薄不均匀。该层下开口的遗迹有H514、H515、H533、H540、F46、F52、G17、G18和三组柱洞。

东③b层　深0.34～0.60、最厚处0.58米。分布于探沟东部，呈层状堆积，共分5小层，层厚6～24厘米不等，略呈西高东低状，层次明显，以浅黄色黏土为主，结构紧密。包含物较少。该层下开口的遗迹有H539。

东③c层　深0.62～1.38、最厚处0.80米。共有10个小层上下相叠压，每层厚12～40厘米，土色以灰褐色为主，有的小层或浅灰、或深灰或黄褐色，各层的紧密程度不完全相同。内含草木灰、红烧土粒、淤土块等及少量陶片，可能是F46的护坡遗迹。

东③d层　仅存探沟东部南侧，深0.78～0.90、最厚0.08米。土色黄褐色黏土，上部松软，下部紧密。内含草木灰屑，间有水锈斑点和粗砂粒，该堆积可能是F46的地基堆积、堆土。该层下开口遗迹有M52。

东③e层　仅存于探沟东部的南侧，深0.84～1.18、厚0.22米。灰褐色土，土质松散。内含少量红烧土颗粒、黄色土块、黄沙等，可能为F52的底部垫土。该层下开口的遗迹有H546。

东③f层　深0.84～1.10、最厚0.44米。灰褐色沙黏土，土质松软。内含少量红烧土颗粒、草木灰屑、白砂粒及大量陶片，分布于探沟东部，堆积状况为东高西低。该层下开口的遗迹有G21和M50、M51（彩版二七六，2）、柱洞。

第④层　深0.98～2.36、最厚1.58米。分布于探沟东部，可细分为两小层。第1小层以灰褐色沙土为主，第2小层以黄褐色为主，上部结构疏松，下部较为紧密，并呈分层状。内含红烧土粒、白色淤沙，西高东低，出土物较少，都为铺垫堆积。该层下开口的遗迹有H549、M53、G16和一组柱洞。

第⑤层　深1.46～3.16、最厚1.46米。黄褐色沙黏土，土质紧密。内含少量石英石碎块、黑褐色土块及水锈斑点，堆积平整，出土物较少。

第⑥层　深2.70～2.84、最厚处0.28米。灰色黏淤土，结构紧密，质黏。内含较密的水锈斑点，出土物较少。

T021的地层堆积比较复杂，其中第③层的各小层是在G21废弃后，作为生活居住区形成的堆积，即有为平整地面的铺垫堆积，也有的可能就是房屋建筑的附属堆积，所以有分层叠压的现象，这在东段堆积反映的更为清楚，而西部堆积大概因G21仍是低洼地，形成的堆积多是西高东低、东厚西薄的态势，也与G21内的堆积陆续下沉有关。第⑤、⑥层主要分布在G21东侧，多是淤积状堆积，或许是G21之前这里是一个自然大坑穴（如水塘）、或是低洼地的沉积堆积，其中夹杂有少量文化遗物。

（二）遗迹

T021龙山文化各层堆积中，存在的遗迹也比较多，具体介绍G21，其他各遗迹见遗迹统计表。

G21

G21是T021内的主要遗迹，是内环壕在此流经的部位，开口处距现地表1.00～1.92、口宽21.80、底部约9.50米，清理深度2.44米（因地下水位高及塌方的原因，中间部位未清理到底）。G21的剖面形状为上宽下窄，上部两壁逐渐内收呈缓坡形，而下部两壁的内收更为明显，从钻探推测底面缓平。沟内堆积可分为2大层，均为使用期沉积的堆积。上层有5个小层，以灰褐色为主，内含大量细砂、淤泥、沙板结块，质细腻，遗物相对较少，堆积比较平整，沙层与淤积土相间，说明水急时冲积的细砂较多，静水时沉积淤土为主。下层可分为8个小层，以深灰色淤土为主，结构细密，含少量细砂、红烧土、大量的大块黄色板结土块、黑灰点，其特点是越靠近下部土色越浅、土质越细，最深处的土色已渐变为灰白、银灰色。堆积特点也是细砂层和淤泥层相间叠压。另外不管是上层还是下层堆积都是中间砂粒较细，而两侧相对粗大，并有板结现象。特别值得注意的是在G21②东部，发现两组捆绑的圆木。

淤积层中的木头，放置在G21的内侧（近东壁），顺环壕流向摆放，内、外各一组，内侧（东侧）一组为8根一捆，外侧一组是4根一捆，经测定应为麻栎和辽东桤木，木质保存完好，树皮清晰可见，直径在4～8厘米，均伸入探沟的南、北壁下，长度不详（彩版二七五，2、3）。据现场分析，这两捆木头放在靠近环壕内侧边缘处的淤泥中，其上的沟壁为缓坡状，可能是沟内水少时人们洗刷东西（或取水）时踏脚所用，当淤泥加厚覆盖圆木捆时，人们无法继续使用而丢弃。

G21即内环壕，虽然未能发掘到底，但经发掘和钻探其形状和结构已基本清楚，沟内堆积大体呈弧状，这是水流时经冲刷所致，也与废弃后长年挤压有关，沟内堆积中出土的文化遗物，特别是陶片数量比较多，为确定环壕使用期的年代提供了直接证据。另外G21内的2层堆积均为使用期形成，这从堆积形状和土质结构特点均可说明，但是作为一条环壕，一般不可能使用到淤积满了才废弃，推测原来环壕应该更深，除包括没清理到底的深度，上部也应该更高，大概由于后世（包括龙山文化时期）的破坏，现在的开口处远不是当初环壕的地面高度。

（三）遗物

1．石器

T021内出土石器虽然数量较多，但多数不能辨其器类，或不明确其型制特点，现择其清楚者予以介绍。

（1）石斧

标本T021G21①：5，保存完整，平面为比较规整的梯形，体稍厚，纵、横剖面均为扁长方形，器体中部偏上处有一个对钻而成的圆孔，双面刃，刃面上下缘均为弧形，制作精致。

（2）石镰

标本T021G17：83，装柄一端残失，弧背，单面刃稍内凹，前端呈尖状。

（3）石钺

标本T021③：68，器体中下部残失，残断处有一圆孔痕，体较厚，横剖面为扁方形。

（4）石镞、矛

标本T021H504：1（#6108；S2561），援与铤分界清楚，援部横剖面为四棱形，前锋与两翼锋利，铤作短锥状。长6.2、宽1.8、厚0.7厘米（图5–109，1；彩版二七三，6）。

标本T021H535：1（#6194；S2596），器体呈枣核状，援与铤分界不明显，援部横剖面为四棱形，前锋与两翼锋利，铤作锥状，应为矛头。长8.7、宽2.1、厚0.8厘米（图5–109，2；彩版二七三，7）。

标本T021H513：1（#6122；S2563），援与铤分界清楚，短铤，其他部位的型制特征与上式相同。长10.8、宽2.6、厚0.9厘米。同一样式的有标本T021H536：01（图5–109，3；彩版二七三，8）。

（5）石拍子

标本T021G20：116，型体圆润，平面及纵、横剖面均呈圆角梯形，底面光滑平整，便于手握。

标本T021②：11，器体平面及剖面均为圆角三角形，底面平整光滑，便于手握。

（6）石钻头（？）

标本T021H510：01，器体呈五面长条形，横剖面为不等边的五边形，器表光滑，推测为钻孔工具。

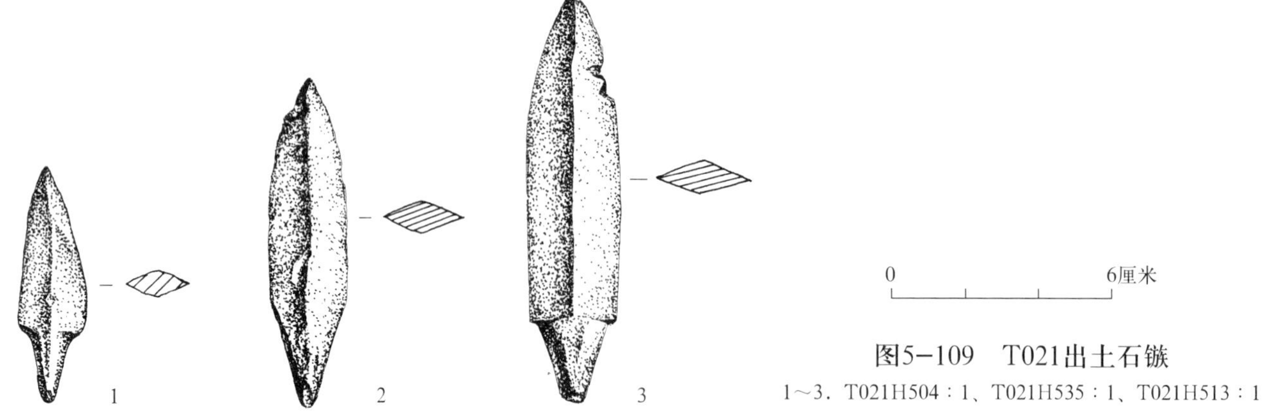

图5-109 T021出土石镞
1～3. T021H504：1、T021H535：1、T021H513：1

（7）石芯（？）

标本T021H510：2，小圆柱体，器表光滑，推测为管钻出的石芯断块。

（8）石（玉）锯（？）

标本T021H510：1，玉质，为残断的小薄玉片，经显微镜观察有锯齿痕，推测是锯齿状切割工具。同一样式的还有（石质的）标本T021H510：02、T021H510：03。

（9）石饰（？）

标本T021G20：68，器表及纵剖面均为长条形，用途不详，推测可能是石饰件。

2．陶器

T021的主要遗迹是内环壕G21，由于T021所处的位置，在此存在的人工和自然（自然冲沟）形成的遗迹不仅数量多，而且相互间的地层关系也比较复杂，出土物也非常丰富。根据发掘目的和要解决的基本问题，对龙山文化出土陶器分为三个时间段，一是叠压和打破G21的地层和遗迹的出土物为第一组，它们的相对年代要晚于G21，这一组包括打破第三层的16个龙山文化龙山灰坑，第三层堆积及第三层各小层下开口的遗迹（灰坑、墓葬、房址）内的出土物。二是G21本身的出土物为第二组，第三组是G21打破和叠压的地层和遗迹里的出土物，它们的相对年代早于G21，这对分析和判断G21的使用时代是非常重要的，但第三组出土物极少，且过于破碎。

（1）鼎

集中出土于第一组的地层和遗迹中，形制复杂多样。

第一组：

标本T021G18：2，夹砂红陶。圆唇，束颈，鼓腹，平底内凹，无孔鸟喙形足痕。口沿外侧压成花边状，颈部有对称的盲鼻，腹部饰一周附加堆纹。口径13.6、底径7.6、残高11.2、厚0.4～0.6厘米（图5-110，1）。同一样式的有标本T021G18：3（图5-110，6）。

标本T021③：43，夹砂灰陶，方唇，窄平沿，粗短颈，微鼓腹，平底，凿形足痕。口沿上有一周凹槽，颈部有一对圆泥饼，器表饰整齐的六周凹弦纹。口径14.8、底径13.5、残高15.4、厚0.4～0.6

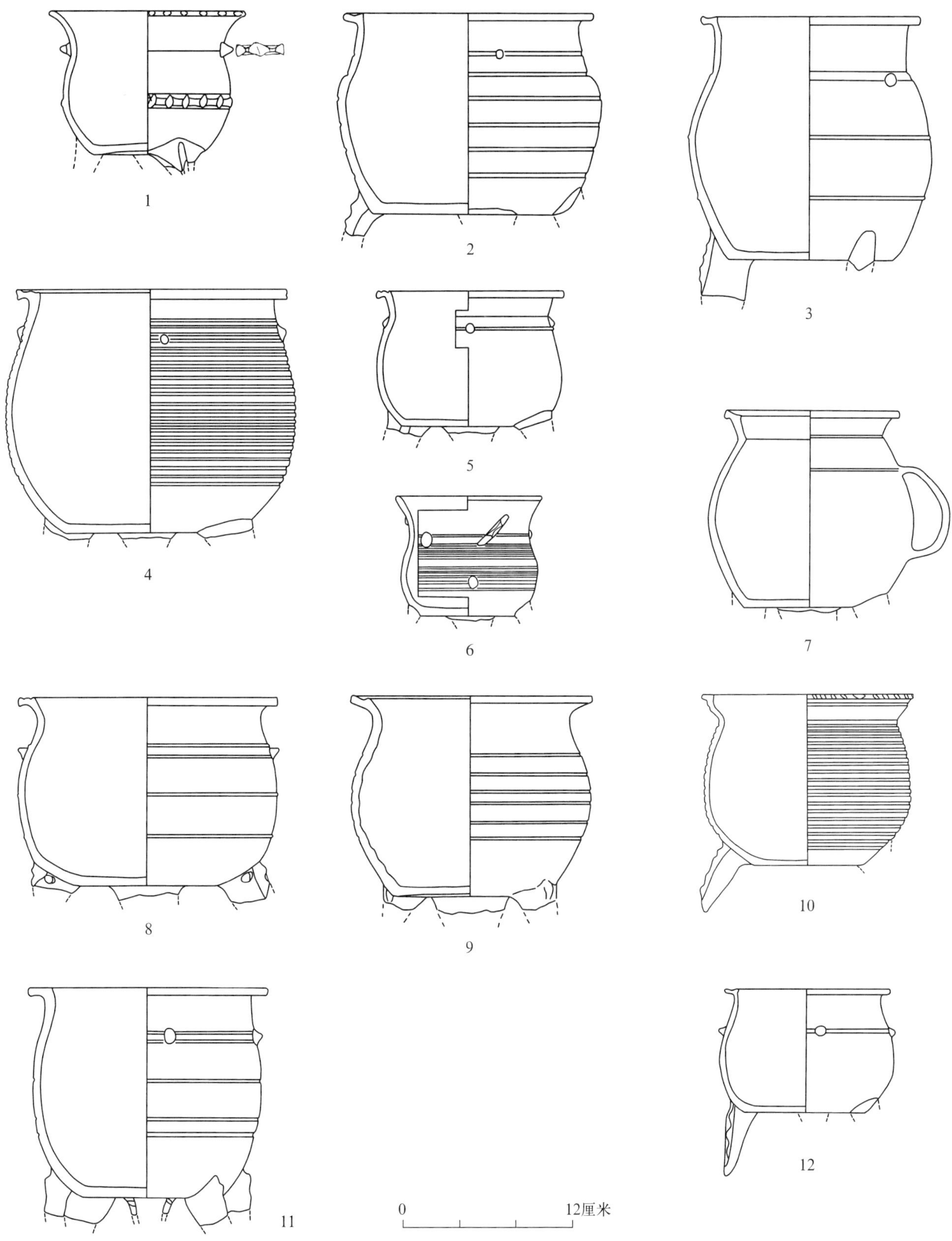

图5-110　T021出土陶鼎（一）

1～12．T021G18：2、T021③：43、T021H503：4、T021G20：35、T021H507：3、T021G18：3、T021G20：52、T021G20：60、T021G20：123、T021G18：6、T021G20：73、T021G20：102

厘米（图5-110，2）。同一样式的有标本T021H503：4、T021G20：35、T021H507：3、T021G20：52（图5-110，3～5、7）。

标本T021G20：123，夹砂黑陶。侈口，方唇，卷沿，鼓腹，平底内凹，鸟喙形足痕。口沿上有一周凹槽，器表饰六周凹弦纹。口径16.8、底径10.8、残高13.2、厚0.5～0.9厘米（图5-110，9）。同一样式的有标本T021G20：60、T021G18：6、T021G20：102（图5-110，8、10、12）。

标本T021G20：73，夹砂灰陶。方唇，卷沿，腹微鼓，平底，"V"字形足。腹部有对称的盲鼻和圆泥饼各一对，器表饰五周凹弦纹。口径13.6、底径8.8、残高16.4、厚0.4～0.8厘米（图5-110，11）。

标本T021H507：10，夹砂黑陶。侈口，圆唇，卷沿，鼓腹，平底，鸟喙形足痕。口沿内侧下凹，器表饰四周凹弦纹。口径13.2、底径8.9、残高11.8、厚0.3～0.4厘米（图5-111，1；彩版二七七，1）。同一样式的有标本T021G20：39、T021G20：70、T021②：34、T021G18：1、T021G18：15（图5-111，2～6）。

标本T021G18：13，夹砂黑陶。圆唇，短沿，粗颈，深腹，平底，凿形足痕。口径10.6、底径8.0、残高11.0、厚0.2～0.3厘米（图5-111，8）。

标本T021G18：18，圆唇，卷沿，小口，鼓腹，小平底，凿形足痕。器表饰两周凹弦纹。口

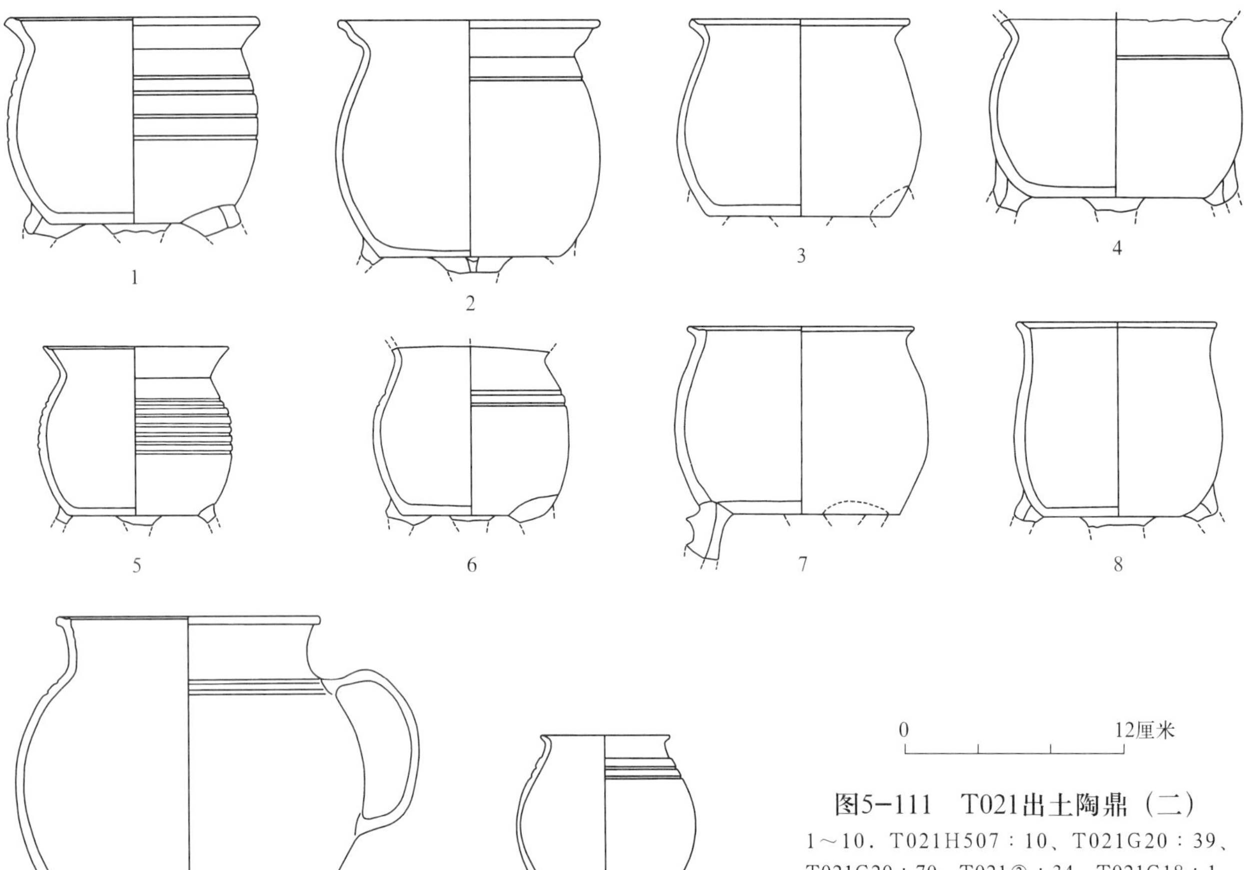

图5-111　T021出土陶鼎（二）

1～10．T021H507：10、T021G20：39、T021G20：70、T021②：34、T021G18：1、T021G18：15、T021G20：58、T021G18：13、T021G20：88、T021G18：18

径7.0、底径5.8、高5.4、厚0.2～0.4厘米（图5–111，10）。同一样式的有标本T021G20：58（图5–111，7）。

标本T021G20：88，夹砂黑陶。直口，方唇，圆肩，鼓腹，平底，无孔鸟喙形足痕。腹部有一把手，口沿上一周凹槽，肩部饰两周凹弦纹。口径14.2、底径12.9、残高18.8、厚0.3～0.4厘米（图5–111，9）。同一样式的有标本T021②：7（图5–112，1）。

标本T021G20：34，夹砂黑陶。侈口，方唇，折沿，鼓腹，平底，足残失。腹部有一把手，口沿上有一周凹槽，器表饰一周凹弦纹。口径12.2、底径9.5、残高13.9、厚0.3～0.4厘米（图5–112，2）。

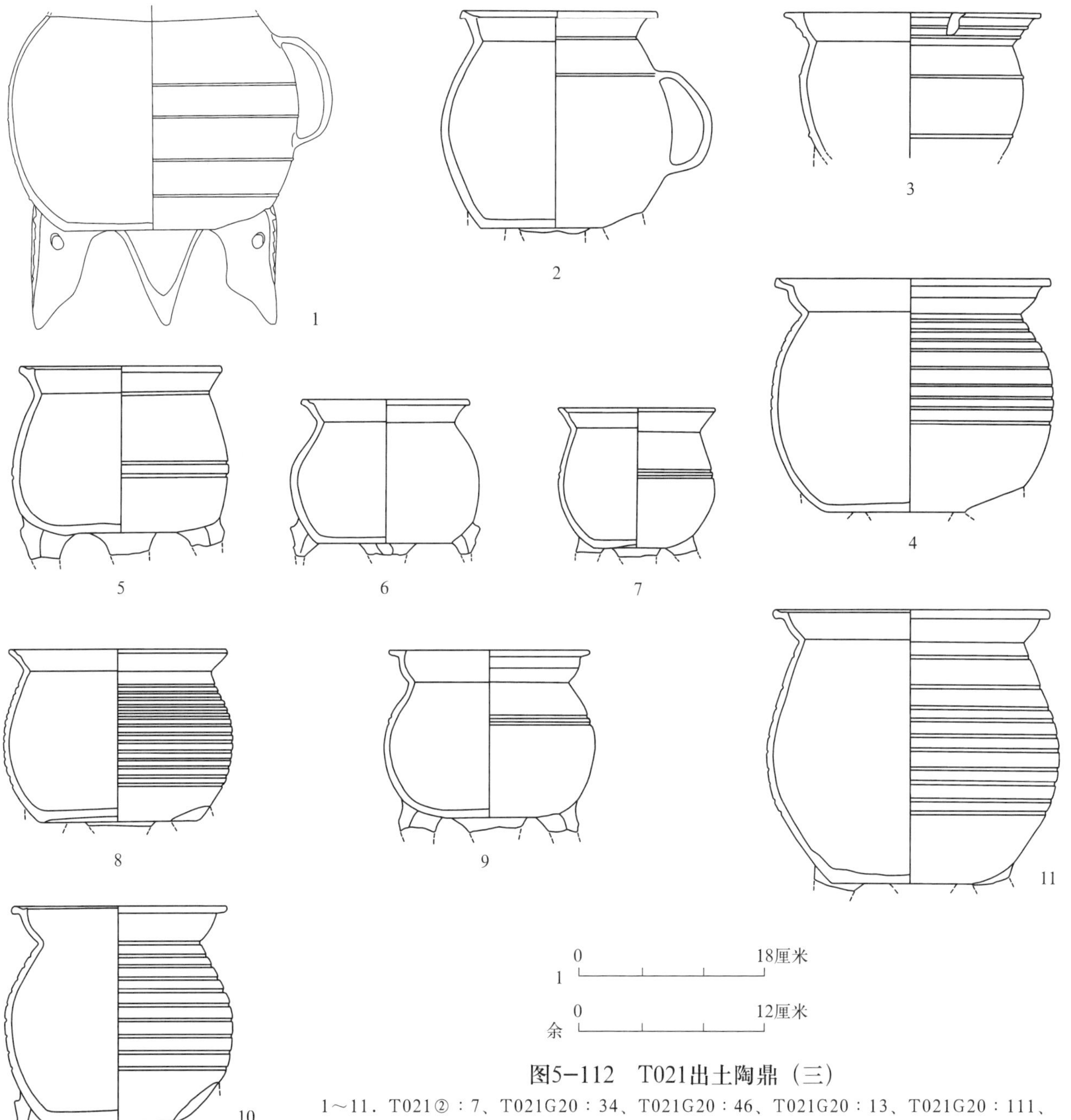

图5–112　T021出土陶鼎（三）

1～11. T021②：7、T021G20：34、T021G20：46、T021G20：13、T021G20：111、T021G20：14、T021F52：1、T021G20：28、T021H507：5、T021G20：79、T021G20：10

标本T021G20：46，夹砂黑陶。侈口，方唇，折沿，微鼓腹，下部残失。器表饰两周凸弦纹，口沿处有一对盲鼻。口径13.8、底径残缺、残高9.0、厚0.3～0.5厘米（图5-112，3）。

标本T021G20：111，夹砂黑陶。侈口，圆唇，折沿，鼓腹，平底，凿形足痕。口沿内侧下凹，器表饰两周凹弦纹。口径12.8、底径7.2、残高12.0、厚0.3～0.5厘米（图5-112，5）。同一样式的有标本T021G20：13、T021G20：14、T021F52：1、T021G20：28（图5-112，4、6～8）。

标本T021G20：79，夹砂黑陶。侈口，方唇，折沿下凹，深鼓腹，平底，侧三角形足痕。口沿上有一周凹槽，器表饰密集整齐的十周凹弦纹。口径13.6、底径9.7、残高14.6、厚0.2～0.5厘米（图5-112，10；彩版二七七，2）。同一样式的有标本T021H507：5、T021G20：10（图5-112，9、11）。

标本T021②：1，泥质黑陶。侈口，圆唇，折沿下凹，浅腹微鼓，平底，鸟喙形足痕。口沿外侧有一对小贯耳，器表饰凹、凸弦纹。口径17.5、底径14.7、残高8.6、厚0.3～0.7厘米（图5-113，2）。同一样式的有标本T021H535：2、T021G20：108（图5-113，1、3）

标本T021H503：9，夹砂黑陶。上部残。下部直腹，平底，"V"字型足。器表饰弦纹，足中间压成鸡冠纹，两外侧面有竖行划纹。口径残缺。底径26.8、残高17.6、厚0.6～0.7厘米（图5-113，4）。

标本T021G20：126，泥质黑陶。敞口，圆唇，窄平沿，瘦腹中束，平底内凹，鸟喙形足。口沿上有一周凹槽，器表饰两周凸弦纹。口径16.9、底径11.3、高17.4、厚0.25～0.5厘米（图5-114，1）。同一样式的有标本T021③：38（图5-114，2）、T021G20：91（图5-114，3；彩版二七七，3）、T021G20：104（图5-114，4）、T021G20：122（图5-114，5）、T021G20：69（图5-114，6）。

标本T021③：84，泥质黑陶。筒形体，圆唇，窄平沿，平底内凹，足残失。器表有对称的圆泥饼和盲鼻各一对，并饰三周凸弦纹。口径11.2、底径8.4、残高9.0、厚0.3～0.5厘米（图5-114，7；

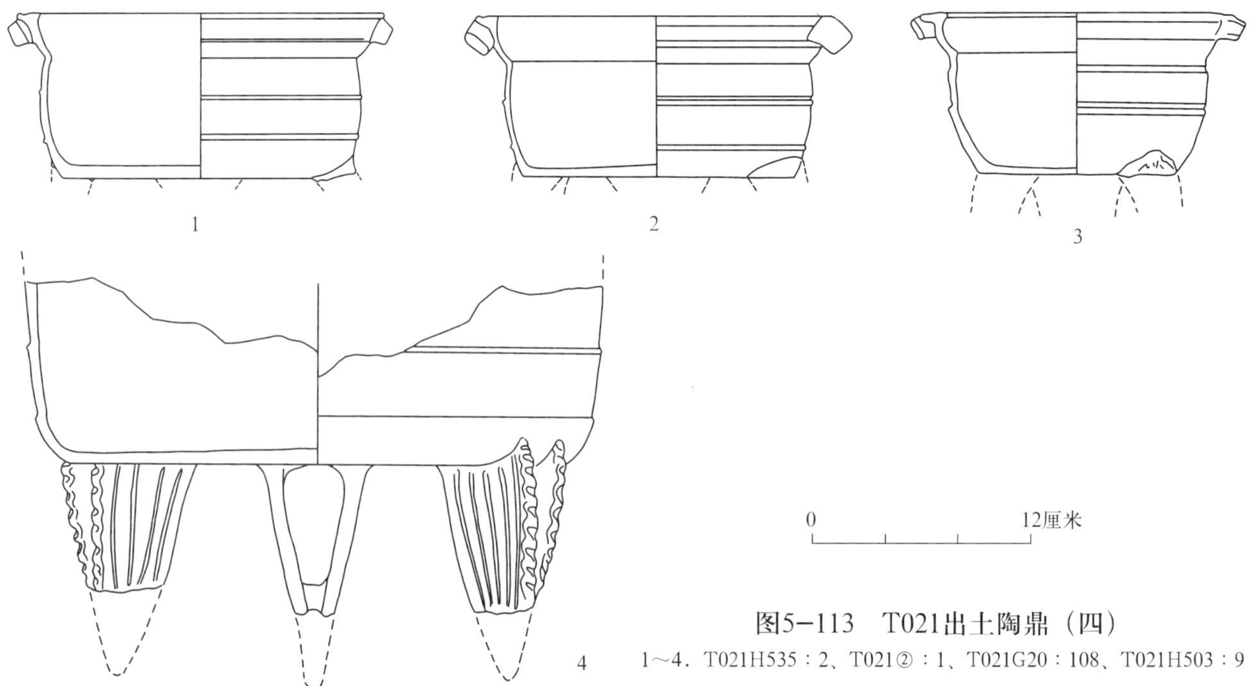

图5-113 T021出土陶鼎（四）

1～4. T021H535：2、T021②：1、T021G20：108、T021H503：9

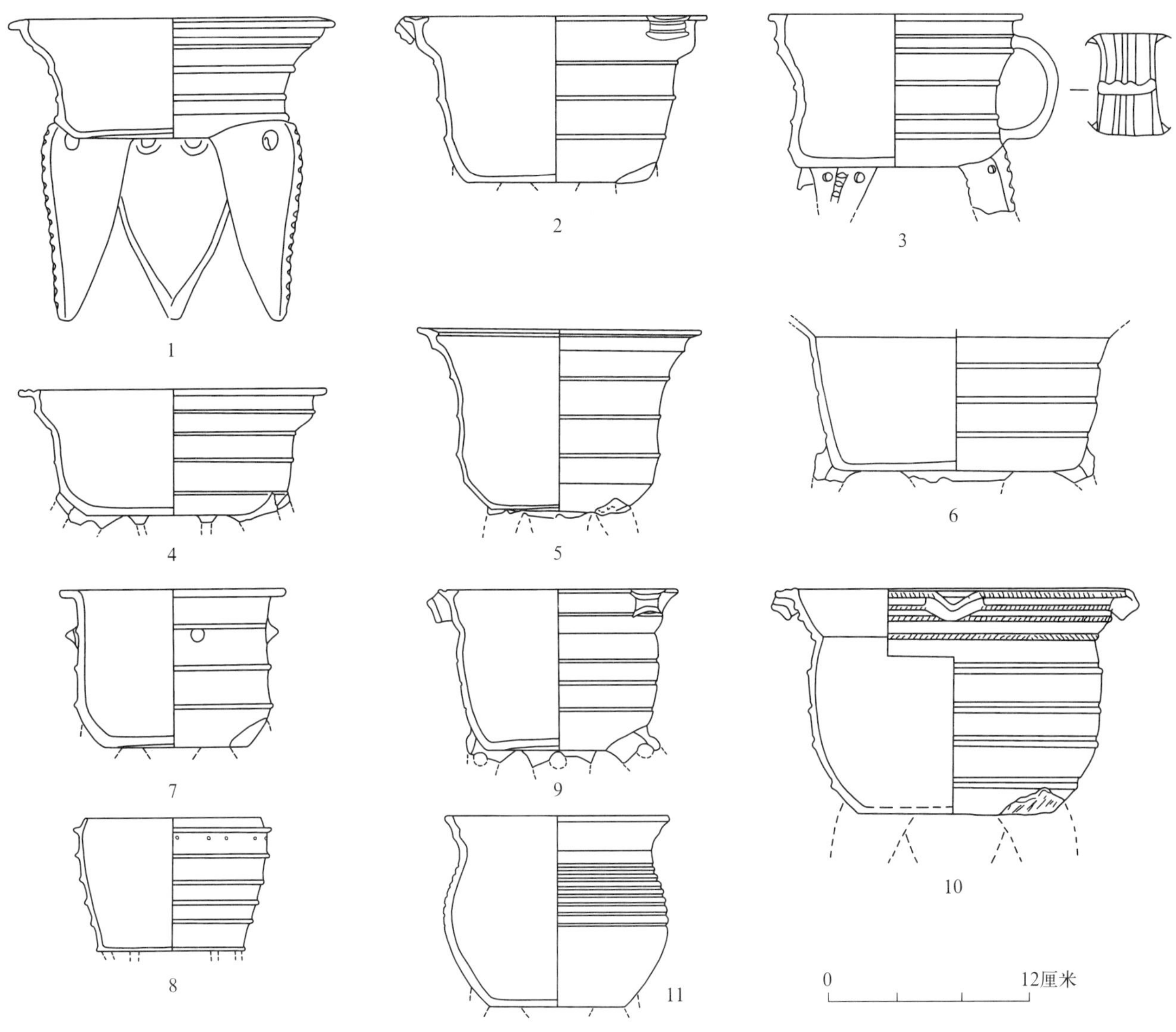

图5-114　T021出土陶鼎（五）

1～11. T021G20：126、T021③：38、T021G20：91、T021G20：104、T021G20：122、T021G20：69、T021③：84、T021H518：3、T021H520：1、T021H542：1、T021G21：07

彩版二七七，4）。

标本T021H518：3，泥质灰陶。浅子母口内敛，圆唇，腹壁斜直，平底，足残失。口沿下有排列规律的小圆孔，器表饰四周凸弦纹。口径10.3、底径8.8、残高7.6、厚0.15～0.2厘米（图5-114，8）。

标本T021H520：1，泥质黑陶。侈口，圆唇，平沿，深腹微鼓，平底内凹，鸟喙形足。口沿上有一周凹槽，口沿外侧有三个小贯耳，器表饰三周凹弦纹。口径11.6、底径8.4、残高10.2、厚0.3～0.35厘米（图5-114，9）。同一样式的有标本T021H542：1（图5-114，10）。

第二组：仅1件。

标本T021G21：07，夹砂黑陶。侈口，圆唇，卷沿，鼓腹，平底，足残。沿内壁上有两周凹槽，器表饰密集整齐的八周凹弦纹。口径12.8、底径7.8、残高11.0、厚0.3～0.4厘米（图5-114，11）。

（2）甗

第一组：主要有以下几种样式。

标本T021G20∶5，夹砂黑陶。粗短颈，方叠唇，窄平沿，甑部鼓腹，鬲部腹壁外倾，袋足，弧裆，锥形足尖。口沿上有一周凹槽，颈下有一对盲鼻，器表饰整齐的五周凸弦纹。口径16.8、高33.0、厚0.4～1.1厘米（图5－115，1；彩版二七七，5）。同一样式的有标本T021H507∶4（图5－115，2）。

标本T021G20∶33，泥质黑陶。粗短颈，方唇，窄平沿，甑部鼓腹，鬲部腹壁稍外鼓，瘦袋足，弧裆，锥形足尖。口沿上有一周凹槽，腹部有对称的盲鼻和圆泥饼各一对，器表饰整齐的七周

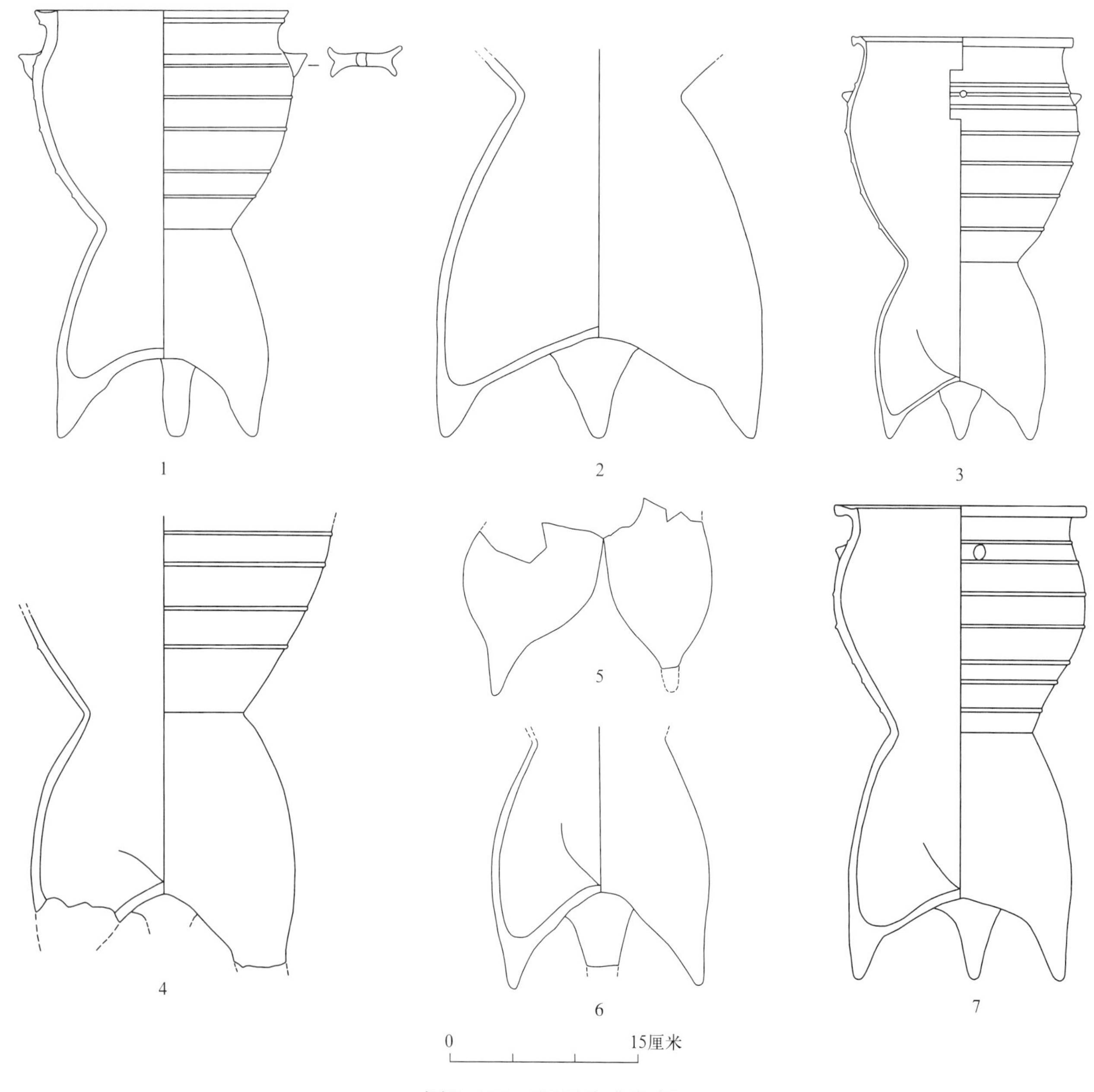

图5－115　T021出土陶甗

1～7. T021G20∶5、T021H507∶4、T021G20∶33、T021G20∶37、T021G20∶12、T021G20∶26、T021G20∶105

凸弦纹。口径16.0、高31.0、厚0.2～0.3厘米（图5–115，3）。同一样式的有标本T021G20：37、T021G20：26、T021G20：105（图5–115，4、6、7）。

标本T021G20：12，夹砂灰陶。仅存袋足。袋足肥大，分裆，锥形足尖。残高13.0、厚0.3～0.4厘米（图5–115，5）。

（3）鬶

第一组：主要有以下样式。

标本T021H518：2，夹砂白陶。粗长颈，圆唇，高流稍外倾，流下两瘦袋足残，另一袋足较粗大，分裆，绹索状把手。流口两侧有一对圆泥饼，器表饰凹、凸弦纹，袋足上饰有小盲鼻。口径8.6～12.6、通高32.3、厚0.3～0.35厘米（图5–116，1）。同一样式的有标本T021G20：85（图5–116，2）。

标本T021H503：12，夹砂白陶。粗颈内倾，圆唇，宽流且短，分裆，袋足残断，流对应面把手两边外翻，体侧另有一把手痕。颈部有一对小贯耳和数周凸弦纹，袋足上有附加泥条装饰。残高38.0、厚0.4～0.5厘米（图5–116，3；彩版二七八，1）。

标本T021G20：122，夹砂红陶。侈口，圆唇上翘，斜高流，流下两袋足较瘦，后面一袋足肥大并位置偏后，绹索状把手。流口两侧各有一圆泥饼，器表饰不规则的凹、凸弦纹。残高28.0、厚0.35～0.5厘米（图5–116，4；彩版二七八，2）。同一样式的有标本T021H515：1（图5–116，5；彩版二七八，3）。

第二组：

标本T021G21：3，夹砂白陶。口残，斜长流，瘦长体，弧裆，短袋足，长足尖，绹索状把手。流两侧、把手上根部各有一对圆泥饼，器表饰凹、凸弦纹。口径6.4～8.0、残高29.5、厚0.35～0.45厘米（图5–116，6）。

（4）罐

数量多，型式复杂。

第一组：主要有以下样式。

标本T021G20：31，泥质黑陶。中口罐，侈口，叠唇，卷沿，鼓腹，平底。口径15.6、底径10.0、高18.8、厚0.3～0.6厘米（图5–117，2；彩版二七九，1）。

标本T021G18：4，夹砂灰陶。中口罐，侈口，圆唇，折沿，鼓腹，平底。器表饰四周凹弦纹。口径13.4、底径6.2、高14.0、厚0.25～0.4厘米（图5–117，4）。同一样式的有标本T021H516：1、T021H511：1、T021G20：38（图5–117，3、5、6）。

标本T021F52：2，夹砂黑陶。中口罐，侈口，叠唇，卷沿，鼓腹，平底。器表饰密集的凹弦纹。口径17.2、底径8.4、高18.8、厚0.3～0.5厘米（图5–117，1；彩版二七九，2）。同一样式的有标本T021③：44（图5–117，7；彩版二七九，3）。

标本T021G20：77，泥质黑陶。瘦腹罐，粗颈，圆唇，平沿，折肩，瘦长腹，平底。器表饰五周凸弦纹。口径9.0、底径8.4、高17.2、厚0.3～0.4厘米（图5–117，9）。

标本T021H510：1，泥质灰陶。深腹大口罐，圆唇，平沿，瘦长腹，平底。器表饰规律的三周

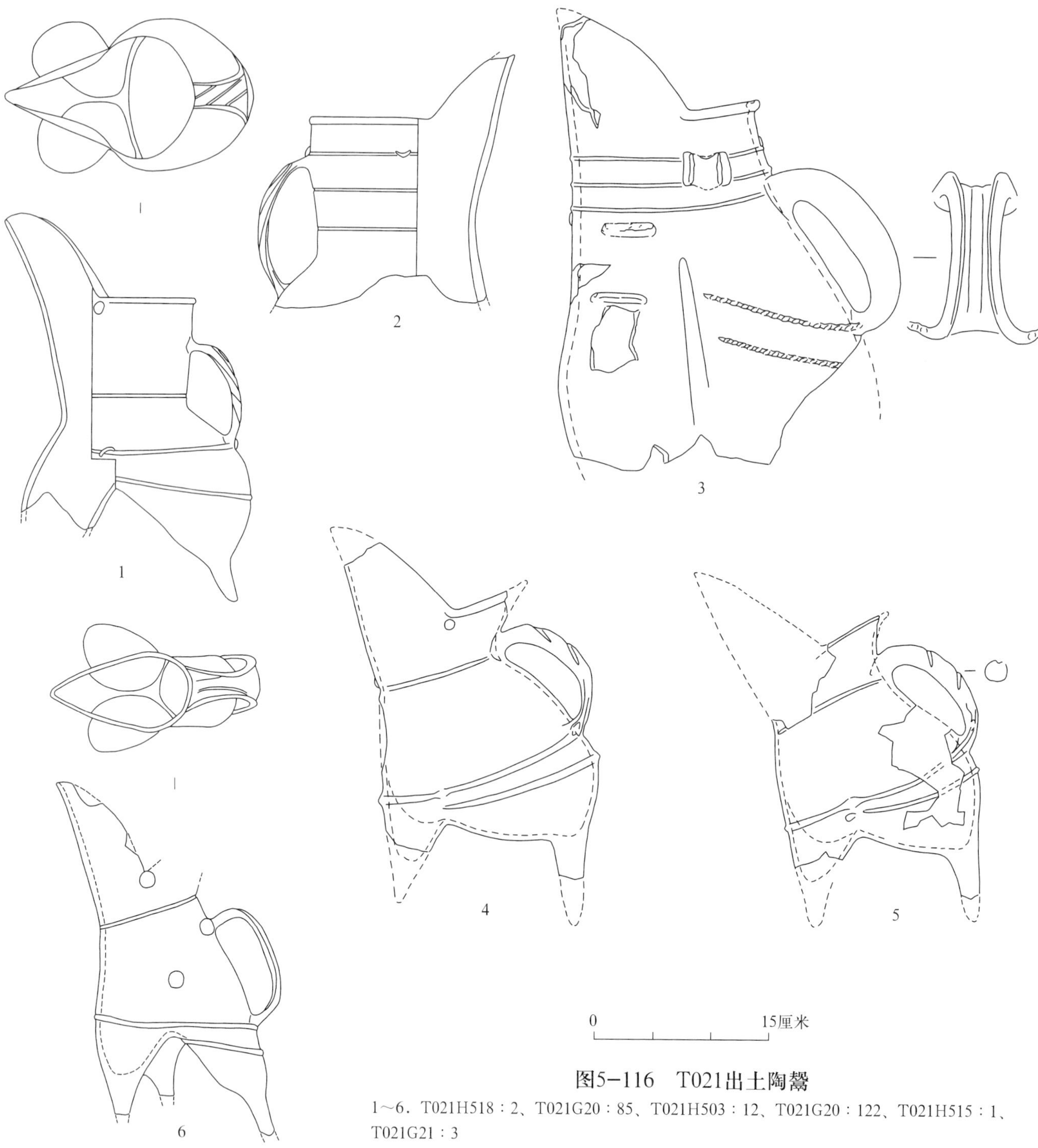

图5-116　T021出土陶鬶

1～6. T021H518：2、T021G20：85、T021H503：12、T021G20：122、T021H515：1、T021G21：3

凸、凹弦纹。口径14.6、底径11.4、高22.4、厚0.4～0.8厘米（图5-117，8）。同一样式的有标本T021③：39（图5-117，10）。

标本T021G20：74，泥质灰陶。敛口，方唇，深腹稍鼓，平底内凹。腹上部有对称的盲鼻和圆泥饼各一对，口沿内侧下凹，器表饰整齐的六周凸弦纹。口径18.5、底径8.8、高26.5、厚0.4～0.8厘米（图5-118，1）。

标本T021G20：16，泥质灰陶。深腹罐，敞口，平沿，方唇，瘦长腹，底残。器表饰两周凹弦纹。口径15.6、底径残缺、残高20.0、厚0.5～0.7厘米（图5-118，2）。同一样式的有标本T021③：121、T021G20：17（图5-118，3、4）。

标本T021G20：98，泥质灰陶。直口，方唇，圆肩，鼓腹，小平底内凹。口沿内侧下凹，肩部有一对圆泥饼，器表饰四周凸弦纹和两周凹弦纹。口径15.5、底径9.8、高26.6、厚0.4～0.6厘米（图5-118，5）。同一样式的有标本T021③：128、T021H507：2、T021G20：8（图5-118，6、8、9）。

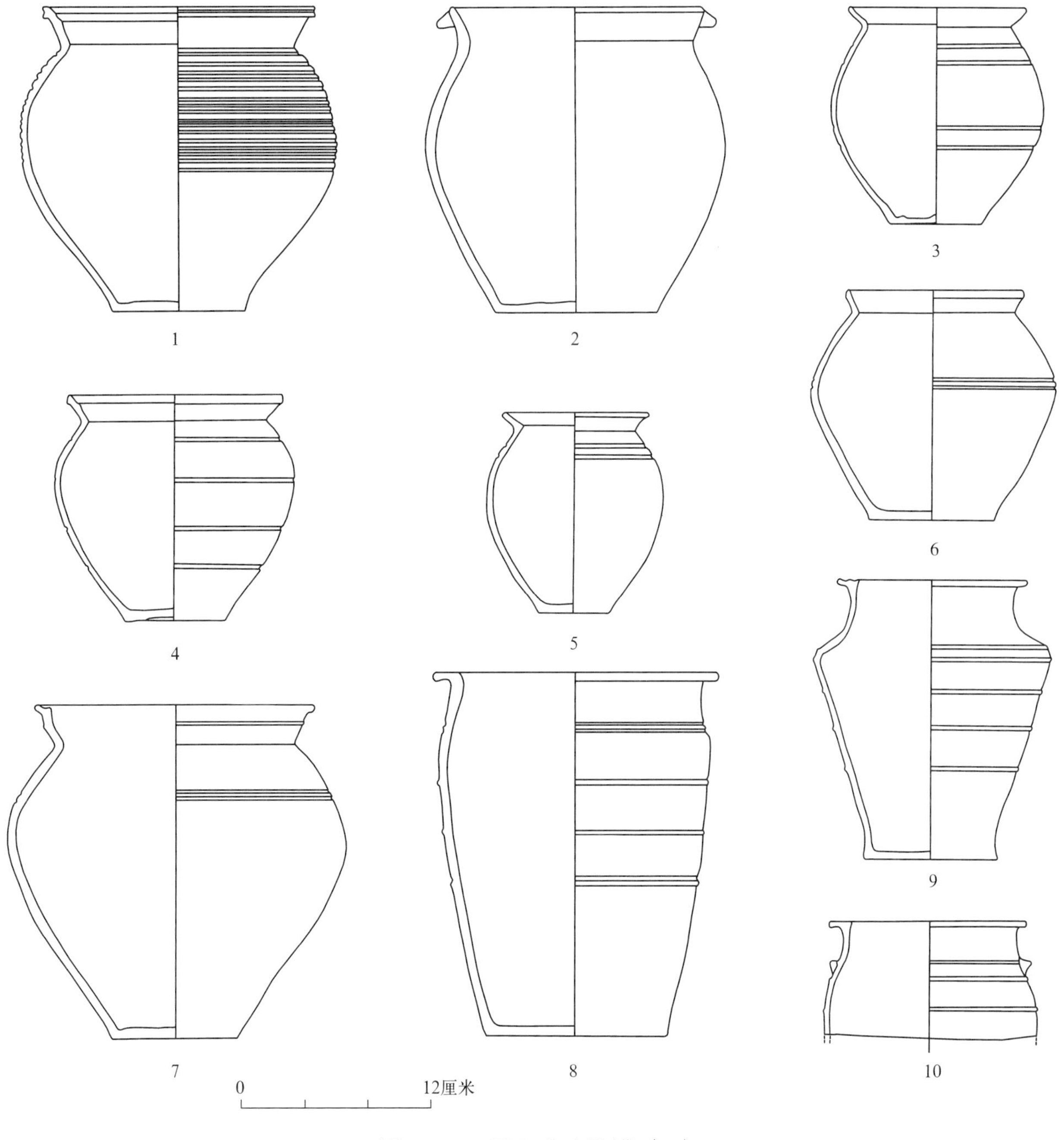

图5-117　T021出土陶罐（一）

1～10. T021F52：2、T021G20：31、T021H516：1、T021G18：4、T021H511：1、T021G20：38、T021③：44、T021H510：1、T021G20：77、T021③：39

标本T021G20：125，泥质灰陶。粗短颈，方叠唇，鼓腹，平底。口沿上有一周凹槽，颈部有对称的圆泥饼和盲鼻各一对，并饰一周凸弦纹。口径19.8、底径12.0、高26.4、厚0.4～0.7厘米（图5－118，7）。同一样式的有标本T021G20：36（图5－119，1）。

标本T021G20：42，泥质黑陶。粗短颈内倾，圆唇，球形腹，小平底。肩部有一对宽鋬手。

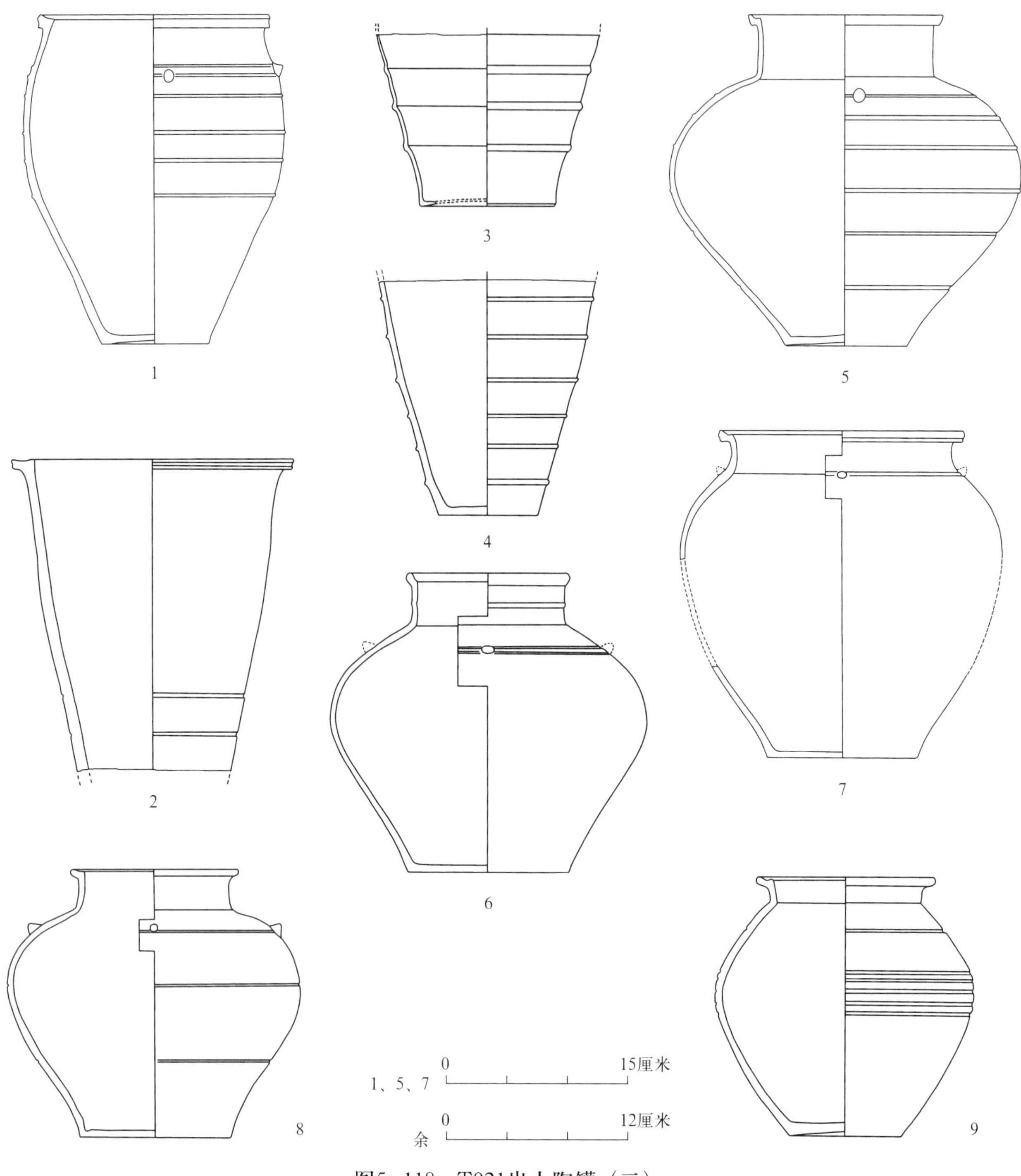

图5－118　T021出土陶罐（二）

1～9. T021G20：74、T021G20：16、T021③：121、T021G20：17、T021G20：98、T021③：128、T021G20：125、T021H507：2、T021G20：8

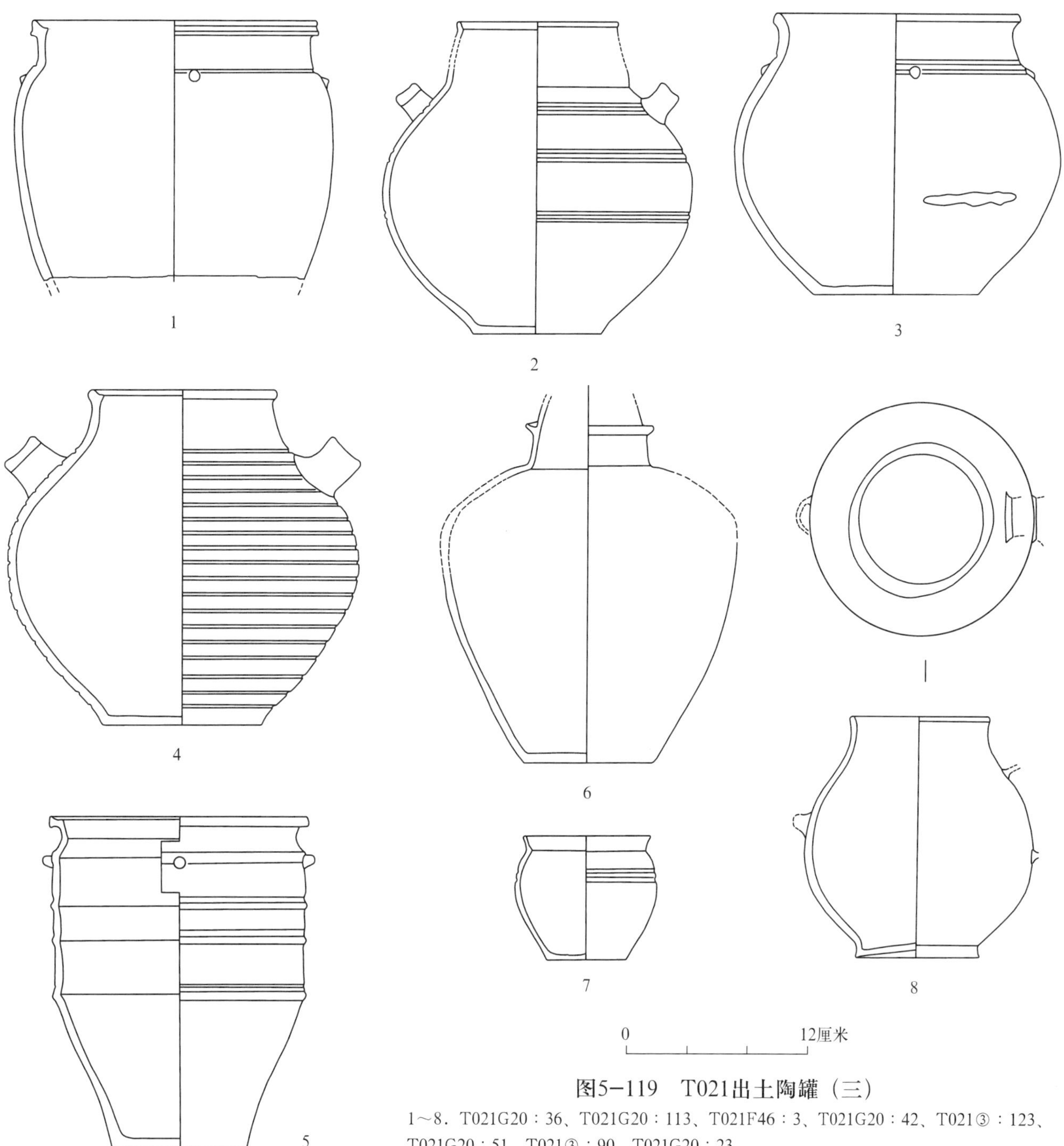

图5–119　T021出土陶罐（三）

1～8. T021G20：36、T021G20：113、T021F46：3、T021G20：42、T021③：123、T021G20：51、T021③：90、T021G20：23

口沿内侧下凹，器表饰密集的十八周凹弦纹。口径12.0、底径10.4、高21.6、厚0.5～0.6厘米（图5–119，4）。同一样式的有标本T021G20：113、T021F46：3（图5–119，2、3）。

标本T021③：123，夹砂黑陶。粗短颈，方唇，深腹，腹上部竖直，下部折内收，平底。口沿上有一周凹槽，腹上部有对称的圆泥饼和盲鼻各一对，器表饰排列规则的凹、凸弦纹三组。口径16.8、底径8.8、高21.2、厚0.25～0.8厘米（图5–119，5；彩版二七九，4）。

标本T021G20：51，子母口残断，圆肩，瘦腹，小平底。口径残缺。底径8.4、残高23.0、厚0.3～0.6厘米（图5–119，6）。

标本T021③：90，泥质黑陶。侈口，折沿，鼓腹，平底。器表饰两周凹弦纹。口径8.2、底径5.2、高8.0、厚0.15～0.25厘米（图5－119，7）。

标本T021G20：23，泥质灰陶。尖唇，卷沿，鼓腹，平底内凹。体侧一边有一把手，另一边有一小贯耳。口径9.0、底径8.0、高15.5、厚0.3～0.4厘米（图5－119，8）。

（5）罍

无完整器。

第一组：

标本T021G20：106，泥质黑陶。口、颈残，细颈，窄圆肩，腹上部近竖直，下部急内收，小平底内凹，腹部有两对贯耳。器表饰三组凹弦纹。口径残缺。底径8.8、残高16.4、厚0.2～0.3厘米（图5－120，1）。同一样式的有标本T021G20：89、T021③：76（图5－120，2、3）。

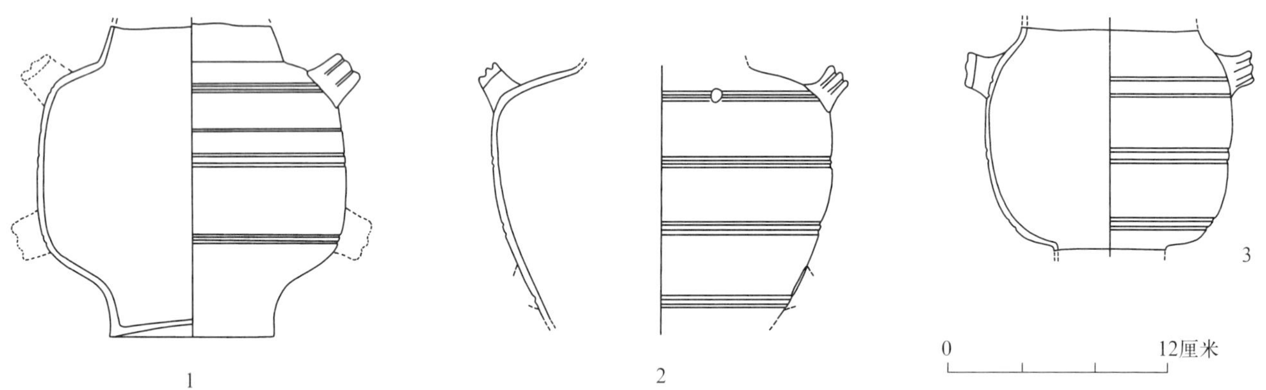

图5－120　T021出土陶罍

1～3. T021G20：106、T021G20：89、T021③：76

（6）壶

主要有以下样式。

第一组：

标本T021G18：14，泥质灰陶。直口，圆唇，鼓腹，小平底。颈、腹部各饰一组凹弦纹。口径9.0、底径6.2、高16.0、厚0.25～0.4厘米（图5－121，1；彩版二七九，5）。同一样式的有标本T021G18：7、T021G20：65、T021G20：38、T021③：88（图5－121，2～5）。

标本T021③：86，泥质黑陶。直口，圆唇，宽折肩，瘦腹，小平底内凹。折肩处有一对小耳。器表饰凹弦纹。口径8.2、底径6.4、高15.0、厚0.25～0.4厘米（图5－121，6）。同一样式的有标本T021G20：17、T021G20：93（图5－121，7、8）。

标本T021③：31，泥质黑陶。直口内倾，尖唇，圆肩，鼓腹，小平底。肩部有一对鋬手，颈部饰一组凹、凸弦纹。口径10.0、底径8.8、高16.0、厚0.25～0.35厘米（图5－121，9）。

标本T021H503：5，泥质黑陶。直口，尖唇，平肩，腹壁上部近直，下部缓内收，小平底内凹。肩部有一对宽鋬手。器表饰一组弦纹。口径9.6、底径7.0、高20.0、厚0.3～0.5厘米（图5－121，11）。

标本T021H503：3，泥质黑陶。直口，方唇，球形腹，小平底，腹上部有一对宽鋬。口沿上有一周凹槽。口径7.6、底径6.8、高17.2、厚0.3～0.45厘米（图5－121，10）。

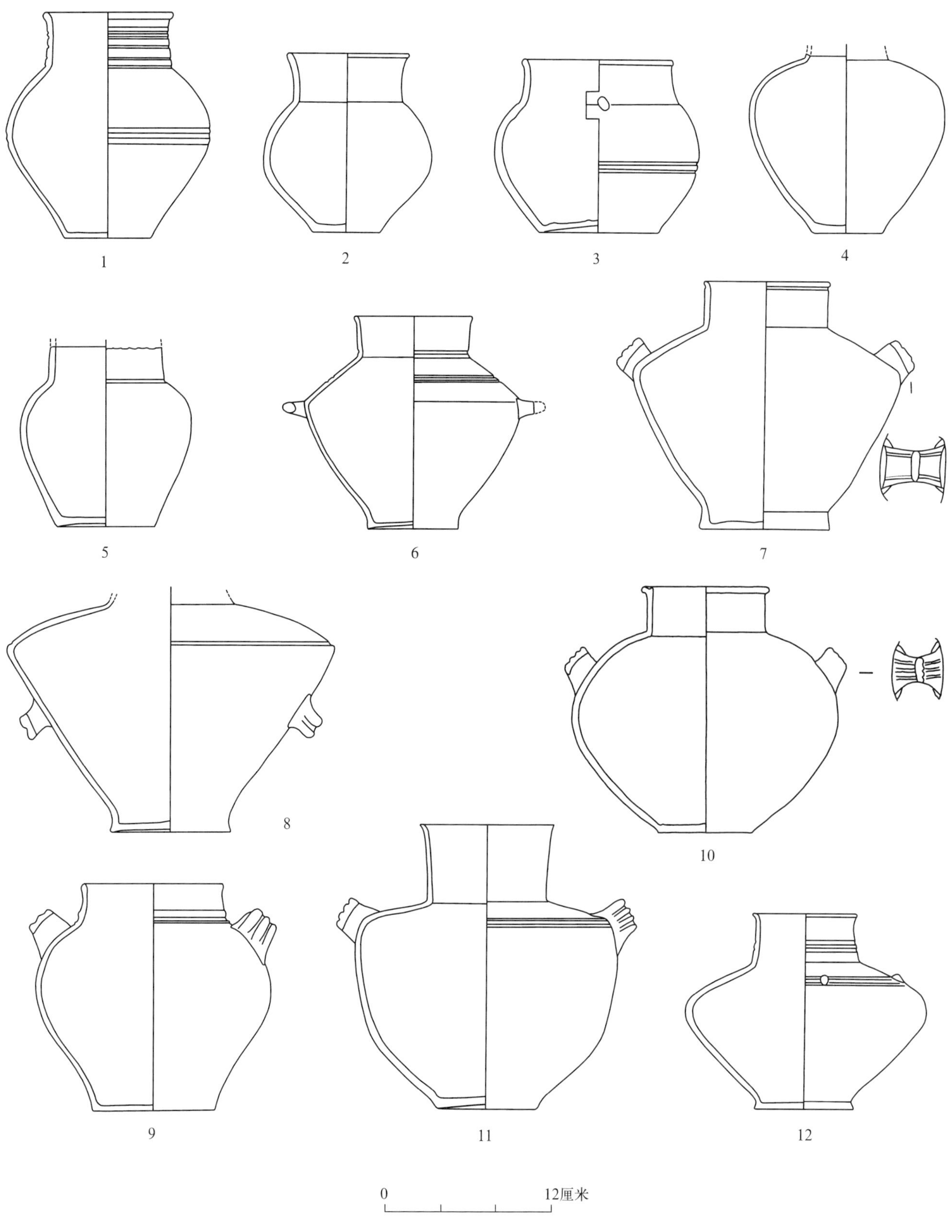

图5-121　T021出土陶壶

1～12．T021G18：14、T021G18：7、T021G20：65、T021G20：38、T021③：88、T021③：86、T021G20：17、T021G20：93、T021③：31、T021H503：3、T021H503：5、T021H503：6

标本T021H503：6，泥质黑陶。直口，圆唇，卷沿，宽圆肩，短瘦腹，小平底。肩部有对称的圆泥饼和盲鼻各一对，颈、肩部各饰一组凹弦纹。口径7.4、底径7.1、高13.8、厚0.25～0.35厘米（图5-121，12）。

（7）平底盆

第一组：主要有以下几种样式。

标本T021H536：2，泥质黑陶。敞口，圆唇，平底。器表饰两组凹弦纹。口径33.0、底径24.8、高9.5、厚0.3～0.4厘米（图5-122，1）。同一样式的有标本T021③：57、T021③：73、T021G20：56、T021F46：1（图5-122，2～5）。

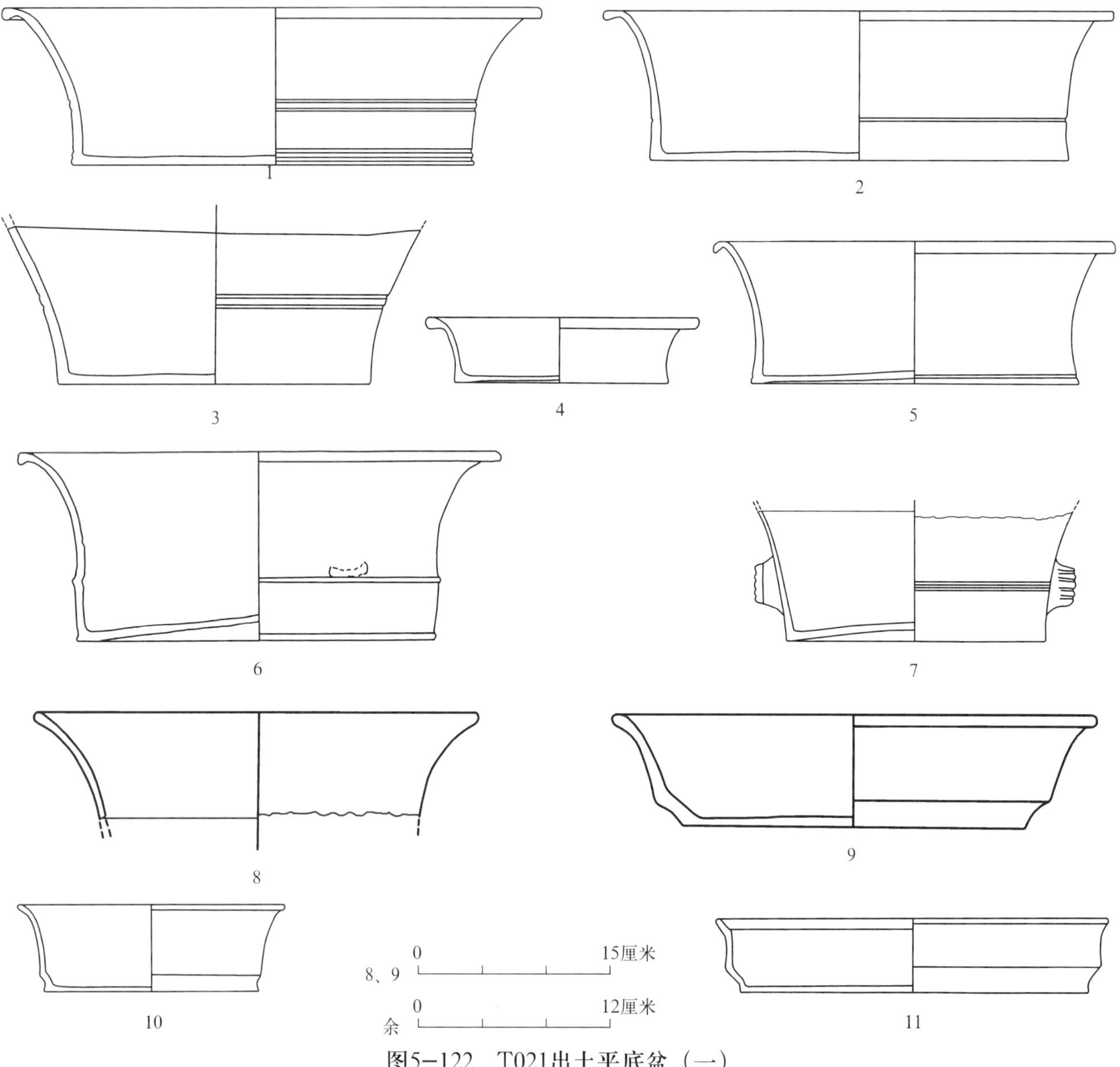

图5-122　T021出土平底盆（一）

1～11．T021H536：2、T021③：57、T021③：73、T021G20：56、T021F46：1、T021H503：1、T021H507：1、T021G20：4、T021G20：11、T021H503：2、T021H507：6

标本T021H503：1，泥质黑陶。敞口，圆唇，深腹中束，平底内凹。器表饰一周凸弦纹。口径29.2、底径22.2、高11.4、厚0.3～0.4厘米（图5−122，6）。同一样式的有标本T021H507：1、T021G20：4（图5−122，7、8）。

标本T021G20：11，泥质黑陶。敞口，圆唇，卷沿，浅腹，平底，近底处腹壁内折。口径36.5、底径26.0、高8.5、厚0.4～0.7厘米（图5−122，9）。同一样式的有标本T021H503：2、T021H507：6（图5−122，10、11）。

标本T021③：71，夹砂灰陶。敞口，叠唇，卷沿，折腹，平底。腹部饰凹弦纹。口径34.8、底径15.6、高10.1、厚0.4～0.8厘米（图5−123，1）。同一样式的有标本T021G20：133（图5−123，2）。

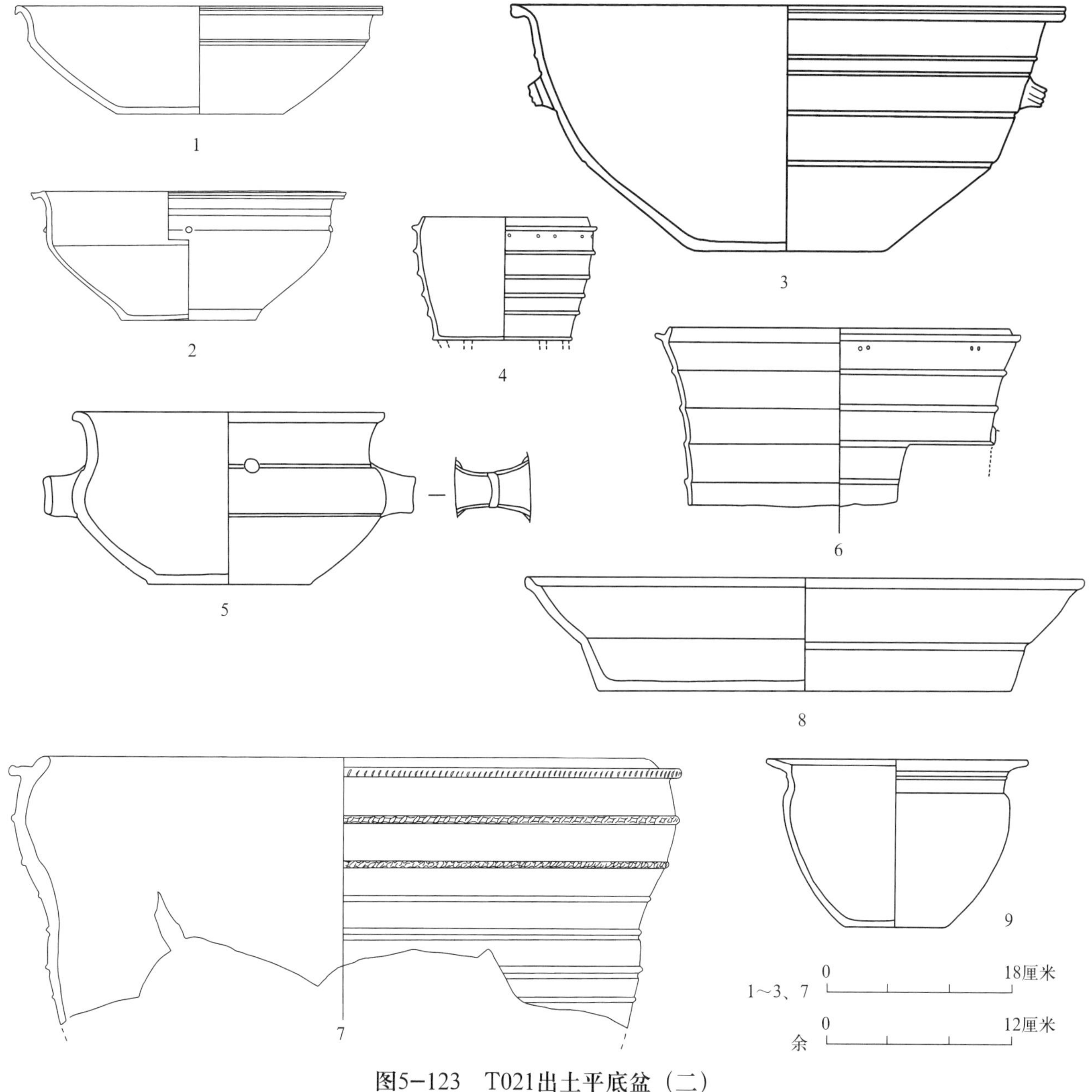

图5−123　T021出土平底盆（二）

1～9．T021③：71、T021G20：133、T021③：70、T021H518：3、T021G20：80、T021H502：6、T021H505：2、T021G21：06、T021M51：1

标本T021③：70，泥质灰陶。敞口，方唇，深腹微鼓，小平底。腹部有对称的鋬手，器表饰三周凹弦纹和一周凸弦纹。口径52.5、底径18.0、高22.8、厚0.6～1.2厘米（图5-123，3）。

标本T021H518：3，泥质褐陶。敛口，圆唇，腹壁近直，平底内凹。口沿下有一周排列有序的小圆孔，器表饰整齐的五周凸弦纹。口径10.2、底径8.8、残高7.6、厚0.2～0.3厘米（图5-123，4；彩版二七八，4）。

标本T021H505：2，夹砂黑陶。器体硕大，下部残。浅子母口内敛，腹壁缓收。器表饰三周附加堆纹和四周凸弦纹及两周凹弦纹，附加堆纹上有压印纹。口径56.7、底径残缺、残高25.0、厚0.8～1.25厘米（图5-123，7）。同一样式的有标本T021H502：6（图5-123，6）。

标本T021G20：80，泥质灰陶。粗颈，圆唇，卷沿，鼓腹，小平底，腹部有一对把手和一对圆泥饼。器表饰两周凹弦纹。口径19.4、底径10.2、高10.7、厚0.5～0.8厘米（图5-123，5；彩版二七八，5）。

标本T021M51：1，泥质灰陶。大口，圆唇，斜平沿，短束颈，微鼓腹，小平底。颈部饰一周凹弦纹。口径16.6、底径6.4、高10.4、厚0.3～0.35厘米（图5-123，9）。

第二组：仅1件。

标本T021G21：06，泥质灰陶。敞口，圆唇，折腹，平底。口沿内侧下凹，器表饰一周凹弦纹。口径35.2、底径26.2、高7.0、厚0.5～0.8厘米（图5-123，8）。

（8）圈足盆

仅1件。

第一组：

标本T021③：80，泥质黑陶。上部残。斜直腹，平底，粗圈足。器身有一对贯耳。器表饰凹、凸弦纹各一组。口径残缺。底径22.3、残高12.2、厚0.35～0.5厘米（图5-124，1）。

（9）三足盆

第一组：

标本T021G20：92，泥质黑陶。敞口，圆唇，卷沿，平底内凹，四瓦形足较矮，器表饰三组凹弦纹。口径30.6、底径23.8、高9.9、厚0.4～0.7厘米（图5-124，3）。同一样式的有标本T021H502：1（图5-124，2）。

（10）三足盘

第一组：

标本T021③：12，夹砂黑陶。敞口，圆唇，宽沿，浅腹，平底，半环形足痕。口径28.4、底径19.2、残高6.4、厚0.5～0.6厘米（图5-125，2）。同一样式的有标本T021G20：19、T021G20：120（图5-125，1、6）。

（11）圈足盘

第一组：

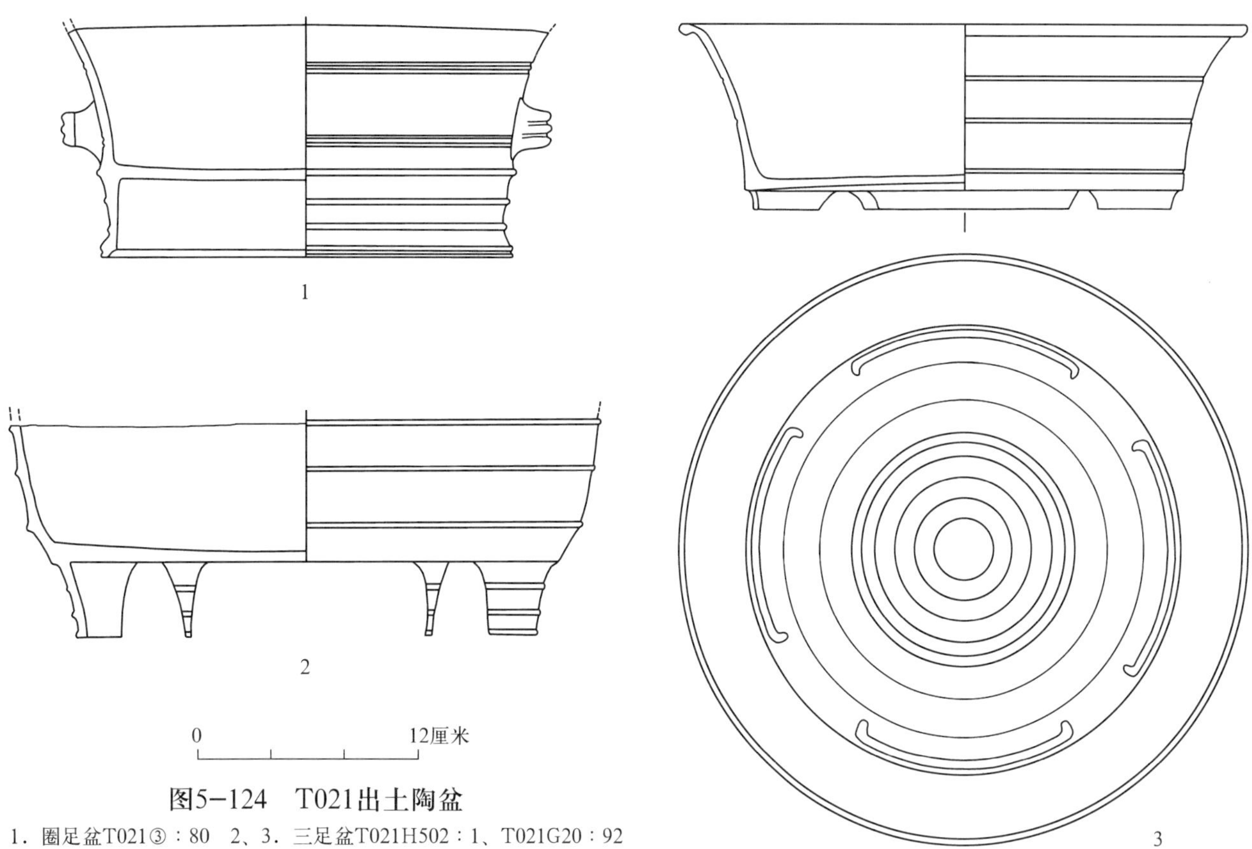

图5-124　T021出土陶盆

1．圈足盆T021③：80　2、3．三足盆T021H502：1、T021G20：92

标本T021G20：107，泥质黑陶。直口，尖唇，窄沿，平底，粗圈足残。口径32.9、底径残缺、残高6.8、厚0.35～0.65厘米（图5-125，5）。

标本T021G20：66，泥质灰陶。敞口，圆唇，平沿，此器下部残失。口径17.0、底径残缺、残高4.6、厚0.3～0.5厘米（图5-125，3）。

标本T021G20：18，泥质黑陶。敛口，圆唇，宽平沿，圜底，圈足外倾残。圈足上有一对圆孔。口径22.0、底径残缺、残高9.4、厚0.3～0.7厘米（图5-125，4）。

（12）碗

第一组：有以下几种样式。

标本T021H543：1，泥质灰陶。敞口，圆唇，卷沿，腹壁斜直，近底处内收，平底。口径13.2、底径9.8、高4.6、厚0.2～0.25厘米（图5-126，1）。同一样式的有标本T021G20：114、T021G20：115、T021G18：8（图5-126，2～4）。

标本T021M40：1，夹砂黑陶。敞口，圆唇，腹壁斜直，小平底内凹。口沿内侧下凹。口径15.2、底径7.6、高6.7、厚0.2～0.45厘米（图5-126，5）。

标本T021G20：119，夹砂灰陶。敞口，尖唇，浅腹，平底内凹。口径12.8、底径7.2、高2.7、厚0.25～0.35厘米（图5-126，6）。

第二组：

标本T021G21：1，敞口，圆唇，平沿，腹上部竖直，下部内收，底缺失。口沿上有一周凹槽，

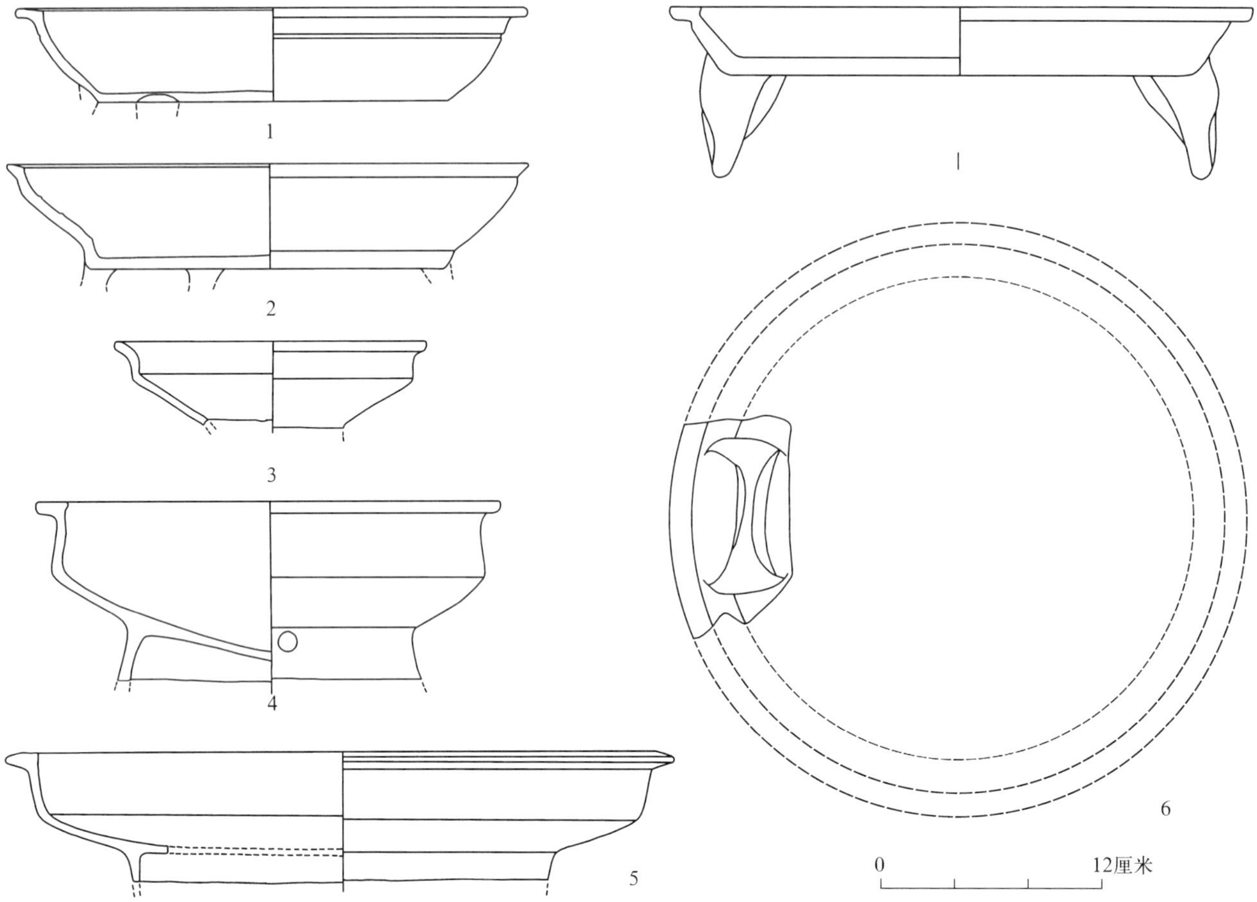

图5-125　T021出土陶盘

1、2、6．三足盘T021G20：19、T021③：12、T021G20：120　3～5．圈足盘T021G20：66、T021G20：18、T021G20：107

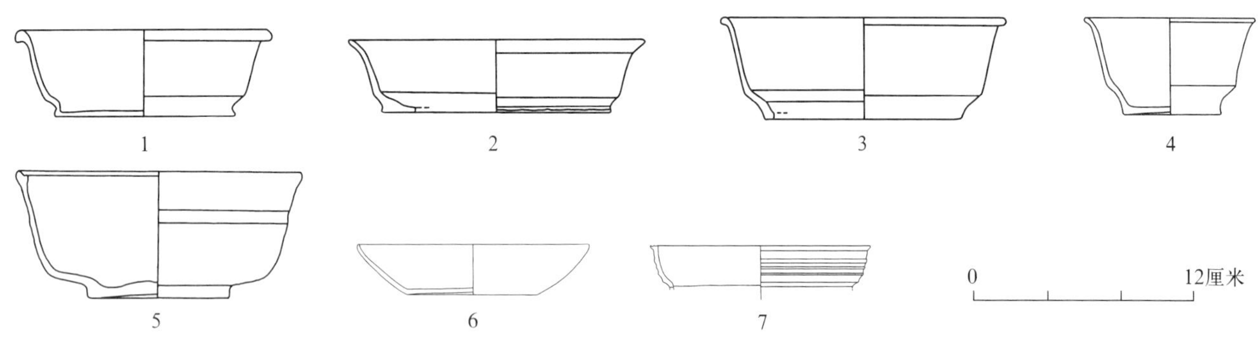

图5-126　T021出土陶碗

1～7．T021H543：1、T021G20：114、T021G20：115、T021G18：8、T021M40：1、T021G20：119、T021G21：1

器表饰三周凸弦纹。口径11.2、底径残缺、残高2.25、厚0.2～0.3厘米（图5-126，7）。

（13）平底盒

第一组：有如下几种样式。

标本T021G20：40，泥质黑陶。矮子母口，浅腹，平底内凹，腹壁中上部竖直，近底处内折。

口径26.6、底径22.5、高5.6、厚0.2～0.3厘米（图5－127，1）。同一样式的有标本T021③：69、T021③：63（图5－127，2、3）。

标本T021G20：103，泥质黑陶。矮子母口内敛，浅腹，平底，腹壁中上部近直，近底处内折。口径22.0、底径20.0、高6.2、厚0.2～0.5厘米（图5－127，4）。同一样式的有标本T021G20：71、T021G20：24、T021③：45、T021G20：107（图5－127，6、8、11、12）。

标本T021G20：83，泥质黑陶。矮子母口，深腹，平底内凹，腹壁中上部内束，近底处内折。口径10.3、底径9.2、高4.2、厚0.1～0.15厘米（图5－127，5）。同一样式的有标本T021G20：94、T021G20：41、T021H511：1（图5－127，7、9、10）。

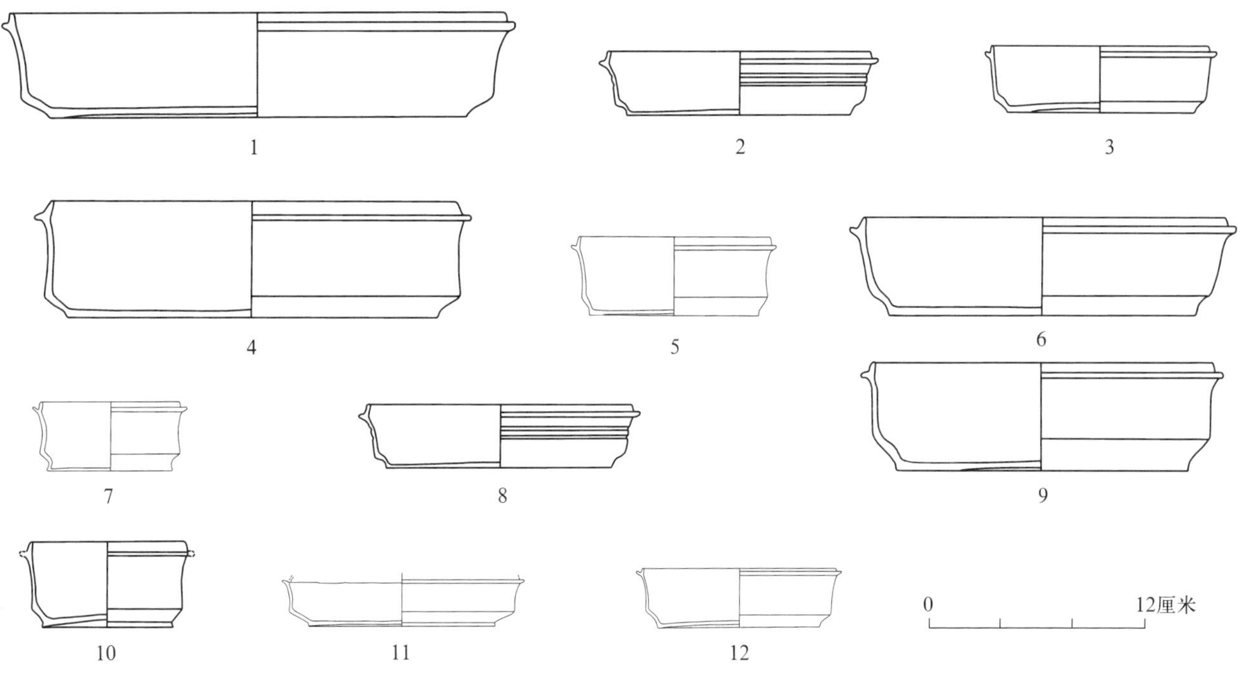

图5－127　T021出土平底盒

1～12．T021G20：40、T021③：69、T021③：63、T021G20：103、T021G20：83、T021G20：71、T021G20：94、T021G20：24、T021G20：41、T021H511：1、T021③：45、T021G20：107

标本T021③：61，泥质黑陶。矮子母口，深腹，平底内凹，腹壁中上部内束，近底处内折。腹中部有一对鋬手。口径11.1、底径8.6、高3.4厘米（图5－128，1）。同一样式的有标本T021G20：117、T021G20：44、T021③：4、T021G20：32（图5－128，3、5、7、8）。

标本T021②：35，泥质黑陶。子母口稍高，浅腹，平底内凹，腹壁近竖直，近底处内折。口径12.6、底径10.9、高3.3、厚0.3～0.4厘米（图5－128，4）。同一样式的有标本T021②：9、T021G20：128（图5－128，2、6）。

标本T021②：14，泥质黑陶。深子母口内倾，浅腹，平底内凹，腹壁近底处内折。口径17.2、底径16.9、高3.8、厚0.3～0.4厘米（图5－128，9）。

标本T021②：96，夹砂黑陶。浅子母口内敛，圆唇，浅腹，腹斜内收，平底内凹。口沿外侧饰花边。口径17.7、底径15.2、高6.3、厚0.6～1.1厘米（图5－128，10）。

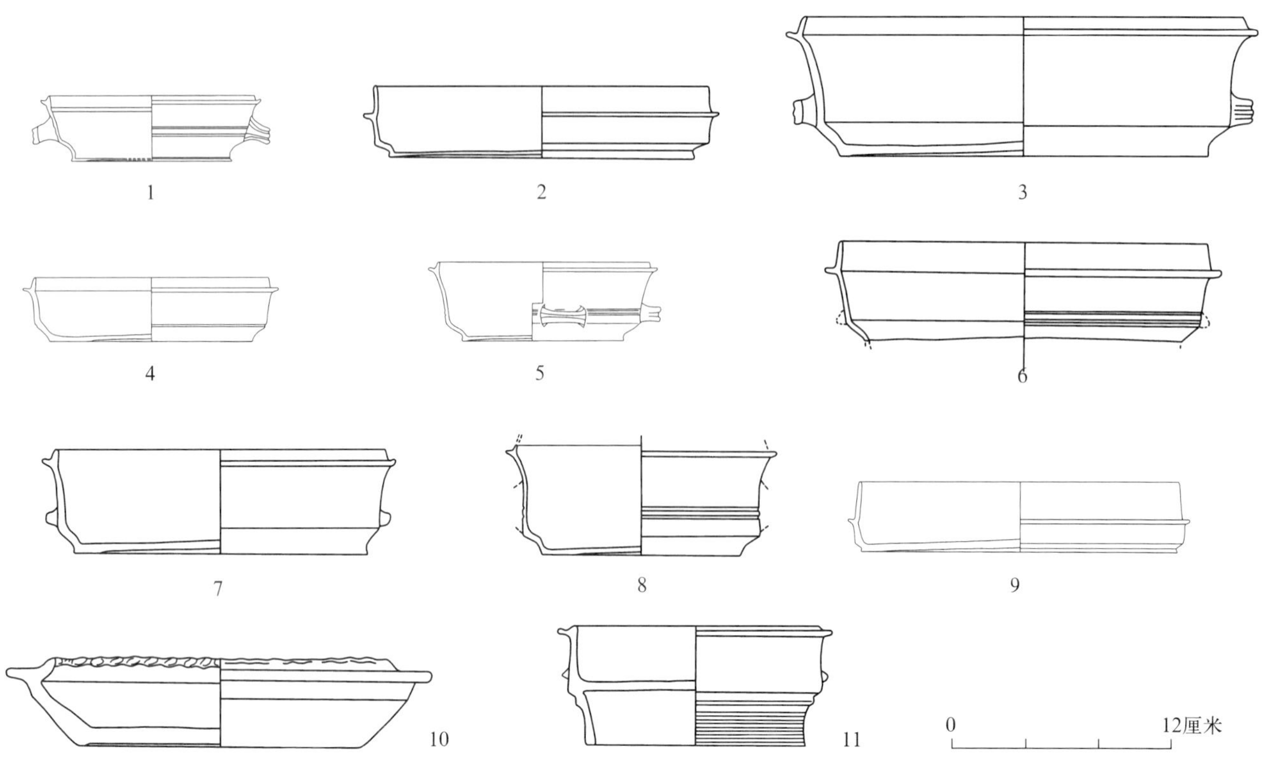

图5-128　T021出土陶盒

1～10．平底盒T021③：61、T021②：9、T021G20：117、T021②：35、T021G20：44、T021G20：128、T021③：4、T021G20：32、T021②：14、T021②：96　11．圈足盒T021G20：76

（14）圈足盒

仅出土1件。

第一组：

标本T021G20：76，泥质黑陶。浅子母口，腹壁竖直，平底，粗圈足。腹部有一对盲鼻，圈足上有密集的弦纹。口径12.9、底径10.8、高6.4、厚0.3～0.35厘米（图5-128，11）。

（15）豆

均出于第一组。

标本T021G20：127，泥质黑陶。圆唇，平沿，斜壁，平底，柄残。口沿上有一周凹槽。口径18.5、底径残缺、残高4.4、厚0.25～0.45厘米（图5-129，1）

标本T021G20：86，泥质黑陶。盘形，尖唇，直口，窄沿，圜底。柄残。口径15.4、底径残缺、残高3.9、厚0.2～0.25厘米（图5-129，2）。

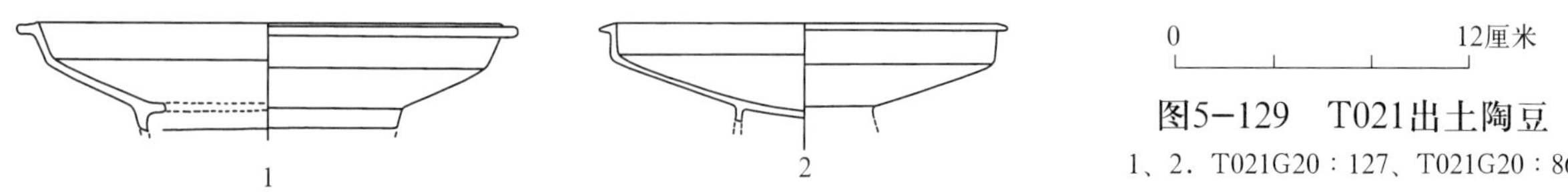

图5-129　T021出土陶豆

1、2．T021G20：127、T021G20：86

（16）杯

第一组：主要有以下几种样式。

标本T021F46：4，泥质黑陶。筒形体，直口稍外倾，圆唇，平底内凹。体侧有一把手，把手外侧面有数周竖刻划纹。口径8.8、底径8.0、高13.6、厚0.15～0.2厘米（图5－130，1；彩版二八〇，1）。同一样式的有标本T021G20：110、T021G20：67、T021③：79（图5－130，2～4）。

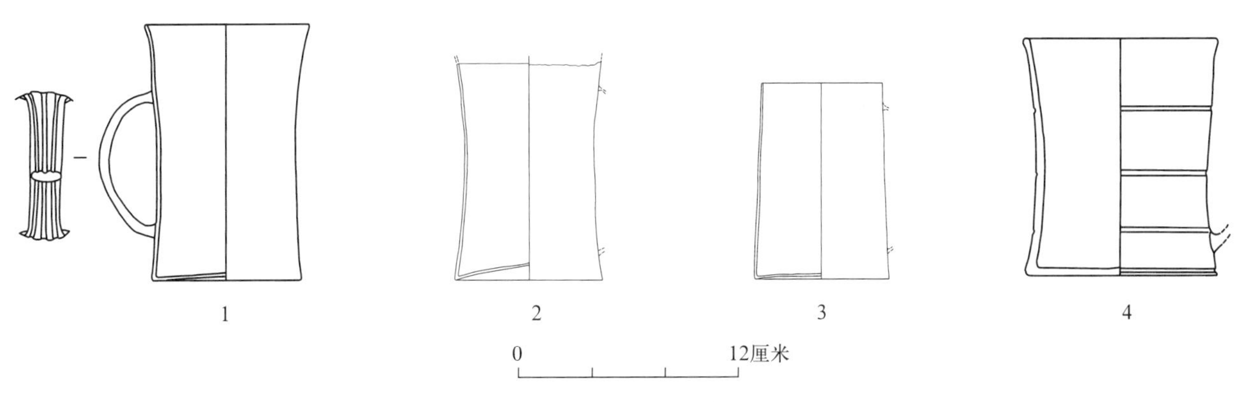

图5－130　T021出土陶杯（一）

1～4．T021F46：4、T021G20：110、T021G20：67、T021③：79

标本T021G20：115，夹砂灰陶。粗颈内倾，圆唇，鼓腹，平底内凹。把手位于口沿至腹上部，把手外侧面有数周竖行划纹。口径9.2、底径6.3、高11.9、厚0.3～0.6厘米（图5－131，1）。同一样式的有标本T021H531：1（图5－131，2；彩版二八〇，2）、T021G18：16（图5－131，3）、T021③：74（图5－131，4）、T021③：91（图5－131，5；彩版二八〇，3）、T021②：25（图5－131，6）。

标本T021G18：9，夹砂黑陶。粗颈稍长，圆唇，短鼓腹突出，平底内凹。把手位于口沿至腹部，器表饰两周凹弦纹。口径8.0、底径6.1、高13.4、厚0.3～0.4厘米（图5－131，7）。同一样式的有标本T021H502：2（图5－131，8）、T021F46：2（图5－131，9；彩版二八〇，4）。

标本T021③：118，泥质黑陶。深子母口稍内倾，尖唇，瘦长腹，腹壁上部近竖直，下部外鼓后内收，平底内凹，有一对盲鼻。腹上部饰凹、凸弦纹。口径4.2、底径6.8、高18.3、厚0.1～0.2厘米（图5－131，10；彩版二八〇，6）。

标本T021②：100，夹砂红陶。敞口，圆唇，短沿，平底微凹，腹壁上有一把手，器表饰两组凹弦纹。口径12.0、底径7.6、高9.8、厚0.3～0.6厘米（图5－131，11）。

第二组：主要有以下几种样式。

标本T021G21：10，泥质黑陶。长颈，尖唇，卷沿，鼓腹，小平底内凹。腹下部有一把手，颈、腹连接处有一周凹弦纹。口径6.6、底径5.0、高14.0、厚0.3厘米（图5－132，1）

标本T021M51：2，泥质黑陶。长颈，敞口，尖唇，卷沿，浅腹外鼓后内折，小平底。颈下部有一绹索状把手，器表饰三周凹、凸弦纹。口径12.0、底残径4.8、高20.2、厚0.2～0.3厘米（图5－132，2；彩版二八〇，5）。

标本T021G21：2，泥质黑陶。口残失，长颈，圆肩，鼓腹，小平底内凹。颈、肩部有一把手，颈、腹部各饰一组凹弦纹，肩部有不规则的斜刻划纹。口径残缺。底径4.6、残高12.2、厚0.2～0.3厘

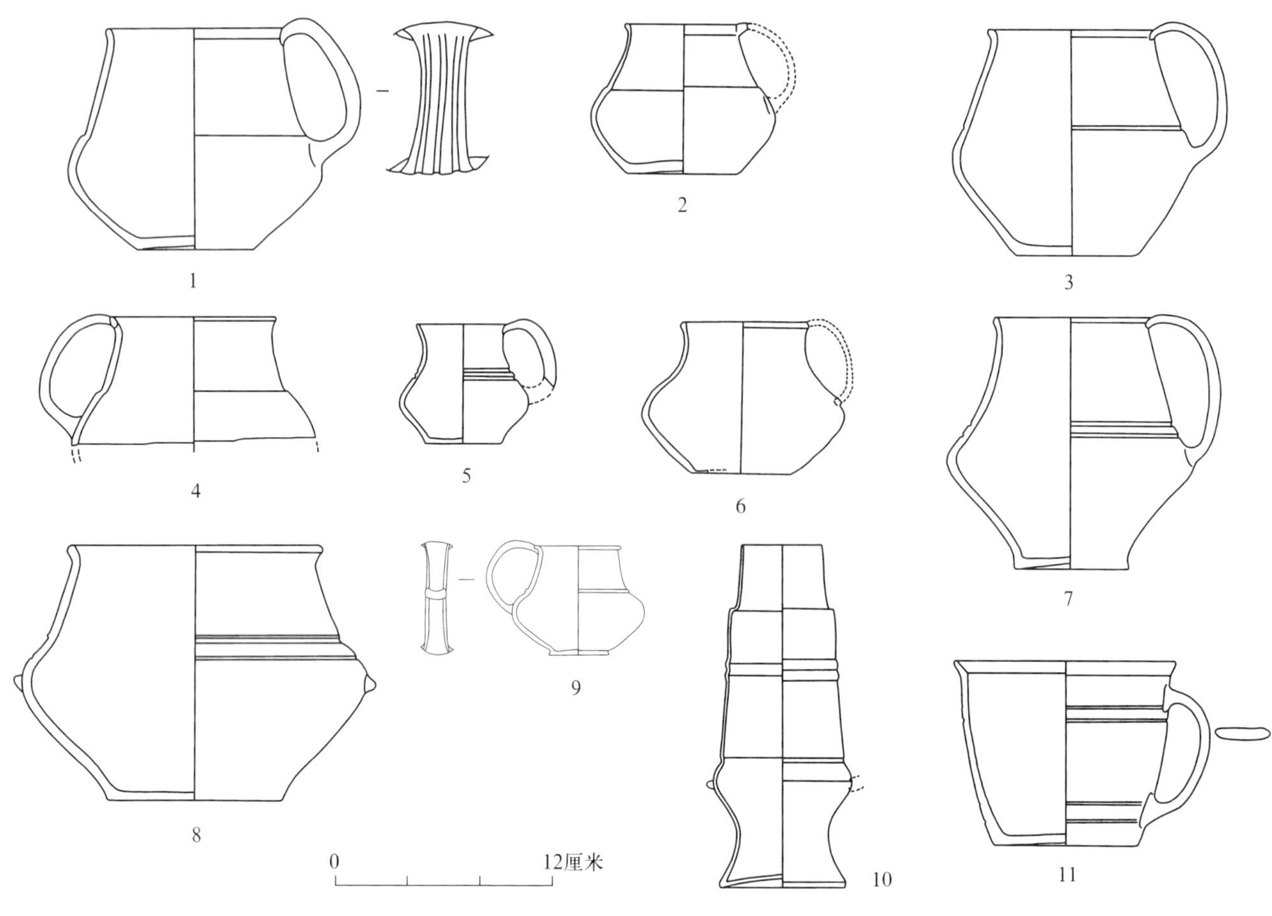

图5-131　T021出土陶杯（二）

1～11. T021G20：115、T021H531：1、T021G18：16、T021③：74、T021③：91、T021②：25、T021G18：9、T021H502：2、T021F46：2、T021③：118、T021②：100

米（图5-132，3）。

标本T021G21：14，泥质黑陶。口残失，腹壁向外斜直，近底处内折，平底，三足残。腹部有一把手痕。器表饰有两组凹弦纹，弦纹间有斜行划纹。口径残缺。底径7.4、残高7.2、厚0.2～0.5厘米（图5-132，4）。

（17）箅子

均为残片。

第一组：

标本T021H536：4，夹砂灰陶。浅盘形，浅腹，直壁，平底，口沿上有一周凹槽，器表上有一圆孔，平底上有长条形镂空痕。直径11.2、高1.2、厚0.4～0.7厘米（图5-132，5）。

标本T021③：29，夹砂灰陶。浅盘形，浅腹，直壁，平底，口沿内侧下凹，底面有长条形镂孔痕。直径27.0、高3.5、厚0.5～1.3厘米（图5-132，6）

（18）器盖

数量多，型式复杂。

第一组：主要有以下几种样式。

标本T021②：82，泥质黑陶。覆筒形，平顶，折肩，直壁，尖唇。器表饰两周凹弦纹。口径10.2、高3.7、厚0.2～0.4厘米（图5-133，1）。

标本T021G20：64，泥质灰陶。覆筒形，平顶，折肩，直壁，圆唇。顶面中部有一提梁痕，顶面边缘和口沿上各有一周凹槽，器表饰两周凸弦纹。口径15.6、残高5.6、厚0.3～0.5厘米（图5-133，2；彩版二七九，6）。同一样式的有标本T021③：1（图5-133，3）。

标本T021G20：114，泥质黑陶。覆筒形，顶面微隆，折肩，直壁，圆唇，口沿上有一周凹槽。器表饰两周凸弦纹。口径9.4、高6.8、厚0.2～0.25厘米（图5-133，4）。同一样式的有标本T021②：103（图5-133，5）。

标本T021G20：15，泥质灰陶。覆筒形，平顶，折肩，直壁稍外倾，圆唇，顶面中部有一提梁。提梁两端各有一个圆泥饼，口沿上有一周凹槽，器表饰一周凹弦纹。口径24.5、纽径11.0、通高11.3、厚0.3～0.5厘米（图5-133，6）。同一样式的有标本T021G20：50（图5-133，7）。

标本T021H507：9，泥质黑陶。覆筒形，平顶，折肩，器壁竖直稍外倾，圆唇。顶面边缘有一周凸起，器表饰密集的八周凸弦纹，口沿上有一周凹槽。口径10.8、通高6.2、厚0.2～0.3厘米（图5-134，4）。

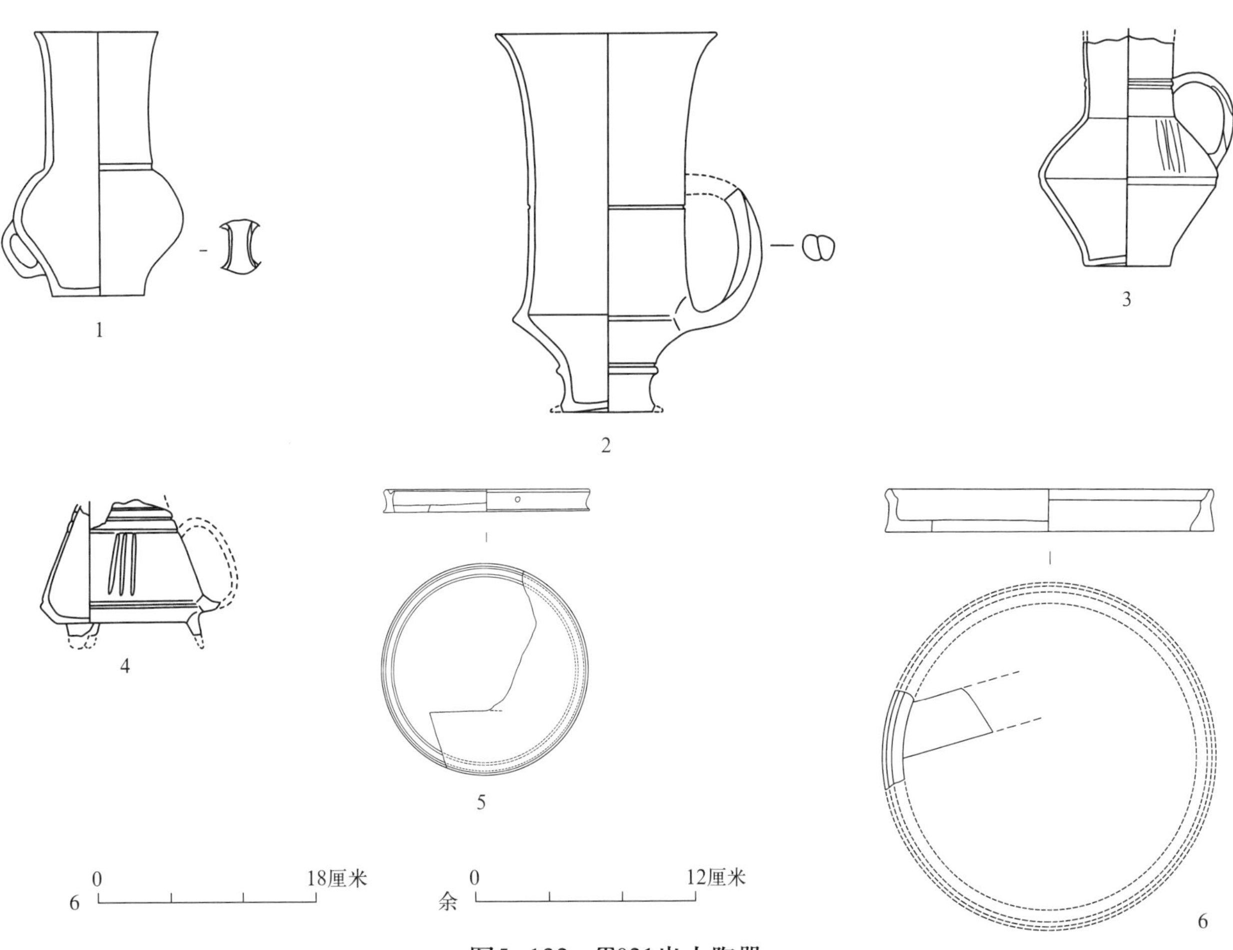

图5-132　T021出土陶器

1～4. 杯T021G21：10、T021M51：2、T021G21：2、T021G21：14　5、6. 箅子T021H536：4、T021③：29

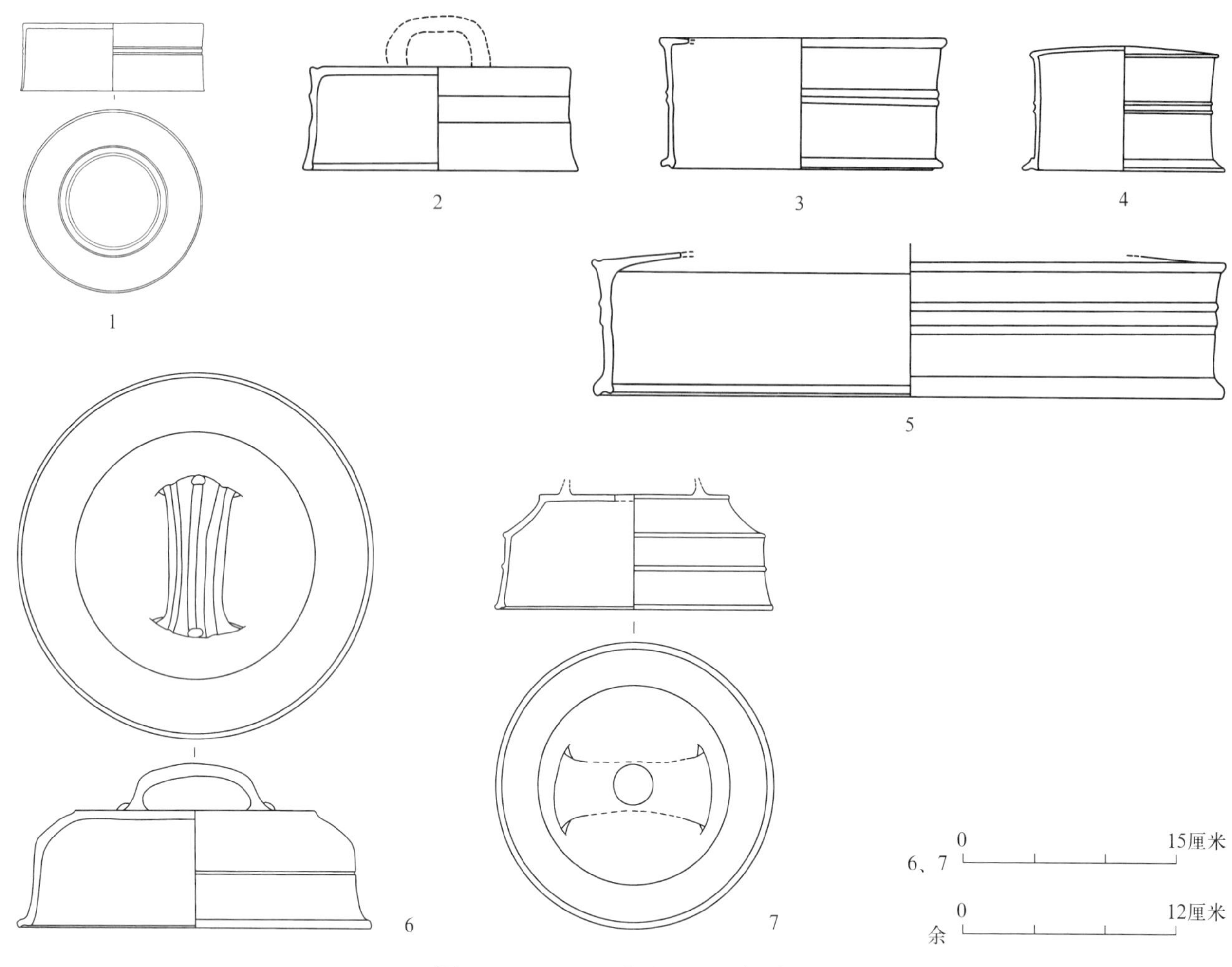

图5-133　T021出土器盖（一）

1～7. T021②：82、T021G20：64、T021③：1、T021G20：114、T021②：103、T021G20：15、T021G20：50

标本T021G20：132，泥质黑陶。浅盘形，大敞口，圆唇，平底。盘内壁底部有一提梁痕。口径29.6、纽径9.4、残高3.8、厚0.8～1.2厘米（图5-134，2）。

标本T021G20：118，泥质黑陶。覆盘形，口内敛，盖面隆起，中心部位有一喇叭形捉手。盖面上有一对盲鼻，并饰一组弦纹。口径20.4、纽径6.6、通高7.4、厚0.3～0.4厘米（图5-134，5）。同一样式的有标本T021H517：2（图5-134，3）。

标本T021②：12，夹砂白陶。覆盘形，顶面近平，折肩，周壁矮短，顶面中心有一柱形纽。口沿上有两周凹槽，矮壁上有一对圆孔。口径11.2、纽径1.6、通高3.1、厚0.3～0.5厘米（图5-134，1）。

标本T021②：51，夹砂白陶。圆片形，剖面为窄长条状，中心有一伞头形纽（蘑菇形纽），顶面有数周凹弦纹，并有对应鬶流的缺口。口径17.6、纽径3.2、通高4.0、厚0.85厘米（图5-134，8）。同一样式的有标本T021②：50、T021②：49（图5-134，6、7）。

标本T021G20：81，夹砂灰陶。覆碗形，平顶，盖面较高，圆唇。顶面上有一提梁痕，口沿上有一周凹槽，唇外缘饰压印纹，盖面中部有一组凹弦纹。口径12.8、残高5.0、厚0.3～0.4厘米（图5-134，9）。同一样式的有标本T021G20：100、T021G20：109（图5-134，10、11）。

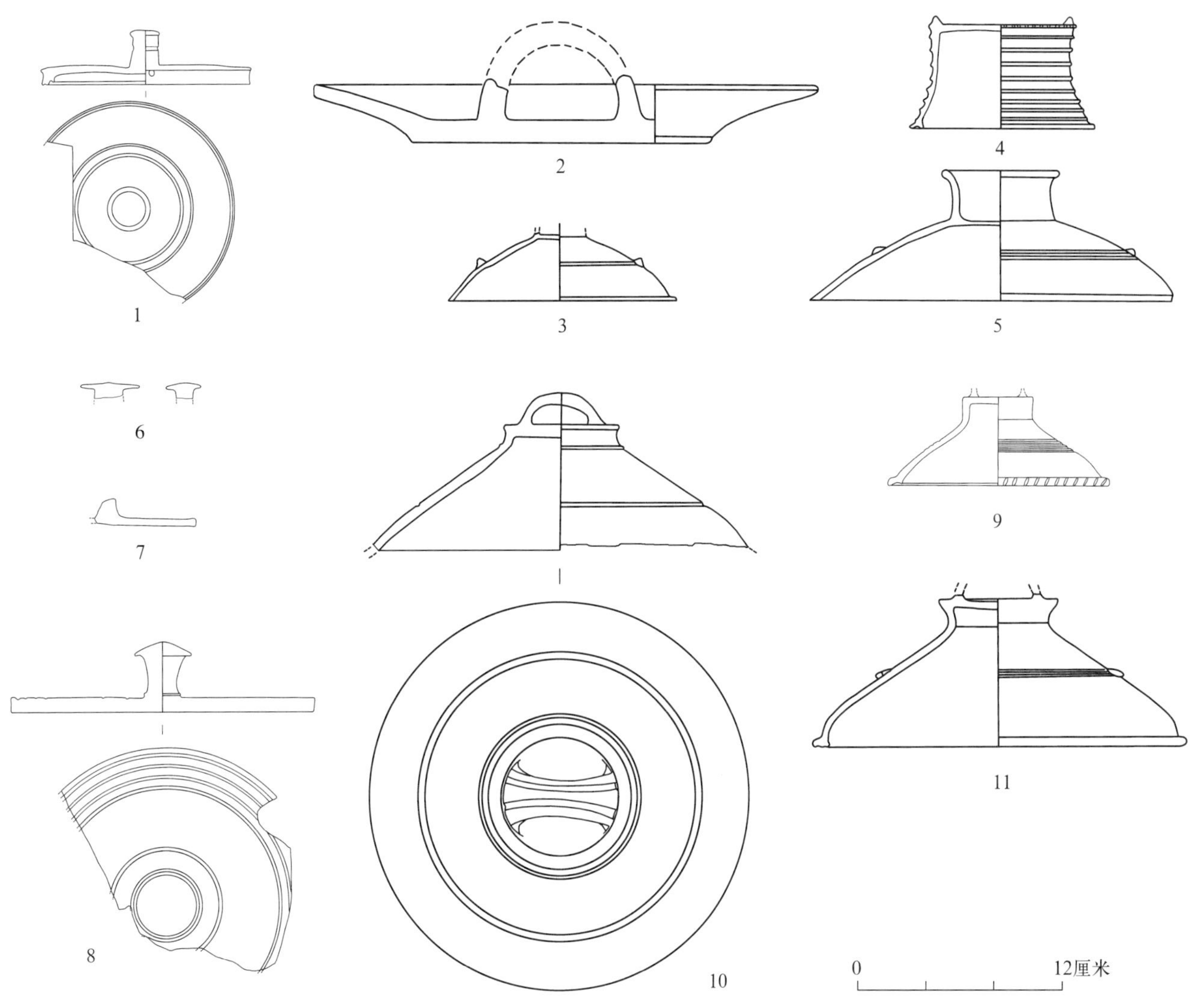

图5-134　T021出土器盖（二）

1～11. T021②：12、T021G20：132、T021H517：2、T021H507：9、T021G20：118、T021②：50、T021②：49、T021②：51、T021G20：81、T021G20：100、T021G20：109

标本T021②：24，夹砂黑陶。覆碗形，平顶，盖面斜直低矮，圆唇。口沿上有一周凹槽。口径20.0、纽径6.5、通高5.5、厚0.4～1.1厘米（图5-135，1）。同一样式的有标本T021G20：131、T021H501：1、T021G20：29（图5-135，2～4）。

标本T021③：37，夹砂灰陶。覆碗形，平顶，盖面斜直较高，圆唇。口径10.4、纽径4.0、通高5.4、厚0.2～0.35厘米（图5-135，12）。同一样式的有标本T021③：33、T021G20：49、T021②：27、T021②：28、T021H517：1、T021G20：57、T021②：3、T021③：41、T021③：75、T021③：87a、T021②：6、T021G20：6、T021G20：96（图5-135，5～11、13～15；图5-136，1、2、9）。

标本T021G18：18，泥质黑陶。覆碗形，平顶，盖面隆起较高，圆唇。口径10.6、纽径4.8、通高4.4、厚0.2～0.25厘米（图5-136，3）。同一样式的有标本T021②：53、T021G18：2、T021G18：19、T021G18：12、T021G18：10、T021②：48、T021②：36、T021②：26、T021③：87b、T021②：81、T021③：77、T021G20：124、T021G20：72、T021G20：10、T021G20：58、T021G20：

106、T021H546：1、T021H536：5、T021G20：53、T021H520：2、T021③：64、T021G20：113、T021G20：112、T021③：59（图5-136，4～8、图5-137，1～10、图5-138，1～9）

（19）纺轮

均出于第一组。

标本T021H516：2，泥质黑陶。一面呈二层台状，另一面由边缘向中部隆起，中心有一小圆孔。近边缘处有一周凹弦纹。直径6.4、厚1.5厘米（图5-139，1）。

标本T021③：60，泥质黑陶。圆片形，剖面呈窄长条形，中心有一小圆孔，一面近边缘处有一周凹弦纹。直径5.4、厚0.4厘米（图5-139，2）。

（20）网坠

仅1件。

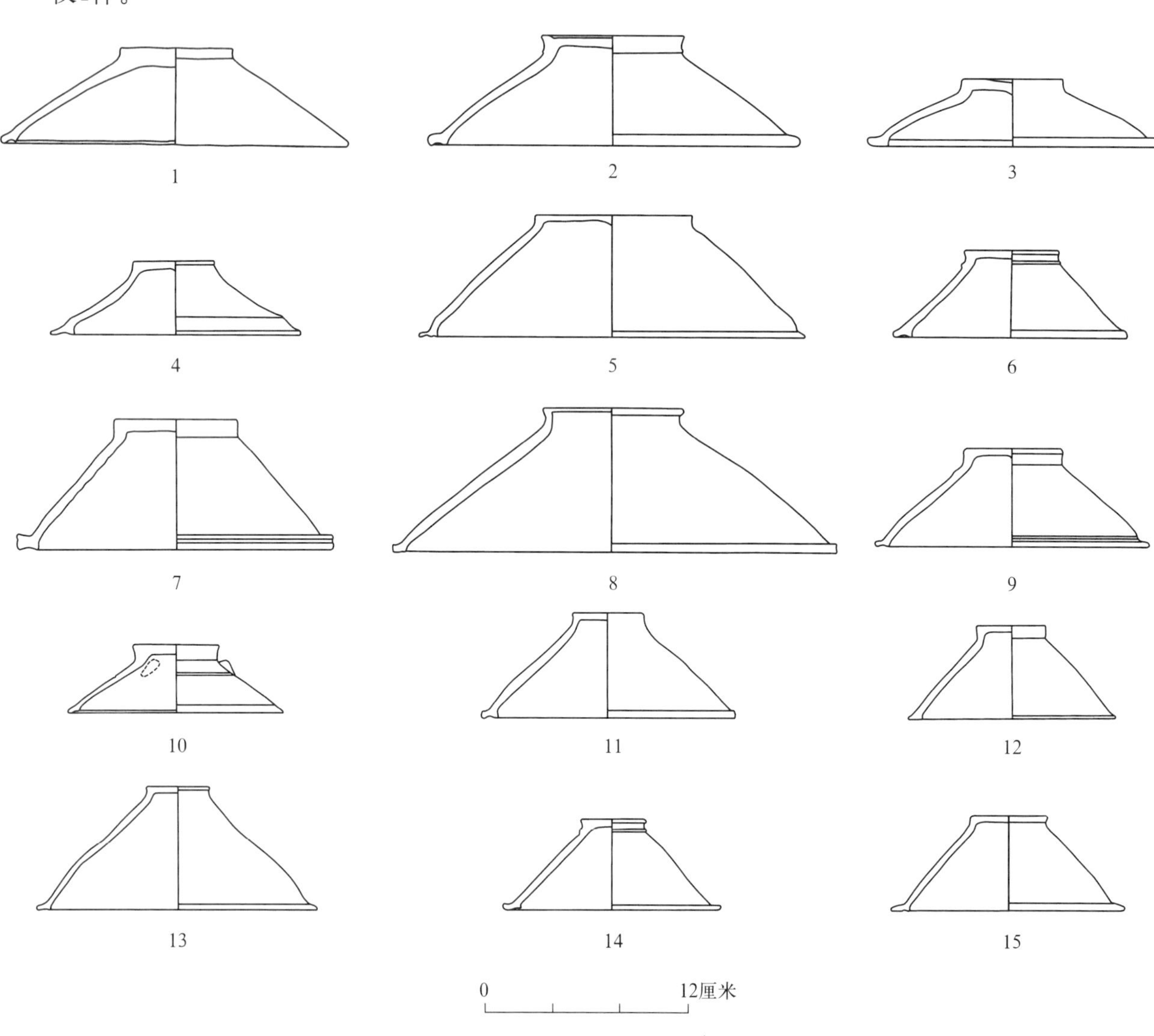

图5-135 T021出土器盖（三）

1～15. T021②：24、T021G20：131、T021H501：1、T021G20：29、T021③：33、T021G20：49、T021②：27、T021②：28、T021H517：1、T021G20：57、T021②：3、T021③：37、T021③：41、T021③：75、T021③：87a

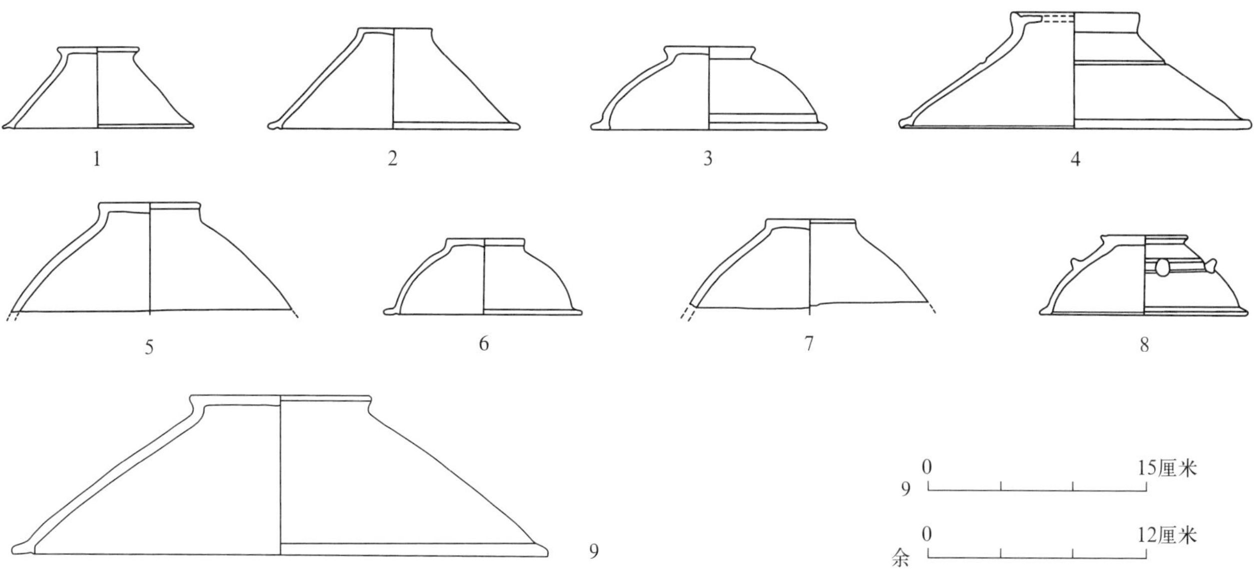

图5-136　T021出土器盖（四）

1～9. T021②：6、T021G20：6、T021G18：18、T021②：53、T021G18：2、T021G18：19、T021G18：12、T021G18：10、T021G20：96

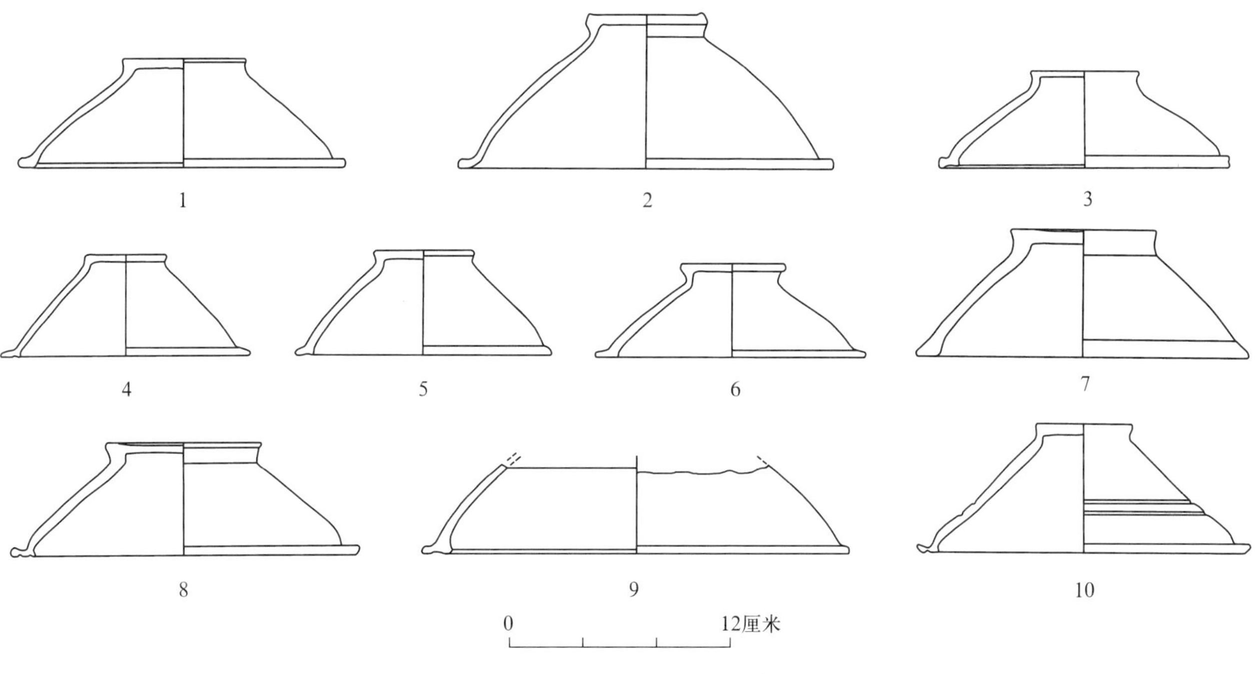

图5-137　T021出土器盖（五）

1～10. T021②：48、T021②：36、T021②：26、T021③：87b、T021②：81、T021③：77、T021G20：124、T021G20：72、T021G20：10、T021G20：58

第一组：

标本T021③：126，夹砂黑陶。圆角长方形，侧面窄长条形，近两端处有对称的凹槽。长4.35、宽1.95、厚0.4～0.45厘米（图5-139，3）。

（21）不知名器

标本T021③：67，泥质黑陶。敞口深筒形，下部残，圆唇，由口向腹渐细。腹部有一对鋬手，

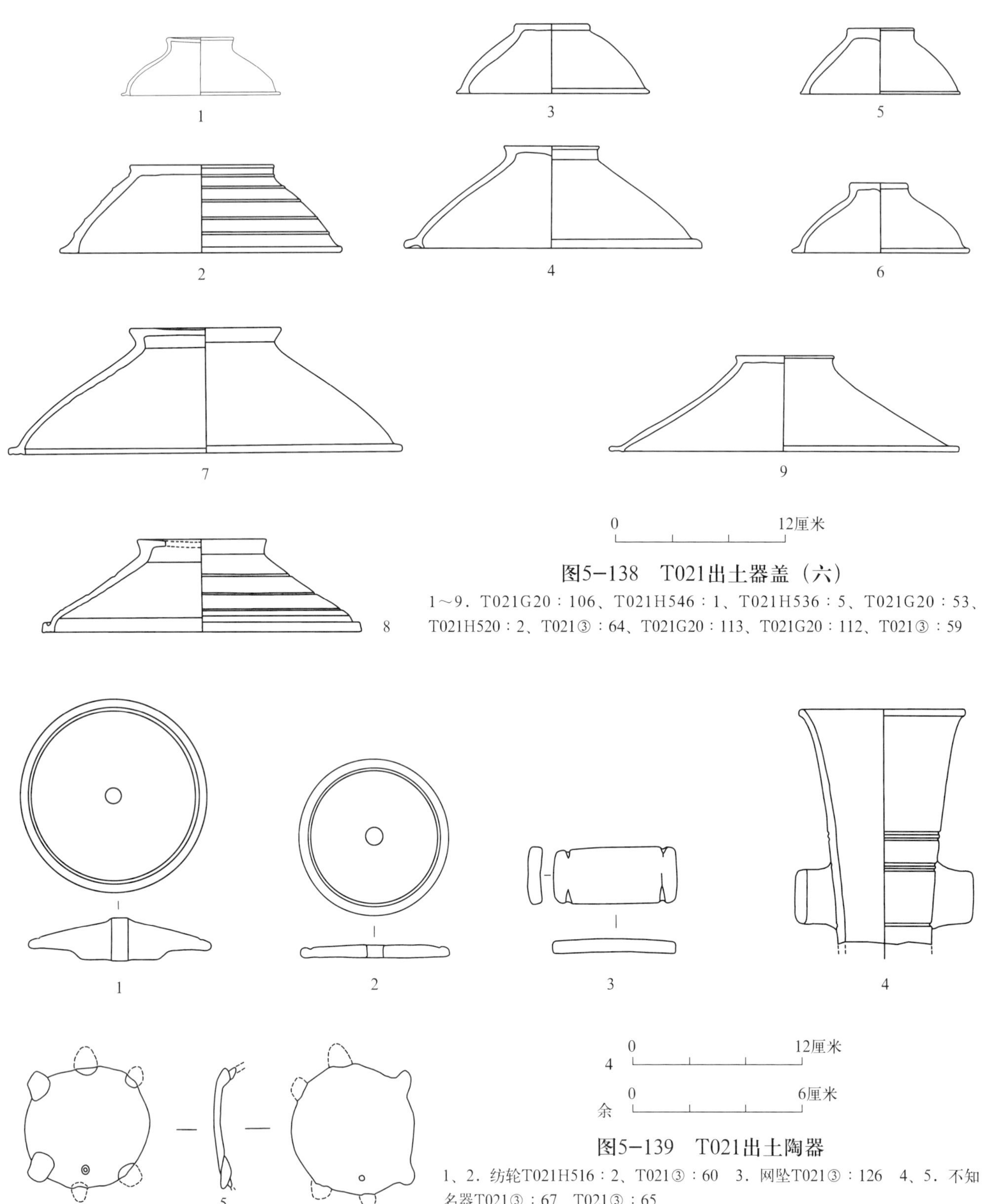

图5-138　T021出土器盖（六）

1～9. T021G20：106、T021H546：1、T021H536：5、T021G20：53、T021H520：2、T021③：64、T021G20：113、T021G20：112、T021③：59

图5-139　T021出土陶器

1、2. 纺轮T021H516：2、T021③：60　3. 网坠T021③：126　4、5. 不知名器T021③：67、T021③：65

器表饰三组凹弦纹。口径11.2、底径残缺、残高16.2、厚0.3厘米（图5-139，4）。

标本T021③：65，夹砂灰陶。圆片形，剖面为窄条状。周边有三对小泥突，近边缘处有一小圆孔。直径4.2～4.4、厚0.4厘米（图5-139，5）。

五　T022

T022位于两城七村村北，在村民张忠波住宅北侧，地势南高北低，据村民讲，近30年来此处已因取土而降低近2米。该探沟最初是为解剖内环壕而确定的发掘地点，南北向横截环壕，该探沟原计划长30米，因南端距民房太近，发掘时缩短3米，实际长27、宽2米（西南角坐标为H5，922N、1345E）。发掘时在探沟北端发现一段龙山文化时期黄土、石块遗迹，并向东、西继续延伸，推断与围城遗迹有关，现场没向下清理，并由此向西扩方3米×3米，目的是为扩大其暴露面积，次年（2001年）顺探沟方向向北扩方4.5米×2米，也是为了解其性质和结构。在复探过程中，发现在这条探沟（即内壕沟）的北面还有围城遗迹的线索，并可能与已知的中环壕相连接，从搞清内壕、中壕的地层关系考虑，于2002年又向北开挖探沟，为37米×2米，与前面所开T022在一条南北线上，仅因生产路和两侧的路沟相隔7米，所以也编号为T022。该探沟三次发掘面积（27×2+3×3+4.5×2+37×2）共为146平方米，依顺序称为T022南段、中段和北段。在发掘中，对暴露的夯筑遗迹进行了现场保护，内环壕（G22）、中环壕（G29）因发掘时地下水位高、塌方等原因均无法清理到底。T022分三段进行发掘，中间有一段间隔，加之这一地段地层关系比较复杂，为便于介绍，按发掘顺序分段进行介绍。

（一）南段

即2000年发掘部分，面积为（27×2+3×3）63平方米。

1．地层堆积

以T022东壁剖面为例（图5-140）。

南①层　耕土层和近代扰土层。耕土层厚0.15～0.20米，其下开口的有现代墓。扰土层厚0.20～0.30米，其下开口除近代坑外，龙山文化的遗迹有H551、H552、H555、H563、H564、F30、F31和一残基槽，这些遗迹都有部分或绝大部分压在探沟外，暴露出的仅是局部。

南②层　深0.25～0.76、最厚1.40米。以黄褐色土为主。为小环壕废弃后形成的堆积，根据土质土色的细微变化，可分为3个小层。

南②a层　内含红烧土颗粒、碎块较多，形状为两端薄、中间厚。该层下开口的遗迹有H553、H554、H556、H557和M45。

南②b层　结构紧密，炭屑颗粒较多，布满探沟。该层下开口的遗迹有H558、H560、H561、H562。

南②c层　土质松软，分布于探沟北部。该层下开口的遗迹有H559、纯净的黄土与石块组成的墙基J1，G22即此层下开口。

南③层　分布于探沟南端，被G22打破，深1.10、厚1.50～1.60米。自上而下可分为4个小层：第1层浅灰褐色，结构紧密，黏沙土质。第2层黄褐色土，土质较硬，内含大砂颗粒。第3层黄砂黏土，结构疏松，较纯净。第4层黄色沙土，质疏松，较纯净，其下为基岩。

南④层　分布于探沟北端，被G22打破，深1.00、厚1.70～1.80米。分层清楚，结构细腻。其下为纯净的银灰色淤泥层，属自然淤积。T022南④层的堆积主要是从G22北壁来确定的，与T022南③

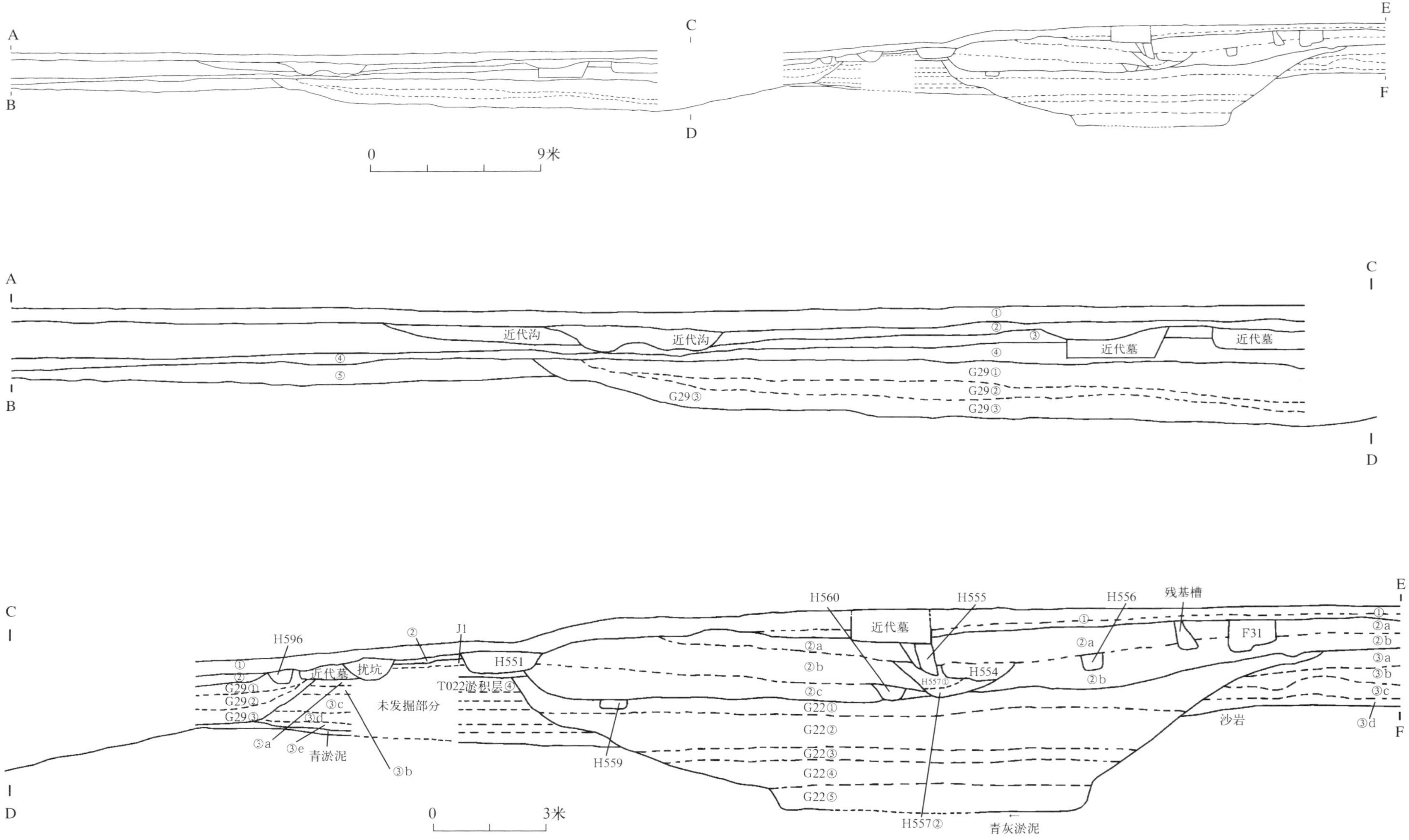

图5-140　T022东壁剖面图

层并未有直接地层关系，但却早于G22无疑。

2．遗迹

T022南段的主要遗迹是G22和北端的黄土、石块组成的城墙（J1）。

（1）G22

开口于T022的第二层下，打破南端的第三层和叠压北端的第四层，属于内环壕的组成部分，上口宽20.40、底宽约7.70、存深3.25米。其剖面形势为由上口向下逐渐内收，至底部两壁斜直壁内收，从清理部分判断为平底。综观G22剖面，自环壕暴露最高点开口处至中部最深处，高度差约4.20～4.30米，环壕内的堆积细腻平整，所含杂质也分布均匀。

G22的内部堆积大致可分5个小层。

第①层　厚0.20～1.08米。深灰色土，质黏，结构疏松。内含大量陶片、草木灰等，剖面呈两端翘、中部凹的形状。

第②层　厚0.80～1.07米。灰色淤泥，结构疏松。内含大量草木灰、兽骨和陶片等，堆积相对平整。

第③层　厚0.25～0.50米。黑色淤泥，结构疏松，质细腻。内含烧土颗粒、炭灰及陶片等。

第④层　厚0.55～0.70米。黑灰色淤泥，质细腻。内含陶片数量减少，但大片的数量增多。

第⑤层　厚0.60～0.75米。黑灰色细淤泥，质较黏。内含遗物、杂质较少。

G22内的各层堆积，除第一小层的剖面呈南高北低、南厚北薄的形态，以下各层堆积的厚度接近，堆积没有明显的起伏，说明是在有水状态下沉积而成的。而且各层堆积均很细腻，也说明该环壕在使用时水流比较平稳（至少这一地段的地势状况是如此）。

对G22两侧的堆积，即T022的③、④两层，认为其成因有两种可能，第一是这两层在挖G22时都已存在，直接被G22所打破，如果是这样，第三、四层显然要早于G22的遗存，其厚度约1米，则需要较长时间才能形成，但G22南北两侧堆积的结构明显不同，又都比较规整，所以是早已存在的堆积值得考虑。第二是为挖建G22，分别在两侧人工培土进行加固，属于铲坡性质，这样会形成两侧用土来源不同，其土质结构就明显不同，内侧（T022③层）使用含生活废弃物较多的土来铺垫，而外侧（T022④层）使用环壕外面的淤土，也可能就是挖G22时的淤土来铺垫，因为G22最底层就是原生的青淤泥。铺垫加工完成后，对G22的壁面稍加修整即可。

（2）J1

清理T022南段时，在其北端先后清理近代扰坑、灰坑H551和T022南②层时，都发现有被扰动的石块，其下发现一被打破的较纯净和坚硬的黄土堆积，堆积中有摆放整齐的自然石块，这一堆积叠压G22北端约40厘米，黄土堆积中的石块是东北—西南方向摆放的，仍向两侧延伸。认为这是一重要遗迹，对这一现象进行了现场保留，在清理完G22时，遂向西扩方3米×3米，与已暴露出部分相连，形成一个东西长5米的工作面，以便进一步了解其结构和性质（图5-141；彩版二八一、二八二）。

经扩方揭露，该遗迹（J1）明显分层，每层黄土中间部分都有规律的摆放石块，石块集中之处边缘整齐，宽2米左右，形成东北—西南的走向。纯净的黄土虽然很坚硬，也有分层现象，但没有明

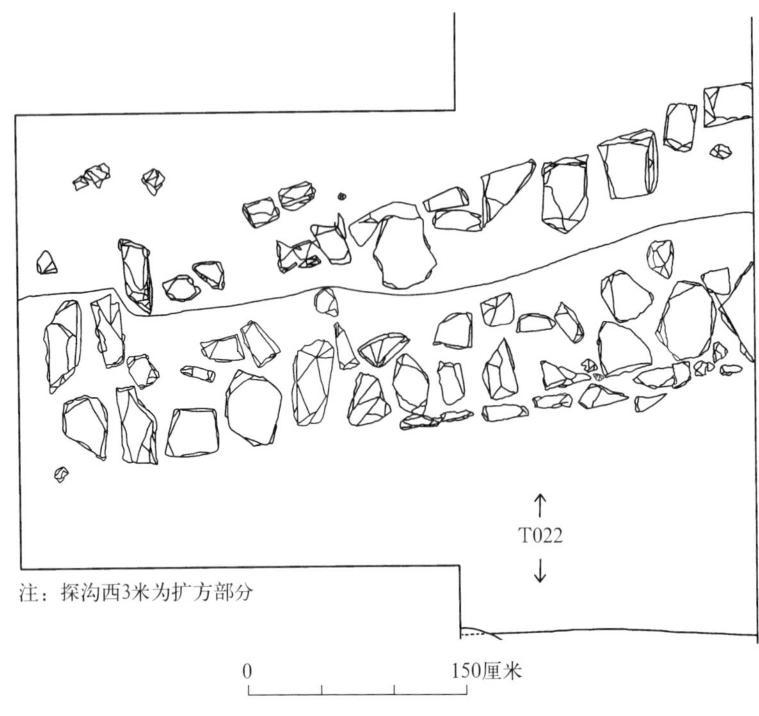

图5-141 T022护堤石块平面图

显的夯层，似乎是每摆放一层石块，边填土边锤打而成。因当时只能判定J1打破G22，但到底是什么用途尚不能确定，也为了便于以后验实，清理完两层后即回填保护。

（二）中段

即2001年发掘部分。

中段是南段向北的直接延伸，主要是为了解南段北端的黄土、石块堆积（即J1）的性质，以及新钻探出的壕沟线索，面积为4.50米×2.00米。

1．地层堆积

T022中①层 耕土层和近代扰土层，南高北低斜坡明显。耕土层，浅灰褐色土，结构疏松，厚0.10～0.30米。扰土层厚16.36米。黄褐色土，土质疏松。包含物杂乱，该层下开口的有近代墓、H595、H596。

T002中②层 近代层。厚处0.30米。灰褐色土，结构紧密。出土晚期瓷片等物。该层下开口的有G29。

T022中③层 被G29打破，分层清楚，厚1.60～1.80米。土质细腻，结构紧密。内含少量砂粒、红烧土块、木炭屑和自然石块。值得注意的是该堆积的分层特点与T022南④层基本相对应，应该与G22及G29挖建的规划有关（图5-141）。

2．遗迹

T022中段的遗迹主要是G29。

G29

位于T022中段近代堆积层下，被H596和近代墓打破，是中环壕的内侧（南部），明显呈向北倾斜的趋势。沟内堆积分三层。

第①层　最厚处0.52米。开口面的最高点（南边缘）与最低点。水平高度相差0.44米，褐色沙黏土，结构紧密。内含生活废弃物较多。

第②层　最厚处0.44米。根据土色变化，可分两小层，上层、下层，以灰褐色土为主，结构紧密，土质比上层黏且更细。

第③层　最厚处0.45米。灰褐色沙黏土为主，结构较紧密，该层近南边缘倾斜明显，呈很清楚的内收状，而底部则相对平整。其下为青灰色淤泥即原生层。

T022中段的主要遗迹是G29，开口于T022②层下，打破第③层。这段环壕属于中环壕北壕沟的南部边缘，经钻探可知继续向北延伸趋势明显无误。而T022（中段）第③层被G29所打破，分层清楚，加工痕迹明显，是在开挖G29之前，先将原来的淤泥挖去进行加工的，然后再在其上筑起黄土、石块堆积，这都是与环壕所处部位与其北面原来是大洼地这一特殊地貌环境有直接关系的。

（三）北段

T022北段是在南段、中段发掘的基础上，以及周围钻探提供的线索而确定发掘的，首先是南段北端和中段的夯土石墙是为谁修建的，是否与其北面的遗存有直接关系。另外，中段的G29只是南边缘部位，主体还在北面，由此决定向北延伸解剖，但中段北端已靠近生产路和两边的路沟，如果截断生产路和路沟，会对村民及附近人、车通行带来极大不便，经钻探可以确定G29的宽度已超过这一地块继续向北，由此决定空出这一间隔，在北面开挖探沟，以期能达到相同之目的。T022北段长37、宽2米，方向与南段在同一南北线上，故仍冠以T022。西南角坐标点为961N，1435E，海拔高度7.18米，这一地段现在地势平坦。

1. 地层堆积

以T022北段东壁剖面为例（见图5-140）。

北①层　耕土层和扰土层。耕土层厚0.10～0.20米，浅灰褐色土，结构疏松。扰土层实际是老耕土层，厚0.30～0.40米，黄褐色。该层出土现代废弃物，并有两条近代沟。

北②层　近代堆积层，深0.40～0.58、厚0.20～0.54米。黄褐色土，结构紧密。该层下有两座近代墓葬。

北③层　深0.40～0.96、厚0.20～1.06米。灰黑色土，质黏，结构较紧密。出土汉代遗物。

北④层　深0.90～1.45、厚0.15～0.74米。黄褐色土，结构紧密，质黏。内含陶片、石块等遗物较多，从出土物看为周代。该层下开口的遗迹有G29。

北⑤层　深1.06～1.65、厚0.56～2.00米。浅黄褐色土，质黏、坚硬，结构紧密，是人工有意识堆积而成。内含许多石粒和陶片。

其下为青灰色淤泥为原生层。

2．遗迹

T022北段的主要遗迹为G29。

G29

是中环壕在此经过的部分，在该探沟内G29存宽31.90、最深1.75米，沟内堆积可分为三层。

第①层　深1.35～1.82、厚0.30～1.10米。黑褐色黏土，结构紧密，自北向南倾斜。内含红烧土粒、炭屑、兽骨碎片以及陶片、石器等。

第②层　深1.75～2.80、厚0.10～0.56米。灰褐色黏淤土，土质较细腻，自北向南稍有倾斜。内含红烧土粒、陶片、残石器等。

第③层　深1.36～3.08、厚0.38～0.70米。深灰色淤土，结构较紧密，自北向南稍有倾斜，出土物同上。

（四）遗物

根据T022出土的遗物、地层关系和发掘该探沟要解决的主要问题，把T022龙山文化的出土陶器由上而下分为三个时间段，第一组为晚于G29的出土物，即G29、夯土遗迹、G22之上的地层和遗迹的出土物。第二组为G29、夯土遗迹和它们叠压的堆积中的出土物。第三组为G22和其下的地层堆积中的出土物。

1．石器

T022出土石器的种类有斧、锛、铲、镰、刀、镞、矛、锥、纺轮和磨石等，但均残损严重。

（1）石斧

标本T022北G29：7，上部残失，平面应为长方形，横剖面为扁长方形，体较厚，纵剖面自上而下由宽渐窄，双面刃斜长。

标本T022北：9，上部残失，断裂处遗有孔痕，平面为上窄下宽的梯形，体稍厚，纵、横剖面均为长方形，圆孔为对钻而成，双面刃，刃的边缘呈弧状。

（2）石锛

标本T022北④：2，器体平面为较窄的长条形，体较厚，纵、横剖面均为长方形，单面斜长刃。

标本T022北G29：13，器体平面为较宽的长方形，体较薄，纵、横剖面均为窄长方形，是、单面刃。

（3）石铲

标本T022G29：3，残损严重，器体平面应为长方形，体薄，纵剖面由上而下渐薄，弧形单面刃。

（4）石镰

标本T022南②：46，弯月形石镰，尖首，弧背，刃内凹，双面刃，体薄狭长。同一样式的有标本T022北G29：12、T022：1。

标本T022：01，两端均残断，器体一端窄（尖），另一端较宽，弧背，双面直刃，纵剖面为狭长椭圆形。

（5）石刀

标本T022北G29：17，纵向残断，断裂处遗有孔痕，存留部分平面为近正方形（器体应为长方形），纵剖面为狭长椭圆形，平背，平直单面刃，圆孔为对钻而成，器表平整。

标本T022北G29：8，长方形双孔石刀，断裂处遗有第二个孔痕，体薄，单面刃，纵剖面为规整的长条形，双孔为对钻而成。

（6）石镞、石矛

标本T022南②：75，援、铤分界明显，横剖面均为四棱形，器体硕大，应为石矛，制作规整。

标本T022南②：74，援、铤分界明显，援部横剖面均为四棱形，铤为短锥状，器体硕大，应为石矛。

（7）石锥

标本T022北③：1，器体上段由下而上渐细，横剖面近方形，下段呈不太规则的长方体，器横剖面近方形，器体便于手握，推测应为锥钻工具。

（8）石纺轮

标本T022南②：82，体厚，圆形，中央有一小圆孔，制作规整。

（9）磨石

标本T022北：05，砂石质，因残断呈不规则形，器体一端薄，至另一端渐厚，两面均平整光滑。

2．陶器

（1）鼎

第一组：主要有以下样式。

标本T022H552：6，夹砂黑陶。侈口，尖唇，折沿，鼓腹，平底，鸟喙形足痕。器表饰两周凹弦纹。口径11.6、底径8.2、残高14.3、厚0.35～0.6厘米（图5－142，1；彩版二八三，1）。

标本T022②：59，夹砂黑陶。侈口，圆唇，卷沿，鼓腹，平底稍内凹，凿形足痕。口沿内侧下凹，器表饰密集的十一周凹弦纹。口径12.4、底径8.0、残高14.6、厚0.25～0.35厘米（图5－142，2）。同一样式的有标本T022②：62（图5－142，3）。

标本T022H551：1，泥质黑陶。侈口，圆唇，卷沿，腹微鼓，平底，无孔鸟喙形足。腹部有对称的盲鼻和圆泥饼各一对，器表饰三周凸弦纹。口径15.8、底径12.0、高19.6、厚0.3～0.6厘米（图

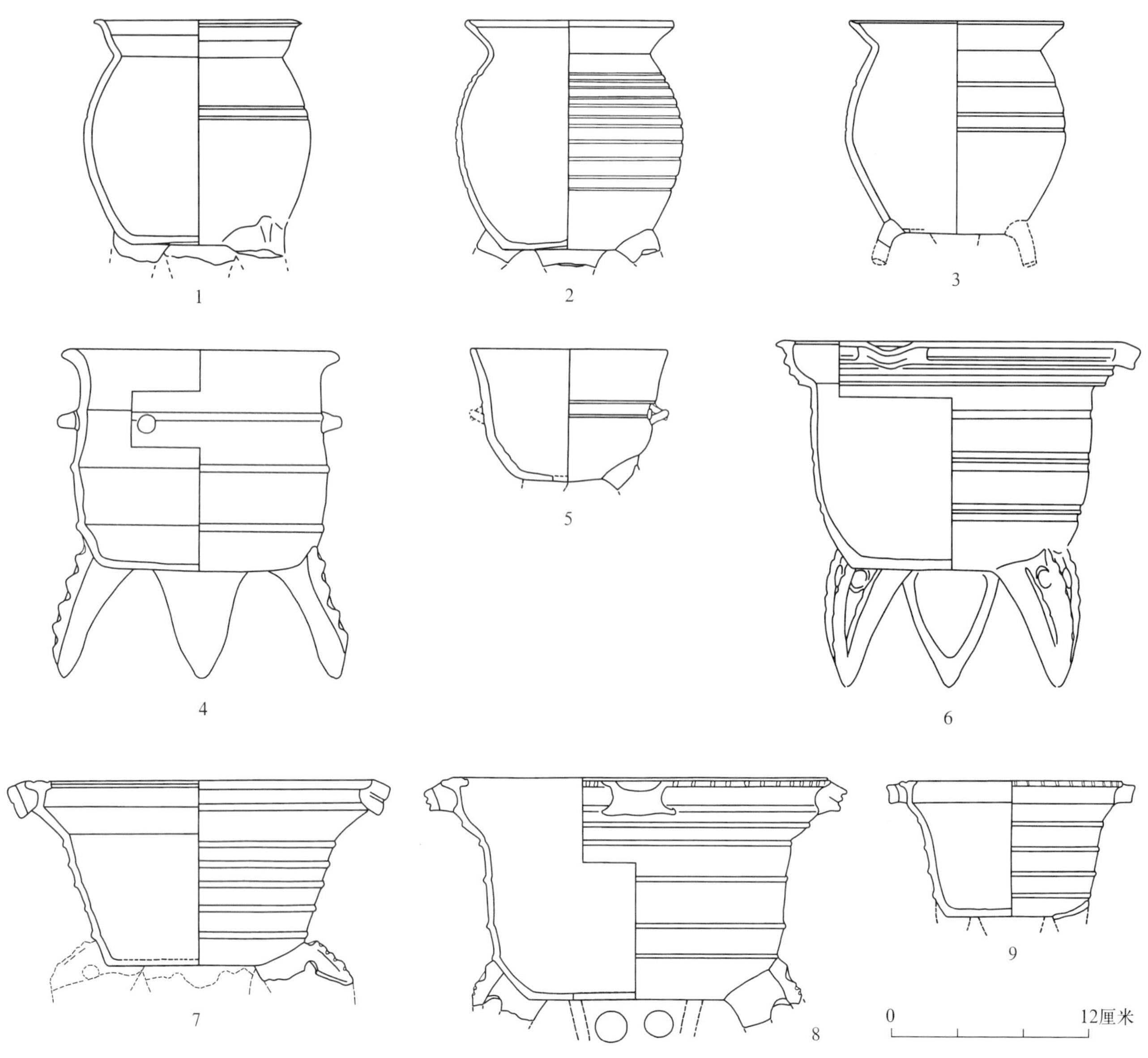

图5-142　T022出土陶鼎（一）

1～9. T022H552：6、T022②：59、T022②：62、T022H551：1、T022②：31、T022②：92、T022H554：1、T022②：33、T022②：6

5-142，4）。

标本T022②：31，夹砂黑陶。敞口，圆唇，斜壁折腹，平底，足残。腹中部有一对小盲鼻，并饰两周凹弦纹。口径11.8、底径5.6、残高8.4、厚0.4～0.6厘米（图5-142，5；彩版二八三，2）。

标本T022②：92，夹砂黑陶。盆形腹，侈口，尖唇，平沿内敛，腹壁近直，平底，鸟喙形足。口沿上有三个等分的小贯耳，器表饰成组的凹、凸弦纹。口径18.8、底径12.0、高20.6、厚0.5～0.8厘米（图5-142，6）。

标本T022H554：1，泥质黑陶。盆形腹，大口内敛，圆唇，窄平沿，瘦腹，平底，鸟喙足痕。口沿上有一对小贯耳，器表饰五周凸弦纹。口径18.3、底径11.2、残高12.2、厚0.3～0.35厘米（图5-142，7）。同一样式的有标本T022②：33、T022②：6（图5-142，8、9）。

第二组：

标本T022G29：19，粗短颈，方唇，窄平沿，微鼓腹，平底，足残失。口沿上有两周凹槽，腹上部有盲鼻和圆泥饼各一对，器表饰成组的凹弦纹。口径12.8、底径11.6、残高12.0、厚0.3～0.8厘米（图5–143，1）。

标本T022G29：20，泥质黑陶。侈口，圆唇，折沿，鼓腹，平底，无孔鸟喙形足。体侧有一把手，口沿内侧下凹，器表饰两周凹弦纹。口径10.6、底径6.4、残高12.9、厚0.3～0.45厘米（图5–143，2；彩版二八三，3）。同一样式的有标本T022G29：23（图5–143，3）、T022G29：18（图5–143，4；彩版二八三，4）。

第三组：仅1件。

标本T022G22：8，夹砂黑陶。尖唇，短折沿，浅腹微鼓，平底，足残。口径11.8、底径8.9、残高8.8、厚0.2～0.95厘米（图5–143，5）。

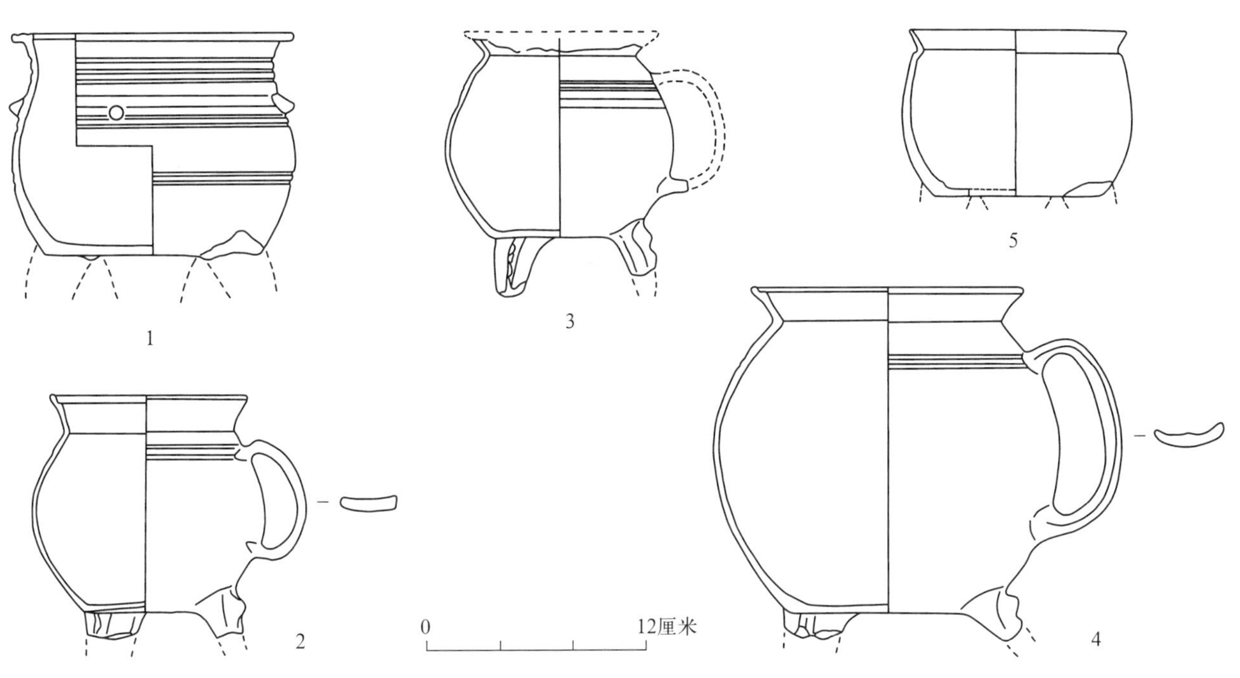

图5–143　T022出土陶鼎（二）

1～5. T022G29：19、T022G29：20、T022G29：23 、T022G29：18、T022G22：8

（2）鬶

第一组：

标本T022②：1a，夹砂白陶。粗颈，直口，圆唇，斜流，把手两边缘外卷，袋足下部残。器表饰间断的凸弦纹。口径11.0、残高29.5、厚0.3厘米（图5–144，1）。

标本T022H551：8，夹砂白陶。口、流均残失，粗颈，肥袋足，绹索状把手，把手下袋足尤大而后伸，把手上根部两侧及下根部下端有圆泥饼，器表饰波形凸棱。残高23.8、厚0.25～0.3厘米（图5–144，2）。

标本T022②：1b，夹砂黄陶。粗长颈，圆唇，斜高流，浅腹，瘦袋足，分裆，绹索状把手，流口两侧和把手上根部两侧各有一对圆泥饼，腹部有一对盲鼻并饰凸弦纹。口径11.2、残高37.4、厚0.4

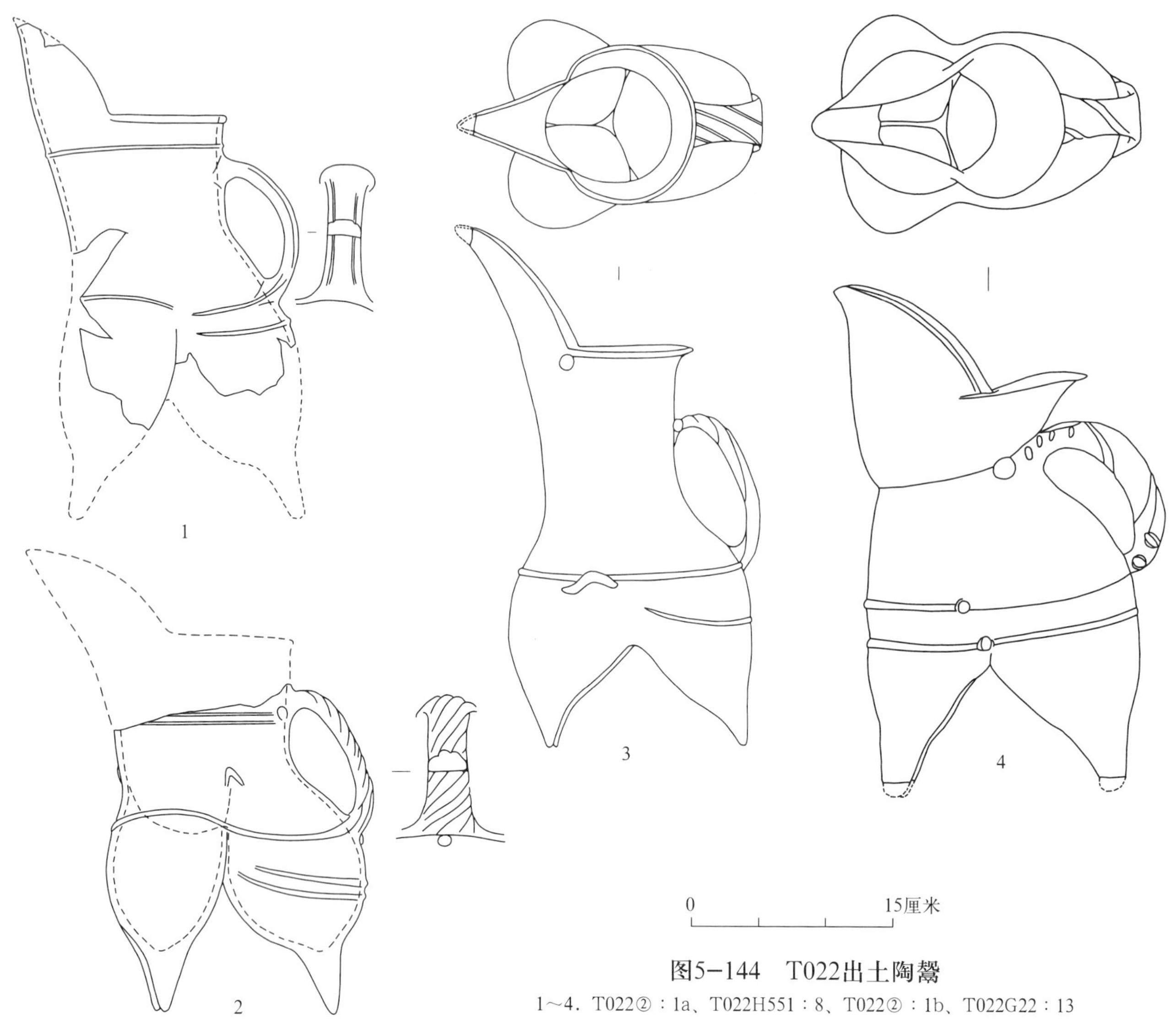

图5-144　T022出土陶鬶
1～4. T022②：1a、T022H551：8、T022②：1b、T022G22：13

厘米（图5-144，3）。

第三组：仅1件。

标本T022G22：13，夹砂红褐陶。侈口，圆唇，宽矮流，浅腹把手一侧外鼓，袋足，分裆，绚索状把手，把手及腹部有多个圆泥饼，器表饰不规整的凸弦纹。口径9.8～11.0、残高36.1、厚0.3～0.6厘米（图5-144，4）。

（3）罐

第一组：主要有以下两种样式。

标本T022②：16，泥质黑陶。直口，圆唇，粗颈，鼓腹，平底。器表饰三周凹弦纹。口径8.4、底径5.6、高12.8、厚0.2～0.35厘米（图5-145，1）。

标本T022②：52，夹砂黑陶。侈口，折沿，鼓腹，平底。器表饰两周凹弦纹。口径14.8、底径7.8、高18.4、厚0.3～0.6厘米（图5-145，2）。

第二组：主要有以下几种样式。

标本T022G29：27，泥质黑陶。直口内倾，尖唇，窄圆肩，瘦腹，平底内凹。腹壁呈波浪形凸凹状，近底处内收。口径8.0、底径8.0、高15.4、厚0.17～0.45厘米（图5-145，3）。

标本T022G29：15，泥质黑陶。口残，窄圆肩，瘦长腹，平底。肩部饰对称的盲鼻和圆泥饰各一对。口径残缺。底径8.1、残高16.8、厚0.2～0.8厘米（图5-145，4；彩版二八四，1）。

标本T022G29：30，夹砂黑陶。侈口，圆唇，折沿，鼓腹，平底内凹。口径14.8、底径9.4、高19.1、厚0.4～0.8厘米（图5-145，5；彩版二八四，2）。

标本T022G29：28，夹砂黑陶。粗短颈，圆唇，卷沿，鼓腹，平底。腹部有一对錾手，器表饰两周凹弦纹。口径10.4、底径7.8、高19.6、厚0.3～0.5厘米（图5-145，6；彩版二八四，3）。

第三组：主要有以下两种样式。

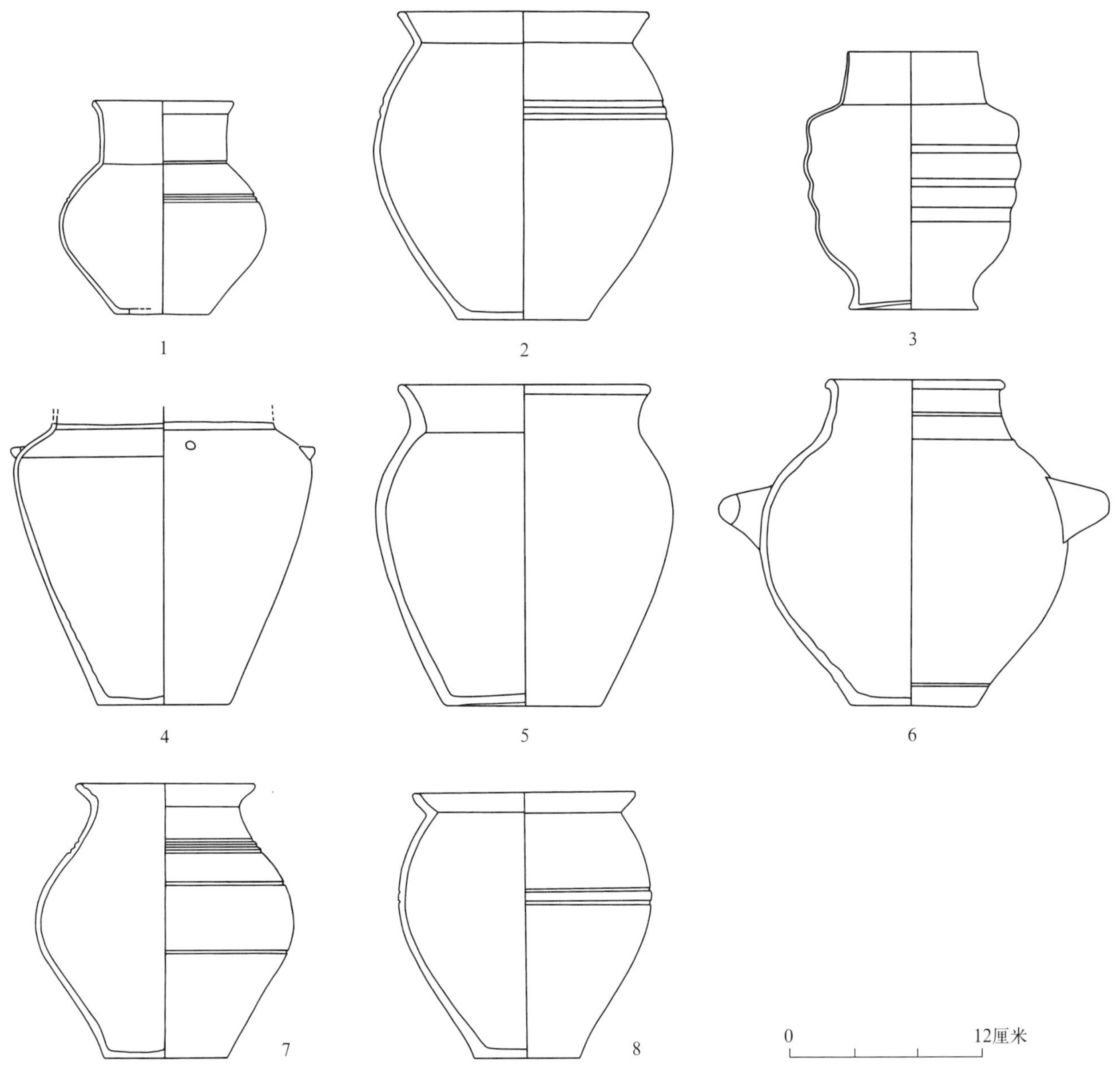

图5-145　T022出土陶罐

1～8．T022②：16、T022②：52、T022G29：27、T022G29：15、T022G29：30、T022G29：28、T022G22：12、T022G22：6

标本T022G22：12，泥质黑陶。圆唇，卷沿，鼓腹，平底。器表饰五周凹弦纹。口径10.8、底径7.5、高16.4、厚0.25～0.3厘米（图5–145，7）。

标本T022G22：6，夹砂黑陶。圆唇，折沿，鼓腹，平底。器表饰两周凹弦纹。口径13.4、底径6.4、高15.8、厚0.4～0.8厘米（图5–145，8）。

（4）碗

第一组：

标本T022②：11，泥质黑陶。敞口，圆唇，折腹，平底内凹。口径15.6、底径8.8、高5.7、厚0.25～0.4厘米（图5–146，1）。同一样式的有标本T022②：13（图5–146，2）。

第三组：

标本T022G22：5，泥质黑陶。敞口，尖唇，腹下部内折，平底内凹。口径13.6、底径8.4、高5.8、厚0.2～0.8厘米（图5–146，3）。

标本T022G22：2，泥质黑陶。敞口，圆唇，腹壁近竖直，平底内凹。口径5.6、底径3.6、高3.1、厚0.15～0.5厘米（图5–146，4）。

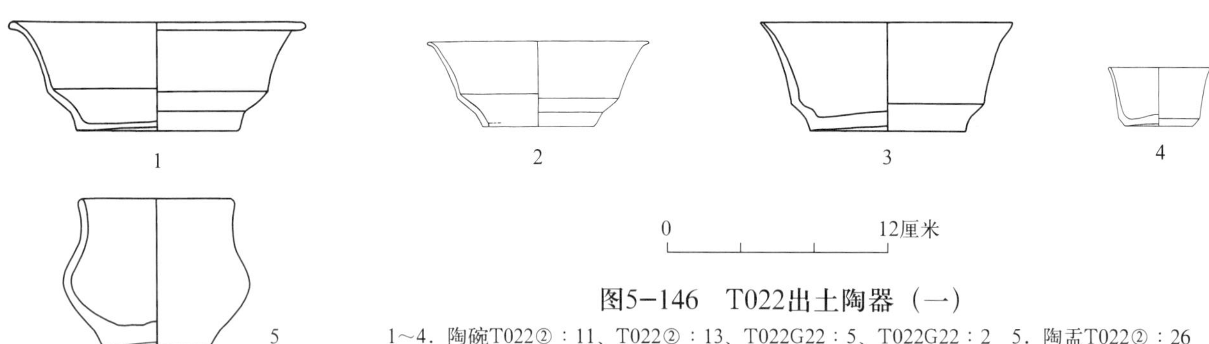

图5–146　T022出土陶器（一）

1～4. 陶碗T022②：11、T022②：13、T022G22：5、T022G22：2　5. 陶盂T022②：26

（5）盂

仅1件。

第一组：

标本T022②：26，泥质黑陶。圆唇，卷沿，窄鼓腹，平底内凹。口径8.2、底径5.8、高7.8、厚0.35～1.4厘米（图5–146，5）。

（6）平底盆

第一组：主要有以下几种样式。

标本T022②：30，泥质黑陶。敞口，圆唇外翻，平底内凹。口径15.4、底径12.0、高5.4、厚0.3～0.4厘米（图5–147，4）。同一样式的有标本T022②：91、T022②：72（图5–147，1、2）。

标本T022②：13，泥质黑陶。敞口，圆唇，卷沿，平底内凹。口径13.2、底径10.5、高4.6、厚0.2～0.3厘米（图5–147，3）。

标本T022②：3，泥质黑陶。敞口，圆唇，直壁，平底。器表饰一周凸弦纹。口径10.4、底径9.2、高3.6、厚0.2～0.25厘米（图5–147，5）。

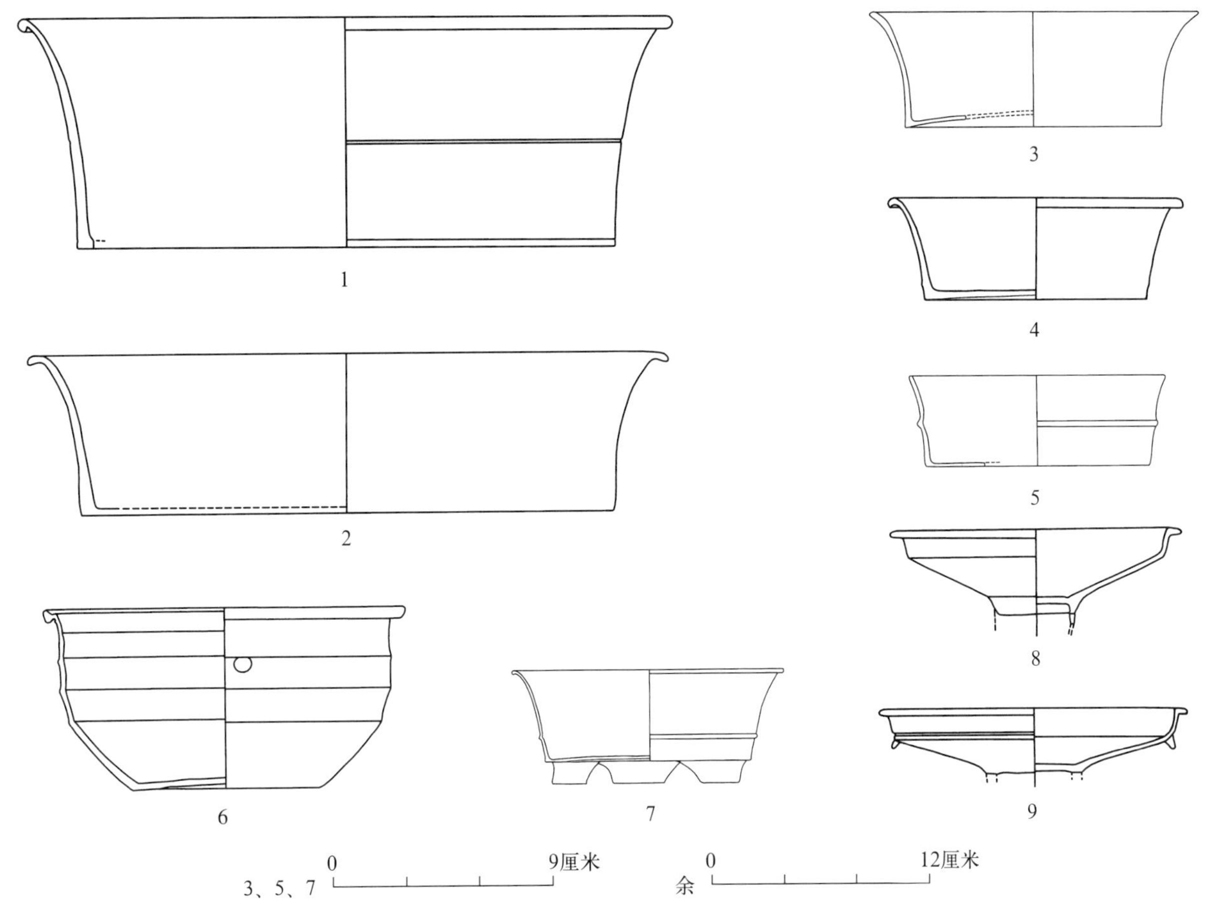

图5-147 T022出土陶器（二）

1～6. 平底盆T022②：91、T022②：72、T022②：13、T022②：30、T022②：3、T022H551：4 7. 三足盆T022②：24 8、9. 豆T022②：80、T022②：69

标本T022H551：4，夹砂黑陶。敞口，方唇，腹壁上部竖直，下部内收，小平底内凹。腹部有一对圆泥饼，口沿内侧下凹，器表饰三周凸弦纹。口径19.4、底径10.0、高9.6、厚0.2～0.25厘米（图5-147，6）。

（7）三足盆

第一组：

标本T022②：24，泥质黑陶。敞口，圆唇，卷沿，平底内凹，瓦形足。器表有一周凸弦纹。口径10.8、底径8.4、高4.5、厚0.2厘米（图5-147，7）。

（8）豆

出土数量极少。

第一组：均仅存盘部。

标本T022②：80，泥质黑陶。直口，圆唇，腹壁斜直，柄部残失。口径14.4、残高4.6、厚0.25～0.4厘米（图5-147，8）。同一样式的有标本T022②：69（图5-147，9）。

（9）杯

第一组：主要有以下几种样式。

标本T022②：19，泥质黑陶。筒形体，直口，尖唇，平底内凹。单把手痕。口径9.6、底径9.3、高10.8、厚0.15～0.2厘米（图5－148，1）。

标本T022②：54，泥质黑陶。筒形体，敞口，尖唇，平底内凹。单把手痕，器表饰一周凹弦纹。口径7.7、底径6.7、高9.9、厚0.15～0.4厘米（图5－148，2）。同一样式的有标本T022②：14（图5－148，3）。

标本T022②：79，夹砂黑陶。粗直颈，圆唇，鼓腹，平底。把手位于口沿至腹上部。口径6.4、底径5.2、高9.4、厚0.3厘米（图5－148，4）。

标本T022H552：12，泥质黑陶。粗颈内倾，尖唇，鼓腹，小平底。器表饰一周凹弦纹。口径9.4、底径6.8、高13.6、厚0.3～0.5厘米（图5－148，5）。

标本T022②：7，夹砂黑陶。粗长颈，圆唇，短鼓腹下部内收，小平底内凹。把手位于口沿至腹上部。口径9.0、底径5.4、高13.3、厚0.2～0.5厘米（图5－148，6）。同一样式的有标本T022②：45、T022②：36（图5－148，7、8）。

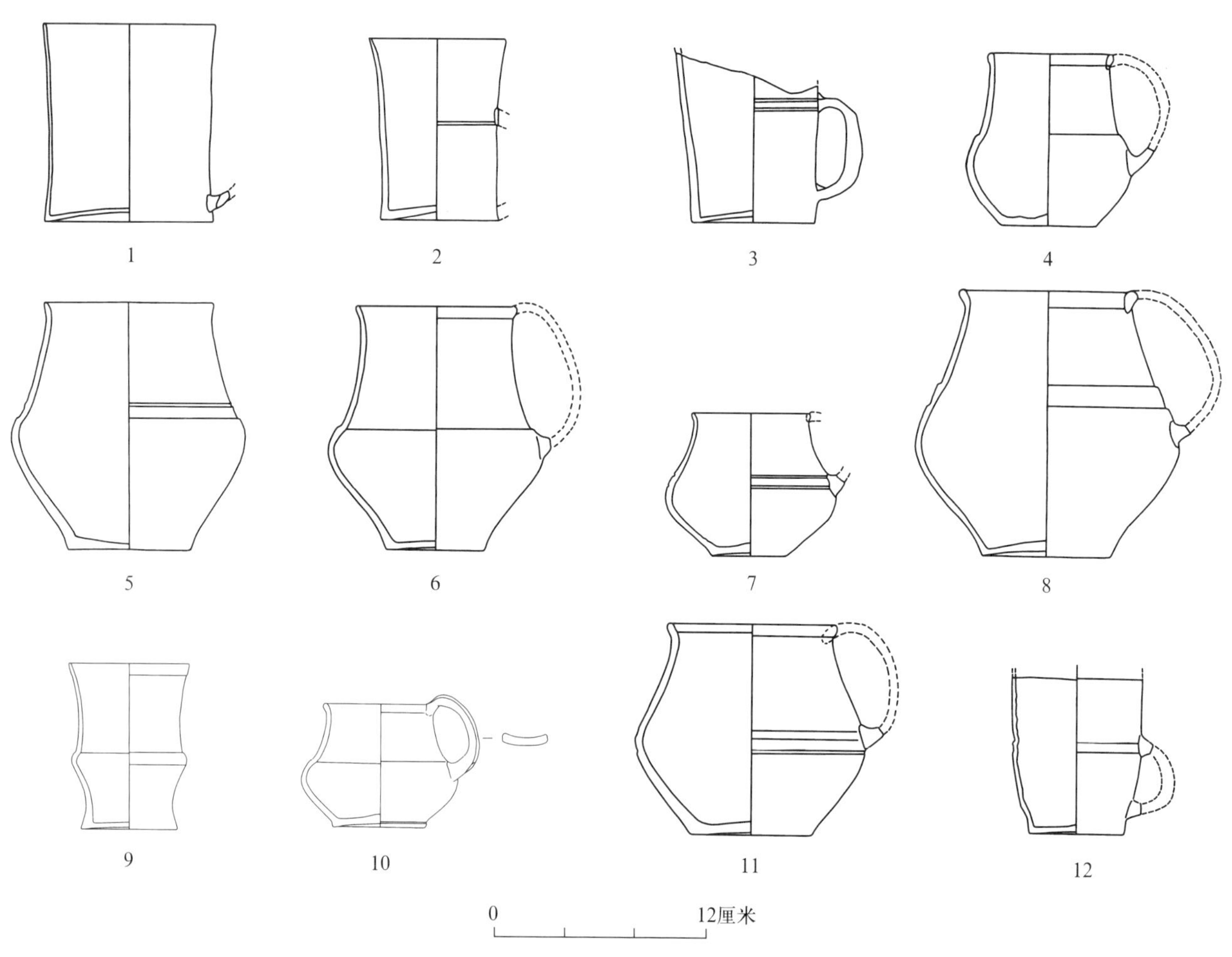

图5－148　T022出土陶杯

1～12．T022②：19、T022②：54、T022②：14、T022②：79、T022H552：12、T022②：7、T022②：45、T022②：36、T022G29：23、T022G29：22、T022G29：21、T022G22：4

第二组：主要有以下两种样式。

标本T022G29：23，泥质黑陶。粗长颈，敞口，尖唇，腹壁上部鼓出，下部内束，平底内凹。口径6.6、底径5.3、高9.0、厚0.2～0.6厘米（图5-148，9；彩版二八三，5）。

标本T022G29：22，夹砂黑陶。粗短颈，圆唇，卷沿，短鼓腹，小平底。把手位于口沿至腹部。口径6.3、底径5.2、高6.8、厚0.25～0.35厘米（图5-148，10；彩版二八三，6）。同一样式的有标本T022G29：21（图5-148，11）。

第三组：

标本T022G22：4，夹砂黑陶。口部残，直腹，近底处内凹，平底。单把手痕，器表饰弦纹。口径残缺。底径5.2、残高8.6、厚0.2～0.35厘米（图5-148，12）。

（10）器盖

第一组：主要有以下样式。

标本T022②：25，泥质黑陶。覆盘形，盖面隆起，喇叭形纽。盖面上有一对小泥突，口沿上有一周凹槽。口径13.6、纽径3.2、通高3.8、厚0.2～0.25厘米（图5-149，2），饰凹弦纹。同一样式的有标本T022②：20（图5-149，1）。

标本T022②：88，泥质黑陶。覆盘形，盖面隆起，顶部中央处有一半环形提手，圆唇。口沿上有一周凹槽，器表饰一周凹弦纹。口径13.6、纽径2.8、通高4.8、厚0.2～0.3厘米（图5-149，3）。

标本T022②：12，夹砂黑陶。覆盘形，盖面隆起，盖的顶部近平，中央有一鸟头形纽。口径

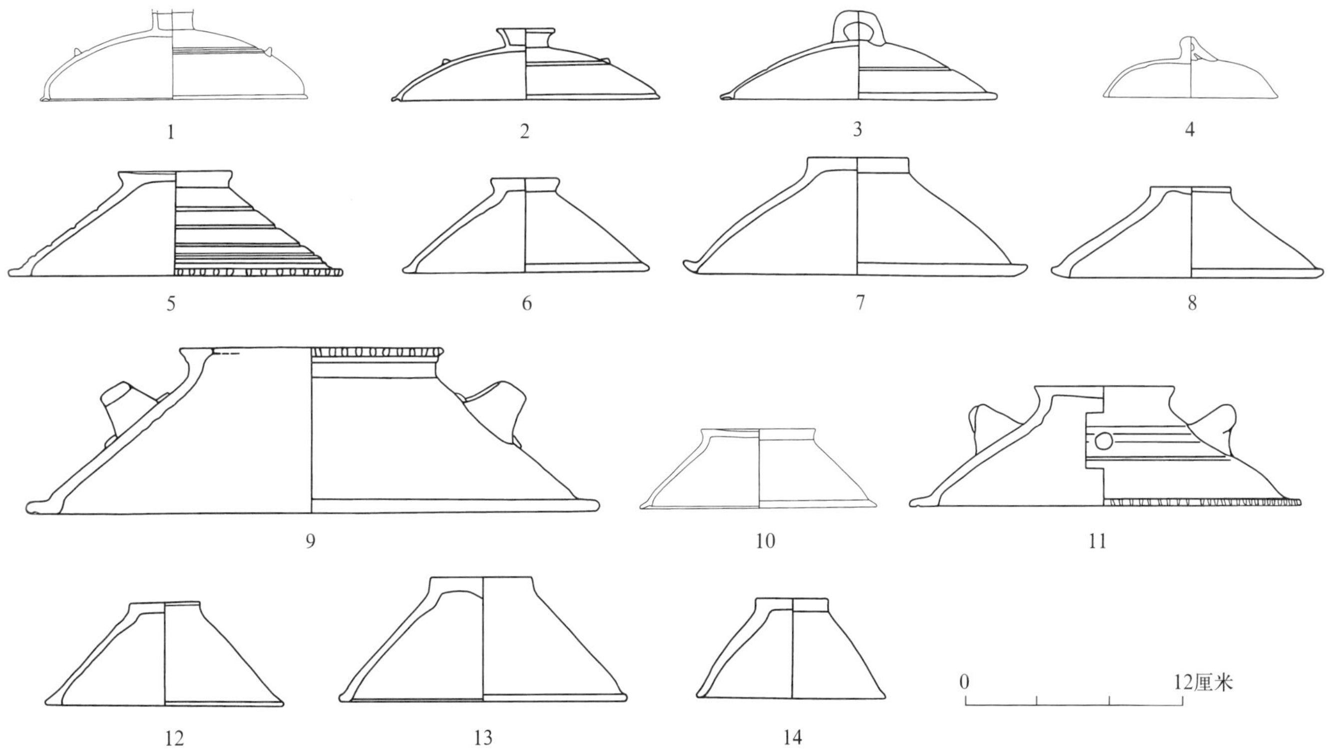

图5-149　T022出土器盖（一）

1～14. T022②：20、T022②：25、T022②：88、T022②：12、T022②：27、T022②：17、T022②：87、T022②：10、T022②：58、T022②：4、T022②：23、T022H522：3、T022②：32、T022H522：10

8.8、通高3.2、厚0.15～0.25厘米（图5-149，4）。

标本T022②：27，夹砂黑陶。覆碗形，盖面斜直低平，平顶微下凹，圆唇。口沿外侧压出一周花边，器表饰四周凹弦纹。口径15.6、纽径6.2、通高5.6、厚0.35～0.5厘米（图5-149，5）。同一样式的有标本T022②：17（图5-149，6）。

标本T022②：87，夹砂黑陶。覆碗形，盖面斜直，平顶，口沿上翘。口径17.4、纽径5.6、通高6.2、厚0.4～0.6厘米（图5-149，7）。同一样式的有标本T022②：10（图5-149，8）。

标本T022②：23，夹砂黑陶。覆碗形，盖面斜直，平顶，平沿，圆唇。口沿上有一周凹槽，沿外侧压出一周花边，盖面上有一对圆泥饼、一对小耳，并饰凹弦纹。口径18.3、纽径7.6、通高6.4、厚0.3～0.5厘米（图5-149，11）。同一样式的有标本T022②：58、T022②：4（图5-149，9、10）。

标本T022H522：3，夹砂黑陶。覆碗形，盖面斜直较高，平顶，圆唇。口径11.2、纽径3.8、通高5.5、厚0.3～0.5厘米（图5-149，12）。同一样式的有标本T022②：32、T022H522：10（图5-149，13、14）。

标本T022H552：2，夹砂黑陶。覆碗形，盖面隆起，平顶，圆唇。口径5.8、纽径2.8、通高2.3、厚0.3～0.4厘米（图5-150，1）。

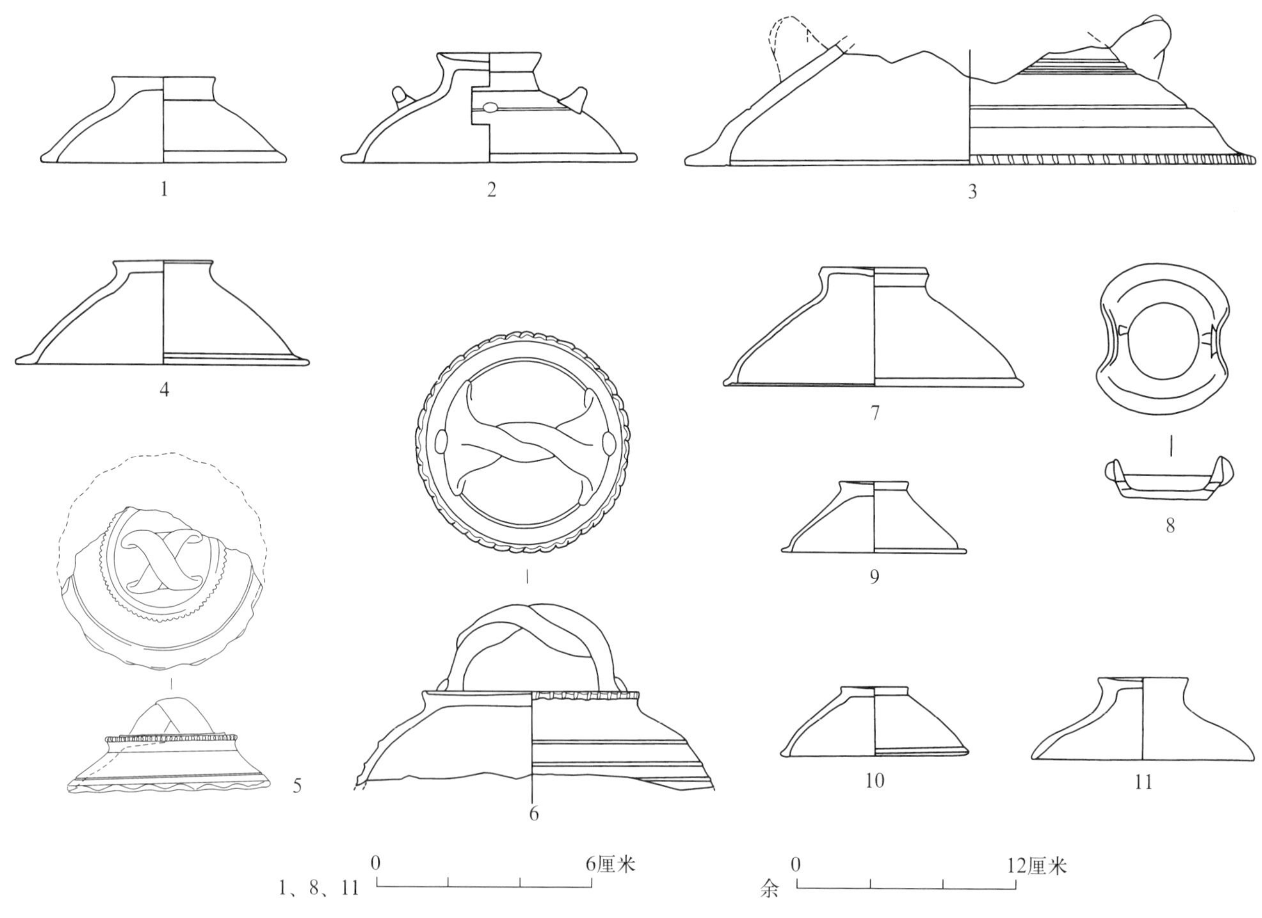

图5-150　T022出土器盖（二）

1～11．T022H552：2、T022②：9、T022②：38、T022②：66、T022②：95、T022②：8、T022G29：29、T022G29：14、T022G22：10、T022G22：94、T022G22：3

标本T022②：66，夹砂灰陶。覆碗形，盖面隆起较高，平顶，圆唇，窄平沿。口径14.0、纽径10.8、通高5.5、厚0.4～0.6厘米（图5–150，4）。

标本T022②：9，夹砂黑陶。覆碗形，盖面隆起，平顶下凹，圆唇，窄平沿。盖面上有一对圆泥饼和一对小鋬手，饰一周凹弦纹。口径14.0、纽径5.8、通高5.8、厚0.4～0.55厘米（图5–150，2）。同一样式的有标本T022②：38（图5–150，3）。

标本T022②：95，泥质黑陶。覆碗形，仅存上部，平顶上两宽泥条交错叠压的提手。顶面边缘压出葵花形纹饰，器表饰凹弦纹。口径11.2、纽径4.4、通高4.9、厚0.4～0.5厘米（图5–150，5；彩版二八四，4）。同一样式的有标本T022②：8（图5–150，6）。

第二组：

标本T022G29：29，泥质黑陶。覆碗形，平顶，盖面隆起较高，圆唇。口沿上有一周凹槽。口径16.2、纽径5.6、通高6.3、厚0.2～0.35厘米（图5–150，7；彩版二八四，5）。

标本T022G29：14，泥质白陶。异形器盖，椭圆形中束，中束处上翻并内侧各有一小孔。直径3.5～4.05、高1.0～1.2、厚1.5～2.0厘米（图5–150，8）。

第三组：

标本T022G22：10，泥质黑陶。平顶下凹，盖面隆起较高，窄沿，圆唇。口径8.9、纽径3.8、通高3.8、厚0.25～0.8厘米（图5–150，9）。同一样式的有标本T022G22：94（图5–150，10）。

标本T022G22：3，夹砂灰陶。平顶下凹，盖面隆起稍矮，圆唇。口径6.0、纽径2.4、通高2.2、厚0.15～0.4厘米（图5–150，11）。

（11）纺轮

第一组：

标本T022②：100，夹砂褐陶。一面平，另一面呈二层台状，中心有一小圆孔。近边缘处有一周浅槽。直径6.0、厚0.55厘米（图5–151，1）。

第三组：

标本T022G22：34，泥质灰陶。一面平，另一面隆起，中心有一圆孔。近边缘处有一周凹槽。直径6.6、厚0.9厘米（图5–151，2）。

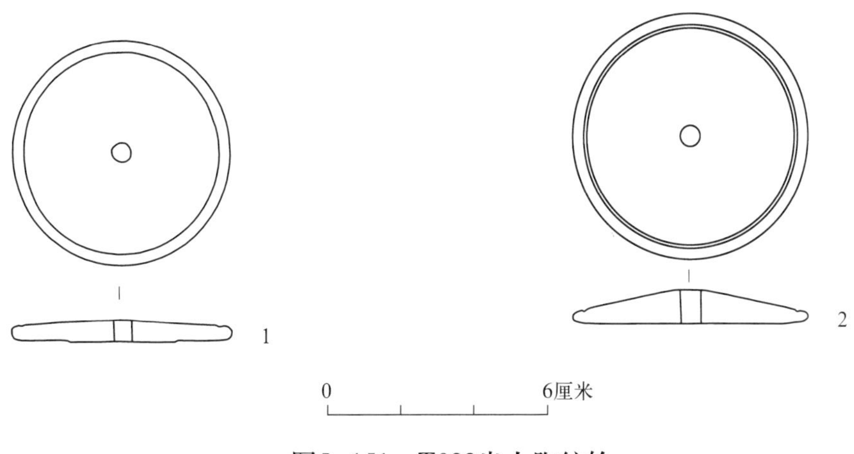

图5–151　T022出土陶纺轮

1、2. T022②：100、T022G22：34

六 T024

T024 位于两城七村村北，在T022东10米处，两条探沟隔一条出入村庄的南北道路。之所以选定挖掘这条探沟，其主要目的是T022的南端已靠近民房，内环壕的内侧是否有城墙遗迹无法判断。恰巧T024部位是村民准备建新房的空闲地，既连接小环壕，又可能暴露环壕内侧是否有城墙遗迹。经发掘所见，小环壕在此处稍偏向北，在探沟内只有小面积暴露，小环壕以南是当时的居住遗存。发掘是以宽2米的探沟形式，又时值严冬时节，不断有雨雪天气，从发掘的主要目的考虑，除一座龙山文化墓葬扩方清理外，对其他遗迹均未扩方（彩版二八五，1）。

T024属H5区，这一地块地势平坦，东面紧靠一条现代水沟，探沟为正南北向，南北长15、东西宽2米，西南角坐标为915N、1446E，地表海拔高度8.25米。这里地层堆积复杂，自上而下共分为8层，龙山文化时期的遗迹有房址、灰坑、墓葬等，只因探沟太窄，并因出水及塌方等原因，多数遗迹只清理探沟内暴露部分。下面逐层介绍。

（一）地层堆积

以T024东壁剖面为例（图5-152）。

该地段由于常年取土，除耕土、扰土层之下，晚于龙山文化的遗存均不存在。

第①层 分为两个小层，上为现耕土层，下为扰土层。耕土层厚0.10~0.24米，浅灰褐色土，土质疏松，内含现代塑料、瓷片等物。扰土层厚0.10~0.40米，浅黄褐色土，结构较紧密。该层下开口的龙山文化遗迹有F70、水沟G23、H565、H566、H570、H572、H574。其中G23打破H574。

第②层 深0.30~0.54、最厚0.55米。浅黄褐色土，结构紧密，土质稍黏。该层下开口的遗迹有H567、H568、H571、H580、F73、G25。

第③层 深0.40~0.54、最厚0.20米。深黄褐色土。该层下开口的遗迹有H569、G24。

第④层 深0.76~0.92、最厚0.64米。黄褐色土，内含较多的红烧土粒、草木灰和砂粒。布满探沟，也呈由南向北倾斜状，该层开口的遗迹有H573、H575、H576、H577、H578、H579、H583、H584、M58、F71、F72，其中F72打破H583，H573打破F71，H576打破F71。特别是该层下最北端的G001，是内环壕的南端，编号为M58的残人骨架就发现在这里。

第⑤层 深0.90~1.04、最厚0.80米。浅灰色土，结构紧密。内含红烧土粒、草木灰，呈南高北低状，布满探沟。该层靠西壁开口的遗迹有H581、H586、H587。

第⑥层 深1.60~1.83、最厚0.40米。深灰褐色土，夹杂有较多的碎黄土块，结构较上层疏松，因被遗迹破坏，主要分布于南、北两端。该层下开口的遗迹及叠压的遗迹有H582、H588、M62、M63（彩版二八六，1）、M64、M65、M66（彩版二八六，2）、M67、F74、F75（彩版二八七，1、2）、F76、F77、F78、F80。其中H582打破F77，F76打破F74，F76打破H588，H588打破F77，M65打破F77，M66打破F78。

第⑦层 深2.10~2.14、最厚0.74米。黄褐色黏土，结构紧密，由南向北呈下坡状。该层下开口的遗迹有H585、F79。

第⑧层 黄色土，土质坚硬，分布于探方中部偏南处，叠压在生土上。

在第②层至第⑦层，多有大、小、深、浅不同的柱洞，除少数可与暴露的房址关系清楚外，大

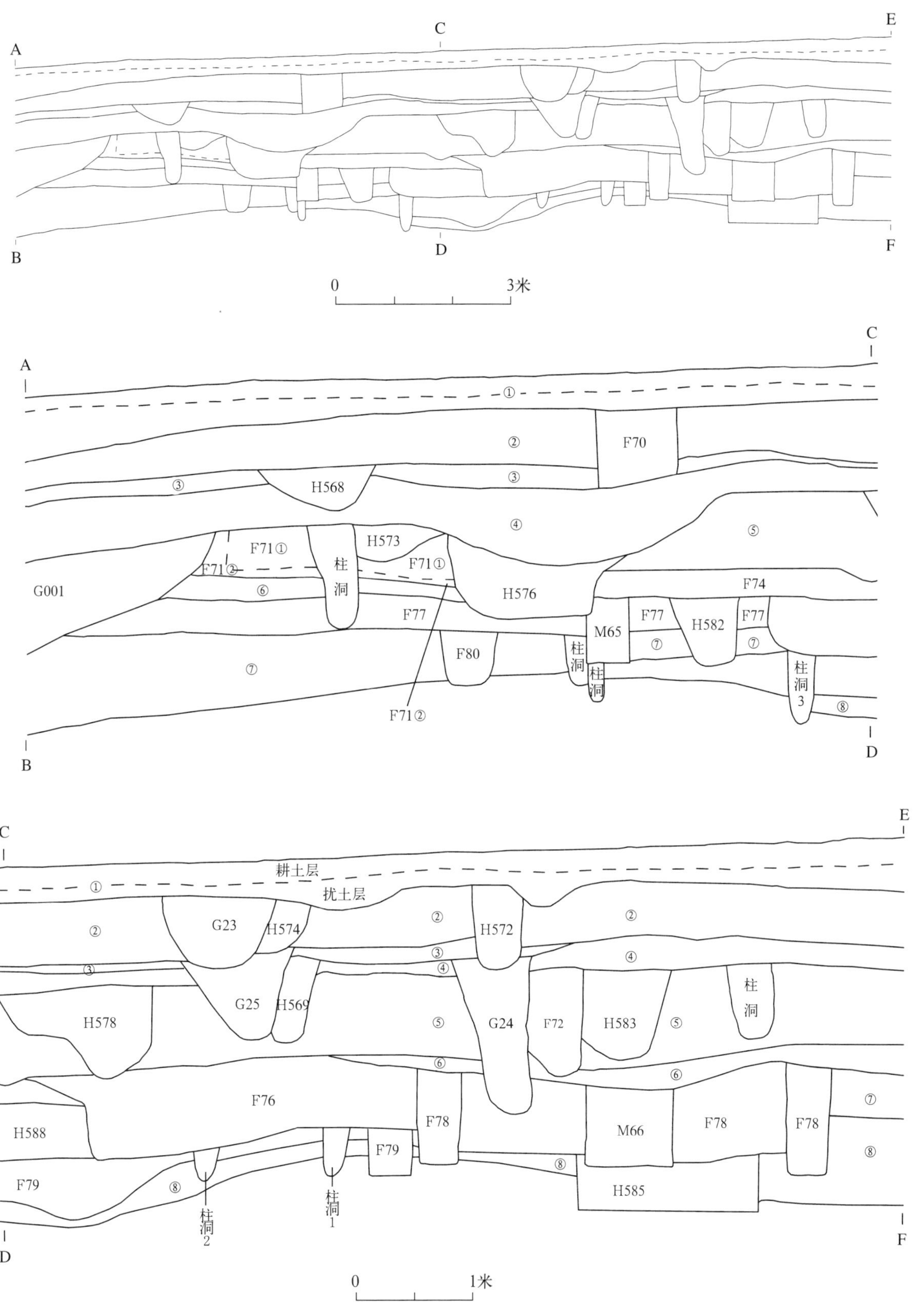

图5-152 T024东壁剖面图

多因探沟太窄，柱洞的排列，以及与房址的组合关系不明确。还有编为沟号的G23、G24、G25，都比较窄，或许是小水沟，也可能是沟槽底部。另外，从T024的发掘可知这一地段是延续的居住区。还须特别说明的是探沟北端第④层下的G001，曾归入地层，根据其延伸趋势，推测可能是内环壕，后经钻探证明，由此向北堆积明显向下倾斜，可确定是内环壕的南端，暴露部分长1.60、厚0.40米。

（二）遗迹

参见遗迹统计表5-4、5-5。

（三）遗物

该探沟位于内环壕内侧边缘，是当时的居住区范围，地层关系复杂，遗迹也很丰富，由于采用探沟发掘方式，所暴露出的多是遗迹的局部，难以见其全貌，有的遗迹性质也难以判断准确。在发掘和整理过程中，根据文化堆积状况，参照T022南端的地层关系，并结合出土物的型制特征，把T024龙山文化堆积分为两个阶段，上层为晚于内环壕G001的堆积中的出土物，即T024⑤层以上各层堆积为第一组，下层为内环壕G001及其下的堆积中的出土物，即T024⑤层及以下各层堆积为第二组，目的是便于与其他地点内环壕出土物的比较，器物分类介绍即按这一考虑进行。

1．石器

T024内所出石器，多为不辨器型的碎片，可识器类只有石锛和石纺轮。

（1）石锛

标本T024F74：1，器体虽有破损，但较完整，平面为长方形，横剖面为前窄后宽的梯形，单面直刃，刃面较大。

标本T024⑤：18，器体上端残，平面为上窄下宽的梯形，纵剖面为上宽下窄形，双面刃。

（2）石纺轮

标本T024H585：1，规整的薄圆形，中央有一管钻而成的小圆孔。

2．陶器

（1）鼎

第一组：主要有以下两种样式。

标本T024②：3，夹砂黑陶。侈口，方唇，折沿，鼓腹，平底，凿形足痕。口沿内下凹，器表饰两周凹弦纹。口径15.0、底径9.6、残高16.4、厚0.3厘米（图5-153，2；彩版二八八，1）。

标本T024④：29，夹砂黑陶。粗短颈，圆唇，卷沿，深腹稍鼓，平底，鸟喙形足痕。口沿上有两周凹槽，腹上部有对称的盲鼻和圆泥饼各一对，器表饰五周凸弦纹。口径15.8、底径9.6、残高15.6、厚0.2～0.4厘米（图5-153，1）。

第二组：主要有以下两种样式。

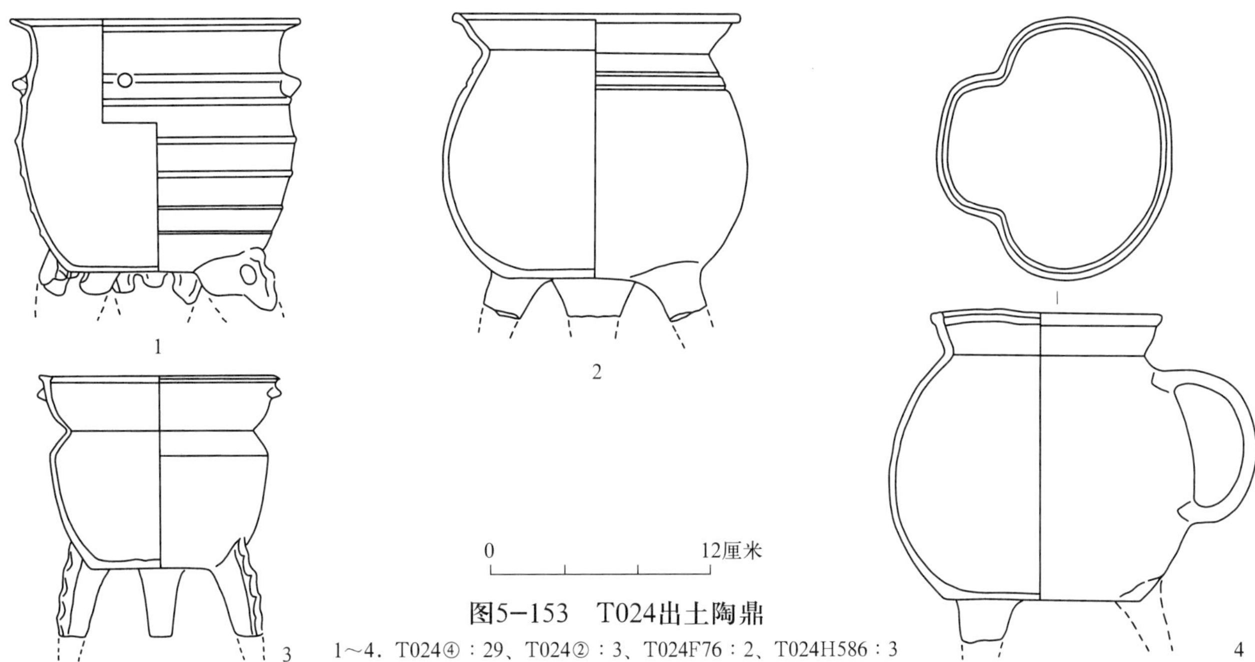

图5-153　T024出土陶鼎

1～4. T024④：29、T024②：3、T024F76：2、T024H586：3

标本T024F76：2，泥质灰陶。侈口，圆唇，折沿，短折肩，瘦腹，平底，无孔鸟喙形足痕。沿面下凹，外侧有一对小盲鼻。口径11.6、底径7.4、残高14.0、厚0.2～0.65厘米（图5-153，3；彩版二八八，2）。

标本T024H586：3，夹砂黑陶。短宽流，鼓腹，平底，凿形足痕。体侧有一把手。口沿上有一周凹槽。口径13.0～13.8、底径10.6、残高17.8、厚0.35～0.5厘米（图5-153，4）。

（2）甗

第一组：完整者仅1件。

标本T024②：5，泥质黑陶。侈口，方唇，卷沿，鼓腹，束腰，鬲部深腹，袋足，弧裆较高，锥形足。口沿内侧下凹，甑腹上部有一对盲鼻，两个为一组的圆泥饼与盲鼻对称排列，盲鼻侧边也加贴小泥饼，器表饰成组的凹弦纹。口径18.4、高33.0、厚0.3～0.7厘米（图5-154，1；彩版二八八，3）。

第二组：均不完整。

标本T024H587：4，夹砂灰陶。鬲部残失，侈口，方唇，卷沿，深长腹稍鼓，腰以下残。口沿内侧下凹，腹上部有一对盲鼻，并饰一组细弦纹。口径14.2、残高12.4、厚0.3～0.6厘米（图5-154，2）。

标本T024H586：5，夹砂黑陶。甑上部残失。束腰，瘦腹，弧裆稍矮，袋足，凿形足，器表饰一周附加堆纹，其上有手指按窝纹。残高23.2、厚0.35～0.5厘米（图5-154，3）。

（3）罐

第一组：主要有以下几种样式。

标本T024H575：2，泥质灰陶。侈口，尖唇，折沿，深腹微鼓，小平底内凹。器表饰两周凹弦纹。口径8.0、底径4.2、高9.4、厚0.2～0.4厘米（图5-155，1；彩版二八九，1）。

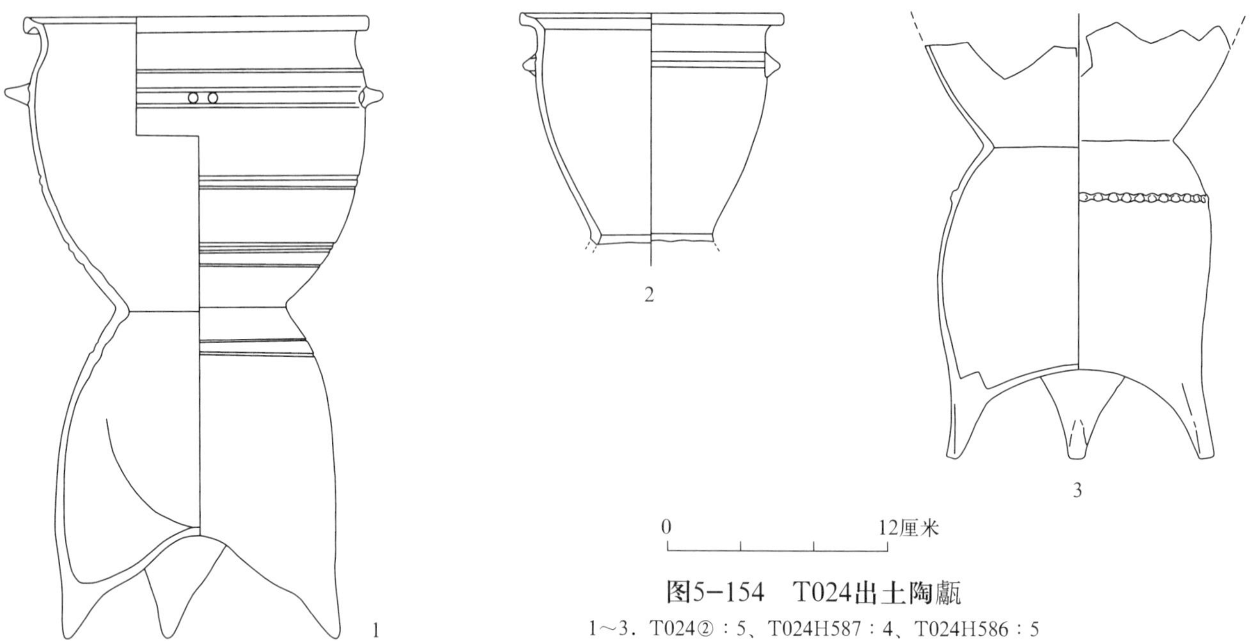

图5-154　T024出土陶甗

1～3. T024②：5、T024H587：4、T024H586：5

标本T024③：6，夹砂黑陶。侈口，尖唇，折沿，鼓腹，平底微内凹。器表饰两周凹弦纹。口径9.2、底径5.8、高13.5、厚0.2～0.3厘米（图5-155，2）。同一样式的有标本T024F71：1（图5-155，3；彩版二八九，2）、T024H575：1（图5-155，4）。

标本T024H579：1，泥质黑陶。高领，口稍外倾，圆唇，圆腹，平底内凹。腹上部有一对盲鼻痕，器表饰凹、凸弦纹。口径8.4、底径7.9、高19.6、厚0.3～0.5厘米（图5-155，5）。

第二组：主要有以下样式。

标本T024⑤：19，夹砂黑陶。高领，方唇，圆肩，瘦长腹，平底。肩部有一对盲鼻，口沿内侧下凹。口径11.0、底径10.8、高26.0、厚0.4～1.0厘米（图5-155，6；彩版二八九，3）。

标本T024M66：2，泥质黑陶。侈口，尖唇，折沿，鼓腹，平底微内凹。器表饰一周凹弦纹。口

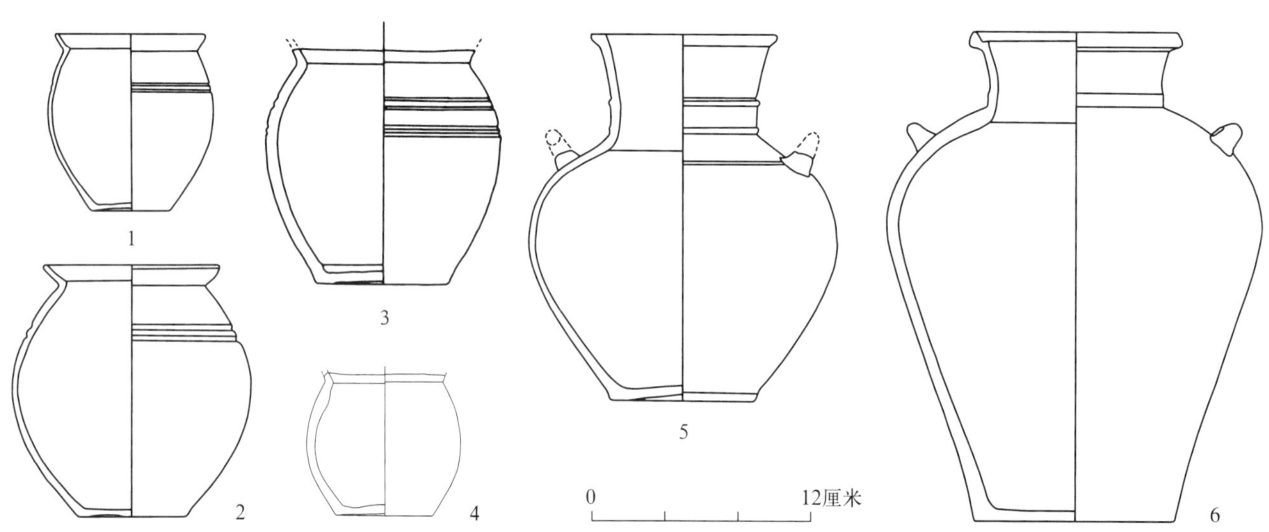

图5-155　T024出土陶罐（一）

1～6. T024H575：2、T024③：6、T024F71：1、T024H575：1、T024H579：1、T024⑤：19

径7.1、底径4.0、高8.3、厚0.2～0.35厘米（图5−156，1；彩版二八九，4）。同一样式的有标本T024⑥：12（图5−156，2；彩版二八九，5）、T024⑥：23（图5−156，3）。

标本T024⑥：35，夹砂黑陶。侈口，圆唇，卷沿，深鼓腹，小平底。器表饰两周凹弦纹。口径10.8、底径5.4、高14.0、厚0.2～0.5厘米（图5−156，4）。

标本T024⑥：32，夹砂黑陶。侈口，圆唇，折沿，鼓腹，小平底。器表饰两周凹弦纹。口径9.2、底径5.2、高10.4、厚0.25～0.5厘米（图5−156，5）。

标本T024H586：10，夹砂黑陶。大口，方叠唇，鼓腹突出，下部残失。口沿内侧下凹，腹上部有一对小泥饼，器表饰粗、深的三周凹弦纹和斜行篮纹。口径18.3、底径残缺、残高24.0、厚0.4～0.6厘米（图5−156，7）。同一样式的有标本T024H586：9（图5−156，6）。

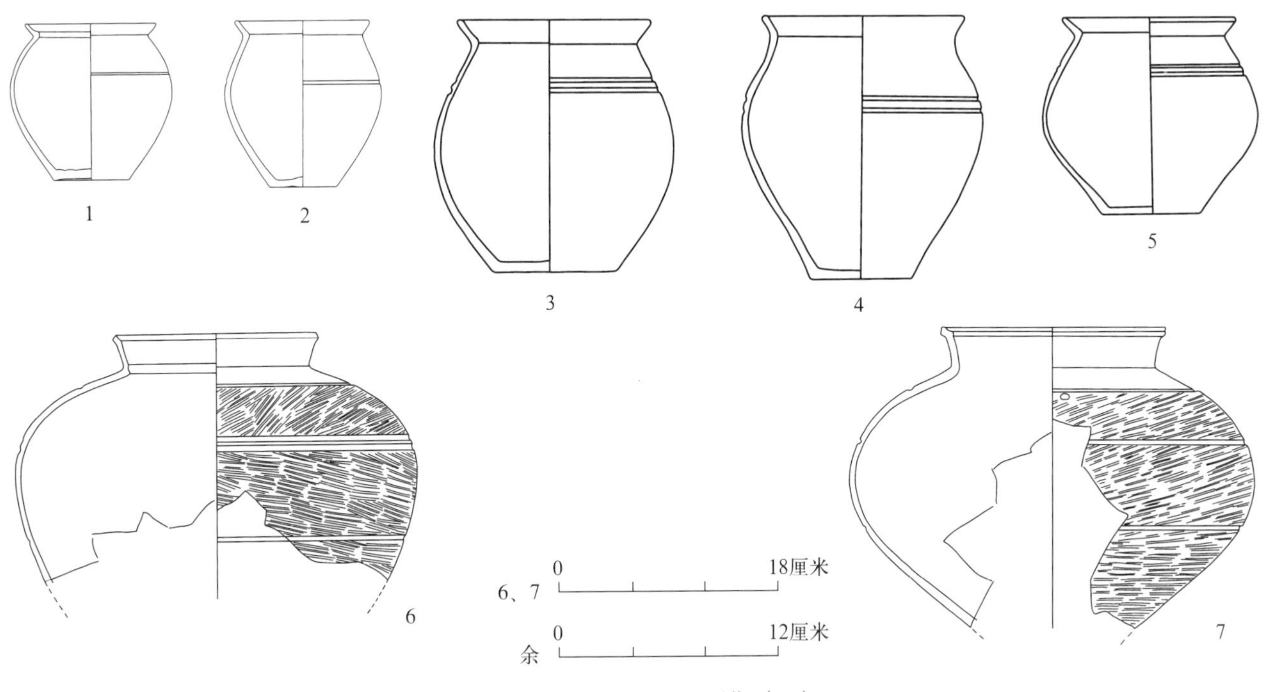

图5−156　T024出土陶罐（二）

1～7. T024M66：2、T024⑥：12、T024⑥：23、T024⑥：35、T024⑥：32、T024H586：9、T024H586：10

（4）盂

第二组：仅1件。

标本T024H586：8，夹砂黑陶。粗短颈，圆唇，鼓腹，平底内凹。器表饰一周凹弦纹。口径10.0、底径6.6、高9.6、厚0.25～0.4厘米（图5−157，1；彩版二八九，6）。

（5）平底盆

第二组：主要有以下样式。

标本T024⑤：34，夹砂黑陶。敞口，圆唇，卷沿，浅腹，平底。口径39.3、底径29.4、高8.4、厚0.6～1.1厘米（图5−157，3）。

标本T024H586：7，夹砂灰陶。方唇，卷沿，深腹稍鼓，小平底。口沿内侧下凹，器表饰篮纹和凹弦纹。口径34.8、底径12.9、高19.1、厚0.5～0.85厘米（图5−157，4）。

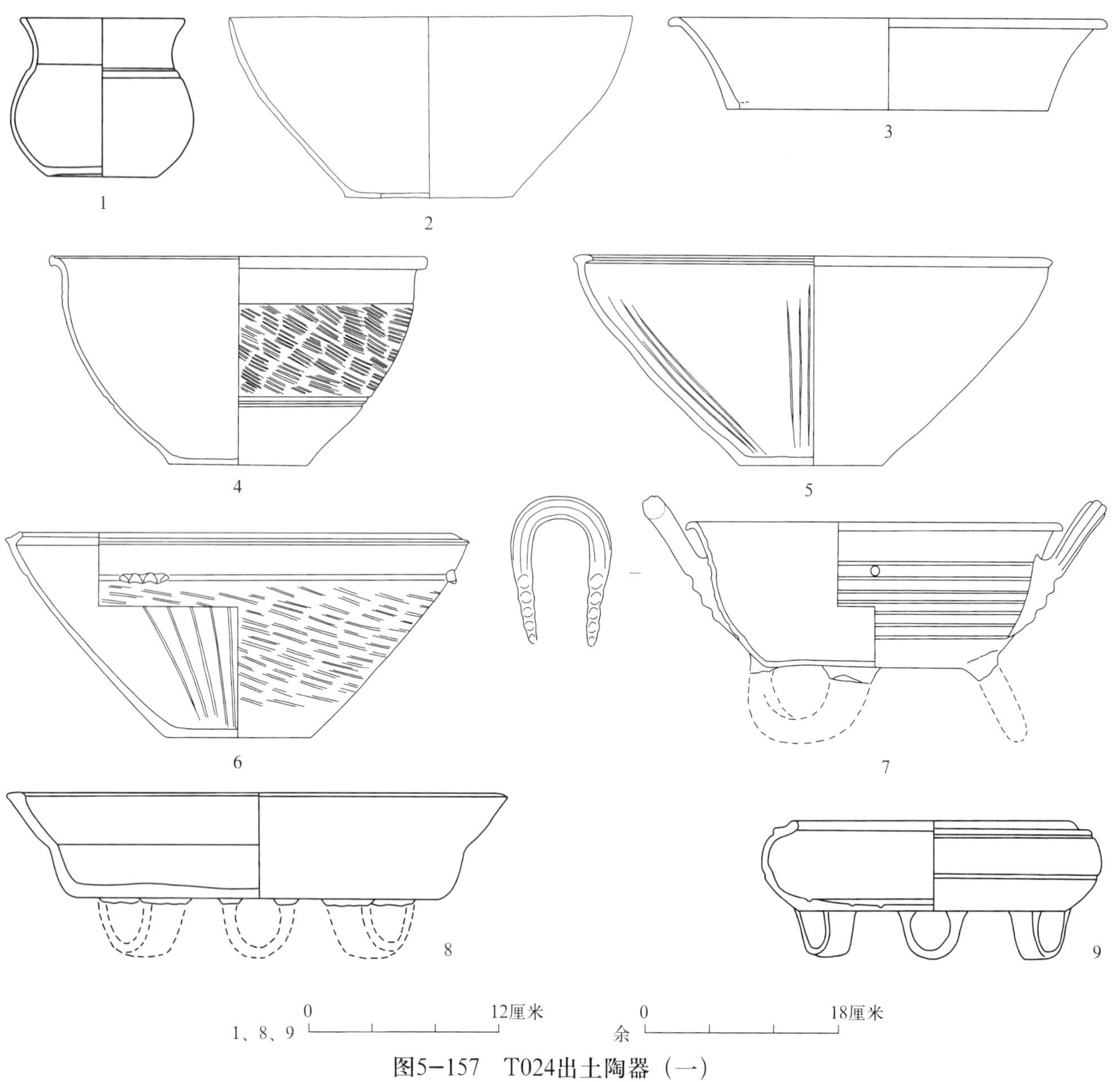

图5－157　T024出土陶器（一）

1．盂T024H586：8　2．滤器T024⑤：50　3～6．平底盆T024⑤：34、T024H586：7、T024H586：4、T024H586：2　7～9．环足盆T024②：1、T024H586：6、T024H587：2

标本T024H586：2，夹砂黑陶。口内敛，圆唇，腹斜内收，小平底。腹上部有三个等分的横鸡冠形泥条，器表饰篮纹，内壁上有刻划的沟槽。口径40.2、底径13.2、高18.6、厚0.4～0.75厘米（图5－157，6）。同一样式的有标本T024H586：4（图5－157，5）。

（6）环足盆

第一组：仅1件。

标本T024②：1，夹砂黑陶。敞口，尖唇，卷沿外翻，深腹，平底。腹部有一对錾手，环形足痕。器壁上有一对圆泥饼并饰整齐的七周凹弦纹。口径33.6、底径19.2、残高16.6、厚0.5～0.8厘米（图5－157，7）。

第二组：主要有以下两种样式。

标本T024H586：6，泥质黑陶。敞口，尖唇，窄沿，浅折腹，平底，环形足痕。口径29.6、底径22.6、残高6.8、厚0.45～0.75厘米（图5-157，8）。

标本T024H587：2，泥质黑陶。敛口，圆唇，浅鼓腹，平底，环形足。器表饰两周凹弦纹。口径17.0、底径16.4、高8.4、厚0.25～0.8厘米（图5-157，9）。

（7）豆

均出土于第二组。

标本T024H587：1，夹砂黑陶。假腹式，圆唇，浅盘，直壁，平底。豆柄粗长，上部稍鼓，中下部缓中束。柄中部有一对圆形镂孔，器表饰两周凹弦纹。口径14.2、底径11.6、高16.8、厚0.5～0.8厘米（图5-158，1；彩版二八八，4）。

标本T024M66：3，泥质黑陶。豆盘敞口，折壁，圆唇，底内凹明显，豆柄上部中束，下部外折。柄上有三个等分的圆形镂孔，并饰凹弦纹。口径24.6、底径16.6、高15.8、厚0.3～0.9厘米（图5-158，2；彩版二八八，5）。

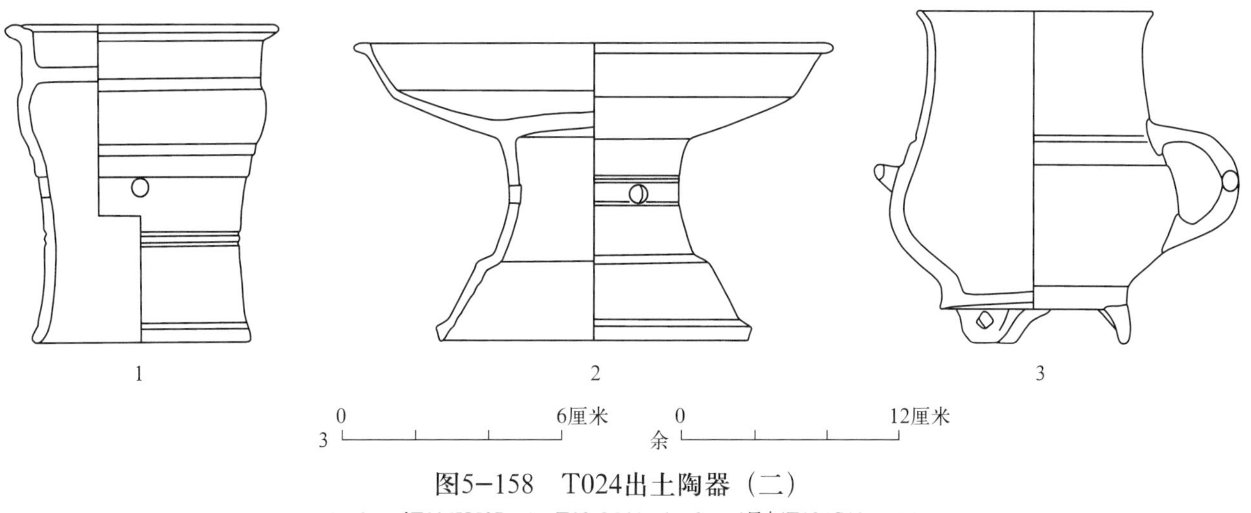

图5-158　T024出土陶器（二）

1、2. 豆T024H587：1、T024M66：3　3. 三足杯T024G001：14

（8）杯

第一组：主要有以下样式。

标本T024④：28，夹砂黑陶。粗筒形，尖唇，卷沿，腹壁竖直，平底，腹中部有一对贯耳把手。口径18.8、底径15.4、高18.9、厚0.4～0.6厘米（图5-159，1；彩版二九〇，1）。

第二组：主要有以下样式。

标本T024⑤：20，泥质黑陶。筒形，尖唇，卷沿，深腹，近底处内收，平底微凹，腹下部有一半环形把手。器表饰两组凹弦纹。口径8.6、底径5.8、高12.8、厚0.2～0.4厘米（图5-159，2；彩版二九〇，2）。同一样式的有标本T024⑥：24（图5-159，3；彩版二九〇，3）、T024H587：3（图5-159，4；彩版二九〇，4）。

标本T024H585：3，泥质黑陶。觯形杯体，长颈中束，尖唇，深腹，腹壁近底处内折，平底。

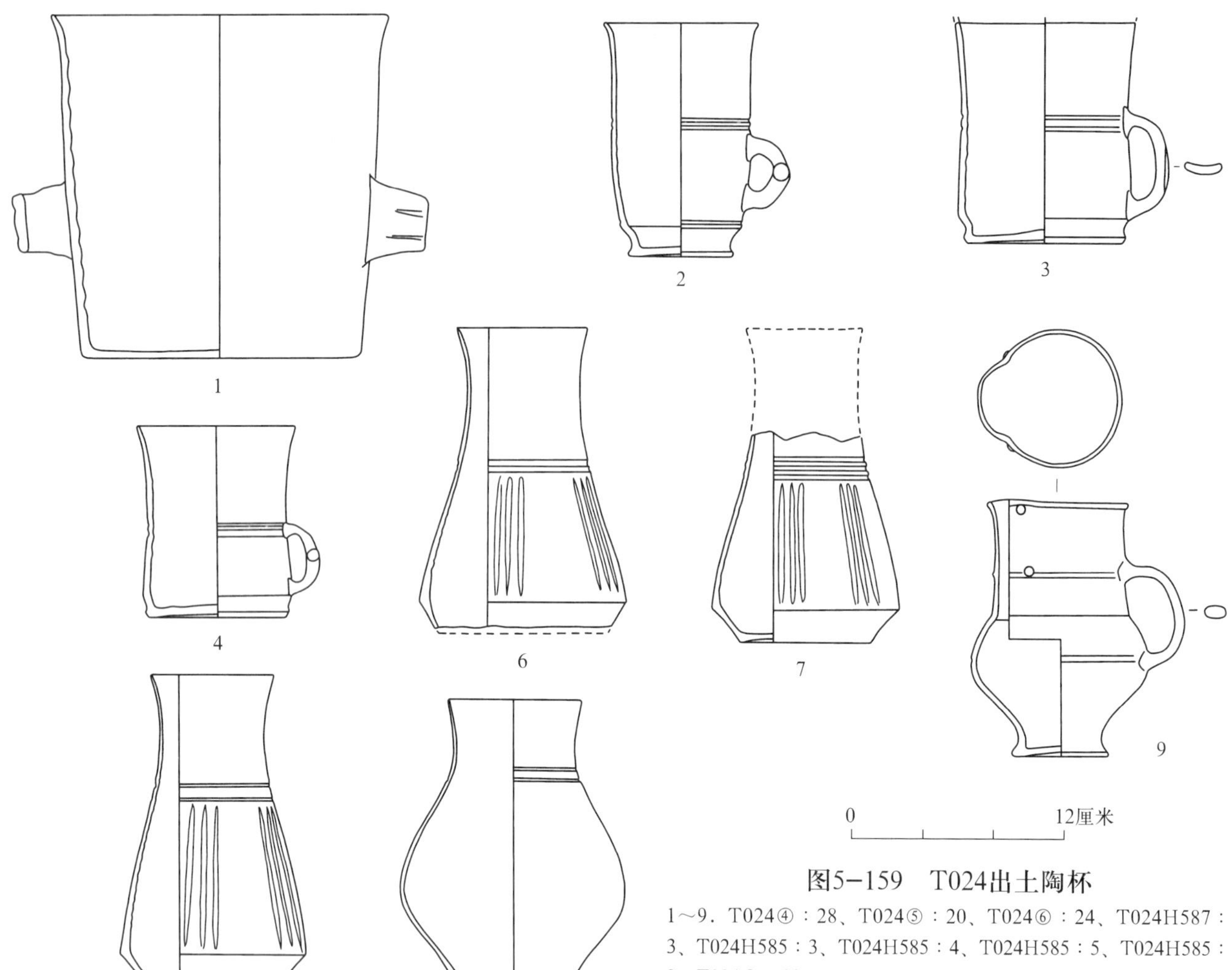

图5－159　T024出土陶杯

1～9. T024④：28、T024⑤：20、T024⑥：24、T024H587：3、T024H585：3、T024H585：4、T024H585：5、T024H585：2、T024⑥：33

器表饰两周凹弦纹和三条为一组的竖刻划纹共四组。口径6.8、底径7.4、高17.2、厚0.15～0.45厘米（图5－159，5；彩版二九〇，5）。同一样式的有标本T024H585：4（图5－159，6；彩版二九〇，6）、T024H585：5（图5－159，7；彩版二九一，1）。

标本T024H585：2，泥质黑陶。粗长颈，尖唇，深鼓腹，小平底内凹，颈部饰两周凹弦纹。口径7.4、底径6.4、高15.6、厚0.2～0.4厘米（图5－159，8）。

标本T024⑥：33，泥质黑陶。带流杯，宽短平流，粗长颈，腹上部外鼓，下部内收，平底内凹。颈、腹部有一把手，流两侧和颈部各有一对圆泥饼。器表饰凹、凸弦纹各一周。口径7.6～8.2、底径5.4、高13.9、厚0.15～0.4厘米（图5－159，9；彩版二九一，2）。

（9）三足杯

第二组：仅1件。

标本T024G001：14，泥质黑陶。粗长颈，圆唇，卷沿，短鼓腹，平底内凹，三环形足。体侧有对应的把手和盲鼻各一个。器表饰一周凹弦纹。口径6.3、底径5.2、高8.8、厚0.2～0.6厘米（图5－158，3；彩版二九一，3）。

（10）滤器

第三组：仅1件。

标本T024⑤：50，夹砂红陶。大敞口，尖唇，平底，底部中央有一大圆孔。口径37.5、底径15.6、高16.5、厚0.35～0.5厘米（图5-157，2；彩版二八五，2）。

（11）器盖

第一组：主要有以下几种样式。

标本T024②：25，夹砂红陶。覆盘形，敛口，圆唇，盖面隆起，纽残。盖面上有盲鼻和圆泥饼各一对，并饰一周凹弦纹。口径12.4、残高3.6、厚0.2～0.3厘米（图5-160，1）。

标本T024②：4，夹砂黑陶。覆碗形，圆唇，盖面斜直较低平顶，顶面上有提梁残痕。顶面边缘有一周花边纹，器表饰两周凹弦纹。口径15.4、残高4.7、厚0.3～0.5厘米（图5-160，2）。

标本T024H577：2，夹砂黑陶。覆碗形，口沿上翘，圆唇，盖面斜直较低，平顶下凹。盖面上有盲鼻和圆泥饼各一对，并饰三周凹弦纹。口径16.4、纽径6.0、通高5.4、厚0.25～0.6厘米（图5-160，3；彩版二九一，4）。

标本T024H575：3，泥质黑陶。覆碗形，圆唇，窄平沿，盖面微隆，平顶。素面。口径7.2、纽径2.8、通高2.6、厚0.2～0.45厘米（图5-160，4）。

标本T024H577：1，夹砂黑陶。覆碗形，窄平沿，圆唇，盖面隆起较高，平顶稍下凹。口径14.0、纽径4.8、通高5.8、厚0.3～0.6厘米（图5-160，6）。同一样式的有标本T024H579：2（图5-160，5）、T024④：7（图5-160，7；彩版二九一，5）、T024④：10（图5-160，8）。

第二组：

标本T024⑥：13，夹砂黑陶。覆碗形，圆唇，盖面斜直较高，平顶。口径7.6、纽径3.6、通高

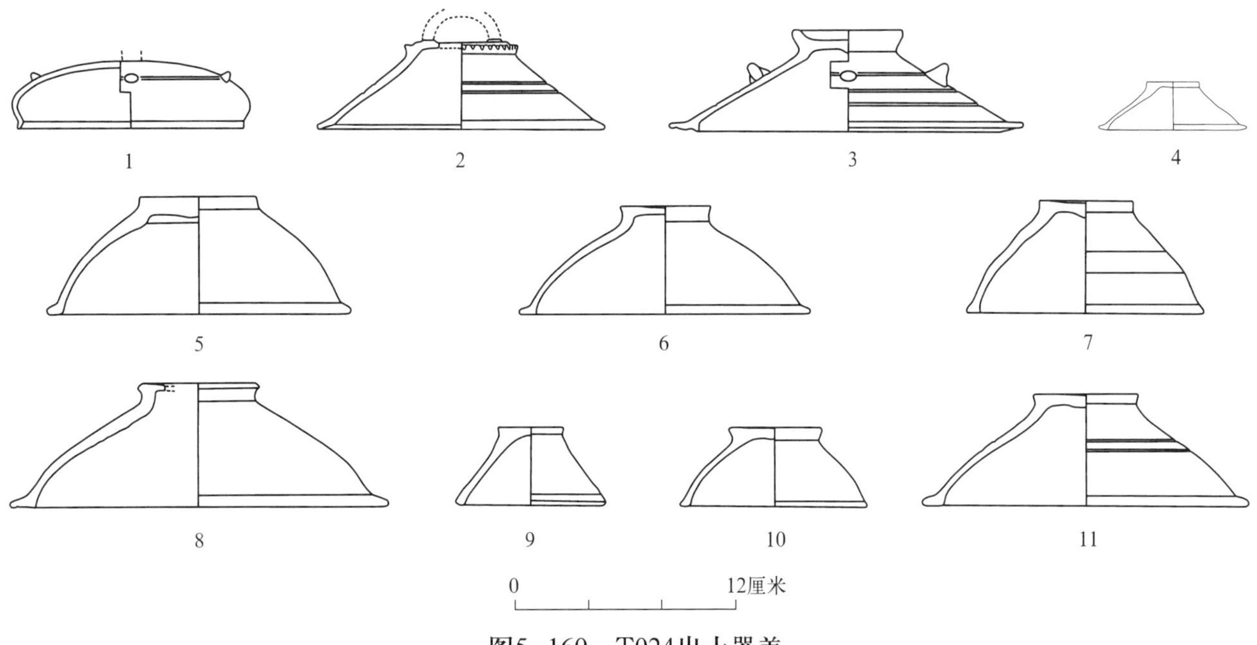

图5-160　T024出土器盖

1～11．T024②：25、T024②：4、T024H577：2、T024H575：3、T024H579：2、T024H577：1、T024④：7、T024④：10、T024⑥：13、T024⑤：16、T024⑤：30

4.0、厚0.4～0.6厘米（图5－160，9；彩版二九一，6）。

标本T024⑤：16，夹砂黑陶。覆碗形，圆唇，盖面隆起，平顶。口径9.2、纽径5.1、通高4.2、厚0.3厘米（图5－160，10）。

标本T024⑤：30，夹砂黑陶。覆碗形，圆唇，盖面微隆，平顶。器表饰两周凹弦纹。口径15.6、纽径5.6、通高6.0、厚0.3～0.5厘米（图5－160，11）。

（12）纺轮

均为第一组。

标本T024F75：1，剖面为窄长条形，中心有一小圆孔。直径5.1、厚0.65～0.8厘米（图5－161，1）。

标本T024⑤：17，泥质黑陶。一面平，一面斜直，近边缘处有一周凹槽，中心有一小圆孔。直径5.4、厚0.65厘米（图5－161，2）。

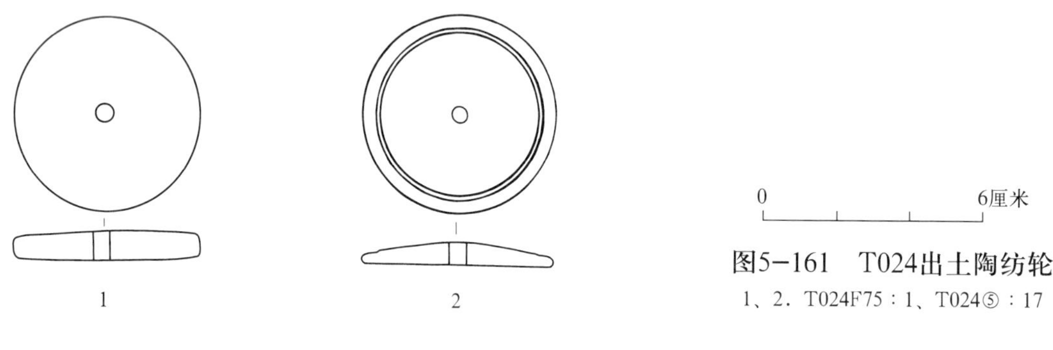

图5－161　T024出土陶纺轮

1、2. T024F75：1、T024⑤：17

七　T025～T026

该探沟位于两城六村村北，在T021西北约8米。发掘本探沟是为解剖中环壕而开挖的。横截中环壕，东西长30、南北宽2米，坐标点为G4，740N，1240E。发掘时中间曾留一米宽的隔梁，分别编号为T025（西）、T026（东），后打掉隔梁（彩版二九二，1、2）。两探方分别编临时号，地层和遗迹最后进行核对统一。该地段地层堆积复杂，地势为西高东低，北面临近低洼地，这里既有早期人工挖建的环壕，也有后世下大雨时的冲沟，特别是近现代期间累次人工取土，整平土地严重的破坏了遗址上部堆积。而且汉代堆积对龙山文化堆积破坏严重，造成该部位存在的主要是汉代和龙山文化时期沟壕之类的遗迹。现以T025～T026南壁剖面为例，介绍其地层堆积和遗迹。

（一）地层堆积

以南壁剖面为例（图5－162）。

第①层　最薄处0.12、最厚处达0.54米。耕土层，因近现代的动土活动，形成不同部位的厚度差别较大。本层下开口的遗迹有现代取土坑、树坑、近现代冲沟和汉代水沟G31。

第②层　深0.22～0.32、最厚0.28米。深灰色沙黏土，分布于探沟西部，在分布范围内呈西高东低状，堆积结构紧密。含少量白砂粒。出土汉代遗物。

第③层　深0.16～0.22、最厚0.38米。黄褐色沙黏土，分布于探沟西部，也呈西高东低状，堆积

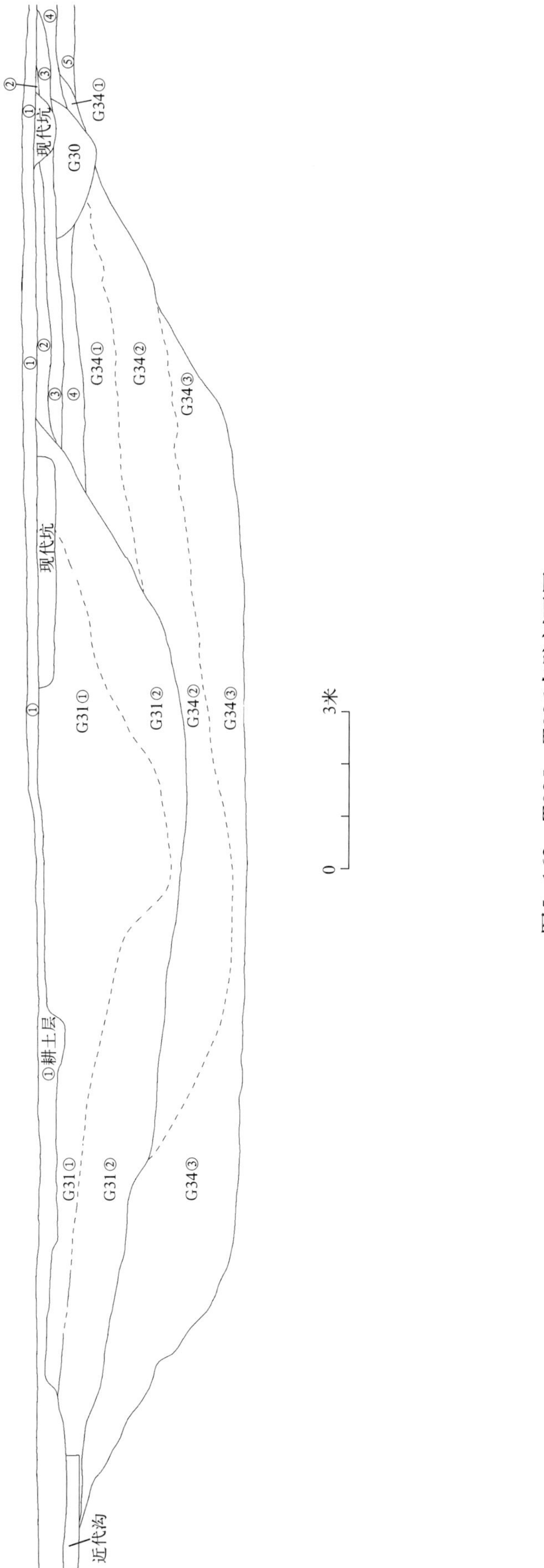

图5-162　T025～T026南壁剖面图

结构疏松细腻。内含少量白砂粒及植物根系痕迹。堆积中出土汉代遗物，本层下开口的遗迹有G30。

第④层　深0.61～0.70、最厚0.46米。深褐色黏土，分布于探沟西部，堆积呈西高东低状，土质结构松软。内含白砂粒和红烧土粒、木炭屑，出土汉代遗物。该层下开口的遗迹有龙山文化G34。

第⑤层　深0.54～0.56、厚约0.40米。黄褐色黏土，分布于探沟西部，叠压在生土层上。该层土质结构紧密，较纯净，堆积平整。出土少量龙山文化的陶片。

（二）遗迹

龙山文化遗迹只有G34。

G34

位于T025～T026中部，开口于第④层下，打破第⑤层，自东向西分别被近现代和汉代的坑、沟所打破，是两城镇龙山文化中环壕的组成部分，东西宽27.86、存深2.96米，该沟剖面由东西两端向中心倾斜，坡度较缓，沟底近平，根据沟内堆积情况自上而下可分为三大层。

第①层　被G32破坏严重，仅存在环壕的西部（外侧），长约8.00、存深0.80米，其中部和东部已被G30、G31破坏。沟内堆积为黄褐色和黑褐色土，上层较疏松，下层稍紧密。内含水锈斑块较多，出土龙山文化遗物。

第②层　分布于环壕的中部和西部，该层底面的东部起伏明显而中部和东部较平，似乎是经过清淤或枯水时突遇很急的水流冲刷所致。该层一般厚1.00、最厚处1.80米。沟内堆积由深褐色土、灰黑色黏淤土分层交替叠压，土质结构细腻，但其中含有粗砂粒。出土龙山文化遗物。

第③层　该层底面挖在基岩上，两侧底面斜缓，中部相对平整。沟内堆积有浅黄色、青褐色、灰黑色淤土交替叠压，结构较纯净。出土龙山文化遗物。

该条环壕上部被晚期破坏严重，特别是其东侧，晚期扰动很深，已不见早期文化堆积。沟内各层也存在被人为破坏或雨水冲刷的现象。其中G34①层的堆积相对杂乱，有被水浸泡的特点，土块中多有水锈斑，可能是废弃堆积。G34②层和G34③层为淤积所致。

（三）遗物

1．石器

该条探沟内出土石器较少，且残断缺失严重，多不能判断其完整形状和用途，所见器形有石斧、石刀、石镰、磨棒和石拍子几种。现选择较清楚者介绍。

（1）石斧

标本T025G34②：4，该器上下端均残断，器体平面为长方形，纵、横剖面均为窄长方形，器表经磨光，表面平整、光滑。

（2）石镰

标本T026G31：8（#7708；S3463），隆背凹刃镰刀，尖峰形首端缺失，纵剖面为长条形，单面刃，器体后端宽厚。残长11.5、宽6.0、厚1.0厘米（图5–163，4）。

（3）石刀

有如下几种样式。

标本T025G34②：13（#7812；S3446），长方形双孔石刀，器体平面为长方形，体薄，一侧边缺失，顶边微隆，单面刃，双孔对钻或两面琢打成孔。残长7.6、宽5.3、厚0.5厘米（图5–163，1）。

标本T025G34②：20（#7821；S3494），长方形无孔石刀，器体平面为长方形，体厚，一侧边缺失，双面刃，两刃角不等分。残长9.5、宽6.4、厚1.4厘米（图5–163，2）。

标本T025G34②：26（#7821；S3492），半圆形石刀，缺失部分略超过器体一半，弧形背（即拱形背），单面刃，器体较厚。残长6.7、宽5.6、厚0.8厘米（图5–163，3）。

（4）石镞

标本T025G34②：28（#7822；S3442），四棱形镞，前锋断失，横剖面呈菱形，铤为锥形且与镞身无明显分界，制作规整。残长6.8、宽2.4、厚0.8厘米（图5–163，5）。

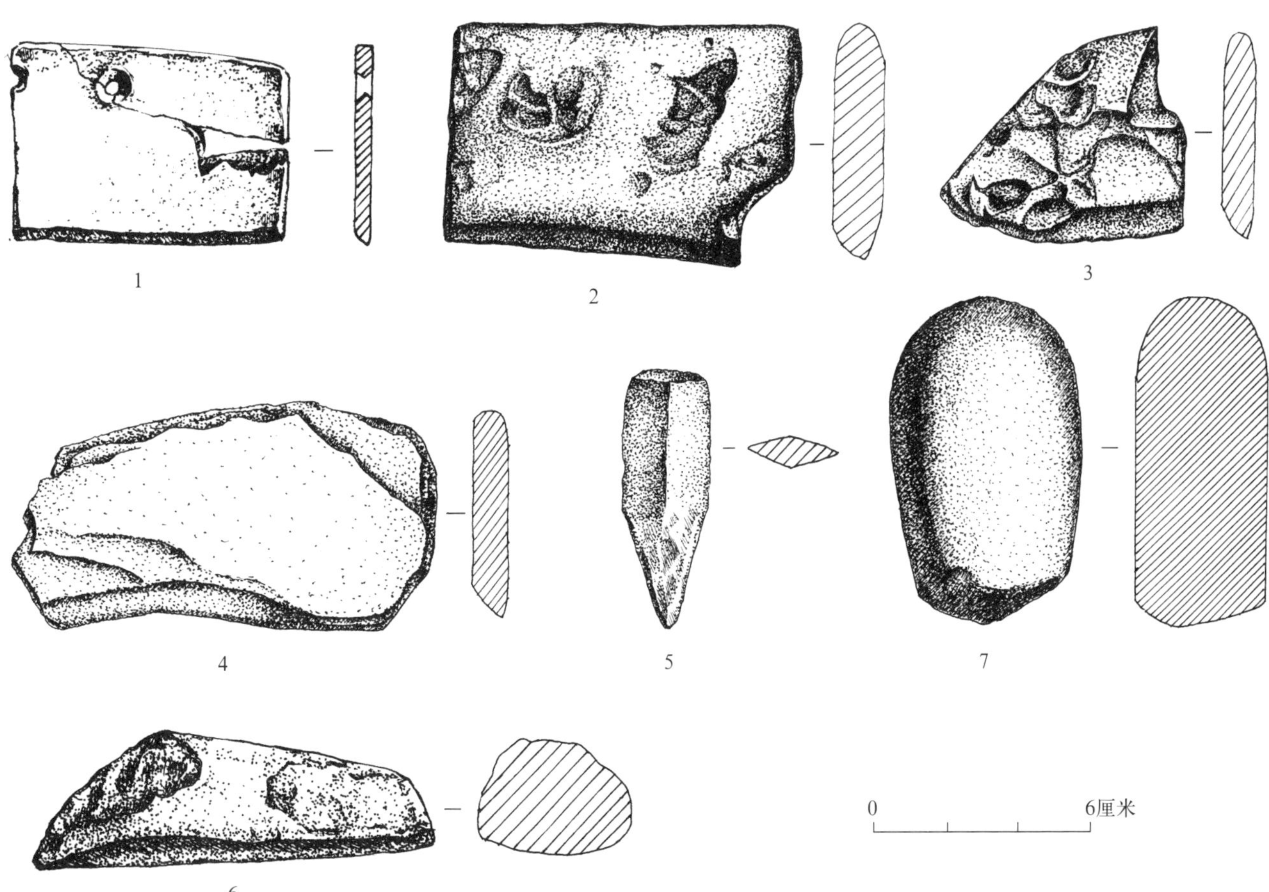

图5–163　T025～T026出土石器

1～3．石刀T025G34②：13、T025G34②：20、T025G34②：26　4．石镰T026G31：8　5．石镞T025G34②：28　6．石磨棒T026G31：1　7．石拍子T025G31：01

（5）石磨棒

标本T026G31：1（#7701；S3460），器体两端细中部粗，器表使用及撞击痕迹清楚，纵剖面近椭圆形。残长10.9、宽3.6、厚4.1厘米（图5-163，6）。

（6）石拍子

标本T025G31：01（#7705；S3455），弧形顶，两边竖直光滑，底部残断。器体便于手握使用，推测为拍打加工使用。残长8.7、宽5.2、厚3.6厘米（图5-163，7）。

2．陶器

T025～T026龙山文化遗迹仅存G34和T025⑤层，G34①层与T025⑤层遗物极少且无完整者。出土物均为G34②、③层即使用期遗留。

（1）鼎

可分为以下几种样式。

标本T025G34②：22，泥质黑陶。侈口，圆唇，折沿，鼓腹，平底，足均残。单把手，沿面上有一周凹槽，腹上部有两周凹弦纹。口径11.4、底径7.6、残高13.6、厚0.4～0.6厘米（图5-164，1）。同一样式的有标本T025G34②：13（图5-164，2）。

标本T025G34②：32，泥质黑陶。侈口，尖唇，折沿，口沿内敛，腹稍鼓，平底内凹，三

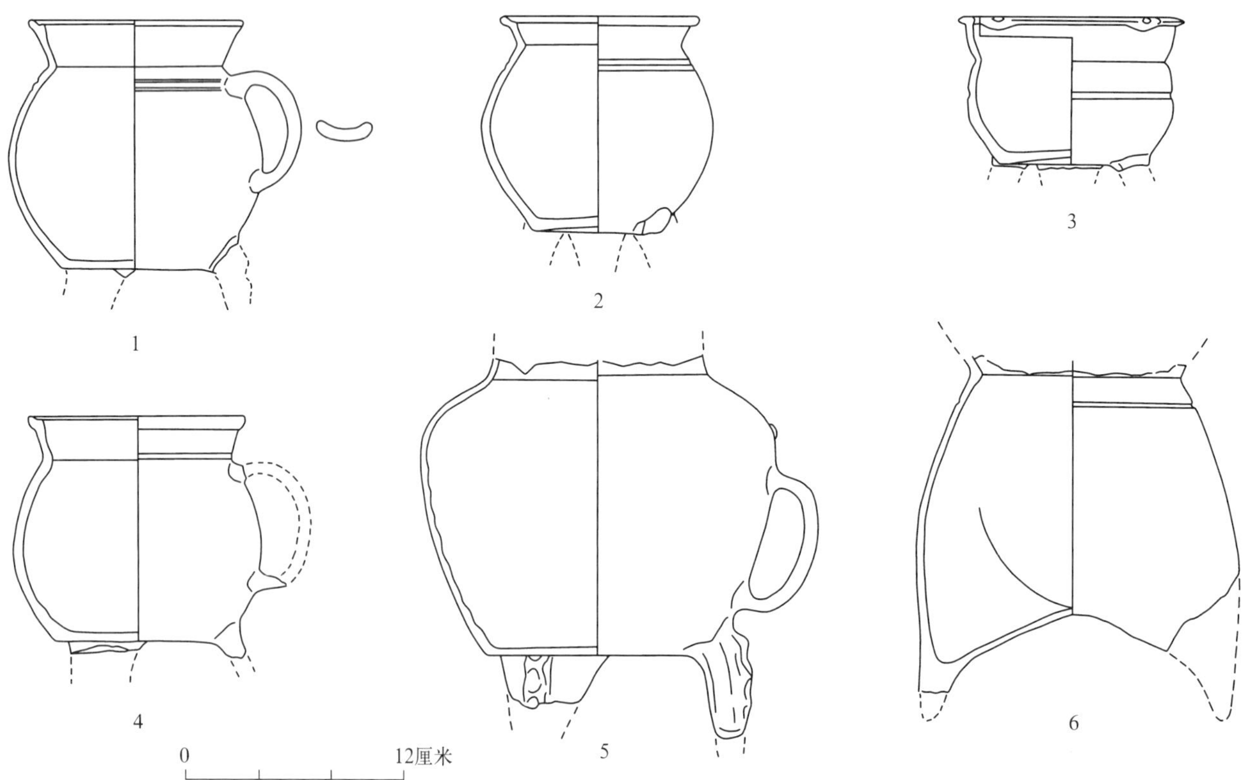

图5-164　T025～T026出土陶器

1～5．鼎T025G34②：22、T025G34②：13、T025G34②：32、T025G34②：21、T025G34②：35　6．甗T025G34②：18

足残。口沿上有三个泥饰，腹饰一周凹弦纹。口径10.8、底径7.2、残高8.2、厚0.4～0.7厘米（图5-164，3）。

标本T025G34②：21，夹砂黑陶。侈口，圆唇，卷沿，鼓腹，平底，三足残。单把手残，沿面上有一周凹槽。口径11.75、底径8.8、残高13.0、厚0.3～0.6厘米（图5-164，4）。

标本T025G34②：35，夹砂黑陶。口残，卷沿，粗颈，圆肩，腹部自肩以下斜收，平底，无孔鸟喙形足残。单把手，肩部有一对泥饰。口径残缺。底径11.9、残高20.4、厚0.3～0.45厘米（图5-164，5）。

（2）甗

只1件仅存下部。

标本T025G34②：18，夹砂黑陶。上部残，束腰，深腹，弧裆，瘦袋足，实足尖。残高18.0、厚0.35～0.65厘米（图5-164，6）。

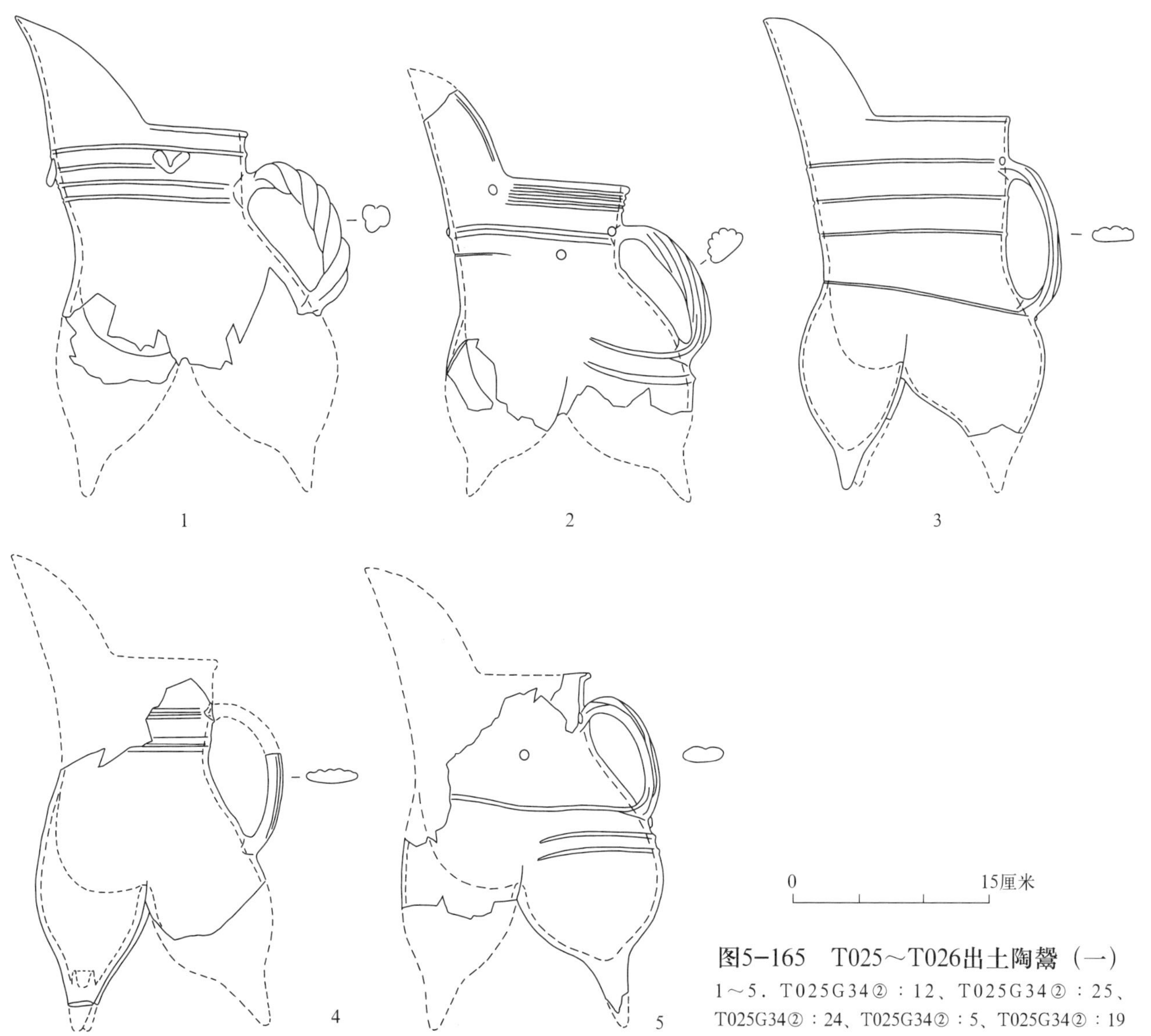

图5-165　T025～T026出土陶鬶（一）

1～5. T025G34②：12、T025G34②：25、T025G34②：24、T025G34②：5、T025G34②：19

（3）鬶

可分为以下四种样式。

标本T025G34②：12，泥质红陶。直口，圆唇，粗短颈，宽流，绳索形把手，袋足残，但仍可见，把手下一足斜长且粗大。颈部有盲鼻、圆饼和凹弦纹。口径7.6～8.3、残高27.0、厚0.25～0.5厘米（图5－165，1；彩版二九三，1）。同一样式的有标本T025G34②：25（图5－165，2）。

标本T025G34②：24，夹砂红陶。直口，圆唇，粗长颈，宽流，绳索形把手，袋足肥大，实足尖。颈部饰圆饼和凹弦纹。口径10.4、高34.5、厚0.25～0.4厘米（图5－165，3）。同一样式的有标本T025G34②：5、T025G34②：19（图5－165，4、5）。

标本T025G34：40，夹砂红陶。口稍敞，圆唇，粗颈，把手宽厚或外翻，袋足肥大，实足尖。颈部饰四周凹弦纹。口径残缺、残高24.8、厚0.15～0.45厘米（图5－166，1）。同一样式的有标本T025G34：39（图5－166，2；彩版二九三，2）。

标本T025G34③：49，夹砂白陶。敞口，圆唇，粗长颈，高流，短袋足稍瘦，绳索状把手，颈、腹、袋足处饰圆饼、凹弦纹或附加泥条，实足尖。口径8.8、残高32.3、厚0.3～0.4厘米（图

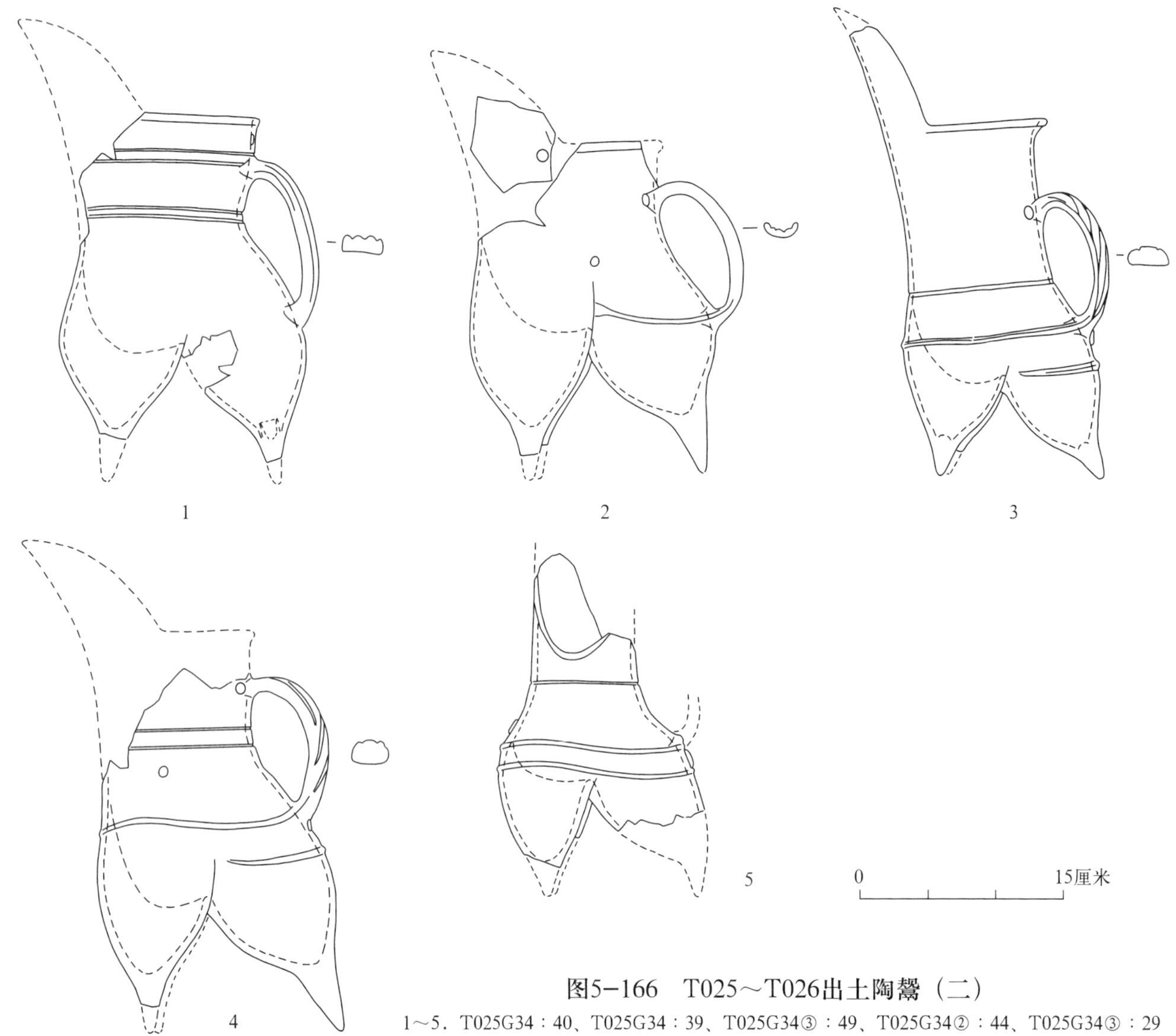

图5－166　T025～T026出土陶鬶（二）

1～5. T025G34：40、T025G34：39、T025G34③：49、T025G34②：44、T025G34③：29

5－166，3；彩版二九三，3）。同一样式的有标本T025G34②：44（图5－166，4；彩版二九三，4）、T025G34③：29（图5－166，5）。

（4）罐

有如下几种样式。

标本T025G34②：27，夹砂黑陶。直口微外敞，圆唇，鼓腹，平底。口径8.2、底径6.0、高13.2、厚0.3～0.5厘米（图5－167，1；彩版二九四，1）。

标本T025G34③：50，泥质黑陶。斜直口，方唇，折沿，折肩，瘦长腹，平底。肩、腹部饰竹节纹。口径13.6、底径8.2、高18.4、厚0.2～0.45厘米（图5－167，2）。

标本T025G34②：14，夹砂黑陶。侈口，圆唇，折沿，深腹外鼓，小平底。口内侧下凹，腹上部饰两周凹弦纹。口径13.6、底径6.0、高17.7、厚0.4～0.8厘米（图5－167，3）。

标本T025G34③：30，夹砂黑陶。侈口，尖唇，折沿，鼓腹，平底。腹中部饰一周凹弦纹。口径12.0、底径6.6、高13.3、厚0.4～0.6厘米（图5－167，4）。

标本T025G34②：9，泥质红陶。直口，尖唇，鼓腹。腹部有一对宽鋬手，底残。口径10.8、底径残缺、残高20.0、厚0.35～0.75厘米（图5－167，5；彩版二九四，2）。

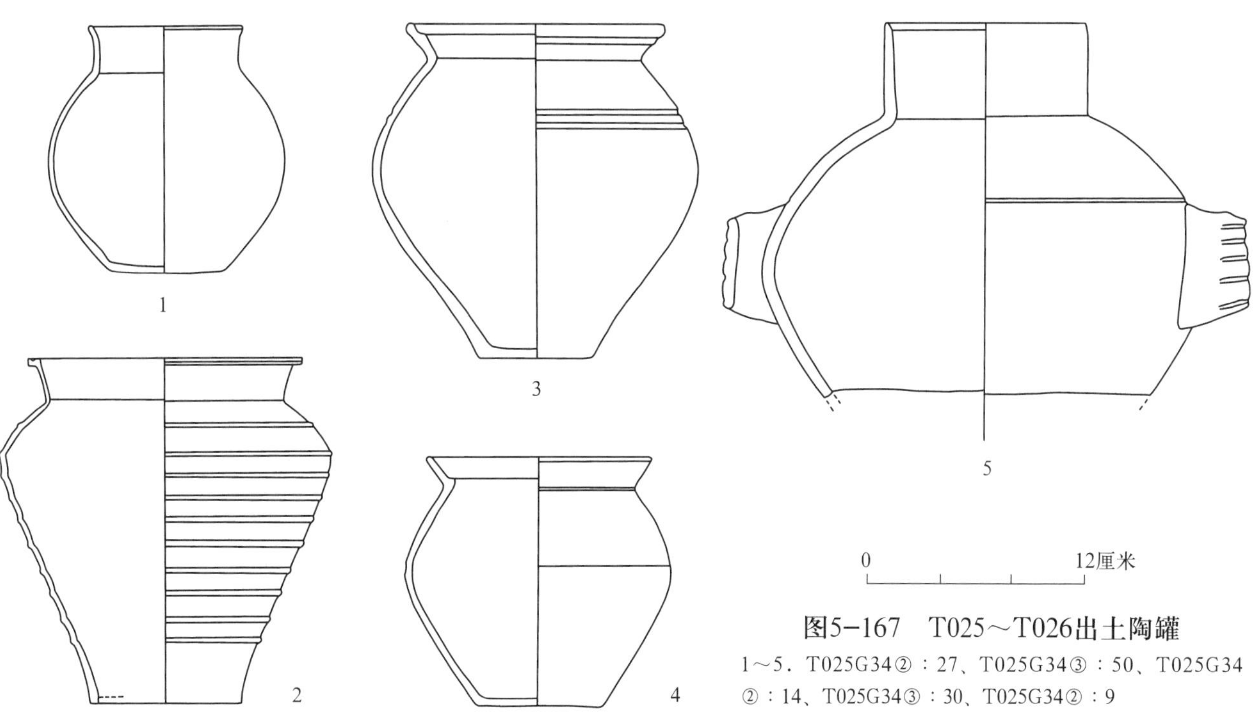

图5－167　T025～T026出土陶罐

1～5．T025G34②：27、T025G34③：50、T025G34②：14、T025G34③：30、T025G34②：9

（5）平底盆

有如下两种样式。

标本T025G34③：34，泥质黑陶。敞口，圆唇，卷沿，腹部斜收，平底。腹中部饰两周凹弦纹。口径35.5、底径27.3、高9.1、厚0.4～0.7厘米（图5－168，1）。

标本T025G34②：35，泥质黑陶。敞口，圆唇，卷沿，腹部中束，平底。腹中部有一对宽鋬

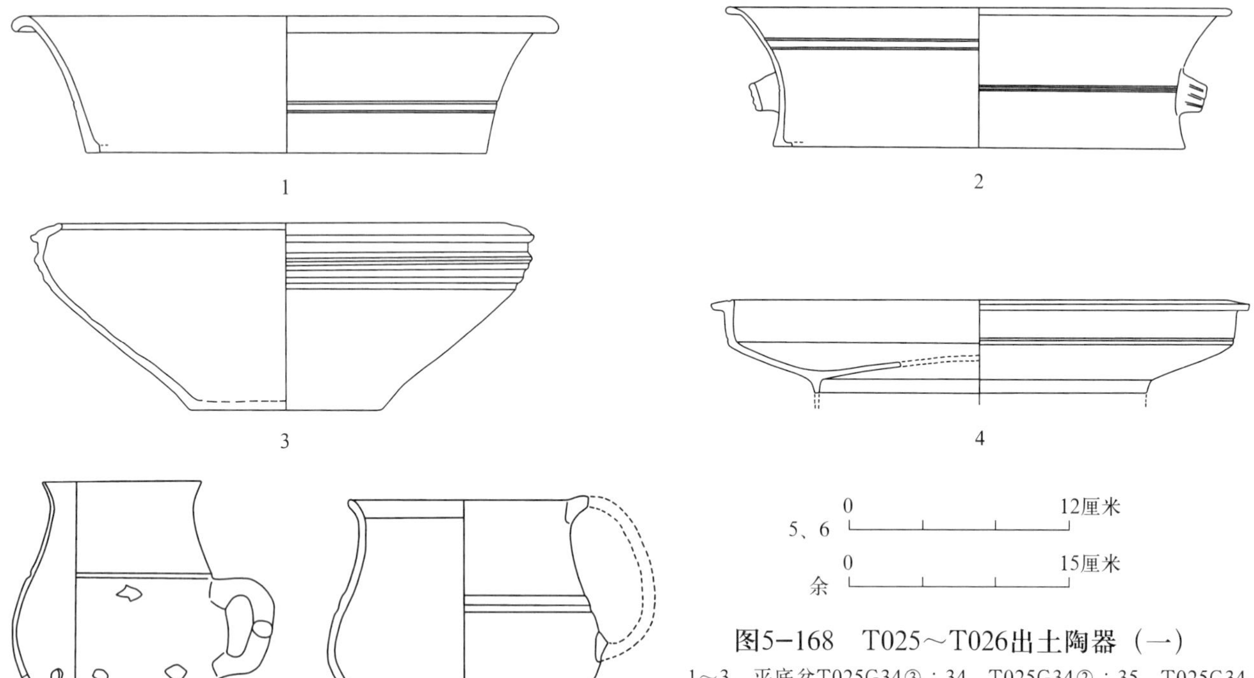

图5-168　T025～T026出土陶器（一）

1～3．平底盆T025G34③：34、T025G34②：35、T025G34③：31　4．圈足盘T025G34②：36　5、6．杯T025G34③：48、T025G34③：41

手，并饰凹弦纹一组。口径33.5、底径22.2、高9.3、厚0.25～0.6厘米（图5-168，2）。

标本T025G34③：31，夹砂黑陶。敛口，圆唇，短颈，腹壁斜收，小平底。腹上部饰一组弦纹。口径30.5、底径12.8、高12.5、厚0.5～0.75厘米（图5-168，3）。

（6）圈足盘

仅1件，圈足残。

标本T025G34②：36，泥质黑陶。直口，圆唇，平沿，盘腹壁上部竖直，下部内敛，平底内凹，圈足残失。口径33.0、底径残缺、残高6.2、厚0.3～0.6厘米（图5-168，4）。

（7）杯

有如下两种样式。

标本T025G34③：48，泥质黑陶。束颈，敞口，尖唇，鼓腹，小平底内凹，底缘外突，单耳，颈腹间有一周凹弦纹，腹部有两排共六个烧前形成的不规则琢孔。口径8.6、底径5.9、高14.4、厚0.15～0.45厘米（图5-168，5；彩版二九四，3）。

标本T025G34③：41，夹砂黑陶。束颈，敞口，圆唇，鼓腹，平底，单耳残。颈、腹间有台级形凸棱。口径12.4、底径8.4、高13.2、厚0.3～0.5厘米（图5-168，6）。

（8）镂孔器

有如下两种样式。

标本T025G34③：33，夹砂灰陶。敛口，圆唇，宽沿内卷，矮壁，平底内凹。厚壁，壁面有一周均匀的小圆孔。口径53.2、底径54.1、高5.0、厚1.0～1.2厘米（图5-169，1；彩版二九四，4）。

标本T025G34③：45，夹砂黑陶。器体残，口部为圆角方形或长方形，圆腹，平底。底面有对称的小圆孔。口径残缺。底径10.2、高9.4、厚0.4～0.8厘米（图5-169，2）。

（9）器盖

仅1件。

标本T025G34③：46，夹砂白陶。圆形盖面残，周边起缘，柱状纽，为常见的鬶盖。口径20.5、纽径3.1、高8.8、厚0.5～0.8厘米（图5-169，3；彩版二九四，5）。

（10）圆陶片

仅1件。

标本T025G34②：37，夹砂黑陶。用器底加工而成，边缘不规整，似为加工时打琢痕。直径12.6～13.2、厚1.2厘米（图5-169，4）。

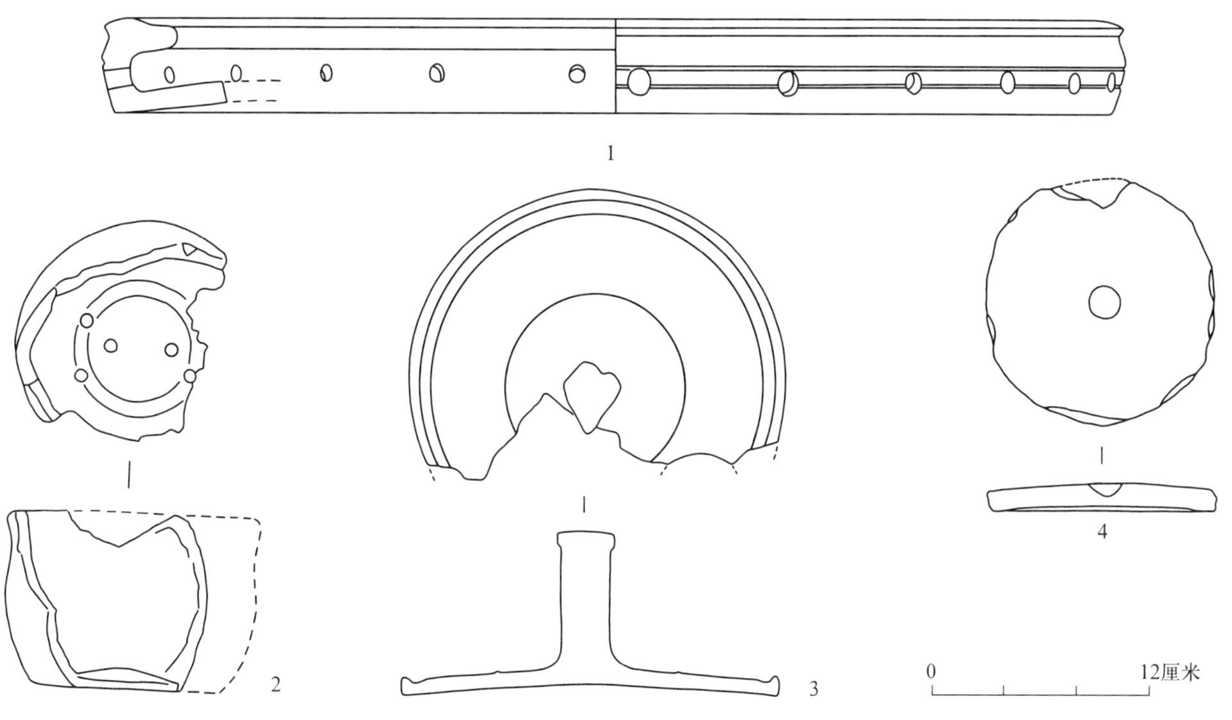

图5-169　T025～T026出土陶器（二）

1、2. 镂孔器T025G34③：33、T025G34③：45　3. 器盖T025G34③：46　4. 圆陶片T025G34②：37

八　T050～T051

T050和T051均位于两城七村村北，东距T022约60米，现为村民菜地，根据钻探已知内环壕、中环壕及中环壕内侧的墙基就从这一地段经过。为进一步搞清楚它们之间的关系和结构，决定在此进行解剖发掘。这一地段虽然地势平坦，但比南面的海拔高度要低2～3米，其南面还临近一个大水塘，发掘前适逢雨季刚过，当年的降水量又很大，以致地下水位很高，当地村民又在这里挖了多个临时建筑，阻断了设计的探沟，在交涉无果的情况下，无奈选定的解剖沟虽然在同一条东西线上，但中间相隔23米。T050在东，长18.00、宽2.00米。T051在西，东西长10.00、宽2.00米。T051西南角坐标为922.42N、1326.86 E，海拔高度为8.82米。发掘结束后，根据两条解剖沟的地层堆积线索，对中间23米一段，进行了孔距1米的密集钻探，以探孔剖面图连接两条探沟的关系，作为补救措施。现把两条探沟的发掘及中间部分钻探的情况介绍如下。

（一）T050

1．地层堆积

以T050北壁剖面为例（图5-170）。

第①层　厚0.20～0.30米。耕土层。灰褐色，质疏松。

第②层　厚0.10～1.04米。扰土层。浅灰褐色，质疏松，有近代取土坑。该层下开口的龙山文化遗迹，自东而西有H599、夯土墙Q1、Q2、G49，其中H599打破Q1，Q1打破Q2，G49打破Q2。而它们（H599、夯土墙基、G49）之下叠压的有G46、G47、G48，其中G47打破东端的G48，G47还被沟槽C1所打破。

2．遗迹

该地段地层关系复杂，龙山文化遗迹间的打破、叠压关系也很频繁，选择与环壕有直接关系的进行介绍。

（1）G49

位于T050西部，开口于扰土层和近代坑下，打破Q2，根据暴露情况和向南北两侧钻探确定为南北向短期冲沟，口部存宽约5.20、存深1.14米，横剖面呈圜底形。可分上、下两层，上层深灰色淤土，土质细腻，结构较紧，内含水锈斑点的黄土块。下层深灰色淤土，沉淀特征清楚，结构紧密，内含少量红烧土颗粒。两层内均出土龙山文化陶片和少量兽骨。

（2）夯土墙基（Q1、Q2）

是本探沟的重要遗迹，西部被G49打破，东部被H599打破，东西存长11.60米（其方向为北偏东约30°）。其中Q1打破Q2。Q1和Q2的土质和结构基本相同，均为黄褐色黏土，分层清楚，每层中间都有摆放整齐的石块。其中Q1可分为五、六层，存深1.60米，每层的石块均位于该层的中部，宽0.70～1.20米，方向为北偏东30°左右。石块最大者长20.0厘米，最小者长6.0厘米，均无特别加工，其形成方法是每铺垫一层黄褐色黏土，在上面放置好石块，再略加夯打，虽然夯层不清，但依石块分层是很清楚的。Q2可分为七个大层和十几个小层，存深最深1.80、最浅处1.30～1.40米。其土质土色和结构与Q1基本相同，所以，Q1为修补Q2所为。该处夯土墙基与T022同类遗迹的方向一致，在同一延长线上，都位于同一位置所确定的中环壕内侧，其性质或为中环壕的护堤，或者就是中环壕北壕沟内侧的城墙。

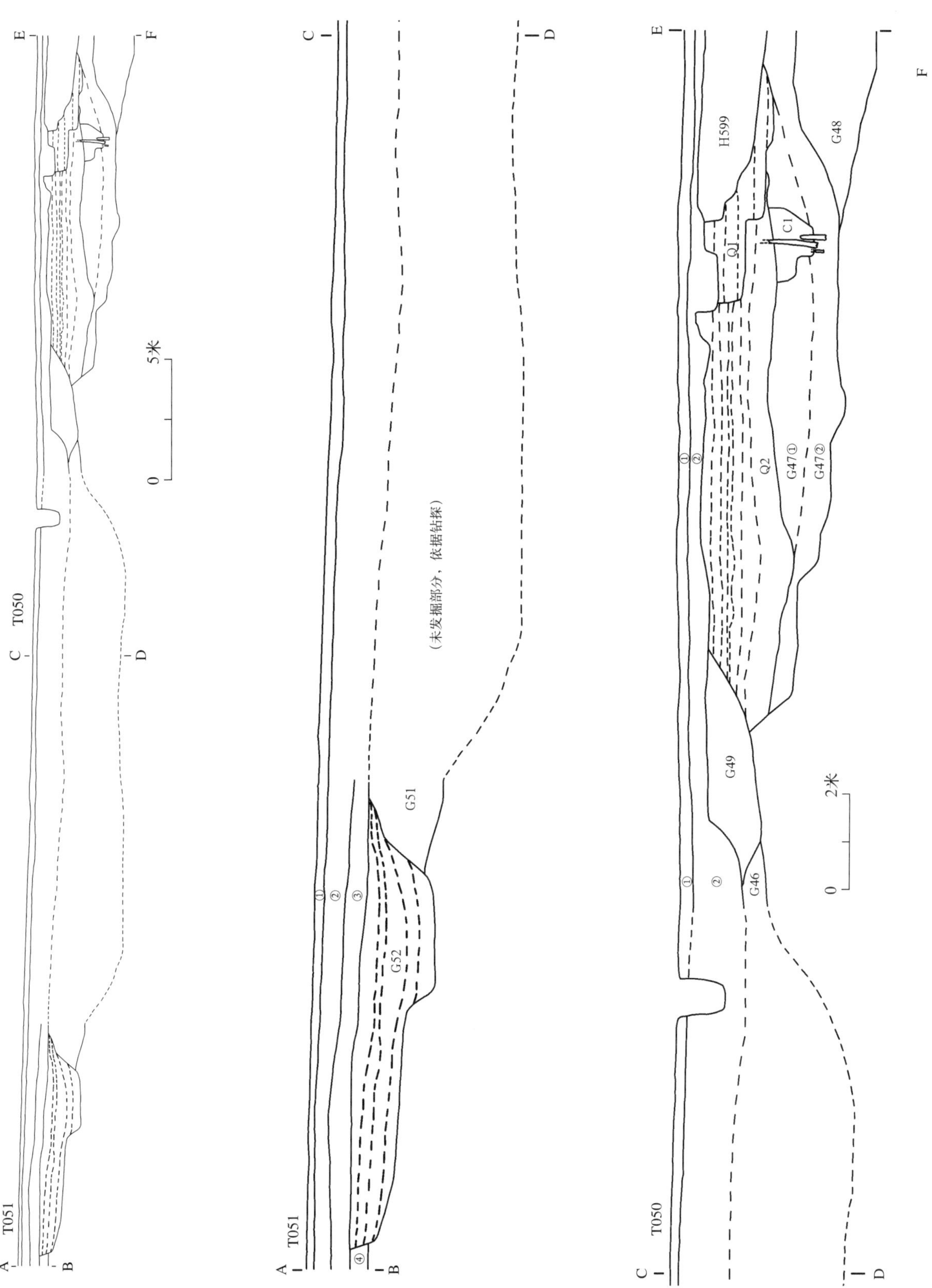

图5-170　T050～T051北壁剖面图

（3）沟槽C1

位于T050中部偏东处，开口于夯土墙基之下，打破G47，从发现痕迹可以断定，沟槽为东北—西南方向，口宽1.17、底宽0.60～0.82、深0.64～0.92米，剖面呈二层台内收。堆积为深灰色沙土，以绿沙为主，加之少量淤黏土、砾石、草木灰等。在沟槽内发现三排19根木桩，木桩顺沟槽方向呈东北—西南向，排列有序，分三排，行距6.0～20.0厘米，桩距8.0～16.0厘米，木桩直径4.0～10.0厘米，木桩存高28.0～50.0厘米，保存状况较好，个别木桩的上端在Q2内，其下已插入到G47内，为保存这一重要而一时无法解释的现象，在发掘时进行资料记录后，除已残断的木桩取做标本，其他做原地现场保存。取回标本经鉴定为栎树干。

该沟槽打破G47，其上部被Q2所破坏，从其存在形式看，可能是一挖沟埋柱的围栅遗迹，它位于中环壕内侧，建造目的是与环壕有关还是另一独立的遗迹尚难以断定，但它的相对年代是晚于G47，早于或同时于中环壕初期（被Q2打破）的时间范围是没有问题的，至于其准确的性质判定，还有待今后发掘面积的扩大而讨论。

（4）G47

位于T050中部及以东部位，叠压在Q2之下，被沟槽打破，G47又打破G48，开口处距地表1.70～2.57米，清理宽度14.50、最深处约1.70米。其中G47上层堆积结构均较紧密，但土色变化大，分呈浅褐色、深灰色和绿色沙土，堆积内所含不仅砂粒较多，而且红烧土、草木灰也比较普遍，不是环壕水流所成，是后期堆垫所为。下层为深灰色黏土，土质细腻，明显为淤积所成，内含大量冲击时沉淀的木块、木片（均炭化）和动物碎骨，出土陶片数量也比较多。

G47与沟槽可能为一体，这里原为低洼地，G47下层为淤积而成，为建筑沟槽所需铺垫加工G47上层，并形成木栏遗迹。

（5）G46

位于T050西部，被G49打破，开口处距地表1.34米，暴露部分存深仅0.56米，明显呈缓坡状，继续向西延伸，暴露宽度1.26米，是该沟最东端的沟口部位，沟内堆积由上而下分别为浅褐色、黄褐色、浅灰色和浅褐色相叠，土质细腻、纯净，各层内所含砂粒、红烧土颗粒多少不同，各层出土陶片等文化遗物稀少或没有。

（6）G48

位于T050东端，被G47所打破，由西向东渐厚，其东部继续向东延续。清理宽度4.00米，开口处距地表2.45～3.50米，东部最深处为1.75米。由西向东呈缓坡状，明显是环壕西端，但上部被G47破坏严重，堆积分别为浅褐色、灰褐色淤土，土质细腻，结构紧密，但无文化遗物。从钻探资料分析，可断定G48是内环壕的外边缘部位。

（二）T051

1．地层堆积

以T051北壁剖面为例（图5-170）。

T051东西长10.00、南北宽2.00米，西南角坐标为922.42N，1326.86E，海拔高度为8.22米。东与T050相距23米。

T051的地层堆积分四层，下面分别介绍：

第①层　厚0.16～0.22米。耕土层。

第②层　深0.16～0.22、厚0.35～0.54米。近代扰土层，黄褐色黏土，布满探沟。出土近代瓷片等物。

第③层　深0.42～0.76、厚0.30～0.50米。布满探沟，浅灰褐色黏土，结构紧密。内含较多的砂粒，出土龙山文化陶片。该层下开口的遗迹有G52和G51，G52打破G51。

第④层　深0.92、厚0.39米。仅存于探沟西部0.50米，被G52打破，黄色黏土，结构紧密，质坚硬。无出土物。

2．遗迹

（1）G52

基本布满探沟，叠压在第③层下，打破第④层和G51，开口距地表0.90～1.06米，口宽约9.20米，该沟形状由两侧浅向中间渐深，而底面则西部浅（最深处约1.10米），东部深（最深处约1.60米）。东西两段底面均较平缓，挖建在基岩上。沟内堆积分为5小层：

第①层　厚0.15～0.28米。浅灰褐色黏沙土，结构紧密，质较坚硬。内含红烧土粒、粗砂及大量陶片。

第②层　厚0.02～0.26米。深灰褐色黏砂土，西薄东厚，结构紧密，分层状明显。出土数量较多的陶片，比较完整的陶器、石器和兽骨等。

第③层　厚0.42～0.47米。黄色黏沙土，堆积较平整。内含较多的黄砂粒及陶片（陶器）等。

第④层　厚0.22～0.38米。灰褐色黏淤土，主要分布在东部，结构紧密，质细腻。内含少量草木灰、兽骨和数量较多的陶片。

第⑤层　厚0.14～0.50米。灰褐色黏淤土，结构较疏松。内含少量草木灰、陶片数量也明显减少。

G52存宽9.20、存深1.60米，分5层堆积，堆积均呈西高东低状。各层中除最底层出土物较少外，其余各层均有大量陶片出土，特别是第②、③两个小层内，所出比较完整的陶器比较集中，似是在水流较大时把生活使用器物冲入沟内的，该沟的延伸情况有待进一步工作来搞清楚。

（2）G51

位于T051东端，开口于③层下，开口处距地表1.10米，被G52所打破，暴露长仅1.92、现存最深处1.58米。沟内堆积分四层，由上而下分别为黑褐色黏土、浅黄褐色黏土、浅灰色黏土和黄色黏土相叠压而成，土质均细腻，结构紧密，堆积中杂有草木灰屑、砂粒，最上层和最下层无陶片出土，中间两小层出土少量陶片。

G51在T051内只暴露其西部一小部分，又被G52所打破，但其趋势向东延伸是确凿无疑的，而东部T050的G46则向西延伸，中间相隔23米，没有直接暴露的地层连接，但在发掘结束后，对中间地段进行了钻探，结果基本可证明两边是可以连接在一起的，各探孔从地表至1.20米左右陆续出现环壕淤积土，中间深至4.20米左右到基岩，并向东西缓坡变浅，与东端的G46、西端的G51衔接趋势清楚，虽然有待今后发掘做最后验证，应该是中环壕在此流经的位置。其宽度应为26米左右。

另外，对T050的G48，压在东壁下，但已出现明显的上升趋势，对此也进行了钻探，结果证明向东延伸，认为应是内环壕边缘的位置。

内环壕废弃之后，经对其填修整平，在此上建筑Q2，作为中环壕内侧的城墙，从地层关系、结构形式和出土物反映的时代都是对应的。

（三）遗物

T050、T051实为解决一个目的而开挖的探沟，只是因为发掘时的客观原因分作两段，中间相隔23米，但结合钻探资料，把T050、T051出土物分为四个时间段，一是晚于中环壕的出土物，即H599、G49和G52。二是中环壕使用期出土物，即G46和G51的使用堆积出土物，如把Q1、Q2与中环壕视为同时存在，也应包括Q1、Q2在内。三是早于中环壕而晚于内环壕的出土物，即G47的出土物。四是内环壕的出土物，即G48的出土物。

（1）鼎

主要有以下几个样式，均出自第一组单位。

第一组：

标本T050H599：13，夹砂黑陶。侈口，方唇，折沿，鼓腹，平底，无孔鸟喙形足痕。口沿内侧有一周凹槽，器表饰密集的十二周凹弦纹。口径15.4、底径9.8、残高16.4、厚0.3～0.8厘米（图5−171，1）。同一样式的有标本T050H599：9（图5−171，2）、T051G52：29（图5−171，3；彩版二九五，2）。

标本T051G52：26，夹砂黑陶。侈口，圆唇，折沿，鼓腹，平底，足残失。口沿内侧下凹，器表饰密集的十周凹弦纹。口径14.1、底径9.2、残高14.6厘米（图5−171，4；彩版二九五，3）。同一样式的有标本T051G52：13（图5−171，5）。

标本T051G52：27，夹砂黑陶。侈口，圆唇，卷沿，鼓腹，平底，鸟喙形足痕。腹上部有对称的圆泥饼和盲鼻各一对，器表饰四周凹弦纹。口径18.0、底径13.2、残高16.8、厚0.4～0.7厘米（图5−171，8）。同一样式的有标本T051G52：9（图5−171，7；彩版二九五，1）。

标本T051G52：41，夹砂黑陶。口内倾，圆唇，平沿，鼓腹，平底，足残失。腹上部有对称的圆泥饼和泥突各一对，并饰两周凹弦纹及一周凸弦纹。口径10.4、底径11.8、残高11.6、厚0.35～0.5厘米（图5−171，6）。

标本T050H599：1，泥质黑陶。侈口，方唇，折沿，鼓腹，平底，无孔鸟喙形足痕，体侧有一把手。口沿内侧下凹，器表饰一周凹弦纹。口径11.1、底径8.4、残高11.2、厚0.3～0.65厘米（图5−171，9）。同一样式的有标本T051G52：30（图5−171，10）。

标本T051G52：19，夹砂黑陶。侈口，圆唇，折沿，鼓腹，平底，无孔鸟喙形足痕。体侧有一把手。口沿上有一周凹槽，器表饰密集的十周凹弦纹。口径9.7、底径9.2、残高15.5、厚0.2～0.45厘米（图5−171，11；彩版二九五，4）。

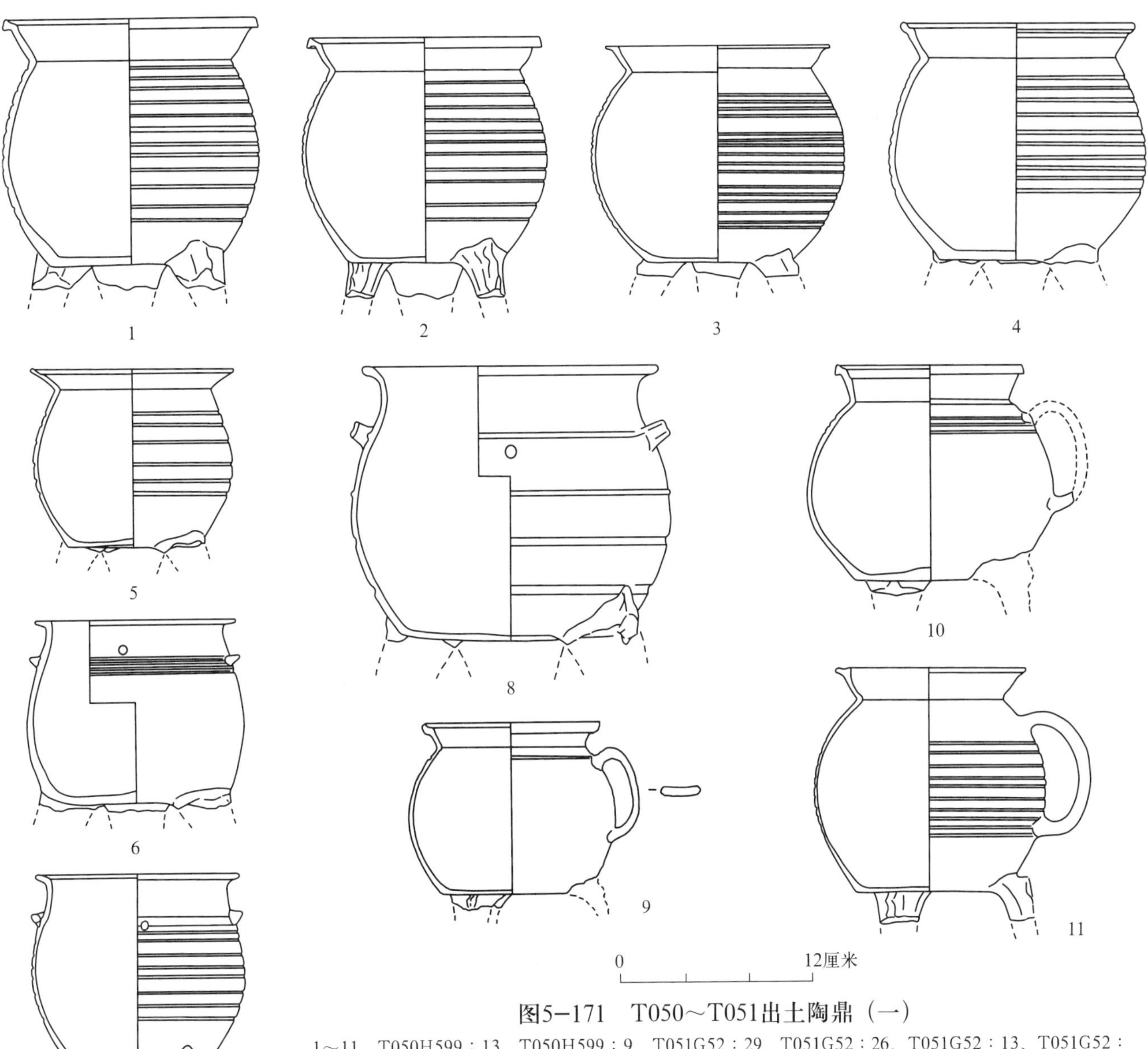

图5-171　T050～T051出土陶鼎（一）

1～11．T050H599：13、T050H599：9、T051G52：29、T051G52：26、T051G52：13、T051G52：27、T051G52：9、T051G52：41、T050H599：1、T051G52：30、T051G52：19

标本T050H599：15，夹砂黑陶。侈口，唇部上翘，折沿，鼓腹，平底，无孔鸟喙形足痕。体侧有一把手。口沿内侧下凹，器表饰一周凹弦纹。口径14.2、底径11.2、残高17.0、厚0.3～0.5厘米（图5-172，5）。同一样式的有标本T051G52：28（图5-172，1）、T051G52：11（图5-172，2）、T051G52：18（图5-172，3；彩版二九五，5）、T051G52：10（图5-172，4；彩版二九五，6）。

标本T051G52：38，夹砂黑陶。盆形深腹，直口微内敛，圆唇，窄沿，深腹下部折内收，平底稍内凹，"V"字型足。口沿外侧压成花边状，口沿下有三个等分的盲鼻，器表饰凸弦纹，足外侧有对称的小圆孔。口径15.3、底径7.1、高15.6、厚0.2～0.4厘米（图5-172，9）。同一样式的有标本T050H599：20（图5-172，8）。

标本T051G52：4，夹砂黑陶。盆形浅腹，直口微内敛，圆唇，平沿，腹壁近直，平底，鸟喙形足。口沿上有一周凹槽，口沿外侧有一对贯耳，器表饰四周凸弦纹及两周凹弦纹。口径21.2、底径

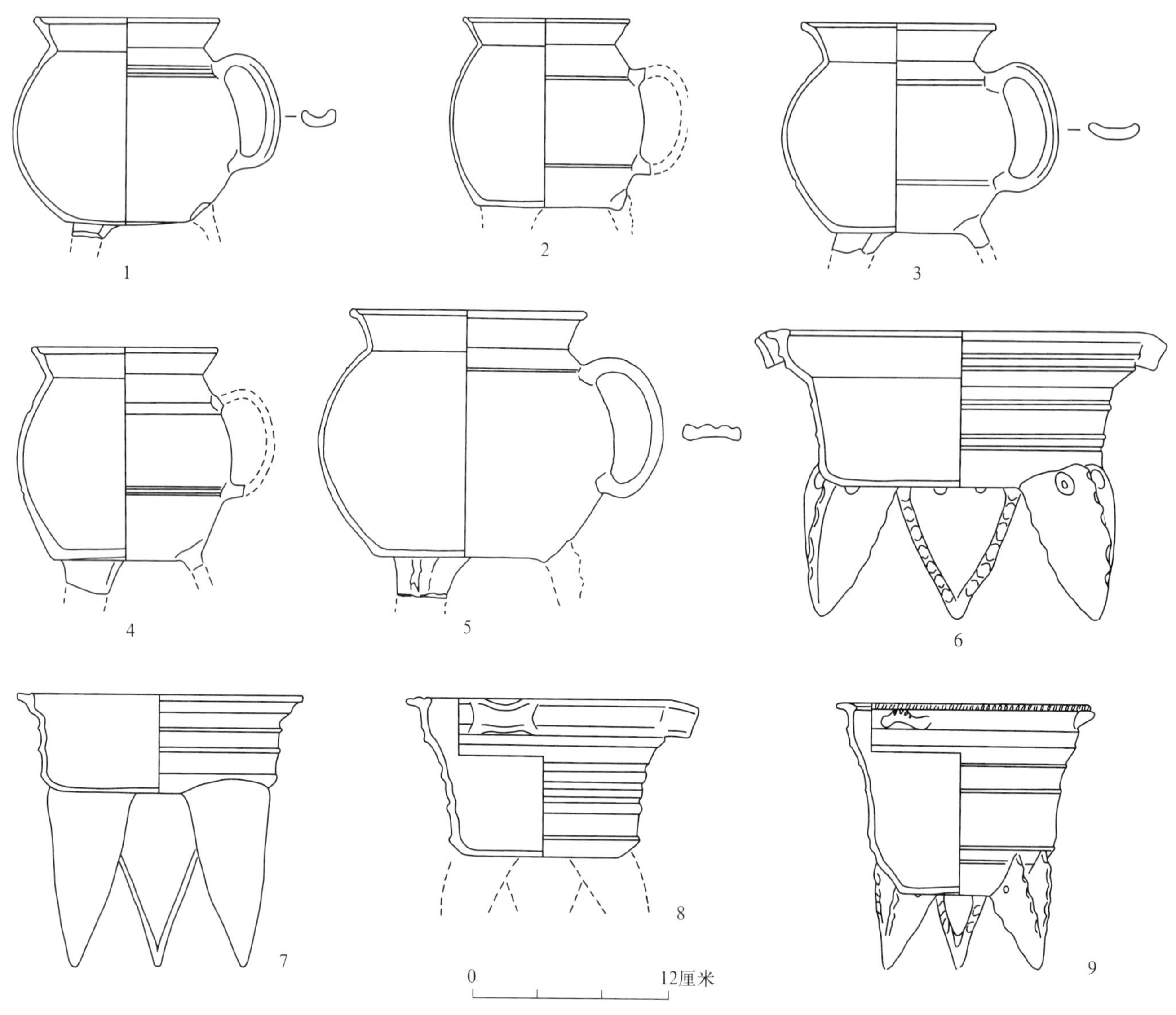

图5-172 T050～T051出土陶鼎（二）

1～9．T051G52：28、T051G52：11、T051G52：18、T051G52：10、T050H599：15、T051G52：4、T050H599：8、T050H599：20、T051G52：38

14.0、高16.9、厚0.4～0.7厘米（图5-172，6）。

标本T050H599：8，泥质黑陶。盆形浅腹，直口，方唇，平沿，腹壁竖直，平底，素面鸟喙形足。口沿上有一周凹槽，器表饰两周凸弦纹。口径15.2、底径12.0、高16.1、厚0.2～0.4厘米（图5-172，7）。

（2）甗

仅1件，为第一组单位出土。

标本T051G52：7，夹砂黑陶。侈口，方唇，卷沿，甑部鼓腹，束腰，鬲部深腹，弧裆，袋足。口沿内侧下凹，腹上部有一对盲鼻，器表饰两周凹弦纹。口径20.1、残高34.5、厚0.3～0.7厘米（图5-173，1）。

（3）鬶

均为第一组单位出土。

标本T051G52：1，泥质红陶。粗颈，圆唇，中长流，袋足，体侧有一把手，尖锥状足尖。厚把手外侧有一周凹槽，把手上根部两侧有一对圆泥饼，器表饰三周凸弦纹。口径9.4、高27.5、厚0.2～0.35厘米（图5–173，3；彩版二九六，1）。同一样式的有标本T050H599：16（图5–173，4；彩版二九六，2）、T050H599：6（图5–174，1；彩版二九六，3）、T050H599：10（图5–174，2）。

标本T051G52：14，白衣红陶。粗颈内束，圆唇，斜高流，肥袋足，尖锥状足尖，体侧把手外卷。颈部有一对圆泥饼并饰两周凹弦纹，袋足上有间断的凸弦纹。口径10.2、高36.3、厚0.25～0.4厘米（图5–173，5）。同一样式的有标本T051G52：12（图5–173，2）、T051G52：53（图5–174，4）、T051G52：22（图5–174，5；彩版二九六，4）。

标本T050H599：7，泥质红陶。粗颈，圆唇，流斜直，袋足，绹索状把手。流口两侧和把手上根两侧各有一对圆泥饼，颈下部与流对应处也有圆泥饼，器表饰凸弦纹。口径10.4、残高28.4、厚

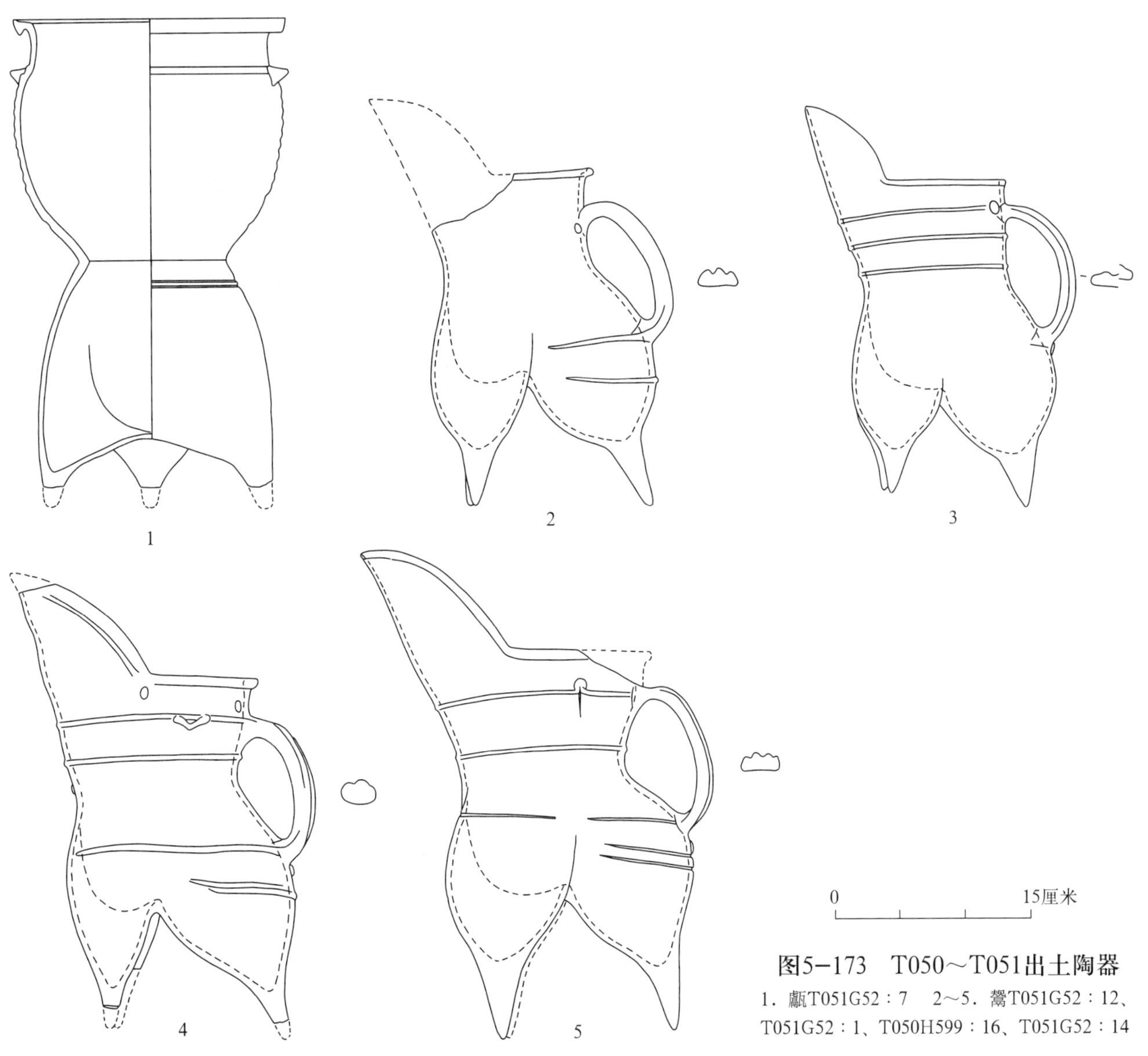

图5–173　T050～T051出土陶器

1．甗T051G52：7　2～5．鬶T051G52：12、T051G52：1、T050H599：16、T051G52：14

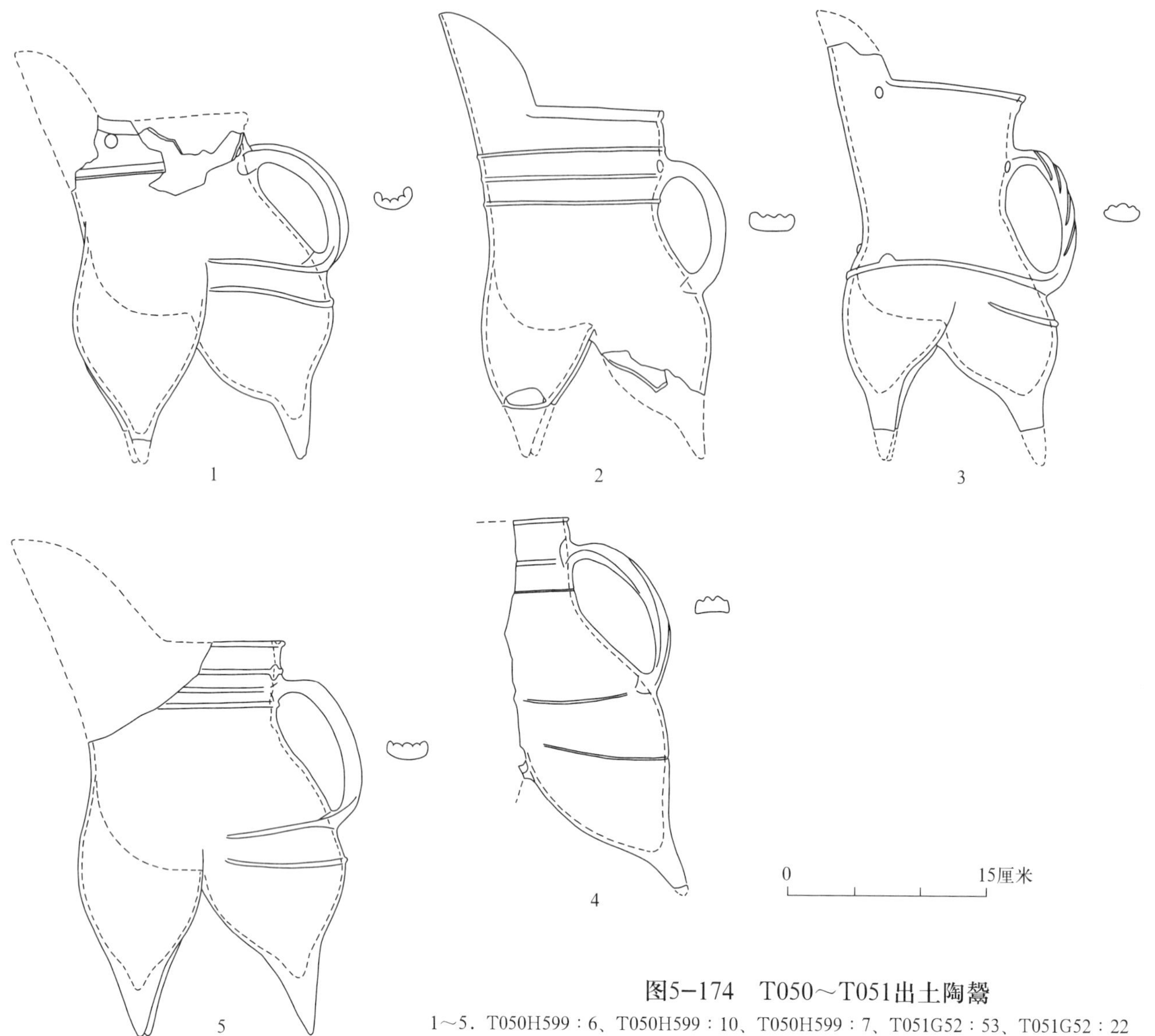

图5-174　T050～T051出土陶鬶

1～5. T050H599：6、T050H599：10、T050H599：7、T051G52：53、T051G52：22

0.25～0.6厘米（图5-174，3）。

（4）罐

第一组：主要有如下几种样式。

标本T051G52：39，夹砂黑陶。侈口，圆唇，折沿，鼓腹，平底。器表饰三组凹弦纹。口径12.8、底径7.5、高16.6、厚0.3～0.7厘米（图5-175，1）。同一样式的有标本T051G52：17（图5-175，2；彩版二九七，1）、T051G52：24（图5-175，3）、T051G52：35（图5-175，4；彩版二九七，2）。

标本T051G52：33，泥质灰陶。大口，圆唇，卷沿，粗短颈，鼓腹，平底。腹上部有对称的圆泥饼和盲鼻各一对，器表饰三周凹弦纹及两周凸弦纹。口径14.4、底径6.7、高14.4、厚0.25～0.5厘米（图5-175，5；彩版二九七，3）。

标本T050H599：12，夹砂黑陶。直口，方叠唇，粗短颈，圆肩斜长，鼓腹，平底。器表饰两周

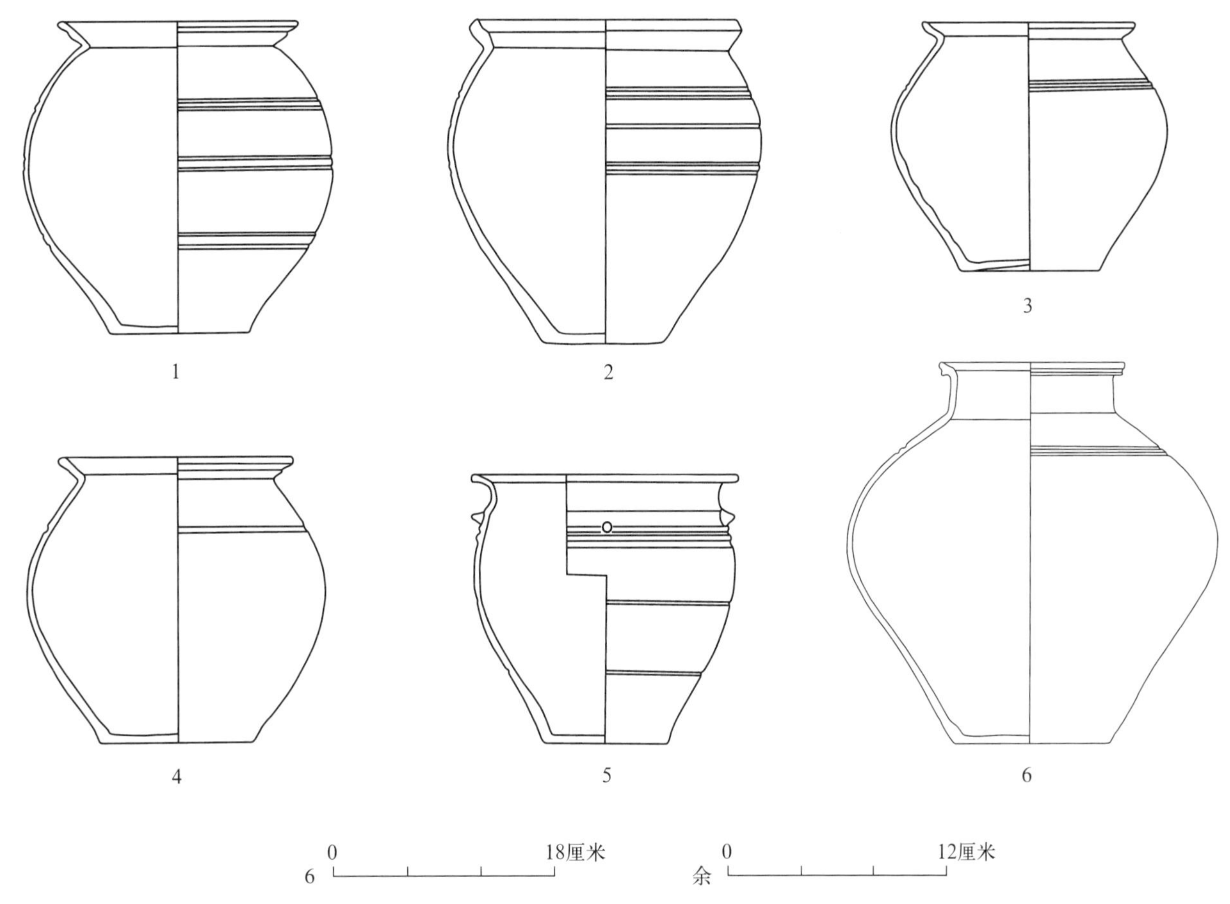

图5-175　T050～T051出土陶罐（一）

1～6. T051G52：39、T051G52：17、T051G52：24、T051G52：35、T051G52：33、T050H599：12

凹弦纹。口径15.0、底径12.6、高30.6、厚0.5～1.2厘米（图5-175，6；彩版二九七，4）。

标本T051G49：4，泥质灰陶。直口，卷沿，圆唇，鼓腹，平底。口径8.4、底径7.0、高14.9、厚0.2～0.6厘米（图5-176，5）。同一样式的有标本T051G52：5（图5-176，1）、T051G52：54（图5-176，2；彩版二九七，5）、T051G52：2（图5-176，4；彩版二九七，6）。

标本T050G49：3，泥质灰陶。直口，圆唇，卷沿，折肩瘦腹，平底。颈部饰一周凸弦纹，肩部饰一周凹弦纹。口径8.8、底径7.6、高16.5、厚0.3～0.7厘米（图5-176，3）。

第二组：完整者仅1件。

标本T050G47：2，夹砂黑陶。侈口，圆唇，折沿，鼓腹，平底。器表饰两周凹弦纹，厚胎。口径18.3、底径10.4、高21.7、厚0.4～0.8厘米（图5-176，6）。

（5）罍

仅1件，为第一组单位出土。

标本T051G52：21，泥质黑陶。口残失，直口，宽圆肩，瘦长腹，平底内凹。肩、腹上各有一对对称的贯耳，器表饰凹弦纹。口径残缺。底径8.2、残高15.0、厚0.2～0.4厘米（图5-177，1；彩版二九八，1）。

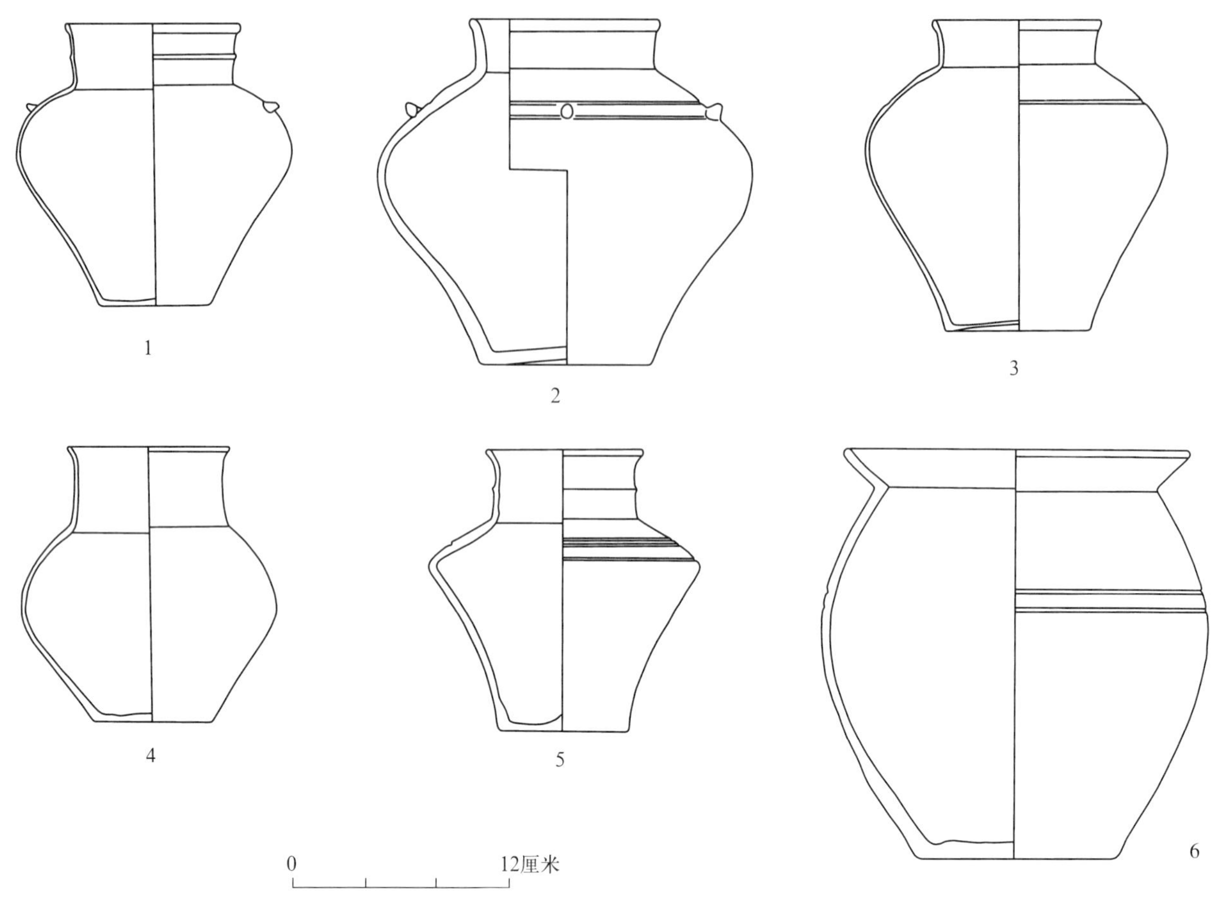

图5-176　T050～T051出土陶罐（二）

1～6．T051G52：5、T051G52：54、T050G49：3、T051G52：2、T051G49：4、T050G47：2

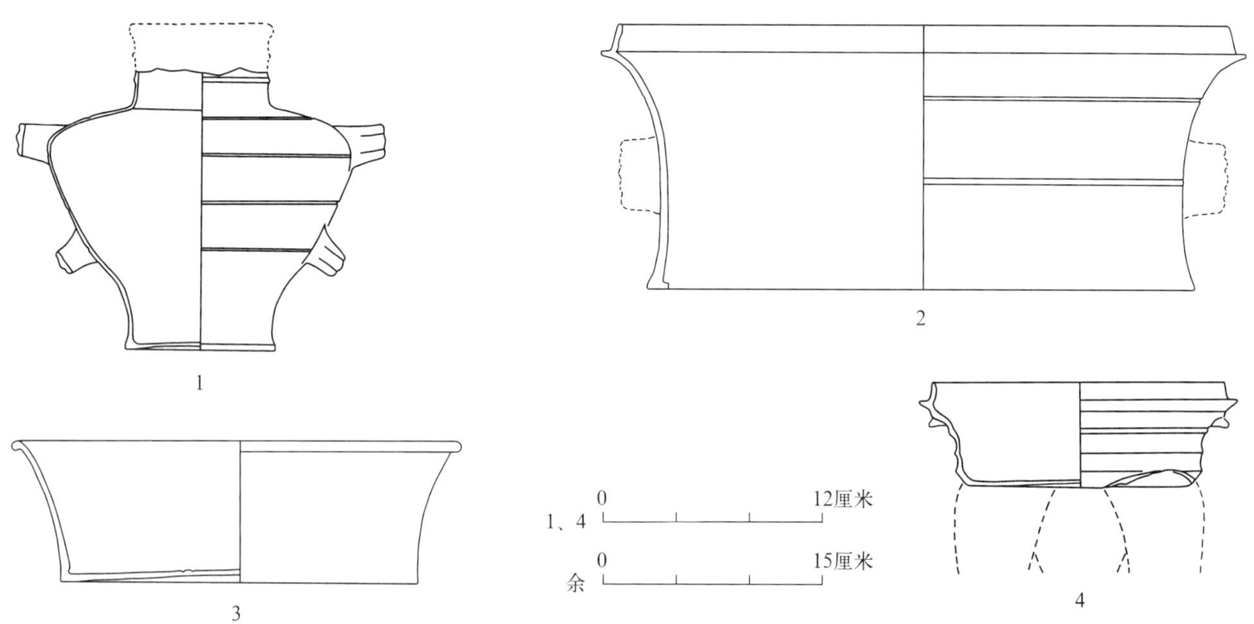

图5-177　T050～T051出土陶器

1．罍T051G52：21　2．子母口盆T050H599：4　3．平底盆T051G52：32　4．三足盒T050H599：5

（6）平底盆

仅1件，为第一组单位出土。

标本T051G52：32，泥质黑陶。敞口，圆唇，卷沿，平底内凹。口径30.2、底径24.4、高9.5、厚0.4～0.7厘米（图5-177，3）。

（7）子母口盆

仅1件，为第一组单位出土。

标本T050H599：4，泥质黑陶。浅子母口内倾，圆唇，深腹中束，平底。腹中部有一对贯耳痕，器表饰两周凹弦纹。口径41.3、底径37.0、高17.6、厚0.4～0.7厘米（图5-177，2）。

（8）三足盒

仅1件。为第一组单位出土。

标本T050H599：5，泥质黑陶。浅子母口内敛，浅腹内收，平底内凹，足残失。腹上部有一对泥突，器表饰竹节状纹。口径15.9、底径12.0、残高5.6、厚0.25～0.4厘米（图5-177，4）。

（9）杯

第一组：

标本T051G52：15，泥质黑陶。粗长颈内倾，圆唇，卷沿，鼓腹，平底。把手位于口沿至腹上部。口径8.9、底径5.6、高12.5、厚0.2～0.4厘米（图5-178，1；彩版二九八，2）。同一样式的有标本T051G52：31（图5-178，2）、T051G52：6（图5-178，3）、T051G52：3（图5-178，4；彩版二九八，3）、T050H599：18（图5-178，5）、T051G52：8（图5-178，6；彩版二九八，4）。

标本T051G52：34，泥质灰陶。粗长颈内倾，圆唇，卷沿，鼓腹，平底内凹，把手位于口沿至腹上部。口径8.0、底径3.8、高10.7、厚0.1～0.35厘米（图5-178，9）。同一样式的有标本T051G52：42、T050H599：3（图5-178，7、8）。

标本T051G52：16，泥质黑陶。粗长颈，尖唇，卷沿，微鼓腹，平底内凹。口径9.4、底径10.0、高13.7、厚0.2～1.0厘米（图5-178，12）。

第二组：仅1件。

标本T051G51：3，泥质黑陶。筒形体，口残深腹，平底内凹。体侧有一把手，器表饰竹节纹。口径残缺。底径11.5、残高16.4、厚0.2～0.3厘米（图5-178，11）。

（10）三足杯

仅1件，出自第三组单位。

标本T050G47：1，泥质黑陶。直口，尖唇，直腹，底下凹，三矮宽足，腹中下部有一把手痕。器表饰两组凹弦纹。口径7.8、底径6.4、通高10.2、厚0.2～0.6厘米（图5-178，10）。

（11）器盖

第一组：

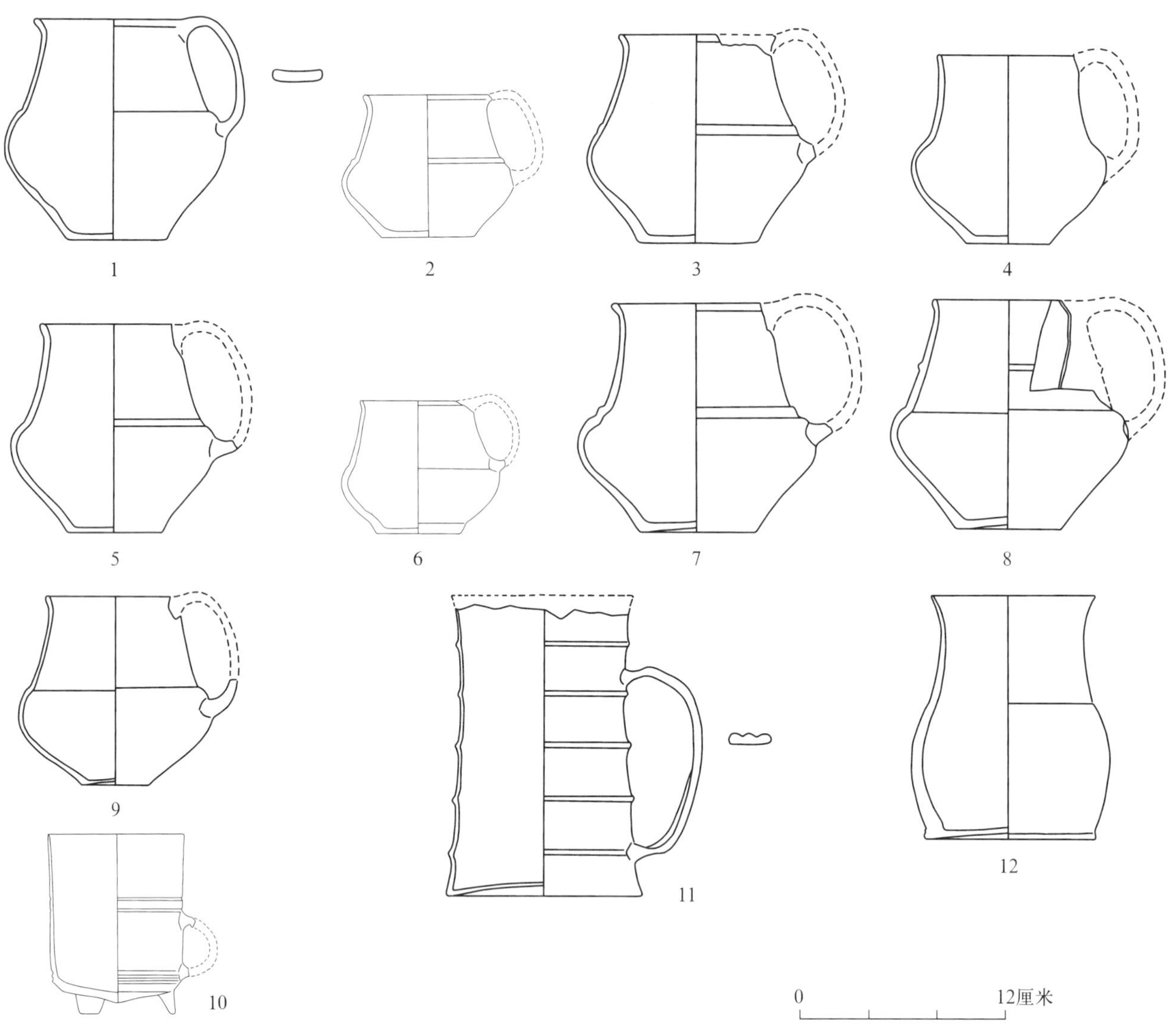

图5-178　T050～T051出土陶杯

1～9、11、12．杯T051G52：15、T051G52：31、T051G52：6、T051G52：3、T050H599：18、T051G52：8、T051G52：42、T050H599：3、T051G52：34、T051G51：3、T051G52：16　10．三足杯T050G47：1

标本T051G52：20，夹砂黑陶。覆碗形，盖面斜直，平沿，方唇，平顶面下凹。盖面有一对盲鼻并饰凹弦纹。口径22.4、纽径9.1、通高6.7、厚0.35～0.85厘米（图5-179，1；彩版二九八，5）。同一样式的有标本T050H599：17（图5-179，2）、T051G52：23（图5-179，6；彩版二九八，6）。

标本T050H599：2，夹砂黑陶。覆碗形，盖面隆起，尖唇，平顶面下凹。口径12.0、纽径5.2、通高4.4、厚0.25～0.65厘米（图5-179，4）。同一样式的有标本T051G52：25（图5-179，5）。

标本T050H599：14，夹砂黑陶。覆碗形，盖面隆起，圆唇，平顶，盖面上有一对盲鼻，并饰三周凹弦纹。口径26.4、纽径10.7、高7.5、厚0.4～0.9厘米（图5-179，3）。

标本T050H599：11，泥质白陶。圆饼形，剖面为窄长条状，边缘有对称的缺口一对，其对应面中部有一小圆孔，中心纽残失。近边缘处有一周凹槽。口径8.4、残高0.9、厚0.4厘米（图5-179，7）。

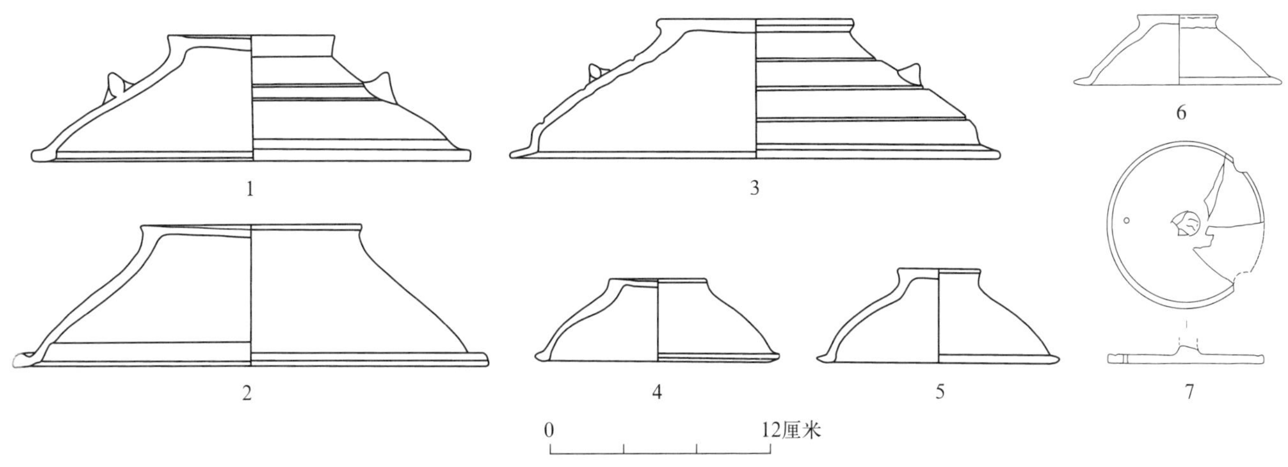

图5-179　T050～T051出土器盖

1～7．T051G52：20、T050H599：17、T050H599：14、T050H599：2、T051G52：25、T051G52：23、T050H599：11

九　其他地点

为确定遗址的范围和进一步了解环壕关键部位的情况，还在遗址的其他部位，先后发掘了T023、T1789、T011、T012、T013、T014、T015、T016和T017几条小探沟，作为地层补充依据，这几条探沟的发掘面积都很小，但都是有针对性的揭露。下面对这几条探沟的发掘情况简要介绍。

（一）T023

位于T024东偏北40米，发掘面积4×5平方米，在钻探时确定这里是小环壕的北边缘处，决定在此处发掘是基于T022南段的南端已发现小环壕外侧有含石块的遗迹，是为T022小面积地层依据作补充。

但是在发掘时，由于地下水位过高，刚挖至龙山文化堆积就开始出水，隔夜便积成一水池，难以保证发掘质量，经突击抽水观察，可断定小环壕北边缘就在此处，遂停止发掘，在龙山文化堆积中出土了部分陶器。有鼎、鬶、罐、杯、三足盆、碗、器盖等（图5-180，1～12）。

（二）T011

位于大环壕西南拐弯处，东距T010约80米，在村民孙传海承包的桑园内，发掘面积1×6平方米，钻探时推测应是大环壕南边缘处。地层堆积：

第①层　耕土层。

第②层　南部长2.80米即为生土，向北即大环壕现存开口处，由南向北缓坡渐深，堆积为淤土，应是大环壕内堆积，出土少量龙山文化遗物。有罐、平底盒、钵、器盖等（图5-181，1～6）。

（三）T012

位于T011西北40米，经钻探知应是大环壕外面的自然河道边缘处，探沟东西向2×12平方米。地层堆积：

图5-180 其他地点出土陶器（一）

1．三足盆T023：12a 2．鬶T023：5 3．三足杯T023：12b 4、5．平底杯T023：14、T023：9 6～8．器盖T023：7、T023：13、T023：6 9．碗T023：16 10．豆T023：3 11、12．罐T023：10、T023：15

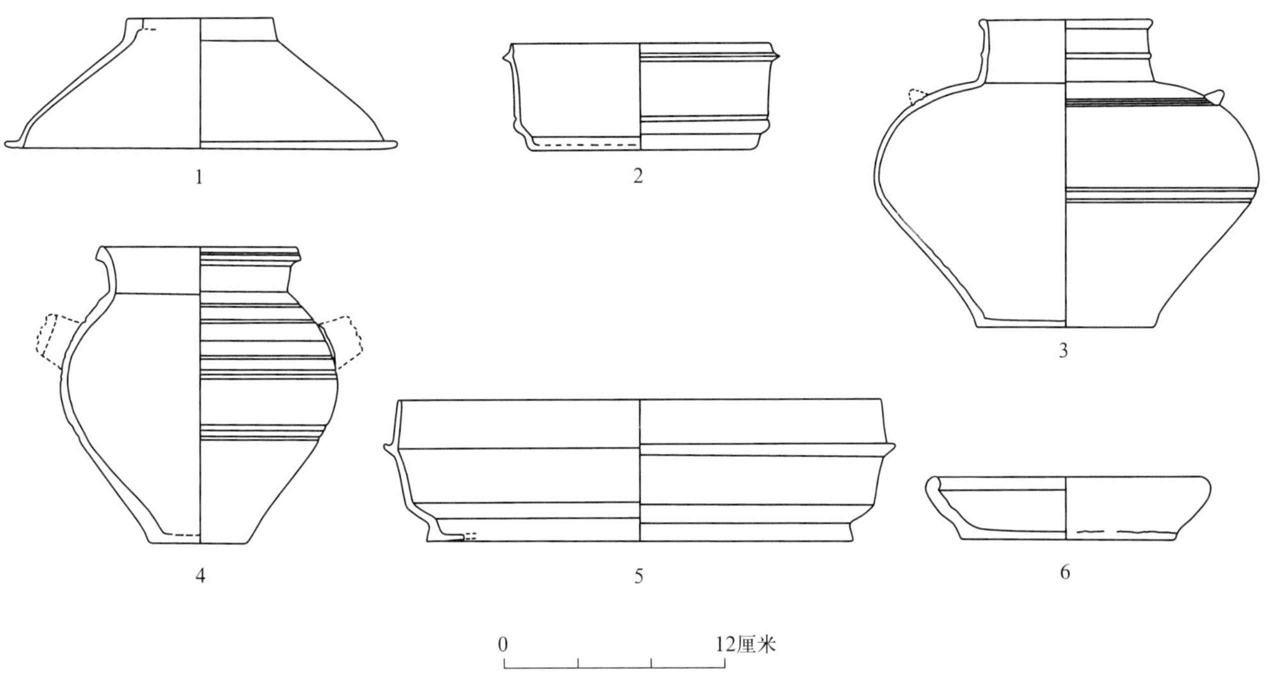

图5-181　其他地点出土陶器（二）

1．器盖T011G13：3　2、5．平底盒T013G13：16、T013G13：8　3、4．罐T013G13：13、T013G13：4　6．钵T013G13：1

第①层　耕土层。

第②层　近代扰土层。

该层下古河道开口，以距探沟东壁3.40米处为分界线，向东为生土，向西为古河道的沉积层，证明此处是河道边缘。出土大量陶器，可见器形者有甗、罐等（图5-182，1）。

（四）T013

位于T011、T012中间，钻探时确定大环壕拐弯地段，发掘面积为2米×5米。地层堆积：

第①层　耕土层。

第②层　扰土层，其下即环壕开口，沟内淤土堆积仅存深0.30米，为壕沟底部，其下为基岩。

T011、T012、T013的发掘，是根据钻探资料为依据，位于大环壕西南角的拐弯部位，由于历代破坏严重，钻探时环壕内的淤土堆积非常浅，也曾怀疑是否是通道口，经发掘这条探沟证实此处仍是大环壕，这里没有通道口，只是保存很浅，仅存大环壕底部，出土少量陶片，有鼎足、罐和纺轮（图5-182，2～4）。

（五）T014～T016

位于大堌堆西350米处，现同三公路在此经过（发掘时尚未施工）。在地面调查时此处地表有龙山文化陶片，考古队成员对此处是否仍在两城镇遗址范围内有异议，为此发掘这三条探沟以取得地层依据。

T014、T015、T016由南向北平行排列，间距为50米，每条为1×10平方米。地层堆积：

第①层　耕土层。

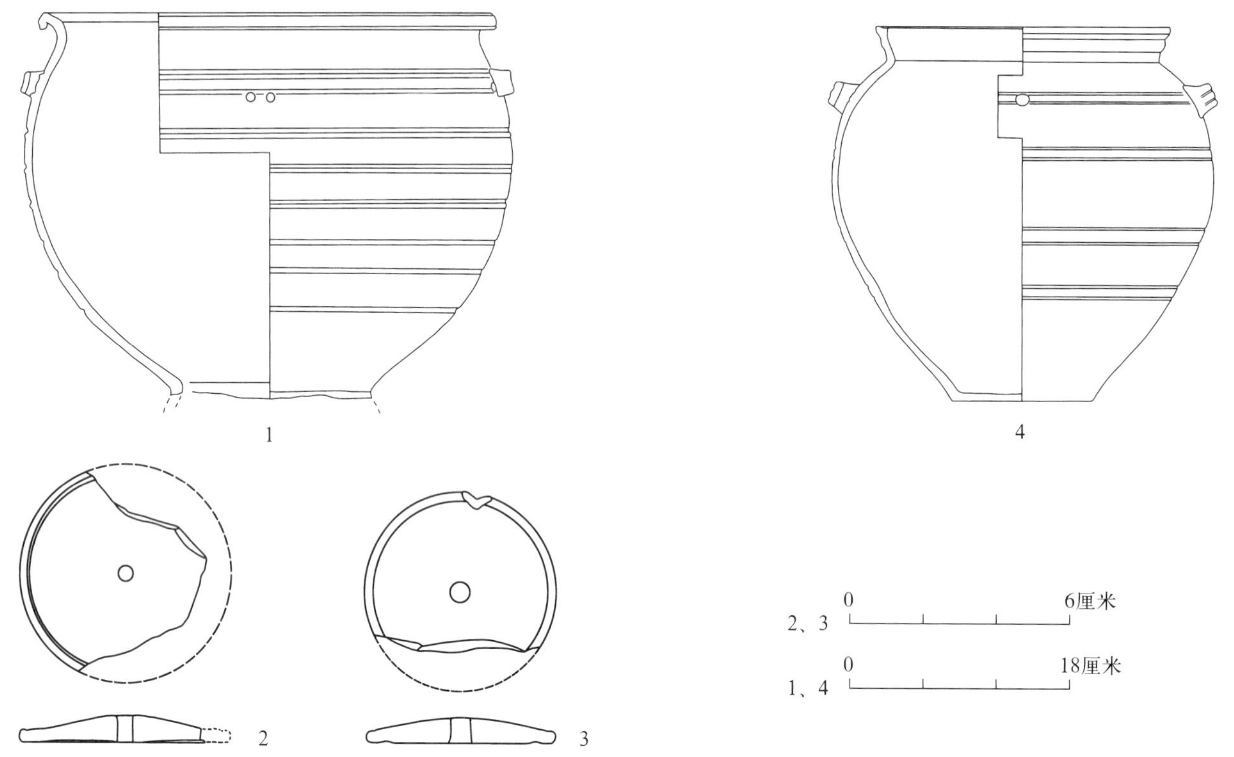

图5-182　其他地点出土陶器（三）

1．甗T012G12：2　2、3．纺轮T013G13：1、T013G13：15　4．罐T013G13：10

第②层　近代扰土层，其下为生土，证明此处无龙山文化堆积。

（六）T017

位于两城镇遗址之外的大界牌村公路旁，因钻探时发现此处有30×30平方米的灰土范围，并有龙山文化陶片，为确定其性质和时代而在此解剖，面积为1×5平方米。地层堆积：

第①层　耕土层。

第②层　厚0.30～0.40米，灰色淤土，出土近代陶、瓷片。其下为生土。

第三节　小结

一　龙山文化环壕遗存的形状和面积

经过持续几个年度的钻探，并有多条解剖沟的资料证实，两城镇龙山文化遗址共有大、中、小相套的三道环壕，作为不同时期的防御设施。在大环壕外侧，除西壕沟外（西）的自然河道内有龙山文化时期的废弃物堆积外，其他部位再没有龙山文化的堆积，这对确定两城镇龙山文化遗址的范围奠定了基础，也为统计该遗址龙山文化的面积提供了科学依据。在钻探过程中和钻探结束后，对每道环壕的走向、长度进行了实测，并计算出它们各自的面积。

小环壕现存北、西、南三面壕沟，总体形状呈狭长的“U”字形，东西长700～800、南北最宽

240余米，壕沟宽一般在15～20米，经分片计算，小环壕内的面积有17万平方米，包括环壕的占地，面积约21万平方米。

中环壕在小环壕之外，对小环壕成环绕之状，其北壕沟和西壕沟紧靠小环壕，最近处仅15米左右，当小环壕从西南角向东拐弯后，中环壕的西壕沟继续向东南延伸，延长约240～250米才向东转弯成南壕沟，中环壕也没有封闭起来，总体形状也呈“U”字形，但比小环壕南北要宽。经分片计算，中环壕比小环壕面积扩大12.4万平方米，如包括壕沟占地，其面积为35.87万平方米。

大环壕在中环壕之外，其北壕沟只有西北一段，西南方向弧线长约400米，西壕沟保存完整，全长约600米，南壕沟长约900米，南北壕沟最宽处近800米，大环壕的东部也没有封闭，呈南长、北短的“U”字形。经分片计算，不计算北面的大洼地，大环壕比中环壕面积扩大28.3万平方米，包括壕沟占地，其遗存面积为66.87万平方米。

另外，大环壕的西壕沟外侧（西），隔10～17米有一条自然河道（或冲沟），宽度在100米左右，经T008解剖，这条自然河道内也有龙山文化时期的废弃堆积，把这一块地的面积归入遗址范围，两城镇龙山文化遗址的总面积可达74万平方米。

在两城镇龙山文化遗址发现的三道环壕中，共可确定四个通道口，其中有一处还是中环壕和大环壕重复使用，实际上只有三处，这显然是不够的，况且在小环壕沿途尚未找到一处通道口，更是今后要加以解决的问题。发现已经确认的三处通道口，都是在挖建环壕前规划的出入位置，其中两处（南、北通道口）挖沟时通道口的位置与两侧隔断不通，也就是说通道口处，环壕是环而不通的，这从前述的钻探资料中可以清楚的说明，这似乎不合常理，但是如果考虑到两城镇龙山遗址的地形地貌，这种设计方法也就顺理成章了。两城镇遗址范围内，不同地段海拔高度有很大差别，而且这种现象不是近现代形成的，在龙山文化时期就已存在，从发掘和钻探时测量的龙山文化底部海拔高度数据就可以看得很清楚，如大堌堆南侧发掘区与东部探沟相比较是非常明显的。可以设想，如果每一道环壕都是通连的话，水往低处流是常规，高处没有水，而低处已经沟水四溢、水满为患了，那么用分段阻隔，相对平整的地方为一段，设立一通道口，既利于通行，又保持沟内有水，起到防御的目的，可以说是符合实际要求的合理做法。大环壕西壕沟的通道口则更侧重于防御，是设计时的巧妙构思。

小环壕和中环壕的西壕沟，都没有发现通道口。究其原因，这一地段所经之处，现有两个较大的水塘，其中有一个横贯两道壕沟，至今常年积水，根本无法进行钻探，加之这一范围是现在居民稠密区，钻探难度很大，此处的通道口也只能待合适机会来解决。

二　龙山文化环壕的时代断定

综合上述各条探沟的地层关系及出土物，将大、中、小三条环壕分别进行串联，并对它们之间形成的先后及时代进行分析。

第一，大环壕的确定，是以第三、第四、第五探区的钻探结果和T005、T007～T008、T010等探沟的发掘为基础，相应的编号为G6、G7和G10。根据发掘时的地层关系，G6在T005的扰土层下开口，除M1外没有其他文化堆积。G6内的堆积分为5层，其中G6①、G6②层为壕沟废弃后的堆积，G6③～⑤层为使用期的堆积，关系简单明确。G7在T007内，在耕土层和近代扰土层下开口，除一座汉代小墓和一个汉代灰坑对其打破外，也没有其他文化遗存。G7内有7个小层，其中G7①、G7②层为壕沟废弃后堆积，G7③～⑦层均为使用期形成的。至于G7内的几个小灰坑，均为壕沟枯水时形成的短期小坑。T007发掘结束后，为寻找壕沟内是否有城墙，曾向东（内侧）扩方20平方米，发现有龙山文化房址、灰坑，但没有城墙，内侧的文化堆积也没有延伸到壕沟内。T010内的G10只有2个小层，G10①层是壕沟废弃后的堆积，G10②层是使用期堆积，叠压在G10之上的T010③层是龙山文化时期，但要晚于G10①层，更晚于使用期的G10②层堆积。由此可以确定G6①～②层、G7①～②层、T010③层和G10①层均晚于大环壕的使用期。而G6③～⑤层、G7③～⑦层、G10②层则为大环壕使用期的淤积，这两组单位的出土物分别代表大环壕废弃前后的两个时间段。这三处环壕下没有更早的文化堆积。

在大环壕沿途，可确定的通道口有两处，一处在南壕沟中段偏东处，另一处在西壕沟偏北处。这条壕沟一般宽20、最窄处15米，整个环壕以西壕沟和南壕沟东段保存较好，其他部位均遭到不同程度的破坏，有些地段壕沟遗存已经很浅，仅存沟底部位。壕沟沿途没有发现城墙痕迹，或是原地表被破坏殆尽，已完全无存，或者原本就是以环壕为防御设施。而其北部和东部则是以河道、水洼地为天然屏障。

第二，中环壕在三道环壕中最难确认，是综合多处线索才最终确定的，而且中环壕还局部有墙基和护堤等设施，也是最复杂的一段。在钻探的基础上，发掘的T025～T026、T050～T051和T022北段，都是针对中环壕的解剖沟。壕沟编号分别为G34、G46和G51、G29。根据发掘时的地层关系，G34在T025～T026的第④层下开口，打破T025～T026第⑤层，在该条探沟内，晚于G34的堆积均为汉代和周代，G34分别为三个小层，G34①层为废弃后堆积，G34②～③层为使用期堆积。T050和T051由于中间相隔，所以同为中环壕分别编为G46和G51。在T050～T051内，叠压和打破中环壕的有H599和G49、G52两条冲沟，它们晚于中环壕。叠压在中环壕之下的G47和G48早于中环壕，中环壕内侧的夯土墙基（Q1、Q2）可视为与中环壕同时。T022的中段和北段是针对中环壕而延长的，T022②c层叠压夯土墙基，中环壕（即G29）内侧的夯土墙基局部叠压小环壕，G29内的淤土堆积是使用期形成的。由此可以确定，在T025～T026中，G34①层为废弃后堆积，T050～T051中的H599、G49、G52打破中环壕，及T022②层之上的单位都晚于中环壕。G34②～③层、G46和G51、G29为中环壕使用期形成的。而T025～T026的第⑤层、T50～T051内的G47和G48、T022小环壕（G22）及其下的堆积，均早于中环壕。

在中环壕沿途，可确定有两处通道口，一处与大环壕南壕沟的重复使用，另一处在北壕偏东处。这条环壕宽度一般在20米左右，最窄处15～16米，最宽处可达30多米（可能是沟沿有局部坍塌处）。沟的深度在不同地段也不尽相同，北壕沟和西壕沟存深多在2～3米，南壕沟由西向东逐渐加深，有的地方超过4米仍不到底，但最深的这一段与大环壕重叠，是两条沟都这样深，还是只有一条比较深，仅凭钻探是无法解决的。中环壕的北壕沟比较复杂，其内侧有一条夹有石块的夯土墙基，其外侧有一条人工修筑的坚硬堆积，宽度一般在10～15米，它们都伴随北壕沟而行，当北壕沟转弯成西壕沟后，它们也随之消失，在其他地段都没有类似发现，很显然这与北壕沟临近"大洼地"有直接关系，是从内外两侧对中环壕的北壕沟进行的加固保护。因为这段内含排列石块的夯筑遗迹是中环壕内侧的墙体呢还是加固基础，从现在保存状况很难确定，所以称为"墙基"，外侧的称为"护堤"。

第三，对小环壕的解剖分别见于T021、T022内，另外在T024、T023、T1789及T050～T051内也见其痕迹。小环壕是在第六探区跟踪钻探时确定的基础上进行的发掘。壕沟各T021、T022、T024内的编号分别为G21、G22和G001，在T050～T051中只暴露外侧边缘，编号为G48。G21在T021③层下开口，打破T021④层，T021②、③层及各层下开口的遗迹，均晚于G21，G21叠压和打破的T021④、⑤、⑥层及其下的遗迹，均早于G21。在T022内，与G22有直接地层关系的堆积分布在南段（即2000年发掘的27米），开口于T022②b层下、属于龙山文化的T022②a、②b层及其下开口的遗迹，均晚于G22。G22在南端打破T22③层，北端打破T22④层，它们均早于G22。在T024内，小环壕只暴露出一小部分（即G001），叠压在G001之上的龙山文化堆积有T024③a、③b、④层及各层下开口的遗迹，它们都晚于小环壕。G001之下的为T024⑤、⑥、⑦层及其下开口的遗迹，均早于小环壕。T1789属于抢救性发掘，面积小又坐落在小环壕位置内，从地层关系确知，T1789⑧层是小环壕使用期形成，叠压在其上的龙山文化堆积T1789⑥、⑦层及⑥层下开口的H331和G15要晚于内环壕。由此确定，T021②、③层及其下开口的遗迹，T022②a、②b及其下开口的遗迹，T024③a、③b、④层及各层下开口的遗迹，T1789⑥、⑦层及其下开口的遗迹，都在不同部位打破或叠压小环壕，均晚于小环壕的使用期。G21、G22、G001、G48、T1789⑧层，均为小环壕使用期形成的堆积。T021④、⑤、⑥层，T022③、④层，T024⑤、⑥、⑦层及各层下开口的遗迹，分别被小环壕打破或叠压，是小环壕之前的遗存。

根据钻探资料，没有发现小环壕的出入口，这是因为小环壕大都位于现在民居区内，使用跟踪钻探的方法难免有所遗漏，如加密钻探又受民房、水泥地院落及街道、树木的影响，难以实施，有待今后的工作来解决。对于环壕内是否有城墙，在钻探和发掘中也努力寻找，如发掘T024就是这个目的，发掘T021结束后，又在其东端（内侧）扩大面积进行揭露，除有房址、灰坑和柱洞外，也没发现城墙痕迹。在小环壕沿途，其沟宽也不完全一致，一般宽20米左右，最窄处12～13、最宽可达30米，这与小环壕位于遗址的中心区，在龙山文化各时段形成的遗迹很复杂，环壕较宽的地段都比较短，呈局部明显的外凸状，可能有与壕沟相近的灰坑，也有可能是壕沟局部坍塌所致。

关于大、中、小三道环壕的先后关系，是要解决的一个重要问题。首先谈小环壕和中环壕，在T022中段，附属于中环壕的内侧墙基，局部叠压小环壕，说明中环壕晚于小环壕，在T050～T051，小环壕虽然只暴露很小的边缘，但被中环壕打破也很清楚，同样说明中环壕要晚于小环壕。至于中环壕和大环壕，二者的南壕沟重叠，但到底是谁早谁晚，仅凭钻探是难以断定的，而从已经发掘的探沟出土物来对比，大环壕显然要晚于中环壕。也就是说，三道环壕由内而外，是逐渐扩大而使用的。

综观大、中、小三道环壕及所在探沟龙山文化堆积中的出土物，其共同特点是出土物中陶器数量最多，特别是在T005、T007～T008、T010、T021、T022、T024、T025～T026、T050～T051内，都出土数量比较多的完整及比较完整的陶器，陶片数量更是多得惊人，大多是环壕使用期间随水流冲刷而带入的，环壕废弃以后，又存留了大量倾倒的生活废弃物。其他如石器多残损较甚，完整和基本完整者很少，骨、蚌之类遗物极少，大概与土壤中含酸、碱的腐蚀有关，在发掘中所见墓葬内的人骨多腐朽严重，都是同一原因。

在出土陶器中，器物有鼎、鬶、甗、罐类、盆类、盒类、盘类，以及杯、碗、钵、罍、壶、箅子和大量器盖。这与龙山文化普遍存在的器类相一致。其中鼎的数量多，是最常见的炊器，甗和鬶成型器不多，但陶片出土量大。罐类器除常见的中口罐外，还有少量子母口形、带流形的样式。盆类有平底、圈足之不同，盒类也有平底、三足、圈足之别，盘类也是平底、三足、圈足三大类，以前者为主。杯的出土数量较多，而罍、壶的数量不多，但一般都制作精致。碗、盂、钵、豆等日用食器不仅数量不多，型制变化也较少。陶鬲在这里数量极少。

在陶器制法上，绝大多数为轮制而成，不仅器型规整，而且很多陶器内壁轮旋痕迹清楚，器物外表有弦纹者，不管是凹弦纹还是凸弦纹，其整齐均匀的效果也只有轮旋时所成。少量个体较大的器物是经泥条盘筑的，虽然多数经过轮修，但内壁规律的瓦状纹痕迹都是泥条垒叠的遗留，这在其他中、小型器体上不见。

陶色以灰、黑色为主，白陶主要见于陶鬶和少量陶盒，红陶、褐陶占一定比例，但数量不多，在所见陶鬶中，有些红色、褐色者，往往是器表带有的一层陶衣，经仔细观察，陶衣的着浆方式有两种，一种是涂刷在器物外表，有清楚的刷痕。另一种是把器物放在有色陶浆中漫浸的挂浆方法。在黑色陶中，质量较好者特别是泥质磨光黑陶，里外透黑的特点清楚，也有部分黑陶的陶胎呈或灰、或红的现象，多在厚胎器物中存在，这是在烧制中温度高低和渗碳的时间不同造成的。

两城镇龙山文化陶器中的夹砂陶多为炊器，泥质陶多为盛食器。但也存在部分炊器是泥质陶的，如有的陶鼎不仅不夹砂，而且是细泥陶，表面还多有磨光，显然不是日常用器，必定另有专门用途。另外也还有不少的盛食器、饮用器加入细砂，这大概是更便于烧制而考虑的。

在器表装饰上，也具有龙山文化最常见的风格特点。例如除素面器物，包括经磨光的素面器物数量较多，是一普遍特点。最常见的纹饰是弦纹，或凹或凸，或单线（圈）或成组，排列或疏或密，变化非常丰富。其他如篮纹、绳纹、附加堆纹、方格纹、竹节纹均较少见，而且分别施用于相对固定的器物上，如篮纹主要施于早期的罐类、盆类上，绳纹仅见于晚期的少数器表，附加堆纹主要用于陶鬶、罐类器上，方格纹只在晚期的罐类器表，竹节纹用于器物圈足部位。上述的陶衣也是一种装饰方法。在器表用圆泥饼、盲鼻的现象普遍，多用两两对称或等三分安放，尤其是鬶流、匜流两侧、鋬手两边使用普遍，其他器体的肩部、腹部也常用这种装饰方法。在个体较大的罐、瓮、盆的肩、腹部还不乏使用鋬手和贯耳，既实用又美观。陶鼎、陶杯上用单把手是龙山文化鲁东南地区的一个特点，在这里也普遍存在，这在前面介绍的陶器中都清晰可见。另外，在器表装饰方法上，还存在少数刻划、戳印、拍印的其他纹饰，如戳印的圆圈纹，拍印的方格纹，刻划的有叶脉纹、网状纹、波折纹以及因残片较小、图样不完整的复杂纹样，与后世（商周时期）的青铜器、原始瓷器上的纹样相近，这类纹样多刻划精细、线条流畅，应具有特殊意义，并非一般装饰，而且这类纹饰所在的器型也应该与一般使用器的性质不同，包括调查时也见过这类陶片，从陶质、陶色所见，这类器物都制作精致，可惜尚未见完整纹饰和完整器形（图5−183～186）。

在发掘的诸条探沟内，共出土各类石器约500件，多数为已毁坏并不能再次利用后丢弃散落到探沟的，所以完整或基本完整的数量很少，但经整理后，仍可归纳如下几点认识。

第一，石器种类。

各条探沟内所出土的石器，从类别分析主要有如下几类，砍伐类石器以石斧为主，加工木器类石器以石锛、石凿为主，狩猎（或战争）类石器以石镞、石矛为主，翻土和收割用的有石铲、石刀、石镰，切割和刮削类石器有部分石刀和带锯齿石器，磨制石、骨器物的石器主要是磨石。其他如石拍子、石饰小件都比较少见，另有部分或因残损严重、或因不识用途的石器。所以在这里发现

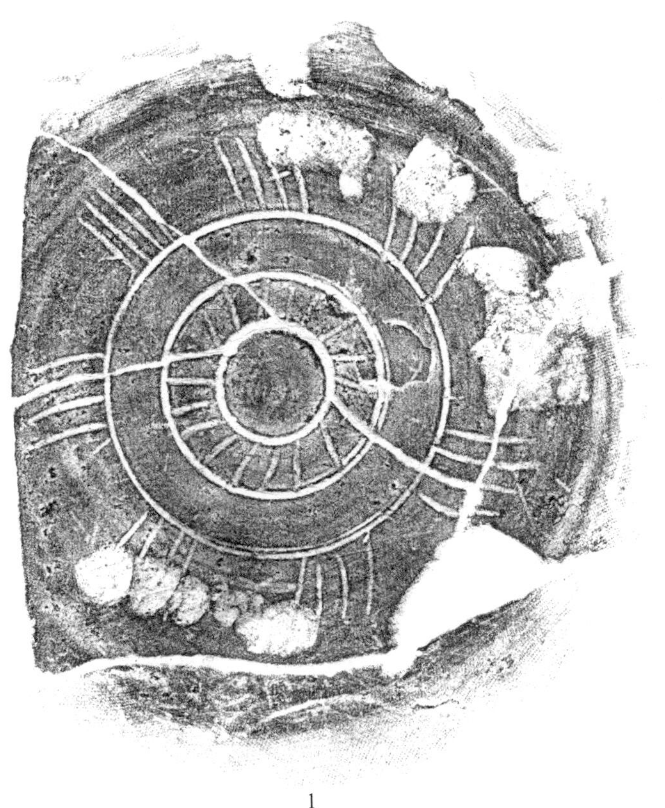

1

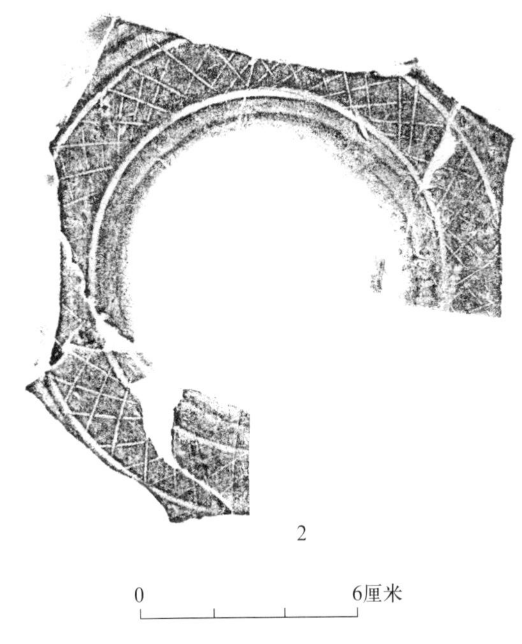

2

图5-183　探沟出土龙山文化陶片纹饰拓片（一）
1. T024F77：1　2. T021④：120

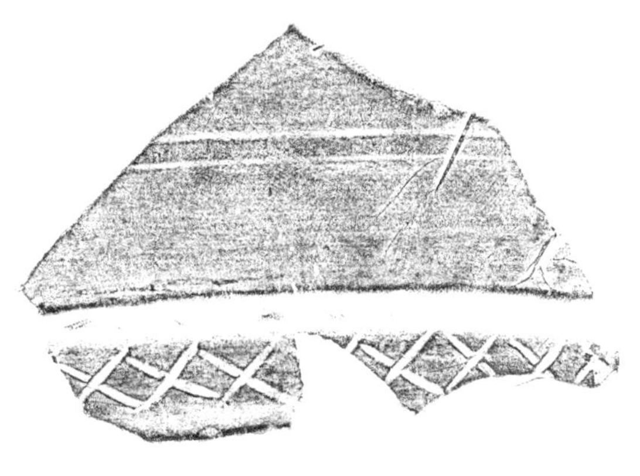

1

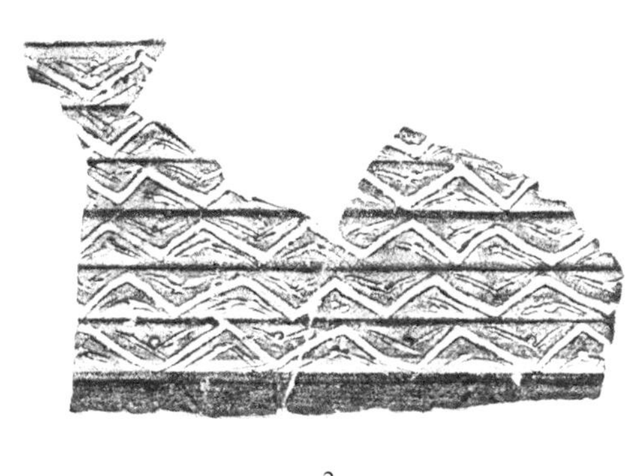

2

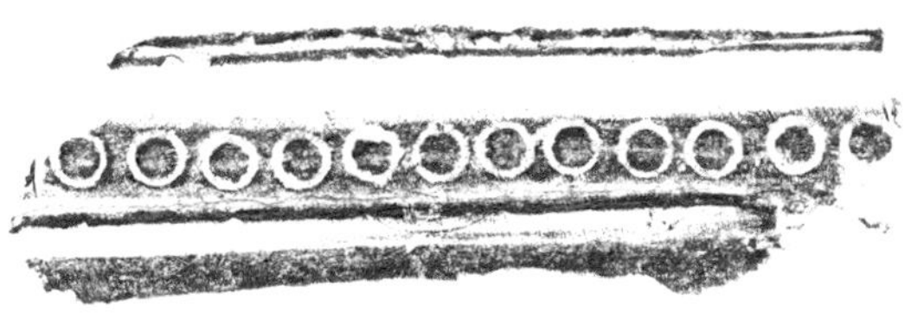

3

图5-184　探沟出土龙山文化陶片纹饰拓片（二）
1. T007G7：415　2. T010G10②：236　3. T007G7：405

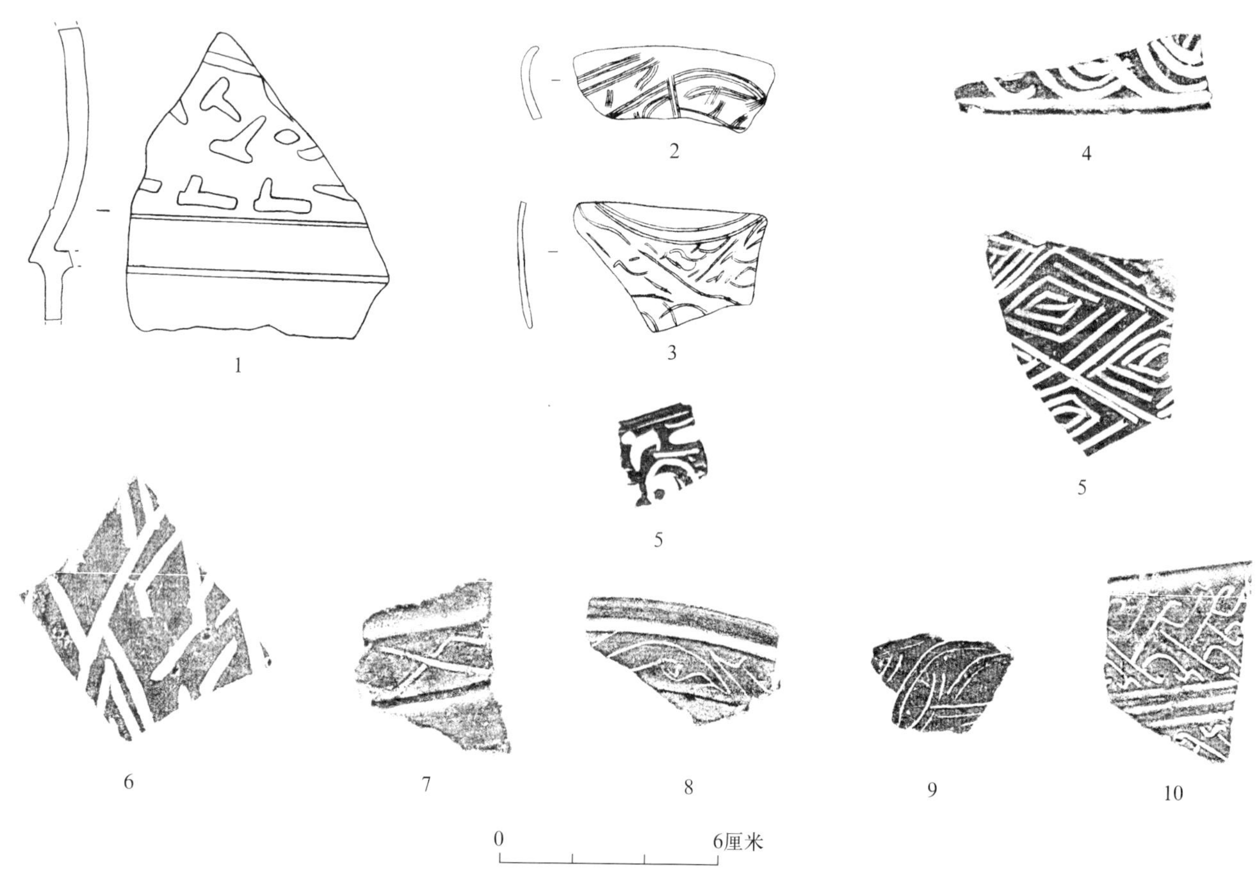

图5-185　探沟出土龙山文化陶片纹饰拓片（三）

1. T021：78　2. T021G20：86　3. T007G7：413　4. T007G7：428　5. T005G6②：030　6. T022H5：33　7. T007G7：413　8. T007G8：98　9. T021G4：7　10. T007G7：423

的石器，基本都是龙山文化中常见的器类，似无特别之处。

第二，石质。

根据观察和测定，两城镇龙山文化石器的材质，主要有流纹岩、角闪岩、绿泥岩、砂岩、花斑岩、花岗岩、滑石片岩和石英岩几大类。据调查，这些不同的岩石，有的在遗址附近就存在，但也有的要到几十里甚至更远才能找到产地，需要到较远的地方去采集，或用交换的手段来获得。研究发现，不同的石器所用的石质是相对固定的。例如制作石斧多用硬度较大的流纹岩和角闪岩，加工石刀的材质种类相对多一些，有砂岩、绿泥岩、花斑岩和云母片岩。石镰的用料主要用流纹岩，也有花斑岩和砂岩。制作石铲主要用流纹岩。石锛、石凿多用流纹岩和燧石。数量较多的石镞和石矛多用绿泥岩、云母片岩，也有的用燧石。石钺可能因有专门功能，多用绿泥石来制作，并多经细致磨制后器表非常亮丽。磨石多数用砂岩为原料，也有用坚硬的花岗岩，大概也与磨制对象的要求有关。这些现象表明，人们在长期对石器的制作和使用中，很清楚制作什么器物使用什么材质的岩石，已经积累了成熟的经验。

第三，石器制作技术。

对石器的制作加工，在龙山文化时期，制作技术已经达到了极高的水平，从发掘和以往调查所得实物可知，两城镇遗址出土过制作非常精致的玉器和石器，表现在选材、打制初型、磨制成器、

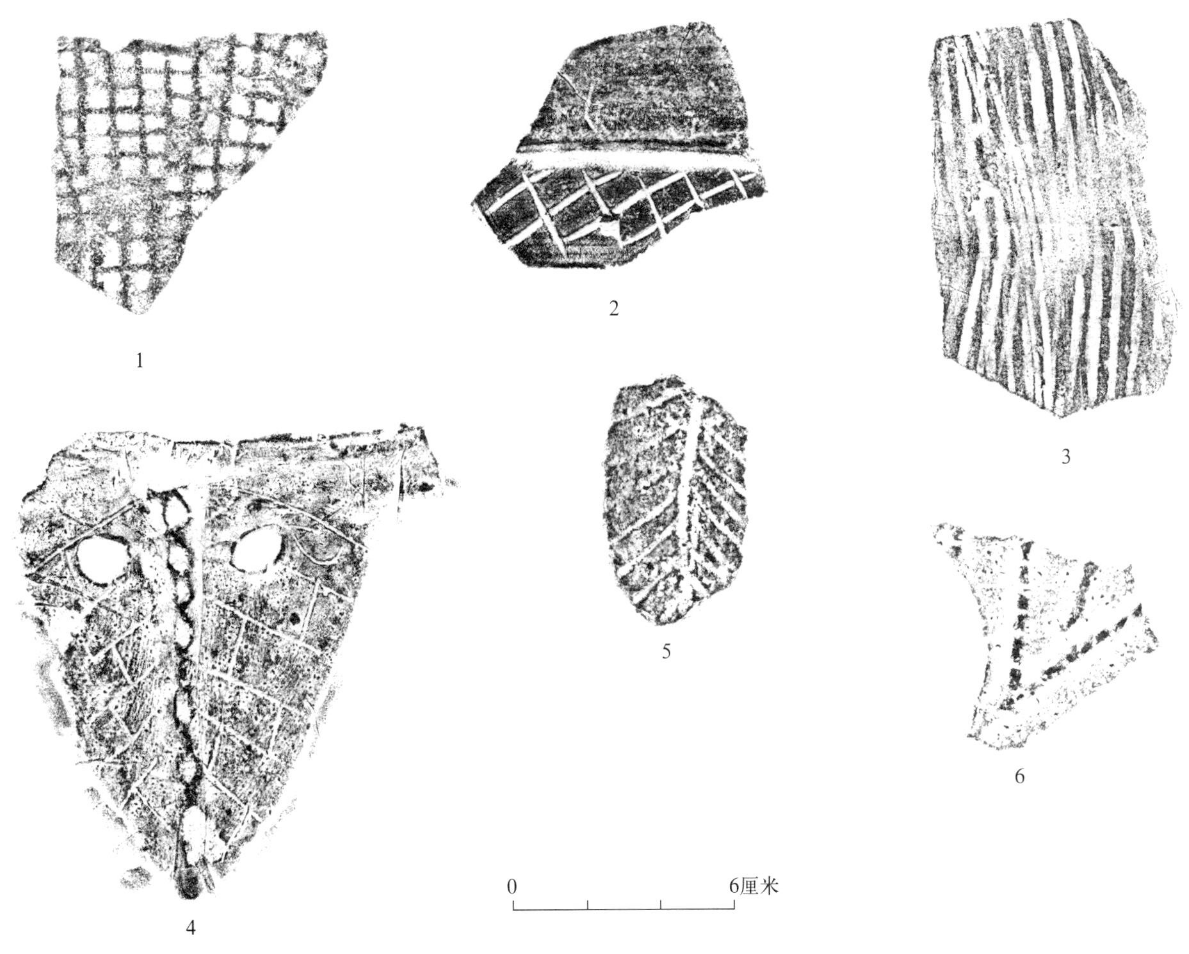

图5-186　探沟出土龙山文化陶片纹饰拓片（四）

1．T007G7：305　2．T010G10②：239　3、4．均为发掘T007时采集　5．T007G8：61　6．T010G10①：234

精致抛光和钻孔等技术环节。但在这批发掘品中，因为主要是日常生活实用器，尽管在某些器物或某个技术环节上可以窥见制作石器的高超技术，如器体特别规整，器表莹润光亮，钻孔非常整齐，特别是有些石镞、石矛表现出精湛的制作技术，其两翼的对称、前锋和两翼边刃异常锋利，是因为器物使用功能的需要，所以制作的就特别精致。而发掘所见的大多数石器，表现出的技术水平并非精高，这是注重实用的表现，也是社会进步的一种反映。

第四，从探沟出土石器看两城镇龙山文化城址。

综观两城镇龙山文化遗址，主要有小、中、大三道环壕作为城址的防御设施，从小到大的年代则由早到晚，有意思的是，壕沟内出土的石器，从早到晚出土数量则由少到多，属于时代最晚的三条探沟（即T005、T007～T008、T010），不仅出土的陶器数量多，同样出土的石器也最多，这也从一个侧面说明，两城镇龙山文化遗址发展到大环壕时期，城址范围扩大，人口急剧增多，各类物品的需求量大，所以损毁和丢弃的也就更多，这是晚期环壕内发现遗物数量增多的主要原因。

至于两城镇龙山文化石器的其他特点，如制作程序、工艺特点、器形特征等有专章研究，在此不赘述。

上述分析，对于两城镇遗址龙山文化大、中、小三道环壕的营建和使用时间，如果把龙山文化分为早、中、晚三个发展时期，每个时期各有前后两个阶段，计共有六个阶段，山东龙山文化从距今4600～4000年为存续时间，每个阶段约有100年的时间，以此为标准，结合对各探沟龙山文化出土陶器，作出如下判断。早于小环壕的出土物比较少，但都是龙山文化早期的，基本属于龙山文化早期阶段，如T024M65、M66内的出土物。从小环壕使用期堆积中的出土物，即G21、G22内的出土物，基本为龙山文化早期晚段，说明从龙山文化早期偏晚开始挖建使用小环壕，其使用期最晚至中期之初。中环壕使用期堆积的出土物，基本为中期阶段的。而大环壕使用期堆积中的出土物处于晚期早段，大环壕废弃后形成的堆积里的出土物，可到龙山文化晚期后段。即在龙山文化之初已有先民在这里居住，经过一段时间营建并开始使用小环壕。随着需求的改变，到龙山文化早期之末至迟到中期之初，废弃了小环壕，扩建并使用中环壕，因为中环壕的北壕沟的底部是淤积层，北侧又临近大洼地，所以在壕沟内外侧都采取了加固措施，即内侧发现的夹有石块的夯筑墙基，外侧也人工铺筑了护堤。进入龙山文化晚期，中环壕废弃，挖建了范围更大的大环壕，至龙山文化晚期偏晚阶段，大环壕也逐渐弃用，成为倾倒垃圾污物之地，包括大环壕西侧的自然河道（或称为冲沟）内，也堆积了雨水冲刷带入或人们有意识倾倒的堆积。也就是说小环壕的使用时间为龙山文化早期晚段，中环壕的使用时间为龙山文化中期，大环壕为龙山文化晚期早段。同时也要说明，在两城镇龙山文化期间，并非依这三道环壕的时代为人们的居住范围，大堌堆南侧的发掘区，已在小环壕和中环壕之外，在发掘时发现仍存在龙山文化早期和中期的遗迹、遗物，在小环壕之外的中环壕范围内也有早期的遗存，都说明小环壕内、中环壕内仅是当时的集中居住区，其外面仍有同时代的人在居住，那么在环壕以内和之外的居住者是否存在身份地位的差别呢？这是一条值得研究的重要线索。

三　两城镇遗址地形地貌古今变化之分析

经过四千多年的岁月沧桑，两城镇遗址的地形、地貌发生了巨大的变化，这其中既有自然力所致，也有人为原因。总体来说，大堌堆是现在的海拔最高点，而以青堌堆、大堌堆、闫堌堆形成的南北一线，是遗址范围内的最高地段。由此向东为西高东低，由此向西为东高西低。遗址范围内的南北地势，其中部和东部地段均为南高北低之状。

根据考古钻探和发掘的资料，可知自龙山时代之后特别是东周、汉代以降，都对两城镇龙山文化堆积有了严重的破坏，而近几十年来的地形变化，现在当地的中老年人也都记忆犹新，对此略作分析。首先，位于龙山文化遗址范围内的青堌堆、大堌堆、闫堌堆都是汉代形成的遗迹，堆积中除汉代遗物外，更多的是龙山文化的遗物（以大宗的陶片为主），显然是挖周围龙山文化堆积筑成的，致使这三个堌堆周围的现代耕土层和扰土层之下就是基岩，即使还有文化遗存的地方，也仅是沟洫、灰坑、墓葬之类遗迹的残底。近三十年所见，这三个堌堆的规模逐年减小。其他部位龙山文化堆积遭到破坏也屡屡可见。这种现象在考古钻探和发掘中也得到了证实。位于大环壕西北的T005，其G6的两侧均为基岩，环壕的深度也仅存1.70米，明显与壕沟的应有深度不相适应。位于大环壕西南的T010，其G10的上部被汉代的水沟和灰坑所打破，而G10最深处只仅存1.00米，显然也不是原来的深度，T011、T012、T013这三条小探沟只剩壕沟的底部。大环壕的南壕沟东段与中环壕共同使用，其壕沟的深度是越向东越深，最东端已超过4米，西高东低之势也明显可见。从这一南北线向西是一明显的下坡地，大环壕的西壕沟已位于遗址的最西缘，其东侧龙山文化的堆积层均没有伸进壕沟内，经钻探可知，这一地段壕沟的现存深度一般在2.00～2.50米。

大环壕之内的龙山文化各部位，近几十年来由于当地农业生产和农民村舍扩建，也使其地形、地貌特别是地表海拔高度发生了很大的变化。例如前述的T005、T010部位，参加发掘的民工介绍说，这些地段比二十年前因取土、整平土地而削低了一米左右。2000年发掘T021时，一位年逾八十的老者说1936年发掘时他当过民工，指出1936年发掘的具体位置，而且说这块地方在他年轻时的地面与现在新盖房子的屋檐差不多（水平高度2.50米以上）。近几十年来，两城镇各村在盖新房时，按规划不仅房舍排列整齐了，地面的水平高度也普遍降低，有许多地方现在的地表已经到基岩，有的仅存灰坑、墓葬、柱洞的残底，原来龙山文化的堆积已基本无存。例如2001年，曾在六村村民尚洪举院内（屋门前）和排房间的通道作过清理，现地表下只有灰坑和残柱洞。在这一地段与尚存的20世纪40～50年代的老房子相比，地表相差1.00米以上，个别部位如村东（两城镇一村）的地表，现存高度差2.50～3.00米。再者随着人口的增加，两城镇镇北各村都不同程度的向北扩建排房，据笔者20世纪70年代调查时的记录和现在的实地调查，两城镇北部不同地段向北建新房都扩展了100～200米，新建房已经叠压或靠近小环壕的北壕沟，例如T021、T022、T024距现民房只有几米的距离，近些年来都严重的蚕食了龙山文化遗址的中心区，在侵占遗址建新房的同时，又挖掉文化堆积，对遗址的破坏是巨大的。前面提及的地势较高的三个堌堆，近年来也急剧减小，青堌堆、闫堌堆实际上已经名存实亡。在现在的两城镇龙山文化遗址范围内，尚存较高的老院落、老电线杆墩座等，都比现地面高出1.00米左右，这也仅是几十年前的地表。数千年的历史沧桑，对遗址的破坏肯定是巨大的。

另外，称为“大洼地”的地段，其具体范围为中环壕北壕沟以北、西北陵坡地以东、现两城河南北流向一线以西，这一区域（也就是第二探区第六钻探地点）现在地势平坦，但在龙山文化之前曾经是一个大洼地，其范围还要向南，在龙山文化时期由于人为的活动和自然作用，这个较深的大洼地在快速的淤积，面积也由南向北逐渐减小。根据钻探资料，这一地域1米以下全是淤积层，虽然相对纯净、细腻，但直到深4米处仍偶有龙山文化的陶片，是随水流而进入的，而且淤积层由西向东逐渐加深，接近基岩处均为青灰色淤泥。在清理T021的G21（即小环壕）时也发现沟下部的两侧打破、沟底直接叠压着这种青灰色淤泥，也说明龙山文化时期这个大洼地已向北退缩。另外大环壕的北壕沟，从西北部的陵坡地顺坡东行，接近大洼地时壕沟也由此中断。如前所述中环壕北壕沟内外都有加固措施，也应该是基于这一实际情况所为。

由上所述，自1999年至2003年，中美考古队在日照两城镇遗址，为寻找龙山文化的围城遗存，进行了大面积的细致钻探，并配合钻探资料对多处地点进行了解剖，基本搞清了两城镇遗址龙山文化围城遗存的概况，用确凿的考古资料证实这是一处规模巨大、延续时间长、堆积特别丰富的龙山文化地点。在其存续期间，至少有早中晚三个时期的壕沟为防御设施，局部还有保护墙基和护堤，对它们的形状、结构、面积有了比较清楚的了解，出土了一大批遗物，对时代判断提供了重要依据，这一成果无疑成为历年来两城镇遗址考古实践中最突出的收获。

最后，还需要说明几个问题。

第一，关于出土小件的编号问题。

在田野发掘中，发掘顺序是先上后下、先晚后早为原则，所以年代晚的小件号在前，而年代早的小件号在后，这是地层出土物小件编号的常规。在本次发掘中，同样也遵循这一原则，但在小件编号中也存在个别年代晚的小件序号在后，而年代早的序号在前的现象，出现的原因主要是，第一即前面提及的几个人同时在一解剖沟的不同位置发掘，工作进度不完全一致，某一地段已清理早期堆积并对出土物编号，所以序号在前，而另一地段仍在清理晚期堆积，出土物的序号自然在后，因为所发掘的解剖沟出土小件数量较多，很难使序号与堆积先后完全一致起来。第二是在发掘期间，由于解剖沟堆积过于潮湿，甚至发掘时出水，有的地层单位是在清理过后才划归清楚的，这造成了有少数本属较早的地层单位的小件号编排与晚期单位的序号倒置，是清理现场归属不够准确所致。第三是在拼对整理过程中新增加的小件，其小件序号都前面加“0”排在同单位的后面，而这种情况在小件编号中也不乏见。

第二，关于各条环壕断代问题的说明。

对两城镇遗址内各条环壕的使用时间，前文已经论及，主要依据发掘时的地层关系和出土物，各条探沟内的出土物主要是陶器，以壕沟的使用堆积为标准，一般划分出三个时间段，即晚于环壕使用期、环壕使用期和早于环壕使用期，这种做法，主要是基于钻探和试掘的目的是解决围城遗址和断代问题，对其他遗迹单位的时代判断，线条有些过粗和简单，但对解决主要目的大有帮助。同时，也注意到，三条环壕使用期内所出土的陶器中，有少数的器形其特征与所在壕沟的时代判断有不太一致的地方，有与习惯认识应偏晚的出土物。对此，一方面是否有的器物形态是否开始出现的早，过去不了解，再一方面是发掘壕沟时，特别是挖至较深时，堆积潮湿、出水是常见现象，也会存在少数出土物归属不准确的可能。

从1999年开始这一工作，至今已经快二十年了，从结束发掘到今天也有十几年之久，因多种主观和客观原因，今天才有上述的交待，虽说是了却了一桩心事，但总怀有几分不安与歉疚。

同时也要说明，对两城镇遗址围城遗存的钻探与发掘的工作虽是由我（于海广）负责进行，但却集中了许多人的付出与辛劳，中美考古队的同仁自不必说，在钻探与发掘期间，技工张子晓、刘志标、闫启新一直参与全过程，出力最多，顶严寒、冒酷暑进行钻探、发掘和整理，手上出血泡、两臂红肿已成为经常。日照市博物馆的刘红军、李玉也在钻探和发掘及整理时多有参与。两城镇的许多干部和村民，为支持发掘工作付出许多艰辛，特别是已成为好友的刘希勇、刘希范、刘加东等更是给予考古队许多的帮助，提供了许多方便。在钻探、发掘和整理期间，考古系学生和其他技工也曾短期参与，恕不一一列举。

在即要结束这一考古报告之际，对他们的贡献和对我的帮助仍历历在目，始终不能忘怀。

两　城　镇

——1998～2001年发掘报告

（三）

中　美　联　合　考　古　队
栾丰实　文德安　于海广　著
方辉　蔡凤书　王芬　科杰夫

文物出版社

Liangchengzhen:
1998-2001 Excavation Report
(Ⅲ)

Edited by

Chinese-American Collabborative Team

Luan Fengshi Anne P. Underhill Yu Haiguang

Fang Hui Cai Fengshu Wang Fen Geoffery Cunnar

Cultural Relics Press

第六章　地质考古调查与研究

一　导言

在对两城镇龙山文化的研究中，我们使用了地球科学或地质相关的方法。本项地质考古研究涵盖了对遗址范围、堆积过程及古环境的考察。为了解决这些问题，我们在调查中采用了实地勘查和钻探取样相结合的方法，也观察记录了一些暴露的自然和文化堆积。调查发现一种包含龙山陶片的古土壤，该堆积呈黑色、较厚，形成于龙山文化时期，我们暂称之为“龙山文化堆积”。这一断断续续的古土壤层与一层风成黄土堆积覆盖于花岗岩台地和两个冲积阶地之上。该文化堆积则是经长期不间断的人类活动所形成[1]，可用以界定龙山时代人类的活动范围。

二　调查方法

调查工作的第一步是地貌勘查，以鉴别研究区域内当前的地形地貌，然后评估何种地貌可能会出土龙山文化遗存。地貌调查采用了根据地质考古[2]需要而改进过的经典地质学[3]、土壤学[4]和地貌学[5]技术。对于可能发现龙山文化遗存的代表性地貌，我们相应地做了采样和描述（图6−1）。

对于两城镇附近那些年代太古老或太晚近而不可能出土龙山遗存的地貌和堆积，例如过于古老的花岗岩台地、古黄土和太过年轻的现代冲积平原，我们仅投入了少量精力去确认其存在，了解其特性。对于有助于理解龙山时代人地关系的自然和人为剖面，我们也做了描述记录（有关取样点和剖面的详细描述见表6−1～4）。描述方法使用了经过改进适于钻孔取样的标准地质学[6]和土壤学方

[1] Soil Survey Division Staff, 1973. *Soil Taxonomy, USDA Handbook 436*. USDA: Washington, D. C.

[2] a. McFaul M, 1990. Geoarchaeological Potential of Souris River Terrains, Renville County, North Dakota. *Journal of the North Dakota Archaeological Association* 4: 17-42. b. McFaul M, WR Doering, 2003. Soils and Sediments of Rough Canyon and Pendejo Cave. In: RS MacNeish, JG Libby (eds). *Pendejo Cave*. University of New Mexico Press, Albuquerque. c. McFaul M, KL Traugh, GD Smith, et al., 1994. Geoarchaeological Analysis of South Platte River Terraces, Kersey, Colorado. *Geoarchaeology 5(9)*: 345-374. d. Smith GD, M McFaul, 1997. Paleoenvironmental and Geoarchaeological Implications of Late Pleistocene and Holocene Sediments and Paleosols: North Central and Western San Juan Basin, New Mexico. *Geomorphology* 21 (2): 107-138.

[3] Gilbert GK, 1877. *Geology of the Henry Mountains (Utah). United States Geographical and Geological Survey of the Rocky Mountain Region*. Washington, D. C., United States Government Printing Office.

[4] Soil Survey Division Staff, 1993. *Survey Manual, USDA Handbook 18*. USDA: Washington, D. C.

[5] Way D, 1978. *Terrain Analysis*. Stroudsburg, PA: Dowden, Hutchinson and Ross.

[6] McFaul M, KL Traugh, GD Smith, et al., 1994. Geoarchaeological Analysis of South Platte River Terraces, Kersey, Colorado. *Geoarchaeology* 5(9): 345-374.

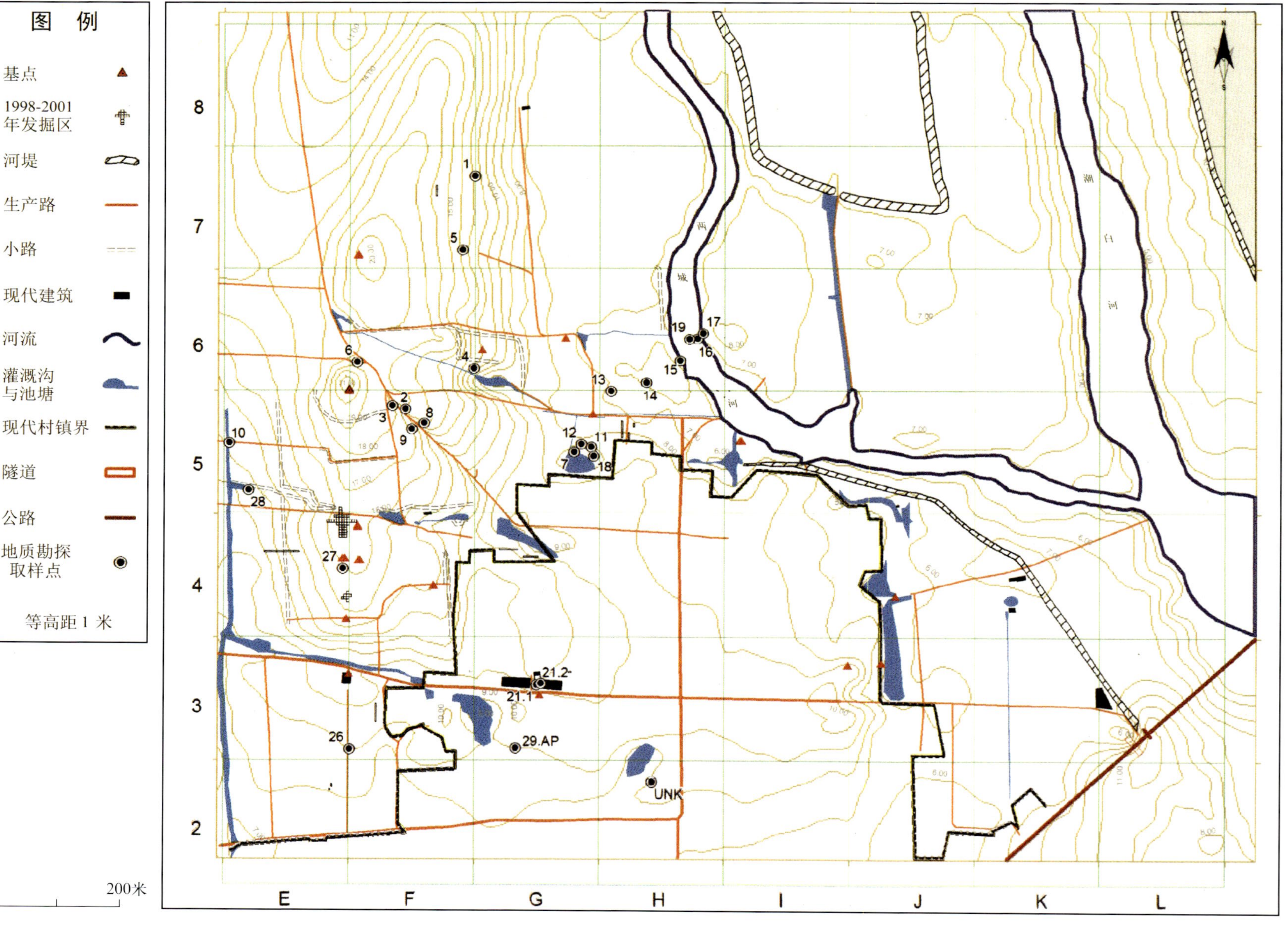

图6-1　两城镇地质勘探取样点示意图

法[1]。探孔样品的采集则使用了直径2厘米的手工取样管（图6-2）。取样时向下钻探至前述古老沉积时为止。如果遇到因深度、特定沉积类型或水位过高等原因导致难以提取土样的情况，取样也会中止。地质考古的推论过程则依据 Waters 的指导标准和我们以往的经验[2]。

三　结果

（一）实地勘查

田野踏查在两城镇研究区域内发现了3种地貌类型（图6-3），包括基岩台地、一两层风成黄土和三个两城河冲积区。基岩台地大致呈新月形围绕于研究区域的南部和西部。台地起自两城河冲积平原以上海拔约9米的两城镇西侧孙传海家（图6-1，取样点26），后逐渐升高，在汉墓大堌堆附近超过18米（图6-1，取样点6）。台地的主要堆积是风化花岗岩碎砾，在保存较好的地方，还可见发育于碎砾之上的黏化古土壤残余。这些古土壤有时见于老黄土层和龙山文化堆积之下。龙山文化堆积覆盖于黏化古土壤之上，表明其时代晚于黏化古土壤。龙山文化堆积是一种富含文化遗物的古土壤，是龙山时代人类活动的结果。龙山文化堆积和黏化古土壤之上是一种较晚且不普遍的黄土堆积。

图6-2　倪刚在取样点7取样

（取样点7在T2冲积区，一个现代白菜窖底部露出深色的龙山文化堆积）

在研究区域东北部有三个两城河冲积堆积区。它们自现代漫滩逐渐升高形成阶梯状地貌。阶梯的“踏板”为较为平缓的古代河漫滩（废弃河漫滩），而古代河漫滩之间的高差则构成了阶梯的“竖板”。暂称为T2阶地的最古老的河漫滩沉积物的“踏板”，高于现代河漫滩（T0）7.6～8.3米。另一个较年轻的河漫滩T1，高度为现代河漫滩以上1～2米。龙山文化堆积覆盖于T2

[1]　a. Birkeland PW, 1999. *Soils and Geomorphology*. New York: Oxford University Press. b. Schoenberger PJ, DA Wysocki, EC Benham, et al., 2002. *Field Book for Describing and Sampling Soils, Version 2. 0. NRCS, National Soil Survey Center, Lincoln, NE.*

[2]　a. McFaul M, 1990. Geoarchaeological Potential of Souris River Terrains, Renville County, North Dakota. *Journal of the North Dakota Archaeological Association* 4: 17-42. b. McFaul M, WR Doering, 2003. Soils and Sediments of Rough Canyon and Pendejo Cave. In: RS MacNeish, JG Libby (eds). *Pendejo Cave*. University of New Mexico Press, Albuquerque. c. McFaul M, KL Traugh, GD Smith, et al., 1994. Geoarchaeological Analysis of South Platte River Terraces, Kersey, Colorado. *Geoarchaeology* 5(9): 345-374. d. Smith GD, M McFaul, 1997. Paleoenvironmental and Geoarchaeological Implications of Late Pleistocene and Holocene Sediments and Paleosols: North Central and Western San Juan Basin, New Mexico. *Geomorphology* 21 (2): 107-138. e. Waters MR, 1992. *Principles of Geoarchaeology. A North American Perspective*. Tucson: University of Arizona Press.

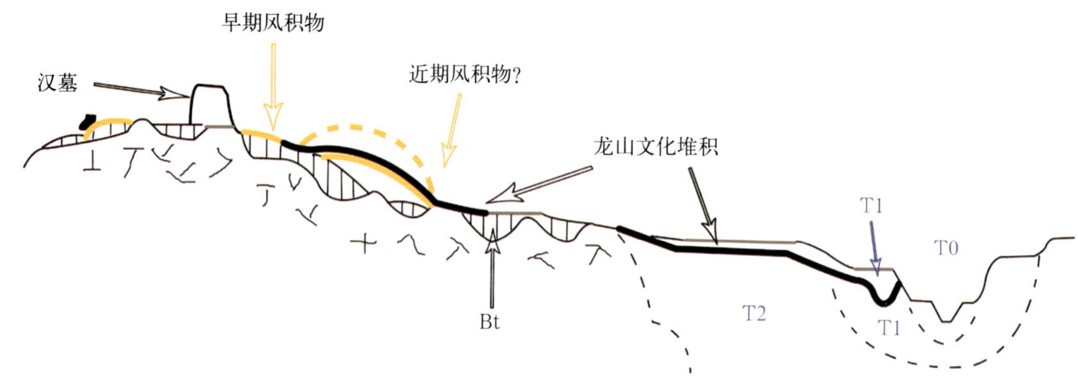

图6-3　现代景观示意图

花岗岩台地上面覆盖着两处不连续的风积物，其侧翼是流水作用形成的三个冲积河流阶地（T2是其中最古老的，T0是现代冲积平原）。这些景观单元及龙山文化堆积（黑色粗线条）的位置显示，在龙山人到来之前，本地景观地貌发生过如下变化：1）黏化古土壤层（Bt）在台地上形成；2）第一个风积物单位（黄色实线）出现于台地上；3）T2埋积河阶形成，然后被废弃。龙山文化堆积埋藏于冲积物T1之间，说明龙山时期T1冲积物尚在形成之中。除了后形成的T1河阶的废弃和现代冲积平原的形成，风积物（黄色虚线）的出现也是台地上的一个新变化。

阶地之上，被T1冲积物叠压。河漫滩的废弃与河流的下切往往与干燥气候条件带来的低水位有关[1]；相反，冲积物的加积作用则与湿润气候条件下的高水位相关。因此，T1冲积物叠压龙山文化堆积，可以说明龙山时期气候较为湿润，降雨量增加，农业生产可以获取更多的水源。

（二）沉积物和土壤

我们选取了两城镇研究区域内52个有代表性的地点来描述土壤和沉积关系。这些地点包括钻探取样点和自然及人为剖面（表6-1～4）。对这些地点的描述综合起来可显示各种地形、地质单元、文化遗迹、古土壤及在古地貌上发育的其他土壤的特征，并进而揭示各地质、土壤和文化遗迹的特性。我们所描述的特征包括以下几个方面：

颜色，采用莫塞尔（Munsell）量化土壤色谱比对描述；

硬度，采用手持活塞式针穿硬度计，以gr/cm^2（克/平方厘米）为单位；

是否存在盐类，通过是否与浓度10%的盐酸反应来判定；

岩石与土壤碎屑的尺寸、形状，采用肯特州立大学[2]的比对分类表；

土壤结构、碳酸盐和黏土沉积情况，采用 Soil Survey Division Staff [3]的方法指南。

通过对这些可以量化特征的测量，可以区分不同的土壤沉积单元，评估它们的相对年代，并为将来的研究提供一个数据库。

1．花岗岩

研究区域内目前所知最古老的地质单元是构成台地的花岗岩。它在示意图上已被标记（图6-3、4中被称为花岗岩碎砾）。花岗岩的表面通常被风化成小颗粒或卵石大小的碎砾。其特点为：

[1]　a. Bryan K, 1925. Date of Channel Trenching (Arroyo Cutting) in the Arid Southwest. *Science* 62 (1607): 338-344.　b. Bryan K, 1922. Erosion and Sedimentation in the Papago Country, Arizona, with a Sketch of the Geology. *USGS Bulletin* 730: 19-90.

[2]　Kent State University (No date). *Sediment Description Chart*. Department of Geology, Kent State University.

[3]　Soil Survey Division Staff, 1973. *Soil Taxonomy, USDA Handbook 436*. USDA: Washington, D. C.

表6-1　两城镇遗址取样点登记表

编号	坐标（米）	海拔（米）	地貌情况	堆积情况（厘米）
探孔-1	898.20N/1360.08E	8.07	T1上侧翼向T2爬升处	0～8：Ap；现代耕土层 8～106：C；农田阶地淤积物 106～121：C2 121～175：Abcult；含陶片，可能是墓葬 175～211：C3；含炭屑的冲积物 211～286：Abcult2；文化层
探孔-2	986.42N/1090.19E	18.17	台地斜坡，图6-3	0～10：扰土层 10～42：Ap；现代耕土 42～62：Abcult；富含灰烬的文化层 62～128：Crt；风化基岩淀积层 128～263：R；风化的花岗岩碎砾层
探孔-3	973.63N/1069.25E	18.60	台地上的路堑，图6-3	0～23：Ap；现代耕土，含塑料 23～33：Abcult；含陶片的文化层 33～122：Bt；黏化古土壤层 122～188：R；风化的花岗岩碎砾层
探孔-4	1230.74N/1181.13E	14.77	路堑，基岩上土壤堆积中不含龙山遗物，图6-3	0～8：Ap；现代耕土层 8～32：Ap2；现代耕土层 32～73：Bt；古土壤层 73～107：Crt；风化基岩淀积层 107～236：R；风化的花岗岩碎砾层
探孔-5	1035.86N/1199.65E	13.10	台地侧翼，图6-3	0～21：Ap；现代耕土层 21～37：Abcult；文化层，含木炭和陶片 37～78：Bt；黏化古土壤层 78～118：Crt；风化基岩淀积层，含花岗岩碎砾
探孔-6	1045.53N/1013.33E	18.70	大堌堆北侧，图6-3	0～24：Ap；现代耕土层 24～31：Abcult；文化层，含有陶片 31～52：Bw；粉砂质风积物 52～93：2Cr；风化基岩，花岗岩碎砾层
探孔-7	906.27N/1387.51E	8.06	村北T2阶地，现为菜地，龙山文化层之下有冲积物，图6-4	0～38：Ap；现代耕土层 38～108：Abcult；文化层，含陶片，手臂骨，较完整陶器（墓葬？） 108～200：C；淤泥 200～223：C2；沙 223～258：C3；淤泥
探孔-9	935.40N/1100.73E	19.98	路堑处宽2.3米的剖面，有开挖于花岗岩碎砾与黏化古土壤之上的风化黄土中的“坑状遗迹”	0～15：Ap；现代耕土层 15～28：C；略显层状分布的淤泥堆积 28～90：Abcult；“坑状遗迹”内的砂质黏土堆积 90～105：Abcult2；“坑状遗迹”下层堆积，含灰烬、陶片等 28～107：C2；带结核（占22%，大小均匀，圆形）的黄土堆积，同探孔22下层黄土。 107～150：2Btb；埋藏于花岗岩碎砾中的黏化古土壤，带有镁渍，颗粒较粗，常见中等厚度呈土壤自然结构体的胶膜

探孔–10	912.99N/808.77E	11.90	台地上的浅洼地，堆积与探孔–28 类似，图6–3	0～18：Ap；现代耕土层 18～37：Ap2；现代耕土层 37～42：Abcult；文化层，砂质黏壤土 42～95：Abcult2；文化层，颜色较深 95～110：Cr；风化花岗岩碎砾，与探孔–26类似
探孔–12	891.14N/1391.43E	8.28	T2阶地，现为菜地，距探孔-11约6米，图6–4	0～24：Ap；现代耕土层 24～118：Acult；文化层，含陶片、骨头和木炭
探孔–13	998.51N/1419.15E	7.05	被农田覆盖的 T2阶地，图6–4	0～55：Ap；现代耕土层，砂土 55～73：Ap 2；现代耕土层，淤泥 73～122：Abcult；文化层 122～139：C；沙 139～178：C2；黏土
探孔–14	1012.55N/1476.09E	7.01	T2阶地，位于现在菜地中，图6–4	0～127：Ap；耕土层，次生堆积 127～146：C；砂质壤土 146～179：Abcult 或者 Ab；文化层或古土壤 179～235：C2；淤积黏壤土 235～252：Abcult2 或者Ab；文化层或古土壤 252～263：C3；淤积黏壤土 263～301：Abcult3；文化层，含陶片
探孔–15	1048.70N/1529.26E	6.92	T2北侧翼的菜地，图6–4	0～31：Ap；现代耕土层 31～103：C；颗粒均匀的砂质壤土 103～146：C2；淤积壤土 146～216：Abcult；文化层，含陶片，下端的38厘米湿度较大 216～406：湿度较大
探孔–16	1084.36N/1557.35E	6.36	两城河东部的 T1阶地，图6–4	0～9：Ap；现代耕土层 9～129：C；分选较差的沙子 129～139：C2；淤泥质黏壤土 139～143：C3；颗粒较粗的沙
探孔–17	1093.27N/1566.15E	7.60	两城河东岸的T2阶地，T2的砂粒比T1细微得多，景观地貌相对稳定，图6–4	0～46：C；颗粒很细的砂质壤土（10YR4/6） 46～155：C2；颗粒较细的沙（7.5YR5/6） 155～173：C3；淤泥质壤土 173～184：C4；颗粒较细的沙 184～355：C5；淤积的沙，有镁渍 355～398：C6；带镁渍的沙（10YR2/1） 398～503：C6；黏质壤土（5Y4/1）
探孔–18	无坐标	8.28	T2阶地，现代菜地，与探孔–7处于同一表层，图6–4	0～52：Ap；现代耕土层，淤积壤土 52～69：C；淤积壤土 69～71：Abcult；文化层 71～89：C2；粗糙，分选较差的沙
探孔–19	1084.02N/1544.33E	4.63	T0两城镇河冲积区，图6–4	0～7：A/C；淤积壤土 7～33：Ab；现代耕土层，没有陶片（10YR2/1） 33～77：C；黏土（10YR3/1）
探孔–20	无坐标	无海拔	T2阶地，探孔11以北，在现代菜园内	0～35：Ap；现代耕土层 35～47：A/C；黑色和灰棕色的基床，黑色土可能为人类堆积 47～207：Abcult；含炭，火烧黏土 >155，较湿，但仍为黑色

探孔 −21−1	522.32N/1300.78E	10.16	T001台地，古土壤被侵蚀后残余的黏化层，图6−3	0～48：Bt；黏化古土壤层，深褐色（7.5YR5/6）黏质壤土
探孔 −21−2	524.36N/1307.71E	9.98	T001台地,古土壤被侵蚀后残余的黏化层,图6−3	0～48：Bt；黏化古土壤层，深褐色（7.5YR4/6）黏质壤土
探孔−22	无坐标	无海拔	东墙，以前城镇的表面，图6−3和图6−6	0～47：现代层；金属、布、现代和汉代陶器，杂乱无章，粗糙的沙沃土 47～71：Abcult；堆肥和陶器 71～76 Abcult2；灰层 76～95 Abcult3；基岩层，绿色沙石 95～114：2Bw；风积土（10YR5/3） 114～133：2C；风积土（10YR6/6） 133～140：3Bt；软的沙状黏土（7.5YR）
探孔−25	离1936年的挖掘坑很近	无海拔	高地	表面有龙山陶片 0～142：Abcult；有陶片 142～148：Bt；棕色（7.5YR4/4）黏土
探孔−26	417.96N/1002.50E	8.99	孙传海家南面的平地，菜窖，图6−3	0～17：Ap；现代耕土层 17～39：Abcult；龙山文化层 39～82：C；砂质黏壤土，有动物扰洞 82～195：2Bt；砂质黏土 195～284：2Crt；花岗岩碎砾层 284～348：2RC；重度分解的花岗岩；分选较差，粗糙的砾质黏土
探孔−27	709.34N/990.56E	15.96	第一、二发掘区之间，图6−3（风积黄土层处于风化基岩之上，说明风积土形成之前有侵蚀作用发生）	19～68：C 68～128：Abcult；文化层，黑色壤土（10YR2/1）与沙（10YR3/3）相间分布，沙土内有陶片 128～174：2BT；黏土，可能为风积形成 174～178：2C；可能是风积物（7.5YR4/4） 178～205：3Cr；砾质黏壤土
探孔−28	835.55N/840.55E	11.26	台地西侧的干涸河道，图6−3	0～41：Ap；现代耕土层 41～72：Ap 2；现代耕土层 72～118：Abcult；龙山堆积层 118～123：2Cr；风化花岗岩碎砾层
探孔−29	无坐标，在探孔-21西南	无海拔	村子内的台地	0～12：扰动层 12～85：Abcult；文化层，像现代房屋地面一样的薄层，与探孔−21处的迹象类似 85～94：C 94～127：Abcult2 或者 Ab；文化层或古土壤 127～143：2C；黄褐色风积黄土，与探孔22下层堆积类似，含较多结核
探孔−30	挖掘点以西房子的庭院	无海拔	村里的高地	0～8：Acult 8～15：Abcult；淤泥状黏土 15～18：Abcult2 18～28：Abcult3；淤泥状黏土 28～31：Abcult4 31～34：2C；基岩，橄榄色（5Y4/3），随着深度增加成为5Y5/6
探孔−31	无坐标	无海拔	粪堆	0～24：Ap 24～150：Abcult；（肥堆?）有陶器，成圆形的灰烬 150～227：Abcult2；多层炭灰层，有陶器 227～331：Bt

表6-2 两城镇下区取样点登记表

编号	位置	堆积情况（厘米）
下区-1	44/26	0～33：现代耕土层，深褐色（10YR3/3）粉质壤土，含陶片 33～83：C；深褐色（10YR3/3）粉质壤土 83～133：Abcult；文化层，黑色（10YR2/1） 133～175：C；黄褐色（10YR5/6）分选差的粉质壤土 175～243：C2；深灰褐色（10YR4/3）粉质黏壤土 243～246：C4；深灰褐色（10YR 4/3）分选较差的砂质黏土 246以下：可能是文化层，分选较差的沙质黏壤土
下区-2	53/28	0～23：Ap；现代耕土层，褐色（10YR4/3）粉质黏壤土 23～115：Abcult；文化层，黑色（10YR2/1）粉质黏壤土，含陶片 115～159：C；褐色（10YR4/3）砂质壤土 159～174：C；砂性渐强的砂质壤土
下区-3	48/36	0～27：Ap；褐色（10YR4/3）砂质壤土 27～79：C；深褐色（10YR3/3）砂质黏土 79～174：Abcult；黑色（10YR2/1）黏土，含陶片 174：Cr；黄红色（5YR5/6），风化花岗岩碎砾
下区-4	54/44	0～22：Ap；现代耕土层，褐色（10YR4/3）粉质壤土 22～94：Abcult；黑色（10YR2/1）黏土，含陶片 94～117：Bt；褐色（7.5YR4/3）黏质壤土 117～125：Cr；黄红色（5YR5/6）风化花岗岩碎砾
下区-5	29/60	0～23：Ap；现代耕土层，褐色（10YR4/3）砂质壤土 23～152：C；褐色（10YR4/3）粉质壤土，在距地表100～106厘米处有一深灰褐色（10YR4/2）沙透镜体 152～174：Abcult；文化层，深灰色（10YR3/1），含陶片 174以下：C；分选较差的沙，含大颗粒（粒径4毫米以下）
下区-6	20/51	0～19：Ap；现代耕土层，褐色（10YR5/3）粉质壤土 19～114：Ap2；现代耕土层，褐色（10YR5/3）粉质黏壤土 114～118：2C；分选较差的褐色（7.5YR5/4）粗砂，崩积透镜体 118～211：3Abcult；深褐色（10YR2/2）砂质黏壤土和褐棕色（10yr3/3）黏壤土，含陶片 211～266：3C：湿润的分选较差的砂质壤土
下区-7	60/11	0～23：Ap；现代耕土层，褐色（10YR4/3）粉质壤土 23～84：Abcult；文化层，深褐色（10YR2/2）黏壤土 84～122：2Btb；黄红色（5YR5/6）砾质黏土
下区-8	15/39	0～28：Ap；现代耕土层，颗粒较细的深褐色（10YR3/3）砂质壤土 28～95：2C；深黄褐色（10YR3/4）粉质壤土 95～166：Abcult；文化层，黑色（10YR2/1）黏质壤土，含陶片 166～205：C2；深灰褐色（10YR3/2）砂质黏壤土，湿润 205～228：Bt或者Crt；深褐色（7.5YR4/6）黏质壤土，带黑色镁渍
下区-9	31/30	0～18：Ap；现代耕土层，褐色（10YR4/3）砂质壤土 18～52：Ab；深褐色（10YR3/3）砂状壤土 52～221：Abcult；文化层，深褐色（10YR2/2）黏质壤土，随着深度增加砂性增强，含陶片 221～276：太湿无法提取土样
下区-10	20/23	Ap；现代耕土层，深灰褐色（10YR4/2） C；深灰褐色（10YR4/2）砂质壤土 51～240：Abcult；黑色（10YR2/1）黏质壤土，含陶片

下区-11	无位置信息	0～22：Ap；现代耕土层，深褐色（10YR3/3）砂质壤土 22～94：C；深黄褐色（10YR4/4）黏土冲积物 83～232：Abcult；文化层，深褐色（10YR2/2）砂质黏土，含陶片、蛋壳陶、骨头等 232～248：Abcult2；文化层，深褐色（10YR3/3）砂质黏壤土，含分选较差、粗糙的亚圆形或方形砂粒
下区-12	无位置信息	0～21：Ap；现代耕土层，颗粒较细的深褐色（10YR3/2）砂质壤土 21～146：C；颗粒较细的褐色（10YR4/3）砂质壤土，虽深度增加逐渐成呈深褐色（10YR3/3） 146～258：Abcult；深灰褐色（10YR3/2）黏质壤土，虽深度增加逐渐呈黑色（10YR2/1），含陶片 258～264：Cr；浅褐色（7.5YR6/4）花岗岩碎砾

表6-3　两城镇上区取样点登记表

编号	位置	堆积情况（厘米）
上区-1	17/58	0～8：Ap；现代耕土层，深棕色（10YR3/3）黏土 0～23：Ap2；现代耕土层，黄棕色（10YR5/4）砂质壤土 23～47：Abcult；文化层，含陶片，黑色（10YR2/1）黏土 47～50：R；暗黄色花岗岩
上区-2	17/61	0～17：Ap；现代耕土层，深棕色（10YR3/3）砂质壤土 17～37：Ap2；现代耕土层，黄棕色（10YR5/4）砂质壤土 37～187：Abcult；文化层，炭黑色（10YR2/1）、深棕色（10YR3/2）、黄棕色（10YR4/3）的砂质黏土和黏质壤土，含陶片和烧土
上区-3	27/57	0～20：Ap；现代耕土层，棕色（10YR4/3）砂质黏土 20～62：Abcult；文化层，棕色（7.5YR4/4）砂质黏土，含陶片
上区-4	26/60	0～26：Ap；现代耕土层，深黄褐色（10YR4/4）砂质壤土，含陶片 26～62：C；黄褐色（10YR4/4）砾质壤土,含陶片，可能为扰土层 62～76：C2；砾质壤土 76～107：深褐色（7.5YR3/3）黏质壤土，含陶片、烧土 107～188：2Btb；埋藏黏化古土壤，棕色（7.5YR4/3） 188～198：Cr；风化基岩
上区-5	7/58	0～18：Ab；深褐色（10YR3/2）砂质黏土 18～162：Abcult；文化层，深褐色（10YR3/3～10YR5/2）黏质壤土，含成层分布木炭、陶片、烧土和灰烬（10YR2/1） 162～181：2Btb；红褐色（5YR4/4）多砾石的黏土 181以下：Cr；砾质黏土
上区-6	19/28	0～26：Ap；现代耕土层，深黄褐色（10YR4/4）砂质壤土 26～60：Ap2；现代耕土层，深黄褐色（10YR3/4）砾质壤土 60～99：C；褐色（7.5YR5/4）砾质黏土，被扰动? 99～233: Abcult；文化层，暗灰褐色（10YR3/2）和深黄褐色（10YR4/4）砂质黏土，含木炭、灰烬和陶片
上区-7	5/28	0～47：Ap；现代耕土层，深褐色（10YR3/3）砂质黏土，含陶片 47～93：Abcult；文化层，红褐色（5YR5/3）土，含陶片和木炭
上区-8	无位置信息	0～64：Ap；现代耕土层，深黄褐色（10YR4/4）砂质黏壤土 64～130：Btb；不含龙山遗存的古土壤，褐色（7.5YR4/3）砾质黏壤土 130～153：Crt；含黏土的风化基岩

上区-9	47/80	0～18：Ap；现代耕土层，深褐色（10YR3/3）砂质壤土 18～37：Abcult；文化层，深褐色（10YR3/3）黏壤土，含陶片、烧土和灰烬 37～59：Abcult2；文化层，深棕色（7.5YR4/6）土，含陶器，地面? 59～66：Abcult3；文化层，深灰褐色（2.5Y4/2）砂质黏土，地面?
上区-10	16/72	0～37：Ap；现代耕土层，深灰褐色（10YR4/2）砂质壤土 37～68：Ap2；现代耕土层，深灰褐色（10YR4/2）砂质壤土 68～232：Abcult；文化层，褐色（7.5YR4/3）黏壤土和砂质黏土（10YR5/4），含烧土、陶片 100～104：Abcult2；文化层，烧土，灶? 104～114：Abcult3 232以下：Bt；红褐色（5YR4/4）黏土
上区-11	52/19	0～17：Ap；现代耕土层，褐色（10YR5/3） 17～78：Bt1和Bt2；不含龙山遗存的古土壤，深褐色（7.5YR5/6）黏土和分选较差的砂质黏土

表6-4　孙传海家房子西侧土堆取样点登记表

编号	堆积情况（厘米）
孙-1	0～36：AP；现代耕土层 36～67：Ap2；现代耕土层 67～178：文化层，含陶片、木炭（10YR2/1），呈透镜体堆积（不像探孔-21和-22中所见有明显分层） 178以下：2Cr；深灰褐色（2.5Y4/2）绿花岗岩碎砾层
孙-2	0～14：AP；现代耕土层 14～20：Ap2；现代耕作层 20～125：Abcult；文化层，含陶片，没有层理 125以下：2Cr；风化的绿色花岗岩，和孙-1类似
孙-3	0～10：AP；现代耕土层，团状黏土，包含有陶片 >10：R；花岗岩基岩，棕色（7.5YR5/4）
孙-4-1	0～24：AP；现代耕土层 24～58：Abcult；文化层，含陶片、砖等 58以下：浅棕色(10YR7/3)（像劣质水泥？）
孙-4-2	0～139：为孙墙剖面，以下为钻探数据（见 图6-8、9） 0～68：现代混合堆积，陶片、砖块等 68～78：砂质黏土，有像土壤的结构性裂缝，一块烧土 78～139：浅褐色（7.5YR6/4）淤泥质黏土与褐色（7.5YR5/4）砂质黏土相间分布，可能是墙? 139～173：二次堆积的褐色（7.5YR4/4）黏化古土壤，含有木炭 173～222：Abcult；文化层，深灰色（10YR5/6），含大量木炭（龙山层？） 222～248：2C；黄棕色（10YR5/6）黄土，淤泥质黏土 248～263：3Btb；褐色（7.5YR4/4）砂质黏土，含风化的绿花岗岩碎屑
孙-5	0～18：Ap；现代耕土层 18～45：Abcult；含陶片 45～71：Abcult2；层理分布的炭（10YR2/1）和砂质黏壤土(10YR4/2) 71～106：C；黏土（7.5YR5/4） 106～136：C2；团状黏土 136～152：2Btb；埋藏的黏化古土壤，含大量(80%)中等厚度的土块表面胶膜

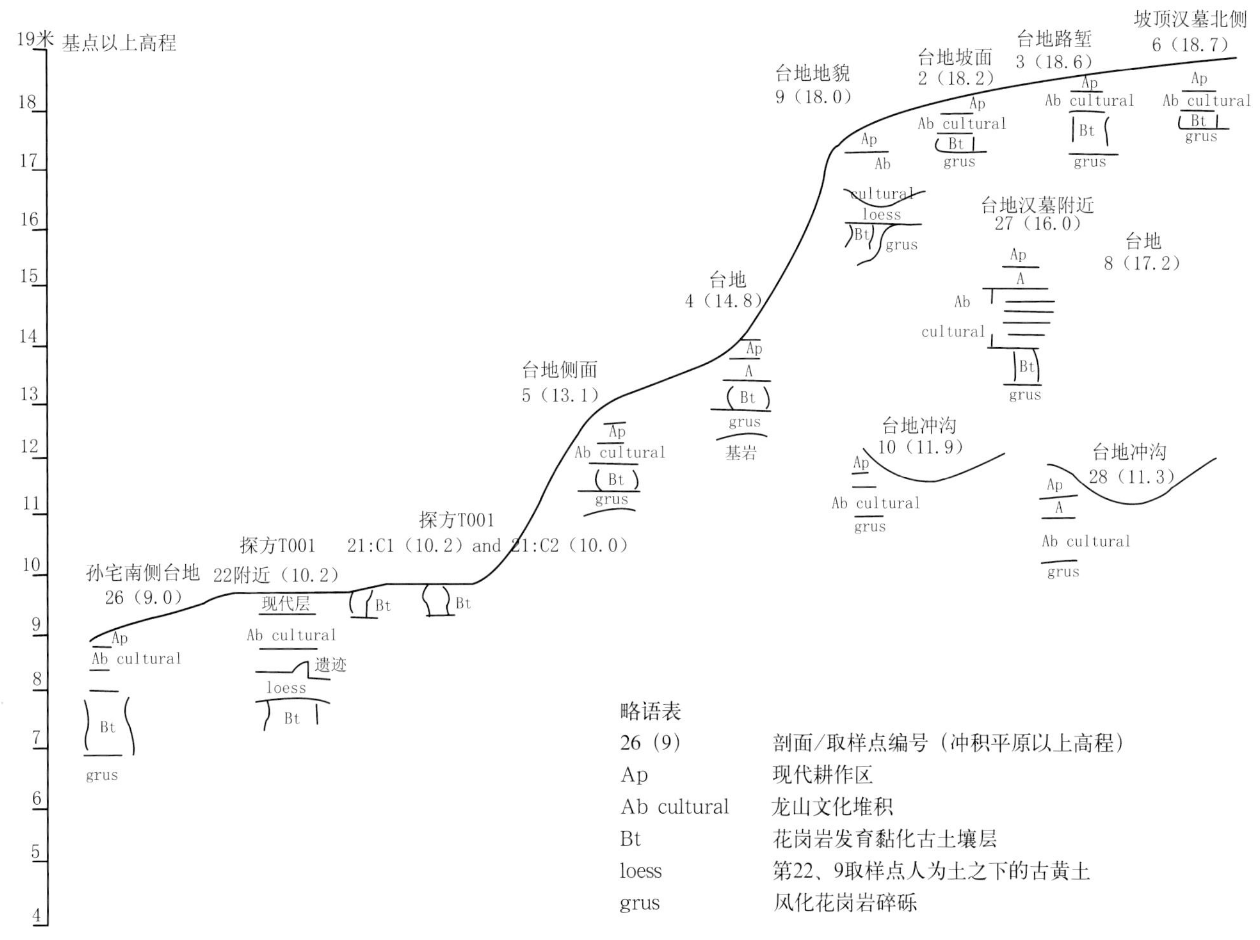

图6-4　台地剖面位置示意图

缺乏碳酸盐；

有棱角；

呈小颗粒和小卵石大小（直径2～8毫米）；

重棕色（7.5YR6/4）和黄红色（5YR5/6和5YR4/6）；

稍硬（2.5gr/cm^2）。

在风化作用稍弱的地方，花岗岩呈红黄色（7.5YR6/8），非常硬（4.5+ gr/cm^2）。未经过扰动，也不见文化遗物。现在两城镇村民孙传海家（图6-1，取样点26）所见花岗岩呈深灰棕色（2.5Y4/2）和灰色（10YR5/1）。

2．黏化古土壤

这是一种富含黏土的土壤层，在示意图上标识为Bt，是发育于花岗岩上的古土壤被剥蚀后的残留物（图6-3）。古土壤层（A horizon）的缺乏可以说明这一剥蚀作用的存在。该土层的特点为：

红棕色（5YR5/4）；

缺乏碳酸盐；

土壤团粒的直径从中等（10～20毫米）到较粗（20～50毫米），中等发育，亚解块状结构；

25%～80+%的土壤团粒被中等厚度的沉积黏土包覆；

硬，硬度从3.5到4.5gr/cm^2。在取样点22（取样点22即T001，表6－1和图6－4），可见该亚解块状土壤团粒被棕色（7.5YR4/3）黏土包覆，其内部呈浅棕色（7.5YR4/4）。红色（7.5YR）基调和黏土比例的提高是在细径岩芯样品中识别该土壤层的关键。在该黏化古土壤层中未见扰动和文化遗物。

3．风积黄土Ⅰ

在取样点22、9、26（表6－4；图6－4）可见一薄层风积物断断续续地覆盖于花岗岩台地和黏化古土壤层之上。其特征为：

粉砂质；

棕色（10YR5/3）、黄红色（10YR5/6）和棕黄色（10YR6/6）；

量大，没有结构；

非钙质；

质地从软到稍硬，硬度在1.5～2.5gr/cm^{2}之间。

现在两城镇的该风积黄土中可见结核（表6－1；取样点22或T001）。这些结核直径2～4毫米，占风积物总量的13%～28%，外表呈暗棕红色（5YR3/3），内部为深灰色（10YR3/1）。该风积黄土中未见扰动和文化遗物。

龙山文化堆积：这一古土壤在示意图中被标识为Ab cultural，包含有丰富的龙山文化遗物。它的分布范围广泛，在以下样品中均有发现：

取样点2、3、5、6、7、9、10、12、13、14、15、18、21.1、21.2、22（T001）、26、27和28等16个取样点（表6－1；图6－2、4、5）；

取样点13附近的所有12个地磁仪下区探孔（表6－2；图6－2）；

取样点27附近的9个地磁仪上区探孔（表6－3）；

取样点26附近孙传海家的剖面及5个探孔中的3个（表6－4）。

在花岗岩台地、黏化古土壤、风积黄土Ⅰ、河阶T2之上均可见到龙山文化堆积的间断分布。T1河漫滩处可见该龙山文化堆积包裹于沉积物之中。其识别特征为：

文化遗存，尤其是龙山文化陶片、炭屑、灰烬等，相对比较丰富；

颜色较深，一般为黑色（10YR2/1）；

砂质黏土，粉质黏土和黏壤土；

量大，没有结构，不成团粒；

沉积物稍硬，硬度为2.5gr/cm^2；

非钙质；

通常厚23～60厘米。

不过，在六个取样点发现该文化堆积厚度超过130厘米（探孔－1、下区－10、下区－11，上区－2、上区－6、上区－10。见表6－1、2、3）。其中取样点1正位于后来发现的外侧壕沟附近。

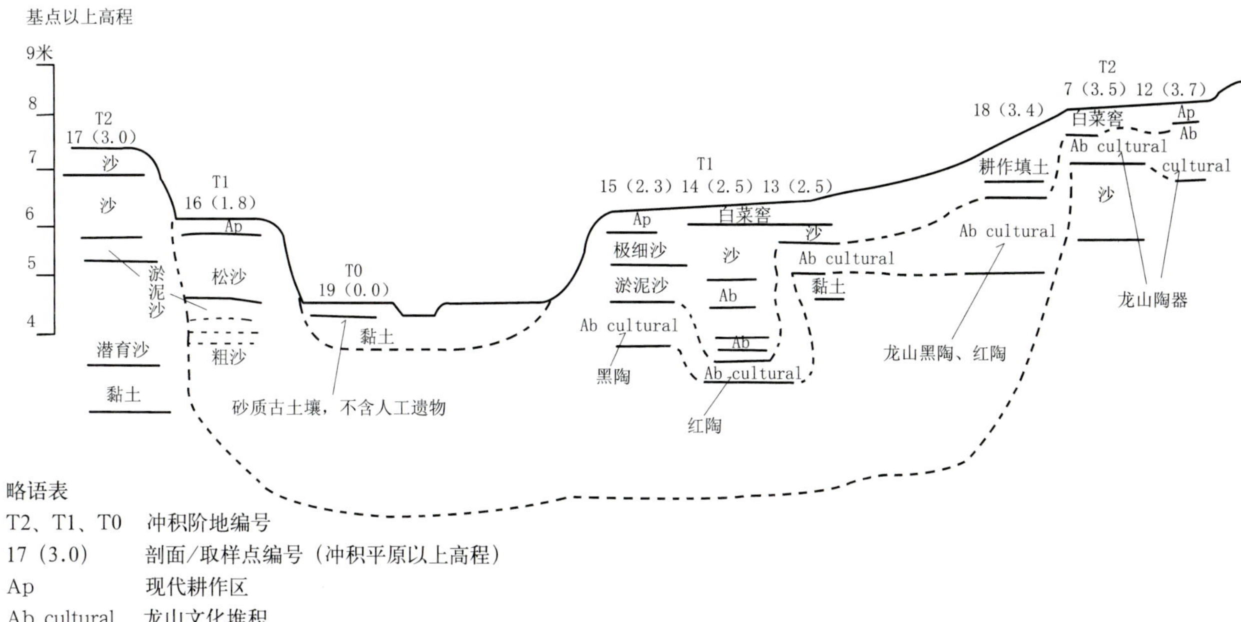

图6-5　两城河冲积阶地关系示意图

这一包含丰富龙山陶片并且较厚的黑色古土壤，被称为龙山文化堆积。龙山文化堆积是经由人类长期持续活动形成的一种古土壤[1]。值得注意的是，图6-3中的一些台地取样点显示龙山文化堆积正位于现代耕土层（Ap horizon）之下。持续的农业活动破坏了龙山遗存的完整性，也正在创造一种与龙山时代类似的堆积。

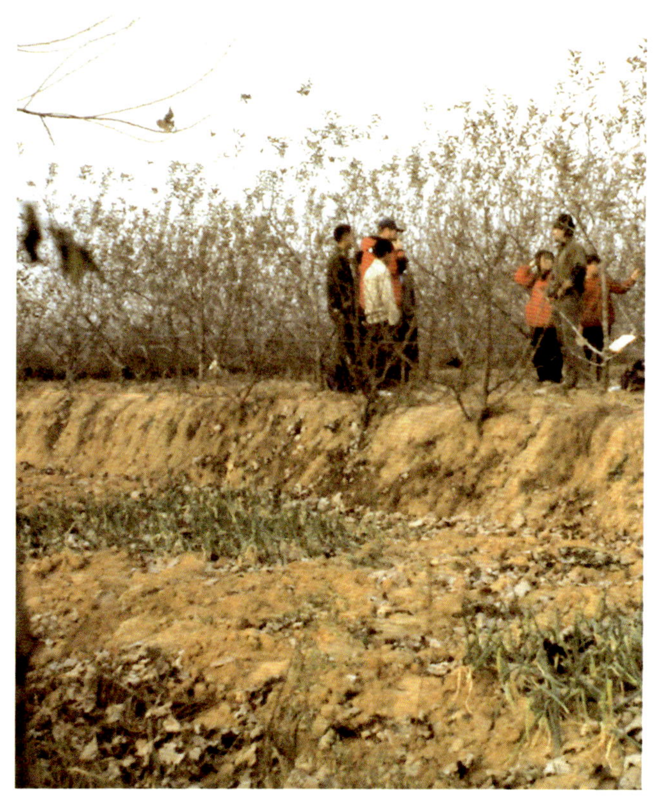

图6-6　T2阶地

工作人员在17取样点，前景为T1阶地

4．T2

T2是研究区域内所见两个河流阶地中较古老的一个。我们在现代两城镇以北两城河T2河阶的四个地点进行了钻探取样。取样点7、12和18位于河流西侧的一处大白菜菜园内，取样点17位于河东。T2的高度在靠近河漫滩处约为3米，然后逐渐抬高，在离河较远的地方达3.3～3.7米。

河东取样点17（图6-6）处的T2堆积情况如下：

地表以下0～155厘米：两层磨圆度较高、

[1] Soil Survey Division Staff, 1973. *Soil Taxonomy, USDA Handbook 436*. USDA: Washington, D. C.

分选良好的砂粒；

地表以下155～184厘米：砂粒和淤泥相间分布；

地表以下184～355厘米：淤泥；

地表以下355～503厘米：黏土。

沙层呈暗黄褐色（10YR4/6）和红黄色（7.5YR5/6）。随着深度增加，淤泥的颜色由重棕色（7.5YR4/6）加深至灰色（10YR5/1）。地表以下约两米处，淤泥呈黑色（10YR2/1），可见镁结核。355厘米以下为饱水的暗灰色（5Y4/1）黏土（图6-5）。值得注意的是，在河东取样点17处，所有的沉积单位均未见龙山文化遗存和土壤发育的证据。文化遗物和文化堆积的缺失说明两城河可能是龙山人活动范围的东北边界。

两城河西侧的三个T2取样点均发现有黑色的龙山文化堆积。在取样点7（地表以下38～108厘米）和取样点12，龙山文化堆积正位于耕土层之下，埋藏如此之浅，提醒我们需要注意现代耕作活动对龙山文化堆积的破坏。取样点18以西，龙山文化堆积埋藏较深（地表以下69～81厘米），被一种浅棕色（10YR6/3）的粉质壤土叠压。在取样点18，龙山文化堆积叠压于粗糙、分选差的圆形或亚圆形的T2砂粒之上。在取样点7，T2冲积物由相间分布的褐色（10YR4/3）粉质黏土（地表以下108～200厘米）、沙质壤土（地表以下200～222厘米）和淤泥（地表以下222～259厘米）构成，叠压于龙山文化堆积之下。在取样点12，龙山文化堆积较厚，自地表以下24厘米处起，超过了一个取样管的长度。

5．T1

T1阶地是研究区域内两个冲积阶地中形成较晚的一个。龙山文化堆积嵌于T1阶地之中，由此可知龙山时期的人类活动是和T1的发育形成有关联的。河东岸的取样点16与西岸的取样点13、14、15等四个代表性取样点（图6-5）可以反映T1阶地的堆积情况。T1堆积镶嵌于T2阶地之内，在两城河河漫滩外侧形成了一个低阶地。该阶地在靠近河漫滩处高度约1.5米，向西至现代两城镇北部海拔逐渐升高。

在两城河东岸的取样点16，我们发现在棕色（7.5YR4/4）粉质壤土耕土层（地表以下0～9厘米）之下，存在厚达143厘米不见文化遗物的冲积物堆积。自耕土层以下至距地表124厘米处，是分选极差、呈亚圆形到亚解块状的重棕色（7.5YR5/6）松散砂粒。地表以下124～139厘米是棕色（7.5YR5/4）粉质黏土。地表以下139～143厘米为重棕色（7.5YR4/6）的粗粒沙。这几种堆积中未见有土壤、古土壤或文化遗物的迹象。这也支持了前述取样点17附近的两城河是龙山遗址边界的判断。不过，由于在T1和T2阶地取样不多，这一推断还需要更多的工作来验证。

在两城河以西，取样点14、15中发现有龙山文化堆积。取样点13发现了深棕色（10YR3/3）的堆积，可能属龙山文化。这三个取样点均位于一个耕作区内，该区域耕土层厚21～37厘米，由磨圆度高、分选好的冲积沙土组成。耕土层之下是棕色（10YR4/3）淤泥和暗灰褐色（10YR4/2）黏土。在取样点15距地表深146～216厘米的黑色（10YR2/1）黏土层中发现有可修复的龙山陶器。在取样点14，虽然龙山陶器发现于深263～301厘米的黑色（10YR2/1）基底黏土中，但深146～179厘米和深235～252厘米的两层富含黏土的黑色堆积很可能也是龙山文化层。再往西，取样点13的沉积物从上往下依次为沙、淤泥和黏土，其中深73～122厘米的粉质黏土中可能包含有龙山文化堆积。由于埋藏在T1冲积层以下，龙山文化堆积受现代农业活动干扰的可能性相对较小。

龙山文化堆积在T1中出现并被T1沉积物包覆，表明在龙山人活动时期，T1冲积物正处于加积作用中。另外，龙山遗存的年代（公元前2500～前1900年）也显示T1的堆积过程在龙山人到来之前即已开始，在龙山文化之后仍有延续。虽然加积作用可能受引水灌溉等本地因素影响，但冲积加积作用通常与湿润的气候有关[1]。龙山文化堆积埋藏于T1之中，似可说明龙山时期气候相对湿润。因为湿润气候往往意味着生物资源和可耕地的增加，我们建议对这一假设做进一步的检验。

6．T0

两城河的河漫滩又称为T0冲积物，其位于现代间歇性河流的两翼。由于含水量大，很难在T0冲积物中采集到土样。采样点19深0～7厘米处有棕色（10YR5/3）粉质壤土，深7～33厘米为黑色（10YR2/1）粉质黏土，深33～77厘米为暗灰色（10YR3/1）黏土。文化遗物的缺失说明深7～33厘米的黑色沉积物是晚于龙山时代的一种古土壤。在T1或T2冲积层均没有找到该古土壤也可以证明这一点。

四　文化遗迹

本小节将介绍在两城镇研究区域调查过程中发现的三个遗迹，包括：1．两城镇西南台地上孙传海家农田里的断墙和取样剖面（取样点26 [孙宅4A]），2．现代两城镇内台地上的一处功能未知的活动区域（取样点 22 [T001]），3．两城镇北部台地上暴露于路堑上的一个挖掘于黄土中的坑状遗迹（取样点 9）。

1．孙传海家房子西侧残土堆

该土堆剖面（图6－7）为研究台地上的土壤堆积关系提供了一个很好的样本，也对研究1998年时我们曾经认为可能是古代防御设施或者屋墙的一处堆积的特征极有助益。这一残墙的剖面显示了灰

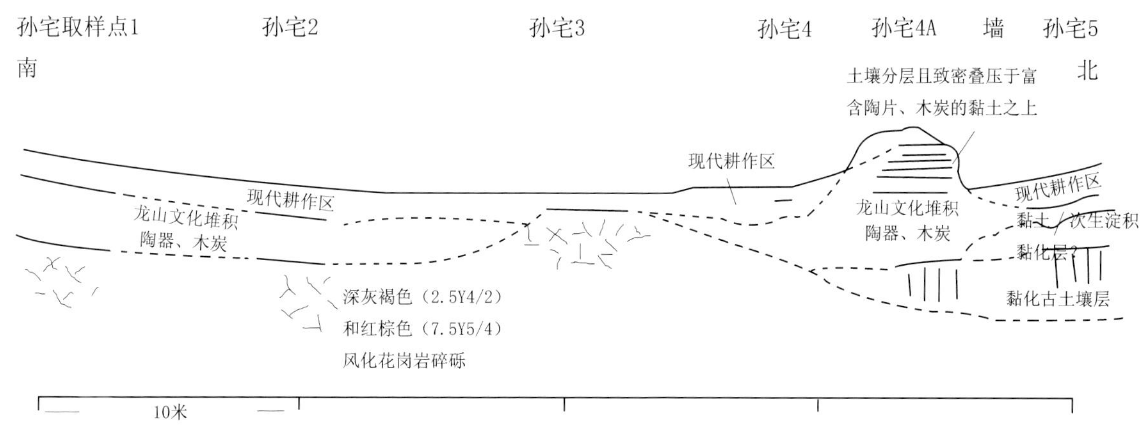

图6－7　取样线：含自然剖面

[1]　a. Bryan K, 1925. Date of Channel Trenching (Arroyo Cutting) in the Arid Southwest. *Science* 62 (1607): 338-344.　b. Bryan K, 1922. Erosion and Sedimentation in the Papago Country, Arizona, with a Sketch of the Geology. *USGS Bulletin* 730: 19-90.

图6-8　孙传海家房子西侧残土堆

色和红棕色碎砾堆积以上的黏化古土壤层（Bt）和龙山文化堆积（Ab cultural）的不连续性。对古土壤，尤其是龙山文化堆积不连续性的认识，是评估遗址范围的重要因素。

在取样点26 [孙宅4A]（图6-8、9），该残墙高出地表约60厘米，其上还有厚约80厘米的包含砖块及晚期陶器的近现代堆积。该残墙由交替分布的棕色（7.5YR5/4）分选差的砂质黏土和浅棕色（7.5YR6/4）的粉质黏土构成。对该残墙剖面的测量结果显示，随着深度增加，残墙堆积物的硬度从4.5+gr/cm^{2}下降至1.5gr/cm^2。这可能是因为硬度与湿度成反比，而湿度是随着深度的增加而增加的。残墙之下，首先是厚约73厘米、含大量木炭的棕色（7.5YR4/4）砂质黏土。再向下有54厘米厚富含黏土和木炭的深棕色（7.5YR3/2）龙山文化堆积，21厘米厚的黄棕色（10YR5/6）黄土以及超过15厘米厚的棕色（7.5YR4/4）黏化古土壤层。

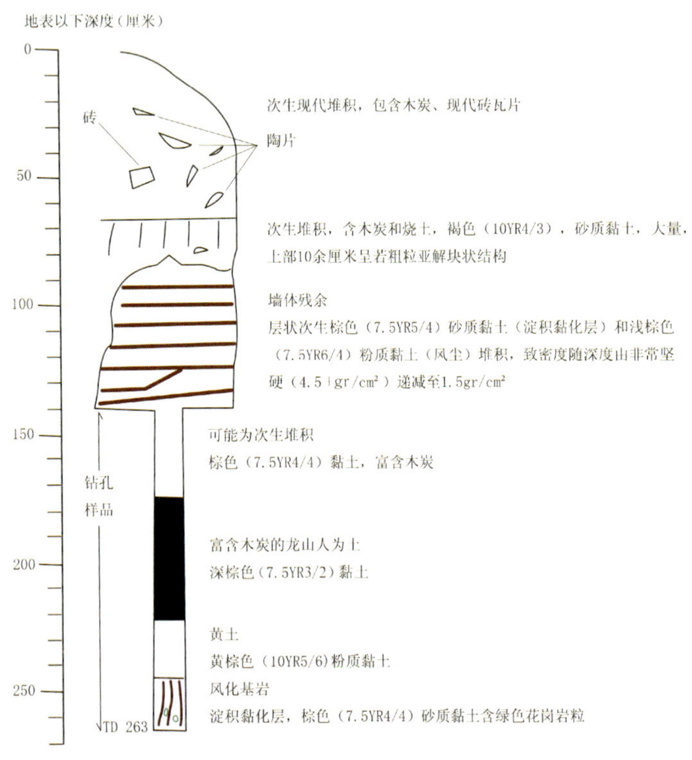

图6-9　孙传海家房子西侧残土堆堆积状况

总体而言，该墙似乎用富含木炭的次生黏化古土壤和风成黄土筑成，随后又被用作一个现代建筑的地基。由于该墙不是建立在龙山文化堆积之上，所以其与龙山文化堆积并无直接关联，这说明该墙的年代要晚于龙山文化。

2．取样点22

是两城镇内一个试掘探方（T001）

的西壁，高约140厘米（图6–10）。与孙家残墙不同，这一活动面叠压于龙山文化堆积之下。自地表以下，该探方的堆积依次为（图6–11）：

（1）地表以下0～47厘米：棕色（10YR4/3）堆积，厚约40厘米，包含有现代、汉代和龙山文化陶片，碎布和金属碎片；

（2）深棕色（10YR3/2）龙山文化堆积（A cult），包含龙山陶片超过200件；

（3）地表以下47～85厘米：灰色（10YR5/1）灰层（Acult 2），含有龙山文化陶片；

（4）地表以下85～96厘米：红黄色（7.5YR6/6）砂质黏土（Acult 3），呈波状起伏，分布范围广，包含大量亚圆形暗灰绿色（Gley 1 4/5G）的卵石；

（5）地表以下96～142厘米：两层含大量结核的黄土堆积；

（6）距地表142厘米以下：黏化古土壤层。

第4层（Acult 3）也被认为是文化层。这是因为它分选不好，与其下分选良好的风积土截然不同。此外，该层前后没有过渡层，颜色杂乱（从7.5YR 到Gley 1），这可说明该层不是自然作用的产物，而与人

图6–10　T001西壁剖面

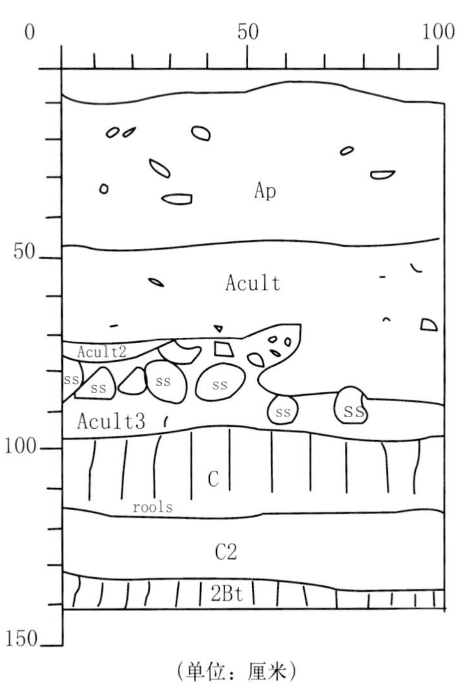

Ap　现代层。棕色（10YR4/3），多砂砾（7%卵石大小）砂质黏土，分选差，粗糙，松软。与10%盐酸无反应，硬度2.8gr/cm^2，含金属残块，现代、汉代及龙山陶片，碎布。

Acult　龙山层。陶片数量>200，深棕色（10YR3/2），砂质黏土，砂粒分选好，较粗，与10%盐酸无反应，硬度2.5gr/cm^2。

Acult2　透镜体灰层。灰色（10RY5/1），磨圆度好的砂质黏土，较粗，与10%盐酸无反应。硬度1.5gr/cm^2，含龙山陶器。

Acult3　龙山垃圾堆或特定工作区。红黄色（7.5YR6/6）砂质黏土，分选差，磨圆度粗到中等。与10%盐酸无反应，硬度3.0gr/cm^2，含暗灰绿色（Gley1 4/5G）小砂岩卵石（ss）（直径<10厘米），硬度4.5+gr/cm^2。

C　褐色（10YR5/3）粉质黏土（黄土），粗糙，硬度2.5gr/cm^2，含少量细根状结核，外表深红棕色（5YR3/3），内部常见（13%）暗灰色（10YR3/1）。结核直径在2毫米以下，无人工遗物。

C2　棕黄色（10YR6/6）砂质壤土（黄土），粗糙，硬度1.5gr/cm^2，外表深红棕色（5YR3/3），内部暗灰色（10YR3/1）。含较多（28%）直径在4、5毫米以下的结核，无人工遗物。

2Bt　褐色（7.5YR4/3）多砂砾砂质黏土，呈强中粒亚解块状结构，大量（80%）中等厚度的黏粒膜覆盖于褐色（7.5YR4/4）的土壤自然结构体上，与10%盐酸无反应，硬度4.5+gr/cm^2。

（单位：厘米）

图6–11　取样点22的地层堆积与文化遗存

类活动有关。它位于龙山文化堆积的最底层，说明是龙山时期较早阶段形成的。

3．“坑状遗迹”（取样点9）

取样点9位于两城镇北部，是一处暴露于台地路堑上剖面上类似灰坑的遗迹。其堆积自地表以下依次为（图6–12）：

（1）耕土层，厚约15厘米；

（2）口径约1.50、深0.50米的坑状遗迹。最底部是厚约10厘米的层状灰烬堆积，包含有龙山陶片；灰层以上是厚约40厘米的棕色（10YR4/3）砂质黏土，最上为15厘米厚的层状粉质黏土堆积（2Ab horizon）；

（3）红黄色（7.5YR6/6）黄土堆积，包含较多圆结核；

（4）黏化古土壤层和花岗岩碎砾。

过去33年里，我们在美国落基山脉曾见过形状和尺寸与这一遗迹类似，距今6000～3600年的“坑状遗迹”。不过那些“坑状遗迹”底部并不见层状灰烬堆积。这个坑状遗迹的堆积说明有流水参与沉积作用，与我们在美国西南部观察到的史前沟渠中的堆积类似。这一迹象显示，该剖面类似

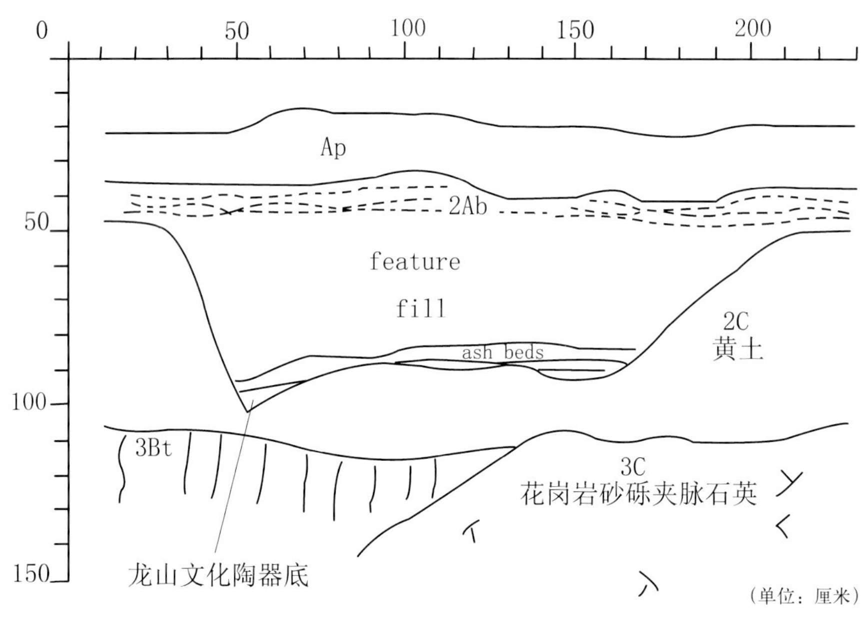

Ap 褐色（10YR4/3）粉质黏土，耕土层，与10%盐酸不反应，硬度1.25gr/cm²。

feature:

fill 棕色（10YR4/3）砂质黏土，量大，无土壤结构，与10%盐酸不反应，硬度4.0gr/cm²。

ash beds 浅灰色（10YR7/1）含木炭（10YR2/1），略呈层状，与10%盐酸不反应，硬度2.5gr/cm²。

2Ab 褐色（10YR5/3）和深灰褐色（10YR4/2）粉质黏土，略呈层状结构，与10%盐酸不反应，硬度2.5gr/cm²。

2C 红黄色（7.5YR6/6）粉质黏土，含沙量随深度递减，量大，较多（22%）小圆结核（见取样点22），与10%盐酸不反应。

3Bt 红褐色（5YR4/4）黏土，结实，中等亚解块状结构；常见中等厚度的黏粒膜和一些镁斑覆盖于土壤自然结构体，硬度4.5+gr/cm²。

图6–12 台地上的“坑状遗迹”

灰坑的遗迹跟人类活动有关，可能是壕沟、灌溉渠或者是经过改造的自然排水沟。弄清该遗迹的走向与分布将是判断其成因和功能的一个关键。

五　景观演进模型

了解景观演进对评估一些因素如可用资源、古气候等有重要意义，也有助于确定与遗址相关的地点，修正遗址范围，评估龙山时代人地关系等。景观演进模型是我们公司研究的一个重点。我们曾建立过一个后冰期景观演进模型以确定最古老遗址的可能位置[1]。最近我们正在建立一条长约185英里的管线附近的地形演进模型，以评估管道沿线可能出土文化遗物的位置及范围[2]。这种研究可以让考古学家集中精力优先考虑可能会有文化遗物的区域，同时可以让建筑商在没有遗址的地段施工。虽然这类研究与两城镇项目的尺度有所不同，但所采用的技术是相同的，即首先鉴别地貌类型，描述各地貌的性征，然后评估出土文化遗物的可能性[3]。

我们复原的两城镇景观演进模型开始于一个地貌稳定期，这一时期适合黏化古土壤层在基岩上形成发育（图6−13）。该富含黏土的古土壤与北美地区晚更新世到全新世早中期的古土壤类似[4]。古土壤表层的缺失以及黏化层断续分布表明研究区域内随后经历过一段景观不稳定期，导致古土壤被侵蚀。我们赞成湿润气候形成土壤而干燥的气候侵蚀土壤这一学说。台地上风成黄土的存在及位置表明沉积物供应的增加，这也是干燥的气候条件可能带来的后果[5]。干燥气候条件带来的水位下降会造成河流下切[6]，所以两城河第一次下切的时间应该也在龙山时代之前的同一个时期。

河流下切之后的湿润气候造成了T2冲积加积。冲积区内没有土壤发育，说明T2沉积的形成快速且连续。T2沉积形成之后气候又再次转为干燥，河道随之再次下切。至迟到BC2500年，T1阶地已经形成。BC1900年后，龙山文化堆积被T1冲积物掩埋。这一现象将两城镇龙山文化与这一事件联系了起来。正如前文一再强调的那样，我们认为湿润气候造成了河流的冲积加积，而这也是我们认

[1] McFaul M, 1990. Geoarchaeological Potential of Souris River Terrains, Renville County, North Dakota. *Journal of the North Dakota Archaeological Association* 4: 17-42.

[2] McFaul M, 2009. *Geoarchaeological Reconnaissance and Site Testing Results: Rocky Express Pipeline Northwestern Colorado*. LaRamie Soils Service, Inc.

[3] a. McFaul M, 1990. Geoarchaeological Potential of Souris River Terrains, Renville County, North Dakota. *Journal of the North Dakota Archaeological Association* 4: 17-42. b. McFaul M, 1986. Missouri River Trench and Terrace Sequence, Northcentral South Dakota. *Current Research in the Pleistocene* 3: 86-87. c. McFaul M, 1985. Early and Late Wisconsin Age Missouri River Fill Terraces in South Dakota. *Current Research in the Pleistocene* 2: 125-126. d. McFaul M, JD Pinsof, 1987. *Increasing the Accuracy of Geoarchaeological Mapping with Soil Surveys*. Paper presented at the 45th Plains Anthropological Conference, Columbia, Missouri. e. McFaul M, KL Traugh, GD Smith, et al., 1994. Geoarchaeological Analysis of South Platte River Terraces, Kersey, Colorado. *Geoarchaeology* 5(9): 345-374. f. Smith GD, M McFaul, 1997. Paleoenvironmental and Geoarchaeological Implications of Late Pleistocene and Holocene Sediments and Paleosols: North Central and Western San Juan Basin, New Mexico. *Geomorphology* 21 (2): 107-138.

[4] a. McFaul M, KL Traugh, GD Smith, et al., 1994. Geoarchaeological Analysis of South Platte River Terraces, Kersey, Colorado. *Geoarchaeology* 5(9): 345-374. b. Smith GD, M McFaul, 1997. Paleoenvironmental and Geoarchaeological Implications of Late Pleistocene and Holocene Sediments and Paleosols: North Central and Western San Juan Basin, New Mexico. *Geomorphology* 21 (2): 107-138.

[5] a. Knox JC, 1984. Responses of River Systems to Holocene Climates. In: HE Wright Jr. (eds). *Late-Quaternary Environments of the United States*. Vol. 2 "The Holocene" University of Minnesota Press, Minneapolis. b. Knox JC, 1972. Valley Alluviation in Southwestern Wisconsin. *Annals of the Association of American Geographers* 62: 401-410.

[6] a. Bryan K, 1925. Date of Channel Trenching (Arroyo Cutting) in the Arid Southwest. *Science* 62 (1607): 338-344. b. Bryan K, 1922. Erosion and Sedimentation in the Papago Country, Arizona, with a Sketch of the Geology. *USGS Bulletin* 730: 19-90.

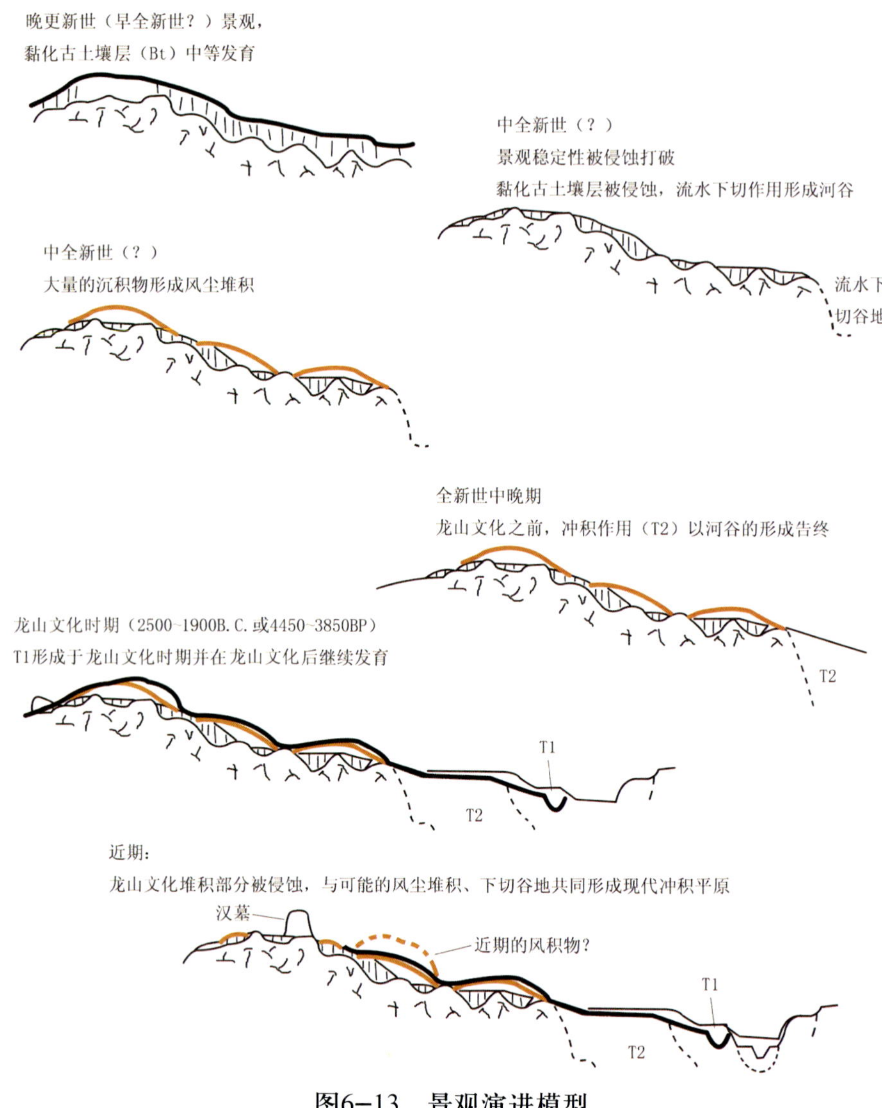

图6-13 景观演进模型

为龙山时期气候湿润的原因。文化堆积被T1冲积物覆盖也说明遗址被废弃是因为其他原因而非湿润气候。T1的冲积作用随着最后一次干燥气候事件带来的河道再度下切而终止，而现代两城河河漫滩（T0）也随之开始形成。

六 评论和对未来研究的建议

在我们看来，把两城镇龙山文化（BC2500～1900年）与湿润的气候条件联系起来具有重要意义。自1991年以来，我们一直在研究一个地区距今4600～3400年的文化堆积和古土壤[1]。关于这一地区的某些区域在当时吸引众多人口的原因，学者们提出了各种各样的假说，其中包括湿润气候可以支撑对某个地点的密集利用，资源增加导致人口增长，社会变迁等等。

[1] McFaul M, 1990. Geoarchaeological Potential of Souris River Terrains, Renville County, North Dakota. *Journal of the North Dakota Archaeological Association* 4: 17-42.

我们在这里提出这一点，是想让读者思考为什么本文提出两城镇龙山文化与湿润气候有关的假说。湿润的气候可提供T1冲积物以改善土质，降水的增多也可以增加可利用的土地，稳定的水源供应可供土地灌溉。这些提供了人口增长和社会分层的资源基础。如果没有可靠的农业基础，很难想象龙山人能够有能力制造精美的陶器，修建防御的城墙和壕沟及其他设施。那么，如果湿润气候带来的冲积物支撑了龙山文化的发展，又是什么原因导致两城镇龙山文化在T1冲积作用停止以前就终结了呢？

这一问题的提出要求我们做进一步的研究：

第一，更多绝对年代的测定是进一步研究的基础。首先需要解决的就是龙山文化堆积的绝对年代问题。该问题解决后就可与区域气候记录及世界范围的气候记录相比较。

第二，需要思考钻探过程中在龙山文化堆积中发现的陶片之间的关联。这些是否被扰动过，是否真的可以反映龙山时期的情况。

第三，龙山文化堆积是当地独一无二的吗？是否还有不富含文化遗物的同期堆积存在于龙山文化堆积周围或者这一地区？这一问题的解决将有助于进一步的研究。

如果文化堆积仅存在于遗址中，就像在两城河东岸找不到文化堆积一样，那么它确实可以界定遗址范围。然而，如果它仅仅是本地区古土壤发育过程中文化活动参与较多的一个阶段，它就能被用作一个时期和气候的标志物。研究工作可首先集中于两城河西岸，然后向附近的冲积阶地和台地扩展。这一研究应该建立可靠的冲积物形成序列和年代框架。例如，这些在两城镇发现的地貌和堆积是在整个流域都能找到，还是仅仅存在于两城镇。

其他区域是否也需要做地质考古调查呢？答案无疑是肯定的。我们的目标是建立两城镇龙山文化研究的地质考古基础。龙山文化堆积作为一个时间和层位标志物，为龙山时期人类活动存在与否及遗址范围的界定提供了一条有效的途径。虽然我们的研究在很大程度上是基于相对年代，但这一考察揭示了龙山时期的古环境框架，也让我们得以在这一框架内评估当时的资源。最后，这些结果和有关龙山文化堆积厚度的数据也可用于监测现代农业活动对龙山文化堆积的破坏。

第七章　遥感考古

在两城镇遗址考古工作期间，考古队先后两次聘请有关遥感考古方面的专家，对遗址进行了磁力、雷达和电阻率等方法的探测，取得了一批数据，并进行了分析和研究。

第一节　磁力方法探测

1999年11月和12月，我们对两城镇龙山文化遗址进行了磁力勘探测量工作。本次项目源于文德安与山东大学考古学系的考古合作。本次磁力测量的目的是为了了解两城镇遗址地下堆积的情况，并为后续的考古发掘提供有价值的信息和线索。

本次使用的地球物理方法仅限于磁力测定，主要是基于以下几个因素：

（1）预定目标的规模和类型（诸如窑和壁炉之类埋藏较浅，规模只有几平方米大小）；

（2）被考察地点的大小（约一万平方米）；

（3）实地考察的时间（约1个月）；

（4）租用和运送地球物理设备的费用。

之所以选择磁力测定方法，是因为该方法可以迅速而且详细的测量比较大的区域，而我们要寻找的考古目标通常会因为发出相对较短波长（几米到数十米）的磁异常而被探测出来。

一　测定区域概况

我们选择了两个区域来进行磁力测量。第一个区域位于较低的丘陵东侧脚下，称为下区（图7–1）。该区地面平缓，高低变化不超过1米。区内部分地区为收获之后的空地，其他部分则长满了高至脚踝的冬小麦。东部300米处两城河由北向南流过。钻探结果表明，地下水位的深度约在地面以下2米。

第二个区域坐落在下区西南部300米左右的丘陵上，称为上区（图7–2）。这一区域也比较平缓，只有一条0.5米高的梯田将该区划分为东、西两部分。整个区域均覆盖着高及脚踝的冬小麦。这一区域钻探的最大深度为2.5米，没有发现地下水。

虽然这两个区域均完全被土壤覆盖，但是它们附近出露几处岩床。观察到的两种类型基岩，初步确定为浅色花岗岩（即浅色火成岩）和辉绿岩或细粒辉长岩（即带深色的浅侵入火成岩，如图7–3所示）。下区西南约150米，在路沟两侧的剖面位置也发现了花岗岩（上区东北约150米处）。上区东部约150米处发现一条长约50米的辉绿岩带，东南约100米处出现了一个较小的基岩露头。所有观察到的露头均含有浅色的非磁性岩石（dikes）。

图7-1　下区磁力方法探测

图7-2　上区磁力方法探测

二　磁力方法测定

（一）勘测程序

先在两个区域建立网格，再以1米站为间距进行磁场梯度和总磁场测量数据的收集。以这样的间距进行勘探较为迅速，并且能发现足够的细节来判断潜在的考古目标（几米大小埋藏浅的磁性特征）。下区

图7-3　两城镇遗址西北部大路沟剖面

测量面积约67米×60米，共有4148个磁性站。上区测量面积约为57米×86米，共有5180个磁性站。

所有勘测数据都记录在一个 GEM19 Overhausen 质子旋进测坡器上。该仪器由两个传感器组成，两个传感器以0.57米的固定间距被安装在0.67米长的短棍上。传感器通过电缆连接到录音装置，后者用来显示和存储数据。该仪器测量总磁场的准度和精度分别为1和0.05 nanoTeslas(纳特斯拉，以下简写为nT)。

在勘测现场附近，我们建立了磁基站，以监测和检测日变化和磁暴的发生。所有磁基站数据都记录在EG&G Geometrics G-856AX 质子旋进磁力仪上。磁基站和现场磁强计的时间设定同步以精简数据。在进行磁力测量时，观察到的最大日变化小于30nT（图7–4）。没有观察到磁暴。

每天的现场勘测工作开始之前，所有工作人员都会把身上有明显磁性的物体卸掉。测量工作，包括总磁场和梯度读数，均在每个单独的站点展开并且储存在现场的磁力仪内部。为了检查可重复性，站点（1，1）每天都被重复使用。经过比较，所有数据集之间的可重复性均在几个nT范围之内。

（二）数据处理

每日勘测工作结束后，数据就会从磁强计转移到一台便携式计算机，然后使用各种商业软件来对原始数据进行处理。我们在返回美国后去掉

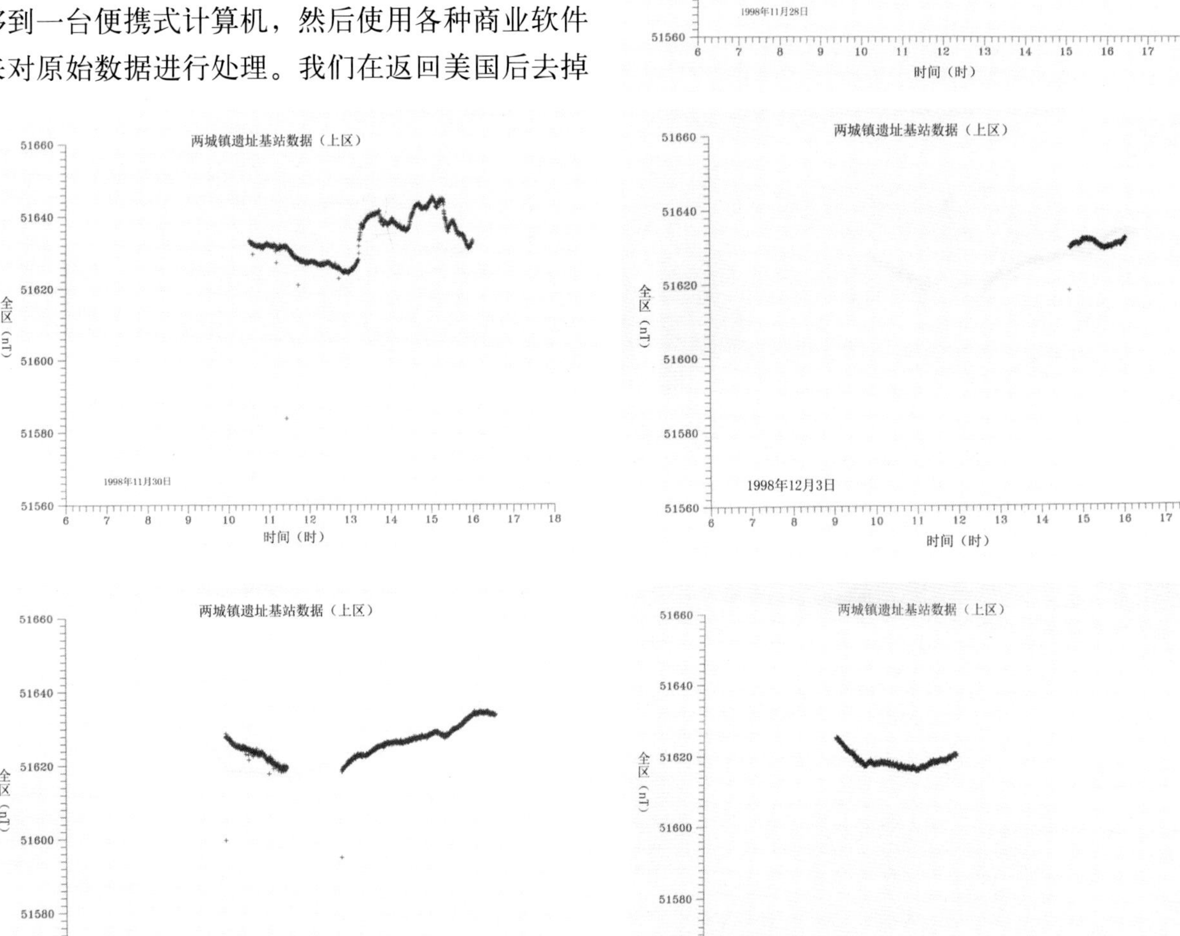

图7–4　两城镇遗址上区磁基站数据图

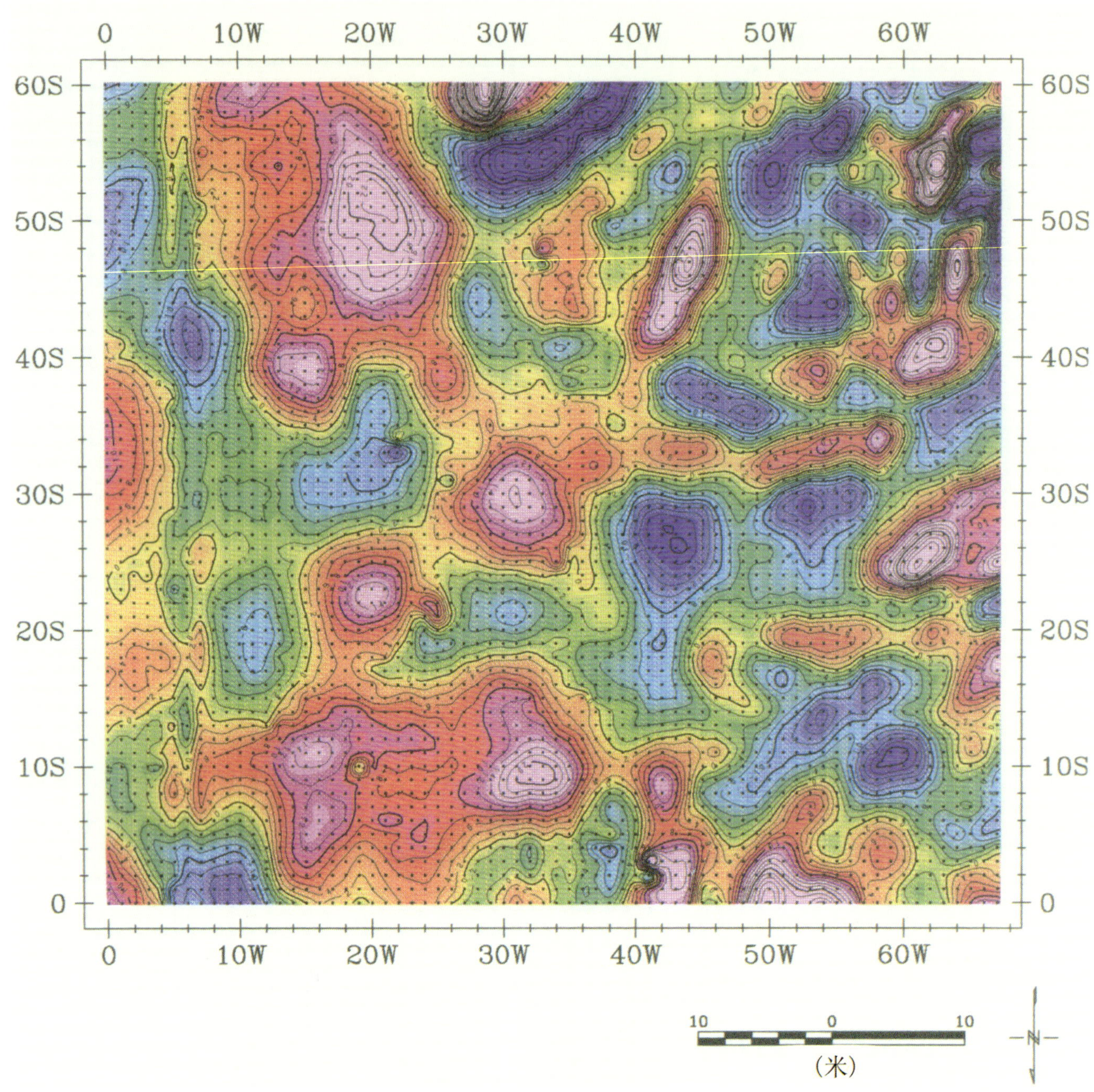

图7-5　两城镇遗址下区梯度磁等高线（CI=2nT/m）

了日变化，并且重新处理了用于创建初步等高线图的数据。图7-5、6显示了下区站点在梯度和总磁场等高图的位置，而图7-7、8则显示了上区站点的位置。在所有的彩色等高图上，磁场的相对低点和高点以红色和蓝色阴影表示。所有彩色等高线图的黑白版本汇编在附录B。

在撤离之前，我们使用直径为1.5英寸的便携式螺旋探铲对部分磁异常地点进行了勘探，以确定磁异常产生的具体原因。钻探地点由全站仪定点，它们与项目的网格系统保持一致（见“结果讨论”一节）。

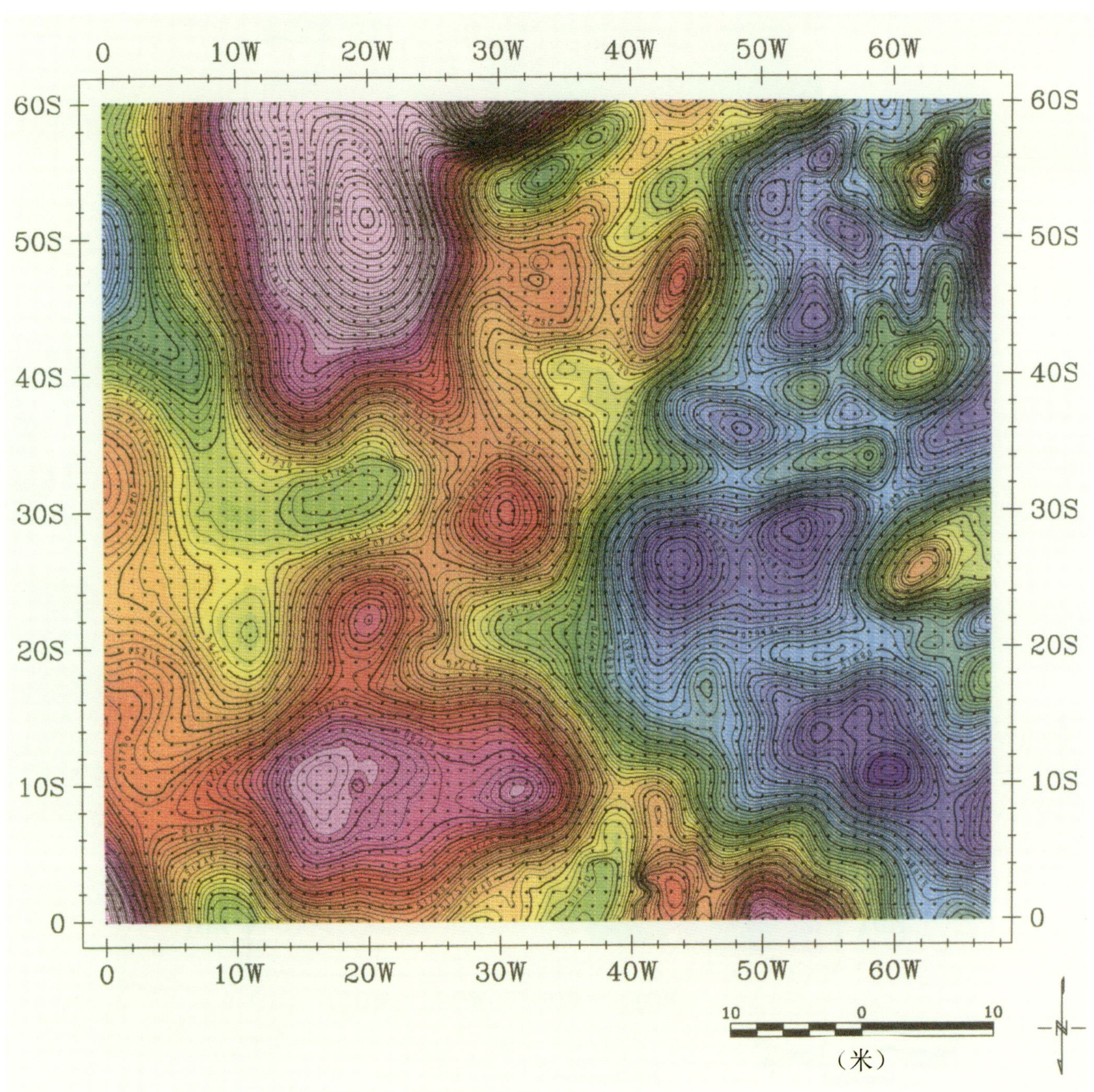

图7-6　两城镇遗址下区总磁场等高线（CI=2nT）

（三）坐标系之间的关系

为了方便起见，两个探测区域均建立了地方网格坐标系统。网格的框架与人为划定的区域界限持平。在完成磁力测定之后，我们使用全站仪有选择地对一些地点进行了测定（比如网格的起点和拐角），并且将之与项目网格坐标系统关联起来。

表7-1和7-2总结了各个被测定地点在地方网格系统和项目网格系统上的相对位置关系。横坐标（比如东，北）四舍五入至毫米，海拔精确到厘米。

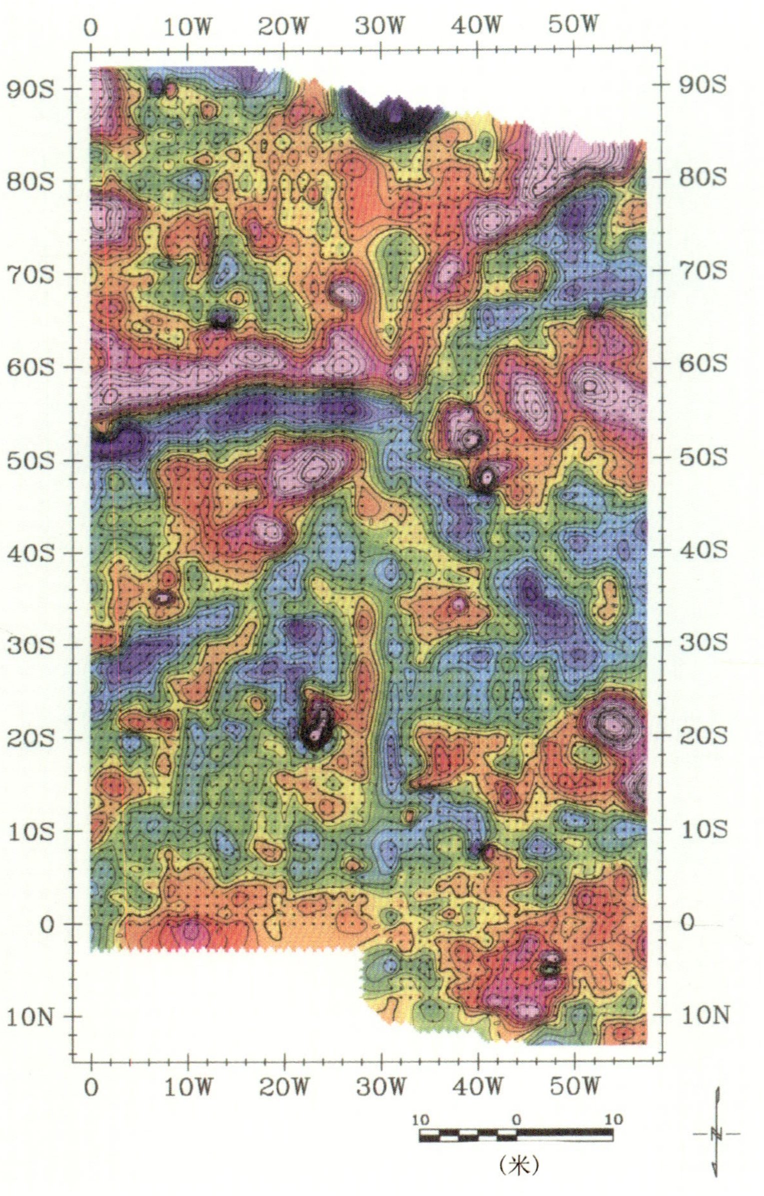

图7-7　两城镇遗址上区梯度磁等高线（CI=2nT/m）

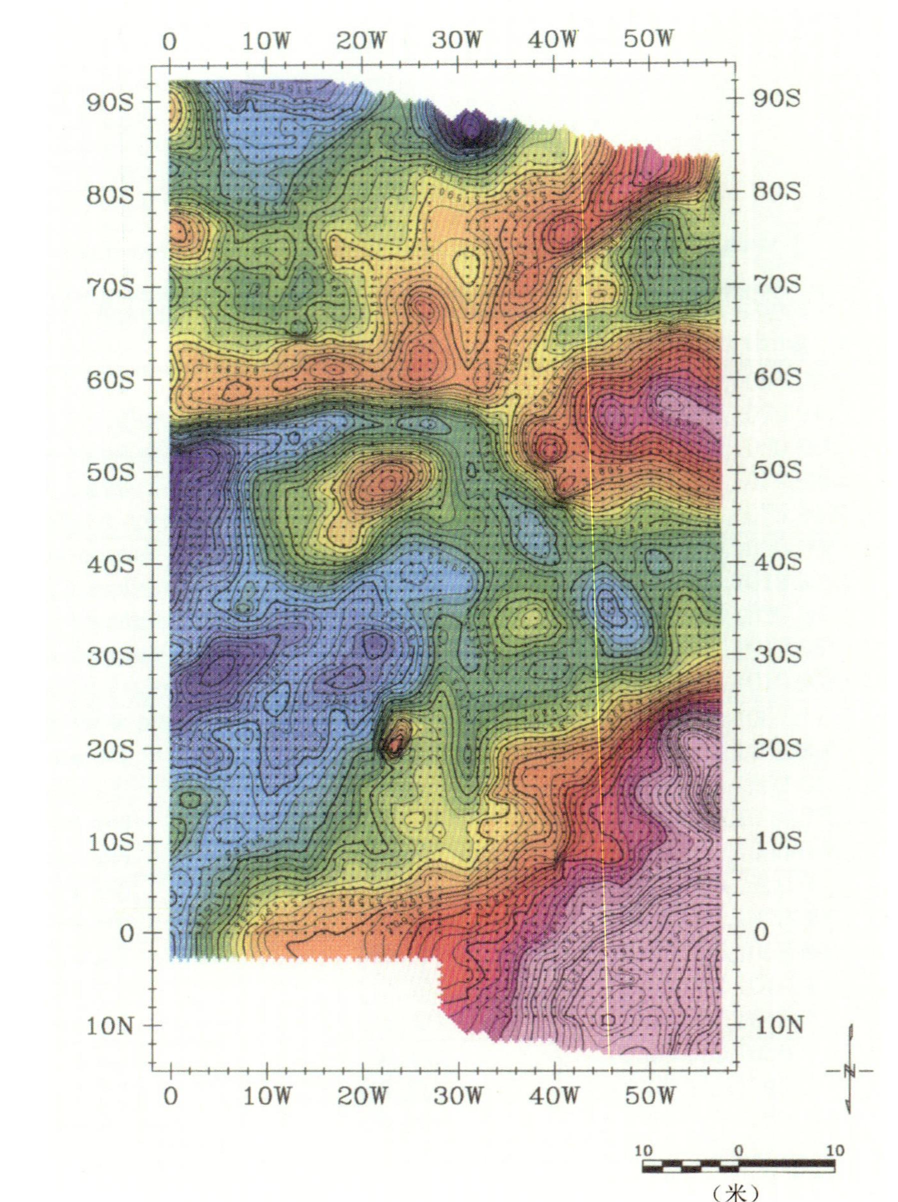

图7-8　两城镇遗址上区总磁场等高线（CI=2.5nT）

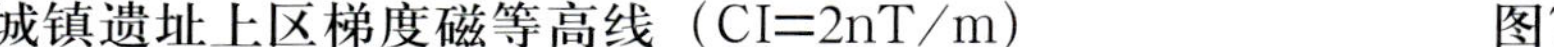

表7-1　地方网格坐标和项目网格坐标的相对位置关系（下区）　（单位：米）

位置＼特征点坐标	地方网格坐标（x，y）	项目网格坐标（向东，向北）	海　拔
原点	（0，0）	（1345.992，1080.022）	7.60
北部基线	（20，0）	（1326.031，1079.941）	7.79
北部基线	（40，0）	（1306.013，1080.009）	8.41
北部基线	（60，0）	（1286.010，1079.936）	8.73
西北角	（68，0）	（1278.004，1079.942）	8.9
东南角	（0，60）	（1345.896，1020.065）	7.81
南部基线	（20，60）	（1325.931，1019.919）	8.15
南部基线	（40，60）	（1305.853，1020.069）	8.38
南部基线	（60，60）	（1285.893，1019.951）	8.74
西南角	（68，60）	（1277.854，1019.956）	9.20
磁基站	—	（1212.538，1067.123）	13.47
MG1 Core1	（44，26）	（1302.024，1053.855）	8.37
MG1 Core2	（53，28）	（1292.884，1052.012）	8.59
MG1 Core3	（48，36）	（1298.556，1044.282）	8.60
MG1 Core4	（54，44）	（1291.991，1036.034）	8.68
MG1 Core5	（29，60）	（1316.989，1020.084）	8.04
MG1 Core6	（20，51）	（1325.971，1029.005）	8.08
MG1 Core7	（60，11）	（1285.796，1068.804）	8.90
MG1 Core8	（15，39）	（1331.013，1040.963）	7.84
MG1 Core9	（31，30）	（1314.937，1049.897）	7.98
MG1 Core10	（20，23）	（1326.089，1056.939）	8.03
MG1 Core11	（17，11）	（1329.111，1069.048）	7.83
MG1 Core12	（31，10）	（1315.113，1069.943）	7.98

注：MG1即下区，Core1～12代表探孔1～12。

项目网格系统是磁北方向（即Ÿ坐标的正向对准磁北，X坐标的正向为顺时针90°）。地方网格系统利用了当地的具体条件，Ÿ坐标的正向大致朝南，X坐标的正向为顺时针90°。下面的转化公式可以用来把地方网格系统坐标转换为项目网格系统：

$$X = x\cos\alpha - y\sin\alpha + Xo \quad (1)$$

$$Y = x\sin\alpha + y\cos\alpha + Yo \quad (2)$$

X和Y是项目网格系统的东向和北向，而x和y是地方网格系统的坐标。α是两个坐标系统相差的角度（顺时针方向），Xo 和 Yo是项目坐标系统在地方坐标系统中的原点坐标。下区的坐标关系公式为：

$$X = -0.9996072x + 0.0280269y + 1345.992 \quad (3)$$

$$Y = -0.0280269x - 0.9996072y + 1080.022 \quad (4)$$

上区的坐标关系公式为：

$$X = -0.9697124x + 0.2442497y + 1005.319 \quad (5)$$

$$Y = -0.2442497x - 0.9697124y + 722.073 \quad (6)$$

表7-2　地方网格坐标和项目网格坐标的相对位置关系（上区）　（单位：米）

位置＼特征点坐标	地方网格坐标（x，y）	项目网格坐标（向东，向北）	海拔
原点	（0，0）	（1005.319，722.073）	16.29
北部基线	（28，0）	（978.203，715.305）	16.03
北部基线	（31，0）	（975.256，714.469）	15.28
北部基线	（57，0）	（950.043，708.226）	14.64
西北角	（57，−13）	（946.811，720.772）	14.49
东部中点	（0，50）	（1017.437，673.632）	15.35
基线二等分点	（27，50）	（991.302，667.081）	15.45
基线二等分点	（28，50）	（990.395，666.851）	15.36
基线二等分点	（31，50）	（987.373，666.019）	14.76
西部中点	（57，50）	（962.190，659.679）	14.24
东南角	（0，86）	（1026.215，638.681）	14.86
南部基线	（27，86）	（999.997，632.200）	14.93
南部基线	（31，81）	（994.917，636.021）	14.61
西南角	（57，81）	（969.749，629.568）	13.56
磁基站	—	（983.319，758.615）	16.69
MG2 Core1	（17，58）	（1003.065，661.724）	15.40
MG2 Core2	（17，61）	（1003.707，658.783）	15.38
MG2 Core3	（27，57）	（993.163，659.817）	15.41
MG2 Core4	（26，60）	（994.682，657.754）	15.42
MG2 Core5	（7，58）	（1012.419，665.122）	15.34
MG2 Core6	（19，28）	（993.627，690.528）	15.85
MG2 Core7	（5，28）	（1007.272，693.858）	15.84
MG2 Core8	（23，48）	（994.256，669.938）	15.62
MG2 Core9	（47，80）	（979.426，632.204）	15.97
MG2 Core10	（16，72）	（1006.756，648.231）	15.26
MG2 Core11	（52，19）	（959.558，690.886）	14.56

注：MG2即上区，Core1～11代表探孔1～11。

比如钻探点MG2 Core#2在地方网格系统的坐标为（17，61），而在项目网格系统上就得到：

X =（– 0.9697124）（17）+（0.2442497）（61）+ 1005.319 = 1003.713 米

Y =（– 0.2442497）（17）–（0.9697124）（61）+ 722.073 = 658.755 米

这个结果与全站仪人工测量得出的数值只存在最大不超过3厘米的偏差（例如比较（1003.713E，658.755N）与（1003.707E，658.783N））。值得注意的是这个转换公式的前提条件是两个网格系统的横纵向为90°垂直，而且所有站点间距正好为1米。把使用公式（3）和公式（6）计算得出的位置数据与已知的实际地点数据进行大致的比较，可以发现下区的误差一般不超过1米，上区的误差不超过1厘米。为何下区误差相对较大？我们无从知晓。

三　分析和讨论

磁力探测应用于考古研究的基本原理，是通过磁力探测找到接近地表的异常特征，然后对异常特征（天然或人工）的规模和形状做出解释。确定该特征是否为磁异常受主观因素影响，因为它取决于一个人想从数据中提取出什么“信号”。

某一特定时间和地点的磁场测量数据，代表了所有对该磁场产生影响的因素总和。这些因素包括：1）地球深处所产生的地理磁场（数以万计nT）；2）由于太阳活动产生的日变化（百分之几到数千nT）；3）深埋地质结构造成的变形（数百至数千nT）；4）接近地表的自然或人为结构造成的异常（百分之几到数千nT）。一般来说，典型的考古目标（例如窑、炉、红烧土和陶器）有相对较小的从几百分之一到数百的nT。考古目标是否产生磁场取决于许多因素，包括大小、形状、方向、磁化率、剩余磁化强度等。例如，置于地表上的一个陶片（根据在上区和下区的观察）可能会产生几个nT的磁场。

对于小区域的调查，以上因素只有 2）和 3）需要考虑，前者可以通过建立一个基站来纠正，后者要看具体的区域。如果区域的地质和地形不一致的话，情况有时会相当复杂。例如，一个地区如果具有相对平稳、埋藏几十到几百米深的基岩面，没有人为的特点，那么可以预测该地区只有几个到几十个nT的磁变化。这种变化是由于磁性矿物、土壤粒的自然分布造成。 对于浅层（如数米）和起伏的基岩面，可以预测有几百个nT的变化。

如前所述，在两个区域附近发现了一些基岩露头。我们已经观察到并且初步确认这些基岩为两种类型的岩石，分别为浅色花岗岩和辉绿岩(或细粒辉长岩)。前者是酸性火成岩，因为缺乏磁性矿物，磁特征相对较小。后者是一个镁铁质岩浆岩，通常包含高浓度的磁性矿物。这两个岩石类型在浅层并存可能导致一个极其复杂的磁特征。同样，dikes（色浅的非磁性岩石，见图7−3）进入辉绿岩预计也将产生一个复杂的磁特征。

为了确定是什么原因造成的磁异常，我们在离开之前对收集到的数据进行了处理，并初步建立了磁场梯度和总磁场等高线图，然后使用直径为1.5英寸的便携式探铲对选定的磁异常位置进行钻探。基于以上讨论和钻探数据，我们做出了以下的解释。

（一）下区

图7−9、10的标识，分别显示了探孔在磁场梯度等高线图和总磁场等高线图上的位置。表7−3总结了 Dr. Michael McFaul 对收集的数据所做的解释。

磁场梯度和总磁场等高线图的轮廓形状，在这种相对较小的区域内变化是非常大的。轮廓的绝对变化分别为每米90nT和290nT。存在各种高点和低点以及“牛眼”异常 ——分别为红色和蓝色的圆形，这是由于当地地质和人类复杂活动的相互作用所产生的磁效应。两个图大致相似的地方，表明该处产生磁场的主导因素是一个非常浅的基岩面。

为了确定造成磁异常的可能因素，我们在磁异常绝对值最高处的中心进行了钻探。总磁场低点的探孔包括MG1#1～4和#7，高点的探孔包括MG1#5、#6、#8、#12。一般来说，低点的钻探遇到阻力点（243、174、174、125和122厘米）和高点钻探的阻力点（173、266、228、275、240、248和264厘米）相比较浅。

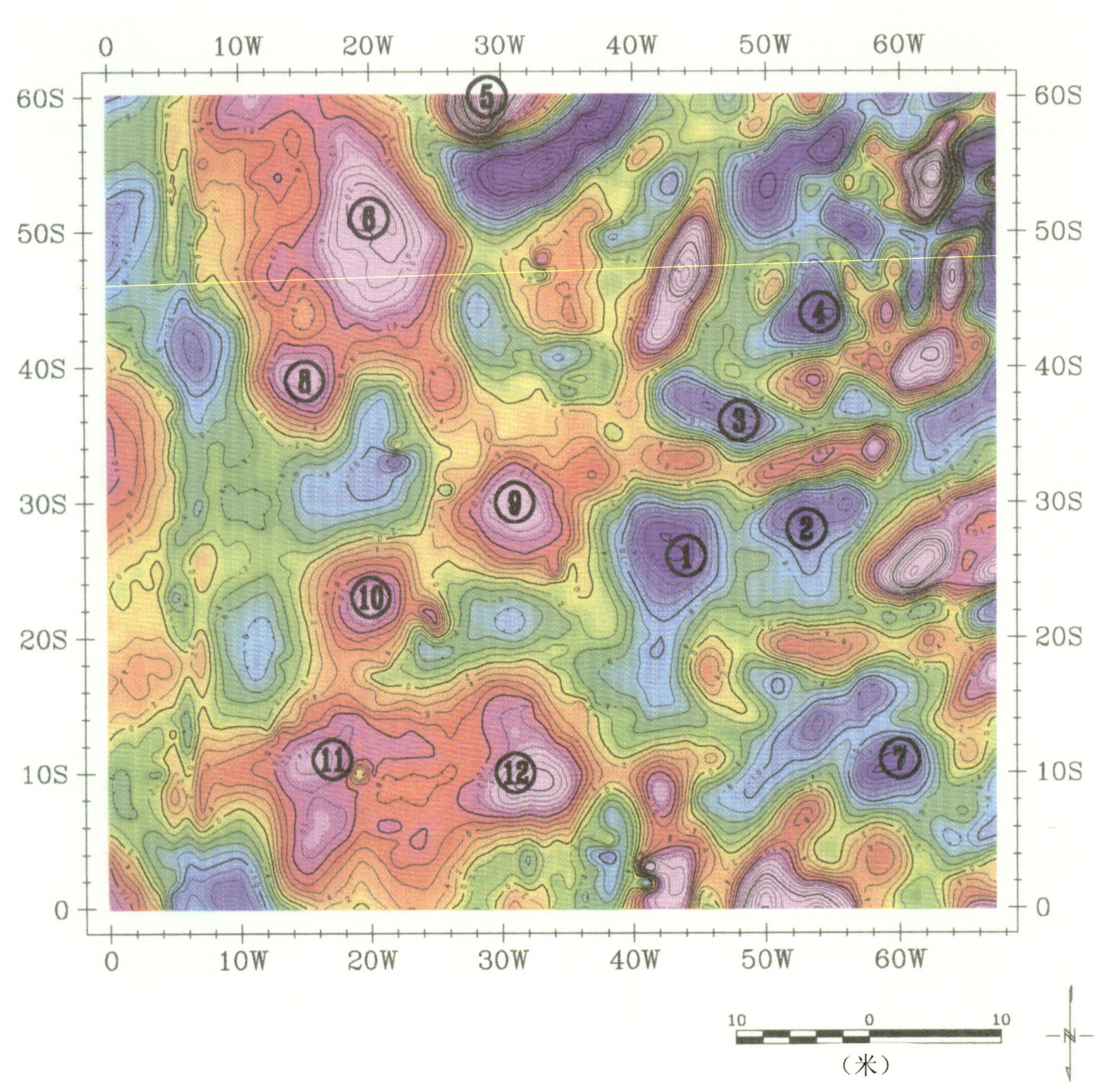

图7-9　两城镇遗址下区探孔在梯度磁等高线图上的位置（CI=2nT/m）

钻探遇阻有时可直接归因于基岩，遇到了BT地平线（通常重叠于基岩之上）或遇到小型岩石（例如，MG1#3和#4）。其他遇阻原因具有不确定性，例如，MG1#6遇水导致钻探效果不好，或者是简单的由于遇到了一块大石头或其他大物件。从数量有限的岩石样本看，基岩面是花岗岩型，但其在下区的分布情况并不清楚（比如岩石也可以是渗入辉绿岩的dikes）。

第二个观察是，磁场高的地方的文化层厚度（108厘米）高于平均厚度（73厘米）。所有钻探均进入文化层。在磁场高的文化层发现了相对较多的陶片（例如MG1#9发现了超过20块），说明磁场高度和文化层厚度之间密切相关。我们还注意到，磁场高的原因也可能是由于基岩面的凹凸不平。基岩面的凹凸不平也可以间接影响文化层的积累和陶片的密集程度。

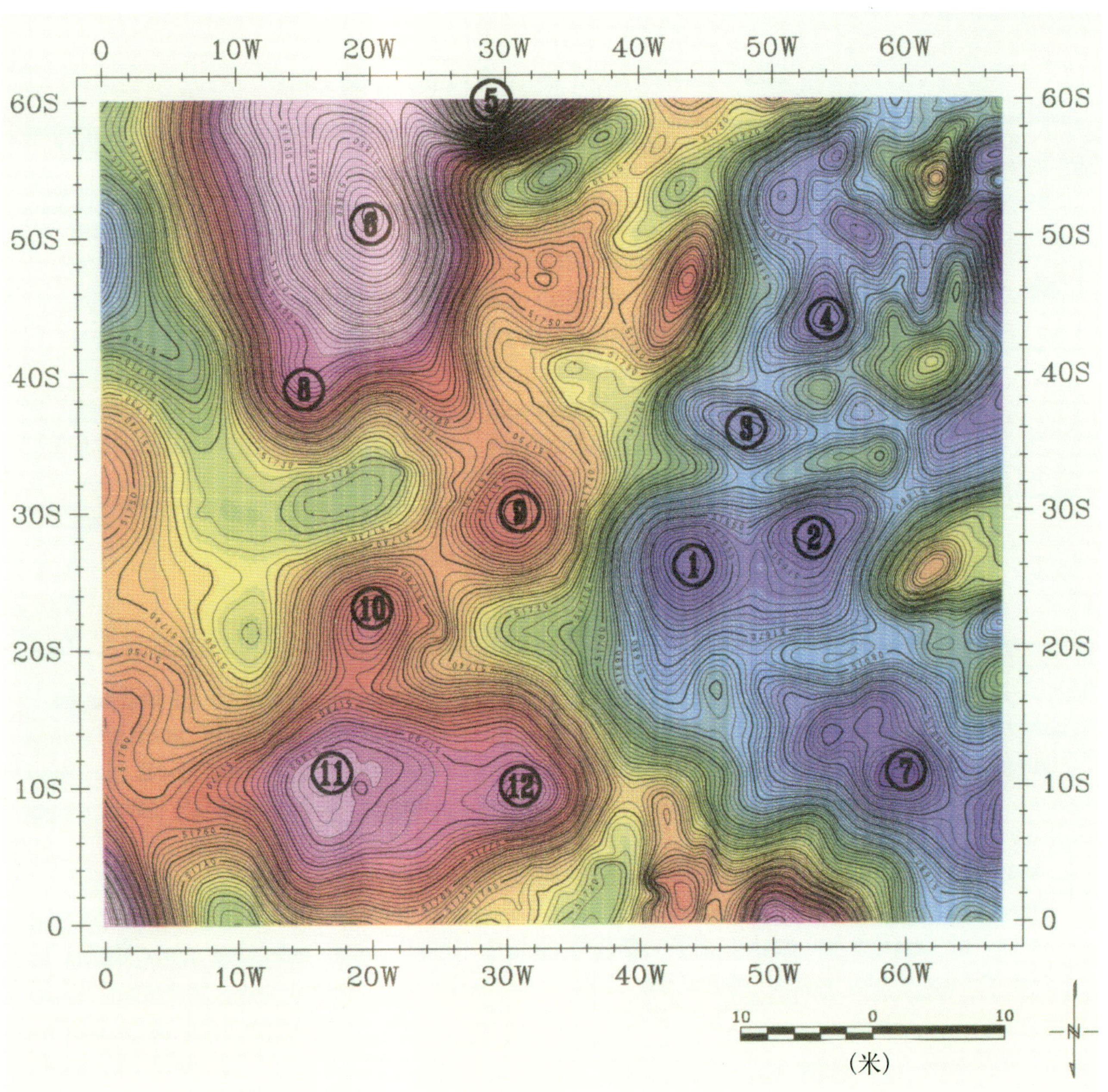

图7-10　两城镇遗址下区探孔在总磁场等高线图上的位置（CI=2.5nT）

表7-3　下区探孔数据解读

MG1 探孔号	总深度 (厘米)	文化层*	土壤类型	包含物
1	243	83～133	Pr，文化层，冲积土	
2	174	23～115	耕土，文化层，冲积土，基岩?	陶器
3	174	82～174	耕土，文化层，基岩	陶器，木炭，烧土
4	125	22～94	耕土，文化层，沉积土，基岩	陶器

5	173	152～173	耕土，冲积土，文化层，冲积土？，风化的基岩	陶器
6	266	127～211	耕土，文化层，Pr，风化的基岩？	陶器
7	122	23～84	耕土，文化层，沉积土	陶器
8	228	95～169	耕土，耕土？，文化层，冲积土，沉积土	陶器
9	275	52～221	耕土，耕土？，文化层，基岩？	陶器，烧土
10	240	75～240	耕土，耕土？，文化层，砂砾，基岩？	陶器
11	248	94～232	耕土，耕土，文化层，砂砾，基岩？	陶器
12	264	146～248	耕土，耕土？，文化层，基岩	陶器

*据其典型的黑色土质界定。Pr为单词缩写，具体解释为 poor recovery。

（二）上区

图7－11、12分别显示了上区探孔在磁场梯度等高线图和总磁场等高线图上的位置。表7－4总结了对钻探数据所做的解释。

表7－4 上区探孔数据解读

MG2探孔号	总深度（厘米）	文化层*	土壤类型	包含物
1	56	27～50	耕土，耕土，文化层，基岩	陶器
2	190	47～187	耕土，耕土，文化层，Pr	陶器，烧土
3	62	20～58	耕土，耕土，文化层？基岩	陶器
4	198	76～107	耕土，耕土，文化层，BT，基岩	陶器，木炭，烧土
5	200	18～164	耕土，文化层，BT，风化的基岩	陶器，烧土，灰烬
6	253	94～233	耕土，耕土，耕土，文化层，基岩	陶器
7	93	47～93	耕土，文化层，Nr	木炭
8	153	_	耕土，BT，风化的基岩和沉积土	
9	72	23～56	耕土，文化层，风化的基岩	陶器，灰烬
10	239	61～232	耕土，耕土，文化层，Bt	陶器，烧土
11	78	_	耕土，Bt或风化的基岩和沉积土	

*据其典型的黑色土质界定。Pr 、nr 和 Bt 为单词缩写，具体解释为 poor recovery、no recovery 和 B horizon with more clay。

上区的整体形状和梯度磁场轮廓，虽然没有下区那么明显，但仍相当多变。等高线图的磁场的绝对变化相对较低，低2到3倍，分别为30 nT/m 和160 nT。较低值表明存在几个可能性：1）一个相对深入的基岩面；2）相对较少磁性的基岩类型；3）较少的文化遗存。观察到了多种圆形磁性异常，以及一条特殊的位于东边上半部的东西方向的线性异常。磁场梯度图和总磁场图不像下区的两个图那样相近，这意味着一个相对深入的基岩面，并且说明梯度值对近地表特征和非基岩面的磁性特征反映不明显。

与下区类似，我们在绝对磁度异常最高处进行了钻探。11个探孔中9个位于东半部的区域（MG2#1至#8和#10），另外两个位于西半部（MG2#9 和#11）。位于总磁场明显低点的探孔是MG2#6和#7，而位于高点的探孔包括MG2#8和#9。MG2#10和#11两个探孔位于强劲偶极梯度异常位置（即局部高低压组合），但在总磁场上并不是明确的异常。此外，线性异常上有5个探孔：MG2#1

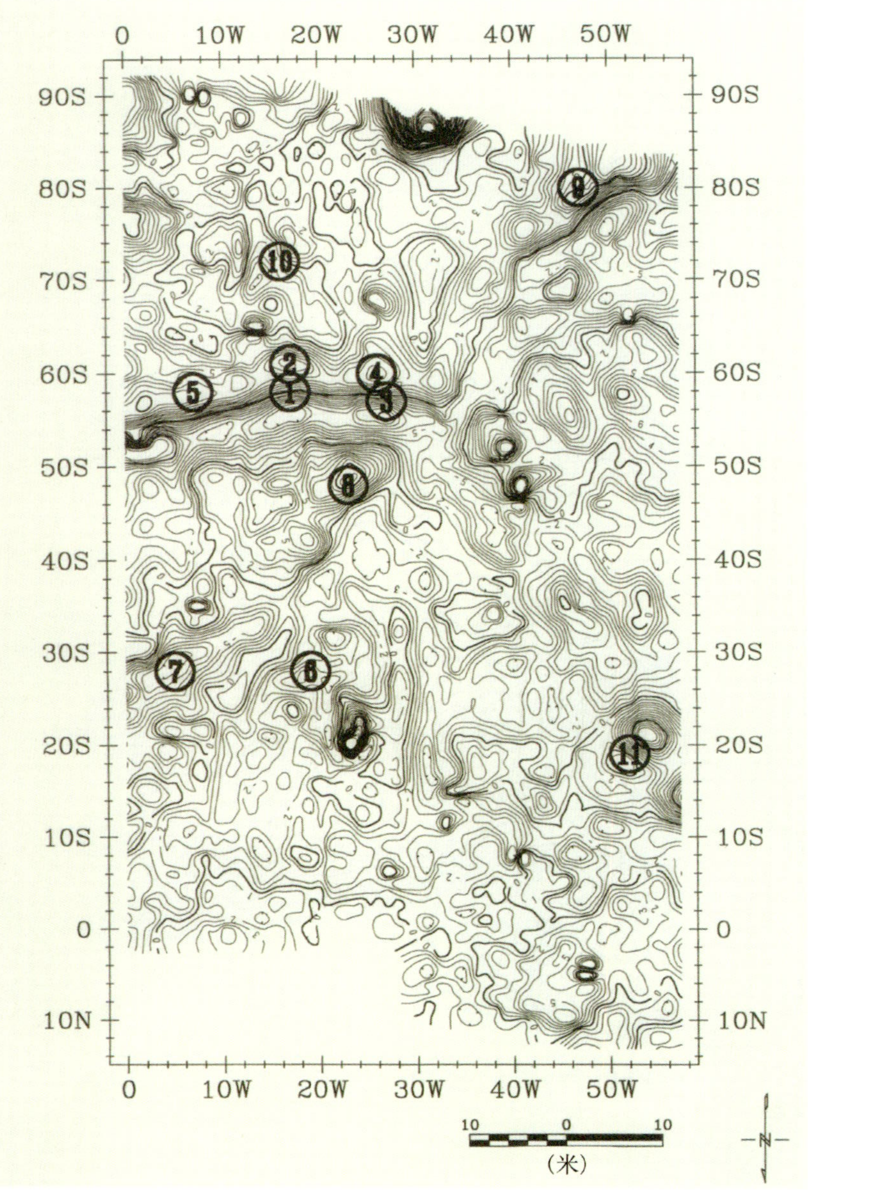

图7-11　两城镇遗址上区探孔在梯度磁等高线图上的位置（CI=2nT/m）

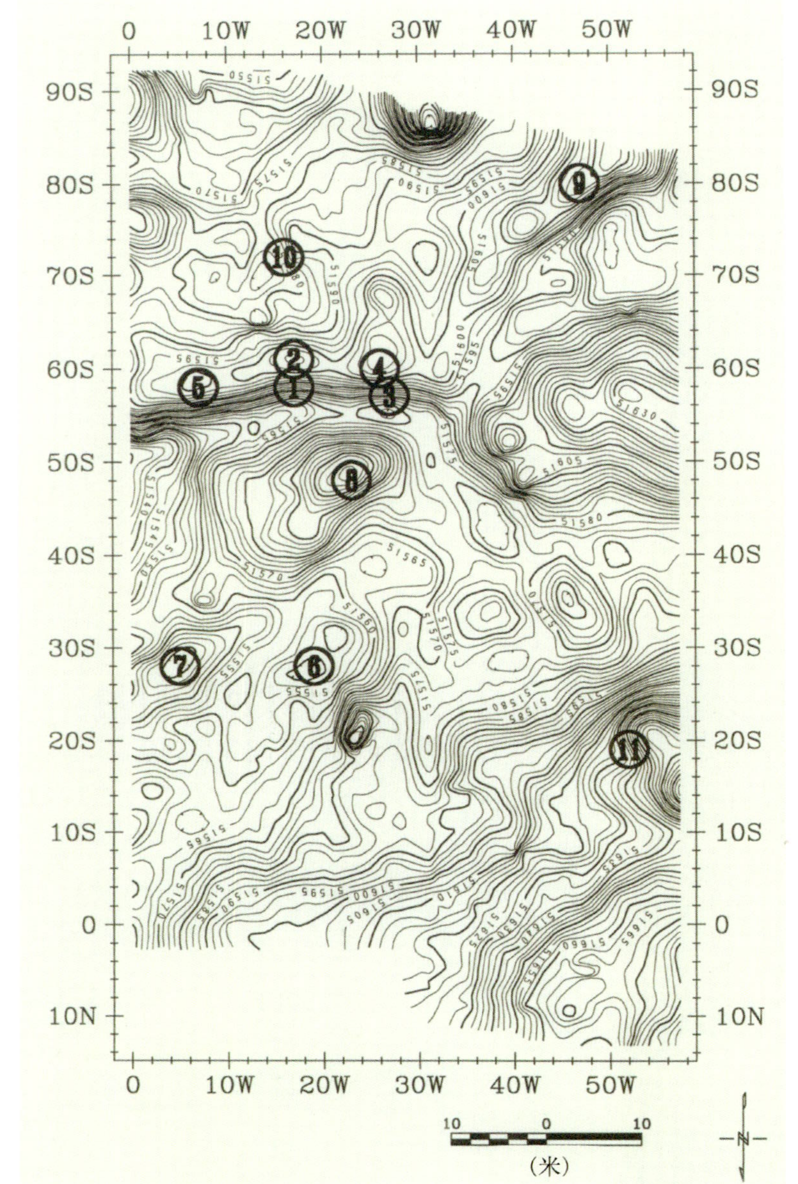

图7-12　两城镇遗址上区探孔在总磁场等高线图上的位置（CI=2.5nT）

和#3是位于磁异常的下部（即向北），而MG2#2、#4和#5是位于磁高压侧（即向南）。

一般情况下，位于东半部的磁低点的遇阻深度（253、93、56和62厘米）与磁高点的遇阻深度（153、190、198和200厘米）相比较浅。当然，这个结论并不适用于所有情况，比如位于明显偏低位置的MG2#6的遇阻深度最大，为253厘米。位于西半部的两个探孔遇阻深度较浅，为72和78厘米，相应的文化层也较浅，甚至没有文化层(分别为33厘米和0厘米）。

东西走向的线性异常是所有异常中最突出的，它在整个东半部区域延伸约30米。钻探表明，遇阻深度出现1.3米的下降，这可能是由于南面相对北面较低。产生该线性异常的可能原因包括：1）一个自然的基岩面下降；2）dikes 残余；3）人为结构，可能是石头或是对基岩的切割。

第一种原因最不可能。因为位于线性异常北部10米左右磁高位置的探孔MG2#8与线性异常南部的探孔遇阻深度类似。这表明存在局部基岩脊，这更符合第二种可能性。换言之，一个自然的基岩下降会是一个比较大的特点， 它产生的异常应该可以沿同一方向延长至西半部区域。钻探结果却没有证明这一点。当然也有可能是异常没有进一步往东延伸。

第二和第三个原因最有可能。我们注意到，下区MG2#2和#5遇到黑色较厚的文化层（分别为140和146厘米），而上区MG2#1和#3遇到的文化层较薄(分别为23和38厘米)。前者包含灰、红烧土、木炭以及陶器，而后者只有陶器。对线性异常南部唯一的一个探孔MG2#10研究表明，该探孔的钻探也遇到了厚厚的文化层（171厘米），很可能是一个窑炉。对异常北部其他探孔的研究表明，MG2#8、#6和#7不存在文化层。MG2#6探孔探测到的文化层(灰色而不是黑色) 和遇阻深度很有意思，可能是该地段被打乱或者倒转了。

钻探的另外两个异常也很有意思。MG2#11位于明显的两个梯度异常但在总场上却不异常。探孔的遇阻深度为很浅的78厘米，没有发现任何文化层。异常的特点排除了来源于金属的可能，因此，可能是由浅基岩中的一个小的歧点或者是石头歧点造成的。最后，MG2#9探孔具有独特的特点，它在文化层下面探测到很薄的一层绿色黏土。

四 建议

一般来说，如果有更多的关于基岩的资料，比如基岩种类和表面结构，将有利于对磁性数据作出更精确的解释。基岩面很浅可能是影响总场磁力值，尤其是下区总场磁力值的主要因素。这对于更准确地了解磁异常和基岩之间的关系将会非常有用。

此外，尽管手动式钻探非常有用，但它们提供的关于基岩的信息有限。钻孔遇阻可以暂时解释为遇到了基岩。但是除了一些明显的情况，遇阻可能就是因为遇到了一块大石头或其他物体。除了挖掘以外，唯一可行的手段是用机械取芯。

我们对于今后的考古发掘工作提出以下具体建议：

（一）下区

下区所有的12个探孔均遇到了文化层。其中11个文化层包含了陶片，2个包含了红烧土，1个带有木炭。下区发掘点应该选择磁高区，因为它们包含有较厚的文化层。探孔MG1#9（1314.937E，1049.897N）和#11（959.558E ，690.886N），均为总场磁高点，尤其值得发掘，因为我们发现了大量陶片。在下区进行考古发掘的一个潜在难题是地下水位相对较高，约在地面2米以下（MG1#1，#5，#9钻探时遇到）。在所有遇到水的钻探中，水位均低于文化层。

（二）上区

上区的11个探孔有9个发现了文化层。其中，8个含有陶片，4个含有红烧土，2个带有木炭，2个含有草木灰。上区发掘的选址应该设在东南部——该区的东半部和线性异常的南部。

上区的钻探遇到了特别丰富的文化层。如MG2#5（1012.419E，665.122N）和MG2#2（1003.707E，638.783N），就特别有发掘价值，因为它们存在较厚的文化层（分别为140和146厘米），并包含有陶器、红烧土和草木灰等。发掘地点应该向北至少3到4米，直到遇到产生线性异常特征的区域(例如阻力dike或石头结构）。另一个有意义的探孔是MG2#2（1003.707E，658.783N），这里有较厚的包含陶器和红烧土的文化层（171厘米）。此外，该探孔可能还穿透了一个窑炉。因此，我们建议以该探孔为中心进行一个小规模的发掘。

一个具有地球物理价值，但不具有考古价值的位置是大梯度异常点MG2#11 (959.558E，690.886N)。遇阻深度较浅，为78厘米，没有发现文化层。导致异常的原因似乎是一个局部的高基岩面或小石头结构。总磁场上没有与之对应的异常，说明这是一个埋藏较浅，只有几米大小的金属特征的物体。

最后，没有必要进行额外的磁力探测。在发掘结果产生之后，对本报告的阐释应该进行重新评估。一旦有更多的数据资料可以使用，我们应该对使用磁力探测或其他地球物理方法探测进行重新审视和评估。

第二节　雷达、电阻率与磁力方法探测

2004年秋季开展的勘察工作，目标包括龙山文化城墙、壕沟和居住址。这些地区现在是农田，主要用来种植白菜和小麦等作物（图1–5）。这里使用探地雷达、电阻率和磁力测定等三种方法进行野外探查（图7–13～16）。

一　探地雷达方法探测

探地雷达是20世纪70年代发展起来的一种地下遥感检测方法。它起源于在冰中进行的无线电回声测深。雷达在1赫兹～10兆赫的范围内工作，其频率与被检测对象的深度有关。大多数考古应用介于100～1000兆赫的范围内（空气中的波长为3米至50厘米）。

雷达波的传播与材料特点直接相关。波传播的主要决定因素是材料的介电常数（电容率）。湿润、土壤颗粒较细的土质，比如黏土，往往有较高的介电常数（17～25及以上）。而干砂的介电常数值低，在4到9之间。空气的介电常数为1，纯净水的介电常数接近80。

波的穿透深度是由其频率和媒介的介电常数决定的。在一个特定的土壤基质中，长波的穿透程度更深。介电常数增大会导致雷达信号分散衰减，较低的介电常数可使雷达波更集中、穿透更深。

雷达波以椭圆形锥状传输，其截面被称为“足迹”。高频天线（较小的波长）在特定的媒介

图7-13　磁力方法探测

图7-14　雷达方法探测

中留下的足迹较小，因此高分辨率是穿透能力和雷达的分辨能力的折衷。天线频率越高分辨率就越高，但是穿透力降低。

雷达的测量原理是由偶极发射天线传输高频率雷达脉冲到大地，由此产生的电磁波向下传播。材料基质中的不连贯部分把部分波反射给接收器。接收器测量从发射到反射来回之间以纳秒计算的时间差。发射器和接收器可以是同一根天线。

图7-15　雷达方法探测

图7-16　洛阳铲钻探

雷达数据都记录在描记线上。每条描记线记录某一时刻的反射比，包含多点的反射值，一般标准是一条描记线包含512个读数。每条描记线在雷达纵剖面上都以垂直线的形式反映出来。按序列收集描记线形成一个纵剖面。

在数据复杂的情况下，可以收集相邻的雷达纵剖面以建立探地雷达三维模型档案。可以根据这些模型做横断面切片来创立观察雷达异常的平面图。解释雷达数据必须注意的是，雷达数据代表的不是实际空间的实际物体，而是在空间反射的能量波。

（一）数据收集

我们对休耕区进行了两个数据网格的采集。我们预计探测网格一将穿越可能存在的城墙和护城河；探测网格二覆盖的是在探测网格一西侧可能存在的居住区。数据收集采用了标准1米间距的编织模式。这样，一个雷达纵剖面的开始与前一个纵剖面的结束部分有1米的间距。

网格一由19个长度为20米的纵剖面组成。网格二由34个纵剖面组成，每个剖面的宽度为40米。收集数据使用的装置是安装在勘探车上的一个500赫兹的马拉地球X3M（Mala GeoScience X3M）天线。南北向收集资料。勘探车轮每转动5厘米触发一次描记线以提供连续的数据收集。时间窗被设定为开放70纳秒，但是超过30纳秒的信号衰减严重因此无法分辨该深度以下的异常。我们没有对土壤介电常数进行独立的评估，但黏性的土壤基质和高衰减率说明介电常数相对较高。较低频率的天线将更有利于信号穿透。

（二）数据处理

数据处理使用了 Sandmeier 公司的 ReflexW 3.5 软件。首先，使用一个窗口长度为10、缩放比例为1的自动增益校正滤波器对收集的所有资料进行处理。然后用背景清除过滤器对所有纵剖面的所有描记线进行处理。由于信号衰减使得超过30纳秒深度的异常情况不可解读，我们仅对0～30纳秒间的异常进行目测。调用蓝灰红调色板（BlueGreyRed Palette）并将绘图缩放比例提高到0.4，导出tif格式的图像。在未测量土壤介电常数的情况下，无法建立时间（以纳秒计算）与深度之间的直接关系。但是如果假设介电常数为16，那么双向运行20纳秒的深度为75厘米。

（三）数据分析

在网格一（图7－17）上，几个纵剖面的北部有一个比较明显的反射面。尽管并不完全均一，但是对深度为15纳秒（表面以下50～75厘米）的切片表明，该深度的表面具有较强的反射性。传统勘探也表明在这个雷达区北部该深度有几米宽的城墙。然而，如果没有传统勘探的数据，雷达证据本身无法令人信服地证明地下埋有城墙。

在网格二（图7－18）上，现代的南北方向的沟渠对雷达纵剖面有强烈影响。这些数据有“带状”的外观，特别是在上层的时间范围内，深度为20纳秒的切片明显反映了这一点。然而，在这些切片中（表面以下约75厘米），至少有1个矩形出现在网格的北部中心部位。矩形南北长5、东西宽3米。随后几个纳秒的数据也出现了该矩形。其他一些小的、不超过3米长的东西方向的异常形状，也在数据中偶尔出现。

（四）小结

中频天线的探地雷达在该环境下作用非常有限。信号的高衰减率再加上一些与周围的土壤基质不能完全分离的异常点使得数据分析比较困难。然而，探地雷达似乎支持传统勘探的数据，后者表明有城墙穿过网格一的北部边缘。探地雷达在网格二上也探测到了可能的房屋结构，但是该结论需要进一步的检验。可以使用其他地球物理方法，或使用探地雷达对穿过壕沟的剖面进行采样。低频天线的探地雷达可提供更好的穿透性，但是清晰度会降低。

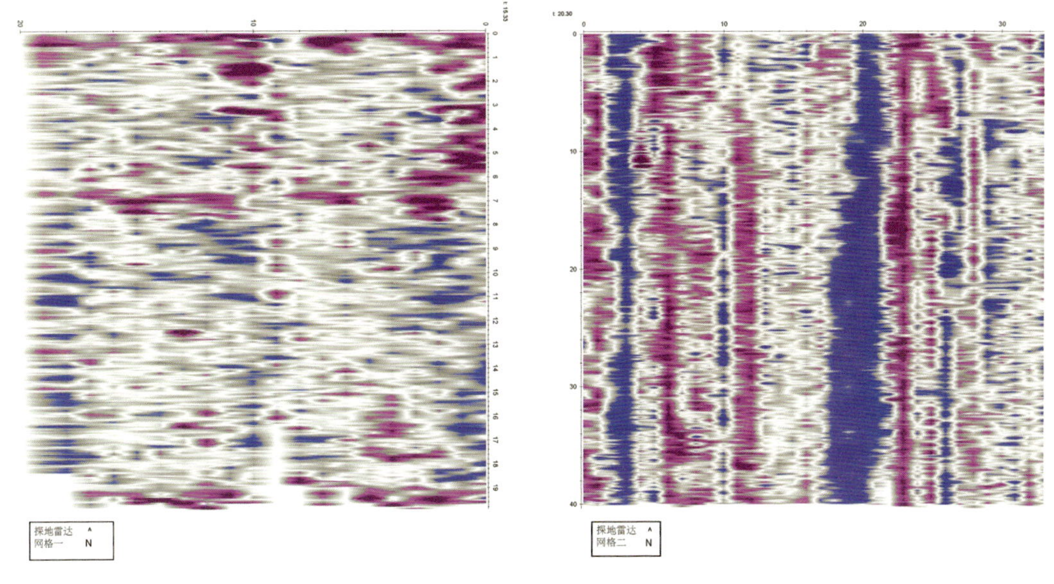

图7-17　网格一雷达彩色探测图　　图7-18　网格二雷达彩色探测图

二　电阻率方法探测

电阻率方法是地球物理上的电流勘探方法。激发极化注入一股电流到地下，大地可看作一组电阻。电流探头激发电流，它穿过大地电阻由电压探头测量。电压测量结果被用来计算媒介的电阻率。

电阻率取决于探头之间的距离和几何位置。在许多考古应用中，一个被称为双探头或两级排列的简单的探头阵列是很常见的。在此排列中，一套电流和电压探头以相对紧密的间隔（大约50厘米）被放置在一起。第二套电流和电压的探头，也相对比较接近，被放置在远处。两套探头间的间距至少30倍于每套探头内的间隔。远处的这套设备位置不变，只有第一组探头是移动的。在每一个读数点，远处的一套探头为移动探头提供一个稳定的参照。两组探头的数据差别则反映了移动探头附近土地的电阻率。

在每次测量中，使用电流电极化岩体就如同充电电容器一样。当电流停止时，电池随着时间的推移放电，产生可以在地表测量的电压。测量采取一米间隔的一个网格系统，以创建某个区域土地电阻率的地图。探测深度依赖于探头间隔。我们设置的是固定0.5米的间隔，探测深度可以达到1.5米。

在目标深度内的考古学遗迹，可以像电阻一样影响电压测量，并会表现出区别于背景值的差异。可能会影响电阻率的考古学遗迹包括墓地里的空腔、比周围土壤电阻率或多或少高一些的墙壁、间断性的沉积层（比如与周围基质的电属性不同的房屋地面）等。

（一）数据收集

收集数据使用的是一架TR系统双组探头土壤电阻计量器，每组两个探头，间距为50厘米，两组探头探测间隔至少20米。数据以网格系统收集，每米均有数据。我们对村北偏西部的一个连续的地区进行了两个网格的调查。电阻探测网格一南北方向为18、东西方向为20米。电阻探测网格二南北方向为12、东西方向为20米。 网格二与网格一北部边界持平，毗邻网格一西部。电阻探测网格三与探地雷达网格一相对应，是一个20米×20米的调查区。电阻探测网格四位于网格三东部15米处，大小为20米×20米。

（二）数据处理

我们使用Surfer 7.0“最小曲率面”对数据进行插值绘制。画点的地方表示对该处进行了土壤采样。以棕黄色土为特点的夯土墙以红点绘制，以土壤肥沃深黑为特性的壕沟以绿点绘制。根据传统勘探推测出来的墙界以红线绘制，可能存在的夯土墙位于两道红线之间。

（三）数据分析

在网格一、三、四中（图7－19、21、22），中等偏高的电阻读数范围同传统勘探推测的夯土墙位置相吻合。在许多其他区域也发现同样高的电阻读数，然而这些区域被传统勘探确定为壕沟。在网格二（图7－20）上，传统勘探表明，城墙通过了一块电阻率相对较低的区域。但是传统勘探的界定能力是有限的。在推断的城墙位置的西北部有一个高电阻的区域。该区域值得进一步调查，城墙可能并没有通过该区域。

在网格四（图7－22），推测的夯土城墙位置的两边出现了一套具有高度诊断性的高电阻率和低

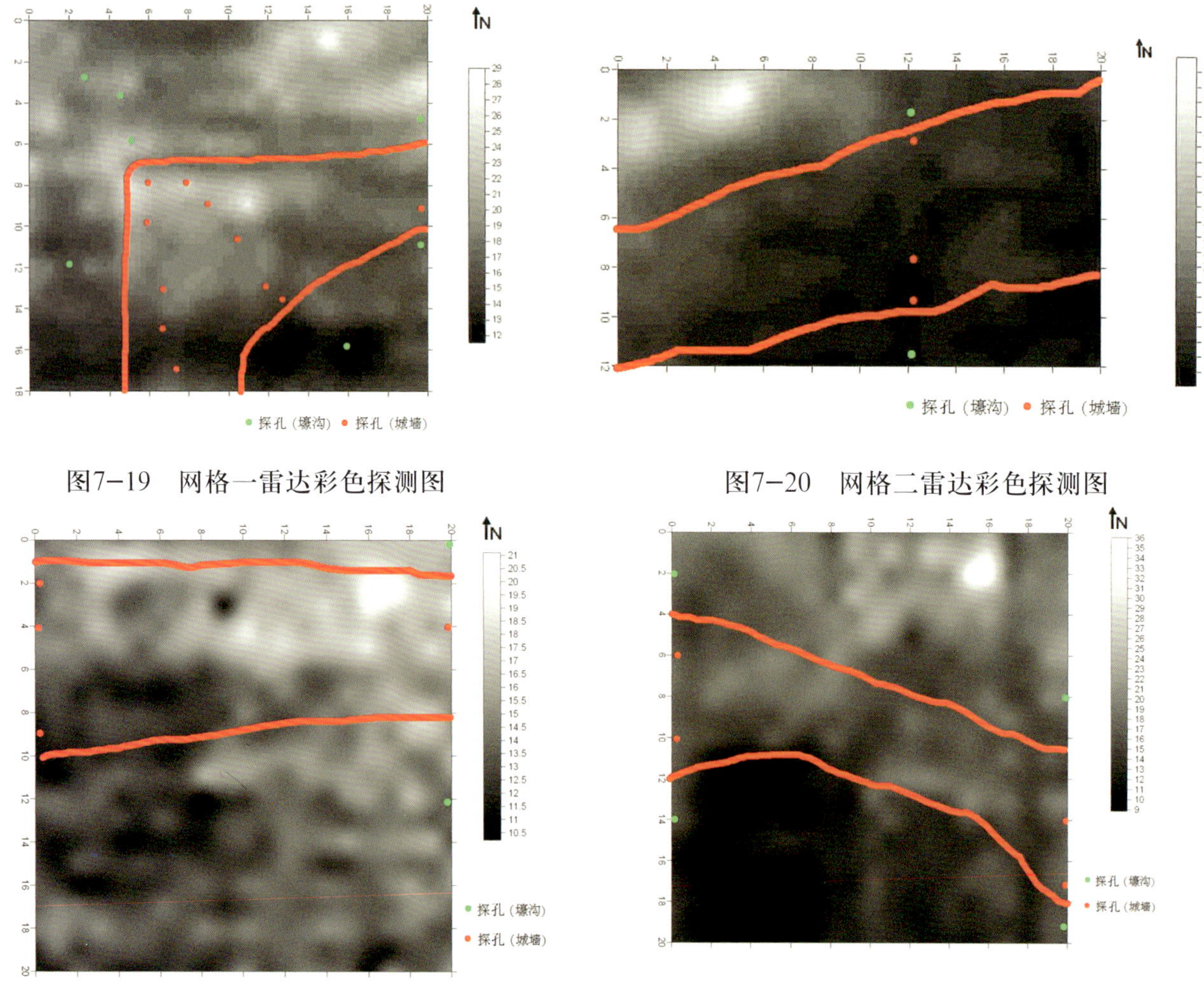

图7－19　网格一雷达彩色探测图

图7－20　网格二雷达彩色探测图

图7－21　网格三雷达彩色探测图

图7－22　网格四雷达彩色探测图

电阻率异常。高阻部分位于网格北部中心，包含所有调查中电阻率最高的电阻。网格西南方向四分之一处，出现了整个调查中最低的电阻。这些高度清晰的数值表明在城墙两侧的区域存在一些相当大型的人为遗迹。

（四）小结

电阻率方法被证明是该环境下确定残留城墙的最易解读的地球物理勘测方法之一。虽然高电阻率的读数可以有多个来源，但是结合传统勘探，电阻率就具备了高准确度，建议在将来的研究中使用。电阻率方法也表明网格四中城墙周围有一些非常有趣的异常，值得进一步调查。

三　磁力方法探测

磁强计可以用来测量地球表面某一点上方的磁场强度。这个磁场包含多种成分，如地质情况、表面材料和自然昼夜变化等。山东磁场的总平均值为50000nT。为了剔除一些全球因素的影响（如深埋地下的地质岩层），以增加对本地来源的测量，可以使用两个独立的传感器以已知距离纵向排列，进行以nT/m（nano-Tesla / meter）为单位的梯度测量。

仪器发现两种形式的磁场：一种由地球自身的磁场引起，和材料磁化率成比例；一种是剩余磁性。在考古学上，后者往往是热剩余磁性（TRM），它是由于某种材料在合适的环境下受热使自身成为弱磁体而造成。热剩余磁性可能是由于火成岩就地冷却，然后被开采为建筑材料所造成。其他受到就地加热影响的物体或材料，包括大火塘、陶瓷窑炉和冶金场所等，都具有较高的热剩余磁性，并与土壤基质相对较弱的磁性形成强烈对比。

在某些情况下，用来做建筑材料的土壤未经过加热，但会由于其含有磁铁矿而具有很高的磁化率，可以用磁强计将之与土壤基质本身区别开来。但是这只适用于土壤基质为相当均匀的低磁铁矿性质的情况。

（一）数据收集

收集资料采用的是GEM系统GSM-19WG步行梯度磁强计。这些传感器以60厘米间距被安装在一根杆子上，最低的传感器在地面以上约30厘米。数据收集是连续的，每0.5秒读一次数，步行速度为一米每秒（1m/s）。一个南北长40、东西宽250米的网格，以1米的间隔收集数据，总共收集了约20000个读数。这个网格与探地雷达网格一和电阻率网格一到四重叠。

（二）数据处理

梯度数据使用几种不同的 Surfer 函数插值至0.5米（图7−23）。最后大规模的绘图是一个截断在−14nT/m的最小曲率面（图7−24）。等磁力线与图像叠加，绿色阴影代表与电阻率数据重叠的区域，黄线代表土路，红线代表推测的龙山时期的城墙。100～150米之间的区域靠近现代住房，有成堆的现代垃圾堆放在土路两侧，这些生活垃圾引起了重大的磁干扰。

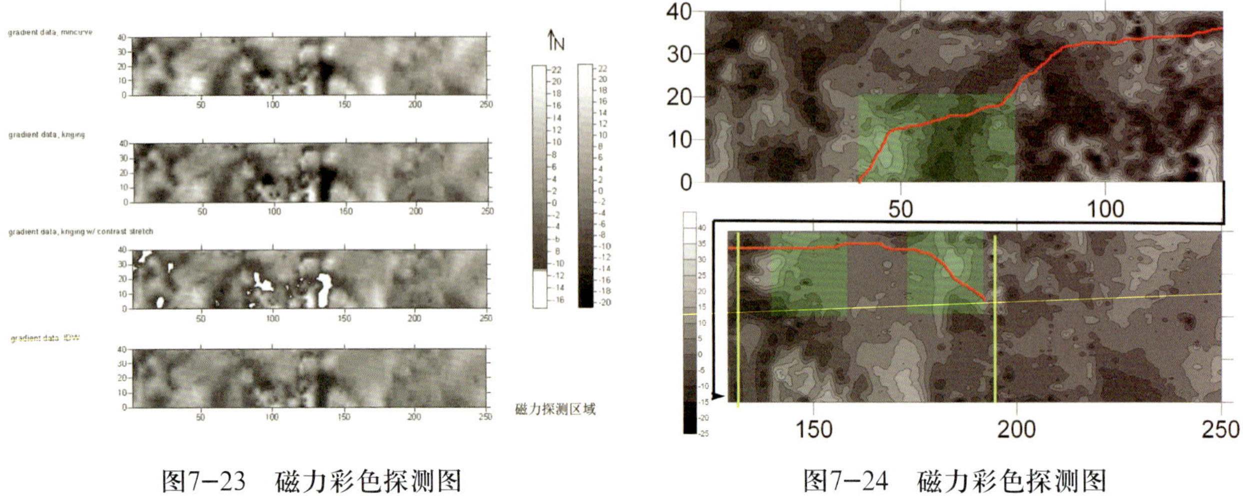

图7-23　磁力彩色探测图　　图7-24　磁力彩色探测图

（三）数据分析

虽然某些磁异常可能代表考古遗迹，但无法在推测的夯土墙位置和正负磁源材料之间建立起明确的关系。在一些地区，夯土墙似乎与轻微的负磁场值有关。一些大的比较深的偶极异常，可能是深埋在地下的地质构造。而一些小而密集的偶极异常，在被调查区域的东部边缘尤其明显，可能是考古遗迹，或至少是相对接近地表的磁性物体。

（四）小结

磁力探测结果显示，虽然夯土建筑遗迹与磁场模式之间的关系尚不明确，但是磁力探测对于将来寻找考古遗迹仍有一定的实用性。

四　地理位置参照坐标

此次地球物理勘探使用的地理位置参照坐标是通过全球定位系统差分计算方案（differential GPS solution）获得的。在王先生住宅区的东南角设立了一个当地站。通过与位于北京的IGS站点（-2148743.808，4426641.281，4044655.993）进行差分修正，连续3天，每天6～8小时收集数据以确定当地站的地理位置。在WGS84坐标系上两城镇站点的最终坐标是：-2562495.885，4517078.814，3690356.451（0.6米RMS）。

所有的GPS数据都储存在CD里，差分计算参照以下基点：

汉墓（大堌堆）
-2561883.624　　最终X轴坐标
4517170.832　　最终Y轴坐标
3690696.776　　最终Z轴坐标

35.583146038 最终纬度
119.559453662 最终经度
731910 UTM E （WGS84 zone 50N）
3940730 UTM N （WGS84 zone 50N）
38.483 最终高度

内墙 T1
−2562216.460 最终X轴坐标
4516986.280 最终Y轴坐标
3690653.698 最终Z轴坐标
35.582810986 最终纬度
119.563652420 最终经度
732292 UTM E （WGS84 zone 50N）
3940703 UTM N （WGS84 zone 50N）
16.408 最终高度

内墙 T4
−2562234.502 最终X轴坐标
4516959.375 最终Y轴坐标
3690667.038 最终Z轴坐标
35.582984820 最终纬度
119.563972025 最终经度
732320 UTM E （WGS84 zone 50N）
3940723 UTM N （WGS84 zone 50N）
12.378 最终高度

内墙 T6
−2562254.170 最终X轴坐标
4516940.189 最终Y轴坐标
3690674.711 最终Z轴坐标
35.583077682 最终纬度
119.564265213 最终经度
732347 UTM E （WGS84 zone 50N）
3940734 UTM N （WGS84 zone 50N）
11.163 最终高度

第八章　人类遗骸研究

第一节　人类遗骸的病理学分析

一　前言

（一）墓葬概况

墓葬分析涵盖了在考古发掘中发现的一系列因素，如人类遗骸、随葬品的数量和类型、葬礼类型和规模、人体的朝向和摆放姿势等。下面将主要描写人类遗骸情况，以及用来确定人类遗骸性别、年龄和各方面健康情况的方法。如果想完整的了解墓葬情况，请参阅本报告相关章节对每个墓葬及随葬品的详细描述。

本文的简要分析包括了较为全面的人口统计学分析。对于保存较好的人类遗骸，进行了包括基本生理特征（biological profile）、病理和创伤在内的记录和分析。同时，建议以后在发掘过程中有体质人类学家在现场进行鉴定和分析。因为骨骼在发掘、运输、保存的过程中经常会出现损坏，所以，现场鉴定和分析对于后续研究很有价值。现存两城镇的人类骨骼标本共48具，其中大多数个体保存状况极差，仅有个别个体保存情况较好。由于大部分人类遗骸保存状况极差，相当比例的标本所含的生物信息不完全。

在这种情况下，会在归还人骨标本之前采集尽可能多的信息。很多情况下，因为人类遗骸保存太差或者腐朽严重而无法进行鉴定，需要对发掘地点的照片进行详细的分析。环绕人类遗骸周边的土壤是包括黏土在内的各种土壤的混合体。黏土保存在纸袋子和盒子的过程中会干化，导致了人类遗骸周边土壤的硬化和干化以及骨骼在保存过程中的损坏和断裂。长骨大多数都被破坏，而颅骨往往被坚硬的土壤所保护，并且在清理出来后发现保存相对较好的牙齿。

（二）亚洲人群的骨骼学研究

对远古和近古亚洲人群的研究，往往局限在对齿弓的宽度、龋齿以及牙釉质发育不全等方面。牙釉质发育不全是牙釉表层在形成过程中由于压力而造成的改变[1]。围绕着牙齿分析的主要理论问

[1]　a. Pechenkina EA, RA Benfer, Wang Z, 2002. Diet and Health Changes at the End of the Chinese Neolithic: The Yangshao/Longshan Transition in Shaanxi Province. *American Journal of Physical Anthropology* 117: 15-36.　b. Pietrusewsky M, C Tsang, 2003. A Preliminary Assessment of Health and Disease in Human Skeletal Remains from Shi San Hang: A Prehistoric Aboriginal Site in Taiwan. *Anthropological Science* 111(2): 203-223.　c. Tayles N, K Domett, K Nelsen, 2000. Agriculture and Dental Caries? The Case of Rice in Prehistoric Southeast Asia. *World Archaeology* 32(1): 68-83.　d. Turner CG, 1979. Dental Anthropological Indications of Agriculture Among the Jomon People of Central Japan. *American Journal of Physical Anthropology* 51: 619-636.

题，是关于亚洲人是否吃小米、大米、混合谷物、肉类或海鲜[1]。此前在日本也进行了对牙齿磨损的研究[2]。

随葬品常常能反映出很多关于下葬的信息，但是我们不能了解太多死者生前复杂的生活故事。很多随葬品往往保存的比人类骨骼好，反而使得我们忽略了对人类遗骸本身的研究。关于亚洲下葬礼仪的文献，详细记载了许多关于葬礼方面的情况，包括对随葬品的象征意义和礼仪的前后背景等，但是缺少对人类遗骸的深度讨论。

第一次到中国分析两城镇遗址出土的人类遗骸，对于我来说是一次令人兴奋不已的机会。我的分析将主要集中在骨骼的观察，而不是对墓葬环境的分析。如前面所解释的，本报告的其他章节会对这些问题进行深度的考察。也请参考 Lanehart 等人通过牙釉样品的同位素检测和分析来得到关于饮食方面的信息。下面要讨论的，是鉴定年龄和性别、两城镇古人类健康情况的方法，以及两城镇四个发掘区各个阶段的人类遗骸的详细情况。

（三）分析方法

在两城镇搭建好了实验室之后，人类残骸被迅速地从遗址转送到实验室并且分类储存好。每座墓葬带有一个目录号码和一个墓葬号码。有时动物遗体被装在小封口袋内，然后搁置在人类遗骸的包装中。每座墓葬均带有平面图并且根据他们的重要性作了标记。如果时间不允许的话，我们可以从最重要的开始。共对46具个体的人类遗骸进行了分析。这46具人类遗骸大部分不完整并且保存状态非常差。Deborah Bekken 在她撰写的章节里也指出，动物骨头的保存状态也非常不好。

原始的发掘日期、地点、文化层等人类遗骸出土情况的相关信息都被记载在墓葬表格里。我们还记录了人类遗骸的分析日期以及分析时发现的其他物体（比如小的陶瓷碎片、动物骨头、石头碎片等）。在很多情况下，人体残骸保存状态非常不好，已经腐朽成在硬土基质上的粉状轮廓。在这种情况下，只能使用目测并且记录下目测的观察情况。其他情况下，我们对人类遗骸进行了整理分类，并且记录下了对人体病理和创伤的简单观察。如果发现病理或创伤，将更加仔细的检查、画图和详细记录。

由于大部分人类遗骸的保存状态非常糟糕，一般意义上的“完整”是指假设该个体在土葬时处于完整的不受干扰的状态。这些观察是根据详细的墓地照片和发掘时的记录做出来的。在考古发掘时，考古学家发现一些土葬的墓葬受到了破坏，只有部分保存下来。对此，我们将其记录为“受干扰，不完全”。

一些人类遗体在挖开时被包在土壤基质里。把这些人类遗体放置在容器里搁置在博物馆设施内等待进行骨骼鉴定和分析。由于经过了两年的时间，土壤基质变得坚硬而耐磨，说明可能是黏土性质。发掘人类遗骸的考古学家试图以适当的方式提取和存储遗骸，但是土壤基质在存储过程中已干

[1]　a. Tayles N, K Domett, K Nelsen, 2000. Agriculture and Dental Caries? The Case of Rice in Prehistoric Southeast Asia. *World Archaeology* 32(1): 68-83. b. Pechenkina EA, RA Benfer, Wang Z, 2002. Diet and Health Changes at the End of the Chinese Neolithic: The Yangshao/Longshan Transition in Shaanxi Province. *American Journal of Physical Anthropology* 117: 15-36. c. Turner CG, 1979. Dental Anthropological Indications of Agriculture Among the Jomon People of Central Japan. *American Journal of Physical Anthropology* 51: 619-636.

[2]　a. Kaifu Y. 1999. Changes in the Pattern of Tooth Wear from Prehistoric to Recent Periods in Japan. *American Journal of Physical Anthropology* 109: 485-499. b. Kaifu Y. 2000. Tooth Wear and Compensatory Modification of the Anterior Dentoalveolar Complex in Humans. *American Journal of Physical Anthropology* 111: 369-392.

化并且碎裂。此外，由于体质人类学家没有能够在发掘现场提供咨询意见，发掘人类遗骸时使用了锋利的工具，有的切断了躯干，有的切到了膝盖和脖子。因此等到进行骨骼鉴定和分析时，人类遗骸的状态已经进一步恶化，失去了一些可以用来确定具体骨骼类型的特点。在这种情况下，试图根据骨骼尚存的特点以及总体的骨骼缺失情况来进行分析，试图判定骨骼的类型。

嵌在土壤基质里的颅骨被清理出来，以便观察牙齿或面部特征，进而来确定年龄和性别。年龄估计的最好前提是骨骼保存状况良好并且存在多重可以进行性别鉴定的骨骼。

两城镇的人类遗骸碎而不全并且脱钙，基本上没有清晰可见的识别标志。因此，因为保存状态不好而无法使用某些年龄鉴定方法时，年龄的判定只能是根据头颅大小（判定成人或儿童）和牙齿（如果有）。甚至有一个案例是根据长骨碎片与非愈合骨骺来进行粗略估计。年龄估计使用了《人类骨骼遗存数据采集标准》（*Standards* book）（Buikstra and Ubelaker，1994），以及Tim White's 的《人类骨骼学》（*Human Osteology*，2001）。上述方法不是通常使用的理想的分析方法。但是在目前有限的时间和资源情况下，这是对标本进行总体性分析的最好办法。

发掘人类遗骸使用了几种专门的工具。圆面刷脸的刷子和在当地书画店找到很柔软的毛笔，不会在人类遗骸上留下刷痕，非常有用。此外，还使用了专门为实验室柔软发掘制作的小型不锈钢铲子和尖头筷子。牙签或金属工具容易在骨骼上留下刮痕或凹痕，对易碎的骨骼造成无法修补的损伤，因而建议不要使用这些工具对人体骨骼进行发掘或分析。

包围着人类遗骸的土壤基质常常过于坚硬而无法发掘。如果会损坏到骨骼的发掘，则使用牙刷把少量的水沾到黏土上以软化土壤基质。这个办法行之有效，使得我们可以对隐藏的骨骼碎片进行检查而不造成额外的损伤。当黏土因为装于塑料袋里而变得湿润时，我们使用一个5毫米×3毫米的金属铲来细致的铲掉骨骼上的黏土，这个办法也往往奏效。如果土壤基质和骨骼太湿导致无法进一步发掘，我们就停止进一步的工作，只对观察到的人类遗骸进行记录。

尽可能使用伸缩的软皮尺测量所有的人体骨骼。但是有的骨骼保存状态很差，无法准确测量。有的人类遗骸包含的具体信息可用于分析两城镇人口的总体健康情况，对此都进行了拍照。有的人类遗骸包含了一些不寻常的信息，我们也对其进行了拍照和记录，以备日后作进一步的分析。这些工作完成之后，尽可能仔细的重新包装好人类遗骸，并且放回到日照市博物馆的档案储存容器里。我们对每个墓地全部墓葬的人类遗骸，尽可能做出详细的记录并且备份。

二　年龄和性别的鉴定

（一）年龄鉴定

表8-1总结了两城镇古代居民的年龄组。人类牙齿恒牙替代乳牙的生长规律可以用来估计婴幼儿以及少年个体的年龄，误差在一岁以内[1]。乳牙一般在出生后6个月左右开始萌出，2～3岁时，全部二十颗乳牙均出现于口腔中。到了6岁后，恒牙开始萌出，而乳牙逐渐脱落，这种状况要持续到13岁才全部完成。成年人的最后一颗恒牙，即第三臼齿，在16～17岁开始萌出到18岁完整[2]（第三臼齿萌出极其不规律，这种说法并不准确）。如果观察到乳牙，可以根据牙齿数量和生长程度及去世时萌

[1] Haas J, J Buikstra, D Ubelaker, D Aftandilian (eds). 1994. *Standards for Data Collection from Human Skeletal Remains: Proceedings of a Seminar at the Field Museum of Natural History*. Arkansas Archaeological Survey Research Series, Volume 44.

[2] White TD, 2001. *Human Osteology*. 2nd ed. San Diego: Academic Press.

出的情况来估计年龄。

颅骨以外的骨骼形态结构和骨骺融合是用来确定超过13岁的个体年龄的最好方法。目前，对婴幼儿和青少年通过测量长骨来进行年龄评估的骨骼学分析方法相对准确[1]。颅骨缝的愈合是比较通用的针对成年人的测龄方法。但如果颅骨存在着重塑和破坏，该方法可能出现误差[2]。组织学研究通过分析长骨组织薄片来计算哈弗管的骨单元细胞，已被证明是一种有用的测龄技术[3]。由于保存情况极差，两城镇的墓葬分析不能使用组织学分析方法。

表8-1　两城镇古代居民年龄统计表

年龄组	个体数
不明身份的成年人	21
未出生的幼儿	1
3～11岁儿童	11
12～19岁青少年	2
20～39岁青年人	8
40～54岁 成年人	1
⩾55岁老年人	1
不详	3
总计	48

（二）鉴定和分析人类遗骸的性别

表8-2概述了两城镇古代居民性别鉴定结果。最准确的性特征往往是通过对骨盆（髋骨）的观察而得到。然而，两城镇人类的骨盆绝大多数保存不佳，从而不具备进行性别鉴定的条件。一些个体的骨盆区域被拍摄了照片，但是这些照片有的不够详细或不包括衡量尺度。当骨盆保存状况很差不能用于性别鉴定时，使用颅骨特征来进行断定。颅骨特征包括下颌骨颏结节的隆起程度，乳突的大小，以及眼眶边缘的形态（男性较圆和女性较尖）[4]。

从眉间部的形态来看，女性相对较浅而平滑，而男性相对较深而突出。这与女性的眶上嵴比较平滑少皱而男性的眶上嵴普遍突出坚硬直接相关。由于保存不好，两城镇的人体骨骼一般只可以看到一两项性别特征。性别特征都尽可能的被记录在墓葬表格上。

两城镇有一些个体的性别比较难以区分，有一个例子尤为明显。M51颅骨外的其他骨骼显示男

[1] a. White TD, 2001. *Human Osteology*. 2nd ed. San Diego: Academic Press.

[2] a. Haas J, J Buikstra, D Ubelaker, D Aftandilian (eds). 1994. *Standards for Data Collection from Human Skeletal Remains: Proceedings of a Seminar at the Field Museum of Natural History*. Arkansas Archaeological Survey Research Series, Volume 44. b. White TD, 2001. *Human Osteology*. 2nd ed. San Diego: Academic Press.

[3] White TD, 2001. *Human Osteology*. 2nd ed. San Diego: Academic Press.

[4] a. Haas J, J Buikstra, D Ubelaker, D Aftandilian (eds). 1994. *Standards for Data Collection from Human Skeletal Remains: Proceedings of a Seminar at the Field Museum of Natural History*. Arkansas Archaeological Survey Research Series, Volume 44. b. White TD, 2001. *Human Osteology*. 2nd ed. San Diego: Academic Press.

性特点，但是颅骨既有男性特点也有女性特点。关于M51这个墓葬有许多讨论，因为墓葬里还发现了未出生胎儿的残骸。根据亚洲人群样品的测量数据，从M51颅骨外其他骨骼的特征来看应被鉴定为男性[1]。然而根据 Bass 的白种人样品数据，M51被确定为具有男性特征的“边界女性”[2]。经过慎重考虑最后的鉴定结果为具有强烈男性特征的女性。

表8-2 两城镇古代居民性别统计表

年龄组	性别不明	男	女	总计
不明身份的成年人	15	2	4	21
未出生的幼儿	1			1
3～11儿童	11			11
12～17青少年	2			2
18～39青年人	3	3	2	8
40～50 中年人		1		1
51+ 老年人			1	1
不详	3			3
总计	35	6	7	48

在体质人类学中，人骨研究根据地理“种族”情况分组。这些组包括黑人（Negroid），即所有起源于非洲地区的人种；白人（Caucazoid），包括所有起源于欧洲地区的人种：蒙古人种（Mongoloid），包括起源于亚洲的所有人种[3]。蒙古人种具有大而平的面部特征，高面颊颅、宽额以及颅骨较圆等特征。可以列出的特征还有更多。由于前额区域平坦，在有些情况下，眉间点、眶上嵴、颏结节、乳突都相对比较中立不具备两性特征。这使得像M51这样的一些个体的性别鉴定比较具有挑战性。

三 病理学分析

（一）牙釉横纹（牙齿病理）

表8-3和8-4总结了两城镇古代居民的齿科疾病（牙釉质发育不全和龋齿）。牙釉质发育不全是以横纹形式出现[4]，是个体在承受某种压力时产生的。牙釉质发育不全肉眼可见，显示为线状，带

[1] a. Iscan MY, SR Loth, CA King, et al., 1998. Sexual Dimorphism in the Humerus: A Comparative Analysis of Japanese, Chinese, and Thais. *Forensic Science International* 98: 17-29. b. King C, 1997. *Osteometric Assessment of Taiwanese Skeletons from Thailand and Hong Kong.* Masters Thesis. Schmidt College of Arts and Humanities. Boca Raton: Florida Atlantic University (accessed through Dissertation. com) . c. King C, MY Iscan, Susan, RL, 1998. Metric and Comparative Analysis of Sexual Dimorphism in the Thai Femur. *Journal of Forensic Science* 43(5): 954-958.

[2] Bass W, H Osteology, 1995. *A Laboratory and Field Manual. 4th Ed.* Missouri: Missouri Archaeological Society.

[3] a. Haas J, J Buikstra, D Ubelaker, D Aftandilian (eds). 1994. *Standards for Data Collection from Human Skeletal Remains: Proceedings of a Seminar at the Field Museum of Natural History.* Arkansas Archaeological Survey Research Series, Volume 44. b. Bass W, H Osteology, 1995. *A Laboratory and Field Manual. 4th Ed.* Missouri: Missouri Archaeological Society.

[4] Hillson S, 1996. *Dental Anthropology.* Cambridge: Cambridge University Press.

状，或者牙冠表面的牙釉坑[1]。关于造成牙釉质发育不全的具体压力因素科学界观点不一，这主要是因为一个孩子在牙釉质形成时，可以经历很多压力[2]。此外，牙釉质发育不全也可以是由疾病造成，如发烧、维生素缺乏、腺体缺陷（例如甲状旁腺功能低下症）和新陈代谢紊乱会导致牙齿发育不良[3]。压力可能包括营养不良、创伤、影响胚胎发育的母亲疾病、战争、环境压力、情绪压力等各种压力。

战争是一个明显的压力来源。战争可能导致的人口发展问题包括高于正常水平的儿童死亡率和流行疾病的增加。如果母亲在怀孕期间不能吃到有营养的食物和蛋白质将导致胎儿宫内发育缺陷。由于敌方的影响和社会压力，在战争冲突期间的男性对蛋白质的摄取受到限制。社会地位和社会等级制度也会限制对营养的摄入。尤其在战争期间，当社会分层会造成各阶级间划清界限时，对营养品摄入的限制将会表现更为明显。社会地位和社会等级制度是农业社会骨骼疾病的一个明显可见的因素[4]。任何一个单一的因素或者几个因素的综合将足以引起儿童出生前后牙齿发育上出现牙齿横纹。尽管对战争的发生频率和强度不清楚，战争是日照地区龙山时期的一个压力因素（参见 Cunnar 2007 关于两城镇石器可能是武器的报告）。

表8-3　两城镇古代居民牙病情况统计表

年龄组	牙釉质发育不全	龋齿和牙釉质发育不全	缺失	总计
不明身份的成年人	2		19	21
未出生的幼儿			1	1
3～11 儿童	2	1	8	11
12～20 青少年			2	2
20～40 青年人		1	7	8
40～50中年人			1	1
50+ 老年人			1	1
不详	2		1	3
总计	6	2	40	48

[1] a. Goodman AH, DL Martin, GJ Armelagos, 1984. Indications of Stress from Bone and Teeth. In: M Cohen, G Armelagos (eds). *Paleopathology at the Origins of Agriculture*. Orlando: Academic Press, 13-39. b. Hillson S, 1996. *Dental Anthropology*. Cambridge: Cambridge University Press. c. King T, LT Humphrey, S Hillson, 2005. Linear Enamel Hypoplasias as Indicators of Systemic Physiological Stress: Evidence from Two Known Age-At-Death and Sex Populations from Post-Medieval London. *American Journal of Physical Anthropology* 128: 547-559.

[2] a. Goodman AH, DL Martin, GJ Armelagos, 1984. Indications of Stress from Bone and Teeth. In: M Cohen, G Armelagos (eds). *Paleopathology at the Origins of Agriculture*. Orlando: Academic Press, 13-39. b. Irei K, N Doi, T Fukuminae et al, 2008. Dental Diseases of Human Skeletal Remains from the Early-Modern Period of Kumejima Island, Okinawa, Japan. *Anthropological Science* 116(2): 149-159. c. King T, LT Humphrey, S Hillson, 2005. Linear Enamel Hypoplasias as Indicators of Systemic Physiological Stress: Evidence from Two Known Age-at-Death and Sex Populations from Post-Medieval London. *American Journal of Physical Anthropology* 128: 547-559.

[3] a. Lukacs JR, 1989. Dental Paleopathology: Methods for Reconstructing Dietary Patterns. In: Iscan and Kennedy (eds). *Reconstructing Life from the Skeleton*. New York: Wiley-Liss, 261-286. b. Irei K, N Doi, T Fukumine, et al., 2008. Dental Diseases of Human Skeletal Remains from the Early-Modern Period of Kumejima Island, Okinawa, Japan. *Anthropological Science*: 1-11.

[4] Larsen, CS, 1995. Biological Changes in Human Populations with Agriculture. *Annual Review of Anthropology* 24: 185-213.

表8-4 两城镇古代居民牙病情况统计表

性别	牙釉质发育不全	龋齿和牙釉质发育不全	缺失	总计
不详	6	2	27	35
男性			7	7
女性			6	6
总计	6	2	40	48

一些研究人员把牙釉横纹作为是社会地位高和营养好的表征。这一说法的理论依据是，牙釉横纹是在牙齿生长中断时产生的。但是在中断时，釉质却能够继续成长，从而形成牙釉上可观察到的线性形状。线性的牙釉特征证明个体在牙釉形成期间能够承受住压力，身体比较健康（能够承受的压力）和比较有社会地位[1]。基于这个理论的另一理论是，牙釉缺陷如果普遍存在意味着成为一个更为健康的人口群，而较低的牙釉横纹得病率则与较高的儿童死亡率相关（Danish and Lithuanian 样品，日本女性）[2]。由于保存情况甚差，样品的人口年龄跨度较大，两城镇的发掘资料不足以支持或驳斥这两种假设。

牙釉横纹可以根据缺陷发生和形成的过程来测量[3]。和树木年轮一样，牙齿的形成也有可衡量的速度。当压力出现导致缺陷产生时，该缺陷可以通过测量牙骨质与牙釉质交界处到缺陷的距离而得出。把测量结果与定义年龄的数据相比较，可以用来构建发生压力的大致时间框架。如果有多个缺陷存在，那么可以对每个缺陷进行测量和比较以得出压力产生的时间顺序[4]。由于分析时间极短，牙釉横纹的缺陷没有被测量。缺陷被记录在案以备日后分析探讨缺陷形成的原因。

[1] King T, LT Humphrey, S Hillson, 2005. Linear Enamel Hypoplasias as Indicators of Systemic Physiological Stress: Evidence from Two Known Age-At-Death and Sex Populations from Post-Medieval London. *American Journal of Physical Anthropology* 128: 547-559.

[2] a. King T, LT Humphrey, S Hillson, 2005. Linear Enamel Hypoplasias as Indicators of Systemic Physiological Stress: Evidence from Two Known Age-At-Death and Sex Populations from Post-Medieval London. *American Journal of Physical Anthropology* 128: 547-559. b. Irei K, N Doi, T Fukuminae et al, 2008. Dental Diseases of Human Skeletal Remains from the Early-Modern Period of Kumejima Island, Okinawa, Japan. *Anthropological Science* 116(2): 149-159. c. Lukacs JR, 1989. Dental Paleopathology: Methods for Reconstructing Dietary Patterns. In: Iscan and Kennedy (eds). *Reconstructing Life from the Skeleton*. New York: Wiley-Liss, 261-286. d. Lukacs JR, 1992. Dental Paleopathology and Agricultural Intensification in South Asia: New Evidence from Bronze Age Harappa. *American Journal of Physical Anthropology* 87: 133-150. e. Pietrusewsky M, MT Douglas, 2002. Intensification of Agriculture at Ban Chang: Is There Evidence from the Skeletons? *Asian Perspectives* 40(2): 157-178. f. Powell JF, DG Steele, 1994. Diet and Health in Paleoindians: An Examination of Early Holocene Human Dental Remains. In: KD Sobolik (eds). *Paleonutrition: The Diet and Health of Prehistoric Americans*. Center for Archaeological Investigations: Southern Illinois University at Carbondale Occasional Paper 22: 178-190. g. Žydr ū n P, R Jankauskas, J Boldsen, 2002. Enamel Hypoplasia in Danish and Lithuanian Late Medieval/Early Modern Samples: A Possible Reflection of Child Morbidity and Mortality Patterns. *International Journal of Osteoarchaeology* 12: 189-201.

[3] a. Hillson S, 1996. *Dental Anthropology*. Cambridge: Cambridge University Press. King T, LT Humphrey, S Hillson, 2005. Linear Enamel Hypoplasias as Indicators of Systemic Physiological Stress: Evidence from Two Known Age-At-Death and Sex Populations from Post-Medieval London. *American Journal of Physical Anthropology* 128: 547-559. c. Lukacs JR, 1989. Dental Paleopathology: Methods for Reconstructing Dietary Patterns. In: Iscan and Kennedy (eds). *Reconstructing Life from the Skeleton*. New York: Wiley-Liss, 261-286.

[4] a. Hillson S, 1996. *Dental Anthropology*. Cambridge: Cambridge University Press. b. King T, LT Humphrey, S Hillson, 2005. Linear Enamel Hypoplasias as Indicators of Systemic Physiological Stress: Evidence from Two Known Age-At-Death and Sex Populations from Post-Medieval London. *American Journal of Physical Anthropology* 128: 547-559. c. Lukacs JR, 1989. Dental Paleopathology: Methods for Reconstructing Dietary Patterns. In: Iscan and Kennedy (eds). *Reconstructing Life from the Skeleton*. New York: Wiley-Liss, 261-286.

（二）龋齿

龋齿多形成于牙齿变化过程中牙齿咬合面的裂缝[1]。目前认为龋病主要是由细菌和碳水化合物作用于易感的牙面而引起。龋齿的形成是一个渐进的过程，是人体免疫系统对感染做出的反应[2]。在龙山时期的中国，大米和小米为主要食用的谷物。红小豆、大豆、小麦（刚刚出现的食品）的消费数量较少，但对龙山人民的生活仍然发挥了重要作用。饮食有一部分是肉类和水产品组成[3]。对于生物遗骸和两城镇植硅体的分析以及比较结果，请参看本卷第九、一〇章。

两城镇古代居民没有发现真正的龋齿，只观察到一个非常小的龋齿缺损。绝大多数的颅骨标本中的牙齿光滑有泽，少有磨损，这可能是受饮食影响。假设中国新石器时代大米尚未处理，其外皮将留在谷物上。咀嚼大米谷粒抛光了牙齿，稻壳的细致磨面阻止了龋齿病变[4]。其他谷类食品可能也有类似的效果。此外，使用牙齿咬碎螃蟹和其他甲壳类动物的壳或者生鱼骨头，尤其是连肉一起吃下骨头或碎片，会对牙釉质造成擦伤。谷物外壳，骨头和贝壳类消除了食物糖分对牙齿的负面影响。有证据表明，以大米为主要食品的人群出现龋齿的可能性比较小[5]。参见 Crawford，靳和赵论述大米在两城镇的相对重要性的章节。

（三）多孔性骨肥大

表8–5和8–6总结了两城镇古代居民骨骼疾病的情况。缺铁性贫血是多孔性骨肥大的一个重要致病因素。骨膜反应，其中颅骨板障（diploë）的增厚和颅顶骨外层骨板（cranial vault）变薄，在眶筛（cribra orbitalia）和顶骨[6]创造了一个“头发倒竖”（hair on the end）的效应。多孔性骨肥大的其他原因包括寄生症、遗传缺陷、缺乏维生素[7]。因为多孔性骨肥大的特点容易识别，即使在愈合的情况下也容易被鉴定出来，宏观观测法是最典型的常用方法。

多孔性骨肥大通常是在少年和成年人阶段愈合，但它通常会影响5岁以下的儿童[8]。当骨骼发生病变时，贫血症已经比较严重或者长期存在。因此，当观察到颅骨板障扩大时变锋利的边缘凹

[1]　a. Hillson S, 1996. *Dental Anthropology*. Cambridge: Cambridge University Press. b. Lukacs JR, 1989. Dental Paleopathology: Methods for Reconstructing Dietary Patterns. In: Iscan and Kennedy (eds). *Reconstructing Life from the Skeleton*. New York: Wiley-Liss, 261-286.

[2]　Lukacs JR, 1989. Dental Paleopathology: Methods for Reconstructing Dietary Patterns. In: Iscan and Kennedy (eds). *Reconstructing Life from the Skeleton*. New York: Wiley-Liss, 261-286.

[3]　a. Crawford GW, AP Underhill, Z Zhao et al, 2005. Late Neolithic Plant Remains from Northern China: Preliminary Results from Liangchengzhen, Shandong. *Current Anthropology* 46(2): 309-317. b. Pechenkina EA, S Ambrose, Ma X, et al., 2005. Reconstructing Northern Chinese Neolithic Subsistence Practices by Isotopic Analysis. *Journal of Archaeological Science* 32: 1176-1189. c. Pechenkina EA, RA Benfer, Wang Z, 2002. Diet and Health Changes at the End of the Chinese Neolithic: The Yangshao/Longshan Transition in Shaanxi Province. *American Journal of Physical Anthropology* 117: 15-36.

[4]　Tayles N, K Domett, K Nelsen, 2000. Agriculture and Dental Caries? The Case of Rice in Prehistoric Southeast Asia. *World Archaeology* 32(1): 68-83.

[5]　Tayles N, K Domett, K Nelsen, 2000. Agriculture and Dental Caries? The Case of Rice in Prehistoric Southeast Asia. *World Archaeology* 32(1): 68-83.

[6]　Larsen CS, 2000. Bioarchaeology: *Interpreting Behavior from the Human Skeleton*. Cambridge: Cambridge University Press.

[7]　a. Aufderheide AC, C Rodriguez-Martin, 1998. *The Cambridge Encyclopedia of Human Paleopathology*. Cambridge: Cambridge University Press, 306-312, 345-356. b. Larsen CS, 2000. *Bioarchaeology: Interpreting Behavior from the Human Skeleton*. Cambridge: Cambridge University Press. c. Ortner DJ, 2003. *Identification of Pathological Conditions in Human Skeletal Remains*. 2nd Ed. San Diego: Academic Press, 97-106, 363-387.

[8]　Larsen CS, 2000. Bioarchaeology: *Interpreting Behavior from the Human Skeleton*. Cambridge: Cambridge University Press.

（fovea）[1]，说明该个体在死亡时患有贫血症。很少有成年人还患有贫血症的案例。如果边缘凹比较圆或者钝，或者是“干酪”的外观，这说明骨骼在个体死亡之前有所好转或者康复。贫血症康复的时间越长，边缘凹会越来越不明显直到几乎完全消失[2]。

表8-5 两城镇古代居民骨骼疾病情况统计表

年龄编码	可能的创伤	多孔性骨肥大和创伤	缺失	总计
不明身份的成年人			21	21
未出生的幼儿			1	1
3～11儿童			11	11
12～20青少年			2	2
20～40青年人	1	1	6	8
40～50中年人			1	1
50+老年人			1	1
不详			3	3
总计	1	1	46	48

表8-6 两城镇古代居民骨骼疾病情况统计表

性别	可能的创伤	多孔性骨肥大和创伤	缺失	总计
不明			35	35
男性		1	6	7
女性	1		5	6
总计	1	1	46	48

两城镇古代居民中只有一具人骨标本在顶骨和枕骨处具有明显多孔性骨肥大特点，并没有发现眶顶筛孔样变（porotic hyperostosis of the eyes）。很多迹象表明贫血症和骨质增生与压力因素很有关系。压力因素可以包括情感和心理问题、疾病感染和新陈代谢紊乱[3]。由于两城镇骨质增生出现不

[1] a. Aufderheide AC, C Rodriguez-Martin, 1998. *The Cambridge Encyclopedia of Human Paleopathology*. Cambridge: Cambridge University Press, 306-312, 345-356. b. Ortner DJ, 2003. *Identification of Pathological Conditions in Human Skeletal Remains*. 2nd Ed. San Diego: Academic Press, 97-106, 363-387.

[2] a. Aufderheide AC, C Rodriguez-Martin, 1998. *The Cambridge Encyclopedia of Human Paleopathology*. Cambridge: Cambridge University Press, 306-312, 345-356. b. Larsen CS, 2000. Bioarchaeology: *Interpreting Behavior from the Human Skeleton*. Cambridge: Cambridge University Press. c. Ortner DJ, 2003. *Identification of Pathological Conditions in Human Skeletal Remains*. 2nd Ed. San Diego: Academic Press, 97-106, 363-387.

[3] a. Larsen CS, 2000. *Bioarchaeology: Interpreting Behavior from the Human Skeleton*. Cambridge: Cambridge University Press. b. Aufderheide AC, C Rodriguez-Martin, 1998. *The Cambridge Encyclopedia of Human Paleopathology*. Cambridge: Cambridge University Press, 306-312, 345-356. c. Ortner DJ, 2003. *Identification of Pathological Conditions in Human Skeletal Remains*. d. Pietrusewsky M, C Tsang, 2003. A Preliminary Assessment of Health and Disease in Human Skeletal Remains from Shi San Hang: A Prehistoric Aboriginal Site in Taiwan. *Anthropological Science* 111(2): 203-223.

多，这可能是具体的某个个体的病症症状，而不是当时社会性的问题。

Barbara Lee Smith 和 Yun Kuen Lee 2008年关于早期新石器时代贾湖遗址的文章指出，他们观察到样本的骨质增生情况是由于多种因素造成的。患者基本上全部是男性并且患病率较高。患贫血症不需要太久就能造成骨质增生并在骨骼上留下印记。所以很多观察到的案例是由于季节性的流行性病症所造成。在许多文化中男性有更多机会食肉，但在贾湖似乎并不如此。Barbara Lee Smith and Yun Kuen Lee 指出有其他的社会因素造成这个现象，其中包括资源共享。但是，这并不能说明为什么男性更容易患贫血症而女性则不。此外，在久坐不动的社会，骨膜反应应该会出现。但是在贾湖却不是这样。因此寄生效应无法解释骨质增生，并且无法与骨质增生症状分开[1]。有趣的是，贾湖和两城镇观察到的疾病模式均出乎我们的意料。对新石器时代人类骨骸的更多分析，将会揭示造成这些病症的原因。

四　人类遗骸的鉴定与分析

（一）第一发掘区

1．第一时期

（1）M25

M25是一个非常有意思的墓葬。埋坑几乎就坐落在M61之上。两个墓葬都是东西朝向。骨骼保存情况与其他个体一样非常差，而且大部分为残留在土壤表面的痕迹。颅骨基本上还在，但是湿而碎裂，很难记录每个具体的组成部分。该个体的额骨出现塌陷，有一块大石头碎片镶嵌在塌陷处。这块石头被打磨成不等边四边形，很可能是一件工具。此外还有几块小的陶器碎片，很有可能是来自于附近的堆积之中，不一定与墓葬有关。

颅骨完全碎裂，但是牙齿还保存得相对较好。能从眼眶周围和乳突处提取出黏土，说明该个体是女性。但是仅仅凭此标准无法排除M25为男性的可能。

第三臼齿萌出说明该个体可能超过18岁，而臼齿表面磨损说明该个体超过了20岁，可能是二十岁中期（根据 Lovejoy 对 Libben 人口的牙齿测龄技术）。与身体其他部位相比，牙齿保存的非常好。除了右上第1、2、3颗臼齿外，其余臼齿缺失。微磨损可见于每个牙齿，牙釉横纹出现在除了门齿以外所有的牙齿。该缺陷很普遍，大部分牙齿的横向线性缺陷非常明显。牙釉质发育不全通常出现在刚出生的头几年，通常表明牙齿形成时个体经历了某类压力。

颅骨外其他骨骼包括左右胫骨和腓骨。现场记录的清单表格列有两个股骨，但12月份的骨骼分析没有注意到。长骨保存情况非常糟糕，其白粉笔灰状的外观与被焚烧或钙化的骨头相似。最初的观察记录了足部骨骼的存在，但没有在2003年的分析中发现。

（2）M46

M46是一个东西向墓葬，与M32重叠微微朝向北。发现的成年男性为仰卧姿势，头稍稍向一侧倾

[1]　Smith BL, YK Lee, 2008. Mortuary Treatment, Pathology, and Social Relations of the Jiahu Community. *Asian Perspectives* 47(2): 281-298.

斜。颅骨断裂但是完整。下颌骨和上颌骨均可见牙齿，但是颅骨的右边部分碎裂，使得无法分析牙床的右1/4部分。因为所有左侧的牙齿都存在于原地，右侧牙齿也很有可能全部存在。但是，没有办法在不破坏颅骨的情况下清理出右边的牙齿序列。

第三臼齿萌出说明该个体超过18岁。此外所有的臼齿均有明显的磨损，进而表明此人是25～35岁或以上。没有其他颅骨特征来提供更好的年龄估计。

颅骨外其他骨骼保存状况非常差，但是相对完整。所有长骨都以黏附在大块硬土上的形式保存。与其他两城镇的标本一样，颅骨外其他骨骼主要是土壤污渍，无法进行进一步的测量及分析。无法估计长度也没有观察到病理现象。

（3）M49

M49根据牙齿的磨损程度推断，这似乎是一个年龄介于30～40岁的成年男性。M49位于一个包含有M37、M38和M48的墓群中。墓坑东西走向。性别估计是基于下颌角角度和颏结节。第三臼齿存在磨损，其他牙齿，包括所有其他臼齿都有明显的磨损。颅骨尽管保存状态相对较差，基本上以土壤污渍形式存在，但形状还是完整的。下颌骨比颅骨其他部位保存稍好一点。第二和第三臼齿尚存于下颌骨内，上颌骨在实验室开始提取不久后就以片状形式散开。

右上颌骨的第一臼齿和第二前臼齿缺失，齿槽已愈合说明臼齿缺失发生在生前。上颌门齿和犬齿存在，甚至有略向第一前臼齿倾斜的平整的磨损，然后以尖锐的角度朝向臼齿。下颌齿列只在门齿和犬齿观察到明显的磨损。由于臼齿的保存状况不好，无法对磨损模式进行观察。左颌骨的臼齿不存在，是该个体在死亡很早以前患牙周病而丢失。

左下颌骨牙槽和周边有小凹，左侧臼齿牙槽骨有脊和愈合的标志。这意味着臼齿或者由于疾病脱落，或者是被外力从颌骨拔出（可能缓解牙周疾病疼痛）。下颌牙齿的磨损是从门齿开始向后到前臼齿，前臼齿的磨损更加严重。

颅骨以外的骨骼包括腰椎，一些胸椎，左右肱骨骨干部分，趾骨碎片，股骨，胫骨和腓骨。长骨没有发现骨骺。颅骨以外的骨骼从形状上来看比较大，支持该个体为一个成年人的估计，但是这些骨头没有提供证据来估计性别或身高。

（4）M61

M61是一个年龄超过18岁的成年男性。葬坑与M25略有重叠。这两座墓葬均为东西方向。M61的个体面朝东。第三颗臼齿长出并有磨损，说明此人在20岁中晚期范围。M61的保存状况较好，在两城镇遗址是除了M50和M51以外最好的墓葬。

尽管骨架大部分完整，但颅骨零碎不全。颅骨的有些特征可以从硬土堆积中看出来，使得性别鉴定成为可能。这一估计是基于突出的颏结节和狭窄的坐骨大切迹而做出的结论。

颅骨外其他骨骼比较零碎，但是身体的大部分都存在。两个锁骨、肱骨、桡骨和尺骨都在。桡骨和尺骨只有近端骨部分，肱骨只有中间骨干部分的碎片。两个股骨、胫骨和腓骨均在，但是保存状态不好，无法进行长度测量。足部骨骼被留在原位并被记录在清单表格中。左侧骨盆保存完整。坐骨大切迹可见，并且比较窄，似乎表明为男性。右侧骨盆不完整，只包括坐骨，因此没有被用来估计性别。

（5）M68

M68是一个12～14岁青少年的比较完整的遗骸。这一估计是基于牙齿生长情况和骨骺愈合情况而做出的。有的牙齿可见，但是颅骨完全腐坏。牙齿为上颌骨的第二臼齿并且不存在龋齿。颅骨外其他骨骼包含很多信息。墓葬记录右臂交叉至于胸前。左肱骨只有中间骨干部分的碎片，没有骨骺。腓骨在靠近身体部分没有合拢，股骨在末梢处没有合拢。除此之外，遗骸完整。

（6）M70

M70是一个超过18岁的成年女性的遗骸。墓葬为东西方向。下颌骨颏结节小而且下颌角尖锐，说明M70为女性。颅骨基本上已成为土壤堆积并且额骨破碎。所有的牙齿均在发掘当时就已经缺失了[分解？]。第三臼齿在颌骨里并且已经长出，并且出现磨损。由于臼齿一般在18岁时长出，该个体很可能超过20岁。颅骨上观察到红色的不明物的斑点，在其他墓葬没有观察到。

腓骨、胫骨和股骨均存在，但是上肢长骨没有发现。骨骼的保存状态甚差，破裂并被压扁在硬的黏土堆积里。一根无法判断左右的腓骨在中间骨干部分有变厚的部分，可能是由于伤口或者感染愈合造成的。但是由于骨头保存状态太差无法做出绝对的判断。骨干其他部位笔直并且统一，更加凸显了加厚的这一块。空洞虽然没有被发现，但是由于骨头保存状态很不好，不排除有骨膜炎或者骨髓炎的可能。骨膜炎是由于骨膜及骨膜血管扩张、充血、水肿或骨膜下出血、血肿机化、骨膜增生及炎症性改变造成的应力性骨膜损伤或化脓性细菌侵袭造成的感染性骨膜损伤（骨膜为覆盖骨头的薄薄的一层组织）。骨膜炎通常是局部性，如果感染不退去的话，可能成为慢性的骨髓炎，并侵入血液。骨髓炎是指化脓性细菌感染骨髓、骨皮质和骨膜而引起的炎症性疾病，多数由血源性引起，有溃破、流浓、有死骨或空洞形成[1]。

2．第二时期

（1）M59

M59为东西方向，头朝东。遗骸属于一个比较瘦小纤弱的成年人。这一遗骸在现场初步认为“似乎为男性”，但目前还没有完整的指标来支持这一估计。因此，我们把M59编码为“性别不明”。头骨只存在小部分的额骨和颅顶骨。牙齿不存在。

颅骨外其他骨骼包括肱骨主干中间部分的碎片，左桡骨靠近身体的部分，以及右桡骨的主干中间部分。此外，还有右尺骨的中间主干部分的碎片，但是左尺骨的碎片不可见。股骨、腓骨和胫骨不完整且碎裂。

（2）M60

M60是一个成人个体，并没有发现颅骨，东西方向，面部朝西。M60的实地考察记录估计为男性，但经过对发掘过程中的照片仔细分析，M60可能是女性。实地测量出狭小的耻骨角，但图片显示出明显的较宽角度的骨盆入口，这是一个女性的特征。这些遗骸均被压平和破碎，保存状态极差。

清单包括左右股骨，右胫骨，以及左腿腓骨。遗骸零碎并且以泥土痕迹的形式混合在硬土堆积中。实验室没有观察到骨盆。很有可能是在储藏过程中腐烂掉，因为在储存容器中发现了大量发白的土壤。

[1]　a. Aufderheide AC, C Rodriguez-Martin, 1998. *The Cambridge Encyclopedia of Human Paleopathology*. Cambridge: Cambridge University Press, 306-312, 345-356. b. Haas J, J Buikstra, D Ubelaker, D Aftandilian (eds). 1994. *Standards for Data Collection from Human Skeletal Remains: Proceedings of a Seminar at the Field Museum of Natural History*. Arkansas Archaeological Survey Research Series, Volume 44.　c. Ortner DJ, 2003. Identification of Pathological Conditions in Human Skeletal Remains. 2nd Ed. San Diego: Academic Press, 97-106, 363-387.　d. White TD, 2001. *Human Osteology*. 2nd ed. San Diego: Academic Press.

（3）M69

M69是只有一个颅骨的个体。骨骼保存情况很差，并在发掘过程中开始瓦解。根据墓葬图和记录，M69是一个由南向北的墓葬。遗体似乎是一个年龄介于4～8岁的少年。头骨零碎，仅存在枕骨、颞骨和上颌骨。一些无法确定左右的髂骨和坐骨的残片，也以土壤表面痕迹的形式存在。

（4）M71

M71为西北—东南方向。放置遗骸的三个塑料袋，其中两个只有土壤没有骨头。第三个袋子有长骨，应是胫骨或者是没有骨骺的股骨，表明这是一个骨骺还没有愈合的未成年个体，结合骨骼形态很小的因素推测年龄为属于5岁以下的小孩个体。其他两个塑料袋也可能装有遗骸但是在贮藏期间解体了。

3．第五时期

（1）M24

M24只有颅下遗骸。墓葬为东西方向。遗骸的保存状态非常差。看起来似乎是属于成年人的遗骸，但是无法确定年龄和性别。一个部位不明的臼齿可见，这可能是第二或第三臼齿（上下不详）。如果是第三臼齿，该个体可能已经超过18岁。

颅骨以外的骨骼包括右锁骨和两部分髂骨和坐骨，但没有耻骨。骨盆似乎已被切断，这可能解释为什么耻骨不在。因为保存很差，目前还不清楚其性别，如果耻骨在的话将有助于确定该个体的性别。右中肋骨的一端、右肱骨主干和桡骨被记录在案。两块股骨都在但不完全。

（2）M55

M55的遗骸由零碎的两块胫骨和左侧腓骨组成。他们似乎是一个成年人的遗骸，但性别不明。这些遗骸零碎并被挤压。

（3）M56

M56的遗骸属于性别不明的成年人。遗骸高度零碎，粉碎，基本上成为了土壤污渍。颅骨外骨骼包括两块肱骨的中部骨干碎片，左桡骨远端一部分，两块股骨（只有主干）和两块胫骨。左侧腓骨只有内侧皮质的痕迹大致存在，因此并没有被记录在案。

（4）M57

M57是一个由北向南方向的不完整的墓葬，只有腿骨。性别和年龄无法确定。遗骸非常零碎保存状态很糟糕。遗骸包括右股骨的中间骨干部分，远端骨骺的一部分，左股骨的远端骨骺，两块胫骨和腓骨。原来记录中有一个牙齿，但没有在实验室中观察到。

4．第六时期

（1）M33

M33是一个成年男性，估计年龄为35～45岁，是两城镇遗址墓葬中保存情况最好的个体之一。年龄估计是基于骨骺愈合和牙齿磨损。性别则是根据遗骸的大小和健壮性，以及现场照片显示的印象，发掘者估计此人身高超过185厘米。死者高于一般人是肯定的，但是不大可能有185厘米。一个人可以由于很高的社会地位而比别人获取更好的营养和蛋白质，所以长的比别人高。可惜的是无法测量出该人的身高。

遗骸清单基本上包括一个完整的身体，但是保存状态非常差。颅骨完整但是全部碎裂在坚硬的土壤堆积里。在实验室清理之前可见的骨骼包括左顶骨和颌面区上部。顶骨的碎片可见骨质增生疤痕，不过该疤痕也有可能是由于埋葬造成的损害。左臼齿和门齿被从土壤堆积和面部骨骼中提取出来以进行分析。牙齿似乎已被磨平，臼齿磨耗面呈斜角，没有观察到龋齿。所有牙齿的块状碎片上都发现了牙釉横纹的缺陷。一些牙齿上的细纹众多而且紧密，有一些只有一或两个线性缺陷，但可能是因为较差的埋藏情况掩盖了这些表面的缺陷。

颅骨外其他骨骼基本完整但保存状况不佳。肋骨还在，非常难得。肋骨大而平的形态特征是本身具有的而不是由于埋藏的压力造成。椎骨以及部分骶骨也在。一块胸椎的椎骨体边缘出现唇状骨赘，椎体破碎较为严重。这符合年龄范围在35到45岁之间，比较接近于45岁左右的估计。清理时观察到的上肢骨是一个无法确定左右的桡骨和尺骨的远端。因为骨骼腐化和埋藏损害，使得可以辨别左右的特征无法识别。股骨、胫骨和腓骨大都以土壤污渍的形式存在。现场清单列有手骨，但是在实验室没有观察到。

遗骸显得大而平，这主要来自于沉重的土壤压力，但现存规模表明是一个大型的个体。遗骸的长度无法确定，但比实验室观察到的典型的遗骸长度要长几英寸。骨骼似乎也很健壮，这是估计为“男性”的主要原因。这不是一个完全有把握的估计，在数据库里被列为“初步”估计，因为健壮不是一个公认的性别判断标准。

如本章所述，若干因素，特别是绿松石手链，表明M33不是一般的墓葬。这也许是因为他比两城镇其他样本具有更高的个体地位。M33骨骼显得比其他个体的骨骼都大，表明这是一个更有营养和蛋白质丰富的饮食的个体。这一假说还有待验证，因为骨骼恶化的情况使得无法进行稳定同位素和氮同位素测试。

（2）M34

M34是一个成年个体，臼齿萌出说明年龄超过18岁。但牙齿磨损很明显，所以估计大于18岁，也许是25岁左右。性别不详。遗骸保存状态非常差。M34保存有颅骨，但是完整性无法确定。这些骨骼黏附在较硬的堆积里，即使加入一点点水来软化泥土，还是很难进行仔细的清理。由于使用了水，骨骼开始恶化，因此无法从硬土中清理出牙齿或其他的骨骼，右上颌所有的牙齿均在，还观察到左上第二前臼齿，右下颌骨的第一臼齿和第二臼齿。左下颌骨未发现牙齿。在处理和分析时，牙釉质从泥土堆积中呈薄片状掉落被捡起来并放置在一个袋子里。在所观察到的牙釉质薄片和颅骨的牙齿里没有发现牙病或龋齿。

长骨以保存状况不好的碎片形式存在。桡骨和尺骨均没有骨骺。两块股骨、胫骨和腓骨及手臂的保存状况相同，没有骨骺。所有的长骨均碎裂。

（3）M44

M44是一个年龄约为4～6岁的儿童，性别不详。墓坑小，坐落于发掘区的北段，东西走向。颅骨是现存最大的骨骼，保存状态差。颅骨是易碎的土壤污渍，额骨粉碎凹陷。牙齿保持良好，年龄估计即来自于对牙齿的分析。几个乳齿仍处于上颌骨和下颌骨的牙槽中。除了右上第一乳臼齿内侧边缘的咬合面较平，其他牙齿状况良好，磨损很少。恒齿均未长出，但是是由于齿槽骨骼后来的破坏才均可以见到。牙齿横向表面长出很深的多个牙釉质横纹。显然在这一阶段，横纹在婴儿期开始发展，并且随着恒牙牙冠的发展而发展。

存放颅骨的袋子包含几个无法鉴定的骨骼碎片。骨骼具备肱骨的特点，不过，也有可能是椎骨碎片。这些骨骼保存状态非常差，主要是土壤污渍的形式保存，基本无法辨别。

5．第七时期

（1）M22

M22是一个不完整的骨架，由一个颅骨和一些长骨、锁骨、腰椎和肩胛骨碎片组成。这些遗骸保存情况极差，主要为土壤痕迹。根据牙齿的磨损程度为中度甚至更重，估计M22的年龄为30岁以上。因为没观察到可以确定性别的骨骼特征，所以无法鉴定性别。颅骨支离破碎，大多以土壤痕迹的形式出现，而不是骨骼。颅骨里有几个零碎的牙齿。只有一些碎片似乎属于第三臼齿。

长骨大多为保留在土壤表面的痕迹，主要是根据长度、痕迹的轮廓和袋子上的标签来确定。有些贴有“腓骨”或“胫骨”的塑料袋似乎被搞混了。在这样的情况下，将之与现场照片进行了比较以确定。长骨总体看来较小，不能肯定性别和年龄。一些长骨碎骨没有明确标示，但他们似乎是股骨或肱骨碎片。如果是肱骨碎片，那么该个体很可能是一个成年人。如果是股骨碎片，那么此个体要么体格很小要么就是青少年。

骨骼的截面似乎表明某种特定的使用模式（三角形的），但无法确定是什么活动，因为目前还不清楚这是些什么部位的骨骼。三角形骨骼往往表明长期坐的姿势（如坐在脚跟上），或者是源于攀登。如果能准确的确定是什么骨骼，该模式将告诉我们更多关于此个体生前的活动。

（2）M32

M32 是一个成年个体，根据牙齿磨损估计超过30岁。性别不详。墓葬为东西向，位于M46之下。颅骨可见，但它主要是土壤污渍。目前还没有识别出任何具有意义的颅骨或个人特征。从装有遗骸的袋子里发现了一个前臼齿。前臼齿保存状态不好，在分析后不久就成为碎片状。无法判断该前臼齿属于哪一边，但很明显，牙釉质表面有一系列以细微纹理状聚集在一起的发育不良的缺陷。这表明造成破坏牙釉质形成的压力是连续的，相对稳定的，而且持续了相当长的时间（1年以上）。前臼齿碎片表面的釉质高度抛光。目前还不清楚确切的抛光原因，很可能是由于饮食习惯，尤其是食用糙米和大量摄入甲壳类动物（用牙齿咬开壳），而造成的。

所有的长骨除了腓骨和髌骨外都存在。长骨几乎都是以土壤污渍形式存在，没有可识别的特征。似乎有一个截面是胫骨。然而，没有如预期的在该截面观察到腓骨。这可能是没有收集到。长骨普遍小而短，这表明可能是一个年轻的成人，或者是青少年，有悖于这从牙齿推断的年龄估计。然而，亚洲人口经常有矮小的，所以也可能是矮小的成年人[1]。

（3）M38

M38包括一个颅骨，一些颈椎和胸椎，一个右锁骨段片，并没有收集到其他骨骼。M38所在区域的墓葬包括M48、M49、M34和M37。墓坑为东西方向。颅骨被装在一整块黏土的一边，破裂。骨骼破碎情况严重，几乎无法在土壤堆积中看见。颅骨和椎骨形态较小，但没有保存得很好的特征来估计年龄和性别。埋藏的各种外力造成了遗骸的变形和破坏。下颌骨被抬起并被打破成两半，牙釉质成块状从牙齿上剥落。有几块牙釉质块较宽，处在臼齿的位置，可能是臼齿的牙釉质。没有发现咬合面磨损，但这并不意味着它不存在，可能是因为牙釉质保存状况很差而无法观察到。

[1] Bass WH, 1995. *Osteology, A Laboratory and Field Manual*. 4th Ed. Missouri: Missouri Archaeological Society.

（4）M52

M52是一个成年个体，性别不详。墓葬在1999年被发现，发掘者记录其双腿为由北向南方向，身体为仰卧姿势。M52似乎与M12相交叉，而后者为从东到西的方向。遗骸包括零碎的腿骨，胫骨和腓骨皆以很小的碎片形式存在。

（5）M54

M54是一个性别不详的成年个体，遗骸支离破碎，没有颅骨，主要是股骨、胫骨和腓骨。埋葬记录指出，遗骸是由北向南朝向，似乎是一个年轻的男性。但没有明确的指标来支持这一性别估计。遗骸的所有部分都腐烂得很严重。

6．第八时期

（1）M12

M12的遗骸碎裂并且高度腐朽。M12与M52交叉并且重叠。颅骨出土时只有少数枕鳞、额鳞和上颌骨的断片。观察到一些牙齿的碎片，但没有发现完整的牙齿。从个体的身长和发育水平来看似乎是成年人，但无法确定具体的年龄和性别。清理M12时发现了四块小骨碎片，无法断定他们是肋骨、椎骨，还是颅骨。

骨骼清单列有股骨、胫骨、腓骨、尺骨和桡骨碎片。一些被列为股骨的碎片与其他骨骼相比似乎很小，所以这个人可能非常矮小或者年龄偏小，再者还可能是骨骼标识不准确。此外，还发现一个猪的牙齿和几块非人类的骨头碎片。这些骨骼已经钙化，可能是被焚烧或者煮过。

（2）M14

M14的遗骸较为零碎。颅骨处在一块坚实的土壤堆积中，只能看到轻微的变色和突出。颅骨看起来非常小（小于手宽），这表明其可能尚未成人。但是，没有明显的特征来确定性别和年龄。

颅骨外其他骨骼的分析是基于发掘时的标记和对颅骨外其他骨骼形状及大小的普遍观察做出的。骨盆钙化为若干块，显示为骨盆带的形状。没有发现具体的特点。长骨只有少数碎片存在于土壤中，没有可以验证的特点。

（3）M16

M16的遗骸只包括3节指骨末梢和23块无法断定的长骨碎片。这些遗骸属于成年个体，但没有任何骨骼可以做进一步的分析和研究。指骨保存状态良好，但长骨碎片保存状况极差。

（4）M19

M19包括一个右下第一臼齿。该臼齿是一个恒臼齿，没有观察到磨损，这表明其可能是一名青少年。据 Lovejoy 对印第安人牙齿磨损老化使用的标准，其年龄在12～18岁之间。

（5）M21

M21是一具保存基本完整的骨骼。墓穴为南北方向，与M53几乎成直角交叉。这些遗骸属于一个成年个体，而且健壮，这可能意味着是男性。头骨完全碎裂。下颌和上颌均没有牙齿，所以无法记录牙病情况。有一个部分的骨骼连接到颅骨的下面，这似乎是一个尚未愈合的颅骨基底部（位于颅骨底部与蝶骨相接的枕底骨）。颅骨基底部似乎非人骨，可能来自另一墓葬发现的猪类动物，但是在现场没有确定。可惜的是没有骨骼能支持年龄估计。因为不存在牙周疾病，所以分散和损失的牙齿似乎是由于分解或埋藏损害所造成，而不是疾病。在颅骨的土壤里和周围发现了牙釉质碎片，他们被存放在一个单独的包里以便以后进行分析。牙釉质薄片没有观察到有牙齿缺陷。

颅骨外其他骨骼包括零碎但是完整的整套长骨，以及部分左右髂骨。长骨靠视觉检查不能轻易确定，需要阅读袋子上的标签以帮助确定。所有长骨的保存状态极差，大部分以痕迹形式存在于大块黏土上。一些颈椎和胸椎也被观察到。此外，还有一小部分胸骨柄（胸骨的一部分）。

（6）M23

M23保存状况不佳，无法确定性别或年龄。整个遗骸都被清点出来，但均以白色粉笔状痕迹形式存在，无法进行准确鉴定。长骨是根据袋子标签和骨骼大小形状确定的。颅骨仍处于硬黏土中，骨质高度退化。牙釉质薄片可见，但没有看到牙齿。牙釉质薄片似乎来自左侧颌骨。几个薄片已被确定属于臼齿、犬齿和门齿。在几个臼齿上的牙釉质有缺陷横纹，但犬齿和门牙碎片（根据能观察到的）并没有任何牙齿缺陷的迹象。

（7）M31

M31是一个成年个体，性别不详。颅骨主要以土壤表面痕迹的形式存在。牙齿被假定为完整存在，然而，右下颌骨齿列仍在土壤里不可见。牙齿保存良好，没有龋齿或其他牙科疾病。基于第三臼齿已经萌出，这个人的年龄估计不小于18岁。

长骨与颅骨的保存状况相似。依据骨骼的大小判断，M31可能是男性。但是由于人骨保存情况太差，无法做出明确的人口统计学上的估计。

（8）M36

M36是一个相对完整的成年个体，可能是女性。性别估计是根据比较短小的长骨和较宽的骨盆入口而做出的。与被确定为男性的骨骼相比，该遗骸骨骼短而且周长小。然而要完全肯定性别似乎比较难，因为骨头由于土壤的重量而被压平。

颅骨保存在一个土壤块里，要想在清理时不破坏骨骼实在是太难了。出于这个原因，没有观察到牙齿。下颌骨轮廓纤细而突出支持女性的性别估计。第一和第二颈椎还和颅骨连在一起。他们大多数为痕迹，但看起来较小。一些胸椎也被观察到，但是不完整，保存状态也不好。

长骨只发现没有骨骺的主干中间碎片。在实验室只观察到左边股骨、胫骨和腓骨。清单表列出了右股骨，但是没有观察到，可能严重的埋葬损坏导致该骨骼被破坏。

（9）M37

M37非常零碎且保存极差。长骨破碎严重无法确定左右，可能是右股骨、右胫骨、右腓骨和一块左侧尺骨远端。骨骼似乎是成年人，但没有明确的性别或年龄特征。

（10）M48

M48非常零碎且不完整。性别和年龄无法确定。据墓葬照片，遗体为东西方向，并且和M37、M38、M49等墓葬聚集在一起。在M48中并没有发现颅骨，保存部分颅骨外其他骨骼，包括肱骨和股骨的骨干中间部分，并没有发现其他骨骼。

（11）M53

M53遗骸是部分的颅骨外其他骨骼。骨骼破碎严重，大多以土壤痕迹形式存在。遗骸为东西方向，与南北方向的M21正好交叉。发掘者在记录中推测遗骸是女性，根据是脊椎细致，骨盆宽。列出的测量数据似乎也表明为女性，但没有耻骨弓测量或耻骨联合的测量，所以无法确定测量的是什么部位。遗骸为无法断定年龄的成年个体。根据墓葬记录，遗骸包括部分髂骨、坐骨、两个股骨、两个胫骨和两个腓骨。骨骼的形状和标签符合墓葬记录。

（二）第二发掘区

M15

M15为周代墓葬，骨骼保存不完整，主要包括颅骨部分以及一些清晰可见的肱骨碎片。上下颌骨完整，整个齿列均在，他们或者是碎片或者处在牙槽里。第三臼齿明显萌出，说明此人在18岁以上，并存在5～10年的磨损。磨损年龄估计来自 Lovejoy（1985年）对美国土著人口的分析。

上颌前臼齿在恶化的初始阶段有龋齿，其他牙齿未发现龋齿。所有牙齿均抛光。第一上门齿与其他牙齿相比非常大，从牙骨质和牙釉质连接处往下到牙齿的一半处可见牙纹缺陷。右上第三臼齿有一个洞，似乎是一个发育不全的缺陷，但现在还不清楚该缺陷是遗传造成还是埋藏损害或者是由于某项专门的使用造成的。

除了颌骨以外，还发现了部分髋骨。因为保存状况不好，无法确定是骨盆的哪一部分或者是哪一边。除了颅骨和髋骨，也发现一块保存很差的肱骨碎片。由于长骨的保存状态特性和零碎状态，有可能部分双臂都存在，但是记录者只观察到了左肱骨。

（三）第三发掘区

（1）M3-1号个体

M3的1号个体保存状态较差而零碎，包括一些骨骼碎片。M3的1号个体是一个成年个体，无法判断具体年龄。骨骼小而纤细，可能意味着是女性（或一个年轻人），但是除了对比观察以外，没有确凿的证据来支持这一估计。没有牙齿，只有部分下颌骨、股骨和胫骨碎片。收集的人骨标本中还发现了几个手骨和足骨（指骨和跖骨）。骨骼过于零碎无法准确确定年龄和性别。

（2）M3-2号个体

M3的2号个体破碎严重，现仅存一个包含牙齿的下颌骨。使用牙齿萌出顺序作为测龄标准，据下颌骨和牙齿估计为3～5岁。这些遗骸与成年个体装在一个袋子里，但是没有在最初的墓葬清单中被单独列出，因此2号个体是已知或未知还不能确定。该下颌骨也有可能来自于发掘M3时影响到的其他墓葬，或者是M3的祭品。发掘者似乎没有在墓葬中识别出两个个体。这两个墓葬被分别标记装袋并记录在分别的墓葬记录中。

（四）周边区域墓葬

1．T021

（1）M35

M35是成年个体，骨架大部完整。遗骸健壮说明有可能是男性，但是准确的估计无从可知。颅骨埋藏在硬土堆积里，破碎情况严重而且大多为土壤痕迹。无法确定关于颅骨的任何特点，尤其是在没有牙齿的情况下。长骨保存状况很差，主要是痕迹，只有主干部分可见，并且不存在骨骺。

（2）M40

M40是一个碎裂的成人颅骨。有几块陶片在嘴里。陶片放在嘴里的意图是什么我们不清楚。有可能是在尸体腐烂时填土中的陶片落到了嘴里。陶片对第二和第三臼齿造成了轻微的损坏。M40似乎是男性，根据牙齿磨损大约为45～55岁。齿列完整。在分析时一些右颚骨上臼齿和前上臼齿的牙釉质片成块状分离。牙齿的磨损平整，第二和第三下颌臼齿甚至出现了极端的磨损。下颌门齿的磨损不太严重。上颚牙齿出现类似的模式，就是总体磨损比下颌的牙齿少。没有观察到牙釉横纹或龋病。

M40是样本里发现的年龄最大的个体之一。牙齿的状态非常好，被抛光，磨损使得牙质暴露。牙齿对牙质暴露的反映就是进一步硬化和退入到根尖腔，使得牙齿可以继续用于咀嚼。目前还不清楚是什么造成了极端的磨损，但是有几个假设是可能的。如这个人吃甲壳类动物用牙齿咬破壳，或者他的职业需要用牙，比如编织，编网，处理皮质等。微观分析他的牙齿将提供更多磨损的确凿资料。

更有趣的是，这一类磨损在两城镇所有年代的其他样品中是独一无二的。没有其他类似的例子，很难确定为一个类型，以此来解释关于使用牙齿为工具的问题。因此，在以后的发掘工作中，应该记住这个个体，希望能以之为基础建立起一类样品组，发掘和记录更多关于牙齿使用的信息。

（3）M41

M41是一名少年颅骨，遗骸保存的非常差，没有显著特点允许我们估计年龄段和性别。颅骨碎裂转向一边，处在一个非常坚硬的土壤块里。颅骨的骨骼大多为土壤痕迹。经过几个小时的艰苦清理，没有发现详细特点以帮助做出年龄判断。没有观察到牙齿。

（4）M50

M50是一具几乎完整的遗骸，属于一名年龄介于34～36岁之间的成年男子。相对于两城镇遗址的其他人类遗骸，M50尽管颅骨碎裂，但是保存良好。M50和M51都埋在沙土堆积里，这有助于良好的保存。颅骨特征健壮阳刚，眶上缘较钝，乳突长且厚，枕外隆突较突出且呈三角形状。该男性的牙齿状态良好，但右上角的上颌齿列支离破碎，牙釉质成片状。磨损很少，没有龋齿或牙釉横纹，牙釉没有抛光。

骨盆的骨骼尽管碎裂但是完整。耳状关节面表面保存，因此可以用来进行更严格的年龄估计。耳状关节面表面被用来与《标准书》（*Standards* book）中的样品进行比较。估计出来的年龄然后与Lovejoy’s的牙齿磨损估计互相参照。

长骨状况良好并健壮。手臂骨骼肌肉有略为扩大的二头肌和三角肌，但肌肉都在正常范围。腿骨健壮，年轻，健康，状态良好。右腓骨的骨间肌嵴形成且明显发达。这意味着小腿肌肉发达，但胫骨似乎没有超出正常范围。扩大或强有力的肌肉附着意味着该个体肌肉频繁和重复使用。

（5）M51

1号个体

M51是目前整个样本里保存最好的一具遗骸。为成年女性，30～35岁。骨骼相对强劲，面部特征几乎是男性。遗骸完整保存，状态极佳。颅骨除了牙齿以外没有骨折或破损。当颅骨被从放置的盒子中取出来时，所有的牙齿均在。被拿出来几分钟后，牙冠开始断裂和粉碎。碎片被收集起来逐一检查，没有观察到龋齿和牙釉质横纹。左下颌第二和第三臼齿有轻度结石，但是在分析时散成片状。所以我们补充了维生素B12来保护牙齿和结石。可以稍后对结石进行测试，以确定细菌存在的食品类型。

顶骨和枕骨骨质肥厚，疾病活跃在青春期，在成年之前愈合。病变区域沿枕骨的矢状缝和人字缝延伸，病变区域已经变得紧致且圆润，这表明愈合了。颅骨保存如此的完好，可用三维鉴定技术重建脸部特征。

颅骨外其他骨骼保存完整。在腰椎有一些非常少的唇形变说明有骨性关节炎，这在该年龄的女性很容易出现。肋骨大而发育完好，超过一般成年女性的大小范围。骨盆中度狭窄，但宽到足以分娩。骨盆入口规模约是3英寸，为中等规模。没有发现耳前沟通常表明是男性。但是骨盆受损，耳前沟周围地区损坏，因此，耳前沟有可能被损坏。

耻骨联合和耳状关节面表面完整可以解读。年龄估计使用了对耳状关节面和耻骨联合的累积评分。测龄的分数是根据《标准书》（*Standards* book）以及 Todd and Suckey-Brooks 的耻骨联合的测龄方法[1]。与M50一样，M51的长骨健壮并且带有发达肌肉的标志。右臂，尤其是二头肌附着（径向结节）比左臂发达。右腿腓骨（近端内侧）观察到创伤，似乎是一个潜在的应力性骨折。骨刺沿着韧带附着，虽然看起来愈合了，有潜在的严重骨折的威胁。右边的距骨和跟骨也遭到破坏，但是不清楚是由于外伤造成还是职业病。

手和脚有几个额外的小骨头称为籽骨，尽管这并不少见，但不是典型的跖骨骨骼。籽骨可能与遗传有关，或者是由于对脚的压力造成[2]。籽骨的形成是由于长期韧带紧张造成骨细胞产生，以提供对韧带的骨质支持。压力来源最简单的解释是穿着不合脚的鞋子。

有趣的是脚的右距骨和跟骨被损坏。右跟骨的载距突异常小，后距关节面却是面积异常的大。此外，距骨后关节面也是面积很大，与跟骨后关节面相连接。面的边缘靠近长屈肌腱沟，后者是带动脚踝的韧带。可能是M51右脚持续经历了某种类型的创伤，发炎不断的扩大形成明显的蔓延性骨赘。可能的猜测是骨关节炎引起一个重大扭伤发生。也可能与某种形式的长期蹲踞有关，但是这样的话关节面应该在跖骨上，而这一点没有观察到。脚的破坏和损伤也有可能与腓骨受伤有关。

2号个体

2号个体是一名婴儿，粗略估计在成长的最后阶段，在子宫内不超过7～9个月。遗体在清理M51手臂骨头泥土时被发现。根据墓葬记录，该遗骸在左手附近发现。这意味着孩子可能已经出生，也可能未出生，而且下葬时被照顾到了。

2．T024

（1）M58

M58是一名青少年个体，性别不详。遗骸零碎且保存状况不佳。头部转向右肩。牙齿没有恶化但十分零碎。牙齿小而圆可能是恒臼齿。

颅骨外其他骨骼包括一个无法确定左右的骨盆断片，两片锁骨，左股骨，右股骨的远端骨和左右胫骨的近端骨的一部分。胫骨从骨干中间部分被切断，没有观察到胫骨远端。

（2）M62

M62是一名少年的遗骸，性别不详。遗骸由两块股骨、胫骨和腓骨组成。没有观察到骨骺。M63

[1]　a. Haas J, J Buikstra, D Ubelaker, D Aftandilian (eds). 1994. *Standards for Data Collection from Human Skeletal Remains: Proceedings of a Seminar at the Field Museum of Natural History*. Arkansas Archaeological Survey Research Series, Volume 44. b. White TD, 2001. Human Osteology. 2nd ed. San Diego: Academic Press.

[2]　White TD, 2001. *Human Osteology*. 2nd ed. San Diego: Academic Press.

与M62被列在同一个清单里。

（3）M63

M63是年龄2～4岁小孩的颅骨。所有的牙齿都是乳齿。牙齿状态良好，并涂有维生素B12，以防止他们恶化。右上第一和第二门齿观察到牙釉质横纹，左上方第二门齿观察到可能的龋齿。这么年轻就看到龋齿是很少见的，尤其是这部分人口的其他个体均没有被观察到龋齿。

（4）M64

M64是一名4～6岁儿童的颅骨。尽管额骨和顶骨被撞塌陷，头骨整体保存良好。下颌骨和上颌骨已经长满乳齿，恒齿仍然在颌骨内。恒齿看起来有一些牙釉质横纹，特别是右上角的第一门齿表面有几个缺陷横纹。牙齿被涂上维生素B12 以便保存。

（5）M65

M65是一名性别不明的少年个体，并没有发现颅骨，现存在的骨骼是左肱骨主干及远端、左股骨主干及远端和左胫骨的主干及近端。

（6）M66

M66是一名成年女性，年龄可能超过55岁。年龄估计数是根据 Lovejoy 记录的牙齿磨损得到的。乳突，颏结节，眶上边缘均被评估为女性。牙齿磨损严重，但只在下颌骨观察到。上颌骨完全粉碎，无法观察。

颅骨外其他骨骼保存状况很差。肱骨、尺骨、桡骨、胫骨和腓骨都为碎片。股骨碎裂，无法进行测量和分析。

五 总结

两城镇龙山文化的人类遗骸保存太差，许多信息无法确定。然而从一些遗骸可以得到牙齿的信息。两城镇的人体骨骼不存在显著的普遍流行性疾病。只有8例牙齿缺陷，其中6例为存在牙釉质横纹，其他2例为龋齿加牙釉质横纹。只有一个个体的颅骨发现了多孔性骨肥大，其他两个个体下肢有轻度愈合的创伤。总体来说，两城镇的龙山文化居民是一个健康的群体。从现场照片和实地记录来看，身材相对中等。

成年人和儿童的比例分配似乎不平等。不足半数的两城镇居民为18岁以上的成年人。有1个晚期的胚胎，11名儿童（3～11岁），2名青少年（12～17岁），8名年轻的成年人（18～39岁），1名中等程度的成人（40～50岁）和1名50岁以上的老人。有3个人完全无法断定年龄。根据现有非常有限的样本资料，可识别的男女性别分配平均（6男，7女）。

儿童数量少可能表明儿童死亡率低，这又可能与整体健康状况良好有关。有多种迹象表明，两城镇是一个健康的人口群。首先，大多数已确定年龄的个体在生育阶段。没有出现女性明显高于男性的现象，而且只有一例死婴，这表明妇女在分娩期间死亡的概率较低。此外，断奶年龄已经过去了（3岁以下），断奶引起的疾病和营养问题没有被发现。几个儿童死于3～11岁，所以肯定有一些问题造成他们的死亡，但遗骸没有发现除了牙釉质横纹以外的任何迹象。在两城镇龙山居民中，共发现2个年龄不详的成年人，3个3～11岁的孩子，1个青年和1个年龄不详的个体牙齿上出现了一个或多个牙釉横纹，因此，没有足够的牙釉质横纹案例能够足以证明两城镇居民存在普遍的营养问题。

牙釉质横纹的形成可能由于多种原因，这些原因目前都还不甚明了。主要的致病因素是压力，而压力可能与营养、战争、疾病或任何其他未知的原因有关。压力也可以来自于产妇，与疾病、甚至生活不稳定而不断受到威胁造成的情绪压力有关。儿童牙科出现问题稍多一些，但不显著。关于一个样本出现牙釉质横纹有两种假设。其一认为它们表明人群能够克服各方面的压力，并继续他们的骨骼发展说明人口健康。第二，认为牙釉质横纹是导致死亡因素的一个表征，因此代表着人口有疾病。两城镇样本没有足够的信息来支持任何一种假设。

两名女性有某种形式的创伤，但无法推断造成创伤的原因。一名女性有可能伤到腓骨（M70），另一女性脚部有创伤，存在轻微骨质增生并愈合的迹象（M51）。两个人年龄介于20～40岁。M70属于第一阶段的第一发掘区，M50属于主要发掘区以外的第三发掘区。这两个女性互不相关，创伤位于不同的解剖部位，所以没有可比性。

由于保存状态极差而没有做到内清理，这些墓葬在其他章节中会有论述，包括M72、M13和M10以及M1、M2、M4、M5。

第一发掘区一期清理过的包括M25、M46、M49、M61、M68和M70。主要是超过20岁的成年人，他们很少或几乎没有重大疾病或牙科问题。有两具被确定为男性和两具为女性。有1名女性腓骨可能有骨膜炎，但不能确定一定是骨膜炎感染。1个个体牙齿磨损严重，但没有观察到特定的模式来判断饮食习惯和磨损的原因。

第二到第六阶段的清理没有发现不寻常的现象。第二阶段居民多样化。有许多成年人和儿童墓葬，墓穴大小各异。第二阶段没有观察到包括牙病在内的疾病，总体而言是非常健康的，虽然有2个个体非常年轻。第五阶段目前还没有确定疾病、创伤或观察到异常现象，总体是健康的，虽然较差的保存状态可能掩盖了骨膜疾病或表面骨膜创伤。第六阶段有3座墓葬，1名少年和2名成年人。M33是这一阶段发现的最大个体，墓穴中发现了多种物体。除了1名儿童身上发现了牙釉质横纹外并没有观察到其他疾病。

第七阶段的人口统计很有意思。共有4个人，其中3个为成年人。与其他阶段没有太多疾病或压力的迹象不同，第七阶段出现了几个疾病的迹象。2个有牙釉质横纹，1个可能有多孔性骨肥大，1个有过多的牙齿磨损，1个牙齿高度抛光。

存在营养压力的迹象或者与环境有关，或者与生活战略、个人饮食习惯或者社会分层的变化导致饮食变化有关。由于样本少，我们很难把原因具体缩小到很小的范围，但是对今后的研究值得一提。特别令人感兴趣的是，观察到第一发掘区第七阶段和探沟发掘区的流行疾病数量和类型相类似。这表明一个相对健康的人是能够承受和治愈营养缺乏和疾病的压力的。

第八阶段的样本数量最多。一共有10个个体，其中8人是成年人。只有4个可判定性别，两男两女。第八阶段人口是健康的，只有一个非成年人个体出现牙釉质横纹。

第二、三发掘区没有发掘出许多个体。两区一共只发现3座墓葬。第二发掘区只发掘出1个成年个体，牙列出现多处牙缺陷。有多处牙釉质横纹，至少有1个龋齿缺损，牙齿抛光严重。抛光的数量不多，只在3个位置发现。牙齿抛光可能说明某类饮食类型，但需要有更多的资料才能得出结论。第三发掘区有1名成年人和1名年龄3～5的儿童。成年人被认为是女性，但保存不好无法完全确定。此区没有观察到牙齿异常或疾病。

探沟发掘区如前所述，出土了很多个体，也发现了很多有趣的健康指标。有6个人，其中4名成年人和2名非常年轻的个体。成年人年龄从30多岁到55岁，年轻人包括1名儿童和1个新生儿。此区有3男1女，其中有2个个体是整个两城镇居民中保存最好的。唯一的女性下肢发现多处创伤，有严重但愈合的多孔性骨肥大，以及牙结石。创伤可能与她的工作有关，特别是因为她的肌肉发达。多孔性骨肥大表明童年患有缺铁性贫血，但是后来克服了。她的墓穴中埋葬有1个未出生的婴儿，这可能意味着她分娩期间死亡。

探沟发掘区1个人牙齿极端磨损，以致牙质暴露出来。极端磨损，特别是牙齿抛光可能是某种特定的饮食造成的。一个假设是饮食对象中包括有甲壳类动物，所以牙齿被用来破解坚硬的外壳，但牙齿也可能被当作某种形式的工具使用。2个人发现了抛光的牙列，说明此区人口饮食习惯类似，也类似于发现抛光牙列的第一区第七阶段和第二区。总体而言，此区居民非常健康，寿命也长，唯一的例外是发现1例未出生的婴儿和1个少年。

T024共有六座墓葬。有五个儿童（4名少年和1名青少年）和1名年龄超过55岁的成年女性。这名成年女性是两城镇发现的年龄最大的一位。除了她的年龄以外没有任何其他显著特点。没有发现疾病和营养不良的压力。她可能是自然老死，但是她的死因将永远无法为我们所知。其他人死亡时很年轻。目前还没有迹象表明创伤或其他疾病的存在，只有两具发现牙釉质横纹。最年轻的个体有1个牙齿发现龋齿，但这只是表明饮食中带有碳水化合物以及在牙齿发育时没有注意牙齿保健。总的来说，基于T024的样本数量少，唯一可以评论的就是儿童死亡率高，这可能是由于营养问题、战争、饮食或任何其他一些原因造成的。不好的保存状态使得我们无法确定是什么原因造成这些年轻个体的死亡。

六　结论

两城镇龙山文化居民遗体的保存状态普遍甚差，唯一的例外是埋在沙土堆积中的M50和M51。沙质土壤在人类遗骸的保存中起到了显著的作用。大多数人类遗体保存不佳是由于水的渗透和饱和。水被困在厚厚的黏性土里，导致骨骼始终处于潮湿状态。在大多数遗骸上发现了一种可能是霉的黑色物质。黑色物质与黏性土混合成了一种新的类似于厚、黏、糯的水泥土壤类。还有其他一些因素可能也参与导致了骨骼的破坏，但这些埋藏因素目前无从知道。

由于两城镇的人类遗骸极其易碎的性质，今后发掘时应由受过专门训练的骨骼学家协助。有一些遗骸状态过于恶化本不应该发掘。可以例外的包括颅骨、牙齿标本，以及一些观察到创伤或者疾病而保存状态好到可以发掘和研究的骨骼。颅骨上的牙齿似乎保持相对较好，可用于同位素测试，以确定人们的饮食结构。

在这种情况下，对遗骸进行仔细画图后，应努力采集釉质标本而把牙齿仍然留在原地。之所以这样建议是因为由于保存状态不佳，当土壤破裂时长骨也碎成了大片，然后进一步恶化成小片的白色骨头。这些碎片无法收集到任何有用的信息。同时从存储空间以及文化敏感性考虑，遗体应留在他们原来的位置。当然，这是由在场的考古学家、生物考古学家或者骨骼学家来具体决定。

如果无法发掘，所有的测量和人口估计应尽可能在现场详细的进行。应现场拍摄多张有比例尺的整体和局部照片，以用于性别的估计。而对于易碎的遗骸，在移动遗骸之前就应该进行年龄估计。画图也应该做到最详细，应使用铅锤，这样骨骼即使接触到铅锤也不会被打碎。制作50厘米×

50厘米的网格，对齐墓葬的X、Y轴，这种办法对于绘制墓葬图很有用。

此前的工作主要局限于牙齿分析。尽管这一信息是重要的，它全面清楚地描述新石器时代人们的生活情况。但最大的问题是两城镇人类遗骸的保存情况，发掘的资料提供了一些牙科研究标本。此外有两个人保存得很好，从而提供了许多有益的信息。

第二节　食物结构分析

一　前言

到新石器时代晚期，中国北方地区居民的主要食物基本上来自于农作物和驯养动物。不过，我们对每个地区具体的食物结构并不完全了解。两城镇遗址出土的植物遗存表明，水稻和小米为该地区的重要食物来源。稳定碳氮同位素法是一种比较成熟的科学技术。通过分析人骨标本中的同位素含量，可以有效地研究陆相食物和海洋食物在人体中所占的比重，以及C_3（碳3）类和 C_4（碳4）类植物的摄入情况。目前，食物分析的基础数据来源于陶瓷碎片上黏附的残食品。同位素分析实验将提供微过去十年，我们对中国新石器时代不同地区的农业耕作与饮食习惯有了更多的了解[1]。尤其是当我们越来越多地使用水洗法来系统地采集宏观生物遗存的时候，我们发现各地区之间饮食习惯的差别比我们预想的要大得多，中国北部也存在显著的地区差别。山东省的许多龙山文化遗址中发现了水稻和小米这一时期驯养的家畜则有猪、狗和牛等。

二　两城镇遗址概况

两城镇位于山东省东南部的日照地区，是一处著名的龙山文化的遗址。从1998年到2001年，山东大学和美国芝加哥菲尔德博物馆的考古人员组成的中美联合考古队，对该遗址进行了连续的发掘工作。在此之前和之后，联合考古队还在日照沿海地区进行了长期的区域系统调查，确定了两城镇遗址为当地龙山文化时期的区域中心，周围散布着众多中小型聚落群[2]。

由于当地的土壤含碱较高等原因，两城镇遗址出土的文物中没有保存完好的人骨和兽骨标本。不过，我们恢复了其中有一些保存较好的宏观生物遗存，包括水稻和小米。综合考虑山东省其他龙山文化遗址的考古发现，并考虑到两城镇的地理位置和现代当地居民的饮食结构，我们推测龙山时期居民的食物包括家畜（如猪）以及河生和海生生物。

[1]　a. Cohen D, 1998. The origins of domesticated cereals and the Pleistocene-Holocene transition in East Asia. *The Review of Archaeology* 19(2): 22-29.　b. Crawford GW, AP Underhill, Z Zhao et al, 2005. Late Neolithic plant remains from northern China: Preliminary results from Liangchengzhen, Shandong. *Current Anthropology* 46(2): 309-317.　c. Lu T, 1999. *The Transition from Foraging to Farming and the Origin of Agriculture in China*. British Archaeological Reports, Oxford.　d. Pechenkina E, RA Benfer, Z Wang, 2002. Diet and health changes at the end of the Chinese Neolithic: The Yangshao/Longshan transition in Shaanxi Province. *American Journal of Physical Anthropology* 117: 15-36.　e. Underhill AP, 1997. Current issues in Chinese Neolithic archaeology. *Journal of World Prehistory* 11: 103-160.

[2]　a.方辉、栾丰实、于海广等：《山东日照地区系统区域调查的新收获》，《考古》2002年第5期，第10～18页。　b. Underhill AP, GM Feinman, L Nicholas, et al., 2002. Regional survey and the development of complex societies in southeastern Shandong, China. *Antiquity* 76: 745-55.

三　稳定同位素法

稳定同位素法能区分人与动物体内C_3、C_4类植物的含量。C_3类植物的δ^{13}C（碳13）平均值为−26‰，而C_4类植物的δ^{13}C平均值为−12‰。δ^{15}N(氮15)在各种植物中的分布大致相同，其含量随着食物链级别的升高而增大。一般说来，δ^{15}N在海洋生物中的含量比其在陆相生物中要高。当人类长期食用某类植物，相应人体有其对应的δ^{13}C值。因此，通过研究考古样品中骨骼和牙齿，我们可以推算死者生前的食谱。

碳同位素含量可以从两种不同的骨骼组织中测量取得，包括骨胶原（一种蛋白质）和磷灰石(骨骼和牙齿中的矿物质)。氮则只分布于骨胶原中。学者进行了控制性食物研究，发现骨胶原中的δ^{13}C值主要反映出食物蛋白的分布，而骨骼的磷灰石和牙釉质则能反映出全部的食物结构[1]。另外，骨胶原与骨磷灰石通常被吸收再造，因此能反映个体生前若干年内食物摄入的状况。但是，牙釉质中的磷灰石只能反映儿童期牙冠形成时的进食情况。这些组织的新陈代谢产生了同位素分馏效应，结果骨胶原中δ^{13}C值富集5‰，δ^{15}N值富集2%～3%，骨骼和牙釉质中磷灰石的含量则富集12‰。

四　实验结果与讨论

我们在两城镇龙山文化遗址进行的食物结构跟踪研究，是为了了解当地水稻、小米以及家畜和海产品的分布比例。很可惜，由于人骨标本保存不完好，我们不能从中提取出骨胶原，即便是骨磷灰石也只能在其中唯一的一个样本中提取，供有效分析之用。这次实验我们选用了14个牙齿标本和一个人骨磷灰石样本。实验前我们按照既定的要求清除了非生物性的碳杂质[2]。

此前，我们在 2002年进行了第一次碳同位素实验。当时我们选用了两城镇遗址出土的两个人牙釉质样本和一个动物（猪）臼齿样本。解释结果时，我们参照了此前专家订立的分析标准。这套标准是通过分析日照地区的27条黄海现代鱼、淡水鱼和稻米而建立的。实验的样品经过美国芝加哥菲尔德博物馆考古实验室处理。稳定同位素质谱分析实验则在美国南佛罗里达大学的同位素实验室中进行。

我们分析了一个人骨磷灰石样本和14个牙釉质样本，发现它们的同位素平均值为−9.8‰（处于−6‰～−12‰的范围内）。也就是说（同位素分馏效应前），食物的同位素值位于−18‰～−24‰之间。由于稻米和其他C_3植物同位素的平均值为−26%，实验结果表明：一小部分人以C_4作物为主食，他们或直接进食C_4植物，或食用了喂养C_4植物的动物，或在童年时吃过海产品。其他大部分人以C_3食品为主。其中一个人的样品表明他童年阶段的食物（第二臼齿δ^{13}C值为−9.5‰）和成年阶段的食物(骨磷灰石δ^{13}C值为−7.8‰)有所不同。我们打算再进一步研究随着年龄增长的个体食物结构的变化。而目前，我们还不能解释因社会地位或性别差异所造成的食物结构区别。参照本次实验得

[1]　Ambrose SJ, L Norr, 1993. Experimental evidence for the relationship of the carbon isotope ratios of whole diet and dietary protein to those of bone collagen and carbonate. In: JB Lambert, G Grupe (eds). *Prehistoric Human Bone: Archaeology at the Molecular Level*. New York: Springer-Verlag, 1-37.

[2]　Koch PL, N Tuross, ML Foge1, 1997. The effects of sample treatment and diagenesis on the isotopic integrity of carbonate in biogenic hydroxylapatite. *Journal of Archaeological Science* 24: 417- 429.

出的稻米的同位素值和以前发表的[1]小米同位素值，我们了解到中国的C_3和C_4作物的同位素值与世界其他地区大致相同。

猪臼齿样品的δ^{13}C值为−1‰，表明了猪的食物几乎全部来源于C_4类食品。此结果与山西南部陶寺龙山文化遗址陶罐中发现的猪骨胶原样品相似。这些结果表明在龙山文化时期，不止一个地区的家畜以小米为饲料[2]。

两城镇遗址的人体同位素以及宏观生物遗存、陶器碎片残余物的分析结果均表明：当地居民进食非C_3类动植物。可是鱼的δ^{13}C值有所偏低。现代鱼样品的δ^{13}C平均值为−17‰，比世界上其他地区常见鱼类的δ^{13}C值要低。在2002年，我们还分析了两个陶罐碎片上的固体残余物，发现其δ^{13}C平均值为−18‰，δ^{15}N的平均值为 +16‰。由此可以有力地推断出两个陶器里都曾经盛放过鱼（参考图8−1）。我们还了解到碎片中含大量的小米和或食小米的动物。即便鱼不是主要的食物，小米和食小米动物在食物中的含量也不会超过 25‰～30‰。可是，我们找不到人骨胶原样本进行同位素测试，因此不能判断鱼类在两城镇居民食品中的含量。

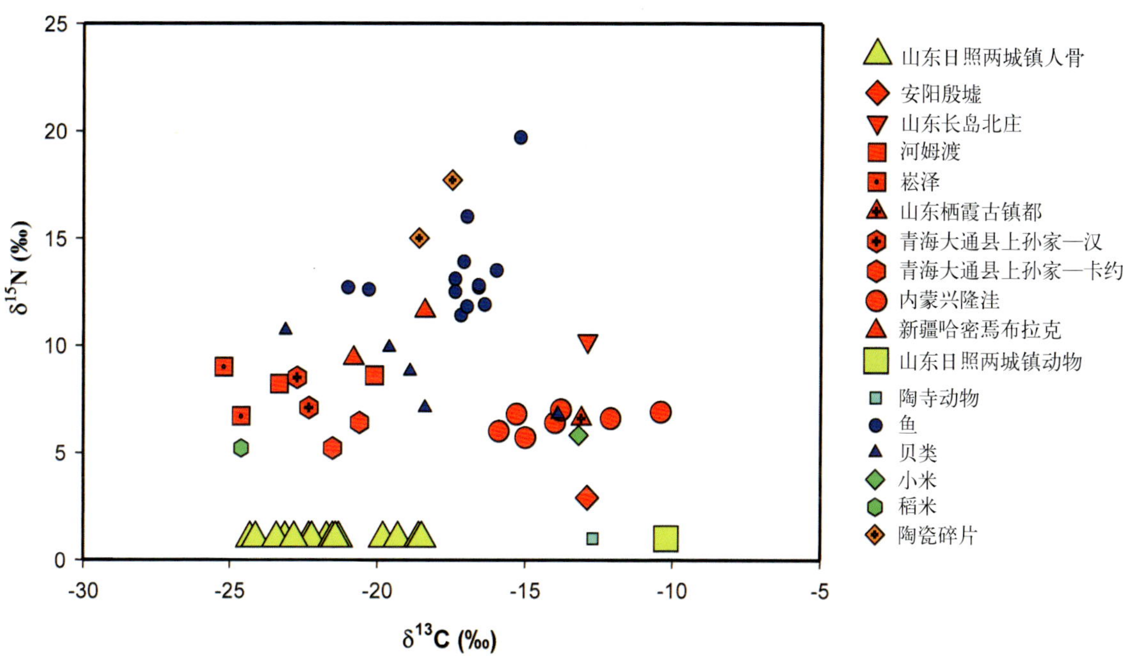

图8−1　人骨和牙釉质中测得的食物和其他样本的同位素值

人骨胶原值经过相应调整来反映食物的同位素值（δ^{13}C−5，δ^{15}N−3）。两城镇人骨磷灰石的值也经过调整来反映食物同位素值（人骨δ^{13}C−12，动物骨δ^{13}C−9），δ^{15}N值假定为1。陶寺兽骨胶原值经过相应调整来反映兽肉值（δ^{13}C−2），值假定为1。

五　结论

据其他遗址提供的同位素实验结果显示，居民的食物因地区和年代而有所不同。在新石器时代偏早时期，小米被确认为中国东北部的兴隆洼遗址和山东东北部古镇都遗址的主要农作物。当地人

[1]　蔡莲珍、仇士华：《碳十三测定和古代食谱研究》，《考古》1984年第10期，第949～955页。

[2]　Yuan J, RK Flad, 2002. Pig domestication in ancient China. *Antiquity* 76: 724-732.

体骨胶原δ¹³C值约为-14‰。暗示着小米不仅是当时居民的主食，而且提供了将近一半的人体食物蛋白质。而在南方长江下游一带的河姆渡和崧泽遗址却没有发现小米，当地人体骨胶原的δ¹³C均值约为-23‰。两城镇的结果表明在龙山文化时期，山东东南部居民不再以小米为主食，不过小米可能用于家畜饲料，例如喂猪。这也同时表明，人们更多地进食其他农作物，尤其是稻米。

我们在其他遗址进行的宏观古生物遗存复原实验和陶器残余物与动物遗存的分析，将为今后研究中国北方地区居民的食物结构提供线索。这个实验表明，用多种方法研究古代食物是可行且有效的。除了从宏观动植物遗存中获得数据以外，我们还可以用同位素分析法得到重要的独立数据。

致谢：美国南佛罗里达大学的Ethan Goddard协助进行质谱样本分析。美国南佛罗里达大学的黄瑜负责本文的中文翻译工作。

第三节　M51女性三维雕塑颅面重建

一　概述

颅面重建（CFR）是以骨骼为框架基础，重新建立一个头盖骨的软组织特征，以用来识别和断定该头盖骨的主人[1]。有三种广泛使用的技巧，即二维艺术绘制、三维雕塑制作和计算机生成[2]。虽然重建面部特征的方法已被使用了一百多年，直到现代技术的产生（可以确定组织的深度和面部大致特征）才使得CFR技术产生了跨越[3]。由于计算机能产生关于组织深度的信息，通过核磁共振和CT扫描生成，再加上已收集到的更多的种族数据，CFR已变得相对更准确[4]。该方法的准确性可以用来推测远古人类的外貌特征，找到过去和现在的相似之处。

从历史上看，CFR的最早形式是古代文化中的死亡面具。虽然死亡面具的意图并非为接近于个人的面部特征，它们为19世纪后期的解剖学家以头骨为基础给肌肉制图提供了灵感[5]。德国解剖学家最初用蜡再现脸部肌肉作为教学工具。肌肉框架一旦建成推测面部特征就很容易了[6]。是德国解剖学家初步

[1] a. Wilkinson C, 2004. *Forensic Facial Reconstruction*. Cambridge: Cambridge University Press. b. Iscan MY, RP Helmer (eds), 1993. *Forensic Analysis of the Skull: Craniofacial Analysis, Reconstruction, and Identification*. New York: Wiley-Liss. c. Prag J, R Neave. 1997. *Making Faces: Using Forensic and Archaeological Evidence*. Texas: Texas A&M University Press.

[2] a. Wilkinson C, 2004. *Forensic Facial Reconstruction*. Cambridge: Cambridge University Press. b. Taylor K, 2011. *Forensic Art and Illustration*. Boca Raton: CRC Press.

[3] a. Wilkinson C, 2004. *Forensic Facial Reconstruction*. Cambridge: Cambridge University Press. b. Taylor K, 2011. *Forensic Art and Illustration*. Boca Raton: CRC Press. c. Iscan MY, RP Helmer (eds), 1993. *Forensic Analysis of the Skull: Craniofacial Analysis, Reconstruction, and Identification*. New York: Wiley-Liss. d. Prag J, R Neave. 1997. *Making Faces: Using Forensic and Archaeological Evidence*. Texas: Texas A&M University Press. e. Clement JG, MK Marks, 2005. *Computer-Graphic Facial Reconstruction*. Amsterdam: Elsevier Academic Press.

[4] a. Wilkinson C, 2004. *Forensic Facial Reconstruction*. Cambridge: Cambridge University Press. b. Clement JG, MK Marks, 2005. *Computer-Graphic Facial Reconstruction*. Amsterdam: Elsevier Academic Press.

[5] a. Clement JG, MK Marks, 2005. *Computer-Graphic Facial Reconstruction*. Amsterdam: Elsevier Academic Press. b. Iscan MY, RP Helmer (eds), 1993. *Forensic Analysis of the Skull: Craniofacial Analysis, Reconstruction, and Identification*. New York: Wiley-Liss.

[6] a. Wilkinson C, 2004. *Forensic Facial Reconstruction*. Cambridge: Cambridge University Press. b. Iscan MY, RP Helmer (eds), 1993. *Forensic Analysis of the Skull: Craniofacial Analysis, Reconstruction, and Identification*. New York: Wiley-Liss. c. KustárÁ, 1999. Facial Reconstruction of an Artificially Distorted Skull of the 4th to the 5th Century from the Site of Mözs. *International Journal of Osteoarchaeology* 9: 325-332. d. Clement JG, MK Marks, 2005. *Computer-Graphic Facial Reconstruction*. Amsterdam: Elsevier Academic Press.

建立了组织深度和肌肉标记之间的联系。历史上CFR有名的人士包括海顿、巴赫、但丁和康特[1]。

继德国人之后，Welker 、His和同时代人发展了利用组织的深度标记和肌肉系统来进行颅面重建的方法。这种方法在很大程度上是一种在头骨上加一层薄薄的“皮肤”的技术。韦尔克效仿他的早期作品，使用石膏模型和与画像对比的数据来进行颅面重建[2]。Kollmann 和 Büchlyy 用类似的方法对古代头颅进行重建，为未来把组织的深度标记和肌肉系统作为面部重建的指导方针的方法奠定了基础[3]。20世纪中期，His、Birkner 和 Virchow 试图找到骨头突起和鼻子形状的相关性[4]。这些工作在1970年出现的颅面重建工作的大发展阶段被借鉴使用。俄罗斯解剖学家 Mikail Gerasimov 用化石头骨重建“Lodoga”人（一新石器时代男性）的面部特征。他使用肌肉标记重建面部肌肉然后再加上薄薄的一层黏土“脸皮”[5]。Gerasimov 的重建方法被称为“俄罗斯法”，它是欧洲和英国目前使用的典型方法。

从20世纪70年代后期和80年代初开始，颅面重建工作开始考虑到族群颅形态的差异。收集到的主要数据包括三大种族群体：蒙古人种（印第安人，太平洋的岛民，亚洲人），黑人（非洲裔）和高加索人种（欧洲，中亚，中东）。使用关于三大种族群体的 Krogman 数据，美国重建派 BettyPat Gatliff 和 Clyde Snow [6]建立了一个使用于美国法医案件的简化版本[7]。这种被艺术家们称为“美国方式”的方法只使用组织的深度标记来理解面部结构，并通过观察对面部特征进行艺术再现[8]。美国方法只使用21个组织标记而不是典型的欧洲方法使用的40个以上。美国方法建立一个半身像所花时间会短一些。这种方法是专门为简化法医案件所制作，但是也用于博物馆标本重建的工作。

直到最近10年才确定了以更多的数据进行种族内的细致区分（比如区分日本人与韩国人）[9]。数据收集还使得对扭曲的头骨进行颅面重建成为可能[10]。Wilkinson 2004年出版的新书收集了关于韩国人组织的数据，这些数据被借鉴到重建两城镇女人。也有一些关于日本人、台湾人和韩国人的数

[1] a. Iscan MY, RP Helmer (eds), 1993. *Forensic Analysis of the Skull: Craniofacial Analysis, Reconstruction, and Identification*. New York: Wiley-Liss. b. Clement JG, MK Marks, 2005. *Computer-Graphic Facial Reconstruction*. Amsterdam: Elsevier Academic Press.

[2] Iscan MY, RP Helmer (eds), 1993. *Forensic Analysis of the Skull: Craniofacial Analysis, Reconstruction, and Identification*. New York: Wiley-Liss.

[3] a. KustárÁ, 1999. Facial Reconstruction of an Artificially Distorted Skull of the 4th to the 5th Century from the Site of Mözs. *International Journal of Osteoarchaeology* 9: 325-332. b. Iscan MY, RP Helmer (eds), 1993. *Forensic Analysis of the Skull: Craniofacial Analysis, Reconstruction, and Identification*. New York: Wiley-Liss.

[4] a. Iscan MY, RP Helmer (eds), 1993. *Forensic Analysis of the Skull: Craniofacial Analysis, Reconstruction, and Identification*. New York: Wiley-Liss. b. Clement JG, MK Marks, 2005. *Computer-Graphic Facial Reconstruction*. Amsterdam: Elsevier Academic Press.

[5] a. Iscan MY, RP Helmer (eds), 1993. *Forensic Analysis of the Skull: Craniofacial Analysis, Reconstruction, and Identification*. New York: Wiley-Liss. b. Clement JG, MK Marks, 2005. *Computer-Graphic Facial Reconstruction*. Amsterdam: Elsevier Academic Press. c. Prag J, R Neave. 1997. *Making Faces: Using Forensic and Archaeological Evidence*. Texas: Texas A&M University Press.

[6] Gatliff BP, 1984. Facial Sculpture on the Skull for Identification. *American Journal of Forensic Medicine and Pathology* 5(4): 327-332.

[7] a. Iscan MY, RP Helmer (eds), 1993. *Forensic Analysis of the Skull: Craniofacial Analysis, Reconstruction, and Identification*. New York: Wiley-Liss. b. Taylor K, 2011. *Forensic Art and Illustration*. Boca Raton: CRC Press. c. Wilkinson C, 2004. *Forensic Facial Reconstruction*. Cambridge: Cambridge University Press.

[8] a. Taylor K, 2011. *Forensic Art and Illustration*. Boca Raton: CRC Press. b. Wilkinson C, 2004. *Forensic Facial Reconstruction*. Cambridge: Cambridge University Press.

[9] a. Clement JG, MK Marks, 2005. *Computer-Graphic Facial Reconstruction*. Amsterdam: Elsevier Academic Press. b. Taylor K, 2011. *Forensic Art and Illustration*. Boca Raton: CRC Press. c. Wilkinson C, 2004. *Forensic Facial Reconstruction*. Cambridge: Cambridge University Press.

[10] a. Taylor K, 2011. *Forensic Art and Illustration*. Boca Raton: CRC Press. b. Wilkinson C, 2004. *Forensic Facial Reconstruction*. Cambridge: Cambridge University Press. c. KustárÁ, 1999. Facial Reconstruction of an Artificially Distorted Skull of the 4th to the 5th Century from the Site of Mözs. *International Journal of Osteoarchaeology* 9: 325-332.

据。经过多次讨论，我决定用 Manhein 等人的韩国样品（2000年，组织深度由超声波测量）。这不仅是因为该数据比较全面，也是因为该数据集与其他着重于西方人的数据集相比，更接近于中国的龙山女性。

二　颅面的重建过程

M51位于T021东部，埋藏较深，是保存最好的一具人体骨骼（图8-2～4）我们于2009年10月开始重建工作。工作对象是一个30～35岁的龙山时期两城镇女性的脸。她的遗体最初在2003年被分析。中国科学院古脊椎动物与古人类所的专家（IVPP）对她的头骨制作了石膏模型。颅面重建在头颅不完整（缺乏下颌骨）的情况下也能完成，但对缺少的部位只能进行猜测，猜测部分较完整的头骨通常是不准确的[1]。Betty Pat Gatliff（1984）曾使用对称的方法对不完整的士兵遗体进行确定。但是她也指出面部在垂直方向是不对称的。而且面部的细微特征往往是识别的最重要方面[2]。

图8-2　T021M51

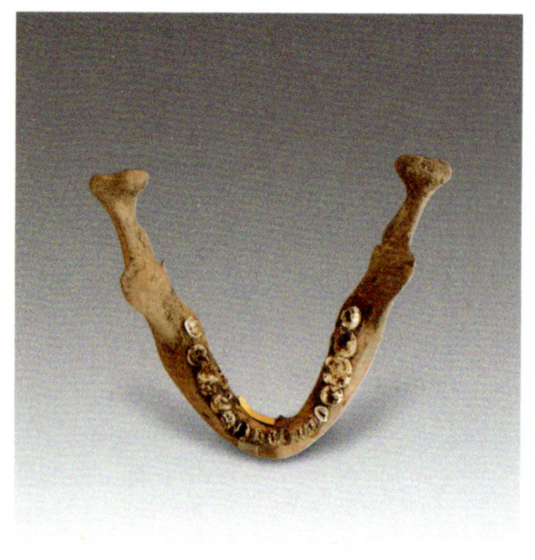
图8-3　M51下颌骨

第一步是把已做好的下颌骨模型与颅骨的下颌骨侧关节窝相匹配。我们发现下颌骨匹配不好，放进去后像石头一样晃来晃去。我们使用 Frankfurt-Horizontal 进行微调。Frankfurt-Horizontal 是一种无形的水平面，我们把铅笔放置在下颌窝和在乳突前面的空位之间（颌骨解剖位置）。我意识到摇摆是由于下颌骨没有正确的对齐造成的。经过仔细检查和对下颌骨的分析，在神经隆起右侧的内外边缘发现硬状物。该硬状物形状不规则且厚，说明在过去曾经断裂然后愈合。颚的断裂尽管对整个面部没有造成重大的视觉差异，但是应引起足够的重视。我们然后对骨骼的笔记进行重新阅读。骨骼

[1]　a. Wilkinson C, 2004. *Forensic Facial Reconstruction*. Cambridge: Cambridge University Press. b. Prag J, R Neave. 1997. *Making Faces: Using Forensic and Archaeological Evidence*. Texas: Texas A&M University Press. c. Taylor K, 2011. *Forensic Art and Illustration*. Boca Raton: CRC Press. d. Wilkinson C, 2004. *Forensic Facial Reconstruction*. Cambridge: Cambridge University Press.

[2]　a. Taylor K, 2011. *Forensic Art and Illustration*. Boca Raton: CRC Press. b.Wilkinson C, 2004. *Forensic Facial Reconstruction*. Cambridge: Cambridge University Press. b. Iscan MY, RP Helmer (eds), 1993. *Forensic Analysis of the Skull: Craniofacial Analysis, Reconstruction, and Identification*. New York: Wiley-Liss.

1. 正面观　2. 左侧面观　3. 后面观　4. 顶面观　5. 右侧面观　6. 底面观

图8-4　M51头骨

的实地记录指出右腿腓骨有断裂，右侧跟骨和距骨表面出现异常。所有异常均出现在身体右侧，表示该女性可能重重地摔倒在右侧而造成这些断裂。

把下颌骨稳定在颅骨上没有太大的困难，所以我们把颅骨放稳在支架上之后，重建的工作就开始了。用“B-50”醇溶胶（美国考古工作使用的胶水）把组织深度标记（用数字表示相关的组织深度图标）固定。眼洞大部分使用石膏填满。我们使用了非朊基的人眼，因为它们形状是凸起的，而不是像玻璃或塑料（图8-5）娃娃的眼睛是圆的。他们被测量并且与中间和两边的泪前嵴和颧结节对齐。然后使用黏土与边缘黏结[1]。眼睑和眉毛要到重建工作后期才完成。

重建工作的下一步是根据组织深度标识，用黏土块把面部的大块重要特征填满。大块的黏土被测量和裁剪用来做前额和头皮，然后围绕着眼窝弯折起来。大块黏土被用于填充在脸颊和颧弓，直到仍然空缺的鼻子和嘴巴（图8-6）。使用黏土块填充较大的地区省略了对各个肌肉部件进行重建这一步骤,但同时也保证了测量的精确性以及对颅骨的曲线的保存。

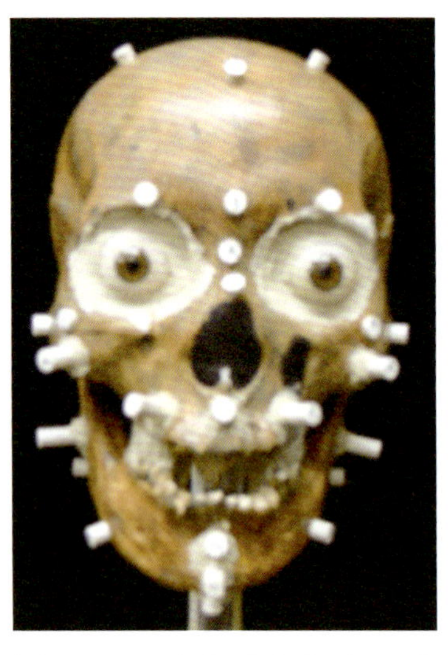

图8-5　组织深度标识和眼睛

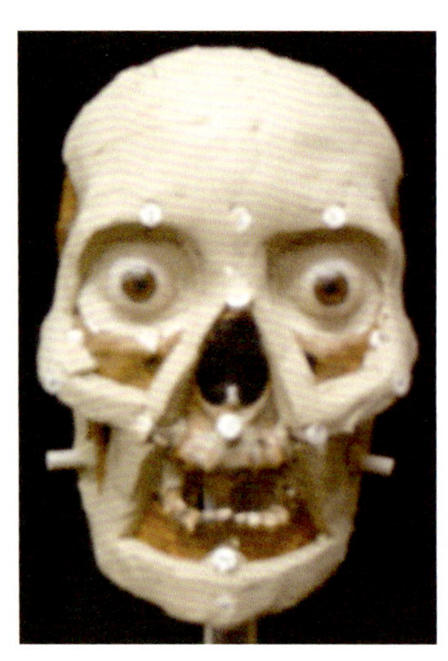

图8-6　在额头和颧骨周围的黏土块

因为没有门牙或前臼齿剩余，所以重建嘴是有问题的。不过，我在最初分析时进行了测量，因此可以根据数据用黏土制造牙齿。我们制作了大块黏土插入到失踪的牙床，然后使用较小的黏土球来填补在空洞处以支持嘴唇。事后根据唇深度和宽度做的黏土被加在黏土做的牙床上。该黏土块在人中被一分为二创建成唇的形状，然后与周围的皮肤进行整合。嘴角是上翘还是下弯取决于口角提肌和降压肌[2]的肌肉力量。在审查下颌骨与上颌骨多张图片和模型之后，似乎是口角提肌超过了降压肌，所以我添加了一个略向上到嘴角。虽然这使得整个脸部表情看起来比较放松有点古怪，但是并不是不现实的，并且是根据肌肉附件做出来的。

鼻子是迄今为止最难做的一个部位。这是因为我们使用的是头颅模型而不是头颅原件。鼻腔部分误填了填充物，阻塞了犁骨的大部分（鼻腔内在鼻梁底的一块小的薄骨，是一个鼻薄骨韧带附着点）和部分前鼻梁。鼻重建开始时使用模型为基础，没有使用准确的测量，做了一个比我初步分析

[1] Wilkinson C, 2004. *Forensic Facial Reconstruction*. Cambridge: Cambridge University Press.

[2] Wilkinson C, 2004. *Forensic Facial Reconstruction*. Cambridge: Cambridge University Press.

的预期要短和扁平的鼻子。此后的复查我意识到于2003年的最初测量有关于前鼻梁的准确数据。我把鼻子切下，移去鼻腔内的黏土，重新测量一块黏土做出一个鼻子（图8–7）。我重新制作了一个鼻子，根据鼻子结构重新制作了鼻孔，从而制作了一个更加突出的鼻子，不像之前的那一个比较宽而平。

鼻子和嘴制作好之后，最后一步是添加眼睑和眼睛。眼睑是使用两个薄的梯形状黏土，然后扭曲成S形加入眼眶。为了制作一个华人的眼皮，我研究了上百个华人眼睛的内眦皮的样本，并阅读了关于亚洲人眼睛形成的文字材料。Wilkinson写道："低鼻根加上强的泪前嵴说明中间内眦皮的存在（蒙古族）。一个低眼眶加上悬垂突出的眉框，说明是中间内侧内眦赘皮"[1]。由于眼眶上的眉框不突出，所以我们选择制作了中间内眦皮以配合适应已知的骨结构和头骨的种族特征。

到这一阶段，面部的主要特征已经被构建与鉴定（图8–8）。然而，对面部特征进行微调，包括脸部皮肤、耳朵和头发，是使得家庭成员能够实际辨认他们亲人的不可缺少的步骤。对于历史人物，发型及发质必须是切合当时的风格，或者尽量概括，以免增加不能确定的信息或错误的信息。

耳朵通常是建造头发或颈部枢纽之前就做好的。耳朵是一般性的，无定形、无软骨的结构特征。因此，没有办法告诉我们其在实际生活中的样子。耳朵的形状是一般性的，但是大小是根据从眼球到鼻尖的距离制作的。耳朵的一般倾斜角度为15°，在外耳道黏结，耳垂不超过鼻尖。耳朵也应该与颌骨往上的拉莫斯成15°角。耳朵是用黏土管做成，在模压和雕刻好之后添加到头骨上。可以使用小黏土球或黏土卷，用特制的工具把耳朵黏结上去。

头发是纯艺术性的。不存在任何特征可以告诉我们头发的发型（除非是裹头，辫子，或像假发一样的发髻）。在该两城镇妇女的例子中，没有存下任何头发。我没有任何关于她所属的新石器时代人的帽子的样式或服装的信息。由于我没有以上文化信息，我选择创建一个不定型，看起来湿，中等长度的头发，在耳朵后面（图8–9）。头发向锁骨分开，左边颈部区域暴露出来。没有增加比如首饰或缎带之类的饰物，因为在原位没有找到任何此类饰物的残留。

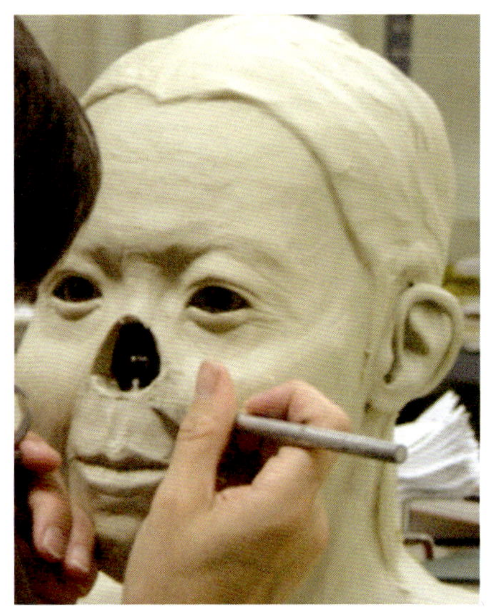

图8–7　重建鼻子

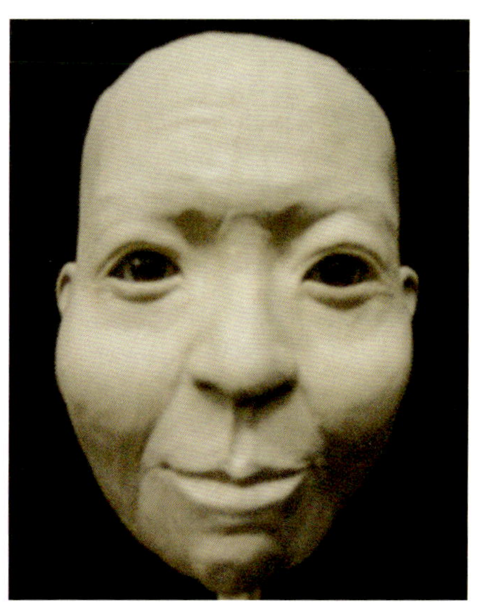

图8–8　没有进行细节微调的脸部

[1] Wilkinson C, 2004. *Forensic Facial Reconstruction*. Cambridge: Cambridge University Press.

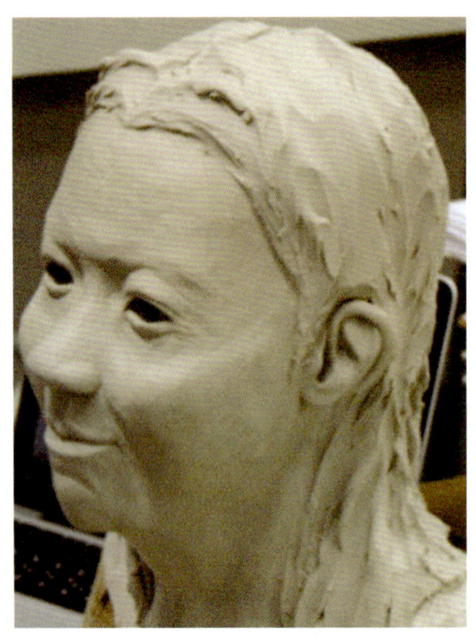

图8-9 开始制作发型

图8-10 对皮肤进行处理

对两城镇妇女的最后润色包括对皮肤进行处理。我使用了一个软毛牙刷在模型上到处戳了很多小洞，用来模拟人皮肤上的毛孔（图8-10）。这个办法不仅使得头像更加逼真（计算机做的模型一般不具备该特征），而且毛象处理方便摄影。最后的润色比制作五官更花时间，但是对于头像整体的制作效果非常关键。

三 发现

两城镇的龙山妇女有着明显愈合的右下颚骨断裂，预计会产生一个稍微偏离中心的下巴线条。但是，该缺陷从她整个面部来看并不是很明显。她的右侧有创伤，这可能是由跌倒造成的。创伤所影响到的下巴、腓骨、跟骨和距骨愈合良好，对她的生活没有影响。她的整体五官特征较宽，优美，眼睛略宽，嘴巴闭合。在她的年龄，根据新石器时期的生活方式来看，即使在她的脸上有皱纹，她很可能被认为有吸引力。

由于鼻腔、眼眶和枕骨大孔存在填补，这个头像的建造是比较困难的工作，但并不是无法克服的挑战。该两城镇女性与现代中国女性看上去并无不同。未来的重建工作如果有实际的头盖骨或者细节更加多的模型，将会减少对重建工作的挑战。

四 结论

颅面重建有着悠久的历史，但直到最近还没有进入到计算机生成的领域。新技术使得使用计算机重建成为可能。对各种族的数据收集已经有了很大进步。这些数据可用于雕塑CFR或使用电脑为基础的CFR。虽然基于计算机的CPR方法正在崛起阶段，雕塑CFR还是被最广泛认可的识别技术之一。在法医工作上，三维的雕像让家庭成员能够从各种不同角度看到脸部，不受电脑技术扁平化的影响。由于可从多个角度观察雕像，重建的立体雕塑被识别的比例很高。对博物馆模型来说，当某头骨由于其独特性、历史意义或脆弱特质无法被触摸或处理时，以电脑为基础的重建有一些优点。不过，电脑技术的最终结果仍然过于完美和流畅，没有人脸通常存在的缺陷。计算机通常会把脸做成对称形状，而骨骼从未有真正的对称。三维雕塑重建对于博物馆来说可以作为展品永久性投入使用。该两城镇妇女的模型被 Creaform 公司扫描，然后制作成聚合物树脂铸造（图8–11）。这对雕像对非朊基的假眼并无损害。聚合物铸造非常的耐用，可以上色，但是造价相对昂贵。然而一旦扫描，该模型可以复制多次。使用三维颅面重建对该新石器时期两城镇妇女进行重建，是一个在成本和时间上都非常有效的方法。

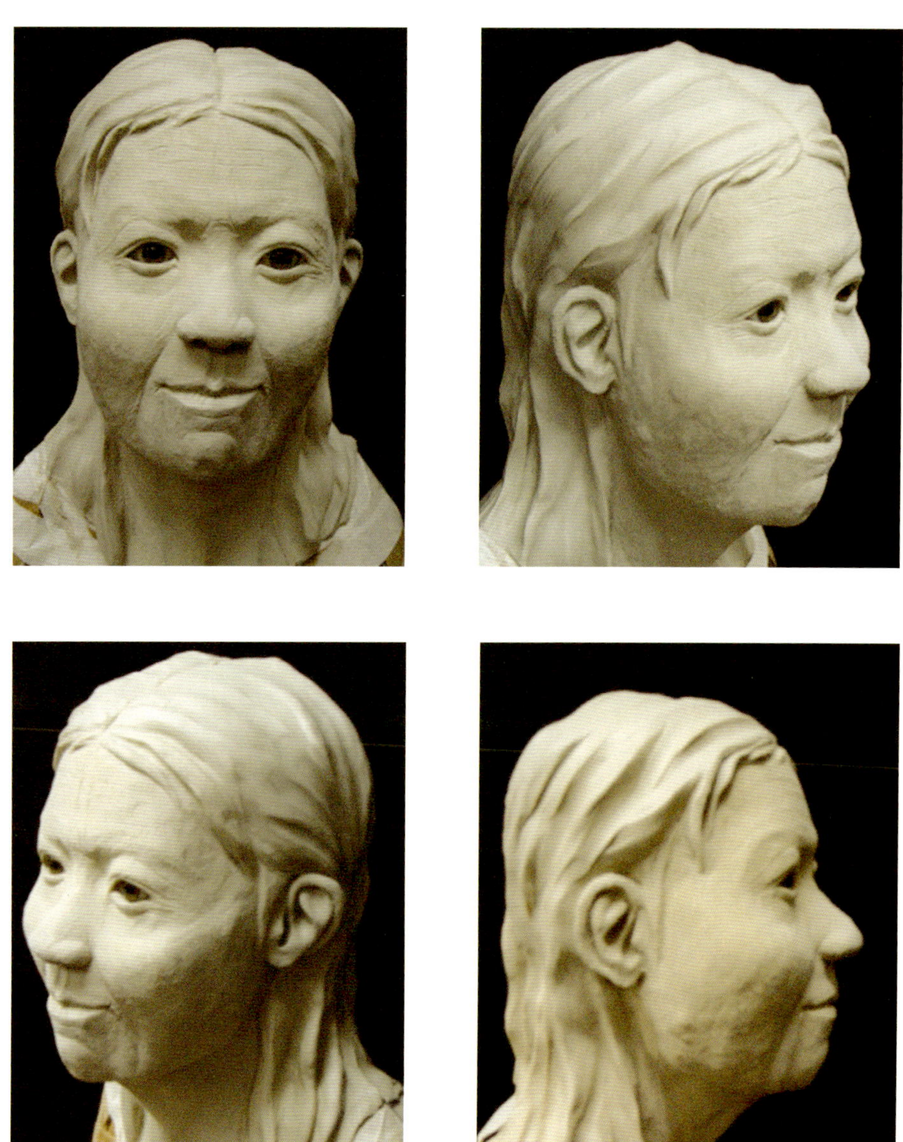

图8–11　颅面重建后完成的效果图

第九章　动物遗存研究

一　基本情况

1．两城镇遗址的考古和环境背景

两城镇龙山遗址在山东省东南部，位于黄河下游和淮河之间古迹丰富的地带，属于海岱地区[1]。这个区域有丰富的新石器时代遗址，包括从公元前6500年到公元前 1500年的后李、北辛、大汶口、龙山、岳石等阶段[2]。已知的考古遗址超过1200处。新石器时代晚期的一个普遍的现象是出现了有城墙的居住点和精致的墓葬[3]。

对日照地区的系统调查，记录了包括两城镇在内的463处龙山文化遗址[4]。除了两城镇之外，经过发掘的遗址还有东海峪、尧王城和丹土，关于这些遗址的动物遗存资料目前尚未公布。

该地区气候温和。每年夏季温暖湿润，冬季干冷[5]。龙山时期的年度平均气温高于现在的平均气温。植被由落叶和针叶树类群组成[6]。

在黄河下游和淮河地区，农业生产至新石器时代晚期已经很成熟。农业利用了当地现有的凉温带和暖温带物种[7]。到了龙山时期，大米和小米在两城镇均有种植[8]。至少从大汶口时期开始，大米

[1]　Tarasov P, G Jin, M Wagner, 2009. The modern climate and environmental setting of the Haidai Region. In: Wagner M, F Luan, P Tarasov (eds). *Chinese Archaeology and Palaeoenvironment I: Prehistory at the Lower Reaches of the Yellow River: The Haidai Region*. Mainz: Verlag Philipp von Zabern, 105-107.

[2]　Luan F, M Wagner, 2009. The chronology and basic developmental sequence of archaeological cultures in the Haidai Region. In: Wagner M, F Luan, P Tarasov (eds). *Chinese Archaeology and Palaeoenvironment I: Prehistory at the Lower Reaches of the Yellow River: The Haidai Region*. Mainz: Verlag Philipp von Zabern, 1-15.

[3]　a. Luan F, M Wagner, 2009. The chronology and basic developmental sequence of archaeological cultures in the Haidai Region. In: Wagner M, F Luan, P Tarasov (eds). *Chinese Archaeology and Palaeoenvironment I: Prehistory at the Lower Reaches of the Yellow River: The Haidai Region*. Mainz: Verlag Philipp von Zabern, 1-15. b. Luan F, 2009. The Longshan culture – The golden age of the Neolithic culture in the Haidai Region. In: Wagner M, F Luan, P Tarasov (eds). *Chinese Archaeology and Palaeoenvironment I: Prehistory at the Lower Reaches of the Yellow River: The Haidai Region*. Mainz: Verlag Philipp von Zabern, 59-76.

[4]　Underhill A, G Feinman, L Nicholas, et al., 2008. Changes in regional settlement patterns and the development of complex societies in southeastern Shandong, China. *Journal of Anthropological Archaeology* 27(2008): 1-29.

[5]　Tarasov P, G Jin, M Wagner, 2009. The modern climate and environmental setting of the Haidai Region. In: Wagner M, F Luan, P Tarasov (eds). *Chinese Archaeology and Palaeoenvironment I: Prehistory at the Lower Reaches of the Yellow River: The Haidai Region*. Mainz: Verlag Philipp von Zabern, 105-107.

[6]　Jin G, 2009a. Climate and environment during the Neolithic Age in the Haidai Region. In: Wagner M, F Luan, P Tarasov (eds). *Chinese Archaeology and Palaeoenvironment I: Prehistory at the Lower Reaches of the Yellow River: The Haidai Region*. Mainz: Verlag Philipp von Zabern, 109-116.

[7]　Jin G, 2009b. Animal and plant remains in the archaeological records from the Haidai Region during the Neolithic Age. In: Wagner M, F Luan, P Tarasov (eds). *Chinese Archaeology and Palaeoenvironment I: Prehistory at the Lower Reaches of the Yellow River: The Haidai Region*. Mainz: Verlag Philipp von Zabern, 117-128.

[8]　Crawford G, A Underhill, Z Zhao, et al, 2005. Late Neolithic plant remains from northern China: Preliminary results from Liangchengzhen, Shandong. *Current Anthropology* 46(2): 309-317.

和小米就已经被种植。两城镇也发现少量的小麦样本，这在中国东部地区目前是最早的[1]。两城镇其他可能的农作物还包括大豆和小豆。小麦的存在也许说明了地区性往来和贸易关系的存在[2]。

新石器时代对动物的利用包括野生捕获（狩猎和捕鱼）和驯养动物类群。龙山时期已经严重依赖家养动物类群。这个地区还有一个特点是牲畜业发展很早（特别是猪）。当地的畜牧业是农业发展的一个重要组成部分[3]。

2．动物骨骼的收集方法、保存状况和研究过程

两城镇遗址地表陶片分布面积达270万平方米。居住区由一个外沟和两个内沟组成。这很可能与城墙有关[4]。我们在大范围区域进行了包括探沟在内的必要发掘，以决定遗址的范围以及对主要目标区域的了解。

我们对各发掘区出土的动物遗存，均使用全站仪进行了测量。在遗址的发掘中，通过筛土发现一些零星的小块碎骨和牙齿等标本。

总的来说，由于该地区的碱性土壤，动物遗存的保存状态非常不好，遗址部分的主要发掘区，情况尤其如此。与遗址部分的主要发掘区不同，在分散的探沟中发现了保存较好的动物骨骼。动物遗骨的整体特点是短而碎，表面高度侵蚀，有时是单独牙齿的牙冠牙釉部分。骨质普遍脆弱易碎。通常情况下，单个的动物骨骼由土壤把他们聚集在一起。

各种动物骨骼保存状况类似，不存在对某种动物明显处理方法不一样的痕迹（如不存在对某种动物使用了特殊的屠杀方法或焚烧技术）。

75%的动物遗存为骨骼以及零碎或完整的上下颌骨，25%的动物遗存为单个牙齿。极少有完整的动物骨骼，大部分为短且不规则的碎骨。牙齿与其他骨骼碎片相比较完整，但是破碎的也很严重（图9-1）。从这图中可以看出，动物遗存在被发现时的碎裂程度。单个牙齿一般是空心的，只有碎裂的牙釉壳，或者是同样空心的缺乏牙床的碎裂牙根。

很多的骨骼显示出有火烧的痕迹，其中无法确定部位的骨骼样品火烧的比例更高。可以确定部位的样品只有5%是明显被焚烧过的，而无法确定部位的骨骼有27%是被火烧过的。这可能是因为结构较弱的骨骼经过烹饪和食用后易碎而难以确定。没有发现加工食物时的刀切或解剖痕迹。这也可能是由于保存状态不好而难以辨认。

大部分的动物骨骼被借到芝加哥菲尔德博物馆进行了为期一年时间的鉴定和分析。骨骼经过最大程度的清洗和准备，并与该馆动物学部大量的样本进行了比较分析和鉴定。该馆保存有大量的活

[1] a. Crawford G, A Underhill, Z Zhao, et al, 2005. Late Neolithic plant remains from northern China: Preliminary results from Liangchengzhen, Shandong. *Current Anthropology* 46(2): 309-317. b. Jin G, 2009b. Animal and plant remains in the archaeological records from the Haidai region during the Neolithic Age. In: Wagner M, F Luan, P Tarasov (eds). *Chinese Archaeology and Paleoenvironment I: Prehistory at the Lower Reaches of the Yellow River: The Haidai Region*. Mainz: Verlag Philipp von Zabern, 117-128.

[2] Crawford G, A Underhill, Z Zhao, et al, 2005. Late Neolithic plant remains from northern China: Preliminary results from Liangchengzhen, Shandong. *Current Anthropology* 46(2): 309-317.

[3] Jin G, 2009b. Animal and plant remains in the archaeological records from the Haidai Region during the Neolithic Age. In: Wagner M, F Luan, P Tarasov (eds). *Chinese Archaeology and Palaeoenvironment I: Prehistory at the Lower Reaches of the Yellow River: The Haidai Region*. Mainz: Verlag Philipp von Zabern, 117-128.

[4] Luan F, 2009. The Longshan culture – The golden age of the Neolithic culture in the Haidai Region. In: Wagner M, F Luan, P Tarasov (eds). *Chinese Archaeology and Palaeoenvironment I: Prehistory at the Lower Reaches of the Yellow River: The Haidai Region*. Mainz: Verlag Philipp von Zabern, 59-76.

1．T005外侧壕沟内被侵蚀的猪颌骨

2．E4T007G8内发现的猪臼齿牙（#6024）

3．E4T007G8发现的独立的猪臼齿牙冠（#6027）

4．G4T021H510发现的猪臼齿牙冠（#6128）

图9-1　两城镇遗址发现的动物骨骼

性研究样本，包括皮肤、骨骼、储存在酒精里的整体个体样本和存放在低温的冷冻室里的样本。鸟和哺乳动物藏品有超过500,000种的可索引物种。这些对于分析考古遗址出土的动物遗存是非常有价值的资源。之后，所有的两城镇样本均被归还到济南山东大学和日照市博物馆。

唯一的例外是，一个接近于完整的猪骨骼没有被送到菲尔德博物馆。该样品一直在日照市博物馆展出。该骨架的一部分已经清理干净，但是由于其脆弱特征，不能完全把它与周围的土壤基质分开，因而放在一起展出。作者在日照博物馆对该骨骼进行了研究。

二　研究结果

1．动物骨骼出土情况

表9-1总结的NISP(样品数量)表明，动物骨骼在灰坑和探沟内高度集中，其次是在房址附近。动物骨骼与房屋相关联的原因，可能是它们在房屋内被烹饪和食用。而与储存坑相关联，有可能是它们被存储在那里。探沟内的骨骼多，也可能是因为这里是一个弃置骨骼的地点。

1999～2001年，两城镇第一发掘区的动物遗存比较分散只是在局部出现的比较集中（图9-2～10）。几个动物遗存相对较集中的区域分布在房址的附近，尤其是第一段的 F65，第2段的F49，第4段的F60（图9-3、4、6）。在这三个地点的动物遗存，包括猪以及无法确定种属的骨骼。

表9-1　两城镇遗址可鉴定的动物标本数量（NISP）

第一发掘区域	早　段	晚　段
遗迹	可鉴定标本数	可鉴定标本数
房址	37	2
灰坑	20	84
壕沟	5	0
墓葬	5	1
探沟发掘区	**早　段**	**晚　段**
遗迹	可鉴定标本数	可鉴定标本数
房址	0	0
灰坑	0	10
壕沟*	365	57
墓葬	0	0

* 在一个环壕的早期地层底部（T007/8）复原了一头完整的猪骨架。这幅骨架保存状态较差，目前在日照市博物馆展览着。根据估算，骨架中保存完整的骨骼可鉴定标本数为194，这些标本代表了一个个体。这是该遗址发现的唯一一付完整或半完整的骨架，可能代表了一种特殊的考古学文化现象。

离房屋较远的位置，如灰坑和较为开阔的地带，也有一些骨骼比较集中的区域。这可能与准备和食用动物有关，如第二章所述，H31的动物遗存集中程度超过一般，说明可能存在祭祀活动（图9-10）。H31包括猪骨以及鸟骨碎片。两城镇发现的鸟类为中等大小，主要是长轴骨碎片，其他骨骼无法鉴定种类。H31发现的骨骼有明显的焚烧痕迹。包括鸟和猪骨在内超过一半的骨骼或碎片都被焚烧过。如果H31与祭祀活动有关，那么说明祭祀物包括烹调好的动物。

在两个墓穴内也发现了动物遗骸：即第1段的M49（图9-3）和第7段的M33。在M49和M33各发现一颗门齿碎片。M49还有散落的无法确认的小肋骨碎片。两颗门牙以独立形式存在，没有像其他新石器和青铜器时代遗址那样，发现完整的猪下颌骨或猪头盖骨[1]。由于保存状态不佳，很难说动物在两城镇埋葬活动中起到了什么作用。

M33发现的一堆异常的石头可能代表了一类动物遗存。在M33的左手侧，发现并清理出一片绿松石薄片，还发现了一个由大约30颗近圆形砾石组成的石头堆（图9-11）。他们的形状类似砂囊石，也称胃石，主要是在许多鸟类的砂囊和它们吃的食物内发现。尽管所有的鸟类都有砂囊，只有一些鸟类故意吞食小石块来帮助消化，打磨吃下的食物[2]。有的鱼类也有胃石。根据石头的形态和数量，

[1]　a. Kim S, 1994. Burials, pigs, and political prestige in Neolithic China. *Current Anthropology* 35(2): 119-141. b. Liu L, 2004. *The Chinese Neolithic: Trajectories to Early States*. Cambridge: Cambridge University Press. c. Yuan J, R Flad, 2005. New zooarchaeological evidence for changes in Shang Dynasty animal sacrifice. *Journal of Anthropological Archaeology* 24: 252-270.

[2]　Gionfriddo J, L Best 1996. Grit-use patterns in North American birds: the influence of diet, body size, and gender. *Wilson Bulletin* 108(4): 685-696.

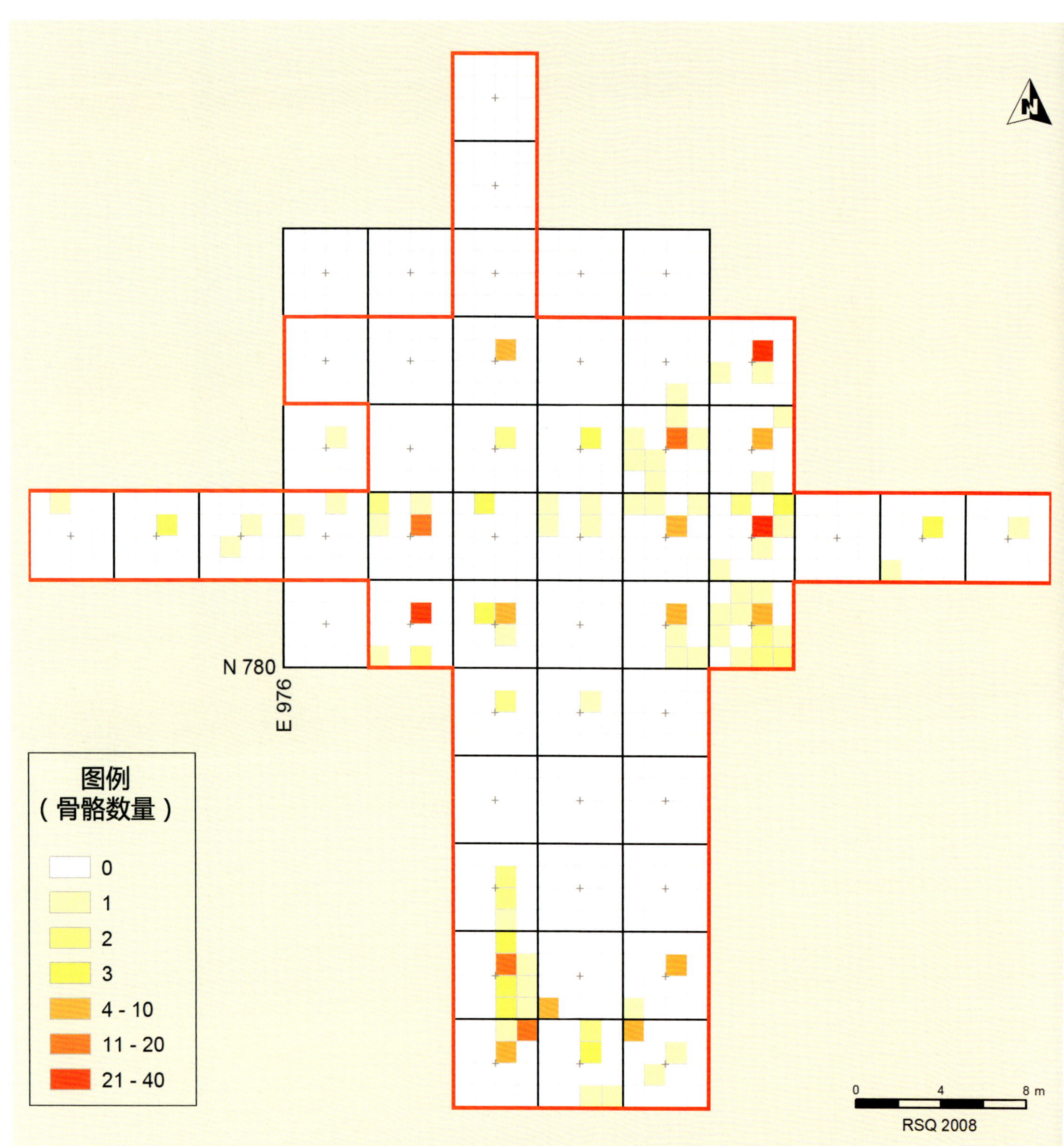

图9-2 第一发掘区动物骨骼分布密度图

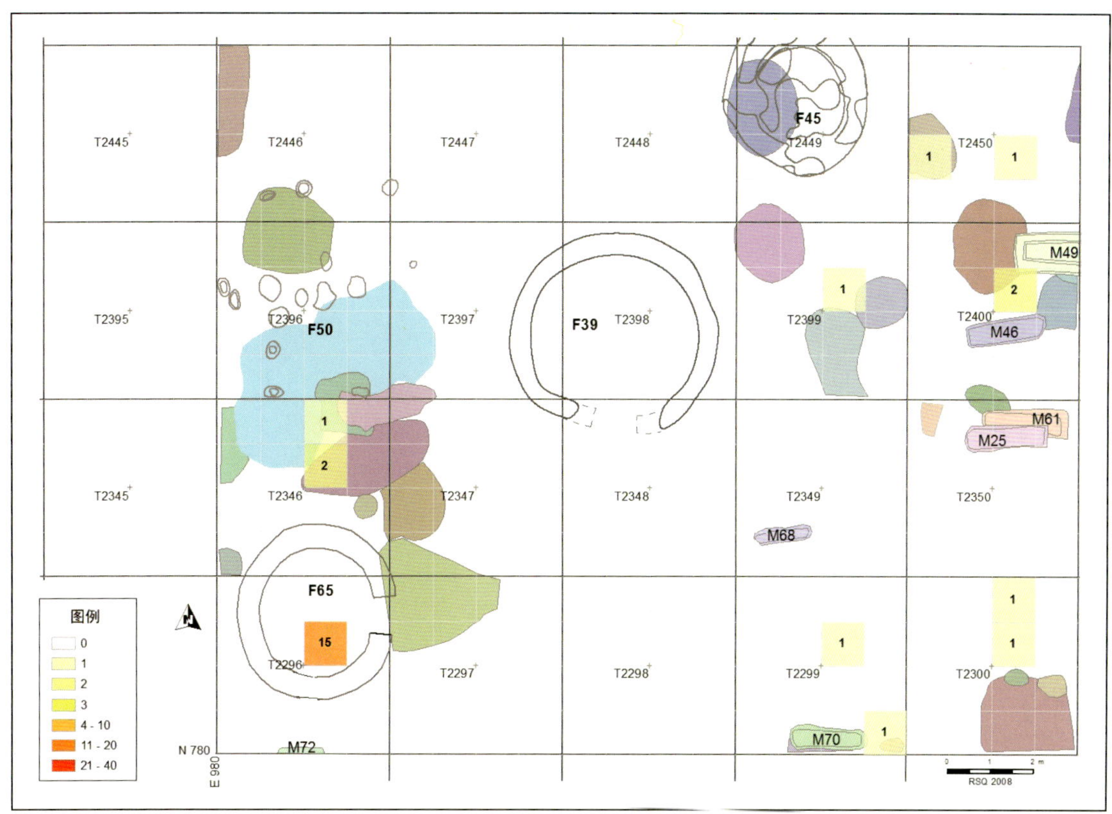

图9-3　第一发掘区第一时期动物骨骼分布密度

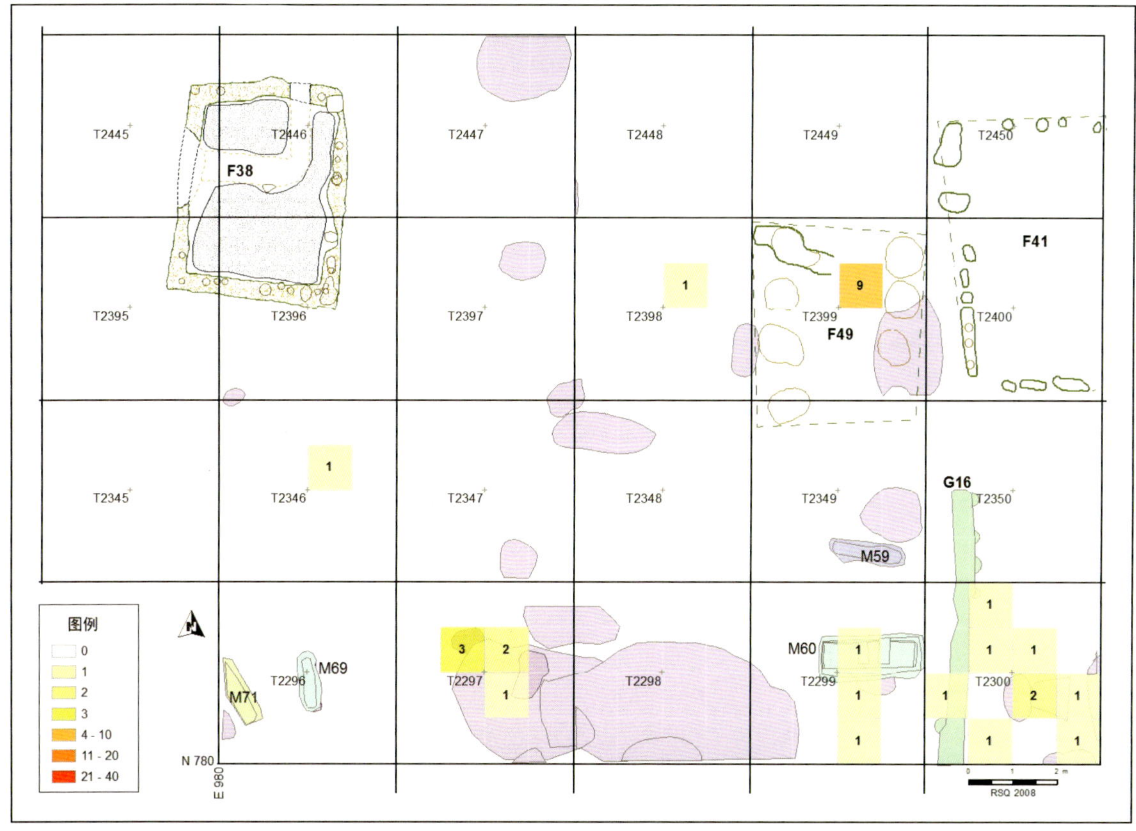

图9-4　第一发掘区第二时期动物骨骼分布密度

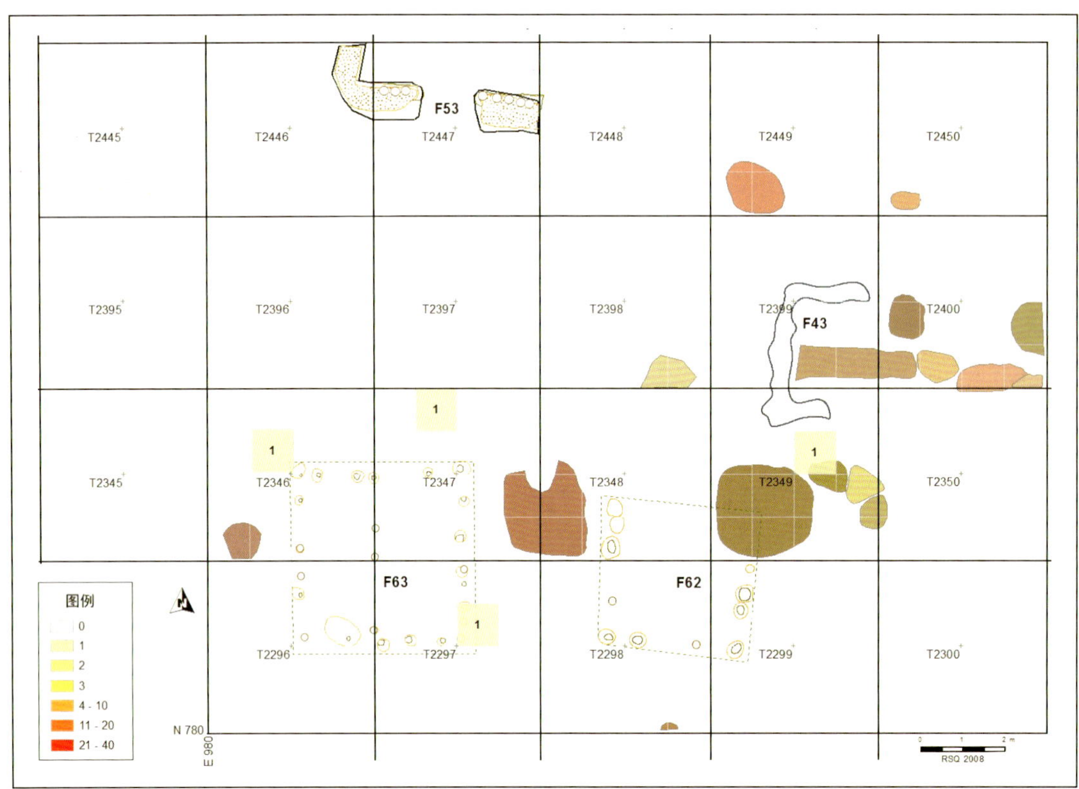

图9-5 第一发掘区第三时期动物骨骼分布密度

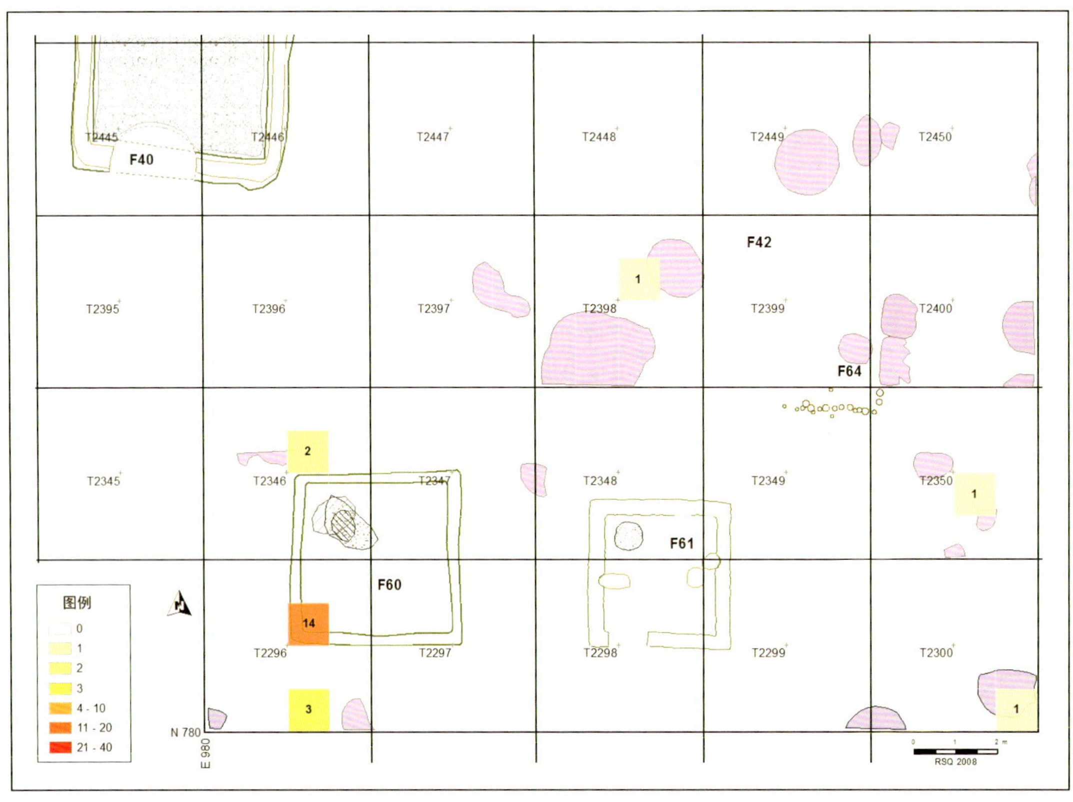

图9-6 第一发掘区第四时期动物骨骼分布密度

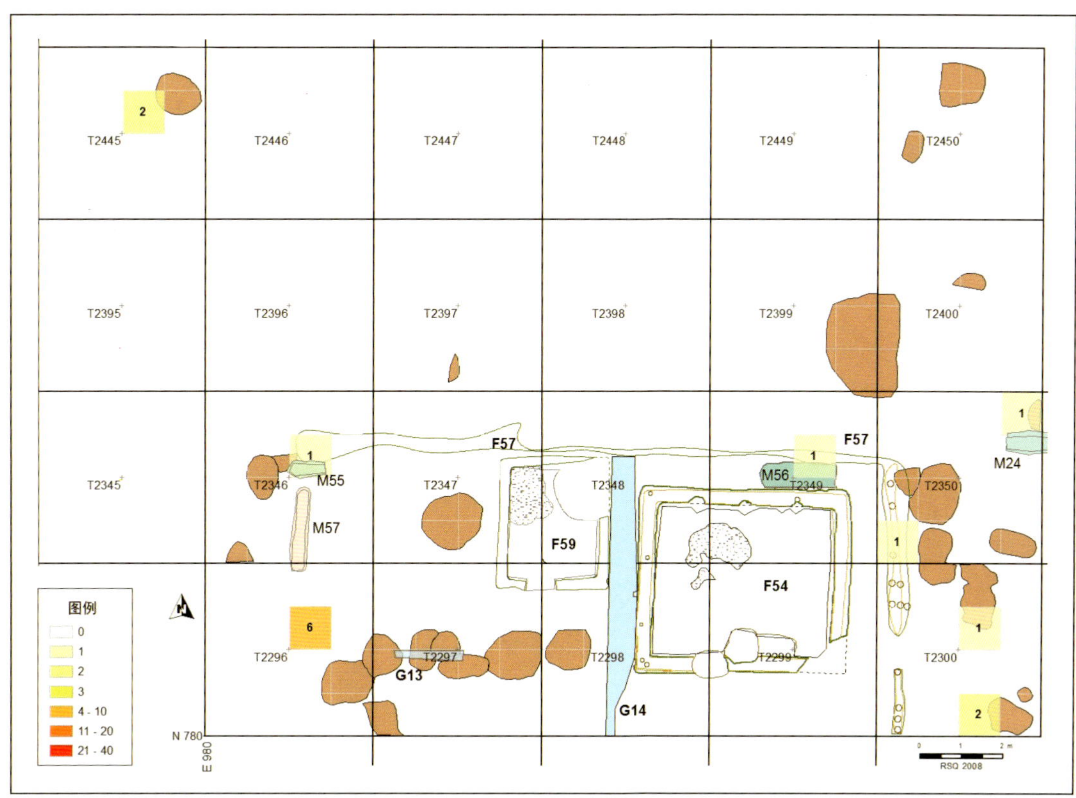

图9-7　第一发掘区第五时期动物骨骼分布密度

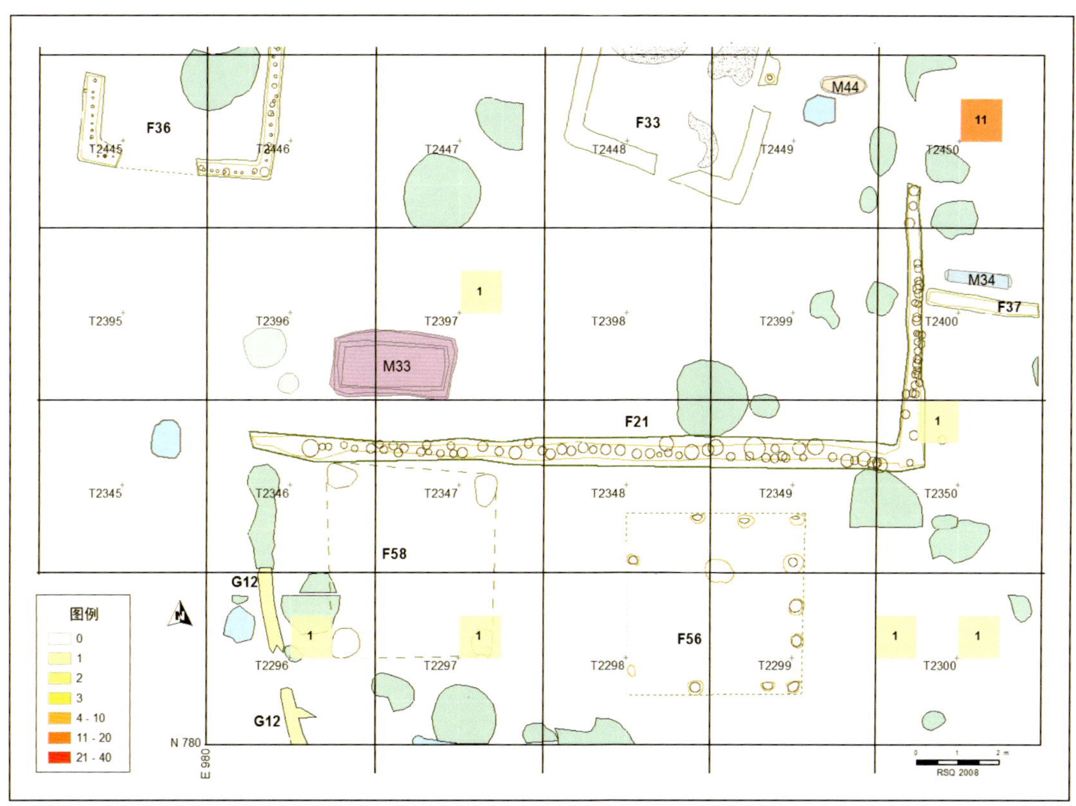

图9-8　第一发掘区第六时期动物骨骼分布密度

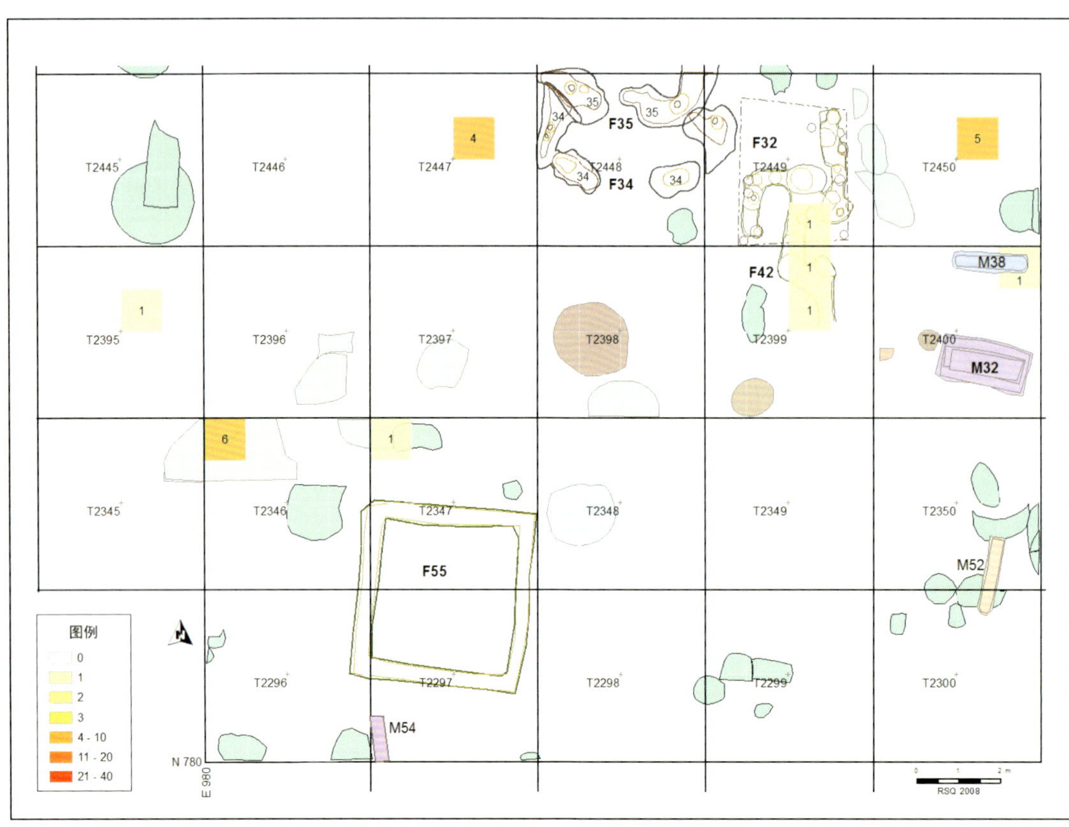

图9-9　第一发掘区第七时期动物骨骼分布密度

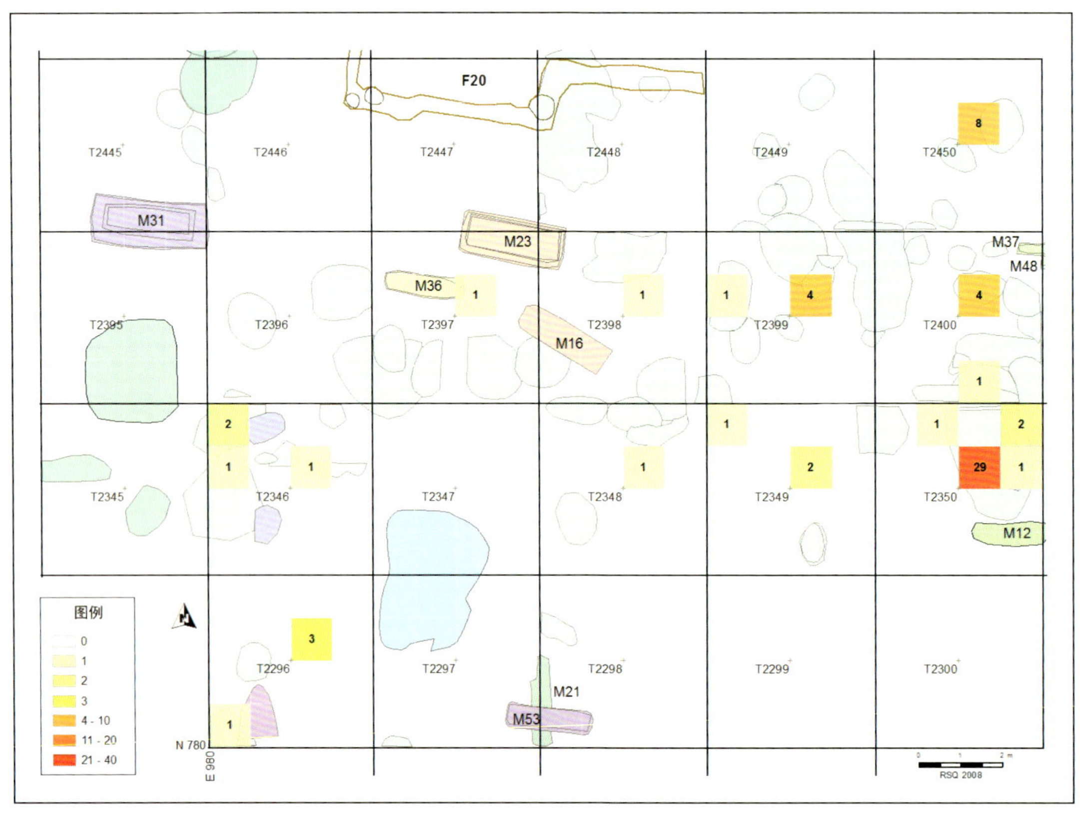

图9-10　第一发掘区第八时期动物骨骼分布密度

图9-11　M33左臂的绿松石和砂囊石

目前还无法断定这些石头是否为砂囊石以及鸟的种类。研究人员把两块石头带到芝加哥菲尔德博物馆鸟类馆汉森鸟珍藏品做比较，但是无法定论。尽管根据遗存无法断定M33的鸟类，可知它们的大小和鸡或者野鸡类似。龙山时期鸡已经驯养为家禽，所以有可能是鸡的遗存。在今天的日照地区也能发现野鸡。中国的古书记载，上流社会的贵族追求野鸡和其他大鸟的羽毛。我们的解释是，M33的墓主人社会等级和地位较高，殉葬物中使用了鸡或者野鸡。由于发掘时未发现任何骨骼，或说明可能只是鸡的一部分被埋葬。对这些砾石的进一步研究，有助于明确判断它们是否为砂囊石或者胃石。

2．动物的种类

动物遗存主要是哺乳动物以及少量鸟类。表9-2记录了可鉴定的样品数量（NISP）以及最小个体数量[1]。共有623件样品可以鉴定物种，有的是单个物种（比如猪Sus），有的是大物种（比如绵羊/山羊，Ovis/Capra.）。因为山羊和绵羊很难区别，所以它们常常被归为一个种类。 两城镇的骨骼资料无法把山羊和绵羊区分开来。

根据鉴定结果，两城镇遗址动物的物种相对较少。大部分为家猪（图9-1，2～4、9-12，1～5），还有少量的牛、鸟、小偶蹄动物（其他蹄类动物包括麂属动物，Pére David' s deer, 和獐）、鹿 （图9-12，6）和狗（表9-2；图9-12，7、8）。虽然当地的环境适合狩猎和捕鱼，但是以家畜为基础的经济形态在龙山时期已经建立起来[2]。

猪的骨骼数量远远超过其他类别。这一现象尽管不出所料，但是其所占比例仍然令人吃惊。可

[1]　Klein RG, K Cruz-Uribe, 1984. *The Analysis of Animal Bones from Archaeological Sites*. Chicago: University of Chicago Press, 266.

[2]　Jin G, 2009b. Animal and plant remains in the archaeological records from the Haidai Region during the Neolithic Age. In: Wagner M, F Luan, P Tarasov (eds). *Chinese Archaeology and Palaeoenvironment I: Prehistory at the Lower Reaches of the Yellow River: The Haidai Region*. Mainz: Verlag Philipp von Zabern, 117-128.

鉴定标本中，猪的比例是最高的，为93%；最小个体数中，猪的比例为44%。尽管两城镇遗址也发现了牛、绵羊和山羊、鹿，但它们的出现频率要低得多。因此，我们认为有必要对日照地区其他龙山文化遗址，尤其是动物遗存保存良好的遗址进行调查和分析，以确认这一现象是否普遍存在。

表9-2 两城镇遗址可鉴定的动物标本数量（NISP）和最小个体数（MNI）

第一发掘区	早段		晚段	
种属	可鉴定标本数	最小个体数	可鉴定标本数	最小个体数
鹿	0	0	0	0
小型偶蹄动物	0	0	4	1
羊	0	0	0	0
中型鸟类	0	0	9	1
狗	0	0	1	1
黄牛	1	1	1	1
猪	76	1	91	1
深沟发掘区	早段		晚段	
种属	可鉴定标本数	最小个体数	可鉴定标本数	最小个体数
鹿	1	1	3	1
小型偶蹄动物	0	0	0	0
羊	3	2	0	0
中型鸟类	0	0	0	0
狗	3	1	7	2
黄牛	6	1	2	1
*猪	342	6	73	3

* 在一个环壕的早期地层底部（T007/008）复原了一头完整的猪骨架。这幅骨架保存状态较差，目前在日照市博物馆展览着。根据估算，骨架中保存完整的骨骼可鉴定标本数为194，这些标本代表了一个个体。这是该遗址发现的唯一一付完整或半完整的骨架，可能代表了一种特殊的考古学文化现象。除去这付完整骨架，其他出土的猪骨可鉴定标本为217件，代表了8个个体。

两城镇遗址龙山文化早期和晚期的动物遗存存在着一定区别。早期除了探沟发现的一个鹿骨以外，只存在狗、猪和牛等家养动物（表9-2）。到晚期，发现更多的包括鹿和其他不完整小偶蹄动物在内的野生动物，这可能与狩猎活动有关。小的鸟骨，有可能是家禽鸡骨，只在第一挖掘区晚期出现。晚期的动物种类较早期要多。因此，狩猎有可能成为晚期经济形态的重要组成部分。如果是这样的话，与陕西康家龙山文化遗址晚期阶段狩猎成为经济的重要组成部分相一致[1]。

[1] Liu L, 2004. *The Chinese Neolithic: Trajectories to Early States*. Cambridge: Cambridge University Press.

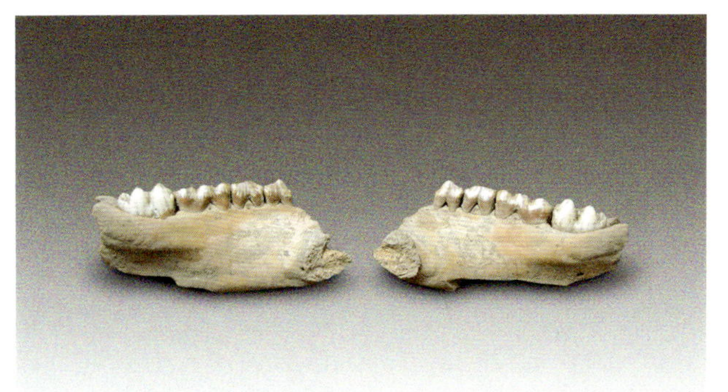

1．H5T022G22内发现的猪左右颌骨碎片（#6255）

2．H5T022G22发现的猪肱骨远端碎片（#6255）

3．F3T010G10发现的猪颌骨碎片（#6037）

4．F3T010G10发现的猪颌骨碎片（#6037）

5．F3T010G10发现的猪颌骨碎片（#6037）

6．T051G52发现组成鹿角的主干部分的鹿角碎片（#6406）

7．F3T010G10发现的狗的颌骨（#6037）

8．G4T021发现的狗的颌骨（#6377）

图9-12　两城镇遗址发现的动物骨骼

3．两城镇遗址猪的重要性

猪是两城镇龙山居民生活中依赖程度最高的动物。猪能够有效的把植物变为脂肪和蛋白质，是人类食物的重要来源。即使吃低质的饲料，猪也可以迅速地增加重量。猪的生殖能力很强，并且适合于圈养管理。

两城镇出土的猪骨，从鉴定结果看似乎只有家猪而没有野猪。在中国新石器时代早期的一些遗址中，家猪和野猪常常一起出现。从两城镇出土的猪骨大小来看，表明没有同时存在家猪和野猪的现象。

两城镇遗址还出土了一具近似完整的猪骨架，这在两城镇遗址极为罕见（图9－13）。该骨骼出自T007～T008探沟的底，属于较早阶段。在两城镇遗址的较早阶段，外侧壕沟填满了水，说明这具猪骨架可能是在使用水沟之前就埋藏于底部的祭祀品。该骨骼清楚的显示出，没有焚烧或宰杀损伤的痕迹。其完整程度远远超过其他动物骨骼。经鉴定，该骨骼较为年轻，发现时呈舒展侧躺的姿势（图9－13）。由于骨骼在博物馆展出，牙齿和其他部分的细节观察不够详细，无法判定其性别。猪骨附近未发现其他动物遗存或人工制品，所以其与墓葬无关。

山东和其他地区，使用动物进行祭祀的现象始于新石器时代晚期和青铜器时代早期[1]。大汶口

图9－13　E4T007G8发现的完整猪骨架

和龙山文化时期，猪是最重要的牺牲用品。用动物为牺牲来进行祭祀活动，通常与埋葬仪式有关[2]。然而在这两个时期，作为人类墓葬牺牲品的猪，通常只是使用头骨或上颌骨，而极少用整个骨架[3]。Kim指出，在山东省早期遗址的墓葬中，发现的猪祭祀品多半是头骨[4]。袁靖和 Flad [5]描述了商代几

[1]　a. Kim S, 1994. Burials, pigs, and political prestige in Neolithic China. *Current Anthropology* 35(2): 119-141.　b. Liu L, 2000. Ancestor worship: An archaeological investigation of ritual activities in Neolithic northern China. *Journal of East Asian Archaeology* 2(2000): 129-164.　c. Liu L, 2004. *The Chinese Neolithic: Trajectories to Early States*. Cambridge: Cambridge University Press.　d. Yuan J, R Flad, 2005. New zooarchaeological evidence for changes in Shang Dynasty animal sacrifice. *Journal of Anthropological Archaeology* 24: 252-270.

[2]　Liu L, 2000. Ancestor worship: An archaeological investigation of ritual activities in Neolithic northern China. *Journal of East Asian Archaeology* 2(2000): 129-164.

[3]　a. Kim S, 1994. Burials, pigs, and political prestige in Neolithic China. *Current Anthropology* 35(2): 119-141.　b. Liu L, 2000. Ancestor worship: An archaeological investigation of ritual activities in Neolithic northern China. *Journal of East Asian Archaeology* 2(2000): 129-164.

[4]　Kim S, 1994. Burials, pigs, and political prestige in Neolithic China. *Current Anthropology* 35(2): 119-141.

[5]　Yuan J, R Flad, 2005. New zooarchaeological evidence for changes in Shang Dynasty animal sacrifice. *Journal of Anthropological Archaeology* 24: 252-270.

起出现猪全身骨骼的例子，均是侧躺展开的姿势。他们的结论是这些动物在被宰杀之后埋入地下。有些猪的骨骼双蹄接近，猪嘴往上，有挣扎现象，说明可能是被活埋的。两城镇遗址的猪骨骼也是侧躺伸展的姿势，与偃师商代遗址墓穴发现的猪骨骼姿势一样[1]。

家猪的重要性在中国东部新石器时代的其他遗址也十分明显。在黄河中游的新石器时代晚期遗址，猪遗骸也是占多数，如河南省陕县庙底沟遗址。在这些遗址中，猪占动物总数的80%[2]。黄河下游地区有类似的规律，但没有那么明显。六里井、尉迟寺等大汶口文化中晚期遗址中，猪遗骸占动物样品的大多数[3]。陕西省也有相反的例子[4]。猪的主导地位在商朝下降，到周朝进一步下降。这主要是因为包括绵羊、山羊和牛的其他家养物种越来越多[5]。

两城镇动物遗骸的保存状态普遍不佳,只有对该一个猪样品可以做进一步的研究分析。如果能找出一个猪群体的性别和年龄构建，将有助于我们了解当时对动物的管理和畜牧业情况[6]。比如，一群被管理的猪群可能为雄性少而年轻动物多。由于较差的出土状态，无法对牙冠高度和其他特征进行准确测量。然而对牙冠磨损程度和牙齿长出程度的检查可以简单的区分年轻动物和成年动物。早期和后期的猪样品主要是成年猪。69%为成年，31%为小猪，基本上没有信息可以用来进行性别断定。但是观察到两个公猪的犬齿，一个在早期一个晚期。关于两城镇居民如何控制公母数量和年龄是一个令人着迷的问题,但是两城镇收集到的样品数据无法让我们作出任何的猜测，有待进一步研究。

到龙山时期，猪在中国已经被家养并且在以后的几千年是生存的一个重要组成部分。尽管无法断定最早的家养猪是在什么时候，野猪和家猪至少在后李文化时期，甚至可能是距今10,000年以前[7]就已成为人们的食物来源。对猪的圈养可能是一个连续的过程，可能在大约8000年以前就已经成形[8]。

4．对两城镇其他动物的利用

两城镇的其他家养动物包括狗、牛、绵羊和山羊。它们存在的数量较小，但是在海岱地区的遗址均有发现。新石器晚期山东地区鹿的重要性很明显。在许多遗址，鹿的数量仅次于猪[9]。龙山时期几个鹿品种是本地的，并且有记载。记载有梅花鹿（*Cervus nippon*），獐（*Hydropotes* sp.），麃

[1] Yuan J, R Flad, 2005. New zooarchaeological evidence for changes in Shang Dynasty animal sacrifice. *Journal of Anthropological Archaeology* 24: 258.

[2] Yuan J, L Xu, 2001. A study of faunal remains unearthed at Fengxi, Chang' an, Shaanxi Province. *Chinese Archaeology* 1: 134-136.

[3] Jin G, 2009b. Animal and plant remains in the archaeological records from the Haidai Region during the Neolithic Age. In: Wagner M, F Luan, P Tarasov (eds). *Chinese Archaeology and Palaeoenvironment I: Prehistory at the Lower Reaches of the Yellow River: The Haidai Region*. Mainz: Verlag Philipp von Zabern, 117-128.

[4] Liu L, 2004. *The Chinese Neolithic: Trajectories to Early States*. Cambridge: Cambridge University Press.

[5] a. Yuan J, 2003. The problem of the origin of domestic animals in Neolithic China. *Chinese Archaeology* 3: 154-156. b. Yuan J, L Xu, 2001. A study of faunal remains unearthed at Fengxi, Chang' an, Shaanxi Province. *Chinese Archaeology* 1: 134-136. c. Yuan J, R Flad, 2005. New zooarchaeological evidence for changes in Shang Dynasty animal sacrifice. *Journal of Anthropological Archaeology* 24: 252-270.

[6] a. Yuan J, 2003. The problem of the origin of domestic animals in Neolithic China. *Chinese Archaeology* 3: 154-156. b. Yuan J, 2008. The origins and development of animal domestication in China. *Chinese Archaeology* 8: 1-7.

[7] Larson G, K Dobney, U Albarella et al, 2005. Worldwide phylogeography of wild boar reveals multiple centers of pig domestication. *Science* 307 (5715): 1618-1621.

[8] Yuan J, R Flad, 2002. Pig domestication in ancient China. *Antiquity* 76: 724-732.

[9] Jin G, 2009b. Animal and plant remains in the archaeological records from the Haidai Region during the Neolithic Age. In: Wagner M, F Luan, P Tarasov (eds). *Chinese Archaeology and Palaeoenvironment I: Prehistory at the Lower Reaches of the Yellow River: The Haidai Region*. Mainz: Verlag Philipp von Zabern, 117-128.

(*Muntiacus* sp.) 和麋鹿（*Elaphurus davidianus*）[1]。新石器时代的墓穴发现了猪遗骸和鹿遗骸为随葬物品，说明这两个动物种类的重要性。

新石器时代的山东和附近地区有多种淡水鱼和咸水鱼。贝壳类动物和其他海洋物种对于人们的生活也十分重要。大汶口文化时期记录了一些有大量贝壳堆积的遗址。龙山文化遗址也发现丰富的水族物种，但是在两城镇遗址，这一特点并不明显。尽管离海岸线很近，但两城镇遗址没有发现可以用来探索海洋物种的相关资料。关于这些物种只有几个线索。用浮选法筛选出来的遗物中，发现了几块小的无法鉴定种属的鱼骨碎片。尽管有人认为新石器时代晚期水族类动物在长江流域比在黄河流域更重要[2]，但在两城镇遗址发现的水族类动物骨骼还是太少 。我们对第一发掘区的土样进行了筛选和水洗过滤，以寻找小的动物骨骼。可能是鱼和其他水族类物种遗骸完全腐朽，用水洗过滤的方法无法发现。两城镇遗址生物遗骸保存状况普遍不好也是未发现水族类物种的原因。第二个线索是对一个陶罐内的残留物分析发现了鱼[3]。

海岱地区的其他家养动物，例如狗、牛、山羊、绵羊和鸡，从后李文化时期就有发现。到龙山文化时期，出现了更多的牛、山羊、绵羊和鸡[4]。日照地区需要发现更多的保存较好的动物遗存来证明是否如此。两城镇遗址发现的标本太少，目前尚不能完全确定是否有鸡、牛和山羊、绵羊等。在早期，黄河流域下游地区对家畜的依赖大于长江流域。

山东地区新石器文化对动物的利用表现在很多方面。除了作为食物以外，骨头、牙齿和贝壳可以用来制做工具。出土遗物中使用动物骨骼制作的工具，有尖钻、别针、针、铲子、勺子、渔钩和鱼叉，也使用骨头、贝壳或者牙齿来制作饰物[5]。两城镇遗址的动物遗骸保存状况不好，可以解释为什么在两城镇未发现骨头、贝壳或者牙齿做的工具（除了一个骨针以外）。两城镇遗址动物的其他作用需要进一步研究。科杰夫根据在石器上的磨损痕迹，鉴定出人们使用了皮革制品，当时居民很有可能利用猪、牛或鹿的皮毛来制作皮革等。

三　结论

两城镇遗址收集和记录的动物遗骸，为我们打开了一扇考察该地区社会经济和社会生活情况的窗口。在发掘区和探沟的堆积中均发现了动物遗骸。总体上看遗骸比较分散，但是在储存坑和房址里相对集中。发现的动物遗骸主要是猪，说明两城镇在龙山文化时期和其他地区一样，把猪作为一

---

[1] Jin G, 2009b. Animal and plant remains in the archaeological records from the Haidai Region during the Neolithic Age. In: Wagner M, F Luan, P Tarasov (eds). *Chinese Archaeology and Palaeoenvironment I: Prehistory at the Lower Reaches of the Yellow River: The Haidai Region*. Mainz: Verlag Philipp von Zabern, 117-128.

[2] Yuan J, R Flad, Y Luo, 2002. Meat-acquisition patterns in the Neolithic Yangzi river valley, China. *Antiquity* 82: 351-366.

[3] Lanehart R, R Tykot, H Fang, et al., 山东日照两城镇遗址龙山文化先民食谱的稳定同位素分析，本报告第八章第二节。

[4] Jin G, 2009b. Animal and plant remains in the archaeological records from the Haidai Region during the Neolithic Age. In: Wagner M, F Luan, P Tarasov (eds). *Chinese Archaeology and Palaeoenvironment I: Prehistory at the Lower Reaches of the Yellow River: The Haidai Region*. Mainz: Verlag Philipp von Zabern, 117-128.

[5] a. Luan F, 2009. The Longshan culture – The golden age of the Neolithic culture in the Haidai Region. In: Wagner M, F Luan, P Tarasov (eds). *Chinese Archaeology and Palaeoenvironment I: Prehistory at the Lower Reaches of the Yellow River: The Haidai Region*. Mainz: Verlag Philipp von Zabern, 59-76. b. Luan F, M Wagner, 2009. The chronology and basic developmental sequence of archaeological cultures in the Haidai Region. In: Wagner M, F Luan, P Tarasov (eds). *Chinese Archaeology and Palaeoenvironment I: Prehistory at the Lower Reaches of the Yellow River: The Haidai Region*. Mainz: Verlag Philipp von Zabern, 1-15.

个稳定的生活来源。在外侧壕沟发现的一具完整的猪骨架可能是祭祀品，从而说明猪除了作为肉食来源之外，也扮演着重要的社会角色。今后对山东地区龙山文化动物利用的研究，重点应该放在人们利用水族动物的情况、畜牧业方法、狩猎和家畜的相对比例以及动物社会功能的演变等方面 (比如以猪作为祭祀物) 。

感谢以下菲尔德博物馆的志愿者们帮助清洗和整理动物遗骸：Jean Vondriska, Amber Billey, and Nicole Simon。图表由科杰夫、Russ Quick 和惠夕平制作。

第一〇章　植物遗存研究

在两城镇遗址连续三年的田野考古发掘工作中，联合考古队十分重视植物类遗存的收集。我们对包括文化层、各类遗迹在内的每一个最小编号单位，均随机选取一定数量的土样（最初是5升，后来根据实际情况增加到10升和20升）进行浮选。同时，还收集了较多植硅体样品。以下分析主要包括植物种籽、果实和杂草、木材和炭屑、植物硅酸体等方面的内容。

第一节　炭化植物种子和果实研究

一　概况

系统收集植物遗存是两城镇龙山文化遗址（约公元前2600～前1900年）的国际合作研究项目中的一个重要组成部分。其中植物考古的主要目的是为了：（1）记录龙山时代人类与植物的相互关系；（2）记录本遗址被人类利用的作物；（3）考察人类行为引发的环境效应（anthropogenesis[1]）；（4）寻找人类利用野生植物的证据；（5）了解植物遗存的空间分布差异；（6）把遗址放到该地区新石器时代最晚期的背景中考察其农业的性质、发展与强化程度。我们基于1999～2000年田野发掘所采的322个土样（占全部土样的一半多），于2005年发表文章对初步研究做了小结[2]。

从近年的研究历程来看，在1999年以前，大规模的系统浮选在中国尚且寥寥无几，遑论根据大量植物遗存对一处龙山文化遗址的新石器晚期农业进行广泛阐释。本文作者之一克劳福德首次涉足中国植物考古是他于1987年到访黑龙江时，他在贾伟明和吉林大学考古队的帮助下，从白金宝遗址采集了一份浮选样品[3]。那时克劳福德正在研究日本北海道一处公元1000年左右的农业遗址，他到中国是为了更广地探索日本农业遗存的历史，尤其是阿伊努人以及他们檫文与弥生社会的祖先。值得庆幸的是，到20世纪90年代末，不仅两城镇发掘开始，而且张光直在河南主持的一个项目，以及冷键及其在华盛顿大学的同事所主持的子项目也相继开工，即位于河南的龙山时期的山台寺遗址。随后，刘莉主持的另一个项目也很快开展起来。这三个项目为中国植物考古研究提供了比较研究的广阔基础。其中一些材料仍在分析中，但我们已经从所有项目中获得了许多认识[4]。

[1]　即人类对环境的影响。

[2]　Crawford GW, AP Underhill, Z Zhao et al. 2005. Late Neolithic Plant Remains from Northern China: Preliminary Results from Liangchengzhen, Shandong. *Current Anthropology* 46(2): 309-317.

[3]　Jia W, 2007. *Transition from Foraging to Farming in Northeast China*. British Archaeological Reports. Archaeopress, Oxford.

[4]　a. Lee GA, GW Crawford, L Liu et al, 2007. Plants and People from the Early Neolithic to Shang Periods in North China. *Proceedings of the National Academy of Sciences* 104(3): 1087-1092.　b. Liu L, X Chen, YK Lee et al, 2002. Settlement Patterns and Development of Social Complexity in the Yiluo Region, North China. *Journal of Field Archaeology* 29(1/2): 75-100.

两城镇的第一份植物考古研究报告记录了水稻似乎在当地农业中起着重要作用。粟也很重要，而禾本科野生草籽在样品中亦普遍存在。定量分析表明整个遗址中植物种子密度的空间分布差异相当大。本报告将余下部分的样品包括进来，以补充以前的分析。样品一共有604个，此外还有46个样品的出土背景不是龙山时期，而是属于周代与汉代，本报告也对这些样品予以综述。总共处理了将近7000升文化堆积土壤，比我们首次发表的土样数量和体积的2倍还多。从这些样品中发现了13000余颗植物种子[1]，整体出土密度为每升沉积物仅有不到2颗。这个数据由于有263个样品不含植物种子而被拉低。排除不含植物种子的样品后，植物种子密度为每升2.7颗。

本研究致力于做一个更加全面的分析，但是由于时间有限而没完成，此外我们也没有机会把植物遗存数据和该遗址的其他数据充分地整合起来。我们计划将来更加详细地比较灰坑的包含物。本报告的重点是取自浮选样品的基本信息。我们先考察整个遗址的问题与模式，然后再深入到更加具体的问题。需要强调的一个关键问题是，对两城镇植物利用和农业的描述以及其植物遗存与其他遗址植物遗存的比较，必须考虑样品内容的差异性，因此本报告试图从多个方面来报道这种差异。

二　研究方法

本文报道的样品都是用一个20世纪80年代末设计的浮选装置收集的，它是克劳福德在日本和北美广泛使用过的多种装置的结合体。它与自20世纪70年代开始在美国肯塔基州所使用的贝冢考古浮选机基本相似[2]，今天仍在使用。它还结合了剑桥大学泡沫浮选装置的特点[3]。这台仪器在多伦多大学制造，而后运至中国。它是由金属框架支撑的长方形聚氯乙烯箱体，非常轻便，框架和箱体可以拆成两个部分并叠放在一起，以供密实储藏与运输。所有发掘队员都住在两城镇的一个村里，浮选在那里一个旅馆的院子里进行。浮选过程见另文[4]。

我们尽可能从多种不同的遗迹类型中取样（超过22类遗迹，包括灰坑、房址、活动面、没有房屋或灰坑的地层、墓葬等），以便考察不同类型的遗迹所出土的植物遗存是否有差异（图10－1）。样品主要来自灰坑，约占总数的45%，其余55%的样品采自另外的22类遗迹。第一发掘区每个4米见方的探方都有大量出自灰坑的样品，但有5个建筑遗迹密度很高的探方除外（图10－2）。我们尽量从每个灰坑或其他类型的遗迹中至少收集一份样品，大型遗迹则采集更多样品。因此，采自发掘单位的土样总体积与出土遗迹的数量和规模大体成正比（图10－2）。第一发掘区北部和中部的建筑、灰坑及其他遗迹密度较高，因此该区域被广泛取样，体积最大的土样出自该区域（图10－3）。约80个土样取自第一发掘区以外的发掘单位（探沟[5]“trench”），其中仅T007、T021和T024三个单位有较大体积的取样。遗迹类型标为“沟”（ditch）（图10－4）的样品就出自这些探沟（参见表10－1）。

[1]　“种子”在这里指所有植物的传播体（即传播植物的实体），比如一颗真正的种子或干果，如瘦果。

[2]　Watson PJ, 1976. In Pursuit of Prehistoric Subsistence. *Midcontinental Journal of Archaeology* 1: 77-100.

[3]　Jarman HN, AJ Legge, J A Charles , 1972. Retrieval of Plant Remains from Archaeological Sites by Froth Flotation. In: E. S. Higgs (ed). *Economic Prehistory*. London: Cambridge University Press, 39-48.

[4]　Crawford GW, AP Underhill, Z Zhao et al, 2005. Late Neolithic Plant Remains from Northern China: Preliminary Results from Liangchengzhen, Shandong. *Current Anthropology* 46(2): 309-317.

[5]　译注：本文中的“探沟”专指发掘单位，对应英语原文中的“trench”，“沟”专指地层单位中辨认出的史前堆积或遗迹，对应英语原文中的“ditch”。

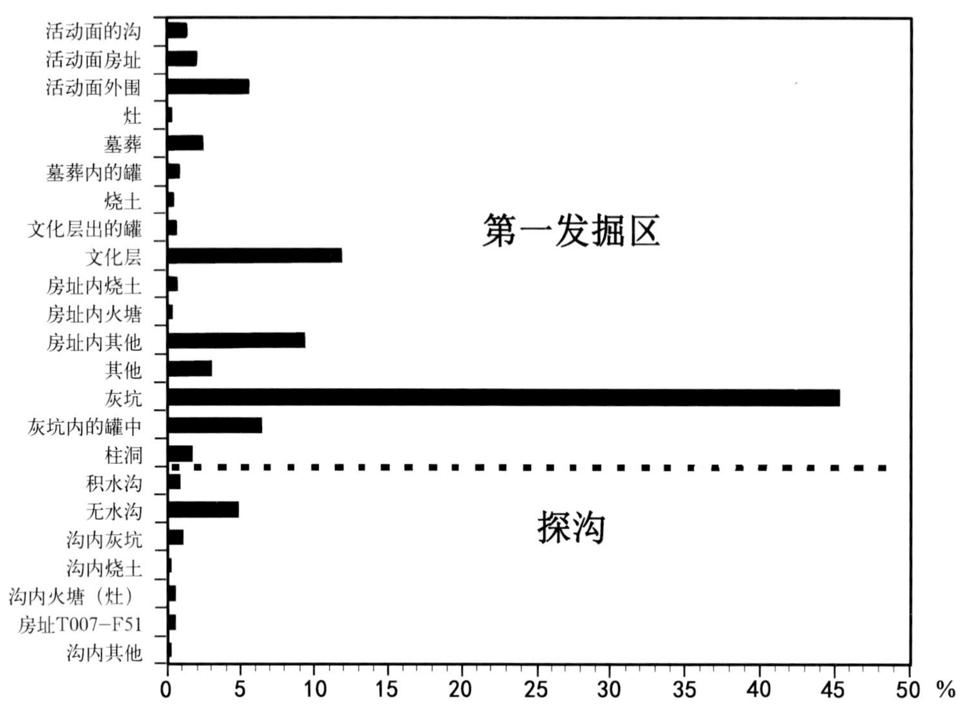

图10-1　被取样的各类遗迹所占样品总数的百分比

表10-1　遗迹类型中英文对照表

遗迹类型（英）	遗迹类型（中）	遗迹类型（英）	遗迹类型（中）
Activity Area: ditch	活动面的沟	Other	其他
Activity Area: house	活动面房址	Pit	灰坑
Activity Area: external	活动面外围	Pit: inside pot	灰坑内的罐内
Baking Pit (Z1)	灶	Post	柱洞
Burial	墓葬	Ditch with water	积水沟
Burial (pot)	墓葬内的罐	Ditch without water	无水沟
Burnt soil	烧土	Ditch: associated pit	沟内灰坑
Cultural Layer: pot	文化层出的罐	Ditch: burnt soil	沟内烧土
Cultural Layer	文化层	Ditch: hearth	沟内火塘（灶）
House: burnt soil	房址内烧土	Ditch: house (T007-F51)	房址T007F51
House: hearth	房址内火塘	Ditch: other	沟内其他
House: other	房址内其他		

严格意义上讲，不包含在这些沟类遗存（这些沟被阐释为属于某些时期的壕沟）里面的房址、灰坑和其他晚于沟的地层土样，并代表了沟不再被使用后所形成的遗迹（图10-1中“无水沟”）。不同的考古队发掘了探沟和第一发掘区，绝大部分探沟是尝试性的，而且没有从多种遗迹中广泛取

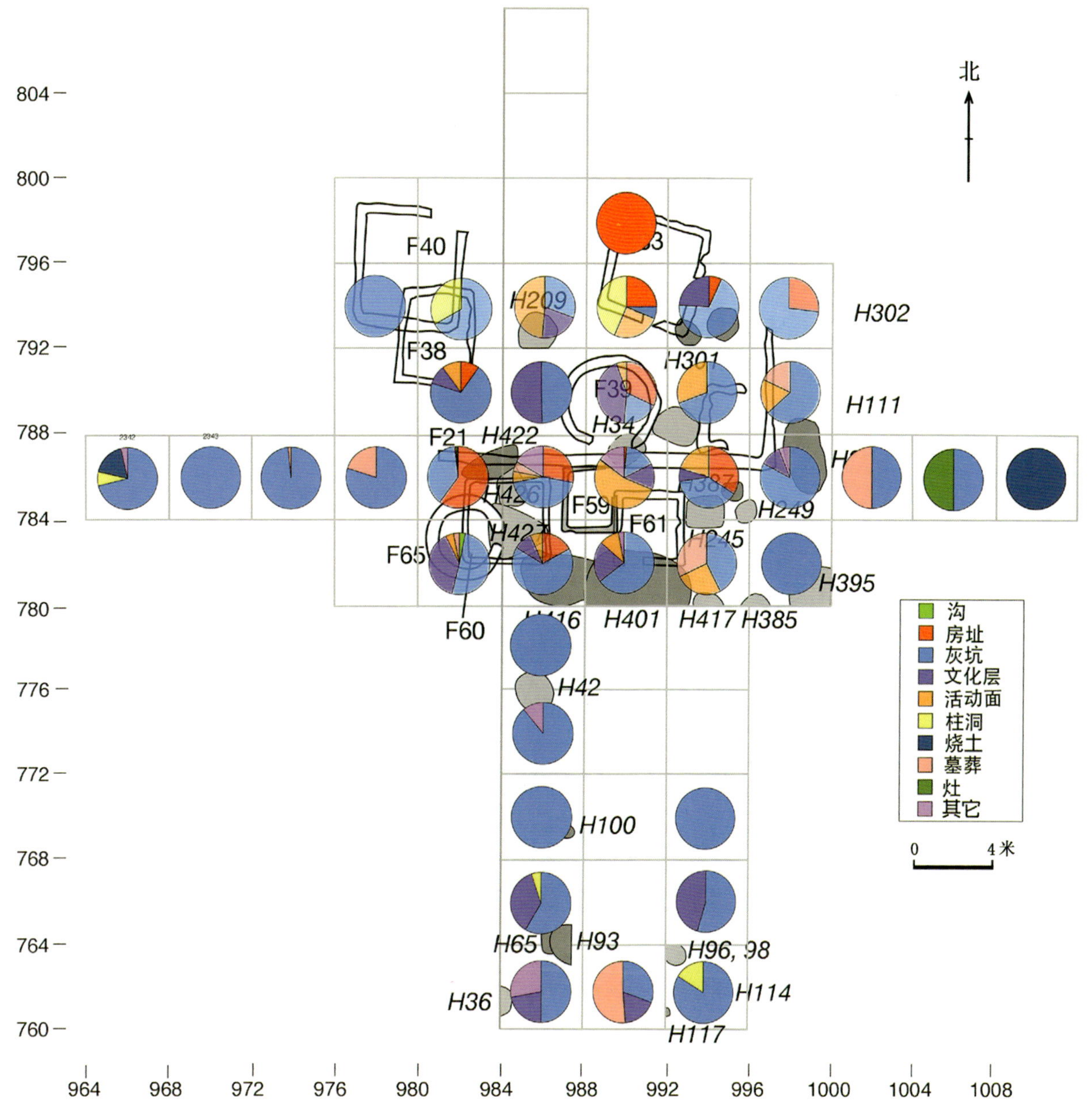

图10-2　第一发掘区每个4米×4米探方中所有时期的遗迹类型

样。一般而言，浮选采样的目的是为了让我们了解浮选研究在这类人类居住背景中是否有用，因此我们采集了多种类型的小样品（一般10升或更少）。

分析遵循标准过程。轻浮产物用4个地质网筛分为5档不同的尺寸，孔径分别是2.00、1.00、0.70、0.425、0.200毫米。大于2.00毫米的物质分成以下几类：如骨骼、木炭、未炭化的有机质以及植物种子。小于2.00毫米的产物中只有植物种子和其他需要更加详细观察的遗存才被取出。样品分成两批，一批由赵志军在北京分析，另一批由格里·克劳福德和多伦多大学的学生分析。分析数据输入计算机数据库，生成电子数据表格。植物遗存的照片用 Nikon Coolpix 相机或尼康数码成像系统（Nikon Digital Sight system）拍摄获得。有些情况下我们会拍摄扫描电镜照片以检视小于1.00毫米长

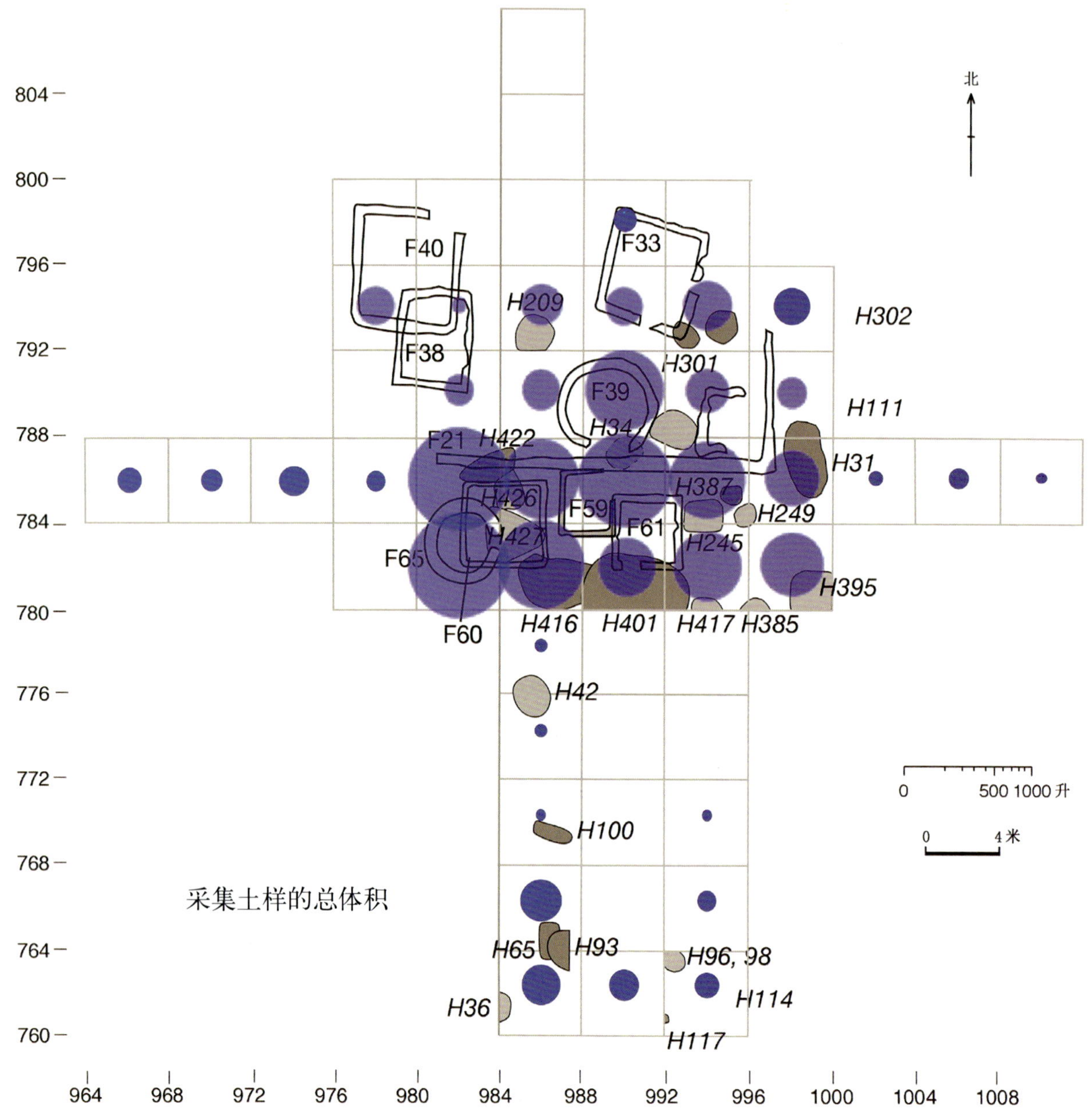

图10-3　第一发掘区采集土样的总体积

的标本以及一些略大的标本，以便得到比其他方法所能获得的分辨率更高的图像。

三　炭化植物的种类

对数据表中的植物种子进行分类可以有多种方式。在本报告中，它们以其生态特征和生长习性被分为三大类：栽培作物、（主要为）一年生杂草（即受扰动生境中的植物）、以及其他（非栽培作物也非一年生杂草，比如乔木与灌木的果实，包括坚果，还有未知以及不可辨认的标本）（表10-2）。“未知”（unknown）的标本具有能够辨认的特征，但是到目前为止它们还未被鉴定出

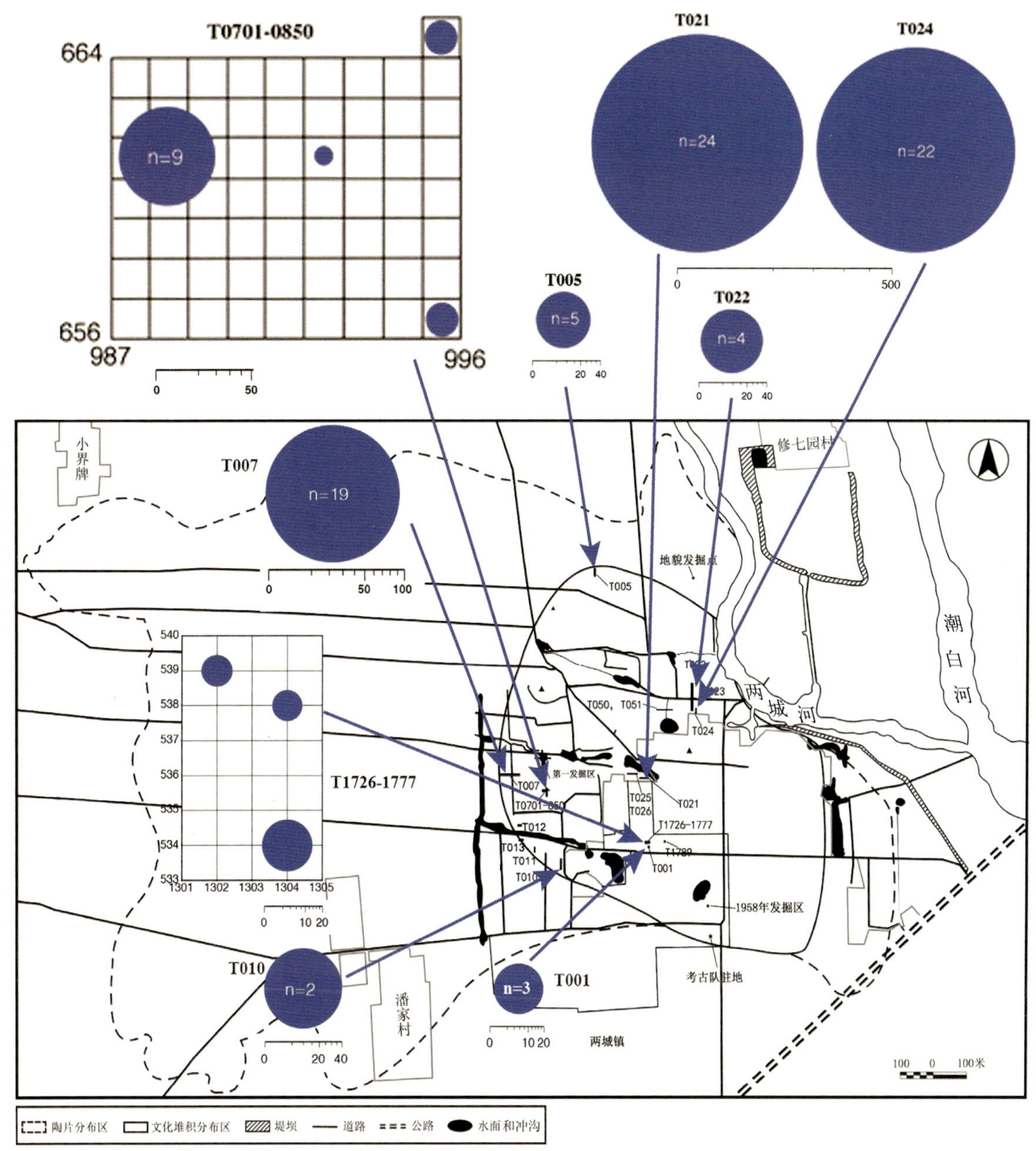

图10-4　第一发掘区以外探沟所出土样的总体积

来。这在任何植物考古分析中都很常见，因为一个地区的植物包罗万象，可达数千个种。严格意义上的鉴定需要参考标本，而这些并非经常可得。在理论上，所有未知标本都是可以被鉴定的，但是要花时间。不可辨认的（unidentifiable）植物种子是那些过于破碎以致无法鉴定或因炭化变形而看不出鉴定特征的标本。所有植物遗存组合都有“未知的”和“不可辨认的”种子。尽管在理想情况下所有未知种最终都能被鉴定出来，但每一类往往只有一两颗种子，因此花时间去鉴定它们可能并不合算。但是，未知种及其特征都记录在案，以便日后能鉴定出来并加入到数据库中。其次常见的植物遗存类型是草茎和茎节（图10-5）。茎节是草茎上最坚韧的、叶片着生的部分。木炭在浮选土样中的量比较小。遗址中发现了木质遗存，但是它们是建筑部件而非残余的燃料。

表10-2　本报告中所讨论的主要植物的俗名与学名[1]

Common Name 英文俗名	Chinese Name 中文名	Scientific Name 学名
CULTIGENS	**栽培作物**	
Broomcorn (Common) Millet	黍[1]	*Panicummiliacium*
Foxtail Millet	粟	*Setariaitalica* subsp. *italica*
Wheat	小麦	*Triticum* cf. T. *aestivum*
Rice	稻	*Oryza sativa*
WEEDY PLANTS	**杂草类植物**	
Amaranth	苋属	*Amaranthus* sp.
Aster Family (thistle?)	菊科	*Asteraceae*
Bean Family	豆科	*Fabaceae*
Adzuki Bean	赤豆	*Vignaangularis*
Soybean	野大豆、大豆	*Glycine max subsp. soja* 或 *G. max subsp. max*
Perilla/Beefsteak plant	紫苏	*Perillafrutescens*
kawara-ketsumei	豆茶决明	*Sennanomame*
		（亦名：*Cassia nomame, Chamaecristadimidiata, C. nomame*）
Chenopod, goosefoot	藜属	*Chenopodium* sp.
Knotweeds	蓼属	*Polygonum* sp.
Japanese knotweed	虎杖	*Reynoutria* c.f. *japonica*（亦名: *Polygonumcuspidatum*)
Spotted Ladysthumb?	春蓼	*P. persicaria*
Mustard Family	十字花科	Brassicaceae
Pigweed	酸模属	*Rumex* sp.
Pokeweed	日本商陆	*Phytolacca* c.f. *P. japonica*
Purslane	马齿苋	*Portulacaoleracea*
Su Mi Cao	粟米草	*Mollugo* c.f. *M. stricta*（中国仅有的本土种）
Sun spurge	泽漆	*Euphorbia helioscopia*
WEEDY PLANTS: GRASSES	**禾本科杂草类植物**	*Poaceae*
Barnyard Grass	稗	*Echinochloa crus-galli*
Wheat Tribe	小麦族	*Triticeae*
Digitaria or crabgrass	马唐属	*Digitaria* sp. （*D. sanguinalis, D. ciliaris* 或 *D. violascens*）

[1] 植物分类依《中国植物志》，同时于必要处参考种质资源信息网络（GRIN）发布的最新分类。

Wild Foxtail Grass Type	狗尾草属	*Setaria* sp. （*Setariaitalica* subsp. *viridis*?）
Wild Panic Grass Type	黍属	*Panicum* sp. (?)
Millet Tribe	黍族	*Paniceae*
FLESHY FRUIT	**肉果类**	
Grape	葡萄属	*Vitis* sp.（山东有7个种）
Hackberry	黑弹朴	*Celtisbungeana*（朴属在山东有2个种）
Nightshade Family	茄科	*Solanaceae*（中国有10个属）
OTHER PLANTS	**其他植物种类**	
Acorn/Oak	栎属	*Quercus* sp.（山东有10个种）
Cattail	香蒲属	*Typha* sp.（本地种3种）
Squash/Cucumber family	葫芦科（美洲马瓞儿属？）	*Cucurbitaceae*（*Melothria sp.*?）
Maackia	马鞍树属	*Maackia* sp.（山东可能有3个本地种）
Sedge	莎草科	Cyperaceae（33属，860种）

注：在《中国植物志》英文版中，*Panicummiliacium* 的中文名是“稷”，*Setariaitalica* 的中文名是“粱”，但国内考古界约定俗成地称为“黍”和“粟”，为避免混淆，本文采纳后一种译名，后文中统称这两者的“millet”一词，也采用国内学界习用的译名“小米”。

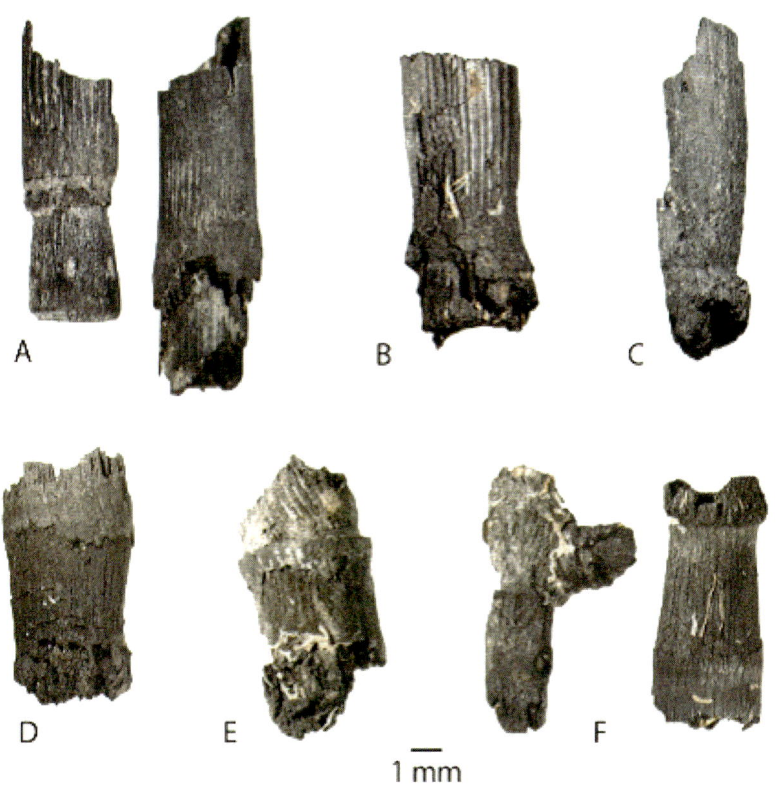

图10－5　禾本科草茎碎片（茎节部）

A：H331，B：H406，D：H82，E：T2297，地层中的样品，F：H402

图10–7展示了几类基本的植物与栽培作物的相对数量。每一类都有很多，但一年生杂草在整个组合中的数量远比栽培作物要多。实际上，植物种子的主体部分包括不到20个种类，其中大部分属于禾本科，因为可能会有许多个禾本科的物种，所以这只是一个保守估计。植物种子数量在表面上说明了两个重要方面的问题：栽培作物在组合中占有相当比例；杂草也是组合中的一个重要部分，尤其是杂草中与栽培作物共生的一年生禾本科，它们不一定是刻意种植的，但受到以资源生产为目的的土壤翻耕和土地清理活动的直接影响。在栽培作物中，小米数量最大，但是以重量计，稻的炭化籽实更占优势。对此最直接的阐释是稻可能比小米提供了更多热量，而且稻的生产可能比小米的生产需要更多资源投入。然而，这种直接的阐释应当结合植物遗存的埋藏情况，而且至少还要考虑它们出土背景的差异。在后文中，我们会努力考量这些因素。无论如何，在我们启动这项研究时，并未意识到稻在两城镇的生计经济中能够占有一定地位，而实际上稻确实对生计经济有一定的贡献，这一事实是非常重要的信息，尽管我们无法精确评估小米与稻的相对重要性。

四 栽培作物

植物组合中有四种无可置疑的栽培作物：稻、粟、黍和小麦（图10–6）。另有三种比较模棱两可，但是最终成为了东亚重要的作物：大豆、赤豆和紫苏。这种模棱两可一方面是因为栽培作物的定义，另一方面是因为每种植物是否驯化的鉴别特征很难定义[1]。我们的方法比较灵活变通，而且假定从野生到驯化植物之间是一个连续变化的区间，那么在这个区间当中选择一个点作为植物从野生转变成驯化的标志是不可取的。“农业”的概念与“驯化”有所区别，它是指与植物和动物管理相关的行为。因此，多种证据可以用来探索考古材料中的农业[2]。我们大多数人不再以有没有栽培作物作为定义农业的特征[3]。换言之，确定将哪些材料归入栽培作物只是鉴定者个人的决定。图10–7表示了每一类植物种子相对的丰富程度。这些图表仅仅是描述遗址出土遗存的总体数量，并不是为了传达任何有关食谱或文化方面的意义。但是，稻和粟数量很大，表明这两种作物比较重要，尽管稻可能在晚期更受重视。在报道早、晚期差异的部分，我会更加详细地谈及这个问题。图10–7还把籽实的相对大小考虑在内。一颗稻的种子明显大于一颗小米种子，因此图10–7以炭化物的重量估测了比例。这一估测基于每一类样品完整籽实的重量。校正后的数量表明水稻的重量在栽培作物中最高。植物遗存出土背景的差异性将在后面讨论。

1．小米

粟的数量（图10–6，1、2）在小米中占94%，其籽实数量最大，但重量相对没那么大。小米中

[1] a. Harlan JR, 1985. *Crops and Man*. American Society of Agronomy, Madison, WI. b. Smith BD, 2001. Documenting Plant Domestication: the Consilience of Biological and Archaeological Approaches. *Proceedings of the National Academy of Sciences* 98(4): 1324-1326. c. Zeder MA, 2006. Central Questions in the Domestication of Plants and Animals. *Evolutionary Anthropology: Issues, News, and Reviews* 15(3): 105-117.

[2] Denham T, 2011. Early Agriculture and Plant Domestication in New Guinea and Island Southeast Asia. *Current Anthropology* 52(S4): S379-S395.

[3] a. Crawford GW, 2008. The Jomon in Early Agriculture Discourse: Issues Arising from Matsui, Kanehara, and Pearson. *World Archaeology* 40(4): 445-465. b. Denham T, 2011. Early Agriculture and Plant Domestication in New Guinea and Island Southeast Asia. *Current Anthropology* 52(S4): S379-S395.

1．出自H65的粟

2．带有外壳的狗尾草属，出自T022和G22，尺寸和球状外形就像粟

3．出自H65（左）、T022（中）、G22（右）的黍

4．稻的米粒（左）和稻的小穗（右），出自T2097的文化层土样

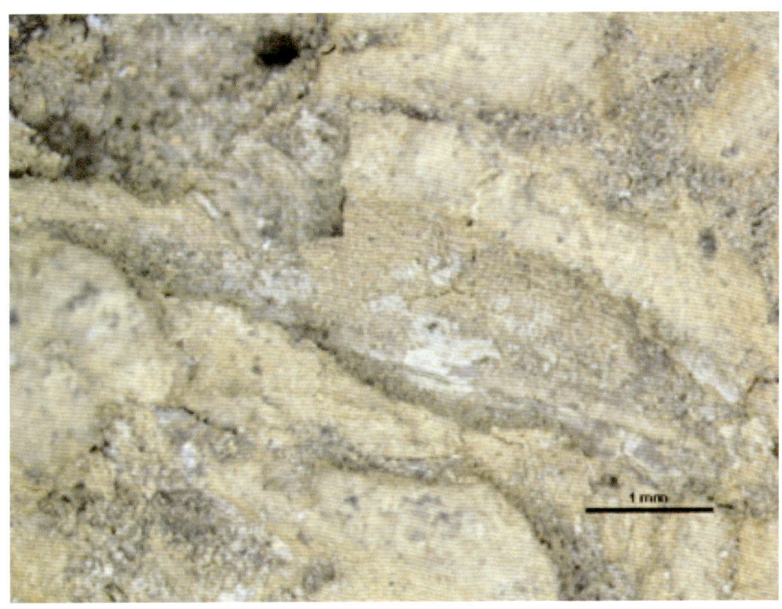

5．碎陶片中的稻壳，出自T2395的灰坑H49（编号1050）

图10－6　两城镇遗址出土的栽培作物

另外的6%是黍（图10－6，3）。完全发育的粟粒和未发育完全的籽粒（小粟粒）都有，而且都是收获来的。Austin、Crawford、Hunt [1]以及 Rao [2]等文章对粟的植物学问题进行了更广泛的研讨，包括

[1]　a. Austin D, 2006. Fox-tail Millets (Setaria: Poaceae)--Abandoned Food in Two Hemispheres. *Economic Botany* 60(2): 143-158.　b. Crawford GW, 1992a. Prehistoric plant domestication in East Asia. In: CW Cowan, PJ Watson (eds). *The Origins of Agriculture: An International Perspective*. Washington and London: Smithsonian Institution Press.　c. Hunt H, M Vander Linden, X Liu, et al, 2008. Millets Across Eurasia: Chronology and Context of Early Records of the Genera Panicum and Setaria from Archaeological Sites in the Old World. *Vegetation History and Archaeobotany* 17（Supplement 1）: 5-18.

[2]　Rao P, JMJ de Wet, DE Brink et al, 1987. Infraspecific Variation and Systematics of Cultivated *Seteria italica,* Foxtail Millet (Poaceae). *Economic Botany* 41(1): 108-116.

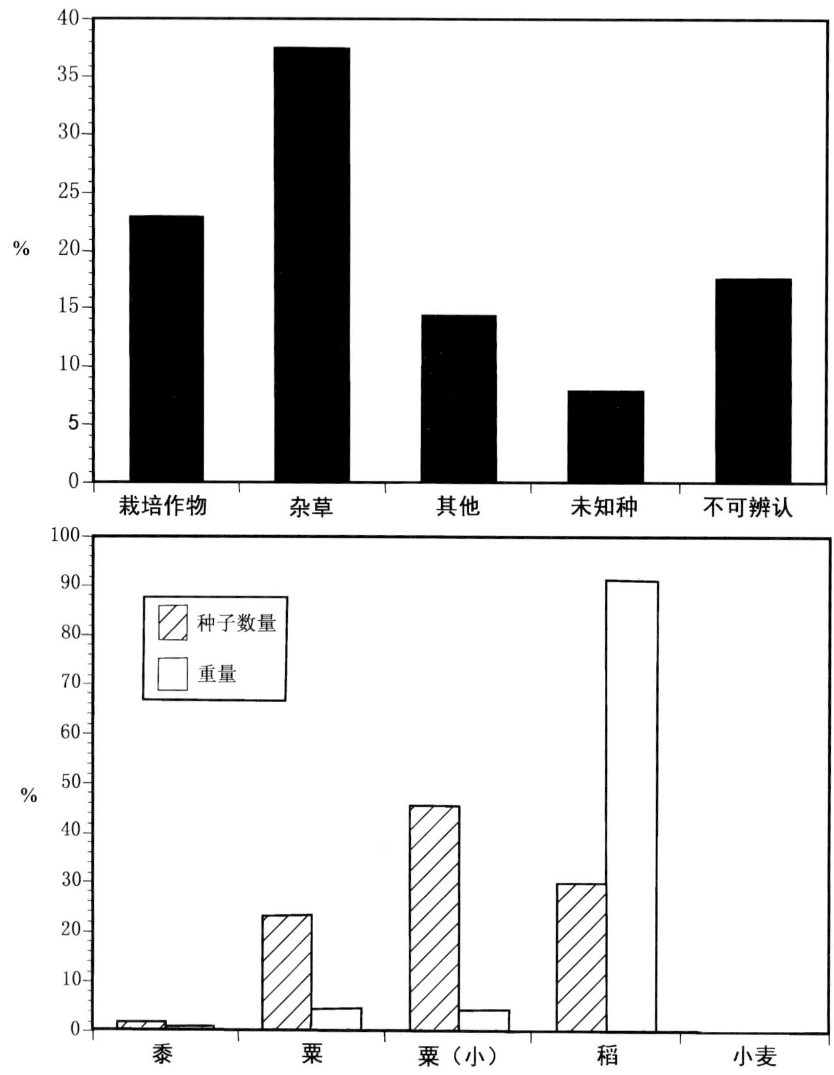

图10-7 几类基本的植物与栽培作物的相对数量

上图：各类植物种子数量的相对比例；下图：炭化栽培作物种子数量与重量的相对比例

把野生祖型分类从 *Setaria viridis* 改为 *Setaria italic* supsp. *viridis*，以及把栽培作物的分类从 *Setaria italica* 改为 *Setaria italic* supsp. *italica*。未发育完全的籽实各个维度的尺寸都明显比发育的籽实小。它们可能尚未成熟，但这不是造成籽实小的唯一原因。禾本科倾向于生长出分蘖的茎杆，即从主茎的基部抽枝，它们比较小，并且结出小籽实，因此这些种子可能来自分蘖。另一种可能是，为种子发育提供营养的维管束并不总是生长良好，因而限制了营养的传输，以致籽粒可能没有完全发育。植物组合中还有谷壳（内稃和外稃），主要是籽实与外壳黏结在一起。

2．稻

稻（图10-6，4）是称重量最大的作物，虽然它在数量上不如小米。在两城镇的陶器中还发现用稻壳做羼合料（图10-6，5）。出自H93的一颗稻米经AMS断代校正后为距今3610±60年，或公元前2135～1860年（1-sigma, TO-10206，1950年为距今的计年起点），这证明它属于龙山文化晚期。稻的米粒平均长4.0、宽2.0毫米。

稻可以多种方式种植，包括旱作、在季节性水塘中播种、梯田、水田，以及将这些方法结合起来。两城镇似乎已经有水稻生产，因为据报道在流经遗址旁的潮白河河边的沉积物中发现了稻的植硅石。莎草常见于潮湿的生境中，它出现在5类遗迹中，但主要出自T022和G22的土样。样品中还鉴定出了芦苇植硅石，它们生长在受扰动的、潮湿的、或湿地的生境中[1]。赵家庄遗址确认出土了龙山时代（距今4600～4300年）的水稻田，也在距两城镇不远的山东境内[2]。

3．小麦

遗址中鉴定出三颗普通小麦，麦粒似乎与东亚地区其他遗址出土过的小型小麦属于同一种群[3]（图10－8）。四倍体小麦的麦粒很难和六倍体区分开，但东亚的标本很可能是普通小麦，而且与印度的球粒小麦（*Triticum aestivum* subsp. *sphaerococcum*）和密穗小麦（*Triticum aestivum* subsp. *compactum*）最为相似[4]。北海道出土的小穗轴残片进一步确认了日本的标本是普通小麦。两城镇的一颗小麦出自灰坑H42中一件龙山时代的陶罐（4号罐），而另一颗出自灰坑H65附近的一个深柱洞。这些是迄今为止中国东部发现的最古老的小麦标本，尽管大多数开展浮选的龙山遗址都有小麦出土，比如山台寺[5]。我们已将一份样品送交AMS断代，但尚未出鉴定结果。

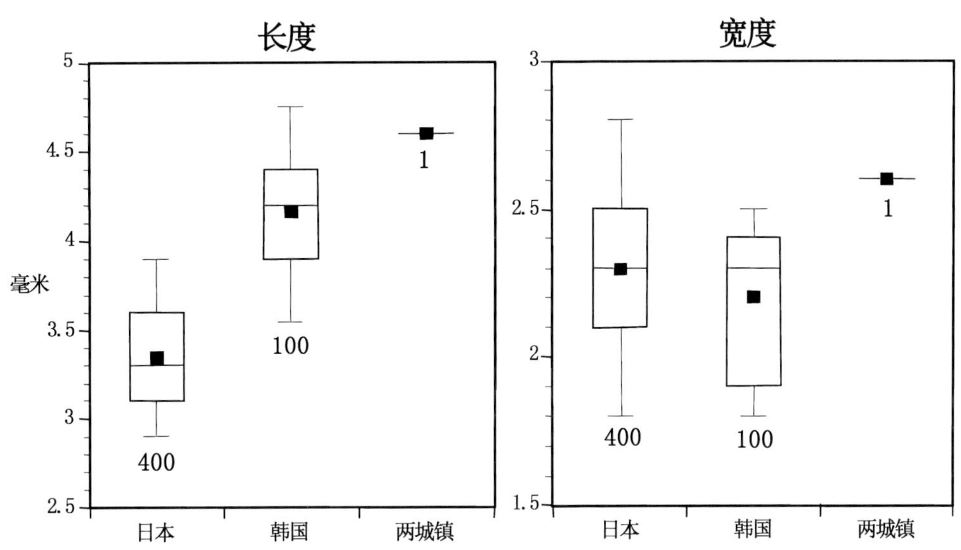

图10－8　箱线图表示两城镇出土小麦与韩国和日本出土小麦样品的长宽比较

箱体顶部、底部和中部的直线分别对应位于75%、25%（即上四分位数和下四分位数）和50%（即中位数）位置上的数据，底部的须表示位于底部10%位置的值，顶部的须表示位于顶部90%的值（即上下两个十分位数），中间的小箱体表示平均值。

---

[1]　靳桂云、栾丰实、蔡凤书等：《山东日照市两城镇遗址土壤样品植硅体研究》，《考古》2004年第9期。

[2]　Jin G, SD Yan, T Udatsu et al. , 2007. Neolithic Rice Paddy from the Zhaojiazhuang Site, Shandong, China. *Chinese Science Bulletin* 52(24): 3376-3384.

[3]　a. Crawford GW, 1992a. Prehistoric Plant Domestication in East Asia. In: CW Cowan, PJ Watson (eds). *The Origins of Agriculture: An International Perspective*. Washington, DC: Smithsonian Institution Press.　b. Crawford GW, M Yoshizaki, 1987. Ainu Ancestors and Prehistoric Asian Agriculture. *Journal of Archaeological Science* 14: 201-213.

[4]　a. Crawford GW, 1992b. The Transitions to Agriculture in Japan. In AB Gebaur, TD Price (eds). *Transitions to Agriculture in Prehistory*. Monographs in World Archaeology 4. Madison, WI, Prehistory Press, 117-132.　b. Crawford GW, M Yoshizaki, 1987. Ainu Ancestors and Prehistoric Asian Agriculture. *Journal of Archaeological Science* 14: 201-213.

[5]　Zhao Z, 2009. Eastward Spread of Wheat into China: New Data and New Issues. *Chinese Archaeology* 9: 1-9.

4．豆类

样品中可能为栽培豆类的（豆科 Fabaceae）主要有两种：赤豆与大豆（图10-9、10）。赤豆种子比现代栽培作物小（长4.0～4.2、宽3.1～3.3毫米），但是比野生赤豆大。韩国无文时代（青铜时代）中期 Daundong 遗址出土的大量赤豆依然是可能被驯化赤豆的最佳个案。豆类的种子大小受遗传基因与环境因素的影响，因此对它是驯化还是野生予以过于简单的判断是不明智的，尤其是当它们的尺寸还处于比较模糊的范围内时（既不是野生的小尺寸，也不像现代赤豆那么大）。此外，野生赤豆在东亚广泛分布[1]。在我们有更多来自广大地域的样品以前，我们只能保守地认为这种植物在两城镇生长于受到人类干扰的生存环境中，它的尺寸表明人类在对其进行选择。

大豆（图10-10）比赤豆多，而且出土密度也比赤豆高。在中国，大豆与人类共生的历史很长，最早的大豆出自贾湖遗址[2]。很难估计这些考古样品是野生的（*Glycine max* subsp. *soja*）、被管理的、还是驯化的（*Glycine max* subsp. *max*）。植物种子的尺寸代表了一系列复杂的问题，比如收获时间（大豆种子在成熟的过程中形状和大小会发生改变）[3]。可能直到古DNA研究能够开展时，我们才能弄清尺寸模糊的大豆种子的驯化状态。种皮厚度可能是一个有用的特征（栽培作物种子的种皮可能更薄，以便它们能很快萌发），但是在我们的炭化标本中种皮保存得不好。

图10-9　出自T022G22的赤豆

图10-10　大豆样品的种脐与侧视图

左：种脐是种子在豆荚内的附着点所遗留下的疤，右R：下胚轴-胚根（下胚轴和胚根是茎和根最初发育阶段的形态），H：种脐

5．紫苏

紫苏是一个单种属，在今日中国被广泛栽培。它是一种重要的油料来源，也是一种调味香草。紫苏种子在样品中数量相当少，所以很难了解这种植物对该遗址居住者的重要性或它是否被栽培。它们主要出自灰坑H301和H320，但还有少量种子出自另外11个样品，表明了紫苏在经济上的一些重要性。

[1] Yamaguchi H, 1992. Wild and Weed Adzuki Beans in Japan. *Economic Botany* 46: 384-394.

[2] Zhao Z, 2009. Eastward Spread of Wheat into China: New Data and New Issues. *Chinese Archaeology* 9: 1-9.

[3] Carlson JB, NR Letston, 2004. Reproductive Morphology. In: Boerma HR, JE Speeht (eds). *Soybeans: Improvement, Production and Uses.* Third Edition, Madison, WI. American Society of Agronomy, 71-95.

五 野生植物

样品中未驯化的植物种子大部分来自受人类影响的、或是被扰动的开阔生境中的植物。它们主要属于禾本科、豆类和莎草，还有多个其他类型，其数量和密度都较小，但基本上差不多（图10-11）。“野生”植物这个词的含义不够准确，这里仅用作区分栽培作物的植物命名（参见前面关于栽培作物定义的讨论）。

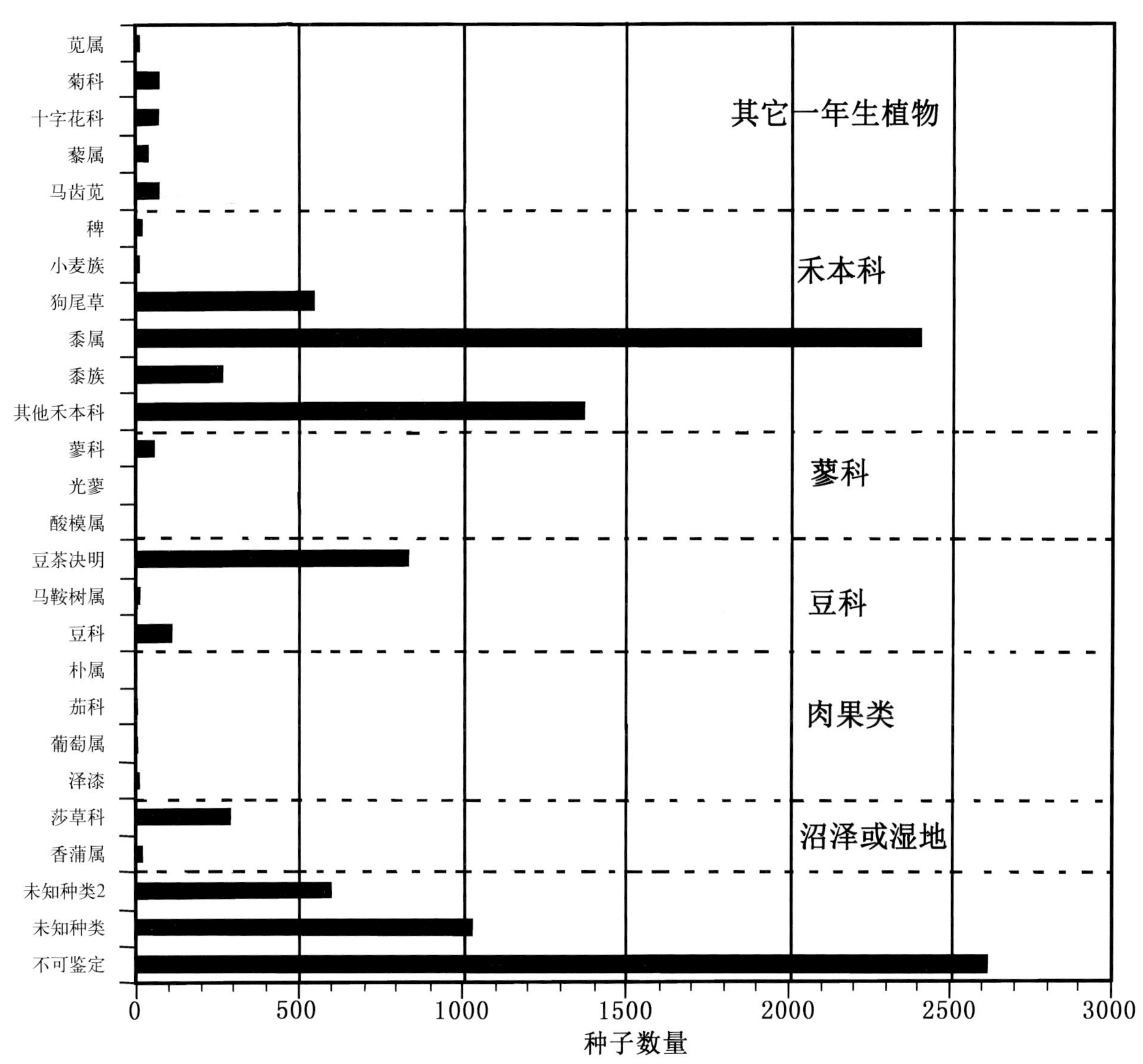

图10-11 两城镇浮选土样中“野生”植物种子数量

1．野生禾本科

样品中最常见的杂草类草本植物是禾本科的黍族，主要有两种形态类型：一种是狗尾草型（图10-12），另一种是黍型。黍型种子（52颗）平均长0.9、宽0.5、厚0.3毫米，胚疤直径平均0.3毫米。《中国植物志》（2006）列出了中国特有的17种黍属植物。除糠稷（*P. bisulcatum*）以外，其他所有种都为亚热带-热带种。在大暖期末两城镇有人类居住，因此认为当时该地区仅有糠稷可能是不符合实际的。样品中的黍型种子没有跟糠稷相像的。狗尾草型种子（35颗）平均长1.1、宽0.8、厚0.5毫米，胚疤直径平均0.7毫米。狗尾草型的胚疤长度大于种子的一半长度，而黍型的胚疤则短得多（大约是种子长度的1/3）。将它们准确定为某个种类比较困难，因为太多类禾本科种子的形态与它们相似。但是，有外壳附着的狗尾草型标本确定为狗尾草（图10-12），这根据外壳的表面形态可以辨别。既像狗尾草属也可能像黍属的禾本科在图表中被列为“黍族”，其中有一些可能是马唐属的一种类型（图10-13）。马唐属在中国北方是考古遗址中新近扰动过的土壤和其他受扰动地点中最常见的禾本科之一。最后，少数几个样品中有一些小麦族的草籽（图10-14）。

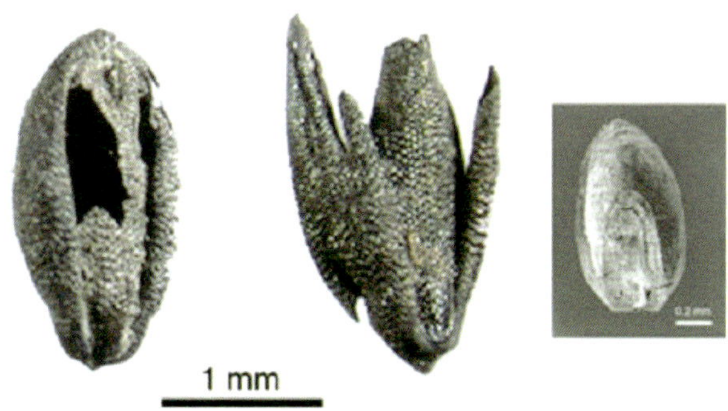

图10-12 出自T022G22的狗尾草属外壳（内稃与外稃）以及炭化狗尾草种子的扫描电镜照片

图10-13 马唐属类型的禾本科种子以及济南大辛庄遗址的现代马唐属植物

图10-14 出自H65的小麦族种子

杂草类的禾本科可能用作食物，但这很难估计。比如，在塞内加尔，御谷（pearl millet）与大片驯化型、杂草型和野生型三者相互杂交的产物共生[1]。虽然农民认识到这些杂交种很重要，但它们并

[1] Harlan JR, 1989. Wild-Grass Seed Harvesting in the Sahara and Sub-Sahara of Africa. In: Harris DR, GC Hillman (eds). *Foraging and Farming-The Evolution of Plant Exploitation*. London: Unwin Hyman Ltd, 79-98.

不是作为食物被收获的。龙山文化遗址可能也存在同样的情况。这些禾本科物种的广泛出现充其量表明有开阔的农业用地与牧场。它们也可能是动物的草料。

2．其他种类

豆类除了赤豆与大豆外，还有另外两种（图10–15、16）。一种是豆茶决明（依种质资源信息网络，其拉丁名为 *Chamaecrista nomame*；它与 *Cassia nomame* 是同义词，在《中国植物志》英文版中的拉丁名是 *Senna nomame* [1]）。尽管它主要聚集在灰坑H65中，但几乎与粟和稻一样常见。该属在中国还有其他种，但它们较适应热带。豆茶决明是一种喜开阔草地的一年生草本植物[2]，它在韩国以芦苇和蒿为主的河流冲积环境群落中是重要的组成部分[3]。它的叶片可用来泡茶[4]。第二种豆类与马鞍树属极为相似，只出现在一个样品中。通常这种树的价值在于其树荫，也就是说，它是一种装饰树种。

图10–15　出自H65的豆茶决明

图10–16　豆科种子，可能为马鞍树属（出自H5区H586）

蓼科在两城镇比较常见。它的分类不太一致，因此有些植物不止有一个名称。虎杖（*Polygonum cuspidatum*）是一种多年生植物，常见于日本北部的考古记录，也被命名为 *Reynoutria japonica*，它与大虎杖（*R. sachilinensis*）的杂交种在东亚有广泛栽培。两城镇至少有一个种与虎杖有些相似。蓼科有些属原产于中国（如蓼属有23个本地种，酸模属也是）。有些样品呈凸透镜形（图10–17b），与春蓼（*P. persicaria*）相似，但是蓼属许多种的种子都为凸透镜形，因此我们在这里不特别鉴定到种。莎草科种子也比较常见，它们在灰坑H5和H95中密度特别高。这一科植物种类多样，中国原产33个属、326个种。因此考古出土的莎草种子（实际上是小坚果）就比较难辨别，但是它们的外形都是两面或三面的。我们必须很仔细，以免将其与蓼科当中的某些种混淆，有些好像是藨草（图10–17a）。莎草偏爱湿润或潮湿的生境。至少有一种莎草原产于山东，即东方藨草（*Scirpus*

[1] Chen D, D Zhang, K Larsen, 2009. Tribe CASSIEAE. In: ZY Wu, PH Raven, DY Hong (eds). *Flora of China: Fabaceae*. Beijing: Science Press, 27-34.

[2] Chen D, D Zhang, K Larsen, 2009. Tribe CASSIEAE. In: ZY Wu, PH Raven, DY Hong (eds). *Flora of China: Fabaceae*. Beijing: Science Press, 27-34.

[3] Jarolímek, I . and J . Kolbek, 2006. Plant Communities Dominated by Salix gracilistyla in the Korean Peninsula and Japan. *Biologia* 61(1): 63-70.

[4] Hu S, 2005. *Food Plants of China*. Hong Kong: The Chinese University Press.

图10–17　部分杂草种子遗存

a、莎草（藨草）7010号样品，出自G22；b、凸透镜形的蓼科，出自T024，H585，H5；c、泽漆，出自T2399，活动面外围1号样品；d、粟米草，出自H65；e、葫芦科（可能为美洲马㼎儿属）；f、菊科（可能为蓟属）8644号样品，出自F60；g、荚果，部分裂开，出自H238。

orientalis），它生长在林地和开阔地的沼泽或湿地中。

另外，还有许多种类的植物种子，但出土数量很少，包括茄科、泽漆、商陆、粟米草、朴、香蒲，以及一些尚存疑的植物种子。有2个样品中出了4颗茄科种子，图10–18展示了它们的两种类型。它们的大小和形状相似，呈扁平的卵形，具有波状起伏的网格纹。一颗标本上的网纹较厚，而其他几颗的网纹壁较细。茄科中至少有10个属原产于中国，但今天在山东主要的几个属为天仙子属（天仙子［H. niger］）、枸杞属、散血丹属、茄属（见《中国植物志》）。中国的散血丹属是对多个属的分类进行修订后形成的，包括地海椒属（*Archiphysalis*）、野茄子属（*Chamaesaracha*）、散血丹属（*Leucophysalis*）、散血丹属（*Physaliastrum*）、酸浆属（*Physalis*），现在它们都属于同一个属，即散血丹属。两城镇的种子可能不属于这些属。王城岗遗址出土过可能为天仙子属和茄属的标本，但两城镇的样品也都不属于其中任何一属。

两颗泽漆种子（图10–17c）出自活动面的一个样品。《中国植物志》将它描述为“常为一年生的”草本植物，生于“田间、路边、灌丛、（和）混交林缘”，用途为药用。但是两城镇仅有2颗种子，不足以佐证它的用途。粟米草属至少有2颗种子（表10–2；图10–17d），可能是粟米草。该物种似乎原产于山东，喜荒地与农田，作药用。图10–17e的标本属于葫芦科，可能是美洲马㼎儿属。《中国植物志》认为它是一个外来属，但种质资源信息网络列出了数个原产于中国的种。菊科是另一个复杂的类型，中国有235属，近2500种。菊科的种子主要出自有灰坑的探沟T007中的2个土样。60号房址的土样中出土了一颗像是蓟属的标本（图10–17f）。朴属标本仅有2颗，一颗出自灰坑，另一颗出自探沟。朴树可在多种生境中生长，其果可食。有一件标本很像是一枚部分开裂的荚果（图10–17g），它比较小，大约长8毫米。

少数样品中有香蒲籽。香蒲属有3个种被认为原产于中国，但是它们仅分布于西部或东北部，显然没有原产于山东的。但是香蒲有许多种广泛分布于整个亚洲，因此两城镇的样品属于哪个种可能还是个问题。香蒲属的种子都很相似，它是多年生水生植物。香蒲在北美的土著社会中具有很高的经济价值。

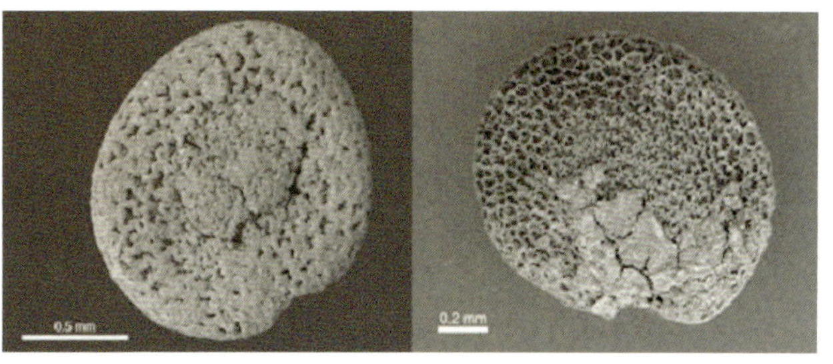

图10-18　出自H5区H586的两种茄科种子

有一个样品中出土了3枚商陆属的种子（图10-19）。这很有趣，因为《中国植物志》指出中国只有一个种，即多药商陆（*Phytolacca polyandra*），它生长在甘肃、广西、贵州、四川和云南的高海拔地区。两城镇的种子可能不是多药商陆，但是日本商陆（*P. japonica*）具有特殊的线形条纹，两城镇标本的种脐附近明显可见这些条纹。山东还有另一个种，商陆（*P. acinosa*）。种质资源信息网络认为这个种原产于中国、南亚和东南亚。若能确定两城镇的标本是什么种，而且如果它不是外来种，就能帮助我们了解哪个种真正原产于山东。目前，鉴定到种还需进一步考察现有的参考材料。日本商陆和商陆一般生长在林下、河边和河谷。然而，商陆为杂草型，路边常见，也是一种栽培的药用植物。

图10-19　出自H346的商陆
上图：侧视；左下图：种脐的斜视图；右下图：日本商陆的线形条纹特征放大

六　时间差异

两城镇各类遗迹的年代很复杂。我们尝试确定植物遗存是否因年代不同而有所不同，为此第一发掘区的样品——主要来自灰坑——被分成早期与晚期两组。对年代早晚进行比较的前提是所有灰坑包含物的形成过程相同。在本文的讨论中，我们假定灰坑包含物都代表了垃圾残渣累积而成的次生堆积。

每个时期植物遗存基本类型的构成都与整个遗址植物的总体比例不一样，但实际上这可能并不是由于历时变化造成的。主要区别在于早期杂草在植物种子中的百分比更高，而晚期其他种子更加普遍（图10-20），并且稻更多（图10-21）。“其他种子”早期与晚期的区别是因为灰坑H65集中出土了豆茶决明，这种区别源于与H65有关的某个事件，而不是由某种长期的过程所致。也就是说，H65应该另当别论。到晚期，稻在栽培作物中比例较高（图10-21）。但是，H93也要另当别论，因为它含有300多颗稻米。H93的稻米数量之多，就像H65和“其他种子”之间的关系一样，可能仅仅是由有关该灰坑的某个事件所致。早期与晚期之间唯一的主要区别可能是早期杂草种子的百分比较高。

每个时期主要植物类型的密度表明，只有定量的差别是显著的，而非定性的差别（图10-22）。主要植物类型的出土密度在早期更高。全部植物种子的密度早期为晚期的2倍，尤其是杂草的密度早期是晚期的6倍多。杂草种子在早期不仅百分比高，而且密度也高。稻的密度早期与晚期相同，这表明稻被炭化并进入考古记录的概率在早期和晚期大致相同。虽然小米在作物中的百分比早期与晚期

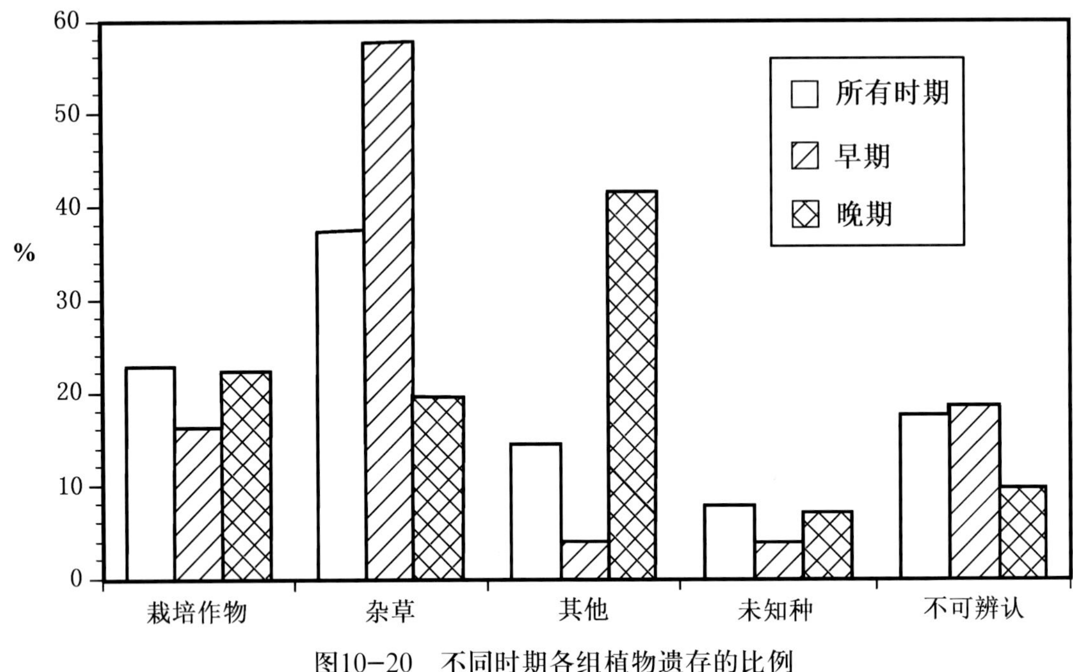

图10-20 不同时期各组植物遗存的比例

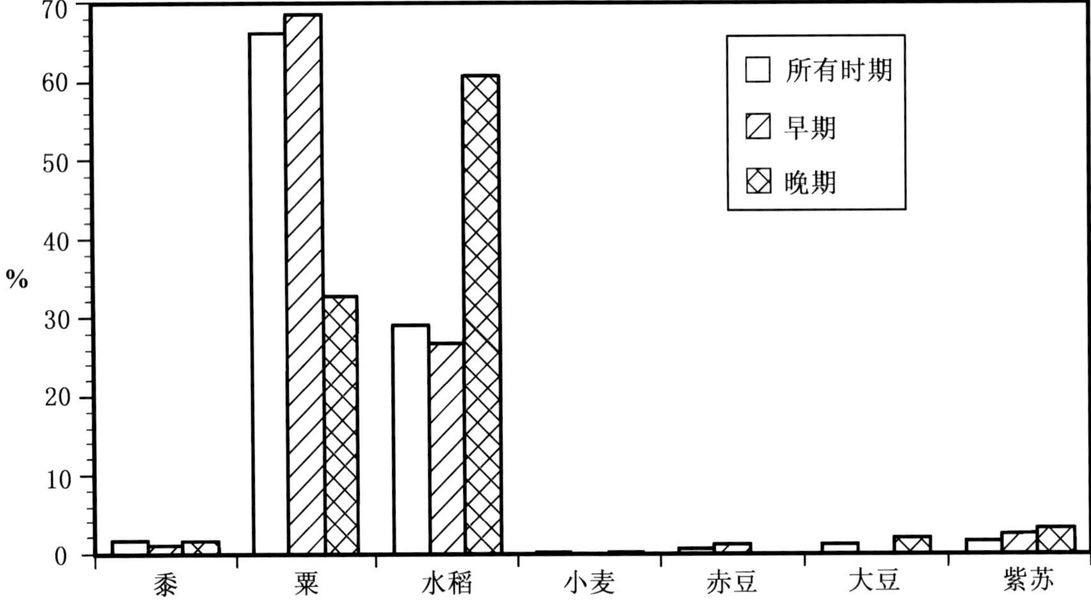

图10-21 不同时期栽培作物与可能被驯化植物的相对丰富程度（百分比）

相似，但是它们的密度不同。粟的密度早期几乎是晚期的3倍，这倒不是因为它们与某些特殊事件有关，而是因为早期有更多样品中有粟，而且它在大多数样品中的密度也更高，这种模式的意义还不清楚。但正如证据所表明的那样，随着时间的变化，粟在经济中的重要性逐渐降低，而同时稻则变得相对更加重要。如果人类的定居生活日益强化，那么代表受扰动的、以及开阔旱作生境的杂草种子的密度就会增加，杂草种子相对栽培作物种子的比例也会日渐增多。实际上，虽然杂草种子相对栽培作物种子的比例早期与晚期几乎相同，但是许多晚期样品的这一比例都相对较高，这表明晚期

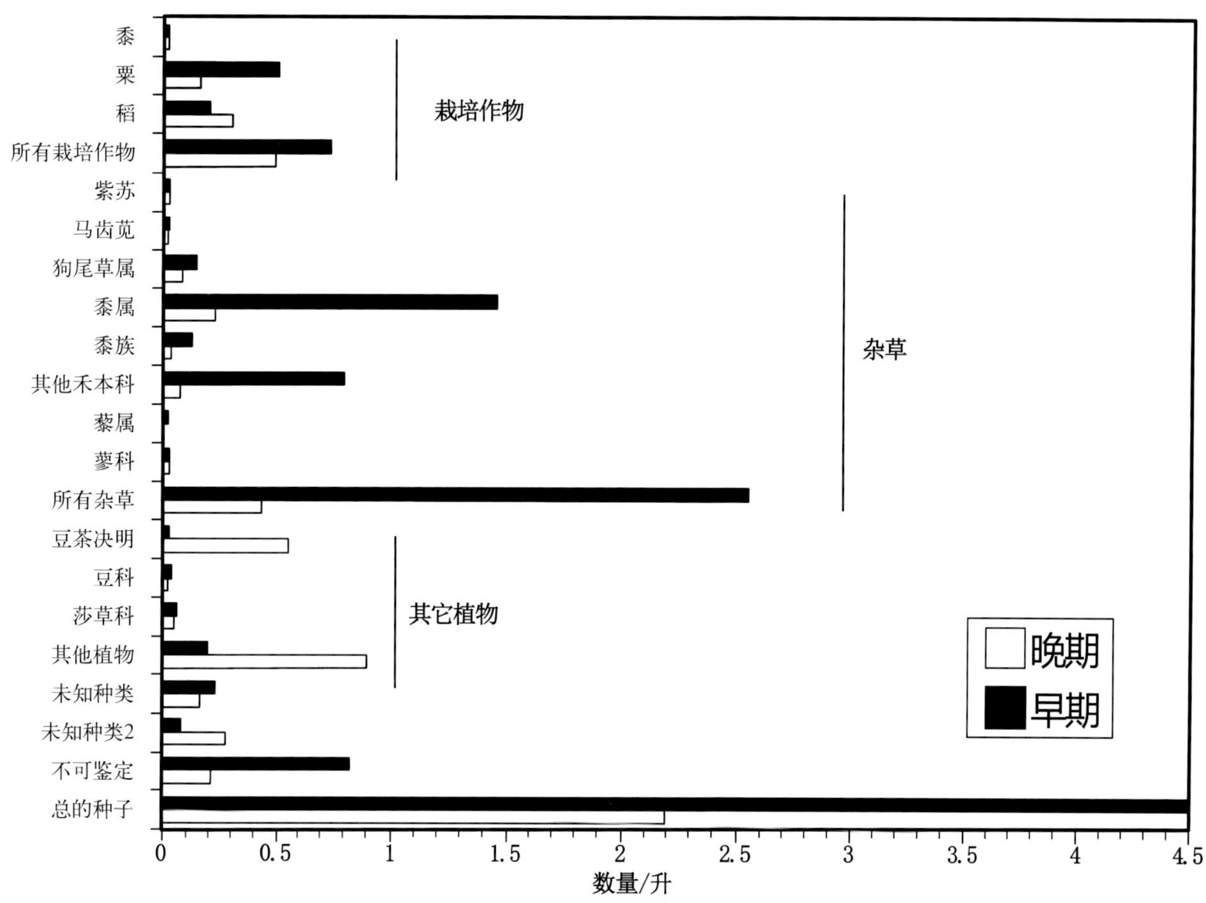

图10-22　两城镇各类植物种子早期与晚期的密度

只是略有一些增长（图10-23）。考虑到所有的证据，植物遗存比例的转变很可能不是由人类居住强度增加或总体扰动增多所致，而是由于扰动类型的不同造成的。旱作生境的面积在晚期可能有所缩减，以便加强湿生的水稻生产（以粟的减少为证）。莎草与更加湿润的土壤相伴，它的密度也是早期与晚期一样，而不是早期更多。这与水稻生产在晚期更受重视的假设是吻合的。“其他种子”是一大类既可能适应水稻生产也可能适应旱地作物生产的中性类型，它们的密度早期与晚期没有很大区别。栽培作物的总体密度在晚期明显较低，因此，虽然稻相对粟的重要性可能发生了变化，但这两种栽培作物的生产强度在晚期可能一样高，造成这种情况的原因还不清楚。

七　空间分布

植物遗存在不同遗迹中分布的差异影响到遗址内部的比较分析和对各种遗迹功能的理解。随后，空间分析可以帮助解释社会经济结构。植物加工也可能通过空间分析来厘清。希尔曼用土耳其的样品鉴定出多达30步作物加工程序，而且它们也适用于北威尔士的考古样品[1]。两城镇第一发掘区

[1]　Hillman GC, 1984. Interpretation of Archaeological Plant Remains: The Application of Ethnographic Models from Turkey. In: Van Zeist W, WA Casparie (eds). *Plants and Ancient Man: Studies in Ancient Paleoethnobotany*. Rotterdam: A. A. Balkem, 1-41.

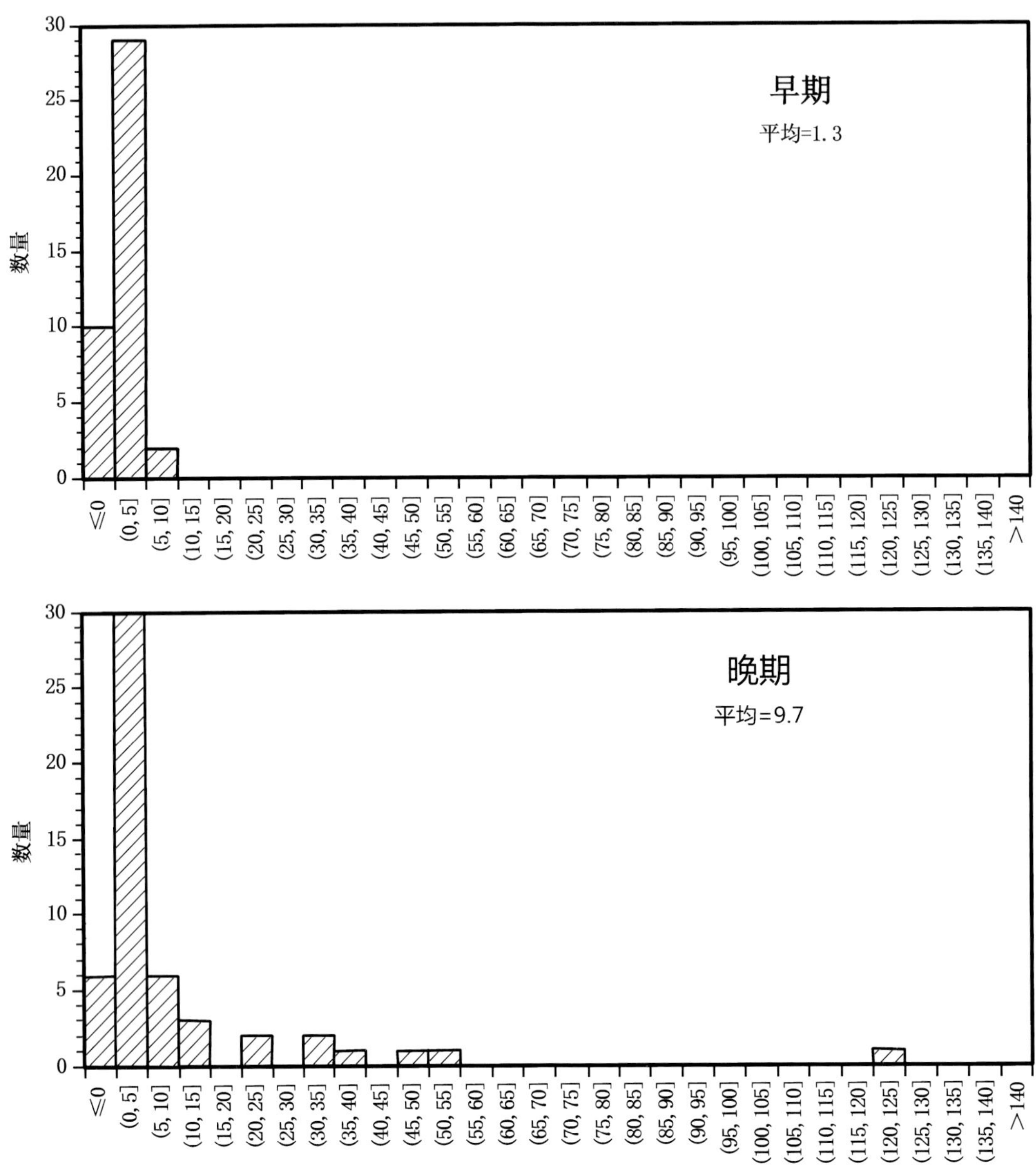

图10-23　杂草相对栽培作物早期与晚期的比例

的遗迹类型多种多样，但似乎主要是家居类型。第一发掘区的北半部建筑遗迹密度很高，而南半部则揭露出了类型复杂的灰坑和其他遗迹（图10-24）。单单一类材料——比如植物遗存——仅提供相对低层次的检验，而不同类型的遗存——比如植物遗存与动物遗存和不同陶器的结合——则提供较高层次的检验，例如Catalhuyuk遗址[1]。我们还不足以开展类似的细致分析。这里的分析仅限于考察是否能厘清植物遗存的空间分布模式，如果可以，那么这种模式可能有某种意义。我们考察各遗迹类型中植物遗存的比例分布是否有所区别。第一步是粗略地考察其比例分布，我们以如下的统计方法来进行解释。

[1]　Fairbairn A, E Asouti, J Near et al. 2002. Macro-botanical Evidence for Plant Use at Neolithic Çatalhöyük in South-Central Anatolia, Turkey. *Vegetation History and Archaeobotany* 11(1): 41-54.

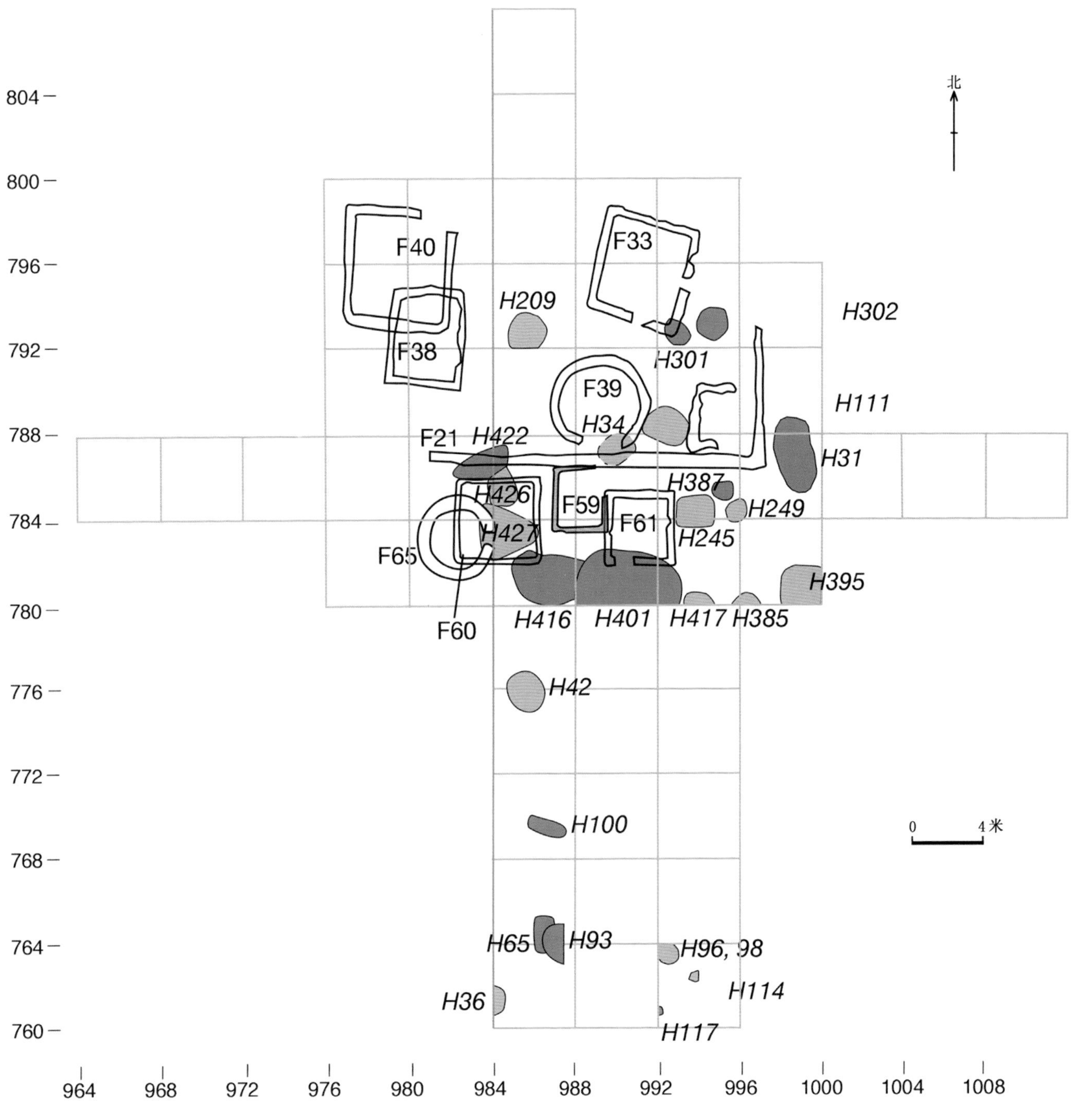

图10–24 第一发掘区中植物种子密度最高的灰坑（深灰色）

我们的初步研究表明，植物遗存的空间分布差异程度较低。我们考虑六种遗迹类型：活动面、墓葬、房址、文化层、柱洞、以及3份看上去植物遗存不太一样的探沟样品。由于样品都经过分析，我们就能够进行更加详细地分析空间特征。样品分入23个遗迹类型，而不是6个（图10–25）。本研究取样的比例分布以每种遗迹类型所取土样的相对多少计。所取土样体积最大的遗迹类型是灰坑，其次是“房址内其他”和“文化层”。这个比例与遗址中各类遗迹的土方体积基本一致。换言之，灰坑是遗址中土方体积量最大的遗迹。

探沟的土样采自第一发掘区外横切解剖沟（ditch）的探沟（T007）。在探沟内定点采样是试探性的，意在为将来的研究确定从这些位置取样是否有效。结果证明这些区域的情况比较复杂，有些样品来自曾经湿润的、且在沟充满水时沉积下来的遗迹。其他遗迹则是当沟不再有水后沉积下来的填土，还有当沟不再被使用后叠压在上面的活动面。除了与沟有关的活动面以外，其他与沟有关的遗迹并没有被充分描述，在本文分析中只是一起归为来自探沟的土样，不算在第一发掘区的样品内。本文以第一发掘区为重点。

几乎所有遗迹类型都含有植物种子，而且几乎所有遗迹类型也都有不含植物种子的样品（图10－25、26）。只有7类遗迹没有植物种子：灶（Z1）、出自墓葬和文化层的陶罐（陶罐一般不含植物种子）、烧土、火塘、以及房址T007 F51。这些土样相当小，因此土样大小可能是这些遗迹出土植物遗存数量有限的重要原因。烧土和火塘的高温环境会使种子完全氧化，但是出自有些遗迹——比如房屋内的烧土和柱洞的小土样中还是发现有植物种子。一个重要的例外是出自T022中“积水沟”遗迹的一个小样品，它的种子密度是整个遗址中最高的（图10－27）。将来龙山遗址的采样应该把这些沟包括在内，它们可能是就近废弃垃圾的地点。第一发掘区（也是两城镇的大部分区域）植物种子密度最高的样品出自有建筑群的区域，但H65和H93是例外（图10－24）。

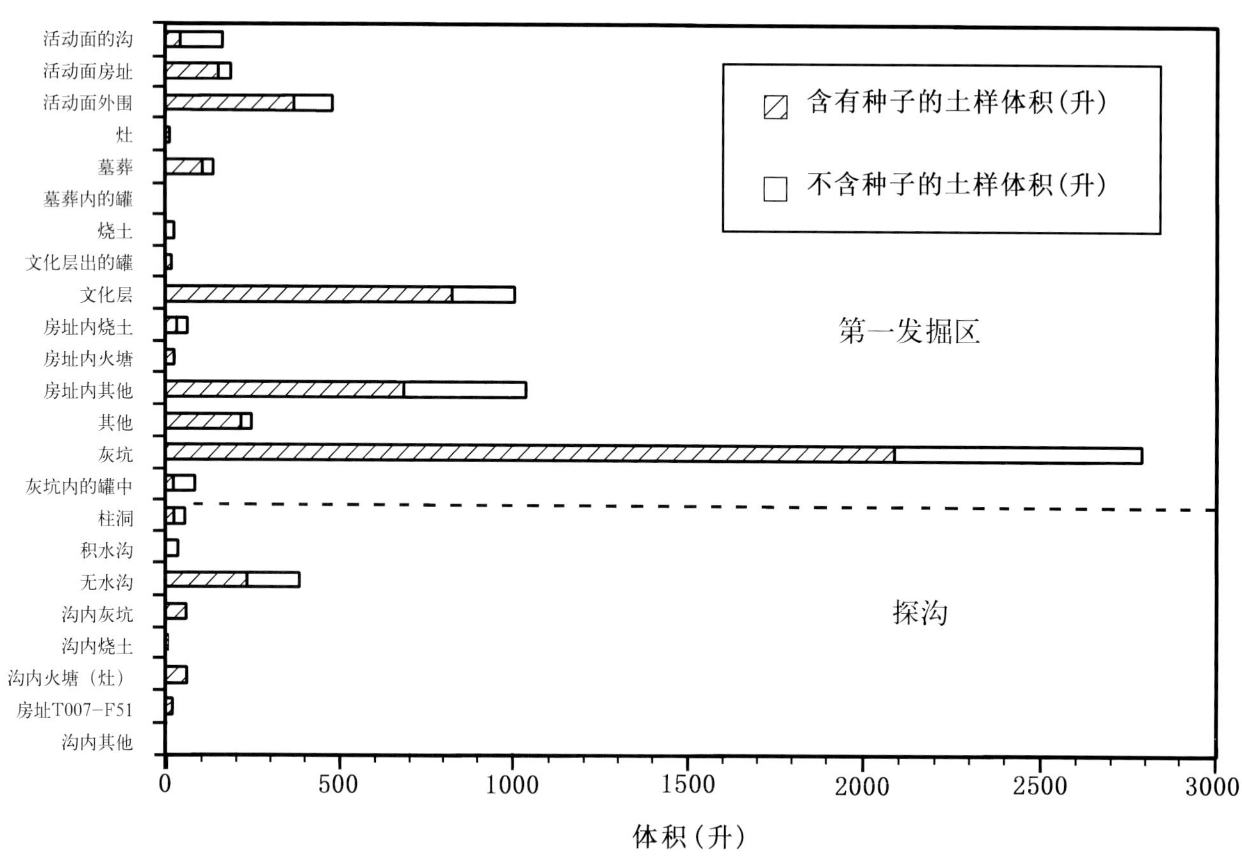

图10－25　各类遗迹中含植物种子和不含植物种子的土样体积

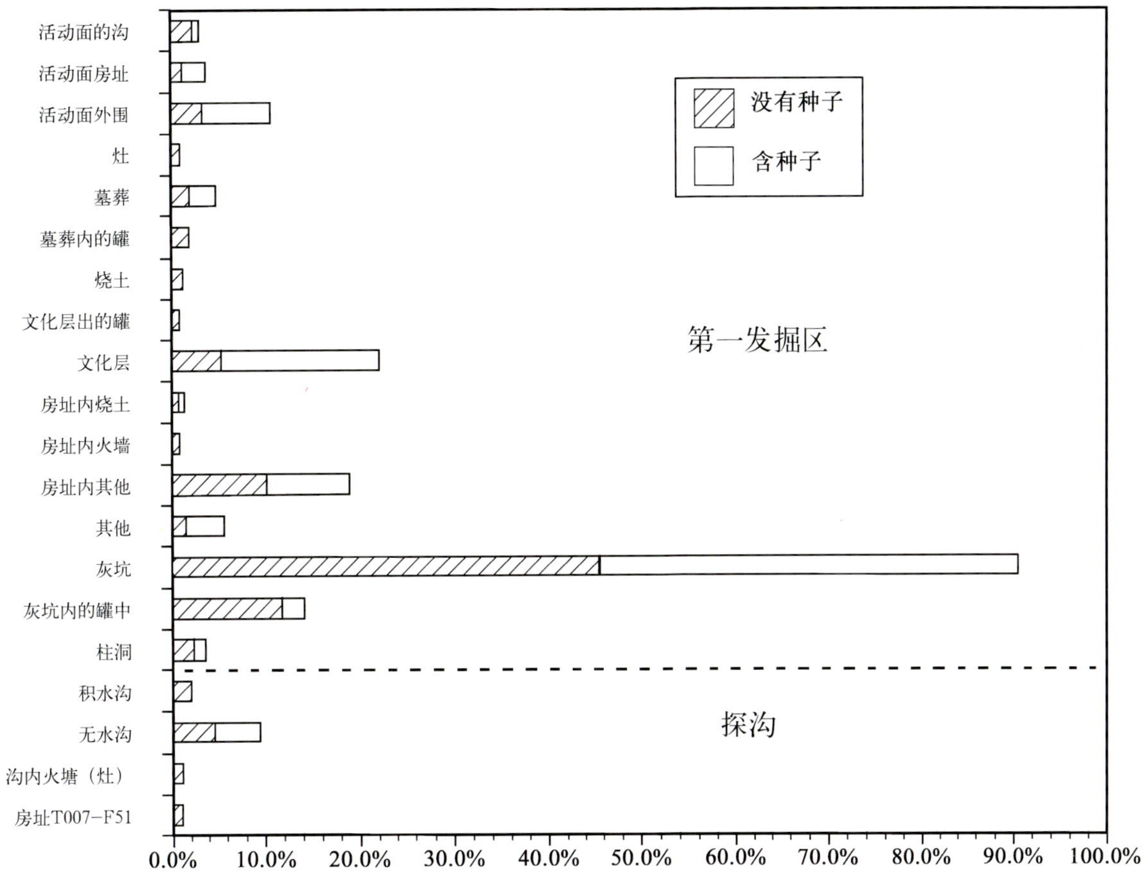

图10-26　含植物种子和不含植物种子的样品百分比

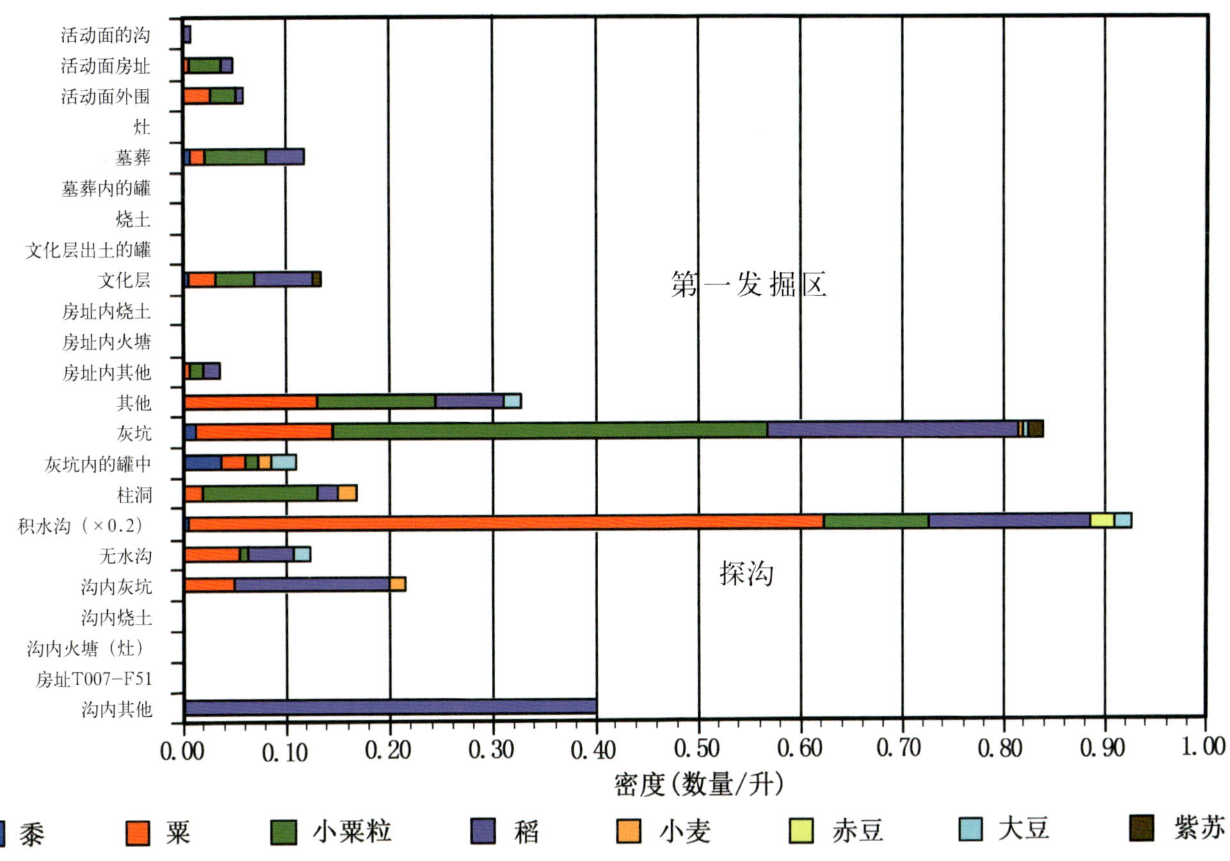

图10-27　原生遗迹的植物种子密度，积水沟的刻度为原值的1/5

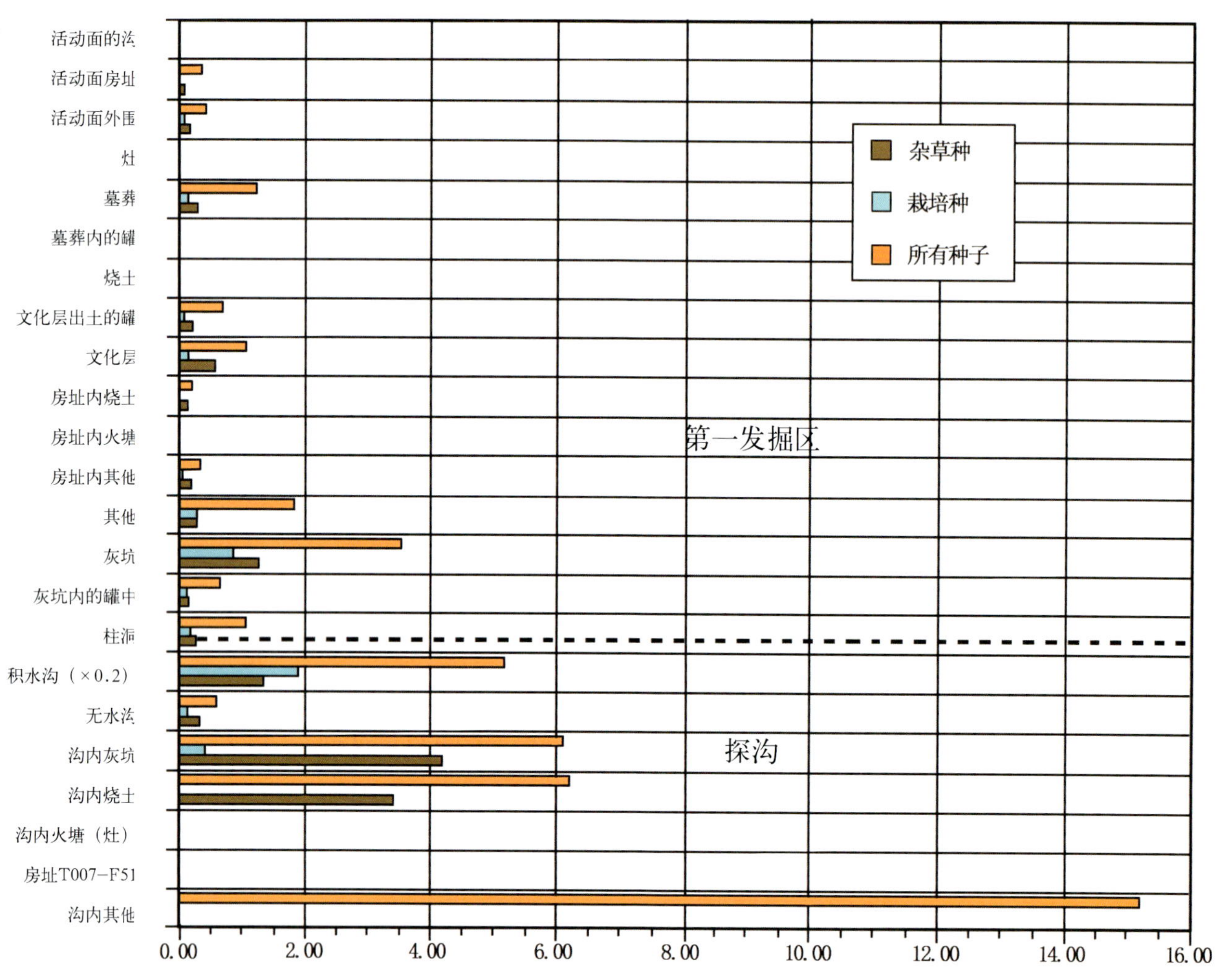

图10-28　原生遗迹的栽培作物密度，积水沟的刻度为原值的1/5

样品的数量和体积很大的遗迹类型都以杂草类种子为主，栽培作物不太常见（图10-28）。在这些遗迹中，各类栽培作物的比例分布不是很特别。四种主要作物的比例大体相同。这表明这些内容丰富的遗迹包含二次堆积甚至三次堆积，主要是垃圾。对第一发掘区中栽培作物、杂草和其他种子比例的考察（图10-29）提示我们也许可以弄清第一发掘区内的模式。其他种子较多出自第一发掘区的南半部，但是它们都出自建筑遗迹和只有灰坑的区域。该模式也表明杂草在建筑群区域更常见。这些样品中只有5个有大量栽培作物。

气泡图所表示的植物遗存分布在这里提供了该遗址模式的可视化记录。数据资料表示了所有出自4米×4米探方的样品（图10-29～39）。只有密度/数量较大的类型才有图示。图10-30、31展示了全部植物种子的密度，种子密度最高的样品出自西南部的探方，远离建筑遗迹。尽管探沟T022出土了一个高密度的样品，但出自探沟区域的植物种子密度相同。稻和黍的密度似乎具有相似的模式，它们在西南部的探方中密度较高，粟也如此，但它在建筑群区域的许多样品中密度也很高。这表明某些不同的过程影响了粟的分布，比如加工或分开炊煮谷物。杂草的密度与粟的密度分布模式大致相似。莎草的密度分布似乎与稻相似。

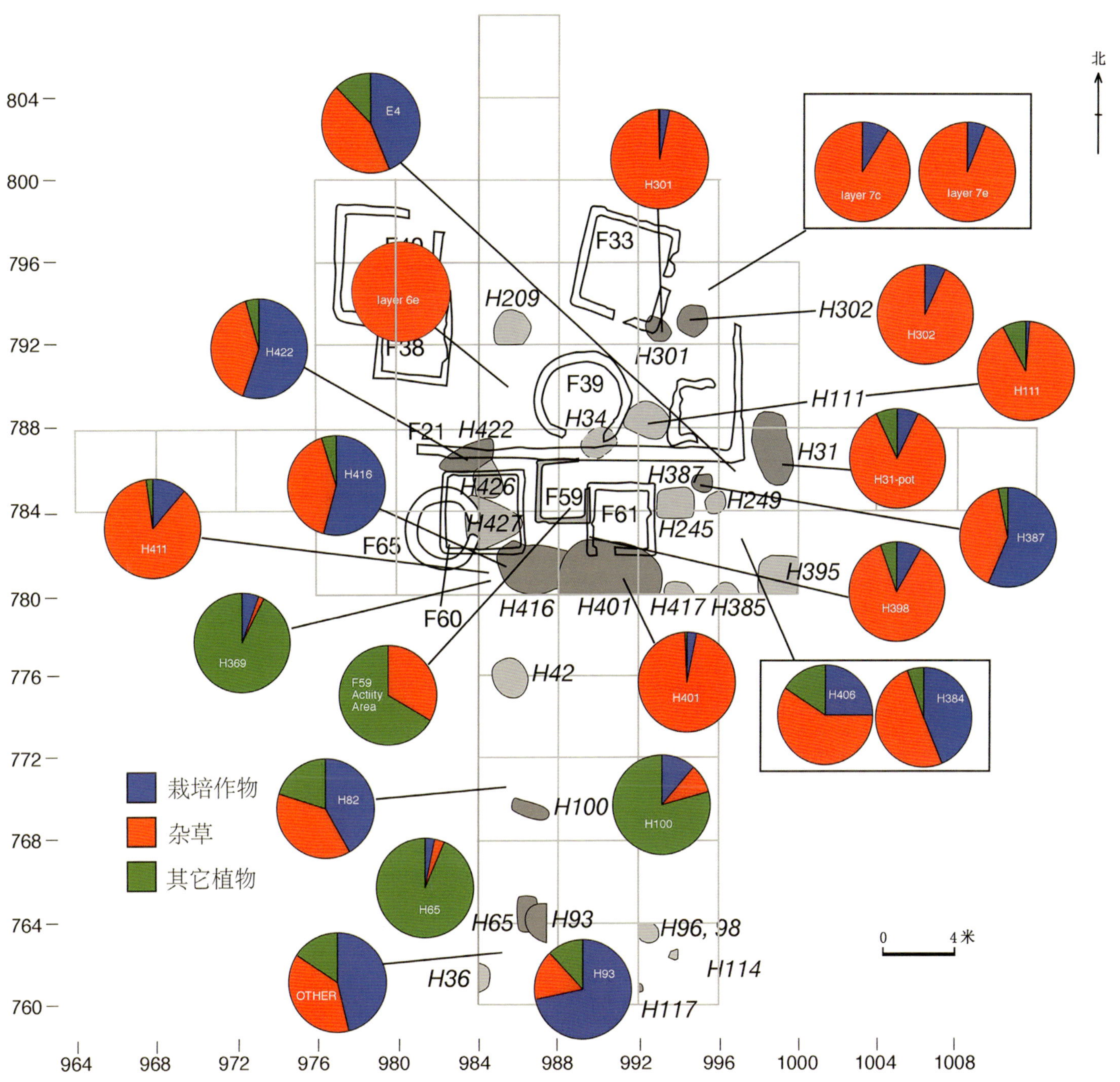

图10-29　第一发掘区内含植物种子多于50颗的样品中栽培作物、杂草和其他植物种子的比例

气泡图表现了某一特定类型的植物遗存在每个探方或发掘单位所出土样中的密度（单位：数量/升），气泡的大小表示密度的大小。

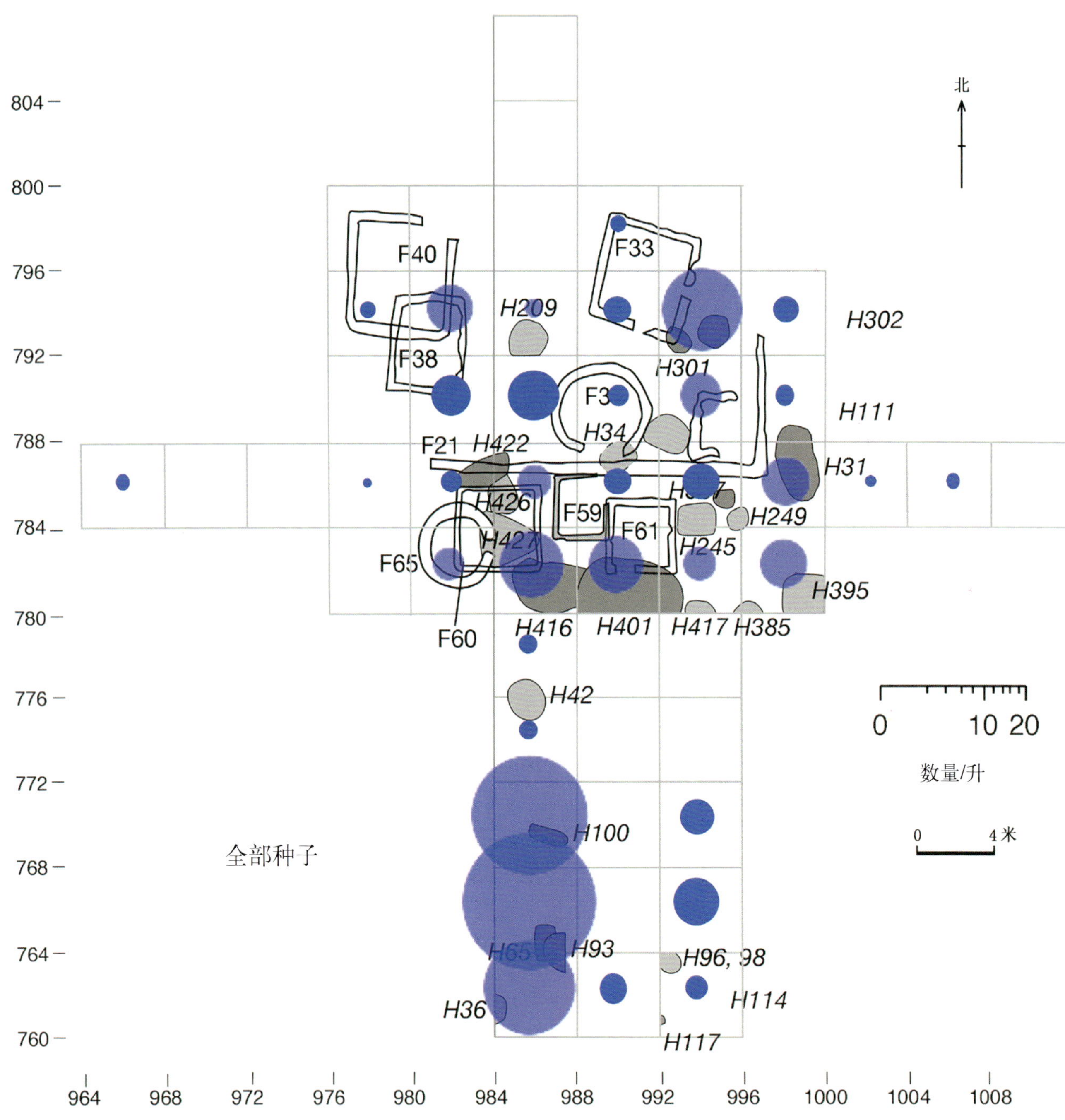

图10-30　第一发掘区所有植物种子的出土密度气泡图

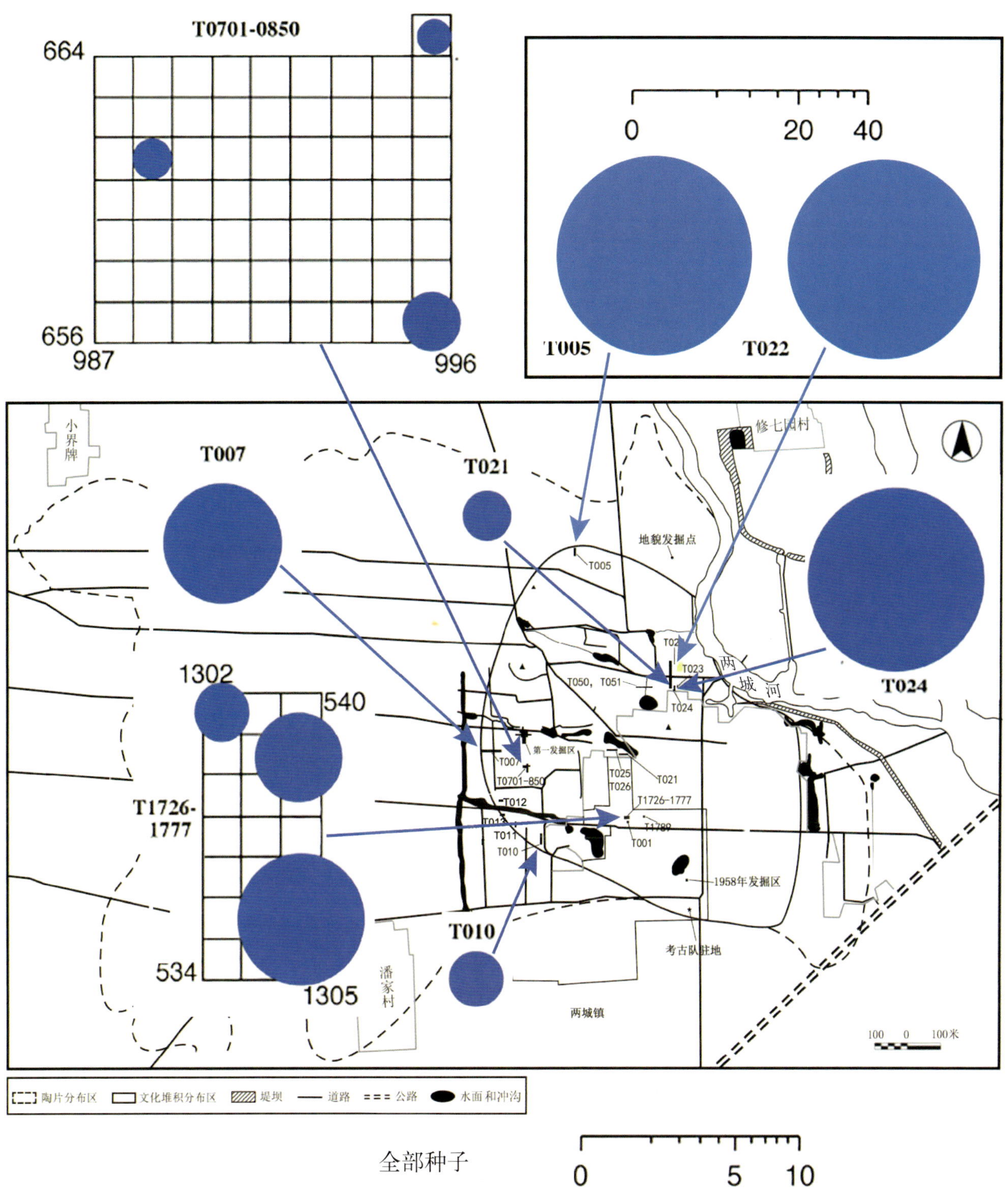

图10-31　其他发掘区所有植物种子密度气泡图

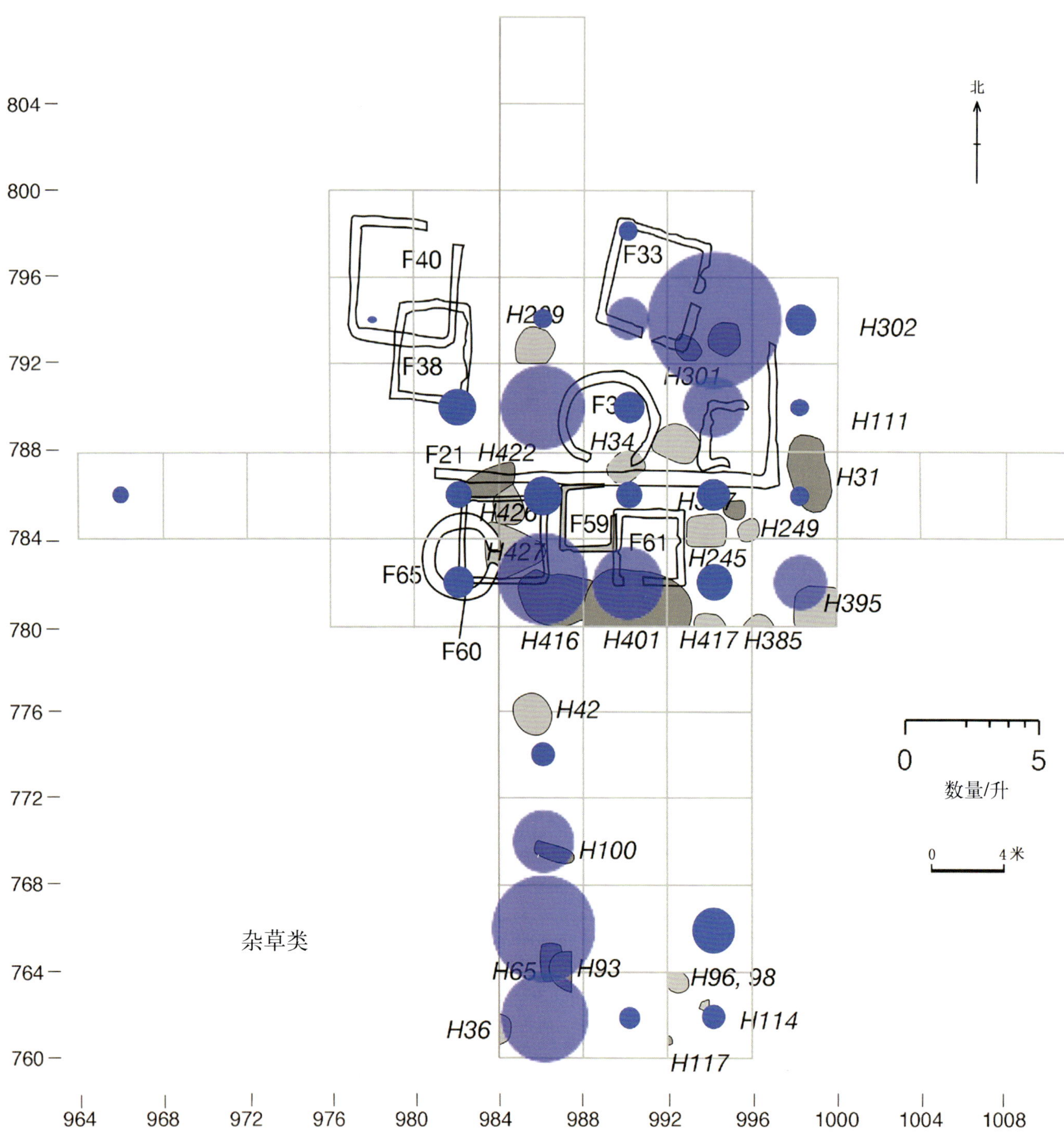

图10-32 第一发掘区杂草类种子的密度气泡图

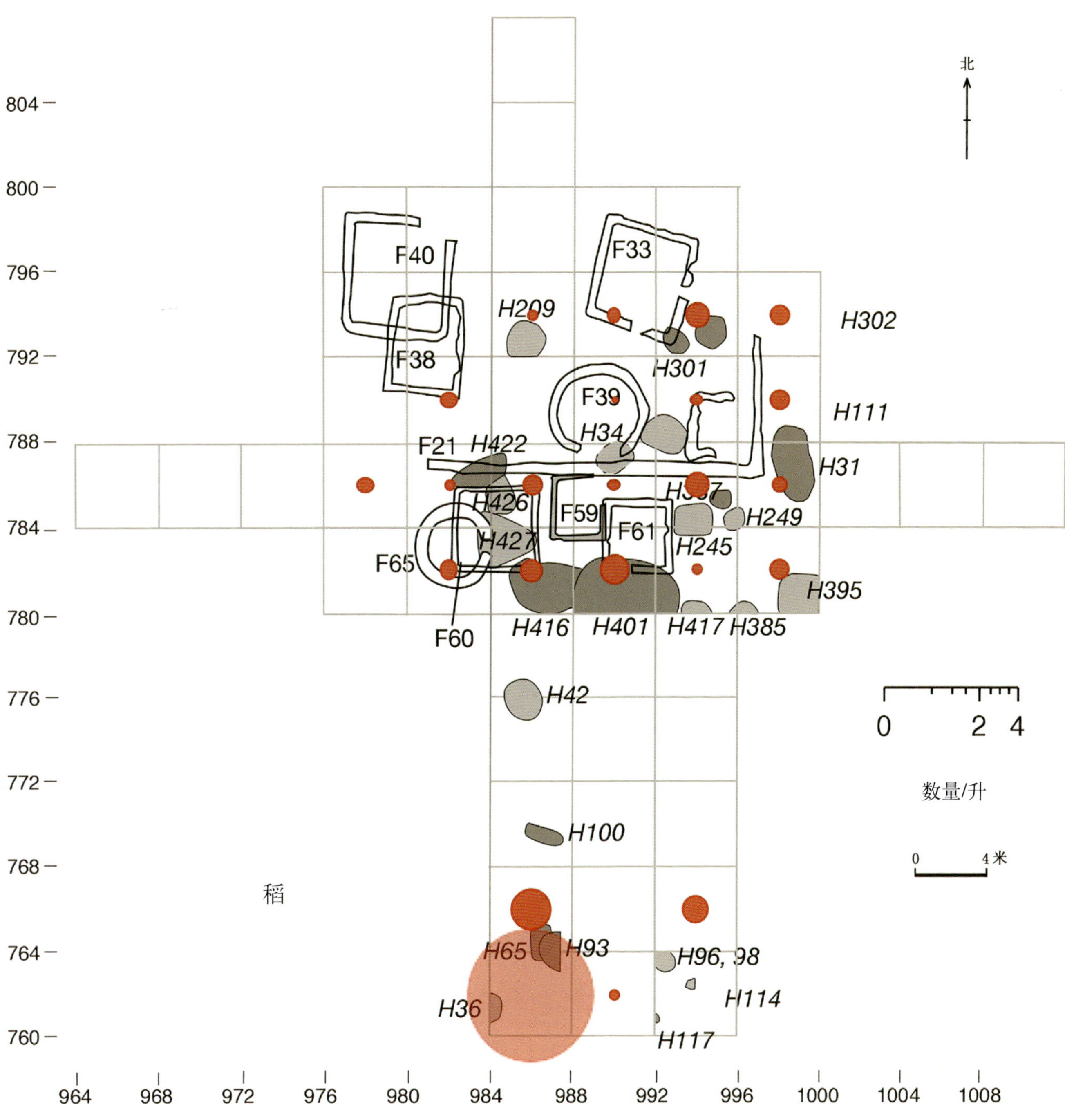

图10－33　第一发掘区稻的密度气泡图

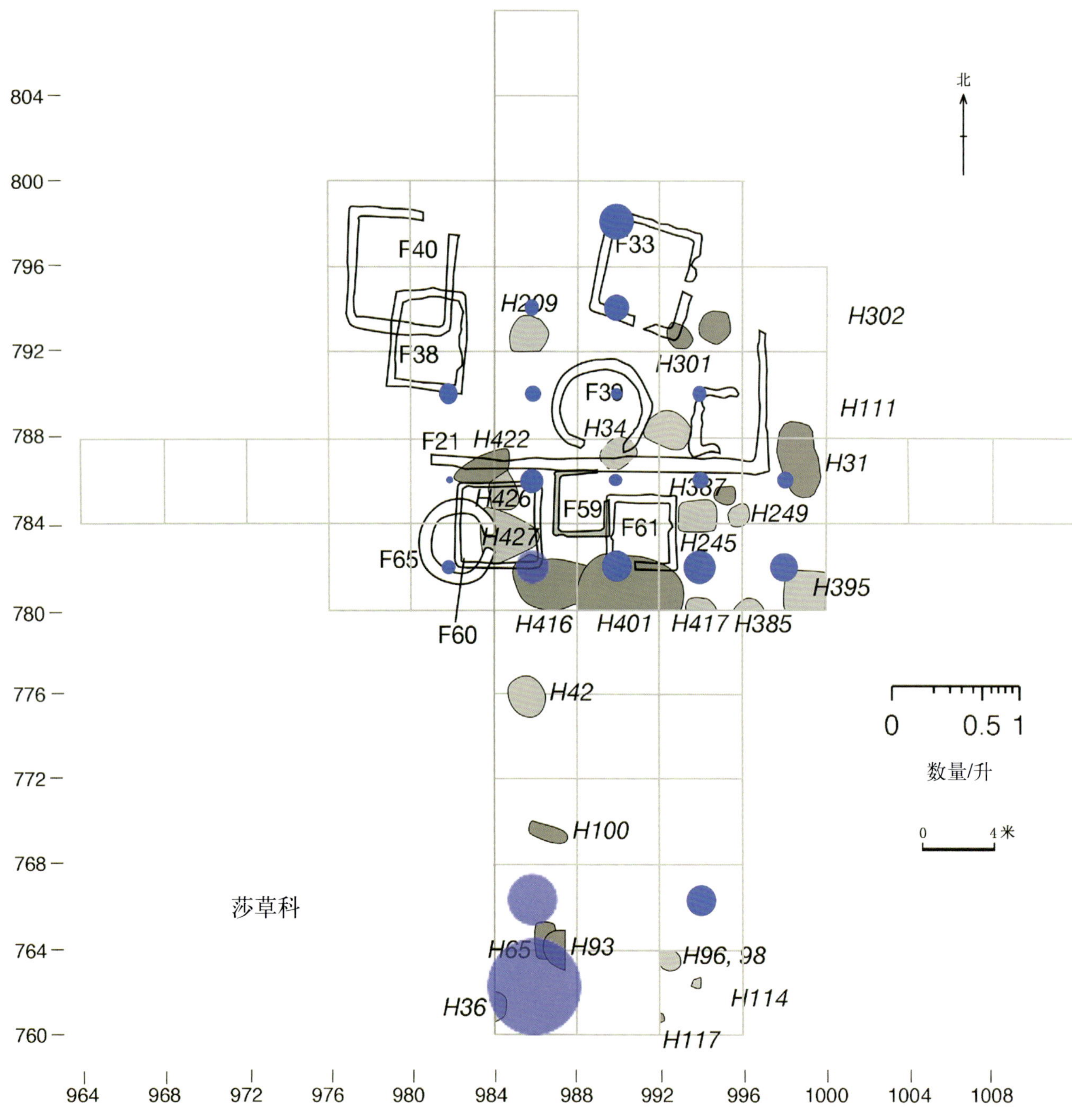

图10-34 第一发掘区莎草科种子的密度气泡图

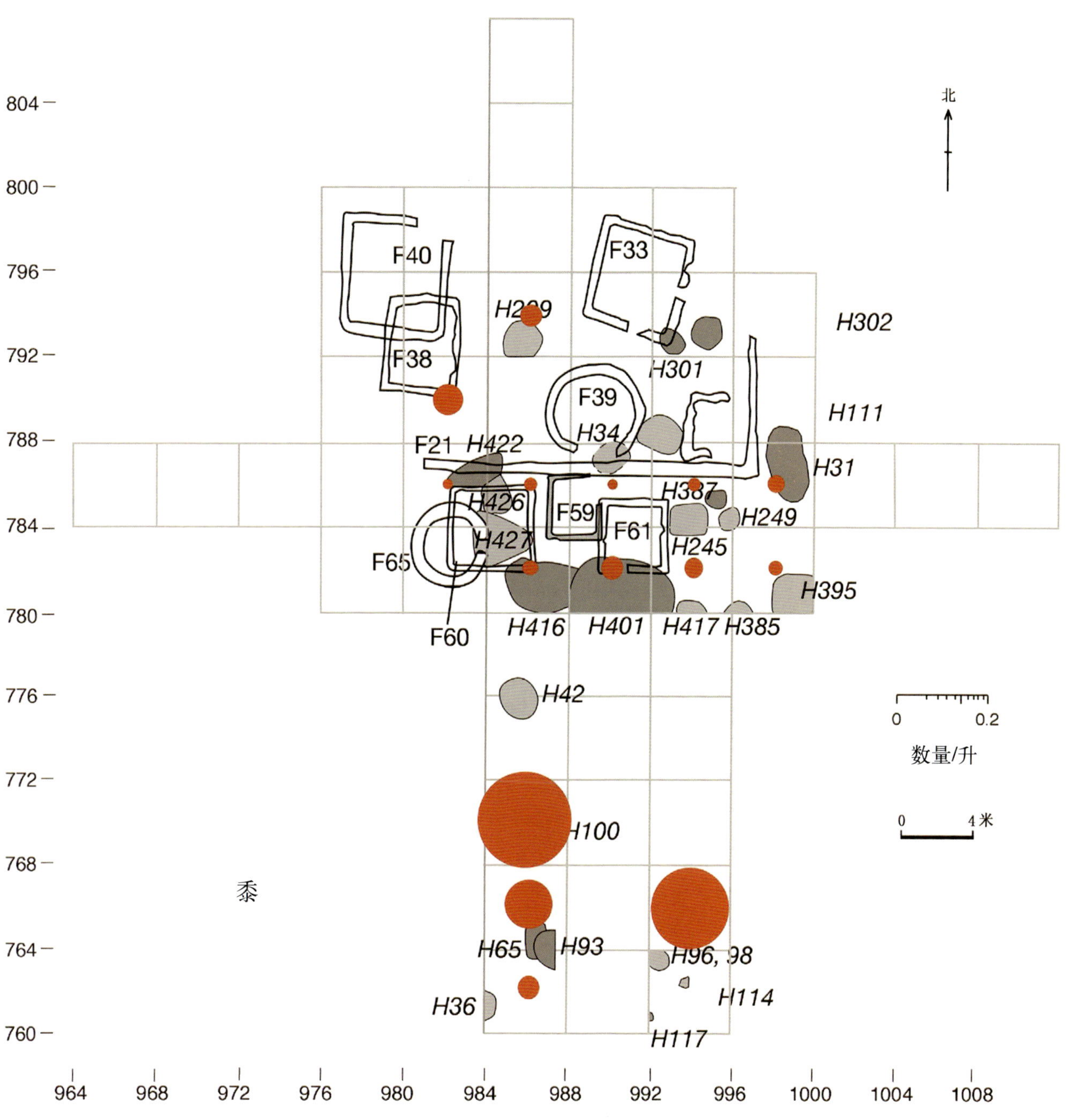

图10-35 第一发掘区黍的密度气泡图

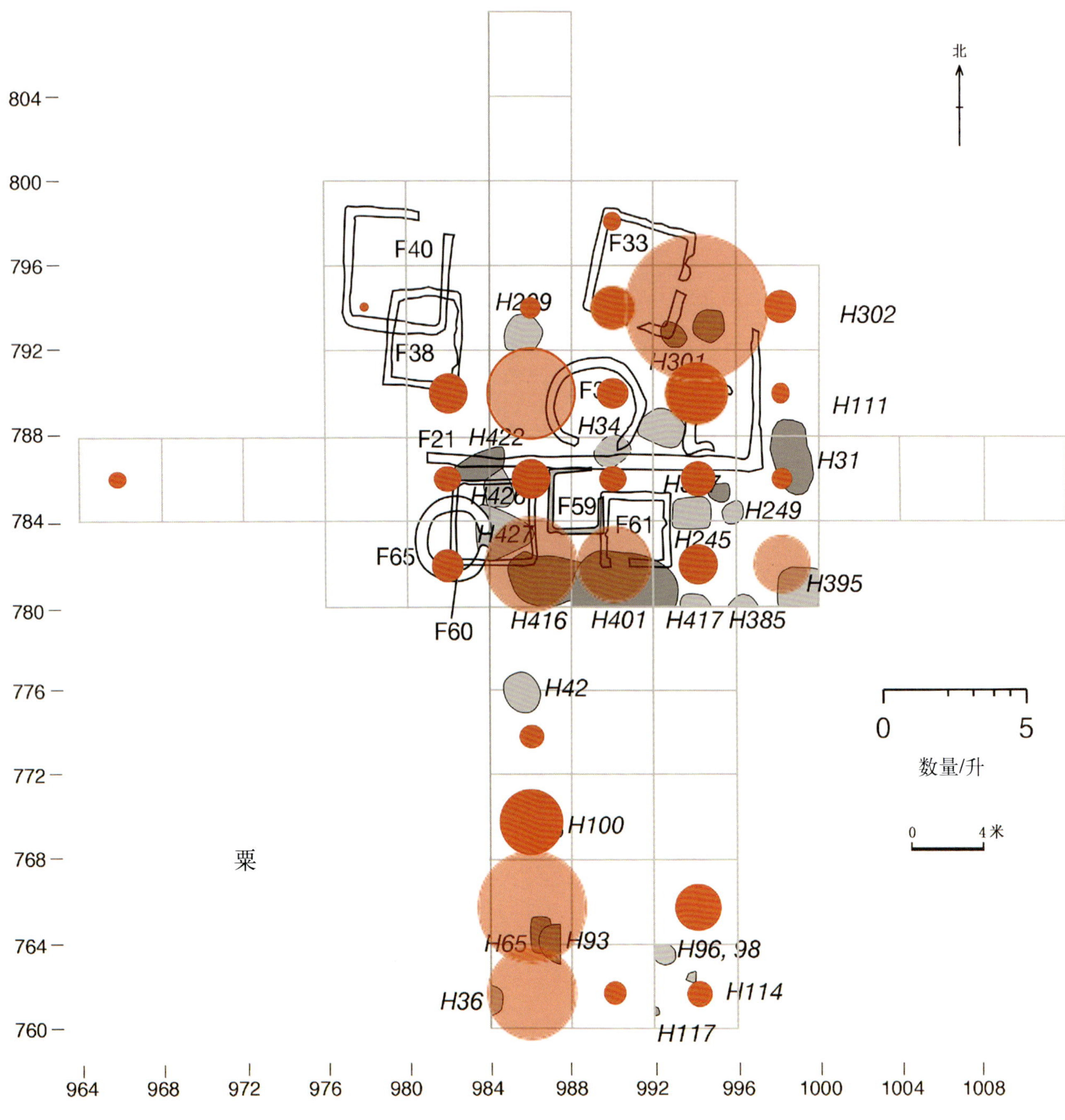

图10-36 第一发掘区粟的密度气泡图

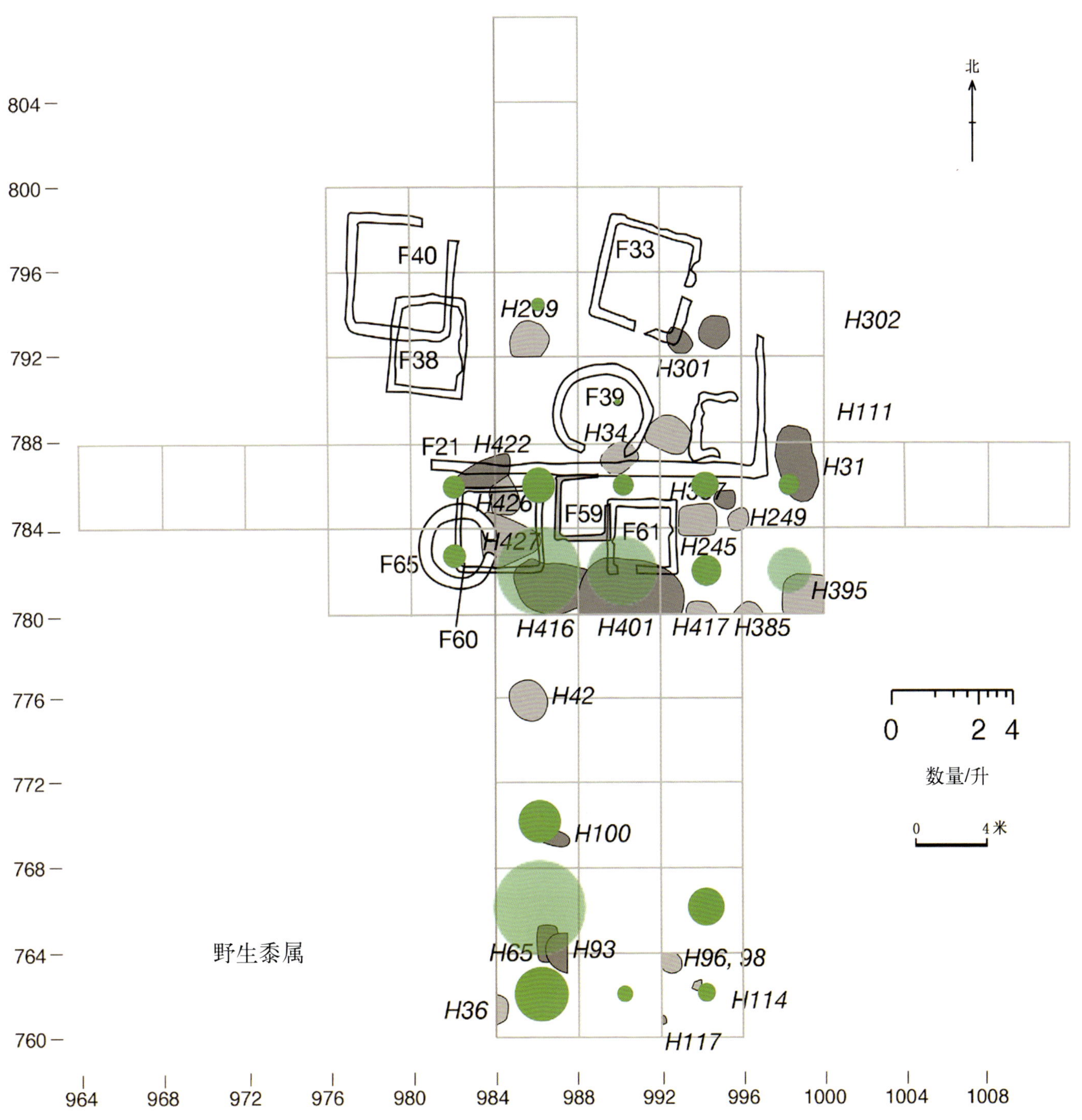

图10-37　第一发掘区野生黍属的密度气泡图

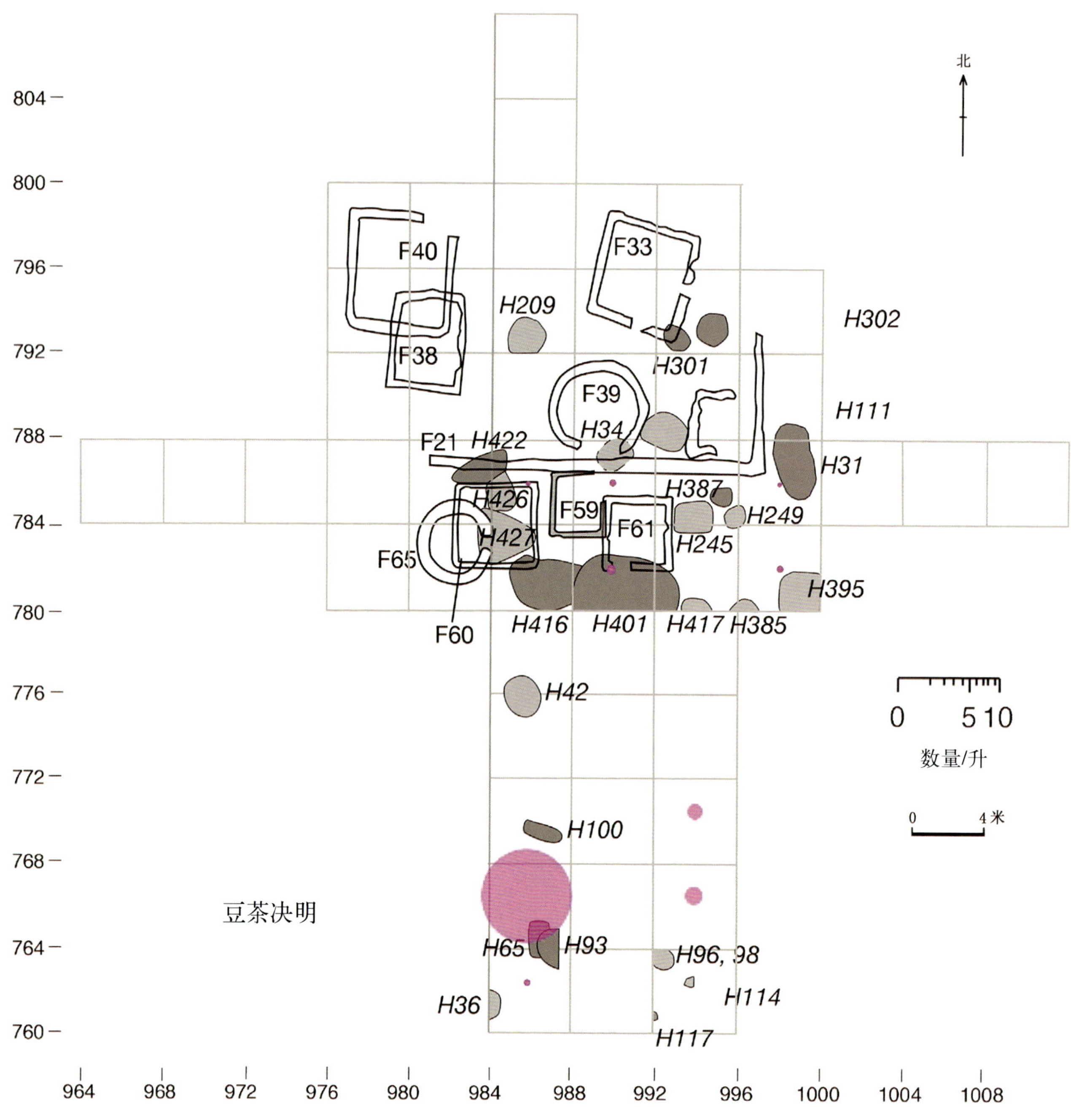

图10-38 第一发掘区豆茶决明的密度气泡图

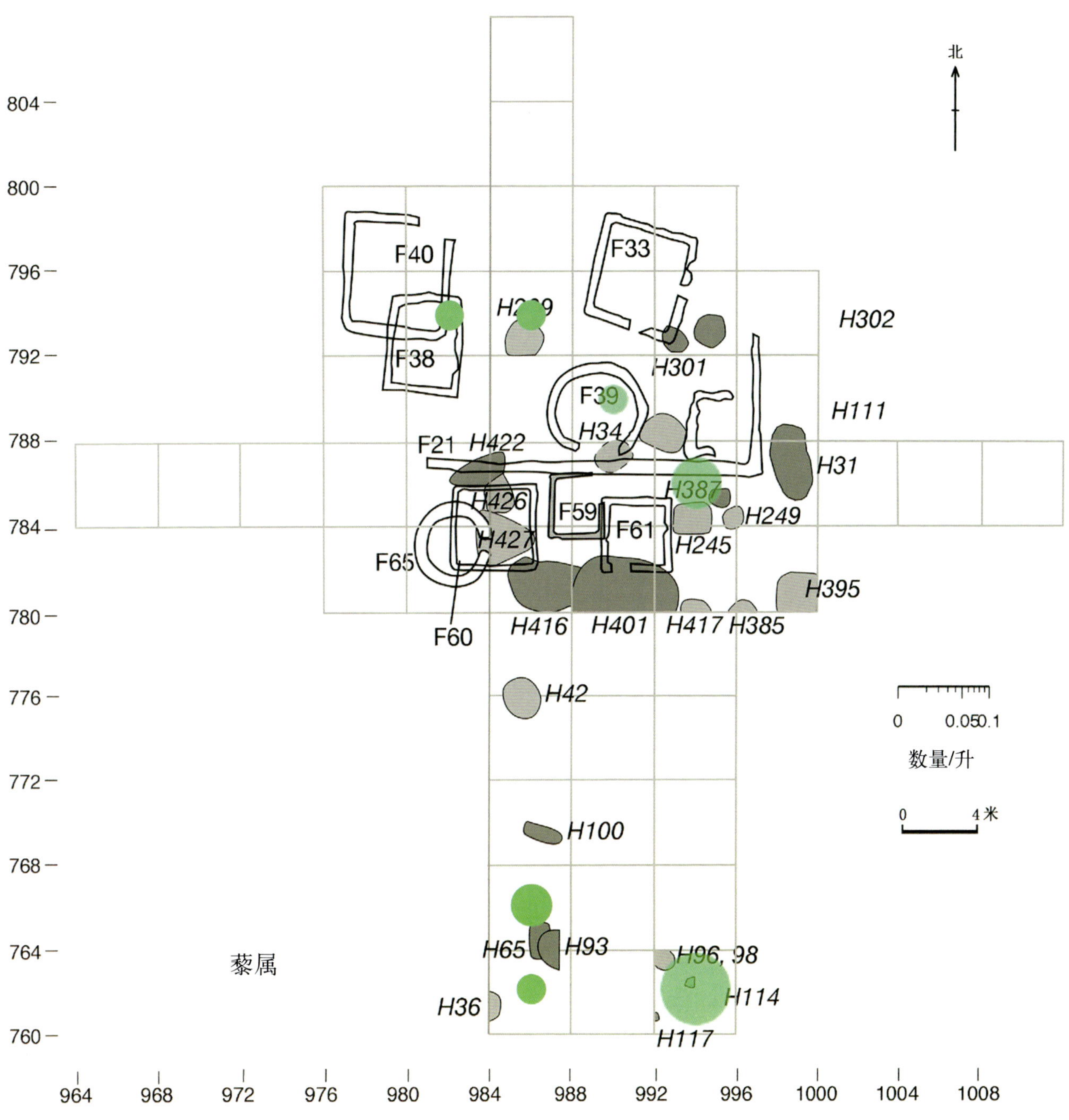

图10-39　第一发掘区藜属的密度气泡图

八 多元统计分析[1]

多元统计分析可以帮助我们直观地分辨大量量化数据的空间模式。比如，对应分析[2]（correspondence analysis）能够把数据矩阵中各行各列的值依据低维空间中行与列的距离以点的形式表示在同一张图中。这一技术对于因数据量巨大而难以获取有用信息的表格特别有用[3]。在二维图中，点之间的距离是很重要的，它们含有很多信息，相互靠近的行点在纵向上的相对比例分布模式是相似的。例如，对两城镇出土的植物种子，我们试图揭示哪些遗迹类型中（行点）各类种子（列）的相对比例具有相似的分布模式。应用这个方法的目的是检验各种建筑类型或空间（探方）中的植物分布是否有显著不同，并且检验这种结果是否暗示着与加工和废弃食物资源相关的不同活动。

我们把对应分析应用于23类遗迹所出的各类植物种子的密度（表10－3）。由于出土植物种子的每一份土样体积不一，我们采用每升土样所含种子数来计算标准的植物种子密度，而非实际的种子数量。如表10－3所示，每一行表示23种遗迹类型中的一种，每一列表示一个植物种子类型[4]。首先，我们仅对3个植物种子类型进行对应分析，它们为栽培作物（表10－3、10－4中代号为1）、杂草（代号2）和其他类型（代号3）的密度。对3个种子类型而言，第一坐标轴（c1）和第二坐标轴（c2）相应的惯量占总惯量[5]的比例为100%（表10－4）。因此，一个相应的二维图[6]充分表明了遗迹与植物种子类型之间的关系（图10－40A）。

在图中，最明显的模式是大多数遗迹（即行点）聚集在杂草附近（图10－40A）。第一发掘区以外的两类探沟内的遗迹（“积水沟”和“沟内其他”）似乎是例外，因为它们分别靠近栽培作物（表10－3中代号1）和其他类型（代号3）。有3类遗迹聚在一起，它们是第一发掘区内的文化层、第一发掘区外的柱洞、以及第一发掘区以内和以外灰坑出土的陶罐，但位置远离任何植物类型，这种模式可能表明这3类遗迹中植物种子很少。同样位于第一发掘区以外的“活动面的沟”的点也远离任何其他遗迹和植物种子类型，远在图中的左侧。总体上，沟的样品可能表明其所含植物种子类型有不同的侧重，因为这些样品可能略显不同（当沟被用于对应分析时）。

---

[1] 英语原文是“multivariate analysis”，相应的中文统计学术语是“多元统计分析”，简称“多元分析”。

[2] 对应分析 (Correspondence Analysis) 是用于寻求数据列联表的行和列之间联系的一种低维图形表示法。在本文中，表A和表D就是用于对应分析的列联表。表A中行的属性变量是遗迹类型，列的属性变量是植物种子类型，对其对应分析的目的是考察这两者之间有无关联及其关联程度的大小。表D中行的属性变量是探方，列的属性变量是植物种子类型，对其对应分析的目的是考察植物类型与出土探方位置之间有无关联及其关联程度的大小。对应分析把列联表中的一行数据或一列数据作为一个向量来处理，经过一系列复杂的数学运算，最终一行或一列数据被表示成二维图（或多维图）中的一个点（分别称为“行点”和“列点”），显示出属性变量不同取值的情况。在本文中就是图44中得到的4幅图。具体的运算方法和步骤可参考何晓群《多元统计分析》一书的第7章（中国人民大学出版社，2008年，第二版），实际应用中可使用计算机统计软件（如SPSS）来完成运算和作图。这种二维图（或多维图）能直观地表达同一属性变量的各个状态之间（如“行点”与“行点”之间或“列点”与“列点”之间）的相互关系，以及不同分类变量之间（即“行点”与“列点”之间）的对应关系。一般而言，同一属性变量的点位置越靠近，表示它们之间差异越小。不同属性变量的点位置越靠近，表示它们之间的关联程度越大。

[3] Baxter MJ, 1993. *Exploratory Multivariate Analysis in Archaeology*. Edinburgh : University Press.

[4] 由于对应分析不能用于值为“0”的变量，因此在分析中排除了没有植物种子的遗迹类型或探方单位。

[5] 译注：总惯量是一个统计量，反映了两个属性变量各状态之间的相关关系，对应分析就是在对总惯量信息损失最小的前提下简化数据结构，以反映两个属性变量之间的相关关系。

[6] 如图10－40A，每个属性变量在二维图中对应的点的坐标是表B中每一行的第一组c1、c2的值。

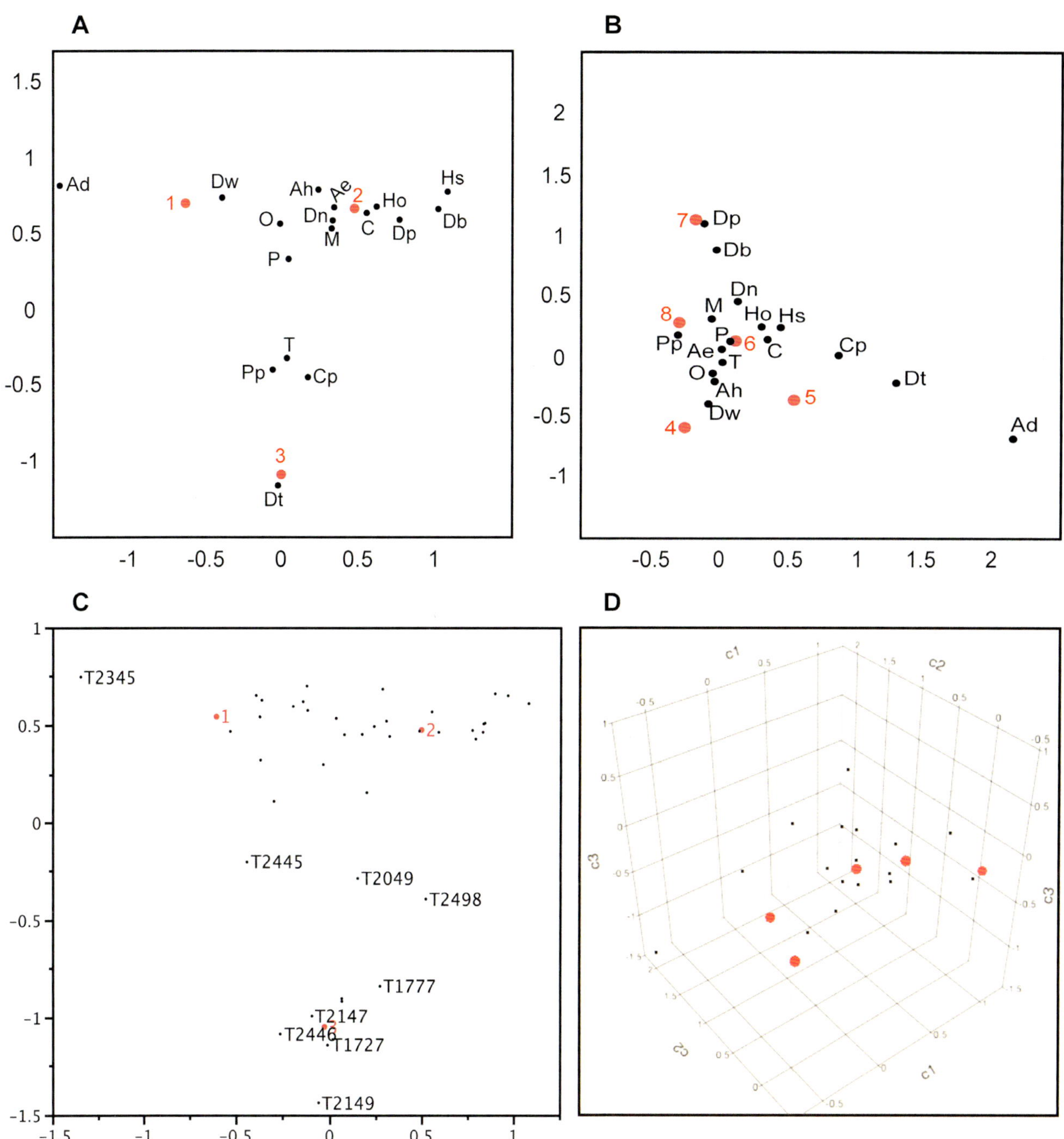

图10-40　大植物遗存的对应分析图

A　对23种遗迹类型和3类植物种子——栽培作物（代号1，红色）、杂草（代号2）、其他类型（代号3）作对应分析的二维图

B　对23种遗迹类型和5类植物种子——小米（代号4，红色）、其他栽培作物（代号5）、杂草类禾本科（代号6）、其他旱地杂草（代号7）、湿地杂草（代号8）作对应分析的二维图

C　对48个探方和3类植物种子——栽培作物（代号1，红色）、杂草（代号2）、其他类型（代号3）作对应分析的二维图

D　对48个探方和5类植物种子——小米（代号4，红色）、其他栽培作物（代号5）、杂草类禾本科（代号6）、其他旱地杂草（代号7）、湿地杂草（代号8）作对应分析的三维图

表10-3　每一类遗迹类型中各类植物种子的密度

遗迹类型	植物种子类型	密度	遗迹类型	植物种子类型	密度
房址内其他	栽培作物（1）	0.04	无水沟	栽培作物（1）	0.12
	杂草（2）	0.18		杂草（2）	0.31
	其他种类（3）	0.01		其他种类（3）	0.05
	小米（4）	0.02		小米（4）	0.06
	其他栽培作物（5）	0.02		其他栽培作物（5）	0.06
	杂草类禾本科（6）	0.16		杂草类禾本科（6）	0.22
	其他旱地杂草（7）	0.02		其他旱地杂草（7）	0.13
	湿地杂草（8）	0.00		湿地杂草（8）	0.01
房址内烧土	栽培作物（1）	0.00	沟内其他	栽培作物（1）	0.40
	杂草（2）	0.12		杂草（2）	0.40
	其他种类（3）	0.00		其他种类（3）	14.40
	小米（4）	0.00		小米（4）	0.00
	其他栽培作物（5）	0.00		其他栽培作物（5）	0.40
	杂草类禾本科（6）	0.12		杂草类禾本科（6）	0.40
	其他旱地杂草（7）	0.00		其他旱地杂草（7）	0.00
	湿地杂草（8）	0.00		湿地杂草（8）	0.00
灰坑	栽培作物（1）	0.84	沟内烧土	栽培作物（1）	0.00
	杂草（2）	1.24		杂草（2）	3.40
	其他种类（3）	0.60		其他种类（3）	0.20
	小米（4）	0.57		小米（4）	0.00
	其他栽培作物（5）	0.27		其他栽培作物（5）	0.00
	杂草类禾本科（6）	1.20		杂草类禾本科（6）	2.20
	其他旱地杂草（7）	0.37		其他旱地杂草（7）	1.20
	湿地杂草（8）	0.08		湿地杂草（8）	0.20
灰坑内的罐内	栽培作物（1）	0.11	墓葬	栽培作物（1）	0.12
	杂草（2）	0.12		杂草（2）	0.30
	其他种类（3）	0.32		其他种类（3）	0.06
	小米（4）	0.07		小米（4）	0.09
	其他栽培作物（5）	0.04		其他栽培作物（5）	0.03
	杂草类禾本科（6）	0.12		杂草类禾本科（6）	0.23
	其他旱地杂草（7）	0.04		其他旱地杂草（7）	0.09
	湿地杂草（8）	0.13		湿地杂草（8）	0.03

沟内灰坑	栽培作物（1）	0.22	文化层	栽培作物（1）	0.13
	杂草（2）	2.10		杂草（2）	0.56
	其他种类（3）	0.23		其他种类（3）	0.05
	小米（4）	0.05		小米（4）	0.07
	其他栽培作物（5）	0.17		其他栽培作物（5）	0.06
	杂草类禾本科（6）	0.95		杂草类禾本科（6）	0.53
	其他旱地杂草（7）	1.27		其他旱地杂草（7）	0.04
	湿地杂草（8）	0.12		湿地杂草（8）	0.02
积水沟	栽培作物（1）	9.37	文化层出的罐	栽培作物（1）	0.07
	杂草（2）	6.67		杂草（2）	0.20
	其他种类（3）	0.50		其他种类（3）	0.40
	小米（4）	7.37		小米（4）	0.00
	其他栽培作物（5）	2.00		其他栽培作物（5）	0.07
	杂草类禾本科（6）	6.10		杂草类禾本科（6）	0.20
	其他旱地杂草（7）	0.60		其他旱地杂草（7）	0.00
	湿地杂草（8）	0.47		湿地杂草（8）	0.00
活动面的沟	栽培作物（1）	0.01	房址内火塘	其他栽培作物（5）	0.00
	杂草（2）	0.00		杂草类禾本科（6）	0.00
	其他种类（3）	0.00		其他旱地杂草（7）	0.00
	小米（4）	0.00		湿地杂草（8）	0.00
	其他栽培作物（5）	0.01	房址T007F51	栽培作物（1）	0.00
	杂草类禾本科（6）	0.00		杂草（2）	0.00
	其他旱地杂草（7）	0.00		其他种类（3）	0.00
	湿地杂草（8）	0.00		小米（4）	0.00
活动面外围	栽培作物（1）	0.06		其他栽培作物（5）	0.00
	杂草（2）	0.15		杂草类禾本科（6）	0.00
	其他种类（3）	0.01		其他旱地杂草（7）	0.00
	小米（4）	0.05		湿地杂草（8）	0.00
	其他栽培作物（5）	0.01	沟内火塘（灶）	栽培作物（1）	0.00
	杂草类禾本科（6）	0.14		杂草（2）	0.00
	其他旱地杂草（7）	0.02		其他种类（3）	0.00
	湿地杂草（8）	0.01		小米（4）	0.00

活动面房址	栽培作物（1）	0.02		其他栽培作物（5）	0.00
	杂草（2）	0.03		杂草类禾本科（6）	0.00
	其他种类（3）	0.00		其他旱地杂草（7）	0.00
	小米（4）	0.02		湿地杂草（8）	0.00
	其他栽培作物（5）	0.00	灶（Z1）	栽培作物（1）	0.00
	杂草类禾本科（6）	0.03		杂草（2）	0.00
	其他旱地杂草（7）	0.00		其他种类（3）	0.00
	湿地杂草（8）	0.00		小米（4）	0.00
柱洞	栽培作物（1）	0.17		其他栽培作物（5）	0.00
	杂草（2）	0.26		杂草类禾本科（6）	0.00
	其他种类（3）	0.50		其他旱地杂草（7）	0.00
	小米（4）	0.13		湿地杂草（8）	0.00
	其他栽培作物（5）	0.04	烧土	栽培作物（1）	0.00
	杂草类禾本科（6）	0.24		杂草（2）	0.00
	其他旱地杂草（7）	0.04		其他种类（3）	0.00
	湿地杂草（8）	0.02		小米（4）	0.00
其他	栽培作物（1）	0.27		其他栽培作物（5）	0.00
	杂草（2）	0.36		杂草类禾本科（6）	0.00
	其他种类（3）	0.08		其他旱地杂草（7）	0.00
	小米（4）	0.25		湿地杂草（8）	0.00
	其他栽培作物（5）	0.07	墓葬内的罐	栽培作物（1）	0.00
	杂草类禾本科（6）	0.29		杂草（2）	0.00
	其他旱地杂草（7）	0.07		其他种类（3）	0.00
	湿地杂草（8）	0.02		小米（4）	0.00
房址内火塘	栽培作物（1）	0.00		其他栽培作物（5）	0.00
	杂草（2）	0.00		杂草类禾本科（6）	0.00
	其他种类（3）	0.00		其他旱地杂草（7）	0.00
	小米（4）	0.00		湿地杂草（8）	0.00

注：栽培作物（代号1）包括粟（以及小粟粒）、黍、稻、小麦、豆科（豇豆属＋大豆属）、紫苏。杂草（代号2）包括苋属、菊科、十字花科、藜属、马齿苋、杂草类禾本科。其他种类（代号3）包括豆茶决明、马鞍树属、豆科、朴属、茄科、葡萄属、大戟科、莎草科、香蒲属，以及未知种类2的种子。小米（代号4）包括粟（以及小粟粒）和黍。其他栽培作物（代号5）包括稻、小麦、豆科（豇豆属＋大豆属）、紫苏。杂草类禾本科（代号6）包括稗、小麦族、野生狗尾草属、野生黍属、黍族，以及其他禾本科。其他旱地杂草（代号7）包括除杂草类禾本科和湿地杂草（大戟科、莎草属、香蒲属）以外的所有杂草，其中有水果和野生豆类（豆茶决明、马鞍树属和其他豆科）。湿地杂草（代号8）包括大戟科、莎草科和香蒲属。

表10-4　遗迹类型与植物种子类型之间的对应分析：前二维坐标（c1和c2）

遗迹类型	c1	c2	c1	c2
Ad：活动面的沟	0.808	−1.475	−0.678	2.156
Ae：活动面外围	0.665	0.345	0.056	0.015
Ah：活动面房址	0.781	0.240	−0.210	−0.037
C：文化层	0.628	0.559	0.135	0.354
Cp：文化层出的罐	−0.453	0.170	0.00637	0.877
Db：沟内烧土	0.655	1.036	0.871	−0.024
Dn：无水沟	0.579	0.336	0.448	0.132
Dp：沟内灰坑	0.585	0.777	1.087	−0.114
Dt：沟内其他	−1.165	−0.029	−0.222	1.303
Dw：积水沟	0.729	−0.394	−0.394	−0.083
Ho：房址内其他	0.670	0.625	0.239	0.309
Hs：房址内烧土	0.768	1.098	0.234	0.451
M：墓葬	0.527	0.329	0.305	−0.059
O：其他	0.533	−0.143	−0.144	−0.052
P：灰坑	0.325	0.043	0.121	0.077
Pp：灰坑内的罐内	−0.404	−0.062	0.172	−0.307
T：柱洞	−0.327	0.031	−0.051	0.020
种子类型				
1．栽培作物：黍、粟、稻、小麦、赤豆、大豆、紫苏	0.692	−0.6417		
2．杂草：杂草类禾本科（见下面6）、苋属、菊科、十字花科、酸模属、蓼属、藜属、马齿苋	0.658	0.4777		
3．其他种类：杂草型豆类（豆茶决明、马鞍树属、豆科）、肉果类、湿地杂草（代号8）、未知种类2	−1.091	−0.0086		
4．小米：粟、黍			−0.587	−0.2575
5．其他栽培作物：稻、小麦、赤豆、大豆、紫苏			−0.362	0.5480
6．杂草类禾本科：稗、小麦族、马唐属、野生狗尾草属、野生黍属、黍族			0.125	0.1146
7．其他旱地杂草：苋属、菊科、十字花科、酸模属、蓼属、藜属、马齿苋、肉果类、野生豆类			1.120	−0.1789
8．湿地杂草：大戟科、莎草科、香蒲属			0.275	−0.2985

其次，我们把对应分析应用于余下的5个种子类型，第二项检验也呈现了与上面描述相类似的聚类模式（图10-40B）。前二维的坐标轴对遗迹总惯量的累计贡献率为83%。大多数遗迹类型聚集在小米（表10-3中代号4）、其他栽培作物（代号5）、杂草类禾本科（代号6）和湿地杂草周围（代号8）。少数与探沟相关的遗迹（沟内灰坑、沟内烧土）离主要聚类区域较远，但是距离其他旱地杂草较近（代号7）。此外，代表“文化层出的罐”、“沟内其他”、以及“活动面的沟”的点都距离其他遗迹稍远。

这些模式表明，除了少数探沟的遗迹和第一发掘区以外的活动面，大多数遗迹内植物种子的分布模式相似。判别分析（discriminant analysis）强化了这一结论，在基于种子类型数据的判别分析中，计算机程序对遗迹类型的误判率约为94%～95%（表10-5）。这表明植物遗存似乎在整个第一发掘区以内及以外都被随意丢弃或埋藏。

接下来的问题是各类植物在整个遗址中的空间分布是否有差异。也就是说，若只看出土探方的位置，而不考虑遗迹类型，植物遗存分布是否表现出空间上的自相关？因此，对应分析将48个探方（44平方米）取代遗迹类型，成为各行的变量（表10-6）。前二维的坐标轴（c1和c2）对探方总惯量的累计贡献率为100%，因此一个二维坐标图足以表示所有的聚类模式（图10-40C）。而且大多数探方聚集在栽培作物和杂草周围（种子类型代号1和2）。其次，其他种子（代号3）附近聚集了3个第一发掘区的探方（T2147、T2149、T2446）和1个第一发掘区以外的探方（T1777）。这种模式凸显出发掘区南部的量化分布非常不一样（T2147和T2149），正如前面已经提及的那样。位于图10-40C左侧较远顶部角落的T2345探方远离其他所有探方，出自该探方的植物是在陶罐和灰坑中发现的。

当以余下的5个植物种子类型（代号4～8）的密度作对应分析时，空间模式并不明显（图10-40D）。前二维的坐标轴（c1和c2）对探方总惯量的累计贡献率仅为68%，因此需要使用三维坐标[1]（加上c3，总惯量为86%）（表10-7）。大多数探方聚集在栽培作物（代号4、5）、杂草类禾本科（代号6）和其他旱地杂草（代号7）周围。4个探方——第一发掘区的T2048、T2498、T2345和T1777远离主要聚类区，但是非常接近湿地杂草（代号8）。总而言之，植物的分布模式在以探方（空间）为变量的对应分析中不太清晰。遗迹类型（即功能）可能比遗迹位置与各类植物种子分布差异的关系更加密切。

表10-5 植物种子类型与遗迹类型的判别分析

	代号1～3的种子类型	代号4～8的种子类型
误判数量	559	561
误判百分比	94.43	94.76
−2LogLikelihood[1]	2377	3319

注：−2LogLikelihood是统计学术语，意义是似然函数值自然对数的−2倍。

[1] 统计学中一般以80%为总惯量比例的阈值。

表10-6　每个探方内各类植物种子的密度

探方	植物种子类型	密度	探方	植物种子类型	密度
T001	栽培作物（1）	0.88	T0798	栽培作物（1）	0.02
T001	杂草（2）	0.56	T0798	杂草（2）	0.22
T001	其他种类（3）	0.56	T0798	其他种类（3）	0
T001	小米（4）	0.25	T0798	小米（4）	0.02
T001	其他栽培作物（5）	0.63	T0798	其他栽培作物（5）	0
T001	杂草类禾本科（6）	0.56	T0798	杂草类禾本科（6）	0.04
T001	其他旱地杂草（7）	0.06	T0798	其他旱地杂草（7）	0.18
T001	湿地杂草（8）	0.13	T0798	湿地杂草（8）	0
T007	栽培作物（1）	0.14	T0810	栽培作物（1）	0
T007	杂草（2）	1.78	T0810	杂草（2）	0
T007	其他种类（3）	0.2	T0810	其他种类（3）	0.2
T007	小米（4）	0.04	T0810	小米（4）	0
T007	其他栽培作物（5）	0.09	T0810	其他栽培作物（5）	0
T007	杂草类禾本科（6）	0.95	T0810	杂草类禾本科（6）	0
T007	其他旱地杂草（7）	0.91	T0810	其他旱地杂草（7）	0.2
T007	湿地杂草（8）	0.13	T0810	湿地杂草（8）	0
T010	栽培作物（1）	0	T1727	栽培作物（1）	0.14
T010	杂草（2）	0	T1727	杂草（2）	0.28
T010	其他种类（3）	0	T1727	其他种类（3）	2.59
T010	小米（4）	0	T1727	小米（4）	0
T010	其他栽培作物（5）	0	T1727	其他栽培作物（5）	0.14
T010	杂草类禾本科（6）	0	T1727	杂草类禾本科（6）	0.21
T010	其他旱地杂草（7）	0	T1727	其他旱地杂草（7）	0.07
T010	湿地杂草（8）	0	T1727	湿地杂草（8）	0
T021	栽培作物（1）	0.02	T1776	栽培作物（1）	0.19
T021	杂草（2）	0.18	T1776	杂草（2）	0.38
T021	其他种类（3）	0.02	T1776	其他种类（3）	0
T021	小米（4）	0.01	T1776	小米（4）	0.19
T021	其他栽培作物（5）	0.01	T1776	其他栽培作物（5）	0
T021	杂草类禾本科（6）	0.13	T1776	杂草类禾本科（6）	0.38
T021	其他旱地杂草（7）	0.07	T1776	其他旱地杂草（7）	0

T021	湿地杂草（8）	0	T1776	湿地杂草（8）	0
T022	栽培作物（1）	10.29	T1777	栽培作物（1）	0
T022	杂草（2）	6.74	T1777	杂草（2）	0.4
T022	其他种类（3）	0.68	T1777	其他种类（3）	1
T022	小米（4）	7.71	T1777	小米（4）	0
T022	其他栽培作物（5）	2.58	T1777	其他栽培作物（5）	0
T022	杂草类禾本科（6）	5.97	T1777	杂草类禾本科（6）	0.2
T022	其他旱地杂草（7）	1	T1777	其他旱地杂草（7）	0.2
T022	湿地杂草（8）	0.45	T1777	湿地杂草（8）	0.6
T024	栽培作物（1）	2.44	T1789	栽培作物（1）	1.73
T024	杂草（2）	1.53	T1789	杂草（2）	1.08
T024	其他种类（3）	0.34	T1789	其他种类（3）	0.08
T024	小米（4）	2.22	T1789	小米（4）	0.9
T024	其他栽培作物（5）	0.23	T1789	其他栽培作物（5）	0.83
T024	杂草类禾本科（6）	1.51	T1789	杂草类禾本科（6）	1.05
T024	其他旱地杂草（7）	0.12	T1789	其他旱地杂草（7）	0.05
T024	湿地杂草（8）	0.23	T1789	湿地杂草（8）	0.05
T0750	栽培作物（1）	0	T2047	栽培作物（1）	4.57
T0750	杂草（2）	0.2	T2047	杂草（2）	2.02
T0750	其他种类（3）	0.2	T2047	其他种类（3）	0.87
T0750	小米（4）	0	T2047	小米（4）	0.89
T0750	其他栽培作物（5）	0	T2047	其他栽培作物（5）	3.68
T0750	杂草类禾本科（6）	0	T2047	杂草类禾本科（6）	1.87
T0750	其他旱地杂草（7）	0.4	T2047	其他旱地杂草（7）	0.18
T0750	湿地杂草（8）	0	T2047	湿地杂草（8）	0.56
T2048	栽培作物（1）	0.04	T2247	栽培作物（1）	0.22
T2048	杂草（2）	0.11	T2247	杂草（2）	0
T2048	其他种类（3）	0.46	T2247	其他种类（3）	0
T2048	小米（4）	0.02	T2247	小米（4）	0.22
T2048	其他栽培作物（5）	0.02	T2247	其他栽培作物（5）	0
T2048	杂草类禾本科（6）	0.11	T2247	杂草类禾本科（6）	0
T2048	其他旱地杂草（7）	0	T2247	其他旱地杂草（7）	0

T2048	湿地杂草（8）	0.2	T2247	湿地杂草（8）	0
T2049	栽培作物（1）	0.06	T2296	栽培作物（1）	0.16
T2049	杂草（2）	0.13	T2296	杂草（2）	0.23
T2049	其他种类（3）	0.16	T2296	其他种类（3）	0.05
T2049	小米（4）	0.06	T2296	小米（4）	0.1
T2049	其他栽培作物（5）	0	T2296	其他栽培作物（5）	0.07
T2049	杂草类禾本科（6）	0.06	T2296	杂草类禾本科（6）	0.17
T2049	其他旱地杂草（7）	0.06	T2296	其他旱地杂草（7）	0.07
T2049	湿地杂草（8）	0.03	T2296	湿地杂草（8）	0.01
T2097	栽培作物（1）	1.09	T2297	栽培作物（1）	0.46
T2097	杂草（2）	2.9	T2297	杂草（2）	2.1
T2097	其他种类（3）	11.8	T2297	其他种类（3）	0.28
T2097	小米（4）	0.63	T2297	小米（4）	0.31
T2097	其他栽培作物（5）	0.47	T2297	其他栽培作物（5）	0.15
T2097	杂草类禾本科（6）	2.68	T2297	杂草类禾本科（6）	2.07
T2097	其他旱地杂草（7）	8.42	T2297	其他旱地杂草（7）	0.05
T2097	湿地杂草（8）	0.21	T2297	湿地杂草（8）	0.06
T2099	栽培作物（1）	0.82	T2298	栽培作物（1）	0.4
T2099	杂草（2）	0.48	T2298	杂草（2）	1.36
T2099	其他种类（3）	0.29	T2298	其他种类（3）	0.19
T2099	小米（4）	0.53	T2298	小米（4）	0.21
T2099	其他栽培作物（5）	0.29	T2298	其他栽培作物（5）	0.19
T2099	杂草类禾本科（6）	0.48	T2298	杂草类禾本科（6）	1.34
T2099	其他旱地杂草（7）	0.24	T2298	其他旱地杂草（7）	0.13
T2099	湿地杂草（8）	0.05	T2298	湿地杂草（8）	0.06
T2147	栽培作物（1）	1.2	T2299	栽培作物（1）	0.14
T2147	杂草（2）	1	T2299	杂草（2）	0.33
T2147	其他种类（3）	8.4	T2299	其他种类（3）	0.06
T2147	小米（4）	0.8	T2299	小米（4）	0.12
T2147	其他栽培作物（5）	0.4	T2299	其他栽培作物（5）	0.02
T2147	杂草类禾本科（6）	0.4	T2299	杂草类禾本科（6）	0.3
T2147	其他旱地杂草（7）	0.6	T2299	其他旱地杂草（7）	0.03

T2147	湿地杂草（8）	0	T2299	湿地杂草（8）	0.06
T2149	栽培作物（1）	0	T2300	栽培作物（1）	0.44
T2149	杂草（2）	0	T2300	杂草（2）	0.76
T2149	其他种类（3）	0.2	T2300	其他种类（3）	0.15
T2149	小米（4）	0	T2300	小米（4）	0.34
T2149	其他栽培作物（5）	0	T2300	其他栽培作物（5）	0.1
T2149	杂草类禾本科（6）	0	T2300	杂草类禾本科（6）	0.7
T2149	其他旱地杂草（7）	0.2	T2300	其他旱地杂草（7）	0.14
T2149	湿地杂草（8）	0	T2300	湿地杂草（8）	0.04
T2197	栽培作物（1）	0.13	T2301	栽培作物（1）	0
T2197	杂草（2）	0.13	T2301	杂草（2）	0
T2197	其他种类（3）	0	T2301	其他种类（3）	0
T2197	小米（4）	0	T2301	小米（4）	0
T2197	其他栽培作物（5）	0.13	T2301	其他栽培作物（5）	0
T2197	杂草类禾本科（6）	0.13	T2301	杂草类禾本科（6）	0
T2197	其他旱地杂草（7）	0	T2301	其他旱地杂草（7）	0
T2197	湿地杂草（8）	0	T2301	湿地杂草（8）	0
T2302	栽培作物（1）	0	T2350	栽培作物（1）	0.17
T2302	杂草（2）	0	T2350	杂草（2）	0.33
T2302	其他种类（3）	0	T2350	其他种类（3）	0.05
T2302	小米（4）	0	T2350	小米（4）	0.12
T2302	其他栽培作物（5）	0	T2350	其他栽培作物（5）	0.06
T2302	杂草类禾本科（6）	0	T2350	杂草类禾本科（6）	0.19
T2302	其他旱地杂草（7）	0	T2350	其他旱地杂草（7）	0.13
T2302	湿地杂草（8）	0	T2350	湿地杂草（8）	0.01
T2342	栽培作物（1）	0.03	T2396	栽培作物（1）	0.15
T2342	杂草（2）	0.06	T2396	杂草（2）	0.33
T2342	其他种类（3）	0.03	T2396	其他种类（3）	0.04
T2342	小米（4）	0	T2396	小米（4）	0.09
T2342	其他栽培作物（5）	0.03	T2396	其他栽培作物（5）	0.05
T2342	杂草类禾本科（6）	0	T2396	杂草类禾本科（6）	0.33
T2342	其他旱地杂草（7）	0.06	T2396	其他旱地杂草（7）	0.02

T2342	湿地杂草（8）	0	T2396	湿地杂草（8）	0.02
T2345	栽培作物（1）	0.05	T2397	栽培作物（1）	0
T2345	杂草（2）	0	T2397	杂草（2）	1.91
T2345	其他种类（3）	0	T2397	其他种类（3）	0.04
T2345	小米（4）	0	T2397	小米（4）	0
T2345	其他栽培作物（5）	0.05	T2397	其他栽培作物（5）	0
T2345	杂草类禾本科（6）	0	T2397	杂草类禾本科（6）	1.89
T2345	其他旱地杂草（7）	0	T2397	其他旱地杂草（7）	0.06
T2345	湿地杂草（8）	0	T2397	湿地杂草（8）	0.01
T2346	栽培作物（1）	0.04	T2398	栽培作物（1）	0.02
T2346	杂草（2）	0.15	T2398	杂草（2）	0.22
T2346	其他种类（3）	0.01	T2398	其他种类（3）	0.03
T2346	小米（4）	0.02	T2398	小米（4）	0.01
T2346	其他栽培作物（5）	0.02	T2398	其他栽培作物（5）	0.01
T2346	杂草类禾本科（6）	0.14	T2398	杂草类禾本科（6）	0.2
T2346	其他旱地杂草（7）	0.02	T2398	其他旱地杂草（7）	0.03
T2346	湿地杂草（8）	0	T2398	湿地杂草（8）	0.01
T2347	栽培作物（1）	0.4	T2399	栽培作物（1）	0.08
T2347	杂草（2）	0.35	T2399	杂草（2）	0.95
T2347	其他种类（3）	0.04	T2399	其他种类（3）	0.08
T2347	小米（4）	0.32	T2399	小米（4）	0.05
T2347	其他栽培作物（5）	0.08	T2399	其他栽培作物（5）	0.03
T2347	杂草类禾本科（6）	0.35	T2399	杂草类禾本科（6）	0.94
T2347	其他旱地杂草（7）	0.01	T2399	其他旱地杂草（7）	0.06
T2347	湿地杂草（8）	0.03	T2399	湿地杂草（8）	0.03
T2348	栽培作物（1）	0.12	T2400	栽培作物（1）	0.07
T2348	杂草（2）	0.14	T2400	杂草（2）	0.07
T2348	其他种类（3）	0.06	T2400	其他种类（3）	0
T2348	小米（4）	0.05	T2400	小米（4）	0
T2348	其他栽培作物（5）	0.07	T2400	其他栽培作物（5）	0.07
T2348	杂草类禾本科（6）	0.13	T2400	杂草类禾本科（6）	0.07
T2348	其他旱地杂草（7）	0.04	T2400	其他旱地杂草（7）	0

T2348	湿地杂草（8）	0.01	T2400	湿地杂草（8）	0
T2349	栽培作物（1）	0.26	T2445	栽培作物（1）	0.03
T2349	杂草（2）	0.25	T2445	杂草（2）	0.01
T2349	其他种类（3）	0.02	T2445	其他种类（3）	0.03
T2349	小米（4）	0.14	T2445	小米（4）	0.03
T2349	其他栽培作物（5）	0.12	T2445	其他栽培作物（5）	0
T2349	杂草类禾本科（6）	0.23	T2445	杂草类禾本科（6）	0
T2349	其他旱地杂草（7）	0.02	T2445	其他旱地杂草（7）	0.02
T2349	湿地杂草（8）	0.01	T2445	湿地杂草（8）	0
T2446	栽培作物（1）	0.27	T2449	栽培作物（1）	0.28
T2446	杂草（2）	0	T2449	杂草（2）	4.98
T2446	其他种类（3）	1.4	T2449	其他种类（3）	0.02
T2446	小米（4）	0.27	T2449	小米（4）	0.16
T2446	其他栽培作物（5）	0	T2449	其他栽培作物（5）	0.12
T2446	杂草类禾本科（6）	0	T2449	杂草类禾本科（6）	4.98
T2446	其他旱地杂草（7）	0	T2449	其他旱地杂草（7）	0.01
T2446	湿地杂草（8）	0	T2449	湿地杂草（8）	0.01
T2447	栽培作物（1）	0.08	T2450	栽培作物（1）	0.16
T2447	杂草（2）	0.08	T2450	杂草（2）	0.21
T2447	其他种类（3）	0.01	T2450	其他种类（3）	0.03
T2447	小米（4）	0.04	T2450	小米（4）	0.08
T2447	其他栽培作物（5）	0.04	T2450	其他栽培作物（5）	0.08
T2447	杂草类禾本科（6）	0.04	T2450	杂草类禾本科（6）	0.21
T2447	其他旱地杂草（7）	0.04	T2450	其他旱地杂草（7）	0.03
T2447	湿地杂草（8）	0.01	T2450	湿地杂草（8）	0
T2448	栽培作物（1）	0.04	T2498	栽培作物（1）	0
T2448	杂草（2）	0.46	T2498	杂草（2）	0.07
T2448	其他种类（3）	0.04	T2498	其他种类（3）	0.07
T2448	小米（4）	0.01	T2498	小米（4）	0
T2448	其他栽培作物（5）	0.03	T2498	其他栽培作物（5）	0
T2448	杂草类禾本科（6）	0.44	T2498	杂草类禾本科（6）	0
T2448	其他旱地杂草（7）	0.01	T2498	其他旱地杂草（7）	0.07
T2448	湿地杂草（8）	0.04	T2498	湿地杂草r8）	0.07

表10-7 探方单位与植物种子类型之间的对应分析：前二维坐标（c1和c2）

区域	探方编号	c1	c2	c1	c2	c3
第一发掘区外	T001	0.109	−0.299	−0.401	0.349	0.413
	T007	0.462	0.833	0.693	−0.270	0.214
	T021	0.472	0.776	0.400	−0.498	−0.011
	T022	0.628	−0.365	−0.376	0.227	−0.300
	T024	0.541	−0.375	−0.435	0.183	−0.344
	T0750	−0.392	0.525	2.088	0.227	−0.193
	T0798	0.661	0.900	1.454	0.053	−0.224
	T0810	N/A	N/A	2.088	0.227	−0.193
	T1727	−1.142	−0.007	−0.042	−0.090	0.253
	T1776	0.685	0.287	−0.446	−0.468	−0.319
	T1777	−0.840	0.276	0.277	0.485	2.281
	T1789	0.652	−0.395	−0.480	0.259	−0.077
第一发掘区内	T2047	0.467	−0.533	−0.459	0.579	0.518
	T2048	−0.917	0.069	−0.250	0.403	2.194
	T2049	−0.287	0.154	0.297	0.146	0.182
	T2097	−0.903	0.069	1.282	0.022	−0.075
	T2099	0.320	−0.371	−0.125	0.255	−0.152
	T2147	−0.993	−0.092	0.155	0.409	−0.348
	T2149	−1.438	−0.055	2.088	0.227	−0.193
	T2197	0.700	−0.121	−0.498	0.092	0.397
	T2247	0.747	−1.347	−0.640	0.863	−1.210
	T2296	0.450	0.081	−0.056	0.031	−0.067
	T2297	0.462	0.593	−0.349	−0.683	0.079
	T2298	0.469	0.489	−0.239	−0.513	0.128
	T2299	0.441	0.326	−0.262	−0.258	0.245
	T2300	0.452	0.177	−0.181	−0.221	−0.098
	T2342	0.154	0.202	1.176	0.590	0.094
	T2345	0.747	−1.347	−0.648	1.316	0.666
	T2346	0.567	0.556	−0.164	−0.552	0.015
	T2347	0.595	−0.196	−0.457	0.026	−0.223
	T2348	0.296	−0.032	−0.135	0.027	0.111

第一发掘区内	T2349	0.620	−0.142	−0.398	0.065	−0.050
	T2350	0.492	0.241	0.173	0.016	−0.133
	T2396	0.519	0.308	−0.325	−0.399	0.076
	T2397	0.610	1.081	−0.273	−1.080	0.136
	T2398	0.428	0.794	−0.081	−0.719	0.202
	T2399	0.509	0.844	−0.232	−0.843	0.164
	T2400	0.700	−0.121	−0.498	0.092	0.397
	T2445	−0.203	−0.443	0.451	0.609	−0.803
	T2446	−1.084	−0.264	−0.640	0.863	−1.210
	T2447	0.574	−0.117	0.099	0.365	0.082
	T2448	0.505	0.837	−0.308	−0.762	0.405
	T2449	0.650	0.970	−0.359	−1.010	0.105
	T2450	0.534	0.037	−0.284	−0.142	−0.056
	T2498	−0.392	0.525	0.985	0.669	1.815
	种子类型					
	1. 栽培作物：黍、粟、稻、小麦、赤豆、大豆、紫苏	0.544	−0.609			
	2. 杂草：杂草类禾本科（见下面6）、苋属、菊科、十字花科、酸模属、蓼属、藜属、马齿苋	0.475	0.499			
	3. 其他种类：杂草型豆类（豆茶决明、马鞍树属、豆科）、肉果类、湿地杂草（代号8）、未知种类2	−1.046	−0.025			
	4. 小米：粟、黍			−0.426	0.401	−0.508
	5. 其他栽培作物：稻、小麦、赤豆、大豆、紫苏			−0.431	0.611	0.280
	6. 杂草类禾本科：稗、小麦族、马唐属、野生狗尾草属、野生黍属、黍族			−0.232	−0.526	0.053
	7. 其他旱地杂草：苋属、菊科、十字花科、酸模属、蓼属、藜属、马齿苋、肉果类、野生豆类			1.390	0.105	−0.081
	8. 湿地杂草：大戟科、莎草科、香蒲科属			−0.078	0.516	1.607

九　讨论

在介入两城镇的研究之前，克劳福德在东亚的工作集中在日本，北海道向来被认为没有农业，但当他开始研究那里一处具有农业属性的植物组合时，他必须深入探索它更早的历史。大部分作物并非起源于日本，因此他的下一个问题就关系到了解它们在东亚大陆的历史和早期背景。这最终引领他开展包括这项研究在内的许多合作项目。这批植物遗存材料比他在日本或北美东部研究过的任何材料都更加特别。北美的植物材料包括木炭、栽培作物、一年生杂草、坚果、以及几大类肉果。从比较的视角来看，两城镇的植物遗存主要是小米和稻，还有许多或是野生或是杂草类的一年生禾本科。所以这份龙山文化植物样本的构成与克劳福德研究过的来自别国的植物构成相当不同。很重要的一点是浮选样品中几乎没有木炭；相反，非植物种子的炭化物基本上是草茎（茎节），这揭示了木材在这里有不同的用途，而且可能是价值大得多的一种非燃料资源。

本研究鉴定的植物范围主要是栽培作物、黍型（panicoid）禾本科、其他草本植物以及很少量的木本植物，从可分辨的样品来看，这在龙山时期的植物组合中是很常见的，而且其模式与我们在伊洛河流域调查的整个新石器序列的样本[1]似乎是相似的。藜属、紫苏、大豆和赤豆可能也是被驯化的植物。它们的数量与密度都相当低，因此这两个量好像并不表明其被广泛利用，但是它们在整个遗址中星星点点地出现。我们对可能造成其分布的埋藏学因素所知甚少。考虑到遗存中出现大豆，大豆可能已被种植，尽管中国所有考古记录中以及这里有关大豆驯化状态的表型性状线索仍模糊不清[2]。目前尚未编录赤豆的同类数据，但是我们期待有这样一个类似的记录[3]。考古出土的紫苏也尚未被研究过，但以山东省月庄遗址出土的遗存为例[4]，它早在中国新石器早期就与人类有密切的联系。两城镇遗址有少数植物仅见于一个或很少几个样品中，且数量较大（比如豆茶决明），它们的用途不清楚。

在取样的遗迹中，作物加工或与植物有关的其他特殊活动还没有明确的证据。但是，部分模式是显著的。一些遗迹，比如沟，所出的植物遗存特别丰富。沟中出土的动物骨骼也相当丰富，这说明这些包含物可能很容易被废弃（这部分动物遗存观察是基于本书中Bekken等人的报告）。未来的研究应当更加重视对沟进行取样。在其他样品中——诸如与房址F49、F60、F65相关的样品，骨骼的出土密度很高，但植物遗存的密度不那么高，尽管F60和F65有多类炭化植物种子。H31出土了异常多的鸟类骨骼与猪骨，但明显缺少可鉴定的植物遗存，这表明它是一个包含献祭肉食的特殊遗迹。从植物的角度来看，H31内的堆积物不像是在其他遗迹中常见的次生堆积或三次堆积。总体而言，房址中植物种子的出土密度不高。杂草的分布与栽培作物稍稍有所不同，这取决于其类型。杂草在第一发掘区内建筑遗迹密集的区域比例较高。多个种子数量较大的植物种类的分布是相互独立的，但是整体上的空间分布具有明显的一致性，这表明埋藏学因素在整个遗址中的差异并不大。许多植物遗存好像是次生堆积或三次堆积。它们跟动物遗存不一样，与仪式的关联不明显。

[1]　Lee GA, GW Crawford, L Liu et al, 2007. Plants and People from the Early Neolithic to Shang Periods in North China. *Proceedings of the National Academy of Sciences* 104(3): 1087-1092.

[2]　Lee, GA, GW Crawford, L Liu et al. 2011. Archaeological Soybean (Glycine max) in East Asia: Does Size Matter? *PlosOne* 6(11): 1-12.

[3]　Lee GA, 2013. Archaeological Perspectives on Origins of Adzuki (Vignaangularis). *The Holocene* 23(3): 453-459.

[4]　Crawford GW、陈雪香、栾丰实等：《山东济南长清月庄遗址植物遗存的初步分析》，《江汉考古》2013年第2期。

有一层使用过的燃料可能对观察植物证据的类型有所影响。这些残存物很可能来自已使用过并扔在建筑物外的粪便燃料。有些情况下，草籽、草茎碎片和野生豆类很可能就是粪便中的残存物，尤其是当没有木炭的时候[1]。粪便样品中栽培作物的种子数量明显更低[2]。南部探方和探沟的样品中都发现了野生禾本科种子、谷壳和草茎碎片。浮选样品中几乎完全没有木炭，这表明木头不是一种重要的燃料。建筑遗迹内的杂草种子密度更高与这些遗存被用作燃料而非食物是吻合的。

两城镇遗址植物遗存在早期与晚期的差异是量的不同，而非质的不同。植物种子密度在早期更高，植物种类的差异可以用与灰坑相关的特殊事件来解释，比如一个晚期的灰坑内（H93）有大量水稻。另一方面，动物利用的模式在晚期可能变得更倾向于狩猎，这表明了动物资源采办的一种转变。我们很难估计是否能将动物与植物数据对应起来，因为植物遗存的历时差异很模糊。遗址周围可能有大片林地被清除，空地面积日益增大，扩大了鹿类吃草的范围，使其种群得以增殖。如果湿生的水稻生产变得日益重要，那么就可能有更多的旱地处于休耕状态，或者旱地面积减少。栽培作物和某些其他植物遗存密度更低可能表明了居住强度的弱化以及动物管理的减少。这也会与更加依赖动物狩猎相吻合，在受人类行为影响的生存环境中，狩猎可能是比较发达的，至少相对比较发达，该生存环境在演替序列中略晚于每年重新开辟旱地的阶段。虽然以上见解有很大的推测成分，但为未来的研究提出了一些有趣的问题。

两城镇的植物研究凸显了山东省内龙山时代人类与植物之间互动的复杂关系与相对专门化的性质。水稻对居住者的重要性是当地生计中崭新而又重要的事实。大量基于植物遗存的研究还有待开展，但本文为有关埋藏学、各类遗迹功能和植物利用等问题的后续研究奠定了基础。

致谢：两城镇遗址发掘项目的炭化植物遗存研究得到了 Henry Luce 基金（1997～2000年，授予文德安（A. Underhill）、加里·费曼（G. Feinman）和罗泰（L. von Falkenhausen））和美国国家科学基金（2000～2003年，编号BCS-9911128，授予文德安和费曼）的资助。植物遗存分析主要得到加拿大社会科学与人文研究委员会的资助（编号720222345）。杰奎琳·布伦（Jacqueline Brenne）、米歇尔·金（Michelle King）、凯思林·莫里西（Kathryn Morrisey）和埃米莉·霍兰（Emily Holland）非常出色地协助了分析样品的工作。文德安是一位优秀的合作者，一起完成了这项分析。感谢中国国家文物局准许我们和栾丰实教授合作发掘。感谢山东大学的同事们把浮选纳入该项目。格里·克劳福德（Gary Crawford）绘制了所有图表，科杰夫（Geoff Cunnar）、拉斯·奎克（Russ Quick）（曾是伊利诺伊—芝加哥大学人类学系的研究生）和吉尔·西格德（Jill Seagard）（菲尔德博物馆人类学部）绘制了遗址的底图。

第二节　植硅体分析与研究

基于植硅体分析方法在考古学研究中的应用内容，我们在两城镇遗址聚落考古研究项目开始的时候就设计了植硅体研究的方案。研究目的是对两城镇遗址中出土的所有植物遗存进行系统的分

[1] Miller N, 1984. The use of dung as fuel: An ethnographic example and an archaeological application. *Paleorient* 10(2): 71-79.

[2] Reddy SN, 1999. Fueling the hearths in India: the role of dung in paleoethnobotanical interpretation. *Paleorient* 24(2): 61-69.

析，以期获得关于农作物种类、农田位置、聚落内粮食加工和储存方式及其所反映的聚落功能、人类利用野生植物状况等信息。研究思路是：首先系统采集灰坑、房址等各类遗迹的土样进行植硅体提取，了解该遗址沉积物中植硅体保存状况；系统分析植硅体形态和组合，综合研究遗址周围的植被状况，进而探讨农业等经济活动；采用植硅体定量分析方法讨论粮食加工和储存方式。

一　材料和方法

研究材料主要来自两城镇遗址1999～2001年发掘和丹土遗址2000年发掘[1]。研究方法分为土样采集方法、植硅体提取和鉴定方法。

（一）土样采集方法

植硅体土样是在发掘过程中采集的。基本原则是：凡是采集浮选土样的单位都采集植硅体土样，有些遗迹即使因其规模太小无法采集到足够的浮选土样，也视其具体情况采集植硅体土样；样品主要来自早晚关系和分布范围都比较明确的遗迹如墓葬、房址、窖穴、灰坑等。为了将因采样导致的污染降到最低水平，尽量在无风的时候、在新发掘清理出来的遗迹采样，同时每次采样前都确保采样工具被清洗干净。每个样品的重量在100～200克。土壤样品放在密封的塑料袋中，未进行冷冻或化学处理。

此外，为了进行对比，我们还对两城镇西北方向的丹土遗址的灰坑和壕沟进行了植硅体采样和分析。采样和分析方法同两城镇遗址。

（二）实验室分析方法

1. 常规方法

植硅体的提取和分析按 Pearsall[2]、Piperno[3]和王永吉等的方法[4]。为了便于参考和检验，现将其主要步骤简述如下。

① 把风干样品10克 放入500毫升烧杯。

② 加入100ml 6% 的H_2O_2，然后放在电热板上加热，使有机质分解，如果有机质过多，加入浓（30%）H_2O_2继续分解。

③ 用超声波处理，分散土块（150W、 20KH、 10 分钟）。

④ 加稀盐酸加热（30分钟～ 1小时），脱铁、去钙。

⑤用2.30重液浮选。

⑥制片观察。

[1] 样品由山东省文物考古研究所刘延常研究员提供。

[2] Pearsall DM, 2000. *Paleoethnobotany: A Handbook of Procedures*, Second Ed. San Diego: Academic Press. 1-700.

[3] Piperno DR, 2006. *Phytoliths: A Comprehensive Guide for Archaeologists and Paleoecologists*. New York: AltaMira Press, 1-238.

[4] 王永吉、吕厚远：《植硅体研究及应用》，海洋出版社，1993年，第43～47页。

2. 定量分析方法

定量方法首先在日本出现，目的是研究水田。基本原理是，通过在土样中加入与植硅体具有大致相同成分和大小的玻璃珠（一定重量的玻璃珠中玻璃珠的数量是已知的），计算出1个水稻扇型植硅体相当于水稻叶的重量、地上部干物重甚至稻谷的重量，进而确定1克土样中有多少水稻扇型植硅体才可以确定其为稻田土样。由于水稻植株不同部位的植硅体形态不同，可以分析土样中不同类型水稻植硅体的浓度及其所反映的收割方式等问题。

对现代禾本科植物的研究表明，水稻具有可以与其他植物区分开的植硅体形态及组合，其中扇型和横排哑铃型植硅体来自水稻的叶部[1]，乳突型（包括双峰型和多细胞的乳突型，下同）来自稻壳[2]。这个研究结果在识别考古遗址中稻作遗存方面具有重要意义[3]。由于水稻的叶秆和稻壳产生的植硅体形态完全不同，所以，根据考古遗存中保存的水稻植硅体组合，分析古代水稻的收割和加工方式及其反映的社会组织结构问题也已经受到研究人员的关注[4]。在寻找古稻田的研究中，定量分析植硅体的方法能够根据1克土壤中植硅体的含量来确定是否曾经种植水稻[5]。我们尝试采用上述方法，对山东日照两城镇和五莲丹土遗址的部分土壤样品进行分析，揭示考古遗址中水稻叶秆和稻壳等不同部位植硅体在考古遗址不同类型遗迹中的分布特点，进而探讨其所反映的水稻收割、加工和储存方式及与之相关的社会组织结构问题。

定量分析方法来自藤原宏志[6]。基本操作步骤如下：

（1）取一定体积的土壤样本烘干并称重，并计算土壤容量；

（2）将土壤敲碎成粉末状，然后称取1克土样放入15毫升的玻璃瓶中；

（3）加入一定量（以重量计）的精制玻璃砂，作为定量分析时的参照物；

（4）加水并注入数滴分散剂后，用250W，38KHz的超声波处理20分钟，以清除植硅体表面所吸附的土壤黏粒；

（5）用 Stokes 的水中沉底法剔除粒径小于10μm的微小粒子和其他杂质；

（6）烘干、制片后在光学显微镜下镜检观察。

为了获得水稻植硅体在考古遗迹土壤中的分布浓度，不仅统计来源于水稻的植硅体，还对与水稻具有大致相同生态环境的植物如芦苇、竹子、芒属以及黍族的植硅体进行统计，作为分析时的参考。为了获得在收割和加工过程中留下的稻谷遗存所反映的人类活动情况，根据水稻植株的茎叶、颖壳部分植硅体的形态特征，对样品中的扇型、横排哑铃型和乳突型植硅体进行统计。然后分别计

[1] a. Fujiawara H, 1993. Research into the history of rice cultivation using plant opal analysis. In DM Pearsall, DR Piperno (eds). *Current Research in Phytolith Analysis: Applications in Archaeology and Paleoecology*. Philadelphia: University of Pennsylvania Museum, MASCA, 147-158. b. 吕厚远、吴乃琴、王永吉：《水稻扇型植硅体及其在考古学中的应用》，《考古》1996年第6期。

[2] a. Pearsall DM, DR Piperno, EH Dinan et al,1995. Distinguishing rice (*Oryza sativa* Poaceae) from wild Oryza species through phytolith analysis: results of preliminary research. *Economic Botany* 49; b. Zhao Z, DM Pearsall, RA Benfer et al. 1998. Distinguishing rice (Oryza sativa Poaceae) from wild Oryza species through phytolith analysis, II: finalized method. *Economic Botany* 52(2): 134-145.

[3] 靳桂云：《中国北方史前遗址稻作遗存的植硅体判别标准》，《文物保护与考古科学》2001年第14卷第1期。

[4] Harvey EL, DQ Fuller, 2005. Investigating crop processing using phytolith analysis: the example of rice and millets. *Journal of Archaeological Science* 32: 739-752.

[5] 藤原宏志：《プラソト・オペル分析法の基础研究（3）福冈・板付遗跡（夜臼期）水田および群马・日高遗跡（弥生时代）水田にけるイネ（Oryza sativa L.）生产总量の推定》，《考古学と自然科学》1979年第12卷。

[6] 藤原宏志：《プラソト・オペル分析法の基础研究（3）福冈・板付遗跡（夜臼期）水田および群马・日高遗跡（弥生时代）水田にけるイネ（Oryza sativa L.）生产总量の推定》，《考古学と自然科学》1979年第12卷。

数同一视野中玻璃砂和水稻（包括不同部位）、芦苇、竹亚科、芒属和黍亚科等植硅体的数目。由下式分别计算出1克土壤中所含各种植硅体的数量（N）：

N = a*GW/SW*NP/NG

式中：

a = 1克玻璃砂中所含玻璃砂的数量。例如，若30万个玻璃砂重0.023克，则a = 1/0.023*3*105

GW = 在上述第（3）步所加入玻璃砂的重量（克）

SW = 在上述第（2）步实际所称取的土样重量（克）

NP = 视野中植硅体的数目

NG = 视野中玻璃砂的数目

在进行上述定量分析时，每个样品均调查与500个左右玻璃砂相当的植硅体的量。在此基础上，根据已有的关于每个水稻（*Oryza sativa*）扇型植硅体代表叶部重量为2.65×10^{-6}克的结果[1]，对两城镇和丹土遗址部分考古单位中曾经存放的水稻叶的重量进行大致估算。

3．植硅体鉴定方法

在400倍NIKON光学显微镜下对样品中植硅体鉴定400粒以上。植硅体按照 *Lu et al.* (2006) [2]、王永吉、吕厚远（1993）[3]的分类标准被分成22个类型。黍、粟的区分按照 *Lu et al.* (2009)[4]的分类标准，水稻扇型以及横排哑铃型的鉴定则参照王永吉、吕厚远（1993）[5]和 *Lu et al.*（2002）[6]的分类标准。计算每个类型的百分含量（单个类型数与类型总的统计数的比值 × 100）。棒型、刺棒型植硅体单体长度大于10μm时计入统计数量。

植硅体鉴定使用透射光显微镜，一般要放大400～600倍，特殊情况下还需要放大更大的倍数，如800或1000倍。根据以往的鉴定经验[7]，每个样品统计大约200～500个植硅体。

植硅体形态鉴定，主要是采用与现代植物的植硅体分析结果和公开发表的文献进行对比的方法。由于对目前可鉴定植硅体类型的植物种属鉴别能力各不相同，有些可以比较准确地鉴定到科、属甚至种，但有些只能鉴定到目或纲，所以对于两城镇遗址土壤样品中植硅体的类型，在鉴定和统计过程中，将其分为三类：不具备植物种属鉴定意义的植硅体类型、未知的植硅体类型和可鉴定的植硅体类型。

不具备植物种属鉴定意义的植硅体类型，主要有方型、长方型、尖型、棒型、部分扇型和哑铃型等，这些植硅体类型或者是由于形态简单、缺乏表面特征，或者是由于目前的研究还不够细致，因此不具备植物种属鉴别的意义。但是这些植硅体类型特别是其组合，有重要的古环境意义。同时

[1]　藤原宏志：《プラント・オペル分析法の基础研究（3）福冈・板付遺跡（夜臼期）水田および群马・日高遺跡（弥生时代）水田にけるイネ（Oryza sativa L.）生产总量の推定》，《考古学と自然科学》1979年第12卷。

[2]　Lu H, N Wu, X Yang et al, 2006. Phytoliths as quantitative indicators for the reconstruction of past environmental conditions in China I: phytolith-based transfer functions. *Quaternary Science Reviews* 25: 945-959.

[3]　王永吉、吕厚远：《植硅体研究及应用》，海洋出版社，1993年，第1～228页。

[4]　Lu H, J Zhang, N Wu et al, 2009. Phytoliths analysis for the discrimination of Foxtail millet (*Setaria italica*) and Common millet (*Panicum miliaceum*). PLOS ONE 4(2): e4448. doi: 10.1371/journal.pone.0004448. Epub 2009 Feb 12.

[5]　王永吉、吕厚远：《植硅体研究及应用》，海洋出版社，1993年，第1～228页。

[6]　Lu H, Z Liu, N Wu et al , 2002. Rice domestication and climatic change: Phytolith evidence from East China. *Boreas* 31: 378-385.

[7]　Piperno DR, 1998. *Phytolith Analysis: An Archaeological and Ecological Perspective*. San Diego: Academic Press.

它们在考古遗址的土壤中经常大量出现，所以，在鉴定过程中对这类植硅体进行了记录，但未进行统计。

可鉴定的植硅体类型，就是指那些可以鉴定到科、属，甚至种一级的植硅体类型，也包括只可鉴定到纲或目的植硅体类型。目前对禾本科植物植硅体类型的研究比较深入，所以，在可鉴定的植硅体类型中，禾本科植物的植硅体类型比较多。同时，由于禾本科植物分布范围广泛，并经常被人类利用，再加上该科植物植硅体产量高，这就决定了在考古遗址的土壤中多数都以禾本科植物的植硅体类型为主。

禾本科植硅体类型中，可鉴定的类型有三大类：第一类是起源于植物叶片内的机动细胞扇型，其中，水稻、芦苇、竹子都有特定的扇型植硅体类型，除此以外的扇型还有很多种类，目前其与植物之间的关系还不十分清楚；第二类是表皮短细胞植硅体类型，包括哑铃型（包括十字型和多铃型等，其中水稻具有典型的横排哑铃型植硅体）、竹节型（长鞍型）、鞍型（包括长鞍型和短鞍型）。第三类是植物颖果外稃上的植硅体，目前已经知道水稻、大麦和小麦、谷子和黍子外稃上的植硅体具有属甚至种一级的鉴定特征。

目前，学术界关于如何确定考古遗址中的栽培稻植硅体，已经有了比较成熟的标准。首先，由于稻属植物发育了区别于禾本科其他植物的特征扇型植硅体，所以，在没有野生稻生长的地区，只要在考古遗址中发现了属于稻属植物的扇型植硅体，就可以确认其为栽培稻植硅体[1]。其次，在确认有稻属植物扇型植硅体的基础上，还可以根据这种扇型植硅体扇缘的纹饰区分栽培稻和野生稻[2]。所以，即使分析南方地区史前时代考古遗址的植硅体，也可以根据扇型植硅体的形态来区分野生稻和栽培稻。虽然根据扇型植硅体已经能够判断考古遗址中是否有栽培稻，但确定考古遗址中是否有栽培稻遗存，一般情况下需要稻属扇型、横排哑铃型和稻壳的乳突型植硅体在同一个考古遗址的相同或者不同遗迹中出现，这样的判断才是最科学可靠的。稻亚科的哑铃型植硅体在植物中的分布上有自己的特点，就是沿着与叶脉平行的方向成排排列，而其他亚科的哑铃型排列都是头尾相连成排分布的，植硅体本身的特点则是个体小，两端外缘不封闭、有裂隙，柄较短。有一种两端开裂、四角分开的哑铃型，也是稻亚科所特有的[3]。来自稻壳的乳突型植硅体，其形态特征也是稻亚科特有的。如果采用测量形态参数的方法，可以区分栽培稻和野生稻[4]。

对于谷子和黍子这两种旱地作物的植硅体研究，也已经有一些重要的成果。其中，关于谷子和黍子稃壳植硅体的研究比较深入[5]。这些研究结果为我们从考古遗址中识别这两种农作物的稃壳遗存

[1] Fujiawara H, 1993. Research into the history of rice cultivation using plant opal analysis. In: DM Pearsall, DR Piperno (eds). *Current Research in Phytolith Analysis: Applications in Archaeology and Paleoecology*. Philadelphia: University of Pennsylvania Museum, MASCA, 147-158.

[2] a. Fujiwara H, 1976. Fundamental studies in plant opal analysis on the silica bodies of motor cells of rice plants and their near relatives, and the method of quantitative analysis. *Archaeology and Natural Science* 9 (in Japanese). b.王永吉、吕厚远：《植硅体研究及应用》，海洋出版社，1993年。

[3] 王永吉、吕厚远：《植硅体研究及应用》，海洋出版社，1993年。

[4] Zhao Z, DM Pearsall, RA Benfer et al, 1998. Distinguishing rice (Oryza sativa Poaceae) from wild Oryza species through phytolith analysis, II: finalized method. *Economic Botany* 52(2): 134-145.

[5] a. Lu H, X Yang, M Ye et al, 2005. Millet noodles in Late Neolithic China. *Nature* 437: 967-968; b. Lu H, J Zhang, N Wu et al, 2009. Phytoliths analysis for the discrimination of foxtail millet (*Setaria italica*) and common millet (*Panicum milliaceum*), PLOS ONE 4(2):e 4448. doi: 10.1371/journal.pone.0004448. Epub 2009 Feb 12; c. Lu H, J Zhang, K Liu et al 2009. Earliest domestication of common millet *(Panicummiliaceum)* in East Asia extended to 10, 000 years ago. *Proceedings of the National Academy of Sciences* 106(18): 7367-7372.

提供了基本的鉴定标准。另外，有的文献涉及到谷子茎叶植硅体形态研究[1]。

对于麦类作物植硅体的分析，已经发现大麦和小麦的植硅体形态有比较明显的区别，主要表现在表皮细胞上的纹理结构不同[2]。

除了谷物类植物的植硅体外，我国常见的竹子、芦苇等植物的植硅体形态也具备了参考标准[3]。

4．观察硅化骨架

对样品中的硅化骨架进行观察和分析。所谓的硅化骨架就是在样品中有大量完整的硅化表皮组织，它们的形态特点是多个植硅体化石联结在一起，形成一个个体较大的硅化物。为了研究的方便，有学者将这种完整的硅化表皮组织称之为硅化骨架（silica skeletons）[4]。研究表明，这种硅化骨架的形态特点不仅在鉴定古代农作物方面很有判别意义，而且还可以指示农业活动的存在，因为灌溉农业或者排水不通畅的微环境会加速硅的沉积，进而形成硅化骨架。

二　分析结果

两城镇遗址的工作是我们第一次结合考古发掘进行的系统的植硅体分析。这项工作持续的时间比较长，不同阶段对样品的处理方法和研究思路有所变化。这里将分别介绍不同分析方法的结果。

（一）1999年采样常规分析结果

2000～2001年，在国家海洋局青岛海洋研究所的微体植物遗存实验室提取样品的植硅体，并在中国科学院地质与地球物理研究所完成鉴定工作。当时，能鉴定出种属的农作物只有稻，由于当时没有开展对现代粟和黍的植硅体形态研究，故样品中的粟黍植硅体尚无能力鉴定。

1．植硅体保存状况和基本组合

在所分析的20个样品中，除来自东周墓葬（M17）者，其余的样品都发现了比较丰富的植硅体（表10－8）。多数植硅体保持了完整的形态特征，但在一些灰坑或地层中发现了风化严重或者破为碎片的植硅体，一些灰坑样品中的植硅体上有较多的吸附碳。植硅体的基本组合为水稻扇型（图10－41，1～6）、水稻横排哑铃型（图10－41，7）、稻壳突起（图10－41，8），芒属扇型（图版10－41，9），黍亚科竖排哑铃型（图10－41，10、11），黍亚科长方型（图10－41，12），芦苇扇型（图10－42，1），竹子扇型（图10－42，2），方型和长方型（图10－42，3），平滑棒型（图10－42，4），尖型（图10－42，5、6），多铃型（图10－43，1），导管型（图10－43，2），扇型

[1]　Sujiyama S, Matsuda R, Fujiwara H, 1988. Morphology of phytoliths in the motor cells of Paniceae—a basic study on ancient cultivation. *Archaeology and Natural Science* 20: 81-92.

[2]　Ball TB, JS Gardner, N Anderson, 1999. Identifying inflorescence phytoliths from selected species of wheat (*Triticum nonococcum, T. dicoccon*, and *T. aestivum*) and barley (*Hordeum vulgare* and *H. spontaneum* (Gramineae)), *American Journal of Botany* 86(11):1615-1623.

[3]　王永吉、吕厚远：《植硅体研究及应用》，海洋出版社，1993年。

[4]　a. Helbaek H, 1960. Cereals and wild grasses in Phase A. In: Braidwood RH and LS Braidwood (eds). *Excavations in the Plain of Antioch. Vol. I.* Chicago: University of Chicago Press, 99-118.　b. Renfrew JM, 1973. *Paleoethnobotany: The Prehistoric Food Plants of the Near East and Europe*. New York: Columbia University Press.

（图10—43，3～5），植硅体组合（图10—43，6）。

在20个样品中，有70%样品中含有水稻植硅体，40%样品中含有芦苇扇型植硅体，15%样品中含有带突起的竹子扇型植硅体。T2047第⑥层中竖排长柄哑铃型植硅体个体大、形态规整、发育良好。

表10—8 两城镇遗址土壤样品（1999）植硅体分析结果一览表

野外编号	所属遗迹	植硅体基本组合	植硅体组合特征	遗迹用途推测
1263E4T2097	第⑥层	中鞍型、哑铃型、扇型、短尖型、尖型、肉质细胞、十字型、成组方型、成组长方型、方型、长方型植硅体和硅藻	大量碎片。多数植硅体个体小、形态不规整	
1296E4T2097	第⑥层	水稻扇型、水稻哑铃型、稻壳乳突型、成组方型、成组长方型、刺状棒型、平滑棒型、气孔组织、十字型、尖型	化石含量低，主要是水稻植硅体，其他植硅体很少。多数有吸附碳	水稻遗存为主的堆积
1260E4T2097	第⑥层	水稻扇型、稻壳乳突型、水稻哑铃型特殊排列、扇型、哑铃型、成组方型、平滑棒型、中鞍型、短鞍型、尖型、竖排哑铃型、短鞍型、刺状棒型、三铃型、导管型、十字型、长方型、带突起扇型、毛发型	植硅体丰富。大量碎片。部分植硅体形态不规整。有水稻植硅体。哑铃型数量多而且形态多样，有的发育很好。扇型少	
1255E4T2097	H82	水稻哑铃型、水稻扇型、长方型、棒型、哑铃型、扇型、成组方型、中鞍型、短尖型、长尖型、导管型、芦苇扇型、短鞍型和阔叶类植硅体	化石含量高。植硅体类型丰富。多数有吸附碳	
1270E4T2097	H121	中鞍型、短鞍型、扇型、尖型、刺状棒型、芦苇扇型、方型、成组长方型和蕨类植硅体	植硅体破碎、风化明显。多数有吸附碳	
4009E4T2343	H43	水稻哑铃型、稻壳乳突型、竖排哑铃型、成组长方型、刺状棒型、哑铃型、导管型、短鞍型、毛发型、平滑棒型、长尖型、中鞍型、方型、弱齿型、十字型、芦苇扇型	少量植硅体风化。50%以上有吸附碳	
4002E4T2343	H43	芦苇扇型、短尖型、扇型、带突起扇型和阔叶树植硅体	带突起扇型与中鞍型多，少量阔叶树植硅体	
642E4T2047	H93	水稻哑铃型、平滑棒型、刺状棒型、长方型、方型、哑铃型、短尖型、长尖型、中鞍型、导管型、成组方型和长方型、扇型、毛发型	基本组合为水稻植硅体。90%以上的扇型为水稻扇型	水稻加工或储存场所
641E4T2047	H93	水稻扇型、水稻哑铃型、稻壳双峰型、长方型、方型、成组方型和长方型、平滑棒型、刺状棒型、导管型、短尖型、长尖型	水稻扇型、长方型、方型最多；90%以上的植硅体个体大、形态规整。少量有吸附碳	水稻加工、贮存场所

1665E4T2047	H114	水稻扇型、水稻哑铃型、成组长方型、弱齿型、毛发型、方型、平滑棒型、刺状棒型、扇型、哑铃型、尖型	化石含量低、多数风化。多数植硅体个体较小。哑铃型最多。少量有吸附碳	
666(C)E4T2047	第⑥层	水稻扇型、扇型、哑铃型、中鞍型、平滑棒型、刺状棒型、方型、长方型、尖型、毛发型	化石含量低。碎片多。50%以上有吸附碳	
666E4T2047	第⑥层	水稻哑铃型、水稻特征扇型、哑铃型、长方型、方型、扇型、多铃型、短尖型、短鞍型、棒型、竖排哑铃型	化石含量低。哑铃型多。竖排长柄哑铃型个体大、形态规整。大量的细胞组织	
623E4T2047	第⑥层	水稻扇型、长鞍型、中鞍型、哑铃型、棒型、扇型、成组长方型、三铃型、导管型、长尖型、弱齿型、竖排哑铃型、芦苇扇型	化石含量丰富。水稻哑铃型、扇型、中鞍型和短鞍型较常见	水稻加工、贮存场所
1245E4T2147（B）	H60	水稻扇型、稻壳双峰型、方型、长方型、扇型、平滑棒型、中鞍型、短鞍型、三铃型、竖排哑铃型、长尖型	多数植硅体个体大、形态规整。水稻扇型、平滑棒型、竖排哑铃型较多	水稻加工、贮存场所
1245E4T2147（A）	H100	水稻扇型、水稻哑铃型、平滑棒型、中鞍型、哑铃型、短鞍型、短尖型、方型、刺状棒型、帽型、海绵骨针、毛发型、扇型、长方型、导管型、十字型、成组扇型、长方型和蕨类植硅体	平滑棒型最多，水稻植硅体较少，哑铃型多于扇型。有少量植硅体碎片	
3209E4T2350	H31	带突起扇型、扇型、哑铃型、中鞍型、尖型、平滑棒型、刺状棒型、长鞍型、成组方型和硅藻化石	化石含量低，多碎片。多数个体小、形态不规整。有竹子植硅体	
4308F4T2302	H54	水稻扇型、芦苇扇型、平滑棒型、刺状棒型、蕨类植硅体、短尖型、中鞍型、导管型、长方型、方型、板状棒型、帽型、哑铃型、成组方型和长方型、弱齿型、十字型	多数植硅体发育好，部分风化。40%～50%有吸附碳	
4354F4T2303	第⑥层	稻壳乳突型、水稻扇型、平滑棒型、刺状棒型、方型、长方型、毛发型、哑铃型、中鞍型、导管型、短尖型、板状棒型、成组长方型、长尖型、带刺尖型、芦苇扇型、硅藻化石	水稻扇型、棒型、哑铃型最多	水稻加工或储存场所
4034E4T2342	第⑥层	水稻扇型、水稻横排哑铃型、扇型、芦苇扇型、带突起扇型、哑铃型、长方型、方型、成组方型和长方型、尖型、刺状棒型、平滑棒型、短鞍型、长鞍型、导管型、毛发型	80%以上植硅体个体大、形态规整，以水稻植硅体为主，也有竹子植硅体。多数有吸附碳	以水稻遗存为主的堆积
3811E4T2345	M17	极少有植硅体		

1. 水稻扇型1　2. 水稻扇型2　3. 水稻扇型3　4. 水稻扇型4　5. 水稻扇型5　6. 水稻扇型6　7. 水稻横排哑铃型　8. 稻壳突起　9. 芒属扇型　10. 黍亚科竖排哑铃型1　11. 黍亚科竖排哑铃型2　12. 黍亚科长方型

图10-41　植硅体显微照片

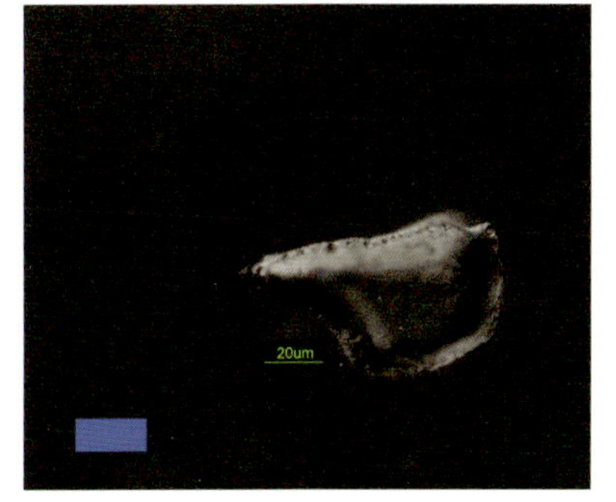

1. 芦苇扇型

2. 竹子扇型

3. 方型和长方型

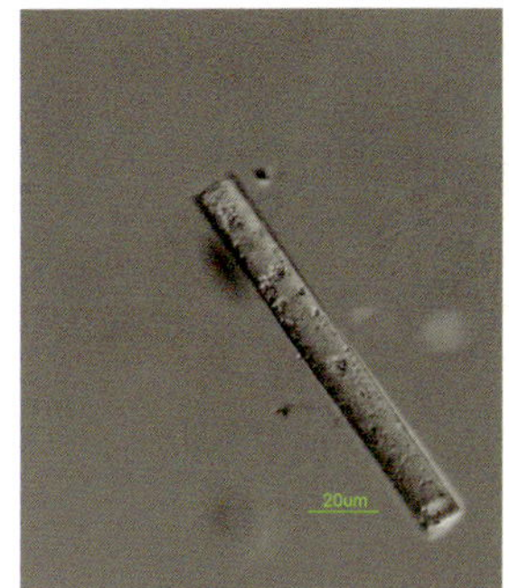

4. 平滑棒型

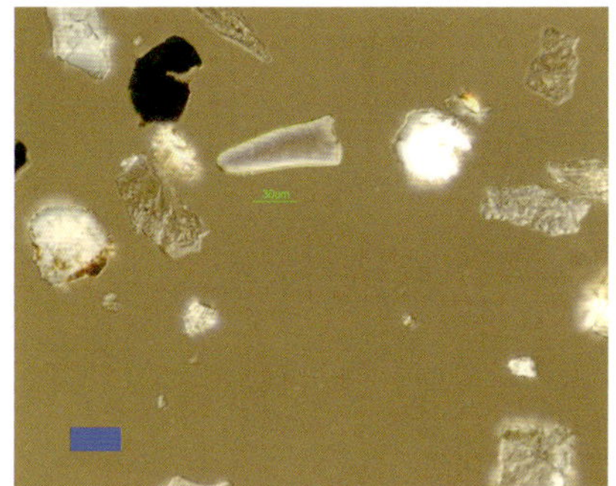
5. 尖型

6. 尖型

图10-42　植硅体显微照片

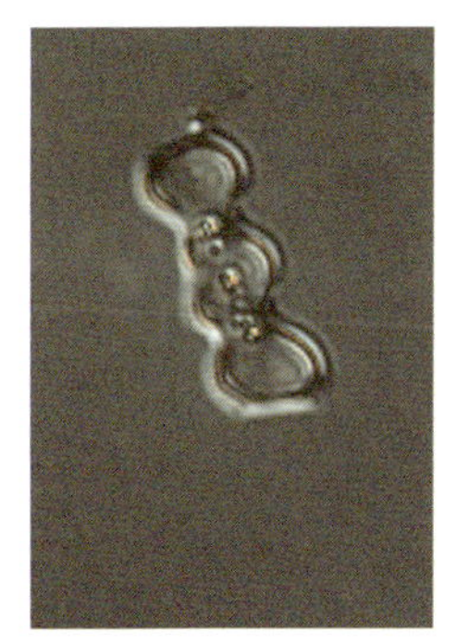
1. 多铃型

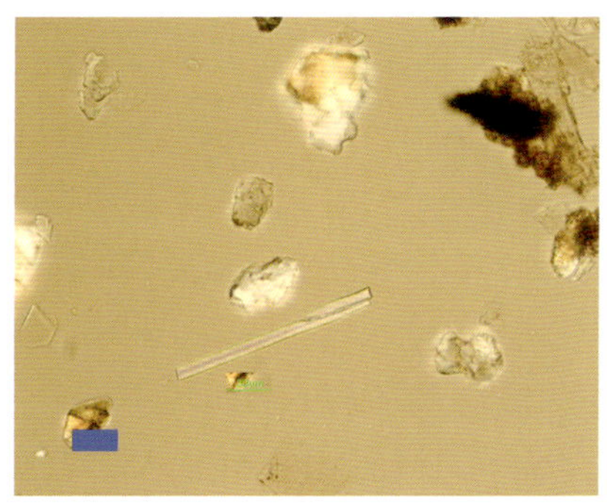
2. 导管型

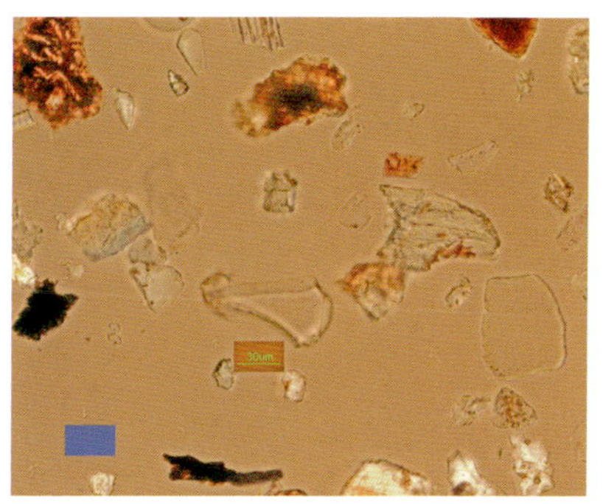
3. 扇型

4. 扇型

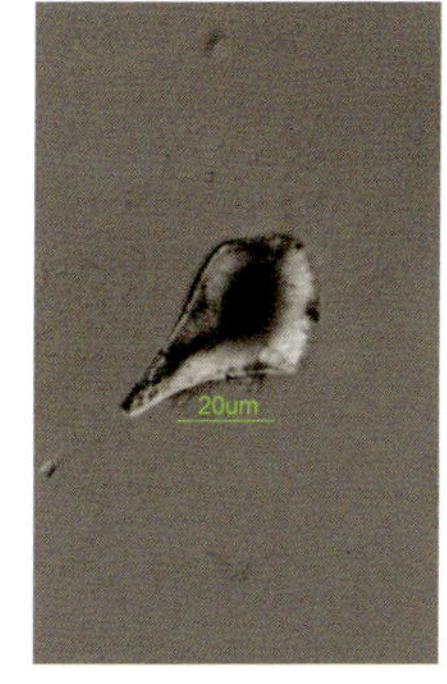

5. 扇型

6. 组合植硅体

图10-43　植硅体显微照片

2．水稻植硅体的判别

参照已知的现代水稻植硅体形态特征，发现在两城镇遗址的样品中有丰富的水稻植硅体，其中包括来源于水稻茎叶短细胞的哑铃型、来源于叶片机动细胞的特征扇型、来源于水稻颖壳的乳突型植硅体。在14个含有水稻植硅体的样品中，6个样品中的水稻植硅体含量超过50%，其中有两个样品中的水稻植硅体含量超过了85%（表10–9）。

表10–9 两城镇遗址部分样品中水稻植硅体含量（%）统计表

样品号	特征扇型	横排哑铃型	稻壳双峰型	所占百分比
T2097⑥	28	36	22	86
H93	61	28		89
H93	65			65
H60	58			58
T2303⑥	37	28	13	78
T2342⑥	39	28		67

3．来源于其他植物的植硅体

在分析的20个样品中，除了鉴别出水稻植硅体外，还发现了大量禾本科其他植物和部分木本植物的植硅体，以及少量的蕨类植硅体和海绵骨针、硅藻等生物化石。禾本科植物的植硅体主要有竹亚科特有的突起扇型和长鞍型、芦苇特有的芦苇扇型等；此外，还有主要来源于黍亚科哑铃型和多铃型，其中一部分个体大、形态规整、发育良好；主要来源于画眉草亚科和芦竹亚科的短鞍型和中鞍型；来源于禾本科的扇型、方型、长方型、肉质细胞、毛发型和来源于禾本科和莎草科的棒型、尖型、导管型等。木本植物植硅体主要是来源于阔叶树树叶中的“Y”字形植硅体，数量较少。

（二）两城镇和丹土遗址部分样品的定量分析结果

为了获得水稻加工和储存方式方面的信息，我们对两城镇和丹土遗址部分土样进行了植硅体定量分析。

1．水稻植硅体浓度

分析结果用扇型植硅体代表的叶部重量（表10–10）来表示水稻植硅体浓度。

在所分析的样品中，均检测到水稻植硅体化石[1]。从图10–44中可以看出，水稻植硅体浓度最高的是丹土G3，每克土壤中水稻植硅体数量是86万多个，最低的是两城镇T2097⑥，每克土壤中水稻植硅体数量是1万个。在两城镇遗址H93、H54、T2047⑥、丹土遗址H4018和G3中，每克土壤中水稻植硅体浓度都在50000粒以上。统计到的与水稻具有类似生态环境的其他植物种类主要有芦苇属、竹

[1] 两城镇遗址的样品是从以前分析过的样品中含有水稻植硅体的样品中挑选出来的，丹土遗址的样品是发掘过程中只采集了这两个，有一定的随机性。

亚科、芒属和黍亚科植物。从图10－44中可以看出，每个样品中都有浓度不同的芦苇属和芒属植物植硅体，而竹亚科和黍亚科植硅体则只在少数样品中存在，而且浓度低。在所有的样品中，上述四种植物的植硅体浓度都低于水稻，特别是在两城镇H93、H54、T2047⑥、丹土H4018、G3底部五个样品中其浓度显著低于水稻。

表10－10　扇型植硅体代表水稻叶部重量计算表

样品号	水稻扇型植硅体数量/克土壤	水稻的叶部重量/克土壤
两城镇H100	21301	0.05644765
两城镇T2097⑥	8405	0.02227325
两城镇H93	98601	0.26129265
两城镇H114	10518	0.0278727
两城镇H43	10551	0.02796015
两城镇H54	46218	0.1224777
两城镇T2047⑥	40460	0.107219
丹土H4018	76133	0.20175245
丹土G3底部	161870	0.4289555

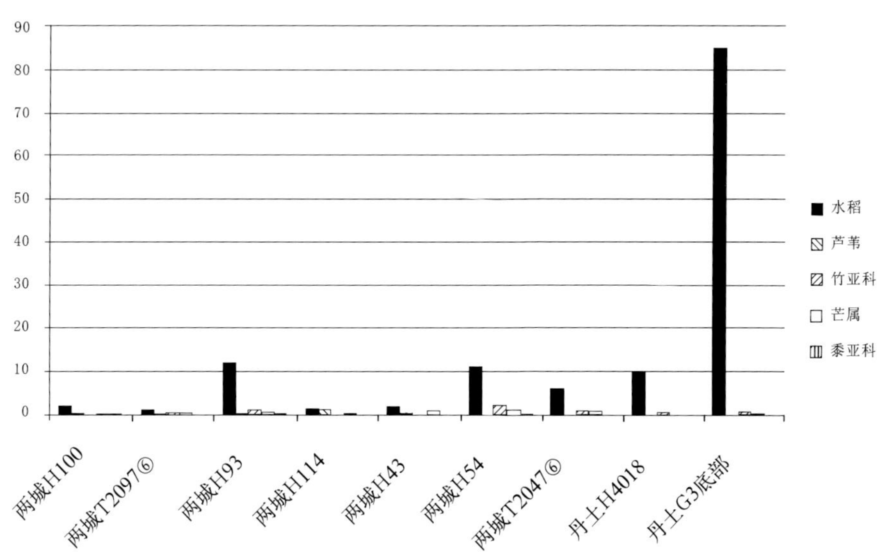

图10－44　水稻及其他植物植硅体浓度图

2．水稻不同部位植硅体浓度及扇型植硅体所代表的叶部重量

图10－45是样品中水稻不同部位的植硅体浓度分析结果。从中我们可以看出，在上述水稻植硅体浓度大于50000粒/克土壤的5个样品中，只有丹土遗址中的G3中水稻扇型、哑铃型和乳突型植硅体浓度相对接近，其余的样品中扇型植硅体的浓度均明显高于其他两种植硅体。两城镇H93、H54、

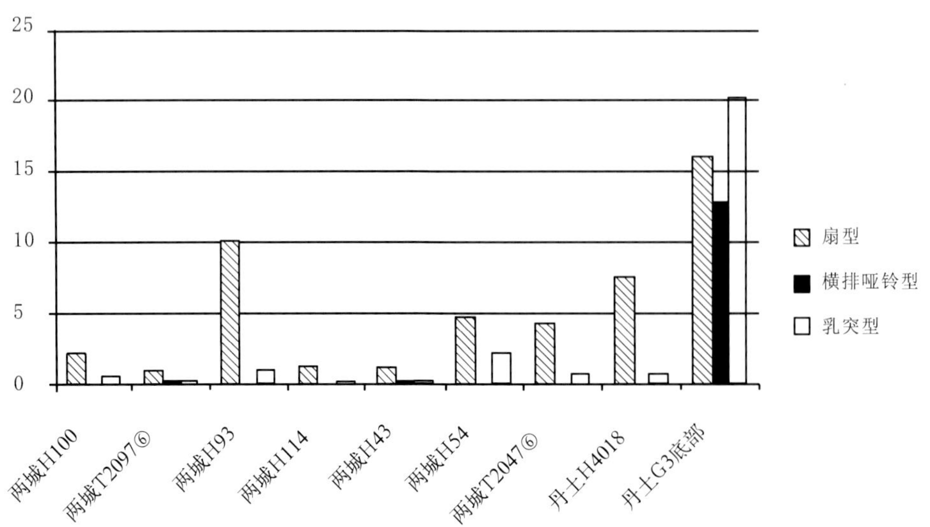

图10-45　各单位样品中水稻不同部位植硅体浓度图

T2047⑥、丹土H4018、G3底部五个样品每克土壤中有4000个以上的水稻扇型植硅体。

根据藤原宏志的研究，对样品中扇型植硅体所代表的水稻叶部重量进行了计算（图10-46）。图中显示，两城镇H93、H54、T2047⑥、丹土H4018、G3底部五个样品中每克土壤中含有水稻叶部重量大于0.1克，其中丹土G3底部样品的土壤中每克含有水稻叶部重量为0.43克，相当于样品重量的二分之一稍弱，而两城镇H93和丹土H4018样品土壤中每克含有水稻叶部重量分别为0.26和0.2克，均超过样品重量的五分之一。

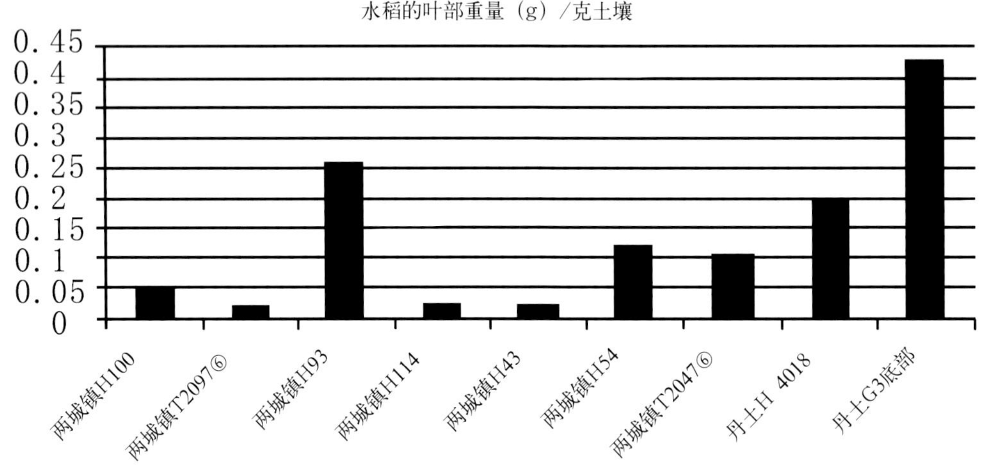

图10-46　各单位每克土壤样品中水稻叶部重量图

（三）2000～2001年采集土样常规分析结果

分析1999年采集土样的时候，我们只记录植硅体组合情况，没有对每个样品的植硅体形态进行统计，后来发现这样不利于资料利用。所以在鉴定2000～2001年的样品时，我们对样品中主要的植硅体类型进行了数量统计并记录了组合特征，并于2008年完成植硅体的鉴定分析和统计工作。由于2009年发表了粟和黍的稃壳植硅体鉴定标准，我们对这批样品又重新进行了鉴定和统计；考虑到居住区和壕沟在功能方面的差异，这里分别报告其植硅体分析结果。

实验室分析结束后，根据居住区不同样品中植硅体保存状况，选择了50个植硅体保存状况良好、具有明确的分期结果的样品，进行详细分期讨论。这50个样品中，属于第一期的样品7个，第二期的样品5个，第三期的样品1个，第五期的样品3个，第六期的样品4个，第七期的样品8个，第八期的样品22个。

1．居住区内样品分析结果

（1） 植硅体类型

鉴定结果表明，这些样品中发现了农作物植硅体和来源不明确的植硅体。农作物种类包括稻、粟和黍，稻的植硅体包括稻稃壳乳突型、稻叶扇型和稻叶哑铃型，粟和黍的植硅体主要是来自稃壳，粟稃壳Ω型（图10-47），黍稃壳η型保存差，很难拍到理想的照片；其他常见植硅体形态主要有芦苇扇型、竹子扇型、哑铃型、中鞍型、短鞍型、棒型、扇型、尖型、方型、长方型、多铃型、竖排哑铃型和硅化骨架等。导管型和莎草帽型数量很少，没有进行制图。需要说明的是，有相当一些类型我们目前还不清楚其指示意义，但是，也进行了鉴定和统计，目的是为今后的深入研究提供基础。同时，我们尽量发表这些照片，供对此有兴趣的同行作进一步的分析与研究。

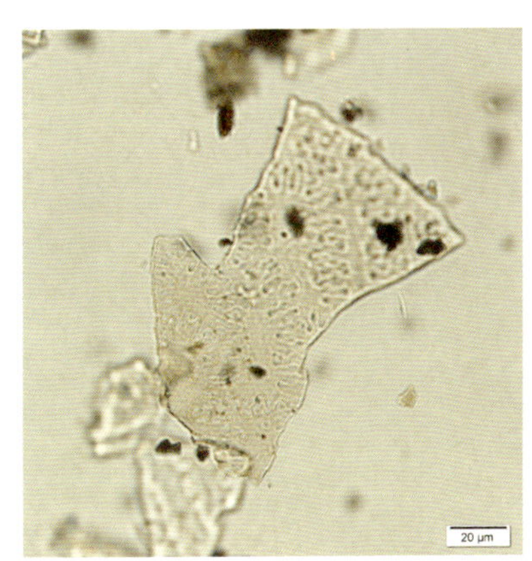

图10-47　粟壳Ω型植硅体

图10-48、49显示，1～3期，每类植硅体的数量都相对较少，而5～8期则相对较多；稻叶扇型、哑铃型、中鞍型、棒型、扇型、方型、长方型和硅化骨架，在每期都比较多。图10-33则更清晰地显示了不同类型植硅体总数量的差异。其中数量最多的是棒型，其次是哑铃型、扇型、方型、长方型和稻叶扇型。由此可见，遗址中出土的所有类型植硅体中，棒型、哑铃型、扇型占绝对多数，稻叶扇型、方型、长方型和硅化骨架的数量也比较多。

（2）农作物植硅体

图10-50、51显示，1～3期，稻、粟和黍稃壳植硅体数量都比较少，5～6期数量最多，7～8期数量开始下降，但仍明显高于1～3期；需要说明的是，第5、6期分别有3个和4个样品，第7、8期则分别有8个和22个样品，后二者的样品数量明显多于前二者。所以，第7、8期样品中的植硅体数量可能更接近实际，而第5、6期样品植硅体数量高值能否代表实际情况，有待将来更多数据进行验证。而且三种农作物稃壳的植硅体数量变化有大体一致的趋势（图10-50、51）。

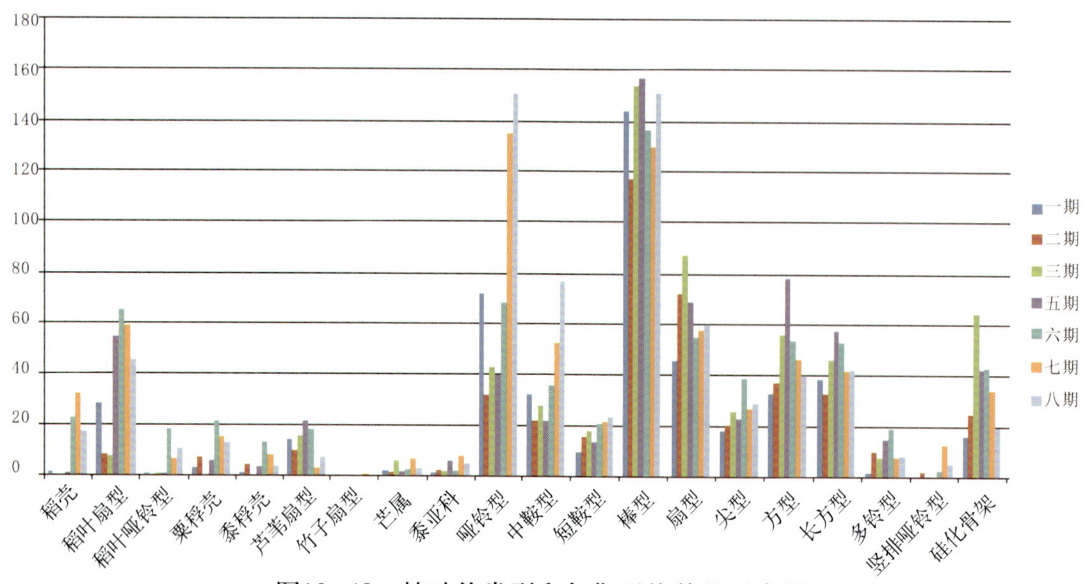

图10-48　植硅体类型和每期平均数量示意图

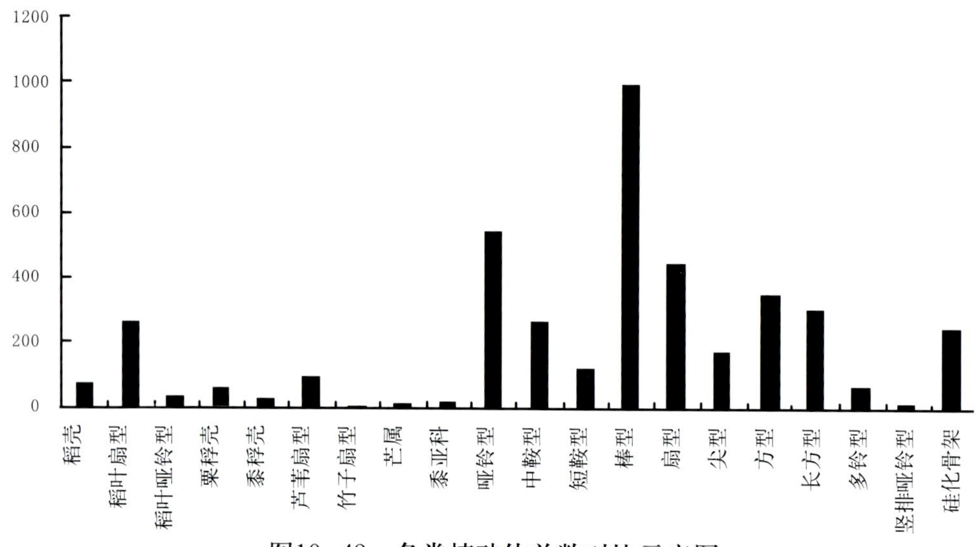

图10-49　各类植硅体总数对比示意图

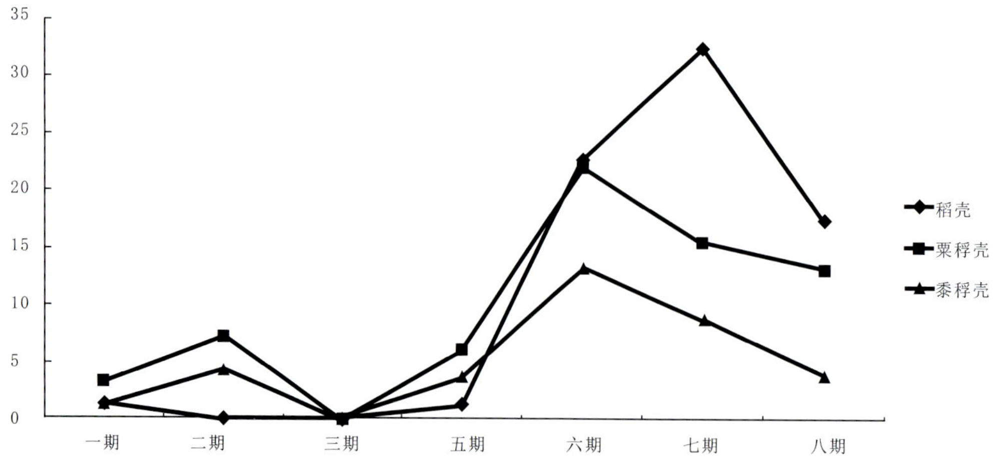

图10-50　稻粟黍稃壳植硅体数量对比图

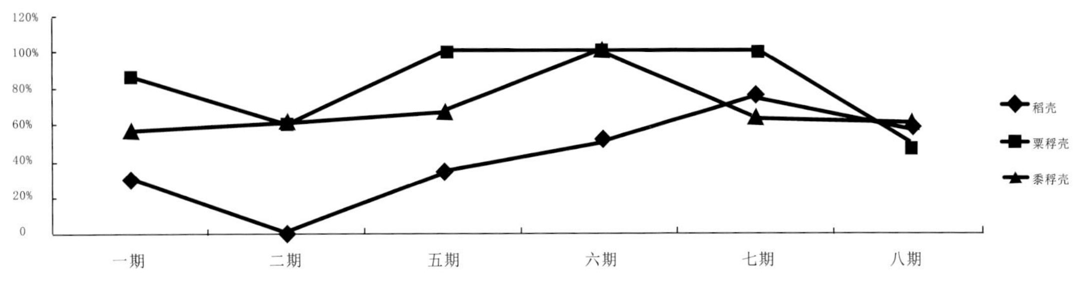

图10-51　稻粟黍稃壳植硅体出土概率统计

对比不同农作物，可以清楚地看到，稻稃壳的植硅体数量明显高于粟和黍的稃壳植硅体数量。但是，从出土概率看，粟稃壳最高，黍稃壳其次，稻稃壳最低。且1～3期三种农作物的稃壳植硅体出土概率都较低，而5～8期则升高。

（3）水稻植硅体

图10-52、53显示，稻叶扇型植硅体数量和出土概率都是最高的，而且显著高于稻壳乳突型和稻叶哑铃型。属于第一期的样品F39：1以及后来各期都有部分样品中含有较多的有吸附碳的稻的植硅体，据此我们推测，从第1期开始，两城镇的居民已经开始将水稻秸秆作为燃料使用。

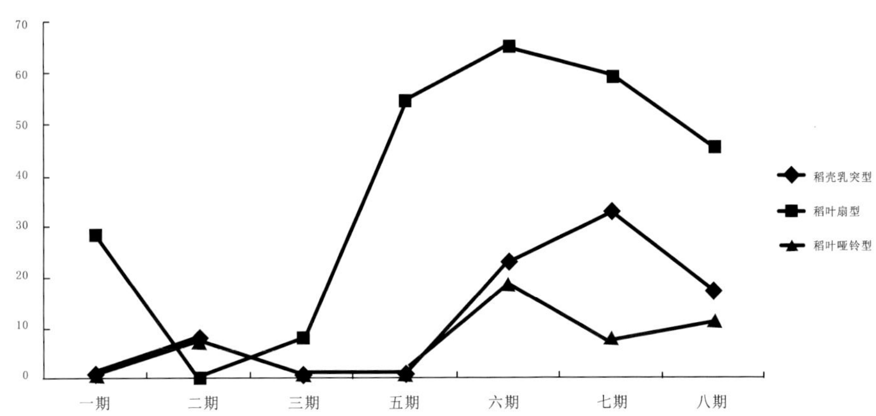

图10-52　稻壳乳突型、稻叶扇型和稻叶哑铃型植硅体数量对比图

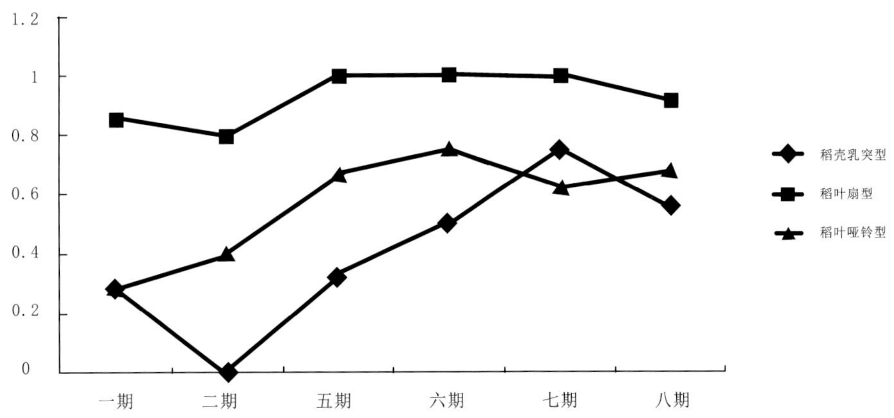

图10-53　稻壳乳突型、稻叶扇型和稻叶哑铃型植硅体出土概率对比图

在50个样品中，有40个样品出土了芦苇扇型植硅体，但每个样品中芦苇扇型植硅体的数量都不多。只有2个样品中出土的芦苇扇型植硅体数量超过了50个，其余多数样品中的芦苇扇型植硅体数量都在10个以下。

（4）不同类型遗迹中植硅体保存情况

相当一部分样品中的水稻扇型等植硅体有大量吸附碳。如属于第一期的样品F39：1中的植硅体上有较多的吸附碳，显示了其可能是燃烧后的灰烬。此样品来自房屋居住面，也从侧面说明土样是灰烬的可能性比较大。

第5期的一个样品中发现了大量保存完整的水稻植硅体。第6期的4个样品中，有2个样品中有大量的水稻植硅体，其中以扇型最多，哑铃型和乳突型的数量比较少，而且多数植硅体形态保存完整。从水稻植硅体保存完整和数量大这两个特点看，我们推测这两个样品（H248、H363）所代表的是堆积水稻加工副产品的地点，进一步说可能是堆积水稻脱穗、扬场这两个加工过程的副产品的地点。因为水稻扇型植硅体主要来自水稻叶部，而脱穗和扬场主要是将稻谷从稻叶、秆中分离出来。第7期的8个样品中，有2个样品（F42，H111）有大量的水稻植硅体，其中以扇型最多，哑铃型和乳突型的数量比较少，而且多数植硅体形态保存完整；其余的样品都含有一定数量的水稻植硅体和较多的炭屑，而且植硅体上有较多的吸附碳，推测可能是将水稻秸秆作为燃料燃烧后的结果；有1个样品（H238）中黍亚科哑铃型植硅体数量非常多。

2．壕沟土样植硅体分析结果

共分析了25个来自壕沟的土样。全部有植硅体。植硅体类型及密度情况与居住区土样无明显差异。在各类植硅体中，棒型数量最多，哑铃型次之，扇型、方型、长方型再次，农作物植硅体比较多，硅化骨架也比较多（图10－54）。

农作物包括稻、粟和黍。从稃壳植硅体看，稻占50%，粟和黍共占50%，且粟明显多于黍（图10－55）。

在稻的植硅体中，稻叶扇型占绝对多数，稻壳植硅体其次，稻叶哑铃型最少（图10－56）。

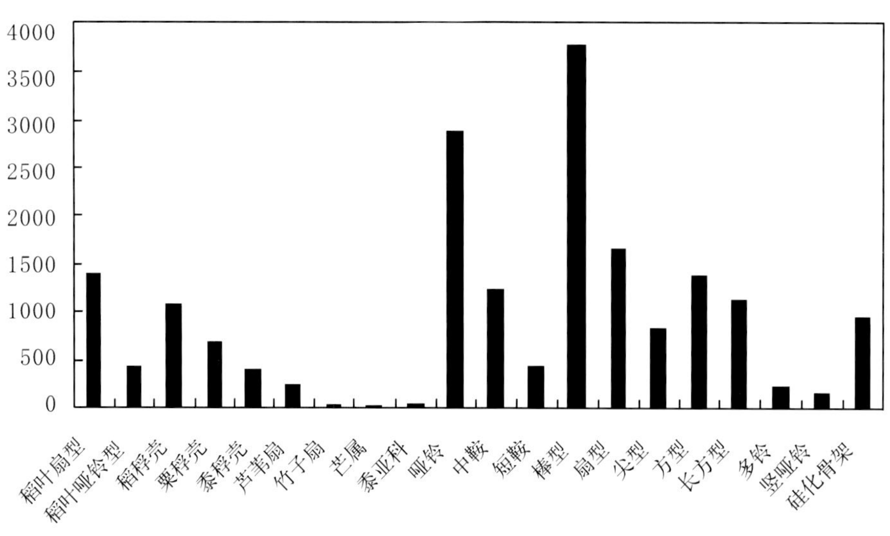

图10－54　壕沟出土植硅体类型和数量图

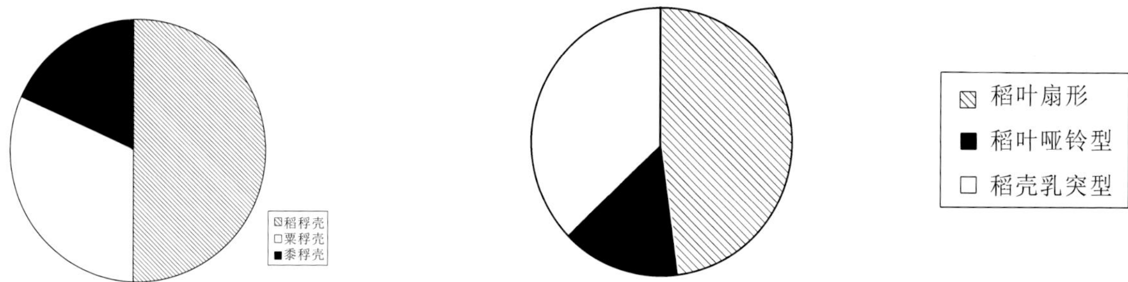

图10-55　壕沟出土稻、粟和黍稃壳植硅体对比图　　图10-56　水稻不同部位植硅体对比图

在25个土样中，早期土样6个，中期土样1个，晚期土样18个。考虑到中期只有一个土样，其代表性可能很低，这里只介绍早期和晚期土样的分析结果。

图10-57显示，来自水稻的各种类型植硅体（稻叶扇型和哑铃型、稻壳乳突型）以及硅化骨架的数量都是早期高于晚期；而非农作物的植硅体如哑铃型、中鞍型、长方型、棒型等的数量则早、晚期相近或者早期略高于晚期；阔叶树植硅体数量，早期显著高于晚期。

图10-58显示，稻、粟和黍三种农作物的稃壳植硅体数量，都是晚期明显高于早期。图10-59则显示，在稻的植硅体中，稻叶扇型、稻叶哑铃型和稻壳乳突型植硅体的数量也是晚期明显高于早期。

从早期到晚期，不仅植硅体数量有变化，而且保存状况和植硅体组合等也有差异。晚期有11个土样中集中出土了保存相对完好的农作物植硅体，其中以稻的植硅体为主。这些土样的植硅体组合情况，与同一遗址的H93和与两城镇遗址相距仅3千米的丹土遗址的G3底部样品的植硅体组合比较一致，都是相对集中地出土了稻的植硅体。如编号为G7：28的样品中，有少量炭屑，但水稻扇型、哑铃型、乳突型植硅体数量都比较多，芦苇扇型和竹子扇型植硅体也比较丰富。

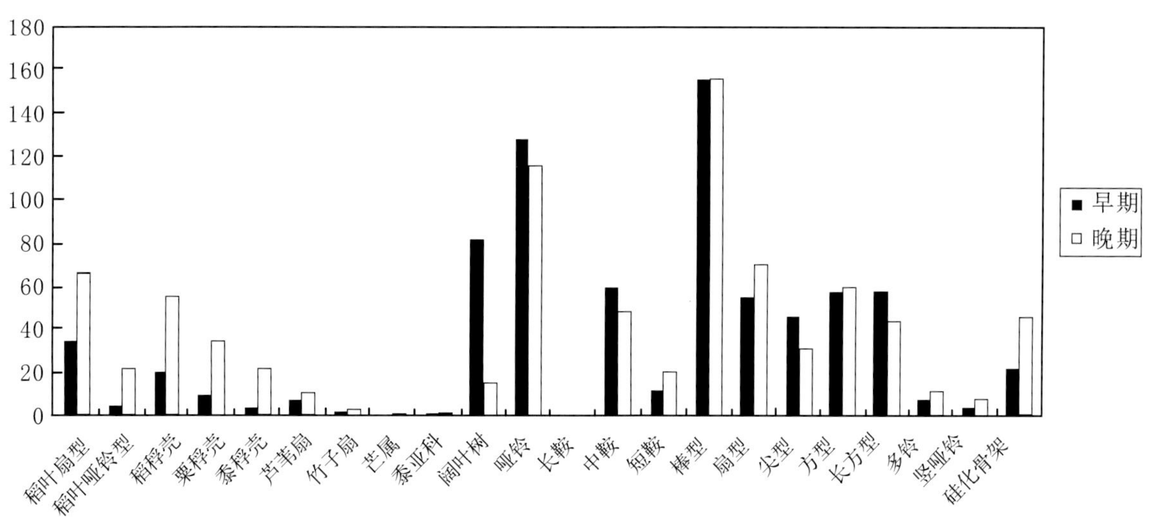

图10-57　早、晚期植硅体平均数量对比图

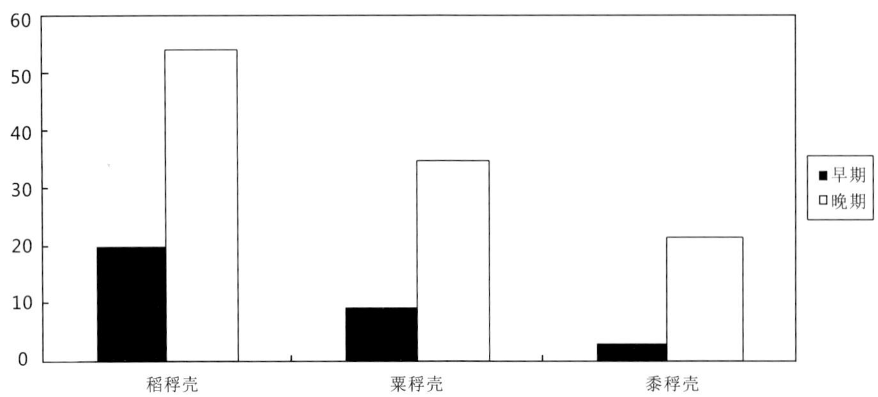

图10－58　早、晚期稻、粟和黍稃壳植硅体数量对比图

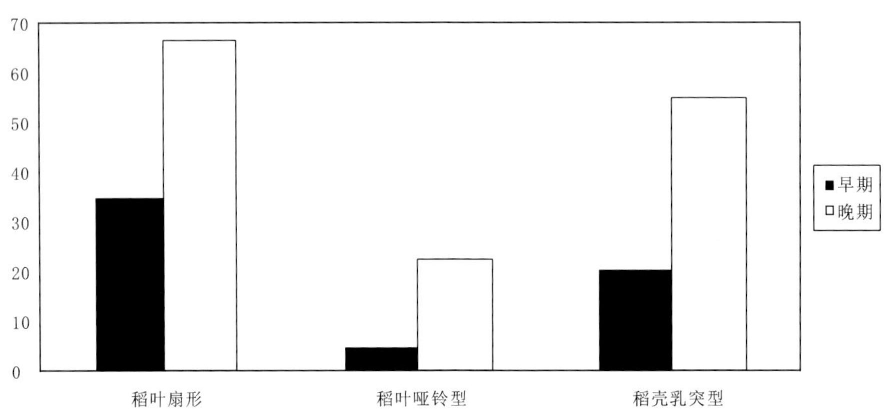

图10－59　早、晚期稻植硅体数量对比图

三　植硅体反映的聚落生活和环境

考古遗址中各类生物遗存，为我们认识古代人类的生业经济活动及环境特点提供了非常重要的信息，生物考古已经成为现代考古学研究的重要内容。两城镇遗址出土的生物遗存以植物为主，动物遗骸发现较少。植物遗存有炭化种子果实、木材和植硅体，其中炭化种子果实和植硅体分析结果为我们认识居民食物结构和聚落环境提供了重要证据。此外，人骨稳定同位素揭示的食谱对于解释两城镇龙山人的食物结构也提供了重要资料。

植硅体具有在植物体内产量高且易于保存等特点，为我们比较全面地认识两城镇遗址聚落生活和环境提供了重要依据。根据植硅体的分析结果，我们可以综合分析两城镇居民与聚落周围植物的关系。

（一）植硅体沉积与保存

植硅体是植物细胞之间的二氧化硅颗粒。成熟的植物死亡、分解后，有机部分腐烂，而植硅体则在植物死亡地点保存下来，除非人为搬运或者受到自然界的水动力等搬运作用，植硅体就会一直保存在原地。人类自诞生以来就一直在利用各种植物资源，特别是新石器时代以来，随着农业的发展，人类对植物的利用方式和程度有了显著进步，这可能是史前考古遗址各类遗迹中保存植硅体的根本原因。不过，由于不同时代的人类利用植物活动的程度不同，就是植物的消费量不同，因此考古遗址中保存下来的植硅体密度和类型都有巨大差异。新石器时代偏早阶段，考古遗址中植硅体的密度和种类都相对较少，比如已经分析的山东济南月庄、张店彭家庄、济宁玉皇顶、高密乔家屯[1]等后李文化、北辛文化和大汶口文化早期阶段遗址的土样中，植硅体含量都非常低，种类单调。从大汶口文化晚期开始，考古遗址土样中植硅体含量显著增多，如莒县调查的一些样品、胶州赵家庄等大汶口文化晚期、龙山文化时期遗址的土样中，植硅体含量普遍增多，其中尤以农作物占绝对优势。从这个意义上讲，考古遗址中植硅体沉积的数量主要取决于农业的发展程度。只有当原始农业发展了，人类因为各种原因将农作物的各个部分（谷穗、茎秆等）带到聚落中，并通过加工、消费谷物和利用秸秆作为燃料等行为，使得农作物遗存（包括种子果实、植硅体、淀粉粒）有更多的机会被保存在遗址中。

两城镇聚落内的居住区、壕沟等各类遗迹中都沉积和保存了丰富的植硅体，但居住区和壕沟内不同时期土样中，植硅体数量和密度不同，这可能反映了聚落内人类利用植物活动的特点，或者说是反映了聚落规模和人口数量的变化。对部分具有明确分期结果的遗迹土样的植硅体分析显示，居住区的1～3期土样中，植硅体的数量都相对较少，而5～8期土样中植硅体数量则相对较多；如果单看农作物的植硅体，这种趋势也比较明显。3期以后，农作物植硅体的数量和出土概率都显著升高。这个结果可能反映了聚落规模和人口数量的变化，而这也得到了聚落考古资料的支持。对两城镇遗址的考古学研究显示，该聚落规模最大的阶段是龙山文化中期，就是相当于居住区的5～8期。这一时期聚落范围最大，出土的陶器数量最多，可能表明这个时期是聚落发展的高峰时期，可能也是人口数量最多的时期。如果是，灰坑等遗迹土样中植硅体含量增高可能就是人类利用植物活动增强的一个表现。不仅如此，在日照地区，龙山文化遗址数量最多的时期也是龙山文化中期阶段，可能表明作为聚落群，其发展高峰也是龙山文化中期阶段。

（二）植硅体类型和植物利用活动

两城镇遗址出土的所有植硅体类型中，属于农作物的植硅体数量最多，出土概率最高，非农作物植硅体相对较少。这一现象可能反映了聚落的农业发展水平以及居民谷物加工地点和对农作物秸秆等的利用。

首先，两城镇遗址土样中丰富的农作物植硅体，可能表明聚落的农业产量相对较高。较之前述月庄、乔家屯等后李文化、大汶口文化时期的遗址，两城镇龙山文化时期遗址中农作物植硅体更丰富，说明龙山文化时期农业产量可能比后李文化和大汶口文化时期有明显提高。这个推论得到了炭化植物遗存和农业工具数量等研究结果的支持。在进行过系统植物考古研究并已经发表研究结果的史前考古遗址中，山东济南月庄、即墨北阡、河南鹤壁刘庄等后李文化、大汶口文化、仰韶文化遗址中，出土炭化植物遗存的密度都明显低于两城镇等龙山文化遗址。对石斧和石刀等农业生产工具的研究也显示，龙山文化时期农业生产工具的数量显著增多[2]，可能反映了农业的进一步发展和农业

[1]　靳桂云：《山东先秦考古遗址植硅体分析与研究（1997～2003）》，《海岱地区早期农业和人类学研究》，科学出版社，2008年，第20～40页。

[2]　a. 中国社会科学院考古研究所：《胶县三里河》，科学出版社，1988年，第156页。b. 王小庆：《公元前2500～前1500年豫西晋南地区考古资料反映的人类生产工具的状况》，《科技考古（第二辑）》，科学出版社，2007年，第116～119页。

产量的提高。

其次，两城镇遗址土样中的农作物植硅体表明，居民曾经在聚落中消耗和（或）堆放了大量的农作物秸秆。现代农村调查显示，在聚落居民利用植物的活动中，对各类农作物副产品的利用也是一个重要内容。谷物被收获到聚落内，在进行脱穗、脱壳等加工过程中，必然产生大量秸秆、叶子和谷壳等副产品。这些副产品可能被当作牲畜的饲料、建筑用料和燃料等。我们对两城镇遗址进行的现代社会调查发现，在聚落附近的农田之间，还可以看到收获小麦时的场院，场院周围堆放着麦秸，场院的主人日常炊事活动就用这些麦秸作为燃料。在两城镇遗址的很多土样中，与植硅体共存的还有炭屑，甚至有些样品中以炭屑为主，在一些样品中，稻的扇型、哑铃型、乳突型以及芦苇扇型等植硅体上有大量的吸附碳，我们推测这类样品可能来自燃烧后的灰烬堆积，正是由于燃烧活动才使得这些土样中的植硅体上有较多的吸附碳。据此我们推测，两城镇聚落居民可能将水稻秸秆作为燃料使用。

两城镇遗址出土的非农作物的植硅体，包括可能是被人类利用的一些植物类型，诸如芦苇、竹子以及一些目前还不能确定的植物，同时也包括聚落周围生长的杂草及农田杂草等。在这些非农作物的植物资源中，可能包括了燃料、食用植物以及用于装饰等方面的植物，其中比较容易保留下来的是作为燃料的植物遗存。两城镇遗址中出土的芦苇和竹子植硅体（也包括竹炭），有可能就是作为燃料使用的遗留，至少是其中一种利用方式。

两城镇遗址土样中常见芦苇植硅体，说明芦苇可能是基本的燃料来源。50个样品中，有40个样品出土了芦苇扇型植硅体，但每个样品中芦苇扇型植硅体的数量都不多，只有2个样品中出土的芦苇扇型植硅体数量超过了50个，其余多数都出土10个以下的芦苇扇型植硅体。这个情况表明，芦苇利用比较普遍，但并不占十分重要的地位。从多数芦苇扇型植硅体都有吸附碳这个特征看，可能有相当一部分芦苇是被作为燃料使用的。这种现象在我们已经分析过的龙山时代考古遗址中比较多见，山东临淄桐林、五莲丹土和河南登封王城岗等遗址中，都发现了大量的芦苇扇型植硅体。当然，芦苇除了用作燃料，可能还有其他用途，如房屋建筑和编织各类器具等，但是如果芦苇扇型植硅体上有大量的吸附碳或者出土芦苇扇型植硅体的样品中有大量的炭屑，说明芦苇可能是作为燃料使用的。

当然，除了作为燃料被燃烧外，芦苇燃烧可能还有其他原因，比如自然火引起的燃烧或者是人类为了某种特殊目的而引燃野外的芦苇。由于在干燥季节芦苇非常易燃，在聚落周围一旦因为人类用火活动导致火种波及到壕沟中，就有可能引发芦苇燃烧。人类也可能有意燃烧芦苇，因为一些研究表明，在芦苇发芽和生长之前的冬天、早春进行燃烧，能大大提高其产量，这样还可以吸引更多的猎物[1]。两城镇遗址壕沟土样中，炭屑多的样品中经常有芦苇扇型植硅体存在，这表明考古遗址中保存下来的芦苇植硅体可能与燃烧活动有关。

除了芦苇，竹子可能也被作为燃料或者其他资源类型利用。两城镇和诸城薛家庄等龙山文化遗址中都发现了竹炭[2]，这表明当时用竹子作为燃料是比较普遍的。此外，滕州庄里西遗址的动物遗存中有竹鼠的遗骸，而竹鼠的食物来源就是竹子，说明庄里西遗址在龙山文化时期也是有竹子生

[1] Law C, 1998. The use and fire-ecology of reed swamp vegetation. In: Mellars P and P Dark (eds) *Star Carr in Context*. Cambridge: Cambridge McDonald Institute, 197-206.

[2] 靳桂云、王传明、赵敏、方辉：《山东地区考古遗址出土木炭种属研究》，《东方考古（第6集）》，科学出版社，2009年，第289～305页。

长的。与竹鼠同出的其他动物遗骸也显示遗址周围比现代更加温暖湿润的气候环境，竹子在当时可能是一种比较常见的植物资源。当然，竹子除了被作为燃料外，还有诸多用途，如用来编织各类容器等。有学者认为大汶口文化时期盛行于陶豆柄部的各类镂空纹饰可能源自竹编容器，竹编工艺可能是山东地区新石器时代传统的手工行业并影响到陶器制作工艺[1]。两城镇遗址出土的竹子植硅体数量比较少，这可能与竹子的扇型植硅体主要产于叶子上有关。竹子叶子上的植硅体产量相对稻叶上的植硅体产量低，而且在利用竹子的过程中，可能更多的是利用竹竿，叶子很可能被留在了竹林或竹林附近。对两城镇遗址进行木炭分析的结果表明，炭化的竹子数量比较多（参见本章第三节）。

（三）以稻为主的农作物结构

两城镇遗址土样中，包含了丰富的农作物植硅体，可以进行种属鉴定的有稻、粟和黍三种。炭化农作物遗存则有稻、粟、黍、大豆和小麦等五种（参见本章第一节）。这些发现为我们探讨两城镇聚落的农作物结构及相关问题提供了基础资料。

1．农作物结构特点

在古代农业研究中，农作物的种类及所占比例的研究是基本内容之一。但是根据考古遗址中的植物遗存（大遗存和微体遗存）来反演不同种类农作物所占的比例或者其在农作物结构中重要性是一个比较复杂的问题。

首先，沉积过程可能导致误差。植物遗存特别是炭化种子果实和植硅体在考古遗址中沉积，主要是谷物加工和食物加工过程的遗留，而人类的谷物加工和食物加工的方式可能不同，这可能直接导致不同的农作物以不等的机会在遗址中被保存下来。

其次，保存过程存在误差。已有的研究表明，不同类型的植物遗存在考古遗址中保存下来的条件不同。比如，同样是水稻这种农作物，炭化米粒和植硅体在考古遗址的土壤中保存相对较多，而淀粉粒则很少保存，因为淀粉粒被人类加工、食用、消化后已经很少保存下来，而稻米和植硅体则分别可能以炭化和硅质的形式保存在遗址的堆积中。

第三，不同类型农作物千粒重的差异，导致考古遗址中出土炭化种子遗存所代表的农作物量不同。不同类型农作物种子的表面积不同直接导致其稃壳植硅体产量差异并影响其在考古遗址中沉积的数量，进而干扰我们通过植硅体数量来推测农作物所占的比重。

研究表明，不同类型农作物的千粒重差异是客观存在的，最明显的就是大粒作物和小粒作物千粒重之间的差异。实验数据显示，大米的千粒重是19.704克，体积是23升；小米的千粒重是2.440克，体积是3.1升；两者的千粒重比为8.08∶1，千粒体积比为7.42∶1，据此我们可以进一步假设两者的出土概率所代表的谷物实际体积的比大致是7∶1，就是稻和粟的出土概率所代表的谷物重量和体积都大约是7∶1[2]。

此外，粟、黍和稻的种子表面积不同所造成的稃壳植硅体产量差异，可以通过实验获得一些数

[1]　刘敦愿：《大汶口文化陶器与竹编艺术》，《美术考古与古代文明》，人民美术出版社，2007年，第61～67页。

[2]　靳桂云：《山东新石器时代稻遗存考古的新成果》，《东方考古（第5集）》，科学出版社，2008年，第226～243页。

据。为了明确由于黍、粟、水稻的个体差异和实验室提取过程对统计结果所造成的影响，已经有学者对现代过程进行了研究。结果显示，无论植硅体的破碎程度如何，等质量的黍、粟稃壳所产生的植硅体碎片数量在统计误差范围内几乎没有差别，而水稻壳体的植硅体产量相对较低；无论植硅体的破碎程度如何，1粒黍子的植硅体产量是粟的3倍左右，由于黍的千粒重大约是粟的3倍，所以将植硅体的数量反演成粟和黍这两种农作物的产量时，就是同质量的黍、粟种子产生的植硅体碎片数量几乎相等，等质量的黍、粟植硅体统计结果基本不受两者稃壳中植硅体产量和破碎程度的影响，考古样品中黍、粟植硅体的百分比值能够真实反应黍、粟的相对产量；由于水稻壳体的植硅体产量相对较低，根据稻壳植硅体判断的稻产量，样品中水稻的含量可能被低估[1]。

两城镇遗址农作物植硅体中，稻的植硅体数量和出土概率都最高，其次是粟和黍；炭化植物遗存的研究结果则显示，在数量上，稻与粟几乎相等或者稍多。根据前述稻、粟和黍的种子表面积差异和植硅体数量的分析数据，两城镇遗址稻的遗存占绝对优势。因为仅从植硅体数量上稻的植硅体已经明显高于粟和黍的植硅体，如果再考虑稻壳植硅体数量的低代表性特点，实际上稻的数量还要高于土壤中稻植硅体所代表的数量。从千粒重的分析结果也可以看出，与粟和黍相比，稻在数量上占显著优势，因为两城镇遗址出的土炭化稻和粟的数量比较接近，按照两者千粒重比为8：1的结果，那么稻的数量可能相当于粟的8倍左右。

两城镇遗址稳定同位素古人食谱分析也表明，龙山文化时期两城镇居民食用的稻米远多于粟等作物（参见第八章）。

2．水稻是否为当地种植

植硅体和炭化植物遗存研究表明，两城镇聚落居民消费的粮食作物主要是稻和粟，黍和小麦的数量相对较少。确定了谷物性食物中以稻和粟为主，并不能直接说明水稻和粟产自当地，因为相关考古学研究成果表明，龙山时代交换经济已经得到相当发展。河南伊洛河流域的植物考古研究也显示，一些大型聚落中的粮食作物可能是交换来的。像两城镇这样的大型聚落，从其他聚落中交换或者以纳贡的方式获得任何一种物质都是可能的。所以要证明聚落农业中是否有稻作农业，还需要找到相关的证据。植硅体分析结果或可给我们提供一些当地种植稻的证据。

两城镇聚落土样中稻的植硅体密度高、数量大，而且大量的属于稻叶和茎秆上的扇型和哑铃型植硅体，表明曾经有比较多的稻植株被带入聚落，暗示当时在聚落周围种植稻。如果是交换而来的稻，应该不会连带着稻的茎秆。

如前所述，两城镇遗址多数样品中都出土数量不等的水稻植硅体，其中水稻扇型植硅体数量和出土概率最高，其次是水稻哑铃型，源自水稻颖壳的乳突型植硅体数量相对较少。这些样品来自灰坑和壕沟中的填土、房屋居住面的沉积物等，可能说明当时聚落内普遍堆放或者利用过水稻的秸秆。植硅体定量分析显示，在两城镇和丹土遗址的样品中，都含有数量不等的水稻植硅体，而且有些样品的水稻植硅体浓度达到每克土壤50000粒以上，换算成重量则是每克土壤中有将近一半是稻叶；在水稻植硅体浓度最低的样品（H114）中，每克土壤中水稻植硅体的含量也在11569个，折合成

[1]　张建平、吕厚远、吴乃琴等：《关中盆地6000～2100cal.aBP期间粟、黍农业的植硅体证据》，《第四纪研究》2010年第30卷第2期。

稻叶的重量是0.027克。在水稻植硅体浓度最大的样品（H93）中，每克土壤样品中含有水稻植硅体129276个，折合成稻叶的重量是0.261克，占样品重量的四分之一。这说明水稻在聚落中普遍存在，并且很可能是由于当地种植水稻造成的。一些遗迹中比较集中地出土水稻扇型植硅体，表明这里可能是水稻脱穗加工的场所，也从另一个方面证明水稻产自当地。

与水稻具有相似生态环境的芦苇和竹子等植硅体和炭化遗存的发现，也表明两城镇聚落周围具备种植稻的条件。

前述的植硅体分析结果显示，部分样品中与稻等植硅体共存的还有数量不等的芦苇属、竹亚科、芒属以及黍亚科植物的植硅体。这些植物或者是生长在稻田周围（如芒属），或者是需要与水稻生长类似的生态环境（如芦苇和竹亚科），也有的可能是粮食作物或者采集植物被收获到聚落内（黍亚科）。在水稻收割过程中，这些植物的某些部分很容易被一起带入聚落内，它们的存在可以看成是当地种植水稻的又一个证据。在水稻收割过程中，收割不同高度的植株（连根部以上的植株一起收割或者只收割穗部），决定了其后的加工过程，也影响到所携带的水稻以外的杂草的多少。但不论以哪种方式收割，上述的几种植物都有可能在收割或加工过程中混入水稻中，样品中生长在稻田周围的芒属植物的植硅体含量最高可能也说明了这个问题。竹子和黍亚科植物的植硅体浓度低，事实上是反映了它们与水稻一同被收割的可能性比较小。

土样中出土了丰富的硅化骨架，可能也是两城镇聚落种植水稻的一个证据。硅化骨架的形成与植物生长时的环境密切相关，灌溉农业或者排水不通畅的微环境能加速硅的沉积。根据中亚地区植物考古研究的结果，考古遗址中保存的硅化骨架也是农耕活动的一个证据[1]。两城镇遗址凡是出土稻植硅体数量多的单位几乎都出土了硅化骨架遗存，可能是聚落周围种植稻的一个证据。海岱地区处于暖温带季风气候区，气候温暖，季节性强，蒸发量相对较大，这种环境有利于土壤中硅的沉积。

在那些人们怀疑是否有谷物种植的考古遗址中，谷物植硅体的发现可以成为假设工作的基础，进一步的工作能够为证实这一假设提供更为确凿的证据。除了进行分类研究外，运用硅化骨架的方法识别植物的颖壳和茎杆等部位本身也可以应用于其他考古学问题的研究。

目前对硅化骨架的分类鉴定还处于开始阶段。尽管已经有些植物学文献从分类的意义上描述了禾本科植物的表皮组织，但只有少量涉及植物的颖壳，而这正是最具有判断意义的并在考古遗址中保存量最大的部分。

目前的发现显示，龙山文化时期不同等级的聚落，都保存了比较丰富的稻遗存，可能显示了稻的种植普遍存在，所以两城镇聚落种植水稻的可能性也是比较大的。根据聚落中的水稻遗存可以合理分析和推测水稻是否为当地种植，但最终的确定还是需要获得稻田遗迹以及稻作农具等方面的证据。

前面根据两城镇遗址植硅体分析结果探讨了聚落周围种植稻的可能性。毫无疑问，寻找并确认稻田遗迹是解决该问题的关键。从两城镇遗址周围地貌特征分析，聚落以东低洼地带可能适合水稻种植，但在未进行系统的地貌分析、特别是没有进行相关的水田钻探和采样分析之前，还不能确定哪里有水田。不过，从胶州赵家庄遗址水田遗迹的发现、确认和研究过程来看[2]，有希望在两城镇遗址周围找到水田。

[1] 靳桂云、栾丰实、蔡凤书等：《山东日照市两城镇遗址土壤样品的植硅体研究》，《考古》2004年第9期。

[2] a. 靳桂云、燕生东、宇田津彻朗等：《胶州赵家庄遗址水田的植硅体证据》，《科学通报》2007第52卷18期； b. Jin G, S Yan, T Udatsu et al, 2007. Neolithic rice paddy from the Zhaojiazhuang site, Shandong, China. *Chinese Science Bulletin* 52 (24): 3376-3384.

3．稻作农业的环境背景

两城镇遗址以稻为主的农作物结构，也是鲁东南地区龙山文化时期农作物结构的基本格局，这个格局的形成既有环境的因素，也与文化传统有关。

目前关于海岱地区龙山时代稻作农业的环境背景的研究还很欠缺，但不论是全球还是北半球的大的气候背景都显示，从整个全新世气候演化过程看，距今5000年前后，全新世最温暖湿润的气候已经结束。距今5000到4000年期间，是气候波动并逐渐变冷变干的阶段，全球记录的全新世中期冷干气候事件就发生在这个阶段。如果我们笼统地说温暖气候有利于稻作农业向北方传播，那这个时候显然是不适合稻作农业传播的时期。但是，同样的气候演化事件，不同区域持续的时间和气候变化的强弱程度有别，而且同样一个气候事件，对不同生态环境区域的人类活动影响也表现各异。同样是中国东部地区，内蒙古长城地带，表现为文化衰落或者发展出现低谷，可能是以种植谷子为主的农业受到影响的结果[1]，而在山东一带，不仅表现为龙山文化的繁荣，而且水稻种植既普遍又重要，也许这正是龙山文化繁荣发展的一个原因。通过对一些龙山文化遗址进行环境复原研究，我们也找到了一些当时气候信息，在两城镇和薛家庄发现了比较多的刚竹[2]。如果这些刚竹是当地自然生长的，就可能表明当时降水比现在高许多，气候比现在温暖湿润，这样的气候完全可以满足种植水稻的需要。现代两城镇不种植水稻，主要是水资源缺乏，而温度不是制约因素。众所周知，目前在黑龙江还种植水稻，足见温度的影响远远不像水资源那样具有决定意义；而且现在两城镇以南的尧王城和以北的胶南都种植水稻。既然现代可以种植水稻，在气候更加温暖湿润的龙山时代，理所应当的也具备种植水稻的气候条件。目前关于海岱地区史前稻作农业发展的具体过程还不太清楚，但资料显示，至少是从大汶口文化晚期开始，稻作农业已经普遍存在了，这种局面的形成，可能与大汶口文化晚期和龙山文化时期长江流域与黄河流域文化交流有关。

系统的植物考古研究还发现，龙山文化时期被引入我国北方地区的不仅有水稻，还有小麦[3]。由于小麦传统上被认为是西亚经过中亚传入中国的，所以，小麦的出现充分反映了当时文化交流的强大趋势。龙山文化时期，可能是中国乃至欧亚大陆古代文化交流的高潮阶段。

（四）稻的收获、加工和储存

关于谷物收割和加工以及储存方式等的研究，不仅是古代农业研究的重要内容，而且还可能为我们认识古代社会组织和人类行为提供证据。

研究谷物种植、收割、加工和储存等人类行为，植硅体分析具有明显优势。现已究明，稻的叶子和茎秆产生特殊的扇型和哑铃型植硅体，而稃壳则产生乳突型植硅体；粟、黍和小麦的稃壳分别产生不同形态的植硅体。其中以稻的植硅体研究最为成熟，据此，可以进一步探讨稻的加工和储存等行为。

一般来讲，水稻的叶子、茎秆和稃壳等不同部位的植硅体数量和出土概率之间的差异，可能有如下原因：第一，不同部位的植硅体产量不同，水稻叶部产生大量扇型植硅体，其植硅体产量高于

[1] 靳桂云、刘东生：《华北北部中全新世降温气候事件与古文化变迁》，《科学通报》2001年第46卷第20期。

[2] 靳桂云、于海广、栾丰实等：《山东日照两城镇龙山文化（4600～4000 a B. P.）遗址出土木材的古气候意义》，《第四纪研究》2006年第26卷第4期。

[3] 靳桂云：《中国早期小麦的考古发现与研究》，《农业考古》2007年第4期。

稻壳；第二，由于人类行为的差异导致不同类型植硅体在聚落中堆积的方式不同，进而影响到其数量和出土概率。由此，我们就可以根据植硅体的组合来推测人类行为。例如，两城镇和丹土等龙山文化高等级聚落，都有专门的稻谷脱壳加工场所，在这些遗迹中集中出土了大量来自水稻稃壳的乳突型植硅体。如果是非脱壳加工类的遗迹，情况就应该相反，即稻叶的植硅体较多而稻壳的植硅体较少。稻穗脱粒加工过程中的副产品，主要是稻的秸秆，它们通常被作为燃料、饲料或者建筑材料而加以利用。不论哪种利用方式，都会导致稻叶的植硅体在聚落内大量而且高频率地保存下来。

因此，对两城镇遗址土壤的稻植硅体进行定量分析，将有助于我们认识当时水稻的收割和加工方式。

1. 稻的收割和加工方式

这次分析的样品中，水稻扇型植硅体的浓度明显高于哑铃型和乳突型植硅体。因为扇型植硅体来自水稻的茎叶机动细胞，这种结果说明其主要是水稻脱粒过程中的副产品。如果我们将水稻从成熟到被食用的过程分为收割、脱粒、脱壳和淘洗四个阶段，这些属于稻叶和稻秆上的植硅体就是第二阶段的副产品。进一步说，两城镇H93、H54、T2047⑥、丹土H4018、G3等邻近有水稻加工场所。这5个样品每克土壤中有4000个以上的水稻扇型植硅体。根据藤原宏志的研究[1]，对样品中扇型植硅体所代表的水稻叶部重量计算，上述样品每克土壤中含有水稻叶部重量大于0.1克。其中丹土G3底部样品的土壤中每克含有水稻叶部重量为0.43克，相当于样品重量的二分之一稍弱，而两城镇H93和丹土H4018样品土壤中每克含有水稻叶部重量分别为0.26和0.2克，相当于样品重量的五分之一以上。上述样品中水稻扇型植硅体浓度和每克土壤样品中含有的稻叶部的重量，可能表明第二阶段的加工内容是：打谷脱穗和扬簸，将稻谷从茎秆、叶子以及杂草中分离出来。这就意味着从田野里是连秆叶带穗一起收割的，可能是收割了根部以上的整个植株，也可能是从稻秆的中间部位收割，而不是仅收割穗部，这可能与稻谷的储存方式或者对秸秆的利用有关。

俞为洁对河姆渡遗址水稻收割和加工方式的分析表明，河姆渡居民可能是将稻谷连带一部分秆叶一起收割，然后挂在房前屋后保存起来[2]。河姆渡遗址出土的稻谷堆积大多是稻谷、谷壳、稻秆和稻叶混堆而成，这种收秆法比收穗法所收的稻秆要长，但比现代用镰刀收割的稻秆要短，推测是在水稻植株的中部用镰或刀割下，连穗带茎叶一起收进，而谷物堆积和建筑遗址混为一体可能说明他们是将捆绑好的谷物挂在房屋等建筑上晾干保存。通过对比民俗学资料，研究者还指出，从穗收法到秆收法还反映了原始农业发展过程中农具制作技术、副产品加工等方面的进步。费孝通先生对岭南民族的调查发现，瑶人收谷时用特制的小刀把稻穗连谷秆儿一同割下来，扎成把，在晒台上晾干了，一起放在仓库内保存，每天早上煮饭时，临时打谷舂米[3]。唐宋时期文献也记载了岭南地区居民类似的收割、储存稻谷的方式，而脱穗、脱粒加工是断断续续进行的，即食即舂[4]。

这次进行定量分析的两城镇遗址样品中，水稻植硅体含量高的样品主要分布在发掘区的南部，

[1] 藤原宏志：《プラント・オペル分析法の基础研究（3）福冈・板付遗跡（夜臼期）水田および群马・日高遗跡（弥生时代）水田におけるイネ（Oryza sativa L.）生产总量の推定》，《考古学と自然科学》1979年第12卷。

[2] 俞为洁：《河姆渡的谷物收割与加工》，《农业考古》1992年第3期。

[3] 费孝通：《芳草茵茵——田野笔记选录》，山东画报出版社，1999年，第25页。

[4] 陈星灿：《古代水稻的收割、储藏与加工》，《中国文物报》2000年9月20日。

这可能表明两城镇聚落内部功能在空间上的分异，南部曾经在一定时期内主要作为水稻加工场所。

在两城镇遗址H93、H114、H100、T2097⑥、T2047⑥中，水稻扇型植硅体的浓度明显高于其他样品，可能暗示这几个样品的出土位置靠近水稻脱穗加工的场所，特别是H93，水稻植硅体浓度最大。对炭化植物种子的分析也反映了同样的情况，在水稻扇型植硅体浓度最高的H93中，出土了数量较多的炭化稻米，这可能说明这里曾经是水稻脱穗的加工场所，在加工过程中小的稻粒被当场丢弃。在H93所在的区域，农作物和其他植物的种子分布也比较密集。丹土遗址的H4018内堆积物也说明这个灰坑曾经作为盛放垃圾或者稻谷加工副产品的地方。因为坑内三层堆积中，第一、二层堆积出土大量陶片，这可能是灰坑废弃后形成的，而第三层比较纯净的草木灰堆积可能就是稻谷加工过程中副产品的遗留。从表10-8可以看出，这次分析土壤样品的几个灰坑都属于垃圾坑的性质，没有那种窖穴式的灰坑，这也说明，它们是靠近水稻加工场所、用来堆放加工后的副产品的地点。

考古发掘显示，两城镇遗址的整个发掘区域都曾经作为居住区或者非居住区，就是在一定的时期内具有相对固定的功能。由于发掘资料正在整理过程中，目前无法提供与南部的H93、H114、H100、T2097⑥、T2047⑥等遗迹同时的北部地区遗迹的性质。所以我们无法对聚落功能的空间分异进行详细的讨论。在两城镇遗址的样品中，都含有数量不等的稻壳乳突型植硅体，可能说明这里还某种程度上作为谷物储存场所。上述分析表明，两城镇聚落的居民可能在集中进行脱穗加工后，稻谷的保存也是集中进行的。

据此我们可以推测，当时的居民可能是在田野里将稻穗和茎秆（根以上的全部或者一部分）一并收割，搬运到聚落内部特设的场所，进行脱穗和扬场，将稻谷从秆叶及杂草中分离出来，然后对稻谷集中储存。在聚落内或者附近设专门用于谷物脱穗的加工场所，脱粒分散进行，这种做法在现代农村还相当普遍。在辽西的一些山村，村民居住在一个比较高起的台地上，在台地下面有一块面积在500平方米左右的场院，每到秋收季节，农民就将收割来的庄稼集中到场院进行脱穗加工，而到了春天这里则成为农田。这种现象在山东的农村也很常见。

从上引文献中，我们可以发现，唐宋时期和近现代的岭南人，稻谷的第二步和第三部加工是分散地一次性完成[1]，就是每家每户在食用稻米之前进行打谷脱穗和脱粒加工。两城镇遗址植硅体分析结果反映的是另外一种加工方式，就是在场院集中进行谷物的脱穗加工、储存，而脱粒加工可能是分散进行的，也可能是脱粒加工的位置固定，而加工的时间则灵活掌握。因为在我们分析的样品中，稻壳的乳突型植硅体浓度均低于稻叶的扇型植硅体。水稻扇型植硅体浓度偏低的4个样品（两城镇H100、H114、H43、T2097⑥）中，来自稻壳的乳突型植硅体的数量更少。这种情况可能说明，在对水稻进行集中脱穗处理后，稻谷被以分配或者交换的方式存放到个体家庭，在需要的时候就进行小规模的、分散的脱壳加工。在对泰国的传统、非机械稻作农业进行民俗调查时，也发现了类似的加工模式[2]。丹土遗址H1048的情况与两城镇遗址7个样品大致相同，也反映了类似的水稻加工方式。

据此，我们可以对两城镇龙山文化居民的稻谷收割和加工过程进行如下复原：从田野里收割可能是集体进行的，而且是采用镰或刀将谷穗与茎秆（全部或部分）一起收割，运到特定的加工场

[1] a. 费孝通：《芳草茵茵——田野笔记选录》，山东画报出版社，1999年，第25页。b. 陈星灿：《古代水稻的收割、储藏与加工》，《中国文物报》2000年9月20日。

[2] Thompson GB, 1996. *The Excavations of Khok Phanom Di: A Prehistoric Site in Central Thailand. Volume IV: Subsistence and Environment: The Botanical Evidence and Biological Remains (Part II)*. Oxford: Oxbow Books.

所，这是第一步；第二步是集中对水稻进行脱粒，将稻谷从茎秆、杂草中分离出来，然后以分配或者交换的方式稻谷到达个体家庭；第三步可能是个体家庭在需要的时候进行分散的脱壳加工，果若是，在居住区范围内应该能找到一些加工过程中散落的稻谷和数量较多的稻壳的植硅体（当然，我们也要考虑到稻壳被利用的可能性），所以关于这一点，我们还需要找到更直接的证据；最后一步就是在食用之前对稻米进行淘洗。

2．谷物收割加工方式和社会组织结构

从上面的分析可以看出，两城镇聚落稻谷收割和加工乃至储存均遵循了一定的规定，这从另外一个侧面反映了当时存在比较复杂的社会组织结构，对这个过程进行了统一的组织和领导。然而，现有资料还无法使我们对这种组织结构有明确的认识，虽然龙山文化时期聚落形态显示当时家族和家庭（主要是大家庭）在聚落内部的地位持续加强，但我们并不清楚当时社会基本生产单位的规模和组织形式，因为核心家庭作为社会基本生产单位得到普及是好久好久以后的事情[1]。但日照地区龙山文化时期聚落等级的研究表明，两城镇是这个区域聚落中心[2]，水稻收割和加工等活动也都是置于一个大的社会框架下进行的。

可能存在的粮食储存区与居住区的空间分野，是聚落内部功能分化的体现。在两城镇遗址，考古发掘揭示的居住区，在整个龙山文化时期基本是房屋建筑区域，地层学揭示出来的多层叠压的房屋居住面可以为证。炭化植物遗存的分析表明，采自北区居住面及其周围的土壤样品中，炭化稻（包括炭化小米）的数量很低，但有一定数量的杂草的种子[3]，这可能正说明了在居住区，人们基本不进行稻谷脱穗或脱粒的工作，但在食品加工之前，确实需要将稻米中残留的少量谷壳（糠）以及混杂其中的杂草种子挑选出来，这在现代人类生活中也是很常见的现象。上述分析表明，在两城镇聚落中，以房屋居住面为主要遗迹的居住区和以灰坑、窖穴等遗迹为主的非居住区在空间上是分隔的，而且在当时的社会生活中也曾经扮演了不同的角色，发挥不同的作用。

聚落范围内空间功能的划分，不仅是社会复杂化的体现，还能为我们认识社会组织中人力资源的分配和管理提供一些线索。考古发掘出土的精致玉器等都说明两城镇至少是一个较大区域的中心，显然具备这种安排组织的能力。

3．丹土遗址G3附近稻谷加工方式的分析

在上述水稻植硅体浓度大于50000粒/克土壤的5个样品中，只有丹土遗址中的G3中水稻扇型、哑铃型和乳突型植硅体浓度相接近。相对于其他样品，该样品中成排的水稻哑铃型植硅体含量较高，这在这次分析的9个样品中是十分突出的，可能暗示了这里水稻遗存保存方式的不同，或者加工和处理方法具有特殊性。从分析方法上看，由于水稻亚科的哑铃型大小在10μm左右，我们这次用的沉降法，小于10μm的植硅体可能大部分被丢失，其中自然会有相当一部分是哑铃型，而我们统计时所见到的成排的哑铃型，其之所以被保留下来，正是因为其成组出现，在使用沉降法时得以保留。从

---

[1] 栾丰实：《中国古代社会的文明化进程和相关问题》，《东方考古（第1集）》，科学出版社，2004年。

[2] 栾丰实：《日照地区大汶口、龙山文化聚落形态之研究》，《中国考古学跨世纪的回顾与前瞻（1999年西陵国际学术研讨会文集）》，科学出版社，2000年。

[3] 凯利·克劳福德、赵志军等：《山东日照市两城镇遗址龙山文化植物遗存的初步分析》，《考古》2004年第7期。

水稻哑铃型所在的部位看，这种并列成一排或几排，每排的延伸方向与叶脉平行，显然说明其起源于稻叶。从植硅体组合看，这个遗迹中扇型、哑铃型和乳突型植硅体含量大致相当，而以乳突型植硅体含量偏高。考虑到水稻的穗部二氧化硅含量（20%以上）高于叶部的含量（10.10%左右）[1]，我们假定这个遗迹中的植硅体浓度反映了当时储存的水稻的叶和穗部是成比例的，就是可能整个水稻的植株被存放在这里。据此，我们似乎可以对这个遗迹的功能作如下解释：在G3的附近，曾经有一个水稻加工场所，这里加工的是从稻田里收割来的整个水稻植株，人们在这里一次性地（也可能分阶段进行）将稻谷加工成稻米，完成了去掉茎、叶和脱壳的工作，可能是由于加工的量较大，就选择了容量比较大的沟（G3）作为堆放垃圾的地点，也可能是长时间连续使用这个地点；由于加工后直接将垃圾堆放在沟里，很多叶子得以完整保留，这就是成排的哑铃型植硅体能够被发现的主要原因。在丹土聚落中，G3是三条壕沟中最外面的一条，就是说，在G3的使用过程中，它是位于聚落的边缘。这种位置的特点之一应该是与居住区有一定的距离、空间上比较开阔，从而使得在这里进行规模较大的水稻加工成为可能，这可能就是居民选择在这里进行大量水稻加工的一个原因。根据吕厚远的研究，生产过程中水分不足会导致水稻哑铃型植硅体发育差，在不成熟稻中，哑铃型植硅体也发育差[2]，据此我们推测，丹土G3大量哑铃型植硅体可能也反映稻生长条件较好。

（五）壕沟土样植硅体及其含义

壕沟土样的分析结果可能反映了人类将灰烬等垃圾倾倒在壕沟中的行为。部分土样中含有比较多的炭屑，或者植硅体中有吸附碳，几乎所有的土样中都发现了植硅体，虽然不同样品中植硅体含量和密度不同，但多数样品中都有芦苇扇型植硅体和来自稻叶、茎秆和稻壳的植硅体。土样中的炭屑和植硅体上的吸附碳可能主要是各类植物（以禾本科植物为主）被燃烧后形成的，前述的植物利用中曾经讨论了芦苇等植物以及农作物茎秆被作为燃料燃烧的可能性，我们推测壕沟土样中的炭屑和带吸附碳的植硅体可能反映灰烬等生活垃圾被倒入壕沟中的人类行为。如样品6203H5T022、6206H5T022中炭屑较多，极少有植硅体，且植硅体个体破碎明显，这类土样可能也是燃烧后的灰烬堆积，可能燃料中很少有草本植物，而是以木本植物为主。

还有一种可能是谷物加工的副产品被作为垃圾堆放在壕沟的边缘或者壕沟内，前面关于稻的加工方式部分已经讨论了两城镇遗址部分灰坑和丹土遗址的壕沟可能被作为堆放稻的加工副产品的地点。两城镇遗址壕沟土样的分析结果说明，两城镇聚落的壕沟可能也被当作堆放谷物加工副产品类垃圾的场所。比如样品G7：28中含有丰富的水稻植硅体，水稻扇型、哑铃型、乳突型植硅体都比较多，芦苇扇型和竹子扇型植硅体也比较丰富，而且炭屑含量很低，我们推测这个土样所反映的壕沟功能与不同时期丹土G3类似，是一次性堆积水稻加工副产品的场所。当时居民有将谷物加工副产品倒入壕沟的做法，或在无水季节将壕沟作为谷物加工副产品的堆放处。此外，考古发掘中从壕沟中出土的大量陶器碎片也可能反映了其作为垃圾堆放地的性质。

不同时期壕沟土样中植硅体含量和密度的变化，可能说明聚落农业和植物利用水平的变化以及壕沟在不同时期功能的不同或者性质的改变。总体上看，壕沟土样中的植硅体百分含量和密度，都

[1] 王永吉、吕厚远：《植硅体研究及应用》，海洋出版社，1993年，第32页。

[2] 与吕厚远研究员个人交流。

是早期偏低、晚期升高。这种现象可能反映聚落内植物利用程度和农业生产水平的变化过程，而且这种现象与居住区土样植硅体的分析结果是比较一致的。另外，从早期到晚期，壕沟土样中都有比较多的炭屑，植硅体吸附碳的现象很普遍，植硅体定量分析结果显示，稻的叶部、茎秆和稻壳植硅体也大量堆积在壕沟中，可能反映灰烬等生活垃圾被倒入壕沟中。从壕沟中出土大量陶片也反映了其作为垃圾堆放地的性质，而且这种情况到晚期尤其明显，推测可能与聚落接近废弃、壕沟失去其原有功能有关。

当然，两城镇的壕沟中除了有上述两类堆积外，还有的部位或者壕沟，填土中包含的植硅体数量非常少，炭屑也很少，可能表明壕沟的这个部位很少有人倾倒垃圾或者堆放谷物加工的副产品。因为两城镇的壕沟没有进行全面发掘，这些推测还是初步的。

第三节　木材标本的鉴定与研究

古人类对林木资源的利用、植被环境对人类活动的影响等都是聚落文化研究的重要内容。所以，在两城镇遗址考古发掘伊始，就确定了全面收集各类木材遗存标本并认识人类与植被关系的科学目标。

木材来源于树木的干部。树木包括多年生的高大乔木、低矮丛生的灌木和缠绕它物的藤本植物。不同种类的树木，其木材的解剖特点不同，对这些特点进行分析鉴定，可以判别树木种类。

众所周知，人类活动与植物有密切关系，其中种子植物是和人类经济生活关系最密切的一类植物，树木就属于种子植物类。人类自诞生的那一刻起，就与树木有着密不可分的联系，尤其是到新石器时代，人类居住、交通等活动都要有规模地利用各类木材。由于木材是史前人类利用的主要植物资源之一，所以考古遗址中经常保存各种木材遗存。

两城镇遗址考古发掘过程中，发现了丰富的木材标本，通过对这些木材标本的种属分析和鉴定，我们可以研究两城镇龙山文化居民对林木资源的开发利用情况以及聚落植被反映的区域植被与气候状况。

一　两城镇一带的现代植被和环境

地处中纬度的山东地区包括低山丘陵和平原两类地貌单元[1]（图10-60），气候特点表现为环流的季节性变化明显，属暖温带大陆性季风气候，冬季干冷，夏季湿热。受海洋季风影响，降水量可达650～1000毫米，比华北其他地区多200毫米以上。由于纬度跨度大，气温和降水量从南向北逐渐降低。

现代植被以人工植被为主，自然植被较少。自然植被包括针叶林、阔叶林、灌丛、草丛、草甸、沼泽[2]。针叶林包括日本落叶松（*Larix kaempferi* forest）、赤松（*Pinus densiflora* forest）和黑松（*Pinus thunbergii* forest）、侧柏（*Platycladus orientalis* forest）；阔叶林包括蒙古栎（*Quercus*

[1] 地貌单元的范围，根据赵济主编，《中国自然地理（第三版）》，高等教育出版社，2005年，第184～185页、图15-1 中国自然区划图。具体来讲，海岱地区的范围就是，南起淮河流域的洪泽湖（目前最南的遗址是安徽蒙城县尉迟寺遗址和五河县濠城镇龙山文化遗址），北到大连南部的旅顺岛；西起河南周口（最西的遗址是河南周口大汶口文化遗址），东到黄海，大约在北纬33.5°～39°、东经115°～123°之间。

[2] a. 中国科学院中国植被图编辑委员会编：《中国植被图集》，科学出版社，2001年，Editorial board of Vegetation Map of China, CAS (ed.), 2001, *Vegetation Atlas of China*, Science Press, Beijing: 105-108, 141-144, 145-148。b. 周光裕：《山东植被分类分区》，《山东大学学报》1963年第1期。

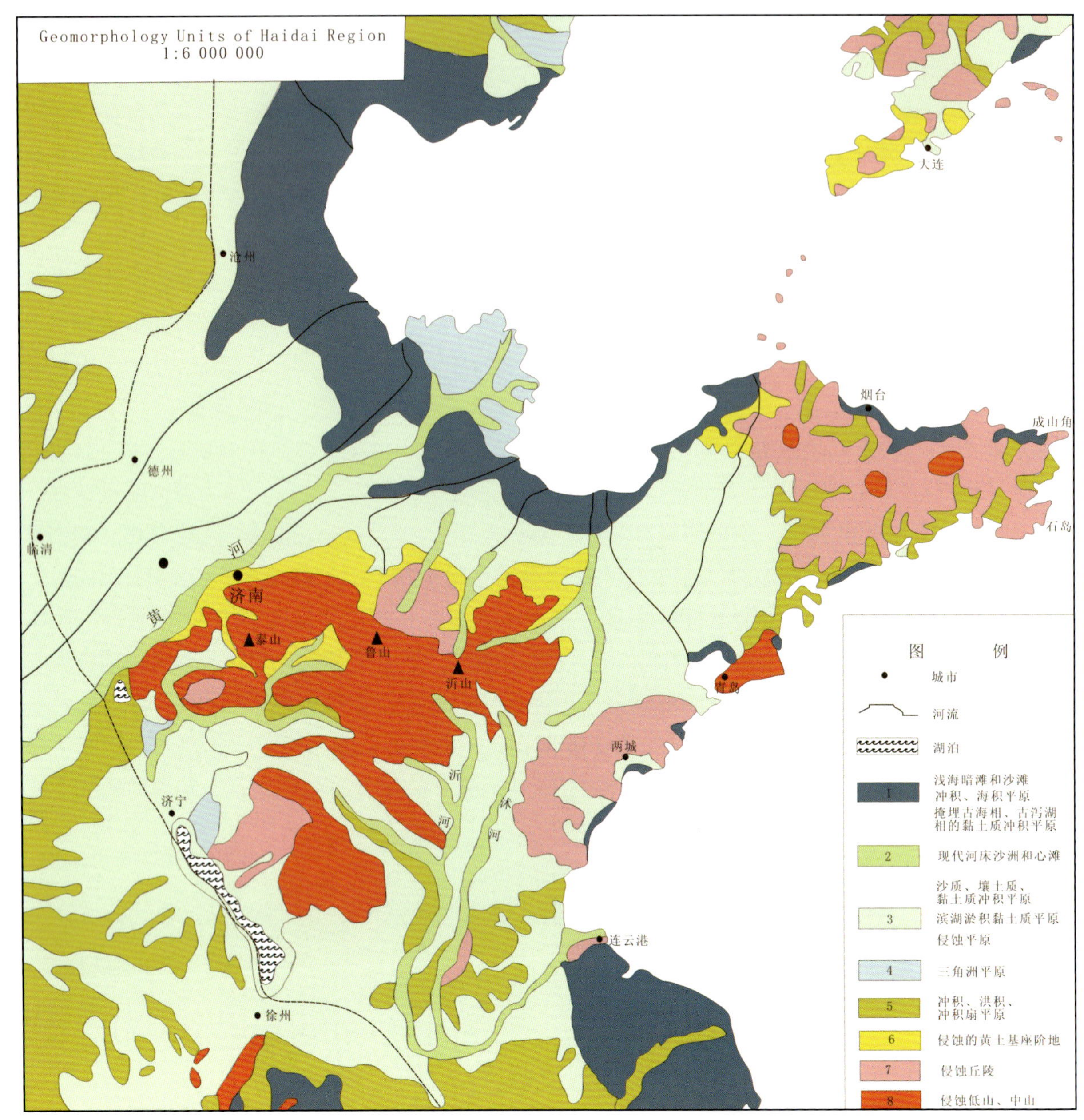

图10-60　山东地区地貌单元示意图

mongolica forest）、辽东栎（*Quercus liaotungensis* forest）、槲栎（*Quercus aliena* forest）、麻栎（*Quercus acutissima* forest）、栓皮栎（*Quercus variabilis* forest）、刺槐（*Robinia pseudoacacia* forest）、旱柳（*Salix matsudana* forest）、杨（*Populus* spp.）、柳（*Salix* spp.）、榆（*Ulmus* spp. forest）等；灌丛有榛子灌丛（*Corylus heterophylla* scrub）、二色胡枝子灌丛（*Lespedeza bicolor* scrub）、荆条和酸枣灌丛（*Vitex negundo* var. *heterophylla*、*Zizyphus sativa* var. *spinosus* scrub）、绣线菊灌丛（*Spiraea* spp. Scrub）、黄栌灌丛（*Cotinus coggygria* var. *cinerea* scrub）；草丛主要包括白羊草（*Bothriochloa ischaemum* grassland）、黄背草灌丛（*Thmeda triandra* var. *japonica* grassland）和荆条（*Vitex negundo* var. *heterophylla*）、酸枣（*Zizyphus sativa* var. *spinosus*）、黄背草灌丛（*Themeda triandra* var. *japonica* scrub and grassland）；草甸主要包括禾草和杂草以及盐生草甸 (meadows: grass and meadows）；沼泽以芦苇沼泽为主（marshes: Phragmites communis marsh）。栽培植被主要包括小麦、玉米、水稻、花生、谷子、高粱、大豆、棉花以及各类果树等。

两城镇遗址所在的鲁东南地区，行政区划上包括日照市各县区、青岛胶南市和潍坊诸城市等，属于胶南低山丘陵区中的五莲山低山丘陵区，大地貌属于鲁东南丘陵区[1]。

二　木材标本的采集和分析方法

1．采样

全面采集考古遗址中的植物遗存进行综合研究，是"日照地区聚落考古"和"两城镇聚落形态研究"的重要内容之一。在两城镇遗址发掘过程中，除了采集肉眼可以观察到的木材标本之外，主要采用系统采样方法，对所有考古单位采集一定量的土样进行水选，获得包括木炭在内的大量植物遗存。这一做法保证了对木材研究的完整性和科学性。

1999～2001年对两城镇遗址进行的三次发掘中，采用上述方法从文化层和各种遗迹中采集了木材（木炭为主，木材数量少）样品240个。其中包括浸水木材和木炭两种肉眼可见的木材标本。浸水木材标本主要是在遗址东北侧的内、中圈壕沟中发现的，成排分布。

采样方法是，在仔细观察并绘制了位置图并拍照后，对部分木材进行采样，采样过程中全面记录相关信息；采集的样品即刻运回发掘工作站存放在大型的塑料盆中，并从每个样品上锯下一段用自动封口的塑料袋保存在温度为4度的冰柜中，保证了样品不发生霉变和变形。浸水木材样品在壕沟中保存良好，被发现时木材的放置方式有两种：一种是平铺（每束8根），与壕沟平行（图10−61），出土时树皮仍清晰可见，这些木材的直径在4～8厘米，推测是壕沟建筑或者清淤过程中临时搭建的浮桥一类设施；一种是成排斜放在壕沟内壁上，长度一般在1米左右，直径在20～30厘米，推测是用来加固壕沟壁的。受到实验室保存条件的限制，将那些完整的木材原地回填保存。

发掘过程中采集木炭标本的方法是：确定出土位置并记录其全部的相关信息；刷去木炭周围的土，然后再轻轻地捡起炭化材料，再把炭化材料表面的土轻轻刷去，用一张具有吸水性能、柔软的纸把木炭包裹起来，然后放到能通气的纸盒里，把纸盒放在尽可能干燥的地方，使其慢慢地干燥，或者用锡箔纸包好，运回实验室后单独存放，保证了样品的完整性。

除了采集肉眼可见的木炭标本外，还采用浮选法获得大量发掘过程中无法用肉眼看见的小块木炭。

现代木材标本采自山东地区，目的是为鉴定考古遗址出土的木材标本种属提供参考。

2．木材标本的实验室处理与鉴定

木材标本的鉴定分别是在中国林业科学研究院木材研究所木材纤维结构分析实验室和山东大学植物考古实验室完成的。鉴定方法是，在显微镜下，将其结构与已知种属的木材结构进行对比。对比资料分两类，一类是木材解剖学方面的书籍（包括图谱），一类是现代木材切片。

考古遗址中保存的各类木材样品，由于年代久远和埋藏条件对木材的影响，很多样品都失去了一定的物理特征。但木材样品的解剖学特征一般保存较好，特别是三个切面即横切面、径切面和弦

[1]　山东省地方史志编纂委员会编：《山东省志——自然地理志》，山东人民出版社，1996年，第118～126页。

图10-61　T021G21出土木材情况

切面（图10-62），这是鉴定木材种类的主要依据。横切面是垂直于木纹或树轴方向截取的切面；径切面是平行于木纹或树轴方向与木射线平行或与年轮垂直截取的切面；弦切面是平行于木纹或树轴方向与木射线垂直或与年轮相切截取的切面。在不同的切面上，木材的各种宏观特征都能很清楚地表现出来。在横切面上放大10～45倍能观察到大多数有用的鉴定特征。径切面和弦切面主要用来研究射线的长度和宽度，而且需要更高的放大倍数（100倍）。鉴定的一般顺序是先鉴定横切面，确定科或属等大的范围，然后再根据径切面和弦切面确定属，甚至种。

从木材的三切面上，可以对木材进行宏观和微观的观察与分析。在肉眼和放大镜下所观察到的木材特征，称为宏观构造或粗视构造。宏观构造包括心材和边材、生长轮或年轮、早材和晚材、木射线、管孔、树脂道、轴向薄壁组织等。需要用光学显微镜才能鉴定的木材结构，属于微观构造。针叶树的微观构造包括轴向管胞、索状管胞、轴向薄壁组织、木射线、树脂道；阔叶树的微观构造包括导管、管胞、木纤维、轴向薄壁组织、木射线、树胶道等。

木材样品的鉴定方法是：将样品切成4～5厘米的长方形块，用纯水煮至软化，将样品的横、径、弦三个方向分别切片放在载玻片上制成薄片，在Zeis显微镜下记录木材特征，进行树种鉴定。然后将样品黏在铝质样品台上，样品表面镀金，在扫描电子显微镜下拍照。

用于对照的现代标本有赤松、油松、麻栎和蒙古栎等。赤松标本是取自济南长清区凤凰岭景区的

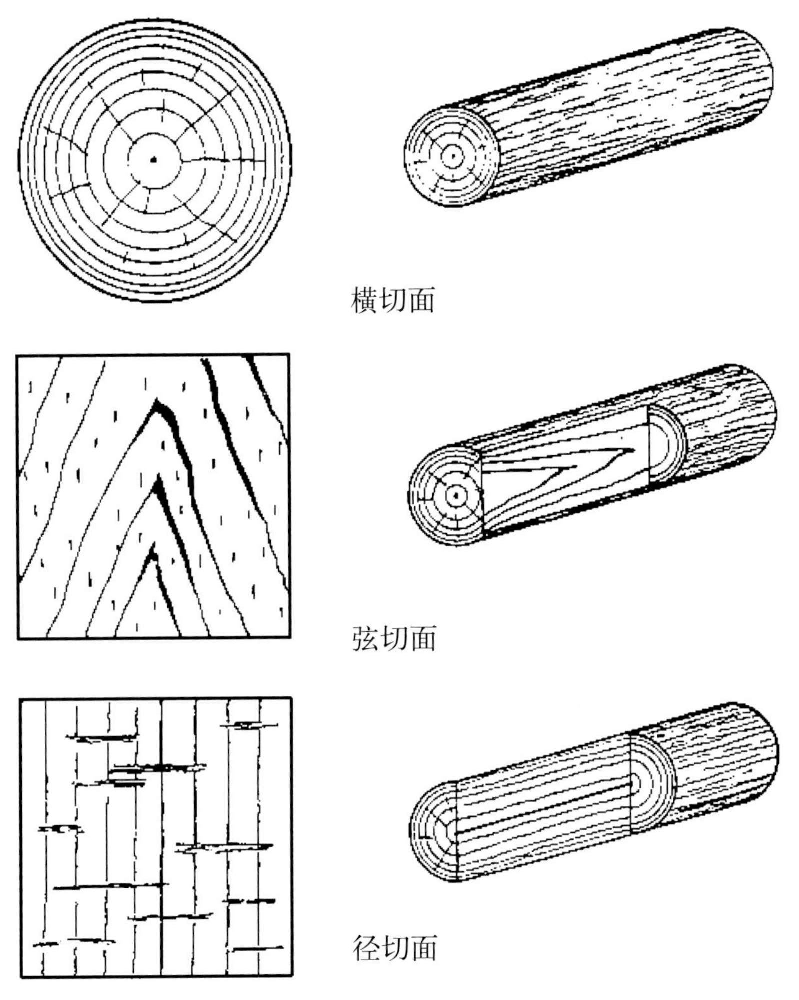

图10-62　木材三个切面示意图

具有18个年轮的分枝；油松标本是取自山东大学中心校区的具有11个年轮的分枝；麻栎和蒙古栎标本采自日照。

对现生的赤松、油松、麻栎、蒙古栎木材进行切片。方法如下：将采集的现生赤松、麻栎、蒙古栎木材截成段，每种取2块，测量并称重；炉火点燃后烧到炭块发红，用水浇灭，干燥后测量并称重。实验表明，木材的被炭化会引起物理性质大量的改变，明显表现为树皮脱落、外层与火接触处燃烧为灰烬，内部炭化成黑色。从木材的质量、长度、直径等方面测量燃烧结果，发现收缩发生在三个面（横切面，纵切面，径切面），纵切面收缩最严重。炭化导致体积收缩，增加了原木暴露在火中的长度比例，变干燥时产生开裂，如径向和纵向开裂，一般发生在射线细胞处。

根据现代木材实验分析结果，结合已有研究，归纳出适合鉴定考古遗址中木材标本的解剖学特征如下：

横切面特征：

（1）年轮：早材向晚材过渡变化的缓急是值得注意的特征。急变的早、晚材之间的区别界限比较明显；缓变的则早、晚材之间没有明显的区别界限。阔叶材中的环孔材是急变的，其他都是缓变或比较缓变的。晚材与翌年早材之间的分界线称为轮界线，其明显程度称为生长轮明显度；明显度可分为不见、可见、明显三种。

（2）树脂道：针叶树材的主要构造特征，是树脂道的有无与多少。具有正常树脂道的针叶树材主要有松属、云杉属、落叶松属、黄杉属、银杉属及油杉属。前五属具有轴向与径向两种树脂道，而油杉属仅有轴向树脂道。一般松属的树脂道体积较大，数量多；落叶松属的树脂道虽然大但稀少；云杉属与黄杉属的树脂道小而少；油杉属无横向树脂道，而且轴向树脂道极稀少。

（3）树胶道：是阔叶材的识别特征之一，纵向树胶道常见于龙脑香科和豆科，横向树胶道是漆树属、黄连木属、橄榄属和五加属的特征。

（4）管孔：管孔的有无是区别阔叶树材和针叶树材的重要依据。管孔的组合、分布、排列、大小、数目和内含物是识别阔叶树材的重要依据。导管大小是阔叶树材的重要特征，是阔叶树材识别的特征之一。水青树科水青树属和昆栏树科昆栏树属看不到管孔的存在。管孔大小以弦向直径为准。

（5）木射线：针叶树材的木射线很细小，在肉眼及放大镜下一般看不清楚，对木材识别没有意义。木射线的宽度、高度和数量等在阔叶树材不同树种之间有明显区别，是识别阔叶树材的重要特征之一。木射线在木材的横切面显露其宽度和长度。针叶材全部为细射线，而阔叶材中只有杨木、柳木和七叶树等少数木材是细射线，多数木材具有中等射线和宽射线。观察木射线宽度和高度应以弦切面为主，其他切面为辅。此外，木射线的数量、叠生和局部变宽也具有识别上的特征。

（6）薄壁组织：在木材切片中不易辨别，但在木炭中，由于其本身特殊的光学性质，在反射光显微镜下能呈现出来。薄壁组织在针叶树材中不发达或根本没有，仅在杉木、柏木等少数树种中存在，但通常不易辨别。在阔叶树材中，薄壁组织比较发达，它是阔叶树材的重要特征之一。在横切面上，薄壁组织的清晰度和分布类型是识别阔叶树材的重要依据之一。

径切面特征：

（1）管胞：纵列管胞是针叶材中的主要组成。管胞壁上的壁孔大小、形式、数目和排列情况随树种的不同而出现差异。有些针叶材的管胞壁内径常出现螺纹加厚。

（2）射线：射线管胞的内壁有平坦和齿状加厚。

（3）交叉纹孔场区域：壁孔有窗型、松型、云杉型、杉型和柏型。

（4）导管：阔叶材中导管分子的形式随树种而异，有桶形、鼓状、筒形等，导管分子末端形状、导管穿孔形式和导管壁孔式随树种而异，有些阔叶材中的导管内经常出现螺纹加厚。

弦切面特征：

木射线：针叶材木射线在弦切面表现为单列射线和纺锤形射线两类，针叶材有些具有横向树脂道，射线纺锤形；单列射线的高度，在木材鉴定上也有意义。阔叶材木射线在弦切面的宽度、射线组织类型在木材鉴定上也有意义，木射线的宽度、高度和数目是阔叶材的重要特征之一。

观察横切面用放大80倍的显微镜就可以，而径切面与弦切面需要放大200～300倍以上。

竹炭鉴定的依据：

禾本科竹亚科在我国有37属，400余种。竹炭内部的形态结构与未炭化的原材料相似。腰希申研究认为：竹秆中段中部的维管束类型结构稳定，可以作为划分属的可靠依据。因此确定竹材木炭鉴定的依据为维管束类型。竹材秆中段维管束类型有以下几种：

（1）开放型：维管束仅由一部分组成，即没有纤维股的中心维管束，支撑组织仅由硬质细胞鞘承担，细胞间隙中有侵填体，四个维管束鞘大小近相等，相互对称。

（2）紧腰型：不存在纤维股，即中心维管束，支撑组织仅由硬质细胞鞘组成，在细胞间隙处的鞘显著地较其他三个维管束为大，并向左右呈扇状延伸，细胞间隙中无充侵填体。

（3）断腰型：维管束由两部分组成，即中心维管束和一个纤维股组成，纤维股位于中心维管束的内方，在细胞间隙处的鞘通常小于其他维管束鞘，具有这一类型的竹类全都是丛生竹竹种。

（4）双断腰型：维管束被薄壁细胞分隔为三部分，即中心维管束的外方和内方各增生一个纤维股，具有这一类型的竹类也全都是丛生竹竹种。

（5）半开放型：不存在纤维股，但侧方维管束鞘相连。

三　分析鉴定结果

由于浸水木材主要出自壕沟，而木炭样品主要出自灰坑和文化层等，所以，这两种类型的木材标本可能反映不同的人类活动，这里将分别介绍其鉴定结果。

1．浸水木材样品鉴定结果

21块浸水木材，20个标本是麻栎（Quercus acufissma. C.）（山毛榉科栎属），1个标本是辽东桤木（Alnus sibirica F.）（桦木科桤木属）。

麻栎的主要解剖特征是：生长轮甚明显，环孔材。早材导管的横切面上为圆形及卵圆形，部分具侵填体；晚材导管为圆形及卵圆形、单管孔、径列无螺纹加厚，单穿孔，管间纹孔式互列。环管管胞常与薄壁细胞相混杂，围绕于大导管周围及分布于晚材导管区域内。轴向薄壁组织多，星散-聚合及离管带状，宽1～3细胞。木纤维壁厚，具缘纹孔小，数多。木射线两种，窄木射线单列，多类5～15细胞；宽木射线有许多细胞。射线组织同形（有异形趋势）单列及多列。射线-导管间纹孔式刻痕状、肾状及类似管间纹孔式。无胞间道（图10-63，1～3）。

辽东桤木主要解剖特征是：生长轮明显，散孔材。导管横切面通常为多角形，单管孔及径列复管孔2～6个，少数呈管孔团。侵填体偶见，复穿孔，梯状，穿孔板甚倾斜；管间纹孔式通常对列。轴向薄壁组织甚少，星散状。木纤维壁薄。木射线单列者数多，宽木射线（聚合射线）宽至许多细胞。射线组织同形单列及多列。射线与导管间纹孔式类似管间纹孔式。无胞间道（图10-63，4～6）。

2．木炭样品鉴定结果

共鉴定了95个样品。鉴定结果显示，多数情况下一份样品中只有一个树种，但少数情况下，一份样品中包含了1个以上的树种，这种情况可能表明有些样品是薪柴的遗留，因为作为薪柴，采用某种单纯的树种的可能性明显小于作为建筑或者家具材料的可能性。在所有样品中，共鉴定出麻栎46块、圆柏6块、桤木4块、槭木5块、松29块、刚竹6块、柳2块、杜梨1块、构属2块。

松的显微结构特征是：生长轮甚明显，早材至晚材急变。早材导管横切面多边形及长方形；晚材管胞横切面为长方形、方形。具单列和纺锤形两类射线，单列高1～20细胞，多列为纺锤射线具径向树脂道，射线细胞内含少量树脂，射线管胞存在于上述两类射线中，上下边缘1～4列。射线薄壁

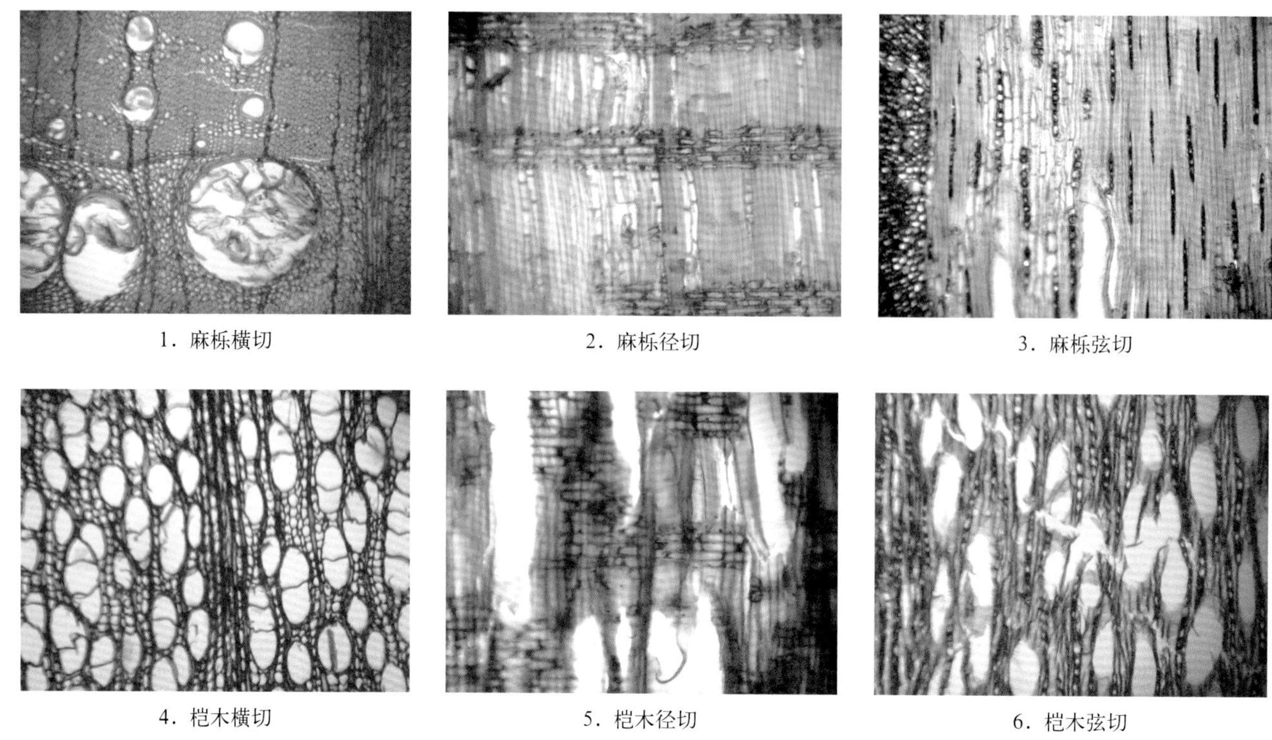

1．麻栎横切　2．麻栎径切　3．麻栎弦切

4．桤木横切　5．桤木径切　6．桤木弦切

图10－63　麻栎和桤木显微结构照片

细胞与早材管胞间交叉场纹孔式为窗格状，稀松木型。具轴向和横向树脂道（图10－64，1～3）。

圆柏的显微结构特征是：生长轮明显，早材至晚材渐变。早材管胞横切面为圆形、方形及多边形；晚材管胞横切面为长方、椭圆及多角形。轴向薄壁组织略多，星散状。木射线单列，极少2列，

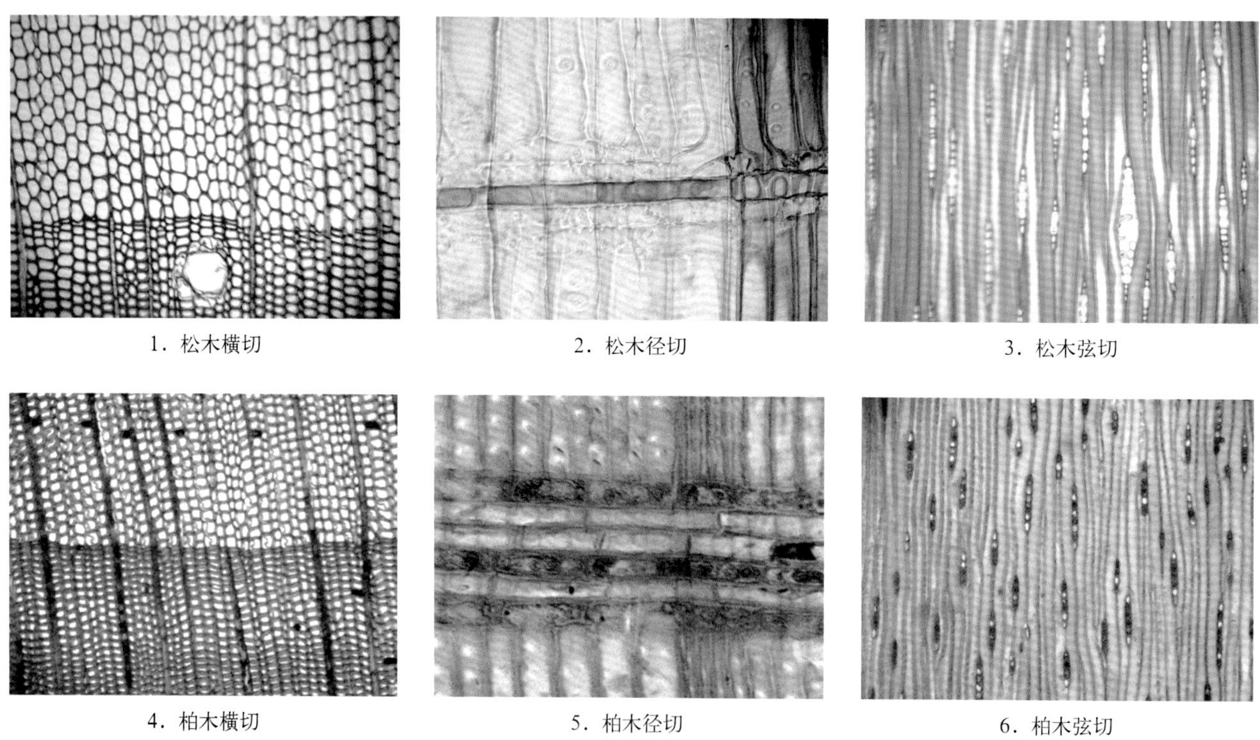

1．松木横切　2．松木径切　3．松木弦切

4．柏木横切　5．柏木径切　6．柏木弦切

图10－64　松、柏显微结构照片

高1～13细胞。射线细胞水平壁厚，纹孔少。射线细胞与早材管胞间交叉场纹孔式为柏木型2～4个。树脂道缺如（图10-64，4～6）。

麻栎的显微结构特征是：生长轮明显，环孔材。导管在早材带横切面为圆形及卵圆形，通常宽1～4列细胞，壁薄，部分具侵填体；在晚材带横切面上为圆形及卵圆形，单管孔、径列、无螺纹加厚。单穿孔，管间纹孔式互列，圆形至卵圆形。轴向薄壁组织量多，主为星散-聚合及离管带状，宽1～3细胞，排列不规则。木纤维壁厚，具缘纹孔形小，数多。木射线非叠生，窄木射线通常单列，稀2列；宽木射线宽至许多细胞。射线组织同形单列及多列，直立或长方形射线细胞偶见，射线-导管间纹孔式通常为刻痕状，少数肾形或类似管间纹孔式。无胞间道。

槭木的显微结构特征是：生长轮略明显，散孔材。横切面单管孔及径列复管孔2～3个，侵填体未见，螺纹加厚明显。单穿孔，卵圆形，管间纹孔式互列。轴向薄壁组织量少，轮界状及环管状。木纤维壁薄。木射线单列及多列；多列射线宽2～5细胞。射线组织同形单列及多列，偶见异形Ⅲ型。导管与射线细胞间纹孔式类似管间纹孔式。无胞间道（图10-65，1～3）。

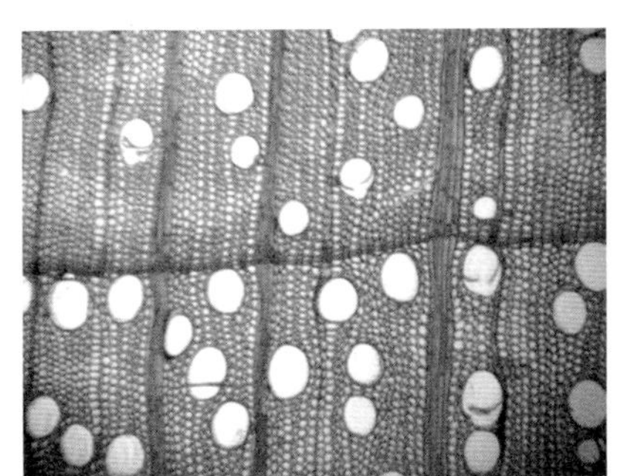
1．槭木横切

2．槭木径切

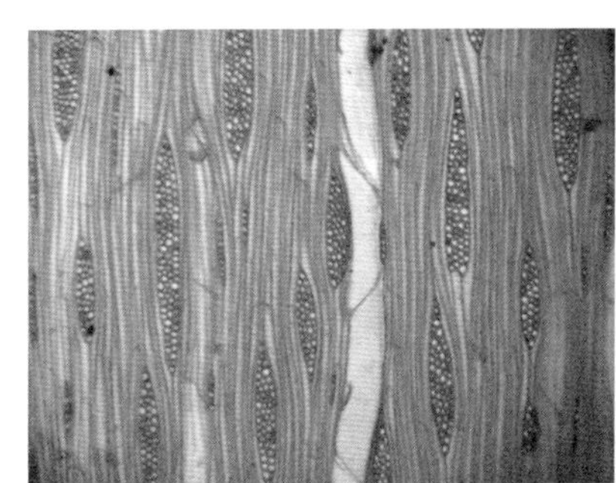
3．槭木弦切

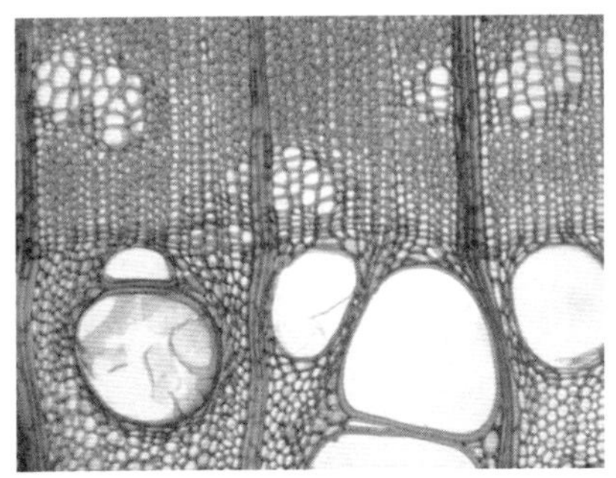
4．构树横切面

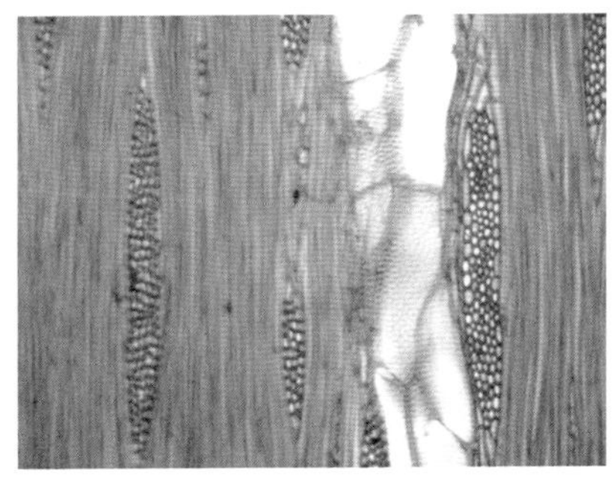
5．构树弦切面

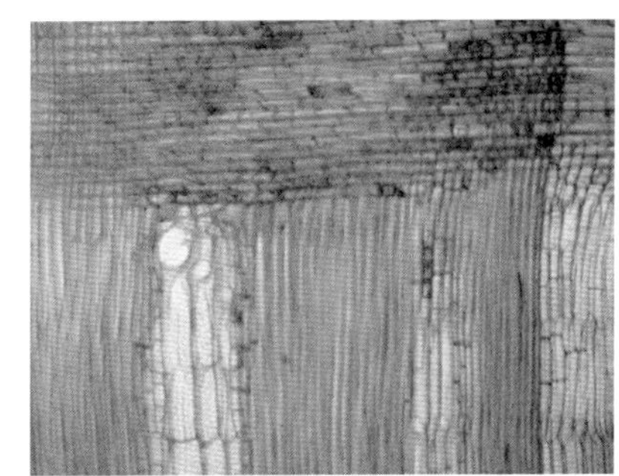
6．构树径切面

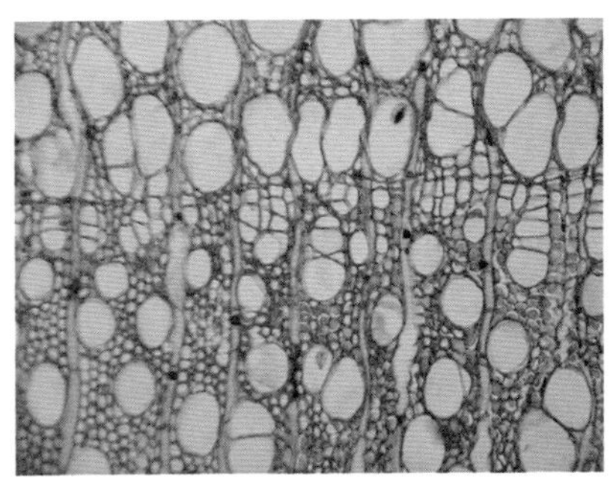
7．柳树横切

8．柳树径切

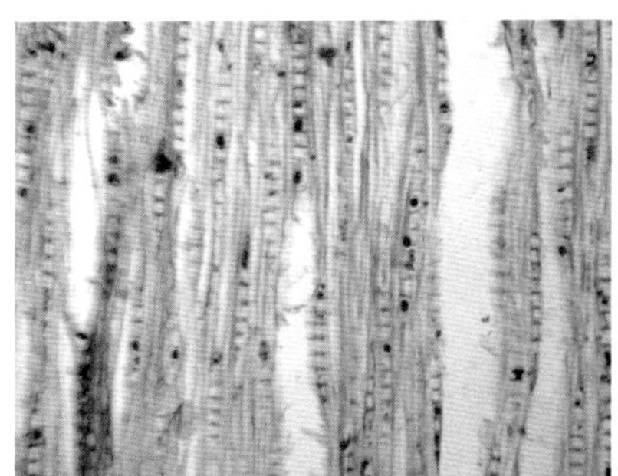
9．柳树弦切

图10-65　槭木、构树、柳树显微结构照片

构树的显微结构特征是：生长轮明显，环孔材或半环孔材。导管在早材带横切面为卵形及圆形；在晚材带上通常为、圆形、卵圆及多角形，通常外呈管孔团，内部短径列复管孔及单管孔，螺纹加厚常限于小导管壁上。单穿孔，管间纹孔式互列，密集。轴向薄壁组织环管状、环管束状，翼状及旁管带状。木纤维壁薄。木射线单列甚少，多列射线宽2～6细胞。射线组织异形Ⅱ型及Ⅲ型。射线－导管间纹孔式类似管间纹孔式。无胞间道（图10－65，4～6）。

柳的显微结构特征是：生长轮略明显，散孔材。导管横切面为卵形及椭圆形，多为单管孔，少数短径列复管孔2～3个。单穿孔，管间纹孔式互列。轴向细胞量少，轮界状。木纤维壁薄。单纹孔。木射线单列，高1～25细胞。射线组织异形单列。射线与导管间纹孔式为单纹孔，略同管间纹孔式。无胞间道（图10－65，7～9）。

刚竹的显微结构特征是：解剖特征：竹材为禾木科植物，无形成层，无年轮，横切面表皮层细胞长方形，皮层细胞圆形5～6层，外部维管束为半分化型，中、内部维管束为开放型，髓腔外围组织细胞短方柱状，横向排列约有6～10层。主要解剖特征是：竹杆皮下层1层，呈长方柱状；皮层细胞较皮下层的大，约有5～6层，多为圆柱状，纵向排列成行。横断面外部维管束为菱形半分化型，垂轴向大于横轴向，逐渐向内变化为半开放型至开放型（图10－66，1～3）。

杜梨的主要解剖特征是：散孔材，导管横切面为卵圆形，单管孔很少呈列复孔管（2）个，螺纹加厚不明显，主为单穿孔，纤维管胞壁厚。轴向薄壁组织星散状。木射线单列着数少，多列射线宽2～3细胞，同一射线内出现2次多列部分，射线组织同形单列及多列。射线与导管间纹孔式互列、形小。无胞间道（图10－66，4～6）。

从两城镇遗址出土木材标本鉴定结果看，以麻栎为主，占50%以上，松次之，刚竹、圆柏、槭木、桤木、柳和杜梨和构属等较少。

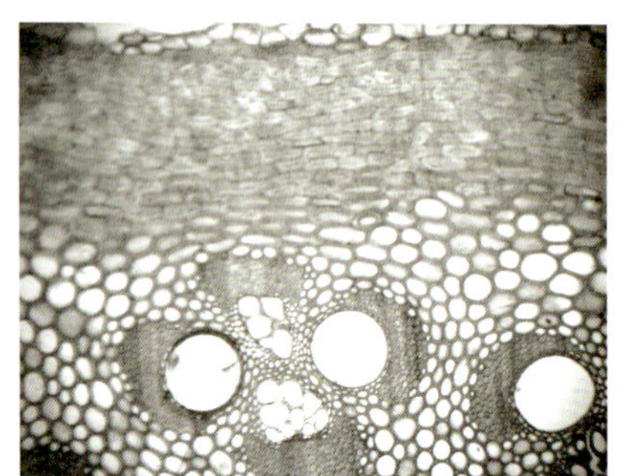

1．刚竹内部

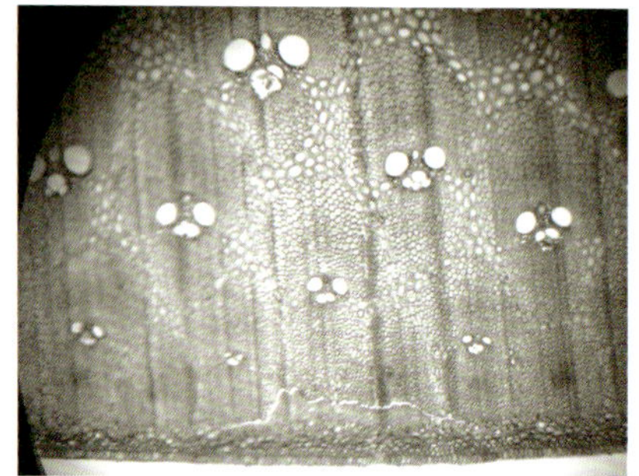

2．刚竹外部

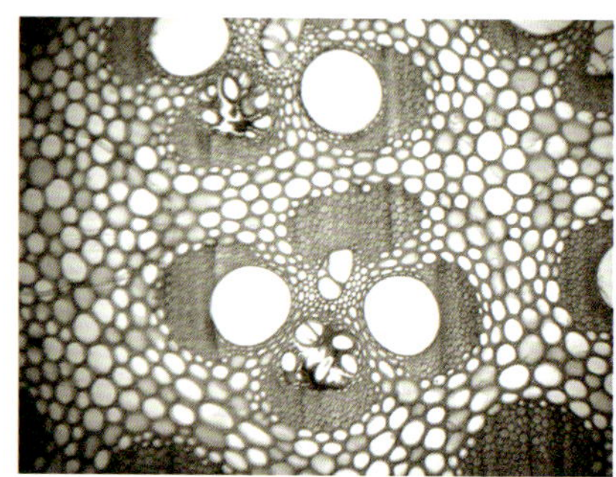

3．刚竹中部

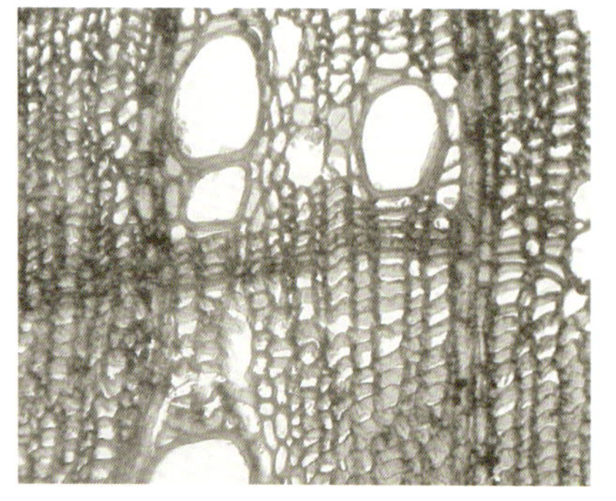

4．杜梨横切面

5．杜梨径切面

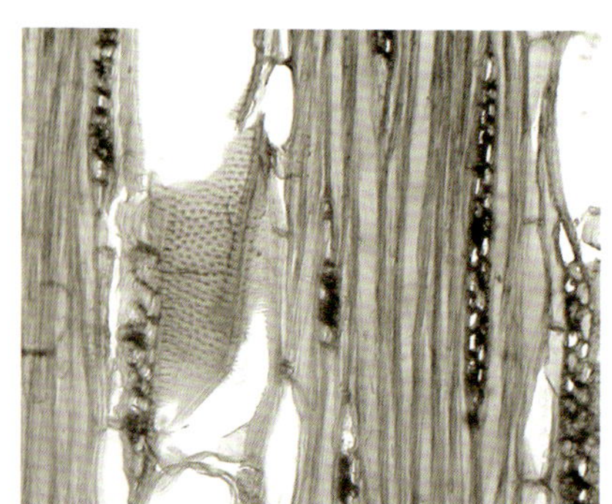

6．杜梨弦切面

图10－66 刚竹、杜梨显微结构照片

四　两城镇遗址出土木材树种的生态意义和经济价值

要讨论考古遗址中出土木材在古代社会的生态指示意义和经济价值，我们需要对它们的现代生态意义和应用价值作一分析[1]。这里将介绍目前已经发现的山东地区所有的木材遗存信息的现代生态和经济价值。

松（Pinus sp.）常绿乔木，很少灌木；分布于北半球，北至北极圈，南至热带，为世界上木材和松脂生产的主要树种。我国有22种，分布遍及全国，山东省有2种（赤松和油松），引种栽培20种。由于保存状况等原因，两城镇遗址出土的木材只能鉴定出松属，可能包括赤松和油松两个种。

赤松，也叫日本赤松（Pinus densiflora Sieb. Et Zuco），常绿乔木，高达30米，主要分布在山东的崂山、崑嵛山、艾山、牙山等胶东沿海山地丘陵地区，泰山、蒙山亦有生长。其垂直分布达海拔900米处，而以海拔500米以下生长最好。喜光树种。深根性，抗风力强，生于温带沿海山区和平原，年降水量达800毫米以上的地区，能耐瘠薄土壤，能生于由花岗岩、片麻岩及砂岩风化的中性土或酸性土山地，不耐盐碱；在通风不良的重黏壤土生长不良。木材富树脂，纹理直，质坚硬，结构较细，耐腐力强。可供建筑、电杆、枕木、矿柱、家具、木纤维工业原料等用；树干可割树胶，提取松香和松节油；种子含油约39%，可榨油供食用和工业用；针叶提取芳香油；为胶东沿海丘陵地区主要造林树种之一。

油松（P. tabulaeformis Carr.），常绿乔木，高可达25米。在山东省内主要分布于泰山、蒙山、沂山山区；泰山的对松山、后石坞有几百年生的老龄纯林。油松具有喜光、根深的特性。抗寒能力较强，能耐零下25的低温；在土层深厚、排水良好的酸性、中性或钙质黄土上均能生长良好，但不耐盐碱；木材较坚硬，强度大，富松脂，耐腐朽；是优良的建筑、电杆、枕木、矿柱、家具及木纤维工业等用材。树干可提取树脂，提取松节油和树脂；树皮含鞣质可提制栲胶；松节、松针、花粉均供药用；种子含油30%～40%，供食用或工业用。油松分布广适应性强，是鲁中南山地丘陵地区重要的荒山造林树种之一。

圆柏属（Sabina Mill.），常绿乔木或灌木。约50种，分布于北半球，北至北极圈，南至热带高山。山东产1种（圆柏），引种2种。圆柏，也称桧（Sabina chinensis (Linn.) Ant.）。乔木，高达20米。喜光，喜温凉气候和湿润土壤，中性土、钙质土及微酸性土均能生长。寿命长。材质坚韧致密，耐腐蚀，为建筑、文具等用材。山东有多个变种。

柳属（Salix sp.），乔木或灌木。山东有7种，包括旱柳、朝鲜柳、垂柳、筐柳、日本三蕊柳、腺柳、泰山柳。旱柳（Salix matsudana Koidz.）在山东各地都有分布，适应性强，无论干、湿地均能生长。旱柳和垂柳质轻软，可供建筑、器具、火柴杆、造纸、薪炭等用；枝条可编筐。树皮可制纤维和栲胶。

杜梨，也叫棠梨（Pyrus betulaefolia Bunge），属于蔷薇科苹果亚科梨属。落叶乔木或大灌木。山东省胶东、鲁中、鲁南山区丘陵及鲁北、鲁西的平原沙地都有分布。在平原地区多呈半野化的散生状态，山区多在海拔1000米以下的向阳山坡及山谷地。喜光，适应性强，耐寒，抗旱，亦较耐低湿及盐碱。木材坚硬，细致，纹理直，可用于家具、雕刻等细工用材，树皮含鞣质可提制栲胶。果

[1]　《山东树木志》编写组编：《山东树木志》，山东科学技术出版社，1984年。

实酸甜味美。

桤木属属于桦木科，落叶乔木或灌木。山东省有2种（日本桤木和辽东桤木）。日本桤木（Alnus japonica (Thunb.) Steud.），乔木，高可达15米。鲁中南及胶东各地均有生长，垂直分布多在海拔600米以下。喜光。喜温暖气候，耐水湿；多生于河滩和溪沟两岸。在河岸沟边排水良好处，生长良好，常组成纯林。材质轻软，硬度适中，纹理通直，结构细，耐水湿，是水工建设、坑木、矿柱、民用建筑、家具、农具等用材。根具根瘤菌，可改良土壤；根系发达，是固土、护岸、涵养水源的优良树种；生长迅速、成林快，是速生用材树种。辽东桤木（Alnus sibirica Fisch. Ex Turcz.），乔木，高可达15米。泰山、蒙山、崑嵛山、崂山等山区均有生长；垂直分布可达海拔900米。喜光。常生于潮湿地带及溪流两岸。适生于潮湿、肥沃、土层深厚之地。积水地生长不良。根株萌芽力强，生长快，常组成纯林。木材供建筑、造船、乐器、器具、火柴杆等用。果实、树皮含鞣质，可提取栲胶。

麻栎属属于壳斗科。落叶或常绿乔木，稀灌木。山东有13种，以麻栎（橡子树Quercus acutissima Carr.）为主。麻栎为落叶乔木，高可达30米。鲁中南山地及胶东丘陵地区分布较多，垂直分布海拔100～1000米。喜光树种，常生于阳坡、半阳坡，形成小片纯林或松栎混交林。深根性。耐旱、耐贫瘠，抗风力强。在湿润深厚肥沃、排水良好的中性、微酸性沙壤土上生长较好。树龄长，可达500年以上。木材边材白色，心材淡褐色；材质坚硬，耐磨损，抗震动，耐水湿，花纹美观，是造船、车辆、枕木、地板及各种把柄、器具的良好用材；用于制作编织器材、运动器材的理想材料。壳斗及树皮含鞣质，可提取栲胶。种子含淀粉高，可酿酒或作饲料。也可饲蚕。栓皮栎（Q. variabilis Blume），落叶乔木，高可达30米。分布和生长习性用途与麻栎相似。

槲树，也叫柞栎和大叶菠萝，落叶乔木，高可达22米。山东省各山区均有分布，多生于海拔500米以下，常与麻栎、栓皮栎混生。生态习性、用途与麻栎相似。此外还有柞槲栎、槲栎、白栎等。

榆属，乔木，稀灌木。山东包括栽培种在内共9种，均具有经济价值。白榆，也叫榆树、家榆（Ulmus pumila Linn.），落叶乔木，高可达25米。山东省各地均有分布，常见于村旁、河堤两岸、田埂、路边、山麓和沙地等处，在山区垂直分布可达1000米，人工林多在平原地区。喜光树种。根深性，抗风、抗旱、抗盐碱能力强；对土壤质地要求不严，在土壤含盐量0.3%以下能正常生长。不耐涝，在积水地生长不良。木材坚韧耐腐，不易劈裂，极适于桥梁建筑、民用建筑、运动器材、车辆、农具等用材。果嫩时可食，又可榨油及作饲料。树皮纤维坚韧，可代麻制绳、造纸。内皮可作香料、糊料，亦可磨面供食用。

大果榆，也叫黄榆、山榆（U. macrocarpa Hance），落叶乔木或灌木，高可达10米。山东省山地丘陵上广泛分布。喜光树种。深根性，耐寒、耐旱，在干瘠的山坡上、石隙缝间、黄土丘陵及沙地、轻度盐碱地都有生长，在湿润的混交林内生长快。根系发达。材质较白榆好，坚硬抗腐，花纹美观；可作车辆、农具。果大可食，种子可榨油。皮、果均可入药。是较好的用材及保土树种。

黑榆，也叫山毛榆（U. davidiana Planhc.），落叶乔木。山东省崂山、鲁山、泰山及枣庄市等地都有分布，多为野生，耐干瘠；木材坚实，供农具、车辆、建筑用材。茎皮为制绳、造纸、作人造棉原料；嫩果可食。

旱榆，也叫灰榆、黄青榆（U. glaucesens Franch），落叶乔木。主要生长在济南千佛山和蒙山等石灰岩山地。耐干燥贫瘠。

构属（Broussonetia L' Her. Ex Vent.），属于桑科（Moraceae）。构树（Broussonetia papyrifera.）也叫楮桃，落叶乔木，高可达18米。山东省各地有野生和栽培，多生于沟谷、坡麓及四旁隙地；以临朐县、沂水县一带栽培最盛。喜光，耐寒，耐干旱瘠薄，也耐水湿。适应性强，酸性、中度碱性或轻沙地都能生长。木材质软、清脆、易裂，可作一般用材。茎皮纤维柔软而长，属优质造纸原料，还可用于纺织。根皮及果实入药。种子可榨油供制肥皂、油漆之用。

上面的分析显示，考古遗址中发现的树木种属，多数都不仅是用材，而且还有食用等价值，这可能是它们被人类广泛利用并能在遗址中得以保存的主要原因，进而也暗示了其作为聚落周围的植被的高代表性。所以，尽管考古遗址中保存的木炭标本有人类对植物利用过程中选择的因素，但这些植物种属仍能在一定程度上代表当地的植被组合。

五　两城镇聚落植被和人类活动

两城镇遗址木材鉴定结果表明，聚落周围有丰富的林木资源。这不仅反映了人类对林木资源的开发和利用，而且树种类型也可能在一定程度上反映了聚落周围植被组合和区域气候环境状况。

（一）两城镇居民对植物的利用

木材样品的分析结果显示，两城镇龙山时代居民利用植物的种类和数量都比较多，植物利用是当时居民生活中重要内容之一。

1．植物利用类型

植物考古的分析表明，两城镇聚落的龙山文化居民有丰富的植物资源可以利用。从日常生活的炊煮、取暖、照明到烧制陶器等，都利用了大量的燃料；各种建筑都大量利用木材资源；此外，各类家具和工具乃至葬具等也要消耗木材资源。

在发掘过程中，经常能采集到一定数量的木炭，特别是在灰坑一类的遗迹中，出土木炭较多。有的灰坑采集的植硅体土样，几乎全部是炭屑，表明这类土样可能是燃料燃烧后被堆积到灰坑中。

根据木炭鉴定结果，推测两城镇龙山文化居民的木材类燃料包括松、柏、麻栎、桤木、槭木、构树、柳等树种和刚竹。其中，数量最多的是麻栎，其次是松，可能表明这两种树种是聚落周围最容易获取的燃料资源。

麻栎的生理习性决定了在两城镇周围，自然状态下可以生长大量的麻栎。两城镇遗址壕沟中大量麻栎遗存，也说明在聚落周围有丰富的麻栎资源。麻栎的树枝具有易燃的特点，适合作为燃料，这可能是两城镇聚落木炭中以麻栎为主的原因。

赤松在山东的现代分布已如前述，龙山文化时期，赤松林的分布可能非常普遍。两城镇遗址出土的松木标本中，很多都是松枝，利用松枝作为燃料，不仅利用了松枝的易燃特性，而且还可以节约松树的树干用作建筑等。可以说，两城镇龙山文化居民利用松枝作为燃料，可能反映了他们对聚落周围自然资源的认识深度和利用的合理性。

除了松和麻栎等树种外，两城镇遗址出土的木炭中，还包括柏、桤木、槭木、构树、柳等树种和刚竹，可能表明这些树种也是经常被作为燃料利用的。

两城镇遗址发掘揭露出的各类房屋遗迹说明，当时房屋建筑也需要大量木材。在两城镇遗址的三次发掘中，揭露出60多座龙山文化时期的房址，其中有土坯墙、木骨泥墙和夯土墙三种墙体，木骨泥墙内柱洞密布，直径一般在10厘米左右，角柱则相对粗大，还发现一些只保存有较大角柱或者柱坑的房址（参见本报告）。上述房屋建筑既需要比较小的木材，也需要粗大的木材，这些木材可能主要是来自聚落周围的森林中。其他地区的考古发现也证明，当时流行木骨泥墙建筑技术。在尧王城、东海峪以及泗水尹家城、蒙城尉迟寺等遗址都发现了木骨泥墙式房屋建筑。

两城镇遗址的大型公共建筑如壕沟等，也使用了大量木材，其用材规模和数量可能不亚于房屋建筑。壕沟中木材出土状况是，较多的圆木材料与环壕平行铺设，较整齐地摆放在壕沟内侧。我们推测这些木材可能是作为栅栏的遗存保存下来的，这还可能反映海岱地区龙山时代聚落外围有修建栅栏的做法。

两城镇壕沟中发现了2个树种，其中麻栎树的数量最多。麻栎树的材质坚硬、耐水湿等特点可能使其成为河岸和沿海地区聚落建筑材料的首选。在现代的山区以麻栎为主的植被群落可以用来解释当时考古遗址周围这种建筑材料的丰富程度。

除了燃料和建筑用材外，古代人类还将林木资源用于很多其他用途，如制作家具、制作各种生产和生活工具、制作棺木等。龙山文化所处的新石器时代晚期，人类已经普遍使用葬具安葬死者，木质葬具是最常见的。可见，林木资源在古代人的生活中占有相当重要的地位。

两城镇遗址发现的9个树种，都具有多种利用价值，既可以作为建筑材料、燃料，还可以制作各类家具和工具等，在现代社会中的价值，反映了其在龙山时代被利用的潜力。只是由于受到保存条件的限制，当时的家具或者工具没有被保存下来。因为在温带地区考古遗址中保存的木材标本，以木炭为主，可能还有少量的浸水木材，而要形成木炭就需要有火烧的过程，如果龙山时代居民使用过的家具和各类工具没有经过火烧，就基本没有被保存下来的可能，而作为燃料的林木资源由于经过火烧成为木炭的可能性更大，被保存下来的机会就更多。但是，如果我们全面考察各地考古遗址中出土的木材标本，就会发现，在浸水的遗址中，大量的木材标本，包括各种家具和工具都被保存下来，例如在中国长江流域的河姆渡、跨湖桥等遗址中都发现了大量的工具一类遗存，日本考古学中的稻作农业工具多数都是在浸水状态下被保存下来的。根据这些信息，我们认为，两城镇聚落中可能也有大量的木质工具或者家具，只是没有保存下来。

在古代人类利用植被资源的活动中，由于农业等活动对植被资源的开发利用，也是一个重要方面。对鄂尔多斯东部地区全新世时期植被变迁的研究发现，自然沉积物中炭屑浓度的增加，恰好是农业文化发达的老虎山文化时期（4200～3500 a BP），而在此后的青铜文化时期（3500～2400 a BP），由于游牧经济因素的增多，沉积物中炭屑浓度显著降低[1]。这个研究结果充分说明农田开垦以及相关的人类活动对聚落周围乃至区域植被的影响很明显。两城镇聚落发达的稻作农业和粟作农业，必然需要开垦大量的农田，这种开垦对周围植被的影响，也是我们需要关注的问题。

2．林木资源利用规模蠡测

古代居民为各种目的利用的林木资源，能够保存下来的，主要是木炭和特殊条件下形成的浸水或者风干的木材。所以，我们无法获得所有被利用的林木资源的信息，只能根据保存下来的少量遗

[1] 许清海、孔昭宸、陈旭东等：《鄂尔多斯东部4000余年来的环境与人地关系的初步探讨》，《第四纪研究》2002年第22卷第2期。

存、其他考古发现以及后世相关文献记载，对古代聚落中林木资源利用情况进行分析和推测。

不论是聚落的面积、人口数量、各种手工业发展水平等方面，还是聚落的政治地位，两城镇遗址都是当时区域乃至更大范围内的一个中心，两城镇聚落对林木资源的开发程度可能也是这一地区最大的。两城镇遗址中出土的木炭，充分说明作为燃料的林木资源利用情况，从这些木炭中我们似乎看到了古代人类从事炊煮活动和陶工们烧制陶器的熊熊烈火。不仅如此，两城镇居民在建筑方面也利用了大量的林木资源，从壕沟中出土的大量的浸水木材，我们可以推想当时砍伐森林的队伍多么庞大。上述林木资源利用情况，在两城镇附近的其他大型聚落中也有反映，尽管这些遗址发掘时我们并没有采集木材标本，但考古发现的大型建筑遗迹表明，这里也必定有大量的林木资源消耗。例如，在两城镇附近的尧王城遗址发现了大量陶器和各种建筑，东海峪发现了台基式建筑，丹土遗址中发现的城墙和成片分布的红烧土，这些遗迹都表明聚落生活中需要数量不菲的林木资源。

文献中对西汉及以后朝代砍伐森林、烧炭作为薪柴有很多记载。明代的北京城，因供应薪柴而消耗了周围大片森林，竟把大山的树木砍尽，进而"险要的地形也难于尽恃"[1]。不仅人口集中的都城消耗的薪柴需要大规模砍伐森林，现代民俗调查表明，即使是甘肃平凉县一个仅有12户人家的小村庄，年需燃料竟然达到24万株树木，结果出现了因森林不足而挖掘树根作为薪柴的局面，可见居民砍柴活动也会在很短时间内消耗大面积森林[2]。据常情而论，以树木当薪柴，只是小规模的砍伐森林，其规模与宫殿建筑等其他方面活动对森林的破坏程度要低很多，但日积月累，必然对聚落周围的森林产生严重影响。对日照地区聚落考古中人口问题的初步研究表明，在龙山文化时期，873公顷的聚落面积内，人口数量是63031人[3]。按照这个人口规模，两城镇龙山文化时期古聚落为薪柴而砍伐森林的数量和速度肯定远远超过甘肃平凉县的那个仅有12户人家的小山村，就是至少年需要量是24万株树木。这仅仅是薪柴消耗的树木，而大型建筑和制陶等活动消耗的林木资源肯定远远大于这个数量。设想一下，如果从龙山时代到西周时期的1000多年的时间，古代人类不对森林砍伐做任何的规划和限制的话，林木资源的消耗量是何等惊人。

日照地区所在的胶南低山丘陵区，现代植被基本上全部呈现人类改造的植被景观。虽然在少数海拔较高的山体上还保存着少量温带落叶阔叶林及油松侧柏林，但这些植被多数都属于受人类活动影响的次生植被。而在低山和丘陵地区，基本上是光秃秃一片，即使是次生林也没有保留下来，我们所能看到的只是稀疏的灌木或者一些草本植物。对当地居民的访问证明，龙山文化时期人类利用植物资源的能力固然远远低于现代人类，但是，考古发现所展示的两城镇遗址龙山文化时期的社会生活场景，还是充分说明当时人类利用植物资源的规模非常之大。固然我们不能就此认为现代植被状况是龙山时代居民影响的结果，但我们确实可以通过两城镇遗址植物考古研究揭示了史前时代人类对植被的影响程度。

（二）两城镇聚落植被和环境

出土木材分析结果显示，龙山文化时期两城镇聚落周围有丰富的林木资源。

两城镇遗址出土的木材树种，主要是人类日常生活采伐的树种，用于建筑和燃料等。这些木材

[1] 史念海：《历史时期黄河中游的森林》，《河山集》第二集，生活·读书·新知三联书店，1981年，第303～304页。

[2] 史念海：《历史时期黄河中游的森林》，《河山集》第二集，生活·读书·新知三联书店，1981年，第303～304页。

[3] 方辉、加里·费曼、文德安、琳达·尼古拉斯：《日照两城地区聚落考古：人口问题》，《华夏考古》2004年第2期。

基本可以代表聚落周围自然生长树种的主体，进而可以用来复原聚落周围的植被。在我们鉴定出来的松属中，多数都是松的应压木，就是油松的枝条，不适合做建筑材料。油松的松脂含量高、易燃烧特点，可能使这些应压木成为人们薪柴的首选。由此我们推测，遗址中出土的多数木炭标本，是人类燃料的遗留，而且它们就是聚落周围常见的树种，至少是常见树种中可以作为薪柴的种类。

对古代遗址生产区域的分析发现，距离遗址越远的资源区域，被开发的可能性越小，采集狩猎者的开发领域通常是在以10千米为半径围绕基地的范围内，而大多数农耕群体的开发领域通常是在5千米或者一小时步行的半径范围内[1]。假设龙山文化时期人类采伐木材可能比纯粹的农耕活动空间范围大，由于必须考虑到当时的原始交通及其所需要的时间，两城镇古居民采伐木材的区域也不会超过狩猎者开发领域太多，大约在10～15千米范围内。

根据上述分析，我们认为，两城镇遗址出土的木材标本，基本可以代表龙山文化时期两城镇聚落周围大约15千米半径范围内的植被组合。

两城镇遗址95块木炭鉴定结果显示，麻栎占50%以上，表明当时两城镇周围可能分布着大量麻栎且易于采伐。根据现代植被分析，麻栎树属于成林树种，现代麻栎树主要分布于南暖温带，偶见于暖温带北部和北亚热带，甚至可以向南零星分布到海南。在江淮平原地区，栎林是现代的主要森林成分，与栎林共生的还有槲栎林，此外还有化香树、枫杨等。可见，尽管现代两城镇地区已经很少有麻栎林，但龙山文化时期这一带可能生长着大量麻栎林。

除了麻栎以外，松占30%左右，包括赤松和油松。此外，还有柳属、杜梨、桤木、构树等。

对两城镇遗址陶器内壁残留物化学分析还发现，野生的葡萄或者还有山楂可能是当时人类酿酒的一种原料（参见第一一章），在植被组合中这两种植物属于林下灌木。在两城镇遗址的灰坑和地层土壤中，发现了起源于阔叶树树叶中的“Y”字形植硅体和起源于竹亚科和芦苇属的植硅体，以及比较多的竹子的植硅体（参见本章第二节）。因为灰坑中的土壤多数都是居民生活的垃圾堆积，所以，竹子植硅体的发现表明，两城镇遗址居民还比较多地使用竹子，推测当时还有大面积分布的野生竹林。

在两城镇遗址东北挖开的自然堆积剖面，深度为5.1米。沉积物的微体化石分析发现，在距今5000年前后的沉积物中，保存了丰富的淡水硅藻。这种情况说明，在龙山文化时期，遗址周围很可能还有面积较大的水域存在。对遗址周围进行的系统钻探发现，遗址的西南方向也有大面积的低洼地。这些都说明，龙山文化时期两城镇遗址周围的水域面积要比现在大得多，河流的水流量可能也大于现代，当时两城镇遗址周围的地貌特征可能是河口与海湾交接处的沙坝－泻湖景观。植物考古研究中发现的丰富的水稻遗存也反映当时水资源比较丰富。对两城镇等大型考古遗址地理位置和龙山文化时期我国东部沿海地区地貌演化与海平面变迁过程的分析，也证明两城镇遗址龙山文化时期的环境特点是周围有大范围水域，而由水域带来的两城镇遗址在防御上的优势[2]可能是当时居民选择这个聚居点、聚落迅速繁荣的主要原因；同时，处于海拔10米左右的两城镇聚落，拥有通向内陆地区通道和大范围耕地的有利位置，也促进其发展成为当地乃至中国东方重要聚落之一。现代两城镇

---

[1] Higgs ES, C Vita-Finzi, 1972. Prehistoric economies: a territorial approach. In: Higgs VE (ed), *Papers in Economic Prehistory*. Cambridge: Cambridge University Press, 27-36.

[2] Bennett G, 2004. Haidai region landscape archaeology. 载：山东大学东方考古研究中心编：《东方考古（第1集）》，科学出版社，2004年，第217～225页。

周围已经没有什么大面积的水域，距今5000年前后曾经沉积了巨厚淤泥的现代“北湖”已经成为农田，两城镇的居民已经放弃种植水稻，他们的主要理由是缺乏水资源。

根据上述分析，我们得出的结论是：龙山文化时期，两城镇周围的低山和丘陵沟谷地带，生长着落叶阔叶林，其中以麻栎为主，还有辽东桤木、槭木、杜梨、松、柏、柳和构树等树种，其中有典型的亚热带成分，林下有丰富的灌木和草本植物；聚落东部有大面积的湖沼和沿海滩涂，在河岸和池塘周围则生长着刚竹林和芦苇等代表湿润环境的物种；在聚落周围分布着农田，种植的农作物主要是水稻、谷子和小麦等。

上述分析结果显示，两城镇周围的环境，特别是植被环境，从龙山文化到现代发生了巨大变化。龙山文化时期，聚落周围林木资源丰富，而现代的两城镇周围，则基本没有自然植被生长，冲积和海积平原上以农作物为主，还有相当数量的果园和菜园等，丘陵地带则为人工种植的林木，两城镇以南的河山和丝山上，几乎没有麻栎等乔木树种，只有酸枣等灌木。龙山时代，聚落周围就有大量的麻栎树资源，而现代，不仅两城镇周围没有麻栎生长，与两城镇距离比较近的低山和丘陵上也没有麻栎生长，只有在海拔600米以上的山地上才有麻栎林分布。那么，这种巨大变化是什么时间、如何发生的呢？回答这个问题，需要我们对该地区进行考古学与古环境科学的综合研究。历史地理研究显示，西周时期虽已在某些地区开始大面积砍伐平原地区森林，晋南的河谷平原地区森林已经被大量砍伐，但春秋时期的鲁国还为扩大耕地面积而“焚田”，就是放火清除灌木杂草[1]。由此可见，黄河下游的平原丘陵地区在西周时期还有茂密的森林，森林植被的迅速减少，应该发生在西周以后。龙山时代居民的林木资源利用，并没有引起森林的大量减少；而西周以后森林变迁的原因，可能是人类开发和气候变迁多种因素共同作用的结果，这是我们今后需要认真研究的科学问题。

（三）龙山文化时期鲁东南地区的气候和环境

两城镇遗址的木材鉴定结果显示，聚落周围森林植被都是以麻栎为主的落叶阔叶林，兼有一些针叶林和灌丛，刚竹和芦苇也是植被中的重要组成部分。这种植被组合，可能表明，鲁东南地区龙山时代气候比现在温暖湿润很多。

麻栎属于分布极广泛的一种落叶树种，北起辽宁、河北、南到广东、广西，西到云南、四川、西藏东部，主要分布在南暖温带。单纯的看，麻栎不能体现出它所反映的气候因素，但与刚竹在一起就有所不同。两城镇遗址不仅出土了一些刚竹炭，灰坑和地层的土壤中也发现了竹子的植硅体和其他反映温暖气候的长方型、方型、哑铃型、扇型、多铃型、平滑棒型植硅体。此外，胶州赵家庄和诸城薛家庄龙山文化遗址中也出土了刚竹炭。可见，龙山文化时期，鲁东南及北侧地区的聚落周围生长着一定规模的竹林。

刚竹（Phyllostachys sp.）属于散生竹类，其地理分布区为热带和亚热带，喜温暖湿润的生态条件，现在刚竹林分布的最北界限在安徽的滁州和江苏南京一带的河谷到山地丘陵地带[2]。现代竹类自然分布区的降水量一般在1000毫米以上，平均气温一般为15～20℃，1月平均气温1～8℃，极端最低气温-3～-15℃。现代的山东地区虽然有竹林，但都是人工栽培的，主要分布在胶东丘陵和鲁中南

[1]　史念海：《历史时期黄河中游的森林》，《河山集》第二集，生活·读书·新知三联书店，1981年，第232～246页。

[2]　中国科学院中国植被图编辑委员会编：《中国植被图集》，科学出版社，2001年，第105～108页。

山地，半岛南部沿海各县及沂、沭河下游各县最多，有些地方的竹林有百年以上的历史[1]，但其他地区，因冬春季低温时间长，降水量少，空气相对湿度低，冻土层厚，使其受冻导致生理性死亡[2]。

可见，麻栎和刚竹是代表暖湿环境的树种，这种植被组合反映的是现代江淮流域的气候特点。两城镇遗址发现大量的水稻遗存所反映的发达的稻作农业，说明龙山文化时期气候比现在温暖湿润，与现代的江淮流域气候相似。

对鲁西北几个钻孔的孢粉分析表明，全新世以来，鲁西北平原地区的环境经历了三个大的发展阶段[3]，8000～5000 ^{14}C a BP，喜温的阔叶树花粉大量增加，栎高达38.7%，椴46.2%，桦15.4%，榆、胡桃、榛、鹅耳枥等也有一定数量，此外，还出现了一些现生长在亚热带地区的树种，如枫香、枫杨等，草本植物花粉大量减少，蕨类孢子中出现了现生长在亚热带地区的水蕨孢子，香蒲、莎草科等水生湿生植物花粉较多，表明当时气候进一步变暖，降水量明显增加，平原上存在很多湖沼，是冰期后的气候最适宜期，发育了以阔叶林为主的森林草原植被；5000～2500 ^{14}C a BP，亚热带成分的存在反映当时气候仍然比较温暖湿润，但蒿属等耐旱物种的增加可能表明降水量有所减少。

庙岛群岛黄土记录的古气候与环境演化记录[4]，全新世早期（10000～8000 ^{14}C a BP），气候转暖开始；8000～6000 ^{14}C a BP，黑垆土发育从微弱到成熟，5600～2500 ^{14}C a BP，黑垆土发育成熟，黄土中花粉含量高，从草原景观向针阔叶混交林及草原景观发展，大部分时间的年平均温度高于现代2℃左右，是全新世最温暖的时期。

距离两城镇东北大约60千米的胶州湾全新世沉积物孢粉分析结果也显示，在5000 ^{14}C BP前后，孢粉组合中以针叶树占优势，针叶树中松的含量高，阔叶树中栎属花粉含量较高，孢粉组合反映的是以针叶林为主的针阔叶森林、草原植被[5]。苏北建湖庆丰剖面的结果也显示该时段是以阔叶林为主的植被[6]。对我国北方现代花粉类型与植被关系研究显示，松属的花粉具有显著的超代表性，而栎属植物的花粉百分比明显低于母体植被盖度[7]。这可能说明当时的植被组合中以栎属为主的阔叶树与以松属为主的针叶树含量相近或者更多，在胶州湾周围发育的可能是以栎属植物为主的阔叶林植被。

综上，我们认为，鲁东南地区龙山文化时期的气候可能接近现代的滁州和南京等地，比现在的气候要温暖湿润得多。

（四）考古木材对环境重建局限性的分析

对考古遗址中木材样品的树种鉴定，能够为我们认识古代人类利用木材活动提供直接的证据，这推动了考古学研究的深入。但是，树种鉴定结果运用到古植被重建，则需要考虑到考古遗址中木材遗存的形成、堆积和埋藏等都受到人类活动的影响，它所反映的自然植被变化乃至气候变化，在

[1] 王仁卿、周光裕主编：《山东植被》，山东科学技术出版社，2000年，第162～167页。

[2] 中华人民共和国林业部组织编写、山东森林编辑委员会：《山东森林》，中国林业出版社。

[3] 许清海、王子惠、吴忱等：《30 ka B.P.来鲁北平原的植被与环境》，《中国海陆第四纪对比研究》，科学出版社，1991年，第188～199页。

[4] 曹家欣、刘耕年、石宁等：《山东庙岛群岛全新世黄土》，《第四纪研究》1993年第1期。

[5] 王永吉、李善为：《青岛胶州湾地区20000年以来的古植被与古气候》，《植物学报》1983年第25卷第4期。

[6] 鲁刚毅、赵希涛：《江苏建湖庆丰海相全新世剖面的古生态学研究与古环境恢复》，《中国气候与海面变化研究进展（一）》，海洋出版社，1992年，第49、50页。

[7] 许清海、李月丛、阳小兰、郑振华：《中国北方几种主要花粉类型植被盖度关系研究》，《中国古生物学会孢粉学分会简讯（第一期）》，2005年。

可靠性和独立性方面，与来自自然地层的证据相比有显著的局限性。这是因为木材从野外被采集到考古遗址以及后来在考古遗址中堆积下来，都是通过人类活动实现的，而人类在利用木材的过程中可能会根据需要而有所选择，所以考古遗址中木材鉴定所得到的树种组合并不一定是自然状态下的树种组合，不能直接用来复原古代的植被和气候。在对两城镇遗址出土部分木材的鉴定中，我们发现，用于壕沟建筑中的木材，以具有坚硬、耐湿、耐磨损、抗震动等基本特点的麻栎为主。现代社会中常用这种木材制作船只、车辆和枕木。两城镇遗址的发现，可能说明龙山时代麻栎是聚落建筑特别是壕沟类建筑的首选材料，当时山东沿海的居民就已经对包括麻栎树在内的一些树种的性能有了比较深入的了解。所以，利用考古遗址中木材分析结果来重建古代植被乃至气候变化，需要采用定性分析的方法记录特定物种的有无方面的数据[1]。

毫无疑问，利用考古遗址中出土的木材样品来重建自然环境的演变过程，从材料本身就有明显的局限性，且不说是采用定量还是定性的分析方法。但是，这并不说明考古遗址中出土的木材样品就不具备古环境方面的意义。事实上，只要方法得当，考古遗址中出土的木材样品，对于第四纪古环境研究，具有其他材料无法替代的作用。首先，从木材遗存的堆积来看，正是因为人类活动，才创造了更多的使木材炭化的机会。因为在一般情况下，如果树木正常死亡，整个树木都会分解掉，能够保存炭化木的机会非常少，这种机会就是发生火灾。浸水保存或者脱水保存的木材也是同样，在人类活动影响下木材被保存下来的机会更多。其次，在研究过程中，我们完全可以对材料进行扬长避短的科学处理，就是对于那些集中出土的、不具备自然变化过程意义的木材样品，如遗址的灰坑或者窖穴中集中出土木炭，或者像两城镇遗址的壕沟那样集中出土浸水保存的木材，我们只从定性的角度分析其环境意义，而不进行定量统计；但是，有些木材遗存，具备进行定量分析的意义，假如我们发掘了一个从北辛文化一直延续到岳石文化时期的聚落遗址，在不同时期的地层或灰坑中都出土了一定数量的木炭样品，对这种样品进行定量分析，可能为我们认识聚落使用过程中周围植被的变化提供重要信息。不过，这种来自考古遗址的木材遗存，最终不能与来自自然地层样品同日而语，因为考古遗址中所有的遗存都有人类活动的影响。最后，我们就必须考虑在考古遗址周围寻找与其时代相当的自然沉积物剖面，虽然一般的剖面中木炭样品数量都很少，但对其进行孢粉、植硅体等古环境指标的分析结果，完全可以与考古遗址中木炭分析结果进行对比。这样，就可以获得关于聚落使用时期环境变迁的科学数据。

通过分析考古遗址中木材遗存，探讨人类利用木材的活动、重建古环境的研究，在中国有着十分广阔的应用前景。首先，研究手段已经成熟，不论是实验室分析鉴定，还是结果的解释和综合研究，都已经有很多成功的实例，我们需要结合中国考古遗址堆积状况和中国考古学研究的具体实际，确定具体研究目标。其次，检索已经发表的碳十四测年报告，我们发现在中国各地，大量的考古遗址中出土木炭遗存，这就说明我们的研究工作有充足的样品做保证。最后，考古遗址中木材分析的结果，不仅可以为考古学研究提供关于人类活动方面的信息和重建古环境，还是第四纪环境与人类关系研究中的重要内容。由于中国考古学文化编年体系的逐步完善，目前在一些地区的很多考古遗址，其年代问题（这里指与第四纪古环境研究相适应的100～1000年级的时间分辨率）都可以通过类型学研究来解决，这是利用考古遗址中的生物遗存研究古代环境变迁的一个显著优势，因为目

[1] Wilcox G, 1974. A history of deforestation as indicated by charcoal analysis of four sites in Eastern Anatolia. *Anatolian Studies* 24: 117-133.

前对于全新世剖面的年代，不仅存在碳十四测年误差的问题（一般误差在100～200年），还有经费问题，测年费用的居高不下，从某种程度上可能会限制高分辨率古环境重建的开展，而考古遗址中的生物遗存因其与人类文化活动相关，也具有了相对可靠的年代标签，成为古环境研究中的重要信息，这在中国尤为突出，特别是在黄河流域，为数不少的遗址都是在近千年的时间内连续使用，文化层中保存的各类植物遗存是复原古代环境的重要资料。

第一一章　混合型古酒[1]研究

一　前言

自从十万年前人类“走出非洲”，世界各地的人类都显示出一种显著的共同倾向，那就是发酵可利用的糖分制成酒精饮料[2]。越来越多的考古学、民族志和历史文献证实，酒在世界上许多地区先民生活中都发挥着重要作用，这种作用尤其表现在融合了社会、宗教、经济和政治意义的各种宴享活动中。虽然宴享者的目的和行为各不相同，宴享规模大小不一[3]，但享用美酒佳肴则是世界各地宴会的共有现象。宴享活动和社区及个人的重要事件联系在一起，而且常常伴随公共仪式的发生[4]。西班牙人到来前的秘鲁证明了美洲也曾经存在对酒的巨大需求[5]，不逊于旧大陆（例如，铁器时代的欧洲[6]，新石器时代和历史时期的中东和地中海地区[7]）。

对酒的需求常会导致社会变化。在秘鲁，酿酒业的发展很可能促进了玉米的生产[8]；在铁器时代的欧洲，为了满足上层贵族阶层对意大利葡萄酒的渴望，当时的运输和贸易系统得到了明显加强[9]；

---

[1] 技术层面上来说，两城镇遗址发现的“酒”称为“发酵饮料”更为准确。因为两城镇的酒更接近于啤酒，不同于经过蒸馏的葡萄酒或白酒。

[2] McGovern PE, 2009. Uncorking the Past: *The Quest for Wine, Beer, and Other Alcoholic Beverages*. Berkeley: University of California.

[3] a. Willis J, P Brews, 2002. *A Social History of Alcohol in East Africa, 1850–1999*. Nairobi: British Institute in Eastern Africa. b. Bray TL (ed), 2003. *The Archaeology and Politics of Food and Feasting in Early States and Empires*. New York: Kluwer Academic/ Plenum Publishers. c. Dietler M, B Hayden (eds). 2001. *Feasts: Archaeological and Ethnographic Perspectives on Food, Politics, and Power*. Washington, D. C. : Smithsonian Institution. d. Hayden B, 1995. Pathways to power: principles for creating socioeconomic inequalities. In: T Price, G Feinman (eds). *Foundations of Social Inequality*. New York: Plenum, 15-86. e. Potter JM, 2000. Pots, parties, and politics: communal feasting in the American southwest. *American Antiquity* 65: 471-492.

[4] Pauketat T, LS Kelly, GJ Fritz, et al., 2002. The residues of feasting and public ritual at early Cahokia. *American Antiquity* 67: 257-279.

[5] a. Jennings J, 2005. " Drinking beer in a blissful mood ": alcohol production, operational chains, and feasting in the ancient world. *Current Anthropology* 46(2): 275–304. b. Hastorf C, S Johannessen, 1993. PreHispanic political change and the role of maize in the central Andes of Peru. *American Anthropologist* 95(1): 115-138. c. Moore J, 1989. Prehispanic beer in coastal Peru: technology and social context of prehistoric production. *American Anthropologist* 91(3): 682-695.

[6] Dietler M, 1990. Driven by drink: the role of drinking in the political economy and the case of early Iron Age France. *Journal of Anthropological Archaeology* 9: 352-406.

[7] a. Joffe A, 1998. Alcohol and social complexity in ancient western Asia. *Current Anthropology* 39(3): 297-322. b. McGovern PE, U Hartung, VR Badler, 1997. The beginnings of winemaking and viniculture in the ancient Near East and Egypt. *Expedition* 39(1): 3-21. c. McGovern PE, 2000. The funerary banquet of King Midas. *Expedition* 42: 21-29. d. McGovern PE, 2003. *Ancient Wine: The Search for the Origins of Viniculture*. Princeton: Princeton University.

[8] Hastorf C, S Johannessen, 1993. Pre-Hispanic political change and the role of maize in the central Andes of Peru. *American Anthropologist* 95(1): 115-138.

[9] Dietler M, 1990. Driven by drink: the role of drinking in the political economy and the case of early Iron Age France. *Journal of Anthropological Archaeology* 9: 352-406.

而在中东，历史悠久的葡萄酒贸易及其特有的与饮酒仪式相关的“酒文化”，被认为是新石器时代文化传播的原动力，对当地文化的影响达数千年之久[1]。

对比世界上其他地区关于宴享、酿酒及饮酒的详细记载，中国古代的情况又如何呢？遗憾的是，无论是从理论上还是从方法上，这个问题在中国长期以来都未受到足够的重视。实际上丰富的考古学证据和文献学材料都表明，在早期青铜时代的中国，人们已经掌握了以谷物、水果和蜂蜜为原料的酿酒技术。而且，酒在当时的社会、政治和仪式活动中曾发挥过重要作用。

中国最早的文字，晚商时期（约公元前1300～前1046年[2]）的甲骨文中至少提到三种不同类型的酒：鬯（香草酒）、醴（用大米或小米制成的低酒精含量的甜酒）和酒（以大米或小米为原料，过滤过且充分发酵的酒，酒精含量可能为10%～15%）[3]。而且，甲骨文中还提到，商王宫专设行政官员负责酒的生产，商王有时还会亲自视察[4]。酒及其他食物常常被放在各种青铜容器中祭祀王室祖先[5]，贵族们很有可能在祭祀的同时进行宴享活动[6]。后代的文献提到，周代（公元前1046～前221年）还酿造一种醪（直接用大米或小米进行发酵未过滤的酒，或者是未经过发酵的麦芽汁）。

二里头时期（约公元前1900～前1500年）、商朝（约公元前1600～前1046年）和西周时期（约公元前1046～前771年）的遗址中都发现了大量精致的青铜器[7]。文字记载以及这些青铜器的形制都显示它们与酒的酿制、储存、分发、饮用及祭祀行为有关[8]。在二里头、郑州（早商至中商）和安阳（晚商）这样的重要中心（图11-1），地位高的人常常随葬有大量精致的三足器（爵和斝）、高柄杯（觚）、大缸（尊）和罐（壶、罍和卣）等。除了向死者提供贵重祭品以保证其死后的生活之外，吊唁者饮酒很可能也是葬礼的一部分。活着的人可能凭借酒力求教于祖先和神灵[9]。

罗山天湖商代墓葬[10]以及其他遗址中出土的铜卣，卣盖密封，使铜卣中酒的蒸发减少到最低程度，使得这些液体保存了三千年之久。当这些卣首次被打开时，甚至还有酒的芬芳。然而对这些液

[1] McGovern PE, U Hartung, VR Badler, et al., 1997. The beginnings of winemaking and viniculture in the ancient Near East and Egypt. *Expedition* 39(1): 3-21.

[2] 仇士华、蔡莲珍：《夏商周断代工程中的碳十四年代框架》，《考古》2001年第1期。

[3] a. Childs-Johnson E, 1988. The *jue* and its ceremonial use in the ancestral cult of China. *Artibus Asiae* 48: 175-196. b. 方心芳：《再论我国曲蘖酿酒的起源与发展》，《中国酒文化和中国名酒》，中国食品出版社，1989年。 c. Huang HT, 2000. *Biology and Biological Technology, Part V: Fermentations and Food Science. Joseph Needham. Science and Civilisation in China*, Volume 6. Cambridge: Cambridge University. d. Underhill A, 1994. Archaeological and textual evidence for the production and use of alcohol in China. Paper presented at the Ninth Yale-Smithsonian Seminar on Material Culture, Fermented and Distilled, Yale University. e. 杨升南：《商代经济史》，贵州人民出版社，1992年，第570～575页。张得水：《殷商酒文化初论》，《中原文物》1994年第3期。

[4] 温少锋、袁庭栋：《殷墟卜辞研究——科学技术篇》，四川社会科学出版社，1983年。

[5] 郭胜强：《略论殷代的制酒业》，《中原文物》1986年第3期。

[6] a. Keightley D, 1999. The Shang: China's first historical dynasty. In: M Loewe, E Shaughnessy (eds). *The Cambridge History of Ancient China*. Cambridge: Cambridge University. b. Underhill A, 2002. *Craft Production and Social Change in Northern China*. New York: Kluwer Academic/Plenum.

[7] 关于测年的具体讨论请参见 a.仇士华、蔡莲珍：《夏商周断代工程中的碳十四年代框架》，《考古》2001年第1期。 b. Lee YK, 2002. Building the chronology of early Chinese history. *Asian Perspectives* 41(1): 15-42.

[8] a. Chang KC, 1983. *Art, Myth, and Ritual*. Cambridge: Harvard University. b. Childs-Johnson E, 1988. The jue and its ceremonial use in the ancestral cult of China. *Artibus Asiae* 48: 175-196. c. Rawson J, 1993. Ancient Chinese ritual bronzes: the evidence from tombs and hoards of the Shang (c. 1500-1050 BC) and Western Zhou (c. 1050-771 BC) periods. *Antiquity* 67: 805-823. d. Thorp R, 1985. The growth of early Shang civilization: new data from ritual vessels. *Harvard Journal of Asiatic Studies* 45(1): 575. e. Liu L. 2003. The products of minds as well as of hands: Production of prestige goods in the Neolithic and early state periods of China. *Asian Perspectives* 42(1): 140.

[9] Paper J, 1995. *The Spirits Are Drunk*. Albany: State University of New York, 32.

[10] 河南省信阳地区文管会等：《罗山天湖商周墓地》，《考古学报》1986年第2期。

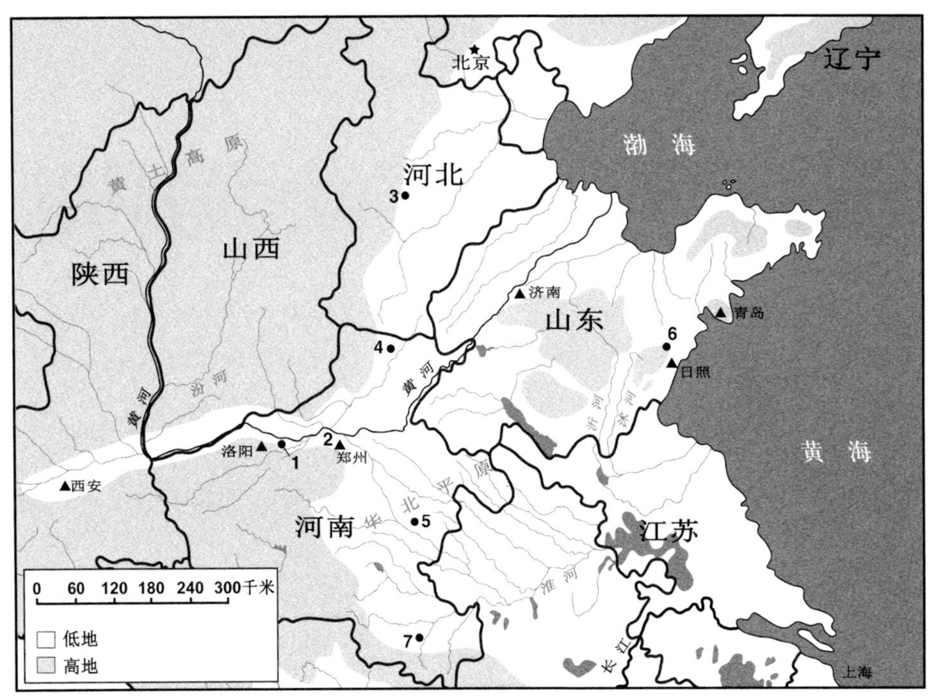

图11-1　与古酒有关的古遗址分布示意图

1. 二里头　2. 郑州　3. 台西　4. 安阳　5. 贾湖　6. 两城镇　7. 天湖

体的研究大多没有明确结论，也没有发表。河北藁城台西遗址的酵母，发现于陶瓮之内重达8.5千克的白色固态残留物中[1]，这些残留物很可能是酒渣。在该遗址的生活区还发现了很可能用于酒生产的漏斗和底部内凹的所谓"将军盔"等[2]。这个遗址的有些卣中还发现桃、李和枣的果核，以及草木樨、茉莉及大麻的种子，说明其可能曾用于酿造某种水果和香草的混合酒。安阳和长子口的墓地都发现了大量加盖的青铜器，在被发现时还残存有四分之一～二分之一液体。分子生物学和考古学研究表明这些青铜器中存有经过发酵和过滤的大米或小米，并加有树脂、香草以及花[3]。根据商代的甲骨文，这种饮料可以称为酒或鬯。2003年初，在西安一个高规格墓葬中发现了一个加盖的存有26升液体的容器，这些液体有一种特殊的醇香[4]。遗憾的是，这些液体都没有被进一步研究并发表[5]。

那么，酒在中国北方更早期的社会生活和仪式生活方面是否发挥过重要作用呢？不少学者[6]都提

[1] a. 河北省文物研究所：《藁城台西商代遗址》，文物出版社，1985年，第175、176页。 b. Xing R, Y Tang, (Translated by B Zuo), 1984. Archaeological evidence for ancient wine making. In: F Stockwell, T Bowen (eds). *Recent Discoveries in Chinese Archaeology*. Beijing: Foreign Languages, 56-58.

[2] a. 河北省文物研究所：《藁城台西商代遗址》，文物出版社，1985年，第58、59页。 b. Huang HT, 2000. Biology and *Biological Technology, Part V: Fermentations and Food Science. Joseph Needham. Science and Civilisation in China*, Volume 6. Cambridge: Cambridge University, 151-153. c. Underhill A, 1994. Archaeological and textual evidence for the production and use of alcohol in China. Paper presented at the Ninth Yale-Smithsonian Seminar on Material Culture, Fermented and Distilled, Yale University.

[3] McGovern PE, J Zhang, J Tang et al, 2004. Fermented beverages of pre-and proto-historic China. *Proceedings of the National Academy of Science* 101: 17593-17598.

[4] 据程光胜相告。

[5] 关于长子口遗址，参见河南省文物考古研究所、周口市文化局：《鹿邑太清宫长子口墓》，中州古籍出版社，2000年，第110、111页。

[6] a. 方扬：《我国酿酒当始于龙山文化》，《考古》1964年第2期。 b. Fung C, 2000. The drinks are on us: ritual, social status, and practice in Dawenkou burials, North China. *Journal of East Asian Archaeology* 2(1-2): 67-92. c. 李建民：《大汶口墓葬出土的酒器》，《考古与文物》1984年第6期。 d. 李仰松：《我国谷物酿酒起源新论》，《考古》1993年第6期。 e. 袁翰青：《酿酒在我国的起源和发展》，《中国酒文化和中国名酒》，中国食品出版社，1989年。

出新石器时代的一些陶器可能与酒的储藏、分发和饮用有关。尤其是山东省大汶口文化（约公元前4100～前2600年）和龙山文化（约公元前2600～前1900年）的陶器，很多器物在器型上与晚些的青铜酒器非常相似。山东省尤其以大量精致的高柄杯出名，这些酒杯主要发现于墓葬中。到大汶口晚期（约公元前3000～前2600年）这些酒杯的数量显著增多。相关研究包括社会分化的加剧[1]以及作为葬礼的重要部分的墓葬中容器的空间排列[2]等。

陶质酒杯中最精致的就是少量发现于龙山时期墓葬中的蛋壳陶[3]。这时存在着囊括多个遗址的地方政体[4]，至于这些政体属于酋邦[5]还是国家[6]，学者们还在争论。文德安[7]提出在大汶口晚期和龙山早中期，居住区以及葬礼上日益增加的宴享活动刺激了对高声望食物、饮料和容器的需求。这一过程影响了社会分化以及陶器生产的多样化。

目前我们缺少的是史前时代晚期遗址居住区和墓葬区酿酒的直接证据。通过对龙山时期两城镇遗址出土陶器提取残留物的化学分析，本文第一次提供了中国新石器时代晚期酿酒和饮酒的直接证据[8]，早于历史文献的记录。

二　检测陶器标本

区域系统调查证实，位于日照市的两城镇遗址在整个龙山时代是一处颇具规模的区域中心[9]。从1999～2001年，山东大学考古系和芝加哥菲尔德博物馆等单位组成的联合考古队对两城镇遗址进行了多次发掘，揭露了一批龙山文化早中期的遗存，绝对年代为公元前2400～前2200年。被用来作为

[1]　a. 栾丰实：《东夷考古》，山东大学出版社，1996年，第37～254页。 b. Underhill A, 2000. An analysis of mortuary ritual at the Dawenkou site, Shandong, China. *Journal of East Asian Archaeology* 2(1/2): 93-127. c. Underhill A, 2002. *Craft Production and Social Change in Northern China*. New York: Kluwer Academic/Plenum.

[2]　Fung C, 2000. The drinks are on us: ritual, social status, and practice in Dawenkou burials, North China. *Journal of East Asian Archaeology* 2(1-2): 67-92.

[3]　a. Liu L, 1996. Mortuary ritual and social hierarchy in the Longshan culture. *Early China* 21: 146. b. Underhill A, 1996. Craft production and social evolution during the Longshan period of Northern China. In: B Wailes (ed). *Craft Specialization and Social Evolution: In Memory of V. Gordon Childe*. University Museum Monographs, Symposium Series. University Museum of Archaeology and Anthropology, University of Pennsylvania, Philadelphia, 133-150.

[4]　Liu L, X Chen, 2001. Settlement archaeology and the study of social complexity in China. *The Review of Archaeology* 22(2): 4-22.

[5]　a. Liu L, 1996. Settlement patterns, chiefdom variability, and the development of early states in North China. *Journal of Anthropological Archaeology* 15(3): 237-288. b. Liu L, X Chen, 2003. *State Formation in Early China*. London: Duckworth. c. Liu L, X Chen, 2006. Sociopolitical change from Neolithic to Bronze Age China. In: Stark M (ed). *Archaeology of Asia*. Malden, MA: Blackwell, 149-176.

[6]　a. Dematte P, 1999. Longshan era urbanism: the role of cities in predynastic China. *Asian Perspectives* 38(2): 131-153. b. 王仕安：《从日照地区龙山文化看中国早期国家起源》，《东方考古（第3集）》，科学出版社，2006年。 c. 张学海：《东土古国探索》，《华夏考古》1997年第1期。

[7]　Underhill A, 2002. *Craft Production and Social Change in Northern China*. New York: Kluwer Academic/Plenum.

[8]　关于新石器时代早期的研究，参见 McGovern PE, J Zhang, J Tang et al, 2004. Fermented beverages of pre-and proto-historic China. *Proceedings of the National Academy of Science* 101: 17593-17598.

[9]　a. 中美两城地区联合考古队：《山东日照市两城地区的考古调查》，《考古》1997年第4期。 b. 中美两城地区联合考古队：《山东日照地区系统区域调查的新收获》，《考古》2002年第5期。 c. 方辉等：《鲁东南沿海地区聚落形态变迁与社会复杂化进程研究》，《东方考古（第4集）》，科学出版社，2008年。 d. Underhill A, G Feinman, L Nicholas, et al. 1998. Systematic, regional survey in SE Shandong province, China. *Journal of Field Archaeology* 25(4): 453-474. e. Underhill A, G Feinman, L Nicholas, et al. 2002. Regional survey and the development of complex societies in southeastern Shandong, China. *Antiquity* 76: 745-755. f. Underhill A, G Feinman, L Nicholas, et al. 2008. Changes in regional settlement patterns and the development of complex societies in southeastern Shandong, China. *Journal of Anthropological Archaeology* 27(1): 1-29.

酒残留物检测的陶器标本（详见表11-1），出自龙山文化的三个期段，即早期二段、中期三段和四段。除了个别样品系采集品外，其他样品均为第一发掘区发掘所得，出土层位明确（图11-2）。如果龙山时代存在酒的话，我们推测制作酒的原料最有可能是稻米和粟，因为我们的浮选样品中包含有大量此类谷物的炭化种子[1]。研究中，我们有意从两城镇遗址选取了龙山文化的多种陶器类型。其中，小口的壶和罍（图11-2，e～f）与商周时期青铜质同类器造型一致，被认为是传统的酒器。

表11-1　检测陶器标本一览表

标本号	器型及特征	分段	出土环境	推测功能	分析方法	检测结果
1（图11-3，b）	筒形杯，泥质黑陶，可复原	Ⅷ	T2350H31：54，灰坑上部，#3207	饮器	DRIFTS、HPLC、GC-MS、+点测酒石酸盐	稻米、蜂蜜、水果和添加树脂和香草的混合型饮料
2（图11-3，d）	薄胎高柄杯，细泥黑陶，仅存杯部	Ⅷ	T2350H31：139，灰坑下部，#3223	饮器	DRIFTS、HPLC、GC-MS、-点测酒石酸盐、+点测草酸盐	稻米、蜂蜜、水果和添加树脂和香草的混合型饮料（可能添加有大麦）
3（图11-3，c）	觯形杯，泥质灰陶，完整	Ⅶ	T2302Z1：50，#4309	饮器	DRIFTS、HPLC、GC-MS、-点测酒石酸盐、+点测草酸盐	稻米、蜂蜜、水果和添加树脂和香草的混合型饮料（可能添加有大麦）
4	壶，夹砂黑陶	Ⅷ	T2350H31：37，灰坑上部，#3206	储藏或盛器	DRIFTS、HPLC、+点测酒石酸盐	稻米、蜂蜜、水果和添加树脂和香草的混合型饮料（可能添加有大麦）
5	鬶，夹砂橙红陶	Ⅷ	T2302H71：1，第2层，#4315	炊煮器	DRIFTS、HPLC、GC-MS、	稻米、蜂蜜、水果和添加树脂和香草的混合型饮料
6（图11-3，a）	觯形杯，泥质黑陶	Ⅴ	T2303H116：1，#4352	饮器	DRIFTS、HPLC	稻米、蜂蜜、水果和添加树脂和香草的混合型饮料（可能添加有大麦）
7	罐，夹砂灰黑陶	Ⅴ	T2350H118：5，第1层，#3851	盛储或炊煮固体或液体食物	DRIFTS、HPLC、GC-MS、	稻米、蜂蜜、水果和添加树脂和香草的混合型饮料（可能添加有大麦）
8	薄胎筒形杯，细泥黑陶	Ⅷ	T2350H31：36，灰坑上层，#3206	饮器	DRIFTS、HPLC、GC-MS、	稻米、蜂蜜、水果和添加树脂和香草的混合型饮料（可能添加有大麦）
9	罐，夹砂深灰陶	Ⅵ	T2049H115：15，第1层，#1666	盛储或炊煮固体	DRIFTS、HPLC、+点测草酸盐	稻米、蜂蜜、水果和添加树脂和香草的混合型饮料
10（图11-3，f）	鬶，夹砂橙红陶，近乎完整	Ⅶ	T2302H48：4，第1层，#4305	饮器	DRIFTS、HPLC、GC-MS、+点测酒石酸盐	稻米、蜂蜜、水果和添加树脂和香草的混合型饮料
11（图11-3，g）	箅底鼎，夹砂灰褐陶	？	遗址东部，地表采集	可能用于液体澄滤	DRIFTS、HPLC、+点测酒石酸盐	不能肯定

[1] a. 凯利·克劳福德等：《山东日照市两城镇遗址龙山文化植物遗存的初步分析》，《考古》2004年第9期。 b. Crawford G, A Underhill, Z Zhao, et al. 2005. Late Neolithic plant remains from northern China: preliminary results from Liangchengzhen, Shandong. *Current Anthropology* 46(2): 309-316.

12（图11-3，e）	鼎，夹砂黑陶	Ⅵ	T2049H115：1，第1层，#1666	炊器	DRIFTS、HPLC、GC－MS、＋点测酒石酸盐、＋点测草酸盐	稻米、蜂蜜、水果和添加树脂和香草的混合型饮料（可能添加有大麦）
13	罐，夹砂灰陶	Ⅵ	T2049H114：4，#1666	盛储或炊器	DRIFTS、HPLC、GC－MS、＋点测酒石酸盐	稻米、蜂蜜、水果和添加树脂和香草的混合型饮料
14	壶，夹砂黑褐陶	Ⅴ	T2344H118：6，第1层，#3851	盛器	DRIFTS、HPLC、＋点测酒石酸盐	稻米、蜂蜜、水果和添加树脂和香草的混合型饮料
15	筒形杯，细泥黑陶	Ⅷ	T2350H31：6，上层，#3206	饮器	DRIFTS、HPLC	稻米、蜂蜜、水果和添加树脂和香草的混合型饮料
17	小壶，细泥磨光薄胎黑陶	Ⅶ	T2344M22：1，#3857	储藏或盛器	DRIFTS、HPLC	稻米、蜂蜜、水果和添加树脂和香草的混合型饮料
18	筒形杯，泥质黑陶	Ⅶ	T2344M22：3，#3857	饮器	DRIFTS、HPLC	稻米、蜂蜜、水果和添加树脂和香草的混合型饮料
19（图11-3，h）	箅子，夹砂灰陶	Ⅵ	T2342H61：2，#4107	蒸煮器	DRIFTS、HPLC、＋点测酒石酸盐	稻米、蜂蜜、水果和添加树脂和香草的混合型饮料
20	三足杯，夹砂黑陶	Ⅷ	T2447M23：2，#4511	饮器	DRIFTS、HPLC	稻米、蜂蜜、水果和添加树脂和香草的混合型饮料（可能添加有大麦）
22	罐形杯，泥质黑陶	Ⅷ	T2445M31：5，#1354	饮器	DRIFTS、HPLC	稻米、蜂蜜、水果和添加树脂和香草的混合型饮料
23	罐，夹砂灰陶	Ⅶ	T2397H199：17，第2层，#4416	盛储	＋点测酒石酸盐	不能肯定
24	鼎，夹砂红褐陶	Ⅷ	T2400H205：3，第1层，#3322	炊器	DRIFTS、HPLC	不能肯定
25	罐，泥质磨光黑陶	Ⅷ	T2400H215：13，第1层，#3327	盛储	DRIFTS、HPLC、GC－MS	稻米、蜂蜜、水果和添加树脂和香草的混合型饮料
26	盆，泥质磨光黑陶	Ⅶ	T2397H199：3，第2层，#4416	盛放食物或饮料	DRIFTS、HPLC	稻米、蜂蜜、水果和添加树脂和香草的混合型饮料
28	盆，夹砂灰陶	Ⅶ	T2049H105，#1654	盛放食物或饮料	DRIFTS、HPLC、＋点测酒石酸盐	不能肯定
29	罍，泥质磨光黑陶	Ⅷ	T2350H31，灰坑上层，#3204	盛酒器	DRIFTS、HPLC、＋点测酒石酸盐	稻米、蜂蜜、水果和添加树脂和香草的混合型饮料
30	鬶足，夹滑石，橙红陶	Ⅷ	T2350H31，灰坑上部，#3204	炊煮	DRIFTS、HPLC、＋点测酒石酸盐	稻米、蜂蜜、水果和添加树脂和香草的混合型饮料

陶杯和陶罐是两城镇遗址出土器物中最为常见也是最多样化的器物种类。这里我们选择了多种陶杯（图11−2，a～d，图11−3，a～e），以囊括多种形制、大小、特征和质地。我们专门选了被公认为是龙山文化最为典型的酒器和礼器的造型典雅、陶胎极薄的蛋壳陶高柄杯（图11−2，d，图11−3，d）。尽管在青铜器中没有发现与之对应的器型，学者们认为高柄杯是用来饮酒或其他流质食物的，其作用与历史时期精致的青铜杯相当。陶罐（图11−2，g）一般为敞口或侈口，鼓腹，很可能有多种功能。有的陶罐外表面有烟炱痕，很可能曾作为炊煮器[1]；而有些在井的附近发现，很可能用来装水[2]。

一般认为袋足、有流的陶鬶（图11−2，j，图11−3，f）是用来加热酒或流质食物的炊煮器物[3]。

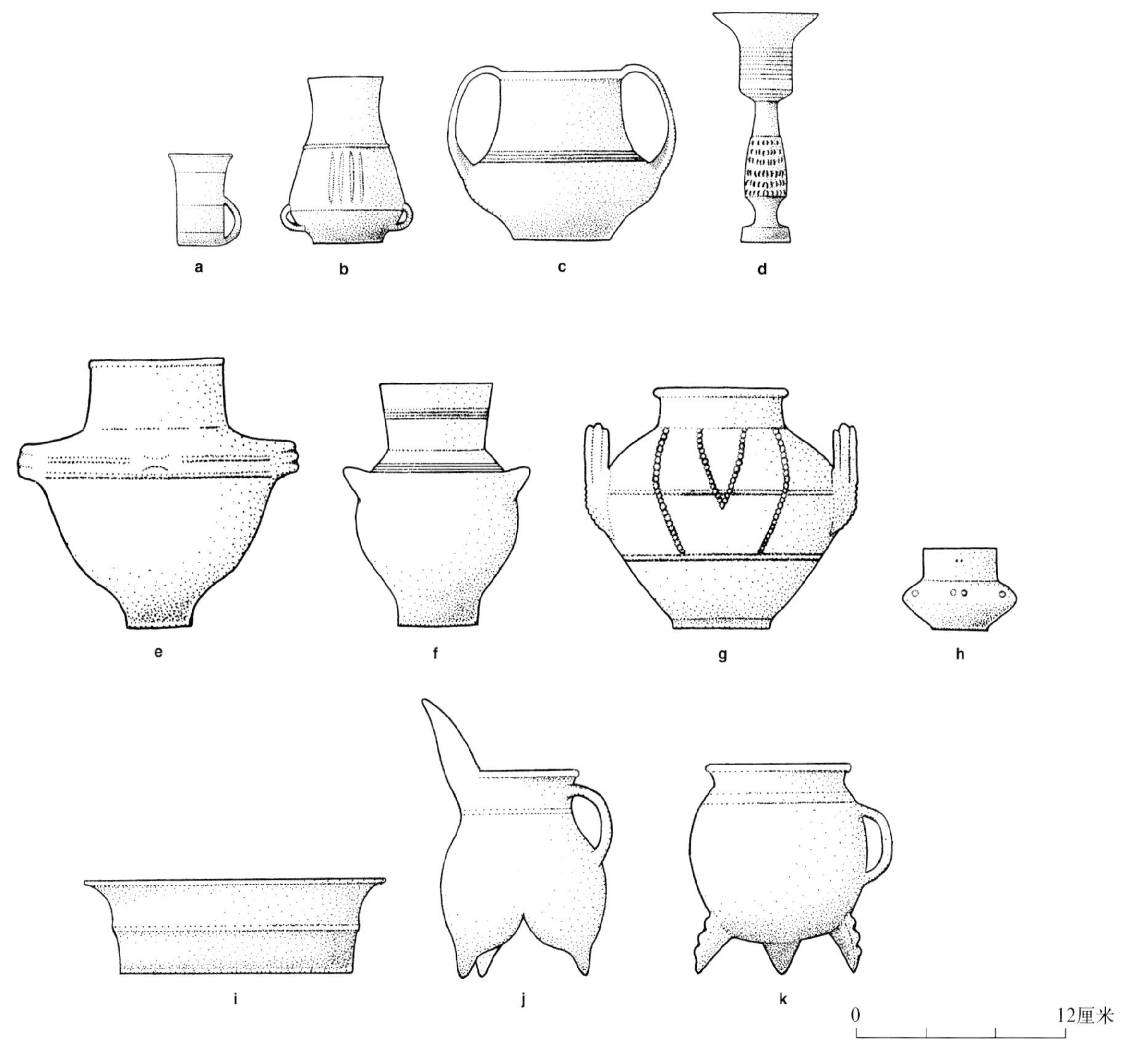

图11−2　进行有机残留物分析陶器的代表器形示意图

[1]　张彦煌、张岱海：《中原地区龙山文化的类型和年代》，《中国考古学研究——夏鼐先生考古五十年纪念论文集》，文物出版社，1986年，第47、49页。

[2]　中国社会科学院考古研究所：《新中国的考古发现和研究》，文物出版社，1984年，第84页。

[3]　a. 栾丰实：《山东龙山文化社会经济初探》，《山东龙山文化研究文集》，齐鲁书社，1992年，第50页。 b. 王仁湘主编：《中国史前饮食史》，青岛出版社，1997年，第183页。

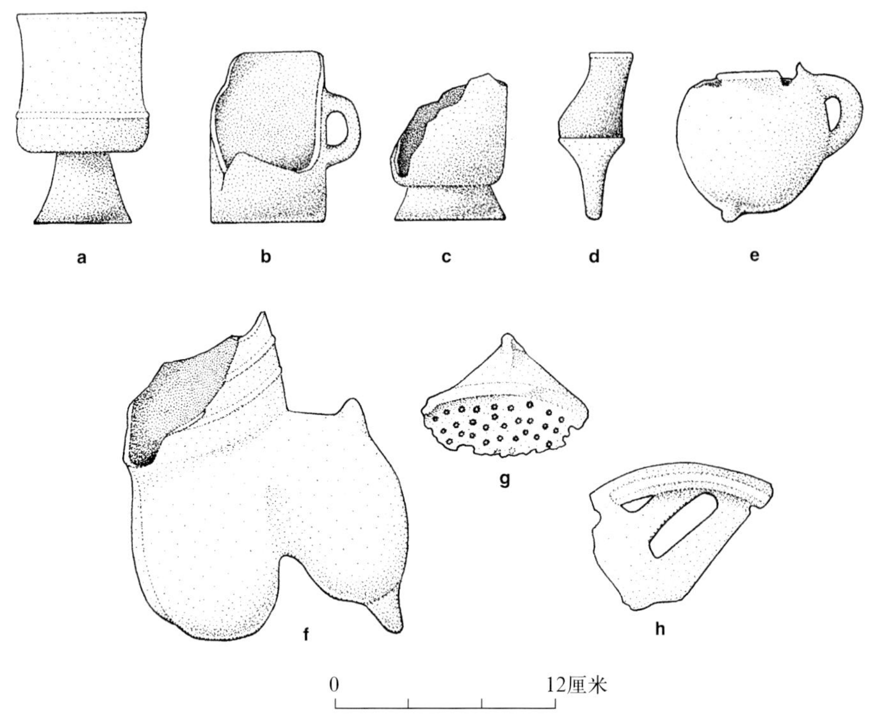

图11－3　两城镇遗址检测过有机物残留的陶器标本

这种造型典雅的陶器在两城镇遗址中出土数量非常多，形制也多种多样。实足的陶鼎（图11－2，k）一般认为是青铜鼎的祖形，传统上认为用来烹煮固态食物。在被检测样品中还有独特的底部带孔的箅底鼎和陶箅子（图11－3，g、h）。陶盆（图11－2，i）可能有多种不同的用途，包括制作或分发各类食物和饮料等。

由于在人类学文献中残留物分析有时被归类到使用痕迹（use-alteration）研究中[1]，这里需要说明本次试验中选作分析的陶器都没有肉眼可见残留物。有些研究证明酒中的酸可能造成陶器内表面有裂纹或腐蚀点[2]，这种现象在本次分析的陶片上也没有发现。陶器的保存状况常常取决于所用的黏土、含盐度以及制作工艺等（淘洗、加羼合料和烧制）。两城镇的陶器大多制作精良、高温烧制[3]，因此地下水及其他地质因素对其影响较小。如果将来在某遗址发现保存状况较差的陶器，要证明这些容器曾经用来盛酒就需要首先排除自然原因或高酸高碱食物腐蚀所造成的影响。

三　化学方法检测古酒

美国宾夕法尼亚大学博物馆的生物分子考古实验室，对两城镇遗址27个古代有机样本进行了化学分析。分析中使用四种不同化学技术对这些古沉淀物的成分进行了检测（细节参见附录11－1）。

[1]　Skibo J, 1992. *Pottery Function: A Use-Alteration Perspective*. New York: Plenum.

[2]　Arthur J, 2003. Brewing beer: status, wealth and ceramic use alteration among the Gamo of southwestern Ethiopia. *World Archaeology* 34: 516-528.

[3]　范黛华等：《山东日照市两城镇龙山文化陶器的初步研究》，《考古》2005年第8期。

如果采用这四种独立方法测得的结果一致，我们就可以确定某种化合物的存在。检测天然物中的指标性化合物尤为重要，我们的实验步骤正是针对这些化合物展开的。这些被检测样品一般都来自曾经吸收过较多液体、且沉淀物累积较多的陶器底部。这些陶片每个都被分为两半，其中一半在甲醇中煮20分钟以提取化合物，之后再重复一次。然后再将这两部分甲醇提取物混合起来过滤，以去除大于5～10微米的小颗粒，之后缓慢蒸干。另一半陶片则用氯仿代替甲醇进行同样的处理。溶剂的用量取决于陶片的大小以保证溶剂完全没过陶片。出土时这些陶片用清水轻洗过以去除附着的泥土。每个陶片提取出固态物的重量在1到10毫克之间，依陶片大小、厚度以及吸附有机物的多少而不同。

在此必须强调，对于古代有机化合物的鉴定并没有什么灵丹妙药。选择特定微量化学方法时要仔细考量，有针对性的使用，而且最好选用多种方法来相互印证。考古学上保存条件的制约，再加上化学和微生物长时间的作用，要确定某种化合物的天然来源及重要性常常是很困难的。作为历史科学的考古学无法像物理学科一样对过去的事件进行重复实验。为了检验哪个假说更符合现有的证据，每一个个例我们都必须考虑考古学与化学数据的一致性。

有时，清晰明确的化学鉴定结果是可以达到的，例如地中海地区古代皇家紫色染料的生产工艺研究[1]。最近，一种灵敏度更高的酒石酸检测方法被应用在古埃及容器上[2]，证明葡萄酒的这种指纹性化合物在中东很好的保存在陶器构造中。然而由于环境和微生物的降解作用、现代污染、古代人类的处理、对某地区自然资源生物指示物的了解程度等因素，化学鉴定的结果和意义常常并不是那么肯定。为进一步说明这个问题，可参考表11－1中列出的对于古代器物的一般功能的推断，这些推断主要基于文献、民族志类比和器物的现代用法等。有时化学分析结果会与某些传统推断存在分歧，例如19号陶箅子和26号陶盆。在这种情况下，就需要考虑其他假说，详见下文。

被检测的两城镇出土陶器中，有23件样品有着颇为相似的化学分析结果，涉及的器物种类也比较多（图11－3）。这个大组（指以上这23件）中包括九件陶杯共五种不同形式（第1、2、3、6、8、15、18、20和22号，见表11－1）、三件袋足鬶（第5、10和30号）、一件鼎（12号）、三件壶（第4、14和17号）、四件罐（第7、9、13和25号）、一件罍（第29号）、一件陶箅子（第19号）和一件盆（第26号）。另外有四件不属于这一大组的器物检测结果不明确，包括第11号和24号鼎、23号罐和28号盆。

化学组成相似的23个样品的红外光谱主要吸收峰如图11－4所示。由于羟基或水合作用结合水的存在，图的左侧在3400cm^{-1}附近有一宽峰。位于2900cm^{-1}和2850cm^{-1}的两个明显尖峰以及730～720cm^{-1}的吸收峰，是氯仿提取液中长直链碳氢化合物的结果（如正构烷烃）。如之前古代中东红酒研究一样[3]，有些碳氢化合物的峰，以及1790 cm^{-1}的小峰，还有1690～1670 cm^{-1}之间可能的γ内酯羰基峰，可能缘于某种未知的植物树脂或香草。

结合气相色谱－质谱联用分析的结果（图11－5），$C_{23}H_{48}$、$C_{25}H_{52}$、$C_{27}H_{56}$和$C_{29}H_{60}$很可能是造成红外谱图中直链碳氢化合物吸收峰的原因。这些成分为蜂蜡中的特征直链烷烃，因此也是蜂蜜的

[1] McGovern PE, RH Michel, 1990. Royal purple dye: the chemical reconstruction of the ancient Mediterranean industry. *Accounts of Chemical Research* 23: 152-158.

[2] a. Guasch-Jané MR, M Ibern-Gómez, C Andrés-Lacueva, O Jáuregui, RM Lamuela-Raventós, 2004. Liquid chromatography with mass spectrometry in tandem mode applied for the identification of wine markers in residues from ancient Egyptian vessels. *Analytical Chemistry* 76: 1672-1677. b. McGovern PE, 2009. *Uncorking the Past: The Quest for Wine, Beer, and Other Alcoholic Beverages*. Berkeley: University of California.

[3] a. McGovern PE, MM Voigt, DL Glusker, et al. 1996. Neolithic resinated wine. *Nature* 381: 480-481. b. McGovern PE, U Hartung, VR Badler, et al. 1997. The beginnings of winemaking and viniculture in the ancient Near East and Egypt. *Expedition* 39(1): 3-21.

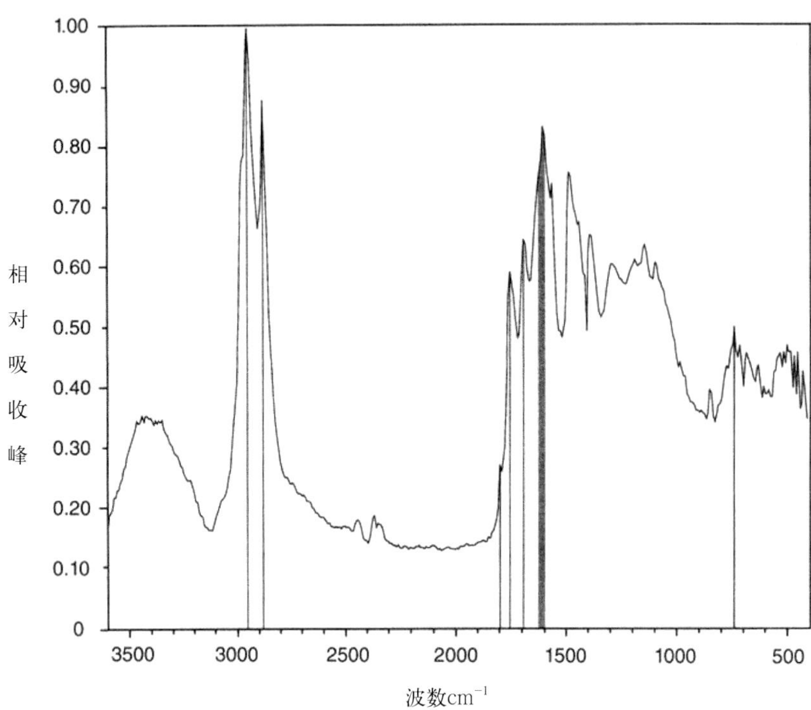

图11－4　1号样品（筒形杯）的甲醇提取物红外（DRIFT）图谱

指示性化合物[1]。但同时也存在另一种可能——以C_{29}为代表的正构烷烃也可能来自于很多植物叶面或果实表皮的蜡质层[2]。使问题更加复杂的是，降解的植物遗存中也存在小分子量的偶数碳正构烷烃[3]。两城镇提取物中存在这些偶数碳化合物，它们可能来自降解的考古样品中原有的蜂蜡或植物表皮蜡质。地表深处与煤或石油共存的地蜡也会产生一些正构烷烃[4]，但是目前在两城镇地区还没有发现类似遗存。

酒石酸是葡萄酒的主要成分，也出现在中国的一些自然资源中（见下）。很可能是酒石酸造成了在1740～1720cm^{-1}之间以双峰或在1740cm^{-1}附近以肩峰形式出现的吸收峰（图11－4）。然而单宁酸、树脂、蜡及其他含有羰基酸的化合物也会在同样位置产生吸收峰，因此很难排除其可能的影响。这些天然化合物（尤其是树脂）常常在大于1740cm^{-1}的羰基区域有复杂的吸收峰，可以由此来部分辨别它们的存在。1435～1445cm^{-1}之间的羟基弯曲吸收峰是酒石酸特有的，因为其他含有羟基的与考古相关的天然化合物（如树脂、蜂蜡、植物蜡等）的吸收频率稍高，在1460～1465cm^{-1}之间。

同样，溶解度低于酒石酸的酒石酸盐也很容易沉积下来，在1610cm^{-1}和1580cm^{-1}产生羧酸盐的大

[1]　a. 徐景耀等：《中华蜜蜂与意大利蜜蜂蜂蜡成分研究》，《色谱》1989年第7期。 b. Evershed RP, SJ Vaughan, SN Dudd, et al. 1997. Fuel for thought? Beeswax in lamps and conical cups from late Minoan Crete. *Antiquity* 71: 979-985.

[2]　Kolattukudy PE (ed). 1975. *Chemistry and Biochemistry of Natural Waxes*. Amsterdam: Elsevier.

[3]　a. Lockheart MJ, PF van Bergen, RP Evershed, 2000. Chemotaxonomic classification of fossil leaves from the Miocene Clarkia Lake deposit, Idaho, USA based on nalkyl lipid distributions and principal component analyses. *Organic Geochemistry* 31: 1223-1246. b. Tu TNT, S Derenne, C Largeau, et al. 2001. Evolution of the chemical composition of Gingko biloba external and internal leaf lipids through senescence and litter formation. *Organic Geochemistry* 32: 45-55.

[4]　a. Mills JS, R White, 1994. *The Organic Chemistry of Museum Objects*. Second Edition. Oxford: Butterworth-Heinemann, 53. b. 见第60页，White R, 1978. The application of gas chromatography to the identification of waxes. *Studies in Conservation* 23: 57-68.

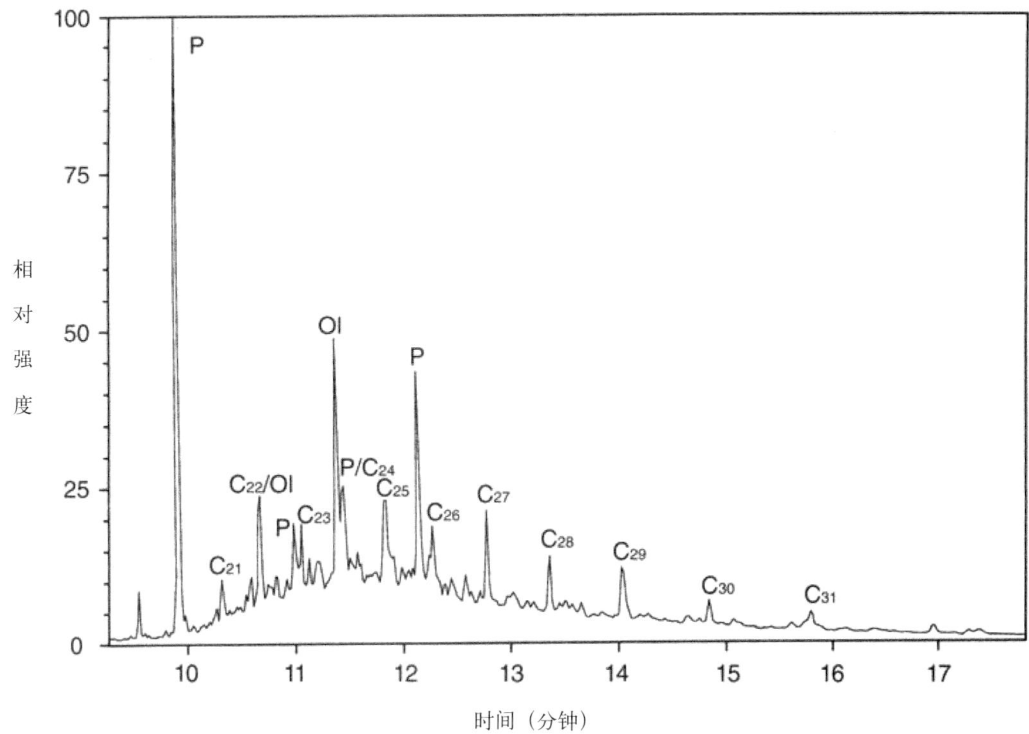

图11-5　2号样品（高柄杯）的氯仿提取物全离子气相色谱图（GC-MS）

吸收峰，在1460cm^{-1}、1420cm^{-1}、1370cm^{-1}和1270cm^{-1}产生小吸收峰。费格尔点试验更进一步证实了大组中十个样品中酒石酸或酒石酸盐的存在（见表11-1）。三个样品（第2、3和10号）可能由于含量过低，得出的结论不太明确。另外十个样品由于提取物太少而无法进行检测。

在进行红外光谱检测时，大组中23个样品都显示出相似的化学特征。这说明这些器物可能都曾被用来盛放或处理相似液体。现代稻米和米酒的红外光谱结果与这些样品非常接近。新石器时代早期村落河南舞阳贾湖的陶器萃取物也显示了非常接近的红外光谱结果[1]。贾湖被检测陶器的碳十四年代为公元前6600～前6200年。此外，大多数两城镇样品在化学性质上与古代中东地区含树脂香的红酒（在木桶推广之前，因用树脂密封而有树脂香味的酒）和地中海地区混合了葡萄酒、大麦啤酒和蜂蜜酒的混合型酒也比较接近[2]。在几个样品中皆检测到了中东古酒经常使用的添加物——葡萄和松节树脂。

高效液相色谱实验中最有价值的高峰都是在保留时间1.55和1.65分钟附近所得。大组中23个样品在这些时间内分离物的紫外光谱彼此最吻合，暗示这些器物都曾装有相似的天然产品，这与之前红外光谱的检测结果一致。其他检测过与我们的样品有相当高的吻合度的谱图包括稻米和米酒、葡萄糖酸钾（蜂蜜的主要酸盐）、蜂蜡、松节树脂等。另外，现代大麦和草酸钙（也称啤酒石，是大麦酒发酵的指示物[3]）给出与六个样品相似的高效液相色谱结果。这六个样品的编号是第2、3、4、6、

[1]　a. 河南省文物考古研究所：《舞阳贾湖》，科学出版社，1999年。 b. McGovern PE, J Zhang, J Tang et al, 2004. Fermented beverages of pre-and proto-historic China. *Proceedings of the National Academy of Science* 101: 17593-17598.

[2]　a. McGovern PE, DL Glusker, RA Moreau, et al., 1999. A funerary feast fit for King Midas. *Nature* 402: 863-864. b. McGovern PE, 2000. The funerary banquet of King Midas. *Expedition* 42: 21-29.

[3]　Michel RH, J Lazar, PE McGovern, 1992. The chemical composition of the indigoid dyes derived from the hypobranchial glandular secretions of Murex mollusks. *Journal of the Society of Dyers and Colourists* 108: 145-150.

7和12号，包括两件觯形杯、一件高柄杯、一件壶、一件罐和一件鼎形杯。尽管大麦、草酸钙与这六个样本统计学上的吻合并不能肯定这些天然物质或化合物的存在，但我们还有其他证据与之呼应。例如，这些样品的红外谱图上在盐类高频区出现有机酸吸收峰，介于1670～1610cm^{-1}之间，有时在1505和1320cm^{-1}处。这些吸收峰正是草酸钙的特征峰。提取物量较大而能够进行点检测的第2、3和12号样品都给出草酸盐阳性的结果。贾湖的两个样品、古代中东含树脂香的红酒和地中海混合型酒则提供了与检测大组高效液相色谱相似的古代样品证据。

四 混合型酒

对两城镇遗址23个龙山文化陶器样品所做的多项化学分析结果显示，当时人们饮用的酒是一种包含稻米、蜂蜜和水果并可能添加了大麦和植物树脂（或药草）等成分的混合型发酵饮料（见表11－1最后一列）。酒的主要成分是稻米，这与两城镇遗址植物考古所表明的稻米是当时最为普通的谷物这一发现相吻合。两城镇遗址也发现了一定数量的粟，但分析显示，当时人们还没有用粟作为酿酒原料。化学分析虽然发现大麦的踪迹，但植物考古的证据还有待发现。迄今为止，我们对于大麦是在何时由外地引进或在中国本土驯化的尚不清楚。与山东省跨黄海相隔的日本和韩国发现了早至公元前1000年的植物考古大麦样品[1]。

C_{21}～C_{31}正构烷烃说明表皮蜡质或蜂蜡的存在。如果是后者则很有可能来自蜂蜜。因为在蜂蜜的处理过程中蜂蜡是不可能完全被过滤掉的，而蜂蜡中的各种化合物常可以保存的非常好。相比之下蜂蜜中的糖分（主要是果糖和葡萄糖）则会很快降解。蜂蜜是全球温带环境下独特的单糖浓缩物（重量百分比高达60%～80%），人类发现和用其做甜味剂的历史非常悠久。在中国，关于蜂蜜饮料的最早记录是在战国时期（大约公元前480～前221年[2]），而关于稻米和蜂蜜共同发酵做饮料的记录则是在唐代（公元618～906年[3]）。中国现在是世界上第三大蜂蜜生产国，而且有的地区（如陕西省）还盛产以山中所产蜂蜜为原料的蜜酒[4]。

正构烷烃存在的另一种解释是用蜡来封住陶器多孔的表面。然而，目前在两城镇遗址还没有发现有蜡衣的陶器，用蜡来封住容器口和作为消泡剂的史料记载也出现的晚得多[5]。唐代药剂师苏敬的《新修本草》[6]一书中记载着一条有价值的线索，有助于理解为何蜂蜜是理想的发酵材料。书中记载葡萄作酒之法，"取子汁酿之，自成酒"，"蒲桃（葡萄）、蜜等独不用曲"。在欧洲人路易斯·巴斯德在显微镜下发现酵母并描述其作用原理之前，古代中国的酿酒者很可能就已经理解了正在发酵的蜂蜜酒或葡萄酒表面的泡沫起到了引发发酵的作用。蜂蜜中包含的天然嗜高渗酵母有很高的耐糖性。当被稀释到含水70%时，这些酵母便会活跃起来并产生出蜜酒。由于主要的酿酒酵母

[1] 见21、22页，Crawford G, 1992. Prehistoric plant domestication in East Asia. In: CW Cowan and PJ Watson (eds). *The Origins of Agriculture: An International Perspective*: 783. Washington, D. C. : Smithsonian Institution.

[2] Morohashi，T.：《大汉和字典》，台湾恒生印书馆，1987年，第13卷29页。

[3] Huang HT, 2000. *Biology and Biological Technology, Part V: Fermentations and Food Science. Joseph Needham. Science and Civilisation in China*, Volume 6. Cambridge: Cambridge University, 247-248.

[4] Shusen D. 2001. A black horse galloping through western China. *China Today* 50(11): 65-69.

[5] Huang HT, 2000. *Biology and Biological Technology, Part V: Fermentations and Food Science. Joseph Needham. Science and Civilisation in China*, Volume 6. Cambridge: Cambridge University, 183-188. 引用朱翼中著《北山酒经》，1964年，第1243、1244页。

[6] （唐）苏敬等：《新修本草》，上海古籍出版社，1985年，第15卷第225页、第19卷第287页。

（*Saccharomyces cerevisae*）不存活于空气中，因而加入蜂蜜保证了发酵的成功。

两城镇酒样中发现的酒石酸或酒石酸盐成分可能说明龙山时代的酿酒者也使用了葡萄作为酵母和糖的来源。果汁一旦从水果中挤出，发酵过程就开始了。中国各地的野葡萄种类多达40～50种[1]，占世界野葡萄种类的一半以上。野葡萄的含糖量足够高（按重量可高达19%，而且还可以通过干化处理使之进一步浓缩），直到今天它仍然是制造葡萄酒的原料（如山葡萄、毛葡萄）。山东省东部至今仍有十余种野生葡萄，被认为是中国境内的葡萄原产地之一。然而，中国史前遗址葡萄的发现还十分有限。目前仅在两城镇龙山文化层中出土了三粒葡萄籽。据本文作者之一的赵志军博士相告，在新石器时代早期贾湖遗址也发现了形态类似的葡萄籽，可能是某种野生葡萄。孔昭宸等[2]在山东省中南部龙山时期庄里西遗址也发现了相似证据。

对于古代中东地区而言，样品中含有大量酒石酸或酒石酸盐是有葡萄存在的有力证明，而对于中国则可能还要考虑其他来源。学术界一般认为，葡萄酒所用原料是一种人工栽培的欧亚葡萄种类（*Vitis vinifera vinfera*），于公元前二世纪由中亚传入中国[3]。这个年代比两城镇的混合型酒晚了约2000年。成书于西周时期的文献《诗经·豳风·七月》提到“六月食郁及薁”，其中的“薁”，注释者均解释为野葡萄[4]。这条记载至少说明，野葡萄以其甘美的味道早就为中国古人所熟知，用作果酒的原料自然是完全可能的。

然而，两城镇样品中酒石酸或酒石酸盐很可能来源于中国山楂，而不是葡萄。山楂所含酒石酸的成分是葡萄的四倍[5]。山楂现在不仅分布在山东省，而且广及整个华北地区[6]。山楂含有很高的糖分，说明它可以像葡萄一样含有酵母。虽然文献中没有提及用山楂作为酿酒原料，但山楂的营养和医学价值在中国古代早就被认识。赵志军在新石器时代的贾湖遗址首次发现了山楂果实的植物考古证据。

酒石酸也存在于其他两种水果中，龙眼[7]和亚洲山茱萸[8]。不过这两种水果中的酒石酸含量与葡萄相比要低一些。这些水果树现在主要生长在华南地区，甜度适中，稍有些酸。在气温高于现在的龙山早期和中期，其产地可能北移到山东省东南部，尤其是黄海沿岸。

也不能排除酒石酸或酒石酸盐来自其他植物的可能，但是这些植物的酒石酸或酒石酸盐的含量要更低（0.1～2mg/L）。一些植物的树叶（如天竺葵）含有酒石酸和钙草酸盐晶体，浸泡后可能进入溶液[9]。同时，根据使用真菌的不同，米酒的生产也可能产生微量酒石酸[10]。中国传统的使大米糖

[1] Zhang F, L Fangmei, G Dabin, 1990. Studies on germplasm resources of wild grape species (Vitis Spp.) in China. In: *Proceedings of the 5th International Symposium on Grape Breeding*: 1216 September 1989, St. Martin/Pfalz, FR Germany. Special Issue of *Vitis*, 5057.

[2] 孔昭宸、刘长江、何德亮：《山东滕州市庄里西遗址植物遗存及其在环境考古学上的意义》，《考古》1999年第7期。

[3] Huang HT, 2000. *Biology and Biological Technology, Part V: Fermentations and Food Science. Joseph Needham. Science and Civilisation in China*, Volume 6. Cambridge: Cambridge University, 240-242.

[4] 马持盈：《诗经今注今译》，台湾商务印书馆，1984年，第239页。

[5] 高光跃等：《山楂类果实的化学分析及其质量评价》，《药学学报》1995年第30卷第2期。

[6] 中国科学院植物研究所：《中国高等植物图鉴》，科学出版社，1972年，第5卷第204、205页。

[7] 见第425页，Huang YW, CY Huang, 1999. Traditional Chinese functional foods. In: C Wang, K Liu, Y Huang (eds). *Asian Foods: Science and Technology*. Lancaster, PA: Technomic, 409-452.

[8] 见第193页，Hsu HY, WG Peacher (eds). 1982. *Chinese Herb Medicine and Therapy*. New Canaan, CT: Keats.

[9] Stafford HA, 1961. Distribution of tartaric acid in the Geraniaceae. *American Journal of Botany* 48(8): 699-701.

[10] a. 刘峰：《黄酒中不挥发酸组分的分析研究》，《食品与发酵工业》1989年第3期。 b. 王玉君等：《高效液相色谱法分析色酒中有机酸的研究》，《色谱》1991年第9卷第4期。 c. Maeda M, 1991. Ch ū gokusan aka miso ni tsuite (Study of production of Chinese red miso). *Nagasakiken Kōgyo Gijutsu Senta Kenkyū Hokoku (Reports of Nagasaki Industrial Technology Research Center)* 8: 112-114.

化生产米酒的方法至少可以上溯至汉代（公元前206～公元220年）。

学者们大多集中研究历史时期独特的糖化稻米和其他谷类作物的发酵系统。这个发酵系统无需由蜂蜜和水果提供糖分和酵母。简而言之，在糖化或淀粉分解的发酵过程中[1]，利用真菌将稻米和其他谷物中碳水化合物降解成可发酵的单糖，取决于环境中有哪种真菌，常用的真菌有曲霉菌、根霉菌和红曲霉菌等。各种谷类、豆类及其他做曲的材料蒸过后可以长出厚厚的真菌层。稻米是中国史前时期栽培最早也是最重要的谷物之一，有理由认为也是造酒原料。酵母进入发酵过程是很偶然的，可能通过昆虫，也可能从古老房屋梁椽上掉下，从而附着在大大小小的曲片上。现在，用于生成曲的药草多达百余种，其中的一些种类可使酵母的活力增加七倍之多[2]。由淀粉分解而发酵是一项复杂技术，在这种方法被改进并广泛应用之前，中国古代的酿酒者需要加入其他更有保证的酵母来源。野生葡萄在中国分布广，品种多，而且含糖量高，有些种类含有天然酵母，因此很有可能在两城镇被用来发酵酒。古代样品中的高酒石酸或酒石酸盐也可能来自山楂果实，不过目前两城镇遗址还没有发现山楂遗存。如果两城镇的酿酒者还没有掌握用真菌降解淀粉的方法，那么酿酒者就需要考虑使稻米糖化的问题。目前没有现代的可对比资料，但是稻米和大麦一样很容易发芽，释放出的酶会降解其复杂的碳水化合物而将其变成可发酵的单糖。人类唾液也有一种降解淀粉的酶（唾液淀粉酶），因此像近代日本、韩国、台湾及其太平洋岛屿上的人们一样，糖化过程可以由咀嚼稻米然后收集弄湿的谷物来完成[3]。在新大陆，传统上仍然是用先咀嚼的方法制作玉米酒。由于玉米很难发芽，这种糖化方法早在几千年前就开始应用了。在真菌发酵法发展起来之前，这种咀嚼法和先发芽再干燥谷物的方法（即麦芽制造法）都有可能被用来发酵酿造两城镇的混合酒。最后，我们的分析显示存在植物树脂或药草，具体的种类有待以后的研究来确定。这一发现与商代铭文中的“鬯”（被认为是一种“加了香草的酒”）相符。在周代和汉代，鬯一般被解释为将含有树脂的树叶或药草（郁）加入酒中后形成的饮料[4]。

尽管用混合酒来解释两城镇大组陶器一致的化学检验结果很合适，也不能排除其他可能。例如，用来烹饪和盛放食物的器物被多次使用，例如箅子、盆等，可能解释了稻米、蜂蜜、水果以及其他成分的同时存在。值得一提的是，本次样本中的另一个盆及一个很有可能用来烹煮的鼎都给出了阴性结果。此外，大多数给出混合酒阳性结果的容器是饮用、盛放及存贮的器形。这些容器有特殊的埋葬背景，如发现于墓葬或祭祀坑（见下）。这种遗迹出土的容器通常来说只被使用过一次。

[1] a. Chen TC, M Tao, G. Cheng, 1999. Perspectives on alcoholic beverages in China. In: C Wang, K Liu, Y Huang (eds). *Asian Foods: Science and Technology*. Lancaster, PA: Technomic, 383-408. b. 方心芳：《再论我国曲蘖酿酒的起源与发展》，《中国酒文化和中国名酒》，中国食品出版社，1989年。 c. Huang HT, 2000. *Biology and Biological Technology, Part V: Fermentations and Food Science. Joseph Needham. Science and Civilisation in China*, Volume 6. Cambridge: Cambridge University, 157-203, 258-285.

[2] 方心芳：《黄海发酵与菌学》，《黄海》1942年第4卷第2期。

[3] Huang HT, 2000. *Biology and Biological Technology, Part V: Fermentations and Food Science. Joseph Needham. Science and Civilisation in China*, Volume 6. Cambridge: Cambridge University, 154.

[4] a. Huang HT, 2000. *Biology and Biological Technology, Part V: Fermentations and Food Science. Joseph Needham. Science and Civilisation in China*, Volume 6. Cambridge: Cambridge University, 157, 162, 232. b. 扬升南：《商代经济史》，贵州人民出版社，1992年。 c. 温少峰，袁庭栋编著：《殷墟卜辞研究——科学技术篇》，四川省社会科学院出版社，1983年。

五　社会及仪式含义

相当数量的经过检测的两城镇陶器中含有酒的成分，为我们提出了有关史前时期社会和仪式活动的问题。特别是作为区域中心的两城镇聚落的丧葬及其他仪式是如何进行的？众多“灰坑”有着什么样的功能？在以前发表文章的基础上，以下我们将针对这一问题提供更多信息。

首先，我们探讨发现古酒证据的墓葬类型；其次，我们讨论曾经用来盛酒的容器类型；再次，我们考虑两城镇遗址出土盛酒容器灰坑的功能；最后，我们讨论两城镇遗址仪式生活的类型。如上所述，在新石器时代更早时期的遗址（如贾湖遗址[1]）以及一些青铜时代的遗址都已发现酒的直接证据。分析酒在不同的社会背景所扮演的社会和仪式角色是很重要的。

经过检测的来自中型墓（M22、M23和M31）的随葬陶器都曾用来盛酒。在两城镇遗址的墓葬中，这些墓葬的建造从劳动力使用和耗费精力方面考虑属于相对规格较高的。

在已发掘区域（第一发掘区，第二发掘区和周边探沟区）中，目前只有少数墓葬（8座）在劳动力使用方面称得上具有较高规格（即木质棺椁的使用，用来放置器物的二层台，随葬品的丰富程度）。这8座墓葬都位于第一发掘区（该区域共发现36座墓葬）。

这8座较高规格的墓葬中，大多（6座）时期较晚（第七、八时期，如图11-6所示）：M22、M23、M31、M32、M33、M38。其中5座有棺椁和二层台（M22、M23、M31、M32、M33）；M23和M33不仅有棺椁和二层台，还有大量随葬品。另外一座晚期墓葬（M38）只是简单的竖穴土坑葬，却也有不少随葬品。剩下的两座来自早期较高规格的墓葬为M60和M49（两座墓都有棺椁和二层台）。因此，我们可以看出经检测有酒的三座墓葬（M22、M23、M31），属于两城镇遗址已发掘墓葬中为数不多的高规格墓葬。我们还没有机会检测随葬品最丰富的M33的容器是否盛放过酒。Jennifer Clark[2]的分析表明M22和M31的墓主是成年人；M23的人骨保存状况太差，因此很难判断年龄。很可惜，由于保存状况太差，我们无法得知这三个有古酒证据墓葬的墓主是男性还是女性。

葬礼上的哀悼者将含酒容器放在墓穴内的不同地方。在M22中，壶和觯形杯（与其他陶器一起）被放置在墓坑东侧，墓主头顶附近。墓葬M23中的三足杯被放在墓坑西侧，靠近墓主左膝，各种容器分散在墓主尸体周围。在M31中，所有陶器，包括盛酒的罐形杯，都位于墓坑西南角。

如果将来有机会进一步探讨两城镇及其他龙山遗址墓葬中社会等级和酒的出现的关系，将会很有意义。同时，也应该检测随葬品很少的简单竖穴土坑葬的伴出陶器，从而与高规格墓葬进行比较。我们推测两城镇遗址的酒在葬礼（无论给逝者还是给悼念者）或其他仪式中的使用并不局限于贵族。

我们在两城镇的发掘中几乎没有发现贵族的痕迹，包括第一发掘区和探沟。以上讨论的较高规格的墓葬与龙山时期的其他墓葬（如朱封[3]或尹家城[4]）比起来远远不及。同样，两城镇遗址的房址面积也相对较小，而没有明显的社会分化（功能未知的不完整建筑F21除外）。第一发掘区的分期分布图显示，从早期到晚期房址聚落都离墓葬区不远。另外，较高规格的墓葬也不只局限在某一区

[1]　McGovern PE, J Zhang, J Tang et al, 2004. Fermented beverages of pre-and proto-historic China. *Proceedings of the National Academy of Science* 101: 17593-17598.

[2]　Jennifer Clark，第八章第一节。

[3]　中国社会科学院考古研究所山东工作队：《山东临朐西朱封龙山文化墓葬》，《考古》1990年第7期。

[4]　山东大学历史系考古教研室：《泗水尹家城》，文物出版社，1990年。

域。可以看出第一发掘区较高规格的晚期墓葬分布在多个地点（图11–6）。这一分布模式显示遗址不同区域的家庭财富和地位没有很大差别。M33墓主（经 Jennifer Clark 鉴定为成年男性）的特殊地位可能来自于其与仪式活动相关的个人能力，而非源于他家庭的经济力量。两城镇遗址不只一个时期都发现离房址不远的墓葬群，很可能是有血缘关系的世袭小墓葬区。

在有家族成员死亡时，看起来是由亲属们来决定如何花费财力办葬礼，如修建什么样的墓室，随葬哪些器物，及是否提供酒（给在另一个世界的逝者灵魂或给吊唁者）。在我们测试的墓葬中，不是每一个都显示有酒（如T001中的M4就给出了阴性结果），这是很重要的。重要人物（可以由社会角色决定，如富人和氏族首领，也可以由其他社会地位决定）的葬礼会相对隆重。这种葬礼很可能是一个大型公众活动，有可能还有从其他聚落来的亲属。

尽管掌握较多资源的家庭更有可能在葬礼上破费，其他证据表明在两城镇酒的饮用不仅局限于贵族。在有古酒证据的3座墓葬和10个灰坑中，发现了用来存储、酿造和饮用混合酒的各种各样的陶器（详见表11–2）。可以看出无论出土遗迹如何（墓葬还是灰坑），夹砂陶和泥质陶都曾用来盛酒。

两城镇陶器组合的一个显著特点是各种各样的陶杯[1]。如表11–2所示，从墓葬和灰坑中出土的与古酒相关的容器中，陶杯是最常见的。总的来说，在两城镇遗址墓葬中陶杯也是最常见的。一般墓葬中有4～14件陶器，既有泥质陶也有夹砂陶。两城镇墓葬中一些薄壁易碎的陶杯以及其他容器被认为是冥器，或给死者在另一个世界使用的，专门为葬礼烧造的。然而由于第一发掘区的黏土性土壤保持了大量的水分，这些器物保存状况很差，这一论点很难证实。值得注意的是，除了墓葬之外，我们在居住遗迹（大灰坑H31）中，也发现了在龙山文化遗址中常常认为与仪式相关的高柄杯。过去有人甚至认为高柄杯在龙山时代是专门为葬礼烧造的。我们没有检测墓葬M38或M33出土的高柄杯，但是检测了灰坑H31出土的高柄杯，并得到了混合型酒的阳性结果。

我们检测的含有古酒证据的陶杯及其他容器大多出自灰坑（见表11–2）。由于灰坑H31出土了二百多件完整或接近完整的容器，我们推测其曾被用来存放祭品，尤其是给祖先的祭品，就像Dennison 等描述的那样[2]。该灰坑还出土有云母片（该遗址罕见）及未成年猪骨，可能也与祭祀有关。两城镇遗址在其他遗迹中都未发现未成年猪骨[3]。根据对以色列一个青铜时代遗址的动物骨骼研究结果，Maher[4]指出未成年猪可能是因为其肉质较嫩而被选为祭品。大灰坑H31出土容器中有7件古酒检测呈阳性，这一结果是很有意义的。其中四个容器是陶杯：一件高柄杯和三件泥质陶杯。因此，在两城镇遗址，无论是在居住遗迹还是墓葬遗迹举行的仪式，古酒都是仪式的重要组成部分。虽然化学证据表明其他较小灰坑也有古酒存在，但其功用较难确定。这些灰坑在体积上远小于H31（见表11–3）。最晚期的灰坑可能原本要大一些，但是被近代的农耕活动破坏了。有古酒证据的较小灰坑中的一半都出土较多接近完整的器物，这可能表明较短的使用时间以及仪式中祭品的堆放。这些出土器物较多的灰坑可能并不是日常垃圾坑。与灰坑H31和H48形成鲜明对比的是，两城镇遗址出土器物较少的灰坑可能曾是与生活相关的窖穴或垃圾坑。例如灰坑H205内填满了陶片，但缺少完整器物。对该灰坑出土的一件陶鼎进行检测，没有发现酒的迹象。

---

[1] 文德安，第一二章第一节。

[2] Dennison等，第一二章第五节。

[3] Bekken，第九章动物遗存研究。

[4] Maher E, 2003. *Food for the Gods: The Identification of Philistine Rites of Animal Sacrifice*. Unpublished PhD Dissertation, Department of Anthropology, University of Illinois-Chicago.

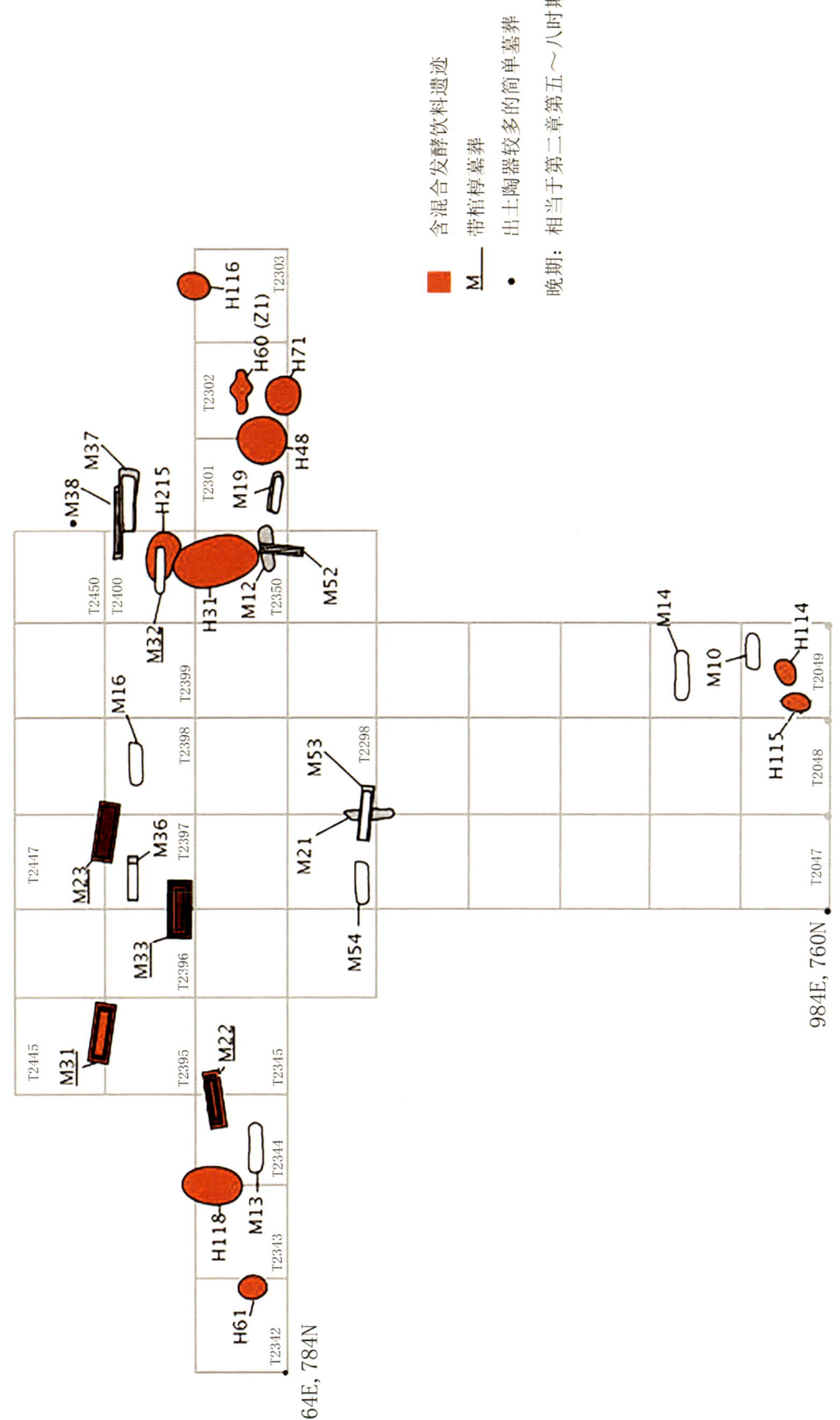

图11-6　所有晚期墓葬及有古酒化学证据墓葬和灰坑分布图

表11-2 两城镇遗址化学证据表明有古酒的陶器按种类和出土遗迹归类表

种 类	墓 葬	灰坑H31	其他灰坑	灶1（原H60）	合 计
杯	泥质陶：觯形杯1件	泥质陶：觯形杯2件，高柄杯1件	泥质陶：无	泥质陶：无	4
	夹砂陶：罐形杯1件，三足杯1件	夹砂陶：觯形杯1件	夹砂陶：觯形杯1件，鼎1件	夹砂陶：觯形杯（1件）	6
罐类	泥质陶：壶1件	泥质陶：罍1件	泥质陶：无	无	2
	夹砂陶：无	夹砂陶：壶1	夹砂陶：罐4件、壶1件	无	6
三足器	无	夹砂陶：鬶1件	夹砂陶：鬶2件	无	3
其他			夹砂陶：盆1件		1

*此外，还检测分析了1件采集的箅子。**该表格由表一整理所得。觯形杯和筒形杯形制接近，在这里合并为一种。

在居住区域进行的仪式可能用食物、饮料及容器向祖先的灵魂献祭。一种可能性是专门为放置祭品烧制一些容器，这些容器装满食物或饮品后被置于灰坑内。另一种可能性是，参加仪式的人一起享用食物和饮料，然后将容器掩埋。例如，Cohen[1]提到的历史资料表明中国北方家庭在新年时先向祖先敬献特殊食物，事后再自己享用。世界其他地区的历史学、民族学及考古学资料可能有助于理解龙山文化遗址（如两城镇）与仪式相关的遗存。Walker[2]引用的多个地区历史时期的例子表明，与仪式相关的“垃圾”常出现在使用时间较长且空间上彼此隔离的多个垃圾坑中。因此，龙山文化遗址某些特殊地点的灰坑可能也包含曾在仪式中使用的器物。美国西南地区历史时期的资料例证，使得我们也应当考虑与仪式相关器物（如特定器形的陶器）的生产组织形式[3]。

另外一个很可能与仪式相关的遗迹是灰坑H60，后来我们又称之为灶1，这是一个大型室外炉灶。这个遗迹可能曾被公众用来准备与仪式相关的食物，包括宴享活动。多个与古酒有关的容器都出自这个遗迹（见表11-3）。

大型容器（如鼎）可以用来烹煮较大团体的食物[4]，从而支持两城镇遗址曾有宴享活动[5]。有混合型古酒化学证据的三个遗迹（灰坑H31和H48，灶1）也都出土多个大型容器。该遗址出土的大型容器很可能用来烹煮或加热固体或液体（如鼎、鬲、鬶和甗）、存储液体（壶和罍）、饮用液体（杯）、存储或分发液体（盖）。

[1] Cohen ML, 1990. Lineage organization in north China. *The Journal of Asian Studies* 49(3): 509-534.

[2] Walker WH, 1995. Ceremonial trash? In: Skibo JM, WH Walker, AE Nielsen (eds). *Expanding Archaeology*. Salt Lake City: University of Utah, 67-79.

[3] a. Spielmann KA, 2002. Feasting, craft specialization, and the ritual mode of production in small-scale societies. *American Anthropologist* 104(1): 195-207. b. 文德安，第一二章第一节。

[4] 文德安，第一二章第一节。

[5] 文德安，第一二章第一节。

表11-3　两城镇遗址龙山文化晚期有古酒证据的灰坑比较

灰　坑	尺寸（米）	容积（立方米）	出土物的数量和种类	灰坑中出土物的相对密度
H31（第八时期，最晚期）	长3.48×宽1.78×深1.16	7.48	总计250件接近完整的器物；超过200件陶器，很多近乎完整	高 250÷7.48 ＝ 33.42
H48（第七时期）	长2.16×宽（2.1～2.68）× 深0.73	4.10	总计50件，很多近乎完整	高 50÷4.10 ＝ 12.20
H60（灶 1）（第七时期）	宽0.7×深0.58		15件	高
H61（第六时期）	长1.16×宽1.04×深0.26	--	2 件	低
H71（第八时期）	直径1.94×深0.54	--	9 件	低
H114（第六时期）	直径0.9×深0.12	--	3件器物：包括2个陶器，1个石器	低
H115（第六时期）	长1.70×宽0.82×深0.34	0.46	24件，很多近乎完整	高 24÷0.46 ＝ 52.17
H116（第五时期）	清理部分长1.66×宽 0.4	--	1件	低
H118（第五时期）	长1.74×宽0.88×深0.54	0.66	14件，包括11个陶器和3个石器	高 14÷0.66 =21.2
H215（第八时期）	长1.95×宽0.85×深0.25	0.41	13件，包括10个陶器和3个石器	高 13÷0.41= 31.7

我们的发掘者还在灰坑H56（T2099，#1602）中，发现了一个可能与仪式相关的独特陶勺。例如，商周时期遗址出土的青铜豆常常与葬礼有关。在山东西南部商周时期前掌大遗址的4座中型墓葬（其中两座墓主的性别和年龄不能确定，另两座分别为成年女性和青年女性）中出土了4件青铜豆，其中3件有饕餮纹[1]。前掌大遗址的青铜豆可能曾被用来分发酒，因为3件豆被放在盛酒的青铜器（爵和卣）附近或其中。两城镇遗址还有其他可能与仪式相关的器物[2]。

刘莉[3]指出其他龙山时期遗址（如呈子遗址）墓葬附近灰坑出土祭品可能是扫墓时留下的。然而，两城镇遗址有古酒痕迹的一些灰坑远离墓葬。这可能是另一种仪式。除了葬礼之外，家庭有可能阶段性祭祖。也可能饮酒发生在多个家庭共同参加的公共事件中，例如庆祝婚礼或新生儿出生等人生重要事件。这些事件的规模可大可小，取决于承办家庭的资源和能力[4]。

第一发掘区内有古酒证据的灰坑分布很广，这说明两城镇的很多家庭都曾饮酒。这不是一种只有贵族才能酿制、存储或饮用的饮料。由于泥质陶和夹砂陶中都有古酒的证据，人们很可能随手拿了陶器去参加有古酒的公共仪式，如葬礼或祭祖。

[1] 中国社会科学院考古研究所：《滕州前掌大墓地》，文物出版社，2005年，第299页。

[2] 山东大学历史系考古教研室：《泗水尹家城》，文物出版社，1990年。

[3] Liu L, 2000. Ancestor worship: An archaeological investigation of ritual activities in Neolithic North China. *Journal of East Asian Archaeology* 2(1/2): 129-164.

[4] 参看Underhill A, 2002. *Craft Production and Social Change in Northern China*. New York: Kluwer Academic/Plenum. 中关于世界各地历史时期文献记录的例证。

两城镇遗址很可能有不止一个家庭酿制古酒。王震中[1]指出藁城台西商代遗址内酒精饮料生产的规模和性质多样化。他认为，从台西遗址大房子（F14）和小房子（F2和F5）都有生产痕迹可以明显看出这一点。像台西遗址一样，两城镇的酿酒者也很可能兼职酿制专家和农民两种角色。我们在探沟T024发现的超大型陶质漏盆H5T024⑤：50（图11-7[2]；见彩版二八五，2）很可能曾被用来大规模酿酒。由于漏盆的大尺寸，每次应该可以制作很多。在世界其他地区有使用漏斗转移和过滤发酵饮料的文字记录，它们也可以用来给饮料添加特殊成分[3]。两城镇的漏盆直径为77.5厘米（外径为79.0厘米），它向下逐渐变细到底部只有32.0厘米，中有直径约18.0厘米的孔。下面可能再接一个小一些的木质或竹制漏斗。台西遗址房址F14中发现的“将军盔”（高44、外径38厘米）和漏斗（高18.9、外径20.4厘米）都明显小于两城镇遗址的漏盆。

山东省东南部古酒生产中漏斗的使用可能开始于大汶口文化时期。莒县博物馆展出的一件盆，盆底有一孔（孔径5～6厘米），有可能与漏盆的功能类似，用来酿制古酒。这一器物发现于陵阳河遗址的一个墓葬中，展品标注为滤酒器。如该遗址发掘报告中的其他章节描述的那样，这一聚落的很多地点都出土了泥质陶杯和其他泥质陶容器。这表明人们普遍可以使用泥质陶并饮用古酒。该遗址的大多泥质陶可能都曾用来存储、分发和饮用液体（如壶、鬶、罍及一些罐、杯）。两城镇遗址由于宴享等各种仪式而饮用古酒的现象，很可能比我们目前已论证的还要普遍。我们在其他文章中[4]推测，两城镇遗址很可能是举行各种仪式的区域中心。希望将来可以通过对比两城镇周围较小遗址仪式和古酒的出现率来检验这一猜测。

图11-7　漏盆（H5T024⑤：50）

[1] 王震中：《藁城台西邑落居址所反映的家族手工业形态的考察》，《东方考古（第4集）》，科学出版社，2008年。

[2] 图11-7照片中展示的漏盆与小型容器联用仅是推测。

[3] a. McGovern PE, 2003. *Ancient Wine: The Search for the Origins of Viniculture*. Princeton, NJ: Princeton University. b. 从技术层面上来说，两城镇遗址发现的“酒”称为“发酵饮料”更为准确。因为两城镇的酒更接近于啤酒，不同于经过蒸馏的葡萄酒或白酒。

[4] a. 方辉等：《鲁东南沿海地区聚落形态变迁与社会复杂化进程研究》，《东方考古（第4集）》，科学出版社，2008年。 b. Underhill A, G Feinman, L Nicholas, et al., 2008. Changes in regional settlement patterns and the development of complex societies in southeastern Shandong, China. *Journal of Anthropological Archaeology* 27(1): 1-29.

如上所述，两城镇遗址社会分级的本质需要进行进一步探讨。贵族的墓葬和房址，有可能在该遗址一个或多个尚未被发掘的区域，或者埋藏在现代城镇之下。我们推测其中之一的贵族区在现代城镇的东面，著名的刻纹玉圭就出自此区域。这些区域可能有更大比例的精致陶器和玉器，另外还有较大的墓坑和房址。与大汶口时期的墓葬相比，两城镇遗址大多数墓葬的随葬品都非常少。一个可能的原因是龙山时期的社会分化已形成相对稳定的体制，而有较少的机动性。因此，没有很多家庭试图通过获得大量容器或举行大型葬礼或其他宴享来进行社会竞争。取而代之的是，只有占统治地位家族的成员才有举办大型宴享的资源。鉴于在探沟（T024）中发现的漏盆尺寸，T024区域有可能曾是两城镇遗址高社会地位群体的居住区。

令人感到意外的是，化学分析明确显示两城镇样品中一个陶箅子和一个陶盆样本也有古酒遗留。这两种器物是龙山文化常见器形，通常认为是分别用来烹调和盛放或分发食物。那么，如何来解释这一现象呢？一个还需要验证的可能解释是，他们在酒的预制、过滤或分发过程中，被作为辅助器具来使用；另一种可能性是，酒在当时可能也用于烹制和炊煮某些食物，就像西方文化有时会用红酒和啤酒来辅助烹饪。

对两城镇遗址龙山文化中期陶器所进行的化学分析，为我们提供了山东地区新石器时代晚期饮酒并且很有可能在仪式中饮酒的证据。多个陶器类似的化学分析结果表明，用稻米、蜂蜜和水果这三种主要原料的发酵过程已形成固定套路。从而为后来的酿酒技术发展开辟了道路。鉴于两城镇这一重要沿海地区遗址酒的发现，由此推测，在黄河流域内陆地区中心遗址以及更靠北靠西的中心遗址也有类似的发展。

新石器时代晚期两城镇遗址的酿酒者，利用高糖原料中的天然酵母使稻米发酵，这些高糖原料包括蜂蜜和水果（很可能是野葡萄或山楂）。有些学者认为中国最早的酒是以水果为原料所生产的酒–醪[1]，这与我们的发现一致可能并非偶然。河北藁城台西遗址中商时期陶瓮中发现的水果残余物，代表了自新石器时代以来便已形成的技术传统的延续。

复杂的城市生活最终导致了饮料的多样化以及淀粉分解发酵系统的出现，这种发酵方法最终成为以稻米和粟类作物为原料制酒的标准方法。我们在两城镇遗址所见到的混合型酿酒技术最终被摈弃，然而向米酒内添加草药的技术传统从未完全失传。直到现在，包括山东在内的中国许多地方都很流行的寿州米酒就添加了少量水果。

尽管与历史时期的酿酒存在某些差别，龙山时期两城镇聚落的先民曾经将多种陶器用于酒的储存、盛放、啜饮和祭祀活动。其中有些器形为商代青铜酒器所沿用，另外在青铜器中还出现了一些新器形，其中有些与早期的陶器相似。使用这些酒器的仪式及日常活动可能都有其史前的根源。

六　结语

世界各地的人们都表现出惊人相似的倾向，那就是将可利用糖分资源发酵成酒精饮料。这些饮料极大的促进了文化创新和发展，包括使用农业和园艺技术更好的利用自然资源、发展酿制饮料的

[1] a. 袁翰青：《酿酒在我国的起源和发展》，《中国酒文化和中国名酒》，中国食品出版社，1989年。 b. Huang HT, 2000. *Biology and Biological Technology, Part V: Fermentations and Food Science. Joseph Needham. Science and Civilization in China*, Volume 6. Cambridge: Cambridge University, 155-157, 259.

技术以及烧制特殊容器，以在仪式上分发、饮用和展示饮料，将其应用在宴享和其他活动中。对中国两城镇遗址多种陶器的分子考古学分析表明，结合化学方法以及大量考古和植物考古方法，我们可以重现史前饮料及其文化意义。在山东省龙山文化中期（约公元前2400～前2200年），两城镇这个区域中心的居民，很可能以古酒为墓葬祭品，并在其他多种社会活动中饮用古酒。这种混合型酒以稻米、水果（很可能是山楂和葡萄）为主要原料，很有可能还包括蜂蜜。

本文对中国北方新石器时代晚期（龙山时代）酒的生产与使用进行了研究[1]，第一次提供了当时生产和使用酒的直接化学证据。在过去的近四十年中，学者们大都根据墓葬中出土的精致陶杯和陶罐来推论酒的存在。现在，从两城镇遗址居住和墓葬遗迹中出土各种陶器内的化学提取物肯定了酒的存在。近年来，宴享在社会和仪式方面所起的作用，已广为世界各地考古学家们所关注，但相对来说，对酒的研究却没能引起足够重视。中国龙山时代陶器的化学证据和考古学材料，为跨文化比较人们如何利用酒的生产和消费来协调社会关系，以及这些活动如何导致经济技术变革提供了重要资料。

基于文献学和考古学证据，多个学者提出中国北方青铜时代早期中心的仪式中有酒的使用[2]。另外，这些中心至少也都部分承担着作为仪式中心的作用[3]。基于两城镇遗址古酒的证据，龙山时期的中心可能也有类似功能。为了进一步检验这一假设，我们需要检测该遗址及其周边地区出土的更多陶器。我们推测区域中心很可能有多种仪式与酒有关，例如只有贵族参加并伴随有宴享的仪式，及社会各个阶层都可以参加的向祖先祭献食物和饮料的仪式。生活在周围附属聚落的人们，可能参加一些贵族在区域中心举行的大型公共仪式。较小的遗址则应有较少酒的证据。实际上，龙山时期的贵族们强化自身权力的一种策略，很可能就是控制酒的生产和分配。

我们也希望能在将来的研究中进一步改进方法。这包括测试更多陶器类型以及更大量的陶器，包括目前认为与饮料无关的器形，以及可能有多种用途的器形（如罐、杯）。尽管完整陶片提取法对于发现目标指纹化合物非常有效，但是我们计划进一步检测陶器对酒的吸收程度，分别提取和检测陶片的内外表面。理论上来说，内表面应该吸收了更多的液体，而受环境的影响更小。另外，我们还将测试更多来自不同遗迹的陶器，以促进遗址内不同层位和不同空间范围的比较。最后，通过实验及其他方法，我们希望进一步探索提取物中指示性化合物（如酒石酸）的可能来源，进一步理解稻米的糖化和水果的使用。

本文是基于发表在《考古》2005年第3期和《亚洲视角》[4]杂志上古酒鉴定和研究一文的更新版本，主要增加了对社会含义的讨论部分。原作者有：麦戈文、文德安、方辉、栾丰实、格里辛·霍尔、于海广、王辰珊、蔡凤书、赵志军及加里·费曼等。

[1] 对新石器时代早期及商周时期的古酒研究，参见 McGovern PE, J Zhang, J Tang et al, 2004. Fermented beverages of pre-and proto-historic China. *Proceedings of the National Academy of Science* 101: 17593-17598.

[2] a. Chang KC, 1983. *Art, Myth, and Ritual*. Cambridge: Harvard University. b. Keightley D, 1999. The Shang: China' s first historical dynasty. In: M Loewe, E Shaughnessy (eds). *The Cambridge History of Ancient China*. Cambridge: Cambridge University, 232-291. c. Underhill A, 2002. *Craft Production and Social Change in Northern China*. New York: Kluwer Academic/Plenum.

[3] a. Chang KC, 1980. *Shang Civilization*. New Haven, CT: Yale University Press. b. Wheatley P, 1971. *The Pivot of the Four Quarters*. Edinburgh: Edinburgh University.

[4] McGovern PE, AP Underhill, H Fang et al, 2005. Chemical identification and cultural implications of a mixed fermented beverage from late prehistoric China. *Asian Perspectives* 44(2): 249-275.

附录11-1　两城镇遗址使用的化学方法如下

（1）扩散-反射傅里叶变换红外线光谱仪（DRIFTS）利用化学键吸收红外光时伸缩和摆动的性质。每一种化合物有特定的吸收频率，各吸收频率都可以被准确测量，然后将主要吸收峰标记在光谱上（如图11-4）。这种微化技术只需要几毫克样本。在存有古代样本、现代化合物以及天然产品的大型数据库内进行搜索，找出最接近的结果。这个方法的优点之一是整个样本能被自动加以分析。也因为如此，需要对不同化合物和基团的吸收峰仔细区分。

（2）高效液相色谱仪（HPLC）被用来更精确的检定混合物。将样本溶于特定溶剂后，在高压下通过充满微粒的色谱柱，从而将含量仅为数微克的各种化合物分离。根据各化合物的极性、所使用的载液和固定相不同，化合物会在不同时间通过色谱柱（称保留时间）。具体来说，两城镇样品甲醇提取液的检测，使用的是极性相对较大的色谱柱（正相）以及持续载液（等梯度）。一旦分离后，各个化合物会被导入一个二极管阵列的紫外线-可见光分光光度计，理想情况下会得到各种化合物的特征频率吸收峰。

使用惠普A06.01ChemStation软件，我们从有几百个古代样品和现代参考化合物的内部数据库中搜索最可能的匹配。我们的数据库包括天然产品（如树脂和蜂蜡）、处理过的有机品（如现代红酒、蜂蜜、粮食等）、有可能相关的通常在天然或处理过有机品中出现的合成化合物，以及古代参考样品（即从有刻文显示其中装有某种特殊饮料、食物、调味品或香草、树脂等的陶器中提取的残留物，这些残留物由未降解和已降解成分组成）。

（1）气相色谱-质谱仪（GC-MS）与高效液相色谱仪类似，也可以将几微克或更少的各种化合物在管柱中进行分离，不过样本必须被气化成气体。简单来说，我们的方法是让1微升氯仿提取物通过一个以固醇分析优化过的非极性熔融二氧化硅柱。为了保存有限的样品，我们没有采用衍生法。根据沸点的不同，各化合物通过管柱后被分离，再进入四极质谱。该质谱可快速扫描分子量从50到450的物质。在全离子扫描之后，我们又进行了选择性离子监视。这一步在一种重要成分的含量较低时尤其重要。普通石蜡和植物固醇标准被用来校正保留时间和质谱。在整个提取过程中我们加了几个空白对照样品（空白样品的提取和处理过程与其他样品完全一样，唯一的区别是其中没有加入样品），对这几个样品进行检测可以检验可能的污染或样品处理过程中可能加入的其他人为因素。在美国国家标准与技术研究所（NIST）的质谱数据库进行搜索，从而确认特定化合物。

（2）费格尔化学点试验（Feigl spot test）能够利用其特殊的反应，在敏感度几毫克的条件下，测定出酒石酸（酒石酸盐）和草酸盐成分。由于其他化合物也可能产生绿色的溶液，观察酒石酸或酒石酸盐产生的荧光很关键。

为了答复该文章的前中英文两个版本发表以后收到的问题，我们做出以下几点注释：

（1）在我们推断用来酿制混合型酒的多种成分中，有没有可能某些成分来自于地下水？

不太可能，因为同样的化合物组合在多个容器中发现。另外，我们还检测了不太可能有古酒的陶器，如锅，并从中分辨出源自地下水代表“古代污染”的化合物。另外由于蜂蜡等化合物的大分子量，它们很难在地下水中移动。

（2）为什么两城镇古酒的配方如此复杂？

通过混合各种天然产品，酿酒者可以确保足够的糖分以及来发酵糖分的酵母。我们在中东、欧洲和美洲等地的新石器聚落也都观察到同样的现象。

（3）红外光谱分析和液相色谱分析的样品分别来自于两城镇同一陶片的两次不同的提取液。

致谢：两城镇第一高中和两城镇中学的校长和教师为麦戈文教授提供了前期工作所需要的实验室。通过赫诺维奇（J. P. Honovich）的热心相助，德里克西大学（Drexel University）化学系提供了用来进行气相色谱–质谱（GC-MS）分析的实验室。北京大学微生物系程广生教授不厌其烦的向我们解释中国古今酿酒技术中的发酵过程。Carl Crook、马会勤、吴小红、黄兴宗、唐际根、李水城、罗国光、Victor Mair、Harold Olmo、Vernon Singleton、陈铁梅、王昌燧、Tyana Wachter等学者也为本文的写作提供了帮助。芝加哥菲尔德博物馆人类学部的 Jill Seagard 绘制了图11–1～4、10。Sheila Dennison 绘制了图11–6。图11–7为文德安拍摄。对于上述单位和个人的支持与帮助，我们在此表示由衷的感谢！

第一二章　陶器研究

第一节　两城镇龙山文化陶器的制作技术与工艺

两城镇遗址位于山东省日照市两城镇驻地的一个缓坡和冲积平原的自然台地上，在两城河的西南边，遗址距离两城河流入潮白河的汇合处约数百米。1936年，中研院史语所对该遗址进行了最早的发掘[1]。自20世纪50～80年代，在这一地区开展了多次调查工作。最近几年里，由山东大学和美国芝加哥菲尔德博物馆组成的中美联合考古队在日照地区进行了区域系统调查[2]。在此基础上，对两城镇遗址进行了新一轮发掘[3]。

龙山陶器素以黑陶闻名于世，但它也有红陶和白陶。龙山黑陶有多种器形，采用多种制作方法进行生产，其最主要的特色是表面打磨光滑、表里漆黑、器壁很薄、器形精美。许多黑陶是轮制而成，最后用不同的工具进行精加工。20世纪30年代，吴金鼎等就对两城镇和其他龙山时期遗址出土陶器的制作技术和工艺进行了各种研究，初步建立起一套研究龙山陶器的科学方法[4]。

本文将根据两城镇遗址的不同层位及其所属遗迹单位出土的陶器，重建不同陶器器形或器类的生产工序（或生产流程），并研究利用不同方法制作出来的陶器在使用时所表现出来的性能特点，如透水性、坚固性等。这里讨论的大多数陶器标本来自两城镇遗址T2345的H59，时代为龙山中期，是两城镇遗址龙山文化的典型单位。

一　龙山陶器基本特征

成分和火候：1999年两城镇发掘的陶片，经过融凝后进行电子束微探针分析，结果表明，陶土中以二氧化硅（SiO_2）所占比例最大，约为62%～65%；其次为三氧化二铝（Al_2O_3），约占28%～30%。另外还包含1.3%～1.7%的三氧化二铁（Fe_2O_3）、二氧化钛（TiO_2）和氧化钾（K_2O），以及更少量的氧化钙（CaO）和氧化镁（MgO），约占0.7%～0.8%。原料的来源地属于花岗岩沉积地区，因而陶土中的主要包含物为石英、长石和云母。遗址的东部和东南部为近海区

[1]　南京博物院编：《日照两城镇陶器》，文物出版社，1985年。

[2]　a. 中美两城地区联合考古队：《山东日照市两城地区的考古调查》，《考古》1997年第4期。 b.《日照两城地区系统考古调查的新收获》，《考古》2002年第5期。

[3]　中美两城地区联合考古队：《山东日照两城镇遗址1998～2001年发掘简报》，《考古》2004年第9期。

[4]　a. Wu GD, 1938. *Prehistoric Pottery in China*. London: Kegan Paul and Co. b. 刘敦愿：《论山东龙山文化陶器的技术与艺术》，《山东大学学报（历史版）》1959年第3期，收入蔡凤书、栾丰实主编《山东龙山文化研究文集》，齐鲁书社，1992年。 c. 钟华南：《大汶口——龙山文化黑陶高柄杯的模拟试验》，《考古学文化论集（三）》，文物出版社，1989年。

域，推测曾经是洼地或沼泽地，由于水的作用，使得包含有大量混合物的黏土得以自然形成，并以其可塑性和其他特殊性能而被人们开发，用来制作陶器；同时也形成了大小不等的颗粒状泥土。今天的陶匠在仿制两城镇的龙山黑陶时，就选用或混合了这些不同的黏土堆积。我们的研究标本中便选用了这样一件仿制品。

两城镇龙山陶器的烧制温度在700～1050℃之间，而不同类型的陶器烧制温度也不相同。为了检测陶器的烧制火候，选择了H59出土的20件代表不同硬度的陶片标本，采用电子扫描显微镜进行观察，并进行了重新烧制的模拟试验。陶胎中掺和料的颗粒大小颇不一致，以适用于不同的器类。炊器和储藏用器都是夹砂陶，烧制火候也较高；盛器和饮食器则为泥质陶，烧制火候低，陶胎中多气孔，渗水性较强。关于两城镇龙山陶器的陶胎构成和烧制火候及其反映的生产专门化方面的细节，我们将另为专文讨论，这里介绍的是两城镇龙山陶器生产过程中具有代表性的技术细节。

二　薄胎杯和其他泥质陶器微观结构的稳定性

陶杯（有筒形和鼓腹罐形等多种形状）系轮制而成。证据在于陶胎的气孔（黑色水平状空隙）与器表平行排列，如交叉断面图所示（图12-1，1）。这件标本厚2.4毫米，大约是两城镇遗址出土的其他薄胎杯厚度的三倍。

图12-1　陶片内部结构的X光照片

1、6. 杯　2. 杯子把手　3. 罐　4. 甗　5. 器盖

陶杯和其他罐、把手内部结构的X光照片使我们可以从表面看到气孔（白色空间）的排列（图12-1）。这些气孔与容器底部或容器内壁水平的轮旋痕迹呈对角线，它们的长度是宽度的10～40倍，比现代陶器的气孔还要长。气孔沿水平线呈30°～45°排列，反映出陶轮作圆周旋转时力的向量和陶匠用手提升泥筒时力的向量。X光照片显示，制作小容器、器盖和把手时都使用了快轮。

陶土微粒的尺寸在1～10微米之间（图12-1，2），很多微粒的轮廓呈六角形（图12-1，2左下方）。陶土微粒尺寸在这个大的范围内波动，可以使陶胎的缩减度大大降低，这对于中国通常的矿石和高岭土来说是不寻常的。我们观察和测量了这一波动范围，并根据其物理性能得知这一波动范围的实际效果，但这一效果的获得是否出自古人有意识地混合陶土目前还不能做出肯定的答复。器身陶片的包含物有石英、长石（图12-1，3，一种钾长石在90℃时破碎）和富含铁的风化泥岩（图12-1，4）。如图12-1中的静电照片所示，根据陶土微粒的尺寸及其分布密度的不同，可以将陶器分作泥质陶和夹砂陶两类。根据陶土包含物的尺寸及其分布密度的不同，还可以将夹砂陶进一步分为夹细砂和夹粗砂两小类。细砂陶的包含物最大直径为2毫米，而粗砂陶（图12-1，4）的包含物最小直径大于2毫米，最大直径则可达到8毫米。仅通过肉眼观察是不可能区分出这两类夹砂结构的，这里之所以能够将二者区分开来，是因为我们在研究中有对这一组陶片进行了静电拍摄。

图12-1的5和6提供了一件薄胎陶杯内壁的两张图像。图像显示，水平平行的凹槽每隔70～80微米成组均匀分布。这表明，为使快轮制作的器壁达到最薄，薄胎陶杯在晾干之后，器壁又被进一步刮磨。这样出人意料的规整性使我们有理由做出推测，制作陶器时，陶轮是被固定在一个起支撑作用的车床之上的。而且，为了控制陶胎的厚度，车床上还安装有刮尺。陶杯内壁每隔1.0～1.1毫米就有一道较深的凹槽，这些凹槽说明制作过程中使用的刮尺是一种多齿的修整工具，刮尺自下而上作水平圆周旋转以使器壁变薄。每一道凹槽与在车床上加工过程中留下的木质或石质器具的修整痕迹相似，但后者不是螺旋形的。刮尺工具磨出的痕迹与18世纪的楔木器皿表面的机器旋转痕迹相似，只不过它们是泥质的。在很多杯子上面还有另一种圆周痕迹（图12-2），即通常所说的凸弦纹，一般作水平环绕，凸起高度约1.0毫米。要在如此易碎的未烧干的陶器上制作任何一种圆周痕迹，都要把容器放在一个与轮制时使用的相似的立轴装置上进行旋转，因为这样薄的轮制坯体无法支撑其自身的重量。

同样的修整痕迹在1999年和2000年发掘出土的数千件陶片上也有发现。这些陶片表面和内壁上部保存良好。在几百件陶片和许多不同种类的盛器（豆、杯、鬶和各种器盖）表面都发现相似的修整痕迹，这说明当时已经形成稳定的生产模式，有全职或定时的专门手工业者生产大量不同种类的、造型复杂的、技术含量高因而价值不菲的陶器。直到今天当我们面对各种精美的陶器，仍不由对这些陶匠们所具有的精湛技艺叹为观止。

从陶器制作和修整痕迹以及陶胎内部结构可以看出，制作薄胎的陶杯、器盖及高柄杯时要经过提拉成型和晾干后磨光两道工序，而且这两道工序可能已经出现了专业分工。晾干后的抛光工序可能与美石（如玉器）、骨器、木器的磨光程序相似。在玉璧和玉琮的加工过程中，为了在璧或琮上钻孔，工匠要在钻孔的位置使用一个立轴进行旋转，并且向轴内添加磨光所需要的粗砂，如石榴石（在山东东南部的河流中比较常见）。就是说，无论是加工玉石器，还是生产陶器或其他质料的手工产品，很可能都使用了这种立轴式旋转装置。

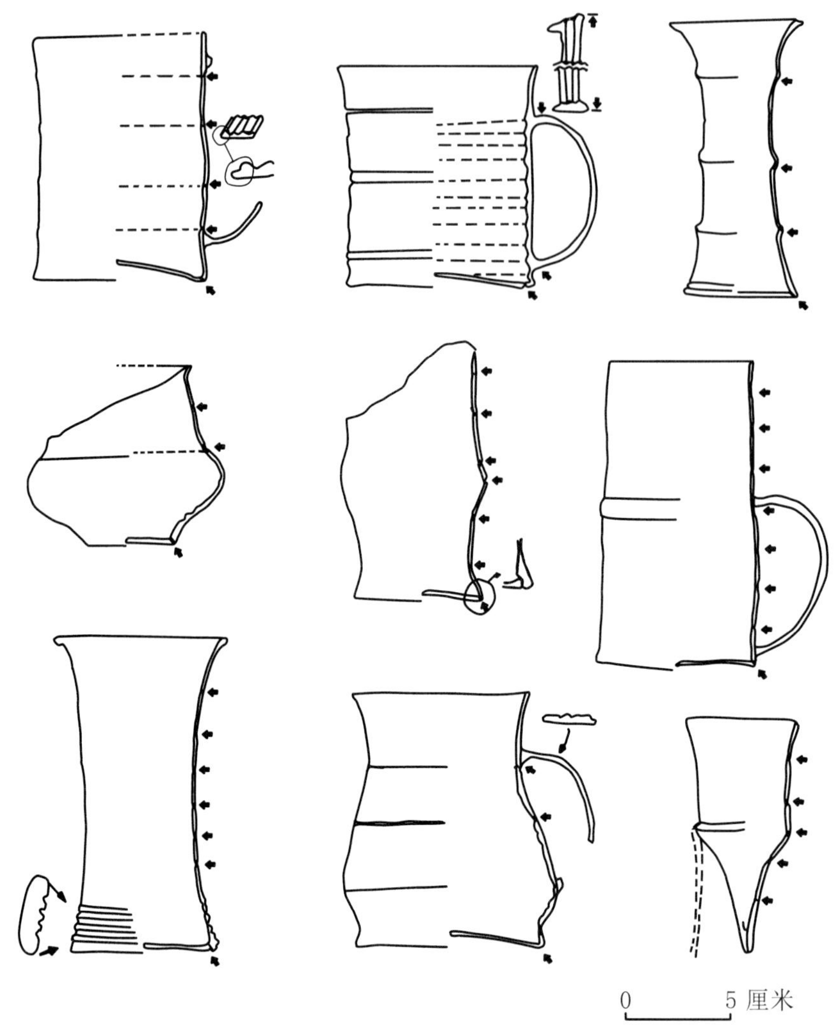

图12-2　陶杯的制作

1～3、6、7．筒形杯　4、5、8．鼓腹杯　9．高杯柄

三　制作工序和成型方法

正如此前我们所指出的，龙山文化与仰韶文化的陶器在制作方法上存在很多不同之处。后者使用断面为圆形的泥条，采用分段盘绕、逐层累筑的方法，将器坯分作几个部分分别制作，然后黏接在一起[1]。器物成型后，再用陶拍和陶垫进行精加工，并在内壁刮擦以使器壁变薄，而把手则是用多个泥条制成。有关如何辨别不同陶器的成型工艺和生产程序的标准已经有过研究[2]，但对于两城镇陶器生产所采用的特殊工序，以前还没有见诸报道。

如上文所述，两城镇陶器的主要生产工序包括：（a）采用立轴式快轮提拉成型；（b）器物的附件部分采用轮制和手制两种方法分开制作；（c）修整、磨压以使器壁变薄；（d）旋转式抛光；

[1]　Vandiver PB, 1984. The forming of Neolithic ceramics in west Asia and northern China. *ISAC Proceedings*, Shanghai, 8-14.

[2]　Vandiver PB, 1987. Sequential slab construction: a conservative southwest Asiatic ceramic tradition, ca. 7000-3000 BC. *Paleorient* 13(2): 9-29.

（e）晾干；（f）烧制。

如图12-3所示，制作陶杯时，预先制作出圆形的杯底。器身的下部是先用数条泥条重叠堆筑，然后提拉成型。有时陶匠会先将泥料加工成断面呈圆形的泥条，然后再通过拉坯工艺使之变薄，不过这种方法并不常见。有的器物上的泥条保留了原有的厚度，有的则经过加工变薄，但泥条的高度一般是其厚度的10～35倍。而仰韶文化中，泥条的高度和厚度一般相等，也有一些泥条的高度可以达到厚度的2倍。因此，龙山文化的陶器与仰韶文化陶器相比，器身的接合点大大减少，因而也就减少了从接合点破裂的机率。龙山文化的陶器的接合点通常是斜切的，这就进一步增强了防止破裂的强度。两城镇许多遗迹单位中出土的大型陶器（图12-3）使用了相同的制作方法：器身使用圆形的泥条层层盘筑，器物下部与圆形底部系用泥条连接而成，这与现代宜兴陶器的制作方法相似。有时还会在器底中心再加一层圆形泥饼，特别是在较大的圈足盘的底部，以使器物更加坚固耐用。

陶器把手的制作是首先轮制一个圆筒，然后使用一种尖锥形切割工具（由竹子、骨或者其他材料制成的带尖器物），在旋转的轮子上将圆筒切割成一个个矮圆筒，每个矮圆筒又可作二或三等分，每一部分都可以用来制作一个把手（图12-4，1）。这些把手的形状及其所留下的痕迹，可以

图12-3　大型陶器的制作

1～4. 鼎　5～7. 罐　8. 甗　9. 豆　10. 瓦足罐　11. 甗和器盖

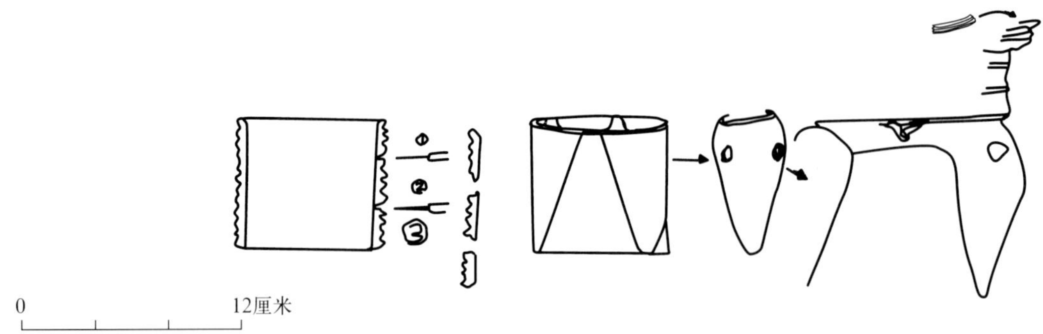

图12-4　陶器专业化生产示意图

1．陶杯把手的制作　2．鼎足的制作

清楚地反映出它们的制作程序。同样，泥质陶鼎的足也采用了相同的方法，即将圆筒等分成不同的三角形，用手稍加加工，即可做成这种泥质陶鼎的足（图12-4，2）。圆筒也可以被两等分，去除底部，作成内弯的“C”字形，作为瓦足盆的所谓“瓦足”（图12-3，10）。甗的三个袋足则是分别模制而成，然后接合起来，足尖内部往往有一个附加的小泥条以起加固作用。器身上部有时也有附加泥条，腰部和袋足接合处有附加堆纹，位于腰部表面和袋足内部，同样是起加固作用。所有这些生产方法都是为了提高生产效率，即在单位时间内生产出更多的器物。因为采用这些生产方法，可以一次生产出一组容器或其部件，而不是单个器物。最后，所有附加或缺失性装饰都是为了使容器的形状更接近于人或动物的造型，如表示眼睛的穿孔以及泥饼、盲鼻和耳鼻等。

由于生产工序复杂，加工操作要求严格，所以，龙山陶器的制作技术要由专门的人学习继承。陶匠可能来自稳定的手工专业化家庭，有些生产任务无疑是有计划的，而且是有专门分工的。研究陶器生产的标准化，可以通过测量不同器类在口径、腹径和高度等方面的差异来进行判断[1]，目前，我们正在对两城镇出土的属于不同阶段、不同器类的陶器进行多维标准化的测量。本文勾勒的技术类型学与上述方法在侧重点上有所不同，但对于两城镇遗址龙山中期陶器的生产已经实现专门化这一假说，提供了更多的证据。我们的目的在于给关注这一问题的中外学者，增加一些反映史前时期晚期手工业生产专门化方面的资料。

四　硬度和渗水性——火候的指标

陶器的烧制火候一般在摩氏2°～4°之间。我们所观察的两城镇的陶器中，白陶通常为夹砂陶，三袋足为模制，然后黏接在泥条水平盘筑的器身上，表面经过打磨。红陶有两种类型：一种烧制火候很低，易碎，多见碎片；另一种是鼎和甗的足，它们最初呈黑色，而在用于煮食过程中再次氧化成为红色。这种足最为坚硬，火候最高。黑陶、灰陶器身的硬度、火候介于白陶和红陶之间，烧制时采用了还原法，但目前还不清楚是否使用了水熏法，尽管通过氢凝聚的耐火测试（FRES），现在可以很清楚地知道水熏法在商周时期的陶器生产中已经被使用。

在被测试的298件陶片标本中，有158件可以辨别器形，涵盖了龙山文化大部分的陶器种类。结果如表12-1、2所示：

[1]　Costin C, 2001. Craft production systems. In: Feinman G, D Price (eds). *Archaeology at the Millenium*: A Sourcebook. New York: Kluwer Academic, 273-327.

表12-1　与生产方法和掺和料相关的硬度测试表

类　别		摩氏2°	摩氏3°	摩氏4°	陶片数量
轮制泥质陶		11（15.7%）	53（75.7%）	6（8.6%）	70
手制泥质陶		30（38.0%）	47（59.5%）	2（2.5%）	79
手制夹砂陶	粒度0～2毫米	26（21.6%）	78（65.0%）	16（13.3%）	120
	粒度0～8毫米	4（23.8%）	16（55.2%）	9（31.0%）	29

表12-2　测试样品分类统计表

器形＼部位	口沿	器身	器底	把手	器盖	共计
鬶	0	8	6	0	4	18
鼎	5	5	7	0	0	17
盆	6	2	3	0	0	11
甗	1	1	4	0	0	6
盒	0	1	2	0	0	3
杯	8	10	9	4	0	31
罐	12	6	7	1	0	26
豆	3	2	0	4	0	9
器盖	12	11	1	13	0	37

硬度测试结果表明，轮制泥质陶的烧制火候变化幅度最小，因而也最难控制。手制夹砂陶烧制火候波幅比轮制泥质陶较大，波幅最大的是手制泥质陶和包含大量微粒的手制夹砂陶。泥质陶波幅较小的火候参数以及准确的火候控制表明当时的制陶活动有较好的组织，已经实现专门化，生产实践中的技术传承能力很强。

麦戈文（Patrick McGovern）等从两城镇龙山文化的陶器中提取到酒的残余物，并且有化学证据显示某些陶器是用于盛放这类饮料的[1]。然而，对没有裂缝和其他瑕疵的陶片渗水率的测试结果表明，被测试的24件陶片标本中，只有5件陶片可以满足基本不渗水的标准（表12-3）。陶器具有渗水性，器表经过磨光处理的轮制泥质陶的渗水率可以达到14分/mm，手制泥质陶的渗水率则为24分/mm。在淄博附近的现代盛水陶器使用相同陶土成分制成，烧制火候只有高于1100°，摩氏硬度达到5°时，才可以获得不渗水的效果（表12-3）。这就意味着，龙山时期的陶器生产要获得使陶器不渗水的烧制火候是十分困难的。因此，当时的匠人们使用其他的方法以降低陶器的渗水率。例如，他们可能在陶器表面涂抹油类或其他有机物质，如猪的脂肪；在一些保存较好的泥质和夹砂陶片上还发现了陶衣的痕迹。我们使用傅氏微红外光谱仪（micro-FTIR）对一些质量较好的陶器表面进行检验，并试图对有完整陶衣的陶片进行成分提取，遗憾的是没有能够获得足够的有机残余物加以检测。

[1]　麦戈文、方辉、栾丰实等：《山东日照市两城镇遗址龙山文化酒遗存的化学分析——兼谈酒在史前时期的文化意义》，《考古》2005年第3期，第73～85页。

表12-3 与硬度和器形有关的渗水率测试表

器型			硬度	厚度（毫米）	渗水时间	渗水率（分/mm）
轮制泥质陶	包含物 < 0.1毫米	器盖	2	2	54秒	0.45
		器盖	2	4	10分钟	2.5
		器盖	3	1.5	1分40秒	1.1
		器身	3	2	4分钟	2
		器盖	3	2	2分钟	1
		器身	3	3	8分25秒	2.8
		器底	3	2	10分钟	5
		器身	3	2.5	12分钟	4.8
	注：内壁良好	器盖	3	3	42分钟	14
	包含物0.1～2毫米	把手	3	4	21分30秒	5.4
		把手	4	4.5	38分10秒	8.5
手制泥质陶		器身	3	3	23分钟	7.7
		碗	4	3	4分15秒	1.4
		器身	4	3	1小时12分	24
手制夹砂陶	包含物0～2毫米	口沿	2	3	7分钟	3.5
		罐	2	4	35分钟	8.8
		口沿	3	4	34分钟	8.5
		口沿	3	4	9分15秒	2.3
		碗	4	5	1小时6分43秒	13.3
	包含物0～8毫米	碗	3	4	16分钟	4
		罐	3	5	1分48秒	0.36
		鼎足	2	6	5分钟	0.8
		器身	3	4.5	35分5秒	7.8
		器身	3	4.5	48分钟	10.7
现代陶器	泥质黑陶高柄杯复制品		3	1	10秒	0.17
	夹砂白陶鬶复制品		2	4	1分38秒	0.4
山东淄博龙泉镇现代夹砂陶盛水器						
表面灰色，内壁黑色			5	4～5	3日未湿	0
表面红色，内壁黑色			4	4～5	红色透气孔，但未湿透	0

精加工应包括以下几个步骤：（a）对器壁（不包括器底）进行修整使之变薄；（b）打磨去除修整痕迹；（c）雕刻纹饰；（d）磨压器表，抛光并使器表平整，有时使用少量猪的脂肪或黏土陶衣。现代美国西南部的陶匠在对陶器进行磨光时常常使用黄油或植物油。使用猪的脂肪可以提高陶器表面的亮度。范黛华（Pamela Vandiver）教授曾用两城镇当地的陶土对以上步骤进行过试验。

在不能达到足够火候的情况下，为解决减少陶胎气孔和降低陶器渗水率的问题，陶匠采用了加厚器壁、加固接合点、磨压器表、抛光、加施陶衣和动物脂肪等方法。陶匠们还通过以下方式来减少气孔：拉坯时挤压器壁；在对夹砂陶进行后期精加工时使用拍子和砧，拍打磨压器壁。即使是泥条盘筑的泥质陶的接合点也被加厚以达到加固的目的。上述方法在两城镇龙山陶器制作中都是常用技术。

龙山时期的陶匠们运用上述技术制作出视觉效果惊人的薄胎陶器，并保证它们可以盛放各种各样的液体。要知道，陶胎多气孔的现象在当时几乎是不可避免的，因此，制作出渗水率如此低的陶器从技术上来说简直是个神话。为了获得这种视觉和使用效果俱佳的陶器，陶匠们需要在设计和生产工具的改进上付出相当多的努力。我们推测，作为文化意义上的陶器曾随着生产技术的传播而广为流传，因而这种薄胎且渗水率极低的陶器所装载的不仅仅是普通液体，更包含了威望和尊崇。也正是因为如此，这类薄胎陶器的使用是被严格控制的。也许正如范黛华教授在西伯利亚图万（Tuvan Siberia）所观察到的那样，那些名贵的陶器在大型宴会上使用之后，作为一种礼仪的需要而被打碎。至少，薄胎陶器比普通厚胎陶器的生产要求投入多得多的掌握了高技术的劳动力。众所周知，从龙山时代晚期开始，制陶技术开始趋于简单化。因而，作为具有特殊的社会和文化意义的器物，两城镇遗址龙山中期的陶器便显得格外引人注目。既然这种陶器的生产要求大量掌握有复杂技术的专业工匠，这就意味着它们包含了更多的资源、时间和精力的投入。

五　结论

第一，本文目的在于通过显微镜和X光摄影观察两种方法，建立起不同陶器种类的生产模式。一方面，通过对器物表面进行显微镜观察，研究陶器生产和加工过程中留下来的痕迹；另一方面，通过对陶胎断面进行显微镜观察，可以看出陶胎中包含物排列的差异，并发现了器物接合点的包含物呈不规则形折线分布。我们对三件属于不同器型的夹砂陶标本和一件泥质陶标本采用了X光摄影技术观察，重在分析其陶土微粒尺寸的变化范围和气孔的排列等内部结构的差异。气孔的排列与轮旋的近水平痕迹呈30°～45°角。这表明，器身成型是陶轮旋转时产生的离心力与手及工具拉坯时产生的挤压力共同作用的结果。换句话说，整个过程就是我们所说的轮制过程。另外，我们还在陶片标本的内壁滴注适量的水，根据水渗透到器物外壁表面陶色发生变化所用的时间，测定出被测标本的渗水率。

第二，轮制技术包括两个步骤：（a）准备泥料、湿陶土在陶轮上提拉成型的过程；（b）广义的晾干工作，包括修整磨光以使器壁光滑轻薄、改善陶土微粒的排列以减少气孔并降低陶器渗水率的过程。后者用于制作小型泥质陶器、把手、器盖上的泥饼、小型的“C”字形足和一些背面中空的鼎足。

第三，泥质陶也使用泥条盘筑法制作，其方法和现代宜兴紫砂陶器的制作方法相似，利用泥条盘筑圆的器壁，而器底则是分开单独制作。水平泥条的接合处以及罐类的折肩部位常用较厚的泥条环绕，以期达到加固的目的。但事实上这种加固措施效果并非完美，因为陶罐的破裂处常常出现在折肩部位。陶匠们在制作形状相同而大小不一的夹砂陶器和泥质陶器时采用了相同的技术和工序，这表明，陶匠们已经有了固定的标准和习惯，陶器制作采用的是专门化生产。

第四，陶器生产中相当大的精力集中在那些薄而轻的器物上。这些陶器胎薄而轻巧，微观结构致密，接合点的气孔少，陶器的视觉效果和物理性能得到优化。这都表明，制陶技术出现了质的飞跃。因为烧制火候尚低于1050℃，因此，陶匠们只能在陶器性能的改进方面精益求精，进行了种种尝试，并且取得了理想的效果。

第五，渗水率测试和摩氏硬度测试反映出泥质陶和夹砂陶具有不同的物理性能。根据测试结果我们推测，为了降低陶器渗水率，陶匠们采用了在陶器表面涂抹光滑的有机物（如猪的脂肪）的方法。

第二节　鲁东南地区龙山文化泥质黑陶的成分研究

一　龙山时期的陶器

中国北方新石器时代晚期的龙山时期（约公元前2600～前1900年）以其泥质磨光黑陶著称。山东以大量精美黑陶尤其是主要在墓葬中发现的蛋壳高柄杯[1]著名。不同厚度不同抛光程度的泥质黑陶在居住区和墓葬区都有发现。不过薄壁黑陶在山东以西的地区并不多见。本文初步研究山东东南部日照地区龙山早期至龙山中期陶器生产变化的情况，选取的样本主要是区域系统调查以及发掘中收集的泥质磨光黑陶。

不止一个学者提出，至少器型和装饰上最精致的陶器是由几个中心遗址专门的工匠制作的，并且在地区内部或地区间都存在交换[2]。具体来说，多篇文献都提出两城镇曾经是生产高柄杯和其他手工艺品的中心[3]。相比于夹砂陶，泥质陶体现了生产过程中更多的劳力投入，包括黏土制备、成型、修饰和烧制等步骤[4]。尽管普遍认为很多器物都与声望相关，我们并不清楚贵族在多大程度上参与了泥质黑陶的生产和分配。有些学者强调贵族对于黑陶生产和分配的控制[5]，然而其他人提出黑陶的使用在贵族和平民间是连续变化的。这些器物可能被不同的亲属集团在宴飨或葬礼中使用[6]。我们同时也应该考虑区域性集市在两城镇和一些其他龙山遗址存在的可能[7]。

要验证我们的假设，我们认为第一步就是研究某一区域内黑陶的使用情况。陶器成分分析是研

[1]　a. Liu L, 1996. Mortuary Ritual and Social Hierarchy in the Longshan Culture. *Early China* 21: 1-46.　b. Liu L, 2003. The Products of Minds as Well as of Hands. Production of Prestige Goods in the Neolithic and Early State Periods of China. *Asian Perspectives* 42(1): 1-40.　c. 栾丰实：《东夷考古》，山东大学出版社，1996年。　d. Underhill A, 2002. *Craft Production and Social Change in Northern China. New York: Kluwer Academic/Plenum Publishers.*

[2]　a. Liu L, 1996. Mortuary Ritual and Social Hierarchy in the Longshan Culture. *Early China* 21: 1-46.　b. Liu L, 2004. *The Chinese Neolithic. Trajectories to Early States*. Cambridge University Press.　c. 栾丰实：《东夷考古》，山东大学出版社，1996年。　d. Underhill A, 2002. *Craft Production and Social Change in Northern China*. New York: Kluwer Academic/Plenum Publishers.

[3]　a. Liu L, 2004. *The Chinese Neolithic. Trajectories to Early States*. Cambridge University Press:199,247.　b. Liu L, X Chen, 2006. Sociopolitical Change from Neolithic to Bronze Age China. In: Stark M (ed). *Archaeology of Asia*. Malden, MA: Blackwell, 155, 159.

[4]　Feinman G, S Upham, K Lightfoot, 1981. The Production Step Measure: An Ordinal Index of Labor Input in Ceramic Manufacture. *American Antiquity* 46: 871-884.

[5]　a. Liu L, 1996. Mortuary Ritual and Social Hierarchy in the Longshan Culture. *Early China* 21: 1-46.　b. Liu L, 2004. *The Chinese Neolithic. Trajectories to Early States*. Cambridge University Press.

[6]　Underhill A, 2002. *Craft Production and Social Change in Northern China*. New York: Kluwer Academic/Plenum.

[7]　Sun B, 2013. The Longshan Culture of Shandong, in Underhill AP (ed). *A Companion to Chinese Archaeology*. Malden, MA: Wiley-Blackwell, 451-452.

究泥质黑陶的生产和分配情况的手段之一，这一方法可以帮助我们了解这些与声望相关器物的使用和控制情况。在过去这十年间，在中国以及东亚中亚的其他地区对古陶器的成分分析越来越多[1]，不过几乎没有关于龙山时期泥质黑陶的相关研究[2]。据我们所知，关于龙山时期某一区域聚落系统内生产和交换模式的探讨本研究是第一例。本课题使用地质化学的方法——激光剥蚀电感耦合等离子体质谱仪（LA-ICP-MS）——研究山东东南部日照地区龙山时期陶器生产和分配模式的变化（附录一列出了用LA-ICP-MS分析的黑陶样本并对其进行简要描述。附录二讨论了从两城镇所取几个黏土样本LA-ICP-MS分析的结果。将来的研究会选取更多的黏土样本，从而更好的理解这个区域的地质多样性，并帮助我们分辨新石器陶工可能使用的黏土源）。

二　研究区域：山东东南部

自从1936年第一次发掘两城镇龙山文化遗址以来，山东东南部地区就以泥质黑陶和玉器出名。早期发掘者注意到该遗址精致陶器的数量和品种都多于其他遗址[3]。 基于山东大学和芝加哥菲尔德博物馆（Field Museum）联合系统区域调查的结果，我们认为两城镇是山东东南部的两个中心之一[4]。该区域内的另一个中心——靠南的尧王城遗址——与两城镇的使用时间有交叉，可能曾在区域控制方面与两城镇竞争。

调查结果显示这两个中心的泥质黑陶在发现的陶器中占有绝对优势。1999年到2001年我们在两城镇的联合发掘也在居住区发现了大量泥质黑陶[5]，包括杯、多种罐及鼎。根据化学残留物分析的结果，包括泥质黑陶在内的一些陶器被用来盛放发酵米酒[6]。两城镇的部分功能可能是作为仪式中心，

[1] a. 陈铁梅、Rapp G. Jr.、荆志淳、何努：《中子活化分析对商时期原始瓷产地的研究》，《考古》1997 年第7期，第39～52页。 b. Cheng H, Z Zhang, J Song et al, 2006. PIXE Study on Ancient Pottery from Chinese Shanghai Area. *Nuclear Instruments and Methods in Physics Research B* 249: 601-603. c. Lei Y, S Feng, X Feng et al, 2005. Study on the Compositional Differences of Tang Sancai from Different Kilns by INAA. *Journal of Archaeological Science* 32: 183-191. d. Li B, A Greig, J Zhao et al, 2005. ICP-MS Trace Element Analysis of Song Dynasty Porcelains from Ding, Jiexiu and Guantai Kilns, North China. *Journal of Archaeological Science* 32: 251-259. e. Li B, L Liu, X Chen et al, 2010. Chemical Comparison of Rare Chinese White Pottery from Four Sites of the Erlitou State: Results and Archaeometrical Implications. *Archaeometry* 52(5): 760-776. f. Li B, J Zhao, K Collerson et al, 2003. Application of ICP-MS Trace element Analysis in Study of Ancient Chinese Ceramics. *Chinese Science Bulletin* 48(12): 1219-1224. j. Li B, J Zhao, A Grieg et al, 2006. Characterisation of Chinese Tang Sancai from Gongxian and Yaoshou Kilns Using ICP-MS Trace Element and TIMS Sr-Nd Isotopic Analysis. *Journal of Archaeological Science* 33: 56-62. h. 马清林、苏伯民、胡之德、李最雄：《甘肃秦安大地湾遗址出土陶器成分分析》，《考古》2004年第2期，第86～93页。 i. 邱平、王昌燧、张居中：《贾湖遗址出土古陶产地的初步研究》，《东南文化》2000年第11期，第41～47页。 k. Stoltman J, Z Jing, J Tang et al, 2009. Ceramic Production in Shang Societies of Anyang. *Asian Perspectives* 48(1): 182-203. l. 王建平、陈铁梅、程玉冰：《广东博罗先秦硬陶的XRF和INAA研究》，《文物保护与考古科学》，2004年第4期，第43～49页。 m. 王增林、梁中合、袁靖等：《山东地区龙山文化陶器的中子活化分析与研究》，《考古》2003年第10期，第86～94页。 n. 徐安武、杨晓勇、孙在泾等：《大汶口文化陶大口尊产地的初步研究》，《考古》2000年第8期。 o. 赵维娟、高正耀、陈松华等：《南宋官窑瓷器原料来源的中子活化分析》，《考古》1998年第7期，第81～85页。

[2] a. 王增林、梁中合、袁靖等：《山东地区龙山文化陶器的中子活化分析与研究》，《考古》2003年第10期，第 86～94页。 b. 王增林、李新伟、栾丰实等：《中华文明形成时期多个遗址陶器的中子活化分析与研究》，《科技考古（第三辑）》，2011年，第177～202页。 c. 王海圣、李伟东、罗宏杰等：《山东龙山文化陶器的科技研究》，《科技考古（第三辑）》，2011年，第222～242页。

[3] a. 刘敦愿：《日照两城镇龙山文化遗址调查》，《考古学报》1958年第1期，第25～42页。 b. 日照市图书馆、临沂地区文管会：《山东日照龙山文化遗址调查》，《考古》1986年第8期，第680～702页。 c. 山东省文物管理处：《山东日照两城镇遗址勘察纪要》，《考古》1960年第9期，第10～14页。

[4] 方辉、文德安、加里·费曼等：《鲁东南沿海地区聚落形态变迁与社会复杂化进程研究》，《东方考古（第4集）》，科学出版社，2008年，第253～287页。

[5] 栾丰实、于海广、方辉等：《山东日照市两城镇遗址1998～2001年发掘简报》，《考古》2004年第9期，第7～18页。

[6] McGovern PE, AP Underhill, H Fang et al, 2005. Chemical Identification and Cultural Implications of a Mixed Fermented Beverage from Late Prehistoric China. *Asian Perspectives* 44(2): 249-275.

包括宴飨。另外，调查中在一些代表三个较低等级的遗址（二级中心、三级中心和村落）发现的少量泥质黑陶片让我们很感兴趣。我们提出一种可能的交换机制就是中心区的贵族馈赠礼物给周边社区[1]。

我们对山东东南部泥质黑陶的进行初步成分分析的目的是试图评估其可能的生产区域以及交换网络。我们的调查和发掘显示，山东东南部地区两个区域中心都在变大，并且到龙山中期两城镇周边聚落有聚拢的趋势。两城镇是像一些学者提出的陶器生产中心吗？[2]一个从事复制龙山陶器工作超过十五年的当地熟练陶工——刘先生，发现现代两城镇附近的黏土非常适合用来制作泥质黑陶。这些上等的黏土是否促使了龙山时期两城镇泥质陶生产的强化，同时伴随着区域内交换的增加？贵族是否控制了部分或全部过程？南部中心尧王城遗址在龙山文化早中期是否有其自己的陶器交换圈？

三 地质化学分析：激光剥蚀电感耦合等离子体质谱仪

十多年来，考古学家已经使用电感耦合等离子体质谱仪（ICP-MS）成功分析描述玻璃、黑曜石[3]、金属、土壤等样本。研究者们已利用包括ICP-MS在内的各化学方法有效识别陶器生产中使用黏土的可能来源、分辨真品和赝品以及区分本地和外来陶器等[4]。近期的研究表明激光剥蚀（LA）点分析，结合ICP-MS或ICP-AES（atomic emissions spectroscopy，原子发射光谱）尤其适合探讨陶器的生产、分配和产地，因为这种方法可以瞄准考古样本的各成分（例如釉、泥釉、掺合料、黏土）。这一技术已经被应用在世界上很多地区包括中国的陶瓷研究上，从而更好的理解陶瓷生产工艺、交换关系、以及随时间的变化[5]。研究表明，用LA-ICP-MS对考古样本按照成分分组的结果与利

[1] Underhill A, G Feinman, L Nicholas et al, 2008. Changes in Regional Settlement Patterns and the Development of Complex Societies in Southeastern Shandong, China. *Journal of Anthropological Archaeology* 27: 1-29.

[2] a. 刘敦愿：《龙山文化若干问题质疑》，《山东龙山文化研究文集》，齐鲁书社，1992年，第23～40页。 b. Liu L, X Chen, 2006. Sociopolitical Change from Neolithic to Bronze Age China. In: Stark M (ed). *Archaeology of Asia*. Malden, MA: Blackwell, 155.

[3] Gratuze, B, 1999. Obsidian Characterization by Laser Ablation ICP-MS and its Application to Prehistoric Trade in the Mediterranean and the Near East: Sources and Distribution of Obsidian within the Aegean and Anatolia. *Journal of Archaeological Science* 26: 869-881.

[4] a. 北京大学考古文博学院、河南省文物考古研究所：《登封王城岗考古发现与研究（2002～2005）》，大象出版社，2007年。 b. Bruno P, M Caselli, M Curri et al, 2000. Chemical Characterization of Ancient Pottery from South of Italy by Inductively Coupled Plasma Atomic Emission Spectroscopy (ICP-AES) Statistical Multivariate Analysis of Data. *Analytica Chimica Acta* 410: 193-202. c. Li B, A Greig, J Zhao et al, 2005. ICP-MS Trace Element Analysis of Song Dynasty Porcelains from Ding, Jiexiu and Guantai Kilns, North China. *Journal of Archaeological Science* 32: 251-259. d. Li B, L Liu, X Chen et al, 2010. Chemical Comparison of Rare Chinese White Pottery from Four Sites of the Erlitou State: Results and Archaeometrical Implications. *Archaeometry* 52(5): 760-776. e. Tite M, 2008. Ceramic Production, Provenance and Use—A Review. *Archaeometry* 50(2): 216-231.

[5] a. Cui J, T Rehren, Y Lei et al, 2010. Western Technical Traditions of Pottery Making in Tang Dynasty China: Chemical Evidence from the Liquanfang Kiln Site, Xi'an City. *Journal of Archaeological Science* 37: 1502-1509. b. Dussubieux L, M Golitko, PR Williams et al, 2007. Laser Ablation Inductively Coupled Plasma-Mass Spectrometry Analysis Applied to the Characterization of Peruvian Wari Ceramics. In: Glascock M, R Speakman, R Popelka-Filcoff (eds). *Archaeological Chemistry. Analytical Techniques and Archaeological Interpretation*. Washington, DC: American Chemical Society Symposium Series, Vol. 968, 349-363. c. Neff H, 2003. Analysis of Mesoamerican Plumbate Pottery Surfaces by Laser Ablation-Inductively Coupled Plasma-Mass Spectrometry (LA-ICP-MS). *Journal of Archaeological Science* 30: 21-35. d. Niziolek L, 2013. Earthenware Production and Distribution in the Prehispanic Philippine Polity of Tanjay: Results from Laser Ablation-Inductively Coupled Plasma-Mass Spectrometry (LA-ICP-MS). *Journal of Archaeological Science* 40: 2824-2839. e. Oka RL, L Dussubieux, CM Kusimba et al, 2009. The Impact of Imitation Ceramic Industries and Internal Political Restrictions on Chinese Commercial Ceramic Exports in the Indian Ocean Maritime Exchange, ca. 1200-1700. In: McCarthy B, ES Chase, LA Cort, JG Douglas, P Jett (eds). *Scientific Research on Historic Asian Ceramics: Proceedings of the Fourth Forbes Symposium at the Freer Gallery of Art*. London: Archetype, 175-185. f. Speakman RJ, H Neff, M Glascock et al, 2001. Characterization of Archaeological Materials by Laser Ablation-Inductively Coupled Plasma-Mass Spectrometry. In: Jakes KA (ed). *Archaeological Chemistry: Materials, Methods, and Meaning*. Washington, DC: American Chemical Society, 48-63. g. Zhu T, W Sun, H Zhang et al, 2012. Study on the Provenance of Xicun Qingbai Wares from the Northern Song Dynasty of China. *Archaeometry* 54(3): 475-488.

用中子活化分析（INAA）的结果类似[1]。到目前为止，ICP-MS很少被用来分析东亚的陶器，在中国也是一种较新的方法。之前的两项ICP-MS研究[2]仅限于中国瓷器，另外还有两项关于河南省出土陶器的研究。本项工作是第一个使用ICP-MS对龙山泥质黑陶进行成分分析的研究。

我们选择激光剥蚀电感耦合等离子体质谱仪有多个原因。第一，LA-ICP-MS使得研究者可以瞄准样本的特定区域，如黏土基质还是包含物。在研究中，我们尽量避免可见的羼和料而注重黏土坯。这种技术尤其适合研究比较均一的黏土坯，而泥质黑陶似乎非常均一很少有包含物。第二，从保护的角度，LA-ICP-MS很好，因为它对样品造成的伤害很小（相比较而言，中子活化分析要将样本粉碎）。瞬间激光产生的剥蚀点用肉眼几乎看不出来，这个样本可以用LA-ICP-MS或其他方法再次进行分析。第三，ICP-MS高度敏感，可以测量元素含量低至十亿分之一的样本，并且可以一次测量五十多种元素（中子活化分析可以测量大约三十种元素）。最后，LA-ICP-MS对我们来说方便使用。利用美国国家科学基金（NSF）的一笔拨款，芝加哥菲尔德博物馆建立了一个包括LA-ICP-MS在内的元素分析实验室，供管理员、学生、以及外来研究者使用。伊利诺伊大学芝加哥分校与芝加哥菲尔德博物馆有一个合作培养人类学研究生的计划。伊利诺伊大学芝加哥分校的好几个研究生都曾在此培训，学习使用LA-ICP-MS分析考古样本。另外，ICP-MS是中子活化分析较便宜的替代品。

四　方法

从我们区域系统调查和两城镇发掘的陶片中，我们选择了105片泥质黑陶片进行分析（表12-4；附录12-1）。这些陶片来自区域内不同聚落等级的遗址（共18个遗址，包括一级、二级、三级和四级遗址）。主要器型有盛器（盖、盆、圈足盘、豆、杯、碗）、罐形器（罐、壶、罍）、鼎（鉴于其泥质胎，鼎很可能并不像通常认为的那样用来烹饪而是用来上菜的）、盒等。表12-4按时代列出了我们分析的不同器型的样本。样本来自北部的11个遗址和南部的7个遗址（表12-5、6）。这些遗址位于现代日照市三个不同的区，从北到南依次是胶南、东港、岚山。我们选择了可以确定相对年代（龙山早期或龙山中期）且器型可辨的陶片，包括多种功能类型的陶器。我们是从日照博物馆保存的样本中选择的陶片，因此不能认为是完全的随机取样，但至少可以让我们初步了解区域内成分变化的情况。我们判断一个遗址属于调查区的北部还是南部主要依据该遗址相对于区分两个沿海盆地的物理边界的位置以及该遗址与哪个区域中心有从属关系[3]。

这105个陶片的测试是在芝加哥菲尔德博物馆元素分析实验室进行的，测试仪器是Varian四极质谱仪。去除样本表面的浮土，之后放入测试舱用New Wave UP213激光进行剥蚀。测试舱的尺寸是直径6、高5厘米。由于样本的尺寸较小，测试舱内可同时放入多个样本。激光的工作能量是其最大能量（0.2mJ）的70%，频率为15Hz。剥蚀下来的样本以氦气做载气送入质谱仪。每个样本我们选

[1] James W, E Dahlin, D Carlson, 2005. Chemical Compositional Studies of Archaeological Artifacts: Comparison of LA-ICP-MS to INAA Measurements. *Journal of Radioanalytical and Nuclear Chemistry* 263(3): 697-702.

[2] a. Li B, A Greig, J Zhao et al, 2005. ICP-MS Trace Element Analysis of Song Dynasty Porcelains from Ding, Jiexiu and Guantai Kilns, North China. *Journal of Archaeological Science* 32: 251-259. b. Li B, J Zhao, A Grieg et al, 2006. Characterisation of Chinese Tang Sancai from Gongxian and Yaoshou Kilns Using ICP-MS Trace Element and TIMS Sr-Nd Isotopic Analysis. *Journal of Archaeological Science* 33: 56-62.

[3] Underhill A, G Feinman, L Nicholas et al, 2008. Changes in Regional Settlement Patterns and the Development of Complex Societies in Southeastern Shandong, China. *Journal of Anthropological Archaeology* 27: 1-29.

择10个位置做直径100μm激光点剥蚀，尽量避免可见的羼和料。每个样本和标样都读取55种元素/同位素，包括：^{7}Li、^{9}Be、^{11}B、^{23}Na、^{24}Mg、^{27}Al、^{29}Si、^{31}P、^{35}Cl、^{39}K、^{44}Ca、^{45}Sc、^{49}Ti、^{51}V、^{53}Cr、^{55}Mn、^{57}Fe、^{59}Co、^{60}Ni、^{65}Cu、^{66}Zn、^{75}As、^{85}Rb、^{88}Sr、^{89}Y、^{90}Zr、^{93}Nb、^{107}Ag、^{111}Cd、^{115}In、^{118}Sn、^{121}Sb、^{133}Cs、^{137}Ba、^{139}La、^{140}Ce、^{141}Pr、^{146}Nd、^{147}Sm、^{153}Eu、^{157}Gd、^{159}Tb、^{163}Dy、^{165}Ho、^{166}Er、^{169}Tm、^{172}Yb、^{175}Lu、^{178}Hf、^{181}Ta、^{187}Au、$^{206、207、208}$Pb、^{209}Bi、^{232}Th、^{238}U等。

表12-4　分期统计LA-ICP-MS分析各器型的陶器样本数

	龙山早期遗址	龙山中期遗址	总计
盛器			
杯	6	14	20
豆	1	2	3
盖	0	6	6
盆	6	12	18
三足盆	1	1	2
瓦足盆	1	0	1
圈足盘	3	4	7
三足盘	1	0	1
碗	0	3	3
匜	2	0	2
罐形器			
罐	7	12	19
壶	4	2	6
罍	4	4	8
其他			
鼎	1	4	5
盒	0	1	1
器型未知	0	3	3
总计	37	68	105

表12-5　各区域分期样本数

	龙山早期	龙山中期	总计
北部区域	23	55	78
南部区域	14	13	27
总计	37	68	105

表12-6　LA-ICP-MS分析各遗址陶器的分期样本数

村落名	遗址编号	样本编号	龙山早期	龙山中期	总计
北部区域					
两城镇	LCZ-1/96R-LCZ-1	LCZ	12	38	50
大桃园	DG-DTY-1	DGT	0	8	8
丹土	96R-Dantu-1	DAN	5	2	7
大界牌	96R-DJP-2	DJP	4	0	4
西寺	JN-XS-1	JNX	1	2	3
梁家罗川	DG-LJLC-1	DGL	0	1	1
庙山后	DG-MSH-1	DGM	0	1	1
申家坡	DG-SPJ-6/WLZ-5	DGS	0	1	1
王家窑	WL-WJYA-6/7	DGW	0	1	1
海青	JN-HQ-10	JNH	0	1	1
相家沟	96R-XJG-1	XJG	1	0	1
北部区域总计			23	55	78
南部区域					
尧王城	DG-YWC-1	DGY	7	5	12
西林子头	DG-XLZT-1	DGX	0	4	4
小代疃	LS-XDT-3	LSX	2	3	5
东海峪	DG-DHY-1	DGD	3	0	3
苏家村	DG-SJC-1	DGJ	0	1	1
井沟	LS-JG-3	LSJ	1	0	1
罗川沟	LS-LCG-1	LSL	1	0	1
南部区域总计			14	13	27
总计			37	68	105

每10到15个样本加测两个从美国国家标准与技术研究所（NIST）购买的标准物质（SRMs）——NIST 玻璃标样 SRM 610和NIST黏土标样SRM 679（砖瓦黏土）——来修正仪器在一天测量中的偏移。NIST玻璃标样 SRM 610 一定要单独放在测试舱中，以此减少玻璃样本和陶器样本间的交叉污染。新俄亥俄红黏土也被用作质量控制标样，与砖瓦黏土一同被测试。使用Varian提供的标准软件以及 Dussubieux 基于 Gratuze方法提出的步骤[1]，每十个点测量值的平均值用空白值做修正，并以 Si 为

[1]　Gratuze, B, 1999. Obsidian Characterization by Laser Ablation ICP-MS and its Application to Prehistoric Trade in the Mediterranean and the Near East: Sources and Distribution of Obsidian within the Aegean and Anatolia. *Journal of Archaeological Science* 26: 869-881.

内标。质谱仪给出的原始元素计数被转化为以ppm为单位的元素含量和氧化物的百分含量。之后所有数据都转化为以ppm为单位表示。就俄亥俄红黏土来说，大多数元素的相对标准偏差都在20%以下，很多在10%以下。在我们测试的13天里共对俄亥俄红黏土测了27次，相对标准偏差超过30%的元素（Cl、Ag、Au、Bi等）从之后的分析中被排除。另外几个元素（P、Mn、Co、Y、Zr、Sb等）也由于埋藏引起的改变以及仪器的灵敏度等原因从统计分析中被排除。

我们遵循密苏里大学核反应堆研究中心（MURR）的 Hector Neff 和 Michael Glascock 建立的例行程序，用 Aptech 公司（Aptech Systems, Inc.）开发的 GAUSS 程序以及 Microsoft Excel 对分析的42种元素进行统计分析。这些元素包括 Be、B、Na、Mg、Al、Si、K、Ca、Sc、Ti、V、Cr、Fe、Ni、Cu、Zn、Rb、Sr、Nb、In、Sn、Cs、Ba、La、Ce、Pr、Nd、Sm、Eu、Gd、Tb、Dy、Ho、Er、Tm、Yb、Lu、Hf、Ta、Pb、Th和U等。这里使用的统计分析是用化学数据确定陶瓷按成分分组的常用方法[1]。首先，为了使不同含量的各元素具有可比性并更接近于正态分布——很多统计分析都有此要求——数据由ppm转化为以10为底的对数。之后对所有陶片（除去3个黏土样本）做主成分分析，再按各主成分得分做二维图检验分组与特定元素的关系。看起来硅的数值似乎是造成数据分散的原因。史前陶工可能加入了沙（主要元素是硅）等羼和料，从而降低了其他元素的百分比；为了修正此影响，对取过对数的数据执行“最佳相对拟合程序（Best Relative Fit）”[2]。

对用“最佳相对拟合程序”处理过的对数值再次进行主成分分析从而将变量数（42种元素）降低到可控制的数量。如果要解释陶器数据中超过90%的变化，我们至少需要11个成分（表12-7）。然而仔细观察特征值的陡坡图发现在第6个成分处有一个拐点。第6个成分就可以解释数据中接近80%（79.18%）的变化。主成分一（PC1）与镁以及一些稀土元素相关，主成分二（PC2）与铜、钡、锶相关，主成分三（PC3）与钡相关，主成分四（PC4）与镁、铜相关，主成分五（PC5）与钠以及一些稀土元素相关，主成分六（PC6）与铅相关（见表12-8）。

做统计分析通常建议样本数多于变量数[3]。在分析的过程中，我们尽量使用前六个主成分；但是如果一个假定组内的样本数（n）太少，我们则将变量数减少至n-2个主成分（一般要求是n-1，然而如果不到n-2的话GAUSS却不能执行某些统计程序）。

[1] a. Baxter MJ, 2001. Multivariate Analysis in Archaeology. In: Brothwell DR, AM Pollard (eds). *Handbook of Archaeological Sciences*. Chichester, NY: John Wiley & Sons, 685-694. b. Bishop RL, H Neff, 1989. Compositional Data Analysis in Archaeology. In: Allen RO (ed). *Archaeological Chemistry* IV. Advances in Chemistry Series 220. Washington, DC: American Chemical Society, 57-86. c. Glascock M, H Neff, K Vaughn, 2004. Instrumental Neutron Activation Analysis and Multivariate Statistics for Pottery Provenance. *Hyperfine Interactions* 154(1-4): 95-105.

[2] a. Cogswell J, H Neff, M Glascock, 1998. Analysis of Shell-Tempered Pottery Replicates: Implications for Provenance Studies. *American Antiquity* 63(1): 63-72. b. Eerkens J, H Neff, M Glascock, 2002. Ceramic Production among Small-Scale and Mobile Hunters and Gatherers: A Case Study from the Western Great Basin. *Journal of Anthropological Archaeology* 21(2): 200–229. c. Harbottle G, 1976. Activation Analysis in Archaeology. In: Newton GWA (ed). *Radiochemistry*. Vol. 3. London: The Chemical Society, 33-72. d. Mommsen H, B Sjberg, 2007. The Importance of the ‘Best Relative Fit Factor’ When Evaluating Elemental Concentration Data of Pottery Demonstrated with Mycenaean Sherds from Sinda, Cyprus. *Archaeometry* 49(2): 359-371.

[3] a. Baxter M, 1994. *Exploratory Multivariate Analysis in Archaeology*. Edinburgh: Edinburgh University Press Inc. :99. b. Baxter MJ, 2001. Multivariate Analysis in Archaeology. In: Brothwell DR, AM Pollard (eds). *Handbook of Archaeological Sciences*. Chichester, NY: John Wiley & Sons, 685. c. Glascock M, H Neff, K Vaughn, 2004. Instrumental Neutron Activation Analysis and Multivariate Statistics for Pottery Provenance. *Hyperfine Interactions* 154(1–4): 101.

表12-7　主成分分析

主成分	特征值	方差（%）	累积方差（%）
1	0.1418	30.79	30.79
2	0.0766	16.63	47.42
3	0.0605	13.14	60.56
4	0.0355	7.72	68.28
5	0.0265	5.76	74.04
6	0.0237	5.14	79.18
7	0.0147	3.20	82.38
8	0.0112	2.42	84.80
9	0.0093	2.03	86.83
10	0.0085	1.85	88.68
11	0.0071	1.53	90.22

表12-8　主成分及相关元素

主成分	元　素
1	Mg、La、Nd、Pr、Gd、Cs、Tb、Na、Sm、Dy、Rb、Ce
2	Cu、Ba、Sr
3	Ba
4	Mg、Cu
5	Na、Ho、Hf、Ce、La、Er、Pr、Mg、Dy、Tm、Yb、Lu
6	Pb

接下来，为了探索各期中可能存在的化学分组，我们用各主成分值分时期做系统聚类分析（Hierarchical Cluster Analysis，图12–5、6），并用其确定各期的主群和子群。由于聚类分析是确定化学分组的一个探索性方法[1]，对基于这种方法提出的分组进一步用马氏距离来评估成员属于各组的可能性，然后用典型判别分析（canonical discriminant analysis）来检验不同成分组的平均值是否在统计学上有差别。小组被并成大组或大组被拆分成小组直至各种统计分析都支持新的分组。对每个假定的陶器组计算马氏距离从而确定每个样本属于该组的可能性。基于马氏距离提出的再分配建议重新分组直到各种统计方法都支持新的分组。这些统计方法包括马氏距离计算、直观观察主成分值和取了对数的元素含量的二维图、以及典型判别分析等。由于属于某组可能性太低而被暂时忽略的样本在分析的最后与更确定的假定组对比，从而确定他们属于这些组的可能性。

[1]　a. Bishop RL, H Neff, 1989. Compositional Data Analysis in Archaeology. In: Allen RO (ed). *Archaeological Chemistry* IV. Advances in Chemistry Series 220. Washington, DC: American Chemical Society, 66.. b. Manly B, 2005. *Multivariate Statistical Methods: A Primer*. Boca Raton, FL: Chapman & Hall/CRC. c. Shennan S, 1997. *Quantifying Archaeology*. 2nd ed. Iowa City: University of Iowa Press:220.

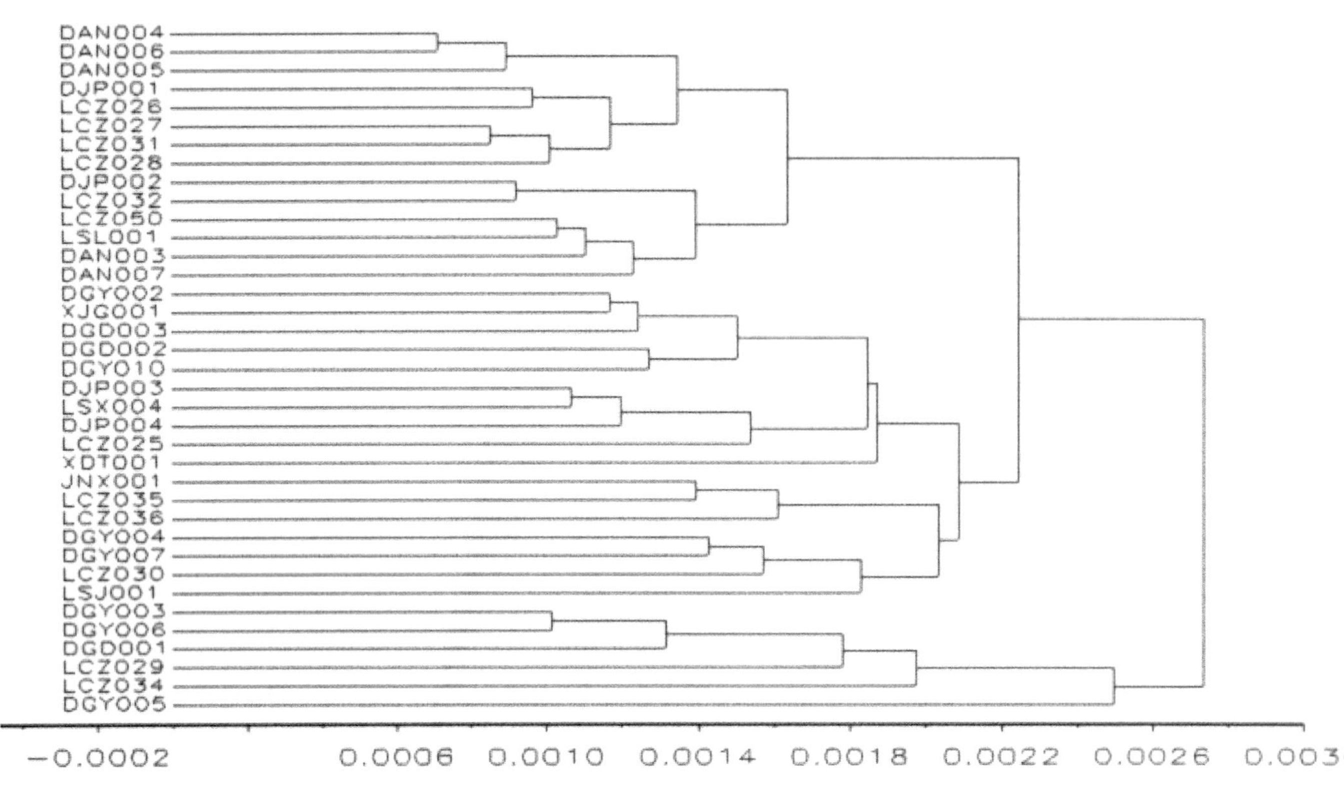

图12-5　龙山早期系统聚类分析

使用欧氏距离和平均联结法（average linkage）的算法产生树状图。对取过对数并用“最佳相对拟合程序”处理过的主成分值做聚类分析。灰色的遗址来自南部。划掉的遗址是基于马氏距离的可能性暂时从进一步的分析中被移除的。

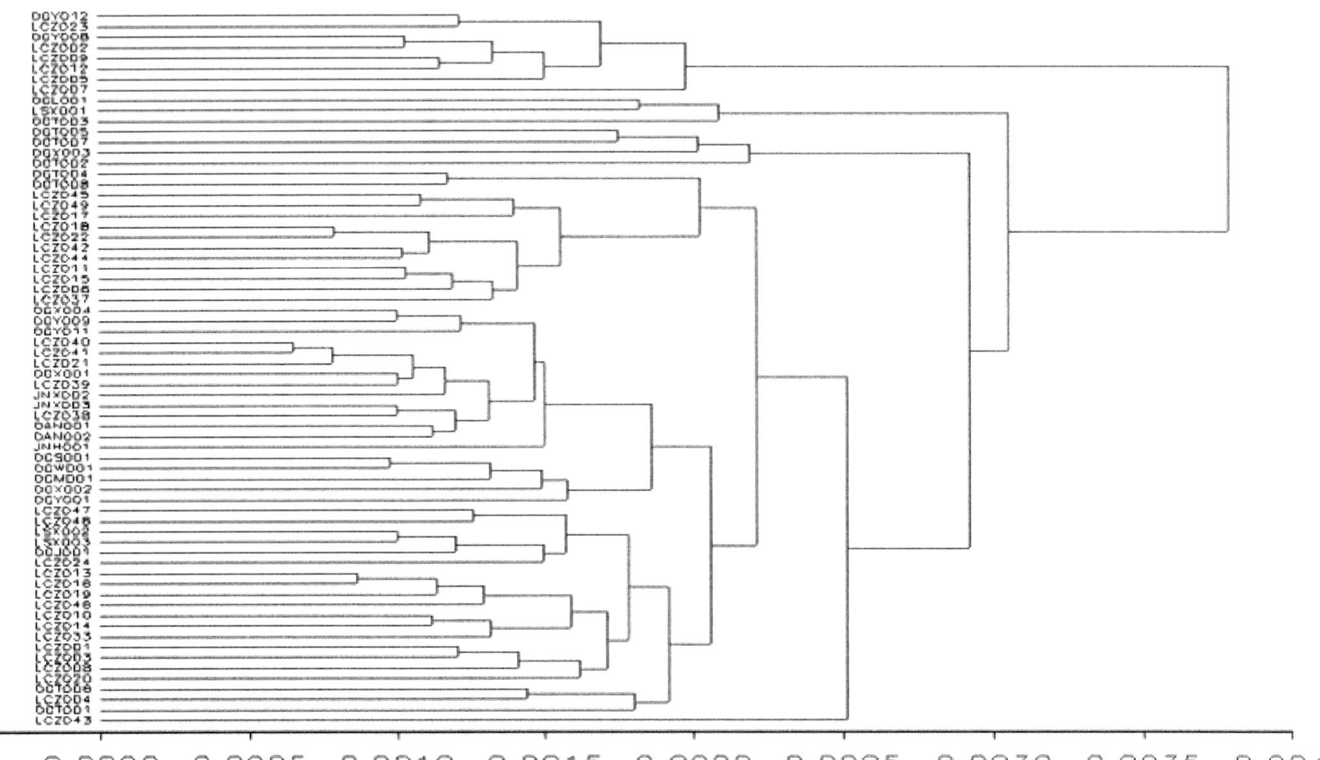

图12-6　龙山中期系统聚类分析

使用欧氏距离和平均联结法的算法产生树状图。对取过对数并用“最佳相对拟合程序”处理过的主成分值做聚类分析。灰色的遗址来自南部。划掉的遗址是基于马氏距离的可能性暂时从进一步的分析中被移除的。

五 结果

为了检验陶器的生产和分配随时间的变化，我们分时间段（龙山早期和龙山中期）对样本进行分析。我们在这里给出的分组是综合考虑系统聚类分析、马氏距离计算和典型判别分析等方法的结果。

1. 龙山早期

龙山早期共计37个陶器样本（23个样本来自北部区域，14个样本来自南部区域）。龙山早期遗址样本的主要器型是罐形器（尤其是常见的广口罐，也有一些更精致的束颈的壶和罍），同时也有鼎、盆、豆等。以下描述的统计学分组每组都包括多种器型。对于龙山早期的陶器，聚类分析显示主要有三组。由于C组的样本量较小而且在最后与其他两个主要组并为一大组，我们先单独考虑C组，然后再用马氏距离和典型判别分析把C组和其他组（A组、B组及下属小组）做比较。

A组（包括A1和A2小组）（表12–9）：A组主要由北部遗址的陶片组成（两城镇遗址5个样本，丹土遗址3个样本，大界牌遗址1个样本）。与其他两大组（B组和C组）相比，A组的Sr、Ba、Ca的含量较高，而稀土元素的含量较低（图12–7）。大多数样本都来自一级或二级中心遗址。因为丹土陶片只在A组发现，有可能该组的陶器是专门为了在两城镇和丹土流通制造的。由于一级中心两城镇遗址和二级中心丹土遗址距离较近（大约相距2千米），而且在丹土也发现有高规格的玉器，与两城镇相关的泥质陶在丹土发现并不意外。另外，丹土发现有时间更早的（大汶口时期）有城墙的建筑[1]。只有一片从南部遗址（村落性遗址罗川沟）发现的陶片与这些北部的陶片化学成分相似。这一大组可以进一步分成两小组，其中一小组（A1组）与丹土遗址关系更紧密。每小组都包含来自多个北部遗址的陶片。

表12–9 A大组及A1、A2小组中的样本

A大组 （n = 10）					
A1小组 （n = 5）			A2小组 （n = 5）		
丹土	DAN004	II	丹土	DAN007	II
丹土	DAN005	II	大界牌	DJP002	III
两城镇	LCZ026	I	两城镇	LCZ032	I
两城镇	LCZ027	I	两城镇	LCZ050	I
两城镇	LCZ031	I	***罗川沟***	***LSL001***	***IV***

注：南部遗址以加粗和斜体表示。样本按其来源遗址定级：I＝一级中心，II＝二级中心，III=三级聚落，IV=村落。

B组（包括B1、B2小组）（表12–10）：与A组相比，B组中来自南部遗址的陶片更多，也有来自北部遗址的。另外，与A组和C组不同，B组陶片的稀土元素含量较高。这个组中不包括来自

[1] Yang X (ed). 2004. *New Perspectives on China's Past. Chinese Archaeology in the Twentieth Century*. Vol. 1. New Haven: Yale University.

丹土遗址的陶片（其仅出现在A组中）。与A组类似，B组可以分成两小组。B1小组主要包括来自南部二三级遗址（比如东海域和小代疃，但是这个组也包括一片来自一级中心尧王城遗址的陶片DGY002）。这小组中的北部遗址是大界牌和两城镇。B2小组主要由来自一级中心的陶片组成，包括北部的两城镇遗址和南部的尧王城遗址；该组也包括来自两个二级中心的陶片（北部的西寺遗址和南部的井沟遗址）。B1组和B2组相比，来自较低级遗址的陶片与来自两个主要竞争中心的陶片区别开来说明存在两种互动方式：一种是为南部较低级遗址的居民生产和分配的陶器（很可能是南部某个生产点制作的）；另一组陶器则主要通过竞争性或联盟性活动（如宴飨）在两个一级中心间流动。

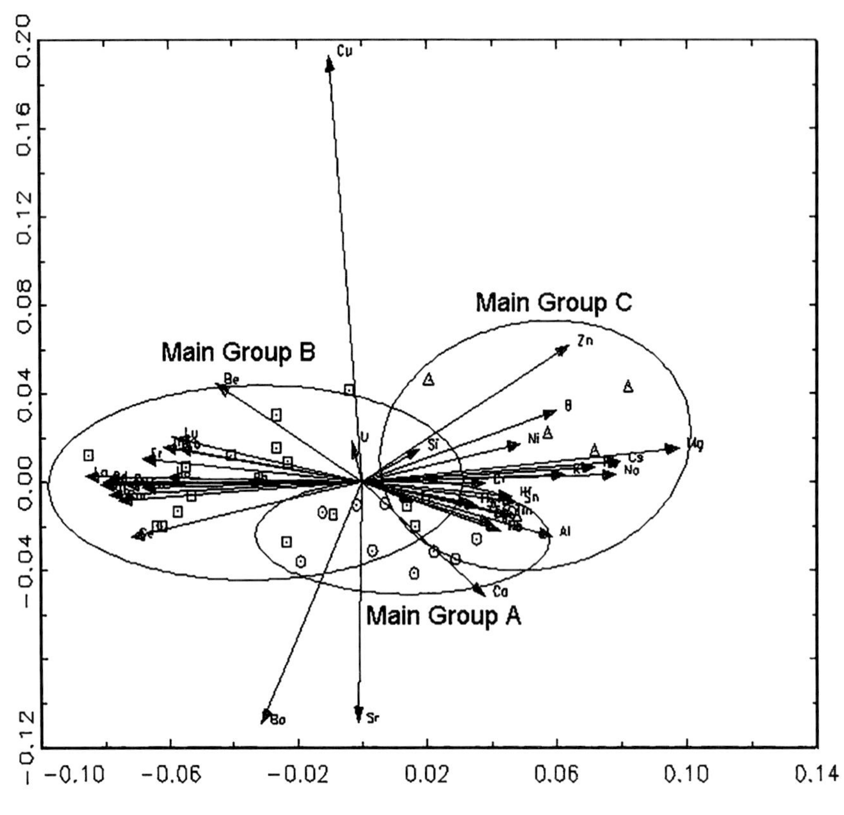

图12-7 主成分二维图展示A、B、C组之间的区别

椭圆形界定的范围为90%的置信区间。主成分一和主成分二可以解释数据中47.42%的变化

C组（与C1小组相同）（表12-11）：龙山早期的最后一大组在系统聚类分析中最后与其他组聚在一起，这说明其与A组和B组的差异大于A组和B组间的差异。C组由来自四片南部尧王城和东海域遗址的陶片以及两片来自北部两城镇遗址的陶片组成。C组的稀土元素含量较低，尤其是与B组相比，同时Mg、Cs、Zn、Rb和Na的含量较高（图12-8）。也就是说，这一组主要由来自两个一级中心遗址（两城镇和尧王城）的陶片组成，说明与特殊社会关系相关的这些陶器是专门为贵族消费制作的。只有一片（样本DGD001）来自南部的二级中心东海峪遗址。

龙山早期小结：表12-12列出了龙山早期各陶器成分大组中不同元素的含量平均值，以ppm为单位。虽然有些组间的差异比另外一些在统计学上更显著，基于各大组和各小组的主要成员所做的典型判别分析的结果显示支持现有的分组（表12-13）。两组均值比较统计学差异最小的是A组内的A1小组和A2小组，其p值为0.0234，也就是说这两组的均值在0.05的显著性水平上仍然有差异。我们可以推翻它们的均值在0.05的显著性水平上一样的原假设；但是不像其他比较组，在0.001的显著性水平上我们无法推翻原假设。地质化学成分在统计学上差别最大的陶器组是在各大组之间，A组、B组、C组，以及其各种组合。这些组的均值都在0.001的显著性水平上不同于其他组。

表12-10　B大组及B1、B2小组中的样本

B大组　(n ＝ 15)					
B1小组　(n ＝ 8)			B2 小组　(n ＝ 7)		
东海峪	***DGD003***	***Ⅱ***	***尧王城***	***DGY004***	***I***
东海峪	***DGD002***	***Ⅱ***	***尧王城***	***DGY007***	***I***
尧王城	***DGY002***	***I***	西寺	JNX001	Ⅱ
大界牌	DJP003	Ⅲ	两城镇	LCZ030	I
大界牌	DJP004	Ⅲ	两城镇	LCZ035	I
两城镇	LCZ025	I	两城镇	LCZ036	I
小代疃	LSX004	Ⅲ	***井沟***	***LSJ001***	***Ⅱ***
小代疃	LSX005	Ⅲ			

注：南部遗址以加粗和斜体表示。样本按其来源遗址定级： I＝一级中心， Ⅱ＝二级中心，Ⅲ=三级聚落，Ⅳ=村落。

表12-11　C大组（C1小组）中的样本

C大组　(n ＝ 6)		
C1 小组　(n ＝ 6)		
东海峪	***DGD001***	***Ⅱ***
尧王城	***DGY003***	***I***
尧王城	***DGY005***	***I***
尧王城	***DGY006***	***I***
两城镇	LCZ029	I
两城镇	LCZ034	I

注：南部遗址以加粗和斜体表示。样本按其来源遗址定级： I＝一级中心， Ⅱ＝二级中心，Ⅲ=三级聚落，Ⅳ=村落。

我们的结果显示有些陶器仅在北部区域流通（如A组），在化学成分上与南部流通的陶器（如B1小组）不同。A1小组表明可能有些陶器是由两城镇和丹土遗址的居民制作使用的；不过由于样本量较小，这只是初步的解释。B组和C组表明南北部遗址间可能存在一定的交换，因为这两组中都既有北部遗址又有南部遗址。B1小组的陶片来自多个等级的遗址，而B2小组和C1小组的陶片则主要来自一级中心遗址（包括南部和北部的）。这就支持了这样一种观点，某些类型的陶器是为大型中心遗址的居民使用而制作的，这些陶器在宴飨和丧葬仪式中用作其贵族地位的一种表示。另外一种可

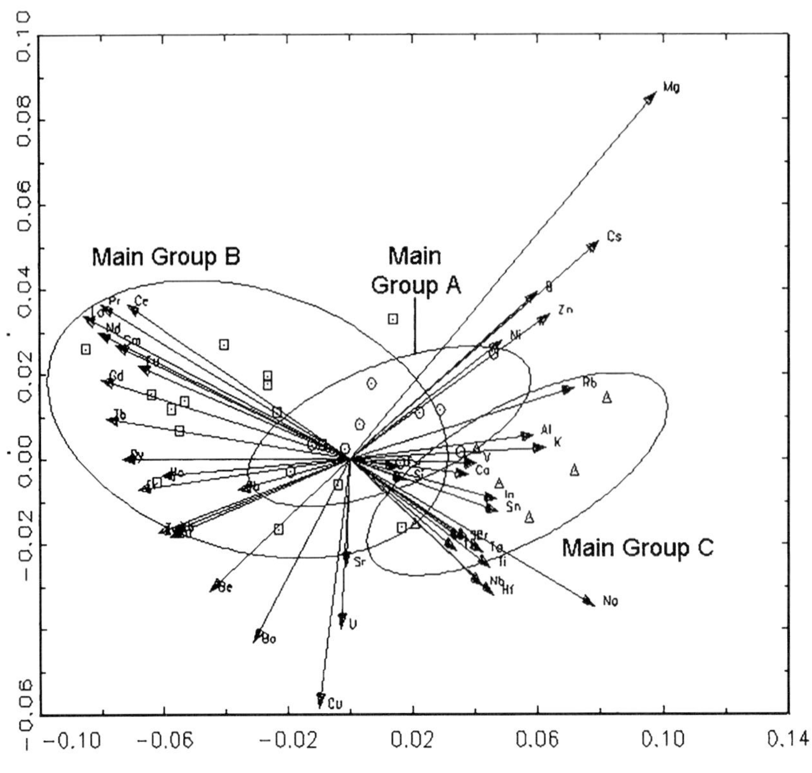

图12－8 主成分二维图展示A、B、C组之间的区别

椭圆形界定的范围为90%的置信区间。主成分一和主成分四可以解释数据中38.51%的变化

能性是，像 Spielmann [1]针对美国西南部的情况提出的那样，这些大型中心可能作为区域内举行重要祖先祭祀仪式的场所，性质上更加平等一些。对于我们调查发现的龙山聚落群以及其他地区新石器时代晚期的聚落群[2]来说，这都是比较合理的一种假说。龙山黑陶在仪式经济中[3]可能扮演的角色还需要进一步的研究。

再分配的样本：龙山早期的陶器数据中，基于马氏距离有六个样本属于其系统聚类分析假定组的可能性较小，因此在分析中被忽略。其中五个样本来自北部遗址，包括丹土（n=2）、大界牌（n=1）、两城镇（n=1）、相家沟（n=1）等。一个样本来自南部一级中心遗址尧王城。这些样本在系统聚类分析中最初大多都被归到A组。基于马氏距离只有两个样本（DAN006 和DJP001）被再分配到新组。另外四个样本被“再分配”回其原来所在组（表12－14）。

分析中的最后两个陶片被再分配到A组：样本LCZ028（来自一级遗址）和DAN003（来自二级遗址）。A组加入这两个陶片并不影响我们最初对该大组及其组内小组的解释。一个来自尧王城遗址的样本（DGY010）被再分配到B组，一个来自北部三级遗址相家沟的样本（XJG001）也重新加入该组。B1组主要包含来自较低等级遗址的陶片，并不出乎意外，从较低级遗址相家沟发现的陶片被再分配到B1组（基于马氏距离属于该组的可能性为97.658%）。北部遗址的两个陶片——样本DAN006（来自二

[1] Spielmann K, 2002. Feasting, Craft Specialization, and the Ritual Mode of Production in Small-Scale Societies. *American Anthropologist* 104(1): 195-207.

[2] 裴安平：《中国史前聚落群聚形态研究》，中华书局，2014年。

[3] Wells E, P McAnany (eds), 2008. *Dimensions of Ritual Economy. Research in Economic Anthropology.* Volume 27. London: JAI Press.

级遗址）和DJP001（三级遗址）——都被从原来所在的A组再分配到了C组。基于统计分析将这两个陶片归入C组后，我们就有更有力的证据支持南北部高等级遗址间存在广泛互动交流的设想。

表12-12　龙山早期各化学大组的平均元素含量（ppm）

	A组　(n ＝ 10)				B组　(n ＝ 15)				C组　(n ＝ 6)			
	平均值		标准偏差	%相对标准偏差	平均值		标准偏差	%相对标准偏差	平均值		标准偏差	%相对标准偏差
Be	2.77	±	0.42	15%	4.96	±	1.60	32%	3.09	±	0.59	19%
B	39.72	±	11.47	29%	39.77	±	12.05	30%	39.39	±	9.81	25%
Na	10363.99	±	1463.90	14%	11121.89	±	3032.76	27%	13062.47	±	2733.87	21%
Mg	11901.99	±	3544.44	30%	12873.49	±	4529.73	35%	12449.19	±	3042.34	24%
Al	171713.98	±	17395.03	10%	163991.25	±	21777.49	13%	158090.59	±	9549.37	6%
Si	658602.62	±	47262.62	7%	605438.36	±	64452.59	11%	707108.87	±	27728.61	4%
K	16842.55	±	2364.92	14%	18887.91	±	2475.96	13%	18625.20	±	4802.81	26%
Ca	14069.70	±	4019.74	29%	19274.20	±	3506.37	18%	14156.60	±	3634.10	26%
Sc	14.12	±	1.94	14%	15.72	±	1.93	12%	14.06	±	1.27	9%
Ti	5860.92	±	950.43	16%	5742.07	±	1202.70	21%	5623.68	±	1363.98	24%
V	99.96	±	13.42	13%	110.65	±	23.71	21%	91.91	±	4.09	4%
Cr	79.95	±	10.88	14%	94.13	±	14.39	15%	87.37	±	5.45	6%
Fe	40668.53	±	9547.54	23%	57305.94	±	17731.90	31%	43110.81	±	11341.06	26%
Ni	43.86	±	8.90	20%	52.40	±	10.18	19%	43.74	±	5.71	13%
Cu	27.21	±	5.49	20%	66.08	±	25.14	38%	89.20	±	81.45	91%
Zn	125.85	±	55.69	44%	185.06	±	61.45	33%	180.16	±	43.72	24%
Rb	99.84	±	12.27	12%	108.19	±	21.38	20%	112.38	±	17.76	16%
Sr	308.22	±	93.76	30%	401.79	±	107.49	27%	241.66	±	60.43	25%
Nb	19.07	±	3.80	20%	17.10	±	3.40	20%	16.49	±	5.26	32%
In	0.07	±	0.01	9%	0.07	±	0.02	28%	0.08	±	0.01	15%
Sn	3.16	±	0.41	13%	3.39	±	0.56	17%	3.20	±	0.27	8%
Cs	6.70	±	1.02	15%	6.93	±	1.77	26%	7.24	±	1.11	15%
Ba	1940.21	±	639.59	33%	2760.83	±	1088.01	39%	1641.42	±	791.52	48%
La	40.10	±	7.45	19%	69.32	±	33.13	48%	31.99	±	5.12	16%
Ce	84.10	±	15.85	19%	126.57	±	53.40	42%	58.56	±	8.34	14%
Pr	9.52	±	1.72	18%	16.02	±	7.44	46%	7.54	±	1.27	17%

Nd	30.99	±	5.51	18%	50.60	±	20.98	41%	23.04	±	3.72	16%
Sm	6.41	±	1.12	17%	10.48	±	3.72	35%	4.69	±	0.78	17%
Eu	1.58	±	0.24	15%	2.78	±	1.00	36%	1.29	±	0.19	15%
Gd	6.03	±	1.03	17%	10.47	±	3.46	33%	4.55	±	0.86	19%
Tb	1.01	±	0.21	21%	1.62	±	0.47	29%	0.65	±	0.11	17%
Dy	6.65	±	1.45	22%	10.07	±	2.77	27%	4.10	±	0.80	19%
Ho	1.41	±	0.26	18%	2.11	±	0.55	26%	0.91	±	0.18	20%
Er	3.62	±	0.86	24%	5.60	±	1.48	26%	2.50	±	0.48	19%
Tm	0.50	±	0.11	23%	0.76	±	0.19	25%	0.35	±	0.07	20%
Yb	3.31	±	0.87	26%	5.05	±	1.24	25%	2.32	±	0.50	22%
Lu	0.44	±	0.08	19%	0.72	±	0.18	25%	0.34	±	0.07	22%
Hf	3.51	±	0.59	17%	3.50	±	0.90	26%	3.18	±	1.06	33%
Ta	1.31	±	0.21	16%	1.16	±	0.20	17%	1.09	±	0.27	25%
Pb	32.11	±	4.62	14%	57.49	±	10.86	19%	34.87	±	9.20	26%
Th	17.66	±	2.91	16%	16.66	±	2.61	16%	16.85	±	2.77	16%
U	3.41	±	0.57	17%	4.03	±	0.84	21%	3.07	±	0.52	17%

表12-13 对龙山早期各大组、小组的典型判别分析

比较组	Wilks' Lambda	近似F值	p值
各大组			
A，B，C	0.0666	11.0246	**0.0000
A，B	0.1809	13.5871	**0.0000
A，C	0.0500	28.5059	**0.0000
B，C	0.2102	8.7668	**0.0004
A组内小组间比较			
A1，A2	0.0314	15.4261	*0.0234
B组内小组间比较			
B1，B2	0.1117	10.6043	*0.0019
各小组			
A1，A2，B1，B2，C1	0.0117	8.0053	**0.0000

**在0.001（0.1%）的显著性水平上有显著差异。*在0.05（5%）的显著性水平上有显著差异。

表12-14　基于马氏距离被再分配的龙山早期样本

	样本	原来所在组	最佳组	%可能性
丹土	DAN003	A	A	97.675
丹土	DAN006	A	C	69.092
大界牌	DJP001	A	C	42.876
两城镇	LCZ028	A	A	92.968
尧王城	***DGY010***	B	B	42.625
相家沟	XJG001	B	B	50.935

注：使用主成分一、二、三、四。这里只显示可能性最高的组。注：南部遗址以加粗和斜体表示。

2．龙山中期

我们的调查队伍在山东省东南部的龙山中期遗址发现了比龙山早期更多的器型，尤其是盛器。除了龙山早期就已经有的三种罐形器、一种鼎、一种盛器外，龙山中期的样本还包括其他五种盛器（盖、杯、圈足盘、碗、可能还有盒）。在两城镇的发掘显示这个遗址的杯非常多。在调查区域内，泥质黑陶在龙山中期比龙山早期更常见。我们推测这个地区在龙山中期时更重视在类似宴飨的活动中以陶器作为社会地位的展示，从而导致了陶器生产的集约化，就像Underhill [1]针对新石器时代晚期山东一些地区的情况提出的那样。

龙山中期总共68个样本（55个样本来自北部区域，13个来自南部区域）。用马氏距离对每个样本进行检验，确定其属于系统聚类分析假定组的可能性，13个样本（9个样本来自北部，4个来自南部）在以后的分析中被暂时忽略，直到他们被再分配。样本LCZ043也在后面的分析中被忽略，因为它在系统聚类分析以及主成分二维图中都是离群值，这说明它不属于任何现有分组。聚类分析显示有六个大组，这一结论被马氏距离以及典型判别分析证实。

A组（与A1小组相同）（表12-15）：A组由8个样本组成（6个来自北部，2个来自南部），这些样本的稀土元素含量较低，Mg、Zn、Cs、Na和Rb的含量较高。来自北部的六个样本全部出自一级中心遗址两城镇，两个来自南部的样本全部出自南部中心遗址尧王城。从两城镇和尧王城陶片的比例来看，两城镇可能是这些陶片的生产地（不过也有可能是因为总的来说两城镇取样较多），器型包括盆、盖、鼎、把手和罐。这些器物流通到了南部区域可能反映了两个中心的贵族间的竞争性活动（以联盟做掩饰），如宴飨、互换礼物或联姻。

B组（包括B1和B2小组）（表12-16）：B组主要由来自北部地区大桃园遗址的样本组成，总共6个样本，最初被进一步分为B1和B2小组。B组的Be、Cu以及一些稀土元素的含量较高。尽管聚类分析显示有两个小组，典型判别分析表明这两个小组并无显著差异。以0.3750的p值，无法推翻两组均值相等的原假设。5个样本来自北部（4个来自大桃园，1个来自梁家罗川），只有1个来自南部的西林子头遗址。这一大组的所有样本都来自三级遗址。这种一致性表明为这些低等级遗址制作的陶器与为一级和二级中心遗址消费制作的陶器有不同的黏土来源或不同的配方。大桃园有可能是这些

[1] Underhill A, 2002. *Craft Production and Social Change in Northern China*. New York: Kluwer Academic/Plenum Publishers.

陶器（包括碗、罐、盘、杯等）的制作区域，然后由交换或再分配到达其他三级遗址。不过似乎这些小聚落都是用本地黏土自己制作陶器。用前几个主成分做二维图可以看出，与其他几个大组比起来，这个组的各成员分布很分散（例如图12-9）。这种分散的分布说明，尽管与其他大组的样本比起来这些样本比较相似，但是它们在化学组成上还是有比较大的异质性，因此分散分布可能是当地生产模式的证据。增加这些遗址龙山中期的样本量可以帮助理清其生产模式。

表12-15 A大组（A1小组）中的样本

A大组 （n ＝ 8）		
A1小组 （n ＝ 8）		
尧王城	***DGY008***	***I***
尧王城	***DGY012***	***I***
两城镇	LCZ023	I
两城镇	LCZ002	I
两城镇	LCZ009	I
两城镇	LCZ012	I
两城镇	LCZ005	I
两城镇	LCZ007	I

注：南部遗址以加粗和斜体表示。样本按其来源遗址定级：I＝一级中心，Ⅱ＝二级中心，Ⅲ=三级聚落，Ⅳ＝村落。

表12-16 B大组（B1、B2小组）中的样本

B大组 （n ＝ 6）		
B1、B2小组（n ＝ 6）		
梁家罗川	DGL001	Ⅲ
大桃园	DGT002	Ⅲ
大桃园	DGT003	Ⅲ
大桃园	DGT005	Ⅲ
大桃园	DGT007	Ⅲ
西林子头	***DGX003***	***Ⅲ***

注：南部遗址以加粗和斜体表示。样本按其来源遗址定级：I＝一级中心，Ⅱ＝二级中心，Ⅲ=三级聚落，Ⅳ＝村落。

C组（包括C1和C2小组）（表12-17）：C大组有11个样本，包括C1小组和C2小组。该组Sr和Ba的含量较高。这一组的样本全部来自两个北部遗址：三级聚落大桃园和一级中心两城镇。C1小组有两个样本DGT004 和 DGT008。C2小组只包含来自两城镇遗址的样本（n=9）。典型判别分析表明这两个小组是不同的，在0.05的显著性水平上可以推翻两组均值相等的原假设（p=0.0449）。这一模式再一次支持了我们的想法——为一级中心消费制作的陶器可能使用了与三级遗址不同来源的黏土或

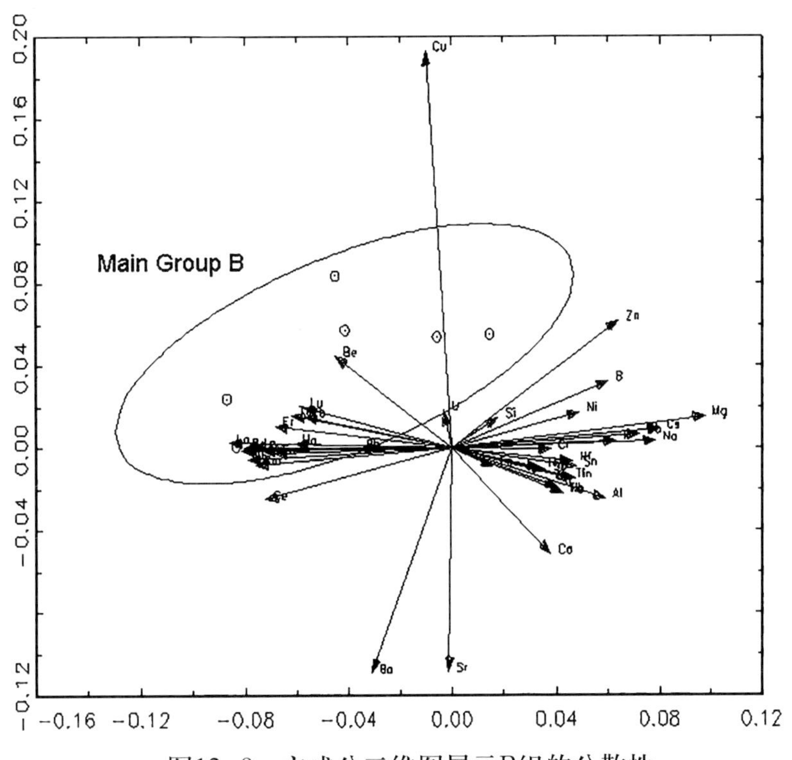

图12−9　主成分二维图展示B组的分散性

椭圆形界定的范围为90%的置信区间。主成分一和主成分二可以解释数据中47.42%的变化

不同的配方。然而如果合并这两个小组，我们可能会问两城镇和大桃园的居民有什么样的关系呢？两城镇的陶工是否生产陶器再分配到大桃园呢？如果这样的话就可以部分解释两者黏土胎的地质化学相似性。另外，大桃园的两个样本都是罐，两城镇的样本器型很多，包括杯、碗、盆、罐和鼎等。那么罐或其他某种器型的陶器是否在两城镇制作然后又分配到较低级别的遗址呢？

表12−17　C大组（C1、C2小组）中的样本

C大组　（n ＝ 11）					
C1 小组（n ＝ 2）			C2小组　（n ＝ 9）		
大桃园	DGT004	Ⅲ	两城镇	LCZ006	Ⅰ
大桃园	DGT008	Ⅲ	两城镇	LCZ011	Ⅰ
			两城镇	LCZ015	Ⅰ
			两城镇	LCZ018	Ⅰ
			两城镇	LCZ037	Ⅰ
			两城镇	LCZ042	Ⅰ
			两城镇	LCZ044	Ⅰ
			两城镇	LCZ045	Ⅰ
			两城镇	LCZ049	Ⅰ

注：南部遗址以加粗和斜体表示。样本按其来源遗址定级：Ⅰ＝一级中心，Ⅱ＝二级中心，Ⅲ=三级聚落，Ⅳ＝村落。

D组（与D1小组相同）（表12-18）：D组（n=7）由来自北部的5个样本以及来自南部的2个样本组成，该组的稀土元素含量较低，而Ca和Mg的含量较高。一级、二级、三级遗址在该组都有体现，同时也包括多种器型，杯、盆、壶和罍等。我们很想说这一组代表了北部一级中心遗址两城镇生产陶器的再分配，不过由于样本量较小以及总体来说分析的两城镇样本不成比例，因此很难对这组做出任何确定的阐释。

E组（包括E1小组）（表12–19）：E组只有4个成员，其稀土含量较低，Cu含量较高。3个样本来自北部3个不同的较低级别的遗址（申家坡、王家窑、庙山后），1个样本来自南部一级中心遗址尧王城。器型包括盖、圈足盘和盆等。尽管这一组与其他大组在化学成分上不同，这意味着什么并不清楚。不过我们可以说，像其他组一样，这表明尽管南北部之间有自然界限，北部和南部遗址间仍有互动。另一种解释是这一组所包含遗址的多样性反映了当地生产的模式——二维图上相对分散的样本分布也支持这一解释（图12–10）。

表12–18　D大组（D1小组）中的样本

D大组　（n ＝ 7）		
D1小组　（n ＝ 7）		
西林子头	***DGX001***	***Ⅲ***
尧王城	***DGY011***	***Ⅰ***
西寺	JNX003	Ⅱ
两城镇	LCZ021	Ⅰ
两城镇	LCZ038	Ⅰ
两城镇	LCZ040	Ⅰ
两城镇	LCZ041	Ⅰ

注：南部遗址以加粗和斜体表示。样本按其来源遗址定级：Ⅰ＝一级中心，Ⅱ＝二级中心，Ⅲ=三级聚落，Ⅳ＝村落。

表12–19　E大组（E1小组）中的样本

E大组　（n ＝ 4）		
E1 小组（n ＝ 4）		
庙山后	DGM001	Ⅳ
申家坡	DGS001	Ⅳ
王家窑	DGW001	Ⅲ
尧王城	***DGY001***	***Ⅰ***

注：南部遗址以加粗和斜体表示。样本按其来源遗址定级：Ⅰ＝一级中心，Ⅱ＝二级中心，Ⅲ=三级聚落，Ⅳ＝村落。

F组（包括F1小组（F1a、F1b次小组）、F2小组）（表12–20）：F组是龙山中期样本中最大的组，与其他组相比Ba、Cu、Sr、Fe和Ca的含量较高。大多数样本来自北部（13个来自两城镇，2个来自大桃园）。这一特定组合再次印证了在C组观察到的模式，我们发现F2小组中的大桃园样本与以两

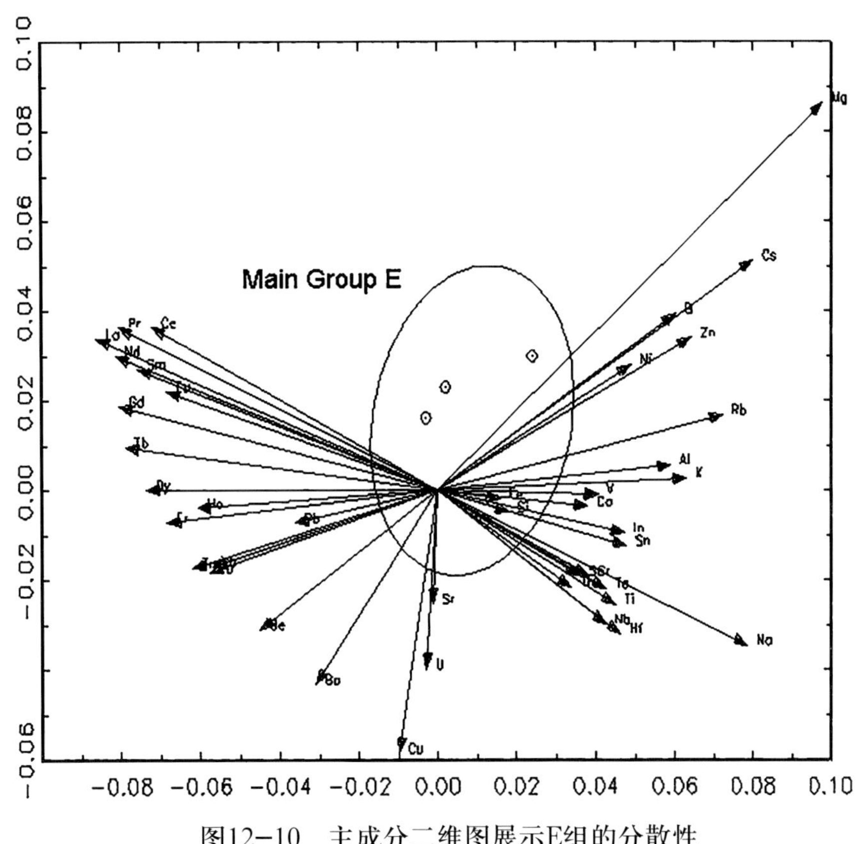

图12-10　主成分二维图展示E组的分散性

椭圆形界定的范围为90%的置信区间。主成分一和主成分四可以解释数据中38.51%的变化

城镇样本为主的F1小组区分开来。两城镇是否存在一个专门为这个三级遗址（大桃园）制作陶器的场所？还是这两个遗址的一些陶工使用了同一个较大的黏土堆积，随着空间的改变成分稍微有些变化？

表12-20　F大组中的样本（包括F1小组、F2小组、F1a次小组、F1b次小组）

F 大组（n = 18）								
F1 小组（n = 15）						F2 小组（n = 3）		
F1a次小组　（n = 6）			F1b次小组　（n = 9）					
苏家村	***DGJ001***	***IV***	两城镇	LCZ001	I	大桃园	DGT001	III
两城镇	LCZ024	I	两城镇	LCZ008	I	大桃园	DGT006	III
两城镇	LCZ047	I	两城镇	LCZ010	I	两城镇	LCZ004	I
两城镇	LCZ048	I	两城镇	LCZ013	I			
小代疃	***LSX002***	***III***	两城镇	LCZ014	I			
小代疃	***LSX003***	***III***	两城镇	LCZ016	I			
			两城镇	LCZ019	I			
			两城镇	LCZ020	I			
			两城镇	LCZ046	I			

注：南部遗址以加粗和斜体表示。样本按其来源遗址定级：Ⅰ=一级中心，Ⅱ=二级中心，Ⅲ=三级聚落，Ⅳ=村落。

F1小组可以进一步分成两个次小组，F1a和F1b，这两个次小组的均值在0.01的显著性水平上显著不同（p=0.0022）。F1a次小组由3个来自两城镇遗址和3个来自南部三级遗址或村落遗址（小代疃和苏家村）的样本组成。这可以被视为某些陶器集约化生产的证据，很可能是两城镇遗址为本地消费以及为较低级遗址使用而生产陶器。不过由于较低级的遗址都来自南部，这是否是北部中心为了寻求南部村落支持的证据？这些村落的居民至少从地理上来说与南部中心尧王城更近。另一方面，F1b次小组支持另一个假说，有些陶器是用相当独特的黏土来源或配方制作的，并且分布范围有限，仅限两城镇的居民使用。因为F1b次小组中没有南部的遗址，甚至也不包括南部中心遗址，我们也许可以说这一特殊小组陶器的分布在地理上和社会阶层上都是受限的。

龙山中期小结：表12-21列出了龙山中期几个陶器大组以ppm为单位的平均元素含量。龙山中期出现了复杂的陶器生产和分配模式。系统聚类分析和马氏距离给出的大多数假定组都被典型判别分析在不同的显著性水平上证实（表12-22）。在一些组中我们看到，一些地质化学成分上独特陶器的流通局限于特定聚落级别的遗址，我们在一级遗址的发现和在三级或村落级遗址的发现有所区别（把A大组、C2小组、F1b次小组和B大组进行比较）。那些既有来自北部中心遗址又有来自南部中心遗址样本的组可能反映了这些地方贵族建立联盟的策略（如A大组）。我们在较低级别遗址和中心遗址发现的较普通的或至少不那么精致的陶器可能使用了不同的黏土或配方（像D大组、F2小组和F1a次小组所示）。尽管在有些地方为了某些社会活动，一些陶器的生产已经集约化，但也有证据表明当地生产是存在的，尤其是在级别较低的遗址中，如B大组。

表12-21　龙山中期各化学大组的平均元素含量（ppm）

	A组 (n = 8)				B组 (n = 6)				C组 (n = 11)			
	平均值		标准偏差	%相对标准偏差	平均值		标准偏差	%相对标准偏差	平均值		标准偏差	%相对标准偏差
Be	3.19	±	0.67	21%	7.59	±	4.75	63%	3.98	±	1.03	26%
B	38.73	±	11.35	29%	43.65	±	9.13	21%	24.44	±	4.53	19%
Na	14868.99	±	1668.42	11%	12800.31	±	2571.72	20%	12337.99	±	2135.17	17%
Mg	14256.79	±	3160.96	22%	9839.85	±	2689.71	27%	7463.80	±	2165.12	29%
Al	168855.35	±	11495.27	7%	177541.74	±	15109.07	9%	160222.70	±	17202.71	11%
Si	689861.22	±	42921.04	6%	673897.29	±	59830.32	9%	621953.18	±	56339.75	9%
K	19243.79	±	3056.09	16%	16907.80	±	1310.90	8%	15966.84	±	2731.18	17%
Ca	17364.57	±	1474.01	8%	11381.09	±	3702.23	33%	15114.69	±	4023.06	27%
Sc	15.24	±	2.64	17%	16.18	±	2.35	15%	16.94	±	4.50	27%
Ti	6296.73	±	950.05	15%	6861.84	±	949.40	14%	7037.86	±	1457.89	21%
V	100.02	±	14.90	15%	116.13	±	27.92	24%	103.80	±	19.25	19%
Cr	95.40	±	14.22	15%	100.89	±	29.28	29%	91.78	±	20.50	22%
Fe	43206.55	±	8416.47	19%	55741.56	±	20891.54	37%	46905.05	±	15922.97	34%

Ni	49.68	±	9.01	18%	55.25	±	11.49	21%	38.71	±	8.10	21%
Cu	76.44	±	27.34	36%	108.58	±	17.08	16%	39.16	±	13.63	35%
Zn	184.97	±	36.73	20%	202.40	±	41.75	21%	105.55	±	27.78	26%
Rb	114.01	±	9.08	8%	114.41	±	26.01	23%	96.15	±	15.47	16%
Sr	254.92	±	65.66	26%	207.27	±	115.07	56%	346.15	±	105.15	30%
Nb	18.99	±	4.66	25%	23.10	±	2.73	12%	21.86	±	4.06	19%
In	0.07	±	0.01	16%	0.08	±	0.02	25%	0.07	±	0.02	27%
Sn	3.51	±	0.43	12%	3.80	±	0.43	11%	3.52	±	0.64	18%
Cs	7.63	±	0.59	8%	7.15	±	1.95	27%	5.25	±	1.05	20%
Ba	1658.58	±	648.78	39%	1608.43	±	1432.65	89%	2320.87	±	869.86	37%
La	29.45	±	9.79	33%	89.15	±	30.75	34%	47.57	±	9.37	20%
Ce	53.17	±	13.30	25%	181.39	±	55.45	31%	90.79	±	22.59	25%
Pr	6.93	±	2.20	32%	19.76	±	7.18	36%	10.64	±	2.02	19%
Nd	22.89	±	7.51	33%	59.92	±	23.33	39%	33.51	±	7.73	23%
Sm	4.95	±	1.30	26%	11.26	±	4.31	38%	7.31	±	1.92	26%
Eu	1.35	±	0.34	25%	2.72	±	0.88	33%	1.87	±	0.44	23%
Gd	5.03	±	1.36	27%	10.07	±	3.43	34%	7.27	±	2.37	33%
Tb	0.80	±	0.23	29%	1.55	±	0.54	35%	1.17	±	0.33	28%
Dy	5.16	±	1.55	30%	10.73	±	3.68	34%	7.59	±	1.54	20%
Ho	1.16	±	0.22	19%	2.21	±	0.70	32%	1.64	±	0.43	26%
Er	2.88	±	0.80	28%	6.17	±	1.97	32%	4.14	±	0.90	22%
Tm	0.42	±	0.10	25%	0.88	±	0.27	30%	0.59	±	0.13	23%
Yb	2.87	±	0.62	21%	5.83	±	1.79	31%	3.89	±	1.00	26%
Lu	0.41	±	0.10	23%	0.79	±	0.24	30%	0.55	±	0.15	28%
Hf	3.11	±	0.69	22%	3.90	±	0.82	21%	3.70	±	0.71	19%
Ta	1.12	±	0.23	20%	1.54	±	0.23	15%	1.42	±	0.25	18%
Pb	30.19	±	8.53	28%	66.96	±	28.12	42%	38.48	±	10.35	27%
Th	15.10	±	1.67	11%	27.48	±	7.01	25%	20.10	±	4.37	22%
U	3.04	±	0.71	23%	7.12	±	2.06	29%	4.07	±	0.60	15%
	D组　(n = 7)				E组　(n = 4)				F组　(n = 18)			
Be	2.99	±	0.48	16%	3.97	±	0.31	8%	5.41	±	1.01	19%
B	36.72	±	10.66	29%	40.98	±	10.60	26%	40.15	±	10.48	26%

Na	12517.05	±	2106.98	17%	13097.82	±	2912.05	22%	11323.10	±	2396.42	21%
Mg	12390.75	±	2657.90	21%	15486.99	±	5093.29	33%	14423.77	±	2871.85	20%
Al	173059.60	±	16786.11	10%	156720.53	±	5342.55	3%	157693.10	±	14955.74	9%
Si	654225.82	±	29724.38	5%	720460.45	±	23650.83	3%	608885.31	±	57946.25	10%
K	16157.15	±	2547.66	16%	18235.56	±	2786.32	15%	17628.82	±	2892.89	16%
Ca	12749.82	±	1912.81	15%	10535.44	±	2061.37	20%	18397.49	±	3765.48	20%
Sc	13.32	±	1.63	12%	14.87	±	0.79	5%	16.81	±	2.13	13%
Ti	5586.37	±	525.24	9%	4937.20	±	454.79	9%	6221.80	±	993.70	16%
V	96.49	±	16.22	17%	90.19	±	1.80	2%	120.21	±	26.23	22%
Cr	78.20	±	16.47	21%	85.42	±	6.18	7%	103.46	±	12.93	12%
Fe	40438.38	±	6297.64	16%	44583.39	±	5681.84	13%	72287.82	±	15926.91	22%
Ni	44.44	±	6.77	15%	51.20	±	6.45	13%	54.85	±	10.17	19%
Cu	27.41	±	7.08	26%	83.29	±	40.11	48%	84.96	±	42.01	49%
Zn	127.71	±	40.85	32%	167.70	±	28.56	17%	210.67	±	58.06	28%
Rb	98.11	±	14.06	14%	113.86	±	16.13	14%	116.18	±	19.20	17%
Sr	261.34	±	59.04	23%	168.49	±	40.31	24%	346.79	±	90.49	26%
Nb	16.46	±	1.90	12%	13.88	±	0.98	7%	19.49	±	3.47	18%
In	0.07	±	0.01	19%	0.06	±	0.01	19%	0.08	±	0.02	20%
Sn	3.00	±	0.43	14%	2.98	±	0.22	7%	3.32	±	0.42	13%
Cs	6.72	±	1.14	17%	7.08	±	1.12	16%	8.07	±	1.94	24%
Ba	1651.23	±	376.07	23%	1099.37	±	332.42	30%	2573.96	±	677.26	26%
La	38.21	±	4.63	12%	46.49	±	6.66	14%	51.71	±	11.08	21%
Ce	78.27	±	15.93	20%	72.09	±	7.45	10%	87.07	±	22.40	26%
Pr	9.18	±	1.54	17%	11.33	±	1.60	14%	11.37	±	2.41	21%
Nd	28.25	±	4.07	14%	36.46	±	5.52	15%	37.69	±	8.58	23%
Sm	5.93	±	0.80	13%	7.10	±	1.03	14%	8.29	±	1.98	24%
Eu	1.52	±	0.18	12%	1.65	±	0.23	14%	2.14	±	0.50	23%
Gd	5.29	±	0.73	14%	6.50	±	0.74	11%	8.38	±	1.92	23%
Tb	0.86	±	0.07	9%	1.02	±	0.15	14%	1.35	±	0.30	22%
Dy	5.45	±	0.46	8%	6.30	±	0.81	13%	8.59	±	1.79	21%
Ho	1.13	±	0.11	10%	1.33	±	0.16	12%	1.85	±	0.35	19%
Er	2.85	±	0.31	11%	3.74	±	0.49	13%	4.76	±	0.86	18%

Tm	0.40	±	0.05	11%	0.54	±	0.07	13%	0.67	±	0.12	17%
Yb	2.67	±	0.45	17%	3.54	±	0.38	11%	4.58	±	0.73	16%
Lu	0.39	±	0.05	13%	0.56	±	0.08	14%	0.65	±	0.12	18%
Hf	2.65	±	0.38	14%	3.37	±	0.51	15%	3.59	±	0.80	22%
Ta	1.15	±	0.17	14%	1.08	±	0.12	11%	1.22	±	0.19	16%
Pb	32.40	±	6.17	19%	31.34	±	3.60	11%	57.54	±	17.23	30%
Th	14.93	±	1.41	9%	16.07	±	2.45	15%	16.68	±	3.64	22%
U	3.20	±	0.46	14%	3.27	±	0.49	15%	4.28	±	1.30	30%

表12-22 对龙山中期各大组、小组、次小组的典型判别分析

比较组	Wilks' Lambda	近似F值	p值
大组			
A，B，C，D，E，F	0.0098	12.6166	**0.0000
A，B	0.0262	43.4005	**0.0000
A，C	0.0524	36.1986	**0.0000
A，D	0.0429	29.7445	**0.0000
A，E	0.0997	7.5247	*0.0213
A，F	0.1694	15.5311	**0.0000
B，C	0.0473	33.5502	**0.0000
B，D	0.0292	33.2547	**0.0002
B，E	0.0151	32.5692	*0.0080
B，F	0.1416	17.1718	**0.0000
C，D	0.1050	15.6297	**0.0001
C，E	0.0474	26.7804	**0.0001
C，F	0.1213	26.5613	**0.0000
D，E	0.0292	22.1536	*0.0049
D，F	0.2078	11.4384	**0.0000
E，F	0.2470	7.6229	**0.0007
D，E，F	0.0785	8.9932	**0.0000
B 组内小组间比较			
B1，B2	0.0653	3.5782	0.3750
C 组内小组间比较			

C1，C2	0.0921	6.5683	*0.0449
F 组内小组间比较			
F1，F2	0.3657	3.1800	*0.0462
F1 小组内次小组间比较			
F1a，F1b	0.1160	10.1603	*0.0022

**在0.001（0.1%）的显著性水平上有显著差异。 *在0.05（5%）的显著性水平上有显著差异。

再分配的样本：在用马氏距离重复计算各样本属于系统聚类分析给出分组的可能性后，龙山中期共有14个样本（13个样本属于原组的可能性较低，另有1个离群值，LCZ043）被从原来所在组中移除。在主要组被确定并用典型判别分析进行检验后，用马氏距离将这些样本再次分配。这些样本原来大多属于D组。经过再分配后E组和D组的可能性被排除，一方面因为没有样本存在属于这两组的高可能性，另一方面因为这两组的样本量较小。只有两个样本被“再分配”回其原来所在组（LSX001和LCZ022）（表12-23）。

表12-23　基于马氏距离被再分配的龙山中期样本

遗址名	样本	原来所在组	最佳组	%可能性
小代疃	***LSX001***	B	B	69.259
两城镇	LCZ017	C	B	77.416
两城镇	LCZ022	C	C	90.606
丹土	DAN001	D	B	31.761
丹土	DAN002	D	C	68.577
西林子头	***DGX004***	D	B	39.131
尧王城	***DGY009***	D	F	50.191
海青	JNH001	D	B	38.002
西寺	JNX002	D	F	55.768
两城镇	LCZ039	D	B	24.906
西林子头	***DGX002***	E	B	42.125
两城镇	LCZ003	F	B	48.128
两城镇	LCZ033	F	C	24.697
两城镇	LCZ043	离群值	C	88.689

注：使用主成分一、二、三、四。这里只显示可能性最高的组。南部遗址以加粗和斜体表示。

没有样本被再分配到A、D、E组，而再分配到B组的陶片数最多，几乎使其样本数翻倍。这其中包括5个来自北部的样本（3个来自两城镇（样本LCZ003、LCZ017、LCZ039）、1个来自丹土

（DAN001）、1个来自村落性遗址海青（JNH001））和3个来自南部三级遗址的样本（2个来自西林子头（样本DGZ002和DGX004）、1个来自小代疃（LSX001））。更多的南部遗址加入B组说明北部和南部的遗址参与某种交换网络，尤其是较低级别的遗址。这个修改后的组包含多种遗址，尤其是两城镇的加入，可能标示了北部中心集中化生产的可能性；不过，主成分的分散分布似乎与这一推断矛盾，相反的，分散分布支持当地生产的模式，尤其是在较低级别的遗址。调查黏土并对已知地质或文化背景（例如陶瓷作坊）的生产资源进行成分分析可以帮助我们理解这一模式。

只有4个陶片被再分配到C组，而它们都来自北部的遗址。3片来自两城镇遗址（样本LCZ022、LCZ033、LCZ043），1片来自丹土遗址（DAN002）。这些陶片的加入支持某些陶器存在地理上独特生产和分布区域的假说，在这里指北部区域。被再分配到F组的是来自北部二级中心遗址海青的样本JNX002和来自南部一级中心尧王城遗址的DGY009。从模型的角度看，这两个样本都不是特别适合这一组，破坏了陶器从两城镇遗址分配到南部较低级别遗址的模式（尽管尧王城也参与了与两城镇的交换），尤其是样本DGY009的加入。而样本JNX002可以被视为两城镇贵族通过馈赠试图获得较小遗址居民支持的又一例证。

六　结论

使用地质化学方法LA-ICP-MS分析龙山泥质黑陶，我们得以认识山东省龙山早期和中期几种可能的生产模式。在龙山早期，我们在北部或南部看到生产和分配都与其地理位置紧密相关。A组主要由来自北部地区的样本组成——即两城镇遗址和丹土遗址，B组和C组则主要由来自南部地区的陶器组成。这说明这一时期两个地区间的交流非常有限。在南部地区，我们看到仅在一级二级遗址发现的更精致的泥质陶与较低级遗址发现的泥质陶开始有所区分。这可能表示有些陶器是专门为贵族在竞争性活动（如宴飨）中消费而制作（很可能由专业陶工）的。或者，仅有中心遗址的一些家庭可以获得这些陶器并在祭奠祖先或其他仪式中使用。由于有些来自两城镇的样本与来自尧王城的陶片混杂在一起，很可能这些化学性质相似的陶片在南部中心制作，而后通过交换或区域间社会活动到达北部中心的贵族手中。

龙山中期的陶器样本主要来自北部地区，因此难以根据大体地理区域辨别生产和分配的模式。不过我们的确发现这个时期的一些小组仅由来自北部的陶片组成（常常来自单一遗址），我们可以假定受地理限制的分配模式仍然存在。我们同时看到，这个时期两城镇的贵族可能通过社会活动中的交换或分配将一些陶器送往南部中心。如果交换是相互的，我们期待看到在一个组中混杂着来自两个中心的样本。事实上有可能正是这样，不过由于来自两城镇的样本与尧王城比起来不成比例，我们还不能确定是否发生了互惠性交换。与龙山早期相同，有些陶器仅在较高级别的遗址消费，而有些陶器在较小遗址或村落间流通。一个（在多变量空间）分布分散的组可能暗示着本地生产，就像在龙山中期B组中看到的那样。如果我们发现更多来自某一个一级或二级遗址的陶片与这些三级遗址的样本混在一起，我们也许会怀疑这些陶片的集中化生产；不过目前我们并没有这方面的证据。

我们目前看到的龙山早期和龙山中期的主要区别是龙山中期似乎专门为两城镇消费而制作的陶器增加。不过这一模式有可能是因为我们测试的两城镇遗址龙山中期样本多于龙山早期样本。为了更好评估生产和分配的组织形式如何随时间变化，我们需要选取更多从发掘中获得的有年代背景信息的陶器样本，尤其是龙山早期的样本。

目前，我们的结果并不支持存在一个被南部中心或北部中心紧密控制的系统的观点，但是我们确实看到，在龙山早期和中期陶器的生产和分配，在某种程度上都受到地理环境和社会阶层的限制。为了验证两城镇有较好的黏土来源并控制了区域内大多数泥质陶生产的假说，我们需要扩大我们的样本量，包括来自每个遗址的更多样本，并对两个区域的黏土样本做更多地质化学分析。目前的结果表明有些陶器是在一些二级或三级遗址本地生产的。至少有些陶器可能是一些独立专业陶工在分散的地点制作的，不能排除存在市场的可能性。事实上，可能存在不止一种交换系统：一个由一级和二级中心的贵族使用，另一个面向各种家庭。

将来的研究会集中于寻找能更好分辨龙山黑陶不同生产类型和交换系统的方法，尤其是（1）集中式生产，由一个或两个一级中心制作陶器；（2）当地生产；（3）一、二、三级遗址中的大型或小型市场；（4）与仪式相关的亲族集团交换系统。区域内各个遗址都发现大量成分相同的陶器可以暗示集中生产的存在，而区域内陶瓷有较高异质性则暗示着当地生产（假设各生产社区使用不同化学组分的黏土，而且化学组分的不同会反映在成品上）。考虑到市场作为一种交换机制，如果一个遗址发现的陶器成分比较多样化就暗示着这些陶器可能是在不同的遗址制造的，要么直接运输到这里要么经过了一个中转站（例如市场）。也有可能是因为该遗址周边的黏土有较高的地质多样性或者是因为不同的陶工使用了不同的配方。我们可能看到的另一种模式是在多个遗址发现成分、形制、图案都很相似的陶器，这些遗址的居民很可能是从中心市场获得的这些相似陶器。

用陶器成分分析数据探索亲族集团的交换可能更有挑战性。一个亲族集团的成员很可能都住的比较近，可能使用相同的黏土源来制作陶器；不过有些人可能会嫁入（或入赘）很远的社区（不同的地质环境）以作为维护社会联系和政治联盟的一种方式，贵族更有可能发生这种情况。另外，尽管人们可能住的很近，他们也可能使用不同的黏土源来生产陶器，这也会在成分上表现出来。某一个祭祖遗址不同家系带来的各种陶器可能表现出不同的黏土源。某一遗址随着时间的变化也有可能使用不同的黏土，那么黏土多样性可能反映的是这种变化而不是各家系从不同遗址带来的祭品。

一个包含以下元素的研究计划可以帮助解决上述这些疑问：

（1）做系统黏土调查，在感兴趣的遗址上以及周边收集很多黏土样本。这可以帮助判断各个地区的黏土均质性或异质性如何，并帮助确定可能的陶器原料来源。我们团队的一些成员已经开始这样的研究。

（2）我们需要来自除两城镇以外其他遗址的陶器样本，在本研究中这样的样本太少。

（3）在该聚落群中不同遗址获得更多发掘得到的年代清晰的陶器样本是很关键的，可以帮助我们识别发现成分相似陶器的潜在区域。这些陶器样本的来源区域应包括仪式相关区域、家户、怀疑是市场的区域、生产区域、以及墓葬等。

（4）在该聚落群内不同遗址中，从发掘发现的与陶器生产相关的遗迹来选取黏土和陶器样本，这也是必不可少的。

附录12-1 使用LA-ICP-MS分析的黏土和陶器样本统计表

样本编号	芝加哥菲尔德博物馆LA-ICP-MS 编号	描述	区域	遗址名	时期	背景	出处
黏土1	CClay1	黄色，颗粒较大	北部				大尧沟
黏土2	CClay2	灰棕色土壤	北部				两城河
黏土3	CClay3	黄色，较细腻	北部				刘加东的家庭作坊，取自大尧沟，经过淘洗
DAN001	CDA001	豆，口沿	北部	Dantu	龙山中期	发掘	Dantu，T0550，G3（2）
DAN002	CDA002	鼎足	北部	Dantu	龙山中期	发掘	Dantu，T0550，G3（2）
DAN003	CDA003	薄筒型杯	北部	Dantu	龙山早期	发掘	Dantu，T0350，G3
DAN004	CDA004	罐，把手	北部	Dantu	龙山早期	发掘	Dantu，T0350，G3
DAN005	CDA005	瓦足盆	北部	Dantu	龙山早期	发掘	Dantu，T0351，H4067
DAN006	CDA006	盆，底部	北部	Dantu	龙山早期	发掘	Dantu，T0351，H4067
DAN007	CDA007	壶，肩部	北部	Dantu	龙山早期	地表采集	96R-Dantu-1，Ca-D
DGD001	CDD001	壶，腹部	北部	DG-DHY-1	龙山早期	地表采集	DG-DHY-1，CA-Z
DGD002	DDD002	豆，口沿	北部	DG-DHY-1	龙山早期	地表采集	DG-DHY-1，CA-P
DGD003	DDD003	罐，底部	北部	DG-DHY-1	龙山早期	地表采集	DG-DHY-1，CA-D
DGJ001	CDH001	罐，腹部	北部	DG-ShJC-1	龙山中期	地表采集	DG-ShJC-1
DGL001	CDL001	碗，口沿	北部	DG-LJLC-1	龙山中期	地表采集	DG-LJLC-1，CA-C
DGM001	CDM001	圈足盘	北部	DG-MSH-1	龙山中期	地表采集	DG-MSH-1，CA-D
DGS001	CDS001	盖，口沿	北部	DG-SPT-6	龙山中期	地表采集	DG-SPT-6
DGT001	CDT001	盖，口沿	北部	DG-DTY-1	龙山中期	地表采集	DG-DTY-1，CA-H
DGT002	CDT002	罐，口沿	北部	DG-DTY-1	龙山中期	地表采集	DG-DTY-1，CA-H
DGT003	CDT003	罐，口沿	北部	DG-DTY-1	龙山中期	地表采集	DG-DTY-1，CA-K
DGT004	CDT004	罐，口沿	北部	DG-DTY-1	龙山中期	地表采集	DG-DTY-1，CA-A
DGT005	CDT005	圈足盘	北部	DG-DTY-1	龙山中期		DG-DTY-1
DGT006	CDT006	圈足盘	北部	DG-DTY-1	龙山中期		DG-DTY-1
DGT007	CDT007	盘	北部	DG-DTY-1	龙山中期		DG-DTY-1
DGT008	CDT008	罐，口沿	北部	DG-DTY-1	龙山中期		DG-DTY-1，CA-A
DGW001	CDW001	盖，把手	北部	DG-WJYA-7	龙山中期	地表采集	DG-WJYA-7，CA-A
DGX001	CDX001	杯，腹部	南部	DG-XLZT-1	龙山中期	地表采集	DG-XLZT-1，CA-B

DGX002	CDX002	罍，肩部	南部	DG-XLZT-1	龙山中期	地表采集	DG-XLZT-1，CA-E
DGX003	CDX003	杯，腹部	南部	DG-XLZT-1	龙山中期	地表采集	DG-XLZT-1，CA-E
DGX004	CDX004	罐，口沿	南部	DG-XLZT-1	龙山中期	地表采集	DG-XLZT-1，CA-D
DGY001	CDG001	盆，口沿	南部	DG-YWC-1	龙山中期	地表采集	DG-YWC-1，CA-ZZ
DGY002	CDG002	鼎，底部	南部	DG-YWC-1	龙山早期	地表采集	DG-YWC-1，CA-LL
DGY003	CDG003	壶，口沿	南部	DG-YWC-1	龙山早期	地表采集	DG-YWC-1，CA-AI
DGY004	CDG004	罐，方唇	南部	DG-YWC-1	龙山早期	地表采集	DG-YWC-1，CA-AI
DGY005	CDG005	罐，颈部	南部	DG-YWC-1	龙山早期	地表采集	DG-YWC-1，CA-AI
DGY006	CDG006	罐，口沿	南部	DG-YWC-1	龙山早期	地表采集	DG-YWC-1，CA-AI
DGY007	CDG007	罍，底部	南部	DG-YWC-1	龙山早期	地表采集	DG-YWC-1，CA-AI
DGY008	CDG008	盖，口沿	南部	DG-YWC-1	龙山中期	地表采集	DG-YWC-1，CA-Q
DGY009	CDG009	杯，底部	南部	DG-YWC-1	龙山中期	地表采集	DG-YWC-1，CA-WW
DGY010	CDG010	罐，肩部，有弦纹	南部	DG-YWC-1	龙山早期	地表采集	DG-YWC-1，CA-C
DGY011	CDG011	杯，底部	南部	DG-YWC-1	龙山中期	地表采集	DG-YWC-1，CA-C
DGY012	CDG012	盆，底部	南部	DG-YWC-1	龙山中期	地表采集	DG-YWC-1，CA-C
DJP001	CDJ001	单耳杯，底部，厚	北部	96R-DJP-2	龙山早期	地表采集	96R-DJP-2，CA-B
DJP002	CDJ002	三足盘	北部	96R-DJP-2	龙山早期	地表采集	96R-DJP-2，CA-B
DJP003	CDJ003	单耳杯，底部，厚	北部	96R-DJP-2	龙山早期		96R-DJP-2，CA-B
DJP004	CDJ004	圈足盘	北部	96R-DJP-2	龙山早期		96R-DJP-2，CA-B
JNH001	CJH001	盆，口沿	北部	JN-HQ-10	龙山中期	地表采集	JN-HQ-10，CA-A
JNX001	CJN001	盆，口沿	北部	JN-XS-1	龙山早期	地表采集	JN-XS-1，CA-CC
JNX002	CJN002	碗，腹部	北部	JN-XS-1	龙山中期	地表采集	JN-XS-1，CA-CC
JNX003	CJN003	罍，肩部	北部	JN-XS-1	龙山中期	地表采集	JN-XS-1，CA-CC
LCZ001	CLC001	杯，把手	北部	LCZ-1	龙山中期		LCZ-1，H281，#5650，T2398
LCZ002	CLC002	鼎足	北部	LCZ-1	龙山中期		LCZ-1，H281，#5650，T2398
LCZ003	CLC003	壶	北部	LCZ-1	龙山中期		LCZ-1，H281，#5650，T2398
LCZ004	CLC004	罐或盆	北部	LCZ-1	龙山中期		LCZ-1，H281，#5650，T2398
LCZ005	CLC005	盖	北部	LCZ-1	龙山中期		LCZ-1，H182，#5611，T2398
LCZ006	CLC006	鼎	北部	LCZ-1	龙山中期		LCZ-1，H182，#5611，T2398

LCZ007	CLC007	罐	北部	LCZ-1	龙山中期		LCZ-1，H182，#5611，T2398
LCZ008	CLC008	罐	北部	LCZ-1	龙山中期		LCZ-1，H393，#8239，T2398
LCZ009	CLC009	把手（杯？）	北部	LCZ-1	龙山中期		LCZ-1，H64，#3717，T2346
LCZ010	CLC010	盖	北部	LCZ-1	龙山中期		LCZ-1，H64，#3717，T2346
LCZ011	CLC011	杯，腹部	北部	LCZ-1	龙山中期		LCZ-1，H64，#3717，T2346
LCZ012	CLC012	口沿	北部	LCZ-1	龙山中期		LCZ-1，H64，#3717，T2346
LCZ013	CLC013	盒	北部	LCZ-1	龙山中期		LCZ-1，H122，#3760：19，T2346
LCZ014	CLC014	杯	北部	LCZ-1	龙山中期		LCZ-1，H63，#3716
LCZ015	CLC015	灰色罐	北部	LCZ-1	龙山中期		LCZ-1，H63，#3713
LCZ016	CLC016	杯	北部	LCZ-1	龙山中期		LCZ-1，H63，#3718
LCZ017	CLC017	盆，口沿	北部	LCZ-1	龙山中期		LCZ-1，H111，#5735
LCZ018	CLC018	碗，底部	北部	LCZ-1	龙山中期		LCZ-1，H111，#5735
LCZ019	CLC019	罐，口沿	北部	LCZ-1	龙山中期		LCZ-1，H111，#5735
LCZ020	CLC020	罍，底部	北部	LCZ-1	龙山中期		LCZ-1，H310，#5686
LCZ021	CLC021	壶，口沿	北部	LCZ-1	龙山中期		LCZ-1，H310，#5686
LCZ022	CLC022	罍，底部	北部	96R-LCZ-1	龙山中期	地表采集	96R-LCZ-1，CA-F
LCZ023	CLC023	盆，底部	北部	96R-LCZ-1	龙山中期	地表采集	96R-LCZ-1，CA-F
LCZ024	CLC024	罐，腹部，有盲鼻	北部	96R-LCZ-1	龙山中期	地表采集	96R-LCZ-1，CA-B
LCZ025	CLC025	罐，腹部，有弦纹	北部	96R-LCZ-1	龙山早期	地表采集	96R-LCZ-1，CA-B
LCZ026	CLC026	单耳杯，底部，大	北部	96R-LCZ-1	龙山早期	地表采集	96R-LCZ-1，CA-Q
LCZ027	CLC027	罍，腹部	北部	96R-LCZ-1	龙山早期	地表采集	96R-LCZ-1，CA-Q
LCZ028	CLC028	圈足盘，厚	北部	96R-LCZ-1	龙山早期	地表采集	96R-LCZ-1，CA-R
LCZ029	CLC029	单耳杯，底部，大	北部	96R-LCZ-1	龙山早期	地表采集	96R-LCZ-1，CA-Q
LCZ030	CLC030	罍，腹部	北部	LCZ-1	龙山早期	发掘	LCZ-1，CA-Q
LCZ031	CLC031	圈足盘，厚	北部	LCZ-1	龙山早期	发掘	LCZ-1，CA-R
LCZ032	CLC032	大平底盆，腹部接近口沿	北部	LCZ-1	龙山早期	发掘	LCZ-1，T2398，#5624
LCZ033	CLC033	杯，腹部	北部	LCZ-1	龙山中期	发掘	LCZ-1，H195，T2398，#5614

LCZ034	CLC034	平底盆/浅腹盆	北部	LCZ-1	龙山早期	发掘	LCZ-1，H303，T2398，#5666，[#22]
LCZ035	CLC035	浅腹盆，腹部接近口沿	北部	LCZ-1	龙山早期	发掘	LCZ-1，T2398，#5652
LCZ036	CLC036	杯，底部	北部	LCZ-1	龙山早期	发掘	LCZ-1，T2398，F39，#5652
LCZ037	CLC037	三足盆，部分足	北部	LCZ-1	龙山中期	发掘	LCZ-1，T2398，#5622，6d
LCZ038	CLC038	平底盆，底部，残？	北部	LCZ-1	龙山中期	发掘	LCZ-1，H276，T2398，#5646，[#19]
LCZ039	CLC039	杯，把手，残	北部	LCZ-1	龙山中期	发掘	LCZ-1，H80，T2398，#5605
LCZ040	CLC040	浅腹盆	北部	LCZ-1	龙山中期	发掘	LCZ-1，T2398，#5613，6a
LCZ041	CLC041	平底盆，腹部靠近口沿	北部	LCZ-1	龙山中期	发掘	LCZ-1，T2398，#5602，M16
LCZ042	CLC042	盆，口沿/浅腹盆	北部	LCZ-1	龙山中期	发掘	LCZ-1，H74，T2398，#5603，[#17]
LCZ043	CLC043	浅腹盆，腹部靠近口沿	北部	LCZ-1	龙山中期	发掘	LCZ-1，H80，T2398，#5604
LCZ044	CLC044	大平底盆，口沿或上腹部	北部	LCZ-1	龙山中期	发掘	LCZ-1，H34，T2398，#5606
LCZ045	CLC045	杯，腹部靠近口沿	北部	LCZ-1	龙山中期	发掘	LCZ-1，H74，#5620
LCZ046	CLC046	杯，底部	北部	LCZ-1	龙山中期	发掘	LCZ-1，H80，T2398，#5605
LCZ047	CLC047	大平底盆，底部	北部	LCZ-1	龙山中期	发掘	LCZ-1，H80，T2398，#5605
LCZ048	CLC048	杯，底部	北部	LCZ-1	龙山中期	发掘	LCZ-1，H182，T2398，#5611
LCZ049	CLC049	杯，把手	北部	LCZ-1	龙山中期	发掘	LCZ-1，M16，T2398，#5602
LCZ050	CLC050	三足盆	北部	LCZ-1	龙山早期	发掘	LCZ-1，H281，T2398，#5650，[#21]
LSJ001	CLJ001	罍，肩部	南部	LS-JG-3	龙山早期	地表采集	LS-JG-3，CA-G
LSL001	CLL001	盆，口沿	南部	LS-LCG-1	龙山早期	地表采集	LS-LCG-1，CA-A
LSX001	CLS001	豆	南部	LS-XDT-3	龙山中期	地表采集	LS-XDT-3，CA-J
LSX002	CLS002	鼎，底部	南部	LS-XDT-3	龙山中期	地表采集	LS-XDT-3，CA-D
LSX003	CLS003	圈足盘	南部	LS-XDT-3	龙山中期	地表采集	LS-XDT-3，CA-D
LSX004	CLS004	匜，口沿	南部	LS-XDT-3	龙山早期		LS-XDT-3，CA-D
LSX005	CLS005	匜，口沿	南部	LS-XDT-3	龙山早期	地表采集	LS-XDT-3，CA-D
XJG001	CXJ001	壶，口沿	北部	96R-XJG-1	龙山早期	地表采集	96R-XJG-1，CA-D

附录12-2　使用激光剥蚀电感耦合等离子体质谱仪对黏土的初步分析

在现代两城镇居民和陶工刘加东先生的帮助下，2006至2007年在调查区北部两城镇遗址的范围内采集了三块黏土样本。用激光剥蚀电感耦合等离子体质谱仪（LA-ICP-MS）分析了这些样本。附表给出了每块黏土样本的平均元素含量以及所有黏土样本的均值等，以ppm为单位。其中一个样本（黏土2）呈棕灰色，为中等偏粗的黏土，采集于两城河。刘先生认为这是一块质量不错的黏土。黏土1质地偏粗糙，黄色，在当地人称作大尧沟的一个池塘发现，该池塘位于现存汉墓大崮堆的西侧。黏土3是一部分黏土1经刘先生淘洗后的产物，为质地较细黄色糊状物。黏土样本完全干燥后使用与陶器样本相同的步骤在芝加哥菲尔德博物馆用LA-ICP-MS分析。没有对样本进行制样或烧制等前处理。

确定每块黏土样本从成分上来说分别与哪个陶器成分组最接近比较困难。开始，我们用了马氏距离计算法来判定每个样本属于哪个组的可能性最大。黏土1，未经处理，Nb, Pr, Tb, Hf, U, Al等元素的含量较低，有74.43%的几率属于龙山中期的D组。D组（n=7）的大多数陶片来自两城镇遗址，另外还包括南部尧王城遗址、西林子头遗址、北部西寺遗址各1片。 黏土3，黏土1经过淘洗后得到，Sc, Gd, Th, Cs, Fe等元素的含量较高，属于龙山早期C组的可能性最大（86.30%）。龙山早期C组（n=6）主要由来自南部的样本组成（3片来自尧王城遗址，1片来自二级中心东海域遗址，还有2片来自北部中心）。因为我们知道这些黏土样本的来源是在两城镇附近，这样的结果可以解释为支持下面的假设，即在两城镇或其周边生产的一些陶器在北部中心遗址和一些南部遗址间流通（用这种黏土制作的有些陶器是专门为两城镇和尧王城的贵族消费而制作的）。

黏土2，与其他两个黏土样本比富含稀土元素 La, Ce, Nd, Sm, Eu, Ho, Tm 等，属于龙山中期A组的可能性最大（69.19%）。龙山中期A组仅包含来自一级中心遗址的陶器样本（6片来自两城镇，2片来自尧王城）。像之前提到的，这一陶器成分组可能暗示着贵族陶器的生产并通过竞争性社会活动，如宴飨或馈赠，从两城镇到达南部贵族的手中。那么古时候，尤其是龙山中期，先人是否也从这块黏土来源处的黏土堆积取土制作泥质黑陶呢？系统聚类分析进一步支持了这一想法。

对龙山早期陶器数据加3个黏土样本和龙山中期陶器数据加3个黏土样本分别做系统聚类分析。对龙山早期组，3个黏土样本组成了一组，与其他所有陶器样本区分开来（图12-5）。这说明也许这一时期生产陶器不常使用这些黏土。相比之下，龙山中期，3个黏土样本都与A组（主要是来自两城镇的陶片）归入一组（图12-6）。这一分组结果，尤其是结合黏土2马氏距离的概率计算结果，支持有特定黏土源为两城镇居民生产陶器并向南部配送的设想。

为了全面探索黏土原料和陶器成分组的关系，我们需要对更多黏土做更多地质化学分析。我们需要从北部以及南部地区采集更多黏土样本，并对同一地质堆积来源的多块黏土样本做地质化学分析从而评估同一堆积内的变化情况。尽管今天的陶工使用的很多黏土，史前时期的陶工也可能使用过，然而我们对过去的处理方法和混合操作并不清楚，而且仅通过成分分析很难（并非不可能）得到准确答案。

附表　黏土样本的平均元素含量（ppm）

				黏土样本　(n=3)			
	黏土1	黏土 2	黏土 3	平均值		标准偏差	%相对标准偏差
Be	2.25	2.45	2.74	2.48	±	0.25	10%
B	24.41	36.06	29.74	30.07	±	5.83	19%
Na	7421.59	11512.72	9891.05	9608.45	±	2060.15	21%
Mg	8016.53	9612.26	12001.30	9876.70	±	2005.50	20%
Al	166567.94	141844.77	182134.36	163515.69	±	20317.48	12%
Si	738201.29	757972.79	703112.10	733095.40	±	27784.46	4%
K	19233.67	17223.35	20462.93	18973.32	±	1635.41	9%
Ca	8904.96	10125.95	8130.93	9053.94	±	1005.82	11%
Sc	10.50	10.21	12.70	11.14	±	1.36	12%
Ti	4279.12	5357.52	6763.17	5466.60	±	1245.62	23%
V	94.97	71.73	108.06	91.59	±	18.40	20%
Cr	65.63	57.10	74.83	65.85	±	8.87	13%
Fe	43293.09	39623.24	52404.88	45107.07	±	6581.07	15%
Ni	26.40	31.26	36.79	31.48	±	5.20	17%
Cu	17.58	32.14	25.18	24.97	±	7.28	29%
Zn	61.80	112.17	78.33	84.10	±	25.68	31%
Rb	90.98	101.70	111.23	101.30	±	10.13	10%
Sr	120.67	144.55	129.80	131.68	±	12.05	9%
Nb	12.94	16.58	17.28	15.60	±	2.33	15%
In	0.06	0.05	0.07	0.06	±	0.01	13%
Sn	2.22	2.96	2.59	2.59	±	0.37	14%
Cs	5.93	6.61	8.41	6.98	±	1.28	18%
Ba	564.40	528.25	639.58	577.41	±	56.80	10%
La	33.27	33.62	33.22	33.37	±	0.22	1%
Ce	47.84	69.43	43.93	53.73	±	13.73	26%
Pr	7.48	7.61	7.63	7.57	±	0.08	1%
Nd	23.48	25.14	23.97	24.20	±	0.85	4%
Sm	4.96	5.17	5.00	5.04	±	0.11	2%

Eu	1.23	1.40	1.26	1.30	±	0.09	7%
Gd	4.24	4.52	5.06	4.61	±	0.41	9%
Tb	0.74	0.84	0.87	0.82	±	0.07	8%
Dy	4.61	5.38	5.04	5.01	±	0.38	8%
Ho	0.97	1.05	0.99	1.00	±	0.04	4%
Er	2.59	3.12	2.92	2.87	±	0.27	9%
Tm	0.33	0.39	0.34	0.35	±	0.03	10%
Yb	2.19	2.67	2.43	2.43	±	0.24	10%
Lu	0.29	0.33	0.36	0.33	±	0.03	10%
Hf	2.30	2.94	2.95	2.73	±	0.37	14%
Ta	0.88	1.05	1.24	1.05	±	0.18	17%
Pb	27.29	20.79	29.67	25.92	±	4.60	18%
Th	13.42	12.97	16.16	14.19	±	1.73	12%
U	1.99	2.74	3.14	2.62	±	0.59	22%

第三节　白陶和泥质陶器的中子活化分析与研究

一　前言

两城镇遗址是目前所知山东省最大的龙山文化遗址，历年的调查和发掘工作采集和出土了大量龙山文化陶器，器物的种类繁多。不少学者采用类型学方法分析和讨论了两城镇出土的龙山文化陶器，对陶器群、典型器物组合和不同器形的演变有了比较清楚的认识，进而为判断龙山文化的年代关系提供了证据。

在类型学分析基础上，为了进一步讨论两城镇遗址龙山文化陶器的产地及陶器生产的专业化程度以及陶器在当时的贸易活动和扩散区域等问题，我们选取了一批不同器形的陶片标本，请中国社科院考古所科技实验中心进行中子活化检测和分析，以期对我们的研究有所帮助。

中子活化分析是利用具有一定能量和流强的中子去轰击待分析的样品，使样品中的核素产生核反应，生成具有放射性的核素，然后测定放射性核素衰变时放出的瞬发辐射或缓发辐射，对元素作定性、定量分析，从而确定被测样品中各种元素的含量。

二　样品的采集和制备

这批样品是由山东大学在两城镇遗址采集的，共计66件，其中有9件白陶鬶和57件泥质陶器，样品采集清单见表12–24。

每件陶器样品取样约1克，将采集的66件陶器样品清洗干净，充分干燥，用金刚石砂轮将陶器表面彻底清理干净，在玛瑙研钵中充分研磨后装入塑料样品袋，然后送到中国原子能科学研究院，在那里进行反应堆中子照射和微量元素及痕量元素的测量，最后每件陶器样品测得22种微量元素和痕量元素。中子活化分析元素含量数据见表12-25、26。

表12-24 采集陶片样品登记表

样品编号	陶质	器形	时代	遗址
SD-1	泥质	盆	龙山中期	南 DG-YWC-1，CA-ZZ
SD-2	泥质	盆	龙山中期	南 DG-YWC-1，CA-AM
SD-3	泥质	鼎	龙山早期	南 DG-YWC-1，CA-LL
SD-4	泥质	杯	龙山中期	南 DG-YWC-1，CA-GG
SD-5	白陶	鬶	龙山中期	南 DG-YWC-1，CA-AI
SD-6	泥质	壶	龙山早期	南 DG-YWC-1，CA-AI
SD-7	泥质	罐	龙山早期	南 DG-YWC-1，CA-AI
SD-8	泥质	罐	龙山早期	南 DG-YWC-1，CA-AI
SD-9	泥质	罐	龙山早期	南 DG-YWC-1，CA-AI
SD-10	泥质	盆	龙山早期	南 DG-YWC-1，CA-AI
SD-11	泥质	罍	龙山早期	南 DG-YWC-1，CA-AI
SD-12	泥质	器盖	龙山中期	南 DG-YWC-1，CA-Q
SD-13	泥质	器盖	龙山中期	南 DG-YWC-1，CA-WW
SD-14	泥质	罐	龙山早期	南 DG-YWC-1，CA-C
SD-15	泥质	杯	龙山中期	南 DG-YWC-1，CA-C
SD-16	泥质	盆	龙山中期	南 DG-YWC-1，CA-C
SD-17	白陶	鬶	龙山中期	南 DG-YWC-1，CA-C
SD-18	泥质	罍	龙山中期	北 96R-LCZ-1，CA-F
SD-19	泥质	盆	龙山中期	北 96R-LCZ-1，CA-F
SD-20	白陶	鬶	龙山中期	北 96R-LCZ-1，CA-B
SD-21	泥质	罐	龙山中期	北 96R-LCZ-1，CA-B
SD-22	泥质	罐	龙山早期	北 96R-LCZ-1，CA-B
SD-23	泥质	盆	龙山中期	北 LCZ-1，H111
SD-24	泥质	碗	龙山中期	北 LCZ-1，H111
SD-25	泥质	罐	龙山中期	北 LCZ-1，H111
SD-26	泥质	罍	龙山中期	北 LCZ-1，H310
SD-27	泥质	壶	龙山中期	北 LCZ-1，H310
SD-28	泥质	壶	龙山早期	南 DG-DHY-1，CA-Z

SD-29	泥质	豆	龙山早期	南　DG-DHY-1，CA-P
SD-30	泥质	罐	龙山早期	南　DG-DHY-1，CA-D
SD-31	泥质	壶	龙山早期	北　96R-XJG-1，CA-D
SD-32	白陶	鬶	龙山晚期	北　96R-XJG-1，CA-B
SD-33	白陶	鬶	龙山中期	北　96R-XJG-1，CA-B
SD-34	白陶	鬶	龙山中期	南　DG-XLZT-1，CA-B
SD-35	白陶	鬶	龙山中期	南　DG-XLZT-1，CA-B
SD-36	泥质	盘	龙山中期	南　DG-XLZT-1，CA-B
SD-37	泥质	杯	龙山中期	南　DG-XLZT-1，CA-B
SD-38	泥质	罍	龙山中期	南　DG-XLZT-1，CA-E
SD-39	泥质	杯	龙山中期	南　DG-XLZT-1，CA-E
SD-40	泥质	罐	龙山中期	南　DG-XLZT-1，CA-D
SD-41	泥质	盆	龙山早期	北　JN-XS-1，CA-CC
SD-42	泥质	碗	龙山中期	北　JN-XS-1，CA-CC
SD-43	泥质	罍	龙山中期	北　JN-XS-1，CA-CC
SD-44	泥质	盆	龙山中期	北　JN-XS-1，CA-X
SD-45	泥质	盆	龙山早期	北　JN-XS-1，CA-F
SD-46	白陶	鬶	龙山早期	北　JN-XS-1，CA-B
SD-47	泥质	豆	龙山中期	北　DG-WJYA-7，CA-A
SD-48	泥质	器盖	龙山中期	北　DG-WJYA-7，CA-A
SD-49	泥质	器盖	龙山中期	南　DG-DTY-1，CA-H
SD-50	泥质	罐	龙山中期	南　DG-DTY-1，CA-H
SD-51	泥质	罐	龙山中期	南　DG-DTY-1，CA-K
SD-52	泥质	豆	龙山中期	南　LS-XDT-3，CA-J
SD-53	泥质	鼎	龙山中期	南　LS-XDT-3，CA-D
SD-54	泥质	盘	龙山中期	南　LS-XDT-3，CA-D
SD-55	泥质	罍	龙山早期	南　LS-JG-3，CA-G
SD-56	泥质	碗	龙山中期	北　DG-LJLC-1，CA-C
SD-57	泥质	器盖	龙山中期	北　DG-SJP-6
SD-58	泥质	盆	龙山中期	北　JN-HQ-10，CA-A
SD-59	泥质	盆	龙山中期	南　DG-MSH-1，CA-D
SD-60	泥质	杯	龙山中期	南　DG-QSQ-1，CA-B
SD-61	泥质	杯	龙山早期	北　JN-DJW-4
SD-62	泥质	罐	龙山中期	南　DG-ShJC-1
SD-63	泥质	盆	龙山早期	南　LS-LCG-1
SD-64	泥质	杯	龙山中期	北　WL-XYG-1.CA-A
SD-65	泥质	盆	龙山中期	南　DG-NZJC-1，CA-B
SD-66	白陶	鬶	龙山中期	南　DG-NZJC-1，CA-B

表12-25 66件陶器样品的微量元素和痕量元素含量

样品编号	As	Ba	Ce	Co	Cr	Cs	Eu	Hf	La	Lu	Nd	Rb	Sb
SD-1	1.43E+01	2.85E+03	8.82E+01	1.90E+01	9.17E+01	8.16E+00	1.30E+00	6.82E+00	5.00E+01	5.25E-01	3.81E+01	1.48E+02	6.32E-01
SD-2	1.01E+01	2.50E+03	8.37E+01	1.64E+01	8.73E+01	6.04E+00	1.31E+00	5.29E+00	5.09E+01	4.95E-01	4.42E+01	1.06E+02	9.28E-01
SD-3	1.52E+01	2.28E+03	1.06E+02	1.10E+01	1.02E+02	5.44E+00	2.36E+00	5.97E+00	7.87E+01	7.07E-01	6.29E+01	9.82E+01	9.95E-01
SD-4	2.82E+01	3.01E+03	1.32E+02	3.55E+01	9.53E+01	6.23E+00	1.74E+00	5.53E+00	7.19E+01	5.91E-01	5.28E+01	9.51E+01	9.10E-01
SD-5	1.42E+00	2.97E+03	2.00E+02	1.69E+00	4.95E+01	8.09E+00	2.00E+00	9.80E+00	1.19E+02	4.88E-01	8.45E+01	1.16E+02	3.18E-01
SD-6	9.54E+00	1.99E+03	6.78E+01	1.14E+01	8.55E+01	5.92E+00	1.16E+00	5.03E+00	3.88E+01	3.79E-01	3.21E+01	1.07E+02	8.13E-01
SD-7	7.86E+00	2.10E+03	7.90E+01	1.09E+01	7.64E+01	4.15E+00	0.00E+00	5.67E+00	4.05E+01	4.67E-01	3.25E+01	9.04E+01	7.92E-01
SD-8	8.63E+00	2.49E+03	7.81E+01	1.18E+01	9.16E+01	5.77E+00	1.21E+00	7.87E+00	4.15E+01	5.29E-01	3.55E+01	1.17E+02	7.61E-01
SD-9	7.16E+00	2.70E+03	7.61E+01	1.39E+01	8.03E+01	5.02E+00	1.29E+00	6.99E+00	4.36E+01	4.37E-01	3.45E+01	9.82E+01	8.23E-01
SD-10	6.62E+00	2.21E+03	8.12E+01	1.22E+01	8.38E+01	4.59E+00	1.37E+00	6.38E+00	4.20E+01	5.40E-01	3.44E+01	9.28E+01	8.03E-01
SD-11	1.16E+01	3.07E+03	8.15E+01	1.95E+01	8.79E+01	8.13E+00	1.36E+00	5.03E+00	4.92E+01	4.90E-01	3.46E+01	1.45E+02	6.10E-01
SD-12	1.09E+01	1.92E+03	8.35E+01	1.02E+01	8.23E+01	6.12E+00	1.37E+00	5.70E+00	4.63E+01	5.09E-01	3.82E+01	1.10E+02	8.99E-01
SD-13	1.64E+01	2.24E+03	8.59E+01	8.38E+00	1.00E+02	5.13E+00	1.61E+00	5.62E+00	4.83E+01	5.42E-01	4.39E+01	1.02E+02	9.09E-01
SD-14	7.70E+00	2.04E+03	1.07E+02	1.34E+01	9.25E+01	5.33E+00	1.40E+00	6.12E+00	5.72E+01	5.31E-01	4.54E+01	9.83E+01	9.77E-01
SD-15	1.15E+01	2.75E+03	1.07E+02	1.77E+01	1.08E+02	6.51E+00	1.54E+00	5.89E+00	6.21E+01	5.84E-01	4.75E+01	1.16E+02	7.35E-01
SD-16	6.93E+00	1.98E+03	8.25E+01	1.74E+01	8.81E+01	6.57E+00	1.29E+00	5.12E+00	4.52E+01	4.81E-01	3.75E+01	1.09E+02	7.83E-01

样品编号	As	Ba	Ce	Co	Cr	Cs	Eu	Hf	La	Lu	Nd	Rb	Sb
SD−17	8.30E+00	5.25E+02	1.44E+02	1.20E+01	1.15E+02	8.38E+00	1.79E+00	9.63E+00	8.25E+01	7.44E−01	6.54E+01	6.16E+01	8.20E−01
SD−18	7.54E+00	2.28E+03	1.11E+02	1.29E+01	9.39E+01	5.28E+00	1.45E+00	5.84E+00	6.01E+01	5.55E−01	4.55E+01	9.52E+01	9.48E−01
SD−19	2.03E+01	1.93E+03	6.30E+01	1.40E+01	8.13E+01	6.50E+00	1.11E+00	5.51E+00	3.91E+01	4.51E−01	3.37E+01	1.14E+02	1.07E+00
SD−20	1.94E+01	2.45E+03	7.18E+01	9.60E+00	1.03E+02	7.28E+00	1.17E+00	8.43E+00	4.44E+01	6.57E−01	3.62E+01	1.10E+02	6.35E−01
SD−21	1.49E+01	1.39E+03	7.62E+01	1.69E+01	8.86E+01	7.79E+00	1.27E+00	6.09E+00	4.38E+01	5.25E−01	3.83E+01	1.28E+02	8.74E−01
SD−22	7.61E+00	1.75E+03	1.36E+02	9.76E+00	9.71E+01	5.08E+00	1.69E+00	5.99E+00	6.80E+01	5.94E−01	5.31E+01	7.59E+01	7.92E−01
SD−23	6.84E+00	1.50E+03	1.07E+02	1.36E+01	8.93E+01	4.51E+00	1.58E+00	5.94E+00	6.12E+01	5.54E−01	4.81E+01	9.92E+01	7.67E−01
SD−24	8.95E+00	1.58E+03	1.18E+02	9.79E+00	1.06E+02	5.81E+00	1.62E+00	5.65E+00	6.82E+01	6.17E−01	5.08E+01	1.08E+02	9.85E−01
SD−25	8.30E+00	1.63E+03	9.07E+01	1.61E+01	1.03E+02	6.35E+00	1.63E+00	6.55E+00	5.53E+01	5.93E−01	4.21E+01	1.10E+02	9.10E−01
SD−26	1.04E+01	1.72E+03	7.42E+01	1.58E+01	9.66E+01	6.29E+00	1.27E+00	5.23E+00	4.55E+01	4.81E−01	3.71E+01	1.12E+02	6.71E−01
SD−27	1.04E+01	1.59E+03	8.04E+01	1.09E+01	9.11E+01	5.96E+00	1.18E+00	6.58E+00	4.47E+01	5.23E−01	3.45E+01	1.02E+02	7.80E−01
SD−28	1.19E+01	2.48E+03	6.00E+01	7.30E+00	7.55E+01	5.20E+00	1.06E+00	5.51E+00	4.11E+01	4.21E−01	3.39E+01	1.03E+02	7.14E−01
SD−29	9.36E+00	3.27E+03	1.17E+02	1.89E+01	1.02E+02	5.31E+00	1.59E+00	4.70E+00	7.26E+01	5.27E−01	5.26E+01	9.94E+01	1.03E+00
SD−30	1.29E+01	3.22E+03	1.03E+02	1.04E+01	9.02E+01	5.64E+00	1.67E+00	6.42E+00	5.33E+01	5.38E−01	4.40E+01	8.70E+01	1.07E+00
SD−31	1.37E+01	2.18E+03	1.07E+02	2.05E+01	9.00E+01	7.08E+00	1.51E+00	4.83E+00	6.29E+01	5.34E−01	4.43E+01	1.11E+02	1.05E+00
SD−32	1.04E+01	6.28E+02	1.54E+02	1.63E+01	1.08E+02	6.28E+00	2.38E+00	7.84E+00	7.05E+01	7.75E−01	7.01E+01	4.67E+01	7.95E−01
SD−33	2.00E+00	7.44E+02	1.31E+02	1.92E+00	6.01E+00	1.19E+01	9.77E−01	6.87E+00	9.28E+01	4.05E−01	4.54E+01	2.44E+02	2.37E−01

样品编号	As	Ba	Ce	Co	Cr	Cs	Eu	Hf	La	Lu	Nd	Rb	Sb
SD-34	1.24E+01	1.92E+03	2.06E+02	1.37E+01	8.69E+01	7.30E+00	4.01E+00	5.67E+00	1.01E+02	5.25E-01	1.06E+02	5.76E+01	8.94E-01
SD-35	1.12E+01	2.37E+03	9.49E+01	1.05E+01	8.42E+01	3.75E+00	1.91E+00	7.21E+00	5.73E+01	5.05E-01	4.13E+01	5.90E+01	9.12E-01
SD-36	1.19E+01	1.47E+03	9.72E+01	1.25E+01	8.89E+01	7.09E+00	1.48E+00	5.39E+00	5.65E+01	5.77E-01	4.55E+01	1.14E+02	9.99E-01
SD-37	9.93E+00	1.73E+03	9.96E+01	1.36E+01	9.23E+01	7.18E+00	1.52E+00	6.15E+00	5.80E+01	6.09E-01	4.55E+01	1.24E+02	1.12E+00
SD-38	6.65E+00	2.49E+03	1.30E+02	3.10E+01	8.34E+01	5.79E+00	1.48E+00	6.11E+00	5.07E+01	5.25E-01	4.47E+01	1.10E+02	8.58E-01
SD-39	7.23E+00	1.91E+03	9.50E+01	1.12E+01	1.04E+02	5.24E+00	1.50E+00	5.22E+00	5.72E+01	5.84E-01	4.31E+01	9.81E+01	6.72E-01
SD-40	7.61E+00	1.88E+03	8.02E+01	9.49E+00	8.37E+01	5.33E+00	1.34E+00	6.21E+00	4.98E+01	5.33E-01	3.92E+01	1.01E+02	9.83E-01
SD-41	5.28E+00	1.88E+03	7.85E+01	1.35E+01	8.75E+01	5.81E+00	1.22E+00	5.59E+00	4.28E+01	4.87E-01	3.38E+01	1.02E+02	9.26E-01
SD-42	7.43E+00	2.35E+03	9.89E+01	1.94E+01	8.11E+01	5.70E+00	1.49E+00	5.88E+00	5.04E+01	4.99E-01	4.14E+01	1.00E+02	7.32E-01
SD-43	1.05E+01	1.55E+03	9.10E+01	1.71E+01	9.37E+01	6.07E+00	1.37E+00	5.15E+00	4.90E+01	5.16E-01	4.28E+01	1.07E+02	8.63E-01
SD-44	1.98E+01	2.62E+03	8.54E+01	1.14E+01	8.06E+01	4.95E+00	1.31E+00	6.57E+00	4.39E+01	4.87E-01	4.16E+01	9.11E+01	8.67E-01
SD-45	6.81E+00	2.19E+03	8.81E+01	1.29E+01	8.37E+01	5.36E+00	1.36E+00	6.45E+00	4.94E+01	5.14E-01	4.09E+01	1.02E+02	8.68E-01
SD-46	3.76E+00	1.74E+03	6.85E+01	1.01E+01	9.21E+01	4.35E+00	1.29E+00	9.24E+00	4.84E+01	5.73E-01	3.52E+01	4.27E+01	6.52E-01
SD-47	1.21E+01	1.52E+03	8.34E+01	7.69E+00	9.50E+01	5.47E+00	1.56E+00	6.43E+00	5.64E+01	5.92E-01	3.84E+01	9.90E+01	8.91E-01
SD-48	2.06E+01	2.18E+03	9.91E+01	1.64E+01	9.25E+01	5.65E+00	1.58E+00	6.21E+00	6.79E+01	5.76E-01	4.74E+01	1.02E+02	7.78E-01
SD-49	1.02E+01	2.47E+03	1.19E+02	1.61E+01	8.43E+01	5.16E+00	1.51E+00	6.46E+00	7.57E+01	6.14E-01	5.02E+01	9.70E+01	9.08E-01

样品编号	As	Ba	Ce	Co	Cr	Cs	Eu	Hf	La	Lu	Nd	Rb	Sb
SD-50	1.27E+01	1.55E+03	1.97E+02	1.19E+01	8.14E+01	6.55E+00	1.94E+00	6.77E+00	1.13E+02	7.32E-01	6.76E+01	1.16E+02	1.11E+00
SD-51	1.36E+01	1.92E+03	1.29E+02	1.93E+01	8.21E+01	3.89E+00	1.62E+00	8.12E+00	7.85E+01	6.28E-01	5.27E+01	8.57E+01	8.60E-01
SD-52	1.06E+01	3.21E+03	8.53E+01	1.31E+01	9.69E+01	5.33E+00	1.59E+00	5.83E+00	5.33E+01	5.77E-01	4.32E+01	1.08E+02	7.28E-01
SD-53	2.74E+01	2.06E+03	8.04E+01	1.73E+01	9.11E+01	6.08E+00	1.35E+00	5.27E+00	4.67E+01	4.83E-01	3.99E+01	1.04E+02	8.44E-01
SD-54	2.90E+01	1.55E+03	7.99E+01	1.26E+01	8.61E+01	5.47E+00	1.41E+00	6.73E+00	5.07E+01	5.41E-01	3.86E+01	1.09E+02	8.84E-01
SD-55	7.76E+00	1.67E+03	9.45E+01	1.58E+01	8.83E+01	6.81E+00	1.50E+00	6.19E+00	5.38E+01	4.93E-01	4.10E+01	1.53E+02	8.96E-01
SD-56	8.04E+00	3.02E+03	1.22E+02	1.43E+01	9.59E+01	5.70E+00	1.63E+00	5.58E+00	6.87E+01	5.72E-01	5.11E+01	9.58E+01	7.61E-01
SD-57	1.23E+01	1.79E+03	8.63E+01	1.10E+01	9.38E+01	5.75E+00	1.31E+00	7.06E+00	5.43E+01	5.57E-01	4.40E+01	1.03E+02	1.07E+00
SD-58	9.89E+00	2.09E+03	1.22E+02	1.09E+01	9.53E+01	7.07E+00	1.78E+00	6.05E+00	7.44E+01	6.03E-01	4.95E+01	1.05E+02	9.29E-01
SD-59	8.24E+00	2.05E+03	8.55E+01	7.79E+00	9.04E+01	5.19E+00	1.36E+00	6.43E+00	5.33E+01	5.88E-01	4.17E+01	1.04E+02	8.13E-01
SD-60	1.62E+01	2.20E+03	1.07E+02	1.71E+01	8.09E+01	5.89E+00	1.51E+00	5.25E+00	6.73E+01	6.72E-01	4.60E+01	1.01E+02	8.28E-01
SD-61	6.39E+00	1.65E+03	7.67E+01	9.25E+00	1.14E+02	4.60E+00	1.40E+00	6.55E+00	5.37E+01	5.51E-01	3.66E+01	1.03E+02	8.15E-01
SD-62	1.27E+01	1.80E+03	1.37E+02	1.66E+01	9.54E+01	5.64E+00	1.43E+00	5.75E+00	5.73E+01	5.92E-01	4.04E+01	9.71E+01	8.53E-01
SD-63	1.56E+01	1.73E+03	9.27E+01	1.14E+01	9.15E+01	6.50E+00	1.60E+00	5.38E+00	6.02E+01	6.04E-01	5.17E+01	1.14E+02	8.39E-01
SD-64	9.97E+00	4.34E+03	1.07E+02	1.55E+01	1.76E+02	6.78E+00	1.92E+00	6.09E+00	6.82E+01	6.75E-01	5.44E+01	1.13E+02	7.39E-01
SD-65	1.19E+01	2.18E+03	6.94E+01	9.82E+00	7.54E+01	5.49E+00	1.16E+00	5.93E+00	4.47E+01	4.30E-01	3.39E+01	1.04E+02	9.68E-01
SD-66	2.88E+00	8.17E+02	8.99E+01	5.23E+00	8.11E+01	1.18E+01	1.47E+00	6.69E+00	5.43E+01	3.92E-01	3.34E+01	6.80E+01	3.23E-01

表12-26　66件陶器样品的微量元素和痕量元素含量

样品编号	Sc	Sm	Ta	Tb	Th	U	W	Yb	Zn
SD-1	1.38E+01	6.44E+00	1.09E+00	9.50E-01	1.39E+01	2.42E+00	0.00E+00	3.05E+00	1.63E+02
SD-2	1.23E+01	6.50E+00	1.11E+00	9.12E-01	1.28E+01	2.22E+00	0.00E+00	3.22E+00	1.24E+02
SD-3	1.64E+01	1.05E+01	1.13E+00	1.51E+00	1.52E+01	2.79E+00	1.51E+00	4.62E+00	7.68E+01
SD-4	1.59E+01	8.58E+00	1.16E+00	1.10E+00	1.99E+01	2.94E+00	2.04E+00	3.69E+00	1.08E+02
SD-5	1.40E+01	1.02E+01	1.61E+00	7.72E-01	2.53E+01	3.96E+00	1.45E+00	3.18E+00	5.03E+01
SD-6	1.40E+01	5.21E+00	1.01E+00	6.56E-01	1.31E+01	2.29E+00	2.72E+00	2.44E+00	7.64E+01
SD-7	1.15E+01	5.40E+00	1.10E+00	7.40E-01	1.15E+01	2.20E+00	0.00E+00	2.79E+00	8.79E+01
SD-8	1.29E+01	5.78E+00	1.10E+00	8.17E-01	1.27E+01	2.38E+00	1.67E+00	3.12E+00	1.29E+02
SD-9	1.20E+01	5.38E+00	1.02E+00	7.69E-01	1.20E+01	2.18E+00	0.00E+00	2.79E+00	6.70E+01
SD-10	1.23E+01	5.66E+00	1.05E+00	8.15E-01	1.22E+01	2.50E+00	2.51E+00	3.12E+00	9.43E+01
SD-11	1.49E+01	5.98E+00	1.11E+00	7.68E-01	1.39E+01	2.25E+00	2.44E+00	2.84E+00	1.53E+02
SD-12	1.33E+01	6.48E+00	1.24E+00	1.02E+00	1.36E+01	2.48E+00	1.67E+00	3.15E+00	9.07E+01
SD-13	1.51E+01	7.12E+00	1.22E+00	1.05E+00	1.46E+01	2.70E+00	2.09E+00	3.46E+00	9.01E+01
SD-14	1.40E+01	7.12E+00	1.30E+00	9.92E-01	1.66E+01	3.01E+00	2.37E+00	3.50E+00	1.10E+02
SD-15	1.69E+01	7.47E+00	1.26E+00	1.05E+00	1.81E+01	3.34E+00	3.23E+00	3.71E+00	9.84E+01
SD-16	1.46E+01	6.23E+00	1.08E+00	8.66E-01	1.40E+01	1.96E+00	1.74E+00	3.00E+00	1.24E+02

样品编号	Sc	Sm	Ta	Tb	Th	U	W	Yb	Zn
SD−17	2.20E+01	9.26E+00	2.03E+00	1.27E+00	2.48E+01	6.08E+00	3.49E+00	4.79E+00	4.29E+01
SD−18	1.44E+01	7.18E+00	1.34E+00	9.37E−01	1.69E+01	2.77E+00	3.21E+00	3.57E+00	7.34E+01
SD−19	1.41E+01	5.11E+00	1.13E+00	7.87E−01	1.39E+01	2.31E+00	1.90E+00	2.79E+00	1.27E+02
SD−20	2.04E+01	5.46E+00	1.56E+00	9.41E−01	2.19E+01	3.91E+00	2.90E+00	3.95E+00	8.64E+01
SD−21	1.57E+01	6.21E+00	1.16E+00	9.45E−01	1.44E+01	2.29E+00	2.37E+00	3.25E+00	1.13E+02
SD−22	1.55E+01	8.44E+00	1.08E+00	1.12E+00	1.32E+01	2.19E+00	0.00E+00	3.97E+00	9.89E+01
SD−23	1.37E+01	7.40E+00	1.38E+00	1.13E+00	1.56E+01	2.57E+00	2.24E+00	3.71E+00	7.89E+01
SD−24	1.75E+01	8.08E+00	1.34E+00	1.17E+00	1.95E+01	3.23E+00	2.20E+00	3.88E+00	8.25E+01
SD−25	1.51E+01	7.27E+00	1.21E+00	1.11E+00	1.43E+01	3.00E+00	1.66E+00	3.76E+00	1.25E+02
SD−26	1.38E+01	5.99E+00	1.06E+00	1.06E+00	1.40E+01	2.05E+00	2.01E+00	3.10E+00	1.72E+02
SD−27	1.39E+01	5.76E+00	1.31E+00	8.35E−01	1.51E+01	2.55E+00	0.00E+00	3.32E+00	1.26E+02
SD−28	1.21E+01	4.87E+00	1.12E+00	7.40E−01	1.27E+01	2.19E+00	1.94E+00	2.57E+00	8.43E+01
SD−29	1.60E+01	7.90E+00	1.26E+00	1.04E+00	1.63E+01	2.78E+00	1.83E+00	3.51E+00	1.09E+02
SD−30	1.43E+01	7.36E+00	1.21E+00	1.07E+00	1.50E+01	2.64E+00	2.27E+00	3.40E+00	9.09E+01
SD−31	1.52E+01	7.21E+00	1.26E+00	1.09E+00	1.61E+01	2.62E+00	2.81E+00	3.32E+00	1.08E+02
SD−32	2.63E+01	1.07E+01	1.31E+00	1.48E+00	2.23E+01	6.51E+00	3.00E+00	4.95E+00	5.60E+01

样品编号	Sc	Sm	Ta	Tb	Th	U	W	Yb	Zn
SD-33	3.48E+00	5.97E+00	1.62E+00	6.94E-01	2.11E+01	2.76E+00	9.82E-01	2.54E+00	3.29E+01
SD-34	1.54E+01	1.84E+01	9.99E-01	1.83E+00	1.48E+01	2.31E+00	2.04E+00	3.59E+00	7.65E+01
SD-35	1.53E+01	7.06E+00	1.74E+00	9.06E-01	1.72E+01	4.17E+00	2.03E+00	3.09E+00	4.94E+01
SD-36	1.38E+01	7.29E+00	1.44E+00	1.08E+00	1.62E+01	2.95E+00	1.93E+00	3.62E+00	1.12E+02
SD-37	1.37E+01	7.69E+00	1.35E+00	1.11E+00	1.66E+01	2.86E+00	2.42E+00	3.74E+00	1.30E+02
SD-38	1.36E+01	6.94E+00	1.29E+00	9.97E-01	1.51E+01	2.80E+00	2.98E+00	3.54E+00	9.55E+01
SD-39	1.62E+01	7.43E+00	1.24E+00	9.81E-01	1.55E+01	3.00E+00	2.66E+00	3.66E+00	1.05E+02
SD-40	1.31E+01	6.58E+00	1.42E+00	1.08E+00	1.42E+01	2.58E+00	0.00E+00	3.29E+00	7.76E+01
SD-41	1.33E+01	5.87E+00	1.13E+00	8.89E-01	1.30E+01	2.80E+00	1.89E+00	2.98E+00	6.41E+01
SD-42	1.38E+01	6.47E+00	1.12E+00	9.16E-01	1.24E+01	2.34E+00	1.71E+00	3.14E+00	1.29E+02
SD-43	1.50E+01	6.33E+00	1.15E+00	9.28E-01	1.40E+01	2.32E+00	2.41E+00	3.29E+00	9.68E+01
SD-44	1.28E+01	6.13E+00	1.02E+00	8.58E-01	1.24E+01	2.24E+00	1.85E+00	3.15E+00	1.49E+02
SD-45	1.33E+01	6.54E+00	1.18E+00	9.53E-01	1.31E+01	2.20E+00	2.31E+00	3.25E+00	7.61E+01
SD-46	1.64E+01	5.77E+00	1.70E+00	9.31E-01	1.94E+01	5.01E+00	2.66E+00	3.56E+00	7.99E+01
SD-47	1.45E+01	6.92E+00	1.24E+00	1.16E+00	1.48E+01	2.90E+00	2.49E+00	3.52E+00	7.09E+01
SD-48	1.46E+01	7.45E+00	1.21E+00	1.03E+00	1.51E+01	2.99E+00	1.78E+00	3.79E+00	1.00E+02
SD-49	1.40E+01	7.89E+00	1.28E+00	1.07E+00	1.97E+01	3.71E+00	2.46E+00	3.67E+00	1.16E+02

样品编号	Sc	Sm	Ta	Tb	Th	U	W	Yb	Zn
SD-50	1.40E+01	1.04E+01	1.35E+00	1.34E+00	2.58E+01	3.73E+00	2.97E+00	4.55E+00	1.15E+02
SD-51	1.39E+01	8.23E+00	1.42E+00	1.14E+00	2.18E+01	4.16E+00	3.54E+00	3.88E+00	8.41E+01
SD-52	1.47E+01	7.22E+00	1.28E+00	1.11E+00	1.38E+01	2.60E+00	3.13E+00	3.56E+00	6.15E+01
SD-53	1.43E+01	6.27E+00	1.09E+00	9.13E-01	1.28E+01	2.21E+00	2.08E+00	3.06E+00	1.13E+02
SD-54	1.33E+01	6.20E+00	1.20E+00	9.41E-01	1.39E+01	2.43E+00	2.70E+00	3.30E+00	9.09E+01
SD-55	1.37E+01	6.84E+00	1.11E+00		1.32E+01	2.49E+00	2.13E+00	3.23E+00	1.44E+02
SD-56	1.57E+01	8.07E+00	1.44E+00	1.31E+00	1.77E+01	2.99E+00	3.14E+00	3.76E+00	9.23E+01
SD-57	1.43E+01	6.92E+00	1.19E+00	9.97E-01	1.46E+01	2.51E+00	1.91E+00	3.59E+00	1.22E+02
SD-58	1.57E+01	8.40E+00	1.44E+00	1.27E+00	1.88E+01	3.10E+00	2.32E+00	3.94E+00	8.61E+01
SD-59	1.34E+01	6.73E+00	1.19E+00	9.67E-01	1.36E+01	3.64E+00	2.04E+00	3.58E+00	8.61E+01
SD-60	1.40E+01	7.16E+00	1.30E+00	1.13E+00	1.78E+01	2.86E+00	2.96E+00	3.46E+00	1.53E+02
SD-61	1.59E+01	6.63E+00	1.27E+00	9.84E-01	1.46E+01	3.16E+00	1.98E+00	3.54E+00	1.03E+02
SD-62	1.50E+01	6.84E+00	1.27E+00	1.01E+00	1.73E+01	3.41E+00	2.98E+00	3.58E+00	8.95E+01
SD-63	1.57E+01	8.19E+00	1.35E+00	1.21E+00	1.52E+01	2.90E+00	2.16E+00	3.88E+00	8.15E+01
SD-64	1.58E+01	8.75E+00	1.28E+00	1.23E+00	1.73E+01	3.04E+00	3.28E+00	4.07E+00	1.00E+02
SD-65	1.19E+01	5.06E+00	1.20E+00	7.92E-01	1.45E+01	2.39E+00	2.40E+00	2.69E+00	1.04E+02
SD-66	1.52E+01	5.55E+00	1.09E+00	6.18E-01	1.84E+01	4.29E+00	1.15E+00	2.37E+00	2.79E+01

三 数据分析及讨论

我们采用因子分析方法对66件陶器样品中的22种微量元素和痕量元素进行分析，得到这66件陶器样品的因子分析三维散点图12-11。

从图12-11中可以清楚地看到9件白陶鬶的分布有别于其他的57件泥质陶器样品，而且，这9件白陶鬶在图中的分布比较分散，说明这9件白陶鬶的制作原材料或制作配方可能不同。

为了进一步弄清泥质陶器之间的关系，我们将9件白陶鬶的数据去掉，采用因子分析的方法只对57件泥质陶器样品中微量元素和痕量元素进行分析。

图12-12是龙山文化早期泥质陶器因子分析三维散点图，在图中的分布相对集中，只有一件实验室编号为SD-11的泥质陶罍在图中的分布有点特殊，其原材料或者配方应该与其他的泥质陶器不同。

图12-13是该遗址出土的龙山文化中期的泥质陶器因子分析三维散点图，大部分泥质陶器在图中的分布还是相对集中的，只有3件样品在图中的分布存在差异，分别是实验室编号为SD-50、SD-51的泥质陶罐和SD-64泥质陶杯，这3件样品的制作原材料可能另有出处或是配方与其他样品不同。

从图12-14可以看出该遗址出土的龙山文化早期和龙山文化中期的泥质陶器在图中的分布范围略有不同。另外4件泥质陶器在图中的分布明显不同于其他泥质陶器样品，说明这4件泥质陶器的制作原材料可能来自其他的地方或是采用了与其他样品不同的配方。

从图12-15中可以看出，该遗址南、北地出土的泥质陶器除了4件泥质陶器在图中的分布具有明显的不同外，其他的53件泥质陶器在图中的分布基本一致，只是遗址北地出土的泥质陶器比遗址南地出土的泥质陶器在图中的分布更集中一些。

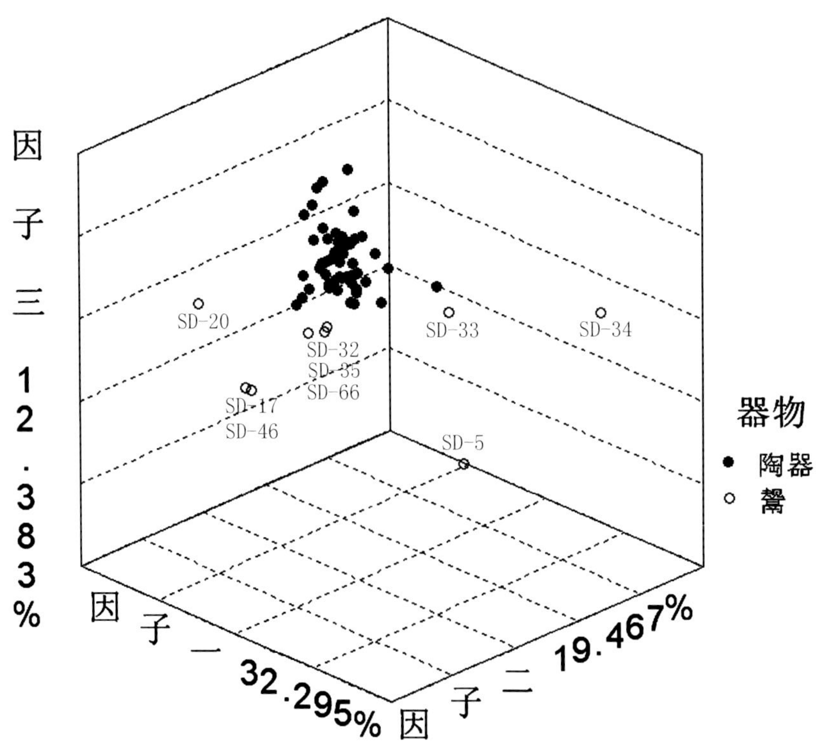

图12-11 两城镇遗址出土66件陶器的因子分析三维散点图

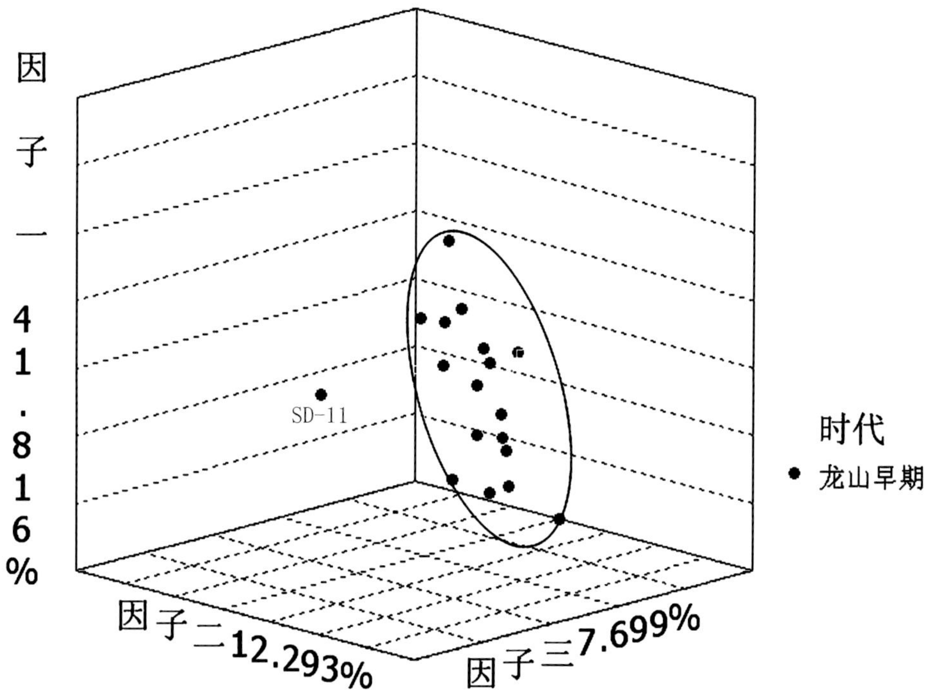

图12-12　龙山文化早期泥质陶器因子分析三维散点图

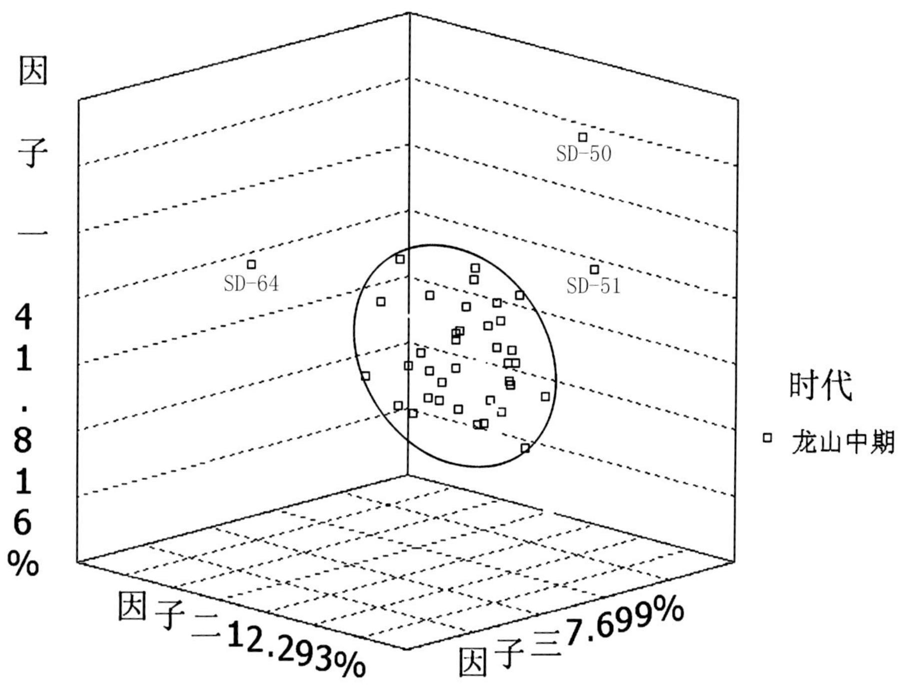

图12-13　龙山文化中期泥质陶器因子分析三维散点图

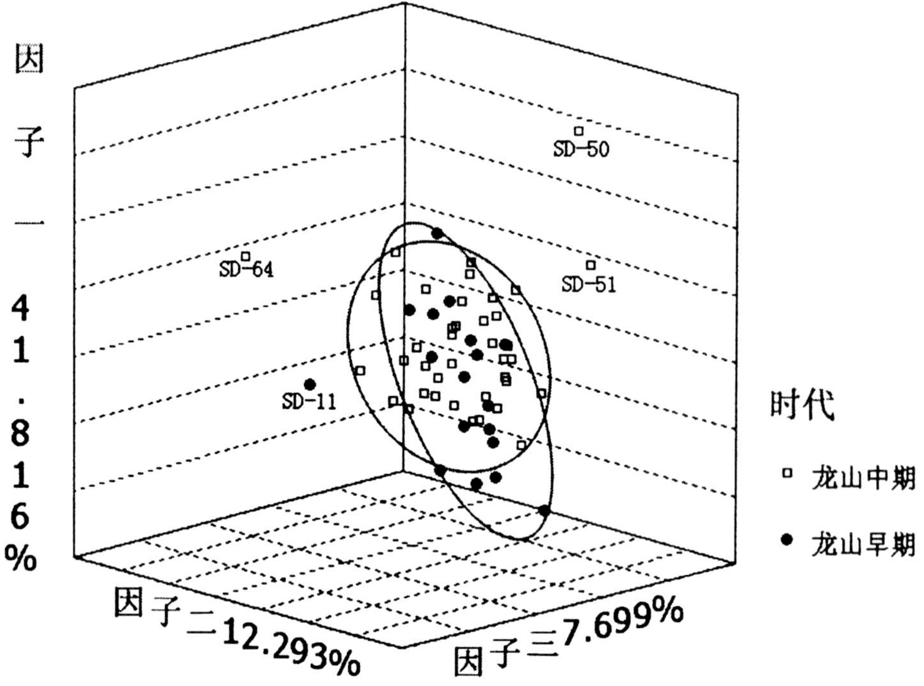

图12－14　龙山文化早期、中期泥质陶器因子分析三维散点图

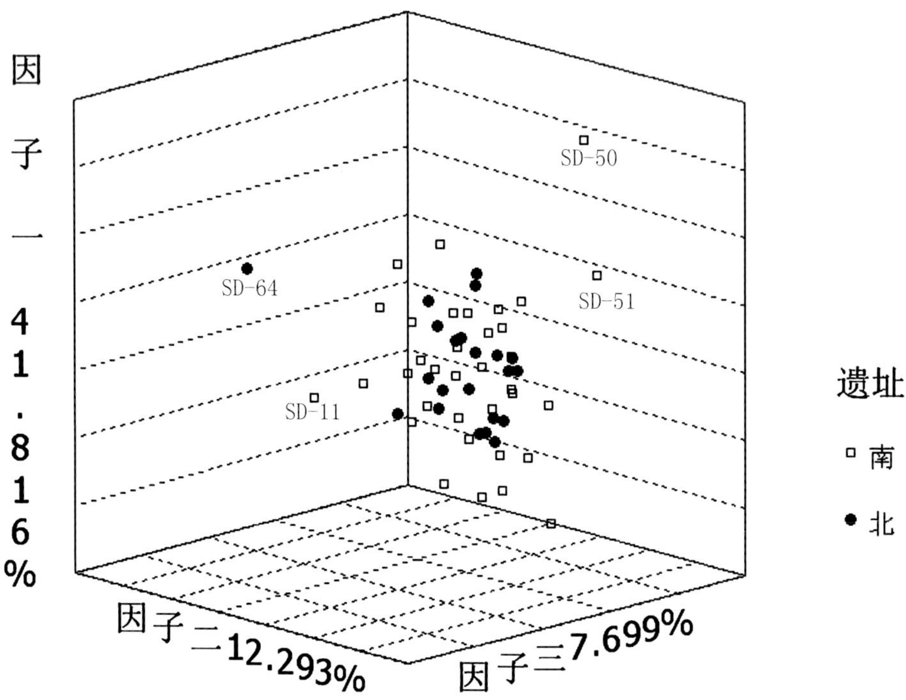

图12－15　遗址南、北地出土泥质陶器的因子分析三维散点图

四　结论

通过对两城镇遗址出土的9件白陶和57件泥质陶器的分析，我们得到如下认识：

第一，该遗址出土的9件白陶鬶在图中的分布比较分散，其制作原材料或是配方可能存在差异。

第二，该遗址出土的57件泥质陶器中，实验室编号为SD-11的泥质陶罍、实验室编号为SD-50、SD-51的泥质陶罐和SD-64泥质陶杯中的微量元素与痕量元素的组成与其他53件泥质陶器不同，表明这4件泥质陶器的原材料可能另有出处或是配方不同。其他53件龙山文化早期和中期的泥质陶器，在图中的分布范围略有不同。另外该遗址的南地、北地出土的泥质陶器在图中的分布略有不同，是否存在原材料或是配方的差异性还有待今后进一步采样分析。

第四节　两城镇龙山文化的陶器消费、分布与生产

一　绪论：研究的主要问题

对两城镇遗址不同区域的发掘，让我们得以考察龙山文化时期一个城镇中心聚落的陶器生产、分配与消费的历时变化。从对世界各地复杂社会的研究成果来看[1]，两城镇陶器的变化模式可能有好几种。在陶器生产方面，20世纪七、八十年代有学者提出，在城镇化背景之下，职业陶工可能会受到人口数量、密度增长的影响而制造更多的陶器。民族考古学研究发现城镇化背景下生产的陶器呈现出明显的标准化倾向，这促使我们联想，在社会复杂化进程中陶器生产的专业化程度可能也会随之提高[2]。我们还需要做更多的工作去研究城镇化背景下的陶工是否会提高陶器尺寸、形状和装饰的标准化程度以提高生产效率。另一个问题是，对于一个常见的假说，即陶器的生产组织会在城镇或国家组织形成时发生重大变化，能否在两城镇找到考古方面的证据。与这一假说相反，最近一项关于中美洲的研究显示家庭手工业生产一直很重要，不止一个地区在国家形成后，家庭手工业仍然持续了很长一段时间[3]。

过去关于龙山文化陶器的研究多强调其工艺的先进性，经常讨论专业化生产和陶器交换的可能

[1] a. Bey G, C Pool, 1992. *Ceramic Production and Distribution. An Integrated Approach*. Boulder: Westview Press. b. Costin C, 2005. Craft Production. In: Maschner HDG, C Chippindale (eds). *Handbook of Archaeological Methods*. Volume II. Lanham, MD: Altamira, 1034-1107. c. Costin C, 2001. Craft Production Systems. In: G Feinman, D Price (eds). *Archaeology at the Millenium: A Sourcebook*. New York: Kluwer Academic, 273-327. d. Costin C, 1991. Craft Specialization: Issues in Defining, Documenting, and Explaining the Organization of Production. In: Schiffer MB (ed). *Archaeological Method and Theory*. Vol. 3. Tucson: University of Arizona. e. Dai X, 2006. *Pottery Production, Settlement Patterns and Development of Social Complexity in the Yuanqu Basin, North-Central China*. BAR International Series 1502. f. Hirth K, 2009. *Housework: Craft Production and Domestic Economy in Ancient Mesoamerica*. Archeological Papers of the American Anthropological Association No. 19. g. Hruby Z, R Flad (eds), 2007. *Rethinking Craft Specialization in Complex Societies: Archaeological Analyses of the Social Meaning of Production*. Archeological Papers of the American Anthropological Association Number 17. h. Rice P, 1987. *Pottery Analysis. A Sourcebook*. University of Chicago Press. i. Underhill A, 2002. *Craft Production and Social Change in Northern China*. New York: Kluwer Academic/Plenum Publishers. j. Underhill AP, 2015. What is Special about Specialization? In: Scott R, S Kosslyn (eds). *Emerging Trends in the Social and Behavioral Sciences*. Hoboken, NJ: Wiley Online Library.

[2] Underhill A, 2002. *Craft Production and Social Change in Northern China*. New York: Kluwer Academic/Plenum Publishers:4、8-9.

[3] Hirth K, 2009. *Housework: Craft Production and Domestic Economy in Ancient Mesoamerica*. Archeological Papers of the American Anthropological Association No. 19.

性[1]。还有一些研究则关注耗费劳动较多、通常被视为礼器的陶器，如高柄杯等[2]。有观点认为，对于需要较多时间和特殊技艺并依赖较远距离交换系统的陶器，不是所有人都能够获取[3]。而另一些学者认为，新石器时代晚期大部分的家庭是能够通过附近的资源获取到通常认为较贵重的陶器[4]。除了生产组织之外，龙山时代被视为礼器的陶器的分配和消费情况也需要更多的研究。而礼器之外的日常用陶器的生产组织，同样值得更多的关注。在不同类型的聚落，例如区域中心或普通乡村聚落，陶器生产的规模和专业陶工生产的陶器的器类问题，目前也没有一致的结论。孙波[5]曾提出海岱地区龙山文化的城市级聚落，例如两城镇等，可能是手工业生产和交换的中心。这一假说值得重视。关于龙山陶器成分分析的研究近来逐渐增多，慢慢显示出不同地区可能有不一样的陶器交换模式[6]，类似的研究还有待积累。

以往的研究者已经注意到，两城镇与日照地区其他遗址相比，制陶技术更加先进，陶器种类也更为多样化[7]。在两城镇有陶器作坊的刘加东是一个手艺高超的陶工，多年来一直在两城镇附近从事龙山陶器复制工作，他认为两城镇附近陶土的质量要高于其他区域。也有观点认为两城镇在龙山时期至少是几种陶器的生产中心，对于这一假说，目前工作的关键是寻找更多的考古学证据。对两城镇出土陶片及部分区域调查所获龙山陶片的成分分析的结果是支持这一假说的（见本章第二、三节）。这两项成分分析研究主要关注泥质黑陶。与夹砂陶相比，制作泥质磨光或薄胎黑陶需要投入更多的劳动，通常认为当时更加看重泥质黑陶。初步研究显示，日照地区的其他遗址也生产泥质黑陶。王增林的研究还包括一些白陶，后面会展开讨论。

不过，目前还没有多少在两城镇这一城镇中心制作陶器的证据。世界范围的民族志资料显示，优质陶土由于不易搬运，往往是决定在哪里生产陶器的关键因素[8]。我们推测，不止一种陶器的确

[1] a. 杜在忠：《试论龙山文化的蛋壳陶》，《考古》1982年第2期，第176～181页。 b. 栾丰实：《东夷考古》，山东大学出版社，1996年。 c. 栾丰实：《海岱地区考古研究》，山东大学出版社，1997年。 d. 钟华南：《复制山东古陶的基本工艺》，《中国博物馆学会第二学术讨论会论文》，1983年，第1～4页。

[2] a. Liu L, 2003. The Products of Minds as Well as of Hands. Production of Prestige Goods in the Neolithic and Early State Periods of China. *Asian Perspectives* 42 (1) : 1-40. b. Underhill AP, 1996. Craft Production and Social Evolution During the Longshan Period of Northern China. In: Wailes B (ed). *Craft Specialization and Social Evolution: In Memory of V. Gordon Childe*. Philadelphia: The University Museum of Archaeology and Anthropology, 133-150. c. Underhill A, 2002. *Craft Production and Social Change in Northern China*. New York: Kluwer Academic/Plenum Publishers.

[3] a. Liu L, 2003. The Products of Minds as Well as of Hands: Production of Prestige Goods in the Neolithic and Early State Periods of China. *Asian Perspectives* 42(1): 1-40. b. Liu L, X Chen, 2006. Sociopolitical Change from Neolithic to Bronze Age China. In: Stark M (ed). *Archaeology of Asia*. Malden, MA: Blackwell, 159-160.

[4] Underhill A, 2002. *Craft Production and Social Change in Northern China*. New York: Kluwer Academic/Plenum Publishers.

[5] Sun B, 2013. The Longshan Culture of Shandong, in Underhill AP (ed). *A Companion to Chinese Archaeology*. Malden, MA: Wiley-Blackwell, 435-458.

[6] a. 北京大学考古文博学院、河南省文物考古研究所：《登封王城岗考古发现与研究（2002～2005）》，大象出版社，2008年。 b. 王海圣、李伟东、罗宏杰等：《山东龙山文化陶器的科技研究》，《科技考古（第三辑）》，2011年，第222～242页。 c. 王增林、梁中合、袁靖等：《山东地区龙山文化陶器的中子活化分析与研究》，《考古》2003年第10期，第86～94页。 d. 王增林、李新伟、栾丰实等：《中华文明形成时期多个遗址陶器的中子活化分析与研究》，《科技考古（第三辑）》，2011年，第177～202页。 e. Underhill A, G Feinman, L Nicholas et al, 2008. Changes in Regional Settlement Patterns and the Development of Complex Societies in Southeastern Shandong, China. *Journal of Anthropological Archaeology* 27: 1-29.

[7] a. 方辉、文德安、加里·费曼等：《鲁东南沿海地区聚落形态变迁与复杂化进程研究》，《东方考古（第4集）》，科学出版社，2008年，第253～287页。 b. 刘敦愿：《日照两城镇龙山文化遗址调查》，考古学报1958年第1期，第25～42页。 c. 刘敦愿：《龙山文化若干问题质疑》，《山东龙山文化研究文集》，齐鲁书社，1992年，第23～40页。 d. 南京博物院：《日照两城镇陶器》，文物出版社，1985年。 e. Underhill A, G Feinman, L Nicholas et al, 2008. Changes in Regional Settlement Patterns and the Development of Complex Societies in Southeastern Shandog, China. *Journal of Anthropological Archaeology* 27: 1-29.

[8] Arnold D, 1985. *Ceramic Theory and Cultural Process*. NY: Cambridge University.

产自两城镇，遗址的其他部分将来很可能会发现陶窑等考古学证据。科杰夫通过痕迹分析和模拟实验，提出某些出土于两城镇遗址的卵石上有打磨黏土留下的痕迹（2007 以及本报告第一三章）。在刘加东的制陶作坊，这类卵石也常被用来抛光陶器。在后文中我们会具体讨论卵石相关的证据。我们还在张小雷[1]研究的基础上讨论了一种间接评价陶器生产策略的方法，即陶器的标准化程度。此外，还在王迪[2]的基础上研究了陶纺轮的生产、分配和消费。

考察两城镇不同陶器的消费模式很重要。我们关注的重点是几种技术和劳动投入较多的贵重陶器，例如精细刻纹陶器、鸟首器盖、白陶、精致的饮水器及大型器皿。以下会讨论这些陶器的出土背景，比较各处不同区域的出土数量。这类分析是阐释此类陶器的生产以及回答哪些家庭能够获得这些陶器之前的重要一步。得出的结论有时会与流行的贵重陶器消费模式相冲突。所以，下文中将先讨论不同的消费模式，然后给出与生产相关的证据。最后将提出一个关于日照地区龙山时代陶器的生产、分配和消费的结论性假说。

二　两城镇不同种类陶器的消费模式

不少学者曾指出，在龙山文化时期，好几种贵重物品的获取和使用只局限于社会地位较高的阶层。邵望平通过分析墓葬等方面的证据，提出龙山文化时期社会阶层已经固化，对于各阶层可使用的器物有严格的规则。对于有些因用于礼仪活动而最受重视的器物，这一点尤为明显。她认为这种消费模式可能是早期中国的一个重要特征。艾兰（Sarah Allan）也有类似的观点，她将政治权威和贵族身份与参与特殊仪式的权力联系起来，提出上述消费模式是二里头国家的一个重要特征。在她看来，对二里头仪式较为重要的就包含有带精致刻划图案的漆器、陶器及其他材质的器物。艾兰基于国家仪式被边远地区接受的实物证据逐渐增多这一现象，论证了在整个二里头国家疆域内仪式支配权的发展过程[3]。这些研究促使我们思考，龙山时代的日照地区是否只有社会上层有权使用贵重的陶器，尤其是那些一般认为对实施仪式较为重要的陶器。其他种类的贵重陶器，是否在丧葬和生活活动中，诸如宴飨，扮演着重要角色（如 Underhill 在2002年所提出的观点）。

通过发掘，我们得以了解两城镇墓葬和居住区内当时可能被视为贵重陶器的分布情况。与其他龙山遗址相比，我们的发掘所见墓葬较少，并且其中很多墓葬很少或者没有随葬品。至于居住区，根据发掘所见三条壕沟（内沟、中沟、外沟）形成的空间区分，我们将比较几个区域内贵重陶器的分布形态。内沟环绕的部分（包括T021、T022内侧、T023、T024、T1789）似乎是该聚落最早被使用的区域，然后是中沟区域（T022外侧、T025、T026、T050、T051、T1726、T1727、T1776、T1777）。居住在内沟区的家庭可能因为代表着拓荒两城镇（目前在两城镇没有发现大汶口文化遗存）的先祖世系，似乎具有相对较高的社会地位。陶器形态显示，后来又有家庭在内沟区西侧定居，聚落发展有逐渐向西扩展的趋势。内沟修建以后一段时间，中沟和外沟（T005、T007、T010）两条环壕依次修建起来。

外沟区域包括第一发掘区和第二发掘区，由于一区的发掘尤其细致，该区出土遗物相对较多。尽管如此，我们认为仍然可以考察外沟区、中沟区和内沟区等不同区域不同陶器的基本消费模式。下文将讨论精致刻纹陶片、鸟首器盖、白陶、高柄杯等雅致器形、大型陶器的消费模式。

[1] 张小雷：《两城镇遗址龙山文化陶器的生产及相关问题初步研究》，山东大学硕士论文，2010年。

[2] 王迪：《新石器时代至青铜时代山东地区纺轮浅析》，山东大学硕士论文，2009年。

[3] Allan S, 2007. Erlitou and the Formation of Chinese Civilization: Toward a New Paradigm. *The Journal of Asian Studies* 66 (2) : 489.

三　刻纹陶片和鸟首器盖在不同区域的消费模式

精致刻划纹是两城镇陶器的一个特色。带此类纹饰的陶片在二里头遗址也有发现（见杜金鹏和许宏，2005，表7）。我们无法知道陶片上的精美刻划图案如云雷纹等究竟蕴含着什么意义，不过可以想见制作这类陶器所需的技能和劳动时间是一般陶器无法等量齐观的。当然还有一个无法忽视的例子，就是出自丁公遗址H1235很多学者认为刻划有原始文字的陶片。

在两城镇的发掘中我们发现了大量厚度不同、刻纹精致程度不一陶片。本文将重点讨论其中刻划精细、图案复杂且相对较薄者。这一类陶片在各个发掘区均有发现（图12-16～18）。在外沟内的第一发掘区发现精致刻纹陶片19件，第二发掘区的探方T0701～0850出土2件，在解剖外沟的两个探沟中也有发现（T007发现7件，T010有3件）。如本报告第五章所解释的，沟内堆积可分为三个不同的时期：水沟被用作环壕之前的居住区堆积、环壕使用时期堆积、环壕废弃后的垃圾堆积或者居住区堆积。我们假定沟内陶器曾为沟附近的居民所使用。

中沟区和内沟区也发现有此类精致刻纹陶片。我们在内沟的解剖探沟T024发现2件，T021发现4件。刻纹陶片在中沟区的多个发掘区域都有发现：第三发掘区探方T1726～1777出土2件，探沟T022

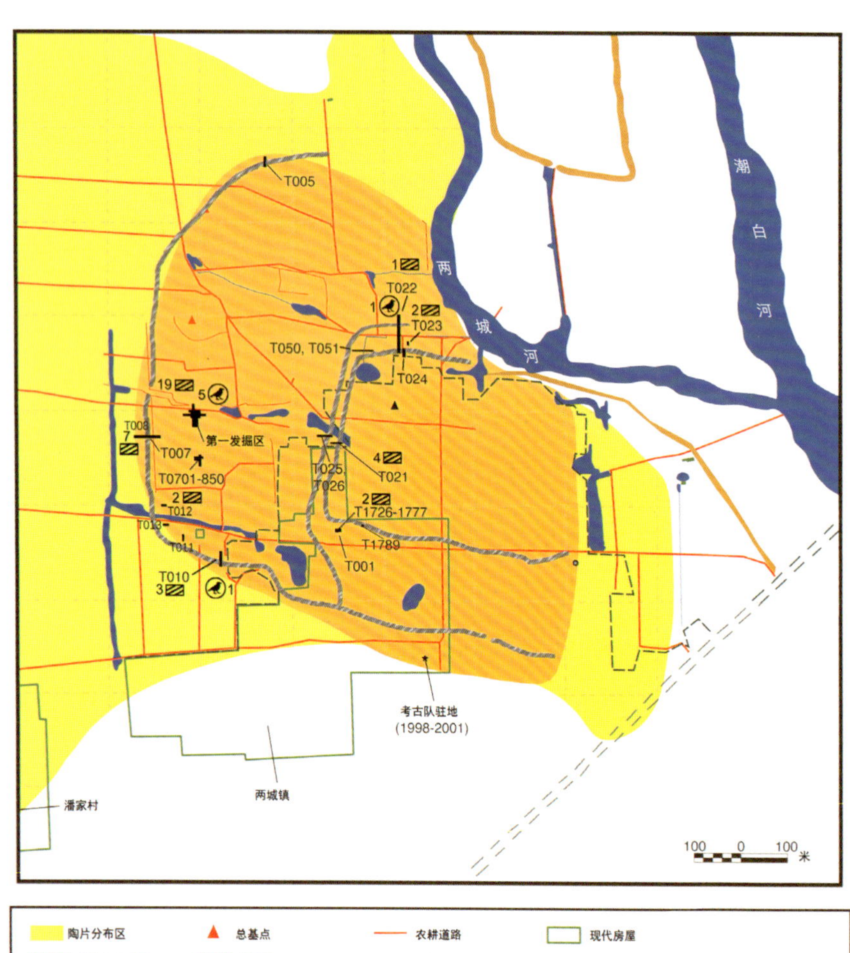

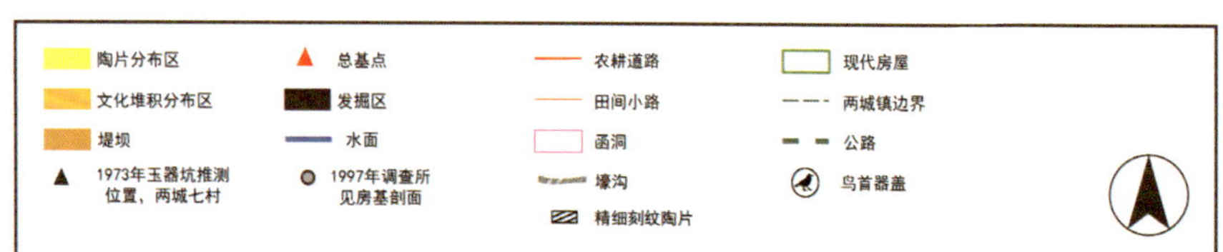

图12-16　两城镇刻纹陶片分布图

1. T2049#1543

2. T2302#4302

3. T2302#4310

4. T2346#F65：11

5. H277：3

6. H110#1655

7. T2302Z1

8. H31#3207

9. H31#3207

图12-17　两城镇遗址出土刻纹陶片

图12-18　两城镇遗址出土刻纹陶片

出土1件。

精致刻纹陶片中部分是罐的残片（F65：11），有些是盆（例如Z1、H31、T021、T010等单位出土者）的残片，也有杯的残片（如H31所见及T010附近的地表采集陶片）。其中有些陶杯的残片非常薄。在第一发掘区，此类陶杯残片是筛土时发现的，最薄的陶杯残片出自于灰坑或者地层中（如第六时期灰坑H110，图12-18），是在浮选过程中发现的。但在本区及两城镇遗址其他发掘区的墓葬中，都没有发现此类精致刻纹陶片。需要指出的是，外沟之内的第一发掘区多是面积较小的房址，一般认为是普通家庭的居住区，竟然存在制作如此精致的刻纹陶片。第一发掘区内出土的精致刻纹陶片多属第七、八时期（表12-27）。如下所述，这些相对较晚的阶段对于其他种类的特殊陶器也格外重视。

表12-27　两城镇遗址第一发掘区遗迹中出土的精细刻纹陶片

期别	出土单位	器形	合计
八	H31：49，218，220 #3207 另有2件发现于筛选中 H63 #3716，2件陶片，属同一器皿 H71 #4318，2件陶片，属同一器皿 H205，#1120，1件陶片	H31：49 属于1个盆的3件陶片；H31：218 和 H31：220 很可能是盆；#3207的4件陶片可能属于1件陶杯，#3207另有1片很可能是盆的残片；H63、H71、H205的陶片可能是盆的残片	8
七	灶1：19、20，另有1件	2件盆，1件杯	3
六	H110：1，H110：2	杯、盆	2
五	0		0
四	H277，#3367，4件陶片，属同一器皿	盆，似乎为太阳纹	1
一	F65：11	罐	1
总计			15

注：第一发掘区共出土精细刻纹陶片19件，除遗迹中所见15件外，另有4件精细刻纹陶片发现于地层中：T2049 #1543, T2097 #1222, T2302 #4302, T2350 #8428。

部分中沟区的精致刻纹陶片也发现于筛土过程中。外沟区、中沟区和内沟区刻纹陶片的实际数量很可能要超过我们已经发现的。据此可知，两城镇聚落各个区域的所有家庭似乎都可以获取到精致刻纹陶器。另有一个现象也值得注意，即这些刻划图案具有显著的多样性，似乎不存在两件一样的图案。刘敦愿先生有关两城镇的研究中也提到过几种图案，这些图案的照片目前陈列于日照市博物馆。

鸟首形器盖在山东地区其他龙山遗址中也有发现，如城子崖[1]、青州凤凰台[2]等。刘敦愿先生曾介绍过一件小陶鸟[3]。在当时的信仰体系中，鸟似乎很重要，可能是族系起源或者特殊仪式的象征物。我们在两城镇发现的几个鸟首形器盖分布于遗址的不同区域，在中沟区（1件，T022）和外沟区（第一发掘区有5件，T010有1件）都有发现。因为器盖上的鸟首饰很容易破碎，所以两城镇当时可能存在过更多的鸟首形器盖。

四　白陶的分布

白陶常见于山东地区大汶口文化时期，河南地区史前时代晚期及二里头文化遗址也有发现。以往的研究表明，史前时代晚期及早期青铜器时代白陶器的使用仅仅局限于贵族阶层[4]。有意思的是两

[1] Li C, S Liang, T Tung, 1956. *Ch' eng-Tzu-Yai: The Black Pottery Culture Site at Lung-Shan-Chen in Li-Ch' eng-Hsien, Shantung Province.* Yale University Publications in Anthropology Number 52. New Haven, CT: Yale University Press: plate11.

[2] 山东省文物考古研究所、山东大学历史系考古教研室、青州市博物馆：《青州市凤凰台遗址发掘》，《海岱考古（第一辑）》，1989年，第159页。

[3] 刘敦愿：《日照两城镇龙山文化遗址调查》，《考古学报》1958年第1期，第25～42页，图13。

[4] a. Li B, L Liu, X Chen et al, 2010. Chemical Comparison of Rare Chinese White Pottery from Four Sites of the Erlitou State: Results and Archaeometrical Implications. *Archaeometry* 52(5): 760-776. b. Liu L, 2003. The Products of Minds as Well as of Hands. Production of Prestige Goods in the Neolithic and Early State Periods of China. *Asian Perspectives* 42 (1) : 1-40.

城镇白陶的情形却完全不同（图12–19）。我们将比较分析白陶（高岭土制成，仅统计编号小件）和白衣陶（编号小件）。这两类陶器在整个两城镇聚落均有发现。

第一发掘区发现白陶39 件（表12–28），外沟区其他区域也有发现（T007发现5件，T010发现1件，T005发现5件）。内沟区发现2件（T021发现1件，T1789发现1件），中沟区发现10件（T022发现1件，T025～0T26发现4件，T1726～T1777等3个探方发现5件）。

白衣陶在外沟区、中沟区和内沟区均有发现（图12–20）。第一发掘区有15件，外沟区的其他区域另有3件（T005、T007、T010各1件）。内沟区发现3件（T024有1件，T021有2件）。中沟区发现12件（T050～T051有4件，T025～T026发现6件，T1726～T1777发现2件）。

与大汶口文化遗址和二里头相比，两城镇遗址的白陶器并不出土于墓葬中，而居住区的发掘表明，居住于两城镇不同区域的人群似乎都可以使用白陶和白衣陶。

另一个值得注意的现象是两城镇聚落对白陶鬶使用的重视（图12–20），目前所见绝大多数的白陶器是陶鬶。从白陶器最重要的出土背景第一发掘区内的灰坑的时代来看，似乎也有一些规律。多数白陶器的时代相对较晚，集中于第七、八时期。一些新的器形，如白陶壶和罍，仅见于第八时期。第一发掘区内灰坑出土白陶鬶残片的统计结果也揭示了同样的分布模式。从数量上说，目前第八时期发现白陶最多。可见对较为贵重的白陶器的使用，在两城镇聚落的最晚期有强化的趋势。由高岭土制作的白陶器形增多也是这一趋势的一个方面。

鉴于鬶、壶和罍通常由特殊陶土制作，尤其是白色可能对当时两城镇人来说具有特殊的意义。鬶、壶和罍适于盛放液体。与壶和罍相比，鬶还适于加热液体，可能是具有多种功能，用于日常消费的液体食物以及酒（见第一一章）的盛器。McGovern 在两城镇出土的陶杯、高柄杯和罍等器物中发现有酒的残留物。

表12–28　第一发掘区出土的白陶和白衣陶

期别	白陶小件（多为鬶，见正文）	白衣陶小件（鬶的各个部分）	筛选出的白陶或白衣陶片（鬶腹片、鬶盖）
八	17	9	116
七	5	1	28
六	2	1	10
五	0	0	8
四	0	0	1
三	0	0	1
二	1	0	0
一	0	0	5

第一发掘区第八时期的白陶器似乎是用于与大灰坑H31相关的仪式。该区很多白陶器就是出土于这个灰坑，伴出的还有大量的其他陶器。H31共出土4件白陶小件（鬶錾手、鬶腹片各1，鬶盖2件）

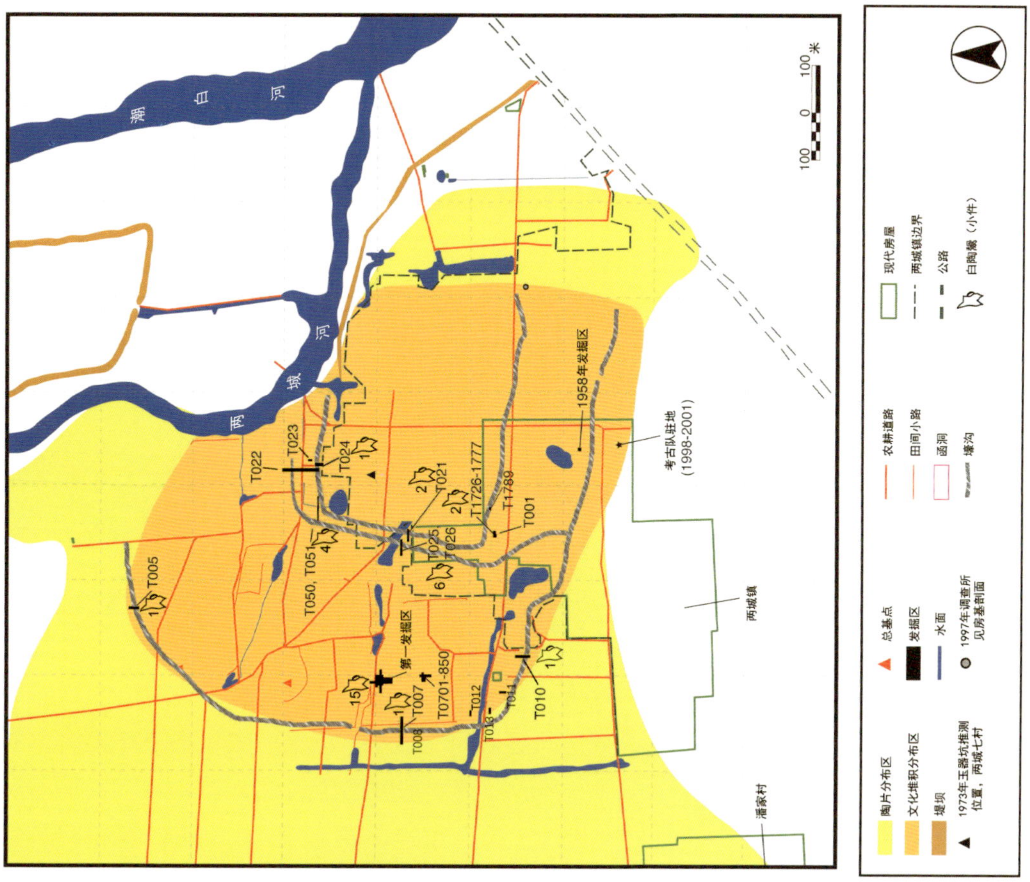

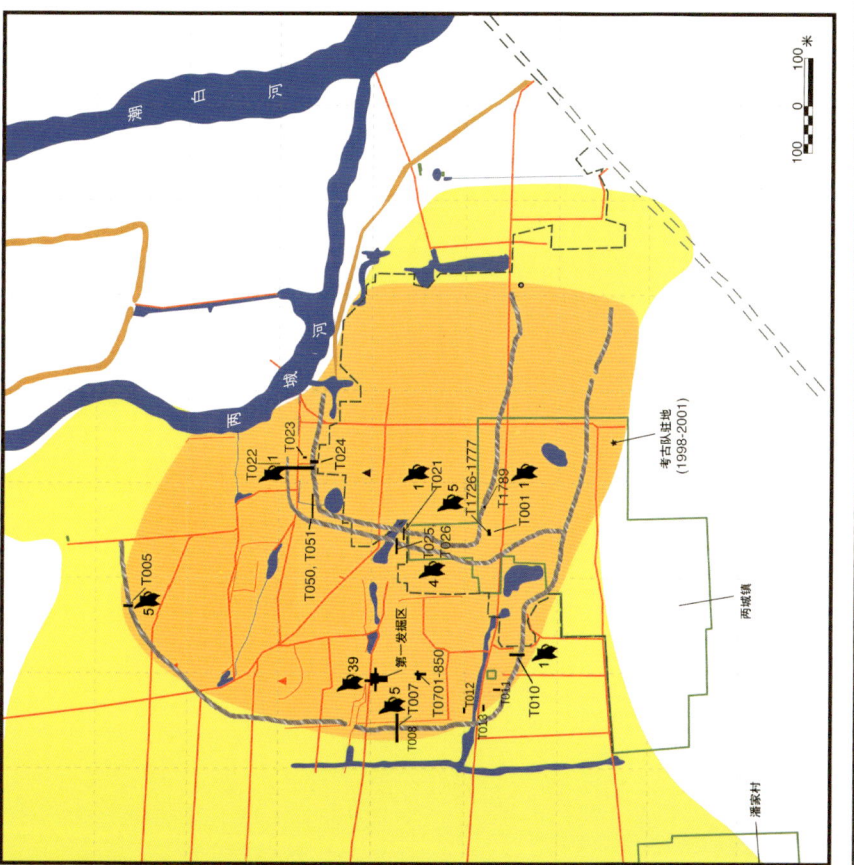

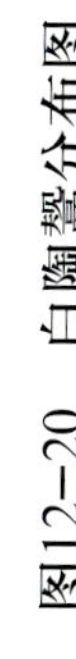

图12-20 白陶鬶分布图

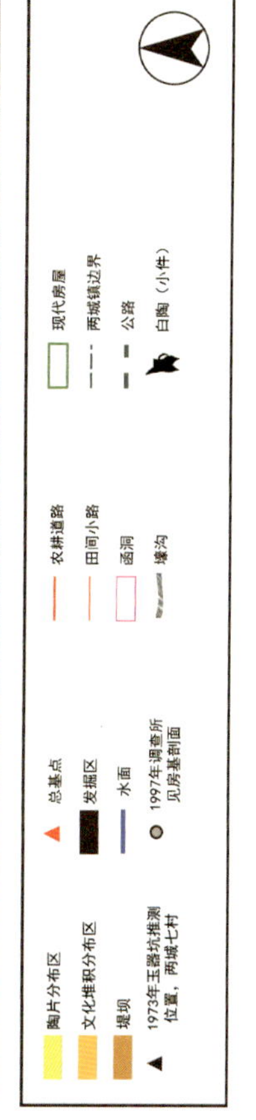

图12-19 白陶小件分布图

和5件白衣陶鬶盖及1件白衣陶鬶足。另有1件白陶罍小件发现于探方T2400第八时期灰坑H205，跟H31大致属于一个区域。发现一白陶壶小件的H80也在附近的T2398东南部。

两城镇以西的中国北方地区，例如河南中部，与山东地区相比，在史前时代晚期和早期青铜时代对高岭土的使用可能存在更为严格的规则。与山东东南部相比，此类黏土资源在西部其他区域可能相对稀缺。

王增林的研究（见本章第三节）公布了日照地区白陶器成分分析的初步结果。他的研究涵盖了出自包括两城镇在内的6个不同规模遗址的白陶鬶残片。如图12－11“因子2”所示，两城镇遗址龙山中期白陶鬶残片（样品#20）成分与调查区域南端的遗址DG-XLZT采集白陶鬶残片（样品#35）类似。该图也显示，其他日照地区龙山中期白陶鬶陶土（96RXJG-1样品33；DG-NZJC-1 样品66；DG-YWC-1样品5；DG-YWC-1样品17；DG-XLZT-1 样品34）成分多样性非常明显。我们还需要做更多的研究以确定日照地区是否存在多个不同的高岭土产地，以及龙山时期白陶器的交换模式。

五 器形雅致的陶器

两城镇有几类陶器造型雅致，尤其是高柄杯和罍。山东地区其他龙山遗址出土的高柄杯非常有名[1]，多数器壁要薄于大汶口文化时期的高柄杯。已发表的绝大多数龙山文化高柄杯出自墓葬，但很少两城镇墓葬出土有高柄杯。在外沟区的第一发掘区，3座墓葬出土有高柄杯：M38（第七时期，确定是高柄杯）、M33（第六时期，小件号分别为17、18，残碎不能复原）、M49（第一时期，小件号3，可能是高柄杯的残片）。此外，中沟区T001西侧墓葬M1出土有一件完整高柄杯。由此可见，居住于两城镇外沟区和中沟区的一些人都可以获取到高柄杯这种制作相对耗时且对工艺要求较高的雅致陶器。

在第一、第二、第五至八时期时，居住在第一发掘区的人们也会把死者埋葬于这个区域，不过似乎是有选择地仅把一部分死者埋葬于此处，其他人则埋葬于别处。另外，还有一小部分墓葬有二层台、木棺等葬具：M49（第一时期，二层台与木棺）、M60（第二时期，木棺）、M33（第六时期，二层台与木棺）、M22（第七时期，木棺）、M32（第七时期，二层台与木棺）、M23和M31（第八时期，均有二层台和木棺）。第五时期的墓葬均未发现二层台或者木棺。值得注意的是，这些带有葬具、可能消耗劳动较多的墓葬中仅有M49和M33两座出土有高柄杯。此外，未发现葬具的M38（第七时期）却随葬有一件很好的高柄杯。所以，不论是否有木棺等葬具，两城镇墓葬在使用贵重物品作为随葬品时具有更多的选择。

重要的是，我们在两城镇聚落的生活区域也发现了可以复原做小件的高柄杯（表12－29；图12－21）。外沟区内的第一发掘区中不止一个生活单位发现有高柄杯。第二、七和八时期的几个灰坑发现有高柄杯残片。看来在第一发掘区从早期到晚期高柄杯都是可以在生活区域使用的。出土有高柄杯的两个晚期（第七、八时期）灰坑H48和H31，还发现有其他相对消耗较多劳动的陶器。此外，在探方T0097较晚的文化层⑥b层，也发现有一片高柄杯残片。

[1] a. 杜在忠：《试论龙山文化的蛋壳陶》，《考古》1982年第2期，第176～181页。b. 钟华南：《复制山东古陶的基本工艺》，《中国博物馆学会第二学术讨论会论文》，1983年，第1～4页。

表12−29　第一发掘区灰坑和墓葬中出土的高柄杯、罍及其他薄壁陶杯小件　（单位：厘米）

器类 期别	高柄杯	罍	其他薄壁陶杯　（壁厚小于0.2）
八	H31：246（0.18～0.30高柄杯内胆）	H31：4（0.3～0.5）， H31：198（0.15～0.55）； H205：20（0.2～0.4）； M23：1（0.1～0.4） M23：7（0.2～0.4）	M16：2，筒形单耳杯（0.1～0.2） M23：2，三足杯（0.1～0.2） M36：3，筒形单耳杯（0.1～0.2）
七	H48②：15（高柄杯柄部0.05～0.15）， H48：28　（0.10 高柄杯内胆） M38：1 高柄杯，（0.05～0.2）	H48：37（0.1～0.3），H48：42（0.2～0.3），　H48：59（0.15～0.35）， H48：60（0.25～0.72）； H78：5　（0.2～0.5） H99：6（0.1～0.3）； H100：17（0.2～0.6）； H122：17（0.4～0.6）， H122：57（0.2～0.3）； H269：5（0.2～0.4） H364：5（0.15～0.3） Z1：31（0.1～0.2）	Z1：39，筒形单耳杯（0.08～0.12） M38：8，筒形单耳杯（0.1～0.2） M38：17，筒形单耳杯（0.05） H48①：56，筒形单耳杯（0.15～0.2） H122②：4，筒形单耳杯（0.1～0.2） H238⑤：25，筒形单耳杯　（0.12） H322①：1，　鼓腹单耳杯（0.1～0.2）
六	M33：17， M33：18	H43：24（0.3）， H358：1（0.2～0.3） M33：7（0.1～0.3）	M33：11，鼓腹杯（0.1～0.2） H47：3，筒形杯（0.2） H108②：3，　筒形单耳杯　（0.1）
五	0	0	H116：1，筒形杯（0.2） H212②：1，鼓腹单耳杯（0.2）
三	0	H391：4（0.15～0.45）， H400：6（0.2～0.6）	0
二	H401：45（0.10～0.20高柄杯内胆）	0	F38：2，　筒形单耳杯（0.1～0.2） H293④：5，　筒形单耳杯（0.1～0.2） H401①：3，鼓腹杯（0.15）
一	M49：3，可能是高柄，柄部厚度0.2	0	0

与其他遗址类似，两城镇发现的罍器形雅致，数量相对较少。罍可能首先出现于龙山时代，似乎跟某些特殊仪式以及对酒的消费有关。罍在外沟区（第一发掘区发现25件，T007有2件，T010有1件）、中沟区（T050～T051发现1件）及内沟区（T021有6件）均有发现。

墓葬中很少发现罍，在第一发掘区中仅第八时期的M23和第六时期的M33两座墓葬有发现，其他的罍均发现于居住区的单位。在第一发掘区，第七、八时期的灰坑出土罍较多（表12−29），这跟其他贵重陶器的情形一致。在探方T2247、T2345与T2346较晚的文化层⑥b中，也发现有3件罍。

第一发掘区重要发现是数量较多（26件）的薄壁陶杯（其中18件在表12−29中有描述）。这些陶杯属第二、五、六、七、八时期。第二、五两时期的生活类单位中出土有薄壁筒形杯和鼓腹杯，均是本遗址较为常见的器形。到第六、七时期的时候，这些薄壁陶杯也开始在墓葬随葬品中出现。第八时期时，墓葬中随葬薄壁筒形杯和三足杯。第一发掘区的第⑥a、⑥b、⑥c层也发现有8件薄壁陶杯，包括筒形杯、鼓腹杯和壶形杯、觯形杯等。

两城镇遗址最薄的陶杯残片发现于第七时期的Z1（表12−29）。这件筒形杯残片是当之无愧的“蛋壳陶”。有意思的是筒形杯是两城镇遗址较为普通的陶器，并且这件蛋壳陶筒形杯残片并不是

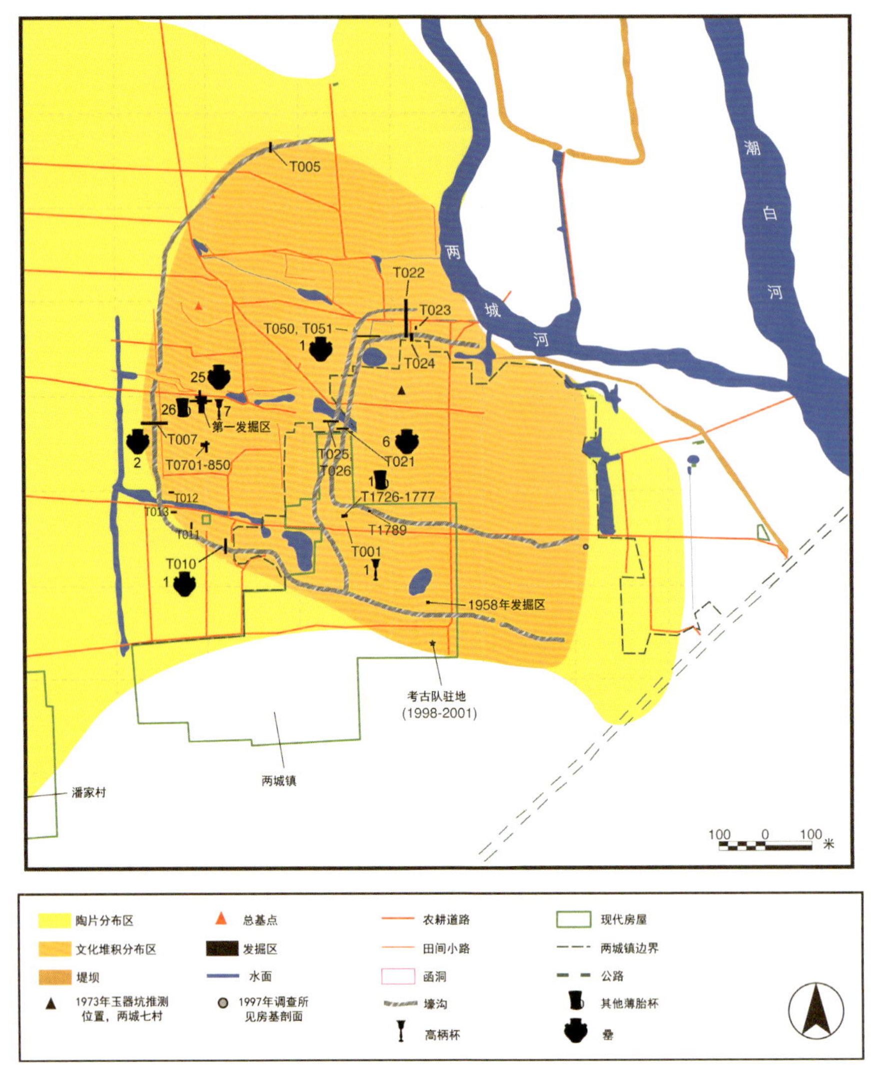

图12-21　罍、高柄杯和其他薄胎杯分布图

发现于墓葬中。经过细致的发掘筛选，我们在第一发掘区发现了不少薄壁陶器。另一件器形普通但器壁较薄的陶杯发现于中沟区探方T1726～T1777内的G1（小件号#2）。

不同的研究者对“蛋壳陶”有不同的定义。我们认为提供所有相对较薄的陶器的测量数据并详细描述其多样性会对研究有所助益。本文将重点讨论几种薄壁的陶杯和陶罍，但正如报告其他章节所言，两城镇当时也使用其他种类的薄壁陶器（此处指壁厚小于0.2厘米者），如陶盒、器盖等。两城镇出土的薄壁陶器数量惊人，不管我们是否称之为蛋壳陶，这类陶器的生产都需要相对较高的技艺。很明显，居住在两城镇不同区域的人群都可以获取到这类较为贵重的陶器。

一些器形不明，经由筛土或浮选出土的薄壁陶器残片同样值得一提。H31发现的带刻划纹的薄壁陶片（第八时期，陶杯残片，编号#3207，图12-17，9）很可能属于高柄杯。2013年秋季从H194（第八时期）器物袋中拣选出的一件薄壁陶片可能是一种陶杯的残片。此外，H110（第六时期，图12-17，6）也有一件器壁甚薄、带有刻划纹的陶片，可能属于某种陶杯。

我们在两城镇遗址的外沟区和中沟区发现了不同种类的薄壁陶杯，在外沟、中沟和内沟区均发现有陶罍，一些陶罍器壁也很薄。未来的发掘应该还会在中沟和内沟区发现更多薄壁陶器。

六　大型陶器

考古学家已经在中国北方地区不同区域不同时期的多个新石器时代遗址中发现过大型陶器。墓葬中出土的此类陶器可能跟丧礼中的宴飨有关，或者是作为礼物供死者在另一个世界使用，这类行为后来一直延续至早期青铜器时代。一个典型的案例是尹家城墓葬出土的3件大深腹盆（口径分别为51.0、47.7、52.8厘米）。在一些地区，大型木质器皿也会被用作随葬品。在陶寺遗址M3015中就发现过一件大型（口径63.3厘米）木质圈足盘[1]。

此外，龙山文化时期聚落中也发现有大型器皿。例如在山东地区，桐林遗址发现过口径44.0、高达116厘米的大型陶甗和1件大型陶鬲[2]（口径30.3、高38.5厘米）。丁公遗址H1235出土的那件带有原始文字的陶片，可能也是出自一件大型陶器平底盆[3]。在河南，汤阴白营遗址的生活区出土过1件口径达56.0厘米的大型器盖，口径77.4厘米的平底盆和直径45.5厘米的器座；安阳后冈遗址也发现过1件口径60.0厘米的平底盆[4]。

对世界范围内不同地区的研究表明，宴飨可能具有竞争的性质[5]。小型的宴飨活动可能发生于普通人之间，贵族可能组织大型的宴飨。近年来，西方学者开始借助文献和考古证据尝试理解中国早期青铜时代涉及饮食的仪式活动的性质。

关于不同龙山遗址中宴飨活动的性质，我们还所知甚少。除大型陶器之外，大规模的食物遗存尤其是动物骨骼也可以作为宴飨的证据。不幸的是，两城镇遗址动物骨骼保存状况较差。不过，我们还可以通过统计不同区域大型容器的数量来了解宴飨的情况。

在两城镇遗址除了1件大型器皿出土于墓葬外，其余均出自生活环境（图12–22）。内沟区发现9件（T021有4件、T023有2件、T024发现3件），中沟区9件（T025～026出土2件，T1726～1777出土7件），外沟区60件（第一发掘区46件，T0701～0850有1件，T005有5件，T007有6件，T011～T012有1件，T010有1件）。这些大型器皿或为饮食器，或为盛食器，或为取食器，主要包括（表12–30）：鼎（口径在7.2～52.7厘米）、甗（口径在11.0～38.0厘米）、盆类（平底盆、鼓腹盆、子母口盆、圈足盘、三足盆等，口径在9.4～52.8厘米）、盘类（圈足盘，其他盘等，口径在10.0～58.0厘米）、器盖（口径3.4～60.0厘米）、各种杯子（口径在4.0～21.6厘米）、鬶（高度在25～35厘米以上）、鬲（1件，口径36.2厘米）。T012发现的甗没有桐林遗址那件大。还有1件特殊器形——漏盆（或称带孔陶盆，口径76.8厘米），发现于探方T024。唯一的1件陶鬲（T1777G1：8）口径36.2、高45.3厘米，要比桐林遗址那件陶鬲大。从发现的大型鼎足来看，两城镇原来一定还存在过不少大型陶鼎。

---

[1]　Underhill A, 2002. *Craft Production and Social Change in Northern China*. N. Y. : Plenum/Kluwer Academic Press: 156.

[2]　魏成敏：《桐林田旺遗址简介》，《管子学刊》1987年第1期，第82页。

[3]　山东大学历史系考古专业：《山东邹平丁公遗址第四、五次发掘简报》，《考古》1993年第4期，第296页。

[4]　Underhill A, 2002. *Craft Production and Social Change in Northern China*. N. Y. : Plenum/Kluwer Academic Press: 156.

[5]　a. Dietler M, B Hayden (eds), 2010. Feasts. Washington, D. C. : Smithsonian Institution. b. Spielmann K, 2002. Feasting, Craft Specialization, and the Ritual Mode of Production in Small-Scale Societies. *American Anthropologist* 104 (1): 195-207. c. Spielmann K, 2004. Communal Feasting, Ceramics, and Exchange. In: Mills B (ed). *Identity, Feasting, and Archaeology of the Greater Southwest.* Boulder: Colorado University Press, 210-232. d. Underhill A, 2002. *Craft Production and Social Change in Northern China*. N. Y. : Plenum/Kluwer Academic Press.

表12-30　两城镇不同区域出土的大型陶器　　（单位：厘米）

器形＼区域	外沟	外沟（西南）	外沟（北）	中沟，第三、四发掘区	内沟
罐形鼎（口径大于 30.0）本遗址最小者口径7.2	T2344 H53①：1，33.4	0	0	0	0
盆形鼎（口径大于30.0）本遗址最小者口径9.8	T2350 H31②：173，30.4，T2302 H48①：22，50.6，T2302 H48①：74，52.7，T2449 H183：1，46.8，T2397 H298①：1，32.0，T2445 H269②：9，40，T2449 H307：2，32.0，T2297 H345③：8，40.0	T0750，G1，#502：10，30.4	T005，G6：523，#6012，31.0 T010，#6303，G10：133，36.8	T1776，H142：9，34.0 T1727，H154：2，31.2–33.4	T021，#6113，H503：9，32.0
（口径大于35.0）本遗址最小者口径11.0	0	0	T012，G012：2，38.0	T1777，H145：2，35.0	0
漏盆/带孔陶盆	0	0	0	0	T024（口径76.8），器形独特
盆（口径大于40）本遗址最小者口径11.2	H122③：12，T2346，46.0	0	T005，G6：286，#6006，42，T007，G7：12，6030，42.4，T007，G7：215，#6036，43.8；	T1777，H145：5，43.2	T024，H586：2，#7980，43.8，T024，H586：4，44.4，T024：34，#7951，40.8，
平底盆（口径大于40）本遗址最小者口径9.4	T2302，H92①：13，40.0；T2449⑥a：5，42.0；T2446⑥b：17，44.0；T2446⑥d：9，40.4；T2296⑦a：20，41.2；T2446⑦a：13，45.8；T2449⑥a：3，50.0（鼓腹平底盆）	0	T005，G6：510，#6008，45.2	0	0
鼓腹盆（口径大于40）本遗址最小者口径16.8	H47：2，48.6，T2343；H182②：3，T2398，44.8；H122④：50，42.2 T2450，H196：4，50.0；H205③：38，T2400，50.0 H206②：3，T2450，40.0 H372：8，42.0，T2298	0	0	0	T021：70，#6142，52.8

子母口盆（口径大于40本遗址最小者口径22.0	0	0	0	T050：4，#06301，44.0	0
圈足盆（口径大于40）；本遗址最小者口径25.0	0	0	0	T1777：6，40.0	0
三足盆（口径大于40.0）本遗址最小者口径11.1	H116：2，40.0，T2303	0	0	0	0
圈足盘（口径大于40）本遗址最小者口径12.8	H42：13（45.8），T2197；F60：15，42.0，T2346；H31①：207，T2350，43.0	0	0	0	0
盘（口径大于40）本遗址最小者口径10.0	0	0	0	T025，G34③：33 镂孔盘形器（口径56.0）	T023，H5：4 烤盘（箅子）（58.0）
器盖（口径大于40） 本遗址最小者口径3.4	T2099，H56：13，覆盆形器盖40.0；H48④：79，覆盆形器盖48.0，T2302；H48③：88，覆盆形器盖40.0；H122③：16，T2346，覆盆形器盖50.7；H92①：4，覆盆形器盖T2302，60.0；Z1：24，40.0，T2302，覆碗形器盖	0	T007，G7：396，#6030，40.0	T1776：7，50.0	0
筒形杯（口径大于12） 本遗址最小者口径4.0	H47：3，T2343 筒形杯 12.4； H31②：134，T2350，12.3，筒形双耳杯；H135：8，T2247，13.2，筒形单耳杯 H280：2，T2400 筒形双耳杯，12.8	0	筒形杯 T005，13.0，G6：026，6005	0	筒形双耳杯，21.6，T023，H5：14 T021，M15：2，6372，12.0，筒形单耳杯，T024④：28，19.8

鼓腹杯口径大于12.0 本遗址最小者口径2.8	H57：5，T2346，12.4，鼓腹杯 H283：1，鼓腹单耳杯12.0，T2400	0	T007：G7：127，12.0，6033；鼓腹杯	T026，G34：41，7725，12.8 鼓腹杯	T026：41，G34，12.8 鼓腹杯
壶形杯	H43：9，T2343，13.4	0	0	0	0
杯 （类型不确定）	0	0	杯T007，G7：207，6034，12.6， T007，G7：253，杯形器6037，12.8	杯H141：9，T1776，12.0	杯T021，6114：100，12.2
鬶 （高度超过35） 由于残损者较多，本遗址陶鬶中最低者不易确定，可能约25	H48②：5，38.1，白色，T2302； H92①：1，残高39.0，白陶，T2302； H43：17，T2343，白陶，残高36.2， F65：9，白陶，T2346，36.2； 残高 H31②：63（红），T2350，36	0	T005，G6：465，6008，35.7 T022，G22：13，6226，残高37.5	0	T021，H503：12，6113，37.7 残高
鬲				T1777：6，7121，口径36.2	

从目前的发现来看，两城镇聚落的绝大多数区域都有一些大型陶器。两城镇的不同群体很可能时不时地需要一些大型器皿来举行宴飨或者其他特别的仪式。似乎每个群体都能获取到大型器皿。很可能不同地方的人群对于特殊场合需要的器皿有不同的偏好。两城镇的这类大型陶器与其他龙山遗址出土的同类器物相比毫不逊色。制作大型陶器消耗相对较大，然而在两城镇聚落的各个群体都能获取到。如美国西南部的研究成果所揭示的那样，贵重的手工业产品往往是群体而不是个人权力的象征[1]。在两城镇及其他聚落，各世系群体很可能定期地用大型器皿来举行宴饮仪式，这些宴饮很可能用来庆祝群体成员人生中的重要时刻，例如出生、成人、老年等。

两城镇遗址中有两个区域出土的大型陶器较为特殊。其一是北侧内沟，该处发现的大型陶器器形更大并且较为独特。T024发现的那件漏盆（带孔陶盆）是一个典型例子。如第一一章所论，这种器皿可能是用于酿酒。T021出土的那件鼓腹盆是本遗址最大的陶盆（编号T021：70，口径52.8厘米）。T023出土了本遗址最大的烤盘（箅子），口径达58.0厘米。中沟区T025出土的镂孔盘形器是两城镇第二大的此类器物（T025G34③：33，口径56.0厘米）。此外，还在内沟区发现了最大陶杯（T023：14 筒形双耳杯，口径达21.6厘米；T024：28 口径19.8厘米）。其他陶杯的口径一般在12.0～13.5厘米之间。唯一一个发现较大器皿的墓葬是T021的M15，该墓出土了1件口径12.0厘米的陶杯（M15：2）。考古资料表明两城镇各群体都可以获取到大型器皿，而居住在内沟区的那群人可能拥有更多的资源，所以能够得到最大的那部分器皿。

[1] Bayman J, 2002. Hohokam Craft Economies and the Materialization of Power. *Journal of Archaeological Method and Theory* 9 (1) : 69-95.

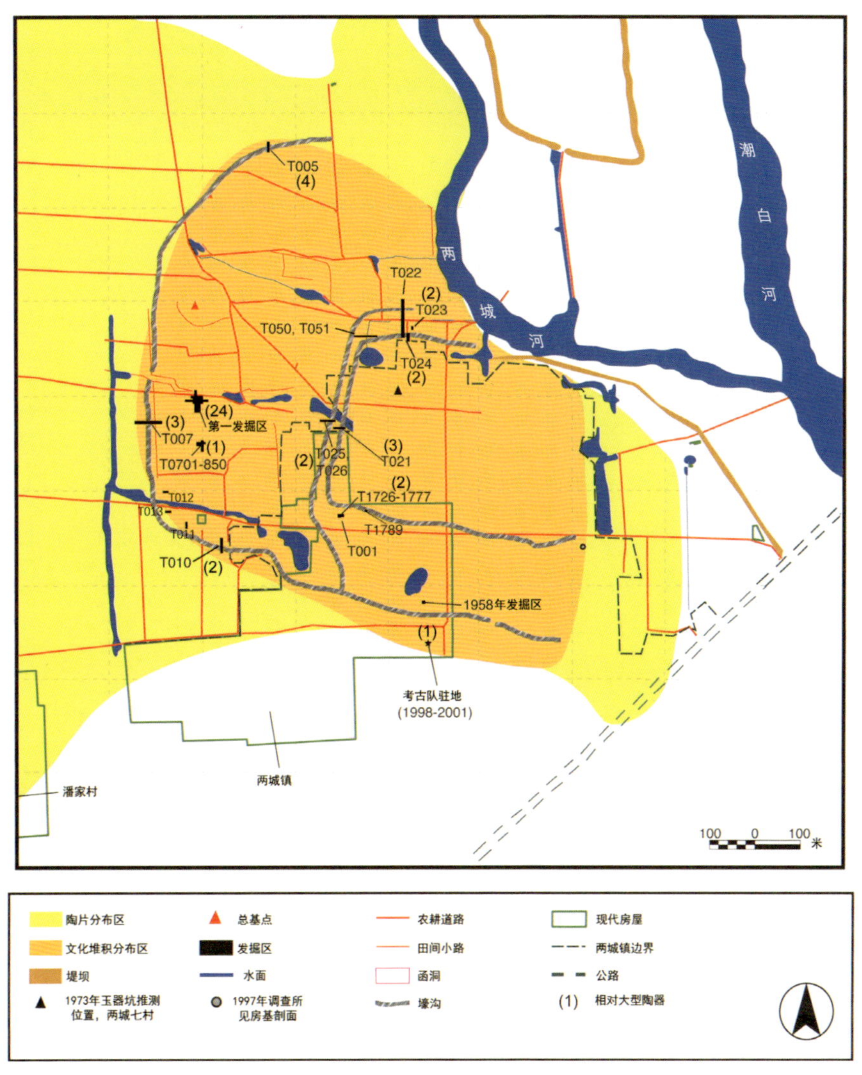

图12-22　大型陶器分布图

在第一发掘区的好几个区域都发现有大型器皿，其中以第七时期的灰坑H48和第八时期的H31（表12-31）发现大型陶器最多。如前所述，这两个灰坑由于还出土了其他特别器皿显得极为特殊。考虑到这两个灰坑出土器物的数量和质量，它们很可能不是寻常的垃圾坑或者储藏坑，而是供奉坑（祭祀坑？）。H48附近的灶址Z1可能是第七时期时用于宴饮烹饪的。H31也发现有一些不寻常的迹象，如一个黏贴有大片云母的薄壁陶杯残片（图12-23）。在第一发掘区稍晚的单位中也发现有一些可能与仪式有关的遗存，如第八时期H56出土的陶勺，第七时期H238的陶鬶（有1件完整陶鬶正放于灰坑底部中心，可能是1件供奉品），第七时期H122陶罐中的水晶等。在第一发掘区第二时期的灰坑H401出土陶器中也发现有1件水晶，无使用痕迹，可能跟仪式活动有关。科杰夫曾在3件两城镇出土的水晶石（2件发现于地层，编号分别为1741、3216；1件发现于F65，编号2962）上发现有使用痕迹，根据其模拟实验，水晶石可能用于在石头或者其他材料上刻划图案。

图12–23 贴有云母的陶杯残片（T2350H31）

如表12–31所示，第一发掘区器形相对较大的器物在第七、八时期较多。如前文所述，这两时期其他种类的贵重陶器（精致刻纹陶器、白陶器、器形雅致者等）也最多。考虑到从第六时期到第八时期建筑的数量逐渐减少，似乎当时人们逐渐把空间投入到仪式活动中去了。其他出土有贵重器物可能被用作供奉坑的灰坑还有H122（第七时期）和H205（第八时期）。H31（第八时期）和H122（第七时期）这类包括特殊遗存的灰坑，可能也跟仪式有关，也许是用于供奉祖先。

表12–31 第一发掘区不同时期灰坑中出土的大型陶器

器类 分期	鼎	盆	鬶	盘	器盖	杯
八	T2344H53：1； T2350H31：173； T2449H183：1	T2398H182②：3； T2450H196：4； T2400H205③：38 T2450H206②：3	T2350H31②：63	T2197H42：13； T2350H31①：207	T2099 H56：13	T2350H31②： 134， T2346H57：5
七	T2302H48①：22， H48①74； T2445H269②：9	T2346H122③：12； H122④：50； T2302H92①：13；	T2302H48②：5； T2302H92①：1	0	T2302H48④：79， H48③：88； T2302Z1：24； T2302H92①：4； T2346H122③：16	0
六	T2297H345③：8	T2343H47：2； T2298H372：8	T2343H43：17	0	0	T2343H47：3， T2343H43：9
五	0	T2303 H116：2	0	0	0	0
四	0	0	0	T2346F60：15	0	0
三	0	0	0	0	0	T2247H135：8
二	0	0	0	0	0	0
一	T2397H298①：1； T2449H307：2	0	T2346F65：9	0	0	T2400H280： 2， T2400H283：1

七 其他陶制品：纺轮

前文已经提到，两城镇遗址发掘过程中还发现了一些陶质工具，如陶刀等。到目前为止，纺轮是除了陶容器之外最常见的陶器。在各主要发掘区（图12-24）共发现了纺轮125件。在内沟（T024发现2件，T021发现2件），中沟（T022发现3件，T025～026发现1件，T1726～1777发现2件，T013发现2件（T013在T011和T012附近），T001发现3件（其中2件发现于地表），以及外沟的多个区域（T0701～0850发现2件，T010发现14件，T007发现21件，T005发现8件，一区发现65件）都有发现。一区发现纺轮的数量多是因为在本区发掘中采用了更加精细的发掘方法。然而，我们仍然可以发现当时人们为了不同的目的利用纺轮在聚落的各个区域处理植物纤维。有些纺轮还作为随葬品出现在墓葬中。在一区的墓葬M60（属第二时期）中发现了一件纺轮。詹妮弗·克拉克（Jennifer Clark）（第八章）推测M60中残存的人骨属于一个成年女性。这对于我们判断纺织在龙山时期是否如玛雅[1]等其他古代社会一样主要由女性来完成很有价值。中国历代的文献都载有女性纺织的意义及布料对于社会关系的意义。纺织品是重要的商品。同时，不同的布料代表不同的社会地位，特定的布料适用于特定的仪式[2]。纺织品在早期对于显示社会地位可能也非常重要[3]。

在世界许多地方，考古学家在辨别纺线和织布的工具时都面临挑战[4]。其中一个主要的问题就是纺线织布工具往往都是有机材料制成，很难保存下来。贝肯（Bekken）在动物骨骼的章节中提到，两城镇遗址一区的骨骼保存状况很差，但是在一些探沟中的骨骼保存状况却很好。探沟T022发现了一枚骨针（#6253；图12-25）。这样的骨针在聚落中应该非常普遍。同样的，在两城镇遗址没有发现与纺织有关的迹象。织布的设备很可能包括木制的踞织机。对中国西南部的彝族的民族学观察以及河姆渡、跨湖桥文化时期的考古学发现都支持这一点[5]。尽管在遗址的各个区域发现的数量众多的纺轮（详见下文）暗示大部分的家户都进行不同纱线和布料的纺织，但是这并不能说明纺线的人同时也织布。

当然，最重要的一个问题是两城镇的先民究竟用纺轮纺织哪种布或者哪几种布？考古学家很难发现布，但是在陶器的底部[6]甚至内部[7]发现的印痕可以提供关于纺织技术的非常有价值的信息。虽然孙波[8]提到在山东其他的龙山文化遗址中曾发现过这样的陶器，但是在两城镇遗址并没有类似的证

[1] Ardren T, T Manahan, J Wesp et al, 2010. Cloth Production and Economic Intensification in the Area Surrounding Chichen Itza. *Latin American Antiquity* 21 (3) : 274-289.

[2] Bray F, 1997. *Technology and Gender. Fabrics of Power in Late Imperial China*. Berkeley: University of California Press: 187-191.

[3] Underhill A, 2002. *Craft Production and Social Change in Northern China*. N. Y. : Plenum/Kluwer Academic Press.

[4] a. Ardren T, T Manahan, J Wesp et al, 2010. Cloth Production and Economic Intensification in the Area Surrounding Chichen Itza. *Latin American Antiquity* 21 (3) : 274-289. b. Barber E, 1991. *Prehistoric Textiles*. Princeton, NJ: Princeton University Press. c. Good I, 2001. Archaeological Textiles: A Review of Current Research. *Annual Review of Anthropology* 30: 209-226. d. Halperin C, 2008. Classic Maya Textile Production: Insights from Motul De San Jose, Peten, Guatemala. *Ancient Mesoamerica* 19 (1) : 111-125. e. McCafferty S, G McCafferty, 2008. Spinning and Weaving Tools from Santa Isabel, Nicaragua. *Ancient Mesoamerica* 19: 143-156.

[5] Jiang L, 2013. The Kuahuqiao Site and Culture. In: Underhill AP (ed). *A Companion to Chinese Archaeology*. Malden, MA: Wiley-Blackwell, 549-550.

[6] Good I, 2001. Archaeological Textiles: A Review of Current Research. *Annual Review of Anthropology* 30: 209-226.

[7] Doumani PN, MD Frachetti, 2012. Bronze Age Textile Evidence in Ceramic Impressions: Weaving and Pottery Technology among Mobile Pastoralists of Central Eurasia. *Antiquity* 86: 368-382.

[8] Sun B, 2013. The Longshan Culture of Shandong, in Underhill AP (ed). *A Companion to Chinese Archaeology*. Malden, MA: Wiley-Blackwell, 450.

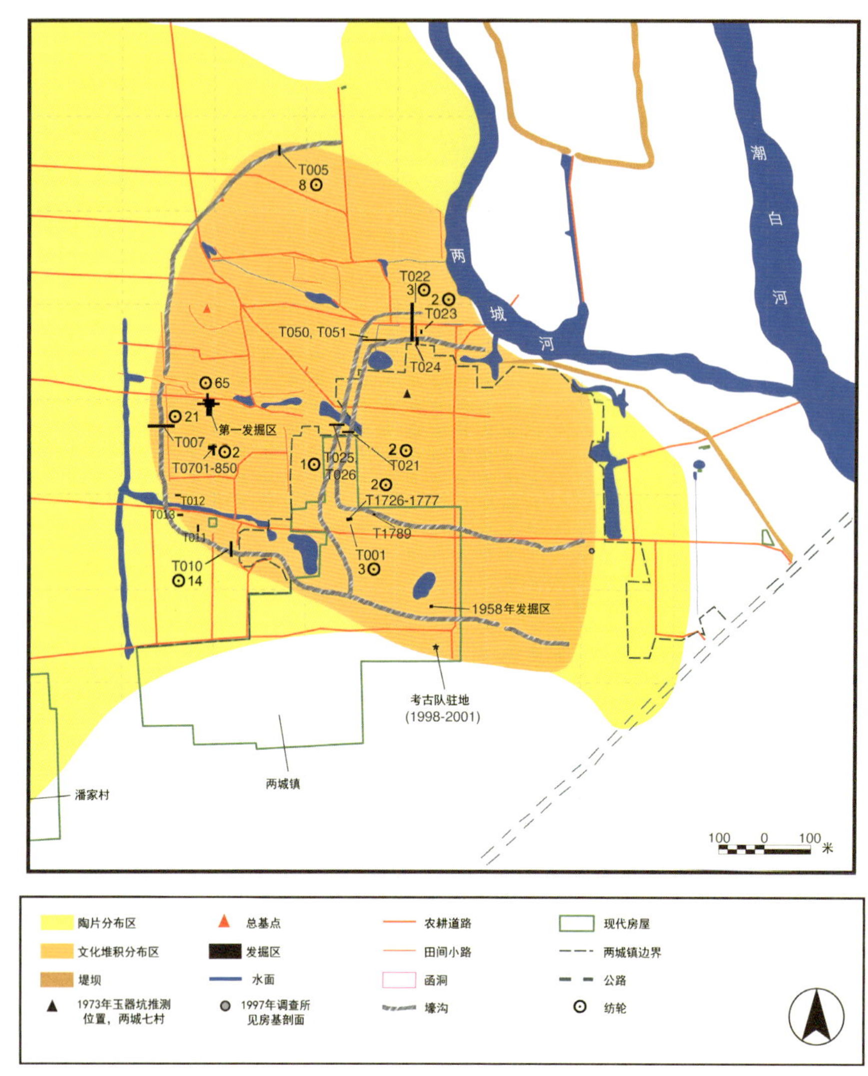

图12-24 纺轮分布图

据。下文将会讨论在两城镇遗址发现的形制各异的纺轮表明在这里可能有多种植物纤维被处理。我们推测可能存在用植物纤维制成的绳子，这在大致与龙山文化同时的浙江钱山漾遗址就有发现[1]。在两城镇遗址，植物很可能同时用来制作其他的日常用品。在H277（第三时期）中发现了苇席的痕迹（图12-26）。

东亚的历史文献、考古资料和民族学材料也为了解两城镇遗址纺轮的功能提供了线索。王志芳[2]提到在《诗经》中记载有中国北方地区商周时期处理植物提取纤维的内容。这些植物在龙山时期的山东可能同样重要。其中最重要的植物是葛（Kuzu or Kudzu）（*Pueraria Thunbergiana*）、苎麻（*Boehmeria nivea* （L.） Gaudich）和大麻（*Cannabis sativa*）。文献记载布、绳和鞋都是由葛和麻等植物制作的。这些文献同时还强调了需要大量劳动力的步骤，即提取纤维，如需将植物在池塘中浸泡几天等。

---

[1] 浙江省文物考古研究所、湖州市博物馆：《浙江湖州钱山漾遗址第三次发掘简报》，《文物》2010年第7期，第4～26页。

[2] 王志芳：《诗经中商周时期农作物的考古学研究》，《农业考古》2006年第6期，第20～23页。

图12-25　骨针（T022G22#6253）

图12-26　芦苇席局部（H277）

库恩通过对织布的调查发现大麻、苎麻和葛在包括中国在内的多个东亚国家都非常重要。日本历史时期文献曾记载将苎麻和树皮纤维用纺轮制成相对较粗的纱线[1]。布雷[2]认为大麻、苎麻和葛等都是植物的内皮纤维，都非常长，并且在纺制纱线之前都需要先将它们拼接起来。孙波[3]认为山东地区龙山时期的一些纺轮也可能用来制作较粗的纱线。他提到其中一种合适的植物是藤蔓类植物葛根（*Pueraria lobata*）。

钱山漾遗址发现保存状况较好的植物遗存，如葛[4]、丝、麻[5]，这些在两城镇遗址可能也同样存在。在山东地区，商代大辛庄遗址发现过大麻[6]。河南青台遗址仰韶时期发现丝、麻织品遗存[7]。

我们不确定两城镇的先民是否用纺轮来纺丝。孙波[8]等学者认为纺丝在山东龙山文化时期已经出现，但可能不是用纺轮来进行。纺轮并不是纺丝的必要工具，因为人们可以将蚕丝直接从蚕茧上抽下，或者也可以使用纺车。其他学者如宋兆麟[9]等认为在古代中国人们会利用纺轮（但不一定是陶纺轮）来纺丝。鉴于今天两城镇仍然有非常多的桑树，龙山时期开始制丝似乎也并非不可能。然而其他种类的布一定需要纺轮来制作。

东亚的民族学材料提供了有力的证据，表明两城镇的先民利用纺轮来处理多种植物纤维并制作多种布料。基于中国多个少数民族的民族学材料，宋兆麟提出许多种植物和动物材料可以用来纺织布料。他同时还提到人们用多种材料来制作纺轮，包括陶、石、木甚至葫芦等。在两城镇遗址可能

[1]　Kuhn D, 1988. *Chemistry and Chemical Technology. Part IX. Textile Technology: Spinning and Reeling. Joseph Needham. Science and Civilisation in China*. Volume 5. Cambridge: Cambridge University.

[2]　Bray F, 1997. *Technology and Gender. Fabrics of Power in Late Imperial China*. Berkeley: University of California Press:193.

[3]　Sun B, 2013. The Longshan Culture of Shandong, in Underhill AP (ed). *A Companion to Chinese Archaeology*. Malden, MA: Wiley-Blackwell, 450.

[4]　浙江省文物考古研究所、湖州市博物馆：《浙江湖州钱山漾遗址第三次发掘简报》，《文物》2010年第7期，第17页。

[5]　浙江省文物管理委员会：《吴兴钱山漾遗址第一、二次发掘报告》，《考古学报》1960年第2期，第86页。

[6]　陈雪香、方辉：《从济南大辛庄遗址浮选结果看商代农业经济》，《东方考古（第4集）》，科学出版社，2007年，第47～68页。

[7]　张松林、高汉玉：《荥阳青台遗址出土丝麻织品观察与研究》，《中原文物》1999年第3期，第10～16页。

[8]　Sun B, 2013. The Longshan Culture of Shandong, in Underhill AP (ed). *A Companion to Chinese Archaeology*. Malden, MA: Wiley-Blackwell, 450.

[9]　宋兆麟：《从民族学资料看远古纺轮的形制》，《中国历史博物馆馆刊》1986年，总第8期，第3～9页。

同样存在用兽皮来制作衣服。科杰夫（Geoffrey Cunnar）在对两城镇遗址石器使用痕迹进行系统分析（见本报告第一三章）之后得出结论，认为存在处理皮革的证据。

民族学研究揭示了包括山东在内的东亚多个地区提取大麻中植物纤维的过程[1]。和宋兆麟[2]一样，克拉克也强调织布时处理植物原材料所需要的众多的劳动力。根据邦斯博[3]在尼泊尔的研究，荨麻科的其他植物如苎麻等在古代可能也已经被利用。苎麻是一种没有刺的荨麻，但是东亚多个地区存在多种有刺的喜马拉雅荨麻。

关于中国如何用传统方法从不同植物中提取植物纤维并纺线织布还需要更多的信息。运用纺轮进行棉线纺织的传统方法在甘肃仍有保留[4]，但是我们需要研究与史前晚期相关的植物。日本和韩国博物馆陈列的信息对此有所帮助。位于首尔的韩国国立民俗博物馆展示了传统的用大麻（略粗糙）和苎麻制成的衣服，并指出不同季节穿不同材料的衣服。这对于两城镇的先民来说也是很有可能的。日本北部的多个博物馆展示了传统的阿伊努（Ainu）衣服，它们也是由荨麻科植物制成的。

两城镇遗址的浮选和植硅体研究并没有发现任何可能与布料生产有关的植物，但是我们应当始终注意植物遗存可能保存下来的环境。如植物大遗存往往因碳化而保存下来，而这又往往与食物制备有关系。另一个需要考虑的问题是植物纤维处理的场所；最初的处理过程如将植物浸泡在池塘中[5]很可能发生在远离房屋甚至聚落以外的地方。

然而研究纺轮的特点与功能的关系是可行的。根据纺轮直径的明显差异可以推测有多种布料被纺制。这一方法曾有效地用来分析南亚哈拉帕（Harappan）文化时期[6]和古代美索不达米亚[7]文化的纺轮。虽然东亚地区的研究同时分析了多个变量，如纺轮的直径和孔径等[8]，但研究者有一个共识，即纺轮的重量是最有意义的变量。库恩[9]曾简要提到通过实验证明了各种纱线都可以通过不同尺寸（直径和孔径）的纺轮来纺成。换句话说，单凭纺轮的尺寸和形状并不能确定它用来纺什么样的纱

[1] a. Clarke R, 2010. Traditional Fiber Hemp (Cannabis) Production, Processing, Yarn Making, and Weaving Strategies—Functional Constraints and Regional Responses. Part 1. *Journal of Natural Fibers* 7 (2) : 118-153. b. Clarke R, 1995. Hemp (Cannabis sativa L.) Cultivation in the Tai'an District of Shandong Province, Peoples Republic of China. *Journal of the International Hemp Association* 2 (2) : 57-65.

[2] 宋兆麟：《从民族学资料看远古纺轮的形制》，《中国历史博物馆馆刊》1986年，总第8期，第3～9页。

[3] Bangsbo E, 2014. A "Stinging" Textile: Cultivation of Nettle Fibre in Denmark and Asia. In: Nosch ML, Z Feng, L Varadarajan (eds). *Global Textile Encounters*. Oxford: Oxbow Books, 245-254.

[4] Kuhn D, 1988. *Chemistry and Chemical Technology. Part IX. Textile Technology: Spinning and Reeling. Joseph Needham. Science and Civilisation in China*. Volume 5. Cambridge: Cambridge University.

[5] 王志芳：《诗经中商周时期农作物的考古学研究》，《农业考古》2006年第6期，第20～23页。

[6] Kenoyer JM, 2011. Regional Cultures of the Greater Indus Valley: The Ravi and Kot Diji Phase Assemblages of Harappa, Pakistan. In: Osada T, M Witzel (eds). *Cultural Relations between the Indus and the Iranian Plateau during the Third Millennium BCE*. Columbia, MO: South Asia Books.

[7] a. Ardren T, T Manahan, J Wesp et al, 2010. Cloth Production and Economic Intensification in the Area Surrounding Chichen Itza. *Latin American Antiquity* 21 (3) : 274-289. b. Carpenter L, G Feinman, L Nicholas, 2012. Spindle Whorls from El Palmillo: Economic Implications. *Latin American Antiquity* 23 (4) : 381-400. c. Halperin C, 2008. Classic Maya Textile Production: Insights from Motul De San Jose, Peten, Guatemala. *Ancient Mesoamerica* 19 (1) : 111-125. d. McCafferty S, G McCafferty, 2008. Spinning and Weaving Tools from Santa Isabel, Nicaragua. *Ancient Mesoamerica* 19: 143-156.

[8] a. Kuhn D, 1988. *Chemistry and Chemical Technology. Part IX. Textile Technology: Spinning and Reeling. Joseph Needham. Science and Civilisation in China*. Volume 5. Cambridge: Cambridge University. b. 王迪：《新石器时代至青铜时代山东地区纺轮浅析》，山东大学硕士论文，2009年。

[9] Kuhn D, 1988. *Chemistry and Chemical Technology. Part IX. Textile Technology: Spinning and Reeling. Joseph Needham. Science and Civilisation in China*. Volume 5. Cambridge: Cambridge University, 85.

线（粗纱线还是细纱线；另参见[1]）。研究者强调无论纺轮是陶质、石质还是木质的，最重要的是纺轮的重量。重的纺轮适合纺粗纱线，轻的纺轮每分钟的转速相对更快，适于纺织更紧密的细纱线[2]。根据对彝族使用纺轮的研究，宋兆麟[3]认为古代人用相对较小、较轻的纺轮来纺相对较细的纱线。

我们需要更多数据来确认东亚地区不同的植物纤维使用什么重量和尺寸的纺轮。库恩[4]提出重量为20克的纺轮可以根据所需纱线的粗细，用来纺大麻或苎麻；而重量为15克的纺轮则可能更多地用来纺苎麻，尽管仍然要考虑所需纱线的粗细。熟练的纺织工用北美原生植物纤维[5]所做的纺纱线实验也得到了相似的结果。试验中，一个纺织工用直径5.2厘米（纺轮的材质没有给出）重25.7克的纺轮可以用各种植物纤维（亚麻（flax）、印第安大麻（Indian hemp）和乳草（milkweed）等）纺纱线，虽然纺纱线时所花费时间有所不同。下文将会讨论，狄德曼（Tiedemann）和杰克斯（Jakes）在实验中所用的纺轮与两城镇遗址出土的纺轮可资比较。另一个影响纺线速度的因素是植物纤维的长度。例如，印第安大麻的纤维较长，纺线速度会相对较快。在这些文献中作者都提到东亚地区没有可资比较的纺线实验的数据。

两城镇遗址出土的125件纺轮尺寸重量多有不同，符合历史文献及民族学材料的记载，即生活在较大聚落的人们会用纺轮来处理多种植物纤维。现有数据表明两城镇遗址出土纺轮的最大径在2.6～6.7、中间孔径在0.2～0.7、最大厚度在0.3～1.5厘米，重量在7.3～49.9克。两城镇遗址纺轮的数据基本上符合王迪[6]对山东地区多个文化时期纺轮初步研究分析的结果，研究证明纺轮尺寸具有多样性。他描述了两城镇遗址出土4件纺轮样品的特征，他称之为覆钵形。他所制作的山东地区龙山时期遗址覆钵形纺轮的散点图表明存在多个尺寸聚类。我们的直径和孔径对比散点图（来源于STATA程序）（图12-27，样品数量N=95）同样表明存在多个尺寸聚类，但是直径的变化较小而孔径的变化较大。

我们制作的其他散点图同样表明纺轮的尺寸和形状的多样性。重量（g）与孔径对比的散点图（图12-28，样品数量N=49）表明重量相对较轻、孔径相对适中的纺轮占多数（与我们通过肉眼观察得出的结论一致）。重量与厚度对比散点图（图12-29，样品数量N=49）表明两个变量之间存在一定的关系，但纺轮重量的变化更加明显。我们还不能得出确定的结论，但似乎在两城镇遗址至少存在两组纺轮对应了不同的用途。

研究两城镇遗址不同区域所使用纺轮的类型同样重要。在两城镇外沟、中沟、内沟区域发现的纺轮可以揭示在这些区域所制作的不同类型的布料。鉴于外沟区域发现了数量众多的纺轮（尤其是一区），用简单的表格来比较这些区域是可行的。可以看到在三个区域都有不止一种尺寸和重量的

[1] Halperin C, 2008. Classic Maya Textile Production: Insights from Motul De San Jose, Peten, Guatemala. *Ancient Mesoamerica* 19 (1) : 115.

[2] a. Ardren T, T Manahan, J Wesp et al, 2010. Cloth Production and Economic Intensification in the Area Surrounding Chichen Itza. *Latin American Antiquity* 21 (3) : 274-289. b. Carpenter L, G Feinman, L Nicholas, 2012. Spindle Whorls from El Palmillo: Economic Implications. *Latin American Antiquity* 23 (4) : 386. c. Halperin C, 2008. Classic Maya Textile Production: Insights from Motul De San Jose, Peten, Guatemala. *Ancient Mesoamerica* 19 (1) : 115. d. Kuhn D, 1988. *Chemistry and Chemical Technology. Part IX. Textile Technology: Spinning and Reeling. Joseph Needham. Science and Civilisation in China*. Volume 5. Cambridge: Cambridge University, 85-86.

[3] 宋兆麟：《从民族学资料看远古纺轮的形制》，《中国历史博物馆馆刊》1986年，总第8期，第3～9页。

[4] Kuhn D, 1988. *Chemistry and Chemical Technology. Part IX. Textile Technology: Spinning and Reeling. Joseph Needham. Science and Civilisation in China*. Volume 5. Cambridge: Cambridge University, 86.

[5] Tiedemann E, K Jakes, 2006. An Exploration of Prehistoric Spinning Technology: Spinning Efficiency and Technology Transition. *Archaeometery* 48 (2): 293-307.

[6] 王迪：《新石器时代至青铜时代山东地区纺轮浅析》，山东大学硕士论文，2009年。

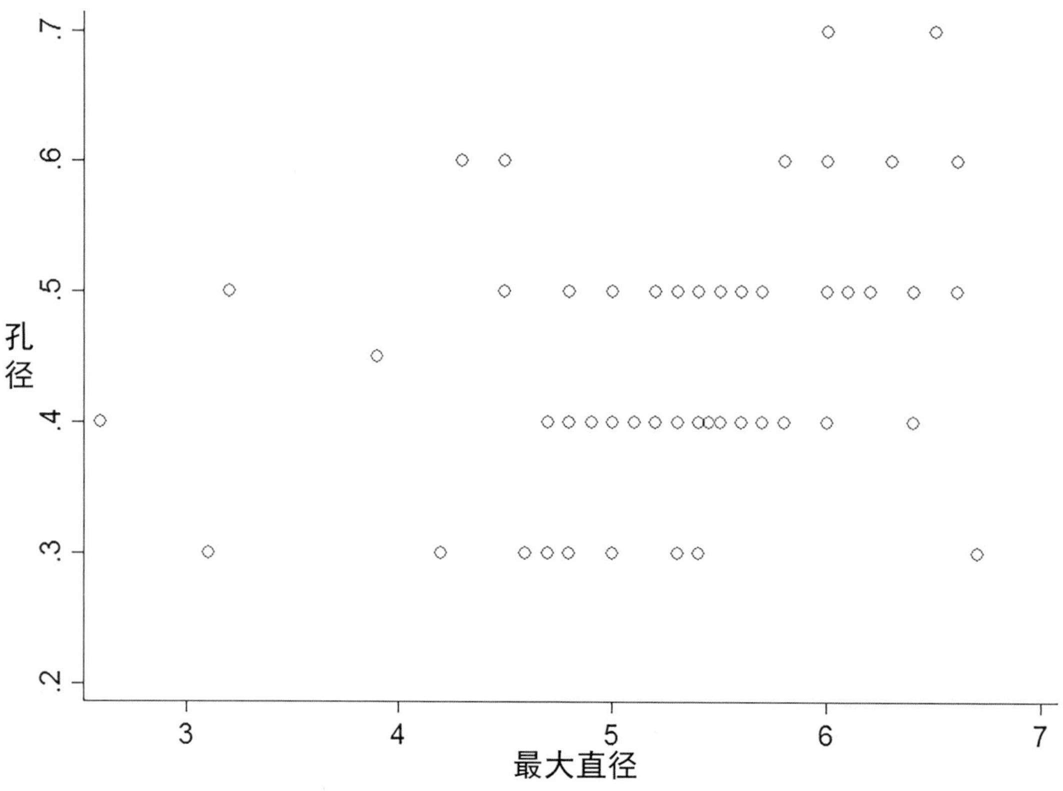

图12-27　两城镇遗址出土纺轮直径与孔径对比图

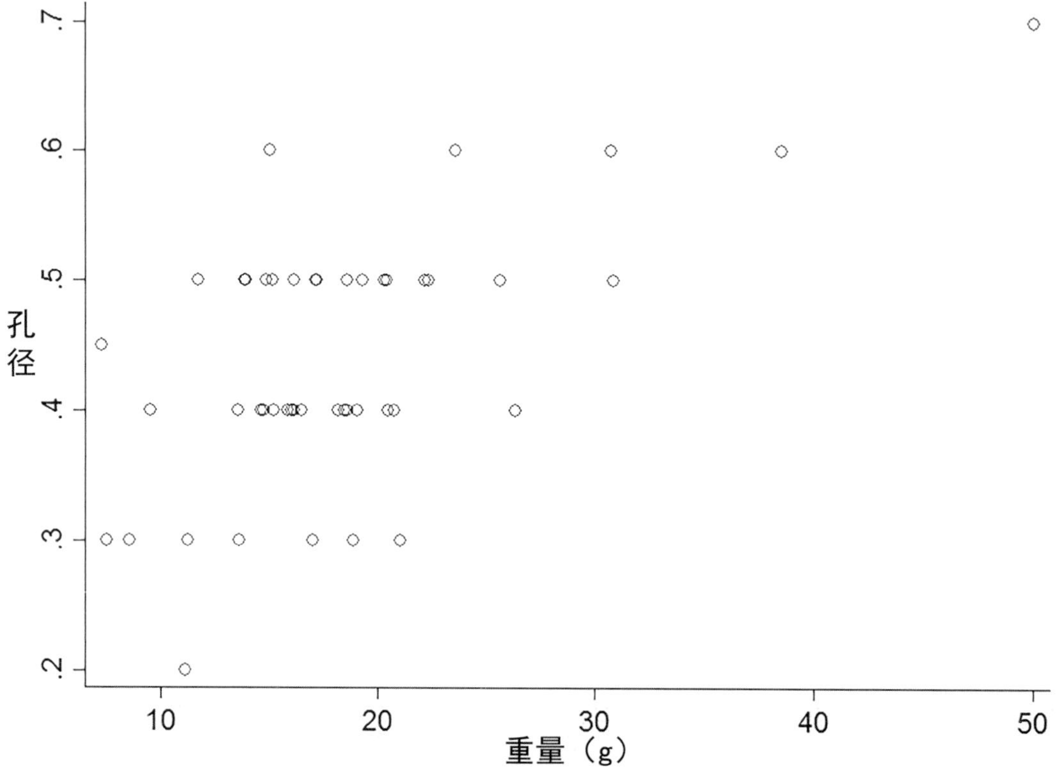

图12-28　两城镇遗址出土纺轮重量与孔径对比图

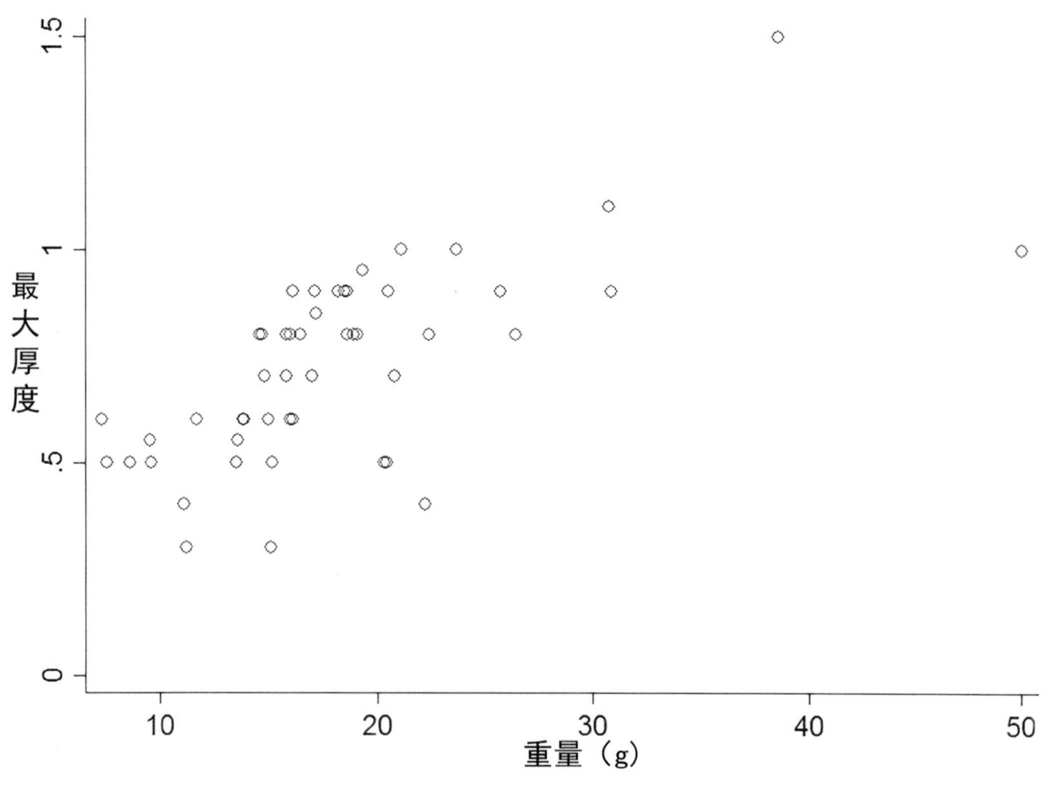

图12-29　两城镇遗址出土纺轮重量与厚度对比图

纺轮（表12-32～35）。纺轮的不同重量表明了其不同的用途（纺织材质、纱线粗细等的区别）。总的来看，内沟纺轮的尺寸和重量变化相对较少，但内沟区域发现纺轮的数量非常少。如果能够获得这一区域数量更多的纺轮的话将会更有意义。因此，根据现有的资料，在内沟、中沟、外沟区域都有不同用途的纺轮发现，三个区域并没有明显区别。另一个问题是两城镇遗址出土纺轮的尺寸和重量是如何随着时间推移而变化的。我们可以通过研究一区灰坑出土纺轮的变化来解决这个问题（表12-36～39）。虽然如果每期有更多样本的话会更有帮助，但现有数据（尤其是重量）表明一区出土纺轮的用途并没有随着时间有明显的变化。

表12-32　两城镇遗址不同发掘区域纺轮最大直径范围　（单位：厘米）

发掘区	外沟	中沟	内沟
标本数量（总110件）	99	7	4
最大直径尺寸范围	2.6～6.7	3.1～6.6	5.1～6.3

表12-33　两城镇遗址不同区域纺轮最大厚度范围　（单位：厘米）

发掘区	外沟	中沟	内沟
标本数量（总121件）	110	7	4
最大厚度尺寸范围	0.3～1.1	0.4～1.0	0.5～1.5

表12-34　两城镇遗址不同区域纺轮重量范围　（单位：克）

发掘区	外沟	中沟	内沟
标本数量（总49件）	43	3	3
纺轮重量变化范围	7.3～49.9克	20.4～38.5克	16～23.6克

表12-35　两城镇遗址不同区域纺轮孔径范围　（单位：厘米）

发掘区	外沟	中沟	内沟
标本数量（总95件）	84	7	4
孔径尺寸变化范围	0.2～0.7	0.3～0.7	0.4～0.6

表12-36　一区灰坑出土纺轮最大直径历时性变化　（单位：厘米）

时期	早期（Ⅰ～Ⅳ期）	晚期（Ⅴ～Ⅷ期）
标本数量（总39件）	13	26
最大直径尺寸范围	2.6～6.3	4.5～6

表12-37　一区灰坑出土纺轮最大厚度历时性变化　（单位：厘米）

时期	早期（Ⅰ～Ⅳ期）	晚期（Ⅴ～Ⅷ期）
标本数量（总40件）	13	27
最大厚度尺寸范围	0.4～1.0	0.4～0.95

表12-38　一区灰坑出土纺轮重量历时性变化　（单位：克）

时期	早期（Ⅰ～Ⅳ期）	晚期（Ⅴ～Ⅷ期）
标本数量（总14件）	2	12
重量变化范围	7.3～18.9克	9.5～20.5克

表12-39　一区灰坑出土纺轮孔径历时性变化　（单位：厘米）

时期	早期（Ⅰ～Ⅳ期）	晚期（Ⅴ～Ⅷ期）
标本数量（总28件）	6	22
孔径尺寸变化范围	0.3～0.45	0.2～0.6

总之，两城镇遗址各主要区域的纺轮应当都有多种用途。在各个区域都曾处理利用多种植物纤维。没有证据表明特定形制的纺轮只在某个特定区域使用。根据对一区出土纺轮样品研究，该区的每个时期都有多种植物纤维被处理利用。遗址中发现的三个未完成的纺轮（一个位于中沟的T025，其中间的圆孔还没有完全钻透；T007的纺轮G8：36同样是中间的圆孔没有完成，中间有疑似钻孔留

下的痕迹（图12–30）；另外一个发现于一区，H57③：20，本文认为它是一个未完成的纺轮，但在本报告中它被称为圆陶片，属第八时期。从而表明至少有一部分纺轮是在遗址中制作的。只有当我们有了关于山东龙山时期纺轮重量变化的更多数据，并获得用它们对多种植物纤维如苎麻等进行纺纱线实验的数据之后，我们才能更加充分地研究究竟用这些纺轮制作什么样的布料。那时我们就可以进一步研究，与小村落相比，是否两城镇这样的城市、区域中心会生产更加精致的布料。

图12–30　纺轮（左）与纺轮半成品（右，H57③：20）

八　两城镇遗址中陶器生产策略和劳动分配的潜在证据

正如前文提到，在两城镇并未发现非常明确的陶器生产证据，例如窑址或陶拍子等陶器生产工具。但一些有趣的关于陶器生产策略与劳动分配的发现能为我们将来的研究提供线索。

在一区出土了一些新奇的关于陶器生产的潜在证据。在两城镇石器微痕分析和实验考古分析中，科杰夫在2007年发现，在一些小而光滑的石头上存在有非常明显的与陶土接触后留下的痕迹。这样小而光滑的石头曾被发现于一区的多个地点以及不同时段的遗存中（表12–40；图12–31～35）。它们出土于第一、三、五、六、七时期，表明它们在一区的绝大多数时段内均被使用。非常有趣的是，在一区的东部有一片这样光滑石头的聚集区。这样的聚集模式很有可能表明在这一特定区域内存在延续数代的打磨陶器（或者有与接触陶土相关）的行为活动。在碳十四测年基础之上，提出一区有数代家庭活动的可能性是符合逻辑的。陶器生产的其他步骤例如成型和干燥也可能这个区域内进行。

这种在特定区域延续的经济活动让我们产生了另外的疑问：是否在两城镇有相关的人在从事经济专业化活动？在世界其他地区，一种在家户专业化生产中常见的传统陶器制造模式为将特定的技巧传授给年轻人[1]。或者有另外一种模式，即诸如族群等更大规模的相互关联的人群可能精于特定的工艺生产。张光直[2]曾提出晚商时期铜器上的图案（图12–36）象征着各族的专业化职业。这些

[1]　a. Arnold D, 1985. *Ceramic Theory and Cultural Process*. NY: Cambridge U. Press.　b. Nicklin K, 1971. Stability and Innovation in Pottery Manufacture. *World Archaeology* 3(1): 13-48.　c. Rice P, 1987. *Pottery Analysis. A Sourcebook*. University of Chicago Press.

[2]　Chang KC, 1980. *Shang Civilization*. New Haven: Yale University, 230-233.

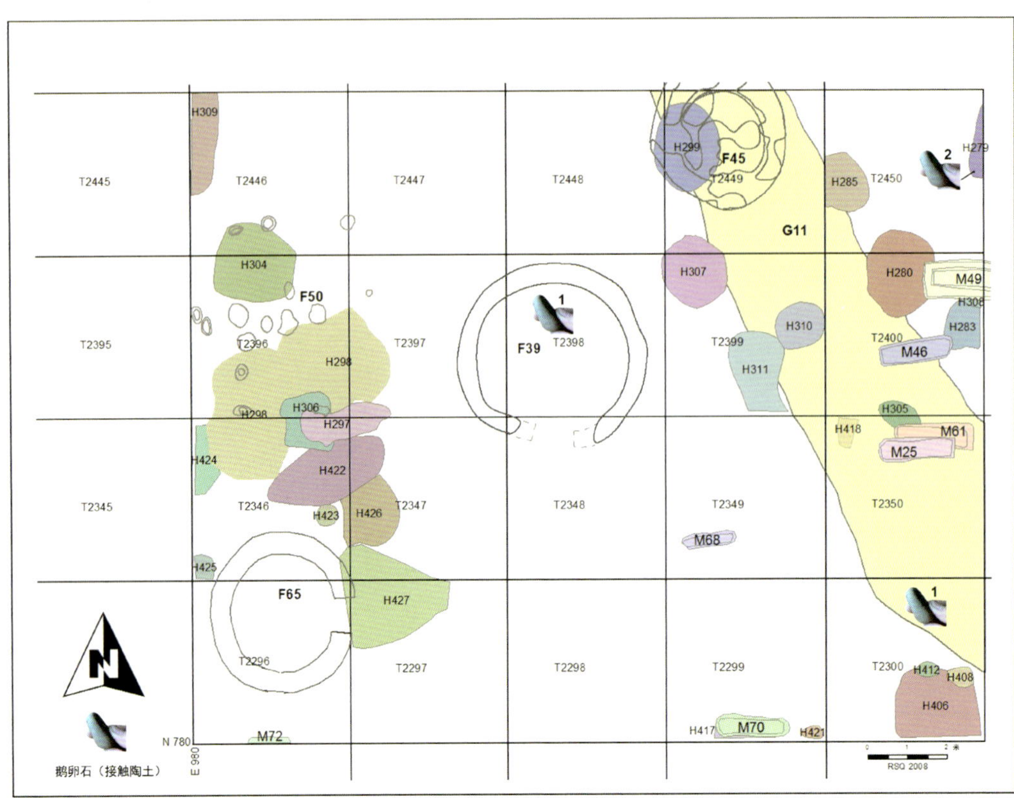

图12-31　一区第一时期打磨陶器的石器分布图

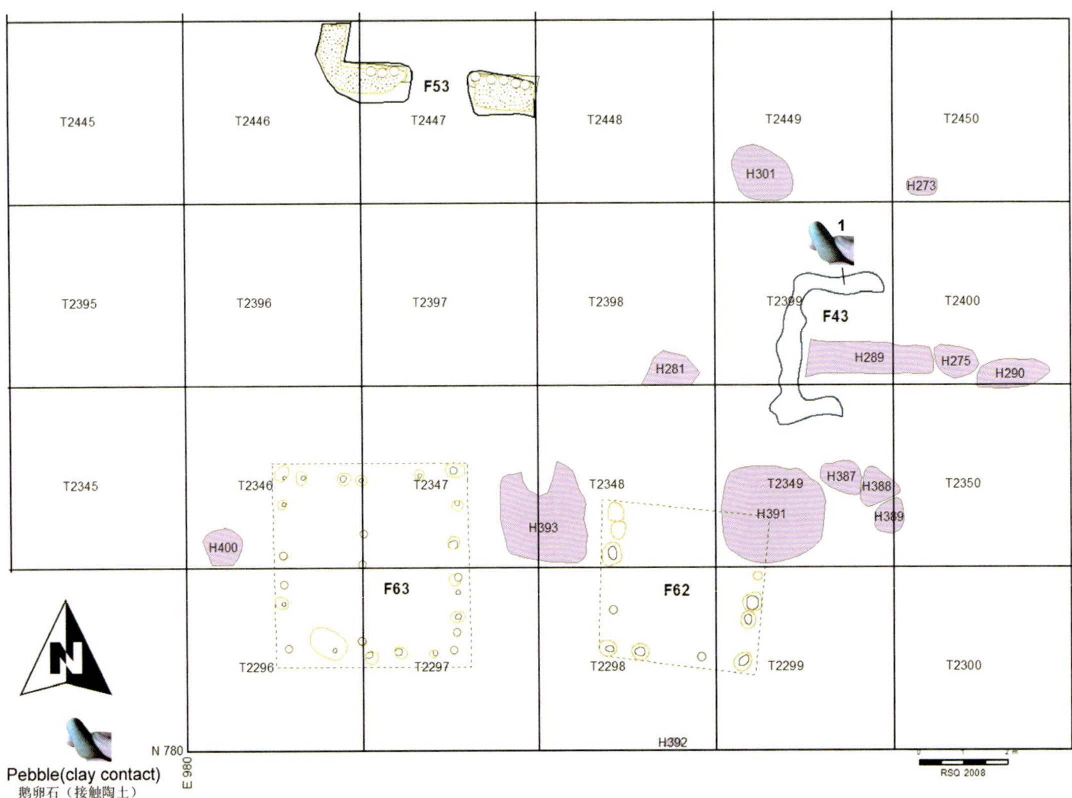

图12-32　一区第三时期打磨陶器的石器分布图

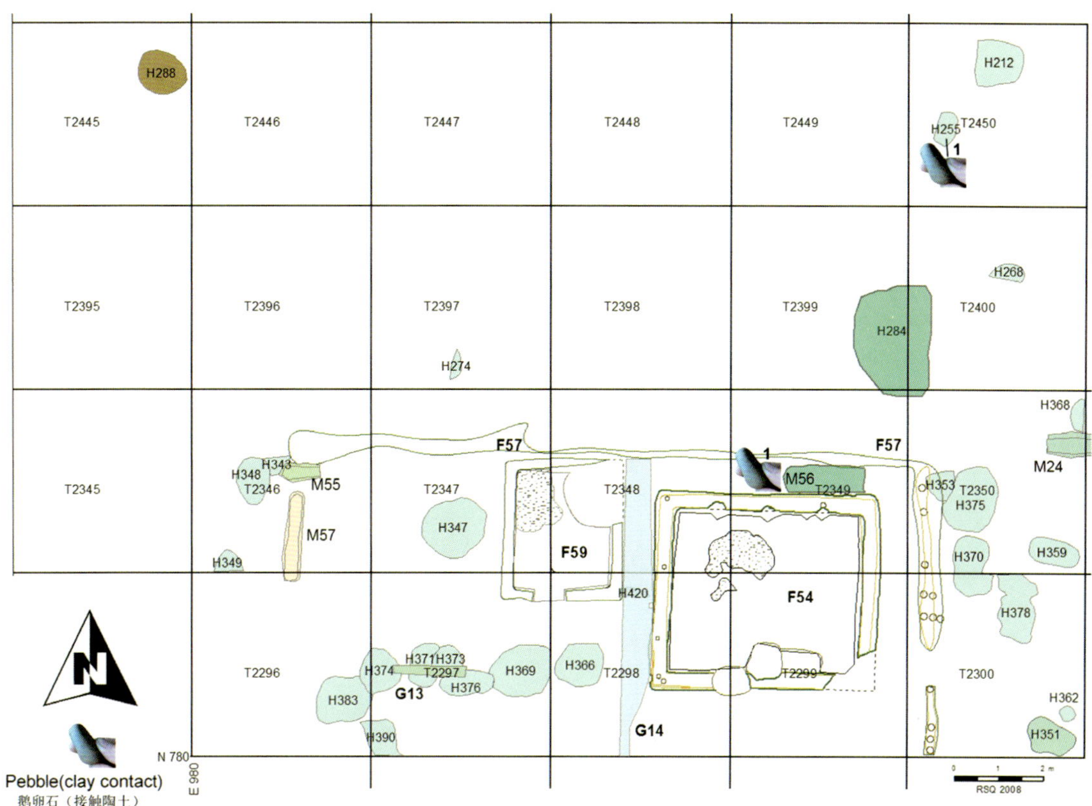

图12－33　一区第五时期打磨陶器的石器分布图

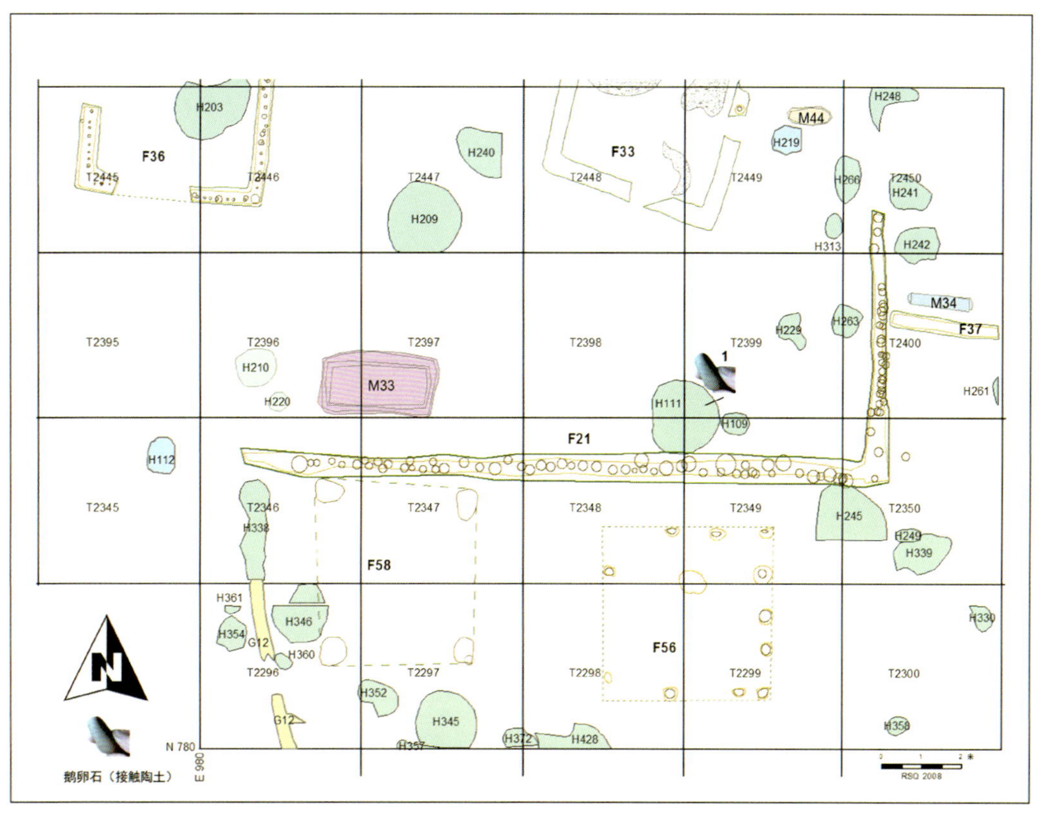

图12－34　一区第六时期打磨陶器的石器分布图

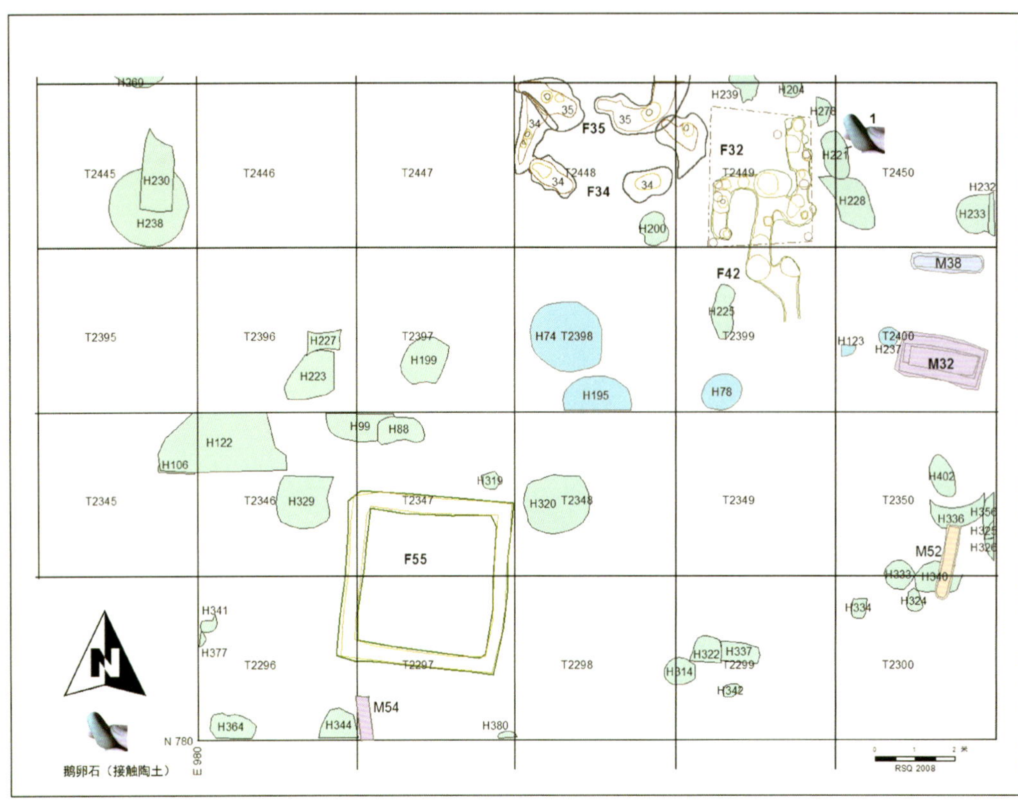

图12－35　一区第七时期打磨陶器的石器分布图

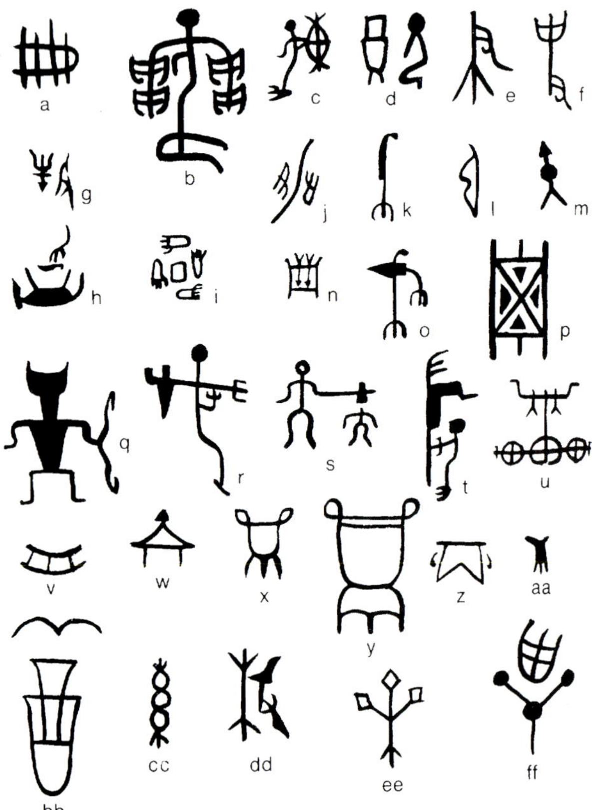

图12－36　晚商青铜器图案
（据张光直，1980年）

标志甚至表明了在晚商时期一些族群专门制作某种特定型制的食器和饮器（陶质和/或铜质）。张光直[1]认为在这一时期有制作鼎（图12–36，x）、甗（图12–36，y）、鬲（图12–36，z）以及爵（图12–36，aa）的专业人员。

表12–40　各时期出土的用于打磨陶器的石器遗迹

分　期	遗　迹
七	H221
六	H111
五	H255，F54 area
三	F43
一	H279②，F39，G11
其他文化层	T2450⑥e，T2449 活动面 #5945，T2300⑦b

当然，龙山时期例如两城镇遗址的工艺专业化的性质尚待进一步研究，晚商时期的这些符号给了我们一些新的疑问：是否龙山陶工也精于某一特定型制器物的制作？或者说在晚商之前，是否一些陶工生产了一些使用时需要加热的三足陶器（如图12–36中器物）？Vandiver 提出了另外一种可能性（见本报告第一三章），即龙山陶工精于特定的技术。换言之，一些陶工仅使用快轮制陶，而其他陶工则采用手制的方法。考虑到在不同技术中需要训练不同的技巧，这一观点是有道理的。然而如下文所示，通过我们对鼎的研究，在两城镇陶器生产中也可能存在其他的劳动力组织方式。

回到用于打磨陶器的小石头假设，还有另一个很有趣的现象。虽然在第八时期（一区的最晚时期）有最为丰富的出土物，但其中没有一件小石头带有曾与陶土接触过的痕迹。正如这个报告先前提到的，一区在最晚期被用于公共宗教或者其他仪式活动，而非用于一般的家庭活动。

值得注意的是，在T1789发现了一件可能在陶器制作过程中用于打磨的石头。T1789是两城镇内沟的一部分。这说明在两城镇的陶器生产有可能在多个地区进行。在下一部分中我们将讨论鼎的制作，同时也将指出不同区域生产存在区别的潜在依据。

九　不同时期陶器生产策略的依据：各阶段陶器形制

在两城镇的第一发掘区中，各个阶段均有大量不同型式陶器（表12–41）。该表按以下方式组织：通常被认为用于烹煮/加热的陶器（鼎、甗、箅子和鬶），有多种功能的盛器（罐和缸），有小孔的有可能被用于盛液体的容器（很有可能为酒：壶、罍、瓮、樽），各式的盆形器（有许多可能的功能），可能用做盛器（盘、豆），以及个人使用的容器（碗、钵、碟、杯）。其他型制器物的功能还需要进一步的研究（盒、盂、匜、锥状陶器）。如前文提到，在两城镇及其他一些龙山遗址中出土的器盖，特别是大型器盖，很有可能用于在重要场合展示特殊食物。

[1] Chang KC, 1980. *Shang Civilization*. New Haven: Yale University, 232.

表12-41　第一发掘区各期主要陶器形制

分期 型制	一	二	三	四	五	六	七	八	地层
罐形鼎	X	X	X	X	X	X	X	X	X
带流罐形鼎		X							
单耳罐形鼎							X	X	
单耳罐形鼎								X	X
盆形鼎	X	X	X	X	X	X	X	X	X
单耳盆形鼎									X
盆形小鼎		X							
鼎形器					X				
甗		X		X	X	X	X	X	X
箅子					X	X		X	X
鬶（亚类不明）			X						
袋足鬶	X	X		X	X	X	X	X	X
实足鬶	X					X	X	X	X
罐（亚类不明）	X	X	X		X	X	X	X	
中口罐	X	X		X	X	X	X	X	X
大口罐	X	X				X	X	X	
小口罐	X	X		X	X	X	X	X	
有颈罐	X	X	X	X		X		X	X
高颈罐	X	X					X	X	
直口罐								X	
盂形罐								X	
尊形罐								X	
双耳罐						X	X	X	
单耳罐		X		X	X		X	X	
子母口罐	X					X		X	
敛口罐							X		
带流罐		X					X	X	
小罐								X	
鼓腹罐								X	

深腹罐						X		X	
浅腹罐							X		
筒形罐		X						X	
折肩罐					X				
圈足罐									X
缸			X						
壶	X		X	X		X	X	X	X
双耳壶							X		
壶形器								X	
罍			X			X	X	X	X
瓮	X				X	X	X	X	
子（母）口瓮							X	X	
大口尊			X		X				
盆	X	X	X	X		X	X	X	
平底盆			X			X	X		
大平底盆	X	X	X	X	X	X	X	X	X
浅腹盆								X	
深腹盆								X	
圈服盆		X						X	
鼓腹盆	X	X				X	X	X	
鼓腹小平底盆									X
小盆						X		X	
大口盆						X			
单耳小盆				X					
双耳盆							X		
三足盆				X	X	X	X		
瓦足盆		X			X	X	X	X	
圈足盆							X		X
子口盆			X					X	
折腹盆								X	
盆形器				X					

盘（亚类不明）						X			
环足盘	X						X	X	
圈足盘	X	X		X	X	X	X	X	
豆		X	X	X	X	X	X	X	X
浅盘豆						X			
子母口豆								X	
碗		X	X	X	X	X	X	X	X
圈足碗									X
钵	X	X						X	
盒						X	X	X	
平底盒							X	X	X
深腹双耳平底盒						X	X		
三足盒						X		X	X
碟								X	
盂				X					
匜	X				X				
锥状陶器（功能不明）								X	
杯（亚类不明）							X		
筒形杯	X	X	X	X	X	X	X	X	X
筒形双耳杯	X								
鼓腹杯	X	X		X	X	X	X	X	X
壶形杯						X		X	
壶形单耳杯									X
三足杯								X	
圈足杯							X		
高柄杯		X				X	X	X	X
觯形杯									X

器盖		x				x	x	x	
覆碗形器盖	x	x	x	x	x	x	x	x	x
覆盘形器盖	x	x		x	x	x	x	x	x
覆盆形器盖	x				x	x	x	x	
直壁覆盆形器盖									x
覆钵形器盖				x		x	x	x	x
筒形器盖					x	x	x	x	
矮筒器盖					x		x		
子母口器盖							x	x	
浅盘形器盖								x	
斜壁盆形器盖									x
板形器盖									x
总计	26	30	17	23	27	43	49	64	

之前提到，考察单个遗址以及区域内历时性的陶器生产、分配和消费是很重要的。虽然我们无法确定在表12–41中所示的器物类型，是否是在两城镇或是日照其他我们所调查区域内制作的，我们认为大部分用于日常的食物准备和消费行为的器类（如鼎、罐、盆、杯、鬶和盖），可能是在聚落周边的区域制作。但两城镇在当时作为如现今一样的贸易集镇的可能性是存在的。这种情况下，来自不同区域的陶工周期性地带着他们的器物到两城镇。这个时期用于运输器物的交通方式有船、人或者有可能是牛（这个时段尚无推车被发现）。至少对于制作日常食物准备和消费的器物而言，本地生产会更加方便。另外两城镇发现的高质量陶土有利于那些精致的，特别如这部报告第一部分中所提到的重要器物的制作。

在一区中每个时段是否存在某些陶器类型可能是由多种因素造成的，例如不同的保存状况。很可能层位越低，出土的保存良好且可辨识的器物就越少。但在表12–41中所示的一些趋势仍然值得进一步研究。

相对比较复杂的器型较有可能用于特殊的场合，制作此类器物也需要更多的技巧。如壶、罍等虽然在多个时段均有发现，但在最后两期——第七时期和第八时期最为常见。盒（多用细陶土制作）直到第六时期才出现，一直到第七、八时期仍然大量存在。第六、七、八时期中杯的样式最多，特别是较为精致的类型（三足杯、圈足杯、高柄杯和壶形杯）。尽管从高柄杯而言，早在第二时期这样的器物就已经出现了，但是包含有对特殊食物进行展示和消费的仪式活动在一区中随时间增长日渐重要。同样的，一区中器盖类型也逐渐增多，在第六、七、八时期样式最多。一些器盖制作精细，而且相对较薄、光亮和较大。如本报告先前提到，相比于早期阶段，一区的较晚阶段中包含有更多的大型器物。为鉴别在两城镇及其他龙山遗址中与此类器物相关的不同种类的重要食物和饮料，更多的残留物分析以及淀粉粒分析是必要的（见本报告中 McGovern 和Lanehart 的研究）。

除了用于仪式活动的陶器制作有可能存在于两城镇，还有一种可能性就是，一些器物是由到两城镇参加特定仪式活动的人带来的。他们带来这些器物可能用于个人使用（如杯），或者作为贡品（例如敬族中的先祖）。这一可能性是根据第八时期的灰坑H31提出的。看上去像是由于亲缘关系相关联的族群，其中的一些来自于不同区域，同时又因为宗教活动相联系的族群周期性地在某一区域参加仪式。在两城镇地区很有可能存在不同的贸易系统，特别是针对在公共仪式上使用的重要陶器而言。例如在两城镇制作的精细陶器可能被赠送给了在这一区域较小聚落的亲属，这样的陶器也可能被作为礼物赠与规模较小一些聚落的首领[1]。另外，如罍这样做工精细的陶器有可能被盛满酒，并被权力中心的首领赠与海岱地区的其他区域。

研究两城镇特定陶器在不同时期的生产以及贸易模式，我们需要考虑不同器型使用陶土的区别。我们已经开始了对不同器型陶土的研究，这有利于提供更多关于夹砂和泥质陶的信息。陈雪香在T2395的H49的红烧土中发现了稻壳（图12－37），于是我们推测，特定器型陶器陶胎中的孔隙是由于利用了稻壳作为掺合料的原因。通过目测，我们同样发现了在一件出土于T005（#6007）（图12－38）的厚壁杯中掺和了滑石等一些不寻常的陶土。如本报告其他部分所提到的，一些陶器中还添加了云母。我们计划进行进一步的研究，以确定特定器类陶土的不同类型，并结合地质学数据，确定这些经鉴定的材料是否能与山东东南部特定区域相关联。

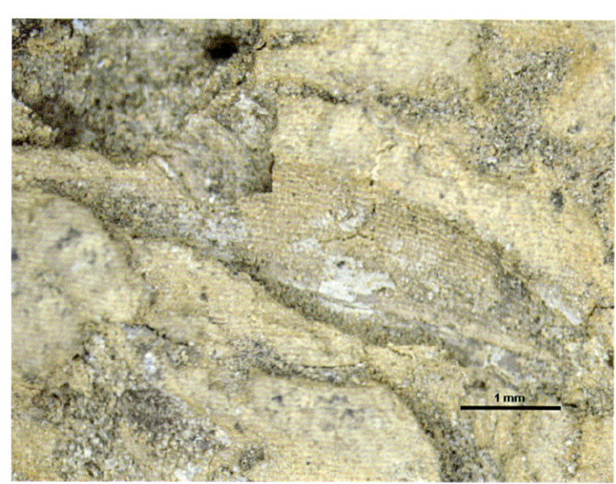

图12－37　H49红烧土中发现的水稻壳

无论居住在两城镇居民的陶器是在哪里生产的，它们都是被大批量生产的。在一区的每一个发掘单位中出土的数以百袋的陶片，为我们提供了了解不同时段陶器生产趋势的线索。例如，在T2298属于第二时期的大型灰坑H401中，出土了3664片陶片，共计94.13千克。T2298的文化层中出土了4466片陶片，共计35千克。这与第八时期灰坑H31所出土遗存的差别是惊人的。H31出土了24944片陶片，保守估计重量为248.912千克。在探方T2350文化层中出土了12967片陶片，保守估计重量为145千克。对一区中各时期生产数量进行更加彻底的评估，我们需要将各单位出土的陶片和小件都考虑在内。在这个遗址中的每个发掘部分都出土了大量的陶制品，这说明陶制品可能存在多个生产区域。

相较于之前提到的制作精细的器类而言，两城镇出土的一些陶器显示出了明显的追求速度而不精于装饰的痕迹。在这里的几个线纹装饰可以作为追求速度的例证。这样的陶器在大型聚落的每个主要区域均有发现，暗示了至少一部分这样的陶器是在两城镇制作的。如在图12－39、40中所示的

[1]　Underhill A, G Feinman, L Nicholas et al, 2008. Changes in Regional Settlement Patterns and the Development of Complex Societies in Southeastern Shandong, China. *Journal of Anthropological Archaeology* 27: 1-29.

例证，在T1789的内沟中出土的鼎，在T022和T1776的H139中出土的罐，T007的外沟中的罐和鼎，在T005外沟出土的罐。在一区中快速制作的陶器（第八时期的杯、罐），以及之前所提到的一些“眼部”未完成的鼎的鸟足（此处展示的器物出土于H51）。

图12-38　夹滑石陶杯（T005G6：18）

1．T005G6：484

2．T007G7：145

3．T007G7：116

4．T022G22：12

图12-39　快轮制作的陶器

1. T1776H139：9

2. T1789：15

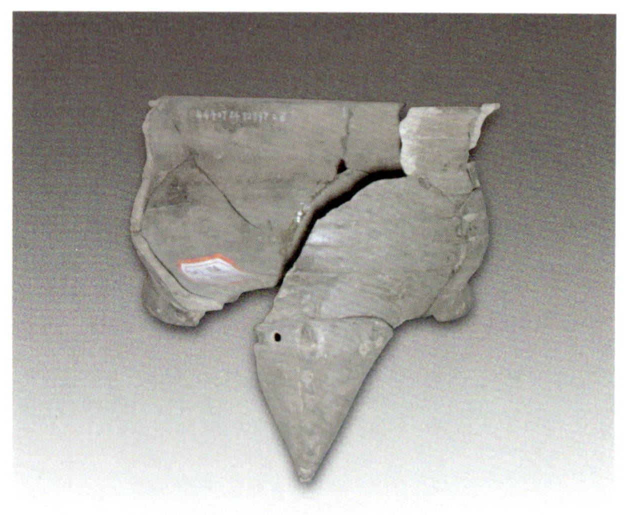

3. H51：8

4. H31：134

5. H39：27

6. H42：4

图12-40 快轮制作的陶器

一〇 标准化的评估：罐形鼎的尺寸和纹饰

许多考古学家都有疑问：随着城市发展陶器的生产组织和生产策略是否也会变化？龙山时期日照地区某些陶器的装饰加装的速度表明至少有部分陶器有相对较高的标准化生产程度。我们决定选取两城镇最为常见的一种器型——罐形鼎——作为探索这个问题的对象。一些学者们认为罐形鼎是日常使用的炊煮器。这一器型在遗址的各处（外沟，中沟，内沟）均有发现。

我们没有发现任何证据可以表明两城镇遗址中罐形鼎的器形随着时间推移而标准化程度不断提高，下文将详述我们的研究。我们从两城镇遗址选取了大量样本进行研究，研究结果与张小雷[1]的结论相似。他研究了两城镇遗址的多种器形（包括罐形鼎），并得出结论：遗址的每个时期标准化程度都不高，并且历时性变化也不明显。

首先，我们利用最常用的统计方法——变异系数（coefficient of variation）来分析我们的结果。这一方法存在局限性——如何根据世界范围内传统陶器生产的信息来对分析结果进行阐释。另外，变异系数所传达的信息也有局限性。我们还采用了另一种我们认为适合进行空间标准化（dimensional standardization）分析的统计方法。这一统计分析方法尤其适用于那些要进行比较的样本数量不均衡的情况。当较大数量较多的样本与数量较小的样本相比较时，这种方法有效地弥补了变异系数统计方法的不足。鉴于龙山文化时期两城镇遗址陶器生产可能存在于多个区域，我们对特定发掘区的陶器进行了比较。所有的统计分析都是用STATA（StataCorp LP, College Station, Texas, USA; http://www.stata.com） 来完成的，我们同时感谢耶鲁大学研究生（心理学系）马修·乔丹（Matthew Jordan）的帮助。

进行空间标准化研究，首先要确定研究器形的尺寸等级 。我们根据口径（水平方向）和腹高（垂直方向）将两城镇遗址的罐形鼎分为三个尺寸等级（图12-41）。我们决定重点研究其中最大的一组，中型罐形鼎（共计227件标本，其中76件出土于一区）。

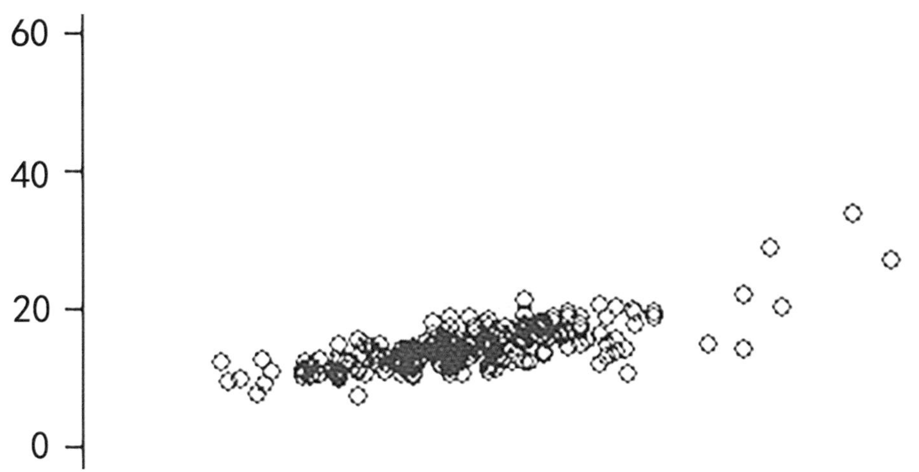

图12-41 根据口径和腹高划分三种大小的罐形鼎

[1] 张小雷：《两城镇遗址龙山文化陶器的生产及相关问题初步研究》，山东大学硕士论文，2010年。

我们计算了一区出土中型罐形鼎的变异系数（76件标本中的69件拥有足够数据的鼎）。为了增大样品数量，我们将一～六时期的罐形鼎作为一个分析组，称为早期（共计21件鼎）；七、八时期的罐形鼎作为晚期组（共计48件）。我们分别计算了各个部位尺寸（口径、底径、腹径、腹高）的变异系数和它们比值（口径/腹高、底径/腹高）的变异系数（表12-42）。比值通常比单一的尺寸更能表现陶器的总体特征。由于罐形鼎样本的保存状况不同，各部位尺寸的样本数量有所不同。我们没有采用总高度而是选择了腹部高度，这主要有两个原因。一是因为大部分鼎的足部都有残缺，选择腹部高度可以增加样品数量。二是因为我们认为腹部高度能更好地体现出陶工关于陶器的总体尺寸，以及该尺寸与其他关键维度（如口径）的关系的决策。

表12–42　第一发掘区罐形鼎变异系数值

部位/期段（总计）	早期	晚期
口径　（21，48）	21.55	17.84
底径　（20，40）	22.76	17.25
腹径　（10，33）	22.55	16.95
腹高　（21，48）	22.82	18.36
口径/腹高　（21，48）	17.48	14.99
底径/腹高　（20，41）	14.46	18.31

分析结果表明，两城镇遗址罐形鼎的变异系数要高于现代菲律宾兼职陶工利用传统手制工艺制作的陶器的变异系数（用来炊煮蔬菜和大米，12.4%和12.5%）。同时也高于现代贵州兼职陶工利用轮制制作的多种陶器器形的变异系数[1]。

但是标准化是一个逐渐发展的过程，因此仅比较同一时代的器物的变异系数，其价值是有限的[2]。我们应当关注在给定的历史情境下陶器的尺寸变化是否在逐渐变小。两城镇遗址出土陶器的部分变异系数有逐渐变小的倾向（表12–42），这表明其差异性可能在减小，因此陶器器形正逐渐向标准化发展。但我们并不能根据变异系数来确定这种变化是否具有统计学意义。我们的结果可以与垣曲东关遗址庙底沟二期中期（27.06%）和晚期（18.84%）的罐形鼎的变异系数[3]相比较。根据这些数据同样不能得出标准化的程度明显提高的结论。同样的，对后冈遗址陶碗（最大样本）的研究同样显示变异系数随着时间逐渐增加，而不是减小[4]。然而，对待这些结果时我们需要慎重。民族考古学（ethnoarchaeological）研究表明，标准化的程度受到许多因素的影响，比如陶工的技术以及生产率等[5]。

另一个问题是变异系数统计是一个针对组群的统计方法，当样品数量不均衡时可能会出现问

[1] Underhill A, 2003. Investigating Variation in Organization of Ceramic Production: An Ethnoarchaeological Study in Guizhou, China. *Journal of Archaeological Method and Theory* 10 (3) : 203-275.

[2] Rice P, 1987. *Pottery Analysis. A Sourcebook*. University of Chicago Press:201-202.

[3] Dai X, 2006. *Pottery Production, Settlement Patterns and Development of Social Complexity in the Yuanqu Basin, North-Central China*. BAR International Series 1502: 79.

[4] Underhill A, 2002. *Craft Production and Social Change in Northern China*. New York: Kluwer Academic/Plenum Publishers:197.

[5] a. Roux V, 2003. Ceramic Standardization and Intensity of Production: Quantifying Degrees of Specialization. *American Antiquity* 68 (4) : 768-782. b. Underhill A, 2003. Investigating Variation in Organization of Ceramic Production: An Ethnoarchaeological Study in Guizhou, China. *Journal of Archaeological Method and Theory* 10 (3) : 203-275.

题[1]，我们也面临这个问题。因此我们对口径（一区出土罐形鼎最大的测量样本）进行了单变量回归分析（univariate regression analysis），而分析结果表明从早到晚其变异系数并没有明显的变化（b = −0.251，平均值的标准误差（S.E.）（standard error of mean）= 0.234, p = 0.228）。标准误差（standard error）表明贝塔（b）估算值的好坏；标准误差值越小表明贝塔估算值越精确。贝塔值的标准误差和平均值的标准误差一样会受到样本数量的影响（随着样本数量增加而减小）。

接下来采用适合分析个体陶器的统计方法来获得支持我们结论的证据。这里不再依赖分析陶器组群的变异系数统计方法。首先采用单变量回归分析对一区出土罐形鼎口径与时代进行分析，分析结果见图12−42（time 1 = 0，代表早期；time 2 = 1，代表晚期）（b = 0.117，S.E. = 0.133，p = 0.383）。之后对口径与时代进行异方差分析（heteroskedasticity），来确定口径的变化是否与时代有关。我们没有发现口径随着时间变化的证据（X2（1）= 0.50，p = 0.479）。口径是最有效的测量数据，因为它的样本数量最大（早期21件，晚期48件）。其他几个变量包括腹高、底径、腹径等也没有随着时间而产生明显的变化（表12−43）。

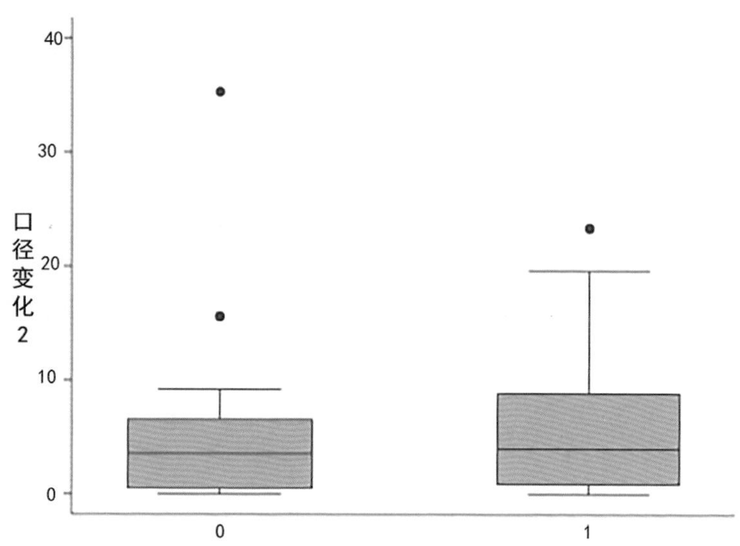

图12−42　罐形鼎口径变化

表12−43　罐形鼎测量比值

	底径/腹高			口径/腹高			腹径/腹高		
区域	平均值	标准误差	器物总数	平均值	标准误差	器物总数	平均值	标准误差	器物总数
一区	0.77	0.016	68	1.12	0.019	76	1.24	0.023	48
内沟	0.8	0.024	30	1.13	0.029	32	1.16	0.06	7
外沟	0.87	0.016	68	1.21	0.018	87	1.3	0.02	65
中沟	0.81	0.026	26	1.15	0.029	32	1.25	0.03	29

[1] Eerkens JW, RL Bettinger, 2001. Techniques for Assessing Standardization in Artifact Assemblages: Can We Scale Material Variability? *American Antiquity* 66(3): 493-504.

第二个测试是口径变化统计（diameter variance statistic），所得的结果再一次证实了我们的结论。该统计包括计算每个时期口径的平均数，然后用这个时期的个体的口径减去这个平均数，所得结果的平方即是每个陶器个体口径变化评分。利用单变量回归分析对这些评分进行分析的结果同样表明口径变化与时代没有关系（b = −0.052，标准误差 = 0.349，p = 0.883）。

我们同时比较了两城镇遗址一区出土中型罐形鼎与其他发掘区出土的中型罐形鼎。T007外沟内中型罐形鼎出土数量较多，我们首先对其变异系数进行了讨论。根据于海广教授提供的地层学信息，我们将外沟出土中型罐形鼎分为早晚两期。其变异系数变化同样并不明显。T007早期的中型罐形鼎（共13件）的变异系数为11.43%，晚期（共20件）的变异系数为19.35%。

两城镇遗址一区、外沟、内沟、中沟出土中型罐形鼎的比较结果很有意思。我们采用了多种变量和比值。结果中口径/腹高（图12−43）、底径/腹高（图12−44）、腹径/腹高（图12−45）三个比值具有明显的统计学意义。详细的测量信息列于表12−43。差异最为明显的是各个发掘区中型罐形鼎底径/腹高的比值（ANOVA, F（3191） = 6.81, p = 0.002），其次是口径/腹高的比值（ANOVA, F（3,226） = 4.17, p = 0.007），之后是腹径/腹高的比值（ANOVA, F（3148） = 2.78, p = 0.044）。换句话说，各个发掘区内中型罐形鼎的各个变量之间的比值的明显差异，表明其器形差异非常明显。与其他区域最不同的是T007。这一结果表明一种可能性的存在，即用不同传统制作的陶器被丢弃在T007。或者说罐形鼎的制作在不同区域之间存在差异（无论是有意还是无意），而这些差异是世代相传的。我们可以把制作陶器有共同传统的陶工在某种程度上看成是“实践群体（communities of practice）”[1]。在将来的研究中，要选择更多的器型来探讨这一可能性。

总之，两城镇遗址常见的炊煮器——中型罐形鼎——并没有表现出随着时间推移标准化程度逐渐增加的趋势。一个原因可能是无论是使用者还是制作者都认为没有必要去进行改变。在研究陶器的变化时，其基本功能也需要被考虑在内[2]。从使用者的角度来说，他们需要利用这种器形来进行日常食物的炊煮。因此，他们没有理由寻求改变这种已经能够充分满足他们需求的陶器。同样地，对于陶工来说他们也没有革新这种陶器的动力，特别是如果这些陶器在不同的地点均有生产。两城镇遗址罐形鼎的制作并不符合《考工记》对于后代高度标准化的陶器生产的描述。

两城镇遗址罐形鼎的装饰技术的情况非常不同。莱斯[3]认为标准化程度还应当考虑其他的特征，如装饰等。例如，陶工为了提高效率，生产出更加标准化的陶器的方法之一就是减少特定器形的装饰种类。因此，接下来需要确定两城镇遗址一区各个时期出土罐形鼎装饰的种类和数量。作为初步研究，我们仅仅选择了完整的器形，即带有鼎足的陶器，包括了各种大小罐形鼎。结果表明，各个时期的陶鼎都有多种风格的鼎足（表12−44）。尽管各个时期的样本数量并不均衡，可以发现第八时期有非常多种类的鼎足。同时，对于特定的鼎足，如鸟首足，其纹饰也非常多样（如凹弦纹的数量变化等）。没有证据表明陶工试图减少罐形鼎的多样性。另外如把手等部位也具有多样性。

[1] Cordell LS, JA Habicht-Mauche, 2012. Practice Theory and Social Dynamics Among Prehispanic and Colonial Communities in the American Southwest. In: Cordell LS, JA Habicht-Mauche (eds). *Potters and Communities of Practice. Glaze Paint and Polychrome Pottery in the American Southwest, A. D. 1250-1700*. Tucson: The University of Arizona, 1-7.

[2] Rice P, 1984. Change and Conservatism in Pottery-Producing Systems. In: Van der Leeuw SE, AC Pritchard (eds). *The Many Dimensions of Pottery. Ceramics in Archaeology and Anthropology*. Amsterdam: Universiteit van Amsterdam, Albert Eggs Van Giffen Instituut Voor Prae-En Protohistorie, Cingvla VII, 233-293.

[3] Rice P, 1987. *Pottery Analysis. A Sourcebook*. University of Chicago Press.

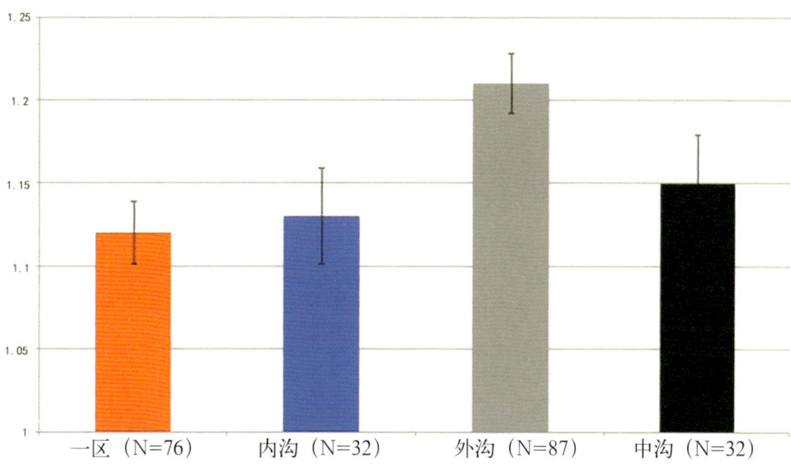

图12-43　各区中型罐形鼎口径与腹高比值

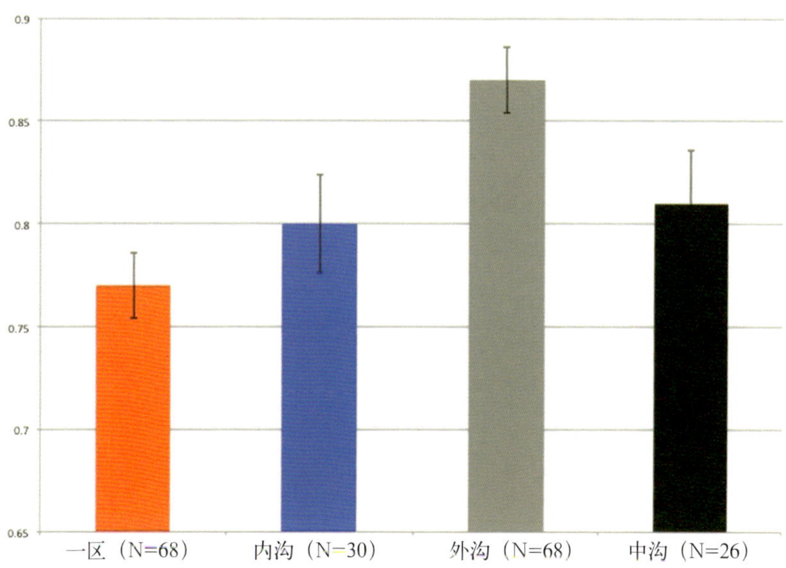

图12-44　各区中型罐形鼎底径与腹高比值

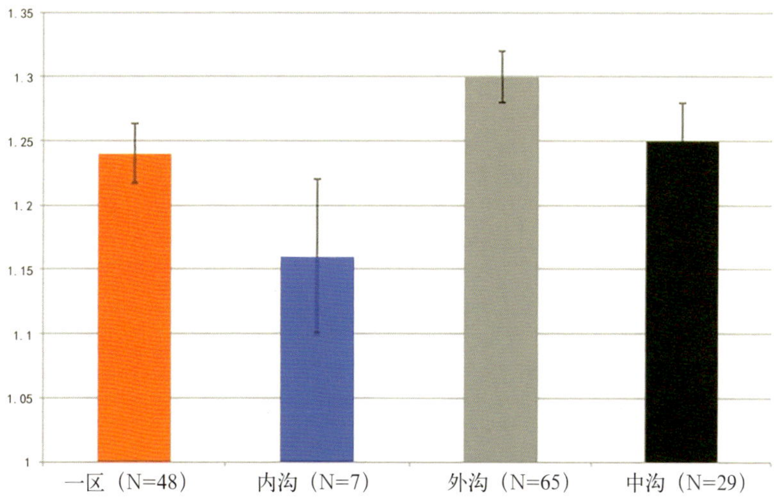

图12-45　各区中型罐形鼎腹径与腹高比值

罐形鼎尺寸和装饰的多样性表明在两城镇或其周围存在多个陶工群体。任一区域内均没有特定装饰类型的陶器与之相对应。尽管在一区存在历时性的风格变化（某些鼎足），但它们更多的是延续性。同时，一些凹弦纹所表现出来的追求生产速度而缺乏精致也需要进一步的解释。一种解释是由于炊煮器容易破碎，所以使用者并不刻意追求它的美观性，而那样的生产速度是可以接受的。

表12-44　第一发掘区带足完整罐形鼎纹饰

铲形足	
第一时期	素面
	1 凹弦纹，盲鼻
	2凹弦纹
第二时期	2 凹弦纹
	3 凹弦纹
	7 凹弦纹
	8 凹弦纹
	小耳8宽凹弦纹
第三时期	宽把手， 2 凹弦纹
第四时期	素面
	2 凹弦纹
	3 凹弦纹
第五时期	宽带形把手，素面
第六时期	2 凹弦纹
第七时期	桥形把手，9 凹弦纹
	2 凹弦纹
第八时期	12 凹弦纹
	把手， 2 凹弦纹
	素面
	2 凹弦纹
凿形足	
第一时期	4 鸡冠状条，腹部5宽凸棱
第二时期	2 凹弦纹
第七时期	浅凹弦纹
三角形足	
第二时期	纵向堆纹

<table>
<tr><td>第三时期</td><td>4 凸棱，短齿状堆纹</td></tr>
<tr><td>第七时期</td><td>2 浅凹弦纹，腹部3凹弦纹</td></tr>
<tr><td>第八时期</td><td>素面</td></tr>
<tr><td colspan="2">U 形足</td></tr>
<tr><td>第二时期</td><td>素面</td></tr>
<tr><td colspan="2">V 形足</td></tr>
<tr><td>第六时期</td><td>6 凸棱，颈，小横耳，泥饼</td></tr>
<tr><td>第七时期</td><td>素面</td></tr>
<tr><td>第八时期</td><td>4 凸棱，2 凹弦纹</td></tr>
<tr><td colspan="2">鸟头足</td></tr>
<tr><td>第二时期</td><td>颈， 2 凹弦纹，腹部3 鸡冠 附加泥条</td></tr>
<tr><td rowspan="3">第六时期</td><td>凹弦纹</td></tr>
<tr><td>颈 2 凹弦纹，小横耳，泥饼；腹部5凹弦纹</td></tr>
<tr><td>把手，素面</td></tr>
<tr><td rowspan="2">第七时期</td><td>颈下3凸棱， 腹部2凸棱</td></tr>
<tr><td>颈部 2 凹弦纹，颈下 1 凹弦纹，盲鼻，泥饼，腹部3凸棱</td></tr>
<tr><td rowspan="16">第八时期</td><td>颈3凹弦纹，颈下4凹弦纹，盲鼻，小泥饼</td></tr>
<tr><td>3 凹弦纹 （3 鼎）</td></tr>
<tr><td>2 凹弦纹</td></tr>
<tr><td>8 凸棱纹</td></tr>
<tr><td>颈下盲鼻，小泥饼； 颈腹 1 凸棱，腹部 4 凹弦纹和凸棱</td></tr>
<tr><td>宽带形把手， 2 凹弦纹</td></tr>
<tr><td>宽带形把手，7 凹弦纹</td></tr>
<tr><td>1 凹弦纹 （2鼎）</td></tr>
<tr><td>颈下 2 凸棱，小泥饼， 6 凹弦纹</td></tr>
<tr><td>颈下 2 凸棱，小泥饼， 2 凹弦纹</td></tr>
<tr><td>2 凸棱，盲鼻</td></tr>
<tr><td>3 凸棱， 盲鼻和小泥饼</td></tr>
<tr><td>5 凹弦纹， 颈下盲鼻和泥饼</td></tr>
<tr><td>5 凹弦纹，颈下盲鼻</td></tr>
<tr><td>颈和颈下盲鼻泥饼</td></tr>
<tr><td>素面 （2鼎）</td></tr>
</table>

如未特别指明，均指器物的肩-腹部位。

今后将继续对两城镇遗址出土的陶器进行研究，以期发现其他关于生产策略的线索。康涅狄格州纽黑文市的一位专业陶工梅诗·狄克曼（Maishe Dickman）认为，他可以从一些罐形鼎的照片（图12-46，H31①：26，H31⑤：112）上看出陶工将粗泥条盘筑痕迹抹平的证据。他认为这项技术可以提高陶工的速度。毫无疑问，这需要实验来证明。

什么样的生产单元可以相对较快地制作陶器并同时兼顾制作多种多样的罐形鼎还需要进一步研究。也许居住在相邻房屋的血缘亲族可以合作进行这样的工作。民族考古学研究[1]表明，包括儿童在内的许多家庭成员都可以在不同的生产环节中提供帮助。我们并不能假定每一个完整的罐形鼎都是由个体陶工在单独的工作环境中制作的。

1. H31①：112

2. H31①：26

图12-46　保留泥条盘筑痕迹的鼎

一一　结论

这个关于两城镇遗址陶器使用、分配和生产的初步研究，发现了许多需要进一步研究的问题。两城镇遗址出土的日常使用的罐形鼎以及可能用做礼器的精美陶器，为研究关于这个中心性聚落及整个日照地区的各种相互作用（礼仪、社会、经济、政治）提供了许多线索。正如其他地区的考古学家所提到的[2]，了解各种不同城市景观的内涵非常重要。两城镇遗址出土的数量众多的各种精美陶器令人赞叹。将这些陶器与其他遗址出土的陶器进行比较，可以帮助我们了解这一区域的贸易系统。这对于研究日常使用的陶器同样重要。两城镇和其他龙山文化遗址可以为世界考古学提供手工业生产随着早期城市发展而变化的信息。

[1]　Underhill A, 2003. Investigating Variation in Organization of Ceramic Production: An Ethnoarchaeological Study in Guizhou, China. *Journal of Archaeological Method and Theory* 10 (3) : 203-275.

[2]　Smith M, 2014. The Archaeology of Urban Landscapes. *Annual Review of Anthropology* 43: 307-323.

第五节 H31出土遗物的空间位置分析

一 引言

本研究有两个目标。一是制作地图来显示两城镇H31中遗物的位置。这类地图是进行进一步分析的基础和前提。然后，我们对灰坑按照深度进行人为的分层，并制作分层地图以观察遗物分布随时间的变化（以深度代表时间）。二是分析地图，观察各类型遗物的分布在人为划分的各层之间是否有变化。不同类型的遗物在灰坑内的空间位置变化，可能包含H31的具体用途及其使用情况随着时间推移而变化的信息。

H31是一个包含250件遗物的大灰坑，内含石器、陶器和动物骨骼等。发掘者还记录有红烧土、木炭和带光泽的云母片。这是两城镇遗址中包含遗物最多的一个灰坑。一些遗物的形制明显属于龙山时期，比如高柄杯。与该遗址的其他灰坑相比，H31的一个显著特点是出土大量近乎完整的陶罐。这说明H31可能具有礼仪功能，其中的容器可能曾用于宴享或祭祀活动。

系统性的区域调查认为，两城镇是日照地区龙山早、中、晚期的一个大型区域性中心，也是四级等级聚落的第一级[1]。在几个灰坑和墓葬的不少陶器中都发现大米发酵饮料的化学残留物，这说明两城镇可能是一个行使礼仪庆典活动的区域性中心。已测试的出土于H31的7件容器中，均发现发酵饮料的证据，这7件容器是3件筒形杯、1件高柄杯、1件壶罐、1件罍和1件鬶。该灰坑可能反映了祖先祭祀活动[2]。

发掘者在两城镇还发现了一些非常大的夹砂鼎，而鼎被许多人认为是新石器时代和青铜器时代用来烹煮肉类的容器[3]。两城镇这些大型三足鼎的功能尚未确认，但鼎的大型尺寸说明其可能为一大群人烹饪。根据全站仪的记录，该灰坑共发现 13件三足鼎，另外还发现一个鼎足表明还存在第14件鼎。此外还有一些杯形器，包括1件高柄杯、4件单耳杯和3件不明类形的杯。

H31的地层难以分辨，因为它有许多淤泥层代表着多次堆积。正如下面所讨论的，本次分析利用人为的主观分层来考察遗物的分布情况（图12−47、48）。通过考察在各层出现的不同遗物，可以评估随着时间的推移H31使用情况的变化，有助于进一步理解该灰坑在两城镇礼仪和庆典活动中所起的作用。本研究主要评估两个方面：一是不同类型遗物的分布随灰坑深度的变化；二是不同用途的遗物（主要是陶器）的分布随灰坑深度的变化。

二 数据来源

包括遗物类型和空间位置的原始数据被记录在.dbf格式的电子表格中。点数据为科杰夫

[1] a. 方辉、文德安、Gary Feinman、Linda Nicholas、栾丰实、于海广：《鲁东南沿海地区聚落形态变迁与社会复杂化进程研究》，《东方考古（第4集）》，科学出版社，2008 年，第253～287页。 b. Underhill A, G Feinman, L Nicholas et al, 2008. Changes in Regional Settlement Patterns and the Development of Complex Societies in Southeastern Shandong, China. *Journal of Anthropological Archaeology* 27: 1-29.

[2] a. McGovern PE, AP Underhill, H Fang et al, 2005. Chemical Identification and Cultural Implications of a Mixed Fermented Beverage from Late Prehistoric China. *Asian Perspectives* 44(2): 249-275. b. McGovern P, A Underhill, H Fang et al, 2005b. Chemical Identification and Cultural Implications of a Mixed Fermented Beverage from Late Prehistoric China. *Asian Perspectives* 44(2) : 249-275.

[3] Underhill A, 2002. *Craft Production and Social Change in Northern China*. New York: Kluwer Academic/Plenum Publishers.

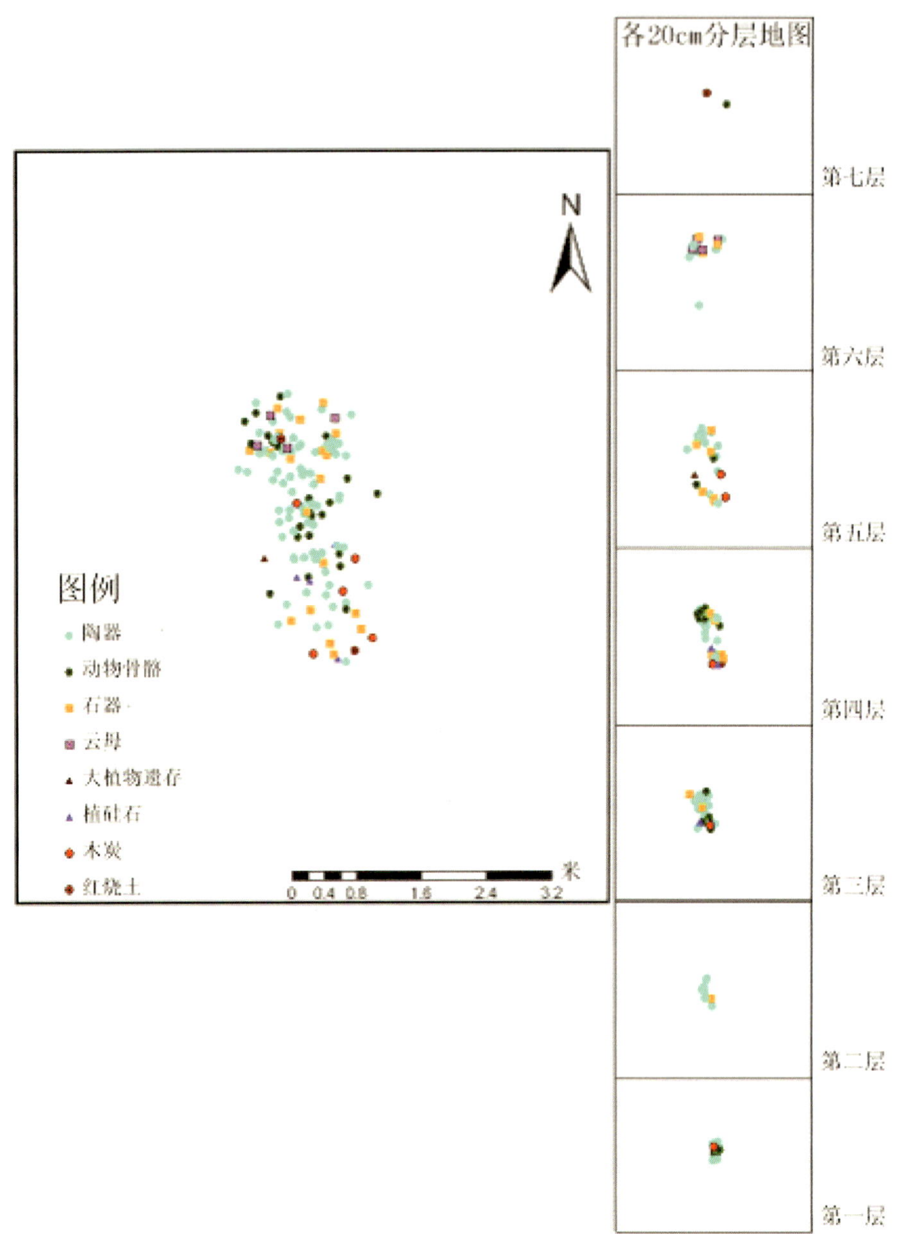

图12-47 H31各类型遗物分布情况

（Geoffrey Cunnar）利用全站仪测量所得。分析和制作H31灰坑地图还使用了发掘者的记录和地图，以及伊利诺伊大学芝加哥分校Russell Quick做的点数据和矢量图。

三 方法

由于该项目的首要目标是将这些带地理参数的数据表格以地图形式表现出来，并且使数据表格中每个点的属性显示在地图上，有必要使用ArcGIS软件中的“display X/Y data”命令把.dbf文件转化成一个图层。然后依据深度，又生成每20厘米为一层的七个图层（图12-49）。通常使用的按地层

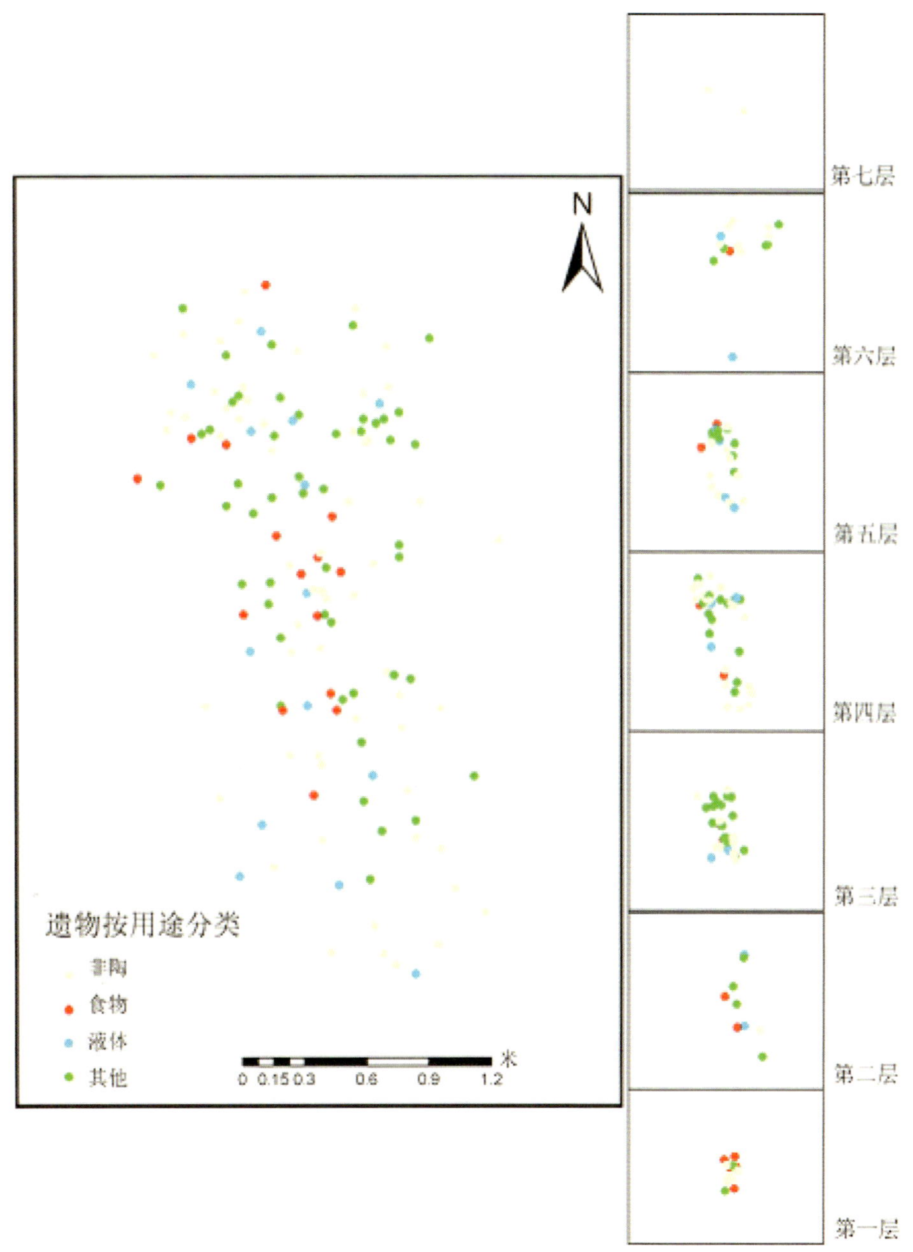

图12-48　H31各用途遗物分布情况

特征分层做图的方法不适用于灰坑H31的情况。为了保证每层符号一致，这个.dbf 文件被导入软件ArcMap 3.2中，然后使用“add event”命令做数据模型（Coverage），产生了一个.avl文件作为地图图例。

以灰坑H31的基本地图作参考，每20厘米的分层图也都显示在地图上以显示遗物之间的空间关系。应当指出的是，H31各层的编号顺序与北美标准的编号顺序是相反的。灰坑H31第七层最接近地面而第一层最深入地下。上述方法生成了两个地图。第一个地图按遗物类型分类，如石器、陶器、骨骼和红烧土（图12-47）。第二个地图按遗物的用途分类：首先将遗物分为陶器和非陶器，然后根据遗物是否被用来准备食品、存放或饮用液体、或者两者均不是来分类（图12-48）。

1. H31第一层遗物分布　2. H31第二层遗物分布　3. H31第三层遗物分布　4. H31第四层遗物分布　5. H31第五层遗物分布　6. H31第六层遗物分布　7. H31第七层遗物分布

图12-49　H31遗物分布图

四　结果

该项目的结果是把一个纯粹的电子表格数据转化为直观的地图形式。由此生成的两个地图可用于进一步分析H31及两城镇遗址。其中第一个地图显示灰坑本身的点数据以及每20厘米为一层的七个分层地图，不同颜色和形状的点代表不同类型的遗物（图12-47）。第二个图显示灰坑本身的点数据，其右侧为每20厘米为一层的七个分层地图，不同颜色和形状的点代表不同用途的陶器，同时非陶器被合为一组（图12–48）。

对这些地图的直观观察可以发现一些趋势，但是如果没有进一步的统计检验将无法得知这些趋势是否显著。首先，图一显示每一层遗物的数量符合正态分布（见图12–47）。顶层和底层的遗物偏少，多数遗物聚集在中间层。同时也发现某些类型的遗物只能在特定的层找到。例如，云母只在第六层发现，大植物遗存只在第五层发现，红烧土只在第四和第七层找到，这非常有趣，因为第七层只有两个点（一块红烧土和一块动物骨骼）。然而，所有层都发现了木炭，所以发现红烧土也许并不出人意料。

图12–48展示了另一个值得进一步调查的有趣模式。虽然未进行细分的非陶器和陶器似乎仍然符合上面提到的正态分布，被推测为用来准备食物的容器（主要是鼎）却主要发现于底层。这说明在仪式宴享活动中可能存在以往没有发现的某种规律。储存和饮用液体的陶器分布也符合以上提到的正态分布，这更加凸显出用于准备食物的陶器的特殊性（图12–48）。

五　统计分析

对于直观看到的趋势要进行统计上的证实才有意义。由于数据是为空间分析做准备的，可以直接拿来进行统计检验。本研究使用了SPSS统计软件进行统计检验，软件版本16.0。

对遗物类型和分层这两个变量做卡方检验表明， 在0.01的显著性水平上变量存在很大关联，Cramer's V 值中等偏低为0.351（表12–45）。然而由于图表过大，很难对结果进行进一步解释。另外对TYPE2（表明遗物是否是陶器）和USE （遗物最有可能的用途） 这两个变量也进行了卡方检验。

在0.05的显著性水平上，陶器与非陶器的对比不显著。这表明用这个变量来区分遗物效果不显著，对本灰坑出土的器物组合来说可能不是一个重要的分类方法（表12–46）。这一检验是用来与更重要的以USE为变量的检验作比较的。

这第二个卡方检验显示数据在0.05的显著性水平上有显著规律。中等偏低的Cramer's V值0.367表明，容器用途与时间（以深度表示）有一定的关联，但关联不是特别强（表12–47）。 在交叉分析表中（cross tabulation），我们发现主要是食物这一列的实际观察值与期望值的差别较大。例如食物变量的第一个单元格观察值为6而预期值为1.6（这是一个很大的差异）。因此，根据用途分类的遗物在各层间出现了中等偏弱但比较明显的分布规律。

陶器用途和分层这两个变量有显著关联。这很可能是由于用于食物烹煮陶器的非正态分布引起的。这些陶器主要出现在灰坑底层，较晚的层中少有发现。也就是说与食物相关的陶器主要分布在下面几层，靠近地表的几层则缺乏相关陶器。

尽管理想的情况是找到明显的遗物分布规律，然而遗物分布缺乏规律也能反映出一些信息。从以上分析可以看出，以陶器和非陶器，或者以红烧土和木炭来分析归类遗物没有发现明显的规律。也就是说这些类别的遗物在各层的观察值与预期值不存在大的差异。与上面的计件数据对比可知，陶器或非陶器的分布似乎都符合正态分布，红烧土和木炭的分布则过于零星而不存在规律（表12–48）。

表12-45　遗物类型和20厘米分层两变量关联性的卡方检验交叉分析表

			遗物类型								合计
			BON	BOT	CAR	CER	LITN	MIN	PHYTO	SOIL	
各20厘米分值	第一值	观察值	6	0	1	8	0	0	0	0	15
		期望值	2.6	0.1	0.6	8.5	2.1	0.4	0.4	0.2	15.0
	第二值	观察值	0	0	0	8	1	0	0	0	9
		期望值	1.6	0.1	0.3	5.1	1.3	0.3	0.3	0.1	9.0
各20厘米分值	第三值	观察值	7	0	1	21	2	0	1	0	32
		期望值	5.6	0.2	0.2	18.1	4.5	0.9	0.9	0.5	32.0
	第四值	观察值	8	0	1	18	7	0	3	1	38
		期望值	6.7	0.3	0.4	21.5	5.3	1.1	1.1	0.6	38.0
	第五值	观察值	5	1	2	14	6	0	0	0	25
		期望值	4.4	0.2	0.9	14.2	3.5	0.7	0.7	0.4	25.0
	第六值	观察值	0	0	0	8	3	4	0	0	15
		期望值	2.6	0.1	0.6	8.5	2.1	0.4	0.4	0.2	15.0
	第七值	观察值	1	0	0	0	0	0	0	1	2
		期望值	4	0.0	0.1	1.1	0.3	0.1	0.1	0.0	2.0
合计		观察值	24	1	5	77	19	4	4	2	136
		期望值	24.0	1.0	5.0	77.0	19.0	4.0	4.0	2.0	136.0

注：遗物类型从左至右依次为: BON = 动物骨骼；BOT = 大植物遗存；CAR = 木炭；CER = 陶器；LITH = 石器；MIN = 矿物（云母）；PHYTO=植硅石；SOIL = 红烧土。

卡方检验

	值	自由度	双侧近似P值
皮尔森卡方检验	100.305*	42	0.000
似然比卡方检验（Likelihood Ratio）	66.78	42	0.009
有效样本数	136		

* 47个单元格（83.9%）的期望值小于5，最小期望值是0.01。

对称性检验

		值	近似P值
名义变量	Phi	0.859	0.000
	Cramer's V	0.351	0.000
	列联系数（Contingency Coefficient）	0.652	0.000
有效样本数		136	

表12-46　陶器或非陶器和20厘米分层关联性的卡方检验交叉分析表

			分类		合计
			陶器	非陶器	
各20厘米分层	第一层	观察值 期望值	8 8.5	7 6.5	15 15.0
	第二层	观察值 期望值	8 5.1	1 3.9	9 9.0
	第三层	观察值 期望值	21 18.1	11 13.9	32 32.0
	第四层	观察值 期望值	18 21.5	20 16.5	38 38.0
各20厘米分层	第五层	观察值 期望值	14 14.2	11 10.8	25 25.0
	第六层	观察值 期望值	8 8.5	7 6.5	15 15.0
	第七层	观察值 期望值	0 1.1	2 0.9	2 2.0
合计		观察值 期望值	77 77.0	59 59.0	136 136.0

卡方检验

	值	自由度	双侧近似P值
皮尔森卡方检验	8.942*	6	0.177
似然比卡方检验	10.358	6	0.110
线性相关卡方检验 (Linear-by-Linear Association)	1.876	1	0.171
有效样本数	136		

*3个单元格（21.4%）的期望值小于5，最小期望值是0.87。

对称性检验

		值	近似P值
名义变量	Phi	0.256	0.177
	Cramer's V	0.256	0.177
	列联系数	0.248	0.177
有效样本数		136	

表12-47 陶器用途（准备食物、液体、或其他）和20厘米分层两变量关联性的卡方检验交叉分析表

			用途			合计
			食物	液体	其他	
各20厘米分层	第一层	观察值	6	0	2	8
		期望值	1.6	1.5	5.0	8.0
	第二层	观察值	2	2	4	8
		期望值	1.6	1.5	5.0	8.0
	第三层	观察值	2	3	16	21
		期望值	4.1	3.8	13.1	21.0
	第四层	观察值	2	3	13	18
		期望值	3.5	3.3	11.2	18.0
	第五层	观察值	2	4	8	14
		期望值	2.7	2.5	8.7	14.0
	第六层	观察值	1	2	5	8
		期望值	1.6	1.5	5.0	8.0
合计		观察值	15	14	48	77
		期望值	15.0	14.0	48.0	77.0

卡方检验

	值	自由度	双侧近似P值
皮尔森卡方检验	20.76*	10	0.023
似然比卡方检验	17.596	10	0.062
有效样本数	77		

*15个单元格（83.3%）的期望值小于5，最小期望值是1.45。

对称性检验

		值	近似P值
名义变量	Phi	0.519	0.023
	Cramer’s V	0.367	0.023
	列联系数	0.461	0.023
有效样本数		77	

表12-48　灰坑H31各20厘米层出土遗物计件数据

层位	陶器	骨骼	石器	其他	遗物数量	Cerliq	Cerfood	Cerother
1	8	6	0	1	15	0	6	2
2	8	0	1	0	9	2	2	4
3	21	7	2	2	32	3	2	16
4	18	8	7	5	38	3	2	13
5	14	2	6	3	25	4	2	8
6	8	0	3	4	15	2	1	5
7	0	1	0	1	2	0	0	0

Cerliq = 与液体（可能是发酵饮料）使用相关的陶器；Cerfood = 与食物或烹饪相关的陶器总数；Cerother = 与准备食物或液体无关的陶器总数。

注：我们使用了H31小件登记表中经全站仪测量的数据，共计有136件遗物。因为最后修复的陶器数量较多，所以这一研究只是初步的。我们在这里采用了统计学的方法进行分析，希望对以后的同类研究有所帮助。

六　讨论

本研究在许多方面都是初步的，其研究结果可作为以后进一步研究的基础。值得指出的是，本次调查研究只基于一个灰坑。由于抽样误差，由一个样本外推到整个遗址可能是不准确的。地理信息系统（GIS）软件主要用于区域性数据。在考古学研究里，用GIS研究单个遗址的数据也很少见。利用地理信息系统软件来研究只有几米范围的数据非常罕见，这也不是软件设计的初衷。这可能会导致数据分析的误差。

如果灰坑H31内的遗物代表的是一次礼仪活动中的多种堆积，那么数据所展示出来的趋势可以解释为一次典礼或宴享中的不同阶段。如果是一次宴享的话，一般来说宴享中使用的陶器应该是在所有的容器和物体被使用完以后再最后放置在灰坑里。而在H31中这个规律并不明显，例如，大多数容器并不来自于H31的上层。如果该灰坑反映一次对祖先的祭祀活动而不是宴享的话，那么遗物的堆积顺序就会有多种可能。

第二个解释是灰坑H31可能使用了一段时间，所以出现代表不同礼仪活动的多次堆积。例如，这个灰坑最早可能被用来上供烹饪容器给祖先，而后来首选的供品变为装饮料和食品的容器。未来的研究应该比较可能与祭祀或其他礼仪活动相关灰坑的堆积方式，从而对灰坑的功能做出更有把握的判断。

七　小结

本研究设置了两个目标：首先，是创建一个点地图展示两城镇灰坑H31中遗物分布情况；其次，是分析此地图直观观察遗物的聚集与散落是否存在规律。观察发现除了鼎（与准备食物有关的陶器）以外，基本上所有遗物的分布都符合正态分布。本文对观察到的模式提供了可能的解释，可以认为是日后研究龙山遗址中其他可能与祭祀或宴饮相关灰坑的一个起点。

第一三章　石器研究

第一节　概况

龙山文化遗址的发掘中大多出土有大量的石器，两城镇遗址也不例外。本章主要致力于研究石器制作者的生产组织关系和其对生产工艺的应用，同时也将分析石器在龙山文化时期经济发展中所起的作用，并且将一些在其他地区成功应用的研究方法介绍到山东地区的考古学研究之中（Aldenderfer 1991b; Aldenderfer et al. 1989; Aoyama 1996; Cleghorn 1982; Cleghorn 1986; Cobb 2000; Feinman 1999; Hayden 1987; Inomata 2001; Lass 1994; Lass 1998; Lewenstein 1987; Pope et al. 1995; 佟 1989; Wattenmaker 1998; Yamada 2000）。在本节中，我列出了本书将要讨论的数个重要问题：其中包括生产组织的识别以及石器专门化生产的认定，为解决这两个问题，我采用了微痕分析和空间分析的研究方法。此外，石料来源问题也将被详细的讨论。这些研究可以更好的帮助我们了解两城镇遗址在区域经济发展中所扮演的角色。本节最后还将对研究内容以及研究方法进行归纳和总结，并简要回顾两城镇遗址的考古学研究简史。

一　复杂社会中石器的生产和使用

一直以来，在世界很多地区的复杂社会研究中，都比较忽视实用物品的生产和使用以及家庭经济所发挥的重要作用，很多学者更愿意关注礼仪性物品以及它们在政治经济中的作用。在研究社会演进及变化时，财富的生产、消费以及分配经常会被作为分析的重点（Chase et al. 1992; Hirth 1996; Marx 1930; Polanyi 1944; Sahlins 1960; Sahlins 1962; Service 1962; Service 1975; Webster 1992），同时，政治形态演进、经济控制与手工业专门化之间的关系也多有论及（Adams 1970; Anderson 1994; Brumfiel et al. 1987a; Childe 1936; Evans 1978; Feinman et al. 2004; Liu 2004; Marx 1964; Underhill 2002; Wailes 1996）。许多研究都聚焦在专门化生产是如何使精英阶层获利以及这种现象如何随着复杂社会的发展愈演愈烈。一些研究者认为精英阶层控制整个经济体系是复杂社会发展的一个主要原因，因此学者们采用了很多方法来研究贵族或首领与经济之间的互动关系。通常，“精英”们掌控着最尊贵的位置并以此来控制经济体系中的重要部分，进而加强他们自身的地位、威望和权威，并且精英阶层有权使用平民提供的劳动力、物品和食物。

在中国目前的考古学研究中，大多学者主要关注墓葬、陶器和玉器等方面的资料。与此相对的是，很少人研究普通石器的生产和使用问题（Fung 2000; Liu 1996a; Pearson 1981; Pearson 1988; Seung-Og 1994; Underhill 2000）。有研究表明，墓葬资料可以很好的反映出财富的分化。刘莉（Liu 1996b）提出，墓葬中诸如玉器、鼍鼓以及龟甲等特殊物品可能在精英阶层之间互相交换。文德安

（Underhill 1996; 2002）认为，精英阶层将使用精细化生产的陶器作为一种炫耀，而这种行为可能会被周围的社会所仿效。

虽然有学者已对中国新石器时代晚期精英阶层如何控制特定种类石器的生产和分配问题进行过研究，但龙山文化时期与石器相关的许多基本问题仍有待进一步深入。此次研究在以下方面有所创新：和前人相比，将使用更加全面的资料对两城镇遗址出土的全部石器进行系统分析。张光直（Chang 1983; 1986）认为，中国复杂社会的演进存在着除技术变革之外的很多其他因素。为了评估这种观点，全方位的研究石器以及其他手工业物品显得尤为关键。在对石器系统研究的基础上，通过非精英阶层的家庭生产模式来解释中国新石器时代晚期石器的生产组织结构问题。通常情况下许多发掘不会收集石器碎片以及损坏的石器，但在家庭模式层面上分析石器的生产恰恰需要对这些问题进行适当的考察。此次研究可以较为细致的从这个角度来论述这些问题，因为在两城镇遗址发掘中，我们采用了特定的方法来收集此类资料，这种方法将在下文中被提及。

本章包括四个基本的目标：1）理解石器生产的特征；2）讨论石器工艺在龙山文化社会中是如何实施的；3）对磨制石器的分析方法进行探索；4）对考古学发掘方法提出建议并对石器加工区域的识别进行讨论。

两城镇遗址中主要的石器种类包括以下几种：石镰、石刀、石锛、石斧、石铲、抛射尖状器（projectile point）—石镞和石矛一类、石磨盘、磨石以及石凿。我的研究方法包括：民族学、石料来源分析，模拟制作实验，微痕分析以及空间分析。此次研究共分析了4466件磨制与抛光石器以及大量石片（debitage），其时代均属于龙山文化时期。

二　手工业专业化的考察

文献资料中有很多关于专业化的定义。某些定义（Costin 1991; Evans 1978）要好于其他（Childe 1936）。其中科斯汀（Costin 1991）所提出的定义经常被引用，他将专业化定义为："一种规范化、固定化也许还应是制度化的生产系统，在这个系统中，生产者至少是部分的依赖家庭外的交换关系而生存。与此相应，消费者则自身不生产其所需的物品（Costin 1991:4）"。此定义因为限制条件太多而受到批判，因为它在没有分层的社会中无法使用（Clark 1995）。克拉克认为上述定义最主要的缺陷在于它过分强调生产者和消费者之间的依赖关系。克拉克（Clark et al. 1990）以及朱又（Inomata 2001）的定义都是强调了产品的可转让性，同时消减了手工业匠人对于其他人产品依赖性的描述："手工业专业化生产是以生产可转让且耐用的产品为目的，而不是为了自己消费"（Clark et al. 1990:297）。"部分人生产的可转让性产品是为了满足生产者自身家庭之外的消费"（Inomata 2001:322）。朱又的定义将手工业专业化从一般性的手工业生产中明确的区分出来，并且此定义还可应用于所有的社会成员之中。根据本文的研究内容，我同意克拉克和朱又对专业化的定义。我非常赞同克拉克提出的"专业化应该是一种可感知的东西，如此将有助于将我们的视角引向重要的资料，同时远离那些次要的资料"（Clark 1995:272）。我们认为，为了更好的研究文明起源阶段的古代中国，所有资料都应认真分析。"次要资料"或许和通常认为的重要资料同样值得重视，也正是基于此，我们对专业化进行讨论时，对其定义应减少过多的限制。并将其应用到龙山文化时期的生产体系之中。

北美许多学者强调附属手工业匠人与独立匠人之间存在很大不同（Arnold 1987; Arnold 1992; Arnold et al. 1994; Inomata 2001; Lass 1994; Schafer et al. 1991; Stein et al. 1993; Welch 1991）。附属的匠人为精英阶层生产货物或者提供服务，并被他们的制度所控制或束缚。附属的匠人在精英阶层的掌控下生产奢侈品或者财富，这种生产活动被称之为管理型生产（Sinopoli 1988）。独立的匠人为普通大众生产所需物品，他们生产的物品是以实用型为主，并且其产品往往是以高效和安全为主旨(Brumfiel et al. 1987a）。西诺波利（Sinopoli 1988）提出，独立匠人生产的产品，无论其个体大小都不易被精英所控制，主要是由其数量庞大所造成。

正如瓦滕梅克（Wattenmaker 1998）所言，通常来讲，所谓礼仪物品和实用物品的区分并不是那么明确，这是因为礼仪型物品可能有实际的功用而实用型物品也会有象征性的价值。很明显家庭模式所生产和使用的物品仍然需要更多的研究来证实。在两城镇遗址中，人们可能会认为日用的农具应该是在家庭模式下所生产的，而精英和手工业匠人则被与制作精细的石刀、石斧或者其他功能性石器相联系。此前在两城镇曾经发现过雕刻精美的玉锛和玉钺（刘 1972; 刘 1988）。

在石器组合中识别象征财富的器物也是我们研究的一项重要内容。中国新石器时代晚期的很多文化中都发现过玉钺、玉璧、玉琮之类的贵重器物（Chang 1986）。如果墓葬中出土这类贵重物品，我们往往将其定为高等级墓葬（Liu 1996a）。中国新石器时代晚期出土的这类贵重器物，经常被认为当时的手工业已被精英阶层所控制（(Huang 1992; Liu 2003），这是因为这类器物原料的稀缺以及加工它们需要专门的技能（Liu 1996a）。尽管大家普遍认为青铜钺在商代已成为权力的象征，但我们并不能确定在新石器时代晚期石钺是否具有类似的功能（Li 2007:173）。文德安指出山东地区玉器比较稀缺，因此其在权利象征中所扮演的角色还不是十分明确（Underhill 2002:190-191）。

中国有些考古学报告中经常将一些“美石”称之为玉，这使得玉器的概念有些混乱（Nelson 1996）。玉是一种很难加工的原料，并且谈到玉器时，生产它们的匠人也往往会被论及。但用以量化玉器或其他石器加工难度的研究还很少被实施（Bishop 1906）。像两城镇这样玉器缺乏的地区从事这样的研究仍旧非常重要。在这些地区，玉器的替代品也可能被用作财富的象征（Underhill 2002:198）。文德安（Underhill 2000）认为，从随葬品所耗费劳动量多寡的角度可以更好的确定墓葬等级的差异。我主要从定性（由抛光造成的颜色变化）以及定量（复制石器所需时间）两个角度对石器进行研究。在石器模拟制作实验中，我可以通过制作难易度的量化数据来推断哪些器物可能充当了精英阶层的象征性物品，同时也可以看出生产效率的历时性变化。

缺乏诸如手工业加工作坊或者文献记载等直接证据，确定生产组织结构将是一项很困难的任务（Underhill 1991）。文德安（1991: 表2）和赖斯（Rice 1987: 202-203）已经找出几类资料用以有效识别陶器家庭化生产所发生的变化，这对考察工具生产的变化提供了很好的启示。这几类资料包括：生产变化的直接证据（在石器方面包括磨石、抛光工具和其他玉石加工工具以及石片的分布区域等），工艺的变化以及工具自身特征的变化。如果龙山时期的大部分石器是单个家庭独立生产的，那么我们就会在很多房屋周边找到较多的石器生产迹象，并且石器本身的特征会变化很小。如果生产活动是由工匠们或者处于非中心位置的有限几个家庭所实施，那么我们就应该看到石器碎片仅会分布在有限的空间内（Adams 1972; Adams 1978; Pope et al. 1995），同样石器本身的特征（比如生产过程中有意的抛光行为）也会发生较大变化。

这一节另外一个目标是向大家展示如何应用微痕分析来判定器物的功能，同时也要说明如何利用背景分析的方法来判定特定房址与工具生产之间的关系。就像汉斯（Haas 1982）曾提出的商代精英阶层会有意识控制农业生产一样，如果龙山时期精英阶层试图控制农业生产，那么石器组合也应该会产生明显的变化。例如，如果精英阶层想要从特定居民中获得更多的农业产品，那么与狩猎工具相比而言，农业工具的生产就会增加。精英阶层生活区域内农业工具储备数量的增长可能会支持这种推测。布兰顿等（Blanton et al.1982）认为，在瓦哈卡（Oaxaca）地区，精英阶层对当地农产品需求的增长使得单个家庭生产其他日常用品的时间大为缩减，这样就导致了对生产日常用品专业匠人的大量需求。这样的需求在两城镇遗址的中心区域已经产生，这就引起了产品分配、生产效率以及生产结构的变化。举例来说，如果精英阶层想要清理出更多的土地来进行农业生产，那么可能会导致砍伐树木工具——石斧数量的增长，进而会要求各地区生产的石斧都集中向有需求的特定地区流动。这种情况下生产出来的工具会表现出较为粗糙的特性。

三 龙山时期的区域经济以及城市化的出现

我认为中国的文明起源和城市化极有可能是从龙山时代开始的，下面讨论的假说将会把龙山时代看作一个整体。两城镇遗址应该是当时的一个大城镇，并且很可能是属于区域中的顶级聚落。尽管此项研究集中于两城镇石器的生产和使用，但同时也会关注区域经济方面的问题。

张光直曾提出过一种“经济社会相互依存”的理论，并据此认定商代的都城应该在安阳（Chang 1980:图38）。在其理论中，张光直认为匠人会紧密的聚居在商代都城的聚落区内（从北到南约200千米），其聚集区的中心则是被精英居址和墓葬环绕的宫庙。这些特征是组织严密的等级制社会的明显标志。很显然，一个非常重要的问题呈现在我们面前，那就是我们能否在龙山时代发现这种模式的雏形。我认为在两城镇聚落内能够明显看到这种模式的起源。同时，原材料资源的特性、分配与使用在理解古代村落的分布以及城市化发展方面同样十分重要。

原材料分配和交换

对于分配的研究可以更好的理解独立生产以及区域经济（Ericson 1977; Hayden 1987; Renfrew et al. 1968; Santley 1989; Torrence 1986）。对石料种类的区分可以帮助我们很好的阐释龙山时代的区域交换系统，但这不是我研究的重点，对石料来源的探索仅仅是为将来的更深入研究打下基础。交换的规模、组织以及其被精英的控制程度不同，则分配模式也将迥异（Brumfiel et al. 1987a; Sahlins 1972）。我认为某些特定的血缘家族，通过控制某些类型工具所需的原材料，来实现对于特定工具的掌控，比如具有象征意义的抛射尖状器和石钺。因此，我们建议用“准独立”来描述这种生产活动。

有很多的技术可以用来鉴定岩石的种类。包括传统的利用手标本进行物理检测以及极度准确却耗费巨大的诸如中子活化分析等方法（Odell 2003:31-41）。此次研究我们采用了多种方法进行石料鉴定，包括岩相学分析、使用电子微探针的地球化学分析以及利用手标本进行物理观测。

使用这些技术，可以有效的对两城镇遗址中常见的石器种类以及我自己从地方上采集的现代石料进行原料鉴定。经过鉴定的现代石料可以用来进行模拟实验。对于模拟制作实验与微痕分析来讲，所用石料最好与考古标本相同，这样效果才会最好。通过模拟实验，研究者可以更好的理解不同石料的各种特性。我们的研究将会为理解石料的区域性变化以及其他相关分析打下基础。

四　本项目研究的主要问题

此次对于两城镇遗址家庭经济的研究主要关注哪些家庭生产石器是为了自己使用，而哪些家庭是以交换为目的进行生产，同时这种情况的历时变化也是研究的重要内容。我们还会分析哪些是普通用品，哪些是象征性物品。同时，将使用这些资料和空间分析方法来推测生产组织的相关情况。我们首次对龙山时代这些论题进行了系统研究，并且分析了两城镇生产组织的特征以及不同种类的石器在政治和生业经济中所扮演的不同角色。此次研究还界定了家庭生产的既可以自己消费同时又可以用以交换的产品特征。

本研究之所以可以开展，是因为两城镇遗址中石器资料非常丰富，同时也发掘出了石制品废片（debris）以及房址。大多数大规模的龙山时期发掘项目均倾向于建筑遗存，尤其是对于城墙和房屋的界定。两城镇发掘项目采用了筛选所有堆积物和系统收集浮选样品的方法。这在山东地区考古发掘中是第一次，这使得我们发现了数量巨大的石器、石片以及微型石片（microdebitage）。许多非精英阶层的房址、数以千计的普通工具，以及石器加工（磨制石器）时所产生石片的位置都得到了详细记录。尽管没有非常严格的用来定义专业化的指标，但是生产效率的变化、劳动量投入的多少以及产品的标准化程度等对确定是否存在专业化都有很大帮助。同时我们也在考虑，相互竞争情况下的生产活动如何导致器物“风格”发生明显的变化（Feinman et al. 1984）。在特定情况下，为使石器更具有吸引力（例如对其进行抛光处理）而对其进行的修整可以作为石器专业化的标识，这比通过分析生产效率的变化以及标准化程度更为可靠。

此项研究的部分内容是像古代匠人一样使用同样的石料对两城镇遗址所出的典型石器进行复原。这些复制品接下来会用在许多与龙山时代相类似的使用活动中，经过这样的设计，模拟实验工具上的微痕与抛光形态才可以有效的与考古标本进行比对。

我们研究的石器及石片是从1999～2001年度的广大发掘区域内所获得，其出土背景包括储藏区域、生产区域以及房址内。此外，本次研究的材料还包括土样中发现的各种石制品碎屑。对手工业生产废料的分析可以为我们提供生产活动特性的相关信息，同时也可以了解石器的详细加工程序，并将会提供明确的玉石加工中劳动强度的资料。由于资料的丰富，所以历时性分析也是较为可行的方法。这类资料可以用来研究哪些物品是用来作为精英阶层象征财富的物品，同时也可以评估生产者和消费者关系的历时性变化。

此次研究的资料包括两城镇遗址所出的4466件石器和石片，这些遗存大约跨越了龙山中期（公元前2300～前2000年）300年的时间，在这个时间段中我们预计可以观察到社会政治和经济的变化。通过石器分析的视角，可以理解中国文明初始阶段的一些社会变化。为更好的理解这些变化，此次研究主要集中于以下几个方面：

一，遗物类型学分析（第二节）。

二，石料鉴定及分析（第三节）。

三，主要工具类型的复制和模拟使用实验（第四节）。

四，工具的生产工艺及功能分析：使用高倍和低倍法观察遗址中石器边缘的微痕（第五节）。

五，生产工艺：微型石片的识别及量化分析（第六节）。

六，石器分布模式的历时变化及空间分析（第七节）。

采用上述分析方法是为了要回答以下问题：

第一，石器是如何使用的？（第五节）

第二，石器是在哪里制作以及它们是使用哪种石料制作的？（第三、七节）

第三，当时的生产组织是什么样子？（第七节）

通过考察石器工艺和功能的历时性变化，我们可以对工具的使用以及生产工艺方面做一些推断，特别是手工业专业化方面，同时我们也可以由此对区域经济进行一些分析。

五　研究简史以及两城镇遗址年代序列

（一）研究简史

两城镇遗址以前有很长的调查历史（栾 1996:222）并发现了很多石器，其中还包括不少玉器。多年来这些发现陆续刊登在各类出版物中（刘 1958a; 日照市图书馆等 1986; 刘 1988; 山东省文物管理处 1955; 山东省文物管理处 1960; 高 2000; 刘 1972; 巫 1979; 南京博物院 1985）。关玉琳（Bennett 2002）的学位论文使用了1999年发掘以及历年区域系统调查所获得的石器资料。我们的此项研究则使用了两城镇遗址1998～2001年全部的发掘资料。

关玉琳（Bennett 2002）先前已经发表了两城镇1999年发掘的一小部分石器资料。她的学位论文同样是以1999年发掘和历年区域系统调查发现的部分工具作为基础资料。关玉琳对两城镇地区多个遗址所发现的石器进行了形态学（包括插图）描述和分析。她的论文是非常有价值的，因为其描述了很多尚未正式报道的石器。但不幸的是，当她论文完成时，两城镇的地层学分析尚在继续之中。关玉琳论文所用基础资料的一部分是我帮助分析的，然而，又经过几年的研究，我感觉有必要对1999年发掘所获的工具重新进行分析。原来被关玉琳、我以及 Linus Enriquez（耶鲁大学研究生）确定了的很多石器现在又重新进行了分析，有些还发生了较大的变化。2005年，在栾丰实、于海广、文德安和方辉的帮助下，我将1999年发掘获得的858件石器中的200件归到了遗址随后（1999年之后）发掘的地层之中。

另外，关玉琳还利用我早期初步的地质调查工作作为她岩石类型鉴定的基础，而这些年我又对这些资料进行了修订。她文中引用了我1999年初步的地质资料（Bennett 2002），但这些资料还不是十分成熟和完善。此外这些年，我又收集了更多的石料标本，并且还对考古标本进行了切片分析。

（二）地层学和年代学

在第一发掘区，龙山时期地层可分为两大时期。每个时期又可细分为4个小时期（栾等 2004）。这样第一发掘区内总计可以区分为八个龙山层位。这些地层大概跨越龙山文化300年的时间（公元前2300～前2000年）。这八个时期组成了遗址第一发掘区内主要的龙山地层，并且遗址内房址的建造时代主要也都在此范围内。第一发掘区内发现了许多灰坑、墓葬以及超过40座房子和活动面。陶器分析以及碳十四测年数据都表明文化层跨越了大概300年的时间，这段时间被认为属于龙山中期（公元前2300～前2000年）（栾 1997）。碳十四数据显示发掘区内龙山时期遗存可以延续到公元前1900年（Crawford et al. 2005）。本文时间界定主要是以未公布的陶器类型学、碳十四年代以及地层学为基础。分析遗址或房址的层位顺序并不是本项研究的写作意图，但如此却可以解释石器和遗址主要层位之间的关系。在和遗址发掘者协商并考虑遗址跨越了一个相对短期的时间后，我们确定了在石器分析时应该采用四期的分期办法，这样也可以大体与遗址中的四期房址相对应。表13-1中描述了地层、房址和主要石器期别的对应关系。[1]

表13-1 石器期别、地层以及房址的关系表

遗迹 分期	相关房址	遗址地层	大致年（BC）
1	F39、F45、F50、F65	①	2300～2225
2	F38、F40、F41、F43、F44、F49、F53、F60、F61、F62、F63、F64	②、③、④	2225～2150
3	F54、F57、F59	⑤	2150～2075
4	F20、F21、F32、F33、F36、F37、F42、F55、F56、F58、F34/35（1个房子）	⑥、⑦、⑧	2075～2000

第二节 两城镇遗址石器组合

一 概况

这一节将介绍两城镇出土的一系列石器。对石器形态的各种参数进行描述，并在类型学分析的基础上，对不同类型石器的发展演变探讨。这些石器将会和其他龙山遗址出土的石器进行比较，比如尹家城（山东大学历史系考古专业教研室 1990）、三里河（中国社会科学院考古研究所 1988）、东海峪（山东省博物馆等 1976）、尧王城（临沂地区文物管理委员会 1985）以及丹土（刘 1958b），此外也会与两城镇遗址早年发现的石器相比较（Bennett 2002; 山东省文物管理处1955; 1960; 高 2000; 日照市图书馆等 1986; 刘 1958a; 刘 1972; 刘 1988; 栾 1997）。我使用了中国考古学家常用的类型学方法来对两城镇遗址所出的石器进行分析。并试图同佟柱臣（佟 1998）的相关研究以及其他龙山遗址（比如尹家城）报告所描述的石器类型做比对。然而，本节中描述的一些石器类型在龙山文化中非常少见，还有部分石器则是首次发现。这些工具类型包括大量打制石器、微型石片、用来进行抛光作业的石器以及一些用于钻孔和锯切的工具。这些遗物之所以被发现，是因为我们在发掘中采取了系统筛选以及浮选的方法。更多的分析细节可以参阅我的博士论文（Cunnar 2007）。

灰坑、房子和活动面等遗迹中共发现了大约4600件石器。这其中，第一发掘区和第二、三发掘区中发现了2404件石器（包括石片）及1600件微型石片。此外，1998～2001年在遗址周边发掘的一系列探沟中也发现了500件石器和32件微型石片。这些大型探沟的发掘主要是为了确定环壕的特征以及寻找城墙。尽管这些探沟是严格按照地层学发掘的，但是我们很难将这些探沟内的地层和第一发掘区相对应，遗址面积太大以及探沟和第一发掘区之间巨大的距离是主要的障碍。第一发掘区内所有的土样都使用了孔径至少1/4英寸的筛子筛选，但是大型探沟内的土样却没有筛选。第一发掘区收集的石器中大约75%是筛选所得（不包括微型石片）。

[1] 本节沿用了科杰夫（Geoffrey Cunnar）2007年博士论文所用的分期，其中个别灰坑和墓葬与本报告的最新分期有所不同，但其结论并不受影响，故未做调整。

二　打制石器概述

数量众多打制石器的发现是我们土样全部筛选以及所有石制品全部收集策略的结果。如果微型石片不计入的话，打制石器大概占全部石器组合的12%。若是微型石片（通常是来自磨制和打制所剥落）也计算入内的话，打制石器在全部石器组合中所占比例会达到难以置信的73%。这巨大的数量表明在龙山时期，先民在日常生活中使用了大量的“可用石片”（utilized flakes）以及权宜性砍砸器。遗憾的是，在其他龙山遗址中并没有公布这类工具的资料。打制石器在野外发掘中非常难以辨认，尤其是发掘者主要目的是在寻找磨制和抛光石器的时候。许多这样的石器只有在清洗后或经过实验室鉴定才可最终确认。

当人们尝试去重建石器整个生产过程并理解石器组合的特性时，这类石器就显得尤为重要。发现的232件大型石片、4个石核、54个石锤以及209件毛坯（preform），代表了工具生产的初始阶段，其中的石片主要是通过筛选所得。权宜性工具则以18件“可用石片”、33件砾石砍砸器、1件双面砍砸器以及1件砾石石刀为代表。11件压剥法所制抛射尖状器以及1件打制石刀则代表了标准的打制石器。

磨制石器的生产基本包括打制、琢制、磨制和抛光四个环节。由于发现了大量毛坯、石片以及微型石片，因此石器生产的全过程（操作链）我们都可以进行研究（Leroi-Gourhan 1993; Schlanger 1994; Sellet 1993）。

三　石器组合

除少数情况外，我对石器进行分类时还主要是按照由形态学推测的用途进行。由于按照形态而推测出的工具用途在很多情况下是不可靠的，因此本次研究也选取部分标本进行了微痕分析，从而使对工具的功能判定更为可信。然而，把工具按照其假定功能进行分类也是有其作用的，因为这样可以帮助我们认识不同工具如何反映特定行为方式，并且也可以便于我们探讨遗址的生计方式是如何发生历时性变化的。遗址中石器组合如下：

（1）与木作加工相关的工具：石斧，石锛，石斧和石锛断块，凿和小凿。

（2）与种植和收割相关的工具：石铲，石刀，石镰，石刀和石镰断块。

（3）与狩猎或者战争相关的工具：石钺，抛射尖状器（石镞和石矛）。

（4）与食物制备和加工相关的工具：石磨棒和石杵。

（5）与皮革加工相关的工具：石拍。

（6）用于切割、刮削及砍砸的权宜性工具：砾石石刀、“可用石片”、砾石砍砸器和打制石刀。

（7）与石器加工相关的石制品：素材（blank），毛坯，磨石，石锤，穿孔工具/废料，石锯，石核，石片和微型石片。

（8）与陶器或石器生产相关的工具：磨光陶器所用的工具和对石器进行抛光的工具。

（9）与个人装饰相关的工具：饰品。

（10）其他工具：有槽磨石，石质调色板，石纺轮，不确定的完整工具，不确定的小石器断块，陶质及骨质抛射尖状器。

在下文中，我们主要通过典型标本的形态对石器进行界定。文中的刃角都是指生产时的角度而不是使用后的。在接下来的部分中，我们将对上述主要工具的形态进行描述。

（一）第一组：假定的木作加工工具

这些工具包括石斧、石锛、石锛或石凿的近端断块、大型凿和小凿。我的微痕研究已经证明这些工具并不是仅仅用来加工木器的（Cunnar 2007）。但通常来说，它们的用途是被经常和木作加工相联系。

1．石斧

总计39件，第一发掘区22件，探沟17件，11件近完整（表13－2；图13－1～3）。

第一发掘区内的石斧主要出于发现了大量房址的第4阶段。探沟内的石斧主要发现于环壕建造之后的T3、T4阶段。

表13－2　石斧分期表

分期 / 比例 / 类型	第一发掘区分期					探沟分期			总计
	不明（n=12）	1（n=2）	2（n=1）	3（n=2）	4（n=9）	T2（n=3）	T3（n=9）	T4（n=1）	
不明（n=2）	0.00%	0.00%	0.00%	0.00%	0.00%	0.00%	5.13%	0.00%	5.13%
A1（n=12）	12.82%	0.00%	0.00%	5.13%	5.13%	2.56%	5.13%	0.00%	30.77%
A2（n=2）	2.56%	0.00%	0.00%	0.00%	2.56%	0.00%	0.00%	0.00%	5.13%
B1（n=15）	15.38%	2.56%	0.00%	0.00%	5.13%	2.56%	10.26%	2.56%	38.46%
B2（n=1）	0.00%	2.56%	0.00%	0.00%	0.00%	0.00%	0.00%	0.00%	2.56%
C1（n=3）	0.00%	0.00%	0.00%	0.00%	7.69%	0.00%	0.00%	0.00%	7.69%
C2（n=4）	0.00%	0.00%	2.56%	0.00%	2.56%	2.56%	2.56%	0.00%	10.26%
总计（n=39）	30.77%	5.13%	2.56%	5.13%	23.08%	7.69%	23.08%	2.56%	100.00%

各类石斧的原材料主要是来自坚硬的火成岩，包括流纹岩（23%）、角闪闪长岩（20.5%）以及角闪英安岩/流纹英安岩（18%）。56%的石斧是由绿色的角闪岩和流纹岩为原材料。此外，令人较为吃惊的是，还发现了少量使用软质石料制作的石斧，这些软质石料制作的石斧可能是在一些特定的任务中使用，这些任务可能并不要求石器的硬度和耐用性。这些任务可能包括宰杀动物、战争、加工兽皮或者当做象征或礼仪性物品使用。基于形态学研究，两城镇的石斧可以分为三种主要类型（表13－3；图13－1～3）。

A型

这类石斧平面形态呈扁平梯形，并且可以再细分为顶端近圆的A1型和顶端近扁平的A2型。其均为双面刃。横断面为椭圆形或近圆形；这类石斧均经过琢制和磨制而成。其中6件经过了较好的抛光，但并不是通体磨光，因此其极有可能是使用所形成，而并不是加工时特意磨光所致。

A2型石斧的纵剖面以及刃部形态显示出这类石斧实际上可能是石锛（图13-2）。其背端的所谓刃部只不过是背面的延伸（和木头接触的一面）。而它正面一端的刃部则非常明显。

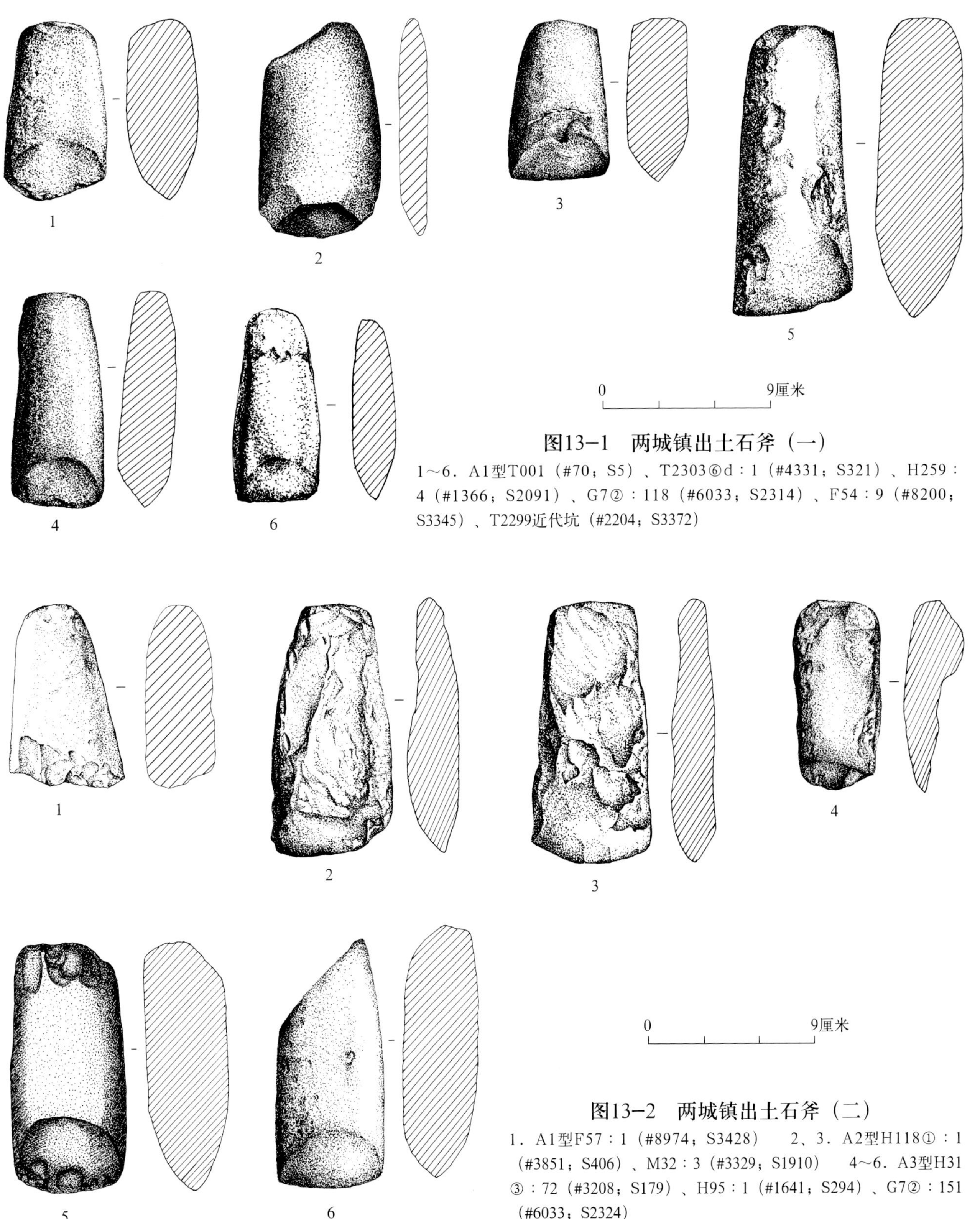

图13-1　两城镇出土石斧（一）

1～6. A1型T001（#70；S5）、T2303⑥d：1（#4331；S321）、H259：4（#1366；S2091）、G7②：118（#6033；S2314）、F54：9（#8200；S3345）、T2299近代坑（#2204；S3372）

图13-2　两城镇出土石斧（二）

1. A1型F57：1（#8974；S3428）　2、3. A2型H118①：1（#3851；S406）、M32：3（#3329；S1910）　4～6. A3型H31③：72（#3208；S179）、H95：1（#1641；S294）、G7②：151（#6033；S2324）

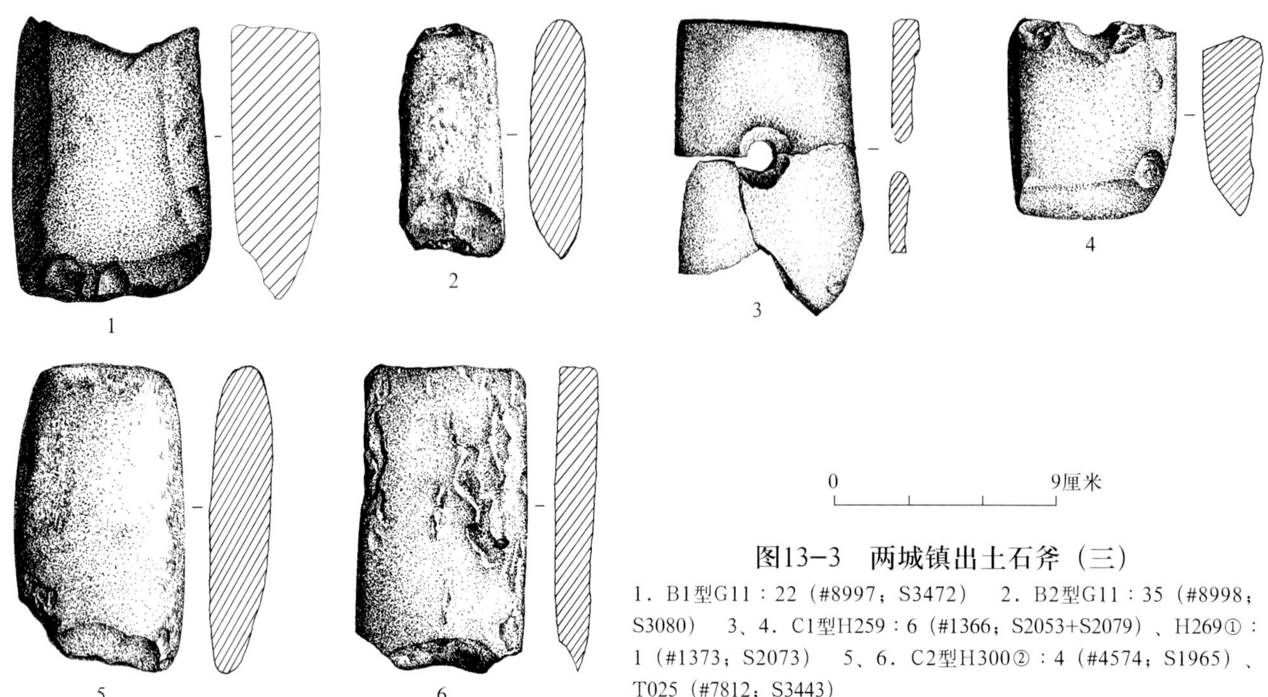

图13-3 两城镇出土石斧（三）

1．B1型G11：22（#8997；S3472） 2．B2型G11：35（#8998；S3080） 3、4．C1型H259：6（#1366；S2053+S2079）、H269①：1（#1373；S2073） 5、6．C2型H300②：4（#4574；S1965）、T025（#7812；S3443）

表13-3 各类型完整石斧的平均尺寸表

类型	长（厘米）	宽（厘米）	厚（厘米）	刃角（度）	重量（克）
A1（n=4）	11.3	5.3	3.7	90.3	406
A2（n=2）	13.1	6.3	2.6	84	373
B1（n=3）	11.8	5.5	3.8	83	444
B2（n=1）	9.2	4.5	2.2	79	169
C2（n=2）	11.3	6.8	2.1	79	305

B型

这类石斧平面形态呈长方形，其横断面是椭圆形或近椭圆形。B1型石斧顶端为扁平状，B2型石斧顶端则近圆形。尽管数件石斧的表面是高度磨光的，其制作方式仍然是以琢制和磨制为主，仅有极个别的标本经过了轻微抛光。

C型

这类石斧呈扁平的长方形，其横断面为近长方的扁椭圆形。C1型石斧均有穿孔。除一件之外，其余都经过很好的磨制和抛光。器身有两面钻孔且磨制精良。其中有两件石斧的穿孔是通过琢制与管穿完成的，仅有一件是只采用管穿完成。张光直（Chang 1986: 图132）将大汶口遗址出土的这类穿孔石斧解释为“石锄”。

石斧的相关讨论

石斧的一般生产顺序是打制、琢制、磨制和最后的抛光（有意识的或者是因为磨损造成）。穿孔很可能是在磨制之后，抛光（有意识的或者是因为磨损造成）以前完成。磨制过程经常会抹去大多数打制和琢制的痕迹，除非工具不是通体磨光。还有一种情况是，工具完成之后又通过打制或琢制对其进行再修整，这样的修整痕迹也会保留在石器表面，而这些修整痕迹是为了便于装柄。此外，当工具工作效率降低时，也会对其进行修整以使其可以再利用，这样的修整痕迹也会留在石器表面。因此，在石斧上也往往能看到一些打制或琢制的证据，特别是在侧边上更为常见。而其正面、背面以及刃部由于磨制原因常常使打制或琢制的痕迹不容易被观察到。

对石斧表面抛光痕迹的判定具有一定主观性。为了使判定更为客观，我进行了大量石斧抛光模拟实验，并以此来判定考古标本上是否进行了有意识的抛光，抑或仅仅是简单的磨制。让人吃惊的是，大多数石斧经过了很好的抛光（66.7%）。然而，抛光却很少是通体实施。并且，我们还认为，两城镇的石斧抛光是在工具加工时有意识形成的而并不是后来使用时所造成。

石斧的刃角非常接近直角。这说明它们被制作时，充分考虑了耐用性。模拟实验（第四节）表明，这样的角度可以较好的适应石斧砍砸中硬性物质，比如木头及骨头。

两城镇的石斧都是正锋，即石斧正反两面，从其刃缘至刃角边界的距离几乎是相等的。这是用来区分石斧和石锛的方法之一。此外，装柄方式也是区分石斧与石锛的一种常用方法（Steensburg 1986）。据此我们推测，两城镇遗址中的A2型石斧可能被用作石锛。

石斧通常被认为是用来砍伐树木的。然而民族学研究表明，新几内亚的达尼族（Dani）（仅有的几个仍在制作和使用石器工具的部族之一）则更喜欢使用石锛来砍伐树木（Hampton 1999:59）。

我们在10件石斧观察到了为装柄而进行的有意识修整痕迹。这种修整主要是通过打制或琢制来调整石斧顶端的尺寸以使其适合装柄。通过模拟实验我们认识到，采用琢制或打制方式修整石斧顶端尺寸比调整柄孔的大小更为容易。微痕研究也提供了石斧装柄方面的一些证据（第五节）。

与两城镇相似的石斧类型在丹土遗址（刘 1958b）和该地区的其他遗址（山东省文物管理处 1955）中也有发现。尹家城、三里河、呈子也都发现过相似的石斧类型（中国社会科学院考古研究所 1988; 山东大学历史系考古专业教研室 1990; 昌潍地区文物管理组等 1980）。A1型、B2型以及C1型石斧在尹家城遗址的报告中也被提及（山东大学历史系考古专业教研室 1990: 图51）。A1和B型石斧在尧王城遗址中也有出土（临沂地区文物管理委员会 1985:图12）。B1型石斧在东海峪遗址中也有发现（临沂地区文物管理委员会 1985:图17）。此外，孙家沟遗址也发现过类似B1型和B2型的石斧（临沂地区文物管理委员会 1985: 图18）。

依据佟柱臣的研究（佟 1998:553-594），山东东部的龙山文化时期，包括三种形态的石斧：1）一般是大梯形状、横断面呈椭圆形（两城镇遗址的类型A 和 B）、正锋、弧刃或直刃；2）扁平的梯形石斧（两城镇遗址中的类型C）、近长方的扁椭圆形横断面（有或者无穿孔），正锋、弧刃或直刃；3）“战斧”（在打猎和/或战争工具的节中详细描述）。有椭圆形横断面的大梯形石斧在整个新石器时代都非常普遍。扁平梯形石斧在大汶口时期才逐渐流行（Chang 1986; 吴 1983:166）。扁平梯形石斧为何在新石器时代晚期才出现，其原因目前还不十分明确。我们推测，由于这类石斧具有易破损性，所以这类石斧的出现也许表明，当时个体家庭可能已并不需要大量从事与砍伐树木相关的活动。扁平石斧可能是一种多用途工具，比如劳动力度较小的木作加工、屠宰、其他的家庭任务或者战争。在第一发掘区中，大多数的石斧是从第四期出土的，此时期同时也发现了大量房址，由柱洞分布我们可知，这些房子基本呈长方形。在遗址晚期石斧的大量出现，可能暗示了石斧与建造房屋之间的密切关系。

2．石锛

总计87件，59件出自第一发掘区，28件出自探沟，57件近完整。我们将使用时面对使用者的一面称为背面，另一面则为正面。其顶端为近端，刃部为远端（图13–4～6）。

第一发掘区内的石锛主要出于第4阶段。探沟内的石锛主要发现于环壕建造之后的时期（表13–4）。

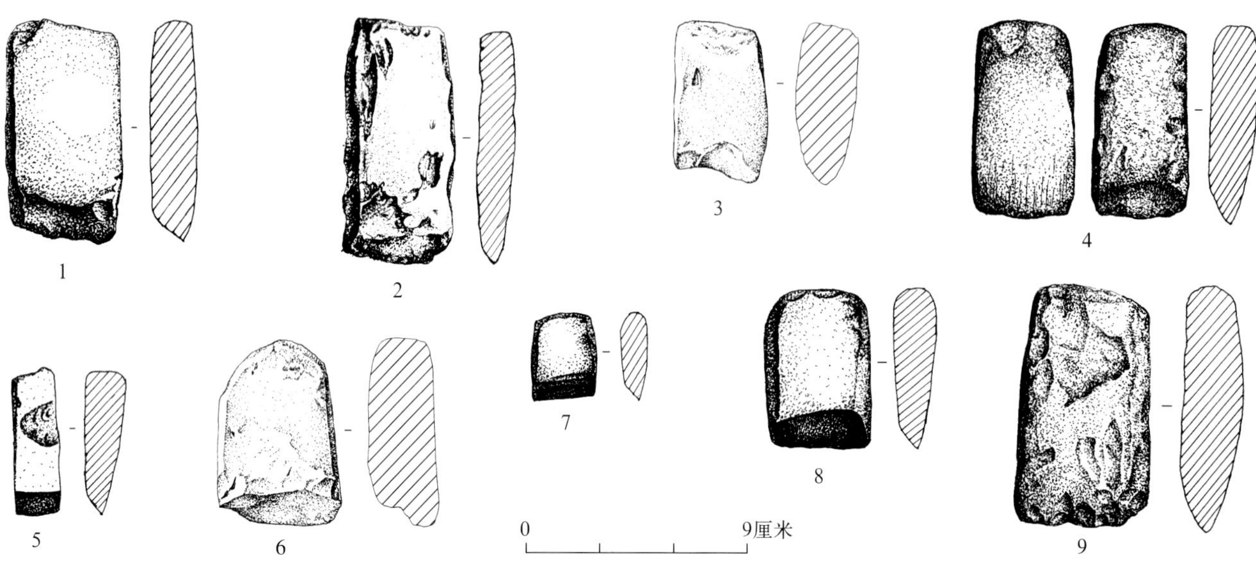

图13–4　两城镇出土石锛（一）

1～5．A1型H298②：3（#757；S1699）、G10①：64（#6303；S2683）、F54：47（#8213；S3142）、H401③：23（#8771；S3261）、H334：1（#8911；S3424）　6～9．A2型F42：1（#5759；S1760）、T2400⑥d：5（#3357；S1912）、T2445⑥b：3（#1351；S2083）、T2450⑥c：12（#1126；S2260）

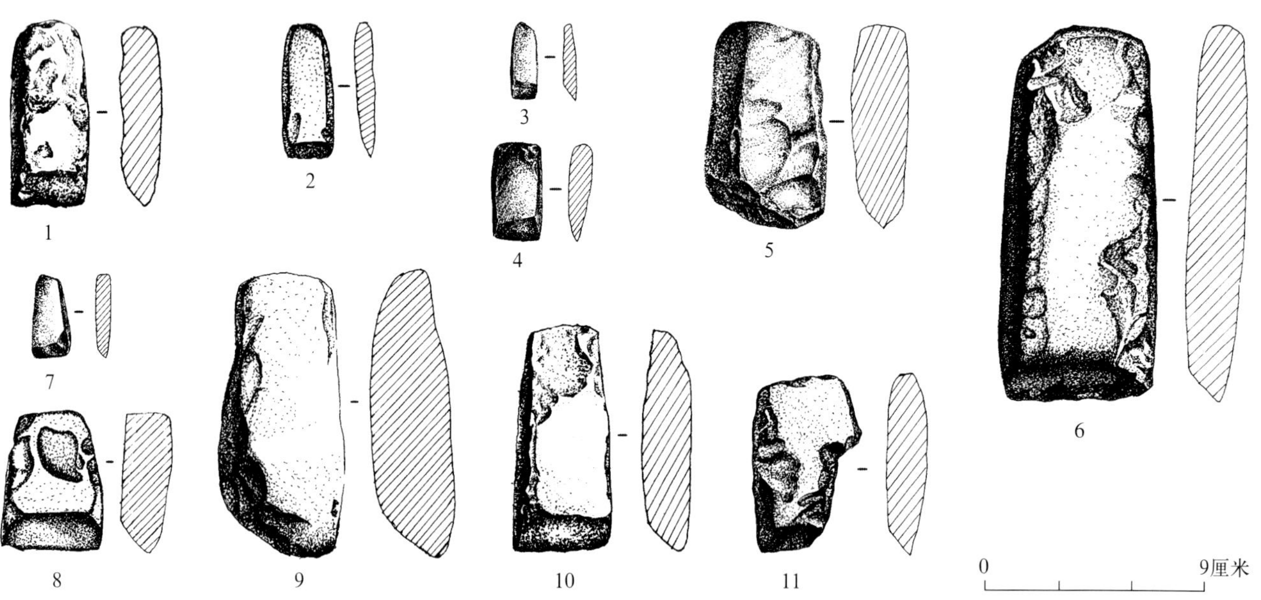

图13–5　两城镇出土石锛（二）

1～5．A2型T007（#6041；S2395）、H345②：1（#8619；S3233）、F54：19（#8723；S3257）、T2346⑦a：30（#8060；S3321）、T2300⑦d：17（#8991；S3421）　6～11．B型H101①：18（#5725；S1762）、F35：2（#5828；S1843）、H215①：5（#3327；S1913）、F39：5（#5658；S2011）、F39：15（#5659；S2024）、T2445⑥b：5（#1351；S2064）

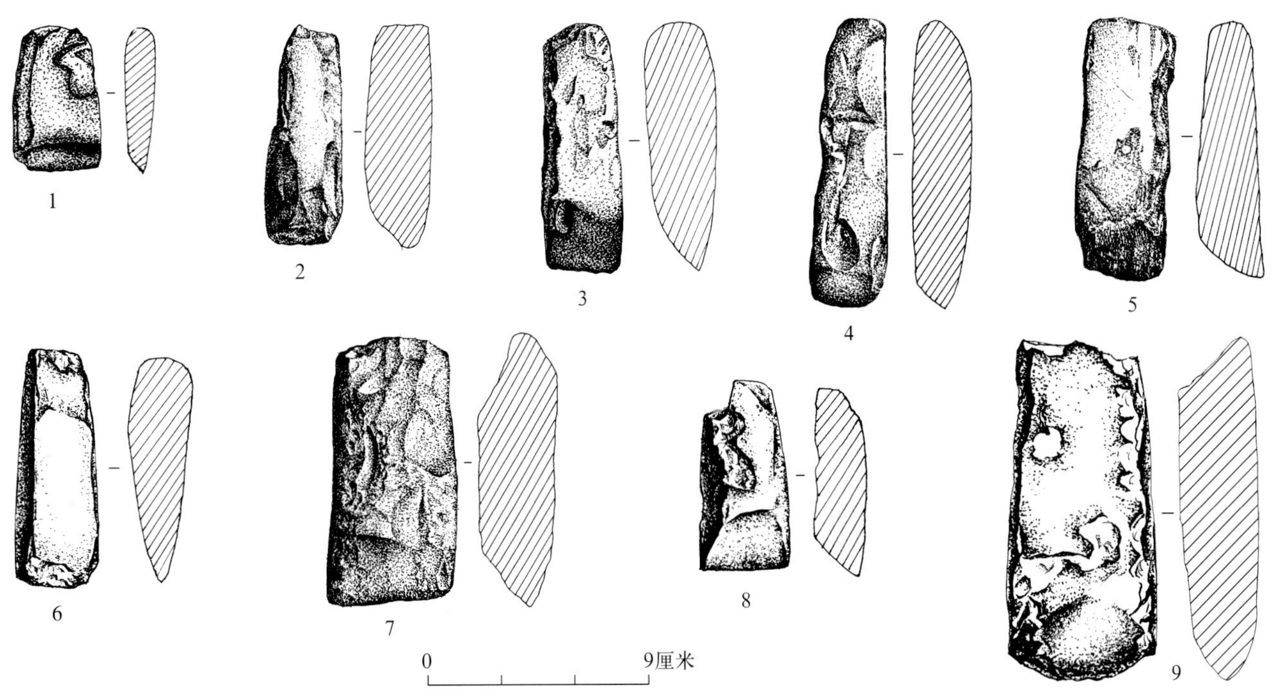

图13-6　两城镇出土石锛（三）

1. B型T2300⑦d：8（#8971；S3416）　2～5. C1型H284②：1（#5749；S1786）、H206②：6（#1118；S2257）、H416③：4（#8683；S3224）、H416③：4（#8683；S3240）　6. C2型M20（#4006；S145）　7～8. D型T2400⑦c：12（#3386；S1899）、T024（#7950；S3438）　9. E型T024（#7942；S3436）

表13-4　石锛分期表

比例 分期 类型	第一发掘区分期					探沟分期			总计
	不明（n=30）	1（n=5）	2（n=5）	3（n=2）	4（n=27）	T2（n=6）	T3（n=6）	T4（n=5）	
不明（n=13）	6.90%	0.00%	0.00%	0.00%	4.60%	1.15%	1.15%	1.15%	14.94%
A1（n=15）	3.45%	1.15%	1.15%	1.15%	4.60%	2.30%	1.15%	2.30%	17.24%
A2（n=18）	5.75%	0.00%	0.00%	1.15%	9.20%	1.15%	2.30%	0.00%	20.69%
B（n=18）	6.90%	2.30%	1.15%	0.00%	5.75%	1.15%	1.15%	2.30%	20.69%
C1（n=16）	6.90%	2.30%	3.45%	0.00%	4.60%	0.00%	1.15%	0.00%	18.39%
C2（n=1）	1.15%	0.00%	0.00%	0.00%	0.00%	0.00%	0.00%	0.00%	1.15%
D（n=5）	2.30%	0.00%	0.00%	0.00%	2.30%	1.15%	0.00%	0.00%	5.75%
E（n=1）	1.15%	0.00%	0.00%	0.00%	0.00%	0.00%	0.00%	0.00%	1.15%
总计（n=87）	34.48%	5.75%	5.75%	2.30%	31.03%	6.90%	6.90%	5.75%	100.00%

制作石锛多用流纹岩（88.5%）和燧石（4.6%）。流纹质熔结凝灰岩专用于制作C1、C2、D、E型石锛。根据形态，可以将石锛分为7个主要类型。完整标本的尺寸在表13-5中进行描述。

表13-5 各类型完整石锛的平均尺寸表

类型	长度（厘米）	宽度（厘米）	厚度（厘米）	刃角（度）	重量（克）
A1（n=14）	7.7	3.8	2	67	130
A2（n=15）	6.3	3.4	1.7	63	100
B（n=16）	8	4.2	1.9	70	153
C1（n=9）	10	3.1	3	76	182
C2（n=1）	9.4	3.5	2.9	63	172
D（n=3）	8.6	4.1	2.7	72	184
E（n=1）	13.4	6	3.3	78	487

A型

A型石锛曾被称为“笔锛”（*ben* adzes）（Andersson 1943; Duff 1970）。它的平面形状为长方形，整体较为宽扁，横断面为略近椭圆的长方形。全部为单面直刃。其正面从腹部向刃端呈缓弧状倾斜。A1型石锛顶端呈方形，而A2型顶端则略圆。

B型

这类石锛与A型相似，但它的侧边从近端到远端逐渐扩大，而致其平面形态略呈梯形。纵断面近长方形，除一件外均呈现顶端变小迹象。有13件顶端为方形，4件为圆形，7件直刃，4件略为弧刃。

C型

这类石锛总体狭长且平面和横断面均呈长方形，其纵剖面为长方形或近似长方形。可再细分为两类。其中10件为直刃，1件为弧刃。刃部为单面刃，但有11件正面的腹部向刃端呈缓弧状倾斜。C2型石锛为两面刃，其背部也有一个很明显的刃角。

D型

这类石锛狭长，平面呈长方形，横断面呈明显的平凸状。4件石锛经过很好的磨制和抛光。1件制作较为粗糙。3件完整的石锛为直刃。

E型

标本T024（#7942；S3436），大而扁平，平面呈长方形，横断面亦为长方形。刃部为两面弧刃。顶端小部分缺失，尺寸为13（残长）×6×3厘米，重487克。

关于石锛的讨论

如果一件石器在装柄时，其刃部与柄的长轴垂直，则将这件石器可归于石锛类。几件石锛上都可观察到套装装柄（石锛顶端嵌插于柄孔之中）的痕迹。两城镇遗址没有发现明显的有段石锛。大部分的石锛（82%）都经过了磨制和抛光。既有加工时有意识所形成的抛光，也有的是在使用时所造成。石锛上几乎看不到打制所留下的痕迹，因为熔结流纹岩在打制时很容易沿裂隙劈裂。并且，近长方形的石料在附近河道中很容易找到，模拟实验显示，这样的石料很容易加工为石锛，稍加打制或琢制即可成型，有的甚至是仅仅依靠磨制也能完成制作。龙山时期，先民在制作石器时一般都会选取那种稍加打制即可成型的石料。14件流纹岩石锛出现了中到重度的风化现象，这可能是由于水份浸湿了流纹岩的软质部分使得石头分离为数层。

在其他龙山时期遗址中也有相似类型石锛的报道。在丹土附近发现了几件B型和一件疑似C1型的石锛（刘 1958b:图1）。尧王城遗址的插图中也有一件类似于A1型和C1型的石锛（临沂地区文物管理委员会 1985:图13）。在东海峪遗址也发现有很明显的A1和C1型石锛（山东省博物馆等 1976:图1）。在邻近的其他一些遗址中也发现数例形态较为接近的石锛（山东省文物管理处 1955，1960）。尹家城遗址报告中有A1、A2、B和C1型石锛（山东大学历史系考古专业教研室 1990:图52），我认为报告中所列出的石凿应该是我分类中的C1型石锛。

在两城镇，大部分石锛发现于最晚的第四阶段，但它们至迟在第三阶段就已经出现了。A2型石锛仅在最后两个阶段发现，D型石锛为第四阶段所特有。A1、A2和B型则贯穿于遗址的全部时期。石锛在第四阶段的大量出现，与此时大量房址的出现是否存在必然联系尚未可知，同样其是否反映了此时木作活动大量增加也有待于将来确认。

两城镇大部分石锛（77%）的特点是正面的腹部呈现出向刃端缓弧倾斜的趋势，且具有陡直的刃角，这些特点在图13–3～6中有很好的反映。A2型石锛最为锋利，C1型石锛也较为锋利。石锛刃角和整体形态的不同可能表明其功能有所差别。

石锛或石凿的近端断块（5件全部来自第一发掘区）。

这些石制品近端断块是来自石锛抑或石凿，其中4件来自遗址的第四阶段，另1件出自第二阶段的堆积。其中4件是流纹质熔结凝灰岩（绿色），另1件为流纹质凝灰岩（黑色）。其横断面除1件不能确定外均为长方形。4件顶端为方形。这5件全都经过了很好的磨制和抛光。

3．石凿

总计5件，全部来自于第一发掘区，有3件完整器（图13–7）。

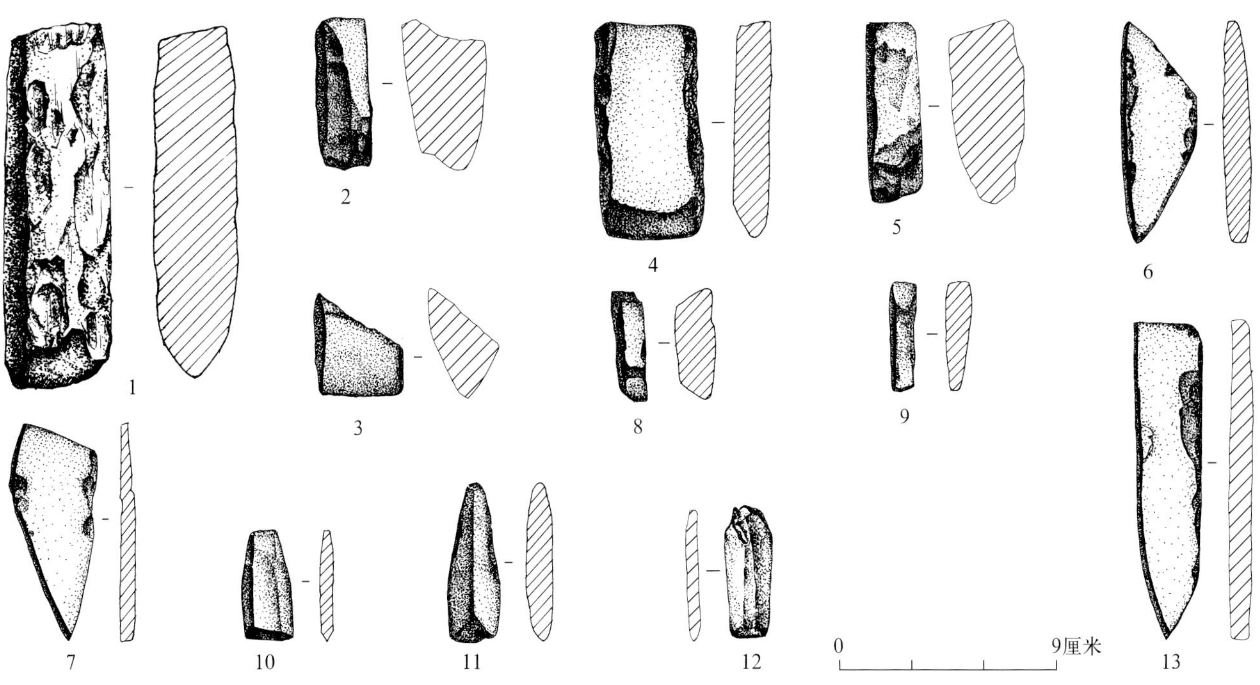

图13–7　两城镇出土石凿

1～5．A型石凿T001（#70；S13）、H222（#4433；S1728）、H278：2（#5942；S2215）、F39：14（#5659；S1999）、T2350⑥d：4（#8432；S3390）　6～9、13．A型小凿T2097⑥b：32（#1210；S162）、H291：5（#4451；S1736）、T2447⑦d：5（#4579；S1933）、T2397⑦b：9（#4452；S2023）、H401①：33（#8770；S3243）　10～12．B型小凿H56：7（#1602；S215）、H253②：8（#1367；S2060）、T2300⑥c：1（#8904；S3408）

经分析只有一种类型，它们全都是用流纹岩制作而成。其中2件为第四阶段，1件是第二阶段，另1件是来自第一阶段。石凿平均尺寸为9.8×3.7×2.6厘米，重211克。平均刃角为85°。

关于石凿的讨论

石凿与大部分石斧的区别在于它们横断面为长方形，且为直刃，平面形状也为长方形。与石锛不同的是，石凿具有几乎对称的正锋。尹家城报告中的石凿（山东大学历史系考古专业教研室 1990）只有单面刃，因此其应属于我所描述的C型石锛。

标本F39：14（#5659；S1999），并没有很好的正锋形态（图13-7）。因此其可能属于石锛。曾骐（曾 1985:69-70）认为石凿是用于加工木材的。这在新石器时代较早的遗址如河姆渡报告中也有所提及，曾骐认为石凿是做劈树的楔子使用的。劈开圆木需要一些这样的石器（浙江省文物考古研究所 2003:25）。石凿接近直角的刃部、石料的坚实程度以及明显的刃部磨耗均揭示出它们被用于加工非常坚硬的物质。

4．小凿（gouge）

共计9件，全部出自第一发掘区，7件完整器（相对于上述石凿，尺寸更小，但经分析应为凿类工具）（图13-7）。

绝大多数小凿在第二阶段和第四阶段的发掘中发现（表13-6）。5件小凿由相对较硬的流纹岩制成（55.5%），4件由更软的材料如绿泥/角闪片岩（33%）和白云母片岩（11%）制成。它们的材料与用于制作石锛和抛射尖状器的常见材料相一致，这或许说明它们可能是由完好或破损的石锛或抛射尖状器改制而成。

表13-6 小凿分期表

比例 分期 类型	第一发掘区分期			总计
	不确定（n=2）	2（n=2）	4（n=5）	
不确定（n=1）	11.11%	0.00%	0.00%	11.11%
A（n=5）	11.11%	22.22%	22.22%	55.56%
B（n=3）	0.00%	0.00%	33.33%	33.33%
总计（n=9）	22.22%	22.22%	55.56%	100.00%

根据它们的形态，小凿可以被分为两种类型（表13-7；图13-7）。

A型

4件呈矛尖状，横断面呈长方形。1件平面为三角形，纵剖面呈长方形。除一件以外均为两面刃。其中4件曾经被装柄使用。

表13-7 各类型完整小凿的平均尺寸表

类型	长（厘米）	宽 厘米）	厚（厘米）	刃角（度）	重量（克）
A型（n=5）	7	26	0.9	72	27
B型（n=3）	5.1	1.9	0.7	61	9.8

B型

这类石凿全是由抛射尖状器改制而成。平面略呈长方形。3件纵剖面呈菱形，1件呈平凸形。刃部被磨平，其中3件为两面刃。

这些小凿应该是被装柄使用或者是作为刮削工具来用。在尹家城遗址发现了1件与A型小凿相似的石器（山东大学历史系考古专业教研室 1990:图56），而在临近的尧王城或东海峪遗址中则没有发现类似的石器。此外，这个区域中其他遗址也没有类似石器的发现。

（二）第二组：假定的种植和收割工具

这类工具包括铲、刀、镰以及镰或刀的刃部断块。

1．石铲

共计139件，其中56件出自第一发掘区，83件出自探沟，18件完整器（图13－8～9）。

在第一发掘区发现的石铲主要出自第四阶段，在探沟出土的石铲主要出自环壕出现之后的T3阶段（表13－8）。绝大多数的石铲（97%）均由本地出产的流纹质熔结凝灰岩制成。

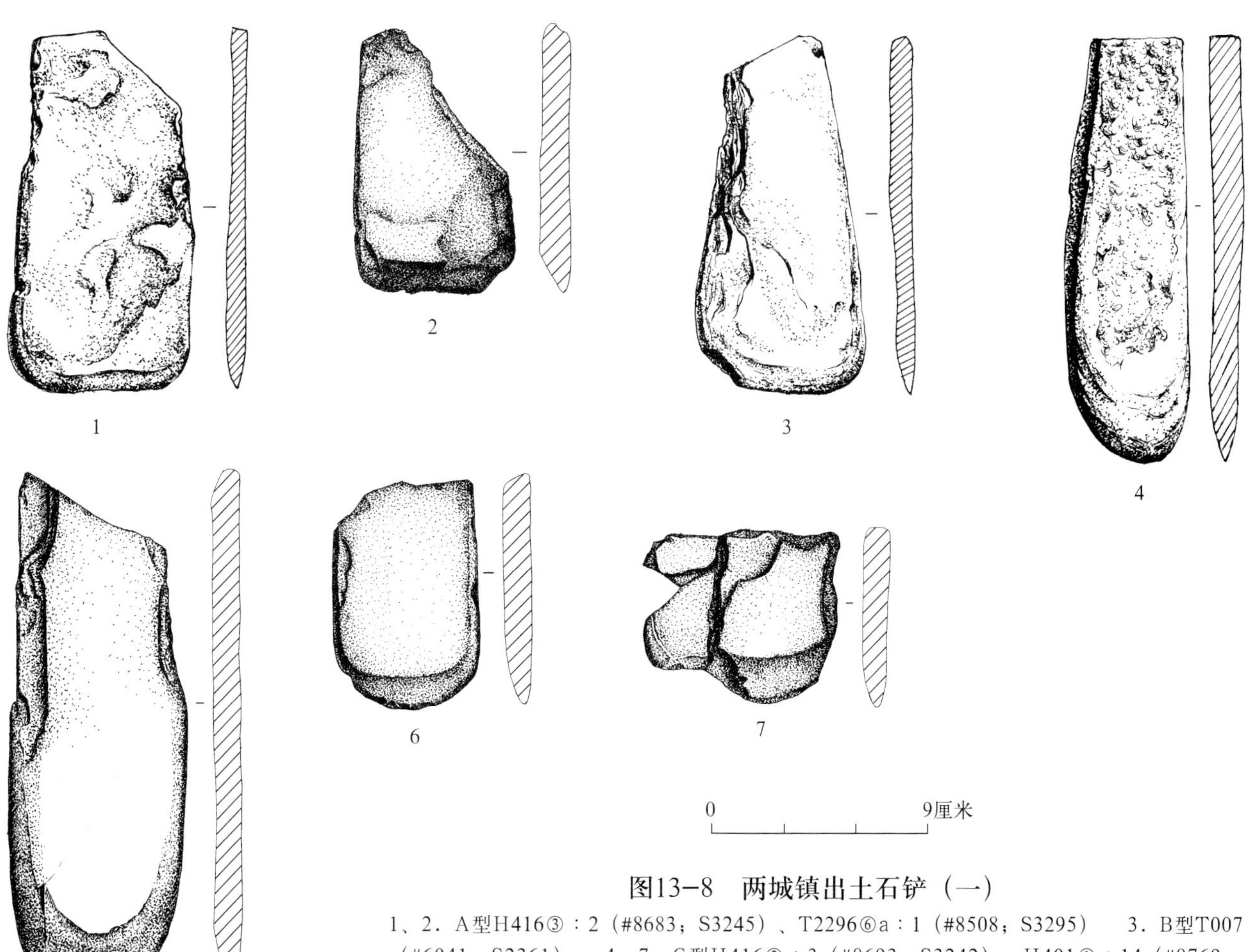

图13－8　两城镇出土石铲（一）

1、2．A型H416③：2（#8683；S3245）、T2296⑥a：1（#8508；S3295）　3．B型T007（#6041；S2361）　4～7．C型H416③：3（#8693；S3242）、H401①：14（#8769；S3268）、T2346⑦a：28（#8055；S3317）、F54：45（#8322；S3004）

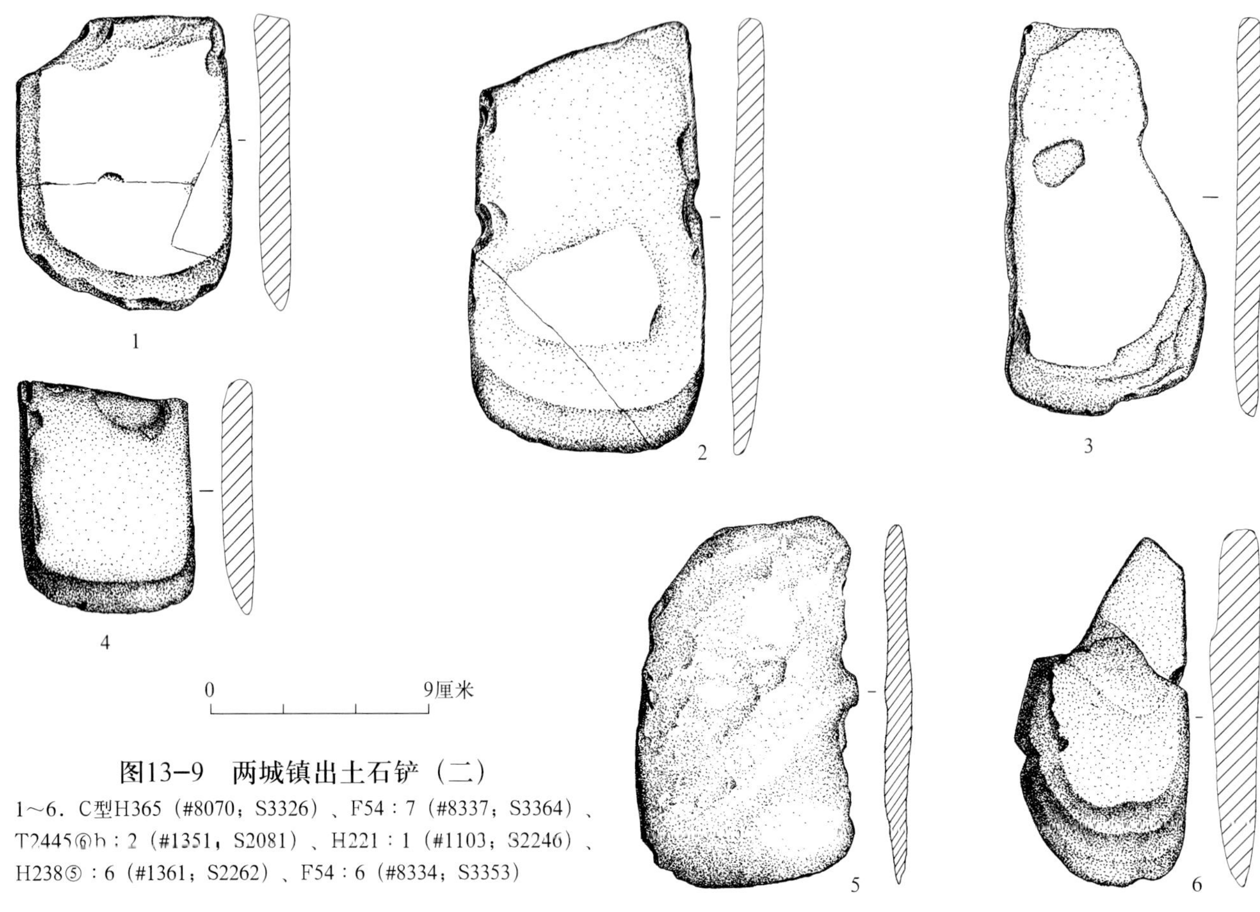

图13-9　两城镇出土石铲（二）

1～6. C型H365（#8070；S3326）、F54：7（#8337；S3364）、T2445⑥b：2（#1351；S2081）、H221：1（#1103；S2246）、H238⑤：6（#1361；S2262）、F54：6（#8334；S3353）

表13-8　石铲分期表

比例　类型 分期	0A（n=16）	0B（n=46）	A（n=13）	B（n=6）	C（n=58）	总计
第一发掘区分期						
不明（n=30）	1.44%	5.76%	3.60%	0.72%	10.07%	21.58%
1（n=1）	0.00%	0.72%	0.00%	0.00%	0.00%	0.72%
2（n=7）	0.00%	2.16%	0.72%	0.00%	2.16%	5.04%
3（n=6）	0.00%	2.16%	0.00%	0.00%	2.16%	4.32%
4（n=46）	7.19%	10.07%	2.16%	0.72%	12.95%	33.09%
探沟分期						
T1（n=1）	0.00%	0.72%	0.00%	0.00%	0.00%	0.72%
T2（n=12）	0.72%	5.04%	0.72%	0.72%	1.44%	8.63%
T2/3（n=2）	0.00%	0.72%	0.00%	0.00%	0.72%	1.44%
T3（n=28）	1.44%	5.04%	2.16%	2.16%	9.35%	20.14%
T4（n=6）	0.72%	0.72%	0.00%	0.00%	2.88%	4.32%
总计（n=139）	11.51%	33.09%	9.35%	4.32%	41.73%	100.00%

根据形态可将石铲分为三个主要类型（表13–9；图13–8、9）。

表13–9　各类型完整石铲的平均尺寸表

类型	长度（厘米）	宽度（厘米）	厚度（厘米）	刃角（度）	重量（克）
A型（n=2）	12	6.5	1	54	138
B型（n=2）	12.9	6	1	49	120
C型（n=9）	16.2	8	1.2	42	240

A型

平面呈长方形，纵剖面为扁椭圆形。大部分为直刃或是略弧，大多数（54%）为两面刃。

B型

平面略呈梯形，侧边从顶端到刃端逐渐外扩，大多为单面的弧刃。

C型

C型石铲最为常见，以“舌状”最为典型。刃多为单面刃且全为弧刃。但有15件为两面刃，一些标本正面的腹部呈现出向刃端缓弧倾斜的趋势，这可能与使用有关。纵剖面大多呈扁椭圆形或近长方形。

0A和0B型

这些可能为A型（0A）或B型（0B）的石铲断块。

关于石铲的讨论

可能由于石铲较薄且多被用来加工泥土的原因，它们中的大部分（87%）都已经破损。这些石铲大多是经磨制和抛光而成。绝大多数的石铲（85%）并没有特意对顶端进行有意识加工，一些石铲（34%）正面的腹部呈现出向刃端缓弧倾斜的趋势，这种迹象也可在部分石锛上见到。这种缓弧的迹象并不是真正的斜刃，但可从中看到石铲从顶端至刃端的曲度。大部分石铲都经过很好的抛光。一件石铲上有锯切痕迹，此痕迹较宽，底部呈U形，这些特征均表明其为片切割而成。在石铲上还可以观察到对其顶端进行的有意加工，作出类似于“肩”的形态，这应该是为了便于装柄。遗址中所出石铲的侧缘也往往可以观察到有意识的修整，也应是为了便于装柄而故意为之。但还不是真正意义上的“有肩”石铲。

在新石器时代早期，石铲制作粗糙，多为简单的打制以及粗略的磨制而成。到新石器时代晚期时，大多变得更薄，且磨制较精。从早期至晚期，其数量也逐渐增加（吴 1983:169）。典型的龙山文化时期石铲为不带穿孔的弧刃形态。有肩石铲在中国北方和南方新石器时代早期和晚期的很多遗址均有发现（Chang 1986:图52；曾 1985:67）。两城镇遗址至今未发现河姆渡遗址所出的那种有肩铲（木质）（浙江省文物考古研究所 2003:图15）。

龙山文化时期的典型石铲呈扁薄型，且主要为单面刃。它们宽扁的形态类似于现代铲。这类石铲应该是被用于挖掘和进行翻土之类的农业活动（吴 1983:166）。在丹土遗址发现了一件C型的“舌状”石铲（刘 1958b:图1），在三里河（中国社会科学院考古研究所 1988:图22-3）和呈子报告（昌潍地区文物管理组等 1980:图35）中也报道了类似的石铲。A型、B型和明显的C型石铲毛坯在尹家城报告中也有记录（山东大学历史系考古专业教研室 1990）。

与遗址早期阶段发现石铲较少相比，大量石铲出自发现了众多房址的遗址晚期阶段，这可能并不仅仅是考古发现的偶然性所致，很可能也反映了种植面积的增加以及农业更为精细化。

2．石刀

总计130件，92件出自第一发掘区，32件出自探沟。9件完整器（图13−10～13）。

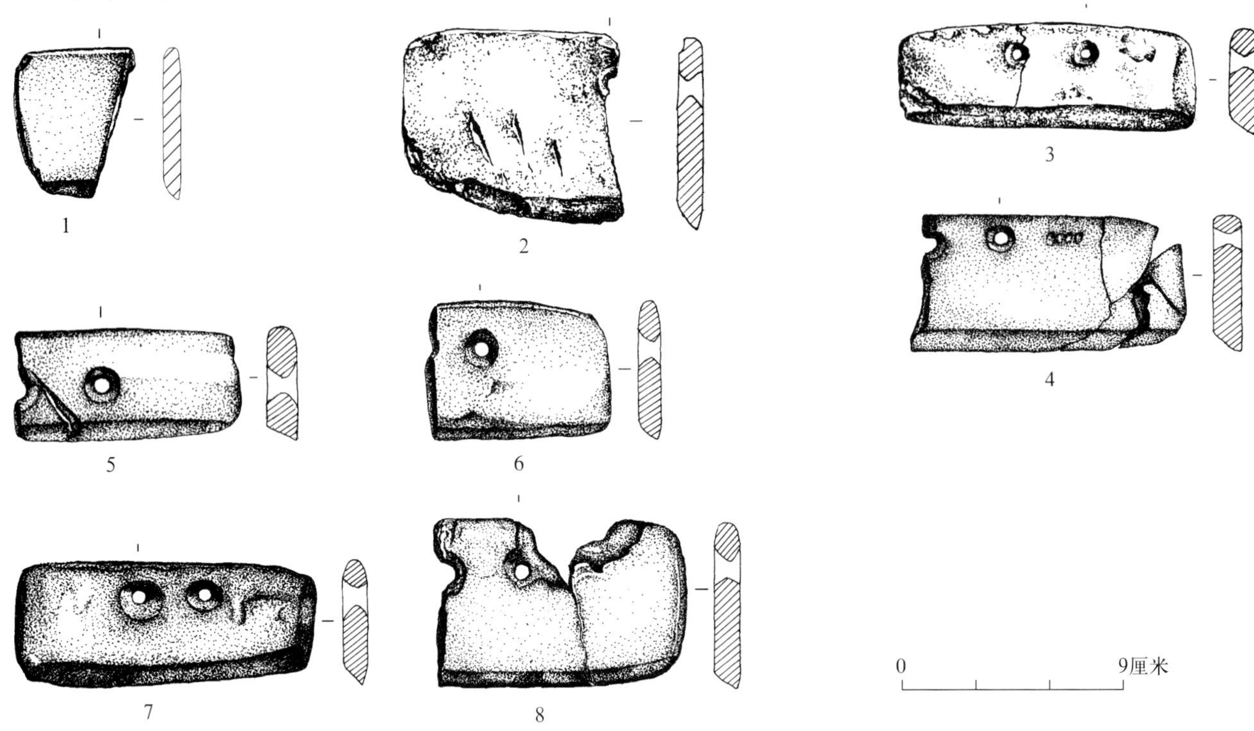

图13−10　两城镇出土石刀（一）

1、2．A1型H253②：10（#1367；S2093）、地表采集（#0；S2280）　3～8．A2型T2147⑥c：4（#1243；S316）、G11：24（#3388；S1906）、F39：7（#5664；S2028）、H259：3（#1366；S2089）、地表采集（#0；S2268）、H401①：82（#8769；S3211）

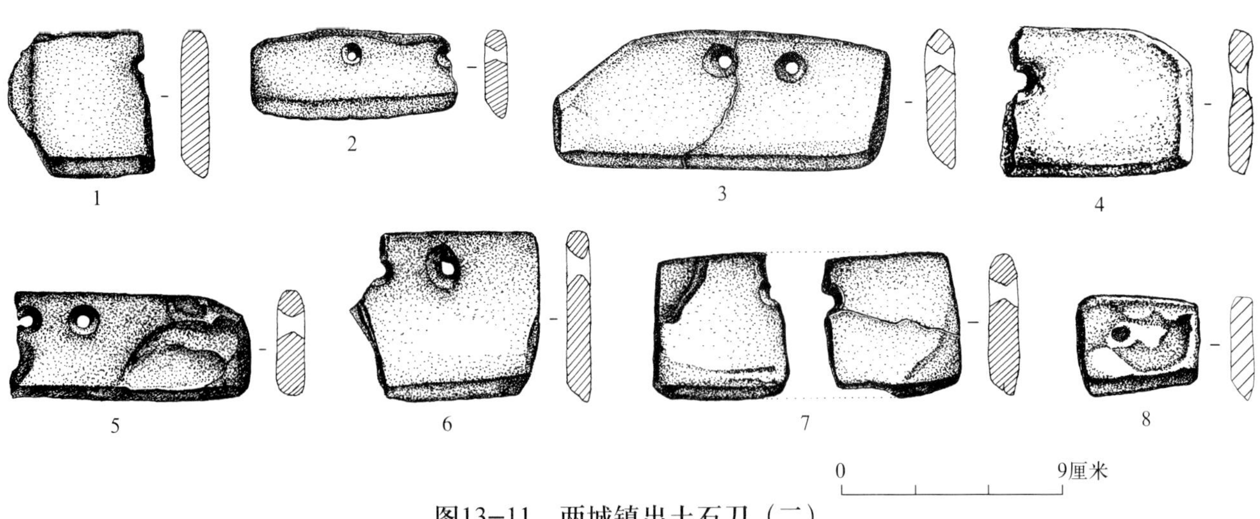

图13−11　两城镇出土石刀（二）

1、2．A2型T2296⑦b：21（#7017；S3287）、T2350⑥d：3（#8428；S3381）　3～5．A3型T2297⑦c：20（#8672；S3241）、H401④：29（#8872；S3254）、F65：14（#8145；S3335）　6～8．A4型H89②：5（#4417；S1726）、H259：10（#1366；S2072）、H259：9（#1366；S2087）

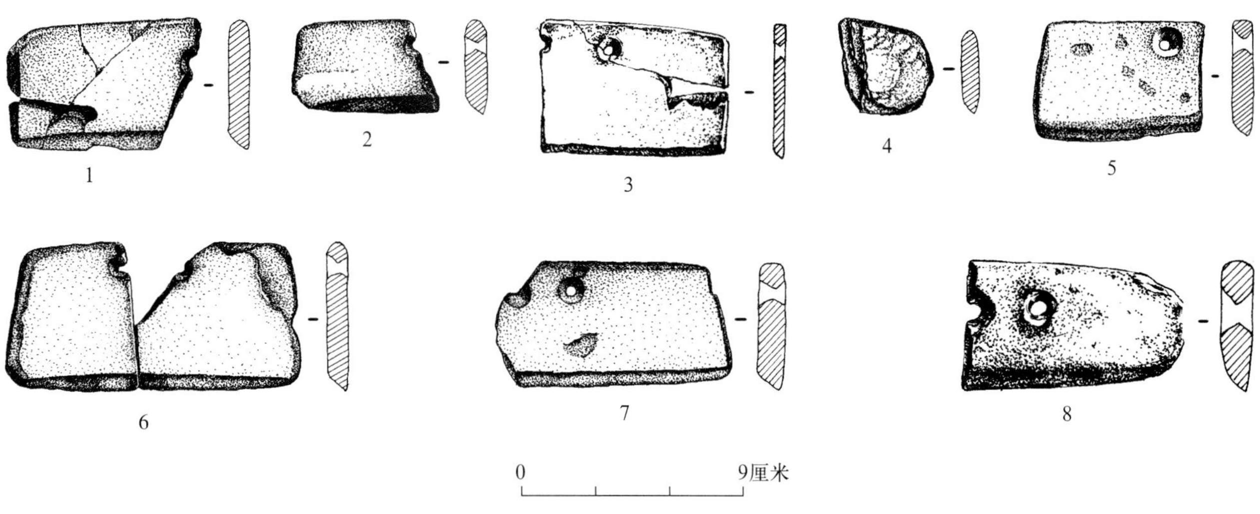

图13-12　两城镇出土石刀（三）

1～3．A4型F60：16（#8579；S3290）、H346：1（#8531；S3299）、G34②：13（#7812；S3446）　4～7．A5型T2395⑥b：4（#1052；S1664）、H298②：4（#757；S1693）、H259：2（#1366；S2069）、T2449⑦b：29（#5967；S2145）　8．A6型G11：27（#8460；S3392）

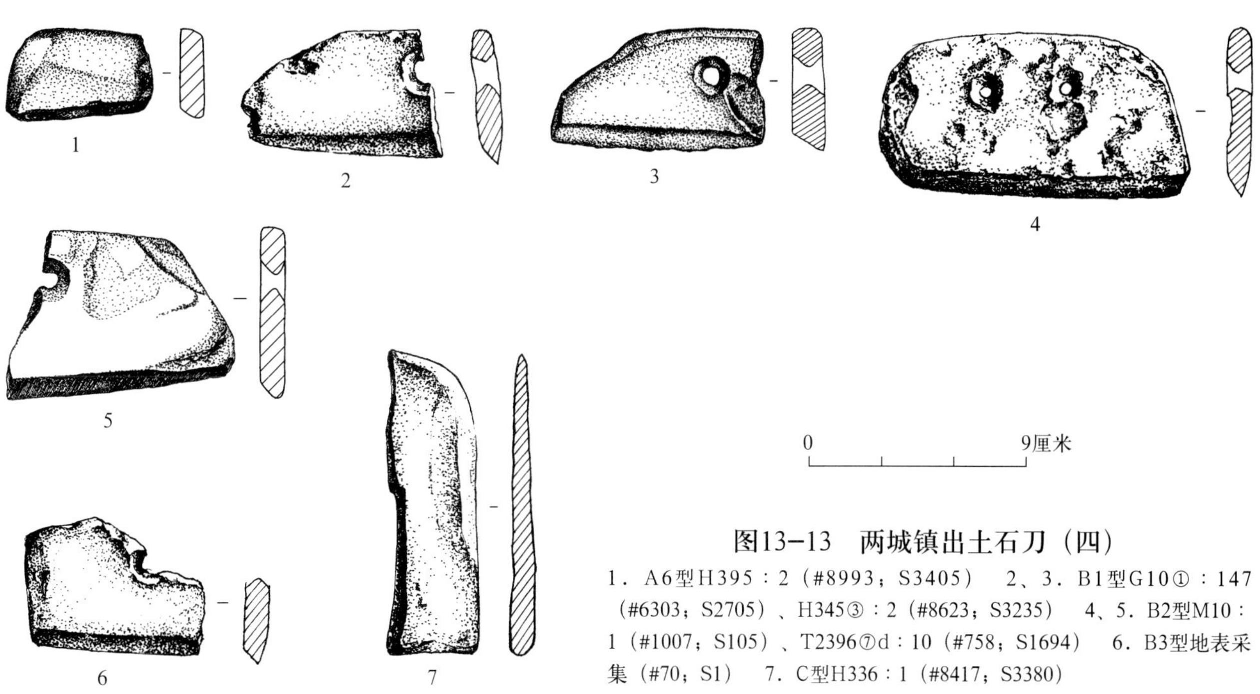

图13-13　两城镇出土石刀（四）

1．A6型H395：2（#8993；S3405）　2、3．B1型G10①：147（#6303；S2705）、H345③：2（#8623；S3235）　4、5．B2型M10：1（#1007；S105）、T2396⑦d：10（#758；S1694）　6．B3型地表采集（#70；S1）　7．C型H336：1（#8417；S3380）

在第一发掘区，大多数的石刀发现于第四阶段（表13-10）。在探沟中，大部分石刀出土于环壕使用后的阶段。主要的石料类型包括砂岩（53%）、绿泥石或绿泥/角闪片岩（12.3%）、花斑岩（11.54%）和白云母凝灰岩（6.9%）。

根据形态，石刀主要可划分为两类，A型近端（背部）通常较直，而B型则通常为弧背。单面刃最为普遍。C型石刀只有一件孤例。还有46件不明确类型的断块。完整石刀的尺寸在表13-11中列出。

表13-10　石刀分期表

比例 分期 / 类型	第一发掘区分期					探沟分期				总计
	不明 (n=36)	1 (n=7)	2 (n=11)	3 (n=1)	4 (n=40)	T2 (n=11)	T2/3 (n=3)	T3 (n=15)	T4 (n=6)	
不明 (n=46)	11.54%	1.54%	5.38%	0.77%	13.08%	1.54%	0.00%	1.54%	0.00%	35.38%
A1（n=2）	0.77%	0.00%	0.00%	0.00%	0.77%	0.00%	0.00%	0.00%	0.00%	1.54%
A2 (n=16)	3.08%	1.54%	0.77%	0.00%	3.08%	0.77%	0.00%	2.31%	0.77%	12.31%
A3（n=7）	0.00%	0.77%	0.77%	0.00%	0.77%	2.31%	0.00%	0.77%	0.00%	5.38%
A4 (n=16)	1.54%	0.00%	0.77%	0.00%	3.08%	1.54%	1.54%	1.54%	2.31%	12.31%
A5 (n=19)	3.08%	0.77%	0.00%	0.00%	4.62%	2.31%	0.77%	2.31%	0.77%	14.62%
A6（n=7）	0.77%	0.77%	0.77%	0.00%	1.54%	0.00%	0.00%	1.54%	0.00%	5.38%
B1 (n=7)	3.85%	0.00%	0.00%	0.00%	0.77%	0.00%	0.00%	0.77%	0.00%	5.38%
B2 (n=7)	2.31%	0.00%	0.00%	0.00%	2.31%	0.00%	0.00%	0.00%	0.77%	5.38%
B3 (n=2)	0.77%	0.00%	0.00%	0.00%	0.00%	0.00%	0.00%	0.77%	0.00%	1.54%
C (n=1)	0.00%	0.00%	0.00%	0.00%	0.77%	0.00%	0.00%	0.00%	0.00%	0.77%
总计 (n=130)	27.69%	5.38%	8.46%	0.77%	30.77%	8.46%	2.31%	11.54%	4.62%	100.00%

表13-11　各类型完整石刀的平均尺寸表

类型	长度（厘米）	宽度（厘米）	厚度（厘米）	刃角（度）	重量（克）
A1（n=0）	无	无	0.9	58	无
A2（n=4）	10.5	4.2	0.9	64	75
A3（n=1）	13.4	5.4	1.2	68	134
A4（n=0）	无	无	0.9	67	无
A5（n=1）	11.7	5.7	0.9	72	92
A6（n=0）	无	无	1	70	无
B1（n=0）	无	无	1.2	71	无
B2（n=1）	12.6	6.3	1	68	124
C（n=1）	11.7	3.7	1.1	47	79

A型

可分为6个亚型。A1型石刀拥有较直的侧边和弧刃；A2型石刀平面呈长方形，侧边略呈弧形，直刃；A3型有六边，从侧边到近端逐渐变直；A4型石刀平面呈长方形，侧边方直。其中11件的近端略为圆钝，5件较为平直。A5型石刀平面略呈梯形，侧边从顶端至刃部逐渐外扩。其中17件的近端略为圆钝，3件较为平直。A6型石刀侧边略弧。一半石刀的近端略为圆钝，另一半较为平直。

B型

B型石刀近端略弧，全部为直刃。B1型石刀平面呈半月形，单面刃。4件石刀近端略为圆钝，3件较为平直。B2型石刀近端外弧较为明显，侧边较直。5件近端略为圆钝，2件较为平直。B3型石刀近端略凸，近刃部则变为平直，侧边近乎平行。一件石刀上发现有两面对穿的圆孔，为石钻加工而成。

C型

标本H336：1（#8417；S3380），是唯一一件此类标本。这件石刀为近长方形，刃部位于近端，从侧边斜向上20°角。刃部为两面磨制，两侧边均被磨制，表现为两面斜角的形态。左侧边的斜角上可见锯切痕迹，这些痕迹可能是为了便于装柄。

关于石刀的讨论

石刀的横断面有两种主要形态，即圆钝斜角型（60%）和方形斜角型（18.5%）。“圆钝斜角”意为近端圆钝，单面刃。“方形斜角”意为近端方直，单面刃（图13-10～13）。几乎所有石刀的横断面或近端形态都可以归为圆钝斜角或方形斜角。石刀刃部不太锋利，刃角均值为68°。实验表明砂岩石刀刃部并不需要特别锋利，因为其中所含的石英颗粒可以很好的磨蚀所加工物质，其作用原理比较类似今天的齿刃石镰。石刀加工程序为磨制、采用钻或琢的方式进行穿孔，最后进行抛光。在两件石刀上发现有锯切痕。很显然，在对砂岩素材进行加工时使用了锯切的技术。大部分的石刀被很好的磨制和抛光，拥有单面磨制的刃部和钻孔。石刀上穿孔方式多样，包括程钻、管钻和琢制。曾骐（曾 1985:169）认为管钻技术在大汶口文化中期到龙山时期最为流行。两城镇石刀有62%的孔是两面钻，单面管钻极为少见。

石刀大部分为断块（93%），这可能是由于这种石器较薄，并且石料相对较软造成的。穿孔也减弱了石刀在切割时所承受的反作用力。有几件样品上的穿孔都没有完成，这可能表明部分石刀是在加工过程中发生断裂。

穿孔石刀在中国有着悠久的历史。这种石器被认为是用于收割的工具。大部分在近端靠近中间的位置有两个穿孔。通常越早期的石刀穿孔发现越少（吴 1983:167）。曾骐（曾 1985:65-66）认为贝刀演化成石刀和陶刀随后演化成了镰。他指出长方形和“半月”形石刀共存，但从仰韶时期到龙山时期，仍可看到穿孔石刀由长方形逐渐演化成半月形的趋势。在龙山时期，石刀被很好地磨制，且大部分都有穿孔（曾 1985:169）。A2型和B2型石刀在东海峪有所发现（日照市图书馆等 1986:图17; 山东省博物馆等 1976:图1）。A4、B1、B2和A3型石刀在尧王城发掘和调查报告中也有记录（日照市图书馆等 1986:图12；临沂地区文物管理委员会 1985:图13）。在丹土（刘 1958b:图1）和大桃园（日照市图书馆等 1986:图20）遗址中也发现过B1类型石刀。B1及B2型石刀在西林子头遗址中也被发现过。尹家城遗址报告中报道了A2、A3、B1和B2类型石刀（山东大学历史系考古专业教研室 1990:图53）。A2和B2石刀在呈子遗址中也有发现（昌潍地区文物管理组等 1980:图35）。

3．石镰

总计74件，第一发掘区39件，探沟35件。7件完整（图13-14、15）。

石镰在第一发掘区内大多发现于第四阶段。而在探沟中主要见于环壕建造过程中（表13-12）。

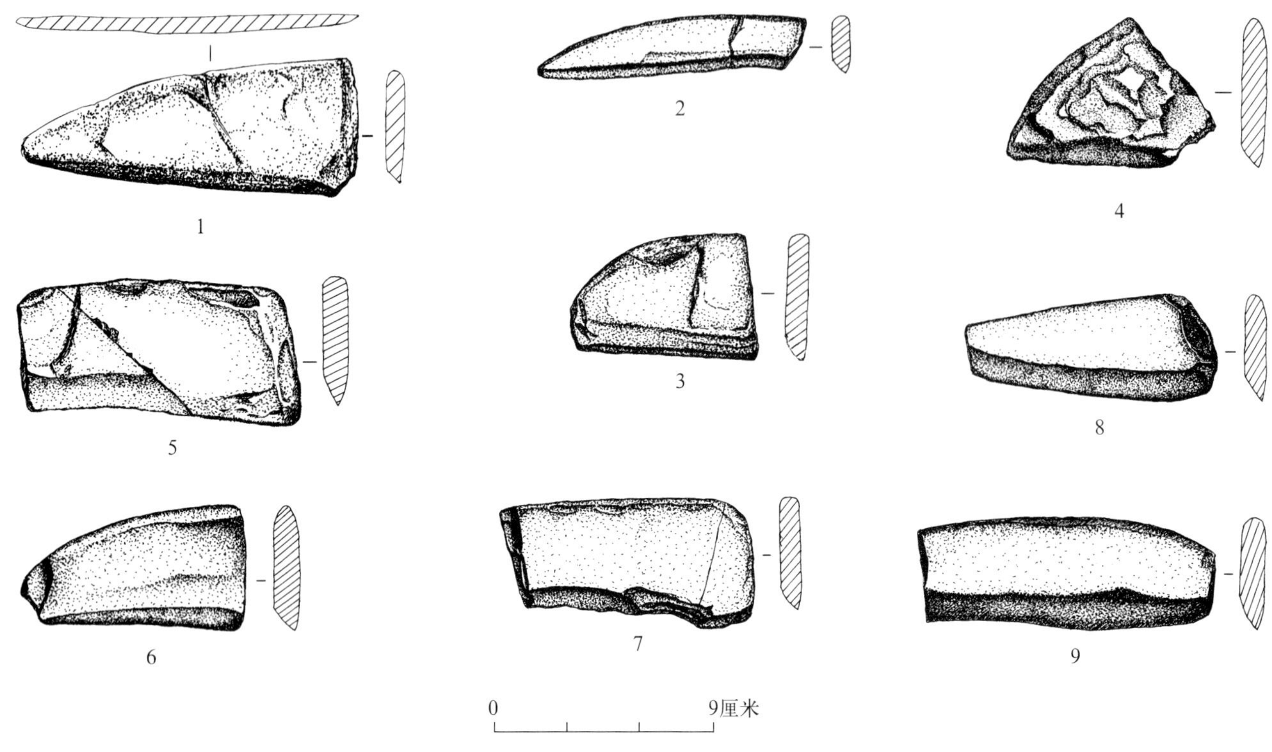

图13-14 两城镇出土石镰（一）

1～9．A型H42：5（#3503；S116）、M20（#4213；S350）、G7①：29（#6030；S2301）、G7②：81（#6031；S2308）、G7③：251（#6041；S2387）、G8②：32（#6060；S2505）、G10②：17（#6300；S2662）、G10②：186（#6305；S2720）、G8②：45（#6062；S2535）

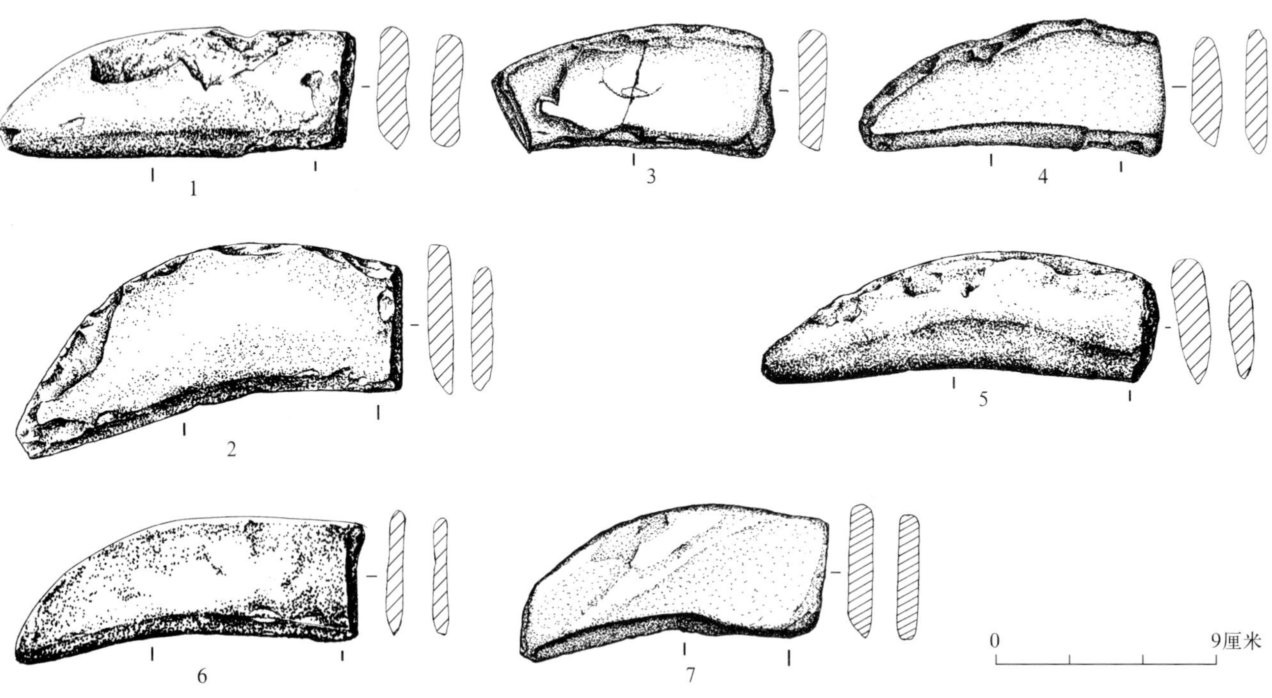

图13-15 两城镇出土石镰（二）

1．A型T023（#0；S2605） 2～7．B型T2348⑥a：2（#2802；S100）、G8①：6（#6033；S2334）、G7③：145（#6034；S2343）、G7③：254（#6041；S2388）、T022（#6215；S2617）、H314①：5（#8800；S3373）

表13-12　石镰分期表

分期 / 比例 / 类型	第一发掘区分期				探沟分期			总计
	不明 (n=21)	2 (n=1)	3 (n=1)	4 (n=22)	T2 (n=10)	T3 (n=17)	T4 (n=2)	
A（n=42）	17.57%	1.35%	0.00%	14.86%	9.46%	13.51%	0.00%	56.76%
B（n=12）	4.05%	0.00%	0.00%	1.35%	1.35%	6.76%	2.70%	16.22%
不（n=20）	6.76%	0.00%	1.35%	13.51%	2.70%	2.70%	0.00%	27.03%
总（n=74）	28.38%	1.35%	1.35%	29.73%	13.51%	22.97%	2.70%	100.00%

大部分石镰（66%）是使用本地常见的流纹质熔结凝灰岩制作而成。此外，花斑岩（8.1%）和砂岩（5.4%）也是较为常见的石料。这和石刀主要使用砂岩比起来有很大不同。根据形态，可以将石镰分为两种类型。

A型

这类石镰被特意加工为直刃直底。平面近似半圆形，底部扁平或圆钝。26件为单面刃，14件为双面刃。A型完整石镰的尺寸都列在表13-13中。

B型

这类石镰为直底，弧刃内凹，角度约在94°～115°。平面近似半圆形。9件底部扁平，2件底部较圆钝。9件是单面刃，2件双面刃。B型完整石镰的尺寸都列于表13-13之中。

O型

有20件断块无法区分为A还是B型。

表13-13　各类型完整石镰的平均尺寸表

类型	长度（厘米）	宽度（厘米）	厚度（厘米）	刃角（度）	重量（克）
A（n=3）	12.7	4.9	1	60	83
B（n=4）	14.7	5.1	1.1	63	121

关于石镰的讨论

大部分的石镰是绿色（75%）、白色（6.5%）或灰色（8.1%）的，这也是本地流纹岩最主要的颜色。石镰断块的78%仍然保留着可用的边缘并曾被二次使用（第五节）。近端边缘通常是单面加工的圆钝形态（51%），其次为双面加工的圆钝形态（23%）。7%近端边缘为单面加工的平直形态，其余不明。人们在制作石镰时比较偏爱扁平底平直边的形态，约占总数的22%。

石镰上的抛光是由使用与有意加工所共同导致。其近端靠近底部的区域及刃部经常（35%）可见由于磨制以及手握造成的抛光迹象，这表明石镰是没有装柄的。石镰主要由磨制而成，在一些近端边缘的剥片疤之上仍可见磨制痕迹。石镰在黄河谷地东侧的裴李岗文化（公元前6300～前5100年）中就比较发达（Chang 1986; Underhill 1997; Yan 2005:31）。山东地区的石镰首先发现于北辛文化之中，并在新石器时代稳步增长。东海峪遗址发掘报告中有一件B型石镰（山东省博物馆等 1976:图

1）。西林子头调查报告中也记录了A、B型石镰（日照市图书馆等 1986:图20）。尧王城报告中也有一件A型石镰（临沂地区文物管理委员会 1985:图13）。尹家城遗址中也发现了一件A型石镰及毛坯（山东大学历史系考古专业教研室 1990:图53）。

石镰或刀的断块（总共7件，第一发掘区5件，探沟2件）。

有7件小的刃部断块不能确认归属于石镰或者石刀。其中3件是单面刃的，2件是双面刃。其刃角可在其中5件标本上测量到（平均75.6°）。

（三）第三组：假定为狩猎或战争的石器

1．石钺

总计29件，19件来自第一发掘区，10件来自探沟，3件完整（图13-16、17）。

第一发掘区内的石钺主要来自第二阶段和第四阶段。探沟中环壕使用期间及其以后都有发现（表13-14）。

表13-14　石钺分期表

比例 类型 / 分期	A1（n=8）	A2（n=7）	B（n=2）	不明（n=8）	总计
第一发掘区分期					
2（n=3）	4.00%	4.00%	4.00%	0.00%	12.00%
3（n=1）	0.00%	0.00%	0.00%	4.00%	4.00%
4（n=3）	4.00%	4.00%	0.00%	4.00%	12.00%
探沟分期					
T2（n=3）	4.00%	0.00%	0.00%	8.00%	12.00%
T2/3（n=1）	4.00%	0.00%	0.00%	0.00%	4.00%
T3（n=5）	0.00%	12.00%	0.00%	8.00%	20.00%
T4（n=1）	4.00%	0.00%	0.00%	0.00%	4.00%
不明（n=8）	12.00%	8.00%	4.00%	8.00%	32.00%
总计（n=25）	32.00%	28.00%	8.00%	32.00%	100.00%

大部分石钺是由绿泥石或绿泥/角闪片岩（24%）制成，其次为含绿帘石斑点的流纹质花岗岩（12%）和富钾质煌斑岩（12%）。当这些材料被高度抛光后会非常漂亮。这里的主要石料（绿色片岩）呈现很漂亮的绿色（48%），与通常的玉或软玉非常相似，这可能暗示由这类石料制成的石器曾经被用来作为玉器的替代品使用。从形态上可以分为两个主要类型（表13-15）。

A型

这类石钺没有肩部。它们狭长，有双面加工的弧刃，弧刃较短。横断面呈扁椭圆形，钺体被很

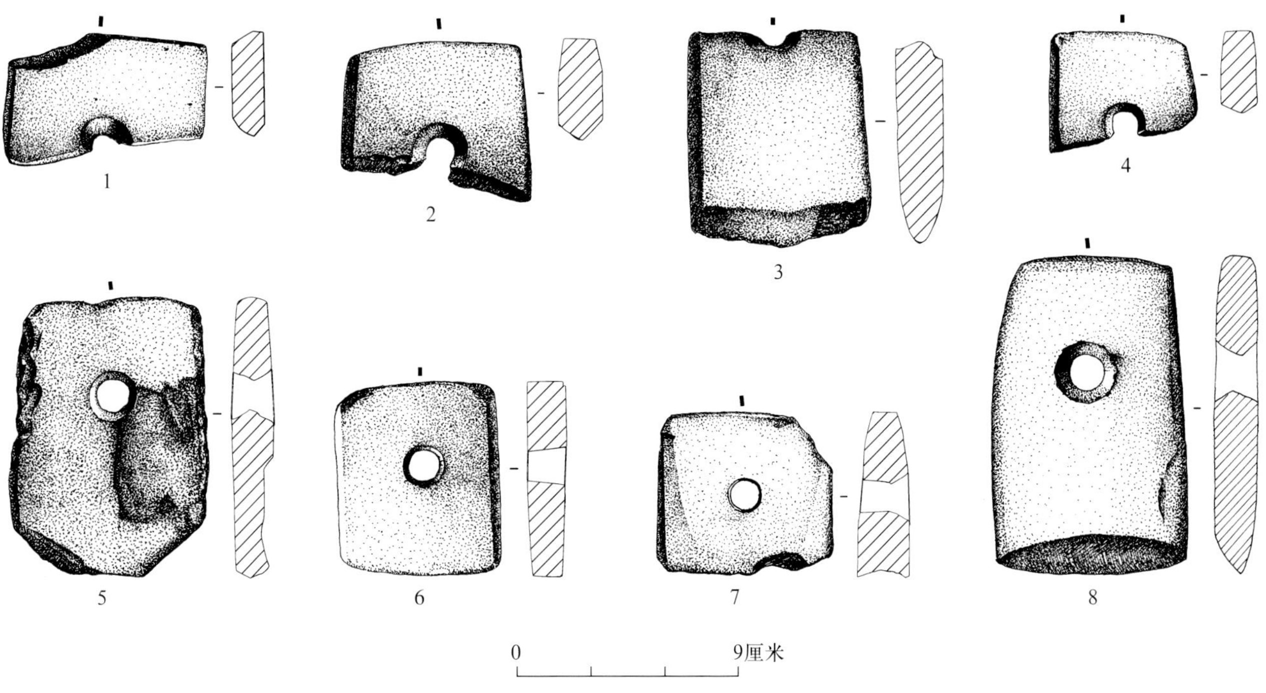

图13-16　两城镇出土石钺（一）

1～8．A1型T001（#12；S59）、T2097⑥b：36（#1216；S221）、T0850②：2（#4803；S125）、T2049⑥c：20（#1663；S351）、H271①：2（#5635；S2016）、地表采集（#0；S2282）、T007（#6024；S2499）、T021（#6174；S2564）

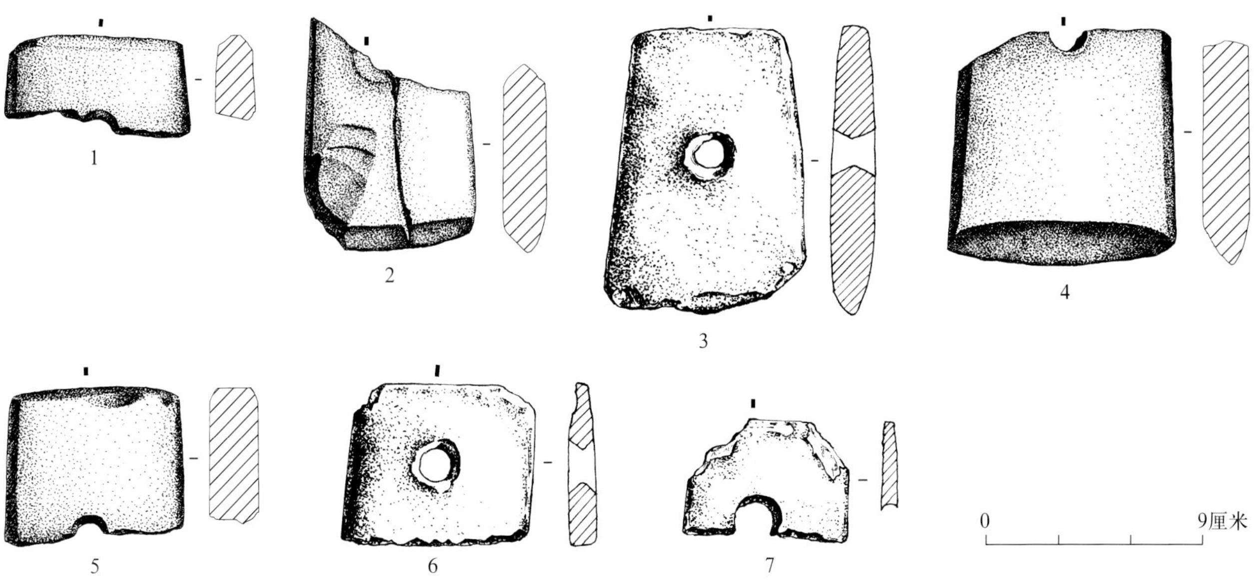

图13-17　两城镇出土石钺（二）

1．A1型T021（#6140；S2582）　2～5．A2型T2299⑥a：14（#2203；S104+S127）、H194：1（#3318；S2263）、G10②：9（#6300；S2655）、G10②：30（#6300；S2672）　6、7．B型T2344⑥a：1（#3902；S118）、H300④：6（#4576；S1970）

好的磨制和抛光，有一个穿孔，单面钻和两面钻都存在，钻孔方式包括桯钻、管钻和琢制。A1型平面为长方形，近端微凸，端面较平直。A2型平面略呈梯形，侧边从近端到远端逐渐外扩，近端微凸、端面较平直。

表13-15 各类型完整石钺的平均尺寸表

类型	长度（厘米）	宽度（厘米）	厚度（厘米）	刃角（度）	重量（克）
A1（n=3）	9.9	7.7	1.8	68	234.1
A2（n=1）	11.2	8.1	1.8	75	286.6
B（无）	–	–	–	–	–
不明（无）	–	–	–	65	–

B型

这类石钺带有肩部，或者说，在侧边和近端交界处有明显的凹缺。它们平面呈长方形，横断面为椭圆形。标本T2344⑥a：1（#3902；S118）和H300④：6（#4576；S1970）都有未加工完成的较小打制肩部。这表明这两件石器在制作过程中发生断裂。不过，两面都经过了很好的磨制和抛光。两个样品都已经损坏（刃部已残），刃角无法测量。

0型

这类为小的刃部断块。平面呈长方形，有较短的两面刃。不见有孔残块或近端残块，这些残块被很好的磨制和抛光。9件样品可以测量刃角，平均为65°。

关于石钺的讨论

新石器时代和早期青铜时代遗址出土的石钺被认为是一种礼仪性器类，主要由软玉制成（Xia 1986）。虽然没有进行全面的微痕研究，但是看起来，部分这种礼仪性的工具确实没有被使用过（Childs-Johnson 1988; Childs-Johnson 2001:48）。福赛斯（Forsyth 1995:58）认为石钺可能像晚期一样，与军事权威有关。石钺在该地区首次出现是在大汶口文化晚期（Chang 1986:169; 吴 1983:66; 曾 1985:68）。然而在中国文献资料中，术语钺的用法存在着混乱。通常铲、锄、凿和刀都往往被用来指代钺（Chang 1986:图132; Laufer 1912:图版4、5）。进一步讲，这一问题主要包括以下两方面内容。首先，用以描述玉质工具的术语大多来自于中国早期王朝而不是新石器时代。第二个事实是，在中国文献中，玉广泛的包括多种精美的石材，它们实际上可能并不全是软玉。

看起来还没有一套合格的标准来定义石钺。蔡尔兹•约翰逊（Childs-Johnson 1995:66）指出石钺应该具有更加精致的外形、用以装柄的穿孔和扁薄的体形。福赛斯定义一件良渚玉钺时，称其“具有精细加工且存在明显缓弧的刃部，通常带有一个接近近端中心位置的双面穿孔”（Forsyth 1995:72）。此外，抛光、薄刃（Sun 1999）和特定的装柄结构（傅 1985）也被用来定义石钺。

夏鼐的定义阐明了为什么在钺和铲之间会存在着混乱。工具的命名并不是依据形态学上的不同，而是功能的不同。而且他的定义还说明了石钺和实用性石斧的区别：

狭义上讲，斧是相当厚重的工具，宽厚比约2：1或更厚。宽而平的称作铲。而用作武器的铲被叫作扁斧或者钺，它们一般在装柄的一端钻有一孔。在商代它们的厚度常常只有3～5厘米，宽厚比一般为5：1至10：1（Xia 1986:225）。

在本次研究中，一件石斧只有满足下列条件才能被称为石钺：

（1）平面必须是长方形或者梯形。

（2）必须是扁平的，横断面为椭圆形或者为带直边的椭圆形，刃部横断面为长方形或扁椭圆形。

（3）必须被高度抛光，并具有赏心悦目的美感。

（4）具有穿孔，为了装柄和镶嵌可能有多个。

如果石斧的小断块存在椭圆形的横断面和高度的抛光，那么它们也会被归为石钺一类。

以前两城镇遗址发现过几件貌似玉钺的器物（刘 1988）。然而，它们中的几件看起来是由其他较软的绿色石头而不是软玉制成。由于这一地区玉是如此的罕见，所以可能存在其替代品（Underhill 2002:198）。这与良渚文化区的情况类似。蔡尔兹·约翰逊（Childs-Johnson 2001:48）注意到“这虽然不是一条金科玉律但大体上得到了实践的检验，那就是石斧在良渚高等级墓葬中是很多的，但每座墓只有一件是软玉制成；而其他则全是来源于当地的石料”。此外，良渚高等级墓葬中还出土雕刻精美的玉工具及装饰品（王 1998）。在两城镇遗址，被用来制作石钺的大多石料在抛光后会显露出漂亮的绿色或灰色。

曾骐（曾 1985:68）将“溜肩”或者打制的斜肩作为石钺的一个特征。我认为有肩并不是鉴定石钺的必需条件。在两城镇遗址中，只有两件B类石钺显露出这样的特征。一些石钺上的多个穿孔可能是为了嵌入其他石料。刘敦愿（刘 1988:122）描述了两城镇出土的一件玉钺，在1957年它被公开地予以拍卖售出。这件玉钺有三个穿孔，其中两个孔中各镶嵌着一块黑色的圆锥状小石块。而在两城镇遗址近期的发掘中还没有出土过多孔石钺，且也未发现钺上存在镶嵌的证据。

在形制和功能上，石钺和普通石斧均有区别。前者比后者更加的锋利，这就意味着这两种主要工具类型可能是为了不同的功用而制造的。在石钺上看不到明显的打击和琢制的痕迹，这就证明了制作这些工具时也充分的考虑到了审美需求。这同时也印证了这样的假说，即石钺并不完全是实用工具。而且石钺上还往往具有穿孔。

在新石器时代晚期，石斧的穿孔方法有三种，琢制、桯钻和管钻（Forsyth 1995:图14）。我自己的实验表明如果运用石钻两面穿孔，那么它会留下一个沙漏形的孔洞。而管钻的孔壁相对较直，不过管状物随着使用时间的增加，由于磨损也会造成管壁变薄，从而直径变小，这样孔壁也会出现轻微的倾斜。而且管钻可能会在孔洞完成后留下轻微的圆环旋痕。这些不太规则的圆环是由管钻刚开始时轻微的滑动所造成，它们是管钻的最好标记。琢制看起来主要是为进行桯钻或管钻而进行的前期准备。钻孔方法的确定主要基于环状旋痕是否存在、孔洞的斜度以及是否具有琢制疤痕。石钺大部分（52%）是用石钻头两面钻孔的，同时管钻也经常运用。琢制与石钻头穿孔相结合的形式也较为普遍（28%）。福赛斯（Forsyth 1995:57）和其他学者（Keightley 1995b:27-28）指出，龙山文化时期主要采用单面钻孔技术，而两面钻孔则在南方的良渚文化中更为常见。两城镇遗址的数据资料则表明，两面钻孔的技术在这里也经常（52%）被使用。

两城镇遗址中有10件（40%）石钺是由孔洞处破裂的。这同时也反映出这类工具的装柄方式存在重要缺陷。这些石钺纤薄的形体和穿孔会使它在孔洞附近的脆弱之处更易破裂。我们原本推测这些石钺是在一次胜仗之后被有意打碎。因为这种将人工制品在仪式中破坏的现象在世界其他地方也有记载，如美国西南部的明布雷斯文化（Mimbres Culture），在那里陶碗被有意思打碎并埋在墓葬中（Schafer 1991）。然而在1999～2001年度的发掘中，并没有发现龙山文化墓葬中随葬石钺的现象，因此石钺和某种仪式性的破坏相关的假说被推翻。其多出土于居址以及微痕研究的结果让我对此提出另外两种解释（Cunnar 2007）。

装柄的石钺在龙山时代的遗址中尚未被发现。然而江苏海安新石器时代晚期的青墩遗址发现了一件装柄石斧的陶塑（Chang 1986:图168; 佟 1998:图233）。另外，陵阳河遗址出土的一件大汶口晚期陶器上绘有装柄的石斧形象（山东省文物管理处等 1974:图94; Shao 2005:图4.30）。石钺装柄时，其近端被嵌插于柄的一个浅凹槽里。绳索则通过石钺上的孔洞穿进柄上的几个孔里。我对石钺这种装柄方式进行了复制，实验证明其十分牢固。穿孔通常位于石钺近端的中部，这说明石钺的刃部与柄的长轴近乎平行。

良渚文化和大汶口文化遗址也出土了一些石钺，器身近端的中部有两个穿孔（Childs-Johnson 2001:第6; Forsyth 1995:图12）。据我所知目前还没有相关的模拟实验来解释为什么两个孔洞会如此排列。我推测器身近端可能要插入柄的沟槽中，另外再用一木楔穿过靠外的穿孔并用绳索捆绑固定。两城镇遗址中还没有双孔石钺出土。

山东地区的龙山文化墓葬，包括两城镇遗址在内，都曾出土过制作较好的石钺（中国社会科学院考古研究所 1988; Li 2005; Underhill et al. 2002）。而此次的发掘还没有从墓葬中出土石钺。这就意味着两城镇遗址由普通石材制作的石钺很可能是实用性的。A2类石钺在呈子的发掘报告中有一件报道（昌潍地区文物管理组等 1980:图34）。A1类石钺在丹土（刘 1958b:图1）和东海峪（山东省博物馆等 1976:图1）遗址中都有明确的发现。此外在三里河龙山文化堆积中也曾被发现（中国社会科学院考古研究所 1988:图50）。A1、A2和B类石钺在尹家城遗址发掘报告中有介绍（山东大学历史系考古专业教研室 1990:图51）。A1和A2类石钺在此前两城镇遗址中也曾发现过（日照市图书馆等 1986:图5）。

2．抛射尖状器（箭头和矛头）

总计249件，171件来自第一发掘区，78件来自探沟。65件完整器（图13－18～21）。

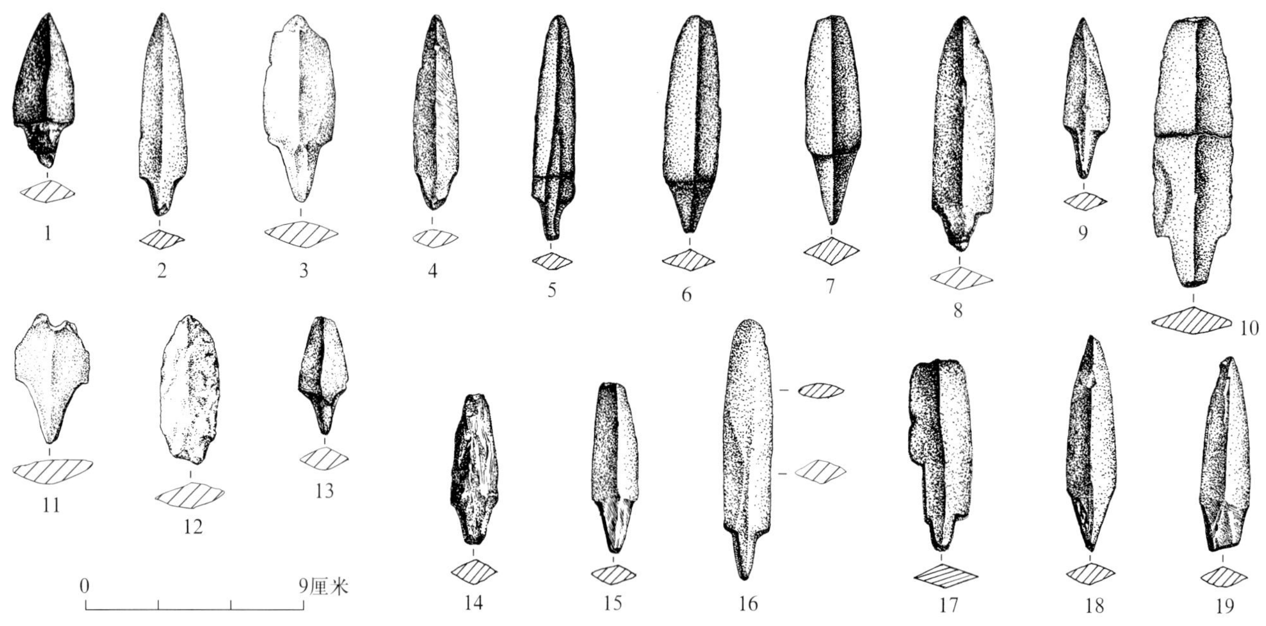

图13－18　两城镇出土抛射尖状器（一）

1～12．A1型H56：5（1602；S172）、H90①：1（#825；S255）、F43：1（#5765；S1761）、H182②：1（#5611；S2027）、T2449⑦c：20（#5959；S2181）、G7③：250（#6041；S2386）、G7⑤：342（#6086；S2424）、G8②：39（#6060；S2507）、H504：1（#6108；S2561）、T022（#6216；S2629）、F65：15（#8150；S3334）、F54：10（#8212；S3344）　13～15．A2型T001（#14；S66）、G10②：28（#6300；S2670）、T010（#6303；S2696）　16、17．A3型H31②：57（#3207；S177）、H31③：69（#3208；S425）　18、19．B1型H49①：2（#1050；S1703）、T2399⑦b：6（#5770；S1753）

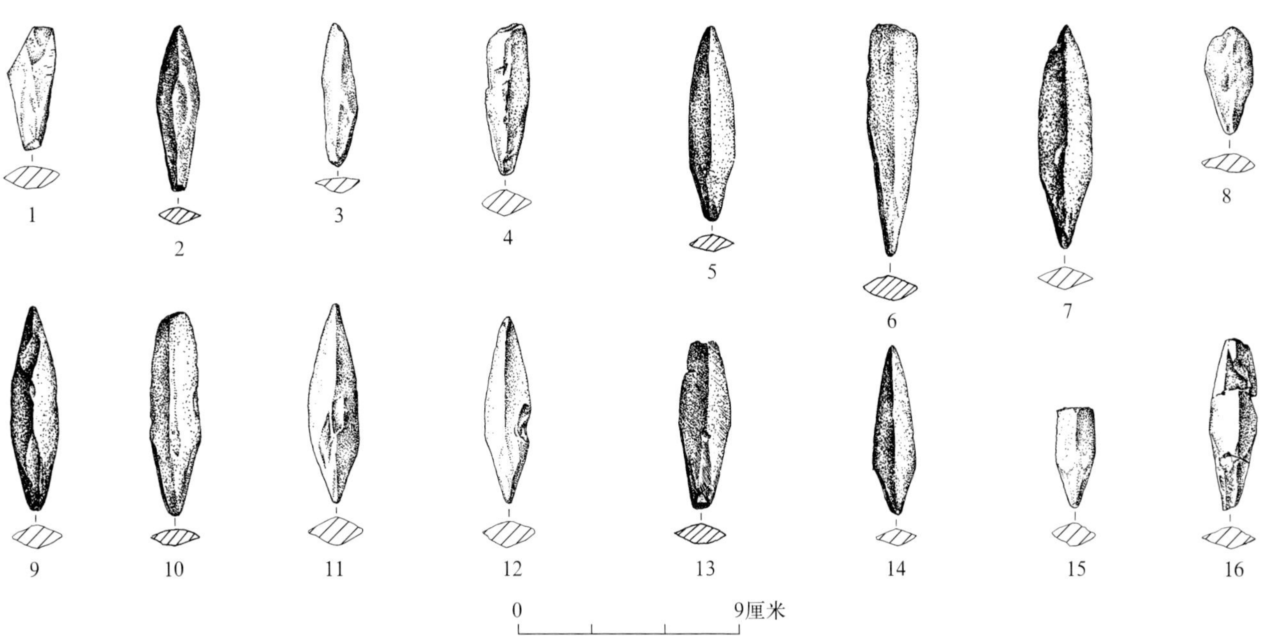

图13-19　两城镇出土抛射尖状器（二）

1～12. B1型F49：3（#5774；S1754）、H271①：1（#5635；S2015）、F40：1（#920；S2120）、F40：5（#925；S2121）、H248③：10（#1102；S2247）、G7②：141（#6033；S2342）、H535：1（#6194；S2596）、F60：33（#8137；S2735）、T2298⑦a：3（#8761；S2736）、T2296⑥b：22（#8526；S3277）、F60：1（#8034；S3313）、F65：1（#8084；S3314）　13～16. B2型F40：2（#920；S2126）、T2450⑥a：4（#1110；S2258）、F39：17（#8263；S3338）、F54：8（#8348；S3356）

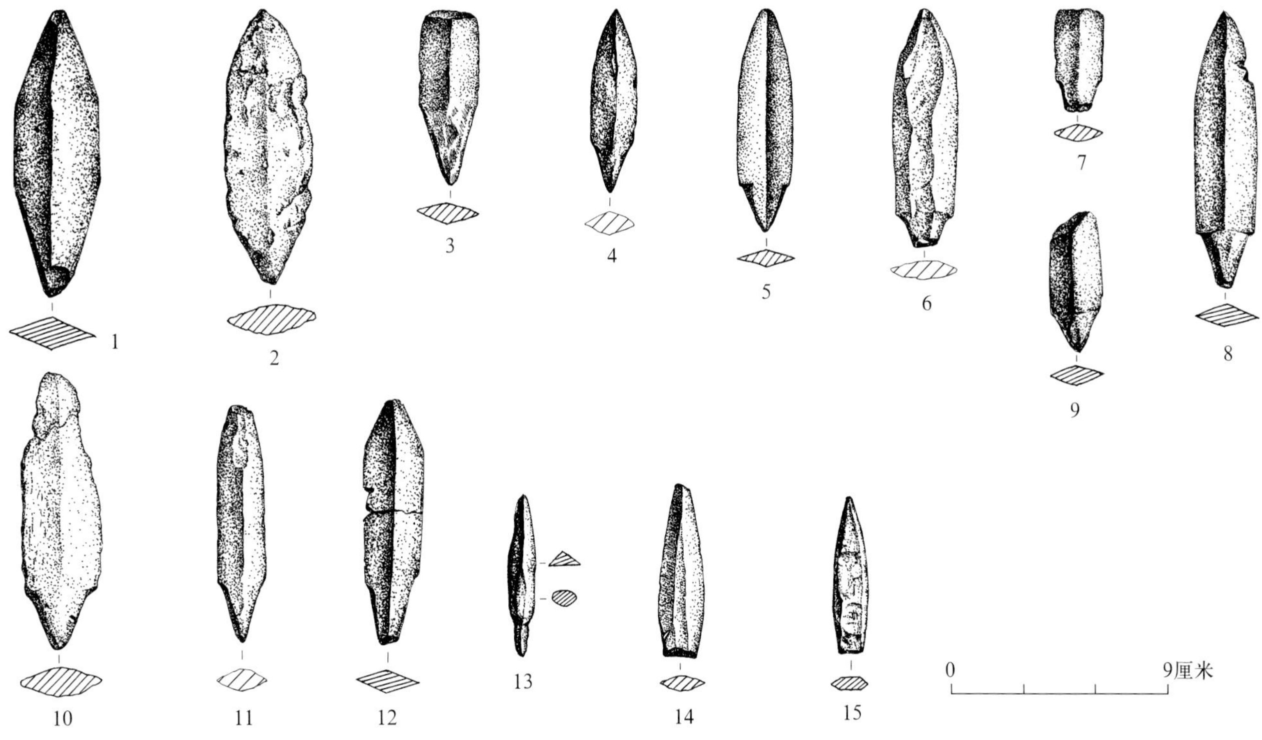

图13-20　两城镇出土抛射尖状器（三）

1～4. C1型F35：1（#5828；S1839）、T2449⑥c：30（#5936；S2180）、G34②：28（#7822；S3442）、T1789（#9015；S3486）　5～12. C2型H63②：1（#3716；S208）、H42：7（#3503；S438）、T2446⑥a：3（#901；S2131）、H513：1（#6122；S2563）、T021（#6195；S2595）、T022（#6216；S2628）、G10①：123（#6303；S2701）、G7⑤：318（#6070；S2415）　13. D型T1789（#9008；S3469）　14、15. E型T2399⑦a：15（#5795；S1785）、F49：5（#5787；S1791）

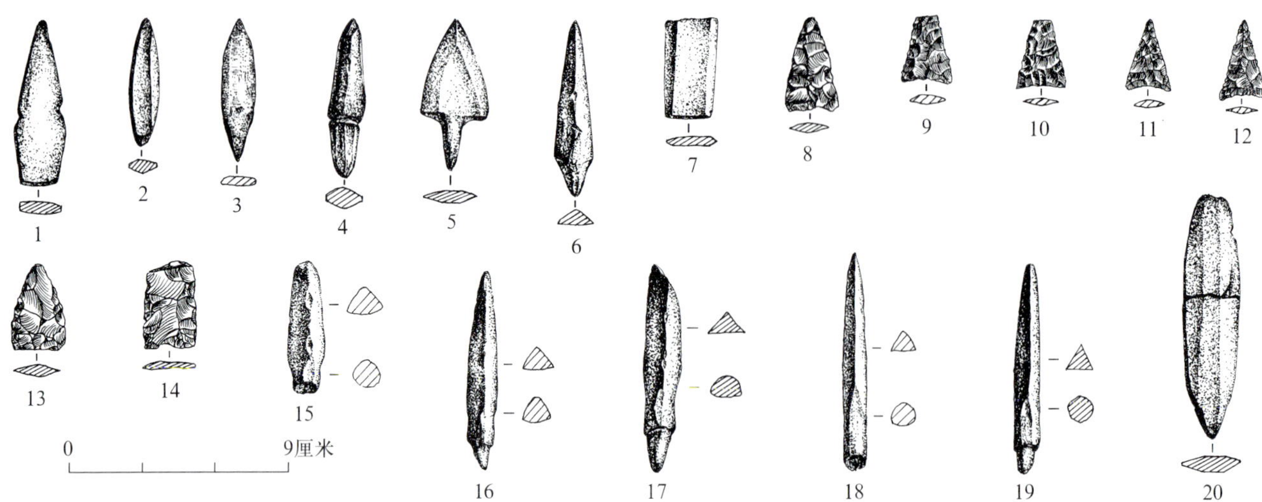

图13-21　两城镇出土抛射尖状器较少类型

1. F型T2342⑥d：7（#4021；S339）　2、3. G型T0750⑥b：4（#206；S133）、T1789（#9015；S3467）　4. H型G7⑥：353（#6092；S2434）　5. I型G10②：13（#6300；S2659）　6. J型F49：1（#5774；S1767）　7. K型H110：3（#1655；S326）　8～14. 为打制而成：8～12. L1型H99：2（#2616；S304）、T2349⑥d：23（#2852；S1308）、T2247⑥a：10（#1827；S1478）、T2450⑦a：15（#1169；S2249）、T2347⑦a：18（#8136；S3330）　13. L2型H51③：9（#4407；S159）　14. M型H401②：62（#8770；S3036）　15～17. M1型T0799⑥a：8（#230；S1555）、G7③：275（#6041；S2398）、G10②：8（#6300；S2654）　18、19. M2型H238⑤：9（#1361；S2057）、T2450⑥b：14（#1141；S2256）　20. N型G10①：56（#6303+#6300；S2680+S2648）

在第一发掘区内大部分抛射尖状器属于第四期。在探沟里，大部分出土于环壕建好后的堆积层里（表13-16）。基于形态学的研究，我们可将其分成多种类型。

表13-16　抛射尖状器分期表

分期 / 比例 / 类型	第一发掘区分期					探沟分期			总计 (n=249)
	不明 (n=61)	1 (n=5)	2 (n=15)	3 (n=5)	4 (n=94)	T2 (n=13)	T3 (n=33)	T4 (n=23)	
不明 (n=68)	6.83%	0.40%	0.40%	0.00%	10.84%	1.61%	2.81%	4.42%	27.31%
A1（n=39）	4.02%	0.40%	0.40%	0.40%	4.82%	1.61%	2.41%	1.61%	15.66%
A2（n=5）	0.40%	0.00%	0.00%	0.00%	0.80%	0.00%	0.80%	0.00%	2.01%
A3（n=3）	0.00%	0.00%	0.00%	0.00%	1.20%	0.00%	0.00%	0.00%	1.20%
B（n=51）	6.02%	0.40%	2.81%	0.80%	8.03%	0.40%	1.61%	0.40%	20.48%
B（n=11）	0.40%	0.40%	0.80%	0.40%	2.01%	0.00%	0.40%	0.00%	4.42%
C（n=12）	1.20%	0.00%	0.40%	0.40%	0.80%	0.40%	1.61%	0.00%	4.82%
C（n=16）	0.80%	0.00%	0.00%	0.00%	1.20%	0.40%	2.01%	2.01%	6.43%
C2（n=2）	0.00%	0.00%	0.00%	0.00%	0.40%	0.40%	0.00%	0.00%	0.80%
D（n=1）	0.40%	0.00%	0.00%	0.00%	0.00%	0.00%	0.00%	0.00%	0.40%
E（n=5）	0.00%	0.40%	0.40%	0.00%	1.20%	0.00%	0.00%	0.00%	2.01%
F（n=1）	0.40%	0.00%	0.00%	0.00%	0.00%	0.00%	0.00%	0.00%	0.40%

G（n=4）	1.20%	0.00%	0.00%	0.00%	0.40%	0.00%	0.00%	0.00%	1.61%
H（n=1）	0.00%	0.00%	0.00%	0.00%	0.00%	0.40%	0.00%	0.00%	0.40%
I（n=1）	0.00%	0.00%	0.00%	0.00%	0.00%	0.00%	0.40%	0.00%	0.40%
J（n=1）	0.00%	0.00%	0.40%	0.00%	0.00%	0.00%	0.00%	0.00%	0.40%
K（n=7）	0.40%	0.00%	0.00%	0.00%	2.01%	0.00%	0.00%	0.40%	2.81%
L0（n=2）	0.00%	0.00%	0.00%	0.00%	0.80%	0.00%	0.00%	0.00%	0.80%
L1（n=7）	1.61%	0.00%	0.00%	0.00%	1.20%	0.00%	0.00%	0.00%	2.81%
L2（n=1）	0.00%	0.00%	0.00%	0.00%	0.40%	0.00%	0.00%	0.00%	0.40%
M（n=1）	0.00%	0.00%	0.40%	0.00%	0.00%	0.00%	0.00%	0.00%	0.40%
M1（n=4）	0.80%	0.00%	0.00%	0.00%	0.00%	0.00%	0.80%	0.00%	1.61%
M2（n=4）	0.00%	0.00%	0.00%	0.00%	1.20%	0.00%	0.00%	0.40%	1.61%
N（n=2）	0.00%	0.00%	0.00%	0.00%	0.40%	0.00%	0.40%	0.00%	0.80%
总计（n=249）	24.50%	2.01%	6.02%	2.01%	37.75%	5.22%	13.25%	9.24%	100.00%

大多数抛射尖状器是磨制而成，材质包括绿泥石或绿泥/角闪片岩（50%），石英/白云母千枚岩（18%）和白云母板岩（15%）。打制而成的尖状器（11件）都是由燧石制成。4%的尖状器是由较软的滑石片岩制成。根据形态学研究，总共划分了22个型（表13-17；图13-22）。

表13-17　各类型完整尖状器的平均尺寸表

类型	测量数据的平均值							重量（克）
	边角	翼角	铤宽（毫米）	铤厚（毫米）	全长（毫米）	宽度（毫米）	厚度（毫米）	
A1	50.8	130.2	14.3	7.4	76.9	24.3	8.4	11.7
A2	62.2	130.8	11.7	6.5	61.3	18.5	7.6	3
A3	89	122	10.3	7.3	96.7	21.4	8.5	15.3
B1	57.9	165.3	–	7	72.7	18.7	7.6	9.7
B2	62.7	162.2	–	6.9	72.3	17.9	7.3	6.8
C1	55.5	160.4	–	8.7	96.6	24.4	10.4	29.1
C2	52.7	128.7	15.6	7.9	97.5	23.4	9.1	22.8
C2A	107	138.5	16.2	7.6	95.5	22.2	8.3	24.4
D	63	126	5.4	5.8	69	16.9	7.2	9.4
E	64.8	–	–	–	61.6	17.8	5.2	6.3
F	96	–	–	–	64.9	21.2	5	10
G	90.7	–	–	–	58.6	12.4	4.1	4.7

H	圆形	164	–	7.7	61.3	14.3	8.8	8.5
I	63	90	7.7	6.3	59.3	37.2	6.3	9.4
J	74	150	10.5	6.7	69.3	15.1	7.1	7
K	51	–	–	–	–	19.9	4.2	–
L1	47.4	–	–	–	29.1	18.9	3.3	1.7
L2	55	–	–	–	33.5	22.5	4.7	3.6
M	60	–	–	–	60	21.4	5.1	4.3
M1	63.7	104	7.4	7.8	91.9	13	11.8	16.2
M2	66.7	91.7	7	7	86.1	9.3	9.1	9.2
N	110	163	13.1	5.6	95.9	21.6	6.5	19.7

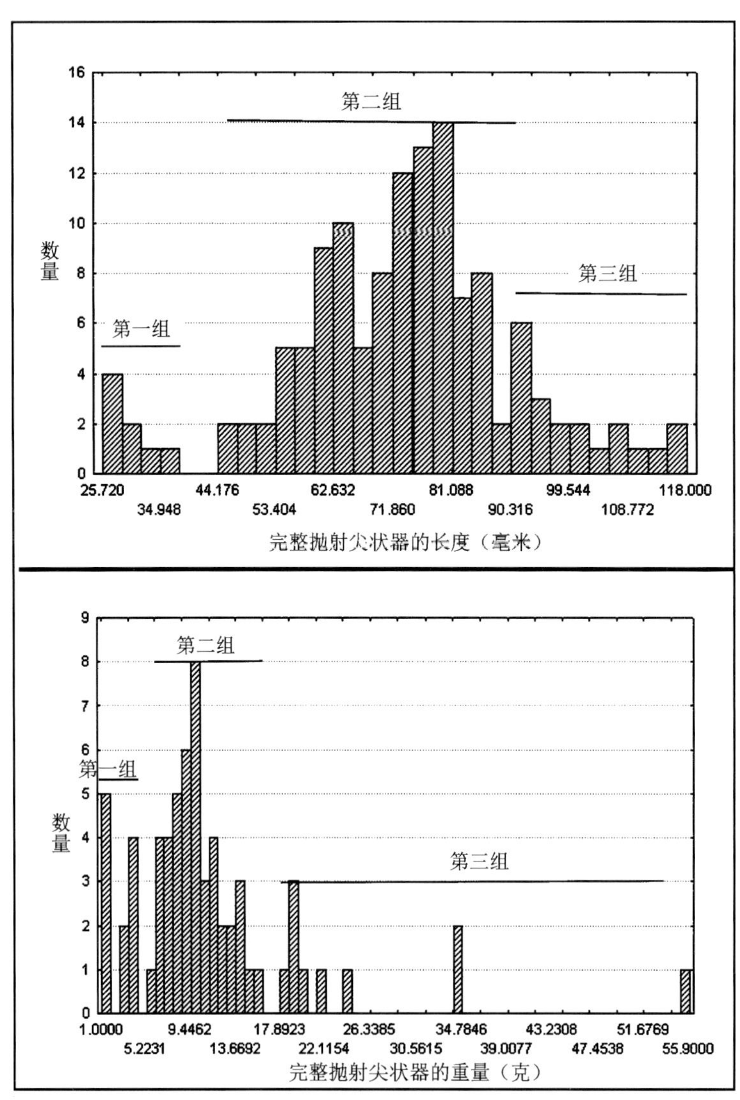

图13-22　完整抛射尖状器长度（上）和重量（下）的柱状图

A型

这类尖状器有披针形（侧刃弧突）或者三角形（侧刃平直）的器身，器身弧突或者有直刃，横断面呈菱形。装柄部位（铤）近扁圆锥体，侧面呈椭圆形，有不太明显的翼。依据器身风格和尺寸大小的细微差别，又可以分成三类。A1和A3型尖状器都具有稍凸的侧刃，但A3型体形更大。A2型器身呈三角形（侧刃平直）。

B型

这一型与A1类型相似，但是装柄部位不十分明显。器身呈三角形或披针形，横断面为菱形。装柄部位近扁平圆锥体，横断面呈椭圆形。B1型侧刃稍凸，B2型侧边平直。

C型

这型尖状器器身中部的侧刃相互平行，并前聚成锋，后聚成铤。这一型可以再分为三个亚型。C1型器身和铤部之间没有明显的界限。C2型则有明显的翼以及铤。C2A型尖端及铤部都呈平齐状。

D型

标本（#9008；S1789），器身平面及横断面都呈三角形。近端的侧刃较为圆钝，铤为圆柱状。测量数据为69（推测）×16.92×7.22毫米，重9.4克。尖端和铤的一小部分残失。

E型

这型尖状器没有中间脊，较平薄。平面呈披针形，横断面呈菱形。侧刃弧突，装柄部位的横断面呈扁椭圆形。在铤与器身之间没有明显的翼。

F型

标本G7②：141（#6033；S2342），没有中间脊，较平薄，器身呈三角形。器身横断面为长方形。装柄部位与器身被凹缺明显隔开。

G型

这型尖状器有两个尖端，较平薄，横断面不规则。装柄部位不明显。其中一个标本侧刃上有凹缺。相较于其他类型的尖状器，这一类重量较轻。

H型

标本G7⑥：353（#6092；S2434），器身呈三角形，横断面为椭圆形。侧刃较直，尖端较钝。侧刃较圆钝。铤部平面呈三角形，横断面呈椭圆形。它与器身被一条环绕一周的深凹槽分隔。

I型

标本G10②：13（#6300；S2659），器身较平，平面呈三角形。刃部稍弧突。翼较明显。铤部为长而尖的圆柱状。这一尖状器的测量数据为59.26×27.17×6.33毫米，重9.4克。

J型

标本F49：1（#5774；S1767），平面和剖面都呈三角形，侧刃平直且前聚成锋。铤部呈扁圆锥体，其一面被磨平，与器身分界不明显。

K型

这一型尖状器都不完整。器体平薄，平面可能为披针形。没有中间脊。侧刃弧凸。装柄部位残失。

L型

这型尖状器由燧石压剥而成。体小且呈三角形。可分两类。L1型底部稍内凹，L2型底部平直，侧刃稍弧突。L0型为尖部断块，因此不能确定属哪种亚型。

M型

标本H401②：62（#8770；S3036），由燧石压剥而成，平面呈披尖形，底部稍内凹。

M1型

平面及横断面都呈三角形。近端侧刃圆钝，铤部包括圆锥体和圆柱体两类。其器身和刃部交界处略呈圆边三角形状。

M2型

与M1类近似，但器身和刃部交界处较圆。

N型

此型尖状器没有中间脊。器身平面呈披针形，横断面两侧均外凸。侧边刃平直。铤部横断面呈三角形，侧视为椭圆形。铤与器身的界限不明显。

不确定类型（69件）

为尖状器中部和尖部断块，因此不能具体归类，横断面大部分呈菱形。

关于抛射尖状器的讨论

像其他龙山时代遗址一样，抛射尖状器也是两城镇人工制品组合中的大宗（249件，占总数的8.6%，其中还不包括断块），它们应是用来狩猎或战争的工具。大多数尖状器是由较软且质地较差的绿色变质片岩制成，并经过磨制和抛光。其中仅经过磨制的占42.8%，磨制和抛光均进行的占51.6%。大量的绿色尖状器（74%）可能具有较强的象征意义，这些质地较差的石料（比如片岩类）可能被有意挑选出来，因为它的颜色十分接近玉（和石钺一样）。这一特征可能比尖状器质软易碎的事实更为重要。模拟实验表明，即使是质软的滑石片岩也可被用来作为有效的武器（Cunnar et al. 2009）。质软的尖状器对于淬毒更为有利。中国史前是否存在梭镖投射器还没有被证实，也没有证据说明龙山时代人们已使用弩。一些较大型的尖状器不太可能被用作箭镞。质地较硬石料制造的较大型尖状器可能是用作矛头。4%的小型尖状器可能用作箭镞，它们是由燧石（上文L型）压剥制成。这些尖状器的侧刃比磨制的更加锋利。燧石的均质性和等方性使其在压制剥片时能产生锋利的刃缘。磨制尖状器A3型、C2A型、G型和N型的侧刃被有意加工的较为圆钝。锋利且耐用的磨制侧刃是尖状器的典型风格。

尖状器的翼角与器身长、宽、厚没有必然的联系。仅可看出翼角和尖状器长度略呈负相关关系（r=−0.10）。翼角度数增大，尖状器的长度一般会随之减小。还不清楚这是否是制作技术的原因或者一种风格偏好。尖状器肩角与大小、重量也没有很强的关联，这一事实可能暗示翼角只不过是一种风格特性。

尖状器铤部厚度和总的尺寸有较强的关联。长度和重量增加，铤部厚度也随着增加。铤部增厚很可能是为了适应镞身的重量增加，以防止其在柄部发生断裂。

尖状器长度的变化很明显。平均长度为73.26毫米（标准偏差18.6）（最大118毫米，最小26毫米）。从柱状图中可见其分布规律（图13−22）。大部分尖状器的长度数值较为连续，但看起来也可分为三组（图13−22）：长度为25～55毫米的一组、55～90毫米的一组和大于90毫米的一组。

在新大陆，已经有几项研究讨论了箭镞和典型标枪头的不同（Corliss 1972; Couch et al. 1999; Fenega 1953; Thomas 1978）。Fenega（1953）对800件尖状器的研究表明，它们的重量呈双峰分布。箭镞的上限重量为4克。我们可以推论较重的尖状器与弓箭不匹配，但很难确定较小的尖状器就不能被用作标枪头和弩箭头。例如，在梭镖投射器系统中，较重的竿头会增加投掷器的整体重量（Schindler 2005）。图13-22（下部）显示了完整尖状器的重量分布。依据重量也可以分为三个显著不同的组。第一组在0～6克之间，主要包括打制而成的L1、L2型和磨制的G型。第二组为6～18克之间。最重的组在18克以上。

依据上述有关尖状器重量和长度的数据，尖状器可以分为三类。较轻、较短的尖状器主要包括打制而成的几型和磨制的G型，它们可能被用来当作箭镞。这一组尖状器仅发现在遗址的最晚期阶段。最为常见的尖状器长度为55～90毫米，重量为6～18克，可能当做某种标枪头或者弩箭头使用。这一组在每个时期都有发现。最长、最重的一组应该为矛头，被装在柄上作为戳刺而用。令人遗憾的是，数据库还不十分完善，不足以让我们对尖状器的尺寸、重量与分期之间的关系做出更为客观的结论。比如遗址的1～3期完整尖状器数量很少。

第一发掘区内的大多数尖状器属于第4期（表13-16）。大部分尖状器出土于不确定的地层单位。这或许反映出遗址在龙山文化晚期时狩猎和/或社区暴力行为的增加。当然这种推断还需要山东东南部其他区域的证实。文德安（Underhill 1989）和刘莉（刘 2004）在其他地区也做出了相似的推论。

A1、B1和C1型尖状器在呈子遗址有所发现（昌潍地区文物管理组等 1980:图34）。丹土（刘 1958b:图1）和尧王城遗址（日照市图书馆等 1986:图12）都有A1、B1和C2型尖状器。A1型在孙家沟和大桃园也有发现（日照市图书馆等 1986:图17、22）。东海峪遗址则有小型打制的L1类尖状器，以及A1、B1、B2和E型的发现（山东省博物馆等 1976:图）。在尹家城遗址中，A1、B1、C、D、E型以及打制的L1型尖状器也有发现（山东大学历史系考古专业教研室 1990:图25）。

（四）第四组：假定的食物加工工具

1．磨棒/手石（handstone）

18件出土于第一发掘区，3件出于探沟。9件完整品（图13-23、24）。

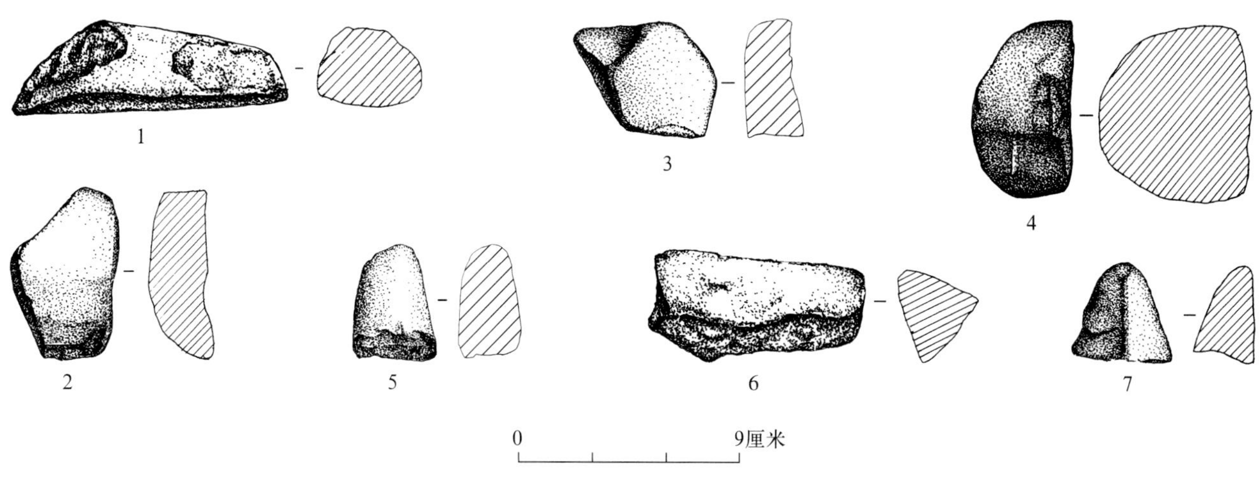

图13-23　两城镇出土磨棒/手石

1～5．A型G31：1（#7701；S3460）、H230：6（#1355；S1653）、M33：5（#4422；S1719）、T2400⑥e：22（#3363；S1870）、T2097⑦e：64（#1230；S1301）　6、7．B型H253③：31（#1368；S1620）、H254②：39（#1371；S1634）

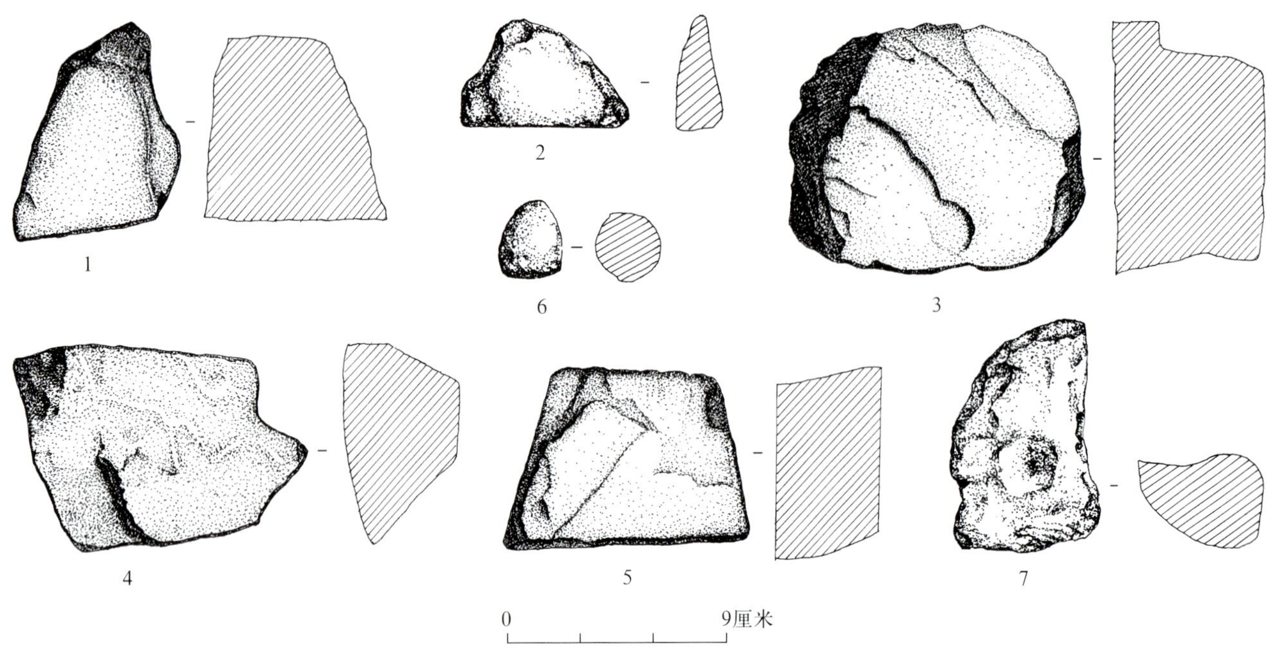

图13-24 两城镇出土磨棒/手石及石杵、石臼

1～5. 磨棒/手石C型H43：11（#4010；S1142）、H182①：5（#5610；S1993）、H101①：2（#3303；S1569）、H205②：50（#1120；S2197）、T007（#6084；S2490） 6. 石杵T2448⑥e：3（#5868；S1841） 7. 石臼G11：29（#8460；S2796）

在第一发掘区，大多数手石出于第4期遗存中。在探沟里，2件的年代为环壕的使用年代，1件出自环壕废弃后的年代（表13-18）。

表13-18 磨棒/手石分期表

比例 分期 类型	第一发掘区分期			探沟分期		总计
	不明（n=6）	3（n=1）	4（n=11）	T2（n=2）	T3（n=1）	
A（n=10）	14.29%	0.00%	33.33%	0.00%	0.00%	47.62%
B（n=4）	4.76%	4.76%	9.52%	0.00%	0.00%	19.05%
C（n=7）	9.52%	0.00%	9.52%	9.52%	4.76%	33.33%
总计（n=21）	28.57%	4.76%	52.38%	9.52%	4.76%	100.00%

除去标本G31：1（#7701；S3460）（由磨制及琢制而成）以外，其他磨棒/手石看起来是为了方便起见而选择了河卵石作为石料。主要的石材有花斑岩（29%）和砂岩（29%）。根据形态学的特征，磨棒和手石可以分为三型。

A型

有一个凸出的磨面，平面形状多不确定。侧面为椭圆形的4件，平凸形的3件，不规则形的1件，不确定的2件。一个使用面的6件，两个使用面的3件，不确定的1件。标本G31：1（#7701；S3460）是唯一完整的一件。它有显著的凸起磨面，两端均呈尖状。背部被琢制成圆弧形。边缘有清楚的纵向使用痕迹。其测量数据为11.0×4.0×3.6厘米，重220.5克。

B型

横断面呈三角形，而平面形制则不固定。3件有一个使用面，有两个使用面的为1件。2件标本磨面较平，2件磨面较凸。标本F59：1（#8122；S2972），完整，测量数据为5.3×2.9×2.6厘米，重49.7克。

C型

这一类均为不规则形状，磨面较平（5件仅有一个使用面，2件有两个使用面）。4件横断面呈不规则形，3件呈长方形。其中4件边缘有清楚的使用痕迹。完整标本平均尺寸见表13–19。

表13–19 各类型完整磨棒/手石的平均尺寸表

类型	长度（厘米）	宽度（厘米）	厚度（厘米）	重量（克）
A（n=1）	11	4	3.6	220.5
B（n=1）	5.3	2.9	2.6	49.7
C（n=7）	10.2	7.6	4.3	483.9

关于手石和磨棒的讨论

两城镇遗址以前的报告中也很少提及磨棒或者手石。大规模发掘的尹家城遗址只出了1件残破的A型磨棒（山东大学历史系考古专业教研室 1990:76），而附近的东海峪（山东省博物馆等 1976）、尧王城（佟 1998:559）和三里河遗址（佟 1998:559）并没有相关的报道。有人推断可能是石臼和石杵代替了磨盘和磨棒（曾 1985:69），然而，杵臼在两城镇和上述遗址中发现的也同样不丰富。如果这些工具是用来进行谷物加工的（曾 1985:69），那么其数量较少则可能意味着两城镇遗址很少进行谷物加工。或者两城镇的居民很可能使用了木制的臼和杵来加工谷物。如果谷物被完整蒸煮的话，那么我们就不要奢望能再找到大量的将谷物磨成粉的磨棒或者手石。

2．石杵

4件全部出自第一发掘区，均为完整器（图13–24）。

像磨棒一样，没有一件出于早期阶段。2件属于2期，1件属于4期，1件不确定。石料种类包括花岗岩、花斑岩、富含石英的卵石和砂岩。2件由小型的长条河卵石制成。其中3件石杵平面形态呈椭圆形，1件为不规则形。2件横断面为椭圆形，另2件为圆形。其中1件标本在其一端留有轻微的使用痕迹，表明其也可能作为石锤被少量使用过。其他标本末端弧突，可见经使用造成的明显痕迹。石杵的尺寸见表13–20。

如前所述，石杵被认为用来加工谷物。它们也可能被用来制备颜料。然而两城镇出土的石杵上没有观察到颜料的痕迹。早期阶段石杵（和磨棒）的缺乏可能暗示着，两城镇早期先民对于谷物加工不是十分依赖。当然也有可能是，诸如木头等易朽材质被用来制作杵。像磨盘和磨棒一样，石臼和石杵，在鲁东地区的龙山文化遗址中发现的并不多。尹家城曾出土1件破损的石杵（山东大学历史系考古专业教研室 1990:76）。

表13-20 石杵尺寸表

标本编号	长度（厘米）	宽度（厘米）	厚度（厘米）	重量（克）
H43：14（#4010；S163）	10.8	3.8	2.4	149.7
H122①：18（#3755；S1028）	8.8	3.6	3	141.5
T2448⑥e：3（#5868；S1841）	3.2	3	2.9	36.1
H403：6（#8140；S3168）	2.4	2	2.2	17
平均值	6.3	3.1	2.7	86.1
标准差	4.1	0.8	0.4	69.2

3．石臼

3件出于第一发掘区，1件出于探沟，全部完整（图13-24）。

在第一发掘区，2件石臼属于4期，1件属于1期。探沟出土的标本属于第2期，即壕沟的使用时期。2件由花岗岩制成，2件为砂岩质。其中3件石臼是双面使用的。从平面形状上看，2件呈不规则形状，1件为方形，1件为长方形。臼窝的测量数据为宽2～3、深2～4厘米。石臼的尺寸见于表13-21。

表13-21 石臼尺寸表

标本编号	长度（厘米）	宽度（厘米）	厚度（厘米）	重量（克）
#6027；S2528	5.6	5.3	1.7	74.4
G11：29（#8460；S2796）	9.2	5.8	4.7	316.2
H284①：11（#5742；S1779）	10.5	8.7	3.8	359.5
T2297⑥c：21（#8620；S2913）	5.8	4.2	2.7	111.6
平均值	7.8	5.9	3.2	215.4
标准差	2.5	1.9	1.3	143.3

（五）第五组：假定的皮革加工工具（依据微痕分析）

D形石拍

总计13件，6件出于第一发掘区，7件出于探沟。8件为完整器（图13-25）。在第一发掘区，大多数属于4期。在探沟里，有的与壕沟使用同期，也有的晚于环壕使用期（表13-22）。

这类工具主要由富含石英的沙滩卵石（46%）、花岗岩（15%）和流纹凝灰岩（15%）制作而成。距离最近的卵石产地应该就在附近的海滩。

石拍仅有一种类型。8件完整石拍如拳头般大小（表13-21）。平面上看，其中4件为三角形，4件呈半圆形，1件椭圆，1件长方形，1件圆形。侧面看9件为平凸形，其余为不规则形、椭圆形、长方形和不确定的。

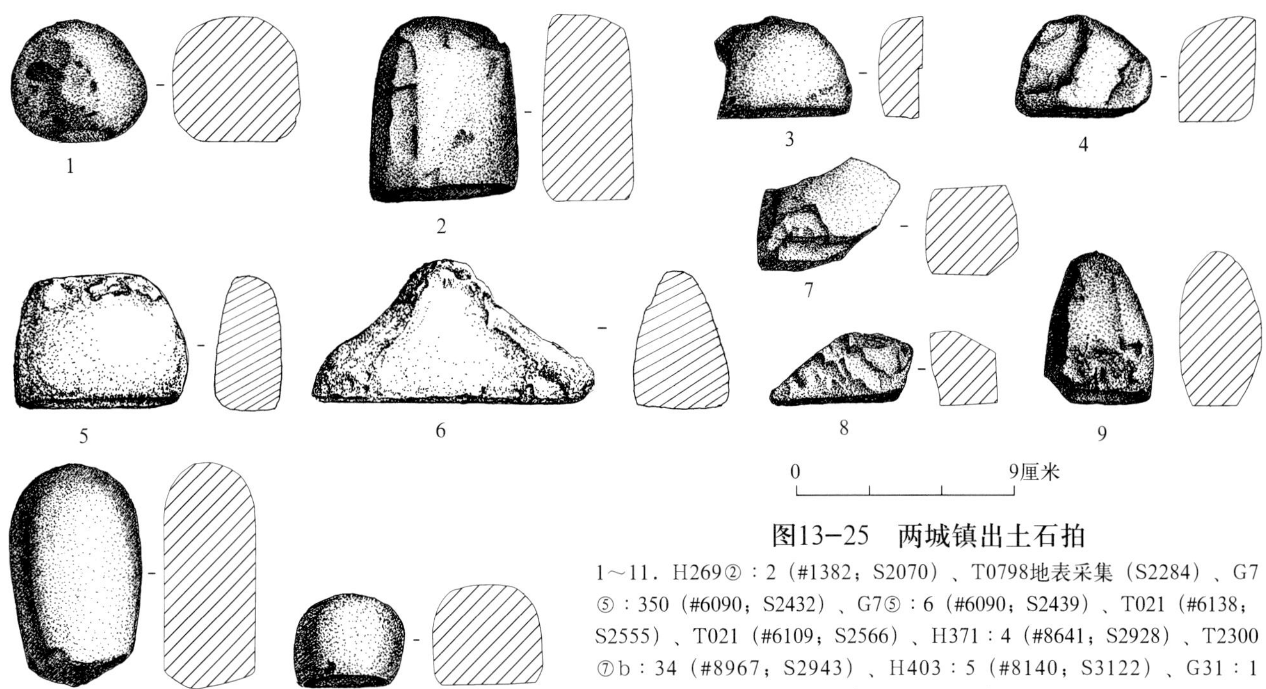

图13-25　两城镇出土石拍

1～11．H269②：2（#1382；S2070）、T0798地表采集（S2284）、G7⑤：350（#6090；S2432）、G7⑤：6（#6090；S2439）、T021（#6138；S2555）、T021（#6109；S2566）、H371：4（#8641；S2928）、T2300⑦b：34（#8967；S2943）、H403：5（#8140；S3122）、G31：1（#7705；S3455）、T1789（#9000；S3472）

表13-22　石拍分期表

比例　分期 类型	第一发掘区分期				探沟分期		总计
	不定（n=5）	2（n=1）	3（n=1）	4（n=3）	T2（n=2）	T4（n=1）	
石拍（n=13）	38.46%	7.69%	7.69%	23.08%	15.38%	7.69%	100.00%
总计	38.46%	7.69%	7.69%	23.08%	15.38%	7.69%	100.00%

关于石拍的讨论

大部分石拍（9件）主要是琢制而成。1件是打制及琢制兼施，1件是琢制及磨制兼施。它们被琢制呈一定的形状，以便于适合手掌抓握。所有石拍的平整工作面毫无疑问是磨制而成。其中5件表面有非常明显的明亮光泽。其他的7件表面有晦暗的光泽；而1件没有光泽，应该是还未被使用。

拍子的质地除石质以外，还有陶质的。其使用面包括平直及弧突两类。它们被认为与陶器生产有关系（曾 1985:72）。两城镇发现的拍子与尹家城（山东大学历史系考古专业教研室 1990:图55）发现的很相似，而与文德安文章中给出的河南省的几件有所不同（ Underhill 2002:图6.19）。那批拍子有一个蘑菇形的工作面，被认为是用来在陶器成型时衬垫所用（Underhill 2002:183）。两城镇出土的所有拍子都有一个非常平的工作面。基于石器微痕的证据，我认为两城镇遗址所出的大多石拍是用来进行皮革加工的（Cunnar 2007）。

（六）第六组：切割、刮削、舂捣类工具

1．砾石石刀

1件，出于第一发掘区（图13-26）。

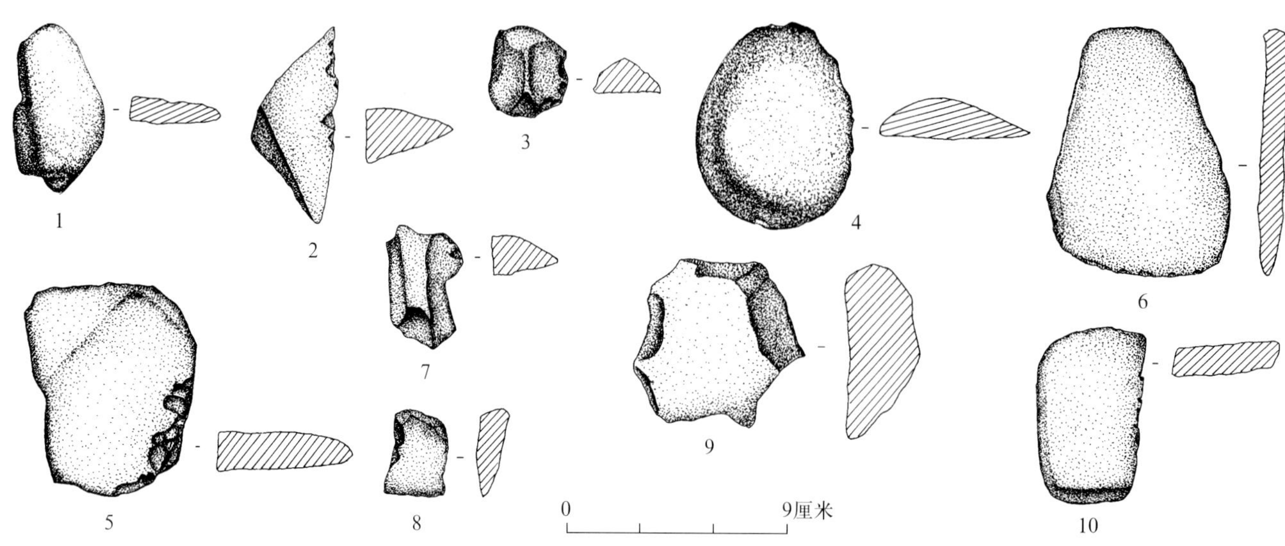

图13-26　两城镇出土砾石石刀与可用石片

1. 砾石石刀T2299⑦b：4（#8875；S3110）　2～10. 可用石片T2400（#3385；S1882）、T2447（#4546；S1938）、M22：4（#3857；S385）、F55：3（#8021；S2868）、H277：1（#3367；S1897）、T2400（#3358；S1920）、H209②：13（#4533；S1957）、T2350（#8363；S2762）、T2450（#1136；S2213）

标本T2299⑦b：4（#8875；S3110），是有天然刃缘的河卵石。这件工具属于第一发掘区的4期。它已被使用过，测量数据为6.6×3.6×2.1厘米。

2. 可用石片

18件，全部出于第一发掘区（图13-26、27）。

9件（50%）有使用痕迹的石片出于第4期堆积中。2件属于2期，1件属于3期。这些石片主要由几

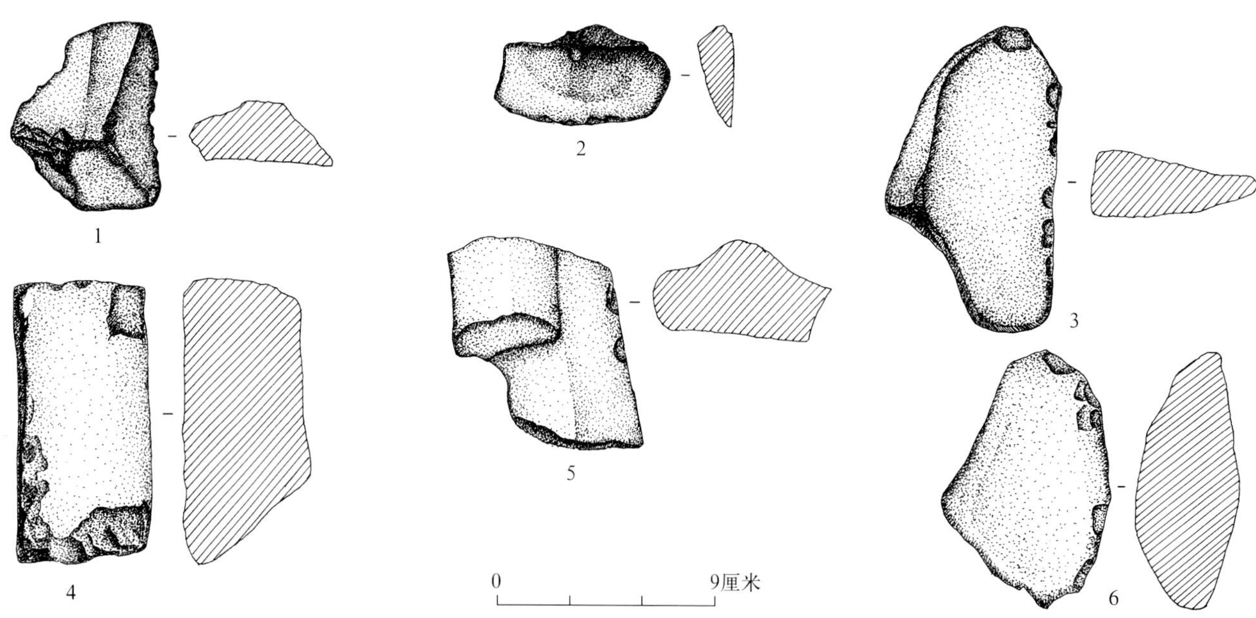

图13-27　两城镇出土可用石片与砾石砍砸器

1. 石片F54：55（#8720；S2902）　2～6. 砾石砍砸器H400：1（#8056；S3274）、T2347⑦b：20（#8139；S2787）、H416③：10（#8083；S3231）、F60：8（#8683；S3227）、T2350⑦b：20（#8446；S2755）

种坚硬的石料所制，包括花岗岩/花斑岩（33%）、石英（22%）和流纹凝灰岩（22%）。其种类包括2件微型石片、1件破碎石片和15件完整石片。平均尺寸为长5.9、宽4.3、厚1.7厘米，重55.5克。

这类工具从微痕来看，有清晰的刃部磨损。附近的其他龙山文化遗址还没有这类可用石片的报道。坚硬原材料的使用意味着其刃部比较耐用。标本S7（#70）是一个例外，它是两城镇发现的唯一的一件黑曜石制品，其为地表采集。目前在这一区域内还没有发现黑曜石产地。

3．双面砾石砍砸器

1件，出于第一发掘区（图13－27，3）。

标本T2347⑦b：20（#8139；S2787）是双面打制而成的砾石砍砸器，石质为石英粗面斑岩。这件完整的砍砸器出于2期堆积。测量数据为11.8×6.7×2.8厘米，重207.4克。

4．砾石砍砸器

总计33件，31件出于第一发掘区，2件出于探沟，32件完整（图13－27、28）。

大部分砍砸器（55%）属于第一发掘区的第4期，2期的占15%，1期的6%，期别不明的21%。1件来自于探沟中环壕建成后的第3期。64%的这类权宜性砍砸器是由河卵石和当地基岩制成。石料包括花岗岩/花斑岩（70%）、石英粗面斑岩（9%）和富含石英的卵石（6%）。砍砸器的平均尺寸如下：长10.1、宽6.6、厚4.4厘米，重80.9克（标准差为7.4）。

当时人们偏爱于选择当地可利用的大型、坚硬的石料。附近的龙山文化遗址还没有砍砸器的报道。这类砍砸器均没有经过有意识的修整，但它们都有清楚的使用痕迹。30%的砍砸器只在一个刃部使用。36%的两个刃部都有使用痕迹。16%的使用3个刃部。剩余的16%使用4～5个刃部。

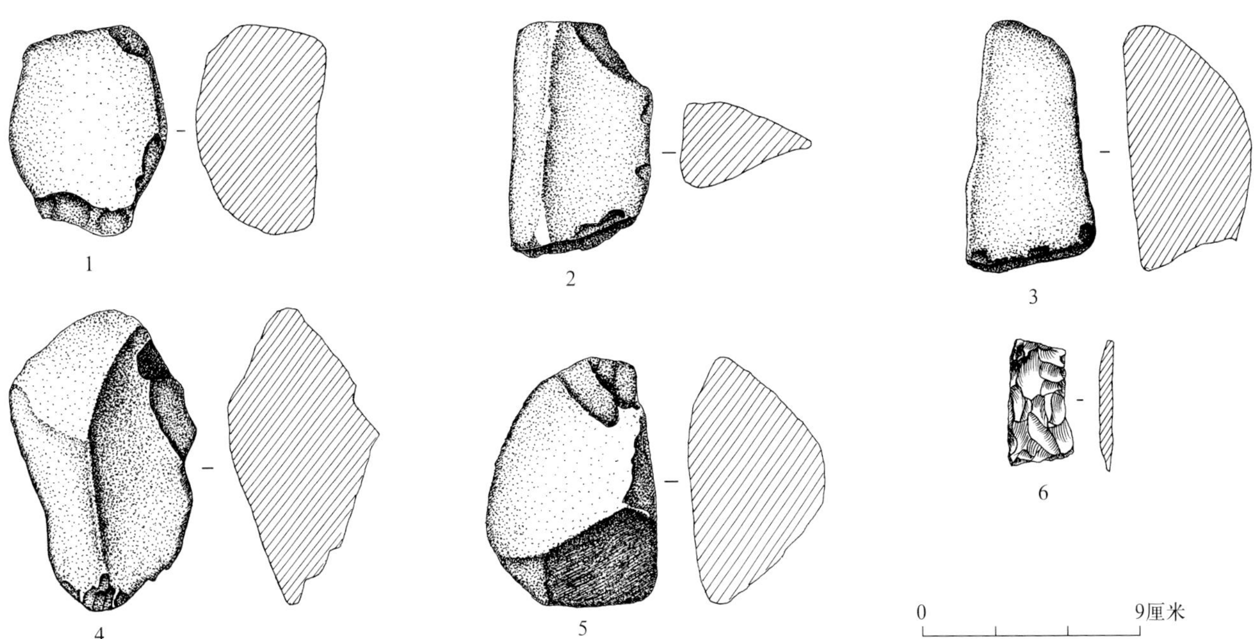

图13－28　两城镇出土砾石砍砸器与打制石刀

1～5．砾石砍砸器H381（#8447；S2932）、T2299⑦b：5（#8871；S3371）、H320④：7（#8209；S3161）、T2300⑥e：35（#8956；S2941）、T2450⑥b：23（#1141；S2242）　6．打制石刀T2298⑦b：4（#8767；S3250）

5．打制石刀

1件，不完整，出于第一发掘区（图13－28，6）。

标本T2298⑦b：4（#8767；S3250）是一件燧石打制的残断石刀，来自于第一发掘区的第4期。其一个边稍凸，另一边稍内凹。这件工具可能是由破损的抛射尖状器改制而成。刃部留有显著的使用痕迹。它的测量数据为4.9×2.6×0.7厘米，重9.7克。刃角为57°。

（七）第七组：与加工、制作石器相关的石制品

毛坯、素材、磨石、石锤、石钻、石锯、石核、石片、微型石片。

1．毛坯

总计209件，168件出于第一发掘区，41件出于探沟。101件完整（图13－29～34）。

大部分毛坯出于第一发掘区的第4期和探沟的第3期（表13－23）。

最常见的毛坯原料有流纹凝灰岩（19%）、绿泥角闪片岩（18%）、白云母凝灰岩（11%）、滑石片岩（10%）和花斑岩（8%）。关于不同类型毛坯的石料种类详见表13－24。这些毛坯中的大多石料与对应成品所鉴定出的石料基本一致。

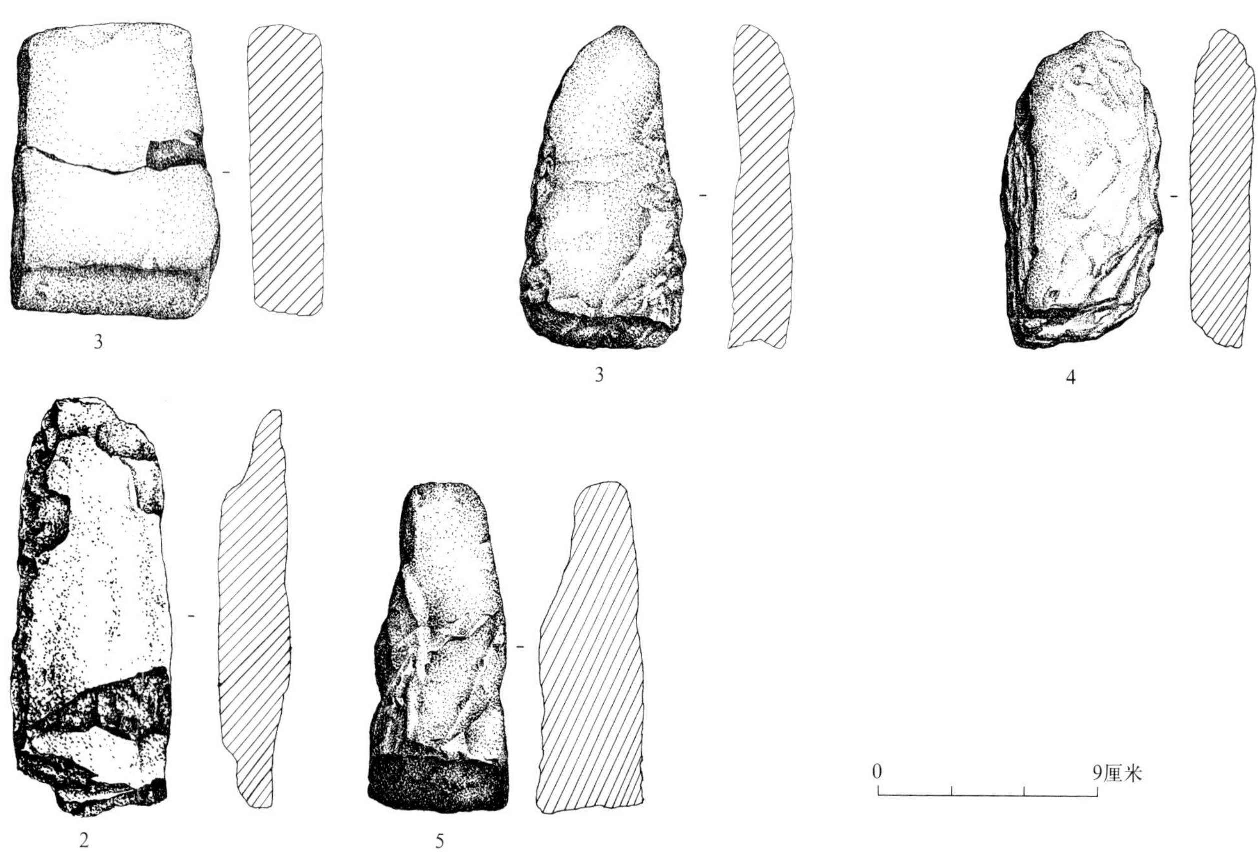

图13－29 两城镇出土石斧毛坯

1～5．T2399⑦b：12（#5689；S1752+S1788）、H215②：9（#3327；S1898）、H271①：3（#5635；S2018）、F54：11（#8224；S3343）、H259：13（#1366；S2038）

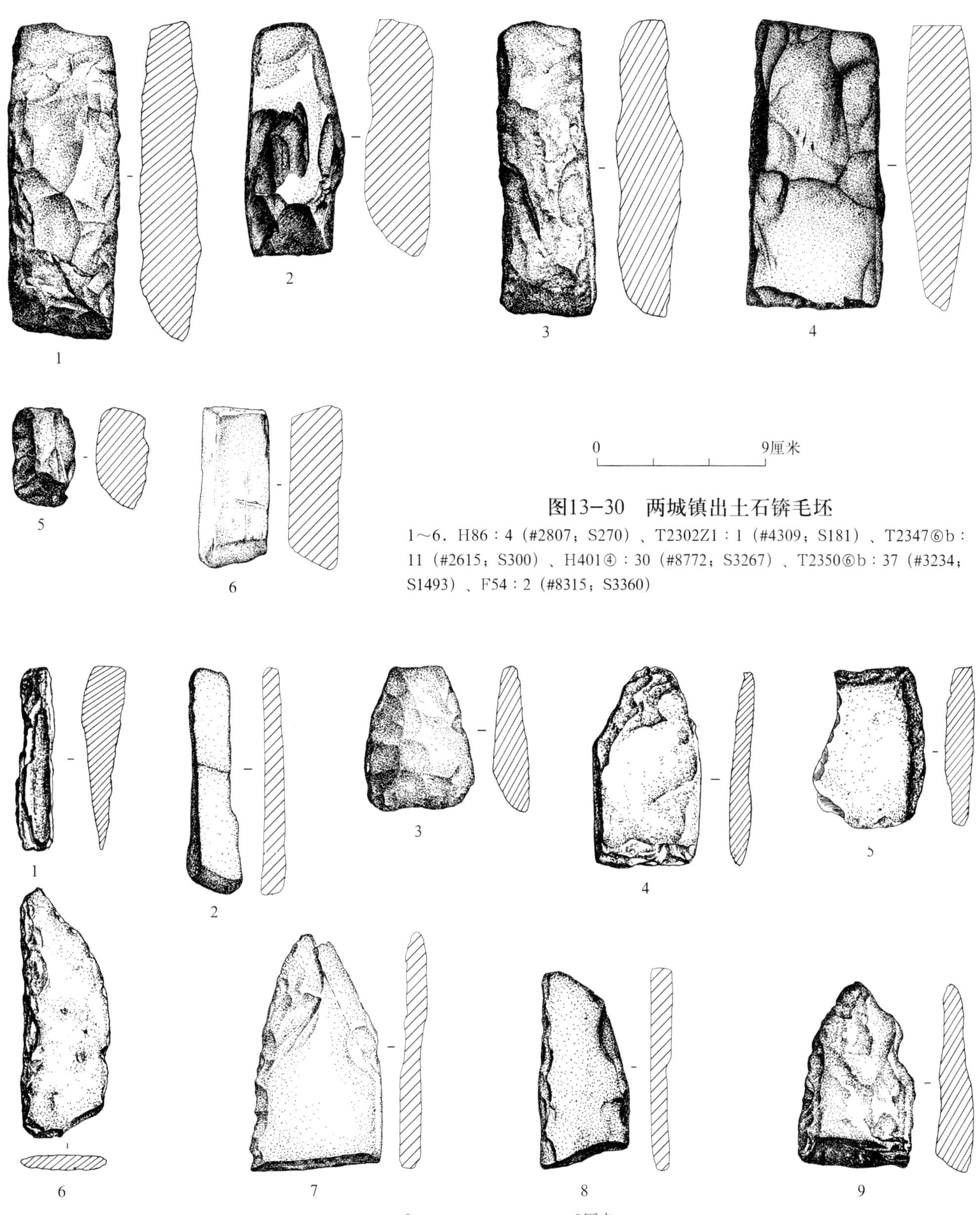

图13-30　两城镇出土石锛毛坯

1～6．H86：4（#2807；S270）、T2302Z1：1（#4309；S181）、T2347⑥b：11（#2615；S300）、H401④：30（#8772；S3267）、T2350⑥b：37（#3234；S1493）、F54：2（#8315；S3360）

图13-31　两城镇出土石器毛坯

1、2．小凿毛坯T2449⑦d：28（#5967；S2159）、H183：9（#5916；S2217）　3～5．石铲毛坯T2395⑥b：3（#1052；S1663）、T2445⑥b：4（#1351；S2082）、T2300（#8965；S3025）　6～8．石镰毛坯H101①：8（#3232；S430）、T2147（#1262；S431）、H118②：14（#3853；S1363）　9．石铲或石镰毛坯F54：52（#8721；S3068）

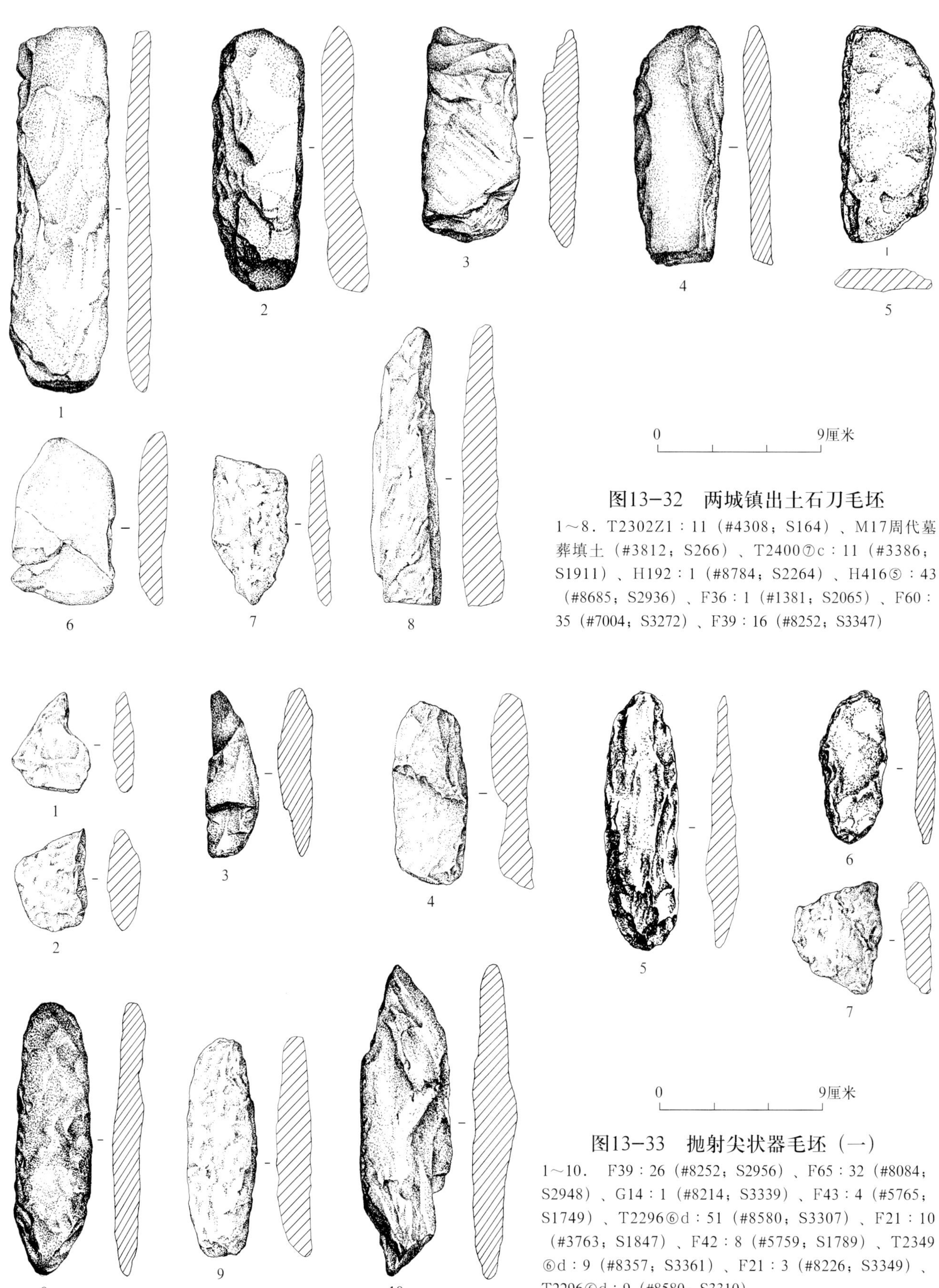

图13-32 两城镇出土石刀毛坯

1～8．T2302Z1：11（#4308；S164）、M17周代墓葬填土（#3812；S266）、T2400⑦c：11（#3386；S1911）、H192：1（#8784；S2264）、H416⑤：43（#8685；S2936）、F36：1（#1381；S2065）、F60：35（#7004；S3272）、F39：16（#8252；S3347）

图13-33 抛射尖状器毛坯（一）

1～10． F39：26（#8252；S2956）、F65：32（#8084；S2948）、G14：1（#8214；S3339）、F43：4（#5765；S1749）、T2296⑥d：51（#8580；S3307）、F21：10（#3763；S1847）、F42：8（#5759；S1789）、T2349⑥d：9（#8357；S3361）、F21：3（#8226；S3349）、T2296⑥d：9（#8580；S3310）

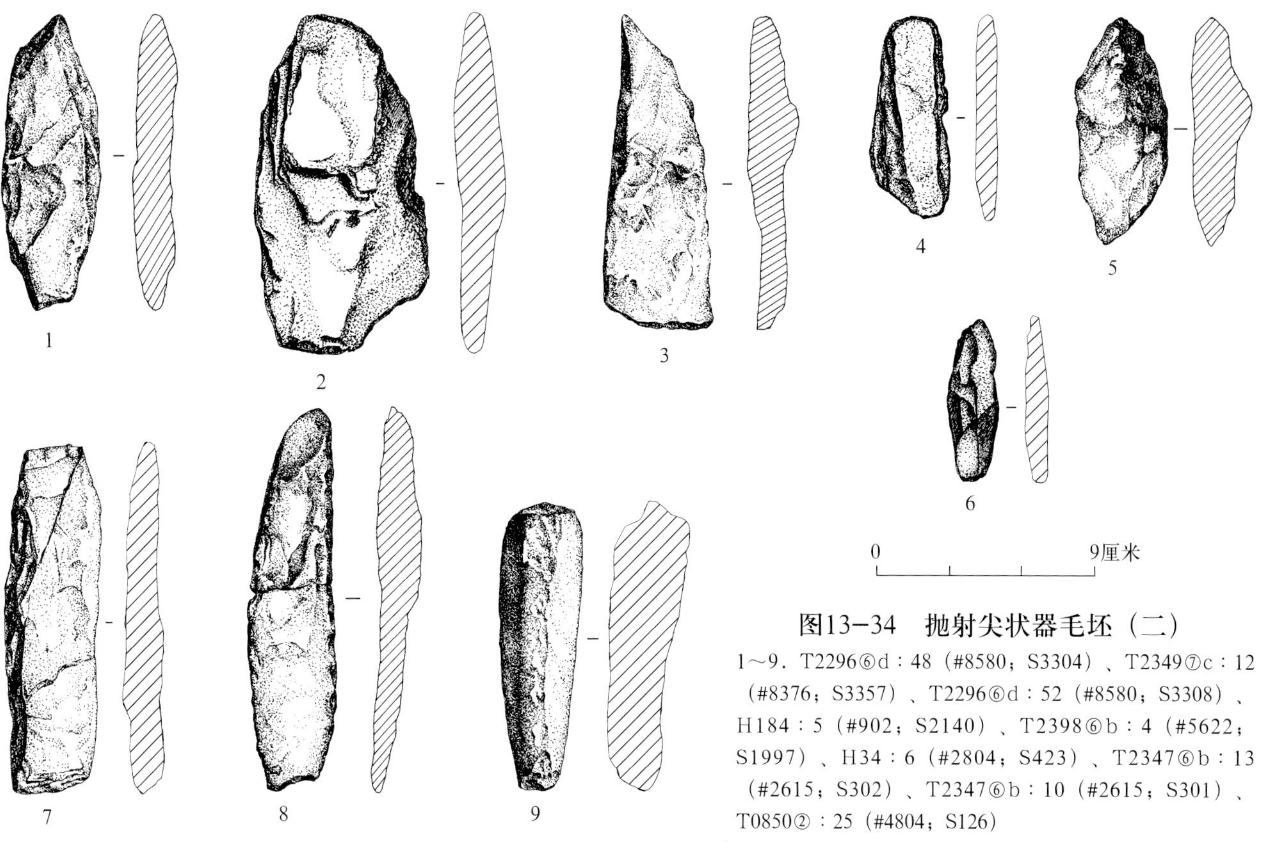

图13-34　抛射尖状器毛坯（二）

1～9．T2296⑥d：48（#8580；S3304）、T2349⑦c：12（#8376；S3357）、T2296⑥d：52（#8580；S3308）、H184：5（#902；S2140）、T2398⑥b：4（#5622；S1997）、H34：6（#2804；S423）、T2347⑥b：13（#2615；S302）、T2347⑥b：10（#2615；S301）、T0850②：25（#4804；S126）

表13-23　毛坯分期表

分期 / 比例 / 类型	第一发掘区分期					探沟分期			总计
	不明 (n=50)	1 (n=9)	2 (n=16)	3 (n=6)	4 (n=96)	T2 (n=7)	T3 (n=23)	T4 (n=2)	
石锛 (n=14)	2.87%	0.00%	0.48%	0.48%	1.44%	0.48%	0.96%	0.00%	6.70%
石斧 (n=12)	1.91%	0.00%	1.44%	0.48%	1.44%	0.48%	0.00%	0.00%	5.74%
小凿 (n=4)	0.00%	0.00%	0.00%	0.00%	1.44%	0.48%	0.00%	0.00%	1.91%
不明 (n=39)	3.83%	0.96%	0.96%	0.00%	10.53%	0.00%	2.39%	0.00%	18.66%
石刀 (n=63)	9.57%	0.96%	2.39%	0.48%	10.05%	1.44%	4.78%	0.48%	30.14%
尖状器 (n=54)	3.35%	2.39%	1.91%	0.96%	16.27%	0.00%	0.96%	0.00%	25.84%
石拍 (n=1)	0.00%	0.00%	0.00%	0.00%	0.48%	0.00%	0.00%	0.00%	0.48%
石铲 (n=4)	0.00%	0.00%	0.00%	0.00%	0.96%	0.48%	0.48%	0.00%	1.91%
石镰 (n=18)	2.39%	0.00%	0.48%	0.48%	3.35%	0.00%	1.44%	0.48%	8.61%
总计 (n=209)	23.92%	4.31%	7.66%	2.87%	45.93%	3.35%	11.00%	0.96%	100.00%

表13-24 毛坯的石料种类表

比例 毛坯 材质	毛坯种类									总计
	石锛	石斧	小凿	不明	石刀	尖状器	石拍	石铲	石镰	
闪岩 (n=2)	0.00%	0.00%	0.00%	0.00%	3.17%	0.00%	0.00%	0.00%	0.00%	0.96%
细晶花岗岩 (n=3)	0.00%	8.33%	0.00%	2.56%	1.59%	0.00%	0.00%	0.00%	0.00%	1.44%
玄武岩 (n=3)	7.14%	8.33%	0.00%	0.00%	0.00%	0.00%	0.00%	0.00%	5.56%	1.44%
黑云母片麻岩（n=1）	0.00%	0.00%	0.00%	0.00%	1.59%	0.00%	0.00%	0.00%	0.00%	0.48%
黑云母片岩 (n=9)	0.00%	0.00%	0.00%	0.00%	14.29%	0.00%	0.00%	0.00%	0.00%	4.31%
燧石 (n=1)	7.14%	0.00%	0.00%	0.00%	0.00%	0.00%	0.00%	0.00%	0.00%	0.48%
绿泥/角闪片岩 (n=38)	0.00%	8.33%	0.00%	2.56%	19.05%	44.44%	0.00%	0.00%	0.00%	18.18%
含绿帘石斑点的流纹花岗岩 (n=3)	0.00%	16.67%	0.00%	0.00%	1.59%	0.00%	0.00%	0.00%	0.00%	1.44%
花斑状角闪流纹岩 (n=1)	7.14%	0.00%	0.00%	0.00%	0.00%	0.00%	0.00%	0.00%	0.00%	0.48%
花斑状流纹岩（n=1）	0.00%	0.00%	0.00%	0.00%	0.00%	1.85%	0.00%	0.00%	0.00%	0.48%
花岗岩 (n=6)	0.00%	0.00%	25.00%	7.69%	1.59%	1.85%	0.00%	0.00%	0.00%	2.87%
花斑岩 (n=16)	21.43%	16.67%	0.00%	12.82%	9.52%	0.00%	0.00%	0.00%	0.00%	7.66%
角闪英安岩/流纹英安岩（n=1）	0.00%	0.00%	0.00%	2.56%	0.00%	0.00%	0.00%	0.00%	0.00%	0.48%
富含白云母的熔结凝灰岩 (n=23)	7.14%	0.00%	0.00%	35.90%	12.70%	0.00%	0.00%	0.00%	0.00%	11.00%
富钾质煌斑岩（n=4）	0.00%	16.67%	0.00%	2.56%	1.59%	0.00%	0.00%	0.00%	0.00%	1.91%
石英粗面斑岩（n=4）	0.00%	8.33%	0.00%	5.13%	1.59%	0.00%	0.00%	0.00%	0.00%	1.91%
石英/白云母千枚岩 (n=6)	0.00%	0.00%	0.00%	0.00%	4.76%	5.56%	0.00%	0.00%	0.00%	2.87%
石英岩 (n=1)	0.00%	0.00%	0.00%	0.00%	0.00%	0.00%	100.00%	0.00%	0.00%	0.48%

流纹花岗岩(n=6)	0.00%	0.00%	0.00%	10.26%	3.17%	0.00%	0.00%	0.00%	0.00%	2.87%
流纹凝灰岩(n=2)	14.29%	0.00%	0.00%	0.00%	0.00%	0.00%	0.00%	0.00%	0.00%	0.96%
砂岩(n=14)	7.14%	0.00%	0.00%	0.00%	19.05%	0.00%	0.00%	25.00%	0.00%	6.70%
粉砂岩(n=1)	0.00%	0.00%	0.00%	0.00%	0.00%	1.85%	0.00%	0.00%	0.00%	0.48%
滑石片岩(n=22)	0.00%	0.00%	0.00%	0.00%	1.59%	38.89%	0.00%	0.00%	0.00%	10.53%
流纹质熔结凝灰岩(n=40)	28.57%	16.67%	75.00%	17.95%	3.17%	3.70%	0.00%	75.00%	94.44%	19.14%
白云母板岩(n=1)	0.00%	0.00%	0.00%	0.00%	0.00%	1.85%	0.00%	0.00%	0.00%	0.48%
总计(n=209)	100.00%	100.00%	100.00%	100.00%	100.00%	100.00%	100.00%	100.00%	100.00%	100.00%

关于石器毛坯的讨论

这里使用的术语“毛坯”和“素材”是依据了Crabtree的定义（Crabtree 1972:42, 85）。素材没有被加工改变的痕迹，然而它们与不同种类工具的尺寸和形态十分接近，可能被收集起来用于石器制作。毛坯在某种层面上可被看作因琢、打、磨或者三者兼施而使其形态发生改变的素材。

至于毛坯的分类，主要依据它们的尺寸、形态和材质。许多毛坯的形状不规则，这是因为它们还需要进一步琢制和/或打制以便为磨制做准备。许多毛坯较为残破，可能暗示其是在石器生产过程中被人为丢弃。毛坯的横断面有助于确定它们的种类。两端尖和椭圆形双尖形状的很可能是抛射尖状器的毛坯。披针状的可能属于石斧、抛射尖状器和石镰的毛坯。具有长方形横断面的很有可能属于石锛。

所有的毛坯都经过打片、琢制或者磨制。而大部分只是打制和琢制。虽然许多工具具有打制的痕迹，但看起来打制区域十分有限，并且打制时可能也非常小心。石锛和石镰不能有较大幅度的琢打，因为在节理发育的流纹岩上琢制而不使它破裂非常难以做到。在石镰、石锛和抛射尖状器上存在打制痕迹，但十分轻微，这些工具是由较软的片岩（抛射尖状器）或者熔结流纹岩（石锛、石镰）制成的。许多工具还没有进行最后一道磨制或者抛光的工序，这可能是毛坯在加工过程中失败所致，当然也可能是由其低劣的属性而导致被弃。

两城镇出土的大量毛坯说明，石刀、抛射尖状器、石镰、石锛和石斧制作是在遗址内完成的，或者说至少最后阶段的制备应该在遗址内进行。这一认识的佐证是在遗址中发现了与石器制备相关的磨石和微型石片。在这一地区其他的龙山文化遗址中没有发现如此大量的典型石器毛坯，我确信这是考古发现的偶然性所致，而不是因为当时人们不使用这些工具。诸如毛坯、磨石断块和权宜性石锤等这样的石器加工工具，没有经过专门石器分析训练的人很难识别出来。尤其当它们的表面被泥土覆盖时，更难与天然的石头区分开来。

山东中南部的尹家城龙山文化遗址出土了236件工具（山东大学历史系考古专业教研室 1990），但未提及石器毛坯，只是报道了1件磨石。其报告介绍了1件石镰，但看上去应是一件石镰毛坯（山东大学历史系考古专业教研室 1990:图53）。与此相似的是，附近东海峪遗址的发掘报告也没有提及石器毛坯和磨石的情况。总体而言，关于石器毛坯的报道还十分少见。

石器加工制作在第4期非常明显，虽然这可能是由于两城镇最晚阶段存在更多的房址和人口，至少在第一发掘区是如此。但是，一个重要的问题不得不提出来，即这些工具的实际生产制作是全部发生在发掘区域内，还是从其他地方运来毛坯？为回答此问题，一种解决方法是检测石片和微型石片。另一种方法是检测石器毛坯，并判断它们在制作过程中是否发生了破损。另一种原地制作的有力证据是可拼合的破损毛坯的发现，这样的石器毛坯有6例。

113件石器毛坯在前期的打制及琢制阶段就已破裂。这就有力地证明了遗址中确实存在工具的原地制作。16件石镰在打制及琢制的过程中发生破裂，这一较高的百分比十分重要，因为这清楚地表明当地可用的流纹岩石材质地非常差。这就强烈要求先民们应选择不需大量打片的石器素材，这同时也可以解释发掘区内打制石片十分少见的状况。未破损的石器毛坯可能因为诸如石料缺陷、尺寸不对或者加工困难等而遭到丢弃。

依据模拟实验以及从很多燧石石器打制专家处（比如 Errett Callahan）所接受到的正规训练，我能够判断出石器工具是如何发生破裂的，也可以判定哪些毛坯仍然可以用来制作成工具。大部分毛坯（105件）在发生破裂后就停止对其再加工，75件破裂后仍然可以用来制成工具。其他的破裂毛坯也可能被使用，但最后的结果可能是生产出一件形状或者性能不典型的工具。在所有209件石器毛坯中，32件因为原料有瑕疵而被舍弃不用，100件毛坯看似可以被继续加工。然而，它们可能因为很难言明的诸如尺寸或者颜色偏好等而被舍弃。

2．素材

总计141件，114件出于第一发掘区，27件出于探沟。

大多数素材发现于第一发掘区的第4期和探沟的第2、3期（表13-25）。

表13-25　素材的分期和所代表的石器类型表

分期/比例/素材所代表的石器类型	第一发掘区分期					探沟分期		总计
	不明 (n=24)	1 (n=6)	2 (n=15)	3 (n=4)	4 (n=76)	T2 (n=7)	T3 (n=9)	
石锛（n=35）	3.55%	0.71%	4.26%	0.71%	13.48%	0.00%	2.13%	24.82%
石锛或斧（n=6）	0.00%	0.00%	1.42%	0.00%	2.84%	0.00%	0.00%	4.26%
石锛或小凿（n=2）	0.00%	0.00%	0.00%	0.00%	1.42%	0.00%	0.00%	1.42%
石斧（n=4）	2.13%	0.00%	0.71%	0.00%	0.00%	0.00%	0.00%	2.84%
打磨/抛光石器（n=1）	0.00%	0.00%	0.00%	0.00%	0.71%	0.00%	0.00%	0.71%
小凿（n=16）	1.42%	0.71%	1.42%	0.00%	4.26%	2.84%	0.71%	11.35%
小凿或凿（n=8）	1.42%	0.00%	0.71%	0.00%	2.84%	0.71%	0.00%	5.67%
手石（n=3）	0.71%	0.00%	0.00%	0.00%	0.00%	0.00%	1.42%	2.13%
石刀（n=41）	5.67%	1.42%	1.42%	0.00%	17.73%	0.71%	2.13%	29.08%

砾石石刀（n=20）	0.71%	0.71%	0.71%	2.13%	9.22%	0.71%	0.00%	14.18%
石铲（n=3）	0.71%	0.71%	0.00%	0.00%	0.71%	0.00%	0.00%	2.13%
石镰（n=2）	0.71%	0.00%	0.00%	0.00%	0.71%	0.00%	0.00%	1.42%
总计（n=141）	17.02%	4.26%	10.64%	2.84%	53.90%	4.96%	6.38%	100.00%

石料类型主要是流纹质熔结凝灰岩（28%）和花岗岩（59%）。

关于素材的讨论

两城镇地区任何一个遗址都还没有过石器素材的报道。素材上没有被加工过的痕迹。那些破裂的素材可能是在石锤打击测试抑或是偶然掉落所致。我们利用龙山文化先民所用石材模拟制作了很多石器，并完成了遗址所出全部石器的形制分析。以此为基础，能够推断出不同素材将要会被加工成何种工具。我的推断主要是建立在素材尺寸和石材种类的基础之上。大多数素材是用来加工石锛、石刀、权宜性砾石石刀/刮削器和石凿（表13－25）。为了更好理解为什么这些素材会被舍弃，我从燧石剥片的视角对它们进行了观测。在观测中依据有关各种石器类型的知识、石料的剥片能力和原材料瑕疵的存在等因素。将素材的好坏分成了从1至10的不同等级，其中10级代表素材质量最高，1级最差，肯定会被丢弃不用（表13－26）。大部分（54%）素材看起来是因为尺寸的不适合而被丢弃，比如尺寸太小或者想要的形状不能够制作。再者，素材在关键部位破裂或者不小心掉落抑或用石锤首次打击时就发生了破碎，发生这些情况时素材也会被丢弃，这类比例约占10%。由于材质本身缺陷而导致的丢弃行为最少，约占4%。我认为素材中的32%还可以继续加工成它们被定位的器形。

表13－26　石器素材品质和舍弃原因之分级表

等级（10代表最好）	舍弃原因				总计（n=141）
	破裂（n=14）	原料缺陷（n=6）	尺寸/形状问题（n=76）	继续加工（n=45）	
1	6.38%	2.13%	9.22%	0.00%	17.73%
2	3.55%	2.13%	35.46%	0.71%	41.84%
3	0.00%	0.00%	7.09%	3.55%	10.64%
4	0.00%	0.00%	1.42%	7.80%	9.22%
5	0.00%	0.00%	0.00%	10.64%	10.64%
6	0.00%	0.00%	0.71%	5.67%	6.38%
7	0.00%	0.00%	0.00%	2.13%	2.13%
8	0.00%	0.00%	0.00%	1.42%	1.42%
总计	9.93%	4.26%	53.90%	31.91%	100.00%

这些素材的存在很好地说明石器制作的所有阶段都发生在遗址内，至少可以说素材所代表的石器种类是在遗址内加工完成的。再加上上述众多毛坯的发现，使我们有理由相信，在两城镇遗址中，石器制作十分频繁。

3．磨石

共计927件，836件出于第一发掘区，91件出于探沟。58件完整（图13–35～37）。

第一发掘区内所有期段都有磨石断块发现，但在第4期时更为常见。在探沟中，第三期出土的磨石断块最多（表13–27）。

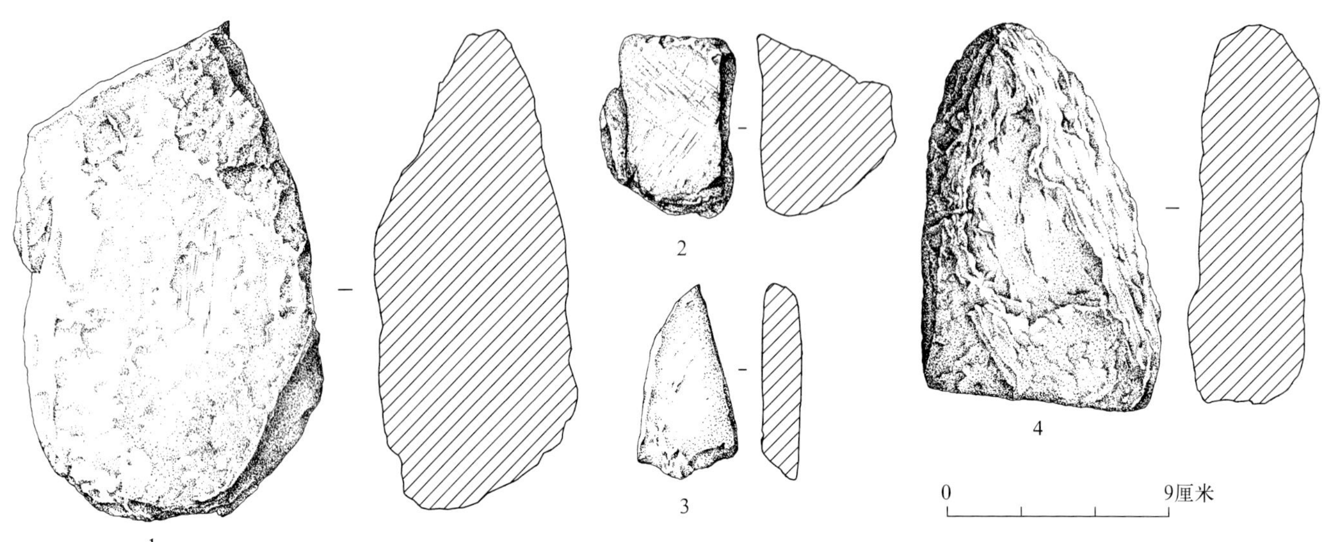

图13–35　两城镇出土磨石（一）

1～4．F39：33（#8262；S3190）、F39：32（#8262；S2971）、F43：3（#5765；S1799）、F39：34（#8776；S3191）

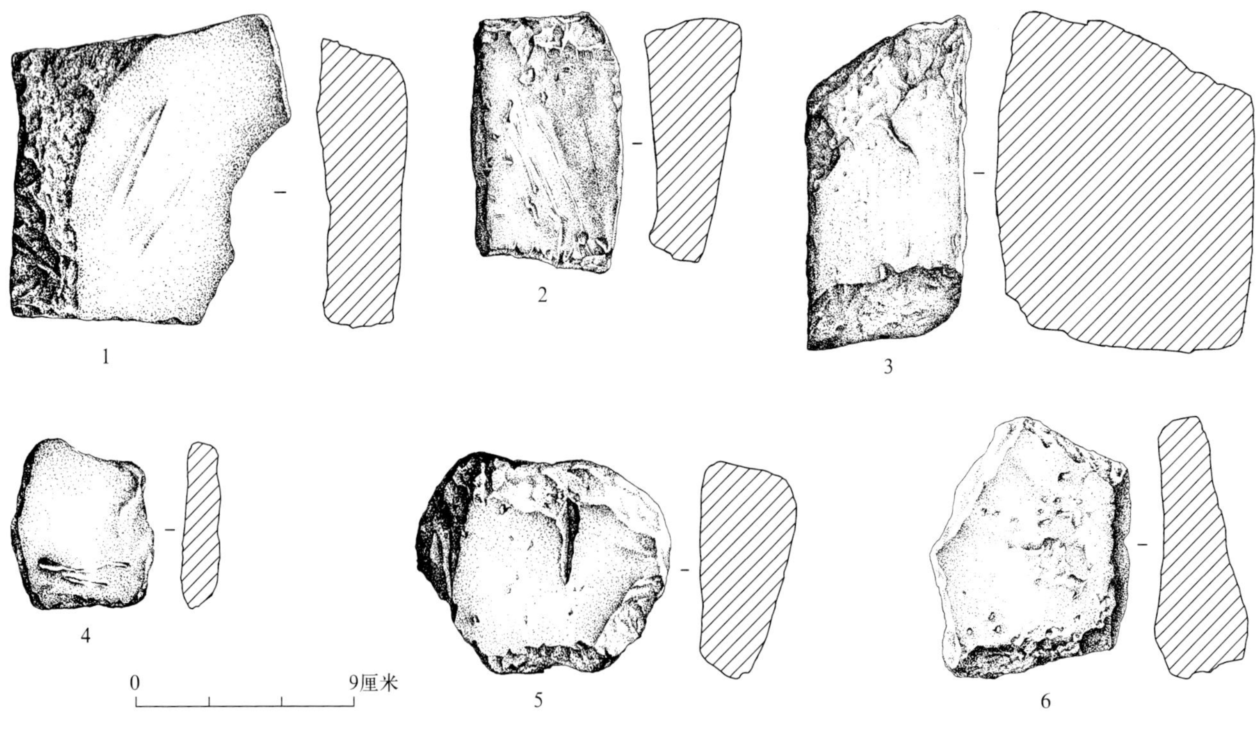

图13–36　两城镇出土磨石（二）

1～6．F60：17（#7003；S3298）、H49①：6（#1050；S1702）、F54：14（#8723；S3270）、F39：6（#5658；S2010）、F54：1（#8741；S3362）、F42：10（#5940；S2148）

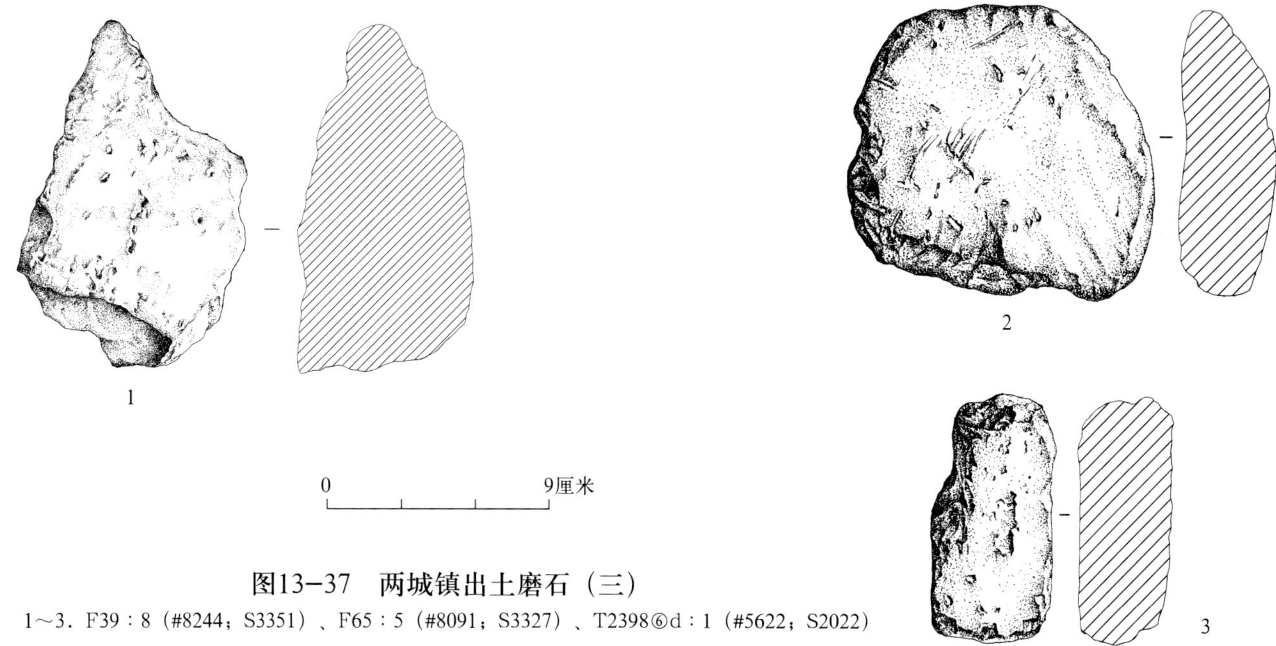

图13-37　两城镇出土磨石（三）

1～3. F39：8（#8244；S3351）、F65：5（#8091；S3327）、T2398⑥d：1（#5622；S2022）

表13-27　磨石材质类型和分期表

比例 分期 材质	第一发掘区分期					探沟分期			总计
	不定(n=261)	1(n=42)	2(n=98)	3(n=44)	4(n=401)	T2(n=33)	T3(n=45)	T4(n=3)	
闪岩（n=1）	0.00%	0.00%	0.00%	0.00%	0.11%	0.00%	0.00%	0.00%	0.11%
细晶花岗岩（n=6）	0.00%	0.00%	0.00%	0.11%	0.43%	0.11%	0.00%	0.00%	0.65%
闪长玢岩（n=1）	0.00%	0.00%	0.11%	0.00%	0.00%	0.00%	0.00%	0.00%	0.11%
花斑状角闪流纹岩(n=2)	0.00%	0.00%	0.11%	0.00%	0.11%	0.00%	0.00%	0.00%	0.22%
花斑状流纹岩（n=6）	0.00%	0.00%	0.22%	0.11%	0.32%	0.00%	0.00%	0.00%	0.65%
花岗岩（n=34）	1.29%	0.76%	0.32%	0.22%	1.08%	0.00%	0.00%	0.00%	3.67%
花斑岩（n=124）	1.62%	1.62%	2.05%	1.51%	6.26%	0.22%	0.11%	0.00%	13.38%
角闪闪长岩（n=1）	0.00%	0.00%	0.11%	0.00%	0.00%	0.00%	0.00%	0.00%	0.11%
富含白云母的熔结凝灰岩（n=3）	0.00%	0.11%	0.11%	0.00%	0.11%	0.00%	0.00%	0.00%	0.32%
富钾质煌斑岩（n=2）	0.00%	0.22%	0.00%	0.00%	0.00%	0.00%	0.00%	0.00%	0.22%
石英粗面斑岩（n=4）	0.00%	0.00%	0.11%	0.11%	0.11%	0.00%	0.11%	0.00%	0.43%
流纹花岗岩（n=6）	0.00%	0.00%	0.00%	0.00%	0.54%	0.00%	0.11%	0.00%	0.65%
砂岩（n=735）	25.13%	1.83%	7.44%	2.70%	34.09%	3.24%	4.53%	0.32%	79.29%
流纹质熔结凝灰岩(n=2)	0.11%	0.00%	0.00%	0.00%	0.11%	0.00%	0.00%	0.00%	0.22%
总计（n=927）	28.16%	4.53%	10.57%	4.75%	43.26%	3.56%	4.85%	0.32%	100.00%

磨石材质主要为砂岩（79%）和当地出产的花岗岩/花斑岩（17%）。

确定一件磨石是否完整是相当困难的事情。一般说来，无论磨石是单面使用还是双面使用，如果其具有所有的侧边边缘，那么这就被称作一件完整的磨石。表13-28列出了完整磨石的尺寸和断块的平均尺寸。遗址中所出的几件大型砂岩磨石，其平均长度也只有13厘米。大型磨石稀缺可能与重量及石材产地较远等因素有关（Renfrew 1977a; Renfrew et al. 1968）。实地开展的地质调查显示，所有的磨石原料产地距离两城镇遗址都超过了20千米（Cunnar 2007）。

表13-28 磨石尺寸表

尺寸	类型	
	完整磨石	断块
长度（厘米）	12.7	5.9
标准差	8.3	3.6
宽度（厘米）	8	4.4
标准差	5.4	2.6
厚度（厘米）	4.4	2.6
标准差	4	13.3
重量（克）	1183.8	160.9
标准差	3189.2	633

关于磨石的讨论

一般来说，我们所能发现的大多数磨石都是那些磨损到不能再用的边缘断块或者平凹状磨石的中部残块（Adams 1997:103）。两城镇遗址中只有6%的磨石是完整的。541件（58%）是边缘断块，298件（32%）为中部残块。很明显它们与其他新石器时代遗址发现的浅盆形磨盘或有足磨盘有很大不同（曾 1985:68-69）。看起来两城镇的磨石应该是一种权宜性工具，应是先民将大块的砂岩石块带到遗址内然后加工而成。

磨石用到磨损耗尽为止，而剩下的残块被制成更为小型的磨石和有槽磨石。在我的模拟实验中，我用掉了许多砂岩磨石，它们与龙山文化居民所用的材质相同。在石器制作过程中，磨石的磨蚀速率被很好的记录下来。模拟实验中磨石残留的侧边和破损的小碎块与两城镇出土的这类石制品十分相似。模拟实验与考古发掘中都存在较多双面使用的磨石中部以及边缘断块，并且都比较薄。

在两城镇地区，磨石并不经常被报道。尹家城遗址发掘出土了一件标本，形态为长方形，一端较为圆钝（山东大学历史系考古专业教研室 1990:76）。而由我们此次分析的数据来看，在遗址中磨石制作随时间的变化有一个大的增长趋势。这种情况可能是由于考古发掘的偶然性所致或者代表了石器更为普及。当然还有一种不太可能的解释，即此种情况表明了谷物加工的增长。我认为最为可信的解释还是其代表了石器加工的普遍增加。附近的龙山文化遗址还没有关于标准磨石的报道（佟 1998）。

我们对遗址所出的磨石进行了微痕分析。通过分析，我认为磨石主要是用来进行石器制作而并非谷物加工。与磨石数量众多相比，谷物加工需配套使用的手石和磨棒则非常缺乏。因此少量破损的手石和磨棒断块与磨石之间应没有直接的关联。磨棒的相对缺乏说明这些磨石主要并不是用作进行谷物加工。经过观察发现11件磨石表面留有琢制痕迹，这可能是通过琢制来增加磨面的粗糙程度，从而提高磨制效率的。这种行为也可在世界其他地区的同类石器上观察到（Adams 1997:42）。

大量的石器毛坯、与磨制活动相关的微型石片以及石器加工工具的发现表明，在遗址中确实发生过石器的磨制行为。在我的实验中，砂岩表面因磨制石器而变得异常光滑。两城镇出土的许多磨石表面也表现出类似的特征。

4．石锤

总共50件，45件出于第一发掘区，5件出于探沟。39件完整（图13–38）。

石锤在第一发掘区的各期中都有发现，但在第4期特别流行。在探沟中，有2件发现于环壕修建后的第3期（表13–29）。

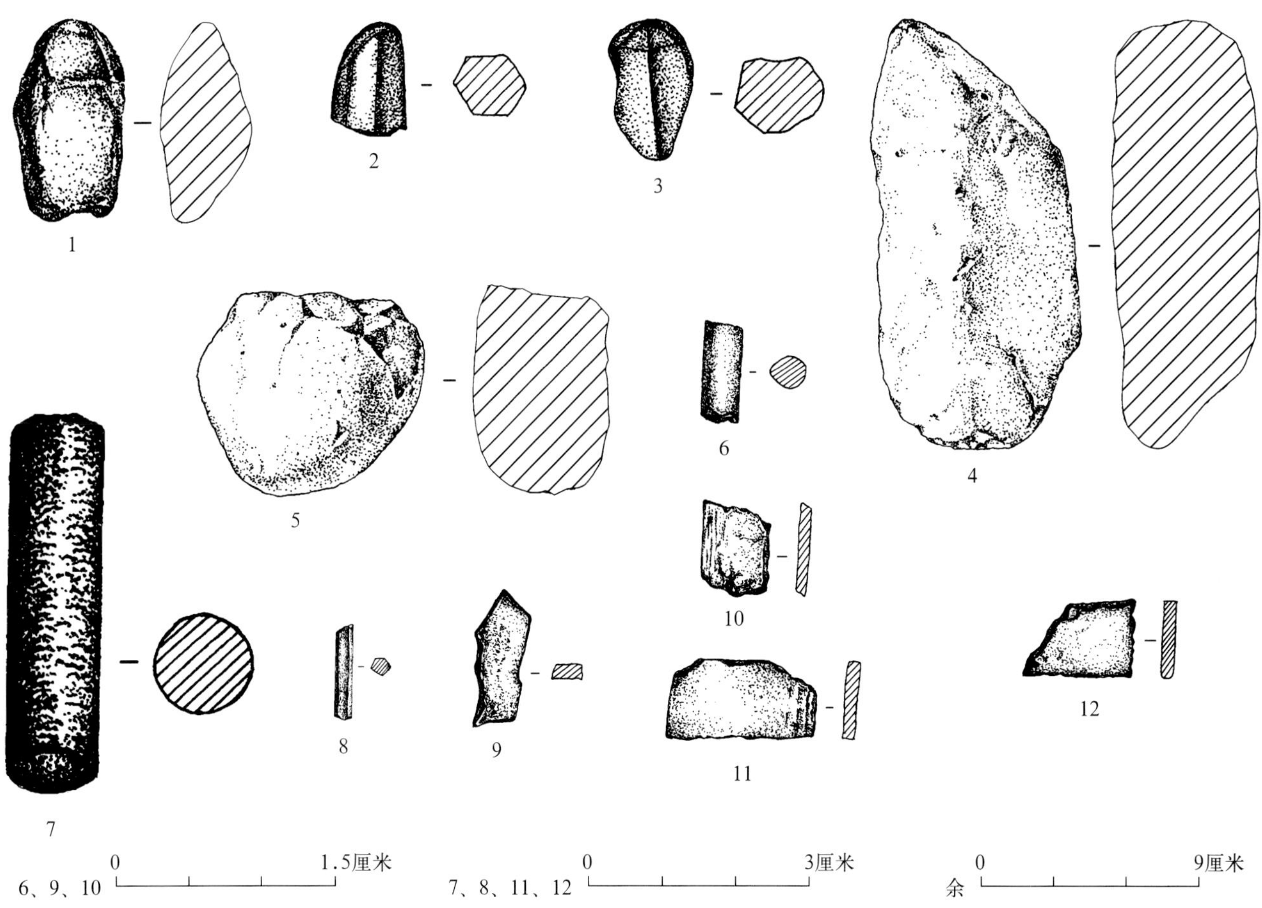

图13–38　两城镇出土石器

1～5．石锤T2349⑥b：21（#3107；S1741）、F65：35（#8150；S2962）、T2348⑦a：5（#8235；S3216）、F54：49（#8821；S2870）、F54：46（#8016；S3413）　6、7．石钻芯T021（#6128；S3539）、T2399⑥a：16（#5703；S2287）　8、9．石钻头F74（#6128；S3538）、H193：4（#5917；S3534）　10～12．石锯T021（#6128；S3535）、T021（#6128；S3537）、T021（#6128；S3536）

表13-29 石锤石料和分期表

比例 分期 材质	第一发掘区分期					探沟分期	总计（n=50）
	不明（n=13）	1（n=3）	2（n=5）	3（n=3）	4（n=24）	T3（n=2）	
细晶花岗岩（n=1）	2.00%	0.00%	0.00%	0.00%	0.00%	0.00%	2.00%
花斑状流纹岩（n=1）	0.00%	0.00%	2.00%	0.00%	0.00%	0.00%	2.00%
花岗岩（n=6）	0.00%	2.00%	2.00%	0.00%	6.00%	2.00%	12.00%
花斑岩（n=17）	6.00%	0.00%	4.00%	2.00%	22.00%	0.00%	34.00%
富含白云母的熔结凝灰岩（n=3）	4.00%	0.00%	0.00%	0.00%	2.00%	0.00%	6.00%
富钾质煌斑岩（n=1）	0.00%	0.00%	0.00%	0.00%	2.00%	0.00%	2.00%
石英（n=7）	6.00%	2.00%	0.00%	2.00%	4.00%	0.00%	14.00%
石英粗面斑岩（n=4）	0.00%	0.00%	0.00%	2.00%	4.00%	2.00%	8.00%
富含石英的海滩卵石（n=5）	8.00%	2.00%	0.00%	0.00%	0.00%	0.00%	10.00%
石英岩（n=3）	0.00%	0.00%	2.00%	0.00%	4.00%	0.00%	6.00%
流纹花岗岩（n=1）	0.00%	0.00%	0.00%	0.00%	2.00%	0.00%	2.00%
流纹质熔结凝灰岩（n=1）	0.00%	0.00%	0.00%	0.00%	2.00%	0.00%	2.00%
总计（n=50）	26.00%	6.00%	10.00%	6.00%	48.00%	4.00%	100.00%

石锤是由坚硬的材料，如花岗岩/花斑岩等制成。20%的石锤来自于比较圆钝的卵石，它们可能来自14千米远的海滩。62%的石锤是由带有棱角的卵石制成，它们可能来自附近的河沟。剩下的18%是由本地出产的基岩块制成的权宜性石锤。5件石锤是由大块石英晶体制成，并具有明显的琢制痕迹（图13-38，1～3）。完整石锤的平均尺寸为长9.4、宽5.4、厚3.8厘米，重314.5克。

关于石锤的讨论

石锤的存在很好的说明了遗址上曾进行过打制以及琢制这类石器制作初始阶段的行为，这类行为都是发生在对石器毛坯进行磨制之前。在山东东部地区的遗址中，石锤发现较少。

48%的石锤有较多的打击痕迹（多于20次打击而成）。剩余的石锤只有轻微至中等程度的打击。痕迹54%的石锤有多处使用区域，这暗示它们不是权宜性工具。

5．石钻及废料

共4件，2件出于第一发掘区，2件出于探沟，皆完整（图13-38，6～9）。

1件钻头断块发现于第一发掘区的第4期，1件钻头断块和1件钻芯发现于探沟的最晚阶段（表13-30）。

表13-30　钻头及相关遗存表

编　号	分　期	类型	石　料	长度（毫米）	宽度（毫米）	厚度（毫米）	重量（克）
T2399⑥a：16（#5703；S2287）	不明（第一发掘区）	钻芯	白云母板岩	34.55	8.05	8.05	3
F74（#6128；S3538）	探沟T4	钻头	流纹质熔结凝灰岩	9.08	2.09	2.33	0.069
H193：4（#5917；S3534）	第一发掘区 4期	钻头	软玉	0.6	0.25	1	0.25
T021（#6128；S3535）	探沟T4	钻芯	绿泥/角闪片岩	5.8	2.2	2.2	0.051

关于石钻的讨论

钻头及钻芯的发现证明了遗址中发生过钻孔行为。而这样的证据在附近的龙山文化遗址中还没有被报道过。钻芯是管钻过程中被移除掉的部分，它们大体上与所用钻管的内径相吻合。所有这些细小的生产工具都是在浮选过程中被发现。在被高倍放大时，2件钻头断块上都可看到清楚的使用痕迹。

6．石锯

共4件，1件出于第一发掘区，3件出于探沟。1件完整（图13-38，10～12）。

多数石锯发现于探沟（表13-31）的最晚阶段（T4）。

表13-31　石锯及相关遗存表

编　号	分　期	类型	石　料	长度（毫米）	宽度（毫米）	厚度（毫米）	重量（克）
T2049⑥b：27（#1656；S1486）	不明（第一发掘区）	石锯	流纹质熔结凝灰岩	54.7	50.5	2.2	10
T021（#6128；S3535）	探沟T4	石锯	软玉	3	2	0.5	0.3
T021（#6128；S3536）	探沟T4	石锯	绿泥/角闪片岩	10.34	6.59	1.31	0.1
T021（#6128；S3537）	探沟T4	石锯	绿泥/角闪片岩	12.78	6.82	1.1	0.1
平均值						1.28	
标准差						0.7	

关于石锯的讨论

发现的所有片锯都十分薄，尤其是标本S3535、S3536和S2537，它们都是在浮选中发现的。石锯的平均厚度只有1.3毫米，这说明它们可能是用来进行精细切割的（表13-31）。附近龙山文化遗址还没有这方面的报道。

7．石核

共4件，皆出于第一发掘区（图13-39，1）。

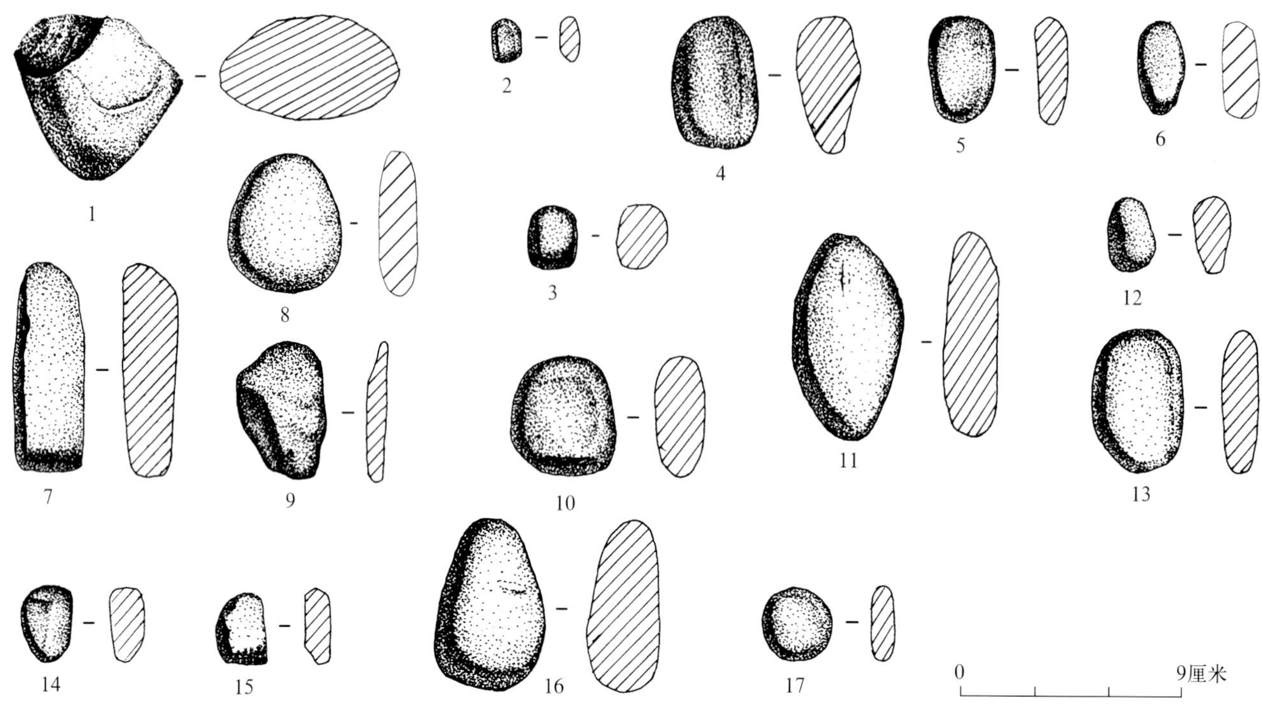

图13-39　两城镇出土石核及各种打磨/抛光石器

1. 石核T2350⑦a：37（#8446；S3001）打磨/抛光石器　2～4. 为石头进行抛光M34：01（#3336；S1612）、T2348（#8235；S3217）、T2296（#7025；S3221）　5～10. 为木头进行抛光F43：5（#5765；S1802）、H238⑥：49（#1362；S1644）、H183：8（#5916；S2218）、H401④：76（#8772；S3210）、T2296（#7010；S3275）、T2296（#7058；S3218）　11. 为骨头进行抛光H394：1（#8992；S3406）　12～17. 为陶器进行打磨T2300（#8989；S3219）、H238⑥：17（#1362；S2077）、H221：14（#1103；S2237）、F43：7（#5765；S1801）、G11：21（#8998；S3418）、T1789（#9015；S3471）

其中3件发现于第4期堆积中，1件不确定。石核的材质包括石英岩、花岗岩、流纹质熔结凝灰岩和流纹花岗岩。

8．石片

共224件，其中216件出于第一发掘区，8件出于探沟。

在第一发掘区第4期的堆积单位里，石片异常丰富；此外探沟的第3、4期也有发现（表13-32）。

石片的材质类型包括流纹凝灰岩（36%）、绿泥石和/或角闪片岩（19%）、花岗岩/花斑岩（18%）、白云母凝灰岩（8%）以及砂岩（4%）。它们的平均尺寸如下：长3、宽2.4、厚 0.8 厘米，重9.5 克。这些尺寸明显大于下文将要讨论的微型石片。

关于石片的讨论

石片的存在说明遗址上曾发生过磨制以前的制备行为。石片中包括21% 的废片、11%石片断块和68%的完整石片。附近其他龙山文化遗址还没有石片的报道。

因为石材类型与石器类型是紧密相关的（第三节），我们可以根据石片组合中存在的石质类型推断出被制作的工具种类。流纹凝灰岩（36%）的高百分比说明，遗址上石镰、石锛、石铲和石斧可能被制作。高百分比的绿泥/角闪片岩（19%）以及较小百分比的滑石片岩（4%），白云母板岩（0.9%）和燧石（0.9%）说明，遗址中曾存在抛射尖状器和石刀的制作。砂岩（4%）和白云母凝灰岩（8%）意味着石刀的制作存在。花岗岩石片可能来源于石斧、石钺和石刀等工具类型。

表13-32　石片分期和类型表

比例＼分期 材质	第一发掘区分期					探沟分期		总计 (n=224)
	不明 (n=52)	1 (n=8)	2 (n=16)	3 (n=7)	4 (n=133)	T3 (n=1)	T4 (n=7)	
初级石片（n=25）	2.68%	0.00%	1.34%	0.00%	7.14%	0.00%	0.00%	11.16%
次级石片（n=57）	8.93%	1.34%	2.23%	0.89%	12.05%	0.00%	0.00%	25.45%
废片（n=42）	2.68%	0.45%	2.23%	0.45%	12.50%	0.00%	0.45%	18.75%
双面减薄石片（n=1）	0.00%	0.00%	0.00%	0.00%	0.45%	0.00%	0.00%	0.45%
再修整石片或磨制石片，无台面（n=29）	3.13%	0.89%	0.89%	0.00%	5.36%	0.00%	2.68%	12.95%
三级石片（n=24）	4.46%	0.89%	0.45%	0.89%	16.96%	0.45%	0.00%	24.11%
砂岩废片（n=7）	0.45%	0.00%	0.00%	0.45%	2.23%	0.00%	0.00%	3.13%
有台面的修整石片（n=9）	0.89%	0.00%	0.00%	0.45%	2.68%	0.00%	0.00%	4.02%
总计	23.21%	3.57%	7.14%	3.13%	59.38%	0.45%	3.13%	100.00%

在其中，我们发现一些（97件）有平整背面（由磨制形成）和一个台面的石片，它们可能是在使用过程中崩掉抑或是再修整时对磨光石器刃部或其他部位进行打击时所掉落。与此相似但无台面的石片也发现了29件，这类石片可能也是在使用过程中崩掉抑或是再修整时对磨光石器进行打击时所掉落，当然还可能是在磨制过程中所掉落。

石片背面石皮的有无常被用来评估石器的制作阶段（Johnson 1989; Mauldin et al. 1989）。石片背面具有石皮通常是石器制作早期阶段的标识。背面具有100%石皮的石片被称为“初级石片”，少于100%的被称为“二级石片”，没有石皮的称作“三级石片”或者“内部石片”。两城镇出土的石片中，只有11%的初级石片。这说明石器的最初打坯行为可能发生在遗址以外。而石器毛坯的修整及成型、磨制和再修整等行为应该是在遗址中进行的。

9．微型石片

共计1692件，1660件出于第一发掘区，32件出于探沟。

微型石片在第一发掘区的每一期中都有分布，第3期发现的最多。探沟T2、T3和T4阶段也有发现（表13-33）。

大部分微型石片是绿色的角闪/绿泥片岩或滑石片岩（74%）以及流纹岩（13%）。它们过小的尺寸使得准确的材质鉴定有些困难。上述的石料说明，抛射尖状器、石刀、石斧、石铲、石锛、石镰等都曾在此遗址被加工。

表13-33 微型石片分期和类型表

比例 / 分期 / 类型	第一发掘区分期					探沟分期			总计
	0	1	2	3	4	T2	T3	T4	
初级石片（n=49）	0.06%	0.00%	0.12%	2.13%	0.59%	0.00%	0.00%	0.00%	2.90%
次级石片（n=36）	0.06%	0.00%	0.06%	1.18%	0.83%	0.00%	0.00%	0.00%	2.13%
废片/可能的磨制废片（n=1，018）	0.89%	2.01%	1.89%	49.94%	4.67%	0.53%	0.06%	0.18%	60.17%
双面减薄石片（n=1）	0.00%	0.00%	0.00%	0.00%	0.06%	0.00%	0.00%	0.00%	0.06%
再修整石片或磨制石片，无台面（n=168）	0.18%	0.12%	0.65%	7.62%	1.36%	0.00%	0.00%	0.00%	9.93%
工具断块（n=37）	0.12%	0.06%	0.47%	0.18%	0.83%	0.30%	0.00%	0.24%	2.19%
三级石片（n=237）	0.35%	0.12%	0.47%	6.26%	6.80%	0.00%	0.00%	0.00%	14.01%
可能的钻芯（n=1）	0.00%	0.00%	0.06%	0.00%	0.00%	0.00%	0.00%	0.00%	0.06%
砂岩废片（n=123）	0.18%	0.12%	0.47%	1.00%	5.20%	0.00%	0.00%	0.30%	7.27%
云母片（n=1）	0.00%	0.00%	0.06%	0.00%	0.00%	0.00%	0.00%	0.00%	0.06%
带有使用微痕的石片（n=16）	0.24%	0.00%	0.06%	0.00%	0.35%	0.06%	0.00%	0.24%	0.95%
再修整石片，有台面（n=5）	0.00%	0.06%	0.00%	0.06%	0.18%	0.00%	0.00%	0.00%	0.30%
总计	2.07%	2.48%	4.31%	68.38%	20.86%	0.89%	0.06%	0.95%	100.00%

关于微型石片的讨论

为了判定遗址中进行石器加工的具体区域，我们对浮选土样中的微型石片做了分析，超过500份浮选样本的重浮物在体式显微镜下被进行检测。这项研究非常成功，我们发现了石器制作留下的微型石片、小型工具和石器断块。大部分微型石片集中出土于某一区域。

62%的微型石片长度小于5毫米，27%的长度在5～10毫米，而超过10毫米的仅占11%。大部分（60%）微型石片应该都属于废片，此外还存在7.3%的砂岩废片。而可称为“三级石片”的为14%。这说明石器制作的最后工序是在遗址中进行的。相当大百分比的砂岩废片可能是磨石上掉落下来的。微型石片的集中分布同时也说明了遗址中确实存在石器的专门生产区域。几乎10%的微型石片没有台面，同时背面也没有磨制痕迹。实验证明这类石片是在磨制过程中所产生的，而并不是使用石锤打击所致。它们可被称作“磨制石片”，将在本章的另一部分中被详细分析。

（八）第八组：与制陶和石器生产相关的工具（依据微痕分析）

1．打磨/抛光石器

共117件，107件来自第一发掘区，10件来自探沟。全是完整器（图13-39，2～17）。

这类石器在第一发掘区的第四期最为常见，并且在探沟的T1、T2和T3的各时期中也存在（表13–34）。

表13–34　打磨/抛光石器的石料和分期表

比例＼分期 材质	第一发掘区的分期					探沟分期			合计
	不明（n=23）	1（n=10）	2（n=13）	3（n=5）	4（n=59）	T1（n=5）	T2（n=1）	T3（n=5）	
黑云母片麻岩（n=1）	0.00%	0.85%	0.00%	0.00%	0.00%	0.00%	0.00%	0.00%	0.85%
带绿帘石斑点的流纹花岗岩（n=1）	0.00%	0.00%	0.00%	0.85%	0.00%	0.00%	0.00%	0.00%	0.85%
花斑状流纹岩（n=1）	0.00%	0.00%	0.85%	0.00%	0.00%	0.00%	0.00%	0.00%	0.85%
花岗岩（n=4）	0.85%	0.00%	0.00%	0.00%	0.00%	0.85%	0.00%	1.71%	3.42%
花斑岩（n=3）	0.85%	0.00%	0.00%	0.85%	0.85%	0.00%	0.00%	0.00%	2.56%
硬砂岩（n=1）	0.00%	0.00%	0.00%	0.00%	0.85%	0.00%	0.00%	0.00%	0.85%
不明（n=1）	0.00%	0.00%	0.00%	0.00%	0.85%	0.00%	0.00%	0.00%	0.85%
富钾质煌斑岩（n=2）	0.00%	0.00%	0.00%	0.00%	1.71%	0.00%	0.00%	0.00%	1.71%
石英/富含石英的卵石（n=30）	5.98%	2.56%	5.13%	0.85%	9.40%	0.00%	0.85%	0.85%	25.64%
石英高岭石（n=2）	0.85%	0.00%	0.00%	0.00%	0.85%	0.00%	0.00%	0.00%	1.71%
石英粗面斑岩（n=1）	0.00%	0.00%	0.00%	0.00%	0.00%	0.00%	0.00%	0.85%	0.85%
富含石英的海滩卵石（n=61）	9.40%	4.27%	4.27%	1.71%	32.48%	0.00%	0.00%	0.00%	52.14%
流纹质熔结凝灰岩（n=9）	1.71%	0.85%	0.85%	0.00%	3.42%	0.00%	0.00%	0.85%	7.69%
合计（n=117）	19.66%	8.55%	11.11%	4.27%	50.43%	0.85%	0.85%	4.27%	100.00%

这类石器的绝大部分由富含石英的鹅卵石制成（78%）。大部分很难准确推测其石质。最普通的形态为圆钝的沙滩卵石。平均长3.6、宽2.3、厚1.4厘米，平均重量是35.3克。个体从小于指甲的到拳头大小的都有。

关于打磨/抛光石器的讨论

许多圆形卵石有清楚的使用面或抛光痕迹，表明它们曾经被使用过。微痕研究证明它们曾作为磨光石使用，它们可能被用来打磨石器、骨器以及木器（第五节）。在此之前，这类圆形石头从没有在附近任何龙山文化遗址中被报道过，并且在佟柱臣的龙山文化遗址石器综合研究（佟1998）中也没有提到。我推测这主要是收集方式所导致的结果，很可能并不说明只有两城镇遗址才使用这类工具。附近的河沟中没有磨圆如此好的卵石，现在最近的能够获得这种卵石的区域是14千米以外的海滩。在我的地质调查中，尚未发现比现在海滩更近的区域存在这类卵石。

这种卵石在各个时期中均有存在，其中第4期中数量最多。其中一些石头集中分布，包括在F33中发现了明显未使用过的8块石头和在F49中发现了3块未使用过的石头。通常来说，大量使用过和没有使用过的石头共出表明它们都是工具组合中的重要组成部分。而且一些虽然“没有用过”，但却有明显的抓握痕，这种石头可能被用作游戏用具。那些没有任何使用微痕的小石头，可能被收集起来用作投石器（宋 1984）。

（九）第九组：与个人装饰相关的石器

饰品

共计14件，11件来自第一发掘区，3件来自探沟（图13–40）。

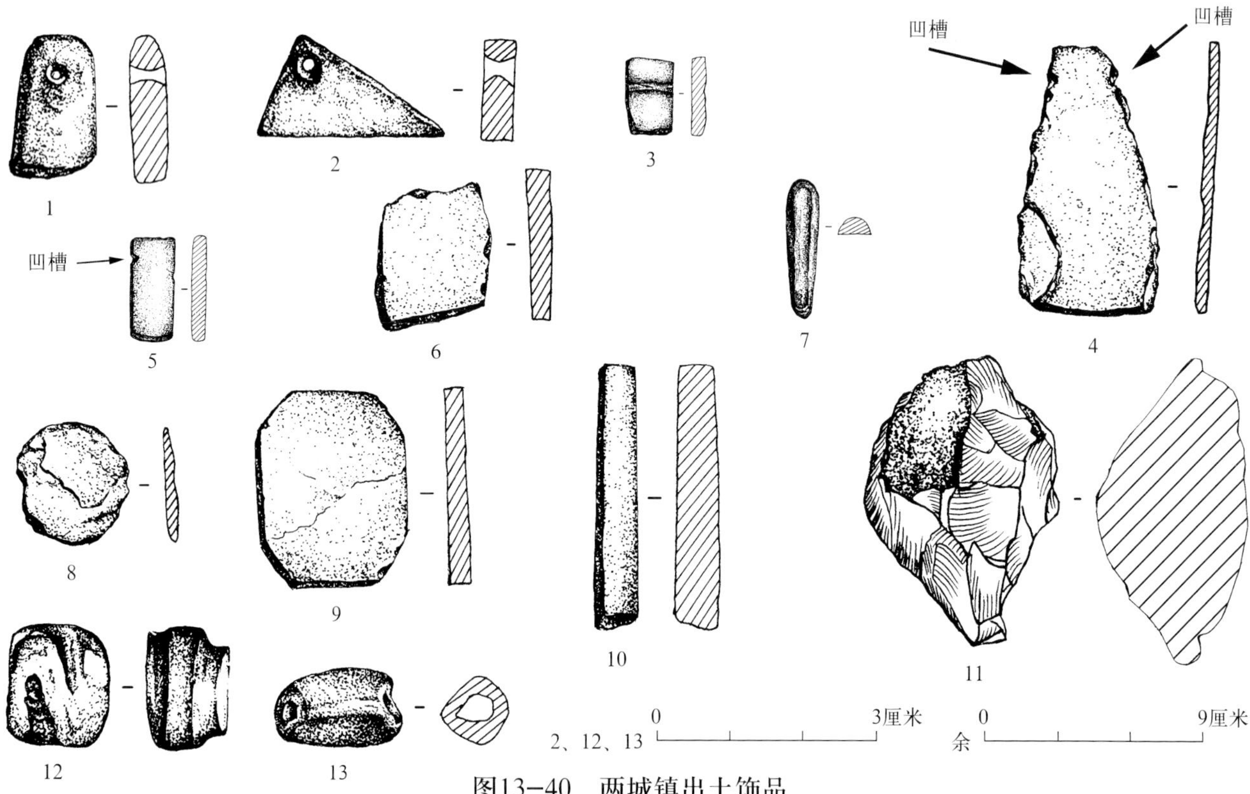

图13–40　两城镇出土饰品

1～5．石坠表土采集（#70；S10）、G12：22（#8541；S3530）、T2450⑥b：26（#1111；S2241）、H31③：164（#3226；S276）、T001（#6；S3513）　6～10．石坠半成品M15：6（#213；S193）、G7①：10（#6030；S2296）、T2396⑥b：18（#720；S1675）、T2047⑥b：9（#621；S203）、T021（#6116；S2550）　11、12．可能的饰品H122④：43（#3760；S401）、H99：3（#2616；S312）　13．石珠T2300⑥a：33（#2203；S146）

表13-35总结了饰品的类型以及不同时期的组合情况。最多的（7件）出自第4期。在探沟中，T3和T4阶段中各发现1件。

表13-35　可能的饰品表

标本编号	描述
地表采集（#70；S10）	图13-40，1。采集品，这是一件钻孔的梯形坠饰或者是一件网坠。这件物品磨制较精，但是没有抛光。其大小为37×22.6×10.6毫米，重18.7克。
T2300⑥a：33（#2203；S146）	图13-40，13。出自第一发掘区T2300，期别不明。一件对钻的高度抛光的小绿松石珠。大小为17×9.2×8.9毫米，重2克。
M15：6（#213；S193）	图13-40，6。出自第一发掘区T0750，期别不明。很可能为一件坠饰毛坯。一面高度磨光，未经钻孔。大小为34.2×32.5×5.9毫米，重15.2克。
T2047⑥b：9（#621；S203）	图13-40，9。出自第一发掘区T2047，期别不明。平面八边形，很可能为坠饰毛坯。这件坠饰磨制过但没有抛光和钻孔。大小为50.4×40.6×5毫米，重20.6克。
H31③：164（#3226；S276）	图13-40，4。出自第一发掘区T2350H31，第4期（红烧土区域）。平面三角形，很可能为坠饰毛坯。边缘经过打制，但是表面没有磨制和抛光。顶端两侧各有一个凹槽。大小为70.3×38.9×3.9毫米，重14.1克。
H99：3（#2616；S312）	图13-40，12。出自第一发掘区T2347H99，第4期。纽扣状，可能为软玉质。大小为10.8×9.0×6.8毫米，重1.2克。
H122④：43（#3760；S401）	图13-40，11。出自第一发掘区T2396H122，第4期。从一件陶器中发现的一件打制器物，石英质。大小为75.2×51.2×35.1毫米，重149.6克。
T2396⑥b：18（#720；S1675）	图13-40，8。出自第一发掘区T2396，第4期。平面圆形，打制而成，扁平，很可能为坠饰毛坯。这件标本未经磨制和钻孔，直径32.8、厚3毫米，重4.5克。
T2450⑥b：26（#1111；S2241）	图13-40，3。出自第一发掘区T2450，第4期。器体较薄，长方形，磨制，很可能为一件坠饰毛坯。一面有两处锯痕。这件坠饰未经抛光，大小为20×12×3.1毫米，重1.8克。
G7①：10（#6030；S2296）	图13-40，7。出自探沟T007，探沟T3期。器体较薄，椭圆形，很可能为一件小坠饰的毛坯。横断面为半圆形，未经抛光和钻孔。大小为23.9×5.7×2.2毫米，重4克。
T021（#6116；S2250）	图13-40，10。出自探沟T021，探沟T4期。长条状，砂岩质，横断面为半圆形，很可能为一件坠饰毛坯。经过磨制但没有抛光和钻孔。大小为69×12.3×11毫米，重15克。
H339：3（#8419；S3395）	出自第一发掘区T2350H339。云母，近方形。大小为87.6×87.5×2.9毫米。因为易碎，未称重。
G12：2（#8541；S3530）	图13-40，2。出自T2296G12，第4期。非常小的一件三角形钻孔坠饰。孔为单面钻，且很小，孔径2.7毫米。这件标本来自浮选样品中的重浮部分。大小为17×8.9×2.5毫米，重5克。
T001（#6；S3513）	图13-40，5。出自村中发掘区T001，期别不明，长方形小坠饰。磨制但未经抛光和钻孔，但是两边缘有很小的凹槽。大小为26.2×11.8×3.9毫米，重2.7克。

除表13-35中描述的装饰品之外，M33中还发现了不能确定数量的较多小绿松石片（数量大于200）。这些绿松石片看上去是一件手镯，后被整体套取保存。其中一些绿松石片还有钻孔，一些可能用作镶嵌物使用。M33的装饰品小石片紧凑的放在一起，周围还有一小堆圆形石珠可能代表鸟的砂囊石。此外还发现六件毛坯坠饰，有的没有被很好的抛光，有的则没有穿孔或刻槽的痕迹（为穿绳子佩戴）。尹家城遗址曾经发现过两件装饰品，一件为坠饰，另一件为一雕刻的石猪（山东大学历史系考古教研室 1990:图55）。

（一〇）第十组：其他石器

1．有槽磨石

共计41件，35件来自第一发掘区，6件来自探沟。28件完整器（图13－41，1、2）。

第一发掘区中的绝大部分有槽磨石属于第4期，而探沟中的绝大部分出自第3期（表13－36）。

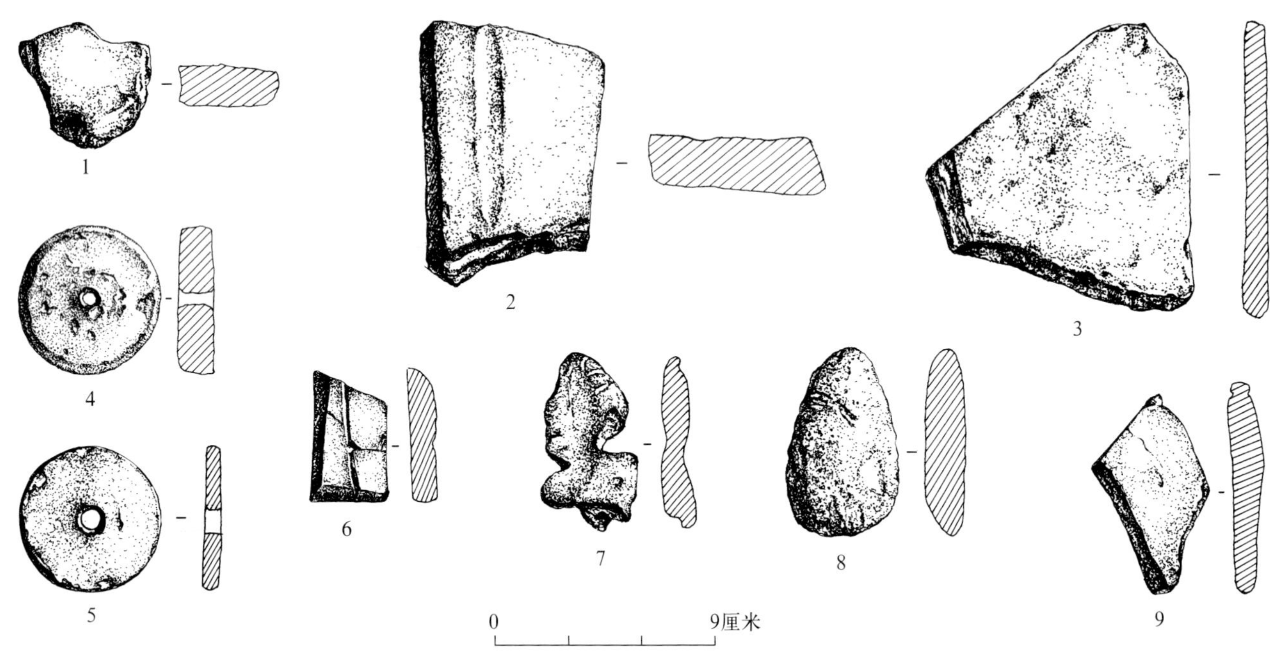

图13－41　两城镇出土石器

1、2．有槽磨石H31②：58（#3207；S190）、G7②：119（#6033；S2315）　3．调色板H304：1（#938；S2128）　4、5．纺轮T022（#6242；S2643）、H585（#7976；S3439）　6～9．器形不明H238①：1（#1357；S2059）、T1789（#9002；S3524）、T007（#6032；S2313）、T007（#6033；S2319）

表13－36　有槽磨石分期表

比例 / 分期 / 类型	第一发掘区分期			探沟分期		合计（n=41）
	不明（n=12）	2（n=1）	4（n=22）	T2（n=1）	T3（n=5）	
A（n=36）	26.83%	2.44%	43.90%	2.44%	12.20%	87.80%
B（n=5）	2.44%	0.00%	9.76%	0.00%	0.00%	12.20%
合计	29.27%	2.44%	53.66%	2.44%	12.20%	100.00%

两件为花岗岩石质，其余的均为砂岩质。根据形态学，将其分为两型。表13－37中列出了它们的尺寸。

A型

凹槽在磨石的长轴上。

B型

凹槽在磨石侧面的短轴上。

表13－37　完整有槽磨石尺寸表

平均大小	类　型	
	A（n=23）	B（n=5）
长度（厘米）	6.7	5.4
标准差	1.5	1.2
宽度（厘米）	4.6	4.1
标准差	1.3	1.2
厚度（厘米）	2.5	1.9
标准差	0.9	0.4
重量（克）	96.3	58.6
标准差	75.2	24

关于有槽磨石的讨论

有槽磨石主要利用废磨石的断块改制而成。它们很有可能被用来磨尖骨器、石器或木具。在这个区域的遗址中这类工具并不常见于报道。这类工具的绝大部分只在一面有凹槽（63.4%），34.2%的两面有凹槽，其余的则是三面有凹槽。80%（33件）是利用废磨石断块制作而成。68%（28件）是完整器。

2．石调色板

共计4件，所有都来自第一发掘区，2件完整器（图13－41，3）。

第4期中发现了三件石调色板，第1期中发现了一件（表13－38）。这类工具的平面形态不规则，而侧面均呈长方形。它们呈平板状，在表面上发现了红色和棕色颜料的痕迹。两件调色板有明显的颜料痕迹，而其他两件标本上的着色痕迹很有可能是被沾染上去的。世界上用颜料对物体着色非常普遍，颜料通常被用来对皮革染色（Weedman-Arthur 2008）。两城镇遗址的“手石”、边缘磨过的卵石、石拍子或其他工具都可能被用来加工皮革，这将在第五节中讨论。

表13－38　石调色板各项属性表

标本编号	石料	颜料	期别	长度（厘米）	宽度（厘米）	厚度（厘米）	重量（克）
H304：1（#938；S2128）	富含白云母的熔结凝灰岩	明显的红色和褐色	第一发掘区1期	11.4	10.5	1.2	206.7
T2450⑥b：5（#1113；S2253）	花斑岩	明显的红色	第一发掘区4期	5.7	4.6	1.3	49.5
T2296⑥b：7（#8521；S3282）	花斑岩	可能红色	第一发掘区4期	10.3	7.2	2.5	308
T2296⑦b：33（#7040；S3283）	砂岩	可能红色	第一发掘区4期	9.1	5.0	1.3	62.1
均值				9.1	6.8	1.5	156.57
标准差				2.5	2.7	.6	123.60

3. 石纺轮

共计2件，都出自探沟中，均为完整器（图13-41，4、5）。

1件石纺轮发现于探沟的T4期，另一件期别不明。2件纺轮大小相仿（直径56毫米），都有磨制很好的平面，中间一个穿孔。标本T022（#6242；S2643）厚1.2厘米，重51.2克。这件纺轮是由花斑岩制成，有一个明显的单面管钻孔。标本H585（#7976；S3439）厚0.6厘米，重30.1克。为砂岩质，中孔是用石钻头双面对钻而成。两城镇遗址还发现了大量的比石纺轮轻的陶纺轮，这将会在报告的其他部分描述。

石纺轮在其他龙山文化遗址中也有发现，其中诸城呈子遗址发现3件，莒南化家村遗址发现1件，泗水尹家城遗址发现3件（山东大学历史系考古专业教研室 1990:76；佟 1998:554-558），此外，胶县三里河遗址也有发现（中国社会科学院考古研究所 1988:图50）。这些工具被普遍认为是与纺织相关的工具。然而，根据两城镇遗址发现的玉石加工的证据，我怀疑这些比较重的石纺轮很可能用作机械穿孔的飞轮，比如上文提到的珠子上的小钻孔（详见饰品部分）很可能就是以这样的方式钻成。

4. 不能确定用途的完整石器

共计4件，1件出自第一发掘区，3件出自探沟（图13-41，6～9）。

标本T007（#6033；S2319），是由扁平状砂岩制成。正反两面和一侧面均经磨制。平面和侧面形状均不规则。较圆钝的一角上有一环形凹槽，该凹槽宽2毫米，深1毫米。这件工具可能是用来打磨钻孔内壁的环砥石。其大小为7.8×4.8×1.2厘米，重48.4克。

标本T1789（#9002；S3524），是由较软的滑石片岩制成。磨制光滑，外形不规则。一面有一个很大的半圆形刻痕。其他刻痕在其顶部和侧面。其大小为6.9×3.3×1.7厘米，重45.8克。

标本T007（#6033；S2319），是浮石制成（可在水上漂浮）。这件石器除在一面有两个小的刻槽外，基本未经加工过。其大小为7.4×4.7×1.7厘米，重29.4克。

标本H238①：1（#1357；S2059），砂岩。被精磨过，平面形状不规则，侧面为长方形。正反两面均较平。一侧面缓弧。一侧面微凸，其余两侧面平直。一面高度抛光，相反一面有一纵向锯痕，宽2毫米，深1.5毫米。其大小为5×3.2×1.4厘米，重32.6克。

5. 不能确定器形的石器断块

所有291件石器断块均不能确定其具体的工具类型。其中198件经磨制和抛光（表13-39），40件仅仅磨过。14件发现有磨制、抛光及打制痕迹，7件可见磨制及打制痕迹。另外32件加工方式不能确定。

表13-39 不能确定器形石器断块的分期表

分期 \ 类型 比例	磨制并抛光（n=198）	仅磨制（n=40）	磨制、抛光、打制（n=14）	磨制/打制（n=7）	无法确定（n=32）	合计
第一发掘区分期						
不明（n=125）	24.74%	9.28%	2.75%	1.03%	5.15%	42.96%
1（n=8）	2.06%	0.34%	0.00%	0.00%	0.34%	2.75%
2（n=15）	4.47%	0.69%	0.00%	0.00%	0.00%	5.15%

3（n=11）	2.06%	0.00%	0.69%	0.34%	0.69%	3.78%
4（n=110）	28.52%	3.09%	1.37%	1.03%	3.78%	37.80%
探沟分期						
T2（n=5）	1.37%	0.00%	0.00%	0.00%	0.34%	1.72%
T3（n=8）	2.41%	0.00%	0.00%	0.00%	0.34%	2.75%
T4（n=8）	2.41%	0.34%	0.00%	0.00%	0.00%	2.75%
T1（n=1）	0.00%	0.00%	0.00%	0.00%	0.34%	0.34%
合计（n=291）	68.04%	13.75%	4.81%	2.41%	11.00%	100.00%

6．陶质抛射尖状器

3件，均出自第一发掘区。根据形态学，可以分为三种不同类型。

A型

标本S3212（#8944），第4期与B1型石尖状器相近。平面形状为披针形，横断面为菱形，铤部平面为三角形，横断面为椭圆形。尖端缺失，其大小为4.8×1.8×1厘米，重6.9克。

B型

标本S1987（#5650），第2期与C1型石尖状器相近，中部两侧刃基本平行，前聚成锋，后聚成铤。这件尖状器既平且薄，没有中脊，尖端缺失。其大小为4.9×1.9×0.5厘米，重4.3克。

C型

标本S3417（#8970），第4期平面形状为三角形。其横断面为椭圆形。铤与器身没有明显界限。为完整器，其大小为4.9×1.4×0.9厘米，重5克。

7．骨质抛射尖状器

1件，村内发掘区出土。

标本S94（期别不明）是一件尖状器断块。当然也可能是一件骨锥甚至是一件坠饰的残块。其到底是器物尖部还是柄部，已不好判定。该尖状器残留部分平面形状为三角形，横断面为椭圆形。表面抛光。其大小为3×1.3×0.6厘米，重1.9克。

关于工具形态历时变化的讨论

图13–42展示了不同工具的形态历时变化情况。该图描述了每一期中每种主要工具类型的数量和所占百分比。很明显某些类型的工具数量很少，这样就不足以讨论其历时变化，而且这样的数据在统计学意义上也可能存在问题。然而某些工具类型，例如木作加工工具、种植/收获工具、战争/狩猎工具还有与石器生产相关的石制品，它们的数量足够用来统计分析和得出一些结论。在第五节中将要论证形态和功能并不总是像人们预期的那样联系密切。然而，图13–42和图13–43成功的将不同的工具类型（例如斧、锛、凿和小凿）集合到了同种功能类型中（第1组，木作加工工具）。其他类别的工具组合包括狩猎和战争类（第3组，石钺和抛射尖状器）、收获和种植类（第2组，石镰、石刀和石铲）、碾磨植物类（第4组，石臼和石杵）、用于切割及砍砸的权宜性工具类（第6组，可用石片、砍砸器、刮削器）、加工兽皮类（第5组，石拍子）和与石器生产相关的石制品（第7组，石

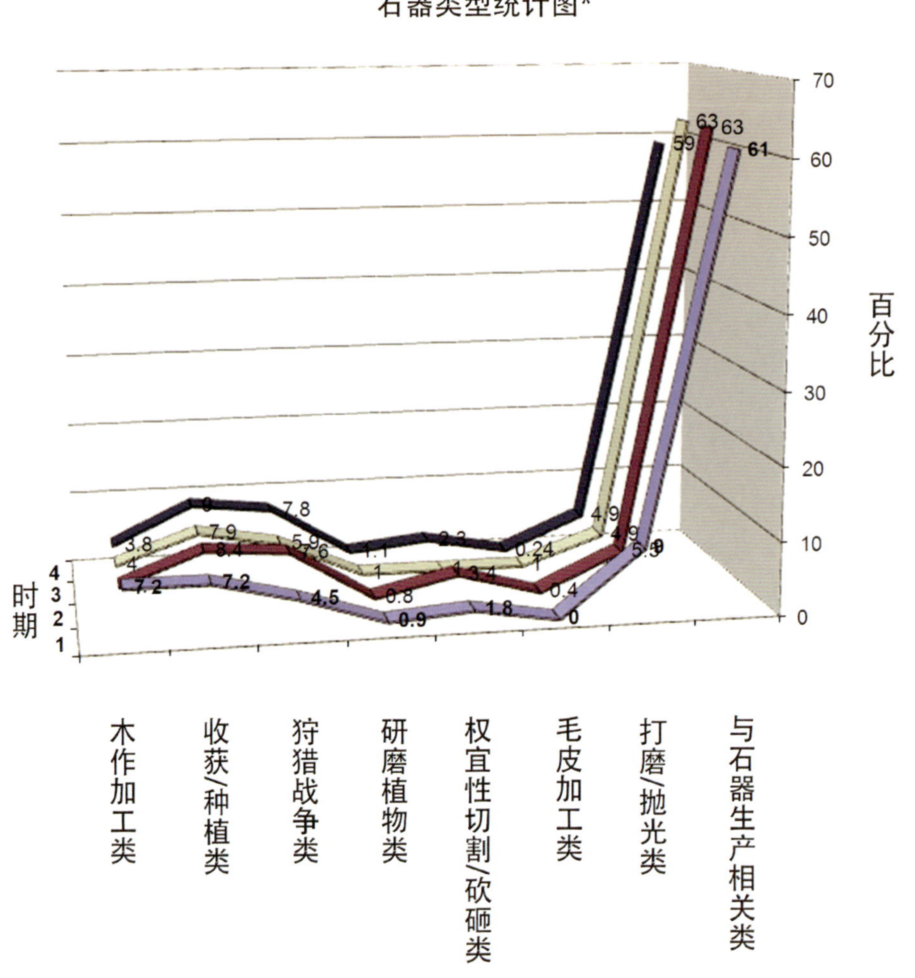

图13-42 两城镇石器的历时变化

*不包括第3期#5761废片集中分布区中的1099片小型废片

片、微型石片、毛坯、素材、石锤和磨石）。而且还有一些与陶器及石器生产相关的工具类（第8组，打磨/抛光石器），装饰品类（第9组）以及其他工具类（第10组，有槽磨石、调色板、纺轮和不明确功能的工具）。图13-42将一些微型石片排除在统计数据之外（#5761，第3期）。图13-43包括了所有出自发掘期别明确的工具类型。

为了估计这些观察到的不同点是否真有统计学意义，我使用了卡方检验法（表13-40；图13-44）。Spaulding 于1953年论证了卡方检验法的可行性（Spaulding 1953），因此这种方法从那时起开始应用于考古学研究中。为了分析石器组合中变量的明显差别，主要的工具类型将被拿来进行统计，卡方残差值则被用来检测卡方列联表中变量的可靠性。对于列联表中的每个单元，卡方残差值在负无穷大和正无穷大之间变化。在这种分析法中，卡方值如在0.05范围内波动，则属于有意义数据，如果其在±2或更高的数值范围内波动，则表明与预期值相偏离。

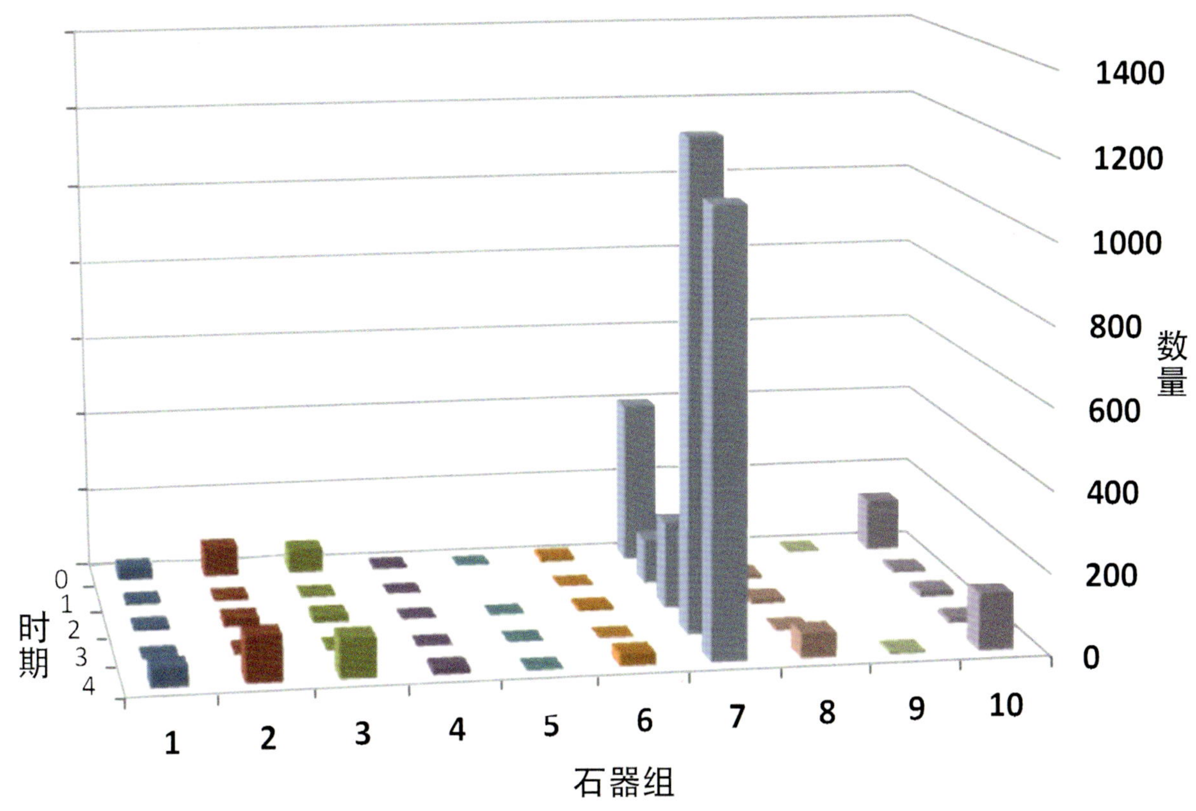

图13-43　两城镇石器历时变化的柱状图

表13-40　第一发掘区与探沟中的工具组与分期表

分期 / 数量 / 工具组	第一发掘区分期					探沟分期					合计
	0	1	2	3	4	T1	T2	T2/3	T3	T4	
1	45	8	10	4	47	1	9		15	6	145
2	88	8	20	8	112	1	33	5	62	14	351
3	69	5	18	6	97		16	1	38	24	274
4	7	1	2	1	14		3		1		29
5	5		1	1	3		2			1	13
6	12	2	8	1	29				1		53
7	438	110	216	1221	1100		62		81	37	3265
8	24	10	13	5	61	1	1		5		120
9	5				7				1	1	14
10	135	9	16	11	140	1	6		15	9	342
合计	828	153	304	1258	1610	4	132	6	219	92	4606

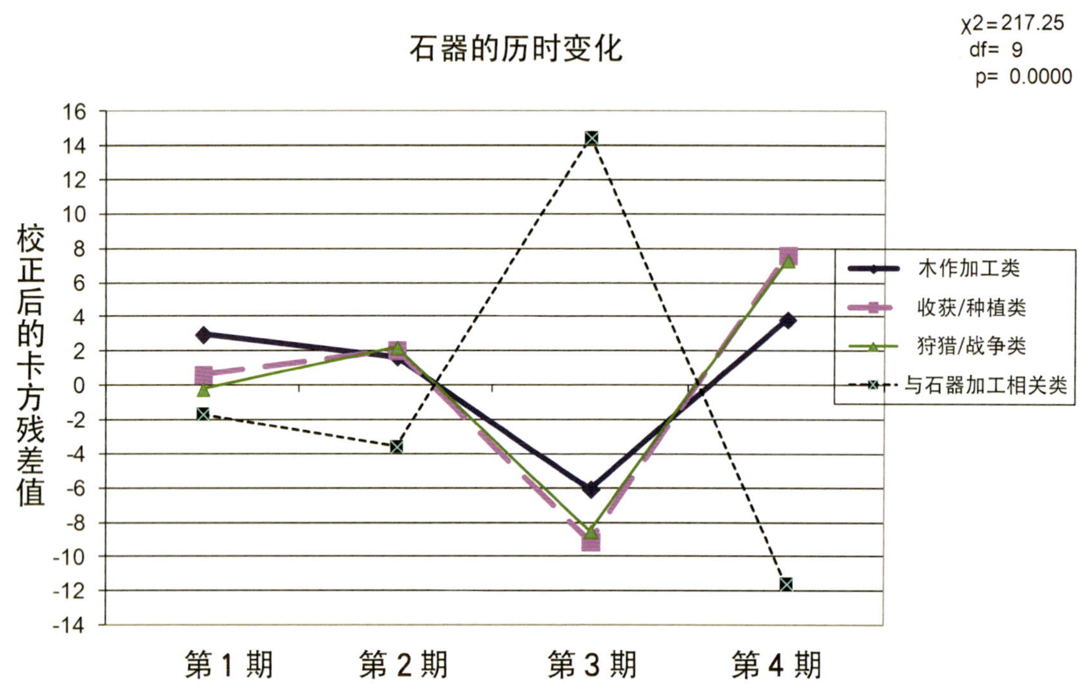

图13-44　第一发掘区石器组的卡方检验结果

此次分析的卡方值在0.05范围内波动，说明分析结果是有意义的。依据此分析，第1期存在比预期更多的木作加工工具。这可能说明此阶段存在较多的开荒行为。第2期存在更多的收获和种植用的工具，更多的与狩猎和战争相关的工具，而与石器生产有关的工具则较少。这可能表示作物生产、狩猎或战争行为的增多。第3期则存在更多与石器生产有关的工具，而其他的工具类型则少得多。这可能暗示一种为交换而生产额外工具的倾向（在结语中将详细讨论）。第4期则存在很少的与石器生产相关的工具，而其他工具类型则比较多。

就像某些学者认为的那样（Haas 1982），在复杂社会中，如果一群精英分子控制了生产的某些方面，他们从非精英分子手中获得谷物类的贡品，那么我们可以推测这些时期内木作加工工具和与农作（开荒、种植和收获）相关的工具则会增多。如果这些精英用这些额外的谷物进行宴会或是与附近政体改善关系，那么我们可以推测战争类工具的数量将会下降。形态学的数据可能暗示非精英分子在第2期和第4期中正被要求生产更多的谷物。第3期的数据可能暗示先民对于石器生产的偏好，或者反映出独立生产石器态势的增长。

就像图13-42和图13-44显示的那样，在遗址的最早期，狩猎和战争用的工具百分比最低（0.12%）。而在第2期则明显增加。这可能标志着从第1期到第2期狩猎行为的增加，或者更可能反映的是对保护需求的增长。这样的需求可能暗示这片土地上人口的增长以及争夺生存资源行为的增加，或者可能仅仅表明在不同人群中不明原因战争的增加抑或是不同政体之间冲突的增加。

在遗址的前两期中，与石器生产相关的工具数量非常多。第3期时增加更为明显，而第4期则显著减少。对于石器生产行为的突然减少可以有多种解释。这可能暗示集约型家庭石器生产的减少以及更多的依赖其他地区生产的石器。这也可能暗示一种生存方式的变化，例如栽种了某类仅需要很少石器进行种植及收获的作物。或者这种减少可能是周围环境改变导致的结果，例如森林减少并由此导致的对某种特定石器类型诸如斧和锛生产需求的降低。此外，石器生产行为的减少可能反映了最后期生产水平的提高（开荒和种植）。我认为这更可能表明精英分子要求非精英们生产更多的作物，从而使其花在石器生产上的时间减少所致。

卡方分析（图13−45）表明石镰在第4期中变得更加普遍。模拟实验证明砂岩质的石刀可能适用于收割茎秆坚韧的作物例如水稻（第四节）。石镰（主要是流纹岩质）的刃部相对较钝，可能适用于收割那些茎秆相对脆弱的作物。克劳福德等人（Crawford et al. 2005）的植物学研究表明小麦在此时期可能已经引进到了两城镇地区。第4期石镰数量的增长可能与新型作物（例如小麦）的引进有关，抑或反映了相对更易收割作物（例如粟黍类）种植的增加。从第3期到第4期，石刀数量的急速减少可能是人口数量减少的结果，或者可能与某种特定的作物例如水稻的减少有关。

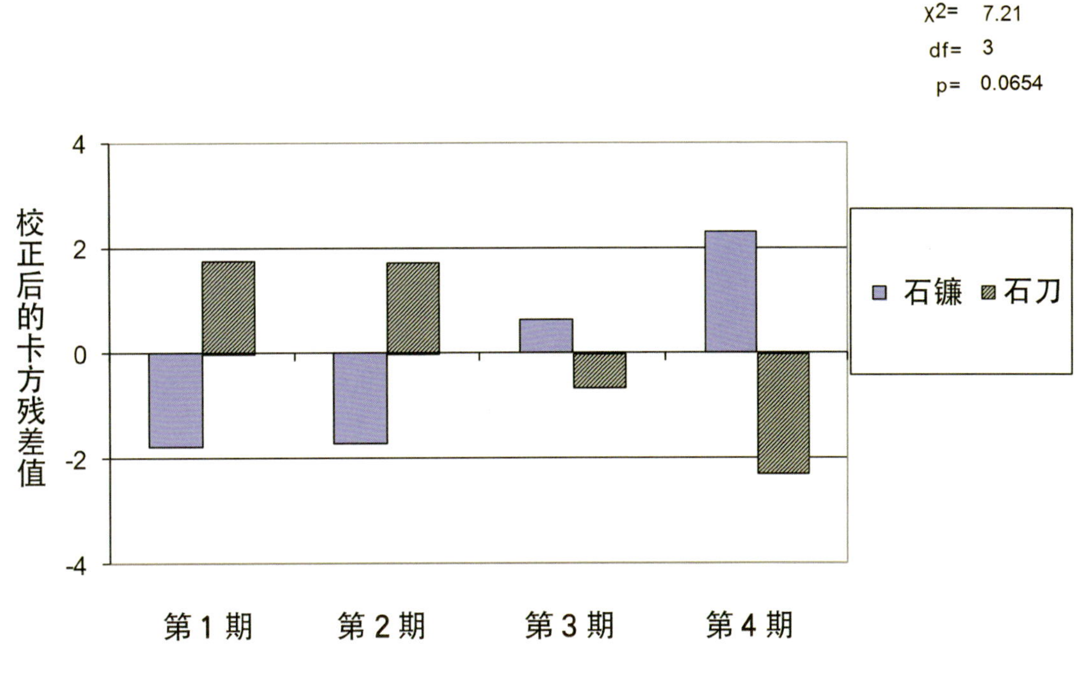

图13−45　第一发掘区石镰和石刀的卡方检验结果

通常认为在新石器时代时，人们从依赖狩猎到逐渐转移到依赖农业。克劳福德等（Crawford et al. 2005）的植物遗存研究表明两城镇遗址的先民已开始栽培水稻和粟黍类谷物。遗憾的是两城镇遗址的骨骼保存的不是很好，但是我们依然可以知道当时的人们也开始饲养猪。有证据表明当时也存在牛和大量的小型食肉动物（Bekken 2007）。除了在浮选样品中发现了少量小的鱼骨外，没有发现其他鱼骨。鱼骨的缺失可能与遗址很不利的埋藏条件有关。

工具组合的数据表明农业用具、狩猎工具和武器随时间变化有基本一致的波动。事实上，在每一期中，它们有大体相当的数量。基于这种情况，我提出了两种可能的解释。第一种解释为狩猎是各期生业经济中一项非常必要的部分，至少对于1999～2001年度发掘所代表的人群是这样的。尽管这个猜测没有大量动物遗存的证据所支持，但是通过遗址中发现的加工兽皮和皮革的现象可以间接证明（第五节）。

第二种可能性是这些数据暗示这个地区对战争武器需求的增加，与此相应的可能是由于农业精细化程度提高而导致人口的大量增长。随着一个政体和另一个政体中的精英人士关系的决裂，战争就可能会随之而来。第4期可能反映了粮食贡品的增加（更多的开荒和种植），与此相应的是狩猎、战争工具生产的增多。这可能表明防御和保护作物不受邻近政体侵害的需求有所增加。

表13－38展示了探沟各期中的石器组合的分布。因为探沟中的分期与第一发掘区中的分期不能直接相对应，工具组合的历时变化可以帮助我们更好的认识不同工具在生产及使用方面的一些特性。图13－46展示了探沟中工具组合的卡方残差值。

卡方值在0.05范围内波动，说明分析结果比较可信。在探沟T2期中与狩猎和战争相关的工具明显较少。在探沟T3期中收获和种植用的工具明显较为丰富。在探沟T4期中，很明显有更多的狩猎和战争用的工具，而与收获和种植相关的工具则明显较少。与石器生产相关的工具和木作加工工具则没有明显的变化。这些现象显示在第一发掘区第4期和探沟T4期中，与战争和狩猎有关的工具数量有很明显的上升。那么，探沟T4期和第一发掘区第4期很可能是同时的。

一般而言，龙山时期可能存在大量武器（Chang 1986; Liu 2004; Underhill 1989）。文德安（Underhill 2006:263）最近分析了龙山时期战争的一些证据，认为当时可能存在“偶发突袭”式的战争。对此区域进行的调查证明了在此时期人口明显增长（Underhill et al. 2008）。总体而言，从第1期到第4期房屋和人工制品数量的增长也证明了人口数量的增加。

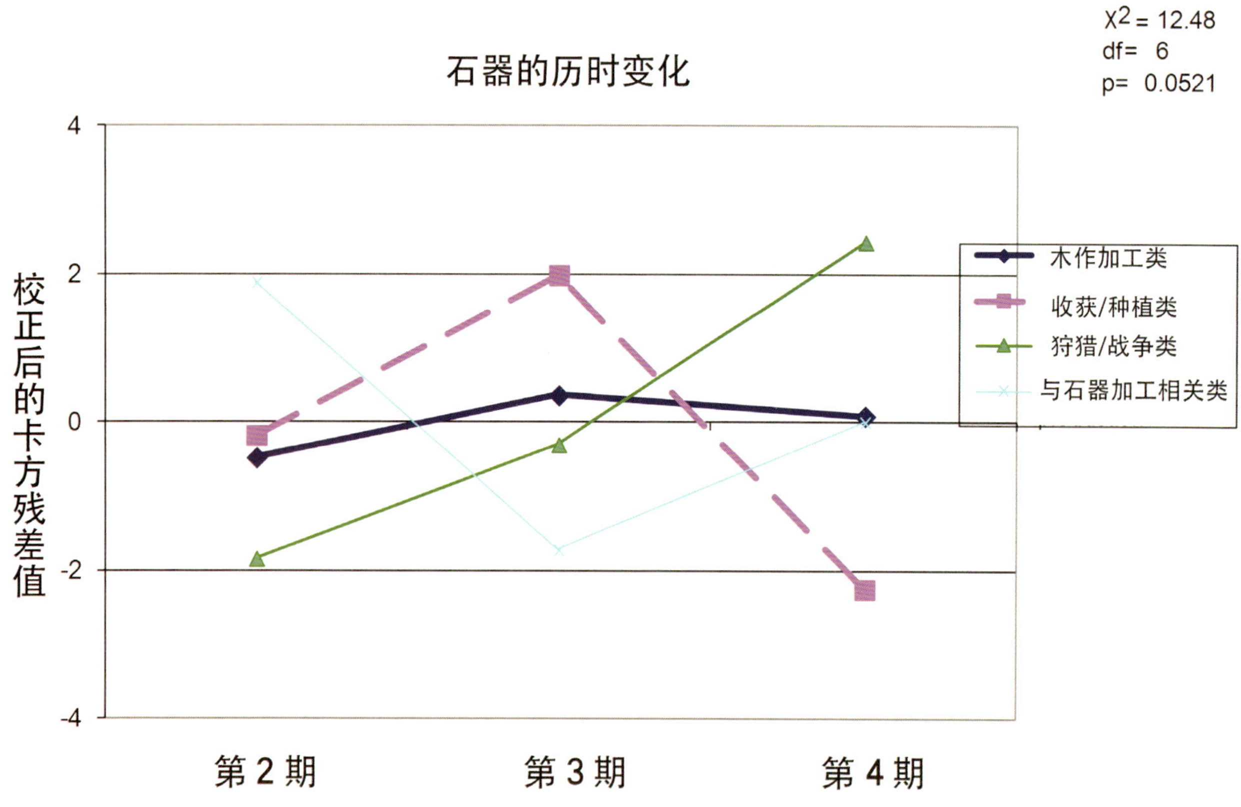

图13－46 探沟石镰和石刀的卡方检验结果

多条额外的证据支持第3组石器很可能主要是为了战争。我认为石钺主要随着工艺技术的提高而改进，从而超越普通的石斧而专门用于战争。石钺更薄、更轻，而且它的柄部结构保证了它在战争中不会脱落。在一定程度上，两城镇遗址中的石钺可能是非精英们制作的，可能模仿了精英们象征权利的玉钺，但是他们并没有使用软玉制作。我也指出石钺可能在特定仪式后被有意毁掉，尽管石钺也出自居址环境中（第五节），它们在两城镇遗址的出现强烈暗示此时期曾发生过战争。大型矛头的大量出现也可能暗示战争对武器需求的增加。另外，两城镇遗址可能出现的围墙和环壕也表明社区之间的确存在暴力行为。

第三节　两城镇遗址石器的石料来源

一　从石料来源而引发出的龙山时期社会问题

两城镇遗址石器石料来源的地质学研究包括以下方面：1）研究以两城镇遗址为中心半径40千米的区域内存在何种岩石；2）研究岩矿的位置和遗址到岩矿的距离；3）区别出可能的非本地岩石；4）为将来的研究打下基础。通过此项研究我们可以很好的理解特定区域内石料的分布和利用情况。对一个龙山时期的遗址而言，以前还未做过这种强调石料类型以及分布的详细研究。遗址距岩矿的距离能够影响运输的成本、分配的尺度、交换的形式、石料的类型和在交换系统中精英们扮演的角色（Renfrew 1977b; Renfrew et al. 1968; Santley 1989; Sidrys 1977; Welch 1991; Wright 1969）。已经证实采石场的位置、所出石料的材质以及归属权对经济和权力分配有重要的影响（Arnold 1985a; Arnold 1985b; Ericson et al. 1984）。

在中国的新石器时代晚期的墓葬随葬品方面，非本地产的或经过精细加工的物品比例有明显不同，甚至物品的原料方面也存在着较大差异（刘 1996a; 栾 1996; Pearson 1988; Underhill 2000、2002）。对某些奢侈品的调控表明精英阶层的存在。如果这些物品的所有权和分配被限制，可能也暗示生产这些物品的工匠被精英阶层所控制。这类物品有高度的价值，从而被精英们所珍视。与这类附属工匠相对的是，自由工匠生产的物品则更加实用，也更符合大众的要求（Brumfiel et al. 1987b; Costin 1991）。从这个角度而言，在这一节中将讨论的实用工具方面，我们可能会看到一种家庭规模的手工业生产，这些自由的工匠主要是生产自己所用的工具，如果有多余的时间，也会生产少量的用于交换的工具。这些物品的地方性分布可能表明当时并不存在大范围的交换和贸易，与此相对的是，物品的更广泛分布（实用品及非实用品）以及高比例的外来物品可能暗示市场分配模式的存在（Feinman et al. 2004:184）。在分配模式中识别出是否存在精英控制是非常困难的，但是可以通过研究当地的聚落等级以及精英阶层对特定资源的控制来进行推断（Feinman et al. 1992; Renfrew 1977b）。

已有研究表明，原料地距遗址的远近不仅对运输的经济成本有较大影响，甚至对原料本身所蕴含的精神领域的价值也有所影响（Helms 1993）。稀有原料可能用以象征地位或者反映居民的信仰和宇宙观（Chang 1986:287）。在葡萄牙青铜时代闪岩质磨制石斧的工艺分析中，Lillios指出这种石料可能具有象征价值，选择其作为原料可能不仅仅取决于其实用性。石斧的原料可能与居民的祖先有象征性的关联，因此可作为信物、祖传遗物对家族历史的记忆发挥作用。在社会分析时，为了更好理解物品所具有的这类属性，应重点关注它们何时且如何被赋予了这种价值，并且这种价值又是如何在社会群体中被予以认可的（Lesure 1999）。这些问题将会在以后的部分中讨论。在本节中，我将讨论各种岩石的特性及分布。首先对此区域的地质情况作一概述，然后将介绍本研究的调查结果。

二　两城镇地区的地质概述

两城镇遗址位于山东省东部边缘的海岸平原上。两城镇周围地区地势平坦，向西则逐渐抬升，分布有南北走向的五莲山脉。几座稍大的山岗和山峰隆起在五莲山脉前的缓坡地形上（图13－47）。五莲山和九仙山位于遗址西北，海拔超过500米。寨山位于正西，海拔为397米。河山位于西南，海拔628米。孤立的丝山位于遗址正南，海拔409米。围绕着海岸平原的周围山脉呈新月形分布（图13－47）。这些山脉保护了此地区不被频繁改道的黄河直接影响，历史上黄河曾一度改道流入黄海，这种痕迹目前在遗址北部及南部仍可观察到。潮白河、吉利河和白马河等几条河流从山上流下，注入黄海（图13－47）。

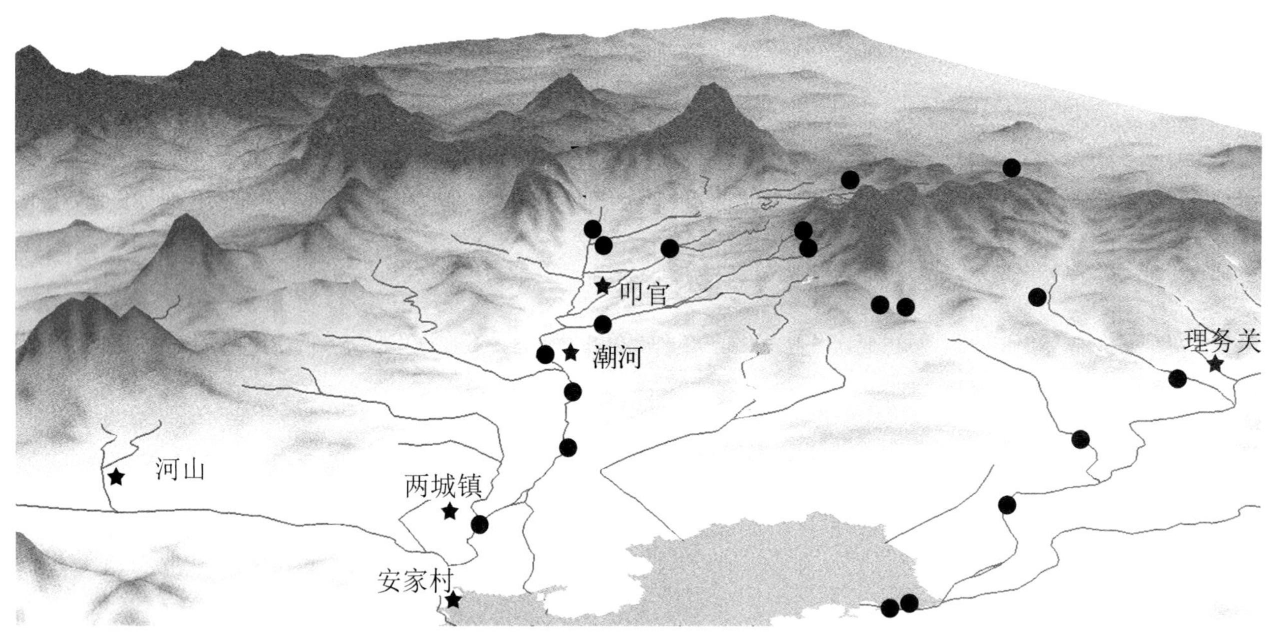

图13－47　潮白河流域熔结流纹岩产地的3D效果图

山东省的地质地图完成于1968年（山东省地质矿产局1991）。山东被划分为三个不同的地理单元（鲁西、鲁东和华北平原）。两城镇东部地区绝大部分是岩浆岩和变质岩。这些岩石类型和它们在两城镇地区的分布在图13－48中详细列了出来。主要的地质构造在图13－49中予以列出。下面将简要讨论本地区的地质地层以及主要岩石类型，其中会有我自己的一些解释。

两城镇地区主要的地质地层：

太古界地层

泰山群

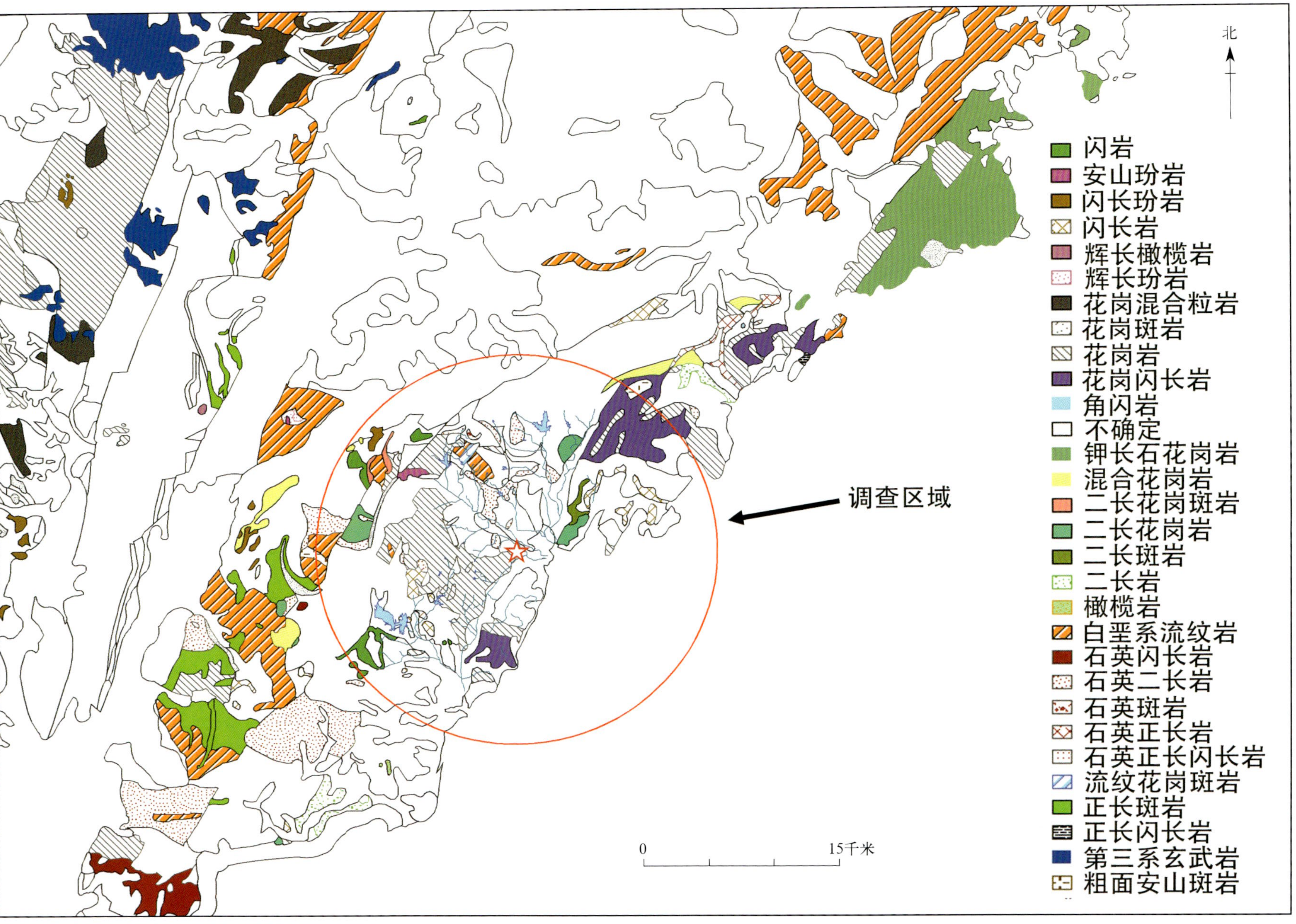

图13-48　两城镇遗址附近主要岩石种类的产地（据山东地矿局1991年图）

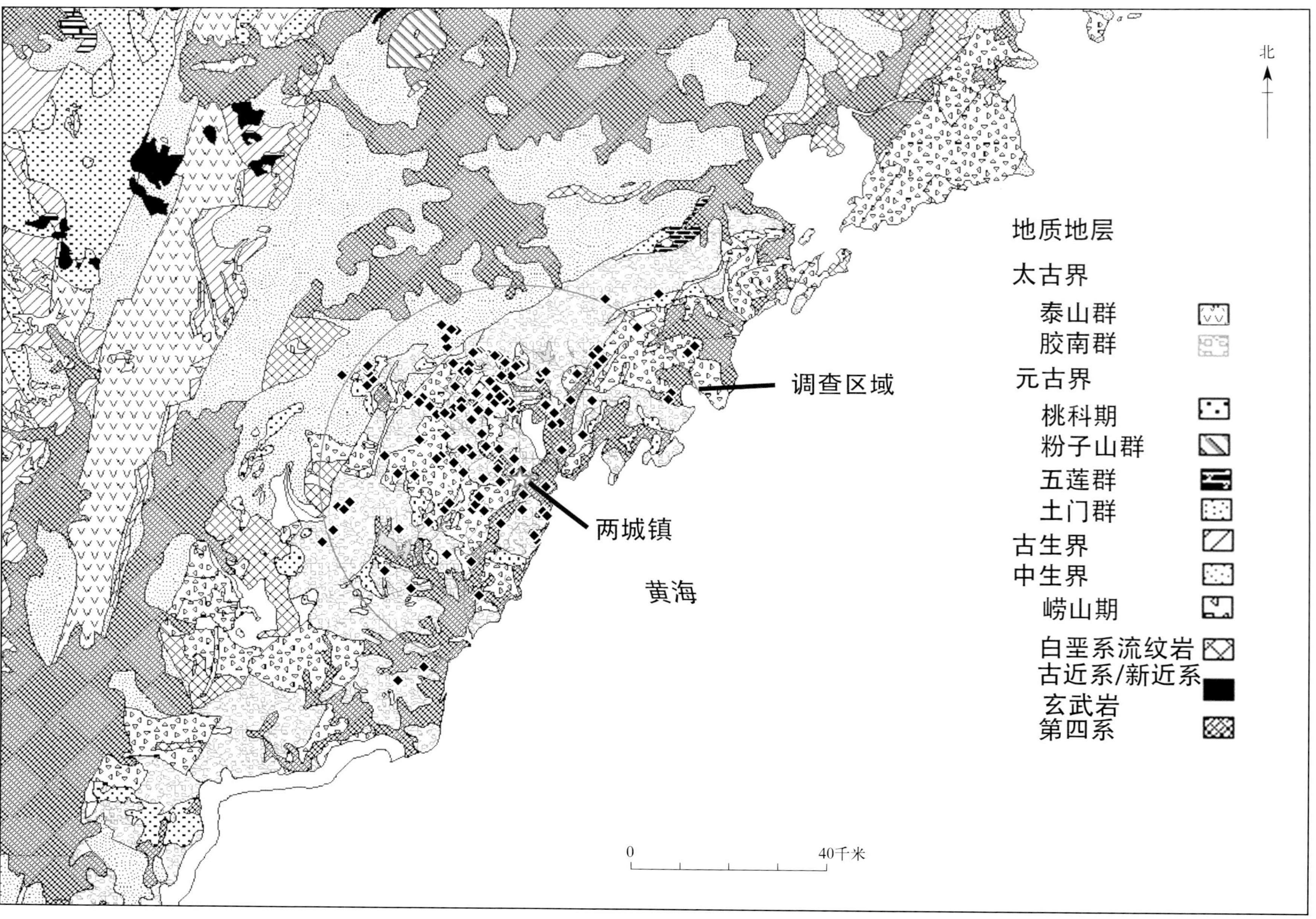

图13-49　地质地层以及调查区域（据山东地矿局1991年图）

两城镇地区地质构造的主要部分为太古界泰山群。但是，泰山群主要出露于研究地区以西区域（图13–49）。这一组是变质作用产生的，包含有大量的片麻岩、闪岩和混合花岗岩（山东省地质矿产局 1991:534）。泰山群的岩石种类包括很多以角闪岩为主的岩石、片麻岩、混合石英岩（没有石英岩和大理岩）、黑云变粒岩、黑云斜长片麻岩、角闪/黑云斜长片麻岩、角闪片岩、角闪变粒岩、滑石片岩、透闪片岩和变粒岩（山东省地质矿产局 1991:536）。

太古界–下元古界地层

胶南群

胶南群叠压在泰山群之上，可分为四个组，包括大山沟组、甄家沟组、邱官庄组以及于家岭组。胶南群在大部分研究区域中部有出露（图13–49）。地层中的岩石种类包括玄武岩、安山岩、流纹岩和火山碎屑岩变质成的闪岩、变粒岩、各种片麻岩和滑石片岩。同时，白云岩和滑石片岩、大理岩和石英岩也存在（山东省地质矿产局 1991:539）。大山沟组在丝山、日照市、桃林镇和泊里镇均有出露。其岩石种类包括黑云斜长片麻岩、黑云/斜长/钾长石片麻岩、黑云变粒岩、大理岩和闪岩。甄家沟组在莒南县、洙边，岚山头和梭罗树村附件有出露。其岩石种类包括黑云母/斜长/钾长石片麻岩和白云/斜长/钾长石片麻岩。上层包含有黑云母片岩。邱官庄组未在我们研究区域范围内，岩石种类包括黑云/阳起片岩、大理石英岩和变质砂岩，在底层还有砾岩。于家岭组在炭井（诸城），泊里和五莲市东部有出露。其岩石种类包括变粒岩、混合岩、黑云母片岩和大理岩（山东省地质矿产局 1991:539-540）。

元古界

粉子山群

粉子山群绝大部分位于胶东北部，在研究区域之外。然而，在两城镇西北80千米外也有出露（图13–49）。这一群被划为两组。下层组包含石榴石–石墨片岩、方柱透辉岩、长石石英岩、大理岩、石墨、石榴石–硅线石片岩、闪岩和结节性麻粒岩。上层组包含黑云母片岩、长石石英岩、石墨–黑云母片岩和黑云变粒岩、大理岩、白云母黑云母片岩、透闪石、黑云变粒岩、钾长石石英岩、石英片岩和黑云母片麻岩。

元古界下层的五莲群在五莲县的坤山和胶南市的王台均有出露（图13–49）。这一个群可被划为两组，包含有变粒岩、闪岩、黑云变粒岩和黑云母片岩。白云岩、方解大理岩和角闪/黑云母片岩也能在这两组内发现（山东省地质矿产局 1991:541）。元古界下层的济宁群在研究区域没有出露，这一群的岩石种类主要包含板岩、千枚岩和石英岩，其分布于山东省西南的济宁地区。

元古界上层

土门群

土门群主要分布于沂沭断裂带周围地区，被划分为五个不同的组。离两城镇最近的出露地点在其西北60～70千米的地方，处于研究区域的外围（图13–49）。在这些组中发现的岩石种类包括板岩、大理岩、石灰岩、白云岩、砂岩、页岩、石英粉砂岩和石英砂岩（山东省地质矿产局 1991:542）。

古生界地层（在研究区域中没有出现）

离两城镇最近的古生界地层在其西北大约68千米处有所出露。其中的寒武系和奥陶系地层主要分布在鲁西地区。这些地层中碳酸盐岩占主导地位，这可能是燧石的一个来源。据研究，奥陶系的纸坊庄组和五阳山组中存在燧石岩脉（山东省地质矿产局 1991:545）。在鲁西有密西西比系、宾夕法尼亚系和二叠系层，富含碳酸盐和煤炭资源。二叠系地层富含砂岩、粉砂岩、煤炭、泥岩和页岩（山东省地质矿产局 1991:547–548）。

中生界地层

山东三叠系地层局限在鲁西地区。其中的岩石包括紫红色和棕红色的砂岩、粉砂岩、泥岩和页岩。侏罗纪地层最好的出露地区也在隶属于华北平原的鲁西，第四系地层叠压其上。侏罗系地层的岩石包括灰色砂岩、紫红色砂岩、页岩、煤炭、黄灰砾岩和灰绿粉砂岩（山东省地质矿产局 1991:548-550）。

白垩系地层在山东省广泛分布。在研究区域中，有几处流纹质熔结凝灰岩矿脉恰属于此时期。上白垩系青山组包含有一种碱性的熔结角砾凝灰岩、流纹角砾岩、砂岩和砾岩。在图13–48和图13–49中被称为“白垩系流纹岩”的即指这一类。这一组中其他的岩石包括安山岩、角闪安山岩、安山角砾岩以及英安岩。在莱阳附近的上白垩系王氏组的岩石种类则包括砂岩（棕红色、紫灰色和灰色）、泥岩（棕红色、灰绿色）和砾岩。

新生界地层

古近系和新近系地层在山东三个地理单元内都有分布。华北平原地区古近系地层包含有泥质砂岩（棕红色、灰白色）、泥岩、粉砂岩、砂岩、页岩和石膏盐床。鲁西地区这个时期的岩石包括泥岩、粉砂岩、砂岩、砾岩、页岩和煤炭。鲁东地区这个时期的岩石包含有砂岩（灰色和深灰色）、泥岩、页岩、煤炭、石灰岩和白云岩。

华北平原地区的新近系地层岩石种类包括泥质砂岩（灰绿色）、泥岩（棕红色、黄色、棕黄色）。鲁西岩石的种类包括玄武岩、玄武质砾岩、泥岩（棕红色）、砂岩（棕灰色、白色）、砾岩、页岩和橄榄玄武岩。最近的新近系地层在研究区域西北约80千米处出露，其岩石种类主要为玄武岩（图13–49）。鲁东地区新近系地层的其他岩石包括砂砾岩（灰色和深灰色）和橄榄玄武岩。

第四系地层

第四系地层可分为下、中、上三层。在沂沭断裂带地区，这些地层中包含灰白色到灰绿色的砂砾岩、铁和锰矿床和黄砂土。在山东其他的地区，这个层位则包括冲积沉积、冰期沉积和洞穴沉积。其中一些洞穴沉积中包含有人类化石遗存（山东省地质矿产局 1991:555）。第四系地层覆盖了研究区域的很大一部分（图13–49）。

两城镇地区方圆40千米内的各类石料产地

方法

这项地质调查从1999年持续到2002年。研究区域是以两城镇为中心半径40千米的一个圆形区域。此外我也调查了研究区域之外的几个地区，总共调查了130个不同的地点（图13–47）。调查点的选择并不成系统，但也不是完全随意的。选择的采样地点包括河沟以及岩石出露点。我们尝试调查那些地图上标注的不同类型的石料地点。我们拟建立一个较完整的代表性石料的数据库。由于砂岩和流纹岩在两城镇遗址石器组合中的普遍性，所以特别留意了它们的地点。我们在耶鲁大学对现代地质样品和石器小碎块进行了分析在分析中采用了电子微探针对33个样品进行了检测。耶鲁大学的 James Eckert 博士帮助进行了样品分析和地球化学描述。另外，David Hill 博士对另外的25个样品进行了岩相分析。分析的详细结果可以在 Cunnar（2007）的文章中找到。在下面的论述中，所有方位和距离都是以现在两城镇西边的一座叫大堌堆的汉墓为基点测量的。表13-39展示了这次分析的主要岩石类型。

石料种类分析的结果

下面的讨论将主要集中在两城镇石器组合中最常见的八种岩石类型上（见表13-41）。这八种岩石类型可以涵盖两城镇遗址出土石器中的90%。也将会简单讨论石器组合中相对稀少的原材料，包括玄武岩、富含白云母的熔结凝灰岩、软玉、绿松石、黑曜石和圆钝的海滩卵石。

表13-41　两城镇遗址石器组合的石料类型表（第一发掘区和探沟）

石料	比例
绿泥/角闪片岩（n=1，510）	32.85%
砂岩（n=1，028）*	22.36%
流纹质熔结凝灰岩（n=894）	19.45%
花斑岩（n=296）	6.44%
花岗岩（n=159）	3.46%
富含石英的海滩卵石（n=101）	2.20%
富含白云母的熔结凝灰岩（n=80）	1.74%
石英/白云母千枚岩（n=62）	1.35%
非常软的滑石片岩（n=49）	1.07%
白云母板岩（n=45）	0.98%
石英（n=37）	0.80%
燧石（n=35）	0.76%
流纹凝灰岩（n=32）	0.70%
流纹花岗岩（n=26）	0.57%
石英粗面斑岩（n=25）	0.54%
富钾质煌斑岩（n=22）	0.48%
玄武岩（n=18）	0.39%
带绿帘石斑点的流纹花岗岩（n=18）	0.39%
花斑状流纹岩（n=17）	0.37%
黑云母片岩（n=17）	0.37%
角闪英安岩/流纹英安岩（n=16）	0.35%
角闪闪长岩（n=16）	0.35%
细晶花岗岩（n=13）	0.28%
粉砂岩（n=12）	0.26%
不明确的（n=10）	0.22%

闪岩（n=10）	0.22%
花斑状角闪流纹岩（n=7）	0.15%
黑云母片麻岩（n=6）	0.13%
石英岩（n=6）	0.13%
软玉（n=4）	0.09%
热液蚀变流纹岩（n=3）	0.07%
不确定的片岩（n=3）	0.07%
石英高岭石（n=3）	0.07%
滑石或绿泥片岩（n=3）	0.07%
花岗质熔结凝灰岩（n=2）	0.04%
闪长玢岩（n=2）	0.04%
玄武安山斑岩（n=2）	0.04%
花岗斑岩（n=1）	0.02%
硬砂岩（n=1）	0.02%
角闪斑岩（n=1）	0.02%
角闪石／玄武岩／斑岩（n=1）	0.02%
白云母（n=1）	0.02%
黑曜石（n=1）	0.02%
浮石（n=1）	0.02%
绿松石（n=1）**	0.02%
合计（n=4597）	100.00%

*黑斜体标志的岩石是研究区域本地出产的。

**绿松石发现于M33中，目前连同周围的土壤被整体提取并保护，具体数量不详。

1．绿泥／角闪片岩

1510件石制品，占全部分析标本的33%。

绿泥/角闪片岩可能是由外地带到两城镇地区的。在地质调查中发现了两件此类石料做成的人工制品。在研究区域中没有发现这种岩石出露。在此前发表的成果中，在我们研究区域之内也未发现有这类绿色劣质的变质片岩（山东省地质矿产局 1991）。据研究这类岩石最近的发现地是在两城镇以北50千米外的桃林镇。然而，我在2002年对桃林地区的多次调查中没有发现这种片岩的出露地点。山东省内大多数超基性片岩集中区应该在距离两城镇几百千米的地方。泰山群中包含有变质闪石片岩相，其中出产角闪片岩（山东省地质矿产局 1991:537）。这些岩石资源在泰安、新泰、沂源、蒙阴和沂水附近（山东省地质矿产局 1991:536）。在两城镇西70～80千米外也有一大片属泰山群的岩石分布区（图13-49）。除这个区域和桃林地区外，最近的低等级变质绿色片岩可以在两城镇以南50千米外的临沭和梭罗树村发现（图13-50）。此外，在梭罗树附件，还发现有石棉蛇纹石以及

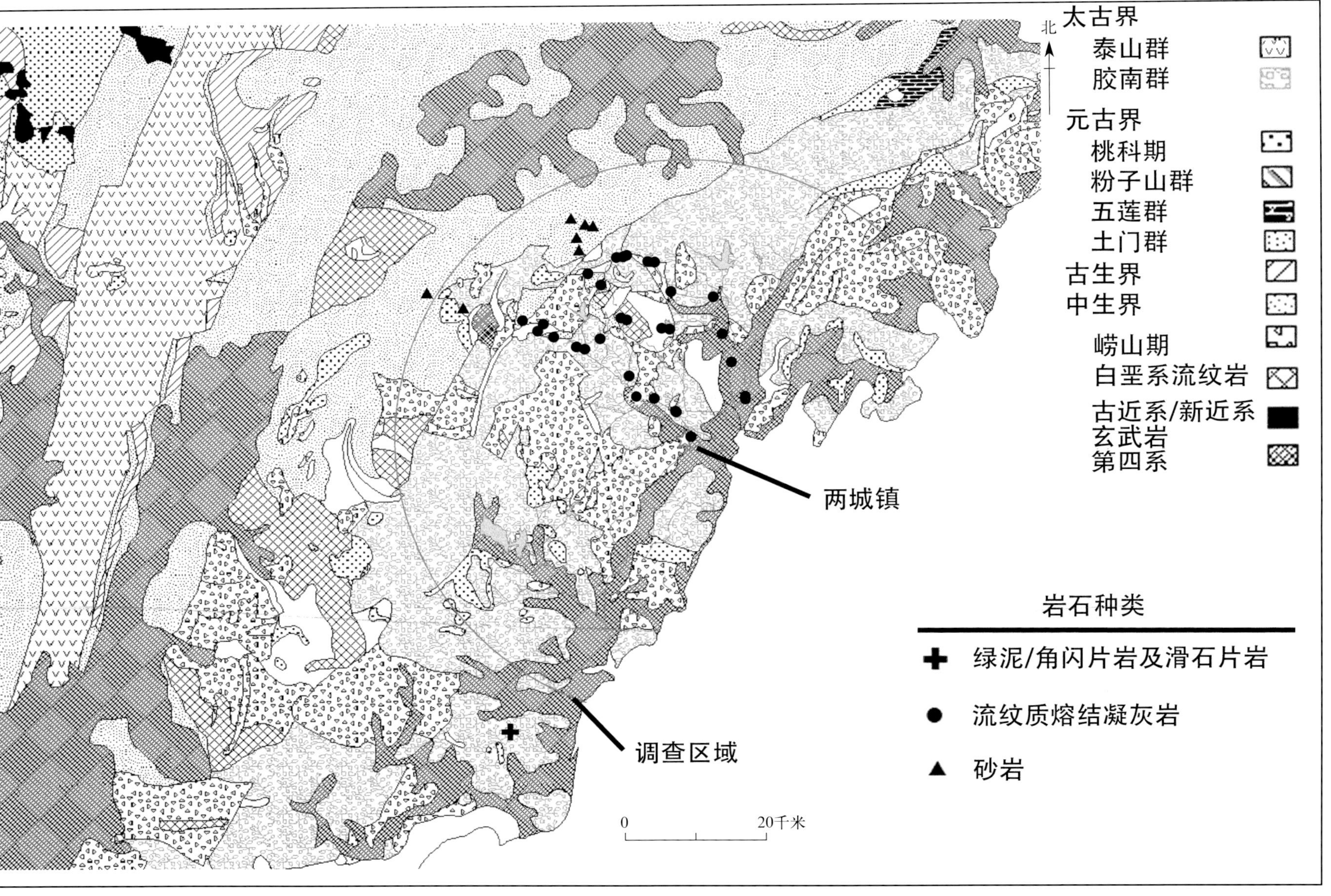

图13-50 绿泥片岩、砂岩及流纹岩的产地（据山东地矿局1991年图）

滑石/绿泥片岩。

这种石料主要用来制作抛射尖状器（127件）、毛坯（38件）、石刀（16件）和石钺（6件）。另外，1259片微型石片可能也由这种片岩制成。大型石片的相对缺失暗示抛射尖状器和石刀毛坯加工的最初阶段没有在两城镇遗址进行。这种片岩相对柔软的特性导致它们不能用来制作砍砸或挖掘用的工具。片岩的相对硬度为2～3摩氏度。摩氏度是依据常见的十种矿物来确定的，分为1～10级。其中滑石最软（1度），金刚石最硬（10度）。最近的实验已经证明片岩具有可制成有效抛射武器的特质（Cunnar et al. 2009）。

2．砂岩

1028件石制品，占全部分析标本的22%。

最近的砂岩产地是在距遗址30千米外332°方向的金巴沟村附近的中生界地层中（图13－50）。在研究区域里和附近，记录了七处砂岩出露地点，应该没有任何遗漏。图13－51展示了两处最近的出露出地表的砂岩层。然而，山东省的地质地图和描述以及我自己的调查表明很可能没有比30千米更近的砂岩资源存在（山东省地质矿产局 1991）。砂岩质石器最大可能来自白垩系王氏组的岩石出露层，该组岩层包含有棕红色、紫灰色和灰色砂岩以及棕红色和灰绿色泥岩。这些颜色与五莲附近的砂岩采石场中砂岩的颜色很接近。

石器的物理性质（主要是颜色）和岩相分析可做出以下区分：

S2型（26%）：普通砂岩。

S2A型（2%）：鲜红，细颗粒砂岩，含有黏土。

S2B型（6%）：白色、灰色或棕黄色，非常细的颗粒，软砂岩，含有二氧化硅。

S2C型（25%）：红色、黄色或紫色砂岩，含钙。与五莲附近大采石场的砂岩很像（桃园村附近，图13－51，2）。

1．后郝戈庄村的砂岩露头，距两城镇遗址约30千米，是离遗址最近的砂岩产地

2．五莲县城外的同俗砂岩采石场（在桃园村附近），距两城镇遗址约40千米

图13－51　白垩系王氏组的砂岩

S2D型（29%）：棕黄色，黄色或棕色，细颗粒，拥有很高比例的白云母/黑云母，含有二氧化硅而闪光。

S2E型（6%）：绿色，中等颗粒砂岩。

S2F（4%）：含有二氧化硅的红色砂岩，与胡沟村附近的砂岩近似。

S2G（2%）：鲜红，含有二氧化硅近似长石的砂岩，与莒南附近的砂岩相近。

砂岩主要用于制作磨石（735件）、石刀（69件）和有槽磨石（39件）。同时也是微型石片的主要组成部分（129件）。

在复制实验中，我经常到五莲附近的地方去采集砂岩制作磨石（第四节）。

很难区分砂岩资源的本地组与非本地组。从两城镇出发至周围的砂岩产地，都需要耗费至少一天的路程。这些资源和它们附近的区域极有可能被其他大的龙山群体所控制。这个地区有大量的龙山遗址（Underhill et al. 2008）。因为砂岩对于制作石器具有关键作用，所以砂岩矿是一种很重要的资源。本地花岗岩的硬度使其不能用来磨制石器。然而，两城镇遗址中花岗岩也偶尔被作为磨石使用（34件）。在砂岩磨石的使用过程中，其上的小石片会发生脱落使其粗糙度提高从而更利于石器的磨制。甚至很小的砂岩块看上去它们的所有面都曾被使用，直至太小而不能再用为止。在两城镇遗址附件，砂岩并不是随意可获得的，其并不像流纹岩那样遍地都是。砂岩应该是贸易中一项很重要的内容，很可能在早期市场分配系统中扮演了重要角色。

3．流纹质熔结凝灰岩/流纹凝灰岩

926件，占全部分析标本的20%。

在两城镇地区绿色流纹岩数量丰富。这种岩石可以在附近的许多河流中发现，包括潮白河中（图13－47和图13－50）。在张家坪子村正北、北回头村西北1.75千米处有巨大的出露地表的岩脉。这个区域在两城镇335°方向，距离有19.1千米（图13－48）。此外，在山的侧面又发现了几个其他大的岩脉。这个地区的流纹岩脉看上去属于地质地图上的白垩系青山组火山岩地带。这种岩石大多具有成层结构（图13－50，1、2）。

为了加工石器而到流纹岩脉处采集原料是不必要的，甚至是不可取的。完全可以沿潮白河往上游走不远的路程去获得大小足够制作工具的流纹岩石块（图13－52，3、4）。两城镇附近河床的流纹岩石块大小不足以制作工具，因此沿河流往上走一段距离是必需的。河卵石的质量看上去与岩脉中的没有什么区别，这两种地方获取的石料均可以制作工具。河床中的卵石经过河流搬运而能幸存下来的都拥有足够的硬度。流纹岩脉表面因为结冰/解冻而遭到破坏，因此要获得质量较好的岩石必须挖进岩石层中去。这样相比而言，从河流中获得质量合适的岩石成为一种更简单有效的方法。

我在遗址和山前之间的潮白河中随机选择了几个地点来测量流纹岩卵石的大小。地点1在两城镇44°方向上，距离有1.3千米。地点2在两城镇316°方向上，距离有8.4千米。地点3在两城镇313°方向上，距离有19.6千米。取样区域根据河床中看上去有最大的卵石而定。然后测量了在大约2平方米范围内能够找到50块最大的流纹岩石块。并将这些数据与遗址中完整石铲、石镰和石锛的平均大小进行比较。这些数据都列在表13－42、43中。

1．北山南侧成层分布的流纹凝灰岩，位于两城填遗址约18.5千米的张家坪子村附近

2．从北山岩石露头处采样

3．从地点2（潮白河中，距两城填8.4千米）采集的流纹岩尺寸足以制作镰和锛

4．从地点3（潮白河中，距两城填19.6千米）采集的流纹岩尺寸比遗址中的石铲稍小一些

图13-52　基岩露头处（1、2）及河床中（3、4）的白垩系流纹凝灰岩

表13-42　潮白河中流纹岩卵石的尺寸表

地点（离两城镇越来越远）	平均长度（厘米）	平均宽度（厘米）	平均厚度（厘米）
地点1（n=49）	7.8±2.3	4.3 ±1.3	2.6±1.2
地点2（n=50）	10.6 ± 1.7	6.2±1.3	3.7± 1.2
地点3（n=50）	14.5± 3.3	9.3± 2.6	6.1 ± 1.9

表13-43　两城镇遗址中完整石铲、石斧、石镰和石锛的尺寸表

工具类型	长度（厘米）	宽度（厘米）	厚度（厘米）
石铲（n=13）	15.5 ± 3.2	7.5 ±1.7	11.5 ± 3
石斧（n=13）	11.5± 1.8	5.7 ± 0.8	3 ± 0.9
石镰（n=7）	13.4 ± 2.5	5 ±0 .5	1 ± 0.2
石锛（n=58）	7.9（sd 2.7）	3.7±1.1	2.1± 0.8

为了获得一个石铲的素材，人们需要沿潮白河往上游走超过19千米的距离。地点3中的流纹岩卵石比石铲平均尺寸稍小一点（图13–52，4）。在地点2和地点3之间可以获得制作斧或镰大小合适的素材（距两城镇8～20千米，图13–52，3）。刚刚过地点1就可以获得石锛的素材（从两城镇超过8千米）。小型工具例如小凿的毛坯可以在两城镇附近获得。

遗址中有926件工具是用流纹凝灰岩制作而成。工具种类包括石铲（135件），石锛（77件），石镰（49件），石斧（7件），石凿（5件）和小凿（5件）。流纹岩石片（83件）、微型石片（220件）、毛坯（42件）以及素材（40件）的存在表明整个石器加工过程都是在遗址内进行的。其中石片的数量相对较少，这可能是由流纹岩的性质所决定。因为本地所出的流纹岩是成层结构，所以并不需要进行过多的打制。

4．本地出产的火成/岩浆岩

Bennett认为，龙山时期的工匠没有使用当地出产的石材来制作工具。我的研究则表明，龙山时期工匠使用了本地出产的多种石料，包括上面描述的流纹岩。具体可见表13–39。这类岩石多分布在遗址附近的河道和出露出地表的岩脉中（山东省地质矿产局 1991）。共计739件工具使用了这类石料。其中大量磨石使用了这类石料（187件），此外，这类岩石还用来制作石斧（28件）、砍砸器（32件）、石锤（41件）、打磨/抛光石器（45件）。高比例的毛坯（59件）、素材（92件）、石片（56件）以及微型石片（55件）的存在暗示了石器的整个生产过程都是在遗址中进行的。

花岗岩/花斑岩是火成岩中使用频率最高的石料类型（见表13–41）。这些石料主要采自于两城镇遗址下的基岩或是附近山上露出地表的岩脉。455件花岗岩/花斑岩工具中，绝大多数（156件）是磨石。其他石制品类型包括素材（83件）、微型石片（38件）、石片（30件）、砾石砍砸器（23件）、石刀（15件）、毛坯（22件）、石镰（9件）、打磨/抛光石器（9件）和石斧（6件）。

此外，还有37件工具是由石英制成。包括石片（10件）、打制/琢制石锤（7件）、微型石片（6件）和石拍子（6件）。由于石英的硬度较大，所以很适合制作这类石制品。此外，还包括一些采自海边富含石英的海滩卵石，其主要用来制作打磨/抛光石器（86件）和石锤（5件）。

带绿帘石斑点的流纹花岗岩（紫色）和富钾质煌斑岩（绿色）经常在同一河床或是岩脉中伴生（图13–53）。这些石料抛光以后非常漂亮。有22件石器（包括3件素材）是由含钾丰富的煌斑岩制成，其中包括3件石钺和1件钻孔的石钺毛坯。有意思的是有些普通石斧也是由这种石料制成。其他工具类型包括1件石镰，1件石刀，1件石锤和2件磨石。这些岩石相当坚硬（摩氏度5～6），硬度与流纹质熔结凝灰岩相当。

有18件石器是由带绿帘石斑点的流纹花岗岩制成。这种岩石比煌斑岩硬度要小（摩氏度4～5）。石器种类包括3件石斧和3件石钺。此外，也发现了1件经过轻微磨制稍残的石制品，可能是石钺的毛坯。其他工具还有3件石刀、1件石镰和1件石锛。但很难证明这种材料是某种玉料的替代品（Underhill 2002:198）。石钺经过抛光，十分光滑，微痕分析证明它们可能被使用过。

5．玄武岩

在我的地质调查和采样过程中并没有发现露出地面的玄武岩脉。然而在五莲山与黄崖川镇附近

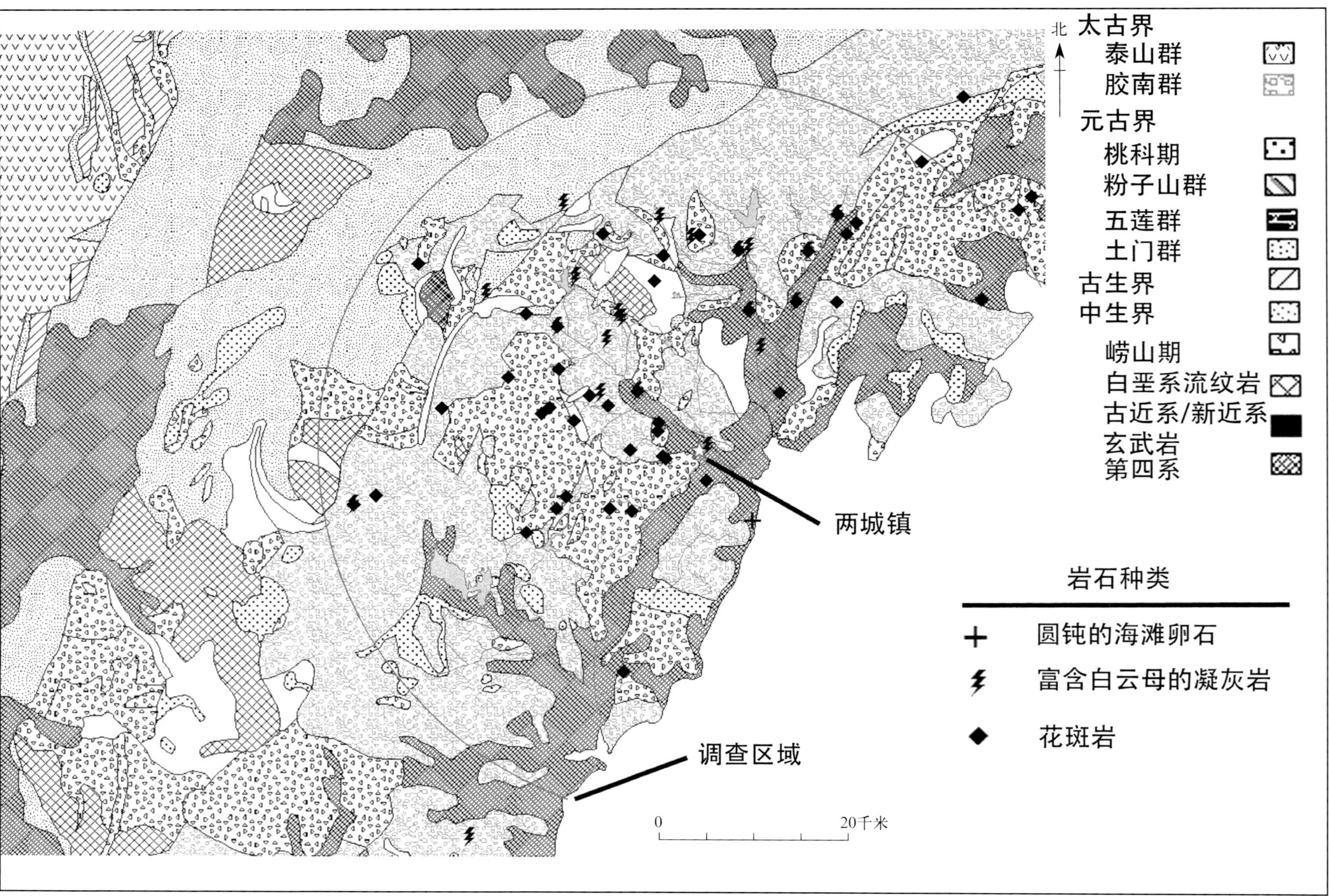

图13-53 花斑岩、圆钝卵石以及白云母的产地（据山东地矿局1991年图）

的九仙山北麓的潮白河底部发现了一块玄武岩，其具体位于距遗址18.94千米312.5°的地方。但奇怪的是，在我很多次去潮白河时都没有发现更多的玄武岩。另一块玄武岩是在1999年更大范围的区域系统调查时采集到的。地质地图中标示的最近玄武岩分布区在我们的调查区域之外，位于遗址西北部80千米的地方，地质时代属于古近系/新近系。

众所周知玄武岩是非常适合加工木材的石料。它具有贝壳状的破裂特征，使其易于打制和成型。这种岩石也非常的坚硬和耐用，很适合作为砍砸木材的工具。但是我觉得很奇怪的是在两城镇居住的龙山人并没有使用更多的玄武岩。这可能是因为流纹岩的石材也可胜任这项工作，也可能说明了两城镇遗址的先民和西北部玄武岩丰富地区的人们缺少贸易或是其他的交流互动。

我们发现了18件玄武岩工具。这种材料和任何一种特定的工具类型好像没有太大的必然关联。这些工具包括1件石锛，1件石钺，4件石片，1件磨棒，2件石刀，1件石臼，以及1件石镰毛坯、1件石锛毛坯、石斧毛坯，1件石拍和1件石铲。我认为玄武岩在调查区域内可能分布有限，以至于在20世纪60年代的地质调查中被漏掉了。因此，在此区域内将来有必要再进行详细调查。同时我也认为在潮白河的河床内会发现更多块的玄武岩。

6．富含白云母的熔结凝灰岩和黑云母片岩

在我们研究的区域内发现了大量的含丰富白云母的凝灰岩，在我调查过的130个石料区域中有22个区域出产这种石料（图13－53）。在潮白河的河床内就出产这种岩石。黑云母片岩在3个区域中有发现，最近的分布区在离两城镇36千米307°的海眼口村附近。在以前的研究中，它们也出产于粉子山群和土门群中。

这些岩石很值得进行一个简单的讨论。首先，两城镇的这两种岩石主要是专门用来制作石刀。第二种情况是高比例的白云母或黑云母含量。如果像报告中描述（Vandiver et al. 2002; Vandiver et al. 2005）的那样，黑云母或白云母是用作陶器羼和料的话，这种岩石确实是一种较好的材料，因为这种柔软的岩石很易于压碎。有80件工具是由富含白云母的熔结凝灰岩制成，其硬度很低（摩氏度为3）。主要的工具类型包括毛坯（23件，主要是石刀毛坯），石刀（9件），石片（18件），微型石片（11件），石镰（1件）。17件黑云母片岩工具主要包括石刀毛坯（9件），抛射尖状器（3件），石刀（2件）和1件石镰。

7．很软的滑石片岩

在以前的地质调查中，最近的滑石片岩分布区位于两城镇西南50千米的梭罗树村附近（图13－50）。在遗址中，有49件工具是由这种绿色的，既软且滑的片岩制成。大多数是抛射尖状器毛坯（22件），抛射尖状器（10件）和石片（9件）。滑石片岩较为柔软光滑且含镁量较高，因此很易于识别。这种岩石用指甲就可以进行刻划。为什么这种材料会被用于制作抛射尖状器呢？2009年的试验研究给出了结论，滑石片岩的硬度用以制作抛射尖状器已经足够（Cunnar et al. 2009）。然而，这种绿色的材料也有较高的象征性，可能是玉材的替代品。

8．典型变质岩——绿色板岩和千枚岩

在地质调查中没有发现富含石英和白云母的千枚岩以及白云母板岩。这两类石料都属于变质岩而且外型上非常相似（至少在制成抛射尖状器后）。据记载，在山东省西部济宁市附近的元古界下层的济宁组地层中存在这两种岩石（山东省地质矿产局1991:54）。我推测在出产绿色片岩的鲁中地区雁翎关组地层中也会发现这两种石料（山东省地质矿产局1991:536）。

这两种岩石几乎专门用于制作抛射尖状器（82件），其他类型包括毛坯（3件石刀和4件抛射尖状器）、石刀（4件）、石铲（2件）和石镰（2件）等。通常来说，绿色的软性变质片岩非常适合制作武器，更加软质的石料则会被选择用来制作石刀。

9．黑曜石

在两城镇遗址的地表调查时采集到了一片无光泽的黑曜石石片，而这个区域内是没有黑曜石资源产出的。

10．燧石

燧石是石器时代社会广泛使用的一种材料。这种沉积岩主要是由微晶石英组成，断口呈贝壳状并且很硬（摩氏度为7）。燧石通常以结核状的形式存在于石灰岩或者白云岩沉积中，但两者都不存在于研究的区域中。在潮白河河床中曾发现了一片小的燧石断块，经分析是一件人工制品。在野外利用复制工具收割谷物时，我曾在滕家庄（在遗址128°方向上，距离有37.4千米）附近发现了一处大理岩的露头，而大理岩就存在于白云岩层中，这片地区应该属于元古界下层的五莲群。据以前研究成果，大理岩在五莲群中的海眼口组和坤山组中均有发现（山东省地质矿产局 1991:541）。我发现的这个大理岩露头区域应该属于坤山组，这个区域可能也正是燧石最近的产出地之一。其他的燧石岩脉均位于山东省西部，属于元古界下层的土门群（山东省地质矿产局 1991:535）。

遗址中用燧石制成的石器有35件。大部分为红色（7件），其他的有棕色（5件），白色（3件），绿色（2件），紫色（1件）和灰色（1件）。其中大多数（11件）是小型的三角形压制抛射尖状器。在分析土样时还发现了18片微型石片（压剥法产生）。这可能表明这些抛射尖状器是在这个遗址中完成制作的，而不是通过贸易得来。除了这些抛射尖状器以外，还发现了1件打制的石刀，4件石锛和1件石锛的毛坯。

11．软玉

自从1936年以来，在两城镇遗址发现了很多玉器（高 2000; 刘 1958a; 刘 1972; 刘 1988; 石 1981; 巫 1979）。1936年发掘所得的玉器存放于台湾中研院史语所（李永迪个人交流 2003），其中至少有一件玉钺。调查采集资料存放在济南市的山东省博物馆、山东大学博物馆和日照市博物馆中。很不幸的是，还有一部分玉器丢失或是被卖掉。其中有一件很有名的被称为玉锛的玉器，在它的两面都雕刻有饕餮纹饰（刘 1972）。除1936年发掘所得的玉器之外，我们不能简单地推断所有地表采集玉器的年代都是龙山时期。表13-44总结了之前发现的玉器种类。

表13-44　较早之前发现的玉器表

工具类型	描述及保存地点（如果知道）
钺	1936年发掘时出于墓葬，有两个钻孔。有图，现存于台北故宫博物院。
大块的素材	发现于40～50厘米长的玉器坑内，无图像。现今保存地点不明，但当时可能出土于现在叫官厅汪的水池。
各种毛坯	玉器坑中出土的锯切和抛光过的毛坯，厚度不一。无图像。可能靠近现在叫官厅汪的水池。
斧	报道出于玉器坑。有两个钻孔（？）。现今保存地点不明。
多类小型工具	报道出于玉器坑。现今保存地点不明。但出土位置可能靠近现在叫官厅汪的水池。
？	其他玉质遗物，可能是在1936的发掘中发现的，但报告还没有发表。
锛（非典型形制）	1963年发现于农民家中。两面各刻有一个饕餮纹。该器物断为两半，长18厘米。上面的部分宽4.5、厚0.85厘米。刃端为双面刃，宽4.9、厚0.6厘米。最初的发现地点位于叫官厅汪的水池西侧，靠近1936年发现的玉器坑。现被捐赠给山东省博物馆。
铲（非典型形制）	1963年发现于农民家中。该器物破损，有4个单面钻孔。双面刃。长48.7、宽12～15、厚0.5厘米。出土位置同上。同样现藏于山东省博物馆。
刀	1955、1957年刘敦愿从村中收集。现今保存地点不明。
毛坯	1955、1957年刘敦愿从村中收集。现今保存地点不明。
簪	两城镇村民赠给山东大学。
璧	两城镇村民赠给山东大学。
小型凿	曾被王献唐先生拥有，后赠给李济博士。现今保存地点不明。
钺	1957年被拍卖前归刘述祊拥有。长27、宽10、厚1厘米。有三个单面钻孔。一个在中央，另外两个在其上。两个孔洞中有可以活动的黑石镶嵌
钺	曾被刘述祊先生的儿子刘希范拥有，现存于山东大学。近似梯形，两面钻孔。长17.2 、宽8～9.7、厚1.1～1.2 厘米。
钺	曾被刘述祊先生的儿子刘希范拥有，现存于山东大学。上部残破，单面钻孔，一面抛光。长21.8、宽9.5～10、厚0.9厘米。
钺	曾被刘述祊先生的儿子刘希范拥有，现存于山东大学。上部和刃部残损。残存长30、宽9.5～10.2厘米。器身中央单面钻孔。器物两面都可见从孔洞中央到刃部的沟槽。
类型不明	工具类型不明，可能是装饰品。见刘敦愿先生文章（1988:121，图一，1）。现今保存地点不明。
钺	有两个钻孔。上部在孔洞处破损。现存于日照博物馆。
钺	有两个钻孔。现存于日照博物馆。
大型毛坯	该器物看起来是一件大型玉器毛坯，现存于日照博物馆。

在日照博物馆，我曾看过几件石斧，它们看起来应是软玉制品。然而，在这项研究之后，我更加明白了在中国“玉”可以用来描述任何一类精美的石头。在阅读过以前文献中的遗物描述并完成两城镇遗物中大量绿色石头的研究之后，我相信之前发现的许多所谓玉器，实际上可能是由各种绿色变质岩制成，诸如绿泥/角闪片岩、蛇纹岩或者千枚岩。一件与雕刻“玉锛”伴出的“玉器”被描述成相当软（刘 1972）。事实上软玉相当坚硬。

1936年曾发掘过一个包含众多玉器以及毛坯的玉坑（刘 1988）。这批遗物可能存放于台北中研院史语所。但关于它们的发掘报告和研究成果还没有发表。这座玉器坑位于现在的两城镇中部。应处在官厅汪水池附近的大探沟中。2005年我询问过官厅汪所在地的年长者，他们透露，水池依然存在。此区域恰好在图13－54所标识的可能是精英阶层区域的南侧，也就是我们所发掘的T1789东南部。1936年的探沟明显位于水池北部，并一直向北延伸（图13－54）。

在此次两城镇发掘中，共发现了4件可能为玉质的器物。之所以说是“可能”，那是因为它们都没有做过地球化学分析。主要是根据颜色和硬度等物理特性推测它们为软玉或者可能为蛇纹石。这几件遗物包括1件可能为钺的断块、1件小型钻头断块、1件纽扣状器物和1件小型的石锯断块。它们并不是出土于高等级的精英区域。

在两城镇地区，没有发现软玉或者真玉的产地（Lu et al. 2002）。而在两城镇遗址东南约400千米的江苏省南部地区则发现有玉料产地，其属于良渚文化区的分布范围（Sun 1993:26）。

12．绿松石

绿松石常常是在富含铝的火成岩（包含磷灰石和黄铜矿）蚀变地带发育而成。在以往的研究中，这种岩脉在两城镇周围地区没有被发现。我自己的调查也未在遗址附近发现过绿松石。考虑到当地缺少绿松石来源，那么其几乎毫无疑问是威望的象征，而且仅为精英阶层所拥有。二里头遗址贵族墓出土有绿松石，而且绿松石加工作坊也在宫殿建筑群附近被发现（Chang 1986; Liu 2009; Liu et al. 2007）。在此次发掘中发现了一座非常考究的墓葬，编号M33。其中出土了一件绿松石质的镯子（栾等 2004）。这件镯和周围的土样用石膏打包，整体运到山东大学，在那里将会进行相关的分析研究。其中一些绿松石片很明显经过了穿孔，而其他的则没有。1999年在T2300中也出土了一件绿松石珠。这件珠子为圆形，抛光较好，有一个2.6毫米直径的中孔。

13．圆钝的海滩卵石

共发现71件圆钝的卵石。大多是用来打磨/抛光石器的，而一些可能被用来当做石锤。我没有鉴定这些工具的石质类型。它们被归入“富含石英的海滩卵石”一类里。附近水系里的石头，包括潮白河，则带有明显的棱角。由于从石料产地到遗址附近的河道并不算远，所以难以产生圆钝的卵石。能采集到较好圆钝卵石的最近区域当属海滩。Bennett（2002:69）认为4500年前的海岸线距离遗址非常近。然而我们在遗址附近未发现古海岸线的迹象。

三 小结

此次研究基本上成功辨识了制作所有石器的石料种类。总体而言，石料种类丰富多样，但很明显有几种主要的石料确实是本地所出产。制作石器的最主要石料包括绿色软质的绿泥石或绿泥/角闪片岩、砂岩、流纹岩，以及本地常见的花岗岩和花斑岩，富含石英的海滩卵石和富含白云母的凝灰岩。

在以前地质调查的基础上我们又进行了有针对性的调查，以这些资料为依据，我们理清了哪种岩石是产于“本地”，哪些可能是进口的或在别的地方得到的。绿色的软质绿泥石和角闪片岩并未在调查区域内发现。同样的，砂岩也并非本地出产的石料。最常用的流纹岩在潮白河和该区域的

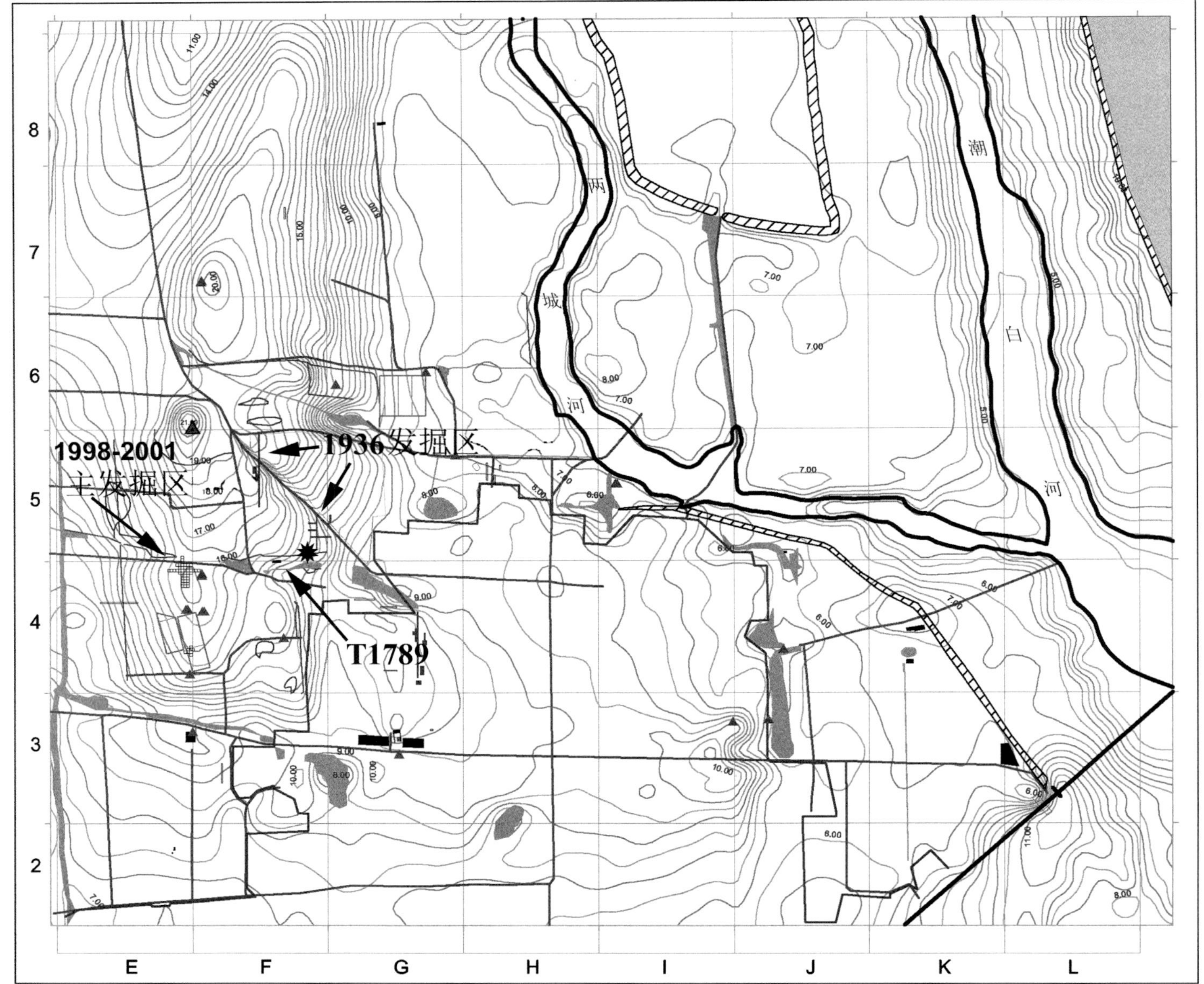

图13-54　两城镇遗址的发掘区及精英阶层的分布图

其他河沟中非常丰富。其他大多岩石种类也都可以在调查区域内找到，而且大部分都很丰富。绿松石、黑曜石和类似软玉的石器发现较少，这些石料在研究区域内并未发现，如果再考虑到大量的非本地出产的绿色片岩的话，我们可以认为在这个区域内应该存在着较为频繁的交易行为。而交易是如何组织和进行的有待进一步的研究。

未来的研究

本文所进行的研究绝不应该被看作为石料类型的最终鉴定，同样关于不同石料的出产地描述也不应视为最终结论。未来的地质研究将有助于更好的理解各种石料在遗址中所发挥的作用，以及它们在区域中的重要性。最重要的是，该研究已经尝试对遗址中所有石制品进行定量分析。随着该区域内更多的遗址发掘以及越来越详细的系统调查工作的开展（中美两城地区联合考古队，2002; Underhill et al. 2002; Underhill et al. 2008），我们将更加有能力去阐释这个区域内石料的贸易和交换行为。目前，仅从一个遗址（两城镇）所收集的系统数据来解决这个问题显得不太可能。

关玉琳（Bennett 2002）利用调查数据提出了一个观点，即她认为在调查区域内石器的生产存在两种不同的模式（实用器以及非实用器）。她的证据相对有限，仅依据1999年的发掘资料以及不太完整的地质调查数据，她过早地提出两城镇的石器是“精英权力强化行为”的一部分，并认为石器是在某种精英阶层所生活的台基上得以生产的（Bennett 2002:287-288）。她的观点在两个主要方面存在缺陷。她所使用的地质调查数据非常不准确，而且“精英阶层的台基”也是仅依据有限的发掘而所做出的推测。她用“绿色石头”这样的术语来描述所有绿色的岩石（Bennett 2002:221）。所谓的台基后来被证明只不过是逐步建起来的非精英阶级房屋的活动面。1999年的试掘仅下挖了很浅的深度，揭露出的地层现象是许多不同遗迹的复合体。那些地层直到随后2000年和2001年工作时才发掘至生土并完全揭露了她推测的所谓“精英阶层的台基”。然而她的区域性研究对于理解龙山时期不同社群之间经济和政治关系提供了很好的方向，未来可依据最近的调查结果进行更为深入的研究。

在考古人类学领域，对于黑曜石和燧石已经做过很多的地球化学分析。最近，对其他材质如玄武岩和流纹岩的研究也已获得成功（Daniel et al. 1996; Guo et al. 2005; Rolett et al. 2002）。在研究流纹质熔结凝灰岩以及各种角闪石变种时，我也注意到了其中的钡、钛、钠、铁等元素。在某些种类的基质中未发现大的典型斑晶。这些变量有助于我们理解两城镇先民更喜欢何种类型的流纹岩（如果存在的话）。如果进行这样的研究，就有可能更好地理解两城镇地区广义的经济类型。这有助于我们确定在非精英阶层中是否存在一个独立的贸易系统。

辨识铁镁质和超基性的绿色片岩和板岩（滑石、绿泥石、绿泥石/角闪石和千枚岩）非常困难，并还经常会被一些工具的个体特质所干扰。近年来如便携式X射线荧光光谱分析仪等新型技术的出现可以较好的提高这方面的辨识能力。在标本中，可能存在蛇纹石之类的石料。因此在我的分析工作中，我在梭罗树村采集到了这种岩石的样本（可能为最近的资源），这种石料中富含石棉纤维，我将采集到的石料样品进行磨制和抛光，发现它的一些特征与其他一些超基性片岩类型的石料非常相似，尤其是绿泥石和绿泥/角闪片岩。然而，这种石料磨制之后会出现较为明显的脉纹（蛇纹石的特征之一）。这种特性在我所定为的绿泥石或绿泥/角闪片岩中并不常见。并且我所观察的片岩中也没有发现包含有明显的石棉纤维。对标本进行的微探针检测中也未发现其具备蛇纹石的典型特征。基于上文所讨论的各种局限，本文所进行的研究仅仅是为将来更好的理解石料种类以及潜在意义做些基础性工作。

第四节　实验考古学概况及研究目标

在这一节中，主要介绍复制实验并对两城镇遗址石器制作程序提出一些认识。这次复制实验的总体目标就是使用与古代工匠同样的原材料、技术和工艺模拟制作并使用石制品。（Clark 1986b）。复制两城镇遗址石器基于以下几个原因：1、进行相应的微痕模拟实验；2、了解特定工具的形态、各种原材料以及大体的制作过程；3、探索工具在制作或使用时如何破裂以及为何破裂，这是了解原材料种类选择的重要步骤；4、探索如何有效制作和使用不同类型石器的方法，这是了解石器专业化种类（如果存在的话）以及不同类型石器作用的关键步骤。我将对之前的研究进行简短的评述，并对要复制的工具进行论述。然后以模拟实验为依据，对两城镇遗址所出石器的加工流程进行分析。最后对两城镇遗址所出石器的生产以及组织进行讨论。

一　模拟实验和人类行为

以前很多学者通过模拟实验的手段对打制石器的功能进行了研究（Abrams 1984; Clark 1982; Collins 1975; Crabtree 1966; Crabtree et al. 1964b; Crabtree et al. 1968; Crabtree et al. 1971; Ellis 1940; Flenniken 1978; Flenniken et al. 1985; Frison 1989; Hester et al. 1976; Leakey 1950; Newcomer 1971; Schafer 1976; Sheets 1973; Sheets 1975; Stevens 1870）（第五节）。此外，还有许多学者通过模拟实验研究了如何打制石片并以此为基础讨论石器的生产工艺（Crew 1972; Hassan 1971; Renaud 1957; Sullivan et al. 1985）。Crabtree（1966）认为可以通过分析石片特征从而复原打制石器的生产工艺。然而就目前情况来看，与打制石器研究相比，磨制与抛光石器的研究明显少得多。仅有的几项磨制石器模拟实验也往往重点强调某类磨制石器的生产方法，比如石凿（Ellis 1940; McGuire 1891; McGuire 1892; McGuire 1896; Pond 1930; Treganza et al. 1955）或是仅涉及食物加工工具如“磨棒”和“磨盘”（Adams 1989、1997; O'Brien 1994; Osborne 1998; Wilke et al. 1996）。遗憾的是，许多研究报告对实验方法以及细节都语焉不详。我自己的模拟实验对磨制石器所产生的石片进行了关注和审视（Cunnar 2007; Cunnar et al. 2009），此前这方面的研究非常有限（Parker et al. 1998; Turner 1988; Widmer 1991）。

近些年，在石器模拟实验中，更多的强调其中的人类行为模式（Clark 1986b; Flenniken 1981; Flenniken et al. 1985; Lewenstein 1987; Santley et al. 1986; Stemp 2004），然而，除少数几项研究外（Cleghorn 1986; Darwent 1998），大部分此方面的研究都是关于打制石器的。同样，使用微痕与模拟实验方法研究石器工艺的文章也大多局限于打制石器，对于磨制石器的研究很少（Adams 1989; O'Brien 1994）。Cleghom（1986）和 Darwent（1998）则较为特别，他们在对于“中阶段社会（middle range societies）”的研究中进行了大量磨制石器的模拟实验。

Lass（1994）提出每件石锛可能都有其唯一的加工方法。即使工具看上去非常相似，但是它们不一定是用同一种方法制作的。Young 和 Bonnechsen（1984）的研究对此有很好的展示。这两个熟练的石器生产者以两个相同的抛射尖状器为模板模拟制作另外两个新的尖状器。他们的打制过程和细节都被详细记录下来。随后的分析表明即使得到的结果相似，但两个人使用的打制方法和工艺则相差迥异。尽管如此，但模拟实验依然能够很好地帮助我们理解操作链以及如何辨认石器的各种加工步骤（Schlanger 1994; Sellet 1993; Shott 2003）。

复原研究还可以帮助我们确定一些石器上的特征性指标是由于制作工艺造成，还是由其功能所决定，抑或是由生产者的特定风格所形成（Binford et al. 1966; Phagan 1976）。在龙山时期，有些石器仅仅作为财富和社会地位象征，其具有特殊的风格，这类石器在制作时可能就未打算使其具有实用功能。在此项研究中，我主要是通过模拟实验以及微痕分析对这些石器上的特殊风格进行分析。

二 磨制石器工艺研究简史

磨制和抛光石器的模拟实验最早萌芽于19世纪末，正式开始于20世纪（Bordaz 1970; Callahan 1993; Chappell 1966; Coles 1973; Darwent 1998; Dickson 1981; McGuire 1891; McGuire 1892; McGuire 1896; Olausson 1983; Pond 1930; Roberts 1975; Treganza et al. 1955）。大部分模拟实验是制作石凿或石斧。不过，他们并没有注意到抛光的过程，对琢制或磨制过程中产生的石片也没有给予足够关注，他们也没有讨论石凿以外的其他磨制和抛光石器的制作技术。两城镇遗址中的磨制石器有很多种类，包括石镰、石铲、凿、小凿，抛射尖状器、石锛、石斧和石刀。

磨制石器的制作过程包括打制、琢制、磨制和抛光，此外还包括钻和锯。据记载，新西兰毛利人（Maori）还曾用火来加工软玉。所有这些过程都将按照其在两城镇石器上应用的次序被评述。不过首先我将讨论在模拟实验中制作的各种工具。

三 本项研究中的复制品制作及微痕分析

在实验过程中，约200件工具被制作和使用。部分工具在图13-55中进行了描述。这些工具包括打制石器、磨制石器和抛光石器，还有一些在表13-45中都予以列出。在我的实验助手兼好朋友王世峰先生的协助下，我们用了290小时对各类石器进行了打制、磨制和抛光。而使用这些工具执行各项任务则共花费了208个小时，这在表13-46中已经列出。

表13-45 模拟实验复制的石器类型表

复制的石器类型	总计
锛	8
斧	4
钺	1
打磨石器	8
用以对比的磨面	10
钻头	17
打制刀	3
打制抛射尖状器	9
磨石	6
磨制抛射尖状器	8

磨制刀	5
磨棒	2
加工皮毛的石器	6
抛光石器	22
铲	3
磨制镰	3
镰/刀刃部	14
可用石片	70
总计	199

表13-46　实验行为及加工对象表

主要使用行为	主要加工对象														总计
	明胶	明胶/（包含骨头）	骨头	骨/角	陶	泥	肉	肉/骨	无	植物	石头	木头	木头/肉	皮毛	
锛												3			3
打磨					6										6
砍伐			2									2	1		5
切割							4	4		1				3	12
剥皮										2					2
钻			11								8	9			28
咬			1												1
磨			1								9				10
无动作									20						20
抛光	1		2								13	5		1	22
抛射	1	3													4
摩擦					2							1		10	13
锯			8				1					9			18
刻			1												1
刮			1		2					7		7		13	30
刮/削				1								4			5
用镰刀割										8					8
切/刮			4	4				1				2			11
挖掘						3									3
总计	2	3	31	5	10	3	5	5	20	18	30	42	1	27	202

1．流纹岩石镰　2．流纹岩石刀　3．流纹岩石锛　4．流纹岩石铲（上）　5．装柄的玉钺　6．装柄的流纹岩石斧　7．装柄的流纹岩石锛　8．装柄的流纹岩石斧　9．磨穿的砂岩磨石

图13-55　模拟实验中复制的石器

我力求按照 Schiffer（1979）和 Frison（1991）的建议进行模拟实验，即试图去完成一项任务，比如完成一件皮毛的刮取或收割完一英亩水稻。而不仅仅是进行某种动作行为的模拟（例如对干燥骨骼进行10次切割）（Tringham et al. 1974）。与简单的动作行为模拟相比，以完成任务为目的的模拟实验对于推断古人的行为方式更为有效。Keeley（1980:15）认为，以完成任务为目的的模拟实验会造成工具的磨损，这不利于与古人的特定工具进行比较。在我的模拟实验过程中，我详细记录了时间、次数、每次动作的作用距离，同时对被加工物质也进行了描述。

我使用与史前居民同样的石料对主要的石器种类都进行了复原，对于作为大宗的石器种类，则至少复原出一件完整器。复原石器种类包括刀、镰、斧、钺、锛、铲、凿、镞和许多打磨/抛光石器。另外，我还加工出了很多燧石石片，并使用它们进行了多种任务。除此之外，为了增强我制作石器的技能以及更好的理解加工过程，我还专门制作了其他一些模拟石器，但并没有对它们进行使用。

四　模拟实验的准备

进行考古器物微痕研究前必须有用于对比的现代微痕数据，而这些数据应该是用“各种可控的实验方法”（Keely 1980:3）所取得。比较理想的情况是，我们模拟实验所使用的材料应该与所要研究的考古器物相同。绝大多数的微痕研究都集中在硅质石料上。在实验中，我对燧石石片所产生的微痕进行了记录，并与流纹岩以及其他石料的微痕进行了相互比较，结果发现它们的光泽形态基本相同。每种工具的模拟使用方式以及使用后的微痕形态都留下了详尽的记录，这样我就会完成一个现代微痕的数据库，在对两城镇遗址所出的考古器物进行微痕分析时就以此为比对资料。

模拟使用实验的设计参考了以下几方面因素：首先是详细调查了本地农民如何使用现代的不同农具，并查看了该遗址植物学和动物学的分析资料，此外还对当地陶器工人如何制陶进行了考察。具体的使用方式则沿用此前微痕研究学者的定义（Keeley1980:17-19; Tringham et al. 1974:188-189）。这些使用方式包括纵向的（切割、锯）和横向的（削、刮、锛）。此外，砍、钻、擦、抛光和铲等动作也会作用于各种不同的材料类型。在图13–56中对一些模拟使用实验进行了展示。

表13–46中所列的被加工材料需要一些详细说明。其中的骨骼包括新鲜的和干燥的牛、猪和山羊骨骼。打磨和刮削所用的黏土是从现在两城镇一个制陶工场中获得，皮革有的经过鞣制，有的是新鲜的毛皮，种类包括山羊、狗、鹿和兔。此外，在实验中我的手指也被作为一种特殊的“皮”（可形成抓握微痕）。部分屠宰实验中石器既要接触皮毛，也会接触肉和骨骼。植物种类则包括各种草、粟、黍和水稻。实验中使用的木头既包括硬木也包括软木。肉类实验使用的材料包括新鲜猪肉、鱼肉和牛肉。

在两城镇发现了许多几乎用尽的磨石，还发现有很多小型的多面卵石。我认为磨制石器首先是在砂岩磨石上进行磨制，然后再使用这些多面卵石对其进行抛光。在该遗址发现的一些磨制石器拥有磨制及抛光很好的面和边（刃部和装柄部位除外），这表明抛光是有意进行的。下面我将简要的描述两城镇磨制石器的大体制作程序。

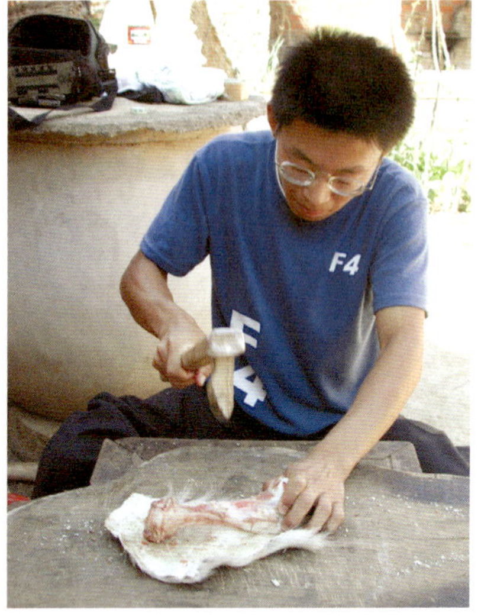

1．使用装柄流纹岩石斧砍新鲜山羊骨头

2．使用装柄的流纹岩石斧砍伐木头

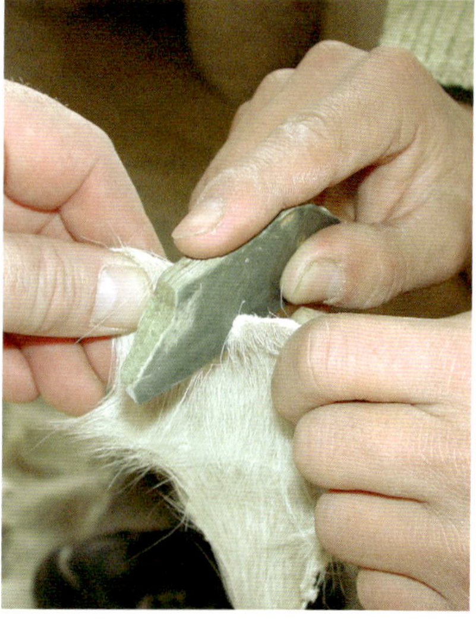

3．使用装柄的流纹岩石刀切割山羊毛皮

4．使用装柄的流纹岩石铲挖土

5．使用砂岩石刀收割谷子

6．使用砂岩石刀收割水稻

7．使用砂岩磨石给黍子脱壳

8．使用装柄的流纹岩石锛加工木头

9．使用海滩小卵石打磨陶器

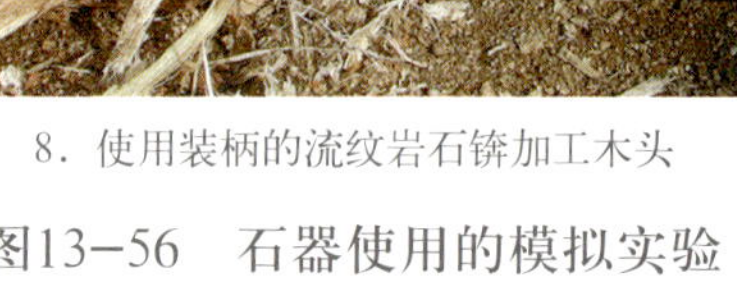

图13-56　石器使用的模拟实验

五　对于加工程序的观察和模拟实验

1．实验中火的作用

利用火来对石料进行加工很早即已被视为一种制作石器的辅助方法。早期的实验大多显示加热容易毁坏实验所用的石料（Ellis 1940; Mandeville 1973; Moorehead 1900; Pond 1930）。Crabtree和Butler的模拟实验表明，对硅质石料进行加热处理容易使其变脆，从而更利于剥片（Crabtree et al. 1964a）。此后，全世界针对此现象的研究逐渐兴起（Flenniken et al. 1975; Griffiths et al. 1987; Kononenko et al. 1998; Patterson 1978; Purdy et al. 1971; Schindler et al. 1982）。研究显示软玉被加热后硬度会增强50%，但是会降低其韧性，从而使剥片更为容易（Beck 1981）。也有学者尝试在采石场使用火加热的方法来开采石料（Hampton 1999）。

我也进行了一些流纹岩受热发生变化的模拟实验。在考古遗物中，我发现了32件呈不同颜色的流纹岩石器，其颜色在橙色至红色之间变化。通过模拟实验，我发现对流纹岩进行加热可以实现其颜色的改变，当温度逐渐升到600摄氏度时，其颜色也由橙至红逐渐发生变化。遗址中32件流纹岩石器中的绝大多数（75%）都不是完整器，这表明其温度变化很可能是发生在石器制作、使用和废弃之后。这可能暗示加热处理并不是加工过程中的一个程序。如果进行过系统的加热处理，我们在遗址中应该会发现更多的受热崩裂的石片。而且，似乎热处理对流纹岩并没有太多益处。

2．打制、琢制和磨制实验

通常而言，打制就是指利用石锤对石料进行打击以使其达到预想工具的雏形。在减少多余废片和制作预想工具轮廓时，打制普遍要比琢制和磨制快得多。对几乎用尽或是损坏的石器进行再锋利处理时，也会首先使用打制的方式，然后才是磨制。尽管很多时候打制痕迹大部分已经被随后的磨制以及抛光磨蚀掉，但在磨制石器上仍然经常能看到打制的证据。

考古学和民族学研究对理解诸如石锛之类石器的制作过程提供了很好的帮助（Blackwood 1950; Chappell 1966; Cleghorn 1982; 1986; Hampton 1999; Vial 1940）。通常第一步是将石料修整成一个大的两面器毛坯；第二步通过更精细的剥片制作出刃部和柄部；最后将其磨制成最终形态。

琢制是用石锤进行的重复打击，其采用短距离和快速的打击修整拟加工的部位。这种技术通常应用在颗粒较粗的石料上。它是通过挤压（粉碎性效果）而不是打击（产生石片）来对石坯进行修整（Kapchens 1979:67）。琢制用于在磨制之前对石坯进行调整和整形。

如第二节所描述，两城镇遗址发掘出总计1916件石片，另外，还有209件毛坯，141件素材，4件石锯断块，4件石钻/钻芯和48件石锤，这显示出两城镇遗址存在大量的打制、琢制等石器加工行为。然而，考虑到遗址中大量的流纹岩石器，打制石片却相对较少（83件）。在进行了大量地质调查、上百次剥片以及模拟实验之后，我开始明白为什么在流纹岩石器加工过程中剥片并不是一种主要的流程。

流纹质熔结凝灰岩普遍成层的现象表明其来源于熔岩流（图13−52，1、2）。这些层在组成和硬度上略有不同。当用石锤对其进行敲击时，岩石经常会沿这些层裂开。这使得打制工作很难被控制。从工匠的角度来看，针对此有两种解决办法。第一是寻找没有分层的流纹岩，如我在图13−55（#8）中展示的装柄流纹岩石斧。遗址中总计88件石器（所有流纹凝灰岩石器中的9.5%）是用这种“无层”的流纹凝灰岩制作而成。第二个解决办法就是在附近的河流和水道中选择最接近所要制作工具长度、宽度和厚度的石料，以此来尽量减少打制与琢制的工作量，我相信史前龙山时期的先民也会选择这样的解决方法。在我选择自己模拟实验的石料时，我发现这非常容易做到。

图13-57展示了一些两城镇遗址所出的毛坯，其上均可见打制及琢制痕迹（图13-57，4）。这种绿色变质片岩通常被用来制作抛射尖状器以及石刀。这些材料硬度都非常低，包括滑石片岩（摩氏度1），绿泥/角闪片岩和白云母千枚岩（摩氏度3）。发掘中发现了许多抛射尖状器和石刀的毛坯（第二节），同时还发现了许多与磨制及打制相关的石片（第六节）。为了更好地理解这些石料性质以及打制和磨制所产生的石片，我在距两城镇西南50千米的梭罗树村附近采集了一些硬度很低的绿色滑石/绿泥片岩以及绿泥/角闪片岩进行了打制和琢制模拟实验（图13-58）。以下对实验的详细记录能够有助于理解微型石片以及石片的出现比率，进而更好理解工匠的生产组织。

1．流纹岩石镰毛坯H101⑧：8（#3232；S430）（注意刃部的石片疤）

2．滑石片岩抛射尖状器毛坯T2296⑥d：51（#8580；S3307）（注意刃部的石片疤）

3．玄武岩石锛毛坯H401④：30（#8772；S3267）

4．完整的流纹岩石斧M32：3（#3329；S1910）（注意琢制痕迹）

图13-57 龙山文化时期打制石器毛坯以及琢制痕迹

1．侧边经精细打制抛射尖状器毛坯

2．打制抛射尖状器毛坯所产生的带棱角的石屑

3．复制抛射尖状器毛坯（左），龙山时期的AI型滑石片岩抛射尖状器（右S2627）

4．磨制滑石片岩抛射尖状器毛坯时产生的“生产石片”

图13-58 滑石片岩抛射尖状器的模拟实验

这些硬度很低的滑石/绿泥片岩非常难以打制或琢制。在加工过程中所产生的石片绝大多数不完整，且不具有典型石片的特征（图13−58，1、2）。即使很轻柔的琢制/打制行为所产生的石片也多为无法预料的多角废片。为探索并记录这种现象，我用滑石/绿泥片岩制作了五件抛射尖状器。我试图复原编号为S2627（图13−58，3）的抛射尖状器。其看上去也是使用相似硬度且滑腻的片岩制成。实验中仅有一件石料进行了打制处理，打制是使用一个小型的石英石锤完成。实验结果见表13−47。我在4分钟内共计进行了181次打击，总计产生了1806片石片。石料的原始重量为590.1克，通过打制其重量减少了81.9克。其余四件则是仅通过磨制来进行加工。

表13−47　打制和磨制滑石片岩抛射尖状器（编号S114）时所产生的废片表

石片种类	＜ 5毫米	5～10 毫米	＞10毫米	总计
打制石片				
有台面的完整或破裂的石片	0	32	87	119
废片（无明确的劈裂面或台面）	1351	234	102	1687
打制石片总计	1351	266	189	1806
磨制石片				
背面有磨制条痕的“生产石片（Production Flake）”	1173	154	16	1343
废片（无明确的劈裂面或台面）	2084	90	15	2189
磨制石片总计	3257	244	31	3532
总计	4608	510	220	5338

五件抛射尖状器石料的原始总重量为2308.6克，制作完成后五个成品尖状器的最终重量为228.8克，在加工过程中总计减少了2089.8克。制作四件完整尖状器总共花费了460分钟（另一件在制作过程中断裂）。磨制工作使用了五莲所产的砂岩磨石，磨制过程中还通过沙（来自日照海滩）和水来加快工作效率。磨制过程中产生的所有泥浆状物质都被保存下来，并经过筛处理（孔径1毫米），过筛后泥浆物质重为48.8克。最后再用10倍的放大镜以及体式显微镜对筛选得来的细砂和磨制石片的混合物进行区分拣选。在磨制过程中总计产生了3532片“磨制石片”（表13−47）。并未发现砂岩磨石的小颗粒。

磨制石片中包括了1343片“生产石片”（production flake）。“生产石片”是指具有明确的劈裂面，台面缺失或很难被界定，背面由于磨制或抛光可见擦痕的一种石片（图13−58，4）。在两城镇遗址总共发现了8件使用硬度较低的滑石片岩制成的抛射尖状器。利用以上的实验数据能够评估两城镇遗址类似材质抛射尖状器制作过程中所产生的石片数量。我们可以大致估算出制作一件滑石片岩或类似软质石料的抛射尖状器所产生的石片数量，其中包括对合适大小石料进行打制时产生的1800片“石片”，以及磨制过程中产生的大约700片磨制石片（包括269个“生产石片”）。

同时，我还用打制和磨制结合的方式模拟制作了两个绿泥片岩抛射尖状器（表13−48；图13−59）。这是使用在沃蒙特州采集到的大块绿泥片岩完成的。打制石片没有记录在表格中，但是磨

1．将绿泥片岩抛射尖状器毛坯磨制成两份

2．磨制两件绿泥片岩抛射尖状器所产生的废片

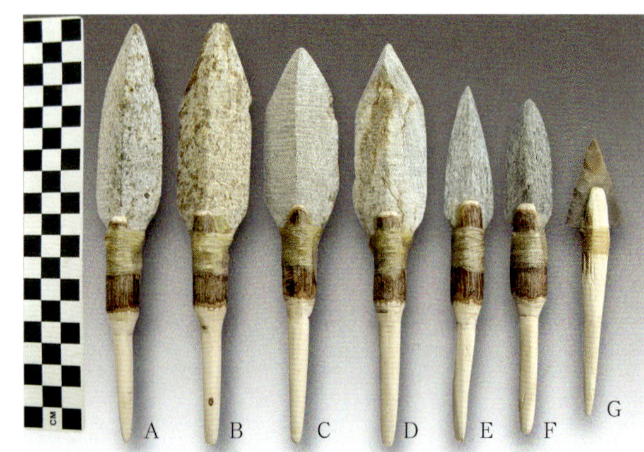

3．制作完成的抛射尖状器（A～D为滑石片岩、E～F为绿泥片岩、G为燧石）

图13-59 抛射尖状器的模拟制作实验

制所产生的泥浆状物质被保留并过1毫米的筛，这些泥浆状物质在图13-59，1中可以见到。过筛后我们在其中发现了154片“磨制石片”，其长度大多数小于5毫米（图13-59，2）。另外，还发现了40片来自磨石的小型砂岩石片。在这类材质的石片中识别“生产石片”是非常困难的，但是也有少量几片被发现。在此研究数据的基础上，我们可以大致估算出磨制一件绿泥片岩抛射尖状器所产生的石片数量，其中包括约77片绿泥片岩的石片和20片来自磨石的小型砂岩石片。

表13-48 磨制2个绿泥片岩抛射尖状器产生的石片表

石片种类	＜ 5毫米	5～10 毫米	＞10毫米	总计
打制石片	未列入表格	未列入表格	未列入表格	
磨制石片				
绿泥片岩废片	153	1	0	154
砂岩废片	34	4	2	40
总计	4608	510	220	5338

在两城镇遗址中，存在着大量类似石料的石片，这表明石器加工的确是在遗址中进行。然而，考虑到制作过程中会产生如此大量的石片，那么专门加工这类石料的区域如果没有被仔细打扫的话，加工过程中产生的数量巨大的小型磨制石片以及相关的打制石片会像“地毯”般铺满该区域。两城镇遗址发现的大量石片表明这里确实发生过相当数量的石器生产。关于生产的特性和组织情况将会在第6、7节中进行阐释。

在图13-59，3中展示了我模拟制作的完整抛射尖状器。这些复制品以及在两城镇所发现的大量抛射尖状器都是以低劣的变质片岩制成，制作非常简单，不需要任何的专业技能。基本步骤为：1、获取适当的石料；2、将石料进行打制、琢制或锯切以达到合适的大小以备磨制；3、将厚度适当的毛坯磨制或锯切成长方形；4、以恰当的角度在长方形毛坯的四个角上磨制出斜面；5、磨制出柄部。图13-59中的抛射尖状器G采用的是压制剥片法而生产，并未经过磨制。

我的实验结果显示许多石器毛坯在被运到这个遗址之前基本已完成了最初步的打制。它们也许都差不多处于准备被磨制的阶段。石器的初级打制阶段会留下大量废料，包括大型的有角石片以及带有石皮的石片。然而在两城镇主要发掘区域内并没有发现类似的石制品资料。

3．关于磨石的实验

在两城镇遗址发现了大量的磨石。在第一发掘区中所发现的磨石或磨石断块占所有石器总数的20%。它们中的大多数被频繁使用，经常有两个面或多个面带有使用磨痕。砂岩是制作磨石最好的材料。实验和观察显示水是磨制石器时的重要元素（Beck 1970; McGuire 1892; Pond 1930; Vial 1940）。水可以扮演润滑剂和冷却剂的作用，还能够增加清除石料碎屑的效率。我发现在磨制过程中持续地加入富含石英的海滩砂粒能够非常显著地加快磨制进程。要说明的是，磨制与抛光不能混为一谈，因为二者虽然都是通过摩擦达到目的，但二者所用的摩擦材料却完全不同。关于抛光的情况将在后文中进行详述。

两城镇龙山时期工匠的用水途径非常重要。遗址中发现的大量陶容器表明在磨制工作区域储存水非常容易做到。龙山时期的工匠并不需要将他或她的工作地点安置在河边。

4．石器与石片的比率

模拟实验共用了约230个小时，磨制了70余件石器。实验中所产生的石片来自两个阶段，一是1999年制作流纹岩石斧和软玉石斧所产生，另外是2002年制作的约25个完整石器和刃部所产生。在1999年的实验中，使用了从新墨西哥州和亚利桑那州的两个砂岩磨石去磨制一个流纹岩石斧和一个软玉石斧。实验时使用了纽黑文附近海滩采集的沙子作为磨料。磨制软玉石斧时砂粒的消耗量为6.74克/分钟，而用于流纹岩石斧时则为6.15克/分钟。在2002年的实验中，从五莲附近的同俗砂岩采石场采集了5块巨大的砂岩作为磨石。这种石材与龙山时代人们用于磨制石器的石料非常相似。模拟实验中共用了196.5个小时进行石器磨制。在这期间4块砂岩磨石被完全用尽，第五块也几乎磨穿（图13−55，9）。实验中使用了日照附近海滩中的砂粒，其消耗速率为3.25克/分钟。不同砂岩磨石的消耗数据在表13−49中有记录。

表13−49　实验中砂岩磨石的磨耗速率表

磨制的石器种类和磨石来源	磨制分钟	磨耗重量（克）	磨耗速率（克/分钟）	磨料
1件流纹岩石斧，新墨西哥州，软质砂岩	446	584	1.31	富含石英的海滩砂粒
1件软玉石斧，亚利桑那州，硬质红色砂岩	2148	425	0.198	富含石英的海滩砂粒
各种石器，五莲，黄色砂岩	1480	1805	1.22	富含石英的海滩砂粒
各种石器，五莲，黄色砂岩	1020	2258	2.21	富含石英的海滩砂粒
各种石器，软质五莲砂岩	680	3980	5.85	富含石英的海滩砂粒

磨制非软玉石器所产生的泥浆物质总重量达56.3千克，而在磨制软玉石斧时也产生了12.28千克的泥浆。我们对剩余在筛网中的材料进行了分析，特别微小的废料被舍弃。总体而言，在磨制27件石器时产生了1972片石片，其中包括266片非砂岩石片（虽然发现了27件砂岩石片）。这些石片是从共计68.61千克的“磨制泥浆”中发现的。

砂岩的软硬度决定了其磨耗速率。尽管没有进行定量分析实验，但我们也可看出五莲所产的红、灰和红褐色砂岩比黄砂岩硬度更高。我认为对于两城镇遗址而言，由于砂岩是一种外来石料，并且使用频繁，所以对于先民而言，获取砂岩石料将会耗费他们很多时间。在石器组合中存在着软质的五莲磨石，其使用起来磨耗非常快，然而它们用于磨制效率却非常高，因为当砂岩损坏后它自身的小颗粒就作为磨料加速了石器磨制进程。

5．钻孔实验

穿孔可能发生于抛光之前。虽然穿孔可以徒手用石钻旋转完成，然而，使用弓钻能够使钻孔速度得到可观的提升。对某一点集中进行琢制也可以产生孔。使用石钻或诸如竹子之类的空心钻进行穿孔时，往往将砂粒作为磨料，并加水进行。

钻孔往往是为了装柄或者为了穿过绳子进而与使用者连接在一起。两城镇的石刀和石钺通常都有钻孔。石刀有两个位于中部的典型穿孔，而钺只有一个。

为了更好地理解钻孔技术，我们对流纹岩、砂岩和软玉进行了钻孔实验，我们使用的设备为弓钻，但为使其更为稳固，我们特意为其设计了一个木架（图13-60）。一项实验是采用带有稳定支架的石钻头进行，实验设计与模拟钻孔是由 Linus Enriquez 先生完成（耶鲁大学研究生），我使用一个竹管对一件软玉斧进行了管钻（图13-60，1、2）。像这样一个用于弓钻的简单辅助装置能够使操作者更加集中精力于钻孔操作而不用担心弓钻不稳，所以钻孔效率显著提高。使用这种设备能够达到每分钟2786的转速。在366分钟内我们使用了36.1厘米×1.5厘米的竹管在厚1厘米的软玉石斧上完成了两面钻孔。这种钻法由两个人操作更为简单，由一个操作钻弓，另一个则负责添加磨料和水。

1．带有稳定支架的管钻实验

2．使用左图的稳定装置对玉钺进行了管钻，注意陡直的孔壁

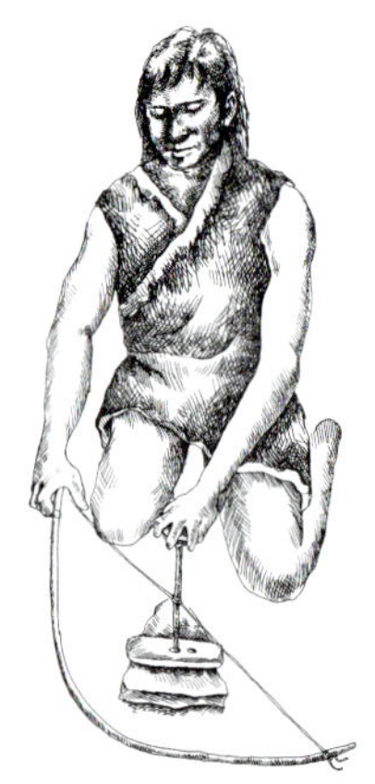

3．将石钻头绑缚在石柄上并与钻弓结合对石刀进行钻孔

4．石钻头（左）与石刀上的钻孔（注意向内倾斜的孔壁）

图13-60　使用竹管与石钻头进行穿孔模拟实验

使用石钻头完成的钻孔会有向内部倾斜的趋势（图13－60，3、4和图13－61，1）。在1999年，Linus Enriquez 使用数件石钻头和弓钻结合对一个约1厘米厚的流纹岩石刀进行两面钻孔。整个过程共花费了602分钟。使用石钻头完成两面钻时，从横截面上观察该小孔会发现其呈明显的沙漏状。而管钻实验钻出的小孔其边缘陡直（图13－60，2）。图13－61，2是两城镇发现一个管钻的例子。图13－61，3是一个以管钻开始，但最终又使用石钻头完成的钻孔。由于先进行了琢制，加之管钻工具的轻微磨耗，使得小孔看起来向内倾斜。琢制穿孔能导致其周围产生许多没有特定规律的剥片疤以及不规则的形状（图13－61，4）。

龙山时期是否存在泵钻、弓钻或其他旋转设备还不是十分清楚，但近期对龙山时期陶器的技术分析强有力地证明了他们已经使用旋转设备来制作陶器（Vandiver et al. 2002:3）。这类设备很容易即可改制成用于穿孔的工具。但即使这种设备真的存在，那么旋转踏板车床一类的机械装置由于是木质，可能没法保存至今。一件钻孔绿松石珠以及一件微小钻孔坠饰的出土间接地反映了泵钻的存在（图13－40，13）。在现代，泵钻因其能在小物件上精确钻孔而著称，在过去的钻制过程中也有可能运用了这样的工具。我在图13－41，4、5描述的两件重型纺轮可能就是被用作如泵钻之类钻制器械之上的飞轮，而不是用于纺织。

1．孔周围的内凹小坑以及向内倾斜的孔壁表明其是使用石钻头进行的钻孔（S3498）

2．规则的圆孔以及陡直的孔壁表明其是使用管钻进行的钻孔（S2282）

3．孔外壁的陡直表明其经过了管钻。但内壁的倾斜又表明此钻孔最终是由石钻头完成（S2506）

4．精细的小石片疤以及孔的不规则表明其是由琢制进行的钻孔（S273）

图13－61　两城镇遗址的钻孔工艺

在两城镇遗址石器中经常能看到穿孔的证据（表13－50；图13－61）。大部分的石刀和钺都被钻孔。此外，在发掘过程中发现了一些"钻芯"和微小的钻头（图13－38，6～9）。琢制经常作为钻孔的第一步，用来制作放置钻管或石钻头的凹口。大部分的琢制痕迹都被后来的钻制行为所破坏，但在少量石器上仍可见到。在少量软质材料的石器上，琢制也可单独用于穿孔。

管钻多用于石钺之上，使用石钻头钻孔则经常用于石刀之上（图13－61，1）。两面钻非常普遍（87件），单面钻比较常用于钺上（7件），尽管其也被实施两面钻。而石刀则往往是双面钻。

表13-50　两城镇石器中的钻孔技术表

工具类型	琢制和石钻	琢制和管钻	仅有石钻	仅有管钻	仅有琢制	不确定	石钻或管钻	管钻和石钻
斧		2		1				3
钺	2	6	5	4			1	18
类型不明的磨制和抛光石器			1		1	1	1	4
类型不明的石器						1		1
刀	11		44		2	15	1	74
饰品				1		2		3
毛坯	2					5		7
尖状器						1		1
镰						1		1
纺轮				1		1		2
总计	15	8	50	7	3	27	3	114

6．锯

在遗址的11件石制品上发现了锯切痕，既有线切割又有片切割。并且还发现有4件小型的扁平石锯（图13-38，10～12和图13-62，1）。使用石锯切割会在器物表面形成“V”字形痕迹（Lu et al. 2002:35; Mackie 1995:50）。线切割会留下凹面痕迹（Lu et al. 2002:34）。在两城镇中片切割和线切割都有发现（图13-62，2～4）。以前对这样的工艺没有相关的模拟实验，考虑到遗址中有锯切痕迹石器数量较少的情况，论证这种技术在两城镇遗址中的重要性变得非常困难。但是，以上资料表明锯切曾被用于加工毛坯，包括砂岩、滑石片岩和石英/白云母千枚岩之类的软质绿色片岩。考虑到

1．扁平而薄的石片锯刃缘，T2049⑥b：27（#1565；S1486）

2．岩石毛坯上深V形切口表明其是由石片锯切割而成，H238①：1（#1357；S2059）

3．U形的痕迹表明其可能是由线切割而成（S2340）

4．U形的痕迹表明其可能是由线切割而成（S282）

图13-62　两城镇遗址的片锯切割（1、2）与线切割（3、4）工艺

使用石锤打制软质成层石料的困难程度，使得使用石锯制作刀和抛射尖状器的毛坯并不令人非常惊奇。这类石料打制石片的缺乏表明石器加工的初级阶段可能并不是在遗址中发生。

7．陶器打磨和石器抛光实验

石器模拟实验和微痕研究的一个重要方面就是将加工时所形成的光泽以及刃/面部位的崩疤与使用和抓握时产生的同类微痕进行区分。大量小型圆钝卵石的发现表明了遗址中存在着打磨石器、为骨头进行抛光的石器以及为石头进行抛光的石器（第三节）。

抛光与磨制不同，抛光不需要使材料减地只是制作一个光面，或是磨光刃部或将表面变光滑（Bordaz 1970:99; Semenov 1964:70）。抛光技术丰富多样，但大概包括了使用石质、木质、皮革进行抛光，同时还会用到事先制备好的抛光粉。在清朝的皇家玉石作坊中，匠人们准备了用各种硬度石头制作的特殊抛光粉（Bishop 1906:63），其中包含有金刚石粉末。最近Lu等人（Lu et al. 2005）记录了良渚和三星村文化（公元前4000～前3500年）所出刚玉石斧的制作过程。尽管考古发掘中没有发现金刚石粉末，他们还是认为这种石斧应该是用金刚石抛光粉进行抛光的（Lu et al. 2005:10）。他们指出山东省有金刚石资源可作为自己论点的佐证。虽然这种说法很有意思，但是我个人的抛光实验（将在下文描述）让我相信使用和所制石器一样或者更硬的物质进行抛光并不是必需的。我在制作流纹岩石器时用硬木和竹子就能够得到抛光程度非常高的石器，而并不需要使用石英磨料。通常认为石英卵石、细腻的泥浆和各种皮毛一起组合使用可以制作出抛光程度非常高的器表，石英被认为是新石器时代中国先民进行抛光时所用的最主要磨料（Lu et al. 2005:10）。我认为龙山时期两城镇的工匠们主要依靠砂岩、石英、皮毛和木头的组合来对特定工具进行抛光。我们对两城镇石器的分析表明一些石器被有意抛光，而另外一些石器上的抛光是被抓握和使用所造成。这种区别非常重要，特别是有助于理解特定石器在古代经济中所扮演的角色。

8．打磨陶器

我的模拟实验包括使用海岸边采集的小卵石对皮革以及陶坯进行打磨（图13-56，9），这些陶坯是由两城镇本地的陶艺匠人刘加东先生提供。刘先生指出制作陶坯的黏土是本地所出产，并且很可能也被龙山时期的先民们所使用（Vandiver et al. 2002、2005）。Vandiver 对制陶工艺的研究表明两城镇的陶工可能没法将他们的陶坯烧制到足以不渗水的火候。她推测他们可能使用了如猪脂肪或者其他油料去对陶坯进行打磨使得它们不渗水。在模拟实验中，我使用植物油辅助，采用旋转性的打磨动作对陶坯表面进行了打磨。

与以下描述的抛光石不同，打磨石上并不会产生明显不同的平面。然而，在其表面也会产生有特征的抛光，并且其表面的矿物颗粒也变得更为扁平。我使用扫描电镜来观察一个打磨石的表面特征，发现它的表面上分布有非常细的条痕，然而这样的条痕并没有在实验中所用的抛光石上发现（图13-63，1～3）。我推测这是由陶坯表面的细小颗粒或其他稍大杂质与打磨石表面摩擦所形成。

9．石器抛光

我使用一些小型的海滩圆钝卵石对骨头和石头进行了抛光实验。图13-64中展示了对一件石斧表面进行的抛光和抛光后其表面的形态改变，第五节中将介绍使用高倍显微镜对其观察的结果。使用

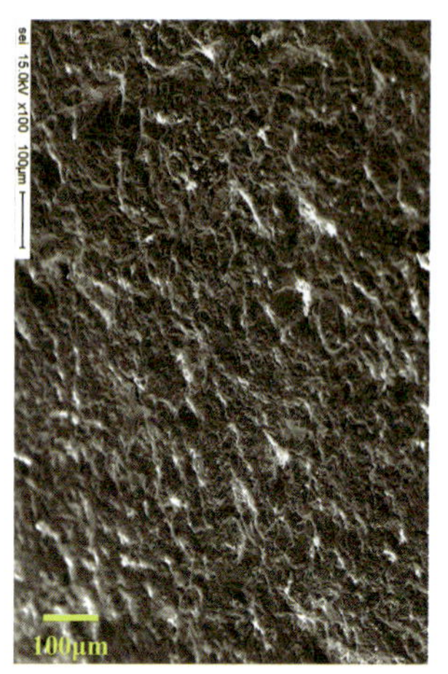

1．未使用的海滩卵石表面（注意其高低不平形状）

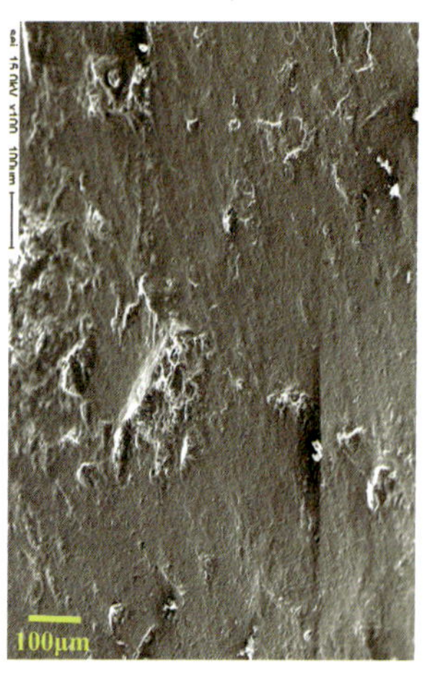

2．打磨陶器后的海滩卵石表面（注意平整的表面以及从左上方至右下方的条痕）

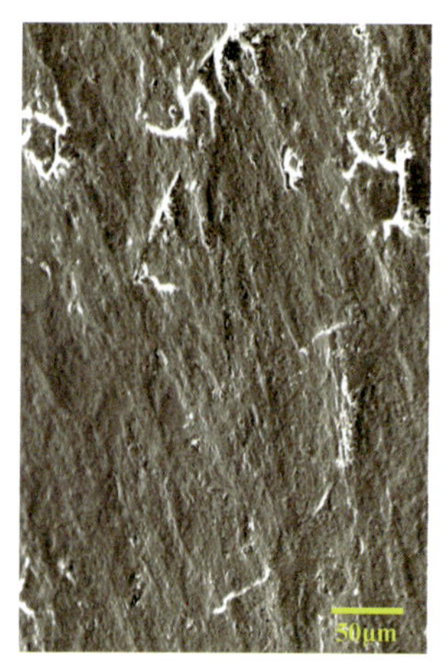

3．打磨陶器后的卵石表面（高倍视野）（注意明显条痕）

4．抛光石器后的卵石表面（注意非常平整的表面以及条痕的缺失）

图13-63　模拟实验中打磨/抛光石器使用后的扫描电镜微痕图像

1．在砂岩磨石上对流纹岩石斧进行磨制

2．磨制后的石斧表面（注意由磨制造成的较深条痕）

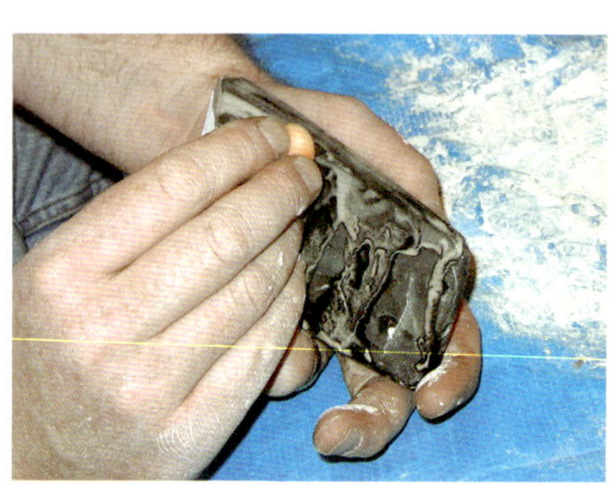
3．使用较小的海滩卵石对石斧表面进行抛光

4．经卵石抛光后的石斧表面（注意磨制条痕已被移除）

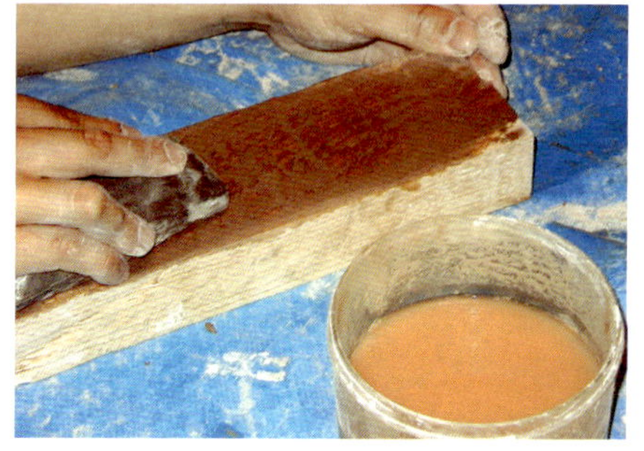
5．使用木头对石斧表面进行抛光

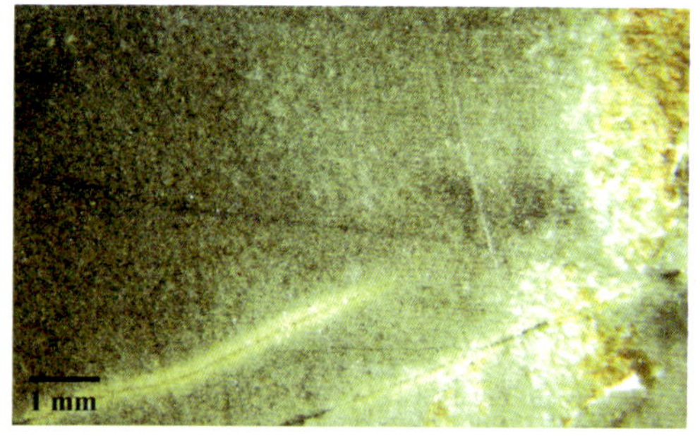

6．经木头抛光后的石斧表面（注意表面的抛光形态）

图13-64　流纹岩石斧的磨制（1、2）及抛光（3～6）实验

抛光石对石斧表面进行抛光后使其在磨制过程中产生的条痕迅速消失（图13-64，1～4）。随后用木头对石斧表面再次进行抛光，这使其形成了一个更加平滑的表面。这样在石器上就产生了两种类型的微痕。第一种是抛光时短时间内形成的平面，电子显微图像（图13-63）显示了整个表面被完全的磨光。此外，在表面上也形成了一种非常明显、高度反光的光泽。这种光泽和平面形态与打磨陶坯所形成的微痕截然不同。

10．抛光的其他方法

我同样相信动物皮毛、木头、皮革、黏土和竹子都有可能作为抛光工具使用。那些技术也因此被纳入到我的石器模拟实验计划中。

11．皮毛加工

经过观察，我发现许多器物上可能存在加工毛皮所形成的微痕，比如中国考古学文献中所说的“石拍”。为了收集加工皮革所形成的微痕数据，我设计了一些实验来刮湿的和干的皮毛，割皮和鞣皮。在实验中用到了羊羔、狗、鹿和兔的皮毛。微痕研究的详细结果将在下一节进行讨论。

12．结论和实验总结

从磨制和抛光的模拟实验中得到的最有价值的见解之一就是这项工作需要大量的砂岩磨石，并且磨制还可以产生很有特征的石片。就1998～2002年两城镇发掘的区域来看，即使是满足单纯的家庭消费和使用，也需要数量可观的砂岩去制作和维持大量的磨制石器。对这种石料大量的需求促使先民们偶尔会将视线转向一种在其附近即可获得的较为劣质的花岗岩，将其作为磨石使用。很有可能大量磨穿的磨石和断块就是龙山时期先民用来磨制石器的，以下为此假说的一些证据：

所发现的手石或磨棒所占的比例非常小，这与磨石（占所有石器的21.8%）的大量出现明显不成比例。假如磨石被用于磨制谷物或其他农作物，那么器物组合中一定会发现较大比例的手石或磨棒。

磨石断块中大部分都有很好的磨面，这是石头与石头接触所产生的特征。

很多磨石几乎都被完全用尽。磨制石器对磨石的耗损程度要远高于在其上磨制植物性物质。大量用尽的磨石暗示了石器磨制的存在。

磨制谷物在琢制或“粗糙”的砂岩表面上最为有效（Adams 2002:42）。这仅在很少的磨石上能够观察到（11件，占所有磨石的1.2%）。

大量的毛坯、素材、小型磨制石片和石锤的存在均表明磨制石器行为曾在遗址中大量进行。

模拟实验表明挑选制作石器的石料主要是依照其大小和形状而不是其是否具有易打制性。当不考虑石器打制的艺术性时，制作过程变得更加简单而且不需要太多技巧。而抛光是一门更加困难的技能，影响抛光效果的关键因素有很多，包括合适的磨石、充足的时间、适当的原材料以及石器形态方面的基础知识。

事实上许多石器都是需装柄使用的，包括斧、锛、小凿、铲和一些石刀，这说明木作加工应该是一门必要的技能。模拟实验显示一些常见的工具种类可以被成功用于与它们看起来并不相关的任务。例如，锛可以非常有效的开挖土地，锛的刃部也可以用来刮削木头以外的其他物质。同样，镰和刀的刃部也可以作为多功能工具使用。它们的刃部可以加工多种物质而不仅仅是收割植物。

另一个重要收获就是能够对生产阶段中不同程度的抛光进行定量分析。石器上不同类型的抛光又引发出另外一个问题，即这种抛光行为是反映了个人喜好，还是为了便于交换或贸易，抑或专门为社群中的高等级阶层所生产，就像一些陶器所反映的这种现象一样（Underhill 2002）。一些特殊的器物比如玉璧、玉琮和玉钺就被认为是为精英阶层所控制（Huang 1992）。然而玉石器的模拟实验进行的较少，这就使得对其加工难度的认识变得比较困难。

假如一些石器被制作出来是为了交换或是供精英阶层所使用，那么我们就应该在破碎或完整的这类器物上发现未经使用的迹象，比如使用“软玉替代品”石料制作而成的钺（Underhill 2002:198）。同时遗址中大量素材、毛坯以及石片的存在也可能暗示石器生产并不仅仅是为了满足遗址内部的需要。遗址附近河流中存在相对丰富的流纹岩石料，这可能也为两城镇先民获得遗址附近没有的其他石料（诸如劣质的绿色片岩和砂岩）提供一种潜在的交换资源。这些问题将在最后的结论中予以详述。

第五节 两城镇遗址石器的微痕分析

一 概况

本节将介绍两城镇石器的微痕分析情况。我希望能通过此研究解决以下问题：

（1）每一件完整石器的加工流程是怎样的？（2）每种类型石器的功能是什么？（3）是否存在未被使用的石器？

微痕研究的最基本目的是分析每种类型石器的用途。但是，当开始这项分析时，我认为有必要重新调整一下研究的先后顺序。首先应该去分析每种石器的制作程序，这是进行微痕研究的前提。绝大多数石器的制作程序都包括打制、琢制、磨制，个别标本还经过了有意识的抛光处理。在结论中，我提出生产过程中有意识的抛光处理是识别工具是否属于奢侈品的关键所在。

操作链分析对于微痕研究至关重要。操作链分析包括对石片、毛坯以及工具的描述及研究。在操作链分析之后就需要彻底地检视每一件完整的石器是如何被抓握或者是如何装柄的。这就要求我们去识别抓握形成的光泽和柄部修整以及相关的光泽。抓握光泽是由使用者手持工具时所形成。由于篇幅所限，这里不再对微痕研究历史和特定工具上的微痕细节进行过多讨论和描述。关于这些方面的论述，读者可以参考我的博士学位论文（Cunnar 2007）。以下将首先对研究方法进行简短阐释，然后分析器物上的装柄证据，接下来会总结石器上的微痕特征，最后得出微痕特征的历时性变化。

二 具体研究

1. 高倍法和低倍法如何在研究中整合

微痕研究中存在着一个涉及到方法论方面的较大问题，特别是低倍法和高倍法的分析效果问题。低倍法力求将石器刃部的崩疤与石器使用方法联系起来考虑（Odell 1975; Odell 1977; Odell 1979; Odell et al. 1980; Tringham et al. 1974），而高倍法则是通过观察石器上的光泽、条痕以及残留物等来推断石器的使用（Anderson 1980; Keeley 1980; Moss 1983; Semenov 1964; van Gijn 1990; Vaughn

1985）。最近，学者们更依赖高倍法（Aldenderfer 1991a; Aoyama 1996; Yamada 2000）。当然也有学者将两种方法结合起来使用（Lewenstein 1987; Stemp 2004）。我有幸能向 George Odell 博士（Tulsa大学）学习低倍法技术并向Douglas Bamforth博士（科罗拉多大学）学习高倍法技术。这两位学者都有可供参考的微痕数据库。我对这些技术进行了一些完善，所以在我的研究中两种方法都将被使用。记录刃部崩疤能够有效识别石器的使用方式，比如挖掘、锄和皮毛加工等。

2．微痕模拟实验

从1998年到2005年，我进行了大量模拟实验（第四节）。在这些实验中我记录了刃部崩疤和光泽形态。想要对刃部崩疤、加工时形成的抛光以及使用时造成的抛光进行准确识别与定量分析，首先需要花大量时间去学习已有的微痕数据库。已有的微痕数据库的一项重要作用就是可以为微痕研究者提供“盲测”的资料，研究者可以借此来检测自己的微痕分析水平。尽管近来的研究可以很好的量化不同类型光泽的特征（Grace 1989; Grace et al. 1987; Grace et al. 1985; Stemp et al. 2002; Yamada 2000），但微痕分析毕竟是一种带有主观成分的分析手段。为此，“盲测”对改进个人的技术水平非常重要，因此在试图进行考古标本观测前应该进行“盲测”。

关于崩疤方面的专业术语，我尝试着采用“Ho Ho”分类法、专业命名学会报告（Hayden 1979）和 Ahler（1979）文章中相关章节的定名法。关于光泽方面的术语，我将使用Keeley（1980）和Vaughn（1985）的相关定义，他们的术语是基于许多次可控实验而得出。Vaughn一个重要贡献是认识到并非所有的光泽都能够被识别，尤其是在其早期的形成阶段就更难判断。

本次研究的重点在于使用上文提到的在两城镇遗址中无所不在的流纹凝灰岩进行模拟实验。我能确定在流纹质熔结凝灰岩上的光泽形态与 Keeley 和 Vaughn 使用硅质石料上所形成的光泽基本相同。不过在模拟实验中我也观察到，在各种非硅质石料上所形成的光泽有时呈点状分布，且位于晶体之上。Yamada 也观察到同样的现象，并认为如在安山岩和流纹岩这样的岩石上之所以出现这种光泽，是由于这类岩石的结构所造成，光泽首先会形成于扁平的晶体上，而不是石料的基质上（Yamada 2000:75）。在进行微痕分析时，我特别留意光泽是位于晶体上还是基质上。

微痕研究天然的主观性以及光泽形态的特殊性要求我们应该使用与古代工匠同样的原材料来制作和使用石器。虽然前辈学者比如 Keeley 和 Vaughn 等人在报告中的描述和记录非常有用，但为研究遗址中不同石料类型的工具，还是应该先建立有针对性的现代微痕数据库。

3．进行微痕分析的样品概况

此次微痕分析选取了遗址所出304件标本进行研究，选择并不是随意进行的。这些标本包括来自第一发掘区的254件和来自探沟的50件。另外，还对92件磨石进行了单独观测。因为在过去没有对龙山时期的石器进行过系统的微痕分析。选择的标本几乎包括了遗址中所有磨制以及抛光石器的完整器。希望能通过这样的选择，在做微痕分析时不仅仅可以观测石器刃部的微痕，还可以观察因抓握和装柄所形成的微痕。此外，还希望借此可以区分石器有意识抛光的程度。石器小断块（这类石制品大量存在）没有办法实现这些目标，同样，如果对器物组合进行随机选择也可能无法达到目的。对不同种类石器进行的特意选择能够帮助我们清晰地了解每种类型石器的使用范围。

另外，我还有意的选取了一些打制石器标本。此外，还特别选取了部分残断石器对分析样品进行补充和完善，依据残断标本的尺寸和它们是否在发掘过程中被损伤来进行选择。以此为标准，个体较大且未在发掘过程中受到损坏的都被选择出来。

这里所说的完整样品，除了其是成品以外还指未被后来所损坏的标本（简写为PDSM）。这样就无需再花费时间去对随机挑选的小断块或小型磨制石片以及被后来所损坏的石器进行微痕分析了。不过，我认为我这样设计选取了几乎所有的完整或近乎完整的磨制和抛光石器，在某种意义上而言也可以认为是随机选择。为了对两城镇石器的功能进行分析，允许95%置信区间的误差范围是±15%，这样就需要至少384件“随机”选取的样品（Drennen 1996）。这384件标本应该足以概括两城镇的石器功能。表13−51列出了所分析的石器和它们的所属时段。

表13−51　进行微痕分析的石器表

数量 分期 工具类型	第一发掘区分期					探沟分期				总计
	1	2	3	4	不明	T2	T2/3	T3	T4	
锛	4	4	1	17						26
斧	2	1	1	6	5					15
钺		1		2	4	2	1	3		13
双面加工的砍砸器		1								1
打磨/抛光石器	7	9	4	56	4					80
打制石刀				1						1
凿	1	1		2	1					5
石拍		1	1	3	4	2			1	12
小凿		2		5	2					9
石锤			1							1
磨棒				7	4	1				12
刀	6	7		21	1					35
臼	1									1
砾石砍砸器		4		4						8
杵		1								1
铲		4	3	23						30
镰		1	1	10	7	8		14	2	43
石钻				1					1	2
石锯					1				3	4
使用和修整石片				1						1
可用石片		1	1	2						4
磨石	22	16	26	24	4					92
总计	43	54	39	185	37	13	1	17	7	396

4．方法

石器从遗址中被发掘出来后先用水将附着物洗净，然后登记编号。分析的第一阶段就是根据中国考古学家通常使用的分类方法对石器进行分类（第二节）。

微痕分析之前的清洗准备工作

根据 Keeley（1980:10-12）提出的清洗步骤并稍事修改。将石器放进 HCl 溶液中（10%）5分钟去除土壤中的无机物，然后放进NaOH溶液（20%）中5分钟去除附着其上的有机物，最后将它们放入超声波清洗机中2分钟去除所有松散的附着物，这一步要求不要让石器接触到超声波水箱壁以免形成新的“微痕”。在此过程中要定期用洗甲水擦拭石器刃缘以消除抓握留下的一切痕迹。

山田（Yamada，2000:29-30）提出在观测前对石器进行化学清洗没有必要，而且还容易将能够进行再分析的残留物去掉。在我的研究过程中，也遇到了化学清洗是否必要的问题。我定期地观测没有被化学清洗的石器断块，这样可以很好的识别各种各样的微痕。很显然，这个问题尚待更多的深入研究。正如山田所倡导的，对人工制品刃部的一小段区域进行化学清洗的方法似乎更为合理，我将会在未来的研究中运用这种方法。

显微镜与显微摄影

本项研究使用了三台显微镜。低倍显微镜是尼康体式显微镜，能够放大80倍。高倍显微镜包括一台能够放大400倍的倒置金相显微镜（Lomo Metam PB-21），还有一台奥林巴斯BHM。我最常用的放大倍率在120～375倍之间。倒置载物台对于观察大型石器非常有用。一台尼康990或4500Coolpix照相机与显微镜连接起来进行显微摄像。观察过程中还应用了偏光视野。此外在观察光泽时还使用了微分干涉技术。

器物表面其他类型微痕的辨识（PDSM）

很遗憾的是，微痕研究受制于多种因素。由制作或使用所造成的刃部光泽可能在该石器被废弃后受到其他各种因素的影响。这样的因素包括石头与石头的碰撞、人或动物的踩踏、土壤的化学作用、土壤运动、风力作用等（Keeley 1980:28-35; Levi Sala 1986; Stapert 1976; Vaughn 1985:41-44）。这些因素有时也会在器物上形成一些新的微痕。被这些后来因素影响的石器上通常会出现一个光面或亮点（Keeley 1980; Levi Sala 1986:28-35）。在使用过程中刃部所形成的光泽也可能在埋藏过程中被土壤淡化甚至磨蚀掉（Levi Sala 1986:241）。在我们开始微痕分析之前，都应该对器物表面上的各种非制作或非使用微痕有一个清醒的认识。

两城镇遗址中，大部分器物上的崩疤和光泽都是制作或使用所造成。不过，由各种因素所造成的其他类型微痕也比较常见。由成层流纹凝灰岩制成的石器刃部和表面很容易受到严重的破坏，在有些此类石器上，富含白色斜辉石的层看上去已经被腐蚀殆尽（图13–67，2）。这种非制作或非使用微痕在一件器物一般仅存在于局部，并且也不是所有流纹岩石器上都会出现。我无法解释为什么会产生这种现象，但我怀疑可能是土壤中的某种化学元素对这类软质石料造成了破坏。在一定程度上来说，这种现象使得观察微痕更加的困难。在进行微痕分析时我们尽量不去选择这类标本。不过，在这类石器未受到风化作用影响的区域仍可观察到微痕。在绝大多数的石器上（76%）并不存在这类非制作或非使用微痕（表13–52）。

表13-52 PDSM或其他微痕类型表

石器类型	PDSM或其他微痕类型						总计（n=396）
	没有PDSM（n=302）	1或2个新的崩疤（n=25）	2～5个新的崩疤（n=11）	发掘造成的损伤（n=20）	工具再修整的崩疤（n=6）	PDSM风化或照射（n=32）	
锛（n=26）	3.54%	0.76%	0.00%	0.25%	1.01%	1.01%	6.57%
斧（n=15）	2.53%	0.25%	0.00%	0.76%	0.00%	0.25%	3.79%
钺（n=13）	2.02%	0.25%	0.00%	0.51%	0.25%	0.25%	3.28%
双面加工的砍砸器（n=1）	0.25%	0.00%	0.00%	0.00%	0.00%	0.00%	0.25%
打磨/抛光石器（n=80）	19.95%	0.00%	0.00%	0.00%	0.00%	0.25%	20.20%
打制石刀（n=1）	0.25%	0.00%	0.00%	0.00%	0.00%	0.00%	0.25%
凿（n=5）	1.26%	0.00%	0.00%	0.00%	0.00%	0.00%	1.26%
石拍（n=12）	3.03%	0.00%	0.00%	0.00%	0.00%	0.00%	3.03%
小凿（n=9）	2.02%	0.00%	0.00%	0.00%	0.00%	0.25%	2.27%
磨石（n=92）	23.23%	0.00%	0.00%	0.00%	0.00%	0.00%	23.23%
石锤（n=1）	0.25%	0.00%	0.00%	0.00%	0.00%	0.00%	0.25%
磨棒（n=12）	2.78%	0.00%	0.00%	0.25%	0.00%	0.00%	3.03%
刀（n=35）	2.02%	1.77%	1.77%	0.25%	0.00%	3.03%	8.84%
臼（n=1）	0.25%	0.00%	0.00%	0.00%	0.00%	0.00%	0.25%
砾石砍砸器（n=8）	2.02%	0.00%	0.00%	0.00%	0.00%	0.00%	2.02%
杵（n=1）	0.25%	0.00%	0.00%	0.00%	0.00%	0.00%	0.25%
铲（n=30）	3.03%	1.26%	0.25%	1.77%	0.00%	1.26%	7.58%
镰（n=43）	4.80%	2.02%	0.76%	1.26%	0.25%	1.77%	10.86%
石钻（n=2）	0.51%	0.00%	0.00%	0.00%	0.00%	0.00%	0.51%
石锯（n=4）	1.01%	0.00%	0.00%	0.00%	0.00%	0.00%	1.01%
使用和修整石片（n=1）	0.25%	0.00%	0.00%	0.00%	0.00%	0.00%	0.25%
可用石片（n=4）	1.01%	0.00%	0.00%	0.00%	0.00%	0.00%	1.01%
总计（n=396）	76.26%	6.31%	2.78%	5.05%	1.52%	8.08%	100.00%

在分析期间我使用了四个等级来描述微痕观测的可信度。这四种可信度等级以及进行微痕分析的石器数量已在表13-53中列出。

表13-53 微痕分析的可信度表

石器类型	非常确定	比较确定	不太确定	无法观测	总计
锛（n=26）	69.23%	19.23%	11.54%	0.00%	100.00%
斧（n=15）	93.33%	6.67%	0.00%	0.00%	100.00%
钺（n=13）	92.31%	7.69%	0.00%	0.00%	100.00%

双面加工的砍砸器（n=1）	0.00%	100.00%	0.00%	0.00%	100.00%
打磨/抛光石器（n=80）	80.00%	17.50%	2.50%	0.00%	100.00%
打制石刀（n=1）	100.00%	0.00%	0.00%	0.00%	100.00%
凿（n=5）	80.00%	20.00%	0.00%	0.00%	100.00%
石拍（n=12）	50.00%	41.67%	8.33%	0.00%	100.00%
小凿（n=9）	55.56%	44.44%	0.00%	0.00%	100.00%
石锤（n=1）	0.00%	0.00%	100.00%	0.00%	100.00%
磨棒（n=12）	75.00%	25.00%	0.00%	0.00%	100.00%
刀（n=35）	60.00%	17.14%	8.57%	14.29%	100.00%
臼（n=1）	100.00%	0.00%	0.00%	0.00%	100.00%
砾石砍砸器（n=8）	37.50%	50.00%	12.50%	0.00%	100.00%
杵（n=1）	100.00%	0.00%	0.00%	0.00%	100.00%
铲（n=30）	90.00%	10.00%	0.00%	0.00%	100.00%
镰（n=43）	48.84%	37.21%	13.95%	0.00%	100.00%
石钻（n=2）	0.00%	100.00%	0.00%	0.00%	100.00%
石锯（n=4）	100.00%	0.00%	0.00%	0.00%	100.00%
使用和修整石片（n=1）	100.00%	0.00%	0.00%	0.00%	100.00%
可用石片（n=4）	100.00%	0.00%	0.00%	0.00%	100.00%
总计（n=304）	71.05%	21.71%	5.59%	1.64%	100.00%

石器上加工微痕与使用微痕的鉴别

依据我自己的模拟实验以及前人相关的微痕分析成果，将石器刃部以及表面上的光泽分为几种不同的类型。表13–54中对这些光泽类型以及石器可能的加工对象进行了描述。

表13–54　光泽类型描述表

光泽类型	描　述
不确定	光泽非常不发达，为“很普通的微弱光泽”或“背景光泽”（Vaughn 1985:30）。由于光泽十分不发达所以不足以推断加工物质
禾本科植物（水稻/粟黍）	非常明亮，分布广泛且在光泽之上可见条痕和 “彗星状”小坑（Keeley 1980:60）
木	存在于高点之上，明亮，光滑，圆形或半圆形，分布呈波浪状（Keeley 1980:35），且主要位于刃缘上
石	非常明亮，表面非常平整，且伴有许多小坑和不规则的条痕
骨或木	明亮、圆钝、有小坑，骨头光泽的分布则较为有限
新鲜皮	粗糙不平，无小坑、光泽明亮（刃缘也同时表现为磨圆形态）

干皮	平坦、晦暗的光泽，可能有小坑（刃缘也同时表现为磨圆形态）
肉	与加工新鲜皮相似，但不如其明亮
陶	存在于高点之上，非常明亮、平滑、有泥污（光泽发达时），条痕很少
抓握	与加工新鲜皮的光泽非常相似，但仅集中在石器被抓握的位置。明亮、粗糙不平，分布广泛但是不太发达

三　石器制作程序

我对远离石器刃部的表面做了详细观测，以此来研究石器制作方面的信息。通常磨制石器的过程中会在其表面留下许多的条痕（图13-64，2）。石器上的条痕可能会由多种因素造成，包括自然力和使用（Del Bene 1979; Keeley 1980:23; Semenov 1964:88）。在磨制石器表面上，那种宽、深、方向随意的条痕可能是由于在磨制过程中加入沙之类的磨料所导致。在复制品以及考古标本上都可以观察到这类条痕。

由磨制所造成的条痕与使用造成的条痕有明显区别（表13-55）。这类磨制条痕经常会被接下来的抛光、使用行为或者风化作用所改变或磨蚀掉（表13-56）。我在研究中采用了“卡方”统计学检验（Spaulding 1953），分析对象是第一发掘区1～4期中具有磨制条痕的石器以及那些磨制条痕被后来抛光所磨蚀掉的石器，比较具有这两种特征石器的数量比值非常有意义（x^2=8.20, p=0.04）。通过比较发现，第4期中具有磨制条痕的石器明显较多，同时磨制条痕被后来抛光所磨蚀掉的石器则比例较少。

表13-55　石器制作时所形成条痕的清晰度表

类型 / 比例 / 分期	制作时所形成的条痕清晰度				总计
	不存在/不适用	明确可以与使用条痕相区分	无法与使用条痕进行区分	由于损伤或风化而无法辨识	
第一发掘区分期					
1（n=21）	2.96%	1.97%	0.00%	1.97%	6.91%
2（n=38）	5.92%	5.92%	0.00%	0.66%	12.50%
3（n=13）	2.63%	0.99%	0.33%	0.33%	4.28%
4（n=161）	27.96%	16.45%	4.28%	4.28%	52.96%
不明（n=33）	5.59%	3.62%	0.00%	1.64%	10.86%
探沟分期					
T2（n=13）	1.32%	2.63%	0.00%	0.33%	4.28%
T2/3（n=1）	0.00%	0.33%	0.00%	0.00%	0.33%
T3（n=17）	0.33%	4.28%	0.00%	0.99%	5.59%
T4（n=7）	1.64%	0.66%	0.00%	0.00%	2.30%
总计（n=304）*	48.36%	36.84%	4.61%	10.20%	100.00%

*不包括磨石。

表13-56 制作时所形成条痕的特性表

比例 类型 分期	制作时所形成条痕的特性				总计
	靠近刃缘的磨制条痕（n=95）	被制作时抛光磨蚀的磨制条痕（n=40）	不存在/不适用（n=140）	由于损伤或风化而无法辨识（n=29）	
第一发掘区分期					
1（n=21）	23.81%	23.81%	42.86%	9.52%	100.00%
2（n=38）	26.32%	21.05%	47.37%	5.26%	100.00%
3（n=13）	15.38%	15.38%	53.85%	15.38%	100.00%
4（n=161）	31.68%	7.45%	50.93%	9.94%	100.00%
不明（n=33）	27.27%	21.21%	39.39%	12.12%	100.00%
探沟分期					
T2（n=13）	53.85%	7.69%	30.77%	7.69%	100.00%
T2/3（n=1）	0.00%	100.00%	0.00%	0.00%	100.00%
T3（n=17）	58.82%	17.65%	11.76%	11.76%	100.00%
T4（n=7）	14.29%	14.29%	71.43%	0.00%	100.00%
总计（n=304）*	31.25%	13.16%	46.05%	9.54%	100.00%

*不包括磨石。

石器加工时所形成的微痕可分为以下一些类型，在表13-57中也已列出。同时图13-65也展示了其中几类微痕形态。其中图13-65，1为仅经过磨制的流纹岩表面微痕形态。它表面的整体形貌清晰，具有较深的条痕，基本不见光泽。

第一种：没有光泽。

第二种：不明确或不清晰。

1．仅经过磨制的流纹岩表面

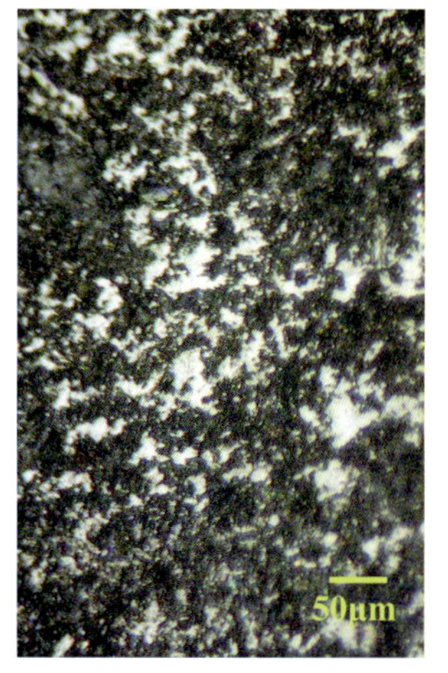

2．流纹岩被磨制后又使用卵石进行抛光

3．流纹岩被磨制后又使用卵石和兔皮进行抛光

4．流纹岩被磨制后又使用兔皮进行抛光

图13-65 模拟实验中石器加工时所形成的光泽（高倍法观测）

表13－57　加工所形成的光泽种类表

比例 光泽种类 / 分期	不确定	不存在/不适用	仅使用木头	毛皮或抓握	石头和毛皮	石头和木头	仅使用石头	总计
第一发掘区分期								
1（n=21）	9.52%	47.62%	9.52%	23.81%	0.00%	9.52%	0.00%	100.00%
2（n=38）	0.00%	68.42%	7.89%	5.26%	2.63%	13.16%	2.63%	100.00%
3（n=13）	0.00%	69.23%	0.00%	7.69%	7.69%	15.38%	0.00%	100.00%
4（n=161）	4.97%	70.81%	4.97%	10.56%	0.00%	4.35%	4.35%	100.00%
探沟分期								
不明（n=33）	3.03%	54.55%	21.21%	6.06%	0.00%	12.12%	3.03%	100.00%
T2（n=13）	0.00%	23.08%	7.69%	61.54%	0.00%	7.69%	0.00%	100.00%
T2/3（n=1）	0.00%	0.00%	100.00%	0.00%	0.00%	0.00%	0.00%	100.00%
T3（n=17）	11.76%	29.41%	23.53%	23.53%	0.00%	11.76%	0.00%	100.00%
T4（n=7）	0.00%	71.43%	14.29%	0.00%	0.00%	14.29%	0.00%	100.00%
总计（n=304）*	4.28%	62.50%	8.88%	12.83%	0.66%	7.89%	2.96%	100.00%

*不包括磨石。

第三种：磨制后仅使用石头进行抛光（图13－65，2）：光泽非常明亮，分布广泛而平滑，表面已十分平整，其上的高点已明显变平。因磨制而产生的条痕数量较少或者不存在（图13－65，2）。

第四种：磨制后使用石头以及毛皮进行抛光（图13－65，3）：在高度平整的表面上既可见平坦而晦暗的光泽，也存在十分发达的明亮光泽。磨制条痕极少。光泽自高点开始扩展至低位。光泽的边界较第三种更为圆润。

第五种：磨制后仅用毛皮进行抛光（图13－65，4）：既可见平坦而晦暗的光泽，也存在十分发达的明亮光泽。大部分集中在高点上。且存在一定数量的磨制条痕。光泽除了在抓握部位有发现外，也存在于石器的其他大部分区域。光泽的边缘较圆润，与第四种近似。

第六种：磨制后使用石头以及木头进行抛光（图13－66，1）：明亮光滑的典型“波浪状”光泽分布在平整的表面上，存有较少的磨制条痕。

第七种：磨制后仅用木头进行抛光（图13－66，2）：在磨制石器表面上即可见明亮但粗糙不平的光泽，也可见光滑的典型“凹槽状”光泽。如果不经木头抛光，只用石头抛光则没有如此光亮。磨制条痕有所减少，但仍然存在。表面则不是十分平整。

第八种：磨制后仅通过抓握产生的抛光（图13－66，3）：既可见平坦而晦暗的光泽，也存在十分发达的明亮光泽，大部分集中在高点上。在两城镇遗址的石器上后者较为常见。光泽主要位于手指可以自然抓握的区域上。而且总体上看，光泽并不是十分发达，且仅存在于高点上。磨制条痕较为常见。

1．流纹岩被磨制后又使用卵石和木头进行抛光

2．流纹岩被磨制后又使用木头进行抛光

3．流纹岩被磨制后又经抓握形成的光泽

图13－66　模拟实验中流纹岩表面所形成的光泽

种类三到七描述了因制作而出现的光泽，这与装柄时木柄、绳索或者小卵石同石器接触所产生的光泽有所不同。如果远离装柄部位与刃部的其他区域中存在光泽，我们则可以认为其是有意识抛光所造成。毛皮抛光产生的光泽和抓握所产生的光泽基本相同。但如果石器上远离手握部位的其他区域上观察到毛皮光泽，我们则可以认为其是使用毛皮有意识抛光所形成。抛光工具在各期中所占百分比分别为：第一时期占43%，第二时期占32%，第三时期占31%，第四时期占24%。卡方检验显示在每一个时期中抛光工具的数量并没有太大的不同（P=0.05）。

经分析，石凿中80%经过有意识的抛光，石斧和石钺中有60%经过有意识抛光。其他石器抛光率则分别为石锛（35%），石镰（35%），石刀（31%）及石铲（17%）。最常见的抛光方式就是仅使用木头，约占9%。用石头与木头结合抛光的方式也较为常见，占了8%。使用石头和毛皮结合抛光与仅用毛皮抛光的则都不足1%。仅用石头抛光的则占到全部石器的3%。

抛光加工会使工具更为美观。这种加工方式在第四阶段稍有下降。通过在现代两城镇村庄中进行民族考古学调查，我发现装在金属工具上的木柄会有很高程度的抛光。我经常会看到农民向手中吐口水然后用力的摩擦木柄。这样就出现了表面十分光滑的木柄。农民们说用一个光滑的木柄工作起来会很舒适。并且，高度抛光的柄看起来也非常的美观。

抛光一件石斧或是石锛会增加工具的工作效率吗（Bordaz 1970:99）？研究中没有这样的测试。我并没有设计类似的实验对此方面进行检测。然而我推测通过此种方式对工具工作效率的提升基本可以忽略不计。我们不清楚这是否反映了个人的喜好，或者是可以增加工具的工作效率，抑或是可以增加工具的市场价值。我认为使用木头、石头、毛皮等进行抛光从而擦除磨制造成的条痕能够增加石器的美观度。在生产过程中对器物美观度的重视可能暗示龙山时期的农民会生产一些剩余产品用来再分配，可能以此在早期市场经济中进行物物交换。这种现象在下文中将予以讨论。

1．装柄证据

尽管花费了大量时间，但采用高倍法检测石器的装柄证据已取得了很大成功。有些工具上存在有意识的装柄证据，比如斜边处理，特意的打制及琢制修整等。微痕分析不仅可证实器物被装柄，而且也揭示出在装柄过程中岩石、毛皮条以及木片也参与其中。这个问题将在这一节里会有说明。表13-58总结了工具装柄的一些证据。

表13-58　每种工具的装柄证据表

工具种类	装柄（%）（n=50）	未装柄（%）（n=177）	不明（%）（n=77）	总计（n=304）
石锛（n=26）	50.00	23.08	26.92	100.00
石斧（n=15）	66.67	6.67	26.67	100.00
石钺（n=13）	46.15	0.00	53.85	100.00
双面加工的砍砸器（n=1）	0.00	100.00	0.00	100.00
打磨/抛光石器（n=80）	0.00	100.00	0.00	100.00
打制石刀（n=1）	0.00	0.00	100.00	100.00
凿（n=5）	40.00	20.00	40.00	100.00
石拍（n=12）	0.00	91.67	8.33	100.00
小凿（n=9）	44.44	44.44	11.11	100.00
石锤（n=1）	0.00	100.00	0.00	100.00
磨棒（n=12）	0.00	100.00	0.00	100.00
刀（n=35）	17.14	60.00	22.86	100.00
臼（n=1）	0.00	100.00	0.00	100.00
砾石砍砸器（n=8）	0.00	100.00	0.00	100.00
杵（n=1）	0.00	100.00	0.00	100.00
铲（n=30）	26.67	0.00	73.33	100.00
镰（n=43）	0.00	53.49	46.51	100.00
石钻（n=2）	50.00	0.00	50.00	100.00
石锯（n=4）	0.00	25.00	75.00	100.00
使用和修整石片（n=1）	0.00	100.00	0.00	100.00
可用石片（n=4）	0.00	100.00	0.00	100.00
总计（n=304）*	16.45	58.22	25.33	100.00

*不包括磨石。

石锛、石斧和石钺的斜边就是适于装柄的证据。尽管有一种石锛可能是直接握在手里使用，但典型的石锛和石斧是被嵌入一个木柄的孔中使用的。研究表明一些石凿也是被嵌入木柄的孔中使用（图13-95，2）。一些小凿上也有装柄的痕迹（图13-93，1）。

我们在石器穿孔的某些区域还观察到了捆绑痕迹。23%的石钺（3件）和40% 的石刀（14件）

上都可以见到这种微痕。这类微痕仅在穿孔工具上存在。在石钺上的这种捆绑痕迹很可能与装柄直接相关（图13–80，1），在大多数石刀上这种捆绑痕迹也应该与其装柄使用相关（图13–83，1、2）。检测的35件石刀中的6件存在装柄痕迹。这6件中的3件在其近端（背部）显示出了十分发达的木头抛光光泽。在这三件中编号为H401①：82（#8769；S3211）石刀的两个侧边都具有斜边的特性。这种斜边设计可能就是为了方便将石刀装入合适的柄中（图13–83，1）。这种近端带有木头抛光光泽的石刀可能就是嵌插入木柄孔中，然后再通过捆绑的方式制成复合工具来进行使用。与石刀不同，石镰则都未发现装柄的微痕。相反，石镰的近端则发现了十分发达的抓握光泽，刃部则较为圆钝（图13–87，1，3）。

侧边存在打制以及琢制的痕迹是石铲的典型特征，一般而言，石铲都被认为是装柄使用的。石铲的装柄方式包含3种类型：1）柄捆绑在石铲的一面；2）将石铲装入木柄的孔中：3）石铲夹在两片木片或竹片中间再进行捆绑，并且为了使捆绑更结实，常会使用木片和小卵石作为垫片（图13–89～92）。

2．使用形成的微痕

一般来说，采用高倍法与低倍法结合的方式来对一件石器进行微痕观测通常要花费1～2个小时。此外，当完成某类工具的所有微痕观测时，为了使结论更可信，我通常还会再重新观测一遍。经过微痕分析，发现很多工具都具有多种用途。在下面的表格中仅列出了工具最为常见的用途。关于微痕分析更为详尽的描述请参考2007年的文章（Cunnar 2007）。

（1）石锛的使用微痕（图13–67～74）

石锛主要是木作加工的工具（表13–59；图13–67、68）。然而会有一些有意思的例外情况。在一些标本上发现其具有多种用途的证据。有些石锛被频繁的作为挖土工具使用（图13–69～71），偶尔还会用做毛皮加工。另一个有趣的现象是有些石锛并未装柄（图13–73、74）。下面的表格中只列出了最为常见的用途。其他用途将在下文中讨论。

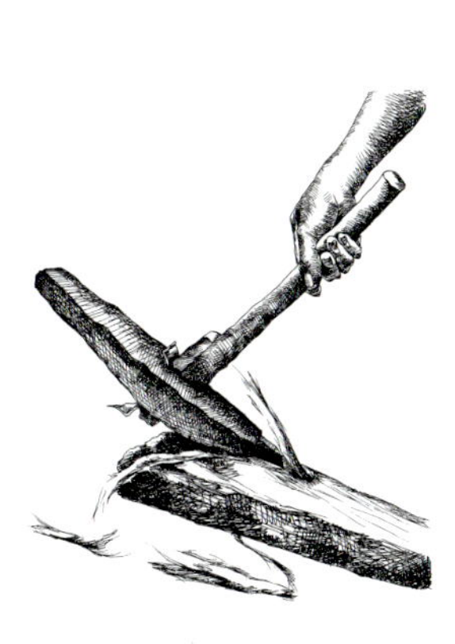

1．部分石锛刃部具有清淅的木头光泽，这表明其可能是按照图中所示的方法进行使用

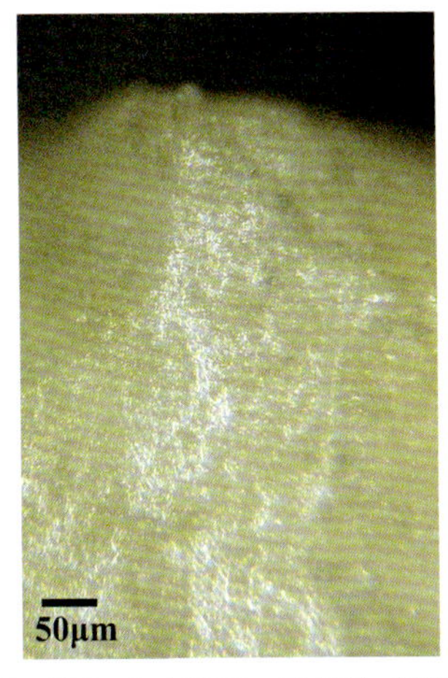

2．F35：2（#5828；S1843）刃缘背面的木头光泽

3．H284②：1（#749；S1786）刃缘的木头光泽

4．T2400⑥d：5（#3357；S1912）刃缘背面的木头光泽

图13–67　两城镇遗址中刃部具有木头光泽的石锛标本

1．刃部发达的磨圆

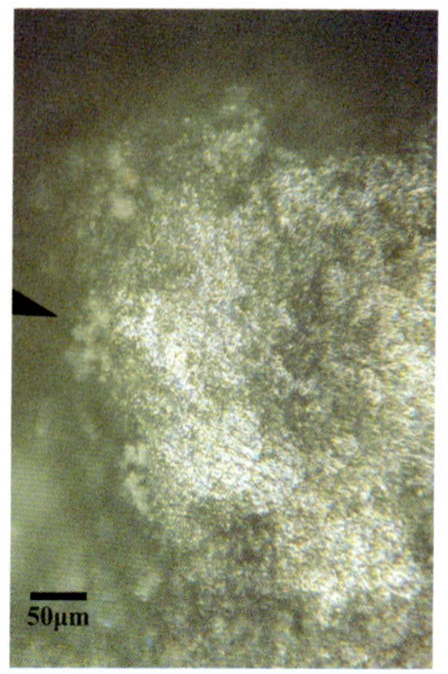

2．刃部正面发达的木头光泽

3．石锛上存在加工时所形成的石头和木头光泽

4．背面发现的石头和木头光泽

图13-68　T2445⑥b：5（#1351；S2064）石锛上的加工微痕与使用微痕

1．刃缘上加工泥土所形成的明显崩疤和条痕

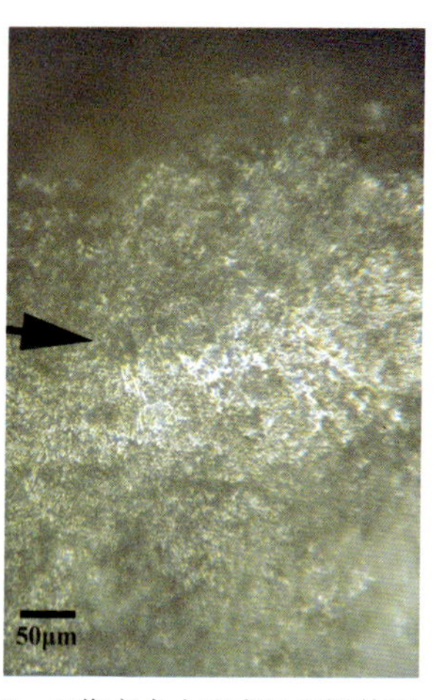

2．刃缘高点上明亮且平滑的泥土光泽

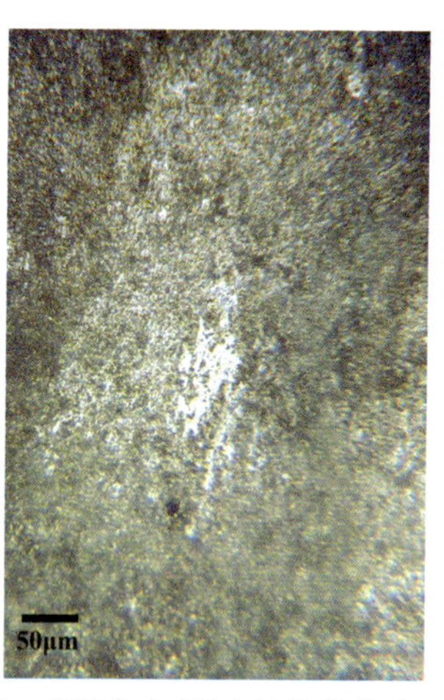

3．刃缘之上4毫米处块状的木头光泽

4．背面的磨制微痕以及使用石头进行抛光所形成的光泽

图13-69　T2445⑥b：3（#1351；S2083）石锛上的加工微痕与使用微痕

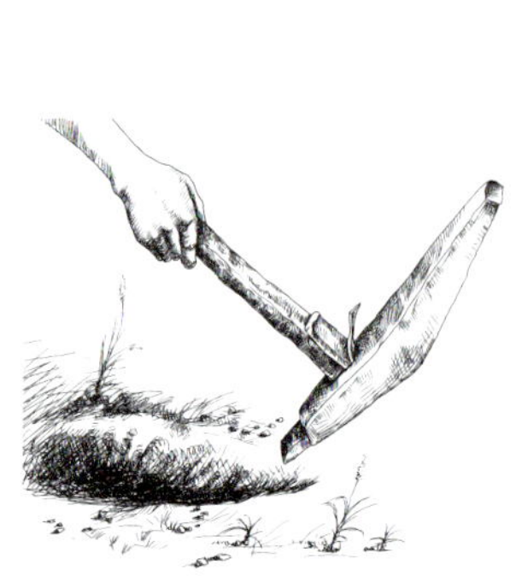

1．标本可能的最后功用

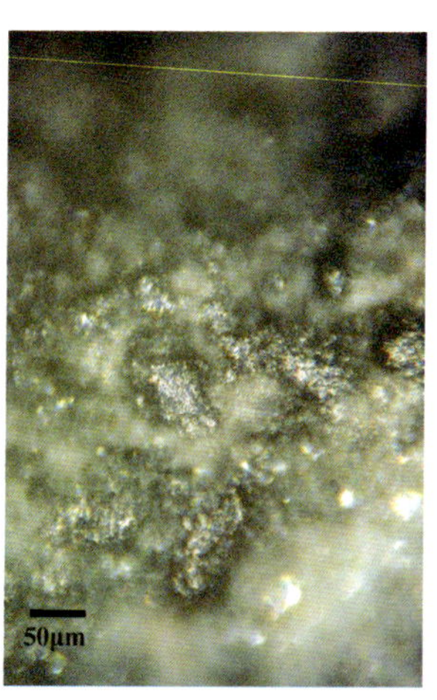

2．刃缘晶体上不太发达的泥土光泽

3．背面存在加工时所形成的石头和木头光泽

4．刃部磨圆、条痕及崩疤表明其曾广泛用以加工泥土

图13-70　F39：15（#5659；S2024）石锛上的使用微痕与加工微痕

1．这三件石锛可能是采用这种方法进行使用

2．H280②：3（#3384；S1904）刃部磨圆、崩疤及条痕表明其曾用以加工泥土

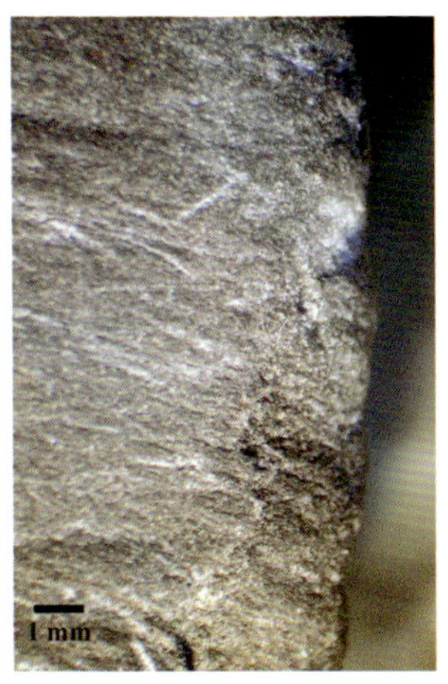

3．H401③：23（#8771；S3261）刃部发达的磨圆、崩疤及与刃缘近乎垂直的条痕都表明曾用以加工泥土

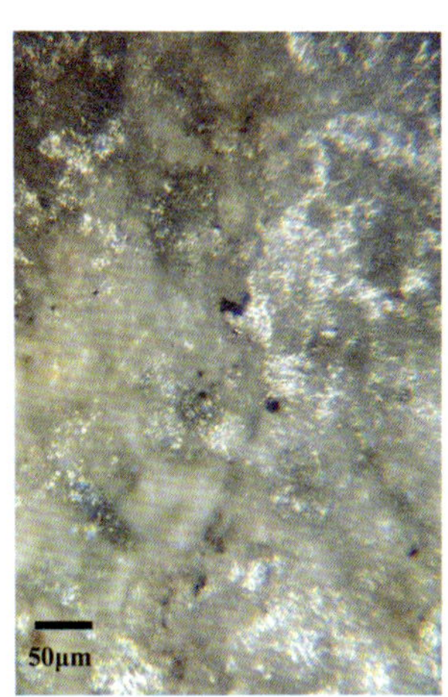

4．H206②：6（#1118；S2257）近端不太发达的木头光泽可能是装柄时所形成

图13-71　H280②：3（#3384；S1904）等石锛上的加工微痕与使用微痕

1．H215①：5（#3327；S1913）石锛可能是用以加工毛皮

2．明显的斜刃、较短的条痕以及不发达的光泽都表明其曾用以加工鲜毛皮

图13-72　H215①：5（#3327；S1913）石锛上加工毛皮时所形成的微痕

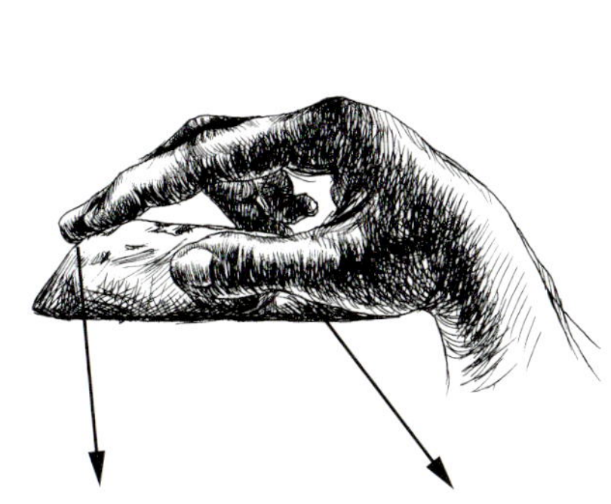

1．诸如H416③：1（#8683；S3240）的石锛可能是这样抓握使用的

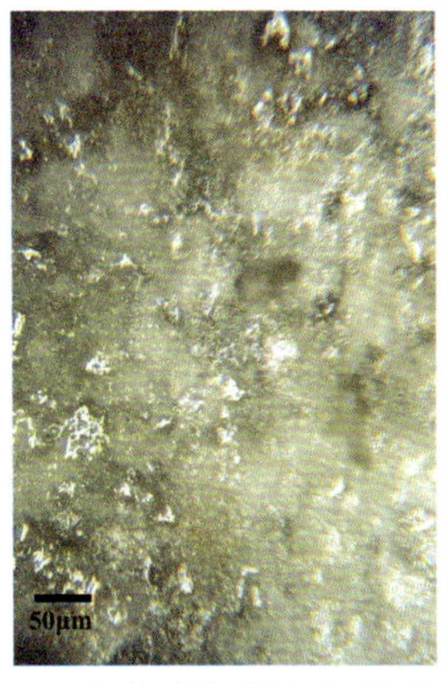

2．刃部背面的顶端存在广泛的抓握光泽

3．侧边上存在广泛的抓握光泽

图13-73　H416③：1（#8683；S3240）石锛上的抓握光泽

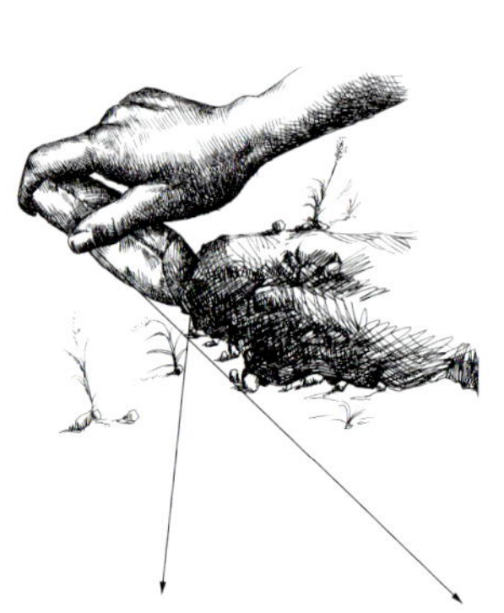
1．诸如H284②：1（#5749；S1786）的石锛可能是如此抓握用以挖土的

2．刃部磨圆、崩疤以及与刃缘近乎垂直的条痕

3．块状的木头光泽被不太发达的泥土光泽所围绕

4．在近端与侧边上存在发达的抓握光泽

图13-74　H284②：1（#5749；S1786）石锛上的使用微痕

表13-59　石锛用途表

主要的使用方式	主要加工对象			总计（n=26）
	泥土（n=2）	干毛皮（n=1）	木头（n=23）	
锛（n=13）	0.00%	0.00%	50.00%	50.00%
砸（n=1）	0.00%	0.00%	3.85%	3.85%
刮（n=5）	0.00%	3.85%	15.38%	19.23%
铲/锄（n=4）	7.69%	0.00%	7.69%	15.38%
刨/削-横向（n=3）	0.00%	0.00%	11.54%	11.54%
总计（n=26）	7.69%	3.85%	88.46%	100.00%

大体上石锛的光泽主要集中于刃部（约占总数的61%），部分仅存在于石料的斑晶之上（约占总数的32%）。与加工木材相关联的大多数条痕（39%）大量存在于光泽之上。用于挖或是锄的两件石锛在光泽上和周边也发现了大量的条痕。与加工泥土和毛皮相关联的条痕主要是垂直于刃部边缘。加工木材的石锛会形成垂直于和近似垂直于刃缘的条痕，两类各占一半。与刃缘平行的条痕十分少见暗示了石锛的运动方式与我们平时推断的基本一致。

在与泥土相关的实验中，我发现其光泽明亮平滑，且主要位于高点上。加工泥土石器上的其他特征还包括带有崩疤的圆钝刃缘，以及很多垂直于刃缘的较深、较宽且较长的条痕。与加工泥土和毛皮相关的条痕通常会很深。与加工木头相关的条痕通常较浅，且并不相互平行。石锛刃缘上经常可见磨圆的迹象，其刃部带有斜边，可能曾作为刮毛皮的工具。凯利（Keeley 1980:50）也曾在加工毛皮的工具上发现了明显的微痕。与加工泥土相关的石锛刃缘非常圆钝。刃缘锋利的石锛数量极少（2件）。加工木材往往会使刃缘残损或变钝。用于泥土加工的石锛边缘会有初级的阶梯状崩疤。加工木材的石锛刃缘崩疤形态多样，但阶梯状的最为常见。

（2）石斧的使用微痕（图13-75～79）

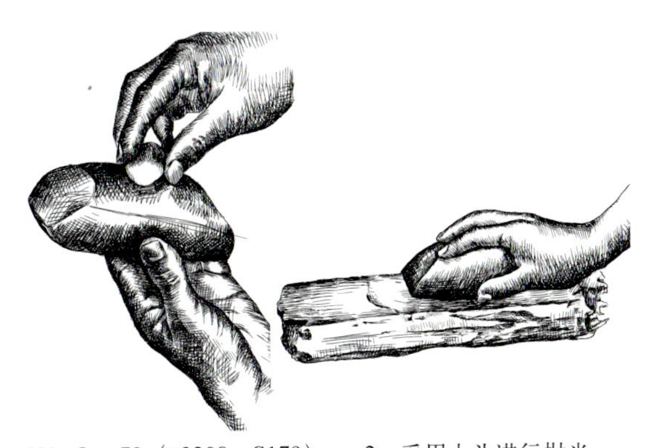

1．H31③：72（#3208；S179）在磨制后可能先使用卵石进行了抛光

2．采用木头进行抛光

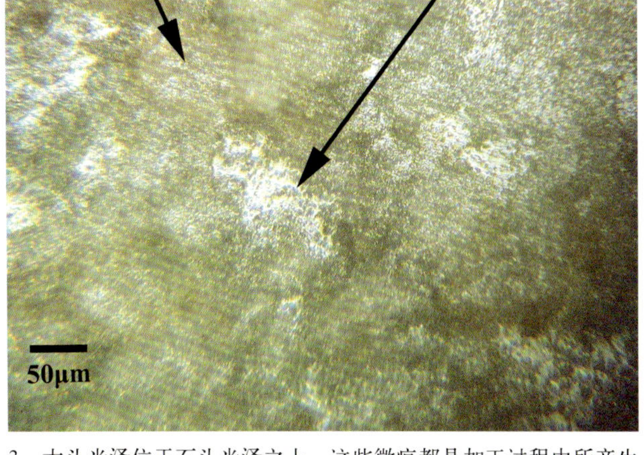

3．木头光泽位于石头光泽之上。这些微痕都是加工过程中所产生的，与使用无关

图13-75　H31③：72（#3208；S179）石斧上的加工微痕

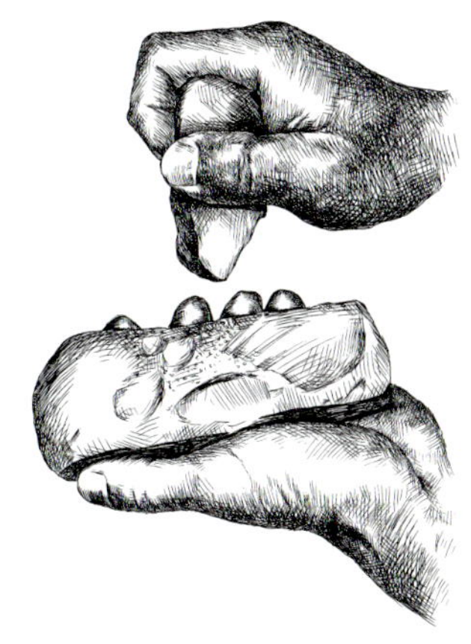

1．有时使用琢制来对石斧进行加工

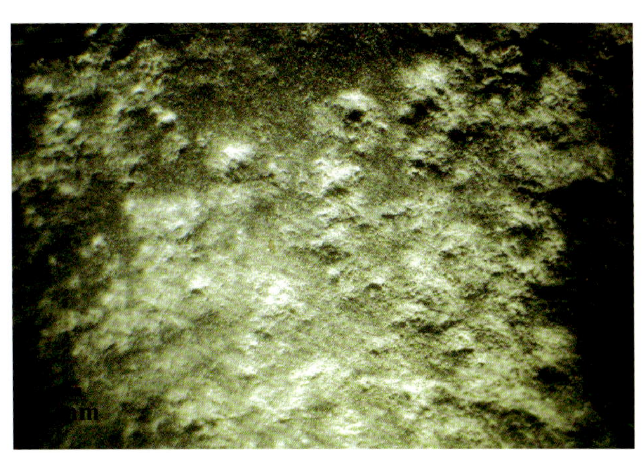

2．M32：3（#3329；S1910）的石斧以及T2350⑥d：4（#8432；S3390）的石凿/石锤上类似的琢制痕迹。其中M32：3（#3329；S1910）未经抛光，器身上保留有大量琢制痕迹

图13-76　M32：3（#3329；S1910）石斧上的加工微痕

1．两城填大多石斧都是以这种装柄方式对木头进行砍伐

2．靠近刃缘的木头光泽

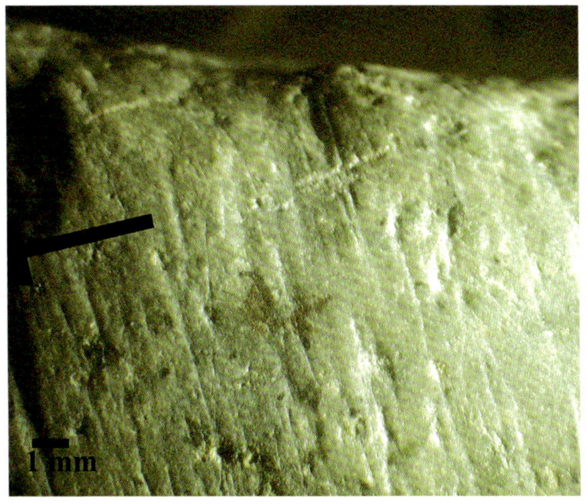

3．刃部磨圆以及条痕

图13-77　H300②：4（#4574；S1965）石斧上的使用微痕

1．T2099⑥a：9（#1002；S102）刃缘晶体上发达的木头光泽

2．H31③：72（#3208；S179）刃缘上砍伐木头所形成的崩疤

3．G11：35（#8998；S3080）刃缘上的木头光泽

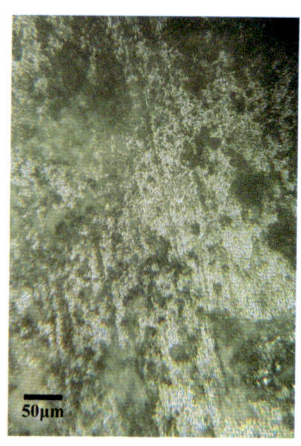

4．H95：1（#1641；S294）刃缘上发达的木头光泽以及与刃缘垂直的条痕

图13－78　石斧上的木头光泽

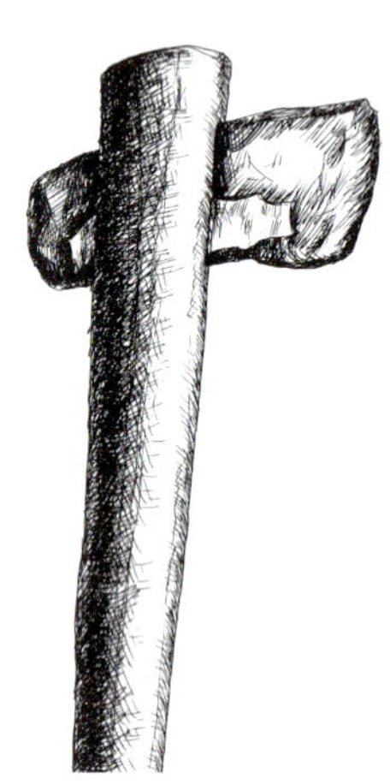

1．可能的装柄方式

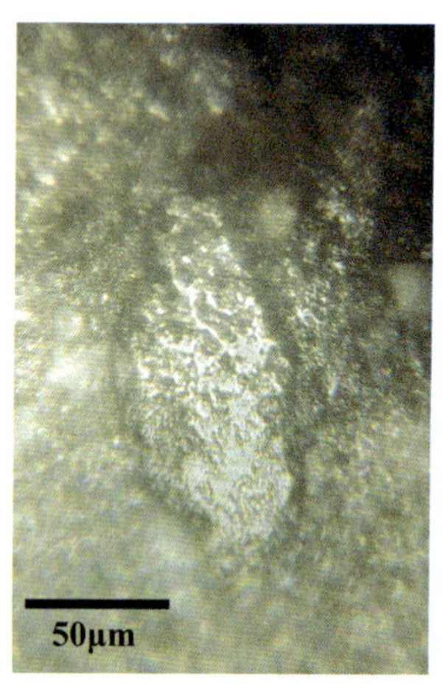

2．刃缘上的毛皮光泽

3．装柄区域上的块状毛皮光泽

4．复制石器刮毛皮41分钟后所形成的光泽

图13－79　H118①：1（#3851；S406）石斧及复制品上的使用微痕

图13－75和76中展示了与石斧制作相关的微痕，包括琢制片疤以及使用石头和木头抛光的微痕。大部分石斧都装柄使用，多是用来砍伐木材的（表13－60；图13－77、78）。一件石斧（编号H118①：1（#3851；S406）可能是用来加工毛皮的（图13－79）。图13－79也展示了石斧最为可能的装柄方式。光泽在石斧刃缘以及其他部位都有发现。有几件石斧的使用光泽并不是位于刃缘，我认为这与一些因素有关。首先这些石斧可能经过了再修整。而再修整会使在刃部本有的光泽消失，而远离刃部的区域由于再修整时没有进行磨制，所以光泽保留了下来。还有一种可能，就是刃部的崩损也会使原有的光泽消失。与加工木材相关的条痕主要分布在光泽之外。与加工动物毛皮相关的条痕也不在光泽之上。用于加工木材和毛皮的石斧上的条痕与刃缘近似垂直，暗示了石斧加工木材时的使用方式是砍伐，加工毛皮时则是刮削。加工木材石斧的大部分都有多于20条的条痕，且它们较浅，彼此之间平行或者不平行分布（随意交错）。用于加工毛皮的石斧则有超过100条的条痕。被检测的石斧都没有锋利的刃部。用以加工木材和毛皮的石斧刃缘都存在磨圆现象。大多数石斧（用以加工木材和毛皮的）没有因使用而变钝或者崩损。这可能与经常进行再修整有关。加工木材石斧的刃缘

上主要是阶梯状崩疤。据以前学者研究，阶梯状崩疤主要是与加工硬性材料相关，比如硬木（Odell et al. 1980:101）。加工干毛皮时会在石斧锋利的刃缘上形成半月形或折断式崩疤。“这样的崩疤是因刃缘受到扭曲作用力所产生，通常为新月形且与刃缘另一面近乎垂直（Ahler 1979:314）。”这类崩疤是与加工软性材料有关，比如兽皮（Tringham et al. 1974:Figure 16）。

表13–60　石斧用途表

主要的使用方式	主要加工对象			总计（n=15）
	毛皮（n=1	不确定（n=2）	木头（n=12）	
砍伐（n=12）	6.67%	0.00%	73.33%	80.00%
不确定（n=2）	0.00%	13.33%	0.00%	13.33%
削–横向（n=1）削–横向	0.00%	0.00%	6.67%	6.67%
总计（n=15）	6.67%	13.33%	80.00%	100.00%

（3）石钺的使用微痕（图13–80、81）

石钺应该是以图13–80展示的方式进行装柄来使用的。与以往考古文献相反的是，大多数（61%）的石钺是用来砍伐木材的（表13–61；图13–80、81）。图13–81展示了石钺上的制作光泽和使用光泽。一件经装柄后可能作为锄使用，三件可能没被使用过。很多标本在刃部及其他区域都发现了光泽。只有一件石钺没有任何光泽，还有四件上的光泽不太发达。与加工泥土相关的条痕都没有位于光泽之上。与木材加工相关的条痕在光泽上以及周围都有分布。与加工泥土相关的条痕与刃缘近似垂直，而与加工木材相关的条痕方向则比较杂乱，既有与刃缘垂直的，也有与刃缘平行的，还有比较随意的。加工泥土的石钺有超过20条（但少于100）的条痕，加工木材的石钺与此类似。大多数石钺刃部都存在磨圆，加工泥土与木材的均是如此。刃部的变钝及残损并不常见。只有一件加工木材的石钺刃部有较为明显的残损。与泥土加工相关石钺的刃部有较为轻微的崩损。那些加工木

1．诸如T2299⑥a：14（#2203；S104+S127）的石钺可能采用如图所示的方法进行木头的砍伐

2．刃部磨圆及大量与刃缘垂直的条痕

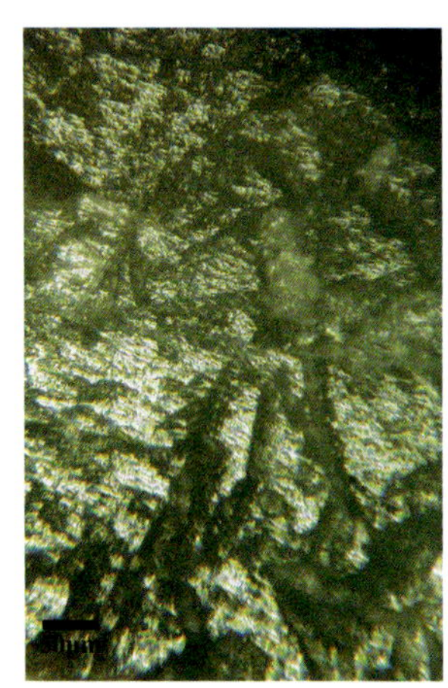

3．晶体上发达的木头光泽

图13–80　T2299⑥a：14（#2203；S104+S127）石钺上的使用微痕

1. H271①：2（#5635；S2016）上加工时所形成的石头及木头光泽

2. H194：1（#3318；S2263）上加工时所形成的石头及木头光泽（注意其上磨制产生的较大条痕）

3. T007（S2497）侧边上可能的抓握光泽

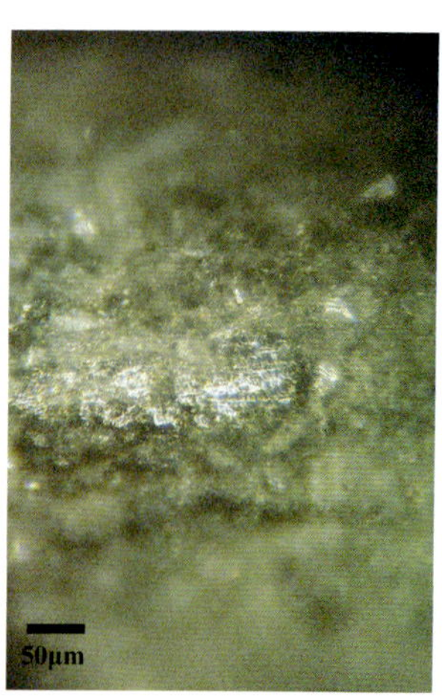

4. G10②：9（#6300；S2655）刃缘上由使用所形成的木头光泽

图13-81 石钺上的加工微痕（1～3）以及使用微痕（4）

材的石钺上存在较为轻微的崩损以及阶梯状和半月形的崩疤。这些崩疤与加工硬性材料（Odell et al. 1980:101）以及石器刃缘薄而锋利有关（Ahler 1979:314）。

表13-61 石钺用途表

主要的使用方式	主要的加工对象				总计（n=13）
	泥土（n=1）	不确（n=1）	未被使用（n=3）	木头（n=8）	
砍伐（n=8）	7.69%	0.00%	0.00%	53.85%	61.54%
不确定（n=1）	0.00%	7.69%	0.00%	0.00%	7.69%
未被使用（n=3）	0.00%	0.00%	23.08%	0.00%	23.08%
锯（n=1）	0.00%	0.00%	0.00%	7.69%	7.69%
总计（n=13）	7.69%	7.69%	23.08%	61.54%	100.00%

（4）石刀的使用微痕（图13-82～86）

大多数石刀没有装柄，但是为了将其抓牢通常会在其上的两孔上穿上绳索（图13-82）。但我们发现了几件石刀上有装柄的微痕，装柄方式在图13-83有展示。尽管我们已经辨认出其具有几种使用方式，但其最常见的功能主要就是用于收割，其运动方式应该是平行于刃缘，就像图13-82，1和图13-84中展示的那样（表13-62）。石刀（特别是砂岩石刀）多是用于收割韧性较大的草本植物茎秆，还用来修整木材（图13-85，1～3），刮黏土（图13-85，4，5），也有少数用来刮毛皮（图13-86）。

光泽通常较为发达，且分布在刃缘上或是附近。很多石刀（31%）是砂岩制成，光泽仅分布在刃缘或附近的石英晶体上。与草本植物相关的条痕集中在光泽之上。一些石刀上没有明确的可识别条痕，我认为这可能与光泽仅分布在晶体之上有关。加工木材与干皮毛的石刀具有较多的条痕，并都位于光泽之上。

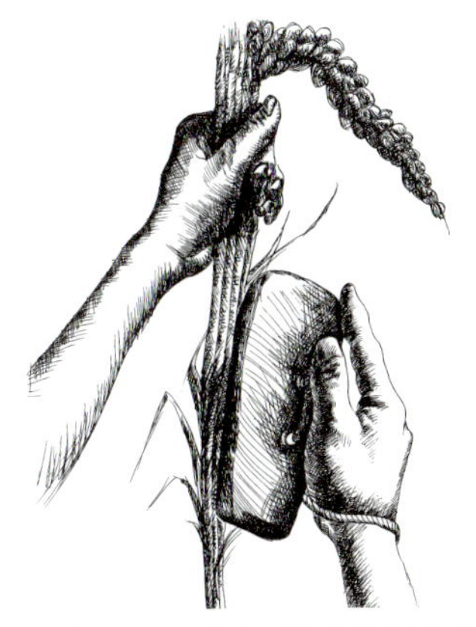

1．大部分石刀最为可能的使用方式

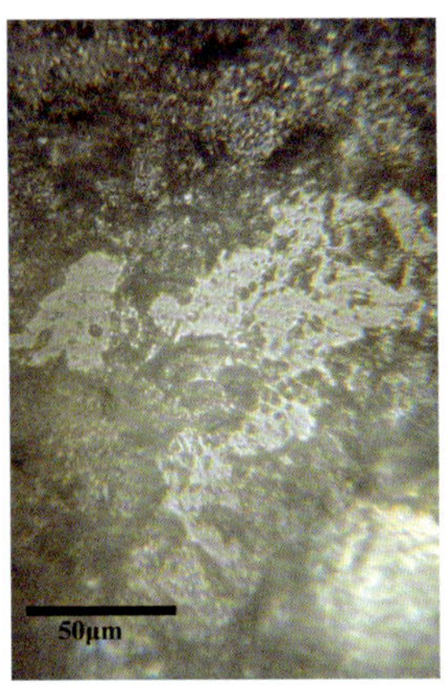

2．T2395⑥b：4（#1052；S1664）刃缘上的草本植物光泽

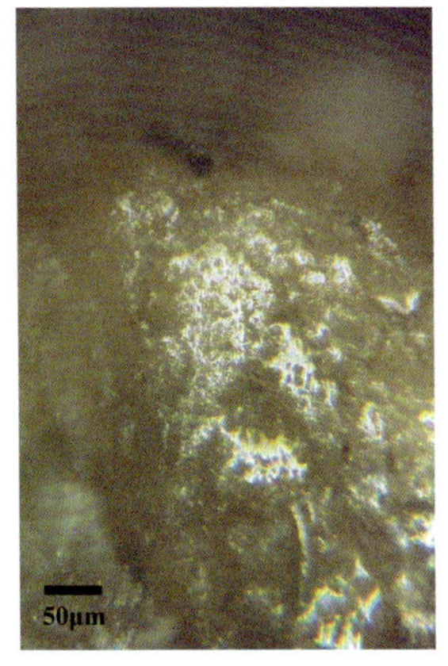

3．F49：10（#5774；S1804）砂岩石刀刃缘上的草本植物光泽

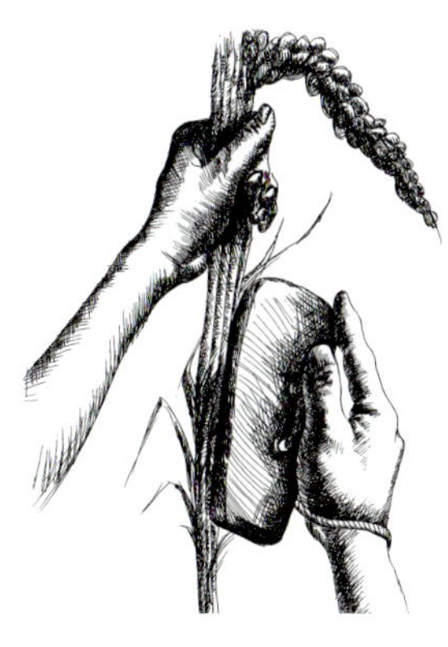

4．石刀的另一种使用方式

图13－82　大部分石刀可能的使用方式（1、4）以及使用微痕（2、3）

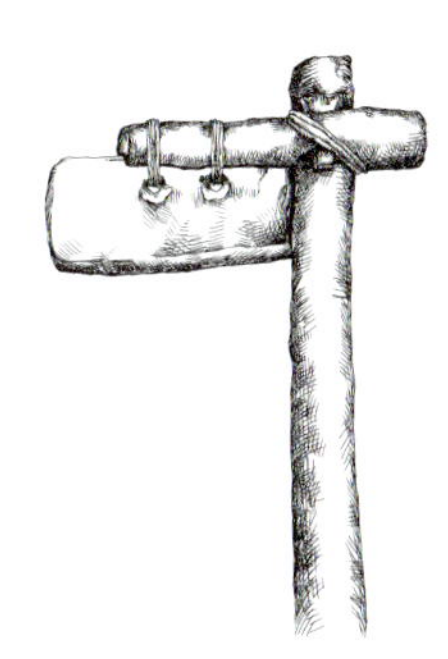

1．通过微痕分析表明其可能是采用如图所示的方式进行装柄

2．侧边的斜刃形态可能是为了更便于装置于木柄之中

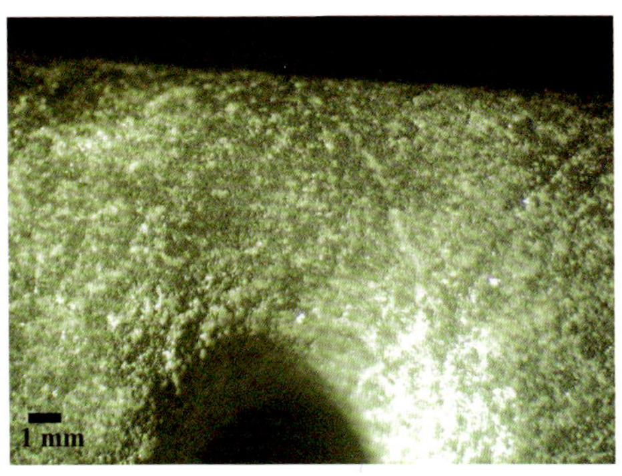

3．钻孔中靠近背部的区域可见光滑的磨痕（可能是绳索摩擦形成）

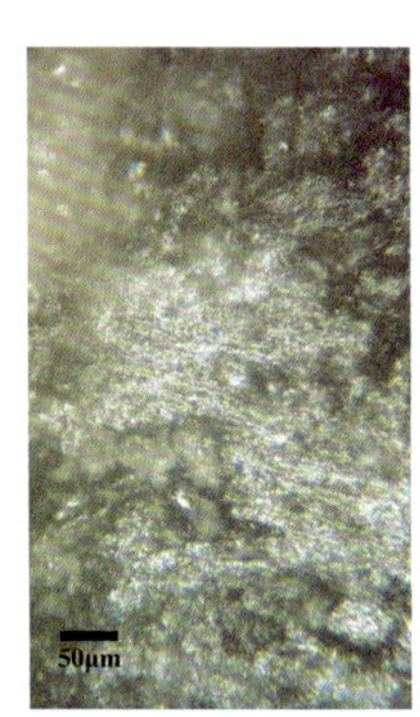

4．近端的木头光泽

图13－83　地表采集（S2268）石刀上的装柄微痕

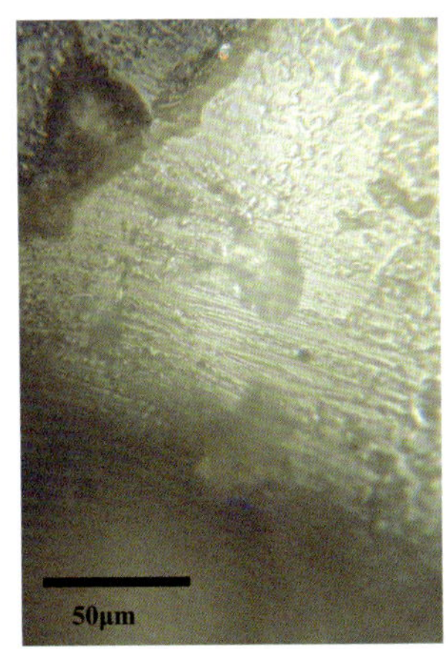

1．T2297⑦c：20（#8672；S3241）刃缘的草本植物光泽。注意与刃缘平行的细小条痕，其表明了该石刀的使用方式

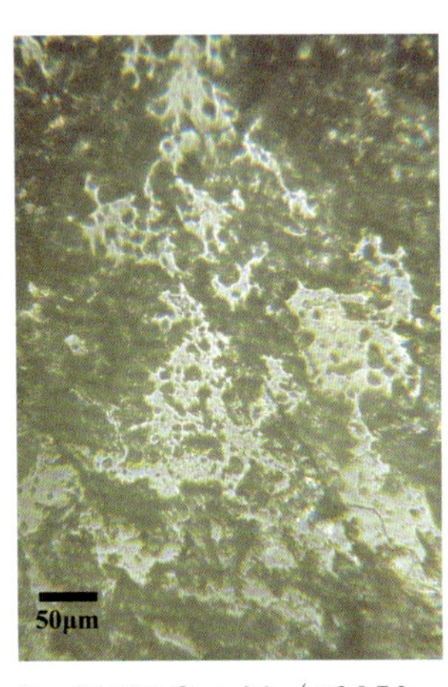

2．H401④：29（#8872；S3254）刃缘上的草本植物光泽

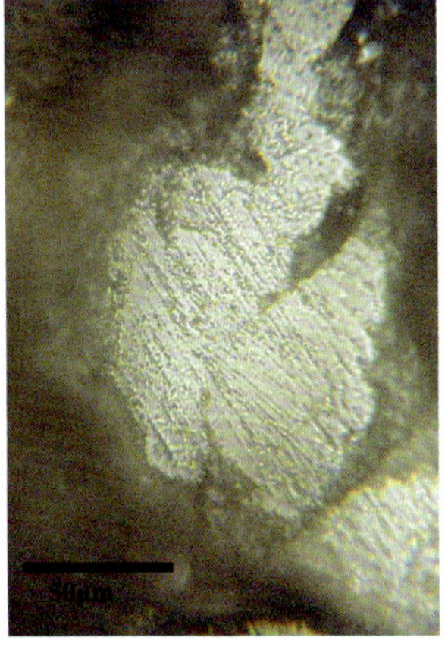

3．T2296⑦b：21（#7017；S3287）砂岩石刀刃缘上草本植物光泽。与刃缘近乎垂直的条痕表明了其使用方式

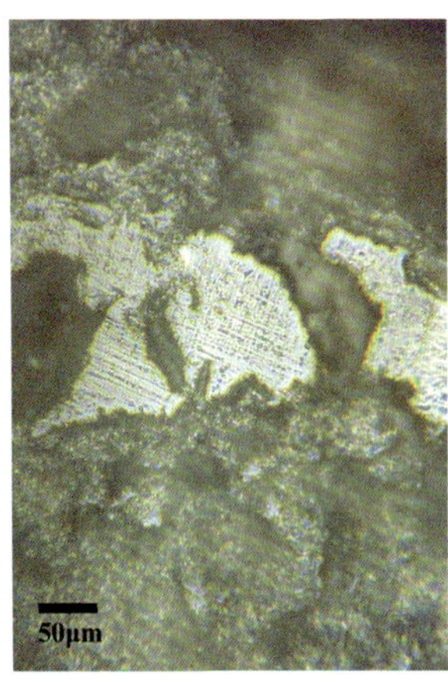

4．G11：27（#8460；S3392）玄武岩石刀刃缘上的草本植物光泽（条痕方向表明了其使用方式）

图13－84　石刀上的草本植物光泽或“镰刀光泽”

1. H336：1（#8417；S3380），唯一一件此形态的石刀

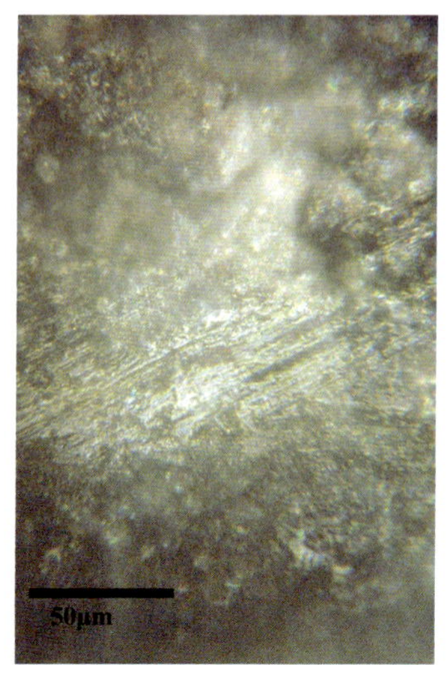

2. H336：1（#8417；S3380）刃缘上的木头光泽以及与刃缘近乎垂直的条痕

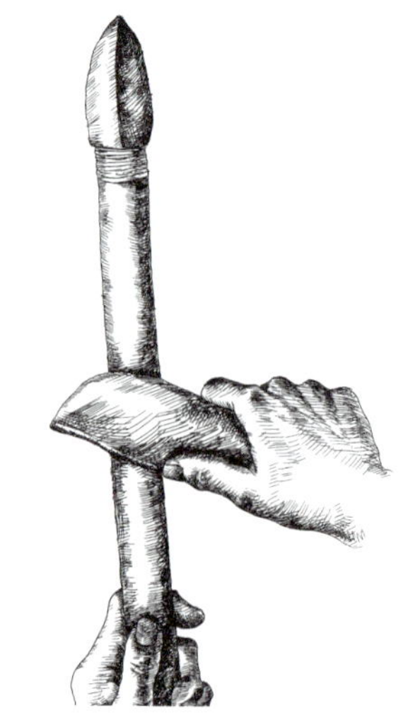

3. H336：1（#8417；S3380）最为可能的使用方式

4. G11：23（#8997；S3425）最为可能的使用方式

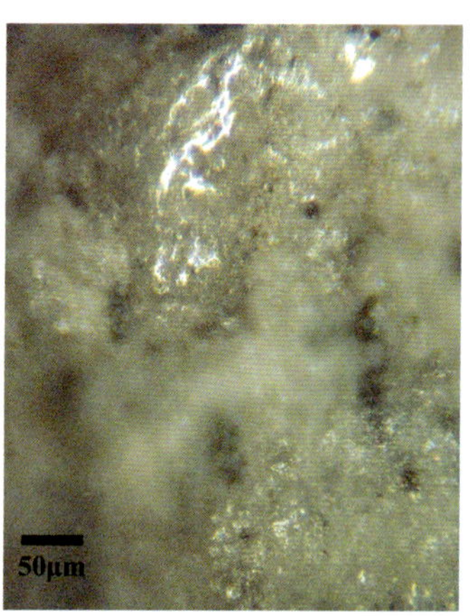

5. G11：23（#8997；S3425）刃缘上广泛的泥土光泽与磨损

图13-85　石刀上与加工木头相关的微痕（1～3）以及与加工陶坯/泥土相关的微痕（4、5）

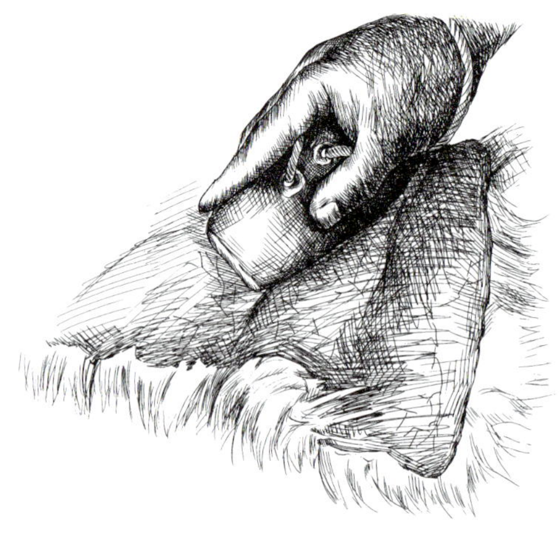

1. 该石刀可能采用如图所示的方式对毛皮进行加工

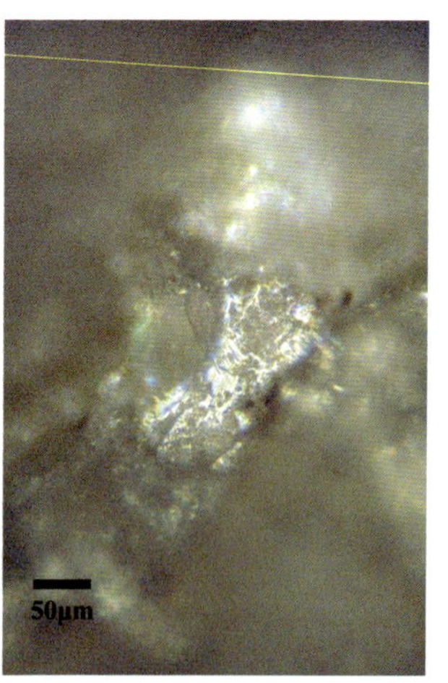

2. 刃缘上发达的毛皮光泽

3. 明显的斜边可能也暗示了其曾用以刮毛皮

图13-86　H89②：5（#4417；S1726）石刀上的使用微痕

表13-62　石刀用途表

主要的使用方式	主要的加工对象					总计 (n=35)
	陶 (n=3)	干毛皮 (n=1)	不确定 (n=5)	草本植物 (n=22)	木头 (n=4)	
切割（n=25）	0.00%	0.00%	0.00%	62.86%	8.57%	71.43%
不确定（n=5）	0.00%	0.00%	14.29%	0.00%	0.00%	14.29%
刮（n=4）	8.57%	2.86%	0.00%	0.00%	0.00%	11.43%
削-横向（n=1）	0.00%	0.00%	0.00%	0.00%	2.86%	2.86%
总计（n=35）	8.57%	2.86%	14.29%	62.86%	11.43%	100.00%

加工黏土石刀的使用方式多是刮削和切割。加工毛皮石刀的使用方式主要是刮削。条痕与刃缘近似垂直。加工草本植物时多是采用切割的方式，具体方法可能是将石刀放在植物的后面，然后再朝着使用者方向做切割的动作。图13-82，1展示的就是这种操作方式。石刀还可能用于给谷物掐穗，具体使用方式如图13-82，4。其使用方式也是类似的切割动作，只是操作时石刀要放在茎杆上端，然后使用稍向下和向外的拉力将穗割下来。加工木材的石刀使用方式既有刮削也有切割。石刀的刃部通常都会有磨圆。收割作物和切削木材的石刀刃部磨圆更为明显。加工毛皮的石刀是斜刃。加工木材和兽皮的石刀磨圆也较为明显。

石刀上崩疤不太明显。但刃部则具有较为明显的崩损和磨圆。这有力地说明石刀不是用来砍伐硬质材料的。

（5）石镰的使用微痕（图13-87、88）

通常认为石镰主要也是作为收割工具来使用的，且一般都是装柄使用。但通过微痕分析我发现石镰基本都是没有装柄的。石镰可以较为舒适的握在手里，其后端上有明显的抓握光泽（图

1. 两城镇大部分石镰都可能采用了这种未装柄的使用方式

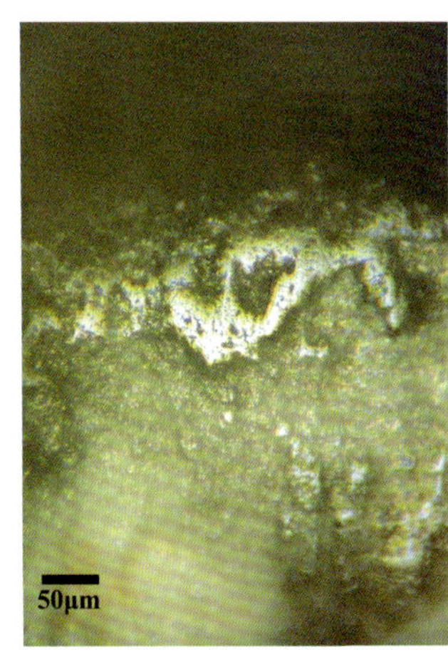

2. 刃缘上发达的草本植物光泽

3. 刃部后端上的抓握光泽

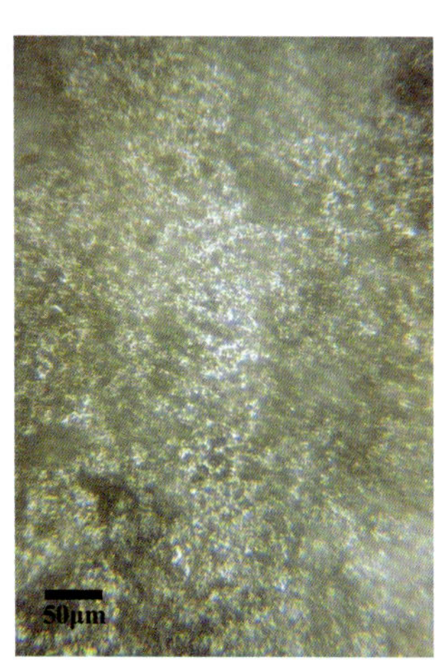

4. 表面上的磨制及木头抛光微痕

图13-87　T007（S2496）石镰上的加工微痕及使用微痕

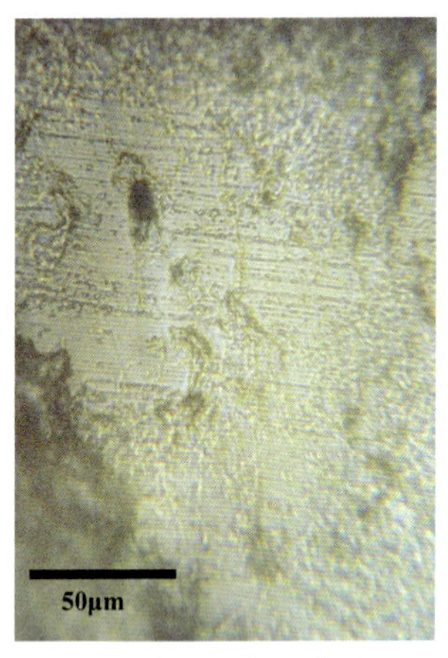

1．T007（S2408）刃缘上明显的草本植物光泽或镰刀光泽以及与刃缘平行的条痕

2．H42：5（#3503；S116）刃缘上的木头光泽表明其可能是切割所形成

3．T021（S2583）刃缘上可能是加工毛皮所形成的光泽

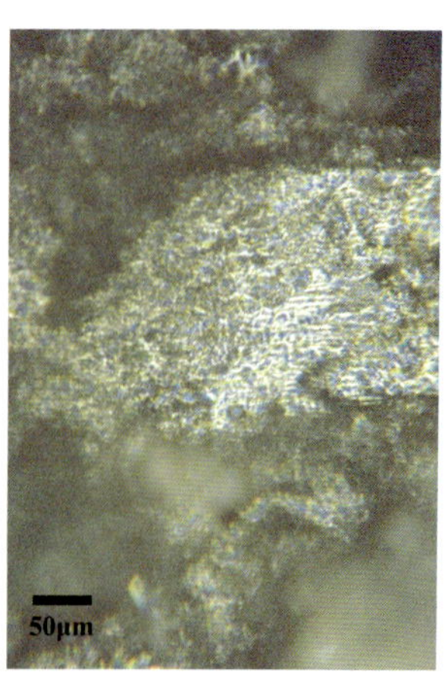

4．T021（S2583）表面加工时所形成的木头光泽

图13-88　石镰上的使用微痕（1～3）和加工微痕（4）

13-87）。石镰最为主要的使用方式就是收割作物（表13-63；图13-87，2，图13-88，1）。我的模拟实验表明在收割较硬的水稻茎秆时流纹岩的石镰没有砂岩石刀有效。下面的使用微痕研究报告也证明了石镰是一种多功能工具。其他加工对象有骨骼/鹿角，木材和毛皮（图13-88，2～4）。加工作物形成的光泽既有比较发达的，也有不太发达的，均分布在特定区域上。加工木材和毛皮会在较大的区域上形成十分发达的光泽。加工骨头仅会在高点上形成光泽。石镰多是用当地的流纹质熔结凝灰岩制成。在使用过程中应该会经常进行再修整，这也使得很多石镰上的光泽发现数量较少。

表13-63　石镰用途表

主要的使用方式	主要的加工对象						总计(n=43)
	骨/角(n=2)	鲜毛皮(n=4)	不确定(n=4)	草本植物(n=25)	木头(n=7)	未被使用(n=1)	
切割（n=29）	2.33%	2.33%	0.00%	58.14%	4.65%	0.00%	67.44%
不确定（n=5）	0.00%	0.00%	9.30%	0.00%	2.33%	0.00%	11.63%
未被使用（n=1）	0.00%	0.00%	0.00%	0.00%	0.00%	2.33%	2.33%
锯（n=2）	0.00%	0.00%	0.00%	0.00%	4.65%	0.00%	4.65%
刮（n=6）	2.33%	6.98%	0.00%	0.00%	4.65%	0.00%	13.95%
总计（n=43）	4.65%	9.30%	9.30%	58.14%	16.28%	2.33%	100.00%

在那些加工过作物石镰的光泽上条痕并不常见，我认为这与石镰上本身光泽较少有关。但加工木材和干毛皮的石镰光泽上有大量的条痕。同时，加工新鲜毛皮和骨头上也有较多条痕。

在刮毛皮的石镰上与刃缘垂直的条痕较为常见。用于骨角加工和作物收割的石镰上则是与刃缘平行的条痕。而锯切木头时，这两种方向的条痕都会发现。大多数石镰的刃部都存在磨圆。在一件锯切木材的石镰上存在斜刃。加工木材和毛皮的石镰刃缘上都有较为发达的磨圆。刃部变钝及崩损并不常见，只在两件标本上观察到了类似证据。石镰不会用于砍伐硬质材料。大多数石镰的刃部没有崩疤。但是刃部会有崩损和磨圆。收割作物和加工木材的石镰上往往会存在崩损。在一件加工骨头的石镰上发现了阶梯状崩疤。

（6）石铲的使用痕迹（图13-89～92）

石铲通常都会被认为是史前人们的挖掘工具。在图13-89～92中展示了石铲的四种装柄方式、使用微痕以及加工微痕。在装柄时，小卵石通常被认为是用来加固木柄的。另一种装柄方式为将石铲顶端插入木柄的凹槽中，然后再插入一个楔形物（图13-90）。在石铲上最为常见的微痕是挖土所形成（表13-64）。此外还可见加工木材所形成的微痕（总数的10%，图13-91），即表13-64中所记录的“铲木材”微痕。此外还有5件石铲是用来砍木材的。我们推断石铲用途时，主要依据其上占主

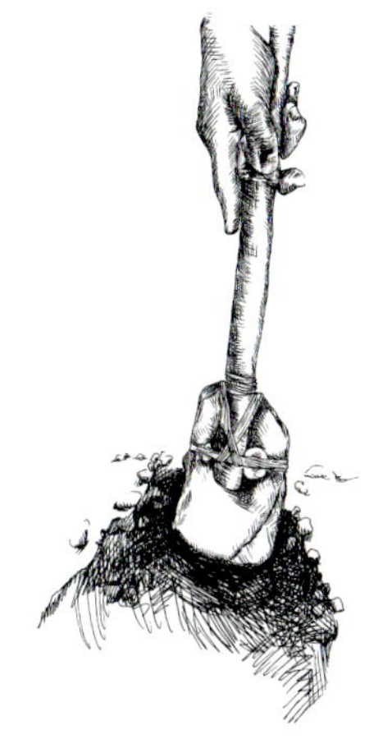

1．石铲的其中一种装柄方式（注意小卵石被用以加固木柄的绑缚）

2．H238⑤：6（#1361；S2262）上由装柄时石楔所造成的石头光泽

3．H345①：4（#8618；S3223）上与刃缘近乎垂直的较深条痕表明其曾用以加工泥土

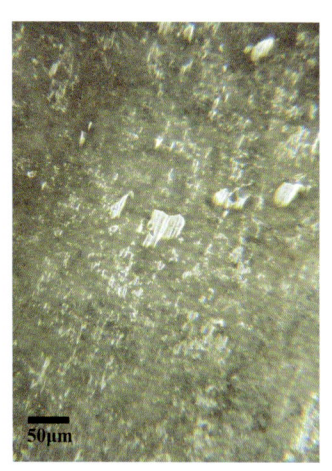

4．H209③：31（#4534；S1962）高点上明亮、平滑且带有泥污的光泽表明其曾用以加工泥土

图13-89　石铲上的装柄微痕（1、2）及使用微痕（3、4）

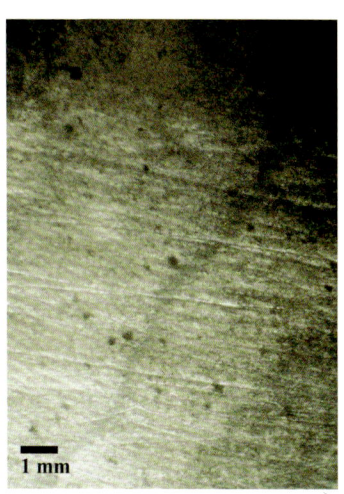

1．该石铲最有可能的装柄方式

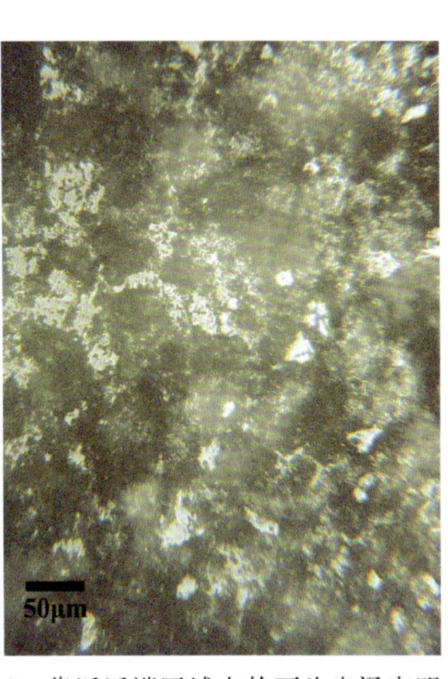

2．靠近近端区域上的石头光泽表明了装柄时石楔的位置

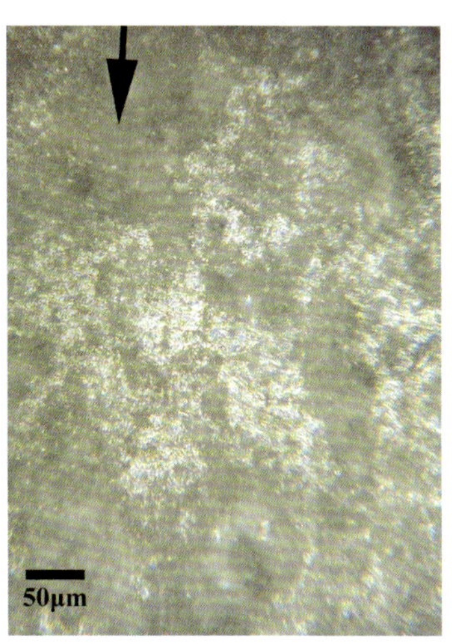

3．近端区域的木头光泽

4．与刃缘近乎垂直的条痕

图13-90　H416③：3（#8683；S3242）石铲上的装柄微痕（1～3）及使用微痕（4）

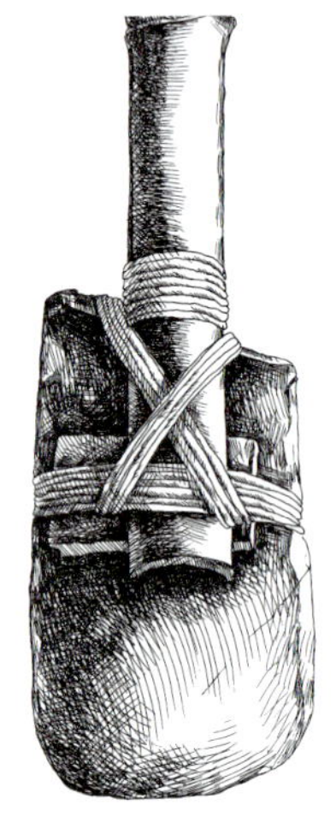
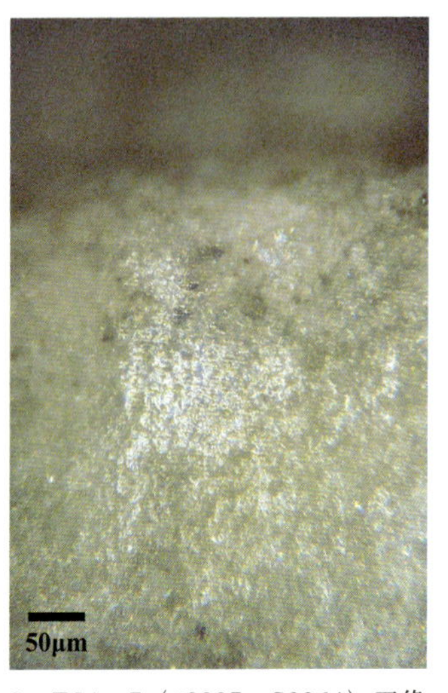

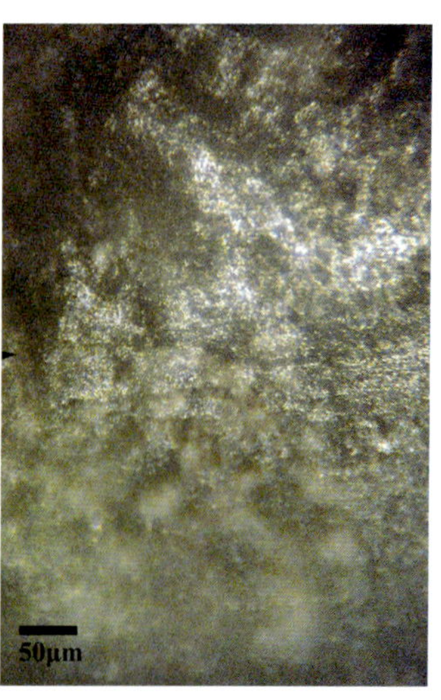

1．F54：7（#8337；S3364）石铲最为可能的装柄方式

2．F54：7（#8337；S3364）刃缘的木头光泽

3．T2396⑦b：4（#746；S1691）石铲断块的刃缘呈锯齿状，表明其最后的用途是锯切木头

4．T2396⑦b：4（#746；S1691）刃缘的木头光泽及与刃缘平行的条痕

图13-91 石铲的装柄方式（1）以及加工木头的微痕（2～4）

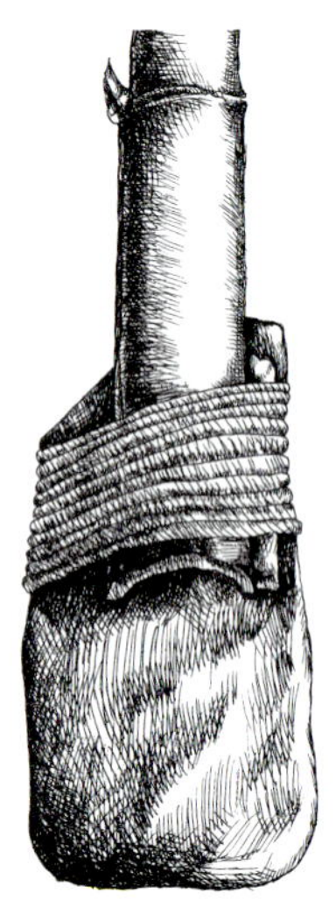

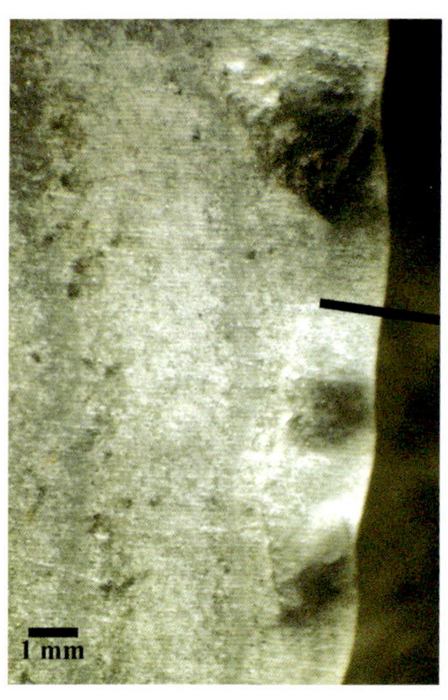

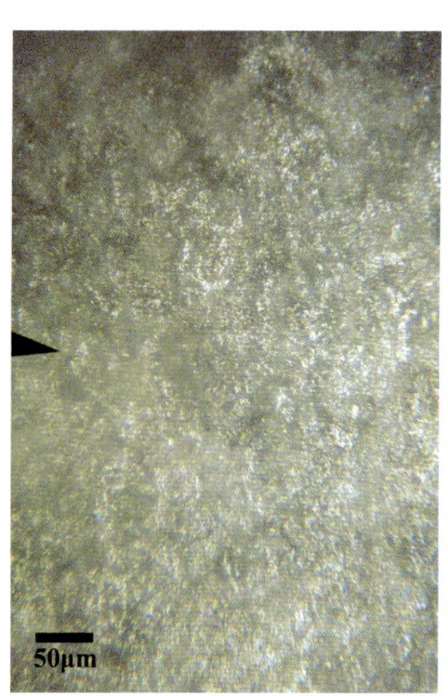

1．该石铲最为可能的装柄方式

2．靠近侧边区域的块状石头光泽，可能是装柄时石楔所造成

3．光滑的崩疤表明其曾用来加工泥土

4．光泽形态表明其曾用来加工泥土

图13-92 H416③：2（#8683；S3245）石铲的装柄微痕（1、2）和使用微痕（3、4）

体地位的微痕类型。图13-92展示的一件石铲其刃缘被修整过，并被插入木柄中，其土壤光泽较为发达，位于刃缘上及其周围。加工木材的光泽可分为小范围分布以及大范围存在的两种类型。

加工泥土的石铲上会有较为明显的长、深、宽的条痕。这些条痕数量较多，但并不位于光泽明显的刃缘（图13-89，1）。加工木材石铲上的条痕数量较少，位于光泽上或其周围。砍木材的石铲上会存在与刃缘垂直的条痕。用于挖土同时也用于木材加工的石铲上也具有垂直于刃缘的条痕。铲木材同时也挖土的石铲（以铲木材为主），也大多是垂直于刃缘的条痕。挖土的石铲上经常可见磨圆以及刃缘崩掉的情况。加工木材的石铲上也会常见类似的特征。挖土的三件石铲刃缘上可见轻度至中度的变钝及崩损，但大多数并未见此类微痕。加工木材的石铲中，一件刃缘有轻微的变钝及崩损，另两件有严重的崩损，但大多刃缘不会变钝或崩损。刃缘崩疤在挖土及加工木材的石铲上都可见到，崩疤类型以折断式或半月形为主（图13-92，3）。这类的崩疤多出现于刃角小的器物上，并且也是石铲的一个典型特征。同时，阶梯状崩疤在所有类型石铲上也较为常见。

表13-64　石铲用途表

主要的使用方式	主要的加工对象		总计（n=30）
	泥土（n=20）	木材（n=10）	
装柄使用（n=1）	0.00%	3.33%	3.33%
砍伐（n=5）	0.00%	16.67%	16.67%
锯（n=1）	0.00%	3.33%	3.33%
铲（n=23）	66.67%	10.00%	76.67%
总计（n=30）	66.67%	33.33%	100.00%

（7）小凿的使用微痕（图13-93、94）

小凿最为常见的用途是加工木材（表13-65；图13-93）。其中两件则是用来加工毛皮的（图13-94）。加工木材的光泽包括两类，即有限区域内分布与广泛分布。加工毛皮的光泽较为发达，且

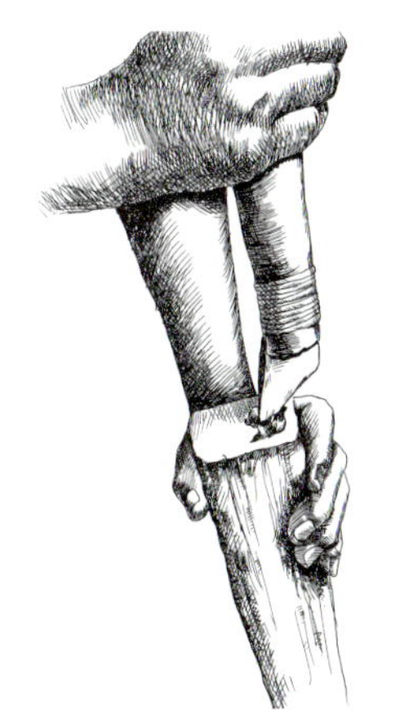

1．T2097⑥b：32（#1210；S162）小凿最为可能的用途就是楔木头

2．T2097⑥b：32（#1210；S162）刃缘的木头光泽

4．T2447⑦d：5（#4579；S1933）刃部磨圆和条痕

3．T2447⑦d：5（#4579；S1933）小凿最为可能的用途就是刮木头

5．T2447⑦d：5（#4579；S1933）上木头光泽被周围很弱的背景光泽环绕

图13-93　小凿加工木头的使用微痕

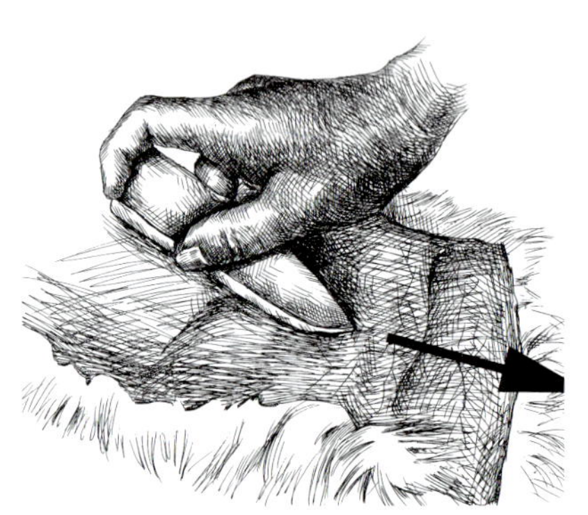

1．H401①：33（#8770；S3243）可能被用以刮毛皮

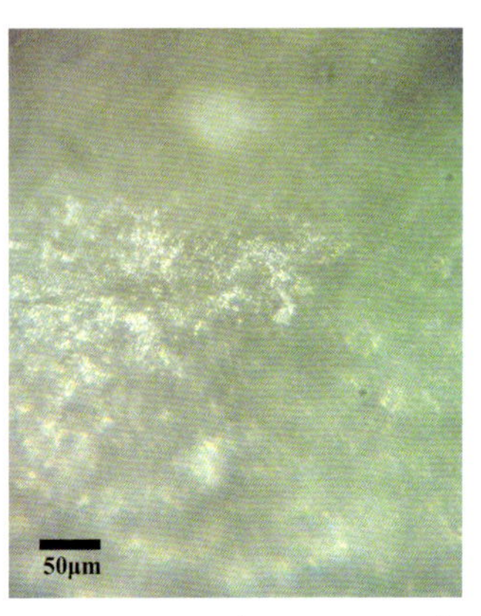

2．H401①：33（#8770；S3243）刃缘的毛皮光泽

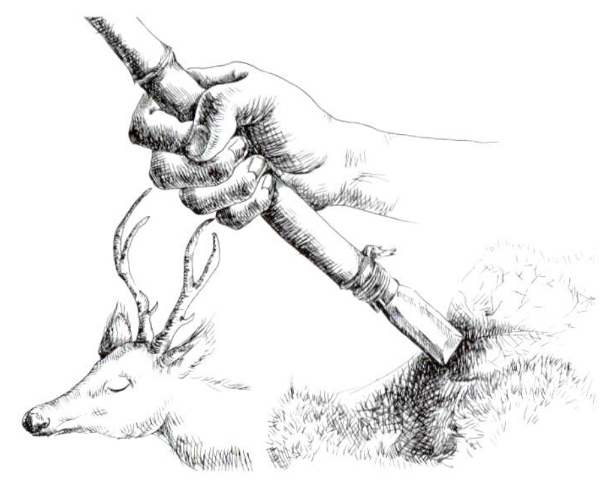

3．H56：7（#1602；S215）可能是采用这种方式刮毛皮

4．H56：7（#1602；S215）刃部的毛皮光泽

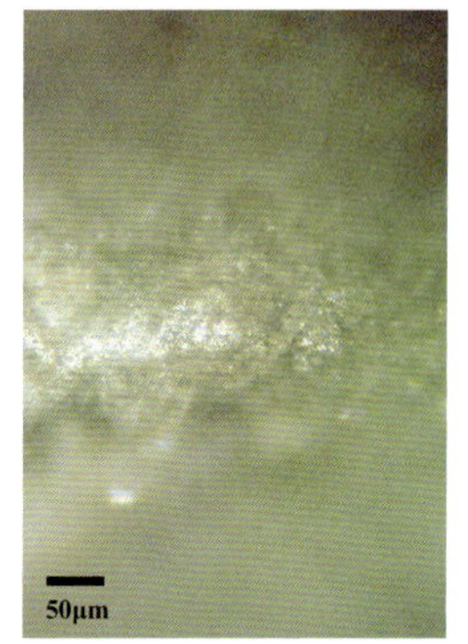

5．H56：7（#1602；S215）刃部磨圆和条痕

图13－94　小凿上加工毛皮的使用微痕

分布广泛。在加工毛皮的小凿上也基本看不到条痕。加工木材的小凿上条痕较多，主要分布于光泽之外，也有少量分布于光泽之上。条痕与刃缘垂直或近似垂直，无论其用于锛木材、凿木材或削木材，其条痕方向都是如此。刮木材的小凿上会有与刃缘平行的条痕。锛、刮木材的小凿刃部磨圆较为发达。而在锛木材、凿木材及刮新鲜毛皮时也存在轻度至中度的磨圆。削木材的小凿上磨圆则不明显。在所有小凿的刃部上都未发现明显变钝或崩损的痕迹。崩疤也仅在加工木材的小凿上可见。锛木材的小凿主要是阶梯状崩疤。凿木材的器物上会有层叠状的崩疤。刮木材时则会生成半月形的崩疤。

表13－65　小凿用途表

主要的使用方式	主要的加工对象			总计（n=9）
	鲜毛皮（n=2）	不确定（n=1）	木头（n=6）	
锛（n=2）	0.00%	0.00%	22.22%	22.22%
不确定（n=1）	0.00%	11.11%	0.00%	11.11%
戳/凿（n=2）	0.00%	0.00%	22.22%	22.22%
刮（n=3）	22.22%	0.00%	11.11%	33.33%
削-横向（n=1）	0.00%	0.00%	11.11%	11.11%
总计（n=9）	22.22%	11.11%	66.67%	100.00%

（8）凿的使用微痕（图13-95）

被检测的凿多是用来挖土，加工石头和木材（表13-66）。加工木材最为常见（图13-95）。加工泥土和石材的光泽并不多，而且分布区域有限。加工木材的光泽较为常见。加工泥土的凿上会有大量的条痕。加工木材的凿条痕较少，分布于光泽之上以及周围。砍木材以及挖土凿上的条痕主要是垂直或近似垂直于刃缘，并且刃部的磨圆也较为明显。加工石材的凿上有较为明显的斜刃。加工木材、石材以及泥土的凿上都存在中度至重度的刃部变钝或崩损。加工木材和挖土的凿上可见阶梯状的崩疤。

1．该石凿为大型的流纹岩质地

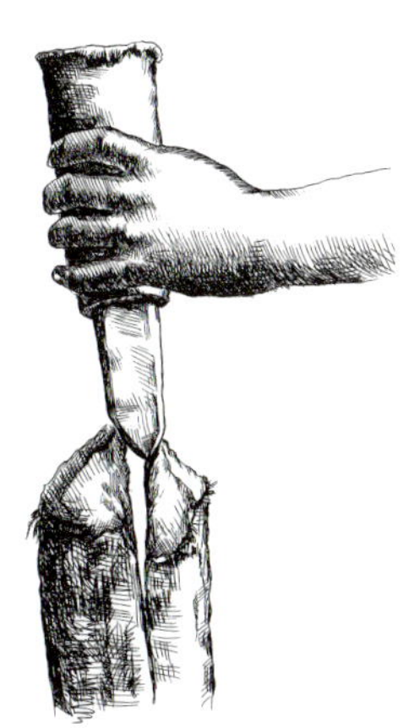
2．该石凿最为可能的使用方式

3．刃缘上较大的阶梯状崩疤

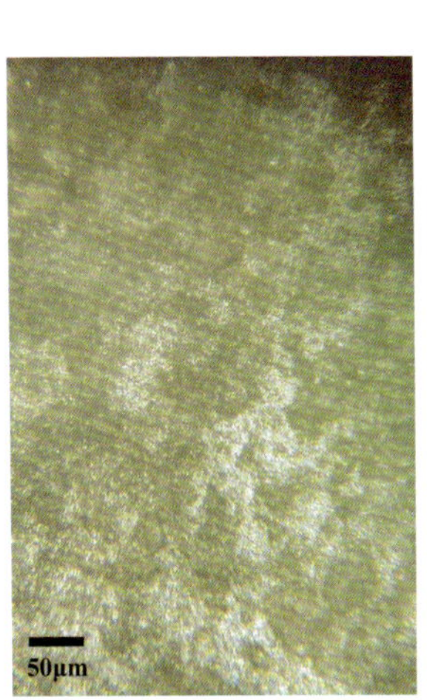

4．刃缘上的木头光泽

图13-95　T001（#70；S13）石凿最为可能的使用方式和使用微痕

表13-66　石凿使用情况表

主要的使用方式	主要的加工对象				总计（n=5）
	泥土（n=1）	不确定（n=1）	石头（n=1）	木头（n=2）	
砍伐（n=2）	0.00%	0.00%	0.00%	40.00%	40.00%
砸（n=1）	0.00%	0.00%	20.00%	0.00%	20.00%
铲（n=1）	20.00%	0.00%	0.00%	0.00%	20.00%
楔（n=1）	0.00%	20.00%	0.00%	0.00%	20.00%
总计（n=5）	20.00%	20.00%	20.00%	40.00%	100.00%

（9）石拍的使用微痕（图13-96、97）

石拍通常被认为是与陶器制作有联系的工具。从我的实验来看，对于石拍的功能判断有50%是非常确定的，42%比较确定，另外8%不太确定。这些工具都未装柄而是直接握在手掌中使用的。

通过微痕分析我认为石拍主要是用来加工毛皮（表13-67；图13-96、97）。有三件未被使用，一件功能不明确，还有两件是用来磨制石器的，还有一件是以横向的运动方向来加工木材的。加工毛皮和石材的石拍上光泽分布广泛，几乎遍布整个工作面，可与实验中加工毛皮的石器微痕很好的对应（图13-96，4）。与加工植物相关的光泽并不多见，加工木材的光泽并未分布在石拍的工作面上。加工干毛皮的石拍上有的不见条痕，而有的会有大量的条痕。这可能与在揉搓毛皮的过程中加入细砂有关。横向加工木材石拍的光泽上条痕很少。加工毛皮石拍上的条痕方向较为随意。加工木材的石拍上会有纵向的条痕分布。加工石材和木材的石拍上磨圆较为明显。加工木材的石拍上可见中度的变钝或崩损。只有一件加工木材的石拍上发现有崩疤。

1．G7⑤：350（#6090；S2432）石拍一面非常平整

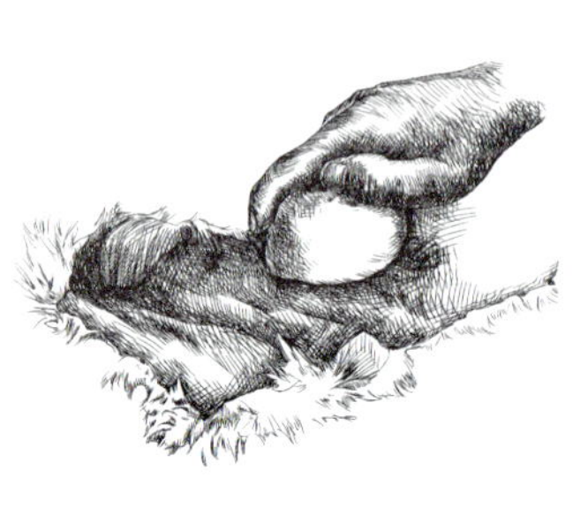

2．大多石拍最为可能的用途就是以如图所示的方式加工毛皮

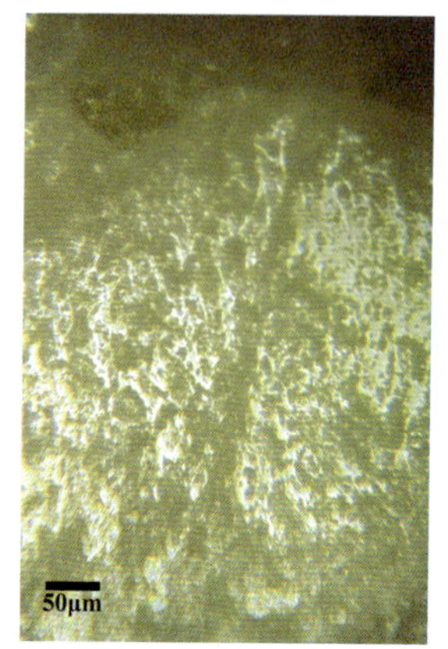

3．G7⑤：350（#6090；S2432）上明亮平滑的光泽表明其曾用来加工毛皮

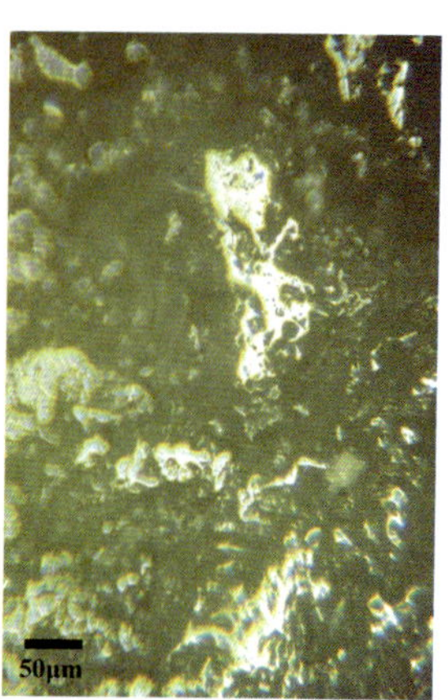

4．模拟实验石器上的毛皮光泽（鞣制兔皮10分钟后）

图13-96　G7⑤：350（#6090；S2432）石拍与模拟实验石器上的毛皮光泽

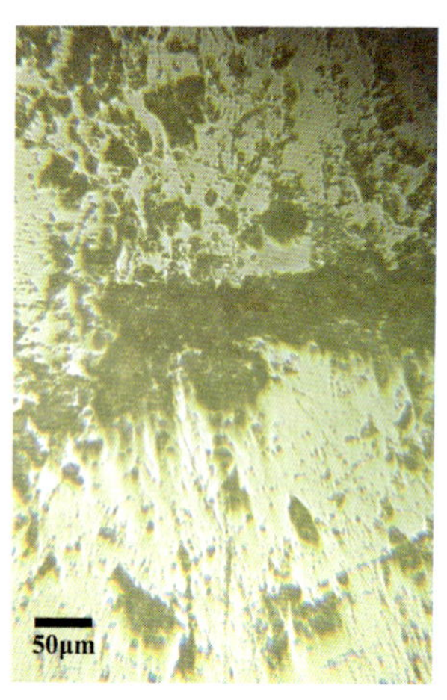

1．G7⑤：350（#6090；S2432）上发达的毛皮光泽

2．T021（#6138；S2555）上发达的毛皮光泽

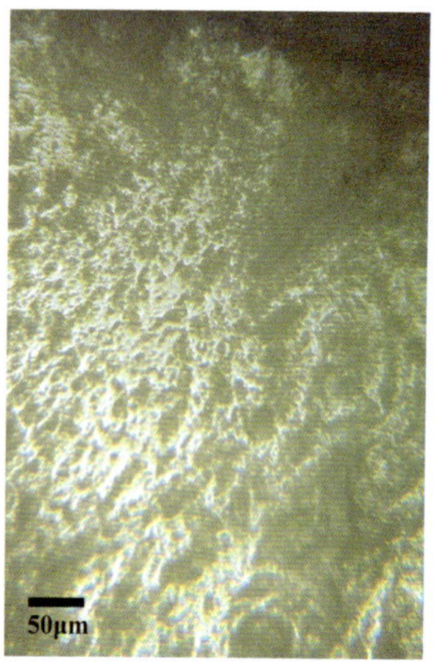

3．H371：4（#8641；S2928）上非常发达的毛皮光泽

4．H371：4（#8641；S2928）上毛皮光泽非常发达的区域

图13-97　石拍上的毛皮光泽

表13-67　石拍用途表

主要的使用方式	主要的加工对象						总计（n=12）
	干毛皮（n=5）	不确定（n=1）	未被使用（n=3）	草本植物（n=1）	石头（n=1）	木头（n=10）	
不确定（n=1）	0.00%	8.33%	0.00%	0.00%	0.00%	0.00%	8.33%
未被使用（n=3）	0.00%	0.00%	25.00%	0.00%	0.00%	0.00%	25.00%
搓（n=5）	41.67%	0.00%	0.00%	0.00%	0.00%	0.00%	41.67%
磨制（n=2）	0.00%	0.00%	0.00%	8.33%	8.33%	0.00%	16.67%
削横向（n=1）	0.00%	0.00%	0.00%	0.00%	0.00%	8.33%	8.33%
总计（n=12）	41.67%	8.33%	25.00%	8.33%	8.33%	8.33%	100.00%

（10）打磨/抛光石器上的使用微痕（图13–98、99）

在发掘中我们发现了大量小而圆钝的卵石。当时的人们从他们能到达的最近的海边（约14千米）获取它们，我们非常好奇为什么要把它们带到遗址。我们从现代的海边捡来了一些卵石进行观测，自然面上的光泽被很好的记录下来。经过观察发现考古样品中，这类工具很多都没有被使用过（表13–68）。但是没用过的卵石上可能存在抓握的光泽。先民把这样的卵石带回遗址，可能是为了抛光其他石器，当然也可能是为了某些仅会在卵石上留有抓握光泽的其他目的，比如游戏。它们也有可能是被用来作为投掷武器使用（宋 1984）。当然这些卵石最为常见的用途还是对骨器，石器，木材进行抛光。

相对来说，用来对石器进行抛光的卵石通常会有较平整的工作面并有明显的光泽（图13–98）。在复制实验中，我也经常使用这些海边卵石来对磨制石器进行抛光，以便擦除石器上的磨制条痕。我发现，使用几分钟就足以形成一个较平整的工作面。抛光石器的光泽很容易被识别，因为卵石工

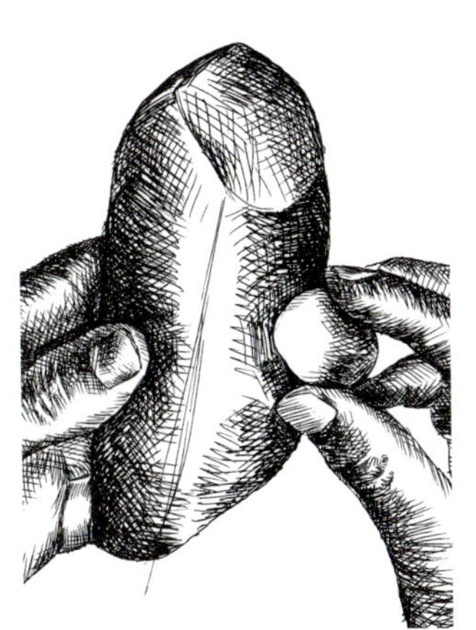

1．部分较小抛光石的可能用途

2．模拟实验中对石器进行40分钟抛光后抛光石的表面微痕

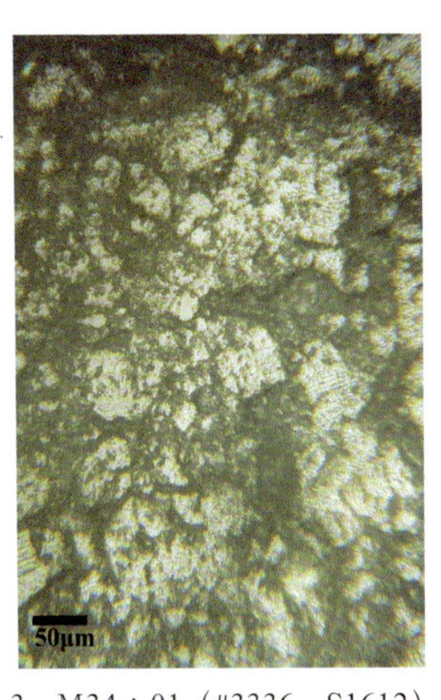

3．M34：01（#3336；S1612）抛光石表面具有明显的石头光泽

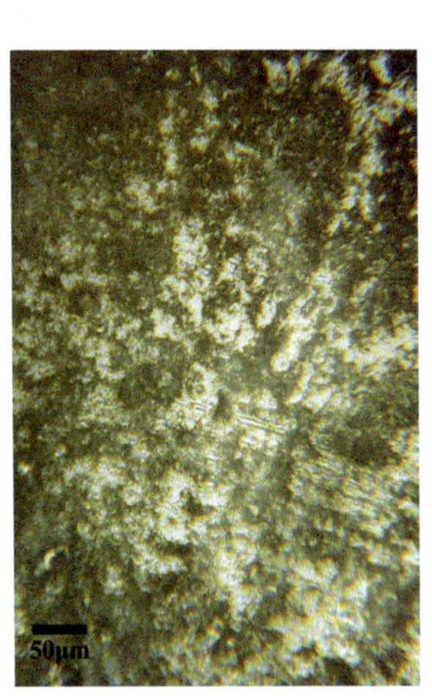

4．H401④：76（#8772；S3210）抛光石表面可见发达的石头光泽

图13–98　用以抛光石器的抛光石

1．部分打磨石可能的使用方式

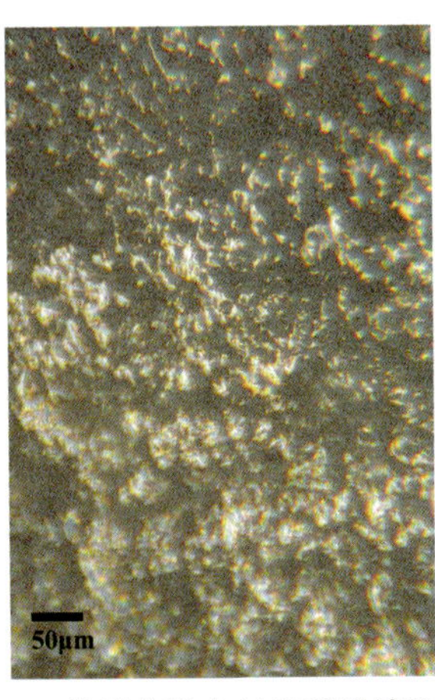

2．模拟实验中打磨两城镇陶坯25分钟后打磨石上的微痕

3．T2445H238（S2207）上发达的泥土光泽

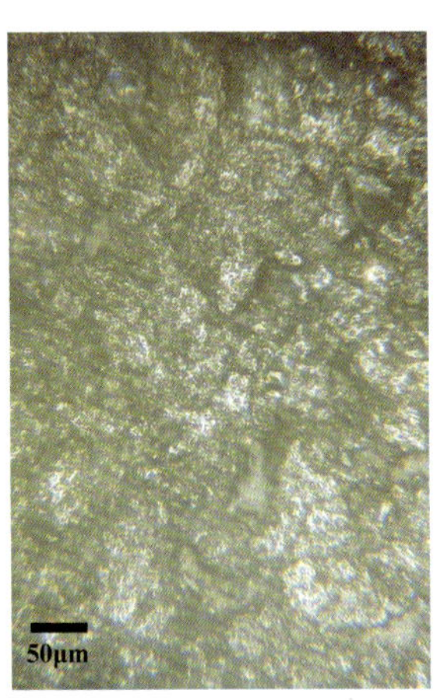

4．T2445H238（S2207）打磨石上的抓握光泽

图13–99　用以打磨陶坯的打磨石

作面上没有任何的高低不平（图13-98，2）。表面非常光滑。

石器中，还存在14件用以打磨陶器的卵石（图13-99）。这种小石头上磨圆较为明显。但它们没有明显的平整工作面。这种打磨所形成的光泽有两个发展阶段，首先出现的是一种类似网格状的扩散性明亮光泽，且表面粗糙不平。之后其发展成为一种明亮的坑状光泽，其表面也变得比较平滑（图13-99，2）。初级阶段的这种打磨光泽和加工毛皮的光泽很相似，但是打磨光泽会更清晰地扩散到表面高低不平处，并且与加工毛皮的光泽相比，其形成连续的光泽分布区速度要更快。这些打磨光泽要么分布在卵石的整个表面，要么分布在一定的区域内。打磨陶器时，卵石上的条痕比较常见，既可在光泽之上见到，也可以在光泽之外见到。在对石器和木材进行抛光时条痕主要位于光泽之上。所有的条痕均没有明显的方向性。这并不奇怪，因为抛光或者打磨运动并不会按照重复的一个方向进行，而是较为随意。

表13-68 打磨/抛光石器用途表

主要的使用方式	主要的加工对象							总计（n=80）
	骨/角（n=1）	陶坯（n=14）	可能的抓握（n=17）	不确定（n=1）	未被使用（n=34）	石头（n=4）	木头（n=9）	
打磨（n=14）	0.00%	17.50%	0.00%	0.00%	0.00%	0.00%	0.00%	17.50%
不确定（n=9）	0.00%	0.00%	10.00%	1.25%	0.00%	0.00%	0.00%	11.25%
未被使用（n=43）	0.00%	0.00%	11.25%	0.00%	42.50%	0.00%	0.00%	53.75%
抛光（n=14）	1.25%	0.00%	0.00%	0.00%	0.00%	5.00%	11.25%	17.50%
总计（n=80）	1.25%	17.50%	21.25%	1.25%	42.50%	5.00%	11.25%	100.00%

（11）石磨棒（或手石）的使用微痕（图13-100）

手石主要是用以进行压磨任务。在西方，主要是指“上磨石”或是边缘圆钝的圆石器。在中国，它们被称作“石磨棒”。我观测了很多这类石器以鉴定它们到底是否用来研磨谷物或是其他植

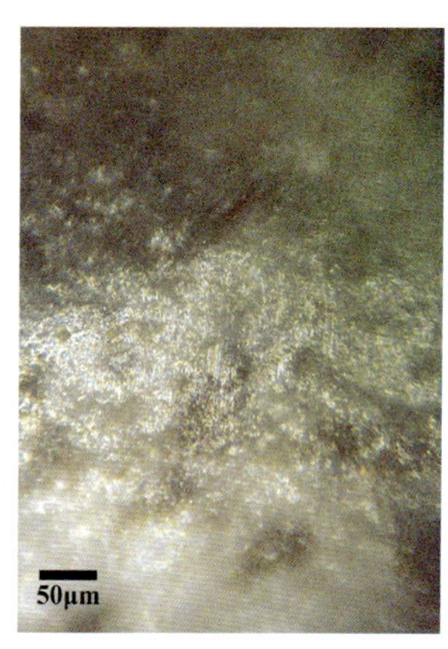

1．H43：11（#4010；S1142）上的毛皮光泽、与长轴垂直的条痕以及磨圆

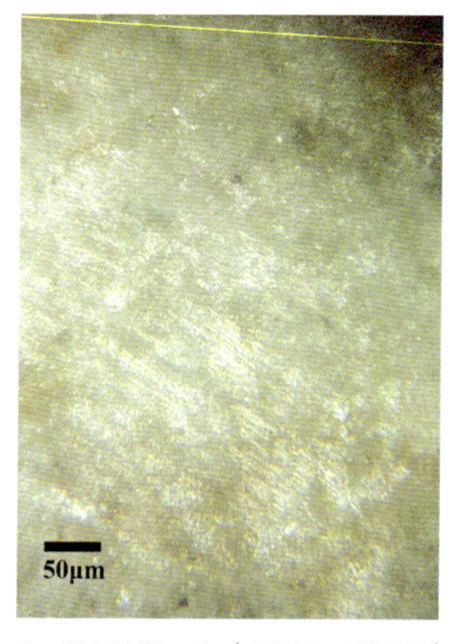

2．H101①：2（#3303；S1569）上发达的木头光泽

3．模拟实验中研磨谷物后磨棒上的微痕

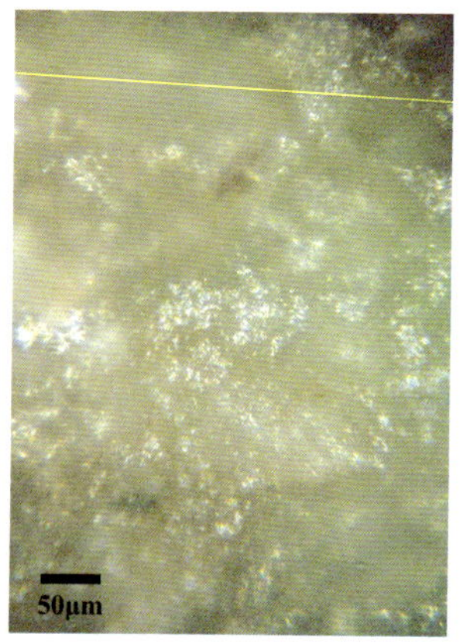

4．H182①：5（#5610；S1993）高点上的草本植物光泽

图13-100 磨棒（手石）上的使用微痕

物。磨棒最常见的用途就是压磨（表13–69）。四件磨棒用来加工毛皮，一件用来对木材进行抛光（图13–100，1、2）。另外几件不明确的可能是用来研磨植物类物质的。标本H182①：5（#5610；S1993）可能是用来对谷物脱壳和研磨的，其上的微痕形态可以与复制磨棒上的同类微痕进行比对（图13–100，2～3）。

光泽在磨棒表面分布广泛。条痕也较为常见。加工毛皮磨棒上的条痕既有分布在光泽之上的，也有分布在光泽周围的。刮干毛皮和新鲜毛皮磨棒上存在着横向的条痕。刮木材磨棒上的条痕也近似于横向。加工毛皮和木材的磨棒工作面上磨圆较为明显。

表13–69　磨棒用途表

主要的使用方式	主要的加工对象				总计
	干毛皮	鲜毛皮	不确定（可能为草本植物）	木头	
抛光（n=1）	0.00%	0.00%	0.00%	8.33%	8.33%
刮（n=4）	16.67%	8.33%	0.00%	8.33%	33.33%
磨制（n=7）	0.00%	0.00%	50.00%	8.33%	58.33%
总计（n=12）	16.67%	8.33%	50.00%	25.00%	100.00%

（12）磨石及磨盘上的使用微痕（图13–101、102）

我观测了92件随意选择的磨石（70件砂岩，22件花岗岩），记录下它们的表面特征。这项研究是与其他石器的微痕分析分开进行的。因为我需要观察它们与其他石器标准微痕的不同。磨石观测的目标是试图确定哪种是用来磨制石器的，哪些是用来加工植物的。我详细记录了每件磨石的属性。

84件磨石没有明确的条痕（低倍法观测），另外8件上发现了较深的凹槽。这些大型的凹槽是磨制骨锥之类器物所留下的。21件砂岩磨石以及5件花岗岩磨石在最大的使用面上晶体已被完全磨平。

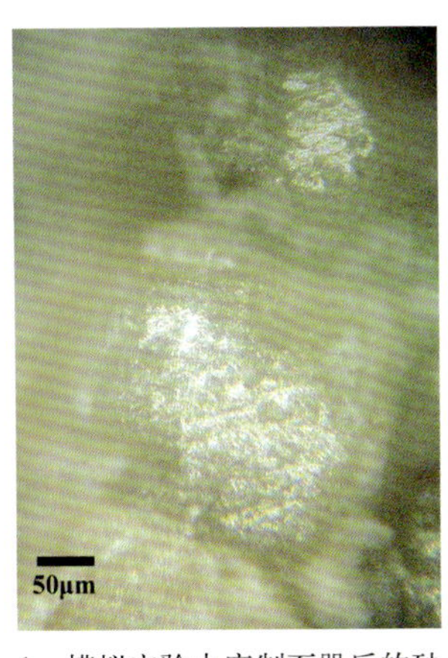

1．模拟实验中磨制石器后的砂岩磨石表面（注意平整的晶体表面以及高点上明亮且凹凸不平的光泽）

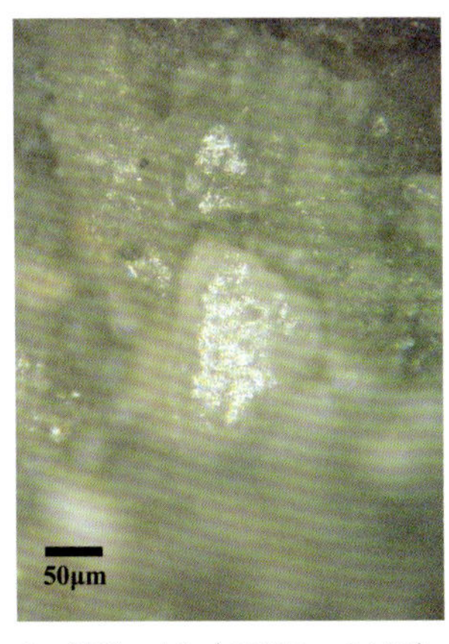

2．F21：12（#3253；S403）砂岩磨石表面。平整晶体上明亮且凹凸不平的光泽表明其曾用来磨制石器

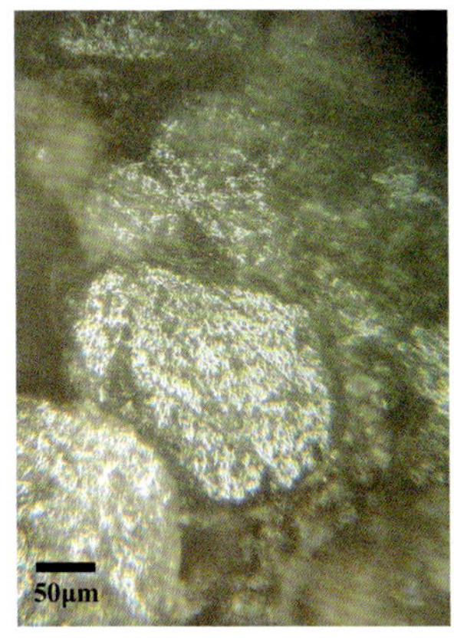

3．T2346（#8061；S3075）上平整的晶体表面及石头光泽表明曾用来磨制石器

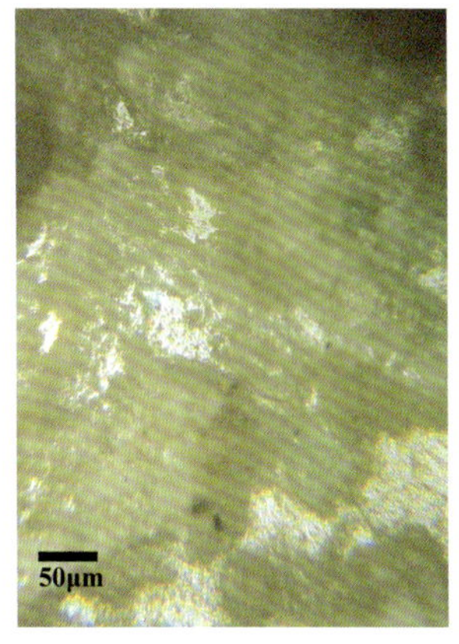

4．F60：28（#8047；S2920）上平整的晶体表面及高反光性的光泽表明其曾用来磨制石器

图13–101　磨制石器后磨石上的微痕

1．模拟实验中研磨谷子后砂岩磨盘表面（注意石头光泽以及发达的草本植物光泽）

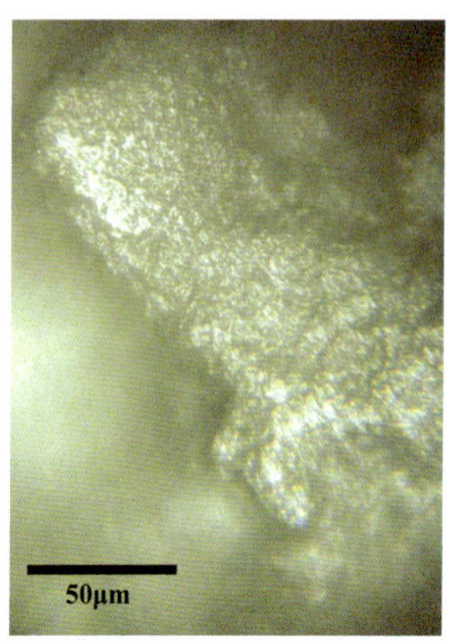

2．F39：22（#5658；S1979）平整表面上的植物学光泽表明其曾用来加工植物

3．T2400（#3303；S1080）高点上明亮的草本植物光泽表明其曾用来加工植物

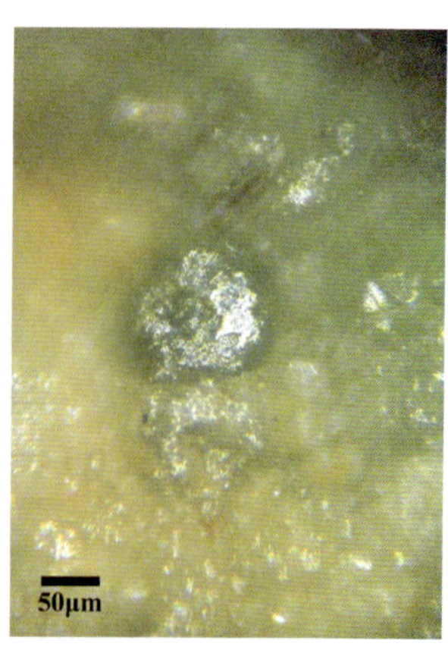

4．F39：22（#5658；S1979）边缘晶体上的草本光泽表明其曾用来加工植物

图13－102　研磨植物磨盘上的使用微痕

在39件磨石上还发现了某些未知的残留物（主要为黑褐色）。

49件磨石是双面使用的，34件单面使用，9件不明确。尽管有时磨石的边缘不是很好确定，但我可以确定49件磨石具有侧边。42件的侧边缺失（1件不确定）。19件磨石的侧边上有使用痕迹。

我进行了给粟黍类谷物脱壳与研磨的模拟实验（图13－100，3），实验中共使用了2套砂岩磨棒和磨盘。此外我磨制石器的模拟实验中使用了大量的砂岩磨石。我将磨盘以及磨棒上的光泽与磨石上的光泽进行了比较（图13－101）。

经过比较发现，磨盘、磨棒上的光泽与磨石上的光泽都是明亮且平滑，并都位于晶体的高点之上（图13－101、102）。然而，最大的不同是研磨谷物的光泽是明亮平滑的坑状光泽，这种光泽是典型的“草本植物光泽”，与磨制石器所产生的光泽相比应属于次级光泽。图13－100，3和图13－102，1上对其进行了展示。在研究中，在不同类型的石料上都识别出了这类光泽，表13－70中是研究结果。在三件磨石上我还识别出加工木材的光泽，在其中的一件上还发现了大量的沟槽。这种磨石可能是用来磨尖木器。不得不承认，微痕分析对推测器物功能具有一定主观性，但是至少比纯粹的猜测更为客观。

通过模拟实验，我们发现磨制石器所产生的光泽与加工谷物的光泽有明显不同，因此可以此为依据对考古标本进行分析。研究也说明了很多磨石是用来制作石器的，而不仅仅是加工谷物。遗址中磨棒出土较少也很好的证明了这一点。

表13－70　磨石及磨盘可能的加工对象表

可能的加工对象	石料		总计
	花岗岩	砂岩	
不确定	15.22%	28.26%	43.48%
草本植物	3.26%	26.09%	29.35%
石器	2.17%	21.74%	23.91%
木头	3.26%	0.00%	3.26%
总计	23.91%	76.09%	100.00%

（13）石臼和石杵的使用微痕（图13–24）

我们对一件石臼和一件石杵进行了微痕分析。在遗址中也仅出土了4件石臼和4件石杵。下面将讨论这两件工具上的微痕。

标本T2448⑥e：3（#5868；S1841）是一件花岗岩石杵，为琢制成型。经低倍法观察发现它的使用面非常的光滑，表面的晶体已十分平整。在晶体上主要是那种石头与石头接触才能产生的明亮而平滑的光泽。然而，依然可见小块不太发达的植物光泽（明亮且呈坑状），这可能是加工植物所形成。加工植物的磨石上也可见类似的光泽。

标本G11：29（#8460；S2796）是一件小型的玄武岩石臼。它的表面非常的光滑，没有明显的条痕。晶体上有明亮平滑的光泽，也是那种石头与石头接触才能产生的光泽。然而其上也依然可见小块的明亮且呈坑状的不太发达的植物光泽。这种光泽与石杵上的非常相似。

（14）石钻类工具的使用微痕（图13–103）

我对四件可能为石钻类工具中的三件进行了微痕观测，并与复制的钻头进行了对比（图13–103，1）。这三件石钻都极其微小，均是从重浮样品中找回的。标本H193：4（#5917；S3534）可能是一件小型软玉质钻头，一端磨圆较为明显（图13–103，3）。在它的尖端是那种石头与石头接触才能产生的明亮而平滑的光泽（图13–103，4）。在小钻头的一端可能存在一钻孔。它非常小，所以其尺寸很难测量。

标本F74（#6128；S3538）（图13–103，2）是一件流纹质熔结凝灰岩钻头。其形状大致呈圆形，可能是管钻时所产生的石芯加工而成。这件标本的一端是用来钻孔的，其周缘存在明显的磨圆，光泽是呈块状的扩散型，可能为不太发达的加工木材的光泽（不是十分确定）。

标本T021（#6128；S3539）（图13–38）是绿泥/角闪片岩质地，应该是管钻时产生的石芯。标本很光滑，没有再被使用过。

1．用以在流纹岩上钻孔的复制钻头

2．F74（#6128；S3538）微型钻头

3．H193：4（#5917；S3534）微型钻头

4．H193：4（#5917；S3534）钻头尖端特写

图13–103　石钻类工具上的使用痕

（15）石锯类工具的使用微痕（图13–104）

在发掘中，我们发现了4件可能是石锯的工具。我们对其都进行了微痕观察。

1．T021（#6128；S3537）为一小型片状石锯（注意边缘的磨圆及与刃缘平行的条痕）

2．T021（#6128；S3535）为一小石锯的小断块（注意与刃缘平行的条痕）

3．T2049⑥b：27（#1656；S1486）为一小型片状石锯（注意边缘的磨圆及使用造成的斜刃）

4．T2049⑥b：27（#1656；S1486）刃缘上非常发达的木头光泽

图13-104　片状石锯上的使用微痕

标本T021（#6128；S3537）（图13-104，1），是一件由绿泥/角闪片岩所制成的扁平状石锯断块，其一侧发现有清晰的与刃缘平行的条痕。条痕宽1～2毫米。这些条痕带位于刃缘以上3毫米处。奇怪的是，刃缘的另一面未发现条痕。刃缘上的晶体反光度很高以致很难对光泽进行观测。在高点上的光泽可能是不太发达的明亮平滑型，这可能是与加工石器有关。

标本T021（#6128；S3535）（图13-104，2）可能为软玉，是非常微小的扁平石锯断块。一个边呈斜刃形态，有明显的与刃缘近似平行的条痕。另一个边上也有明显与刃缘平行的条痕。该工具个体太小以至于在倒置型金相显微镜下也不能对其尺寸进行测量。

标本T2049⑥b：27（#1656；S1486）（图13-104，3、4）是流纹质熔结凝灰岩所制成，为很薄的扁平状，其有三个使用边。这三个边都有很明显的磨圆，且都呈斜刃形态。其上有大量的小型、中型以至大型的阶梯状崩疤。也有一些半月形的崩疤。边1有明亮的扩散型坑状光泽，且呈小块状分布，可能是加工木材所形成的光泽。光泽在边1的两面都有分布，均位于距刃缘以上1毫米处。第二个使用边也有呈小块状分布的发达木材光泽。在光泽上分布有与刃缘平行的条痕。第三个使用边上的光泽也与上述两个边上的类似。两面均有分布的木材光泽，刃缘的崩疤形态以及与刃缘平行的条痕都强有力地说明了该工具是用来锯切木材的。

标本T021（#6128；S3536）（图13-38）是绿泥/角闪片岩所制成，可能为扁平状石锯的断块。它的刃缘磨圆较为明显，也没有明确的条痕。光泽分布较为有限，且主要位于高点之上，为不太发达的明亮平滑型。光泽形态暗示了其可能是加工石器的。

（16）砾石砍砸器的使用微痕（图13-105）

这种砍砸器都是作为权宜性工具使用，用途多样。关于这类工具微痕的识别较其他磨制石器来说可信度较低。我认为这可能是因为其作为权宜性工具，所以其光泽和崩损还不是十分发达。大部分砍砸器可能是用来砍砸骨头和木材的（表13-71；图13-105，1、2）。一件可能是石锤，一件没有被使用。在所有权宜性砍砸器上光泽的分布都很有限，条痕也不常见。其刃缘的磨圆也不是很好。除了一件外其他所有砍砸器的使用边缘都有轻度至重度的崩损。阶梯状及层叠状的崩疤最为常见。

1．H320④：7（#8209；S3161）砍砸器上大型的阶梯状崩疤

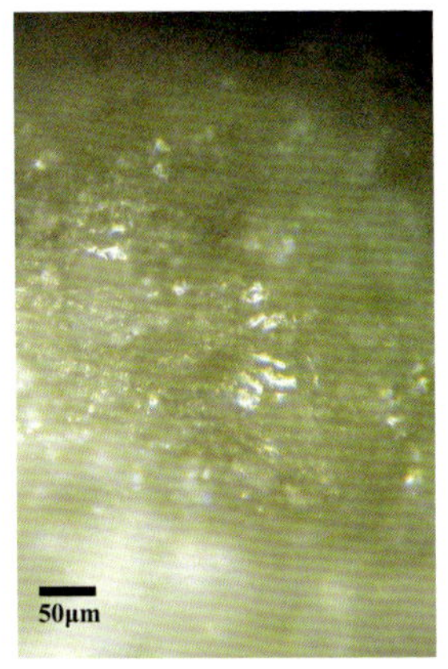

2．H320④：7（#8209；S3161）刃缘上的骨头光泽

3．H2298⑦b：4（#8767；S3250）刃缘上发达的磨圆

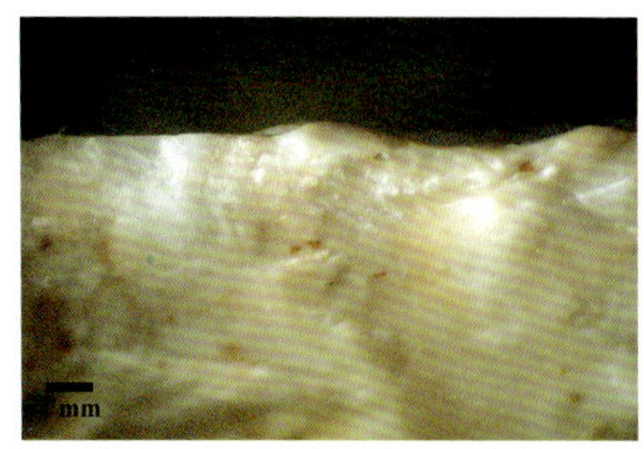

4．H2298⑦b：4（#8767；S3250）刃缘上非常发达的磨圆

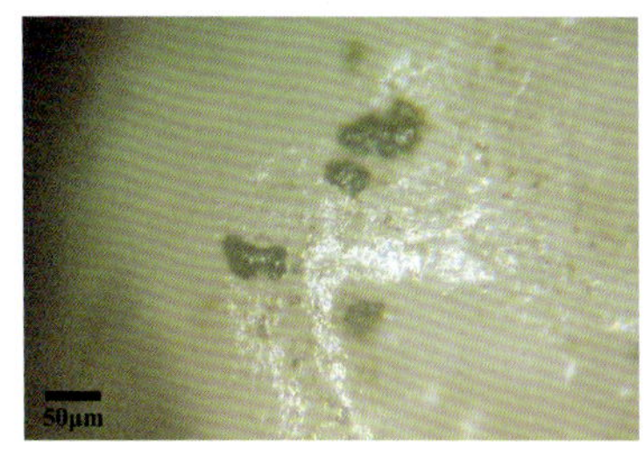

5．H2298⑦b：4（#8767；S3250）刃缘上滑腻的毛皮和肉类光泽

图13-105　砾石砍砸器（1、2）及打制石刀（3～5）上的使用微痕

表13-71　砾石砍砸器用途表

主要的使用方式	主要的加工对象					总计 (n=9)
	骨/角 (n=3)	不确定 (n=2)	未被使用 (n=1)	石头 (n=1)	木头 (n=2)	
砍伐（n=6）	33.33%	11.11%	0.00%	0.00%	22.22%	66.67%
砸（n=1）锤击	0.00%	0.00%	0.00%	11.11%	0.00%	11.11%
不确定（n=1）	0.00%	11.11%	0.00%	0.00%	0.00%	11.11%
未被使用（n=1）	0.00%	0.00%	11.11%	0.00%	0.00%	11.11%
总计（n=9）	33.33%	22.22%	11.11%	11.11%	22.22%	100.00%

（17）可用石片的使用微痕

这种石片被用来刮削各种材料，包括骨头，毛皮和木材（表13-72）。其中一件没有被使用，还有一件不太明确。

表13-72　可用石片用途表

主要的使用方式	主要的加工对象					总计
	骨/角	鲜毛皮	不确定	未被使用	木材	
未被使用	0.00%	0.00%	20.00%	20.00%	0.00%	40.00%
刮	20.00%	20.00%	0.00%	0.00%	20.00%	60.00%
总计	20.00%	20.00%	20.00%	20.00%	20.00%	100.00%

（18）打制石刀的使用微痕（图13–105，3～5）

标本T2298⑦b：4（#8767；S3250）是一件燧石质打制石刀断块。大约只剩下了石刀的四分之三，尖端已经断掉。刃缘的所有崩疤可能都是与制作相关。工具的刃缘有很清晰的因使用而形成的磨圆迹象，刃缘上具有发达的斜向光泽。光泽明亮平滑，主要分布在高点上，这可能暗示了其与加工皮毛有关（图13–105，4、5）。在工具的背面有一些扩散分布的明亮但凹凸不平的光泽，光泽上含有一些脂肪组织，可能与加工肉类有关。而另外一个边可能没有被使用过。

3．使用微痕的历时变化

（1）第一期工具的使用微痕

在第一期，共对43件工具的使用微痕进行了观测（表13–73）。关于不同工具的出土位置在图13–106中都有所展示。其中28件出土于房址中。F39出土的石器可能是沿着屋内地面而进行的有意储藏（图13–106）。磨石中加工不确定物质的数量最多。

关于使用微痕的研究暗示了此时期在遗址中曾进行过很多行为，包括种植，打磨陶器（打磨石器），刮/成型陶坯（石刀），割草/作物（石刀），加工谷物/作物（石臼和石磨盘），砍伐树木（石斧）和加工木材（石斧和石锛）。可能有一大部分石器是与陶器生产相关。那些加工泥土/泥巴的石刀可能是陶器生产的工具，或是在建造房屋时涂抹泥浆或制作泥砖的。第一期中的所有建筑物可能都是由使用这种泥砖的木骨泥墙构建而成。一件刮陶坯石刀的出土地点中也伴出了一件打磨石器（图13–106）。

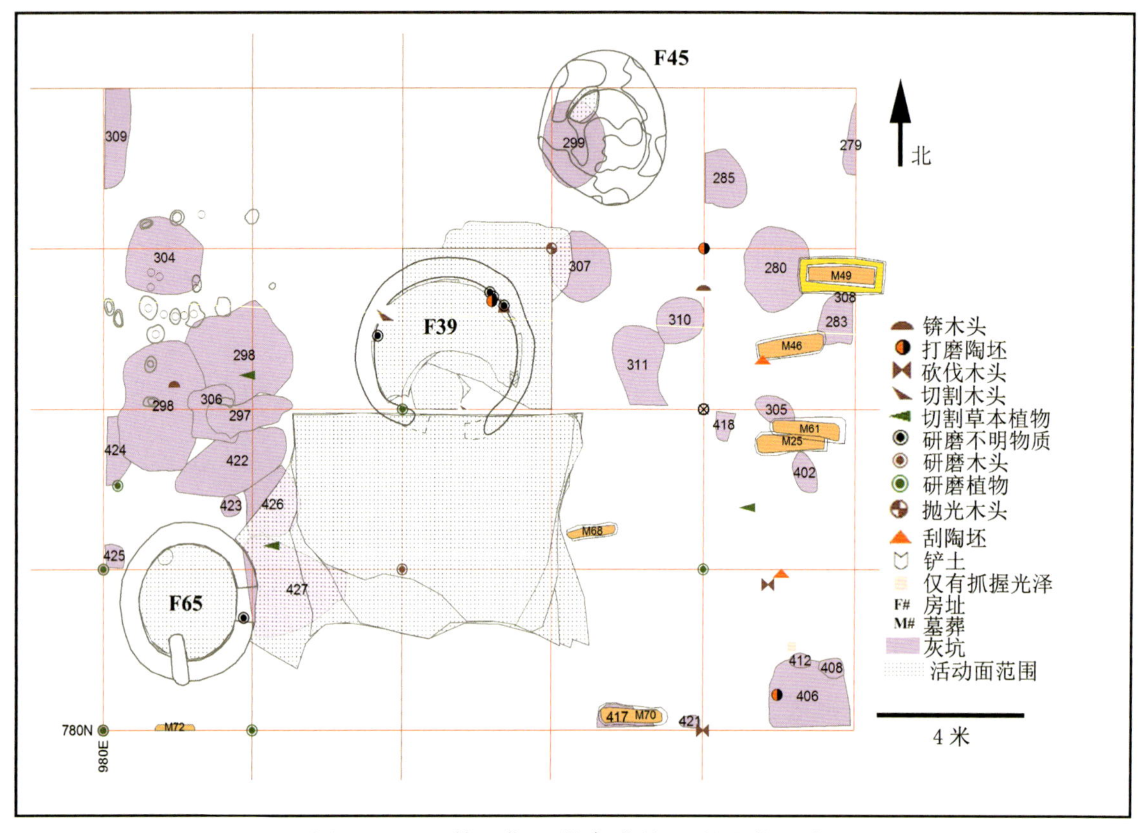

图13–106　第一期石器各类使用微痕的分布

表13-73　第一期使用微痕的总结表

石器功能	使用方式/石器种类	出土单位				总计
		房址F39 (n=16)	房址F60 (n=1)	房址F65 (n=11)	房址之外 (n=15)	
加工石器	磨制石器（2件磨石）	0.00%	0.00%	4.65%	0.00%	4.65%
加工石器总计（n=2）		0.00%	0.00%	4.65%	0.00%	4.65%
生产陶器	打磨陶坯（4件打磨石器）	2.33%	0.00%	0.00%	6.98%	9.30%
	刮陶坯（2件石刀）	0.00%	0.00%	0.00%	4.65%	4.65%
生产陶器总计（n=6）		2.33%	0.00%	0.00%	11.63%	13.95%
食物加工	研磨植物（7件磨盘）	4.65%	0.00%	9.30%	2.33%	16.28%
食物加工总计（n=7）		4.65%	0.00%	9.30%	2.33%	16.28%
收割/种植	切割草本植物（3件石刀）	0.00%	0.00%	2.33%	4.65%	6.98%
	铲土（1件凿，1件锛）	4.65%	0.00%	0.00%	0.00%	4.65%
收割/种植总计（n=5）		4.65%	0.00%	2.33%	4.65%	11.63%
未被使用	未被使用（1件打磨/抛光石器）	0.00%	0.00%	0.00%	2.33%	2.33%
未被使用总计（n=1）		0.00%	0.00%	0.00%	2.33%	2.33%
其他用途	研磨不明物质（12件磨石）	18.60%	2.33%	6.98%	0.00%	27.91%
	只有抓握光泽（ 打磨石器）	0.00%	0.00%	0.00%	2.33%	2.33%
其他用途总计（n=13）		18.60%	2.33%	6.98%	2.33%	30.23%
木材加工	锛木头（1件石锛）	2.33%	0.00%	0.00%	0.00%	2.33%
	砍伐木头（2件石斧）	0.00%	0.00%	0.00%	4.65%	4.65%
	切割木头（1件石刀）	2.33%	0.00%	0.00%	0.00%	2.33%
	研磨木头（2件磨石）	2.33%	0.00%	2.33%	0.00%	4.65%
	砸木头（1件石锛）	0.00%	0.00%	0.00%	2.33%	2.33%
	给木头抛光（1件打磨/抛光石器）	0.00%	0.00%	0.00%	2.33%	2.33%
	削木头（1件石锛）	0.00%	0.00%	0.00%	2.33%	2.33%
木材加工总计（n=9）		6.98%	0.00%	2.33%	11.63%	20.93%
总计（n=43）		37.21%	2.33%	25.58%	34.88%	100.00%

注：房址F60应属第二期，为了比较方便，将其列于本表中。

（2）第二期的使用微痕

在第二期，对其中54件工具的使用微痕进行了观测（表13-74）。26件出土于房址。图13-107列出了这些石器的出土位置，其中大部分可能发现于房址之间。磨制活动可能发生在F60/63中。通过微痕分析发现此阶段也曾发生过很多人类活动，包括屠宰，毛皮加工，石器和陶器生产，种植，挖掘，收获，加工木材。此外，还包括骨器和石器的抛光活动。并且也发现了几件用以磨制石器的磨石。另外，我还注意到，F60/63周围可能存在加工骨角器和毛皮的行为。在两城镇只发现了一件骨器。这可能是与此地区的土壤不利于保存有关。同样，在两城镇发现的骨头较少且保存也较差。

表13-74　第二期使用微痕的总结表

石器功能	使用方式/石器种类	出土单位						总计
		房址F40（n=1）	房址F43（n=4）	房址F49（n=4）	房址F60（n=14）	房址F61（n=3）	房址之外（n=28）	
屠宰/骨头加工	砍砸骨头/角（1件砍砸器）	0.00%	0.00%	0.00%	0.00%	0.00%	1.85%	1.85%
	抛光骨头/角（1件抛光石器）	0.00%	0.00%	0.00%	0.00%	0.00%	1.85%	1.85%
	刮骨头/角（1件可用石片）	0.00%	0.00%	0.00%	0.00%	0.00%	1.85%	1.85%
屠宰/骨头加工总计（n=3）		0.00%	0.00%	0.00%	0.00%	0.00%	5.56%	5.56%
加工石器	磨制石器（4件磨石）	1.85%	1.85%	0.00%	3.70%	0.00%	0.00%	7.41%
	砸石头（1件砍砸器/石锤）	0.00%	0.00%	0.00%	0.00%	0.00%	1.85%	1.85%
加工石器总计（n=5）		1.85%	1.85%	0.00%	3.70%	0.00%	1.85%	9.26%
制作陶器	打磨陶坯（1 件打磨石器）	0.00%	1.85%	0.00%	0.00%	0.00%	0.00%	1.85%
制作陶器总计（n=1）		0.00%	1.85%	0.00%	0.00%	0.00%	0.00%	1.85%
食物加工	研磨植物（8件磨盘，1件杵）	0.00%	1.85%	0.00%	11.11%	1.85%	1.85%	16.67%
食物加工总计（n=9）		0.00%	1.85%	0.00%	11.11%	1.85%	1.85%	16.67%
收割/种植	切割草本植物（3件刀，1件镰）	0.00%	0.00%	1.85%	1.85%	0.00%	3.70%	7.41%
	铲土（2 件铲，1件锛）	0.00%	0.00%	0.00%	0.00%	0.00%	5.56%	5.56%
	装柄石铲铲土（2 件石铲）	0.00%	0.00%	0.00%	0.00%	0.00%	3.70%	3.70%
收割/种植总计（n=9）		0.00%	0.00%	1.85%	1.85%	0.00%	12.96%	16.67%
加工毛皮	刮鲜毛皮（1 件小凿）	0.00%	0.00%	0.00%	0.00%	0.00%	1.85%	1.85%
加工毛皮总计（n=1）		0.00%	0.00%	0.00%	0.00%	0.00%	1.85%	1.85%
未被使用	未被使用（5件抛光石器，1件砾石砍砸器，1件石拍，1件钺）	0.00%	0.00%	5.56%	0.00%	1.85%	7.41%	14.81%
未被使用总计（n=8）		0.00%	0.00%	5.56%	0.00%	1.85%	7.41%	14.81%
其他用途	研磨不明物质（4件磨石）	0.00%	0.00%	0.00%	7.41%	0.00%	0.00%	7.41%

	用途不明（2件石刀，1件砍砸器）	0.00%	0.00%	0.00%	1.85%	0.00%	3.70%	5.56%
其他用途总计（n=7）		0.00%	0.00%	0.00%	9.26%	0.00%	3.70%	12.96%
木材加工	锛木头（2件石锛，1件小凿）	0.00%	0.00%	0.00%	0.00%	0.00%	5.56%	5.56%
	砍伐木头（1件砍砸器，1件石斧）	0.00%	0.00%	0.00%	0.00%	1.85%	1.85%	3.70%
	切割木头（2 件石刀）	0.00%	0.00%	0.00%	0.00%	0.00%	3.70%	3.70%
	给木头抛光（2件抛光石器）	0.00%	1.85%	0.00%	0.00%	0.00%	1.85%	3.70%
	楔不明物质（1件凿）	0.00%	0.00%	0.00%	0.00%	0.00%	1.85%	1.85%
	削木头（1件石锛）	0.00%	0.00%	0.00%	0.00%	0.00%	1.85%	1.85%
木材加工总计（n=11）		0.00%	1.85%	0.00%	0.00%	1.85%	16.67%	20.37%
总计（n=54）		1.85%	7.41%	7.41%	25.93%	5.56%	51.85%	100.00%

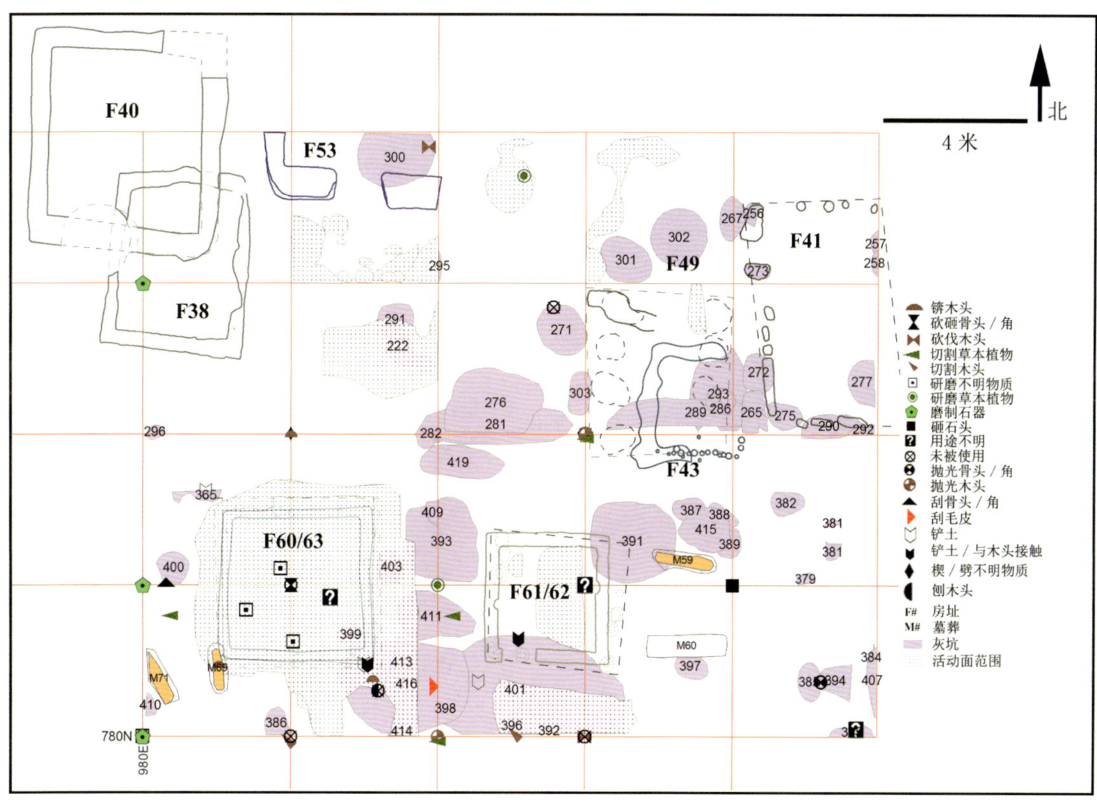

图13-107　第二期石器各类使用微痕的分布

（3）第三期的使用微痕

在第三期，对其中39件石器的使用微痕进行了观测（表13-75）。其出土位置在图13-108已列出。大多数（33件）出土于房址。经过微痕分析也发现了此时期进行过的一些人类活动，包括收获不同类型的禾本科植物，加工毛皮，加工木材，抛光木材，打磨陶器或陶坯，挖掘泥土，制作石器。磨制活动和木材加工可能发生在居住址南面的活动面上。

表13-75 第三期使用微痕的总结表

石器功能	使用方式/石器种类	出土单位				总计
		房址F54（n=25）	房址F57（n=4）	房址F 59（n=4）	房址之外（n=6）	
加工石器	磨制石器（3件磨石）	2.56%	2.56%	0.00%	2.56%	7.69%
	砸石头（1件石锤）	2.56%	0.00%	0.00%	0.00%	2.56%
加工石器总计（n=4）		5.13%	2.56%	0.00%	2.56%	10.26%
制作陶器	打磨陶坯（1件打磨石器）	0.00%	0.00%	0.00%	2.56%	2.56%
制作陶器总计（n=1）		0.00%	0.00%	0.00%	2.56%	2.56%
食物加工	研磨植物（7件磨盘）	7.69%	0.00%	7.69%	2.56%	17.95%
食物加工总计（n=7）		7.69%	0.00%	7.69%	2.56%	17.95%
收割/种植	切割草本植物（1件石镰）	2.56%	0.00%	0.00%	0.00%	2.56%
	铲土（1件石铲）	2.56%	0.00%	0.00%	0.00%	2.56%
收割/种植总计（n=2）		5.13%	0.00%	0.00%	0.00%	5.13%
加工毛皮	搓干毛皮（1件石拍）	0.00%	0.00%	0.00%	2.56%	2.56%
	刮鲜毛皮（1件可用石片）	2.56%	0.00%	0.00%	0.00%	2.56%
加工毛皮总计（n=2）		2.56%	0.00%	0.00%	2.56%	5.13%
未被使用	未被使用（1件打磨/抛光石器）	0.00%	0.00%	0.00%	2.56%	2.56%
未被使用总计（n=1）不使用的总计		0.00%	0.00%	0.00%	2.56%	2.56%
其他用途	研磨不明物质（15件磨盘）	28.21%	7.69%	2.56%	0.00%	38.46%
	抓握光泽（1件打磨/抛光石器）	0.00%	0.00%	0.00%	2.56%	2.56%
其他用途总计（n=16）		28.21%	7.69%	2.56%	2.56%	41.03%
木材加工	砍伐木头（1件石斧，2件石铲）	7.69%	0.00%	0.00%	0.00%	7.69%
	研磨木头（1件磨石）	2.56%	0.00%	0.00%	0.00%	2.56%
	给木头抛光（1件抛光石器）	2.56%	0.00%	0.00%	0.00%	2.56%
	刮木头（1件石锛）	2.56%	0.00%	0.00%	0.00%	2.56%
木材加工总计（n=6）		15.38%	0.00%	0.00%	0.00%	15.38%
总计（n=39）		64.10%	10.26%	10.26%	15.38%	100.00%

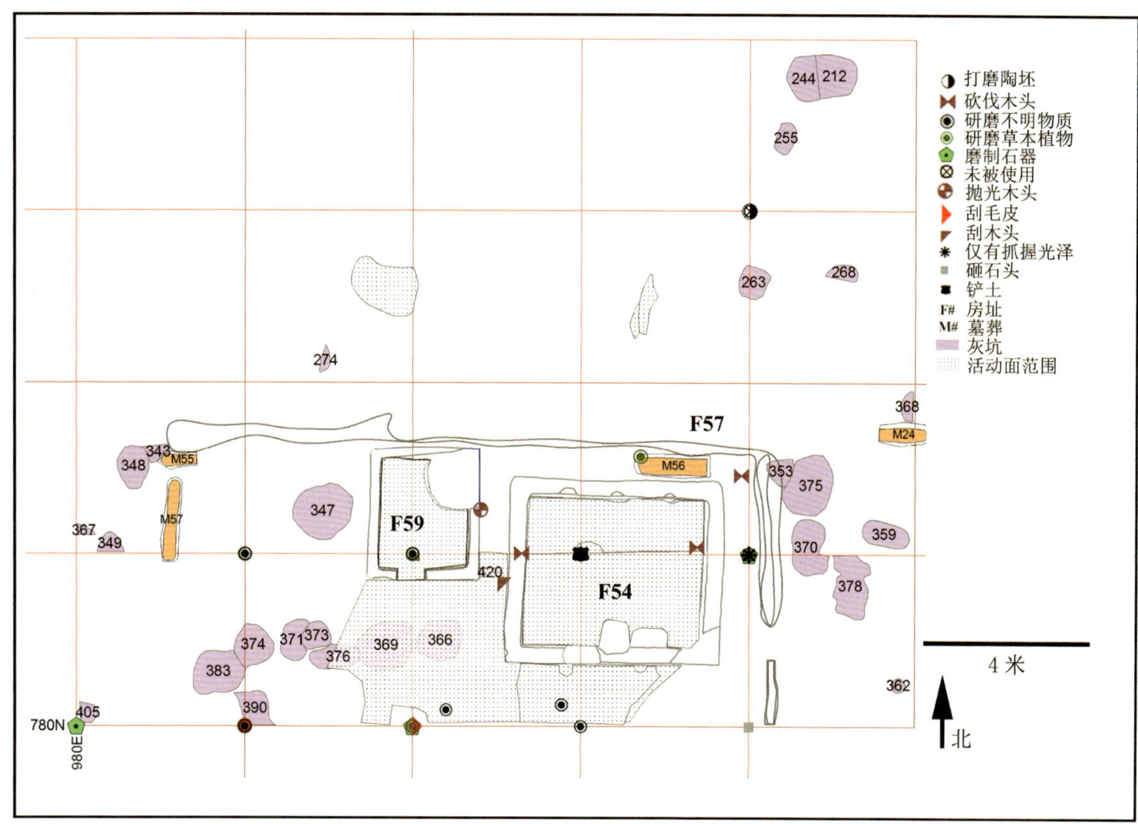

图13-108　第三期石器各类使用微痕的分布

（4）第四期工具的使用微痕

在第四期，对其中185件石器的使用微痕进行了观测（表13-76）。其出土位置在图13-109中有所展示。除了F36外，大部分的工具都发现于屋外，只有30件工具出土于房址中。10件圆形的用来打磨/抛光的石器（标本S2584～S2593）可能出自F33中的窖穴，这些工具上没有发现使用迹象。但在其中3件石器上有相当多的手握光泽，这些石器被储藏于F33中可能是为了将来所用，比如作为打磨工具，游戏所用或者作为抛掷工具。一件石钺很明显曾作为挖掘工具来使用（砍/挖土）。微痕分析表明此时期也曾发生过很多人类活动，这些活动与前几期比较类似。此时期，木材加工看起来与收获、种植活动及毛皮加工一样重要。两件权宜性砍砸器上有加工骨头所形成的块状光泽，且刃部的崩疤形态也表明其曾作为屠宰工具使用。第四期较前几期出现了更多的石镰。这些石镰可能为多功能的工具。它们的激增可能暗示了此时期由水稻种植向其他作物种植的转变，比如小麦或是粟黍类谷物（见第二节石镰/石刀的讨论）。

表13-76　第四期使用微痕的总结表

石器功能	使用方式/石器种类	出土单位									总计
		房址F20	房址F33	房址F34	房址F35	房址F37	房址F42	房址F55	房址F58	房址之外	
加工石器	钻不明物质（1件钻头）	0.00%	0.00%	0.00%	0.00%	0.00%	0.00%	0.00%	0.00%	0.54%	0.54%

加工石器	磨制石器（11件磨石）	0.00%	0.54%	0.54%	0.54%	0.00%	0.00%	1.08%	0.00%	3.24%	5.95%
	砸石头（1件凿）	0.00%	0.00%	0.00%	0.00%	0.00%	0.00%	0.00%	0.00%	0.54%	0.54%
	给石头抛光（3件抛光石器）	0.00%	0.00%	0.00%	0.00%	0.00%	0.00%	0.00%	0.00%	1.62%	1.62%
加工石器总计（n=16）		0.00%	0.54%	0.54%	0.54%	0.00%	0.00%	1.08%	0.00%	5.95%	8.65%
屠宰/骨头加工	砍砸骨头 /角（2件砍砸器）	0.00%	0.00%	0.00%	0.00%	0.00%	0.00%	0.00%	0.00%	1.08%	1.08%
屠宰/骨头加工总计（n=2）		0.00%	0.00%	0.00%	0.00%	0.00%	0.00%	0.00%	0.00%	1.08%	1.08%
制作陶器	打磨陶坯（7件打磨石器）	0.00%	0.00%	0.00%	0.00%	0.00%	0.00%	0.00%	0.00%	3.78%	3.78%
	刮陶坯（1件石刀）	0.00%	0.00%	0.00%	0.00%	0.00%	0.00%	0.00%	0.00%	0.54%	0.54%
制作陶器总计（n=8）		0.00%	0.00%	0.00%	0.00%	0.00%	0.00%	0.00%	0.00%	4.32%	4.32%
食物加工	研磨植物（5件磨盘，1件石拍）	0.54%	0.00%	0.54%	0.00%	0.00%	0.00%	0.54%	0.54%	1.08%	3.24%
食物加工总计（n=6）		0.54%	0.00%	0.54%	0.00%	0.00%	0.00%	0.54%	0.54%	1.08%	3.24%
收割/种植	砍砸泥土（1件钺）	0.00%	0.00%	0.00%	0.00%	0.00%	0.00%	0.00%	0.00%	0.54%	0.54%
	切割草本植物（14件石刀，4件石镰）	0.00%	0.00%	0.00%	0.00%	0.00%	0.00%	0.00%	0.00%	9.73%	9.73%
	铲土（18石铲）	0.00%	0.00%	0.00%	0.00%	0.00%	0.00%	0.00%	0.00%	9.73%	9.73%
	装柄石器铲土（2件石锛，1件石铲）	0.00%	0.00%	0.00%	0.00%	0.00%	0.00%	0.00%	0.54%	1.08%	1.62%
	切草本植物（1件石刀）	0.00%	0.00%	0.00%	0.00%	0.00%	0.00%	0.00%	0.00%	0.54%	0.54%
收割/种植总计（n=41）		0.00%	0.00%	0.00%	0.00%	0.00%	0.00%	0.00%	0.54%	21.62%	22.16%
毛皮加工	切割鲜毛皮（1件打制石刀）	0.00%	0.00%	0.00%	0.00%	0.00%	0.00%	0.00%	0.00%	0.54%	0.54%
	刮干毛皮（1件石锛，1件石刀）	0.00%	0.00%	0.00%	0.00%	0.00%	0.00%	0.00%	0.00%	1.08%	1.08%
	刮鲜毛皮（1件石镰，1件磨棒，1件小凿）	0.00%	0.00%	0.00%	0.00%	0.00%	0.00%	0.00%	0.00%	1.62%	1.62%
毛皮加工总计（n=6）		0.00%	0.00%	0.00%	0.00%	0.00%	0.00%	0.00%	0.00%	3.24%	3.24%

未被使用	未被使用（27件打磨/抛光石器，2件石片，1件钺）	0.00%	3.78%	0.00%	0.00%	0.00%	0.00%	0.00%	0.00%	12.43%	16.22%
未被使用总计（n=30）		0.00%	3.78%	0.00%	0.00%	0.00%	0.00%	0.00%	0.00%	12.43%	16.22%
其他用途	砍伐不明物质（1件砍砸器）	0.00%	0.00%	0.00%	0.00%	0.00%	0.00%	0.00%	0.00%	0.54%	0.54%
	研磨不明物质（8件磨盘，5件磨棒）	0.00%	0.00%	0.00%	1.08%	0.54%	1.08%	1.62%	0.00%	2.70%	7.03%
	功能不明（3件石刀，1件小凿，2件石斧，1件石镰，1件打磨/抛光石器，1件石拍）	0.00%	0.00%	0.00%	0.00%	0.00%	0.00%	0.00%	0.00%	4.86%	4.86%
	抓握光泽（12件打磨/抛光石器）	0.00%	1.62%	0.00%	0.00%	0.00%	0.00%	0.00%	0.00%	4.86%	6.49%
其他用途总计（n=35）		0.00%	1.62%	0.00%	1.08%	0.54%	1.08%	1.62%	0.00%	12.97%	18.92%
木材加工	锛木头（10件石锛，1件小凿）	0.00%	0.00%	0.00%	0.00%	0.00%	0.00%	0.00%	0.00%	5.95%	5.95%
	砍伐木头（4件石斧，3件铲，1件凿，1件砍砸器）	0.00%	0.00%	0.00%	0.00%	0.00%	0.00%	0.00%	0.00%	4.86%	4.86%
	切割木头（1件石镰）	0.00%	0.00%	0.00%	0.00%	0.00%	0.00%	0.00%	0.00%	0.54%	0.54%
	研磨木头（1件磨棒）	0.00%	0.00%	0.00%	0.00%	0.00%	0.00%	0.00%	0.00%	0.54%	0.54%
	不明确的方式加工木头（1件石镰）	0.00%	0.00%	0.00%	0.00%	0.00%	0.00%	0.00%	0.00%	0.54%	0.54%
	给木头抛光（6件抛光石器）	0.00%	0.00%	0.00%	0.00%	0.00%	0.00%	0.00%	0.00%	3.24%	3.24%
	凿木头（1件小凿）	0.00%	0.00%	0.00%	0.00%	0.00%	0.00%	0.00%	0.00%	0.54%	0.54%
	锯木头（1件石镰，1件石铲）	0.00%	0.00%	0.00%	0.00%	0.00%	0.00%	0.00%	0.00%	1.08%	1.08%
	刮木头（3件石锛，1件石镰，1件石片）	0.00%	0.00%	0.00%	0.54%	0.00%	0.00%	0.54%	0.00%	1.62%	2.70%
	削木头（1件石刀，1件石锛，1件石拍，1件小凿）	0.00%	0.00%	0.00%	0.00%	0.00%	0.00%	0.00%	0.00%	2.16%	2.16%
木材加工总计（n=41）		0.00%	0.00%	0.00%	0.54%	0.00%	0.00%	0.54%	0.00%	21.08%	22.16%
总计（n=185）		0.54%	5.95%	1.08%	2.16%	0.54%	1.08%	3.78%	1.08%	83.78%	100.00%

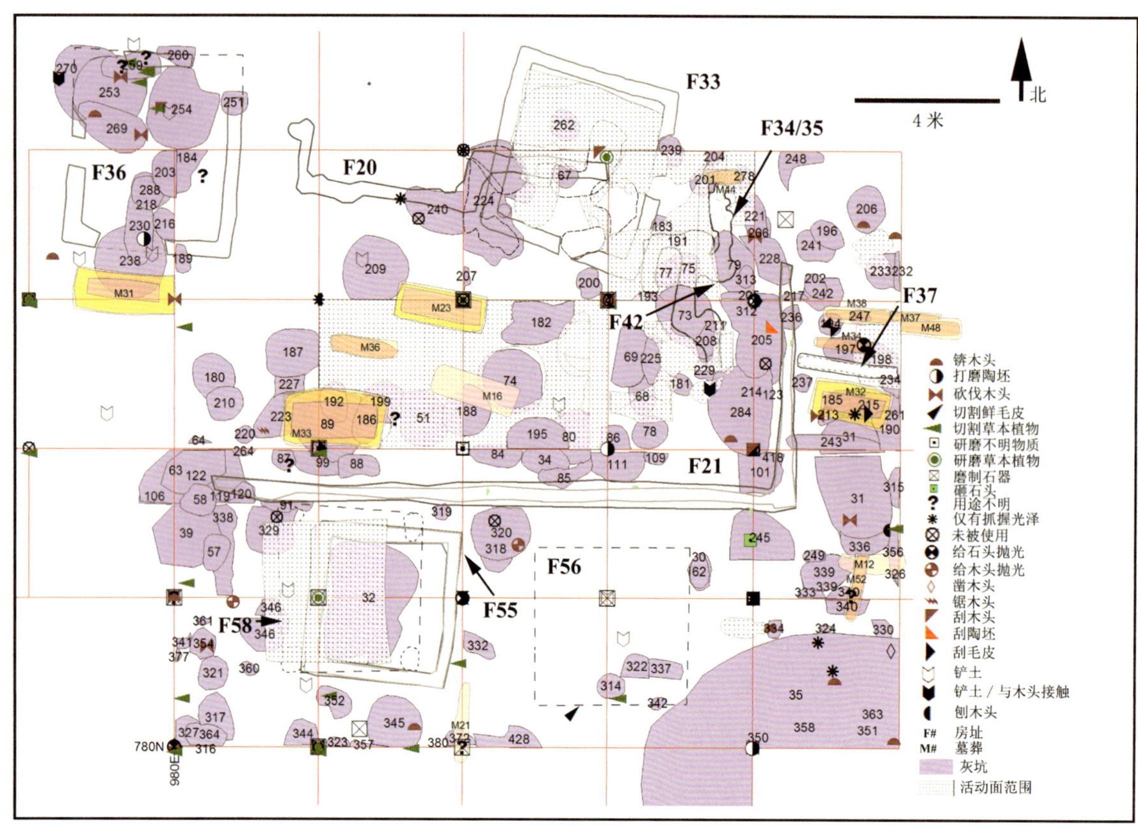

图13-109 第四期石器各类使用微痕的分布

（5）关于微痕历时变化的讨论

当2002年挑选标本来做使用微痕研究的时候，还没有这些石器的年代学数据。地层学以及年代学方面的数据直到2005年12月份才最终完成。挑选样品的程序上文已经做过介绍。当时挑选的样品全部都是完整器物。我的目的不仅是描述不同类型的使用微痕，而且也要对制作工艺及主要磨制石器的装柄情况进行分析。通过对上文挑选的工具进行微痕分析，可以从总体上把握两城镇石器的用途以及相关的生产行为。从大探沟中挑选的石器数量比较少，这限制了分析的进一步深入。

事实上，除了第四期以外，其他每个时期的石器数量都选择的不太多（第一期43件，第二期54件，第三期39件，第四期185件，时代不明和探沟中共74件）。因此有必要对我的分析做一下说明。当从总体上分析工具功能以及生活行为时，由于标本数量所限，所以在对比不同期别的变化时显得数据不是十分充分。考虑到这方面的限制，对不同期别工具的功能以及生产行为进行讨论时都比较谨慎，并将其与以前划分的石器类别进行相互比对。表13-77是关于工具用途的总结。

依据石器微痕分析的卡方残差值作出了相应的图示（图13-110）。由卡方所得出的不同时期微痕数据非常有意义（x^2=35.1，p=0.002）。卡方残差可以检验哪一个变量对得出有意义的结果起重要作用（Spaulding 1953）。

当卡方值大于或等于2时，我们会认为分析数据有问题。

第一期的陶器制作活动比其他阶段都要多。第三期则存在更多的食物加工活动，同时收获和种植活动明显减少。而第四期食物加工活动较少，但收获和种植活动则明显增加。制作陶器、加工木材以及屠宰/加工毛皮的活动在每一期大体类似。在每个时期木材加工活动相对来说都大量存在。

在所有四期中与木材加工相关的工具都是最多的。这可能反应了先民们需要清理出更多区域进行种植，或者需要木材来建造房屋以及生火。

表13-77　所有时期使用微痕的总结表

使用微痕揭示出的石器功能	第一发掘区的分期					总计
	1	2	3	4	不明	
加工石器	2	5	4	16	2	29
屠宰/毛皮加工	0	4	2	8	4	18
制作陶器	6	1	1	8		16
收割/种植	5	9	2	41	3	60
不确定	12	7	15	23	3	60
未被使用	1	8	1	30	2	42
仅有抓握光泽	1	0	1	12		14
加工木材	9	11	6	41	11	78
食物加工	7	9	7	6	1	30
总计	43	54	39	185	26	347

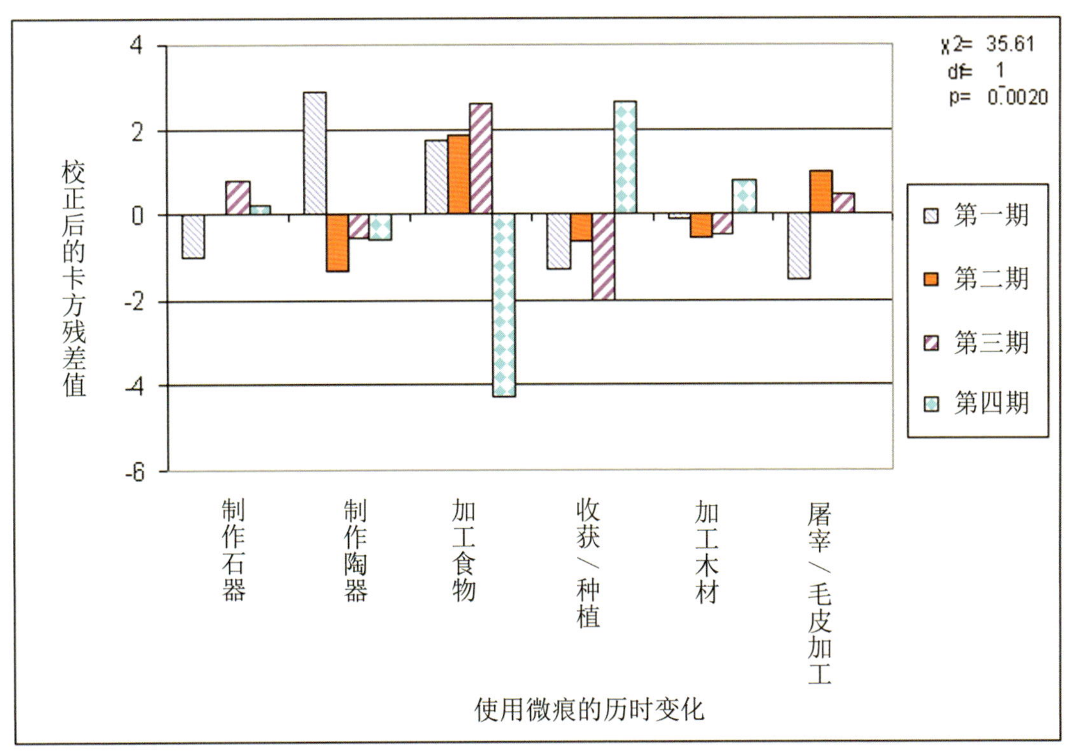

图13-110　校正后的卡方残差值所反映的使用微痕类型

微痕分析所反映出的第三期收获和种植活动的锐减与第二节工具类型学的分析结果较为一致。类型学显示，在第三期时收获/种植工具数量确实很少。同样，第四期时，种植和收获活动明显增加，与此类活动相关的石镰/石刀也明显增多。

通过微痕分析，我发现在第一期中，基本不存在屠宰和加工毛皮的活动。然而，在2～4期中则都存在这类活动。随着第二到第四期加工毛皮活动的增加，石钺和抛射尖状器也有所增加（第二节）。毛皮可以用来制作盔甲或抛石器具。成书于战国的《考工记》中记载了与皮革加工相关的五类工匠，包括函人，韦氏，鲍人等（郑 2010）。另外，《墨子》中也提到了动物皮毛的军事用途（孙 2006），毛皮可以盖在建筑上来增加防护，也可以用作盛水容器来灭火。并且《墨子》中也记载了毛皮还可作为盔甲。毛皮也可能是非精英阶层用来为精英阶层鞣革的原材料，精英阶层用这些鞣好的皮革去交换一些其他原材料，像砂岩和绿色片岩。然而，总体上来说，毛皮加工活动的低比例可能说明了毛皮加工并不是每天都要进行的主要活动，而是在一些房址里偶尔进行的行为。

在第一期中加工泥土的活动非常多见。这类工具主要是一些小的打磨石器和石刀。这可能表明在此时期需要大量的陶器。Underhill （2002:249）认为龙山时代中期中国北方地区很少有家庭会有食物剩余以及象征威望的物品。她认为在龙山时代中期社会竞争减少，并且流动性也有所降低。与精细制陶相关的工具数量减少可能支持了这种假说。

（6）对理解龙山文化的一些启示

对两城镇遗址磨制石器的微痕分析为我们理解龙山文化时期工具的功能提供了较为客观的数据。这样的研究有助于改变“看上去像石镰一定就是石镰”这样一种思维模式。国际学术界对于微痕的研究主要集中在打制石器上。而我的研究表明，龙山时期的先民依然在使用打制石器，但是打制石器并不是我研究的重点。龙山时期的磨制工具或者少量的抛光工具如果不是持续使用几年，至少也会持续使用几个月，这与权宜性石片仅简单使用就被抛弃明显不同。从微痕方面来看，两城镇的石器上往往都有比较发达的光泽，比如，石器上经常可见大量的较发达的抓握光泽（尤其是石镰上），这点非常令人吃惊。

在研究中进行了大量模拟实验（包括抛光实验），这有利于我对石器的生产过程进行分析。我认为在分析每件石器之前最为基本的问题就是：该工具是如何制作的？所以我就需要区分石器是磨制后即投入使用还是磨制以后接着抛光然后再投入使用。接下来，我的第二个研究问题就是，工具是如何装柄并且装柄行为如何使工具产生光泽？这两个问题解决之后，最后一个问题就是，工具是如何使用的？

在研究中需要特别注意的一点就是，刃部的使用微痕更多的只是反应了工具在废弃之前最后一次的使用情况。对于很多工具来说，我都能识别其上的不同光泽类型。因此我们据此不难想象某件工具都具有什么功用。一个龙山时期的农民为了耕种可能会使用石锛进行松土，然后由于这件工具比较实用，可能又用它对树木进行了砍伐。接着他可能将这件工具带回家后使用它杀了一头猪。然后一个小孩子可能捡起石锛用它猛击石块。第二天农民对它进行了重新修整，然后又将它借给邻居用来砌墙。这可能是曾经发生过的真实故事，所以我们很难完全了解某一件工具的全部生命史。然而我们希望通过微痕研究来归纳出一些光泽类型和分布的规律性认识，整个微痕分析过程就如同进行了一次“罗夏测验”。在下文中将要讨论这些由微痕分析带来的认识。

通过研究我认为，对很多工具的生产过程进行复原是有可能的。在进行微痕分析之前，非常有必要对工具的生产过程有较为深入的了解。磨制和抛光石器的制作通常包括以下几项或全部过程：1）打制，2）琢制，3）磨制，4）使用石器进行抛光，5）使用木材进行抛光，6）使用毛皮和抓握进行抛光，7）各种使用所造成的光泽。不考虑那些抓握所造成的光泽，在进行过微痕分析的工具中，大约有22%（除了磨石）曾被有意识抛光过。

在微痕研究中，我发现很容易将石器上使用造成的光泽、装柄造成的光泽以及抓握光泽与制作时有意识生成的光泽发生混淆。乍一看很多工具好像是既被磨制同时也经过了抛光，但事实并非如此。经过微痕分析，我发现很多磨制工具并没有再进行有意识抛光处理。然而经过有意识抛光的工具也占有一定比例。对光泽进行量化分析的唯一办法就是通过高倍法观察所有的工具，仅靠肉眼是无法办到的。

龙山时期的农民可能在自己的屋子里制作石器。这是因为很多和石器制作相关的石制品（毛坯，磨石，微型石片，大型石片，抛光石）都是出现在看起来较普通的房子附近。他们制作的很多石器都有较高的抛光度，这很有意思。我并不认为抛光能够增加工具的工作效率。光泽很有可能是为了使工具更加美观从而也增加了它们的“市场价值”。一些农民可能是利用业余时间来制作这类剩余产品的。

上文中已经讨论过不同工具的功用问题。通过研究我们认为大多数工具都具有多种用途。石锛被频繁地用作挖掘工具。石钺更有意思，它们中有一些是没有被使用过的。然而，大多数曾被使用并遗留下大量光泽（主要是加工木材所形成）。这表明石钺的功能并不单单是用作礼仪象征，当然也不仅仅是只在战争中使用。其中一件可能还曾被装上柄作为石铲来使用。

刀和镰的主要功能是收割作物，但它们同时也是多用途的工具，包括处理毛皮。同样，小凿也有很多不同的功能。

我发现石拍与加工泥土无关，表明它们与遗址中的陶器生产没有关系。相反，他们是加工皮毛的工具。它们被精细加工过以至于可以用来长时间的加工毛皮（可能还有其他鞣皮的材料）。它们中的大部分都被特意制作成便于手握的形状。在几件石拍上有加工毛皮所形成的非常发达的光泽。

我们很难理解龙山时期的先民为何特别喜欢加工毛皮。但这种活动对于龙山时期的人来说肯定非常重要。其重要性就如同他们每天都要进行的耕作活动一样。遗憾的是，这种活动所生产出的产品并不会在考古遗址中保留下来，这与制陶和琢玉明显不同，因此我们就很难据此对其进行更为深入的解释。以前的研究对于龙山文化时期的毛皮加工还没有充分的认识。因此，对于其在当时社会中所发挥的重要作用我们很有必要认真研究。我们已经知道，大汶口文化时期的鳄鱼皮是当时十分珍贵的代表威望的物品（ Underhill 2002:192）。考虑到加工毛皮需要付出大量的劳动，因此我认为在龙山文化时期鞣皮应该是非常重要的活动。

在中国的旧石器时代毛皮加工已经开始。到了新石器时代，在一些遗址比如河姆渡还曾发现过可能是毛皮加工工具的骨质刮削器（李 1987）。在商代，先民们曾经猎捕狐狸并用其毛皮制作外套（杨 1992:303）。同时，大量的动物也会被猎捕用来祭祀（杨 1992:318）。在青铜时代的一些新疆遗址中曾发现保存较好的毛皮制品，这表明在青铜时代早期鞣皮工艺已经发展得很好（李 1987）。

成书于战国的《考工记》中记载了与皮革加工相关的五类工匠（郑 2010），包括函人、韦氏、鲍人、裘氏以及韗人。另外，由墨子的弟子们整理而成的《墨子》一书中也提到了动物皮毛的军事用途，比如毛皮可以盖在建筑上来增加防护，也可以用作盛水容器来灭火，且也可以制成盔甲（孙 2006）。

以前的研究表明，两城镇地区大量抛射尖状器以及其他证据暗示了暴力和战争的存在（Cunnar et al. 2009; Liu 2004; Underhill 1989:34），这说明皮革不仅仅是提供日常需要，也可能用来制作防护服装或抛石器具（宋 1984）。

考虑到毛皮加工的重要性，我认为在早期青铜时代其可能也是一种获取社会地位和权力的方式。在本文中我首次记录了龙山时期皮革/毛皮加工工业的存在，这对于我们理解当时多元化的手工业种类非常重要。

我们在微痕分析中也对很多打磨/抛光石器进行了研究。我认为这些圆钝的石器应该主要是用以对石头、木头和骨头进行抛光或打磨。但它们中也有很多没有被使用过，大量抓握光泽的存在表明它们可能曾被用作一些不太明确的用途，比如游戏或者作为抛石装备中的弹丸。在中国，抛石器具很可能可以追溯到旧石器时代（李 1987:49）。

虽然在遗址中一些石磨棒被认为是用来加工植物的，但也有一些是用来加工毛皮和木材。同样，很多砂岩和花岗岩磨石也不是专门用作加工植物的，很多这类石器显然是用以加工其他工具的。我的研究表明，可以通过分析光泽的不同形态以及其他特征来区分磨石到底是用来加工植物还是磨制其他工具。

上文已经表明，通过微痕分析我们可以成功的对遗址中所出的主要工具种类进行功能研究。也证明了高倍法与低倍法可以很好的进行结合。研究也表明所有观测过的工具类型都曾被使用。

本文中所提及的大多数微痕研究学者的研究领域主要是打制石器。过去几十年的研究表明，要想从事器物的功能分析，必须进行认真的实验考古。通过本文的论述，也证明了微痕分析对于研究中国的磨制石器和抛光石器同样有效。

第六节　磨制石器制作与微型石片
——关于两城镇遗址石器加工区域的识别

一　概况

在这一节中，将采用实验考古等手段对磨制所产生的微型石片进行研究，进而对两城镇遗址中主要工具类型的加工区域进行识别。研究表明，通过分析加工石器活动并将其放在操作链系统中进行考虑，是可以确定器物加工区域的（Inizan et al. 1992; Pope et al. 1995; Schafer et al. 1983; Sellet 1993; Shott 2003）。用这种方法，可以分析是否某个家庭参与了器物的整个生产程序，或者是仅参与了全部生产过程中的某一部分（Collins 1975）。如果一个家庭只生产某种特定类型的工具或者仅参与某种工具生产过程中的某个环节，那么我们就可以认为，在磨制和抛光工具的生产中存在着高度的手工业专业化。

在这一节中，将要详细分析两城镇遗址中由磨制所产生的微型石片的形态特征，并展示其与打制所产生石片的不同。据我所知，在中国的新石器时代晚期遗址中，磨制所产生的微型石片还从未被量化分析过，也从未被用来去识别加工的区域。对磨制微型石片的分析与传统的石器类型学分析相结合，可以很好的对中国新石器时代晚期考古遗址中的石器生产活动进行阐释。进而深入讨论两城镇发现的至少几个主要工具类型的整个加工程序（从打制到磨制）。特定工具与某些典型房址相关联以及对石器组合的认识均表明，当时某些工具种类已经存在广泛的家庭化生产。有关专业化和石器生产特征方面的问题将会在第七节予以讨论。

通过研究我认为，很多石片是在磨制石器的加工过程中产生的。通过模拟实验以及对实验所产生石片的分析可以很好的理解考古所出的同类石制品。这类石片都是从两城镇浮选样品中的重浮部分挑选出来的。磨制可以产生出石片而且这些石片可以在考古中被发现，这对于识别中国新石器时代晚期遗址中的石器生产区域有非常重要的意义，因为在此时期，石器的生产过程包括很多流程，比如打制、琢制、磨制和抛光。本节中将实验考古与石器类型分析相结合，来讨论几个石片集中分布区中到底有多少工具以及什么类型的工具被生产。

二 具体研究

1．石片确认

石器的生产是个减地的过程，在这期间会产生大量的各类石制品。石器生产的副产品种类也很多，包括考古文献中经常提及的“石片”、“废片”等（Crabtree 1972; Holmes 1894a; Holmes 1894b）。近来有很多关于这类石制品的研究成果，并对很多术语及分析方法进行了论述（Andrefsky 1998; Andrefsky 2001a; Andrefsky 2001b; Odell 2003; Shott 1994）。术语“石片”通常是对在打制以及磨制过程中所产生的所有废料的总称。

有些学者使用术语“微型石片”指代那种非常小的石器废料，最大直径不超过2毫米（Baumler et al. 1989; Dunnell et al. 1989）。而本文则会采纳 Fladmark （1982） 和 Hull （1987）对“微型石片”的定义，即最大直径小于1厘米的石片。这个大小可以很容易地通过考古遗址中经常使用的1/4英寸孔径的筛网。

石片分析的重要性已多被论述，如今大多数考古学家都在使用过筛的方法去获取这些石器断块和碎片。然而，这种方法仅是最近几年才在部分中国新石器时代晚期遗址的发掘中被采用。翻阅一些中国新石器时代晚期的考古报告，一般的报告中都是仅报道那些大体完整、接近完整和基本成型的石器，而很多打制石器、石片和毛坯等则很少提及。这种对石片研究的忽视最可能让人产生的认识是，在磨制石器工业中没有产生废料，因此就会对此方面的研究造成误判。关于此方面经常会有一些让人吃惊的发现，比如Harding（1987:40）注意到在磨制燧石石斧的刃部时，遇到的最大问题之一就是“当刃缘下部正在被磨制时，上部往往容易破碎”。

2．石片分析方法

石片分析在过去的二十年中基本上发展的很好，很多技术被应用（Ahler 1989; Andrefsky 1998; Henry et al. 1976; Sullivan et al. 1985）。模拟实验研究成为标准的研究方法，对分析各种石片如何产生发挥了十分重要的作用（Amick et al. 1989; Amick et al. 1988; Burton 1980; Henry et al. 1976; Patterson 1990; Stahle et al. 1984; Yerkes et al. 1993）。很多学者在这方面进行了大量的模拟实验，他们中的许多人在自己的领域里是能工巧匠，花费了不可计数的时间复原了石器工艺的许多方面，同时仔细的记录和发表了他们研究的成果（Bordes et al. 1969; Bradley 1974; Callahan 2000; Crabtree

1966; Flenniken 1978; Frison 1989; Newcomer 1971; Odell 1989; Pelegrin 1981; Sheets et al. 1972; Sollberger 1969; Titmus 1985）。

几乎所有的石片研究学者都主要关注由硬锤直接打击、砸击法或者是压剥法所产生的石片，而很少关注磨制产生的废片。1897年，William Henry Holmes 评论到“琢制和磨制还未被看作是剥片的一部分”（Meltzer et al. 1992:99）。William Henry Holmes 在100年前对于“剥片”的描述表明了打制和压制所产生石片的尺寸差别非常明显。

在石器成型过程中，通过打制产生的断块、石片碎块等被作为废料扔到一边。在很多精细加工中则经常使用压制法，在压制过程中会产生很多石片，一般尺寸都非常小（Meltzer et al. 1992:134）。

Holmes 的观察随后被大量的石片研究所论证。正是这种差别导致了人们更愿意从宏观层次对石片进行研究，而对微观层次的石片研究则关注极少。并且大一点的石片更容易鉴定、收集和分析。

Fladmark（1982）在微观层次上对磨制石片破裂机理的研究引领了一个此方面的研究热潮（Behm 1983; Clark 1986a），但我认为微观与宏观石片研究的差距在过去的100年中还未被完全解决。磨制石器生产工艺的研究明显缺乏特别是与磨制生产相关的石片研究。

在中国新石器时代遗址的研究中有一种倾向，即认为石片和微型石片几乎都是与打制石器生产密切相关联，而与新石器时代遗址中大量的磨制石器（比如石镰、石斧、石锛、石铲、石刀和抛射尖状器）好像并没有什么关系。即使将石片与磨制和抛光石器相联系，一般也都是认为其与初级阶段的打制有关，而与磨制阶段没什么关系。然而，在对墨西哥特奥蒂瓦坎古城的研究中，Widmer（1991）and Turner（1988）依据大量精美器物以及打制、磨制、锯切、刻槽、雕刻、钻孔和抛光过程中产生的废料成功的找到了玉石加工作坊。这七种工艺被认为是玉石工业的基本组成部分（Holmes 1894b; Proskouriakoff 1974）。Turner（1988）在对特奥蒂瓦坎古城中一处玉石聚集区进行浮选分析后，发现了很多小于5毫米的微型石片，并据此认定城内存在玉石加工作坊。同样地，Widmer （1991）在对古城中一个可能的玉石作坊进行分析时，从土样中发现了大量外地石料的小断块。Widmer 把这类小石块分成5种类型，即天然的、石片、加工过的、工具和成品。他进而提出天然的和加工过的小石块都表明玉石加工的普遍存在。

这种既关注考古器物本身也重视其出土背景的研究对识别生产区域非常重要（Schiffer 1972），特别是在研究中国新石器时代晚期遗址时，磨制和抛光石器（石斧、石锛、石刀、石镰、石铲、石凿和抛射尖状器）占了石器组合的绝大部分。我认为由磨制石器所产生的石片可以在考古中被发现和鉴定。图13－111展示了哪种因素可以用来识别考古发掘中磨制石器的场所。

磨制工具比如石斧、石锛、石刀或石镰可以通过打制、敲打、琢制、磨制和抛光来成型（Holmes 1894b），在中国新石器时代晚期，锯切也经常被使用（Lu et al. 2002）。在查阅了希伯·雷金纳德·毕士普（Heber Reginald Bishop）所著的关于清代玉器加工作坊的《玉器调查与研究》（Bishop 1906）一书中几幅李石泉绘制的插图后，我开始推测在制作磨制石器的过程中，很可能会留下除石片以外其他很多迹象。毕士普著作中的插图记载了当时通过舂捣石沙来制作不同硬度的磨料。这些插图也展示了位于不同脚踏砣机顶部的防护罩（图13－112）。毫无疑问，加工玉石器时会产生大量不同尺寸的石片。防护罩的使用表明在使用砣具对玉器进行加工时，会飞溅出很多可能对人体造成伤害的石片（或者砣具自身崩掉的碎片）。但是这种精密的砣具在龙山文化时期是不

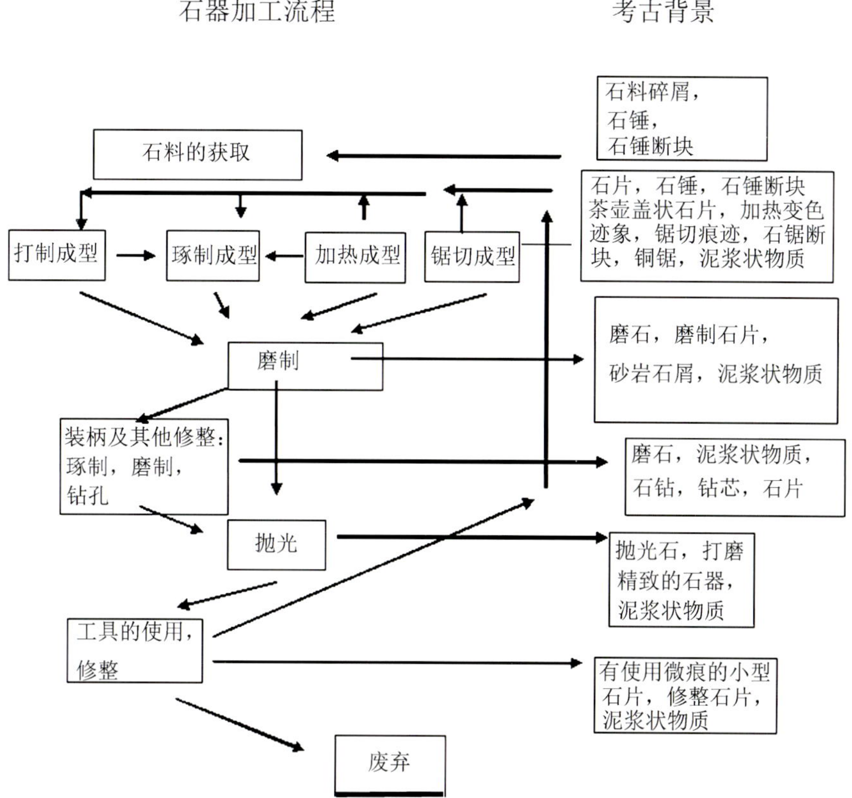

图13－111　磨制石器生产场所的辨识

（据 Schiffer 1972）

1．磨料的制备

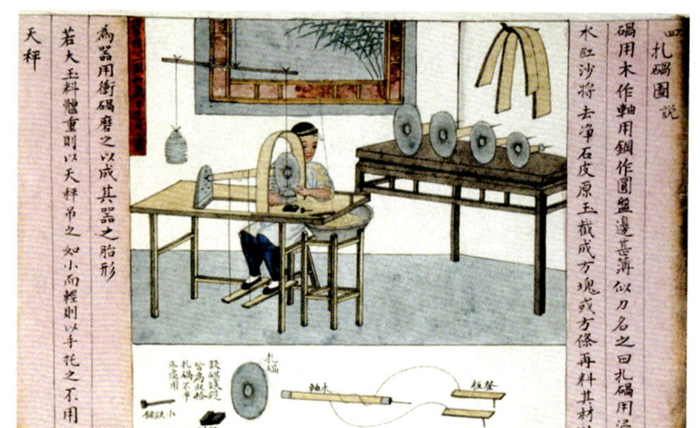

2．使用脚踏砣机（注意操作者眼睛紧盯车床）

图13－112　清代玉器加工作坊

（据 Bishop 1906）

存在的，而当时主要是使用砂岩磨石来对石器进行磨制。

我认为这种磨制废片应该被定义为一种新的石片类型。我的初步研究已经归纳出这类石片的一些特征，比如没有台面或者台面非常不明显，背面具有条痕等。下文中将展示模拟实验和考古发掘中这类石片的一些特征。在研究中，我还使用电脑来辅助对实验生成的和两城镇遗址出土的这类石片进行形态分析。研究的目标就是尝试区分磨制石片和打制石片。

3. 石片出土考古背景

数据归纳

我们研究中的微型石片主要来自考古发掘中的六个集中分布区。关于其所包含的生产组织方面的意义将在本节的第七部分讨论。表13-78展示了考古标本的出土单位和尺寸信息。此外，为了对比的目的，我也列出了另外一个明显是由硬锤打击所产生的微型石片集中区（T2447H209（#4533））。这些数据也表明了遗址中石片堆积的密集度。其中的两个区域是灰坑，两个是房子外的活动面，还有一个直接与房子相关（F39）。

表13-78 关于微型石片集中分布区的描述表

临时号	期别	探方	坐标	所属遗迹	土样重量（克）	石片重量（克）	石片尺寸<10毫米	石片尺寸>10毫米	砂岩微型石片	石片总数
#5657	1	T2398	788N，988E	F39	516.17	0.168	26	0	0	26
#4448	2	T2397	788N，984E	H282	562.97	2.97	34	3	3	40
#5757	3	T2399	788N，992E	活动面	539.74	3.74	48	1	2	51
#5761	3	T2399	788N，992E	活动面	840.90	58.90	997	86	16	1099
#5829	4	T2448	792N，988E	柱洞	2251.17	17.00	11	7	48	66
#5618	4	T2398	788N，988E	可能为残留的活动面	3207.54	5.75	24	12	3	39
#4533*	4	T2447	792N，984E	H209	1212.22	8.22	76	26	0	102
总计					9130.71	96.75	1216	135	72	1423

*明确的台面和打击泡表明这个集中区（#4533）的石片显然是由硬锤打制产生的。

从572个浮选样品中总共挑拣出了1704片石片。这些浮选样品几乎包括了所有活动面和遗迹（参见本书第一〇章）。来自不同背景的这些样品显得非常有分析意义。

将近3618升土样中共产生了将近210千克的重浮样品。来自不同集中区的1423片石片已在表13-78中列出。其中，1216片是非砂岩质的，且最大直径都小于1厘米。我将这些非砂岩质石片（最大直径小于1厘米，且是在石器生产过程中掉落的）在计算机上进行了形态分析，这些分析结果将在下文中讨论。

4. 研究方法（模拟实验程序）

浮选土样会先在遗址上进行处理，然后重浮被包在纱布和塑料袋里保存。在分析期间，每个袋子里的包含物被称重，有少量的重浮物质还会被放置于一个干净的培养皿里，再使用尼康SMZ-10体式显微镜用低倍率（一般为6～20倍）进行拣选。把微型石片从样品中取走，称重、观测，最后保存于贴好标签的微型离心试管内。这些样品的形态分析将会在下文中展示。

石料

在分析之前，我从发掘区域内和周围收集了大量的沉积土样，来研究土壤内背景沉积物和所包含的岩石情况。此外，遗址发掘人员把遗址中的所有石块都进行了收集。在发掘期间，我对每天出土的所有石块都进行分析，从中分出哪些是石器、哪些是未被加工过的以及哪些是由火烤所导致的破裂。从1998年开始，我逐渐对遗址所有的石料类型都比较熟悉，这使得对石片鉴别成为可能。

通过分析我发现，背景土壤内包含的天然小石块几乎全部是花岗岩基岩分解而成（图13-113，1）。对石料的鉴定主要是通过与笔者此前收集到的本区域内各种地质标本进行比对而得出。

遗址中的大多数微型石片（85%）是绿泥/角闪片岩（表13-79；图13-113，2），但是其中的一些也可能是滑石片岩。石片的小尺寸对分析鉴定有所限制。模拟实验中所使用的石料主要包括（除砂岩之外）流纹岩、结晶凝灰岩、绿泥/角闪片岩。因为从背景花岗岩中分辨出小砂岩碎块十分困难，所以我们对遗址中砂岩碎块的统计数据可能有所偏低。

表13-79　两城镇微型石片集中区中石片的石料类型统计表

数量＼石料 石片种类	结晶凝灰岩	绿泥/角闪片岩	花岗岩	流纹岩	砂岩	燧石	总计
废片	0	909	1	38	72	1	1021
石片断块	1	108	0	9	0	0	118
破碎石片	0	2	0	0	0	0	2
完整石片	0	196	2	84	0	0	282
合计	1	1215	3	131	72	1	1423

1．两城镇遗址典型的重浮样品

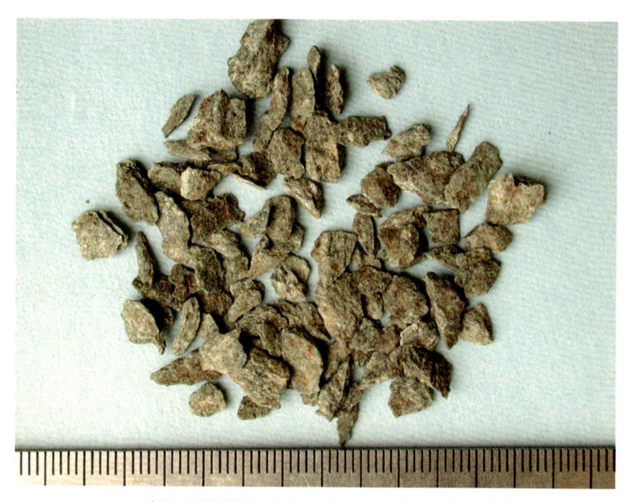

2．遗址浮选样品中的绿泥/角闪片岩小型废片

图13-113　两城镇遗址的重浮样品及小型废片

复制实验和数据展示

在模拟实验中，总共有1972片（279片小于1厘米，不包括砂岩石片）磨制微型石片和55片（小于1厘米）流纹岩打制石片产生（表13-80）。实验中的这些“磨制”石片是在加工78种不同的磨制/抛光石器时所产生的（图13-58、59），其中包括26件完整石器以及很多刃部断块。硬锤打制石片是在加工一个流纹岩石斧时所产生（图13-64）。在打制完成后，又对这件流纹岩石斧毛坯进行了磨制，在磨制过程中共产生了58片流纹岩石片（54片小于1厘米，表13-80）和199片砂岩石片。在整个磨制过程中，共使用了五大块砂岩磨石，其中四块完全被用尽。在大约13599分钟的磨制过程中，有超过10000克的砂岩被磨耗掉。因为压制剥片技术在两城镇中非常少见，所以它们没有被包括在这项研究之中。

表13-80　模拟实验中微型石片（<1厘米）的石料和种类表

数量　石料 / 石片种类	黑云母片岩	角闪斑岩	绿泥/角闪片岩	花岗岩	富含白云母的熔结凝灰岩	软玉	流纹岩	砂岩	合计
废片	14	7	11	1	9	1	29	0	74
石片断块	14	14	35	8	3	5	81	27	187
破碎石片	1	0	0	0	0	0	0	0	1
完整石片	1	0	1	2	0	0	13	0	17
合计	32	21	47	11	12	6	123	27	279

计算机形态分析

为了尝试对复制品所产生的石片进行分析，我采用了 Sullivan 和 Rosen（1985）的分类方法将微型石片分为四个基本类型：1）废片（无明确的劈裂面），2）石片断块（有可识别的劈裂面，但没有打击点），3）破碎石片（有劈裂面和打击点，但是没有明显的侧边），4）完整石片。用此方法对考古和模拟实验中的磨制微型石片进行分类，发现它们中的大多数都属于石片断块或废片。

为了更加深入分析微型石片的特性，我使用了专门的软件对这些微型石片的数码照片进行了处理，这样就可以对这些石片的形态特征进行批量分析。这些手段只是近来才被用在石片的分析之中（Rovner 1995; Rovner et al. 2004）。关于此款软件的优点，Reindeer Graphics 公司的“图像处理工具”中有着较好的总结：

（1）软件可以快速的确定很多形态特征，如大小和形状以及表面的形态和质地等。这种测量方法可以很快地形成数据分析和图形对比。

（2）不用再依靠传统的主观性较高的游标卡尺来测量工具的各种尺寸，数据可以重复验证。

（3）计算机生成的形态描述可以让使用者对大量复杂的几何形状和尺寸等要素进行比对，而肉眼观察很难做到。

（4）相对高速的测量允许样品尺寸的增加，这通常反过来也可以增加测量值的正态分布。

然而，这种分析软件也不是尽善尽美。存在几个明显缺点，包括电子噪音的存在，压缩造成的图像质量损失，图像质量（Russ 2002:509-512; Russ 2003）和视觉变形。视觉变形可以通过核对所用的比例尺进行消除。图像质量问题很难解决，因为此款软件存在天生的潜在缺陷，只能显示工具形状的轮廓线，而表面的质地和形态特征等还显示的不够好。用于各种测量数据的计算机程序等问题在 John Russ（2002）的《图像处理手册》中有详细的论述。另外，Rovner 等人（Rovner 1995; Rovner et al. 2004）也提供了许多对描述石片非常有用的参数。表13-81列出了分析中所用到的一些参数情况，我认为这种专门的软件对于分析还是十分有帮助的。

用来分析的设备，包括与显微镜相连接的尼康Coolpix 990照相机和一个奔腾Ⅲ电脑。图像处理工具和 Adobe Photoshop 软件也都被使用。分析过程可以总结为以下四步：

（1）获取包含比例尺的微型石片的数码照片。

（2）对图像进行二值化处理（转化为黑白图片）。

（3）用软件测量前的准备。包括比例尺尺寸，移走不需要的特征（通常是脏点）和确定（寻找）边缘。

（4）测量微型石片。

表13-81 形态测量因素分析和计算方法表

测量	测量	软件计算原理	备注
面积	大小	计算区域内的像素点	
凸面面积	大小	计算凸多边形的最小面积	
长	大小	图形内的最长弦	用软件测量方向性也是可能的
宽	大小	在多边形内与最长弦垂直的最小距离	相对于长度计算，其误差会更大，因为其依赖于夹角的正弦值及图形的长，因而其不是真实的宽度
等效圆直径	大小	√4/π（面积）	为图形提供一个相同直径的圆
内切圆半径	大小	计算最大内切圆半径	
外接圆半径	大小	通过依次处理外接多边形的各个角来找出最大外接圆	
外周长	大小	只测量外周长（也叫净周长或插入周长）	
凸面周长	大小	对多边形边框的测量（参见凸面面积）	
形状系数	形状	4π（面积）/周长^2	标准的圆= 1，与周长有关（比如石片的边缘）而不是长度
圆度	形状	4π（面积）/π（最大直径^2）	标准的圆= 1，与长度有关而不是周长
纵横比	形状	最大直径/最小直径	用以测量延伸率
实积比	形状	面积/凸面面积	用以测量边缘的不规则形
凸性	形状	凸面周长/周长	利用凸出区域的边缘周长来测量刃部的不规则性
对称性	形状	减去从图形几何中心到重心的距离（通过定义几何中心的外接圆来确定）	1=完全对称
延伸率	形状	纤维长度/纤维宽度	真正的距离和宽度的比。这通过使弯曲或卷曲的样品变直来实现的。
半径比	形状	最大内切圆半径/外接圆半径	
分形维数	形状	当图形缩小时其周长增加的比率	用以测量边缘的粗糙度

在分析过程中，微型石片的图像经常会超过100幅。在几个小时的学习后，我可以在较短的时间里很快的处理、分析和保存每个图像。首先对根据各种测量值得出的直方图进行了检验，采用了Brown-Forsyth 的统计检验法来确定每个数值是否平稳。也应用了恰当的检验法将各种数值在0.05水平上进行了比较（数值十分平稳）。分析的结果接下来将会描述。如想了解更为详细的情况，读者请参考 Cunnar 2007 年的文章 （Cunnar 2007）。

5．分析结果

首要任务是比较在流纹岩石斧复制中产生的打制石片和在磨制过程中产生的磨制石片（包括同一件石斧的磨制石片）。这样做的目的是想了解这两种类型石片的测量数据是否可以在统计学上予以区分。在磨制过程中产生的磨制泥浆用1毫米的筛网过筛，用上面描述的方法进行分析。砂岩废片和所有大于10毫米的石片在分析中将被排除在外。两者的形状系数、圆度、纵横比、体积和半径比均不具有统计学上的区分意义，因此在接下来的分析中将不再考虑这些变量。其他的剩余属性都形成了可以区分的两组数据，抽样误差为±0.05（95%的置信区间），这表明磨制过程中产生的石片可以与打击石片区分开来。结果表明在磨制过程中产生的石片具有更加不规则的边缘。我推测造成如此情况的原因是，在石片从石器上掉落后又与磨石发生了摩擦所致。

分析的第二个阶段是将模拟实验中流纹岩石斧打制所产生的石片（55片）、除砂岩废片以外的磨制石片（279件）与遗址中出土的流纹岩石片（#4533，84件，见表13-78）进行比较。这个流纹岩石片集中区中所出的石片有92%存在明显的台面，其台面特征表明这些石片应该是源自打制。有50%的标本具有修整台面，这充分表明了硬锤直接打击法的应用。我利用这种方法对模拟实验中的磨制石片以及打制石片进行了更明确的区分。

实验中产生的打制及磨制石片与遗址中所出的打制石片可以有效比对，这也表明打制和磨制所产生的石片其尺寸也存在着不同。实验中磨制和打制石片的形状对比表明，凸面和分形维数的测量对于区分这两组石片可能也很有意义。尽管如此，但这可能并不能用以区分遗址中的石片以及实验所产生的石片。

分析的第三步是将实验中的打制及磨制石片与遗址中六个集中区域的微型石片进行比对。这时的比较不再包括微型石片集中区域#4533，因为上文已分析过这个遗迹的石片明显的来源于打制。

结果（见 Cunnar 2007:第七章）表明实验中打制石片的特征，包括对称性、延伸率和分形维数等均与遗址中微型石片的特征有所不同，误差率超过了0.05。另外，面积、凸面面积和长度等特征的误差率则接近0.05。而实验中磨制石片的特征（除对称性之外）也与遗址中微型石片的特征有所不同，误差率也超过了0.05。对这些分析结果最为可能的解释就是遗址中存在大量的打制石片。尽管如此，但面积、凸面面积、对称性和分形维数等特征可能表明遗址中还存在其他类型的石片，而其他类型的这些石片很容易被高比例的打制石片所掩盖。为了进一步分析这些石片集中区域，我还会进行最后一步的分析。

生产区域的识别与定量化

分析的第四阶段是将实验产生的打制和磨制石片的形态特征与遗址中单个石片集中分布区中的

石片进行比对。这些数据在Cunnar文章（2007）的第七章中有全面的报告。这个分析结果在接下来的段落中有简短的总结。

实验和考古样品的对比。

遗址中的微型石片集中分布区，编号#4448

除了凸面和分形维数的测量数据以外，实验的打制石片和两城镇#4448区域中的石片很难进行区分。当与实验磨制石片对比时，则会发现这个区域中貌似既有打制石片又有磨制石片，这两组石片很容易从尺寸上区分开来。凸面、对称性和延伸率等特征有力的表明区域中既包含打制石片又存在磨制石片。

遗址中的微型石片集中分布区，编号#5657

对比实验打制石片和#5657中的石片，明显发现这两组在很多方面都能有效地区分。分析表明，除了内切圆半径和对称性以外，两组中大多数测量数据均有所不同。这暗示在此石片集中分布区中很可能既有打制石片又有磨制石片或者其他未被识别出的石片类型（比如软锤打击所产生的石片）。

遗址中的微型石片集中分布区，编号#5618

将实验中流纹岩微型石片和#5618中的微型石片进行比较发现，这两组石片在统计学上有很多相似性。只有对称性特征有所不同。与实验中的磨制石片进行比对后发现这两组在尺寸上有明显的差别。然而，凸面，对称性和延伸率等特征表明这个区域可能既有打制石片又有磨制石片。

遗址中的微型石片集中分布区，编号#5757

实验打制石片和#5757中微型石片的形态对比表明，这个区域很可能既有打制石片又有其他类型的石片。同实验中磨制石片的对比表明这两组有很大的不同。分析表明磨制石片可能并不是这个区域中的重要组成部分。

遗址中的微型石片集中分布区，编号#5761

这是遗址中最大的微型石片集中分布区。同实验打制石片的形态对比表明这两个组合非常相似。对称性和分形维数等数据表明二者还存在一些差异。当同实验磨制石片对比时，发现只有对称性特征比较相似。这表明这个区域中包含的石片主要应与打制相关。

遗址中的微型石片集中分布区，编号#5829

实验打制石片和#5829中出土的微型石片不能从尺寸和形状上进行区分。然而，同实验磨制石片进行比较则发现，凸面、对称性和延伸率等特征均比较相似，这表明该区域中可能存在一些磨制石片。

对其他参数的识别

在此项研究中，还有其他几项参数也有助于对磨制过程中的微型石片进行鉴定。下面我将简要地描述这些参数以及它们如何在遗址石片分布集中区中区分不同类型的石片

缺少明确的台面

在模拟实验中，在磨制过程中产生的绝大多数磨制石片都没有台面（打击点）。279片磨制石片中只有19片（6.8%）有一个清楚的可辨认的台面。表13-82描述了遗址中微型石片的台面确认情况。

除#4533以外，所有的微型石片分布集中区域中都包含有大量没有明确台面的微型石片。这本身可能并不能表明石片是磨制的结果，因为台面可能在打制过程中被破坏掉或者是石片丢弃后被其他外力所破坏（比如踩踏）。

表13－82　两城镇微型石片集中区中石片的台面类型表

临时号	台面类型（总计个数）						总计
	无台面	石皮台面	未修整台面	打制修整台面	磨制台面	压制 台面	
#4448	29	0	4	0	0	1	34
#4533		2	43	9	0	22	76
#5618	20	0	1	0	0	3	24
#5657	26	0	0	0	0	0	26
#5757	27	0	17	0	0	4	48
#5761	841	37	96	20	0	3	997
#5829	9	0	1	0	0	1	11
总计	952	39	162	29	0	34	1216

石片背面存在条痕/磨光

石片背面存在条痕也可以帮助识别与磨制相关的微型石片。通常，这些条痕非常明显，这些条痕应该是工具和磨石相互摩擦的结果（图13－58，4、图13－114，1、2和图13－114）。在磨制模拟实验中，共有203片（占所有石片的73%）微型石片（不包括砂岩石片）的背面存在磨制条痕。表13－83展示了遗址微型石片集中分布区中，背面存在条痕或者那些虽然不见条痕但明显被磨制的很光滑的微型石片。对#4448、#5618、#5757、#5761和#5829的分布区域中石片的观测，有力的证明了磨制微型石片的存在（见表13－78）。

1．废片集中分布区#5761（T2399）中的磨制废片情况（注意平整的表面、明显的条痕以及表面的细砂）

2．实验中磨制流纹岩废片的背面（注意大量的条痕）

图13－114　磨制废片的特征

表13-83 两城镇微型石片集中区中石片的背面特征表

临时号	石片的背面特征					总计
	背部不存在条痕或磨光	生产石片—无抛光，有条痕	生产石片—有抛光，有条痕	生产石片—无抛光和条痕，有磨光	不确定	
#4448	25	0	1	14	0	40
#5657	26	0	0	0	0	26
#5618	24	5		10		39
#5757	34	14	0	3	0	51
#5761	977	112	2	7	1	1099
#5829	59	0	0	7	0	66
#4533	102	0	0	0	0	102

注：不包括数量最多的砂岩废片。

少量砂岩废片的存在

在模拟实验中，来自磨石的所有砂岩废片都被收集起来以备分析。实验所得石片中共有1678片砂岩废片（占所有微型石片的86%），其中1620片的最大尺寸均小于1厘米。显然，砂岩废片的存在可以有助于对石器磨制地点的识别。砂岩废片在遗址中的几个微型石片集中分布区域中也有所发现，包括#4448（3片）、#5168（3片）、#5757（2片）、#5761（16片）和#5829（48片）。可见遗址中砂岩废片的比例远低于实验所得。这很可能是因为从风化的花岗岩背景土样中辨识出极小的砂岩废片非常困难。因此，鉴于识别上的困难，考古遗存中的砂岩废片的数量很可能被低估。

嵌入表面裂缝的极细的泥沙颗粒（源于磨制“泥浆”）

在观测实验所得和考古发现的微型石片时，我们发现很多石片外表都被极细的棕色泥沙所包裹。即使在浮选仪中被冲洗过的标本，这些泥沙仍然可见，并深入渗透到石片的裂缝和缺口中。图13-114，1对此进行了展示。#5761区域中这种石片占有很高比例。推测这种泥沙胶结物应该是来源于堆积在磨石周围因打磨所产生的“泥浆”。这种泥浆是磨制过程中，磨石碎屑、石器碎屑以及附加的磨料所混合而成。

用标准工艺分析法检验所得结果

为了检验分析结果，尝试以 Sullivan 和 Rozen（Sullivan et al. 1985）对石片的分类为基础，把每个集中区域中的所有石片进行了类别划分。无明确劈裂面的石片被定义为废片。有可识别的劈裂面，但没有明确台面的被定义为石片断块。有劈裂面和台面，但是没有明显侧边的定义为破碎石片。具有台面和劈裂面且存在完整侧边的被认为是完整石片。此外，对背面存在条痕以及没有台面的扁平石片都进行了详细的数量统计，把这类石片定义为“生产石片”。因为石片尺寸都较小且判定是否存在石皮也不易，因此这类石片的辨识非常困难。

遗址中的微型石片集中分布区，编号#4448（表13–84）

上文的形态测量数据表明，该区域中既有打制石片又有磨制石片。采用工艺分析法对其进行检验，对区域中所有石片背面的观测表明存在15片生产石片，同时很多石片都属于上文分类中的石片断块，这些都强有力的表明了磨制石片的存在。此外，完整石片和破碎石片的存在也说明此区域还有一些打制石片。因此通过工艺分析也表明这一区域中既有打制石片又有磨制石片。

表13–84　集中区#4448中的石片类型表

石料＼数量＼石片类型	破碎石片	完整石片	废片	石片断块	总计
绿泥/角闪片岩	1	1	22	8	32
砂岩	0	0	3	0	3
流纹质熔结凝灰岩	1	3	2	0	5
总计	1	4	27	8	40

遗址中的微型石片集中分布区，编号#5657

形态测量数据表明，该区域中既有打制石片又有磨制石片。经工艺分析发现，生产石片完全缺失，仅可见劈裂面不明确的废片，这可能说明这一区域中的石片主要应是打制所产生。

遗址中的微型石片集中分布区，编号#5618（表13–85）

形态测量数据表明，该区域中既有打制石片又有磨制石片。经工艺分析发现，该区域有15片生产石片，同时也存在石片断块，这些都表明了磨制石片的存在。四个完整石片以及废片的存在说明该区域中也有打制所产生的石片。

表13–85　集中区#5618中的石片类型表

石料＼数量＼石片类型	完整石片	废片	初级石片	石片断块	总计
绿泥/角闪片岩	3	19	3	12	34
花斑岩	1	0	0	0	1
石英粗面斑岩	0	0	0	1	1
砂岩	0	3	0	0	3
总计	4	22	3	13	39

遗址中的微型石片集中分布区，编号#5757

形态测量数据表明，这一区域中很可能缺少磨制产生的石片。经工艺分析发现，完整石片的比例非常高，这也支持形态测量分析得出的推论（表13–86）。尽管如此，但17片生产石片的存在也暗示了这一区域中也可能存在磨制石片。

表13-86　集中区#5757中的石片类型表

石料＼数量＼石片类型	破碎石片	完整石片	废片	石片断块	总计
绿泥/角闪片岩	1	20	12	14	47
砂岩	0	0	2	0	2
流纹质熔结凝灰岩	0	0	0	2	2
总计	1	20	14	16	51

遗址中的微型石片集中分布区，编号#5761（表13-87）

形态测量数据表明，在该区域中打制石片可能占主体。经工艺分析表明，大量的完整石片也确实表明了打制石片的存在。然而，122片生产石片和石片断块的存在也说明了磨制石片在该区域中也占有很大比例。

表13-87　集中区#5761中的石片类型表

石料＼数量＼石片类型	完整石片	废片	石片断块	总计
燧石	0	1	0	1
绿泥/角闪片岩	172	830	74	1076
砂岩	0	16	0	16
流纹质熔结凝灰岩	5	1	0	6
总计	177	831	74	1099

遗址中的微型石片集中分布区，编号#5829

形态测量数据表明，磨制石片是存在的。7片生产石片的发现也支持了这一推断。工艺分析（2片完整石片）的结果表明，这一区域既有打制石片又存在磨制石片（表13-88）。

表13-88　集中区#5829中的石片类型表

石料＼数量＼石片类型	完整石片	废片	总计
花斑岩	0	1	1
砂岩	0	48	48
流纹质熔结凝灰岩	2	15	17
总计	2	64	66

遗址中的微型石片集中分布区，编号#4533

高比例完整石片的存在暗示了该区域有打制石片（表13−89）。同时生产石片的缺失也说明磨制石片在该区域并不存在。

表13−89　集中区#4533中的石片类型表

石片类型 / 数量 / 石料	完整石片	废片	石片断块	总计
花斑岩	1	0	0	1
质密的流纹凝灰岩	74	20	7	17
总计	75	20	7	66

6．分析结果的考古学意义

通过对两城镇遗址石器原料分析以及模拟实验，我们就有可能去推断不同区域的工具种类和数量。遗址中主要的石料种类包括绿泥/角闪片岩（85%），流纹质熔结凝灰岩（9%）和砂岩（5%）。花岗岩，燧石和结晶凝灰岩虽然存在，但是数量很少。表13−90展示了遗址中的石料与主要工具类型的关系。

表13−90　由绿泥／角闪片岩、流纹凝灰岩、砂岩和滑石片岩制成的主要工具的数量表

石料 / "主要的"工具类型	绿泥／角闪片岩	流纹凝灰岩	滑石片岩	砂岩
锛	0	77	0	0
斧	2	7	0	1
钺	6	1	0	0
凿	0	5	0	0
磨石	0	2	0	735
装柄小凿	3	5	0	0
刀	16	2	0	69
饰品	3	1	1	2
毛坯	38	42	23	14
抛射尖状器	125	1	10	3
铲	1	135	0	0
镰	3	49	0	4
总计	197	327	34	828

注：遗址中全部石器为4597件。

显然，由绿泥/角闪片岩制成的抛射尖状器是遗址中非常常见的工具。由片岩制成的毛坯中大部分是抛射尖状器和石刀。流纹岩主要是用来制作石铲、石锛和石镰。绿泥/角闪片岩似乎主要被用来制作抛射尖状器和石刀，而流纹岩主要用于石镰和石锛的制作。砂岩主要用来制作石刀和磨石。这些结果已经在第二、三节做了详细的介绍。

模拟实验数据

为了更好地理解石器生产过程中和石器与石片数量的比例关系，我使用与遗址微型石片集中分布区中一些石片相同的石料进行了模拟实验。表13-91描述了实验制作的三件器物，包括一件流纹岩石斧，一件绿泥/角闪片岩石刀（两城镇遗址地表发现，很可能是素材）和一件砂岩石镰（莒南县，山东砂岩）。制作片岩石刀的石料是在两城镇村一处农田的拐角处发现的。农民们经常会把农田中的石头拣出来并放在农田边上。在对本地区进行了地质调查之后，发现片岩并不是本地所产，因此，用来制作石刀的这块片岩石料实际上很可能是古人制备石器的素材。此外，为了便于比较，把使用加拿大不列颠哥伦比亚省软玉制作而成的玉斧的数据也列入了表中。

表13-91　三种工具加工中产生的石片统计数据表

工具种类	与加工相关的数据										
	素材长度（毫米）	素材宽度（毫米）	素材厚度（毫米）	素材重量（克）	成品长度（毫米）	成品宽度（毫米）	成品厚度（毫米）	成品重量（克）	磨制速度克/分钟	砂岩废片	石片
流纹岩石斧	146.43	89.95	20.7	491	126.09	75.58	19.96	337	0.34	215	58
片岩石刀	73.20	43.38	10.32	50.2	72.83	41.27	8.94	41.4	1.26	?	54
砂岩石镰	157	52.85	1.3	159.6	156	51.02	10.3	134.7	0.615	?	4
软玉斧*	154	102.4	14.51	653	153.18	100.31	13.42	506	0.082	35	6

*主要由Linus Enriquez（前耶鲁大学研究生）制作，我在钻和磨的过程中提供了帮助。

完成工具制作的时间列在表13-92中。制作时间数据显示，在磨制过程中，流纹岩共减少了154克，同时也产生出了58片石片。这说明流纹岩每磨损一克，就有0.38片流纹岩石片产生。这一统计数据将来可以用来评估遗址中不同区域中可能制作的工具的最小数量。同样，工具每磨损一克，就有1.4片的砂岩废片产生。

表13-92　三种工具的加工技术和时间花费表

工具种类	加工时间（分钟）				
	打制（分钟）	钻（分钟）	磨制器体（分钟）	磨制刃部（分钟）	磨制总计（分钟）
流纹岩石斧	10	0	361	85	446
片岩石刀	0	0	7	0	7
砂岩石镰	0	0	20	20	40
软玉斧	0	366	570	1212	1782

在磨制绿泥/角闪片岩石刀的实验中，当8.8克片岩磨损掉时就有54片石片产生。这种石器大约每磨损一克就会产生6.1片石片。

在砂岩石镰制作中，当砂岩减少了24.9克时，共有4片石片产生。这种石器每减少一克就会产生0.16片石片。

而加拿大软玉则明显更有韧性。当磨损147克软玉时共有6片石片产生。每克软玉的磨失会产生0.041片石片和0.24片砂岩废片。

为了确定遗址不同区域中磨制石器所花费的时间，我们需要估算在石器模拟实验中每种石料在磨制过程中单位时间内的磨失重量。在统计数据中流纹岩石料被记录28次，绿泥/角闪片岩2次，砂岩（莒南砂岩）2次。流纹岩的平均值是0.19克/分钟（标准差为0.34），片岩是1.76克/分钟（标准差为0.71），砂岩则是0.062克/分钟（标准差为0.001）。

估算不同区域中石料的磨制数值

应用这一统计资料，可以估算每个区域中石料的磨损重量。

遗址中的微型石片集中分布区，编号#4448

该区域发现了十件绿泥/角闪片岩和两件流纹质熔结凝灰岩的生产石片。应用上面的统计数据，并假定这些石片肯定是磨制石片，那么可能至少需要磨失掉1.64克片岩和5.26克流纹岩才会产生现有的石片数量。这说明磨制流纹岩和片岩最少分别花费了27分钟和大约1分钟。

遗址中的微型石片集中分布区，编号#5657

形态测量数据表明这一区域中既有打制石片又有磨制石片。生产石片的缺失以及仅存在劈裂面不明确的废片，因此工艺分析表明该区域中可能主要是打制石片。

遗址中的微型石片集中分布区，编号#5618

形态测量数据表明这一区域中既有打制石片又有磨制石片。15片绿泥/角闪片岩生产石片以及石片断块的存在说明了该区域中有磨制石片。4片完整石片以及废片的存在说明了该区域也有打制石片。经过估算这一区域至少磨失了2.5克片岩。这可能会花费13分钟来完成。

遗址中的微型石片集中分布区，编号#5757

形态测量数据表明这一区域很可能缺少磨制石片。但13片绿泥/角闪片岩，2片砂岩和2片流纹岩生产石片的存在说明该区域中也有磨制石片。至少有2.13克片岩，5.26克流纹岩和12.5克砂岩被磨失掉。这说明磨制流纹岩最少需要27分钟，而片岩和砂岩大约分别需要1分钟和20分钟。

遗址中的微型石片集中分布区，编号#5761

形态测量数据表明打制石片可能占绝大部分。但114片生产石片（包括1片燧石，110片绿泥/角闪片岩，15片砂岩，6片流纹岩生产石片/石片断块）的存在说明磨制石片在该区域中也占有很重要的地位。这一区域至少磨失掉了18.3克绿泥/角闪片岩，93.75克砂岩以及15.8克流纹岩。磨制时间分别为：绿泥/角闪片岩需要10.4分钟，砂岩需要152分钟，流纹岩需要83分钟。

遗址中的微型石片集中分布区，编号#5829

形态测量数据表明磨制石片可能存在。这一区域中有7片生产石片（6片砂岩和1片花斑岩）。至少有37.5克砂岩被磨掉，表明磨制砂岩的时间最少为604分钟。

遗址中的微型石片集中分布区，编号#4533

完整石片的高比例说明该区域主要是打制石片。生产石片的缺失也说明该区域不存在磨制石片。

再向前一步：可以生产出多少工具？

表13−93展示了遗址中一些毛坯和成品的平均重量。这些石制品可能就是在微型石片集中分布区或其附近制作的。我们的选择标准是成品或者是看起来马上就要进行磨制的毛坯。综合实验中工具制作所耗费的时间数以及表13−93的数据，可以计算出制作表13−93中任一工具类型所要耗费的时间：

绿泥/角闪片岩抛射尖状器：57 克 ÷ 1.76 克/分钟 = 32分钟

绿泥/角闪片岩石刀：128.8克 ÷ 1.76克/分钟 = 73分钟

流纹质熔结凝灰岩石铲：40克 ÷ 0.19克/分钟 = 210分钟

流纹质熔结凝灰岩石镰：40克 ÷ 0.19克/分钟 = 210分钟

流纹质熔结凝灰岩石锛：130克 ÷ 0.19克/分钟 = 684分钟

砂岩石斧：84.7克 ÷ 0.615克/分钟 = 138分钟

表13−93　第一发掘区所选成品和毛坯的重量表

成品或毛坯类型	平均重量（克）	标准差
绿泥/角闪片岩抛射尖状器毛坯（n=14）	68.9	48
绿泥/角闪片岩抛射尖状器（n=25）	11.9	6.8
差值	57	
绿泥/角闪片岩石刀毛坯（n=4）	194	39
石英/白云母千枚岩石刀*（n=2）	65.2	19.3
差值	128.8	
流纹质熔结凝灰岩石铲毛坯**	217	
流纹质熔结凝灰岩石铲（n=8）	177.58	42.2
差值	40	
流纹质熔结凝灰岩石铲石镰毛坯（n=3）	73.1	27.1
流纹质熔结凝灰岩石铲石镰（n=2）	112.05	74.7
差值	40	
流纹质熔结凝灰岩石铲石锛毛坯（n=3）	267.1	85
流纹质熔结凝灰岩石铲石锛（n=22）	130	100
差值	137.1	
砂岩石刀毛坯（n=1）	179.5	
砂岩石刀（n=4）	94.8	35.7
差值	84.7	

*第一发掘区内没有完整的绿泥/角闪片岩石刀。**基于石镰数据推测。

这些数据表明，如果已知微型石片的数量、各种石料的磨损率以及毛坯至成品的转化率，我们就可以估算出每一区域生产出的成品数量。根据计算，除了#5761和#5829外，其他区域中均没能生产出一件完整的石器。#5761区域可能完成了一件砂岩石刀的制作，而#5829区域则可能制作过四件砂岩石刀。

三 小结

进行此项分析的目的是想建立起某种客观标准，以帮助识别考古遗存中由磨制所产生的石片。用这些方法尝试对两城镇遗址七个微型石片集中分布区中发现的石片进行了分析。此前也有学者对硬锤、软锤、压制和间接打制技术所产生的微型石片进行过分析（Henry et al. 1976; Patterson et al. 1978）。本文中报道的由磨制和抛光所产生的微型石片数量远少于其他学者模拟实验中通过打制所产生的石片（Behm 1983; Fladmark 1982）。然而，先前的研究（Widmer 1991）已经表明，这类微型石片可以在考古中发现和分析。如果一个遗址中出土了大量的磨制和抛光工具，而我们又想确定这些工具的加工区域时，则对于磨制微型石片的识别和分析显得尤为重要。

本研究使用的计算机辅助形态测量数据表明，硬锤打制石片与磨制产生的石片可以有效进行区分。区分工作可以使用计算机辅助测量分析，通过测量大小和形态等参数来完成。表13－94展示了形态测量分析、工艺分析以及实验考古分析的结果。

表13－94 对不同微型石片集中分布区的分析总结表

临时号	形态测量分析	工艺分析	磨制时间和石器生产数量
#4448（T2397H282）	既有打制石片又有磨制石片	既有打制石片又有磨制石片	27分钟/流纹岩，1分钟/片岩，<1石器
#5657	既有打制石片又有磨制石片	打制石片	无法估算
#5618	既有打制石片又有磨制石片	既有打制石片又有磨制石片	13分钟/片岩，<1石器
#5757	打制石片	既有打制石片又有磨制石片	27分钟/流纹岩，1分钟/片岩，20分钟/砂岩，<1石器
#5761	打制石片	既有打制石片又有磨制石片	10.4分钟/片岩，152分钟/砂岩，83分钟/流纹岩，1.1件砂岩石刀
#5829	既有打制石片又有磨制石片	既有打制石片又有磨制石片	604分钟/砂岩，4.4件砂岩石刀
#4533	打制石片	仅有打制石片	无法估算

以上分析表明，除了#4533区域以外，两城镇遗址所有石片集中分布区中都应该既有打制石片又存在磨制石片，并且很可能打制、琢制和磨制在每个区域中都曾发生过。而#4533区域可能只与打制相关。微型石片集中分布区的形态测量数据与实验石片的分析共同表明区域#4448、#5657和#5618很可能既有打制石片又存在磨制石片。形态测量分析说明，#5757，#5761和#5829似乎主要是打制石片。除了#5657和#4533以外，其他几个区域中均发现有台面不明显且背部存在条痕/磨光的“生产石片”，说明了这几个区域中也存在磨制石片。#5829区域发现有高比例的砂岩废片，说明该区域曾进行过大量磨制行为。虽然没有定量化，但#5761区域中存在很多表面被细颗粒泥沙胶结物包裹的情

况，这也暗示了该区域中磨制石片的存在。

上文的数据说明，石器生产的全部流程（从打制至磨制）可能都会产生废片，甚至是对工具进行再修整和维持时也会产生。考虑到这些微型石片是从较少的土样中获得的，我推测事实上遗址中应该存在相当数量的打制和磨制活动。然而，这并不能说明当时存在任何形式的大规模生产、作坊生产或者专业化生产。我认为当时应该是家庭化生产，这种家庭化石器生产的规模与龙山时期依靠狩猎和农业生活的社会状况是比较相符合的。对所有石器类型学的分析也表明，在遗址的四个期别中都存在着相当数量的石器生产。关于石器生产的性质将在第七节中进行讨论。

本研究也表明利用计算机辅助形态测量分析对区分遗址中打制和磨制石片来说还不是尽善尽美的方法。而工艺分析以及生产石片的确认对于磨制石片的鉴别可能更为有效。然而，使用计算机辅助测量的研究方法还是应该予以提倡，首先是这种方法可以使研究者在对样品进行分类时更为客观（Rovner et al. 2004），再者该方法在分析大量微小样品时具有十分高效的优点。

本研究虽然较好的完成，但我们应该清醒的意识到在分析中还有多种变量（本研究中没有详加论及）可能影响到数据的准确性，比如石料种类、剥片技术、打击角度，打制习惯等。在将来也应进行关于这些方面的模拟实验。在研究中，我们也未涉及压制石片，这主要是因为在观测了两城镇四千多件石器后发现，压剥法并不是石器生产过程中的主要组成部分。然而，这方面的研究肯定也可以有助于我们更好的理解形态测量数据。此外，我对“磨制石片”形成过程中的破裂机理也没有进行阐释。此前有学者比如 Cotterell 和 Kamminga（Cotterell et al. 1979）等对打制石片的破裂机理进行了很好的研究，因此我们在未来的研究中也很有必要详细了解磨制石片的破裂机理以及不同破裂机理与石片形状之间的关系。根据我自己的实验和观察，怀疑在磨制过程中，石片主要是受到压力而分离，同样石料中的瑕疵也可能是主要因素。此外，磨制过程中水和热之间的交互作用也应该予以考虑（Tsirk 2010）。这种摩擦学方面的研究对于我们理解磨制过程中的石片类型以及为什么石片会产生都会有很好的帮助。

第七节　两城镇遗址石器的生产、分配及消费：分期分析的结果

一　概况

本节将对来自于许多非精英家庭背景中的石器进行分析，并对第一发掘区内石器生产的性质进行探讨，进而将分析结果置于更大的地区背景中考察。早年的发掘中，曾在遗址中部发现了一些玉器，现在该地区大部分压在现代房屋之下（下文将进一步讨论）。然而，近年来的发掘却未发现与玉器生产和使用相关的证据。更确切的说，绝大部分石器是由其他更为普通的石料而制成的实用器，但石钺（“战斧”）和抛射尖状器则是例外。这两种器物既是实用器，同时也可作为非精英阶层地位象征和社会认同的重要器物。张光直认为陶器上的纹饰是“家庭、家族、氏族或它们分支的象征性标记（Chang 1983:85）”。我认为抛射尖状器和钺很可能也具有类似的作用。

为了评估当时社会的生产组织和可能存在的交换情况，将对与石器生产相关的大量石制品（包括石锤，毛坯，素材，微型石片，石片和磨石）的类型和分布进行分析，同时也会参考与石器生产相关的微痕分析数据。先前世界其他地区的研究表明，在房屋内和房屋间存在与石器生产相关的大

量石制品，通常就暗示这是一种家庭生产模式（Pope et al. 1995; Wattenmaker 1998）。如果遗址中存在包含大量生产废片的区域，这可能暗示一种为交换而进行生产的模式（Arnold 1985a; Arnold and Munns 1994; Santley 1989; Schafer and Hester 1983; Schafer and Hester 1991; Welch 1991）。

二 具体研究

1．理论建构

为了研究专业化在社会中是如何进行组织的，至今已经出现了多种模式（Brumfiel et al. 1987b; Cobb 2000; Costin 1991; Earle 1981; Earle 1997; Evans 1978; Feinman et al. 2004; Sinopoli 1988）。其中，多数的学者认为专业化生产处于家庭化生产向大规模工业生产的中间阶段（Sahlins 1972）（Costin 1991）。而且，一些研究者还运用"依附的"或"独立的"等学术术语来描述专业化。依附性的生产者制造高品质的商品来供精英阶层使用，而独立的生产者则会为普通民众生产所需的实用物品（Earle 1981）。Underhill（2002）、Cobb（2000）和 Inomata（2001年和2007年）分别撰文指出，这些术语还不足以对生产特征进行描述。Underhill指出，不论是精英型还是非精英型家庭，都可能临时性的雇佣一批熟练陶工生产一些较为精美的器物，以供他们在祭祀、宴享或膜拜祖先的场合下使用（Underhill 2002），同时，她还指出这类雇佣的时间长短不一。同样地，Cobb也认为，用"依附性"和"非依附性"等术语来描述具有情况多样化的密西西比石锄生产时也太过狭隘（Cobb 2000）。Inomata（2001）甚至还指出精英们自己本身就是专业的手工业匠人。

通常，专业化的界定一般是基于生产某一种特定工具的困难程度，比如中国的玉钺（Liu 1996a和2004）以及世界上其他地区的黑曜石或燧石石叶（Kardulias 2003; Santley，1989; Schafer和Hester，1983）。同时，产品生产工艺的标准化、产品尺寸和原材料的统一性也都被看作是专业化生产的判断指标，这尤其适用于陶器（Costin 1991; Peacock 1982; Rice 1981; Underhill 2003; VanPool和 Leonard 2002）。在石质工具标准化生产和形制的判断指标上，学者们已经进行了相关的探讨（Kardulias 2003; Lass 1994; Mackie 1995; Olausson 1997; Pope et al. 1995; VanPool et al. 2002）。然而，最近的相关研究表明，标准化生产这一概念、废片的数量和其中蕴含的生产技术等并不能作为专业化生产的确切的、全面的判断指标（Clark 1986b; Feinman 1999; Feinman et al. 2004; Hruby 2007; Lass 1994; Mackie 1995; Olausson 1997; Yerkes 2003）。同样，我关于石质工具的研究也表明，将标准化作为专业化生产的指标是存在很多问题的。两城镇遗址中形制相对标准的斧、锛、镰、刀等石质工具就很可能是多种因素影响下的产品，这其中包括石料种类、当地文化和宗教传统、工具的维护修整、工具的使用方式等几个方面。

对于下面将要分析的材料而言，人类学文献中的一系列诸如"依附"和"独立"等专业化生产概念以及家庭或作坊等组织形式都不完全适用。在两城镇遗址中，与石器生产相关的石制品数量以及与石器生产相关的直接证据都比较多。事实上，在每一期中，与石器生产相关的石制品所占比都比较高，均约为60%～70%。然而，当仔细研究了这些石制品种类以及出土背景，并参考了模拟实验的数据之后，我认为遗址中每一期中特定工具的生产都可以用"业余时间的家庭专业化"这一概念进行描述。尽管之前曾有学者使用过"家庭专业化"这一术语，但是他们一般都认为石器和陶器等所有器物都是在同一个组织模式下生产出来。我认为，在遗址中所发掘的绝大多数工具都是作为个体家庭的日常所用，它们并没有在被精英阶层控制的威望象征系统中发挥作用。然而，根据高倍法的微痕分析和这些工具的空间分析，遗址中的特定工具类型（包括日常用的斧、刀、锛以及钺、抛射尖状器等）都是“业余时间的家庭专业化”产品。而且，这些个体生产者并不为精英阶层们生产他们所需的威望象征产品，而是部分家庭可能会为他们自己或者自己家族生产一些礼仪或象征性器物。并且我认为，这类产品可能也不是所有家庭都会去生产。此外，通过微痕分析，我也认为“业余时间的家庭专业化”也表明了在当时社群中可能存在早期的市场交换系统。

首先，将按照期别介绍我的研究成果。随后，会探讨两城镇遗址中的专业化和其生产组织情况。我认为，“业余时间的家庭专业化”生产体系的推动力有两种。其一是斧、锛、镰等主要石器类型出现剩余产品；其二是钺的生产和抛射尖状器的大量出现。

龙山时期的人们主要从事农业生产，因而他们春夏秋的大部分时间都是在忙着整理耕地和收获谷物。在农忙季节的间歇，他们很可能也忙着获取燃料、加工木柴、维护水利系统，甚至有可能构建防御工事（这一点还没有确切的证据）。在其他的剩余时间里，他们会从事渔猎、生产纺织品、皮革制造、饲养动物、陶器生产、维护石器等活动。在冬季，他们就投入到了石器的生产活动中。文德安（Underhill 2003:表1）通过观察贵州中南部的陶工后发现，他们必须在农业生产、气候和主要闲暇中来安排他们的业余生产活动。古代的龙山农民应该存在同样的时间规划需要。当寒冷的月份到来时，工具制作活动就随之转移到室内。我认为，当时的居民也恰恰是在冬季这一“闲暇时间段”内生产一些额外的农业工具用来在早期的市场系统中交换。这些分析结果也支持从石器高倍法微痕分析中得出的推论。

为了了解古代中国工艺生产的特性，研究者们一致认为，认知水平、艺术、礼仪以及权利等因素必须要考虑进来（Chang 1983; Fung 2000; Liu 2000; Liu 2003; Liu 2004; Underhill 2002）。Chang（1983）和Wobst（1977）都认为，人工制品中蕴含着种族联系或地位等信息。比如中国新石器时代的人工制品中很多都具有一定象征意义，如玉钺和琮等，这一类器物上一般都雕刻有人和动物的主题图像，而这一般被学者们解读为代表着良渚人们的神灵崇拜（Keightley 1995a:129; Liu 2003; Liu 2004）。钺和琮的分布范围很广，但在龙山文化晚期的山东西朱封遗址和山西陶寺遗址中最为常见，而且它们一般都发现于贵族墓葬中（Liu 1996a）。然而，在近年两城镇的发掘中，我们并未发现玉钺、琮或是其他可能具有象征意义的器物。可是我们发现了相当数量的由当地石料制作的钺，它们当中的一些已经损坏，我认为这种破裂应是古人有意为之。而且，我们还发现了大量的绿色片岩质抛射尖状器。我认为这两类器物对于龙山时期的普通农民来说都是十分重要的象征性物品。

在下面的部分，我们只讨论第一发掘区内出土的工具。两城镇房址中一共出土了石器299件（占12%），这并不包括微型石片。这些工具主要出土于F39、F54、F60和F61。它们或是出土于房址内，或是出土于房址外侧附近的活动面中。下面的文章和表格中列出了各期工具的基本情况。

关玉琳（2002）反复提及1999年试掘中发现的“大台基”遗迹，她认为与“大台基”同时出土的人工制品反映了一定的“精英含义”。同时，她的博士论文材料也主要是基于1999年小规模发掘中所出土的人工制品。而大部分相互叠压的房址和灰坑等遗迹都是后来发掘时才发现的。我们随后的分析中认为“大台基”并不是精英阶层的高级建筑，而只是为生活面做的铺垫。随后的工作发现了一系列的房址建筑以及生活面和灰坑等。但是，未完工的21号建筑规模则很大（图13-127），然而，它正好处于普通家庭建筑的周围，这很可能说明它并不是一个精英居址。我们所发现的居住址的面积很小，这表明它们属于下层民众的住处。

2．第一期石器

第一期的工具主要出土于本期的F39、F45、F50和F65四座房址外围（图13–115）。同时，这一时期还包含27座灰坑和7座墓葬（图13–115）。

在图13–115中展示了主要磨制石器的分布区域，房址的内外都有石器出土。F39中出土的工具可能是直接遗弃在房址内部的，而且主要的磨制石器多分布于房址的东西部，但它们并未呈现出明显的集中现象。从图13–115中也可看出工具的使用或废弃较为随意。H304中还出土了一件白云母凝灰岩调色板（图13–115），其上还保留着深红色的残留物，这一器物很可能被古人用来调制颜料。

图13–116是所有工具分布的密度图。图中可见，工具分布的密集区域为F39、F50、F65和发掘区东南的H406、H408和H412。这一数据显示，除了F45之外，第一期工具的使用和生产都主要在房

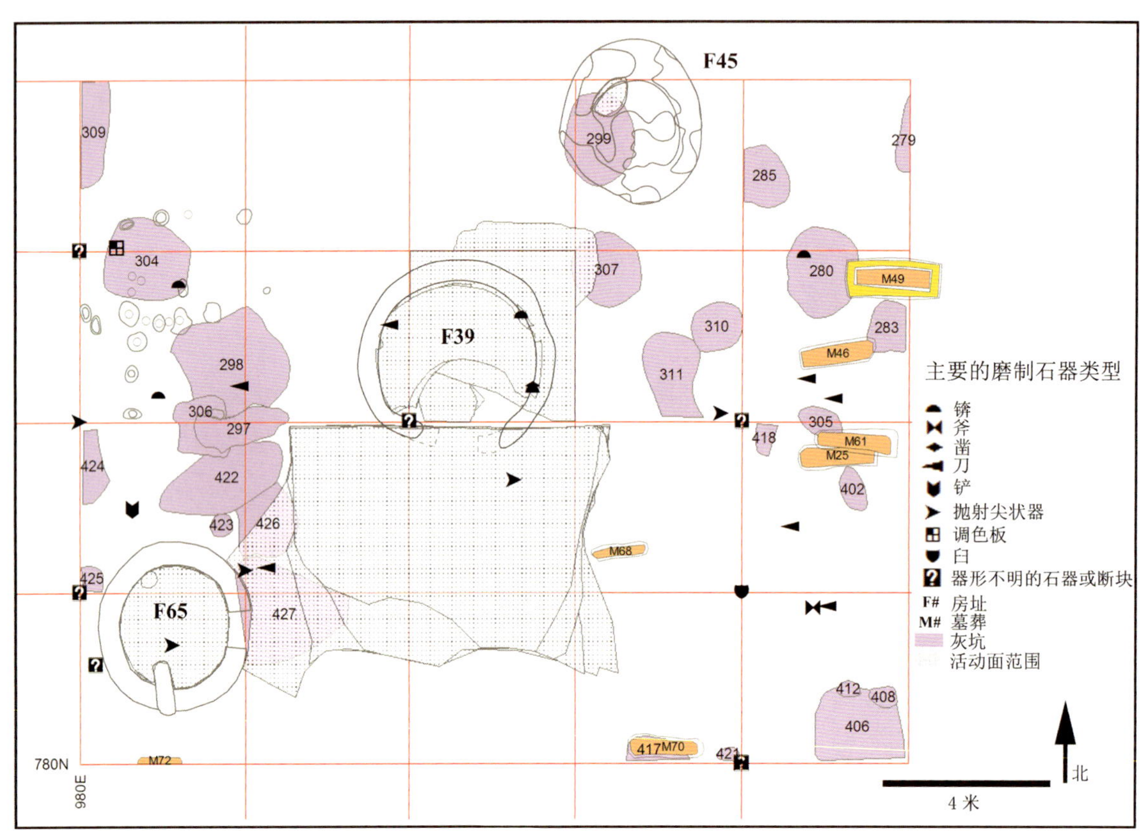

图13–115 第一期主要磨制石器的分布

址内进行。

因此，我们不难想象，主要的工具生产和使用都是在室内进行，尤其是在冬季的时候。龙山时期两城镇农民所种植的农作物与现在的基本一样（Crawford et al. 2005）。经过两城镇多年的田野工作和分析研究，我发现当地农民将冬季的大部分时间都花在了室内活动上。接下来，将讨论石器的生产和使用。

图13–118、122、126和129展示了主要的石制品种类，详见下述：

打制石器：可用/修整石片、单面或双面加工的刮削器、石核、砾石砍砸器、砾石石刀、打制石刀和石片。

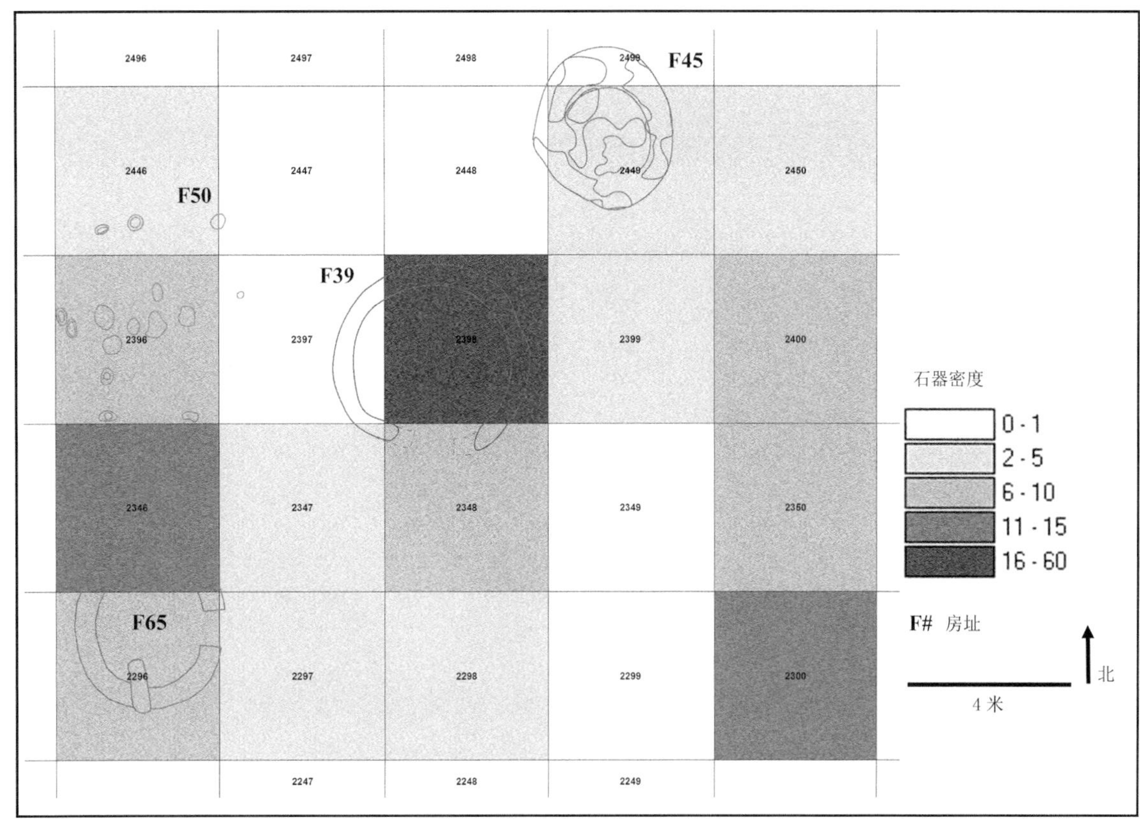

图13-116　第一期石器的分布密度图

与石器生产相关的工具：包括石锤、毛坯、磨石、打磨/抛光石器、有槽磨石、钻孔工具、石锯、未修整的海滩砾石工具以及钻孔用具。

主要的磨制石器：斧、钺、锛、铲、凿、刀、镰、小凿。

抛射尖状器：磨制抛射尖状器、打制抛射尖状器。

饰物：装饰品和调色板。

食物加工工具：磨棒、杵、臼。

不能确定的工具：主要是破碎的工具小断块。

纺织/皮革加工工具：纺轮、石拍。

对于两城镇出土的磨石，我认为其主要是用来加工和维护石器的，而并非用于谷物（水稻、粟、黍等）加工。同时，我还认为，出土的石拍主要是用来加工皮革，因而我将它们归为了纺织/皮革加工器这一类别中。分布在图中方格拐角上的工具是通过筛选所得。这些石器在图上可能会有所重叠，但我们都会在相应的时期中予以详述。

图13-117和118显示的是，房址内外都存在石器的生产和使用。其中，F39中存在一个明显的石器加工集中区。另外，我们还发现打磨/抛光石器的分布遍及整个发掘区域。接下来我会按照出土单位详述这些石器。

第一期房址外活动面上的石器（与房址无关）

仅在一块精心加工过的活动面上发现一件人工制品（一件流纹岩质的素材），这个活动面并不从属于任何房址。然而，图13-117和118显示，其他的一些工具很可能与这一活动面存在联系。这一

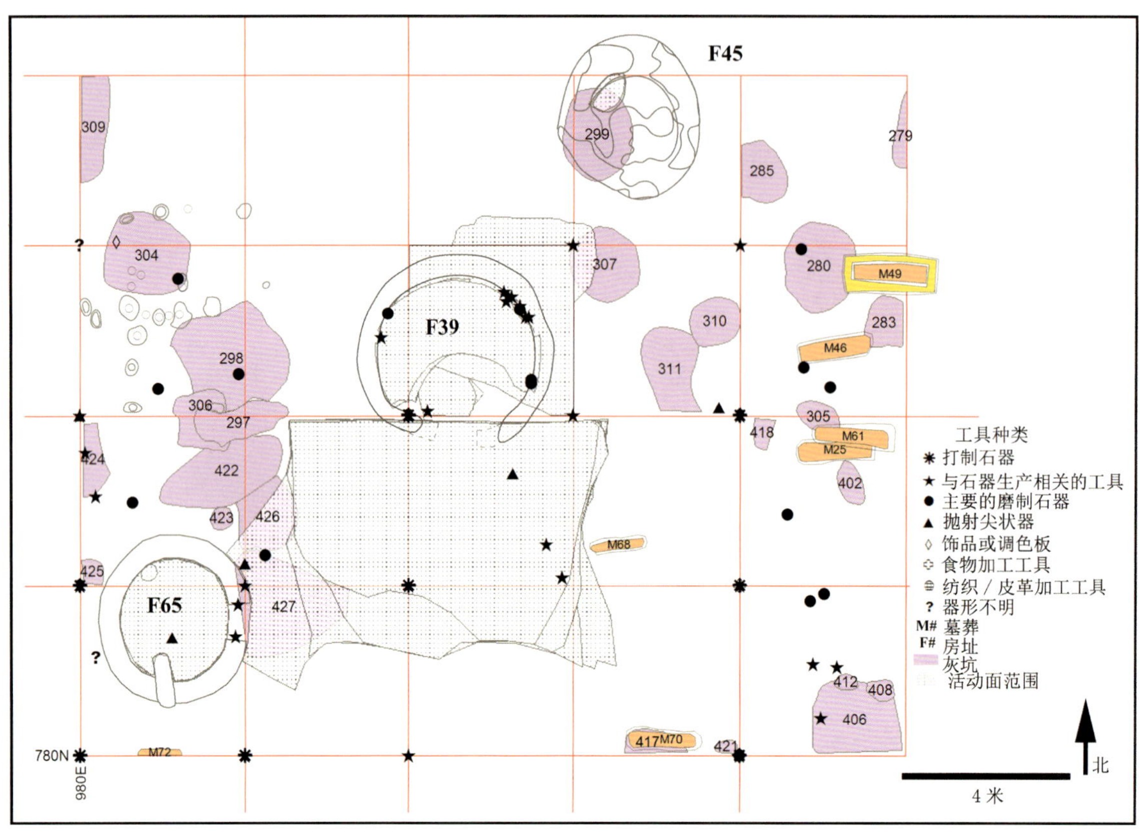

图13-117　第一期各类石器的分布

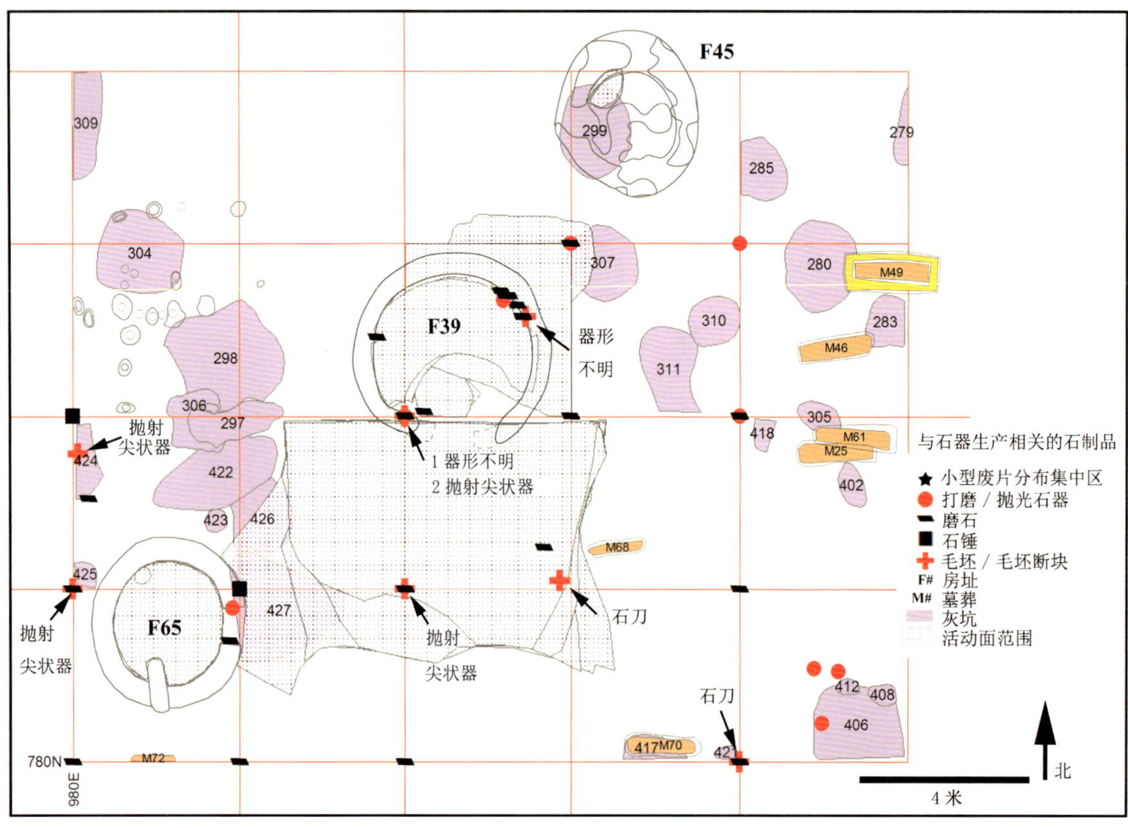

图13-118　第一期与石器生产相关的石制品分布情况

平面延伸于F39和F65之间，面上非常整洁干净。这与当今两城镇地区常见的分布于村子周围的“打谷场”非常类似。活动面上可能是特意不保留石器断块。因为这些微型石片无论是对于行走还是保持工作面的整洁（包括谷物）而言，都是不可接受的。Clark（1986a）曾提出，当分析与石器生产相关的锋利石片的空间分布时，整洁度是我们需要重点考虑的一个因素。

第一期房址外与活动面和其他遗迹单位均不直接相关的石器

共发现有25件石制品与任何遗迹单位均不直接相关，它们包括：斧（2件）、打磨/抛光石器（4件）、磨石（7件）、不能确定种类的磨制和抛光石器（4件）、刀（4件）、臼（1件）、毛坯（1件）、抛射尖状器（1件）和素材（1件）。毛坯可能是用来制作石刀，而素材可能也是为了加工石刀所用，被发现于可能是沟的遗迹中。

第一期房址外位于灰坑中的石器

在表13−95中可见，23件石制品发现于满是基岩碎屑的灰坑中。我怀疑这些灰坑中出土的石制品是二次堆积，或是被古人当作垃圾丢弃于此，或是被自然营力诸如流水冲刷等带到低洼地。其中，很多极可能为垃圾坑。如今，我们仍不了解史前时期灰坑的确切功用。然而，有学者认为一些灰坑可能是祭祀坑（Liu 1996a; Liu 2000; Liu 2004），还有一些灰坑则可能是窖穴。

这些灰坑中总计出土了12件完整工具，包括石锤（2件）、抛射尖状器毛坯（1件）、锛（2件）、抛射尖状器（1件）、磨石（1件）、调色板（附着有赭石残留）（1件）、打磨/抛光石器（3件）和砾石砍砸器（1件）。其中H298（图13−115）中出土了5件器物，数量最多，包括有锛（1件）、石锤（2件）、刀（1件）、抛射尖状器（1件）。其中，A1形制的锛、待定形制的抛射尖状器和石锤都是完整器。

表13−95　第一期灰坑中出土的工具表

工具类型	总计
锛（n=3）	13.04%
打磨/抛光石器（n=3）	13.04%
石片（n=1）	4.35%
磨石（n=6）	26.09%
石锤（n=2）	8.70%
种类不明的磨制及抛光石器（n=1）	4.35%
刀（n=1）	4.35%
微型石片（n=2）	8.70%
调色板（n=1）	4.35%
砾石砍砸器（n=1）	4.35%
毛坯（n=1）	4.35%
抛射尖状器（n=1）	4.35%
总计（n=21）	100.00%

第一期房址中出土的石器

F45保存较差，未见有石器出土。F39的地面上共出土了73件石制品，其中16件的出土地点在图13−115中进行了标示。F65出土25件器物，图13−117中对其中的一些进行了标示。此外，表13−96中列出了每个房址出土的工具。

表13−96　第一期房址中出土的石制品表

工具类型	房址编号			总计
	F39	F65	F45	
锛	2	0	0	2
打磨/抛光石器	2	1	0	3
凿	1	0	0	1
石片	3	4	0	7
磨石	17	12	0	29
石锤	0	1	0	1
种类不明的石器	1	2	0	3
刀	1	1	0	2
毛坯	6	1	0	7
抛射尖状器	1	2	0	3
铲	0	1	0	1
微型石片	40	0	0	40
素材	0	2	0	2
总计	74	27	0	101

F39

F39出土的磨石多是断块。然而，这里也存在着一些较大的、完整的砂岩和花岗岩的磨石。房址中还存在一个石片及微型石片的集中分布区（#5657，详见本章第六节），其中既有打制石片也有磨制石片。微型石片的尺寸十分细小，以至于当时很难将其彻底打扫干净，因而它们成了房址内曾进行过工具制作的重要指示物（表13−97）。

抛射尖状器和石刀毛坯都已经进行过不同程度的打制、琢制以及轻微的磨制。打磨/抛光石器和锛都是完整器，凿可能是在修整时发生破裂，石刀也同样是断块。

表13−97　与房址F39有关的石制品表（不包括微型石片）

工具类型	标本编号	石料*	北坐标	东坐标	海拔	出土探方/备注
锛 形制B	F39：15（#5659；S2024）	M19	788.75	991	15.56	T2398，完整，经过微痕分析
锛 形制B	F39：5（#5658；S2011）	S1	790.48	990.72	15.54	T2398，完整，风化严重，经过微痕分析

打磨/抛光石器	F39：2（#5654；S2025）	M8	790.68	990.39	15.54	T2398，经过微痕分析
打磨/抛光石器	F39：30（#5624；S1983）	M2A	788	988		T2398
凿 形制A	F39：14（#5659；S1999）	S1	788.83	991	15.54	T2398，断为三部分，但可拼对完整。风化，通过打制和琢制进行了再修整，很可能在再修整过程中破裂，经过微痕分析
石片（磨制）	F39：29（#8776；S2933）	M5B	780	984		T2297，石片断块，背部磨平
石片	F39：32（#8248；S2749）	M7	784	988		T2348，微型石片
石片	F39：31（#5658；S1985）	M5A	788	988		T2398，石片断块
磨石	F39：13（#5654；S2009）	M6E	788.10	988.46	15.29	T2398，较大，单面使用
磨石	F39：12（#5658；S2014）	M6E	790.31	990.85	15.45	T2398，较大，侧边断块，单面使用
磨石	F39：9（#5658；S2019）	M6E	790.79	990.52	15.48	T2398，单面短时间使用
磨石	F39：32（#8262；S2971）	M6E	784	988		T2348，单面使用
磨石	F39：33（#8262；S3190）	M6E	784	988		T2348，较大，单面使用
磨石	F39：8（#8244；S3351）	M6E	784.96	991.37	15.38	T2348，很大，三面使用，侧边断块
磨石	F39：21（#5658；S1978）	M6C	788	988		T2398，侧边断块，单面使用
磨石	F39：22（#5658；S1979）	M6C	788	988		T2398，较大的侧边断块，双面使用
磨石	F39：10（#5658；S2012）	M6C	790.57	990.72	15.52	T2398，较大断块，单面使用
磨石	F39：3（#5658；S2020）	M6C	790.90	990.34	15.57	T2398，小而扁平，双面使用
磨石	F39：4（#5658；S2021）	M6C	790.79	990.44	15.55	T2398，侧边断块，双面使用
磨石	F39：34（#8776；S3191）	M6C	780	988		T2398，侧边经打制，双面使用
磨石	F39：24（#5624；S2001）	M7	788	988		T2398，小断块，单面使用
磨石	F39：19（#5674；S1975）	S2C	788	988		T2398，较小侧面断块，双面使用
磨石	F39：20（#5664；S1977）	S2C	788	988		T2398，较小内部断块，单面使用
磨石	F39：6（#5658；S2010）	S2D	789.83	987.33	15.52	T2398，小而完整，经常使用
磨石	F39：25（#8249；S2951）	S2C	784	988		T2348，拐角部位断块，双面使用，且有凹槽
形态不明的磨制石器断块	F39：18（#5659；S1973）	S2	788	988		T2398，待定工具，单面轻微磨制
刀 形制A2	F39：7（#5664；S2028）	M6C	790.39	987.50	15.39	T2398，残存一半，两个钻孔为双面钻，钻孔方式为琢制和石钻
刀毛坯	F39：16（#8252；S3347）	I9	784.19	991.75	15.39	T2348，侧边经打制
抛射尖状器毛坯	F39：28（#5624；S1982）	M5B	788	988		T2398，侧边打制/琢制

不确定的毛坯	F39：11（#5658；S2013）	M1	790.13	990.93	15.57	T2398，一侧边轻微磨制
不确定的毛坯	F39：27（#5664；S1976）	M7	788	988		T2398，侧边经轻微打制
抛射尖状器毛坯断块	F39：23（#5624；S1984）	M5A	788	988		T2398，侧边有石片疤，轻微磨制
抛射尖状器毛坯断块	F39：26（#8251；S2956）	M5A	784	988		T2348，侧边经打制
抛射尖状器 形制B2	F39：17（#8263；S3338）	M17	786.62	990.55	15.32	T2348，磨制，未抛光

* 石料代码详见附录。

F65

F65是第一发掘区中时代最早的遗迹单位。由于F65和F39共用同一个室外活动面（图13–115），因而我怀疑，这两个房址的使用时间都很长。F65出土的磨石有砂岩和花岗岩两种材质。其中，砂岩材质的磨石主要是几乎用尽的侧边和中间部分的断块。房址内还出土了一件石英质地的石锤/琢制工具。发现有打制而成的完整绿色片岩质石片。同时，房址中出土一件打磨/抛光石器、一件石刀（形制为A3）、一件抛射尖状器毛坯和一些待定工具。另外，还有一件石刀和一件石铲的素材（表13–98）。

在F65中出土的器物中，有两件石制品的出土位置应该引起格外关注。标本F65：4（#8091；S3325）（大块的海滩鹅卵石）和F65：5（#8091；S3327）（圆形砂岩质磨石）分别出土于房址的门道两侧（图13–117）。这块鹅卵石并没有进行微痕检测，但在它上面存在着一个可能由抛光石加工形成的平面。圆形磨石上形成了一个因经常使用而磨损的凹陷面。这两件石器正好位于F65的入口处，这可能暗示了此房址主人的身份。将这两件石器联系到一起考虑，可能表明此房址内进行过石器的磨制与抛光活动。同时，房址内出土的石器素材和使用频繁的石英石锤（图13–38，2）也支持这一推论。

表13–98　与房址F65有关的石制品表

工具类型	标本编号	石料*	北坐标	东坐标	海拔	出土探方/备注
打磨/抛光石器	F65：4（#8091；S3325）	M2A	783.55	983.83	15.25	T2346，无加工面，很可能是打磨石
石片	F65：20（#7031；S2759）	M5B	780	980		T2296，完整，内部石片
石片	F65：21（#7031；S2774）	M5B	780	980		T2296，完整，次级石片
石片	F65：34（#8147；S2965）	M5B	780	984		T2347，完整，初级石片
磨石断块	F65：23（#7045；S2974）	S2C	780	980		T2296，砂岩，磨石内部断块
石片	F65：31（#8084；S2957）	S1	784	980		T2346，完整，次级石片，房内
磨石	F65：27（#8069；S2786）	M6C	784	980		T2346，较大，花岗岩
磨石断块	F65：30（#8084；S2954）	M6C	784	980		T2346，拐角断块，花岗岩，双面使用，房内

小磨石	F65：22（#7035；S3059）	M6C	780	980		T2296，小而薄，花岗岩，双面使用
小磨石	F65：25（#7045；S3020）	S2	780	980		T2296，小砂岩卵石，所有面都被使用
较小圆形磨石	F65：5（#8091；S3327）	S2B	782.80	983.77	15.31	T2346，圆形，双面使用
小磨石断块	F65：36（#8690；S2737）	S2C	780	984		T2297，小而扁平，中间断块
小磨石断块	F65：28（#8069；S2804）	S2C	784	980		T2346，扁平，侧边断块，单面使用，平整
大磨石断块	F65：33（#8098；S2968）	S2C	784	980		T2346，大而厚，侧边断块，双面使用
磨石断块	F65：26（#7051；S2983）	S2C	780	980		T2296，侧边断块，双面使用
小磨石断块	F65：24（#7045；S3058）	S2C	780	980		T2296，较小，单面使用
大磨石断块	F65：8（#8098；S3328）	S2C	786.09	980.38	15.13	T2346，几乎用尽，双面使用，较大的侧边断块
石英晶体石锤	F65：35（#8150；S2962）	MIN 1	780	980		T2347，破裂，刃缘部位破损极为严重
器形不明的磨制及抛光石器断块	F65：29（#8084；S2947）	M5B	784	980		T2346，待定工具的侧边，房内
器形不明的石器	F65：13（#7031；S3271）	S1	782.31	980.39	15.37	T2296，已分解，可能为铲
刀 形制A3	F65：14（#8145；S3335）	S2D	784.71	984.50	15.42	T2347，边缘很钝，残留黑色物质，双面钻孔，为石钻，已进行微痕分析
抛射尖状器毛坯断块	F65：32（#8084；S2948）	M5B	784	980		T2346，侧边因打制/琢制而呈斜坡状，房内
抛射尖状器形制A1	F65：15（#8150；S3334）	M5B	784.51	984	15.2	T2347，由钻孔得知其为破损石刀改制而成
抛射尖状器形制B1	F65：1（#8084；S3314）	M18	782.77	982.24	15.21	T2346，无抛光
铲 形制B	F65：10（#8098；S3322）	S1	785.95	981.29	15.1	T2346，破损，中部断块
素材						刀、铲

* 石料代码详见附录。

第一期墓葬中出土的工具

第一期的墓葬共计7座，分别是M25、M46、M49、M61、M68、M70和M72。M61中出土了一件花岗岩质砾石砍砸器（编号为M61：01（#8462；S3203））和一件小凿的素材，但这两件很可能都并非古人有意埋藏进墓葬，而是在填土回埋的过程中混进去的。M25中出土一件石刀素材，同样地，这也极有可能是无意混进填土中的。

关于第一期石器组合的讨论

第一期石器生产的证据

第一期的堆积保存很好，有大量石器出土，这很可能与这一时期房址极佳的保存环境以及房址内外保存很好的活动面有关。其中，与石器生产相关石制品的分布情况在图13-118中有所展示，这类石制品大约占据了这一时期全体石制品的78%，包括有6.5%的打磨/抛光石器、5%的石片、27%的微型石片、27%的磨石、6%的毛坯和4%的素材。这表明此时期存在大量的石器生产活动。我们可以通过石器毛坯、素材和石片等信息来推断其代表的工具类型。

毛坯包括有刀（2件）、抛射尖状器（5件）和待定器物（2件），它们都位于F39和F65内部或附近（图13–118）。素材包括有1件锛、1件小凿、3把刀和1件铲。

由于两城镇的石料种类往往与特定的工具类型密切相关，所以根据石片石料的性质也可以推测其所代表的工具种类。这些石片的主体是绿泥/角闪片岩和花岗岩（表13–99）。其中，片岩一般是用来制作抛射尖状器的。大型打制石片相对较少（8件），而微型石片却较为丰富（15件），这一情况说明此时期在遗址中可能仅存在修整和磨制阶段的生产活动。抛射尖状器毛坯很可能是在石料产地或其附近完成的初步加工。

表13–99 第一期石片的石料表

石料	总计
绿泥/角闪片岩	70.00%
花岗岩	16.00%
富含白云母的熔结凝灰岩	6.00%
砂岩	2.00%
滑石片岩	2.00%
流纹质熔结凝灰岩	4.00%
总计	100.00%

大量的证据表明，石器的生产活动在房址内外都曾发生过。其具体分布可详见图示（图13–115、117、118）。图13–118中同时还标示出了F39中石片集中分布的区域。在F39活动面上采集的浮选样品中出土了大量的微型石片。由于石片的尺寸非常小，所以这可能暗示了石器毛坯的最后加工环节（很可能是磨制行为）是发生在F39之内。然而，房址中不存在磨制石片同时仅可见劈裂面不明确的废片，这些情况好像又反映出F39仅是进行打制活动的场所。但几乎用尽的磨石说明此处应该进行过磨制活动。抛射尖状器毛坯（图13–118）和绿泥/角闪片岩质微型石片的存在表明房址内曾进行过抛射尖状器的生产活动，这可能是由天气因素所决定。

在F65中出土了大量的磨石、两件素材、使用过的石英石锤和大型石片，这可能暗示了此房址内进行过石器的生产活动。打击石片的存在表明房址内曾发生过一定程度的打制活动。此外，在房址门道处发现的两件工具可能是担当了“样品展示”的角色，当然它们也可能是与房址门道的建造有关。

总体上，上述证据表明，毛坯最后阶段的修整（包括磨制及抛光等）主要是发生在遗址内。此外，还有其他少量证据（如素材和打制石片）表明诸如石刀和石铲等工具最初阶段的打制活动也曾在遗址中出现过。

3．第二期石器

第二期的工具主要出土于房址之外，这一时期的遗迹单位包括有F38、F40、F41、F43、

F44、F49、F53、F60、F61、F62、F63和F64。另外，H56和其他四座墓葬也属于这一时期（图13－119）。

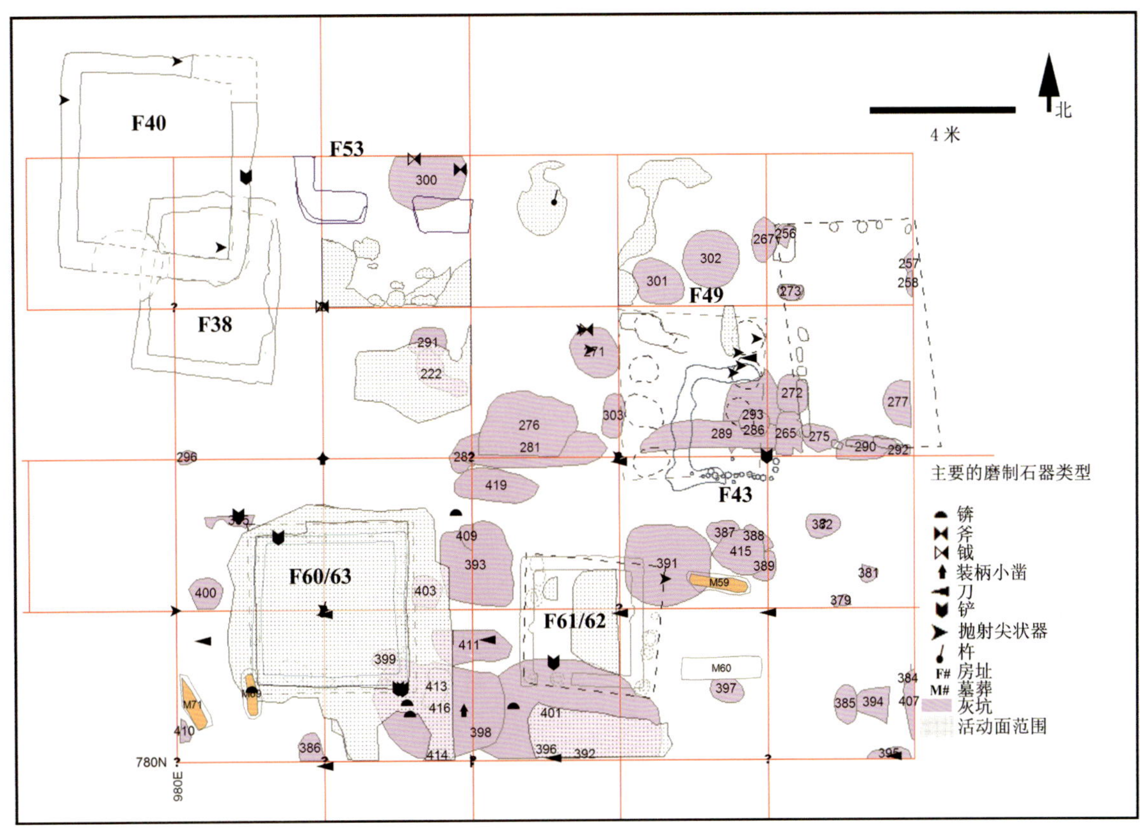

图13－119　第二期主要磨制石器的分布

图13－119显示了主要磨制石器的分布情况。其中，F43北部区域是一个抛射尖状器的密集区，其中三件出土于F49之内，一件位于F43之内。除这一密集区外，我们再没有发现其他的石器工具密集区域。工具的分布情况表明此时期存在随意的废弃/使用行为。

房址中出土的工具大约占了20%左右。图13－120向我们展示的是第二时期所有石器的分布密度。总体上，工具密集区多发现于T2397的房址和相应的加工面（临时号#4438）。这一模式表明，石质工具的制作和使用都是在房址内外进行的。

图13－121展示的是第二时期所有石器种类的分布情况，其中存在着几个独立的石器密集区。四个抛射尖状器聚集于F43和F49的中间区域，F60/63内部和周围区域（F49西侧）出土了大量的与石器生产相关的石制品（图13－121）。这一情况说明，与第一时期一样，这一时期在房址内外都存在石器生产活动。

第二期房址外活动面上的工具

共计有27件工具出土于这一时期的活动面上，包括锛（1件）、钺（1件）、双面砍砸器（1件）、磨石（1件）、锛或凿近端断块（1件）、磨制或抛光断块（1件）、微型石片（19件）、素材（1件）和可用石片（1件）。

在房址之间（F38东侧两米远）的活动面（临时号为#4438）上采集的土样中，我们发现了6件微

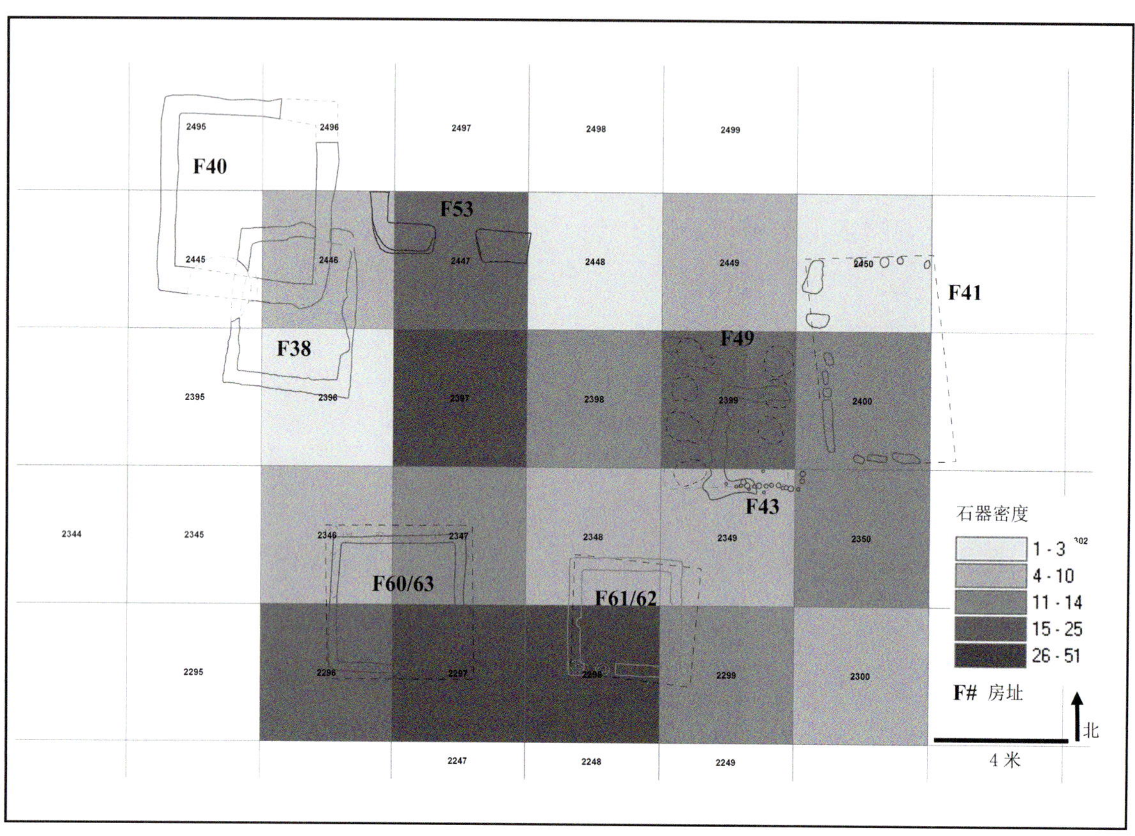

图13-120 第二期石器的分布密度图

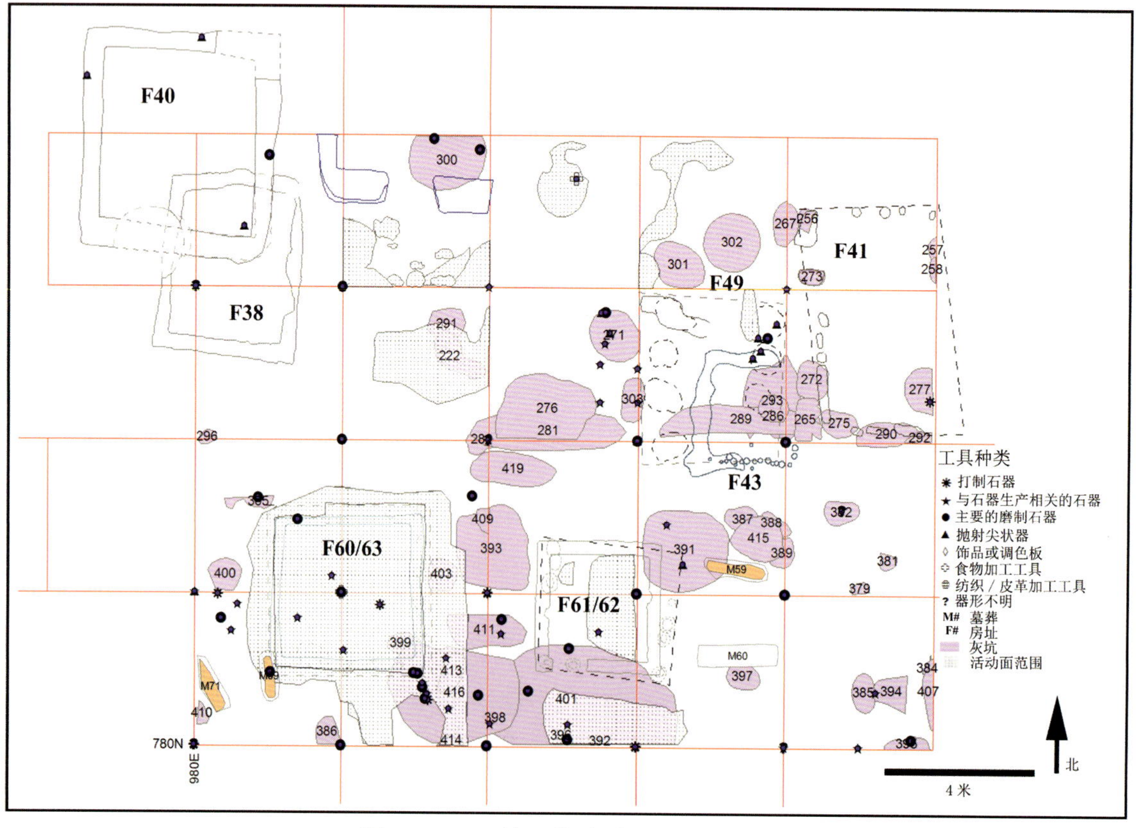

图13-121 第二期各类石器的分布

型石片（图13–122），石料包括流纹岩、花斑岩、绿泥/角闪片岩、砂岩。在临时号为#4556的活动面（位于临时号#4438的北邻）上，我们还发现了其他4件微型石片，其中包括有两件小型石英质压制石片。另外，还有三件微型石片（包括一件砂岩石片和一件打制石片）出土于临时号#4547的活动面上（#4556西邻）。

各种石料类型和砂岩石片的存在极可能表明，这些活动面是用来进行打制和磨制石器活动的。而且，很有可能周围所有房址的先民都共用这些活动面。鉴于这些活动面的距离和方向，我们认为它们在当时极可能是连成一片。

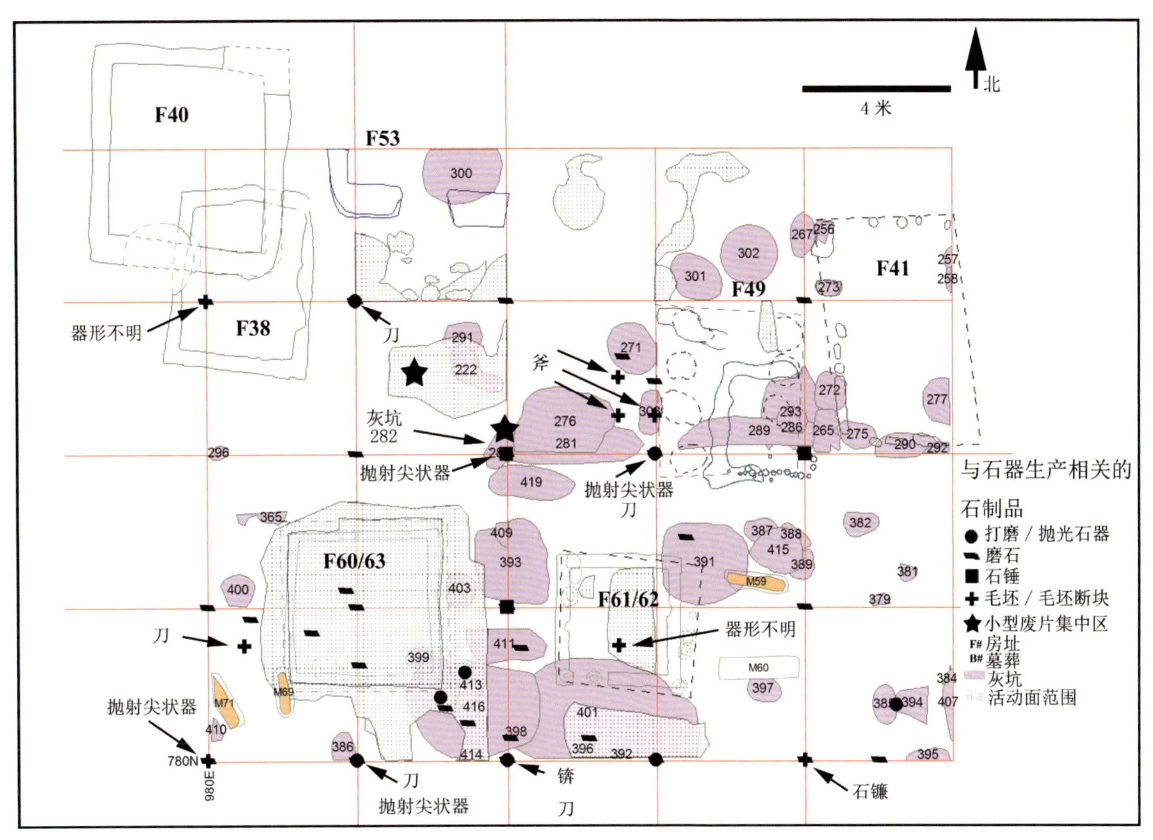

图13–122　第二期与石器生产相关的石制品分布情况

第二期房址外非活动面上出土的工具

第二期共计出土了22件不属于任何活动面和遗迹单位的工具，包括有：打磨/抛光石器（1件）、磨石（12件）、器形不明的磨制或抛光石器（1件）、微型石片（1件）、杵（1件）、毛坯（3件）、素材（2件）。其中，这些毛坯包括两件斧、一件镰。素材则可能是一件小凿和一件锛。

第二期灰坑出土的工具

第二期工具中的很大一部分出土于灰坑之中（表13–100），它们中有70%为非完整器，这可能表明这些工具是二次埋藏于灰坑中的，例如垃圾处理或是自然营力冲刷至洼地等。其中，出土工具数量较多（大于等于5件）的灰坑有H271（9件）、H282（40件）、H300（5件）、H398（9件）、H401（43件）、H403（5件）、H416（21件），详见表13–101。

表13-100　第二期灰坑中出土的石制品表

工具类型	总计
锛（n=3）	1.60%
斧（n=1）	0.53%
钺（n=2）	1.06%
打磨/抛光石器（n=6）	3.19%
凿（n=1）	0.53%
石片（n=3）	1.60%
磨石（n=65）	34.57%
有槽磨石（n=1）	0.53%
装柄小凿（n=2）	1.06%
石锤（n=5）	2.66%
器形不明（n=9）	4.79%
刀（n=4）	2.13%
微型石片（n=53）	28.19%
砾石砍砸器（n=3）	1.60%
杵（n=1）	0.53%
毛坯（n=7）	3.73%
抛射尖状器（n=4）	2.13%
石拍（n=1）	0.53%
铲（n=5）	2.66%
镰（n=1）	0.53%
素材（n=9）	4.79%
使用和修整石片（n=1）	0.53%
可用石片（n=1）	0.53%
总计（n=188）	100.00%

在H401和H416中出土了大量的磨石，分别为29块和16块。H282（图13-122）出土了极高比例的微型石片（临时号#4448，见第六节），包括有打制和磨制两类。我们推测这些废弃物可能是从其他地方搬运过来并被丢弃到灰坑中的。

第二期的灰坑大多数都发现于发掘区东南约为整个发掘区域的1/4范围内，而远离那些活动面遗迹（图13-122）。由于这一时期的灰坑、房址等遗迹单位之间存在着大量的叠压打破关系，因而这可能表明其经过了相当长的一段时间，可能还经历过重建行为。其中，有少数几个灰坑发现于房址之外，发现于房址之内的灰坑可能是在房址建造之前加工而成，当然也可能是建造于房址废弃之后。

表13-101　第二期出土工具的灰坑表（大于等于5件）

灰坑号	包含物
H271	钺（1），磨石（3），石锤（1），待定工具（1），斧毛坯（1），抛射尖状器（2）
H282	40件微型石片（绿泥/角闪片岩、富含白云母和流纹凝灰岩、砂岩）
H300	斧（1），钺（1），打磨/抛光石器（1），磨石（1），刀毛坯断块（1）
H398	流纹岩打制石片（1），磨石（3），待定工具（1），微型石片（3），抛射尖状器毛坯（1）
H401	锛（1），打磨/抛光石器（1），磨石（29），装柄小凿（1），待定工具（1），刀（2），锛毛坯（1），刀毛坯（1），抛射尖状器（1），铲（1），镰（1），锛素材（2），刀素材（1）
H403	磨石（1），微型石片（2），杵（1），石拍（1）
H416	锛（2），打磨/抛光石器（3），花斑状流纹岩打制石片（1），白云母凝灰岩微型石片（1），磨石（9），待定工具（1），砾石砍砸器（1），刀毛坯（1），铲（2），锛或斧素材（1），有槽磨石（1）

18个灰坑中都出土有完整工具，包含多件完整工具的灰坑表明它们可能是古人墓旁的祭祀坑。H271中出土了4件完整器，包括有一件钺H271①：2（#5635；S2016）、石锤H271①：8（#5635；S1992）、石斧毛坯H271①：3（#5635；S2018）和形制为B2的抛射尖状器H271①：1（#5635；S2015）。然而，H271附近并未发现相关的墓葬（图13-122）。

同样，M60西邻的大型灰坑H401，出土了6件完整器，包括有形制为A1的锛H401③：23（#8771；S3261）、打磨/抛光石器H401④：76（#8772；S3210）、磨石H401②：13（#8674；S3230）、形制为A的装柄小凿H401①：33（#8770；S3243）、石锛毛坯H401④：30（#8772；S3267）和形制为C的铲H401①：14（#8769；S3268）。H401与M60毗邻表明，这个灰坑可能是用来存储祭祀祖先物品的。

H416同样也出土了大量的完整器，这可能也表明它同样具有与祭祀活动相关的功能。这些完整器包括有2件形制为C1的锛（H416③：4（#8683；S3224）和H416③：1（#8683；S3240））、3件打磨/抛光石器（H416③：11（#8683；S3228）、H416③：38（#8683；S3206）和H416⑤：40（#8685；S3215））、磨石（H416⑤：41（#8685；S3193））、砾石砍砸器（H416③：10（#8683；S3231））、石刀毛坯（H416⑤：43（#8685；S2936））和一件形制为C的铲（H416③：3（#8683；S3242））。H416位于M60与M71之间，其西距M71约5米远，东距M60也约为5米（图13-122）。

第二期房址中出土的石器

F41、F44、F53、F63和F64中未见任何工具出土，而F38、F40、F43、F49、F60和F61中共出土了125件工具（表13-102）。其中，F60/63和F61/62似乎代表的是房址的重建阶段。

表13-102 第二期房址中出土的石制品表

工具类型＼房址编号	F38	F40	F43	F49	F60	F61	总计
打磨/抛光石器	0	0	2	3	0	1	6
石片	0	1	0	0	3	4	8
磨石	0	1	2	1	13	1	18
器形不明	0	1	0	1	2	0	4
待定的镰或刀断块	0	0	0	0	1	0	1
刀	0	0	0	2	2	0	4
砾石砍砸器	0	0	0	0	1	1	2
毛坯	0	1	1	1	1	1	5
抛射尖状器	0	3	1	5	2	0	11
铲	0	1	0	0	1	0	2
素材	0	0	0	0	0	2	2
微型石片	1	0	0	0	2	0	3
总计	1	8	6	13	28	10	66

F38

F38位于发掘区的西北部，其直接叠压于F40之上。F38的居住面上发现一件绿泥/角闪片岩的石片，F40中出土的石器详见表13-103。

表13-103 F40中出土的石制品表

工具类型	标本编号	石料*	北坐标	东坐标	海拔	出土探方/备注
石片	F40：12（#925；S2142）	M5B	792	980		T2446，完整，内部石片，打制而成
磨石	F40：9（#920；S2099）	S2	792	980		T2446，侧边断块，双面使用，磨损严重
器形不明的磨制及抛光石器断块	F40：10（#919；S2129）	S1	792	980		T2446，较小的侧边断块，可能又作为刮削器进行再使用
器形不明的毛坯	F40：11（#925；S2143）	M7	792	980		T2446，河滩鹅卵石，侧边经打制
抛射尖状器 形制B2	F40：2（#920；S2126）	M5B	798.50	980.14	15.57	T2446，尖部残断，未抛光
抛射尖状器 形制B1	F40：1（#920；S2120）	M5B	797.50	977.06	15.49	T2446，近端断块，被烧过，未抛光
抛射尖状器 形制B1	F40：5（#925；S2121）	M17	793.58	981.31	15.46	T2446，未抛光
铲 形制B	F40：3（#919；S2123）	S1	795.43	981.99	15.32	T2446，中间断块，已风化

*石料代码详见附录。

F40

F40（见表13−103）中出土一些与石器加工相关的石制品。其中，三级石片、毛坯断块和几乎用尽的磨石都表明了房址内曾进行过石器加工活动。抛射尖状器（F40：2（#920；S2126））的形态详见图13−19，13。F40出土的石器都没有进行过微痕分析。

F43

F43在F41东侧，位于整个发掘区的东北位置（图13−122），共出土6件石制品（表13−104）。其中，对打磨/抛光石器进行了微痕分析。几乎用尽的磨石断块和抛射尖状器毛坯都表明房址内曾进行过石器加工活动。

表13−104　F43出土的石制品表

工具类型	标本编号	石料*	北坐标	东坐标	海拔	出土探方/备注
打磨/抛光石器	F43：7（#5765；S1801）	M2A	788	992		T2399，光泽发达，进行过微痕分析
打磨/抛光石器	F43：5（#5765；S1802）	M2A	788	992		T2399，光泽发达，进行过微痕分析
磨石	F43：3（#5765；S1799）	S2D	788	992		T2399，侧边断块，较厚，平板状，双面使用，磨损严重
磨石	F43：6（#5765；S1800）	S2D	788	992		T2399，小断块，单面使用
抛射尖状器毛坯	F43：4（#5765；S1749）	M5B	788	992		T2399，较大，侧边经打制，部分磨制
抛射尖状器形制A1	F43：1（#5765；S1761）	M5B	790.19	995.11	15.66	T2399，较大，尖部残断

* 石料代码详见附录。

F49

F49与F43位于同一片区域（图13−122），出土了13件石器（表13−105）。其中，我们对两件打磨/抛光石器进行了微痕分析，结果未发现使用痕迹。它们很可能是储藏起来为将来所用，比如作为打磨/抛光石器或者作为抛射弹丸（宋 1984）。磨石和石器毛坯的存在都表明室内曾进行过石器的生产活动。

表13−105　F49出土的石制品表

工具类型	标本编号	石料*	北坐标	东坐标	海拔	出土探方/备注
打磨/抛光石器	F49：11（#5781；S1750）	M2A	788	992		T2399，进行过微痕分析
打磨/抛光石器	F49：13（#574；S1766）	M2A	788	992		T2399，较小，进行过微痕分析
打磨/抛光石器	F49：12（#5787；S1794）	M2A	788	992		T2399，进行过微痕分析
磨石	F49：9（#5781；S1783）	M6C	788	992		T2399，较大，颗粒粗糙，单面使用
器形不明的磨制石器断块	F49：7（#5781；S1770）	S1	788	992		T2399，已风化

刀 形制待定	F49：4（#5787；S1755）	M8	790.71	995.51	15.33	T2399，双面钻孔，为石钻而成，不完整
刀 形制待定	F49：10（#5774；S1804）	S2D	788	992		T2399，不完整，刃缘磨圆明显
刀毛坯断块	F49：8（#5792；S1772）	I9	788	992		T2399，不完整
抛射尖状器 形制J	F49：1（#5774；S1767）	M5B	790.38	995.32	15.29	T2399，完整，可见装柄痕迹，未抛光
抛射尖状器 形制E	F49：5（#5787；S1791）	M17	791.09	995.75	15.08	T2399，很钝，几近完整
抛射尖状器 形制B1	F49：3（#5774；S1754）	M17	788	992		T2399，仅存铤部
抛射尖状器 形制B1	F49：14（#5792；S1763）	M5B	790.72	995.25	15.36	T2399，铤部缺失，加工完成后经过烧制
抛射尖状器 形制待定	F49：15（#5792；S1775）	M17	788	992		T2399，尖部残断，铤部缺失

* 石料代码详见附录。

F60

F60的房基基本未受破坏，位于第一发掘区的西南角（图13－122）。房址中共出土了28件石器（表13－106）。其中包括3件打制石片、13件几乎用尽的磨石断块、石刀毛坯和2件微型石片，这些器物表明房址内部曾进行过初步的打制和最后的磨制活动。另外，石刀毛坯的发现说明此遗址中也进行过石刀的加工活动。微型石片包括一件小型的砂岩磨石石片和一件完整的流纹岩质三级石片，磨石断块的出现说明了房址内曾进行过工具磨制活动。在F60的东邻，我们发现了面积稍小的F61。

表13－106　房址F60出土的石制品表（未包括两件微型石片）

工具类型	标本编号	石料*	北坐标	东坐标	海拔	出土探方/备注
石片	F60：26（#7003；S3153）	I7	780	980		T2296，石片断块
石片	F60：35（#7003；S3082）	I7	780	980		T2296，完整的次级石片
石片	F60：25（#7003；S3134）	I7	780	980		T2296，微型石片
磨石	F60：7（#8036；S3332）	I7	784.43	983.73	15.86	T2347，有裂隙的河滩鹅卵石，单面使用，使用时间短
磨石	F60：34（#8579；S3021）	S2F	780	980		T2296，内部断块，双面使用，较薄
磨石	F60：19（#7003；S3143）	S2F	780	980		T2296，小断块，单面使用
磨石	F60：20（#7003；S3157）	S2D	780	980		T2296，小断块，单面使用
磨石	F60：22（#7003；S3169）	S2D	780	980		T2296，小断块，双面使用
磨石	F60：6（#8036；S3225）	S2C	782.49	984.07	15.88	T2297，4块断块，可拼对，中部断块，单面使用
磨石	F60：28（#8047；S2920）	S2D	784	980		T2346，侧面断块，双面使用
磨石	F60：21（#7003；S3165）	S2D	780	980		T2296，侧面断块，双面使用
磨石	F60：23（#7003；S3172）	S2D	780	980		T2296，侧面断块，双面使用
磨石	F60：35（#7001；S3082）	S2	780	980		T2296，侧面断块，双面使用

磨石	F60：24（#7004；S3273）	S2C	783.33	982.80	15.77	T2296，侧面断块，较大，双面使用
磨石	F60：27（#8590；S3285）	S2D	780	980		T2296，2块断块，可拼对，双面使用
磨石	F60：17（#7003；S3298）	S2D	783.69	981.16	15.74	T2296，较大，侧面断块，打制，双面使用
器形不明的磨制及抛光断块	F60：31（#8137；S2795）	S1	784	984		T2347，铲或镰断块，无刃部
器形不明的磨制及抛光断块	F60：29（#8134；S3055）	S1	784	984		T2347，内部断块，无刃部
待定镰/刀断块	F60：32（#8137；S2798）	S1	784	984		T2347，已风化，可能为镰刃部断块
刀 形制A4	F60：16（#8579；S3290）	I3	783.32	980.72	15.83	T2296，6块断块，可拼对，双面钻孔，为石钻，已经过微痕分析
刀 形制待定	F60：30（#8137；S2743）	S2C	784	984		T2347，仅残存刀背断块
砾石砍砸器	F60：8（#8036；S3227）	MIN1	783.68	985.08	15.88	T2297，由大块石英基岩制成，已进行微痕分析
刀毛坯	F60：35（#7004；S3272）	I9	783.70	981.16	15.66	T2296，侧边经打制，部分磨制
抛射尖状器 形制B1	F60：33（#8137；S2735）	M5B	784	984		T2347，完整，未抛光
抛射尖状器 形制B1	F60：1（#8034；S3313）	M17	784	980		T2346，完整，未抛光
铲 形制b	F60：9（#8041；S3320）	S1	785.91	982.79	15.75	T2346，7块，刃部缺失

* 石料代码详见附录。

F61

F61共出土了10件工具（表13–107），发现有打制石片、不能确定种类的石器毛坯、几乎用尽的磨石和两件素材。这些石制品表明房址内或周围应进行过石器生产活动。其中，一件素材的石料为流纹岩，而且其尺寸大小和形状都暗示它很可能是用来制作小凿的；另一素材则为花斑岩质，其大小和形状与石斧相吻合。我们对房址中出土的砾石砍砸器和打磨/抛光石器进行了微痕分析，结果显示，砍砸器用作伐木，而打磨/抛光石器则未被使用。

表13–107　房址F61出土的石制品表（未包括素材）

工具类型	标本编号	石料*	北坐标	东坐标	海拔	出土探方/备注
磨石	F61：2（#8232；S2805）	S2C	784	988		T2348，侧边断块，单面使用
石片	F61：6（#8232；S2812）	S1	784	988		T2348，完整，初级石片
器形不明的毛坯	F61：1（#8232；S3255）	M3B	783.38	991.07	15.68	T2298，侧边经打制，未磨制
石片	F61：7（#8757；S3140）	M5B	780	988		T2298，完整，次级石片
石片	F61：8（#8857；S3007）	M5B	780	992		T2299，微型石片
石片	F61：5（#8857；S3072）	I3	780	992		T2299，微型石片
砾石砍砸器	F61：4（#8857；S3147）	M6C	780	992		T2299，双面刃缘崩疤，经微痕分析
打磨/抛光石器	F61：3（#8857；S3506）	MIN1	780	992		T2299，经微痕分析

* 石料代码详见附录。

第二期墓葬中出土的工具

M59、M60、M69中出土了12件工具（表13-108）。其中除了M69外，其他的工具与墓葬并没有直接联系，很多工具都可能是无意填埋于墓葬填土中的。M59中出土的石制品断块看起来似乎是源于同一件工具，但却无法拼对完整。M69中出土的一件石锛断块可能是墓中的随葬品。

表13-108 第二期墓葬出土的石制品表

墓葬	填土中的石器
M59	填土工具组合：2件破损白云母凝灰岩石刀（M59：01（#8375；S2748）、M59：02（#8375；S2791））、2件白云母凝灰岩断块（M59：04（#8375；S2763）、M59：05（#8375；S2770））、1件白云母磨制石片（M59：03（#8375；S2771））
M60	填土工具组合：1件大而扁的花岗岩磨石（M60：01（#8888；S3196））、1件白云母凝灰岩断块（M60：02（#8888；S2742））、1件破损石刀素材（未编号）
M69	可能的随葬品：1件破损流纹凝灰岩锛（M69：1（#7033；S3281）） 填土工具组合：1件绿泥/角闪片岩抛射尖状器毛坯（M69：3（#7033；S2738））、1件绿泥/角闪片岩打制初级石片（M69：6（#7033；S2757））、1件砂岩磨石断块（M69：5（#7033；S2740））

第二期石器组合的讨论

第二期工具制作的证据

与石器制作相关的石制品出土位置已在图13-122中进行了展示。这一时期与石器制作相关石制品的数量与第一时期的十分相似。它们一共占所有石制品的74%，包括4%的打磨/抛光石器、5%的石片、24%的微型石片、31%的磨石、5%的毛坯和5%的素材。这一情况表明，当时此时期存在大量的石器生产和维护活动。其中毛坯包括1件锛、3件斧（两件连为一起）、5件刀、4件抛射尖状器、1件镰和2件待定工具。素材包括6件锛，2件锛或斧，1件斧，1件小凿，1件小凿/凿，2件刀。很明显，当时先民们重点制作的是斧、锛、抛射尖状器和刀。抛射尖状器、斧和刀的制作地点很可能是在F38和F49之间的活动面上，而抛射尖状器、刀和镰则很可能是在F60/63和F61/62附近加工的（图13-122）。

大多数石片是以下石料，包括绿泥/角闪片岩、流纹质熔结凝灰岩、砂岩、富含白云母的熔结凝灰岩或花斑岩（表13-109）。片岩绝大多数用来制造抛射尖状器；流纹质熔结凝灰岩主要被用来制作斧、锛、铲、镰；砂岩、花斑岩和白云母凝灰岩一般制作刀。此外，这一时期中出土的毛坯也可以和这些石片很好的对应。

石片中主要是“微型石片”，这可能表明此时期进行了大量的磨制活动。还发现了很少的（16片）大型打制石片，这暗示了抛射尖状器的初级生产活动可能是在其他地区进行的。同时，石锤数量较少也间接证明了这一推断。工具最终的修整和磨制活动很可能在房址内外都发生过，这一情况与第一时期十分相似。

表13-109　第二期石片的石料表

石料	总计
绿泥石 绿泥/角闪片岩	46.74%
花斑状流纹岩	2.17%
花岗岩	2.17%
花斑岩	5.43%
富含白云母的熔结凝灰岩	6.52%
石英	2.17%
石英粗面斑岩	3.26%
流纹凝灰岩	1.09%
砂岩	11.96%
蛇纹石	1.09%
花岗质熔结凝灰岩	1.09%
流纹质熔结凝灰岩	16.30%
总计	100.00%

F40、F43、F49、F60和F61每个遗迹中都出土了一些与石器生产相关的石制品。基于每个房址平均仅发现12件工具，因而我们认为这反映了当时是个体家庭的工具制作与消费模式。微型石片发现于房址之外的活动面上，这说明房址之外也进行了石器生产活动。临时号#4448区域（属于H282）出土微型石片的详细分析可参见第六节。毫无疑问，这一区域仅出土了少量的微型石片，这一数量表明此时期曾进行过精细的磨制及抛光活动。然而，这也表明当时并不存在大规模的石器生产，而是季节性的家庭生产模式。第二期的石器生产和使用情况与第一期具有很大的相似性。稍有不同的是，第一期代表的可能是冬季才进行的室内生产活动，而第二期的生产活动可能主要发生于温暖季节的户外。

4．第三期石器

第三期发现了3座较大的长方形房址——F54、F57、F59和27座灰坑、3座墓葬。图13-123中向我们呈现了这一时期主要磨制石器的空间分布情况。石器主要集中于3座房址的周围，但F57北部几乎未见工具分布。另外，工具的平面分布相对较为均匀，未见明显的集中区。

图13-124中显示的是此时期所有石器的密度分布情况。从中可见，工具分布集中在两个房址周围。其中，F57北部集中分布了大量的微型石片，是石制品最密集的分布区。图13-125展示的是所有石器的分布情况。据此可见，石器的制作和使用活动既发生于房址之内也发生于房址之外，这可能是由天气因素所决定。F59和F54共用一个大型的室外活动面，F57北部还发现了一些小块的活动面，这些小块的活动面很可能是进行石器生产的大型活动面的一部分（见下文）。

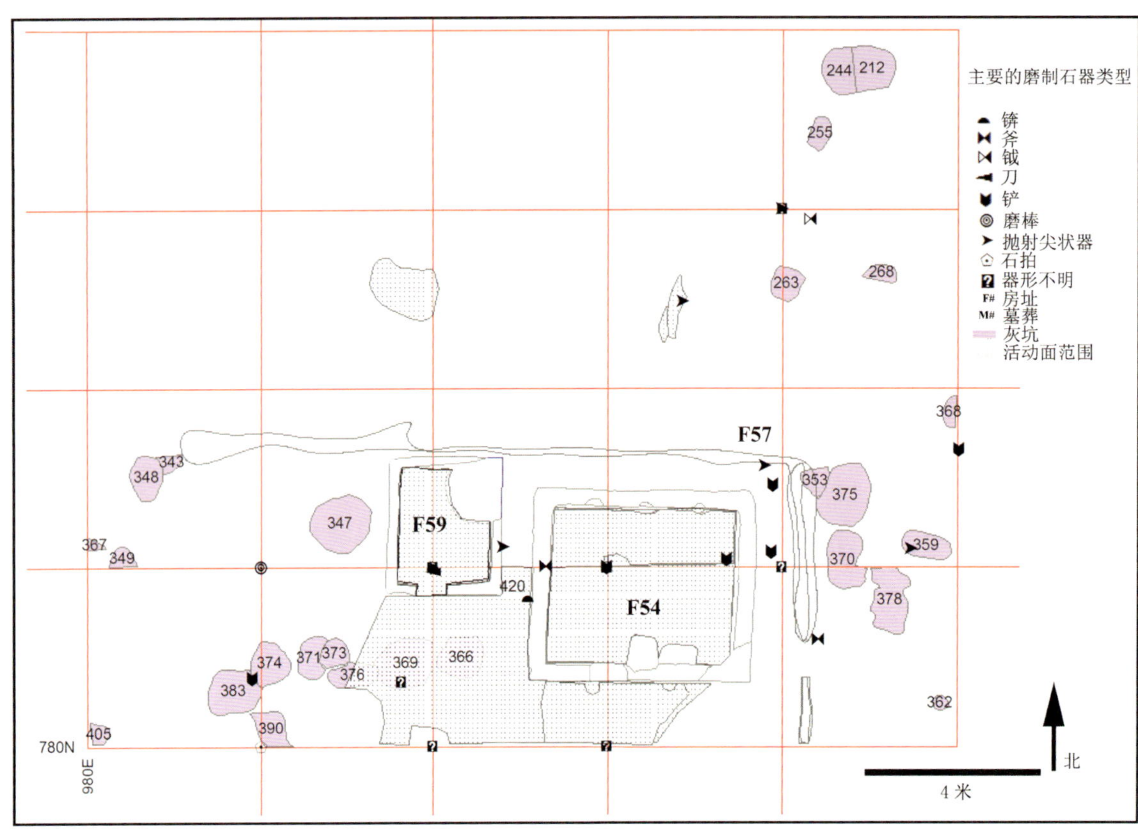

图13-123　第三期主要磨制石器的分布

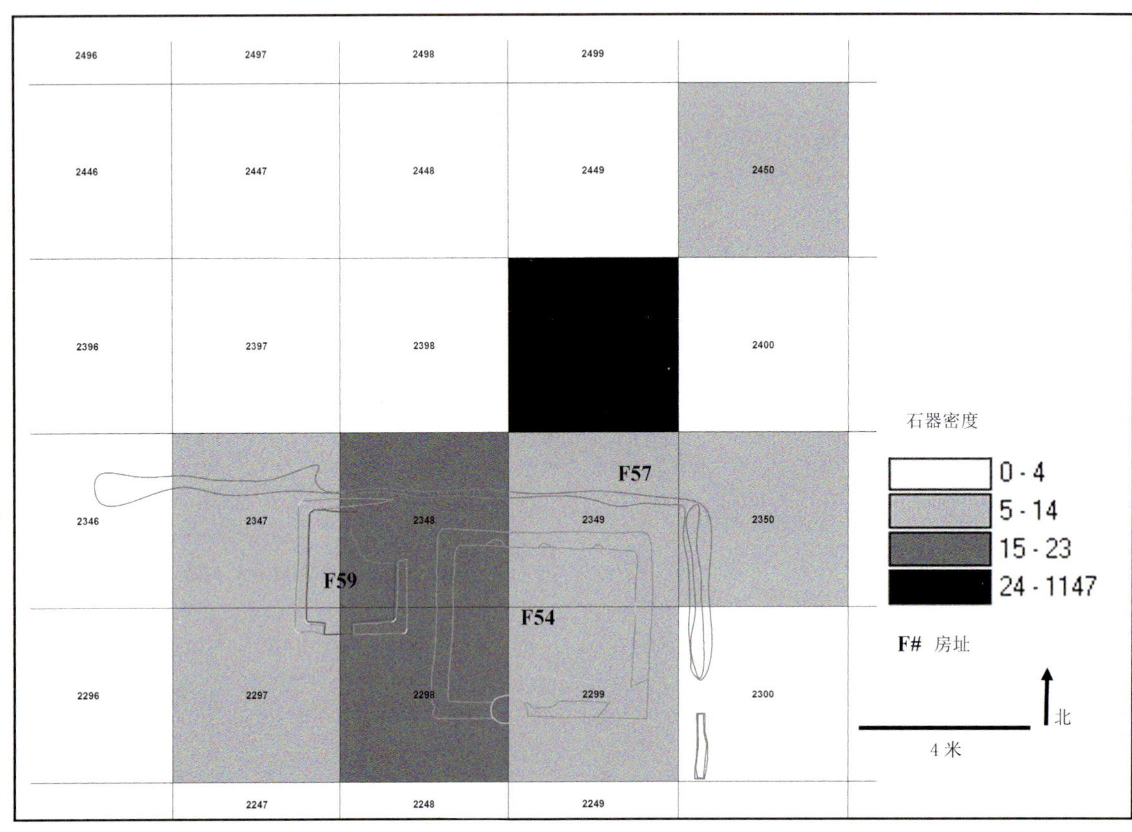

图13-124　第三期石器的分布密度图

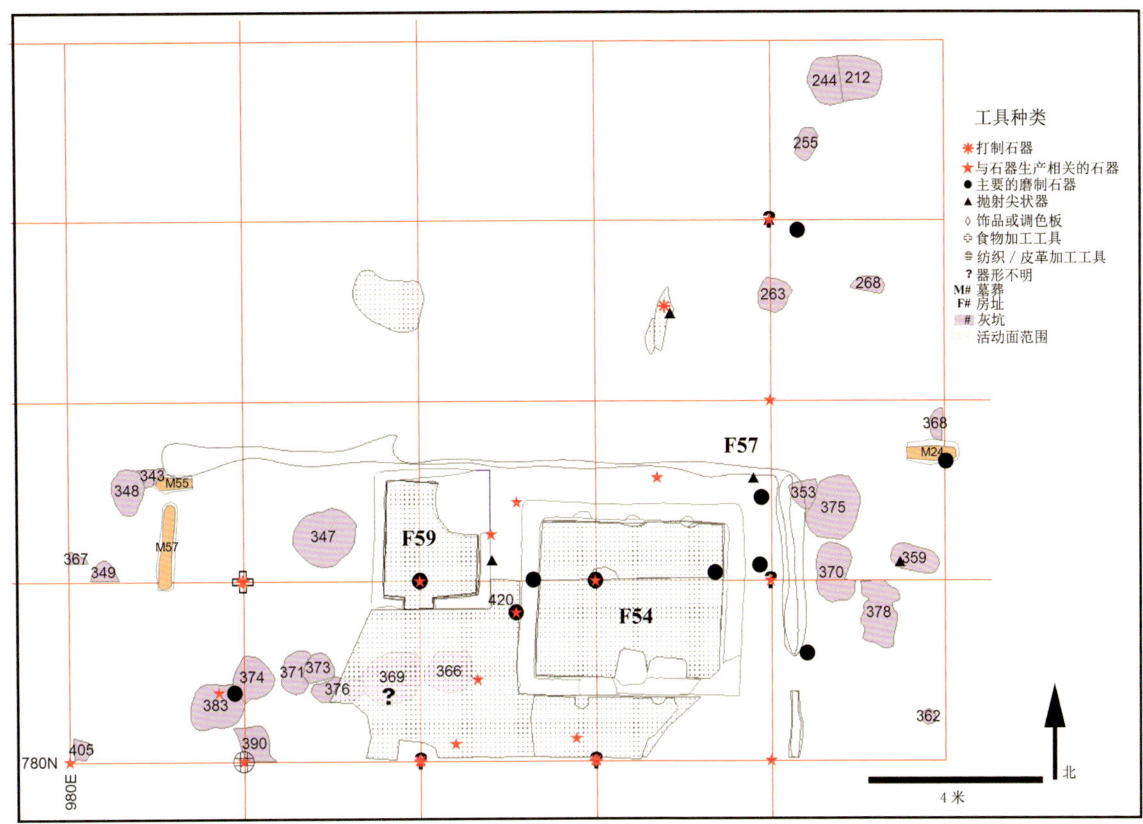

图13－125　第三期各类石器的分布

第三期房址外活动面上的工具

除了大量的微型石片之外，室外活动面上仅出土了2件工具。一件绿泥/角闪片岩打制石片和一件B1形制的抛射尖状器都发现于F57北侧的活动面上，另外，此活动面上还发现了最大的微型石片集中区（图13－126）。这些微型石片的石料也主要是绿泥/角闪片岩，这与两件工具的石料相同。

微型石片的集中区（临时号#5761）包含有1099块石片，在第六节中我们对此有详细的分析。临时号为#5757的集中区出土了51片微型石片，也位于此区域的另一活动面上。经分析，这两处密集区都既有打制石片又有磨制石片。据此我们认为，当时存在着大量的石器生产活动，然而其应该是一种业余时间的家庭专业化水平，因为工匠同时也从事农业生产。上述数据表明，此区域存在大量抛射尖状器最后阶段的修整和磨制活动。尽管这一区域存在着石器制作过程中的不同地点和不同阶段，但应该还是属于业余时间的家庭生产水平。

第三期房址外非活动面上的工具

这一类型的工具共发现11件，它们与这一时期的灰坑、房址并不直接相关，包括有1件钺、2件打磨/抛光石器、4件磨石、1件待定工具、1件抛射尖状器毛坯和1件抛射尖状器。

第三期灰坑中出土的工具

第三期中27座灰坑中的12座共出土了18件工具，包括有一件石锤、抛射尖状器毛坯、铲、抛射尖状器、8件磨石、2件打磨/抛光石器、2件待定工具断块、石拍和一件石刀素材。12座灰坑中的大多数仅出土了一到两件工具。其中，H371出土了3件工具（石锤、石拍、抛射尖状器毛坯），H383也出土了3件工具（一件铲和两件磨石）。工具中的29%是完整器，包括一件磨石（出土于H383，编号为H383②：8（#8584；S3050））、一件石锤（出土于H371，编号为H371：2（#8641；S3208））、一件抛射尖状器毛坯（出土于H371，编号为H371：3（#8641；S3056））、两件打磨/抛光石器（出土于H212和H255，编号为H212：5（#1117；S2259）和H255：3（#1142；S2233））。H371和H383位于M57东南侧约4米远，这说明它们可能是存放祭祀祖先物品的场所。

第三期房址出土的工具

这一时期的三座房址中共出土了81件工具（表13-110）。其中，F54中出土了63件（图13-126中显示了其中的一部分）。F57中出土了7件，F59中出土了11件，但它们都未在图中显示出来。

表13-110 第三期房址中出土的石制品表

工具类型	房址编号			总计
	F54	F57	F59	
锛	2	0	0	2
斧	1	1	0	2
打磨/抛光石器	1	0	0	1
石片	4	0	2	6
磨棒	0	0	1	1
磨石	22	5	4	31
石锤	2	0	0	2
器形不明	7	1	0	8
刀	1	0	0	1
微型石片	8	0	4	12
毛坯	4	0	0	4
抛射尖状器	2	0	0	2
铲	4	0	0	4
镰	1	0	0	1
素材	3	0	0	3
可用石片	1	0	0	1
总计	63	7	11	81

F54

F54是一座大型的长方形建筑，位于F59的东侧（图13-126）。F57的基槽将F54和F59也环绕起

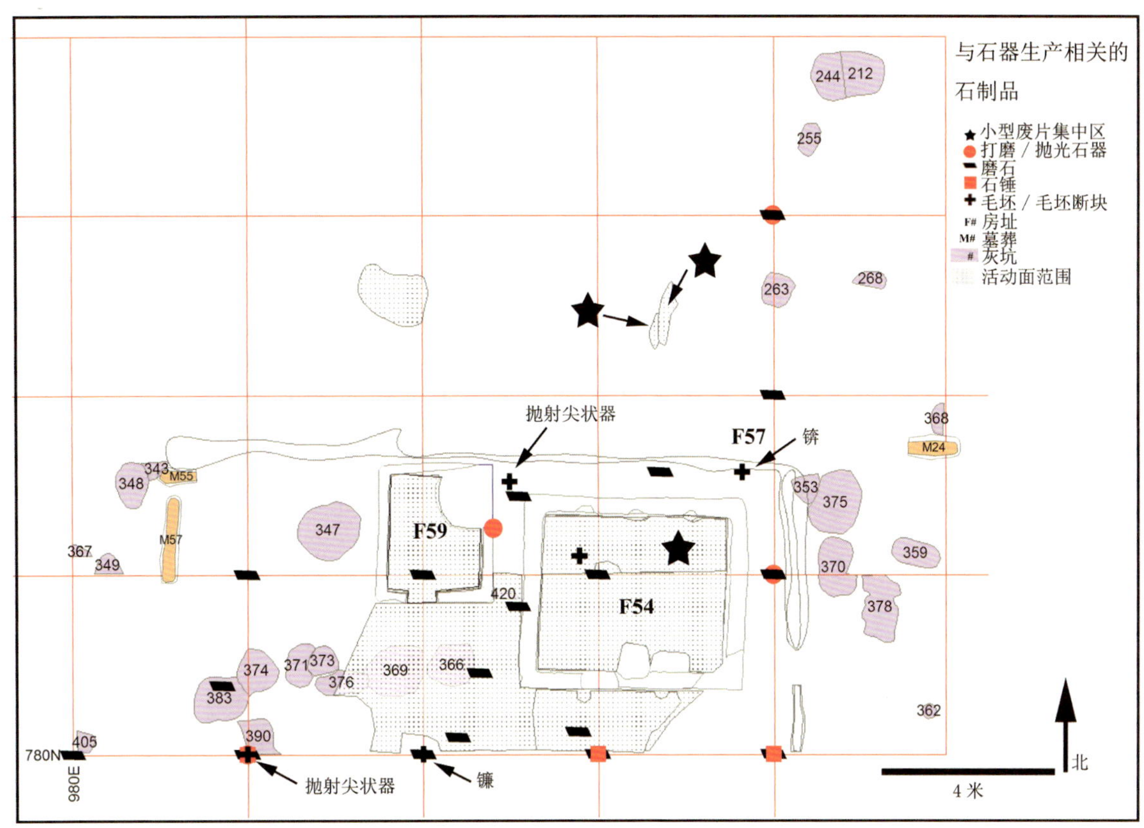

图13–126　第三期与石器生产相关的石制品分布情况

来，但我们还不清楚的是，F57是一座更大更早的房址还是其他遗存的围墙。F54中出土的63件工具详见表13–111。

F54中出土了大量的石器和石片，这说明大量的工具制作活动发生于此。房址中包括大量磨石、毛坯、石锤、石片、微型石片和素材。大型石片的发现表明，这里曾发生过流纹岩的初步打制活动。另外，微型石片和磨石的存在表明此处也进行过流纹岩和绿泥/角闪片岩的磨制活动。通过这些工具的空间位置（图13–126）我们认为，房址内外都曾进行过相关的石器生产活动。

表13–111　房址F54中出土的石制品表

工具类型	标本编号	石料*	北坐标	东坐标	海拔	出土探方/备注
锛 形制A2	F54：19（#8723；S3257）	S4	783.29	990.19	15.96	T2298，完整，已经过微痕分析
锛 形制A1	F54：47（#8213；S3142）	S1	784	988		T2348，缺失边缘，风化
斧 形制A1	F54：9（#8200；S3345）	M10	784.02	990.59	16.29	T2348，完整，已经过微痕分析
打磨/抛光石器	F54：13（#8225；S3340）	M3A	785.03	989.62	15.98	T2348，已经过微痕分析
石片	F54：50（#8847；S2980）	S4	780	992		T2299，石片断块
石片	F54：57（#8822；S2908）	M5B	780	992		T2299，次级石片断块
石片	F54：56（#8822；S2904）	M5B	780	992		T2299，完整，内部石片

石片	F54：53（#8754；S3069）	S1	780	988		T2298，微型石片
磨石	F54：17（#8734；S3263）	M6B	780.38	988.80	15.77	T2298，河滩鹅卵石，双面使用
磨石	F54：51（#8754；S3065）	M6C	780	988		T2298，单面使用
磨石	F54：41（#8846；S3197）	M6C	780	996		T2300，较大，单面使用
磨石	F54：18（#8741；S3262）	M6C	780.50	991.55	15.81	T2298，河滩鹅卵石，双面使用
磨石	F54：12（#8224；S3350）	M6C	785.74	990.21	15.92	T2348，较大，单面使用
磨石	F54：38（#8224；S3076）	M6C	784	988		T2348，大碎片，一个面，和侧边都被使用
磨石	F54：40（#8754；S3185）	M6C	780	988		T2298，单面使用
磨石	F54：14（#8723；S3270）	M6C	783.29	990.19	15.96	T2298，较大，双面使用，可能为侧边断块
磨石	F54：42（#8754；S3205）	I7	780	988		T2298，较大，单面使用，可能为侧边断块
磨石	F54：23（#8308；S2840）	S2	780	992		T2299，较小，中部断块，侧边和一个面都被使用
磨石	F54：32（#8734；S2973）	S2	780	988		T2298，小断块，单面使用
磨石	F54：33（#8213；S3010）	S2B	784	988		T2348，中部断块
磨石	F54：22（#8721；S2829）	S2C	780	988		T2298，侧边断块，双面使用
磨石	F54：24（#8720；S2842）	S2	780	988		T2298，一角，单面使用
磨石	F54：28（#8303；S2909）	S2B	780	988		T2298，侧边断块，单面使用
磨石	F54：29（#8734；S2914）	S2D	780	988		T2298，侧边断块，双面使用
磨石	F54：30（#8754；S2938）	S2B	780	988		T2298，侧边断块，单面使用
磨石	F54：34（#8746；S3011）	S2D	780	988		T2298，侧边断块，双面使用
磨石	F54：36（#8754；S3044）	S2B	780	988		T2298，侧边断块，单面使用
磨石	F54：39（#8225；S3121）	S2A	784	988		T2348，侧边断块，双面使用，几乎用尽
磨石	F54：15（#8727；S3269）	S2D	781.81	989.30	15.9	T2298，5块，较大，双面使用
磨石	F54：1（#8314；S3362）	S2G	786.28	993.42	16.27	T2349，较大，双面使用，侧边断块
石锤	F54：46（#8016；S3413）	M6C	780	996		T2300，已经过微痕分析
石锤	F54：49（#8821；S2870）	I7	780	992		T2299
器形不明的磨制及抛光石器断块	F54：31（#8213；S2953）	M10	784	988		T2348，待定工具断块
器形不明的磨制及抛光石器断块	F54：35（#8334；S3034）	S1	784	992		T2349，待定工具断块
器形不明的磨制及抛光石器断块	F54：37（#8334；S3054）	S1	784	992		T2349，中部断块，待定工具
器形不明的磨制及抛光石器断块	F54：43（#8822；S3222）	S1A	780	992		T2299，待定工具断块，侧边断块

器形不明的磨制及抛光石器断块	F54：54（#8334；S2997）	S1	784	992		T2349，待定断块，已风化
器形不明的磨制及打制石器断块	F54：26（#8321；S2861）	I3	784	992		T2349
器形不明的石器断块	F54：48（#8213；S2828）	S1	784	988		T2348，已风化
刀 形制待定	F54：25（#8211；S2854）	S2E	784	988		T2348，仅存背部
微型石片	#8316	S1	784	992		T2349，带有台面的生产石片
微型石片	#8338	S1	784	992		T2348，5块小碎片
微型石片	#8338	M5A/B	784	992		T2348，小碎片
镰毛坯	F54：52（#8721；S3068）	I1	780	988		T2298，打制及磨制，可能为改制工具
斧毛坯	F54：11（#8224；S3343）	M5B	784.41	991.58	15.86	T2348，侧边经打制
锛毛坯	F54：2（#8315；S3360）	M6C	786.27	995.28	16.23	T2349，稍经磨制
刀毛坯	F54：44（#8310；S2900）	M7	780	988		T2298，侧边打制/琢制，可能是在钻孔时破损
抛射尖状器形制A1	F54：10（#8212；S3344）	M5B	784.46	989.64	16.25	T2348，已风化
抛射尖状器形制B2	F54：8（#8348；S3356）	M18	786.27	995.62	16.00	T2359，尖部缺失，未抛光
铲 形制C	F54：7（#8337；S3364）	S1	784.17	994.73	16.11	T2349，已经过微痕分析
铲 形制C	F54：45（#8322；S3004）	S1	784	992		T2349，三断块可拼对，已经过微痕分析
铲 形制C	F54：6（#8334；S3353）	S1	785.83	995.8	16.04	T2349，两块，已风化
铲 形制0B	F54：4（#8315；S3354）	S1	784.34	995.76	16.17	T2349，仅剩侧边
镰 形制待定	F54：27（#8213；S2903）	S1	784	988		T2348，仅剩刃部，已经过微痕分析
素材	#8212	S1	784	988		T2348，砾石石刀素材
素材	#8721	M6E	780	988		T2298，锛素材
素材	#8721	S1	780	988		T2298，砾石石刀素材
可用石片	F54：55（#8720；S2902）	S1	780	988		T2298，次级石片，已经过微痕分析

* 石料的代码详见附录。

F57

F57残缺严重，其中出土的石制品主要来自基槽和柱洞。发掘中，我们遵循中国考古的经验将所有这些小遗迹单位定为一座房址。然而现在看来，这很可能并不是一座房址。发掘区北部的小活动面可能与F57有一定的联系（图13–126）。表13–112中列出的是F57中出土的工具情况。

表13-112　房址F57出土的工具表

工具类型	标本编号	石料*	北坐标	东坐标	海拔	出土探方/备注
斧 形制A1	F57：1（#8974；S3428）	M10	782.38	996.83	15.4	T2300，刃部缺失
磨石	F57：2（#8220；S3214）	M6E	784	984		T2347，河滩鹅卵石，单面使用
磨石	F57：7（#8435；S3062）	M6C	784	996		T2350，三断块可拼对，中间断块，单面使用
磨石	F57：4（#8435；S2890）	M6C	784	996		T2350，侧边断块，单面使用
磨石	F57：5（#8435；S3042）	S2	784	996		T2350，中间断块，双面使用，出自柱洞
磨石	F57：8（#8435；S2911）	S2C	784	996		T2350，侧边断块，双面使用
器形不明的磨制及抛光石器断块	F57：6（#8435；S3045）	S1	784	996		T2350，待定工具侧边断块，柱洞出土

* 石料的代码详见附录。

F59

F59位于较大的F54西侧，并于F54共用南部一个大型的活动面（图13-126）。房址内出土的磨棒说明这里曾发生过谷物磨制活动。我们还发现砂岩石片和绿泥/角闪片岩石片及微型石片，这些都是进行石器磨制行为的证据。另外，小片的白色燧石压剥石片也说明这里曾进行过打制活动。石料类型的分析也表明，房址内也曾进行过抛射尖状器的加工活动（磨制和压剥）。F59出土的工具详见表13-113。

表13-113　与房址F59相关的石制品表

工具类型	标本编号	石料*	北坐标	东坐标	海拔
磨棒 形制B	F59：1（#8122；S2972）	M6C	784	984	T2347，较小，使用面经琢制和磨制
石片	F59：7（#8127；S3164）	S2C	784	984	T2347，砂岩微型石片，未经磨制
石片（磨制）	F59：2（#8132；S3176）	M5B	784	984	T2347，完整，生产石片
磨石	F59：3（#8133；S3159）	M6C	784	984	T2347，侧边断块，单面使用
磨石	F59：4（#8656；S3150）	S2D	780	984	T2297，侧边断块，双面使用
磨石	F59：5（#8658；S3129）	S2C	780	984	T2297，中间断块，单面使用
磨石	F59：6（#8658；S3173）	S2D	780	984	T2297，断块，双面使用
微型石片	#8131	S4	784	984	T2347，白色燧石压制石片，房内
微型石片	#8647	M5A/B	780	984	T2297，小碎片，房外
微型石片	#8647	S2D	780	984	T2297，较小砂岩微型石片，房外
微型石片	#8658	S4	780	984	T2297，白色燧石压制石片，房外

* 石料的代码详见附录。

第三期墓葬出土的工具

第三时期发现三座墓葬，M24、M55和M57，图13−126中显示的是墓葬的分布位置。M24填土中发现两件石器，它们应该并不是随葬品。包括一件石铲断块（编号M24：01（#8433；S3393））和一件扁平的花斑岩质地且单面使用的磨石（编号M24：02（#8433；S3146））。

第三期石器组合的讨论

图13−126显示的是与石器加工相关的石制品分布情况，这类制品占了第三期石器组合的97%（包括两个较大的微型石片集中区）。如果排除这两个微型石片集中区，那么与石器加工相关的石制品比例就降到68%，包括有4.3%的打磨/抛光石器、6%的石片、2.6%的石锤、38%的磨石、14%的微型石片、5%的毛坯、3%的素材。这一比例与第一、二期的情况十分相似，这说明此时期也发生过大量的石器加工活动。

第三期发现的毛坯包括有一件石刀、两件抛射尖状器、一件石斧、一件锛和一件镰（图13−126），石器素材包括三件石刀和一件锛。石片石料种类包括有0.3%的燧石、96%的绿泥/角闪片岩、1.7%的砂岩和1.5%的流纹凝灰岩。其中，砂岩石片很可能是磨石在磨制石器时所掉落。小型的燧石质压剥石片可能是三角形打制抛射尖状器的副产品，流纹岩石片应该是源自锛、斧、镰或铲等工具的打制或磨制活动。石片中占据主体的是绿色的绿泥/角闪片岩，它们主要是来自抛射尖状器的加工活动。

在第六节中，我通过实验考古学的方法，对两个石片分布集中区可能生产出的工具数量进行了估算。临时号#5761的集中区极可能是抛射尖状器的生产区域。我们在位于F57北侧的活动面上采集了少量的土样，但从中发现了大量的磨制和打制石片。现在我们很难准确估计当时石片的密集度，但可以肯定的是，这一活动面被十分频繁地用来磨制抛射尖状器毛坯。

相对较小的石片集中区（临时号#5757）紧邻上述较大的石片集中区（图13−126），它们很可能是属于同一个活动面。加工一两件抛射尖状器毛坯即可以产生与两个集中区大体相等数量的石片。然而，让我们吃惊的是，这些石片仅是出土于极少量的土样中。较大集中区中的石片来源于840克重的土样中，较小集中区中的石片仅来自540克的土样，而这也差不多就是一杯咖啡的重量。如果F57北侧区域中进行过大量的生产活动，那么这种生产石片就应该覆盖一片更大的区域。

这两个微型石片集中分布区表明此时期曾发生过家庭水平的抛射尖状器磨制活动。这些行为可能就发生在目前仅残存一小部分的活动面上。当时人们可能会生产一些多余的工具用来与其他家庭进行交换，或者在早期的市场经济中与其他社会的人群进行交换。

5．第四期石器

第四期出土了大量的石器，出土单位包括大量的灰坑、12座房址和15座墓葬。在遗址中，这一时期应该是发掘区中的主体。在图13−127中，主要的磨制石器都被表现出来。从中可见，工具主要分布在房址之外的灰坑中和一些活动面上。图13−127同时显示了大量的抛射尖状器、铲、刀、锛。其中，抛射尖状器集中于F21以北以及F20、F33和F34/35以南的区域之中。铲和刀的分布较为随机，而锛则主要分布于发掘区的东侧边缘（图13−127）。

与前三个时期相比，这一时期出土了大量的镰，F37南侧（H31）出土了五件镰。第四时期还出

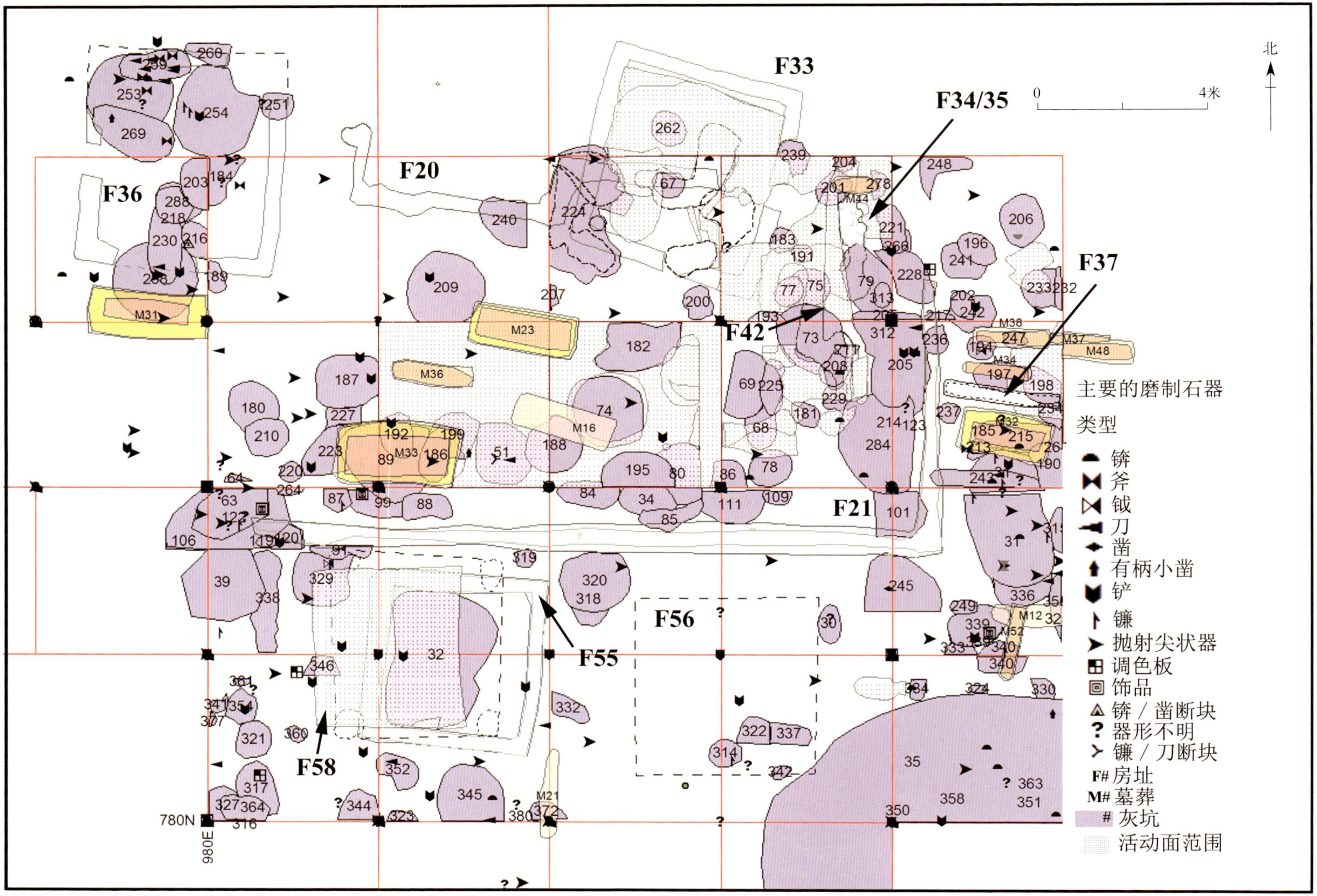

主要的磨制石器

类型

锛
斧
钺
刀
凿
有柄小凿
铲
镰
抛射尖状器
调色板
饰品
锛／凿断块
器形不明
镰／刀断块
F# 房址
M# 墓葬
灰坑
活动面范围

图13－127　第四期主要磨制石器的分布

土了最多的装饰品，7件中的4件已显示在图13−127中。这些装饰品包括有四件石坠（一件有钻孔，三件为毛坯）、一件软玉纽扣形饰物、一件打制的石英块（出土于容器中）和一件精致的方形云母块。石斧和石刀集中分布于位于F36区域中的H253和H259之中。

图13−128显示的是第四期所有石器的分布密度情况。大体上来看，发掘区中所有区域均出土了很多石器。但F36、F20、F55的区域和F21东南部区域的石器分布最为密集（图13−128）。这幅密度图表明当时在房址内外都进行过石器的生产和使用活动。另外，密集度和空间分布还说明，古人在这一区域的居住时间不止一个季度。

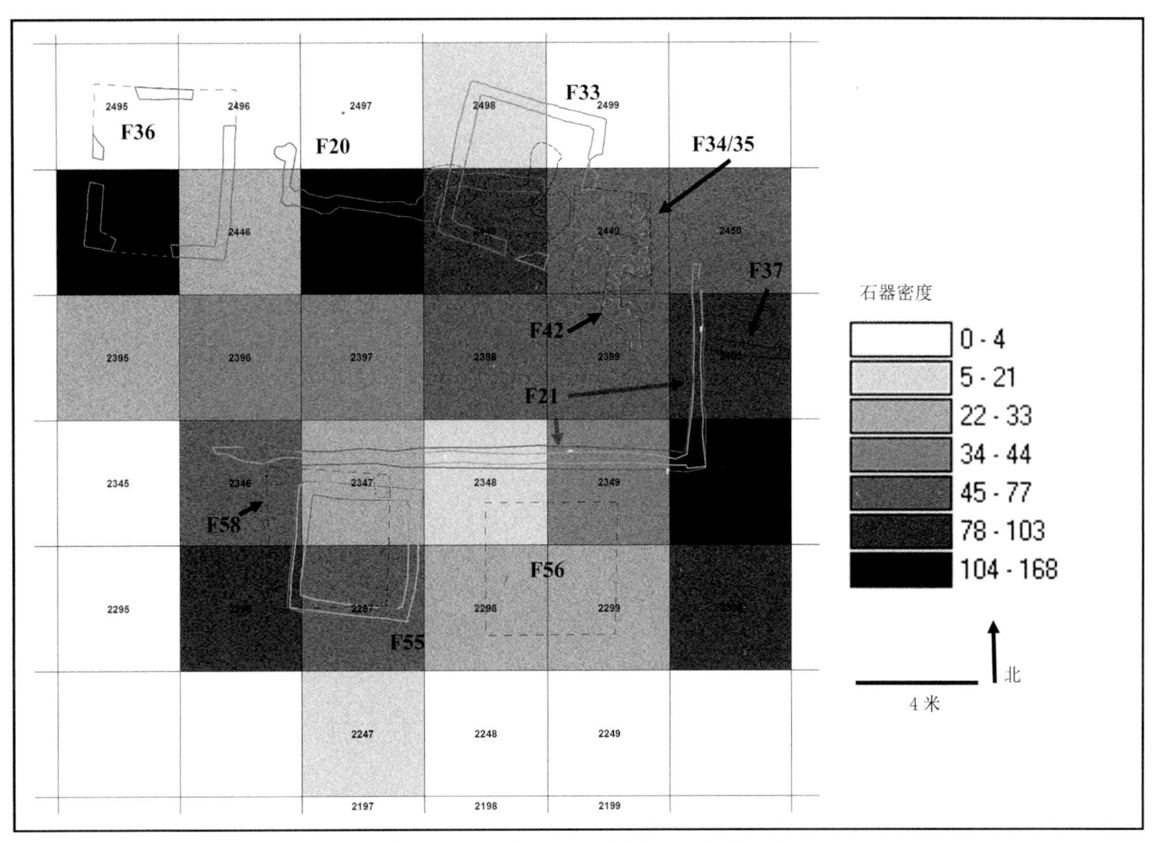

图13−128　第四期石器的分布密度图

第四期房址外活动面上的石制品（与房址无关）

房址外侧的活动面上共出土了14件石制品，包括有1件打磨/抛光石器、1件石片、7件磨石、2件微型石片、2件抛射尖状器、1件可能是锛的素材。这些制品主要与石器生产活动相关。通过微痕分析，我们得知打磨/抛光石器是用来打磨陶坯的。

第四期房址外非活动面上的石制品

第四期中出土的大量石制品并不从属于灰坑、房址或活动面。表13−114中，对这745件制品进行了介绍，其中的多数（593件）是在筛选时发现的。这些制品中有大量的微型石片、石锤、磨石和其他与石器加工相关的石制品（毛坯和素材），这说明此时期曾进行过大量的石器生产活动。其中毛坯包括有1件锛、10件斧、1件小凿、9件刀、21件抛射尖状器、2件铲、3件镰和14件待定工具。

表13-114　第四期中与灰坑、房址及活动面都不相关的石制品表

工具类型	总计
锛（n=12）	1.61%
斧（n=1）	0.13%
钺（n=2）	0.27%
打磨/抛光石器（n=24）	3.22%
凿（n=1）	0.13%
石核（n=2）	0.27%
石片（n=58）	7.79%
打制石刀（n=1）	0.13%
打制抛射尖状器（n=2）	0.27%
磨棒（n=3）	0.40%
磨石（n=216）	28.99%
有槽磨石（n=12）	1.61%
装柄小凿（n=3）	0.40%
石锤（n=12）	1.61%
待定的镰或刀的断块（n=1）	0.13%
器形不明的石器断块（n=59）	7.92%
刀（n=15）	2.01%
微型石片e（n=124）	16.64%
臼（n=1）	0.13%
饰品（n=3）	0.40%
调色板（n=2）	0.27%
砾石砍砸器（n=9）	1.21%
砾石石刀（n=1）	0.13%
毛坯/毛坯断块（n=52）	6.98%
抛射尖状器（n=50）	6.71%
石拍（n=2）	0.27%
铲（n=25）	3.36%

镰（n=8）	1.07%
素材（n=39）	5.23%
可用石片（n=5）	0.67%
总计（n=745）	100.00%

毛坯主要集中于两个区域（图13－129）。位于F21基槽北部的集中区出土有四件抛射尖状器毛坯、一件石刀毛坯以及一件石锛毛坯。这些石器的石材包括白云母板岩、滑石片岩以及花斑岩。此集中区并不从属于任何灰坑类遗存。这些毛坯相互倾轧，并很可能是从属于遗址北部的活动面（图13－130，1）。它们都是打制和琢制兼施，个别还被轻微磨制。它们并不是将要被废弃的毛坯，而是准备要进入到磨制阶段的成型毛坯。在周围也发现了几块磨石断块，标本S1711（#4430） 就是一块大的磨石断块，它位于此集中区东北3.2米处（图13－130，2）。图13－131，1～3展示了此集中区出土的几件毛坯。花斑岩石刀毛坯和白云母板岩抛射尖状器毛坯可能是为了实用目的而制作。

异常松软的滑石片岩毛坯可能会被用作其他用途，比如作为祭祀祖先的象征物。这种现象在中国史前和历史时期都已被证实（Chang 1986; Liu 2000; Liu 2004; Underhill 2000; Underhill 2002）。然而这些石器毛坯的集中区并不是位于祭祀坑内。在第四期石器中，这类石材和石器类型均比较常见。数件磨石的存在暗示此区域可能是用以进行石器磨制活动的毛坯储藏地。虽然这些毛坯距离33号墓不足两米，但我仍然认为这个毛坯储藏场所并不是特定制作祭祀石器的。然而滑石片岩毛坯由于其稀有性（仅10件），仍十分可能会作为祭祀物品。其中3件出自大探沟，7件出自于第一发掘区内。10件中仅有1件出土于第四期。很难想象用指甲即可刻划，摩氏度仅为1～2度的滑石片岩工具会作为战争或狩猎用的实用器。然而最近的模拟实验表明，这类工具可以有效的刺穿明胶，因此它们可以对不穿铠甲的人造成致命伤害（Cunnar et al. 2009）。

第二个滑石片岩毛坯集中区位于T2296中，恰好位于房址F55/58的西南部（图13－129）。这组毛坯周围有很多加工石器所产生的微型石片。这组毛坯包括9个十分松软易碎的滑石片岩抛射尖状器和2个滑石片岩微型石片。图13－131展示了其中三个毛坯（图13－131，5～7）、一个三角形穿孔坠饰（标本G12：2（#8541；S3530） 图13－131，8）和一个沾有赭石的调色板（标本T2296⑥b：7（#8521；S3282）图13－131，9）。此外，此集中区还发现有磨石小断块。考虑到第一个区域中出土的滑石片岩毛坯，我认为这些抛射尖状器可能是礼仪用具而非实用器物。除此之外，第二区域还发现有十分细小的燧石质微型石片（详见下文）。由此表明，F55/58房屋的居民可能会使用压制法加工燧石质三角形抛射尖状器（图13－131，4）。

第四期红烧土堆积中的石制品

63个石制品是与红烧土堆积相关。这些红烧土区域形状不太规则。其中大块的红烧土区域可能代表有意加工的活动面。小块红烧土区域可能来自于就地燃烧（临时灶）或者建筑材料（木骨泥墙）燃烧后的二次堆积。表13－115展示出从这些区域发现的石制品。这些石制品的大多数是微型石片和磨石，这表明红烧土区域可能是更大活动面的一部分，而这些小块的红烧土区域即是被灰坑打破所致。

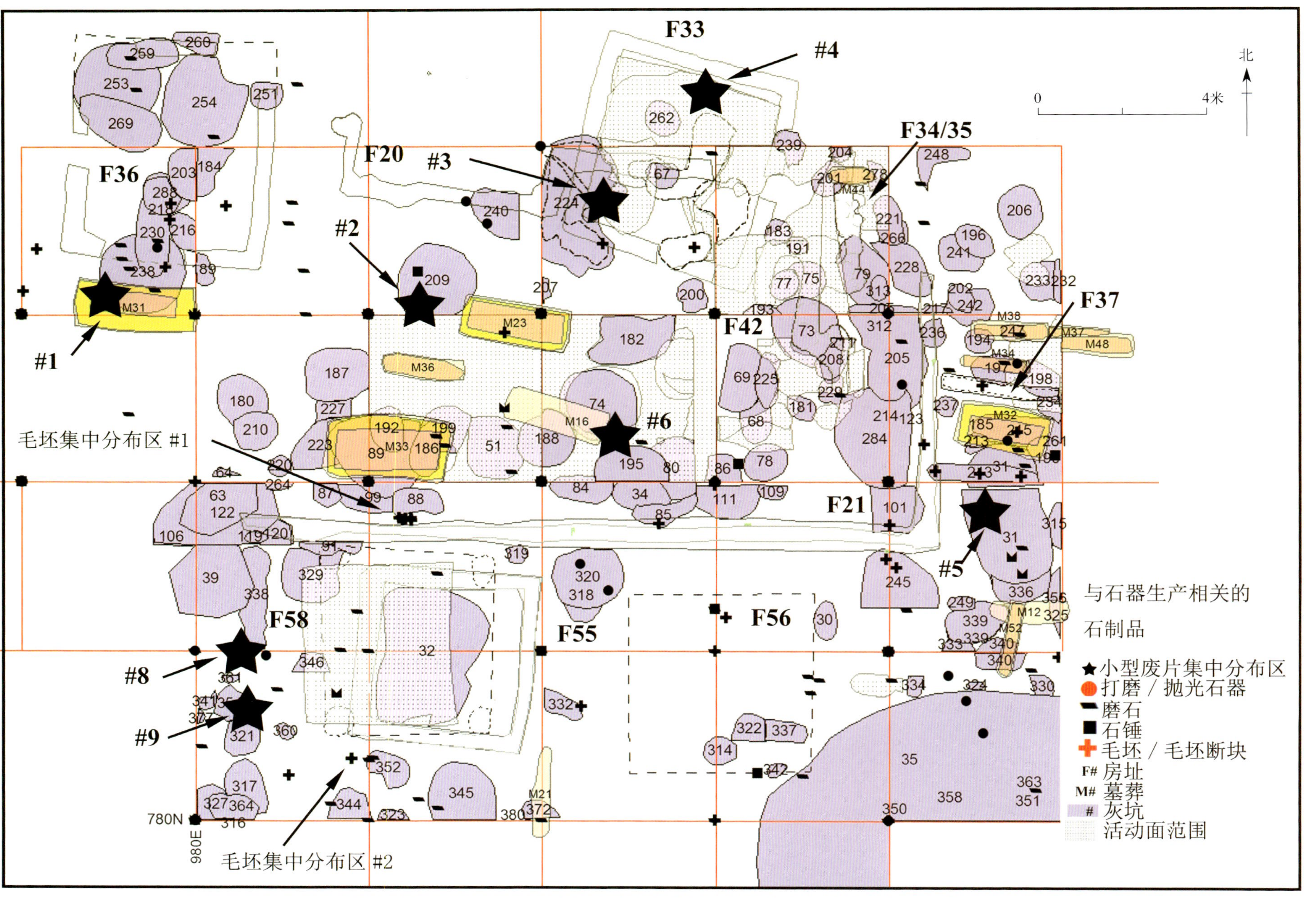

图13-129　第四期与石器生产相关的石制品分布情况及毛坯集中分布区

1．1号毛坯集中分布区位于房址F21北部

2．在活动面上距1号毛坯集中分布区3米远处发现的磨石T2397（#4430；S1711）

图13－130　第四期1号毛坯集中分布区以及与其相关的石器

表13－115　第四期红烧土堆积中出土的石制品表

工具类型	总计
打磨/抛光石器（n=2）	3.17%
石片（n=2）	3.17%
磨石（n=7）	11.11%
有槽磨石（n=2）	3.17%
石锤（n=1）	1.59%
器形不明（n=2）	3.17%
微型石片（n=45）	71.43%
调色板（n=1）	1.59%
抛射尖状器（n=1）	1.59%
总计	100.00%

第四期灰坑中的石制品

第四期中许多石制品是从灰坑中发现的。表13－116列出了这些石制品。其中大多数（76%）是石器断块，这表明灰坑中的堆积应该是由房屋垃圾倾倒而形成的次生堆积。其中几个灰坑个体较大（图13－129），它们的功能还不十分确定。第四期中的13个灰坑出土了十个以上石制品，这些制品的简要描述在表13－117中可见。

1．1号毛坯集中分布区出土的T2347⑥b：11（#2615；S300）花斑岩石锛毛坯

2．1号毛坯集中分布区出土的T2347⑥b：13（#2615；S302）滑石片岩抛射尖状器毛坯

3．1号毛坯集中分布区出土的T2347⑥b：10（#2615；S301）滑石片岩抛射尖状器毛坯

4．T2347⑦a：18（#8136；S3330）燧石质压剥抛射尖状器

5．2号毛坯集中分布区出土的T2296⑥d：48（#8580；S3304）滑石片岩抛射尖状器毛坯

6．2号毛坯集中分布区出土的T2296⑥d：50（#8580；S3306）滑石片岩抛射尖状器毛坯

7．2号毛坯集中分布区出土的T2296⑥d：9（#8580；S3310）滑石片岩抛射尖状器毛坯

8．G12：22（#8541；S3530）滑石片岩钻孔坠饰

9．T2296⑥b：7（#8521；S3282）带有赭石的调色板

图13-131　第四期1号及2号毛坯集中分布区以及其周围出土的石制品

表13-116　第四期灰坑中出土的石制品表

工具类型	总计
锛（n=13）	1.9%
斧（n=7）	1.03%
钺（n=1）	0.15%
打磨/抛光石器（n=23）	3.36%
凿（n=1）	0.15%
石核（n=1）	0.15%
石片（n=64）	9.36%
钻具（n=1）	0.15%
打制抛射尖状器（n=2）	0.29%
磨棒（n=7）	1.02%
磨石（n=141）	20.61%
有槽磨石（n=7）	1.02%
装柄小凿（n=2）	0.29%
石锤（n=10）	1.46%
待定的锛/凿近端断块（n=2）	0.29%
器形不明的石器断块（n=45）	6.57%
待定的镰/刀断块（n=2）	0.29%
器形不明的完整石器（n=1）	0.15%
刀（n=23）	3.36%
微型石片（n=181）	26.46%
臼（n=1）	0.15%
饰品（n=4）	0.58%
砾石砍砸器（n=9）	1.32%
杵（n=1）	0.15%
毛坯/毛坯断块（n=34）	4.98%
抛射尖状器（n=33）	4.82%
石拍（n=1）	0.15%
铲（n=19）	2.78%
镰（n=13）	1.90%
素材（n=33）	4.82%
可用石片（n=2）	0.29%
总计（n=684）	100.00%

表13-117 第四期出土10件以上石制品的灰坑表

灰坑号	包含物
H31	共计70件：锛（2），斧（1），石片（3），磨石（13），有槽磨石（3），器形不明（12），刀（2），微型石片（12），饰品（1），砾石砍砸器（2），毛坯（6），抛射尖状器（7），铲（1），镰（5）
H49	共计19件：打磨/抛光石器（1），石片（1），磨石（5），有槽磨石（1），器形不明（1），微型石片（5），抛射尖状器（2），铲（1），素材（2）
H89	共计10件：石片（1），磨石（3），器形不明（1），刀（1），微型石片（1），铲（1），素材（2）
H111	共计17件：锛（1），打磨/抛光石器（1），石片（1），磨石（4），石锤（1），器形不明（1），微型石片（3），砾石砍砸器（1），毛坯（2），素材（2）
H122	共计14件：打磨抛光石器（1），磨石（5），器形不明（2），饰品（1），砾石砍砸器（1），杵（1），抛射尖状器（2），铲（1）
H190	共计10件：磨石（3），石锤（1），锛/凿断块（1），微型石片（4），毛坯（1）
H205	共计10件：打磨/抛光石器（1），磨石（2），刀（2），微型石片（2），铲（1），素材（2）
H209	共计153件：打磨/抛光石器（2），石片（36），磨石（2），石锤（2），器形不明（1），微型石片（102），砾石砍砸器（1），毛坯（2），铲（1），素材（3），可用石片（1）
H238	共计35件：打磨/抛光石器（5），石片（2），磨石（8），石锤（1），器形不明（2），刀（1），微型石片（9），毛坯（2），抛射尖状器（3），铲（1），素材（1）
H253	共计32件：斧（1），打磨/抛光石器（1），石片（1），磨棒（1），磨石（10），有槽磨石（1），装柄小凿（1），石锤（1），器形不明（2），刀（1），微型石片（3），毛坯（2），抛射尖状器（2），素材（5）
H254	共计22件：打磨/抛光石器（1），石片（4），磨棒（1），磨石（5），石锤（1），器形不明（1），毛坯（1），抛射尖状器（3），铲（1），镰（2），素材（2）
H259	共计14件：锛（1），斧（3），磨石（1），器形不明（1），刀（7），毛坯（1）
H284	共计12件：锛（1），打磨/抛光石器（1），石片（1），磨石（4），微型石片（1），臼（1），毛坯（2），素材（1）

表13-117中描述的石制品能够反映出多种人类行为。其中石锤、毛坯、素材、石片、微型石片等石制品组合表明在周围的活动面上曾发生过石器生产行为。微型石片可能是附近活动面上清扫而来或者是由流水冲刷到此。

灰坑H31出土的石器毛坯包括三个石刀、一个抛射尖状器、一个小凿和一个不明器形的工具。两个砂岩石刀毛坯以及三片微型石片的共存暗示在灰坑H31附件发生过石刀的生产活动。

灰坑H209出土了很多石片，这在第六节中已有详述。这些石片清楚的表明它们是从流纹岩石器素材上打制而来，其中几片还可以拼对。石锤的发现也清楚的表明在灰坑内或其附近确实发生过石器加工行为。

第四期中存放祭祀祖先所用石制品的灰坑

113个完整石制品（占总数16.5%）发现于灰坑之中，表13-118列出了出土5件以上完整石制品的灰坑，但H122是个例外，仅出土4件。其中一件打制石英石片发现于一个陶容器之中（图13-40，11）。

表13-118　第四期出土5件以上完整石制品的灰坑表

灰坑号	包含物
H31	见下文
H49	共计5件：　抛射尖状器（2，H49①：2（#1050；S1703），H49①：3（#1050；S1704）），磨石（S1702），打磨/抛光石器（S1602），有槽磨石（H49①：25（#1050；S1661））
H111	共计5件：　石锤（H111②：16（#5735；S1769）），刀毛坯（H111①：8（#2818；S433）），锛毛坯（H111：3（#5735；S2004）），打磨/抛光石器（H111：33（#5735；S2006）），砾石砍砸器（H111：2（#5735；S1756））
H122	共计4件：存在于陶器内的打制石英石片（H122④：43（#3760；S401）），杵（H122①：18（#3755；S1028）），打磨/抛光石器（H122④：19（#3758；S1065）），砾石砍砸器（H122①：2（#3755；S417））
H209	共计5件：　石锤（2，H209②：24（#4533；S1923），H209②：14（#4533；S1955）），打磨/抛光石器（2，H209④：3（#4534；S1922），H209：39（#4576；S1956）），砾石砍砸器（H209②：25（#4533；S1935））
H238	共计12件：　石锤（H238④：52（#1360；S1639）），刀毛坯（H238⑥：48（#1362；S1645）），铲（H238⑤：6（#1361；S2262）），抛射尖状器（2，H238⑤：9（#1361；S2057），H238⑥：19（#1362；S2068）），磨石（H238⑥：18（#1362；S2066）），打磨/抛光石器（5，H238⑥：49（#1362；S1644），H238⑥：53（#1362；S1652），H238⑥：50（#1362；S1655），H238①：47（#1367；S1657），H238⑥：17（#1362；S2077）），器形不明的完整石器（H238①：1（#1357；S2059））
H284	共计5件：锛（H284②：1（#5749；S1786）），磨石（H284①：12（#8361；S3202）），臼（H284①：11（#5742；S1779）），打磨/抛光石器（H284②：7（#5749；S1816）），镰毛坯（H284②：5（#5749；S1773））

H31出土了大量石器和陶器，所以下面将详细讨论。与其他灰坑相比，H31出土了大量几乎完整的陶器，因此我们推断此灰坑可能是存放祭祀祖先器物的地方。但此灰坑出土的石器却大部分残破（包括5个残破的石镰），当然也发现了几个完整石器。其中流纹岩石斧（标本H31：72（#3208；S179））被烧过，因为表面可见加热造成的壶盖状疤痕。B型石铲中的H31：146（#3224；S264）在整个发掘区域中也算非常完整的。其他的完整石器包括A3型绿泥/角闪片岩质抛射尖状器（标本H31：57（#3207；S177），图13-18，16）、披针形流纹凝灰岩坠饰（标本H31：164（#3226；S276），图13-40，4）以及一个花斑岩石刀毛坯（标本H31：107（#3206；S1266））。

主要发掘区域的大多数灰坑中出土的石器都是日常使用器物，而不是祭祀祖先所用。然而H31和H122是例外。H31中器物的密集程度和流纹岩披针形坠饰以及H122完整陶器中的石英石核/装饰品使我相信，这些器物可能是祭祀祖先之物。

第四期房址中出土的石制品

第四期包含了发掘区内大多数房址。在第四期所有11座房址中，有9座房址中共出土了68件石制品（表13-119）。F34/F35号房址中出土了15件石制品。

表13-119 第四期房址中出土的石制品表

工具类型	房址编号									总计
	F20	F21	F33	F34/35	F36	F37	F42	F55	F58	
锛	0	0	0	1	0	0	1	0	0	2
钺	0	1	0	0	0	0	0	0	0	1
打磨/ 抛光石器	0	0	8	0	0	0	0	0	0	8
石片	1	0	0	0	0	0	2	1	1	5
磨石	1	3	0	5	0	1	4	7	1	22
待定的锛/凿近端断块	0	0	0	0	1	0	1	0	0	2
器形不明	0	0	0	0	0	0	0	2	0	2
刀	0	0	0	0	0	0	1	0	0	1
微型石片	0	0	6	1	0	0	0	0	0	7
毛坯	0	4	0	2	1	2	1	0	0	10
抛射尖状器	0	1	0	1	0	0	0	0	0	2
铲	0	0	0	0	0	0	1	0	1	2
素材	0	0	0	1	0	0	0	0	0	1
未加工的海滩卵石	0	0	2	0	0	0	0	0	0	2
使用和修整石片	0	0	0	0	0	0	0	1	0	1
总计	2	9	16	11	2	3	11	11	3	68

F20和F21房址破坏较严重（图13-129），其中F21房址仅可见两个基槽和一些柱洞。F20延伸至发掘区外，因此未被完全揭露。两房址中出土石制品具体情况详见表13-120。

表13-120 房址F20和F21中出土的石制品表

工具类型	标本编号	石料*	北坐标	东坐标	海拔	出土探方/备注
F20						
石片	F20：2（#5810；S1836）	M6E	792	988		T2448，微型石片
磨石	F20：1（#5810；S1830）	S2C	792	988		T2448，侧边断块，双面使用，磨损严重
F21						
钺 形制待定	F21：13（#3347；S1891）	S1B	790.91	997.04	15.84	T2400，仅存刃部断块，已经过微痕分析
磨石	F21：8（#3763；S1848）	M6C	784	980		T2346，单面使用，发现于柱洞38
磨石	F21：12（#3253；S403）	S2	784	996		T2350，单面使用

磨石	F21：9（#8454；S3179）	S2D	784	996		T2350，侧边断块，双面使用，发现于柱洞
抛射尖状器毛坯	F21：10（#3763；S1847）	M5B	784	980		T2346，侧边断块，未经磨制，来自于柱洞33
抛射尖状器毛坯	F21：3（#8226；S3349）	M5B	786.39	995.94	15.83	T2348，打制和琢制
器形不明的毛坯	F21：11（#3763；S1849）	S1	784	980		T2346，单面打制，来自于柱洞36
镰毛坯	F21：5（#8226；S3337）	S1	786.88	988.71	15.27	T2348，侧边断块
抛射尖状器 形制B	F21：1（#8226；S3341）	M5B	787.12	991.39	15.59	T2348，由三个断块拼对而成，已风化

*石料代码详见附录。

F21

F21房址中出土的遗物均与基槽或柱洞相关。因此这些遗物可能是后期填土或房址废弃后产生的，出土遗物暗示了石器加工的存在（特别是抛射尖状器/石镰）。

F33

F33呈长方形，残存部分墙体以及室内活动面。此房址位于发掘区的北部（图13－129）。房址中发现一个打磨/抛光石器的存储区域（临时号#5847，标本F33：1（S2584）～F33：10（S2589））。并且还发现了6片微型石片（4片为砂岩，1片花斑岩，1片流纹凝灰岩）。所有打磨/抛光石器均未被使用，它们或者是存贮以备将来使用，或者是作为抛射弹丸所用，抑或是游戏所用。微型石片的发现表明此处进行过砂岩石刀或者其他流纹岩石器的生产活动。流纹岩石片带有使用崩疤，但它并不是磨制所致。

F34/35

F34/35位于发掘区的东北角（图13－129）。房址被灰坑打破，保存较差且形状不规则。后期分析表明这两个编号可能为一个房址。房址中出土9件石器，详见表13－121。磨石断块和毛坯的出土表明此房址中进行过石器加工。标本F34：1（#5827；S1846）是一个较大的几近完整的磨石，磨石呈平板型，为单面使用且带有使用光泽，它可能用来磨制石器。

表13－121　房址F34/35中出土的石制品表

工具类型	标本编号	石料*	北坐标	东坐标	海拔	出土探方/备注
锛 形制B	F35：2（#5828；S1843）	S4	795.94	991.76	15.20	T2448，完整 已经过微痕分析
磨石	F35：7（#5828；S1831）	M6C	792	988		T2448，断块，单面使用
磨石	F35：5（#5828；S1823）	S2D	792	988		T2448，断块，较厚，双面使用
磨石	F35：6（#5840；S1825）	S2D	792	988		T2448，断块，双面使用

磨石	F34：4（#5825；S1829）	S2C	792	988		T2448，断块，双面使用
磨石	F34：1（#5827；S1846）	S2D	795.83	991.95	16.05	T2488，较大，较薄，单面使用
镰毛坯	F34：3（#5855；S1842）	S1	793.68	989.42	15.65	T2488，扁平河卵石，轻微磨制
器形不明的毛坯	F34：2（#5825；S1840）	S1	793.59	991.53	16.02	T2488，面和边缘经磨制，无打制
抛射尖状器 形制C1	F35：1（#5828；S1839）	I9	794.63	991.97	15.93	T2448，完整

*石料代码详见附录。

F36

F36位于发掘区的西北角，残存墙体和分布规则的柱洞。房址被许多后期灰坑所打破（图13-129）。在房址填土中发现了2件石器，其中包括一件石刀毛坯，但其并不是房址使用时期的产物。表13-122详细列出了此房址中出土的所有四件石器。37号房址位于发掘区的东部，仅部分被揭露，出土石器较少，但也表明了此房址进行过石器生产。

表13-122　房址F36和F37中出土的石制品表

工具类型	标本编号	石料*	北坐标	东坐标	海拔	出土探方/备注
F36						
待定的锛/凿断块	F36：2（#1381；S2058）	S1	793.91	979.58	16.06	T2445，仅存近端断块
刀毛坯	F36：1（#1381；S2065）	M6C	794.26	979.43	16.00	T2445，3个断块，侧边双面打制
F37						
磨石	F37：4（#3335；S1605）	S2D	788	996		T2400，较小，单面使用
刀毛坯断块	F37：2（#3338；S1905）	M15	788.24	997.08	15.88	T2400，侧边断块，刃部缺失
器形不明的毛坯断块	F37：1（#3335；S1900）	M6C	790.28	998.17	15.79	T2400，扁平的河卵石，部分打制

*石料代码详见附录。

F42

F42位于F34/35的正南方，也可能是房址F34/35的一部分，残存的基槽形状不规则。并且此房址被后期灰坑破坏严重（图13-129）。表13-123中列出了房址中所出石制品。两片打制石片和一个毛坯的发现表明此房址进行过石器生产。此房址还出土一件磨盘（F42：10（#5940；S2148）），功能应该是磨制植物性物质，此磨盘上可见明显的琢制痕迹，这类有琢制痕迹的磨盘两城镇遗址很少发现。这些琢制痕迹是为了使磨盘更为粗糙从而可以更为有效的磨制谷物（Adams 2002:41-42）。

表13-123 房址F42中出土的石制品表

工具类型	标本编号	石料*	北坐标	东坐标	海拔	出土探方/备注
锛 形制A2	F42：1（#5759；S1760）	S1A	790.76	994.80	15.32	T2399，不完整，但刃部存在
石片	F42：12（#5759；S1797）	M10	788	992		T2399，完整，次级石片
石片	F42：11（#5759；S1795）	S1	788	992		T2399，完整，次级石片
磨石	F42：5（#5940；S2147）	M6C	792	992		T2449，较大，单面使用
磨石	F42：10（#5940；S2148）	S2C	792	992		T2449，侧边断块，两面都经琢制，双面使用
磨石	F42：6（#5939；S2160）	S2B	792	992		T2449，侧边断块，双面使用
磨石	F42：7（#5939；S2166）	M6C	792	992		T2449，中间断块，单面使用
待定的锛/凿	F42：4（#5759；S1806）	S1	788	992		T2399，近端断块，无刃部
刀 形制0	F42：9（#5940；S2176）	S2D	792	992		T2449，中间断块，双面钻孔，加工技术不确定
抛射尖状器毛坯	F42：8（#5759；S1789）	M5B	788	992		T2399，侧边经打制
铲 形制0	F42：2（#5693；S1768）	S1	788	992		T2399，侧边断块，来自于柱洞3

*石料代码详见附录。

F55

F55和F58房址大体位于同一区域，有部分重合，可能反应了同一房址的改建或重建。表13-124列出了房址中出土的11件石制品。除了两个打制石片和一些磨石断块外，没有更多的证据表明房址内进行过石器加工。然而房址外面的西侧可能进行过石器加工（详见下文讨论）。F58位于F55的西侧（图13-129）。表13-125列出了房址中所出的3件石制品。

表13-124 房址F55中出土的石制品表

工具类型	标本编号	石料*	北坐标	东坐标	海拔	出土探方/备注
石片	F55：11（#8607；S2995）	M6E	780	984		T2297，完整，内部石片
磨石	F55：2（#8021；S3329）	M6E	784.94	983.75	16.24	T2346，较大，单面使用
磨石	F55：4（#8103；S2919）	M6C	784	984		T2347，侧边断块，双面使用
磨石	F55：5（#8607；S2847）	S2C	780	984		T2297，侧边断块，双面使用
磨石	F55：6（#8607；S2877）	S2	780	984		T2297，较小，侧边断块，双面使用
磨石	F55：7（#8607；S2879）	S2D	780	984		T2297，侧边断块，双面使用
磨石	F55：12（#8697；S2975）	S2B	780	984		T2297，侧边断块，双面使用
磨石	F55：9（#8607；S2976）	S2D	780	984		T2297，侧边断块，双面使用
器形不明的磨制和打制石器	F55：8（#8607；S2884）	S1	780	984		T2297，已风化，仅存刃部断块

器形不明的石器断块	F55：10（#8607；S2982）	S1	780	984		T2297，已分化，3 个断块，可能是铲
使用和修整石片	F55：3（#8021；S2868）	M6C	784	980		T2346，已经过微痕分析

*石料代码详见附录。

表13-125　房址F58中出土的石制品表

工具类型	标本编号	石料*	北坐标	东坐标	海拔	出土探方/备注
石片	F58：3（#8636；S2875）	S1	780	984		T2297，完整，次级石片
磨石	F58：2（#8631；S2922）	S2D	780	984		T2297，侧边断块，双面使用
铲 形制0B	F58：1（#8631；S2876）	S1	780	984		T2297，不完整，已经过微痕分析

*石料代码详见附录。

第四期墓葬中出土的石制品

第四期出土了13座墓葬（M16、M21、M23、M31、M32、M33、M34、M36、M37、M38、M44、M48、M52）。表13-126描述了墓葬中所出土的石制品。仅有两件石器可能确定是墓葬中的随葬品。M31二层台上出土有石拍毛坯（图13-132），为石英岩质地，被琢制成“D”型。其平面尚未使用过。石拍的发现暗示死者可能是毛皮加工工匠。死者亲属可能想给死者提供一个新的毛皮加工工具。M52出土了一件残存一半的石镰，其位于死者的骨盆附近。

表13-126　与第四期墓葬相关的石制品表

墓葬号	包含物
M16	填土包含物：有槽磨石（M16：1（#5602；S218））
M23	填土包含物：流纹岩质次级打制石片（S1181）
M31	墓葬二层台上器物：石拍毛坯（M31：9（#1354；S2095））
M32	填土包含物：斧（M32：03（#3329；S1910）），抛射尖状器（M32：02（#3329；S1907）），器形不明（M32：01（#3329；S1903））
M33	填土包含物：抛射尖状器毛坯（M33：04（#4421；S1721）），磨石（M33：03（#4421；S1720）），磨棒（M33：05（#4422；S1719））　随葬品：大量钻孔的小型绿松石石珠*
M34	填土包含物：磨石（M34：02（#3336；S1895）），打磨/抛光石器（M34：01（#3336；S1612））
M37	填土包含物：抛射尖状器毛坯（S1615），器形不明（S1616）
M38	填土包含物：素材（刀）
M52	可能是随葬品：镰（M52：2（#8404；S3385））

* 墓葬经石膏套取已运到济南市，我还未对其中的绿松石石珠进行观测。

1．M31：9（#1354；S2095）石拍毛坯（箭头所指）

2．M31：9（#1354；S2095）石拍毛坯

图13-132　M31及其中出土的石拍毛坯

关于第四期石器组合的讨论

图13-129展示的是与石器生产相关石制品的分布情况。图上列出这些工具广泛分布于发掘区内。这类石制品占第四期石器总数的68%。与以前几期相同，石器生产十分频繁。磨石主要分布于房址之外。

毛坯出土较多。共发现91件，包括1件石锛，3件石斧，3件小凿，21件器形不明，18件石刀，33件抛射尖状器，1件石拍，2件石铲，7件石镰。大多数毛坯并没有在图中表示出来。探方T2296出土了12个毛坯，位于房址F55/58的西南角（图13-129，毛坯集中分布区#2）。探方T2445也发现12个毛坯，位于房址F36的西南角。探方T2400出土11件毛坯，位于21号房址的东部。探方T2350出土9个毛坯。探方T2347出土6个毛坯，位于房址F55/58以及房址21号的北部。这六件毛坯明显集中分布于房址21的北部（图13-129，毛坯集中分布区#1）。

素材分布范围较广，包括19个石锛，4个石斧或石锛，2个石锛或小凿，1个打磨/抛光石，6个小凿，4个小凿或凿，25个石刀，13个砾石石刀，1个石铲，1个石镰。素材出土于两个集中区域，其中探方T2445出土9个，探方T2350出土6个，这两个区域也有不少毛坯集中出土。其他的密集区域包括探方T2300发现了9个，此探方位于发掘区的东南角，探方T2399（位于F33南部）和探方T2450（位于发掘区东北角）也各发现了7个。

石片的石料类型主要包括六种，这六种石料的石片占全部的86%，包括流纹凝灰岩（47%），砂岩（19%），绿泥/角闪片岩（14%），白云母凝灰岩（3%），燧石（3%）。高比例流纹岩的存在暗示了石斧，石锛，石镰，小凿或石铲等实用工具的大量生产。砂岩的存在暗示了石器的大量磨制（带有条痕的石片为磨制时所形成）以及砂岩质石刀的生产。绿泥/角闪片岩的存在暗示了抛射尖状器的生产。

图13-129中石片、毛坯以及素材组合的分布区域暗示了可能的石器加工地点。包含五片以上的石片集中分布区有8个，具体情况详见表13-127。临时号#1326号集中区出土的所有流纹凝灰岩质微型石片上都可见与硬锤打击相关的台面。这暗示在房址F36周围发生过石镰、石锛、石斧、石铲或小凿毛坯的初步打制活动。探方T2445中也发现了12个石器毛坯的集中分布区，包括一个石斧，五个石刀，2个抛射尖状器，一个石拍，一个石铲，两个未能确定器形种类的毛坯。

表13-127　第四期的石片集中分布区表

编号	包含物
1	临时号#1362，共计10片：1片白云母凝灰岩微型石片，9件微型石片（1件绿泥/角闪片岩，1件花斑岩，1件白云母凝灰岩，6件流纹凝灰岩）
2	临时号#4530，#4533，#4534，共计138片（全部都是流纹凝灰岩）：7件带角的废片，7件次级石片，22件三级石片，102 件微型石片
3	临时号#5829，共计67件：1件大型石片，66件微型石片（1件绿泥/角闪片岩，1 件石英，16件流纹凝灰岩，49件砂岩）
4	临时号#5847，6 件微型石片（1件花斑岩，1件流纹质熔结凝灰岩 4件砂岩）
5	临时号#3203，#3208，#3210，#3213，#3214，#3221，共计15件：2 件花斑岩次级石片，1 件花斑岩微型石片，12件微型石片（4件砂岩，6件流纹凝灰岩，1件石英/白云母千枚岩，1件白云母凝灰岩）
6	临时号#5618，39件微型石片：31件绿泥/角闪片岩，1件石英粗面斑岩，3件砂岩，4件流纹凝灰岩
7	临时号#7011，共计6件：1件角闪闪长岩次级石片，5件微型石片（1件绿泥/角闪片岩，1件石英高岭石，3件流纹凝灰岩）
8	临时号#7010，17件微型石片（1件绿泥/角闪片岩，2件流纹凝灰岩，13件燧石，1件砂岩）

H209出土的石片也表明了硬锤打制技术的存在。从此集中区出土的一些石片可以进行拼对。这些石片应该仅为打制行为所产生。此遗存附近还出土了两个不能确定器形的毛坯以及一个滑石片岩抛射尖状器毛坯。

对T2448一个柱洞中出土微型石片（此石片集中分布区临时号为#5829）的工艺分析表明，这些石片也主要是打制而成。丰富的砂岩石片可能是在磨制过程中从磨石上掉落（存在磨制条痕）抑或是在砂岩质石刀的生产活动中所形成。T2448周围还出土了三个石器毛坯，包括流纹岩石镰毛坯，流纹花岗岩石刀毛坯以及一个不能确定器形的流纹岩石器毛坯。这两个流纹岩毛坯可能与西边附近H209出土的流纹岩微型石片有很密切的关系（图13-129）。

石片集中分布区#5847中出土了一片背面有条痕的磨制石片。这暗示了F33中可能进行过流纹岩石器的磨制活动。毛坯的打制和成型应该是发生在房址之外（H209附近），而流纹岩毛坯以及磨制石片的发现表明磨制活动应该是发生在房址之内（图13-129）。

五号石片集中分布区内（H31）中出土了三个石器毛坯，包括绿泥/角闪片岩抛射尖状器，流纹岩小凿，砂岩石刀。砂岩石刀毛坯与灰坑中砂岩石片密切相关，而流纹岩小凿毛坯与流纹岩石片直接相关。

石片集中分布区7和8都位于探方T2396中的房址F55/58西侧。此处发现了12个石器毛坯。包括一个流纹凝灰岩石镰，一个花斑岩石刀，9个滑石片岩抛射尖状器，1个粉砂岩抛射尖状器。绿泥/角闪片岩微型石片可能是在加工抛射尖状器时产生的。由于这些微型石片个体非常小，所以其石料也有可能是滑石片岩如果此推断正确，则可以很好的解释此区域出土的大量抛射尖状器毛坯。流纹岩石片应该是加工此单位出土的流纹岩石器比如石镰毛坯所产生的。8号区域出土的所有燧石微型石片都是红色的压剥石片。第四期也出土了六件红色燧石工具，包括五个压剥技术生产的三角形抛射尖状器和一个压剥技术生产的红/白色石刀（图13-131，4）。燧石质微型石片的丰富性表明F55/58房址的主人曾进行过压制抛射尖状器的生产，此外在此房址内还进行过滑石片岩抛射尖状器的生产以及其他流纹岩质工具的生产活动。5件燧石质抛射尖状器中的3件发现于F55/58附近（T2357中一件，T2347中两件）。另一件发现于F55/58北方（位于T2397中），还有一件发现于F56附近（位于T2399中）。燧石石刀出土于T2398之内。除此之外，发掘区东北角的T2450之内也发现了一个白色压剥法制作的抛射尖状器。

第四期发现的大量石器加工证据表明许多流纹岩石器的初步打制活动曾经发生过，而这些工具的磨制活动可能发生在房址的里面或外面。流纹岩工具种类包括石铲、石镰、石斧、石锛和小凿。丰富的绿泥/角闪片岩微型石片以及大型打制石片的缺乏表明抛射尖状器以及石刀最后阶段的修整和磨制活动也曾在此发生过。

6．两城镇遗址石器的生产特征

（1）两城镇遗址石器的加工区域以及类型

空间分布表明，石器出土于所有四个时期的各种不同房址内。每个时期的房屋占有者可以随意的使用各种石器。换句话说，这些石器的拥有者每天使用这些石器进行收割，屠宰，种植，木器加工，皮革加工，也许还有陶器加工，石器并没有被少数精英阶层所控制。这些证据清楚表明，工具的生产者并不是专门为精英阶层生产高度规范化象征物品的"附属工匠"（Brumfiel and Earle 1987b; Earle 1982）。也就是说，实用石器的加工在每个时期都很普遍，广泛存在于非精英阶层的房址内外。微痕分析表明，两城镇的石器使用非常频繁。

大量毛坯、素材的发现以及少量大型打制石片的存在均表明在遗址内曾进行过一定程度的石器初步加工。然而，大型石片的相对缺乏也表明，石器最早阶段的加工可能并非发生于遗址内，而可能是在石料产地。遗址附近的河床极有可能就是大量流纹岩石器的最初加工地点（比如石斧、石锛、石镰、石铲、小凿）。

大型流纹岩石片的缺乏可能是人们有意选取尺寸合适石料的结果，也有可能是流纹岩石料本身的材质所决定。石器制造者在大多情况下都会有意选择大体呈长方形，厚度也比较适中的石料。对于流纹岩石料而言，在潮白河流域很容易就能够找到尺寸比较合适的。

大量绿色片岩毛坯（主要是绿泥/角闪片岩）和微型石片的发现表明遗址中应该存在非常多的绿泥/角闪片岩抛射尖状器。微型石片与大型石片的出土数量明显不成比例。参照本地区的地质调查资料，我认为遗址的居民是从很远的地区来获取这些质地的素材或毛坯。当石器毛坯或素材运抵到遗址后，再进行最终的修整和琢制。在许多土样中都发现了修整或琢制产生的废片。这些废片包括打制石片以及磨制石片。磨制石片是本次研究的新发现，已在第六节详细讨论。遗址中也发现了几个石英质地的石锤，这些石锤都有较为锋利的尖端，可以很好的修整质地较为松软的绿色片岩。

在分析了500多份土样后，我们在遗址中发现了几个微型石片的集中分布区域。这些集中区有的在房址内，有的在房址之外的活动面上。大部分的石片集中区都和其他与石器加工相关的石制品密切相关。通过模拟实验，我们可以大概估算有多少重量的石料被磨掉。依据每个集中区发现的微型石片重量来看，都明显少于加工一个完整石器应该去掉的废料重量。然而，由于土样标本数量相对较少，仅能代表实际情况的一小部分。这表明此时期每个微型石片集中区与第三期的两个石片集中区一样，都可能进行过相当大数量的修整和磨制行为。

（2）业余专业化的证据

进行高倍法微痕分析时，观察区域不仅限于石器刃部，也同时观察了远离刃部的一些其他区域。这有助于复原石器生产工艺，帮助我们分析石器是否进行过装柄，或者是未经加工修整而只是简单的使用过。我认为，大量石器进行过有意的抛光行为，抛光工具或者是毛皮，木材，石头中的一种或者是三者复合使用。具体而言，第一期抛光工具占23.8%，第二期占27%，第三期占23%，第四期占14%。我认为，这些有意抛光的石器可能是为了提高其美学价值进而进行贸易或交换。

绿色流纹岩最容易被抛光，在我的模拟实验中，我使用了各种不同的抛光工具，包括毛皮，木材，石头，竹子。无论使用哪种方式，都可以获得比较理想的抛光面。

我认为从海滩上获取的圆形卵石很适合作为抛光工具。利用这些卵石可以很快获得一个平滑的抛光面。遗址中也发现了这样的卵石。我的模拟实验表明，这样的卵石可以有效的去除石器磨制过程中产生的条痕。接下来如果再使用毛皮或木材进行抛光，就可以在流纹岩石器上获得更为光滑的抛光面。通过实验，我可以有效识别出那些由于抛光使得磨制条痕被擦除掉的石器。

我认为也有一种可能是，邻里之间为了互相攀比而把原本仅为实用工具的石铲，石镰，石斧或石锛增加了额外的美学修整。他们这样做也是为了使这些石器更为美观而便于交易。我认为这种现象的存在可以表明早期市场经济的存在或者非精英阶层中存在着贸易系统。

石器空间分析表明，大多数家庭都进行过石器的生产。石器的生产水平表明，当时是家庭规模的生产和消费，偶尔会用来贸易。特殊类型的抛射尖状器（比如滑石片岩类）仅被少量的匠人所生产，但使用范围可能比较广泛。这些石器的生产特征下文将详述。

（3）关于抛射尖状器的一些问题

所有时期（特别是第三期）都出土了大量的绿色片岩毛坯和微型石片，这表明大量绿色抛射尖状器被生产。从图13−133中可见，大部分抛射尖状器都属于B1型，这已经在第二节谈到过。绿色片岩的硬度很低（3度左右）。模拟实验表明，这样的石料已足以用来加工出狩猎或战争中所用的实用工具（Cunnar et al. 2009），这在第二节已经描述过抛射尖状器可以分成三组。大量的标本都在尖端以下呈90度角断裂。这样的断裂应该是垂直碰撞时所形成，目前还不清楚这些断裂是使用时还是加工时所造成的。

尖状器的分布图表明，它们是分散分布于房址内部和周边。其分布区域和密度表明这些石器是在很多普通房址中生产的，可能并没有被精英阶层所控制。这些尖状器的石料并不容易在遗址附近获得，这与流纹岩不同。通过石料分析，我们认为石料可能是被当时的精英阶层控制。

商代应该是依靠血缘关系来构建政治统治（Chang 1980:158; Underhill 2002:29）。张光直认为，新石器时代晚期刻画在陶器上的图像可能是氏族的族徽（Chang 1983:86）。依照中国古代文献，龙山时期正是氏族和酋帮盛行的时代（Chang 1983:120）。我认为，龙山时期特定形式的抛射尖状器应该也是氏族标识的早期表现形式。我推测，抛射尖状器的不同形式，不同颜色，不同质地应该也代表着不同血缘系统。

第二节已经分析过，第一发掘区内最流行的抛射尖状器是B1型。图13−133表明，这种形态的尖状器最早出现于第一期，以后逐渐增加。这种形态的尖状器占总体的32%。其他形式的则比例较小，分别是A1 型占19%，B2 型占8%，C1 型占5% ，C2 型占4%。探沟里出土的尖状器比例分别是，A1

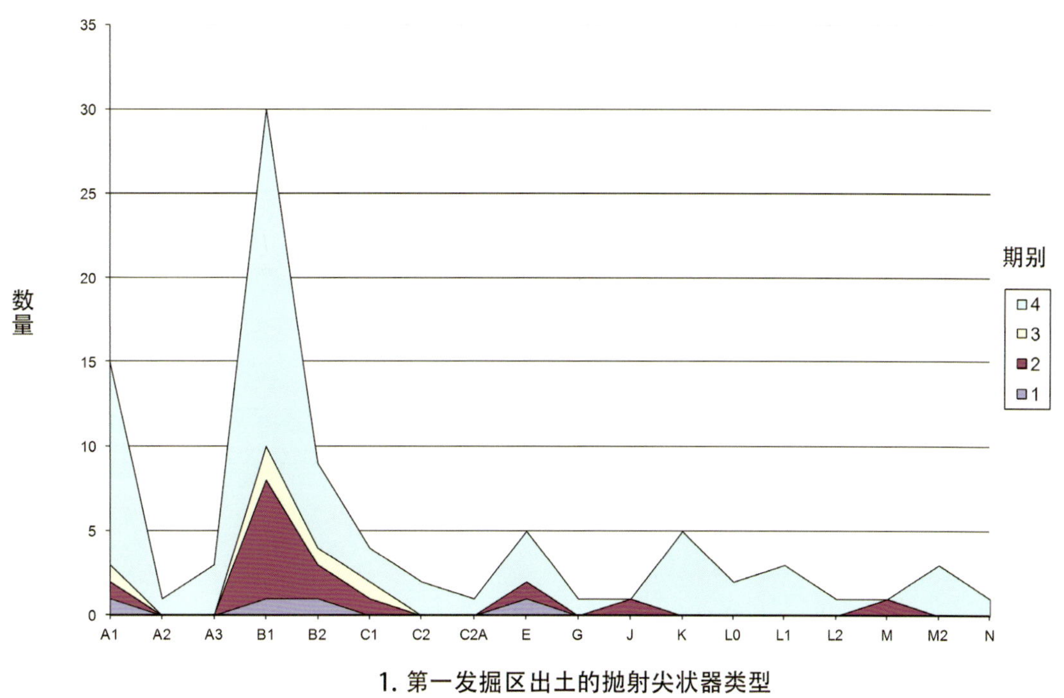

1. 第一发掘区出土的抛射尖状器类型

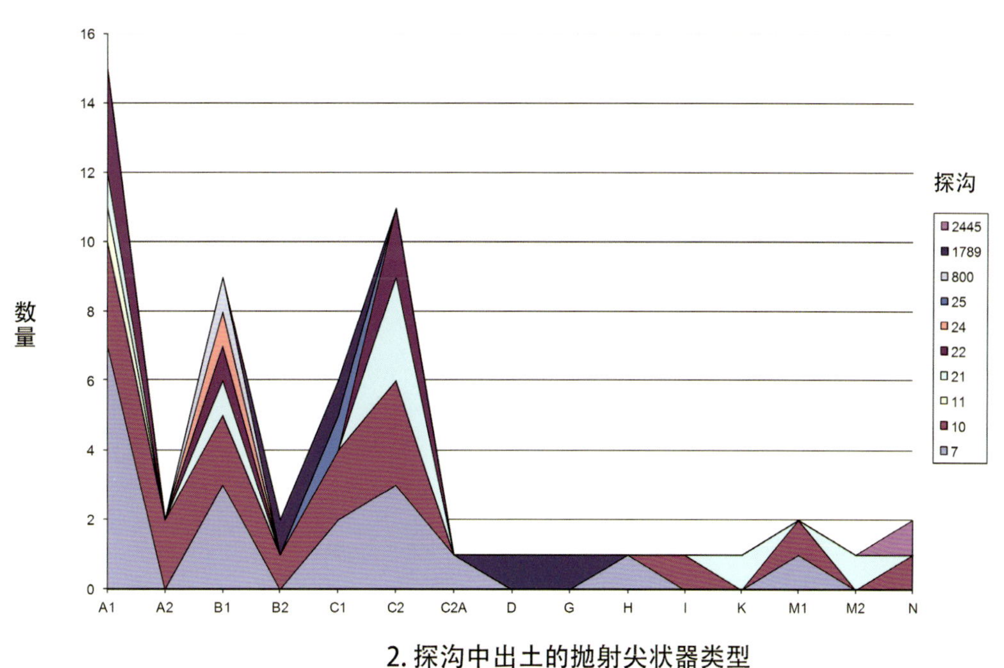

2. 探沟中出土的抛射尖状器类型

图13－133　第一发掘区和探沟中所出土抛射尖状器的比较

型占27%，C2 型占22%，B1 型占18%，C1型占10%。表13－128中列出了尖状器的类别。我们统计了第一发掘区的35件B1型尖状器，其平均长度是72±9毫米。这个平均尺寸与探沟里发现的为数不多的B1型尖状器较为接近。我们也测量了从探沟出土的12件A1型尖状器，其平均长度是87±13毫米.这些测量数据表明，龙山时期的先民在制造抛射尖状器时充分考虑了其尺寸大小。

表13-128　第一发掘区及探沟中出土的抛射尖状器形制表

形制	发掘区域		总计
	第一发掘区（个）	探沟（个）	
A1	25	14	39
A2	3	2	5
A3	3		3
B1	41	9	50
B2	10	1	11
C1	7	5	12
C2	5	11	16
C2A	1	1	2
D		1	1
E	5		5
F	1		1
G	3	1	4
H		1	1
I	1		1
J	1		1
K	6	1	7
L0	2		2
L1	7		7
L2	1		1
M	1		1
M1	2	2	4
M2	3	1	4
N	1	1	2
总计	129	51	180

Wiessner（1983）研究了卡拉哈里·圣族（Kalahari San）的抛射尖状器，她认为抛射尖状器的不同尺寸可能代表着不同语言族群。我认为，两城镇遗址出土的尖状器有两个功能，首先它们毫无疑问可以作为实用器，此外，它们还是不同氏族的一种标识物或者是作为一小部分人的标志。

Helms（1993:216）和Hodder（1982）都认为交换的发生可能并不是仅为了经济利益。Hodder认为特定物品的交换与社会责任、地位以及权力十分相关，并且这具有很强的合理性。完整的交换分析应该考虑到被交换物品的象征意义（Hodder 1982:209）。我认为两城镇绿色片岩抛射尖状器的生产并不一定就是为了经济利益，更可能是为了标识不同区域或不同村庄中特定的血缘族群。

图13-133展示了探沟中所出土抛射尖状器的不同种类。很明显，这些尖状器包括了不同的类型，以C2和A1型更为普遍。不幸的是，我们很难把距离第一发掘区几百米远探沟中的地层与第一发掘区联系起来。甚至我们也很难把不同探沟中的地层进行很好的对应。然而，我们也能看出，不同区域对尖状器的类型有不同的偏好。卡方分析表明，第一发掘区和探沟出土的尖状器类型有着很大不同（图13-134）。B1型尖状器更多出土于第一发掘区，而C2型尖状器则主要出土于探沟中。这两个区域可能居住着不同的族群。如果我们把尖状器类型与不同氏族联系起来考虑，即可想象出当时不同族群比邻而居的场景。

很明显，绝大多数尖状器都是用绿色片岩加工而成（主要是绿泥石和角闪石），也有少量绿色板岩和千枚岩，具体百分比详见图13-135。这些石料在两城镇遗址附近并不存在，应该是被当时占统治地位的氏族或精英阶层所控制。文德安认为，各种绿色石头可能是非精英阶层用来作为玉器的替代品（Underhill 2002:198）。我认为许多有意抛光的尖状器，其颜色确实可以使其发挥真玉器的象征作用。这些尖状器的绿色与真玉非常类似。我们或者可以认为，松软的绿色片岩可以更容易加工成尖状器。如果战争或狩猎经常发生的话，石料的更易加工性的确是优点。然而在地质调查中，我还发现了其他几种也比较容易加工的石料，比如富含白云母的熔结凝灰岩，黑云母片岩等。但它们并没有被采集来加工成尖状器，可能就因为它们不是绿色。富含白云母的熔结凝灰岩则往往被用来加工成石刀。

这些抛射尖状器既可以作为非精英阶层的实用工具，也可以作为他们的族群象征。在中国使用玉器加工成具有象征意义的武器和装饰品有悠久的历史（Childs-Johnson 1995; Yang 1996）。在一些

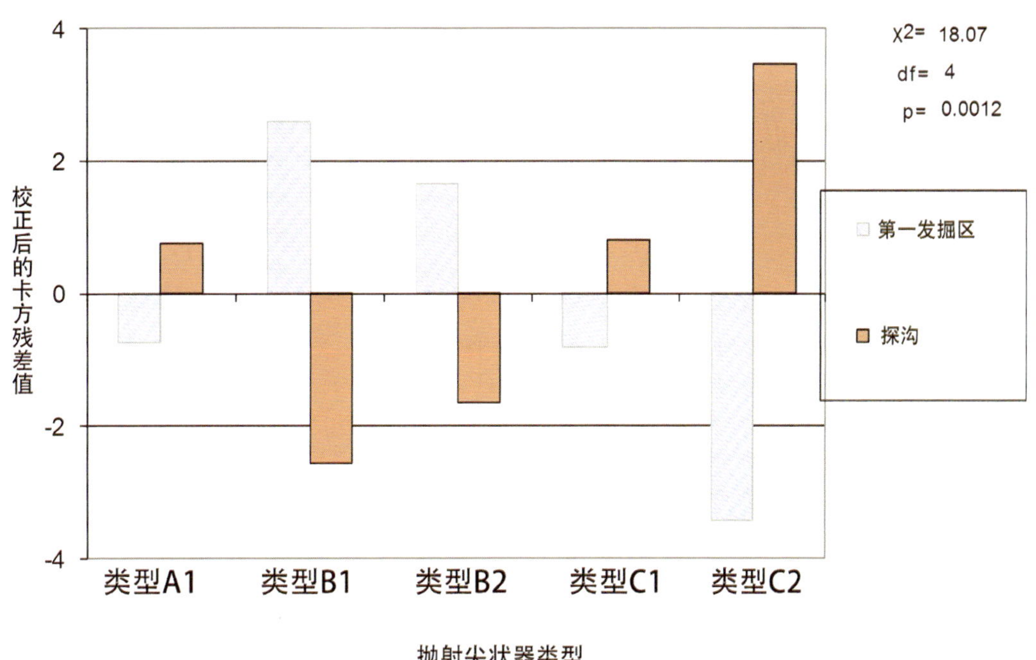

图13-134　校正后卡方残差值所反映的两城镇抛射尖状器类型

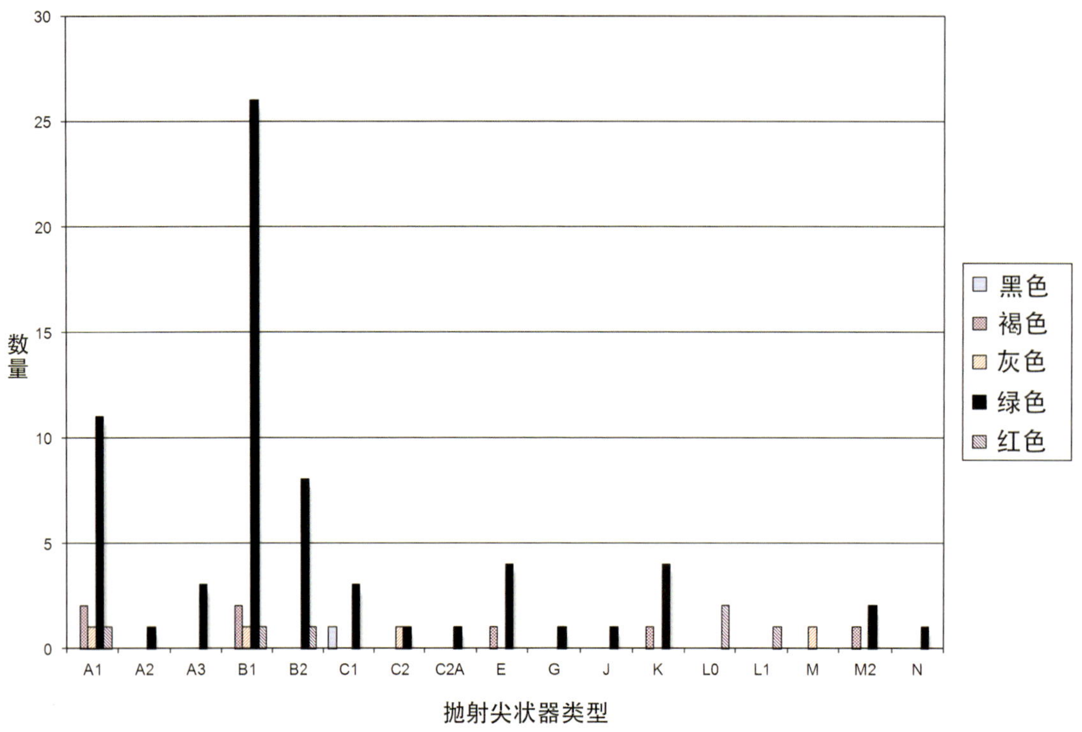

图13-135　第一发掘区抛射尖状器的颜色

地区，这些有象征意义的绿色武器和装饰品被统治阶层控制用来作为权利的代表（Liu 1996a:16）。然而在大汶口和龙山时期的墓葬中却很少发现真正的玉器（Underhill 2002:186）。我认为，绿色的B1型尖状器（还可能有其他一些类型）在发掘区内十分流行，它们可能就是作为“真玉替代品”来发挥作用，具体而言就是作为氏族的象征物。

第四期的两个石器生产区域能够很好的反应出绿色片岩的重要性和象征意义。这两个毛坯集中分布区中也包括一些非绿色的软质滑石片岩毛坯。我在两城镇遗址以南50千米的梭罗树村附近采集到了这种石料，用这种石料仿照探沟中出土的一件尖状器进行了模拟复制。实验证明，这种石料制作的尖状器也足以用作杀伤性武器（Cunnar et al. 2009）。我认为这些使用滑石片岩制作的工具并不仅仅是作为实用器，而是也可以作为非精英阶层祭祀祖先之用或者用作威望的象征。

进一步讲，作为生产的一种礼仪形式（Rappaport 1984:410; Wells et al. 2008），遗址内会专门挑选出特定人员进行尖状器的生产加工。第四期中此类石器出土的不连续性以及类型的不同很好的支持了这一观点。加工这种软质抛射尖状器并不需要特殊的技巧（Helms 1993），其比较易于加工。尖状器相对容易的加工技术中可能包含其他的特定意义（Helms 1993:16-17）。加工尖状器的礼仪对非精英阶层的匠人非常重要，几乎与他们给精英阶层加工玉钺一样重要。没有证据表明这些匠人曾经生产过象征性玉器。这些加工尖状器的匠人可能认识一些专门为精英阶层加工玉器的匠人。他们也可能了解埋葬礼仪和祭祀祖先的仪式。我认为这些滑石片岩尖状器的生产具有明显的政治意义和精神层面意义，而不是经济意义（Helms 1993:16）。因此我认为，这些加工尖状器的匠人很可能是非精英阶层中级别较高者，他们承担着为祖先生产祭品的重任。中国的古代文献中记载着统治阶层对祖先祭祀的一些仪式（Chen 1996）。但非常有可能的是，非精英阶层中也存在着丧葬仪式和祭祀祖先的行为。文德安描述到："祖先是经济和精神力量的源泉，为了经济利益的安全，后代通过食物和礼器不断祭祀祖先。这些食物（可食用或仅具有象征意义）是建立死者与生者联系的纽带"（Underhill 2002:257）。

我认为特定的工具类型，比如非实用性质的抛射尖状器可能就是为了在埋葬死者之后，向祖先表达敬意的祭祀品。滑石片岩尖状器（可能还有其他一些类型的同类器）就是为了死者在另一个世界也可以装备这些武器，这样生者就不用再给死者其他重要物资，这些物资可以留作生者之用。我认为尖状器的广泛分布可以如此解释，由于它们是为死者而制作，所以在每个时期的生活面上都可以见到。中国新石器时代随葬品的位置比较灵活，可以在墓葬里，也可以在二层台上面，甚至可以在墓葬之外（Fung 2000; Keightley 1991:14; Liu 1996a:40）。这些尖状器大多经过抛光处理，磨制所产生的条痕被磨掉，这也是其不作为实用器的一种佐证。有一些尖状器是断裂的，可能是碰撞所造成的。这种情况表明尖状器除了作为祭祀所用，还有部分是作为实用器使用的（Cunnar et al. 2009）。

（4）石钺

第一发掘区出土了14件石钺，3件属于第二期，1件属于第三期，3件属于第四期，还有7件时期不能确定。除了1件可能是使用玉料加工而成，其他都是使用并不珍贵的石料加工而成。这些石料包括富钾的煌斑岩（3个），流纹岩（1个），角闪岩/闪长岩（1），绿泥/角闪片岩（3），这些材料基本都是绿色，并且抛光精细。此外，在遗址出土的九件石斧毛坯中，有一件编号为T2399⑦b：12（#5689；S1752）的毛坯（带有绿帘石斑点的流纹花岗岩）也可能是钺。其大体呈长方形，属于第二期，中间发生断裂，在其断裂前曾进行过粗磨。

在第二节中已经指出，这些石钺是非精英阶层在战争中所使用。它们的形态可能与便于装柄有很大关系。石钺上的穿孔可以使其与柄上的孔牢牢固定在一起，这样使用者就不用担心在格斗时，石钺与柄发生脱离。

绿色显然是人们有意选择的结果。我认为这表明非精英阶层也想拥有精英阶层所使用的那些玉钺，但由于得不到玉料，只能使用绿色的其他石料来代替。通过微痕分析，我们发现这些石钺被频繁使用过（砍伐木材）。它们被生产的主要目的就是为了战争，但在日常生活中也被大量使用。我很怀疑石钺是作为祭祀祖先的非实用器的说法，如果是这样，石钺上就不会发现大量的使用痕迹。

我认为，这些石钺的最初用途就是日常在生活中使用，当然在必要时，也可以在战争中作为武器，并且由于其拥有一些特质（颜色、形状等），它们也可能被用作真玉的象征物。如果是这样，这表明了非精英阶层对族群中精英阶层的拥护。高度抛光的绿色石钺与玉钺比较相似，这在与其他族群发生战争时，可以有效区分。可以想象一下，某个族群的精英人物穿戴着皮革盔甲，手持玉钺，侧翼跟随队列整齐的平民，平民手中拿着绿色矛头和绿色石钺。这样协调的颜色具有很高的威慑作用，同时也体现了族群的力量和一致性。这些石钺的石料硬度相对较高，可以在遗址附近的河床和岩矿露头处采集到。高度的抛光会使拥有者愉悦。我观察到一种现象，农夫经常往自己农具柄上吐唾沫，并且来回摩挲，这样的结果使农具柄非常光滑，看着赏心悦目，并且抓握也非常舒适。对石钺而言，我认为与颜色选取相比，对其有意抛光显得更为重要。

这些石钺大多在孔部发生断裂（图13－16，7），我推测应该是成功击败敌人后在庆祝仪式上有意破坏所致。将来有机会还要对更多的龙山遗址所出石钺进行微痕分析，这样就会对石钺在当时社会中的作用有更深的理解。

（5）关于专业化的讨论

关于是否存在专业化的讨论总会考虑以下几个因素：（1）生产的数量和背景；（2）生产的效率，（3）生产的标准化程度，（4）生产水平的技巧性，（5）生产器物的一致性（Arnold 1985a; Arnold 1985b; Arnold 1987; Costin 1991; Costin et al. 1995; Underhill 1991）。接下来将会就上面几个要素进行讨论，并且以此来探讨两城镇遗址中石器生产是否已经专业化。

生产的数量和背景

大量的微型石片经常被认为是石器生产专业化的证据（Santley 1989; Santley et al. 1986; Schafer 1982; Schafer et al. 1983）。Feinman 认为，在讨论高水平的工厂化专业生产之前，要首先搞清楚生产废料的出土背景（Feinman 1999; Feinman et al. 2004）。与石器加工相关的石制品在每个时期中基本都可以占到全部石制品的70%左右。详见表13－129。

表13－129 与石器加工相关的石制品统计表

与石器加工相关的石制品种类	第一期	第二期	第三期	第四期
石锤	3	5	3	23
毛坯	9	16	6	95
素材	6	15	4	75
大型石片	8	16	7	131
微型石片	42	76	1161	359
磨石	42	98	44	393
石质抛光石*	0	1	0	1
总计	110	227	1225	1077
占每期全部石制品的百分比	72%	72%	97%（包括微型石片），不包括微型石片63%	68%
有意识抛光石器在每期全部石制品中的百分比	24%	27%	23%	14%

* 这个数据是依据高倍法微痕观测而得到，并没有将所有可能的抛光石都进行微痕观测。

与石器加工相关石制品的高比例以及数个微型石片集中分布区的存在都表明，在每个时期的住宅区附件都发生过大量的石器加工行为。加工区域为房址内部或周围。总体而言，与石器加工相关的石制品都随着时间逐渐增加，但第三期是个例外。在全部时期内，其比例相对比较稳定。第三期中存在一个明显的微型石片集中区，这对统计数据可能造成一些影响。但也暗示了第三期进行了大量抛射尖状器的生产。随着第一发掘区内房址的增加，对工具的需求量也会大增。因此我认为，与石器加工相关石制品的比例可以很好的反映当时生产水平的高低。这也表明第三期时，大量的抛射尖状器被生产。上文中对生产区域的分析表明生产规模应该是家庭水平，但其生产出的工具数量可能大于自己家庭之所需。

图13-136展示的是将微型石片从统计数据中移除之后进行卡方分析的结果。正如上面所述，第三期中大量微型石片的存在使统计数据发生了偏离。卡方分析表明，大型石片的出土比例在第四期中较高，而在第二期中则较少。第二期中磨石比例较高，而第四期中则较少。这些数据表明，在第四期的石器生产过程中，更多的采用打制而很少采用磨制。

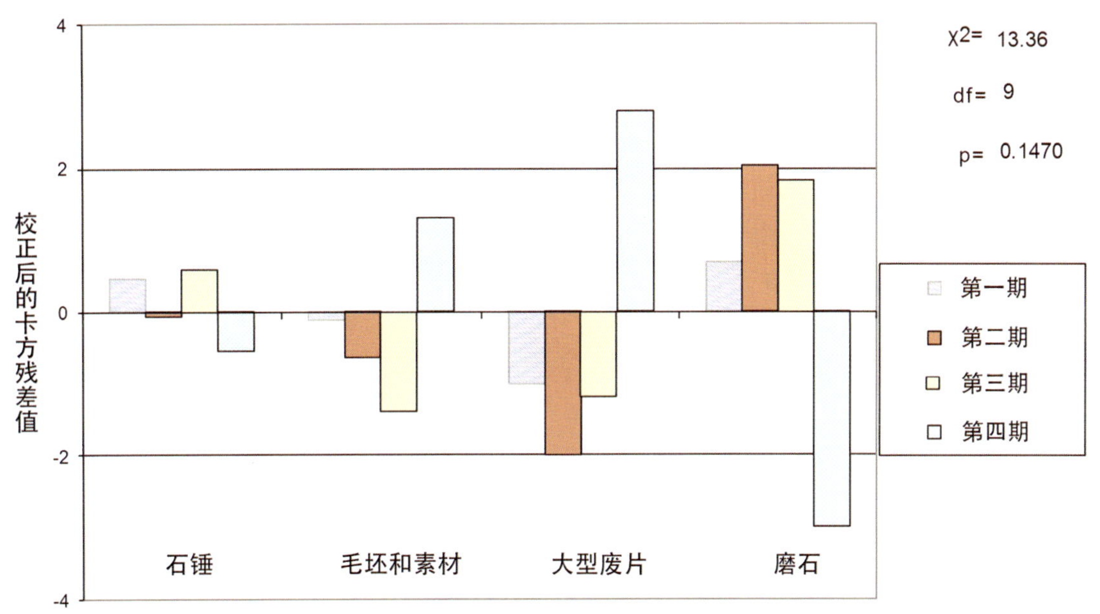

图13-136　校正后卡方残差值所反映的与石器生产相关的证据

标准化（一致性）和生产效率

每种类型工具的形态都应十分相似，每种工具都应该有它固定的样式。我认为，在运用某一工具类型的测量数据和形制来说明石器生产专业化时，还存在较多问题。大部分工具的形态特征在新石器时代早期也已固定。石斧、石锛、石镰和石刀和其他石器可能是一代一代的人运用相同的方法制作而成。

除了尺寸外，我们必须考虑到每一石器种类的技术要求。石镰和石刀的制作必须适合抓握，并能够很容易的完成最为常见的收割任务。一件太长、太宽或者太厚的石镰或石刀，使用起来就可能不太舒服。我认为某些石锛（如C1类型，图13-73）可能是为手握而设计的，而大多很明显是装柄使用的。某种程度而言，特定工具可能是为了适合特定使用者而有意加工而成的。

龙山文化的工匠还需考虑另一件事，即需要让石器与已有的木柄相匹配。木柄的成型可能是一件困难而耗时的工作，因此当一件诸如石斧或石锛工具破损后，人们再制作时就会有意去选择形态比较合适的石料，并将其加工成能够很好与已有木柄相匹配的石器。

毫无疑问，石器会被经常的修整。 因为无意的碰撞、掉落都可能会使刃部遭到破坏。比如翻土的石铲由于连续使用其刃部磨损会很快。换句话说，原本个体较大的工具最终都会变小。这种现象被称为“弗里森效应”（Frison 1968; Jelinek 1976）。

流纹岩在当地十分丰富，因此就没有必要提高其生产效率。正如上文所讨论的，由于大部分流纹岩的固有特性，所以对其打制必须非常小心谨。花费大量时间去选择合适石料将会减少打制时的剥片数量，同时也会缩短后期的磨制时间。

绿泥片岩非本地所出产，这类石料的石器可能是在其他地区进行加工，抑或是在其他地区制成毛坯后再运到遗址内进行最后的加工。大型打制片岩石片的相对缺失以及微型石片的大量存在都表明，此类工具最后阶段的磨制以及抛光都是在遗址内进行的。对这种软质石料进行打制是一项非常冒险的活动。

技巧和生产水平

加工两城镇遗址中的磨制和抛光石器不需要太多的技巧。通常而言，制作石器前，工匠头脑中首先要有一个关于工具样式的概念性模板，然后就是选择合适的素材，最后是运用打制、琢制及磨制将其加工成型。对于大部分的石器来说，并不需要十分复杂的打制流程。事实上，流纹岩并不适合进行打制，因为打制时分层的流纹岩往往会沿着自然的层理面破裂。这种特征在遗址中出土的此类素材上可明显的见到。因此这就要求应尽量选择与所要加工石器尺寸比较接近的素材。这样我们也就可以比较容易的识别出素材所代表的可能石器类型。因此就这一种石料而言，选择合适尺寸的素材非常重要，这样就可以有效减少打制行为。然而这也并不意味着，这类素材完全没有进行过打制或琢制，因为我们在遗址中也见到了经过打制或琢制的例子。然而，当时的先民肯定在有意的减少这类素材的打制及琢制行为。

由绿色片岩制成的抛射尖状器，由于材质很软所以在打制时也需要非常小心，不然很容易发生非意愿破裂。在观测了遗址中抛射尖状器毛坯和微型石片后，我认为当时人们在打制这类素材时确实非常小心，但是这其中也并不需要难度特别大的技巧。抛射尖状器最初阶段的打制可能并不是发生在遗址内。通过实验，我发现将一大块片岩琢打成一个横断面为椭圆形的双尖抛射尖状器毛坯（Cunnar et al. 2009）不是十分困难，接着再经过磨制就很容易将石器制成。在磨制时首先需要将毛坯边缘磨成合适的角度，然后再磨制铤部。

钻（石刀和石钺上）和锯（砂岩石刀素材上）也可能是制作工艺的一部分。同样，这些技术也不是很难。在进行弓钻时，操作一个缚有竹片的石钻头（或没有竹片）也是比较容易的。我并不认为在新石器时代时给石器或玉器穿孔是最需要技巧的行为（Keightley 1991:15）。这应该是一项比较简单的技术，仅需要一点力气及较多的时间即可完成。因此这项技术要求的是时间和耐心而不是技巧。我们也发现了几件石锯断块，它们是由一些薄而扁平的石片制成。这类石锯可能是在砂岩石料上来回的拉动，直至石料被锯开或是接近开裂可以使用轻微的力量即可让其断开为止。

抛光行为包含了很多技巧性的技术。将一个粗糙的表面转变成一个颜色漂亮且非常光亮的平面将使石器变得更为赏心悦目。在两城镇遗址，先民将绿色片岩（抛射尖状器、石刀）、制作石钺的各种石材以及流纹岩都抛光成了非常美观的石器（既有象征性工具又包括实用工具）。

那些小型的燧石质三角形抛射尖状器在压制剥片时也需要一些技巧。但这也并不是一项十分难掌握的技术。我观察到一个人在经过几个小时的认真学习后即可掌握压制剥片的基本技术。经过一定的实践，这种难度水平的抛射尖状器并不难制作。然而，这种技术在遗址中非常少见，仅在这种类型的抛射尖状器（L1型）和一件打制石刀上见到。第四期燧石质微型石片集中区的发现表明有些房址的主人（可能是F58或是F55）可能是一位熟练的燧石打制工匠。抛射尖状器可能主要是为了自己需要，当然也有可能将少量的剩余产品拿去进行交换。

7．交换、精英阶层对资源的控制以及两城镇遗址石器生产的特征

从1995年到2007年在两城镇周边地区的密集调查发现了数百处龙山时期的遗址（中美两城地区联合考古队1997; Underhill et al. 1996; Underhill et al. 1998; Underhill et al. 2002; Underhill et al. 2008），这说明当时的先民居住在各种不同规模的遗址之中。这也暗示某些居住区域和某些氏族集团可能控制着一些重要的石料资源。

关玉琳（2002）试图把在调查区域发现的石料资源与两城镇地区的一些遗址联系起来。她认为调查区域内75%的石器原料都是绿色石料和石英岩（Bennett 2002:136）。我十分怀疑她将该区域中的石英岩与花岗岩或其他岩石混淆了，而且她使用的“绿色石料”这个词太模棱两可而没有明确指向性。她以这些模棱两可的石料分类数据来分析1999年两城镇遗址发掘所出的石器，并由此得出的一些观点和解释是存在很大问题的。我认为有三种主要的岩石类型对两城镇的先民们特别重要。这些岩石的种类在第三节有详细的讨论，具体包括流纹质熔结凝灰岩（主要是成层的，绿色到深绿色）、砂岩和几种不同种类的绿色片岩（主要是绿泥/角闪片岩）。我认为对其中两类石料的控制和交换在当时非常重要。

高品质的绿色流纹岩在居址附近的潮白河中非常丰富。然而，依据对河床中的石料分析，一个人需要沿河而上几千米才能获取到尺寸合适的石料来进行石器生产（包括石斧、石锛、石凿和石镰）。尽管如此，流纹岩在当地仍是十分充足的石料。

砂岩在两城镇的经济体系中也占有重要的地位，但是最近的来源地也距两城镇遗址约有30千米。这也曾被 Bennett（2002）提及。砂岩石器普遍存在表明它不属于奢侈品的范畴，而是日常生活中需要频繁使用的物品。30千米的距离需要从两城镇走一天方可到达。因此，与流纹岩不同的是，我强烈怀疑砂岩不是那么容易获得的，而且该资源很可能被其他村落所控制。两城镇遗址中大多数磨石都几乎用尽的事实以及花岗岩磨石（较差的石料）的存在也暗示了砂岩资源可能确实被特定人群所控制。这两种石料的百分比如下：第一期时花岗岩占52%的，砂岩为40%的；第二期时花岗岩为22%，砂岩为70%；第三期时花岗岩占36%，砂岩占57%；第四期时花岗岩占17%，砂岩则为78%。第一期时对花岗岩的依赖性很高。对砂岩的使用在第一期时比较有限而在第三期时也不是非常明显。但第二和第四期则比较明显。

与此类似的是，用来制作抛射尖状器的软质绿色片岩（主要是绿泥/角闪片岩或滑石片岩）和一些千枚岩在本地区也不存在。这种岩石种类大量存在于遗址向西70～80千米的泰山群组中，滑石片岩在两城镇西南50千米的梭罗树村附近也有发现。因此我认为这类的石料显然是外来的。

考虑到在当时经济和礼仪活动中的重要性，我认为砂岩和绿色片岩石料肯定在当时的贸易系统中占有重要地位，而这个贸易系统可能是被两城镇的精英阶层所控制，或者至少有重要影响。因为流纹岩在该区域十分丰富，所以我推测由此石料制成的少量剩余石器也被用来进行贸易，但是其广泛性及重要性均不及其他物品。其他可能用以交换的物品还包括鞣制好的皮革、精美的玉器、鱼、陶质容器、装饰品、小珠子、猪、酒、牲畜或多余的粮食。考虑到绿色片岩抛射尖状器很容易制

作，我怀疑它们制作完成以后可能又被贸易到它们的石料来源地。这种石料以及由此制成的具有象征意义的石器贸易活动可能广泛存在于两城镇地区的很多遗址之中。

在两城镇附近的丹土遗址中发现了玉器（Underhill et al. 1998:456; 杨 1992）。至少有一件玉器是由农民处得到（刘 1958b:18），可能过去在两城镇也曾数次发现玉器（包括近来的几次发掘），但是这些玉器无法为我们提供关于玉器加工方面的更多信息。

两城镇遗址的优越位置为先民们提供了丰富的资源。肥沃的土壤便于他们种植作物，而且在潮白河和大海中也可以进行渔捞活动。关玉琳（2002）认为，在龙山文化时期很多大型遗址都有比较丰富的水产资源，因此对水产资源的利用是当时重要的生业方式。然而，在两城镇明显地缺少鱼骨和贝壳工具，这可能是由于当地土壤不适于骨骼保存所致。虽然我不是一名专业的动物考古学者，但是在对超过500份浮选的“重浮”样品进行分析时，我确实发现了许多包括鱼骨在内的微小骨骼。假如先民比较擅长获取水产资源，那样他们完全可能将剩余的水产品与所需的石料进行交换，其所需的物质可能包括砂岩、绿色片岩质的毛坯或素材。

文德安对新石器时代手工业专业化进行分析之后提出“血缘家族的领导者能够控制蛋壳陶在他们聚落内的流通，或是临时召集熟练陶工进行工作”（Underhill 2002:250）。尽管砂岩和绿色片岩毛坯并不是奢侈品，但我认为当时社群中的领导者也可能通过大型贸易或是物品交换的方式来为社群获取这些资源。文德安认为氏族领导者经常会举办大规模的盛宴，为的是“公开地展示或增强与其他精英们的联系，并与下层阶级达成劳动与忠诚的协议”（Underhill 2002:251）。我认为这样的盛宴能够使精英们与来自远方地区的领导者进行很好的交流以便能够商谈某些资源（如砂岩和绿色片岩）的贸易活动。如此也可以确保来访的精英们能够得到两城镇居民拥有的独特货物（可能为鱼、皮革、精致的陶器、酒等）（McGovern et al. 2005a），我推测这样的盛宴在本质上甚至可以被认为是最早的“贸易日”，为平民们提供了交换自己剩余产品的机会（例如抛光工具、皮毛、剩余农作物等）。同时，举办这样的活动能够为精英们增强民心，巩固它们的权力与地位。在两城镇遗址中的石器生产方面，存在的是一种业余时间的家庭专业化生产，并且这种存在于非精英阶层中的生产活动并未被精英阶层直接控制。大部分的剩余产品都是实用品并分布广泛，这看起来比较符合独立专业化的定义（ Brumfiel et al. 1987b; Costin 1991）。但精英们可能会通过上述的方式对某些石料进行控制（如砂岩和绿色片岩），这样发生在这些区域中心中的专业化生产在此种意义上而言，也受到了精英阶层的控制。

在上文中已提及两城镇先民进行的是家庭层次的业余时间专业化生产，先民们以从事农业为主并偶尔制作一些多余的石器。石器空间分析表明几乎每一个房址中都存在这样的生产活动，他们可能共享户外活动面上的大型公用磨石。此外，生产石片以及与石器制作相关石制品（石锤、毛坯、素材、抛光石、磨石）的数量也并不能说明全职专业化生产的存在。并且也没有发现大量实用器用以交换的证据。

在探沟中与477件石器同时出土的还有大量的与石器制作相关的石制品和废片，包括41件毛坯、9个石锤、91件磨石、10件打磨/抛光石器、3件石锯断块、1件石钻头、1件石芯和8件石片。这也说明石器的生产活动也存在于两城镇遗址的其他区域，并不仅仅发生在已发掘的区域。

两城镇遗址的实用器物毫无疑问都是业余时间专业化生产的产物。然而，我认为非精英阶层也会生产一些具有象征意义的石器用以代表其威望（抛射尖状器和石钺）。虽然没有证据表明当时存在着典型的精英所用石器，比如玉钺或其他象征性器物。但是这些非全职的工匠很可能偶尔也会被精英阶层所“邀请”去生产礼仪性物品如皮革或其他奢侈品。

上文已提出石拍可能用以处理皮革。通过微痕分析还发现了其他种类的皮革加工工具（第五节）。皮革的制备工作非常费力，不同文化的处理方式也相当不同。通常来讲，其步骤包括去肉、去毛、添加软化剂或染色剂、晾干，熏制并用手、石器或其他工具揉搓皮革（Ewers 1930; Weedman-Arthur 2008）。

氏族首领并不是采用高压统治，而是利用他们特有的宗教或仪式权利来运转可以为下属们提供必需资源的经济体制。被精英临时或长久雇佣的工匠和严格意义上的附属型专业化有很大不同（Clark 1995; Costin 1991）。用来描述生产关系的术语非常多，但我认为“半独立”这个术语对两城镇遗址中精英与非精英工匠之间的关系更为贴切。文德安认为特定的象征性物品可以使既定的权力更为合法化（Underhill 2002:198）。这种观点比较有道理。然而，“半独立”型生产专业化强调的是，当特定物品的生产者使用外地的石料制作诸如抛射尖状器、石钺等石器时，他们所需的石料是受精英阶层控制的。

如果精英阶层是以谷物或其他奢侈品的形式来收取贡赋，那么他们完全可以通过宴会来与其他族群进行物物交换。这可以概括成这样一种经济模式，即精英阶层收取非精英阶层的贡赋然后再将其重新分配给外地或本地的支持者（D'Altroy et al. 1985; Earle 1991; Earle 1997）。手工业专业化生产可能能够保证精英和邻近族群中精英之间的联系进而确保区域内的物品可以正常流通。物品的这种重新分配策略可以改善某些资源短缺（比如农作物欠收或其他生态原因造成的一些资源短缺）造成的不利局面（McIntosh 2005:110）。主要生产实用工具的“半独立”型专业化生产，并不受精英阶层直接控制。更为可能的是，它会受到经济情况和周围社群需求的影响。

8. 两城镇遗址与城市化的出现

（1）两城镇在区域中的地位

尽管在本节对两城镇遗址非精英阶层居住区内的石器进行了详细分析，但是如果不将两城镇地区纳入到整个古代中国城市化出现的大背景中去考虑，则很难对研究作出结论。因此接下来我将尝试对其进行简短讨论。

四十年前，张光直（Chang 1962:188）即指出，龙山文化社会是由很多自给自足的小型社群组成，尽管有时候社群规模也比较大，并且内部也会存在专业化生产和分工。然后张光直又将龙山社群与商代的安阳殷墟进行了比较。

商代时出现了管理、再分配以及礼仪的中心遗址，可以称之为城镇或城市，官员和神职人员是这个社会的管理者。同时，也存在从事农业和手工业的小村庄，其中的居民在中心遗址的控制下有组织的进行劳作。

对于商文明，张光直提出了“相互依存”模式，并对商代都城殷墟的聚落模式进行了描述，他认为当时的手工业匠人在城市内都是聚集而居。城市的最中心位置是宫殿宗庙区，它们被贵族的居址和墓葬所围绕。这是典型的分层社会体制。考虑到商代已是高度发达的等级社会，那么我们需要考虑的一个重要问题就是，在两城镇地区是否也有类似的现象？

上文提到的日照地区的系统调查覆盖了1300多平方千米的区域，并发现了大量龙山文化遗址

（中美两城地区联合考古队 2002; Underhill et al. 2008）。在确立的四级聚落模式中，两城镇和附近的丹土遗址是最高层级。另外，在两城镇附近区域分布着很密集的遗址，这使研究人员提出“龙山文化时期在以两城镇遗址为核心的聚落分布中，中心遗址与周边小型遗址之间存在着经济以及社会政治等方面的互动（Underhill et al. 2002:754; Underhill et al. 2008）。

为了研究两城镇和周边遗址之间的关系，关玉琳（2002）在她学位论文的一个部分中，全面分析了整个调查区域内（1995～1999年度）龙山文化时期遗址中的石器，并搜集了此地区以前考古调查和发掘中对石器的研究成果（Bennett 2002:表 5.7）。她论文的目标就是研究手工业生产、交换以及消费等方面的区域变化情况。

在156个调查遗址中有30个遗址都发现了石器，石器数量共计100件（Bennett 2002:表 3.17）。其中第一级遗址（最大的）两城镇有38件石器，第二级遗址（丹土）发现了20件石器，第三级的所有遗址共发现了13件石器，第四级的144个遗址共发现29件石器。这样每个遗址平均约三件石器的数量对于探讨遗址功能以及区域内石器生产工艺水平显然还远远不够。所以，我认为她以下的假说是不成立的：

她认为，先民们对调查所得石器最后阶段的加工并不重视，因为在石器上仍然可以见到最初打制和成型时留下的痕迹，这与发掘所得的石器明显不同。

关玉琳依据在如此少量石器上观察到的工艺特征去对两城镇以及其他遗址的石器生产情况进行评估，显然也是存在很大问题的。除此之外，关玉琳还指出很多调查人员很难将调查样品中的一些工具类型（砂岩磨石和石铲断块等）与普通石头区分开，一般只能识别出那些个体较大且形态规整的石器，并且此地区现代的农民也有收藏石器的习惯（Bennett 2002:100, 122, 235）。她还提出，以前调查中发现的石钺和抛射尖状器的数量令人印象深刻，同时它们也是战争和狩猎活动的明确指示物（Bennett 2002:239-240）。然而，在查阅了1995年之前关于两城镇遗址的调查和发掘报告之后，我才弄清楚所谓“令人印象深刻”的许多石器都是由农民交给考古人员的。这些石器很可能是农民在日常的耕作活动中所发现。在众多石器中，它们肯定会选择这些“令人印象深刻”的石钺或抛射尖状器进行收藏，而石器断块则会被扔在田边或者其他地方。

关玉琳（2002:122）曾在两城镇遇到过一位收集了150多件石器的农民。这种“收藏偏好”肯定会使以前的调查数据不准确。并且很明显，这种偏好主要是针对石钺和抛射尖状器。我们不能因为存在这种“收藏偏见”或者“调查偏见”就否认调查资料的价值。相反我们应该（象Bennett那样）正视这种偏见，在对调查资料进行解释时对其有充分的考虑即可。 并且样品数量越少时我们就越应该重视这种“调查偏见”。

关玉琳对两城镇地区其中10个遗址调查和发掘所发现的石器进行了研究。除了尧王城（119件石器）和丹土（56件石器）遗址外，其他8个遗址仅有1到14件石器。这些样品对研究石器在不同等级遗址中的分布情况明显数量不足。这些遗址在发掘期间并没有用筛选的方法。所以我认为这些遗址之所以石器数量较少，应该是发掘方法所致，而并不能完全代表遗址的真实情况。关玉琳根据对以前发掘及调查的石器所作出的结论显然存在很多问题，因为样品数量太少以及石料鉴定的不准确都会对结论造成很大的影响。

关玉琳还认为龙山时期木材加工、战争、狩猎和炫耀都占有十分重要的地位。对于她提出的这些小型遗址自己生产食物的看法，我并不怀疑。但对于区域中小型遗址可能会从两城镇遗址获取食物的观点我并不认同。她还认为在以前的调查资料中与产业经济密切相关（比如农业和食物加工等）的石器种类比较少，只有刀，镰以及铲等少数几种。我的分析显示这些石器正是农业的象征。但就像上文指出的那样，关玉琳文章中抛射尖状器和石钺的数量因“偏见”而夸大了，而我对两城镇这些石器的分析也发现它们的确非常重要，但把某一遗址的这种重要性扩大到区域层面上就存在很大问题了。

我认为，关玉琳在1999年对两城镇周围遗址的石器分析对于研究区域化演变（包括石器种类、石料类型、专业化生产或者石器加工技术和方法等）还远远不够。然而，我们可以将调查遗址（1999～2009）中主要的石器种类与两城镇的石器进行比较分析。二者的主要石器种类还是有很大相似性的（表13－130）。但在调查资料中也有明显的种类缺失，比如各种打制石器。我怀疑这也是由于上文提到的“调查偏见”所造成。调查者在调查中可能更愿意去采集那些个体较大且形状规整的石器（这一点关玉琳也许是正确的），比如石斧（在调查资料中占8%，在两城镇发掘资料占比例1%）、石锛（在调查资料中占14%，在两城镇发掘资料中占3%）和石刀（在调查资料中占13%，在两城镇发掘资料中占5%）。还有一点非常有趣，即调查和发掘资料中石刀对石镰的比例均为1.7：1。

表13－130 遗址调查（1995～2007）和两城镇发掘所得的主要石制品类型对比表

石器类型	遗址调查（占所有龙山石器的百分比）*	两城镇（占所有龙山石器的百分比）**
使用/修整石片	0.38	1
石锤	8	2
毛坯/素材	22	12
石斧	8	1
石钺	1.5	1
石锛	14	3
石铲	6.5	5
石刀	13	5
石镰	8	2.5
抛射尖状器	2	8
饰品	0	0.5
磨石	2	32
打磨/抛光石器	3	4

*龙山石器共计263件。**共计2904件（不包括微型石片）。

在2009年，我对1995～2009年间调查区域内所得的全部石器进行了研究（Cunnar 整理中）。比关玉琳在1999年的研究发现了更多种类的石器。通过统计分析，发现不同级别龙山文化遗址中的石器种类并没有显著不同。同样北部地区和南部地区在石器种类方面也没有明显不同。我认为这些调查资料所反映的石器模式与两城镇发掘资料基本一致。如果不考虑上文所论及的“调查偏见”，我相信表13－130中的数据将会更加一致。

在考虑到这种偏见的情况下，我对两类资料进行了卡方检验（图13-137）。结果表明在两类资料中有四种石器存在差异，即在调查资料中，木材加工工具以及耕种与收获工具明显较多。而在两城镇发掘资料中，与战争/狩猎相关的工具以及与石器加工相关的石制品则更为多见。这可能表明距两城镇较远的小型遗址更专注于农业生产。而两城镇遗址中大量抛射尖状器的存在则表明两城镇是该区域的防卫中心。然而，我依然认为调查区域内其他小型遗址与两城镇第一发掘区内先民们制作及使用石器的模式是基本一致的。将来随着更多发掘资料的补充，这个问题将会更为清晰。

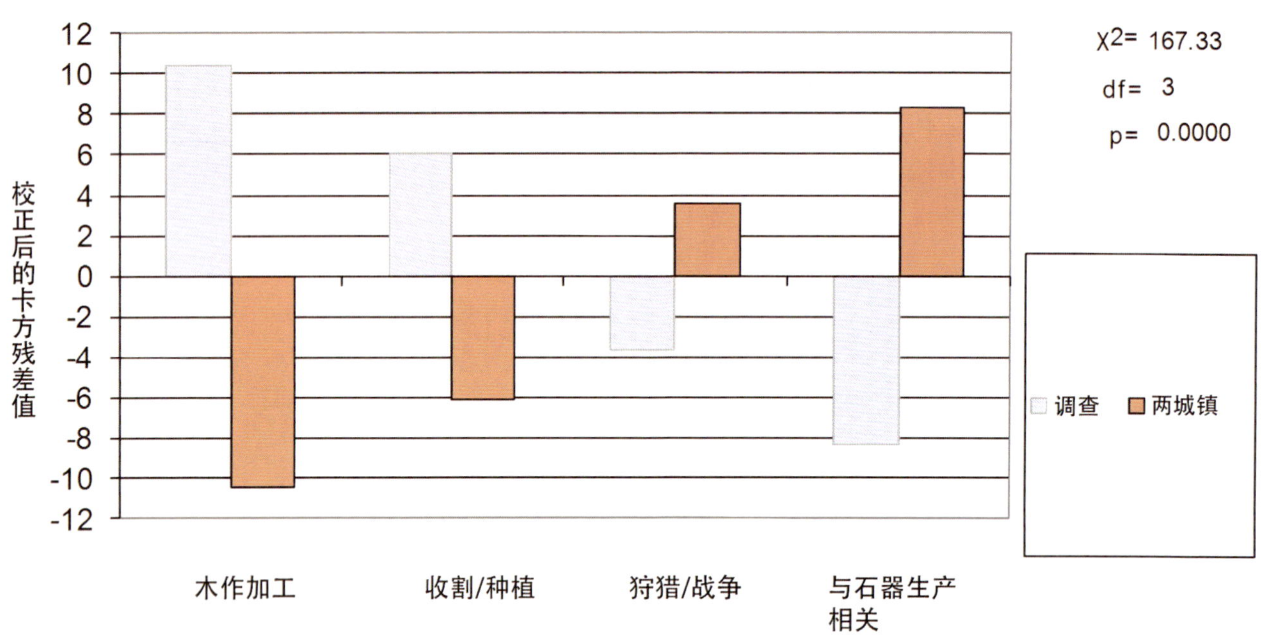

图13-137　校正后卡方残差值所反映的特定工具类型

（2）区域内的等级

根据1936年的发掘报告，遗址东部区域应该是精英阶层聚居区，也是城镇政治权力的中心。就是在这个区域发现了特殊的“玉器坑”（刘 1988; Liu 2004:108）。在山西南部的陶寺遗址中，精英聚居区则位于遗址的中心位置，同时那里也是财富集中区以及祭祀祖先的地方。在两城镇遗址中，也不能说类似的活动在发掘区的其他地方并不存在。比如在近年进行的第一发掘区内我们也发现了礼仪活动和制作与使用酒的证据（McGovern et al. 2005a; McGovern et al. 2005b）。然而，我怀疑精英区域和第一发掘区这些活动的规模和性质可能存在差别。当时的庆祝活动可能包括盛宴、酒类的消费和祭祀等（Liu 1996a; McGovern et al. 2005a; McGovern et al. 2005b; Underhill 2002）。同时当时还存在早期的市场贸易行为。

1999～2001年发掘的区域距离中心区还有相当的距离，但其仍然在壕沟和可能存在的城墙范围之内（栾等 2004）。我认为1998～2001年的发掘区域也应是普通平民的生活区，他们由血缘凝聚起来并且忠于城镇中的精英阶层。在上文中已指出，石钺及抛射尖状器可能是象征血缘联系和忠诚的物品。从一般发掘区和墓葬包含物（随葬品和陶器残留物）的分析来看，这些非精英阶层也举行着和贵族类似的祖先祭祀仪式。

在当时，正是这种原始的宗教仪式起着“核心信条”（McIntosh 2005:41）或者“凝聚剂”（McIntosh 2005:41）的作用，同时其也是获取政治权威的重要途径（Chang 1983）。依据张光直的“相互依存”模式，两城镇遗址本身可能就是一个社群联合体，各社群共同生活于壕沟和可能存在的城墙范围之内，并且这些社群可能具有共同的祖先。他们可能都会从事农业或园艺活动，并掌握着一种或更多的手工业技术（如石器抛光、皮革加工、制陶），这些技术还会世代相传（Chang 1980）。我认为张光直（Chang 1980:图38）定义的商代 “城市网络”在大型的龙山文化遗址（如两城镇）中可能已经存在。

根据分析，平民区中的农民会拿出一些时间来生产多余的石器，并对其精心抛光用以交换。这种行为随时间的发展可能也会逐渐增加。石器生产区域就位于居住区内。其中的一些农民还可能对皮革加工非常熟练。在遇到某些困难事件时，这些手工业专业技术可能会帮助他们撑过艰难的时刻（McIntosh 2005:110）。在石器中，除了少数几件打磨石和石刀与加工陶器相关外，再没有发现其他与制陶相关的证据。而制陶可能是遗址内其他社群所擅长的技术。

三　小结

在本节中，我对两城镇遗址中四个时期的磨制与抛光石器都进行了详细的研究。与石器加工相关石制品的空间分析表明，在非精英阶层居住区内存在着广泛的石器生产活动。没有证据表明这些非精英阶层在为精英阶层生产象征威望的特殊物品。也没有发现精英阶层雇佣这些手工业匠人为礼仪活动生产石器的迹象。除了某些血缘家族可能控制着绿色片岩和砂岩这类石料外，没有证据表明当时存在着附属型专业化生产或其他受精英阶层控制的手工业生产。我已提到过在血缘家族中可能一些首领才会被选举出来制作富有象征意义的抛射尖状器。然而，对大多数石器而言，普通平民都有生产和使用它们的权力。

与石器加工相关的石制品数量在遗址的四个时期中一直都占有很高的比例（63%～72%）。对大多数实用石器来说，石料比较易于获得。大量的石片、微型石片、石锤、毛坯、素材和抛光石，尤其是高比例精心抛光的成品石器都暗示了用以交换的业余时间家庭专业化生产在各个时期都存在。农民很可能在冬季的农闲时期进行石器制作。微型石片集中发现于很多房址之内暗示了石器制作可能是在冬季的事实。室外活动面连接很多房址的情况可能表明当时的先民共同分享这些石器加工场所。

我认为绿色抛射尖状器和非精英阶层所用的石钺是具有强烈象征意义的石器。抛射尖状器可能是血缘家族的象征，而使用滑石片岩制成的这类器物可能既是实用器，又可以作为祭祀祖先的贡品。我认为将来在非精英的墓葬中或者与墓葬有关的遗存中会发现这类祭品。并且我还认为不同类型的抛射尖状器可能是不同族群的象征，我相信随着将来考古发掘的进行，这种假设也可能会被证实。而石钺可能是非精英阶层为了效仿精英阶层所用玉钺而专门制作的。

用于制作抛射尖状器的石料在本地并不存在。这可能暗示了一定程度的精英阶层控制。占有统治地位的族群可能控制着来自远方的这种石料。非精英阶层可能只有效忠于这些占统治地位族群中的精英阶层才能确保这种石料的获取。在象征意义方面，与精美的陶杯、玉钺和其他具有高度象征性的物品相比，抛射尖状器和石钺可能居于次要地位。然而在龙山文化时期它们依然具有重要的政治象征意义，同时在经济及精神领域也发挥着非凡的作用。

第八节 结论

我们在第一节中曾提到过本文的四个研究目标：

（1）理解两城镇石器生产的性质；

（2）解释石器加工在龙山社会内部如何运作；

（3）促进磨制石器分析的发展；

（4）对改进考古发掘以及石器加工区域的识别提供参考。

接下来将按照这几个目标详细进行归纳和总结。

一 对于两城镇遗址石器生产性质的认识

1．石器形态

首先我对两城镇遗址中广泛存在的石器类型进行了分类和描述。在研究石器时，对其进行客观的分类显得非常重要。在第二节中按照不同时间阶段对各期的石器种类进行了归纳。第一期中存在大量的木作加工工具。这可能表明在此时期需要清理很多的土地来进行农业生产（包括砍伐树木，为石器制作木柄等）和房屋的建造。第二期中则存在更多的种植和收获石器以及与狩猎或战争相关的石器。这可能反映出此时期农业产量的增长以及需要保护庄稼或村庄免受其他族群的侵扰。第三期中存在着更多的与石器加工相关的石制品。我认为这标志着此时期龙山文化的农民开始有额外的时间（特别是在冬季）生产少量的石器用以交换。第四期时与石器加工相关的石制品明显减少，而与种植、收获、狩猎、战争及木材加工相关的石器则明显较多。这表明此时期石器生产数量的减少和耕地开垦的增加，这可能反映了平民粮食需求量的增加以及用以交换的石器生产量减少。这种趋势同时也可能暗示了第一发掘区内人口的增长以及房屋建造的增加。我同样认为包括抛射尖状器和石钺在内的石器（石器分类中的第三组）是在战争和礼仪活动中使用的具有象征意义的物品。在探沟的发掘过程中，在其较晚的阶段中也发现了很多此类石器，这也是人口和战争增多的一种标志。

2．石料种类

在第三节中对用于石器制作的44类石料进行了分析。在这些石料中，最重要的是当地出产的绿色流纹岩和来自外地的绿泥/角闪片岩和砂岩。超过50%的石料来自于两城镇以外，它们可能是被交易到两城镇地区。而两城镇居民与之进行交换的物品可能包括粮食、海鲜以及精致的陶器。在两城镇发现的大多数砂岩磨石都几乎被用尽，这可能暗示了这类石料价值较高且不易获得。

在第二节和第三节中，我发现某些特定的石器种类总是使用特定石料制作。例如抛射尖状器（矛、镞或棱镖）常用相对松软的绿色变质片岩制成。石刀几乎都是用砂岩制作，与此对应的另一种收割工具石镰则主要是用当地出产的流纹岩制成。这种有意选择既有象征意义的原因（绿色片岩被作为是玉的替代品）又有功能性的考虑。通过模拟实验，发现砂岩制成的石刀比流纹岩石刀在水稻收割时更为有效。第四期中石镰的增长可能是由于新作物（比如小麦）的引进或水稻种植量的减少所致，因此我推测特定的收割工具或许是用来收割特定的作物。

3．石器生产技术

通过模拟实验，我对于石器如何制作有了更为深刻的理解。想了解两城镇石器制作中到底采用了哪些技术。通过实验我认识到并不是所有的石器都经过了磨制和抛光。大多数石器都在砂岩上经过了磨制，但有意识的抛光行为与之相比则少的多。我使用不同方法对复制石器进行了抛光，然后对其进行高倍法的微痕分析。依据实验数据，可以对考古标本上的有意抛光痕迹进行识别，同时对于当时采用的不同抛光方法也可以进行鉴别。那些精心抛光的石器可能是用来贸易的。精心抛光石器的百分比在前三个时期中十分接近，而在第四期时稍有提高。卡方检验也表明在各个时期抛光石器的数量没有明显的不同。这也暗示了在各期中都存在着为了贸易而进行的石器生产活动。

模拟试验也可以帮助我们理解在磨制石器过程中到底需要多少砂岩磨石。经过对两城镇砂岩磨石仔细的研究后，我认为这些砂岩磨石主要是用来加工石器而非谷物。遗址中与磨盘配套使用工具—磨棒的相对缺乏以及第二节和第五节相关的证据也证明了这种推论。两城镇的居民对于砂岩应该有大量需求，因为在使用过程中其磨蚀速度非常快。

通过对由当地所产流纹岩制作而成石器的模拟实验，发现在对这种石料进行打制或琢制时往往会沿其自然层理发生破裂。这也让我理解了为何两城镇遗址中很少发现流纹岩石片。古代先民为了减少对石料的打制或琢制行为，往往会有意识的选择那些与拟加工石器尺寸类似的素材。

在分析两城镇遗址土样时，发现其中包含了很多微型石片。许多这种微型石片都没有明确的台面同时背面往往会有条痕（第六节）。在模拟实验中，在对石器进行磨制时也会产生类似的微型石片。依据此数据我对遗址中500多份土样中的这类微型石片进行了详细分析。这有助于石器生产区域的识别以及对石器生产速率的评估。

4．石器的使用

我采用微痕分析的方法对两城镇遗址中的大量石器进行了用途分析（第五节）。为了达到此目的，首先以考古发掘标本为对象，收集与其类似的石料然后进行仿制。我意识到微痕分析的第一步就是对需要研究的每一件标本都进行观测，并从中识别出使用造成的磨损、生产过程中有意识造成的光泽、装柄过程形成的光泽以及使用造成的刃缘崩疤。换句话说，在开始对石器进行微痕分析之前，必需首先弄清石器的生产过程。

第五节的微痕分析揭示了很多石器类型的使用方式。在不同时期，石器的类型组合也有所不同。并且通过微痕研究我们也发现很多石器具有多种功用。比如石刀和石镰是主要的收割工具，但它们也具有其他功能。石锛也可以用来掘土，石拍可以用来加工皮革。石钺最初的功能应该是与战争有关，然而，微痕分析还表明多数的钺也被用于砍伐木材。

微痕分析也清楚的揭示出石器功能的历时变化情况：1）第一期时与陶器加工相关的石器数量较多；2）第三期时与食物制备相关的石器较多而收割和种植的石器则数量较少；3）第四期时收割和种植石器数量较多，而食物制备石器则减少。第三期时收割和种植石器减少，但与石器加工相关石制品的数量则有所增加，这可能暗示了此时期为交换而进行的石器生产活动增多。第四期时这一趋势发生变化，与石器生产相关的石制品数量减少，但与木材加工、收割/种植、狩猎/战争相关的石器则数量增加。这表明此时期农业生产活动增加而为了交换进行的石器生产活动则减少，上文中使用类型学分析也得出了类似结论。

在各个时期木材加工工具的数量都比较多。皮革加工工具除了第一期外，其他三期中也都有发现，并呈逐渐增加的趋势。由此相应的是石钺和抛射尖状器从第二期至第四期也有所增加。而皮革则可以用来制作盔甲和投石器具。因为皮革加工是非常费力的劳动，所以我认为在龙山文化时期其可能成为获得社会地位的一种方式，而这项活动在两城镇遗址中应该非常频繁。但遗憾的是，在考古记录中很少发现皮革的痕迹。这使得辨识皮革加工工具显得尤为重要。

5．谁在制作石器

石器的空间分析使我们能明白是谁在制作石器并且制作了哪些类型的石器。除了少数石器以外（抛射尖状器和钺等），其他大多数石器都是日常生活中的实用器。它们都是在第一发掘区内非精英阶层房址的内外加工而成。有证据表明石器的生产不是被直接控制，当时的手工业匠人都是非全职的独立或半独立生产者。他们有时也会生产精美的抛光石器用以交换。当冬季农闲时匠人们在室内进行石器加工，而在夏秋之际，则可能在室外进行石器的制作。我认为本地出产的石料并没有被控制。然而，在全部四个时期中精英阶层可能会与某些石料产地的族群达成特定协议，以确保可以得到本地不出产的石料。人们可能通过不同的方式（比如礼仪活动、礼物交换或当地的市场）来交换石料和石器成品。在此层面而言，精英们可能控制了生产的某一方面，因此我使用“半独立”来定义这种情况。举例来说，宴会会为平民提供一个用多余石器、本地农产品和海鲜来交换外地石料的机会。这种情形非常类似中国现代农村的“集市”，而位于山东东部的日照地区也存在类似的农村集市。

我们再回到张光直的“相互依存”模式，以此来看两城镇遗址本身可能就是一个社群联合体，各社群共同生活于壕沟和可能存在的城墙范围之内。这些社群可能拥有一个共同的祖先。他们可能都会从事农业或园艺活动，并掌握着一种或更多的手工业技术（如石器抛光、皮革加工、制陶），这些技术还会世代相传（Chang 1980）。我认为张光直（Chang 1980:图38）定义的商代“城市网络”在大型的龙山文化遗址（如两城镇）中可能已经存在。根据分析，我认为平民区中的农民会拿出一些时间来生产多余的石器，并对其精心抛光用以交换。这种行为随时间的发展可能也会逐渐增加。石器生产区域就位于居住区内。其中的一些农民还可能对皮革加工非常熟练。在遇到某些困难事件时，这些手工业专业技术可能会帮助他们撑过艰难的时刻（McIntosh 2005:110）。在石器中，除了少数几件打磨石和石刀与加工陶器相关外，再没有发现其他与制陶相关的证据。而制陶可能是遗址内其他社群所擅长的技术。

二　未来研究展望

正如其他研究一样，这项研究成功的解释了几个问题，但同时也提出了更多的问题。在参与两城镇发掘及资料整理工作过程中，我的头脑中涌现出了许多有趣的想法。我将通过勾画一些有潜力的研究远景来作为本文的结尾。

我认为将来应该加大对两城镇周围小型“卫星遗址”的发掘，同样也应该发掘一些在区域调查（方等 2008）中发现的小型遗址（第三等级和第四等级）。这样的发掘可以表明这些遗址与两城镇遗址之间的关系进而也可以阐明它们在区域经济关系中的作用。

在微痕分析和实验考古学的基础上，还有许多问题可以进一步深入。我相信如果对两城镇遗址中的石器断块和打制石器再做更多的观测，肯定可以使我们对当时的社会行为有更加深入的认识。同时我们也可以加大对两城镇区域中其他遗址的微痕分析和实验考古研究，这样我们就可以更好的理解当时社会中的经济模式，也可以对石料类型有更为深入的认识。在进行微痕分析之前，一定要进行现代模拟实验，并尽量使用与考古标本一致的石料。并且在将来淀粉粒分析和植硅体分析应该被应用到龙山文化石器的功能分析之中。这些残留物分析可以与微痕分析很好的进行互补，对阐明石器功能的历时变化非常重要。我一直怀疑当时先民们肯定对软质的片岩抛射尖状器进行了淬毒处理（Cunnar et al. 2009）。由于软质片岩的易碎性，所以当它们在受害者体内破裂时毒药也会随之传播进而造成更快的伤害。将来对抛射尖状器进行残留物分析可以很好的检测这种推论的正确与否。我还在一些调色板上观察到了颜料的痕迹，一般而言颜料应该是准备为皮革着色的。在世界范围内为皮革着色是十分常见的现象（Weedman-Arthur 2008）。

我的研究表明龙山时期存在着不少的打制石器。其中的一些石器应该包含有十分丰富的信息，比如斜边和磨边的卵石工具（即第二节的手石），可能也是十分重要的一种皮革加工工具。博物馆中保存的被认为是作为贵族威望象征的石器也应该进行微痕分析，比如从两城镇和丹土遗址采集的玉钺和其他礼仪性石器（第二节提到的）也应该使用高倍法（使用金相显微镜）进行仔细观测。用这种方法我们既能弄清这些石器的生产技术（比如是否抛光）亦可判断其是否被使用过。

将来通过更多的地质研究，我们可以更好的确认在区域中何种石料可能被用来进行贸易。对区域系统调查中采集到的石器也应该进行精确的石料鉴定。研究表明流纹岩的某种化学元素可以帮助鉴定其石料来源。同样地球化学分析也应被应用到砂岩研究中，以便证明这些砂岩是否来源于同一区域。

在未来还应进行更多的实验考古和石器复制工作。这对于发现和解释磨制及抛光石器的加工区域至关重要。将来还应继续加大对磨制石片的研究。第六节应用的电脑辅助形态测量分析能有效且准确地对这类微型石片进行量化研究，将来希望在技术层面有更大的发展和突破。以后也可以考虑将电脑辅助的形态学研究应用于石器的类型学分析之中。Rovner（1995; 2004）认为这种方法在对石器进行类型学分析时可以有效去除某种主观因素。

将来也可以专门进行一些模拟实验来对早期玉器的加工技术进行深入分析。在进行实验时，不应采用现代化的抛光机器（Lu et al. 2005:6），而应采用与古代匠人完全相同的技术方法。并且我认为未来还应向现代的中国农民多多学习。他们使用的传统工具、技术和知识可以为更好理解4000年前中国的某些方面架起一座桥梁，比如可以帮助我们辨识哪些工具是礼仪性的，哪种又是实用性的。在调查过程中，我发现在这个区域中至少有一个村庄现在仍在种植大量的粟。如果将来可以将种植粟村庄中使用的工具和种植稻的村庄进行比较则会为我们理解古代社会提供有益的启示。

最后，希望中国和其他地区能有更多的考古发掘，在发掘中应通过系统的收集和筛选来发现更多的石制品标本。未来还应更加关注石器断块、破碎的毛坯以及压制、琢制和磨制所产生的石片，并且还需花大力气研究在磨制过程中石片产生的破裂机理。所有从两城镇系统收集到的资料对理解石器的完整生产过程以及确定石器加工区域都非常有用，这使我受益匪浅。

附录　两城镇遗址中石料与代码的对应关系

矿物：

Min1. 石英

Min2. 软玉

Min3. 黑云母

Min4. 白云母

Min5. 绿松石

Min6. 蛇纹石

岩石（“I”，“M”和“S”并不总是分别指代火成岩、变质岩、水成岩）

I1. 玄武岩

I1A. 角闪/玄武斑岩

I2. 玄武安山斑岩

I3. 花斑状流纹岩

I4. 闪长岩/闪长玢岩

I5. 橄榄辉长岩，但是在地质调查采集样品中并未发现

I6. 黑曜石

I7. 石英粗面斑岩

I8. 角闪闪长岩

I9. 黑云母片岩

I10. 浮石

M1. 流纹花岗岩

M2. 小块石英岩“基岩”

M2A. 石英/石英岩（圆钝的海滩卵石）

M2B. 大理岩

M3A. 紫色的带绿帘石斑点的流纹花岗岩

M3B. 绿色的富钾质煌斑岩

M4. 花岗质熔结凝灰岩（与M1相似，样品两城镇3）

M5. 滑石或绿泥片岩（不确定）

M5A. 滑石片岩（两城镇-36，标本号3309，被鉴定为尖晶石占主体）

M5B. 绿泥石或绿泥/角闪片岩

M6A. 花斑状角闪流纹岩

M6B. 细晶花岗岩

M6C. 花斑岩

M6D. 高度变质的石英高岭石

M6E. 花岗岩/花岗岩类岩石（与A–C相似，这类中也包括绿色的基岩）

M6F. 花岗斑岩

M6G. 石英二长岩/二长斑岩

M7. 富含白云母的熔结凝灰岩

M8. 黑云母片麻岩

M9. 热液蚀变流纹岩

M10. 角闪英安岩

M11. 玄武岩（气孔中填塞沸石）

M12. 不明的片岩（地质调查采集样品中的一种，深褐色/绿色，硬度很低且纯）

M13. 麻粒岩相变质花岗岩

M14. 不明

M15. 闪岩

M16. 粉砂岩（红色，硬度低，较为滑腻的片岩，有时会富含云母）

M17. 石英/富含白云母的千枚岩（富含云母的绿色片岩[两城镇–37，标本号2471]。由于包含石墨，所以有轻微的滑腻感）

M18. 白云母板岩（标本号3507）

M19. 热液蚀变流纹凝灰岩

M20. 高岭石

M21. 角闪斑岩（辉绿岩？）

S1. 流纹质熔结凝灰岩

S1A. 浅绿色，没有明显条痕，均质，与燧石十分相似，但应该属于S1其中的一个类型。

S1B. 浅绿色，有条纹和白色小圆环包含物

S2. 砂岩（没有进一步界定）

S2A. 砂岩（黏土胶结物，鲜红色，颗粒较细，在地质调查采集的样品中有此类型）

S2B. 砂岩（硅质胶结物，白色、灰色或黄褐色，颗粒较细且硬度低，为2度左右）

S2C. 砂岩（钙质胶结物，与采集样品中的五莲砂岩比较接近，硬度为4～5度）

S2D. 砂岩（硅质胶结物，黄褐色或褐色，细颗粒，富含白云母/黑云母，闪闪发光，在地质调查采集的样品中有此类型）

S2E. 砂岩（中粒，绿色）

S2F. 红色砂岩（钙质胶结物，与后郝戈庄村的采集样品比较相似，区域73和74）

S2G. 亚长石砂岩（硅质胶结物，鲜红色，可能来源于莒南）

S2H. 泥岩

S2I. 砾岩

S3. 硬砂岩

S4. 燧石

S5. 不明的水成岩，在地质调查的采集样品中有此类型

第九节 参考文献

Abrams E, 1984. Replicative Experimentation at Copan, Honduras: Implications for Ancient Economic Specialization. *Journal of New World Archaeology* 6(2): 39-48.

Adams J, 1989. Methods for Improving Ground Stone Artifacts Analysis: Experiments in Mano Wear Patterns. In: D. S. Amick and R. P. Mauldin (eds). *Experiments in Lithic Technology*. Oxford: BAR International Series, 259-276.

Adams J, 1997. *Manual for a Technological Approach to Ground Stone Analysis*. Tuscon: Center for Desert Archaeology.

Adams J, 2002. *Ground Stone Analysis, A Technological Approach*. Salt Lake City: University of Utah Press.

Adams R, 1970. Suggested Classic Period Occupational Specialization in the Southern Maya Lowlands. In: W. R. Bullard (eds). *Monographs and Papers in Maya Archaeology*. Cambridge: Peabody Museum, Papers of the Peabody Museum of Archaeology and Ethnology, Harvard University 61: 489-502.

Adams R, 1972. Patterns of Urbanization in Early Southern Mesopotamia. In: P. J. Ucko, R. Tringham, G. W. Dimbleby (eds), *Man, Settlement and Urbanism*. London: Duckworth, 735-749.

Adams R, 1978. Strategies of Maximization, Stability, and Resilience in Mesopotamian Society, Settlement and Agriculture. *Proceedings of the American Philosophical Society* 122: 329-335.

Ahler S, 1989. Mass Analysis of Flaking Debris: Studying the Forest Rather than the Trees. In: Henry and G. H. Odell (eds). *Alternative Approaches to Lithic Analysis, Archaeological Papers of the American Anthropological Association No. 1. D. O.*, 85-118.

Ahler S, 1979. Functional Analysis of Nonobsidian Chipped Stone Artifacts: Terms, Variables, and Quantification. In: B. Hayden (eds). *Lithic Use-Wear Analysis*. New York: Academic Press, 301-326.

Aldenderfer M, 1991. Functional Evidence for Lapidary and Carpentry Craft Specialties in the Late Classic of the Central Peten Lakes Region. *Ancient Mesoamerica* 2: 205-214.

Aldenderfer M, 1991. The Structure of Late Classic Lithic Assemblages in the Central Peten Lakes Region, Guatemala. In: T. R. Hester and H. J. Schafer (eds). *Maya Stone Tools Selected Papers from the Second Maya Lithic Conference*. Monographs in World Archaeology No. 1. Madison: Prehistory Press, 119-142.

Aldenderfer M, L Kimball, A Sievert, 1989. Microwear Analysis in the Mayan Lowlands: The Use of Functional Data in a Complex-Society Setting. *Journal of Field Archaeology* 16(1): 47-60.

Amick D, Raymond P. Mauldin (eds), 1989. *Experiments in Lithic Technology*. Oxford: B. A. R.

Amick D, R Mauldin, S Tomka, 1988. An Evaluation of Debitage Produced by Experimental Bifacial Core Reduction of a Georgetown Chert Nodule. *Lithic Technology* 17(1): 26-36.

Anderson D, 1994. Factional Competition and Political Evolution of Mississippian Chiefdoms in the Southeastern United States. In: E. Brumfiel and J. Fox (eds). *Factional Competition and Political Development in the New World*. New York: Cambridge University Press, 61-76.

Anderson P, 1980. A Testimony of Prehistoric Tasks: Diagnostic Residues on Stone Working Edges. *World Archaeology* 12(2): 181-194.

Andersson J, 1943. *Researches into the Prehistory of the Chinese*. Volume 15. Stockholm: Museum of Far Eastern Antiquities.

Andrefsky Jr. W, 1998. Lithics: *Macroscopic Approaches to Analysis*. Cambridge: Cambridge University Press.

Andrefsky Jr. W, 2001. Emerging Directions in Debitage Analysis. In: J. Andrefsky, William (eds). *Lithic Debitage Context, Form, Meaning*. Salt Lake City: University of Utah Press, 2-14.

Andrefsky Jr. W (eds), 2001. *Lithic Debitage Context, Form, Meaning*. Salt Lake City: The University of Utah Press.

Aoyama K, 1996. *Exchange, Craft Specialization, and Ancient Maya State Formation: A Study of Chipped Stone Artifacts from the Southeast Maya Lowlands*. Ph. D. Dissertation, University of Pittsburgh.

Arnold J, 1985. Economic Specialization in Prehistory: Methods of Documenting the Rise of Lithic Craft Specialization. In: S. C. Vehick (eds). *Lithic Resource Procurement: Proceedings from the Second Conference on Prehistoric Chert Exploitation, Occasional Paper 4*. Carbondale: Southern Illinois University, 37-58.

Arnold J, 1985. The Santa Barbara Channel Islands Bladelet Industry. *Lithic Technology* 14(2): 71-80.

Arnold J, 1987. *Craft Specialization in the Prehistoric Channel Islands, California*. Berkeley: University of California, Berkeley.

Arnold J, 1992. Complex Hunter-Gatherer-Fishers of Prehistoric California: Chiefs, Specialists, and Maritime Adaptations of the Channel Islands. *American Antiquity* 57(1): 60-84.

Arnold J, A Munns, 1994. Independent or Attached Specialization: The Organization of Shell Bead Production in California. *Journal of Field Archaeology* 21: 473-489.

Baumler M, C Downum, 1989. Between Micro and Macro: A Study in the Interpretation of Small-Sized Lithic Debitage. In: D. S. Amick and R. P. Mauldin (eds). *Experiments in Lithic Techology*. Oxford: BAR International Series 528: 101-116.

Beck R, 1970. *New Zealand Jade: The Story of Greenstone*. Wellington: A. H. and A. W. Reed.

Beck R, 1981. A New Development in The Understanding of The Prehistoric Usage of Nephrite in New Zealand. In: F. Leach and J. Davidson (eds). *Archaeological Studies of Pacific Stone Resources*. Oxford: Bar International Series 104: 21-29.

Behm J, 1983. Flake Concentrations: Distinguishing Between Flintworking Activity Areas and Secondary Deposits. *Lithic Technology* 12(1): 9-16.

Bekken D, 2007. Personal Communication.

Bennett G, 2002. *The Organization of Lithic Tool Production During the Longshan Period (ca. 2600-2000 B. C.) in Southeastern Shandong Province, China*. Ph. D. dissertation, University of California.

Binford L, S Binford, 1966. A Preliminary Analysis of Functional Variability in the Mousterian of Levallois Facies. *American Anthropologist* 68(2(2)): 238-295.

Bishop H, 1906. *Investigations and Studies in Jade*. 2 vols. New York: Privately Printed.

Blackwood B, 1950. *The Technology of Modern Stone Age People in New Guinea*. Oxford: Pitt Rivers Museum.

Blanton R et al, 1982. *Monte Alban's Hinterland, Part I. The Prehispanic Settlement Patterns of the Central and Southern Parts of the Valley of Oaxaca*. Ann Arbor: Museum of Anthropology University of Michigan.

Blitz J, 1993. Big Pots for Big Shots: Feasting and Storage in a Mississippian Community. *American Antiquity* 58(1): 80-96.

Bordaz J, 1970. *Tools of the Old and New Stone Age*. Newton Abbot: David and Charles.

Bordes F, D Crabtree, 1969. *The Corbiac Blade Technique and other Experiments*. *Tebiwa* 12(2): 1-21.

Bradley B, 1974. Comments on the Lithic Technology of the Casper Site Materials. In G. C. Frison (eds). *The Casper Site. A Hell Gap Bison Kill on the High Plains*. New York: Academic Press, 191-197.

Brumfiel E, T Earle, (eds), 1987. *Specialization, Exchange, and Complex Societies*. Cambridge: Cambridge University Press.

Brumfiel E, T Earle, 1987. *Specialization, Exchange, and Complex Societies*: An Introduction. In: E. M. Brumfiel and T. K. Earl (eds). Specialization, Exchange, and Complex Societies. Cambridge: Cambridge University Press, 1-9.

Burton J, 1980. Making Sense of Waste Flakes. *Journal of Archaeological Science* 7: 131-148.

Callahan E, 1993. Celts and Axes: Celts in the Pamunkey and Cahokia House Building Projects. *Bulletin of Primitive Technology* 1(5): 37-40.

Callahan E, 2000. *The Basics of Biface Knapping in the Eastern Fluted Point Tradition*. Lynchburg: Piltdown Productions.

Chang K, 1962. China. In: R. J. Braidwood and G. R. Willey (eds). *Courses Toward Urban Life*. Chicago: Aldine, 177-192.

Chang K, 1980. *Shang Civilization*. New Haven: Yale University Press.

Chang K, 1983. *Art, Myth and Ritual: The Path to Political Authority in Ancient China*. Cambridge: Harvard University Press.

Chang K, 1986. *The Archaeology of Ancient China*. New Haven: Yale University Press.

Chappell J, 1966. Stone Axe Factories in the Highlands of East New Guinea. *Proceedings of the Prehistoric Society* 32: 96.

Chase D, A Chase (eds), 1992. *Mesoamerican Elites An Archaeological Assessment*. Norman: University of Oklahoma Press.

Chen L, 1996. The Ancestor Cult in Ancient China. In: J. Rawson (eds). *Mysteries of Ancient China. New Discoveries from Early Dynasties*. New York: George Braziller, 269-272.

Childe G, 1936. *Man Makes Himself*. London: Watts.

Childs-Johnson E, 1988. *Ritual and Power: Jades of Ancient China*. New York: China Institute in America.

Childs-Johnson E, 1995. Symbolic Jades of the Erlitou Period: A Xia Royal Tradition. *Archives of Asian Art* 48: 64-91.

Childs-Johnson E, 2001. *Enduring Art of Jade Age China. Chinese Jades of Late Neolithic Through Han Periods*. New York: Throckmorton Fine Art.

Clark J, 1982. Manufacture of Mesoamerican Prismatic Blades: An Alternative Technique. *American Antiquity* 47(2): 355-376.

Clark J, 1986a. Another Look at Small Debitage and Microdebitage. *Lithic Technology* 15(1): 21-33.

Clark J, 1986b. From Mountains to Molehills: A Critical Review of Teotihuacan's Obsidian Industry. In: B. L. Isaac (eds). *Research in Economic Anthropology, Supplement 2: Economic Aspects of Prehispanic Highland Mexico*. Greenwich: JAI Press, 23-74.

Clark J, 1995. Craft Specialization as an Archaeological Category. In: B. L. Isaac, (eds). *Research in Economic Anthropology 16*. Greenwich, CT: JAI Press, 267-294.

Clark J, W Parry, 1990. Craft Specialization and Cultural Complexity. *Research in Economic Anthropology* 12: 289-346.

Cleghorn P, 1982. *The Mauna Kea Adze Quarry: Technological Analyses and Experimental Tests*. Ph. D. dissertation, University of Hawaii.

Cleghorn P, 1986. Organizational Structure at the Mauna Kea Adze Quarry Complex, Hawaii. *Journal of Archaeological Science* 13: 375-387.

Cobb C, 2000. *From Quarry to Cornfield: The Political Economy of Mississippian Hoe Production*. Tuscaloosa: The University of Alabama Press.

Coles J, 1973. *Archaeology by Experiment*. London: Hutchison University Library.

Collins M, 1975. Lithic Technology as a Means of Processual Inference. In: E. Swanson (eds). Lithic *Technology Making and Using Stone Tools*. Paris: Mouton Publishers. 15-34.

Corliss D, 1972. *Neck Width of Projectile Points: an Index of Culture Continuity and Change*. Volume 29. Pocatello.

Costin C, 1991. Craft Specialization: Issues in Defining, Documenting, and Explaining the Organization of Production. In: M. Schiffer (eds). *Archaeological Method and Theory 3*. New York: Academic Press, 1-56.

Costin C, M Hagstrum, 1995. Standardization, Labor Investment, Skill, and the Organization of Ceramic Production in late Prehispanic Highland Peru. *American Antiquity* 60(4): 619-639.

Cotterall B, J Kamminga, 1979. The Mechanics of Flaking. In: B. Hayden (eds). *Lithic Use-Wear Analysis*. New York: Academic Press, 97-112.

Couch J, T Stropes, A Schroth, 1999. The Effect of Projectile Point Size on Atlatl Dart Efficiency. *Lithic Technology* 24(1): 27-37.

Crabtree D, B Butler, 1964a. Notes on Experiments in Flint Knapping: 1. Heat Treatments of Silica Materials. *Tebiwa* 7(1): 1-6.

Crabtree DE, 1966. A Stoneworker's Approach to Analyzing and Replicating the Lindenmeier Folsom. *Tebiwa*. 9 (1): 3-39.

Crabtree DE, 1972. *An Introduction to Flintworking*. Pocatello: Idaho State University Museum.

Crabtree DE, BR Butler, 1964. Notes on Experiments in Flint Knapping. *Tebiwa* 7(1): 1-6.

Crabtree DE, EL Davis, 1968. Experimental Manufacture of Wooden Implements with Tools of Flaked Stone. *Science* 159: 426-428.

Crabtree DE, RA Gould, 1971. Man's Oldest Craft Re-created. *Curator* 13 (3): 179-188.

Crawford GW, AP Underhill, Z Zhao et al., 2005. Late Neolithic Plant Remains from Northern China: Preliminary Results from Liangchengzhen, Shandong. *Current Anthropology* 46 (2): 309-317.

Crew HL, 1972. A Statistical Analysis of Levallois Preparatory Flaking. Pan-African Congress on Prehistory and the Study of the Quaternary 5: 27-36.

Cunnar GE, 2007. The Production and Use of Stone Tools at the Longshan Period Site of Liangchengzhen, China. Doctoral dissertation, Department of Anthropology, Yale University.

Cunnar GE著，方堃杨、董豫译：《鲁东南沿海地区考古调查发现石器研究》，《东方考古（第10集）》，科学出版社，2013年。

Cunnar GE, W Schindler, AP Underhill, et al., 2009. Hunting with Talc? Experiments into the Functionality of Certain Late Neolithic Ground Projectile Points from the Site of Liangchengzhen, Peoples Republic of China. *Journal of Ethnoarchaeology* 1 (2): 185-211.

D'Altroy TN, TK Earl, 1985. State Finance, Wealth Finance, and Storage in the Inka Political Economy. *Current Anthropology* 26: 187-206.

Randolph DI, JR Butler, 1996. An archaeological survey and petrographic description of rhyolite sources in the Uwharrie Mountains, North Carolina. *Southern Indian Studies* 45: 1-37.

Darwent J, 1998. *The Prehistoric Use of Nephrite on the British Columbia Plateau*. Simon Fraser University: Archaeology Press.

Del Bene TA, 1979. Once upon a Striation: Current Models of Striation and Polish Formation. In: B. Hayden (ed). *Lithic Use-Wear Analysis*. New York: Academic Press, 167-178.

Dickson FP, 1981. Australian Stone Hatchets: *A Study in Design and Dynamics*. Sydney: Academic Press.

Drennen RD, 1996. *Statistics for Archaeologists: A Commonsense Approach*. New York: Plenum Press.

Duff R, 1970. *Stone Adzes of Southeast Asia. Volume 3*. Christchurch, New Zealand: Canterbury Museum.

Dunnell RC, JK Stein, 1989. Theoretical Issues in the Interpretation of Micro-Artifacts. Geoarchaeology 4: 31-42.

Earle TK, 1991. The Evolution of Chiefdoms. In: TK Earle (ed). *Chiefdoms: Power, Economy, and Ideology*. Cambridge: Cambridge University Press.

Earle TK, 1981. A comment on "Evolution of specialized pottery and production: A trial model" by P. M. Rice. *Current Anthropology* 22: 230-231.

Earle TK, 1982. Prehistoric Economies and the Archaeology of Exchange. In: JE Ericson, TK Earle (eds). *Contexts for prehistoric exchange*. New York: Academic Press, 1-12.

Earle TK, 1997. *How Chiefs Come to Power*. Stanford: Stanford University Press.

Howard Holmes E, 1940. *Flint-Working Techniques of the American Indians: An Experimental Study*. Lithic Laboratory, Department of Archaeology, Ohio State Museum.

Ericson JE, 1977. Egalitarian Exchange Systems in California: A Preliminary View. In: TK Earle, JE Ericson (eds). *Exchange Systems in Prehistory*. New York: Academic Press, 109-126.

JE Ericson, BA Purdy (eds), 1984. *Prehistoric Quarries and Lithic Production*. Cambridge: Cambridge University Press.

Evans RK, 1978. Early Craft Specialization: An Example from the Balkan Chalcolithic. In: CL Redman, MJ Berman, EV Curtin, et al. (eds). *Social Archaeology: Beyond Subsistence and Dating*. New York: Academic Press, 113-129.

Ewers JC, 1930. *Blackfeet Crafts*. Washington D. C. : Department of the Interior, Bureau of Indian Affairs.

Feinman GM, 1999. Rethinking Our Assumptions: Economic Specialization at the Household Scale in Ancient Ejutla, Oaxaca, Mexico. In JM Skibo, GM Feinman (eds). *Pottery and People: A Dynamic Interaction*. Salt Lake City: The University of Utah Press, 81-98.

Feinman GM, SA Kowaleski, RE Blanton, 1984. Modeling Ceramic Production and Organizational Change in the Pre-hispanic Valley of Oaxaca. In SE van der Leeuw, AC Pritchard (eds). *The Many Dimensions of Pottery*. Amsterdam: University of Amsterdam, 295-394.

Feinman GM, SA Kowaleski, S Banker, et al., 1992. Ceramic Production and Distribution in Late Postclassic Oaxaca: Stylistic and Petrographic Perspectives. In Bey GJ, CA Pool (eds). *Ceramic Production and Distribution*. Boulder: Westview Press, 235-259.

Feinman GM, LM Nicholas, 2004. Unraveling the Prehispanic Highland Mesoamerican Economy: Production, Exchange, and Consumption in the Classic Period Valley of Oaxaca. In GM Feinman, LM Nicholas (eds). *Archaeological Perspectives on Political Economies*. Salt Lake City: University of Utah Press, 167-188.

Fenega F, 1953. The Weights of Chipped Stone Points: A Clue to Their Functions. *Southwestern Journal of Anthropology* 9: 309-323.

Fladmark KR, 1982. Microdebitage Analysis: Initial Considerations. *Journal and Archaeological Science* 9: 205-220.

Flenniken JJ, 1978. Reevaluation of the Lindenmeier Folsom: A Replication Experiment in Lithic Technology. *American Antiquity* 43 (3): 473-479.

Flenniken JJ, 1981. *Replicative Systems Analysis: A Model Applied to Vein Quartz Artifacts from the Hoko River Site*. Pullman, Wash: WSU, Laboratory of Anthropology.

Flenniken JJ, EG Garrison, 1975. Thermally Altered Novaculite and Stone Tool Manufacturing Techniques. *Journal of Field Archaeology* 2 (1/2): 125-131.

Flenniken JJ, JP White, 1985. Australian Flaked Stone Tools: A Technological Perspective. *Records of the Australian Museum* 36: 131-151.

Forsyth A, 1995. Neolithic Chinese Jades. In R Keverne (ed). *Jade*. New York: Lorenz Books, 50-87.

Frison GC, 1968. A Functional Analysis of Certain Chipped Stone Tools. *American Antiquity* 33 (2): 149-155.

Frison GC, 1989. Experimental Use of Clovis Weaponry and Tools on African Elephants. *American Antiquity* 54 (4): 766-783.

Frison GC, 1991. *Prehistoric Hunters of the High Plains*. New York: Academic Press.

Fung C, 2000. The Drinks Are On Us: Ritual, Social Status, and Practice in Dawenkou Burials. *Journal of East Asian Archaeology* 2 (1-2): 67-92.

Grace R, 1989. *Interpreting the Function of Stone Tools: The Quantification and Computerisation of Microwear Analysis*. Oxford: BAR.

Grace R, ID Graham, MH Newcomer, 1987. Preliminary Investigation into the Quantification of Wear Traces on Flint Tools. In GDG Sieveking, MH Newcomer (eds). *The Human Uses of Flint and Chert, Proceedings of the Fourth International Flint Symposium Held at Brighton Polytechnic 10-15 April 1983*. Cambridge: Cambridge University Press, 63-69.

Grace R, IDG Graham, MH Newcomer, 1985. The Quantification of Microwear Polishes. *World Archaeology* 17 (1): 112-118.

Griffiths DR, CA Bergman, CJ Clayton, et al., 1987. Experimental Investigation of the Heat Treatment of Flint. In GDG Sieveking, MH Newcomer (eds). *The Human Uses of Flint and Chert, Proceedings of the Fourth International Flint Symposium Held at Brighton Polytechnic 10-15 April 1983*. Cambridge: Cambridge University Press, 44-52.

Guo Z, T Jiao, BV Rolett, et al., 2005. Tracking Neolithic Interactions in Southeast China: Evidence from Stone Adze Geochemistry. *Geoarchaeology* 20 (8): 765-776.

Haas J, 1982. *The Evolution of the Prehistoric State*. New York: Columbia University Press.

Hampton Bud OW, 1999. *Culture of Stone. Sacred and Profane Uses of Stone among the Dani*. College Station: Texas A&M Press.

Harding P, 1987. An Experiment to Produce a Ground Flint Axe. In GDG Sieveking, MH Newcomer (eds). *The Human Uses of Flint and Chert, Proceedings of the Fourth International Flint Symposium Held at Brighton Polytechnic 10-15 April 1983*. Cambridge: Cambridge University Press, 37-42.

Hassan FA, 1971. Study of Debitage in Lithic Assemblages and Its Uses. *Pan-African Congress on Prehistory and the Study of the Quaternary* 4: 20-29.

B Hayden (ed), 1987. *Lithic Studies Among the Contemporary Highland Maya*. Tuscon: University of Arizona Press.

Helms MW, 1993. *Craft and the Kingly Ideal: Art, Trade, and Power*. Austin: University of Texas Press.

Henry DO, CV Haynes, BA Bradley, 1976. Quantitative Variations in Flaked Stone Debitage. *Plains Anthropologist* 21 (71): 57-61.

Hester TR, L Spencer, C Busby, et al., 1976. Butchering a Deer with Obsidian Tools. In Contributions of the University of California Archaeological Research Facility 33. *Experiment and Function: Four California Studies*. Berkeley: Archaeological Research Facility, Department of Archaeology, 45-56.

Hirth K, 1996. Political Economy and Archaeology: Perspectives on Exchange and Production. *Journal of Archaeological Research* 4 (3): 203-239.

Hodder I, 1982. Toward a Contextual Approach to Prehistoric Exchange. In JE Ericson, TK Earle (eds). *Contexts for Prehistoric Exchange*. New York: Academic Press, 199-211.

Holmes WH, 1894a. *An Ancient Quarry in Indian Territory*. Washington: Smithsonian Institution.

Holmes WH, 1894b. *Natural History of Flaked Stone Implements*. Memoirs, International Congress of Anthropology: 120-139.

Hruby ZX, 2007. Ritualized Chipped-Stone Production at Piedras Negras, Guatemala. In ZX Hruby, R Flad (eds). *Rethinking Craft Specialization in Complex Societies: Archaeological Analyses of the Social Meaning of Production*. Archaeological Papers of the American Anthropological Association, Vol. 17. Berkeley: University of California Press, 68-87.

Huang T, 1992. Liangzhu - A Late Neolithic Jade-Yielding Culture in Southeastern Coastal China. *Antiquity* 66 (250): 75-83.

Hull KL, 1987. Identification of Cultural Site Formation Processes Through Microdebitage Analysis. *American Antiquity* 52 (4): 772-783.

Inizan M-L, H Roche, J Tixier, 1992. *Technology of Knapped Stone*. Meudon: CREP.

Inomata T, 2001. The Power and Ideology of Artistic Creation: Elite Craft Specialists in Classic Maya Society. *Current Anthropology* 42 (3): 321-349.

Inomata T, 2007. Knowledge and Belief in Artistic Production by Classic Maya Elites. In ZX Hruby, R Flad (eds). *Rethinking Craft Specialization in Complex Societies: Archaeological Analyses of the Social Meaning of Production*. Archaeological Papers of the American Anthropological Association, Vol. 17. Berkeley: University of California Press, 129-142.

Jelinek AJ, 1976. Form, Function and Style in Lithic Analysis. In C Cleland (ed), *Cultural Change and Continuity: Essays in Honor of James Bennett Griffin*. New York: Academic Press, 19-33.

Johnson JK, 1989. The Utility of Production Trajectory Modeling as a Framework for Regional Analysis. In DO Henry and GH Odell (eds). *Alternative Approaches to Lithic Analysis*. Vol. 1: Archaeological Papers of the American Anthropological Association, 119-138.

Kapches M, 1979. The Production of Celts. *Man in the Northeast* 18: 63-81.

Kardulias NP, 2003. Stone in the Age of Bronze: Lithics from Bronze Age Contexts in Greece and Iran. In NP Kardulias (ed). *Written in Stone: The Multiple Dimensions of Lithic Analysis*. New York: Lexington Books, 113-124.

Keeley LH, 1980. *Experimental Determination of Stone Tool Uses: A Microwear Analysis*. Chicago: University of Chicago Press.

Keightley DN, 1991. The Quest for Eternity in Ancient China: The Dead, Their Gifts, Their Names. In G Kuwayama (ed). *Ancient Mortuary Traditions of China. Papers on Chinese Ceramic Funerary Sculptures*.

Far Eastern Art Council, Los Angeles County Museum of Art, 12-24.

Keightley DN, 1995a. Chinese Religions—The State of the Field. Part I. Early Religious Traditions: The Neolithic Period through the Han Dynasty (ca. 4000 B. C. E to 220 C. E.): Neolithic and Shang Periods. *Journal of East Asian Studies* 54 (1): 124-145.

Keightley DN, 1995b. Early Jades in China: Some Cultural Contexts, Social Implications. In S Bernstein (ed). *Collecting Chinese Jade*. San Francisco: S. Bernstein and Company, 16-41.

Kononenko AV, NA Kononenko, H Kajiwara, 1998. Implications of Heat Treatment Experiments on Lithic Materials from the Zerkalnaya River Basin in the Russian Far East. In J Reed (ed). *Proceedings of the Society for California Archaeology*. Vol. 11. Fresno: Society of California Archaeology, 19-25.

Lass B, 1994. *Hawaiian Adze Production and Distribution: Implications for the Development of Chiefdoms*. University of California, Los Angeles.

Lass B, 1998. Crafts, Chiefs and Commoners: Production and Control in Precontact Hawai'i. In CL Costin, RP Wright (eds). *Craft and Social Identity*. Archaeological Papers of the American Anthropological Association 8. Arlington: American Anthropological Association, 19-30.

Laufer B, 1912. *Jade: A Study in Chinese Archaeology and Religion*. Volume X. Chicago: Field Museum of Natural History Publication 154.

Leakey LSB, 1950. Stone Implements: How They Were Made and Used. *South African Archaeological Bulletin* 5 (18): 71-74.

Leroi-Gourhan A, 1993. *Gesture and Speech*. Cambridge: MIT Press.

Lesure R, 1999. On the Genesis of Value in Early Hierarchical Societies. In JE Robb (ed). *Material Symbols Culture and Economy in Prehistory*. Occasional Paper no. 26. Carbondale: Center for Archaeological Investigations, Southern Ilinois University, 23-55.

Levi Sala I, 1986. Use Wear and Post-depositonal Surface Modification: A Word of Caution. *Journal of Archaeological Science* 13: 229-244.

Lewenstein SM, 1987. *Stone Tool Use at Cerros*. Austin: University of Texas Press.

Li Y, 2005, personal communication.

Li Y, 2007. Specialization, Context of Production, and Alienation in the Production Process: Comments and Afterthoughts. In ZX Hruby, R Flad (eds). *Rethinking Craft Specialization in Complex Societies: Archaeological Analyses of the Social Meaning of Production*. Archaeological Papers of the American Anthropological Association, Vol. 17. Berkeley: University of California Press, 169-180.

Lillios KT, 1999. Symbolic Artifacts and Spheres of Meaning: Groundstone Tools from Copper Age Portugal. In JE Robb (ed). *Material Symbols Culture and Economy in Prehistory*. Southern Illinois University, Carbondale Occasional Paper No. 26. Carbondale: Center for Archaeological Investigations, 173-187.

Liu L, 1996a. Mortuary Ritual and Social Hierarchy in the Longshan Culture. *Early China* 21: 1-46.

Liu L, 1996b. Settlement Patterns, Chiefdom Variability, and the Development of Early States in North China. *Journal of Anthropological Archaeology* 15: 237-238.

Liu L, 2000. Ancestor Worship: An Archaeological Investigation of Ritual Activities in Neolithic North China. *Journal of East Asian Archaeology* 2 (1-2): 129-163.

Liu L, 2003. The Products of Minds as Well as of Hands. Production of Prestige Goods in the Neolithic and Early State Periods of China. *Asian Perspectives* 42 (1): 1-40.

Liu L, 2004. *The Chinese Neolithic: Trajectories to Early States*. Cambridge: Cambridge University Press.

Liu L, 2009. State Emergence in Early China. *Annual Review of Anthropology* 38: 217-232.

Liu L, H Xu, 2007. Rethinking Erlitou: Legend, History and Chinese Archaeology. *Antiquity* 81: 886-901.

Lu J, H Tao, 2002. Prehistoric Jade Working Based on Remains at the Site of Dingshadi. In E Childs-Johnson (ed). *Enduring Art of Jade Age China: Chinese Jades of Late Neolithic through Han Periods*. Vol. 2. New York: Throckmorton, 31-42.

Lu PJ, N Yao, JF So, et al., 2005. The Earliest Use of Corundum and Diamond in Prehistoric China. *Archaeometry* 47 (1): 1-12.

M'guire J, 1892. Materials, Apparatus and Processes of the Aboriginal Lapidary. American *Anthropologist* 5: 165-176.

Mackie Q, 1995. *The Taxonomy of Ground Stone Woodworking Tools*. Oxford: BAR.

Mandeville MD, 1973. A Consideration of the Thermal Pretreatment of Chert. *Plains Anthropologist* 18 (61): 177-203.

Marx K, 1930. Capital. London: Dent.

Marx K, 1964. *Pre-capitalist Economic Formations*. J Cohen (transl). New York: International Publishers.

Mauldin RP, DS Amick, 1989. Investigating Patterning in Debitage from Experimental Bifacial Core Reduction. In DS Amick, RP Mauldin (eds). *Experiments in Lithic Technology*. Vol. 528. Oxford: BAR International Series, 67-88.

McGovern PE, AP Underhill, H Fang, et al., 2005. Chemical Identification and Cultural Implications of a Mixed Fermented Beverage from Late Prehistoric China. *Asian Perspectives* 44 (2): 249-275.

麦戈文、方辉、栾丰实等：《山东日照市两城镇龙山文化酒遗存的化学分析——兼谈酒在史前时期的文化意义》，《考古》2005年第3期。

McGuire JD, 1891. The Stone Hammer and Its Various Uses. *American Anthropologist* 4 (4): 301-314.

McGuire JD, 1892. Materials, Apparatus, and Processes of the Aboriginal Lapidary. *American Anthropologist* 5 (2): 165-76.

McGuire JD, 1896. Study of Primitive Methods of Drilling. *In United States National Museum, Report for 1894*. United States Museum, 623-756.

McIntosh RJ, 2005. *Ancient Middle Niger. Urbanism and the Self-Organizing Landscape*. Cambridge: Cambridge University Press.

Meltzer DJ, RC Dunnell (eds), 1992. *The Archaeology of William Henry Holmes*. Washington:

Smithsonian Institution Press.

Moorehead WK, 1900. *Prehistoric Implements: a Reference Book, a Description of Ornaments, Utensils, and Implements of Pre-Columbian Man in America*. Cincinnati: Robert Clarke Co. Publishers.

Moss EH, 1983. *The Functional Analysis of Flint Implements. Pincevent and Point d'Ambon: Two Case Studies from the French Final Paleolithic*. Oxford: British Archaeological Reports, International Series 177.

Nelson SM, 1996. Ideology and the Formation of an Early State in Northeast China. In HJM Claessen, JG Oosten, (eds). *Ideology and the Formation of Early States*. New York: E. J. Brill, 170-186.

Newcomer MH, 1971. Some Quantitative Experiments in Handaxe Manufacture. *World Archaeology* 3 (1): 85-93.

O'Brien PK, 1994. *An Experimental Study of Ground Stone Use-Wear*. M. A. Thesis, University of Arizona.

Odell GH, 1975. Micro-wear in Perspective: A Sympathetic Response to Lawrence H. Keeley. *World Archaeology* 7 (2): 226-240.

Odell GH, 1977. *The Application of Micro-Wear Analysis to the Lithic Component of an Entire Prehistoric Settlement: Methods, Problems and Functional Reconstructions*. Ph. D. Dissertation, Harvard University.

Odell GH, 1979. A New Improved System for the Retrieval of Functional Information from Microscopic Observations of Chipped Stone Tools. In B Hayden (ed). *Lithic Use-Wear Analysis*. New York: Academic Press, 329-344.

Odell GH, 1989. Experiments in Lithic Reduction. In DS Amick, RP Mauldin (eds). *Experiments in Lithic Technology*. B. A. R. International Series 528. Oxford: B. A. R.

Odell GH, 2003. *Lithic Analysis*. New York: Springer.

Odell GH, F Odell-Vereecken, 1980. Verifying the Reliability of Lithic Use-Wear Determinations by "Blind Tests": The Low Power Approach. *Journal of Field Archaeology* 7 (1): 87-120.

Olausson D, 1983. *Flint and Groundstone Axes in the Scanian Neolithic: An Evaluation of Raw Materials Based on Experiment*. Scripta Minora Regaae Societatis Humaniorum Litteratrum Lundensis 2.

Olausson D, 1997. Battleaxes: Home-made, Made to Order or Factory Products. In L Holm, K Knuttson (eds). *Proceedings from the Third Flint Alternatives Conference at Uppsala Sweden, Occasional Papers in Archaeology 16*. Uppsala: Department of Archaeology and Ancient History University of Uppsala, October, 18-20.

Osborne RH, 1998. The Experimental Replication of a Stone Mortar. *Lithic Technology* 23: 116-123.

Parker M, J Torres, 1998. Analysis of Experimental Debitage and Hammerstone Use and Production: Implications for Ground Stone Use. *Lithic Technology* 23 (2): 139-146.

Patterson LW, JB Sollberger, 1978. Replication and Classification of Small Size Lithic Debitage. *Plains Anthropologist* 23: 103-112.

Patterson LW, 1978. Practical Heat Treating of Flint. *Flintknappers' Exchange* 1 (3): 25-27.

Patterson LW, 1990. Characteristics of Bifacial-Reduction Flake-Size Distribution. *American Antiquity*

55 (3): 550-558.

Peacock DPS (ed), 1982. *Pottery in the Roman World: An Ethnoarchaeological Approach*. London: Longmans.

Pearson R, 1981. Social Complexity in Chinese Neolithic Sites. *Science* 213(4): 1078-1086.

Pearson R, 1988. Chinese Neolithic Burial Patterns: Problems of Method and Interpretation. *Early China* 13: 1-45.

Pelegrin J, 1981. Experiments in Bifacial Work: About "Laurel Leaves. "*Flintknappers' Exchange* 4 (1): 4-7.

Phagan CJ, 1976. *A Method for the Analysis of Flakes in Archaeological Assemblages: A Peruvian Example*. Ph. D. Dissertation, Ohio State University.

Polanyi K, 1944. *The Great Transformation: The Political and Economic Origins of our Time*. New York: Rinehart.

Pond AW, 1930. *Primitive Methods of Working Stone: Based on the Experiments of Halvor L*. Skavlem: Logan Museum, Beloit College.

Pope M, S Pollock, 1995. Trade, Tools, and Tasks: A Study of Uruk Chipped Stone Industries. *Research in Economic Anthropology* 16: 227-265.

Proskouriakoff T, 1974. *Jades from the Cenote of Sacrifice, Chichen Itza, Yucatan*. Volume 10. Cambridge: Harvard University.

Purdy BA, HK Brooks, 1971. Thermal Alteration of Silica Minerals: An Archeological Approach. *Science* 173 (3994): 322-325.

Rappaport RA, 1984. *Pigs for the Ancestors*. New Haven: Yale University Press.

Renaud AEB, 1957. Production and Terminology of Flakes. *Southwestern Lore* 22: 46-49.

Renfrew C, 977a. Alternative Models for Exchange and Spatial Distribution. In TK Earle, JE Ericson (eds). *Exchange Systems in Prehistory*. New York: Academic Press, 71-90.

Renfrew C, 1977b. Alternative Models For Exchange and Spatial Distribution. In TK Earle, JE Ericson (eds). *Exchange Systems in Prehistory*. New York: Academic Press, 71-89.

Renfrew C, JR Cann, JE Dixon, 1968. Further Analysis of Near Eastern Obsidian. *Proceedings of the Prehistoric Society* 34: 319-331.

Rice PM, 1981. Evolution of Specialized Pottery Production: A Trial Model. *Current Anthropology* 22 (3): 219-240.

Rice PM, 1987. *Pottery Analysis, A Sourcebook*. Chicago: University of Chicago Press.

Roberts DG, 1975. *The Inkameep Archaeological Project 1973 and 1974*. Archaeology Branch Copies available from Permit 1974-0009.

Rolett BV, T Jiao, G Liu, 2002. Early Seafaring in the Taiwan Strait and the Search for Austronesian Origins. *Journal of Early Modern History* 4 (1): 307-319.

Rovner I, 1995. Complex Measurements Made Easy: Morphometric Analysis of Artifacts Using Expert Vision Systems. In J Wilcock, K Lockyear (eds). *Computer Applications and Quantitative Methods in*

Archaeology. B. A. R. International Series 598. Oxford: B. A. R., 31-37.

Rovner I, et al., 2004. *A Preliminary Test of Computer Morphometry Versus Descriptive Morphological Typology in Lithic Classification and Analysis: Manuscript on file*. Binary Analytical Consultants, Raleigh, NC.

Russ JC, 2002. *The Image Processing Handbook*. Boca Raton: CRC Press.

Russ JC, 2003. Personal Communication.

Sahlins M, 1960. Political Power and the Economy of Primitive Society. In G Dole, R Carneiro (eds). *Essays in the Science of Culture in Honor of Leslie White*. New York: Cromwell Company, 390-415.

Sahlins M, 1962. *Moala: Culture and Nature on a Fijian Island*. Ann Arbor: University of Michigan Press.

Sahlins M, 1972. *Stone Age Economics*. New York: Aldine-Atherton, Inc.

Santley RS, 1989. Obsidian Working, Long-Distance Exchange, and the Teotihuacan Presence on the South Gulf Coast. In RA Diehl, JC Berlo (eds). *Mesoamerica after the Decline of Teotihuacan*. Washington, D. C. : Dumbarton Oaks Research Library and Collection, 131-152.

Santley RS, JM Kerley, RR Kneebone, 1986. Obisidan Working, Long Distance Exchange, and the Politico-Economic Organization of Early States of Central Mexico. In BL Isaac (ed). *Research in Economic Anthropology, Supplement 2: Economic Aspects of Prehispanic Highland Mexico*. Greenwich: JAI Press, 101-132.

Schafer HJ, 1976. Belize Lithics: "Orange Peel" Flakes and Adze Manufacture. In TR Hester, N Hammond (eds). *Maya Lithic Studies: Papers from the 1976 Belize Field Symposium, Special Report No. 4*. San Antonio: Center for Archaeological Research, University of Texas at San Antonio, 21-34.

Schafer HJ, 1982. Maya Lithic Craft Specialization in Northern Belize. In TR Hester, HJ Shafer, JD Eaton (eds). *Archaeology at Colha, Belize: The 1981 Interim Report*. San Antonio: Center for Archaeological Research, University of Texas San Antonio and Centro Studi e Ricerche, Venezia, 31-38.

Schafer HJ, 1991. Archaeology at the NAN Ruin: 1986 Interim Report. *The Artifact* 29 (2): 1-42.

Schafer HJ, TR Hester, 1983. Ancient Maya Chert Workshops in Northern Belize, Central America. *American Antiquity* 48 (3): 519-543.

Schafer HJ, TR Hester, 1991. Lithic Craft Specialization and Product Distribution at the Maya site of Colha, Belize. *World Archaeology* 23 (1): 79-97.

Schiffer MB, 1972. Archaeological Context and Systemic Context. *American Antiquity* 37(2): 156-165.

Schiffer MB, 1979. The Place of Lithic Use-Wear Studies in Behavioral Archaeology. In B Hayden (ed). *Lithic Use-Wear Analysis*. New York: Academic Press, 15-25.

Schindler B, 2005. Personal Communication.

Schindler DL, JW Hatch, CA Hay, et al., 1982. Aboriginal Thermal Alteration of a Central Pennsylvania Jasper: Analytical and Behavioral Implications. *American Antiquity* 47 (3): 526-544.

Schlanger N, 1994. Mindful Technology: Unleashing the ChaîneOpératoire for an Archaeology of the Mind. In C Renfrew, E Zubrow (eds). *The Ancient Mind: Elements of Cognitive Archaeology*. Cambridge:

Cambridge University Press, 143-151.

Sellet F, 1993. ChaîneOpératoire: The Concept and Its Applications. *Lithic Technology* 18: 106-112.

Semenov SA, 1964. *Prehistoric Technology*. M. W. Thompson, transl. London: Cory, Adams and Mackay.

Service E, 1962. *Primitive Social Organization: an Evolutionary Perspective*. New York: Random House.

Service E, 1975. *Origins of the State and Civilization: The Process of Cultural Evolution*. New York: Norton.

Kim S, CM Antonaccio, Y Lee, et al., 1994. Burials, Pigs, and Political Prestige in Neolithic China. *Current Anthropology* 35 (2): 119-141.

Shao W, 2005. The Formation of Civilization: the Interaction Sphere of the Longshan Period. In S Allan (ed). *The Formation of Chinese Civilization: an Archaeological Perspective*. New Haven: Yale University Press, 85-123.

Sheets PD, 1973. Edge Abrasion During Biface Manufacture. *American Antiquity* 50 (4): 215-218.

Sheets PD, 1975. Behavioral Analysis and the Structure of a Prehistoric Industry. *Current Anthropology* 16 (3): 369-391.

Sheets PD, GR Muto, 1972. Pressure Blades and Total Cutting Edge: an Experiment in Lithic Technology. *Science* 175: 632-634.

Shott MJ, 1994. Size and Form in the Analysis of Flake Debris: Review and Recent Approaches. *Journal of Archaeological Method and Theory* 1 (1): 69-109.

Shott MJ, 2003. ChaîneOpératoire and Reduction Sequence. *Lithic Technology* 28: 95-105.

Sidrys R, 1977. Mass-Distance Measures for Maya Obsidian Trade. In TK Earle, JE Ericson (eds). *Exchange Systems in Prehistory*. New York: Academic Press, 91-107.

Sinopoli CM, 1988. The Organization of Craft Production at Vijayanagara, South India. *American Anthropologist* 90 (3): 580-597.

Sollberger JB, 1969. The Basic Tool Kit Required to Make and Notch Shafts for Stone Points. *Bulletin of the Texas Archaeological Society* 40: 231-240.

Spaulding AC, 1953. Statistical Techniques for the Discovery of Artifact Types. *American Antiquity* 17: 305-313.

Stahle DW, JE Dunn, 1984. *An Experimental Analysis of the Size Distribution of Waste Flakes from Biface Reduction*. Fayetteville: Arkansas Archaeological Survey.

Stapert D, 1976. Some Natural Surface Modifications on Flint in the Netherlands. *Palaeohistoria* 18: 8-41.

Steensburg A, 1986. *Man the Manipulator. Copenhagen*: National Museum of Denmark.

Stein G, MJ Blackman, 1993. The Organization Context of Specialized Craft Production in Early Mesopotamian States. *Research in Economic Anthropology* 14: 29-59.

Stemp WJ, 2004. Maya Coastal Subsistence and Craft-Production at San Pedro, Ambergris Caye,

Belize: The Lithic Use-Wear Evidence. *Lithic Technology* 29 (1): 33-73.

Stemp WJ, M Stemp, 2002. Documenting Stages of Polish Development on Experimental Stone Tools: Surface Characterization by Fractal Geometry Using UBM Laser Profilometry. *Journal of Archaeological Science* 30 (5): 287-296.

Stevens ET, 1870. *Flint Chips: A Guide to Prehistoric Technology*. London: Bell and Daly.

Sullivan AP, KC Rozen, 1985. Debitage Analysis and Archaeological Interpretation. *American Antiquity* 50 (4): 755-779.

Sun Z, 1993. The Liangzhu Culture: Its Discovery and Its Jades. *Early China* 18: 1-40.

Sun, Z, 1999. The Liangzhu Culture. In X Yang (ed). *The Golden Age of Chinese Archaeology: Celebrated Discoveries from the People's Republic of China*. New Haven: Yale University Press, 117-135.

Thomas DH, 1978. Arrowheads and Atlatl Darts: How the Stones Got the Shaft. *American Antiquity* 43: 461-472.

Titmus G, 1985. Some Aspects of Stone Tool Notching. In MG Plew, JC Woods, MG Pavesic (eds). *Stone Tool Analysis: Essays in Honor of Don E. Crabtree*. Albuquerque: University of New Mexico Press, 243-264.

Torrence R, 1986. *Production and Exchange of Stone Tools*. Cambridge: Cambridge University Press.

Treganza AE, LL Valdivia, 1955. The Manufacture of Pecked and Ground Stone Artifacts: A Controlled Study. In Department of Anthropology, University of California, *University of California Archaeology Survey No. 32*. Berkeley: University of California, 19-29.

Tringham R, G Cooper, G Odell, et al., 1974. Experimentation in the Formation of Edge Damage: A New Approach to Lithic Analysis. *Journal of Field Archaeology* 1 (1/2): 171-196.

Tsirk A, 2010. Personal Communication.

Turner MH, 1988. *The Lapidary Industry of Teotihuacan, Mexico*. Ph. D dissertation, The University of Rochester.

Underhill AP, 1989. Warfare during the Chinese Neolithic Period: A Review of the Evidence. In D Tkaczuk, B Vivian (eds). *Cultures in Conflict: Current Anthropological Perspectives*. Calgary: Alberta Archaeological Society, 229-237.

Underhill AP, 1991. Pottery Production in Chiefdoms: The Longshan Period in Northern China. *World Archaeology* 23(1): 12-27.

Underhill AP, 1996. Craft Production and Social Evolution during the Longshan Period of Northern China. In B Wailes (ed). *Craft Specialization and Social Evolution: In Memory of V. Gordon Childe*. Pennsylvania: University Museum of Archaeology and Anthropology, University of Pennsylvania, 133-150.

Underhill AP, 1997. Current Issues in Chinese Neolithic Archaeology. *Journal of World Prehistory* 11 (2): 103-160.

Underhill AP, 2000. An Analysis of Mortuary Ritual at the Dawenkou Site, Shandong China. *Journal of East Asian Archaeology* 2 (1-2): 93-127.

Underhill AP, 2002. *Craft Production and Social Change in Northern China*. New York: Kluwer

Academic Press.

Underhill AP, 2003. Investigating Variation in Organization of Ceramic Production: An Ethnoarchaeological Study in Guizhou, China. *Journal of Archaeological Method and Theory* 10 (3): 203-273.

Underhill AP, 2006. Warfare and the Development of States in China. In EN Arkush, M Allen (eds). *The Archaeology of Warfare: Prehistories of Raiding and Conquest*. Gainesville: University of Florida Press, 253-285.

Underhill AP, GM Feinman, L Nicholas, et al., 1996. Systematic Regional Survey in Southeastern Shandong Province, China. *Society for American Archaeology Bulletin* 14 (4): 10-11.

Underhill AP, GM Feinman, L Nicholas, et al., 1998. Systematic, Regional Survey in SE Shandong Province, China. *Journal of Field Archaeology* 25 (4): 453-474.

Underhill AP, GM Feinman, L Nicholas, et al., 2002. Regional Survey and the Development of Complex Societies in Southeastern Shandong, China. *Antiquity* 76: 745-755.

Underhill AP, GM Feinman, L Nicholas, et al., 2008. Changes in Regional Settlement Patterns and the development of Complex Societies in Southeastern Shandong, China. *Journal of Anthropological Archaeology* 27 (1): 1-29.

Van Gijn A, 1990. Functional Differentation of Late Neolithic Settlements in the Dutch Coastal Area. In BEA Graslund (ed). *The Interpretative Possibilities of Microwear Analysis: Proceedings of the International Conference on Lithic Use-wear Analysis, 15th-17th February 1989*. Uppsala: Societas Aarchaeologica Upsaliensis, 77-87.

Vandiver PB, AP Underhill, F Luan, et al. 2002. Longshan Pottery: Its Manufacture at Liangchengzhen in Southeast Shandong Province (ca. 2600-2000 B. C.). In Shanghai Institute of Ceramics, Chinese Academy of Sciences, *International Symposium on Ancient Ceramics*. Shanghai: Shanghai Institute of Ceramics, Chinese Academy of Sciences, 574-586.

范黛华、栾丰实、方辉等：《山东日照市两城镇龙山文化陶器的初步研究》，《考古》2005年第8期，第65～73页。

VanPool TL, RD Leonard, 2002. Specialized Ground Stone Production in the Casas Grandes Region of Northern Chihuahua, Mexico. *American Antiquity* 67 (4): 710-730.

Vaughn P, 1985. *Use-Wear Analysis of Flaked Stone Tools*. Tucson: University of Arizona Press.

Vial LG, 1940. Stone Axes of Mount Hagen, New Guinea. Oceania 11 (2): 158-163.

B Wailes (ed). 1996. *Craft Specialization, Metallurgy, and the West Mediterranean Bronze Age: In Memory of V. Gordon Childe*. Philadelphia: University Museum of Archaeology and Anthropology, University of Pennsylvania.

Wattenmaker P, 1998. *Household and State in Upper Mesopotamia*. Washington: Smithsonian Institution Press.

Webster D, 1992. Maya Elites: The Perspective From Copan. In DZ Chase, AF Chase (eds). *Mesoamerican Elites: an Archaeological Assessment*. Norman: University of Oklahoma Press, 135-156.

Weedman-Arthur KJ, 2008. The Gamo Hideworkers of Southwestern Ethiopia and Cross-Cultural Comparisons. *Anthropozoologica* 43 (1): 67-98.

Welch PD, 1991. Moundville's Economy. Tuscaloosa: University of Alabama.

CE Wells, PA McAnany (eds). 2008. *Dimensions of Ritual Economy.* Volume 27. Bingley, United Kingdom: Jai Press.

Widmer RJ, 1991. Lapidary Craft Specialization at Teotihuacan: Implications for Community Structure at 33: S3W1 and Economic Organization in the City. *Ancient Mesoamerica* 2: 131-147.

Wiessner P, 1983. Style and Social Information in Kalahari San Projectile Points. *American Antiquity* 48 (2) : 253-276.

Wilke PJ, LA Quintero, 1996. Near Eastern Neolithic Millstone Production: Insights from Research in the Arid Southwestern United States. In S Kozlowski, H Gebel (eds). *Neolithic Chipped Stone Industries of the Fertile Crescent, and Their Contemporaries in Adjacent Regions: Studies in Near Eastern Production, Subsistence, and Environment 3.* Berlin: Ex Oriente, 243-260.

Wobst M, 1977. Stylistic Behavior and Information Exchange. In CE Cleland (ed). *Papers for the Director: Research Essays in Honor of James B. Griffin. Anthropological Papers, No. 61.* Ann Arbor: Museum of Anthropology.

Wright GA, 1969. *Obsidian Analysis and Prehistoric Near Eastern Trade: 7, 500 to 3, 500 B. C.* Ann Arbor: University of Michigan.

Xia N, 1986. The Classification, Nomenclature, and Usage of Shang Dynasty Jades. In KC Chang (ed). *Studies of Shang Archaeology.* New Haven: Yale University Press, 207-236.

Yamada S, 2000. *Lithic Use-wear Analysis of Major Tool Types in the Southern Levant.* Ph. D. Dissertation, Harvard University.

Yan W, 2005. The Beginning of Farming. In S Allen (ed). *The Formation of Chinese Civilization: An Archaeological Perspective.* New Haven: Yale University Press, 28-41.

Yang Y, 1996. The Chinese Jade Culture. In J Rawson (ed). *Mysteries of Ancient China. New Discoveries from the Ancient Dynasties.* New York: George Braziller, 225-231.

Yerkes RW, 2003. Using Lithic Artifacts to Study Craft Specialization in Ancient Societies. In NP Kardulias, RW Yerkes (eds). *Written in Stone, The Multiple Dimensions of Lithic Analysis.* New York: Lexingtong Books, 17-34.

Yerkes RW, NP Kardulias, 1993. Recent Developments in the Analysis of Lithic Artifacts. *Journal of Anthropological Research* 1 (2): 89-119.

Young DE, R Bonnichsen, 1984. *Understanding Stone Tools. A Cognitive Approach.* Orono: University of Maine.

山东省文物管理处：《日照县两城镇等七个遗址初步勘察》，《文物参考资料》1955年第12期。

a. 刘敦愿：《日照两城镇龙山文化遗址调查》，《考古学报》1958年第1期。

b. 刘敦愿：《山东五莲、即墨县两处龙山文化遗址的调查》，《考古通讯》1958年第4期。

c. 刘敦愿：《记两城镇遗址发现的两件石器》，《考古》1972年第4期。

d. 刘敦愿：《有关日照两城镇玉坑玉器的资料》，《考古》1988年第2期。

山东省文物管理处：《山东日照两城镇遗址勘察纪要》，《考古》1960年第9期。

山东省文物管理处、济南市博物馆：《大汶口》，文物出版社，1974年。

山东省博物馆、日照县文化馆东海峪发掘小组：《一九七五年东海峪遗址的发掘》，《考古》1976年第6期。

巫鸿：《一组早期的玉石雕刻》，《美术研究》1979年第1期。

昌潍地区文物管理组、诸城县博物馆：《山东诸城呈子遗址发掘报告》，《考古学报》1980年第3期。

石志廉：《对故宫博物院旧藏两件古玉圭的一些看法》，《中国历史博物馆馆刊》1981年第3期。

吴诗池：《山东新石器时代农业考古概述》，《农业考古》1983年第2期。

宋兆麟：《投石器和流星索——远古狩猎技术的重要革命》，《史前研究》1984年第2期。

临沂地区文物管理委员会：《日照尧王城龙山文化遗址试掘简报》，《史前研究》1985年第4期。

曾骐：《我国新石器时代的生产工具综述》，《考古与文物》1985年第5期。

傅宪国：《试论中国新石器时代的石钺》，《考古》1985年第9期。

南京博物院：《日照两城镇陶器》，文物出版社，1985年。

日照市图书馆、临沂地区文管会：《山东日照龙山文化遗址调查》，《考古》1986年第8期。

李根蟠、黄崇岳、卢勋：《中国原始社会经济研究》，中国社会科学出版社，1987年。

中国社会科学院考古研究所：《胶县三里河》，文物出版社，1988年。

佟柱臣：《中国东北地区和新石器时代考古论集》，文物出版社，1989年。

山东大学历史系考古专业教研室：《泗水尹家城》，文物出版社，1990年。

山东省地质矿产局：《山东省区域地质志》，地质出版社，1991年。

杨升南：《商代经济史》，贵州人民出版社，1992年。

栾丰实：《东夷考古》，山东大学出版社，1996年。

栾丰实：《海岱地区考古研究》，山东大学出版社，1997年。

中美两城地区联合考古队：《山东日照市两城地区的考古调查》，《考古》1997年第4期。

佟柱臣：《中国新石器研究》，巴蜀书社，1998年。

王明达：《东方文明之光：良渚文化玉器·序》，香港中文大学出版社，1998年。

高广仁：《山东日照两城镇遗址的发掘及其学术价值》，《海岱区先秦考古论集》，科学出版社，2000年，第162～171页。

中美两城地区联合考古队：《山东日照地区系统区域调查的新收获》，《考古》2002年第5期。

栾丰实、于海广、方辉等：《山东日照市两城镇遗址1998～2001年发掘简报》，《考古》2004年第9期。

浙江省文物考古研究所：《河姆渡》，文物出版社，2003年。

刘红军，2005年，个人交流。

于海广，2005年，个人交流。

孙诒让：《墨子间诂》，中华书局，2006年。

方辉、文德安、加里·费曼等：《鲁东南沿海地区聚落形态变迁与社会复杂化进程研究》，《东方考古（第4集）》，科学出版社，2008年，第253～287页。

郑玄：《周礼注疏》，上海古籍出版社，2010年。

注：本研究得到美国国家科学基金会（National Science Foundation, Doctoral Dissertation Research Improvement Grant, 2002（Frank Hole, Geoffrey Cunner, Anne Underhill, BCS-0223692））支持，特此致谢！

第一四章　人为活动化学残留物研究

一　简介

由于日常生活中经常打扫和维护房间，加之每次搬迁都是仔细规划好的，考古学家通常很难得到直接或者明显证据来考察日常生活起居的组织性和特点。对两城镇遗址的考察就是这样。从1999年到2001年的考察阶段，我们对人类行为留在房子地面和外部的化学残留物的保存情况进行了初步分析。分析的目的是为了区分是否还有人类行为化学残留物保留在两城镇房子的地面和外空间，如果有的话，我们是否能够识别出来。尽管研究范围有限，我们发现在两城镇房子的地面和外部的沉积物里确实保留了人类活动化学残留物。这些人类活动在房子内部发生的较少，并且在研究的时间范围内展现了比较一致的特点和规律。

沉积物化学分析是一种对原本以液体或者细微颗粒形式残留在可渗透的（泥土或石膏）地表里外层的化学残留物进行还原的有效技术。尽管有的残留物非常容易被过滤，但有的却已经经历了各种形式的改变，其离子与沉积物中其他成分已经混合或者组合起来。他们长期停留在沉积物中不能被充分过滤出来，或者过滤时会导致沉积物本身也被滤去[1]。沉积物化学分析法可以提供一类有用的独立的证据。这类证据与其他各类证据一起，可以极大的加强我们对家庭活动的组织性和特性的了解。

尽管研究还很初步而且范围有限，沉积物化学考古方法对于两城镇遗址研究效果显著。两城镇遗址的人类活动化学残留物保存得很好并且体现了一致的、可以解读的模式。这些模式在时间和空间上均具有一致性。最有意思的一个发现是，大多数的人类活动发生在房子外面而不是房子内部。

在讨论两城镇考古结果之前，我们先来简单介绍一下沉积物化学分析在考古学中的应用情况。由于这种方法第一次应用于中国的考古研究，我们的背景介绍会比较详细。背景介绍包括以下几个方面：沉积物化学理论和方法、人类活动化学残留物在沉积物中的形成情况、人为沉积物的多元素性、民族考古学研究、从沉积物样品中对残留物的提取和辨认。我们也会简短介绍一下这种方法在土耳其卡塔胡由克（Çatalhöyük）遗址的应用情况。

[1]　a. Barba LA, A Ortiz, 1992. Análisis Químico de Pisos de Occupación: Un Caso Etnográfico en Tlaxcala, Mexico. *Latin American Antiquity* 3(1): 63-82.　b. Middleton WD, 1998. *Craft Specialization at Ejutla, Oaxaca, Mexico: An Archaeometric Study of the Organization of Household Craft Production*. Doctoral Dissertation, University of Wisconsin.　c. Middleton WD, 2004. Identifying Chemical Activity Residues on Prehistoric House-floors: A Methodology and Rationale for Multi-Elemental Characterization of a Mild Acid Extract of Anthropogenic Sediments. *Archaeometry* 46(1): 47-65.　d. Middleton WD, TD Price, 1996. Chemical Analysis of Modern and Archaeological House Floors by Means of Inductively Coupled Plasma- Atomic Emission Spectroscopy. *Journal of Archaeological Science* 23(5): 673-687.　e. Middleton WD, TD Price, DC Meiggs, 2005. Chemical Analysis of Floor Sediments for the Identification of Anthropogenic Activity Residues. In I Hodder (ed). *Inhabiting Çatalhöyük: Reports from the 1995-99 Seasons*. Cambridge: McDonald Institute Monographs/British Institute of Archaeology at Ankara. 399-412.　f. Parnell JJ, RE Terry, Z Nelson, 2002. Soil Chemical Analysis Applied as an Interpretive Tool for Ancient Human Activities in Piedras Negras, Guatemala. *Journal of Archaeological Science* 29: 379-404.　g. Parnell JJ, RE Terry, Z Nelson, 2002. Soil Chemical Analysis Applied as an Interpretive Tool for Ancient Human Activities in Piedras Negras, Guatemala. *Journal of Archaeological Science* 29: 379-404.

二 背景介绍

1．考古学中的沉积物化学：方法和理论

人为的沉积物是通过各种人为和自然因素之间复杂的相互作用而形成的。在形成过程中，这些因素在沉积物中留下可以识别的化学残留物和其他痕迹。这些痕迹可用于追溯产生这些痕迹的人类活动以及产生过程。由于没有一个单一沉积物属性能够揭示各种因素之间的相互作用，我们有必要考虑沉积物的多种属性。尽管沉积物的许多物理和化学属性可能是有用的，我们把研究的焦点放在沉积物的多元素特点上。之所以选择多元素特性，是因为现代仪器（例如等离子体发射光谱或光发射光谱[ICP-AES法或OES]）使得从大量样品中快速、同步、并且相对廉价的辨别一个大套元素成为可能。这对于破译自然和人为因素在沉积物的形成过程中是如何相互作用，以及决定哪些人类活动影响了沉积物形成，是一个非常重要的先决条件。

沉积物化学能够提供其他方法无法提供的人类活动空间组织性上的高分辨率数据，具备为考古研究做出重大贡献的巨大潜力。对沉积物的多元素性的定义（以及其他以沉积物多种属性为研究焦点的办法）至今正日益被考古学家用来研究家户、遗址和景观情况。然而这些研究不具备统一性。要想充分发挥沉积物化学研究、尤其是沉积物多元素特征研究的潜力，来找出历史上的人类活动领域，我们必须充分了解化学残留物形成和沉淀于沉积物的具体过程和条件。什么样的特定人类活动留下了什么特定的化学表征和元素体系，这之间的关系需要更好地建立起来。最后，这些研究采用的方法，特别是在处理实际样品时使用的提取或溶样/熔样技术，要根据特定的研究问题、残留物的特质和组成以及残留物沉淀在沉积物的过程来进行选择。

2．人类居住场所人为活动化学残留物在沉积物中的形成

土壤是未被风化的沉积物随着时间逐渐形成的一个复杂动态的实体。风化包括四个过程：新物质加入沉积物，各种成分以物理和化学方式进入沉积物，沉积物成分进行物理和化学变化，沉积物成分经过沉积物的过滤、侵蚀和损伤（损伤包括吹蚀、水蚀、人为踩踏造成的损伤等等）而被解析出来[1]。起始原料（原始沉积物或母材质）与风化发生时的具体状况之间的相互作用决定了成型的土壤。Hans Jenny 一针见血的指出，土壤或土壤属性是由几个独立因素决定的：气候（决定风化发生时的水和温度）、生物体（生活在沉积物上的动植物，尤其是植物）、母材质（最初形成土壤的沉积物）、地势（沉积物在大环境下所处的位置）、风化时间的长短以及遗址的特定因素。其中遗址的特定因素虽然不如前面五个因素具普遍性，但是对土壤的具体形成会有影响[2]。以上所有因素都可以从成型土壤（成熟或正在成熟的土壤）的特性中推断出来，从而为我们重建土壤当时的形成环境奠定了基石[3]。

[1] Simonson RW, 1978. A Multiple-Process Model of Soil Genesis. In: *Quaternary Soils*, Mahaney WC (ed). Norwich: York University Symposium on Quaternary Research, 1-25.

[2] Jenny H, 1994 (originally published in 1941). *Factors of Soil Formation: A System of Quantitative Pedology*. New York: Dover Publications Inc.

[3] a. Birkeland PW, 1984. *Soils and Geomorphology*. New York: Oxford University Press. b. Buol SW, FD Hole, RJ McCracken, 1980. *Soil Genesis and Classification*. Ames: The Iowa State University Press. c. Gerrard J, 1992. *Soil Geomorphology: An Integration of Pedology and Geomorphology*. London: Chapman and Hall.

最近几年来，针对人类居住地点的人为沉积物被称为土壤或沉积物是否正确[1]出现了一定程度的讨论。尽管有一些人类居住点的沉积物可以被称作土壤，许多却肯定不能。为了明确区分这个概念，所有人类居住点的沉积物在本文都被称为人为沉积物。和土壤一样，人为沉积物是一个复杂的系统。尽管叫法不同，两者却有着许多相同的形成过程，并受到同样的形成因素的影响。所以也就是说，人为沉积物受到当地具体因素——人类活动的强烈影响[2]。正如自然土壤一样，人为沉积物的属性将揭示参与其形成过程的各种因素的互相作用情况。

人类活动的影响范围广、作用强度大。在广泛程度上，大量土方工程和农业种植影响了地势形成并且使得本来不会被风化的沉积物遭受风化。在强度上，人类居住地点的广泛活动都发生在一个相对封闭的区域，这样就产生了被深刻影响、具有强烈地域性的人为沉积物。可以对沉积物产生这些重大影响的人类活动包括烹饪、食品处理、废物处理和手工业生产。许多活动在活动区域留下液体和/或固体残留物。其中的一些残留物或凭借其小规模，或通过其分解的副产品，或者液体残留物通过其自由离子与沉积物元素的络合和吸附，来进入沉积物的表面（图14-1）。除非沉积物被大量过滤或者破坏和改变，这些进入沉积物的人类活动残留物保存完好而且可以通过化学方法检测和鉴定出来[3]。因为不同的人类活动会在沉积物上添加化学属性不同的残留物，我们可以通过对各种残留物的区分来区分发生过的人类活动。

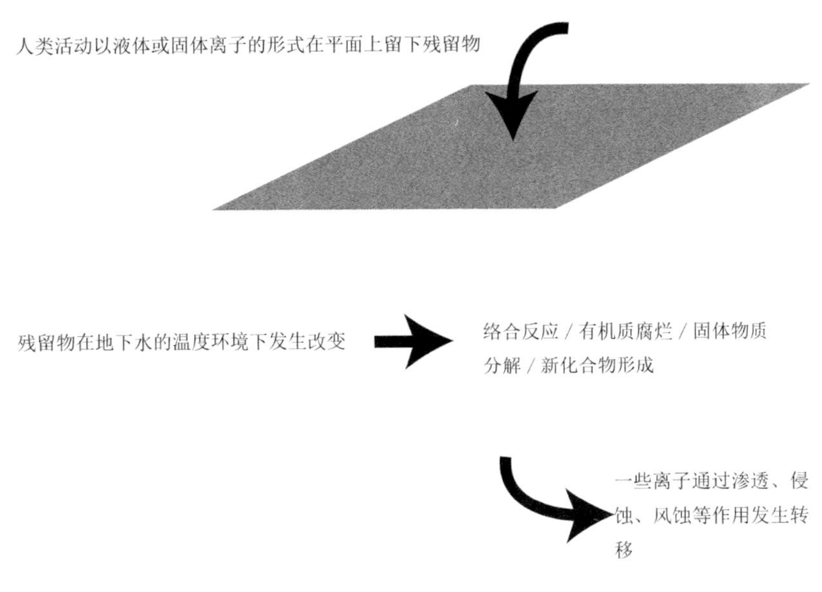

图14-1　人类活动化学残留物的形成过程

[1] Stein JK, 1987. Deposits for Archaeologists. *Advances in Archaeological Method and Theory* 11: 337-395.

[2] a. Bidwell OW, FD Hole, 1965. Man as a Factor of Soil Formation. *Soil Science* 99:65-72. b. Pettry DE, JA Bense, 1989. Anthropic Epipedons in the Tombigbee Valley of Mississippi. *Soil Science Society of America Journal* 53: 505-511.

[3] a. Barba LA, A Ortiz, KF Link, LL Luján et al., 1996. Chemical Analysis of Residues in Floors and the Reconstruction of Ritual Activities at the Templo Mayor, Mexico. In MV Orna (ed). *Archaeological Chemistry: Organic, Inorganic, and Biochemical Analysis*, Washington DC: American Chemical Society, 139-156. b. Cook SF, RF Heizer, 1962. *Chemical Analysis of the Hotchkiss Site*. Reports of the University of California Archaeological Survey No. 57, Part 1. University of California, Berkeley. c. Cook SF, RF Heizer, 1965. *Studies on the Chemical Analysis of Archaeological Sites*. University of California Publications in Anthropology No. 2. University of California, Berkeley.

3．人为沉积物的多元素性

磷一直以来被学者们用来作为人类活动区域的指标，沉积物化学在考古学上的主要运用就是以测量沉积物中磷的含量来作为遗址勘探的工具[1]。其他应用还包括用来确定遗址形成过程[2]、评估墓葬[3]、评估土地使用历史[4]以及用来试图了解人类活动的空间组织情况[5]。一个最令人兴奋的应用发展是用定量实地测试来协助现场发掘[6]。因为磷只存在于有机质中，而人类活动对沉积物添加最多的就是有机质，磷分析是考古上一个长期使用的技术效果很不错的方法。

磷是由高度复杂竞争的碳组成的化合物形式[7]。在生物系统中，磷在蛋白质、能量转移（代谢和光合作用）、神经和肌肉功能、核酸、动物骨骼、植物繁殖系统以及无机物、特别是矿物[8]中均起着关键作用。鉴于磷在有机和无机系统中无处不在，人类活动可以通过很多途径在沉积物中增加磷。这些活动包括有机材料燃烧（即壁炉、窑炉等）、处理有机废弃物（植物和动物组织）、新陈代谢的副产品（排泄物）、食品准备（处理动物植物组织）、有机物质的存储（食物以及其他材料）、处理非食品的有机材料（木、骨等）和处理无机材料（打制石器、宝石工艺等）。

正因为磷可以通过多种人类活动存储在人为沉积物中，磷是一种确定人类活动区域和活动情况的有效指标。然而，磷的来源丰富使得该技术在区分人类活动时显得解释功能有限。殊途同归，即

[1] a. Arrhenius O, 1934. *Fosfathalten i Skånska Jordar (The phosphate content in Scanian soils)*. Lund, Sveriges Geologiska Undersökning Årsbok: 28:3. b. Arrhenius O, 1963. Investigation of Soil from Old Indian Sites. *Ethnos* 2-4: 122-136. c. Cavanagh WG, 1988. Soil Phosphate, Site Boundaries, and Change Point Analysis. *Journal of Field Archaeology* 15: 67-83. d. Eidt RC, 1977. Detection and Examination of Anthrosols by Phosphate Analysis. *Science* 197: 1327-1333. e. Leonardi G, M Miglavacca, S Naradi, 1999. Soil Phosphorus Analysis as an Integrative Tool for Recognizing Buried Ancient Ploughsoils. *Journal of Archaeological Science* 26: 343-352. f. McDowell PF, 1988. Chemical Enrichment of Soils at Archaeological Sites: Some Oregon Case Studies. *Physical Geography* 9(3): 247-262. g. Nunez M, A Vinberg, 1990. Determination of Anthropic Soil Phosphate on Åland. *Norwegian Archaeological Review* 23(1 - 2): 93-104. h. Proudfoot B, 1985. The Analysis and Interpretation of Soil Phosphorus in Archaeological Contexts. In G Rapp, JA Gilfford (eds). *Archaeological Geology*. New Haven: Yale University Press. i. Quine TA, 1995. Soil Analysis and Archaeological Site Formation Studies. In AJ Barham, RI Macphail (eds). *Archaeological Sediments and Soils: Analysis, Interpretation and Management*. London: The Institute of Archaeology University College, 77-98. j. Sjöberg A, 1976. Phosphate Analysis of Anthropic Soils. *Journal of Field Archaeology* 3: 447-453. k. Woods WI, 1984. Soil Chemical Investigations in Illinois Archaeology: Two Example Studies. In JP Lambert (ed). *Archaeological Chemistry III*. Washington, D.C.: American Chemical Society, 67-78.

[2] a. Davidson DA, 1973. Particle Size and Phosphate Analysis- Evidence for the Evolution of a Tell. *Archaeometry* 15(1): 143-152. b. Van Der Merwe NJ, PH Stein, 1972. Soil Chemistry of Postmolds and Rodent Burrows: Identification without Excavation. *American Antiquity* 37(2): 245-254.

[3] a. Farswan YS, V Nautiyal, 1997. Investigations of Phosphorus Enrichment in the Burial Soil of Kumaun, Mid-Central Himalaya, India. *Journal of Archaeological Science* 24 (3): 251-258. b. Lambert JB, SV Simpson, JE Buikstra, et al. 1984. Analysis of Soils Associated with Woodland Burials. In JB Lambert (ed). *Archaeological Chemistry III*. Washington, D.C.: American Chemical Society, 97-113.

[4] a. Lillios KT, 1992. Phosphate Fractionation of Soils at Agroal, Portugal. *American Antiquity* 57(3): 495-506. b. Prosch-Danielsen L, A Simonsen, 1988. Principle Component Analysis of Pollen, Charcoal and Soil Phosphate Data as a Tool in Prehistoric Land-Use Investigation at Forsandmoen, Southwest Norway. *Norwegian Archaeological Review* 21(2): 85-102.

[5] a. Conway JS, 1983. An Investigation of Soil Phosphorus Distribution within Occupation Deposits from a Romano-British Hut Group. *Journal of Archaeological Science* 10: 117-128. b. Dormarr JF, AB Beaudoin, 1991. Application of Soil Chemistry to Interpret Cultural Events at the Calderwood Buffalo Jump (DkPj-27), Southern Alberta, Canada. *Geoarchaeology: An International Journal* 6 (1): 85-98.

[6] a. Bjelajac V, EM Luby, R Ray, 1996. A Validation Test of a Field -Based Phosphate Analysis Technique. *Journal of Archaeological Science* 23(2): 243-248. b. Parnell JJ, RE Terry, C Golden, 2001. Using In-Field Phosphate Testing to Rapidly Identify Middens at Piedras Negras, Guatemala. *Geoarchaeology: An International Journal* 16(8): 855-873. c. Terry RE, PJ Hardin, SD Houston, et al., 2000. Quantitative Phosphorus Measurement: A Field Test Procedure for Archaeological Site Analysis at Piedras Negras, Guatemala. *Geoarchaeology: An International Journal* 15(2): 151-166.

[7] Parker SP, 1993. *McGraw-Hill Encyclopedia of Chemistry*. New York: McGraw-Hill.

[8] a. Parker SP, 1993. *McGraw-Hill Encyclopedia of Chemistry*. New York: McGraw-Hill. b. Severson RC, HT Shacklette, 1988. *Essential Elements and Soil Amendments for Plants: Sources and Use for Agriculture. U.S. Geological Survey Circular 1017. Denver*: U.S. Geological Survey.

存在多种潜在途径导致同样的结果（在这里，即磷的添加），这是一个主要的问题。磷的高浓度可能表明人类活动发生在某一特定地区（反之亦然，磷含量不丰富即说明没有人类活动），但单靠磷含量无法区分导致磷添加的不同活动。只有通过对沉积物中其他元素的确定，我们才可能找出导致磷丰富的各种活动来源，并且发现其他一些不一定影响磷含量但是影响沉积物中其他元素含量的人类活动。磷分析的诠释潜力有限，但并不是说该技术没有任何价值。现场测试，尤其在经历了最近几年的巨大改善之后，对于调查和发掘工作是相当有用的。

多元素定性（除磷以外还鉴定多种元素）自1960年以来使用得不多[1]。这个办法之所以没有付诸普遍使用，是由于每一个元素都必须经过单独鉴定和单独提取，使得该技术非常耗费人力。随着仪器的发展使得对大量样品进行多套元素分析成为可能，出现了越来越多对人为沉积物多元素特性分析的研究[2]。多元素性研究在过去几年逐渐达到高潮渐成爆炸性趋势。这包括应用于土地勘探和使用[3]，个人住户或小规模的考古区[4]和考察具体的功能，例如燃火设施或特别处理过的表面[5]。然而，尽管多元素分析可以区分不同活动留下的不同化学残留物，要实际确定具体是哪些活动就需要民族考古学研究的介入。

4．民族考古学研究

多元素定性研究的增加，尽管预示着用人类行为化学残留物来鉴定人类活动领域的方法日益

[1] a. Cook SF, RF Heizer, 1965. *Studies on the Chemical Analysis of Archaeological Sites*. University of California Publications in Anthropology No. 2. University of California, Berkeley. b. Heidenreich CE, AR Hill, DM Lapp, et al. 1971. Soil and Environmental Analysis at the Robitaille Site. In WM Hurley, CE Heidenreich (eds). *Palaeoecology and Ontario Prehistory*, Department of Anthropology, University of Toronto Research Report No. 2, 179-237. c. Heidenreich CE, VA Konrad, 1973. Soil Analysis at the Robataille Site Part II: A Method Useful in Determining the Location of Longhouse Patterns. *Ontario Archaeology* 21: 33-62. d. Heidenreich CE, S Navatril, 1973. Soil Analysis at the Robataille Site Part I: Determining the Perimeter of the Village. *Ontario Archaeology* 21: 25-32.

[2] a. Bethell PH, 1989. Chemical Analysis of Shadow Burials. In CA Roberts, F Lee, J Blintiff (eds). *Burial Archaeology: Current Research, Methods and Developments*, BAR International Series 211, 205-214. b. Bethell PH and JU Smith, 1989. Trace-element Analysis of an Inhumation from Sutton Hoo, Using Inductively Coupled Plasma Emission Spectrometry: An Evaluation of the Technique Applied to Analysis of Organic Residues. *Journal of Archaeological Science* 16:47-55. c. Konrad VA, R Bonnichsen, V Clay, 1983. Soil Chemical Identification of Ten Thousand Years of Prehistoric Human Activity Areas at the Munsungun Lake Thoroughfare, Maine. *Journal of Archaeological Science* 10: 13-28. e. Linderholm J, E Lundberg, 1994. Chemical Characterization of Various Archaeological Soil Samples using Main and Trace Elements determined by Inductively Coupled Plasma Atomic Emission Spectrometry. *Journal of Archaeological Science* 21(3): 303-314. f. Stimmel CA, RGV Hancock, AM Davis, 1984. Chemical Analysis of Archaeological Soils from Yagi Site, Japan. In: Lambert JB (ed). *Archaeological Chemistry III*, Washington, DC: American Chemical Society, 79-96.

[3] a. Entwistle JA, PW Abrahams, RA Dodgshon, 1998. Multi-Element Analysis of Soils from Scottish Historical Sites. Interpreting Land-Use History through the Physical and Geochemical Analysis of Soil. *Journal of Archaeological Science* 25: 53-68. b. Entwistle JA, PW Abrahams, RA Dodgshon, 2000. The Geoarchaeological Significance and Spatial Variability of a Range of Physical and Chemical Soil Properties from a Former Habitation Site, Isle of Skye. *Journal of Archaeological Science* 27: 287-303. c. Schlezinger DR, BL Howes, 2000. Organic Phosphorus and Elemental Ratios as Indicators of Prehistoric Human Occupation. *Journal of Archaeological Science* 27: 479-492.

[4] Wells, EC, RE Terry, JJ Parnell, et al., 2000. Chemical Analyses of Ancient Anthrosols in Residential Areas at Piedras Negras, Guatemala. *Journal of Archaeological Science* 27: 449-462.

[5] a. Bazile F, 1996. L'Etude Chimique des Structures de Combustion. In O Bar-Yosef, LL Cavalli-Sforza, RJ March et al., (eds). *International Union of Prehistoric and Protohistoric Sciences 5 The Lower Paleolithic Colloquium IX: The Study of Human Behaviour in Relation to Fire in Archaeology: New Data and Methodologies for Understanding Prehistoric Fire Structures*, A.B.A.C.O. Edizioni, 49-56. b. Middleton WD, 2005. The Extraction of Anthropogenic Chemical Activity Residues From a Plastered Surface: An Example from Çatalhöyük, Turkey. In H Kars, E Burke (eds.) *Proceedings of the 33rd International Symposium on Archaeometry, 22-26 April 2002, Amsterdam, Geological and Bioarchaeological Studies* 3, Amsterdam: Vrije Universiteit, 493-496. c. Pierce C, KR Adams, JD Stewart, 1998. Determining the Fuel Constituents of Ancient Hearth Ash Via ICP-AES Analysis. *Journal of Archaeological Science* 25: 493-503.

精良，最近的许多研究都有一个共同缺点：他们采取的是事后对所观察到的化学残留物特点进行解释，而不是积极去寻找某项具体活动留下的具体残留物。这就导致了两个方面的问题：没有经过实际的验证，不能先验的说，哪些元素能用来确定人类行为残留物并且用来区分人类活动和地球化学活动。更重要的是，具体元素对应哪些具体活动无法断定。这些问题只能通过民族考古学对今天各种地质环境下的泥土或石膏地面房屋的研究来解决。民族考古学研究在所观察到的化学残留物与已知的活动模式之间建立联系，能够区别不同的建造和维修技术和区分不同的自然土壤区域。化学残留物或某种具体活动的表征物可以被解析出来，以作为确定化学残留物的“目标”。

民族考古学研究的关键要素包括：从今天泥土或石膏地面房子以及周边收集和分析样品、观察和记录在这些房子内部和周边发生的活动、记录建造和维修技术、记录人类使用房子和活动的时间规律。完整的抽样、观察和记录建筑历史对于了解人为残留物的形成是绝对必要的。

我们的研究工作是建立在大量的民族考古学研究分析基础之上的。这包括从四大洲十个研究地点收集超过2000个样品进行分析（墨西哥、危地马拉、哥伦比亚、土耳其和中国）。我们观察到的元素增添和枯竭情况列于表14–1。有一些遗址的观察与采集工作进行了几年时间，使得我们有时间来评估室内活动变化规律和空间使用对地面表层残留物的影响。

表14–1 民族考古学研究观察到的元素富集和枯竭模式

活动场所和遗留物	残余物
灶面（就地燃烧）	非常高浓度的磷，钾，钙，铁。高浓度的其他元素
木灰	非常高浓度的磷，钾，钙。比较高浓度的其他元素
食物准备	高浓度的磷，钙
日常行为起居	高碱土
粪堆	非常高浓度的磷，钙
房子外部活动区域	元素浓度普遍偏低但是高于非遗址地区控制样品的浓度
高人流量区	所有元素浓度均非常低，有的低于非遗址地区控制样品的浓度

5．对沉积物样品中残留物的提取

当代多元素定性研究涵盖一系列广泛的方法论和技术分析。虽然没有单一的“正确”的程序来定义沉积物多元素特征，有几个重要问题需要考虑。首先是对沉积物样品的提取方法，这无疑是任何人为活动残留物研究的最重要的方面。最近的研究报告阐述了多种技术，对正确提取方法的意见包括使用酸性非常弱的酸，或者使用完全溶样/熔样方法提取。选择提取或溶样/熔样程序要考虑的几点是：分析的目的是什么？哪些具体的残留物是研究对象以及残留物是在什么条件下形成并融入沉积物的。

在目前情况下，虽然其他化学残留物，尤其是有机残留物，具有非常高的研究潜力，我们主要感兴趣的是无机残留物。无机残留物以液体或者固体的形式沉积在人为沉积物的表面。一旦它们进入沉积物，残留物会进行一系列可能的改变，这包括一些微粒子固体的溶解，有机腐烂，自由离子与沉积物其他成分——比如铝、铁的氧化物、黏土和有机胶体的结合，以及由于沉积物的过滤、侵蚀和损伤而被移去[1]。残留物的沉淀过程和随后的所有转变，均在室温下相当狭窄的pH值范围内的土壤溶液(保留在沉积物中的水分）中发生。除了建造和维修，其他人为活动对沉积物的矿物组成一般影响不会太大。提取技术对人为活动化学残留物形成时的具体条件非常敏感。

许多考古学家采用的弱酸性或缓冲提取技术借鉴了一种农业测试方法。这种方法通过衡量以自由离子形式存在于在土壤溶液中的植物养分浓度来决定沉积物中的植物养分浓度。由于许多元素，特别是磷，迅速与其他沉积物成分形成复合物[2]，它们在土壤溶液的浓度比例不一定会反映实际的人为活动的组成情况（尽管作者的实证研究表明，以各种不同提取程序提取出来的磷浓度具有很好的相关性）。有许多因素，如钛，在土壤溶液中不会溶解，因此无法被弱式提取技术测验出来。这些元素中有一些可以帮助找出母材质差异以及区分人类活动和地理化学活动，对于解释人为化学残留物是非常重要的。所以非常温和的提取程序很可能忽略了人为化学残留物的许多重要特性。

就完全溶样/熔样的方法而言，它提供了沉积物整体的元素构成信息。元素的整体构成占主导地位的是沉积物的矿物部分，虽然总体溶样/熔样对沉积物的元素总体构成分析具有令人满意的质量保证，不存在提取效率和其他问题，但是沉积物，尤其是黏土含量高的沉积物，其矿物成分可以压倒性的掩盖人为活动残留物（这一看法是基于作者进行的一系列比较提取和溶样/熔样试验而得出的结论）。此外人类活动，特别是建造和维修技术，可以改变沉积物的矿物组成。这些被改变的矿物组成要通过物理分析技术，如土壤微观形态学，才能准确的得出结论。当然，在有些情况下，比如当我们需要评估沉积物风化或矿物色素时，为了迅速确定沉积物矿物组成，总体溶样/熔样方法或者是其他比较激进的提取方法是一种不错的选择。

从沉积物中提取人为残留物的一个有效手段是相对温和的酸性提取。这种方法不会让沉积物的矿物组成成为主导，但是却能够积极的提取组合离子。符合这一标准的有多种技术，但是许多需要通过加热样本来加速提取过程。虽然热提取对于快速野外评估或半定量性质的评估极为有用，热提取的效率却受到各种变量的限制，这包括时间、温度和样品蒸发量的不同。热提取对于准确找出特定人类活动的标志性成分不能有效的做出准确的和定量的评估。出于这个原因，在室温条件下进行长时的相对温和的酸性提取（1摩尔盐酸）是可取的。这个方法能够足够有效的提取已被组合和吸附的离子，同时也不会激进到使得沉积物的矿物组成占到主导地位，从而提供了高度一致的结果[3]。应该指出的是，不同的研究对象需要不同的提取程序。比如 Parnell 等正确地使用了更加激进的硝酸高氯酸溶样法从危地马拉 Piedras Negras 遗址使用的色素中成功提取出他们想要的金属离子[4]。

---

[1] a. Flaig W, H Beutelspacher, ERietz, 1975. Chemical Composition and Physical Properties of Humic Substances. In: Gieseking JE (ed). *Soil Components Vol. I: Organic Components*. New York: Springer Verlag, 1-211. b. Hamaker JW, 1972. Absorption. In CAI Goring, JW Hamaker (eds). *Organic Chemicals in the Soil Environment*. Vol. I. New York: Marcel Dekker, 49-143. c. Hayes MHB, RS Swift, 1978. The Chemistry of Soil Organic Colloids. In: Hayes DJG, Hayes MHB (eds). *The Chemistry of Soil Constituents*. New York: John Wiley, 179-291. d. Kumada K, 1987. *Chemistry of Soil Organic Matter*. Tokyo: Japan Scientific Press. e. Lindsay WL, 1979. *Chemical Equilibria in Soils*. New York: Wiley. f. Stevenson FJ, 1985. Geochemistry of Soil Humic Substances. In: Aiken GR, DM McKnight, RI Wershaw, P MacCarthy (eds). *Humic Substances in Soil, Sediment, and Water*: Geochemistry, Isolation and Characterization. New York: Wiley, 13-52. g. Smeck NE, 1985. Phosphorus Dynamics in Soils and Landscapes. *Geoderma* 36(3-4): 185-199.

[2] Smeck NE, 1985. Phosphorus Dynamics. *In Soils and Landscapes*, Geoderma 36.

[3] Burton JH, AW Simon, 1993. Acid Extraction as a Simple and Inexpensive Method for Compositional Characterization of Archaeological Ceramics. *American Antiquity* 58(1): 45-59.

[4] Parnell JJ, RE Terry, Z Nelson, 2002. Soil Chemical Analysis Applied as an Interpretive Tool for Ancient Human Activities in Piedras Negras, Guatemala. *Journal of Archaeological Science* 29: 379-404.

提取以后，我们可以对提取物进行可靠的特定离子测试分析。ICP-AES法或光谱仪都是非常有效的样本定性方法，能够快速、同时的测定一个样品的一大套元素。这节省了大量样品的制备和分析时间，对于大量样本分析是不可或缺的[1]。还有一些研究人员使用了等离子质谱、光谱和多种其他技术。

本文所描述的是基于对各种提取和溶样/熔样技术进行测试基础之上而发展出来的一套严格的程序方法。这包括醋酸铵缓冲pH值中性提取，各种热温和室温下轻度酸性提取，以及氢氟酸总体溶样提取。虽然在许多情况下，不同的提取/溶样技术产生了类似的结果（即，虽然不同的技术提取出不同的元素浓度，各种不同的元素的浓度数据之间有很强的相关性），某些特定的沉积物类型，特别是含高黏土或高有机物含量的沉积物，会因为使用方法不同而产生出显著不同的结果[2]。因此，我们虽然可以使用不同的提取技术，该技术一定要与目标残留物以及该残留物存在的沉积物类型相匹配。

6．残留物的鉴定

一旦我们获得了沉积物样本元素组成的量化分析数据，就可以对样本进行数值分类，确定化学属性上类似的样本组。这些样本组就可以用来与民族考古学定义的“目标”或称活动表征物相匹配，比较与具体活动相联系的具体的元素体系的增减规律。

在发展研究方法的过程中，我们对一些数值分类技术进行了评估（从判别函数加上非等级聚类分析到各种层次聚类分析算法 discriminant function combined with non-hierarchical cluster analysis to a variety of hierarchical cluster analysis algorithms）。我们评估了他们根据已被证实的活动模式、使用历史、建造和维修技术来把民族考古学的样品分类成空间上具有连续性、行为上具有意义的样品组的能力。在被评估的技术中，使用 Ward 的平方欧氏距离的方法进行层序聚类分析，得出了最一致的结果。一些户内和户外的样品因为相似的化学成分而被归类到了一起，而这些样品的确受类似的人类行为的影响。当应用于考古样本集时，该数值分类技术制造了类似的结果，使得民族考古学定义的“目标”与考古样品发现的模式相匹配。

通过人为化学残留物确定人类活动领域的一个经常出现的问题是，人类活动化学残留物往往会产生彼此重复或叠加。因为人类活动具有时间和空间性：一个住宅单位的成员组成和组织形式会随着时间变化而改变，同一住宅地面在长时间内也会发生多种人类活动。这必然导致人为活动的表征物出现重复或叠加。然而，这个问题不像人们想象的那么困难。某个特定的空间在一段时间内被用来从事多种活动或者被用来从事不停变化的活动，与该空间被用来长时间从事单一的一项活动在考古上是具有同等意义的。考古发掘记录不可能“快照”性的反映出史前人类某一天的空间使用情况。大部分考古研究记录几乎总是由横跨史前史以来大量活动的残余碎片逐渐积累而成[3]。

另一个必须考虑的重要问题是，确定不同的地面制作程序留下的不同化学残留物。不同的制作技术可以深远影响地面和外墙表面的化学组成成分。认识不到制作工序上的不同，将会对我们解释

[1] Linderholm J, E Lundberg, 1994. Chemical Characterization of Various Archaeological Soil Samples Using Main and Trace Elements Determined by Inductively Coupled Plasma Atomic Emission Spectrometry. *Journal of Archaeological Science* 21(3): 303-314.

[2] a. Middleton WD, 1998. *Craft Specialization at Ejutla, Oaxaca, Mexico: An Archaeometric Study of the Organization of Household Craft Production*. Doctoral Dissertation, University of Wisconsin. b. Burton JH, AW Simon, 1993. Acid Extraction as a Simple and Inexpensive Method for Compositional Characterization of Archaeological Ceramics. *American Antiquity* 58(1): 45-59.

[3] Binford LR, 1981. Behavioral Archaeology and the"Pompeii Premise." *Journal of Anthropological Research* 37(3): 195-208.

活动模式的能力产生复杂的影响。在上面讨论的民族考古学中，有几个当今的房屋使用了不同的工序来制作地面。由于钛在土壤溶液中不会移动，其浓度主要反映了母体沉积物的组成，用钛浓度来鉴定这些地面的不同是非常有效果的。很多考古案例都发现了不同的楼层制作工序[1]。

7. 对卡塔胡由克五号建筑物的研究

这里简要阐述一下研究土壤中的化学残留物在另一个考古案例中所展现的价值。坐落在土耳其科尼亚平原遗址的五号建筑，是新石器时代的（约公元前7500～前6500年）房屋住宅。它已被故意遗弃并填埋,并且在其上建造了一个新的房子(图14–2）。遗址上许多被确定为圣地的房子明显也具有住宅功能,理解室内活动的特点和组织性成为当时卡塔胡由克项目的一个要点[2]。

卡塔胡由克遗址的样本收集如上所述。最近发现的地面表层统一的以50厘米大小的方格进行抽样。共收集和分析了1000多个样品。本文讨论的研究只是卡塔胡由克遗址的一个样本子集，来自于一个地面，总计150～200个。控制样品还被从资料库和同时代其他地点的墓葬处收集过来。控制样品确定这两个遗址保存了人为活动残留物。

所有样本根据上述议定书在威斯康星大学麦迪逊分校考古化学实验室进行分析。除了使用传统的发掘技术、人造物分析技术以及沉积物化学以外，其他技术，如土壤微观形态学和微观形态学也被使用。微观形态学确认了对地面的鉴定并且阐明了其形成过程。土壤微观形态学提供了独立的证据来显示人类活动的组织性。

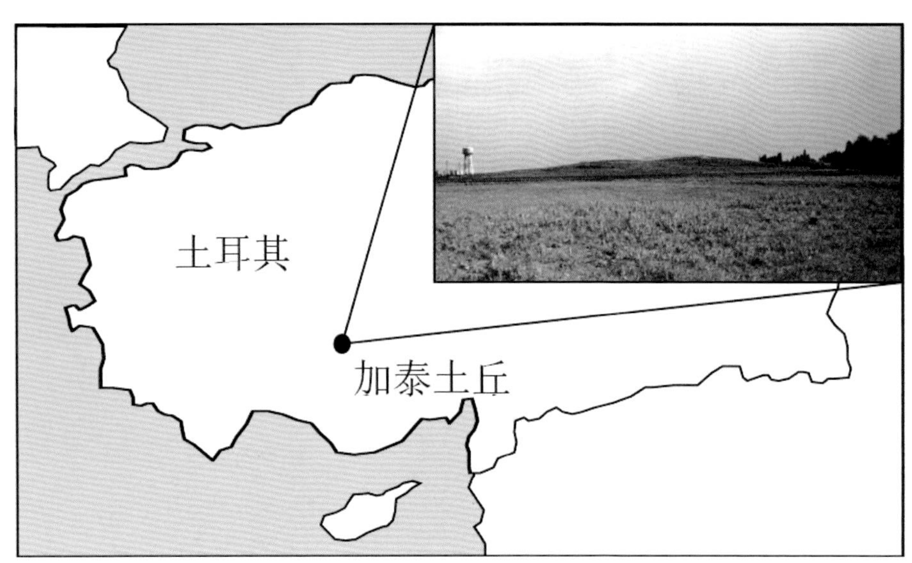

图14–2　土耳其卡塔胡由克遗址的位置和外貌

[1] a. Middleton WD, 2005. The Extraction of Anthropogenic Chemical Activity Residues From a Plastered Surface: An Example from Çatalhöyük, Turkey. In H Kars, E Burke (eds.) *Proceedings of the 33rd International Symposium on Archaeometry, 22-26 April 2002, Amsterdam, Geological and Bioarchaeological Studies* 3, Amsterdam: Vrije Universiteit, 493-496. b. Middleton WD, TD Price, DC Meiggs, 2005. Chemical Analysis of Floor Sediments for the Identification of Anthropogenic Activity Residues. In: Hodder I (ed). *Inhabiting Çatalhöyük: Reports From the 1995-99 Seasons*. Cambridge: McDonald Institute Monographs/British Institute of Archaeology at Ankara, 399-412.

[2] a. Hodder I (ed). 2000.*Towards Reflexive Methods in Archaeology: The Example at Çatalhöyük*. McDonald Institute for Archaeological Research/British Institute of Archaeology at Ankara Monograph No. 28. b. Hodder I (ed). 2005. Inhabiting Çatalhöyük: *Reports From the 1995-99 Seasons*. Cambridge: McDonald Institute Monographs/British Institute of Archaeology at Ankara.

遗址的元素浓度在空间上存在着较大的差异。一些元素群体（如碱性土或铝和铁）彼此关联强烈，而其他一些元素则展现了独立的特性。钙和磷浓度在这两个遗址的分布很好的说明了元素在空间上的变化（图14-3～5）。沉积物组成元素的变化规律为数值分类提供了基础（如上文所讨论，Ward的平方欧氏距离聚类分析。分类方法的选择主要依据能否将采集的民族学材料进行行为意义和空间意义上的分组，据此组成成分类似的样品就被分作一组。在两个遗址中，通过数值分类法分

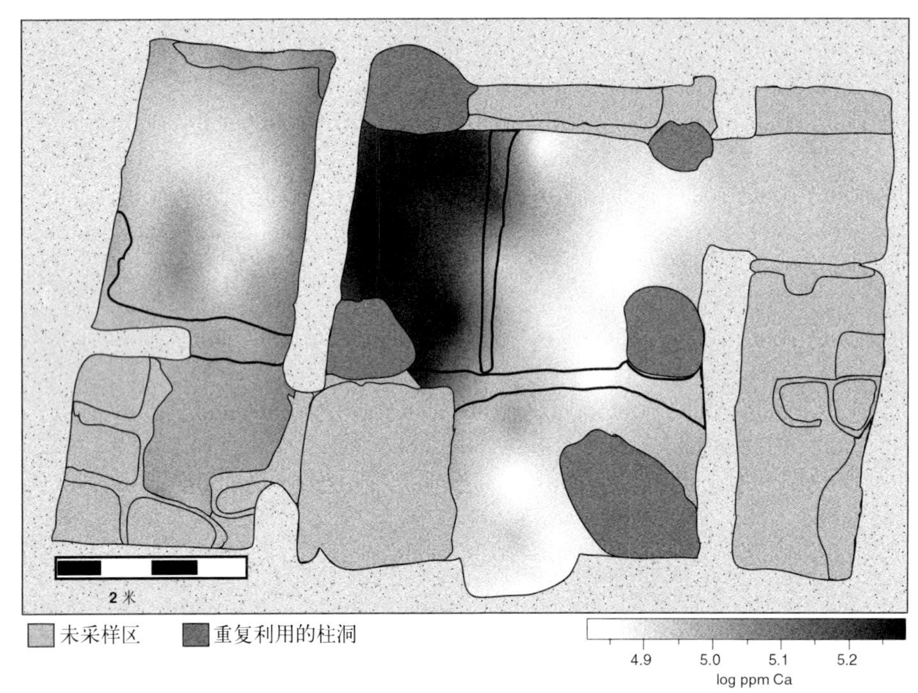

图14-3　土耳其加泰土丘五号建筑钙百万分比浓度的分布图

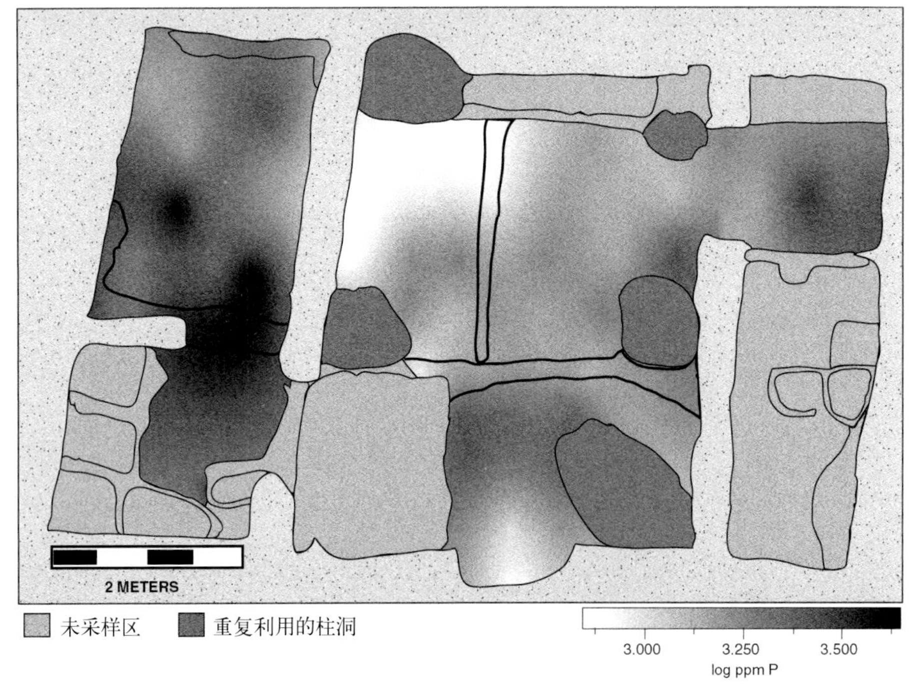

图14-4　土耳其加泰土丘五号建筑磷百万分比浓度的分布图

图14-5　土耳其加泰土丘五号建筑屋内地面土壤取样的分区

类的组具有统计学意义（通过ANOVA、MANOVA，以及平均值的相互独立性验证得出），而且在空间上具有连贯性。考古样本组被用来与民族考古学意义上的“目标”或活动表征物来进行比较匹配，以追本溯源找出留下残留物的人类活动。

在卡塔胡由克遗址，有五组样品被断定出来（图14-5）。把他们与民族考古学已经界定的活动残留物相比较表明，一个组是一般性的占领地区，无法区别出任何具体的活动（第1组的特点是中等浓度的碱稀土和相对低浓度的其他元素）。第二组其中一个坐落在进入建筑物的楼梯地段，另外两个是处在粮食储存区前面，他们的特点是或者人流量较大或者活动较少（第2组特点是所有元素的浓度均非常低，有一些元素的浓度甚至低于这些元素在非遗址的控制样本的浓度）。第三组位于内置于房间墙壁上的黏土储物箱之前，存在着食品残余物说明存在着食品的洒落和储存（第3组特点是相对高的磷浓度和钙浓度）。第四组是一个灰烬洒落的区域（第4组的特点是高浓度的磷、钠、锰、钾）。最后一组是一个已经贴满厚厚灰泥的表面（第5组的特点是非常高浓度的碱稀土）。上述分析表明，卡塔胡由克遗址第五建筑似乎只是一个普通的家户结构。

三　两城镇的土壤样品

1．两城镇研究：材料和方法

现今使用的样品是我们于1999～2001年从两城镇遗址发掘的房屋内部和周边收集起来的（表14-2）。我们也从灰坑填土中收集了控制样本。除了地表样本以外，我们也从非遗址的地点，即遗址内部无人为活动残留物区域，以及附近的一个当今的泥土地面房子里提取了控制样本。我们共对收集的164个样品进行了分析。其中20个是控制样品，24个是民族考古学样本，120个是来自考古活动面的样本（包括活动面的内部和外部）。

表14-2 两城镇试点研究收集和分析的样本数量

样本	数量
控制样本	20
民族考古学考古活动面样本	24
F39	57
F65	16
F60	32
F54	15
容器	30
合计	194

我们对4座房子共计26个室内和室外活动面进行了考古地面样品收集（表14-3）。两个圆形房子直径测量值在4～5米（F39和F65；图14-6），属于第一居住阶段的建筑物。2座方形的房子，边长约4米（F60，属于第四居住阶段，F54，为第五居住阶段，图14-7、8），属于中间居住阶段的建筑物。对于F60和F65，只收集了房屋内部的样品。

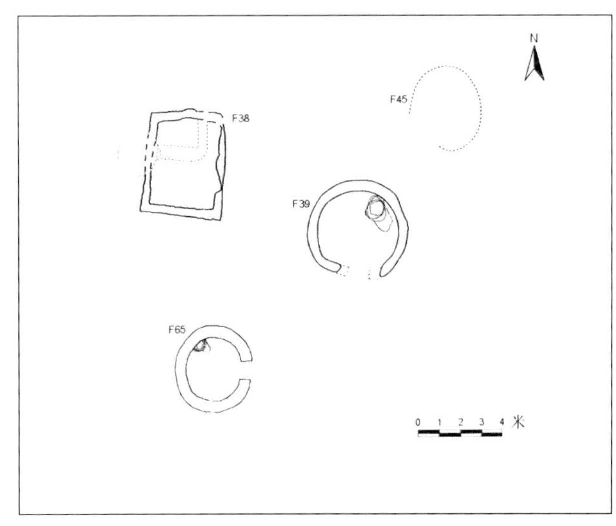

图14-6 两城镇F39、F65（第一时期）
（注：F38属第二时期）

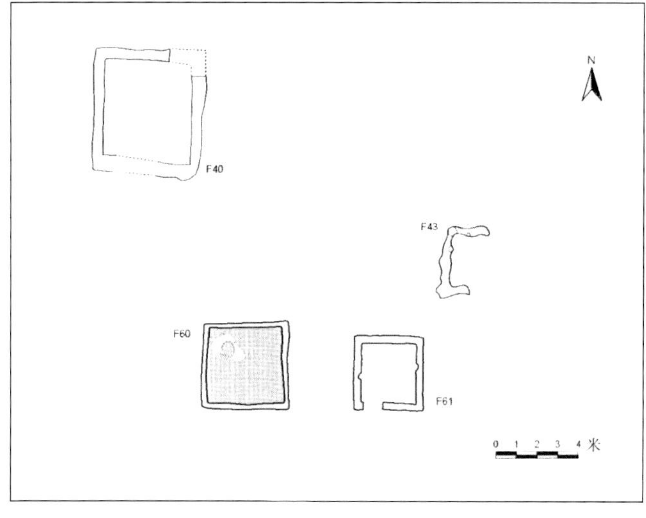

图14-7 两城镇F60（第四时期）
（注：F43属第三时期）

我们希望采用的样品采集方法是，在发掘的活动面上以0.5～1.0米的采样间隔进行均匀采样。但是由于本研究目前还处于初步阶段，大量标本采集尚不可行，我们只是对发掘地面的一部分进行了样本搜集。尽管无法高清晰的来定义人类活动区域空间，部分地面的标本足够我们来鉴定人类活动在空间上的变化。

表14-3　两城镇考古活动面样品

时期	房子	出土环境（顺序号）	空间外部	空间内部
一	F39	5618		6
		5655		1
		5656		1
		5658		1
		5659		6
		5664		1
		8244	6	
		8250	6	
		8252	6	
		8254	6	
		8256	4	
		8259	5	
		8261	4	
		8263	4	
	F65	8076		4
		8078		4
		8080		4
		8084		4
四	F60	8034		8
		8036		7
五	F54	8316		6
		8330		6
		8338		3
		8342		4
		8744	6	
		8827	7	
合计			54	66
总计			120	

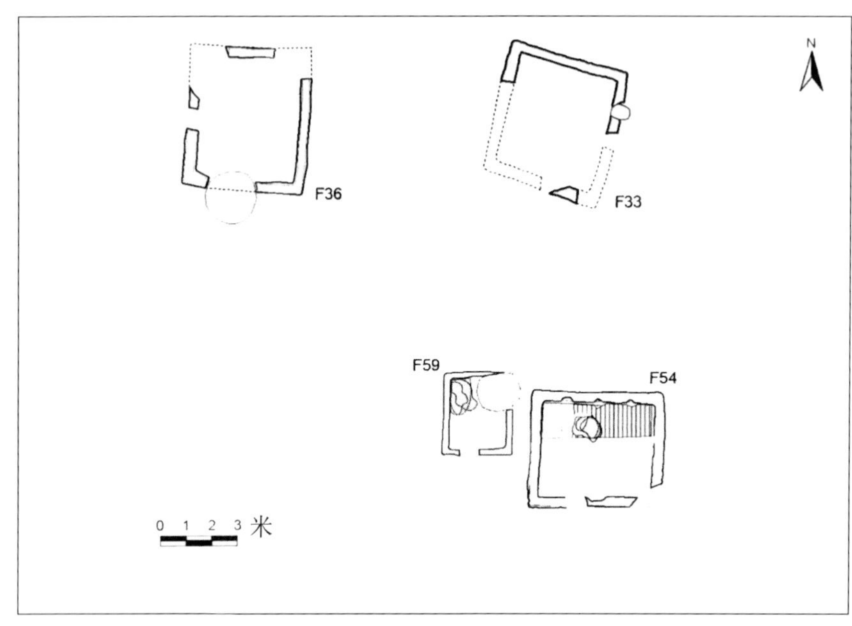

图14－8 两城镇F54（第五时期）
（注：F33、F36属第六时期）

样品送到威斯康星大学麦迪逊分校考古化学实验室（LARCH），根据实验室的协议进行分析。样品一开始被置于105℃的烤箱内进行48小时干燥，再在COORS瓷研钵进行雾化粉碎，然后通过一个2毫米的地质筛来去掉所有大于沙子的碎屑。0.2克的筛选样本被置于室温下20毫升的一摩尔盐酸（1M HCl）进行为期2个星期的提取。然后对提取物进行过滤，并对滤液在ARL3500电感耦合等离子体原子发射光谱仪（ICP-AES法）上进行了12种元素的分析（铝、钡、钙、铁、钾、镁、锰、钠、磷、锶、钛、锌）。只所以选择这群元素是基于民族考古学研究的考虑：大部分元素（铝、钡、钙、铁、钾、镁、锰、钠、磷、锶）被选中的原因，是因为他们是很好的人类活动的指标。其余的元素被用作地球化学指标以区分不同制作工艺制作的地面、成土影响和风化。元素浓度以百万分之一（PPM）为单位。由于PPM浓度跨度广（通常是几个数量级），PPM值以对数形式转化为统计和图形分析。

对记录的log PPM元素的浓度进行数值分类（使用 Ward 的平方欧氏距离聚类分析）这一技术在对当今泥土地面房子的采集样本进行了大量的民族考古学研究之后被采用。数值分类把样品分为化学上类似的组，并且将之与民族考古学记录的活动残留物相比较来鉴定人类活动。沉积物的元素浓度由于所处的母材不同存在着很大差异，但与地质控制样品相比，活动残留物在增加和枯竭上有规可循，并且可以被鉴定出来。

比较考古学人为化学残留物与民族考古学样本（现今的情况下产生该残余物的活动已知），是沉积物化学考古的一个重要但往往被忽略的因素。是否能够成功鉴定考古残留取决于用来比较的“目标”，或者是元素活动的“表征”是否已知。另一个沉积物化学考古的要点是，从类似的但是没有被人类行为所修改的沉积物中搜集控制样品。这些样品提供了沉积物元素组成的基本资料，使得确定考古样品中特定元素相对的增加或者枯竭成为可能。我们从今天两城镇附近的泥土地面住家以及非遗址地区，都进行了民族考古学控制样本的采集，以用来与考古样品进行比较分析研究。

除了使用从山东收集的民族考古学控制样品以外，我们也使用了LARCH沉积物化学的数据库来帮助鉴别考古残留物。这个数据库包括了对来自于四大洲十个遗址的2000多个民族考古学样品进行的分析，广泛记录了大量已证明的人类活动残留物。

2．结论一：民族考古学样品

为了民族考古学研究目的，我们从今天遗址附近的泥土地面房子收集了有限数量的样品。样品主要来自于厨房、内屋以及房间外（图14–9）。我们也收集了研究地点的非遗址地区的控制样品。

尽管元素的绝对值与其他地点的民族考古学样品不同，元素群增加或枯竭的总体规律却与在今天墨西哥、危地马拉、哥伦比亚和土耳其的泥土地面房子所观察到的元素增加或枯竭的总体规律具有可比性（每一个民族考古学研究点以及考古学遗址研究收集的样品，容易极强的反映出沉积物母体材料的化学成分，因而这些样品在地理上容易聚集在一起）。

一般来说，特定的活动领域可以根据特定的元素个体相对于非遗址地区控制样本的元素的浓度高低来定义。在土耳其和中美洲的民族考古学研究观察到的人类行为模式包括：焚烧木材和其他植物材料、牛粪（其特点是非常高浓度的钙、钾、钠、磷以及一般高浓度的镁、锰和锶）；就地燃烧（其特点是沉积物中黏土的热变化造成的高浓度的铝和铁）；食物准备（以一般高浓度的钙、磷和锶为特点）；动物圈养（其特点是非常高浓度的钙、磷、锶、钡、钾、钠和一般高浓度的所有其他元素）。人流量大的活动领域的特点是，由于表面损伤和沉积物损伤导致的所有元素浓度都相对较低。日常活动领域的特点是，相对高浓度的钙、锶、钡（表14–1）。其他活动，如贝壳工艺或陶瓷制造，也可能留下具体的可检测的残留物。但是本次研究没有发现或搜集这方面的残留物。

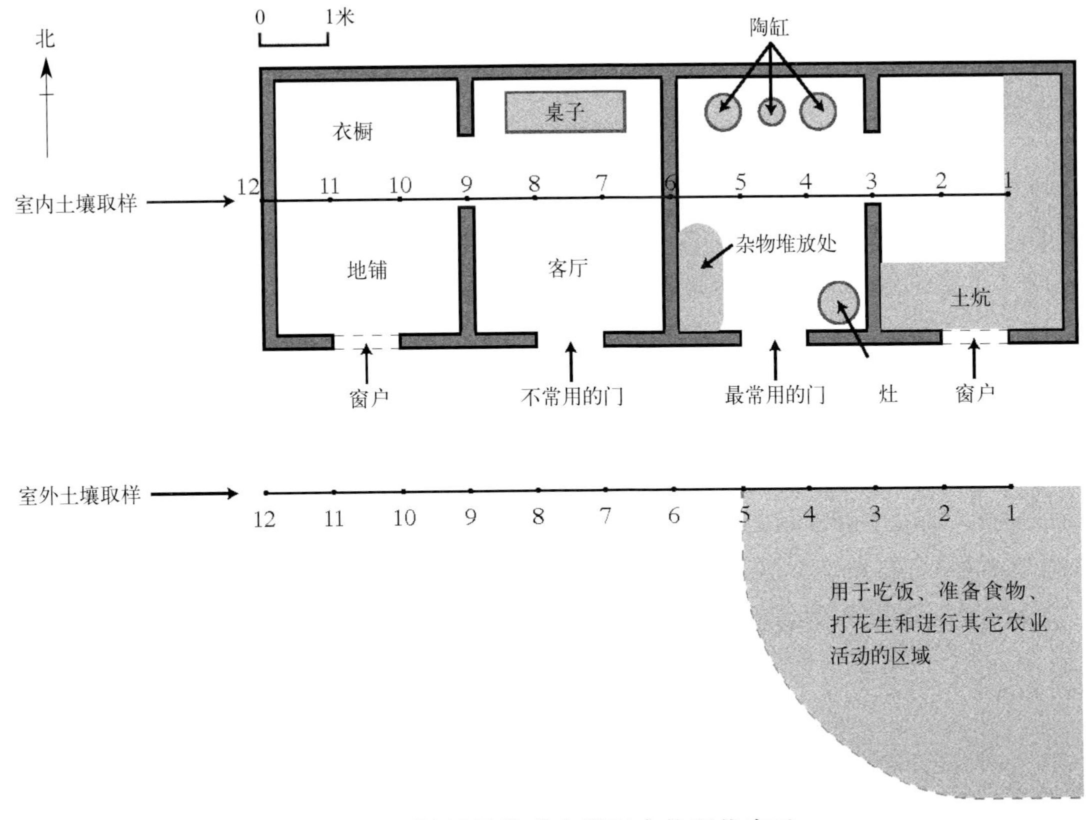

图14–9　两城镇民族考古学研究的现代房子

民族考古学研究在一定程度上证实，尽管气候、地质和母体土壤存在不同，人为活动的化学残留物的地球化学形成过程是稳定而且非常类似的。对在两城镇考古样品发现的残留物的解释，也是基于民族考古学研究至今的基础之上的。但是，我们应当有必要进行更加深入的研究。

3．结论二：地面考古学样品

我们收集到的考古样本，相对于非遗址地区样本，显示了和民族考古学样品类似的元素的增添和枯竭规律。钙、锰、锌都有超过一个量级的变化范围，而镁、钠、磷的变化也几乎具备这个变化范围。存在宽范围元素组成，尤其是那些能表征人类活动的元素的存在，表明人为活动残留物已经保存在沉积物中（表14–4）。我们依据 Ward 的数值分类（平方欧氏距离聚类分析）方法分出了五个组。尽管有几组的几个元素有类似的平均值（表14–5；图14–10～21），多元方差分析（MANOVA）指出，几乎所有的组都可以根据其钡、钙、钾、镁、锰、磷、锶的浓度不同做出区分。有趣的是，唯一的不能用来区分任何一组的元素是钛。过去的研究已经表明，钛因为在土壤溶液中不动，是一个很好的区分不同地面制造工艺的指标[1]。而钛的区别不大表明两城镇的地面没有经过特殊的工艺制作。

表14–4　两城镇地面样品：描述性统计

	数量	范围	最低值	最高值	平均值	标准偏差
LOG_AL	120	0.56	3.50	4.06	3.8303	0.10307
LOG_BA	120	0.73	1.83	2.56	2.1500	0.12755
LOG_CA	120	1.14	3.08	4.22	3.4432	0.19508
LOG_FE	120	0.56	3.75	4.31	4.0769	0.09231
LOG_K	120	0.54	2.71	3.24	2.9700	0.11618
LOG_MG	120	0.80	3.09	3.89	3.4320	0.12792
LOG_MN	120	1.39	1.86	3.25	2.7829	0.25359
LOG_NA	120	0.51	2.24	2.75	2.5221	0.09383
LOG_P	120	0.88	2.57	3.45	2.8952	0.17245
LOG_SR	120	0.97	1.14	2.11	1.3974	0.16530
LOG_TI	120	0.64	1.96	2.60	2.1601	0.10777
LOG_ZN	120	1.09	1.29	2.38	1.5673	0.13831

[1]　a. Middleton WD, 1998. *Craft Specialization at Ejutla, Oaxaca, Mexico: An Archaeometric Study of the Organization of Household Craft Production*. Doctoral Dissertation, University of Wisconsin.　b. Middleton WD, TD Price, 1996. Chemical Analysis of Modern and Archaeological House Floors by Means of Inductively Coupled Plasma- Atomic Emission Spectroscopy. *Journal of Archaeological Science* 23(5): 673-687.

表14-5　各组平均值（两城镇）

组	1	2	3	4	5	总计
数量	46	46	7	16	5	120
LOG_AL	3.88	3.84	3.75	3.64	4	3.83
LOG_BA	2.2	2.13	2.08	2	2.47	2.15
LOG_CA	3.52	3.38	3.46	3.21	4.12	3.44
LOG_FE	4.12	4.09	4	3.92	4.19	4.08
LOG_K	3.05	2.94	3.04	2.81	2.93	2.97
LOG_MG	3.51	3.43	3.35	3.22	3.59	3.43
LOG_MN	2.97	2.78	2.34	2.41	2.94	2.78
LOG_NA	2.54	2.5	2.55	2.5	2.64	2.52
LOG_P	2.97	2.8	3.01	2.76	3.35	2.9
LOG_SR	1.45	1.34	1.44	1.2	2	1.4
LOG_TI	2.21	2.1	2.23	2.16	2.14	2.16
LOG_ZN	1.64	1.51	1.53	1.4	1.95	1.57

两城镇样品发现最强的元素表征是炉子燃烧（第5组，所有样品来自同一个环境，F39，确定为烧烤面）。特征是大部分元素，特别是钡、钙、镁、锰、钠、磷、锶（由木灰造成）以及沉积物热蚀所产生的铝和铁，具有相对高浓度。第二个明显的特征是准备食物或食品撒漏（第1组），特点是动物或植物有机物造成的相对高浓度的钡、钙、磷。第四组的特点是除了两个元素以外，所有其他

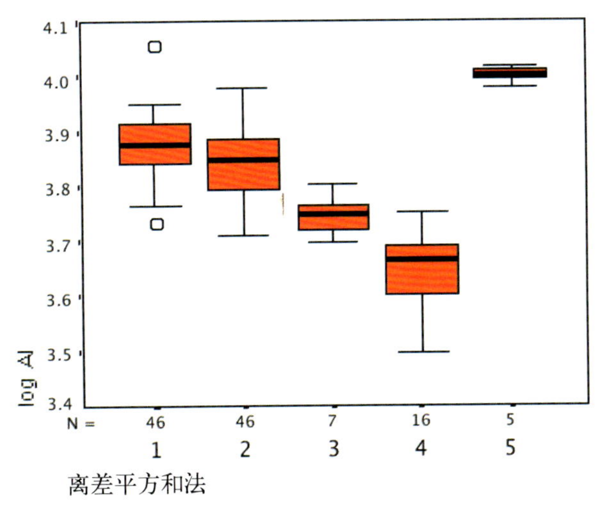

图14-10　各组铝浓度（两城镇）

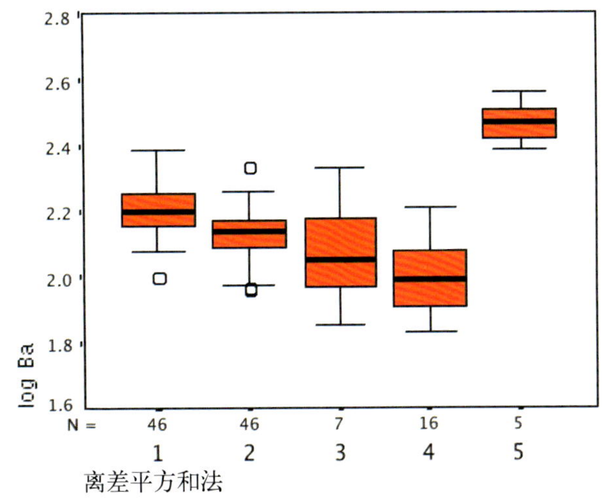

图14-11　各组钡浓度（两城镇）

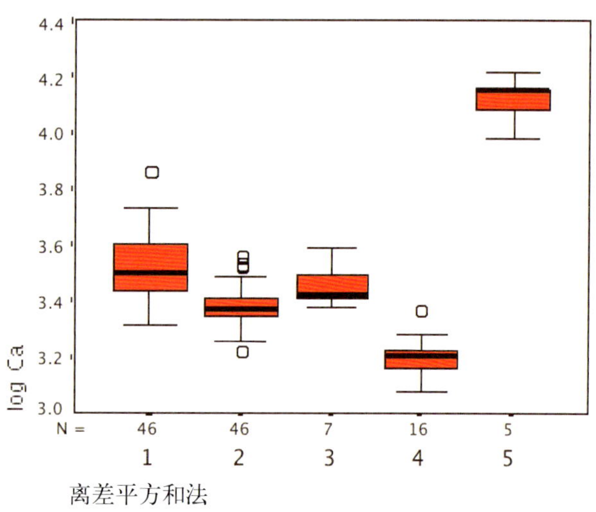

图14-12 各组钙浓度（两城镇）

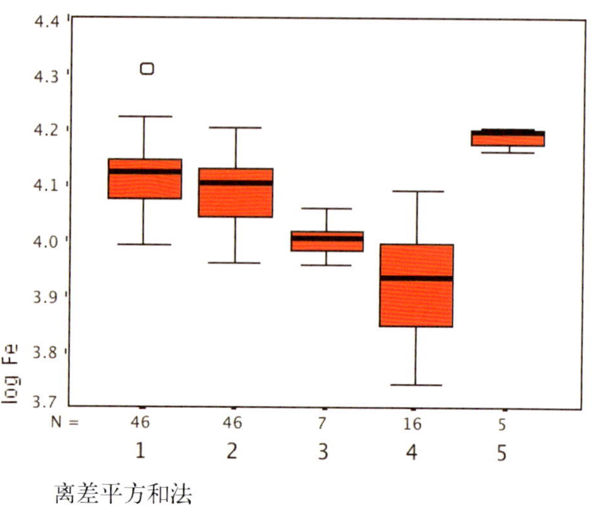

图14-13 各组铁浓度（两城镇）

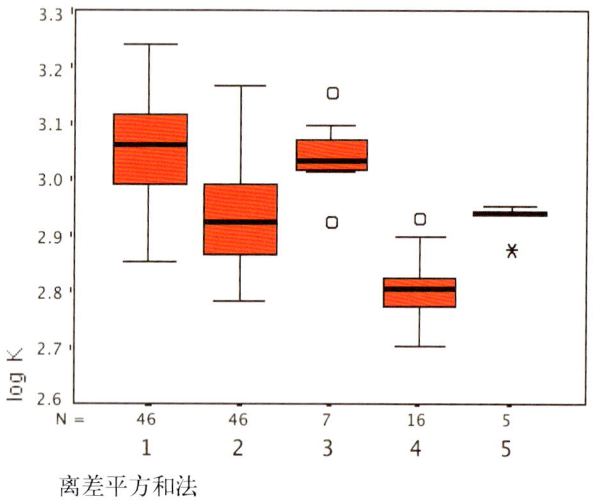

图14-14 各组钾浓度（两城镇）

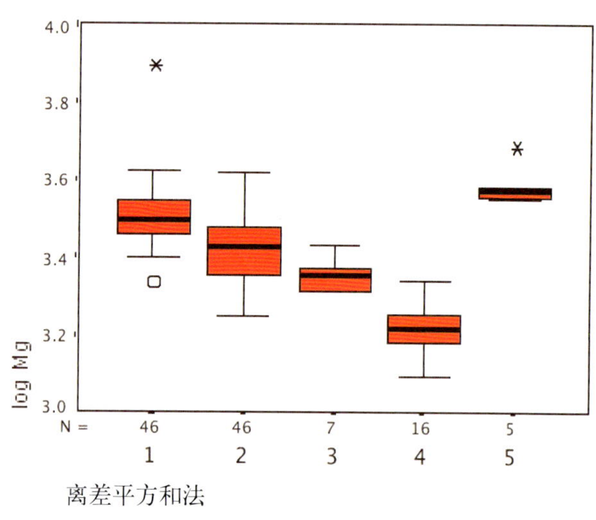

图14-15 各组镁浓度（两城镇）

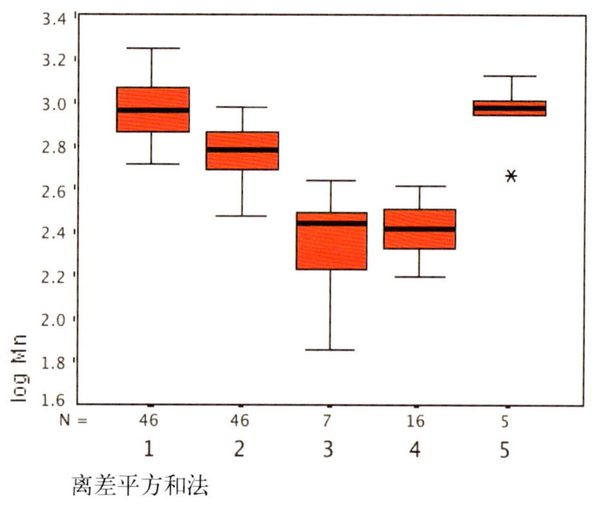

图14-16 各组锰浓度（两城镇）

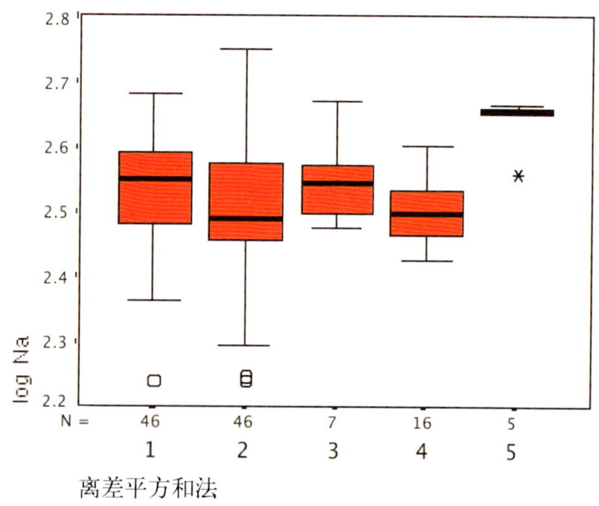

图14-17 各组钠浓度（两城镇）

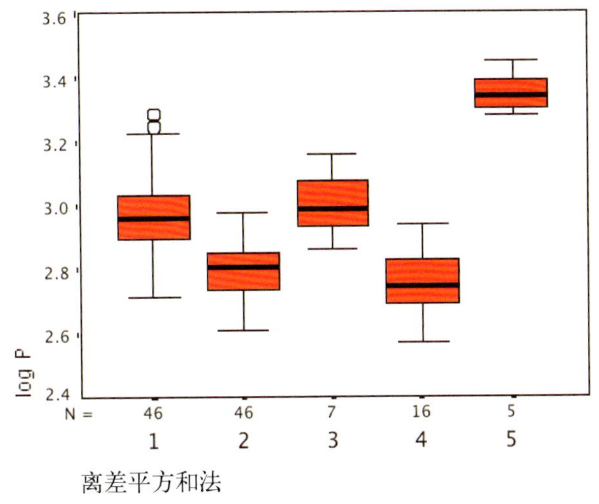

图14–18　各组磷浓度（两城镇）

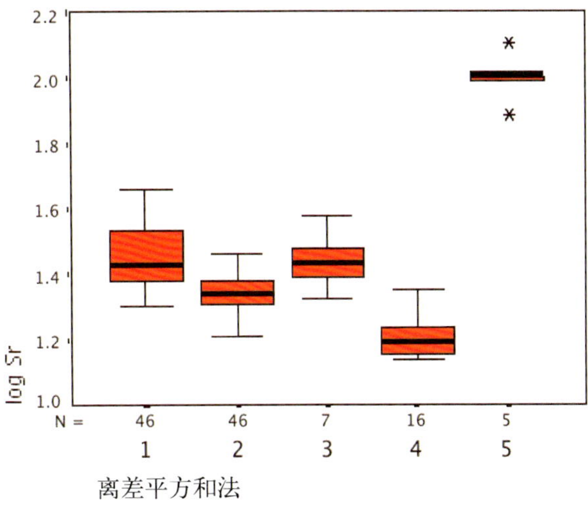

图14–19　各组锶浓度（两城镇）

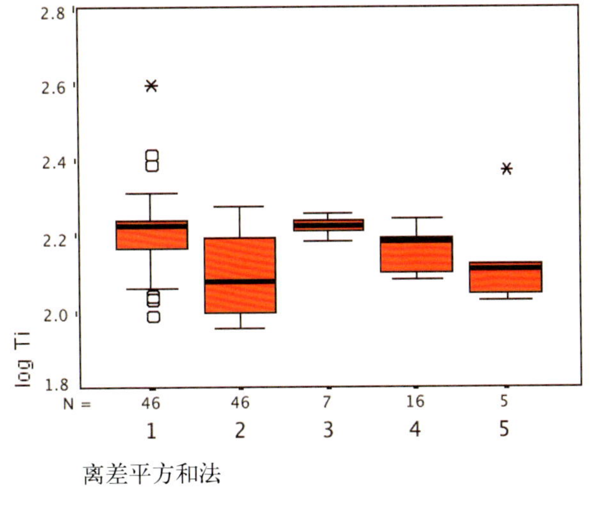

图14–20　各组钛浓度（两城镇）

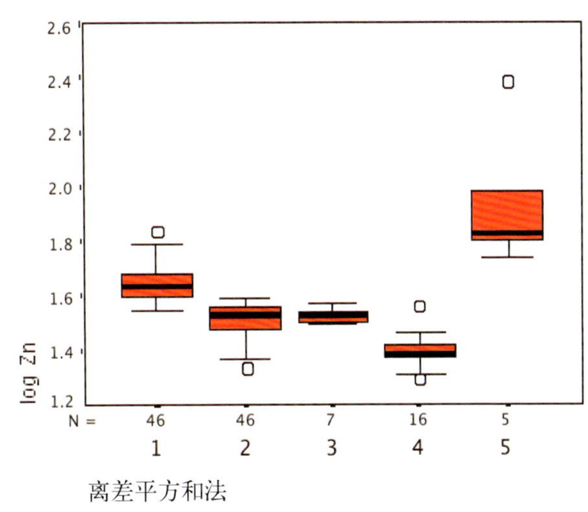

图14–21　各组锌浓度（两城镇）

元素的浓度平均值最低。这说明是繁忙的外部领域。第二组元素浓度，尤其是钙、钡、磷、锶，浓度较低，说明这是繁忙或者活动少的内部空间。第三组除了相对高浓度的钙、钾、磷、锶以外，其他大部分元素浓度不高不低，这是灰烬洒落的地点。

四　讨论和结论

样本分析最棘手的问题是被鉴定的三组（组1、2、4）既发生在内部又发生在外部空间（表14–6）。组1被确定为食物准备/溢出区。组2符合内部空间特点，即或者是高人流量或者就是少活动（高人流量实际上降低了许多元素的浓度，因为脚对地表的划伤使得沉积物损失）。组4为一个繁忙的外部活动领域。三组中有两组（组2和组4）出现了元素浓度低的表征。在数值分类的意义上，它们属于同一组，但是在民族考古学意义上，低浓度元素既可以表征外部区域也可以表征室内区域。因为房子面积非常狭小，很难进行大量的活动，我们可以推断如果是室内地区，就是较少活动区域；而如果是外部地区，就是高流量区域。准备食物可能发生在房屋内部也发生在外部。燃烧的痕迹（灶）只在一个房子内部找到（F39），木头灰只在房子的外部找到（F39）。

两城镇数据明确显示房子内部只被用来进行有限的活动。除了燃烧炉子以外，这些活动在房子外部也发生过。房子内部活动有限这一特征贯穿于所有居住阶段所选的样品。

表14-6　根据遗址阶段、特征和空间划分的两城镇样本分类

阶段	房子	空间	出土环境（顺序号）	1	2	3	4	5
一	F39	外部	8244	3	3			
			8250	4		2		
			8252	3	1	2		
			8254		4	2		
			8256	1	2		1	
			8259	1	2		2	
			8261		1	1	2	
			8263				4	
			5658		1			
		内部	5618	1				5
			5655	1				
			5656		1			
			5659				6	
			5664				1	
一	F65	内部	8076	4				
			8078	4				
			8080	4				
			8084	3	1			
四	F60	内部	8034		8			
			8036		7			
五	F54	外部	8744	6				
			8827	3	4			
		内部	8316	2	4			
			8330	4	2			
			8338		3			
			8342	2	2			

本次初步研究最有意思的发现，可能就是在房子内部发生的人类行为有限，而在房子外部发生的人类行为明显的密集。然而这并不值得称奇。所有的房子都比较小（只有几米的距离），因此活动空间很小。并且房子之间间距宽，使得有足够的空间来进行室外活动。这与在土耳其新石器时代时期卡塔胡由克遗址所观察到的人类活动具有类似的特点[1]。

本次研究除了指出沉积物化学在中国考古学上的潜力以外，最重要的影响可能就是指出对中国新石器时代的室外活动进行大量研究的必要性。对室外领域的调查研究，不仅需要对化学残留物样品进行严格的抽样分析，也要对人类行为微观遗存以及植物遗存进行采样分析。

[1] Middleton WD, TD Price, DC Meiggs, 2005. Chemical Analysis of Floor Sediments for the Identification of Anthropogenic Activity Residues. In: Hodder I (ed). *Inhabiting Çatalhöyük: Reports From the 1995-99 Seasons*. Cambridge: McDonald Institute Monographs/British Institute of Archaeology at Ankara, 399-412.

第一五章　结语

1995年以来，中美联合考古队在以两城镇为中心的鲁东南沿海地区，从两城镇遗址开始向周围地区开展系统考古调查。1998～2001年，中美联合考古队先后四次发掘两城镇遗址，之后就是漫长的资料整理和开展有各种学科参与的研究工作，迄今已逾20年。回顾20年来的两城地区考古工作历程，其收获是多方面的，可以从以下四个方面来加以归纳和总结。

第一节　田野考古工作方法的探索

1995年冬，经国家文物局批准，山东大学和美国耶鲁大学合作开展了鲁东南地区的聚落考古研究。合作研究主要包括两个方面的内容：一是在以两城镇为中心的鲁东南沿海地区实施系统考古调查，进而从宏观角度研究该地区不同时段聚落形态所反映的古代社会组织和结构及其演变；二是在调查工作进展到一定程度时，对这一区域的中心聚落——两城镇遗址进行考古发掘。

鲁东南沿海地区的系统考古调查，自1995年以来，已经持续进行了20余年，调查面积超过了2000平方千米，发现的古遗址数以千计。调查的具体方法虽然与以往的考古调查在本质上是相同的，如均为地面踏查，采集各种遗物标本，并依据地表散布的以陶片为主的遗物来判定遗址的范围和文化属性及年代，注意发现有文化堆积的断面等重要迹象等。但又有很大的不同，主要表现在：调查工作有明确的学术目标，事先经过周密的规划和设计，调查区域之内要求做到无遗漏，即按既定规则（如按50米左右的间隔拉网式调查）覆盖拟调查区域，发现遗物分布点和遗址之后，按区域采集和记录发现的各种遗物标本及重要迹象，注意调查区域特别是各个遗址的立地环境等。这种新的田野调查和研究方法在鲁东南地区的实施，已经取得令人瞩目的丰硕成果[1]。当然，由于中国地域辽阔，地形地貌和文化内涵十分复杂，区域系统考古调查在实施过程中，需要针对不同区域的实际做出调整和改进[2]。

1999年，中美联合考古队开始正式发掘两城镇遗址，发掘的基本指导思想是采用聚落考古的方法，全面了解和研究遗址存续期间的古代社会。具体操作中，则在以往发掘方法的基础上从两个方面做了较大改进。

一是发掘和记录工作更加精细。田野发掘过程中，力图把遗址堆积的共时关系和动态变迁过程充分揭示出来，像在第一发掘区所做的那样。为达到这一目的，测绘精确的地形图，缩小探方面积并不刻意保留隔梁，绘制大比例尺的遗迹图和地层图，按遗址的统一坐标系统记录出土遗物，按顺序号记录最小堆积单位，等等，这些做法在第一章中有详细的说明。需要指出的是，这些改进工作

[1]　中美日照地区联合考古队：《鲁东南沿海地区系统考古调查报告》，文物出版社，2012年。

[2]　栾丰实：《关于聚落考古田野实践的思考》，《考古学研究（九）》，文物出版社，2012年。

多数是成功的，很多与2009年版的《田野考古工作规程》中的规定相同或相似。但按顺序号来记录最小的堆积单位这一做法，不仅与中国的传统记录方法有较大差距，繁琐且不直观，颇有点类似早年类型学中的“序数”，目前不适合在中国推广使用。

二是最大限度地收集各种资料，吸收不同学科的学者参与研究，产出尽可能多的研究古代社会的新资料、新信息和新成果。收集资料要求很细，其中最大的变化是要求对全部堆积进行筛选，同时系统地采集用于各种检测和分析的土样，特别是大量用于水选的土样。筛土可以获取许多肉眼难以发现的小遗物，水洗浮选可以发现更多常规方法无法获取的资料，如炭化植物、细小的石片石渣和动物骨骼等。更小的则需要借助于显微镜和其他设备，如植硅体、淀粉粒等。为了使参与合作研究的各学科学者直接了解遗址和考古发掘的具体情况，联合考古队邀请所有参加合作研究的学者亲临两城镇遗址，实地考察遗址的自然和人文环境、地理地貌以及与其他遗址的关系等，观摩考古发掘现场甚至参与一段时间的发掘工作，以对两城镇遗址有切实的感性认识，从而为各自的后续研究奠定了良好基础。

由于采用了上述新的方法和技术，使得鲁东南地区的系统考古调查和两城镇遗址的发掘工作获得了超出预想的收获和成果。

第二节　龙山文化遗存的年代关系、文化特征与聚落结构

由历年的发掘和调查可知，两城镇遗址延续的时间较长，较早阶段至少经过了龙山文化、周代和汉代三个时期。由于遗址位于历代村镇之下和周边，频繁的生产和生活活动使古遗址的文化堆积受到严重破坏。不仅距地表较浅的周代和汉代遗存所剩无几，而埋藏略深的龙山文化遗存，也受到不同程度的破坏，但保存得相对完整一些。因此，以下着重分析和讨论两城镇遗址的龙山文化遗存。

一　各发掘区龙山文化遗存的年代对应关系

海岱地区继大汶口文化而起的是龙山文化，目前发现的遗址有1000多处，其中经过发掘的多达百余处之多。综合分析这些龙山文化遗址的文化内涵，可以将其划分为前后连续的六期，有的期内还可以进一步分段，整体上持续了五六百年的发展时间[1]。从这一分期中可以清晰地看出龙山文化的发展演变过程。据此，以下着重分析、讨论和确定两城镇遗址龙山文化的相对年代和绝对年代。

位于两城镇西侧丘陵之上、地处中环壕和大环壕之间的第一发掘区，龙山文化遗存十分丰富。由第二章最后小结中的分析可知，这一区域龙山文化延续的时间较长，所划分的八个时期，如果和整个龙山文化的分期相对照，大体相当于龙山文化第二期末段到第五期。从发现的各种遗迹和出土遗物可以看出，其最丰富、最繁荣的阶段是第三期和第四期的前段。这一时期，遗迹的数量众多，人们居住的房屋层层相叠，各种配套设施一应俱全。出土的大量石器和陶器，代表了当时人们生产技能的提高和社会需求的旺盛。

北距第一发掘区不足百米的第二发掘区，发掘的目的是为了检验磁力方法的探测结果。后来

[1]　栾丰实：《海岱龙山文化的分期和类型》，《海岱地区考古研究》，山东大学出版社，1997年。

因为发现了类似于台基式建筑遗存而不断向外扩方，由于天气转冷而不宜发掘，所以此区下面还存在相当多没有发掘的文化堆积。这一小区域地处早年的苹果园内，栽种苹果所挖的方形大坑，特别是每年冬季开深沟施肥的生产活动，对遗址的文化堆积造成了极大的破坏。这一片也是集中的居住区，文化堆积以房子垫土和房子为主，灰坑等遗存较少。所以，出土的文化遗物不多。第三章结语将其划分为四期，大体上可以和第二发掘区的第五时期至第八时期前段对应。耕土层中发现的一些龙山文化遗物，不少可以晚到龙山文化四期后段和五期，表明第二发掘区第八时期中后段的遗存在这里也曾有分布，只是被后来的生产活动所破坏而没有保存下来。

第三发掘区位于两城镇村内东西大路的北侧。从遗址的宏观位置来看，此区地处小环壕西南角之外，西侧中环壕之内。通过这一发掘区的文化堆积情况，可以帮助我们了解中环壕内龙山文化遗存的内涵和延续时间，进而分析和讨论中外圈环壕及遗址内不同区域遗存之间的年代对应关系。两城镇村内的文化堆积，由于长年累月的人为破坏，多数地段已所剩无几。发掘区的探方布在一所20世纪60～70年代所建的老房子之下，这里的原始文化堆积保存得相对较好，对认识两城镇遗址的完整发展过程有很大帮助。发掘结果表明，该地段的龙山文化遗存较为丰富，既有居住类遗迹，也有一些墓葬，龙山文化延续的时间很长。T001西侧断壁上发现的一座残墓，出土了一件蛋壳陶高柄杯，其形制属于龙山文化最早阶段，即第一期前段。发掘区内第⑦层偏下部的堆积中，发现的斜篮纹深腹罐（T1727⑦：9）、深腹环足盆（T1727⑦：12）、内折腹环足盘（T1727⑦：14）等，亦有龙山文化第一、二期的风格。说明在龙山文化较早时期这一带就是当时居民的聚居活动区。与前两个发掘区一样，第三发掘区的龙山文化遗存，也是以第三期和第四期前段最为丰富。尤为可贵的是，第三发掘区还发现一些龙山文化第五、六期遗存。如H142、H145、H147、H159、H170等，出土不少典型的龙山文化第五期的器物，如高子口有颈瓮（H147：5）、高颈内敛的陶壶（H170：11）、上腹略粗下腹内收的筒形单耳杯（H170：4）、高子口矮腹的陶盒（H142：4、H142：5、H159：1、H170：2）等。开口于现代层之下的H145和G1，时代更晚，从出土的一组典型器物看，已经进入目前较为少见的龙山文化第六期。如饰绳纹的侧装三角形足圜底罐形鼎（G1：28）、外表饰方格纹和竖篮纹或篦状刮抹痕迹的高分裆乳状袋足甗（G1：12、G1：48、H145：2）、高分裆锥状足瘦体鬶（G1：6）、高分裆乳状袋足素面鬲（G1：8）、高子口有颈瓮（G1：22、G1：34、G1：43）、双耳罐或壶（G1：27、G1：36）、窄卷沿近直壁盆（H145：5）、深腹直壁盆形豆（G1：3、G1：19）、厚胎高杯柄（G1：38）、把手底缘与杯底平齐的单耳杯（G1：2、G1：31、G1：32、G1：33）等。

G3T1789在G3T1777的正东44米处。当时选择这个地方发掘，是基于文德安教授在村中的调查。她发现这一片的地势较高，认为可能会保存比较多的原始文化堆积，特别龙山文化晚期及以后时期的遗存。而具体发掘位置的设定，则因为这里是一栋废弃后无人居住的房屋。经过勘查，决定在房屋前面院落内发掘，由于受院落面积（院内还有几棵较大的树木）的局限，并且我们也只是想了解这里的文化堆积情况，所以就布设了一条东西方向2米×4米的小探沟。T1789的位置恰好位于小环壕的外缘，上部保存了比较厚的汉代和周代堆积。环壕内偏下位置发现的两件近似凿形足罐形鼎，如T1789⑧：38（第⑧层第2小层）、T1789⑦：32（第⑦层第6小层）、大敞口斜壁平底盆T1789⑦：53（第⑦层第7小层）等，时代至晚到龙山文化第二期前段，甚至更早。由此可知，小环壕的始建和使用年代可以早到龙山文化第二期甚至更早阶段。而小环壕内上层堆积，或认为是废弃之后的堆积，如第⑦层，出土不少龙山文化第三期的器物，如罐形鼎T1789⑦：25、T1789⑦：21（以上2件为第⑦层第3小层）、T1789⑦：15、T1789⑦：16（以上2件为第⑦层第1小层）；盆形鼎T1789⑦：52（第⑦层第3小层）；大平底盆T1789⑦：19（第⑦层第2小层）等。而叠压于环壕之上的第⑥层时代更晚一些，如第⑥a层下开口的H331，为典型的龙山文化第四期前段。

为了解两城镇遗址的龙山文化环壕和城墙所布设的若干条探沟，所在地段多数受到严重破坏，环壕的内外两侧缺失文化堆积，如大环壕的T005和T010，中环壕的T025和T026等。文化堆积比较明确的有小环壕的两处，西侧的T021和北侧的T022、T024。

T021位于两城镇六村村后，地处西侧小环壕的中部偏南。这里的龙山文化堆积比较丰富，因为受到一定程度的破坏，耕土之下即为龙山文化堆积。从耕土层下开口的部分遗迹的出土陶器分析，其时代约当龙山文化第五期，如H503和H507出土的有颈大平底侧三角或“V”字形足鼎（H503：4、H507：3）、矮颈桥形把手鬶（H503：12、H507：4）等。第②层发现的平底盒（T021②：9、T021②：14）则为典型的龙山文化第四期形态；开口于第②层之下的G20，出土大量完整或可复原的陶器，多数为龙山文化第三期后段至第四期前段。G20叠压和打破第③层及众多遗迹，其下才到小环壕（G21）的开口位置。而小环壕又打破第④、⑤、⑥层和G16等，后者的出土遗物较少。由此也可说明，龙山文化居民在两城镇遗址居住了一段时间之后才修建了内圈小环壕。不过，从G21内发现有较为典型的龙山文化第一期的陶杯（G21：10、G21：2、G21：14）来看，小环壕的时代确实应该较早。总体来看，T021内侧一带龙山文化遗存延续时间较长，由本次发掘资料可以判定，从龙山文化最早期一直绵延到第五期。实际上，这一带原本还存在着时代更晚的龙山文化遗存。1936年发掘在瓦屋村后布设的南北向纵长探沟，紧邻T021东侧一直向南延伸。当年出土的遗物，如WW23的RL00234筒形杯，杯体较粗矮，上腹微内束，下腹略外弧，一侧的把手甚扁，下部与杯底平齐，为典型的龙山文化第六期特征[1]。由此可知，小环壕之内应该存在着龙山文化最后一期遗存。

T022和T024位于两城镇七村村后，位置卡在北侧小环壕的中部偏西，据村民讲，这一带也被挖掉了许多，龙山文化晚期及以后的堆积已荡然无存。为了了解北侧小环壕的情况，先在村后南北路西侧布设了T022，因距离民房太近，小环壕内侧揭露范围较小。路东的T024主要分布在小环壕内侧，龙山文化堆积十分丰富，对于了解龙山文化堆积的形成过程和小环壕的修建和废弃年代十分重要。

T022的堆积不复杂，主要有三组：最上一组以第②层为代表，时代约当龙山文化第三期至第四期前段；中间一组即小环壕（G22）；最下一组为第③层，由于G22内侧的发掘面积太小，出土遗物不多。

T024主要分布在小环壕内侧，遗迹比较丰富，发现多座房屋基址、墓葬和灰坑。粗略划分，小环壕以上的三层，即第②、③、④层，出土遗物不多，约当龙山文化第三期。被小环壕打破或叠压的第⑤～⑧层，中部至少有两层房址，而两层房址之间，在一条长度仅有15米的探沟中就发现6座墓葬，这一时期此区可能曾为墓地。灰坑数量较多，其中以第⑦层下的H585和第⑤层下的H586、H587以及第⑥层下的M66出土遗物较多。

从层位上看H585的时代最早（第⑧层基本没有出什么遗物），出土了4件壶形杯，其中3件的折腹位置偏下，腹部中部偏上有两至三周凹弦纹，其下有纵向压划纹，三条一组，这种纹样及施纹方式是典型的龙山文化初期作风。另一件为壶形，鼓腹位置在中部偏下，形态和风格偏早，应为龙山文化第一期。

[1] 刘耀：《山东日照两城镇附近史前遗址》图一五，《两城镇遗址研究》，文物出版社，2009年。

时代略晚的H586和H587处在同一层位，出土了一组特征明显的陶器，如凿形足鼎、近平裆甗、小口斜篮纹罐、浅腹斜壁大平底盆、敛口斜篮纹盆（钵）、折腹环足盘、假圈足豆、底部内收的筒形杯等。开口于第⑥层下的M66，出土尖圆唇中口罐和敞口深腹圈足盘各1件。而介于其间的第⑥层，发现的4件与M66相近的中口罐和1件筒形杯，风格甚为一致。总体推断，时代约在龙山文化第一期后段至第二期前段。由此看来，T024北部刚刚出露不多的小环壕（G001），其建成时代不会晚于龙山文化第二期后段，甚至可能早到第二期前段。沟内只出土了1件三环足双耳（一大一小）壶形杯，时代约在龙山文化第二期，可以作为佐证。

综上所述，位于中、大环壕之间的第一、二发掘区，始于龙山文化第二期末段，繁荣期为第三期至第四期前段，并一直延续到第五期（表15-1）。由于上部受到严重破坏，不清楚是否存在第六期遗存。位于小、中环壕之间的第三发掘区，明确存在龙山文化第一期的遗存，并一直延续到第六期，其最丰富的阶段也是第三期到第四期前段。为确认环壕和城墙而发掘的多条探沟，延续时代清楚的是小环壕内侧堆积。被小环壕打破的堆积，属于龙山文化第一期和第二期前段，而叠压小环壕的堆积，多为第三期至第四期前段。个别保存较好的地段，如西小环壕的T021，发现少量第四期后段和第五期遗存，内侧上层遗存甚至可以晚到第六期。从遗址内个别单位发现的陶大口尊残片看，两城镇遗址也可能存在大汶口文化末期的遗存，可能分布范围和面积较小，目前所进行的发掘尚未探测到。

表15-1 各发掘区龙山文化遗存的年代对应关系表

龙山文化分期	一区	二区	三区	T021	T022	T024	备注
第一期			✓	✓	✓	✓	
第二期	✓		✓	✓	✓	✓	
第三期	✓	✓	✓	✓	✓	✓	
第四期	✓	✓	✓	✓	✓	✓	
第五期	✓	✓	✓	✓			
第六期			✓				

二 龙山文化遗存的基本特征

两城镇遗址的龙山文化堆积比较厚，三个发掘区的文化层厚度都在1～2米，有的地段甚至超过2米，如第一发掘区南部、第三发掘区东部、北部的T024等。各发掘区发现的遗迹和遗物均十分丰富，对我们认识两城镇遗址乃至鲁东南地区龙山文化的内涵、特征、分期和年代等基本问题，进而开展不同学科的合作研究，最终上升到龙山文化的经济与社会研究，意义不言自明。

1．城墙和环壕

两城镇遗址存在的内、中、外三圈环壕，是遗址存续期间最大的单体工程。内圈小环壕的范围较为清楚，据勘探资料并结合北、西、南三侧的解剖探沟看，其大体呈东西长、南北窄的长方形，东侧借用了两城河的自然河道。据调查，遗址东北部的两城河原来不是拐向东去，而是经村东向南流。现在村东还有一系列南北向的水塘和低地，实际上是早年两城河的故道。按第五章第三节小结所记述，小环壕呈“U”字型，东西长446～600、南北最宽450米。从两处探沟的解剖情况看，小环壕的宽度和深度基本相同。北侧小环壕口部宽20.4、底部宽9.5、深3.25米；西侧小环壕口部宽21.8、已发掘深度2.44米（因为沟底出水并塌方而未能发掘到底）。按此计算，修建这样一座较大的环壕，要挖掉并运出的实土方量大约为7.5万多立方米。如果两个人一组，一天挖掘并运出1立方米土，大约需要投入15万个工日/人。安排500人同时工作，整个工程约需要300天的时间才能够完成。而小环壕外侧规模更大的中环壕和城墙、大环壕，所耗费的人力、物力应更为巨大。所以，如果没有一个强有力的权力机构来规划操作、调配人力和监督实施，这种大规模工程是很难实现的。从整体布局分析，这样宽度和深度的环壕，作为一个防御设施，可以满足一般性的防御需要。而时代略晚、规模更为宏大的中环壕和城墙以及大环壕，修筑所耗费的人力、物力、财力要数倍于小环壕。

2．房屋建筑

两城镇遗址的多数龙山文化房屋建筑保存相对较好。从整体上看，绝大多数房屋为地面式建筑，有圆形和方形两种基本形状，坐北朝南。室内的西北部或东北部设有圆形或椭圆形灶，多数与地面平齐，个别高出地面。保存较好的房址，墙体内外表均涂抹一层细泥做墙皮。室内地面经过多次铺垫，每一层垫土的表面均为平整结实的活动面。与房屋门道相连的室外也有相应的活动场地，即后世所谓的庭院，并且也经过层层铺垫，每层表面都有加工或长期践踏出来的坚硬而平整的活动面。如第一发掘区的F39、F54和F59的南侧，均发现经过多次铺垫的户外活动面。房屋种类较多，结构也比较复杂，主要有以下几种基本形制。

（1）地面式土坯墙结构房屋

此类房址在日照沿海地区的龙山文化遗址中发现较多，平面形状既有圆形，也有方形和长方形。目前所见均为在经过整理的平地上（如地面倾斜则较高的地段有浅的类似基槽的浅槽）直接垒砌。个体较大的土坯多用粗糙的棕红色生黏土做成。采用平铺错缝垒砌法砌墙，使用极细的黑灰色或黄色泥料，涂抹在两层土坯之间和同层土坯相接的缝隙，使之连结为一体。圆形房址正中均有中心柱，保存好的门道底部两侧有础石，推测应有门。此类房址早期较多，晚期反而少见。

（2）地面式夯土墙结构房屋

平面多为方形或长方形，存在无基槽和有基槽两种类型。无基槽者类似于土坯墙，在平整好的地面上直接夯筑墙体。有基槽者也是先平整地面，有时候还先在地面上铺垫一层或数层经过夯打的土，然后再挖基槽，填土打实后在地面以上起墙。这种位于房址之下的普遍性垫土，也被称之为“台基”，只是所垫的土层很浅，与后来的高台式建筑不可同日而语。但说其开此类建筑的先河也未尝不可。

（3）地面式木骨泥墙结构房屋

平面多为方形或长方形，也分无基槽和有基槽两种类型。这一类房址的形制、建筑方法与前一种十分相似，只是在墙体内埋设一排细小的柱洞，而房址四个拐角处的柱洞则较大，应该是承担着支撑屋顶的作用。

此外，还发现少量半地穴式、墙体基础部分铺垫一层石块、只有一周较大柱洞、大型围墙式建筑遗存等。特别是第一发掘区的F20和F21，规模宏大，发现时柱洞里残存的朽木柱或炭化木柱尚清晰可见，可惜不清楚其整体面貌。

3．埋葬制度和习俗

两城镇遗址本轮发掘共发现60余座龙山文化墓葬，加上1936年的发掘，墓葬数量则超过了100座。这些墓葬并不是集中埋葬在一个或数个墓地之中，而是在聚落中随处可见，随意性较强。这种埋葬方式也是龙山文化时期普遍流行的做法，与大汶口文化时期那种布局严整、排列有序的公共墓地明显不同。

所有墓葬均为长方形或近似长方形的土坑竖穴墓，绝大多数墓葬墓主的头向朝东，这也是海岱地区史前文化传统的墓葬方向。除了个别为母婴合葬之外，余者均为单人一次葬。因为当地碱性土壤的腐蚀，人体骨骼保存极差，能够辨别葬式的墓葬，均为仰身直肢葬，个别墓主手和上臂交叉置于腹部之上。多数墓葬没有葬具，少数有一棺，一椁一棺的墓葬只发现1座，即M33，墓中不仅随葬了较多陶器，还出土了一件由200多片绿松石薄片和数十个石英石珠粘贴而成的特殊物品。由此来看，该墓墓主显然不是一般的社会成员，但也达不到当时社会顶层的级别。多数墓葬的墓室较小并且没有随葬品，说明死者的身份和地位较低。有随葬品的墓葬多有葬具，数量不一，少的只有一、二件，多者可有一、二十件，绝大多数为陶器。

4．发掘出土最多的遗物——陶器

城子崖作为第一次发掘的龙山文化遗址，出土的陶器并不多，能够复原的陶器尤其少。学术界对龙山文化陶器基本特征的概括和归纳，主要是依据1936年中研院史语所发掘的两城镇遗址。所以，在某种程度上可以说是两城镇的发现向世人展示了“黑、光、亮、薄、轻”的龙山文化陶器特征。

一般说来，海岱地区龙山文化遗址出土陶器和陶片的数量都比较多，如发掘面积分别在2000多平方米的尹家城和丁公遗址，出土可复原的陶器，前者为1300件左右，后者超过2000件。但与两城镇遗址出土的陶器相比，似乎不在一个数量级。解剖外圈大环壕西北部的T005，环壕（G6）宽15.65米，发掘宽度2米，最深处保存有1.70米。在这样一条规模不大的沟内堆积中，出土了完整或可复原的陶器近500件，数量惊人。第一发掘区的H31，是一个椭圆形、斜壁、圜底大坑，坑口长径3.48、短径1.78、最深处1.16米。出土陶片约2.7万片，完整或可复原的陶器多达150余件。

两城镇遗址出土的龙山文化陶器主要有泥质陶和夹砂陶（包括夹其他材料的陶器）两大类别，两者的数量大体相当。如出土陶片最多的H31，在2.7万片陶片中，泥质陶约占50.78%，夹砂陶约占49.22%，夹砂陶中有极少量的夹云母、滑石、蚌贝壳和植物陶等。但从陶片的重量统计看，夹砂陶几乎是泥质陶的一倍，这与泥质陶的陶胎更薄且易碎和夹砂陶的陶胎较厚保存相对较大密切相关，所以在估计陶器的存量时要把这些因素考虑进去。

无论是泥质陶还是夹砂陶，均以黑陶为主，占全部陶器的比例在70%～80%，其中既有里外透黑的标准黑陶，也有表皮黑而陶胎中部呈灰或褐色的“夹心”黑陶。其次是灰陶，占比超过10%。其实不少陶器的颜色在黑、灰之间，确定其为黑陶还是灰陶是相对的，没有一个绝对的标准。再次是红、褐或红褐陶，占比接近10%，夹滑石陶均见于此类陶器。数量最少的是白陶，主要用于制作陶鬶，也有少量其他器形，数量在5%以内，又分为两种：一种是用高岭土制作的白陶；另一种是在红褐陶的外表涂抹一层白陶衣，俗称“白衣陶”。由于绝大多数白衣陶的白衣已经脱落，碎成小片之后就不易区分，所以红褐陶中当有一定数量白衣脱落了的白衣陶。

绝大多数龙山文化陶器为轮制，即采用了快轮拉坯成型的先进工艺和技术，范黛华甚至认为当时已经发明出用于固定和支撑的车床。快轮成型技术普遍运用于造型简单的大型陶器，如大型瓮、盆、缸、罐等，往往分部轮制再进行黏接；鬶、甗、鬲等器物的袋足也是先分别轮制，再拼合成一体；不仅是大型陶器，小型陶器以及陶器的附件也是轮制而成，如龙山文化时期最为流行的器耳，就是采用轮制方法批量制作。正是因为普遍采用了水平如此之高的快轮制陶技术，才会在两城镇遗址遗留下天量的陶器。陶器的火候也比较高，据范黛华的研究，两城镇陶器的烧成温度在700～1050℃。而陶器的渗碳工艺和抗渗透技术更是达到了炉火纯青的境界。所以，认为以两城镇遗址为代表的龙山文化陶器制作工艺和技术达到了世界制陶史的巅峰状态决非虚言。

与其他遗址的龙山文化陶器一样，两城镇遗址陶器的器表装饰以素面磨光为主，其数量约占全部陶器的80%以上。由于当地的碱性土壤，多数陶器在埋藏过程中表面的光泽层已被全部或部分腐蚀掉，夹砂陶的表面甚至裸露着大大小小的砂粒，已远非龙山文化时期陶器的真面目。陶器表面最常见的纹饰为凹、凸弦纹，占比在10%～20%之间。其实这种纹饰最初未必都是出于装饰的目的，相当一部分很可能是在快轮修整的旋转过程中有意无意留下来的。其他纹饰或装饰的数量都甚少，所占比例都不足1%，种类有附加堆纹、泥饼、盲鼻、凸棱、齿状或索状花边纹、刻划或压划纹、戳印纹、篮纹、镂孔、竹节纹、方格纹、绳纹等。

龙山文化陶器的器形种类繁多，大的器类有20余种。而许多器类中，因形制的差异可以分为若干小类：如罐类器形有大口罐、中口罐、小口罐、有领罐、直口罐等；盆类器形有大平底盆、鼓腹小平底盆、浅腹盆、圈足盆、三足盆、环足盆等；杯子的式样就更多了，如筒形单耳杯、筒形双耳杯、鼓腹单耳杯、壶形杯、觯形杯、高柄杯、三足杯等；而龙山文化的器盖更是五花八门，不同形制的器盖是针对着不同陶容器专门设计的，所谓一器一盖并不虚谬。

三　龙山文化时期的聚落结构及其变迁

由前述分析可知，从大汶口文化末期开始，两城镇遗址内就可能有人居住。至龙山文化初期，聚落内的人口数量明显增多，居址主要选择在地势略高又相对平坦的村镇北半部，即目前所知的小环壕的位置。这一时期发现的龙山文化遗存不仅有房址和灰坑、灰沟，也有一定数量的墓葬。如遗址北部的T024，在宽2、长15米的狭长空间内，同一层位就发现了6座墓葬，很可能是一处龙山文化初期阶段的墓地。同时期位于两城镇西北仅4千米的丹土遗址，已经修筑起最初的城墙和环壕，城址面积9.5万平方米，出土遗物中包括数量可观的大型玉礼器。所以，潮白河流域最早的中心聚落应该在丹土遗址。

龙山文化第二期前段，出于防御的需要，两城镇的龙山文化居民在遗址周边修筑了环壕，面积约21万平方米。环壕坐落在两城河西侧东西向微微隆起的高地上，东依自然河道，中间高，南北两侧渐低。这一地段确实是附近最益于人类居住的立地环境，环壕的延用时间持续到龙山文化第二期和第三期之交。为了加强环壕的防御功能，使用期间曾在部分环壕的偏内侧位置埋置三排木桩。同类做法也见于江苏连云港藤花落龙山文化城址外侧的壕沟。与此同时，丹土遗址在大汶口文化末期和龙山文化初期城址的基础上，在其外侧修建了规模更大一些的龙山文化早期城址，面积约11万平方米。但就城址的规模和遗址面积而言，此时的两城镇已经超过了丹土。

龙山文化第二期之末或第三期之初，丹土的龙山文化城址进一步向外围扩大，面积达到23万平方米。大体同时，两城镇的居民也在遗址上大兴土木，把早期的小环壕向外扩大，修建起内有城墙外有环壕的城址，面积达到30多万平方米，规模差不多超过小环壕一倍，如果加上西城墙外侧的部分就更大，远远超过了丹土的龙山文化城址。至此，丹土遗址作为区域中心的地位被两城镇所取代，或者说，丹土作为中心聚落的功能移到了两城镇。两城镇城址的城墙位于早期小环壕的外侧，一部分叠压在环壕之上。为了使城墙更加坚固，在城墙偏外侧底部铺垫了一层自然石块，有的部位还在夯土中掺加石块。这种筑城方法，近处见于日照尧王城龙山文化城址，远处则有南方的杭州余杭莫角山周边的良渚文化大城。从城墙外侧的城壕中出土的陶器推断，这一时期的城墙和城壕，从龙山文化第三期一直延用到第四期前段，甚至更晚。

城墙和城壕建起来之时，在城西的平地直到丘陵顶部，就开始有人居住。两城镇龙山聚落的人口似乎在短时间内有了一个爆发性的增长，这种现象靠聚落内居民自身的繁衍难以这么快奏效，我们推测不少人口可能是从外地迁徙过来的。为了维护城外居民的安全，不久，又在城西侧的南北向丘陵西坡环绕着城墙的北、西两侧修筑了新的范围更大的环壕。由于遗址的南侧地势渐低，可能不太适合于人类居住，所以大环壕的西侧壕沟南行到平缓地带后折向东南方向，之后与南城墙的外侧城壕重合，形成了我们今天所看到的现象。

生活在城内的居民，至少一部分可能是两城镇中心聚落的社会上层，其中应该也包括一直在此地繁衍生息的人们。因为有城墙和环壕护卫，这一部分人的身份和地位比较高。而居住在城外和大环壕之内的社群，从他们遗留下来的各种遗迹看，似乎都是普通的社会成员。特别是第一发掘区，在400平方米的范围之内，发现大量生产石器的证据。而在其他的发掘区，如第二、三发掘区，虽然也普遍采用了筛选和取样水洗浮选的方法，但并没有发现像第一发掘区那种较大规模持续制作石器的证据。所以，第一发掘区的居民有可能是专事生产石器的社群。于是，在一定意义上可以认为，居住在城外的人们主要从事各种生产活动，为城内的社会上层群体提供各种必需品。同时，也可以通过行政手段分配到或市场系统交易到周边地区。这一时期的两城镇遗址，其控制的周边区域可能比潮白河流域的范围更大，向北延伸到吉利河和白马河流域，向南则到达傅疃河北部。

龙山文化第四期后段开始，整个海岱地区东部的龙山文化进入一个发展的低潮时期，遗址突然间大量减少。据日照沿海地区的系统考古调查资料，这一时期龙山文化的遗址数量减少了90%以上。即使像两城镇这样还保留着一部分余脉的遗址，遗迹和遗物的数量也急剧减少，与此前兴旺发达的繁荣阶段不可同日而语。在这样的形势之下，城墙和环壕的废弃就成为顺理成章的事情了。

第三节　多学科合作研究的主要收获

中美联合考古队在两城镇遗址的考古发掘工作，因为事先经过周密的规划，所以在田野工作开始之前和发掘期间，就有针对性地邀请了世界各地若干不同领域的科技考古专家，以不同的形式参与了两城镇发掘资料的合作研究。如地质考古和遥感考古的专家，在发掘之前就深入到遗址现场，考察地貌并开展各种方法的探测，分析地貌特点和形成原因，探测地下不同时期遗迹和遗物的分布情况等。植物考古学家、陶器研究专家、研究古酒的化学考古学家、石器研究专家等，则在发掘过程中一次甚至多次到发掘工地考察，与发掘者商讨和确定各种检测标本的取样方法、采集数量及前期预处理等，为最终完成高质量的研究报告奠定了坚实的基础。所以，两城镇遗址多学科合作研究的内容十分丰富，涉及到地质考古、遥感考古、体质人类学研究、动物考古、植物考古与古代环境、酒类饮料研究、化学残留物分析研究、石器研究、陶器研究等。研究时间长达十余年之久，取得了超出预想的丰硕成果。

一　地质考古

地貌和资源是影响人类生存质量的基本要素。为了从上述基本要素变迁的角度了解两城镇遗址及周边地区龙山文化时期的地貌和堆积情况，中美联合考古队聘请美国拉米诺土壤研究所的地质考古专家迈克，对两城镇遗址开展了地质考古调查、勘探和研究。

地质考古的研究结果表明，两城镇遗址及周边地区的沉积物和土壤，自早至晚大体存在着六种类型，即花岗岩（表层风化为碎砾）、黏化古土壤、风积黄土、较古老的河流阶地（T2）、形成较晚的河流阶地（T1）、河漫滩（T0）。龙山文化居民活动形成的文化堆积叠压在风积黄土或T2之上，嵌于T1阶地之中。掌握了这一地区地貌和土壤的基本特征之后，就比较容易判断遗址的分布及其边界。

在上述研究工作的基础上，迈克建立了两城地区的景观演进模型。认为龙山文化形成之前，两城镇地区经历了地貌稳定期和景观不稳定期的不同阶段。他用“湿润气候形成土壤和干燥气候侵蚀土壤”的理论来解释两城镇地区的景观变化。由于干燥气候带来水位下降并造成河流下切，而湿润气候带来的冲积和加积形成了T2景观。之后气候转为干燥，河流再次下切，形成T1阶地。这一时期龙山文化的居民来到两城镇遗址，留下了丰富的文化堆积。最后，迈克建议把两城镇开展的地质考古调查和研究工作推广到其他地区，以建立一套冲积物形成序列和年代框架，为今后开展考古研究工作提供地貌和环境依据。

两城镇遗址龙山文化时期的植物遗存中，存在着一些适合于温暖湿润环境下生存的物种，如莎草、芦苇和刚竹等。而刚竹现代的分布北界在长江一线，据此是否可以认为龙山文化时期两城镇一带的气候与目前的长江下游地区相似。同时，两城镇遗址龙山文化时期的栽培作物中，水稻占据主导地位也应与当时的温湿多水环境密切相关。

二　遥感考古

把遥感技术运用到考古学中，无损探测地下文化遗存的分布情况，为田野考古发掘和研究工作提供可靠的线索和资料，近年来越来越受到科技界和考古学界的重视。中华文明探源工程从第二期开始，就采用航空遥感技术来探测三大都邑聚落遗址和二十几处重要的中心聚落遗址，为中华文明探源工程提供技术支撑。

用遥感技术探测地下的遗迹和遗物在中国开展较早，20世纪80年代就已经做过尝试，华东师大和国家地震局还成立过专业的研究机构，但因种种原因一直未能得到推广。制订两城镇遗址合作考古研究规划时，为了实地检测遥感技术在史前时期遗址中运用的实效，中美联合考古队先后聘请了两批美国科学家在两城镇遗址采用遥感技术进行勘测，包括磁力、雷达和电阻率三种方法。

1998年冬的第一次勘测主要采用了磁力方法，聘请美国伊利诺伊州立大学的布赖恩主持。他经过实地调查之后，在遗址内选择了上、下两个区域进行勘测：下区在遗址的东北部，地势较为平坦，地表为闲地或冬小麦；上区在丘陵中脊的偏南部，原来老苹果园的北部，地势东西略有起伏，但不明显。磁力方法探测之后并辅之以铲探。最后在上区东南部发现了一条东西走向的绝对磁度线形异常，延伸长度约30米。在分析了线形异常的原因之后，布赖恩建议在此设置发掘区。1999年冬发掘时，为了验证磁力方法的勘测结果，考古队在这里布方发掘，即第二发掘区。在磁度线形异常区域内发现一条东西向龙山文化灰沟，即T0750G1。同时，在沟内还发现了一座东西向并且与G1完全重合的周代墓葬（M15）。

第二次采用遥感技术勘测是在发掘工作结束之后的2004年，主要目的是为了验证勘探和发掘中发现的龙山文化城墙和壕沟。勘测区域主要选在两城镇七村村后东西路的南侧，即T023到T051一带，内侧小环壕和中部的龙山文化城墙、城壕在这一地段呈东西向分布。这次勘测由美国菲尔德博物馆的威廉姆斯等负责实施，采用了探地雷达、电阻率和磁力方法等三种遥感技术。

探地雷达选择了两个区域实施。一区在两城镇七村后东西路以南，探测结果表明探区北部有几米宽的城墙。但威廉姆斯也坦然承认，如果没有传统勘探数据，雷达证据本身无法令人信服地下埋有城墙。二区在遗址西北部的丘陵上部，面积更大一些，认为可能探测到了一座房址，其真实性还需要发掘之后才能确认。

电阻率方法理论上并不复杂，实施起来可以说简单易行。此次勘测选择了四个小的区域，均在两城镇七村村后路南的位置。因为勘测区域覆盖了已经大体勘探出的中环壕内侧的城墙，所以主要目的就是验证城墙的位置和走向。从勘测结果看，在四个勘测区域内均发现了东西走向的城墙，最西一个区域还找出了城墙向南拐的拐角。另外，最东一个勘测区在城墙两侧还发现高、低电阻率异常区，解读为城墙两侧可能存在着大型人工遗迹，提醒以后发掘时加以注意。

三　人类遗骸研究

本轮发掘在两城镇遗址共发现了69座墓葬，其中龙山文化墓葬62座。除了2座为一名成年人和一名婴幼儿的合葬墓之外，余者均为单人葬，墓葬头向绝大多数朝东，葬式均为仰身直肢，个别双手交叠于腹部之上。因为人骨保存状况普遍极差，可供观察和研究的标本数量甚少，多数甚至连最基本的性别和年龄都无法鉴定。在这种客观条件下，中美联合考古队在发掘中仍然极其耐心地用锡纸包裹骨骼，最大限度地收集了每一座墓葬的人类骨骼，其中许多只是一些骨骼的痕迹。人类学家珍弗妮尽最大努力对两城镇遗址出土的人骨标本进行了鉴定和病理学研究。

在实验室最终可以观察的人骨为48具（其中包括1具周代人骨），绝大多数可以粗略地确定年龄组，其中只有不足三分之一的个体可以鉴定性别，男性为6人，女性为7人，两性的数量和生存年龄大体保持平衡。

人类遗骸的病理学研究是一个重点开展的领域，由于骨骼保存不好，少量牙齿保存相对较好，所以，可以观察到的疾病主要表现在牙齿上。牙齿疾病主要有三种：一是牙釉发育不全，其以牙釉横纹形式表现出来，肉眼可见，观察到的共8例。形成这种现象的原因主要是牙釉形成期经历了很大压力，也可能是疾病造成的；二是龋齿，只有一例（另一例M15为周代），且不严重；三是牙周病，只在一个个体上观察到。其他骨骼上的疾病，只发现一例可能是由于贫血引起的多孔性骨肥大。此外，还发现有骨骼创伤的现象。

在全部60多座龙山文化墓葬的人类骨骼中，保存基本完好的只有一具，即位于T021探沟东部的M51。由于该墓葬深埋于较低位置的中性沙土层中，故保存甚好。经鉴定M51是一名成年女性（35岁左右）和一名婴儿的合葬墓，按常规应为母子合葬。此墓有两个显著特点：一是在成年人左手处发现一个7～9个月的婴儿，研究者认为其有可能尚未出生，如果是这样，成年女性的死亡可能与难产有关；二是部分骨骼有创伤，如右侧腓骨有骨折，右侧距骨和跟骨也被损坏，腰椎有骨性关节炎等，这些表现可能与死者生前从事较重的体力劳动有关。M51成年女性各个部分的骨骼保存基本完好，当颅骨从密封的盒子中取出时，所有牙齿均在，但拿出来之后很短的时间，牙齿的齿冠开始自动的断裂和粉碎。这种现象值得研究，为以后完整保存所获取的人类骨骼提出了新的要求。

因为M51成年人的骨骼保存很好，中美联合考古队在开展体质人类学研究的同时，采用三维雕塑颅面重建技术对其进行了复原研究。最后，重建了龙山文化时期两城镇聚落成年女性的形象，并由中国科学院古脊椎动物与古人类研究所的技术人员协助做出了模型。

四　动物考古

鲁东南和江苏省东北部沿海地区，较大范围内均分布着碱性土壤，这种土壤对有机质的腐蚀十分严重。所以，这一区域内的早期遗址，人体和动物的骨骼绝大多数受到严重腐蚀，极少能够完整保存下来。同样是龙山文化时期的遗存，在鲁北地区的丁公遗址，不仅人体骨骼保存较好，动物骨骼以及用骨角牙齿和蚌壳等材料做成的工具，数量巨大，其中动物骨骼数以万计，蚌贝壳的数量更多。而在两城镇遗址，历经三年多发掘，出土了4000多件石器的成品和半成品等，但几乎没有发现骨角牙蚌类工具和装饰品，动物骨骼的数量也极少，可鉴定标本只有区区600余件。这些客观因素对动物遗存的研究极为不利。

尽管存在上述恶劣的保存条件，但由于进行了细致地发掘和采样工作，发掘者采用筛选和水洗浮选等方法，从土样中拣选出一部分碎小的骨骼和牙齿，并经过芝加哥菲尔德博物馆的动物学家白黛娜认真仔细地鉴定、分析和研究，使我们对两城镇遗址龙山文化时期的动物利用状况有了一个大体的了解和认识。

两城镇遗址龙山文化时期鉴定出来的动物种类不多，主要有哺乳动物和少量鸟类。其中绝大多数是家猪（没有发现野猪），在可鉴定标本中所占的比例超过90%（最小个体数的比例为44%）。其他有黄牛、山羊/绵羊、狗、鹿、小型偶蹄类动物（如麂属、獐）和鸟类，这些动物的数量极少，所占比例合计不到10%。其中山羊和绵羊的发现值得重点关注，如果这一鉴定结果可信，探讨和解释小麦较早传播到东方沿海地区的路径时，又增加了一项相伴的因素和内容。像其他地区的同时期遗址一样，两城镇遗址龙山文化居民的肉食来源主要依靠人工饲养的家猪，狩猎获取的动物如鹿等则较少，可以说是一种补充。两城镇遗址东距黄海很近，捕捞和采集海洋水生动物供人们食用应该是十分自然的选择，但由于保存环境的原因，遗址的文化堆积内几乎没有发现与海洋生物相关的遗存，如鱼骨（只筛选出几块小的无法鉴定种属的鱼骨）、贝壳等残骸，这不能不说是一个很大的遗憾。

五　植物考古

由于发掘过程中对两城镇遗址所有的文化层和编号遗迹的不同层位，均按一定量（5升、10升或20升）随机采集了大量土样，总量达到7000升之多。采用克劳福德在多伦多大学制作的4个不同尺寸地质网筛合成的浮选仪进行水选，获得了极其丰富的炭化植物类遗存，仅炭化植物种子就发现13000多颗。同时，中美联合考古队聘请了国内外最优秀的团队，成员包括加拿大的克劳福德、中国的赵志军和靳桂云、韩国的李炅娥等，对两城镇遗址的植物类遗存进行了全面而系统的整理、鉴定、分析和研究。

采样单位包括了各种不同类型的文化堆积，研究时被细分为23个小类，以便进行分析时统计并考察其功能和性质。草本炭化植物标本可以划分为三大类，即栽培作物、一年生杂草和前两种之外的其他标本，其中包括一些不能进行鉴定或目前尚不能鉴定的标本。

栽培作物的数量和所占比例与农业生产活动在人类生活中的重要程度密切相关。两城镇遗址确定的栽培作物有稻、粟、黍和小麦四种，此外，还有三个可能为栽培作物的品种，即大豆、赤豆和紫苏。以上七种作物中，稻和粟的绝对数量最多，其他作物的数量都比较少（参见本册图10-7）。小米之中90%以上是粟，黍的数量很少。稻的数量也很多，似出乎很多人的意料。以往学界多认为北方地区属于旱作农业区，农作物以粟、黍为主，两城镇遗址的发现在某种程度上改变了人们的传统认识。当然，这一时期北方偏南地区稻作的来源、生产方式等还需要进一步研究，但其在较大范围甚至更早阶段已经存在则毋庸置疑。鉴定出来的小麦数量不多，但意义不容低估。随着中国史前考古发掘中较为普遍地运用了水洗浮选技术，发现了大量植物类遗存，其中既有与传统认识相符的栽培作物，如北方地区的粟、黍和南方地区的水稻，也有与传统观念不合的发现，如北方地区发现一定数量的水稻，小麦也是其中之一。小麦最早起源于西亚，什么时间传播到东亚地区一直没有定论，以前通常认为可能比较晚，如商周时期。两城镇遗址第一次在东方沿海地区发现龙山文化时期的小麦，年代在距今4000年以前。并且，随后在中国东部若干处遗址如日照六甲庄、胶州赵家庄、茌平教场铺、蚌埠禹会村等陆续有新的发现，表明龙山文化时期小麦在海岱地区确已普遍出现，并引出了学术界关于小麦传播路线的新假设和新讨论。两城镇遗址可能为栽培作物的还有大豆、赤豆和紫苏，对此，尽管植物考古学家采取了较为稳妥或保守的立场，但从驯化的角度分析，大豆和赤豆的大小比野生品种要大，而小于现代品种，显然是经过了人类的干预和选择，应该归于栽培作物的队伍之中。

对于两城镇遗址大量存在的野生植物遗存，如杂草等，其中有的品种也可能采集回来食用，如禾本科中的部分种属、豆茶决明等。多数可能是非人类食用类，它们可用于动物饲料等。水选所获非植物种子的炭化物基本是草茎，样品中的木炭标本甚少，这或许表明当时木材有更重要的其他用途，而杂草类植物成为主要的燃料。

植物种子和果实的专项研究使用了多元统计分析方法，从时间、空间等不同角度进行的大量统计分析，能够更好地了解植物遗存的分布与各类建筑及空间的关系，并可以探讨和复原与加工、废弃食物资源等相关的活动。结果表明，第一发掘区内外的植物遗存似乎都是被随意丢弃，而没有发现主观埋藏的现象。

木材是人类生活的必需品，在早期农业社会，人类生活的各个方面都离不开木材，如房屋建筑的梁架和门窗、家具和各种工具、棺椁以及炊事所需要的燃料等。两城镇遗址中发现的可供鉴定分析的木炭标本较少，能够鉴定的标本只有95个样品，共鉴定出9个品种，即麻栎、松、圆柏、槭木、桤、柳、杜梨、构树和刚竹。其中绝大多数为麻栎，约占一半，其次为松，约占三分之一。从整体上看，这样少的标本不足以反映当时人类对木材利用的实际情况。另外，在内圈小环壕内（G21和G47）各发现一组浸水木材，G21的标本在出土现场树皮还保存较好。经鉴定，采集的21件样品中有20件为麻栎，1件为辽东桤木。这一发现和两城镇遗址遗迹中发现的木炭大体是一致的。研究报告认为，龙山文化时期两城镇附近的丘陵上还存在着大片麻栎林地。

除了用于水洗的土壤样品，两城镇遗址发掘中还采集了大量用来检测和分析微体植物化石的土壤样品，从中挑选出61份样品进行了植硅体的检测、鉴定和分析研究。这是迄今为止国内对一个遗址的植硅体样品最为系统的分析和研究。

为了便于考古工作者了解植硅体检测分析工作的原理和工作流程，研究报告用一定篇幅对其进行了归纳和介绍，并特别说明了近年来在粟、黍类作物植硅体检测、鉴定技术上的突破。这样，植硅体检测技术可以运用的范围大为拓展，包括了主要的栽培作物如水稻、粟、黍、麦类，此外还有常见的非栽培作物如竹子、芦苇等。

在栽培作物的植硅体中，水稻分为三种，即稻叶扇形、稻叶亚铃型和稻稃壳乳突型植硅体，其中稻叶扇形植硅体的数量最多，在两城镇遗址的样品检测中数量远远超过其他两类。麦类目前在检测技术上比较成熟的还只是粟和黍的稃壳植硅体。

居住区内检测的50个样品中，稻的稃壳植硅体数量最多，明显高于粟和黍，而粟、黍稃壳植硅体的出土概率则高于稻。环壕内25个样品的植硅体检测结果是，稻和粟、黍的稃壳植硅体数量各占一半，粟明显多于黍。因为粟、黍和稻的种子表面积不同所造成的稃壳植硅体数量的差别，稻和粟、黍稃壳植硅体数量和出土概率的简单统计、比较并不能真实地反映两者的实际产量，即水稻的产量可能被低估。植硅体的检测、鉴定和分析结果表明，稻的植硅体数量和出土概率都最高，其次是粟和黍。

由于两城镇遗址检测样品中属于稻叶和茎秆的扇形植硅体数量最多，哑铃型次之，证明曾有大量带着茎秆的稻株被带入聚落之内。从常理分析，这一情形表明水稻的生产地就在两城镇遗址附近，而不会从外地把带着茎秆的稻运送到遗址里。植硅体检测结果发现的另外一个重要现象是，发现了较多有吸附炭的水稻植硅体。据此可以认为水稻的秸秆已经被两城镇龙山文化时期居民广泛作为燃料使用，这与前述大植物化石的分析结果是一致的。

此外，研究报告还依据植硅体检测结果，深入讨论了两城镇遗址稻作农业的环境背景和水稻的收获方式、加工地点及储存消费等一系列问题。

在如何认识两城镇遗址龙山文化时期的农业经济成分和类型以及予以定性方面，目前存在着不同的观点。赵志军从出土概率和绝对数量方面考虑，认为两城镇遗址龙山文化时期的农业经济是一种稻、粟混作经济类型[1]。如果整合水选出来的栽培植物数量和植硅体检测分析结果，从数量和可食用作物的总量方面考虑，水稻的作用已经远远超过了其他类栽培作物。所以，我们认为两城镇遗址龙山文化时期居民的生业经济，应该是以稻作为主、粟黍小麦等为辅的新经济形态[2]。如本报告第一〇章图10-7所示，在炭化米的数量上，粟和黍与水稻相当甚至更多一些，但如果折合成重量，则水稻占比超过90%，而粟和黍合起来不足10%。所以，可以认为两城镇龙山文化时期居民的主要食物为水稻。人骨和陶器残留物的稳定同位素检测分析结果，也认为两城镇龙山文化居民的食物构成中，小米不再是主食，人们更多地食用以稻米为主的其他农作物。

六 化学残留物分析

随着考古学的发展，化学分析方法在考古学中的应用越来越广泛。两城镇遗址发掘项目的后期研究中，主要采用了三项化学分析方法开展考古学研究，即龙山古酒的研究、沉积物化学分析方法的尝试、人骨和陶器残留物的稳定同位素检测分析。

1．混合型古酒研究

中国与世界许多地区一样，从很早时期就开始对酒精饮料有巨大的需求，酒在古代先民的生活中发挥着重要作用。从文献记载和各种形制的青铜酒器的出现可知，酒在二里头和商代时期的社会、政治和仪式活动中具有不可替代的作用。而麦戈文主持的两城镇遗址陶器残留物的化学分析，则提供了中国新石器时代晚期居民酿酒和饮酒的证据。

研究工作从两城镇遗址出土的大量龙山文化陶器中选取了27件标本，器形包括鼎、鬶、罍、壶、罐、盆和多种形制的陶杯等。在分子生物学实验室采用四种独立的化学技术对提取的沉淀物进行了检测，如果四种方法测得的结果一致，就可以确定某种古代有机化合物的存在。检测结果表明，27件标本中有23件测出相似的化学分析结果，器形以杯为主，也有鬶、鼎、壶、罐、罍、盆等。另外4件检测结果不明确，器形有鼎、罐、盆三种。

最终的分析结果显示，两城镇遗址龙山文化时期人们饮用的酒，是一种包含稻米、蜂蜜和水果并可能添加了大麦和植物树脂等成分的混合型发酵饮料，其中主要成分是稻米。而测试样品中酒石酸或酒石酸盐成分的发现，说明两城镇遗址龙山文化时期的酿酒者可能使用葡萄来获取酵母和糖，而这种酵母可能来自野葡萄甚至有可能是山楂。同时，两城镇遗址发现的一件大型漏器，或认为是用来大规模酿酒的证据。

作为两地地区龙山文化时期具有都邑性质的两城镇遗址，社会分化已十分明显，各种仪式活动是必不可少的，如宴飨活动、葬礼和祭祀祖先的活动等，酒是活动中最重要的饮品。第一发掘区发现的30多座龙山文化墓葬，其中8座规格较高的墓葬中，经过检测发现，3座墓葬中出土的陶器都有盛过酒的证据。大型灰坑H31出土了200多件完整或近似完整的陶器，分层放置。对H31出土的7件陶器所做古酒检测，结果均呈阳性，研究者认为H31的堆积物应是多次大型宴飨活动遗留下来的。

[1] 赵志军：《海岱地区南部新石器时代晚期的稻旱混作农业经济》，《东方考古（第3集）》，科学出版社，2006年，第253～257页。

[2] 栾丰实：《海岱地区稻作农业的产生与发展》，《文史哲》2005年第6期。

总之，两城镇遗址是龙山文化时期举行各种仪式活动的中心，酿造和饮用混合型古酒应该是一种极为普遍的消费行为。而在周边的中小型聚落，这种活动可能就少得多。

2．人为活动化学残留物研究

采用沉积物化学分析方法区分古代房屋地面和外部空间的化学残留物，有助于了解和复原人类的行为过程甚至具体内容。人为沉积物是一个复杂的系统，其形成显然受到人类活动的强烈影响，这些活动包括食品处理、烹饪、废物处理和手工业生产等，在活动区域内会遗留下各种液体或固体残留物，其中一部分进入沉积物的表面。所以，其属性能够揭示参与其形成过程的各种因素的相互作用情况。

目前，对沉积物样品中残留物的提取和鉴定分析技术已臻成熟，国外也有许多成功的研究案例，本报告所举的土耳其科尼亚平原上的卡塔胡由克五号建筑就是其中之一。诚然，多元素分析能够区分出不同活动遗留下来的不同化学残留物，但解释时需要与民族考古或文化人类学的研究成果进行对比分析。

在两城镇遗址采用沉积物化学分析方法来尝试研究房址内外的残留物，在国内还是首次。主要研究工作分为两个部分：一是从发掘的龙山文化房址内外采集了124个土样，涉及到不同时期的4座房址；二是为了获得对比资料，征得当地农民同意后，在遗址近旁一栋陈旧的民房内外采集了24个土样。因为可供比较的标本比较少，最终分析时还借鉴了国外的沉积物化学数据库，其中包括了来自四大洲十个遗址的2000多个数据。

两城镇遗址参与分析的全部土样按多元素聚类分为五组，每一组所反映的内容有所不同。本次研究得到的一个重要认识是，从分析结果看，房子内部发生的人类行为不多，而房子外部空间的人类行为则十分密集，这是以后同类研究工作应该注意的一个重要现象。

七　石器研究

两城镇遗址出土的石器数量在全部遗物中仅次于陶器。由于田野发掘操作中采取不同方法细致地收集遗物，如肉眼可见的石器和石块全部收集，对全部文化堆积采用了筛选的方法，许多细小的遗物被发现，系统采集一定数量的土样进行水洗浮选，一些更为细小的遗物得以显现。由于这些方法的全面实施，四次发掘发现的石制品数量特别多，总量达到了4600件，而且包括的类别极其丰富。其中不仅有保存较好的成品和因为使用而残破的石器，也有石器半成品和备用石料，还有石器生产过程中各个环节产生的废料等。

两城镇遗址的石器研究由当时耶鲁大学的博士研究生科杰夫完成。研究工作有一个总体设想和计划，内容包括了从石器分类、原料来源、生产过程到消费和使用的各个环节，采用了各种石料鉴定方法、制作和使用的模拟实验、微痕观察等研究方法，投入了大量时间和精力，取得了前所未有的丰硕成果。

在鉴定石器原料岩性的基础上，按照功能和用途把全部石器分成10组，即木作加工工具（斧、锛、凿），种植和收割工具（铲、镰、刀），狩猎或战争的石器（钺、镞和矛），食物加工工具（手石/磨棒、杵、臼），皮革加工工具（拍子），切割、刮削和舂捣类工具（砾石石刀、可用石片、砾石砍砸器、打制石刀），加工和制作石器相关的石制品（毛坯、素材、磨石、锤、钻、锯、石核、石片和微形石片），制陶和石器生产相关的工具（打磨/抛光石器），装饰品，其他石器（有槽磨石、调色板、纺轮、不能确定器形或用途的石器）。

从工具的数量来看，农业工具的数量最多，有343件，在前三类工具中占比为45%，表明农业经济活动占据绝对优势，并达到了一个较高的水平。此外，还有以下几类工具应该提出来加以讨论。

1．关于钺和镞

钺和镞的数量虽然不及农业生产工具多，但超过木材加工工具的一倍，其重要性可想而知。钺产生于距今6000年以前，到龙山文化时期，已经有2000年多年的发展历程，形制规范并定型，其性质应属于武器，主要用于战争等活动，而玉质或漂亮的石钺在新石器时代晚期已经被赋予了权力象征物的内涵。两城镇发现的29件石钺（实际可能不只此数，C1型斧也应该是钺），多数采用绿色片岩制成，高度抛光后与软玉相似，非常漂亮。所以，科杰夫认为这种石料是作为玉器的替代品使用。石镞数量极其多，在单种器形中名列第一。从两城镇东侧就是沿海滩涂，西侧不远有丹土等一系列同时期遗址，龙山文化时期这一地区野生动物的生存空间十分有限。发掘所获动物遗骨的鉴定结果显示，90%以上是家猪，野生动物很少。所以，当时狩猎活动的规模比较小。因此，作为狩猎工具和战争武器两种用途的石镞，在龙山文化时期两城镇遗址的主要功能当是用于战争。两城镇和丹土遗址的多重壕沟和城墙则从另外一个角度证实了这一观点。此外，微痕分析结果显示，石钺也常常用于木材加工的劳作。

2．石拍

两城镇遗址发现了13件有一个平面的石拍，传统观点认为石拍是一种制陶工具，用于拍打成型之后的陶胎。两城镇遗址的13件石拍中，除了1件尚未使用之外，其余石拍面均有明亮程度不一的光泽。依据微痕分析得到的证据，科杰夫认为这些石拍与制陶无关，而是用来加工皮革类物品的。

3．与加工和制作石器相关的材料

这一类材料的数量多达1000余件，包括的种类也比较多，既有制作石器的工具，如石锤、石钻、石锯、磨石等，也有用来做石器的原材料，如毛坯、素材，还有制作石器过程中产生的废料，如石核、各种小石片、石渣等。毛坯的种类包括了斧、锛、镰、刀、镞等，说明这些石器至少最后阶段是在遗址内制作的。而素材的较多发现，则表明制作石器的各个环节都完成于遗址之内。再加上发现的大量磨石，可以断定两城镇遗址龙山文化时期的石器工业是相当发达和兴盛的。

制作石器的原料——石料的产地和来源问题是石器研究的重要内容之一。两城镇遗址出土的石制品数量众多，鉴定出来的岩石种类多达40余种，其中占全部石制品比例在1%以上的有9种。在山东省地质矿产局地质普查资料的基础上，科杰夫有针对性地对以两城镇为中心的半径40千米范围内区域进行了详细的地质调查。结果发现在两城镇石器中合计超过半数的绿泥/角闪片岩（石器数量1510件，约占33%）和砂岩（石器数量1028件，约占22%），遗址附近没有发现这两种石料，其产地均在距离两城镇遗址30千米以外的区域。而石器数量略少的流纹质熔结凝灰岩（石器数量926件，约占20%）和花斑/花岗岩（石器数量455件，约占10%），则为本地所产，多见于距离两城镇遗址10千米以内的河流河滩之中。此外，数量更少的高级玉石原料，如软玉、绿松石、黑曜岩等，均非本地所产，当来自更为遥远的区域。由此可以认为，两城镇遗址龙山文化时期围绕着玉石器和石器原料的近远程贸易活动较为频繁。同时，发现特定器类总是用特定石料来制作，如石刀多是砂岩，石镰为流纹岩，石钺和石镞则多用绿色变质片岩，等等。从而表明这一时期不仅石器的形态已经完全定型，而且工匠对不同岩石的特性也有了准确的认识。

研究和复原两城镇遗址龙山文化时期的石器制作技术、工艺和使用功能，模拟实验是一项十分必要的重要工作。科杰夫在详细了解世界各地开展的同类研究的基础上，尽可能地采用与龙山文化时期工匠所使用的同样原材料、技术和工艺，模拟石器的制作和使用。其复制和使用了近200件石质工具，内容包括了制作过程和使用过程的每一个环节，花费了近500个小时的时间。采用龙山文化时期技术复制的石器有斧、锛、铲、镰、刀、钺、镞、磨石、磨棒等，对制作过程中（包括打、琢、磨制）产生的各种废片进行了观察、分类和详细记录。同时，还模拟了各种方法的钻孔、磨光和抛光等，特别是有意识进行的抛光，其有无被认为是识别普通工具和奢侈品的关键工序。模拟使用则包括用石斧砍树和砍新鲜的羊骨，用石锛加工木材，用石铲挖土，用石刀收割谷子、水稻和切割羊皮，用石拍加工皮毛，用磨石脱谷壳，用海滩卵石打磨陶器等。并对每一项模拟实验的结果进行微痕观察和详细记录。通过这些大量而繁复的工作，不仅对龙山文化时期的石器制作和使用有了更为切合实际的了解和认识，并且更加明确了石器的生产和消费过程。

在观察石器的形态并进行分类和模拟实验的基础上，为了最终解决每一类石器的功能和用途，科杰夫整合高倍法和低倍法，开展了系统的微痕分析和研究工作，希望解决两城镇遗址石器的加工流程、每一类石器的功能以及是否存在未使用过的石器等问题。微痕分析是一种带有明显主观性的方法，个人的技术水平对于研究结果会有重要影响，研究开始之前提高研究者观察和分析的技术水平十分重要。所以，通过模拟微痕的分析，进而区分不同部位和制作、使用的不同阶段形成的微痕，如加工微痕和使用微痕等。研究中选择396件保存较好的石器进行了微痕观察和分析，器类包括石锛、石斧、石凿、石钺、石铲、石刀、石镰、石拍、抛光石器、石磨棒、磨石和磨盘、石臼、石钻、石锯、砍砸器以及部分可用石片等近20种。

微痕分析表明，所有工具似乎都不只是单一功能和用途，在主要用途之外也用于其他一种或数种生产活动。石斧、石锛的主要功能是砍伐树木和加工木材，但在石锛上也发现用于翻动泥土的证据，并且都有加工动物毛皮的微痕。石凿和小凿主要用于加工木材，也有相当数量用于挖土和加工石材。石钺的功能与传统认识有较大不同，多数刃部有加工木材的微痕。石铲的主要用途是挖土，但也会用于加工木材等生产活动。石刀和石镰的主要功能是收割草本植物的茎秆，但微痕显示也用于修整木材、刮黏土和加工皮毛甚至骨角等。石刀大多数不装柄，只有少数装木柄。和通常认为的石镰普遍装柄使用不同，微痕显示石镰基本不装柄，因为其后端都有用手直接抓握留下的光泽。在遗址内发现的大量圆钝卵石，微痕分析表明其用于各种材料的打磨和抛光，如石器、骨器、木材，其中有14件是用来打磨陶器的卵石。此外，还有一些别的石器也用于陶器制作，这些发现表明陶器是在遗址内生产的，但生产场地不在第一发掘区内。在随机挑选的92件磨石和磨盘中，发现磨制石器的微痕和加工谷物的微痕明显不同。分析结果显示，有少量磨石曾加工过谷物，但其主要用途是加工石器和木器。

石器的模拟实验和微痕分析结果，既证实了以往的部分传统看法，如石斧、石锛、石凿是木材加工的工具，石铲、石刀是农业工具，石镞是狩猎工具或用于战争的武器等。也提出了许多新认识，有些甚至是颠覆性的。例如，绝大多数工具都同时兼有多种功能，所谓一器多用。特别是木材加工活动在石器的功能和用途上占据了十分重要的地位，甚至多数工具都与木材加工的生产活动有关。此外，屠宰和加工毛皮在两城镇遗址也非常重要，微痕分析表明许多工具曾用于这一类活动，如石拍就是专用于毛皮加工的工具，这是过去没有认识到的情况。

对制作石器过程中产生的石片，经微痕分析后区分出打制石片和磨制石片，并且还可以再细分为更小的类别。这对于确定石器的制作场所及在这个场所完成的工作程序具有重要意义。两城镇遗址的发掘过程中，在所有的编号单位中按一定量采集了水选土样，其中在7个样品的重浮中发现较多微型石片。进一步分析显示，7个样品中有3个是以打制石片为主，而其他4个样品则打制和磨制石片共存，确定无疑地证明这7个样品所在区域就是当时的石器生产现场。从空间上看，这7个样品出自6米×8米的狭小范围之内。而延续的时间，从第二发掘区的第一时期一直持续到第八时期。从目前资料看，最兴盛的阶段为第一时期和第五、六时期。

在石器分类、石料产地调查和微痕分析的基础上，科杰夫对两城镇遗址龙山文化石器的生产、分配和消费进行了全面考察和研究。他将第一发掘区的石器生产过程划分为四期，认为每一期都存在着或多或少的石器生产活动。而从制作石器的流程来讲，又分为打制毛坯和琢制、磨制成器两个阶段。虽然这两个生产阶段前后相连，但制作过程中产生的石片是完全不同的，即所谓打制石片和磨制石片，它们的大小和形态差别极为悬殊。由此来看，两城镇遗址第一发掘区同时存在石器生产的全过程和只有后半部阶段两种情况。本地产的石料，多带回聚落内进行加工，留下打制和磨制两种石片；而产地在30千米以外的石料，多半是将经过粗加工的半成品带回遗址进行再加工，留下的是后一阶段的废料——磨制石片。

在详细分析了不同时期石器的生产和消费状况，最后的结论是：第一发掘区的居住区内存在着广泛的石器生产活动，并且所有石器产品都是“业余时间的家庭专业化”模式下生产出来的，包括那些可能有特殊含义且外观漂亮的绿色石器——钺和镞类器物（因用于战争和礼仪活动而具有象征意义）。与精英阶层控制的“依附型”专业化生产模式不同。所谓“业余时间的家庭专业化”，是指人们在春、夏、秋天的农忙季节主要从事农业生产及相关活动，冬季农闲时转入石器生产。而且产品主要是供给生产者自己使用，多余的部分则拿到市场系统中交换。而非本地所产的石料，可能被聚落内的精英阶层所控制。

当然，上述研究应该说是一种新的研究的肇始，从这么小的发掘面积所得出的结论是否具有普遍性，还需要今后更多的同类发掘和研究工作来证实和深化。只有在两城镇遗址的其他地段和其他地区的同时期遗址普遍发现这种情况，才能将这一结论上升到规律性认识的层面，即理论的高度。就目前的情况而言，在两城镇遗址较小的空间范围内，持续时间较长的石器生产活动的主体，应该是一个不太大的社会组织，或者说在很大程度上是专业化生产的。发掘期间，对在一个不大的范围内发现如此之多的磨石，我们就感到奇怪和不好解释，因为这是以往发掘过的许多龙山文化遗址所没有遇到的现象。所以，现在把两城镇遗址龙山文化的石器生产定位于“业余时间的家庭专业化”还为时过早，我认为已经进入了程度更高的专业化生产阶段。

就中国新石器时代石器的生产、流通和消费研究而言，本报告的石器研究具有里程碑的意义，其必将引导和推动这一个关乎社会生产发展基础的研究工作。同时，这一极其重要的研究成果也告诉我们，精深的考古研究工作开始于田野考古阶段，或者说必须有经过规划和设计的扎实、系统、科学的田野工作基础。如果没有田野发掘期间对全部堆积进行筛选和系统采样做水洗浮选，从而获取石器生产不同阶段的成品、半成品、毛料、断块和大量各种废片等新资料，这一类研究工作则无从做起。

八　陶器研究

陶器是两城镇遗址龙山文化遗存中数量最多的遗物，发掘过程中和后期整理阶段，开展了陶器的各项检测、分析和研究工作。

美国著名东亚陶器研究专家范黛华数次到两城镇遗址现场考察，经国家文物局的批准之后，我们还将一个小灰坑（H59）出土的全部陶片送到美国的实验室做进一步检测，对两城镇遗址龙山文化陶器的成分、火候、制作工艺和技术等进行了全面地分析和研究。经过融凝后进行的电子束微探针分析结果表明，两城镇遗址龙山文化陶器的主要成分是二氧化硅（SiO_2），约为62%～65%，其次为三氧化二铝（Al_2O_3），约占28%～30%，其他较少。陶器的烧成温度在700～1050℃之间。显微镜观察和X光照片显示的微观结构表明，绝大多数陶器都采用了快轮拉坯成型技术制作而成，那种特别薄的陶胎，是在拉坯成型并晾干后经过了第二次刮磨。如何做出这种超出想象的规整性陶器，研究者推测："制作陶器时，陶轮是被固定在一个起支撑作用的车床之上的。而且，为了控制陶胎的厚度，车床上还安装有刮尺。"认为当时的陶器生产已有专业分工，形成了稳定的生产模式。

陶器的主要生产工序包括：采用立轴式快轮提拉成型；器物的附件采用轮制和手制两种方法分开制作；修整、磨压以使器壁变薄；旋转式抛光；晾干；烧制。在修整阶段进行更为精细的加工。龙山文化陶器制作的优势在于采用了专业化生产方式，就连陶器附件的制作也是如此。如陶器把手的制作过程，首先轮制一个圆筒，然后用锋利的工具把圆筒割成数个矮圆筒，最后把矮圆筒分成二或三等份，一份可做一个器物的把手。这样做出来的产品，不仅造型极为规整，效率也大大提高。

研究中还对泥质和夹砂陶器的不同器形进行了硬度和渗水率的测试，并与现代标本做了比对。范黛华认为，龙山文化时期的陶匠能够"制作出渗水率如此低的陶器从技术上来说简直是个神话"，表明当时已有大量掌握复杂技术的专业制陶工匠。

由陶器的生产和交换模式来探讨区域聚落社会的复杂化状况，是考古学研究的一项重要内容。本研究采用了一种新的地质化学方法——激光剥蚀电感耦合等离子体质谱仪（LA-ICP-MS），通过检测龙山文化泥质黑陶的化学成分，分析其产地，进而探讨鲁东南地区龙山文化陶器生产和分配模式的变化。

用以检测分析的样本来自以两城镇为主的18个遗址，它们分布在以两城镇为中心的北部和以尧王城为中心的南部两个地区。选择了没有添加羼和料的105件泥质陶样本，大体上包含了龙山文化主要陶器的器形，并按龙山文化早、中两个时期进行检测和解读。每个样本和标样都读取55种元素/同位素，对用"最佳相对拟合程序"处理过的对数值再次进行主成分分析。然后采用系统聚类分析、马氏距离计算和典型判别分析等方法对检测结果按时期进行分组。在对分组结果的讨论中，既考虑了南北两区的空间关系，也注意了不同的遗址等级之间可能存在的交流和分配问题。

龙山早期的样本可以分为三组，分析结果显示南北两个地区的陶器主要在各自地区内进行流通，相互之间只存在着有限的交流。北区的主要产地可能在两城镇和丹土遗址，南部则在尧王城遗址。分析结果还支持这样一种观点，即某些类型的陶器是为大型中心遗址的居民使用而制作的，这些陶器在宴飨和丧葬仪式中用来表示其贵族的身份和地位。

龙山中期陶器的复杂性明显提高，样本可以分为六组。分析结果表明这一时期开始出现了复杂的陶器生产和分配模式。不同等级聚落的陶器有所区别，一些具有独特地质化学成分的陶器只流通于特定等级的聚落遗址。同时，除了中心聚落出现的集约化陶器生产，在一些小的聚落内还存在自己生产的陶器。南北两区之间的陶器流通较之早期明显增多。

研究项目还对两城镇遗址周围三个地点采集的现代黏土样本进行了检测分析，并对今后开展同类研究工作提出了建议。

此外，中国社科院考古研究所的王增林，还对两城镇遗址出土的9件白陶鬶和57件泥质陶器样本进行了中子活化分析和研究。

文德安从中心聚落的角度考察了两城镇遗址龙山文化时期的陶器生产、分配和消费问题。她认为，两城镇出土及周边地区采集的龙山文化泥质黑陶的成分分析支持这样的观点，即两城镇遗址至少是龙山文化几种重要陶器的生产中心。不仅如此，两城镇遗址还发现了相当数量曾经打磨过陶器的卵石，而这种卵石在现代制陶作坊里仍然担负着打磨陶器的功能。她比较关注技术和劳动投入相对较多的几种贵重陶器，如精细刻纹陶器、鸟首形器盖、白陶、精致的饮用器及大型陶器。这些贵重陶器因用于礼仪或丧葬、宴飨等活动而备受关注。

以内、中、外三圈壕沟为界，可以将面积较大的两城镇遗址划分为三区。详细统计了精细刻纹陶器、鸟首形器盖、白陶、高柄杯、薄胎杯和罍以及大型陶器的分布情况，可以看出，这些陶器在空间分布上没有明显的差别和分化，即内、中、外区均有发现。而从时间变迁的角度看，较晚阶段上述陶器的数量有明显增多的趋势。两种白陶，即用高岭土做成的白陶和白衣陶的出土情况，灰坑中数量较多，而墓葬随葬品中甚少。高柄杯的情况有所不同，只是少数墓葬使用了高柄杯，如面积最大等级最高的M33至少随葬了2件。造型别致并有对称分布四个耳的罍，多见于一些可能有特殊功能的灰坑之中，一般墓葬极少，只出现在等级高的墓葬之中。大型陶器的功能可能与各种规模较大的宴飨活动有关，多数区域都有发现，小环壕以内区域更多一些。

陶质工具有纺轮、刀、弹丸、锉、球等多种，其中纺轮的数量最多。纺轮在各区内都有发现，地处外围的第一发掘区出土数量最多。因为使用纺轮随葬的M60墓主经鉴定为一成年女性，所以可以帮助判断当时纺线织布主要是女性的职业。文德安引用民族学的研究成果，从不同角度讨论了龙山文化时期的纺织品情况，认为形制各异的纺轮表明可能是用来处理不同的植物纤维并制作多种布料，如葛、苎麻、大麻等。至于这些纺轮是否可以用来纺丝则有疑问。纺轮之间的直径和重量相差较大，大而重的纺轮适合于纺比较粗的纱线，而较小较轻的纺轮则用于纺细的纱线。两城镇发现的125件纺轮具有多样化特点，至少可以分为两大组，分别对应着不同的用途。而纺轮在内、中、外三区的分布上差别并不太大。

龙山文化陶器的专业化生产问题一直为许多考古学家所关注。文德安从有打磨陶器痕迹的卵石的分布情况，推定龙山文化时期的两城镇存在着专业化的陶器生产组织。并从各类陶器在各个时期的流行情况进行了统计分析，认为两城镇居民使用过的陶器，都是大批量生产的。这从两城镇遗址龙山文化时期出土了数量极其庞大的陶器方面也可以得到证明。与精细陶器形成鲜明对比的是，两城镇遗址还存在着大量制作较为粗糙的陶器，这显然是一种为了追求生产速度和生产量的产品，其使用者当是普通的社会成员。

为了评估两城镇遗址龙山文化时期陶器生产的标准化情况，从中选择了出土数量较多的罐形鼎类器物，采用变异系数、单变量回归分析等方法进行了详细的统计分析。结果表明这种用于炊煮的陶器，其器形的标准化程度并没有随着时间的推移而不断提高。

第四节　两城地区龙山时期的社会组织

1995～2007年，经历了前后13年的系统考古调查，中美联合考古队调查的范围南北长约80、东西宽14～20千米，累计调查面积1400多平方千米，接近山东省全部面积的百分之一。调查区域内发现了大量各个时期的古遗址和古墓葬，其中龙山文化遗址和陶片分布点有534处[1]（图1-3）。这一基础性工作为讨论鲁东南沿海地区龙山文化时期的社会组织和社会结构，提供了系统而详细的第一手资料。

在鲁东南沿海地区1400多平方千米的范围内发现的500余处遗址或陶片分布点中，属于一级中心聚落的遗址主要有三处，即两城镇、丹土和尧王城。前两者位于调查区的北部，后者则在调查区的南部，三者之间的关系对于认识调查区域的聚落形态十分重要。

首先是两城镇和丹土遗址。两城镇和丹土两个遗址距离很近，相互之间只有4千米，站在两城镇遗址西北部的大堌堆上，可以看到丹土遗址。发掘结果表明，两城镇和丹土遗址所延续的时代既有重合，也有明显的差别。即丹土遗址开始的时代相对早一些，在大汶口文化晚期末段和龙山文化初期就已经是有墙有壕的城址，并且出土了一大批以钺、刀、璧等大型玉器为代表的玉礼器。丹土城址的时代一直持续到龙山文化中期前段[2]。两城镇遗址没有发现明确的大汶口文化遗存，龙山文化时期建造和使用了内、中、外三圈环壕，中圈环壕内侧还发现有底部用石块铺垫的城墙遗迹。从壕沟的解剖和遗址的发掘情况看，内圈小环壕的时代最早，面积约21万平方米，整体为龙山文化早期略晚，目前所知这一时期没有发现城墙。据目前资料可以认为，大汶口文化末期至龙山文化早期，两城镇地区的中心应该是在丹土。在龙山文化早期，两城镇遗址的规模和面积虽然已经超过了丹土，但其性质似乎还是低一个层级的环壕聚落。

如此看来，两城镇和丹土两个遗址，就其繁荣期而言，大体可以认为是前后相继的。而在整个遗址的存续时间上，两者应在较长时间内共存过。可以初步判断，以潮白河流域为主要分布区的龙山文化，其中心聚落最初在丹土，到龙山文化早中期之交，这一中心迁移到离黄海更近的两城镇。在两城镇作为新都替代了丹土的大部分中心聚落功能之后，丹土作为一个旧都性质的聚落，还存在了相当长一段时间，极有可能还分担着新中心两城镇的某些职能，这样才好解释丹土晚期城址与两

[1]　中美日照地区联合考古队：《鲁东南沿海地区系统考古调查报告》，文物出版社，2012年。报告的阐释部分将发现的龙山文化遗址和地点合计为536处，遗址调查面积2297.1万平方米（见上册表四），但我们综合统计了《遗址信息表》（下册）和《聚落等级变更信息表》（上册表一）中的数据之后，全部龙山文化遗址和地点的数量为534处，全部遗址的调查面积为2302.86平方米，本文的相关数据以我们的统计为准。

[2]　丹土遗址的调查面积达130万平方米，钻探到文化堆积的面积只有20多万平方米。城址的面积由小到大，从9.5～23万平方米不等。参见山东省文物考古研究所：《五莲丹土发现大汶口文化城址》，《中国文物报》2001年1月17日第1版。

城镇中圈城墙和城壕的共存关系。

尧王城遗址和丹土遗址大体同时出现，都发现了大汶口文化末期的遗存，而且都出土过刻有图像符号或文字的大汶口文化陶尊残片。在鲁东南地区，出土陶器图像符号或文字的大汶口文化遗址，等级一般较高。所以，尧王城和丹土一开始就应该是等级较高的中心性聚落。近年来在尧王城遗址的勘探和发掘中，发现了明确的大汶口文化末期和龙山文化早期的城墙和壕沟，城址面积约15万平方千米[1]，规模大于丹土同时期的城址。由此可以确定，尧王城一直维系着其在南部调查区域的高等级中心聚落的地位。

两城镇（早期在丹土）和尧王城两处遗址的面积和规模较为接近，均发现有城墙、壕沟等重要设施，出土陶器的种类、数量之多和品质之高也是其他遗址所无法比拟的。所以，两者应该分别为龙山文化时期南北两个相对独立区域的中心，各自代表着一个相对独立的政体。从遗址分布的疏密度看，南北两区的分界大约在日照市区，之间有一条遗址的空白地带。以此线为界，就经过系统调查的区域面积而言以丹土和两城镇为中心的北区大约710平方千米，以尧王城为中心的南区约730平方千米。

以两城镇遗址为中心的北区，如果加上西北侧的潮白河上游和北面的吉利河上游等属于此区但尚未调查的区域，其实际控制的区域可能达到甚至超过1000平方千米。这一区域内龙山文化遗址的分布，除了两城镇周围较为密集之外，围绕着两城镇的周边地区至少还存在着10个规模或大或小的小聚落群（还有2个不确定的小聚落群），每一群中有一处规模小一些的二级中心聚落。这些中心聚落到两城镇遗址的距离均在20千米以内，即步行当天可以走一个来回的路程。两城镇以南地区大约有四处小聚落群，即苏家村群、东王家村群、大桃园群和黄家河群；两城镇以北地区大约有六处小聚落群，即甲旺墩群、凤墩群、张家大庄群、西寺群、南张家庄群和夏家庄群。每一处小聚落群内均有数处面积更小的龙山文化聚落遗址（图15-1）。

综上所述，以两城镇遗址为中心的北区，龙山文化时期大体存在着三个层次的聚落结构。第一级聚落内有城墙和环绕城墙的壕沟，聚落面积不断增大，其鼎盛期在50万平方米以上，墓葬等级比较明确，出土精美的黑陶和白陶；第二级聚落多有环壕，面积在5～10万平方米之间；第三级聚落则为普通的小型聚落遗址，实际面积在5万平方米以下。

第一级聚落为丹土和两城镇，调查面积均在100万平方米以上。丹土遗址的实际面积略小，大汶口文化末期和龙山文化早期约在10～15万平方米之间。如果按人均占用聚落面积150平方米计算[2]，丹土早中期城址的人口数量约在700～1000人之间。到两城镇最繁荣的龙山文化中期，两城镇遗址的实际面积超过了70万平方米，其人口数量达到了约5000人的规模，较丹土时期有了5～7倍的增长。作为区域中心，丹土和两城镇遗址有一个前后交替的过程。而两处遗址周围5公里范围之内，还存在着一些由他们直接管控的小型聚落。

第二级聚落位于两城镇遗址的周边地区，目前所知至少有10处，每一处周边都聚集着一批规模更小的聚落遗址。这10处规模比较明确的二级聚落，调查面积多在30万平方米以上，实际面积多数在5～10万平方米之间，其中两城镇以南的苏家村和大桃园均发现了龙山文化环壕。按前述标准推

[1] 中国社会科学院考古研究所山东队等：《山东日照市尧王城遗址2012年的调查与发掘》，《考古》2015年第9期。

[2] 王建华认为海岱龙山文化人均占聚落遗址面积为149平方米，详见王建华：《黄河中下游地区史前人口研究》，科学出版社，2011年，第144～146页。

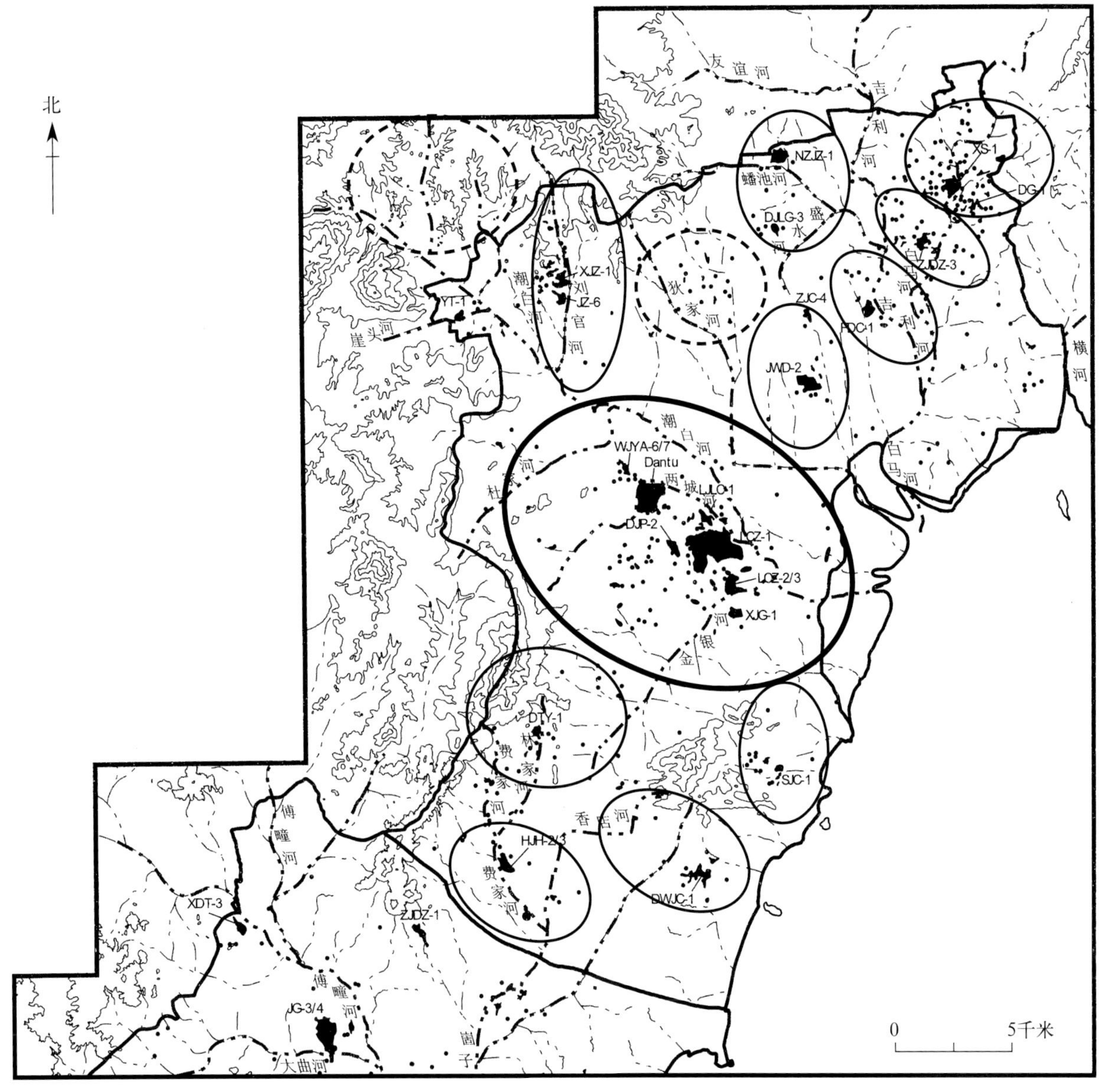

图15-1　两城镇地区龙山文化时期的聚落结构

算，第二级聚落承载的人口数量约在300～700人之间。

第三级为最低一级的小型聚落，位于二级聚落周围数公里范围之内，数量不一，只是规模更小，实际面积绝大多数都在3万平方米以下，有的仅有数千平方米。这种规模的聚落遗址所承载的人口数量，均在300人以内，有的小型聚落甚至只有几十人。

以两城镇遗址为中心的北区，存在着以上三个等级的聚落遗址，这种聚落结构在遗址的数量上呈现金字塔状分布，即顶端的高等级聚落只有一处，中间的二级聚落有多处，而底部的小型聚落数量最多。上述三个等级的聚落遗址，在分布上较为均衡，一级聚落两城镇位于交通便利、水源充足的中部位置，而二级聚落多数也在河流附近，只是周围的活动区域略小而已。这一聚落形态显示出龙山文化时期的社会，已经进入“都、邑、聚”三级控制体系的早期国家阶段。

后　记

中美两城镇遗址合作考古发掘报告的编写工作，可以说从田野工作结束之后的2002年就开始了，迄今已超过了十四年。由于田野发掘操作和各种记录均与以往的传统方法有较大变化，特别是参加多学科合作研究的多为外国学者，使得后续整理和研究工作变得较为复杂。田野发掘和室内整理工作过程的参与人员已在第一章总论中做了详细记录，此不赘述。

两城镇遗址的发掘资料整理、报告编写和多学科合作研究由栾丰实和文德安负责，并协调各子课题的工作进度、研究成果的翻译等。田野资料部分第一至四章的最终审、定稿工作由栾丰实负责；第五章由于海广负责；第六至一四章的多学科合作研究部分，章节安排和最终审、定稿工作由栾丰实和文德安负责。英文提要由文德安完成。发掘现场照片为文德安、栾丰实和于海广等拍摄；陶器照片为王滨拍摄；石器照片为科杰夫拍摄。

报告编写工作的分工、执笔及翻译人员如下：

第一章　总论

栾丰实、蔡凤书（均为山东大学历史文化学院考古系）。

第二章　第一发掘区

栾丰实、文德安（Anne Underhill，美国耶鲁大学人类学系）、王芬（山东大学历史文化学院考古系）、科杰夫（Geoffrey Cunnar，美国西部文化资源管理股份有限公司高级研究员）。

第三章　第二发掘区

王芬、文德安。

第四章　第三发掘区

方辉（山东大学历史文化学院考古系）、文德安。

第五章　环壕与城墙

于海广（山东大学历史文化学院考古系）。

第六章　地质考古调查与研究

迈克（Michael McFaul，美国拉若米土壤研究所）；翻译：彭娟（深圳市顶尖卓越教育咨询有限公司）、林明昊（中山大学人类学系）、付永敢（山东大学历史文化学院考古系博士研究生）。

第七章　遥感考古

第一节（磁力方法探测）：布赖恩（Brian N. Damiata，美国加州大学洛杉矶分校考特森考古学研究所）；翻译：彭娟、林明昊等。

第二节（雷达、电阻率与磁力方法探测）：威廉姆斯（Patrick Ryan Williams，美国芝加哥菲尔德博物馆）；翻译：彭娟、林明昊、董豫（山东大学历史文化学院考古系）。

第八章　人类遗骸研究

第一节（人类遗骸的病理学分析）：珍妮弗（Jennifer A. Clark，美国华盛顿科技项目有限责任公司）；翻译：彭娟、赵永生（山东大学历史文化学院考古系）。

第二节（食物结构分析）：Rheta E. Lanehart 和 Robert H. Tykot（美国南佛罗里达大学人类学系）；翻译：黄瑜（美国南佛罗里达大学）、董豫。

第三节（M51女性三维雕塑颅面重建）：珍妮弗（Jennifer A. Clark）；翻译：彭娟。

第九章　动物遗存研究

白黛娜（Deborah Bekken，美国芝加哥菲尔德博物馆）；翻译：彭娟、林明昊。

第一〇章　植物遗存研究

第一节（炭化植物种子与果实研究）：克劳福德（Gary W. Crawford，加拿大多伦多大学人类学系）、赵志军（中国社会科学院考古研究所）和李炅娥（美国俄勒冈大学人类学系）；翻译：潘艳（复旦大学文博系）。

第二节（植硅体分析与研究）：靳桂云、陈松涛（均为山东大学历史文化学院考古系）、吴文婉（南京博物院）。

第三节（木材标本的鉴定与研究）：靳桂云、王育茜（安徽省博物馆）。

第一一章　混合型古酒研究

麦戈文（Patrick E. McGovern，美国宾夕法尼亚大学博物馆）、文德安；翻译：董豫。

第一二章　陶器研究

第一节（两城镇龙山文化陶器的制作技术与工艺）：范黛华（Pamela Vandiver，美国亚利桑那大学人类学系），翻译：陈雪香（山东大学历史文化学院考古系）。

第二节（鲁东南地区龙山文化泥质黑陶的成分研究）：Lisa Niziolek（美国芝加哥菲尔德博物馆）、文德安；翻译：董豫。

第三节（白陶和泥质陶器的中子活化分析与研究）：王增林（中国社会科学院考古研究所）。

第四节（两城镇龙山文化的陶器消费、分布与生产）：文德安、王芬；翻译：姜仕炜（山东大学历史文化学院考古系博士研究生）、樊榕、王庆铸（均为美国耶鲁大学人类学系博士研究生）、付永敢。

第五节（H31出土遗物的空间位置分析）：Rory Dennison（美国伊利诺伊大学芝加哥分校）；翻译：彭娟、董豫。

第一三章　石器研究

科杰夫；翻译：王强（山东大学历史文化学院考古系）、林明昊。

第一四章　人为活动化学残留物研究

William D. Middleton（美国罗彻斯特理工学院社会学和人类学系）；翻译：彭娟、樊榕、王华。

第一五章　结语

栾丰实。

报告书稿交稿之后，文物出版社责编秦彧为报告的编辑出版付出了艰辛劳动。清样的校对工作除了部分作者参与之外，由山东大学历史文化学院考古系王强和研究生武昊、张馨月、许晶晶、李金斗、陆青玉、郭荣臻、阴瑞雪、房书玉、郑秀文以及美国耶鲁大学研究生樊榕、王庆铸等完成。

在报告出版之际，一并向多年来参与、支持和帮助过两城镇遗址考古工作的女士们、先生们表示衷心的感谢！

编者

2016年8月3日

English abstract

This report represents several years of international collaborative research directed by Shandong University, with participation of archaeologists from other institutions in China, the United States, and Canada, as well as students from China, the United States, and Japan. This collaboration would not have been possible without the tremendous support from the residents of modern Liangchengzhen who assisted us in numerous ways including excavation, analysis, information about the history of the site, and logistics during the periods our team members lived in the town. We are extremely grateful also to the many people of the Rizhao City government, the Rizhao City Bureau of Culture, and the Rizhao City Museum for their continued support over many years, especially starting in 1998 as we began the research described in this report. We thank Shandong University, Yale University, The Field Museum, the Henry Luce Foundation[1], the National Science Foundation of the United States[2] , and the Cyrus Tang Foundation[3] for the ability to carry out our research. We also would like to express our gratitude to the National Bureau of Cultural Relics and the Shandong Provincial Cultural Relics Bureau for the privilege of excavating at Liangchengzhen.

Our excavation strategies were modified as we learned more about the nature and extent of the deposits at Liangchengzhen. The systematic regional survey conducted by participants from Shandong University, Yale University, and The Field Museum had established before 1998 that Liangchengzhen was larger than other Longshan period sites in the northern half of the survey area. Like others who had conducted fieldwork at the site before us, we interpreted the site as a key settlement in southeastern Shandong. Therefore a major goal was to excavate a residential area in order to gain information about houses, internal settlement organization, and economic activities including subsistence practices and craft production. After much discussion we decided the most effective way to achieve this goal was to employ a mixture of Chinese and Western archaeological methods. It was necessary to open up a relatively wide open area, while at the same time systematically taking large numbers of soil samples to recover macrobotanical and phytolith

[1] Henry Luce Foundation, United States-China Cooperative Research Program, support for regional survey and excavations at Liangchengzhen 1997-2000 (grant to Anne Underhill, Gary Feinman, Lothar von Falkenhausen) .

[2] National Science Foundation, support for regional survey 2000-2001, and excavations at Liangchengzhen and analysis of materials from 2000-2005 (Anne Underhill and Gary Feinman, BCS-9911128) .

[3] Cyrus Tang Foundation, support for regional survey 2003-2006 (Anne Underhill, Gary Feinman, Fang Hui) .

remains and screening the cultural deposits. This was our focus especially in Area One. Screening proved to be invaluable in particular for the recovery of a wider variety of lithic remains than had previously been recovered from a Longshan site in Shandong. Excavators also systematically mapped remains with a total station and used bilingual forms to record features and other remains.

Extensive probing and examination of previously exposed cultural remains made it possible to identify the core area of the settlement with preserved Longshan deposits. This core area is smaller than the area in which sherds from the Early, Middle, and Late phases of the Longshan period in Shandong province were found on the surface during the regional survey. Older residents of Liangchengzhen stated they believed the cultural deposits in at least some areas were more extensive when they were children. Our excavations described in this report recovered primarily remains at Liangchengzhen from the Middle Longshan phase of Shandong province.

During the fall of 1998 and early 1999 the team conducted a limited rescue excavation among modern houses in Area Three. The rescue excavation was continued in late 1999 as another house built on top of Longshan deposits was about to be rebuilt. Other research during fall 1998 included a geomorphological exploration of Liangchengzhen and an initial remote sensing survey.

During the fall of 1999 there was an opportunity to investigate a wider area of Liangchengzhen. Shandong University field school students joined the first season of excavating Area One. Another group of excavators explored Area Two further south. An additional team focused on identifying major structural features of the settlement through probing and excavation of trenches. During the fall 1999 season, excavation of the first of these trenches, T005, revealed the existence of a Longshan period moat.

For the 2000 and 2001 excavation seasons, we decided it would be more effective to focus on a smaller area within Area One, since remains of houses were becoming more frequent. The decision made it possible for us to identify eight phases of residential remains roughly corresponding to the later Early Longshan and Middle Longshan phases for Shandong province. The excavation in Area Two was not continued, but the team focusing on revealing structural features of the settlement (moats and a possible wall) continued its excavation of trenches in several areas. The team identified two internal moats and one external moat at Liangchengzhen. After periods of use during the Longshan period in those areas, people used the land for other purposes. In 2004 we attempted to learn more about an area possibly with remains of a wall and moat through another remote sensing survey.

There were opportunities to try new methods for analysis of remains recovered from each area of the site during 1998 to 2001. The rich sample of lithics recovered from screening and flotation enabled identification of diverse forms of tools and traces of production. The relatively large essay on lithics includes assessment of suitable resources in the area, replication experiments, and use-wear analysis. This report includes analysis of a large sample of plant remains: phytoliths, remains of wood, and macrobotanical remains. The preservation of faunal remains and human remains varied by area of the site. Nearly whole and whole ceramic vessels were abundant throughout the site, and we also recovered large quantities of sherds. This report includes interpretations about ceramic technology, production and use of vessels and ceramic spindle whorls, and consumption patterns for different kinds of ceramics.

For Area One we endeavored to describe all of the remains from the houses, pits, burials, ditches, and cultural layers in detail for each phase of occupation. We include analysis of residues for ceramics (thanks to the assistance of teachers at the Liangchengzhen Middle School), resulting in the identification of a fermented beverage, and exploratory compositional analyses (NAA, LA-ICP-MS) of sherds from Liangchengzhen and other sites in the Rizhao survey region. Another essay assesses depositional patterns for whole and nearly whole vessels in the large pit H31. Finally, an exploratory study of soil samples around houses revealed the importance of investigating activities in spatial areas outside of structures, as well as inside.

These efforts with respect to fieldwork from 1998 to 2001 and analysis of each area at Liangchengzhen provide information about internal settlement organization over time and the lifeways of ordinary households during the Longshan period. The research raises more questions about development of the large settlement over time, variation in urbanism during the Longshan period, and relations among people who lived at Liangchengzhen with those who lived at other contemporary settlements in the region. Hopefully such issues can be addressed by future excavations in the region.

两　城　镇

——1998～2001年发掘报告

（四）

中　美　联　合　考　古　队
栾丰实　文德安　于海广　著
方辉　蔡凤书　王芬　科杰夫

文物出版社

Liangchengzhen:

1998-2001 Excavation Report

(Ⅳ)

Edited by

Chinese-American Collabborative Team

Luan Fengshi Anne P. Underhill Yu Haiguang

Fang Hui Cai Fengshu Wang Fen Geoffery Cunnar

Cultural Relics Press

彩版目录

1．两城镇遗址（由东南向西北）

2．两城镇遗址（由大堌堆向东南）

彩版一　两城镇遗址外景

1．1999年考古队全体人员合影

2．2000年考古队全体人员合影

彩版二　发掘人员合影

1．1999年发掘现场（由南向北）

2．2000年发掘现场（由东南向西北）

彩版三　发掘现场

1．2000年发掘现场（由东向西）

2．2000年发掘现场（由东向西）

彩版四　发掘现场

1．2001年发掘现场

2．2001年发掘现场

彩版五　发掘现场

1．发现现场局部

2．发现现场局部

彩版六　发掘现场

1．对发掘土样进行浮选

2．测绘遗址地形图

彩版七　发掘现场

1．山东大学和日照市领导考察发掘现场

2．芝加哥菲尔德博物馆馆长 John McCarter 考察发掘现场

彩版八　发掘现场

1．芝加哥菲尔德博物馆加里·费曼（Gary Feinman）等考察发掘现场

2．文德安（Anne Underhill）、范黛华（Pamela Vandiver）和麦戈文（Patrick E. McGovern）在发掘现场（上左起）

彩版九　发掘现场

1．两城中学学生参观考古发掘现场

2．文德安在两城中学为学生讲解发掘收获

彩版一〇　公共考古活动

1．石斧T2303⑥d：1

2．石斧T2048⑥c：18

3．石锤T2097⑦e：64

4．石锤T2448⑥b：7

5．石锤T2400⑦b：18

6．石锤T2247⑦a：11

彩版一一　一区地层出土石器

1．石锤T2247⑦a：12

2．石锤T2350⑥c：37

3．石锤T2395⑥b：2

4．石锤T2299⑥a：13

5．石锤T2047⑥b：34

6．石锤T2198⑥a：1

7．石锤T2448⑥a：8

8．石锤T2349⑥b：21

彩版一二　一区地层出土石器

1．石锛T2448⑥a：6

2．石锛T2400⑥d：5

3．石锛T2450⑥c：12

4．石锛T2048⑥b：3

5．石锛T2445⑥b：3

6．石锛T2347⑦b：20

7．石锛T2300⑦d：8

8．石锛T2400⑦c：12

9．石锛T2347⑥b：11

彩版一三　一区地层出土石锛

1．石锛T2300⑦d：17

2．石凿T2097⑦c：63

3．石凿T2397⑦b：9

4．石凿T2300⑥c：1

5．石凿T2449⑦d：28

6．石锯T2049⑥b：27

彩版一四　一区地层出土石器

1．石铲T2296⑥a：1　2．石铲T2446⑦c：18　3．石铲T2349⑦c：12

4．石铲T2346⑦a：28　5．石铲T2398⑥d：2　6．石铲T2097⑥b：33

7．石铲T2445⑥b：2　8．石铲T2445⑥b：4　9．石铲T2395⑥b：3

彩版一五　一区地层出土石铲

1．石镰T2346⑥b：24

2．石镰T2348⑥a：2

3．石镰T2097⑥b：38

4．石刀T2350⑥d：3

5．石刀T2147⑥c：4

6．石刀T2297⑦c：20

7．石刀T2449⑦b：29

8．石刀T2299⑦b：4

彩版一六　一区地层出土石镰与石刀

1. 石刀T2396⑦d：10
2. 石刀T2298⑦b：4
3. 石刀T2298⑦d：5
4. 石刀T2400⑦c：11
5. 石刀T2448⑦a：8
6. 石刀T2348⑥c：4
7. 石刀T2300⑥c：19
8. 石刀T2347⑥b：10

彩版一七　一区地层出土石刀

1．石钺T2097⑥b：36
2．石钺T2447⑦c：4
3．石钺T2346⑥a：20
4．磨制石镞T2450⑦b：5
5．磨制石镞T2396⑦a：3
6．磨制石镞T2449⑦c：20
7．磨制石镞T2347⑥c：25
8．磨制石镞T2097⑥b：43
9．磨制石镞T2399⑦b：6
10．磨制石镞T2298⑦a：2
11．磨制石镞T2396⑦c：8

彩版一八　一区地层出土石钺与磨制石镞

1．磨制石镞T2298⑦a：3　2．磨制石镞T2300⑦d：16　3．磨制石镞T2049⑥c：15　4．磨制石镞T2297⑥c：4　5．磨制石镞T2450⑥a：4　6．磨制石镞T2449⑥c：30　7．磨制石镞T2448⑦a：2　8．磨制石镞T2399⑦a：15　9．磨制石镞T2296⑥a：46　10．磨制石镞T2342⑥d：7　11．磨制石镞T2298⑦a：6　12．磨制石镞T2450⑥b：14

彩版一九　一区地层出土磨制石镞

1．磨制石镞T2349⑦c：14

2．磨制石镞T2399⑦a：3

3．磨制石镞T2349⑥d：9

4．磨制石镞T2296⑥d：50

5．磨制石镞T2347⑥b：10

6．磨制石镞T2347⑥b：12

7．磨制石镞T2347⑥b：13

8．磨制石镞T2347⑥b：14

9．打制石镞T2347⑦a：18

10．打制石镞T2450⑦a：15

11．打制石镞T2349⑥d：23

12．打制石镞T2247⑥a：10

彩版二〇　一区地层出土石镞

1．磨制石镞T2446⑥a：3

2．磨制石镞T2296⑥d：14

3．磨制石镞T2348⑥c：6

4．磨制石镞T2296⑥d：48

5．磨制石镞T2296⑥d：49

6．磨石T2300⑥c：18

7．磨石T2298⑦a：1

彩版二一　一区地层出土石器

1．磨石T2449⑦d：27

2．磨石T2097⑦a：58

3．磨石T2446⑦a：14

4．磨石T2448⑥e：3

5．磨石T2398⑥d：1

6．磨石T2097⑥a：5

7．磨石T2249⑥a：15

8．磨石T2400⑥b：19

彩版二二　一区地层出土磨石

1．磨石T2048⑥c：27

2．磨石T2097⑥b：28

3．磨石T2349⑥b：22

4．磨石T2346⑥b：40

5．磨石T2297⑥b：22

6．磨石T2048⑥c：22

7．磨石T2048⑥b：4

8．磨石T2248⑥a：1

彩版二三　一区地层出土磨石

1．石磨棒T2396⑥b：19

2．石磨棒T2097⑦e：64

3．石杵T2448⑥e：3

4．石杵T2448⑥e：3

5．石臼T2297⑥c：21

6．磨石T2296⑥d：47

彩版二四　一区地层出土石器

1．磨石T2400⑦c：13

2．磨石T2296⑦c：46

3．磨石T2296⑦b：37

4．磨石T2400⑦b：21

5．磨石T2350⑦a： 22

6．磨石T2342⑥d：3

7．磨石T2400⑥d：5

8．磨石T2446⑥c：19

彩版二五　一区地层出土磨石

1．磨石T2449⑥a：16

2．磨石T2097⑥a：13

3．磨石T2400⑥a：20

4．调色板T2296⑦b：33

5．调色板T2450⑥b：5

6．调色板T2450⑥b：5

7．调色板T2450⑥b：5

8．调色板T2296⑥b：7

彩版二六　一区地层出土磨石与调色板

1．砍砸器T2097⑦e：62

2．砍砸器T2099⑦a：10

3．砍砸器T2350⑦a：17

4．砍砸器T2300⑥e：35

5．砍砸器T2047⑥a：34

6．砍砸器T2247⑥a：2

7．石核T2299⑦e：11

8．石片T2400⑥c：17

彩版二七　一区地层出土石器

1．装饰品T2047⑥b：9

2．装饰品T2396⑥b：18

3．装饰品T2450⑥b：26

4．装饰品T2450⑥b：26

5．装饰品T2300⑥a：33

6．钻芯T2399⑥a：16

彩版二八　一区地层出土装饰品与钻芯

1．罐形鼎T2097⑥a：2

2．罐形鼎T2099⑥d：8

3．罐形鼎T2346⑥b：25

4．单耳罐形鼎T2048⑥b：11

5．单耳罐形鼎T2097⑥b：37

6．单耳盆形鼎T2346⑦b：33

彩版二九　一区地层出土陶鼎

1．盆形鼎T2342⑥b：1

2．盆形鼎T2300⑦b：32

3．盆形鼎T2047⑥c：19

4．盆形鼎T2247⑥a：6

5．鬶T2300⑦c：9

6．鬶T2400⑥a：3

彩版三〇　一区地层出土盆形鼎与陶鬶

1．中口罐T2300⑦c：10

2．中口罐T2049⑥c：12

3．中口罐T2349⑥a：3

4．有领罐T2449⑥a：10

5．壶T2449⑦c：12

6．壶T2347⑥a：1

彩版三一　一区地层出土陶罐、壶

1．大平底盆T2346⑦a：29

2．大平底盆T2296⑦a：20

3．大平底盆T2346⑥b：8

4．鼓腹小平底盆T2350⑥c：10

5．环足盘T2300⑥c：25

6．圈足盘T2345⑥c：10

彩版三二　一区地层出土陶盆、盘

1．平底碗T2296⑦a：18

2．平底碗T2450⑥d：10

3．平底碗T2449⑥a：11

4．圈足碗T2346⑥a：37

5．豆盘T2347⑦b：19

6．豆柄T2347⑦c：24

彩版三三　一区地层出土陶碗、豆

1. 筒形单耳杯T2349⑦c：13

2. 筒形单耳杯T2297⑥c：7

3. 筒形单耳杯T2399⑦b：9

4. 筒形单耳杯T2350⑦a：12

5. 壶形单耳杯T2350⑦b：16

6. 壶形单耳杯T2400⑦b：10

彩版三四　一区地层出土陶杯

1．鼓腹单耳杯T2399⑦d：14

2．鼓腹单耳杯T2447⑦b：1

3．鼓腹单耳杯T2296⑦a：15

4．鼓腹单耳杯T2300⑥d：23

5．鼓腹单耳杯T2097⑥b：20

6．鼓腹单耳杯T2296⑥a：45

彩版三五　一区地层出土陶杯

1．覆碗形器盖T2346⑦b：34

2．覆碗形器盖T2346⑦a：38

3．覆碗形器盖T2097⑥e：51

4．覆碗形器盖T2099⑥d：3

5．覆碗形器盖T2049⑥d：8

6．覆碗形器盖T2296⑥d：8

7．覆碗形器盖T2047⑥c：10

8．覆碗形器盖T0097⑥b：1

彩版三六　一区地层出土覆碗形器盖

1．覆碗形器盖T2048⑥b：10

2．覆碗形器盖T2097⑥b：22

3．覆碗形器盖T2097⑥b：44

4．覆碗形器盖T2342⑥b：2

5．覆碗形器盖T2398⑥b：3

6．覆碗形器盖T2296⑥a：2

7．覆碗形器盖T2296⑥a：4

8．覆碗形器盖T2346⑥a：22

彩版三七　一区地层出土覆碗形器盖

1. 覆盘形器盖T2047⑥c：13

2. 直壁覆盆形器盖T2349⑦b：11

3. 直壁覆盆形器盖T2300⑦b：27

4. 直壁覆盆形器盖T2047⑥c：15

5. 直壁覆盆形器盖T2047⑥c：32

6. 直壁覆盆形器盖T2097⑥a：9

7. 板形器盖T2049⑥c：21

8. 板形器盖T2346⑥a：36

彩版三八　一区地层出土陶器盖

1. 上（左起）：T2300⑥a：22、T2296⑥a：23、T2346⑥b：23、G8②：98、T2296⑥a：40
下（左起）：H57②：33、H36①：1、G8①：94、H57③：20、T2346⑥c：3

2. 上（左起）：G13：15、G10①：235、G8①：93、T2296 ⑦a：42、H101①：5
下（左起）：H516：2、H31②：168、G10①：225、G8：118、G10①：222

3. 上（左起）：M60：1、G10②：104、H57③：3、F75：1
下（左起）：G10②：81、T2300⑦d：29、T2296⑥d：13、G10②：42

彩版三九　一区出土陶纺轮

1．F39

3．F39局部

2．F39

4．F39局部

彩版四〇　一区一期F39

1．石锛F39：5　2．石锛F39：15　3．石凿F39：14

4．石刀F39：7　5．磨石F39：3　6．磨石F39：22

7．磨石F39：25　8．磨石F39：2　9．微型石片F39：32

彩版四一　一区一期F39出土石器

1. F65

2. F65

3. F65门道

彩版四二　一区一期F65

1. 石锤F65：35　2. 石刀F65：14　3. 石镞F65：1

4. 石镞F65：15　5. 磨石F65：5　6. 磨石F65：26

7. 磨石F65：33　8. 次级石片F65：21　9. 次级石片F65：31

彩版四三　一区一期F65出土石器

1．鬶F65：9

2．壶F65：6

3．大平底盆F65：19

4．鼓腹单耳杯F65：16

彩版四四　一区一期F65出土陶器

1. F45

2. H280

3. H406

彩版四五　一区一期房址与灰坑

1．打磨/抛光石器H279②：4

2．石锛H298②：3

3．石锤H298②：18

4．石刀H298②：4

5．石镞H298①：20

6．石锛H304：2

7．调色板H304：1

8．砾石砍砸器H406②：7

彩版四六　一区一期灰坑出土石器

1．鼓腹单耳杯H283：1

2．罐形鼎H298②：5

3．罐形鼎H422②：1

4．单耳罐H422②：3

5．瓮H422②：4

6．覆碗形器盖H422②：2

7．罐形鼎H426：2

8．匜H426：1

彩版四七　一区一期灰坑出土陶器

1．石斧G11：22

2．石斧G11：35

3．石刀G11：23

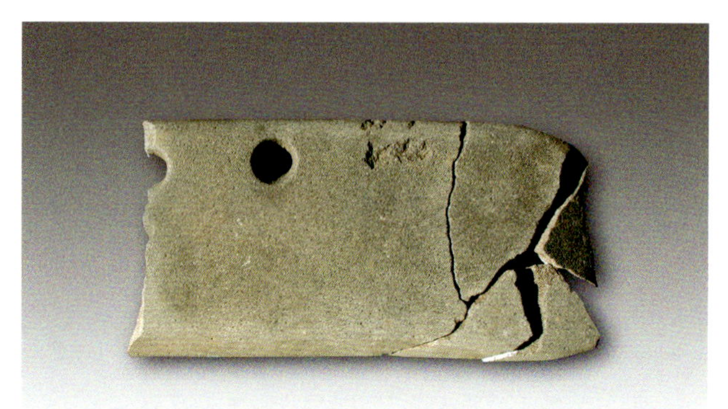

4．石刀G11：24

5．石刀G11：27

6．石刀G11：25

7．打磨/抛光石器G11：20

8．打磨/抛光石器G11：28

彩版四八　一区一期灰沟出土石器

1. M25

2. M49

3. M46

4. M61

彩版四九　一区一期墓葬

1．M68

3．大口罐M49：2

4．杯M68：1

2．M70

5．杯柄M49：3

彩版五〇　一区一期墓葬及出土陶器

1．F38

2．F49

彩版五一　一区二期房址

1．石镞F49：1

2．石镞F49：5

3．石镞F49：14

4．石镞F49：15

5．打磨/抛光石器F49：11

6．打磨/抛光石器F49：12

7．石刀F49：4

彩版五二　一区二期F49出土石器

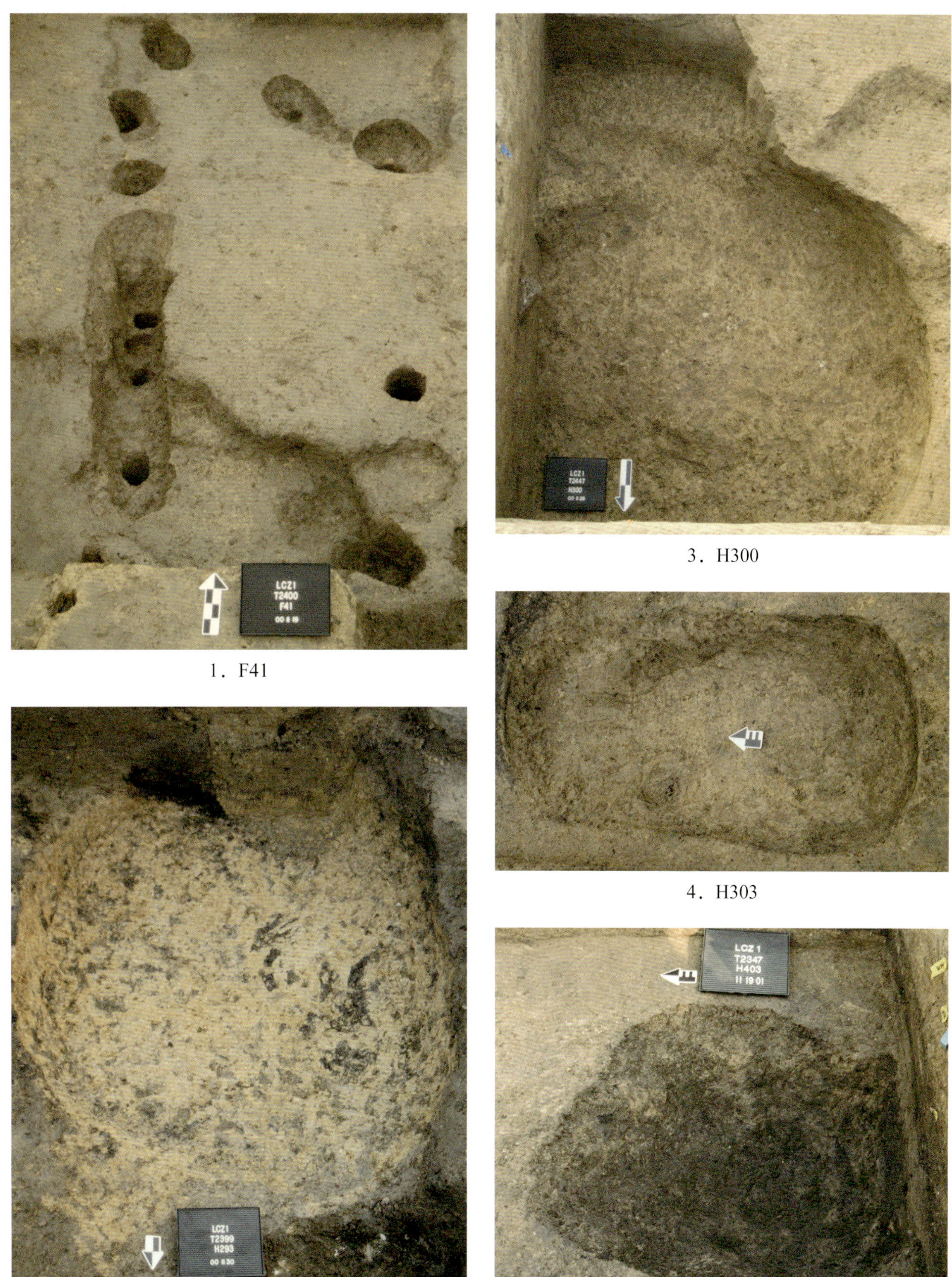

1．F41

3．H300

4．H303

2．H293

5．H403

彩版五三　一区二期房址与灰坑

1．H415

2．H416

3．石斧H300②：4

4．石铲半成品H300⑤：7

5．磨石H300①：3

6．磨石H397：4

7．磨石H397：5

8．石镞半成品H398：5

彩版五四　一区二期灰坑及出土石器

1．磨石H398：1　2．石锛H401③：23　3．石锛半成品H401④：30

4．磨石H401①：12　5．磨石H401④：29　6．石刀半成品H401④：32

7．磨石H401①：80　8．磨石H401③：66　9．磨石H401④：69

彩版五五　一区二期灰坑出土石器

1．石铲H401①：14　2．石刀H401①：82　3．石镞H401②：62

4．磨石H401②：52　5．磨石H401②：13　6．磨石H401③：64

7．磨石H401④：70　8．磨石H401④：74　9．磨石H401④：75

彩版五六　一区二期灰坑H401出土石器

1．磨石H401①：79
2．打磨/抛光石器H401④：76
3．石拍H403：5
4．磨石H411③：6
5．磨石H411：13
6．石锛H416③：1
7．石锛H416③：4
8．石铲H416③：2
9．石铲H416③：3

彩版五七　一区二期灰坑出土石器

1．石刀半成品H416⑤：43　　2．磨石H416③：9　　3．磨石H416④：34

4．磨石H416⑤：45　　5．砾石砍砸器H416③：10　　6．打磨/抛光石器H416③：11

7．打磨/抛光石器H416③：38　　8．磨石G16：10　　9．磨石G16：14

彩版五八　一区二期灰坑与灰沟出土石器

1．筒形单耳杯H293④：5

2．鼓腹单耳杯H293④：6

3．鼓腹单耳杯H293③：3

4．罐H401①：7

5．筒形单耳杯H401②：21

6．筒形单耳杯H401④：27

彩版五九　一区二期灰坑出土陶器

1．罐形鼎H401①：4

2．罐形鼎H401①：16

3．罐形鼎H401③：24

4．中口罐H401②：19

5．罐H401①：17

6．覆碗形器盖H401①：2

彩版六〇　一区二期灰坑出土陶器

1．鼓腹盆H401①：1

2．鼓腹单耳杯H401④：26

3．覆碗形器盖H401①：6

4．覆碗形器盖H401①：8

5．豆盘H411②：1

6．覆盘形器盖H411③：4

彩版六一　一区二期灰坑出土陶器

1. 带流罐H413：1

2. 罐形鼎H416⑤：14

3. 罐形鼎H416⑤：15

4. 罐形鼎H416⑤：19

5. 盆形鼎H416⑤：22

6. 长方体容器G16：3

彩版六二　一区二期灰坑与灰沟出土陶器

1．M59

2．M60

彩版六三　一区二期墓葬

1．M60

2．筒形单耳杯M60：3

3．石镞半成品M60：03

彩版六四　一区二期墓葬及出土遗物

1. F62

2. F63

彩版六五　一区三期房址

1．F43

2．石镞毛坯F43：4

3．石镞F43：1

4．H391

5．H393

彩版六六　一区三期房址与灰坑

1．磨石H289：5　　2．磨石H289：6　　3．磨石H290：4

4．石镞H391①：1　　5．磨石H391①：3　　6．石锤H393①：4

7．石锤H393②：5　　8．磨石H393①：2　　9．石锛H121②：1

彩版六七　一区三期灰坑出土石器

1．罍H391②：4

2．有领罐H135：7

3．有领罐H135：14

4．覆碗形器盖H135：10

5．覆碗形器盖H135：11

彩版六八　一区三期灰坑出土陶器

1．F60

2．F40

彩版六九　一区四期房址

1．石刀F60：16

2．石镞F60：1

3．磨石F60：6

4．磨石F60：7

5．磨石F60：17

6．磨石F60：18

7．磨石F60：21

8．磨石F60：23

彩版七〇　一区四期房址出土石器

1. 磨石F60：27

2. 磨石F60：28

3. 磨石F61：2

4. 打磨/抛光石器F61：3

5. 石锛F40：10

6. 石镞F40：2

7. 石镞F40：5

8. 磨石F40：9

彩版七一　一区四期房址出土石器

1．鼓腹单耳杯F60：10

3．H267

2．覆碗形器盖F60：13

4．H271

5．H277

6．H277局部

彩版七二　一区四期房址出土陶器与灰坑

1. 石斧半成品H271①：3　2. 石钺H271①：2　3. 石镞H271①：1
4. 石镞H271①：4　5. 斧形器H277：1　6. 磨石H277：4
7. 磨石H363：1　8. 磨石H363：15　9. 打磨/抛光石器H363：18

彩版七三　一区四期灰坑出土石器

1．磨石H277：5

2．磨石H271①：5

3．磨石H271①：6

4．磨石H382：1

5．磨石H382：6

6．覆盘形器盖H363：2

彩版七四　一区四期灰坑出土石器与陶器

1．盆形鼎H302②：1

2．中口罐H302②：12

3．单耳罐H302②：6

4．罐形鼎H363：5

5．甗H363：4

6．鬶H363：3

彩版七五　一区四期灰坑出土陶器

1. F54

2. F54北墙外的散水

3. 筒形单耳杯F54：21

彩版七六　一区五期房址及出土陶器

1．石斧F54：9

2．石凿F54：19

3．石镞F54：8

4．石镞F54：10

5．石片F54：50

6．打磨/抛光石器F54：13

7．磨石F54：1

彩版七七　一区五期房址F54出土石器

1．石铲F54：7
2．石铲F54：6
3．磨石F54：12
4．石铲F54：45
5．石锛F54：47
6．磨石F54：28
7．磨石F54：18
8．磨石F54：15

彩版七八　一区五期房址F54出土磨石

1．F59

2．F59、F54与G14

彩版七九　一区五期房址F59

1．磨石F59：3

2．磨石F59：4

3．石磨棒F59：1

4．石器半成品F59：2

5．磨石F57：2

6．磨石F57：8

彩版八〇　一区五期房址出土石器

1．H212

2．H370

3．H93

4．打磨/抛光石器H212：5

5．磨石H255：2

6．磨石H390③：5

彩版八一　一区五期灰坑及出土石器

1．石锛H284②：1　2．磨石H284①：10　3．磨石H284①：12

4．石臼H284①：11　5．石镞H359：3　6．石镞半成品H371：3

7．石铲H383①：3　8．磨石H383①：2　9．磨石H383②：8

彩版八二　一区五期灰坑出土石器

1．砍砸器H93②：4

2．石斧H95：1

3．石斧H118①：7

4．石镰半成品H118②：14

5．石镞H118②：20

6．磨石H118：8

7．磨石H118：8

8．磨石H118①：16

9．磨石H118①：17

彩版八三　一区五期灰坑出土石器

1．大平底盆H348②：6

2．矮筒形器盖H348②：7

3．中口罐H349：3

4．覆盘形器盖H349：1

5．罐形鼎H368：2

6．覆碗形器盖H370：1

彩版八四　一区五期灰坑出土陶器

1．罐形鼎H95：8

2．碗H95：3

3．筒形单耳杯H95：7

4．覆碗形器盖H95：4

5．三足盆H116：2

6．筒形杯H116：1

彩版八五　一区五期灰坑出土陶器

1．鬶H118①：10

2．中口罐H118①：1

3．中口罐H118①：11

4．折肩罐H118①：3

5．大平底盆H118①：9

6．鼓腹单耳杯H118①：4

彩版八六　一区五期灰坑出土陶器

1．M56

2．M24

3．M55

4．筒形单耳杯M55：1

彩版八七　一区五期墓葬及出土陶器

1．F33

2．F36

彩版八八　一区六期房址

1．鹅卵石F33：4　2．鹅卵石F33：5　3．鹅卵石F33：7

4．石锛F36：2　5．磨石F58：2　6．石镞F21：1

7．石镞半成品F21：10　8．磨石F21：8　9．磨石F21：12

彩版八九　一区六期房址出土石器

1．F21

2．F21

彩版九〇　一区六期房址

1．石锛半成品H111：3　2．磨石H111：1　3．磨石H111：35

4．打磨/抛光石器H111：33　5．石铲H242③：1　6．磨石H245：6

7．石镞H248③：10　8．磨石H248③：16　9．磨石H248③：17

彩版九一　一区六期灰坑出土石器

1．罐形鼎H111②：22

2．罐H111①：4

3．筒形单耳杯H111①：5

4．筒形单耳杯H111②：15

5．筒形单耳杯H111②：23

6．鼓腹单耳杯H111②：26

彩版九二　一区六期灰坑出土陶器

1．覆碗形器盖H111①：7

2．覆碗形器盖H111①：10

3．覆碗形器盖H111①：11

4．覆碗形器盖H111②：31

5．覆盘形器盖H111①：6

6．覆碗形器盖H209②：15

彩版九三　一区六期灰坑出土陶器

1．H209

2．H210

3．H345

4．H352

彩版九四　一区六期灰坑

1．石锤H209②：14　2．石锤H209②：24　3．石铲H209③：31

4．打磨/抛光石器H209④：3　5．微型石片H209②：28　6．微型石片H209③：30

7．微型石片H209③：34　8．微型石片H209①：35　9．微型石片H209②：29

彩版九五　一区六期灰坑出土石器

1．微型石片H209②：13a

2．微型石片H209②：13b

3．微型石片H209②：13c

4．微型石片H209②：13d

5．微型石片H209②：13e

6．微型石片H209②：13h

7．微型石片H209②：13i

8．覆碗形器盖H209③：33

彩版九六　一区六期灰坑出土石器与陶器

1．鼓腹单耳杯H210：3

2．筒形单耳杯H245：1

3．中口罐H248③：7

4．中口罐H313：1

5．甗H338：2

6．覆碗形器盖H339：2

彩版九七　一区六期灰坑出土陶器

1．磨石H338：1

2．磨石H339：9

3．白云母片H339：3

4．石锛H345②：1

5．石刀H345③：2

6．石刀H352：3

7．磨石H352：1

8．磨石H358：3

彩版九八　一区六期灰坑出土石器

1．覆碗形器盖H345②：5

2．盆形鼎H358：2

3．罍H358：1

4．盆形鼎H41：5

5．覆碗形器盖H41：1

6．盘H50：1

彩版九九　一区六期灰坑出土陶器

1. 石钺H41：4
2. 磨石H41：3
3. 磨石H41：15
4. 磨石H41：18
5. 磨石H41：19
6. 残石器H41：17
7. 磨石H43：20
8. 石杵H43：14
9. 石锤H47：6

彩版一〇〇　一区六期灰坑出土石器

1．盆形鼎H43：19

2．壶形杯H43：15

3．器盖H43：8

4．有领罐H108②：1

5．甗H110：2

6．中口罐H110：5

彩版一〇一　一区六期灰坑出土陶器

1. H61

2. H82

3. H112

4. 磨石H50：6

5. 石刀H61③：5

6. 磨石H76：1

彩版一〇二　一区六期灰坑及出土石器

1．磨石H61③：3　2．磨石H61③：4　3．砂岩H76：6

4．磨石H82①：1　5．磨石H108②：16　6．石镞H110：3

7．石斧H115①：14　8．磨石G12：1　9．坠饰G12：2

彩版一〇三　一区六期灰坑出土石器

1．覆碗形器盖H112：2

2．罐形鼎H115①：2

3．单耳罐形鼎H115①：1

4．鬶H115①：9

5．中口罐H115①：15

6．平底盒H115①：13

彩版一〇四　一区六期灰坑出土陶器

1. M33

2. M33

彩版一〇五　一区六期墓葬M33

1．M33出土绿松石片

2．绿松石片M33：38－5

3．绿松石片M33：38－1

4．绿松石片M33：38－2

5．绿松石片M33：38－3、－4

6．石珠M33：39

7．觯形杯M33：11

8．觯形杯M33：9

9．觯形杯M33：15

彩版一〇六　一区六期墓葬M33及出土陶器

1．盆形鼎M33：8

2．盆形鼎M33：19

3．大口罐M33：26

4．小口罐M33：32

5．双耳罐M33：6

6．子母口罐M33：1

彩版一〇七　一区六期墓葬M33出土陶器

1．罍M33：7

2．豆M33：33

3．覆碗形器盖M33：22

4．覆碗形器盖M33：23

5．覆碗形器盖M33：25

6．覆盘形器盖M33：24

彩版一〇八　一区六期墓葬M33出土陶器

1．覆钵形器盖M33：14

2．覆钵形器盖M33：36

3．筒形器盖M33：10

4．筒形器盖M33：31

5．器盖M33：5

6．器盖33：13

彩版一○九　一区六期墓葬M33出土陶器

1．M34

2．M44

彩版一一〇　一区六期墓葬

1. F34

2. F32

彩版一一一　一区七期房址

1．F42

2．F55

彩版一一二　一区七期房址

1．石镰半成品F34：3

2．磨石F34：1

3．石锛F35：2

4．石镞F35：1

5．磨石F35：5

6．磨石F35：6

彩版一一三　一区七期房址出土石器

1. 石锛F42：1

2. 石锛F42：4

3. 磨石F42：5

4. 磨石F42：6

5. 磨石F55：2

6. 磨石F55：9

彩版一一四　一区七期房址出土石器

1．Z1

3．石刀半成品Z1：11

4．磨石Z1：34

2．Z1陶器出土场景（原编号为H60）

彩版一一五　一区七期灶址及出土石器

1．盆形鼎Z1：38

2．单耳罐形鼎Z1：36

3．鬶Z1：28

4．中口罐Z1：37

5．小口罐Z1：42

6．小口罐Z1：43

彩版一一六　一区七期灶址出土陶器

1．鼓腹盆Z1：40

2．圈足盆Z1：33

3．环足盘Z1：2

4．筒形单耳杯Z1：32

5．筒形单耳杯Z1：39

6．觯形杯Z1：50

彩版一一七　一区七期灶址出土陶器

1．H74

2．H74陶片分布状况

彩版一一八　一区七期灰坑

1．石镞H74②：8

2．石镞H99：2

3．石镞H99：12

4．饰品H99：3

5．饰品H99：3

6．饰品H99：3

彩版一一九　一区七期灰坑出土石器

1．H78

3．盒H88①：1

4．覆碗形器盖H99：4

2．H106

彩版一二〇　一区七期灰坑与出土陶器

1．石镞H122④：3　2．石镞H122④：24　3．磨石H122③：21

4．磨石H122④：23　5．磨石H122②：52　6．石杵H122①：18

7．打磨/抛光石器H122④：19　8．装饰品H122④：43　9．砾石砍砸器H122①：2

彩版一二一　一区七期灰坑出土石器

1．中口罐H122④：29

2．中口罐H122④：51

3．大口罐H122④：40

4．高领罐H122④：39

5．单耳罐H122④：37

6．带流罐H122④：27

彩版一二二　一区七期灰坑出土陶器

1．罍H122③：57

2．鼓腹盆H122④：31

3．三足盆H122③：15

4．鼓腹单耳杯H122④：44

5．鼓腹单耳杯H122③：56

6．覆碗形器盖H122④：38

彩版一二三　一区七期灰坑出土陶器

1．石锤H195①：4

2．磨石H195①：3

3．石锛半成品H199②：16

4．磨石H199②：15

5．磨石H221：10

6．磨石H221：12

7．打磨/抛光石器H221：13

8．石镞H225：2

彩版一二四　一区七期灰坑出土石器

1. H199

2. H221

彩版一二五　一区七期灰坑

1．甗H199②：6（正面）

2．甗H199②：6（背面）

3．鬶H199②：13

4．中口罐H221：2

5．筒形单耳杯H221：5

6．鬶H238⑦：29

彩版一二六　一区七期灰坑出土陶器

1．H238　2．石铲H238⑤：6　3．石铲H238①：10　4．石刀H238②：2　5．石镞H238⑤：9　6．石镞H238⑥：19　7．磨石H239：2　8．磨石H238：5

彩版一二七　一区七期灰坑及出土石器

1．磨石H238⑥：18

2．磨石H238⑤：20

3．磨石H238①：44

4．打磨/抛光石器H238⑥：17

5．打磨/抛光石器H238①：47

6．打磨/抛光石器H238⑥：50

7．磨制石器H238①：1

8．磨石H238⑥：16

彩版一二八　一区七期灰坑出土石器

1．石刀H262：1

2．石钺H269①：1

3．石拍H269②：2

4．石镰H314①：5

5．砾石砍砸器H314①：2

6．石镞H320②：2

7．磨石H320③：6

8．磨石H320②：1

彩版一二九　一区七期灰坑出土石器

1．磨石H320③：3

2．石器H320④：8

3．磨石H324：6

4．石锛H334：1

5．石刀H336：1

6．磨石H336：10

7．石镞H344：1

彩版一三〇　一区七期灰坑出土石器

1．覆碗形器盖H324：1

2．覆碗形器盖H324：2

3．盒H325：1

4．中口罐H326：1

5．覆碗形器盖H336：3

6．中口罐H340①：1

7．浅腹罐H340②：5

8．覆碗形器盖H340②：3

彩版一三一　一区七期灰坑出土陶器

1．罐H364②：6

2．鼓腹单耳杯H364②：1

3．中口罐H402：1

4．中口罐H402：4

5．小口罐H402：2

6．平底盒H402：3

彩版一三二　一区七期灰坑出土陶器

1. H48

2. H48

彩版一三三　一区七期灰坑

1．石镞H48②：21

2．磨石H48①：90

3．磨石H48①：92

4．磨石H48②：93

5．磨石H48③：91

6．可用石片H48②：94

彩版一三四　一区七期灰坑出土石器

1．罐形鼎H48②：7

2．罐形鼎H48③：17

3．罐形鼎H48①：41

4．罐形鼎H48①：46

5．单耳罐形鼎H48⑤：67

6．盆形鼎H48①：38

彩版一三五　一区七期灰坑出土陶鼎

1．盆形鼎H48①：22

2．鬶H48②：4

3．鬶H48②：5

4．中口罐H48①：43

5．中口罐H48①：44

6．大口罐H48①：61

彩版一三六　一区七期灰坑出土陶器

1．罍H48①：37

2．罍H48①：42

3．罍H48①：60

4．壶H48①：3

彩版一三七　一区七期灰坑出土陶器

1．壶H48②：11

2．壶H48①：65

3．平底盆H48①：66

4．环足盘H48①：32

5．碗H48①：2

6．平底盒H48②：9

彩版一三八　一区七期灰坑出土陶器

1．平底盒H48②：16

2．平底盒H48③：50

3．平底盒H48③：51

4．豆柄H48②：14

5．高柄杯柄H48②：15

6．筒形单耳杯H48①：56

彩版一三九　一区七期灰坑出土陶器

1．覆碗形器盖H48①：1

2．覆碗形器盖H48①：23

3．覆碗形器盖H48③：48

4．覆碗形器盖H48③：49

5．覆盘形器盖H48①：29

6．矮筒形器盖H48①：35

彩版一四〇　一区七期灰坑出土陶器

1. H92

2. H100

彩版一四一　一区七期灰坑

1．磨石H92①：15

2．磨石H100：1

3．石料H100：11

45．覆盘形器盖H92①：2

5．覆碗形器盖H105：1

6．覆碗形器盖H105：10

彩版一四二　一区七期灰坑出土石器与陶器

1．罐形鼎H100：6

2．罐H100：5

3．罐H100：21

4．壶H100：20

5．大平底盆H100：12

6．钵H100：3

彩版一四三　一区七期灰坑出土陶器

1．M52

2．M32

3．石斧M32：03

4．石镞M32：02

5．石圭M32：01

6．石镰M52：2

彩版一四四　一区七期墓葬及出土石器

1．罐形鼎M52：1

2．罐形鼎M38：7

3．罐形鼎M38：14

4．罐M38：3

5．罐M38：12

6．鼓腹单耳杯M38：4

彩版一四五　一区七期墓葬出土陶器

1．M38

3．M38局部

2．M38

彩版一四六　一区七期墓葬

1．高柄杯M38：1

2．筒形单耳杯M38：2

3．筒形单耳杯M38：8

4．筒形单耳杯M38：17

5．筒形单耳杯M38：20

6．鼓腹单耳杯M38：11

彩版一四七　一区七期墓葬出土陶器

1．覆碗形器盖M38：9

2．覆碗形器盖M38：10

3．覆碗形器盖M38：15

4．子母口器盖M38：21

5．覆碗形器盖M38：13

彩版一四八　一区七期墓葬出土陶器

1．F20

3．磨石F20：1

2．F20

彩版一四九　一区八期房址及出土石器

1. H31

3. H31

2. H31

彩版一五〇　一区八期灰坑

1．石斧H31③：72

2．石锛H31③：129

3．石铲H31③：146

4．石镰H31①：3

5．石镰H31①：123

6．石镰半成品H31③：164

7．石刀H31③：160

8．石镞H31②：57、H31③：69

9．石镞H31①：140、H31③：194

彩版一五一　一区八期灰坑出土石器

1．石镰H31①：5　2．石铲H31①：18　3．磨石H31①：22　4．磨石H31①：45　5．磨石H31③：137　6．磨石H31①：155　7．磨石H31③：166　8．残石器H31②：143　9．石器H31①：62

彩版一五二　一区八期灰坑出土石器

1．罐形鼎H31②：59

2．罐形鼎H31②：67

3．罐形鼎H31⑤：111

4．罐形鼎H31②：135

5．罐形鼎H31③：163

6．罐形鼎H31④：215

彩版一五三　一区八期灰坑出土陶器

1．单耳罐形鼎H31①：42

2．单耳罐形鼎H31①：26

3．单耳罐形鼎H31④：84

4．单耳罐形鼎H31⑤：112

5．单耳罐形鼎H31⑤：113

6．单耳罐形鼎H31③：162

彩版一五四　一区八期灰坑出土陶器

1．盆形鼎H31④：89

2．盆形鼎H31④：104

3．鬶H31①：44

4．鬶H31③：92

5．盂形小罐H31④：187

彩版一五五　一区八期灰坑出土陶器

1．中口罐H31③：74

2．中口罐H31①：209

3．大口罐H31④：203

4．罐H31③：149

5．小口罐H31①：37

6．小口罐H31③：75

彩版一五六　一区八期灰坑出土陶器

1．罐H31②：169

2．尊形罐H31③：158

3．大平底盆H31④：86

4．大平底盆H31③：145

5．大平底盆H31①：229

6．圈足盆H31①：51

彩版一五七　一区八期灰坑出土陶器

1. 平底盒H31④：85

2. 平底盒H31③：165

3. 筒形单耳杯H31③：70

4. 筒形单耳杯H31④：200

5. 筒形单耳杯H31②：54

6. 筒形双耳杯H31②：134

彩版一五八　一区八期灰坑出土陶器

1．鼓腹单耳杯H31①：41

2．鼓腹单耳杯H31①：50

3．鼓腹单耳杯H31①：117

4．鼓腹单耳杯H31①：118

5．鼓腹单耳杯H31①：236

6．鼓腹单耳杯H31⑤：110

彩版一五九　一区八期灰坑出土陶器

1．覆碗形器盖H31①：12

2．覆碗形器盖H31④：88

3．覆碗形器盖H31④：95

4．覆碗形器盖H31④：100

5．覆碗形器盖H31③：156

6．覆碗形器盖H31③：157

7．覆碗形器盖H31③：161

8．覆碗形器盖H31⑤：224

彩版一六〇　一区八期灰坑出土陶器

1．覆碗形器盖H31④：202

2．覆盘形器盖H31③：76

3．覆盘形器盖H31③：82

4．筒形器盖H31④：199

5．子母口器盖H31①：249

6．鬶盖H31②：136

7．鬶盖H31②：141

8．鬶盖H31①：178

彩版一六一　一区八期灰坑出土陶器

1．鬶H34：1

2．环足盘H39②：7

3．双耳罐H57②：28

4．大平底盆H57③：15

5．鼓腹单耳杯H57③：5

6．鬶盖H57③：6

彩版一六二　一区八期灰坑出土陶器

1．单耳罐形鼎H57③：18

2．鼓腹盆H57③：1

3．壶H57②：29

4．覆碗形器盖H57③：16

5．鬶H51②：16

彩版一六三　一区八期灰坑出土陶器

1. 石刀H57③：4

2. 磨石H57③：8

3. 石刀H51③：4

4. 石镞H51③：9

5. 石铲H63②：17

6. 石镞H63②：1

7. 石镞H63③：3

8. 石器H63②：2

9. 石核H63②：18

彩版一六四　一区八期灰坑出土石器

1．单耳鼓腹杯H63③：4

2．覆盆形器盖H64③：2

3．覆碗形器盖H69①：3

4．罐形鼎H79：4

5．豆圈足H79：1

6．单耳罐形鼎H87②：1

彩版一六五　一区八期灰坑出土陶器

1．H63

4．磨石H69②：13

2．H69

5．石镰H64①：7

3．H79

6．磨石H75：4

彩版一六六　一区八期灰坑及出土石器

1．石锛H64①：6

2．石锛H64①：8

3．石器H64①：4

4．磨石H64②：15

5．石镰H69①：15

6．石刀H69①：16

7．磨石H69①：1

8．磨石H69①：12

彩版一六七　一区八期灰坑出土石器

1．石锛半成品H86：4

2．磨石H87②：7

3．石铲H89①：1

4．石刀H89②：5

5．石锛H101①：18

6．石镰半成品H101①：8

7．磨石H101①：2

彩版一六八　一区八期灰坑出土石器

1. 盆形鼎H101①：1

2. 单耳罐H101①：11

3. 瓦足盆H101①：3

4. 豆H101①：6

5. 豆盘H101①：13

6. 覆碗形器盖H101①：10

彩版一六九　一区八期灰坑出土陶器

1．石镞H182②：1　2．磨石H183⑥：2　3．磨石H183⑥：2局部

4．磨石H183：6　5．磨石H183：6局部　6．磨石H184：3

7．石铲H187②：1　8．磨石H187①：13　9．磨石H187②：14

彩版一七〇　一区八期灰坑出土石器

1．石锛/石凿H183③：3　2．石磨棒H184：2　3．石镞H186②：1
4．石铲H187②：2　5．磨石H205②：10　6．石铲H205③：15
7．磨石H208：6　8．磨石H218：2　9．石器H218：3

彩版一七一　一区八期灰坑出土石器

1．中口罐H183：5

2．覆盘形器盖H183：4

3．小罐H185：2

4．中口罐H194：3

5．小口罐H197：2

6．大平底盆H206②：2

彩版一七二　一区八期灰坑出土陶器

1. H186

3. H206

2. H196

彩版一七三　一区八期灰坑

1．石铲H192：1　2．磨石H192：2　3．钻头H193：4

4．钻头H193：4局部　5．石钺H194：1　6．磨石H196：5

7．磨石H196：1　8．有槽磨石H197：10　9．磨石H205②：50

彩版一七四　一区八期灰坑出土石器

1．石铲H205③：14　　2．石刀H205②：9　　3．石刀H205①：26

4．打磨/抛光石器H205③：21　　5．石锛H206②：6　　6．石锛H206②：6

7．石斧半成品H215②：9　　8．石锛H215①：5　　9．打磨/抛光石器H215②：11

彩版一七五　一区八期灰坑出土石器

1．罐形鼎H205①：3

2．鬶H205③：18

3．中口罐H205②：13

4．罍H205③：20

彩版一七六　一区八期灰坑出土陶器

1. 鼓腹单耳杯H205②：11

2. 鼓腹单耳杯H205②：22

3. 有领罐H208：2

4. 筒形单耳杯H208：1

5. 罐形鼎H215②：13

6. 大口罐H247：4

彩版一七七　一区八期灰坑出土陶器

1．H215

4．磨石H236：5

2．H253

5．磨石H247：5

3．H254

6．磨石H253②：9

彩版一七八　一区八期灰坑及出土石器

1．带柄小凿H253②：8　2．石锤H253③：33　3．石刀H253②：10

4．石镞H253②：7　5．石镞H253③：26　6．磨石H253①：22

7．磨石H253③：5　8．磨石H253③：32　9．磨石H253③：12

彩版一七九　一区八期灰坑出土石器

1．石锤H254②：46　2．石铲H254①：2　3．石镰H254①：1
4．石镰H254①：3　5．石镞H254②：40　6．石镞H254②：42
7．石镞H254②：43　8．磨石H254①：41　9．打磨/抛光石器H254②：47

彩版一八〇　一区八期灰坑出土石器

1．鬶H254②：9

2．罐H315：1

4．覆碗形器盖H317②：1

3．罐形鼎H317②：10

5．筒形罐H318：1

彩版一八一　一区八期灰坑出土陶器

1．石斧H259：4　2．石锛H259：5　3．石刀H259：1

4．石刀H259：2　5．石刀H259：8　6．石刀H259：9

7．石刀H259：10　8．石钺H259：6　9．磨石H259：3

彩版一八二　一区八期灰坑出土石器

1. H317

2. H318

3. H321

彩版一八三　一区八期灰坑

1．H36

2．H65

3．H71

彩版一八四　一区八期灰坑

1．子口盆H36①：4

2．甗H42：6

3．中口罐H42：4

4．鬶H65②：23

5．中口罐H65①：6

彩版一八五　一区八期灰坑出土陶器

1．石铲H40：2

2．石铲H40：5

3．石刀H42：5

4．石镞H49①：2

5．石镞H49①：3

6．磨石H49①：4

7．磨石H49①：26

8．有槽磨石H49①：25

9．打磨/抛光石器H49①：30

彩版一八六　一区八期灰坑出土石器

1．石镞H42：7

2．磨石H40：4

3．石镰H42：2

4．磨石H49②：28

5．石器H49②：27

6．石铲H49①：5

彩版一八七　一区八期灰坑出土石器

1．磨石H53：18
2．石锛H56：6
3．石凿H56：7
4．石锤H56：20
5．石镞H56：5
6．石铲H59①：1
7．石铲H59③：7
8．石刀H59①：6
9．石器H59②：3

彩版一八八　一区八期灰坑出土石器

1．石锛H65②：24　2．石锛H65②：25　3．磨石H65②：22

4．片状石器H65②：15　5．石镞H71①：2　6．磨石H71①：21

7．磨石H71①：33　8．磨石H71②：34　9．磨石H71③：5

彩版一八九　一区八期灰坑出土石器

1．覆碗形器盖H65①：54

2．豆H65②：31

3．鼓腹单耳杯H65①：10

4．覆碗形器盖H65②：16

5．覆碗形器盖H65②：28

6．筒形器盖H65①：5

彩版一九〇　一区八期灰坑出土陶器

1．中口罐H65②：13

2．罐形鼎H65②：29

3．捏流罐H65①：4

4．鼓腹盆H71①：1

5．中口罐H71②：8

6．鬶盖H71①：10

彩版一九一　一区八期灰坑出土陶器

1．罐形鼎H71②：16

2．折腹盆H71②：7

3．鼓腹单耳杯H71②：3

4．鼓腹单耳杯H71③：11

5．覆钵形器盖H71③：18

6．鬶盖H71②：17

彩版一九二　一区八期灰坑出土陶器

1．石镞H90①：1

2．石铲H97：7

3．磨石H97：6

4．石器H97：5

5．有槽磨石M16：01

6．石拍子半成品M31：9

彩版一九三　一区八期灰坑与墓葬出土石器

3．M21

2．M48

1．M12

彩版一九四　一区八期墓葬

1．M53

3．M36

2．M16

彩版一九五　一区八期墓葬

1．M23

3．M31

2．M23

4．器盖M31：1

5．器盖M31：7

彩版一九六　一区八期墓葬及出土陶器

1．双耳罐M23：15

2．罍M23：1

3．罍M23：7

4．壶M23：9

彩版一九七　一区八期墓葬出土陶器

1．平底盒M23：5

2．三足杯M23：2

3．三足杯M23：12

4．筒形器盖M23：3

5．筒形器盖M23：8

彩版一九八　一区八期墓葬出土陶器

1．子母口罐M36：1

2．子母口罐M31：5

3．杯M31：6

彩版一九九　一区八期墓葬出土陶器

1．M13

2．M14

彩版二〇〇　一区八期墓葬

1．M11

2．M17

3．罐M11：1

4．钵M17：2

彩版二〇一　一区周代墓葬及出土陶器

1．M20

2．M20

3．M20

彩版二〇二　一区汉代墓葬

3. M20

2. M20

1. M20

彩版二〇三　一区汉代墓葬

1．二区发掘现场

2．二区F22

彩版二〇四　二区遗迹

1．石斧T0750⑥a：1　2．石镰T0801②：16　3．石镰T0801②：17

4．石镰T0801⑥c：18　5．石镰半成品T0850②：25　6．石锛T0750⑥a：3

7．石锛T0849②：1　8．石锛T0850⑥a：1　9．石钺T0850②：2

彩版二〇五　二区地层出土石器

1．石刀T0801②：2

2．石刀T0801⑥a：3

3．石矛T0750⑥b：4

4．磨制石镞T0799⑥a：7

5．磨制石镞T0799⑥a：8

6．磨制石镞T0800②：2

7．磨制石镞T0900⑥b：1

8．磨制石镞T0801②：19

9．细石器石镞T0801②：36

彩版二〇六　二区地层出土石器

1．磨石T0799⑥a：9
2．磨石T0799⑥a：10
3．磨石T0799⑥a：13
4．磨石T0799⑥a：14
5．磨石T0799⑥a：15
6．磨石T0799⑥a：17
7．磨石T0850⑥a：6
8．磨石T0850⑥a：11

彩版二〇七　二区地层出土石器

1．磨石T0801⑥b：20

2．磨石T0750⑥b：7

3．磨石T0750⑥b：19

4．磨石T0799⑥b：25

5．磨石T0850⑥b：3

6．磨石T0850⑥b：13

7．磨石T0850⑦a：9

8．磨石T0850⑦a：16

彩版二〇八　二区地层出土石器

1．磨石T0801②：22

2．磨石T0801②：25

3．磨石T0801②：27

4．磨石T0801②：28

5．磨石T0849②：3

6．磨石T0849②：8

7．磨石T0850②：10

8．磨石T0850②：14

彩版二〇九　二区地层出土石器

1．磨石T0799⑥a：20

2．磨石T0799⑥a：20

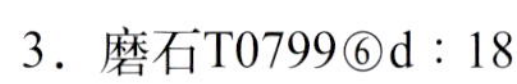

3．磨石T0799⑥d：18

4．磨石T0801②：29

5．磨石T0849②：9

6．磨石T0849②：9

7．研磨器T0798②：3

8．海滩卵石T0848⑥a：1

彩版二一〇　二区地层出土石器

1．石片T0750⑥b：22

2．石片T0750⑥b：24

3．石片T0750⑥b：25

4．石片T0750⑥b：27

5．石片T0900⑥b：1

6．石片T0799⑦a：27

7．石片T0750②：26

8．石片T0849②：10

彩版二一一　二区地层出土石器

1. 中口罐T0801⑥a：1

2. 筒形器盖T0850⑥a：4

3. 覆碗形器盖T0750G1：8

4. 刻纹陶片T0750⑥a：5

5. 刻纹陶片T0800⑥a：13

6. 刻纹陶片T0801②：7

7. 刻纹陶片 T0801②：8

彩版二一二　二区地层出土陶器

1．石刀F17：1　　2．石刀F17：1

3．石镰F17：2　　4．石镞F17：3

5．磨石F17：5　　6．磨石F17：5

7．石片F22：1　　8．石片F22：2

彩版二一三　二区房址出土石器

1．F22

2．F22活动面和垫土

3．M9

彩版二一四　二区龙山文化遗迹

1．磨石柱洞4：1

2．海滩卵石H33②：3

3．磨石H55：1

4．石刀T0750G1：1

5．石刀半成品T0750G1：2

6．磨石T0750G1：4

彩版二一五　二区遗迹出土石器

1．石镰M15：05

2．石饰品M15：06

3．磨石M15：07

4．磨石M15：08

5．磨石M15：011

6．磨石M15：015

彩版二一六　二区周代墓葬出土石器

1．三区T001剖面

2．三区T001发掘现场

彩版二一七　三区遗迹

1．三区发掘现场

2．三区T1727发掘现场

彩版二一八　三区遗迹

1．三区T1726发掘现场

2．三区T1726发掘现场

彩版二一九　三区遗迹

1．石斧T1727⑦：5

2．石锛T1789：1

3．石锛T1789：37

4．石刀T1789⑦（#9019）

5．石镞T1789：13

6．石镞T1789：14

7．石镞T1789：20

彩版二二○　三区地层出土石器

1．磨石T1789：26

2．磨石T1789：9

3．磨石T1789：6

4．磨石T1789：2

5．磨石T1789：3

6．磨石T1789：3

7．石料T1789：40

8．石锛半成品T001地表采集（#8；S64）

彩版二二一　三区地层出土石器

1．罐形鼎T1789⑦：32

2．罐形鼎T1789⑦：25

3．罐形鼎T1789⑦：21

4．罐形鼎T1789⑦：15

彩版二二二　三区地层出土陶器

1．罐形鼎T1789⑦：16

2．罐形鼎T1789⑦：10

3．甗T1789⑦：34

4．罐T1727⑦：9

彩版二二三　三区地层出土陶器

1．罐T1727⑦：2

2．罐T1789⑦：42

3．罐T1789⑦：43

4．罐T1789⑦：50

彩版二二四　三区地层出土陶器

1．壶T1789⑦：28

2．杯T1789⑦：48

3．覆钵形器盖T1789⑦：17

4．覆碗形器盖T1789⑦：18

5．覆豆形器盖T1789⑦：41

6．异型陶器T1789⑦：35

彩版二二五　三区地层出土陶器

1. F12

2. H26

彩版二二六　三区遗迹

1．罐H138：2

2．鼓腹单耳杯H138：4

3．小口罐H139：2

4．罐H139：9

5．罐H139：10

6．器盖H139：6

彩版二二七　三区灰坑出土陶器

1．罐H141：2

2．鬶盖H141：4

3．罐H142：2

4．甗H145：2

彩版二二八　三区灰坑出土陶器

1．罐H145：1

2．盆H145：3

3．鬶H147：1

4．鼎H149：2

彩版二二九　三区灰坑出土陶器

1．罐H149：3

2．罐H170：6

3．罐H170：8

4．罐H170：9

5．H170

彩版二三〇　三区H170与出土陶器

1．圈足盒H170：3

2．杯H170：4

3．石镞H331：2

4．石刀H331：3

5．鼎H331：4

彩版二三一　三区灰坑出土陶器与石器

1．罐形鼎G1：5

2．甗G1：12

3．鬲G1：8

4．鬶G1：6

彩版二三二　三区G1出土陶器

1．罐G1：7

2．壶G1：4

3．壶G1：27

4．盂G1：17

彩版二三三　三区G1出土陶器

1. 豆盘G1：3

2. 杯G1：2

3. 器盖G1：13

彩版二三四　三区G1出土陶器

1．T1726M1

2．T001M3

彩版二三五　三区墓葬

1. T001M4

2. T001M6

彩版二三六　三区墓葬

1．2000年排探

2．2000年排探

彩版二三七　2000年排探

1．2000年勘探辨土

2．2000年勘探记录

彩版二三八　2000年勘探

彩版二三九　T005发掘现场

彩版二四〇　T005剖面

1．T005M1

2．T005G6出土遗物现场

彩版二四一　T005发掘现场

1．T005G6出土遗物现场

2．T005G6出土遗物现场

彩版二四二　T005发掘现场

1．鼎T005G6②：139

2．鼎T005G6①：8

3．鼎T005G6①：18

4．鼎T005G6②：96

5．鼎T005G6①：23

6．鼎T005G6②：246

彩版二四三　T005G6出土陶鼎

1．鼎T005G6②：38

2．鼎T005G6①：27

3．鼎T005G6④：441

4．鼎T005G6③：379

5．鼎T005G6③：490

6．鼎T005G6③：538

彩版二四四　T005G6出土陶鼎

1．鼎T005G6③：405

2．鼎T005G6③：343

3．鼎T005G6③：487

4．鼎T005G6④：446

5．鼎T005G6③：367

6．鼎T005G6③：365

彩版二四五　T005G6出土陶鼎

1．鼎T005G6⑤：527

2．鼎T005G6③：284

3．鼎T005G6③：469

4．鼎T005G6⑤：484

5．鼎T005G6③：463

6．鼎T005G6⑤：493

彩版二四六　T005G6出土陶鼎

1．鼎T005G6③：309

2．鼎T005G6④：439

3．鼎T005G6④：445

4．鼎T005G6⑤：519

5．鼎T005G6⑤：015

彩版二四七　T005G6出土陶鼎

1．甗T005G6②：202

2．甗T005G6③：498

3．鬶T005G6③：474

4．鬶T005G6③：465

彩版二四八　T005G6出土陶甗、鬶

1．罐T005G6②：114

2．罐T005G6①：22

3．罐T005G6②：69

4．罐T005G6①：21

5．罐T005G6②：64

6．罐T005G6②：78

彩版二四九　T005G6出土陶罐

1．罐T005G6②：121

2．罐T005G6②：75

3．罐T005G6②：261

4．罐T005G6②：120

5．罐T005G6③：432

6．罐T005G6③：435

彩版二五〇　T005G6出土陶罐

1．罐T005G6③：370

2．罐T005G6③：434

3．罐T005G6④：403

4．罐T005G6③：316

5．罐T005G6③：395

6．罐T005G6③：274

彩版二五一　T005G6出土陶罐

1．罐T005G6③：373

2．罐T005G6③：300

3．罐T005G6③：308

4．平底盆T005G6③：282

5．平底盆T005G6③：425

彩版二五二　T005G6出土陶罐与平底盆

1．三足盆T005G6③：390

2．三足盆T005G6⑤：470

3．三足盆T005G6③：303

4．三足盆T005G6③：485

5．平底盘T005G6②：151

6．平底盘T005G6③：311

彩版二五三　T005G6出土三足盆与平底盘

1．圈足盘T005G6②：113

2．平底盒T005G6①：44

3．平底盒T005G6②：71

4．平底盒T005G6②：208

5．平底盒T005G6②：162

6．平底盒T005G6②：156

彩版二五四　T005G6出土陶器

1．平底盒T005G6②：176

2．平底盒T005G6①：29

3．平底盒T005G6②：324

4．平底盒T005G6③：344

5．平底盒T005G6③：276

6．平底盒T005G6③：012

彩版二五五　T005G6出土平底盒

1．杯T005G6②：026

2．杯T005G6②：163

3．杯T005G6②：028

4．杯T005G6②：129

5．杯T005G6②：192

6．杯T005G6②：137

彩版二五六　T005G6出土陶杯

1．杯T005G6②：159

2．杯T005G6②：263

3．杯T005G6①：19

4．杯T005G6②：381

5．杯T005G6②：05

6．杯T005G6⑤：504

彩版二五七　T005G6出土陶杯

1．杯T005G6②：371

2．杯T005G6③：394

3．杯T005G6③：440

4．杯T005G6③：402

5．杯T005G6③：329

6．杯T005G6④：422

彩版二五八　T005G6出土陶杯

1．杯T005G6③：460

2．杯T005G6③：336

3．杯T005G6③：325

4．杯T005G6③：492

5．杯T005G6⑤：551

6．杯T005G6③：468

彩版二五九　T005G6出土陶杯

1．器盖T005G6②：224

2．器盖T005G6②：140

3．器盖T005G6②：124

4．器盖T005G6①：43

5．器盖T005G6②：264

6．器盖T005G6②：059

彩版二六〇　T005G6出土陶器盖

1．器盖T005G6①：14

2．器盖T005G6②：138

3．器盖T005G6②：115

4．器盖T005G6②：119

5．器盖T005G6②：142

6．器盖T005G6②：247

彩版二六一　T005G6出土陶器盖

1．器盖T005G6①：47

2．器盖T005G6②：228

3．器盖T005G6②：87

4．器盖T005G6②：155

5．器盖T005G6②：182

6．器盖T005G6②：188

彩版二六二　T005G6出土陶器盖

1. 器盖T005G6③：06

2. 器盖T005G6③：550

3. 器盖T005G6③：477

4. 器盖T005G6③：491

5. 器盖T005G6③：352

6. 器盖T005G6②：363

彩版二六三　T005G6出土陶器盖

1．器盖T005G6④：400

2．器盖T005G6④：404

3．器盖T005G6②：467

4．器盖T005G6⑤：520

5．器盖T005G6⑤：505

6．器盖T005G6②：502

彩版二六四　T005G6出土陶器盖

1．T007～T008发掘现场

2．G8内的猪骨架

彩版二六五　T007～T008发掘现场

1．石斧T007G7②：118

2．石斧T007G7②：151

3．石镰T007G7③：254

4．石镰T007G7⑤：308

5．石镰T007G7②：177

6．石镰T007G8②：50

7．石镰T007G7③：145

8．石镰T008G8②：32

彩版二六六　T007出土石器

1．石镰T007G7①：29

2．石镰T007G7③：251

3．石刀T007G8②：45

4．石镞T007G7⑤：342

5．石镞T007G7⑤：318

6．石镞T007G7③：250

7．石镞T007G8②：39

8．石镞T007G7③：275

彩版二六七　T007出土石器

1．石镞T007G7②：141

2．石镞T007G7⑥：353

3．磨石T007G7②：119

4．磨石T007G7③：201

5．磨石T007G7③：67

6．石拍子T007G7⑤：350

7．石拍子T007G7⑤：06

8．石饰T007G7①：10

彩版二六八　T007出土石器

1．鼎T007G7②：130

2．鼎T007G7⑤：331

3．罐T007G7⑤：323

4．罐T007G7③：285

5．罐T007G7⑤：348

彩版二六九　T007G7出土陶器

1．平底盒T007G7⑤：193

2．杯T007G7②：162

3．器盖T007G7②：404

4．器盖T007G7⑤：371

5．器盖T007G7③：283

彩版二七〇　T007G7出土陶器

1．T010G10发掘开始现场

2．T010G10发掘结束现场

彩版二七一　T010G10发掘现场

1．石斧T010G10②：210

2．石锛T010G10①：64

3．石刀T010G10①：147

4．石刀T010G10②：186

5．石刀T010G10②：17

6．石钺T010G10②：30

7．石钺T010G10②：9

彩版二七二　T010出土石器

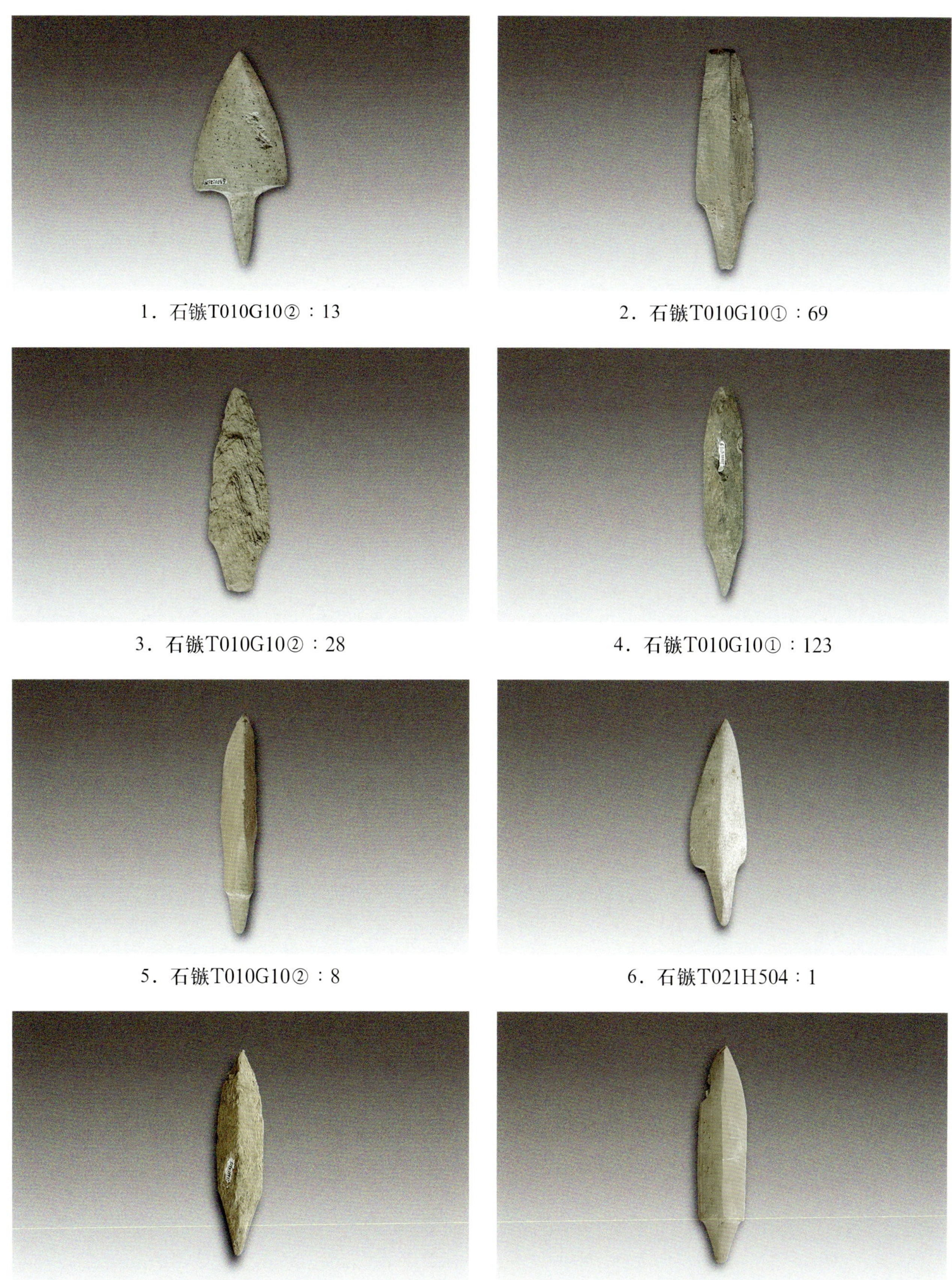

1．石镞T010G10②：13

2．石镞T010G10①：69

3．石镞T010G10②：28

4．石镞T010G10①：123

5．石镞T010G10②：8

6．石镞T021H504：1

7．石镞T021H535：1

8．石镞T021H513：1

彩版二七三　T010与T021出土石镞

1．鼎T010G10①：78

2．罐T010G10①：74

3．罐T010G10②：212

4．罐T010G10②：216

彩版二七四　T010G10出土陶器

1．T021G21发掘现场

2．T021G21内的横排木

3．T021G21内的横排木

彩版二七五　T021G21发掘现场

1．T021M35

2．T021M51

彩版二七八　T021墓葬

1．鼎T021H507：10

2．鼎T021G20：79

3．鼎T021G20：91

4．鼎T021③：84

5．甗T021G20：5

彩版二七七　T021出土陶器

1．鬶T021H503：12

2．鬶T021G20：122

3．鬶T021H515：1

4．平底盆T021H518：3

5．平底盆T021G20：80

彩版二七八　T021出土陶器

1．罐T021G20：31

2．罐T021F52：2

3．罐T021③：44

4．罐T021③：123

5．壶T021G18：14

6．器盖T021G20：64

彩版二七九　T021出土陶器

1．杯T021F46：4

2．杯T021H531：1

3．杯T021③：91

4．杯T021F46：2

5．杯T021M51：2

6．杯T021③：118

彩版二八〇　T021出土陶杯

1. T022发掘现场

2. T022发掘现场

彩版二八一　T022发掘现场

1．T022护堤石块遗迹清理现场

2．T022护堤石块遗迹清理现场

彩版二八二　T022发掘现场

1．鼎T022H552：6

2．鼎T022②：31

3．鼎T022G29：20

4．鼎T022G29：18

5．杯T022G29：23

6．杯T022G29：22

彩版二八三　T022出土陶器

1．罐T022G29：15

2．罐T022G29：30

3．罐T022G29：28

4．器盖T022②：95

5．器盖T022G29：29

彩版二八四　T022出土陶器

1. T024发掘现场

2. T024漏盆出土情景

彩版二八五　T024发掘现场

1．T024M63

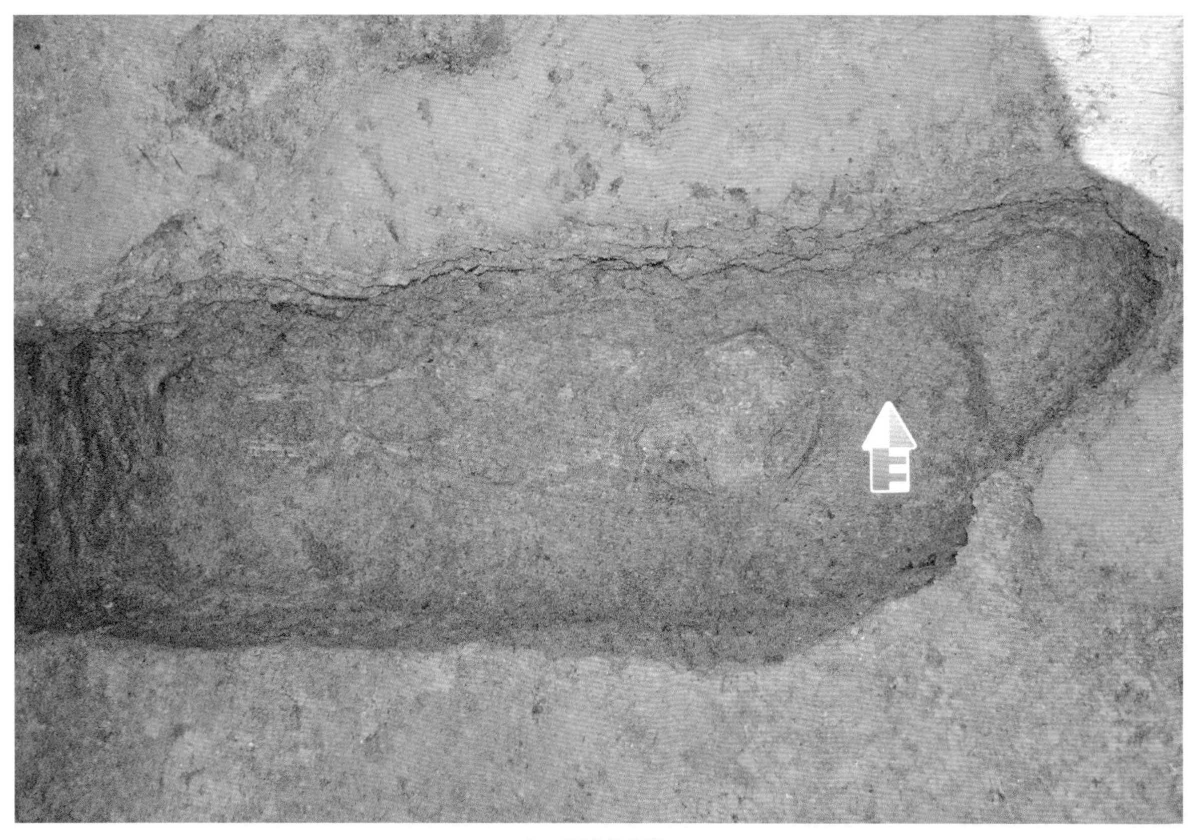

2．T024M66

彩版二八六　T024墓葬

1．T024房址基槽

2．T024F75～F74柱洞

彩版二八七　T024房址

1．鼎T024②：3

2．鼎T024F76：2

3．甗T024②：5

4．豆T024H587：1

5．豆T024M66：3

彩版二八八　T024出土陶器

1．罐T024H575：2

2．罐T024F71：1

3．罐T024⑤：19

4．罐T024M66：2

5．罐T024⑥：12

6．盂T024H586：8

彩版二八九　T024出土陶器

1．杯T024④：28

2．杯T024⑤：20

3．杯T024⑥：24

4．杯T024H587：3

5．杯T024H585：3

6．杯T024H585：4

彩版二九〇　T024出土陶杯

1．杯T024H585：5

2．杯T024⑥：33

3．三足杯T024G001：14

4．器盖T024H577：2

5．器盖T024④：7

6．器盖T024⑥：13

彩版二九一　T024出土陶器

1．T025～T026发掘现场

2．T025～T026剖面

彩版二九二　T025～T026发掘现场

1．鬶T025G34②：12

2．鬶T025G34：39

3．鬶T025G34③：49

4．鬶T025G34②：44

彩版二九三　T025出土陶鬶

1．罐T025G34②：27

2．罐T025G34②：9

3．杯T025G34③：48

4．镂孔器T025G34③：33

5．器盖T025G34③：46

彩版二九四　T025出土陶器

1．鼎T051G52：9

2．鼎T051G52：29

3．鼎T051G52：26

4．鼎T051G52：19

5．鼎T051G52：18

6．鼎T051G52：10

彩版二九五　T051出土陶鼎

1．鬶T051G52：1

2．鬶T050H599：16

3．鬶T050H599：6

4．鬶T051G52：22

彩版二九六　T050～T051出土陶鬶

1．罐T051G52：17

2．罐T051G52：35

3．罐T051G52：33

4．罐T050H599：12

5．罐T051G52：54

6．罐T051G52：2

彩版二九七　T050～T051出土陶罐

1．罍T051G52：21

2．杯T051G52：15

3．杯T051G52：3

4．杯T051G52：8

5．器盖T051G52：20

6．器盖T051G52：23

彩版二九八　T050～T051出土陶器